Hanovre

Anonyme ou Collectif

Monumenta Germaniae historica

Capitularia regum francorum

MONVMENTA
GERMANIAE

HISTORICA

INDE AB ANNO CHRISTI QVINGENTESIMO
VSQVE AD ANNVM MILLESIMVM
ET QVINGENTESIMVM

EDIDIT

SOCIETAS APERIENDIS FONTIBVS
RERVM GERMANICARVM MEDII AEVI.

LEGVM SECTIO II. CAPITVLARIA REGVM FRANCORVM.
TOMI II. PARS PRIOR.

HANNOVERAE
IMPENSIS BIBLIOPOLII HAHNIANI.
MDCCCXC.

MONVMENTA
GERMANIAE
HISTORICA

INDE AB ANNO CHRISTI QVINGENTESIMO
VSQVE AD ANNVM MILLESIMVM
ET QVINGENTESIMVM

EDIDIT

SOCIETAS APERIENDIS FONTIBVS
RERVM GERMANICARVM MEDII AEVI.

LEGVM SECTIO II. CAPITVLARIA REGVM FRANCORVM.

TOMI II. PARS PRIOR.

HANNOVERAE
IMPENSIS BIBLIOPOLII HAHNIANI.
MDCCCXC.

CAPITVLARIA
REGVM FRANCORVM

DENVO EDIDERVNT

ALFREDVS BORETIVS

ET

VICTOR KRAVSE.

TOMI SECVNDI

PARS PRIOR.

HANNOVERAE
IMPENSIS BIBLIOPOLII HAHNIANI.
MDCCCXC.

Ex officina aulae Vimariensis typographica.

Tomi secundi pars prior, quam nunc publici iuris facimus partim ex recensione Alfredi Boretii v. cl., partim ex nostra prodit: quae capitularia Boretii operae debemus, infra sub numeris 184—205. 208. 226—228. 247. *sequuntur et in indice asterisco praedita sunt. Boretius, cum ineunte anno MDCCCLXXXIX. propter infirmam valetudinem ab opere incepto recederet, editionem capitularium intra annos 828—850. promulgatorum cum additamentis paraverat. Quae priusquam imprimi possent, denuo recensenda erant atque retractanda. Ratio vero quae sit inter Boretii modum edendi et nostrum, cum in praefatione totius tomi tum interim in annalium nostrorum tomo XVI. (1890) plenius demonstraturi sumus.*

Qua de causa satis est hoc loco addere nos in disponendis capitularibus post a. 840. promulgatis a Pertzio et Boretio discessisse, ordinem codicum, ubicumque comparatione diligenti instituta necesse nobis visum fuerit, mutasse, notas criticas correxisse et supplevisse. Quae in commentariis adiecimus, littera nostra K. uncis inclusa signata sunt.

Pars altera continebit Concilium Triburiense a. 895., Synodos in regno Hlotharii II. habitas, Capitularia regum Franciae occidentalis cum additamentis, appendicem exhibentem Hincmari librum de ordine palatii et Agobardi quaedam opuscula necnon addenda et corrigenda, indicem verborum, descriptionem codicum. Tomus tertius collectionem capitularium Benedicti Levitae praebebit.

Datum Berolini mense Octobri a. MDCCCXC.

VICTOR KRAUSE.

TOMI SECUNDI PARTI PRIORI INSUNT:

XIII. Hludowici Pii capitularia.

		Pertzii editio.	Nova editio.
*184—*193.	Capitula anno 828. et 829. edita.		
*184.	Constitutio de synodis anno 829. in regno Francorum habendis. 828. Dec.	I, 327.	pag. 2.
*185.	Hludowici et Hlotharii epistola generalis. 828. Dec.	I, 329.	3.
*186.	Capitula ab episcopis in placito tractanda. 829. initio.	I, 327.	6.
*187.	Capitula de missis instruendis. 829. initio.	I, 328.	7.
*188.	Capitulare missorum. 829. initio	I, 354.	9.
*189.	Tractoria de coniectu missis dando. 829. initio.	I, 328 c. 1.	10.
*190.	Capitula incerta. 829?	I, 329.	11.
*191.	Capitulare Wormatiense. 829. Aug.	I, 350.	11.
*192.	Capitulare missorum Wormatiense. 829. Aug.	I, 351.	14.
*193.	Capitulare pro lege habendum Wormatiense. 829. Aug.	I, 353.	17.
*194.	Regni divisio. 831. Febr.?	I, 357.	20.

XIV. Additamenta ad Hludowici Pii capitularia.

*195.	Capitula de praescriptione temporis.	I, 355 in notis	25.
*196.	Episcoporum ad Hludowicum imperatorem relatio. 829. Aug.	I, 332.	26.
*197.	Episcoporum de poenitentia, quam Hludowicus imperator professus est, relatio Compendiensis. 833. Oct.	I, 366.	51.
*198.	Agobardi cartula de poenitentia ab imperatore acta. 833. Oct.	I, 369.	56.
*199.	Ebbonis Remensis archiepiscopi resignatio. 835. Mart. 4.	I, 370.	57.
*200.	Divisio imperii. 839. Iun.	I, 373.	58.

XV. Capitularia Hlotharii I. et regum Italiae.

*201.	Hlotharii capitulare Papiense. 832. Febr.	I, 360.	59.
*202.	Hlotharii capitulare missorum. 832. Febr.	I, 437.	63.
*203.	Hlotharii capitulare de expeditione contra Sarracenos facienda. 846. fere Oct.	deest.	65.
*204.	Hlotharii, Hludowici et Karoli conventus apud Marsnam primus. 847. Febr.	I, 393.	68.
*205.	Hlotharii, Hludowici et Karoli conventus apud Marsnam secundus. 851. aestate.	I, 408.	72.
206.	Hlotharii et Karoli conventus apud Valentianas. 853. Nov.	I, 422.	75.
207.	Hlotharii et Karoli conventus Leodii habitus. 854. Febr.	I, 427.	76.

		Pertzii editio.	Nova editio.
*208.	Hludowici II. capitulum Italicum originis incertae. 844—850?	I, 388.	pag. 78.
209—211.	Hludowici II. capitularia intra annos 845—850. edita.		
	209. Hludowici II. commonitorium episcopis Papiae traditum. 845—850.	I, 430.	79.
	210. Capitula episcoporum Papiae edita. 845—850. . .	I, 430.	80.
	211. Hludowici II. capitulare. 850.	I, 434.	83.
212. 213.	Capitularia a. 850. exeunte Papiae facta.		
	212. Capitula comitibus Papiae ab Hludowico II. proposita. 850. exeunte.	I, 405.	84.
	213. Hludowici II. capitulare Papiense. 850. exeunte. .	I, 405.	85.
214.	Hludowici II. capitula Papiensia in legem data. 855. Iul. 20.	I, 436.	88.
215.	Capitulare Papiense pro lege tenendum. 856. ineunte .	I, 435.	90.
216.	Capitula Papiae optimatibus ab imperatore pronuntiata. 865. Febr. 4.	I, 433.	91.
217.	Capitulare missorum. 865. post Febr. 4.	I, 434.	93.
218.	Constitutio de expeditione Beneventana. 866. ineunte. .	I, 504.	94.
219.	Capitula singillatim tradita Hlothario vel Hludowico II. adscripta. . . . . vel desunt vel	I, 437. 528.	97.
220.	Karoli II. imperatoris electio. 876. Febr.	I, 528.	98.
221.	Karoli II. capitulare Papiense. 876. Febr.	I, 530.	100.
222.	Widonis capitulatio electionis. 889. Febr.	I, 554.	104.
223.	Widonis regis capitulum singillatim traditum. 889. Febr. —891. Febr.	deest.	106.
224.	Widonis imperatoris capitulare Papiense legibus addendum. 891. Mai. 1.	I, 556.	107.
225.	Lamberti capitulare Ravennas. 898.	I, 564.	109.

XVI. Additamenta ad capitularia Hlotharii I. et regum Italiae.

*226.	Ebbonis Remensis archiepiscopi restitutio. 840. Aug. .	I, 374.	111.
*227.	Synodus ad Theodonis villam habita. 844. Oct. . . .	I, 380.	112.
*228.	Synodus Papiensis. 850.	I, 396.	116.
229.	Iuramentum Romanorum Arnolfo imperatori praestitum. 896. Febr.	I, 561.	123.
230.	Synodus Ravennas. 898	I, 562.	123.
231.	Berengarii promissio Angiltrudae data. 898. Dec. 1. . .	I, 565.	126.
232.	Capitula incerta.	I, 191, c. 2. 3.	127.

XVII. Pacta et praecepta Venetica.

	Praefatio ad pacta et praecepta Venetica.		129.
233.	Pactum Hlotharii I. 840.	deest.	130.
234.	Praeceptum Hlotharii I. 840. Sept. 1.	—	136.
235.	Praeceptum Hludowici II. 856. Mart. 23.	—	137.
236.	Pactum Karoli III. 880. Ian. 11.	—	138.
237.	Praeceptum Karoli III. 883. Mai. 10.	—	141.
238.	Pactum Berengarii I. 888. Mai. 7. (11.)	—	143.
239.	Praeceptum Widonis imperatoris. 891. Iun. 20. . . .	—	147.
240.	Praeceptum Rudolfi. 924. Febr. 29.	—	148.
241.	Praeceptum Hugonis. 927. Febr. 26.	—	150.

XVIII. Capitularia regum Franciae orientalis.

		Pertzii editio.	Nova editio.
	Hlotharii, Hludowici et Karoli conventus apud Marsnam primus. 847. Febr.	I, 393.	pag. 68.
	Hlotharii, Hludowici et Karoli conventus apud Marsnam secundus. 851. aestate.	I, 408.	72.
242.	Hludowici, Karoli et Hlotharii II. conventus apud Confluentes. 860. Iun. 1—7.	I, 468.	152.
243.	Hludowici, Karoli et Hlotharii II. conventus apud Saponarias. 862. Nov. 3.	I, 483.	159.
244.	Hludowici et Karoli pactum Tusiacense. 865. Febr. 19.	I, 499.	165.
245.	Hludowici et Karoli pactiones Mettenses. 867.	I, 508.	167.
246.	Hludowici Iunioris et Hludowici Balbi conventio Furonensis. 878. Nov. 1.	I, 545.	168.

XIX. Additamenta ad capitularia regum Franciae orientalis.

*247.	Hludowici et Karoli II. pactum Argentoratense. 842. Febr. 11.	I, 375.	171.
	Synodus ad Theodonis villam habita. 844. Oct.	I, 380.	112.
248.	Concilium Moguntinum. 847. Oct. 1.	deest.	173.
249.	Concilium Moguntinum. 852. Oct. 3.	I, 410.	184.
250.	Pactiones Aquenses. 870. Mart. 6.	I, 516.	191.

ERRATA.

pag. 30. *lin.* 49. *pro* VI, col. 760. *legas:* III, col. 1096.
pag. 31. *lin.* 49. *pro* VII, col. 701. *legas:* IV, col. 417.
pag. 75. *lin.* 9. *pro* 850. *legas:* 853.
pag. 123. *lin.* 12. *adde:* (P. 561).

XIII.

HLUDOWICI PII CAPITULARIA.

828–840.

184–193. CAPITULA ANNO 828. ET 829. EDITA. 828. 829

In concilii Parisiensis sexti actis, quae anno 829. *die sexto mensis Iunii (cfr. Mansi XIV, col.* 535*) Hludowico imperatori transmissa sunt, exstat episcoporum quaedam ad eum data epistola (nr.* 196*), qua de imperatoris consilio imperii statum constitutionibus reformandi et de capitulis ab ipso editis verba fiunt. Dicunt episcopi imperatorem anno ante hanc epistolam datam, anno igitur* 828, *generale ieiunium triduanum per totum regnum celebrari iussisse et simul edixisse se in placito generali de statu imperii reformando acturum esse. Huius ieiunii generalis et huius placiti habendi mentio etiam fit in Hludowici quadam epistola generali infra nr.* 185. *edita, quae eodem anno scripta est, quo ieiunium generale indictum erat et minus placitum habitum est. Illud autem edictum nobis non est traditum. Narrat deinde episcoporum epistola propter hostes in regnum ingressos (anno* 827. *Einh. ann.) concilium illud generale non fuisse celebratum, imperatorem autem hieme insequenti cum quibusdam saltem fidelibus placitum habuisse, quod eadem illa Hludowici epistola generalis confirmat. In hoc minore placito, ut utraque epistola refert, imperatorem quatuor episcoporum synodos in diversos imperii locos convocasse, de causis, quae ad tempus emendatione dignae visae fuerint, congrua capitula digessisse strenuosque legatos, ut per eadem capitula emendanda emendarent, delegavisse. Quae in hoc minore placito hieme et, ut ex verbis epistolae generalis* hoc anno *(formae utriusque) et* praeterito anno *(formae maioris) apparet, iam mense Decembri anni* 828. *inito statuta sunt, maximam in partem ad nos devenerunt. Exstat enim constitutio de quatuor episcoporum synodis anno* 829. *habendis (infra nr.* 184*); exstat imperatorum epistola generalis, qua de his synodis convocatis missisque delegatis populo nuntiatur, ieiunia quoque generalia iterum indicantur (nr.* 185*); exstant quoque capitula ab episcopis deliberanda (nr.* 186*) et capitularia complura ad missos mense Aprili anni* 829. *delegatos pertinentia (nr.* 187–189, *fortasse etiam* 190*). Sed 'ad tempus' tantum quaedam in minore illo placito ordinata, alia in generale placitum dilata sunt (cfr. nr.* 188, *c.* 1*), quod mense Augusto anni* 829. *Wormatiae Einhardi annalibus et vita Hludowici testibus habitum est. In hoc conventu episcopi de quatuor synodorum deliberationibus imperatori retulerunt (cfr. infra nr.* 196*), praeterea autem capitularia edita sunt, quae codices manuscripti multi servaverunt (infra nr.* 191–193*).*

828. 184. CONSTITUTIO DE SYNODIS ANNO 829. IN REGNO FRANCORUM HABENDIS.

828. Dec.

Legitur in codicibus: 1) *Paris.* 4417 *fol.* 252ᵛ. 2) *Bamberg.* 60 *fol.* 68ᵛ. 3) *Paris.* 10758 *pag.* 260. 4) *Paris.* 4628 *A fol.* 146. 5) *olim Paris.* 4761, *tum Ashburnh. Barrois* 75 *fol.* 18ᵛ. 6) *olim Cheltenham.* 1762 *(Meerm.* 605*), nunc Berolin. fol.* 70ᵛ. 7) *Paris.* 4638 *fol.* 72ᵛ. 8) *Vatic. Palat.* 582 *fol.* 75. 9) *Paris.* 9654 *fol.* 66. 10) *Vatic. reg. Christ.* 417. 11) *Schaffhus. bibl. eccl.* 75. 12) *Bonn.* 402.

In codd. 1. 11. *constitutioni inscriptio praefigitur:* Capitula a piissimo Hludowico edita, *quae ad constitutionem et capitula sequentia spectat.*

Constitutio hieme anni exeuntis 828. *edita est, cum Senonensis sedes archiepiscopalis vacans dicatur, Ieremias autem archiepiscopus die septimo mensis Decembris obierit, cuius successor Aldericus, cum missi dominici electum confirmare negarent (Bouquet VI,* 392. 393, *nr.* 15—17*) mense demum Iunio anni* 829. *consecratus est.*

Synodi Parisiis habitae amplus apparatus nobis traditur (Mansi XIV, 529—604, *et infra nr.* 196*); de Moguntina synodo epistolae quaedam Fuldenses referunt, quas edidit E. Dümmler in Forschungen zur deutschen Geschichte V,* 387—388; *de Lugdunensi et Tolosana nihil aliunde constat.* *(B. I,* 653; *P. I,* 327.*)*

Anno sexto decimo regnante domno nostro Hludowico conventus episcoporum debet fieri in quattuor locis, id est Magontiaco[a], in quo isti archiepiscopi cum eorum suffraganeis convenire debent: Autcarius[b 1], Hadebaldus[2], Heti[c 3], Bernoinus[d 4]. In Parisio[e]: Ebo[f 5], Ragnowardus[g 6], Lantramnus[7], archiepiscopus Senonis qui fuerit[8], cum eorum suffraganeis. In Lugduno: Agobardus[9], Bernardus[10], Andreas[11], Benedictus[h 12], Agaricus[13] cum eorum suffraganeis[h]. In[i] Tolosa: Noto[14], Bartolomaeus[15], Adalelmus[16], Agiulfus[k 17] cum eorum suffraganeis[i]. In quibus conventibus tractare, quaerere et cum Dei adiutorio invenire debent de causis ad religionem christianam et eorum curam pertinentibus, et quid a principibus[l 18] et reliquo populo vel ita, ut divina auctoritas docet, aut aliter teneatur, vel quid inde ex parte vel ex toto dimissum sit, ut non teneatur; deinde quid in ipsorum, qui pastores populi constituti sunt, moribus, conversatione et actibus inveniri possit, quod divinae regulae atque auctoritati non concordet, simulque invenire, quae occasiones in utroque ordine id effecerint, ut a recto tramite deviassent. Et[m] quicquid ab eis de his causis inventum fuerit,

a) Mogontiaco 3. 4; Maguneiaco 9; in Magontiaco 10; Mogontia 7. b) aut vicariis 2. c) Ethi 1; Hetti 5. d) Bernuinus 2—8. e) Parisiaco *corr.* Parisio 3. f) Ebbo 7—9. g) Ragowardus 2; Rainowardus 4. 10. Rainoardus 9. h) Benedictus ... suffraganeis *posita sunt ante* In quibus 10. i) In Tolosa ... suffraganeis *posita sunt ante* In Lugduno 2—6; *desunt* 7. 9. k) Aiulfus 2—6. l) qui a pr. 3. 6. 7; qui ad principibus 5. m) ut 3—11.

1) *Mogontinus.* 2) *Coloniensis.* 3) *Trevirensis.* 4) *Vesontionensis.* 5) *Remensis.* 6) *Rotomagensis.* 7) *Turonensis.* 8) *Ieremias obierat die* 7. *mensis Dec. a.* 828, *successit ei Aldericus, qui consecratus est die* 6. *mensis Iunii a.* 829. 9) *Lugdunensis.* 10) *Viennensis.* 11) *Tarantasiensis.* 12) *Aquensis.* 13) *Ebredunensis.* 14) *Arelatensis.* 15) *Narbonensis.* 16) *Burdegalensis.* 17) *Bituricensis.* 18) *Imperatore et filiis eius; cfr. Epistola generalis infra nr.* 185, *p.* 4, *l.* 21 *sq.; Episcoporum relatio nr.* 196, *c.* 55; *Sickel, Acta regum et imperatorum Karolinorum I, p.* 176, *n.* 1; *aliter Waitz, Deutsche Verfassungs-Geschichte IV*², *p.* 327, *n.* 1. *[K.]*

tam sollerti cura custodiatur, ut nullatenus ad aliorum notitiam pervenire permittant ante tempus constitutum; et ideo unus notarius inter omnes eligatur, qui[n] quod[n] ipsi invenerint subtiliter describat et sub iuramento constrictus fideliter conservet. 828.

Volumus[o] etiam ipsorum conventum fieri octavas pentecosten[19]; missi vero nostri suam incipiant legationem peragere octavas paschae[20].

n) quicquid 3. 5. 6. o) Volumus ... paschae *leguntur in codd.* 1—11; *om. Sirm. et unus Baluzii codex.*

19) *Die* 28. *mensis Maii; cfr. infra nr.* 189. *et Epistola generalis nr.* 185, *n.* 3. 20) *Die* 4. *mensis Aprilis; cfr. infra nr.* 189.

---

185. HLUDOWICI ET HLOTHARII EPISTOLA GENERALIS.

828. Dec.

A Sirmondo (Concilia II, p. 464. 475*) et Baluzio edita est duplex forma, maior et minor; maiorem duorum codicum ope, uno bibliothecae Thuaneae vetustissimo, altero monasterii Rivipullensis, Baluzius se edidisse dicit, ipsaque forma invenitur etiam in codice Vaticano* 3827, *in quo in fronte actorum concilii Parisiensis sexti anno* 829. *celebrati legitur; minorem editiones tantum anteriores nobis praestant.*

In epistola minore de quatuor episcoporum conventibus habendis, de missis ablegandis, de ieiuniis post pentecosten celebrandis, de expeditione exercitali praeparanda agitur, neque haec epistolae forma suspicionem movet. Maior contra epistolae forma, an genuina sit, equidem admodum dubitaverim. Prima ipsius pars cum alia forma omnino consentanea est; deinde autem in forma maiore tam humiliter et se ipsos arguentes imperatores dicere, tam miro modo nobiles ('tyrannos') et populum recte et iuste contra sese esse rebelles affirmare videntur, ut haec epistolae pars maxime suspecta mihi quidem appareat. Anno saltem 828. *non adeo humilis et contritus apud rerum scriptores Hludowicus existit, ut verba ad populum directa ipsi tribuere possimus:* Quis enim non sentiat Deum nostris p r a v i s s i m i s actibus esse offensum; — nec illud dubitamus ex iusta vindicta Dei evenire, quod scandala per tyrannos exsurgunt; — et idcirco m e r i t o creaturae Dei nobis concessae contra nos ingratos pugnant, *vel alia plura, quae neque ita neque similiter leguntur in epistolae forma minore. Accedit, quod ultima longioris epistolae pars ad verbum e constitutione supra edita desumpta est. Quibus de causis haec maior epistola a quodam imperatoris inimico consuta et falsata haberi possit. Sunt quidem (cfr. Hefele, Conciliengeschichte IV*², *p.* 55; *Böhmer-Mühlbacher nr.* 828*), qui dicunt maiorem epistolam episcopis, minorem populo fuisse destinatam: cui rei contrarium videtur, quod in utraque forma epistola* omnibus fidelibus sanctae Dei ecclesiae et nostris *pariter inscripta est; fortasse etiam et quod episcopi Parisiis in concilio adunati non hanc epistolam allegant, sed constitutionem potius cum ipsa consentaneam (Mansi XIV,* 535. 593*:* a recto tramite deviassent, *uti legitur in constitutione illa, cum contra in epistola legatur:* ut a recto tramite deviatum sit*), et quod referunt de missis directis, quorum nulla mentio fit in forma maiore.*

Sirmondus et Baluzius epistolae inscriptionem praefigunt: Incipit epistola *(*ep. caesarea *uno loco Baluzius),* quae generaliter populo Dei *(*Dei *om. Sirm.)* est legenda, *cui inscriptioni concordat, quod epistola datam se dicit* omnibus fidelibus sanctae Dei ecclesiae et nostris. *Epistolae sane tenor et potissimum allocutio, quae in utraque ipsius forma legitur:* sollertia vestra, *optimates potius quam universum populum spectare videtur.*

828. *Epistolam constitutioni supra editae vel aequalem vel paucis tantum diebus esse posteriorem pro certo ex ipsis collatis collegendum est.*

Minorem formam littera A, maiorem littera B signavimus.

(*B. I*, 653 *et* 657; *P. I*, 329.)

In nomine domini Dei et salvatoris nostri Iesu Christi Hludowicus et Hlotharius divina ordinante providentia imperatores augusti omnibus fidelibus sanctae Dei ecclesiae et nostris.

Recordari vos credimus, qualiter hoc anno consilio sacerdotum et aliorum fidelium nostrorum generale ieiunium per totum regnum nostrum celebrare iussimus Deumque tota devotione deposcere, ut nobis propitiari[a] et[a], in quibus illum maxime offensum[b] haberemus[b], nobis manifestare et ut ad correctionem nostram necessariam tranquillum tempus nobis tribuere dignaretur. Volueramus siquidem tempore congruo placitum nostrum generale habere et in eodem[c] de communi correctione agere; et ita Deo miserante fieret, nisi commotio inimicorum, sicut nostis, praepedisset. Sed quia tunc fieri non potuit iuxta voluntatem nostram, visum nobis fuit praesens placitum cum aliquibus ex fidelibus nostris habere et in eo de his, quae propter praedictum impedimentum remanserunt, qualiter ad effectum pervenirent, Domino adiuvante considerare. Quapropter nosse volumus solertiam vestram, quod in isto praesenti placito cum fidelibus nostris consideravimus, ut primo omnium archiepiscopi cum suis suffraganeis in locis congruis tempore opportuno convenirent et ibi tam de sua quam de omnium nostrum correctione et emendatione secundum divinam auctoritatem quaerendo invenirent et nobis atque fidelibus nostris secundum ministerium sibi commissum adnuntiarent.

A.

Item consideravimus, ut missos nostros per universum regnum nostrum mitteremus, qui de omnibus causis, quae ad correctionem pertinere viderentur, quanto potuissent studio, decertarent et, quicquid possibile invenirent, per semetipsos[d] nostra auctoritate corrigerent et, si aliqua difficultas in qualibet re eis obsisteret, ad nostram notitiam deferre curarent. Quapropter volumus, ut vos omnes propter communem salutem et regni honorem ac populi utilitatem obedientes et adiutores missis nostris in omnibus pro viribus esse non neglegatis; simulque sciatis ob hanc causam nos velle per singulas hebdomadas uno die in palatio nostro ad causas audiendas sedere[1], ut per hunc aut illum comitem et providentia missorum et obedientia populi nobis manifestius appareat.

B.

Quis enim non sentiat Deum nostris pravissimis actibus esse offensum et ad iracundiam provocatum, cum videat tot annis multifariis flagellis iram illius in regno nobis ab eo commisso desaevire, videlicet in fame continua, in mortalitate animalium, in pestilentia hominum, in sterilitate pene omnium frugum, et, ut ita dixerim, diversissimis morborum cladibus atque ingentibus penuriis populum istius regni miserabiliter vexatum et afflictum atque omni abundantia rerum quodam modo exinanitum? Nec illud etiam dubitamus ex iusta vindicta illius evenire, quod saepe scandala per tyrannos in hoc regno exsurgunt, qui pacem populi christiani et unitatem imperii sua pravitate nituntur scindere. Nam et illud nihilominus peccatis nostris deputandum est, quod inimici[2] Christi nominis praeterito

a) propitiaret *A.* b) offenderimus *B.* c) eo *B.* d) presentaliter *Bal.*

1) *Cfr. infra Capitulare missorum nr.* 192, *c.* 14: Hoc missi nostri notum faciant, quod nos in omni hebdomada unum diem ad causas audiendas et iudicandas sedere volumus. 2) *Sarraceni; Annales Einh.* 827 (*SS. I, p.* 216).

A.

Et, ut haec omnia successum habeant, volumus, ut generale triduanum ieiunium secunda feria post octabas pentecosten[3] celebrandum indicetur et generaliter ab omnibus cum summa devotione observetur.

Et quia undique inimicos sanctae Dei ecclesiae commoveri et regnum a Deo nobis commissum infestare velle cognoscimus, praecipimus atque iubemus[4], ut omnes homines per totum regnum nostrum, qui exercitalis itineris debitores sunt, bene sint praeparati cum equis, armis, vestimentis, carris et victualibus; ut, quocumque tempore eis a nobis denuntiatum fuerit, sine ulla mora exire et, in quamcumque partem necessitas postulaverit, pergere possint et tamdiu ibi esse, quamdiu necessitas postulaverit.

B. 828.

anno in hoc regnum ingressi depraedationes, incendia ecclesiarum et captivationes christianorum et interfectiones servorum Dei audenter et impune, immo crudeliter, fecerunt. Agitur siquidem iusto iudicio Dei, ut, quia[e] in cunctis delinquimus, interius simul et exterius flagellemur. Beneficiis quippe Dei evidenter existimus ingrati, quoniam his non ad voluntatem Dei, sed ad libitum nostrum carnalem uti invenimur. Et idcirco merito creaturae Dei nobis divinitus concessae pro Deo contra nos ingratos pugnant, iuxta illud: 'Pugnabit[5] pro eo orbis terrarum contra insensatos'. Verum, quia tot modis vexamur atque percutimur, ad eum, a quo percutimur, toto corde dignum necessariumque est ut revertamur, quatenus illud propheticum in nobis impleatur, quo dicitur: 'Sola[6] vexatio intellectum dabit auditui'. Sed quia pius et clemens Dominus sic ipsum flagellum moderatur, ut non ad interitum, sed potius ad correctionem nostram inferre videatur, debemus in conspectu eius veraciter humiliari et faciem illius in confessione praevenire eiusque pietatem pronis mentibus exorare, ut, qui fecit nos iustissima dispensatione flagella sentire, faciat nobis peccata nostra, pro quibus iuste ab eo flagellamur, cognoscere et, in quibus maxime illum offendimus et iram illius provocavimus, manifestius intelligere, ut post, eo miserante, prava deserendo et corrigendo, bona etiam sectando et tota cum devotione exsequendo, valeamus per spiritum humilitatis et animam contritam sacrificium Deo debitum offerre iramque illius indignationis evadere et per dignam congruamque correctionem et bonorum operum exhibitionem gratiam eius propitiationis, licet indigni, promereri. At, quia nos magis in hoc peccasse cognoscimus, qui forma salutis omnibus esse debuimus et omnium curam gerere et per auctoritatem imperialem pravorum acta, ne tantum adcrescerent[f], corrigere, cupimus Domino nobis propitio in conspectu pietatis illius per dignam satisfactionem veniam adipisci et per saluberrimam correctionem vel per bonum studium, quod nostra desidia et ignorantia hactenus neglectum est, consultu fidelium tempore opportuno, quantum in nobis est, studiosissime emendare et nostram in hoc voluntatem omnibus manifestam facere.

Quapropter statuimus atque decrevimus cum consultu sacerdotum caeterorumque fidelium nostrorum huius rei gratia ob placandum scilicet contra nos nobisque subiectos Domini furorem conventus eorundem episcoporum in quatuor imperii nostri locis congruentissime fieri. Primo[7] scilicet in Moguntiacensi urbe, ubi conveniant metropolitani[g] Autgarius, Hadabaldus, Hethi, Bernuinus cum suffraganeis suis; secundo

e) qui *Sirm.* f) adolescerent *Sirm.* g) archiepiscopi *Bal.*

3) *Mensis Maii die vicesimo quarto; die vicesimo tertio eiusdem mensis synodorum initium indictum erat; cfr. nr.* 184. 4) *Cfr. infra nr.* 186, *c.* 7. 5) *Sap. Sal.* 5, 21. 6) *Ies.* 28, 19.
7) *Epistola hinc inde usque ad finem ad verbum fere consentit cum constitutione de episcoporum conventibus quatuor habendis nr.* 184.

828. quoque in Parisiorum urbe, ubi futurus antistes Senonicus et Ebbo, Ragnoardus et Landramnus metropolitani[h] cum suffraganeis suis conveniant; tertio vero apud Lugdunum, ubi Agobardus, Bernardus, Andreas, Benedictus, Agericus cum suffraganeis suis similiter conveniant; quarto etiam apud Tolosam urbem, quo simul conveniant Notho, Bartolomaeus, Adalelmus, Agiulfus cum suffraganeis suis. In quibus conventibus tractare, quaerere et cum Dei adiutorio invenire debent de causis ad religionem christianam et eorum curam pertinentibus, quid a principibus et reliquo populo vel ita, ut divina auctoritas docet, aut aliter teneatur, vel quid inde ex parte vel ex toto dimissum sit, ut non teneatur; deinde quid in ipsorum, qui pastores populi constituti sunt, moribus, conversatione et actibus inveniri possit, quod divinae regulae atque auctoritati non concordet, simulque inveniant, quae occasiones in utroque ordine id effecerint, ut a recto tramite deviatum sit. Et quicquid de his causis inventum fuerit, tam sollerti cura custodiatur, ut nullatenus ad aliorum notitiam pervenire permittant ante tempus constitutum; et ideo unus notarius inter omnes eligatur, qui quod ipsi invenerint describat et ipse sub iuramento constrictus[i] ea, quae inventa et digesta fuerint, diligenter fideliterque conservet.

h) *om. Bal.* i) *om. Sirm.*

186. CAPITULA AB EPISCOPIS IN PLACITO TRACTANDA.

829. initio.

Exstant in codicibus: 1) *Paris.* 4417 *fol.* 253. 2) *Bamberg.* 60 *fol.* 69. 3) *Paris.* 10758 *pag.* 260. 4) *Paris.* 4628 *A fol.* 146*v*. 5) *olim Cheltenham.* 1762 *(Meerm.* 605*), nunc Berolin. fol.* 71*v*. 6) *Paris.* 4638 *fol.* 73. 7) *Vatic. Palat.* 582 *fol.* 75*v*. 8) *Paris.* 9654 *fol.* 66. 9) *Vatic. reg. Christ.* 417. 10) *Schaffhus. bibl. eccl.* 74. 11) *Bonn.* 402.

In codicibus omnibus excepto Bonnensi haec capitula continuo sequuntur constitutionem de conventibus episcoporum convocandis inscripta: Haec capitula ab episcopis tractanda sunt, *eademque inscriptio constitutionem in codice etiam Ashburnh. Barrois* 73 *insequitur, in quo autem praefixa est capitulari infra nr.* 191. *edito. Unde apparet haec capitula non esse capitulare missorum, ut coniecit Simson, Jahrbücher des Fränkischen Reichs unter Ludwig dem Frommen I, p.* 310, *n.* 7. *et Böhmer-Mühlbacher nr.* 827. *Sunt potius propositiones, de quibus episcopi deliberarent non tam in synodis quam in eo placito, quod imperatores habuerunt* cum quibusdam fidelibus. *Capitulum sane septimum natura diversum est et fortasse separandum ab antecedentibus; tamen in codicibus omnibus capitibus sex prioribus tamquam septimum additur, in cod.* 11. *cum antecedenti in unum conjungitur et a Karolo etiam Calvo in Capitulari Pistensi anni* 864. *capite* 27. *plene allegatur praemissis verbis:* ut iuxta regium capitulare, quod domnus et genitor noster anno XVI. regni sui capitulo septimo constituit.

Capitula, ut tam Pistense illud edictum quam codices demonstrant, haud dubie constitutione hieme 828. *emissa paulo posteriora habenda sunt. (B. I,* 653; *P. I,* 327.*)*

Haec capitula ab episcopis tractanda sunt*.

1. De decimis, quae ad capellas[a] dominicas[a] dantur, et hominibus[b], qui eas habent et[c] in suos usus convertunt[d].

*) Haec epistola ab episcopis tractata est 1.

a) capellam dominicam 10. b) ad homines 8. c) *om.* 10. d) conversos 10.

2. De feminis[1], quae in quibusdam locis inrationabiliter sanctum[e] velamen sibi imponunt. 829.

3. Similiter de monasteriolis puellarum in legatione[2] Autgarii, in quibus nullus ordo bonae conversationis tenetur.

4. De monasteriolis etiam diversis in missatico Albrici[3].

5. De iudicio aquae frigidae[4].

6. De his, qui usuris inserviunt[5].

---

7. Volumus[6] atque iubemus, ut missi nostri diligenter inquirant, quanti homines liberi in singulis comitatibus maneant, qui per se possint expeditionem facere, vel quanti de his, quibus unus alium adiuvet, quanti etiam de his, qui a[f] duobus tertius adiuvetur[g] et praeparetur[h], necnon[i] de his, qui a tribus quartus adiuvetur[k] et praeparetur[h i], sive[l] de his, qui[f] a quattuor quintus adiuvetur[k] et praeparetur[h l], eandem[m] expeditionem[n] exercitalem facere possint; et eorum summam ad nostram notitiam deferant.

e) velamen sibi sanctum 3–6. 9. f) a duobus *usque ad* sive de his qui *propter homoioteleuton* de his qui *om.* 1. g) additur 2–4. 7. 9, *corr.* adiuvetur 5, *corr.* adiuvatur 8. h) praeparatur 3. 6. 8, *corr.* praeparetur 5. i) necnon … praeparetur *om.* 4. 10. k) adiuvatur 3. 6. 8, *corr.* adiuvetur 5. l) sive … praeparetur *om.* 9. m) ut eandem 1. 6. 10. n) expeditionem et exercitale opus facere 1. 10.

1) *Episcoporum relatio* 829. *infra nr.* 196, *capp.* 47, 51: quod sepe in vestris conciliis prohibitum est; — de quibus in aliis conventibus coram serenitate vestra iam dudum ventilatum et definitum est. *Cfr. etiam Cap. ecclesiast.* 818. 819, *tom. I, p.* 278, c. 21. *[K.]* 2) *Moguntina? Cfr. supra nr.* 184, *n.* 1. 3) *Lingonensis episcopus (tom. I, p.* 308, *n.* 12*)? Albericus Lingonensis episcopus tamquam Hludowici missus commemoratur etiam in documento quodam Hlotharii apud Bouquet VIII,* 376, *nr.* 16. *edito; Böhmer-Mühlbacher nr.* 1042. 4) *Cfr. infra nr.* 192, c. 12. 5) *Cfr. Episcoporum relatio infra nr.* 196, c. 54. 6) *Cfr. epistola antecedens p.* 5, *A. l.* 10 *sqq.; Boretius, Beiträge zur Capitularienkritik p.* 90 *sq. [K.]*

187. CAPITULA DE MISSIS INSTRUENDIS.

829. initio.

Leguntur in codicibus: 1) *Paris.* 10758 *pag.* 272. 2) *Paris.* 4628*A fol.* 153[v]. *Apud Sirmondum (Concil. II, p.* 465*) inscripta sunt:* Haec sunt capitula de instructione missorum. *Data videntur, ut secundum ea missi eligantur, instruantur et delegentur, et bene congruunt cum illis reliquis capitulis illaque legatione, quae anni* 829. *initio emissa sunt (nr.* 188. 189*). Initio capitula mutila sunt vel tantum inscriptione carent (*Dicendum est illis*); fortasse sub fine quoque mutila sunt (*quales inferius adnotatae sunt*) nisi forte, quod codices sane manuscripti dissuadent, Capitularia infra nr.* 191, 192. *edita, in quibus saepius* culpabiles in nostram praesentiam venire *infertur, his capitulis coniungenda sunt, ut coniecit Simson, Ludwig d. Fr. I, p.* 378; *cfr. etiam Böhmer-Mühlbacher nr.* 837. *(B. I,* 655; *P. I,* 328.*)*

….. Dicendum est illis, quia necesse est, ut intellegamus omnes communiter, quale periculum nobis immineat in eo maxime, quod in nostra neglegentia tanta et talia, per quae Deus offendi potuit et honor et honestas regni descrescere[a] ….. Adhuc autem

a) *Verbum excidisse videtur, fortasse* depravata sunt *(ut infra) vel* commisimus *vel* fieri permisimus, *ut coniecit Pertz.*

829. etiam aliam intellectum habemus neglegentiam ex priori occasione natam, id est, quod[1] ipsa legatio non ita peracta fuit, sicut ipsa necessitas deposcat; quamquam ex parte vos dicatis nos materiam in eo dedisse, quod non per omnia ad hanc necessitatem inquirendam plenam vobis dedissemus iussionem. Ideo summopere tractandum est, quomodo Domino adiuvante et in praesenti de his, quae per neglegentiam et incuriam depravata sunt, corrigantur et, ne ultra talia fiant, sollicite caveatur.

Post haec socii[2] denominandi sunt et tunc, qualis debeat esse legatio, iniungenda est.

Primo iniungendum est missis, ut hoc omnimodis caveant, ne populo in eorum profectione oneri sint, ne forte quibus subvenire debuerint adflictionem inferant[3].

Ut primo nostram populo voluntatem et studium et, qua intentione a nobis sint directi, per nostrum scriptum[4] nuntient[5].

Instruendi etiam sunt, quid inquirant.

In primis hoc maxime inquirant, quomodo hi, qui populum regere debent, unusquisque in suo ministerio se custoditum habeat, ut qui bene faciendo gratiarum actione digni sunt cognoscamus, qui vero correctionem et increpationem pro eorum neglegentiis merentur omnimodis nobis manifesti fiant[6].

Inquisitio autem hoc modo fiat.

Eligantur[7] per singulos comitatus qui meliores et veratiores sunt. Et si aliquis inventus fuerit de ipsis, qui fidelitatem promissam adhuc nobis non habeat, promittat. Et tunc instruendi sunt, qualiter ipsam fidem erga nos salvare debeant; id est, ut quicumque ex his talem causam scit in illis rectoribus et diversis ministris, qui populum regere et servare debent, de quibus interrogati fuerint, quae ad populi dampnum et detrimentum pertinet, et propter hoc nobis periculum animae evenire possit et inhonoratio[b], omnino, si salvam voluerit suam fidem et promissionem habere, manifestum faciat. Et si post talem ammonitionem et contestationem[c] aliter, quam se veritas habeat, dixisse aliquis deprehensus fuerit, sciat se inter infideles esse reputandum.

Haec sunt capitula, quae volumus ut diligenter inquirant.

Primo de episcopis, quomodo suum ministerium expleant, et qualis sit illorum conversatio, vel quomodo ecclesias et clerum sibi commissum ordinatum habeant atque dispositum, vel in quibus rebus maxime studeant, in spiritalibus videlicet aut in saecularibus negotiis.

Deinde, quales sint adiutores ministerii eorum, id est: corepiscopi[d], archidiaconi et vicedomni et presbyteri per parrochias eorum, quale scilicet studium habeant in doctrina, vel qualem famam habeant secundum veritatem in populo.

Similiter de omnibus monasteriis inquirant iuxta uniuscuiusque qualitatem et professionem.

Similiter et de ceteris ecclesiis nostra auctoritate in beneficio datis.

b) inoratio 1. c) *ita coniecit Sirm.*; constitutionem 1. 2. d) archypresbyteri *add. Sirm.*

1) *Similiter in legationis Capitulo tom. I, p.* 309. 2) *In singula missatica delegandi.* 3) *Cfr. Commemoratio missis data* 825, *tom. I, p.* 309, *c.* 2; *Cap. miss.* 819, *l. c. p.* 291, *c.* 24. 4) *Per epistolam generalem supra editam?* 5) *Cfr. Commemoratio missis data* 825, *tom. I, p.* 308, *c.* 2. *[K.]* 6) *Episcopi in synodo Parisiensi mense Iunio anni* 829. *ad Hludowicum dicunt (Mansi XIV, col.* 593*):* congrua capitula serenitas vestra digessit legatosque strenuos delegavit, ut per eadem capitula et flagitia malorum hominum punirent et bonorum laudem vestrae celsitudini notescerent. 7) *Cfr. Waitz, VG. III², p.* 468. *[K.]*

Utrum episcopi in circumeundo parrochias suas ceteras minores ecclesias gravent aut populo oneri sint, et si ab ipsis aut a ministris eorum indebita exsenia a presbyteris exigantur[8]. 829.

Simili modo de comitibus inquirant, quale studium de suo habeant ministerio, ut, qui bene exinde facit, cognoscemus; si aliter facit, et hoc nosse omnino volumus, id est: si populus per suam neglegentiam et desidiam iustitia et pace careat, aut si ipse sciens[e] aliquid iniuste factum habeat.

Deinde ergo, quales ministros habeat ad populum regendum vel missos, utrum iuste[f] in ipsis ministeriis agant, aut consentiente vel neglegente comite a veritate et iustitia declinent. Quae personae vel quibus causis culpabiles[g] ad praesentiam nostram venire debent, discernendum[h] est — exceptis episcopis, abbatibus, comitibus, qui ad placita nostra semper venire debent[h] — isti veniant, si talibus culpis et criminibus deprehensi fuerint, quales inferius[9] adnotatae[i] sunt.

e) aut nesciens *add. Sirm.* f) au iniuste *add. Sirm.* g) culpabili 1. h) discernendum ... debent *om.* 1. 2; *leguntur ipsa apud Sirm. et Bal.* i) adnoctae 1.

8) *Cfr. Richter, Kirchenrecht ed.* 8. *p.* 884. *[K.]* 9) *Cfr. praefationem ad hoc capitulare.*

188. CAPITULARE MISSORUM.

829. initio.

Capitula 1—5. *leguntur in codicibus:* 1) *olim Corbeiensi, nunc Hamburg. bibl. publ.* 83 *pag.* 154. 2) *olim Chelltenham.* 1737 *(Meerm.* 567*), nunc Berolin. fol.* 49[v] *inscripta:* Item alia capitula. *Capitula* 1—4. *exstant in codd.* 3) *Paris.* 10758 *p.* 274 *et* 4) *Paris.* 4628*A fol.* 154[v], *qui caput* 5, *mutilum tamen, paulo ante (p.* 271 *et fol.* 153[v]*) post insequentem tractoriam exhibuerunt; capitula* 1. 2. 4. *in cod.* 5) *Monac.* 3853 *fol.* 248[v] *et* 252.

Capitulare ab anterioribus editoribus placito Wormatiensi generali mense Augusto anni 829. *habito adscriptum est, sed haud dubie ante ipsum editum esse Brunner, Zeugen- und Inquisitionsbeweis im deutschen Gerichtsverfahren in 'Sitzungsberichte der kaiserlichen Akademie der Wissenschaften zu Wien, philos.-histor. Classe' tom. LI, p.* 442 *sq. recte dixit (cfr. etiam Böhmer-Mühlbacher, nr.* 831*). Res enim in capite primo ad generale placitum dilata postea in capitulari Wormatiensi (nr.* 191*) capite* 8. *vere ordinata est. Episcopi quoque secundum Parisiacae synodi canones imperatorem mense Iunio anni* 829. *alloquentes (infra nr.* 196, *c.* 34*) hoc caput primum tamquam paulo ante editum respicere videntur. Capitulare, quod non dubito, in placito cum paucis tantum fidelibus hieme anni* 828. 829. *habito missis quibusdam datum est; tam quae in ipsis continentur cum aliis capitulis aequalibus bene congruunt, quam quod de Mahtfrido capite tertio agitur eandem fere aetatem innuit.* *(B. I,* 673, *c.* 3—7; *P. I,* 354.*)*

1. Volumus, ut omnes[a] res ecclesiasticae eo modo contineantur, sicut res ad fiscum nostrum[b] contineri solent, usque dum nos ad generale placitum nostrum cum fidelibus nostris invenerimus et constituerimus, qualiter in futurum de his fieri debeat[1].

a) *deest* 3. 4. b) pertinentes *add. Bal.*

1) *Constitutum est in capitulari Wormatiensi infra nr.* 191, *c.* 8.

829. 2. Item[c] volumus, ut omnis inquisitio, quae de rebus ad ius fisci nostri pertinentibus facienda est, non per testes, qui producti fuerint, sed per illos, qui in eo comitatu meliores et veraciores esse cognoscuntur, per illorum testimonium inquisitio fiat[2], et iuxta quod illi[d] testificati fuerint, vel contineantur vel reddantur.

3. Item volumus, ut de rebus, quas Mahtfridus[e 3] per diversa loca et per diversos homines adquisivit, ipsi, qui easdem res ei dederunt, interrogentur, si aliquis eorum eas repetere velit. Et quicumque hoc se velle pronuntiaverit, ad generale placitum nostrum venire iubeatur, ut inde cum eodem Mahtfrido[f] rationem habere possit.

4. Volumus, ut missi nostri per totam legationem suam primo omnium inquirant, qui sint de liberis hominibus, qui fidelitatem nobis nondum promissum habeant, et faciant illos eam promittere, sicut consuetudo semper fuit[4]; et postea incipiant legationem suam per cetera capitula[5] peragere.

5. Volumus atque iubemus, ut missi[6] nostri diligenter inquirant, quanti homines liberi in singulis comitatibus maneant, qui possint expeditionem exercitalem per[g] se facere, vel[h] quanti de his, qui a duobus tertius adiutus et praeparatus, et de his, qui a tribus quartus adiutus et praeparatus, et de his, qui a quattuor quintus vel sextus adiutus et praeparatus ad expeditionem exercitalem facere[h], nobisque per brevem eorum summam deferant[i].

c) *Cum capite* 1. *in unum coniunctum in codd.* 3. 4. d) de (inde *coniecit Pertz.*) *add.* 1. e) *ita* 1. 2; Matfredus 3. 4. f) Matfrido 3. 4. g) per se *om.* 3. 4. h) vel ... facere *om.* 3. 4. i) Et qui necdum fidelitatem nobis promiserunt, cum sacramento nobis fidelitatem promittere faciant *add.* 3. 4; *cfr. infra nr.* 193, *c.* 7. *sub fine.*

2) *Brunner l. c. p.* 406 *sqq.* 3) *Mahtfrido Aurelianensi comiti, qui ignavum contra Sarracenos anno* 827. *se praestiterat, in placito Aquisgranensi mense Februario anni* 828. *habito honores adempti sunt (Einh. ann. SS. I, p.* 216 *sq. et Vita Hludow. c.* 41. 42. *SS. II, p.* 630 *sq.). His, qui res suas huic Mahtfrido tradiderant, ipsas repetere hic concedi videtur.* 4) *Cfr. Cap. de just. fac.* 811–813, *tom. I, p.* 177, *c.* 13; *Cap. miss. Niumag.* 806, *l. c. p.* 131, *c.* 2; *Cap. miss. Theod. II.* 805, *l. c. p.* 124, *c.* 9; *Cap. miss. gen.* 802, *l. c. p.* 92, *c.* 2; *Cap. miss.* 792 *vel* 786, *l. c. p.* 66, *c.* 1–4. *[K.]* 5) *Nobis non sunt tradita. [K.]* 6) *Cfr. supra p.* 7, *c.* 7.

---

189. TRACTORIA DE CONIECTU MISSIS DANDO.

829. initio.

Legitur sub fine capitulorum Wormatiensium anni 829. *in codicibus:* 1) *Paris.* 4417 *fol.* 259. 2) *Paris.* 10758 *pag.* 271. 3) *Paris.* 4628 *A fol.* 153. 4) *olim Paris.* 4761, *tum Ashburnh. Barrois* 73. 5) *olim Cheltenham.* 1762 *(Meerm.* 605*), nunc Berolin. fol.* 77*v*. 6) *Paris.* 4638 *fol.* 80. 7) *Vatic. Palat.* 582 *fol.* 78*v*. 8) *Paris.* 9654 *fol.* 70. 9) *Schaffhusan. bibl. eccl.* 74. 10) *Bonn.* 402.

Etiamsi capitulum Wormatiensibus capitulis in codicibus tamquam ultimum adnexum est, ante ipsa tamen initio anni 829. *vel paucis diebus ante editum esse oportet, respectis verbis in fine eius positis. Tractoria est, ut in Francorum regno dicebatur; cfr. Capp. legg. add.* 818. 819. *tom. I, p.* 284, *c.* 16; *Form. imper. nr.* 7 *(LL. Form. p.* 292*). Collata hac tractoria cum Hludowici capitulo tom. I, p.* 291, *c.* 29. *edito prodit* *nostram tractoriam coniectum missis, qui episcopi erant, dandum statuere; nam abbates, comites atque vassalli dominici minore tantum coniectu contenti esse debebant.* 829.

(B. I, 671 c. 1; P. I, 328 c. 1.)

Volumus, ut tale coniectum missi nostri accipiant, quando per missaticum suum perrexerint: hoc est, ut[a] unusquisque accipiat panes quadraginta, friskingas[b] duas, porcellum aut agnum unum, pullos[c] quatuor, ova viginti, vino sextarios octo, cervisa[d] modios duos[c], annona modios duos: et quando prope sunt de illorum domibus[1], nullum accipiant coniectum.

Volumus[e 2] etiam, ut octabas paschae incipiant suam agere legationem. Episcopi vero suum habere debent conventum octabas pentecosten[e].

a) *om.* 4. b) friskingias 6; frixingias 1; frixingas 8; frisingas 2. 4. c) pullos ... duos *om.* 6. d) sicera 1. 9. e) Volumus ... pentecosten *om.* 4; *leguntur in codd.* 1—3. 5—10.

1) *Cfr. Cap. miss.* 819, *tom. I, p.* 291, c. 26. 2) *Cfr. Constitut. de synodis convocandis supra p.* 3, *l.* 4 *sq.*

190. CAPITULA INCERTA.

829?

Sirmondus ipsa inter capitularia Wormatiensia (Concilia II, p. 473) servavit iisque inscriptionem dedit: Haec sunt capitula, quae ad plurimorum notitiam ad generalia placita (generale placitum *Baluzius)* sunt reservata, *quam inscriptionem fortasse ope capituli apud eum insequentis (supra nr. 188, c. 1) Sirmondus finxit. Utrum vere placito generali reservata an missis data sint, in incerto relinquo; anno 829. fortasse non immerito adscribuntur.* *(B. I, 671; P. I, 329.)*

1. De sacerdotibus a laicis vinctis et flagellatis.

2. De homine, qui ad servitium quaesitus et ereptus est ab uno herede, iterum caeteri heredes eum interpellare et adquirere conantur.

3. De comitibus et vicariis eorum, qui in aliquibus locis tantum accipiunt de coniectu populi ad minorem legationem quantum ad maiorem[1].

1) *Cfr. Cap. miss.* 819, *tom. I, p.* 291, *c.* 29.

---

191. CAPITULARE WORMATIENSE.

829. Aug.

Legitur in codicibus capitula anni 829. anteriora continentibus: 1) *Paris.* 4417 *fol.* 253[v]. 2) *Bamberg.* 60 *fol.* 69[v]. 3) *Paris.* 10758 *pag.* 261. 4) *Paris.* 4628*A fol.* 147 *et in eodem codice iterum* (4[b]) *fol.* 43. 5) *olim Paris.* 4761, *tum Ashburnh. Barrois* 73. 6) *olim Cheltenham.* 1762 *(Meerm.* 605*), nunc Berolin. fol.* 71[r]. 7) *Paris.* 4638 *fol.* 73[v]. 8) *Vatic. Palat.* 582 *fol.* 75[v]. 9) *Paris.* 9654 *fol.* 66[v]. 10) *Vatic. reg. Christ.* 417.

829. 11) *Schaffhus. bibl. eccl.* 74. 11*) *Bonn.* 402; *praeterea etiam in codicibus:* 12) *Monac.* 19416. 13) *olim Corbeiensi, nunc Hamburg. bibl. publ.* 83 *pag.* 145. 14) *olim Cheltenham.* 1737 *(Meerm.* 567*), nunc Berolin. fol.* 46. 15) *Monac.* 3853 *fol.* 249. 16) *Guelf. inter Blankenburg.* 130 *fol. fere* 119. *Capitula* 1—3. 7. *exhibent:* 17) *Gothanus* 84 *fol.* 407. 18) *Mutin. eccl. cath. Ord. I,* 2 *fol. fere* 181ʳ; *capitula* 2—5. 8—10: 19) *Ambros. A.* 46; *capitula denique* 1—3: 20) *Paris.* 4613 *fol.* 92. *Caput octavum omittitur in codd.* 13—16, *sed in cod.* 15. *postea, fol. scilicet* 261ᵛ, *suppletur; ultimo loco ponitur in solo cod.* 12, *quem Pertz secutus est, octavo vero in codd.* 1—11*.

Ex inscriptione apparere videtur haec capitula ecclesiastica secundum ea, quae missi e provinciis reversi tanquam emendanda retulerant, ab imperatore data esse; conventui Wormatiensi mense Augusto habito recte ab editoribus anterioribus tributa sunt. Hoc capitulare primum Ansegisi collectionem allegat, minus quidem accurate in capite nono. Codex 15. *capitulorum allegatorum textum plerumque omittit.*

(B. I, 663; *P. I,* 350.*)*

Haec[a] sunt capitula, quae aliqui ex missis nostris[b] ad nostrum notitiam detulerunt anno XVI. imperii nostri.

1. De[c] his, qui sine consensu episcopi presbyteros in ecclesiis suis constituunt vel de ecclesiis eiciunt et ab episcopo vel a quolibet misso dominico admoniti oboedire noluerint, ut bannum nostrum rewadiare cogantur et per fideiussores ad palatium nostrum venire iubeantur: et tunc nos decernamus, utrum nobis placeat, ut aut illum bannum persolvant[d], aut aliam harmiscaram[1] sustineant[d].

2. De[e] ecclesiis, quae inter coheredes divisae sunt[2], considerandum[f] est, quatenus, si secundum providentiam et admonitionem episcopi ipsi coheredes eas voluerint tenere et honorare, faciant; sin autem hoc contradixerint, ut in episcopi potestate maneat, utrum eas ita consistere permittat aut reliquias exinde auferat. Et ubi ad nostrum beneficium ecclesiae pertinentes ita divisae inventae fuerint, ut describantur[g] et nobis renuntietur.

3. De[h] ecclesiis destructis, ut episcopi et missi inquisitionem faciant, utrum per neglegentiam aut inpossibilitatem destructae sint. Et ubi neglegentia inventa fuerit, episcopali auctoritate emendare cogantur hi[i], qui eas[i] restaurare debuerant; si vero per inpossibilitatem contigit, ut aut plures sint, quam necesse sit, aut maioris magnitudinis, quam ut ex rebus ad eas pertinentibus restaurari possint, episcopus modum inveniat, qualiter congrue emendari et consistere possint.

4. De[k] uno manso ad ecclesiam dato, de quo aliqui homines contra statuta[l 3] sibi servitium exigunt, quicumque pro hac causa accusatus fuerit, comes vel missi hoc, quod inde subtractum est, presbyteris cum sua lege restituere faciant.

a) *Hanc inscriptionem exhibent* 4ᵇ. 13. 17. 18: Incipiunt capitula, que Ludowicus cesar et Hlotharius imperator filius eius cum consensu eorum fidelium dederunt *cod.* 15; Item alia *cod.* 14; *reliqui codd. a nobis adhibiti inscriptione carent. Sirmondus et secundum Baluzium, fortasse minus accurate, duo codices hanc inscriptionem exhibent:* Haec sunt capitula, quae propter interrogationem aliquorum missorum considerata et scripta vel ordinata sunt, sive de ecclesiasticis causis, sive de caeteris, quae ad correctionem maiorum hominum, et quae ad publicum honorem pertinent; quae sub tribus distinctionibus ordinata sunt. b) *om.* 13. c) De eo, qui sine consensu episcopi presbyterum de ecclesia eiecerit vel constituerit *rubr. in* 3. 4. d) persolvat ... sustineat 3—7. 12—15; *corr.* persolvant ... sustineant 1. e) De ecclesiis inter heredes divisis *rubr. in* 4; De ecclesiis, quae inter coheredes divisae sunt *rubr. in* 17. f) considerantum 2. 6. 10—18. 20. g) describatur 12—14. h) De destructione ecclesiarum *rubr. in* 4; De ecclesiis destructis *rubr. in* 17. i) qui eam, *om.* hi, 12—15. 17. k) Ne de manso ecclesiae dato contra sancita servitium exigatur *rubr. in* 3. 4. l) canonum statuta 7.

1) *Cfr. infra nr.* 218, *n.* 18. *[K.]* 2) *Cfr. Cap. eccles.* 818. 819, *tom. I, p.* 279, *c.* 29. 3) *Cfr. p.* 277, *c.* 10.

5.[m] De[n] his, qui nonas et decimas iam per multos annos aut ex parte aut ex 829.
toto dare neglexerunt, volumus, ut per missos nostros constringantur, ut secundum capitularem priorem[4] solvant unius anni nonam et decimam cum sua lege[5] et insuper bannum nostrum; et hoc eis denuntietur, quod, quicumque hanc neglegentiam iteraverit, beneficium, unde haec nona et decima persolvi debuit, amissurum se sciat[o]. Ita enim continetur in capitulare bonae memoriae genitoris nostri in libro primo, capitulo CLVII: 'Ut[6] qui ecclesiarum beneficia habent, nonam et decimam ex eis ecclesiae cuius res sunt donent. Et qui tale beneficium habent, ut[p] ad medietatem laborent, ut[q] de eorum portione proprio presbytero decimas donent.' Item in capitulare nostro in libro secundo, capitulo XXI. de eadem re: 'De[7] nonis quidem et decimis, unde et genitor noster et nos frequenter et in diversis placitis admonitionem fecimus et per capitularia nostra, qualiter haec observentur, ordinavimus, volumus atque iubemus, ut de omni conlaboratu[r] et de vino et feno fideliter et pleniter ab omnibus nona et decima persolvatur; de nutrimine vero pro decima, sicut actenus consuetudo fuit, ab omnibus observetur. Si quis tamen episcoporum fuerit, qui argentum pro hoc accipere velit, in sua maneat potestate, iuxta quod ei et illi, qui hoc persolvere debet, convenerit.'

6. Quicumque[s] decimam abstrahit de ecclesia, ad quam per iustitiam dari debet, et eam praesumptiose et[t] propter munera aut amicitiam vel aliam quamlibet occasionem ad alteram ecclesiam dederit, a comite vel a misso nostro distringatur, ut eiusdem decimae quantitatem cum sua lege restituat.

7. De[u] decimis, quae dare populus non vult, nisi quolibet modo ab eo redimantur, ab episcopis prohibendum est, ne fiat. Et si quis contemptor inventus fuerit et[v] nec episcopum nec comitem audire velit, si noster homo fuerit, ad praesentiam nostram venire conpellatur; ceteri vero distringantur, ut inviti ecclesiae restituant, quae[w] voluntario dare neglexerunt.

8. Ut de rebus ecclesiarum, quae ab eis per triginta annorum spatium sine ulla interpellatione possessae sunt, testimonia non recipiantur, sed eo modo contineantur, sicut res ad fiscum dominicum pertinentes contineri solent[8].

9. Quicumque[x] de rebus ecclesiarum, quas in beneficium habent, restaurationes earum facere neglexerint, iuxta capitularem anteriorem, in quo de operibus ac nonis et decimis constitutum est, sic de illis adimpleatur, id est in libro quarto, capitulo XXXVIII: 'De[y][9] opere et restauratione ecclesiarum[y]. Consideratum[z] est, ut de frugibus terrae et animalium nutrimine persolvantur. De opere vero vel restauratione ecclesiarum comes et episcopus sive abbas una cum misso nostro, quem ipsi sibi ad hoc elegerint, considerationem faciant, ut unusquisque eorum tantum inde accipiat

m) *Caput* 5. *ante caput* 4. *positum in cod.* 1. n) De nonis et decimis, quas quidam neegligant *rubr. in* 4. o) *Explicit caput* 5. *in cod.* 15, *sequitur caput* 6. *quasi capitis* 5. *altera pars.* p) et ad med. 12—14. q) et de eorum 3—6. 11—14. r) de annona *add.* 13. 14. s) De eo, qui decimam dare neglexerit ecclesiae cuius esse debet alterique ecclesiae eam dederit *rubr. in* 4. t) vel 6. 12—14. u) De decimis a populo dandis *rubr. in* 4; De decimis *rubr. in* 17. v) ut 17. w) qui 13; quod 14. 17. x) De his, qui ecclesias restaurare negligunt de rebus earum, quas in beneficium habeant *rubr. in* 4. y) *ita codd. omnes; rectius apud Anseg. et in Capitulari anni* 818. 819: De nonis et decimis. z) considerandum 12—14; constitutam 15.

4) *Cfr. Capp. per se scrib.* 818. 819, *tom. I, p.* 288, *c.* 5. *[K.]* 5) *Solidos sex; cfr. Capp. de reb. eccles.* 787—813, *l. c. p.* 186, *c.* 3; *Cap. Mantuan. II.* 787, *l. c. p.* 197, *c.* 8. 6) *Anseg. I,* 157, *l. c. p.* 413. 7) *Anseg. II,* 21, *l. c. p.* 418; *cfr. etiam Capp. per se scrib.* 818. 819, *l. c. p.* 287, *c.* 5. *[K.]* 8) *Cfr. supra p.* 9, *c.* 1, *et Brunner, Zeugen- und Inquisitionsbeweis p.* 442. *[K.]* 9) *Anseg. IV,* 38, *tom. I, p.* 442; *cfr. etiam Synod. Franconof.* 794, *l. c. p.* 76, *c.* 26. *[K.]*

829. ad operandum et restaurandum, quantum ipse de rebus ecclesiarum habere cognoscitur; similiter et vassi nostri aut in commune tantum operis accipiant, quantum rerum ecclesiasticarum habent, vel unusquisque per se iuxta quantitatem, quam ipse tenet. Aut si inter eos convenerit, ut pro opere faciendo argentum donent, iuxta aestimationem operis in argento persolvant: cum quo pretio rector ecclesiae ad praedictam restaurationem operarios[a] conducere et materiamen emere possit. Et qui nonas et decimas dare neglexerit, primum quidem illas cum sua lege restituat et insuper bannum nostrum solvat, ut ita castigatus caveat, ne saepius iterando beneficium amittat.'

10. De[b] illo[c], qui agros dominicatos propterea neglexit[d] excolere, ut nonam[e] cum decima[e] exinde non persolvat, et alienas terras ad excolendum propter hoc accipit, volumus, ut de tribus annis ipsam nonam et[f] decimam cum sua lege persolvat. Et si quis contemptor aut comitis aut missorum nostrorum propter hoc exstiterit, per fideiussores ad palatium venire compellatur.

a) operis 12—14. b) De his, qui agros dominicatos excolere negligunt, ne nonas ex eis persolvant *rubr. in* 4. c) illis 2. 3. 6. 7. 13. 14. 16; illis *corr.* illo 9. d) neglexerit 13. 14. e) nonas et decimas 6. 7; nonas 13. 14. f) et decimam *om.* 10. 13—15.

192. CAPITULARE MISSORUM WORMATIENSE.

829. Aug.

In codicibus manuscriptis omnibus, qui capitulare antecedens continent, ipsum continuo sequitur hoc alterum; in codice tantum 15. *capitulare, quod sequitur in editione nostra, inter utrumque inseritur. Codex* 20. *capita tantum* 2. 4. 5. 7. *exhibet; cod.* 19. *capita* 1. 2; *codices* 16—18. *omittunt caput* 1; *cod.* 10. *caput* 8; *cod.* 16. *capita* 13. 14; *codices* 17. 18. *etiam capitula* 5. 8. 15, *quod ultimum tamquam decimum tertium numeratur in codd.* 12—14.

Simson, Ludwig d. Fr. I, p. 378 *coniecit capitulare initio anni* 829. *esse datum et ad capitula de missis instruendis supra nr.* 187. *edita pertinere, ac sane capitula haec* 3. 12. *aequalia fere sunt quibusdam illius anni initio praeceptis. Tamen in codicibus manuscriptis omnibus haec capitula cum iis, quae in hac editione antecedunt et quae sequuntur, coniuncta leguntur, ut Wormatiensi potius conventui tribuenda videantur. Missis hoc capitulare datum esse potissimum capitibus* 12. 14. *(*Populo autem dicatur*) probatur, necnon capitibus* 2. 3. 4. *Capitula Ansegisiana tam in hoc quam in sequenti capitulari allegata saepius hic mutata apparent.* (*B. I,* 665; *P. I,* 351.)

Item[a] alia capitula.

1. De[b] beneficiis destructis hoc observetur, quod in[c] capitulare priori continetur, id est[c] in libro quarto, capitulo XXXVI[d]: 'Quicumque[e][1] suum beneficium occasione proprii desertum habuerit et intra annum, postquam ei a comite vel misso nostro notum factum fuerit, illud emendatum non habuerit, ipsum beneficium amittat[e].'

a) *Inscriptionem om.* 10. b) De eo, qui beneficium desertum fecit *rubr. in* 4. c) in ... id est *om.* 15. d) continetur *add.* 15. e) quicumque ... amittat *om.* 10. 15.

1) *Anseg. IV,* 36, *tom. I, p.* 442; *cfr. etiam Capitula* 807, *l. c. p.* 136, *c.* 4; *Cap. miss. Niumag.* 806, *l. c. p.* 131, *c.* 6; *Cap. miss. gen.* 802, *l. c. p.* 93, *c.* 6. *[K.]*

2. Ut[f] missi nostri, ubicumque malos scabinos[g] inveniunt[h], eiciant et totius populi consensu in locum eorum bonos eligant; et cum electi fuerint, iurare faciant, ut scienter[i] iniuste iudicare non debeant[k]. 829.

3. Ut[l] in omni comitatu hi, qui meliores et veratiores inveniri possunt[2], eligantur a missis nostris ad inquisitiones faciendas et rei veritatem dicendam[3] et ut adiutores comitum sint[4] ad iustitias faciendas.

4. Volumus[m], ut quicumque de scabinis deprehensus fuerit propter munera aut propter amicitiam vel[n] inimicitiam iniuste iudicasse, ut per fideiussores missus[o] ad praesentiam[p] nostram veniat[q]. De cetero omnibus scabinis denuntietur, ne quis deinceps etiam iustum iudicium vendere praesumat.

5. Ubicumque[r] commutationes tam tempore nostro quamque genitoris nostri legitimae[s] et rationabiles atque utiles ecclesiis Dei factae sunt, permaneant; ubicumque vero inutiles et incommodae atque inrationabiles factae sunt, dissolvantur[s], et recipiat unusquisque, quod dedit. Ubi vero mortua manus interiacet aut alia quaelibet causa, quae rationabilis[t] esse videtur, inventa fuerit, diligenter describatur et ad nostram notitiam perferatur.

6. Quicumque[u] comprobatus fuerit de eo, quod scienter testes in periurium induxisset, sub fideiussione ad palatium[v] nostrum venire compellatur, ut ibi cum fidelibus nostris consideremus, quid de tali homine faciendum sit.

7. De[w] his, qui discordiis et contentionibus studere solent et in[x] pace vivere[x] nolunt et inde convicti fuerint, similiter volumus, ut sub fideiussoribus ad nostrum placitum veniant, ut ibi cum fidelibus nostris consideremus, quid de talibus faciendum sit.

8[y]. De[z] bonis denariis, quos populus non vult recipere, volumus, ut hoc observetur et teneatur, quod in priore capitulare nostro constitutum est, id[a] est in libro quarto, capitulo XXX[b]: 'Quicumque[5] liber homo vel[6] in emptione vel in debiti solutione denarium merum et bene pensantem recipere noluerit, bannum nostrum, id est sexaginta solidos, conponat. Si vero servi ecclesiastici aut[7] fiscalini nostri aut comitum aut vassallorum nostrorum hoc facere praesumpserint, sexaginta ictibus vapulent. Et[8] si actores nostri aut aliorum vel advocati eos missis nostris vel

f) De malis scabinis eiciendis *rubr. in* 4; De scavinis *rubr. in* 17. 18. g) scabinios 1. 5. 9. 11. 15. h) inveniant 12—14; invenerint *add.* loco 16. i) scientes 12—14. k) audeant 17. l) De melioribus et veracioribus eligendis *rubr. in* 4; De iudicibus *rubr. in* 17. 18. m) De scabinis, qui propter munera aut amicitiam iniuste iudicant *rubr. in* 4; Item de scavinis *rubr. in* 17. 18. n) vel inimicitiam *om.* 6. 7. 12. 17. 18. 20. o) noster *add.* 17. p) palatium nostrum 10. q) illum venire faciat 12—14. r) De legitimis et rationabilibus commutationibus ecclesiarum Dei *rubr. in* 4. s) inlegitimae et inrationabiles atque inutiles ecclesiis Dei factae sunt, dissolvantur *(media desunt)* 16. t) rebellis 3. 6. 9. u) De eo, qui comprobatus fuerit testes in periurium scienter induxisse *rubr. in* 4; De testibus *rubr. in* 17. 18. v) placitum 12—14. 16—18. w) De discordibus hominibus *rubr. in* 4; De discordiis *rubr. in* 17. 18. x) in pacem venire 7; pacem nolunt 16. y) *Hoc caput anteriori praemittunt* 13. 14. z) Ut nummos bonos nullus resumat (*corrig.* presumat reicere) *rubr. in* 4. a) id est ... conponant *om.* 15. b) *Cetera desunt in cod.* 10.

2) *Cfr. exempli gr. Capp. de iustitiis fac.* 820, *l. c. p.* 295, *c.* 2; *Cap. Aquisgr.* 809, *l. c. p.* 149, *c.* 11. *[K.]* 3) *Ex notis* l *et* m *apparet Brunner, Zeugen- und Inquisitionsbeweis p.* 863, *non immerito hoc quoque capitulum ad scabinos retulisse. Aliter Waitz, VG. III², p.* 468, *n.* 1; *IV², p.* 398 *sq.* *[K.]* 4) *Cum capitula* 2—4 *agant de scabinis, constat etiam verba* adiutores comitum sint *spectare ad scabinos, non ad missos, ut dicit Sohm, Fränkische Reichs- und Gerichtsverfassung I, p.* 486, *n.* 27. *[K.]* 5) *Anseg. IV,* 30, *tom. I, p.* 441; *cfr. etiam Admonitionem* 823—825, *l. c. p.* 306, *c.* 20; *Capp. legg. add.* 818. 819, *l. c. p.* 285, *c.* 18. *[K.]* 6) *Verba* vel in empt. vel in deb. solutione *desunt in capitulari anteriore et apud Ansegisum.* 7) *Verba* aut fiscalini nostri *item recenter addita sunt.* 8) *Haec quoque paulisper mutata sunt.*

829. comitibus iussi praesentare noluerint, praedictum bannum, id est sexaginta solidos, conponant[a].' Et ad hanc constitutionem nostram adimplendam episcopi et abbates sive reliqui, qui beneficia nostra habent, adiuvent comitibus in suis hominibus distringendis: et si comites hanc nostram constitutionem neglexerint, hoc per missos nostros ad nostram notitiam perferatur.

9. De[c] homicidiis vel aliis iniustitiis, quae a fiscalinis nostris[d] fiunt, quia inpune se ea committere posse existimant, nos actoribus nostris praecipiendum esse decernimus, ne[e] ultra inpune fiant, ita ut, ubicumque facta fuerint, solvere[e] cum disciplina praecipiemus.

10. Collectae[f] ad malefaciendum[g] fieri omnimodis prohibeantur[9], et ubicumque huiusmodi praesumptiones factae fuerint, digna emendatione corrigantur: et si per neglegentiam comitis vel factae sunt vel inemendatae remanserunt, hoc ad nostram notitiam perferatur. Auctor vero facti, si fuerit praepositus vel advocatus sive centenarius vel qualibet alia dignitate praedita libera persona, post legalem emendationem in loco factam sub fideiussoribus ad nostram praesentiam veniat: multitudo vero, sive de servis[10] sive de liberis sit, legitima emendatione multetur.

11. De[h] pontibus publicis destructis placuit nobis, ut hi, qui iussionem nostram in reparandis pontibus contempserunt[11], volumus ac iubemus, ut omnes homines nostri in nostram praesentiam veniant rationes reddere, cur nostram iussionem ausi sunt contempnere; comites autem reddant rationem de eorum pagensibus, cur eos aut non constrinxerunt[i], ut hoc facerent, aut nobis nuntiare neglexerunt[k]. Similiter et de iniustis theloneis[12], ubicumque accipiuntur, sciant se exinde[l] nobis rationem reddituros[l].

12. Ut[m] examen aquae frigidae[13], quod actenus faciebant, a missis nostris omnibus interdicatur, ne ulterius fiat.

13.[n] Postquam[o] comes et pagenses de qualibet expeditione hostili reversi fuerint, ex eo die super quadraginta noctes sit bannus resisus[p][14], quod in lingua theodisca[q] scaftlegi[r], id est armorum depositio, vocatur.

14. Hoc[s] missi nostri notum faciant comitibus et populo, quod nos in omni ebdomada unum diem ad causas audiendas et iudicandas sedere volumus[s][15]. Comites[t]

c) De malis, quae a fiscalinis fiunt *rubr. in* 4; De homicidiis *rubr. in* 17. 18. d) *om.* 3. 7. 9. 10. e) neutra 17; neutris 18; ne ... solvere *om.* 17. f) De collectis malis omnimodis inhibendis *rubr. in* 4; De collecta *rubr. in* 17, collectis 18. g) malum faciendum 2–9. 11; maleficiendum 13. h) Ut pontes publici, qui destructi fuerint, iterum extruantur *rubr. in* 4; De pontibus *rubr. in* 17. 18. i) constrinxerint 8–10. 13. 14. k) neglexerint 14. l) a nobis interdici, ne ulterius fiat 16. m) De examine aquae frigidae *rubr. in* 4. 17. 18. n) *Cum capite* 12. *tamquam in unum coniunctum in cod.* 14. o) De reversione comitis et pagensium de hostili expeditione, ut ex eo die *rell. rubr. in* 4; De reversione de hoste *rubr. in* 17. 18. p) rescisus 13; rescissus 12. 14; resinus 15. q) teodisca 10; theothisca 9; thiudisca 13. 14; thutisca 15; teudisca 17; teutisca 12. r) scahft legi 9; scaftleg 17; scast legi 5; scat legi 1. 2. 10. 12; scat legii 11; castlegi 6. 18; casolegi 7. s) Hoc ... volumus *om.* 17. 18. t) Ut comites et missi dominici maximam curam habeant pauperum *rubr. in* 4; De pauperibus *rubr. in* 17. 18.

9) *Cfr. Cap. Silv.* 853, *c.* 3, *ubi collectae appellantur 'heriszuph'; Summula de bannis, tom. I, p.* 224, *c.* 7; *Wilda, Strafrecht der Germanen p.* 622 *sqq. [K.]* 10) *Cfr. Capp. miss.* 821, *tom. I, p.* 301, *c.* 7. 11) *Cfr. Admonitionem* 823–825, *l. c. p.* 306, *c.* 22. 12) *l. c. c.* 21; *Capp. de funct. publ.* 820, *l. c. p.* 294, *c.* 1; *Capp. legg. add.* 818. 819, *l. c. p.* 284, *c.* 17. *[K.]* 13) *Cfr. Capp. tractanda nr.* 186, *c.* 5; *Waitz, VG. IV², p.* 428. 14) *Cfr. infra Cap. Pistense* 864, *c.* 33; *formulae Senon. rec.* 2, *LL. Formulae p.* 212; *Sohm, R.- u. GV. I, p.* 396. *Minus recte Waitz, l. c. p.* 551, *dicit post demum quadraginta noctes depositionem armorum factam esse. Arma deposita sunt die reversionis et ex eo die tempus 'banni resisi' scaftlegi vocatum est. [K.]* 15) *Cfr. Hludowici et Hlotharii epist. gener. supra p.* 4, *A. lin.* 40 *sqq.*

autem et missi nostri magnum studium habeant, ne forte propter eorum neglegentiam[u] pauperes crucientur et nos taedium propter eorum[u] clamores patiamur, si nostram gratiam habere velint. Populo autem dicatur, ut caveat de aliis causis se ad nos reclamare, nisi de quibus aut missi nostri aut comites eis iustitias facere noluerint[v]. 829.

15[n]. Quicumque vicarii vel alii ministri comitum tributum, quod inferenda vocatur[16], maioris pretii a populo exigere praesumpsit, quam a missis bonae memoriae genitoris nostri constitutum fuit, hoc est duos solidos pro una[w] vacca, hoc, quod iniuste superposuit atque abstulit sibique retinuit, his, quibus hoc tulit, cum sua lege restituat et insuper fredum nostrum componat[x] et[y] ministerium amittat.

u) neglegentiam ... eorum *om.* 17. v) noluerunt 12—14. w) unaquaque vacca, et qui super hoc iniuste 16. x) persolvat 12—14. y) et ... amittat *om.* 2.

16) *Usitatum in provincia Turonensi; cfr. Waitz, VG. II³, 2 p.* 252; *IV², p.* 115.

---

193. CAPITULARE PRO LEGE HABENDUM WORMATIENSE.

829. Aug.

Traditur in codicibus: 1) *Paris.* 4417 *fol.* 257. 2) *Bamberg.* 60 *fol.* 73ᵛ. 3) *Paris.* 10758 *pag.* 267. 4) *Paris.* 4628A *fol.* 151. 5) *olim Paris.* 4761, *tum Ashburnh. Barrois* 73. 6) *olim Cheltenham.* 1762 *(Meerm.* 605*), nunc Berolin. fol.* 75ᵛ. 7) *Paris.* 4638 *fol.* 77ᵛ. 8) *Vatic. Palat.* 582 *fol.* 77. 9) *Paris.* 9654 *fol.* 68ᵛ. 10) *Vatic. reg. Christ.* 417. 11) *Schaffhus. bibl. eccl.* 73. 11*) *Bonn.* 402; *praeterea in codicibus:* 12) *olim Corbeiensi, nunc Hamburg. bibl. publ.* 83 *pag.* 152. 13) *olim Cheltenham.* 1737 *(Meerm.* 567*), nunc Berolin. fol.* 48. 14) *Monac.* 3853 *fol.* 251. 15) *Guelf. inter Blankenburg.* 130 *fol.* 119. 16) *Gothan.* 84 *fol.* 407ᵛ. 17) *Mutin. eccl. cath. Ord. I,* 2 *fol.* 183. 18) *Monac.* 19416. 19) *Ambros. A.* 46. *Codicis* 2. *finis est in medio capite* 5, *cod.* 18. *in initio capitis* 1. *Caput primum omittunt codd.* 10. 15, *cap.* 3. *omittit cod.* 15, *capita* 6. 7. *omittunt codd.* 16. 17, *caput* 7. *codd.* 12—14, *capita* 5. 7. 8. *omittit cod.* 19, *capita* 7. 8. *cod.* 15 *(qui igitur exhibet tantum capita* 2. 4. 5. 6*), caput* 8. *omittit cod.* 10. *Inscriptionem:* Haec sunt capitula, quae pro lege habenda sunt, *offerunt codd.* 12—14. 16—18; Item alio capitulo *cod.* 1; Cap. *praefigunt codd.* 3. 4. 9; *ceteri codices inscriptione carent, et codd.* 2—7. 10. 11*. 19. *capitulare cum antecedentibus capitum numeris perpetuo numeratis iungunt.*

Capitulare Wormatiae esse editum non codices tantum manuscripti probant, sed Hincmari etiam testimonium infra ad caput tertium in notis laudatum. An inscriptio: Haec sunt capitula, quae pro lege habenda sunt, *genuina sit, non omnino certum videtur; fortasse capitula imprimis solemnia et gravia esse inscriptio indicat. De capitis septimi origine, et an ad hoc capitulare pertineat, item dubitandum est; abest idem a codicibus* 12—14. *et praeterea etiam deest in codicibus* 15—17. 19, *qui autem excerpta tantum capitula offerunt, et verba ipsius capituli ad missorum potius quam ad legibus addendum capitulare spectare videntur. Legitur autem capitulum tamquam septimum in codicibus* 1—11*. *et natura eius tamen quadam ratione diversa est a similibus, quae in missorum capitularibus recepta sunt, ut infra adnotavi. Quas ob causas capitulum tamquam huius capitularis partem edendum esse censui.*

In solo codice 10. *servatur sub numero* XX. *caput, quod in quibusdam codicibus Ansegisi collectioni vel insertum vel in margine additum est et quod tom. I edidi p.* 334, *c.* 7. *(B. I,* 669; *P. I,* 353.*)*

829.

Haec sunt capitula, quae pro lege habenda sunt.

1. De[a] homicidiis in ecclesiis vel in atriis[b] earum commissis hoc observetur et teneatur, sicut in capitulare priore constitutum[c] est, id est in libro quarto, capitulo XIII[d]: 'Si[1] quis aut ex levi causa[e] aut sine causa hominem in ecclesia interfecerit, de vita conponat. Si vero foris rixati fuerint et unus alterum in ecclesiam fugerit et ibi se defendendo eum interfecerit, et si huius facti testes non habuerit, cum duodecim coniuratoribus legitimis per sacramentum adfirmet se defendendo eum interfecisse. Et[2] si ipse auctor commotae inter eos rixae exstiterit, leudem interfecti et insuper bannum nostrum cogatur solvere et publicam agat poenitentiam. Sin autem non ille, qui alterum interfecit, sed is, qui interfectus est, eandem rixam commovit, absque conpositione iaceat; et is, qui eum interfecit, secundum iudicium canonicum publicam agat poenitentiam[2]. Si cuiuslibet proprius servus hoc commiserit, iudicio aquae ferventis examinetur, utrum hoc sponte an se defendendo fecisset. Et si manus eius exusta fuerit, interficiatur, si autem non fuerit, publica[3] poenitentia multetur; nisi forte et ipse auctor commotae inter eos rixae inventus fuerit: tunc[3] dominus eius iuxta quod wirgildus[f] est illius ad ecclesiam persolvat aut eum, si voluerit, eidem ecclesiae tradat. De[g] ecclesiastico et fiscalino et beneficiario servo volumus, ut pro una vice wirgildus eius pro eo conponatur, altera vice ipse servus ad supplicium tradatur. Hereditas tamen liberi hominis, qui propter tale facinus ad mortem fuerit iudicatus, ad legitimos heredes illius perveniat. Si in atrio ecclesiae, cuius porta reliquiis sanctorum consecrata est, huiuscemodi homicidium perpetratum fuerit, simili modo emendetur vel conponatur; si[h] vero porta ecclesiae non est consecrata, eo modo conponatur[h] quod in atrio committitur, sicut conponi debet quod in immunitate violata[4] committitur[i].'

2. Quicumque[k] propter cupiditatem rerum patrem aut matrem aut fratrem aut sororem vel[l] nepotem vel alium propinquum suum interfecerit, hereditas interfecti ad alios suos legitimos heredes perveniat, interfectoris vero hereditas in fiscum redigatur; ipse vero ordinante episcopo publicae poenitentiae subdatur.

3. Quicumque[m][5] propria uxore derelicta vel[n] sine culpa[n] interfecta aliam duxerit uxorem[o], armis depositis[6] publicam agat poenitentiam; et si contumax fuerit,

a) De homicidiis *rubr. in* 16. 17. b) Item cap. II. *quasi rubr. in* 8. 9. c) *Hic finis est codicis* 18. d) cap. XVII. *ex corr.* 8; capitulo XIII. *om.* 16; *initium capitis* 17. *in codd.* 4. 6. e) *Cod.* 14, *qui plerumque capitula Ansegisiana omittit, ea, quae mutata sunt, ita in breviorem formam redigit:* causa et rel. Commotor rixae si ibi moritur, sine weregeldo, alter, qui se defendendo occisus fuerit, werigeldo solvatur et alia compositio, sicut supra *(apud Ansegisum)* dictum vel scriptum est, perficiat. f) wergeltus 12. 13; widregildus 2. 6. g) *Incipit cap.* 17. *in cod.* 5. h) si ... conponatur *om.* 16. i) sicut continetur in libro superiori *add.* 3—7. k) De eo, qui propter cupiditatem rerum quaecumque propinquorum suorum interfecerit *rubr. in* 4; De homicidiis propinquorum *rubr. in* 16. 17. l) *om.* 12. 13. m) De cuiuslibet propria uxore dimissa vel sine culpa interfecta *rubr. in* 4; De uxore interfecta *rubr. in* 16. 17. n) aut sine causa 12—14. o) *om.* 12—14.

1) *Anseg. IV,* 18. *tom. I, p.* 487. 2) *Haec verba inde a* Et si ipse *usque ad* publicam agat poenitentiam *non Ansegisum simpliciter repetunt, sed mutata sunt. Apud Ansegisum et Capp. legg. add.* 818. 819, *l. c. p.* 281, *c.* 1, *ex quibus hoc caput derivatum est, non est distinctio, utrum interfector auctor rixae sit necne: utut res se habet, culpabilis iudicatur* 600 *sol., banni regis, poenitentiae publicae. [K.]* 3) *Verba* publica poenitentia ... fuerit tunc *desunt apud Ansegisum et hic suppleta sunt.* 4) *Cap. legg. add.* 803. *tom. I, p.* 113, *c.* 2; *Anseg. III,* 26, *p.* 428. 5) *Hoc capitulum ad verbum allegatur ab Hincmaro in libro de divortio Hlotharii et Theutbergae tamquam post quatuor episcoporum synodos 'in synodo ac placito generali apud Wormatiam' datum. Hincmari Opera, ed. Sirmond I, p.* 590. 6) *Cfr. Synod. Pap.* 850, *c.* 12, *infra nr.* 228. *[K.]*

conprehendatur a comite et ferro vinciatur et in custodia mittatur, donec res ad nostram notitiam deducatur. 829.

4. Quicumque[p] res alienas cuilibet homini vendiderit, et ipse homo easdem res[q] alicui alteri dederit sive vendiderit, et ipse, qui tunc easdem[q] res comparatas habet, per malum ingenium proprio filio aut alteri cuilibet needum legitimos annos habenti iustitiae tollendae causa tradiderit, volumus atque firmiter praecipimus, ut, si pater eiusdem parvuli vixerit, ipse intret in causam rationem reddendi pro filio suo; si autem ipse pater mortuus est, tunc legitimus eius propinquus, qui iuste ei tutor ac defensor esse videtur, pro ipso rationem reddere compellatur. Similiter de[r] aliis omnibus iustitiis ad eum pertinentibus, excepta sua legitima hereditate, quae ei per successionem parentum suorum legitime venire[s] debuit. Quodsi quis hanc nostram iussionem contempserit vel neglexerit, sicut de ceteris contemptoribus, ita de eo agatur. Is vero, qui easdem res primus invasit et iniuste vendidit, necnon et emptores excepta sola persona parvuli hoc[t], quod fraudulenter admiserunt, infra[u] patriam[7] emendare cogantur et postea, sicut contemptores iussionis nostrae, sub fideiussoribus ad nostram praesentiam venire conpellantur.

5. De[v] vicariis et centenariis, qui magis propter cupiditatem quam propter iustitiam faciendam saepissime placita tenent et exinde populum nimis adfligunt, ita teneatur, sicut in capitulare domni Karoli imperatoris continetur in libro III. capitulo XL: 'Ut[w][8] nullus ad placitum manniatur[x], nisi qui causam suam quaerit, aut si alter ei quaerere debet, exceptis scabinis septem, qui ad omnia placita adesse debent.' Item[y] de eadem re in capitulari nostro libro IV. capitulo LV: 'De[z][9] placitis siquidem, quos liberi homines observare debent, constitutio genitoris nostri penitus observanda atque tenenda est, ut videlicet in anno tria solummodo generalia placita observent, et nullus eos amplius placita observare conpellat, nisi forte quilibet aut accusatus fuerit aut alium accusaverit aut[a] ad testimonium perhibendum vocatus fuerit[a]. Ad cetera vero, quae centenarii tenent, non alius venire iubeatur, nisi qui aut litigat aut iudicat[b] aut testificatur.' Et quicumque huius constitutionis transgressor a missis nostris inventus fuerit, bannum nostrum persolvat.

6. De[c] liberis hominibus, qui proprium non habent, sed in terra dominica resident, ut propter res alterius ad testimonium non recipiantur[10]; coniuratores tamen aliorum liberorum hominum ideo esse possunt, quia liberi sunt. Illi vero, qui et proprium habent et tamen in terra dominica resident, propter hoc non abiciantur, quia in terra dominica resident; sed propter hoc ad testimonium recipiantur, quia proprium habent.

7. Volumus[11] atque iubemus, ut missi nostri diligenter inquirant, quanti liberi homines in singulis comitatibus maneant. Hinc vero ea diligentia et haec ratio examinetur per singulas centenas, ut veraciter sciant illos atque describant, qui in

p) De eo, qui res alienas cuilibet homini vendiderit *rubr. in* 4; De rebus alienis *rubr. in* 16. 17. q) res … easdem *om.* 7. r) et de 12—14. s) evenire 12—14. t) *om.* 12—14. u) intra 12—14. v) De vicariis et centenariis *rubr. in* 4; *caput* 5 *sub fine huius capitularis collocat cod.* 10. w) *Incipit cap.* 21. *in codd.* 16. 17. x) bannistur 12. 13. 15—17, *sicuti etiam Anseg. et Cap. miss.* 803. *tom. I, p.* 116, *c.* 20. y) *Incipit cap.* 6. *in codd.* 8. 9; *cod.* 12. *hanc formam praebet:* Item. De placitis, quos libri homines observare debent, ita servetur, sicut in capitulari nostro in libro IV. capitulo LV. scriptum est. Et quicumque *rell.* z) *Incipit cap.* 22. *in codd.* 10. 16. 17. a) aut … fuerit *om.* 16. b) *Hic finis est codicis* 2. c) De liberis hominibus *rubr. in* 4.

7) *Id est in pagi judicio; cfr. Sohm, R.- u. GV. I, p.* 312. *[K.]* 8) *Anseg. III*, 40, *tom. I, p.* 429; *cfr. etiam Cap. Aquisgr.* 809, *l. c. p.* 148, *c.* 5. *[K.]* 9) *Anseg. IV*, 55, *l. c. p.* 444; *cfr. etiam Pippini Cap. ital.* 801—810, *l. c. p.* 210, *c.* 14; *Cap. miss. Theod. II*, 805, *l. c. p.* 125, *c.* 16. *[K.]* 10) *Cfr. Cap. Olonnense* 825, *l. c. p.* 330, *c.* 7. 11) *Cfr. supra p.* 10, *c.* 5; *p.* 7, *c.* 7.

829. exercitalem ire possunt expeditionem; ac deinde videlicet secundum[d] ordinem[d] de his, qui per se ire non possunt, ut duo tertio[e] adiutorium praeparent. Et qui necdum fidelitatem nobis promiserunt, cum sacramento nobis fidelitatem promittere faciant[f].

8. De faidis coercendis observetur[g] et teneatur, quod in capitulari nostro libro IV. capitulo XXV.[h] continetur: 'Si[12] quis aliqua necessitate[i] cogente homicidium commisit, comes, in cuius ministerio res perpetrata est, et conpositionem solvere et faidam per sacramentum pacificare faciat; quodsi una pars ei ad hoc consentire noluerit, id est aut ille, qui homicidium commisit, aut is, qui conpositionem recipere debet, faciat illum, qui ei contumax fuerit, ad praesentiam nostram venire, ut ad tempus eum quod nobis placuerit, in exilio mittamus, donec ibi castigetur, ut comiti suo inoboediens esse ulterius non audeat et maius dampnum inde non adcrescat.'

d) secundus ordo 3. 4. 6. 7. 10. e) tertium 1. f) faciatis 3. 4. 6. 7. 10. g) hoc observ. 14. 16. 17. h) XX 1. 3—9. i) et rel. 14.

12) *Anseg. IV, 25, tom. I, p. 440; cfr. etiam Cap. Harist. 779, l. c. p. 51, c. 22. [K.]*

---

194. REGNI DIVISIO.

831. Febr.?

Legitur in foliis duobus saeculo decimo scriptis, quorum unum hodie est folium 14. *in codice Vaticano reg. Christ.* 980, *alterum folium* 66. *in codice eiusdem bibliothecae* 1283; *folium* 14. *prologum et capita* 1—13. *in medio continet, continuationem usque ad finem folium* 66. *alterius codicis. Codice, cuius partes haec folia aliquando fuerunt, iam primus editor P. Pithoeus (Scriptt. coëtan. XII, p.* 330*) usus esse videtur et ex ipso etiam scriptae fuere schedae, quae Baluzio praesto fuerunt.*

Admodum de hoc documento a scriptoribus dubitatum est (cfr. Böhmer-Mühlbacher nr. 853*); primo an genuinum sit. Nam divisio haec miro modo verbis concepta est divisionis anno* 806. *a Karolo factae (tom. I, p.* 126*); capita ipsius* 6—16. 20. 19. *accurate repetuntur in capitulis his* 2—14, *augmenta existunt tantum in capitulis his* 4. *et* 13, *pauca verba mutata sunt in capitulo* 11, *capitulum primum abbreviatum est ope Karoli capitum* 5. *et* 4, *omnino omissa sunt Karolina capitula* 17. 18. *et potissimum capita* 1. 2. 3, *ut in hac 'divisione', quae sub prologi fine fieri dicitur, divisio re vera omnino desit, post prologum lacuna videatur, sub fine demum capitularis quaedam verba subnectantur, quibus Aquitaniae, Baiwariae, Alamanniae regnis aliae quaedam Francorum regni provinciae et pagi adduntur, et quae pro divisione haberi possunt. Dubitationem quoque merito movit, quod in capite decimo secundum Karoli capitulum iudicio crucis probandum esse statuitur, quod iudicium deinceps fieri Hludowicus anno* 818. *vel* 819. *(cfr. Cap. eccles. tom. I, p.* 279, *c.* 27*) omnino vetuerat. Quas contra dubitandi rationes recte a scriptoribus monitum est, non alienum esse ab illa aetate morem conficiendi constitutiones verbis constitutionum antea edictarum neque alienam ipsam neglegentiam in verbis anterioribus minus commode repetendis. Certo conciliorum capitula saepe a recentioribus conciliis et interdum modo recentiori aetati minus adaptato repetita apparent. Et pro huius capitularis veritate et sinceritate pugnat, quod ipsum in codice satis antiquo traditum est, quod dicendi ratio et formulae, quae in prologo occurrunt, a Hludowici aetate non aliena videntur, quod augmenta, quae in capitulis* 4.

et 13. recepta sunt, huic ipsi aetati optime congruunt, quod divisio, quae e capitularis 831.
fine colligi potest, iis confirmatur, quae rerum scriptores referunt.

Nam etiamsi de anno quoque, quo hoc capitulare scriptum sit, saepe dubitatum est nec immerito dubitari potest, maxime tamen probabile videtur hanc divisionem factam esse, postquam Hludowicus imperator primo anno 830. *a filio depositus, mox autem restauratus fuit, et in concilio quidem mense Februario anni* 831. *post restaurationem habito. Maxime autem hoc divisionis capitulare respondet iis, quae Nithardus in historiarum libro primo, capite tertio (SS. II, p.* 652*) tradit. Verba autem ad hanc divisionem referenda haec sunt:* Per idem tempus *(Wormatiae anno* 829.*)* Karolo Alamannia *(cum Alsatia, Raetia et Burgundiae parte)* per edictum traditur ..... ad Pippinum Lodhuwicumque filios occulte imperator Guntbaldum monachum direxit, promittens, si in sua restitutione ..... adesse voluissent, regnum utrisque se ampliare velle. Ac per hoc perfacile cupideque paruere ..... Lodharium quoque sola Italia contentum ea pactione abire permisit, ut extra patris voluntatem nihil deinceps moliri in regno temptaret ..... Pippinus quoque et Lodhuwicus, quamquam eis regna, sicut promissum fuerat, aucta fuissent, tamen in imperio ut post patrem primi essent, uterque laborabat. *Hac divisione Pippini et Hludowici regna anno* 817. *iis in Aquitania et Baiwaria concessa re vera aucta apparent, nec minus sane Karoli parvuli regnum Alamannicum anno* 829. *ipsi destinatum; Italiae contra, 'qua sola Lotharius contentus esse' iubetur in hoc capitulari nulla mentio fit.*

Quam ob rem hoc divisionis capitulare genuinum esse non negaverim; fortasse autem alia forma conceptum est, insertis scilicet, quae iam sub fine posita sunt, post praefationem, fortasse etiam imperfectum remansit et haud dubie turbae mox existentes divisionem illam oblivioni tradiderunt. Anno 831. *ipsum scriptum esse non pro certo quidem dici potest, sed respecto Nithardo satis probabile est, etiamsi alio fortasse anno (*833. 834? *Simson, Ludwig d. Fr. I, p.* 392. *II, p.* 93*) ipsum confectum esse non omnino negandum videtur.* *(B. I,* 685; *P. I,* 357.*)*

In nomine domini Dei et salvatoris nostri Iesu Christi. Ludowicus divina ordinante providentia imperator augustus omnibus fidelibus sancte Dei ecclesie et cuncto catholico populo, presenti scilicet et futuro, gentium ac nationum[a], quae sub imperio hac regimine nostro constitutae sunt.

Notum fieri volumus omnium vestre sollertiae, quod inter dilectos filios nostros Pipinum, Ludowicum, Karolum regni nobis a Deo commissi talem divisionem facere decrevimus, ut post nostrum ab hac mortalitate discessum unusquisque illorum scire valeat, si eos divina pietas nobis superstites esse voluerit, quae portio sibi ad tenendum adque gubernandum a nobis adsignata sit. Quam divisionem eo modo describere ac designare volumus, ut singuli iuxta ordinationem nostram et fines regni sui, qui in alienigenas extenduntur, cum Dei adiutorio defendere studeant[b] et pacem hac fraternam[c] caritatem inter se custodire valeant. Cuius divisionis modum atque ordinationem talem nobis facere placuit.

Cap. 1.[1] Hec[2] autem tali ordinatione disposuimus, ut, si post nostrum ab hac luce discessum aliquis eorum prius quam fratres sui diem obierit et talem filium reliquerit, quem populus ipsius eligere velit, ut patri suo succedat in regni hereditate,

a) natione *c.* b) *ita c.;* statuant ac studeant *Bal.* c) fraternitatem *c.*

1) *Divisio et ordinatio hoc loco omissa est; tres regni partes infra post caput* 14. *describuntur.*
2) *Respondent in Karoli divisione anni* 806. *capita* 5. 4, *l. c. p.* 127 *sq.; sed in capite illo quarto trium regnorum partes fratribus superstitibus destinatae accurate describuntur.*

831. volumus, ut hoc consentiant patrui ipsius pueri et regnare permittant filium fratris sui in eo regno, quod pater eius, frater eorum, habuit. Quodsi talem filium non habuerit, tunc volumus, ut illa pars regni, quem idem habebat, dividatur equaliter inter illos fratres, qui superstites remanserunt.

2. Placuit[3] etiam inter predictos filios statuere atque precipere propter pacem et concordiam, quam inter eos perpetuo permanere desideramus, ut nullus eorum fratris sui terminos vel regni limites invadere praesumat neque fraudulenter ingredi ad conturbandum regnum eius vel marcas minuendas, sed potius adiuvet unusquisque illorum fratrem suum, prout temporis oportunitas permiserit, et auxilium ei ferat contra inimicos eius iuxta rationem et possibilitatem.

3. Nec[4] aliquis illorum[d] hominem fratris sui pro quibuslibet causis vel culpis ad se confugientem suscipiat ad intercessionem pro eo faciendam, quia volumus, ut quilibet homo peccans et intercessionem indigens intra regnum domini sui vel ad loca sancta vel ad honoratos homines confugiat et inde iustam intercessionem mereatur.

4. Similiter[5] precipimus, ut quemlibet liberum[e], qui dominum suum contra voluntatem eius dimiserit et de uno regno in aliud profectus fuerit, neque ipse rex suscipiat neque hominibus suis consentiat, ut talem hominem recipiant vel iniuste retinere presumant; nec non solum de liberis[e], set etiam de servis fugitivis statuimus observandum, ut nulla discordiis relinquatur occasio[f]. Et[6] hoc precipimus, ut nullus ex is tribus fratribus nobis in corpore consistentibus vel nostrum[g] vel cuiuslibet alterius hominem sacramentum fidelitatis sibi promittere faciat et per hoc eum vel a nobis vel ab altero domino suo per uiusmodi sacramentum avertat et ad se adtraat.

5. Quapropter[h 7] praecipiendum nobis videtur, ut post nostrum ex hac mortalitate discessum homines uniuscuiusque eorum accipiant beneficia, unusquisque in regno domini sui et non alterius, ne quando per hoc, si aliter fuerit, scandalum aliquod possit accidere. Ereditatem autem suam habeat unusquisque hominum illorum absque contradictione, in quocumque regno[i] hoc eum legitime habere contigerit[k].

6. Et[8] unusquisque liber homo post mortem domini sui licentiam habeat se commendandum inter haec tria regna ad quemcumque voluerit; similiter et ille, qui nondum alicui commendatus est.

7. De[9] traditionibus autem adque venditionibus, que inter partes fieri solent, precipimus, ut nullus ex is tribus fratribus suscipiat de regno alterius a quolibet homine traditione vel venditione rei immobilis, hoc est: terrarum, vinearum adque silvarum servorumque, qui iam casati sunt, sive ceterarum rerum, que ereditatis nomine censentur, exepto auro, argento et gemmis, armis ac vestibus necnon et mancipiis non casatis et is speciebus, que proprie ad negotiatoribus pertinere noscuntur. Ceteris vero liberis[e] hominibus hoc minime interdicendum iudicamus.

8. Si[10] autem femine, sicut fieri solet, inter partes et regna legitime fuerint ad coniugium postulate, non denegentur iuste poscentibus, set liceat eas vicissim dare et accipere et adfinitatibus populos inter se sociare. Ipse vero feminae potestatem habeant rerum suarum in regno, unde exierint, quamquam in alio propter mariti societatem habitare debeant.

9. De[11] obsedibus autem, qui propter credentias dati sunt et a nobis per diversa loca ad custodiendum destinati sunt, volumus, ut ille rex, in cuius regno sunt,

d) *ita c.;* ullum *editiones anteriores.* e) *cod. tam hoc loco quam infra in hoc capite et in fine capitis 7:* illum *et* illis. f) quicquam *c.* g) nostro *c.* h) qualiter *c.* i) *om. c.* k) cognoverit *c.*

3) *Karoli divisio c.* 6, *p.* 128. 4) *Ibidem c.* 7. 5) *Ibidem c.* 8. 6) *Reliqua huius capituli pars non exstat in Karoli divisione.* 7) *Karoli divisio c.* 9. 8) *Ibidem c.* 10. 9) *Ibidem c.* 11. 10) *Ibidem c.* 12, *p.* 129. 11) *Ibidem c.* 13.

absque voluntate fratris sui, de cuius regno sublati sunt, ad patriam eos redire[l] non[m] permittat, sed potius in futuro in suscipiendis obsedibus alter alteri mutuum ferat auxilium, si frater fratrem hoc facere rationabiliter postulaverit; idem iubemus et de eis, qui ad[n] suis facinoribus in exilium missi vel mittendi sunt. 831.

10. Si[12] causa vel intentio vel controversia talis inter partes propter terminos aut confinia regnorum orta fuerit, que hominum testimonio declarari vel definiri non possit, tunc volumus, ut ad declaratione rei dubiae vexillo crucis[13] Dei voluntas et rerum veritas inquiratur, ne umquam pro tali causa cuiuslibet generis pugna vel campus ad examinationem[o] iudicetur. Si vero quislibet homo de uno regno hominem de altero regno de infidelitate contra fratrem domini sui apud dominum suum accusaverit, mittat eum dominus eius ad fratrem suum, ut ibi comprobet, quod de homine illius dixit.

11. Super[14] omnia autem iubemus adque precipimus, ut ipsi tres fratres curam et defensionem aecclesiae sancti Petri simul suscipiant, sicut quondam a proavo nostro Karolo et avo nostro Pipino et beate memorie genitore[p] nostro Karolo imperatore[p] et a nobis postea suscepta est, ut eam[q] cum Dei adiutorio ab hostibus defendere nitantur et iustitiam suam, quantum ad ipsos pertinet et ratio postulaverit, abere faciant. Similiter de ceteris ecclesiis, que sub illorum fuerint potestate, precipimus, ut iustitiam suam et honorem habeant, et pastores adque rectores venerabilium locorum habeant potestatem rerum, que ad ipsa pia loca pertinent, in quocumque de his tribus regnis[r] illarum ecclesiarum possessiones fuerint.

12. Quodsi[15] de his statutis adque convenientiis[s] aliquid casu quolibet vel ignorantia, quod non obtamus, inruptum[t] fuerit, precipimus, ut quam citissime secundum iustitiam emendare studeant, ne quando propter dilationem magis damnum possit adcrescere.

13. Haec[16] autem omnia ita disposuimus adque eo ordine adfirmare decrevimus, ut, quamdiu divinae maiestati placuerit hanc corporalem nos agere vitam, potestas nostra sit super a Deo conservatum regnum adque imperium istud, sicut actenus fuit, in regimine adque ordinatione et omni dominatione regali atque imperiali, et ut obedientes habeamus predictos filios nostros adque Deo hamabilem populum nostrum cum omni subiectione, quo patri a filiis et imperatori hac regi a suis populis exibetur. Et[17] si aliquis ex his tribus filiis nostris per maiorem obedientiam hac bonam voluntatem[u] inprimis Deo omnipotenti ac postea nobis placere cupiens morum probitate promeruerit, ut ei maiorem honorem hac potestatem conferre delectet, et hoc volumus, ut in nostra maneat potestate, ut illi de portione fratris sui, qui non placere curaverit, et regnum et honorem ac potestatem augeamus et illum talem efficiamus, qualiter ille propriis meritis dignus ostenderit.

14. Hoc[18] postremo statuendum nobis videtur, ut, quicquid adhuc de rebus et conventionibus, que ad profectum et utilitatem eorum pertineant, his nostris decretis adque preceptis addere[v] voluerimus[v], sic a predictis dilectis filiis nostris observetur

l) reddere *c.* m) *om. c.* n) pro suis facinoribus *Karoli div.* o) *ita correxi;* exterminationem *c.* p) genitoris nostri Karoli imperatoris *c.* q) etiam *c.* r) fratribus *c.* s) consentiis *c.* t) inrutum *c.* u) *in litteris* volun *finis est folii* 14. *in cod.* 980; *litteris* tatem *incipit fol.* 66. *in cod.* 1283. v) addiderimus voluunus *c.*

12) *Ibidem* c. 14. 13) *Intelligendum videtur:* indicio crucis Dei, *uti in Karoli divisione legitur; mirum, quod haec quoque immutata in hoc capitulari repetuntur, cum Hludowicus crucis iudicium fieri ante vetuisset; cfr. tom. I, p.* 279, *c.* 27. 14) *Karoli divisio* c. 15. 15) *Ibidem* c. 16. 16) *Ibidem* c. 20*; p.* 130*;* c. 17. 18. *hic omissa sunt.* 17) *Reliqua huius capituli pars deest in Karoli divisione.* 18) *Karoli divisio* c. 19.

831. adque custodiatur, sicut ea, que in his iam statuta et descripta sunt, custodire et conservare praecipimus.

Ad[19] Aquitaniam[20] totam .....[w] inter Ligerim et Sequana et ultra Sequana pagis XXVIII[21], id est Catalonis, Meltianum, Ambiensis et Pontium usque in mare.

Ad Baiwariam[22] totam Toringiam, Ribuarias, Atoarias[23], Saxoniae, Frisie, Ardenna, Asbania[24], Bragmento[25], Franderes[26], Mempiscon[27], Medenenti[28], Ainau[29], Austerban[30], Adertensis[31], Torvanensis[32], Bolensis[33], Quentovico[34], Camalecensis[35], Virdomadensis[36].

Ad Alamaniam[37] totam Burgundiam, excepto quod Pipino datum est[38], totam Provintiam et totam Gotiam, et de ista media Frantia Warensis[39], Ungensis[40], Castrensis[41], Portiano[x][42], Remegensis[43], Laudunensis, Mosellis[44], Treveris.

w) *Hic haud dubie verbum unum excidit, fortasse* terram, *fortasse* Niustriam; *similiter infra, ubi de Baiwaria et Alamannia dicitur.* x) Potiano c.

19) *Haec, quae sequuntur, melius post prologum et ante caput primum collocanda erant.* 20) *Pippini regnum.* 21) *Numerus sive mendosus est sive ad pagorum summam Aquitaniae additorum spectat. Pagi nominati Catalaunensis (Châlons), Meldensis (Meaux), Ambianensis (Amiens) et Pontivus (Ponthieu) fines tantum huius Pippini regni efficere videntur.* 22) *Hludowici filii regnum.* 23) *Geldern.* 24) *Haspengau circa Leodium. [K.]* 25) *Brabant.* 26) *Flandern.* 27) *Pars littoralis Flandriae; cfr. Longnon, Atlas historique de la France, text. p.* 125, *tab. VIII. [K.]* 28) *Menin; cfr. Longnon, text. p.* 126, *tab. VIII. [K.]* 29) *Hennegau.* 30) *Inter pagos Atrebatensem et Tervanensem; cfr. Longnon, text. p.* 123, *tab. VIII: 'Archidiaconé d'Ostrevant au diocèse d'Arras.' [K.]* 31) *Artois.* 32) *Thérouanne.* 33) *Boulogne s. mer.* 34) *'Port ruiné près de Saint-Josse-sur-Mer,' Longnon, text. p.* 64, *tab. VII. [K.]* 35) *Cambrai.* 36) *Vermandois.* 37) *Karoli regnum.* 38) *Cfr. Ordinat. imperii* 817, *tom. I, p.* 271, *c.* 1. 39) *Ad dextram Mosae fluminis in dioecesibus Virodunensi et Trevirensi; cfr. Longnon, text. p.* 114, *tab. V. [K.]* 40) *Ad dextram Axonae fluminis prope ad Attiniacum; cfr. Longnon, text. p.* 119, *tab. VIII. [K.]* 41) *Mézières; cfr. Longnon, l. c. [K.]* 42) *Porcien; ad orientem pagi Laudunensis versus. [K.]* 43) *Reims.* 44) *Moselgau.*

XIV.

ADDITAMENTA AD HLUDOWICI PII CAPITULARIA.

828—840.

195. CAPITULA DE PRAESCRIPTIONE TEMPORIS.

Leguntur in codicibus: 1) *Vatic. Pal.* 582 *fol.* 78[v] *et* 2) *Paris.* 9654 *fol.* 70; *capituli primi pars etiam in* 3) *cod. Monac.* 3853 *fol.* 202[v].

In codicibus 1. 2. *capitula leguntur subnexa capitularibus Wormatiensibus anni* 829, *in codice* 3. *sub fine capitum multorum post Ansegisi libros suppletorum. Caput primum legis Burgundionum titulum* 79. *(LL. III, p.* 566*) repetit, caput secundum epitomen Aegidii dictam ad l. un. Cod. Theod. V,* 10 *(ed. Hänel, p.* 148*). Hludowico Pio minime tribuenda sunt, sed a scriptore quodam Burgundione collecta in diversos codices recepta sunt, ut Regino etiam in libro de synodalibus causis I,* 20—22. *(ed. Wasserschleben, p.* 35 *sq.) ea recenseat tamquam* ex capitulis Ludowici imperatoris.

(B. I, 673; *P. I,* 355 *in notis.)*

1. De inscriptione[a] temporum. Licet iampridem a nobis fuerat ordinatum, ut, si quis in populo nostro barbarae nationis persona[b] aut[b] in re sua consisteret[c] invitasset, aut si terram ad habitandum voluntarius deputasset eamque[d] per annos quindecim sine tertiis habuisset, in voluntate[e] ipsius permaneret, neque exinde quicquam sibi ille, qui dederat, sciret esse reddendum, tamen absque ulla permutatione omni tempore generaliter memorata conditio debeat custodiri[f], praesenti placuit lege constitui. Si[g] quis vero terram ab altero sibi[h] traditam violenter dixerit et convicerit fuisse sublatam, prinsquam triginta annorum terminus compleatur, et rem constiterit occupatam, et requirere poterit et repetentis partibus reformare. Ceterum si impletis triginta annis terra, a quocumque etiam pervasa[i] fuisse dicatur, non fuerit restituta, nihil sibi reddendum esse cognoscat. Quapropter omnes comites, quoties de privatis causis contentio fuerit generata, secundum ordinem

a) *ita* 1—3; *recte* praescriptione. b) *ita* 1—3; *recte* personam ut. c) aut alium *add.* 1. 2. d) ea 1; eaque 2; eique 3. e) potestate *plurimi legis Burg. codd.* f) custodire 1. 2. g) *Codd.* 1—3. *Hac voce incipit locus a Reginone receptus; inscriptionem a Reginone praemissam:* Item de inscriptione temporum *repetivit Baluzius.* h) sibi trad. *desunt in lege Burg.* i) *Hic finis codicis* 3.

829. legis istius[k] iudicare curabunt. Et quia omnia ad quietem omnium pertinentia ex lege convenit provideri, quas[l] omnino causas de quibuscunque rebus, quae intra triginta annos non fuerint diffinitae, nullo eas postmodum licebit ordine commoveri: quia satis unicuique ad requirendum et recipiendum, quod ei debitum fuerit, suprascriptus annorum numerus constat posse sufficere.

2. Si[m] quis colonum alienum in re sua triginta annos habuerit, acsi suum vendicet[m]. Qui si infra triginta annos inventus fuerit, a domino cum filiis sibi debitis et omni peculio revocetur. Si vero mortuus fuerit, peculium eius dominus revocet. Colona vero, si viginti annos in alieno dominio permanserit, a priore domino non requiratur. Colono duae partes agnationis sequantur, colonae vero tercia pars sequatur. Nam si agnatio infra viginti[n] annos edita fuerit, quando adhuc colona domino eo upetebat, repetentibus non negetur; quia in novellis legibus est constitutum. Sane ne separatio coniugii fiat, praecipimus, ut dominus[o] coloni vicaria muliere[o] cum agnatione partis terciae non negetur.

k) *om.* 2. l) omnes *lex Bary.* m) De inquilinis et colonis *inscriptio apud Bal.* n) XXX. *cod.* 2. o) a domino coloni vicariae mulieri *corr.* 2; *legendum erat:* dominus coloni vicariam mulierem cum agnatione partis tertiae non neget.

196. EPISCOPORUM AD HLUDOWICUM IMPERATOREM RELATIO.

829. Aug.

Invenitur in codicibus: 1) *Gothano* 84 *fol.* 395, *in quo sequitur Ansegisi collectionem,* 2) *Mutin. eccl. cath. Ord. I,* 2 *fol.* 185, *in quo subnexum est Wormatiensibus capitulis, quae pro lege habenda dicuntur,* 3) *Monac.* 3853 *fol.* 295v, *in quo praefatio et capitula* 1—45. *a me infra numerata tamquam capitula XXX—LXX. diversis aliis plerumque Italicis subnectuntur, reliqua vero omittuntur. Initii quaedam fragmenta servantur quoque* 4) *in foliis nonnullis in bibliotheca regia Monacensi nuper repertis; in codice, ad quem hae Monacenses reliquiae quando pertinuerunt, haec relatio Ansegisi collectionem secuta est.*

Hludowicus hieme anni 828. *ad annum* 829. *constituerat (supra nr.* 184*) quatuor archiepiscoporum et episcoporum synodos in regno Francorum fieri et, ut epistola generalis (supra nr.* 185*) docet, de harum synodorum deliberationibus 'sibi atque fidelibus suis adnuntiare' iusserat. Synodi mensibus Maio et Iunio anni* 829. *habitae sunt, et servata sunt ea, quae in Parisiensi synodo deliberata et conscripta sunt (Mansi XIV, col.* 533—604*), cum contra aliarum trium synodorum acta ad nostram aetatem non pervenisse videantur. Parisiensis synodus anno* 829. *ante diem octavum Idus Iunias (*6. *Iunii) habita (Mansi l. c. col.* 535*) haec acta cum litteris transmiserat haud dubie, ut in placito generali mense Augusto eiusdem anni Wormatiae habendo de ipsis tractaretur, ut colligendum est e verbis, quae actorum libro tertio canone* 18. *leguntur (Mansi XIV, col.* 600, *et infra c.* 30*):* ut nunc in praesenti placito a vestra serenitate expresse admoneantur *(sc. abbates et abbatissae). Sed uti anno* 813. *concordia quaedam, quae dicitur, synodorum quinque illo anno habitarum imperatori tradita esse videtur (LL. II, p.* 552—554; *cfr. Capp. e canonibus excerpta, tom. I, p.* 173*), ita anno quoque* 829. *synodorum huius anni habitarum concordiam Hludowico transmissam esse crediderim, quam antea pro parte tantum e Benedicti collectione notam G. H. Pertz primus e codice Gothano edidit, et quam aliis codicibus et conciliorum editione adhibitis in plurimis emendatam infra repeto. Praefationis primae et ultimae partis loco litterae quaedam episcoporum ad imperatorem datae ab huius relationis auctore positae sunt, quae in Parisiensi concilio actorum libro tertio praefixae leguntur (Mansi*

XIV, col. 592 sq.), mutatis tamen quibusdam verbis huius relationis indolem in- 829.
dicantibus, cum dicatur (infra c. 55): pauca de multis, quae in nostris conventibus gesta sunt, excerpentes in unum redigendo succincte et ordinatim adnotavimus. *Hinc etiam colligendum videtur hanc relationem non de Parisiensi tantum conventu, sed de aliis quoque tribus esse excerptam (cfr. etiam Hefele, Conciliengeschichte IV², p. 72 sq.): maxima sane relationis pars cum Parisiensibus canonibus concordat, qui saepe abbreviati, raro tantum paululum mutati vel paucis verbis aucti, interdum etiam neglegentius descripti et concepti (cfr. infra c. 2. 4. 6. 24) apparent. Quaedam sane huius relationis capitula frustra in Parisiensibus canonibus requiruntur, capita scilicet* 11. 12. 13. *infra a me numerata, et alia (cfr. c. 56 sqq.) argumento quidem similia, verbis autem a Parisiensi concilio diversa sunt. Haec autem capitula ex aliis eiusdem anni conciliis hausta esse putaverim: leguntur enim omnino consentanea etiam in posterioris cuiusdam synodi Aquisgrani scilicet anno 836. habitae canonibus (Mansi XIV, col. 672—734), quae maximam in partem et huius Parisiensis concilii et aliorum anno 829. habitorum canones iterum sanxisse videtur. Haec quoque relatio in conventu Wormatiensi tradita esse haberi potest: recurrunt enim in capite 30. verba illa de 'presenti placito' dicta, quae e Parisiensibus canonibus repetita sunt.*

Capitula vero 'succincte et ordinatim' (c. 55) redacta et in plures partes in codice Gothano divisa sunt; in aliis codicibus capitula omnia perpetua numerorum serie iuncta sunt; quare ego quidem numeros perpetuos uncis inclusos capitulis, ut melius allegari possint, addidi. *(B. deest; P. I, 332.)*

Rescriptum[a] consultationis sive exortationis episcoporum ad domnum Hludowicum imperatorem.

Domino[1] prestantissimo et pietatis gratia predito Hluduwico orthodoxo atque invictissimo augusto.

Nos famuli vestri, quamvis indigni, tamen episcopi Deo humiliter grates persolvimus eiusque inmensam pietatem et benignitatem conlaudamus et predicamus, qui vos adeo in sui amorem devotissimum famulum suum flagrare facit, ut de profectu et exaltatione sanctae suae ecclesiae indesinenter cogitetis[b], eamque, utpote matrem spiritalem, sicut fidelis et dilectus filius spiritalis, ad meliora et potiora semper provehere studeatis. Nam cum mucro divinus imperium vobis divinitus commissum interius exteriusque merito nostrae iniquitatis multifariis attereret cladibus, prudenter animadvertentes, quod haec nonnisi iusto iuditio Dei evenirent, illico scriptis serenitatis vestrae[2] anno praeterito cunctos aecclesiarum pastores admonuistis, ut, quia constabat eos speculatores Domini existere et gladium divinum super terram, id est super peccatores Deum, grassari, meminerint speculationis suae et ieiunio triduano ab omnibus generaliter peracto unusquisque in quolibet ordine positus diligenter conscientiam suam conveniret et, ubi se Deum offendisse cognoscebat, maturato per poenitentiae satisfactionem corrigere non differret. In quibus etiam apicibus inserere vobis placuit, ut, si Deus pacem undique et otium vobis tribueret, in hoc placitum vestrum generale consumere voluissetis, ut primum, quicquid in vobis, id est in persona et ministerio vestro, corrigendum inveniretur, Domino auxiliante corrigeretis, deinde, quicumque[3] in omnibus ordinibus imperii vestri Deo displiceret[3],

a) *Inscriptio e codd.* 1—4. b) *Hic finis est cod.* 4.

1) *Conc. Paris. libri tertii praefatio, quae autem ad Hludowicum et Hlotharium data est; Mansi XIV, col.* 592 *sq.* 2) *Nobis non tradita sunt; cfr. supra p.* 1. *praefationem ad Capitularia nr.* 181—193. *[K.]* 3) quaecumque ... displicerent *Conc. Paris.*

829. inquireretis et secundum eius voluntatem cum consensu fidelium vestrorum ad tramitem rectitudinis revocaretis[4]. Sed quia tempus optatum exterioribus incursionibus praepedientibus secundum desiderium vestrum nacti non estis, libuit serenitati vestre cum quibusdam fidelibus vestris preterita hieme placitum habere et de his, quae praemissa sunt, diligenter tractare Deique voluntatem quaerere et aecclesiae vobis commissae utilitatem providere. Quapropter de[c] omnibus, quae ad tempus emendatione digna visa sunt, congrua capitula serenitas vestra digessit[5] legatosque strenuos delegavit[6], ut per eadem capitula et flagitia malorum hominum punirent et bonorum laudem vestrae celsitudini innotescerent. Inter quae etiam statuistis[7] in quattuor partibus imperii vestri conventus episcoporum uno eodemque tempore fieri, in quibus tractarent, quaererent atque cum Dei adiutorio invenirent de causis ad religionem christianam eorumque curam pertinentibus, quid a principibus et reliquo populo vel ita, ut divina auctoritas docet, aut aliter teneretur, vel quid inde ex parte aut ex toto dimissum esset, ut non teneretur; deinde quid in ipsorum, qui pastores populi constituti sunt, moribus, conversatione et actibus inquiri[8] possit, quod divinae regulae atque auctoritati non concordaret, simulque inveniretur, quae occasiones in utroque ordine id effecerunt, ut a recto tramite deviassent, et quicquid de his inventum fuisset, vestrae celsitudini notum facerent. Quod[9], ut Deus posse dedit, facere curavimus et in subiectis capitulis adnotavimus.

(1.) Cap. I. Quid proprie ad religionem christianam pertinet. Primum[10] fundamentum christianae religionis est fides catholica, hoc est, credere in Patrem et Filium et Spiritum sanctum, unum et verum Deum, trinum in personis et unum in substantia; credere etiam, quod sola persona Filii pro salute nostra carnem assumpserit, in qua et passus est et resurrexit et ascendit in celos, cum qua etiam ad iuditium venturus est[d]; et credere, quod per Spiritum sanctum remissio peccatorum in baptismate conferatur, et quod fidelibus in aecclesia Christi eiusdem sancti Spiritus dono per ministerium sacerdotale et per poenitentiam remissio peccatorum indubitanter attribuatur, et quod generalis omnium in vera carne in adventu Christi resurrectio futura sit, et quod nosse unumquemque fidelem oporteat, quia[e] haec fides vera et fructuosa esse non potest, nisi bonis operibus exornetur, id est[11] spe, caritate, humilitate, castitate, continentia, sobrietate, unanimitate, concordia, iustitia, pietate, misericordia, innocentia et simplicitate et ceteris his similibus; quae omnia in dilectione Dei et proximi consistunt. Sine his enim nemo potest placere Deo nec salvus esse, quia teste apostolo 'fides[12] sine operibus mortua est in semetipsa'. Proinde necesse est, ut unusquisque christianus diligenter perpendat, utrum in eo fides viva sit bona opera agendo, an mortua bona opera neglegendo; et si iuxta documentum apostoli ipsa fides sine operibus bonis mortua est, qua[f] dampnatione plectendi sunt illi, qui non solum eandem fidem bonis operibus non exornant, sed etiam diversis flagitiis eam commaculant? Inter cetera[g] quippe mala, quae eandem fidem commaculant, quattuor nobis vitia spiritalia merito exaggeranda videntur, quae, quanto occultiora sunt, tanto pernitiosiora, id est: superbia, per quam angelus diabolus effectus est et de celo eiectus; invidia, per quam idem diabolus hominem

c) de omn. *om.* 1. d) *om.* 1. e) adventum 1. f) quadam 1. g) tertia 1.

4) scilicet ut eum vobis populoque vobis commisso propitium faceretis *addit Conc. Paris.* 5) *Cfr. supra nr.* 187. 188. 6) *Cfr. supra nr.* 184. *sub fine.* 7) *In Constitutione supra p.* 2. *edita, e qua verba, quae sequuntur, desumpta sunt.* 8) inveniri *Conc. Paris. et Constitutio supra p.* 2. *edita.* 9) *Praefationis Parisiensis finem longiorem vide infra tamquam praefationem ad c.* 55 *sqq.* 10) *Conc. Paris. lib. I, c.* 1. *in medio, Mansi XIV, col.* 536 *sq.* 11) fide *add. Conc. Paris.* 12) *Iac.* 2, 17.

de paradyso eiecit: odium et discordia, quae caritatem inter proximos extingunt et[h] 829.
dilectionem evacuant et omnia bona pervertunt[h] et non sinunt proximos in mutua dilectione consistere neque[13] etiam tranquillam, ut decuerat christianos, vitam degere[i]. Quae ideo periculosiora, immo mortifera diximus, quoniam sectatores illorum ea aut non intellegunt aut certe intellegere dedignantur, et quia ea parvipendentes pro his ad confessionem non veniunt idcirco nec correctionem merentur.

(2.) Cap. II. Quod universalis sancta Dei ecclesia unum corpus[k], eiusque caput Christus sit[l]. Primum[14] igitur, quod universalis sancta eclesia Dei unum corpus manifeste esse credatur, eiusque caput Christus[l], apostolicis oraculis approbamus: unde Paulus: 'Vos[15] autem estis' inquit 'corpus Christi et membra de membro', itemque: 'Sicut[16] enim in uno corpore multa membra habemus, omnia autem membra non eundem actum habent, ita multi unum corpus sumus in Christo', item: 'Cuius[17] caput Christus est, ex quo totum corpus per nexus et coniunctionem administratum crescit in templum sanctum in Domino.' Sunt et alia innumera huiuscemodi exempla, quae hic ob prolixitatem vitandam pretermittuntur. Quisquis ergo per aliqua inlicita ex membro Christi se fecit membrum diaboli[18], a quo astu diabolico superatus[m] est, se incunctanter, dum tempus penitentiae in promtu habetur, restituere non neglegat.

(3.) Cap. III. Quod eiusdem aecclesiae corpus in duabus principaliter dividatur eximiis personis. Principaliter[19] itaque totius sanctae Dei ecclesiae corpus in duas eximias personas, in sacerdotalem videlicet et regalem, sicut a sanctis patribus traditum accepimus, divisum esse novimus: de qua re Gelasius Romanae sedis venerabilis episcopus ad Anastasium imperatorem ita scribit: 'Duae[20] sunt quippe', inquit, 'imperator auguste[n], quibus principaliter mundus hic regitur, auctoritas sacrata pontificum et regalis potestas; in quibus tanto gravius pondus est sacerdotum, quanto etiam pro ipsis regibus hominum in divino reddituri sunt examine rationem.' Fulgentius quoque in libro de veritate predestinationis et gratiae ita scribit[o]: 'Quantum[21] pertinet', inquit, 'ad huius temporis vitam, in aecclesia nemo pontifice potior, et in saeculo christiano nemo imperatore celsior invenitur.'

Cum haec quippe ita se habeant, primum de sacerdotali, post de regali persona dicendum statuimus.

De[p] persona sacerdotali.

(4.) Cap. I. De[q] electione et promotione sacerdotum. De electione et promotione eorum, qui ad formam et exemplum aliis praeficiendi[r] sunt, providendum[22] ac summopere cavendum est, ut hi, per quos et religio christiana constare et caeteri ab offensione debent salvari, tales remota poenitus Simoniaca peste eligantur, quales et apostolicus sermo et canonicus ordo et beati Gregorii pastoralis

h) et ... pervertunt *om.* 3. *et Conc. Paris.* i) delegere 1. k) manifeste esse dicatur eique 3. l) sit ... Christus *om.* 3. m) separatus *corr.* superatus 1; separatus *Conc. Paris.* n) imperatrices 1. o) *Hic incipit iterum cod.* 4. p) *Hanc rubricam et sequentes om. codd.; apte suppl. Pertz.* q) *Inscr. om.* 3; Ut docti et idonei ad sacerdotium promoveantur *rubr. in* 4. r) perficiendi 1; proficiendum 3.

13) nec quietem tranquillamque *Conc. Paris.* 14) *Conc. Paris. lib. I, c.* 2, *l. c. col.* 537. 15) 1. *Corinth.* 12, 27. 16) *Rom.* 12, 4. 5. 17) *Coloss.* 2, 19. 18) *Conc. Paris. hic addit:* noverit se non in corpore Christi, sed in corpore esse diaboli. Proinde necesse est, ut corpori Christi, *quae neglegens huius capitularis auctor omisisse videtur.* 19) *Conc. Paris. lib. I, c.* 3, *l. c.* 20) *Thiel, Epistolae Roman. pontif. I, p.* 349; *Jaffé, Reg. Pontif. I², nr.* 632. 21) *Fulgentius, de veritate praedest. lib. II, c.* 38, *Opera ed. Venetiis* 1742, *p.* 215. 22) *Conc. Paris. lib. I, c.* 11, *l. c. col.* 544.

829. regula docet. Scilicet[23] quoniam, si pro aliquo munere presentis futuraeque retributionis vel pro alia qualibet re, quae contraria esse possit veritati divinaeque auctoritati, eligitur, liquet profecto, quod ex toto aliter agitur, quam divina auctoritas testetur, et quod in huiuscemodi facto Deus offendatur, et taliter electo et his, quibus praeficitur, quin scandalum generetur, dubium non est. Proinde oportet, ut in electione et ordinatione sacerdotis valde sit execranda Simoniaca heresis[24], quae propter quorundam avaritiam et ambitionem modernis temporibus dignitatem sacerdotalem fuscare comprobatur, nichilque[s] sui detestandi iuris habeat[s], quae in primordio sanctae Dei ecclesiae a beato Petro principe apostolorum cum auctore suo damnata est. Nam et in concilio Calcidonensi capitulo secundo scribitur: 'Si[t 25] quis episcopus per pecuniam fecerit ordinationem et sub precio redegerit gratiam, quae non potest vendi, ordinaveritque per pecuniam episcopum aut presbiterum aut diaconum vel quemlibet ex his, qui connumerantur in clero, aut promoverit per pecuniam dispensatorem aut defensorem vel quemquam, qui subiectus est regulae, pro suo turpissimi lucri commodo, is, cui hoc attemptandi approbatum fuerit, proprii gradus periculo subiacebit; et qui ordinatus est, nichil ex hac ordinatione aut promotione per negotiacionem facta proficiat, sed sit alienus ea dignitate vel sollicitudine, quam pecuniis adquisivit. Si quis vero mediator tam turpibus et nefandis datis vel acceptis extiterit, siquidem clericus fuerit, proprio gradu decidat; si vero laicus aut monachus, anathematizetur[t 26].'

(5.) Cap. II.[u] Quod[27] summopere studendum est, ut tam docti et tales ad sacerdotium provehantur, quales beatus Gregorius in Libro pastorali describit, ubi inter caetera sic ait: 'Nulla[28] ars doceri presumitur, nisi intenta prius meditatione discatur; ab imperitis ergo, qua temeritate pastorale magisterium suscipitur, quando ars est artium, regimen animarum?' Nam et Dominus per Aggeum prophetam de pastoribus ait: 'Interroga[29] sacerdotes legem.' Quod beatus Hieronimus ita exponit: 'Considera[30] sacerdotum esse', inquit, 'officii de lege interrogatos respondere; si sacerdos est, sciat legem Domini; si ignorat legem, ipse se arguit non esse Domini sacerdotem. Sacerdotis enim est scire legem et ad interrogationem respondere de lege'. Omnibus etiam sacerdotibus illa specialiter sententia beati Gregorii ante oculos constituenda est, in qua inter caetera: 'Cum[31] rerum', inquit, 'necessitas exposcit, pensandum valde est, ad culmen quisque regiminis qualiter veniat; ad hoc rite perveniens, qualiter vivat, et bene vivens, qualiter doceat, et recte docens infirmitatem[v] suam quotidie, quanta valet consideratione, cognoscat[v].'

(6.) Cap. III. Quia[w 32] vero nonnullos ordinis nostri socios avaritiam turpiter sectari et merito a multis reprehendi et ob id innoxios cum noxiis ex hac occasione infamari conperimus, abhinc in commune nos et socios nostros mutua exhortatione corrigendos esse iudicavimus, ita videlicet, ut nec nos in huiuscemodi peste avaritiae coram Deo peccaremus, nec aliis per nostrum malum exemplum detrahendi et in

s) non nichil detestandi iuris tanta cupiditas habet 1. t) Si ... anathematizetur *om.* 3. u) Ut docti et idonei ad sacerdotium promoveantur *rubr. in* 4. v) infirmitatem ... cognoscat *om.* 1. w) Ut avaricia caveatur *rubr. in* 4.

23) *Conc. Paris. l. c.:* scilicet ut nullius terrenae rei gratia, nisi Dei solius, eligantur. Quoniam *rell. Errore haec omissa videntur.* 24) *Cfr. Cap. eccles.* 818. 819, *tom. I, p.* 276, *c.* 2; *Admon. gen.* 789, *l. c. p.* 55, c. 21. 22. *[K.]* 25) *Conc. Chalc. c.* 2, *Mansi VII, col.* 384. 26) *Conc. Paris. l. c. add.:* Quae etiam Deo odibilis pestis primum necesse est, ut imperiali auctoritate et potestate cum consensu venerabilium sacerdotum a Romana ecclesia amputetur *rell. [K.]* 27) *Conc. Paris. lib. I, c.* 12, *Mansi XIV, col.* 545, *quod capitulum hic valde abbreviatum apparet.* 28) *Gregorii Lib. pastor. pars I,* c. 1, *Opera ed. Bened. tom. II, col.* 2. 29) *Agg.* 2, 12. 30) *Hieronymus, Commentar. in Agg. c.* 2, *Opera ed. Bened. tom. VI, col.* 760. 31) *Gregorii Lib. pastor. praef., l. c. col.* 1. 32) *Conc. Paris. lib. I, c.* 13, *l. c. col.* 546, *pluribus autem omissis.*

nobis peccandi locum daremus. Verum cum nullus christianus thesauros in terra, 829.
sed potius secundum Domini sententiam[33] in caelo recondere debeat, cavendum summopere sacerdotibus est, ut ab avaritiae peste[34], quae radix omnium malorum est suosque sectatores a regno Christi excludit, se cohibeant; quoniam digne non possunt subditis praedicare, ut ab his se abstineant, cum ipsi his, quod valde dedecus[35], immo periculosum est, se mancipaverint. Gravius quippe atrociusque hae pestiferae lues in illis dampnantur, quam in his, qui eorum dictis et exemplis ab his coherceri debuerunt[x]. Solent namque a nonnullis multifariae occasiones obtendi, quae necessitatis nomine pallianturr[y], et revera, dum exterius necessitas protenditur, interius ab avaritia tegitur, unde et beatus Prosper ait: 'Non[36] potest dicere sacerdos contemptoribus admonitionis suae: "Futurum cogitate iuditium", quod ipse forte non cogitat; amatoribus mundi: "Nolite diligere mundum", si eum amor mundi oblectat; ambitiosis: "Ambitioni iam finem inponite", si eum ambitio ruinosa precipitat.' In vita quoque beati Ambrosii legitur: 'Ingemiscebat[37] enim vehementer, cum videret radicem omnium malorum[z] avaritiam, quae neque copia neque inopia minui potest, magis magisque increscere in hominibus, et maxime in his, qui in potestatibus erant constituti, ita ut interveniendi illi apud illos gravissimus labor esset, qui omnia precio distrahebant. Quae res omne malum primo[a] invexit Italiae, et exinde omnia verguntur in peius. Et quid dicam, si in huiusmodi personis ita rabiem suam exercent, qui solent aut filiorum aut propinquorum causas protendere ad excusandas excusationes in peccatis, quandoquidem plerosque coeperit etiam caeca labes sacerdotes vel levitas, quibus portio Deus est, ut illam etiam ipsi appetant. Et vae mihi misero, quia nec fine mundi provocamur, ut tam gravi iugo servitutis liberari velimus, quod demergit usque ad profundum inferni, ut faciamus nobis amicos de mammona iniquitatis, qui nos recipiant in aeterna tabernacula.'

(7.) Cap. IV.[b] Quia[c][38] ergo propter communem ac necessariam correctionem pariter diligenterque inquisivimus et ex oraculis divinis et sanctorum patrum dictis manifestum fecimus, qualiter ad pastorale magisterium veniendum, qualiter in eo vivendum, qualiter docendum sit et qualiter sacerdotes Domini avaritiam, qui aliis forma et exemplum esse debent, cavere debeant[c], operae precium duximus nos exortando admonere et admonendo exhortari, ut hospitalitatem precipue sacerdotes[d] Domini[e] sectari meminerint, quoniam hactenus a quibusdam ordinis nostri sociis minus iusto in ea actum est, et ideo a multis non solum ipsi neglegentes, verum etiam hospitalitati studentes[d] tali reprehensione sunt denotati. Porro si hospitalitas in tremendi examinis die ab aeterno iudice est remuneranda, qui dicturus est: 'Hospes[39] fui, et collegistis me', et ob id ab omnibus christianis summopere est sectanda, multo magis tamen vigilantiusque ab his, qui dictis et exemplis ad vitam aeternam aliis ducatum praebent, postposita avaritiae peste et alia qualibet occasione prorsus est exequenda. Ab apostolo[40] quippe inter cetera virtutum praeconia, quae episcopo inesse debent, hospitalitas etiam habenda praedicatur. 'Episcopi[41] namque domus', ut beatus Hieronimus scribit, 'omnium commune debet esse hospitium; et laicus, si unum

x) debuerit 1. y) balliantur *corr.* blandiantur 1. z) *om.* 1. a) proximo 1. b) De hospitalitate *rubr. in* 4. c) Quia ... debeant *om.* 3, *in quo initium est:* Operae quoque precium. d) sacerdotes ... studentes *om.* 3. e) *Finis codicis* 4.

33) *Matth.* 6, 19. 20. 34) quae est idolorum servitus et cupiditate *addit Conc. Paris., fortasse neglegenter hic omissa.* 35) dedecens *rectius Conc. Paris.* 36) *Prosper, de vita contemplativa lib. I, c.* 15, *Opera ed. Parisiis* 1711, *App. col.* 13 *sq.* 37) *Vita Ambros. c.* 41, *Opera ed. Bened. tom. II, App. col. XI.* 38) *Conc. Paris. lib. I, c.* 14, *pars prior, l. c. col.* 548. 39) *Matth.* 25, 35. 40) 1. *Tim.* 3, 2. 41) *Hieronymus, Commentar. ad Titum, c.* 1, *Opera, tom. VII, col.* 701.

829. aut duos aut paucos recipiat, implet hospitalitatis officium; et episcopus, nisi omnes recipiat, inhumanus ab eo scribitur.'

(8.) Cap. V. Ut, quando episcopi parrochias suas circumeunt, hoc summopere studeant, ne his, quibus prodesse debuerant, oneri sint. Didicimus[42] sane quorundam relatu nonnullos episcoporum nostrorum in peragrandis parrochiis suis non solum consacerdotibus, verum etiam quibusdam aliis fidelibus, quibus consultum ferre debuerant, oneri existere[43], et ob hanc causam multos in sui detractionem detestationemque pertrahere; idcirco in commune statuimus, ne ulterius a quoquam episcopo tale quid fiat. Statuimus etiam, ut congruo tempore unusquisque parrochiam suam circumeat. Et quamquam auctoritas canonica doceat[44], ut quarta pars decimarum et redituum ex oblationibus fidelium in usus episcoporum cedat, ubicumque tamen episcopus sua habet, suis contentus sit; ubi autem nihil rerum aecclesiae suae habet, accipiat de memorata parte sibi suisque, non quod avaritia, quod absit, suaserit, sed potius quod necessitas compulerit. Ceterum si accipiendi nulla necessitas urguerit, nihil de memorata quarta parte accipiat, sed usibus ecclesiarum et pauperibus Christi impertiendum secundum suam dispositionem relinquat.

(9.) Cap. VI. Ut[f] chorepiscopi modum mensurae suae, qui in sacris canonibus prefixus est, non excedant. Emersisse[45] reprehensibilem et valde inolitum usum comperimus, eo quod quidam chorepiscopi ultra modum suum progredientes et donum sancti Spiritus per inpositionem manuum tradant et alia quaeque, quae solis pontificibus debentur, contra fas peragant, presertim cum nullus ex septuaginta discipulis, quorum speciem in aeclesia gerunt[g], legatur sancti Spiritus donum per manuum inpositionem tradidisse: quod autem solis apostolis eorumque successoribus proprii sit officii tradere Spiritum sanctum, liber actuum apostolorum[46] docet. In concilio vero Cesariensi ita de chorepiscopis habetur scriptum: 'Chorepiscopi[47] quoque ad exemplum quidem et formam septuaginta videntur esse; ut comministri autem propter studium, quod erga pauperes exhibent, honorantur.' Item in concilio Antiocheno cap. X: 'Qui[48] in vicis et possessionibus chorepiscopi nominantur, quamvis manus impositionem episcoporum perceperint et ut episcopi consecrati sint, tamen sanctae synodo placuit, ut modum proprium recognoscant et gubernent subiectas sibi ecclesias earumque moderamine curaque contenti sint[h].'

(10.) Cap. VII. Ut[f] episcopi ministros odientes avaritiam per parrochias suas constituant[i]. Comperimus[49] quorundam episcoporum ministros, id[50] est chorepiscopos, archipresbiteros et archidiaconos[50], non solum in presbiteris sed etiam in plebibus parrochiae suae avaritiam potius exercere, quam utilitati ecclesiasticae dignitatis inservire populique saluti consulere; quam neglegentiam, immo execrabile ac dampnabile cupiditatis vitium, omnes in commune deinceps vitandum statuimus. Pertimescenda porro et vigilanter cavenda est sacerdotibus Domini Heli sacerdotis ruina[51], qui, filios suos indigne agentes Dominumque in suis pravis actibus ad iracundiam provocantes sacrificioque Domini iniuriam inrogantes, quia verbis tantum et non verberibus corripuit, cum eis divina iustaque ultione ruentibus ruit. At si forte, quod absit, ullus episcoporum deinceps sectatores avaritiae ministros in parrochia sua constituerit et eorum cognitam pravitatem auctoritate pastorali acriter

f) *Inscr. om.* 3. g) gerit *corr.* gerunt 1. h) ut episcopi *add.* 1. i) *om.* 1.

42) *Conc. Paris. lib. I, c.* 31, *medio, l. c. col.* 559. 43) *Cfr. etiam Cap. eccles.* 818. 819, *tom. I, p.* 278, *c.* 19; *supra p.* 9, *n.* 8. *[K.]* 44) *Cfr. Capp. episcoporum* 846—850 *infra nr.* 210, *n.* 9. *[K.]* 45) *Conc. Paris. lib. I, c.* 27, *abbrev., l. c. col.* 556. 46) *Act. apost. c.* 19. 47) *Conc. Neocaes. c.* 13, *Mansi II, col.* 546. 48) *Conc. Antioch. c.* 10, *l. c. col.* 1323. 49) *Conc. Paris. lib. I, c.* 25, *abbrev., Mansi XIV, col.* 555. 50) id est ... archidiac. *om. Conc. Paris.* 51) 1. *Reg.* 4, 18.

ferire detrectaverit, exemplum neglegentis[k] Heli sacerdotis imitari se cognoscat. et sinodali correctione modis omnibus subiacendum. Nam et in communi consensu statuimus, ut unusquisque episcoporum super archidiaconum suum deinceps vigilantiorem curam adhibeat, quia propter eorum avaritiam et morum inprobitatem multi scandalizantur et ministerium sacerdotale vituperatur et in ecclesiis a sacerdotibus multa propter eos negleguntur. 829.

(11.) Cap. VIII. De[52] presbiteris et eorum ecclesiis, unde multa negleguntur et scandala generantur, in nostra discussione quattuor nobis pericula apparuerunt. Primo quia nonnulli ex ipsis sacerdotibus quadam securitate accepta nec ea, quae ad cultum pertinent, faciunt neque in restauratione et luminaribus eclesiae studium habent nec etiam senioribus suis debitam reverentiam exhibent et insuper ecclesias suas exspoliant et in prediola sua propria transferunt; quae omnia ad neglegentiam episcoporum pertinere deprehendimus. Ob id vero quadam occasione accepta seniores eorum audaciter prorumpunt, ut eos etiam inlicite et inhoneste atque inreverenter tractare presumant. Unde summopere omnibus modis[l] abhinc providendum iudicavimus, ut ea, quae a domno imperatore cum consensu episcoporum ob honorem et amorem Dei ecclesiis concessa[m] sunt, non in avaritiam presbiterorum aut in rapacitatem episcopalium ministrorum cedant, sed in utilitatem ecclesiae et in usus clericorum et pauperum deveniant.

(12.) Cap. IX. Illud[52] quoque non minus periculosum esse didicimus, quod in quorundam episcoporum parroechiis quosdam presbiteros contra interdicta sanctorum canonum[53] feminas in domibus suis non solum habitare, sed etiam sibi ministrare faciunt; quas et laqueum sacerdotibus persepe extitisse et multos hac occasione in scandalum et in detractionem corruisse cognovimus. Que transgressio et tempore genitoris vestri[54] et vestro[55] in conventibus[n] episcoporum secundum auctoritatem canonicam prohibita, sed necdum ad perfectionem plene est perducta. Unde in commune censuimus, ut hi, qui tantae transgressionis incorrectores hactenus extiterunt, si abhinc huius rei correctores esse neglexerint, iuxta apostoli sententiam quasi consentientes malorum coherceantur.

(13.) Cap. X. Similiter[52] de illis presbiteris, qui contra statuta canonum[56] villici fiunt, tabernas ingrediuntur, turpia lucra sectantur et diversissimis modis usuris inserviunt et aliorum domos inhoneste ac inpudice frequentant et comessationibus et ebrietatibus deservire non erubescunt et per diversos mercatus indiscrete discurrunt, observandum iudicavimus, ut abhinc districte severiterque coerceantur, ne per eorum inlicitam et indecentem actionem et ministerium sacerdotale vituperetur et, quibus debuerant esse in exemplum, fiant in scandalum.

(14.) Cap. XI. Quod[f] conversatio sacerdotalis testes vitae probabiles habeat. Pari ergo consensu nobis visum est, ut pontifices sanctorum decedentium patrum exempla sequentes religiosos conversationis suae testes habeant, quatinus detrahere volentibus locum minime prebeant. Ut[57] ergo sacerdos discipulis suis de

k) neglegentius 1. l) nobis 1. m) concessum est 1. n) conventus 1.

52) *Non e Concilio Paris. desumptum; cfr. autem c. 6—8. Concilii Aquisgr.* 836 *(Mansi XIV, col.* 681 *sq.), quibuscum haec ad verbum consentiunt.* 53) *Conc. Nic. c.* 3, *Mansi II, col.* 679. 54) *Capp. in synodo tractata, tom. I, p.* 237, *c.* 6; *Ghaerbaldi capp.* 802—810, *l. c. p.* 243, *c.* 1; *Statuta Rhispac.* 799. 800, *l. c. p.* 228, *c.* 17; *Capp. a sacerdot. propos.* 802, *l. c. p.* 107, *c.* 15; *Cap. miss.* 802, *l. c. p.* 102, *c.* 8. *[K.]* 55) *Cap. eccles.* 818. 819, *l. c. p.* 278, *c.* 17. 56) *Cfr. exempli gr. Conc. Nic. c.* 17, *Mansi II, col.* 682; *Conc. Laodic. c.* 24. 54, *l. c. col.* 579. 582. *[K.]* 57) *Conc. Paris. lib. I, c.* 20, *l. c. col.* 553.

829. se ipso exemplum bonum debeat praebere, apostolus ad Titum docet dicens: 'In[58] omnibus te ipsum praebe[o] exemplum[o] bonorum operum, in doctrina, in integritate, in castitate' et reliqua. Beatus quoque Gregorius in decretis suis ita ait: 'Verecundus[59] mos inolevit, ut huius sedis pontificibus ad secreta cubiculi sui servitia laici pueri ac[p] seculares obsequantur et, cum pastoris vita esse discipulis semper debeat in exemplum, plerumque clerici, qualis in secreto sit vita pontificis sui, nesciunt et, ut dictum est, seculares pueri sciunt. De qua re presenti decreto constituo, ut quidam ex clericis vel etiam ex monachis electi ministerio cubiculi pontificalis obsequantur, ut is, qui in loco est regiminis, habeat testes tales, qui eius in secreto conversionem videant et ex visione sedula exemplum profectus[q] sumant.' Haec igitur beatus Gregorius scripserit; caeterum, si qui de hac re copiosiora exempla querere voluerint, vitas beati Augustini et Ambrosii et ceterorum sanctorum aliorumque virorum legant et perspicue invenient, quod vita et conversatio pontificis semper testes vite probabilis habere debeat.

(15.) Cap. XII. *Ut[q*] episcopi in rebus ecclesiae circa propinquos suos expendendis reprehensionem caveant et discrecionis modum teneant.* Quoniam[60] multi episcoporum amore propinquorum suorum de rebus sibi commendatis suo aut quolibet amicorum nomine praedia et mancipia emunt et, ut in suorum propinquorum ius cedant[r], statuunt et ob hoc et iura ecclesiastica convelluntur et ministerium sacerdotale fuscatur, immo a subditis detrahitur et contemnitur, placuit omnibus, ut deinceps hoc avaritiae genus caveatur, fixumque abhinc et perpetuo mansurum esse decrevimus, ut episcopus res sui iuris, quas aut ante episcopatum aut certe in episcopatu hereditaria successione adquisivit, secundum auctoritatem canonicam[61] quicquid vult faciat et cui vult conferat; postquam autem episcopus factus est, quascumque res de facultatibus aecclesie aut suo aut alterius nomine qualibet conditione comparaverit, decrevimus, ut non in propinquorum suorum, sed in ecclesiae, cui praeest, iura deveniant. Similiter de[o] presbiteris vel diaconibus, qui de aeclesiarum rebus, quibus praesunt, praedia eo modo emunt, faciendum statuimus; quoniam multos presbiterorum occasione taliter emptarum rerum ecclesias, quibus praesunt, exspoliasse et a suo ministerio multis modis exorbitasse et se diabolo mancipasse et hac occasione multos laicorum in scandalum damnationis et perditionis proruisse comperimus.

(16.) Cap. XIII. Didicimus[62] sane nonnullos episcopos in gubernandis congregationibus sibi subiectis, canonicis videlicet, monachis et sanctimonialibus, hactenus valde neglegentes exstitisse et ob id multos in sui detractionem et contemptum provocasse, ita ut nonnulli alii praelati in eorum parrocchiis constituti, eorum prava exempla secuti, suas similiter congregationes neglexerint; quos et fraterno et sinodali conventu admonendos esse necessario duximus, ut ab[o] hac neglegentia deinceps se cohibeant et caeteris se imitabiles prebeant; ne forte propter illorum incuriam et divinae servitutis contemptus et pericula proveniant animarum et auribus excellentiae vestrae molestia ingeratur et nostrae mediocritati in sacris conventibus taedium et obprobrium inferatur.

(17.) Cap.[o] XIV. Comperimus etiam quosdam socios ordinis nostri non causa necessitatis aut utilitatis, sed potius avaritiae et[o] delectationis sepissime propria civitatis suae sede relicta cleroque neglecto remotiora loca frequentare. De qua re et

o) *om.* 1. p) eis 1. q) provectus subeant 1. q*) *Inscr. om.* 3. r) cedat 1.

58) *Tit.* 2, 7. 59) *Conc. Roman. c.* 2, *Opera ed. Bened. tom. II, App. V, col.* 1289. 60) *Conc. Paris. lib. I, c.* 16, *Mansi XIV, col.* 550 *sq.* 61) *Cfr. Loening, Gesch. d. Deutsch. Kirchenrechts I, p.* 227 *sq.*; *II,* 674. *[K.]* 62) *Conc. Paris. lib. I, c.* 21, *l. c. col.* 553 *sq.*

destitutio divini cultus et predicatio in plebibus et cura subiectorum postponitur et 829.
hospitalitas neglegitur: quod ne ulterius a quoquam sine inevitabili necessitate et certa utilitate fiat, pari consensu inhibuimus.

(18.) Cap.° XV. De[63] clericis vero laicorum, unde nonnulli eorum conqueri videntur, eo quod quidam episcopi ad eorum preces nolint in ecclesiis suis eos, cum utiles sint, ordinare, visum nobis fuit, ut in utrisque partibus pax et concordia servetur et cum caritate et ratione utiles et idonei eligantur; et si laicus idoneum utilemque clericum obtulerit, nulla qualibet occasione ab episcopo sine ratione certa repellatur et, si reiciendus est, propter scandalum vitandum evidenti ratione manifestetur.

(19.) Cap.° XVI. Igitur[64], quia constat religionem christianam per successores apostolorum salubriter administrari populisque ad vitam aeternam ducatum exhiberi debere, primo necessarium iudicavimus, ut, quicquid in nobis reprehensibile[s] sacrisque ministeriis, quibus indigni mancipamur, inconveniens et indecens contrariumque videbatur, toto adnisu Domino opem ferente corrigeremus, id est in vita nostra et doctrina et conversatione et morum probitate et studio predicationis et in consacerdotum et ministrorum subiectorumque nostrorum correctione diligentiorem deinceps cum omni studio et sollicitudine curam et providentiam adhiberemus, et ut nos non tantum in mundanis cupiditatibus et curis et sollicitudinibus, sed potius in divinis officiis inplicaremus et in scolis habendis et in educandis militibus sanctae aecclesie operam daremus[65]: quae nos Deo miserante in omnibus pro viribus imitari, exercere ad nostram universorum salutem cupimus, in quantum nobis divina favente gratia sacerdotalis libertas et optatum otium adtributum fuerit.

(20.) Cap.° XVII[66]. Nam et in statutis conventibus primo omnium pari voto parique consensu decrevimus, ut unusquisque nostrum in parrochia sua dictis et exemplis plebes sibi subiectas ad meliora incitare studeret easque, ut se a malis cohiberent et ad Deum ex toto corde converterent, sollicite admoneret, Deum, quem peccando sibi iratum fecerant, digna penitentiae satisfactione et elemosinarum largitione sibi placabilem facere satagerent, necnon et pro vita piissimorum[67] Deoque amabilium imperatorum, coniugum proliumque eorum incolomitate imperiique sibi commissi stabilitate Dei[67] inmensam misericordiam cernuis precibus implorarent.

Post haec visum nobis fuit ea capitula hic inserere, quae[t] domno imperatori petitionis gratia pernecessarium offerenda iudicavimus.

Petitio[u].

(21.) I. Petimus[68] humiliter vestram excellentiam, ut per vos filii et proceres vestri nomen, potestatem, vigorem et dignitatem sacerdotalem cognoscant. Quod ex verbis Domini facile intellegere possunt[v], quibus beato Petro, cuius vicem indigni gerimus, ait: 'Quodcumque[69] ligaveris super terram, erunt ligata et in caelo, et quodcumque solveris super terram, erunt soluta et in caelo'; et alibi discipulis generaliter dicit: 'Accipite[70] Spiritum sanctum. Quorum remiseritis peccata, remittentur eis, et quorum retinueritis, retenta sunt'.

(22.) II. Illud[w][71] etiam ad exemplum reducendum est, quod in Ecclesiastica historia Constantinus imperator episcopis ait: 'Deus'[72], inquit, 'constituit vos sacer-

s) reprehendi sibi 1. t) quem 1. u) *add. Pertz.* v) possis *corr.* possitis 1. w) *cod.* 3. *caput novum non distinguit.*

63) *Ibidem c.* 22, *l. c.* 64) *Conc. Paris. lib. III,* c. 1, *l. c. col.* 594 *sq.* 65) *Infra c.* 39. 66) *Conc. Paris. lib. III,* c. 1. *sub fine, l. c. col.* 595. 67) *Conc. Paris.:* pro vita vestra, coniugum prolisque vestrae incolomitate Dei *rell.* 68) *Conc. Paris. lib. III,* c. 8, *l. c. col.* 597 *sq.* 69) *Matth.* 18, 18. 19. 70) *Ioh.* 20, 22. 71) *Conc. Paris. lib. III,* c. 8, *contin., l. c. col.* 598. 72) *Rufini historiae eccles. lib. X, c.* 2, *ed. Beatus Rhenanus, p.* 218.

829. dotes et potestatem vobis dedit de nobis quoque iudicandi, et ideo nos a vobis recte iudicamur; vos autem non potestis ab hominibus iudicari; propter quod Dei solius inter vos expectate iuditium, ut vestra iurgia, quaecumque sunt, ad illud divinum reserventur examen. Vos etenim nobis a Deo dati estis Dei, et conveniens non est[x], ut homo iudicet deos, sed ille solus, de quo scriptum est[x]: Deus[73] stetit in synagoga deorum, in medio autem Deus diiudicat.' Sed[74] et illud ad memoriam reducendum est, qualiter beatus Prosper in libro, quem de contemplativa et actuali vita scribit, laudem sacerdotum conprehenderit: 'Ipsis[75] enim', inquit, 'id est sacerdotibus proprie animarum curandarum sollicitudo commissa est, qui pondus populi sibi commissi viriliter sustinentes pro peccatis omnium velut pro suis infatigabiliter supplicant Deo ac velut quidam Aaron, incensum contriti cordis et humiliati spiritus offerentes, quo[y] placatur Deus, avertunt iram futurae animadversionis a populo. Qui per Dei gratiam fiunt divinae voluntatis indices, ecclesiarum Christi post apostolos fundatores, fidelis populi duces, veritatis adsertores, pravae doctrinae hostes, omnibus bonis amabiles et mala sibi consciis etiam ipso visu terribiles, vindices oppressorum, patres in fide catholica regeneratorum, predicatores caelestium praemiorum, exempla bonorum, documenta virtutum et forma fidelium; ipsi decus ecclesiae, in quibus amplius fulget ecclesia; ipsi columnae firmissimae, quibus in Christo fundatis innititur omnis multitudo credentium; ipsi ianuae civitatis aeternae, per quos omnes, qui credunt, ingrediuntur ad Christum; ipsi ianitores, quibus claves datae sunt regni celorum; ipsi etiam dispensatores regiae domus, quorum arbitrio in aula regis aeterni dividuntur gradus et officia singulorum.' Licet enim sanctorum predecedentium sacerdotum vita et meritis longe inferiores simus, id tamen sacrum ministerium, quod indigni suscepimus, non minoris auctoritatis et dignitatis existit[z], et quamquam tanto ministerio indigni simus, propter illum tamen, cuius ministerium gerimus, in nobis non contempnendum est.

(23.) III. Illud[w76] etiam specialiter necessarium vestre suggerere pietati duximus, ut fideles vestri per vos admoneantur et instruantur, quatinus, quando aliquid nobis vestra celsitudo de nostra correctione vel vestra necnon et illorum salute tractandum committit, ut non per inanem et falsam suspitionem contra nos scandalum sumant et sine causa in nos detrahendo Deum offendant et, unde sibi salutem sperare et adquirere debuerant, culpam incurrant. Quia nos nichil aliud quaerere aut tractare desideramus nec nostri officii est, ut faciamus, nisi quod ad nostrum debitum ministerium et ad illorum salutem pertinet. Et ideo non debemus ante tempus per suspitionem iudicari, sed pacienter expectari, donec ipsa veritas manifestum faciat, utrum magis audiendi, an inprobandi simus. Nos enim, si forte evenerit, ut aliquid sinistrae opinionis de nobis fama sparserit, Deo nobis opem ferente equanimiter tolerare et possumus et debemus. Ipsi vero culpa inmunes esse non possunt, dum patrum et fratrum intentionem sine causa reprehendere non metuunt. Quoniam hoc summopere laborandum est nobis et vobis, ut semper inter pastores ecclesiarum et gregem Christi pax et concordia unanimitasque servetur: nisi enim caritatem et concordiam in invicem habuerint, Deum, sicut oportet, propitium habere non merentur. Quapropter, sicut premissum est[77], cum Deo inspirante vestra pietas de ecclesiastica et communi utilitate aliquid nobis tractare praecipit, non est nobis fas mentiri, quia aliquando veritatem sine gravi periculo ad tempus reticere, numquam tamen

x) est ... est *om.* 1. y) quod placatus 1. z) existimus 1.

73) *Psalm.* 82, 1. 74) *Conc. Paris. lib. III, c.* 9, *Mansi XIV, col.* 598. 75) *Prosper, de vita contempl. lib. II, c.* 2, *Opera ed. Parisiis* 1711, *App. col.* 25. 76) *Conc. Paris. lib. III, c.* 10, *l. c. col.* 598 *sq.* 77) *Cfr. supra p.* 28, *l.* 10 *sqq.*

interrogati de ipsa veritate sine gravi discrimine possumus mentiri. Sed quia veritas 829. sepe odium generat et sermo Dei adversarius a Domino nostris carnalibus voluptatibus describitur, tamen ei[a] in via, id est in presenti vita, consentiendum est. Sic[b] etiam erga nos agendum est[b], ut, quotiescumque interrogati veritatem proferimus, quamquam nonnulli infirmi sine causa scandalizentur, nobis tamen consentiendum est propter ipsam veritatem. Nam[78] sepe quando vobis suggerimus, ut fideles quique res aecclesiarum pie et cum reverentia et timore Dei tractent et cognoscant illas Deo esse dicatas, quatinus sic habeant de illis temporalem profectum, ut non per ignorantiam et neglegentiam aeternum paciantur detrimentum, suspicantur nonnulli, quod nos causa cupiditatis potius hoc admonemus, quam causa salutis, cum nos veraciter nullis rebus sibi conlatis optemus eos exspoliari, sed magis eorum communi saluti consultum probere; quia non rerum, ut multi arbitrantur, ambitione, sed animarum potius delectamur salvatione, adtendentes illud apostoli: 'Non[79] enim vestra quaero, sed vos.'

(24.) IV. Cum[80] sacri canones bis in anno concilia celebrari iubeant[81], illud obnixe vestram pietatem deposcimus, ut saltim vel semel in anno libertas opportuni temporis concedatur, quo haec ad honorem Dei et[c] utilitatem sanctae Dei ecclesiae multorumque correctionem congruenter decenterque fieri possint[d]. Quoniam si haec semel, ut dictum est, in anno per unamquamque provinciam celebrata fuerint, et honor ecclesiasticus ius[e] ordinis sui obtinebit, et inpudentia quorundam superborum clericorum, qui[f] passim quique auctoritate canonica calcata, auribus imperialibus molestiam[g] ingerere non cessabunt[f], et inpunitas diversorum flagitiorum locum delitiscendi, quem nunc habet, non habebit, et alia multa, quae hactenus secus, quam ecclesiastica docet doctrina, incesserunt, ordinem suum Domino auxiliante tenebunt. Similiter[82] etiam obnixe et suppliciter vestrae celsitudini suggerimus, ut morem paternum sequentes saltim in tribus congruentissimis imperii vestri locis scolae publicae ex vestra auctoritate fiant[83], ut labor patris vestri et vester per incuriam, quod absit, labefactando non depereat, quoniam ex hoc facto et magna utilitas et honor sanctae Dei ecclesiae et vobis magnum mercedis emolumentum et memoria sempiterna adcrescet.

(25.) V. Similiter[84] et hoc a[h] vestra pietate necessario duximus expetendum[h], ut sacerdotes et levitae et sequentis ordinis clerici, qui in diversis imperii vestri partibus maximeque in Italiae regionibus fuga lapsi sunt, vestra auctoritate per missos vestros diligenter perquirantur et in praesentiam vestram venire conpellantur et per vestram clementiam unicuique ecclesiae, a qua per contumatiam defecerunt, restituantur.

(26.) VI. Illud[85] quoque nichilominus a vestra pietate suppliciter flagitamus, ut monachi et presbiteri necnon et clerici, qui postposita canonica auctoritate[86] passim palatium adeunt et vestris sacris auribus inportunissimam molestiam inferunt,

a) et 1. b) sic ... est *om.* 1. c) et util. *om.* 1. d) possit 1. e) *ita* 1; vires *Conc. Paris.* f) *ita* 1, *haud dubie corrupte;* quae passim auctoritate canonica calcata auribus imperialibus molestiam ingerit, cessabit *Conc. Paris.* g) molestia 1. h) ad vestram pietatem ... expectendum 1.

78) *Haec, quae sequuntur, cum Parisiensi Concilio non concordant, sed plenius dicta sunt.* 79) 2. Cor. 12, 14. 80) *Conc. Paris. lib. III,* c. 11, *l. c. col.* 599. 81) *Conc. Antioch.* c. 20, *Mansi II, col.* 1326; *Conc. Chalced.* c. 19, *Mansi VII, col.* 389; *Episcoporum relatio* 820, *tom. I, p.* 366, c. 1. *[K.]* 82) *Conc. Paris. lib. III,* c. 12, *l. c.* 83) *Ab his scholis publicis illae discernendae sunt, quas infra c.* 39. *episcopi in suis civitatibus habere decernunt. [K.]* 84) *Conc. Paris. lib. III,* c. 13, *l. c.* 85) *Ibidem* c. 14, *l. c.* 86) *Cfr. exempli gr. Conc. Antioch.* c. 11, *Mansi II, col.* 1323; *Conc. Cabill.* c. 15, *Mansi X, col.* 1192; *Chloth. II, Edict.* 614, *tom. I, p.* 21, *c.* 3; *Synod. Franconof.* 794, *l. c. p.* 74, c. 6. *[K.]*

829. vestra auctoritate et potestate deterreantur, ne hoc facere presumant: quoniam in huiuscemodi facto et vigor ecclesiasticus contempnitur et religio sacerdotalis et professio monastica vilis efficitur.

(27.) VII. Illud[87] etiam obnixe vestram sanctam piissimamque devotionem suppliciter monendo deposcimus, ut ob amorem et honorem Dei et animae vestrae salutem morem paternum sequentes quasdam sedes episcopales, quae rebus propriis viduatae, immo annullatae esse videntur, dum tempus habetis et oportunitas se prebuerit, de earum sublevatione et consolatione cogitetis memores semper, quomodo progenitores vestri huiuscemodi piissimis studiis intenti fuerint.

(28.) VIII. Sed[88] et illud a vestra misericordia fieri deposcimus, ut in quadam parte parroechiae Alitgari[i][89] et Rantgarii[90], ubi turpissimam et nefandissimam et ipso dictu foetidissimam rem perpetrari audivimus, missi vestri fideles existant, qui per potestatem imperialem vestram simul cum eorum auctoritate, quorum parroechiae sunt, idem malum ab illo loco quantocius radicitus evellant.

(29.) IX. Iterum[91] suppliciter admonendo vestrae suggerimus serenitati, ut vestro sollertissimo studio vestraque imperiali auctoritate tam temoraria christianorum sanguinis[k] effusio in regno vestro fieri non sinatur, semper illud adtendentes, quod Dominus post[l] diluvium dixit famulo suo Noe: 'De[92] manu hominis et de manu viri et fratris eius requiram animam hominis; quicumque effuderit humanum sanguinem, fundetur sanguis illius; ad imaginem quippe Dei factus est homo.' Et in lege: 'Qui[93] occiderit hominem, morte moriatur.' Et apostolus: 'Nam[94] principes non sunt timori boni operis, sed mali. Vis autem non timere potestatem, bonum fac, et habebis laudem ex illo; Dei enim minister est tibi in bono; si autem malum feceris, time; non enim sine causa gladium portat: Dei enim minister est vindex in iram ei, qui malum agit.' De illo enim specialiter divina auctoritas dicit: 'Gladium[95] Dei portat ad vindictam malorum', non de quolibet alio. Econtra vero nescimus, qua[m] pernoxia inventione a nonnullis usurpatum est, ut hi, qui nullo ministerio publico fulciuntur, propter sua odia et diversissimas voluntates pessimas indebitum sibi usurpant in vindicandis proximis et in interficiendis hominibus vindictae ministerium et, quod rex saltim in uno exercere debuerat propter terrorem multorum, ipsi inpudenter in multis perpetrare non metuunt propter odium, et putant sibi licere ob inimicitiarum vindictas, quod nolunt, ut rex faciat propter Dei vindictam.

(30.) X. De[96] abbatibus vero canonicis et regularibus et de abbatissis, quae sanctimonialibus preesse videntur, sive de laicis, qui monasteria habent, illud vestrae pietati deposcimus, ut nunc in presenti placito a vestra serenitate expresse admoneantur, ut de se ipsis caeteris bonum exemplum praebeant et religiose, sicut decet, conversentur et, quod uniuscuiusque professioni inconveniens est et in sacris canonibus prohibetur, omnino caveant et loca sibi a vobis[n] concessa deperire[o] et destrui per neglegentiam non demittant et congregationes sibi commissas sive spiritaliter sive temporaliter paterno affectu gubernare eisque necessaria stipendia administrare non neglegant; ne forte propter aliquam inopiam divina officia neglegantur et ipsae congregationes inreligiosius vivere conpellantur; et ut nostram admonitionem libenter audiant, benigne suscipiant et oboedienter adimpleant; quoniam, si illi nostris admonitionibus paruerint, nos Deo auxiliante id per nostrum studium pro viribus effi-

i) Atligari 1. k) sanguis 1. l) *om.* 1. m) quia 1. n) nobis 1. o) diripere 1.

87) *Conc. Paris. lib. III, c.* 15, *Mansi XIV, col.* 600. 88) *Ibidem c.* 16, *l. c.* 89) *Episcopi Cameracensis.* 90) *Episcopi Noviomacensis.* 91) *Conc. Paris. lib. III, c.* 17, *l. c.* 92) *Genes.* 9, 5. 6. 93) *Levit.* 24, 17. 94) *Rom.* 13, 3. 4. 95) *In Biblia vulgata non legitur.* 96) *Conc. Paris. lib. III, c.* 18, *l. c. col.* 600 *sq.*

cere cupimus, ut ipsa religio semper in melius proficiat et merces vobis exinde 829.
crescat necnon et periculum, quantum fieri potest, caveatur animarum et ab auribus vestris amoveatur pro hac causa tedium querellarum.

(31.) XI. Postulamus[97] etiam, ut celsitudo vestra missis vestris specialiter iniungat, ut ad haec peragenda studiosi et veri adiutores, ubicumque necessitas poposcerit, nobis existant.

(32.) XII. De[97] presbiteris et capellis palatinis[98] contra canonicam auctoritatem et aecclesiasticam honestatem inconsulte habitis vestram monemus sollertiam, ut a vestra potestate inhibeantur; quoniam propter hoc et honor ecclesiasticus vilior efficitur et vestri proceres et palatini ministri in diebus sollemnibus, sicut decet, vobiscum ad missarum celebrationes non procedunt. Nam et obnixe deprecamur, ut in observatione diei dominici, sicuti iam dudum deprecati sumus[99], debitam adhibeatis curam, quatinus, nisi magna conpellente necessitate, in ipsa die a curis et sollicitudinibus mundanis, quantum potestis, vos exuatis et, quod tantae diei venerationi competit, et vos faciatis et vestros sacro vestro exemplo et[p] doceatis et agere conpellatis.

(33.) XIII. De[100] perceptione vero sacri corporis et sanguinis Domini nostri[q] Iesu Christi[q] nichilominus monemus, ut, quod christianae religioni expedit, sicut vobis a patribus nostris admonitum est in aliis conventibus[1], quando possibile fuerit, faciatis et vestro exemplo vobis famulantibus, ut hoc faciant, instruatis.

(34.) XIV. De[2] capitulo siquidem, quod propter honorem ecclesiasticum in generali conventu vestra celsitudo se constituere[r] velle decrevit[3], tantummodo vestram pietatem deposcimus, ut secundum Dei voluntatem, quod melius exinde vobis visum fuerit, ad effectum perducatis.

De[s] his, quae populo adnuntianda sunt[s].

(35.) Item capitulo primo. Hoc[4] admonendum vel denunciandum fidelibus necessario providimus, ut[5] hi, qui fidem Christi expetunt et provectae aetatis sunt, priusquam ad baptismum accedant, instruantur et fidei et baptismatis sacramento. Similiter et illi instruendi sunt, qui parvulos de sacro fonte suscipere voluerint, ut intellegant et vim eiusdem sacramenti et quid[t] pro aliis spoponderint vel pro[u] quibus fideiussores extiterint. Illos tamen specialiter ab his officiis removendos iudicamus, ne alios de sacrosancti[v] fontis baptismate suscipiant nec etiam ad percipiendum sancti Spiritus donum aliorum patroni existant, qui et communione canonica privati et penitentiae publicae sunt subacti, donec per penitentiae satisfactionem reconciliationem mereantur. Quos enim lex divina[6] et auctoritas canonica[7] ab ecclesiarum liminibus et a castris[w] militaribus[x][8], ne ruina sint populi, sequestrant, multo magis a memoratis peragendis[x] officiis usque ad tempus poenitentiae, ut iam dictum est, peractum[x*] sunt sequestrandi[x*].

p) edoceatis 1. q) nostri ... Christi *om.* 1. r) constitui 1. s) *add. Pertz.* t) quod 1. u) per quos 1. v) sacrosancto 1. w) castris *corr.* canonicis 1. x) militaribus ... peragendis *om.* 1. x*) peractum ... sequestr. *om.* 3.

97) *Ibidem c.* 19, *col.* 601. 98) *Cfr. Waitz, VG. III*², *p.* 525 *sqq.* *[K.]* 99) *Cfr. Conc. Roman.* 826, *tom. I, p.* 376, *c.* 30; *in conciliis annis* 814—828. *habitis huius petitionis nulla mentio fit.* *[K.]* 100) *Conc. Paris. lib. III, c.* 20, *l. c. col.* 601. 1) *Cfr. Episcoporum relatio c.* 820, *tom. I, p.* 367, *c.* 3. *[K.]* 2) *Conc. Paris. lib. III, c.* 21, *l. c.* 3) *Cfr. supra p.* 9, *c.* 1. 4) *Hinc inde Benedicti add. II.* 5) *Conc. Paris. lib. I, c.* 54, *paulisper mutat., l. c. col.* 578 *sq.* 6) *Num.* 5, 2. 7) *Cfr. Hinschius, Kirchenrecht IV, p.* 801, 704. *[K.]* 8) *Agobardi cartula* 833, *infra nr.* 198; *Synod. Ticin.* 850, *infra nr.* 228, *c.* 12. *[K.]*

829. (36.) II. Ut[9] extra statuta tempora canonum[10] baptismata non celebrentur, quia sacri canones hoc modis omnibus, nisi aliquid periculum institerit[11], fieri prohibent, in tantum ut etiam eos, qui alio tempore baptizantur, a gradibus ecclesiasticis arceant.

(37.) III. De eo etiam instruendo fideles necessarium praevidimus, ut intellegant pactum, quod cum Deo in baptismate fecerunt[y]. Pactum[12], quod cum Deo in baptismate[y] fit, a multis ex toto, a multis ex parte transgreditur. Ex toto quippe transgreditur, quando quis post acceptam baptismatis gratiam aut ad infidelitatem aut ad heresim aut certe ad scisma prolabitur; ex parte vero, quando quis aut ad superbiam aut ad invidiam aut ad caetera vitia spiritualia, quae ex radice superbiae prodeunt, labitur.

(38.) IV. Quid sit abrenuntiare diabolo, operibus et pompis eius, valde omnes fideles intellegere oportet. Quapropter[13] necesse est, ut praedicatores in admonendo et auditores in discendo et opere conplendo abhinc, ut suum cavere possint periculum, magis adhibeant studium. Abrenuntiare igitur diabolo est, penitus eum respuere, spernere, reicere eique contradicere, seque et[z] unumquemque ab eo alienare, sive aliud, quid quod hoc verbo in hoc sensu exprimi potest. Opera eius sunt, quae utique operibus Salvatoris contraria existunt. Primum superbia, cuius ille auctor est, et quae eum ex angelo demonem fecit, quae est etiam initium omnis peccati; et cetera vitia, quae ex radice prodeunt superbiae. Pompa diaboli haec est, quae et pompa mundi, id est ambitio, arrogantia, vana gloria omnisque cuiuslibet rei superfluitas in humanis usibus, unde crescit elatio, quae multotiens honestati solet ascribi, et caetera huiusmodi, quae de fonte superbiae procedere noscuntur. Haec et his similia sunt, quae unusquisque fidelis tempore baptismatis a se reiecit[14] Christoque se mancipavit pactumque cum Deo fecit, ne penitus ad ea, quibus abrenuntiavit, rediret. Verum si iura humanae pactionis firmiter conservantur, fixius tamen atque ferventius iura tanti pacti, quae cum Deo facta sunt, inviolabiliter sunt observanda.

(39.) V. Inter[15] nos pari consensu decrevimus, ut unusquisque episcoporum in scolis habendis et ad utilitatem aecclesiae militibus Christi praeparandis et educandis abhinc maius studium adhiberet[16], et in hoc uniuscuiusque studium volumus probare, ut, quando ad provinciale episcoporum concilium ventum fuerit, unusquisque rectorum scolasticos suos eidem concilio adesse faciat, quatinus et ceteris ecclesiis noti sint et[z] sollers studium circa divinum cultum omnibus manifestum fiat.

(40.) VI. Ut[17] episcopi nonnisi ieiuni per inpositionem manuum Spiritum sanctum tradant, exceptis infirmis et morte periclitantibus. Sicut autem duobus temporibus, pascha videlicet et pentecosten, baptismum, ita etiam traditionem sancti Spiritus a ieiunis pontificibus convenit celebrare.

(41.) VII. Ut[18] presbiteri, sicut hactenus factum est, indiscrete per diversa non mittantur, nec ab episcopis nec ab aliis prelatis nec etiam a laicis, ne propter eorum abstinentiam et animarum pericula et ecclesiarum, in quibus constituti sunt, neglegantur officia.

y) fecerunt ... baptismate *om.* 1. z) *om.* 1.

9) *Conc. Paris. lib. I, c. 8, argum., Mansi XIV, col.* 542. 10) *C.* 11. 12. 17. 18, *Dist. IV. de consecr., Corp. iur. canon. ed. Friedberg I, col.* 1364 *sqq. [K.]* 11) *Cfr. Cap. miss.* 813?, *tom. I, p.* 182, *c.* 5, *ubi pro:* sehuti morhostis *legendum est:* sehu *(i. e.* seu*)* timor hostis, *ut monuit K. Zeumer. [K.]* 12) *Conc. Paris. lib. I, c.* 9, *initio, l. c. col.* 542. 13) *Ibid. c.* 10, *col.* 543 *sq.* 14) *Cfr. Interrogationes et responsiones baptismales, tom. I, p.* 222. 15) *Conc. Paris. lib. I, c.* 30, *abbrev. et mutat., l. c. col.* 558 *sq.* 16) *Cfr. Eugenii II. conc. Roman.* 826, *tom. I, p.* 376, *c.* 34; *Admonit.* 823—825, *l. c. p.* 304, *c.* 6. *[K.]* 17) *Conc. Paris. lib. I, c.* 33, *argum., l. c. col.* 560. 18) *Ibidem lib. III, c.* 4, *l. c. col.* 597.

(42.) VIII. Visum[19] est nobis, ut unusquisque episcoporum vitam et conver- 829.
sationem morumque emendationem eorum, qui gradum amittunt, tam per se, quam ministros noverit eosque canonice penitentiae subdere non neglegat, iuxta quod in concilio Neocesariensi[a] titulo primo scribitur: 'Presbiter[20], si uxorem acciperit, ab ordine deponatur; si vero fornicatus fuerit aut adulterium perpetraverit, amplius pelli debet et sub penitentia redigi.' Nonnulli enim amisso gradu adeo filii Belial efficiuntur, ut nec publicis, quia fas non est, nec canonicis propter quorundam episcoporum incuriam legibus constringantur.

(43.) IX. Visum[21] etiam nobis fuit illud inhibendum, ut nullus presbiterorum solus missam celebrare praesumat, quia ita nec verba domini Salvatoris, quibus mysteria corporis et sanguinis sui discipulis suis celebranda contradidit, nec apostoli Pauli documenta declarant, nec etiam in ipsis actibus apostolorum, si enucleatim legantur, ita fieri debere ullo modo invenitur. Unde conveniendus, immo interrogandus nobis videtur huiusmodi corporis et sanguinis Domini solitarius consecrator, quibus dicit: 'Dominus vobiscum' et[b] a[b] quo illi respondetur: 'et cum Spiritu tuo' vel pro quibus supplicando Domino inter cetera: 'Memento, Domine, et omnium circumadstantium', cum nullus circumstet, dicit? Quae consuetudo, quia apostolicae et ecclesiasticae auctoritati refragatur et tanto misterio quandam dehonorationem irrogare videtur, omnibus nobis[x] in commune visum est, ut deinceps huiuscemodi usus inhibeatur.

(44.) X. Sepe[22] namque in aliis conciliis et nunc in nostris conventibus constitutum est, ut unaquaeque eclesia, si facultas suppetit, proprium presbiterum habeat[x], et unusquisque presbiter una tantum sit contentus eclesia.

(45.) XI. Inter[23] caetera vero admonitionis nostrae officia satis illud nobis necessarium visum est, ut populis fidelibus terribiliter denuntietur, ut diem dominicum, in quo auctor vitae resurrexit a mortuis, honorabiliter et venerabiliter colant. Nam si pagani ob memoriam et reverentiam deorum suorum dies colere et Iudei more carnali sabbatum carnaliter observare satagunt, quanto magis christianae religionis devotio ob memoriam dominicae resurrectionis eundem diem venerabiliter atque honorabiliter colere debet! Multi namque nostrorum visu, multi etiam quorundam relatu didicimus quosdam in hac die opera ruralia exercentes fulmine interemptos, quosdam artuum contractione multatos, quosdam etiam visibili igne absumptos subito in cinerem resolutos penaliter occubuisse. Proinde necesse est, ut primum sacerdotes, reges et principes cunctique fideles huic diei observationem atque reverentiam devotissime exibeant[c].

(46.) XII. Illud etiam, quamquam sepe admonitum sit, nobis iterum inculcandum populisque denuntiandum summopere visum fuit, ut missarum celebrationes in locis incongruentibus fieri omnino non debeant; et necesse est[24], ut unusquisque episcoporum huiuscemodi temerariam consuetudinem a parroechia sua poenitus amoveat. Et si quis presbiterorum abhinc, excepto quando itinere pergit et locus basilicae procul est et id in altaribus ab episcopo consecratis fieri necessitas conpellit, ne populus Dei sine missarum celebratione et corporis et sanguinis dominici perceptione remaneat, missarum celebrationes in huiuscemodi inlicitis locis post tot tantasque prohibitiones facere adtemptaverit, dignum est, ut gradus sui periculum

a) Cesariensi 1. b) etiam 1. c) *Hic finis est codicis* 8.

19) *Ibidem lib. I, c.* 35, *mutat., l. c. col.* 561. 20) *Conc. Neocesar. c.* 1, *Mansi II, col.* 548. 21) *Conc. Paris. lib. I, c.* 48, *paulisper mutat., l. c. col.* 567. 22) *Ibidem c.* 49, *argum., l. c.* 23) *Ibidem c.* 50, *abbrev., l. c. col.* 568 *sq.* 24) *Ibidem c.* 47, *abbrev., l. c. col.* 566.

829. incurrat. Satius igitur est missam non audiri, quam eam, ubi non licet nec oportet, celebrari aut audiri.

(47.) XIII. Quia[25] ergo, quod sepe in vestris conciliis prohibitum est[26], viduas inconsultis episcopis velari non debere. et eandem constitutionem a quibusdam praevaricari nunc cognovimus, prorsus, ne deinceps fieret, interdiximus; et si quispiam presbiterorum deinceps huius constitutionis contumaciter transgressor extiterit, scilicet, ut aliquam viduam inconsulto episcopo velare praesumat, gradus sui periculum incurrat.

(48.) XIV. Similiter[27] et de puellis virginibus a presbiteris non velandis inhibuimus; in qua re hactenus multos presbiterorum partim ignorantia, partim temeritate deliquisse deprehendimus.

(49.) XV. Deprehendimus[28] etiam et aliam neglegentiam, quod quaedam feminae sine consensu sacerdotum velum sibi incaute inponant; quod similiter, ne ulterius fieret, inhibuimus.

(50.) XVI. Nihilominus[29] etiam in quibusdam locis inolitum invenimus usum stultitiae plenum et ecclesiasticae auctoritati contrarium, eo quod videlicet nonnullae abbatissae et aliquae ex sanctimonialibus viduis et puellis virginibus contra fas velum inponere presumant; et ideo nonnullae taliter[d] velatae putant se liberius suis carnalibus desideriis posse vacare et suas voluntates explere. Quapropter statuimus, ut, si abbatissa aut quaelibet sanctimonialis post hanc definitionem in tantam audatiam proruperit, ut aut viduam aut puellam virginem velare presumpserit, iudicio canonico usque ad satisfactionem subdatur.

(51.) XVII. De[30] nobilibus feminis, quae amissis viris repente velantur et in propriis domibus diversas necessitates obponentes residere delectantur, de quibus in aliis conventibus coram serenitate vestra[31] iam dudum ventilatum et definitum est, maiori sollertique studio admonendas et instruendas ab episcopis statuimus; quatinus suae saluti consulant nec sic indiscrete vivendo et propria noxiaque libertate utendo et per diversa vagando periculum animarum suarum incurrant; semper illud apostolicum ante oculos habentes, quod dicitur: 'Vidua[32], quae in deliciis est, vivens mortua est.'

(52.) XVIII. Ut[33] inlicitus accessus feminarum ad altare non fiat, modis omnibus inhibuimus. Quia quorundam relatu didicimus in quibusdam provinciis contra legem divinam canonicamque institutionem feminas sanctis altaribus se ultro ingerere sacrataque vasa inpudenter contingere et indumenta sacerdotalia presbiteris administrare et, quod his maius[e], indecentius ineptiusque est, et corpus et sanguinem Domini[f] populis porrigere et alia, quae ipso dicto turpia sunt, exercere, inhibuimus, ne ulterius fieri presumatur. Quod autem mulieres ingredi ad altare non debeant, in concilio Calcidonensi[34] et in decretis Gelasii papae[35] invenitur.

(53.) XIX. Quia[36] etiam comperimus quosdam canonicos et monachos postposito religionis suae pudore monasteria sanctimonialium, tam monacharum[g], quam

d) aliter 1. e) magis 1. f) *om.* 1. g) monachorum quam canonicarum *corr.* canonicorum 1.

25) *Conc. Paris. lib. I, c.* 40, *mutat., Mansi XIV, col.* 563. 26) *Cfr. supra p.* 7, *c.* 2; *Cap. eccles.* 818. 819, *tom. I, p.* 278, *c.* 21. *[K.]* 27) *Conc. Paris. lib. I, c.* 41, *argum., l. c. col.* 563. 28) *Ibidem c.* 42, *argum., l. c. col.* 564. 29) *Ibidem c.* 43, *abbrev., l. c.* 30) *Ibidem lib. III, c.* 7, *mutat., l. c. col.* 597; *cfr. ibid. lib. I, c.* 44, *col.* 564. 31) *Cfr. supra p.* 7, *c.* 2. *et Cap. eccles.* 818. 819, *tom. I, p.* 278, *c.* 21, *quae vero constitutiones ad viduas tantum 'repente et inrationabiliter' se velantes spectant. De viduis nobilibus iam velatis et domi residentibus in conciliis annis* 814—828. *habitis nihil reperitur. [K.]* 32) 1. *Timoth.* 5, 6. 33) *Conc. Paris. lib. I, c.* 45, *abbrev., l. c. col.* 565. 34) *Laodicensi capitulo XLIV. in Concilio Parisiensi; cfr. Mansi II, col.* 581. 35) *Gelasii decr. c.* 26, *Mansi VIII, col.* 44. 36) *Conc. Paris. lib. I, c.* 46, *pars prior, l. c. col.* 565 *sq.*

canonicarum[g], inconsulto episcopo suo impudenter atque inreverenter adire, qui ob- 829.
tendere solent se non ob aliud illuc accedere, nisi aut propinquitatis aut familiaritatis aut certe nescio cuius conlocutionis gratia: quod factum, quia nec canonico nec monastico congruit proposito, prorsus interdicimus, nisi forte causa predicationis aut[h] certe inevitabilis necessitas id facere cogit; et hoc nullatenus sine licentia episcopi aut illius, qui vice illius fungitur, fieri praesumatur. Quodsi sermo predicationis[h] faciendus[i] est, et hoc congruo in loco coram omnibus fiat; si vero conloquendum cum aliqua sanctimonialium ratio expostulat, id non aliubi nisi constituto loco, id est in auditorio, sub testimonio virorum religiosorum et feminarum fiat. Quando vero a sacerdotibus in monasteriis puellaribus missarum celebrationes faciendae sunt, cum ministris sibi deputatis illuc ingrediantur. Quibus rite peractis non ad secretas conlocutiones sanctimonialium se ullo modo divertant, sed cum ministris suis illico egrediantur. Porro si sacerdotibus sanctimoniales peccata sua confiteri voluerint, id nonnisi in ecclesia coram sancto altari adstantibus haud procul testibus faciant; si autem infirmitas prepedierit, ut in ecclesia eadem confessio fieri nequeat, in quacumquelibet domo facienda est, nonnisi testibus similiter haud procul adstantibus fiat. Nullomodo quippe videtur nobis convenire, ut monachus relicto monasterio suo idcirco sanctimonialium monasteria adeat, ut confitentibus peccata sua modum paenitentiae imponat.

(54.) XX. Quia[37] ergo in multimodis usurarum adinventionibus quosdam clericos et laicos oblitos preceptionis dominicae, qua dicitur: 'Pecuniam[38] tuam non dabis ad usuram, et frugum superabundantiam non exiges; ego dominus Deus vester', in tantum turpissimi lucri labem exarsisse cognovimus, ut multiplicibus atque innumeris usurarum generibus sua adinventione et cupiditate repertis pauperes adfligant, obprimant et exhauriant, adeo ut multi fame confecti pereant, multi etiam propriis derelictis alienas terras[k] expetant; in quibuscumque locis haec fieri didicimus, ne ulterius fieret, cum ingenti[l] protestatione modis omnibus inhibuimus attendentes illud, quod in libro Exodi Dominus per legislatores dicit: 'Si[39] pecuniam mutuam[m] dederis populo meo pauperi, qui habitat tecum, non urgebis[n] eum quasi exactor, nec usuris obprimes'; in libro quoque Levitici: 'Si[40] attenuatus fuerat frater tuus et infirmus[o] manu, et susceperis eum quasi advenam et peregrinum et vixerit tecum, non accipias ab eo usuram nec amplius, quam dedisti; time Deum tuum, ut vivere possit frater tuus apud te'; et in libro Deuteronomii: 'Si[41] unus', inquit, 'de fratribus tuis, qui morantur intra portas civitatis tuae in terra, quam dominus Deus tuus daturus est tibi, ad paupertatem venerit, non obdurabis cor tuum, nec contrahes manum, sed aperies eam pauperi, et dabis mutuo, quo eum indigere perspexeris'; item in eodem: 'Cave[42], ne forte surripiat tibi impia cogitatio et dicas in corde tuo: "adpropinquat septimus annus remissionis", et avertas oculos tuos a paupere fratre tuo nolens ei, quod postulat, mutuo commodare, ne[p] clamet contra te ad Dominum et fiat[q] tibi in peccatum; sed dabis, nec ages quippiam callide in eius necessitatibus sublevandis, ut benedicat tibi dominus Deus tuus in omni tempore et in cunctis, ad quae manum miseris.' Amos propheta: 'Audite[43] hoc, qui conteritis pauperem et deficere facitis egenos[r] terrae, dicentes: quando transibit mensis[r*] et venundabimus merces, et sabbatum et aperiemus frumentum, ut inminuamus mensuram et augeamus siclum et subponamus stateras dolosas, ut possideamus in argento egenos et pauperes pro

h) aut ... predicationis *om.* 1. i) faciendum 1. k) ternas 1. l) genti 1. m) tuam 1. n) urges 1. o) infirmis 1. p) nec 1. q) fiet 1. r) ergo nostra est terra 1. r*) messis 1.

37) *Ibidem lib. I, c. 53, abbrev., l. c. col.* 570 *sq.* 38) *Levit.* 25, 37. 39) *Exod.* 22, 25. 40) *Levit.* 25, 35. 36. 41) *Deuter.* 15, 7. 8. 42) *Ibidem* 15, 9. 10. 43) *Amos* 8, 4—6.

829. calciamentis, et quisquilias[s] frumenti venundamus[t]?' Hieronimus in expositione Ezechielis prophetae: 'Putant[44] quidam usuram tantum esse in pecunia; quod praevidens Scriptura omnis rei aufert superabundantiam, ut plus non recipias, quam dedisti. Solent in agris frumenti et milii et vini et olei caeterarumque specierum usurae exigi sive, ut appellat sermo divinus, superabundantiae; verbi gratia, ut hiemis tempore demus decem modios et in messe recipiamus quindecim, hoc est amplius partem mediam; qui iustissimum se putaverit, quartam plus accipiet portionem. Et solent argumentari et dicere: Dedi unum modium, qui satus fecit decem modios; nonne iustum est, ut medium modium de meo plus accipiam, cum ille mea liberalitate[u] novem et semis de meo habeat? "Nolite errare", inquid apostolus[45], "Deus non inridetur." Respondeat nobis breviter fenerator misericors, utrum habenti dederit, an non habenti? Habenti utique dare non debuerat, sed dedit quasi non habenti; ergo quare plus exigit quasi ab habente? Alii pro pecunia fenerata solent munuscula accipere diversi generis et non intellegunt usuram appellari et superabundantiam quicquid illud est, si ab eo, quod dederint, plus acceperint.'

De[46] mensurarum namque inaequalitate et modiis iniustis et sestariis, quae Domini lege haberi[v] prohibentur, qualiter res ad certam correctionem perduci possit, non satis perspicuo nobis patet, eo quod in diversis provinciis diversae[47] ab omnibus pene[w] habeantur; hoc tamen modis omnibus optamus et admonemus, ut saltem nullus duplices mensuras in sua dominatione aut habeat aut haberi permittat; quoniam hac occasione multos pauperes adfligi in plerisque locis cognovimus.

Sunt[48] sane diversorum malorum patratores, quos et lex divina improbat et condemnat, pro quorum etiam diversis sceleribus et flagitiis populus fame et pestilentia flagellatur et ecclesiae status infirmatur et regnum periclitatur. Contra quos nos eorum malitiam exaggerantes, quamquam in sacris eloquiis satis sunt[x] execrati, nos necessarium praevidimus, iterum nostra admonitione et exhortatione praecaveri omnino oportere. Sicut sunt diversarum pollutionum patratores, quas cum masculis et pecoribus nonnulli diversissimis modis admittunt, quae inconparabilem dulcedinem piissimi creatoris ad amaritudinem provocantes tanto gravius delinquunt, quanto contra naturam peccant. Pro quo etiam scelere igne caelesti conflagratae infernique hiatu quinque absorptae sunt civitates[49], nec non et XL et eo amplius milia stirpis Beniamin a mucrone fraterno confossa sunt[50]; haec porro iuditia et evidentes vindictae declarant, quam detestabile et execrabile apud divinam maiestatem hoc vitium extet. Extant et alia pernitiosissima mala, quae ex ritu gentilium remansisse non dubium est, ut sunt magi, arioli, sortilegi, venefici, divini, incantatores, somniatorum coniectores, quos divina lex inretractabiliter puniri iubet. De quibus in lege dicitur: 'Anima[51], quae declinaverit ad magos et ariolos et fornicata fuerit cum eis, ponam faciem meam contra eam et interficiam illam de medio populi sui. Sanctificamini et estote sancti, quia ego sanctus sum dominus Deus vester. Custodite precepta mea et facite ea, quia ego Dominus, qui sanctifico vos.' Et alibi: 'Magos[52] et ariolos et maleficos terrae vivere non paciamini.' Dubium etenim non est, sicut multis est

s) quisqualias *corr.* quis siliquas 1. t) venundemus 1. u) libertate 1. v) habere 1. w) poena 1. x) sint execrata 1.

44) *Hieronymus, Commentar. in Ezech.* c. 18, 8, *Opera ed. Bened. tom. III, col.* 828. 45) *Galat.* 6, 7. 46) *Conc. Paris. lib. III,* c. 3, *Mansi XIV, col.* 597. 47) *Cfr. Episcoporum relatio* 820, *tom. I, p.* 367, *c.* 7; *Hlud. ad archiepisc. epistolae* 816—817, *l. c. p.* 342, *l.* 27 *sqq.*; *Capp. e canonibus excerpta* 813, *l. c. p.* 174, *c.* 13; *Cap. miss. Nium.* 806, *l. c. p.* 132, *c.* 18; *Cap. miss.* 803, *l. c. p.* 115, *c.* 8; *Capp.* 802? *l. c. p.* 108, *c.* 19; *Admon. gen.* 789, *l. c. p.* 60, *c.* 74. *[K.]* 48) *Conc. Paris. lib. III, c.* 2, *l. c. col.* 595 *sq.* 49) *Genes.* 19, 24. 50) *Iudic. c.* 20. 51) *Levit.* 20, 6—8. 52) *Exod.* 22, 18.

notum, quod a quibusdam prestigiis atque diabolicis inlusionibus ita mentes quorundam inficiantur[y] poculis amatoriis, cibis vel fylacteriis, ut in[z] insaniam versi a plerisque iudicentur, dum proprias non sentiunt contumelias. 829. Ferunt enim suis maleficiis aëra posse conturbare et grandines inmittere, futura predicere, fructus et lac auferre aliisque dare et innumera a talibus fieri dicuntur: qui, ut fuerint huiusmodi reperti, viri sive feminae, in tantum disciplina et vigore principis acrius corrigendi[a] sunt, in quantum manifestius ausu nefando et temerario servire diabolo non metuunt. De his quoque in Concilio Anciritano titulo XXIII. ita scriptum est: 'Qui[53] divinationes expetunt et more gentilium subsequuntur aut in domos suas huiuscemodi homines introducunt exquirendi aliquid arte malefica aut expiandi causa, sub regula quinquennii iaceant secundum gradus poenitentiae definitos.' Oportet enim haec in omnibus et maxime in his locis, ubi licite et inpune multi se posse hoc perpetrare confidunt, ut studiosius et diligentius admoneantur et severius corrigantur. Sunt et alia detestanda vitia, quae ita habentur quasi naturaliter in usu[b], ut ea perpetrantes, quanti sint criminis[54], non advertant. Sicut sunt ea, quae apostolus[55] aperte enumerat, id est ebrietates, commessationes, contentiones, irae, rixae, dissensiones, detractiones, invidiae, inimicitiae, quae homines iuxta eundem apostolum a regno Dei excludunt, ita inquiens: 'Qui[56] enim talia agunt, regnum Dei non consecuntur.' In tantum enim ea inpudenter et fidenter quidam committunt, ut merito de illis dici possit: 'Letantur[56] cum malefecerint, et exultant in rebus pessimis.' Unde oportet, ut omnes christiani haec et subtiliter intellegant et studiosissime caveant, ne ea perpetrantes et alia bona, quae agunt, perdant et propter haec a regno Dei se alienos faciant. Similiter etiam de otioso sermone, pro quo iuxta Domini vocem 'omnes[57] reddituri sumus in die iuditii rationem', de scurrilitate et stultiloquio et maledictionibus, quoniam iuxta apostolum 'maledicentes[58] regnum Dei non possidebunt', de mendatio, de periculoso, noxio assiduoque iuramento et obscenis turpibusque canticis omnibus christianis intellegendum et observandum est, ut summopere ab his se caveant, ne his studentes per neglegentiam detrimentum suarum paciantur animarum. Haec igitur, quae breviter premissa sunt, primum adiuvante divina gratia a nobismetipsis abdicando, formam et exemplum aliis prebere volumus et fidelibus vestris humiliter innotescere, et fideliter denuntiare necessario iudicamus. Sed et parrocchias nostras[c] omnes admonendo instruere cupimus, ne, quod absit, per suam ignorantiam et nostram neglegentiam huiuscemodi mortiferis subiaceant periculis.

Congessimus etiam in opere conventus nostri nonnulla alia capitula[59] ad[60] laicorum fidelium observationem[60] et salutem pertinentia, quorum hic ob nimiam prolixitatem mentionem tantum facimus: scilicet quod nosse eos oporteat coniugium a Deo esse constitutum, et quod non sit causa luxuriae, sed causa potius filiorum appetendum; et ut virginitas, sicut doctores nostri tradunt, usque ad nuptias sit custodienda, et uxores habentes neque pellicem neque concubinam habere debeant; quomodo in castitate uxores suas diligere eisque utpote quasi[d] infirmioribus[d] honorem debitum debeant inpendere; et quod commixtio carnalis[e] cum uxoribus gratia fieri

y) inficiant 1. z) *om.* 1. a) corruendi 1. b) usum 1. c) vestras 1. d) vasi infirmiori *Conc. Paris. l. c.; cfr.* 1. *Petr.* 3, 7. e) carnalibus 1.

53) *Conc. Ancir. c.* 23, *Mansi II, col.* 527. 54) discriminis *Conc. Paris. l. c.* 55) *Galat.* 5, 19—21. 56) *Prov.* 2, 14. 57) *Matth.* 12, 36. 58) 1. *Cor.* 6, 10. 59) *Simson, Ludwig d. Fr. I, p.* 383, *bene coniecit hoc opus deperditum ex parte nobis servatum esse in Jonae Aurelianensis libro de institutione laicali, qui non solum hic, sed etiam in altero illo de institutione regia acta Concilii Parisiensis excerpsit; cfr. ibid. p.* 382. *Aliter Amelung, Jonas von Orléans p.* 45 *sqq. [K.]* 60) vestram fideliumque vestrorum observationem *rell. Conc. Paris. l. c.*

829. debeat prolis, non voluptatis, et qualiter a coitu pregnantium uxorum viris abstinendum sit, et quod nisi causa fornicationis, ut Dominus ait[61], non sit uxor dimittenda, sed potius sustinenda, et quod hi, qui causa fornicationis dimissis uxoribus alias ducunt, Domini sententia adulteri esse notentur; sive etiam qualiter incesta a christianis cavenda sint, et quod loca Deo dicata frequentius devotiusque a fidelibus ad Deum exorandum sibique propitius faciendum sint adeunda; et quod in basilicis Deo dicatis non sit fabulis otiosis turpibusque et obscenis sermocinationibus vacandum et negotia secularia publicaque placita habenda, et quod, qui haec in ecclesiis Dei faciunt, maiora sibi peccata accumulent; de iusto iuditio iudicando et munerum acceptione cavenda; de falso testimonio vitando et detractione cavenda[f] necnon et de caeteris, quae enumerare longum est. Sunt etiam alia plura flagitia pernecessarium corrigenda, quae nos ideo hic inserere non necessarium duximus, quoniam satis evidenter in vestris capitulis ea comprehensa esse scimus, quae vos vestra auctoritate et fidelium consultu per strenuos missos vestros corrigenda esse censuistis[g][62].

De[h] persona regali[h].

(55.) Item alia. Haec[63] nos fideles[64] et devotissimi famuli et oratores vestri iuxta[64] parvitatem sensus nostri, prout brevitas temporis permisit, secundum sanctam ordinationem vestram de his, quae ad nostram et sacerdotum subiectorumque nostrorum correctionem et emendationem pertinere perspeximus necnon et de his, quae populis necessario adnuntianda et admonenda previdimus, illud etiam, quod vestrae pietati deposcendum tantummodo iudicavimus, pauca de multis, quae in nostris conventibus gesta sunt, excerpentes in unum redigendo succincte et ordinatim adnotavimus. Sed quamquam ordine prepostero de his, quae premissa[i] sunt, vestro ardentissimo desiderio prius satisfacere elegerimus, illud tamen, quod in capite prius ponendum fuerat et ad vestram specialiter personam ministeriumque pertinere[k] cognovimus, nullatenus oblivioni tradidimus, sed potius vestrae saluti prospicientes nonnulla capitula necessaria fideliter collegimus et vobis familiariter admonitionis gratia porrigendu devovimus, ut aperte atque distincte inspiciendo, legendo et audiendo vestra cognoscere possit sollertia, de quibus et pro quibus in memoratis conventibus nostris secundum virium possibilitatem nostrarum fideliter egerimus.

(56.) Cap. I. Ut[65] quid rex dictus sit, Ysidorus in libro Sententiarum scribit: 'Rex[66] enim', inquit, 'a recte agendo vocatur; si enim pie et iuste et misericorditer regit, merito rex appellatur; si his caruerit, non rex, sed tyrannus est.' Antiqui autem, ut idem Isidorus in libro Ethimologiarum scribit[67], omnes reges tyrannos vocabant. Sed postea pie et misericorditer regentibus regis nomen adeptis, impie vero, iniuste crudeliterque principantibus non regis, sed[l] tyrannicum aptatum est nomen. Unde et beatus Gregorius ait in Moralibus: 'Viros[68] namque sanctos proinde reges vocari in sacris suis eloquiis didicimus, eo quod recte agant sensusque proprios bene regant et motus resistentes sibi rationabili discretione componant. Recte igitur illi reges vocantur, qui tam semetipsos, quam subiectos bene gerendo

f) vitanda 1. g) consuevistis 1. h) *add. Pertz.* i) promissa 1. k) *om.* 1. l) ad 1.

61) *Matth.* 5, 32. 62) *Supra nr.* 192, *p.* 14. 63) *Conc. Paris. libri III. praefatio sub fine, abbrev., Mansi XIV, col.* 593 *sq.* 64) fidelissimi ac devotissimi salutis vestrae procuratores iuxta *rell. Conc. Paris.* 65) *Cfr. Conc. Paris. lib. II, c.* 1, *l. c. col.* 574 *sq.; accuratius autem consentit cum Conc. Aquisgr.* 836, *pars III, c.* 1, *Mansi XIV, col.* 684 *sq.* 66) *Isidori lib. Sent. III,* 48, *Opera ed. Arevalo tom. VI, p.* 388 *sq.* 67) *Eiusdem lib. Etym. IX, c.* 3, *tom. III, p.* 423. 68) *Haec verba non ex Gregorii Moralibus desumpta sunt, sed ex Isidori lib. Sent. III,* 48, 7, *tom. VI, p.* 389. *[K.]*

pacificare noverunt'[68]. Ad[69] quid etiam constitutus sit imperator, Fulgentius in libro de veritate predestinationis et gratiae scribit: 'Clementissimus[70] quoque imperator non ideo est vas misericordiae preparatum in gloriam[m], quia apicem terreni principatus accepit, sed si in[k] imperiali culmine recta fide vivat et vera cordis humilitate preditus culmen regiae dignitatis sanctae religioni subiciat; si magis in timore servire Deo, quam in timore dominari populo delectetur, si in eo lenitas iracundiam mitiget, ornet benignitas potestatem, si se magis diligendum, quam metuendum cunctis exibeat, si subiectis salubriter consulat, si iustitiam sic teneat, ut misericordiam non relinquat, si pro omnibus ita se sanctae matris ecclesiae catholicae meminerit filium, ut eius paci atque tranquillitati per universum mundum prodesse suum faciat principatum. Magis enim christianum regitur imperium, dum ecclesiastico statui per omnem terram consulitur, quam cum in parte quacumque terrarum pro temporali securitate pugnatur.' Unde et Ysidorus scribit: 'Principes[71] namque seculi nonnumquam intra ecclesiam potestatis adeptae[n] culmina tenent, ut per eandem potestatem disciplinam ecclesiasticam muniant. Ceterum intra ecclesiam potestates[n] necessariae non essent, nisi ut, quod non prevalet sacerdos efficere per doctrinae sermonem, potestas hoc imperet per disciplinae terrorem.' Salomon in proverbiis: 'Misericordia[72] et veritas custodiunt regem, et roboratur clementia thronus eius.' 827.

Regale[o][73] namque ministerium specialiter est, populum Dei gubernare et regere cum equitate et iustitia et, ut pacem et concordiam habeant, studere. Ipse enim debet primo defensor esse ecclesiarum et servorum Dei, viduarum, orfanorum caeterorumque pauperum necnon et omnium indigentium. Ipsius enim terror et studium huiuscemodi, in quantum possibile est, esse debet, primo, ut nulla iniustitia fiat, deinde, si evenerit, ut nullo modo eam subsistere permittat nec spem delitescendi sive audatiam male agendi cuiquam relinquat. Sed sciant omnes, quoniam, si ad ipsius notitiam pervenerit quippiam mali, quod admiserint, nequaquam incorrectum aut inultum remanebit, sed iuxta facti qualitatem erit modus iustae correctionis. Unde oportet, ut ipse, qui iudex est iudicum, causam pauperum ad se ingredi faciat et diligenter inquirat, ne forte aliqui, qui ab eo constituti sunt et vicem eius agere debent in populo, iniuste aut neglegenter pauperes oppressiones pati permittant. Scire autem unumquemque, cuiuslibet sit ordinis, oportet, quia, si de ocioso sermone Deo rationem redditurus est[74], multo magis de ministerio sibi divinitus commisso. Unde[75] beatus Iob: 'Cumque[76] sederem quasi rex circumstante exercitu, eram tamen merentium consolator: auris audiens beatificabat me et oculos videns testimonium reddebat michi, quod liberassem pauperem vociferantem et pupillum, cui non esset adiutor. Benedictio pauperis super me veniebat, et cor viduae consolatus sum; iustitia indutus sum et vestivi me sicut vestimento et diademate iuditio meo. Oculus fui ceco et pes claudo; pater eram pauperum et causam, quam nesciebam, diligentissime investigabam. Conterebam molas[p] iniqui et dentibus illius auferebam predam.' Salomon:[q][77] 'Rex, qui sedet in solio iuditii, dissipat omne malum nutu suo.' Item idem in libro sapientiae: 'Diligite[78] iustitiam, qui iudicatis terram, sentite de Domino in bonitate et in simplicitate cordis quaerite illum.' Item ibi: 'Audite[79]

m) gloria 1. n) adeptae ... potestates *om.* 1. o) regalem 1. p) moles iniquas 1. q) *om.* 1.

69) *Concordat cum Conc. Aquisgr.* 836, *pars III, c.* 2, *l. c. col.* 685. 70) *Fulgentius, de veritate praedest. lib. II, c.* 38, *Opera ed. Venetiis* 1742, *p.* 215. 71) *Isidori lib. Sent. III,* 51, *tom. VI, p.* 344. 72) *Prov.* 20, 28. 73) *Cfr. Conc. Paris. lib. II, c.* 2, *l. c. col.* 577; *accurate consentit Conc. Aquisgr.* 836, *pars III, c.* 3, *l. c. col.* 685 *sq.* 74) *Matth.* 12, 36. 75) *Conc. Paris. lib. II, c.* 2, *l. c. col.* 577, *medio* = *Conc. Aquisgr.* 836, *pars III, c.* 4, *l. c. col.* 686. 76) *Iob* 29, 25. 11—17. 77) *Prov.* 20, 8. 78) *Sap.* 1, 1. 79) *Sap.* 6, 2—3.

829. ergo, reges, et intellegite; discite, iudices finium terrae; praebete aures vestras, qui continetis multitudines, et placetis vobis in turbis nationum, quoniam data est a Domino potestas vobis et virtus ab altissimo. Qui non custodistis legem iustitiae neque secundum voluntatem Dei ambulastis, horrende et cito apparebit vobis Dominus, quoniam iuditium durissimum in his, qui presunt, fiet. Exiguo enim conceditur misericordia, potentes enim potenter tormenta paciuntur. Non enim subtrahet personam cuiusquam Dominus nec reverebitur cuiusquam magnitudinem. Quoniam pusillum et magnum ipse fecit et aequaliter pro omnibus cura est illi.' Extant[80] et alia innumera sanctarum scripturarum[r] testimonia regio nomini et officio convenientia, super quibus colligendis vestra sancta devotio idcirco magnum nobis ademit laborem, eo quod divina gratia adeo tot virtutum prerogativis vestrum repleverit animum et ornaverit dignitatem, ut non sit necesse sacerdotibus Domini copiosioribus exemplis ac qualibet exaggeratione vestrum animum onerare. Quare[s] Deo omnipotenti gratias uberrimas ac multiplices referimus, qui ita vos pia religione, sancta devotione, benigna humilitate, amore iustitiae, operibus misericordiae ceterarumque sanctarum virtutum perfectione sua gratuita pietate ditavit, ut merito ab omnibus amandi et imitandi sitis. Verum[81] quod nos, si haec vobis caelitus attributa non fuissent, cum temporali periculo propter auctoritatem ministerii nostri vos ad ea peragenda admonere, immo admonendo exigere a vobis quolibet modo debueramus, vos e contra propter divinum amorem et honorem[82] pium oportunumque adiutorium nobis[82] ferre devotissime curatis. Proinde humillimis precibus specialiter pietati vestre suggerimus, ut bonum, quod cepistis, Deo opitulante indesinenter perficere non gravemini et in adimplendis operibus iustitiae et pietatis ac misericordiae nullatenus deficiatis; quoniam non inchoantibus, sed perseverantibus premium aeternae vitae datur et iuxta veritatis vocem 'qui[83] perseveraverit usque in finem, hic salvus erit'.

(57.) Cap. II. Iterum[84] monendo magnitudini vestrae suppliciter suggerimus, ut deinceps in bonis pastoribus rectoribusque in ecclesiis Dei constituendis magnum studium atque sollertissimam adhibeatis curam: quia, si aliter factum fuerit, et ordo ecclesiasticus suam non habebit dignitatem et religio christiana in multis labefactanda[t] dampna detrimenti sui patietur et animae vestrae, quod non optamus, periculum generabitur.

(58.) Cap. III. Similiter[85] deposcimus, ut in abbatissis constituendis vestrum caveatis periculum; sicut vobis sepe est admonitum[86] et per divinam auctoritatem crebrius manifestatum.

(59.) Cap. IV. Sed[87] et hoc obsecramus[u], ut in eligendis adiutoribus vestris et reipublicae ministris, qui vice vestra populum Dei regere et gubernare atque iudicare debent, sollertissimam providentiam habeatis semper illud adtendentes, quod in libro Exodi ad Moysen dicitur: 'Provide'[88], inquit, 'de omni populo, elige viros potentes et timentes Deum, in quibus sit veritas et qui oderint avaritiam, et constitue ex eis tribunos et centuriones et quinquagenarios, qui iudicent populum omni

r) in *add.* 1. s) quia *add.* 1. t) labefactando 1. u) observamus 1.

80) *Haec non in Conc. Paris., sed in Conc. Aquisgr. l. c. exstant.* 81) *Concordant haec cum Conc. Aquisgr.* 836, *pars III, c.* 25, *sub fine, Mansi XIV, col.* 695. 82) et admonendo nos ad potiora provocatis et piam opportunamque opem nobis *rell. Conc. Aquisgr.* 83) *Matth.* 10, 22. 84) *Conc. Paris. lib. III, c.* 22, *l. c. col.* 601. = *Conc. Aquisgr.* 836, *pars III, c.* 9, *l. c. col.* 690. 85) *Conc. Paris. lib. III, c.* 23, *initium, l. c. col.* 601. = *Conc. Aquisgr.* 836, *pars III, c.* 10, *l. c.* 86) *Conc. Aquisgr.* 816, *lib. II, c.* 7, *Mansi XIV, col.* 266; *cfr. etiam Capp. excerpta* 826. 827? *tom. I, p.* 313, *c.* 10. *[K.]* 87) *Conc. Paris. lib. III, c.* 23, *contin., l. c. col.* 601 *sq.* = *Conc. Aquisgr.* 836, *pars III, c.* 11, *l. c. col.* 690 *sq.* 88) *Exod.* 18, 21—23.

tempore; quicquid autem maius fuerit, referant ad te, et ipsi minora tantummodo iudicent; leviusque tibi sit partito in alios onere. Si hoc feceris, implebis imperium Domini et precepta eius poteris sustentare.' Unde et in libro Deuteronomii: 'Iudices'[89], inquit, 'et magistros constitues in omnibus portis tuis, quas dominus Deus tuus dederit tibi per singulas tribus[v] tuas, ut iudicent populum iusto iuditio nec in aliquam partem declinent.' Item ibi: 'Dixique[90] vobis in illo tempore: non possum solus sustinere vos, quoniam dominus Deus vester multiplicavit vos et estis hodie sicut stellae celi plurimae. Dominus Deus patrum vestrorum[w] addat ad hunc numerum multa milia et faciet vobis, sicut locutus est! Non valeo solus vestra negotia sustinere et pondus et iurgia. Date e vobis viros sapientes et gnaros et quorum conversatio sit probata in tribubus vestris.' Sed in libro Paralipomenon ita legitur: 'Constituitque[91] rex Iosaphat iudices terrae in cunctis civitatibus Iuda munitis per singula loca et precipiens iudicibus: Videte, ait, quid facitis: non enim hominis exercetis iuditium, sed Domini, et quodcumque iudicaveritis, in vos redundabit. Sit timor Domini vobiscum, et cum diligentia cuncta facite. Non enim est apud dominum Deum nostrum[x] iniquitas nec personarum acceptio nec cupido munerum.' Rogamus[92] etiam vestram pietatem propter divinam misericordiam[y] vestramque salutem ac totius populi utilitatem necnon et regni honorem atque stabilitatem, ut vestra pietas sollertissimam vigilantiam adhibeat, quatinus consiliarii et dignitatis vestrae ministri custodesque animae vestrae et corporis, qui debent esse intra regnum aliis decus et bonitatis exemplum et in exteris nationibus bonae opinionis condimentum, caritatem, pacem atque concordiam omni simulatione et calliditate postposita ad invicem habeant, ut secundum Dei voluntatem et vestram honestatem atque totius regni profectum communiter decertent et veri vobis adiutores in omnibus concorditer existant. Tunc etenim veri consiliarii verique adiutores vestri et totius regni salubriter esse poterunt[z], si unanimes extiterint et invicem dilectionem habuerint. Decet quippe, ut sacra domus vestra cunctis spectabilis appareat et imitabilis existat et fama suae opinionis sive alios imperii vestri subiectos, sive exteras nationes abundantissime perfundat. Ubi igitur omnes dissensiones et discordiae dirimendae et omnis malitia imperiali auctoritate est comprimenda, necesse est, ut, quod in aliis corrigere decernit, in ea[a] minime reperiatur.

(60.) Cap. V. Nam[93] et hoc humiliter obsecrando admonemus, ut liberos vestros, quos vobis divina pietas largiri voluerit, in timore Dei iugiter diligenterque erudiatis, sicuti et facitis, et ut[b] in mutua dilectionis caritate et fraternitatis amore atque unanimitatis concordia vicissim consistant, sedula paternaque admonitione insinuetis[94], et, ne inlicitis actibus creatoris sui offensam incurrant, provida sollertique circumspectione nihilominus invigiletis adtendentes beatum Iob, cuius[95] studium, ut[b] vir beatus Gregorius in Moralibus libris scribit, circa filios erudiendos tale[c] extitit, ut non solum eos exterius perfecto opere et sermone efficeret, verum etiam corda sacrificii oblatione mundaret[95]. Adtendite etiam et David instruentem Salomonem filium suum, de quo in primo libro Malachim legitur: 'Ego'[96], inquit, 'ingredior viam universae terrae; con-

v) tribuas *corr.* tribuus 1. w) nostrorum 1. x) vestrum 1. y) nostram 1. z) poterint 1. a) eo 1. b) *om.* 1. c) talio 1.

89) *Deuter.* 16, 18. 19. 90) *Ibidem* 1, 9—13. 91) 2. *Paralip.* 19, 5—7. 92) *Conc. Paris. lib. III, c.* 24, *l. c. col.* 602. = *Conc. Aquisgr.* 836, *pars III, c.* 12, *l. c. col.* 691. 93) *Conc. Paris. lib. III, c.* 25, *l. c. col.* 602 *sq.* = *Conc. Aquisgr.* 836, *pars III, c.* 13, *l. c. col.* 691 *sq.* 94) insistatis *Conc. Paris. et Aquisgr.* 95) *Verba* cuius ... mundaret *non verbo tenus recepta sunt ex Gregorii Moralibus, spectant autem ad lib. I, c.* 8. 9, *Opera, tom. II, col.* 20 *sq.*; *cfr. Ionas, De instit. laicali lib. II, c.* 14 (*d'Achery, Spicilegium ed. II, tom. I, p.* 288). *[K.]* 96) 1. *Reg.* 2, 2.

829. fortare et esto vir fortis et observa, ut custodias precepta domini Dei tui, ut ambules in viis eius et custodias ceremonias eius et iudicia eius et precepta et testimonia, sicut scriptum est in lege Moysi'; et in libro Paralipomenon: 'Tu[97] autem Salomon, fili mi, scito Deum patris tui et servi ei corde perfecto et animo voluntario.' Adtendite etiam Tobiam, de quo legitur, quod, cum factus esset vir, accepit uxorem Annam ex tribu sua et genuit ex ea filium nomen suum inponens ei; quem ab infantia timere Deum docuit et abstinere ab omni peccato. Item idem adloquens eundem filium suum: 'Omnibus'[98], inquit, 'diebus vitae tuae habe Deum in mente et cave, ne aliquando peccato consentias et pretermittas precepta Dei nostri. Ex substantia tua fac elimosynam et noli avertere faciem tuam ab ullo paupere. Ita enim fiet, ut nec a te avertatur facies Domini. Quomodo potueris, ita esto misericors', et cetera. Item paulo post: 'Adtende[99] tibi, fili, ab omni fornicatione et preter uxorem tuam nequaquam paciaris crimen scire. Superbiam numquam in tuo sensu aut in tuo corde dominari permittas; in ipsa enim initium sumpsit omnis perditio.' Et idem non post multum: 'Consilium[100] semper a sapiente perquire, omni tempore benedic Deum[d] et pete ab eo, ut vias tuas dirigat et omnia consilia tua in ipso permaneant.' Item idem: 'Audite[1] ergo, filii mei, patrem vestrum, servite Domino in veritate[e] et inquirite, ut faciatis, quae sunt placita illi, et filiis vestris mandate, ut faciant iustitias et elemosynas, et ut sint memores Dei et benedicant eum in omni tempore in veritate et in tota virtute sua.'

(61.) Cap.[b] VI. His[2] omnibus prelibatis notescimus vobis, quod ea, quae in capitulis vestris nobis tractanda commisistis, scilicet 'quid[f][3] a principibus et reliquo populo vel ita, ut divina auctoritas doceat, aut aliter teneatur, vel quid[b] inde ex parte aut ex toto dimissum sit, ut non teneatur'[3], fatemur, quia in his capitulis, que superius continentur, necnon[g] in his, quae praesenti anno conscribi et per missos vestros ob vitia comprimenda per imperium vestrum direxistis[g][4] multa demonstrata sunt, quae a pastoribus ecclesiarum et a principibus et a reliquo populo hactenus neglecta extiterint, et aliter, quam divina auctoritas se habeat, in his eos egisse et agere novimus. Sed si haec nostra sacerdotalis admonitio effectum Deo operante per vestrum bonum studium abhinc obtinuerit, credimus, quod multa, quae a multis aliter, quam divina auctoritas se habeat, dimissa sunt, quae non tenebantur, corrigentur. Nam et illud, quod in eisdem capitulis continetur, ut manifestum fieret, quae causa id effecerit, ut sacerdotes et principes a recto tramite deviassent[5], exceptis premissis capitulis, in quibus, sicut diximus, multa neglegebantur, specialiter unum obstaculum ex multo tempore iam inolevisse cognovimus, id est, quia et principalis potestas diversis occasionibus intervenientibus secus, quam auctoritas divina se habeat, in causas ecclesiasticas prosiluerit et sacerdotes partim neglegentia, partim ignorantia, partim cupiditate in secularibus negotiis et sollicitudinibus ultra, quam debuerant, se occupaverint; et hac occasione aliter, quam divina auctoritas doceat, in utraque parte actum extitisse dubium non est. Sed quia, Deo miserante, a progenitoribus et genitore vestro et a vobis multa correcta gratulamur[h], si ea, quae admonemus, prosperum successum habuerint, credimus, quod ad perfectionis statum vestra[b] intentio nostraque[i] devotio Deo cooperante pervenire[k] possit. Verumtamen, quia novimus statum

d) Deo 1. e) bonitate 1. f) quia 1. g) necnon ... direxistis *om.* 1. h) gratulabantur 1. i) vestraque 1. k) pervincere 1.

97) 1. *Paralip.* 28, 9. 98) *Tob.* 4, 6—8. 99) *Ibidem* 4, 13. 14. 100) *Ibidem* 4, 19. 20. 1) *Ibidem* 14, 10. 11. 2) *Conc. Paris. lib. III, c.* 26; *Mansi XIV, col.* 603 *sq.* = *Conc. Aquisgr.* 836, *pars III, c.* 14. 15, *l. c. col.* 692 *sq.* 3) *Ex Constitutione nr.* 184, *supra p.* 2. *edita.* 4) *Cfr. supra nr.* 187. 188, *p.* 7 *sqq.* 5) *Cfr. Constitut. nr.* 184, *supra p.* 2, *sub fine.*

huius regni sub tali conditione et teneri et crevisse atque dilatatum esse et a prudentissimis sanctisque predecessoribus nostris, sive scilicet ab episcopis, sive a principibus, hanc causam ex toto correctam non fuisse propter haec, quae suo tempore dici possunt, et pondus tantae considerationis parvitatis nostre vires excessit, quoniam nec otium nec spatium temporis nec plenitudinem consacerdotum nostrorum, sicut ipsa necessitas exposcebat, habuimus, ideo haec congruentiori et aptiori tempore, vita comite, si Deus ita annuerit, tractanda ac consideranda distulimus. Quoniam tantae considerationis perfectio indiget assensu et adiutorio principum et multitudine atque devotione necnon et studio sacerdotum et oboedientia vel concordia populi et congruentia loci temporisque spatio. 829.

(62.) Cap.[b] VII. Porro[6] de episcopali libertate, quam Deo annuente vestroque adminiculo suffragante adipisci ad Dei servitium peragendum cupimus, suo in tempore vobis dicenda atque vobiscum conferenda reservavimus, quatinus ita sit, ut et nosmetipsos salvare et populo nobis subiecto utiliter prodesse atque pro vobis et stabilitate imperii vestri liberius valeamus exorare, et ut vestris obsequiis et regni adiutorio solatium debitum minime subtrahatur, sed, si possibile fuerit, potius augeatur.

6) *Conc. Paris. lib. III, c. 27, l. c. col. 604.* = *Conc. Aquisgr. 836, pars III, c. 16, l. c. col. 698.*

197. EPISCOPORUM DE POENITENTIA, QUAM HLUDOWICUS IMPERATOR PROFESSUS EST, RELATIO COMPENDIENSIS.

833. Oct.

Annales Bertiniani ad annum 833, *ed. Waitz p.* 6 *sq., referunt haec:* Hlotharius, arrepta potestate regia, ... patrem secum sub custodia per Mettis usque ad Suessionis civitatem perducens, illic eum in monasterio sancti Medardi in eadem custodia reliquit ... Deinde condictum placitum Kalendas Octobris Hlotharius in Compendio habuit. Ibique episcopi, abbates, comites et universus populus convenientes, dona annualia ei praesentaverunt fidelitatemque promiserunt ... In quo conventu multa in domnum imperatorem crimina confinxerunt. Inter quos Ebo Remorum episcopus falsarum obiectionum incentor extiterat. Et tam diu illum vexaverunt, quousque arma deponere habitumque mutare cogentes, liminibus ecclesiae pepulerunt. *Quae in hoc conventu 'de commoditate et soliditate regni', ut in sequenti Agobardi cartula (p.* 56, *l.* 26*) dicitur, deliberata et statuta sunt, ad nos non pervenerunt: servata autem est relatio, quam de Hludowici 'vexationibus' et poenitentia ab ipso acta episcopi scribi fecerunt. Repetimus ipsam relationem, cum codices manuscripti haud amplius exstare videantur, secundum Sirmondi editionem, Concilia Galliae tom. II, p.* 560 *sqq.*

(B. deest; P. I, 366.*)*

Omnibus in christiana religione constitutis scire convenit, quale sit ministerium episcoporum, qualisque vigilantia atque sollicitudo eis circa salutem cunctorum adhibenda sit, quos constat esse vicarios Christi et clavigeros regni caelorum. Quibus a Christo tanta collata est potestas, ut, 'quodcumque ligaverint super terram, sit

833. ligatum et in caelo, et quodcumque solverint super terram, sit solutum et in caelo'[1]. Et in quanto sint ipsi periculo constituti, si ovibus Christi pabulum vitae ministrare neglexerint et errantes ad viam veritatis arguendo, obsecrando reducere pro viribus non studuerint, iuxta illud propheticum: 'Si[2] non annuntiaveris', inquit, 'iniquo iniquitatem suam et ipse in impietate sua mortuus fuerit, sanguinem eius de manu tua requiram', et multa his similia ad magisterium pastorale pertinentia, quae in divinis sparsim continentur. Quapropter eisdem pastoribus Christi summopere studendum est, ut erga errata delinquentium moderationem discretissimam teneant, ut sint iuxta beati Gregorii doctrinae documentum bene agentibus per humilitatem socii, contra delinquentum vero vitia per zelum iustitiae erecti: quatinus, posthabito torpore atque segnitie vel humano favore aut mundiali timore, sic exerceant ministerium suum, ut et praesentibus salubriter consulant et futuris sint exemplum salutis. Verum quia in agro Dei, qui est ecclesia Christi, noxia quaeque instinctu hostis antiqui pullulare non cessant, quae necesse est, ut adhibito sarculo pastorali radicitus extirpentur, et propter malevolos quosque, qui bene acta aut intelligere nolunt aut malevola intentione potius intelligere, quam ipsam veritatem delectantur amplecti, oportet eosdem pastores, ut, quandocumque de generali utilitate vel publica coercitione quippiam in conventibus suis decreverint, id iuxta morem ecclesiasticum scriptis committant: videlicet ut posteris omnem ambiguitatem et occasionem iuste detrahendi vel reprehendendi penitus amputent.

Proinde notum esse necessarium duximus omnibus filiis sanctae Dei ecclesiae, praesentibus scilicet et futuris, qualiter nos episcopi super[a] imperio domini et gloriosissimi Lotharii imperatoris constituti anno incarnationis domini Iesu Christi DCCCXXXIII, indictione XII, anno siquidem eiusdem principis primo in mense videlicet Octobri apud Compendium palatium generaliter convenimus et memoratum principem humiliter audivimus. Et hoc quidem illi sive optimatibus illius seu omni generalitati populi, quae undique illuc confluxerat, manifestare iuxta iniunctum nobis ministerium curavimus, qualis sit vigor et potestas sive ministerium sacerdotale et quali mereatur damnari sententia, qui monitis sacerdotalibus obedire noluerit. Deinde tam memorato principi, quam cuncto eius populo denuntiare studuimus, ut Domino devotissime placere studerent et, in quibus eum offenderant, placare non differrent. Examinata quippe sunt multa, quae per negligentiam in hoc imperio contigerunt, quae ad scandalum ecclesiae et ruinam populi vel regni interitum manifestis indiciis pertinebant: quae necesse erat, ut cito corrigerentur et in futuro omnibus modis vitarentur.

Inter cetera etiam commemoratum est a nobis et omnibus ad memoriam reductum, qualiter Deus[b] regnum istud per administrationem bonae memoriae Karoli praestantissimi imperatoris et per praedecessorum suorum laborem pacificum[c] et unitum atque nobiliter dilatatum fuerit et domino Ludewico imperatori a Deo ad regendum sub magna pace commissum Dominoque protegente sub eadem pace, quamdiu idem princeps Deo studuit et paternis exemplis uti ac bonorum hominum consiliis acquiescere curavit, conservatum manserit, et quomodo in processu temporis, sicut omnibus manifestum erat, per eius improvidentiam vel negligentiam in tantam venerit ignominiam et vilitatem, ut non solum amicis in moestitiam, sed etiam inimicis venerit in derisionem. Sed quia idem princeps ministerium sibi commissum negligenter tractaverit et multa, quae Deo et hominibus displicebant, et fecerit et facere compulerit vel fieri permiserit et in multis nefandis consiliis Deum irritaverit et

a) sub *corr. Pertz.* b) *ita Sirm.;* a Deo *corrigend.* c) pacificatum *fortasse corrigend.*

1) *Matth.* 18, 18. 19. 2) *Ezech.* 3, 18.

sanctam ecclesiam scandalizaverit et, ut cetera, quae innumera sunt, omittamus, novissime omnem populum sibi subiectum ad generalem interitum contraxerit et ab eo divino iustoque iudicio subito imperialis sit subtracta potestas, nos tamen memores praeceptorum Dei ministeriique nostri atque beneficiorum eius dignum duximus, ut per licentiam memorati principis Lotharii legationem ad illum ex auctoritate sacri conventus mitteremus, quae eum de suis reatibus admoneat, quatenus certum consilium suae salutis caperet, ut, quia potestate privatus erat terrena iuxta divinum consilium et ecclesiasticam auctoritatem, ne suam[d] animam perderet, elaborare in extremis positus totis viribus studeret. Quorum legatorum consiliis et saluberrimis admonitionibus libenter assensum praebuit, spatium poposcit diemque constituit, qua de salubribus eorum monitis certum eis responsum redderet. Cum autem suprascriptus instaret dies, sacer idem conventus unanimiter ad eundem venerabilem virum perrexit eumque diligenter, de quibus Deum offenderat et sanctam ecclesiam scandalizaverat ac populum sibi commissum perturbaverat, admonere et cuncta illi ad memoriam reducere curavit. Ille vero eorum salutiferam admonitionem et dignam congruamque exaggerationem libenter amplectens promisit se in omnibus illis acquieturum salutari consilio et subiturum remediale iudicium. Porro, de tanta salubri admonitione hilaris, illico dilectum filium suum Lotharium augustum sibi festinato affuturum supplicavit, ut ille ruptis quibuslibet morulis cum suis primatibus veniret, quatinus primum inter eos mutua reconciliatio secundum christianam doctrinam fieret, ut, si quid in cordibus eorum naevi aut discordiae inerat, pura humilisque postulatio veniae expiaret ac deinde coram omni multitudine iudicium sacerdotale more paenitentis susciperet, quod et non multo post factum est. Veniens igitur idem dominus Lodewicus in basilicam sanctae Dei genetricis Mariae[3], ubi sanctorum corpora requiescunt, Medardi videlicet confessoris Christi atque pontificis necnon Sebastiani praestantissimi martyris, adstantibus presbyteris, diaconibus et non parva multitudine clericorum, praesente etiam praefato domino Lothario filio eius eiusque proceribus atque totius populi generalitate, quotquot videlicet intra sui septum eadem continere potuit ecclesia, et prostratus in terram super cilicium ante sacrosanctum altare confessus est coram omnibus: ministerium sibi commissum satis indigne tractasse et in eo multis modis Deum offendisse et ecclesiam Christi scandalizasse populumque per suam negligentiam multifarie in perturbationem induxisse, et ideo ob tantorum reatuum expiationem publicam et ecclesiasticam se expetere velle dixit poenitentiam, quo miserante Domino per eorum ministerium et adiutorium percipere mereretur absolutionem tantorum criminum, quibus Deus ligandi ac solvendi intulerat potestatem. Quem etiam iidem pontifices, utpote medici spiritales, salubriter admonuerunt asserentes ei, quod puram et simplicem confessionem sequeretur vera remissio peccatorum, ut aperte confiteretur errata sua, in quibus maxime se Deum offendisse profitebatur, ne forte interius aliquid tegeret aut in conspectu Dei quippiam dolose ageret, sicut iam pridem[4] in Compendio palatio ab alio sacro conventu correptus coram omni ecclesia eum fecisse omnibus notum erat, ne sicut tunc, ita et nunc per simulationem et calliditatem duplici ad Deum corde accedendo, ad iram potius, quam ad veniam suorum peccatorum provocaret, quoniam scriptura testante 'simulatores[5] et callidi provocant iram Dei'. Verum post huiusmodi admonitionem professus est se in omnibus iis praecipue deliquisse, unde a memoratis sacerdotibus fuerat familiariter, sive verbis, sive scriptis[6] admonitus et digna increpatione correptus; super

d) secundam *Sirm.*

3) *In Suessionum civitate.* 4) *Anno* 830; *vita Walae II, c.* 10, *SS. II, p.* 555. 5) *Iob* 36, 13. 6) *Cfr. Agobardi cartula, infra p.* 56, *l.* 37 *sqq.* *[K.]*

833 quibus cartulam[7] summam reatuum suorum, unde illum specialiter redarguerent, continentem ei dederunt, quam ille in manibus gestabat.

1. Videlicet, sicut in eadem cartula plenius continetur, reatum sacrilegii incurrendo et homicidii, eo quod paternam admonitionem[8] et terribilem contestationem sub divina invocatione ante sanctum altare in praesentia sacerdotum et maxima populi multitudine sibi factam secundum suam promissionem non conservaverit; eo quod fratribus et propinquis violentiam intulerit[9] et nepotem[10] suum, quem ipse liberare potuerat, interficere permiserit: et quod immemor voti sui signum[11] sanctae religionis propter vindictam suae indignationis fieri postea iusserit.

2. Quod auctor scandali et perturbator pacis ac violator sacramentorum existendo pactum[12], quod propter pacem et unanimitatem imperii ecclesiaeque tranquilitatem communi consilio et consensu cunctorum fidelium suorum fuerat inter filios suos factum et per sacramentum confirmatum, nuper[e] illicita potestate corruperit[13]; et in eo, quod fideles suos in contrarietatem eiusdem primi pacti et iuramenti[14] aliud sacramentum iurare compulerit, in periurii reatum praestatorum violatione sacramentorum inciderit: et quantum hoc Deo displicuerit, liquido claret, quia postea nec ipse nec populus sibi subiectus pacem habere meruit, sed omnes in perturbationem poenam peccati sustinendo iusto Dei iudicio postea inducti sunt.

3. Quia contra christianam religionem et contra votum suum sine ulla utilitate publica aut certa necessitate pravorum consilio delusus in diebus quadragesimae expeditionem generalem fieri iussit[15] et in extremis imperii sui finibus in coena Domini, quando paschalia sacramenta ab omnibus christianis rite sunt celebranda, placitum generale se habiturum constituit[16]; in qua expeditione, quantum in ipso fuit, et populum in magnam murmurationem protraxit et sacerdotes Domini a suis officiis contra fas amovit et pauperibus gravissimam oppressionem irrogavit.

4. Quod nonnullis ex suis fidelibus, qui pro eius suorumque filiorum fidelitate et salvatione regnique nutantis recuperatione humiliter eum adierant et de insidiis inimicorum sibi praeparatis certum reddiderant, violentiam intulerit; et quod contra omnem legem, divinam videlicet et humanam, eos et rebus propriis privaverit et in exilio tradi[f] iusserit atque absentes morti adiudicari fecerit et iudicantes procul dubio ad falsum iudicium induxerit: et sacerdotibus Domini ac monachis contra divinam et canonicam auctoritatem praeiudicium irrogavit et absentes damnavit et in hoc reatum homicidii incurrendo divinarum seu humanarum legum violator extitisset[17].

5. De diversis sacramentis sibique contrariis atque perniciosis a filiis sive a populo, eo praecipiente et compellente, irrationabiliter saepe factis, pro quibus non modicam in populo sibi commisso peccati maculam induxit, reatum periurii nihilominus incurrisse; quoniam haec procul dubio in auctorem, per quem fieri compulsa sunt, iure retorquentur. Sed in mulierum[18] purgatione, in iniustis iudiciis, in falsis

e) super *Sirm.* f) *ita Sirm.*; trudi *corr. Pertz, fortasse recte.*

7) *Deperdita est.* 8) *Anno* 813; *Thegani vita Hludowici* c. 6, *SS. II*, p. 591. 9) *Anno* 814. *et* 818. *fratribus, sororibus, propinquis invitis in monasteria missis; ibidem* c. 24, *l.* c. p. 596. 10) *Bernhardum, Pippini Italiae regis filium, anno* 818; *ibidem* c. 22, *l.* c. 11) *Quid hoc opprobrio spectetur, incertum.* 12) *Ordinatio imperii a.* 817, *tom. I*, p. 270. 13) *Alamannia Karolo filio anno* 829. *concessa, divisione anno* 832. *facta; Theg. vita Hlud.* c. 35, *SS. II*, p. 597; *Nithard. lib. I*, c. 4, *l.* c. p. 652; *Vita Hlud.* c. 47, *l.* c. p. 635; *Divis.* 831?, *supra* p. 21. 14) *Einhardi ann.* 821, *SS. I*, p. 207. 15) *Anno* 830; *ann. Bert. ed. Waitz*, p. 2. 16) *Eodem anno ad oppidum Redonicum in Britannia; ann. Mett. SS. I*, p. 336. 17) *Res initio anni* 831. *in placito Aquisgranensi gestae spectari videntur; cfr. Böhmer-Mühlbacher nr.* 852*a*. 18) *Mulieris? Ann. Bert. ad a.* 831, *l. c. p.* 3: purificavit se domna imperatrix secundum iudicium Francorum de omnibus quibus accusata erat.

testimoniis atque periuriis, quae eo permittente coram se perpetrata sunt, quantum 833. Deum offenderit, ipse novit.

6. De diversis expeditionibus, quas in regno sibi commisso non solum inutiliter, sed etiam noxie sine consilio et utilitate fecit, in quibus nimirum multa et innumerabilia sunt in populo christiano flagitia perpetrata, in homicidiis et periuriis, in sacrilegiis, in adulteriis, in rapinis, in incendiis, sive in ecclesiis Dei, sive in aliis diversis locis factis, in direptionibus et oppressionibus pauperum miserabili et pene apud christianos inaudito patratu: quae omnia ad auctorem, sicut praemissum est, reflectuntur.

7. In divisionibus imperii[19] ab eo contra communem pacem et totius imperii salutem ad libitum suum temere factis et in sacramento etiam, quod iurare compulit omnem populum, ut contra filios suos, sicut contra inimicos suos agerent, cum ipse eos paterna auctoritate consultuque fidelium suorum pacificare potuisset[20].

8. Quod non suffecerint ei tot mala et flagitia per suam negligentiam et improvidentiam in regno sibi commisso perpetrata, quae enumerari non possent, pro quibus et regni periclitatio et regis dehonestatio evidenter provenerat: sed insuper ad cumulum miseriarum novissime omnem populum suae potestatis ad communem interitum traxerit[21], cum debuisset esse eidem populo dux salutis et pacis, cum divina pietas inaudito et invisibili modo ac nostris saeculis praedicando populo suo misereri decrevisset.

Igitur pro his vel in his omnibus, quae supra memorata sunt, reum se coram Deo et coram sacerdotibus vel omni populo cum lacrymis confessus et in cunctis se deliquisse protestatus est[g] et poenitentiam publicam expetiit, quatinus ecclesiae, quam peccando scandalizaverat, poenitendo satisfaceret, et sicut fuerat scandalum multa negligendo, ita nimirum se velle professus est esse exemplum dignam poenitentiam subeundo. Post hanc vero confessionem cartulam suorum reatuum et confessionis ob futuram memoriam sacerdotibus tradidit, quam ipsi super altare posuerunt; ac deinde cingulum militiae deposuit[22] et super altare collocavit et habitu saeculi se exuens habitum poenitentis per impositionem manuum episcoporum suscepit: ut post tantam talemque poenitentiam nemo ultra ad militiam saecularem redeat.

His itaque gestis placuit, ut unusquisque episcoporum, qualiter haec res acta fuerit, in propriis cartulis[23] insereret eamque sua scriptione roboraret et roboratam memorato principi Lothario ob memoriam huius facti offerret. Ad extremum omnibus nobis, qui interfuimus, visum est omnium cartularum immo tanti negotii summam in unum breviter strictimque congerere et congesta propriis manuum nostrarum subscriptionibus roborare, sicut sequentia[24] factum esse demonstrant.

g) *ita corr. Pertz;* esset *Sirm.*

19) *Cfr. supra n.* 18. 20) *Anno* 833. *aestate.* 21) *Aliter ann. Bert. ad a.* 833, *l. c. p.* 6: pravis persuasionibus et falsis promissionibus populum, qui cum imperatore venerat, filii deceperunt, ita ut omnes illum dimitterent *et Nithard. lib. I, c.* 4, *SS. II, p.* 652: variis affectionibus populum, ut a patre deficeret, filii compellunt. 22) *Cfr. Agobardi cartul. infra p.* 57, *l.* 12; *Synod. Pap. vel Tic.* 850, *infra nr.* 228, *c.* 12. *[K.]* 23) *Servata est Agobardi episcopi cartula, quae sequitur.* 24) *Quae deperdita videntur.*

833. 198. AGOBARDI CARTULA DE POENITENTIA AB IMPERATORE ACTA.

833. Oct.

Sub fine relationis, quae antecedit, leguntur haec: Placuit, ut unusquisque episcoporum, qualiter haec res acta fuerit, in propriis cartulis insereret eamque sua scriptione roboraret et roboratam memorato principi Lothario ob memoriam huius facti offerret. *Cartula ab Agobardo Lugdunensi archiepiscopo scripta inter ipsius opera (Agobardi Opera, ed. Baluze, tom. II, p. 73) servata est; G. H. Pertz ipsam ope codicis Parisiensis* 2853, *quem unicum iam anteriores etiam editores adhibuerant, denuo recensuit.*

(B. deest; P. I, 369.)

In nomine Dei ac domini nostri Iesu Christi. Anno incarnationis eius octingentesimo tricesimo tertio ego Agobardus Lugdunensis ecclesiae indignus episcopus interfui venerabili conventui apud palatium, quod nuncupatur Compendium. Qui utique conventus extitit ex reverentissimis episcopis et magnificentissimis viris illustribus, collegio quoque abbatum et comitum promiscuaeque aetatis et dignitatis populo, praesidente serenissimo et gloriosissimo Hlothario imperatore et Christi domini amatore; quo protegente et adiuvante subter adnexa disposita sunt anno imperii primo, mense quarto. Quibus omnibus vehementer incumbebat vera necessitas, ut sollicite tractarent de periculo regni in praesenti et statu in futuro, quod regnum, quia iam diu nutabat et impellebatur ad ruinam per neglegentiam et, ut verius dicam, per ignaviam domni Hluduvici[a] venerandi quondam imperatoris, in quibus ille irretitus est per corruptas mentes et corrumpentes et secundum apostolicum dictum, quia erant ipsi 'errantes[1] et alios in errorem mittentes'. A quo conventu quicquid utiliter et laudabiliter tractando et conferendo inventum est et necessario statuendum, et iudicantibus consensi et consenciens ipse iudicavi. In primis videlicet, quae ad commoditatem et soliditatem regni et regis pertinere videbantur[2]; deinde, quae ad ereptionem et purgationem animae domni Hluduvici manifestissime noscebantur. Quae in praedicto conventu fideliter quaesita et veraciter inventa et ordinabiliter exsecuta sunt, in eo scilicet, quod praedictus conventus deliberavit, ut per legatos et missos ammoneretur domnus Hluduvicus de suis erratibus et exhortaretur, ut secundum propheticum dictum 'rediret[3] ad cor' et recognosceret acta sua, quae adversus Deum currens per vias pravitatis et iniusticiae exegerat, ac deinceps susciperet consilium vitae et salutis suae, quatenus apud omnipotentem iudicem et Dominum, qui clementissimus indultor est criminum, indulgentiam et remissionem iniquitatum impetrare posset, ut, qui per multiplicatas neglegentias regnum terrenum ammiserat, per impensas supplices confessiones regnum caeleste adipisceretur per eum, apud quem est 'misericordia[4] et copiosa redemptio'. Propter quod et libellus editus est a viris diligentioribus et ei oblatus de manifestatione criminum suorum, in quo, velut in speculo, perspicue conspiceret foditatem actuum suorum, et fieret in illo, quod per penitentem perfectum dictum est: 'Iniquitatem[5] meam ego agnosco; peccatum meum

a) Luduuici *c.; in sequentibus* hluduvicus.

1) 2. *Timoth.* 3, 13. 2) *Quae servata non sunt.* 3) *Isaia* 46, 8. 4) *Dan.* 9, 9. 5) *Psalm.* 50, 5.

coram me est semper'. Pro qua re accesserunt ad eum denuo omnes, qui in prae- 833.
dicto conventu aderant, episcopi condolentes et conpatientes infirmitatibus et miseriis eius, exhortantes atque exoptantes et postulantes, ut omnipotens Deus manu pietatis suae educeret eum 'de[6] lacu miseriae et de luto ceni'. Quod clementissimus dominus non solum non abstulit, sed nec distulit. Sed mox resuscitata in mente eius contritione humiliati cordis prostratus coram eis non semel vel iterum, sed tertio aut amplius crimina cognoscit, veniam poscit, auxilium orationum praecatur, consilium recipit, penitentiam postulat, iniunctam sibi humilitatem libentissime impleturum promittit. Innotescitur[b] ei lex et ordo publicae penitenciae, quam non rennuit, sed ad omnia annuit; ac demum pervenit in ecclesiam coram cetu fidelium ante altare et sepulcra sanctorum et prostratus super cilicium bis terque quaterque confessus in omnibus clara voce cum habundanti effusione lacrimarum, deposita arma[7] manu propria et ad crepidinem altaris proiecta, suscepit mente compuncta penitentiam publicam per manuum episcopalium impositionem cum psalmis et orationibus. Sicque deposito habitu pristino et assumpto habitu penitentis, congratulans et confidens postulat piissimi pastoris humeris reduci se ad inventae et redemptae ovis unitatem.

His gestis ego Agobardus indignus episcopus interfui et melioribus consonans et consentiens iudicavi et manu propria signans subscripsi.

b) innostescitur c.

6) *Psalm.* 39, 2. 7) *Cfr. supra p.* 55, *l.* 29; *Episcoporum relatio* 829, *supra p.* 39, *c.* 35. *et Synod. Pap.* 850, *infra nr.* 228, *c.* 12. *[K.]*

---

199. EBBONIS REMENSIS ARCHIEPISCOPI RESIGNATIO.

835. Mart. 4.

Ebbo Remensis archiepiscopus, qui anno 833. *falsarum contra Hludowicum imperatorem obiectionum incentor fuerat, ut Bertiniani annales dicunt, a restituto imperatore in synodo in Theodonis villa habita anno* 835. *accusatus et a iudicibus tribus iure canonico ab Ebbone electis sede episcopali indignus iudicatus est die, ut Hincmarus ad synodum Suessionensem c.* 1 *(Hincmari Opera II, p.* 271*) refert, quarto mensis Martii. Resignationis cartam ab Ebbone subscriptam servaverunt Ebbonis liber apologeticus (D'Achéry, Spicileg. ed. II, tom. III, p.* 336*), Hincmarus in libro de praedestinatione c.* 36. *(Opera I, p.* 324*) et Flodoardus in historiae ecclesiasticae Remensis lib. II, c.* 20, *SS. XIII, p.* 473, *cuius textum hic repetimus.* *(B. deest; P. I,* 370.*)*

Ego Ebo, indignus episcopus, recognoscens fragilitatem meam et pondera peccatorum meorum testes confessores meos, Aiulfum[1] videlicet archiepiscopum et Badaradum[2] episcopum necnon et Modoinum[3] episcopum, constitui mihi iudices delictorum meorum et puram ipsis confessionem dedi quaerens remedium poenitendi et salutem animae meae, ut recederem ab officio et ministerio pontificali, quo me recognosco esse indignum, et alienum me reddens pro reatibus meis, in quibus me

1) *Bituricensem.* 2) *Paderbornensem.* 3) *Augustodunensem.*

833. peccasse secreto ipsis confessus sum, eo scilicet modo, ut ipsi sint testes alio succedendi et consecrandi subrogandique in loco meo, qui digne preesse et prodesse possit ecclesiae, cui hactenus indignus prefui; et ut inde nullam repetitionem aut interpellationem auctoritate canonica facere valeam, manu propria mea subscribens firmavi. Ebo, quondam episcopus, subscripsi.

---

200. DIVISIO IMPERII.

839. Iun.

Quae Bertiniani annales, Prudentio auctore ista parte confecti, de imperii divisione anno 839. *Wormatiae inter Hlotharium et Karolum a Hludowico patre facta (Hludowico filio Baiwaria tantum relicta erat) narrant, G. H. Pertz inter capitularia collocavit, quae quidem hic quoque ex iisdem annalibus, ed. Waitz p.* 20, *repetuntur. Caeterum accuratius de iis, quae Wormatiae acta sunt, Nithardus lib. I, c.* 7, *SS. II, p.* 654, *refert et de simili divisione Aquis anno* 837. *facta iidem illi Bertiniani annales.*

(B. deest; P. I, 373.*)*

Cuius divisionis formula ita se habuit: Quarum [partium] altera regnum Italiae partemque Burgundiae, id est vallem Augustanam[1], comitatum Vallissiorum[2], comitatum Waldensem[3] usque mare Rhodani[4] ac deinde orientalem atque aquilonalem Rhodani partem usque ad comitatum Lugdunensem, comitatum Scudingium[5], comitatum Wirascorum[6], comitatum Portisiorum[7], comitatum Suentisiorum[8], comitatum Calmontensium[9], ducatum Mosellicorum, comitatum Arduennensium, comitatum Condorusto[10], inde per cursum Mosae usque in mare, ducatum Ribuariorum, Wormazfelda, Sperohgouwi[11], ducatum Elisatiae, ducatum Alamanniae, Curiam, ducatum Austrasiorum cum Swalafelda[12] et Nortgowi et Hessi, ducatum Toringiae cum marchis suis, regnum Saxoniae cum marchis suis, ducatum Fresiae usque Mosam, comitatum Hamarlant[13], comitatum Batavorum[14], comitatum Testrabenticum[15], Dorestado[16].

Alteram partem Burgundiae, id est comitatum Genavensem, comitatum Lugdunensem, comitatum Cavallonensem[17], comitatum Amaus[18], comitatum Hatoariorum[19], comitatum Lingonicum, comitatum Tullensium, et sic per decursum Mosae usque in mare, et inter Mosam et Sequanam, et inter Sequanam et Ligerim cum marcha Britannica, Aquitaneam et Wasconiam cum marchis ad se pertinentibus, Septimaniam cum marchis suis, et Provinciam habuit[20].

1) *Val d'Aosta.* 2) *Wallis.* 3) *Waadtland, pays de Vaud.* 4) *Lacus Lemanus.* 5) *Salins; cfr. Longnon, text. p.* 135, *tabl. V. [K.]* 6) *Varasques.* 7) *Le Portois.* 8) *Le Saintois.* 9) *Chaumont.* 10) *Condroz.* 11) *Pagus Spirensis.* 12) *Pagus Sualafeld (Schwalefeld) in Franconia circa fluvium Altmühl.* 13) *Hamaland.* 14) *Batua, nunc Betuwe.* 15) *Teisterbant.* 16) *Duursteede.* 17) *Chalon s. S.* 18) *Ad orientem Sagonae fluminis, ad occidentem pagi Virascorum; cfr. Longnon, text. p.* 135, *tabl. V; Waitz in editione p.* 21. *[K.]* 19) *Inter pagum Divionensem et Sagonam fluvium; cfr. Longnon, text. p.* 96, *tabl. V. [K.]* 20) *Pergunt annales:* Quo *(Hlothario)* superiorem potius eligente, imperator Karolo filio suo inferiorem contulit, ea conditione, ut viventi fideliter obsequentes, eo decedente memoratis portionibus potirentur.

XV.

CAPITULARIA HLOTHARII I. ET REGUM ITALIAE.

832—898.

201. HLOTHARII CAPITULARE PAPIENSE. 832.

832. Febr.

Traditur in codicibus: 1) *Epored.* 34 *fol.* 166ʳ, *in quo Langobardorum edicto subnexum legitur usque ad caput decimum, in quo codex exit;* 2) *Chisiano F. IV*, 75 *fol.* 98. 3) *Vatic.* 5359 *fol.* 143, *in quo desunt capita* 11. 12. 14. 4) *Paris.* 4613 *fol.* 94ᵛ, *in quo omissa sunt capita* 9. 10. 5) *Monac.* 19416, *in quo hac parte mutilo leguntur tantum finis capitis* 9. *et capita* 10—14. *Codex* 6) *Guelferbyt. inter Blankenburg.* 130 *in Hlotharii quadam centum quatuor capitum collectione capita* 13. 3. 11. 12. 14. *tamquam* c. 49. 101—104. *exhibet.*

Capitularis aetatem tam inscriptio demonstrat, quam subscriptio in solo codice Chisiano servata. Ut annales Bertiniani narrant, Hlotharius post placitum mense Octobri anno 831. *habitum in Italiam profectus ibique in regno a patre concesso usque ad medium annum sequentem versatus erat. Ipsius mense Februario capitulare datum est. Capitula excerpta sunt e Karoli et Hludowici capitulis, capita* 3. 12—14. *et maior capituli undecimi pars ab ipso Hlothario noviter edita videntur, quam ob rem ea sola servavit codex Blankenburgensis.*

In codice Chisiano subnectuntur capitulari parva tria Karoli capita: sed ipsa huius capitularis non esse partes non eo tantum probatur, quod desunt in aliis codicibus, sed capite etiam decimo quarto, quo haud dubie capitulare finitur. In codice Parisiensi alia quatuor capitula subnectuntur infra in notis edita: primum et secundum concordant cum alio quodam Hlotharii capitulo tom. I, p. 320, c. 1. *edito, tertio repetitur Hlotharii caput l. c. p.* 317, c. 4. *editum et ea quidem forma, quam codices* 5. 6. 7. *ibi numerati praebent; quartum caput alibi non exstat, sed dubiae fidei videtur; cfr. infra nr.* 232, c. 2.

In codice Chisiano hoc capitulare sequuntur capitula triginta septem Item alia capitula *inscripta. G. H. Pertz ipsa tamquam alterum Hlotharii capitulare edidit, haud dubie parum recte. A Chisiani potius codicis scriptore collecta sunt, in cuius manus finito codice codex noster S. Pauli in Karinthia vel codex quidem cum ipso omnino consentaneus incidit, ex quo scriba omnia ea capita supplendo excerpsit, quae in codice Chisiano nondum antea descripta erant.* (*B. II*, 327; *P. I*, 360.)

832. **Haec[a][b] sunt capitula[b], quae domnus Hlotharius[c] rex una cum consensu fidelium suorum excerpsit[d] de capitulis domni Karoli[e] avi sui ac serenissimi imperatoris Hludowici[f] genitoris sui in[g] Papia in[h] palatio regio[h], sub indictione decima et cuncto[i] populo in regno Italiae consistenti[k] conservare[l] praecepit[m].**

1. De ecclesiis emendandis volumus, ut ita conservetur[n], sicut in capitulare nostro continetur, quod ad Olonnam[o] fecimus[1]. Et[2] ubi in uno[p] loco plures sunt, quam necesse sit, destruantur. Quodsi forte in aliquo[q] loco aecclesia[r] sit constructa, quae[r] tamen necessaria sit et nihil dotis habuerit, volumus, ut secundum iussionem[3] domni et genitoris nostri unus mansus cum duodecim bunuariis[s][4] de terra arabili ibi detur et mancipia[t] duo[5] a[t] liberis hominibus, qui ad eandem ecclesiam officium Dei debeant audire, ut sacerdotes[u] ibi possint[u] esse et divinus cultus fieri; quodsi hoc populus facere noluerit, destruatur.

2. Sanguinis[6] effusio in ecclesia facta cum fuste, si presbyter fuerit, triplo conponatur[7]: duas partes eidem presbytero, tertiam pro fredo ad ecclesiam et insuper bannum nostrum. Similiter de diacono iuxta compositionem eius in triplo cum banno nostro conponatur; de subdiacono similiter triplo secundum suam conpositionem[v] et de uniuscuiusque ordinis clerico[w] secundum suam[v] conpositionem triplo persolvatur, insuper bannus noster. Similiter et de ictu sine sanguinis effusione de uniuscuiusque ordinis clerico secundum suam conpositionem triplo conponatur[x][7], insuper bannus noster. Et qui non habet, unde ad ecclesiam persolvat, tradat se in servitium eidem ecclesiae, usque dum totum debitum persolvat.

3. Statuimus de presbiteris et diaconibus ecclesiastico honore privatis, ut redigantur sub[y] poenitentia, sicut canones praecipiunt[8]. Et si habet episcopus in sua parrochia suum[z] monasterium[a], ibi mittantur; quodsi monasterium[a] non habuerit, tunc praecipiat episcopus, ut illi tales habitent in illa plebe, unde sunt; et si res proprias habuerint, eligant sibi talem[b] patronum, qui de ipsis rebus victum et vestimentum eis ministret. Ipsi tamen nullam habeant licentiam vagandi aut discurrendi, sive ad placita sive ad palatium sive ad ipsas res, quas proprias ante habuerunt, sine licentia sui episcopi: sed in eodem loco, ubi sibi constitutum est, suam poenitentiam iugiter agant. Quodsi hoc non observaverint[c], primum verberibus cohereeantur; quodsi nec sic se[d] castigaverint[e], in tali loco recludantur, ubi, velint nolint, in[f] poenitentia vivant.

4. Ut[9] nullus ebrius suam causam in mallum possit conquirere nec testimonium dicere; nec comis placitum habeat nisi ieiunus.

a) *Inscriptio e. codd.* 1—3; Haec sunt capitula, quem domnus Lotharius rex instituere iussit 4. b) Incipit capitula 3. c) Lottarius 2. d) excersit 2; excepit 3. e) Caroli 2; Karli 3. f) Ludowici 2. g) *om.* 2. h) palatii regali 3. i) cum 2. k) conseusis 3. l) conservari 3. m) concepit 2. n) observetis 4. o) Olouna 2. p) unum locum 2. q) alio 3. 4. r) aecclesiam sit constructam qui 2. s) bichariis 2. t) mancipias duas ad 2. u) sacerdos ibi possit 4. v) conpositionem ... suam *om.* 2. 4. w) *om.* 4. x) et *add.* 2. y) *om.* 2. z) *om.* 6. a) ministerium 4. b) *om.* 4. c) conservaverint 3. d) se *om.* 2. 6. e) castigati fuerint 6. f) sup 4.

1) *Cap. Olonn.* 825, *tom. I, p.* 327, *c.* 8. 2) *Desumpta e Cap. miss.* 803, *l. c. p.* 115, *c.* 1. 3) *Cap. eccles.* 818. 819, *l. c. p.* 277, *c.* 10. 4) *Bunuarium, bonnarium i. e. modus agri certis limitibus seu bonnis (scopis) definitus.* 5) *Cfr. Capitulatio de partibus Saxoniae* 775—790, *l. c. p.* 69, *c.* 15. 6) *Capp. legib. add.* 818. 819, *l. c. p.* 281, *c.* 2. 7) *Cfr. Karoli ad Pippinum epist.* 806—810, *l. c. p.* 212; *Concilium de clericor. percuss. l. c. p.* 361, *c.* 1—3. *[K.]* 8) *Cfr. Hinschius, Kirchenrecht IV, p.* 818 *sq. [K.]* 9) *Cap. miss.* 803, *tom. I, p.* 116, *c.* 15.

5. De[10] reclamatoribus vel causedicis, qui nec iudicium scabinorum adquiescere nec blasfemare volunt, antiqua consuetudo servetur, id est in custodia recludantur, donec unum e duobus faciant. Et si ad palatium pro hac re clamaverint et litteras detulerint, non quidem eis credatur, nec tamen in carcere ponantur; sed cum custodia et cum ipsis litteris pariter ad palatium nostrum remittantur, ut ibi discutiantur, sicut dignum est. 882.

6. De[11] conspirationibus, quicumque facere praesumpserit et sacramento quamcumque conspirationem firmaverint, triplici ratione iudicentur. Primo, ut ubicumque aliquod malum per hoc perpetratum fuerit, auctores facti interficiantur; adiutores vero eorum alter ab altero flagellentur et nares sibi invicem praecidant. Ubi vero nihil mali perpetratum est, similiter quidem inter se flagellentur et capillos[g] sibi vicissim detundant. Si vero per dextras aliqua conspiratio firmata fuerit, si liberi sunt, aut iurent cum ideoneis iuratoribus hoc pro malo non fecisse, aut si facere non potuerint, suam legem conponant; si vero servi[h] fuerint, flagellentur. Et ut de cetero[h] in regno nostro nulla huiusmodi conspiratio fiat, nec per sacramentum nec sine sacramentum.

7. De[12] oppressione pauperum liberorum hominum, ut non fiant a potentioribus per aliquod malum ingenium contra iustitiam oppressi, ita ut coacti res eorum vendant aut tradant. Ideo haec de liberis hominibus diximus, ne forte parentes contra iustitiam fiant exeredati et regale obsequium minuatur et ipsi heredes propter indigentiam mendici vel latrones seu malefactores efficiantur.

8. Si[13] quis litteras nostras dispexerit, id est tractoriam[14], quae propter missos recipiendos dirigitur, aut honores, quos habet, amittat, aut in eo loco, ubi praedictos missos suscipere debuit, tamdiu resideat et de suis rebus legationes illuc venientes suscipiat, quousque animo nostro satisfactum habeat. Qui vero epistolam nostram quocumque modo dispexerit, iusso nostro ad palatium veniat et iuxta voluntatem nostram congruam stultitiae suae castigationem accipiat. Et si homo liber vel ministerialis comitis hoc fecerit, honorem, qualemcumque habuerit, sive beneficium amittat; et si servus fuerit, nudus ad palum vapulet et caput eius tundatur[i].

9. Quicumque[15] liber homo denarium merum et bene pensantem recipere noluerit, bannum nostrum, id est LX solidos, componat. Si vero servi ecclesiastici aut comitum aut vasallorum nostrorum hoc facere praesumpserint, sexaginta ictus vapulent, aut, si magister eorum vel advocatus, qui liber est, eos vel comiti vel misso nostro iussus praesentare noluerit, praedictum[k] bannum, id est sexaginta solidos, componat.

10. De[16] falsa moneta iubemus, ut, qui[l] eam percussisse conprobatus[l] fuerit, manus ei amputetur[17]. Et qui hoc consenserit[m], si liber[m] est, LX solidos conponat.

11. Decernimus[18], ut quisquis aliter testes habere non potuerit, volumus, ut per comitis iussionem, quos in suo testimonio necessarios quisque[n] habuerit, verita-

g) nares 2. h) servi … cetero *om.* 4. i) *sic codd.:* tondeatur *in Cap. cit.* k) *In hoc verbo initium est cod.* 5, *antea mutili.* l) quicumque percusserit aut probatus 5. m) consibilis 2. n) quosque 5. 6.

10) *Cap. in Theod. villa datum II,* 805, *l. c. p.* 123, *c.* 8. 11) *Ibidem p.* 124, *c.* 10; *Memoria Olonn. data* 822—823, *l. c. p.* 318, *c.* 4; *Cap. Harist.* 779, *l. c. p.* 51, *c.* 16. *[K.]* 12) *Ibidem p.* 125, *c.* 16, *omisso autem huius capituli fine.* 13) *Capp. legib. add.* 818. 819, *l. c. p.* 284, *c.* 16. 14) *Cfr. supra nr.* 189, *p.* 11. 15) *Capp. legib. add.* 818. 819, *tom. I, p.* 285, *c.* 18; *cfr. etiam Cap. miss. Wormat.* 829, *supra p.* 15, *c.* 8. 16) *Ibidem c.* 19, *verbis sub fine omissis.* 17) *Cfr. autem Cap. insequens c.* 2. *sub fine.* 18) *Initium capituli desumptum est ex Hlotharii Cap. Olonn.* 822—823, *tom. I, p.* 317, *c.* 6, *maior capituli pars hic noviter additur; cfr. cum ipsa Capp. legib. add.* 818. 819, *l. c. p.* 282, *c.* 10.

832. tem prolaturi[o] publico[p] conventu adducantur, ut per ipsos rei veritas cum iuramento valeat inquiri. Quodsi de duabus partibus fuerit inquisitio facta, idcirco quod nullus eorum possit habere testes, antequam iurent, fiat inquisitio facta[19]. Quodsi omnes ad unam partem dixerint testimonium, iurent verum dixisse testimonium. Quodsi dissenserint et quaedam[q] pars testium[r] unum[s] praebuerit testimonium et alia alterum[t], tunc interrogentur, si audent per pugnam illorum testimonium approbare; quodsi nulla pars alteri cesserit[u], iurent, et per pugnam probetur illorum testimonium[v]; quodsi una[w] pars se[x] subtraxerit[v], tunc illa, quae ausa fuerit contendere, recipiatur ad testimonium.

12. Ut per triginta annos servus liber fieri non possit, si pater illius servus aut mater illius ancilla fuerit. Similiter[y] de aldionibus[20].

13. Ut nullus cancellarius pro ullo iudicato aut scripto aliquid amplius accipere audeat[z], nisi dimidiam libram argenti de maioribus scriptis; de minoribus autem infra[a] dimidiam libram, quantum res[b] assimilari possit[b] et iudicibus rectum videtur, accipiat. De orfanis autem vel ceteris pauperibus, qui exsolvere hoc non possunt, in providentia comitis sit[c], ut nequaquam inde aliquid accipiat*. Notarii autem hoc iurare debent[d], quod nullum scriptum falsum faciant, nec[e] in occulto[21] scriptum[f] aliquis faciat[f] nec[g] de uno comitatu in alio** nisi per licentiam illius comitis, in cuius comitatum[h] stare debet. Si[i] vero necessitas itineris aliquem[k] compulerit[l] aut infirmitas gravis, secundum capitulare genitoris nostri[22] faciat[i m]; quodsi aliter fecerit[n], inanis et vacuus[o] appareat.

14. Placuit nobis, ut haec capitula, quae excerpsimus de capitulis bonae[p] memoriae avi nostri Karoli ac domni et genitoris nostri Hludowici imperatoris, ab[q] omnibus sanctae Dei ecclesiae et nostris fidelibus in regno Italiae consistentibus pro lege teneantur[23] et conserventur. Et quicumque horum[r] capitulorum contemptor extiterit, LX solidorum[s] multam componat, sicut in capitulis praedicti[t] avi nostri Karoli continetur***[24].

Facto[u] capitulare anno imperii dominorum nostrorum Ludowici et Lottario nonodecimo et tertiodecimo, mense Februario, indicione decima.

*) *Cod.* 6. *add.:* De indiculis vero nihil accipiat, nisi tantum pergamenam, ubi ipsum indiculum scribere possit.

**) scribat *add. Lib. Pap. Hloth.* 71, *LL. IV, p.* 552.

***) *In codice Paris.* 4613 *haec subnectuntur capitula, de quibus videas praefationem ad hoc capitulare:*

13. Placuit nobis de liberis feminis, que sibi servi copulant, sicut ad nostram regiam potestatem perteneant, ita volumus, ut inceps ad ipsos Langobardos perteneant, ipse et filiis suis et filiabus eorum.

14. Statutum est, ut, si qua femina libera cum servum alterius se copulaverit et parentes eius eam anni spatium ad vindictam non dederit, volumus, ut curtis regia adquirat; si ipsa femina

o) *ita in Cap. Olonn.;* probaturi 4; prelaturi 2. 6; perlaturi 5. p) in publicum conventum 6. q) ex quadam parte 6. r) *om.* 5. s) uni 4. 5; omnium 6. t) alteri 4. 5. u) concesserit 2. v) et *add.*, quodsi ... subtraxerit *om.* 6. w) nulla 2. x) se subtrax. *om.* 2. y) Sim. de ald. *om.* 5. z) valeat 5. a) ipsam *add.* 4—6. b) res exposcit 4—6. c) fiat 5. d) per singula loca *add.* 5. e) neque aliquid 6. f) nec (et 6) scriptum aliquod faciant 5. 6. g) om. 5. 6. h) cartula ipsa *add.* 6. i) Si ... faciat *sub fine huius capitis ponuntur in codd.* 4. 5. k) aliquid 2. l) contulerit 2; capulaverit 4. m) faciant 2. 3. n) sit inanis *ceteris omissis* 5. o) vacua 6. p) sancte 4. 5. q) ii 2. r) huius capitularis 5. s) denariorum *add.* 5. 6. t) domni *add.* 4. 5. u) *Subscriptio e solo codice* 2.

19) *Hanc esse inquisitionem testium, non per testes demonstrat Brunner, Zeugen- u. Inquisitionsbeweis p.* 477. *[K.]* 20) *Cfr. Brunner, Rechts-Gesch. I, p.* 268. *[K.]* 21) *Cfr. Memoria comitibus data* 822—823, *tom. I, p.* 319, *c.* 12. *[K.]* 22) *Haec spectant fortasse ad Capp. legib. add.* 818. 819, *l. c. p.* 282, *c.* 6. 23) *Boretius, Beiträge p.* 29 *sq.; p.* 51. *[K.]* 24) *Cap. Ital.* 801, *tom. I, p.* 205, *c.* 2.

cum ipso servum annu et diem steterit, habeat eam cuius servo est, et filii, qui ex ea nati fuerint, sic servi, sicut pater eorum. 832.

15. Statutum est, ut, si quis liber homo uxore habens liberam propter aliquod crimen aut debitum servitium alteri se subdidit eademque coniux cum ipso manere noluerit[v], ipsorum procreatio, que tali coniugio sit, libertatis statutum non ammittat. Si vero ea defuncta secunda uxor et tamen libera tali se sciens tulerit, iuncxerit coniugio, liberi eorum subdantur.

16. Si quis percusserit presbiter, id est sacerdos, conponat aurum optimum libre decem.

v) voluerit *codd.* 5—7. *Capitularis Olonnensis* 822—823, *tom. I, p.* 317, *not.* m.

---

202. HLOTHARII CAPITULARE MISSORUM.

832. Febr.

Legitur Item alia capitula *inscriptum in codice* 1) *Guelferbyt. inter Blankenburg.* 130 *fol.* 131. *Capitula* 2. *inde a verbis* solidos componat *usque ad capitis sexti priorem partem leguntur etiam numeris XXXI—XXXIV. numerata in miscellaneo codice* 2) *Vatic. reg. Christ.* 263 *fol.* 227.

Capitulare in Blankenburgensi codice post Hludowici secundi Italiae imperatoris capitula positum est: tamen Hlotharii capitulari anno 832. *mense Febr. dato aequale videtur. Nam quod in his missorum capitularis capitibus* 2. 12. *'iuxta capitulare' allegatur, ad Hlotharii illud Papiense capitulare referendum est, et cum eodem ea quoque, quae missis c.* 5. *et* 9. *praecipiuntur, consentiunt. Ex eodem Papiensi placito, quo antecedens capitulare datum est, missi quoque delegati et hoc missorum capitulari instructi sunt. Cfr. Boretius, Capitularien im Langobardenreich p.* 159.

(B. deest; P. I, 437.*)*

1. Ut inquirant de singulis monasteriis vel senedochiis[1], qualiter a conditoribus ordinata sunt vel quomodo nunc permaneant et a quibus personis detineantur.

2. De monetis inquiratur, qua custodia observantur vel qua fraude vitiantur et a quibus personis hoc perpetratum sit, et noviter a nobis instituta instanter[a] figurari precipiantur. Verumtamen usque missa sancti Iohannis[2] denarium argenteum et non fractum cuiuscumque monetae recipiatur[3]. Reiectoribus autem iuxta capitulare[4] castigatio adhibenda: vel LX solidos componat vel totidem ictus accipiat[b]. Falsatores vero monetae, si inventi fuerint, in praesentia nostra deducantur[5].

3. Ut missi nostri per singulas civitates mensuram antiquam[6] inquirant, et nemo neque emere neque vendere praesumat, nisi ad ipsam mensuram.

4. De usuris[7], que multis argumentis fiunt[8], diligentissime inquiratur a missis nostris, et cum reperti fuerint, qui eas exercent, propriis episcopis[9] tradantur, ut[c] sub publica poenitentia redigantur.

a) instantur 1. b) accipiant 2. c) et 2.

1) *Cfr. Capp. de rebus eccles.* 825? *tom. I, p.* 332, *c.* 3; *Cap. Olonnense* 825, *l. c. p.* 328, *c.* 4. 7; *Episcoporum relatio post* 821, *l. c. p.* 369, *c.* 6. *[K.]* 2) 24. *Iun.* 3) *Cfr. Admon.* 823—825, *tom. I, p.* 306, *c.* 20; *Cap. Mantuan.* 781? *l. c. p.* 191, *c.* 9. *[K.]* 4) *Capitulare antecedens c.* 9. 5) *Cfr. autem Capitulare antecedens c.* 10. *[K.]* 6) *Cfr. Capp.* 808—813, *tom. I, p.* 146, *c.* 10; *Cap. miss. Niumag.* 806, *l. c. p.* 132, *c.* 18; *Soetbeer in 'Forschungen zur Deutschen Geschichte' tom. VI, p.* 79. *[K.]* 7) *Cfr. Capp. Ital. tom. I, p.* 219, *c.* 17; *Admon. gener.* 789, *l. c. p.* 54, *c.* 5. *[K.]* 8) *Cfr. Episc. relatio* 829, *supra p.* 48, *c.* 54. *[K.]* 9) *Cfr. Cap. Olonn. eccl. prim.* 825, *tom. I, p.* 327, *c.* 5.

882. 5. De iudicibus[10] inquiratur, si nobiles et sapientes et Deum timentes constituti sunt; iurent[d], ut iuxta suam intellegentiam recte iudicent et pro muneribus vel humana gratia iustitiam non pervertant nec differant et, quod iudicaverint, confirmare sua subscriptione non dissimulent. Ubi autem tales non sunt, a missis nostris constituantur et idem[e] sacramentum facere cogantur; quodsi viles personae et minus idoneae[f] ad hoc constitutae[f] sunt, reiciantur. Similiter et notarii legibus eruditi et bonae opinionis constituantur et iusiurandum[g] praebeant[g][11], ut nullatenus falsitatem vel colludium scribant; et qui[h] hoc fecisse preterito tempore inventi fuerint, praesentaliter damnentur[h].

6. Ut inquirant diligentissime missi nostri per singulos comitatus, qui[i] adhuc sacramentum[i] fidelitatis nondum nobis promiserunt, et promittere eos compellant[k][12]. Et inquirant diligentissime missi nostri villas et cortes, unde regis expensa ministrari solita sit, et a quibus personis modo detineantur[l], necnon et quae in transitu domni imperatoris servire debent vel missis transeuntibus necessaria ministrare.

7. Ut per singulas civitates inquirant missi nostri, ubi palatia antiquitus fuerunt vel publicae domus[13] antiquitus vel unde continebantur vel qua occasione aut a quibus personis vel sub cuius tempore destructa sunt, et nostra auctoritate praecipiant, ut amodo quantotius restaurentur; sed et de singulis conditionibus[14], quae ad cameram nostram vel ad fiscum vel ad diversa palatia pertinent.

8. Ut missi nostri perquirant in singulis civitatibus beneficia, quae antiquis temporibus clerici et vassalli predecessorum nostrorum habuerunt vel qui nunc ea retinent, et nobis renuntient. Similiter comitatus pertinentia[15], quae comites[m] non habent, necnon et res ecclesiis Dei pertinentes et aliae personae, quam rectores earum retinent, inquirant et nobis renuntient.

9. Ut[16] baptismales eclesiae, quae per neglegentiam eorum, qui eas restaurare debuerunt, paulatim a suo statu defecerunt, diligentia missorum nostrorum ab his, qui ibi baptizantur vel sacra misteria percipiunt, restaurari praecipiantur et ministris rei publice comittantur, ut filii eclesiae eorum instantia ad earum restaurationem compellantur, decimas quoque Deo dare ibidem cogantur.

10. Ut idem missi perquirant in singulis civitatibus, qualiter canonicorum vita et conversatio ordinata sit, et de thesauro ecclesiae[17], quid[n] inde perditum sit vel a quo aut cuius tempore, et utrum episcopi suas plebes ordinatas habeant, et si contra rationem[o] destributae sunt[18], ut emendent; et si opus fuerit, nobis renuntient.

11. De depraedationibus quoque, quae moderno tempore[19] defunctis episcopis a diversis hominibus factae sunt in rebus eclesiasticis, ut, qui eas fecerunt, legaliter emendent cum emunitate nostra[20].

d) *om.* 2. e) ibidem 2. f) idonei ... constituti 2. g) iuxta iusiurandum proveniat 2. h) quod fecisse p. t. i. sunt, praesentialiter damnetur 2. i) qui ... sacramentum *om.* 2. k) *Hic finis est cod.* 2. l) detineatur 1. m) *ita correxi*; comitatus 1. n) qui 1. o) restaurationem 1.

10) *Cfr. Cap. Wormat. miss.* 829, *supra p.* 14, *c.* 2—4. *[K.]* 11) *Capitulare antecedens* c. 13. 12) *Cfr. Cap. miss.* 829, *supra p.* 10, *c.* 4. *[K.]* 13) *Cfr. Hlud. II. Cap. Pap.* 850, *infra nr.* 213, *c.* 7. *[K.]* 14) *Cfr. Cap. de iust. fac.* 811—813, *tom. I, p.* 177, *c.* 10. *[K.]* 15) *Cfr. Waitz, VG. IV²*, *p.* 165 *sqq. [K.]* 16) *Capitulare antecedens c.* 1. 17) *Cfr. Cap. miss. Niumag.* 806, *l. c. p.* 131, *c.* 4. *[K.]* 18) *Cfr. Hinschius, Kirchenrecht II, p.* 265 *sqq. [K.]* 19) *Cfr. etiam Kar. II. Cap. Pap.* 876, *infra nr.* 221, *c.* 14. *[K.]* 20) *Id est* 600 *sol.; Cap. legib. add.* 803, *tom. I, p.* 113, *c.* 2; *cfr. etiam form. imperial.* 15, *Formulae p.* 297, *l.* 9. *[K.]*

12. De sceleribus[p] atque criminibus, quae multis modis increverunt, volumus, ut inquirant et emendent; similiter et de conspirationibus nocivis iuxta capitulare[21] emendent. Similiter et de rapinis seu et de falsis testibus vel de periuris[q] hominibus sive de monachis, qui proprium habitum reliquerunt, et de his, qui seculares vel laici ex clericis vel monachis sunt effecti. 832.

13. De viis et pontibus[22] et ceteris excubiis[23] publicis, ut inquirant, et quae potuerint emendent aut nobis, quod invenerint, renuntient.

p) caelestibus 1. q) periuriis 1.

21) *Capitulare antecedens c. 6.* 22) *Cfr. Admonit.* 823—825, *tom. I, p.* 306, *c.* 22; *Cap. miss.* 819, *l. c. p.* 290, *c.* 17; *Pippini Cap. Pap.* 787, *l. c. p.* 199, *c.* 9; *Cap. Mant. II,* 787, *l. c. p.* 197, *c.* 7; *Pippini Cap.* 782—786, *l. c. p.* 192, *c.* 4. *[K.]* 23) *Cfr. Waitz, VG. IV*[2], *p.* 36; *p.* 615 *sq. [K.]*

203. HLOTHARII CAPITULARE DE EXPEDITIONE CONTRA SARRACENOS FACIENDA.

846. fere Oct.

Fridericus Maassen in bibliotheca ecclesiae cathedralis Novariensis codicem iuris canonici num. XXX. signatum et saec. XI. scriptum repperit, in quo fol. 282 *capitulare, quod sequitur, scriptum est. Primo a Maassen editum est in 'SB. d. Wien. Ak. phil.-hist. Cl.' tom. XLVI* (1864), *p.* 68 *sqq.; apographum capitularis esse videtur in cod. Novar. XV. saec. XII. scripto, e quo lectiones variantes adnotatae sunt l. c. tom. XLIX* (1865), *p.* 310, *et codicem Novar. XXX. descripsit A. Reifferscheid l. c. tom. LXVIII* (1871), *p.* 626. *Secundum ea, quae Maassen et Reifferscheid retulerunt, denuo hoc capitulare edidit a.* 1873. *Bluhme in 'Zeitschr. f. Rechts-Gesch.' tom. XI, p.* 257 *sqq., de qua editione iudicavit Maassen in 'SB. d. Wien. Ak.' tom. XCII* (1878), *p.* 606 *sq. Anno denique* 1887. *novissimam editionem atque emendatiorem secundum schedas Friderici Maassen paravit W. Lippert in Archivi novi tomo XII, p.* 534 *sqq., quam hic repetimus.*

In utroque codice capitulare inscriptum est: Incipit synodus habita Francia (Fancia *cod. XXX.*) tempore domni Hlotharii imperatoris pro edificatione novae Romae.

Quo tempore capitulare datum sit, c. 7. *probat collatum cum iis infra allegatis, quae Bertiniani annales ad a.* 846. *tradunt; item c.* 9, *quo Hludowicus filius mense Ianuario Papiam cum exercitu venire iubetur. Expeditio contra Sarracenos a.* 847. *evenit, item divisio regni Beneventani (c.* 11) *et novi muri aedificatio.*

(B. deest; P. deest.)

Cap. 1. Quia divina pietas nos et karissimum filium nostrum ad commune colloquium pervenire concessit, prudentiae devotionique vestrae, de quibus hic tractavimus, breviter intimavimus.

2. Nulli dubium est, quod peccatis nostris atque flagitiis merentibus tantum malum in ecclesia Christi contigerit[a], ut et ipsa Romana ecclesia, quae capud est

a) contingerit *codd.*

846. christianitatis, infidelium manibus traderetur et per omnes fines regni nostri fratrumque nostrorum paganorum populus prevaleret. Idcirco necessarium valde iudicavimus, ut omnia, in quibus maxime Deum a nobis offensum esse cognoscimus, ipsius[b] adiuvante misericordia corrigamus, et ut per satisfactionem congruam divinam studeamus placare iusticiam, quatinus, quem iratum sensimus, placatum habere possimus.

3. Hac de causa volumus et omnino proponimus, ut, quicquid in ecclesiis Christi locisque sacratis per neglegentiam hucusque aliter fuit, quam debuit, in quantum adiuvat superna pietas, emendetur.

4. Et inprimis monachi, qui ordinem suum per desidiam aut cupiditatem seu secularem ambitum[c] deseruerunt[1], admoniti ab episcopis et abbatibus emendentur; quodsi audire contempserint, severius districti suum ordinem repetere compellantur. Qui vero per inopiam a suo proposito deviaverunt, si ipsa inopia per necessitatem generalem[d] contigit, prout potest fieri, emendetur, donec largiente Domino melius atque perfectius talem inopiam emendare possimus; si vero per duriciam aut neglegentiam praelatorum evenit, praelati ipsi diligenter admoniti si emendaverint, bene; si emendare noluerint, ab ipsa praelatione removeantur. Similiter et in canonicis[e] atque sanctimonialibus observandum esse sancimus.

5. Quia in dehonoratione sanctorum locorum Deum frequenter offendimus, volumus atque statuimus, ut, quicquid ab ecclesiis Christi iniuste et inracionabiliter nostro tempore ablatum esse cognoscitur, pristinae potestati competenti ordine restituatur.

6. Volumus eciam et diligentissime praecipimus observandum, ut episcopi singuli in suis parrocchiis diligenter examinent et sollicite investigent, quicunque publicis sint inretiti flagitiis, hoc est incestos, adulteros, sanctimonialium stupratores vel qui eas eciam in coniugium acceperunt, homicidas, sacrilegos, alienarum rerum pervasores atque praedones; et hoc per omne regnum nostrum sollicite examinetur, ut, quicunque tales fuerint inventi, paenitentiae puplice subdantur, aut, si hoc noluerint, ab ecclesia separentur, donec a suis flagitiis corrigantur[2]. Similiter de illis fiat, qui in clericatu fuisse et postea comam sibi crescere dimisisse noscuntur.

7. Quia pro peccatis nostris et offensionibus aecclesia[f] beati Petri hoc anno a paganis vastata est et direpta[3], omni desiderio et summa instancia elaborare cupimus, qualiter ecclesia restauretur et deinceps ad eam paganorum accessio prohibeatur. Itaque decernimus et hoc Apostolico per litteras nostras et missos mandamus, ut murus firmissimus circa aecclesiam beati Petri construatur. Ad hoc vero opus collationem peccuniae ex omni regno nostro fieri volumus, ut tantum opus, quod ad omnium gloriam pertinet, omnium subsidio compleatur.

8. Admonendi erunt episcopi per omne regnum domni imperatoris Hlotharii, ut praedicent in aecclesiis suis et civitatibus eis[g], qui sine beneficiis sunt et alodos atque peccunias habent, atque cohortando et incitando suadeant, ut sicut illi facturi sunt, qui beneficia possident, ita ipsi eciam de peccuniis suis collationem faciant ad

b) ipsus *c.* c) habitum *cod. XV.* d) generale *c.* e) canocis *c.* f) aecclesie *codd.* g) eos *codd.; et eos Maassen et Bluhme; cfr. etiam Lippert, l. c. p.* 535, *n.* 7.

1) *Cfr. Cap. miss.* 832, *supra p.* 65, *c.* 12. 2) *Cfr. Hinschius, Kirchenrecht IV, p.* 746; *p.* 798, *n.* 6; *p.* 830 *sq.; p.* 842; *Dove, Die fränk. Sendgerichte in 'Zeitschr. f. Kirchenrecht' tom. IV* (1864), *p.* 21. *[K.]* 3) *Prudentius in ann. Bertin. ad a.* 846, *ed. Waitz p.* 34*:* Mense Augusto Saraceni Maurique Tiberi Romam adgressi, basilicam beati Petri apostolorum principis devastantes, ablatis cum ipso altari, quod tumbae memorati apostolorum principis superpositum fuerat, omnibus ornamentis atque thesauris, quendam montem centum ab Urbe milibus munitissimum occupant.

marum faciendum circa aecclesiam beati Petri apostoli Rome, eo quod hoc deceat[h] plurimum, ut matrem filii honorent et, in quantum valent, tueantur atque defendant. 846.

9. Decretum quoque et confirmatum habemus, ut karissimus filius noster cum omni exercitu Italiae et parte ex Francia, Burgundia atque Provincia in Beneventum proficiscatur[i], ut inde inimicos Christi, Sarracenos et Mauros, eiciat tam propter hoc, quod ipse populus nostrum auxilium expetit, quam propterea, quod certissime novimus, si infideles illam terram obtinuerint, eos Romaniam, quod absit, et magnam partem Italiae invasuros. Ipse vero filius noster ita ire debebit, ut VIII. kal. Febr. ad Papiam cum exercitu veniat, medio Marcio ad Alarinum[4] perveniat.

10. Summopere iubemus et modis omnibus observandum censemus, ut quicunque illuc ibunt, sine praedatione christiani populi vadant[5], quoniam propter hoc magnum nobis malum accidisse non dubitamus.

11. Missos quoque nostros constitutos habemus Petrum[6] venerabilem episcopum, Anselmum vocatum episcopum[7] et Witonem inlustrem comitem[8], qui in Beneventum ad Sigenulfum et Radalgisum vadant et eos inter se pacificent legesque et condiciones pacis aequissimas inter eos decernant et regnum Beneventanum, si pacificati fuerint, inter eos aequaliter dividant[9] atque ex nostra parte eis securitatem et consensum honoris sacramento confirment et ab eis similiter ad nostram partem adiutoriumque filii nostri expulsionemque Sarracenorum sacramentum accipiant.

12. Sergio quoque magistro militum[10] mandamus, ut ipse pacis auctor inter illos et auxiliator filii nostri existat; similiter Apostolico et Petro Venaeciarum duci, ut adiutorium ex Pentapoli[k] et Venecia navali expedicione faciant ad opprimendos in Benevento Sarracenos.

13. Ut autem haec omnia competenter implere possimus, ieiunio triduano per omne regnum nostrum devotissime Christi misericordiam pro nostris peccatis exorandum censemus.

Haec sunt nomina eorum, qui in Italia beneficia habent:

Rataldus	Isti nihil habent in Italia:		
Remboldus[l]	Harduicus	Aquinus	*In prima scara*[11] *sunt missi:*
Eberhardus	Amolo	Sigericus	Ebrardus
Beringarius	Agilmarus	Heribertus	Wito
Liutfridus	Audax	Heimericus	Liutfridus
Humfridus	Helminus	Milo	Adalgisus[n].
Hrotfridus	Boso	Hucboldus.	Signiferi:
Teotboldus	Wilelmus	De comitibus:	Bernardus
			Albericus
Fulcradus	Ioseph	Gerardus	et Bebbo.

h) doceat *c.* i) proficiscantur *codd.* k) Pentapolim *codd.* l) Reimboldus *Reifferscheid et Bluhme.* n) * Adalgisus *Reiff.;* et Algisus *cod. XV. et Bluhme.*

4) *Larino in ducatu Beneventano, secundum Böhmer-Mühlbacher nr.* 1094. 5) *Cfr. Admonitio* 823—825, *tom. I p.* 305, *c.* 17; *Epistola ad Fulradum* 804—811, *l. c. p.* 168, *l.* 29 *sqq.; Capp. Karoli* 810. 811, *l. c. p.* 160, *c.* 4; *Cap. miss.* 792. *vel* 786, *l. c. p.* 67, *c.* 6; *Cap. Haristall.* 779, *l. c. p.* 51, c. 17. *[K.]* 6) *Vel Aretinum vel Spoletinum; cfr. Flodoardi hist. Rem. eccl. lib. III, c.* 10, *SS. XIII, p.* 483. 7) *Qui fuerit, non liquet.* 8) *Marchionem Spoletinum; cfr. Wüstenfeld in 'Forschungen z. Deutsch. Gesch.' tom. III, p.* 396. *[K.]* 9) *Divisio a.* 847. *ita facta est, ut Sigenulfus Salernitanum, Radalgisus Beneventanum ducatum acciperet; divisionis cartam videas LL. IV, p.* 221, *a.* 851. *immerito adscriptam.* 10) *Neapolitano.* 11) *Cfr. Waitz, VG. IV*², *p.* 611. *[K.]*

847. *(qui in Italia b. h.)*

	(Isti nihil habent.)	
Cunibertus	Erlardus	Aldricus
Bodradus	David	Fulcradus
Hilpericus	Ebo	Ottramnus[m]
Bebo	Hartbertus	Ermenoldus
Grozmannus	Riconsindus	Albericus filius Richardi
Meinardus.	Remigius	Beieri[12]
	Teotgaudus	Arnulfus
		Odolricus
	Eicardus.	Engilramnus[m].

In secunda scara sunt missi:
Wito
et Adalbertus.
Signiferi:
Wicfredus
et Autramnus[m] comites[13].
Heribrandus
Farulfus
Hilpericus
et Tresegius.
In scara Francisca sunt missi:
Gerardus
Fulcradus
et Ermenoldus.
Signiferi:
Beieri[12]
Arnulfus
Huoboldus
Aquinus
et Sigiricus.

m) Ottrañus, Engilrañus, Autrañus c.; Ottramus *Reiff.*

12) *Cfr. Lippert l. c. p.* 538; *Dümmler, Geschichte des Ostfränk. Reiches I*², *p.* 305, *n.* 3. *[K.]*
13) *Lippert, l. c. p.* 539. *[K.]*

204. HLOTHARII, HLUDOWICI ET KAROLI CONVENTUS APUD MARSNAM PRIMUS.

847. Febr.

Leguntur haec capitula in codicibus: 1) *Haag.* 1 *fol.* 22. 2) *Paris.* 4638 *fol.* 103. 3) *Vallicell. N.* 21 *fol.* 16; *item mutila in recentiore saeculi decimi octavi apographo Vatic.* 4982 *fol.* 74. *Inscripta sunt in codicibus:* Haec, quae secuntur capitula, acta sunt, quando tres reges fratres, Hlotharius scilicet, Hludowicus et Karolus simul convenerunt secus municipium Troiectum *(Maastricht)* in loco, qui dicitur Marsna *(Meersen)*, anno dominicae incarnationis DCCCXLVII. per mensem Februarium (per mense Febr. 1; mense Februario 2), quae etiam capitula singulorum adnuntiationes secuntur.

Conventum hunc apud Marsnam in Hlotharii regno indictum Lupus Ferrariensis abbas commemorat in epistolis 50. 51. 59. 60 *(Opera ed. Baluzius p.* 92 *sq.; p.* 101*), praesertim in epistola* 59*:* non ignoratis, credo, reges nostros apud Traiectum hebdomada secunda quadragesimae celebraturos colloquium; *legatos ad Nordmannos a tribus fratribus directos esse (infra c.* 11*), Bertiniani quoque annales ad annum* 847. *narrant. Similis conventus iam anno* 844. *apud Theodonis villam habitus est, in quo aeque atque in hoc Marsnensi Karoli potissimum regnum contra Pippinum, Brittones Nordmannosque tueri, pacem atque concordiam inter se confirmare studuerunt. Referunt de hoc priore conventu, cuius capitula ad nos non pervenerunt, Bertiniani annales ita,*

ut de hoc quoque Marsnensi conventu annalium verba dicta haberi possint (cfr. infra 847.
nr. 227. *in praefatione mea). Sed tam Marsnensis, quam prior conventus successu caruit, uti e tertii conventus item Marsnae anno* 851. *habiti capitulis apparet. Capitula, quae sequuntur, non tam a regibus statuta, quam a proceribus vel proposita sunt, ut de iis inter fratres ageretur, vel notata secundum ea, quae inter fratres antea acta erant (Adnuntiatio Hlotharii:* ut nos coniungeremus, sicut nunc fecimus*). 'Adnuntiationes' autem, quae sequuntur, vere a regibus singulis singulae primoribus, qui in conventu aderant, recitatae sunt (*sciatis *reges semper dicunt, et Karolus in adnuntiationis suae capite primo:* ubi de istis, quae illi *[dilecti fratres nostri]* modo dixere*). Caeterum conventus hic, uti iam monui, potissimum ad Karoli regnum stabiliendum spectabat (Illud. adnuntiatio c.* 1. 4*), et alio conventu in ipsius regis regnum, Parisios scilicet, mense Iunio eiusdem anni indicto ad effectum perduci, ut Karolus dicit, debebat. Sed hic Parisiensis trium fratrum conventus postea non habitus est, cum post Marsnensem maior etiam discordia inter Hlotharium et Karolum resurgeret.*

(B. II, 41; *P. I,* 393.*)*

1. De[1] pace et concordia atque unanimitate trium fratrum et regum[a] inter se, et quod verissimo et non ficto caritatis vinculo sint uniti et ut nullus deinceps scandalorum inter eos occasiones serere possit.

2. Ut[1] ipsi mutuo sibi auxilientur et contra Dei sanctaeque ecclesiae ac suos inimicos secundum oportunitatem temporis invicem adiuvent.

3. Ut nemo per quamlibet cupiditatem leges pacis in cuiuslibet eorum regno convellere[b] praesumat: quodsi facere praesumpserit, communem ab eis ultionem incurrat.

4. Ut ecclesiae Christi[c] per omne eorum regnum pristinam dignitatem honoremque retineant[2]; et quicquid superstite domno Hludowico imperatore iure legitimo possederunt, absque ulla deminutione recipiant[3].

5. Ut singulis eorum fidelibus talis lex conservetur, qualem temporibus priorum regum et praecipue avi patrisque eorum habuisse noscuntur, si tamen et ipsi pristinam fidem erga ipsos conservent.

6. Ut rapinae et depraedationes, quae quasi iure legitimo hactenus factae sunt, penitus interdicantur, et nemo se impune post haec eas praesumere posse confidat.

7. Ut in singulis partibus regni missi idonei constituantur[4], qui querelas pauperum[5] et oppressiones sive quorumcumque causas examinare et secundum legis aequitatem valeant definire[6]. Et si ab uno in aliud regnum huiusmodi praesumptores confugerint, ibi similiter opprimantur[7].

8. Ut nullus in omni eorum regno deinceps raptum facere praesumat, aut, si fecerit, legaliter puniatur.

9. Ut regum filii legitimam hereditatem regni secundum definitas praesenti tempore portiones post eos retineant[8]; et hoc, quicumque ex his fratribus superstes fratribus fuerit, consentiat, si tamen ipsi nepotes patruis obedientes[9] esse consenserint.

a) regnum 1. b) evellere 2. c) *om.* 2.

1) *Cfr. Divisio* 806, *tom. I, p.* 128, *c.* 6 *(Divisio* 831, *supra p.* 22, *c.* 2*). [K.]* 2) *Divisio* 806, *l. c. p.* 129, *c.* 15 *(Divisio* 831, *supra p.* 23, *c.* 11*). [K.]* 3) *Cfr. Cap. antecedens c.* 5. *[K.]* 4) *Cfr. quae disserui in 'Mitteilungen des Inst. f. österr. Geschichtsforsch.' tom. XI, p.* 238 *sqq. [K.]* 5) *Cfr. exempl. gr. Cap. miss. gen.* 802, *tom. I, p.* 92, *c.* 1. *[K.]* 6) *Cfr. Responsa* 826, *l. c. p.* 315, *c.* 9. *[K.]* 7) *Cfr. Conv. ap. Valentian.* 853, *infra nr.* 206, *Adnunt. Hloth. c.* 2. *[K.]* 8) *Cfr. Ordinatio imperii* 817, *tom. I, p.* 272, *c.* 14. *[K.]* 9) *Divisio* 806, *l. c. p.* 130, *c.* 18: ut obedientes sint *(sc. nepotes)* illis *(patruis)* cum omni subiectione quam decet in tali consanguinitate esse; *cfr. Dümmler, Ostfränk. Reich I*², p. 300. *[K.]*

847. 10. Ut legati ad ducem Brittonum[10] mittantur, qui de communi erga eos observatione pacis eum commoneant.

11. Ut similiter ad regem Nordmannorum[11] legati mittantur, qui eum contestentur, quod aut pacem servare studebit aut communiter eos infensos habebit.

I[d]. Adnuntiatio domni Hlotharii.

Nobis et fratribus nostris visum fuit, ut ad Dei voluntatem quaerendam, qualiter sancta ecclesia recuperata esse possit et pacem et nos ac vos et iste populus christianus habere possimus, nos simul coniungeremus, sicut nunc fecimus, et sic simus inter nos, sicut fratres per rectum esse debent. Et pro certo illud sciatis, quia, gratias Deo! sic sumus et sic permanere adiuvante Deo inante volumus et in consilio et in auxilio unusquisque erga alterum parati sumus adiutorium ferre, sicut fratres in Dei voluntate et communi profectu facere debent, in quibuscumque potuerimus.

II[d]. Adnuntiatio domni Hludowici.

(1[e].) Sciatis, quia fratres nostri et nos nostros missos ad communem nepotem nostrum[12] in Aquitaniam mittimus et ei tales comitatus designatos mandamus, in quibus ipse cum suis interim sufficienter esse possit[13], et fideles dilecti fratris nostri Karoli de illo regno pacem habere possint, usque dum idem[f] nepos noster ad communem placitum nostrum[14] veniat; ad quod cum tali securitate a nobis accepta eum venire mandamus, ut sanus venire et sanus stare et sanus reverti, quantum illum Deus salvare voluerit, possit. Et si tunc nostrum consilium audire voluerit, volumus cum Dei adiutorio et vestro consilio considerare, quomodo melius secundum communem profectum et utilitatem inante esse possit; et si nostrum consilium audire non[g] voluerit, tunc, sicut melius cum Dei adiutorio et vestro consilio invenire potuerimus, exinde agere volumus.

(2.) Sciatis etiam, quia similiter missos nostros ad Brittones[10] mittimus et illos ad communem profectum et pacem hortamur; qui si audierint aut[h] non audierint, cum Dei adiutorio et vestro consilio exinde etiam facere volumus.

(3.) Sciatis, quia communiter missos nostros ad Nortmannos[11] pro pace accipienda mittimus.

(4.) Sciatis etiam, quia dilectus frater noster Hlotharius missos suos ad suos[i] homines transmittit, qui usque modo in contrarietatem dilecti fratris nostri Karoli fuerunt, et illis mandat, ut per nullum ingenium inante, sicut de Dei et sua gratia gaudere volunt, in illius et fidelium eius contrarietatem aliquid faciant.

(5.) Et sciatis, quia volumus, ut res ecclesiarum, in cuiuscumque regno caput fuerit, tam de episcopatibus, quam de abbatiis sine ulla contradictione rectores ipsarum ecclesiarum, sicut tempore domni ac genitoris nostri fecerunt, illas possideant.

d) *ita adnuntiationes in cod. 1. numerantur.* e) *Capitulorum numeri in hac adnuntiatione et in sequenti desunt in codicibus.* f) inde 2. g) noluerit 2. h) et 1. i) vos 1. 2.

10) *Nomenoium, qui Karoli regnum saepe et praesertim anno* 846. *inquietaverat. Ann. Bertin. ed. Waitz p.* 34. 11) *Ann. Bertin. ad a.* 847, *l. c. p.* 35: Hlotharius, Hlodowicus et Karolus legatos ad Oric Danorum regem destinant, mandantes, ut suos christianorum infestationibus cohiberet, sin alias, bello se inpetendum nullatenus dubitaret. 12) *Pippinum, Pippini filium.* 13) *Ann. Bertin. ad a.* 845, *l. c. p.* 32: Karolus ... Pippinum, Pippini filium, suscipit et ... totius Aquitaniae dominatum ei permisit, praeter Pictavos, Sanctonas et Ecolinenses. 14) *Parisios indictum; cfr. infra Karoli adnunt. c.* 1.

(6[k].) Similiter et de episcopatibus et monasteriis, ubicumque in nostro comuni regno aliter est modo, quam debeat, volumus una cum Dei adiutorio illud emendare, ut ecclesia Dei suum honorem debitum habere possit et populus suam legem et iustitiam habeat. 847.

III[d]. Adnuntiatio Karoli.

(1.) Sciatis, quia dilecti fratres nostri et nos communiter placitum nostrum ad missam sancti Iohannis[15] apud Parisium condictum habemus[16], ubi de istis, quae illi modo dixere, et ceteris, quae ad Dei voluntatem et nostrum ac vestrum communem profectum invenire potuerimus, consideremus et una cum Dei adiutorio ad effectum perducamus. Et volumus, ut abhinc inante, ubicumque unusquisque fuerit, cum pace consistat et ad illud placitum cum pace unusquisque veniat[17]; quia in istis miseriis et rapinis usque modo multum Deum offendimus; unde nobis Dei misericordiam deprecari, satis necessarium esse cognoscimus.

(2.) Volumus etiam, ut unusquisque liber homo in nostro regno seniorem, qualem voluerit, in nobis et in nostris fidelibus accipiat[18].

(3.) Mandamus etiam, ut nullus homo seniorem suum sine iusta ratione dimittat nec aliquis eum recipiat, nisi sicut tempore antecessorum nostrorum consuetudo fuit[19].

(4.) Et volumus, ut sciatis, quia nos fidelibus nostris rectum consentire volumus et contra rationem eis facere non volumus. Et similiter vos ac caeteros fideles nostros[l] admonemus, ut vos vestris hominibus rectum consentiatis et contra rationem illis non faciatis.

(5.) Et volumus, ut cuiuscumque nostrum homo, in cuiuscumque regno sit[20], cum seniore suo in hostem vel aliis suis utilitatibus pergat; nisi talis regni invasio, quam lantweri dicunt, quod absit, acciderit, ut omnis populus illius regni ad eam repellendam communiter pergat*[21].

*) *In codicibus Paris.* 10758 *et* 4628 *A post Ansegisi capitularium collectionem et nonnulla alia capitularia subnectuntur capitula complura de rebus exercitalibus. His capitulis haec nota subiungitur, quam iam Baluzius et post eum G. H. Pertz in notis hoc loco edidit:* Et[22] quia in hostem aut propter terram defendendam aut propter terram adquirendam itur, de lantweri, id est de patriae defensione, non aliter nisi secundum istum modum in lege aut in capitulis imperatorum scriptum habemus, nisi in anterioribus capitulis de pauperibus Francis, qui, si non habent, unde heribannum persolvant, ut se in servitium regis tradant, et tamdiu in eodem servitio maneant, usque dum ille heribannus fiat persolutus. Et si mortuus fuerit in eodem servitio, heredes eius suam hereditatem recipiunt, et nec de libertate nec de ipso banno obnoxii fiant. Similiter in posterioribus capitulis de pauperibus Francis ibidem scriptum invenimus, ut unusquisque comes describat, quanti sint in suo comitatu, qui per se hostem facere non possunt, ut alios adfanniant[m], sicut ibi scriptum est.

k) *Hoc caput cum antecedenti in unum coniunctum in cod.* 1. l) vestros 2. m) *ita Paris.* 10758; adfiniant *Paris.* 4628 *A*; adiuvent *corrigendum videtur.*

15) 24. *Iun.* 16) *Quod postea non habitum est.* 17) *Cfr. Cap. Pap.* 850, *infra nr.* 213, *c.* 4 *et quae ibidem contuli. [K.]* 18) *Divisio* 806, *tom. I, p.* 128, *c.* 10 (*Divisio* 831, *supra p.* 22, *c.* 6); *Ordinatio* 817, *l. c. p.* 272, *c.* 9. *Cfr. autem v. Noorden, Hincmar, Erzbischof v. Rheims p. IV sq. [K.]* 19) *Cfr. Capp. Franc. tom. I, p.* 215, *c.* 8; *Cap. Aquisgr.* 801—813, *l. c. p.* 172, *c.* 16. *[K.]* 20) *Cfr. supra n.* 18. *et infra Conv. ap. Confluent.* 860, *Adnuntiat. Kar. II. lingua Romana facta. [K.]* 21) *Cfr. Boretius, Beiträge z. Capitularienkritik p.* 128. *[K.]* 22) *Haec nota confecta est ope Cap. Bonon.* 811, *tom. I, p.* 166, *c.* 1. *et Capp.* 829, *supra p.* 7, *c.* 7.

851. 205. HLOTHARII, HLUDOWICI ET KAROLI CONVENTUS APUD MARSNAM SECUNDUS.

851. aestate.

Capitula cum adnuntiationibus leguntur in codicibus: 1) *Haag.* 1 *fol.* 24. 2) *Paris.* 4638 *fol.* 165. 3) *Vallicell. N.* 21 *fol.* 18; *capitula sine adnuntiationibus in* 4) *Bertinianis annalibus ad annum* 851. *recepit etiam Prudentius (ed. Waitz, p.* 38 *sqq.); item recens apographum Vatic.* 4982 *fol.* 75 *capitula* 1—8. *servavit.*

Codices 1. 2. *hanc capitulorum inscriptionem capitulis fere aequalem tradunt:* Haec, quae secuntur, capitula acta sunt anno DCCCLI. incarnationis dominicae, quando tres fratres reges, Hlotharius scilicet, Hludowicus et Karolus secus municipium Treiectum penes locum, qui dicitur Marsna, iterum convenerunt et consultu episcoporum et ceterorum fidelium eadem capitula subscripserunt manibus propriis et inter se ac inter fideles suos perpetuo se conservaturos promiserunt. Quae capitula singulorum in populo adnuntiationes secuntur. *Prudentius haec verba capitulis praemittit:* Hlotharius, Hludowicus et Karolus apud Marsnam palatium conveniunt. Ubi etiam fraterne paucis diebus morati, haec communi procerum suorum consilio atque consensu decernunt propriorumque nominum monogrammatibus confirmant.

Conventus Marsnensis primus concordiam inter fratres anno 847. *minime firmaverat, ut postea quoque Hlotharius et Karolus sibi invicem infesti per biennium existerent. Anno denique* 849. *ipsi in pacem et concordiam, ut Prudentius dicit, redeunt, et Hludowico semper pacifico auctore (Cfr. Conventus Sancti Quintini a.* 857. *habitus, c.* 1*) hunc Marsnensem tractatum ad exemplum primi aestate anni* 851. *tres fratres statuunt. Capitula a regibus cum eorum primoribus deliberata et subscripta tum in conspectu populi relecta sunt praemissis regum ad populum adnuntiationibus.*

(*B. II,* 45; *P. I,* 408.)

1[a]. Ut omnium preteritorum malorum et contrarietatum et supplantationum ac malarum machinationum atque[b] molitionum[b] seu nocumentorum[c] in invicem actorum abolitio ita inter nos et[d] apud nos[d] fiat et a nostris cordibus penitus avellatur cum omni malitia et rancore, ut nec in memoriam, ad retributionem dumtaxat[b] mali vel contrarietatis atque[b] exprobrationis[b] seu improperii, de cetero exinde quiddam veniat.

2. Ut[e 1] tanta, Domino cooperante, inter nos verae caritatis benignitas abhinc inante[f] maneat[g] de corde puro et conscientia bona et fide non ficta sine dolo et simulatione, ut nemo suo pari suum regnum aut suos fideles vel quod ad salutem sive[h] prosperitatem ac honorem regium pertinet discupiat aut forsconsiliet aut per occultos susurrones libenter composita mendacia seu detractiones acceptet.

3. Ut[b 2] unusquisque fideliter suum parem, ubicumque necessitas illi fuerit et ipse potuerit, aut per se aut per filium aut per fideles suos et consilio et auxilio adiuvet, ut regnum, fideles, prosperitatem atque honorem regium debite valeat obtinere. Et veraciter unusquisque erga alterum certatim demonstret, quia in fratris

a) Cap. *hic et infra numeris praefigit* 4. b) *om.* 4. c) nocimentorum 2. 4. d) et ... nos *om.* 4. e) Ut cum 2. f) semper 4. g) maneant 1. 2. h) et 4.

1) *Cfr. Conventus antecedens c.* 1. *[K.]* 2) *Ibidem c.* 2. *[K.]*

sui adversitate, si evenerit, fraterno modo contristatur et in prosperitate illius laetatur. Et talem fidem, sicut inter nos modo abhinc in ante conservaturos confirmatum habemus, sic unusquisque infantibus fratris sui, si obierit, qui superfuerit conservabit[3]. 851.

4. Et quia per vagos et tyrannica[b] consuetudine[b] inreverentes homines pax et quies regni perturbari solet, volumus, ut, ad quemcumque nostrum talis venerit, ut[i] de his, quae egit, rationem et iustitiam subterfugere[k] possit[l], nemo ex nobis illum ad aliud recipiat vel retineat, nisi ut ad rectam rationem et debitam emendationem perducatur. Et si rationem rectam subterfugerit, omnes in commune, in cuius regnum venerit, illum persequamur, donec aut ad rationem perducatur aut de regno deleatur.

5. Similiter et de eo agendum est, qui pro aliquo capitali et publico crimine a quolibet episcopo corripitur vel[m] excommunicatur[m][4] aut ante excommunicationem crimen faciens regnum et regis regimen[n] mutat, ne debitam poenitentiam suscipiat aut susceptam legitime peragat, interdum etiam incestam propinquam suam aut sanctimonialem vel raptam sive adulteram, quam illic ei non licebat habere, fugiens secum ducit: hic talis, cum episcopus, ad cuius curam pertinebit[5], nobis notum fecerit, diligenter perquiratur, ne morandi vel latendi locum in regno alicuius nostrum inveniat et Dei ac nostros fideles suo morbo inficiat; sed a nobis vel per ministros rei publicae constringatur et[o], ut simul cum diabolica praeda, quam secum duxit, ad episcopum suum redeat et de quocumque crimine publico debitam poenitentiam suscipiat aut susceptam[p] legitime peragat, compellatur.

6. Ut nostri fideles, unusquisque in suo ordine et statu, veraciter sint de nobis securi, quia nullum abhinc inante contra legem et iustitiam vel[b] auctoritatem ac iustam rationem aut damnabimus aut dehonorabimus aut opprimemus vel indebitis machinationibus affligemus[6], et illorum, scilicet veraciter nobis fidelium, communi consilio secundum Dei voluntatem et commune salvamentum ad restitutionem sanctae Dei ecclesiae et statum regni et ad honorem regium atque pacem populi commissi nobis pertinenti adsensum praebebimus in hoc, ut illi non solum non sint nobis contradicentes et resistentes ad ista exsequenda, verum etiam sic sint nobis fideles et oboedientes ac veri adiutores atque cooperatores vero consilio et sincero auxilio ad ista peragenda, quae praemisimus, sicut per rectum unusquisque in suo ordine et statu suo principi et suo[b] seniori esse debet[7].

7. Ut sic simul coniuncti et nos fratres ad invicem et nos cum fidelibus nostris et fideles nostri nobiscum et omnes simul cum Deo nos reconiungamus, et, ut nobis sit propitius, illi pro devoto munere offeramus, ut unusquisque omnium nostrum absque sua[q] propria excusatione vel iustificatione recognoscamus, in quibus aut singillatim aut communiter contra illius mandata et decreta suorum sanctorum fecimus aut consensimus in ordine ecclesiastico et statu regni, et per singula in medium illa producamus et nemo nostrum suo aut amico aut propinquo vel confoederato, immo nec sibi saeculariter parcat, ut spiritaliter et salubriter parcere possit; quin, sicut praemisimus in praecedenti capitulo, vero consilio et sincero auxilio illa in commune certatim emendare totis viribus procuremus, quam citius rationabiliter poterimus.

8. Et si aliquis de subditis in quocumque ordine et statu de hac convenientia exierit aut se retraxerit vel huic communi decreto contradixerit, seniores cum

i) et 4. k) non *add.* 2. l) velit 4. m) vel excom. *om.* 2; excom. aut *om.* 4. n) nomen 2. o) ut et 4. p) ut *add.* 2. 4. q) *om.* 2.

3) *Ibidem c.* 9. *[K.]* 4) *Cfr. Cap.* 846, *supra p.* 66, *n.* 2. *[K.]* 5) *Id est episcopus, in cuius parrochia crimen commissum est; supra n.* 4. *[K.]* 6) *Cfr. Conventus prior, adnuntiatio Karoli c.* 4, *supra p.* 71. *[K.]* 7) *Cfr. sacramentum fidelitatis tom. I, p.* 101 *sq.* *[K.]*

851. veraciter fidelibus suis haec secundum Dei voluntatem et legem ac iustam rationem, velit aut nolit ille, qui divino consilio et decreto et huic convenientiae resistens et contradicens fuerit, exsequantur. Et si aliquis de senioribus de hac convenientia exierit aut se retraxerit vel[r] huic communi decreto, quod absit, contradixerit[r], cum plures seniorum nostrorum fideles et regnorum primores in unum convenerint, eorum, qui haec observaverint, seniorum consilio et episcoporum iudicio ac communi consensu, qualiter de eo, qui debito admonitus incorrigibilis perseveraverit, agendum sit, favente Domino decernemus[s].

Et ut obnixius suprascripta capitula a nobis auxiliante Domino inviolabiliter observentur et nos illa observaturos certius credatur[t], manibus propriis eadem[b] subter firmavimus[u].

Adnuntiatio[v] Hlotharii.

Volumus, ut vos sapiatis[w], quid noster adventus hic fuerit. Venimus hic, ut simul adiuvante Deo cum fidelibus nostris de Dei voluntate et statu sanctae ecclesiae ac regni et communi nostro ac vestro profectu consideraremus, sicut et fecimus; et gratias Deo! sumus inde sic adunati et nos ad invicem et cum fidelibus nostris, sicut nos recognoscimus, quia et infra regnum et extra regnum per marcas nostras nobis est necessarium.

Adnuntiatio[v] Hludowici.

Sicut meus frater vobis[x] dicit, magna necessitas est nobis et isti populo christiano, qui nobis est a Deo commissus, ut nos ad invicem sic concordes et uniti simus, quomodo Dei voluntas est et verae fraternitati convenit. Quod usque modo, postquam Deus istud regnum in manus nostras post patrem nostrum misit, per omnia, sicut necessitas fuerat, non fuimus: et ideo tanta Deo contraria et nobis ac vobis impedimentosa acciderunt. Et quia modo Domino adiuvante sic sumus unanimes, sicut per rectum esse debemus, sciatis, quia unusquisque nostrum paratus est, ut suum fratrem, ubicumque necessitas fuerit, et infra patriam et foris patriam aut per se ipsum aut per infantem vel fideles suos et consilio et auxilio sic adiuvet, sicut frater fratri per rectum facere debet.

Adnuntiatio[v] Karoli.

Sciatis, quia et nos et fideles nostri veraciter recognoscimus, quia partim necessitate, partim indebita voluntate, sicut meus frater Hludowicus vobis dixit, multa acciderunt in isto regno, quae nobis necesse non fuerat. Et sciatis, quia nunc, gratias Deo! adunati sumus et nos ad invicem et cum fidelibus nostris, ut una cum Dei adiutorio, quanto melius et citius rationabiliter possumus, procuremus, qualiter, quae neglecta sunt, emendata fiant, ut et Deus sit nobis propitius et ecclesiasticus ordo debitum honorem habeat et regni nobis commissi prosperitas proveniat et iste populus christianus pacem habeat et vobis lex et iustitia conservetur[8] et vos nobis, sicut antecessores vestri nostris antecessoribus fecerunt, debitum honorem et auxilium exhibeatis. Et qualiter hoc consideratum et veraciter confirmatum manibus propriis habeamus, hic vobis relegetur.

Et relecta sunt in conspectu totius populi suprascripta capitula.

r) vel ... contradixerit *om.* 4. s) decernetur 2. t) credatis 4. u) *Reliqua desunt* 4. v) *Inscriptiones hic et infra om.* 1. 2, *linea tamen una vacua relicta.* w) ut *add.* 2. x) nobis 2.

8) *Cfr. Conventus prior c.* 5, *supra p.* 69. *[K.]*

206. HLOTHARII ET KAROLI CONVENTUS APUD VALENTIANAS. 853.

853. Nov.

Traduntur haec capitula in codicibus: 1) *Haag.* 1 *fol.* 34v. 2) *Paris.* 4638 *fol.* 176v. 3) *Vallicell. C.* 17 *fol.* 11. 4) *Vatic. reg. Christ.* 291 *fol.* 106, *qui exhibet tantum capita* 2. 3. *ab Hlothario imperatore adnuntiata; item leguntur in novo apographo Vatic.* 4982 *fol.* 100. *Codices* 1—3. *praebent inscriptionem:* De his capitulis, quae subsecuntur, adnuntiaverunt populo domni reges Hlotharius et Karolus, quando in ipso anno incarnationis Domini *(scilicet* 850, *quo leges in codicibus antecedentes promulgatae sunt)* convenerunt ad Valentianas per mensem Novembrium.

Conventus autem factus est, cum Aquitani a Karolo rege defecissent et Hludowicus ab illis auxilium petitus pararet in regnum Karoli invasionem facere.

Capitula regum, cum Hlotharii, tum Karoli non sunt nisi tamquam rubricae: ipsae Hlotharii constitutiones deperditae esse videntur, Karoli leges servatae sunt in Cap. Silvac. infra edito. *(B. II,* 61; *P.* 422.*)*

Adnuntiatio domni Hlotharii.

1. De missis directis[1] per regnum, ut populus pacem et iustitiam habeat[2]. De raptoribus, de praedatoribus, de latronibus et aliis malefactoribus et de omnibus iustitiis.

2. Ut ubi missatici simul venerint, missi simul veniant, et si de uno regno in aliud aut de uno missatico in aliud fugerint, simul eos constringant[2].

3. Ut ubicumque fugerint, illuc indiculus transmittatur[3], ut comes illos distringat aut cum alode[a][4] aut per quodcumque potest, ut illuc reveniat et emendet[b], ubi malum fecit[c].

4. Ut missis commendetur, ut faciant iustitias; et si non fecerint, quod ipsi pergere debeatis.

5. Ut si necessitas alicui fuerit, omnes sint parati, quomodo invicem vos adiuvetis[5].

Sequitur adnuntiatio Karoli[c].

1. De adnuntiatione episcopali et de honore sacerdotum[6].

2. De reaedificatione ecclesiarum et de nonis ac decimis[6].

3. De observatione capitulorum domni Karoli et domni Hludowici de ecclesiis[6].

4. De observatione pacis[7] et cavenda rapacitate et oppressione rerum ecclesiasticarum ac pauperum.

5. Quod nos cum consilio fidelium nostrorum ordinare volumus, qualiter honeste et sine indigentia in curte nostra, sicut antecessores nostri fecerunt, vivere possimus[8].

a) alodo 2. b) emend. malum, quod fec. 2. c) gloriosi regis *add.* 2.

1) *Cfr. infra Cap. Silvac.* 853, *c.* 1. 2) *Cfr. Conv. ap. Marsnam I.* 847, *supra p.* 69, *c.* 7. 3) *Cfr. Cap. Silvac. c.* 8. 4) *Mittens in bannum; cfr. Waitz VG. IV*², *p.* 516; *Brunner in 'Zeitschr. f. RG.' tom. XXIV, germ. Abt., p.* 84 *sq.* 5) *Cap. Silvac. c.* 10. 6) *Ibidem c.* 2. 7) *Cfr. Conv. ap. Marsnam II.* 851, *supra p.* 73, *c.* 4. 8) *Cfr. Epistola synodi Carisiacensis ad Hludowicum regem* 858, *Baluzius, tom. II, p.* 115, *c.* 14.

853. Et comites ac ceteros fideles nostros admonemus, ut ipsi sic suum esse et vivere ordinent, qualiter propter illorum necessitatem vicini eorum ac pauperes non opprimantur[9].

6. De concordia et mutuo adiutorio episcopi et comitis ad iustitias faciendas et divinum ministerium exequendum[10].

7. De iustitiis per episcopos et missos ac comites nostros in[d] regno nostro studendis.

8. De raptis et coniunctione sanctimonialium atque propinquarum seu sponsarum aliorum[6], ut, quod in preterito[11] actum est, secundum consilium et iudicium episcoporum corrigatur et de cetero omnimodis caveatur.

9. Quodsi aliquid per necessitatem in ecclesiis Dei[12] aut contra aliquem fidelium nostrorum[13] fecimus, hoc, quam citius potuerimus, libentissime emendabimus. Et de cetero, si aliquis apud nos parem suum nocere voluerit, hoc secundum consuetudinem antecessorum nostrorum diffinire volumus.

10. De placito nostro[14] et de communi adiutorio contra Nortmannos[15] et de conlocutione nostra fraterna.

d) de 2.

9) *Cfr. Cap. Silvac. c.* 13. 10) *Cfr. Admonitio* 823—825, *tom. I, p.* 305, *c.* 12; *Cap. miss.* 802, *l. c. p.* 94, *c.* 14. 11) *Conv. ap. Marsnam II.* 851, *supra p.* 73, *c.* 5. 12) *Cfr. Conv. ap. Marsnam I.* 847, *supra p.* 69, *c.* 4. 13) *Conv. ap. Marsnam II.* 851, *supra p.* 73, *c.* 6. 14) *Silvaci habendum; cfr. infra Cap. Silvac.* 853. 15) *Ann. Bertin. ad a.* 853, *ed. Waitz, p.* 42 *sq.; Dümmler, Ostfränk. Reich* I², *p.* 355.

---

207. HLOTHARII ET KAROLI CONVENTUS LEODII HABITUS.

854. Febr.

Legitur in codicibus: 1) *Paris.* 4638 *fol.* 184. 2) *Vallicell. N.* 21 *fol.* 29. *et* 3) *Vatic. reg. Christ.* 291 *fol.* 106, *in quo exstant Hlotharii caput* 3. *et Karoli capita* 1. 2. *valde abbreviata; item in recentiore apographo Vatic.* 4982; *sacramentum etiam servatur in* 5) *cod. Haag.* 1 *fol.* 43, *in quo hoc loco nonnulla folia desunt. Inscriptus est in codicibus:* Hae sunt adnuntiationes, quas Hlotharius et Karolus apud Leudicam *(Lüttich)* annuntiaverunt anno DCCCLIV. *Ad eundem annum Prudentius in Annalibus Bertinianis (ed. Waitz, p.* 44*) haec refert:* Karolus super fratris sui Ludoici fide suspectus, ad Lotharium in vico Leutico venit. Ubi diu de communi amicitia atque indissolubili tractantes, tandem coram omnibus qui aderant identidem super sancta iurando vicissim firmaverunt, commendatis alternatim filiis, proceribus et regnis. *Reges ergo convenerant, ut alter alterum adiuvaret contra Hludowicum fratrem, qui* frequenter praesenti anno ad commune colloquium invitatus, sed aliquibus impedimentis praepeditus *(c.* 1. *Hlotharii et Karoli) Hludowicum filium suum magno cum exercitu in Aquitaniam miserat.*

Cum Hlotharius secundum diploma quoddam monasterio Prumiensi datum 25. *die mensis Febr. Leodii esset (Böhmer-Mühlbacher nr.* 1130*), verisimile est colloquium eodem mense esse habitum (cfr. l. c. nr.* 1128*b).*

(B. II, 71; *P.* 427.*)*

Hlotharius serenissimus[a] imperator. 854.

1. Scire volumus vestram omnium fidelitatem, quia frequenter praesenti anno dilectissimum fratrem nostrum Hludowicum invitavimus, ut commune conloquium cum fidelibus nostris haberemus atque cum illis de Domini voluntate, quantum ipse inspirare vellet, ac de sanctae Dei ecclesiae utilitate nostroque ac nostrorum communi profectu[b], honore et necessitate tractaremus et ordinaremus. Sed quia praedictus frater noster hactenus, sicut optaveramus, quibusdam impedientibus causis venire distulit, nos illud omittere noluimus, quin utiliter nos coniungeremus.

2. Nunc volumus vos certos reddere de nostra coniunctione, quia Christo propitio *secundum Deum ad salutem sanctae Dei ecclesiae nostramque ac vestram* communem utilitatem et necessitatem indissolubiliter corde et opere coniungere nos volumus[1], ut unum simus in Christo et vos unum sitis nobiscum.

3. Sapiatis, quia legem, qualem antecessores nostri, hoc est pater et avus noster, vestris antecessoribus concesserunt et servaverunt, nos similiter vobis perdonamus et inviolabiliter atque incorrupte et praesentibus et futuris temporibus per omnia volumus observare[2].

Karolus gloriosissimus rex.

1. Hanc siquidem coniunctionem facere idcirco usque nunc distulimus, quia voluimus[c], ut supradictus frater noster nobiscum pariter conveniens in eadem coniunctione se nobis associaret. Sed quia ille aliquibus impedimentis praepeditus venire omisit, nos audita perturbatione, quam filius eius facere conatur, consociare nos voluimus. Sciatis ergo, quoniam et in prosperis et in adversis simul erimus; nec poterit nos Deo adiuvante ullum offendiculum ab ea caritate separare, qua fraternis vinculis adstricti sumus. Sed ubicumque alterno solatio et adiutorio indiguerimus, quantum Dominus permiserit, in invicem supportari et sustentari cupimus, atque contra omnem terrenum inimicum auxilium in alterutrum ferre volumus.

2. Si autem isdem frater noster, sicut optamus et ei mandamus, hoc agere distulerit, nos ita coniuncti sumus, ut unus alteri tale praebeat solatium et adiutorium[3], quatenus, ubicumque necesse fuerit, amodo et deinceps, sicut praemisimus, unusquisque regnum sibi divinitus commissum quiete obtinere possit. Et si aliquis pari suo superstes extiterit, ipse, qui remanserit, nepotes suos una cum regno patris sub tuitione et defensione habeat, ut contra adversantium machinationes auxiliante Deo ita muniti existant, qualiter quieto ordine regnum patris obtinere valeant.

3. Certissime igitur devotionem vestram scire cupimus, quia veraciter nos recognoscimus in multis Deum offendisse animosque vestros negligenter molestasse: quae videlicet cuncta ita favente Christo pro viribus emendare voti habemus[4], ut et Deum placare et vestrae devotioni satisfacere possimus. De quibus omnibus certiores vos reddere curabimus, cum pluriores nostri fideles convenerint, aut cum praefatus frater noster, ut ei mandavimus, venerit; si tamen venire voluerit, quomodocumque vobis amabilius erit, ita ut veraciter cognoscatis promissionem nostram omnimodis adtendere et plenissime nos observare velle.

4. Illud praeterea in commune vestra et omnium comperiat solertia, quia ideo vobis in hoc sacro loco haec sollicite denuntiare voluimus, ut noveritis cuncta, quae dicimus, Domino favente sanctisque eius suffragantibus, in quorum praesentia denuntiantur, inviolabiliter observaturos nos esse.

a) serenus 1. b) profecto 1. c) volumus 1.

1) *Cfr. Conv. ap. Marsnam II.* 851, *supra p.* 72, *c.* 2. 2) *Conv. ap. Marsnam II.* 851, *adnunt. Karoli, supra p.* 74. 3) *Conv. ap. Marsnam II.* 851, *supra p.* 72, *c.* 3. 4) *Cfr. Conventus ap. Valent. c.* 9, *supra p.* 76.

864. Hoc est sacramentum, quod sibi[d] mutuo iuraverunt.

Ab hodierna die et deinceps, si Hludowicus frater noster illud sacramentum, quod contra nos iuratum habet[5], infregerit vel infringit aut filii eius ad talem partem regni, quam tu[e] contra eum acceptam habes, in quantum Dominus posse dederit, et contra ipsum et contra filios eius ac omnes, qui eam tibi auferre voluerint absque iusta et rationabili occasione, si tu expetieris, adiutorium tibi defensionis praestabo. Si autem ego te supervixero, filiis tuis talem partem regni, quam tu contra me et meum fratrem acceptam habes, non auferam, sed consentiam. Et si ipsi vel fideles illorum expetierint defensionis adiutorium contra ipsum fratrem nostrum et filios eius ac omnes, ut eam tenere possint, adiutorium, in quantum potero[f], praestabo, si tu aut filii tui id ipsum adiutorium mihi praestaveritis et a nobis vos non dissociaveritis.

d) tres fratres Francorum reges *add.* 1. e) tua 1. f) potuero 1.

5) *Conv. ap. Marsnam II.* 851, *adnunt. Hludowici, supra p.* 74.

208. HLUDOWICI II. CAPITULUM ITALICUM ORIGINIS INCERTAE.

844—850?

Legitur capitulum tamquam ultimum in codice Chisiano F. IV, 75 *fol.* 109.ᵛ *subnexum Hludowici Pii et Hlotharii filii eius capitulis, inscriptum:* Item capitula domno Loudowigi regi *et numero I. numeratum; finis autem capituli in hoc codice, qui in ipso capite exit, omittitur. Praeterea exstat capitulum in Libro Papiensi, in quo tamquam Hlotharii caput* 83. *(LL. IV, p.* 555*) recensetur post capitula tom. I, p.* 335. *sub numeris* 3. 4. *edita. Italicum haud dubie est et argumento simile Hlotharii capitulis anno* 825. *datis et l. c. p.* 330 *sq., c.* 5. 11. *editis; G. H. Pertz ipsum respecta inscriptione in codice Chisiano servata Hludowico II. tribuit, Italiae regi coronato a.* 844. *et imperatori a.* 850, *cui opinioni consentaneum est, quod Hludowici II. capitula in Libro Papiensi sub patris eius Hlotharii nomine recensentur. Pro certo sane haec origo haberi non potest.* *(B. deest; P. I,* 388.*)*

De[a] his[b] personis, qui res suas ideo in alteram personam delegant, ut ad placitum venire non conpellantur, ut mala, que facta habent, non emendent: quodsi paruerit ideo eas delegasse, ne iustitiam facerent, volumus, ut ipsae res in bannum mittantur[c], quousque illi, qui eas habent, auctorem ad placitum adducant et isdem malefactor iustitiam faciat.

a) Et *cod. Chis.* b) De his, qui *(pro quidem) codicem Chisianum praebere dicit G. H. Pertz, sed falso; vox* qui *secundum schedas Pertzianas deest in Chis. ut in rell. codd.* c) *In hoc verbo desinit cod. Chis. omissis reliquis.*

209—211. HLUDOWICI II. CAPITULARIA INTRA ANNOS 845—850. EDITA.

Anno 855. a. d. XIII. Kal. Aug. Hludowicus II. imperator Papiae habuit conventum, ex quo capitula infra sub nr. 214. edita emisit. Eidem placito A. Boretius vir cl. in libro suo, qui inscribitur: 'Die Capitularien im Langobardenreich' p. 166, quem Böhmer-Mühlbacher nr. 1167. 1168. secutus est, capitularia infra nr. 209—211. numerata attribuit. Sed fieri non potest, quin haec capitularia a. 855. promulgata sint. Nam, quod attinet nr. 209. 210, primum quidem monendum est episcopos in nr. 210. Hludowicum regem alloqui et in c. 4. 10. 14. disciplinam, maiestatem, auctoritatem regiam, non imperialem vocari. Huc accedit, quod a. 855. Andreas patriarcha Aquileiensis iam mortuus erat et Theodemarus inde ab a. 850. sedem tenuit (cfr. Synod. Pap. 850, infra nr. 228, inscript.). Quibus de causis haec capitula ante a. 850, priusquam Hludowicus imperator fieret (Böhmer-Mühlbacher nr. 1144 a.) edita esse debent. Cum vero minime constet, quo anno Andreas patriarcha diem supremum obierit, Iosephus autem episcopus Eporediensis secundum diploma quoddam (Böhmer-Mühlbacher nr. 1088) a. 845. mense Octobri nondum honore et nomine archicapellani indutus fuisse videatur, capitularia nr. 209. 210. fortasse intra illud temporis spatium ponenda sunt, quod est inter mensem Octobrem anni 845. et mensem Aprilem anni 850.

Quae capitularia sequitur in uno codice Guelferbyt. inter Blankenburg. 130. capitulare illud, infra nr. 211, quod equidem cum anterioribus coniungi velim (cfr. Boretius l. c. p. 165), annis tamen 845—850. non adnumerandum est, cum in c. 2. Hludowici auctoritas iam imperialis nominetur. Ex capite tertio collato cum nr. 212, c. 5. et nr. 213, c. 8, quae capitularia a. 850. autumno edita sunt, apparet capitulare nr. 211. illis anterius esse. Nam imperator, cum nr. 211, c. 3. vi non adhibita pontes restitui velit, nr. 212, c. 5. 'censuram' petit, qua homines 'totiens commoniti' distringendi sunt, et nr. 213, c. 8, postquam 'saepe auctoritate monuit', terminum statuit, ad quem pontes restaurandi sunt. Cum igitur Hludowicus a. 850. mense Aprili imperator fieret, capitula nr. 212. 213. autumno eiusdem anni emitterentur, capitulare nr. 211. intra illud spatium temporis promulgatum est.

209. HLUDOWICI II. COMMONITORIUM EPISCOPIS PAPIAE TRADITUM.

845—850.

Legitur in uno codice Goth. 84 fol. 408v et editione principi Surii, Concilia general. et provincial. III, p. 480 inscriptum: Capitula, quae gloriosus imperator Hludowicus suis episcopis de statu sui regni considerare precepit. *Sunt autem illa capitula, ut dicunt episcopi nr. 210, c. 1, commonitorium, quod Hludowicus illis post* exhortationem, qua viva voce ad episcopos usus fuerat, ad tractandum ac ipsi renuntiandum commisit.
De aetate commonitorii supra dixi. *(B. II, 349; P. 430.)*

De conversatione episcoporum, presbyterorum et ceterorum clericorum; de doctrina et predicatione in populo; de conscriptione librorum; de restauratione

845—850. aeclesiarum; de ordinatione plebium et xenodochiorum; de monasteriis virorum seu feminarum, quae secundum regulam sancti Benedicti vel ea, quae secundum canonicam auctoritatem disposita esse debent: quicquid in prefatis ordinibus extra ordinem est aut per neglegentiam prepositorum aut per desidiam subditorum, vehementer cupio scire, et secundum Dei voluntatem vestrumque sanctum consilium sic emendare desidero, ut in conspectu Dei nec ego reprobus sim neque vos et populus mihi commissus iram suae indignationis incurrat. Quomodo autem istud rationabiliter quaesitum et inventum perficiatur, vobis hoc ad tractandum ac nobis renuntiandum committimus.

De minoribus quoque causis, quae[a] generaliter omnes, specialiter aliquos tangunt et indigent emendatione, volumus, ut post haec illas quaeratis et ad nostram notitiam reducatis, sicut est de comitibus et eorum ministris, si iustitias neglegunt aut ipsas vendunt; si sunt rapaces aut aeclesiarum, viduarum, orfanorum aut pauperum oppressores; si ad predicationem veniunt, si debitum honorem et oboedientiam sacerdotibus suis impendunt: si aliquas novitates aut argumenta, quae ad detrimentum populi pertinent, agere presumunt, sicut est in adquirendis proprietatibus[1], aut inrationabiles preces ad adiutoria facienda[2] sive in reliquis causis, quae ad peccatum nostrum pertinere possunt ac populi nostri.

a) *om. cod.*

1) *Cfr. Capp. Italica tom. I, p.* 220, *c.* 21 *(Capp. e canonibus excerpta* 818, *l. c. p.* 174, *c.* 22*); Capp. de rebus exercital.* 811, *l. c. p.* 165, *c.* 2. 3. 2) *Cfr. Karoli ad Pippinum epistola* 806—810, *l. c. p.* 211; *Cap. Pippini c.* 790, *l. c. p.* 201, *c.* 13; *Cap. Mantuan. II.* 787, *l. c. p.* 197, *c.* 6; *Capp.* 801—814, *l. c. p.* 144, *c.* 2.

210. CAPITULA EPISCOPORUM PAPIAE EDITA.

845—850.

Traduntur in codicibus: 1) *Guelferbyt. inter Blankenburg.* 130 *fol.* 128'. 2) *Goth.* 84 *fol.* 108' *et apud Surium, Concilia III, p.* 480. *Cod.* 1. *hanc inscriptionem exhibet:* Incipiunt capitula domni Hludowici imperatoris; *cod.* 2. *et editio princ.:* Rescriptum consultationis sive exhortationis episcoporum ad domnum Hludowicum imperatorem, *quae a scribis minus recte fictae sunt (cfr. etiam Boretius l. c. p.* 165*).*

Capitula episcoporum facta sunt in synodo Papiae intra annos 845—850. *(cfr. supra p.* 79*) habita secundum Hludowici regis exhortationem atque commonitorium.*

(B. II, 351; *P.* 430.*)*

Domino glorioso[a] regi Hludowico pax et vita, salus et victoria ministretur a Deo patre[b] et domino nostro Iesu Christo.

1. Nos quidem in Dei nomine Angilbertus archiepiscopus[1] et Andreas patriarcha[2] una cum Ioseph archicapellano[3], cum ad hanc sanctam synodum in urbe regia Ticina congregatam venissemus, replicavimus eis piam exhortationem vestram, qua[c] viva voce ad nos usi fuistis flagrantes Spiritus sancti munere et ultra, quam huius aetatis

a) gloriosissimo 2. b) *om.* 1. c) quam 2.

1) *Mediolanensis.* 2) *Aquileiensis.* 3) *Episcopo Eporediensi.*

teneritudo capere potuisse videretur, totius modestiae et gravitatis atque sapientiae sapore conditam: protulimus etiam et coram eis relegi fecimus commonitorium a vestra nobis magnificentia traditum. Quibus auditis omnes unanimiter pro vestra indole omnipotenti Deo diutissime gratias egerunt, quia populo suo tam piissimum tamque[d] sapientissimum[e] principem dedit, qui cuncta ordinabiliter[f] disponere cupit. 845—850.

2. Et quoniam religiosa sollicitudo vestra primum de conversatione episcoporum, presbyterorum et ceterorum clericorum quaerere studuit, nos quoque, quia[g] nec aliter[g] melius fieri potuit, eundem ordinem servavimus[h]. Et episcopum quidem ita conversari debere pronuntiamus, ut eius vita omnibus recte vivendi sit norma; presbyteros vero et clericos ita vivere oportet, ut subditae plebi exemplo suae conversationis proficiant. At[i] quidam coepiscoporum nostrorum, qui bonae conversationis sibi conscii sunt, palam fateri recusabant, ne sui ipsorum laudatores viderentur; qui vero neglegentiam suam recognoscunt, more humani ingenii se ipsos accusare verebantur: iuxta commonitionem tamen vestram diligentius perscrutantes quosdam, quales desideratis qualesque populi Dei pastores et rectores esse decet, invenimus; quorumdam vero neglegentiam vel erga clericorum suorum[k] custodiam atque doctrinam vel erga plebium sollicitudinem repperimus; quibus ut aliquantulum emendandi spatium tribuatis, humiliter petimus. Quodsi[l] cito delicta non correxerint, severiori sententiae subiacebunt. Caeterum si quislibet laicorum vel clericorum contra episcopum aut alicuius ordinis clericum aliquid queritur, noverit nos paratos esse[m] et legitimam praebere audientiam et, si quid perperam gessisse probati fuerint, debita animadversione punire[n].

3. Doctrina vero et praedicatio in populum partim episcoporum et reliquorum sacerdotum, partim vero populi neglegentia non, sicut necessarium est, procuratur. Et sacerdotum quidem incuria nullatenus est excusanda; quidam vero laici, et maxime potentes ac nobiles, quos studiosius ad praedicationem venire oportebat, iuxta domos suas basilicas habent[4], in quibus divinum audientes officium ad maiores ecclesias rarius venire consuerunt. Et dum soli afflicti et pauperes veniunt, quid aliud, quam ut pacienter mala ferant, illis praedicandum est? Si autem divites, qui pauperibus iniuriam facere soliti[o] sunt, venire non rennuerent, illis[p] omnino praedicandum esset, ut a rapinis se compescerent[p] utque[q], dum[m] possunt, elemosynis peccata sua redimerent, ut a fluxu rerum temporalium se abstinerent. Admonendi sunt igitur potentes, ut ad maiores ecclesias, ubi praedicationem audire possint, sepius[m] conveniant, et quantum dono omnipotentis Dei divitiis et honoribus caeteros antecedunt, tanto ad audienda praecepta conditoris sui alacrius festinent. Quidam autem comites et vassi dominici presbyteros et caeteros clericos nostros, quod nec episcopis facere licet, absque nostra licentia recipiunt, insuper etiam ubicumque ordinatos et quosdam, de quibus dubium est, utrum consecrati sint, in parrochiis nostris absque nostra examinatione missas sibi[m] celebrare faciunt[5]; quod, ne ulterius fiat, omnimodis est inhibendum.

4. Quare[m] in ordinandis plebibus sanctorum[m] canonum instituta[6] serventur, et pestiferae ambitionis vitium radicitus extirpetur[r]; et neque ob quorundam propinquitatem nec pro alicuius familiaritatis gratia neque, quod maxime detestandum

d) quamque 2. e) sanctissimum 2. f) et rationabiliter *add.* 2. g) qui regaliter 2. h) servamus 2. i) et 2. k) que *add.* 1. l) qui si 2. m) *om.* 2. n) puniri 1. o) solliciti 1. p) illis ... compescerent *om.* 2. q) ut quia 1. r) exturpetur 2.

4) *Cfr. etiam Episcoporum relatio* 829, *supra p.* 39, *c.* 32. 5) *Synod. Pap.* 850, *infra nr.* 228, *c.* 18. 6) *Corpus iur. canon. c.* 20, *Dist. LXIII*, *ed. Friedberg tom. I*, *col.* 240; *de cuius origine et aetate cfr. Hinschius, Kirchenrecht II*, *p.* 269, *n.* 4.

845–850. est[m], propter pecuniarum acceptionem indignus quilibet ordinetur. Et primum quidem ipsius loci presbyteri vel caeteri clerici idoneum sibi rectorem eligant, deinde populi, qui ad eandem plebem aspicit, sequatur assensus. Si autem in ipsa plebe talis inveniri non potuerit, qui illud opus competenter peragere possit, tunc episcopus de suis, quem idoneum iudicaverit, inibi constituat. Sane removenda est quorundam laycorum procacitas[s], qui hoc solo obtentu, quod ad electionis consortium admittuntur, archipresbyteris suis dominari praesumunt et quos tamquam patres venerari debuerant, velut subditos contempnunt. Hi igitur intra proprii iuris terminos sunt redigendi; et si extraordinariam dominationem in aecclesiis exercere praesumpserint, regia sunt disciplina cohercendi.

5. Hi[t] vero, qui ad gubernandas plebes legitime provecti sunt, nullatenus a suis episcopis repellantur, nisi aut alicuius criminis reatum inciderint aut easdem plebes male tractaverint. Tollenda est enim omnino prava consuetudo, quae in quibusdam locis oriri coepit: quia nonnulli archipresbyteri[u] vel aliorum titulorum custodes, fruges vel alios ecclesiarum redditus ad proprias domos abducunt, quidam vero aliorum possessiones conducunt, ut in eis, quae ab ecclesiis suis male subtraxerint, recondant: nonnulli autem laicorum in tantum eorum nequitiae se complices faciunt, ut, quae huiusmodi transgressores ab ecclesia subripuerint, ipsi in suis domibus abscondant. Tales ergo primum a suis episcopis corripiantur; quodsi se citius corrigere noluerint, tamquam qui ecclesiasticas res sacrilega temeritate tractaverunt, synodali sententia feriantur. Laici vero, qui post hanc denuntiationem socios se huius expilationis praebuerint, tamquam furti reos iudiciaria coartabit[v] auctoritas.

6. De restauratione ecclesiarum illud capitulum sufficit, quod gloriosus genitor vester[w] in Olonna constituit[7]; sed ut observetur, vestra indiget admonitione.

7. Similiter et de xenodochiis, sicut in eodem kapitulari continetur[8], observandum est.

8. De monasteriis autem virorum seu feminarum, quae secundum regulam sancti Benedicti vel secundum canonicam auctoritatem disposita esse debent, quia inspiratio omnipotentis Dei, ut[m] credimus, ad[x] hanc inquisitionem[x] cor vestri moderaminis incitavit, ipsi gratias referimus. Nam quod iam maxima ex parte ordinem suum amiserunt, omnibus est manifestum; quae ut ad pristinum statum reducantur, in domini et genitoris vestri ac vestra gloriosa dispositione consistit.

9. Et ea quidem monasteria, quae adhuc statum suum retinent, unumquemque episcoporum, in cuius parrochia constituta sunt, providere oportet, utrum ordinem suum teneant; qui si aliter invenerit, una cum rectore monasterii corrigere debebit. Quodsi rectoris monasterii principaliter culpa fuerit et se suosque subditos ad admonitionem episcopi sui corrigere dissimulaverit[y], synodica debet auctoritate[y] percelli.

10. Quidam autem episcopi et rectores monasteriorum res ecclesiarum suarum subtractas et aliis personis in beneficium largitas esse queruntur[9], et ideo ecclesiasticas utilitates se nequaquam implere posse dicunt; quae ut restituantur, vestram regiam maiestatem imploramus humiliter admonentes, quia, si hi, qui eas pro animarum suarum remedio ecclesiis contulerunt, praemium merentur, sine dubio dampnatione digni sunt, qui eas subtrahere moliuntur.

11. In sacris canonibus[10] praefixum est, ut decimae iuxta episcopi dispositionem distribuantur; quidam autem laici, qui vel in propriis vel in beneficiis suas habent

s) procastitas 1. t) si 2. u) archiepiscopi 1. v) coartabat 2. w) noster 1. x) ad … inquisitionem *om.* 2. y) dissimulaverit … auctoritate *om.* 1.

7) *Cap. Olonn. eccles. I*, 825, *tom. I*, *p.* 327, *c.* 8. 8) *Cap. II*, *l. c. p.* 328, *c.* 4. 9) *Cfr. Synod. ad Theod. villam* 844, *infra nr.* 227, *c.* 4. 10) *Decreta Gelasii c.* 27, *Mansi VIII*, *col.* 45.

basilicas, contempta episcopi dispositione non ad ecclesias, ubi baptismum et praedicationem et[x] manus impositionem et alia Christi sacramenta percipiunt, decimas suas dant, set vel propriis basilicis vel suis clericis pro suo libitu tribuunt[11]. Quod omnimodis divinae legi et sacris canonibus constat esse contrarium: unde vestram potestatem, ut eos corrigatis, expetimus. 845—850.

12. Sacra docet auctoritas, ut publice peccantes publicae poenitentiae subiciantur[12]. Inveniuntur autem quidam, qui incesta matrimonia contraxerunt et vel proximis suis vel Deo sacratis[a] mulieribus copulati sunt, quidam etiam publice[b] homicidia vel alia crimina perpetrarunt; quos ut episcopi[b] publicae possint poenitentiae subiugare, petimus, ut comitum vestrorum auxilio fulciantur[13].

13. Quosdam ministros comitum propter frequentia placita pauperiorem populum nimis affligere comperimus; unde maiestatem vestram obsecramus, ut capitulare avi vestri de hac re[14] observare praecipiatis.

14. De comitibus vero, de quorum vita et actibus a nobis quaerere voluit sublimitas vestra, quosdam tales esse scimus, quales Dei ministros et vestrae rei publicae provisores esse decet; nonnulli autem, ut se suosque ministros corrigant, vestra admonitione indigent, quibus tamen, similiter[x] ut episcopis[c 15], aliquantulum emendandi spatium tribuatis, exposcimus. Qui si se citius corrigere noluerint, regia sunt auctoritate reprimendi.

15. Statuimus etiam, ne episcopi, quando pro confirmando populo parroechias circumeunt, archipresbyteros suos gravent[16], ut huiusmodi dispensa contenti sint: panes C, frischingas[d] IV, vinum sextaria L, pullos X, ova L, agnum I, porcellum I, annonam ad caballos modios VI, foenum carradas III, mel, oleum, cera, quod sufficit.

16[e]. Petimus etiam, ut emunitates progenitorum vestrorum ita conservare praecipiatis, sicut a glorioso genitore vestro in Olonna[17] constitutum est.

17[e]. Per singulas parroechias eas festivitates populus observare studeat, quas proprius eorum episcopus venerari praedicaverit, ita ut[e] neque illas neglegant, quas sacerdotes colere monuerint, neque inani superstitione eas celebrare praesumant, quae nequaquam sunt observandae. Si vero aliqui inventi fuerint, qui sacerdotibus obtemperare noluerint, per ministros rei publicae distringantur et satisfactionem poenitentiae, quam presbyteri imposuerint, subire cogantur.

x) *om.* 2. a) sacris 2. b) publice ... episcopi *om.* 2. c) *om.* 1. d) friskingas 2. e) *Cum antecedenti capite* 15. *tamquam in unum coniunctum in cod.* 2.

11) *Cfr. etiam Synod. Pap.* 850, *infra nr.* 228, *c.* 17. 12) *Cfr. Hloth. Cap.* 846, *supra p.* 66, *n.* 2. 13) *Conv. ap. Valentianas* 853, *supra p.* 76, *c.* 6. 14) *Cap. Wormat.* 829, *supra p.* 19, *c.* 5, *vel Cap. miss.* 819, *tom. I, p.* 290, *c.* 14. 15) *Supra c.* 2. 16) *Cfr. Episcoporum relatio* 829, *supra p.* 32, *c.* 8. 17) *Cap. Olonn. I*, 825, *tom. I, p.* 326, *c.* 2.

211. HLUDOWICI II. CAPITULARE.

850.

Inscriptum: Institutio domni Hludowici imperatoris *legitur in uno codice Guelferbyt. inter Blankenburg.* 130 *fol. fere* 131.

Ex capitulis 1. 2. *apparet capitulare nostrum editum esse, ut statuta episcoporum, quae ex placito vel synodo Papiensi* 845—850. *prodissent, rata fierent. Aetatem*

850. *capitularis supra p. 79 indicavi; quo vero loco et quo mense promulgatum sit, incertum relinquo.* *(B. deest; P. 434.)*

1. Volumus, ut unusquisque pro temporis consistentia et ministerii sui congruentia iustitias procurare decertent; et subditos non solum commoneant, sed etiam procurare compellant. Constituimus et modis omnibus monemus, ut in aecclesiasticis ministeriis, iuxta quod preterito sancti patres in nostro placito[1] invenerunt, unusquisque servare studeat et preterito neglecta celeriter emendet. Et restauratio[a] ecclesiarum baptismalium iuxta antiquam consuetudinem perficiatur[2].

2. De decimis, sicut supra dicto placito[3] inventum est, quicumque neglexerit, canonico iudicio corrigatur; et qui in hoc aliquid contrasteterit, sciat se nostra imperiali auctoritate emendandum[4]. Iudices namque commoneantur Dei timorem ante oculos habere, et pro nulla persona iustitiam immutare audeant, sed quod verum est, iustissime perquirant et veraciter iudicent.

3. Pontes enim, ubicumque consueti sunt, permaxime Ticinensis, restaurentur[5]; et ubicumque non consueti necessarii sunt, construantur. Navigia in consuetis locis preparata consistant[6], et ne transeuntes gravent, commonendi sunt.

a) *ita correxit Pertz;* restaurandis c.

1) *Supra Capp. episcoporum* 850. 2) *Ibidem* c. 6. 3) *Ibidem* c. 11. 4) *Cfr. Cap. Mantuan. II,* 787, *tom. I, p.* 197, c. 8. 5) *Cfr. Cap. miss. Pap.* 832, *supra p.* 65, c. 13. 6) *Cfr. Pippini Cap. Pap.* 787, *tom. I, p.* 199, c. 9.

212. 213. CAPITULARIA A. 850. EXEUNTE PAPIAE FACTA.

Anno 850. *exeunte synodo episcoporum finita, cuius acta infra sub nr.* 228. *sequuntur, Hludowicum imperatorem Papiae capitula quoque mundana promulgasse inscriptio nr.* 213. *docet. Quod capitulare artissime cohaeret cum capitulis infra nr.* 212. *editis, quibus imperator de statu regni consilium comitum quaesivit (c.* 1. 7. 9*). Omnia enim capitula exceptis* 4. 6. 10. *in Capitulari repetuntur, ita ut Capitulare confectum sit auditis sane responsis comitum ad imperatoris proposita datis. Cum vero Capitulare a.* 850. *exeunte factum sit, capitula quoque eodem fere tempore vel paulo ante comitibus esse proposita verisimile est.*

212. CAPITULA COMITIBUS PAPIAE AB HLUDOWICO II. PROPOSITA.

850. exeunte.

Exstant in uno codice Gothano 84 *fol.* 412'. *(B. desunt; P. 405.)*

Cap. 1. Ut[1] aperte depredationes, quae fiunt adversus eos, qui Romam orationis causa, eosque, qui vel ad mercatum aut ad alias utilitates suas proficiscuntur, quemadmodum conprimantur, ne fiant ulterius, comitum nostrorum consilium quaerimus.

1) *Cfr. Cap. insequens c.* 1.

Cap. 2. Potentes[2] autem, ne circa domos, in quibus habitant, oppressiones 850.
exerceant, quibus pauperes affliguntur, quia solent cum suis caballis ac reliquis animalibus inter reliquas violentias aliorum prata decerpere, nihilhominus autem et hiemis tempore occasione nutriendorum equorum illos affligunt: per eos etiam scire volumus, qualiter hoc emendandum sit.

Cap. 3. Quando ad palatium[3] vel ad alia loca[2] potentes properant et in exposcendis hospitiis pauperes adgravant, inquirere placet, qualiter haec oppressio fieri desinat.

Cap. 4. Furta quoque, quae crebro longe lateque per Italiam fiunt, quo studio reprimantur, inquirimus.

Cap. 5. Et[4] hoc scire volumus, qua censura redarguendi sunt illi, qui pontem Tycynensem totiens a nobis commoniti[5] facere neglexerunt, et ut non solum ille, sed omnes[a] Italiae pontes, qui emendatione indigent, qualiter ad statum antiquitatis revocentur.

Cap. 6. Naves autem, quae propter custodiam littoris per mare sunt antiquitus[6] ordinatae ad precavendas adversariorum insidias, qualiter secundum ordinem eundem reparatae fiant, oportune consulimus, quoniam hac desidia non modica ex parte populus noster inimicorum insidias sustinet.

Cap. 7. Qualiter[7] autem palatia nostra, quae longa vetustate vel neglegentia sunt obsoleta, reparentur atque reficiantur, comitum nostrorum consultus inquiritur.

Cap. 8. Et[8] ut status rei publicae nostrae in hoc non videatur infirmari, dicant nobis, si conveniens sit, ut unusquisque comes domos a nobis susceptas bene previsas et emendatas habeat aut, si quae indigent emendatione, statum pristinae soliditatis suscipere congruum videatur.

Cap. 9. Qualiter autem missi domni ac genitoris nostri ac nostri vel apostolici debito suscipiantur honore, dicendum est; atque ad nostram notitiam per comites nostros volumus perveniri, de quibus rebus aut facultatibus huiuscemodi sumptus et apparatus legationi designatae delegatus sumebatur antiquitus aut a quibus personis exigebantur parvareda, ut et nostro tempore idem ordo servetur nec ad alias res aut personas usus iste retorqueatur[9].

Cap. 10. Hoc etiam audire desideramus, si in iuditio comitum prius miserorum causae, id est viduarum, pupillorum ceterorumque pauperum quaerimoniae terminandae sint, ac deinde potentiorum[10]; quodsi ab aliquo tales Christi pauperes sunt despecti, qualiter hoc emendare velint, inquirentibus nobis insinuent[b].

a) *ita corr. Pertz; omnis in loco raso.* b) insinuet *c.*

2) *Ibidem c.* 5. 3) *Ibidem c.* 4. 4) *Ibidem c.* 8. 5) *Cfr. Cap. anteced. c.* 3. 6) *Cfr. Waitz, VG. IV², p.* 616 *sq.* 7) *Cap. inseq. c.* 6. 8) *Ibidem c.* 7. 9) *Ibidem c.* 9. 10) *Cfr. Capp. legib. add.* 818. 819, *tom. I, p.* 281, *c.* 3; *Conc. Vern.* 755, *l. c. p.* 37, *c.* 23.

213. HLUDOWICI II. CAPITULARE PAPIENSE.

850. exeunte.

Primo editum a Canisio in Lectionibus antiquioribus tom. V, 2, p. 683. *ex codice Sangallensi, qui exiit in medium c.* 5, *traditur hodie in uno codice Gothano* 84 *fol.* 412. *De aetate capitularis supra p.* 84. *dixi.* (*B. II,* 345; *P.* 405.)

850. De[a] rebus vero saecularibus haec statuit piissimus imperator Hludowicus, quae gloriosi quoque genitoris eius Hlotharii serenissimi augusti auctoritate firmata sunt[a].

Cap. 1. Perventum est ad nos, quod eos, qui Romam orationis causa pergunt vel qui negotiandi gratia per regnum nostrum discurrunt, collecti latrones diripiant eosque aliquotiens vulnerent vel occidant et eorum bona diripiant. Ideo volumus, ut comites nostri eorumque sculdassi adiunctis secum vassallis episcoporum, si necessitas fuerit[1], ubicumque tales audierint[b], studiosissime perquirant et[c] eos capiant atque distringant. Et si huius criminis reos invenerint, poenas in legibus positas[2] erga eos absque ulla neglegentia exsequantur, ut ab his malefactoribus regnum nostrum purgetur et qui in nostra fiducia[3] huc veniunt, sive orationis seu negotiandi gratia[4], salvi esse possint. Sciat autem unusquisque fidelium nostrorum, quia quicumque comes vel quilibet publicus minister huiusmodi malefactoribus aut adsensum prebuerit aut eos persequi neglexerit, nostrae indignationis motum sentiet et proprio honore privabitur.

Cap. 2. Sed et comperimus, quia ex diversis locis huiusmodi noxii homines inter se[d] conspirent et diversos comitatus circumeuntes praedas et rapinas per villas seu et per vias vel per silvas faciant et innocentes homines depraedentur et spolient: et hi quoque similiter volumus, ut diligenti studio perquisiti capiantur et distringantur. Et si obnoxii huius sceleris inventi fuerint, legalibus poenis[5] absque ulla dilatione subigantur[e], ut huiusmodi inquietudo et iniusta direptio a populo nostro auferatur et liceat omnibus sub nostra ditione degentibus cum salvatione et pace vivere, ut ordo rei publicae secundum iustam administrationem provisus[f], salvus et quietus permaneat.

Cap. 3. Audivimus quoque, quod quidam domos et possessiones habentes concilient sibi atque consotient latrones aliunde venientes eosque occulte foveant et solatium dent ad tale facinus perpetrandum, ut, quicquid ipsi ex pernitioso opere adquisierint, cum eis parciantur. Quod genus malefactorum pessimum iudicamus, quia non solum ipsi mala peragunt, sed etiam aliorum opere et officio ad scelera utuntur. Ubicumque igitur in tali suspitione quilibet venerit et rumor in populo dispersus fuerit, quod haec facinora exerceat, si adhuc propalatum non est, cum duodecim se expurget; si autem iam in aliquo manifestus aut deprehensus est, statim capiatur et distringatur et dampnationem legibus prefixam sustineat[6]. Ubicumque vero sive manentes seu vagantes latrones comprehendere publici muneris administrator voluerit et ille se defensare conatus fuerit, si inter haec forte eundem latronem occidi contigerit, nulla is, qui eum occidit, damnatione multetur neque ullas inimicicias a parentibus aut[g] persecutionem ab ullo eius amico vel propinquo sustineat[7]. Et si aliquis eius senior aut propinquus propter hoc vindictam facere conatus fuerit et iudex publicus eum compescere non potuerit, per fideiussores idoneos talis persona ad nostram deducatur presentiam, ut complices et fautores sceleratorum nostra

a) *Haec in codice Sangallensi apud Canisium exstant.* b) fuerint *Can.* c) ut *Can.* d) *om. c.* e) subiciantur *Can.* f) prorsus *Can.* g) ullam *add. Can.*

1) *Cfr. Vita Hlud. c. 53, SS. II, p. 639:* ubi eorum *(sc.* latronum*)* maior vis incubuerat. 2) *Cfr. Pippini Cap. 782—786, tom. I, p. 193, c. 10.* 3) *id est:* sub nostra defensione. 4) *Cfr. Alcuini epist. nr. 57, Jaffé, Biblioth. rer. Germanic. VI, p. 287; Form. imper. nr. 37, LL. Formulae p. 314.* 5) *Cfr. Cap. Haristall. 779, tom. I, p. 49, c. 12.* 6) *Cfr. Capp. 803—813, l. c. p. 156, c. 2.* 7) *Cfr. Capp. Italica l. c. p. 217, c. 7.*

animadversione flectantur[h]. Ubicumque autem fama est tales habitare, inquisitio per sacramentum per omnem populum circa manentem fiat[8]; et cuiuscumque gentis aut conditionis fuerint, per quos hoc inquiri melius potuerit, iusiurandum dare, cum a comite conventus fuerit, recusandi non habeat potestatem[9]. 850.

Cap. 4. Sed et hoc pervenit ad notitiam nostram, quod, quando potentes et honorati, sive ecclesiastici ordinis sive secularis, ad nos veniunt, a populo, in quorum domibus mansiones accipiunt, suis usibus suorumque equorum necessaria per vim tollant et hac occasione populus noster affligatur. Idcirco precipimus, ut omnis fidelis noster, quicumque ad nostram presentiam properat, nihil in veniendo aut revertendo ab aliquo violenter tollat[10], set suis hominibus et equis, nisi forte ab amicis stipendia acciperit, ab hospitibus suis precio iusto[11] comparet. Nam quicumque huius mali famam habuerit, cum ad nos venerit, veracem hominem volumus ut det, qui pro suis omnibus iuret nihil eos in itinere tulisse. Et si forte in aliquo se suosque obnoxios recognoscit, donet idoneum hominem, qui iuret et cuncta restituat his, quibus abstulisse visus est.

Cap. 5. Hoc etiam multorum querellis ad nos delatum est, quod potentes et honorati viri in locis, quibus conversantur, minorem populum depopulentur et opprimant et eorum prata depascant, mansiones etiam contra voluntatem privatorum hominum sive pauperum in eorum domibus suis[i] hominibus disperciant eisque per vim quaelibet tollant. Unde precipimus, ut hoc ulterius non fiat, sed unusquisque honoratus noster se suosque ex suo pascat. Et si de loco ad locum migrat, cum summa pace transeat et neque in manendo neque in iter agendo onerosus et damnosus aliis existat. Et hoc sciant omnes, quia, quicumque deinceps hoc transgredi presumpserit, nostrae indignationis motum sustinebit et proprio honore carebit.

Cap. 6. Quia eorum desidia et neglegentia, qui palatia nostra secundum antiquam consuetudinem restaurare debuerant, in magno squalore et neglegentia sunt, et ad ruinam poene pervenerint, precipimus, ut absque dilatione restaurentur[12], et quicumque inde neglegens fuerit, sciat, quia nostra iussione tamdiu ibi residebit, quousque, quod neglexerit, pleniter recuperatum habeat.

Cap. 7. Certissime cognovimus, quia publicae domus, quae in singulis civitatibus ad ornatum nostrae rei publice antiquitus constructae fuerant, eorum desidia, quibus[13] commissae sunt, ad lapsum et ruinam poene pervenerint; unde iubemus, ut protinus restaurentur et ad priorem statum recuperentur[12], quatinus nostris usibus et externarum gentium legationibus, quae ad nos veniunt, satis congrua et decora fiant[14].

Cap. 8. Sepe[15] nostra auctoritate monuimus, ut Tycinensis pons secundum antiquam dispositionem restauraretur, sed hactenus ab aliquibus neglectum est; unde precipimus, ut, quicumque in Kalendas Marcias portionem suam pleniter restauratam non habuerit, tamdiu ibi ipse sedeat, quousque perfectissime consummatam habeat. Per singulas quoque provincias super quaelibet flumina, ubi antiqua consuetudine pontes fieri soliti[k] sunt[16], instanter volumus, ut restaurentur; et si alicubi aliquis

h) plectantur *Can.* i) *Hic finis ed. Can.* k) soluti *c.*

8) *Capp.* 829, *supra p.* 8, *l.* 17 *sqq.*; *Pippini Cap.* 800—810, *tom. I, p.* 208, *c.* 3; *eiusd. Cap.* 782—786, *l. c. p.* 192, *c.* 8. — *Cfr. Dove in 'Z. f. KR.' IV, p.* 36; *Brunner in 'Z. f. RG.' XI, p.* 317. 9) *Cfr. Widonis Cap. legib. add.* 891, *infra nr.* 224, *c.* 2. 10) *Cfr. Pippini Cap. Pap.* 787, *tom. I, p.* 198, *c.* 4. 11) *Cfr. Capp. Pap.* 865, *infra p.* 92, *c.* 5 12) *Cfr. Hloth. Cap. miss.* 832, *supra p.* 64, *c.* 7. 13) *Scilicet comitibus, secundum Cap. anteced. c.* 8. 14) *Cfr. Admon.* 823—825, *tom. I, p.* 306, *c.* 19. 15) *Cap.* 850, *supra p.* 84, *c.* 3. 16) *Cap. miss.* 832, *supra p.* 65, *c.* 13.

855. casus exigit, ut pons noviter fiat, volumus, ut communi opera totius populi circum habitantis ibi pons construatur.

Cap. 9. Quia racionabiliter in singulis civitatibus cognovimus, unde missi transeuntes vel stipendia vel paravaredos acciperent, et nunc eorum temeritate violatum est, quibus ipsa loca commissa sunt, et ab ordine suo res ad hoc deputatae ad alios usus convertuntur, precipimus, ut iuxta priorum[1] dispositionem[17], unde stipendia et paravaredos exigere consueverant, inde exigant et nullatenus ad alios usus res ad hoc deputatae ullo modo retorqueantur.

Cap. 10. Haec, quae superius nostra auctoritate agenda et observanda decrevimus, omnimodis ab omnibus nostris fidelibus cum summa reverentia observanda precipimus; neque patimur, ut nostra dispositio in aliquo titubet aut a quocumque parvipendatur, hoc omnibus denuntiantes, quia, quicumque his contraire presumpserit aut nostrae dispositionis ordinem non custodierit et a nobis constituta temerare aut neglegere presumpserit, si ecclesiastici est ordinis, secundum proprii gradus disciplinam cohercebitur, si autem et secularis muneris administrator est, nostra se noverit animadversione plectendum.

1) priorem *corr.* priorum *c.*

17) *Ibidem c.* 6; *Responsio* 826, *tom. I, p.* 315, *c.* 10; *Admonitio* 823—825, *l. c. p.* 306, *c.* 19; *Cap. miss.* 802, *l. c. p.* 96, *c.* 28; *Cap. de villis* 800, *l. c. p.* 85, *c.* 27.

214. HLUDOWICI II. CAPITULA PAPIENSIA IN LEGEM DATA.

855. Iul. 20.

Capitula, quae sequuntur, Hludowicus II. bis promulgavit: primo a. 855. *die* 20. *mensis Iulii, deinde omissa praefatione una cum insequenti capitulari. Formam genuinam, qua hic prodeunt, praebet* 1) *cod. Guelferbyt. inter Blankenburg.* 130 *fol.* 131ᵛ, *qui inter praefationem et c.* 1. *inserit rubricam:* Item statuta domni Hludowici pro lege posita; *alteram* 2) *cod. Paris.* 4613 *fol.* 97ᵛ. *(Cfr. Cap. inseq.)*

Ex praefatione apparet capitula nostra 'in legem data' esse.

(B. II, 349; *P.* 436.*)*

In nomine sanctae et individuae trinitatis. Hludowicus gratia Dei imperator augustus. Dum enim superno nutu cum fidelibus nostris conventum Papia regia civitate habuissemus, pervenit ad nos, qualiter, dum aliqui homines suam infra regnum querere conantur iustitiam, a quorundam pravorum hominum insidiis impediantur, ita ut per se aut per alios submissos eos ad servitium quaerant, sive illos sive quos ad testimonium producere velint, ut sub tali occasione suam percipere non valeant iustitiam. Qua pro re, ut talem resecaremus nequitiam, duo capitula infra regnum nostrum Italicum populo commoranti in legem dare[1] praevidimus, anno imperii domni et genitoris nostri Hlotharii pii imperatoris trigesimo sexto, nostro etiam sexto, XIII. Kal. Aug. sub indicione III.

1) *Cfr. Boretius, Beiträge z. Capitularienkritik p.* 30 *sqq.; p.* 51 *sqq.*

1. Si quis aliquem de aliquo mallaverit negotio et ille, qui mallatus fuerit, dicat ideo ei respondere nolle[a], quia servus alterius sit, aut si testimonia produxerit et[b] similiter dixerit[b], quod ea[c] recipere non debeat, quia aliquis eorum servus sit, nominet dominum eius et sic det wadiam de eo adducendo; et posito placito, in quantum ire, ubi eum invenire credit, et reverti posse[d] iudices dixerint, si in placito constituto dominum non adduxerit, praebeat[e] sacramentum, quod pro nulla dilatione iustitiae[f] eius hoc dixerit[e], nisi pro certo ita verum esse crediderit; quodsi iurare ausus non fuerit, quia pro occasione prolongandi iustitiam[g] hoc dixit[g], componat illi bannum nostrum et iustitiam plenissimam faciat. Si vero aliquem adduxerit, qui se dominum eius dicat et illum, quem de servitio appellavit, replicare ad servitium non valuerit, tunc ipse, qui se dominum[h] eius dixit[h], bannum nostrum illi componat, eo quod pro[i] conculcanda iustitia ingenium tale facere ausus fuit[i]. Crimina[k] vero, si super eum pro dilatanda iustitia[l] imponere voluerit, probare cogatur[k]; et si probare non potuerit, et iustitiam faciat et insuper bannum nostrum pro tanta calliditate conponere cogatur. 855.

2. Si forte quispiam aliquem mallaverit et ille, qui mallatus fuerit, dixerit eum suum servum[m] esse, vel alius in ipsa altercatione veniens eum[n] ad servitium mallaverit, iubemus, ut praesentaliter inter se wadient, ut ad primum et secundum vel tertium placitum causam ipsam definiant[o]. Inter placitum vero et placitum sint dies XV; tertium autem, quando comes placitum habuerit[2]. Si infra unum comitatum est, [sint[p] dies XV[p]]; sin autem in alium[q][3], sint [dies[r]] XX, ne pro tali occasione eius[s] iustitia prolongetur[t]. Quodsi[u] in his tribus placitis ille, qui quaerit, venire[n] neglexerit excepto servitio regis aut inevitabili necessitate et comes placitum habuerit, ille quoque alius ad suam probandam libertatem paratus fuerit, tunc comes ipsam[n] causam finiat[v], veluti si ipse, qui quaerit, praesens fuisset, et ultra ille, qui quaesierat, facundiam[w] de servitio illius dicendi non habeat et insuper, ut supra, bannum nostrum illi componat ac iustitiam pleniter faciat.

Et sunt aliqui[x], qui[u] dum alios[y] in servitium mallant et ipsi de sua libertate approbare wadiam dant, in tantum eos mutando[z] placitum lacerant, ut vix pro sua paupertate evadere possint; unde tertium addere capitulum placuit.

3. Si vero aliquis[a] alium ad servitium mallaverit et ille, qui mallatus fuerit, wadiam de sua probanda libertate dederit, iubemus, ut supra, ad primum aut secundum vel tertium placitum causam deliberent. Inter placitum et placitum sint[n] dies XV; tertium vero, quando comes placitum habuerit[2]. Si infra unum comitatum est, [sint[p] dies XV[p]]; sin autem in alium[3], sint dies XX[b]. Et si in istis tribus placitis ipse, qui quaerit, venire contempserit antepositis[c] quae superius anteposuimus et comes placitum habuerit, ille namque alius cum suis testibus paratus fuerit, tunc comes ipsos testes recipiat[d] et causam definiat[d], veluti si ipse, qui quaerit, praesens fuisset, et ultra ille, qui quaesierat, tacitus[e] de servitio illius permaneat.

a) nollet 2. b) et ... dixerit *om.* 1. c) eum 2. d) possit ut *Lib. Pap. Loth.* 78, *LL. IV, p.* 553. e) praebeat ... dixerit *om.* 2. f) iustitia 1. g) iustitia obdixerit 2. h) dominus esse dixerit 2. i) conculcandam iustitiam in ieiunium tale ausus fuerit facere 2. k) crimina ... cogatur *om.* 1. l) iustitiam 2. m) servus 2. n) *om.* 2. o) definiat 2. p) sint ... XV *om. codd.; ex Lib. Pap. Loth.* 79, *l. c. p.* 554, *suppl. G. H. Pertz.* q) alia 2. r) *om. codd.* s) ei 2. t) prolongentur 2. u) quo 1. v) prodefiniat 2. w) facundia 2. x) aliquid 2. y) alii 2. z) mutandi 2. a) aliquid 2. b) XV. 1. c) anteposito 2. d) recipiant et causam definiant 2. e) tacito 2.

2) *Sohm, R.- u. GV. I, p.* 427. 3) *Ibidem p.* 322 *sq.; p.* 327.

856. 215. CAPITULARE PAPIENSE PRO LEGE TENENDUM.

856. ineunte.

Primo publici iuris factum a Canisio in Lectionibus antiquioribus V, 2, p. 685 *ex codice Sangallensi hoc tempore exstat in uno cod. Paris.* 4613 *fol.* 97, *qui omittit c.* 6.

Cum apud Canisium, tum in codice tempus, quo capitulare editum sit, definitur anno incarnationis DCCCLIV, anno VI. imperii Hludowici, indictione IV. Sed annus imperii et indictio minime concordant cum anno incarnationis, respiciunt potius ad temporis spatium, quod est inter diem 1. *mensis Septembris a.* 855. *et diem* 6. *mensis Aprilis a.* 856. *Cum praeterea Hlotharii, qui die* 29. *mensis Septembris a.* 855. *mortuus est, nulla mentio fiat, capitulare nostrum post illius mortem et, cum annus DCCCLIV. errore scribae facile ex anno DCCCLVI. effectus esse possit, ineunte anno* 856. *confectum esse probavit Boretius, Capitularien im Langobardenreich p.* 163 *sq. (cfr. etiam Böhmer-Mühlbacher nr.* 1170*).*

Capitulare autem factum est ad petitiones, quas populus imperatori obtulerat (c. 1*), quibus concessis Hludowicus capitula supra nr.* 214. *edita quasi appendicem subiunxit (cfr. nr.* 214*).*

Secundum c. 1. *capitulare 'pro lege tenendum' est.* *(B. II,* 347; *P.* 435.*)*

In nomine sanctae et individuae trinitatis, anno incarnationis domini nostri Iesu Christi DCCCLVI[a], imperii[b] nostri VI, indictione IV.

Prephatio 1. Dum conventum fidelium nostrorum palatio nostro Ticino civitatis convocaremus et simul episcoporum et nobilium nostrorum consultu non solum aecclesiasticam utilitatem et populi pacem vel salvationem, sed etiam totius regni statum perquirere studeremus, inter reliqua[c] populus noster nobis quasdam petitiones optulit, quas nos Dei amore et eorum fidelitate ducti libenter suscepimus, adque ideo subter annotata capitula ad eorum utilitatem conscribi fecimus, quas in futurum pro lege tenenda[1] firmamus.

2. De feminis, que defunctis viris lex Langobardorum[2] prohibet ante anni[d] spatium vestem religionis mutare velumque suscipere, petierunt, ut nostra licentia eis mox, [dum[e]] divina pietas inspiraverat[f] eas, indemnes licere[g] suscipere. Nos autem considerantes, quia praeterita[h] pro ipsa dilatione multae[i] etiam raptu intra eodem[k] spatio ad aliam partem distractae fuerunt, ideo et eorum petitionem[l], quam iustam[m] censuimus, suscepimus, et eis ita fieri concedimus.

3. Nostrae maiestati[n] reclamaverunt vel [tempore[o]] patris nostri[p] super eos[q] superfluas factas fuisse inquisitiones. Ideo eis concedimus abhinc in futurum nullas

a) CLIIIIor *c.;* DCCCLIV *Can.* b) anni imperii domini Hludouuici imperatoris augusti VI. *Can.* c) reliquos *c.* d) anno *c.* e) *om. c. et Can.; supplevi secundum Lib. Pap. Hloth.* 70, *LL. IV, p.* 552. f) *ita c.;* inspiraverit *Can. et Lib. Pap.* g) *ita c. et Can.;* liceret *corrig. videtur secundum Lib. Pap.* h) *ita c.;* praeterito tempore *Lib. Pap.;* opto *Can. fortasse minus recte lectum pro* praeterito. i) multi *c.* k) eundem spatium *Can.* l) petitione *c.* m) iusta *c.* n) maiestatis *c.* o) *om. c. et Can.* p) vel nostri *add. Can.* q) eas *c. et Can.*

1) *Cfr. supra p.* 88, *n.* 1. 2) *Edict. Langob. Liutpr.* 100, *LL. IV, p.* 148.

alias super eos fieri inquisitiones, nisi unde Karoli proavi[r] et[r] avi nostri temporis facta fuerunt[3]. 856.

4. De liberis hominibus, qui super alterius res resident et usque nunc a[s] ministris rei publicae contra legem[4] ad placita protrahebantur et ideo pignerabantur, constituimus, ut[r] secundum legem patroni[t] eorum ad placitum eos adducant. Et si quis contra hanc nostram auctoritatem et eorum legem eos pignerare aut distringere praesumpserint, patrono[u] eorum omnia cum lege emendent, et insuper pro incauta praesumptione bannum nostrum componant.

5. De homicidio, unde lex[5] pro simplicitate[6] probationem[v] trium testium quaerit et testes habere non potuerit, concedimus, ut cum duodecim iuratoribus iuret et ab eadem simplicitate[w] absolutus proprium non ammittat[x].

6. De cartis[7], quae a quibusdam personis falsae appellantur, constituimus, ut, si notarius superfuerit et testes, ipsi[y] eam veram et idoneam faciant; et si testes mortui fuerint et notarius superfuerit, cum duodecim iuratoribus veram et idoneam eam faciat.

Concessas[z] denique petitiones vestras consideravimus etiam ea, quae ad nos iam pridem[a] pervenerunt, ad resecandas malorum insidiationes[b] iisdem adiungere capitulis[c] id est:

Si[d] quis aliquem de aliquo mallaverit negotio — — — tacitus de servitio illius permaneat (*cfr. supra nr.* 214. *c.* 1—3).

r) *om. c.* s) ad *c.* t) patronos *c.* u) patroni *c.;* patronum eius *Can.* v) probatione *c.* w) simplicitatem *c.* x) *ita cod. pro* amittat. y) *ita correxi secundum Lib. Pap. Hloth.* 72, *l. c. p.* 552; qui Can. z) *Cod. hic praefigit numerum* VI. a) pridie *c.* b) insidiatores *c.* c) *Hic explicit Can.* d) *Capitibus* 2. 3. *nr.* 214. *cod. addit numeros* VII. VIII.

3) *Brunner, Zeugen- u. Inquisitionsbeweis l. c. p.* 445 *sq.* 4) *Cfr. Cap. Mantuan. II,* 787, *tom. I, p.* 196, *c.* 5. 5) *Edict. Langob. Liutpr.* 20, *l. c. p.* 117, *in quo probatio defensionis, sed non per tres testes quaeritur.* 6) *I. e.: absentia temeritatis vel praesumptionis; cfr. infra p.* 96, *c.* 11; *Gloss. ad Lib. Pap. Hloth.* 92, *l. c. p.* 556; *Lombarda-Commentare, ed. Anschütz, lib. I, tit.* 9, *p.* 20. 7) *Cfr. Widonis Cap. Pap.* 891, *infra nr.* 224, *c.* 6.

216. CAPITULA PAPIAE OPTIMATIBUS AB IMPERATORE PRONUNTIATA.

865. Febr. 4.

Capitulare prima vice a Surio, Concilia III, p. 482, *in lucem emissum nobis traditum est in codicibus:* 1) *Goth.* 84 *fol.* 413 *et* 2) *Mutin. eccl. cath. Ord. I,* 2. *Secundum Surium et codd. a. DCCCLV, indictione XIII, mens. Febr. die IV. datum est. Cum autem anni DCCCLV. m. Febr. dies IV. cum indictione XIII. minime conveniat, cum etiam Hlotharii nomen desideretur, nondubito, quin A. Boretius, Capitularien im Langobardenreich p.* 166 *(cfr. Böhmer-Mühlbacher nr.* 1195*), non immerito annum DCCCLV. in annum DCCCLXV. emendaverit, quo anno Hludowicus placitum ac synodum Papiae habuit (cfr. Dümmler, Ostfränk. Reich II², p.* 139; *Böhmer-Mühlbacher nr.* 1194*a.). Accedit, quod capitula edita sunt, postquam Hludowicus imperator iam 'crebro' optimates admonuerat, ut se suosque a rapinis et oppressione pauperum abstinerent, quod cum illo tempore convenire videtur, et ita quidem composita sunt, ut allocutionem imperatoris ad optimates in conventu adunatos directam repraesentent.*

(B. II, 355; *P.* 433.*)*

865. In nomine Dei omnipotentis anno incarnationis dominicae DCCCLXV[a], indictione XIII, mense Februario, die mensis eiusdem quarto[b]. Cum domnus et magnificentissimus Hludowicus augustus apud Tycinensem civitatem in augustali aula resideret tractaturus de statu sanctae matris aeclesiae et pace divina dispositione[c] sibi commissi imperii ac generali totius populi salute, presentibus obtimatibus suis dixit:

Cap. 1. Crebro vestram fidelitatem retroactis temporibus commonuimus[1], ut secundum normam christianae religionis vivere unusquisque nostrorum fidelium satageret et suos a rapina conpesceret; attamen quia hactenus minus[d] diligenter est actum, amodo omni conamine vos[e] studere volumus, quo poenitus a nostro regno rapina eliminetur et pauperum voces usque nunc domini Sabaoth aures pulsantes querimoniis incipiant suo creatori[f] laudes rependere pro ubique pace et quieto concessa nobis agentibus.

Cap. 2. Statuimus autem, ut eclesiae Dei per totius regni nostri fundatae terminos sub nostrae inmunitatis tuitione securae cum rebus et familiis permaneant, ceu praedecessorum[g] nostrorum, piissimorum videlicet augustorum[h], temporibus fecisse probantur, earumque rectores propriis utantur privilegiis[i][2]. Et monachi per sua cenobia regularem teneant ordinem. Similiter et clerus omnis proprio fungatur ministerio nemine[k] molestante[k] nostri terroris formidine.

Cap. 3. Sancimus nihilominus, ut singuli comites[l] et exactores rei publicae in suis ministeriis legalem procurent populo facere iustitiam[3], pupillos et viduas protegant, per loca solita restaurent palatia[4], quibus, cum iter dictaverit, nos legatosque nostros valeant recipere, ne gravetur[m] aeclesia. Quando etiam episcopos, abbates vel comites seu fidelium nostrorum quempiam in propria villa morari contigerit, cum suis in suis maneant domibus, ne sub obtentu hospitii vicinos[n] opprimant vel eorum bona[o] diripiant[5].

Cap. 4. Denique quia Christi custodiente clementia neminem iniuste[p] consecuti[q] privavimus, sed neque privari absque legali sanctione aliquem nostrorum fidelium volumus beneficio, iubemus, ne quis suum depravet nullo[r] modo, sed instauret securiter, ne qui dirigendi sunt a nobis undique[6], si depravata repererint, legaliter emendare conpellant et eos deinceps perfrui prohibeant[7].

Cap. 5. Porro cum ad nostrum quislibet nostrorum fidelium properat obsequium, tam eundo, quam redeundo gradiatur pacifice; et[s] ni[s] generalis exigat utilitas, [ut[t]] cum scaritis veniat[8], in statutis[u][9] iuxta domibus[v] maneat. Episcopus et comes, per quorum transeunt terminum, diligenter provideant, ne molestentur incolae aut eorum domos per vim paciantur invadere vel propria diripere absque conlato praecio[10];

a) *ita correxit Boretius l. c.;* DCCCLV. *codd. et ed. princ.* b) quarti 2. c) dispositionem 1. d) *om.* 1. e) omnes *ed. princ.* f) creatoris 2. g) prodecessorum *codd.* h) augustorum 1. i) privilegibus 1. k) neminem molestantem 2. l) conventus *ed. princ.* m) graventur aecclesias 2. n) nos 2. o) *om.* 2. p) iusto 2. q) consecuto 2. r) ullo 2. s) aeterni 2. t) *ita suppl. Pertz; om. codd. et ed. princ.* u) viis *vel* locis *supplendum videtur.* v) dominus 2.

1) *Cap. Pap.* 850, *supra p.* 86 *sq., c.* 1—5. 2) *Cfr. Capp. episcop.* 845—850, *supra p.* 83, *c.* 16. 3) *Cap.* 850, *supra p.* 84, c. 2. 4) *Cap. Pap.* 850, *supra p.* 87, *c.* 6. 7. 5) *Ibidem c.* 5. 6) *Cfr. infra c.* 7. 7) *Cap. miss.* 832, *supra p.* 64, *c.* 8; *Cap. miss. Wormat.* 829, *supra p.* 14, *c.* 1. 8) *Haec verba plane falso intellexit Baldamus, Das Heerwesen unter den späteren Karolingern p.* 75. *Cfr. Waitz, VG. IV*², *p.* 611 *sq.* 9) *Cfr. Admonitio* 823—825, *tom. I, p.* 306, *c.* 19. 10) *Cap. Pap.* 850, *supra p.* 87, *c.* 4.

sed neque indigenae[w] per solita[x] loca tectum, focum, aquam et paleam hospitibus 865. denegare[11] aut sua[y] carius quam vicinis audeant vendere.

Cap. 6. Igitur quia[z] hactenus in regno nostro quosdam[a] infrenate[b] vixisse[12] nulli est ambiguum, sancimus unumquemque suorum hominum sollicitudinem gerere, ne solitam rapinam patrare presumant. Qua pro re si quis artatus suum seniorem dimiserit, penitus interdicimus, ne recipiatur ab altero, quatinus, nisi corrigi voluerit, a nostri regni penitus excludatur finibus.

Cap. 7. Haec olim[c] saepe inculcata et augustali nostra sanctione promulgata, quia ex parte in aliquibus neglecta videntur, hactenus acriori ulcisci debuerant examine; attamen nostra mansuetudine, ut corrigantur, quantulumcumque largimur spatium[13], quo quique neglecta emendare[d] valeant, destinaturi post modicum[e] legatos strenuos emendata inquirere; qui vero neglegens repertus fuerit, propriis honoribus nostro privabitur iuditio.

w) indigne 1. x) soluta 1. y) suam 1. z) qui 1. a) *om.* 1. b) iurefrenate 1. c) colimus 2. d) *ita correxit Pertz;* emendari *codd.* e) postmodum 2.

11) *Cfr. Pippini Cap. Pap.* 787, *tom. I, p.* 198, *c.* 4; *Capp.* 801—814, *l. c. p.* 144, *c.* 1; *Cap. miss. generale* 802, *l. c. p.* 96, *c.* 27; *Pippini Cap. Aquitan.* 768, *l. c. p.* 43, *c.* 6. 12) *Cap. Pap.* 850, *supra p.* 86, *c.* 1—3. 13) *Cfr. etiam Capp. episcoporum* 845—850, *supra p.* 81, *c.* 2. 14.

217. CAPITULARE MISSORUM.

865. post Febr. 4.

Subiunctum eis capitulis, quae supra edita sunt, legitur capitulare apud Surium l. c. et in codicibus: 1) *Goth.* 84 *fol.* 413[v] *et* 2) *Mutin. eccl. cath. Ord. I,* 2.

Cum ordo codicum et inscriptio codicis 1, *tum c.* 4. *collatum cum nr.* 216, *c.* 3. *et c.* 1. 2. 4. (inquiratur, investigetur, inquirendum) *comparata cum nr.* 216, *c.* 7. (emendata inquirere) *docent haec capitula cum antecedentibus coniungenda esse. Capitulare enim nostrum illis missis vel 'legatis' traditum est, quos Hludowicus ad emendata inquirenda (c. 7) destinaturus erat. Cum vero imperator aliquanto spatio corrigendi optimatibus praebito post modicum demum tempus missos suos delegare vellet, capitulare missorum non eodem tempore, quo capitula nr.* 216, *sed post diem* 4. *mensis Februarii emissum est.*

(B. deest; P. 434.*)*

Legatio.

Cap. 1. Ecclesiarum Dei iustitia inquiratur et omni studio perficiatur[1], et ne a sacrilegis thesaurus diripiatur earum, fideliter conscribatur[a][2].

Cap. 2. Pupillorum et viduarum causa investigetur et diligenti cura misericorditer examinetur[3].

Cap. 3. Totius populi querimonia generaliter audiatur et legaliter definiatur[3].

Cap. 4. De statu rei publicae inquirendum, ubi, cum iter dictaverit domnus imperator, recipi debeant[b] per singula ministeria ab eo directi legati[3]; unde eis administrentur obsequia, unde paraveredi[4]; unde vel quae dona annualia aut tributa

a) describatur 2. b) debeat 2.

1) *Supra c.* 2. 2) *Cap. miss.* 832, *supra p.* 64, *c.* 10. 3) *Supra c.* 3. 4) *Cap. Pap.* 850, *supra p.* 88, *c.* 9.

865. publica exigi debeant[5]; qui debeant palatia restaurare[6], qui pontes[7]; ut non destruantur beneficia et destructa recuperentur[c 8]; quae beneficia dominicus gisindius[9] habuit, quis habeat illa[10], vel ubi coniaceant.

Cap. 5. Directi abbates monasteria monachorum et puellarum ac senodochia circumeant; si, unde administrantur, debita obsequia habeant et concorditer degant, inquirant[1]; quicquid inordinatum repperint, regulariter corrigant; senodochia autem sic, ubi sunt neglecta, ad pristinum statum revocent[11]; hospitales vero pauperum tam in montanis, quam et ubicumque fuisse noscuntur, pleniter et diligenti[d] cura restaurentur.

c) *ita codd.;* restaurentur *conieeit Pertz.* d) dilenti 1.

5) *Cap. miss.* 832, *supra p.* 64, *c.* 6. 7. 6) *Cap. Pap.* 850, *supra p.* 87, *c.* 6. 7) *Ibidem c.* 8. 8) *Supra c.* 4. 9) *I. e. vassallus; cfr. Waitz, VG. IV*², *p.* 243, *n.* 2; *Brunner in 'Z. f. RG. XXII, germ. Abt.', p.* 216 *sq.; Gloss. ad Lib. Pap. Rachis* 6, *LL. IV, p.* 476. 10) *Cap. miss.* 832, *supra p.* 64, *c.* 8. 11) *Cfr. Capp. episcoporum* 845—850, *supra p.* 82, *c.* 7.

218. CONSTITUTIO DE EXPEDITIONE BENEVENTANA.

866. ineunte.

Traditur in Chronica s. Benedicti Casinensis c. 3. *ex cod. Casin.* 353. *edita a Georgio Waitz b. m. in SS. rer. Langob. p.* 469, *praedita inscriptione:* Constitutio promotionis exercitus observationis partibus Beneventi, sub indictione quinta decima.

Qua de causa vero et quo tempore re vera haec constitutio et expeditio factae sint, ipsa Chronica c. 2. 4. *indicat hisce verbis:* Langobardi vero dum nimia suis pro factis pericula sustinerent, ob hoc nimium afflicti necessitatemque compulsi, Franciam *(Ann. Bert. ad a.* 865, *ed. Waitz, p.* 78*:* Urbam, quo dicebatur Hludowicus Italiae imperator obviam Hlothario venturus*)* legatos dirigunt atque gloriosi imperatoris Hludowici implorant augusti clementiam, ut patria sua cum gente veniens, eos omnino a Saracenis quantocius eriperet. Qui beniens hoc decretum suae reliquid patriae .... His igitur prelibatis et hac lege sancita ... Hludowicus augustus cum uxore sua ... Benevento properantes Iunio mense ad monasterium veniunt sanctissimi Benedicti patris ... Mense autem Decembrio ingressus est Beneventum, anno quidem septimo decimo augustalis imperii sui. *Proinde in inscriptione indictio XV, quae ad a.* 867. *spectat, in indictionem XIV. emendanda est (cfr. etiam Böhmer-Mühlbacher nr.* 1198*).*

Textum, quem codex continuo scriptum praebet, equidem, ut melius allegari possit, in capitula, aliter tamen ac Baluzius, divisi eisque numeros uncis inclusos addidi.

(B. II, 357; *P.* 504.*)*

(1.) Quicumque[1] de mobilibus widrigild suum habere potest, pergat in hoste: qui vero medium widrigild habet, duos iuncti in unum utiliorem[a] instruant, ut bene

a) *Ita bene coniecit Baldamus, l. infra n.* 1. *c. p.* 7, *n.* 34*;* qualitatem *c.;* duo iuncti unum qui utilior est *Boretius l. infra n.* 1. *c. p.* 168.

1) *De hoc capitulari cfr. quae disseruit Boretius, Beiträge z. Capitularienkritik p.* 141. *et Baldamus, Das Heerwesen unter den späteren Karolingern p.* 7 *sq.*

ire possit[b]. Pauperes vero personae ad custodiam maritimam vel patriae pergant, ita videlicet, ut, qui plus, quam decem solidos habet de mobilibus, ad eandem custodiam vadant. Qui vero non plus, quam decem solidos habet de mobilibus, nil ei requiratur. Si pater quoque unum filium habuerit et ipse filius utilior patre est, instructus a patre pergat; nam si pater utilior est, ipse pergat. Si vero duos filios habuerit, quicumque ex eis utilior fuerit, ipse pergat; alius autem cum patre remaneat; quodsi plures filios habuerit, utiliores omnes pergant; tantum unus remaneat, qui inutilior fuerit. De fratribus indivisis, iuxta capitularem domini et genitoris nostri[2] volumus, ut, si duos fuerint, ambo pergant; si tres fuerint, unus, qui inutilior apparuerit, remaneat, ceteri pergant; si quoque plures omnes utiliores apparuerint, pergant, unus inutilior remaneat. De qua condicione volumus, ut neque per praeceptum[3] neque per advocationem[4] aut quamcumque occasionem excusatus sit, aut comes aut gastaldus vel ministri eorum ullum excusatum habeant[5], praeter quod comes in unoquoque comitatu unum relinquat, qui eundem locum custodiat et duos cum uxore sua[6]; episcopi ergo nullum laicum relinquant[7]. 866.

(2.) Quicumque enim contra hanc institutionem remanere presumpserit, proprium eius a missis, quos[c] subter ordinatum habemus, praesentaliter ad nostrum opus recipere iussimus et illum foras eicere[8]. Omnibus enim notum esse volumus, quia iam[d] a prioribus nostris[d] iuxta hanc institutionem tultae fuerunt, sed pro misericordia recuperare meruerunt. Nunc autem certissime scitote, cuiuscumque proprietas tulta fuerit, vix a nobis promerebitur recuperatione.

(3.) A flubio Pado usque Trebia sit missus Iotselmus; inter Padum et Ticinum Eriulfus; inter Ticinum et Adda Erembertus; inter Adda et Addiza[9] Landebertus; ab Addiza usque Forum Iulii Teodoldus[e], Petrus[10] et Arthemius[11] episcopi iunctis secum missis episcoporum et comitum; Pisa, Luca, Pistoris et Lunis Teutmundus; Florentia, Volterra et Aritio Rodselmus; Clusio et Sena Andreas; in ministerio Witonis[12] Rimmo et Ioannes episcopus de Tortona[f]; in ministerio Verengari[13] Hiselmundus episcopus[14]; in litore Italico[15] Ermefridus, Macedo et Vulfericus. Hi volumus, ut populum eiciant[g] et custodiam[16] praevideant et populum in castella residere faciant etiam et cum pace. Nam si missus aliquis ausus fuerit pretermittere, quin[h] ominibus, [qui[i]] remanserint, presentaliter proprium tollat[k] et eum foris eiciat[l], et si inventus fuerit ipse missus, proprium suum perdat. Et si comes aliquem excusatum aut[m] bassallum suum, preter quod superius diximus, dimiserit, honorem suum perdat; similiter eorum ministri, si aliquem dimiserint, et proprium et ministerium perdant.

b) possint *c.* c) *ita correxit Boretius;* secundum quod *Pertz;* quod *c.* d) *i. e.:* iam prius ab hominibus nostris; *Boretius:* iam prius a nobis. e) Ceodoldus *c.* f) Forcona *c.* g) *ita c.; fortasse corrig.* excitent; ire faciant *Boretius.* h) qui nominibus *c.;* qui non ii qui remanserit ... tollat et ... eiciat *Boretius.* i) *om. c.; supplevit etiam Baldamus, p.* 42, *n.* 11. k) tollant *c.* l) eiciant c. m) *Baldamus p.* 42, *n.* 13. *vult deleri.*

2) *Cap. Olonn.* 825, *tom. I, p.* 330, *c.* 6. 3) *Praecepta, quibus munus militiae dimittitur, invenias apud Böhmer-Mühlbacher nr.* 895. 900. 1100. 1172. 1177. 1187. 4) *Cfr. autem Cap. Olonn. I.* 825, *tom. I, p.* 326, *c.* 4. 5) *Cfr. Capp. de reb. exercital.* 811, *l. c. p.* 165, *c.* 4. 5; *Cap. miss.* 808, *l. c. p.* 137, *c.* 8; *Cap. miss.* 802, *l. c. p.* 93, *c.* 7. 6) *Cap. miss.* 808, *l. c. p.* 137, *c.* 4. 7) *Cfr. n.* 3. 4. 8) *Cfr. Cap. Olonn.* 825, *l. c. p.* 329, *c.* 1. 9) *Elsch.* 10) *Florentinus? Aretinus? Praeter quos episcopi cognomine Petrus residerunt eo tempore Albae, Imolae, Urbini.* 11) *Asolensis?* 12) *In comitatu Camerinensi, in altera parte ducatus Spoletini; cfr. Wüstenfeld in 'Forschungen z. D. Gesch.' III, p.* 403. 13) *In comitatu Spoletino, qui est altera pars ducatus; cfr. Wüstenfeld l. c.* 14) *Ignotus.* 15) *In Exarchatu et Pentapoli.* 16) *Scilicet* maritimam vel patriae *supra lin.* 1.

866. (4.) Quodsi comes aut bassi nostri aliqua infirmitate [non[n]] detenti remanserint[o], aut abbates vel abbatissae si plenissime homines suos non direxerint, ipsi suos honores perdant, et eorum bassalli et proprium et beneficium amittant. De episcopis autem cuiuscumque bassallus remanserit[p], et proprium et beneficium perdant. Si quoque episcopus absque manifesta infirmitate remanserit, pro tali neglegentia ita emendet, ut in ipsa marcha resideat, quousque alia vice exercitus illuc pergat, in[q] quantum Dominus largire dignatus fuerit[q].

(5.) Et ut certissime sciatis, quia hanc expeditionem plenissime explere volumus, constituimus, ut episcopus, comes aut bassus noster, si in infirmitate incerta[r] detentus fuerit, episcopus quippe per suum missum, quem meliorem habet, comes vero et bassi nostri per se ipsos hoc sub sacramentum affirment, quod pro nulla occasione remansissent, nisi quod pro certissima infirmitate hoc agere non potuissent.

(6.) Omnes enim volumus, ut omni hostili apparatu[17] secum deferant, ut, cum nos hoc prospexerimus et inbreviare fecerimus, non neglegentes appareant, sed gratiam quoque nostram habere mereantur. Vestimenta autem habeant ad annum unum, victualia vero quousque novum fructum ipsa patria habere poterit.

(7.) Fagidis[18] enim quicumque eundo et redeundo commotionem fecerit, vitae incurrat periculum[19].

(8.) Et quia etiam temporis congruentia imminet quadragesimale[20], in quo studenda sunt praecepta Dei, constituimus, ut, quicumque ecclesiam Dei fregerit, adulteria et incendia fecerit, vitae incurrat periculum.

(9.) Quicumque caballum, bovem, friskingas, vestes, arma vel alia mobilia tollere ausus fuerit, triplici lege componat; et liber cum[s] armiscara[21], id est sella ad suum dorsum, ante nos a suis senioribus dirigatur, et usque ad nostram indulgentiam sustineat; servi vero flagellentur et tundantur, et illorum domini, quae ipsi tulerunt, restituant. Quodsi clamor ad seniores venerit et ipsi talia non emendaverint, tunc horum seniores ipsam compositionem faciant et eadem armiscara, quamdiu nobis placuerit, sufficere compellantur[22].

(10.) Et hoc constituimus, ut ex utraque parte iustitia servetur: videlicet nostri sicut circavicini quae necessaria sunt emant[t], vicini autem nullatenus carius quam suis circavicinis vendere praesumant[23].

(11.) Qui vero homicidia indiscrete et praesumptiose fecerit, vitae incurrat periculum.

(12.) Iter enim erit nostrum per Ravennam, exin mediante mense Martio in Piscaria, et omnis exercitus Italicus nobiscum. Tuscani autem cum populo, qui de ultra veniunt, per Romam veniant ad Pontem-curvum[24], inde Capuam et per Beneventum descendant nobis obviam Luceria octavo Kalendas Aprilis.

n) *suppl. Boretius; om. c. et Baldamus p.* 42, *n.* 14. o) aut aliquem excusatum retinuerint *scriptor codicis per imprudentiam add.; cfr. Baldamus l. c.* p) remanserint *c.* q) *ita c.; Pertz haec verba posuit post* expeditionem *c.* 5. r) certa *falso corr. Boretius; cfr. Baldamus p.* 43, *n.* 17. s) *ita legi vult Pertz;* liberum *c.* t) *ita correxi;* emenda *c.*

17) *Cfr. Cap. Aquisgr.* 801—813, *tom. I, p.* 171, *c.* 10; *Karoli ad Fulradum epist.* 804—811, *l. c. p.* 168, *l.* 25 *sqq.* 18) *Id est:* faidosus, fehitus; *cfr. Lex Baiuw. II,* 8, *LL. III, p.* 285, *l.* 34. 35; *Brunner, RG. I, p.* 157. *Minus recte Du Cange et Pertz:* faida. 19) *Cfr. Edict. Rothari* 17. 18, *LL. IV, p.* 15. 16; *Einh. Epist.* 42, *Jaffé, Bibl. rer. Germ. IV, p.* 469. 20) *Initium* 20. *Febr.* 21) *Grimm, Rechts-Altertümer p.* 681; *Waitz, VG. VI, p.* 490; *Brunner in 'Z. f. RG. XXI, germ. Abt.', p.* 28 *sq.* 22) *Cfr. Admon.* 823—825, *tom. I, p.* 305, *c.* 17. 23) *Cfr. Cap. Pap.* 865, *supra p.* 93, *c.* 5. 24) *Pontecorro ad flumen Volturnum.*

219. CAPITULA SINGILLATIM TRADITA HLOTHARIO VEL HLUDOWICO II. ADSCRIPTA.

Caput, quod sequitur, traditum est in uno codice Libri Papiensis, scilicet Ambros. O. 55, ubi inter Hloth. c. 98. et c. 102. positum Hlothario adscribitur. Originis incertae, sed argumento Capitulis Italicis tom. I, p. 217, c. 7. simillimum est. Editionem Alfredi Boretii, LL. IV, p. 589, c. 32, hic repetimus. *(B. deest; P. deest.)*

1. De is vero personis, qui apsque senioribus per diversa loca moram et predaciones faciunt, ministri rei publici eos conpreendere et ad nostram presentiam ducere studeant. Si quis se defendere voluerit et ibidem interfectus fuerit, incompositus iacead[1].

Capitulum annexum Capitulis Papiensibus 855, supra p. 88, nr. 214, tamquam caput quartum legitur in uno cod. Guelferbyt. inter Blankenburg. 130 fol. 131ᵛ, tamen cum illis non coniungendum est. Dicit enim Hludowicus in prologo nr. 214. duo tantum capitula in legem dare se velle, quibus in c. 3. tertium addit capitulum. Tempus et causa originis incerta sunt. Cfr. Böhmer-Mühlbacher nr. 1168.
(B. deest; P. 437, c. 4.)

2. Providimus de Iudeis, ut nullus infra regnum Italicum ultra Kalendas Octobris maneat, et modo eis denuntietur, ut omnes usque ad placitum illud exeant, ubi voluerint, sine ullius contradictione. Quodsi post Kalendas Octobris aliquis inventus fuerit, a quibuscumque comprehendi potest, cum omni [substantia[a]] sua ad nostram deducatur praesentiam.

Subnexa capitulari supra nr. 215. edito et numeris IX. X. praedita leguntur haec capitula in uno cod. Paris. 4613 fol. 98ᵛ, qui exit in numerum XI. Inscriptio eorum haec est: Alio tempore dictus *(*edictus *cod.)* serenissimus Augustus instituere praevidit capitula. *Argumento similia sunt Capitulari Papiensi 850, supra p. 87, c. 4. 5. Quo vero tempore promulgata sint, dici non potest.* *(B. II, 1294; P. 437.)*

3. Si quislibet episcopus vel comes in propria sede vel domos aut villa residet, homines ipsius depraedationes fecerint, messes vel prata defensionis tempore devastaverint et hoc cognitum absque[b] iniusta dilatatione non emendaverit et factori condigna castigatione non inposuerit, ipsum malum, ut lex est, emendare cogatur et insuper quadraginta dies et noctes a vino et carne abstineat.

4. Per viam quoque ad palatium veniens aut rediens cuicumque homines rapinam fecerint et cognito statim non emendaverit et factori condignam castigationem non inposuerit, omnia, que rapta sunt, ut lex est, emendare cogatur[2], et insuper triginta dies et [noctes[c]] carne[d] et a vino abstineat.

---

a) *om. c.; suppl. Pertz.* b) adque *c.* c) *om. c.* d) carnes *c.*

1) *Cfr. Cap. Pap. 850, supra p. 87, c. 3.* 2) *Cfr. Edict. Roth.* 17. 18, *LL. IV, p.* 15 *sq.*

Novissime editum ab A. Boretio, LL. IV, p. 589, c. 35. hoc caput legitur in Libri Papiensis codicibus: 1) olim Veron., nunc Paris. 9656 inter Hloth. c. 105. et Cap. eccles. 818. 819, tom. I, p. 277, c. 7. Hludowico II. adscriptum (cfr. LL. IV, p. LIX, XCI); itemque 2) Vindob. iur. civ. 210. 3) Estensi. Praeterea exstat in 4) cod. Londin. inter Extrav. c. 30, LL. IV, p. 588, et Hloth. c. 102, in quo autem capitulis Hlotharii adnumeratur. Origo incerta est. (B. deest; P. 528, c. 1.)

5. De iudicio autem iudicis ideo tam frequenter rememoramus, quia omnino consuetudinem iudicandi iniuste iudicibus auferre[e] volumus. Sed tantum secundum scripturam iudicent, ut nullatenus audeant secundum arbitrium suum iudicare[3]; sed discant[f] pleniter legem scriptam[4]. De quo autem non est scripta, hoc nostro consilio offeratur*[g].

*) *Cod. 4. hanc formam praebet:* De iudicii consuetudine. Ut consuetudinem iniuste iudicandi iudicibus omnino volumus auferre. Sed tantum ut scriptum iudicent, et nullatenus audeant aliter secundum arbitrium suum iudicare, nisi sit iudicium legibus consentaneum. Sed discant pleniter legem scriptam, et ita iudicent. Quae autem scriptae non sunt, nostro auxilio offerantur.

e) offerre 1. 2. f) dicant *Boretius.* g) habeatur *Boretius; in quibusdam (sc. codicibus) add.* 1—3.

3) *Cfr. Cap. miss.* 802, *tom. I, p.* 96, *c.* 26. 4) *Cfr. Responsa misso data* 801—814?, *l. c. p.* 145, *c.* 2; *Capp.* 801—814, *l. c. p.* 144, *c.* 4.

220. KAROLI II. IMPERATORIS ELECTIO.

876. Febr.

Traditur his libris partim manuscriptis, partim impressis: 1) Muratorii SS. rer. Ital. t. II, 2, col. 149. secundum apographum saec. XVI. 'sumptum ex volumine capitularium et conciliorum', et, cum in synodo Pontigonensi recitata sit (cfr. infra nr. 221. praef.), etiam in actis huius conventus, scilicet 2) cod. Vindob. 501 fol. 117. 3) Sirmondi Concil. ampl. coll. t. III, p. 437 sqq., qui in Operibus Hincmari t. II, p. 834. iuramentum apud Pontigonem praestitum separatim edidit (infra 3b. signatum). 4) Baluzii Capit. t. II, col. 235 sqq. 5) P. Pithoei SS. coëtan. p. 506. 508. 6) cod. Vatic. reg. Christ. 291 fol. 123[v] et, iuramentum scilicet, fol. 123. 7) cod. Vatic. 4982 fol. fere 148. Cod. 2. omittit nomina optimatum et utrumque iuramentum; 3—7. omittunt iuramentum Karoli, quod inscriptum est in 1: Quod rex Karolus iuravit Ansperto archiepiscopo atque optimatibus regni Italici. *Iuramento autem episcoporum et comitum in 1. praeponitur inscriptio:* Iuramentum Ansperti archiepiscopi; *in 3. 4:* Iuramentum Hincmari archiepiscopi et reliquorum procerum; *in 5:* Generale omnium fidelium, *ex quo a G. H. Pertz p. 518 ad conventum apud Gundulfi villam a. 872. habitum minus recte editum est.*

Karolus II., cum a. 876. die nativitatis Domini ab Iohanne VIII. papa imperator Romanorum coronatus esset, Non. Ian. Roma in Franciam profectus mense Februario Papiae magnum procerum Italiae conventum habuit (Ann. Bertin. ad a. 876, ed. Waitz p. 127; v. praefationem Capitularis insequentis). Ibi a parte quadam episcoporum et comitum (cfr. Dümmler, Ostfränk. Reich II², p. 402), quorum nomina subsequuntur, 'protector, dominus ac defensor' electus est. Quo facto imperator et ipse iusiurandum praestitit et omnes optimates, qui aderant, iuramento constrinxit. Nam praeter illam inscriptionem apud Muratorium nihil est, quod probet Anspertum solum aut unum pro omnibus imperatori fidelitatem promisisse. Accedit, quod iuramentum Ansperto addictum ad verbum cum Hincmari aliorumque episcoporum apud Pontigonem facto convenit, et quod Hincmarus in Ann. Bertin., l. c. p. 129, refert electionem imperatoris ab omnibus nobilibus (ab episcopis et ceteris) *Italici regni firmatam esse.* 876.

Acta placiti Papiensis, scilicet et electio et Capitulare insequens, duplicem in formam redacta sunt: altera ad imperatorem, altera ad optimates Italiae respicit. Relatio a partibus imperatoris facta in synodum Pontigonensem translata est (cfr. etiam v. Noorden, Hincmar p. 319, *n.* 1*); forma, quae proceribus maximeque Ansperto, capiti factionis, favet, apud unum Muratorium exstat, qua de causa in actis edendis illum secutus sum.*

(B. II, 235; *P.* 528.*)*

Gloriosissimo et a Deo coronato, magno et pacifico imperatori, domno nostro Karolo perpetuo augusto nos quidem* Ansbertus cum omnibus episcopis, abbatibus, comitibus ac reliquis*, qui nobiscum convenerunt Italici regni optimates, quorum nomina generaliter subter habentur inserta, perpetuam optamus[a] prosperitatem et pacem.

Iam quia divina pietas vos beatorum principum apostolorum Petri et Pauli interventione per vicarium ipsorum, domnum videlicet Iohannem summum pontificem et universalem papam spiritalemque[b] patrem[b] vestrum[c], ad profectum sanctae Dei ecclesiae nostrorumque omnium incitavit[d] et ad imperiale culmen sancti Spiritus iudicio provexit, nos unanimiter vos protectorem, dominum ac defensorem omnium nostrum et** Italici regni regem eligimus, cui et gaudenter[e] toto cordis affectu subdi[f] gaudemus, et omnia, quae nobiscum[g] ad profectum[f] totius sanctae Dei ecclesiae nostrorumque omnium salutem decernitis[h] et sancitis[h], totis viribus annuente Christo concordi mente et prompta voluntate observare promittimus[i].

Anspertus sanctae Mediolanensis ecclesiae archiepiscopus subscripsi. Iohannes sanctae Aretinae ecclesiae humilis episcopus subscripsi. Iohannes episcopus sanctae Ticinensis ecclesiae subscripsi. Benedictus Cremonensis episcopus subscripsi. Theudulphus[k] Tertonensis[l] episcopus subscripsi. Adalgaudus Vercellensis episcopus subscripsi. Azo Eporediensis episcopus subscripsi. Gerardus exiguus in exigua Laudensi ecclesia episcopus subscripsi. Hilduinus Astensis ecclesiae[m] episcopus subscripsi. Leodoinus Mutinensis ecclesiae[m] episcopus subscripsi. Hildradus Albensis ecclesiae[m] episcopus subscripsi. Ratbornus[n] sedis Augustanae episcopus subscripsi[n]. Bodo humilis sanctae Aquensis ecclesiae episcopus subscripsi. Sabbatinus Ienuensis[o] ecclesiae episcopus subscripsi. Eilbertus[p] Comensis episcopus subscripsi. Adelardus servus servorum Dei Veronensis episcopus subscripsi. Ego Paulus sanctae ecclesiae Placentinae[q] episcopus subscripsi. Ego Andreas sanctae Florentinae ecclesiae episcopus subscripsi. Reginerius[r] abbas subscripsi. Signum Bosonis[1] incliti ducis et sacri palatii archiministri atque imperialis missi. Signum Richardi[s] comitis. Signum Walfridi[t] comitis. Signum Liutfridi[u] comitis. Signum Alberici comitis. Signum

*) omnes episcopi, abbates, comites ac reliqui 2—6.
**) et Italici regni regem *om.* 2—6.

a) optant 2. b) *om.* 1. c) nostrum 5. d) invitavit 3—6; invitant 2. e) gaudentes 3. f) subdi ... profectum *om.* 2. g) *om.* 4. 5. h) decernetis et sancietis 4—6. i) Et subscripserunt illi, qui in Italia adfuerunt *add.* 3. 4. k) Teudulfus 3—5. l) Dertonensis 3. m) *om.* 5. n) Ratbornus ... subscripsi *in* 3—5. *posita sunt ante* Leodoinus *l.* 31. o) Ianuensis 1. p) Filbertus 1. q) Placentino 3—5. r) Ragniensis 1; Raginerius 5. s) Ricardi 1. t) Walfredi 1. u) Luitfredi 1.

1) *Cfr. Dümmler, Ostfränk. Reich II*², *p.* 403.

876. Supponis comitis[2]. Signum Hardingi comitis. Signum Bodradi comitis palatii. Signum Cuniberti comitis. Signum Bernardi comitis. Signum Airboldi comitis[v].

Sic promitto ego, quia de isto die in antea isti seniori meo, quamdiu vixero, fidelis et obediens et adiutor, quantumcumque[w] plus et melius sciero et potuero, et consilio et auxilio secundum meum ministerium in omnibus ero absque fraude et malo ingenio et absque ulla dolositate vel[x] seductione[x] seu deceptione et absque respectu alicuius personae, et neque per me neque per missum neque per literas, sed neque per emissam vel intromissam personam vel quocumque modo vel[y] significatione contra suum honorem et suam ac[z] ecclesiae atque regni sibi[a] commissi quietem et tranquillitatem atque soliditatem machinabo, vel machinanti consentiam, neque aliquod[b] umquam scandalum movebo, quod illius praesenti vel futurae saluti contraria[c] vel nociva[c] esse possit. Sic me Deus adiuvet et ista[d] sanctorum[d] patrocinia.

Et[3] ego, quantum sciero et rationabiliter potuero, Domino adiuvante te, sanctissime ac reverentissime archiepiscope, et unumquemque vestrum secundum suum ordinem et personam honorabo, et salvabo, et honoratum et salvatum absque ullo dolo ac damnatione vel deceptione conservabo, et unicuique competentem legem[4] ac iustitiam conservabo, et qui illam necesse habuerint et rationabiliter petierit, rationabilem misericordiam exhibebo, sicut fidelis rex suos fideles per rectum honorare et salvare et unicuique competentem legem et iustitiam in unoquoque ordine conservare et indigentibus et rationabiliter petentibus rationabilem misericordiam debet impendere. Et pro nullo homine ab hoc, quantum dimittit humana fragilitas, per studium aut malevolentiam vel alicuius indebitum hortamentum deviabo, quantum mihi Deus intellectum et possibilitatem [donaverit[e]]; et si per fragilitatem contra hoc mihi surreptum fuerit, cum recognovero, voluntarie illud emendare studebo, sic etc.[f]

v) Acta sunt haec in palatio Ticinensi anno Domini DCCCLXXVI, regni domni imperatoris Karoli, Hludowici augusti piae memoriae filii, in Francia XXXVI, imperii primo, indictione IX. *add.* 3. 4. *ut videtur ex codicibus.* w) quantocumque 3*b*. x) *om.* 3*b*. y) ac 3—5. z) *om.* 1. 3. 4; sanctae 5. a) illi 3—5. b) umquam aliquod 3—5. c) *ita* 1. 3*b*; contrarium ... nocivum *reliqui.* d) *om.* 1; ista sancta 3. e) *om.* 1; *suppleri secundum Karoli iuramentum ad Carisiacum factum.* f) *sc.:* me Deus adiuvet et ista sanctorum patrocinia.

2) *Ibidem II², p.* 251; *III², p.* 20. 3) *Consentit ad verbum cum iuramento Karoli regis ad Carisiacum a.* 858. *praestito et infra edito.* 4) *Cfr. Conc. Leodii hab.* 854, *supra p.* 77, *Hlotharii c.* 3.

---

221. KAROLI II. CAPITULARE PAPIENSE.

876. Febr.

Coniunctum cum electione antecedenti traditum est: 1) *a Muratorio l. c.* 2) *cod. Vindob.* 501 *fol.* 117. 3) *a Sirmondo l. c.* 4) *a Baluzio l. c.* 5) *cod. Vatic. reg. Christ.* 291 *fol.* 123'. 6) *cod. Vatic.* 4982 *fol. fere* 148. *In* 1. *et* 5. *excerpta tantum capitulorum servata sunt; cod.* 2. *exit in medium caput* 13; 3. *omittit subscriptiones procerum.*

Tempus huius capitularis ex ipso apparet; est enim constitutum, ut colligendum est ex ordine synodi Pontigonensis, in qua acta Papiensia confirmata sunt, non ut capitulatio insequens Widonis ante electionem, sed Karolo electo et fide ex utraque parte

promissa. Enarrat enim Hincmarus in Ann. Bertin. ad a. 876, *ed. Waitz p.* 129*:* 876.
In quo conventu ... lecta est electio domni imperatoris ... sed et capitula, quae in palatio Ticinensi constituit et ab omnibus confirmari praecepit, *quocum bene consentit omnes codices et editiones post electionem vel iuramentum capitula praebere.*

(B. II, 237; *P.* 530.)

In[a] nomine Patris et Filii et Spiritus sancti[a]. Incipiunt capitula, quae domnus imperator Karolus, Hludowici augusti[b] piae memoriae filius, una cum consensu et suggestione reverentissimi * ac sanctissimi domini Ansperti archiepiscopi sanctae Mediolanensis ecclesiae necnon* venerabilium episcoporum et illustrium optimatum reliquorumque fidelium suorum in** regno Italico ad honorem sanctae Dei ecclesiae et ad pacem ac profectum totius imperii sui fecit anno incarnationis domini nostri Iesu Christi DCCCLXXVI[c], regni vero sui in Frantia XXXVI, imperii autem sui primo, indictione IX, mense Februario, in palatio Ticinensi.

Cap. 1. Ut sancta Romana ecclesia, sicut est caput omnium ecclesiarum, ita ab omnibus honoretur et veneretur; neque quisquam contra ius et potestatem ipsius aliquid iniuste agere praesumat: sed liceat ei debitum tenere vigorem et pro universali ecclesia pastoralem exhibere curam atque sacris precibus omnium pro omnibus interpellare auctorem.

2. Ut honor domno et spiritali patri nostro Iohanni, summo pontifici et universali papae, ab omnibus conservetur: et quae secundum sacrum ministerium suum auctoritate apostolica decreverit, cum summa veneratione ab omnibus suscipiantur, et debita illa oboedientia in omnibus conservetur[1].

3. Et licet in omnibus id observari[d] velimus, praecipue tamen sanccimus, ut in termino beatorum Petri et Pauli apostolorum principum nemo in eundo et redeundo vel ibi morando aliquam vastationem et depraedationem facere praesumat; et quae ipsius sanctae Dei[e] ecclesiae propria sunt, nemo aliqua iniqua machinatione sine voluntate ipsius sacri pontificis sibi vindicare praesumat[2]. Quodsi quisquam fecerit, restitutis male praesumptis immunitatem[3] ipsius ecclesiae persolvat et bannum nostrum tripliciter componat.

4. Ut ecclesiasticus honor et sacerdotalis atque clericalis reverentia debita competentique sinceritatis religione ab omnibus amplectatur et ab[f] omnibus custodiatur, sicut[g] avi et genitoris nostri monent edicta[g].

5. Ut imperialis honor ab omnibus fideliter observetur; et quae ab eo seu per epistolam seu per legatos praecipiuntur[h], a nullo impune audeant[i] violari.

6. Ut episcopi ministerium suum secundum sacros et sancto Spiritu promulgatos canones peragant, parroechias suas absque alicuius impedimento praedicando, corrigendo et confirmando circumeant; et hoc in agendo nullus eis contraire et, quod ad ministerium illorum pertinet, contradicere in ipsis parroechiis audeat vel eis exinde aliquam molestiam inferat. Sed adiutor, si oportuerit, invitatus a pontifice quisque ecclesiae filius existat[4], ut liceat eis criminalia scelera et alia quaeque cor-

*) *ita* 1; *om.* 2—6.
**) in regno Italico *om.* 2—6.

a) In ... sancti *om.* 3. 6. b) *om.* 1. c) DCCCLXXVII 1—4. 6. 7. d) observare 3. 4. e) *om.* 4. f) in 3. 4. g) sicut ... edicta *om.* 2. h) recipiuntur 2. i) audeat 2.

1) *Cfr. Const. Romana* 824, *tom. I, p.* 323, *c.* 1; *p.* 324, *c.* 9, *quae vero oboedientiam Romanorum tantum statuit.* 2) *Ibidem c.* 2. 3) *Cap. legib. add.* 803, *l. c. p.* 113, *c.* 2. 4) *Cfr. Cap. Mantuan.* 781? *l. c. p.* 190, *c.* 6; *Capp.* 801—813, *l. c. p.* 184, *c.* 1; *Capp. e canon. excerpta* 803, *l. c. p.* 174, *c.* 10; *infra c.* 12.

876. rigenda[k] inquirere, discutere et diiudicare canonice. Quod qui temerare proterve praesumpserit, triplicem legem et triplicem bannum nostrum exsolvat.

7. Ut episcopi secundum sacram iussionem domini nostri Iesu Christi[5] praedicationem per se vel[l] suos congruenter exerceant et presbyteros suos, ut similiter faciant, instruere procurent. Et ut seculares et fideles laici diebus festis, qui in civitatibus sunt, ad publicas stationes occurrant; et qui in villulis et possessionibus sunt, ad publicum officium in plebe[6] festinent. Et nullus latibulosa missarum in suis domibus officia celebrare praesumat sine sui rationali[m] licentia episcopi[7].

8. Ut episcopi in civitatibus suis proximum ecclesiae suae[n] claustrum instituant, in quo ipsi cum clero suo[n] secundum canonicam regulam[8] Deo militant[o]; et sacerdotes suos ad hoc constringant, ut ecclesias suas[n] non relinquant et aliubi habitare praesumant. Sint etiam subiecti proprio episcopo secundum canonicam auctoritatem, nec per contumatiam ab eorum potestate dissiliant[p], neque seculari potestati[q] ad hoc eis[r] commendare se liceat aut eos quilibet recipere audeat, ut[s] contra canonicas leges[9] et debitam episcopi potestatem quodammodo defensentur. Huiusmodi vero sacerdotes episcopalis[t] ilico censura disciplinis ecclesiasticis subdat[r]. Nefas est omnium eorum sollicitudinem episcopos non gerere, quibus in committendis sacris ordinibus dignum visum est communicasse.

9. Ut a[u] domibus sacerdotum propter malae opinionis famam habitatio feminarum penitus tollatur[10]; neque illi in domos earum intrare indiscrete praesumant, ne nomen Dei, quod absit, per illos blasphemetur, per quos laudari pie et iugiter debet. Venationem quoque nullus tam sacri ordinis exercere praesumat neque arma militaria pro qualicumque seditione portare audeat aut habitum quemlibet tantum apicem sacerdotum[v] non decentem assumat[11].

10. Ut res ecclesiasticas, tam mobiles quam et immobiles, nemo invadere vel auferre praesumat; et quae a rectoribus ecclesiae actenus ob timorem vel favorem alicui libellario vel enfiteoticario[w] iure[12] dolose et cum damni detrimento ecclesiae amissae[x] videntur, ad pristinum ius revertantur[13], quatinus liceat illis, quibus earum cura commissa est, quieto et pacifico ordine eas tenere et pro nobis ac regno nobis a Deo commisso orare pauperibusque debita stipendia erogare, familiam ecclesiae iuste et rationabiliter regere et gubernare. Transgressoribus autem indicimus iniuste praesumpta restituere et, sicut superius[14] praefixum est, triplicem legem et triplex bannum nostrum persolvere.

11. Ut decimae conlaborationum[y] et animalium secundum sacra praecepta[15] Domino absque fraude et aliqua retractione offerantur; et in potestate episcopi maneat, qualiter a[z] presbyteris dispensentur canonice[16]. Et ut ecclesias baptismales, quas plebes appellant, secundum antiquam consuetudinem[17] ecclesiae filii instaurent.

k) corrigendo 2. l) per *add.* 3. 4. m) rationabili 3. 4. n) *om.* 3. 4. o) militent 3. 4. p) dissilient 2. q) potestate 2. r) *om.* 2. s) aut 4. t) epistolas 2. u) ad omnibus *corr.* ab omnibus 2; in 3. v) sacerdotii 3. 4. w) enfiteocario 2; emphyteuticario 3. 4. x) amisisse 4. y) conlaborationem 2. z) *om.* 4.

5) *Marc.* 16, 15; *Luc.* 9, 2; *Act. apost.* 10, 42. 6) *Cfr. infra c.* 11. 7) *Synod. Pap.* 850, *infra nr.* 228, *c.* 18. 8) *Regula Chrodegangi c.* 3. 4. 8. 14—19, *Mansi XIV, col.* 316 *sqq.*; *Hinschius, Kirchenrecht II, p.* 50 *sqq.*; *p.* 54. 9) *Cfr. supra p.* 87, *n.* 86; *Hinschius l. c. IV, p.* 789, *praesertim n.* 9. 10) *Relatio* 829, *supra p.* 33, *c.* 12. 11) *Cfr. etiam exempli gr. Synod. Pap.* 850, *infra nr.* 228, *c.* 4. 12) *Pertile, Storia del diritto italiano IV, p.* 285 *sqq.* 13) *Cfr. Capp. Ital. tom. I, p.* 335, *c.* 1; *Cap. Olonn.* 822—823, *l. c. p.* 316, *c.* 1. 14) *Supra c.* 6. 15) *Cfr. exempli gr. Levit.* 27, 30—33. 16) *Cfr. Capp. episcop.* 845—850, *supra p.* 82, *c.* 11. 17) *Cap. Olonn. I.* 825, *tom. I, p.* 327, *c.* 8.

12. Ut episcopi comites et vassos nostros in parrocchia eorum manentes paterno amore secundum ecclesiasticum ministerium diligant; ipsi vero comites et vassalli seu reliqua generalitas praedictos episcopos ut sanctos patres honorent et venerentur, et ad ministerium illorum peragendum, ubicumque potuerint, eos adiuvare decertent[18]. Si vero, quod non optamus, eis infesti, cominus, quae Dei sunt, exercere possint, reperti fuerint aut ipsi contra leges officia sua violaverint et[a] eos, quos venerari debent, inquietaverint[a], secundum capitulare avi et genitoris nostri[19] emendent; qualiter quoque presbyteros ac reliquos gradus honorent, ipsius capitularis forma doceantur. Ipsi nihilominus episcopi singuli in suo episcopio missatici nostri potestate et auctoritate fungantur[20]. 870.

13. Ut episcopi et comites in suis ministeriis commorantes in suis consistant domibus cum suis vassallis neque praesumant occasione ospitii in pauperioris cuiuspiam vicini domo, nisi rogati, commorari[21], quia ob hoc maxime depraedationes et discordias actenus pululasse manifestum est. Praevideant quoque secundum ministerium unusquisque suum, ne in potestate illorum praedae et devastationes fiant. Et si aliqui hoc facere temptaverint, omni[b] sua virtute illis resistant. Et si ipsi per se constringere ad emendationem illos non potuerint, constitutis missis nostris[22] renuntient[23], ut ipsorum iuditio legaliter secundum capitulare avi et genitoris nostri[24] emendent[c]. Quodsi et ipsi hoc emendare nequiverint, ad nostram notitiam perducant.

14. Ut, quoties divinum iudicium aliquem ecclesiae praesulem e saeculo vocaverit, nullus ad suimet perditionem facultates eius invadat, diripiat et ad suos[d] usus[d] transferat[25]; sed erogatariis et eleemosynariis ecclesiasticis cum ipsius ecclesiae constituto oeconomo liberum sit canonico more iuste rationabiliterque deputata successori futuro[e] reservare vel quibuscumque, sicut expedit, pro eius spiritu distribuere. Quod qui iniqua cupiditate transgredi praesumpserit, ut superius[26] praelibatum est, inrefragabiliter multetur.

15. Ut nemo fidelium nostrorum quodammodo aliquem celet, quem nostrum scierit infidelem esse, neque ei sustentationem quamcumque praestare pertentet[27], si eum ad nostram fidelitatem revocare nequiverit. Quicumque autem contra hoc fecerit, praedecessorum et progenitorum nostrorum iudicium experietur.

Ansbertus[f] archiepiscopus subscripsi. Iohannes humilis Aretinae ecclesiae episcopus subscripsi. Adalardus servus servorum Dei sanctae Veronensis ecclesiae episcopus subscripsi. Adalgaudus Vercellensis ecclesiae episcopus subscripsi. Azo Eporediensis episcopus subscripsi. Benedictus episcopus Cremonensis subscripsi. Hildradus Albensis episcopus subscripsi. Gerardus exiguus ecclesiae Laudensis episcopus subscripsi. Iohannes humilis episcopus sanctae Ticinensis ecclesiae subscripsi. Teudulfus Terdonensis episcopus subscripsi. Hilduinus Astensis episcopus

a) et ... inquietaverint *om.* 2. b) omnis 2. c) emendetur 3. d) ius suum 4. e) *om.* 3. f) Ansbertus ... comitis *add.* 4. *ex codice Bellovacensi.*

18) *Supra c. 6; cfr. etiam Conc. ap. Valentian.* 858, *supra p.* 76, *c.* 6; *Pippini Cap. Ital.* 801—810, *tom. I, p.* 209, *c.* 5; *Admonit.* 823—825, *l. c. p.* 307, *c.* 25. 19) *Capitulare illud Karoli et Hludowici deperditum esse videtur; cfr. autem Karoli epist.* 790—800, *l. c. p.* 203. 20) *Cfr. quae disserui in 'Mitteilungen d. Inst. f. österr. GF.' XI, p.* 245 *sq.* 21) *Cfr. Capp. Pap.* 865, *supra p.* 92, *c.* 3. 22) *Mitteilungen l. c. p.* 246 *n.* 23) *Commemoratio* 825, *tom. I, p.* 308 *sq., c.* 2. 3. 24) *Cap miss.* 819, *l. c. p.* 290, *c.* 12; *Cap. de latronibus* 804—813, *l. c. p.* 180 *sq.* 25) *Cfr. Richter, Kirchenrecht ed.* 8. *p.* 1384; *Conc. Roman.* 898, *Mansi XVIII, col.* 226, *c.* 11; *Conc. Trosleian.* 909, *l. c. col.* 302 *sqq., c.* 14; *Cap. miss.* 832, *supra p.* 64, *c.* 11. 26) *Supra c.* 10. 27) *Cfr. Cap. miss.* 802, *tom. I, p.* 92, *c.* 2; *Capp.* 803—813, *l. c. p.* 156, *c.* 2; *Brunner in 'Z. f. RG. XXIV, germ. Abt.', p.* 84.

876. subscripsi. Sabbatinus humilis Ienuensis ecclesiae episcopus subscripsi. Signum Bosonis ducis et missi Italiae atque sacri palatii archiministri. Signum Bernardi comitis. Signum Bodradi comitis palatii. Signum Ricardi comitis. Signum Airboldi comitis. Signum Cuniberti comitis. Signum Supponis comitis. Signum Alberici comitis. Signum item Bernardi. Signum Hardingi comitis. Signum Berardi comitis[f].

---

222. WIDONIS CAPITULATIO ELECTIONIS.

889. Febr.

Edita est a Muratorio primum in SS. rer. Ital. t. II, 2, col. 416. *ex charta Bobiensi eiusdem temporis, cuius specimen ibidem invenias, tum in Antiq. Ital. t. I, col.* 83, *sed ab ipso ex voluntate emendata. Secundum Muratorium charta 'non alium titulum praeferebat, quam sequentem:* Sinodus episcoporum Papiae,' *et utrumque capitulare minus recte continuis numeris coniungebat.*

Episcopi Papiae convenerunt, ut Widonem Berengario, qui inde ab a. 888. *m. Ian. (cfr. Dümmler, Ostfränk. Reich III*[2], *p.* 313*) regnum Italicum obtinuit, duobus proeliis (vide infra n.* 12*) superato regem sibi crearent. Sed non prius electio facta est, quam Wido illa octo capitula, quae episcopi proposuissent, se servaturum pollicitus esset. Ex diplomate quodam Widonis servato apud Tiraboschi, Storia di Nonantula II, p.* 67, *sequitur illum medio mense Februario* 889. *regem electum esse; cfr. Dümmler l. c. III*[2], *p.* 366.

Cum Wido in prologo capitulationis, quamvis rex Italiae nondum esset, tamen nomine regis ac senioris indutus sit, illa mihi videtur esse relatio de his, quae electionem antecesserunt, sed postea demum in hanc formam reducta. Decretum autem electionis, quod dicitur, in quo Wido recte adhuc 'princeps' vocatur, proclamationem statim post electionem populo nuntiandam putare velim. *(B. deest; P.* 554.*)*

Post bella horribilia cladesque nefandissimas, quae meritis facinorum nostrorum acciderunt huic provincie, disponente iura regni huius cum tranquillitate sopitis hostibus suis insigni rege et seniore nostro Widone in aula Ticinensi nos humiles episcopos[a] ex diversis partibus Papiae convenientibus[b] pro ecclesiarum nostrarum ereptione et omnis christianitatis salvatione, quae pene iam ad interitum desolationis inclinata erat, annuente nobis eodem principe in uno congregati sumus collegio ea videlicet ratione, ut his, per quos homicidia, sacrilegia, rapine et cetera facinora perpetrata erant, dignam penitentiam ad capiendam salutem subtractis eis a male cepto negotio per veram confessionem Deo adiuvante imponeremus; ac ne ulterius tantum nefas excresceret aut vires sumere valeret, pastorali provisione et auxilio regio compescendum decrevimus.

1. In primis oramus, optamus operamque damus, ut mater nostra sancta Romana ecclesia in statu et honore suo cum omnibus privilegiis et auctoritatibus, sicut ab antiquis et modernis imperatoribus atque regibus sublimata est, ita habeatur, teneatur et perhenniter custodiatur illesa[1]. Nefas est enim, ut hoc, quae totius corporis ecclesiae caput est[2] et confugium atque relevatio infirmantium, a quoquam

a) *ita SS.*; episcopi *Ant.* b) *ita SS.*; convenientes *Ant.*

1) *Sickel, Privil. Otto I. f. d. Röm. Kirche p.* 105; *p.* 164 *sq.* 2) *Cfr. Cap. antecedens p.* 101, *c.* 1.

temere propulsari vexarive permittatur, presertim cum sanitas ipsius nostrorum 889.
omnium sit salubritas. Ipse quoque summus pontifex a cunctis principibus et christiani nominis cultoribus digno semper veneretur honore debitaque precellat reverentia.

2. Singulorum episcoporum ecclesiae cum suis privilegiis et possessionibus, tam interioribus quam exterioribus, inconvulse et incorrupte absque aliqua sui deminoratione vel quorumlibet pravorum hominum iniusta vexatione permaneant, sicut precepta regum et imperatorum sibi collata continent[3]; rectoresque earum libere pontificalem exerceant potestatem tam in disponendis ecclesiasticis negotiis, quam in comprimendis legis Dei transgressoribus universis[4].

3. Sancimus etiam, ut neque in episcopatibus neque in abbatiis vel senodochiis aut ullis Deo sacratis locis ulla violentia aut novae conditionis gravamina imponantur, sed secundum antiquam consuetudinem omnes in suo statu suoque privilegio perpetuo maneant.

4. Ut sacerdotum omnium et ministrorum Christi unusquisque in suo ordine condigno veneretur honore et reverentia[5] et cum omnibus rebus ecclesiasticis ac familiis ad se pertinentibus sub potestate proprii episcopi quietus et inconcussus permaneat salva ecclesiastica disciplina.

5. Plebei homines et universi ecclesiae filii libere suis utantur legibus[6]; ex parte publica ultra, quam legibus sancitum est, ab eis non exigatur, nec violenter opprimantur; quodsi factum fuerit, legaliter per comitem ipsius loci emendetur, si suo voluerit deinceps potiri honore[7]; si vero ipse neglexerit vel fecerit aut facienti assensum prebuerit, a loci episcopo usque dignam satisfactionem excommunicatus habeatur.

6. Palatini, qui in regio morantur obsequio, pacifice sine depredatione regi deserviant suis contenti stipendiis[8].

7. Hi vero, qui tempore placiti diversis ex partibus conveniunt, nullam pertranseuntes in villis seu civitatibus rapinam exerceant sibi necessaria antiqua consuetudine digno pretio ementes[9].

8. Quicumque ab exteris provinciis adventantes[10] depredationes atque rapinas infra regnum hoc exercere presumunt, hi, cum quibus morantur, aut ad audientiam eos adducant aut pro eis emendent neque eos ulterius in talibus ausis sua potestate defendere audeant; quodsi fecerint, inter excommunicatos habeantur, quousque resipiscant[11].

Preterea, quia gloriosus rex Wido dignatus est nobis promittere conservaturus se prescripta capitula necessitate non minima confecta et, quae in eis continentur, curam habens Deo inspirante suae nostraeque salutis, sicut apertis inditiis iam demonstrat, ideo nobis omnibus complacuit eligere illum in regem et seniorem atque defensorem, quatinus amodo et deinceps illo nos secundum regale ministerium gubernante singuli nostrum in suo ordine oboedientes et adiutores pro posse existamus illi ad suam regnique sui salvationem.

Electionis decretum.

Post obitum recordandae memoriae domni Karoli, gloriosi imperatoris et senioris nostri, quot quantaque pericula huic Italico regno usque in presens tempus super-

3) *Cfr. Capp. Pap.* 865, *supra p.* 92, c. 2. 4) *Cap. antecedens* c. 6. 5) *Ibidem* c. 4. 6) *Supra p.* 100, *iuramentum Karoli.* 7) *Id est:* si suum noluerit amittere honorem; *cfr. Widonis Cap. Pap.* 891, *infra p.* 108, *c.* 3. 8) *Cfr. Lamb. Cap. Ravenn.* 898, *infra p.* 109, *c.* 2. 9) *Capp. Pap.* 865, *supra p.* 92, c. 5. 10) *Widonis auxilia Gallica; cfr. Dümmler, l. c.* III^2, *p.* 367. 11) *Cfr. Widonis Cap. Pap.* 891, *infra p.* 107, c. 1.

889. venerint, nec lingua potest evolvere nec calamus explicare. Ipsis denique diebus quasi ad certum signum supervenerunt, qui pro hoc regno, ut sibi volentes nolentesque adsentiremus, minis diversis et suasionibus inlectos[c] furtive ac fraudulenter adtraxerunt. Sed quia illi superveniente perspicuo principe Widone bis iam fuga lapsi[12] ut fumus evanuerunt nosque in ambiguo reliquerunt tamquam oves non habentes pastorem, necessarium duximus ad mutuum colloquium Papie in aula regia convenire. Ibique de communi salute et statu huius regni sollicite pertractantes decrevimus uno animo eademque sententia praefatum magnanimum principem Widonem ad protegendum et regaliter gubernandum nos in regem et seniorem nobis eligere et in regni fastigium Deo miserante prefigere pro eo, quod isdem magnificus rex divino, ut credimus, protectus auxilio de hostibus potenter triumphavit et hoc non suo virtutis[d], sed totum divinae miserationis[e] providentiae[f] adtribuit, insuper etiam sanctam Romanam ecclesiam ex corde se diligere et exaltare et ecclesiastica iura in omnibus observare et leges proprias singulis quibusque sub sua ditione positis concedere et rapinas de suo regno penitus extirpare et pacem reformare et custodire se velle Deo teste professus est. Pro his ergo et aliis multis eius bonae voluntatis inditiis ipsum, ut prelibavimus, ad regni huius gubernacula ascivimus, eique toto mentis nisu adhesimus seniorem piissimum et regem excellentissimum pari consensu ex hinc et in posterum decernentes.

c) inretitos *Ant.* d) virtuti *Ant.* e) misericordiae *Ant.* f) prudenter *Ant.*; providentia *SS.*

12) *Primum ad Brixiam a. 888. m. Oct.; tum fortasse ad Trebiam fluvium a. 889. initio; cfr. Dümmler, l. c. III², p. 324 sq.; p. 365 sq.*

223. WIDONIS REGIS CAPITULUM SINGILLATIM TRADITUM.

889. Febr.—891. Febr.

Primo in lucem prolatum ab Alfredo Boretio, LL. IV, p. 205, n. 2, ex schedis Iohannis Merkel b. m., legitur capitulum in codicibus: 1) *Vatic.* 1339 *fol.* 142. *et* 2) *Vatic.* 4979 *fol.* 44. *in collectione quadam canonum lib. III, c.* 195. *In qua Widoni regi adscribitur: utrum recte, an non, incertum relinquo. In Widonis quidem legibus minime invenias, quod ad nostrum capitulum respiciat.*

(B. deest; P. deest.)

De clericis, qui in quacumque seditione arma susceperint. Wido rex. De clericis, qui arma baiulant[a] et in suis propriis resident (i. e. habitant), ad ecclesiam seu ad episcopum non militant, negotia secularia agunt, in lege vivant sicut et ceteri Langobardi, tam ipsi quam et filii eorum.

a) baiūlant c.

224. WIDONIS IMPERATORIS CAPITULARE PAPIENSE LEGIBUS ADDENDUM. 891.

891. Mai. 1.

Capitulare ad hoc tempus ex solo Libro Papiensi, LL. IV, p. 559 sqq., notum nunc edimus ex 1) *foliis nonnullis in bibliotheca regia Monacensi nuper repertis et* 2) *cod. Vatic. reg. Christ.* 263 *fol.* 228ᵛ *et* 227ᵛ. *Cod.* 1. *omittit c.* 1. 2. *et* 3. *ex prima parte; cod.* 2. *exit in c.* 6. *in verbum* Inter *et iterum initium capit c.* 9. *a verbis* Si quis. *Cod.* 2. *exhibet hanc inscriptionem:* Incipit Capitula, quas domnus Wido imperator instituit; *Libri Papiensis codices antiquissimi, Ambrosianus scilicet et Londinensis:* Incipiunt capitula, quae domnus Wido imperator addidit in Kalendas Madias (Madii *Lond.*) civitate Ticinensi anno imperii eius primo, indictione IV (VII. *Lond.*). *Quae indictiones quamquam ad annos* 886. *vel* 889. *spectant, neutro tamen anno hoc capitulare editum est. Nam Wido cum a.* 891. *die* 21. *mensis Februarii imperator fieret (Dümmler, Ostfränk. Reich III², p.* 368*), cum in c.* 4. *et praeceptum et palatium suum 'imperiale' nominet, cum capitula secundum codices Ambrosianum et Londinensem 'anno imperii primo' addiderit, non dubium est, quin a.* 891. *facta sint; cfr. etiam Dümmler l. c. III², p.* 370. *Exstat etiam enarratio in Chronic. Benedicti de St. Andrea, SS. III, p.* 713, *quae ad nostrum capitulare referenda est:* In Langobardum gens civitatis Ticine preerat rex nomine Quido ... fecit idem Quido synodum cum episcopis et abbatibus et cum fidelibus Langobardis capitulis legis et in edictis affigi precepit.

Hisce ex verbis et inde, quod in Librum Papiensem receptum est, apparet capitulare esse legibus addendum. (*B. deest; P.* 556.)

Cap. 1. Placuit nobis eciam summopere statuere, ut episcopi et comites uniti sint in suis parocchiis et comitatibus[1] pro pace et salvatione in omnibus operibus[a] suis habitantibus, ita ut nullum praedonem, raptorem vel incestum permittant morari in suis sedibus vel concessis honoribus[2]. Et si intellexerint ex aliqua parte per eorum terminos velle aut debere transire exteros[3] ad istius regni vastationem, obviam eis missos communitorios dirigant, ut pacifice et sine praeda per eorum transeant terram. Vendere autem eis quae necessaria sunt faciant non plus carum, sed secundum usum et consuetudinem terrae[4]. Si vero noluerint adquiescere, sed praedas et rapinas exercuerint, quicquid alteri rapuerint, legaliter cum banno nostro ab episcopo vel[b] comite eiusdem loci emendare cogantur. Quodsi exequi noluerint, statim a loci episcopo excommunicentur. Postea vero si contigerit, ut comes loci populusque terrae super ipsos praedones venerint et eos impedierint et mortui fuerint, neque faida[c] inde crescat, neque compositio aliquando requiratur pro his, qui ibidem occubuerint[5]. Et si comes eiusdem loci hoc adimplere neglexerit, proprio honore privetur. Et si oportuerit et necesse fuerit, ut in suo auxilio vicinum suum advocet comitem, et ille se subtraxerit, similiter proprio privetur honore, et insuper LX[d] solidos ad rege[6] conponat[d].

a) *ita* 2; honoribus *Lib. Pap.* b) et *Lib. Pap.* c) neque *add.* 2. d) XXX libras argenti comiti persolvat *Lib. Pap.*

1) *Cfr. Cap. Pap.* 876, *supra p.* 103, *c.* 12. 2) *Ibidem c.* 13. 3) *Widonis Capit. elect., supra p.* 105, *c.* 8. 4) *Ibidem c.* 7. 5) *Cap. Pap.* 850, *supra p.* 86, *c.* 3. 6) *Multa* XXX *librarum argenti comiti solvenda in Libro Papiensi statuta inferioris aetatis est.*

891. Cap. 2. Quicumque igitur ex laicali ordine, tam liberi quam servi, homines in comitatu commanentes a proprio comite vel a publica parte, id est ab his, qui rem publicam agunt, ammoniti fuerint, si se subtraxerint ab adiutorio sui proprii comitis et eos non adiuvaverint infra ipsum comitatum contra supervenientes in suo comitatu praedones, tertiam partem liberi ex suis mobilibus componant, servi autem XL[e] ictos a propriis suis dominis vapulentur, si tamen probatum fuerit, quod ei denuntiatum fuisset.

Cap. 3. Neque[7] comes neque locopositus eius neque sculdasius ab arimannis suis aliquid per vim exigat, praeterquam legibus constitutum est, sed[f] neque per suam fortiam in mansionem arimanni[g] applicet[8] aut placitum teneat aut aliquam violentiam ei faciat. Si vero de praedictis personis publicis hoc irritum fecerit, honore proprio sive ministerio privetur, et secundum legem emendet.

Cap. 4. Si igitur ex precepto imperiali comes loci ad defensionem patriae[h] suos aerimannos hostiliter properare monuerit aut per se aut per suos missos, si aliquis eorum remanserit exceptis his, quos episcopus in sua elegerit necessitate[9] aut[i] comes dimittere voluerit[10], nisi aliquis sunnis et ceteris inpedimentis, quae legibus continentur, detentus fuerit, widrigildum suum componat[11]. Et hoc nullus comitum aut actor[k] publicus potestatem habeat exigendum[l], nisi missus[m] de palatio imperatoris[12].

Cap. 5. De cartis vero interdicimus nemini licere alienas res praesumtive invadere occasione cartulae ab eo factae, qui vestituram legitimam non habens dinoscitur invasisse. Sed si quis adquisitor extiterit, non ante invadere alienas res, ecclesiae[n] vel cuiuspiam liberi hominis, praesumat, antequam auctor cartulae legali et iudiciali[o] diffinitione eas vendicet, et tunc[p] demum cui vult[p] liberam tradendi habeat facultatem. Et si quis ipsas[q] sine lege invaserit res, non solum ipsas res amittat, sed insuper bannum nostrum componat.

Cap. 6. De cartis[13] etiam vel quibuscumque inscriptionibus[r], quae a[s] quibusdam personis falsae[s] appellantur, statuimus, si notarius vixerit[t] et testes, ut idem notarius cum legitimis sacramentalibus XII simul et cum ipsis testibus, qui in eadem carta scripti sunt, ipsam cartam veram faciat. Similiter et cartae ostensor cum XII sacramentalibus, sicut legitime iurare valeat, ipsam cartam veram et idoneam efficiat. Interpellator[u] autem primum iuret, quod se sciente nil aliud, nisi verissimam in omnibus et iustam rationem exquirat. Si autem notarius se subtraxerit et cartam suo subscriptam nomine idoneam minime potuerit confirmare, nulla ei redemptio concedatur, sed manum propriam amittat; et ostensor ipsius[v] post rerum amissionem widrigildum componat. Et si notarius defuerit et testes supervixerint, ipse ostensor cartae cum ipsis testibus et cum XII sacramentalibus, sex suis propinquis, se[w] septimo[w] et quinque aliis idoneis, ostensis primum duabus aliis cartis manus conlatione[x] ab eodem notario descriptis ipsam tertiam cartam sacramento veram et idoneam faciat.

e) LX *Lib. Pap.* f) *Hic incipit* 1. g) sui *add.* 2. h) suae *add.* 2. i) et 2. k) *om.* 2. *et Lib. Pap.* l) exinde 2. m) cum misso *Lib. Pap.* n) nec de ecclesia vel de 2. o) iudicis *om.* et 2. p) postea de cuius voluerit 2. q) antea re ipsa 2. r) scriptionibus 2. s) *om.* 1. t) supervixerit 2. u) *In litteris* Inter *explicit* 2. v) cartulae *add. Lib. Pap.* w) et ipse sit septimus *Lib. Pap.* x) conlationis 1.

7) *Cfr. Widonis Capit. elect., supra p.* 105, *c.* 5. 8) id est albergat *glossa in cod.* 3. *Libri Papiensis.* 9) *Cfr. Cap. Olonn. I.* 825, *tom. I, p.* 326, *c.* 4; *Cap. miss.* 819, *l. c. p.* 291, *c.* 27. 10) *Cfr. autem Cap. miss.* 819, *l. c.*; *Cap. miss.* 808, *l. c. p.* 137, *c.* 3. 4; *Cap. miss.* 802, *l. c. p.* 93, *c.* 7; *Hegel, Städteverfassung von Italien II, p.* 61. 11) *Cfr. Hlud. II. Cap.* 866, *supra p.* 95, *c.* 2. 12) *Cap. insequens c.* 7; *Cap. miss.* 781—810, *tom. I, p.* 207, *c.* 13; *Cap. Bonon.* 811, *l. c. p.* 166, *c.* 2. 9; *Capp. de reb. exerc.* 811, *l. c. p.* 165, *c.* 6. 13) *Cfr. Cap. Pap.* 856, *supra p.* 91, *c.* 6; *H. Bresslau, Urkundenlehre I, p.* 491.

Cap. 7. Volumus praeterea atque sanctimus, ut, si quilibet[y] homo legitimae uxori suae, dum vixerit, res suas per scriptum ad[z] usumfructum[z] dederit et filios duos vel plures habuerit et unus ex ipsis vel duo mortui fuerint et filios vel filias reliquerint, aequaliter ipsas res, quas usufructuario praedicta uxor habuerit, filii defuncti cum patruis suis, sicut ceteram hereditatem, ita ipsum usumfructuarium dividant. 891.

Cap. 8. Concedimus etiam, ut, sicut mulieres cum viris suis venundare aut donare res suas possunt, ita et commutare valeant ac familiam suam liberam facere.

Cap. 9. Si[a] quis iudicibus nostris in iuditio residentibus minas aut etiam convicia intulerit eosque verbis aut factis turpiter dehonestaverit, widrigildum illi componat, quem leserit. Si vero[a] aliquem ex ipsis iudicibus nostris pro ipso iuditio falsidicos dixerit vel pro ipsa intentione et causa quilibet[b] homo interfecerit, L libras auri optimi componat, medietatem primam heredibus interfecti iudicis[c] et alteram medietatem camerae nostrae.

y) quis liber *Lib. Pap.* z) *Incipit iterum* 2. a) *Hic finis cod.* 2. b) quemlibet hominem *Lib. Pap.* c) iudices 1.

225. LAMBERTI CAPITULARE RAVENNAS.

898.

Capitulare traditum est in codicibus: 1) *Vallicell. A.* 5, *in quo post fol.* 337. *inter acta synodi Romanae anni* 898 *(Mansi XVIII, col.* 221 *sqq.), quibuscum continuis capitulorum numeris (c. XI—XXII) coniunctum est, et synodi Ravennatis (infra nr.* 230*) eodem anno habitae inseritur;* 2) *Vatic. reg. Christ.* 263 *fol.* 230, *qui praebet capita tantum* 9. *med.* — 11; *itemque legitur sumptum* 3) *ex codice Antonii Augustini, apographo codicis Mureti, apud Baronium, Ann. ecclesiast. ad a.* 904. *Capitis* 9. *initium exhibuit* 4) *codex quidam Thuanus nunc, ut videtur, deperditus, cuius cognitionem debemus Baluzio I, praef. p.* 15.

Capitulare nostrum G. H. Pertz non immerito synodo Ravennae a. 898. *habitae (infra nr.* 230*) attribuit. Nam c.* 9. *ita cum Synod. Ravenn. c.* 1. *cohaeret, ut ex concessione ibidem (cfr. praef. ad nr.* 230*) facta editum videatur. Caput* 12. *inde a vocabulo* Propter *ad verbum consentit cum Synod. Pap.* 850, *infra nr.* 228, *c.* 13; *cum praeterea prorsus a tenore huius capitularis abhorreat, dubito, an cum hoc coniungendum sit.*

(B. deest; P. 564.*)*

1. Ut comes inter honores[a] suos ... et[b] rapinam exercens[c] legi subiiciat[1].

2. Ut omnes[b] imperiales homines ad colloquium sive servitium imperatoris properantes suis stipendiis sint contenti[2].

3. Ut nullus comitum arimannos in beneficia suis hominibus tribuat.

4. Ut homines comitum nullatenus in domibus arimannorum resideant[3], sed domos rei publicae instaurent et ibi habitent[d][4].

a) *Inter verba* honores ... et *lacuna in* 1; *fortasse post* suos, *quod praebet* 3, *supplendum est:* violentiam *vel simile; cfr. supra p.* 108, *c.* 3. b) *om.* 3. c) exercitus 3. d) habent 1; resideant 3.

1) *Cfr. Cap. anteced. c.* 3. 2) *Cfr. Widonis Capit. elect.* 889, *supra p.* 105, *c.* 6. 3) *Cfr. Cap. anteced. c.* 3; *Kar. II. Cap. Pap.* 876, *supra p.* 103, *c.* 13. 4) *Cfr. c.* 11.

898. 5. Ut scriptoribus publicis nullatenus interdicatur res arimannorum transcribere[5], si quando eis fuerit opportunum. Quodsi[6] occasione vitandi exercitus aut placiti venditae fuerint et ipsi eas[e] supersederint[f], exigatur ab eis utrumque, sicut ante transcriptionem.

6. Ut ipsi arimanni frequentius, quam in lege statutum[8] est, ad placitum[f] non cogantur nec a comitibus nec a sculdasiis[g].

7. Ut* bandum pretermissi[h] exercitus imperiales solummodo missi exigant[9].

8. Ut pastus imperatoris ab episcopis et comitibus secundum antiquam consuetudinem solvatur[10]. Quodsi novo tempore fiscus comitalis[i] in ius ecclesiasticum concessus[k] est, augeatur stipendium imperiale ab ecclesia, iuxta quod res publicae fuerint minoratae.

9. Ut omnis decimatio[l] episcopis[m] vel his[n], qui hab eis[o] substituti[p] sunt, praebeatur nullusque eam ad suam capellam, nisi forte concessione episcopi, conferat. Quodsi fecisse contigerit, primum legibus[q] subiacebit[r] humanis, postea[s] excommunicatione episcopali[t] constrictus[11], ad ultimum ipsa capella, quae magis contentionem, quam utilitatem aliquam praestat, destruatur.

10. Ut plebes[u] aecclesiasticae[v] nullatenus aut comitibus[w] aut episcoporum[x] vassallis aut ullis[y] laicis in beneficia tribuantur.

11[z]. Ut in domibus ecclesiarum neque missus neque comes vel iudices[a] quasi pro consuetudine neque placitum neque ospitium vindicent, sed in publicis rebus[b] domos restituant[c], in quibus placitum teneant[12], et secundum antiquam consuetudinem hospitentur[d 13].

12. Ut singulae plebes archipresbyterum habeant. Propter assiduam ergo[e] populi Dei curam singulis plebibus archipresbyteros praeesse volumus, qui non solum imperiti vulgi solicitudinem gerant, verum etiam eorum presbyterorum, qui per minores titulos habitant, vitam iugi circumspectione custodiant, et qua unusquisque industria divinum opus exerceat, episcopo suo renuntient. Nec obtendat episcopus non egere plebem archipresbytero, quod ipse eam[f] per se[f] gubernare[g] valeat; etsi est valde idoneus, decet tamen, ut partiatur onera sua, et sicut ipse matrici praeest, ita archipresbyteri[h] praesint plebibus, ut in nullo titubet ecclesiastica solicitudo. Cuncta tamen ad episcopum referant, nec aliquid contra eius decretum ordinare praesumant.

*) *Cod. 3. hanc formam praebet:* Ut bannum missi exercitus imperialis solummodo exigant.

e) pendere *add.* 3. f) ire *add.* 3. g) sculdalisiis 3. h) *ita legendum esse censuit K. Zeumer;* preter missi 1. i) comitialis 3. k) conversus 3. l) ab *add.* 3. m) episcopo 4. n) ei 4. o) eo 3. 4. p) substitutus est 4. q) *Initium textus cod.* 2. r) subiaceat 2. 3. s) quodsi fecisse contigerit *add.* 2. t) episcopalis 2; populi 3. u) blebis 1. v) ecclesiae 3. w) episcopi 2. x) temporum 1. y) ullus 2. z) *Ante c. 1. ponit* 1; *cum c. 10. in unum coniungit* 2. a) iudex 3. b) vicis 3. c) constituant 3. d) *Explicit* 2. e) erga populum *Synod. Pap.* f) eam ... se *om.* 3. g) non *add.* 1. h) presbyteri 3.

5) *Sc.:* ut per cartas tradantur: *cfr. Brunner, RG. d. Urk. I, p.* 331. 6) *Cfr. Hlud. Cap.* 844–850, *supra p.* 78; *Cap. Olonn.* 825, *tom. I, p.* 330, *c.* 2. 3. 7) *Cfr. Memoria Olonn. data* 822–823, *l. c. p.* 319, *c.* 8. 8) *Cap. Wormat.* 829, *supra p.* 19, *c.* 5. 9) *Cfr. Cap. anteced. c.* 4; *Waitz, VG. IV², p.* 577 *sq.* 10) *Cfr. Cap. miss.* 832, *supra p.* 64, *c.* 6; *K. Lehmann, Abhandl. z. german. Rechtsgesch. p.* 78 *sqq.* 11) *Cfr. Synod. Ravenn.* 898, *infra nr.* 230, *c.* 1. 12) *Cfr. Capp. legib. add.* 818. 819, *tom. I, p.* 284, *c.* 14; *Capp. miss.* 813?, *l. c. p.* 182, *c.* 8. 13) *Supra c.* 4; *Cap. Pap.* 850, *supra p.* 87, *c.* 7.

XVI.

ADDITAMENTA AD CAPITULARIA HLOTHARII I. ET REGUM ITALIAE.

840—898.

226. EBBONIS REMENSIS ARCHIEPISCOPI RESTITUTIO. 840.

840. Aug.

Flodoardus in historiae ecclesiasticae Remensis lib. II. c. 20, *SS. XIII, p.* 473, *documentum refert de Ebbonis archiepiscopi, qui anno* 835. *sedem suam relinquere coactus erat (supra p.* 57*), restitutione. Documentum die* 24. *mensis Iunii, paucis scilicet diebus post Hludowici imperatoris obitum, datum apud Flodoardum apparet; sed hic dies falso fortasse ab ipsis episcopis documento inditus est. Vere enim Hlotharius mense Iunio non in Ingelheimensi palatio, sed in Italia versatus et pedetemptim (Nithard. lib. II, c.* 1, *SS. II, p.* 655*) per Galliam in Germaniam profectus est et mense demum Augusto Ebbonem restituit (cfr. etiam Böhmer-Mühlbacher nr.* 1038*).*

(B. II, 341; *P. I,* 374.*)*

In nomine domini nostri Iesu Christi Dei aeterni. Lotharius divina ordinante providentia imperator augustus. Quia confessio delictorum non minus in adversis necessaria est quam in prosperis et cor contritum et humiliatum Deus non despicit, gaudium etiam esse angelorum in coelo super uno peccatore poenitentiam agente non dubitamus, nos mortales in terris eos nequaquam despicimus, pro quibus gaudere angelos in coelo divino testimonio non ignoramus. Accusantes et reprehendentes in excessibus semetipsos divina nos benignitas non condemnare, sed recreare docuit: qui meretricem non solum a legali damnatione eripuit, verum etiam publicanum humiliatum et accusantem se non condemnavit, sed magis iustificando exaltavit; qui non dixit: 'Omnis[1], qui se humiliat, non condemnabitur', sed 'exaltabitur'. Potestatem ergo, quam pro causa nostra raptus perdidisti, repetentibus ecclesiae tuae filiis, presentibus quoque, astantibus ac decernentibus presulibus sedem ac diocesim Remensis urbis tibi, Ebo, restituimus, ut pristino sanctae largitatis apostolicae pallio indutus

1) *Luc.* 18, 11.

840. concordiam atque gratiam divini officii nobiscum humili satisfactione expleta solemni nostra a largitate recipiendo exerceas.

Drogo[2] episcopus assensi. Otgarius[3] archiepiscopus. Hecti[4] archiepiscopus. Amalwinus[5] archiepiscopus. Audax[6] archiepiscopus. Ioseph[7] episcopus. Adalulfus[8] episcopus. David[9] episcopus. Rodingus[10] episcopus. Giselbertus[10] episcopus. Flotharius[11] episcopus. Badaradus[12] episcopus. Hagano[13] episcopus. Hartgarius[14] episcopus. Ado[15] episcopus. Samuel[16] episcopus. Rambertus[17] episcopus. Haiminus[18] episcopus. Ratoldus presbyter vocatus episcopus[19]. Amalricus vocatus episcopus[20] cum caeteris plurimis presbyteris ac diaconis publico assistentibus.

Actum in Engilenheim palatio publico in mense Iunio, VIII. Kalendas Iulii, regnante et imperante domno Lothario caesare, anno reversionis eius primo, successor patris factus in Francia, indictione tertia.

2) *Mettensis.* 3) *Moguntinus.* 4) *Trevirensis.* 5) *Vesontiensis.* 6) *Tarantasiensis.* 7) *Eporediensis.* 8) *Gratianopolitanus.* 9) *Lausannensis.* 10) *Ignotus.* 11) *Tullensis.* 12) *Paderbornensis.* 13) *Bergomensis.* 14) *Leodiensis.* 15) *Valentinus.* 16) *Wormatiensis.* 17) *Brixiensis.* 18) *Cenedensis?* 19) *Strasburgensis.* 20) *Comensis.*

---

227. SYNODUS AD THEODONIS VILLAM HABITA.

844. Oct.

Legitur in codicibus: 1) *Haag.* 1 *fol.* 3v. 2) *Paris.* 4638 *fol.* 143. 3) *Vallicell. N.* 21 *fol.* 6. — *Cum capitula huius synodi in concilii quoque Meldensis anno* 845. *celebrati canones, mutatis sane vel additis verbis quibusdam, recepta sint (cfr. infra), alii quoque codices, qui Meldenses canones continent, ipsa capita praebent, ita Vat. Pal.* 582; *Paris.* 9654; *Vat. reg. Christ.* 980, *qui tamen hic non respiciendi erant.*

De synodi huius origine inscriptio in tribus codicibus praefixa haec refert: Secuntur capitula, quae acta sunt in sinodo secus Teudonis villa habita (habitae 1. 2.) in loco, qui dicitur Iudicium *(Iudiz villa prope Theodonis villam, ut adnotat Sirmondus; Yütz)*, quando tres fratres gloriosi principes, Hlotharius videlicet, Hludowicus et Karolus simul convenerunt anno V. regni Karoli: cui synodo Drogo Mettensis episcopus *(Karoli Magni e concubina quadam filius)* praesedit consensu eorundem regum: quae et ipsi principes ante se fidelesque eorum relecta capitula adprobaverunt et se eadem servaturos auxiliante Domino promiserunt, mense Octobrio, indictione septima. *Ad huius synodi capitula annalium, qui Bertiniani dicuntur, auctor spectat scribens ad annum* 844, *ed. Waitz, p.* 31*:* Mense Octobri idem *(Hlotharius, Hludowicus et Karolus)* penes Theodonis — villam conveniunt, habitoque diebus aliquot amicabili pernecessarioque conloquio, inter se fraternitatis et caritatis iura in posterum non violanda confirmant. Omnes quoque discordiarum satores cauturos sollicitius exsecraturosque, et statum ecclesiarum, imminentibus necessitatibus foedissime rebus dilaceratum, ac personis minus congruis, id est laicis, vulgo contraditum, redintegraturos sese promittunt. *Quae verba omnino concordant cum iis, quae in huius synodi a regibus confirmatae capitulis continentur; capitula ab ipsis regibus deliberata et statuta, in quibus de Karoli Calvi potissimum regno contra hostes defendendo secundum Bertinianos annales actum fuerat* (Unde et ad Pippinum, Landbertum atque Nomenogium pacis gratia missos pariter destinant, ut fratri Karolo oboedientes fideles de cetero

permansuri occurrere non differant; sin alias, eis tempore oportuno viriliter conglo- 844.
bati, eorum infidelitatibus ulciscendis se interminando profecturos pronunciant) *periisse videntur. Cfr. praefat. ad. Conv. ap. Marsnam I, 847. supra p. 68.*

(B. II, 7; P. I, 380.)

Navis sanctae ecclesiae ab exordio suo variis saepe perturbationibus mersa, sed excitato fidelium precibus gubernatore suo Christo nunquam est usquequaque dimersa. Quae quondam etiam, ut nunc videtur, pene conlapsa progenitorum vestrorum studio et devotione est auctore Deo iuxta modum divinitus concessum recuperata. Unde inmensas domino Deo nostro laudes referimus, qui et corda vestra ad intentionem similem excitavit et post vestigia patrum vestrorum, quibus per temporale regnum ad aeternum perveniatis, ire velle docuit et inspiravit. Vestrae nihilominus nobilissimae dominationi multimodas gratiarum actiones rependimus, quia ad ovitandum et vestrum et nostrum periculum et ad communem totiusque populi providendam salvationem bonam et beneplacitam Dei voluntatem subsequi et divinum consilium secundum praeceptum Domini, quo dicitur: 'Interroga[1] sacerdotes legem meam' et 'Interroga[2] patres tuos et adnuntiabunt tibi', a nobis, quamquam indignis, Christi tamen vicariis, quaerere et benigna devotione, velut revera ex ore ipsius Dei, expectare dignamini. Quod humilitatis vestrae supernum donum sancta ecclesia cum tanto gaudio suscipit, ut de vobis etiam in consolatione sua sibi dictum a Domino aptare velit: 'Pro[3] patribus tuis nati sunt tibi filii'; id[a] est[a]: pro istorum[b] progenitoribus, qui te paterno affectu ditaverunt et ampliaverunt ac coluerunt, nati sunt tibi isti filii, qui in te et paterna munera resarciant, recuperent et conservent et te fideli devotione ut bonae indolis adolescentes me super eos intendente eisque manum solacii porrigente tueantur et excolant.

1. His ita premissis, nobilissimi domini, ut cum pace vestra dicamus, quia constat hanc sanctam ecclesiam sanguine Christi redemptam et predecessorum vestrorum[c] multo labore redintegratam ac adunatam atque gubernatam, vestra discordia esse discissam et perturbatam atque afflictam, videtur nobis, si et in praesenti feliciter regnare et in futuro cupitis esse salvi et ab hac eadem ecclesia vobis ad gubernandum commissa, pro qua ex ministerio regali reddituri estis regi regum rationem in die iudicii, tam multiplices ac perniciosas corruptionis pestilentias vultis amovere et vigorem regium ac senioralem[d] et super vestros et super inpugnantes potestatem vestram optatis habere, caritatem illam, quam apostolus docuit, de[4] corde puro et conscientia bona et fide non ficta inter vos studete habere; et quia sic habeatis, et fidelibus et infidelibus vestris omni virtute et puritate curate manifestare, sicut Dominus docuit dicens: 'In[5] hoc cognoscent omnes, quia mei estis discipuli, si dilectionem habueritis ad invicem.' Quae non tantum verbo et lingua, sed potius remota quolibet modo omni occulta nocendi machinatione aut, quod absit, aliena a caritate aperta inpugnatione quocumque quis indiget pro viribus vero[e] consilio et prompto auxilio ab altero adiuvetur, quoniam scriptum est: 'Frater[6], qui adiuvatur a fratre, quasi civitas firma.' Et ita in populum vobis commendatum pro ista, quae hactenus operante per membra sua[f] diabolo versata est, discordia pacem illam disseminate, quam Christus in caelum ascendens fidelibus suis munere magno reliquit dicens: 'Pacem[7] relinquo vobis, pacem meam do vobis', sine qua nemo videbit Deum.

a) ideo 2. b) iustorum 1. c) nostrorum 2. d) seniorale 1. 2. e) *om.* 2. f) a *add.* 2.

1) *Agg.* 2, 12. 2) *Deuter.* 32, 7. 3) *Psalm.* 45, 17. 4) 1. *Timoth.* 1, 5. 5) *Ioh.* 13, 35. 6) *Prov.* 18, 19. 7) *Ioh.* 14, 27.

844. 2. Quia bene nostis ab illo, qui solus merito et[g] rex et sacerdos fieri potuit, ita ecclesiam dispositam esse, ut pontificali auctoritate et regali potestate gubernetur[8], et scriptum esse liquido pervidetis: 'Ubi[9] non est gubernator, populus corruit', et tanto periculosius, quanto anima plus est pretiosa quam corpus, canonum etiam inrefragabilis auctoritas super episcoporum ordinatione et in populi ad custodiendum suscepti[h] vigilantia ac sedium suarum tenaci stabilitate evidentissime praecipiat, ferventissime Dei legatione fungentes monemus, ut sedes, quae vestra discordia ulterius nec nominanda sine sacro episcopali ministerio et sine episcopis viduatae manent, submota funditus peste Symoniacae hereseos[10], sine dilatione iuxta auctoritatem canonicam aut episcopos a Deo datos et a vobis regulariter designatos et gratia sancti Spiritus consecratos accipiant aut, quae suis episcopis quacumque occasione privatae sunt, canonice eos sine aliqua excusatione aut tarditate recipiant.

3. Sacrum quoque monasticum ordinem a Deo inspiratum et ab ipsis apostolis fundatum seu a nominatissimis ac sanctissimis patribus excultum atque per istud imperium a vestris piae memoriae praedecessoribus propagatum et quaedam etiam loca specialius venerabilia contra omnem auctoritatem et rationem ac patrum vestrorum seu regum praecedentium consuetudinem[11] laicorum curae et potestati[12] in maximo vestro periculo et illorum perditione et Dei ac sanctorum non modica ad irascendum provocatione vos commisisse dolemus. Quapropter pro Christo devotissime obsecramus, ut tam magnam offensam et iustam reprehensionem atque periculosam sine exemplo praecedentium[13] praesumptionem ab animabus vestris et a felicitate regni vestri pellatis et loca venerabilia et habitum ac ordinem sacrum eis, qui ad hoc vocati sunt, viris scilicet ex clericali et ecclesiastico vel monastico ordine religiosis seu et in suo sexu feminis Deo dicatis atque devotis et in scola Christi eruditis, ad custodiendum et providendum committatis, qui et quae Dei sunt[14] Deo et quae sunt caesaris caesari reddant. Qui si minus perfecte et in divina religione et in rei publice utilitate profecerint, aut corripiantur aut meliores et utiliores in locis eorum substituantur; et non propter pravorum nequitiam ordo religionis et loca sacratissima eis, quibus licitum non est, committantur; cum manifestissime scriptura demonstret[15] Ozam morte damnatum, qui arcam Domini quasi cadentem relevare voluit, quam vel contingere inlicitum ei fuit.

4. Occasionem etiam et fomitem, unde ordo ecclesiasticus et canonica forma atque monastica religio saepe a longe superiori tempore, cum minus religiosos principes habuit, titubavit et pene conlabens deperiit et iterum, cum devotos et in Dei zelo ferventes principes accipere meruit, resurrectione quadam revixit et vigorem recepit atque sui processus tempore ambulavit, quod non sine gravi dolore[g] et metu ultionis divinae dicimus, in vestri regiminis tempore in destructionem, non in aedificationem, sicut Paulus docuerat[16], accidisse conspicimus. Quod et nostris peccatis, qui dispensatores et pastores ecclesiarum esse debuimus, veraciter inputamus; et eorum, quorum factione res ista adeo male pullulavit et excrevit, alia precedentia peccata hoc meruisse, pro certo auctoritate divina cognoscimus: ut, qui nocebant, sicut scriptum[17] est, nocerent[i] adhuc, et qui in sordibus erant, sordescerent[i] adhuc.

g) *om.* 2. h) suscepta 2. i) noceant ... sordescant 2.

8) *Cfr. Relatio episcop.* 829, *supra p.* 29, *c.* 3. *[K.]* 9) *Prov.* 11, 14. 10) *Cfr. Relatio* 829, *supra p.* 29 *sq., c.* 4. *[K.]* 11) *Cfr. Cap. Mantuan.* 787, *tom. I, p.* 195, *c.* 2; *Synod. Franconof.* 794, *l. c. p.* 76, *c.* 17. *[K.]* 12) *Cfr. Relatio* 829, *supra p.* 38, *c.* 30. *[K.]* 13) *Haec ab episcopis ficta sunt; cfr. Conc. Aquisgr.* 836, *Mansi XIV, col.* 694, *c.* 19; *Waitz, VG. III*², *p.* 433 *sq. [K.]* 14) *Matth.* 22, 21. 15) 2. *Paralip.* 6, 7. 16) 2. *Corinth.* 13, 10. 17) *Apocal.* 22, 11.

Unde Deum gravius ad iracundiam provocarent et sanctos, quos intercessores pro suis peccatis habere debuerant, infensos haberent et sacerdotes ac viros religiosos seu Christi pauperes, quos oratores et reconciliatores sibi de suo promereri necesse fuerat, proclamatores adversum se fieri irritarent et ad cumulum suorum peccatorum etiam illa peccata, unde in conspectu Dei[a] rationem in die terribilis iudicii redderent, et augerent, quae illi commiserunt, qui eadem ipsa peccata per intercessionem fidelissimarum oblationum deleverunt, quas ecclesiasticarum rerum pervasores inconsulte et in perniciem sui sine reverentia abutuntur. Quod ita verum esse, ut dicimus, Dominus protestatur dicens: 'Peccata[18] populi mei comedunt.' Peccata enim populi comedunt, qui contra auctoritatem divinam res ecclesiasticas indebite pervadunt et nec intercessionis ope nec praedicationis consilio vel quocumque divino auxilio pro peccatis eorum, qui eas dederant, laborant nec pio operi, ad quod fides fidelium eas tradiderat, inservire permittunt. De quo periculoso facto vos, christianissimi principes, venerabiliter admonemus et devotissime obsecramus, ut memores salutis vestrae, praesentis scilicet et aeternae, memores etiam largitatis progenitorum vestrorum erga sanctas ecclesias, propter quam feliciter regnaverunt et sibi contrarios superaverunt, memores siquidem, cum quanta religione etiam ante Christi sanguinem et in tempore famis in Aegypto discretione sancti Ioseph apud nefandum regem Pharaonem terra sacerdotalis extitit[19], innumera quoque scripturarum exempla, ut lacte ecclesiae nutriti et scientiae ipsius uberibus sufficienter repleti, ante oculos reducentes tunicam Christi, qui vos elegit et exaltavit, quam nec milites ausi fuerunt scindere, tempore vestro quantotius reconsuite et resarcite et nec violenta ablatione nec inlicitorum preceptorum confirmatione res ab ecclesiis vobis ad tuendum et defensandum ac propagandum commissis auferre temptate: sed ut sanctae memoriae avus et pater vester eas gubernandas vobis fautore Deo dimiserunt, redintegrate[20], et praecepta regalia earumdem ecclesiarum conservate ac confirmate; ne, sicut intentavit Samuhel propheta[21] ad Roboam filium Salomonis in conscissione pallii, praesens regnum, quod absit, vobis patrum labore adquisitum et hereditate relictum a vobis ipse Christus dividat et aeternum regnum, quod promisit, non tribuat. Nec contra Dei faciem iratas hominum facies consideretis; quia, si ad tempus illis displicueritis, cum vos Deo placebitis, in vobis ille, quod promisit, implebit: 'Cum[22] placuerint', inquiens, 'Domino viae hominis, omnes inimicos eius convertet ad pacem'. Quod ut commodius valeatis implere, unusquisque vir ecclesiasticus et intercessionis adiutorium et solacii, quo res publica indiget subsidium, iuxta quantitatem rerum ecclesiae sibi commissae salvo iure, quod exinde divinis dispensationibus debet inpendi, promte et ex animo parare et inpigre, sicut tempore antecessorum vestrorum consueverat, studebit offerre.

5. Et quia sancta ecclesia in area triturae dominicae docta quaedam novit redarguenda, quaedam dissimulanda, quaedam etiam gemenda, usque ad tempus perferenda, perspeximus eo ferventiori zelo, quo maiora corrigenda sunt, vestram potestatem et sacerdotalis consilii auctoritatem quaedam ad praesens ex asse non valere corrigere. Et ideo de canonicorum monasteriis et sanctimonialium, quae sub eadem forma vivere dicuntur, consideravimus, sicut apostolus Paulus dicit, 'secundum[23] indulgentiam, non secundum imperium', ut, si propter imminentem rei publicae necessitatem laicis interim committuntur[24], episcopi providentia, in cuius parroechia consistunt, adiuncto sibi aliquo abbate viro religioso studeatur, qualiter restauratio

18) *Osea* 4, 8. 19) *Genes.* 47, 22. 20) *Cfr. Relatio* 829, *supra p.* 38, *c.* 27. *et Conv. ap. Marsnam I,* 847, *supra p.* 69, *c.* 4. *[K.]* 21) 1. *Reg.* 11, 30. 22) *Prov.* 16, 7. 23) 1. *Corinth.* 7, 6. 24) *Cfr. Conc. Aquisgr.* 836, *l. c. c.* 19. *[K.]*

844. locorum et studium ac custodia officii et religionis atque subsidium temporalis necessitatis in eisdem locis degentibus iuxta qualitatem et quantitatem moderationis adhibeatur et ministretur; et qui eadem loca tenuerint, eis inde, sicut et de aliis christianae religionis negotiis, pro Christi et vestra reverentia obediatur. Quodsi quis non fecerit, provisorum curae erit, ut ad vestram hoc notitiam referant, et vestra dominatio secundum sibi a Deo commissum ministerium pro modo culpae, quae emendanda sunt, corriget[k]. Per loca etiam monastica eiusdem ordinis provisores necesse erit disponere, cum vestra auctoritas eos, qui vices Christi[l] secundum regulam divinitus dictatam in monasteriis agant, studuerit ordinare.

6. Petimus tandem, ut ordo ecclesiasticus, in quibuscumque ei fuerit necesse rigorem salutis humanae exerere, per potestatem vestram et per ministerium ministrorum dominationis vestrae secundum antiquam consuetudinem suum vigorem recipiat; et populi generalitas una cum ecclesiastica devotione iudicium, quod honor regis diligit[25], et iustitiam, qua thronus eius firmatur[26], per dispositionem vestram suscipiat: seu ammonitione atque consilio sacerdotali vestra sublimitas et quisque in quolibet statu vel ordine de rapinis et ceteris, quae discordiae malo acciderunt, praeteritis erroribus penitudinem gerat et Domini reconciliationem expostulet. Quam facile omnis, qui quaesierit, inveniet, si in loco discordiae plantata fuerit caritas, quae cooperit multitudinem peccatorum, cumque potius quam nos in consilio, non nostro sed Dei, adtendatis, qui dixit: 'Qui[27] vos audit, me audit, et qui vos spernit, me spernit. Non[28] enim vos estis, qui loquimini, sed spiritus Patris vestri, qui loquitur in vobis'.

k) corrigantur 2. l) *om.* 2.

25) *Psalm.* 99, 4. 26) *Prov.* 25, 5. 27) *Luc.* 10, 16. 28) *Matth.* 10, 20.

228. SYNODUS PAPIENSIS.

850.

Capitula primo edita sunt a Canisio in Lectionibus antiquis V, 2, p. 674. *secundum codicem quendam Sangallensem. Leguntur praeterea in codicibus:* 1) *Goth.* 84 *fol.* 409[v]. 2) *cod. Guelferbyt. inter Blankenburg.* 130 *fol.* 108. *et* 3) *in foliis nonnullis nuper in bibliotheca regia Monacensi repertis et Clm.* 4683, *ius. can. signatis, in quibus capita* 1—12, *sed valde mutilata exhibentur.*

In cod. 1. *capitula inscribuntur verbis:* Rescriptum consultationis sive exortationis episcoporum ad domnum Hludowicum imperatorem, quod in Papia fuit actum, *quorum in cod.* 3. *tantum exstant:* imperatorem quod in Papia fuit actum. *Quae inscriptio cum capitulis sequentibus minime congruens repetita est e rescripto quodam ad Hludowicum Pium ab episcopis anno* 829. *dato et supra nr.* 196. *edito, additis tantum verbis 'quod in Papia fuit actum'. In cod.* 2. *inscribuntur capitula:* Item alia capitula domni Hlotharii de ordinibus ecclesiasticis, *quae item a codicis scriptore pro more suo inventa sunt.*

Synodus haec Papiensis secundum inscriptionem exeunte anno 850. *ab episcopis Italiae habita est eiusque capitula ad Hludowicum imperatorem directa sunt, ut capitulum quoque decimum sextum docet. G. H. Pertz in codice Gothano episcoporum rescriptum, in Blankenburgensi leges ab imperatore promulgatas contineri putavit, haud dubie autem erravit. In utroque codice eadem omnino forma capitulorum ab episcopis statutorum servatur, quae, si ab imperatore promulgata fuissent, aliter profecto concepta forent.* 850.

(B. deest; P. I, 396.)

Anno[a] incarnationis dominicae DCCCL, indictione XIV, et Hlotharii atque Hludowici piissimorum augustorum tricesimo atque primo, in urbe regia Ticina facta synodus, cui praesederunt Angilbertus Mediolanensis archiepiscopus, Theodemarus Aquileiensis patriarcha et Ioseph venerabilis episcopus[1] atque archicapellanus totius ecclesiae, in qua haec constituta sunt capitula.

Domino[b] glorioso imperatori Hludowico pax et vita, salus et victoria ministretur a Deo patre et domino Iesu Christo.

Cap.[c] 1. Decrevit[d] sancta synodus domesticam et interiorem episcopi conversationem totius reprehensionis[e] atque suspitionis inpenetrabilem fieri debere, ut iuxta apostolum provideamus bona non solum coram Deo, sed etiam coram omnibus hominibus. Oportet igitur, ut cubiculo episcopi et secrecioribus quibuslibet obsequiis sincerae opinionis sacerdotes et clerici assistant, qui vigilantem, orantem, sacra eloquia scrutantem episcopum suum iugiter adtendant eiusque sanctae conversationis testes, imitatores et ad Dei gloriam predicatores[f] existant.

Cap.[c] 2. Statuimus[g], ut non tantum dominicis diebus et precipuis festivitatibus episcopi missas celebrent, set, cum possibile fuerit, cotidiana quoque sacrificia frequentent; nec fastidiant privatim[h] primum pro se, deinde pro consacerdotibus, pro regibus et cunctis eclesiae Dei rectoribus proque his, qui se orationibus ipsorum peculiariter commiserint, et maxime pro pauperibus preces fundere et omnipotenti Deo hostias offerre comitante pia conpunctione et sacrae devotionis affectu, quod magis utique oculte sacrificantibus convenit, ut ipse quoque sacerdos hostia viva fiat et sacrificium Deo spiritu contribulato.

Cap.[c] 3. Placet[i] episcopum moderatis epulis contentum esse suosque convivas ad comedendum et potandum non urgere, quin potius semper se[k] sobrietatis prebeat exemplum. Removeantur ab eius convictibus[l] cuncta turpitudinis argumenta: non ludicra spectacula, non acromatum[m] vaniloquia, non fatuorum stultiloquia, non scurriles admittantur praestigiae; adsint peregrini et pauperes et debiles, qui de sacerdotali mensa Christum benedicentes benedictionem percipiant: recitetur sacra lectio, subsequatur vivae vocis exhortatio, ut non tantum corporali cibo, immo verbi spiritalis alimento convivantes se refectos gratulentur, ut in omnibus honorificetur Deus per Iesum Christum dominum nostrum.

Cap. 4. Ut[n] episcopus omnes affectiones, quae a sancta conversatione et sacerdotali abhorrent officio, poenitus repudiet et non cum canibus aut accipitribus vel capis, quos vulgus falcones vocat, per se ipsum venationes exerceat, equorum quoque mulorumque superfluam curam contemnat preciosarumque vestium cultum et dissolutum ac velut ad pompam compositum vitet incessum. Sit sacerdotis eloquium spiritali sale conditum, non iniuriosis et protervis et coturnosis vocibus tumidum[o].

a) *Haec inscriptio e codice Sangallensi.* b) *Haec inscriptio e codd.* 1. 3. c) *om.* 1. d) Placuit sancta synodo 2. e) inreprehensibilis 2. f) predicationis 1. g) Ut episcopi sepe missas celebrent *rubr. in* 3. h) *om.* 2. i) Episcopum moderatis epulis contentum esse *rubr. in* 3. k) *om.* 1; eis 3. *in loco raso.* l) convictu 2. 3. m) dogmatum 3. n) Ut secularia loca devitet *rubr. in* 3. o) tumidus sit 1.

1) *Eporediensis.*

850. Sit[o] sermo episcopi iuxta evangelium: 'Est[2], est. Non, non'; si quid enixius adfirmandum durae forsitan audientium mentes exigunt, more potius apostolico interponat suae locutioni: 'Deus[3] scit'! aut 'coram Deo'! quam 'per[c] imperatoris gratiam', sicut militantibus seculo iurare celebre est, sua dicta confirmet. Purgetur sane Domino suffragante ab omni levitate atque iactantia dignitas episcopalis, ut[p] omnibus christianis bonae conversationis speculum fieri valeat.

Cap. 5. Ut[q] episcopi canonicas scripturas et sancta dogmata iugi meditatione discutiant et presbiteris ac clericis suis subtilius tractando et disserendo occultos sanctarum litterarum thesauros aperiant; populis vero iuxta ipsorum capacitatem dominicis et festis diebus verbum praedicationis impendere non neglegant. Quodsi quis se deinceps ab hac observatione et ab his, quae superius sunt statuta, subtraxerit, tamquam proprii desertor officii divinis legibus subiacebit.

Cap. 6. Sollicite[r] procurent episcopi, quam diligentiam erga plebem sibi commissam unusquisque presbiterorum gerat; oportet enim, ut plebium archipresbiteri per singulas villas unumquemque patrem familias conveniant[s], quatinus tam ipsi, quam omnes in eorum domibus commorantes, qui publice crimina perpetrarunt, publice peniteant; qui vero occulto deliquerunt[t], illis confiteantur, quos episcopi et plebium archipresbiteri idoneos ad secreciora vulnera mentium medicos elegerint: qui si forsitan in aliquo dubitaverint, episcoporum suorum non dissimulent implorare sententiam. Si vero episcopus hesitaverit, non aspernetur consulere vicinos episcopos et ambiguam rem alterius aut certe duorum vel trium fratrum examinare consensu. Quodsi adeo aliqua obscuritate vel novitate perplexa res fuerit, siquidem diffamatum certae personae scelus est, metropolitani et provincialis synodi palam sententia[u] requiratur, ut illud impleatur apostoli: 'Peccantes[4] publice argue, ut et caeteri metum habeant.' Si autem oculta confessio est, et is, a quo queritur salutis consilium, explicare non sufficit, potest suppresso facinorosi nomine qualitas quantitasque peccati discuti et congruus correctionis[v] modus inveniri. Similiter autem et in singulis urbium vicis et suburbanis et per municipalem archipresbiterum et reliquos ex presbiteris strenuos ministros procuret episcopus habita poenitus in rebus dubiis observatione, quae superius praefixa est.

Cap. 7. Oportet[w] etiam per oppida singula villasque curam gerere presbiteros, qualiter paenitentes inpositam sibi abstinentiae formam custodiant et utrum elemosynarum largitione[x] vel aliis remissionem peccatorum promerentibus piis operibus inserviant et qua cordis contricione vel lamentatione se ipsos afficiant, ut hac consideratione premissa paenitudinis tempus rationabilem possit accipere terminum et vel extendatur, si paenitens neglegenter iniuncta prosectus est, vel brevietur, si desideranter veniae placationem studuit promereri. Reconciliatio vero paenitentum iuxta antiquorum canonum instituta[5] non a presbiteris, sed ab episcopis fieri debet, nisi forte quis in periculo fuerit constitutus et se reconciliari devote petierit. Si episcopus absens fuerit, debet utique presbiter episcopum consulere et sic penitentem eius precepto reconciliare; aliter autem, sicut nec chrismatis confectio vel puellarum consecratio, ita nec penitentum reconciliatio ullatenus a presbiteris fieri debet[y], quia solis episcopis apostolorum vicem tenentibus per manus inpositionem specialiter in

p) in *add.* 2. q) Ut canonicas scripturas discutiant *rubr. in* 3. r) De sollicitudine episcoporum erga plebem *rubr. in* 3. s) *ita* 1. 3; commoneant 2. t) deliquerit 1. u) sententiam 2. v) correctioni 1. 3. w) De cura presbiterorum erga penitentes *rubr. in* 3. x) largitioni 2. y) debebit 1.

2) *Matth.* 5, 37. 3) 2. *Cor.* 12, 2. 3. 19. 4) 1. *Timoth.* 5, 20. 5) *Conc. Eliberit.* 306, c. 32, *Mansi II. col.* 11; *Siricii ep. ad Himer.* 385, *Coustant, Epist. Roman. pontif.* p. 623, c. 3, *Jaffé, Reg. pontif.* I², nr. 255; *Conc. Carthag.* 387, c. 3, *Mansi III, col.* 693. 869; *Conc. Hippon.* 393, c. 30, *l. c. col.* 923. *[K.]*

ecclesia conceditur, quod tunc apostolis ad[z] ipsos Domino dicente concessum est: 850.
'Accipite[6] Spiritum sanctum; quorum remiseritis peccata, remittuntur eis, et quorum retinueritis, retenta sunt'.

Cap. 8. Illud[a] quoque salutare sacramentum, quod commendat Iacobus apostolus dicens: 'Infirmatur[7] quis in vobis, inducat presbiteros, et orent super eum unguentes eum oleo in nomine Domini, et oratio fidei salvabit infirmum, et suscitabit illum Dominus; et si in peccatis fuerit, remittuntur ei', sollerti predicatione populis innotescendum est. Magnum sane et valde appetendum misterium[b], per quod, si fideliter poscitur, et peccata remittuntur et[c] consequenter corporalis salus restituitur[c]. Sed quia frequenter contingit[d], ut aegrotans aliquis aut sacramenti vim nesciat aut minus periculosam reputans infirmitatem salutem suam operari dissimulet aut certe morbi violentia obliviscatur, debet eum loci presbiter congruenter admonere, quatinus ad hanc spiritalem curam secundum propriae possibilitatis vires vicinos quoque[e] presbiteros invitet. Hoc tamen sciendum, quia, si is, qui infirmatur, publicae penitenciae mancipatus est, non potest huius misterii consequi medicinam, nisi prius reconciliatione percepta communionem corporis et sanguinis Christi meruerit; cui enim reliqua sacramenta interdicta sunt, hoc uno nulla ratione uti conceditur. Si autem infirmi qualitas talis est, ut per se ipsum visitandum et unguendum dignum existimet episcopus, ab ipso quam plurimum competenter fieri valet, a quo ipsum chrisma conficitur et cui peccata remittendi officii privilegio potestas concessa est.

Cap. 9. Ex[f] diversis partibus perventum est ad sacram synodum, quod quidam parentum filias suas, cum ad nubilem pervenerint aetatem easque pro suo modulo satis convenienter nuptum tradere possint, diutius, quam necesse est, secum detineant; unde sepe contingit[d], ut in ipsa paterna domo corrumpantur. Fertur et de quibusdam, quod dictu quoque nefas est, ipsos parentes filiarum suarum corruptoribus conhibentiam praebere et natarum suarum lenones existere. Monendi igitur a presbiteris sunt patres familias, ut filiabus suis tempestive nuptias provideant et calorem ferventis aetatis coniugali lege preveniant: primum scientes, quia tales, et si post corruptelam legitimis viris copulatae fuerint, non possunt tamen cum sponso pariter sollemne benedictionis a sacerdote munus percipere; deinde si in eorum domibus tale nefas acciderit, siquidem illis nescientibus pro sola neglegentiae culpa poenitentiae subiciendi sunt, si vero corruptionis turpitudinem ipsi consenserint, maior[g] his[g], qui prohibere debuerant, penitentiae sarcina quam ipsis, qui perpetrarunt, imponenda est; ad ultimum hoc noverint ecclesiasticis sanctionibus esse praefixum, ut nullus publice paenitens usque ad tempus peractae penitentiae coniugium contrahere valeat et hac ratione corruptam filiam non posse coniugio copulari, quousque per publicam paenitentiam et ipsa et parentes, si forte consensisse probati fuerint, reconciliationem et sacri altaris communionem obtinere meruerint.

Cap. 10. De raptoribus vero antiquorum patrum statuta[8] sequentes hoc tenendum censemus, ut, si eas rapuerint, quae cum sponso pariter benedictione sacerdotale initiatae sunt, licet easdem corruperint, abstrahantur tamen ab his et propriis sponsis reddantur. Quae vero vel viduae sunt vel adhuc sponsae non fuerunt et absque ipsarum et parentum voluntate rapiuntur, nihilominus parentibus vel propinquis restituantur et aliis, si voluerint, nubant; nam ipsis, a quibus raptae sunt, legitimae demum uxores nullatenus esse possunt. Ipsos autem raptores eisque auxilium probentes, quamquam anathematizandos antiqui canones precipiant, in ultimo tamen

z) ab ipso 2. a) De infirmis *rubr. in* 3. b) ministerium 3. c) et ... restit. *om.* 2. d) contigit 1. e) quoque 2. f) De puellis in domibus parentum corruptis *rubr. in* 3. g) maioribus 2.

6) *Ioh.* 20, 22. 7) *Iac.* 5, 14. 8) *Conc. Ancyr. c.* 10, *Mansi II, col.* 531.

850. constitutis, si devote postulaverint, sacrae communionis viaticum pro misericordia dandum non negamus. Quodsi aliquis de ordine clericali huiusmodi transgressoribus cooperator extiterit, proprii gradus honore carebit.

Cap. 11. Inveniuntur[h] nonnulli per diversas provincias et civitates habentes possessiones, qui, cum aliquod publice scelus perpetraverint et ab episcopo vel presbiteris loci conventi[i] fuerint, ut penitudinem gerant, ab alterius civitatis episcopo vel presbitero se iam penitentiam suscepisse vel suscipere velle fatentur atque ita sibimet illudentes Deo mentiri conantur. Tales ergo ab episcopo civitatis, in cuius parrochia scelus commissum est, statim communione privati ad agendam penitentiam cogantur. Scribat autem, qui eum communione privaverit, aliis quoque episcopis, in quorum parrochiarum territoriis huiusmodi predia possidet, ut et ipsi rem scientes a sua illum communione removeant, ne forte postmodum per ignorantiam sibi subreptum querantur. Manifesta etenim est[k] aecclesiastica sanctio[9] continens[l], ut, qui ab uno episcopo excommunicatus est, ab aliis ei non debeat episcopis communicari.

Cap. 12. Hoc[m] autem omnibus christianis intimandum est, quia hi, qui sacri altaris communione privati et pro suis sceleribus reverendis aditibus exclusi publicae poenitentiae subiugati sunt, nullo militiae secularis uti cingulo[10] nullamque reipublicae debent administrare dignitatem; quia nec popularibus conventibus eos misceri oportet nec vacare salutationibus nec quorumlibet causas iudicare, cum sint ipsi divino addicti iuditio; domesticas autem necessitates curare non prohibentur, nisi forte propter scelerum, ut sepe fit, enormitatem conscientiae stimulis exagitati et mente perculsi ipsius privatae rei amministrationem implere nequiverint. Qui vero ad admonitionem episcopi seu sacerdotum pro perpetrato palam scelere poenitentiae remedium suscipere noluerint, magis abiciendi sunt, anathematizandi scilicet et tamquam putrida ac desperata membra ab universalis ecclesiae corpore dissecandi; cuiusmodi iam inter christianos nulla legum, nulla morum, nulla collegii participatio est, quibus neque in ipso exitu communicatur, et quorum neque post mortem, saltim inter defunctos fideles, commemoratio fit. Sed si ad hoc inrevocabile[n] iuditium obdurati cordis contemptus trahit, non sine magna tamen examinatione veniendum est, et omnia sacerdoti prius experienda, nec absque metropolitani cognitione et provincialium episcoporum communi iuditio quemlibet anathematizandum esse permittimus.

Cap. 13. Propter[11] assiduam erga populum Dei curam singulis plebibus archipresbiteros preesse volumus, qui non solum inperiti vulgi sollicitudinem gerant, verum etiam eorum presbiterorum, qui per minores titulos habitant, vitam iugi circumspectione custodiant et, qua unusquisque industria divinum opus exerceat, episcopo suo renuntient. Nec obtendat episcopus, non egere plebem archipresbitero, quod ipse eam per se gubernare valeat; quia, et si valde idoneus est, decet tamen, ut parciatur onera sua et, sicut ipse matrici preest, ita archipresbiteri praesint plebeis, ut in nullo titubet aecclesiastica sollicitudo. Cuncta tamen ad episcopum referant, nec aliquid contra eius decretum ordinare presumant.

Cap. 14. Quia non tantum a secularibus personis, immo et ab ipsis presulibus, quod minime decuit, tam virorum quam feminarum monasteria destructa inveniuntur, placuit sanctae[o] synodo, ut ab episcopis primum eorum status recuperationis sumat

h) De his, qui penetentiam se accepisse mentiuntur *rubr. in* 3. i) *ita* 1. 3; commoniti 2. k) *om.* 2. l) continet 2. m) De excommunicatis *rubr. in* 3. n) *Hic expliciunt fragm. Monac.* o) sancta 2.

9) *Cfr. Hinschius, Kirchenrecht IV, p.* 704 *sq.; Capp.* 822, *tom. I, p.* 257, *c.* 1. *[K.]* 10) *Cfr. supra Agobardi cart.* 833, *p.* 57; *Exauct.* 833, *p.* 55, *l.* 28; *Relatio* 829, *p.* 39, *c.* 35; *Cap. Wormat.* 829, *p.* 18, *c.* 3; *Waitz, VG. III²*, *p.* 253; *IV²*, *p.* 675, *n.* 4. *[K.]* 11) *Cfr. praef. ad Cap. Ravenn.* 898, *supra p.* 109. *[K.]*

exordium et omnia monasteria, quae sub episcoporum sunt potestate, protinus re- 850.
staurentur; et, quicumque episcoporum ad venturam sequentis anni Domino propitio synodum monasteria, quae sub sua potestate neglecta fuerant, aliqua ex parte recuperasse repertus non fuerit, excommunicetur.

Cap. 15. Similiter et de synodochiis[12] statuimus, ut, quaecumque in episcoporum sunt potestate, secundum dispositionem eorum, qui ea instituerunt, gubernentur; quae autem sub defensione quidem sunt ecclesiae, set iuxta institutorum decreta per heredes vel pertinentes[p], qui religiosam vitam duxerint, regi debent, procuret episcopus, ut ab eis non neglegantur; et si in aliquo malae tractationis obnoxii reperiuntur, ecclesiasticae subiaceant disciplinae. Quodsi heredes, sive clerici sive seculares, adeo inportune contra maiorum suorum decreta ire temptaverint, ut testatoris institutionem subprimere vel obscurare nitantur et inter se sinodochii substantiam dividere, nuntietur sacratissimo imperatori, ut eius auctoritate huiusmodi transgressorum nequitia coherceatur.

Cap. 16. Suggerendum est beatissimis imperatoribus, quia hi, qui monasteria et sinodochia sub defensione sacri palatii posuerunt, ideo fecisse probantur, quod a nullo melius, quam a summis potestatibus protegenda crediderint, et, si ea contra decreta instituentium personis, quibus non licet, dederint, ipsi inpugnatores efficiuntur, qui propugnare debuerant; et cavendum summopere est principibus, ut, qui a nemine nunc inde iudicantur, ne in futuro iuditio ab omnipotente Deo gravius iudicentur; secundum apostolum[13] etenim horrendum est incidere in manus Dei viventis. Nos vero, qui[q] debitores sumus, ut fideliter annuntiemus, idcirco humiliter suggerimus, quod silere non audemus.

Cap. 17. Omnes christianos scire oportet, quia omnium rerum suarum decimationem Deo fideliter reddere debent et secundum episcoporum dispositionem sacerdotum et reliquorum clericorum usibus ceterisque ecclesiasticis utilitatibus distribuendae sunt. Qui vero eas suo arbitrio et non secundum episcopi dispositionem dispensare conatur, duplicem reatum incurrit: unum, quia dominicam substantiam impie subtrahit, alterum, quia rem sacram sacrilega temeritate violare presumit. Quisquis igitur post admonitionem episcopi et sacerdotum vel decimas dare contempserit[r] vel pro suo arbitrio[s], quibus dandae non sunt, dare[r] presumpserit, tamquam divinarum sanctionum contemptor et temerator sacerdotali est vigore plectendus et a sacrae communionis participatione removendus[14].

Cap. 18. Nulla ratione clerici aut sacerdotes habendi sunt, qui sub nullius episcopi disciplina et providentia gubernantur; tales enim acefalos, id est sine capite, prisca ecclesiae consuetudo nuncupavit. Docendi sunt igitur seculares viri, ut, si in domibus suis misteria divina iugiter exerceri desiderant, quod valde laudabile est, ab his tamen tractentur, qui ab episcopis examinati fuerint et ab ordinatoribus suis commendaticiis litteris comitati probantur[15], cum ad peregrina forte migrare necesse est. Si qui ergo[t] contemptores canonum extraordinarie et inlicite ministrantes et divina sacramenta taliter violantes inveniuntur, primum ab episcopo uterque admoneatur, et vagans scilicet clericus vel sacerdos et is[u], qui eius usurpativo[v] fruitur officio, et si ab hac noluerint se temeritate compescere, excommunicentur. Sed et[s] ille excessus omnino inhibendus est, quod quidam seculares viri presbiteros aut alios

p) parentes 1. q) quia 2. r) contempserit ... dare *om.* 2. s) *om.* 1. t) eorum 2. u) si 2. v) usurpative 1.

12) *Cfr. Cap. miss.* 832, *supra p.* 63, *n.* 1. *[K.]* 13) *Ebrae.* 10, 31. 14) *Cfr. Cap. Kar. II. Pap.* 876, *supra p.* 102, *c.* 11; *Synod. Ravenn.* 898, *infra p.* 124, *c.* 1. *[K.]* 15) *Cfr. Capp. episc.* 845—850, *supra p.* 81, *c.* 8; *Capp.* 802, *tom. I, p.* 110, *c.* 12; *p.* 108, *c.* 2. *[K.]*

860. clericos conductores vel procuratores sive exactores fiscalium rerum vel redituum aut vectigalium constituunt: si quis igitur deinceps huius exorbitationis reus inventus fuerit, uterque excommunicetur, tam ipse, qui constituit, quam ille, qui indigne paruit.

Cap. 19. Quia terribiliter propheticus[16] sermo minatur ad usuram dantem et amplius accipientem in aeternum non esse victurum et non habitaturum in tabernaculo[w] Altissimi nec requieturum in monte sancto Dei, censemus, ut, quicumque haec[x] perpetrasse inveniuntur, si supersunt, a quibus usuras exegerunt, ipsis restituant, quae superhabundantius abstulisse probantur; si autem decesserint, heredibus eorum saltim medietatem refundant aut elemosinis redimant, quod cupiditate deliquerunt. Deinceps vero, qui haec sectari inventus fuerit, si laicus est, excommunicetur, sacerdos autem vel clericus, si ad episcopi admonitionem ab hoc turpi et postifero negotio se non cohibuerit, proprii gradus periculum sustinebit.

Cap. 20. Comperimus, quod ab his, qui secundum mundanas leges[y] viduarum et orfanorum tutelam sibi vindicant, non solum neglegantur, verum etiam aliquotiens opprimantur; quibus ecclesiastica sollicitudine succurrendum censemus. Et si huiusmodi oppressores ad episcopalem admonitionem corrigi voluerint, gratulandum his est: si autem in opstinationis impietate duraverint, suggerendum clementissimo imperatori, quatinus ipse efficacem tutorem eis tribuat, ut et illi remuneratio reddatur a Deo et de inutili silentio sacerdotalis ordo non dampnetur.

Cap. 21. Quidam clericorum vel monachorum peregrinantes per diversas vagando provincias et civitates multiplices spargunt errores et inutiles questiones disseminant decipientes corda simplicium: de his decrevit sancta sinodus, ut ab episcopo loci detineantur et ad metropolitanum deducti discussione aeclesiastica examinentur; et si vanitatis atque iactantiae, non autem utilitatis aut doctrinae causa has inquietudines serere[z] reperiuntur in populis, velut eclesiasticae pacis perturbatores congruenti disciplina macerentur.

Cap. 22. Inventi sunt multi et maxime de rusticis, qui adultas feminas sub parvulorum filiorum nomine in domibus suis introduxerunt, et postmodum ipsi soceri nurus suas adulterasse convicti sunt. Idcirco inhibendum decernimus, ut nulli deinceps inperfectae etatis puero adulta femina iungatur; sed cum ad etatem idoneam adulescentes venerint, tunc legitimo possint conubio copulari[17].

Cap. 23. Quia pestiferas adhuc stirpes et reliquias artis magicae in tantum vigere ad nos perlatum est, ut quaedam maleficae inlicitum amorem aliorum mentibus, aliis vero odium inmittere dicantur, quaedam etiam ita venenariae sunt, ut quosdam peremisse multo populi rumore deferantur, huiusmodi diaboli ministras diligenti examinatione proditas sub acerrima penitentia redigendas statuimus, et in ipso tantum exitu, si tamen prius digna poenitentiae opera fecerint, reconciliandas esse permittimus.

Cap. 24. Omni ratione caret et religioni christianae noxium et contrarium noscitur, ut Iudei a christianis vectigalia exigant aut ullas civiles aut criminales causas inter christianos iudicandi locum habeant[18]; quicumque igitur iudiciariae potestatis super christianos aliquam administrationem Iudeo tractare permiserit, a christiana communione pellatur.

w) habitaculo 1. x) homo 1. y) om. 2. z) asserere 2.

16) *Psalm.* 14, 1. 5. 17) *Cfr. Edict. Langob. Liutpr.* 129, *LL. IV, p.* 161. 18) *Cfr. Waitz, VG. II*², 1, *p.* 270, *n.* 5; *Lex Rom. Visig. Nov. Theod. III,* 2. *cum Interpret., ed. Hänel p.* 256 *sq.; Lex Rom. Raet. Cur. XVII,* 3, *LL. V, p.* 394.

229. IURAMENTUM ROMANORUM ARNOLFO IMPERATORI PRAESTITUM. 896.

896. Febr.

Legitur iuramentum in Ann. Fuld. ad a. 896, *SS. I, p.* 412. *Qui oppugnatione urbis Romae et ingressu Arnolfi regis relatis haec verba praefigunt:* Iam apostolicus *(sc. Formosus papa)* ... regem ... honeste ad basilicam sanctorum principum apostolorum laetificando introduxit, et secundum morem antecessorum suorum imperialem consecrationem coronam capiti imponens, Caesarem Augustum appellavit. Dispositis ibi multimodis rebus, omnis Romanorum populus ad sanctum Paulum cum iuramento imperatori fidem promittentes. Iuramentum vero illud, ne quem lateat, hic inserere proposuimus. *Coronatio autem Arnolfi facta est intra dies* 9—23. *mensis Februarii; cfr. Böhmer-Mühlbacher nr.* 1862 *h.*

Iuro per haec omnia Dei mysteria, quod salvo honore et lege mea atque fidelitate domno Formoso papae[1] fidelis sum et ero omnibus diebus vitae meae Arnulfo imperatori et nunquam me ad illius infidelitatem cum aliquo homine sociabo; et Lantberto filio Agildrudae vel ipsi matri suae ad secularem honorem nunquam adiutorium praebebo et hanc civitatem Romam ipsi Lantberto vel matri eius Agildrudae vel eorum hominibus per aliquod ingenium aut argumentum non tradam.

1) *Cfr. Const. Rom.* 824, *tom. I, p.* 324, *l.* 14.

---

230. SYNODUS RAVENNAS.

898.

Acta huius synodi tradita sunt 1) *ex codice Antonii Augustini, apographo codicis Mureti, apud Baronium, Ann. ecclesiast. ad a.* 904; *praeterea caput* 1. *nobis servatum est:* 2) *apud Baluzium I, praef. p.* 15, *qui praeditum inscriptione:* Item ex legibus Romanis a domno Lamberto imperatore promulgatis capitul. XI. *ex codice quodam Thuano nunc deperdito publici iuris fecit;* 3) *in codice Vallicell. A.* 5. *annexum tamquam caput XXIII. Capitulari Ravennati* 898. *supra p.* 109. *edito.*

Iohannes IX, cum a. 898. *m. Iunio sedem pontificalem obtinuisset, Romae synodum congregavit, quae de restitutione Formosi papae, cuius corpus a Stephano VII. turpissimum in modum contaminatum erat (cfr. Dümmler, Ostfränk. Reich III*², *p.* 427 *sq.), quaereret et tractaret (Mansi XVIII, col.* 221 *sqq.). Paulo post una cum Lamberto imperatore, ut rem Romae inceptam ad finem perduceret (c.* 4) *et cum ipso capitula 'ad robur et munimen sanctae ecclesiae' (Responsio) faceret, in magnum concilium, cui* 73 *episcopi aderant, Ravennam convenit (cfr. Invect. in Romam, ed. Dümmler, Gesta Berengarii p.* 153; *Auxilii in def. ord. lib. I, c.* 8, *ed. Dümmler, Auxilius und Vulgarius p.* 69; *App. ad Auxil. l. c. p.* 95; *Inf. et def. c.* 29, *Mabillon, Anal. vet. p.* 50). *Cuius acta in formam pacti inter imperatorem et papam initi redacta sunt, ita ut in c.* 1—3. *Lambertus papae concessiones praeberet, in c.* 4—10. *Iohannes imperatorem petitionibus (cfr. c.* 5. 7. 8: petimus) *adiret (cfr. Fanta in 'Mitteilungen d. Inst. f. öst. GF.' tom. suppl. I, p.* 111). *(B. deest; P.* 562.)

898. Quia divina inspirante misericordia vestra nobiscum convenit fraternitas, ut nutu sancti Spiritus, qui suis numquam deest fidelibus, communi omnium vestrum consultu, fratres carissimi, ea, quae necessaria sanctae Dei ecclesiae praevidimus, una cum spirituali filio nostro, gloriosissimo videlicet imperatore Lamberto, et vestro sancto collegio, et quae nocivo surculo pullulare conabantur in agro sanctae ecclesiae, canonico sarculo eradicare studeamus, quae capitulatim annotata sunt, si omnibus placent, in conspectu omnium legantur, examinentur et examinata manibus omnium pro futura memoria roborentur, ne ulli umquam sine status sui periculo eadem violare liceat, sed rata et firma in perpetuum consistant ad statum et munimen sanctae Dei ecclesiae, ad salvationem omnium fidelium per Dei misericordiam.

Responsio[a].

Immensas Deo salvatori nostro laudes referimus, qui talem vos suae praefecit ecclesiae eius opportunitatem decernere, ut omne ab ea zizanium eradicare conemini, prout in hac sancta synodo cunctis nationibus apertis declaratur indiciis. Capitula etiam, quae pro generali omnium cautela ad robur et munimen sanctae ecclesiae conscripta sunt, si vestrae placet pietati, legantur, qualiter per ea omnes doceamur, quae observare vel quae cavere debeamus, ne in aliquo a regulis sanctorum patrum, quod Deus avertat, deviare inveniamur.

Capitula[b].

Cap. 1. Si quis sanctorum patrum regulas contempserit et gloriosissimorum imperatorum Karoli[c][1] et Ludowici[2] atque Lotharii[d][3] et Ludowici[4] filii eius[e] de[f] decimis in eorum capitularibus statuta atque sancita[g] non observaverit easque[h] alibi, nisi in baptismalibus ecclesiis absque consensu episcopi dare tentaverit vel retinere praesumpserit[h], et qui dat et qui recipit eisdem[i] constitutis percellatur[5]. Quodsi neque sic correxerit[i], auctoritate et[k] iudicio sanctae sedis apostolicae et[l] sanctione sanctae synodi excommunicationi[l] modis[m] omnibus subiaceat[6].

Cap. 2[n]. Si quis Romanus, cuiuscumque sit ordinis, sive de clero, sive de senatu, seu de quocumque ordine, gratis ad nostram[o] imperialem maiestatem venire voluerit aut necessitate compulsus ad nos[o] voluerit proclamare, nullus eis contradicere praesumat et neque eorum res quispiam invadere vel depraedari aut eorum personas in eundo vel redeundo vel morando inquietare praesumat[7], donec liceat imperatoriae potestati eorum causas aut per nos[p] aut per missos nostros[o] deliberare. Qui autem eos inquietare eundo, redeundo vel morando tentaverit vel eorum quid-

a) *Hanc inscriptionem add. Bar., nescio utrum ex codice sumptam, an fictam.* b) *Addidi secundum supra l. 6. 14 sq.* c) videlicet magni imperatoris *add.* 1. 3. d) necnon *add.* 1. 3. e) quae *add.* 1. f) ecclesiasticis *add.* 1. 3. g) sunt *add.* 1. 3. h) easque ... praesumpserit *om.* 1; et eas alilubi 3. i) eisdem ... correxerit *om.* 1. 3. k) et iudicio *om.* 1. 3. l) et ... excommunicationi *om.* 2. m) mod. omn. *om.* 1. 3. n) Imperator autem ista servanda proposuit *add. Bar. ut videtur sua sponte; sed minus recte, cum iam in c. 1. imperator loquatur; cfr. Fanta l. c.* o) *ita* 1; *Pertz corr.:* vestram ... vos ... vestros ... vestram ... vobis ... vestris ... vestri. p) *ita coniecit K. Zeumer;* personas 1.

1) *Karoli epist.* 790—800, *tom. I, p.* 208, *l.* 26 *sqq.; Cap. Mant. II.* 787, *l. c. p.* 197, *c.* 8; *Cap. Mant. I.* 787, *l. c. p.* 195, c. 11; *Cap. cum episc. delib.* 780—790, *l. c. p.* 189, *c.* 9; *Capp. eccles.* 810—813, *l. c. p.* 179, *c.* 18; *Capp. ad Salz data* 803 - 804, *l. c. p.* 119, c. 2; *Synod. Franconof.* 794, *l. c. p.* 76, *c.* 25. 2) *Cap. Wormat.* 829, *supra p.* 13, *c.* 5; *Cap. eccles.* 818. 819, *tom. I, p.* 277, *c.* 12. 3) *Cap. Olonn.* 825, *l. c. p.* 327, *c.* 9. 4) *Cap.* 850, *supra p.* 84, *c.* 2. 5) *Cfr. Capp. per se scrib.* 818. 819, *tom. I, p.* 288, *c.* 5. 6) *Cfr. Cap. Ravenn.* 898, *supra p.* 110, *c.* 9; *Synod. Pap.* 850, *supra p.* 121, *c.* 17. 7) *Cfr. Capp. singill. trad., supra p.* 97, *c.* 4.

piam rerum auferre, postquam per nostram[o] misericordiam se proclamaverint, imperialis ultionis indignationem incurrat. 898.

Cap. 3. Ut privilegium[8] sanctae Romanae ecclesiae, quod a priscis temporibus per piissimos imperatores stabilitum est atque firmatum, ita nunc a nobis[o] firmetur et diebus nostris[o], sicut condecet, immutilatum servetur et sancta Romana ecclesia mater nostra exaltetur, protegatur ac defendatur, quoad imperii nostri[o] est.

Cap. 4[q]. Ut synodus, quae vestris temporibus in basilica beati Petri apostoli pro nonnullis malis eradicandis *et maxime pro causa domni Formosi sanctissimi* papae acta est[9], vestro imperiali consensu et venerabilium episcoporum et optimatum vestrorum roboretur ac perpetualiter stabilita servetur. Quae non invidiae zelo, sed *rectitudinis gratia canonice peracta.*

Cap. 5. Ut tantae impietates, pro quibus nos ad vos venissemus, quas etiam per territoria nostra vidimus in tractationibus, depraedationibus, incendiis, rapinis et violentiis, a vobis diligentissime inquirantur et, prout necesse est, legaliter emendentur, quoniam tanto dolore perculsi sumus talia contemplantes, quod magis mori cupieramus, quam talia in nostris diebus cernissemus, de quibus, si emendata non fuerint, vos et nos a summo iudice distincte quaeremur. Ideo petimus et per Christum dominum adiuramus, ut talia impunita non dimittatis.

Cap. 6. Ut pactum[10], quod a beatae memoriae vestro genitore domino Widone[11] et a vobis piissimis imperatoribus iuxta praecedentem consuetudinem factum est, nunc reintegretur et inviolatum servetur.

Cap. 7. De locis autem atque rebus, quae in eodem pacto continentur, praecepta[12] nonnulla illicita facta sunt, quae petimus, ut in eadem synodo terminentur, et quae non recte facta praecepta sunt, corrumpantur.

Cap. 8. Ut patrimonia seu suburbana atque massae et colonitiae necnon civitates, quae contra rationem, quasi per praecepta[12] largita sunt, petimus, reddantur, ipsaque ...[r]

Cap. 9. Vestrae igitur maiestati non manet[s] incognitum, qualiter illicitas coniunctiones Romani et Longobardi simul et Franci contra apostolicam et imperialem voluntatem facere praesumpsere in territoriis beati Petri apostolorum principis: petimus, ut, sicut a vestris antecessoribus imperatoribus prohibitum[13] est, ne quoque modo fierent, ita amodo vestro augustali decreto omnimodis prohibeantur et synodaliter, ne amodo ac deinceps fieri tententur, in perpetuum firmiter statuatur atque firmetur.

Cap. 10. De hoc sane prae omnibus condolemus, quia ad tantum apostolicum culmen gratia Christi provecti, cum ecclesiam Domini salvatoris, quae Constantiniana vocatur, destructam cerneremus, direximus pro illius aliqua restauratione ad trabes incidendas, sed qui directi sunt a nobis, quae necessaria erant, ob[t] malitiosorum hominum infestationem facere nullo modo valuerunt. Super quibus omnibus, carissime fili, videte nobiscum, et quantum sit indecens quantamque violentiam sancta mater Romana ecclesia sit passa, medullitus considerate, et ut amodo et deinceps vestro imperiali studio ad optatum vigorem perducatur, sicut dilectissimus eius filius et imperator sublimissimus, operam date. Sed hoc scire vos volumus, quoniam sancta

q) Pontifex his subicit ista *add. Bar. ut videtur sua sponte.* r) *Verba exciderunt;* corrumpantur *vel similie supplendum est.* s) maneat *corr. Goldast, Const. tom. III, p.* 297. t) ab 1.

8) *Infra c.* 6. 9) *Conc. Roman.* 898, *Mansi XVIII, col.* 221 *sqq.; cfr. Dümmler l. c. III²,* p. 426 *sqq.* 10) *Supra c.* 3. 11) *Cfr. Widonis Capit. elect.* 888, *supra p.* 104, c. 1. 12) *Non iam exstare videntur.* 13) *Cfr. Hlud. II. Cap. Pap.* 850, *supra p.* 86, c. 1. 2; *Cap. miss. Wormat.* 829, *supra p.* 16, c. 10.

898. Romana ecclesia tantum est ad nihilum deducta, quod et eleemosynae, quae pauperibus pro sospitate vestri imperii distribui solebant, et stipendia clericorum ac famulorum eius omnimodis sunt evacuata; pro quibus vero ad stabilitatem imperii vestri magis vos oportet cum vestris fidelibus prudenter tractare, ut, sicut praediximus, alicui restaurationi ipsius, quae nimium est afflicta, operam detis.

Quia vestra omnium fraternitas concordi voce sibi placere profitetur, quae Christi Dei nostri gratia inspirante praefiximus, hortamur, ut secundum debitam solicitudinem commissae sibi a Deo ecclesiae curam unusquisque vestrum agere studeat et gregem Christi sanguine redemptum bonis exemplis ac salutaribus documentis instruat habens semper prae oculis illum tremendum iudicem, qui suum sacratissimum sanguinem pro omnibus fudit, ut, cum ante ipsius tribunal steteritis, unicuique vestrum dicat: 'Euge[14] serve bone et fidelis, quia super pauca fuisti fidelis, supra multa te constituam: intra in gaudium domini tui.' Cumque Deo auxiliante ad propria veneritis, ieiunium indicite, litaniam celebrate rogantes et obsecrantes pium et misericordem Dominum, ut furorem mitiget, iram a populo avertat, pacem tribuat, schismata et seditiones comprimat, discordiam auferat, retroacta peccata tergat et miserando aboleat; quatenus indultis omnibus delictis misericordiam rogantibus largiatur et ad protectionem et exaltationem sanctae suae ecclesiae spiritualem filium nostrum, excellentissimum scilicet imperatorem Lambertum, conservet et superbarum gentium illi colla subiiciat sua potenti dextera Iesus Christus dominus noster, cui est cum Patre et Spiritu sancto honor et gloria in saecula saeculorum. Amen.

14) *Matth.* 25, 23.

---

231. BERENGARII PROMISSIO ANGILTRUDAE DATA.

898. Dec. 1.

'Legebatur membrana autographam amplectens sponsionem, qua cum ipsa Ageltrude pacem statuebat Berengarius, assuta diplomati', quo imperatrici possessiones confirmavit (Böhmer nr. 1307*), deposito in archivo monachorum Casinensium sancti Sixti Placentini. Ex quo in lucem protraxit Muratorius, Antiq. Ital. tom. VI, col.* 339*, cuius editionem hic repetimus.*

Diploma illud et promissio facta sunt a. 898. *die* 1. *mensis Decembris, postquam Lamberto imperatore mortuo Berengarius rex totius Italiae declaratus est; cfr. Gesta Berengarii lib. III, v.* 287—298, *ed. Dümmler p.* 125*; Liutprandi Antap. lib. I, c.* 43, *SS. III, p.* 386. *(B. deest; P.* 565.*)*

Promitto ego Berengarius rex tibi Ageltrudae, relicta quondam Widoni imperatoris, quia ab hac ora et deinceps amicus tibi sum, sicuti recte amicus amico esse debet. Et cuncta tua praeceptalia concessa a Widone seu a filio eius Lamberto imperatoribus[1] nec tollo nec ulli aliquid aliquando tollere dimitto iniuste.

1) *Cfr. Forschungen z. D. Gesch. X, p.* 275 *sqq.; Böhmer nr.* 1270. 1271. 1281. 1284.

232. CAPITULA INCERTA.

Capitula, quae sequuntur, tradita sunt in codicibus: 1) *Chisiano F. IV,* 75, *fol.* 59. 2) *Cavensi* 22, *fol.* 210, *in quo propter folium antecedens excisum c.* 1. 2. *desiderantur;* 3) *Holkham.* 210, *ex quo edita sunt ab Augusto Gaudenzi, Antica compilazione di diritto romano et visigoto, p.* 206, *c. XXVI. XXVII;* 4) *Vatic. reg. Christ.* 263, *fol.* 230. 5) *Ambros. O.* 55, *in cuius fine et capite foliis perturbatis exstant, cfr. LL. IV, p. LIV. Capiti primo in cod.* 5. *praefixa est inscriptio:* In nomine domini incipit capitula, quas singulas regibus vel imperatoribus institutum est; *capitibus* 2—4. *in cod.* 1*:* Ex codice monachorum sententia; *in cod.* 4*:* Ex codice nemocanonum; *in cod.* 5*:* Ex codico et nom̃. canonum sententia.

Capitula nostra non inter capitularia numeranda esse probavit A. Boretius, Capitularien im Langobardenreich p. 188 *sq.: Caput primum est Nov.* 20. *constitutionum Sirmondicarum, valde corrupta sane et mutilata, quam vero G. Hänel sumptam ex Appendice Iuliani Epitomes Novellarum ab illa collectione iuris Romani separavit et edidit 'Corpus legum' p.* 241. *Unde c.* 2—4. *fluxerint, dicere non possum; Gaudenzi l. c. p.* 33. *coniecit esse originis Visigoticae et orta in concilio quodam Hispano. Sed dubito, an canones concilii cuiusdam sint, cum multa poenitentiae desideretur. Caput* 2. *simillimum est capiti* 16. *supra p.* 63. *ex codice Paris.* 4613 *edito.*

(B. deest; P. 191, *c.* 2. 3.*)*

1. Dum[a] relegissemus aliquibus capitulis ex Romanis legibus in novella Iustiniani invenimus scriptum inter cetera de constitutione Theodosii imperatoris et Valentiniani augusti ad Albinum[b] praefectum[a].

Ut[c] nullus audeat episcopos, presbyteros, diaconos accusare. Audemus quidem sermonem facere sollerter[d] plus sermone[e] de sanctis ac venerabilibus sacerdotibus[f] vel levitis[g] omni timore[h], quibus omnis terra inclinat caput. Tamen adhuc[c] audivimus perfidiam in Urbem[i] ad Deum vivum aut[k] impium nomen[k] fieri. Sed si quis ausus[l] aut temerarius legi[m] ecclesiae vel clero[n], per quem omne[o] pollet imperium, iniuria[p] audere voluerit et[p] si accusationem seditior[q] persona fuerit[r] reposita[s] poena fisco nostro id[c] est[c] centum pondi auri et centum pondi[c] argenti inferre[c] cogatur[c] et sic cum actoribus[t] ecclesiae causam dicat. Si vero infirmior fuerit persona, prius cogitet animo suo perfido, et sic aut accuset, aut[u] iniuriam faciat[u], aut[v] criminis causam dicat. Numquam obrecto[w] patrimonio nostro[x] nescio[y] qua perfidia attemptare adsuevit[z] militantes[x] in palatio Christi terrae[a] curiae obduci[b] iussimus[c] manus eius implumbari[d]. Si autem voluerit[e] superscripta[f] degere vita[g], nihil[h] sit[i] cura ecclesiae catholicae[k].

a) Imperator Theodosius et Valentinianos augustus albino prefecto 3. b) Virum *Hänel.* c) *om.* 3. d) sollito plus timore capiti de sanctis *Haenel.* e) sermonem 3; sermones 4. f) et secundis sacerdotibus *add. Haenel.* g) et eos cum *addendum est.* h) *adde:* nominare. i) urbe *Haenel.* k) *pro:* et imperium nostrum. l) ausu 1. m) legis 3. 4. n) clerus 1; clerico 3; *Haenel.* o) nomen 3. 4 nostrum *Haenel.* p) *om. Haenel.* q) *pro:* ditior; seditiosa 3. r) protulerit *Haenel.* s) repouat poenam 3. t) auctore 3; auctoribus 4. u) aut ... faciat *om.* 3. v) et *Haenel.* w) ob recto 4; obtrectator 3; obrepto *Haenel.* x) nostro ... militantes *om.* 4*;* recipiatur *add.* 3. y) enim quae 3. z) audeant *Haenel.* a) terrenne 3; arre cure 4. b) obducit 1. 4; hinc adduci *Haenel.* c) et *add. Haenel;* enim illi *add.* 3. d) implum dari 1. e) noluerit 4. f) suprascripta 3; liberam *Haenel.* g) vitam *Haenel.* h) illi sint curae *Haenel.* i) sit cara ecclesia catholica 3; si aura 4. k) De obnoxiis vero, si qui ambulaverint cum episcopo vel cum presbytero vel etiam diacono sive in platea, sive in agro, sive in quolibet loco, nullo pacto eos retineri vel adduci iubemus, quoniam in sacerdotibus ecclesia constat. Dat. XV. Kal. Ian. Ravenna Theodosio XIII. et Valentiniano III. AA. Coss. *add. Haenel.*

2. Si quis percusserit sacerdotem, id[l] est presbyterum sive diaconum, decretum est, ut det poenam auri libras X, id est solidos DCCXX[m][1].

3[n]. Si quis[o] percusserit subdiaconus et defensorem ecclesiae, det[p] poenam auri[p] libras V, hoc[q] est solidos CCCLX[q][r].

4[n]. Si[s] quis lectorem percusserit, det[p] poenam auri[p] libras III[t], hoc[u] est solidos CCVI[v].

l) id est presbyterum *om.* 3. m) DCCCCXX 4. n) *Cum c. 2. in unum coniunctum in* 1. 3. o) autem 3. p) componat auri 3. q) hoc ... CCCLX *om.* 3. r) CCXL. 2. 4. s) Quod si lect 3. t) V 3. u) hoc *reliqua om.* 3. v) CCIII 4.

1) *Cfr. autem Cap. legib. add.* 803, *tom. I, p.* 113, *c.* 1. *et praef. ad Concil. de cleric. percuss. l. c. p.* 360.

XVII.

PACTA ET PRAECEPTA VENETICA.

840–927.

PRAEFATIO AD PACTA ET PRAECEPTA VENETICA.

Regum et imperatorum Germaniae illos, qui Italiam quoque in potestate sua tenuerunt, et reges Italiae indigenos cum Venetis pacta fecisse, satis constat. Ex quibus vero usque ad aetatem Ottonis I. tria tantum nobis servata sunt, Hlotharii I. scilicet a. 840, Karoli III. a. 880, cuius praefationem vero infra conferas, Berengarii I. a. 888. Sed non dubium est, quin pactum Hlotharii iam alia antecesserint aliaque secuta sint. Nam in ipso prius Ravennae initum allegatur (c. 2), 'pactum anterius' nominatur (c. 23), verba fiunt de renovando pacto (c. 5), quod in quinque tantum annos ratum erat (prologus p. 131, l. 5). Accedit, quod traditum est iam Karolum Magnum cum Venetis pactum esse. Cuius pactio, ut Fanta in 'Mitteilungen d. Inst. f. öst. GF.' tom. suppl. I, p. 77 sqq. demonstravit, quem hic sequimur, a. 812. 813. effecta et exemplar omnium pactorum posteriorum habenda est, quam decessores Karoli Magni iam iamque ad verba fere omissis sane quibusdam vel additis repetiverunt (Fanta l. c. p. 68 sq.). Hoc pactum Karoli Magni pro parte (Fanta l. c. p. 92) ex illo ortum est, quod Liutprandus rex Langobardorum cum Paulutio duce Veneciarum intra annos 714–719. fecerat (Fanta l. c. p. 85 sq.; p. 89) et in nr. 233. quoque c. 26. allegatur. Quae vero sit summa pactorum et quo modo paulatim mutata sint, ex ipsis apparet et eis, quae exposuit Fanta in commentatione saepe laudata.

Pacta ipsa ita composita sunt, ut primo in c. 1–8. vicissim rex vel vicini Venetorum (c. 1. 2. 6) et ipsi Veneti (c. 3–5. 7. 8) promissa et constitutiones faciant, deinde sequuntur capitula, quae utrasque partes obligent (c. 9–23), denique illa, quae a partibus regis statuta sunt (c. 24–32; Fanta l. c. p. 104 sq.). Quae tamen portiones haud ita accurate distinctae sunt. Nam in ea, quae capita 9–23. comprehendit, ubi pleraque quidem apte personaliter ex persona unius partis dicta occurrunt (statuimus c. 11; parti vestre c. 13; partibus vestris c. 20), unum autem caput integrum (c. 17) insertum est, quod unam tantum partem constringat. Inter capita vero 24–32. unum est (c. 31), quod utramque partem obliget. Qua de causa verisimile est ad exemplum cartarum commutationis, de quibus cfr. Brunner, RG. d. Urkunde I. p. 19, pactorum quoque duplex exemplar confectum esse, qua re dictator in pacto formando inductus est modo hunc, modo illum dicentem introducere.

Praeter pacta, quae reges pro vicinis Venetiarum in prologo nominatis inierunt, sua sponte Venetis possessionum confirmationes vel praecepta dederunt. Quorum nobis non tradita sunt nisi Hlotharii I. a. 840, *Hludowici II. a.* 856, *cuius pactum intra annos* 847—851. *factum deperditum est (Fanta l. c. p.* 69*), Karoli III. a.* 883, *Widonis a.* 891, *Rudolfi* 924, *Hugonis a.* 927, *quae aeque ac pacta aliud ex alio transformata sunt. In illa praecepta gradatim singula quaedam statuta ex pactis transsumpta sunt, ita ut confirmationes Widonis, Rudolfi, Hugonis locum pacti tenerent.*

Ut perspicuum sit, quae ratio inter transscriptum diploma et genuinum sit, ea, quae derivata sunt, minoribus typis imprimi curavimus.

In diplomatibus edendis opera et auxilio Pauli Kehr v. cl. usi sumus, qui collationes nobiscum communicavit et textus ipsos ex parte paravit.

---

233. PACTUM HLOTHARII I.

840.

Legitur in 1) *Libro blanco fol.* 7, *nr.* 1, *qui nunc servatur in archivo rei publicae Venetiarum, olim in archivo Viennensi, praeditum hac inscriptione:* Pactum inter Lotharium imperatorem et dominum Petrum ducem Venecie pro firma pace habenda inter aliquas civitates et loca ducatui Venecie propinqua; 2) *cod. Trivisano fol.* 39 *ibidem servato. Praebent codices textum continuo scriptum (cfr. quae dixit Sickel in DD. I, p.* 478*); quo vero melius allegari possit, in capitula distinxi singulisque numeros uncis inclusos addidi. Cum Pacta Karoli (PK.) et Berengarii (PB.) nostram pactionem ad verbum fere repetant, ipsa in textu parando adhibuimus. Cfr. Böhmer-Mühlbacher nr.* 1033.

(B. deest; P. deest.)

In nomine domini nostri Yesu Christi Dei eterni. Anno incarnationis domini octingesimo[a] quadragesimo Lotarius[b] divina ordinante providentia imperator augustus, anno imperii eius vigesimo sexto, octavo kal. Marcii, Papie civitatis palatio, hoc pactum suggerente ac supplicante Petro[c] gloriosissimo duce Veneticorum inter Veneticos et vicinos eorum constituit ac describere iussit, ut ex utraque parte de observandis hiis constitutionibus sacramenta dentur et postea per observationem harum constitutionum pax firma inter illos perseveret. Vicini vero Veneticorum sunt, ad quos huius pacti ratio pertinet: Histrienses, Foroiulienses[d], Cenetenses[e], Tarvisanenses, Vincentenses, Montessilicenses[1], Gavalenses[2], Comaclenses[3], Ravenenses, Cesentenses[f], Ariminenses, Pisaurenses, Fanenses[4], Senogalenses[g], Anconenses, Humanenses[5], Firmenses[h][6] et Pinenses[7], quibus locis vel presenti tempore constituti sunt vel in futuro constituti fuerint, maiores atque minores. Quos constituit ipse imperator, ut[i] cum Petro duce Veneticorum et cum ipso populo Veneticorum, id est[k]: cum habitatoribus Rivo[8] alto, castro[l] Olivoli[9], Amorianas[10], Madamauco[11], Albiola[12],

a) octogesimo 1. b) Lotharius 2. c) pro 1. d) Forouilenses 1. e) Centenses 1. f) Cesenetenses 2. g) Senogallienses 2. h) Fermenses 1. i) *ita correxi secundum Pactum Ottonis I, DD. I, p.* 480; et 1; *om.* 2. k) idem 1. l) castro Helibolis 1.

1) *Monselice.* 2) *Gavello, prope ad urbem Mirandola.* 3) *Comacchio.* 4) *Fano.* 5) *Umana.* 6) *Fermo.* 7) *Penne.* 8) *Rialto.* 9) *Castell Olivolo in urbe Venetiis.* 10) *Murano, prope ad Venetias.* 11) *Malamocco, ad meridiem Venetiarum.* 12) *Palaestrina; cfr. Amati, Dizionario corographico dell' Italia I, p.* 165.

Cluia[l*][13], Brundulo[14], Fossiones[m][15], Lauretum[16], Torcelo[17], Amianas[18], Buriano[19], 840.
Civitate nova[20], Fines[21], Equilo[22], Caprulas[23], Gradus, Caput Argeles[24] et cum omnibus hiis locis habitantibus, tam episcopis ac sacerdotibus quam[n] et[o] primatibus seu reliquo populo, et cuncta[p] generalitate ad ducatum Venetie pertinentibus[q] hoc pactum observare deberent per annos constitutos numero[r] quinque, ut nulla malitia nec lesio inter partes proveniat; et[s] si, quod absit, aliquod[s] malum inter partes commissum fuerit, secundum pacti huius seriem emendare et iustitiam conservare ad invicem repromittunt.

(1.) Et si excursus in finibus vestris Veneciarum factus fuerit, persona ipsa[t], que in capite fuerit ad eandem malitiam fatiendam, intra sexaginta dies parti vestre tradatur[u], et omnia, que fuerint [ablata[v]], in duplum restituantur; et si ipsum duplum vobis non composuerimus, aut si personam ipsam manibus vestris non dederimus infra sexaginta dies, pro unaquaque persona, que ipsam[w] malitiam perpetraverit, auri solidos quingentos componamus.

(2.) Et volumus, ut omnes homines vestros, postquam pactum anterius factum fuit Ravenne[25], qui ad nos confugium fecerunt, si eos invenire potuerimus, ad partem vestram restituamus.

(3.) Similiter repromittimus vobis, ut homines christianos de potestate vel regno dominationis vestre[26] scientes non emamus nec venundamus nec pro quolibet ingenio transponamus, ut captivitatem paciantur aut eos suus dominus perdat; sed neque aliquem christianum alicubi[x] qualibet occasione transponamus ad hoc, ut propterea in potestate paganorum deveniat[27]. Et si invenerimus, quod aliquis eos in ducatibus nostris adduxerit, modis omnibus ad partem vestram reddamus, qui ipsa mancipia christiana adduxerit venundanda[y], et omnia, que secum adduxerit, ipse, qui eos adprehenderit, habeat concessa[28].

(4.) De captivis vero, si inventi fuerint in ducatibus nostris: ipsas personas, que ipsos captivos transposuerint, cum omnibus rebus et familiis ad partem vestram reddamus; et si hoc factum non fuerit, tunc prebeat sacramentum iudex loci illius, ubi ipsa mancipia requiruntur, cum quinque electis, quales pars vestra elegerit, quod ea mancipia illuc[z] non fuissent suscepta nec inde transposita.

(5.) Et hoc spondimus, ut, quicumque post renovationem huius pacti ad[a] nos confugium fecerint[b], cum[c] rebus eorum[c] parti vestre reddantur.

(6.) Si autem aliqua[d] scamera[29] aut hostis vel qualiscumque persona per fines nostros contra vos ad vestram lesionem vel ad vestra loca venire temptaverit et ad

l*) Clugiae 2. m) Susciones 1. n) qua 1. o) *om.* 2. p) cuncte generalitati 1. q) pertinente 1. r) numerum 1. s) *ita PK. PB.;* et si quid aliquid 1; et si aliquod 2. t) *ita PK. PB.;* personam ipsam *codd.* u) tradantur *codd.* v) *suppl. ex PK.;* om. *codd.* w) ipsa malitia perpetravit 1. x) *ita PK. PB.;* alicui 1; aliqui 2. y) venundandam 1. z) illic 1. a) ad nos *om.* 1. b) *ita PB.:* fecerit *codd.* c) cum ... eorum *om.* 1. d) *ita PK.;* aliquas *codd.*

13) *Chioggia.* 14) *Brondolo.* 15) *Fossone.* 16) *Loreo, ad orientem Adriae urbis.* 17) *Torcello, ad septentrionem Venetiarum.* 18) *Erat insula Venetiarum.* 19) *Burano.* 20) *Cfr. Stumpf, Acta imperii inedita p.* 37, *nr.* 30: in terminationem Civitatis nove, que vocatur Heracliana. *Eraclea ad ostium Plavis fluvii sita erat; cfr. Amati, l. c. III, p.* 534 *sq.* 21) *Fine, hodie non exstat; erat autem sita prope ad Equilium; cfr. Amati, l. c. p.* 710. 22) *Equilio vel Iesolo erat usque ad a.* 1466. *episcopatus; hodie Cavazuccherina; cfr. Amati l. c. p.* 533. 23) *Caorle.* 24) *Cavarzere ad oppidum Rovigo; cfr. Amati, l. c. II, p.* 817. 25) *Cfr. Fanta l. c. p.* 68 *sq.* 26) *sc. Hlotharii; Fanta l. c. p.* 104 *sq.* 27) *Cfr. Cap. Mantuan.* 781?, *tom. I, p.* 190, *c.* 7. 28) *Ad exemplum huius capitis in pacto anteriore deperdito Sicardi pactio cum Neapolitanis a.* 836. *facta c.* 3, *LL. IV, p.* 218, *composita est; cfr. Fanta l. c. p.* 93. 29) Id est spia, spio, explorator *Gloss. ad*

840. nostram[e] pervenerit notitiam, mox sine aliqua tarditate vobis nunciabimus[f], ita ut per nos nullam lesionem habeatis[30].

(7.) Et[31] hoc statuimus ut, quandocumque[g] mandatum domini imperatoris Lotharii clarissimi augusti vel missorum eius nobis[h] nuntiatum fuerit, inter utrasque partes ad vestrum solatium navalem[i] exercitum contra generationes Sclavorum, inimicos silicet vestros, in quo potuerimus, solatium prestare debeamus absque ulla occasione[32].

(8.) Spondimus quoque, ut nullum inimicorum, qui contra vos vestrasque partes sunt vel fuerint, nos, qui modo sumus vel qui fuerint, adiutorium ad vestram lesionem faciendam prebere debeamus sub quolibet ingenio infra hoc spatio pacti.

(9.) Si enim furtum inter partes [factum[k]] fuerit, in quadruplum[33] restituatur[l].

(10.) Si[34] servi aut ancille infra hoc spatium inter partes confugerint[m], cum omnibus rebus, quas detulerint secum, reddantur, et iudex, qui ipsos fugitivos reddiderit, pro unoquoque singulos auri solidos recipiat, sic tamen ut[n], si amplius requiritur, per sacramentum ydoneum dominis illorum satisfactum fiat[o]. Si[35] vero iudex ipsos fugitivos susceperit et eos reddere negaverit et exinde aliud[p] confugium fecerint, pro unoquoque fugitivo auri soldi[q] septuaginta duo componantur.

(11.) Et hoc statuimus de fugitivis, de quibus constat, ad quos[r] iudices vel loca ipsi fugitivi fugerint: quodsi dubium fuerit[s] et denegaverit[t] iudex vel auctor[t*] loci illius, in quo liberi et servi requiruntur, tunc prebeant[u] sacramentum duodecim electi, quod ibi nec suscepti fuerint nec illos habeant nec in conscientia eorum sint[u] nec aliquas res eorum secum habuerint[u]. Si autem hoc distulerit facere, post primam et secundam contestationem[36] presentia [testium[v] peractam] per iussionem iudicis sui liceat eum pignerare hominem de ipso loco, ubi causa requiritur, ita tamen ut ipsum pignus post peractam iustitiam in integro reddatur[37].

(12.) Et nullatenus liceat alicui per alia loca pignus accipere, nisi ubi fugitivi aut causa requiritur, ibi[w] pigneretur: et si pigneratio pervenerit, [non[x] presumat alia pars pro pignere aliam pignerare[38], sed expectet ad audiendum, ita sane ut cause in sex mensium spatio fiant et sint finite cause, reddens prius, quod ex iuditio condempnatus fuit[x]], et pignus suum recipiat. Si autem infra sex menses post-

e) *ita PK. PB.;* vestram *codd.* f) nunciamus 1. g) *ita PB.;* quodcumque *codd.* h) *ita PK.;* vobis *codd.: cfr. Fanta l. c. p.* 74. i) novali 1. k) *suppl. ex PK. PB.; om. codd.* l) *ita PB.;* restituantur *codd.* m) *ita PK. PB.;* confugerit *codd.* n) *om.* 1. o) sit 2. p) alium 1. q) *ita PK.;* soldos 1; solid. 2. r) *ita PB.;* vos *codd.* s) fuerint 1. t) *ita PK. PB.;* denegaverint *codd.* t*) *lege:* actor. u) *ita PB.;* prebent, sit, habuerit *codd.* v) test. peract. *suppl. ex PB.; om. codd. et PK.* w) *ita PK. PB.;* aut *codd.* x) *Verba* non ... fuit *suppl. ex PB.; in codd. et in PK. errore scribae omissa sunt.*

Lib. Pap. Roth. 5, *LL. IV, p.* 293; *Comment. ad Lombardam I,* 1, *ed. Anschütz p.* 15; *cfr. Osenbrüggen, Strafrecht der Langobarden p.* 44 *sq.* — *Aliter Gloss. Matrit.* 4, *l. c. p.* 651: Scamara. Id est furtum; *Gloss. Car.* 102, *l. c. p.* 655; *Gloss. Vatic.* 84, *l. c.; J. Grimm, RA. p.* 635.

30) *Haec ad verba fere recepta sunt in Sicardi pactionem, l. c. p.* 218, *c.* 1; *cfr. Fanta l. c. p.* 93. 31) *Fanta l. c. p.* 74 *sq. demonstravit hoc capitulum ex anteriore quodam pacto Karoli Magni sumptum videri.* 32) Excusatione *in Pacto Berengarii, infra nr.* 238, *c.* 7. 33) *In iure Romano, Inst. Iust. IV,* 1, § 5, *quadruplum in manifesto tantum furto restituendum est.* 34) *Desumptum ex Edict. Roth.* 264, *LL. IV, p.* 64, *quocum ad verba fere consentit; cfr. Fanta l. c. p.* 90. — *Sicardi pact., l. c. p.* 219, *c.* 6. *haud dubie ad nostrum caput comparatum est; cfr. Fanta l. c. p.* 93. 35) *Cfr. Edict. Langob. Liutpr.* 44 *l. c. p.* 127; *Capp. per se scrib.* 818. 819, *tom. I, p.* 287, *c.* 1; *Pippini Cap.* 782—786, *l. c. p.* 193, *c.* 9. 36) *Edict. Roth.* 245, *l. c. p.* 60. *post tertiam demum contestationem pignerationem concedit; cfr. Wach, Arrestprocess I, p.* 30 *sq.* 37) *Cfr. Edict. Roth.* 252, *sub fine, l. c. p.* 62; *Liutpr.* 108, *l. c. p.* 151. 38) *Quod hodie 'Gegenpfändung' vocamus.*

posuerit[y] ipse iudex aut alia persona, que[z] pignus tulit, iuditium habere, post 840.
transactos illos sex menses in duplum iudex loci illius omnimodo ipsa pignera reddat. Nam si quis de alio loco pignus tollere[a] presumpserit aut sine causa tulerit vel aliquem [pro[b]] pignere pignerare presumpserit, in duplo, quod tulerit, restituat[39].

(13.) Si vero equi vel eque aut armentum aut aliqua quadrupedia fuerint ablata aut semetipsa aberraverint[c], modis omnibus parti vestre reddantur. Quodsi post primam et secundam contestationem minime reddita fuerint, tunc proveniat[d] pigneratio de loco, ubi hoc requiritur, usque dum pars parti satisfatiat; et post satisfactionem ipsa pignera reddantur.

(14.) Et hoc stetit, ut, si fugitivi seu[e] res reddite fuerint et per sacramentum satisfactio adimpleta fuerit, modis omnibus pars parti sive reddendi sive iurandi securitatem fatiat.

(15.) Si quis vero infra hoc spatium[f] pignerare presumpserit excepta memorata capitula causam perdat, et quod tulerit restituat.

(16.) Negocia[g][40] autem inter partes liceat dare, quod inter eos convenerit vel invenire potuerint sine aliqua violentia aut contrarietate exceptis ab[h] aliis, ita ut equa conditio utrarumque partium negociatoribus, in quibus fuerit, conservetur.

(17.) De ripatico vero et transituris[i] fluminum stetit, ut secundum antiquam consuetudinem debeamus tollere per portus[k] nostros et flumina et nullum gravamen vel violentiam fatiamus; et si factum fuerit [et[b]] ad nostram notitiam pervenerit, ab eis fatiamus exinde iustitiam facere. Et homines vestri licentiam habeant per terram ambulandi vel flumina transeundi, ubi voluerint; similiter et homines nostri per mare.

(18.) Sed et hoc convenit, ut, si qua lesio inter partes evenerit, legatarii inter partes non detineantur, sed securi ad propria redeant; similiter epistolarii, si detenti fuerint, relaxentur et componantur eis solidi[l] trecenti; et si, quod absit, occisi fuerint, componantur parentibus eorum pro ipsis solidi[l] mille, et ipsa persona tradatur in manibus illorum[41].

(19.) Si[42] quis inter partes causas habuerit, vadat semel vel[m] bis cum epistola iudicis sui et, si ei iustitia minime facta fuerit infra dies quatuordecim, si ipse homo, unde iustitia[n] requiritur, infra ipsum locum fuerit, infra dies septem licentiam habeat pignerare iudicem[43], qui in ipso tempore ordinatus fuerit, infra casam suam, quantum ipsum debitum fuerit; et ipsum pignus salvum sit usque ad supranominatas noctes. Et si ipsum pignus antesteterit, componantur solidi XII causa manente, ut inantea iterum pigneratio[o] fiat, ubi potuerit in fines, ubi causa requiritur; sic tamen ut, ubi iuditium ambabus partibus denuntiatum fuerit resedentes duo de utraque parte de loco, ubi causa requiritur, et quod ipsi per evangelia determinaverint, pars parti satisfatiat.

y) *ita Fanta l. c. p.* 125. *bene coniecit;* proposuerit *codd. PK. PB.*. z) *ita PB.;* qui *codd.* a) tulere 1. b) *suppl. ex PK. PB.; om. codd.* c) aberraverit *PK. PB.;* alienaverit *codd.* d) *ita PK. PB.;* proveniant pignera vel 1; proveniat pignera 2. e) se 1. f) spatio 1. g) *ita PB.;* negocii *codd.* h) *om.* 1. i) transituras 1. k) portos 1. l) solidos 1. m) *ita PK. PB.; om.* 1; et 2. n) iustitiam 1. o) *ita PK. PB.;* pignerationo *codd.;* non *add. codd. et PK., quod deest in PB. et Sicardi pactione l. c.*

39) *Edict. Roth.* 248, *l. c. p.* 60; *Liutpr.* 15, *l. c. p.* 114. 40) *Fanta l. c. p.* 94. *putat hoc et insequens caput transformatum esse in Sicardi pactione c.* 5. 13, *LL. IV, p.* 219 *sq.* 41) *Cfr. Edict. Langob. Liutpr.* 20, *l. c. p.* 117. 42) *Compositum ex Edict. Langob. Liutpr.* 27, *l. c. p.* 119 *sq., quocum ad verba fere partim consentit; cfr. Fanta l. c. p.* 91. — *Receptum est in Sicardi pactionem l. c. p.* 219, *c.* 8; *Fanta l. c. p.* 94. 43) *Cfr. Wach l. c. p.* 26 *sq.*

840. (20.) Addimus[44] etenim: si quis homicidia[p] perpetraverit stante pacto, modis omnibus partibus vestris ligati tradantur, quanti in ipso homicidio mixti fuerint; et si distulerit[q] eos tradere, pro[r] unaquaque persona componat auri solidos CCC. Et si aliquis[s] in silva pignerationem facere voluerit, sic fiat sine homicidio; et si, quod absit, homicidium factum fuerit in libero homine, componat pro ipso solidos CCC et pro servo solidos quinquaginta[45]; et si plage peracte fuerint in libero homine, componat solidos quinquaginta et pro servo solidos XXX.

(21.) Et hoc stetit, ut de feminis ac mulieribus seu puellis vel gregibus[46] equarum vel gregibus porcorum indomitorum[t] nulla pigneratio fieri debeat; et si qua pars facere presumpserit, componat solidos quinquaginta, et ipsa pigneratio salva restituatur[u].

(22.) Similiter stetit, ut in rebus[v] sanctorum ecclesiarumque Dei nulla pigneratio fieri debeat, excepto si cum sacerdotibus ipsarum ecclesiarum causas habuerit: et antea compelatio fiat semel aut bis; postea[w] fieri debeat pigneratio[47]; nam[x] qui aliter facere presumpserit, duplum componat[48], et si nesciens pigneraverit, prebeat sacramentum[49], et sit solicitus, ut ipsum pignus salvum restituat.

(23.) Et hoc stetit de cautionibus[y] sive de quibuslibet commendationibus, ut, si quis aliquid[z] dederit ad negociandum sive aliqua pignera posuerit et solidos mutuaverit, ut secundum legem[50] et iustitiam incedat iuditium; et iustitiam fatiat pars parti de hiis et similibus causis, de quibus in anteriori pacto continetur.

(24.) Et hoc stetit, ut de capulo, [quod[a]] Rivoaltenses, Amorianenses, Methamaucenses[b], Albiolenses, Torcelenses, Commanences[c][51] fecerunt ab hodie in annos XXX, ubi capulaverunt, habeant licentiam capulandi, sicut supradictos annos habuerunt consuetudinem, sive per flumina, sive per mare: et flumina, que aperta habuerunt[d] in fine Tarvisiana, ab hodie in annos triginta reaperiantur[e].

(25.) Equilenses vero capulare debent in ripa sancti Zenonis[52] usque ad fossam Metamauri[53] et Gentionis[52] secundum consuetudinem omnem arborem non portantem et vegere cum carro aut ad collum aut quantum sibi placuerit anteposita[f] fossa[f] Gentionis, ubi minime presumat cum nave introire; et arbores non portantes infra ipsos fines designatas licentiam habeat, quantum sibi ad collum portare potuerit, lignamen faciendum, non ad pectus trahendum, nec amplius per nullum capitulum arbores portantes deleret[g]; et qui presumpserit arbores portantes delere, componat solidos C, et si aliter introire presumpserit, suprascripte subiaceat pene. Et licentiam habeant peculia vestra in ipsos fines pascere [et[h]] pabulare.

p) homicida 1. q) *ita codd. et PB.;* distulerint *PK.* r) per unamquamque personam 1. s) aliquem 1. t) indomitos 1. u) restituat 1. v) *ita PK.;* res *codd.* w) posita 1. x) *ita PK.;* nam qualiter *codd.* y) *ita PK. PB.;* causationibus *codd.* z) aliquis 1. a) *suppl. ex PK. PB.; om. codd.* b) Mecamaucenses 1. c) Commanenses 2. *PK.; PB. et PO. hoc loco praebent* Amianenses. d) fuerunt 1. e) reperiantur *codd.* f) *ita PB.;* antepositam causa 1; antoposita causa 2. g) delere 2; delendum *PK.* h) *suppl. ex PB.; om. codd.*

44) *Ex hoc capite Sicardi pactionis c. 7. 9, l. c. p. 219, derivata esse dicit Fanta l. c. p. 94.* 45) *Hae compositiones concordant cum Edict. Langob. Liutpr. 62, l. c. p. 132. et Edict. Roth. 130, l. c. p. 30, pro libero et servo primi ordinis.* 46) *Cfr. Edict. Roth. 249, l. c. p. 61; Liutpr. 146, l. c. p. 173.* 47) *Wach l. c. p. 29 sq.* 48) *Cfr. supra c. 12. sub fine.* 49) *Edict. Roth. 248, l. c. p. 60.* 50) *Edict. Langob. Liutpr. 16. 67, l. c. p. 114. 134; cfr. Fanta l. c. p. 92.* 51) *Qui sint, dicere non possum; inter vicinos Venetorum supra p. 130 sq. non nominantur. Fortasse legendum est:* Commacini, *de quibus vide Memorator. de merced. Commacinorum, LL. IV, p. 176; Diez, Etymol. WB. d. roman. Sprachen II, s. v. maçon.* 52) *Quid sit, dici non potest.* 53) *Id est: Metamauci, Malamocco? cfr. Böhmer-Mühlbacher nr. 1033.*

(26.) De finibus autem Civitatis nove statuimus, ut, sicut a tempore Liuthprandi regis terminatio facta est[54] inter Paulutionem[i 55] ducem et Marcellum magistrum militum[k], ita permanere debeat[l], secundum quod Aistulfus ad vos Civitatinos novos largitus est. 840.

(27.) Placuit autem super hec omnia, ut missi domini Lotharii[m] imperatoris omni tempore parati sint iustitias facere, ita ut unusquisque ex utraque parte suam pleniter recipiat iustitiam: et ipsi missi ad partem domini nostri, quicquid[n] iussum fuerit, recipiant[n].

(28.) Peculiarum quoque[o] vestrarum partium[p] greges[q] pascere debeat cum securitate usque in terminum, quem posuit Paulutius[r] dux cum Civitatinis novis[s], sicut in pacto legitur, de Plave maiore[56] usque in Plave sicca[57], quod est terminus vel proprietas vestra.

(29.) Caprisani vero in silva, ubi capulaverunt, in fines Foroiulianos[t] semper fatiant[u] redditum, et ea capulent, sicut antea capulaverunt.

(30.) Et stetit, ut de Gradense civitate secundum antiquam consuetudinem debeat dare[58] et capulas facere, ubi antea fecerunt in fine[v] Foroiuliano, sicut antiquitus fecistis[w 59].

(31.) Reservamus in eodem pacto, ut pars parti de causis ecclesiarum et monasteriorum iustitias fatiant.

(32.) Et[60] hoc stetit de Clugiensibus[x], ut revertantur[y] per loca sua ad habitandum.

(33.) De eunuchis vero statuimus, ut, si quis eos abinde[z] inantea facere presumpserit secundum inolitam consuetudinem, ut ipsam penam[61] sustineat ipse aut se de nobis redimat; et si hoc negaverit se fecisse, cum duodecim electis se inculpabillem reddat, sin autem, penam sustineat.

(34.) Volumus[62], ut pro sex mancusis solum ab uno homine sacramentum recipiatur, et si plus fuerit usque ad duodecim mancusos, duorum hominum iuramentum sit satisfactum; et ita usque ad duodecim libras Veneticorum semper addendum per duodecim electos iuratores perveniat, ut[a], quantae sint librae, tanti sint etiam iuratores[a 63]; nam si ultra duodecim librarum questio fuerit, iuratores ultra duodecim non excedant.

(35.) Statuimus enim de pignoribus, que inter partes posita fuerint, ut, si qua contentio de hiis orta fuerit, illi tribuatur arbitrium iurandi, qui pignus habuerit[b].

i) Paulinionem 1. k) magistro milite 1. l) debeant 1. m) Lotarii 2. n) *ita PB.*; queque fuerit recipiat *codd.* o) *ita PB.*; peculiarumque *codd.* p) et portium 2. q) grege 1. r) Paulicius 1. s) Civitatinos novos 1. t) Foroiuliano 1. u) fatiunt 1. v) fines 1. w) *ita PB.*; cessistis *codd.* x) Clugensis 1. y) revertatur 1. z) abhinc 2. a) ut quantae ... iuratores *om.* 1. b) *In margine cod.* 2: desunt reliqua; *cfr. PB.*

54) *A.* 714—717; *cfr. Fanta l. c. p.* 89. 55) *Id est: inter Liutprandum et Venetos Paulutionem et Marcellum; cfr. Fanta l. c. p.* 86 *sq.* 56) *Piave flumen.* 57) *Monticano rivus; cfr. Kohlschütter, Venedig unter Peter II. p.* 23, *n.* 5. 58) *Sc.: redditum.* 59) *Hic aeque ac in PK. capitulum de tributo a Venetis solvendo deletum est: cfr. PB.*, c. 30. *et Fanta l. c. p.* 62. 77. 60) *Cfr. supra p.* 132, *n.* 31. 61) *Sc.: castrationis.* 62) *Cfr. Edict. Roth.* 359, *l. c. p.* 82. 63) *Cfr. Aethelredi I,* 1, 3 *vetus versio, Schmid, Gesetze d. Angelsachsen, ed.* 2. *p.* 201*:* iusiurandum unius librae.

840.

234. PRAECEPTUM HLOTHARII I.

840. Sept. 1.

Exstat in 1) *Libro blanco fol.* 10v *nr.* 2, *ubi inscribitur:* Privilegium confirmationis Lotharii imperatoris factum domino Petro duci Venetiarum de rebus ducatus Venecie, que infra dictionem sui imperii consistere noscebantur; 2) *Chronica Andreae Danduli, de cuius permultis codicibus uno tantum atque antiquissimo codice servato in bibliotheca Marciana, Zanetti* 400, *ex collatione Henrici Simonsfeld v. cl. usi sumus. Errore conductus E. Mühlbacher, Böhmer-Mühlbacher nr.* 1054, *laudans Romanin, Storia di Venezia, dicit, praeceptum nostrum etiam servari in cod. Trivisano. Sed Romanin l. c. I, p.* 362. *ipsum edidit ex Chronica Danduli et l. c. II, p.* 465. *variantes lectiones ex Libro blanco attulit.*

De indicio temporis cfr. Mühlbacher in 'SB. d. Wien. Ak., phil.-hist. Cl.', tom. LXXXV, p. 498. *(B. deest; P. deest.)*

In nomine domini nostri Iesu Christi Dei eterni. Lotharius divina ordinante providentia imperator augustus. Dignum est, ut celsitudo imperialis, quantum ceteros honoris ac potestatis fastigio antecellit, tantum erga omnes pietatis suo munus impendere satagat. Igitur omnium fidelium sancte Dei ecclesie [ac[a]] nostrorum presentium silicet[b] et futurorum, comperiat magnitudo, quia Petrus dux ac spatharius Veneticorum per Heverardum fidelem comitem nostrum[1] ac per missum suum Patritium nomine nostram deprecatus est maiestatem, ut ex rebus sui duchatus, que infra dictionem imperii nostri consistere noscuntur, confirmationis nostre preceptum fieri iuberemus, per quod ipse ac patriarcha, pontifices atque populus illi subiectus sibi debitas[c] res absque cuiusquam contrarietate seu refragatione retinere quivissent, quemadmodum temporibus avi[d] nostri Karoli per decretum cum Grecis sanccitum[2] possiderunt. Cuius petitionem, ut nobis celestis suffragatio copiosior adsit, libenter adquiescentes hos excelentie nostre apices decrevimus fieri, per quos statuentes decernimus[e], ut nullus in territoriis, locis pecculiariis aut ecclesiis, domibus seu rebus et reliquis possessionibus presignati duchatus, que infra potestatem imperii nostri sito esse noscuntur, iniquam ingerere presumat[f] inquietudinem, diminorationem seu calumpniosam contradictionem aut subtractionem nephandam; set liceat eas prefato duci, patriarche, episcopis ac populo sibi subiecto seu successoribus eorum ac heredibus quiete absque cuiusquam insultantis machinatione aut sinistra[g] quippiam[h] molientis tergiversatione iure gubernare et gubernando, prout liquidius in presignato[i] decreto continetur, legaliter possidere. Et ut hec nostrae[k] confirmationis atque coroborationis auctoritas a fidelibus sancte Dei ecclesie et nostris verius credatur et nostris successoribus per tempora labentia omni munimine stabiliatur, manu propria fideliter eam firmavimus, et anuli nostri impressione adsignari[l] iussimus.

a) *om. codd.; suppl. ex Praec. Hlud. II.* b) *om.* 2. c) debita 1. d) avii 1. e) decrevimus 2. f) presumant 2. g) sinistrum 1. h) cuiuspiam 2. i) praedesignato 2. k) nostra 1. l) signari 2.

1) *Comitem marchionem Foriiulii; cfr. Dümmler, Ostfränk. Reich I², p.* 119. 2) *Spectat ad pacem inter Karolum et Graecos a.* 812. *factam; cfr. Fanta l. c. p.* 81 *sq.; p.* 85.

Signum[m] Lotharii serenissimi augusti. 840.

Ercambaldus[n] notarius ...

Data Kal. Sept. anno Christo propitio imperii domini Lotharii piissimi augusti in Italia XXII. et in Francia II, indictione octava[o]; actum Teodonis villa palacio regio; in Dei nomine follicitor amen[m].

m) Signum ... amen *om. cod. Marc. et codd. Estenses Chron. Danduli apud Muratorium, SS. rer. Ital. XII, col.* 177, *qui tamen affert ex cod. Ambros. Chron. Danduli, ubi exstat monogramma falsum et leguntur* Crombaldus *et* Thermis villa *pro* Ercambaldus *et* Theodonis villa. n) Erombaldi not. 1. o) *pro IV.*

235. PRAECEPTUM HLUDOWICI II.

856. Mart. 23.

Traditum est in: 1) *Libro blanco fol.* 11, *nr.* 3, *qui exhibet inscriptionem:* Privilegium confirmationis Ludovici imperatoris factum supradicto Petro duci Venecie; 2) *cod. Trivisano fol.* 49. *Praeceptum Hlotharii ad verbum repetitur. Cfr. Böhmer-Mühlbacher nr.* 1171. *(B. deest; P. deest.)*

In nomine domini nostri Yesu Christi Dei eterni. Ludovicus[a] gratia Dei imperator augustus. Dignum est, ut celsitudo imperialis, quantum ceteros[b] honoris ac potestatis fastigio antecellit, tantum erga omnes pietatis sue munus impendere satagat. Igitur omnium fidelium sancte Dei ecclesie ac nostrorum, presentium silicet et futurorum, comperiat magnitudo, quia Petrus dux ac spatharius Veneticorum per Everardum dilectissimum ducem et familiarem nostrum atque per missum suum[c] Deusdedit nomine nostram deprecatus est maiestatem, ut ex rebus sui ducatus, que infra ditionem imperii nostri consistere noscuntur, confirmationis nostre preceptum fieri iuberemus, per quod ipse ac patriarcha, pontifices atque populus sibi subiectus sibi debitas res absque cuiuspiam contrarietate seu refragatione retinere quivissent[d], quemadmodum temporibus bisavi[e] nostri Karoli per decretum cum Grecis sanccitum possiderunt. Cuius petitionem, ut nobis celestis suffragatio copiosior adsit, libenter adquiescentes hos excelentie nostre apices decrevimus fieri, per quos statuentes decernimus[f], ut nullus in territoriis, locis peculiariis[g] aut ecclesiis, domibus seu rebus et reliquis possessionibus presignati ducatus, que infra potestatem imperii nostri scita esse noscuntur, iniquam ingerere presumat[h] inquietudinem, diminorationem seu calumniosam contradictionem aut subtractionem nefandam; sed liceat eas prefato duci, patriarche, episcopis ac populo sibi subiecto seu[c] successoribus eorum ac heredibus quiete absque cuiusquam insultantis machinatione aut sinistra quippiam molientis tergiversatione[i] iure gubernare et gubernando, prout liquidius in presignato decreto continetur, leguliter possidere[k]. Et ut hec nostre confirmationis atque coroborationis auctoritas a fidelibus sancte Dei ecclesie et nostris verius credatur et a nostris successoribus per tempora labentia omni munimine stabiliatur, manu propria subter eam firmavimus, et anuli nostri impressione adsignari iussimus.

Signum (M.) Lodovici[l] gloriosissimi augusti.

Data X. Kal. Aprilis anno Christo propitio imperii domini Lodovici[m] serenissimi augusti in Italia VI[n], indictione IV; actum Mantua[o] palatio regio; in Dei nomine feliciter amen.

a) Hlodovicus 2. b) ceteris 1. c) *om.* 1. d) quivisset 1. e) bisavii 1. f) decrevimus 1. g) peculiaribus 2. h) presumant 1. i) tergiversationem 1. k) postulare 1. l) Hlodovici secundi 2. m) Hlodovici excellentissimi 2. n) V 2. o) Mantuae 2.

880.

236. PACTUM KAROLI III.

880. Ian. 11.

Pactum Karoli, quod in uno codice Trivisano fol. 54. *exstat et primo publici iuris factum est a Fanta in 'Mitteilungen d. Inst. f. öst. GF.' tom. suppl. I, p.* 123 *sqq., ad verbum consentit cum Pacto Hlotharii, supra p.* 130. *edito, ita ut Karolus in c.* 7. 27. *ad exemplum Hlotharii imperator nominetur. Tamen verisimile est nostrum non ad exemplar Pacti Hlotharii scriptum esse, cum hoc non valeret, nisi in quinque annos, sed ex pacto derivatum, quod Karolus ipse antea itemque Paviae inisset (c.* 2*). De tempore, quo de pacto ageretur et diploma ipsum conficeretur, cfr. Böhmer-Mühlbacher nr.* 1554.

In capite 12. *Pacti et Karoli et Hlotharii verbis* non presumat ... condempnatus fuit *omissis atque in capite* 19. *verbo* non *addito sensus plane corruptus est. Ex qua consensione codicum cum efficeretur menda codicum Pacti Hlotharii I. etiam in exemplar authenticum Pacti Karoli III., si genuinum esset, recepta esse, K. Zeumer, ut nobiscum benevolenter communicavit, de genuitate Pacti Karoli III. suspicatur.*

Pactum Hlotharii et Berengarii litteris PHl. PB. signavi; cfr. supra p. 130, *praef.*
(B. deest; P. deest.)

In nomine sancte et individue Trinitatis. Karolus divina favente gratia rex, anno autem regni eius hic in Italia in Dei nomine primo, inditione tertiadecima, tertio Idus Ianuarii, Ravenna urbe, hoc pactum sugerente ac suplicante Urso[a] Veneticorum duce inter Veneticos ac vicinos eorum constituit ac renovando describi et competenter ordinari iussit, ut ex utraque[b] parte de observandis his constitutionibus sacramenta dentur et postea per observationem harum constitutionum pax firma inter illos perseveret. Vicini vero Veneticorum sunt, ad quos huius pacti ratio pertinet[c]: Istrienses, Foroiulienses, Cenetenses, Tarvisianenses, Vincentinenses, Montesilicenses, Patavienses, Ferrarienses, Cavallenses, Comaclenses, Ravennates, Cesenetenses, Ariminenses, Pisaurenses, Fanenses, Senegallienses, Anconenses, Humanenses, Firmenses et Quinenses[d], etiam totius regni nostri, in quibus locis quicumque vel presenti tempore constitutus est vel futuris temporibus constitutus fuerit[e], maiores atque minores. Quod constituit[f] ipse vero piissimus rex cum Urso duce Veneticorum et cum ipso populo Veneticorum, id est: cum habitatoribus Rivoalti, castri Olivoli, Amorianae, Methamaucensis, Albiolae, Clugiae, Brunduli, Fossiones, Laureti, Torcelli, Amiani, Burianae, Civitatis novae, Finis, Equili, Caprularum, Gradus, Caput Argeris et cum omnibus habitatoribus, tam episcopis et sacerdotibus quam et primatibus seu et reliquo populo, et cuncta generalitate ad ducatum Venetiae pertinentibus hoc pactum observare debebunt per annos constitutos numero quinque, ut nulla malitia nec laesio inter partes facta proveniat; et si, quod absit, aliquid mali inter partes commissum fuerit, secundum pacti huius seriem emendare et iustitiam conservare ad invicem repromittant, cuiuscumque gentis sit.

(1.) Quodsi excursus in finibus vestris Venetiarum factus fuerit, persona ipsa, quae in capite fuerit ad eandem malitiam faciendam, intra sexaginta dies parti vestrae tradatur[g], et omnia, quae fuerint ablata, in duplum restituantur; quodsi ipsum duplum vobis non composuerimus, aut si personam ipsam vestris manibus non dederimus infra sexaginta dies, pro unaquaque persona, quae ipsam malitiam perpetraverit, auri solidos quingentos componamus[h].

(2.) Et volumus, ut omnes homines vestros, postquam pactum anterius factum fuit Papiae[1], qui ad nos confugium fecerunt, si eos invenire potuerimus, ad partem vestram restituamus[i].

a) gloriosissimo *add. PHl.* b) nostra *c.* c) *Cod. hoc loco addit* Icadicis, *quod e* Tradicis *correctum esse videtur; Fanta l. c. p.* 123. *legi vult* Italicis, *cum Dümmler in 'Forschungen z. D. Gesch.' tom. X, p.* 279. *in PB. non immerito tamquam glossam deleat.* d) Pinenses *PHl.;* Picuenses *Pactum Ottonis I.* e) constituens *c.* f) constituerunt *c.* g) tradantur *c.* h) componā *c.* i) restituā *c.*

1) *Cfr. Fanta l. c. p.* 69.

(3.) Similiter repromisistis[k] nobis, ut homines christianos, qui liberi sint, de potestate 880.
vel regno dominationis nostrae scienter non emamus nec venundamus nec pro quolibet ingenio transponamus, ut captivitatem patiantur aut[l] eos suus dominus perdat; sed neque aliquem christianum alicubi qualibet ocasione transponamus ad hoc, ut propterea in potestate paganorum deveniat. Et si invenerimus, quod aliquis eos in ducatum nostrum adduxerit, modis omnibus ad partem vestram reddere debeamus, qui ipsa mancipia adduxerit christiana venundanda, et omnia, quae secum adduxerit, ipse, qui eos adprehenderet, habeat concessa sibi.

(4.) De captivis vero, qui inventi fuerint[m] in ducatibus nostris: ipsas personas, quae eosdem captivos transposuerint[n], cum omnibus rebus [et[o]] familiis ad partem vestram reddamus; et si hoc factum non fuerit, tunc prebeat sacramentum iudex loci illius, ubi ipsa mancipia requiruntur, cum quinque[p] ellectis, quales pars vestra ellegerit, quod ea mancipia illuc suscepta non fuerint nec inde transposita.

(5.) Et hoc spondemus, ut, quicumque post renovationem huius pacti ad nos confugium fecerunt, cum omnibus rebus eorum parti vestrae reddantur.

(6.) Si autem scamara aliqua vel hostis aut qualiscumque persona per fines nostros contra vos ad vestram laesionem vel ad vestra loca venire tentaverit et ad nostram notitiam pervenerit, mox sine aliqua tarditate vobis nunciabimus, ita ut per nos nullam habeatis laesionem.

(7.) Et hoc statuimus, ut, quandocumque[q] mandatum domini imperatoris Caroli clarissimi augusti vel missorum eius nobis fuerit nunciatum, inter utrasque partes ad vestram solatium cum navali exercitu contra generationes Sclavorum, inimicos scilicet vestros, in quo potuerimus, solatium prestare debeamus absque ulla ocasione.

(8.) Spondemus quoque, ut nullum inimicorum, qui contra vos vestrasque partes sunt vel qui fuerint, nos, qui modo sumus vel qui fuerint, adiutorium ad vestram laesionem faciendam praebere debeamus sub quolibet ingenio infra hoc spatio pacti.

(9.) Si enim furtum inter partes factum fuerit, in quadruplum restituatur[r].

(10.) Si servi aut ancillae infra hoc spatium inter partes confugerint, cum omnibus rebus, quas detulerint secum, reddantur, et iudex, qui ipsos fugitivos rediderit, pro unoquoque singulos solidos auri recipiat, sic tamen ut, si amplius [requiritur[s]], per sacramentum idoneum dominis illorum satisfactum fiat. Si vero iudex ipsos fugitivos susceperit et eos negaverit reddere et exinde aliud confugium fecerint, pro unoquoque fugitivo auri solidi septuaginta duo componantur.

(11.) Et hoc statuimus de fugitivis, de quibus constat, ad quos[t] iudices vel loca[u] ipsi fugitivi fugerint: quodsi dubium fuerit et denegaverit iudex vel actor loci illius, in quo liberi vel servi requiruntur, tunc prebeant sacramentum duodecim ellecti, quod ibi nec suscepti fuerint nec illos habeant nec in conscientia eorum sint[v] nec aliquas res illorum secum habuerint[v]. Si autem hoc distulerit[w] facere, post primam et secundam contestationem presentia [testium[x] peractam] per iussionem iudicis sui liceat eum pignorare hominem de ipso loco, ubi causa requiritur, ita tamen ut ipsum pignus post peractam iustitiam in integro reddatur[y].

(12.) Et nullatenus liceat alicui per alia loca pignus accipere, nisi ubi fugitivi aut causa requiritur, ibi pignoretur; et si pignoratio pervenerit, [non[z] presumat alia pars pro pignere aliam pignerare, sed expectet ad audiendum, ita sane ut cause in VI mensium spatio fiant et sint finite cause, reddens prius, quod ex iuditio condempnatus fuit[z]], et pignus suum recipiat. Si autem infra VI menses postposuerit[a] ipse iudex aut alia persona, que[b] pignus tulit, iudicium habere, post transactos illos VI menses in duplum iudex loci illius omnimodo ipsa pignora reddat. Nam si quis de alio loco pignus tollere presumpserit aut sine causa tulerit vel aliquem pro pignore pignorare praesumpserit, in duplo, quod tulerit, restituat.

(13.) Si vero equi vel equae aut armentum aut aliqua quadrupedia fuerint ablata aut semetipsa aberraverint[c], modis omnibus parti vestrae reddantur. Quodsi post primam et secundam contestationem minime reddita fuerint, tunc proveniat pignoratio de loco, ubi hoc requiritur, usque dum pars parti satisfaciat; et post satisfactionem ipsa pignora reddantur.

(14.) Et hoc stetit, ut, si fugitivi seu res redditae fuerint et per sacramentum satisfactio adimpleta fuerit, modis omnibus pars parti sive redendi sive iurandi securitatem faciat.

(15.) Si quis vero infra hoc spatium pignorare presumpserit excepto memorato capitulo causam perdat, et quod tulerit restituat.

k) repromisisti *c.* l) ut *c.* m) ut *add. c.* n) transposuerit *c.* o) *om. c.* p) quinquaginta *c.* q) quodcumque *c.* r) restituantur *c.* s) *om. c.* t) nos *c.* u) ubi *add. c.* v) sit, habuerit *c.* w) distulerint *c.* x) test. peract. *suppl. ex PB.; om. PIH. et c.* y) reddantur *c.* z) *Cfr. PIH., p.* 132, *not.* x. a) proposuerit *c.; cfr. PIH.* b) qui *c.* c) aberraverit *c.*

880. (16.) Negocia[d] autem inter partes liceat dare, quod inter eos convenerit vel invenire potuerint sine aliqua violentia aut contrariotate exceptis ab aliis, ita ut aequa conditio utrarumque partium negociatoribus, in quibus fuerit, conservetur.

(17.) De ripatico vero et transituris fluminum stetit, ut secundum antiquam consuetudinem debeamus tollere per portus nostros et flumina et nullum gravamen vel violentiam faciamus; et si factum fuerit et ad nostram notitiam pervenerit, ab eis faciamus exinde iustitiam facere. Et homines vestri licentiam habeant per terram ambulandi vel flumina transeundi, ubi voluerint; similiter et homines nostri per mare.

(18.) Sed et hoc convenit, ut, si qua laesio inter partes evenerit, legatarii[e] non detineantur, sed securi ad propria redeant; similiter et epistolarii, si detenti fuerint, relaxentur et componantur eis soldi trecenti; et si, quod absit, occisi fuerint, componantur parentibus eorum pro ipsis soldi mille, et ipsa persona tradatur in manibus eorum.

(19.) Si quis inter partes causas habuerit, vadat semel vel bis cum epistola iudicis sui et, si ei iustitia minime facta fuerit infra dies XIV, si ipse homo, unde iustitia requiritur, infra ipsum locum fuerit, infra dies VII licentiam habeat pignorare iudicem, qui in ipso tempore ordinatus fuerit, infra casam[f] suam, quantum ipsum debitum fuerit; et ipsum pignus salvum sit usque ad supranominatas noctes. Et si ipsum pignus antesteterit, componantur soldi XII causa manente, [ut[g]] inantea iterum[h] pignoratio fiat[h], ubi potuerit in fines, ubi causa requiritur; sic tamen ut, ubi iudicium ambabus partibus denunciatum fuerit, resedentes duo de utraque parte de loco, ubi causa requiritur, et quod ipsi per evangelia determinaverint, pars parti satisfaciat.

(20.) Et hoc stetit, ut, si quis homicidium perpetraverit stante pacto, modis omnibus partibus vestris ligati tradantur, quanti in ipso homicidio mixti fuerint; et si distulerint eos tradere, pro unaquaque persona componat auri solidos[i] trecentos. Et si aliquis in silva pignorationem facere voluerit, sic fiat sine homicidio; et si, quod absit, homicidium factum fuerit in libero homine, componat pro ipso auri solidos trecentos et pro servo solidos L; et si plaga peracta fuerit in libero homine, componat solidos L et pro servo solidos XXX.

(21.) Et hoc stetit, ut de feminis ac mulieribus seu puellis vel gregibus equorum vel gregibus porchorum indomitorum nulla pignoratio fieri debeat; et si qua pars facere presumpserit, componat solidos L, et ipsa pignoratio salva restituatur.

(22.) Similiter stetit, ut in rebus sanctorum ecclesiarumque Dei nulla pignoratio fieri debeat, excepto si cum sacerdotibus ecclesiarum ipsarum causas habuerit; et antea compellatio fiat semel aut bis; postea fieri debeat pignoratio; nam qui aliter facere presumpserit, duplum componat, et si nesciens pignoraverit, praebeat sacramentum, et sit sollicitus, ut ipsum pignus salvum restituatur.

(23.) Et hoc stetit de cautionibus sive de quibuslibet commendationibus, ut, si quis aliquid dederit ad negociandum sive aliqua pignora posuerit et solidos mutuaverit, ipsi[k], qui scriptum fiduciationis[2] aut pignus habuerit, ipse faciat iuramentum et tunc secundum legem et iustitiam incedat iudicium; et iustitiam faciat pars parti de his et similibus causis, de quibus in anteriori pacto continetur.

(24.) Et hoc stetit, ut de capulo, quod Rivoltenses, Olivolenses, Amorianenses, Methamaucenses, Albiolenses, Torcellenses, Commanenses fecerunt ab hodie in annos triginta, ubi capulaverunt, habeant licentiam capulandi, sicut supradictos annos habuerunt consuetudinem, sive per flumina, sive per mare; et flumina, quae aperta habuerunt in fine Tarvisiana, ab hodie in annos triginta reaperiantur[l].

(25.) Equilenses vero capulare debent in ripa sancti Zenonis usque ad fossam Methamauri et Gentionis secundum consuetudinem omnem arborem non portantem et vegere cum carro aut ad collum aut quantum sibi placuerit, anteposita[m] fossa[m] Gentionis, ubi minime praesumat cum nave introire; et arbores non portantes infra ipsos fines designatos licentiam habeat, quantum sibi ad collum portare potuerit, lignamen faciendum, non ad pectus thraendum, nec amplius per nullum capitulum arbores portantes delendum; et qui presumpserit arbores portantes delere, componat solidos C, et si aliter introire praesumpserit, suprascriptae subiaceat paenae. Et licentiam habeant[n] peculia vestra in ipsos fines pascere [et[o]] pabulare.

d) negocii *c.* e) inter partes *add. PHl. PB.* f) causam *c.* g) *om. c.* h) et iterum pignoratio non fiat *c.*; *cfr. PHl.* i) solidi *c.* k) *Fanta l. c. p.* 127 *corr.* ipse. l) reperiantur *c.* m) *ita PB.*; antepositam causam *c.* n) habeat *c.* o) *suppl. ex PB.*; *om. c.*

2) *I. e. scriptum de obligatione rei*; *cfr. Gloss. Car., LL. IV, p.* 653: Caucio. Id. scriptum obligationis; *Brunner in 'Z. f. Handelsrecht' XXII, p.* 70 *sqq.*

(26.) De finibus autem Civitatis novae statuimus, ut, sicut a tempore Liuthprandi regis terminatio facta est inter Paulutionem ducem et Marcellum magistrum militum, ita permanere debeat[p], [secundum[q]] quod Aistulfus ad vos Civitatinos novos largitus est. 880.

(27.) Placuit autem super haec omnia, ut missi domini imperatoris **Karoli** omni in tempore parati sint iustitias facere, ita ut unusquisque ex utraque parte suam pleniter recipiat iustitiam; et ipsi missi ad[r] partem domini nostri, quicquid[s] iussum fuerit, recipiant[s].

(28.) Peculia[rum[q] quoque vestrarum partium[q]] greges[t] pascere debeat cum securitate usque in terminum, quem posuit Paulutius dux cum Civitatinis novis, sicut in pacto legitur, de Plave maiore usque in Plavi sicca, quod est terminus vel proprietas vestra.

(29.) Caprisani vero in silva, ubi capulaverunt, in fines Foroiulianos semper faciant reditum, [et[u] ea] capulent[v], sicut antea capulaverunt.

(30.) Et stetit, ut de Gradensi civitate secundum antiquam consuetudinem debeat dare et capulas facere, ubi antea fecerunt in fine Foroiuliano, sicut antiquitus fecistis[w].

(31.) Reservamus in eodem pacto, ut pars parti de causis ecclesiarum et monasteriorum iustitias faciant.

(32.) Et hoc stetit de Clugiensibus, ut revertantur per loca sua ad habitandum.

(33.) De eunuchis vero statuimus, ut, si quis eos abinde[x] inantea facere presumpserit secundum inolitam consuetudinem, ut ipsam paenam substineat ipse aut se de nobis redimat; et si hoc negaverit se fecisse, cum duodecim ellectis se inculpabilem reddat, sin autem, paenam sustineat.

(34.) Volumus, ut pro sex mancusis solum[y] ab uno homine sacramentum recipiatur, et si plus fuerit usque ad duodecim mancusos, duorum hominum iuramentum sit satisfactum; et ita usque ad duodecim libras Veneticorum semper addendum per duodecim ellectos iuratores perveniat, ut, quantae sint librae, tanti sint etiam iuratores; nam si ultra duodecim librarum questio fuerit, iuratores ultra duodecim non excedant[z].

(35.) Statuimus enim de pignoribus, quae inter partes posita fuerint, ut, si qua contentio de his orta fuerit, illi tribuatur arbitrium iurandi, qui pignus habuerit[a].

p) debeant *c.* q) *Lacuna in cod.* r) a parte *c.* s) *ita PB.;* cousque fuerit recipiat *c.* t) gregem *c.* u) et ea *om. c.* v) decapulent *c.* w) *ita PB.;* cessistis *c.* x) ab *c.* y) solid. *c.* z) excedat *c.* a) *In margine:* desunt reliqua.

---

237. PRAECEPTUM KAROLI III.

883. Mai. 10.

Proferimus hoc praeceptum ex 1) *Libris pactorum lib. I. fol.* 1. *et* 2) *Libro blanco fol.* 11v, *nr.* 4, *in quo inscribitur:* Privilegium confirmationis Karoli imperatoris factum domino Iohanni duci Venecie de rebus sui ducatus, et que infra dictionem sui imperii site esse noscuntur. *Praeterea exstat in copia servata Venetiis in archivo rei publicae, Atti restituiti nr.* 108, *anni* 1382, 21. *Febr.*, '*desumpta ex quodam libro autentico et antiquo, in quo privilegia et scripture autentice conscripta sunt*' (*i. e. ex Libris pactorum*), *et apud Andream Dandulum, cuius textus in codice Marciano traditus ex Libro blanco derivatus est. Ceteri vero codices Danduli chronicae, Estenses scilicet et Ambrosianus apud Muratorium, SS. rer. Ital. XII, praebent textum, qui a Libris pactorum originem duxisse videtur. Ex Libris pactorum lib. I. diploma transscriptum est in Libros pact. lib. II. fol.* 75. *Codex vero Trivisanus ipsum non continet; cfr. Böhmer-Mühlbacher nr.* 1615.

Praeceptum nostrum ex parte ad exemplum Praecepti Hludowici, supra p. 137, *et Hlotharii, supra p.* 136, *compositum est.*

De indicio temporis cfr. Mühlbacher in 'SB. d. Wien. Ak. phil.-hist. Cl.' tom. XCII, p. 381, *n.* 2. *(B. deest; P. deest.)*

883. In nomine sancte et individue Trinitatis. Karolus divina favente[a] clementia imperator augustus. Dignum est, ut celsitudo imperialis, quantum ceteros honoris ac potestatis fastigio[b] antecellit, tantum erga[c] omnes pietatis[c] sue munus impendere[d] satagat. Igitur omnium fidelium sancte Dei eclesie [ac[e]] nostrorum, presentium silicet ac futurorum, comperiat magnitudo, quia Iohanes Veneticorum dux[f] per legatos suos, Laurentium venerabilem episcopum[1] atque Vigilium seu Leonem Veneticos, nostram deprecatus est clementiam, ut ex rebus sui ducatus quamque et suam proprietatem, quam in Venetia habere videtur vel que infra[g] ditionem imperii nostri site esse noscuntur, ei confirmationis nostre preceptum fieri iuberemus, per quod ipse[h] suique heredes ac patriarcha, pontifices, abbates atque populus sibi subiectus sibi[i] debitas res absque cuiuspiam contrarietate seu[k] refragatione retinere quivissent, quemadmodum temporibus bisavi[l] nostri Karoli per decretum cum Grecis sancitum possiderunt. Peciit[m] etiam celsitudinem nostram, ut, in quibuscumque patriis ac provintiis regni nostri quispiam Veneticus esset, sue potestati maneret subiectus atque omni fide vel obedientia submissus[m]. Cuius peticionibus, ut nobis celestis suffragatio copiosior adsit, libenter adquiescentes hos excellentie nostre apices decrevimus fieri, per quos[n] statuentes decernimus, ut nemo ex nostro regno in finibus Civitatis nove vel[i] Milidiso[o] sive in villa, que dicitur Caput Argeris, vel in finibus atque possessionibus eius vel etiam vineis, terris, pratis, pascuis, silvis atque piscationibus ipsius aut in ceteris locis, quibus in pacto[2] eorum relegitur[p], vel ubi infra ditionem imperii nostri proprietates habere videntur, aliquam venationem aut pabulationem exerceat, unde homines eius, qui in eo ambitu circuminhabitant, aliquam sustineant molestationem vel fortiam, sed securiter atque in pace ibi vivere queant; immo per loca et flumina cuncto nostro in regno libere sua peragant negotia[3], ita tamen ut nullum gravamen sentiat populus eius, nisi, quod[i] equum est, tantumodo telonaria et ripatica solvat. Nam vero predictus dux suique heredes nullo in loco persolvant de quacumque re, sed ex nostra largitate quieto more ubique sua perficiant. Statuimus etiam, ut nullus[q] in territoriis, locis peculiaribus aut ecclesiis, domibus seu rebus et reliquis possessionibus presignati ducatus ac sua[r] proprietate, quam in Venetia obtinere videtur vel que infra potestatem imperii nostri sita esse noscuntur, iniquam ingerere presumat[s] inquietudinem, diminorationem seu[k] calumniosam contradictionem aut subtractionem nefandam; sed liceat eus prefato duci ac patriarche, episcopis, abbatibus vel populo sibi subiecto seu successoribus eorum ac heredibus quiete absque cuiusquam insultantis machinatione aut sinistra quippiam tergiversatione iure gubernare et gubernando, prout liquidius in presignato decreto continetur, legaliter possidere. Concessimus quoque sancte metropolitane eius ecclesie vel episcopatibus sibi subiectis[t] atque et[i] monasteriorum cenobiis iustitiam requirendam de suis rebus in annos legales, secundum quod Ravennas habet ecclesia[4]. Sed[u] hoc constituimus atque per hoc nostrum preceptum mansurum confirmamus, ut, in quacumque patria regni nostri quislibet Veneticorum fuerit, eius sit potestate distringendus eiusque per omnia [debeat[v]] obedire preceptis, adeo ut nulla maior vel minor persona contra eum quempiam Veneticum defendere presumat[u]. Adiungimus inter hec pro amore Dei omnipotentis, quia nefarium malum est alicuius[w] interficere seniorem aut ducatus sui privari honore[x],

a) iuvante 2. b) fastigium 1. c) erga Deum sospitatis 2. d) impensare 1. e) om. codd. f) ac spatharius *add. Praec. Hlud.* g) intra 1. h) ipsi 2. i) *om.* 2. k) se 2. l) bisavii 2. m) Peciit … submissus *om.* 1. n) quas 1. o) Milidissco 2. p) legitur 2. q) nulla 2. r) sue 2. s) presumant 2. t) subiectus 1. u) Sed … presumat *om.* 1. v) *om.* 2; *suppl. ex Praecepto Widonis, infra nr.* 239. w) alicui suum 2. x) honorem 2.

1) *Castelli Olivoli.* 2) *Supra p.* 138 *edito; cfr. Fanta l. c. p.* 69. 3) *Cfr. supra p.* 140, *c.* 17. 4) Romana ecclesia *in Praec. Rudolfi, infra nr.* 240; *cfr. Nov.* 111. 131, *c.* 6 *(Corp. iur. civ. ed. Kriegelii III, p.* 480. 594*); Nov.* 9 *(l. c. p.* 81*); L.* 23. *Cod. De ss. eccles. I,* 2 *(Corp. iur. civ. ed. Mommsen et Krueger II, p.* 16*); Auth. Quas actiones ad L.* 23. *Cod. cit. (l. c. p.* 510*).*

ne quislibet deinceps hoc agere presumat; quod qui fecerit, exilio retrudatur, et 883. ceteri in hoc facinore deprehensi centum libras auri componere cogantur, medietatem palatio nostro et medietatem prefato duci suisque heredibus. Quodamodo statuimus, ut, si quis ex cunctis locis nostri imperii hanc nostram iussionem postponere presumpserit et omnia, que superius dicta sunt, observare neglexerit, similiter centum libras auri componat, salva ex omni populo Veneticorum debita obedientia et singulorum hominum iustitia atque querela. Porro ut et[y] hoc verius credatur diligentiusque observetur, propria manu firmavimus et anulo nostro iussimus sigillari.

Signum (M.) domni Karoli serenissimi imperatoris augusti.

Inquirinus notarius advicem Liutwardi[z] archicancellarii recognovi[a].

Data VI[a]. Idus Mai., anno incarnationis domini DCCCLXXXIII, indictione I, anno vero imperii domni Karoli in Italia III, in Francia II; actum[b] Mantua; in Dei nomine feliciter amen.

y) *om.* 2. z) *om.* 1. a) III 2. b) in *add.* 2.

238. PACTUM BERENGARII I.

888. Mai. 7. (11).

Primo in lucem editum ab Ernesto Dümmler in 'Forschungen z. D. Gesch.' tom. X, p. 279 sqq. legitur in 1) *Libro blanco fol.* 17, *nr.* 8, *in quo praefigitur inscriptio:* Pactum inter Berengarium regem et dominum Petrum ducem Veneciarum pro firma pace firmanda inter Veneticos et vicinos eorum: 2) *cod. Trivisano fol.* 71. *et derivatum est ex Pacto Karoli (PK.), supra p.* 138, *additis sane et omissis quibusdam verbis. Ex duplici temporis indicio efficitur, de pacto die* 7. *mensis Maii actum, diploma ipsum die* 11. *confectum esse.* *(B. deest; P. deest.)*

In nomine sancto et individue Trinitatis. Berengarius rex anno regni eius primo, indictione sexta, Nonas Madii, in Olona curte regia, hoc pactum sugerente[a] ac supplicante Petro Veneticorum duce inter Veneticos et vicinos eorum constituit ac renovandum describi et competenter[b] ordinari iussit, ut ex utraque parte de observandis hiis constitutionibus sacramenta dentur et postea per observationem harum constitutionum pax firma inter illos perseveret. Vicini vero Veneticorum sunt[c], ad quos huius pacti ratio pertinet[d]: Histrienses, Forojulenses[e], Cenetenses[f], Tarvisianenses, Vicentenses[g], Montesilienses[h], Padavenses[i], Ferrarienses, Kavalenses, Comaclenses, Ravenates, Cesentenses[k], Ariminenses, Pisaurenses, Fanenses, Senegalienses, Anconenses, Humanenses, Firmenses et Quinenses[l], etiam et tocius regni nostri, in quibus locis quicumque vel presenti tempore constitutus[m] est vel futuris temporibus constitutus[n] fuerit, minores atque maiores. Quod constituit[o] ipse piissimus rex cum Petro duce Veneticorum et cum ipso populo Veneticorum, id est: cum habitatoribus Rivo alto, castro Oliboli, Amoriane, Metamaucense, Albiole, Cluge, Brundulo, Fossones, Laureto, Torcelli, Amiane, Buriane, Civitatis nove, Finis, Equilo, Caprulas, Gradus, Caput Argeles et cum omnibus habitantibus vestre potestatis[p], tam cum vestro[q] patriarchatu seu episcopis ac sacerdotibus quam et primatibus seu et reliquo populo et cuncta[r] generalitate ad duchatum Venetie pertinentibus hoc pactum observare debebunt per annos constitutos numero quinque, ita ut nulla malitia nec lesio inter partes facta pro-

a) sugerentem 1. b) *om.* 2. c) est 1. d) leadicis *add. codd., delet. autem in cod.* 2; *cfr. PK.* e) Foriulenses 1. f) Cenicenses 1. g) Vincentinenses 2. h) Montesilicenses 2. i) Paduanenses 2. k) Cesenetenses 2. l) Quininenses 1. m) constitutum *codd.* n) *ita PK.*; constituens *codd.* o) constituerit *codd.* p) potestati 1. q) nostro patriarchato 1. r) cuncte generalitati 1.

888. veniat[s]; et si, quod absit, aliquid malum inter partes commissum fuerit, secundum pacti huius seriem emendare et iustitiam conservare ad invicem repromittat, cuiuscunque gentis sit.

(1.) Quodsi excursus in finibus vestris Venetiarum factum fuerit, persona ipsa, que in capite fuerit ad eandem malitiam faciendam, infra sexaginta dies [parti[t] vestrae tradatur, et omnia, quae fuerint ablata, in duplum restituantur; quodsi ipsum duplum vobis non composuerimus, aut si personam ipsam vestris manibus non dederimus infra sexaginta dies[t]], pro[u] unaquaque persona[v], quae ipsam malitiam[v] perpetraverit, auri solidos quingentos[w] componamus[x].

(2.) Et volumus, ut[y] omnes homines vestros, postquam pactum anterius factum fuit[z] Ravenne[1], qui ad nos confugium fecerunt, si eos invenire potuerimus, ad partem vestram restituamus[a].

(3.) Similiter repromisistis nobis, ut homines christianos, qui liberi sint, de potestate vel regno[b] dominationis nostre scienter non emamus nec venundamus nec pro quolibet ingenio transponamus, ut captivitatem patiantur aut[c] eos suus dominus perdat; sed neque aliquem christianum alicubi qualibet occasione transponamus ad hoc, ut propterea in potestate paganorum deveniat. Et si invenerimus[d], quod aliquis[e] eos in ducatum nostrum adduxerit, modis omnibus ad partem vestram reddere debeamus, qui ipsa mancipia adduxerit christiana venundanda, et omnia, que secum habuerit, ipse, qui eos adprehenderet, habeat concessa sibi.

(4.) De captivis vero, qui inventi fuerint[f] in ducatibus nostris: ipsas personas, que eosdem captivos transposuerint[g], cum omnibus rebus [et[h]] familiis ad partem vestram reddamus; et si hoc factum non fuerit, tunc prebeat sacramentum iudex loci illius, ubi ipsa mancipia requiruntur, cum quinque[i] electis, quales pars vestra elegerit, quod ea mancipia illuc[k] suscepta non fuerint nec inde transposita.

(5.) Et hoc spondemus, ut, quicumque post renovationem huius pacti ad nos confugium fecerint, cum omnibus rebus eorum parti vestre reddantur.

(6.) Si autem aliquis scamera vel ostis aut qualiscumque persona per fines nostros contra vos ad vestram lesionem vel ad vestra loca venire temptaverit et ad nostram pervenerit notitiam, mox sine aliqua tarditate vobis nunciabimus[l], ita ut per nos nullam habeatis lesionem.

(7.) Et hoc statuimus, ut, quandocumque mandatum domini regis Berengarii[m] nobis[n] fuerit nuntiatum, inter utrasque[o] partes ad vestrum solatium cum navali exercitu contra gentes Sclavorum, inimicos scilicet nostros[2] vestrosque, in quo potuerimus, solatium prestare debeamus absque ulla excusatione.

(8.) Spondimus etiam, ut nullum[p] inimicorum, qui contra vos vestrasque partes sunt vel[q] fuerint, nos, qui modo [sumus[r]] vel qui post nos erunt, adiutorium ad vestram lesionem faciendam prebere debeamus sub quolibet ingenio[s] infra hoc[t] spatium pacti.

(9.) Si[u] furtum inter partes factum fuerit, in quadruplum restituatur.

(10.) Si servi aut ancille infra hoc spatium inter partes confugerint, cum omnibus rebus, quas detulerint secum, reddantur, et iudex, qui ipsos fugitivos reddiderit, pro unoquoque singulos auri soldos recipiat, sic[v] tamen ut, si amplius [requiritur[h]], per sacramentum ydoneum dominis illorum satisfactum fiat. Si vero iudex ipsos fugitivos susceperit et eos negaverit reddere [et[r]] exinde [aliud[r]] confugium fecerint, pro unoquoque fugitivo auri soldos septuaginta duo componat[w].

(11.) Et hoc statuimus de fugitivis, de quibus constat, ad quos iudices vel ad quo loca[x] confugerint: quodsi dubium fuerit et denegaverit iudex vel auctor loci illius, in quo liberi et servi requiruntur, tunc prebeant sacramentum duodecim electi, quod ibi nec suscepti[x*] fuerint nec illos habeant nec in conscientia illorum sint nec aliquas res illorum secum habuerint. Si autem hoc distulerit facere, post primam[y] et secundam contestationem[y] presentia testium peractam[z] per iussionem iudicis[a] sui liceat ei pignerare hominem de ipso loco, ubi causa requiritur, ita tamen ut ipsum pignus post actam iustitiam [in[r]] integro reddatur[b].

s) perveniat *codd.* t) parti ... dies *propter homoioteleuton* dies *om. codd.* u) per unaqueque 1. v) persona ipsa malitia 1; persona ipsa, quae malitiam 2. w) quingenti 1. x) componã 1; componat 2. y) ita *codd.* z) fuerit *corr.* fuit 1; fuerit 2. a) restitutam 1. b) regnum 1. c) ut *codd.* d) inveniremus 1. e) aliquid 1. f) ut *add.* 2. g) transposuerit *codd.* h) *om. codd.; suppl. ex PHl.* i) quinquaginta *codd.* k) illum 1. l) nuntiamus 1. m) clarissimi augusti vel missorum eius nobis *PK.* n) vobis *codd.* o) vestrasque *codd.* p) nullus *codd.* q) vel qui *PK.* r) *om. codd.* s) ingenium 1. t) hos 1. u) Si enim *PK.* v) si 1. w) componant 1. x) ipsi fugitivi *add. PK.* x*) suspecti *codd.* y) prima et secunda contestatione 1. z) peracta *codd.* a) iuditii *codd.* b) reddentur 1.

1) *A.* 880.; *cfr. Fanta l. c. p.* 69. 2) *Cfr. supra p.* 132, *n.* 31; *Fanta l. c. p.* 75.

(12.) Et nullatenus liceat alicui pignus accipere per alia loca, nisi ubi fugitivi aut causa requiritur, ibi pigneretur; et si pigneratio pervenerit, non presumat alia pars pro pignere aliam pignerare, sed expectet ad audiendum, ita sane[c] ut cause in sex mensium spatio fiant et sint finite causo, reddens prius, quod ex iuditio condempnatus fuit, et pignus suum recipiat. Si autem infra sex menses postposuerit[c*] ipse iudex aut alia persona, que pignus tulit, iuditium habere, post transactos sex menses illos in duplum iudex loci illius omnimodo sua pignora reddat. Nam si quis de alio loco pignus tolere preaumpserit aut sine causa tulerit vel aliquem pro pignere pignerare presumpserit, in duplum, quod tulerit, restituat. 888.

(13.) Si vero equi vel eque aut armentum aut aliqua quadrupedia fuerint[d] ablata aut semetipsa aberaverint[d], modis omnibus parti vestre reddantur. Quodsi post primam et secundam *contestationem minime reddita fuerint, tunc proveniat pigneratio de loco*, ubi hoc requiritur, usque dum pars parti[e] satisfatiat; et post satisfactionem ipsa pignera reddantur.

(14.) Et hoc stetit, ut, si fugitivi seu[f] res reddite fuerint et per sacramentum satisfactio adimpleta fuerit, modis omnibus pars parti sive[g] reddendi sive iurandi securitatem faciat.

(15.) Si quis vero infra hoc spatium pignerare presumpserit except*is* memorat*is* capitul*is*, causam perdet, et quod tulerit restituat.

(16.) Negocia autem inter partes liceat dare, quod inter eos convenerit[h] vel invenire potuerint[h] sine aliqua violentia aut contrarietate[i], ita ut equa conditio utrarumque partium negociatoribus, [in[k]] *quibus fuera*nt, *conservetur.*

(17.) De ripatico vero[l] stetit, ut secundum antiquam consuetudinem debeamus tollere per portus nostros[m], et nullum gravamen aut violentiam fatiamus; et si factum fuerit et ad nostram noticiam pervenerit[n], fatiamus exinde iustitiam fieri. Et statuimus de ripatico, ut nequaquam plus debeamus tollere nisi omnem quadragesimam libram[o]. Et habeant licentiam homines vestri per nostram terram ambulandi[p], ubi voluerint; et similiter homines nostri per mare.

(18.) Sed et hoc convenit, ut, si qua lesio inter partes evenerit[q], ligatarii inter partes non detineantur, sed securi ad propria[r] reddeant; similiter et epistolarii, si detenti fuerint, relaxentur et componantur [eis[k]] solidos trecentos et si, quod absit, occisi fuerint, componantur parentibus eorum pro ipsis solidos mille, et ipsa[s] persona tradatur[s] in manibus eorum.

(19.) Si quis inter partes causas habuerit, vadat semel vel bis cum epistola iudicis[t] sui [et[k]], si ei iustitia minime facta fuerit infra dies quatuordecim, si ipse homo, unde iustitia requiritur, infra ipsum locum fuerit, infra dies septem licentiam habeat pignerare iudicem, qui in ipso tempore ordinatus fuerit, infra casam[u] suam, quantum ipsum debitum fuerit; et ipsum pignus salvum sit usque ad prenominatas noctes. Et si ipsum pignus antesteterit, componantur solidi duodecim[v] causa manente, ut in ea[w] pigneratio fiat, ubi potuerit in finibus, ubi causa requiritur; sic[x] tamen [ut[y]], ubi iuditium ambabus partibus denuntiatum fuerit, residentes duo de utraque parte de loco, ubi causa requiritur, et quod ipsi[z] per evangelium determineraverint[a], pars parti satisfatiat.

(20.) Addidimus etiam, ut, si quis homicidium perpetraverit, stante pacto, modis omnibus parti vestre ligati tradantur, quanti in ipso homicidio misti fuerint; et si distulerit[b], pro[c] unaquaque persona[c] componat auri soldos CCC. Et si aliquam in silva pignerationem facere voluerit, sic fiat sine homicidio; et si, quod absit, homicidium factum fuerit in libero homine[d], componat[e] solidos CCC pro ipso et pro servo solidos L; et si plaga facta fuerit in libero homine[d], componat solidos L et pro servo solidos XXX.

(21.) Et hoc stetit, ut de feminis ac mulieribus seu puellis vel gregibus equarum indomitis[f] vel gregibus porcorum [nulla[g]] pigneratio fieri debeat; si qua pars facere presumserit, componat solidos L, et ipsa pigneratio salva restituatur.

(22.) Similiter stetit de rebus sanctorum[h] ecclesiarumque Dei, quod[i] [nulla[g]] pigneratio fieri debeat, excepto si cum sacerdotibus ipsarum ecclesiarum causas habuerit; et antea [compellatio[k]

c) *om.* 1. c*) proposuerit *codd.; cfr. PHl.* d) fuerit, aberaverit *codd.* e) pacti fatiat *codd.* f) aut res res 1. g) sue *codd.* h) convenerint, poterint *codd.* i) exceptis ab aliis *hic desunt.* k) *om. codd.* l) et transituris fluminum *add. PK.* m) nostr. et fluminа *PK.* n) ab eis *add. PK.* o) libra 1. p) vel flumina transeundi *add. PK.* q) convenerit *codd.* r) propriam 1. s) ipse persone tradantur 1. t) iudici suo *codd.* u) casa *codd.* v) *ita PK.;* componant solidos trecentos *codd.* w) inantea et iterum *PK.* x) si *codd.* y) *om. codd.* z) ipse *codd.* a) determinaverit 1. b) eos tradere *add. PK.* c) per unamquamque personam 1. d) hominem 1. e) pro ipso auri *add. PK.* f) indomiti 1. g) *om. codd.* h) sanctarum ecclesiarum 2. i) *om.* 1. k) compellatio ... ut *om. codd.*

888. fiat semel aut bis; postea fieri debeat pignoratio; nam qui aliter facere presumpserit, duplum componat, et si nesciens pignoraverit, praebeat sacramentum, et sit sollicitus, ut[k]) ipsum pignus salvum restituat.

(23.) Et hoc stetit de cautionibus sive de quibuslibet commendationibus, si aliquis[l] dederit ad negociandum sive aliqua pignera posuerit[m] et solidos[n] mutuaverit, ut[o] secundum legem et iustitiam incedat iuditium; et iustitiam fatiant pars parti de hiis [et[p]] similibus causis, de quibus in anteriori pacto continetur.

(24.) Et hoc stetit, ut de capulo, quod Rivoaltenses, Olivolenses[q], Amorianenses, Metamaucenses, Albiolenses, Torcelenses, Amianenses fecerunt ab hodie, retro in annis triginta, ubi capulaverunt, habeant licentiam capulandi, sicut per supra scriptos annos habuerunt consuetudinem, [sive[p]] per flumina, sive per mare; et flumina, quae aperta habuerunt in fine Tarvisiana, [ab[p]] hodie in annos triginta reaperiantur[r].

(25.) Aquilenses[s] vero capulare debent [in[p]] ripa sancti Zenonis[t] usque in fossa Metamauri et Gentionis secundum consuetudinem omnem arborem non portantem et vegere cum carro aut ad collum[u], quantum sibi placuerit, anteposita fossa Gentionis[v], ubi minime presumat cum navi introire; et arbores non portantes infra ipsos fines designatos licentiam habeat, quantum sibi voluntas adcreverit[w]; et licentiam habeant peculia vestra in ipsis finibus pascere et pabulare[x].

(26.) Placuit autem super hec omnia, ut missi domini Berengarii regis omni tempore parati sint iustitias facere, ita ut unusquisque ex utraque parte suam[y] pleniter recipiat[z] iustitiam; et ipsi missi ad[a] partem domini nostri, quicquid[b] iussum fuerit, recipiant[c].

(27.) Peccularium quoque[d] partium gregem pascere liceat cum securitate usque in terminum, quem posuit Paulutius dux[e] cum Civitatinis novis[e], sicut in pacto legitur, de Plave maiori usque in Plave sicca, que est terminus[f] vester.

(28.) Caprisani vero in silva, ubi capulaverunt, in[g] fine Foroiuliano semper faciant redditum, et capulent, sicut ante capulaverunt[g].

(29.) Et stetit[h], ut de Gradense civitate secundum antiquam consuetudinem debeat dare et capulas[i] facere, ubi antea fecerunt in fine Foroiuliano, sicut antiquitus fecistis.

(30.) Et promisistis nobis cum cuncto[k] ducatu Veneticorum annualiter inferre de denariis Papiensibus libras viginti quinque.

(31.) Reservavimus in eodem pacto, ut pars parti de causis ecclesiarum vel monasteriorum iustitias[l] faciant.

(32.) Et hoc stetit de Clugiensibus[m], ut ita sint per loca sua ad habitandum.

(33.) De eunuchis vero statuimus, ut, si quis eos ab[n] hoc die inantea facere presumpserit secundum inolitam consuetudinem, ut ipsam penam suscipiat[o] aut se de nobis redimat; et si hoc negaverit se fecisse, cum duodecim electis se inculpabillem reddat[p].

(34.) Volumus, ut pro sex mancusis solum ab uno homine sacramentum recipiatur, et si amplius fuerit usque ad duodecim mancusos, duorum hominum iuramentum sit satisfactum; et ita usque ad[q] duodecim libras Veneticorum semper addendum per duodecim electos iuratores perveniat, ut, quantae sint libre, tanti sint et iuratores; nam si ultra duodecim librarum questio fuerit, iuratores duodecim non excedant[r].

(35.) Statuimus de pigneribus etiam, que inter partes posita fuerint, ut, si qua de eis contentio orta fuerit, illi tribuatur arbitrium iurandi, qui pignus habuerit, soli sine electis[s].

(36.) De cautionibus similiter.

Petrus canzelarius advicem Adelardi episcopi et archicanzelarii recognovi.

l) aliquid *add. PK.* m) posuerint 2. n) solum mutaverit *codd.* o) *ita etiam PHL.; cfr. autem PK.* p) *om. codd.* q) Oblivolenses 1. r) reperiatur *codd.* s) Equilenses 2. t) Zenoni 1. u) aut *add. PK.* v) *om.* 1. w) *Hoc loco capitulum valde abbreviatum est; cfr. PK. c.* 25. x) *Hic deest in codd. capitulum de finibus Civitatis novae. Quod vero cum adsit in Pacto Ottonis I. errore scribae omissum esse mihi videtur.* y) sua 2. z) recipiant *codd.* a) a parte 2. b) quisquis 1. c) recipiat *codd.* d) vestrarum *add. PK.* e) dux Civitatis (Civitati 2) nove *codd.* f) terminum vestrum 1; terminus vel proprietas vestra *PK.* g) in fine ... capulaverunt *om.* 1. h) extitit *codd.* i) capula 2. k) cunctum ducacatum 1. l) iustitiam faciendam *codd.* m) Clugientibus *codd.* n) ad hanc diem 2. o) ipse *add. PK.* p) sin autem, paenam sustineat *add. PK.* q) in 2. r) accedant *codd.* s) electus 1.

Data IIII[t]. Idus Magias, anno incarnationis domini DCCCCLIII[t], indictione III[u]; actum Sala[3] curte regia. 888.

t) *ita codd.* u) *ita codd. pro* VI.

3) *Salo.*

239. PRAECEPTUM WIDONIS IMPERATORIS.

891. Iun. 20.

Ad exemplum Praecepti Karoli, supra p. 142, *compositum traditum est in* 1) *Libro blanco fol.* 13, *nr.* 5, *qui exhibet inscriptionem:* Privilegium confirmationis Lodovici (*sic, pro* Widonis) imperatoris factum domino Petro duci Venetiarum ex rebus sui ducatus et que infra dictionem sui imperii sito esse noscuntur; 2) *cod. Trivisano fol.* 59. *Praeceptum locum tenuit pacti, ex quo quaedam transsumpta sunt; cfr. quae supra p.* 130 *diximus.* (*B. deest; P. deest.*)

In nomine sancte et individue trinitatis. Wido[a] gratia Dei imperator augustus. Dignum est, ut celsitudo imperialis, quantum ceteros honoris ac potestatis fastigio antecellit, tantum erga omnes pietatis sue munus impendere satagat. Igitur omnium fidelium sancte Dei ecclesie nostrorumque, presentium silicet ac futurorum, comperiat magnitudo, quia Petrus Veneciarum dux per legatos suos, Dominicum videlicet presbiterum et capelanum suum, Mauritium quoque atque Vitalem Veneticos, nostram deprecatus est clementiam, ut ex rebus sui ducatus quamque et suam proprietatem, quam[b] in Venetia obtinere videtur vel que infra dictionem imperii nostri *scita esse noscuntur, ei confirmationis nostre preceptum* fieri iuberemus, per quod ipse suique heredes ac patriarcha, pontifices, abbates atque populus sibi subiectus sibi debitas res absque cuiuspiam contrarietate seu *refragatione retinere quivissent*, quemadmodum temporibus boni predecessoris nostri Karoli imperatoris per decretum cum Grecis sancitum possiderunt. Petiit etiam celsitudinem nostram, ut, in quibuscumque patriis ac provintiis regni nostri quispiam Veneticus esset, sue potestati maneret subiectus atque omni fide vel obedientia submissus. Cuius petitionibus, ut nobis celestis suffragatio copiosior adsit, libenter adquiescentes hos excelentie nostre apices decrevimus fieri, per quos statuentes decernimus, ut nemo ex nostro regno in finibus Civitatis nove vel Milidisce sive in villa, que dicitur Caput Argelis[c], vel in finibus atque possessionibus eius vel etiam vineis, terris, pratis, pascuis, silvis atque piscationibus illius aut in ceteris locis, quibus in pacto eorum relegitur, vel ubi infra dicionem imperii nostri proprietates[d] habere videntur, aliquam contrarietatem ac machinationem facere presumat nec etiam venationem aut pabulationem ibi exerceat, et nullatenus homines eius, qui in eo ambitu circuminhabitant, aliquam sustineant molestationem vel *fortiam*, sed *securiter* atque in pace ibi vivere queant; immo per loca et flumina cuncto nostro in regno libere sua perugant negocia, ita tamen ut nullum gravamen sentiat populus eius, nisi, quod equum est, tantummodo telonaria et ripatica solvat. Nam vero predictus dux suique heredes ac successores nullo in loco persolvant de quacumque re, sed ex nostra largitate quieto more ubique sua perfitiant. Statuimus etiam, ut nullus in territoriis, locis peculiaribus aut ecclesiis, domibus seu rebus et reliquis possessionibus presignati ducatus ac sua proprietate, quam in Venetia obtinere videtur vel que infra potestatem imperii nostri scita esse noscuntur, iniquam ingerere presumat inquietudinem[e], diminorationem seu calumniosam contradictionem aut subtractionem nephandam; sed liceat eas prefato duci ac patriarche, episcopis, abbatibus vel populo sibi subiecto seu successoribus eorum ac heredibus[f] quiete absque cuiusquam insultantis machinatione aut sinistra quippiam[g] tergiversatione iure gubernare et gubernando, *prout liquidius in presignato decreto continetur*, legaliter continere. Itemque precipimus de proprietatibus sive possessionibus predicti ducis, quas in territoriis regni nostri habere videtur[h], ut, si de eis aliqua contentio

a) Luido 1; Vido 2. b) que 1. c) Caput Ageris 2. d) proprietas *codd.* e) inquietitudinem 1. f) et successoribus *add. codd.* g) quappiam 2. h) *ita Praeceptum Rudolfi infra p.* 149; videntur *codd.*

891. orta fuerit et ad iuramentum causa pervenerit, secundum seriem pacti[1] diffiniatur per electos duodecim iuratores; et cuiuscumque gentis sit homo ille, cum quo predictus dux contentiones habuerit, iuratores tamen de illo commitatu eligantur, ubi causa requiritur. Concessimus quoque sancte metropolitano eius[i] ecclesie vel episcopatibus sibi subiectis atque monasteriorum cenobiis iustitiam requirendam de suis rebus in annos legales, secundum quod Ravennas[k] habet ecclesia. Sed et hoc constituimus atque per hoc nostrum preceptum mansurum confirmamus, ut, in quacumque patria regni nostri quislibet Veneticorum fuerit, eius sit potestate distringendus eiusque per omnia debeat obedire preceptis, adeo ut nulla maior vel minor persona contra eum quempiam Veneticum deffendere presumat[l]. Quodamodo statuimus, ut, si quis ex cunctis locis nostri imperii hanc nostram iussionem postponere presumpserit et omnia, que superius dicta sunt, observare neglexerit, similiter centum libras auri componat, salva ex omni populo Veneticorum debita obedientia et singulorum hominum iustitia atque querela. Porro ut hoc verius credatur diligentiusque observetur, propria manu firmavimus et annulo nostro iussimus sigillari.

Signum (M.) domini Widonis[m] serenissimi imperatoris augusti.

Morontius presbiter et notarius advicem Helbunei archicancellarii recognovi.

Data XII. Kal. Iulias, anno[n] incarnationis domini DCCCXCI, indictione VI[o], anno primo imperii domini Widonis[m] serenissimi imperatoris augusti; actum Papiae; in Dei nomine feliciter[p] amen.

i) ecclesie eius 1. k) Ravennatis 1. l) *Praeceptum Karoli supra p.* 142 *s. fine hoc loco praebet capitulum de interfectione seniorum.* m) Luidonis *codd.* n) ano 1. o) *ita codd. pro* IX. p) fel. amen *om.* 2.

1) *Cfr. supra p.* 142, *n.* 2.

240. PRAECEPTUM RUDOLFI.

924. Febr. 29.

Legitur in 1) *Libro blanco fol.* 14[v], *nr.* 6, *praefixa rubrica:* Simile privilegium confirmationis Rodulfi imperatoris factum domino Ursio duci Veneciarum; 2) *cod. Trivisano fol.* 61. *Derivatum ex Praecepto Widonis, supra p.* 147, *aeque ac illud diploma pro pacto habitum est; cfr. supra p.* 130. *(B. deest; P. deest.)*

In nomine domini nostri Iesu Christi Dei eterni. Rodulfus rex. Dignum est, ut celsitudo regalis, quantum ceteros[a] honoris ac potestatis fastigio[b] antecellit, tantum erga omnes fideles pietatis sue munus impendere satagat. Igitur omnium fidelium sancte Dei ecclesie[c] nostrorumque, presentium silicet[c] ac futurorum, comperiat solertia, quia Vrsus Veneticorum dux per legatos suos, Dominicum silicet venerabilem Madamaucensem[d] episcopum atque Stephanum Coloprinum[1], nostram deprecatus est clementiam, ut cum ex rebus sui ducatus quamque et ex sua proprietate, quam in Venetia obtinere videtur vel que infra dictionem[e] regni nostri scita esse noscuntur, ei confirmationis nostre preceptum fieri iuberemus, per quod ipse suique heredes ac patriarcha, pontifices quoque et abbates atque populus sibi subiectus proprietates suas sibi debitas[que[f]] res absque cuiuspiam contrarietatem seu refragationem retinere securiter queant, quemadmodum temporibus domini Karoli[g] per decretum cum Grecis sancitum possiderunt. Petiit etiam celsitudinem nostram, ut, in quibuscumque patriis ac provintiis regni

a) veteros honores 1. b) fastigium 1. c) *ita et Praec. Hugonis infra p.* 150; silicet n. p. videlicet *codd.* d) Madamaucensis 1. e) dictione 1. f) *ita Praec. Hug.;* debitas *codd.* g) imperatoris *add. Praec. Widonis.*

1) *Coloprini erant ex nobilibus Venetorum; cfr. Chron. Venetum V. VI, SS. XIV, p.* 27, *l.* 16; *p.* 28, *l.* 12; *p.* 29, *l.* 36; *p.* 35, *l.* 12. 21.

nostri quispiam Veneticus esset, sue potestati maneret subiectus atque omni fide vel obedientia submissus. Cuius petitionibus, ut nobis celestis suffragatio copiosior adsit, libenter adquiescentes hos *excelentie nostre apices decrevimus fieri, per quos statuentes* decrevimus, ut nemo ex nostro regno in finibus Civitatis nove vel Millidisse sive in villa, que dicitur Caput Argelles[h], vel in finibus atque possessionibus eius vel etiam vineis, terris, pratis, pascuis, silvis atque piscationibus ipsius aut in ceteris locis, in[i] quibus in pacto eorum relegitur, vel ubi infra dictionem regni nostri proprietates habere videntur vel invenire[k] potuerint, aliquam[l] venationem aut pabulationem[l] exerceat[m], unde homines eius, qui in eo ambitu[n] circuminhabitant, aliquam sustineant molestationem vel contrarietatem, sed securiter atque in pace vivere queant; imo per loca et flumina cuncto nostro in regno libere sua peragant negocia, ita tamen ut nullum gravamen sentiat[o] populus eius vel eius negociatores, nisi, quod equum est, tantummodo telonaria et ripatica solvant. Nam vero predictus dux suique heredes suique negociatores nullo in loco persolvant de quacumque re, sed ex nostra largitate quieto more ubique sua perficiant[p]. Statuimus etiam, ut nullus in territoriis, locis peculiaribus aut ecclesiis, domibus seu rebus et reliquis possessionibus presignati ducatus ac[q] sua proprietate, quam in Venetia obtinere videtur vel que in potestate regni nostri sita esse noscuntur, iniquam ingerere presumat inquietudinem[r] vel diminorationem seu calumniosam contradictionem aut subtractionem nephandam, sed[s] liceat eas prefato duci ac patriarche, episcopis, abbatibus vel populo sibi subiecto seu successoribus eorum ac heredibus quiete absque cuiusquam insultantis machinatione[t] aut sinistra[t] quippiam[u] tergiversatione[t] iure[v] gubernare et gubernando, prout liquidius in presignato decreto continetur, legaliter continere. *Itemque precipimus* de proprietatibus sive possessionibus predicti ducis, quas in territoriis regni nostri habere videtur, ut, si de eis[w] aliqua contentio orta fuerit et ad iuramentum causa[x] pervenerit[y], secundum seriem pacti diffiniatur[z] per electos duodecim iuratores; et cuiuscumque gentis sit homo ille, cum quo predictus dux contentiones habuerit, iuratores de illo comitatu[a] tamen eligantur, ubi causa requiritur. Concessimus quoque sancte metropolitane eius ecclesie vel episcopatibus[b] subiectis atque monasteriorum zenobiis iustitiam requirendam de suis rebus in annos legales, secundum quod sancta[c] Romana habet ecclesia[c][2]. Sed et hoc constituimus atque per hoc nostrum preceptum inviolabiliter mansurum confirmamus, ut, in quacumque patria regni nostri quislibet Veneticorum fuerit, eius sit potestate distringendus[d] eiusque per omnia debeat obedire preceptis, adeo[e] ut nulla maior vel minor persona contra eum quempiam Veneticum deffendere presumat. Insuper etiam et[f] concedimus per hoc regie auctoritatis preceptum, ut tam nos, quam nostri decessores nichil amplius eos cogamus pacti causa persolvere, nisi tantum annualiter denariorum libras XXV[g][3]. Simulque eis numorum[h] monetam concedimus, secundum quod eorum provintie duces a priscis temporibus consueto more habuerunt, ita ut nullo umquam tempore repetantur aut exigantur per aliquem neque ab ipso Urso[i] duce neque a successoribus eius, sed in ea, quam[k] in presenti concedimus, perpetualiter donacione consistant. Si quis autem contra hoc, quod in presenti per huius edicti[l] tenorem Veneciarum duci populoque ipsius concessimus, agere presumpserit, ut instituta nostra violet aut infringat, ne quod temptavit, perficere possit, sciat se compositurum auri obrizi libras centum, medietatem camere nostre et medietatem duci Veneciarum, qui per tempora[m] fuerit. Et ut hoc cercius credatur et ab omnibus inviolabiliter conservetur, manu propria roboravimus et annuli nostri impressione subter iussimus insigniri. 924.

Signum (M.) domini Rodulfi serenissimi regis.

h) Caput Ageris 2. i) *ita et Praec. Hug.* k) *ita* 2. *et Praec. Hug.;* habere 1. l) *cfr. Praec. Wid.* m) exerceant *codd.* n) amitu 1. o) sentiant *codd.* p) perfolvant 1. q) a *codd.* r) inquietitudinem 1. s) silicet at 1. t) machinationem, sinistram, tergiversationem 1. u) quappiam 2. v) regubernare *codd.* w) eas 1. x) causam 1. y) pervenerint 1. z) diffiniantur *codd.* a) comitato 1. b) sibi *add. Praec. Wid.* c) sanctam Romanam ecclesiam 1. d) constringendus 1. e) adea *codd.* f) et *om.* 2. g) XXII *codd.; cfr. autem Praec. Hug. et infra n.* 3. h) *ita Praec. Hug.;* numis *codd.* i) Urse 1. k) qua 1. l) dicti 1. m) tempore *om.* per 1.

2) *Cfr. Praec. Karoli, supra p.* 142, *n.* 4. 3) *Cfr. Pact. Berengarii, supra p.* 146, *c.* 30; *Fanta l. c. p.* 70.

924. Data II. Kal. Mar., anno dominico incarnationis DCCCCXXIV, domni Rodulfi invictissimi regis hic in Italia IV[u], indictione tercia decima: actum Papie: in Christi nomine feliciter amen.

u) *ita codd. pro* III.

---

241. PRAECEPTUM HUGONIS.

927. Febr. 26.

Transscriptum ex Praecepto Rudolfi, supra p. 148, *exstat in* 1) *Libro blanco fol.* 16. *nr.* 7, *ubi inscribitur:* Simile privilegium confirmationis Ugonis imperatoris factum predicto Ursio duci; 2) *cod. Trivisano fol.* 63. *et neque pacti ratum habuit; cfr. supra p.* 130. *(B. deest; P. deest.)*

In nomine domini nostri Yesu Christi Dei eterni. Hugo Dei gratia rex. Dignum est, ut celsitudo regalis, quantum ceteros[a] honoris ac potestatis fastigio antecellit, tantum erga omnes[b] sospitatis sue munus impendere satagat. Igitur omnium fidelium sancte Dei ecclesie nostrorumque, presentium silicet ac futurorum, comperiat solertia, quia Ursus Veneticorum dux per legatos suos, Iohanem Fabianicum et Stephanum Coloprinum, nostram deprecatus est clementiam, ut cum ex rebus sui ducatus [quamque[c] et ex sua[c]] proprietate, [quam[d] in[d] Venetia[d]] obtinere videtur [vel[d] que[d]] infra dictionem[e] regni nostri sita esse noscuntur, ei confirmationis nostre preceptum fieri iuberemus, per quod ipse suique heredes ac patriarcha, pontifices quoque et abbates atque populus sibi subiectus proprietates suas sibi debitasque res absque cuiuspiam contrarietate seu refragatione retinere securiter queant, quemadmodum a temporibus domini Karoli per decretum cum Grecis sanccitum possiderunt. Peciit etiam celsitudinem nostram, ut, in quibuscumque patriis ac provintiis regni nostri quispiam Veneticus esset[f] sue potestati maneret subiectus atque omni fide vel obedientia submissus. Cuius petitionibus, ut nobis celestis suffragatio copiosior adsit, libenter adquiescentes hos excelentie nostre apices decrevimus fieri, per quos statuentes decrevimus, ut nemo ex nostro regno in finibus Civitatis nove vel Milidisse sive in villa, que dicitur Caput Argelles, vel in finibus atque possessionibus eius vel etiam vineis, terris, pratis, pascuis, silvis atque piscationibus ipsius aut in ceteris terris, in quibus [in[d]] eorum pacto relegitur, vel ubi infra dictionem[e] imperii nostri proprietates ipse aut sui videntur habere vel invenire potuerint[g], aliquam venationem aut pabulationem exerceat, unde homines eius vel negociatores, qui in eo ambitu circuminhabitant, aliquam sustineant molestationem vel contrarietatem, sed securiter atque in pace vivere queant; imo per loca et flumina cuncto in[f] nostro regno libere sua peragant negocia, ita tamen ut nullum gravamen sentiat populus eius vel eius negociatores, nisi, quod equum est, tantummodo telonaria[h] et ripatica solvant. Predictus vero dux et heredes illius et proprii negociatores eorum in omnibus habeant libertatem suam propria peragendi absque ulla publica functione. Statuimus etiam, ut nullus in territoriis, locis aliquibus peculiaribus aut ecclesiis, domibus seu rebus et reliquis possessionibus presignati ducatus ac[i] sua proprietate, que[k] in potestate regni nostri sita esse noscuntur[k] vel in Venetia optinere videtur, iniquam[l] ingerere presumat inquietudinem vel diminorationem seu calumniosam contradictionem aut nephandam subtractionem, set liceat eas[m] prefato duci ac patriarche, episcopis, abbatibus vel populo sibi subiecto et heredibus ac successoribus eorum quiete absque cuiusquam insultantis machinatione aut sinistra[n] quippiam[o] tergiversatione iure[p] gubernare et gubernando, prout liquidius in presignato decreto continetur, legaliter continere. Itemque precipimus de proprietatibus sive possessionibus predicti ducis, quas in territoriis regni nostri habere videtur, ut, si de eis aliqua contentio orta fuerit et ad iuramentum causa pervenerit, secundum seriem pacti diffiniatur per electos duodecim iuratores; et cuiuscumque gentis sit homo

a) cetero honoris 2; veteros honores 1. b) fideles *add. Praec. Rud.* c) quamque ... sua *om. codd.* d) *om. codd.* e) dictione 1. f) *om.* 1. g) potuerit 2. h) celonaria 1. i) a *codd.* k) *ita codd.; in Praec. Rud. verba* quae ... noscuntur *posita sunt post* optinere videtur vel. l) iniqua 1. m) eos *codd.* n) sinistre 1. o) quappiam 2. p) regubernare *codd.*

ille, cum quo predictus dux contentiones habuerit, [iuratores[d]] de illo comitatu[q] eligantur, ubi causa requiritur. Concessimus quoque sancte metropolitane eius ecclesie suisque episcopatibus subiectis atque et monasteriorum xenobiis institiam requirendam de suis rebus in annos legales, secundum quod sancta Romana habet ecclesia. Sed et hoc constituimus atque per hoc nostrum preceptum inviolabilliter mansurum confirmamus, ut, in quacumque patria regni nostri quislibet Veneticorum fuerit, eius sit potestate distringendus eiusque per omnia debeat obedire preceptis, adeo ut nulla maior vel minor persona contra eum quempiam Veneticum defendere presumat. Insuper et concedimus per hoc regie auctoritatis preceptum, [ut[d]] tam nos, quam nostri decessores nichil amplius eos cogamus[r] pacti causa persolvere, nisi tantum annualiter denariorum libras XXV. Simulque eis numorum monetam concedimus, secundum quod eorum provintie duces a priscis temporibus consueto more habuerunt, ita ut nullo umquam tempore repetantur aut exigantur per aliquem neque ab ipso[s] Urso duce neque a successoribus eius, set in ea, quam in presenti concessimus, perpetualiter donatione consistant. Si quis autem contra hoc, quod in presenti per huius edicti[t] tenorem[u] Veneticorum duci populoque ipsius concessimus, agere presumpserit, ut instituta nostra violet aut infringat, ne[v] quod temptavit, perficere possit, sciat se compositurum auri obrizi libras centum, medietatem camere nostre et medietatem duci Veneticorum, qui per tempora fuerit. Et ut hoc cercius credatur et ab omnibus inviolabilliter observetur, manu propria roboravimus et annuli nostri impressione subter iussimus sigillari. 927.

Signum domini[f] (M.) Hugonis gloriossissimi regis.

Data anno domini incarnacionis DCCCCXXVII[w], IV. Kal. Marc., indictione quinta decima, anno domini[x] Hugonis gloriossissimi regis primo; actum[y] Papia[z]; in Christo nomine feliciter amen.

q) tamen *add. Praec. Rud.* r) cogam *codd.* s) ut se 1. t) dicti 1. u) tenore 1. v) nec 2. w) DCCCCXXIV 2; *e corr.* 1. x) vero 2. y) actu 1. z) Papiae 2.

XVIII.

CAPITULARIA REGUM FRANCIAE ORIENTALIS.

847—878.

HLOTHARII, HLUDOWICI ET KAROLI CONVENTUS APUD MARSNAM PRIMUS.

847. Febr.

Vide supra p. 68 sqq.

HLOTHARII, HLUDOWICI ET KAROLI CONVENTUS APUD MARSNAM SECUNDUS.

851. aestate.

Vide supra p. 72 sqq.

242. HLUDOWICI, KAROLI ET HLOTHARII II. CONVENTUS APUD CONFLUENTES.

860. Iun. 1—7.

Acta huius conventus nobis tradita sunt: 1) *a Sirmondo, Karoli Calvi Capitula p.* 228 *sqq.;* 2) *a Baronio, Ann. eccles. ad a.* 860. *edita ex codice Antonii Augustini; et in codicibus:* 3) *Vatic. Palat.* 582 *fol.* 86[v]. 4) *Paris.* 9654 *fol.* 79[v]. 5) *Monac.* 3853 *fol.* 268[v], *ad quem prope accedit* 5*b*) *cod. Paris.* 3878, *qui fol.* 158. *rubricas capitulorum servavit;* 6) *Vatic reg. Christ.* 291 *fol.* 111. 7) *Vatic.* 4982 *fol.* 122. *Iuramentum, quod reges sibi vicissim iuraverunt exstat quoque, Hludowici scilicet,* 8) *in Ann. Fuld. ad a.* 860, *SS. I, p.* 373; *Karoli* 9) *apud Hincmarum, Expositiones*

ad Karolum, Opera I, p. 1067. *Cod.* 5. *exhibet tantum nomina optimatum et c.* 4—7. 10; 860.
codd. 2—4. *omittunt Adnuntiationem Karoli;* 3. 4. *etiam trium regum Adnuntiationes, quarum aeque ac capitum* 1. 3. 10. 12. *reliquis sane omissis excerpta praebet cod.* 6. *In codd.* 3—5. *Capitula praeponuntur nominibus episcoporum et laicorum et in codd.* 3. 4. *hac inscriptione perperam composita praedita sunt:* Anno incarnationis domni nostri Ihesu Christi DCCCLX. Haec sunt capitula venerabilium regum Hlotharii, Hluduwici et scilicet Karoli, quae inter se firmaverunt pridie Id. Iun. in pago Treiectinse iuxta ipsum locum Treiectum. *Eo ordine, quo hic prodeunt acta, exstant in codd.* 1. 2. 6. 7, *qui bene convenit cum illis, quae Karolus a.* 862. *ad Saponarias (infra p.* 159, *c.* 1) *promuntiavit:* apud Confluentes nos ... communi fidelium nostrorum consilio reconciliavimus et sacramento nos confirmavimus et capitula a communibus fidelibus nostris dictata et nobis relecta nos observaturos promisimus et publice communibus fidelibus nostris adnuntiavimus.

Karolus II., cum ineunte anno 859. *Hludowicum regem Franciae orientalis e regno suo, quod hic mense Septembri a.* 858. *hostiliter invaserat, expulisset, una cum Hlothario II. nepote operam dedit, ut fratrem ad reconciliationem et pacem revocaret. Qua de causa reges primum die* 4. *mensis Iunii* 859. *Wormatiae per episcopos (cfr. infra Synod. Mett.* 859), *tum iuxta Anternacum castellum ipsi cum Hludowico de pacis conditionibus tractaverunt (Ann. Fuld. ad a.* 859, *SS. I, p.* 373; *Ann. Bertin. ad a.* 859, *ed. Waitz p.* 52). *'Cuius colloquii effectus differtur usque ad* 8. *Kalendas Novembris apud Basiliam civitatem. Quo Lodoico adveniente Karlus propter Lotharii absentiam ab itinere coepto revertitur' (Ann. Bertin. l. c.). Itaque anno demum* 860. *'Ludoicus, Karlus et Lotharius reges Kalendas Iunias apud castrum quod Confluentes vocatur conveniunt, ibique de pace inter se diu tractantes, tandem concordiam atque amicitiam ipsi per se iuramento firmant' (Ann. Bertin. l. c. p.* 54; *cfr. etiam Ann. Fuld. ad a.* 860, *l. c.).*

Adnuntiatio Karoli, quae in capite actorum conventus exstat, ab illis separanda esse videtur. Karolus enim pronuntiat 'hoc anno', anno igitur 860, *Hludowicum sollicitatum esse, ut in regnum suum veniret, quod factum re vera iam anno* 858. *accidit; eodem anno* 860. *se ipsum a fidelibus adiutum fratrem expulisse, bis cum illo tractasse. Quae indicia temporis cum inter se magnopere discrepent neque ad a.* 858. *aut* 859. *aut* 860. *referri possint, incertum relinquo, cui anno Adnuntiatio tribuenda sit. Ex verbis vero:* unde nos ... vestra fidelitas sic adiuvavit *(l.* 45) *et:* quod quia ... utile nobis videtur, volumus vobis illud dicere; et si vobis ... videtur, cum vestro consilio volumus illud recipere *(l.* 3 *sqq.) apparet illam ad solos fideles Karoli directam esse et emissam, priusquam optimates trium regum ad conditiones pacis deliberandas convenissent; aliter Dümmler, Ostfränk. Reich I², p.* 456; *Böhmer-Mühlbacher nr.* 1402*b.*

Capitula, quae episcopi et laici adunati acceptaverunt, maxima ex parte, exceptis scilicet c. 6—9, *ex Conv. apud Marsnam II.* 851, *supra p.* 72 *sqq., desumpta sunt, quae igitur derivata, quo facilius ab reliquis discernantur, minoribus typis imprimi curavimus.*

(B. II, 137; *P.* 468.)

Adnuntiatio domni Karoli.

Vos scitis, quomodo aliquanti homines minus, quam necesse fuerat, Deum timentes, nostrum fratrem Hludowicum quasi sub bona intentione hoc anno sollicitaverunt, ut in regnum nostrum taliter veniret, sicut ipsi scitis: unde nos Deus et vestra fidelitas sic adiuvavit, sicut et bene cognoscitis. Post hoc laboravit adiuvante Domino iste carissimus nepos noster, ut inter nos pax fieret, sicut per rectum esse debet, et ut monentibus episcopis ad illam caritatem et fraternam concordiam rediret, sine qua nullus christianus salvus esse non potest. Propterea transmisit ad

860. nos suos missos, et mandavit nobis primum tale missaticum, quod nobis impossibile visum fuit. Deinde, quia illud missaticum non suscepimus, aliud missaticum nobis sui missi dixerunt; quod quia et secundum Deum salubre et secundum seculum utile nobis videtur, volumus vobis illud dicere: et si vobis ita, sicut et nobis, videtur, cum vestro consilio volumus illud recipere et quod Deus concesserit, ad necessarium effectum perducere.

Haec sunt nomina episcoporum, qui anno[a] incarnationis dominicae DCCCLX[a], Nonis Iuniis in secretario basilicae sancti Castoris consideraverunt cum nobilibus ac[b] fidelibus laicis firmitatem, quam gloriosi reges nostri Hludowicus et Karolus atque Hlotharius inter se fecerunt VII[c]. Idus Iunias in eodem monasterio, et qui haec capitula ab omnibus conservanda acceptaverunt[c]: Hincmarus[1], Guntharius[2], Altfridus[3], Salomon[4], Adventius[5], Atto[d][6], Franco[e][7], Teudericus[f][8], Luitbertus[g][9], Gebehardus[10], Christianus[11], Vulfadus abbas[12], Witgarius abbas[13].

Haec nomina laicorum: Chuonradus[14], Evrardus[15], Adalardus[h][16], Arnustus[h][17], Warnarius[18], Liutfridus[h][19], Hruodulfus[h][19], Erkingarius[20], Gislebertus[h][21], Ratbodus[h][18], Arnulfus[18], Hugo[h][18], item Chuonradus[h][22], Liutharius[23], Beringarius[i][24], Matfridus[h][25], Boso[h][26], Sigeri[h][18], Hartmannus[h][18], Liuthardus[k][18], Richuinus[h][27], Wigricus[h][18], Hunfridus[28], Bernoldus[h][18], Atto[h][l][29], Adalbertus[30], Burchardus[h][18], Christianus[h][18], Leutulfus[m][31], Hessi[18], Herimannus[18], item Hruodulfus[32], Sigeardus[n][18].

Sacramentum[o] firmitatis Hludowici regis.

Amodo et quamdiu vixero, istum fratrem meum Karolum[p] et nepotes meos Hludowicum[p] et[q] Hlotharium[p] atque Karolum[p] ad Dei voluntatem et sanctae eius ecclesiae statum et honorem atque defensionem et ad nostram communem salutem et honorem et ad populi christiani nobis commissi salvamentum et pacem et ad

a) anno ... DCCCLX. *om.* 3—5. b) ac fidelibus *om.* 1. 2. c) octavo 2; VII ... acceptaverunt *om.* 5. d) Hatto 3—5. e) *om.* 2. 4. f) Deodericus 4. g) *ita* 1; Leutbertus *rell.* h) *Hoc loco om.* 2, *suppl. autem infra; cfr. not.* m. i) Berengarius 3. 5. k) *om.* 4. l) Hatto 3. 4; *om.* 5. m) Leuthulphus, Hernodulphus, Adalardus, Luitfridus, Gislebertus, Huto, Matfridus, Boso, Rithuenus, Bernoldus, Burchardus, Hessi, Arnustus, Bynodulphus, Ratbotus, item Chuanradus, Sigeri, Harmainus, Wigricus, Atto, Christianus, Herimannus, Sigardus 2. n) Sigardus 3; Sigehardus 4. 5. o) *Hanc inscriptionem finxit Sirmondus.* p) natum *apud Hincmarum, orta ex abbreviatura* N, *quae pro nominibus posita erat; cfr. Böhmer-Mühlbacher nr.* 1402 *b.* q) *om.* 1. 2. 4.

1) *Remensis.* 2) *Coloniensis.* 3) *Hildesheimensis.* 4) *Constantiensis.* 5) *Mettensis.* 6) *Virdunensis.* 7) *Leodiensis.* 8) *Mindensis.* 9) *Mimigernafordensis.* 10) *Spirensis.* 11) *Autissiodorensis.* 12) *Resbacensis.* 13) *Ottenburanus, postea episcopus Augustensis.* 14) *Frater Iudithae imperatricis; cfr. Eckhart, Francia orientalis II, p.* 476 *sqq., qui nomina laicorum maxima ex parte commentatus est.* 15) *'Comes in dioecesi Tornacensi', Eckhart l. c.* 16) *Seneschalcus Hludowici Pii, avunculus Irmintrudis uxoris Karoli regis; cfr. Simson, Ludwig d. Fr. II, p.* 241. 17) *Marchio in Baiuvaria.* 18) *Qui sit, dicere non possum.* 19) *Avunculus Hlotharii regis; cfr. Dümmler, Ostfränk. Reich II², p.* 33, *n.* 2. 20) *Comes Alamannicus, pater Richardis uxoris Karoli III.* 21) *Comes Masuariorum, gener Hlotharii I.; cfr. Dümmler, l. c. I², p.* 296, *n.* 2. 22) *Filius Chuonradi supra nominati, comes Autissiodorensis; cfr. Dümmler, l. c. p.* 442, *n.* 1. 23) *'Comes in Saxonia a.* 880. *a Danis occisus'? Eckhart l. c.* 24) *Filius Gebehardi comitis pagi Loganaha; cfr. Stein, Konrad I, p.* 44. 25) *Comes regni Hlotharii, filius Matfridi comitis Aurelianensis; cfr. Dümmler l. c. I², p.* 119, *n.* 4; *II², p.* 17, *n.* 1. 26) *Filius comitis Buwini vel Biwini, frater uxoris Karoli II, inde ab a.* 879. *rex Burgundiae.* 27) *'Comes in Alsatia' Eckhart l. c.* 28) *Marchio Gothiae.* 29) *'Comes Moguntinus'? Eckhart l. c.* 30) *'Comes in Baiuvaria'? Eckhart l. c.* 31) *Comes vel dux Saxoniae.* 32) *'Comes et abbas s. Richarii Centulensis'? Eckhart l. c.*

legis ac iustitiae atque rectae rationis conservationem, quantum mihi Deus scire et posse donaverit et ipsi me obaudierint et[r] a me ipsi quaesierint[r], vero consilio et secundum quod[s] mihi rationabiliter et salubriter possibile fuerit, sincero auxilio adiutor ero[t] ad regnum illorum continendum, et nec in vita nec in membris neque in regno illorum eos forconsiliabo in hoc, ut ipsi erga me similem promissionem faciant et conservent[u]. Sic[v] me Deus adiuvet et istae sanctae reliquiae. 860.

Capitula[o] *ab omnibus conservanda.*

1. Ut omnium praeteritorum malorum et contrarietatum et supplantationum ac malarum machinationum atque molitionum seu nocumentorum invicem actorum *abolitio ita inter nos et* apud nos fiat et a nostris cordibus penitus avellatur cum omni malitia et rancore, ut nec in memoriam ad **retribuendum** duntaxat mali vel contrarietatis atque exprobrationis seu improperii de caetero exinde quiddam veniat.

2. Ut tanta, Domino cooperante, inter nos verae caritatis benignitas abhinc inante **semper** maneat 'de[33] corde puro et conscientia bona et fide non ficta' sine dolo et simulatione, ut nemo suo pari suum regnum aut suos fideles vel quod ad salutem sive prosperitatem ac honorem regium pertinet, discupiat aut forconsiliet aut per occultos susurrones libenter composita mendacia seu detractiones acceptet.

3.[w] Ut unusquisque fideliter suum **fratrem**[x], ubicumque necessitas illi fuerit et ipse potuerit, aut per se aut per filium aut per fideles suos et consilio et auxilio adiuvet, ut regnum, fideles, prosperitatem atque honorem regium debite[y] valeat obtinere. Et veraciter unusquisque erga alterum certatim demonstret, quia in fratris[z] sui adversitate, si evenerit, fraterno modo contristetur et in prosperitate illius laetetur. Et talem fidem, sicut inter nos modo abhinc inante conservaturos confirmatum habemus[y], sic unusquisque infantibus fratris sui, si obierit[a], qui superfuerit conservabit.

4. Et[b] quia per vagos et[c] tyrannica consuetudine inreverentes[c] homines pax et **tranquillitas**[d] perturbari solet, volumus, ut, ad quemcumque nostrum talis venerit, ut[e] de his, quae egit, rationem et iustitiam subterfugere possit[e], nemo ex nobis illum ad aliud recipiat vel[f] retineat, nisi ut ad rectam rationem et[g] debitam emendationem[g] perducatur. Et si rationem[h] rectam[h] subterfugerit, omnes in commune, in cuius regnum venerit, illum persequamur, donec ad rationem perducatur aut de regno deleatur.

5. Similiter[i] et de eo agendum est, qui pro aliquo capitali et[h] publico[h] crimine a quolibet episcopo corripitur[h] vel[h] excommunicatur aut[k] ante excommunicationem crimen faciens[k] regnum et regis regimen mutat, ne debitam poenitentiam suscipiat aut[l] susceptam legitime peragat[l], interdum etiam incestam propinquam suam aut sanctimonialem vel raptam sive adulteram, quam illic ei non licebat habere, fugiens secum ducit: hic talis, cum episcopus, ad cuius curam pertinebit, nobis notum fecerit, diligenter perquiratur, ne morandi vel[m] latendi locum in regno alicuius nostrum inveniat et Dei ac nostros fideles suo morbo inficiat; sed[n] a nobis vel ministris rei publicae constringatur et, ut simul cum diabolica praeda, quam secum duxit, ad episcopum suum redeat[n], et de quocumque crimine publico debitam poenitentiam suscipiat[o] aut susceptam legitime peragat, compellatur[o].

6. Ut[p] nemo episcoporum hominem peccantem ab ecclesia[q] et christiana[q] communione alienet, donec illum secundum evangelicum praeceptum, ut ad emendationem et poenitentiam redeat, commonitum habeat. Qui peccans si commonitus inobediens et incorrigibilis permanserit et ad emendationem redire noluerit, regiam vel rei

r) et … quaesierint *om.* 2. s) ut 1. 4. 9. t) Et reliqua 9. u) *Explicit* 8. v) Si 1. 4. w) *Cap.* 3. *in loco raso in cod.* 8. x) parem *codd.* 3. 4. y) debite … habemus *finis capitis* 2. *in cod.* 8. z) pari 3. 4. a) ille *add.* 3. 4. b) Ut nemo vagum hominum recipiat, sed fugentem omnes persequantur *rubr. in* 5*b*. c) et … inreverentes *om.* 3. 5. d) regni *add.* 2. e) ut … possit *om.* 3—5. f) vel retin. *om.* 3—5. g) et … emendationem *om.* 3—5. h) *om.* 3—5. i) De eo, qui ab episcopo aliquo excommunicatus fuerit et iusticiam fugerit *rubr. in* 5*b*. k) aut … faciens *om.* 3—5. l) aut … peragat *om.* 3—5. m) vel latendi *om.* 4. 5. n) sed … redeat *om.* 3—5. o) suscipere compellatur 3. 5; compellantur 4; *media desunt.* p) Ut nemo episcoporum hominem excommunicet, donec aevangelicae ammonentur *rubr. in* 5*b*. q) ecclesiae christiana 1.

33) 1. *Timoth.* 1, 5.

860. publicae potestatem per se[r] episcopus vel[r] per ministros suos adeat[s], ut constringatur et ad emendationem ac poenitentiam peccator redeat. Qui etiam, si ita ad correctionem perduci nequiverit, tunc secundum leges ecclesiasticas[34] medicinali separatione a[t] communione ecclesiastica[t] segregetur.

7. Ut[u] illis hominibus, qui in talibus perturbationibus, sicut in his praeteritis annis acciderunt, in Deum et in sanctam ecclesiam atque in nos peccaverunt, si se[v] ex veritate recognoscentes[w] petierint et deinceps nobis veraciter fideles esse voluerint et in regnis nostris pacifici ac quieti et legibus ac iustitiae obedientes extiterint, rationabilis misericordia[35] impendatur non solum in indulgentia commissorum et in concessione proprietatum, verum etiam et in largitione honorum secundum nostram rationabilem possibilitatem.

8. Ut[36] de rapinis ac depraedationibus et de conspirationibus atque seditionibus et de raptis feminarum, sicut ecclesiasticae et christianae leges atque progenitorum nostrorum[v] capitula continent, ita in omnibus et ab omnibus conserventur.

9. Ut[37] alia etiam capitula eorundem progenitorum nostrorum de sanctae ecclesiae honore et immunitate ac conservatione et de regio etiam honore atque[v] vigore[v] et populi nobis commissi lege ac iustitia in omnibus et ab omnibus conserventur.

10. Ut[x] nostri fideles, unusquisque in suo ordine et statu, veraciter sint de nobis securi, quia nullum abhinc in antea contra legem et[y] iustitiam vel auctoritatem ac iustam rationem[y] aut[z] dampnabimus aut[a] dehonorabimus[a] aut opprimemus vel indebitis machinationibus adfligemus, et[a*] illorum, scilicet veraciter[b] nobis fidelium[b], communi consilio secundum Dei voluntatem et[c] commune salvamentum[c] ad restitutionem sanctae Dei ecclesiae et[d] statum regni et ad honorem regium[d] atque pacem populi commissi nobis[a] pertinenti[a] adsensum praebebimus, in[a] hoc[a], ut illi non[a] solum[a] non sint nobis contradicentes[a] et[a] resistentes ad ista exequenda, verum etiam sic sint nobis[a] fideles et[a] obedientes[a] ac veri adiutores atque[e] cooperatores vero consilio et sincero auxilio[e] ad ista peragenda, quae[a] praemisimus[a], sicut per rectum unusquisque[f] in suo ordine et[g] statu suo[g] principi[h] et[i] suo seniori[i] esse[h] debet.

11. Ut sic simul coniuncti et nos fratres ac nepos noster ad invicem et nos cum fidelibus nostris et[k] fideles nostri nobiscum et omnes[k] simul cum Deo nos[l] reconiungamus, et[l], ut nobis sit propitius, illi[m] pro devoto munere offeramus[m]. Et unusquisque omnium[l] nostrum absque sua propria[l] excusatione vel[l] iustificatione[l] recognoscamus, in quibus aut singillatim aut communiter contra illius mandata et[n] decreta suorum sanctorum[n] fecimus[o] aut[p] consensimus[o] in ordine ecclesiastico et statu regni, et per singula in medium illa[l] producamus, et nemo nostrum suo aut[l] amico aut propinquo vel[q] confoederato, immo[q] nec sibi ipsi seculariter parcat, ut[r] spiritaliter et salubriter parcere possit[r]; quin, sicut praemisimus in praecedenti capitulo, vero consilio et[s] sincero auxilio[s] illa in commune certatim emendare[t] totis[l] viribus[l] procuremus, quantocius rationabiliter[l] poterimus.

12. Et si aliquis de subditis in quocumque ordine et[l] statu[l] de hac convenientia exierit aut[u] se retraxerit[u] vel huic communi decreto contradixerit, seniores cum veraciter[l] fidelibus suis haec secundum Dei voluntatem et legem ac iustam rationem, velit nolit ille, qui divino consilio et[v] decreto[v] et huic convenientiae resistens[l] et[l] contradicens fuerit, exequantur[w]. Et si aliquis de

r) seipsos et 2. s) adeant 2. t) communionis ecclesiasticae *om.* a 2. u) Ut illis hominibus, qui in nos peccaverunt, rationalis misericordia impendatur *rubr. in* 5*b*. v) *om.* 2. w) veniam *add.* 2. x) Ut nostri fideles unusquisque in suo ordine et statu a nobis securi sint *rubr. in* 5*b*. y) et ... rationem *om.* 3–5. z) *om.* 4. 5. a) *om.* 3–5. a*) sed 2. 4. 5. b) veraciter ... fidelium *om.* 3–5. c) et ... salvamentum *om.* 3–5. d) et ... regium *om.* 3–5. e) atque ... auxilio *om.* 3–5. f) *om.* 1. 2. g) et ... suo *om.* 3–5. h) principi suo esse 4. 5. i) et ... seniori *om.* 3. k) et ... omnes *om.* 3. 4. l) *om.* 3. 4. m) illi ... offeramus *om.* 3. 4. n) et ... sanctorum *om.* 3. 4. o) consensimus vel fecimus 6. p) aut consensimus *om.* 3. q) vel ... immo *om.* 3. 4. r) ut ... possit *om.* 3. 4. s) et ... auxilio *om.* 3. 4. t) emendari 1. 2. u) aut ... retraxerit om. 3. 4. v) et *om.* 4; decreto *om.* 3. 4. w) haec sequatur 3. 4.

34) *Cfr. supra p.* 66, *n.* 2. 35) *Cfr. Brunner in 'Z. f. RG. XXXI, germ. Abt.'* p. 83. 36) *Cfr. infra c.* 6. 7. 37) *Ibidem c.* 4.

senioribus de hac convenientia exierit aut[x] se retraxerit vel huic communi decreto, quod absit, contradixerit[x], cum plures seniorum[i] nostrorum[i] fideles[y] et[z] regnorum primores in[z] unum convenerint[a], eorum, qui haec[b] observaverint, seniorum[y c] consilio et[d] episcoporum iudicio ac[e] communi consensu[e], qualiter de eo, qui debite admonitus incorrigibilis perseveraverit, agendum sit, favente[f] Domino decernatur. 860.

Et ut obnixius suprascripta capitula a nobis auxiliante Domino inviolabiliter observentur et nos illa observaturos certius[g] credatur, manibus propriis[h] subter firmavimus.

Adnuntiatio[i] domni Hludowici regis apud Confluentes[k] lingua Theodisca[l].

1. Vos[38] scitis, quid in isto regno evenit. Et ideo huc convenimus, ut de Dei voluntate et sanctae ecclesiae statu et de nostra ac vestra communi salute atque honore et de pace populi christiani cum Dei adiutorio et fidelium nostrorum consilio tractaremus.

2. Et misimus hoc super episcopos et ceteros fideles nostros[39], ut illi hoc invenirent, qualiter nos ad haec, quae diximus, exequenda adunaremus. Et volumus, ut sciatis, quia, sicut illi invenerunt et scripto nobis ostenderunt[m], ad invicem adunati sumus, sicut fratres per rectum esse debent, et nos[n] simul cum isto nepote nostro et ille nobiscum, et etiam suos fratres[o], nepotes nostros, in hac adunationis firmitate nobiscum recepimus, ita tamen, si et ipsi hanc firmitatem erga nos fecerint et observaverint.

3. Et sciatis, quia non volumus, ut ullus inter nos abhinc in antea alia verba portet nisi talia, quae Deo sint placita et[p] quae ad nostram communem salutem[p] et[q] nostrum honorem pertineant; ut sic simus, sicut fratres in invicem et patrui cum nepotibus et nepotes cum patruis esse debent. Et si aliquis fuerit, qui hoc facere tentaverit, producatur in medium ad rationem, et taliter inde castigetur, ut nemo alius[r] similia agere tentet.

4. Et volumus, ut ecclesiae et casae Dei et episcopi et Dei homines, clerici et monachi et nonnae talem mundeburdem et honorem habeant, sicut tempore antecessorum nostrorum habuerunt.

5. Et[40] volumus, ut vos et ceteri homines fideles nostri talem legem et rectitudinem et tale salvamentum in regnis nostris habeatis, sicut antecessores vestri tempore antecessorum nostrorum habuerunt[s], et nos talem honorem et rectam potestatem in nostro regio nomine apud vos habeamus, sicut nostri antecessores apud vestros antecessores[s] habuerunt; et iustitia et lex omnibus conservetur; et pauperes homines talem defensionem habeant, sicut tempore antecessorum nostrorum lex et consuetudo fuit, et sicut hic[t] fideles nostri communiter consenserunt et scripto nobis demonstraverunt et nos cum illorum consilio consentimus et observari[t] communiter volumus[41]. Et si aliquis hoc perturbare voluerit, a nullo nostrum recipiatur, nisi ut[t] aut[t] ad rectam rationem aut ad[t] rationabilem indulgentiae concessionem deducatur.

x) aut ... contradixerit *om.* 3. 4. y) fideles ... seniorum *om.* 2. z) regni nostri in 3. 4. a) et *add.* 3. 4. b) *om.* 1. c) seniorum *om.* 1. d) ac communi 3. 4. e) ac ... consensu *om.* 3. f) faciente 1. 4. g) *om.* 4. h) nostris 3. 4. i) Annuntiationes 2. k) Confluentem 2. l) Theothisca *hic et infra* 2. m) nuntiaverunt 2. n) vos 2. o) et *add.* 2. p) et ... salutem *om.* 2. q) ad *add.* 2. r) alius 1. s) habuerunt ... antecessores *om.* 2. t) *om.* 2.

38) *Cfr. Adnuntiationes regum ad Marsnam a.* 851. *factae, supra p.* 74. 39) *Supra p.* 154. *nominatos.* 40) *Cfr. Conv. ap. Marsnam II.* 851, *supra p.* 74, *Kar. adnunt.* 41) *Supra c.* 10.

860. 6. Sed et[t] de istis rapinis et depraedationibus, quas[42] iam quasi pro lege multi per consuetudinem tenent, ab hoc die et deinceps de Dei banno et de[t] nostro verbo[t] bannimus, ut nemo hoc amplius praesumat. Sed[43] unusquisque infra patriam cum pace et sine oppressione pauperum et circummanentium consistat et in hostem vel ad placitum sive ad curtem veniens de suo sic[u] warnitus[u][44] et de domo sua moveat, ut cum pace venire et nobiscum stare et ad domum suam redire possit. Et qui hoc transgressus fuerit, sicut tempore antecessorum nostrorum consuetudo[t] fuit et in illorum capitulis continetur[45], volumus, ut hoc in illis transgressoribus[v] emendetur.

7. Similiter et de conspirationibus[46] et de raptis feminarum[47], tam viduarum quam et puellarum atque nonnarum, bannimus ex Dei et nostro verbo, ut nullus hoc in regnis nostris agere praesumat. Et si quis hoc praesumpserit, secundum legem et sicut in capitularibus progenitorum nostrorum continetur, sic hoc emendare cogatur.

Haec eadem domnus[t] Karolus Romana lingua adnuntiavit[w] et ex maxima parte lingua Theodisca recapitulavit.

Post haec domnus Hludowicus ad domnum Karolum fratrem suum lingua Romana dixit: Nunc[x], si vobis placet, vestrum verbum habere volo de illis hominibus, qui ad meam fidem venerunt.

Et domnus Karolus excelsiori voce lingua Romana dixit: Illis[48] hominibus, qui contra me sic[t] fecerunt[y], sicut scitis, et[t] ad meum fratrem venerunt, propter Deum et propter illius amorem et pro illius gratia totum perdono, quod contra me misfecerunt[z], et[a] illorum[a] alodes de hereditate et de conquisitu et quod de donatione nostri senioris habuerunt excepto illo, quod de mea donatione venit, illis concedo, si mihi firmitatem fecerint, quod in regno meo pacifici sint et sic ibi[a] vivant, sicut christiani in christiano regno vivere debent, in hoc si frater meus meis fidelibus, qui contra illum nihil[b] misfecerunt et me, quando mihi[a] opus fuit, adiuvaverunt, similiter illorum alodes, quos in regno illius[49] habent, concesserit. Sed et de illis alodibus, quos de mea donatione habuerunt, et etiam de honoribus, sicut cum illo melius considerabo, illis, qui ad me se[a] reternabunt, voluntarie faciam.

Et domnus Hlotharius lingua Theodisca in supra adnuntiatis capitulis se consentire dixit et se observaturum illa promisit.

Et tunc domnus Karolus iterum lingua Romana de pace commonuit, et[a] ut cum Dei gratia sani et salvi irent et ut eos sanos revidererent[c], oravit et adnuntiationibus finem imposuit.

u) sewarintaes 2. v) transgressionibus 2. w) pronuntiavit 2. x) Hoc 2. y) et *add.* 2. z) nimis fecerunt 2. a) *om.* 2. b) nihilominus fecerunt 2. c) revideret 2.

42) *Conv. ap. Marsnam I.* 847, *supra p.* 69, *c.* 6: quae quasi iure legitimo hactenus factae sunt. 43) *Cfr. Hlud. II. Cap. Pap.* 850, *supra p.* 87, *c.* 4. 5. 44) '*Warnitus sive garnitus, id est instructus*' *Ducange; cfr. etiam Kar. II. Cap. Carisiac.* 877, *c.* 25: nobis in adiutorium, prout citius potuerint, veniant et ad hoc omnes semper warniti sint; *Diez, Etymol. WB. der roman. Sprachen I, s. v. guarnire.* 45) *Cfr. Anseg. III,* 66, *tom. I, p.* 432; *Bened. Lev. II,* 382. 383; *Const. Benev.* 866, *supra p.* 96, *c.* 9; *Capp. supra p.* 97, *c.* 4. 46) *Cfr. Hloth. I. Cap. Pap.* 832, *supra p.* 61, *c.* 6. 47) *Cfr. Capp. legib. add.* 818. 819, *tom. I, p* 281, *c.* 4; *Cap. eccles.* 818. 819, *l. c. p.* 278, *c.* 22–25; *Summula de bannis l. c. p.* 224, *c.* 5; *Capp. Franc., l. c. p.* 214, *c.* 6; *Capp. Baiwar.* 801–813, *l. c. p.* 157, *c.* 2. 48) *Cfr. Kar. II. Cap.* 860, *infra c.* 4. 49) *Cfr. Conv. ap. Marsnam I.* 847, *Adnunt. Kar. c.* 5, *supra p.* 71.

243. HLUDOWICI, KAROLI ET HLOTHARII II. CONVENTUS APUD SAPONARIAS. 862.

862. Nov. 3.

Leguntur capitula in his libris partim impressis, partim manuscriptis: 1) *Sirmondo, Caroli Calvi Capitula p.* 279 *sqq.* 2) *Vatic. Palat.* 582 *fol.* 88. 3) *Paris.* 9654 *fol.* 83. 4) *Baronio, Ann. eccles. ad a.* 862. *sumpta ex codice Antonii Augustini;* 5) *Vatic. reg. Christ.* 291 *fol.* 112ᵛ, *qui capitum* 4—10. *et Adnuntiationum excerpta tantum praebet;* 6) *Vatic.* 4982 *fol.* 128. *Codd.* 2. 3. *expliciunt in medio capite* 3. *Adnuntiationis Hludowici, quam aeque ac ceteras omittit Baronius, in cuius vero codice praesto erant.*

Codd. 1. 4—6. *capitulis praemittunt hanc praefationem:* Anno incarnationis dominicae DCCCLXII, quando Hludowicus Karolo mandavit, ut cum eo simul et Hlotharium reciperet ad osculum atque conloquium, misit Karolus per eum et per Altfridum *(Hildesheimensem)* atque per Salomonem *(Constantiensem)* et per Adventium *(Mettensem)* et per Hattonem *(Viridunensem)* episcopos Hlothario haec, quae sequuntur, capitula dicens, quia pro his causis ei non auderet communicare, nisi ita perficeretur, sicut ibidem scriptum est. Renuntiantibus autem ex parte Hlotharii Hludowico et praefatis episcopis Karolo et Hincmaro *(Remensi)* itemque Hincmaro *(Laudunensi)* et Hodoni *(Bellovacensi)* atque Christiano *(Autissiodorensi)* episcopis, quod ita se velle et se facturum esse fuerat professus Hlotharius, sub hac convenientia receperunt eum ad osculum atque conloquium Karolus atque episcopi, qui cum eo fuerunt. *Quae prorsus conveniunt cum iis, quae refert Hincmarus in Ann. Bertin. ad a.* 862, *ed. Waitz p.* 60: Hludowicus rex Germaniae, directis missis blandiloquis ad fratrem suum Karolum, obviam sibi in territorium Tullensem venire petit; et quia Karolus cum Hlothario ante colloqui noluit, quam fratri causas diceret, quae et in Hlothario displicebant, non mediocri quaerela inde sermonibus est conflictum. Tandem Karolus cum episcopis qui secum erant Hludowico et episcopis qui erant cum eo scripto capitulatim ostendit, pro quibus Hlothario communicare nolebat, nisi profiteretur, quod inde aut certam redderet rationem aut secundum auctoritatem dignam ostenderet emendationem. Post quam professionem sub hac convenientia Karolus et episcopi qui cum eo erant in communionem Hlotharium receperunt.

Auctor actorum huius conventus Hincmarus esse videtur; cfr. Schrörs, Hincmar v. Reims, p. 230.

Nomen loci 'Sablonariae', ad quem secundum codices infra p. 163, *not. c et p.* 165, *lin.* 8. *citatos reges convenerunt corruptum est ex nomine 'Saponariae' (Savonnière apud Tullum); cfr. Böhmer-Mühlbacher nr.* 1262*b*. (*B. II*, 163; *P.* 483.)

Cap. 1. Posteaquam proximo[a] apud Confluentes nos invicem mutua indulgentia annuente Deo communi fidelium nostrorum consilio reconciliavimus et sacramento de observanda inter nos pace et de praestando alterutrum adiutorio nos confirmavimus et capitula a communibus fidelibus nostris dictata et nobis relecta nos observaturos promisimus et publice communibus fidelibus nostris adnuntiavimus, vobis, unice et carissimo frater, reputare non volo, ut illa, quae invicem nobis promisimus, hactenus erga me observata[b] non habeatis; nec spero, ut vos aut aliquis alius mihi

a) proximo 2. 3. b) observata ... illa *om.* 4.

862. reputare possit aut volit, ut similiter erga vos illa[b][c] observata non habeam. Quodsi quis fecerit[d], paratus sum inde vobis certam reddere rationem et dignam facere[e] satisfactionem. Et si aliquis mihi reputare voluerit, quod quantum ex me est, illa, quae debeo nepoti nostro Hlothario, observata non habeam, similiter paratus sum certam reddere rationem et congruam[e] facere satisfactionem. Qualiter autem ea, quae mihi promisit ille, erga me observata habeat, non solum ego, sed et plures alii sciunt.

2. Sed et sicut nobis tunc ibi convenit, ut tempore statuto ad locum condictum cum primoribus regnorum nostrorum conveniremus[1], ut ibi, quaeque in regnis nostris emendatione digna et necessaria erant et in sancta Dei ecclesia et in nostro ac populi salvamento, tractaremus et nos erga fideles nostros et fideles nostri erga nos emendaremus et observanda de cetero statueremus, et semel et secundo ad haec exequenda paratus fui, et ad hoc etiam nunc conveni, sicut saepe mihi per communes fideles nostros mandastis.

3. Pro quibus autem causis cum praefato nepote nostro antea loqui non volui, quam vobiscum inde acciperem consilium, quaedam volo hic designare, quaedam vero postea congruo loco et convenienti modo vobis innotescere.

4. Quando altera vice pro his, quae dixi, tractandis[f] ad Tusiacum[2] veni, adportavit mihi et episcopis regni nostri Boso ex parte domni apostolici epistolas quasdam[3] nepoti nostro et episcopis regni sui mittendas, quas illis secundum mandatum domni papae transmisimus, quasdam autem nobis legendas et observandas, quarum et hic textum habemus: in[g] quibus invenimus nos[h] increpatos, cur fornicarios in regno nostro immorari permitteremus et non solum ipsam feminam[4], sed et omnes[i] faventes[i] facinori eius a corpore et sanguine Domini excommunicatos, usque dum ipsa mulier ad virum suum rediret. Et scimus, sicut sanctus dicit Gregorius, quoniam qui[k] resecanda, si potest, non corrigit, ipse illa committit. Nos autem audivimus praedictam feminam in regno nepotis nostri commorari, et hanc sententiam postea non audivimus immutatam. Et qui gravamur nostris, timemus alienis etiam communicare peccatis communicando excommunicatis.

5. Filiam nostram Iudith viduam[5] secundum leges divinas et mundanas sub[6] tuitione ecclesiastica et regio mundeburde constitutam Balduinus[7] sibi furatus est in uxorem: quem post[8] legale iudicium episcopi regni nostri excommunicaverunt secundum sacros canones et diffinitionem sancti Gregorii papae, qui dicit: 'Si[9] quis viduam furatus fuerit in uxorem, ipse[l] et consentientes ei anathema sint.' Quae et

c) illa *om.* 1. d) fuerit 4. e) facere ... congruam *om.* 4. f) tractantes 4. g) In quibus *om.* 3. h) *om.* 3. i) omnibus facientibus 2; *corr.* consencientibus 3. k) si quis 2; si quis res et causas si potest 3. l) *om.* 1.

1) *Haec desiderantur in actis supra nr.* 242. *editis; cfr. Wenck, Fränk. Reich p.* 474. 2) *Tusey, dép. Meuse, ad Mosam sita; canones synodi Tusiacensis a.* 860. *die* 22. *mensis Octobris celebratae exstant apud Mansi XV, col.* 557 *sqq.* 3) *Nicolai I. ep.* 54, *App. ep.* 1, *Mansi XV, col.* 826, 866; *Jaffé, Reg. Pontif.* I², 2684, 2685. *Ep.* 54. *ad Hincmarum aliosque episcopos, App. ep.* 1. *ad Karolum directa est; in neutra vero iubetur epistolam ad Hlotharium transmittendam esse.* 4) *Engiltrudem, uxorem Bosonis nominati, comitis Italici, quae marito relicto cum Vangero vassallo in Hlotharii regnum fugerat; cfr. Reginon. chron. ad a.* 866, *ed. Kurze p.* 84: *Dümmler, Ostfränk. Reich II*², *p.* 16 *sq.* 5) *Ethelwolfi, regis Angliae; cfr. Bertin. ann. ad a.* 862, *l. c. p.* 56. 6) *Hincmarus in Bertin. ann. l. c.:* sub tuitione paterna et regia atque episcopali custodia servabatur. 7) *Comes Flandriae.* 8) *Hincmarus l. c. p.* 57: post mundanae legis iudicium canonicam ... secundum edicta beati Gregorii: ut, si quis viduam in uxorem furatus fuerit, et consentientes ei, anathema sint, depromi sententiam ab episcopis petiit; *in Suessione oppido a.* 862. 9) *Synod. Roman.* 721, *Mansi XII, col.* 264, *c.* 10.

verbis et literis nos et episcopi regni nostri nepoti nostro Hlothario innotuimus. 862.
Nos etiam, sicut scitis, consilio et consensu fidelium nostrorum communiter confirmavimus[10], ut nemo nostrum huiusmodi hominem in regno suo recipiat neque immorari permittat, sed ad rectam rationem reddendam et ad poenitentiam agendam, sicut statutum est, illum redire cogat. Qualiter autem nepos noster Hlotharius non solum erga nos et consanguinitatem nostram, verum et contra Deum et sacram auctoritatem et communem christianitatem inde egerit, spero, quia vos non latet, quod est plurimis cognitum. Et sanctus Paulus, per quem loquutus est Christus, dicit: 'Non[11] solum qui faciunt, sed qui consentiunt facientibus digni sunt morte.'

6. Nota est vobis causa de uxore nepotis nostri Hlotharii, unde et a nobis et ab episcopis regni nostri, sed et ab aliis episcopis praesentibus nobis consilium quaesivit et audivit; sed secundum illud consilium exinde non fecit. Scimus etiam, quia et ad domnum apostolicum pro hoc transmisit[12] et ab illo epistolas exinde recepit. Negare quoque non volumus nos scire, quid domnus apostolicus et illi et quibusdam episcopis inde mandavit; et scimus, quod negare non possumus nec volumus, quoniam non debemus, quia domni apostolici commendatio ab evangelica veritate et ab apostolica atque canonica auctoritate in nullo discordat; et secundum mandatum illius de hoc facto executum non audivimus nec videmus. Illa etiam sancta et prima in toto orbe terrarum sedes per divinum Paulum, coelestem scilicet tubam, qui ad tertium coelum et ad paradisum raptus hoc ab ipso Domino didicit, nobis et omnibus christianis semper in omni mundo clamat 'cum[13] huiusmodi nec cibum sumere'; et per beatum Ioannem apostolum[14], qui de aeterno et vivo Christi pectoris fonte in coena, quando sacramenta redemptionis[m] nostrae sunt celebrata et tradita, super eo recumbens hausit, quod redemptis omnibus propinavit, manifestissime sedes apostolica interdicit huiusmodi hominem non debere quemquam in domum suam recipere nec ave ei dicere, 'quia[15] qui dicit ei ave, communicat operibus eius malignis'; et per beatum Gregorium papam in homeliis Ezechielis dicit: 'Quia[16] sicut ille, qui fide a Deo recedit, apostata est, ita et ille, qui a Deo recedit opere, sine dubio apostata est', quoniam, sicut dicit apostolus, 'fides[17] sine operibus mortua est'. Et item, sicut alius[n] dicit apostolus, 'sunt[18], qui confitentur se nosse Deum, factis autem negant'. Et ipse Dominus[19] dicit de semel et secundo ac tertio legaliter commonito[o] et non correcto, ut sit nobis sicut gentilis et publicis criminibus implicatus, cum quo et apostolica[13] et canonica auctoritas 'nec cibum sumere', ut praemisimus, nobis concedit.

7. Propterea, unice et frater carissime, a[p] vobismetipsis[q] consilium[r] accipite, et mihi consilium date, et ipsi nepoti nostro suae salutis et honoris date consilium, et praestate auxilium, quia et ego ad hoc, quantum mihi Dominus scire et posse donaverit, sum paratus simul vobiscum agere, si voluerit ipse recipere.

8. Quod autem consilium ego cum episcopis et ceteris fidelibus nostris, sollicitus et pro nostra communi, vestra scilicet et mea, sed et pro ipsius nepotis nostri salute et honore et pro communi omnium fidelium nostrorum indemnitate et salvatione, nunc proxime et in synodo et in placito nostro accepi, vobis, cui nullum bonum negare, sed omne bonum meum paratus sum participare, dico, si placet, et, si ita

m) inredemptionis 2. 3. n) allbi 2. 3. o) excommunicato 2. 3. p) et 1—3. q) nobismetipsis 4. r) *om.* 2—4.

10) *Supra p.* 155, *c.* 5. 11) *Rom.* 1, 32. 12) *Cfr. Nicolai I. ep.* 58. 17, *Mansi XV, col.* 335. 278; *Jaffé, Reg. Pontif. I*[2], 2886. 2698. 13) 1. *Corinth.* 5, 11. 14) 2. *Ioh.* 10. 15) 2. *Ioh.* 11. 16) *Gregorii Magni homil. in Ezech. I, c.* 2; *Opera tom. I, col.* 1251. 17) *Iac.* 2, 26. 18) *Tit.* 1, 16. 19) *Matth.* 18, 17.

862. vobis bene visum fuerit[s], accipiamus illud communiter. Et si melius nobis per rationem et auctoritatem divinam et humanam nostrae salvationi et christianitati congruentem ostenderitis, paratus sum illud cum omni devotione accipere et vobiscum, Deo cooperante et communium[t] fidelium nostrorum consilio et auxilio adminiculante, libentissime sequi et exequi.

9. Quia scriptum est dicente bono rege, qui tamen deliquit ut homo et recognovit se ut felix: 'Ex[20] voluntate mea confitebor illi', profiteatur idem nepos noster coram vobis et coram episcopis, qui[u] vobiscum fuerint, et remandet nobis per vos et per illos[u], quia vult secundum domni apostolici et episcopale, immo divinum consilium ad placitum convenire cum episcopis et fidelibus atque amicis Dei et nostris ac suis, quoniam haec causa generalis est omnibus christianis[21], et aut[v] ostendere, quia secundum legem divinam et humanam christianis congruam hoc factum de uxore sua habeat executum, aut secundum Dei consilium et legem christiano regi convenientem hoc et illa duo, quae praemisimus, emendare velit et debeat. Et paratus sum cum tali caritate et honorabilitate illum recipere, sicut christianus rex christianum regem et sicut diligens patruus dilectum nepotem debet recipere, et in illius amicitia ad illius salvationem et honorem, si ita fecerit, permanere. Et constituatur tempus congruum et locus oportunus, quando simul pacifice conveniamus et hanc causam, sicut de nobis ipsis, quia, sicut Scriptura dicit, os[22] nostrum et caro nostra est, ad communem nostram et fidelium nostrorum salvationem et honorem diffiniamus; ne, qui fidelibus nostris et omnibus christianis in bono exemplum esse debemus[w], perditionis exemplum denemus, et qui malorum correctores esse[w] debemus, caput malorum, quod absit, fiamus. Sed et ea, quae, ut supra diximus[23], apud Confluentes promisimus nos tractaturos et observanda constituturos, tractemus et statuamus, ut, qui undique propter peccata nostra et malum discordiae, quod in regnis nostris manet, percutimur, placato Deo misericordiae illius solatium consequi mereamur. Et non sit nepoti nostro hoc agere in mente sua durum, quia scriptum est: 'Qui[24] mentis est durae, corruet in malum'; sed timeat Deum, et compescat istud scandalum, quod tam grande in ista christianitate sine ulla necessitate est generatum et propagatum, cum per rationem et auctoritatem potuisset ad debitum effectum perduci, quod multis hominibus videtur sine plena ratione et auctoritate debita executum. Et quia scriptum est: 'Beatus[24] homo, qui semper est pavidus', et Dominus dicit: 'Diligentes[25] me diligo', pro amore et timore Dei honoret se et suam christianitatem et suum nomen regium, et exuat[x] se et nos omnes ab ista calumnia, quae illum sequitur et per illum ac propter illum nos propinquos illius, et honoret inde Deum sciens Dominum dicere: 'Honorantes[26] me honorabo; et qui contempnunt me, erunt ignobiles'.

10. Et si ita noluerit, faciat, quod iudicaverit faciendum. Ego in vestra amicitia et debita fraternitate persistere et omni debito obsequio illam promereri cupiens, qui non quaero, quae sunt illius, sed illum, si eum salubriter habere non possum, me a[y] Deo pro illius amicitia tollere nolo, nec ad malum alicui praestare auxilium volo; quia legimus in Scriptura Dominum dixisse cuidam regi: 'Impio[27] praebes auxilium, et his, qui oderunt me, amicitia iungeris: idcirco iram quidem Domini merebaris',

s) bene *add.* 3. t) communi 4. u) qui ... illos *om.* 1. v) causam *add.* 4. w) debemus ... esse *om.* 1. x) eruat 3. y) *ita* 4; *om. reliqui.*

20) *Psalm.* 27, 7. 21) *Cfr. Hincmari, De divortio Hlotharii, interrog. III, Opera I, p.* 583: rationabilius esset, ut ad generalem synodum ventilatio et diffinitio huiusce rei ... differetur. 22) *Genes.* 2, 23. 23) *Cfr. supra p.* 160, *c.* 2. 24) *Prov.* 28, 14. 25) *Prov.* 8, 17. 26) 1. *Reg.* 2, 30. 27) 2. *Paralip.* 19, 2.

et sicut ibidem in reliquo scriptum est. Et item legimus[28], quia de quacumque impietate quiscumque[*] impius conversus fuerit et ex corde[a] se converti velle dixerit, iam non inter impios computatur, sed a piis pie recipi debet et salubriter potest dicente Scriptura: 'Verte[29] impios, et non erunt'; non quia non erunt in essentia, sed non erunt in impietatis culpa. Haec autem diximus, non ut nepotem nostrum in numero impiorum computari cupiamus, quem piorum numero sociari a Domino exoptamus[b]. 862.

Adnuntiatio[c] domni Hludowici.

Cap. 1. Sicut scitis, qui ibi adfuistis, quando proxime apud Confluentes nos adiuvante Domino coniunximus et capitula a nobis et a fidelibus nostris observanda statuimus, convenit nobis, ut congruo tempore et oportuno loco iterum simul conveniremus et cum Dei adiutorio et fidelium nostrorum consilio, quae in statu sanctae ecclesiae et in nobis et in regnis nostris atque in nostris fidelibus emendanda erant, emendaremus et, ut emendata[d] de cetero observanda[e] statueremus. Et ad haec agenda iam per tres vices et tempus et locum condiximus; sed aut mihi aut fratri meo aut communi nepoti nostro tales causae acciderunt, pro quibus hoc, quod condiximus[f], implere non potuimus.

2. Interea pervenit ad me, quia meus frater et communis nepos noster ita inter se non erant, sicut tunc fuerunt, quando nos simul coniunximus. Et ideo ad hoc veni, ut inter eos privatus mediator existerem et ipsi sic inter se sint, sicut per rectum esse debent. Unde frater noster per me et per episcopos nostros ac per episcopos nepotis nostri[30] et scripto et verbo tales causas nepoti nostro mandavit, pro quibus illi sic privatus non erat, sicut antea fuerat; quas[g] si ille emendare vellet, sicut ei mandabat, voluntarie illi erat, sicut diligens patruus dilecto nepoti et christianus rex christiano regi esse per rectum debet. De quibus causis nos et episcopi, qui nobiscum fuerunt ex parte nepotis nostri, fratri nostro et episcopis, qui cum eo erant[31], tale responsum reddidimus: quia illas causas, quas ei reputabat, paratus erat aut emendare aut de illis certam reddere rationem et dignam facere satisfactionem. Quod responsum et[h] frater noster et episcopi libenter receperunt; et, Deo gratias, sunt ita modo frater et nepos noster, sicut per rectum esse debent.

3. Et volumus, ut, sicut nobis convenit, ut inter nos fideles missi discurrant et, quae in uniuscuiusque nostrum regno emendanda sunt et alter alteri innotuerit, emendentur[i] et casae Dei et sacerdotes ac servi Dei legem et honorem debitum habeant et unusquisque fidelium nostrorum in regnis nostris, cuiuscumque nostrum sit homo, legem et iustitiam et in se et in suis proprietatibus et in suis honoribus habeat, sicut tempore antecessorum nostrorum habuerunt, et sicut inter nos iam convenit et in illis capitulis est constitutum, quae antecessores nostri reges constituerunt, et sicut nos apud Marsnam firmavimus[32], et sicut nunc proxime apud Confluentes statuimus, donec adiuvante Deo congruo tempore[k] et opportuno loco iterum simul conveniamus[33] et una cum communi fidelium nostrorum consilio, quae perfecta non fuerint, pacifice tractemus atque perficiamus[l] et ita nos ad invicem adiuvemus.

*) *om.* 1. a) suo *add.* 3. b) cooptamus 1. c) 1. 5. 6. *praefigunt rubricam:* Sequuntur adnuntiationes, quas tres reges apud Sablonarias adnuntiare debuerunt. d) emendanda 2. e) observentur 2. 3; observarentur *corr. Pertz.* f) diximus 2. 3. g) quia si ita se emendare 2. 3. h) *om.* 2. 3. i) emendent 2. k) *om.* 1. l) *Hic finis* 2. 3.

28) *Ezech.* 3, 20. 29) *Prov.* 12, 7. 30) *Supra p.* 159 *in inscriptione nominatos.* 31) *Ibidem nominati.* 32) *Supra nr.* 205, *p.* 72 *sqq.; cfr. praesertim Adnunt. Kar. p.* 74. 33) *Conventus mense Octobri habendus 'in confinium Mosomagensem (Mouzon) et Vonzensem comitatum (Vouziers)' indictus est; cfr. Ann. Bertin. ad a.* 862, *l. c. p.* 61.

862. ut eum Dei adiutorio nos et fideles nostros salvemus et oppressoribus sanctae ecclesiae resistamus. Et hanc adcognitationem ideo scribi communi consensu fecimus, ut unusquisque nostrum illam habeat et certius sciat, quid et qualiter exinde observare expressius debeat; quia non decet, ut rex a sua cognitatione deviet, sicut non convenit, ut episcopus a sua recta praedicatione discordet.

Adnuntiatio Karoli.

Cap. 1. Hoc, quod dilectus frater noster dixit nos proxime apud Confluentes constituisse, quantum fuit ex me, hactenus observavi et observare cupio, si et erga me ita fuerit observatum; et ei[34] reputare non volo, ut ipse similiter erga me illa observata non habeat. Credo etiam, quia nec ille velit nec aliquis alius mihi reputare possit, ut erga eum illa observata non habeam. Quodsi aliquis fecerit, paratus sum aut illa, quae emendanda sunt, emendare aut de hoc, quod mihi reputatum fuerit, certam reddere rationem.

2. Et si hic communis nepos noster fecerit, sicut frater noster et episcopi, qui cum eo inter nos mediatores fuerunt, mihi et episcopis, qui mecum erant, ex parte illius nuntiaverunt, et frater noster nunc dixit, et ita mihi familiaris et amicus atque adiutor secundum rationabilem possibilitatem extiterit, sicut nepos patruo et christianus rex christiano regi esse per rectum debet, sic ei privatus et amicus atque adiutor secundum rationabilem possibilitatem esse volo, sicut diligens patruus dilecto nepoti et sicut christianus rex christiano regi per rectum esse debet.

3. De fidelibus autem missis inter nos discurrendis et de his, quae in regnis nostris emendanda sunt, emendandis et de statu atque honore ecclesiarum et sacerdotum ac servorum Dei et de lege ac iustitia conservanda unicuique fidelium nostrorum in regno nostro, cuiuscumque nostrum sit homo, et in illo et in suis proprietatibus et in suis honoribus et de capitulis observandis, sicut frater noster nunc dixit, ita et ego per omnia cupio observare.

Adnuntiatio Hlotharii.

Cap. 1. Postquam iste patruus meus Hludowicus me in sua bonitate in filii loco suscepit[35], sic erga me semper in sua mercede fecit, sicut et illum decuit et mihi necesse fuit. Unde paratus sum illi debitum obsequium exhibere, sicut per rectum debeo facere.

2. Et de his, quae patruus meus Karolus proxime nunc, quando primum simul convenimus, mihi mandavit, sic observare cupio, sicut[36] patruus meus Hludowicus et episcopi, qui cum eo inter me et patruum meum Karolum mediatores fuerunt, ex mea parte illi et episcopis, qui cum eo erant, nuntiaverunt. Et si ipse mihi ita privatus et amicus atque adiutor secundum rationabilem possibilitatem extiterit, sicut patruus nepoti et christianus rex christiano regi esse per rectum debet, ita et illi et familiaris et amicus atque adiutor secundum rationabilem possibilitatem esse volo, sicut diligens nepos dilecto patruo et christianus rex christiano regi esse per rectum debet.

3. De[37] fidelibus autem missis inter nos discurrendis et de his, quae in regnis nostris emendanda sunt, emendandis[k] et de statu atque honore ecclesiarum et sacerdotum ac servorum Dei et de lege ac iustitia conservanda unicuique fidelium nostrorum in regno nostro, cuiuscumque nostrum sit

34) *Cfr. supra p.* 159, *c.* 1. 35) *A.* 855, *cum Hlotharius rex fieret; cfr. Ann. Fuld. ad a.* 855, *SS. I, p.* 369. 36) *Ad verbum fere mutatis sane mutandis consentit cum Adnunt. Kar. supra c.* 2. 37) *Cfr. ib. c.* 3.

homo, et in illo et in suis proprietatibus et in suis honoribus et de capitulis observandis, sicut isti mei patrui nunc dixerunt, ita et ego per omnia cupio observare*. 862.

Adnuntiatio Karoli.

Sicut ego verbis et scriptis per fratrem meum et per episcopos nepoti meo mandavi et illi de sua parte mihi renuntiaverunt, sic illi amicus esse et illum salvare volo, sicut avunculus per rectum nepotem salvare debet, si ille, sicut nepos per rectum avunculum salvare debet, me et meos salvaverit.

*) *Codd.* 1. 4—6. *hoc loco addunt:* Quoniam[38] istas, quae praecedunt, adnuntiationes Hludowicus et Hlotharius cum illorum sequacibus, postquam eorum omnibus, qui adfuerunt, trium regum consiliariis fere ducentis, tam episcopis quam abbatibus et laicis, relectas penitus reiecerunt, ne populo legerentur, ut causa Hlotharii penitus taceretur, hanc, quae sequitur adnuntiationem, domnus Karolus istis ipsis verbis iam vesperi adnuntiavit apud *Sablonarias*, *anno incarnationis* dominicae DCCCLXII, indictione XI, III. Nonas Novembris, in ipsa casa, ubi relectae sunt praecedentes adnuntiationes, in quam pauci alii intraverunt, quam qui antea fuerunt, quoniam fere plena de ipsis erat.

38) *Cfr. Ann. Bertin. l. c. p.* 60.

---

244. HLUDOWICI ET KAROLI PACTUM TUSIACENSE.

865. Febr. 19.

Hoc pactum nobis traditum est: 1) *a Sirmondo, Caroli Calvi Capitula p.* 351; 2) *a Baluzio II, col.* 201. *ex codice quodam Rivipullensi; et in codicibus:* 3) *Vatic. reg. Christ.* 291 *fol.* 120, *in quo valde mutilatum est;* 4) *Vatic.* 4982 *fol.* 141. *Capitula inscribuntur in cod.* 2*:* Capitula Karoli regis atque Ludowici fratris eius; *in* 1. 3. 4*:* Anno incarnationis dominicae DCCCLXV, XI. Kalend. Martii, haec, quae sequuntur, Hludowicus et Karolus reges in Tusiaco villa *(Tusey, ad Mosam sita)* populo adnuntiaverunt.

Quo vero modo pactum nostrum initum vel confirmatum sit, plene et accurate Ann. Fuld., falso tamen ad a. 864, *SS. I, p.* 378, *hisce verbis referunt:* Hludowicus et Karolus reges et fratres apud Dusiacum villam mense Septembri convenientes foedus ineunt, et quicquid inter eos levitate humana vel suggestione militum perperam gestum fuerat, sibi mutuo dimittunt, cuncta retro oblivioni tradenda consentes. Huius autem foederis pactum inviolabiliter omni tempore conservandum testes et admonitores idonei ex utraque parte statuuntur. Nam Hludowicus ex parte Karoli Hincmarum Remensem episcopum et Engilramnum comitem *(sc. Flandriae, camerarium et consiliarium a secretis; cfr. Dümmler, Ostfränk. Reich II*[2]*, p.* 112, *n.* 3*)*, Karolus vero ex parte Hludowici Liutbertum archiepiscopum *(Moguntinum)* et Altfridum antistitem *(Hildesheimensem)* elegit, ut si forte ab aliquo eiusdem pacti iura laederentur, his admonentibus et gesta priora ad memoriam revocantibus, facilius in pristinum statum reformari possent.

Tempus, quo conventus habitus sit, et ex inscriptione supra edita apparet et ex Ann. Bertin. ad a. 865, *ed. Waitz p.* 74*:* Karolus circa medium Februarium mensem fratrem suum Hludowicum in villa Tusiaco honorifice suscepit. *Cfr. Böhmer-Mühlbacher nr.* 1415.

(B. II, 201; *P.* 499.*)*

865. Sicut vos et plures alios audisse credimus, iam secundo et tertio in isto tempore convenire insimul proposuimus, sed variis occupationibus praepedientibus hoc usque modo implere nequivimus. Nunc quia, Deo gratias, insimul convenimus, volumus vos scire, quoniam ad nullius deceptionem vel condemnationem neque pro ulla indebita cupiditate insimul convenimus. Propter quae autem excepto debito ac fraterno desiderio, ut nos invicem dilectione mutua videremus, noster conventus fuerit, vobis nota facere volumus, et quae Deo placita et nobis ac fidelibus nostris salubria et proficua sunt, una cum Dei adiutorio et vestro ac ceterorum communium fidelium nostrorum consilio et auxilio tenore immutabiliter et augere utiliter volumus.

Cap. 1. Primo nostras et sanctae Dei ecclesiae ac regni nobis commissi necessitates fraterne et sincera mente ad invicem exposuimus.

2. Illa, quae nuper cum fidelium nostrorum consilio apud Confluentes[1] inter nos confirmata fuerunt, diligenter rememoravimus, quae inviolabiliter adiuvante Domino conservabimus.

3. Sicut Deus hoc in corde nostro videt, volumus et vos scire, quoniam 'de[2] corde puro et conscientia bona et fide non ficta' adunati, id est unanimes effecti sumus, quantum ipse dederit, a quo est 'omne[3] datum optimum et omne donum perfectum', ad Dei voluntatem et nostrum communem honorem et salvamentum et ad sanctae Dei ecclesiae statum et sacerdotum ac servorum eius debitum honorem et vigorem ac regni nobis a Deo commissi soliditatem restituendam et conservandam, ut ecclesia et regnum, quod Deus in manus progenitorum nostrorum adunavit et nobis misericordia sua commisit, in nostro tempore necessariam defensionem et tuitionem et honorem atque soliditatem habeat.

4. Quoniam, sicut dicit Sancta scriptura, qui 'suorum[4] et maxime domesticorum curam non habet, fidem negavit et est infideli deterior', consideravimus et confirmavimus in fide nostra inter nos de uxoribus et filiis nostris, qui ita fideliter nobis subditi et obedientes fuerint, sicut filii patribus et suis senioribus esse debent, ut unusquisque[5] nostrum alterius filios sicut proprios in vera dilectione habeat; et qui superstes de nobis alteri fuerit, illius, qui decesserit, uxori et filiis, sicut inter nos convenit, debitum et necessarium adiutorium praestet et fidem conservet.

5. Consideravimus et statuimus, ut communes fideles nostri[6], quorum consilio et auxilio sanctam Dei ecclesiam et regnum nobis commissum gubernare debemus, debitum honorem et salvamentum habeant. Et ipsi ad Dei voluntatem et ad[a] nostrum debitum honorem et[a] vigorem et salvamentum et ad sanctae Dei ecclesiae statum et ad regni soliditatem et defensionem, qualiter populus in regno nostro legem et iustitiam et pacem ac tranquillitatem habeat, 'de[7] corde puro et conscientia bona et fide non ficta' fideli consilio et auxilio nobis sint in omnibus adiutores. Et si aliquis, quod absit, ab hoc deviare tentaverit, unanimiter, ut ad hoc redeat, illum convertere decertemus[8]. Et si ad hoc reduci non potuerit, unanimiter studeamus, ut vel sibi soli noceat et contra hoc, quod salubriter conservare debemus, non possit damnabiliter agere. Et omnes, tam nobis amici quam et contrarii, certissimum teneant, quoniam, qui contra quemlibet nostrum quiddam adversi machinatus vel molitus fuerit, apud alium locum familiaritatis et amicitiae non habebit[9].

a) ad ... et *om.* 1.

1) *A.* 860; *cfr. supra p.* 155 *sqq.* 2) 1. *Timoth.* 1, 5. 3) *Iac.* 1, 17. 4) 1. *Timoth.* 5, 8. 5) *Cfr. Conv. ap. Marsnam II.* 851, *supra p.* 73, *c.* 3. 6) *Cfr. Conv. ap. Confluentes* 860, *supra p.* 157, *Adnunt. Hlud. c.* 5. 7) 1. *Timoth.* 1, 5. 8) *Cfr. Conv. ap. Confluentes* 860, *supra p.* 156, *c.* 12. 9) *Ibidem p.* 155, *c.* 4. 5.

6. Vos scitis, qualiter nepos noster Hlotharius per suam iuventutem et per levium hominum consensum et hortamentum et etiam per eorum favorem, qui illum salvare debuerant, fecit et facit contra illam legem, quam Deus primo in paradiso primis hominibus dedit, et quam in evangelio per praesentiam carnis cum hominibus habitans renovavit et confirmavit, quae ad omnes homines pertinet, qui secundum Deum legitimo utuntur coniugio. Unde et universalis ecclesia Dei pulsatur, et sacerdotes sunt dehonorati, et populus christianus sicut de mali morbi contagio est maculatus. Propterea, quod Deus dixit: 'Diliges[10] proximum tuum sicut teipsum', et sicut scriptum est: 'Ipse[11] os nostrum et caro nostra est', et ecclesia nobis et illi commissa et regnum unum est et populus ac christianitas una est, consideravimus, ut ad illum missos nostros mittamus[12] et ei tale consilium mandemus[b][13], qualiter et ipse coram Deo salvus[c] et coram saeculo honoratus esse valeat et ecclesia et regnum, quod illi ad salvationem commissum est, solidum esse possit et populus Dei salvus sit et legem ac iustitiam et pacem ac tranquillitatem habeat. 865.

7. Quia etiam ipse suos missos ad nos transmisit quasi consilium quaerens, per nostros missos et de his, unde nobis mandavit, quantum nobis Dominus dedit, ei verum et sincerum consilium remandamus, et talem voluntatem nostram esse erga eum, sicut vobis dicimus, illi per eosdem missos nostros mandamus.

b) demus 1. c) *om.* 1.

10) *Matth.* 22, 39. 11) *Genes.* 2, 23. 12) *Altfridum Hildesheimensem et Erchanraum Catalaunensem episcopos; cfr. Ann. Bertin. ad a.* 865, *l. c. p.* 74. 13) *Ibidem:* mandantes, ut ... prius secundum domni apostolici et eorum hortamentum emendaret, quod contra leges divinas et humanas commiserat in aecclesia ... et tunc, ordinato regno suo ... pro indulgentia petenda et optinenda ad apostolorum limina properaret.

245. HLUDOWICI ET KAROLI PACTIONES METTENSES.

867.

Acta huius conventus nobis tradita sunt a Sirmondo, Caroli Calvi Capitula p. 356, *ex codice quodam Laudunensi, in quo haec inscriptio praefixa erat:* Anno incarnationis dominicae DCCCLXVIII, indictione prima, Metis civitate apud sanctum Arnulfum hae pactiones inter Hludowicum et Karolum gloriosos reges factae sunt his praesentibus: Hincmaro archiepiscopo, Luitberto archiepiscopo *(Moguntino)*, Altfrido episcopo *(Hildesheimensi)*, item Hincmaro episcopo *(Laudunensi)*, Witgario episcopo *(Augustano)*, Odone episcopo *(Bellovacensi)*, regni Karoli gloriosi regis XXIX.

Hludowicus et Karolus, postquam anno 865. *apud Tusiacum pacem et foedus inierunt (supra p.* 165 *sq.), paulo post mense fere Octobri Coloniae colloquium habuerunt, ut Hlotharium nepotem ad amicitiam adhiberent (Ann. Bertin. ed. Waitz p.* 79 *sq.; Ann. Fuld., SS. I, p.* 379*). Cum vero ille non adesset, Hludowicus anno* 866. *ex urbe Franconofurt Karolum et Hlotharium iterum ad communem conventum die* 3. *mensis Novembris Mettis habendum invitavit (Ann. Bertin. l. c. p.* 84.*). Sed ipso et Hlothario diversis quibusdam causis retentis (l. c. p.* 85*) anno demum* 867. *conventus inter Karolum et Hludowicum factus est (l. c. p.* 86*). Quamquam enim temporis indicia supra in inscriptione citata ad annum* 868. *spectant, ad annum* 867. *tamen referenda sunt; cfr. Dümmler, Ostfränk. Reich II*[2]*, p.* 160, *n.* 2*; Böhmer-Mühlbacher nr.* 1419*c.* 1420.

(B. II, 207*; P.* 508.*)*

867. Amodo[1] et deinceps ad Dei voluntatem et sanctae ecclesiae restaurationem et honorem atque defensionem et ad nostrum communem honorem et salvamentum atque profectum et ad salvationem ac pacem christiani populi nobis commissi isti fratri meo Karolo et consilio et auxilio in vera fraternitate, quantum Deus mihi scire et posse dederit[1], fidelis adiutor ero. Et si Deus nobis amplius adhuc de regnis nepotum nostrorum donaverit, et in acquirendo ac in dividendo, sicuti plus aequaliter aut nos aut nostri communes fideles invenerint, quos communi consensu elegerimus, et in ipsa divisione consentiendo et in habendo et in conservando atque defendendo tam istud, quod habemus, quam et quod nobis de praefatis regnis Dominus concesserit, absque dolositate aut deceptione vel superabreptione illi sincerus auxiliator et cooperator ero, sicut verus frater vero fratri per rectum esse debet; in hoc, ut ipse similiter erga me conservet. Mundeburdem autem et defensionem sanctae Romanae ecclesiae pariter conservabimus[2] in hoc, ut Romani pontifices nobis debitum honorem conservent, sicut eorum antecessores nostris antecessoribus conservaverunt. Sic[a] me Deus adiuvet et isti sancti.

Similiter et Karolus Hludowico promisit.

a) Si *Sirm.*

1) *Cfr. Conc. ap. Confluentes* 860, *Sacrament., supra p.* 154, *quocum ad verbum fere consentiunt.*
2) *Cfr. Divisio regni* 831?, *supra p.* 23, *c.* 11.

246. HLUDOWICI IUNIORIS ET HLUDOWICI BALBI CONVENTIO FURONENSIS.

878. Nov. 1.

Leguntur haec capitula: 1) *in Ann. Bertin. ad a.* 878, *ed. Waitz p.* 145; 2) *apud Sirmondum, Caroli Calvi Capitula p.* 545; 3) *in cod. Vatic. reg. Christ.* 291 *fol.* 104'.

Hincmarus in suis annalibus, l. c. p. 144, *actis conventus haec verba praemittit:* Hludowicus rex *(sc. Balbus)* Trecas Compendium reversus, audita renunciatione legatorum suorum, quod ad sobrinum suum Hludowicum cum pace inter se obtinenda direxerat, cum quibusdam consiliariis suis venit usque ad Heristallium; et Kalendis Novembris simul convenientes apud Marsnam *(sitam ad septentriones loci Furonis)*, utrimque pax firmata est inter eos. . . . In ipso quidem placito haec quae sequuntur inter eos consensu fidelium illorum servanda convenerunt. *Illis addenda sunt, quae referunt Ann. Fuld., SS. I, p.* 392: Rex Hludowicus ad Aquas in mense Octobre perrexit et cum aequivoco suo, Karoli regis filio, haud procul inde colloquium habuit, *et Ann. Vedast., l. c. p.* 517: Hludowicus etiam rex, filius Hludowici, legatos misit ad Hludowicum regem, ut sibi Aristallio occurreret pacis gratia. Qui festine ad locum nominatum veniens mutuo se salutaverunt, pacemque firmissimam inter se fecerunt. Actum est hoc mense Octobrio. *Quo tamen loco et tempore et qua de causa conventus habitus sit, ex ipso apparet.*

Acta placiti duobus exemplaribus conscripta sunt, ex quibus unius tantum textus nobis servatus est. Verba enim: Sicut inter patrem meum Karolum et patrem vestrum Hludowicum *(lin.* 7, *p.* 169*) et caput* 3. *probant nostrum in cancellaria Hludowici Balbi in hanc formam redactum esse, et bene convenit, quod Hincmarus idipsum exemplar tradidit, quem ex cancellaria sumpsisse putaverim.* *(B. II,* 277; *P.* 545.*)*

Conventio, quae inter gloriosos reges, Hludowicum filium Karoli imperatoris itemque Hludowicum filium Hludowici regis, in loco, qui vocatur Furonis[1], Kalendis Novembris, ipsis et communibus fidelibus ipsorum faventibus et consentientibus, facta est, anno incarnationis dominicae DCCCLXXVIII[a], indictione XI[b], dicente[c] rege Hludowico filio Karoli[c]: 878.

Sicut inter patrem meum Karolum et patrem vestrum Hludowicum regnum[d] Hlotharii divisum[e] fuit[2], volumus, ut ita consistat. Et si aliquis nostrorum fidelium de regno paris sui ex hoc aliquid purprisum habet, iussu nostro illud dimittat. De regno vero, quod Hludowicus imperator Italiae habuit[3], quia necdum ex illo aliqua divisio facta est, quicumque modo illud tenet, ita teneat, donec Domino volente iterum[f] simul venientes[4] cum communibus fidelibus nostris inveniamus et diffiniamus[g], quid[g] ex hoc melius et iustius nobis[h] visum fuerit. De regno autem[h] Italiae, quia modo nulla ratio esse potest, omnes sciant, quia partem nostram de illo regno et requisivimus et requirimus et Domino auxiliante requiremus.

Ista sequenti die statuta sunt.

Cap. 1. Ut, quia firmitas amicitiae et coniunctionis nostrae modo quibusdam praepedientibus causis esse non potuit, usque ad illud placitum, quo simul ut conveniamus statutum habemus[4], talis[i] amicitia[5] inter nos maneat[k] Domino auxiliante 'de[6] corde puro et conscientia bona et fide non ficta', ut nemo suo pari vitam, regnum aut fideles suos vel aliquid, quod ad salutem sive prosperitatem ac honorem regni pertinet, discupiat aut forsconsiliet.

Cap.[l] 2. Ut, si in cuiuscumque nostrum regno pagani sive pseudochristiani insurrexerint, unusquisque[7] veraciter suum parem, ubicumque necesse[m] illi[n] fuerit et ipse rationabiliter potuerit, aut per semetipsum aut per suos fideles et consilio et auxilio, prout melius potuerit, adiuvet.

Cap. 3. Ut, si ego vobis superstes fuero, filium vestrum Hludowicum adhuc parvulum et alios filios vestros, quos Dominus vobis donaverit, ut regnum paternum hereditario iure quiete tenere possint, et consilio et auxilio, prout melius potuero, adiuvabo[7]. Si autem vos mihi superstes[o] fueritis, filios meos Hludowicum et Karlomannum et alios, quos divina pietas mihi donare voluerit, ut regnum paternum quiete tenere possint, similiter et consilio et auxilio, prout melius potueritis, ut[f] adiuvetis rogo[f].

Cap. 4. Ut[5], si aliqui susurrones et detractores et, qui paci nostrae invident et quietum regnum esse non patiuntur, inter nos lites et contentiones atque discordias seminare voluerint, nullus nostrum hoc recipiat aut libenter acceptet[8]; nisi forte hoc ad rationem coram nobis utrisque et communibus fidelibus nostris perducere

a) *Ita unus cod. Atrebat. Annalium Bertin.: ceteri et nostri* 2. 3: DCCCLXXIX. b) XII. 2; VI. 3. c) dicente ... Karoli *om.* 2. 3. d) regni 2. e) divisio 2. f) *om.* 2. 3. g) definiamus quod 2. h) *om.* 2. i) enim *add.* 1. k) manebit 1. l) Cap. *hic et infra om.* 2. m) necessitas 2. n) *om.* 1. o) superstites 2.

1) *Fouron; situs ad fines Belgiarum prope ad Aquas.* 2) *Marsnae a.* 870; *cfr. infra nr.* 251. 3) *Sc.: Provintiam et Burgundiam; cfr. Dümmler, Ostfränk. Reich III², p.* 98 *sq.* 4) *Ann. Bertin. l. c.:* condixerunt placitum purificatione sanctae Mariae (6. *Febr.*), ut simul iterum convenirent, Hludowicus, Karoli filius, ad Gundulfi villam et Hludowicus, Hludowici filius, circa eundem locum. 5) *Cfr. Conv. ap. Marsnam II.* 851, *supra p.* 72, *c.* 2, *cuius verba inde ab* de corde puro *usque ad finem paucis tantum mutatis hic repetuntur.* 6) 1. *Timoth.* 1, 5. 7) *Cfr. Conv. ap. Marsnam II.* 851, *l. c., c.* 3. 8) *Cfr. supra p.* 166, *c.* 5.

878. voluerit. Si vero hoc noluerit, cum nullo nostrum aliquam societatem habeat, sed omnes illum, sicut mendacem et falsatorem[p] et inter fratres volentem seminare discordias, communiter a nobis abiciamus, ne de cetero quisque talia mendacia auribus nostris inferre[q] audeat.

Cap. 5. Ut communiter, prout citius potuerimus, missos nostros ad Karlomannum et Karolum gloriosos reges[9] dirigamus, qui eos ad placitum, quod octavo Idus Februarii statutum habemus[4], invitent et, ut nullatenus venire differant, obsecrent; et si, secundum quod optamus, venire voluerint, communiter nos ad Dei voluntatem et sanctae ecclesiae salvationem ac communem honorem nostrum ac profectum atque salvamentum totius populi christiani nobis commissi Domino cooperante ita coniungamus, ut de cetero in eo, qui unus est, unum simus et unum velimus et id ipsum dicamus secundum apostolum[10] et faciamus omnes et non sint in nobis ulla scismata.

Cap. 6. Si autem illi obsecratione nostra vocati et invitati aut missi eorum ad praefatum placitum venire distulerint, nos, secundum quod statutum habemus, illuc omnino venire et nos secundum Dei voluntatem coniungere omnimodis non omittamus, nisi forte talis inevitabilis necessitas evenerit, pro qua[r] id fieri nullatenus possit. Et si hoc acciderit, ad tempus quisque[s] pari suo hoc rescire faciat; et propterea amicitia nostra nec minuatur nec immutetur, donec Domino volente congruo tempore perfecte confirmetur.

Cap. 7. Ut[11] res ecclesiarum, in cuiuscumque regno caput fuerit, tam de episcopatibus quam de abbatiis sine ulla contradictione rectores ipsarum ecclesiarum illas possideant; et si aliquid ibi mali[t] factum a quoquam est, in cuiuscumque regno illae res consistunt, legaliter exinde iustitiam reddere faciat.

Cap. 8. Et[11] quia per vagos et in tyrannica consuetudine inreverentes homines pax et quies regni perturbari solet, volumus, ut, ad quemcumque nostrum talis venerit, ut de his, quae egit[u], rationem et iustitiam subterfugere possit, nemo ex nobis illum[h] ad aliud recipiat vel retineat, nisi ut ad rectam rationem et debitam emendationem perducatur. Et si rationem rectam subterfugerit, omnes in commune, in cuius regnum venerit, illum persequamur, donec aut ad rationem perducatur aut de regno expellatur vel deleatur[v].

Cap. 9. Volumus, ut hi[w], qui merito proprietatem illorum in regno nostro perdiderint, ita iudicentur, sicuti temporibus antecessorum nostrorum inventum fuit; qui vero dicunt se iniuste proprietatem illorum perdidisse, veniant in nostram praesentiam et, sicut iustum est, ita illis iudicetur, et sua recipiant.

p) falsarium 2. q) inserere 2. r) quo 1. s) uterque 2. t) misfactam 2. u) egerit 2. v) deiicitur 2. w) his 2.

9) *Baiuwariae et Alamanniae.* 10) 1. *Corinth.* 1, 10. 11) *Conv. ap. Marsnam I.* 847, *Adnunt. Hlud., supra p.* 70, *c.* 5. 12) *Conv. ap. Marsnam II.* 851, *supra p.* 73, *c.* 4.

XIX.

ADDITAMENTA AD CAPITULARIA REGUM FRANCIAE ORIENTALIS.

842—906.

---

247. HLUDOWICI ET KAROLI PACTUM ARGENTORATENSE.

842. Febr. 11.

Nithardus in historiarum libro tertio capite quinto (SS. II, p. 665*; editio altera emendata in* 8°*, Hannoverae* 1870*, p.* 37 *sqq.) sacramenta refert, quae Hludowicus et Karolus fratres invicem sibi Argentorati a.* 842*. iuraverunt, simul cum iuramento ab utriusque regis populo praestito. Iuramenta ex unico Nithardi codice, qui hodie est Paris.* 9768*, accurate dantur in SS. II, tab. VIII, et in 'Cabinet des manuscrits de la bibliothèque nationale, Planche XXX'; in quibusdam emendata ea repetimus secundum Müllenhoff et Scherer, Denkmäler deutscher Poesie und Prosa, ed. altera p.* 181*. Quae Nithardus refert, sacramentorum verbis praemisimus.*

(B. II, 39*; P. I,* 375*.)*

Ergo XVI. Kalend. Marcii Lodhuwicus et Karolus in civitate, quae olim Argentaria vocabatur, nunc autem Strazburg vulgo dicitur, convenerunt, et sacramenta, quae subter notata sunt, Lodhuwicus Romana, Karolus vero Teudisca lingua iuraverunt. Ac sic ante sacramentum circumfusam plebem alter Teudisca, alter Romana lingua alloquuti sunt. Lodhuwicus autem, qui maior natu, prior exorsus sic coepit:

'Quotiens Lodharius me et hunc fratrem meum post obitum patris nostri insectando usque ad internecionem delere conatus sit, nostis. Cum autem nec fraternitas nec christianitas nec quodlibet ingenium salva iusticia, ut pax inter nos esset adiuvare posset, tandem coacti rem ad iuditium omnipotentis Dei detulimus, ut suo nutu, quid cuique deberetur, contenti essemus; in quos nos, sicut nostis, per misericordiam Dei victores extitimus, is autem victus una cum suis, quo valuit, secessit. Hinc vero fraterno amore correpti necnon et super populum christanum conpassi persequi atque delere illos noluimus; sed hactenus, sicut et antea, ut saltem deinde

842. cuique sua iustitia cederetur, mandavimus. At ille posthaec non contentus iudicio divino, sed hostili manu iterum et me et hunc fratrem meum persequi non cessat; insuper et populum nostrum incendiis, rapinis cedibusque devastat; quamobrem nunc necessitate coacti convenimus et, quoniam vos de nostra stabili fide ac firma fraternitate dubitare credimus, hoc sacramentum inter nos in conspectu vestro iurare decrevimus. Non qualibet iniqua cupiditate illecti hoc agimus, sed ut certiores, si Deus nobis vestro adiutorio quietem dederit, de communi profectu simus; si autem, quod absit, sacramentum, quod fratri meo iuravero, violare praesumpsero, a subditione mea necnon et a iuramento, quod mihi iurastis, unumquemque vestrum absolvo.'

Cumque Karolus haec eadem verba Romana lingua perorasset, Lodhuwicus, quoniam maior natu erat, prior haec deinde se servaturum testatus est:

'Pro Deo amur et pro christian poblo et nostro commun salvament, d'ist di in[a] avant, in quant Deus savir et podir me dunat, si salvarai eo cist meon fradre Karlo, et in adiudha et in cadhuna cosa, si cum om per dreit son fradra salvar dist, in o quid il mi altresi fazet; et ab Ludher nul plaid numquam prindrai, qui meon vol cist meon fradre Karle in damno sit.'

Quod cum Lodhuwicus explesset, Karolus Teudisca lingua sic hec eadem verba testatus est:

'In Godes minna ind in thes christianes folches ind unser bedhero gehaltnissi[b], fon thesemo dage frammordes, so fram so mir Got gewizci indi mahd[c] furgibit, so haldih thesan minan bruodher, soso man mit rehtu sinan bruodher[d] scal, in thiu, thaz er mig so[e] sama[e] duo; indi mid[f] Ludheren in nohheiniu[g] thing ne gegango, the minan willon imo ce scadhen werdhen[h].'

Sacramentum autem, quod utrorumque populus quique propria lingua testatus est, Romana lingua sic se habet:

'Si Lodhuvigs sagrament, quae son fradre Karlo iurat, conservat, et Karlus meos sendra de sua[i] part non los tanit, si io returnar non l'int pois, ne io ne neuls cui eo returnar int pois, in nulla aiudha[k] contra Lodhuwig nun li iv er.'

Teudisca autem lingua:

'Oba Karl then eid, then er sinemo[l] bruodher Ludhuwige gesuor, geleistit indi Ludhuwig min herro then er imo gesuor, forbrihchit, ob ih inan es irwenden ne mag, noh ih noh thero nohhein, the[m] ih es irwenden mag, widhar Karle imo ce follusti ne wirdhit.'

a) en *corr.* in *c.* b) gealnissi *corr.* gealtnissi *c.* c) madh *c.* d) bruher *c.* e) soso | ma *c.* f) mit *c.* g) *e* noheiniu *corr. c.* h) werhen *c.* i) suo *c.* k) *e* aiuha *corr. c.* l) sineno *c.* m) then *c.*

SYNODUS AD THEODONIS VILLAM HABITA.

844. Oct.

Vide supra p. 112 *sqq.*

---

248. CONCILIUM MOGUNTINUM. 847.

847. Oct. 1.

Legitur hoc concilium in codicibus: 1) *Sangall.* 296, *p.* 3. 2) *Monac.* 6245 *fol.* 15. *et* (2*a*) *capita* 30. 31. *fol.* 57. 3) *Monac.* 6241 *fol.* 40. 4) *Monac.* 6288 *fol.* 192. 5) *Vatic.* 5748 *fol.* 123; *et* 6) *in editione principi Surii, Concilia tom. III, p.* 421 *sqq. Praeterea exstat c.* 27. *in cod. Stuttgart.* 107, *inter fol.* 81ᵛ. *et fol.* 83. *in collectione quadam canonum. In codd.* 2. 3. *praefigitur inscriptio:* Incipit epistola Rabani Magonciacensis archiepiscopi cum coepiscopis suis ad Hludowicum regem; *in cod.* 4. *haec verba inscribuntur:* Epistola Rabani Magonciacensis archiepiscopi.

Quo tempore concilium habitum sit, docent illa, quae referunt Ann. Fuld. ad a. 847, *SS. I, p.* 365: Otgarius Mogontiacensis episcopus XI. Kal. Mai. obiit, in cuius locum Rhabanus ordinatus est VI. Kal. Iulii, qui in eodem anno iubente Hludowico rege apud Mogontiacum synodum habuit circa Kalendas Octobris.

Capitula synodi minima ex parte noviter verbis concepta sunt: plurima partim ex Concilio Moguntino a. 813. *celebrato, Mansi XIV, col.* 63 *sqq., partim ex aliis fontibus, quos suis locis adnotavimus, derivata sunt, qua de causa minoribus typis imprimenda erant.* (*B. deest; P. deest.*)

Domino serenissimo et christianissimo regi Hludowico verae religionis strenuissimo rectori ac defensori sanctae Dei aecclesiae una cum uxore et prole sua eiusque fidelibus vita et salus, honor et benedictio cum victoria sine fine mansura.

Dignissimae reverentiae[1] vestrae patefacimus[a] nos humillimi famuli vestri, Rabanus videlicet Magontiacensis[b] ecclesiae[c] indignus archiepiscopus cum coepiscopis meis, qui ad praedictae ecclesiae diocesim pertinent, hoc est: Samuele[d][2], Gozbaldo[e][3], Baturato[4], Hebone[5], Gozprahto[f][6], Hemmone[g][7], Waltgario[8], Ansgario[9], Otgario[10], Lantone[11], Salomone[12] et Gebeharto[h][13] cum reliquis corepiscopis, abbatibus, monachis, presbiteris et caeteris aeclesiasticis ordinibus, quia venimus secundum iussionem vestram in civitatem[c] Magonciam ibique pariter adunati post triduanum ieiunium, quod cum letaniis celebravimus, divinam suppliciter postulantes[i] clementiam, quatinus sancta gratia sua conventum et actionem ipsius synodi[k] sibi acceptabilem facere dignaretur[l] et christiano populo proficientem ad salutem et vitam perpetuam vobisque ad aeternum honorem et gloriam. Ubi etiam decrevimus, ut in[m] singulis parrochiis per episcopos et clericos, per abbates et monachos oratio pro vobis et pro vestra coniuge simulque[n] prole nobilissima fieret — cuius orationis summa est: missarum tria milia et quingenta et psalteriorum mille septingenta — hoc omni devotione postulantes, ut Deus omnipotens diuturnam vobis sanitatem ac prosperitatem[o] concedat regnumque vestrum diu stabiliat ab omni hoste defensum in terra postque huius vitae terminum in regno celesti gloriam vobis simul cum sanctis suis concedat sempiternam. Tunc vero considentes in claustro sancti Albani martyris secundum morem illum, quo priscis temporibus sub Carolo imperatore[14]

a) *ita* 1; patefecimus *reliqui.* b) Magonciacensis 2. 3. 5; Magonciatensis 4; Moguntiacensis 6. c) (eccle)siae ... civitatem *in loco raso* 1. d) Samuhel et 2—5. e) Egorbaldo 6. f) Gozbrachto 2—5; Gorbrahto 6. g) Hemone 2—5. h) Gebehardo 2. 3. 6; Gabeardo 4. 5. i) postulavimus 2. 3. k) synodo 1. l) dignetur 4. 5. m) *om.* 4—6. n) simul 3. 5. 6. o) prosperitate 1.

1) *Conc. Mog.* 813, *prolog., Mansi XIV, col.* 64 *sqq.* 2) *Wormatiensi.* 3) *Wirzburgensi.* 4) *Paderbrunnensi.* 5) *Hildesheimensi.* 6) *Osnabruggensi.* 7) *Halberstadensi.* 8) *Verdensi.* 9) *Hamaburgensi.* 10) *Eichstatensi.* 11) *Augustano.* 12) *Constantiensi.* 13) *Spirensi.* 14) *Anno* 813; *cfr. acta huius concilii apud Mansi l. c.*

847. Hiltibaldus[p] [15] et Richulfus[q] [16] cum caeteris episcopis et abbatibus illuc convenientibus fecerunt, coepimus in Dei nomine communi consensu et voluntate tractare pariter de statu verae religionis atque utilitate et profectu christianae plebis. Convenit inter nos de nostro communi collegio clericorum[17] atque monachorum[r] duas facere turmas, sicut et fecimus, ita ut in una turma considerent episcopi cum quibusdam notariis legentes atque perscrutantes sanctum evangelium necnon epistolas et actus apostolorum, canones quoque ac diversa sanctorum patrum opuscula[18] cum caeteris sacris dogmatibus diligenti studio perquirendo, quibus modis statum aecclesiae Dei et christianae plebis profectum sana doctrina et exemplis iustitiaé inconvulsum largiente gratia Dei perficere et[s] conservare potuissent[t]. In alia vero turma sederunt abbates ac probati monachi regulam sancti Benedicti legentes atque tractantes diligenter, qualiter monachorum vitam in meliorem statum atque augmentum cum Dei gratia perducere potuissent[t] [19], et, ubicumque per neglegentiam atque desidiam rectorum regularis ordo dilapsus fuisset, rursus secundum normam regulae sancti Benedicti ad integrum restitueretur. His ergo dispositis atque peractis primo decrevimus unicuique personae vel sexui congruum honorem impendere secundum dictum sancti Petri, primi pastoris aeclesiae, quo ait: 'Omnes[20] honorate, fraternitatem diligite, Deum timete, regem honorificate. Servi, subditi estote in omni timore dominis, non tantum bonis et modestis, sed etiam discolis: haec est enim gratia in Christo Iesu domino nostro'. Cui paria doctor gentium ad Timotheum discipulum suum scribens ait: 'Attende[21] tibi et doctrinae, insta in illis: hoc enim faciens et te ipsum salvum facies et eos, qui te audiunt. Seniorem ne increpaveris, sed obsecra ut patrem, iuvenes ut fratres, anus ut matres, iuvenculas ut sorores in omni castitate.' Insuper etiam congruum esse visum est, ut sacerdotes et[u] eccleciae Dei iure legitimo inconvulso honorarentur, de quibus Dominus ait: 'Qui[22] vos audit, me audit, et qui vos recipit, me recipit; qui autem me recipit, recipit eum, qui me misit'. Et apostolus ad Ebreos: 'Oboedite'[23], inquit, 'prepositis vestris et subiacete eis; ipsi enim pervigilant quasi rationem reddituri pro animabus[v] vestris'. Nam de reverentia ecclesiarum Dominus ait: 'Domus[24] mea domus orationis vocabitur cunctis gentibus'. Unde etiam legitur in evangelio[25], quod ipse Dominus, cum venisset ad Hierusalem et introisset in templum, eos, qui negotia terrena et emptiones atque venditiones inlicitas in eodem exercebant, 'quasi flagellum de[w] funiculis' faciens omnes[x] inde eiecerit[x]. Sed[y] pro dolor! istis temporibus nec loca sancta venerantur neque ministri Dei condigne honorantur, sed versa vice illi, qui honorari debuerant, flagellantur, spoliantur atque diversis[z] calumniis fatigantur[z]. Unde necessitas magna nos coegit pro hac re ad vos reclamare et petere, ut, sicut apud antecessores vestros reges atque imperatores, qui ante vos fuerunt, honorem sancta Dei aecclesia habuit[a] et per immunitatem eorum possessiones aecclesiasticae inconvulsae perstiterunt manentesque in eis semper inlaesi perseveraverunt[b], ita apud vos modernis temporibus incontaminatae permaneant. Zelo enim Dei oportet vos defendere aecclesias[c] Christi, qui vobis regnum in terra et dominationem tribuit, ut per nullius suggestiones iniquas vestram concessionem, quam in elimosinam vestram[d] aeclesiis Christi contulistis, sinatis permutari. Quia inhonestum est, ut hoc, quod non solum christianis temporibus a christianis imperatoribus, sed

p) *ita* 1; Hildebaldus *reliqui*. q) Richolfus 6. r) monacharum 1. s) *om.* 4. 5. t) possent 6. u) *om.* 2—5. *et Conc. Mog.* 813. v) anibus 1. w) de funiculis *superscr.* 1. x) omnes ... eiecerit *in loco raso* 1. y) *om.* 2—6. z) diverse calumniantur 2. 3; diversis modis (modis *om.* 5.) calumn. 4. 5; franguntur 6. a) habuerat 2. 3; habuerit 4. 5. b) *in loco raso* 1. c) ecclesiam 2. 3. 5. d) qua in *add.* 4. 5; in *add.* 2. 3.

15) *Coloniensis.* 16) *Moguntinus.* 17) *Cfr. Conc. Mog.* 813, *l. c. col.* 64*:* seu laicorum tres facere turmas. 18) Pastoralemque librum Gregorii *add. Conc. Mog.* 813, *l. c.* 19) *Conc. Mog.* 813, *l. c. col.* 65. *pergit:* In tertia denique turma sederunt comites et iudices in mundanis legibus decertantes, vulgi iustitias perquirentes omniumque advenientium causas diligenter examinantes, modis, quibus poterant, iustitias terminantes. 20) 1. *Petr.* 2, 17—19. 21) 1. *Timoth.* 4, 16—5, 2. 22) *Luc.* 10, 16*; Matth.* 10, 40. 23) *Ebrae.* 13, 17. 24) *Isai.* 56, 7. 25) *Ioh.* 2, 13—15.

etiam a paganis regibus tempore gentilitatis ad honorem Dei collatum est, vestris temporibus in regno vestro permutetur. Nam legimus in[e] libro Hesdrae[f], quod Artaxerses rex Hesdrae[f] scribae legis Dei per epistolam mandaverit ita dicens: 'Ego[26] Artaxerses rex statui atque decrevi omnibus custodibus arcae publicae, qui sunt trans flumen, ut, quodcumque petierit a vobis Esdra[f] sacerdos scriba legis[g] Dei celi[h] absque[i] mora detis omneque[i], quod[k] ad ritum Dei celi[k] pertinet, tribuatur diligenter in domo Dei celi, ne forte irascatur contra regnum regis et filiorum eius. Vobisque notum facimus de universis sacerdotibus et levitis, cantoribus, ianitoribus, nathinneis et ministris domus Dei huius, ut vectigal et tributum et annonas non habeatis potestatem imponendi super eos. Tu autem, Esra[f], secundum sapientiam Dei tui, quae est in manu tua, constitue iudices et praesides, et iudicent omni populo, qui est trans flumen, his videlicet, qui noverunt legem Dei tui; sed et imperitos doceto[l] libere. Et omnis, qui non fecerit legem Dei tui et legem regis diligenter, iudicium erit de eo, sive in mortem sive in condemnationem substantiae eius vel certe in carcerem'. De christianis vero regibus et imperatoribus non necesse est aliqua exempla ponere, cum omnes, qui rectae fidei et sani dogmatis fuerunt, a Constantino imperatore, qui primus imperatorum christianam religionem defendere atque honorem aecclesiarum Dei amplificare coepit, usque ad vos semper in hoc studio sollerter laboraverunt, ut aecclesia Dei pacem et tranquillitatem haberet, quatinus cultus Dei incontaminatus foret et servi eius sine impedimento Deo delectabiliter deservirent. Qualis autem vindicta illis, qui contra mandata Dei et contra iussionem vestram ecclesiae Christi per avaritiam molestiam inferunt, conveniat, in sequentibus per sanctorum patrum canones et per doctrinam scripturarum divinarum congruo loco demonstrabimus. Non enim formidamus iuxta exemplum Domini Salvatoris corruptoribus templi Dei et contaminatoribus sacrorum locorum iudicium congruum inferre; quia, si illi a Christo Domino eiecti sunt foras de domo Dei, qui per cupiditatem terrenam violabant sanctum locum, non est[m] iniquum[n] insolentibus et se corrigere nolentibus canonicum inferre iudicium, ut sentiant correpti, quod ante noluerunt sentire leniter admoniti. 847.

Deus omnipotens vos in sua iustitia confortet et inlaesum ab omni hoste protegat in[o] sempiternum*.

*) Finit epistola Rabani archiepiscopi. Incipiunt capitula sequentis opusculi eiusdem Rabani Magontiacensis archiepiscopi *rubr. in* 2. 3; Incipiunt capitula Rabani Magonensis archiepiscopi *rubr. in* 4. 5; *deinde sequitur in codicibus* 2—5. *hic a scribis compositus index capitulorum:*

I. De fide catholica.
II. De dogmate ecclesiastico.
III. De sacramento baptismatis.
IV. De pace et concordia.
V. De conspiratione.
VI. De immunitate rerum ecclesiasticarum.
VII. De potestate episcoporum super res ecclesiasticas eorumque convenientia cum laicis deque abominandis perversis[p] praemiis.
VIII. De proprietatibus ab episcopis vel presbyteris post ordinationem adquisitis.
VIIII. De manumissionibus.
X. De decimis dandis et in quattuor portiones dividendis.
XI[q]. Et ut antiquae ecclesiae habeant privilegia sua.

e) apud Esdram 6. f) Ezdrae, Ezdra 2—5. g) quod ad cultum *add.* 2. 3; *in marg.* 4. h) *om.* 1. i) absque ... omneque *om.* 2—6. k) quod ... celi *om.* 2—5. l) *ita* 1—5; docete 6. *et Bibl.* m) iniustum (locum *add.* 4) non *add.* 2—4. n) inistum 5, *in marg. vero* iniustum. o) in sempiternam 1; *om.* 6. p) *e* perversi *corr.* 3; perversi 5. q) *Codices, exceptis* 4. 5, *falso numerum* XI. *hoc loco omittunt, et* XI—XXX. *pro* XII—XXXI. *praebent.*

26) *Esdra* 7, 21—28.

847. 1. De[a] fide catholica. Initium[27] actionis nostrae de fide esse decrevimus, quae bonorum est omnium fundamentum, et quamvis 'sine[28] fide', ut dicit apostolus, 'impossibile sit placere Deo', fides tamen indiget opere, quia 'fides sine operibus mortua est'. Ideo beatus Gregorius: 'Ille', inquit, 'vere credit, qui exercet operando, quod credit'. Quapropter de fide vera[b] omnes omnino christianos alterutrum inter se iugiter admonere et docere oportet; maxime tamen Domini sacerdotes in eo certamine laborare decet, ut firmiter ab omnibus teneatur.

2. De dogmate ecclesiastico. Cum igitur omnia concilia canonum, qui[c] recipiuntur, sint a sacerdotibus legenda et[d] intellegenda et per ea sit eis vivendum et predicandum, necessarium duximus, ut ea, quae ad[e] fidem pertinent et ubi de extirpandis[f] vitiis et plantandis virtutibus scribitur, hoc ab eis crebro legatur et bene intellegatur et in populo praedicetur. Et quilibet[29] episcopus habeat omelias continentes necessarias admonitiones, quibus subiecti erudiantur, id est: de fide catholica, prout capere possint, de perpetua retributione bonorum et aeterna damnatione malorum, de resurrectione quoque futura et ultimo iudicio, et quibus operibus possit promereri beata vita, quibusve excludi. Et ut[g] easdem omelias quisque aperte transferre studeat in rusticam Romanam[h] linguam aut Teotiscam[i], quo facilius cuncti possint intellegere, quae dicuntur.

3. De sacramento baptismatis. Sacramenta[30] itaque baptismatis volumus ut[31] concorditer atque uniformiter in singulis parrochiis secundum Romanum ordinem inter nos celebrentur[k] iugiter atque conserventur[l], id est scrutinium ad ordinem baptismatis, sicut in decretis Leonis papae sub duobus continetur capitulis; in capitulo XI.[m] haec: 'Duo[32] tempora, id est pascha et pentecoste ad baptizandum a Romano pontifice legitima sunt praefixa'; item in capitulo XII[n]: 'Non[33]

XII. Ne presbyteri sine consensu episcoporum per ecclesias constituantur vel ab eis reiciantur.
XIII. De vita clericorum[r].
XIIII. Proprie[s] de voto[t] monachorum.
XV. De clericis comam nutrientibus.
XVI[u]. De vita sanctimonialium.
XVII. De pauperibus liberis[a] non opprimendis.
XVIII. De rebus pauperum per malam occasionem non emendis aut[v] vi tollendis.
XVIIII. De his, qui ad subvertendam iustitiam[w] munera accipiunt[x].
XX. De parricidis.
XXI. De mulieribus, quae partus suos necant.
XXII. De homicidiis.
XXIII. De homicidiis non sponte commissis.
XXIIII. De occisis presbyteris in gradu positis[y].
XXV. De presbyteris post degradationem occisis[u].
XXVI. De infirmis in periculo mortis constitutis.
XXVII. De his, qui suspenduntur in patibulis.
XXVIII. De incestuosis[z].
XXVIIII. De damnatis nuptiis.
XXX. Quota generatione coniugia copulari debeant.
XXXI. De modo dandae poenitentiae.

r) sive monachorum *add.* 4. 5. s) *om.* 4. 5. t) vota 5; vita 2. 3. u) XVI. — occisis (*l.* 36) *in loco raso* 4. v) aut vi toll. *om.* 4. 5. w) iusti 4. 5. x) accipiant 4. 5. y) constitutis 4. 5. z) cestuosis 4. 5. a) In primis de 2. 3. b) vestra 4. 5; nostra 6. c) quae 2. 3. d) et intell. *om.* 4. e) *supersor.* 4; *om.* 5. f) stirpandis 2—5. g) tunc 2—4. h) Romanorum 6. i) Theotiscam 5. 6; Theosticam 2—4. k) *e* celebretur *corr.* 1. l) *e* conservetur *corr.* 1. m) *ita codd.* 1—5. *et Conc. Mog. secundum Dionysium Exiguum;* V. 6. n) *ita codd.* 1—5, *Conc. Mog., Dionys.;* VI. 6.

27) *Conc. Mog.* 813, *c.* 1, *Mansi XIV, col.* 64. 28) *Ebrae.* 11, 6. 29) *Conc. Turon.* 813, *c.* 17, *Mansi XIV, col.* 85; *cfr. etiam Conc. Rem.* 813, c. 15, *l. c. col.* 78; *Conc. Mog.* 813, *c.* 25, *l. c. col.* 72. 30) *Conc. Mog.* 813, *c.* 4, *l. c. col.* 66. 31) sicut sancta vestra fuit admonitio ita *add. Conc. Mog.* 32) *Leonis epist. ad episc. Siciliae, Jaffé, Reg. pontif. I*², *nr.* 414, *rubrica ad c.* 11. *apud Dionysium, Codex canonum vet. eccl. Rom., ed. F. Pithoeus p.* 446, *ad c.* 5. *apud Mansi V, col.* 1310. 33) *Ibid.; apud Dionysium c.* 12, *l. c., apud Mansi V, col.* 1310 *c.* 5.

est interdicta licentia, qua in baptismo tribuendo quolibet[o] tempore[p] periclitantibus[q] subvenitur[r]'. 847. Et Siricius: 'In[34] qualibet necessitate fuerit opus sacri unda baptismatis, omni volumus celeritate succurri'. Debent[35] igitur episcopi cum[s] magna diligentia presbiteris suis[t] tradere baptismi sacramentum et quid in eodem renuntiandum quidve credendum sit. Renuntiatur[36] enim diabulo et operibus atque[u] pompis eius. Opera vero diaboli opera carnis esse intelleguntur; quae sunt: homicidia, fornicationes, adulteria, ebrietates et multa alia his similia; quae nimirum diabolico instinctu prius cogitatione mentis concipiuntur, quam opere perpetrentur. Pompae vero eiusdem[v] sunt: superbia, iactantia, elatio, vana gloria, fastus[v] et alia quam plurima, quae[w] ex his oriri[w] videntur.

4. De pace et concordia. Sane opus est, ut[37] pax et concordia sit atque unanimitas[x] in populo cristiano, quia unum Deum patrem habemus in[y] caelis et unam matrem ecclesiam, unam fidem[z], unum baptisma. *Ideo in una pace et unanimitate concorditer vivere debemus*, si ad unam et veram hereditatem regni caelestis cupimus pervenire, 'quia[38] non est dissensionis Deus, sed pacis', ut ipse ait: 'Beati[a][39] pacifici, quoniam filii Dei vocabuntur[a]'. Igitur si inter omnes fideles pax et concordia habenda est dicente apostolo: 'Pacem[40] sequimini cum[b] omnibus et sanctimoniam, sine qua nemo videbit Deum', multo magis inter episcopos et comites esse debet, qui post imperialis apicis dignitatem populum Dei regunt. Ita[41] enim inter se[c] concordare debent[d], ut alterutrum sibi ad Dei servitium peragendum et ministerium suum recte[e] explendum non solum non noceant, quin potius adminiculo sint.

5. De conspiratione. Si vero pax et concordia summum inter homines et maxime christianos bonum iudicatur et praemio summo remunerandum, id est, ut eius merito filii Dei vocemur, nonne e[c] contrario discordiae et dissensionis summum est malum et summa poena plectendum? Ita ut sapiens[42] dicat animam Domini illum detestari, qui inter fratres discordiam seminat atque ideo filius diaboli non inmerito nominetur. Unde statuimus atque auctoritate ecclesiastica confirmamus[f] eos, qui contra regem vel ecclesiasticas dignitates sive rei publicae potestates in unoquoque ordine legitima dispositione constitutas coniurationes et conspirationes rebellionis et repugnantiae faciunt, a communione[43] et consortio[g] catholicorum veram pacem amantium summovendos et, nisi per poenitentiam et emendationem paci[h] se ecclesiasticae incorporaverint, ab omnibus filiis pacis sancimus extorres.

6. De immunitate rerum ecclesiasticarum. Quisquis fastu superbiae elatus domum Dei ducit contemptibilem et possessiones Dei consecratas[i] atque ob[k] honorem Dei sub regia[l] immunitatis defensione constitutas inhoneste tractaverit vel infringere praesumpserit, quasi invasor et violator domus Dei excommunicetur. Decet etiam[m], ut indignationem ipsius domini regis sentiat[44], cuius[n] benivolentiae contemptor et constitutionis praevaricator exstitit. Nihilominus tamen[o] rex suae concessionis inmunitatem ab omnibus dicioni suae subiectis inlaesam conservari precipiat; assensum vero non praebeat inprovide affirmantibus non debere esse res dominicas, id est

o) quolibent 4. 5. p) *om.* 2—5. q) periclitanti 2. 3. r) subvenit 2—5. s) om. 4. 5. t) sui 4. 5. u) atque pompis *om.* 1. 4—6. v) *in loco raso* 1. w) quae . . . oriri *om.* 4. 5. x) humanitas 2—5. y) in caelis *om.* 2. 3. z) et *add.* 2. 3. a) Beati . . . vocabuntur om. 2—6. b) cum omn. *om.* 1—5. c) *om.* 4. 5. d) debebunt 4. 5. e) *om.* 1. f) firmamus 2. 3; perfirmamus 4. 5. g) omnium *add.* 2—5. h) pacis *om.* se 4. 5. i) sacratas 2—4. k) *ita* 1; ad *reliqui.* l) regiae 6. m) enim 2—5. n) rei *add.* 4. 5. o) *supersor.* 1.

34) *Siricii ep. ad Himer.* 385, *c.* 2, *Jaffé l. c. nr.* 255; *Cod. can. p.* 315; *Coustant, Epist. Roman. pontif. p.* 623. 35) *Cfr. Relatio* 829, *supra p.* 40, *c.* 37. 36) *Ibidem c.* 38. 37) *Conc. Mog.* 813, *c.* 5, *l. c. col.* 66. 38) 1. *Corinth.* 14, 33. 39) *Matth.* 5, 9. 40) *Ebrae.* 12, 14. 41) *Cfr. Kar. II. Cap. Pap.* 876, *supra p.* 103, *c.* 12, *et quae eodem contuli.* 42) *Prov.* 6, 16. 19. 43) *Cfr. Hloth. Cap. Pap.* 832, *supra p.* 61, *c.* 6. 44) *Cfr. Cap. legib. add.* 803, *tom. I, p.* 113, *c.* 2.

847. Domino dominantium traditas, ita sub defensione regis sicuti propriae suae[p] hereditatis[45]; magis advertat, quia, quanto Deus excellentior est homine, tanto prestantior est divina causa mortalium possessione. Quocirca decipitur, quisquis plus in propriis, quam in dominicis rebus gloriatur; quarum divinarum rerum defensor et custos divinitus[q] statutus diligenti cura non solum eas[o] servare, sed etiam multiplicare debet; magisque illa, quae diximus praestantiora, quam sua defendere illum[r] oportet et augmentare. Si quis igitur insanus importunitate improbitatis suae regem a recto proposito pervertere temptaverit nullisque remediis mitigari posse visus fuerit, licet obsequiis aliquibus transitoriis sit necessarius, abscidendus ab eo proiciendusque est, iuxta illud evangelicum: 'Si[46] pes, manus oculusve tuus scandalizet te, erue illa et proice abs te'.

7. De potestate episcoporum super res ecclesiasticas eorumque convenientia cum laicis, deque abhominandis perversis[s] promiis. Ut[47] episcopi potestatem habeant res ecclesiasticas praevidere, regere et gubernare atque dispensare secundum canonum auctoritatem, volumus; et ut laici in eorum ministerio oboediant episcopis ad regendas ecclesias, viduas et orfanos defensandos, et ut oboedientes sint ad eorum christianitatem servandam. Et* episcopi consentientes sint comitibus et iudicibus ad iustitias faciendas; et nullatenus per aliquorum mendacium vel falsum testimonium neque per periurium aut per praemium lex iusta[t] in aliquo depravetur.

8. De proprietatibus ab episcopis vel presbyteris post ordinationem adquisitis. In concilio Cartaginensi scriptum est: 'Ut[48] episcopi[u], presbyteri, diaconi vel quicumque clerici, qui nihil habentes ordinantur et tempore episcopatus vel clericatus sui agros vel quaecumque predia suo nomine comparant, tamquam rerum dominicarum invasionis crimine teneantur, nisi admoniti in ecclesiam eadem ipsa contulerint. Si autem ipsis proprie[v] aliquid liberalitate alicuius vel successione cognationis[w] obvenerit, faciant inde, quod eorum propopposito congruit. Quodsi a suo proposito retrorsum exorbitaverint, honore ecclesiastico indigni tamquam reprobi iudicentur. Presbyteri[49] vero non vendant rem ecclesiae, ubi sunt constituti, nescientibus episcopis suis, quomodo[x] et episcopo non licet vendere predia ecclesiae ignorante concilio vel presbyteris suis[x]. Non habenti[y] necessitatem nec episcopo liceat matricis ecclesiae rem tituli sui nomine usurpare'.

9. De manumissionibus. In concilio Cartaginensi ita continetur: 'De[50] manumissionibus in ecclesia celebrandis. Si id nostri consacerdotes per Italiam facere reperiuntur, nostrae etiam erit fiduciae istorum ordinem sequi data plane licentia misso legato, ut, quecumque digna fide pro statu ecclesiae et salute animarum agere potuerint, nos sciant laudabiliter in conspectu Domini[z] accepturos.'

10. De decimis[a] dandis[a] et in quattuor portiones dividendis[b]. Volumus, ut decimae, quae singulis dantur ecclesiis, per[c] consulta episcoporum a presbiteris ad usus aecclesiae et pauperum summa diligentia dispensentur. Quattuor[51] autem tam de reditibus, quam de oblatione fidelium, prout cuiuslibet aecclesiae facultas admittit, sicut dudum rationabiliter est decretum, convenit fieri portiones: quarum sit una pontificis, altera

*) *Codd.* 2—6: consentientesque sint comites et iudices praesulibus suis ad iustitias faciendas iuxta praecepta legis divinae; et nullatenus.

p) suae sunt hereditates 6. q) divinitatis 2—4. r) *om.* 2—4. s) perversi 2—5. t) iuxta 2. 5; *s corr.* 2. u) *om.* 6. v) propria 1. 4. 5. w) cognitionis 4. 5. x) quomodo . . . suis *om.* 2—6. y) habentes 2. 3. 6. z) Dei 2—5. a) decimandis 4. 5. b) Et ut antiquae aecclesiae habeant privilegia sua *add.* 2. 3; *cfr. infra n. f.* c) persulto 2—5.

45) *Cfr. Brunner, Zeugen- u. Inquisitionsbew. l. c. p.* 441 *sqq.* 46) *Matth.* 18, 8. 9. 47) *Conc. Mog.* 813, *c.* 8, *Mansi XIV, col.* 67. 48) *Cod. can. eccl. Afric. c.* 32, *Mansi III, col.* 782. 49) *Ibidem c.* 33. 50) *Ibidem c.* 64, *l. c. col.* 770. 51) *Decreta Gelasii c.* 27, *Mansi VIII, col.* 45.

clericorum, pauperum tertia, quarta ecclesiae[d] fabricis applicanda iuxta constitutionem episcopalem. Admonendum tamen est, ut[52] decima Deo omnino dari non neglegatur, quam Deus ipse dari sibi constituit; quia timendum est, si quis Deo suum debitum abstrahit[e], ne forte Deus per peccatum suum auferat ei necessaria sua. 847.

11[f]. Ut antiquae aecclesiae habeant privilegia sua. Ecclesiae[53] antiquitus constitutae nec decimis nec aliis possessionibus pro[54] novis oratoriis sine consensu et consilio episcopali priventur.

12[g]. Ne[h] presbyteri sine consensu episcoporum per aeclesias constituantur vel ab eis reiciantur. Quicumque[55] presbyter per pretium aecclesiam fuerit adeptus[56], omnimodis deponatur, quod[i] contra ecclesiasticae regulae[k] disciplinam agere dinoscitur, qui alium presbyterum legitime ad aecclesiam ordinatum per pecuniam expulerit eamque sibi taliter vindicaverit. Quod vitium late diffusum[l] summo studio emendandum est. Itemque interdicendum videtur clericis sive laicis, ne quis cuilibet presbytero praesumat dare ecclesiam sine licentia et consensu episcopi sui.

13[m]. De[n] clericorum vita sive monachorum. Providendum necesse est unicuique episcopo, qualiter canonici vivere debeant necnon et monachi, ut secundum ordinem canonicum[o] vel regularem vivere studeant, ut ait apostolus: 'Unusquisque[57], in qua vocatione vocatus est, in ea permaneat', et ut[58] a negotiis saecularibus omnino[p] abstineant. Multa enim sunt negotia saecularia; de his tamen pauca perstrinximus. Ad[q] quae pertinet: omnis libido, non solum inmunditia[r] carnis, sed etiam in omni carnali concupiscentia; quidquid plus iusto appetit homo; turpe lucrum[s]; munera iniusta accipere vel etiam dare; pro aliquo saeculari conquestu[t] praetio aliquem conducere; contentiones et lites vel[u] rixas amare; in placitis saecularibus disputare excepta defensione orphanorum aut[u] viduarum; conductores aut procuratores esse saecularium rerum; turpis verbi vel facti ioculatorem[v] esse vel iocum saecularem diligere; aleas amare; ornamentum inconveniens proposito suo quaerere; in diliciis[w] vivere velle; gulam et ebrietatem sequi; pondera iniusta vel mensuras habere; negotium iniustum exercere — nec tamen iustum negotium est contradicendum[x] propter necessitates diversas, quia[y] legimus sanctos apostolos negotiasse[z] et in regula[a] sancti Benedicti praecipitur praevidere, per quorum manus negotium monasterii transeat —; canes et aves sequi ad venandum; in[59] commessationibus et vinolentiis nimiis incumbere; superfluitatem in quibuslibet rebus nolle fugere. Quae omnia ministris[59] altaris Domini[60] contradicimus[b] hortantes[61] eos servare illud apostolicum: 'Nemo[62] militans Deo implicat se negotiis saecularibus', considerare quoque sententiam Domini dicentis: 'Attendite[63], ne graventur corda vestra in crapula et ebrietate', moderare[64] cibum et necessarium[c] potum, ut iuxta apostolum[65] sobrii sint parati ad servitium Domini, ante se ioca saecularia vel[d] turpia fieri non permittere, sed pau-

d) *om.* 1. e) ut *add.* 2—5. f) *Cum cap.* 10. *in unum coniunctum in codd.* 2—5, *omissa rubrica. Numerum* XI. *postea add.* 1. g) *e* XI *corr.* 1. h) XI. Ut antiquae ecclesiae habeant privilegia sua *rubr. in* 4. 5; *cfr. index titulorum supra p.* 175. *in nota exhibitus.* i) quem 2. 4. k) regulam disciplinae 2—5. l) *e* diffusam *corr.* 1. m) *Numerum postea add.* 1. n) XII. Ne presbiteri sine consensu episcoporum per ecclesias constituantur vel (*om.* 4) ab eis recipiantur *rubr. in* 4. 5. o) canonicum vel *om.* 6. p) *om.* 2. 3. q) *e* atquae *corr.* 2; atque 5; *corr.* atquae 4. r) *e* inmunditia *corr.* 2. 3. s) est *add. Conc. Mog.* t) cum quaestu 2. 4. 6. u) et 2—5. v) iocularem 2—5. w) divitiis 2—5. x) interdicendum 6. y) qui 1; *om.* 2—5. z) *ita* 1—5; negotiatos esse 6. *et Conc. Mog.* a) *e* regulam *corr.* 1. b) interdicimus 6. c) *om.* 6. d) *om.* 2. 3. 5.

52) *Conc. Mog.* 813, *c.* 38, *l. c. col.* 73. 53) *Ibidem c.* 41, *l. c. col.* 74; *cfr. etiam Anseg. II*, 34, *tom. I, p.* 422. 54) priventur, ita ut novis oratoriis tribuantur *Conc. Mog. et Anseg.* 55) *Conc. Turon.* 813, *c.* 15, *Mansi XIV, col.* 85. 56) quolibet expulso *add. Conc. Turon.* 57) 1. *Corinth.* 7, 20. 58) *Conc. Mog.* 813, *c.* 14, *l. c. col.* 69, *quod incipit:* Ministri autem altaris Domini vel monachi nobis placuit ut. 59) in omnibus quibuslibet sit causis, superfluum esse. Ecce talia et his similia ministris *Conc. Mog.* 60) necnon et monachis *add. Conc. Mog.* 61) De quibus dicit apostolus: 'Nemo *Conc. Mog.* 62) 2. *Timoth.* 2, 4. 63) *Luc.* 21, 34. 64) *Cfr. Synod. Pap.* 850, *supra p.* 117, *c.* 3; *Hrabani Poenit. lib. c.* 27. 28, *Opera VI, p.* 162. 65) 1. *Petr.* 5, 8 *sqq.*

847. peres et indigentes secum ad mensam habere et lectionem divinam ibidem audire et sumere cibum cum benedictione[e] et laude Domini secundum apostolum dicentem: 'Sive[66] manducatis[f] sive bibitis, omnia in laudem[g] Dei facite'.

14[h]. De[i] voto monachorum. Nullus monachorum aliquid proprietatis habeat, et res seculares, quibus renuntiavit, nullatenus sibi[k] usurpet, nec[l] parrochias ecclesiarum accipere[m] presumat sine consensu episcopi. De ipsis vero[n] titulis, in quibus constituti fuerint, rationem episcopo vel eius vicario reddant, et convocati ad synodum veniant.

15[o]. De clericis comam nutrientibus. In decretis Gregorii papae scriptum est: 'Si[67] quis ex clericis laxaverit comam, anathema sit[p]'. Unde sancimus, ut huiusmodi[q] coerceantur ad pristinum statum reverti.

16[r]. De vita sanctimonialium. Abbatissa, quae in civitate monasterium habet, nequaquam de monasterio egrediatur, nisi per licentiam episcopi sui aut qui eius vicem obtinet, nisi forte regali iussione cogatur. Et si quando foras pergit, de sanctimonialibus, quas[s] secum ducit, curam et vigilantiam habeat[t], ut nulla eis detur peccandi licentia sive occasio. Sed et cum pergit, in monasterio talem in vice sua constituere debet, quae de sanctimonialium animabus curam et vigilantiam[t] gerat. Habeat etiam[u] abbatissa studium in aedificando ea, quae ad sanctimonialium necessitatem pertinent, et in restaurando. Sanctimoniales vero in monasterio constitutae habeant studium in legendo et in cantando, in psallmorum caelebratione sive oratione. Et horas canonicas, matutinam videlicet, primam, tertiam, sextam, nonam, vespertinam[v], completorium pariter celebrent; et omnes, excepta quam infirmitas tenet, in dormitorio dormiant, et omnibus diebus ad conlationem veniant. Et ut[k] cetera servent, quae in regulis[w] sanctimonialium continentur, et quae a sanctis patribus illis[x] constituta sunt.

17[y]. De pauperibus[z] non opprimendis. Monemus regiam pietatem de[68] oppressione pauperum liberorum, ut non a potentioribus per aliquod malum ingenium contra iustitiam opprimantur vel[69] cogantur[a], ut[b] res suas vendant sive tradant[70], ne forte parentes eorum contra iustitiam fiant exeredati et regale obsequium minuatur et ipsi[71] propter indigentiam mendici[c] vel latrones seu malefactores efficiantur. Et ut sepius non fiant manniti[d] ad placita nisi sicut in dominico capitulari olim facto praecipitur.

18[e]. De rebus pauperum per malam occasionem non emendis[f]. Propter[72] provisiones pauperum, quorum curam habere debemus, placuit nobis, ut nec episcopi nec abbates nec comites nec vicarii nec iudices nullusque omnino sub mala occasione vel malo ingenio res pauperum vel minus potentum emere aut vi[g] tollere audeat. Sed quisquis ex eis aliquid conparare voluerit, in publico placito coram idoneis testibus et cum ratione hoc faciat. Ubicumque autem[h] aliter inventum fuerit factum, hoc omnino emendari per regiam convenit iussionem.

19[i]. De his, qui ad subvertendam iustitiam[k] munera accipiunt[l]. Qui vero ad subvertendam iustitiam a duobus munera accipiunt, hoc est ab eo, qui,

e) benedictio 1. f) *ita* 1. *et Bibl.;* manducetis sive bibatis 2—6. g) laude 1. h) XII *corr.* XIIII 1. i) XIII. Proprie de vita monachorum *rubr. in* 2. 3; XIII. De clericorum vita sive monachorum *rubr. in* 4. 5. k) *om.* 2. 3. l) *om.* 2—5. m) non *add.* 2—5. n) vere 5. 6. o) *postea add.* 1. p) *om.* 4. 6. q) patratores *vel* malefactores *supplendum videtur.* r) XIII *corr.* XV *corr.* XVI 1. s) *ita correxi;* quae *codd.* t) habeat *om.*, ut . . . vigilantiam *in marg.* 4. u) autem 2. 3. v) et *add.* 2. 3. w) regula 6. x) illic 6. y) XIIII *corr.* XV *corr.* XVI 1. z) liberis *add.* 2. 3. a) cogitantur *corr.* cogantur 1. b) et *add.* 2. 3. c) emendi 2—5. d) manniti *superscr.* h, *littera* m *non deleta* 3. e) XV *corr.* XVII *corr.* XVIII 1. f) aut vi tollendis *add.* 2. 3. g) *om.* 6. h) *om.* 2. 3. i) XVI *corr.* XVIII *corr.* XVIIII 1. k) iustiã 1; iusti 5. l) accipiant 2—4.

66) 1. *Corinth.* 10, 31. 67) *Synod. Rom.* 721, *c.* 17, *Mansi XII, col.* 264. 68) *Anseg. I,* 115, *tom. I, p.* 410. 69) ita ut coacti res *Anseg.* 70) Ideo haec et supra et hic de liberis hominibus diximus *add. Anseg.* 71) heredes *add. Anseg.* 72) *Conc. Mog.* 813, *c.* 7, *l. c. col.* 67.

quod sibi iniuste ablatum est, iuste requirit, et ab eo, qui eandem[m] iustitiam iniuste invasit, admonendi sunt et fortiter increpandi, ne regnum Christi, quod omnibus iuste facientibus patet[n], sibi sine ulla retractatione[o] secludant. 847.

20[p]. De parricidiis. Parricidium[73] autem, quam sit detestabile crimen, in iudicio facto inter Cain et Abel fratrem suum Dominus ostendit ipse, cum ad Cain parricidam[q] ait: 'Maledictus[74] eris super terram, quae aperuit os suum et suscepit sanguinem fratris tui de manu tua; cum operatus[r] fueris eam, non dabit tibi fructus suos: vagus et profugus eris super terram'. In quo etiam posuit signum, hoc est[q], ut tremens et gemens profugus semper viveret nec auderet[s] uspiam[t] sedes habere quietas. Sed quia in[q] modernis temporibus parricidae profugi discurrunt[u] per diversa[v] et variis vitiis atque gulae inlecebris deserviunt[w], melius nobis videtur, ut in uno loco manentes poenitentia districta semetipsos castigent, si forte a Domini bonitate indulgentiam facinoris sui percipere mereantur. Non enim eis licebit ultra militiae cingulum sumere et nuptiis vel coniugiis copulari, quia[x] sacri canones hoc eis non consentiunt[x][75].

21[y]. De mulieribus, quae partus suos necant. 'De[z][75] mulieribus, quae fornicantur[a] et partus suos necant, vel quae agunt secum, ut utero conceptus[b] excutiant, antiqua quidem diffinitio usque ad exitum vitae eas ab eclesia removet; humanius autem nunc diffinimus, ut eis X annorum tempus secundum prefixos gradus penitentiae largiatur[c].' Item in[d] concilio Eliberritano[e] capite LXIII[f]. scriptum est de his, quae[g] filios ex adulterio necant: 'Si[76] qua[h] per adulterium[77] conceperit idque post[i] facinus occiderit, placuit vix in fine ei[k] dandam esse communionem, eo quod geminaverit scelus'. Item in concilio Hilardense[l] capite II. scriptum est de[m] his, qui[n] aborsum[o] faciunt vel natos suos extinguunt: 'Hi[78] vero, qui[p] male[q] conceptos ex adulterio factus[r] vel editos necare studuerint vel in ventris matrum potionibus aliquibus colliserint, in utroque sexu adultero[s] post VII annorum[t] poenitentiae[u] curricula[v] communio tribuatur; ita tamen, ut omni tempore vitae suae fletibus et humilitati insistant'.

22[w]. De homicidiis. In[79] concilio Ancyrano[x] capite[y] XXI. de homicidis ita scriptum est: 'Qui[80] voluntarie homicidium fecerit, penitentiae quidem iugiter se summittant, perfectionem vero circa vitae exitum consequantur[y]'. In[81] concilio[z] Agatense[a] capite XXXVII. de homicidis et falsis[b] testibus ita legitur: 'Itaque[82] censuimus homicidas et falsos testes a communione aecclesiastica submovendos, nisi paenitentiae satisfactione crimina admissa diluerint'. Item[83] in concilio Agatense[c] capite LXII[d]. scriptum est de his, qui servos extra iudicem[e] necant: 'Si[84] quis servum proprium sine conscientia iudicis occiderit, excommunicatione vel poenitentia biennii reatum sanguinis emundabit'. Item[f] in concilio Eliberritano capite V. scriptum est de[g] domina, quae[h] per zelum ancillam suam occiderit, ita[i]: 'Si[85] qua femina furore zeli accensa flagellis verberavit ancillam suam, ita ut intra tertium diem animam cum cruciatu effundat, eo

m) eadem *om.* iustitiam 6. n) aptet 4. 5. o) retractione 4. 5. p) XVII *corr.* XVIIII *corr.* XX 1. q) *om.* 2—5. r) *e* perperatus *corr.* 1. s) audiret 4; audire 5. t) quispiam 2—4; *corr.* uspiam 3. u) currunt 6. v) *supple:* loca. w) serviunt 6. x) quia sacri canones *om.* 4. 5; quia . . . consentiunt *om.* 2. 3. y) XVIII *corr.* XX *corr.* XXI 1. z) De . . . largiatur (*l.* 17.) *in marg.* 4. 5. a) fornic. et *om.* 3. b) conceptos 2—5. c) tribuatur 2—5. d) *om.* 4. 5. e) Heliberritano 2. 3. f) XIII 2—5. g) qui 2—5. h) mulier *add.* 2. 3. i) hoc *add.* 2. 3. k) *superscr.* 1. l) Hilerdense 2—5; Ilerdensi 6. m) de his *om.* 6. n) quae 6. o) adversum 2—5, *corr.* avorsum 3; abortivum 6. p) quae 2—5. q) malo 4. 5. r) factos 1. 4. 5. s) adulteris 6; adulterio 4. 5; *om.* 2. 3. t) annos poenitentia 4. 5. u) poenitentiam 2. 3. v) eis 2. 3. w) XVIIII *corr.* XXI *corr.* XXII 1. x) *ita correxi;* Neocesariensi *codd. et Hrabanus l. c.* y) capite . . . consequantur *om.* 2—5. z) vero *add.* 2—5. a) Agathensi 2—5. b) *e* falsas *corr.* 1. c) Agathensi 2. 3. 6. d) *ita correxi*; LXXII *codd.* e) iudices 1. 5. 6. f) Item . . . communionem *om.* 2—5. g) *in loco raso* 1. h) *in marg.* 1. i) *om.* 6.

73) *Hrabani Poenit. lib. c.* 11, *l. c. p.* 159. 74) *Genes.* 4, 11. 12. 75) *Hrabanus l. c. pergit:* sicut modo de poenitentibus pro culpis gravium criminum decreta synodalia decernere, ostensuri sumus. Itaque in Ancyrano Conc. cap. XX. scriptum est de his, qui partus suos ex fornicatione diversis modis interimunt: 'De mulieribus *etc.; cfr. c.* 21. 76) *Conc. Eliberit. c.* 63, *Mansi II, col.* 16. 77) absente marito *add. Hrabanus.* 78) *Conc. Ilerd. c.* 2, *Mansi VIII, col.* 612. 79) *Hrabanus l. c. p.* 159, *c.* 12. 80) *Con. Ancyr. c.* 21, *Mansi II, col.* 526. 81) *Hrabanus, l. c., c.* 13. 82) *Conc. Agath. c.* 37, *Mansi VIII, col.* 331. 83) *Hrabanus l. c. c.* 14. 84) *Conc. Agath. c.* 62, *l. c. col.* 335. 85) *Conc. Eliberit. c.* 5, *Mansi II, col.* 6.

847. quod incertum sit voluntate, an casu occiderit: si voluntate, post VII annos[k], si casu, per quinquennii tempora acta legitima poenitentia ad communionem placuit admitti. Quodsi vero[l] infra[m] tempora constituta fuerit infirmata, accipiat communionem[f].'

23[n]. De homicidiis non sponte commissis. In[o][86] concilio Ancyrano[p] capite XXII. scriptum est[o]: 'De[87] homicidiis non sponte commissis prior quidem diffinitio post septennem poenitentiam perfectionem consequi praecepit; secunda vero quinquennii tempus explere'.

24[q]. De occisis presbiteris in gradu positis. Qui presbiterum occidit[r], XII annorum ei penitentia secundum canones[s] priorum inponatur[88]; si negaverit, si liber est, cum XII[t] iuret[89]; si autem servus, per XII vomeres[90] ferventes se purget. Convictus[u] noxa usque ad ultimum vitae[v] tempus miliciae cingulum deponat et uxorem amittat.

25[w]. De presbiteris post degradationem occisis. Nuntiatum est nobis, quod aliqui, qui olim dixerunt se fuisse sacerdotes et postea degradati[w*] pro suis peccatis penitentiam agendo suffragia sanctorum per diversa loca transeuntes quaesierunt, trucidati sunt. Huiuscemodi interfectoribus[x] omnem aecclesiasticam communionem denegamus, donec dignam poenitentiam pro reatu suo secundum iudicium episcoporum exsolvant.

26[y]. De infirmis in periculo mortis constitutis[z]. Ab infirmis in mortis periculo positis per presbiteros pura inquirenda est confessio peccatorum, non tamen est[a] illis imponenda quantitas penitentiae, sed innotescenda[b], et cum amicorum orationibus et elimosinarum studiis pondus penitentiae sublevandum, ut, si forte migraverint, ne obligati[c] excommunicatione alieni[d] ex[e] consortio venie[f] fiant; a quo periculo si divinitus erepti[g] convaluerint, penitentiae modum a suo confessore impositum diligenter observent. Et ideo secundum canonicam auctoritatem, ne illis ianua pietatis clausa videatur, orationibus et consolationibus aecclesiasticis sacra cum unctione olei[h] animati[i] secundum statuta sanctorum patrum communione viatici reficiantur.

27[k]. De his, qui suspenduntur in patibulis. Quaesitum est[l] ab aliquibus fratribus de his, qui in patibulis suspenduntur pro suis sceleribus post confessionem Deo peractam, utrum cadavera eorum[m] ad aecclesias[n] deferenda sint et oblationes pro eis offerendae et missae caelebrandae, an non. Quibus respondimus: Si omnibus de peccatis suis puram confessionem agentibus et digne penitentibus communio in fine secundum canonicum iussum[o] danda[o] est, cur* non eis, qui pro

*) cur ... vivat *locus abrasus in cod. 5, in quo secunda manu haec scripta sunt:* si promittit ex corde suo amplius se non peccare, si evadere potuisset non ficte, non simulate propter terrorem mortis, quia si ficte confessionem facit ad inferna descendit et duplex dampnationem habet hic et in futuro. *Monaci v. cl. Romanus, qui codicem contulit, putat textum supra editum primo extitisse, cuius nonnulla fragmenta legi possunt.*

k) annum 6. l) *om.* 1. m) *ita* 1. *et Hrab. l. c.;* intra *reliqui.* n) XX *corr.* XXII *corr.* XXIII 1. o) In ... est *om.* 2—5. p) Neocesariensi 1. *et Hrab. l. c.* q) XXI *corr.* XXIII *corr.* XXIIII 1. r) occiderit 2—5. s) statuta 2—6. t) LXXII 3, LXX *in loco raso.* u) vero *add.* 6. v) *om.* 5. 6. w) XXII *corr.* XXIIII, *postea* IIII *del. et* V *superscr.* 1. w*) degradari 1—5. x) *ita corr. sec. Reginonem lib.* II, *c.* 44; interfectionibus *codd.* y) XXIII *corr.* XXV *corr.* XXVI 1. z) positis 2—5. a) *superscr.* 1; *om.* 5. 6. b) ignoscenda *quasi glossa in marg.* 5. c) *e* obligatis *corr.* 1. d) *e* alienis *corr.* 1. e) a 2. 3; exsortio 1. f) bene 6. g) *e* ereptis *corr.* 1. h) Dei 6. i) animatis 1. k) XXIIII *corr.* XXVI *corr.* XXVII 1. l) *superscr.* 1. m) qui *add.* 4. 5. n) ecclesiam 2—5. o) *in loco raso* 1.

86) *Cfr. Hrabanus l. c. c.* 15, *ex quo hoc quoque capitulum derivatum esse videtur.* 87) *Conc. Ancyr. c.* 22, *Mansi II, col.* 527. 88) *Cfr. Poenit. Pseudo-Theodori* c. 3, § 6, *Wasserschleben, Bussordnungen p.* 569; *Conc. de cleric. percuss., tom. I, p.* 361, *c.* 3. 89) *Cfr. Burchardi Decret. lib. VI, c.* 7; *c.* 24. *C. XVII. qu.* 4, *Corp. iur. can. I, col.* 821: cum LXXII iuret. 90) *Cfr. Grimm, RA. p.* 914; *Du Cange s. v.*

peccatis suis poenam extremam persolvunt? Scriptum est enim: 'Non[91] vindicat Deus bis in id ipsum.' Nam ipse Dominus ait: 'In[92] quocumque die conversus fuerit peccator, peccata eius non reputabuntur ei'. Et iterum: 'Nolo[93] mortem peccatoris, sed ut convertatur et vivat*'. Salutem ergo homini[p] adimit, quisquis mortis tempore[q] penitentiam denegarit[r], et desperat de clementia Dei[s], qui eam[t] ad subveniendum morienti sufficere vel[v] in[o] momento posse non credit. Perdidisset latro in cruce premium ad Christi dexteram pendens, si illum unius horae penitentia non iuvisset; cum esset in poena, poenituit, et per unius sermonis professionem[u] habitaculum paradisi Deo promittente promeruit. Vera ergo ad Deum conversio in ultimis positorum mente potius est aestimanda[v], quam tempore propheta hoc taliter asserente: 'Cum[94] conversus ingemueris, tunc salvus eris[w]'. 847.

28[x]. De incestuosis[y]. Ut[95] episcopi incestuosos puriter[z] investigare studeant, omnino decrevimus; qui si penitere noluerint, de aecclesia expellantur, donec ad poenitentiam revertantur. Quodsi[a] sacerdotum noluerint admonitionibus aurem accomodare volentes in pristinis perdurare criminibus, oportet eos per saecularis potentiae[b] disciplinam a tam prava consuetudine coerceri[96].

29[c]. De damnatis nuptiis. Si[97] quis viduam uxorem duxerit et postea cum filiastra[d] sua fornicatus fuerit seu duabus sororibus nupserit, aut si qua duobus fratribus nupserit seu cum patre et filio[98], item si[99] quis relictam fratris, quae pene prius soror extiterat, carnali coniunctione violaverit, si** quis fratris germanam uxorem acceperit, si quis novercam duxerit, si quis consobrinae suae impudice se sociaverit vel relicte sive filiae avunculi aut patris[100] filiae vel privigne suae concubitu[99] pollutus vel huiuscemodi coniunctionis attactu maculatus fuerit, eos disiungi[98] et ulterius numquam coniugio copulari, sed sub magna districtione fieri volumus.

30[g]. Quota generatione coniugia copulari debeant. Contradicimus[1] quoque, ut in quarta generatione nullus amplius coniugio copuletur; ubi autem post interdictum factum[h] inventum[i] fuerit, separetur[k]. Sane eadem[l], quae in viri[l], haec nimirum in uxoris parentela de lege nuptiarum regula custodienda est. Quia ergo constat eos duos esse in carne una[2], communis illis utrimque[m] parentela esse credenda est[n], sicut[n] scriptum est: 'Erunt[2] duo in carne una'.

31[o]. De modo dande poenitentiae. Modus tempusque poenitentiae peccata sua confitentibus aut per antiquorum canonum institutionem aut per sanctarum scripturarum auctoritatem aut per aecclesiasticam consuetudinem imponi debet a sacerdotibus. Nam qui pro peccatis gravibus leves quosdam[p] et inusitatos[q] impo-

**) *Codd. 2—6. hanc formam praebent:* si quis neptem in coniugium acceperit, si quis novercam[e] aut nurum suam[f] duxerit, si quis *etc.*

p) omnino 2—5. q) bene confessus *superscr.* 5; speratam *add. Coelest.* r) *ita* 1. *et Coelest. l. c.*; denegat 2—6. s) qui amplius non vult revertere ad malum *superscr.* 5. t) eum 2. 3. *et Coelest.*; cum 4. 5. u) ex corde *superscr.* 5. v) extimanda 4. 5, *corr.* existimanda 4. w) si malum dimittis, quod gesisti *in marg.* 5. x) XXV *corr.* XXVII *corr.* XXVIII 1. y) cestnosis 4. 5. z) penitus 6. a) Quod 1. b) poenitentiae 2. 5. c) XXVI *corr.* XXVIII *corr.* XXVIIII 1. d) filiastre 1. e) novergam 4. 5, *corr.* novercam 4. f) suum 4. 5, *corr.* suam 4. g) XXVII *corr.* XXVIIII *del.* VIIII *superscr.* X 1. h) *Hinc inde 2a.* i) *om.* 2. 3. 5. k) separentur 2. 3. l) eadem ... viri *in loco raso* 1. m) utrisque 2. 2*a*. 3—5. n) est, scriptum namque est 2. 2*a*. 3—5. o) XXVIII *ras.* VIII *antepon.* X *add.* I 1. p) quosdam et *om.* 5. q) inusitatosque *om.* et 2. 2*a*. 3. 4.

91) *Can. apost. c.* 25, *Mansi I, col.* 53; *cfr. Nah.* 1, 9. 92) *Omnia, quae sequuntur, sumpta sunt ex Coelestini epist. ad. ep. Vienn. et Narbonn. c.* 2, *Mansi IV, col.* 465, *Jaffé, Regest. pontif. I*², *nr.* 369. In ... ei *est Ezech.* 33, 12. 93) *Ezech.* 33, 11. 94) *Ibid.* 33, 12. 95) *Conc. Mog.* 813, *c.* 53, *Mansi XIV, col.* 75. 96) *Cfr. Cap. miss. gen.* 802, *tom. I, p.* 97, *c.* 33; *Sohm in 'Z. f. K. R.' IX, p.* 244 *sqq.* 97) *Conc. Mog.* 813, *c.* 56, *l. c.* 98) tales copulationes anathematizari et disiungi *etc. Conc. Mog.* 99) si ... concubitu *est Conc. Agath. c.* 61, *Mansi VIII, col.* 335, *cuius textus tamen ex Hrabani Poenit. lib. c.* 2, *l. c. p.* 157, *sumptus est.* 100) patrui *recte Conc. Agath.* 1) *Conc. Mog.* 813, *c.* 54, *l. c.* 2) *Genes.* 2, 24.

847. nunt poenitentiae modos, 'consuunt[3] pulvillos' secundum propheticum sermonem 'sub omni cubito manus et faciunt cervicalia sub capite universae aetatis ad capiendas animas'. Sed discretio servanda est inter poenitentes, qui publice et qui absconse poenitere debeant. Nam qui publice peccat, oportet, ut publica multetur poenitentia et secundum ordinem canonum pro merito suo et[r] excommunicetur et reconcilietur. Poenitentes vero non[s] tam expletionem constituti temporis quam facinoris remissionem desiderent; nec eis sufficiat[t], si se a perceptione quarundam[u] rerum abstineant, nisi[v] etiam a noxiis delectationibus subtrahantur[w], declinantes autem a malo faciant bonum, inquirant pacem atque sequantur illam.

Multa quidem[x] alia per diversas questiones coram nobis allata sunt, sed pro brevitate temporis in praesenti concilio omnibus respondere et ea absolvere non potuimus. Haec vero, quae vobis transmissa sunt, petimus, ut vestra auctoritate firmentur; et si quis adversarius illis existere voluerit, prevalere non permittatur. Dei enim cooperatores vos esse debetis et adiutores sanctae[y] eius aecclesiae[y], quatinus religio christiana incontaminata temporibus regni vestri usque in finem servetur[z].

r) *om.* 2. 2*a*. 3—5. s) *om.* 6. t) sufficiant 2*a*. 4. 5. u) quarundarum 2. 3. v) nisi se 6. w) subtrahatur 2*a*. 4. 5; subtrahant 6. x) quaedam 4. 5. y) sanctae ... aecclesiae *in loco raso* 1. z) Finiunt capitula Rabani Magonciacensis archiepiscopi ad Hludowicum regem pium 2. 3.

3) *Ezech.* 13, 18.

249. CONCILIUM MOGUNTINUM.

852. Oct. 3.

Ad lucem protracta ab Henrico Jaeck et edita a G. H. Pertz exstant omnia huius concilii capitula in uno codice Bamberg. A. I, 35, p. 48. Praeterea autem singula quaedam capita in diversis canonum collectionibus servata sunt, scilicet c. 9. 11. *in eodem codice p.* 62. *et in cod. Salisburg. S. Petri IX,* 32, *fol.* 142. 143*'; c.* 3. *in codd. Monac.* 6245, 6241, *fol.* 70*' et fol.* 104; *c.* 8. *in cod. Guelferbyt. inter Helmstad.* 454, *cap.* 207. *(cfr. Wasserschleben in 'Krit. Jahrbücher f. D. Rechtswissensch.'* 1838, *p.* 485*) et in cod. Monac.* 14628 *fol.* 20*'; c.* 9. *in cod. Vatic. Palat.* 973 *fol.* 127.

De tempore, quo haec synodus celebrata sit, cum indicia temporis minime inter se concordent, inter doctissimos viros magna est dissensio (cfr. Dümmler, Ostfränk. Reich I[2], *p.* 361, *not.* 1*): alii, exempli gr. G. H. Pertz et Th. Sickel, respicientes indictionem, quae ad a.* 851. *spectat, huic anno concilium attribuunt; alii, inter quos sunt E. Dümmler et E. Mühlbacher, Annalibus Fuldensibus fulti a.* 852. *habitum id esse existimant. Annales enim laudati ad a.* 852, *SS. I, p.* 367, *referunt:* Habita est autem et synodus ex voluntate atque praecepto eiusdem serenissimi principis in civitate Mogontia metropoli Germaniae, praesidente Rhabono, venerabili eiusdem urbis archiepiscopo, cum omnibus episcopis atque abbatibus orientalis Franciae, Baioariae et Saxoniae. Et illi quidem de absolvendis quaestionibus ecclesiasticis tractatum habebant, rex vero cum principibus et praefectis provinciarum publicis causis litibusque componendis insistens, postquam synodalia eorum decreta suo iudicio comprobavit ... Baioariam reversus est. *Cum auctor annalium in hac parte componenda acta concilii magna ex parte ad verbum fere exscripserit, illum sequendum et concilium anno* 852. *cum E. Dümmler l. c. et Böhmer-Mühlbacher nr.* 1360*a. attribuendum esse puto.*

Cum capitula synodi, ut tradunt Ann. Fuld., ab Hludowico confirmata sint, inscripta sunt: Canon Hludowici regis. *(B. deest; P.* 410.*)*

Canon Hludowici regis. 852.

Anno dominicae incarnationis DCCCLII[a], indictione XV, regis vero orthodoxi atque gloriosi et vera clementiae dignitate precipui Hludowici anno XVIII, mense Octobro, die tertio, ex voluntate atque precepto eiusdem serenissimi principis sancta synodus habita est in civitate Magontia metropoli Germaniae presidente Rabono venerabili eiusdem civitatis archiepiscopo cum ceteris episcopis orientalis Frantiae et Baioariae atque Saxoniae, hoc est: Liupramno Iuvavensi[b] archiepiscopo, Gozbaldo[c 1] episcopo, Salomone episcopo[2], Essone episcopo[3], Lantone episcopo[4], Otkario episcopo[5], Gebehardo episcopo[6], Hemmone episcopo[7], Baturato episcopo[8], Gozperto episcopo[9], Erchanfrido episcopo[10], Harthwigo episcopo[11], Lantfrido episcopo[12], Altfrido episcopo[13], Liutbrando[d] episcopo[14], Diatmaro chorepiscopo[15], Folchardo chorepiscopo[e 15], Albericho chorepiscopo[11], Reginhario chorepiscopo[15], Grimaldo abbate[16], Rathleiho abbate[17], Hantone abbate[18], et reliquis aecclesiastici ordinis viris, presbiteris videlicet, monachis atque diaconibus, a quibus statutum est haec synodalium decreta gestorum, quorum capita subter adnexa[f] sunt.

(1[f*].) De concordia episcoporum comitumque fidelium. Sane[19] opus est, ut pax et concordia sit atque unanimitas in populo christiano, quia unum Deum patrem habemus in caelis et unam matrem aecclesiam, unam fidem, unum baptisma[g]. Ideo in una pace et unanimitate concorditer vivere debemus, si ad unam et veram hereditatem regni caelestis cupimus pervenire, 'quia[20] non est dissensionis Deus, sed pacis', ut ipse ait: 'Beati[21] pacifici, quoniam filii Dei vocabuntur.' Igitur si inter omnes fideles pax et concordia habenda est dicente apostolo: 'Pacem[22] sequimini et sanctimoniam, sine qua nemo videbit Deum'; multo magis inter episcopos et comites esse debet, qui post imperialis apicis dignitatem[h] populum Dei regunt. Ita enim inter se concordiam habeant[i], ut alterutrum sibi ad Dei servitium peragendum et ministerium suum explendum non solum non noceant, quin potius adminiculo sint.

(2.) De potestate episcoporum. Ut[23] episcopi potestatem habeant res ecclesiasticas previdere, regere, gubernare atque dispensare secundum canonum auctoritatem, volumus; et ut laici in eorum ministerio oboediant episcopis ad regendas aecclesias, viduas et orphanos defensandos, et ut oboedientes sint eis ad eorum christianitatem servandam; consentientesque[k] sint comites et iudices presulibus suis ad iustitias faciendas iuxta precepta divinae legis[k], et nullatenus per aliquorum mendatium vel falsum testimonium neque [per[l]] periurium aut per premium lex iusta in aliquo depravetur.

(3.) De[m] decimis exquirendis. Volumus[24], ut decimae, quae singulis dantur aecclesiis, per consulta episcoporum a presbiteris ad usus aecclesiae et pauperum summa diligentia dispensentur. Quattuor autem tam de redditibus[n], quam de oblatione fidelium, prout cuiuslibet aecclesiae facultas admittit, sicut dudum rationabiliter decretum est, convenit fieri portiones: quarum sit una pontificis, altera clericorum, tertia pauperum, quarta fabricis applicanda iuxta constitutionem episcopalem[m]. Admonendum tamen est, ut decima Deo omnino dari non neglegatur, quam ipse Deus sibi constituit dari; quia timendum est, si quis Deo suum debitum abstrait, ne forte Deus per peccatum suum auferat ei necessaria sua. Dicit enim Deus taliter in

a) DCCCL *superscript.* II *c.* b) Iuvanen *c.* c) *Zozbaldo c.* d) Liutprando *corr.* Liutbrando *c.* e) episcopo *superscr.* chor *c.* f) adnecta *c.* f*) *Numeros capitum addidi; des. in cod.* g) baptismam *c.* h) dignitate *c.* i) *ita corr. Pertz.;* habent *c.* k) consentientesque ... legis *ex codd.* 2—6, *Conc. Mog. l. c. sumpta sunt.* l) *om. c.* m) De decimis ... episcopalem *om. codd. Monac.* n) hereditibus *c.*

1) *Herbipolensi.* 2) *Constantiensi.* 3) *Curiensi.* 4) *Augustano.* 5) *Eichstatensi.* 6) *Spirensi.* 7) *Halberstadensi.* 8) *Paderbrunnensi.* 9) *Osnabruggensi.* 10) *Ratisbonensi.* 11) *Passaviensi.* 12) *Sabionensi.* 13) *Hildesheimensi.* 14) *Ignotus est; Erhard, Regesta Westfaliae I, p.* 105. *coniecit pro Liutbrando Liutbertum intellegendum esse, qui erat episcopus Monasteriensis.* 15) *Moguntino.* 16) *Sangallensi.* 17) *Seligenstadensi.* 18) *Fuldensi.* 19) *Conc. Mog.* 847, c. 4, *supra p.* 177. 20) 1. *Corinth.* 14, 33. 21) *Matth.* 5, 9. 22) *Ebrae.* 12, 14. 23) *Conc. Mog.* 847, c. 7, *supra p.* 178. 24) *Conc. Mog.* 847, c. 10, *supra p.* 178.

852. Levitico de decimis: 'Omnes[25] decime terre, sive de fructibus, sive de pomis arborum, Domini sint et illi sanctificantur. Boves et oves et caprae, quae sub pastoris[o] virga transeunt, quicquid decimum venerit, sanctificabitur Domino[p]. Si quis mutaverit[q], et quod mutat, et quod mutabitur, sanctificabitur Domino. Non eligetur[r] nec bonum nec malum, nec altero commutabitur, et non redimetur.' Sed quia modo multi inveniuntur decimas dare nolentes, statuimus, ut secundum Domini preceptum, ammoneantur semel et secundo atque tertio; si non emendaverint, anathematis vinculo constringantur usque ad satisfactionem et emendationem congruam[s]. Nam hoc censuimus, quia sacri canones[26] precipiunt, de decimis fidelium quattuor fieri portiones, ex quibus una ad susceptionem pertineat episcopi. Statuimus, ut per aecclesias monachorum vel laicorum et per cappellas dominicas seu beneficiatas[t], ubi decime dantur, episcopi digno honore suscipiantur, ut ecclesiasticum officium ibi persolvere possint. Ecclesiae[27] antiquitus constitute[u] propter nova oratoria nec decimis nec possessionibus aliis priventur nec ullam omnino iniuriam paciantur.

(4.) Ut nullus audeat inmunitates[v] infringere. Quisquis[28] fastu[w] superbiae elatus domum Dei ducit contemptibilem et possessiones Deo consecratas atque ob honorem Dei sub regia inmunitatis defensione constitutas inhoneste tractaverit vel infringere presumpserit, quasi invasor et violator domus Dei excommunicetur. Decet enim, ut indignationem Domini atque ipsius regis sentiat, cuius benevolentiae contemptor et constitutionis prevaricator exstitit. Nihilominus tamen rex suae concessionis inmunitatem ab omnibus dicioni[x] suae subiectis inlesam conservari[y] precipiat; assensum vero non prebeat inprovide affirmantibus non debere esse res dominicas, id est Domino dominantium traditas, ita sub defensione regis sicut propriae suae haereditatis; magis magisque advertat, quia, quanto Deus excellentior est homine, tanto prestantior est divina causa mortalium possessione. Quocirca[z] decipitur, quisquis plus in propriis, quam in dominicis rebus gloriatur; quarum divinarum defensor et custos[a] divinitus statutus diligenti cura non solum eas servare, sed etiam multiplicare debet; magisque illa, que diximus prestantiora[b], quam sua defendere illum oportet et augmentare. Si quis igitur insanus inportunitate inprobitatis suae regem a recto proposito pervertere temptaverit nullisque remediis mitigari[c] posse visus fuerit, licet obsequiis aliquibus transitoriis sit necessarius, abscidendus ab eo proiciendusque[d] est, iuxta illut evangelicum: 'Si[29] pes, manus oculusque tuus scandalizet te, erue illam et proice abs te.'

(5.) Ut heredes ecclesiam[e] non dividant[f]. Perlatum ad nos est, quod inter heredes aecclesiae in rebus propriis constitute dividantur et tanta per eandem divisionem simultas[g] oriatur, ut unius altaris quattuor partes fiant et singule partes singulos habeant presbiteros; sine[h] discordia et simultate nullo modo augeri[h] potest. Unde nobis visum est, quod huiuscemodi ecclesiae inter heredes dividi non debeant[30]; et si in contentionem venerint et simultates inter eos surrexerint, per quas sacerdos suo ibi officio canonico fungi non possit, precipiatur ab episcopo civitatis, ut nullo modo ibi missarum solemnia celebrentur, donec illi ad concordiam redeant, ex pari voto atque consilio ecclesia[i] illa sacerdotem canonice habeat, qui libere suum mynisterium ibi peragere possit.

o) pasto *c.* p) etc. *codd. Monac., om.* Si ... redimetur. q) mutabitur *c.* r) elietur *c., in marg.* alienetur. s) *Reliqua desunt in codd. Monac.* t) benefaciatas *c.* u) constitutaf. *c.* v) munitates *c.* w) *In marg. glossa Theotisca nonnullis litteris abscisis* ... ut uuégisemi ... habtot. x) diciouis *c.* y) conservare *c.* z) *Glossa in marg. initio truncata* ... idiu ... siuhan uuirdit. a) custus *c.* b) praestantiore *c.* c) mitigare *c.* d) qui *c.* e) decimam *c.* f) dividantur *c.* g) simultatas *c.* h) *Verba corrupta videntur; fortasse ante* sine *supplendum est* quod, *ut voluit Pertz, et pro* augeri *emendandum* auderi. i) ecclesiae *corr.* ecclesia *c.*

25) *Levit.* 27, 30—33. 26) *Cfr. Decreta Gelasii c.* 27, *supra lin.* 35—37. 27) *Conc. Mog.* 847, *c.* 11, *supra p.* 179. 28) *Ibid. c.* 6. 29) *Matth.* 18, 8. 9. 30) *Cfr. Cap. Wormat.* 829, *supra p.* 12, *c.* 2; *Meichelbeck, Hist. Frising. I b, p.* 268 *sq., nr.* 510.

(6.) Ut[k] episcopi venationem non exerceant. Ut omnis controversia, quae de ecclesiasticis rebus fit, secundum divinam legem sub duobus vel tribus testibus terminetur, dicente Domino: 'Non[31] unus stet contra alium; sed in ore duorum vel trium testium fiat omne verbum'*. 802.

..... contra[l] episcopos, qui canes vel cetera ioca habere volunt, in psalmo XXIV. sicut scriptum est: 'Confundantur[32] omnes inique agentes supervacue', et in XXX: 'Odisti[33] observantes vanitates supervacue' vel sicut Haebraica translatio habet: 'Odisti custodientes frustra', in Iona quoque propheta: 'Qui[34] custodiunt vanitates frustra, misericordiam suam derelinquunt.' Hinc ergo pensandum est, si illi, qui adquirendis transitoriis rebus elaborant, quae aliquando necessaria putantur, contra quas necessitates in praedictis psalmis orat: 'De[35] necessitatibus meis erue me[m]', et 'Salvasti[33] de necessitatibus animam meam', confusione vel odio Dei digni sunt, aut misericordiam suam derelinquunt, Deum videlicet, cui dicimus vel cui cantamus: 'Deus[36] meus, misericordia mea', quanto magis illi, qui ea diligunt, quae nullius sunt utilitatis! Item [in[n]] XXXIX. psalmo scriptum est: 'Beatus[37] vir, cuius est nomen Domini spes eius, et non respexit in vanitates et insanias falsas'; et secundum Ebraicum: 'Beatus vir, qui posuit Deum confidentiam suam, et non est aversus ad superbias pompasque mendacii'; in CXVIII[o]: 'Averte[38] oculos meos, ne videant vanitatem.' In libro Hieremiae prophetae, in verbis Baruch scriptum est: 'Ubi[39] sunt principes nationum et qui dominantur bestiarum, quae sunt super terram? qui in avibus ludunt? qui peccuniam thesaurizant et aurum, in quo confidebant homines, et non est finis possessionis[p] ipsorum? qui in argento fabricant, et solliciti sunt, et non est inventio operum ipsorum? Exterminati sunt et in infernum descenderunt, et alii surrexerunt pro eis.' Pensandum omnibus est in hac sententia, quia, si principibus et laicis hominibus, etiam paganis nichil prodest, quia 'dominantur bestiarum et in avibus ludunt', quanto magis episcopis obest[q] et quibus portare neque sacculum neque peram licet[40] neque duabus indui tunicis, et quibus possidere aurum vel argentum vel aes in zona non licet[40], quomodo possidere canes licebit; et qui in via virgam ferre non debent, quomodo accipitres portare debebunt? Sic rite canones praecipiunt: 'Ut[41] episcopus vilem suppellectilem, mensam[r] ac victum pauperum habeat et dignitatis suae auctoritatem fide et vite meritis querat.' Nam pastor a pascendis ovibus vocatus est, non a canibus, sicut per prophetam dicitur: 'Nonne[42] oves pascuntur a pastoribus?' Hinc Bonefacius in synodalibus decretis sub Carlomanno duce et principe Francorum habitis ait: 'Venationes[43] et silvaticas vagationes cum canibus omnibus servis Dei interdici; similiter ut accipitres et falcones non habeant'. In concilio vero Agatensi et reliquis sanctorum patrum conventibus[s] pari ratione hoc modo diffinitum est: 'Episcopis[44],

*) *Regino, De synod. causis, App. II, c.* 38. *addit:* Similiter et de separatione coniugatorum, ut tres veraces homines hoc testificentur, si VII inveniri non valeant.

k) *Caput sextum in codice Bambergensi continuo scriptum corruptum et ex duobus capitulis compositum videtur. Rubrica enim non ad primam partem, sed ad alteram tantum referri potest; cfr. Wasserschleben l. c. p.* 486. l) *Ante verbum* contra *quaedam omissa videntur.* m) mei *c.* n) *om. c.* o) CVIII. *c.* p) possessiones *corr.* possessionis *c.* q) contra est *in marg.* r) mensem ad *c.* s) convenientibus *c.*

31) *Deuter.* 19, 15. 32) *Psalm.* 24, 4. 33) *Ibid.* 30, 7. 8. 34) *Ionas* 2, 9. 35) *Psalm.* 24, 7. 36) *Ibid.* 58, 11. 37) *Ibid.* 39, 5. 38) *Ibid.* 118, 37. 39) *Baruch* 3, 16—19. 40) *Cfr. Matth.* 10, 9. 10; *Marc.* 6, 8; *Luc.* 9, 3; 10, 4. 41) *Conc. Carth. IV, c.* 15, *Mansi III, col.* 952. 42) *Ezech.* 34, 2. 43) *Karlmanni Cap.* 742, *tom. I, p.* 25, *c.* 2. 44) *Conc. Agath. c.* 55, *Mansi VIII, col.* 334.

852. presbiteris atque diaconibus canes ad venandum atque falcones ceterasque ad ludendum aves habere non liceat; quodsi quis talium personarum in hac voluntate fuerit detentus, si episcopus est, tribus mensibus a communione suspendatur, presbiter duobus, diaconus I ab omni officio ecclesiastico et communione removeatur.'*

(7.) De continentia presbiterorum. 'Id[t] [45] etiam ad custodiendam vitam et famam speciali ordinatione precipimus, ut nullus clericorum extraneae mulieri qualibet collatione aut familiaritate iungatur; et non solum in domo illius extranea mulier non accedat, sed nec ipse frequentandi ad extraneam mulierem habeat potestatem, sed cum matre tantum et sorore, filia et neptae, si habuerit, liberam habeat potestatem.' Item in sequente capitulo: 'Ancillas[45] vel libertas a cellario vel secreto ministerio et ab eadem mansione, in qua clericus manet, placuit removeri.' In concilio vero Hilardense capitulo XV. ita praecipitur: 'Familiaritatem[46] extranearum mulierum licet ex toto sancti patres antiquis monitionibus preceperint clericis evitandam, id nunc tamen nobis visum est, ut, qui talis probabitur, post primam et secundam ammonitionem, si emendare neglexerit, donec in vitio perseverat, officii sui dignitate privetur. Quodsi se Deo iuvante correxerit, sancto ministerio restauretur.'

(8.) De[u] excusatione prespiterorum et diaconorum. Si quis presbiter vitae[v] suae neglegens pravis exemplis mala de se suspicari[w] permiserit[v] et populus ab episcopo iuramento seo[x] banno christianitatis constrictus infamiam eius patefecerit et certi[y] accusatores criminis eius defuerint, admoneatur primo seorsum ab episcopo, deinde sub duobus vel tribus testibus; si non emendaverit, in conventu presbiterorum[z] episcopus eum publica increpatione admoneat[z]; si vero[a] nec sic se correxerit, ab officio suspendatur usque ad dignam satisfactionem, ne populus[b] fidelium in eo scandalum patiatur**. Si[c] autem accusatores legitimi fuerint, qui eius[d] crimina manifestis indiciis probare contenderint, et ipse negaverit, tunc ipse cum sociis suis eiusdem ordinis VI[e] viris, si valet, a crimine semetipsum expurget. Diaconus[c] vero, si eodem crimine accusatus fuerit, semetipsum cum tribus diaconibus[f] examinet.

*) *Cod. Salisb. IX, 32 fol. 148v, c. 9 praebet capitulum quoddam, quod ex nostro ortum videtur:* Si quis episcopus, presbyter et diaconus cum avibus et canibus seu reliquis iocis usum habuerit iocandi et transitoriis rebus elaborant, quodsi quis *rell. cfr. lin.* 2.

**) *Cod. Guelferbyt. perg.:* Digna enim satisfactio est (satisfactionē *c.*), si eis, a quibus reus creditur, per rectam securitatem de eodem crimine innocens esse manifestatur, quod ita nobis a maioribus constitutum esse docetur. Si hanc impleturus, sive secundum canones, sive ad arbitrium episcopi sibi collegas coniungat seu certe ipse solus manu propria iuret in sacro coram posito evangelio dicens, quod eum sancta trinitas et Christus filius Dei, qui illud fecit et docuit, quod evangelium continet et sancti quatuor evangelistae, qui illud scripserunt, et omnes sancti sic adiuvent, quod ille per nominatam actionem ita non perpetrasset, sicut ei de illa oblatum est. Et hac satisfactione purgatus secure deinceps suum exerceat ministerium. Quam satisfactionem nonnulli praecedentium patrum sanctum papam Leonem in basilica sancti Petri apostoli coram reverendissimo Caesare Karolo ac clero et plebe ita perfecisse commemorant atque ita mox venerandum principem contra eiusdem sancti papae adversarios dignae ultionis vindictam exercere. *Wasserschleben l. c. genuinum caput nostri concilii putavit, est vero posterioris aetatis et concordat cum Burchardi, Decretorum lib. II, c. 184, et c. 13. C. II. qu. 5, Corp. iur. can. I, p. 459; cfr. Richter, Kirchenrecht, ed. 8, p. 881, not.* 11.

t) Vt *c.; ante* Id *verba* Item in decimo capitulo *vel similia omissa videntur; cfr. lin.* 10. u) Hludowici imperatoris *rubr. in Monac.;* De presbyteris et diaconis negligentibus *rubr. in Guelferbyt.* v) neglector sui de se pravum exemplum suspicari permiserit *Monac.* w) suspicare *corr.* suspicari *c.* x) se ab anno *c.* y) *ita Monac.;* ceteri *c.* z) presbit. publico admoneatur *Monac.* a) adhuc non emendaverit ab *Monac.* b) pop. ab eo scandalizetur *Monac.* c) Mogontiacense *rubr. praepon. Monac.* d) accusati presbyteri *Monac.* e) VII *Monac.; Burchard. l. c.; Gratian. l. c.* f) *om. c.*

45) *Ibid. c.* 10, *l. c. col.* 326. — *c.* 11, *l. c. col.* 327. 46) *Conc. Ilerd. c.* 15, *l. c. col.* 614.

(9.) De[g] infantibus obpressis. Si quis infantem suum incaute oppresserit aut vestimentorum pondere suffocaverit post baptisma[h], proximos XL dies peniteat in pane et aqua et oleribus atque leguminibus et a coniugio[i] se abstineat; postea III annos in penitentia exigat[k] per legitimas ferias et III quadragesimas. Et si ante baptismum oppresserit infantem, proximos dies XL, ut supra; postea vero quinquennium expleat. 852.

(10.) De adulterio[l]. Si quis incestum[m] occulte conmiserit et sacerdoti occulte confessionem egerit, indicetur ei remedium canonicum, quod subire debuerat, si eius facinus publicum fuisset; verum quia latet commissum, detur ei a sacerdote consilium, ut saluti animae suae per occultam penitentiam prospiciat; hoc est ut veraciter ex corde peniteat se graviter deliquisse et per ieiunia et elemosinas vigiliasque atque per sacras orationes cum lacrimis se purgare contendat et sic se ad spem veniae per misericordiam Dei pervenire confidat.

(11.) De[n] homocidio. Si quattuor vel V[o] seu etiam plures contra hominem unum rixati fuerint et ab eis vulneratus[p] mortuus fuerit, quicumque eorum plagam inposuisset, secundum statuta canonum[47] ut homicida iudicetur, et[q] VII annorum penitentiam[r] subeat, hoc est: proximos dies XL peniteat in pane et aqua et leguminibus et oleribus, abstineat se ab uxore et ingressu ecclesie, deinde III[s] annos abstineat se a carne, vino, medone et cervisa mellita[t], exceptis festis diebus et gravi infirmitate, reliquos[u] autem[r] quattuor III[v] legitimis feriis in singulis ebdomadibus et III[w] quadragesimis in annis singulis a carne tantum abstineat. Albgis[x], qui uxorem Patrichi publice auferens ad extremos fines regni duxit in rudem[y] adhuc christianitatem gentis Maraensium[48] et crimine adulterii ecclesiam Christi diffamavit, communi consilio decernimus, ut iussu regis in exilium missus iuxta sacrorum canonum statuta[49] penitentiam pleniter agat, id est: III annos cum pane et aqua et leguminibus atque holeribus, exceptis precipuis festivitatibus, et postea IV annos alios per singulas ebdomadas III dies similiter abstineat et III quadragesimas, nisi infirmitatis nimia hoc illum prohibeat ita inplere, et deposito militari cingulo omni tempore vitae absque coniugio permaneat. De Battone, qui accusatur homines V occidisse, iudicavimus eum et a coniugio se abstinere et usque ad finem vitae suae in penitentia perseverare.

(12.) De concubinis. Quodsi quislibet concubinam habuerit, quae non legitime fuit desponsata, et postea desponsatam ritae puellam duxerit abiecta concubina, habeat illam, quam legitime desponsavit. De hoc Leo papa in decretis suis ita diffinivit dicens: 'Dubium[50] non est eam mulierem non pertinere ad matrimonium, in qua docetur nuptiale non fuisse mysterium; paterno arbitrio viris iunctae carent culpa, si mulieres, que a viris habebantur, in matrimonio non fuerunt, quia aliud est nupta, aliud concubina.'

g) *Rubricam om. Salisb.;* Capitulo I. *rubr. in Bamb. p.* 62. h) baptismum *Bamb. p.* 62, *Palat., Salisb.* i) coniuge *Bamb. p.* 62, *Palat., Salisb.* k) expurget *in marg.* l) *Scribendum erat:* De incestu. m) inhonest *in marg.* n) Capitulo II. *rubr. in Bamb. p.* 62. o) homines *add. Salisb.* p) et *add. Salisb.* q) *om. c., Salisb.* r) *om. Bamb. p.* 62. s) uno anno *Salisb.* t) similiter duobus sequentibus *add. Salisb.* u) Reliquis *Bamb. p.* 62, *Salisb.* v) tres legitimas ferias *Bamb. p.* 62, *Salisb.* w) tres legitimas quadragesimas *Salisb.* x) Albgis *reliqua om. Bamb. p.* 62, *Salisb.* y) inouā *in marg.*

47) *Cfr. Conc. Eliberit.. c.* 5, *Mansi II, col.* 6. 48) *I. e. Moravorum.* 49) *Cfr. Conc. Ancyr. c.* 19, *Mansi II, col.* 526; *Poenit. Hubert. c.* 9, *Wasserschleben, Bussordnungen p.* 378. — *Conc. Mog.* 847, *supra p.* 181, *c.* 20. *sub fine.* 50) *Leonis ep. ad Rustic., Mansi VI, col.* 402, *Jaffé, Reg. pontif. I*², *nr.* 544.

862. (13.) Item de homicidiis. Ubi manifestari potest quemlibet hominem perpetrasse homicidium, secundum canones[51] condignum penitentiae iudicium illi ingeratur. Si autem manifestis indiciis non potest probari eum homicidam esse nec ipse vult confiteri, omnipotentis Dei iudicio, cui omnia occulta manifesta sunt, reservetur, eique tamen indicetur, quod communione ecclesiastica indignus sit, donec perpetratum crimen per confessionem et penitentiam condignam ab hoc crimine se absolvere decertet[z]. Si maritus uxorem aut uxor maritum interfecerit, equum iudicium sit super eos, dicente Domino: 'Non[52] facias quod iniquum est, nec iniuste iudicabis, nec consideras personam pauperis nec honores vultum potentis; iuste iudicabis proximum tuum, sive[53] cives[a] sit ille sive peregrinus: nulla erit distantia personarum, ita parvum audietis ut magnum; nec accipietis cuiusquam personam, quia Dei iudicium est.' Idcirco uterque eorum in huiusmodi criminis accusatione, si negaverit, pari iudicio examinetur.

(14.) De operibus servilibus, que diebus dominicis non sunt agenda. Statuimus[54] quoque secundum quod in lege Dominus precepit, ut opera servilia diebus dominicis non agantur, sicut et bonae memorie genitor meus in suis synodalibus edictis mandavit, quod nec viri ruralia exerceant nec in vinea colenda nec in campis arando nec in metendo[b] vel foenum secando vel sepem ponendo nec in silvis stirpando vel arbores caedere vel in petris laborare nec domos struere nec in orto laborent nec ad placita conveniant nec venationes exerceant; et tria carraria opera licet fieri in die dominico, id est hostilia[c] carra vel victualia, et si forte necesse erit corpus cuiuslibet duci ad sepulchrum. Item femine opera textilia non faciant nec capulent vestitos nec consuant vel acupictile[d] fiant nec lanam carpere nec linum battere nec in publico vestimenta lavare nec berbices tondere habeant licitum: ut omnimodis bonorum requies die dominico persolvatur; sed ad missarum solemnia ad ecclesiam undique conveniant, et laudent Deum pro omnibus bonis, que nobis in illa die fecit.

(15.) Qui uxorem habet et simul concubinam. De[55] eo, qui uxorem habet, si concubinam habuerit, non communicet. Ceterum autem is, qui non habet uxorem et pro uxore concubinam habet, a communione non pellatur, tantum aut unius mulieris, aut uxoris aut concubine, ut ei placuerit, sit coniunctione contentus. Alias vero vivens abiciatur, donec desinat aut ad penitentiam revertatur.

(16.) De parvulis infirmis baptizandis. Si[56] parvulus egrotans ad quemlibet presbiterum baptismi gratia de cuiuslibet parrochia allatus fuerit, ei baptismi sacramentum nullomodo[e] negetur. Si quis hoc munus petenti[f] concedere detractaverit et ille parvulus absque baptismatis gratia mortuus fuerit, noverit se ille, qui eum non baptizavit, pro eius anima rationem redditurum in die iudicii.

(17.) Ut nullus presbiter alii suam parrochiam intervenire praesumat. Nullus[57] presbiter fidelibus sanctae Dei ecclesiae de alterius presbiteri parroechia persuadeat, ut[g] suam ecclesiam concurrant derelicta propria ecclesia et suas decimas sibi dent. Sed unusquisque sua ecclesia contentus et populo, quod sibi non vult fieri, alteri nequaquam faciat, iuxta illud evangelicum: 'Quaecumque[58] vultis ut faciant vobis homines, hec eadem facite illis.' Quisquis autem contra haec constituta venerit aut his monitis nostris reniti temptaverit, aut gradum se sciat amissurum, aut[h] in carcere longo tempore detinendum.

(18.) Ut nullus alterius clericum sollicitet. Hoc[59] quoque modis omnibus prohibemus, ut nullus vestrum alterius clericum sollicitet aut recipiat, quia gravis de hac re in sacris canonibus sententia est.

z) *ita corr. Pertz;* coercet *c.* a) dives *c.* b) metento *c.* c) hostialia *c.* d) acupile *c.* e) non *add. c.* f) penitenti *c.* g) ad *add. Theod. l. c.* h) ut *c.*

51) *Cfr. Conc. Mog.* 847, *c.* 22. 23, *supra p.* 181 *sq.*, *et canones, qui ibidem allegati sunt.* 52) *Levit.* 19, 15. 53) *Deuter.* 1, 16. 17. 54) *Anseg. I,* 75, *tom. I, p.* 404. 55) *Conc. Tolet.* 400, *c.* 17, *Mansi III, col.* 1001; De eo ... communicet *est rubr.* 56) *Theodulfi Aurel. Capitul. c.* 17, *Sirmond, Concilia Galliae II, p.* 215. 57) *Ibidem c.* 14, *l. c. p.* 214. 58) *Matth.* 7, 12. 59) *Theodulfi c.* 15, *l. c.*

(19.) Ut nullus presbiter munera dare[i] praesumat alterius ecclesiam subripere. Si[60] quis presbiter inventus fuerit alicui clerico aut laico munera dare aut dedisse, ut ecclesiam alterius presbiteri subripiat, sciat se pro hac rapina et seva cupiditate aut gradum amisurum aut in carceris erumna longo tempore poenitentiam agendo detinendum. 859.

(20.) De presbiteris, qui habuere coniugia. Quicumque[61] discernit a presbitero, qui uxorem habuit, quod non oporteat eo ministrante de oblatione percipere, anathema sit.

(21.) Ut presbiteri honorem habeant. Quod[62] non oporteat diaconum coram presbitero sedere, sed iussione presbiteri sedeat. Similiter autem et diaconus[63] honore habeatur ab obsequentibus, id est subdiaconis et omnibus clericis.

(22.) Non licet in quadragesima festa celebrare. Quod[64] non oporteat in quadragesima panem benedictionis offerri nisi sabbato et dominica[k], id est natalicia[65] vel festa sanctorum celebrare.

(23.) Non licere clericis spectaculis[l] ludichris interesse. Quod[66] non oporteat sacerdotes[m] aut clericos quibuscumque spectaculis in caenis aut in nuptiis interesse, sed antequam thimelici[n] ingrediantur, exsurgere eos convenit atque inde decedere[o].

(24.) Non licere missam cantare in domo. Quod[67] non oporteat in domibus oblationes celebrari ab episcopis vel presbiteris, id est missam cantare.

(25.) In concilio Calcidonense. 'Quod[68] non oporteat episcopos aut quemlibet ex clero per pecunias ordinari', qui utique deponendi sunt, et qui ordinet et qui ordinantur, nec non et qui mediator inter eos.

i) dando *coniecit Pertz.* k) dominico *c.* l) *Glossa interlin.:* ein uuigi; turpis iocis. m) sacerdos *corr.* sacerdotes *c.* n) *In marg.* ĩ tūm. r. sclm̃. o) descendere *c.*

60) *Ibidem c.* 16, *l. c.* 61) *Conc. Gangr. c.* 4, *Mansi II, col.* 1106. 62) *Conc. Laod. c.* 20, *l. c. col.* 579. 63) diaconis honor hab. *Conc. Laod.* 64) *Ibid. c.* 49, *l. c. col.* 581. 65) *Cfr. ibid. c.* 51, *l. c. col.* 582. 66) *Ibid. c.* 54, *l. c.* 67) *Ibid. c.* 57, *l. c.* 68) *Conc. Chalced. c.* 2, *rubr., Mansi VII, col.* 371.

250. PACTIONES AQUENSES.

870. Mart. 6.

Pactiones, quae sequuntur, nobis traditae sunt: 1) *a Sirmondo, Capitularia Karoli Calvi p.* 379*; et in codicibus:* 2) *Vatic. reg. Christ.* 291 *fol.* 121[v]. 3) *Vatic.* 4982 *fol.* 145. *Formulam iuramenti servavit Hincmarus in Ann. Bertin. ad a.* 870, *ed. Waitz p.* 108. *In* 1—3. *inscribuntur sacramenta:* Anno incarnationis domini nostri Iesu Christi (nostri ... Christi *om.* 1) DCCCLXX, indictione III, pridie Nonas Martii, anno XXXII. Karoli gloriosi regis, Aquisgrani palatio hae pactiones inter ipsum et Hludowicum regem fratrem ipsius factae sunt.

Hlothario II. a. 869. *mortuo Karolus II. pactis, quae inter ipsum et Hludowicum fratrem de regno Hlotharii inita erant, postpositis in Lotharingiam invasione facta suae dicionis reddidit. Quod cum Hludowicus aegre ferret, semel atque iterum fratrem per legatos commonuit, ut regnum nepotis inter ipsos divideretur. Quo factum est, ut reges pactiones, quae sequuntur, inirent. Refert enim Hincmarus l. c.:* Insperate a fratre suo Hludowico Germaniae rege sibi nunciantes missos accepit, ut, si quantocius Aquis non egrederetur et regnum quondam Hlotharii penitus non desereret idemque regnum, sicut Hlotharii homines tempore obitus eius habebant, eis

870. tenere pacifice non concederet, sine ulla retractione illum bello appeteret. Unde inter eos missis discurrentibus, eo usque causa perducta est, ut inter utramque huiusmodi sacramenta fierent. *(B. II, 221; P. 516.)*

Ingelramnus[a] comes[1] ex parte Karoli regis[a].

Sic promitto ex parte senioris mei[b], quod senior meus Karolus[c] rex[d] fratri suo Hludowico[e] regi talem[2] portionem de regno Hlotharii regis consentit habere, qualem aut ipsi iustiorem et plus aequaliorem aut communes fideles eorum inter se invenerint. Nec eum in ipsa portione vel in regno, quod antea tenuit, per aliquam fraudem vel subreptionem decipiet aut forconsiliabit, si frater suus Hludowicus[e] eandem firmitatem et fidelitatem, quam ex parte senioris mei illi habeo promissam, iste[d] frater suus Hludowicus[e] seniori meo ex parte sua, quandiu vixerit, inviolabiliter servaverit[f].

Item Leutfridus comes ex parte Hludowici regis:

Sic[3] promitto ego ex parte senioris mei, quod senior meus Hludowicus rex fratri suo Karolo regi talem portionem de regno Hlotharii regis consentit habere, qualem aut ipsi iustiorem aut plus aequaliorem aut communes fideles eorum inter se invenerint. Nec eum in ipsa portione vel in regno, quod antea tenuit, per aliquam fraudem vel subreptionem decipiet aut forconsiliabit, si frater suus Karolus eandem firmitatem et fidelitatem, quam ex parte senioris mei illi[g] habeo promissam, iste frater suus Karolus seniori meo ex sua parte, quandiu vixerit, inviolabiliter servaverit.

Haec eadem tertius Theodoricus comes ex parte gloriosi regis Karoli et quartus Radulfus comes ex parte Hludowici prosecuti sunt.

Isti praesentes fuerunt: Leutbertus archiepiscopus[4], Altfridus episcopus[5], Odo episcopus[6], Adalelmus comes[7], Ingelramnus comes[1], Liutfridus comes, Theodericus comes, item Adalelmus comes.

a) Ingelramnus ... regis *om. Hincm.* b) illius *add. Hincm.* c) ille *Hincm.* d) *om. Hincm.* e) illi *Hincm.* f) *Explicit Hincm.* g) *om.* 1.

1) *Sc. Flandriae, camerarius et consiliarius a secretis; cfr. supra p.* 165, *praef.* 2) *Cfr. Pact. Mett.* 867, *supra p.* 168. 3) *Ad verbum consentit cum iuramento Ingelramni.* 4) *Moguntinus.* 5) *Hildesheimensis.* 6) *Bellovacensis.* 7) *Laudunensis.*

Cum propter valetudinem tomum intra hunc annum absolvere nequirem, fasciculum capitularia ad hoc tempus impressa continentem in lucem edere curavi. Quo fasciculo completo nostra editio omnia complectitur, quae Pertziana praebet. Ultimam partem tomi secundi continentem Walafridum Strabonem, De exordiis et incrementis rerum ecclesiasticarum, Hincmarum, De ordine palatii, necnon descriptionem codicum, addenda et corrigenda, indices rerum et verborum spero me usque ad aestatem a. 1894. confecturum esse.

Datum Berolini die 20. m. Octobris MDCCCXCIII.

VICTOR KRAUSE.

251. DIVISIO REGNI HLOTHARII II. 870.

870. Aug. 8.

Acta divisionis debemus 1) *Annalibus Bertin. ad a.* 870, *ed. Waitz p.* 110 *sqq.;* 2) *Sirmondo, Karoli Calvi Capitula p.* 381 *sqq.;* 3) *codici cuidam Bellovacensi, quem adhibuit P. Pithoeus, SS. coëtan. p.* 488, *in edenda portione Hludowici;* 4) *eiusdem cuidam codici nunc deperdito, ex quo vir doctus ille editioni partis Hludowici variantes lectiones addidit, editionis autem portionis Karoli ipsum contextum sumpsit; his denique apographis deperditi codicis Bellovac.:* 5) *Vatic. reg. Christ.* 291 *fol.* 122 6) *Vatic.* 4982 *fol.* 145v. 7) *Vallicell. C.* 16 *fol.* 85v. *Codd.* 3. 5—7 *Hludowici tantum portionem servaverunt.* 2—7 *hanc exhibent inscriptionem:* Anno incarnationis dominicae DCCCLXX, regni Karoli XXXIII, indictione III, VI. Idus Augusti inter gloriosos reges Karolum et Hludowicum (inter . . . Hlud. *sub fine posita sunt in* 3. 4.) fuit haec divisio regni facta in procaspide (procuspide *id est* promontoriolo *corr. vult Miraeus, Opera diplomat. I, p.* 28) super fluvium Mosam.

Quo vero modo regni divisio pactionibus Aquis praestitis (cfr. supra nr. 250*) ad finem perducta sit, optime apparet hisce ex verbis, quae Hincmarus in suis annalibus, l. c. p.* 109 *sq., actis praemittit:* [Karolus] mense Maio ad Attiniacum venit; ubi et duodecim missos fratris sui Hludowici pro divisione regni accepit; qui superciliose . . . elevati, minus debito sacramenta inter eos facta duxere servanda. Quae divisio multifarie multisque modis hinc et illinc agitata et per diversos missos alterutrum directa ad hunc finem ex Karoli mandato pervenit, ut in illud regnum, quod inter eos secundum sacramenta praestita dividendum erat, pacifice convenirent, et sicut illi cum consensu et unanimitate communium fidelium ipsorum invenirent, secundum sacramenta inter eos praestita illud regnum dividerent . . . Karolus missos suos, Odonem scilicet Belgivagorum episcopum et Odonem atque Arduinum comites, ad fratrem suum Hludovicum ad Franconofurt dirigens, petiit, ut ad regnum Hlotharii dividendum simul convenirent; ipseque Pontigonem petens, ibidem missos fratris sui accepit, nunciantes illi, ut ad Heristallium pergeret et frater suus Hludowicus ad Marsnam venturus foret, et in meditullio eorundem locorum Kalendis Augusti colloquerentur, et unusquisque eorum 4 episcopos et 10 consiliarios et inter ministeriales et vassallos 30 tantummodo ad idem colloquium ducerent . . . Et discurrentibus inter utrosque fratres et reges missis, tandem 5. Kalendas *(pro* Idus; *cfr. Böhmer-Mühlbacher nr.* 1436 b*)* Augusti ad locum colloquii convenerunt et hoc modo regnum Hlotharii inter se diviserunt. *(B. II,* 221; *P.* 517.*)*

Est[a] haec divisio[b], quam sibi Hludowicus accepit.

Coloniam[1], Treveris[c], Utrech, Stratsburch, Basulam, abbatiam Suestre[d][2], Berch[3], Niu-monasterium[4], Castellum[5], Indam[6], Sancti Maximini[7], Ephterniacum[e][8], Horream[9],

a) Et 3. 4; *rubricam om.* 2. 5—7. b) portio 3. 4. c) Treviris 2. d) Silvestre 4. e) Ephternacum 2.

1) *Loca, quae sequuntur, Waitz l. c. et Böhmer-Mühlbacher nr.* 1437 *accurate designaverunt.* 2) *Süsteren, prope ad Mosam.* 3) *Berg, ad Roermond.* 4) *Münstereifel.* 5) *Kievermunt; 'Kessel ad Mosam' Waitz, l. c. p.* 110, *not.* 5. 6) *Inden vel Cornelimünster, ad Aquas.* 7) *Ad Treveros.* 8) *Echternach.* 9) *'Ören; olim extra, iam intra muros Treverenses' Waitz, l. c. not.* 9.

870. Sancti Gangulfi[10], Faverniacum[11], Polemniacum[12], Luxovium[13], Luteram[14], Balmam[15], Offonis-villam[16], Meieni-monasterium[f][17], Sancti Deodati[18], Bodonis-monasterium[19], Stivagium[g][20], Romerici-montem[21], Morbach[22], Sancti Gregorii[23], Mauri-monasterium[24], Eboresheim[25], Hoinowa[h][26], Masonis-monasterium[27], Homburch[i][28], Sancti Stephani[k] Strastburch, Erenstein[29], Sancti Ursi in Salodoro[30], Grandivallem[31], Altam-petram[32], Iustinnam[l][33], Vallem-Clusae[34], Castellum Carnones[35], Heribodesheim[36], abbatiam de Aquis, Hoenchirche[37], Augustchirche[37], comitatum[m] Testebant, Batua, Hattuarias[38], Masau[39] subterior de ista parte, item Masau superior, quod de ista parte est, Liugas[40], quod de ista parte est, districtum Aquense, districtum Treectis[41], in Ribuarias[n] comitatus quinque, Megenensium[42], Bedagowa[43], Nitachowa[44], Sarachowa[45] subterior, Blesitchowa[46], Seline[o][47], Albechowa[48], Suentisium[49], Calmontis[50], Sarachowa superior, Odornense[51], quod Bernardus habuit[p], Solocense[52], Basiniacum[53], Elischowe[54], Warasch[55], Scudingum[56], Emaus[57], Basalchowa[58], in Elisatio comitatus II, de Frisia duas partes de regno, quod Lotharius habuit. Super istam divisionem propter pacis et caritatis custodiam superaddimus[q] istam adiectionem: civitatem Mettis cum abbatia Sancti Petri et Sancti Martini et comitatu Moslensi, cum omnibus villis in eo consistentibus, tam dominicatis quam et vassallorum; de Arduenna sicut flumen Urta[59] surgit inter Bislanc[60] et Tumbas[61] ac decurrit in Mosam, et sicut recta via pergit in Bedensi[43], secundum quod communes[r] nostri missi rectius invenerint — excepto quod de Condrusto[s][62] est ad partem orientis trans Urtam — et abbatias Prumiam et Stabolau cum[t] omnibus villis dominicatis et vassallorum.

f) Megeni mon. 2—4. g) Stivarium 3. h) Honnova 2—4. i) Homburc 3. 4. k) Stapul 1; Stagul 4. l) Justinam 2—4. m) comitatus 2. 3; Testrabant 2; Trestebant 3; Testebrant 4. n) Ripuarias 3. 4. o) Selme 2. p) habet 3. q) superaddidimus 3. 4. r) fideles *add.* 2. 3, *om.* missi; comm. missi fideles 4. s) Condustro 2. 3. t) et 3. 4.

10) *Quid sit, certe dici non potest; cfr. Waitz, l. c. not.* 10. 11) *Faverney, ad septentrionem Vesontii oppidi versus.* 12) *Poligny, ad orientem Cabilloni versus.* 13) *Luxeuil.* 14) *Lure, ad meridiem Luxovii versus.* 15) *Baume-les-Dames, ad Vesontium.* 16) *Enfonvelle (dép. Haute-Marne), ad orientem Varennae versus; cfr. Longnon, Atlas historique de la France, text. p.* 193, *tabl. VIII.* 17) *Moyen-moûtier, inter Tullum et Strassburgum.* 18) *St.-Dié.* 19) *Val-de-Bon-Moutier in Vosago, ad occidentem Strassburgi versus; cfr. Longnon, text. p.* 169, *tabl. VIII* 20) *Étival.* 21) *Remiremont.* 22) *Murbach.* 23) *Münster im Gregorienthal.* 24) *Maursmünster.* 25) *Ebersheim.* 26) *Hohenaugia vel Honau; 'olim in insula Rheni infra Argentoratum' Waitz, l. c. p.* 110, *not.* 26. 27) *Maasmünster.* 28) *Odilienberg.* 29) *Ernstein, in Alsatia.* 30) *Solothurn.* 31) *Granfelden, ad meridiem Basileae versus.* 32) *Mouthier-Hautepierre, ad Vesontium.* 33) *Jussan ibid.?* 34) *Vancluse, ibid.* 35) *Chateau-Châlon, ad orientem Cabilloni versus.* 36) *Herbitzheim, ad orientem Mettensis oppidi versus?* 37) *Incognita.* 38) *Teisterbant et comitatus Batavorum et Hattuariorum; nunc Geldern.* 39) *Maasgau.* 40) *Lüttichgau.* 41) *Maastricht.* 42) *Meiengau, inter Mosellam et Rhenum.* 43) *Bidgau, ad utramque partem Mosellae, circa Treveros.* 44) *Niedgau, ad orientem Mettis versus.* 45) *Saargau.* 46) *Bliesgau.* 47) *Salingowe, ad meridiem Mettis versus; cfr. etiam Waitz, l. c. p.* 111, *not.* 16. 48) *Albegau, ad orientem pagi nominati versus.* 49) *Le Saintois, ad meridiem pagi Tullensis versus; cfr. Longnon, text. p.* 118, *tabl. VIII.* 50) *Chaumont, ibidem.* 51) *Ornois ad occidentem pagi Tullensis versus; cfr. Longnon, text. p.* 117, *tabl. VIII.* 52) *Le Soulossois, ad superiorem Mosam, inter pagos Odornensem et Suentisium; l. c. p.* 117, *tabl. VIII.* 53) *Bassigny, ad septentrionem civitatis Lingonensis (Langres) versus; cfr. l. c. p.* 95, *tabl. VIII.* 54) *Elsgau, ad meridiem Alsatiae versus.* 55) *Le Varais, ad Vesontium; l. c. p.* 134, *tabl. VIII.* 56) *Salins; cfr. supra p.* 58, *not.* 5. 57) *Cfr. ibid. not.* 18. 58) *Baselgau.* 59) *Ourthe, ad Leodium in Mosam exiens.* 60) *Besslingen.* 61) *Thommen.* 62) *Condroz.*

Et[u] haec est divisio[v], quam Karolus de eodem regno sibi accepit. 870.

Lugdunum, Vesontium, Viennam, Tungris, Tullum, Viridunum, Cameracum, Vivarias[63], Uceciam[w 64], Montemfalconis[65], Sancti Michahelis[66], Gildini[x] monasterium[67], Sanctae[y] Mariae in Bisintiono, Sancti Martini in eodem loco, Sancti Augentii[68], Sancti Marcelli[69], Sancti Laurentii Leudensi[70], Sennonem[71], abbatiam Niellam[z 72], Molburium[a 73], Laubias[74], Sancti Gaugerici[b 75], Sancti Salvii[76], Crispinno[77], Fossas[78], Marilias[79], Hunulfcurt[c 80], sancti Servatii[d 81], Maalinas[82], Ledi[83], Sunniacum[e 84], Antonium[85], Condatum[86], Merrebecchi[87], Ticlivinni[88], Luttosa[f 89], Calmontis[90], sanctae[g] Mariae in Deonant[91], Echa[92], Andana[93], Wasloi[94], Altum-montem[95], comitatum Texandrum, in Bracbanto[h] comitatus IV, Cameracensem[i 96], Hainoum[k 97], Lomensem[98], in Hasbanio[99] comitatus IV, Masau[39] superior de[l] ista parte Mosae, Masau subterior[l], quod[m] de ista parte est, Liugas[40], quod de ista parte est Mosae et pertinet ad Veosatum[n 100], Scarponinse[1], Viridunense[o], Dulmense[2], Arlon[3], Wavrense[4] comitatus II, Mosminse[5], Castricium[6], Condrust[62], de Arduenna, sicut flumen Urta[59] surgit inter Bislanc[60] et Tumbas[61] ac decurrit ex hac parte in Mosam, et sicut recta via ex hac parte occidentis pergit in Bedensi, secundum quod missi nostri rectius invenerint; Tullense, aliud Odornense[51], quod Tetmarus[p] habuit, Barrense[7], Portense[q 8], Salmoringum[9], Lugdunense, Viennense, Vivarias[63], Uoecium[64], de Frisia tertiam partem.

u) *om.* 4. v) portio 2. w) Ucetia 2. 4. x) Culdini 2. 4. y) sancta Maria 4. z) Mellam 2. 4. a) Melbarium 2; Molbarium 4. b) Gauderici 4. c) Hunulcurt 2. 4. d) Gervatii 2. 4. e) Summiacum 2. 4. f) Luitosa 2. 4. g) sancta Maria 4. h) Brachanto 2. 4. i) Cameracensium 2. 4. k) Hanioum 2. 4. l) de . . . subterior *om.* 4 m) quantum 2. n) Velsatum 2. 4. o) Viridunninse, Dulminse 2. 4. p) Termarus 2. 4. q) *ita omnes codd. pro* Pertense; *cfr. Böhmer-Mühlbacher l. c.*

63) *Viviers.* 64) *Uzès.* 65) *Montfaucon, ad Viridunum.* 66) *St-Mihiel, ad meridiem Viriduni versus* 67) *Calmoutier, ad meridiem Tulli versus.* 68) *St-Claude.* 69) *Ad Cabillonum.* 70) *Lüttich.* 71) *Senones, ad septentrionem monasterii s. Deodati versus, inter Tullum et Strassburgum.* 72) *Nivelles, ad occidentem Leodii versus.* 73) *Maubeuge, ad orientem Cameraci versus.* 74) *Lobbes.* 75) *St.-Gery, ad Cameracum.* 76) *St.-Saulve, ad Valentinianas.* 77) *Crespin, ibid.* 78) *Fosses, ad Laubias.* 79) *Maroilles, ad orientem Cameraci versus.* 80) *Honnecourt, ad meridiem Cameraci versus.* 81) *'Ecclesia Traiecti ad Mosam' Waitz, l. c. p. 112, not. 20.* 82) *Mecheln.* 83) *'Lierre ad Nethe fl.' Waitz, l. c. p. 112, not. 22.* 84) *'Soignies, arr. Mons' Böhmer-Mühlbacher l. c.* 85) *Antoing, ad Scaldim, ad meridiem Tornaci versus.* 86) *Condé, ad meridiem Antonii versus.* 87) *Meerbeck, in Bracbant, ad occidentem Bruxellae versus.* 88) *Dickelrenne, ad Scaldim, ad meridiem Gandae (Gavere) versus.* 89) *Leuze, in Hannonia, ad septentrionem Condati versus.* 90) *'Chaumont, Brabant, arr. Nivelles' Böhmer-Mühlbacher l. c.* 91) *Dinant, ad Mosam, ad meridiem Namuri versus.* 92) *Alden-Eyk, ad Mosam, contra Suestram (supra not. 2).* 93) *Andenne, ad Mosam, ad orientem Namuri versus.* 94) *Walers, ad meridiem Laubiarum versus.* 95) *Hautmont, prope ad Sambram, ad orientem Cameraci versus.* 96) *Cambrai.* 97) *Hennegau.* 98) *Sommegau.* 99) *Haspengau.* 100) *Visé, ad dexteram Mosae, ad septentrionem Leodii versus.* 1) *Serpagne vel Charpeigne, ad meridiem Mettis versus; cfr. Longnon, text. p. 117, tabl. VIII.* 2) *vel Dulcomensis; le Dormois, ad orientem pagi Remensis versus; l. c. p. 120, tabl. VIII.* 3) *Arlon, ad occidentem Luxemburgii versus.* 4) *Woevre; l. c. p. 114. 118, tabl. VIII.* 5) *vel Mosomagense, Mouzon.* 6) *ad occidentem pagi Mosomagensis versus; l. c. p. 119, tabl. VIII.* 7) *Bar-le-Duc.* 8) *'Perthes, Haute Marne, canton de Saint-Dizier' Longnon, text. p. 122, tabl. VIII.* 9) *Sermorens, ad orientem Viennae versus; l. c. p. 139, tabl. VIII.*

895.

252. CONCILIUM TRIBURIENSE.

895. Mai. 5.

Concilium illud famosissimum, cuius canonum nunc editionem, primam quidem critica ratione paratam, praebemus, a. 895. *m. Maio Triburiae in oppido prope ad Mogontiam sito habitum esse non solum ex ipsis prologis, et longiore et utroque breviore, apparet, sed ex iis etiam, quae Annales Fuldenses et Regino memoriae tradiderunt. Refertur enim in illis, ed. Kurze p.* 126, *ad a.* 895: Convenientibus ... de toto Hlotharico regno, Saxonia, Baioaria et Alamannia in Francia XX et VI episcopis, curte Triburia magnus synodus habebatur, praesidentibus scilicet metropolitanis Haddono Magontinae urbis archiepiscopo, Herimanno Coloniae Agrippinae urbis archiepiscopo, Ratbodo Treverensi archiepiscopo; multa quidem pro utilitate christianae religionis tractantes eademque statuta memoria retinendum successoribus suis propriis capitulis scripta commendaverunt; *et a Reginone in suo chronico, ed. id. p.* 143, *ad a.* 895: Anno dominicae incarnationis DCCCXCV sinodus magna celebrata est apud Triburias contra[1] plerosque seculares, qui auctoritatem episcopalem inminuere temptabant; ubi XXVI episcopi cum abbatibus monasteriorum residentes plurima decreta super statum sanctae ecclesiae scripto roboraverunt.

De capitulis vero, quae in hoc concilio statuta et promulgata sint, inter viros eruditos est dissensio. Servati enim nobis sunt sub titulis canonum Triburiensium permulti, neque vero eadem forma eodemque argumento. Ex quibus alteri collectionem 58 *capitulorum multis verbis conceptorum formant, quibus praecedit prologus longior, subiectae sunt subscriptiones episcoporum. Quae forma sub numeris* 1—58 *infra edita vulgata dicitur. Alteri canones pauciores et breviter scripti, partim singillatim, partim in duas collectiones brevioribus tantum prologis ornatas redacti traduntur. Haec capitula maxima ex parte in Reginonis libros, De synodalibus causis, recepta aut ipsa iudicia synodalia praebent (infra p.* 206 *sq., c.* 1—7*), ad quae nonnulla capita longiora dictata sunt, aut summas capitum formae vulgatae aut canones in formam vulgatam non receptos, quae infra inter capita litteris a vel b vel c signata et inter extravagantes invenias. De quibus canonibus Wasserschleben in libro suo, qui inscribitur: Beiträge z. Geschichte d. vorgratian. Kirchenrechtsquellen, p.* 25. *sq., et illum secutus Phillips, Die grosse Synode von Tribur in 'SB. d. Wien. Ak., phil.-hist. Cl.'* XLIX (1865), *p.* 713 *sqq. ad fidem Reginonis coaevi capitula breviora genuina Triburiensia et ab ipso concilio in hanc formam redacta esse existimarunt. Sed non recte mihi quidem videntur iudicasse illi viri doctissimi: nam non canones breviores, sed illa* 58 *capita formae vulgatae ea existimanda sunt, quae ab episcopis Triburiae sunt statuta et formam authenticam actorum concilii exhibent. Qua de re cum in 'N. Archiv' tom. XVII* (1892), *p.* 51 *sqq. et tom. XVIII.* (1893) *fusius disputaverimus, satis est summam tantum commentationum nostrarum hoc loco addere.*

Capitula breviora cum in multis aliis codicibus, quos infra in tab. II—IV. videas, tum in codd. Diessensi, Coloniensi, Catalaunensi[2], *ex quibus Regino hausit, tradita sunt. Quorum Diess. et Col. artissime inter se cohaerent (cfr. c.* 36 *a.* 41 *a.* 43 *a, b.* 44 *a.* 45 *b; NA. XVII, p.* 53*). Cum vero in nonnullis capitulis (cfr. c.* 14 *a.* 31 *a; l. c. p.* 54*) Diessensis plura verba habeat quam Col., in aliis autem (cfr. c.* 4 *b.* 23 *a.*

1) *Cfr. infra p.* 218. *prolog. codicis Catal.* 2) *De hoc codice nuper reperto et collectionem* 35 *capitum Triburiensium continenti cfr. E. Seckel, Zu den Acten der Triburer Synode* 895. *in 'NA.' XVIII* (1893).

41 a. 43 a; l. c. p. 54 sq.) Coloniensis Diessensi ampliorem formam praebeat, neutrum ex altero, sed utrumque ex eodem codice, nobis quidem ignoto, scriptum esse apparet (cfr. l. c. p. 55). Qui codex deperditus ex eodem fonte est derivatus, ex quo Reginonem hausisse crediderim. Quamquam enim ille collector in nonnullis capitulis cum Diessensi (cfr. c. 25 b. 26 a. 37 a. 41 a) et Coloniensi (cfr. c. 25 b. 36 a. 41 a; l. c. p. 56) convenit, tamen capita quaedam exstant, in quibus tantopere a Diessensi (cfr. c. 4 a[3]*. 24 a. 40 a. 43 b. 44 a. 45 b; l. c. p. 55) et a Coloniensi (cfr. ead. capp., excepto c. 40 a, et c. 55 a—58 a; l. c. p. 56 sqq.) discrepat, ut neque Reginonis canones ex altero codice neque canones codicum illorum ex Reginone sumpti esse possint. Rationes autem, quae sint inter tres fontes, hoc stemmate ad oculos demonstrari liceat:* 895.

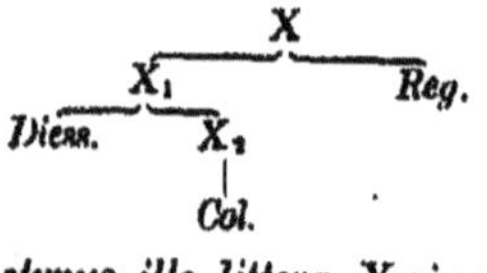
X
X1
Reg.
Diess.
X2
Col.

Quae cum ita sint, archetypus ille littera X signatus ab altero auctore, aut a Reginone aut a collectore codicis X_1 *transformatus vel ampliatus vel abbreviatus esse videtur. Quis vero fecerit, ex capitulis 4. 37. 40. 43. 45. 55—58 cum eorum breviore forma (sc. c. 4 a. 37 a. 40 a. 43 b. 45 b. 55 a — 58 a) collatis perspici potest. Nam cum satis constet canones breviores ad formam vulgatam spectantes ex illa excerptos esse, ea brevior forma magis authentica putanda est, cuius verba cum forma vulgata melius consentiunt. Ipsa autem capitula supra dicta, excepto c. 4, probant non in Reginonis opere, sed in codice* X_1 *vel codicibus Diessensi et Coloniensi canonum breviorum formam genuinae propinquiorem praeberi, Reginonem fontem communem sua sponte commutasse vel mutilasse (cfr. l. c. p. 59 sqq.; 64 sq. et tom. XVIII.).*

Similiter res se habet inter collectiones X_1 *et Catalaunensem. Ex capitulis enim 15 a. 23 b. 31 a. 32 a. 37 b. comparatis ex altera parte cum iisdem capitibus codicum Diess. et Col. et c. 23 a. 37 a, ex altera cum vulg. c. 15. 23. 31. 32. 37. apparet auctorem collectionis Catalaunensis excerpta Triburiensia, qualia tradunt Diess. et Col., iterum excerpisse (cfr. l. c. p. 61. 63. et tom. XVIII.).*

Cum igitur auctoritas illa, qua tantummodo nixi Wasserschleben et Phillips formam vulgatam reiecerunt, Reginoni vel collectioni Catalaunensi minime addenda sit, cum praeterea illa 58 capitula cum propter rationem, qua singulae partes inter se coniunctae sunt (cfr. c. 20. 2. 3; c. 53—58; l. c. p. 68 sqq.), tum propter sollemnem orationem et propter subscriptiones episcoporum subiectas (p. 70 sqq.) authenticorum concilii actorum formam profiteantur, non dubito, quin non breviores, sed illi 58 longiores canones genuina acta concilii Triburiensis praebeant[4]*. Collectiones vero Diess. et Catal. privatim*[5] *a quibusdam episcopis vel in eorum nomine compositas crediderim, quas quidem hanc in archiepiscopatu Treverensi propter Reginonem eam adhibentem, illam in archiepiscopatu Mogontino propter prologum Hatthonem laudantem et efferentem ortas esse existimaverim (cfr. NA. XVIII).*

Quibus demonstratis de his brevioribus capitibus breviter disserere opus est, quae non excerpta ex forma vulgata sunt. Quorum c. 1—7, infra p. 206 sq., iudicia singularum causarum conservaverunt, quae postea in decretis concilii fusius tractatae sunt (cfr. NA. XVII, p. 72 sq). Reliqua autem capitula, quae, quamquam res, de quibus referunt, in concilio Triburiensi actae non esse videntur, tamen partim in collectione Catal. quoque exstant, partim apud Burchardum atque in codd. Col., Helmstad., Salisb. IX, 32 inscriptis verbis: Ex concilio Triburiensi *canones Triburienses appellantur, omnino ab actis*

3) *C. 15 a. 23 a. 31 a. 32 a. ex Coll. Catal. sunt.* 4) *Cfr. etiam Seckel l. c.* 5) *Aliter Seckel l. c.*

895. *nostri concilii separanda sunt. Nam quod attinet collectionem Catal. iam supra diximus eam collectione X₁ multo deteriorem esse et propterea fontem secundi vel tertii ordinis aestimandam. Accedit quod in c. 2. 5. 29 (infra p. 216, not. 59; c. 4c; p. 248, not. 40) constitutiones alius originis inseruntur et in c. 21. 30. (infra c. 25a. 29a) non vulgatae capita 25. 29, sed fontes eorum excerpta sunt. Qua de causa et illi collectioni, quamquam a Reginone maxima ex parte adhibita est, et capitulis Triburiensibus, quae dicuntur, opera illius traditis nullam auctoritatem attribui posse mihi videtur (cfr. NA. XVIII; aliter Seckel l. c.). De reliquis vero capitibus satis notum est collectores canonum propter incuriam aut ignorantiam inscriptiones non raro confudisse atque inter se commutasse. Cum autem multa capitula, quae inscribuntur Triburiensia, aliunde sumpta esse iam constet (cfr. infra tab. V), illos quoque canones, qui ad certum fontem adhuc revocari non possint, suspectos haberi necesse est (cfr. NA. XVII, p. 72 sqq.; Seckel l. c.).*

Restat, ut demonstrem, quo modo acta concilii Triburiensis nobis tradita sint.

Vulgatae formae omnia capitula leguntur in his codicibus[6]*:* 1) *Monac.* 6245 *fol.* 31ᵛ. 2) *Monac.* 6241 *fol.* 51ᵛ. 3) *Vindob.* 2198 *fol.* 46ᵛ. 4) *Bamberg. P. I,* 9 *fol.* 173ᵛ. 5) *Brixin. nunc deperdito, ad cuius fidem editionem principem paravit Cochlaeus, Acta et decreta concilii Triburiensis, Mogont.* 1524. *Praeterea singula quaedam capita in diversissimis canonum collectionibus partim impressis, partim non impressis exstant, scilicet in: Reginone, Libri duo de synodal. causis (ed. Wasserschleben Lips.* 1840*), Burchardo Wormaciensi, Decretorum libri XX (ed. ap. Foucherium, Paris.* 1549*; nos quidem codicibus Bamberg. P. I,* 5 *et Vatic.* 1355 *usi sumus), Collect. canon. XII partium, de qua cfr. Wasserschleben, Beiträge p.* 34 *sqq., et cuius codd. Berolin. Savign.* 2 *et Bamberg. P. I,* 13 *adhibuimus, quas vero collectiones in contextu restituendo non respeximus; in codicibus denique: Monac.* 3853 *(St. Crucis* 217*, Paris.* 3878*), Monac.* 6245 (6241), *Vindob.* 2198 *(Bamberg. P. I,* 9*), Monac.* 14628, *Salisb. IX,* 32, *Stuttgart.* 107. *De quibus omnibus videas insequentem tabulam.*

TABULA I.

Capitula formae vulgatae.

Nr.	*Vulg.*	*Initia capitum.*	*Reg.*	*Burch.*	*Coll. XII part.*	*Codices varii.*
1.	*Prol.*	Cum constet omnibus divinam legem				*Paris. fol* 167ᵛ.
2.	*c.* 3.	Nos igitur, quibus cura regni			*X,* 190 (212[7])	*Stuttgart. fol.* 141ᵛ *sqq.*
3.	*c.* 4.	Si quis presbyter quod absit			*X,* 165[8]	*Monac.* 3853 *fol.* 146ᵛ. *St. Crucis fol.* 173.
4.		Si quis presbyter vulneratus vel quibuslibet				*Monac.* 14628 *fol.* 25.
5.		Si quis presbyter vulneratus et articulo				*Monac.* 14628 *fol.* 25.
6.	*c.* 5.	Si quis sacerdotem non coactus			*VII,* 4[8]	

6) *Cfr. quae diximus in 'NA.' XVII, p.* 284—289. 7) *Numero his uncis incluso caput codicis Bamberg. indicatur.* 8) *In solo cod. Bamberg.*

Nr.	Vulg.	Initia capitum.	Reg.	Burch.	Coll. XII part.	Codices varii. 895
7.	c. 6.	Si quis temerarius atrium			IV, 259	*Monac.* 3853 *fol.* 147. *St. Crucis fol.* 173v. *Vindob. fol.* 111, *c.* 96. *Bamberg. fol.* 225, *c.* 96. *Monac.* 14628 *fol.* 21.
8.	c. 7.	Quicunque timorem Domini postponens			X, 174 (195)	
8*.		Quicumque res ecclesiae rapuerit				*Monac.* 14628 *fol.* 25v.
9.		Qui vero exteriores ecclesiae res rapiunt				*Monac.* 14628 *fol.* 25v.
10.	c. 8.	Nemo contemnat neque transgrediatur		*XI*, 73.	X, 239 (262)	*Monac.* 3853 *fol.* 40v. *St. Crucis fol.* 62. *Paris. fol.* 35. *Vindob. fol.* 109v, *c.* 70. *Bamberg. fol.* 219v, *c.* 70. *Salisb. fol.* 215.
11.	c. 9.	Cum autem episcopus ecclesiam		*XV*, 37.	X, 34 (37)	*Monac.* 14628 *fol.* 19v.
12.		Episcopus circuiendo parrochiam				*Monac.* 14628 *fol.* 25v.
13.		Nullus comes nullusque iudex				*Monac.* 14628 *fol.* 25v.
14.	c. 10.	Statutum est in hac sancta synodo			*IX*, 164[8]	
15.	c. 11.	Si quis clericus, quamvis nimium		*VI*, 47.	*VII*, 15[8]	
16.	c. 12.	Sacrosanctum baptismi mysterium			*V*, 7	
17.	c. 13.	De decimis Augustinus doctor			*IV*, 192	*Stuttg. fol.* 141v *sqq.*
18.	c. 14.	Placuit huic sancto concilio			*IV*, 202	*Monac.* 3853 *fol.* 263v. *Salisb. fol.* 214v.
19.		Decimae sicut aliae possessiones				*Monac.* 14628 *fol.* 25v.
20.		Si quis vero in qualibet silva				*Monac.* 14628 *fol.* 25v.
21.	c. 15.	Restat propter instantem		*III*, 237	*IV*, 278	*Monac.* 14628 *fol.* 26.
22.	c. 16.	Abhorrendus et christianis omnino			*IV*, 279	*Monac.* 14628 *fol.* 8v.
23.		Omnibus igitur christianis interdictum sit				*Monac.* 14628 *fol.* 8v.
24.	c. 17.	Secundum statuta sanctorum			*IV*, 280	*Monac.* 14628 *fol.* 26.
25.		Nemo laicorum in ecclesia sepeliatur				*Monac.* 14628 *fol.* 26.
26.		Corpora antiquitus in ecclesia sepulta				*Monac.* 14628 *fol.* 26.
27	c. 18.	Vasa, quibus sacrosancta		*III*, 223.	*IV*, 182	
28.	c. 19.	Alexander successor Euaristi			*V*, 163 (162)	
29.	c. 20.	Si quis inreverens timorem Dei			X, 166[8]	*Salisb. fol.* 93v.

895. Nr.	Vulg.	Initia capitum.	Reg.	Burch.	Coll. XII part.	Codices varii.
30.	c. 21.	Si quis presbyter contra laicum	App. III, 41	II, 182	IX, 221 (257)	Monac. 3853 fol. 14 St. Crucis fol. 17
31.	c. 22.	Si quis fidelis libertate notabilis			X, 91 (97)	Monac. 6245 fol. 7 Monac. 6241 fol. 1 Monac. 14628 fol. Monac. 3853 fol. 4 St. Crucis fol. 62 Paris. fol. 35.
32.	c. 23.	Si quis sacro velamine	App. II, 20	VIII, 38		
33.		Velatae et Deo consecratae				Monac. 14628 fol.
34.	c. 24.	Quaecunque virgo sub patrocinio			III, 208	
35.	c. 25.	Viduas autem velare	App. II, 21	VIII, 36	III, 254	
36.	c. 26.	Si quis monachus pro lucro			III, 154	Monac. 14628 fol.
37.		Si quis vero monachus fuga				Monac. 14628 fol.
38.	c. 27.	In synodo Calcidonensi			III, 8	
39.		Si quis clericus ecclesiasticae				Monac. 14628 fol.
40.	c. 29.	Secundum decreta sanctorum			II, 46[8]	
41.	c. 30.	In memoriam beati Petri		I, 220	X, 120 (134)	
42.		Si quis presbyter aut diaconus				Monac. 14628 fol.
43.	c. 31.	Tranquillitatem sanctae Dei		XI, 75	VII, 93[8]	
44.	c. 32.	Quaecunque ecclesia a compluribus		III, 224	IV, 211	Stuttg. fol. 141v. Monac. 14628 fol.
45.	c. 34.	Undique bella consurgunt		VI, 48		Stuttg. fol. 141v sq
46.	c. 35.	Secundum sanctorum statuta			VI, 16 (12)	
47.	c. 36.	Si contingat duos fratres			VII, 42[9]	Monac. 14628 fol.
48.	c. 37.	Si quae mulier, ut saepe			VII, 44	Monac. 3853 fol. 1 St. Crucis fol. 15 Paris fol. 79v. Monac. 14628 fol.
49.	c. 38.	In decretis papae Leonis	App. III, 45		VIII, 12	
50.	c. 39.	Quicunque alienigenam			VIII, 13	
51.	c. 40.	Audivimus rem execrabilem			VIII, 64	
52.	c. 41.	Si quis legitimam duxerit			VIII, 131	Monac. 14628 fol. Salisb. fol. 215.
53.	c. 42.	Si quis de uno in alium		XVII, 50	VIII, 145	
54.	c. 43.	Si quis cum qualibet fornicatus			VIII, 139	Monac. 14628 fol. Salisb. fol. 214v.
55.	c. 44.	Si quis cum aliqua crimen			VIII, 132	Monac. 14628 fol. Salisb. fol. 215.
56.	c. 45.	Qui duabus sororibus				Monac. 14628 fol.

9) *Usque ad c. 49. ex solo cod. Bamberg.*

895.

Nr.	Vulg.	Initia capitum.	Reg.	Burch.	Coll. XII part.	Codices varii.
57.	c. 46.	Si cuius uxor constuprata		*IX*, 73		*Vindob. fol.* 105^{v}, *c.* 46. *Bamberg. fol.* 215, *c.* 46.
58.	c. 47.	Qui spiritalem habet compatrem		*XVII*, 45.		
59.	c. 48.	Illud etiam nec canonica		*XVII*, 46.	*VIII*, 147	
60.	c. 49.	De his, qui in adulterio			*VIII*, 70	
61.	c. 50.	Si quis vero sive sit vir			X, 259 (281)	
62.	c. 51.	Illud vero communi decreto		*IX*, 74		*Stuttg. fol.* 141^{v} *sqq.*
63.		Si quis cum uxore alterius				*Monac.* 14628 *fol.* 27^{v}.
64.	c. 53.	Si quis proprium filium				*Monac.* 14628 *fol.* 27^{v}.
65.	c. 54.	De his, qui voluntarie			*VII*, 28[a]	
66.	c. 55.	Si quis sponte homicidium fecerit				
67.		Si vero sint aliqui insidiatores				
68.		Si aliqua infirmitate paenitens				
69.		Si vero longo tempore paenitens				
70.	c. 56.	Post XL dies, quos homicida				
71.		Si paenitens in hoste sit primo anno				*Monac.* 14628 *fol.* 28.
72.		Paenitens primi anni postquam				
73.	c. 57.	Secundum vero et tertium annum				
74.	c. 58.	Quartum vero paenitentiae annum				
75.		Alteram quadragesimam ante				
76.		His VII annis a paenitente				

Breviores vero canones praeter tres collectiones iam nominatas, Reginonis, Burchardi, XII partium, hi codices[10] *nobis tradiderunt: Monac.*[11] 5541 *(Diessensis* 41*), inde a fol.* 103^{v}—*fol.* 109, *c.* 103—123 *et fol.* 77^{v}. 119^{v}. 120^{v}; *Colon.* 124 *(olim Col., tum Darmstad.); Catalaun.* 32 *fol.* 44^{v}; *Monac.* 3853 *(St. Crucis* 217*); Guelferbyt. inter Helmstad.* 454; *Monac.* 6245 (6241). 14628; *Stuttgart.* 107; *Salisb. IX*, 32. *VIII*, 7; *Vindob.* 2198 *(Bamberg. P I*, 9*); Bamberg. A I*, 35; *Reginonis codd. Guelferbyt. inter August.* 83. 21 *et Vindob.* 694 *(inter theol.* 79*); Vatic.* 6209; *Pictav.* 6. *Ut autem facilius intellegi possit, quo modo et ordine capitula in singulis codicibus servata sint, tabulas insequentes instituimus.*

10) *De cod. Monac.* 3909 *capitula Triburiensia falsata continenti cfr. Seckel l. c.* 11) *Cfr. NA. XVII, p.* 307 *sqq.*

895.

TABULA II.

Iudicia concilii Triburiensis.

Nr.	*Vulg.*	*Initia capitum.*	*Cat.*	*Reg.*	*Burch.*	*Codices varii.*
1.	c. 16.	Dictum est solere in quibusdam	c. 20	*I*, 129	*IV*, 101	*[[12] Coll. XII P. V*, 150 (149[13]).*]*
2.	c. 33.	Medicus infantem incautius	c. 18	*App. I*, 39		
3.	c. 36.	Dictum est, quod . . . dum arborem	c. 17			
4.	c. 39.	De Francia nobilis quidam	c. 23		*IX*, 76	*[Coll.*[14] *XII P. VIII*, 14.*]*
5.	c. 41.	Quidam desponsavit uxorem	c. 12		*XVII*, 49	*[Coll.*[14] *XII P. VIII*, 137.*]*
6.		In concilii Triburiensis conventu				*Guelferb. inter Aug. fol.* 171^{v}
7.	c. 42.	Quidam stupravit aliquam mulierem	c. 15			
8.		Quidam fornicatus est cum aliqua muliere		*II*, 208	*XVII*, 16	*[Coll.*[14] *XII P. VIII*, 138.*]*
9.	c. 44.	Item iudicatum est quendam	c. 11	*II*, 205	*XVII*, 15	

TABULA III.

Canones Triburienses ex forma vulgata excerpti.

Nr.	*Vulg.*	*Initia capitum.*	*Diess.*	*Col.*	*Cat.*	*Reg.*	*Burch.*	*Codices varii.*
1.	*Prolog.* c. 1—3.	Cum in nomine sancte	c. 103					*Monac.* 3853 *fol.* 43.
2.		Si domni principis auribus		*III*, 45				*Monac.* 6245 *fol.* 1.
3.		Anno incarnationis Domini			*Prol.*			*Monac.* 6241 *fol.* 94^{v}.
4.	c. 3*a*.	Conquesti sunt quidam			c. 8	*II*, 297		
5.	c. 4*a*.	Presbyter vulneratus aut caesus				*II*, 40		*Monac.* 5541 *fol.* 77^{v}.
6.		Presbyter calumniatus si spassaverit	c. 104	*III*, 46				*Monac.* 3853 *fol.* 43^{v}.
7.	c. 4*b*.	Si in atrio ecclesiae quislibet	c. 105	*III*, 47				*Monac.* 3853 *fol.* 43^{v}.
8.	c. 4*c*.	Si quis in ecclesia clericum			c. 5	*II*, 38		
9.	c. 4*d*.	Ut si qua in ipsos clericos			c. 1	*II*, 34		*Monac.* 5541 *fol.* 120^{v}.
10.	c. 6*a*.	Si quis in atrio ecclesiae pugnare			c. 4			
11.		Si quis in atrio ecclesiae pugnam				*II*, 37	*III*, 196	*Monac.* 5541 *fol.* 77^{v}. *[Coll. XII P. IV*, 256.*]*
12.		In Saxonia et Turingia decimae	c. 110					
13.	c. 14*a*.	Ut novalia rura, quae iuxta cultos		*III*, 82		*I*, 44*b*		
14.	c. 15*a*.	Mortuum sepelire sane non in alio	c. 107					*Helmstad.* c. 230.
15.		Ut si possit fieri mortui non alibi			c. 25	*I*, 128		

12) *His [ ] uncis indicatur illud capitulum ex Burchardo esse sumptum.* 13) *Numerus codicis Bamberg. his uncis includitur.* 14) *In solo codice Bamberg. exstat.*

89

Nr.	Vulg.	Initia capitum.	Diess.	Col.	Cat.	Reg.	Burch.	Codices varii.
16.	c. 19*a*.	Ut mundam aquam in vasculo			c. 33			
17.	c. 22*a*.	Nobilis homo vel ingenuus			c. 9	*II*, 303	*XVI*, 19	*Monac.* 5541 *fol.* 119v. *Helmst. fol.* 141v (c. 173).
18.	c. 23*a*.	Inlicitum concubitum Deo consecratarum	c. 106	*IV*, 11				
19.	c. 23*b*.	Quorum illicita coniugia			c. 24	*II*, 231		
20.	c. 24*a*.	Virgines, quae ante XII annos	c. 117	*IV*, 12		*II*, 177	*VIII*, 10	*Helmst. fol.* 158v (c. 241). *Vindob. fol.* 102, *c.* 24. *Bamb. P I*, 9 *fol.* 212v. c. 24. *Stuttgart. fol.* 82v. *Salisb. VIII*, 7 *fol.* 6. *[Coll. XII P. III, 207.]*
21.	c. 24*b*.	Puella si ante duodecim annos			c. 20	*App. I*, 41	*VIII*, 98	*[Coll. XII P. III, 205.]*
22.		Virgines adulescentulae si Deo						*Monac.* 14628 *fol.* 18.
23.	c. 25*a*.	Vidua, quae sacrum velamen			c. 21			
24.	c. 25*b*.	Viduae, quae spontanea voluntate	c. 111	*IV*, 14		*II*, 178	*VIII*, 35	*Helmstad. fol.* 20.
25.	c. 26*a*.	Monacha (Sanctimonialis) si pro lucro animae	c. 112			*II*, 180		
26.		Virgines sacrae si pro lucro animae					*VIII*, 22	*[Coll. XII P. III, 226.]*
27.	c. 27*a*.	Si quis clericus in monasterio	c. 116					*Helmst. fol.* 153 (c. 221). *Coll. XII P. III*, 13.
28.	c. 27*b*.	Clericus, si tonsura dimissa			c. 19	*App. I*, 40	*VIII*, 97	*[Coll. XII P. III, 19.]* *[Vatic. 6209.]* *[Pictav. 6 fol. 13]*
29.	c. 27*c*.	Monachus, qui semel se Deo						*Monac.* 14628 *fol.* 17v.
30.	c. 29*a*.	Ut nulli de servili conditione			c. 30	*I*, 419 *App. I*, 44	*II*, 21	*[Coll.*[14] *XII P. II, 54.]*
31.	c. 30*a*.	Si quis clericus falsam episcopo	c. 122					
32.	c. 31*a*.	De furibus et raptoribus placet, si	c. 109	*III*, 64				
33.		Fures et latrones, si in ipsa praeda			c. 7	*II*, 93	*XI*, 59	*[Coll.*[14] *XII P. VII, 91.]*
34.		Si qua fuerit ecclesia	c. 123					
35.	c. 32*a*.	Si plures heredes contenderint			c. 35	*I*, 246	*III*, 40	*Salisb. IX*, 32 *fol.* 116. *[Coll. XII P. IV, 212.]*

895.

Nr.	Vulg.	Initia capitum.	Diess.	Col.	Cat.	Reg.	Burch.	Codices varii.
36.	c. 36*a*.	Si duo fratres in silva arbores	c. 113	*III*, 29		*II*, 18	*VI*, 22	*Monac.* 3853 *fol.* 128. *St. Crucis fol.* 152v. *Paris. fol.* 79. [*Monac.* 14628 *fol.* 67.]
37.	c. 37*a*.	Mater si infantem iuxta focum	c. 114			*II*, 19	*XIX*, 149	
38.	c. 37*b*.	Mater, parvulum suum iuxta focum			c. 22			
39.	c. 39*a*.	Pervenit ad notitiam nostram						*Helmstad. c.* 226.
40.	c. 40*a*.	Relatum est auribus sanctorum	c. 108			*II*, 238	*IX*, 66	[*Coll.*[15] *XII P. VIII*, 63.]
41.	c. 41*a*.	Vir si duxerit uxorem	c. 115	*IV*, 43		*II*, 246	*IX*, 43	
42.	c. 42*a*.	Si quis de uno pago		*IV*, 44				*Helmstad. c.* 182. *Salisb. IX*, 32 *fol.* 91. *Monac.* 6245 *fol.* 74v. *Monac.* 6241 *fol.* 102v. *Coll. XII P. VIII*, 146.
43.	c. 43*a*.	Si pater cuiuslibet fuerit fornicatus	c. 118	*IV*, 45				
44.	c. 43*b*.	Si cuiuslibet frater cum muliere	c. 121	*IV*, 48		*II*, 212	*XVII*, 14	
45.	c. 44*a*.	Si homo fornicatus fuerit	c. 119	*IV*, 46		*II*, 211	*XVII*, 13	
46.	c. 45*a*.	In lectum mariti			c. 14	*II*, 207	*XVII*, 4	[*Coll. XII P. VIII*, 124.]
47.	c. 45*b*.	Si quis cum duabus sororibus . . . vir	c. 120	*IV*, 47		*II*, 210	*XVII*, 6	
48.	c. 50*a*.	Si quis vel si qua mulier						*Monac.* 14628 *fol.* 27v.
49.	c. 52*a*.	De homicidiis non sponte			(c. 6)	*II*, 20		
50.	c. 53*a*.	Si quis filium suum non sponte		*III*, 31	(c. 6)	*II*, 21	*VI*, 36	[*Monac.* 14628 *fol.* 68v.] [*Coll. XII P. VII*, 43.]
51.	c. 55*a*.	Si quis spontanea voluntate		*III*, 19		*II*, 6	*VI*, 1	*Bamberg A I*, 35, *p.* 63 *Reg. Guelf. fol.* 11v et *Vindob. fol.* 12. *Salisb. IX*, 32, *fol.* 213v [*Coll. XII P. VII*, 79.]
52.		Ut penitentia super homicidiis			c. 6			
53.	c. 56*a*.	In primo anno post XL dies		*III*, 19	(c. 6)	*II*, 7	*VI*, 2	*Reg. Guelf. et Vindob. l. c. Salisb. IX*, 32, *fol.* 213v. [*Coll. XII P. VII*, 80.]
54.	c. 57*a*.	In secundo et tertio anno		*III*, 19	(c. 6)		*VI*, 3	*Reg. Guelf. et Vindob. l. c.* [*Coll. XII P. VII*, 81.]
55.		(Completo anni circulo)				*II*, 8		*Salisb. IX*, 32 *fol.* 213v
56.	c. 58*a*.	Quattuor vero anni deinde restant		*III*, 19	(c. 6)	*II*, 9	*VI*, 4	*Reg. Guelf. et Vindob. l. c. Salisb. IX*, 32 *fol.* 213v. [*Coll. XII P. VII*, 82.]

15) *Inde a nr.* 40 *omnia capitula Collectionis XII Part. in solo codice Bamberg. exstant.*

TABULA IV. 895.

Canones extravagantes.

Nr.	*Initia capitum*	*Cat.*	*Reg.*	*Burch.*	*Codices varii.*
1.	Si quis clericum verberaverit vel debilitaverit	*c.* 3	*II,* 35		
2.	Perlatum est ad sanctam synodum, quod quidam ingenuus	*c.* 10	*II,* 204	*IX,* 75	*[Coll.*[14] *XII P. VIII,* 16.*]*
3.	Item interrogatum fuit, si quis cum filia	*c.* 13	*II,* 206	*XVII,* 20	*[Coll.*[14] *XII P. VIII,* 144.*]*
4.	Si quis cum duabus sororibus fornicatus fuerit et soror	*c.* 16	*II,* 209	*XVII,* 5	*[Coll.*[14] *XII P. VIII,* 126.*]*
5.	Delata est coram sancta synodo querimonia	*c.* 27	*I,* 12	*I,* 229	*Salisb. IX,* 32 *fol.* 114ᵛ.*]* *[Coll. XII P. I,* 188.*]*
6.	Perlatum est quoque ad sanctam synodum, quod quidam laici	*c.* 28	*II,* 39 *App. I,* 42		*Monac.* 5541 *fol.* 77ᵛ.
	Sancto concilio allatum est, quod			*II,* 206	*[Coll. XII P. IV,* 167.*]* *[Vatic.* 6209.*]*
7.	Ut presbyteri non vadant nisi stola	*c.* 31	*I,* 343	*VI,* 10	*[Coll.*[14] *XII P. VII,* 7.*]* *[Monac.* 14628 *fol.* 66ᵛ.*]*
8.	Ut laicis indumentis clerici	*c.* 32			
	Ut laicalibus vestimentis clerici		*I,* 345	*II,* 208	*[Coll. XII P. III,* 54.*]*
9.	Ut oblatas offerant certo numero	*c.* 34			
10.	Quicumque clericus aut in bello aut in rixa			*II,* 233	*[Coll.*[14] *XII P. VII,* 8.*]* *[Monac.* 14628 *fol.* 57ᵛ.*]*
11.	Praecipimus vobis, ut unusquisque vestrum			*II,* 237	*[Coll. XII P. II,* 195.*]*
12.	Quaesitum est in eadem synodo, pro quibus causis			*XI,* 74	*[Coll. XII P. X,* 236 (259).*]*
13.	Accusator unius rei iudex esse				*Salisb. IX* 32 *fol.* 153.

TABULA V.

Canones concilio Triburiensi ascripti et fontes, ex quibus sumpti sunt.

Nr.	*Initia capitum.*	*Fontes.*	*Codices varii.*
	1. *Coloniensis.*		
1.	*III,* 48: Relatum est sanctae synodo	*Conc. Mog.* 888, *c.* 7.	
2.	*III,* 49: Relatum est sanctae synodo	*Conc. Mog.* 888. *c.* 8.	
	2. *Helmstad.*		
3.	*c.* 173: Si diaconus aut presbyter	*Conc. Aurel. I.* 511. *c.* 12.	
4.	*c.* 221: Puellae, quae non parentum	*Leonis epist. c.* 27.	

895.

Nr.	Initia capitum.	Fontes.	Codices varii.
	3. *Salisb. IX*, 32.		
5.	*fol.* 149v, 153: Quia secundum canonicam diffinitionem	*'Sendrecht d. Mainwenden.' (Z. f. KR. IV, p. 160.)*	
	4. *Burch. (Coll. XII. part.)*		
6.	*II*, 204: Testimonium laici	*Capp. Angilr. c.* 14.	
7.	*II*, 207 *(IV*, 168*)*: Si quiscumque ex gradu ecclesiastico	*Bened. Lev. add. III, c.* 31.	
8.	*II*, 236 *(IX*, 202 *vel* 238*)*: De presbyteris, qui crimine	*Conc. Mog.* 888, *c.* 10.	
9.	*III*, 56 *(IV*, 87*)*: Missarum sollemnia	*Conc. Mog.* 888, *c.* 9.	
10.	*VI*, 11 *(VII*[14], 9*)*: Presbyteri interfecti compositio	*Reg. II*, 41.	
11.	*VI*, 34: Statuimus, ut parricidae	*Conc. Wormat.* 868, *c.* 30.	
12.	*VIII*, 96 *(III*, 111*)*: Si quis autem abbas	*Excerp. Egberti c.* 64.	
13.	*VIII*, 99 *(III*, 211*)*: Quicumque filiam suam	*Capp. ad Salzdata* 803, *c.* 6.	*[Monac.* 5541 *fol.* 134.*]*
14.	*VIII*, 100 *(III*, 199*)*: Omnino prohibemus, ut nullus	*Capp. ad Salzdata* 803, *c.* 7.	
15.	*X*, 25 *(X*, 279 *vel* 301*)*: Si aliquis manducat	*Reg. II*, 386.	*[Vatic.* 6209.*]*
16.	*XV*, 9 *(IX*, 273 *vel* 309*)*: Ut constitutiones	*Capp. Angilr. c.* 38.	*[Vatic.* 6209.*]*
17.	*XVI*, 20: Testes ad testimonium	*Cod. can. eccl. Afric. c.* 131 *(cfr. Bened. Lev. III*, 101*)*.	*[Vatic.* 6209.*]*
18.	*XVII*, 7 *(VIII*[14], 125*)*: Similiter et de duabus sororibus	*Reg. II*, 221.	
19.	*XVII*, 17 *(VIII*[14], 134*)*: Si quis cum uxore	*Reg. II*, 217.	
20.	*XVII*, 18 *(VIII*[14], 140*)*: Si quis sponsam filii	*Reg. II*, 218.	
21.	*XVII*, 25: Nullus proprium filium	*Conc. Mog.* 813, *c.* 5.	*[Monac.* 14628 *fol.* 71v.*]*
22.	*XIX*, 157 *(VIII*[15], 190*)*: Si quis nupserit die dominico	*Poenit.*[16] *Vallicell. I, c.* 42.	

(B. deest; P. 559.*)*

IUDICIA.

cfr. c. 10. (1.) Dictum[a] est solere in quibusdam locis pro perceptione chrismatis nummos dari, solere[b] quoque[c] pro baptismo et communione. Hoc Simoniacae heresis semen detestata est sancta synodus et anathematizavit, et ut de cetero nec pro ordinatione

1. a) De eadem re. Item ex eodem (*sc.* Triburiensi) *rubr. ap. Reg.*; De illis, qui gratiam sancti Spiritus vendere conantur. Ex concilio Triburiensi cap. XXII, cui interfuit Arnolfus rex *rubr. ap. Burch.* b) *om. Cat.* c) pro bapt. quoque *id.*

16) *Cfr. Seckel l. c.*

nec pro chrismate[d] vel baptismo[e] nec pro[d] sepultura vel communione quicquam exigatur, sed gratis dona Christi gratuita dispensentur[f]. 895.

(2.) Medicus[a] infantem incautius curans claudicantem effecit. Quesitum est, an gradum in clero talis mereri possit; et visum est, quod huiusmodi debilitas, si alios bonos profectus ostenderit, eum a gradu non debeat inhibere[b]. cfr. c. 33.

(3.) Dictum est, quod, quidam dum arborem succideret, fratrem eius cadens arbor oppresserit. Iudicatum est, si, dum posset cavere qui oppressus est, non cavebat, qui succidit arborem innocens videri. Tamen[1] de securitate conscientiae non multum presumendum, sed ad consilium episcopi nonnulla penitentia subeunda, quia peccata plerumque sunt aliorum peccatorum penae. cfr. c. 36.

(4.) De[a] Francia nobilis quidam homo nobilem de Saxonia Saxonum lege duxit uxorem. Tenuit eam[b] multis annis et ex ea filios procreavit. Verum quia non hisdem[c] utuntur legibus Saxones et Franci, causatus est, quod eam non sua, id est Francorum, lege desponsaverit vel acceperit aut dotaverit; dimissaque illa, duxit alteram. Definivit super hoc sancta synodus, ut ille transgressor evangelicae legis subigatur penitentiae, a secunda coniuge separetur, priorem resumere cogatur. cfr. c. 39.

(5.) Quidam*[a] desponsavit uxorem[b] et dotavit, cum illa[c] vero coire non potuit. Quam frater eius clanculo corrupit et gravidam reddidit. Decretum est, ut, quamvis nupta esse non potuerit* legitimo viro, desponsatam tamen fratri frater[d] habere non possit. Sed mechus et mecha fornicationis quidem vindictam sustineant, licita vero[b] eis coniugia non negentur. cfr. c. 41.

(6.) Quidam[a] stupravit[b] aliquam mulierem. Postea filius eius[c], nesciens patris factum, stupravit eandem. Quod cum pater rescisset[d], de se filioque confessus est. Statuerunt melius esse, ut taliter lapsis cum digna penitentia legitima permittantur coniugia, quam fortasse[e] deterius delinquant; cum[f] fornicatrice[g] autem illa agendum gravius[h]. cfr. c. 43.

(7.) Item[a] indicatum est quendam stuprasse quandam feminam, quam postea frater eius accepit uxorem. Statuerunt eum, qui stupravit et a se stupratam fratri celavit, quia geminavit peccatum, penitentia districtiori castigandum, coniugium tale dissolvi oportere et mulieri quidem eis[b] viventibus non fore[b] potestatem nubendi, illis autem pro misericordia coniugium indulgere[c]. cfr. c. 44.

---

*) *Cod. Reginonis Guelferbyt. inter August.* 83. 21, *exhibet fol.* 171[v] *capitulum quoddam, quod ope nostri ortum videtur:* In concilii Triburiensis conventu, in quo fuerunt XXVI episcopi, statutum est capitulo X: Si quis desponsaret uxorem et dotaret, coire autem cum illa non posset, si frater illius aut consobrinus aut avunculus aut ullo modo intra consanguinitatis liniamenta propinquus eam corrumperet, quod, quamvis nupta esse non potuerit *etc.; cfr. Wasserschleben, Beiträge p.* 178.

1. d) chrismate ... pro *om. Reg.* e) vel pro balsamo *add. Burch.* f) dispensatione donentur *id.*
2. a) De claudicatione infantis *rubr. ap. Reg. App.* b) prohibere *id.*
4. a) De illis coniugatis, quorum leges diversae sunt. Ex eodem *(sc. Triburiensi)* cap. XV, cui interfuit rex Arnolfus *rubr. ap. Burch.* b) *om. id.* c) isdem *id.*
5. a) De sponsa fratris, si frater eam violaverit. Ex concilio Triburiensi cap. X, cui interfuit rex Arnolfus *rubr. ap. Burch.* b) *add. man. alt. in Cat.* c) ea *om.* vero *Burch.* d) *om. Cat.*
6. a) De eadem re. Ex eodem *(sc. Triburiensi) rubr. ap. Reg.*; De muliere, cum qua et pater et filius fornicati sunt. Ex concilio Triburiensi cap. VI. *rubr. ap. Burch.* b) fornicatus est cum aliqua muliere *iid.* c) *om. iid.* d) resciret *Burch.* e) forte *Reg., Burch.* f) fornicaria autem sine spe coniugii maneat. *Burch.* g) fornicaria *Reg.* h) grav. agend. *id.*
7. a) Item de incestis. Ex eodem *(sc. Triburiensi) rubr. ap. Reg.*; De eadem re. Ex concilio Matiscensi cap. V. *rubr. ap. Burch.* b) numquam dari pot. *Burch.* c) sed cum poenitentia *add. id.*

1) Tamen de securitate *etc. delenda esse recte coniecit Seckel l. c.; cfr.* c. 36.

895.

DECRETA CONCILII.

Incipiunt[a] capitula sequentis[b] opusculi.

I.[c] Communis oratio pro concordia tam cleri quam populi.
II. De quodam presbytero excaecato et de excommunicatis interrogatio synodalis.
III. Responsio regis et de excommunicatis sententia universalis.
IV. De iniuria et contumelia, quod absit, presbiterorum.
V. Quali poenitentia subiacere debeat, qui presbyterum voluntarie morti tradiderit.
VI.[d] De eo, qui evaginato gladio atrium ecclesiae intraverit.
VII.[e] De his, qui res ecclesiae, sive interiores sive exteriores, rapiunt.
VIII. De his, qui contemnunt bannum ab episcopis inpositum.
IX. De eo, si episcopus ecclesiasticum et comes saeculare placitum una die condixerint.
X. Ut episcopus non deponatur, nisi a XII episcopis, presbyter a VI, diaconus a tribus.
XI. Si quis clericus homicidium fecerit, ab ordine cessare debebit.
XII. Ut praeter pascha et pentecosten baptisma non celebretur excepta necessitate periclitantium.
XIII.[f] De decimis.[g]
XIV.[f] De decimis antiquarum et noviter consecratarum ecclesiarum.
XV.[f] De sepultura mortuorum.
XVI. Ut sepulturam morientium nemo vendat.
XVII. Ut nullus laicus in ecclesia sepeliatur.
XVIII. De vasculis, quibus mysteria sacra conficiuntur.
XIX.[h] Ne in calice aut vinum solum aut aqua sola offeratur.
XX.[h] De iniuria clericorum.
XXI.[h] De querimonia inter presbyterum et laicum.
XXII.[h] De eo, si quis liber aliqua crimine infamatur.
XXIII.[i] De his, qui velatas Deo consecratas in coniugium duxerint.
XXIV. De virgine ante XII annos velata non consentiente patrono, sub cuius erat patrocinio.
XXV. De viduis velatis.
XXVI. De monachis regulariter exeuntibus sive fuga regularis disciplinae elapsis.
XXVII. De clericis, qui semel in clero deputati sunt.
XXVIII. Ut nullus episcopus alterius ministrum ecclesiasticum sollicitet.
XXIX. Ut nullum servum ante perfectam libertatem episcopus ordinare praesumat.
XXX. De eo, si quis ab apostolico falsam detulerit epistolam.
XXXI. De furibus et latronibus.
XXXII. De ecclesia a compluribus coheredibus obsessa.
XXXIII. De claudis et aliqua parte corporis minutis, si sacro ordini possint adiungi.
XXXIV. De eo, si quis in hoste contra paganos interficit captivos christianos.
XXXV. Ut nullus comes nullusque iudex diebus festis vel dominicis seu ieiuniorum aut quadragesimae placitum habere praesumat et ut nullus poenitens illo veniat.

a) Decreta et capitula concilii Triburiensis 5. b) eiusdem concilii 2, *in quo index titulorum sequitur epistolam praelocutivam.* c) *Rubricas insequentes, quamquam opus librarii putandae sunt, tamen contextui praeposuimus, cum singula capitula celerius ope illorum reperiri possint.* d) XXII *add.* 3 *in marg.* e) XVII *item* 3. f) XXIII. XXIIII. XXV *item* 3. g) De eodem *add.* 2. h) XXVI. VI. VII. XXVII. *item* 3. i) XXII — in (*p.* 214, *lin.* 4) *des. in* 2 *uno folio exciso.*

XXXVI. De eo, si duo fratres simul arborem succiderint et cadente arbore unus eorum interfectus fuerit. 895.

XXXVII. De muliere, cuius infans aliquo casu propter neglegentiam eius moritur.

XXXVIII. Si quis liber libertam duxerit, ulterius habere debebit.

XXXIX. Si quis alienigenam in matrimonium duxerit, habere debebit.

XL. De eo, quod quidam uxorem alterius vivente eo constupravit et insuper iuramento confirmavit eo moriente coniugem eam accipere.

XLI. De eo, si quis duxerit uxorem et concumbere non valens cum ea frater eius clam violaverit illam.

XLII. Si quis de uno in alium transmigrat episcopatum et consanguineam suam polluerit vel aliquod crimen commiserit.

XLIII. Si quis cum qualibet fornicatus fuerit et eo nesciente filius eius vel frater inscius violaverit illam.

XLIV. Si quis cum aliqua[k] fornicatus fuerit et frater eius ignarus duxerit illam uxorem.

XLV. Si quis cum duabus sororibus fuerit pollutus.

XLVI. Si cuius uxor constuprata fuerit et propterea maritus perdere illam machinaverit.

XLVII. Si quis spiritalem habet compatrem, cuius uxor commater non est, eo defuncto eius viduam licet ei ducere uxorem.

XLVIII. De eo, si quis suae spiritalis commatris filiam duxerit uxorem.

XLIX. De his, qui in adulterio filios genuerunt, *ut omnino separentur.*

L. De eo, si quis aliquem per inlusionem a recta fide subverterit vel perdiderit, ut dupliciter puniatur.

LI. De eo, si quis cum uxore alterius vivente eo fornicatus fuerit.

LII. De homicidiis non sponte commissis.

LIII. De eo, si quis filium suum non sponte, sed casu contingente occiderit.

LIV. De his, qui voluntarie homicidium fecerint.

LV. De poenitentia XL dierum.

LVI. Post XL dies poenitentia primi anni.

LVII. Poenitentia secundi et tertii anni.

LVIII. Poenitentia quarti, quinti, sexti et septimi anni.

A (Prolog. formae vulgatae).

Incipit*[1] epistola praeloquutiva sequentium capitulorum.

Cum[m] constet omnibus divinam legem tractantibus post evangelia et limpidissima novi testamenti fluenta beatorum canonibus apostolorum[2] et sanctorum patrum apud Niceam[3] Bithiniae congregatorum constitutis nec non et apostolicorum Romanae

B (Prolog. Collectionis Dies.).

Incipit synodus[a] apud Triburas habita.

Cum in nomine sancte et individue trinitatis gloriosissimus rex Arnolfus anno incarnationis Domini DCCCXCV, anno vero regni eius VIII, indictione XIII, sub die II. Non. Mai. inspirante benigni Ihesu clementia et primatum suorum hu-

*) *In cod. Paris. haec verba praemissa sunt:* Haec capitula instituta sunt ad Triburiam ab episcopis XXII, quos fecit convenire Arnolfus rex anno incarnationis Domini nostri Iesu Christi DCCCXCV, anno regni sui VIII, indictione XIII, sub die II. Non. Mai. De quodam presbitero excaecato et de excommunicatis sinodalis interrogatio.

A. k) qualibet 1. 8. l) Incipit epistola Triburiensis concilii 2. m) Dum constat 4.
B. a) syndus *Dies.*

2) *Cfr. Can. apost. c.* 45. 46, *Mansi I, col.* 56. 3) *Conc. Nic. c.* 12. 19? *Mansi II, col.* 681 *sq.*

895.

A.

sedis pontificum decretis satis[n] occurrisse, restitisse et obpugnasse[n], sive hereticis, sive scismaticis et omnibus verae fidei obpugnantibus regulis[o], sed antiquus serpens[p], qui dicitur diabolus et Satanas, inimicus humani generis, nova venena malitiae suae dulci poculo sancti Spiritus admiscere et bono semini sancti evangelii zizania suae pravitatis et profanae iniquitatis subseminare[q] non desinit, sicut in Mattheo, cum bonae messi zizania fuissent inserta, scriptum est: 'Inimicus[4] homo hoc fecit', et de eius satellitibus sub squamarum specie in Iob perhibetur: 'Una[r 6] uni coniungitur, et ne[s] spiraculum quidem incedit[t] per eas': unde necesse est eius perversissimis machinationibus et satellitum suorum insecutionibus ex authentica potestate contraire et novum paradigma verae assertionis obponere.

Quapropter rex regum, cuius 'regnum[7]', ut psalmista canit, 'regnum est omnium saeculorum', omnibus ecclesiasticae sublimitatis ordinibus nec non et secularis potentiae dignitatibus novum principem Arnolfum[u] regem pacifico ordine perpetuae tranquillitatis praeferre dignatus est, cuius cor sancti Spiritus ardore inflammare et zelo divini amoris voluit accendere, ut totus cognoscat mundus non ab homine neque per hominem, sed per ipsum Dominum eum esse electum. Considerans enim idem sapientissimus rex profundae mentis intuitu abundantem in se sancti Spiritus gratiam, quia, quos repleverit, ardentes in se, pariter et loquentes facit de se, anno incarnationis Jesu Christi Domini nostri DCCCXCV[v], regni vero sui VIII[w], indictione XIII[w], mense Maio,

B.

mili devotione instinctus[b] placitum apud Triburas haberi decrevisset, ut rex sapientissimus inter ceteras regni sui dispositiones synodalia iura maluit ibidem retineri, quatenus divina religatione et humana Dei miseratione tractarentur honeste atque utraque pars, tam[b*] populi quam clerici, concordi sanctimonia christianae statutum reverentiae pertractando excolerent. Cuius rei sollertiam per prudentissimi Hathonis, sanctae videlicet Mogontiae sedis archiepiscopi prudentiam gubernari decrevit et statuit cum sedentibus sanctissimis episcopis id est[5]:

Heremanno sanctae Agripinensis aecclesiae archiepiscopo,

Ratpthone sacrae Treverensis sedis archiepiscopo,

Salomone Constantiensis aecclesiae episcopo,

Adelberone Augustitudunensis[c] aecclesiae episcopo,

Erchanbaldo Ethstetensis aecclesiae episcopo,

Thietoloho Vagionensis aecclesiae episcopo,

Cotedancho Spirensis aecclesiae episcopo,

Baldrammo Argentinensis aecclesiae episcopo,

Ingrimo Basiliensis aecclesiae episcopo,

Tutone Radasponensis aecclesiae episcopo,

Ruodhario[d 8] Curiensis aecclesiae episcopo,

Waldone Frisingensis aecclesiae episcopo,

Ruadolfo Wirziburgensis aecclesiae episcopo,

Sigimundo Halvarastetensis aecclesiae episcopo,

Wicperto Hiltineschinensis aecclesiae episcopo,

Bisone Paderbrunnensis aecclesiae episcopo,

A. n) satis . . . obpugnasse *hoc loco des. in* 4, *sed suppl. infra post* obpugnantibus. o) regulas 5, *Paris.* p) hostis 4. q) superseminare 1—4. r) sequaces illius, videlicet diaboli, quo nulla inter se discordia divisi sunt in bonorum nece, gravius glomerantur *add.* 2—4, *postea autem delet. in* 2; *glossa marg. in* 1. s) nec 1—4. t) incidit 1—4; *hic explicit Paris.* u) Arnulfum 3. v) *corr.* DCCCXCVI. 1. w) *corr.* VIIII. XIIII. 1.

B. b) *ita correxi;* instinctu *Diess.; om. Phillips.* b*) quam *Diess.* c) *ita Diess. pro* Augustensis *vel* Augustidunensis. d) *ita Diess.;* Ruodharto *Phill.*

4) *Matth.* 13,28. 5) *Cfr. infra subscriptiones episcoporum.* 6) *Job* 41,7. 7) *Psalm.* 144,13. 8) *Ruodharius iam a.* 887. *mortuus erat; episcopatum Curiensem hoc tempore infra nominatus Theodulfus tenuit; cfr. Phillips l. c. p.* 717.

895.

A.

eiusdem sancti Spiritus instinctu et primatum suorum consultu venit in villam regiam, videlicet Triburiam in terra Francorum consistentem, cum episcopis infra[x] conscriptis, abbatibus, comitibus et omnibus regni sui principibus nec non convenientibus ecclesiasticorum et saecularium innumeris turbis; quatinus infatigabili perseverantia divina et humana tractarentur atque emergentia mala comprimerentur, ut eo liberius sancta Dei ecclesia suo potiretur honore. Cum autem sapientissimus rex concilium sacrum continuari decrevisset, placuit sibi et universo clero, ut peracto triduano ieiunio, laetaniis et orationibus super se de coelis promissum invitarent adiutorium, sicut ipse salvator ascendens in caelum discipulis suis promisit dicens: 'Ecce[14] ego vobiscum sum omnibus diebus[y] usque ad consummationem saeculi'; *ut futura concilia in ipso inchoarentur et per ipsum finirentur*, qui est initium et finis[15] et[z] supplementum legis, ut apostolus Romanis scribens ait: 'Finis[16] enim legis Christus ad iustitiam omni credenti'. Quo peracto pergens[17] ad palatium regale sedit solium indutus veste splendidissima, quam texit sapientia, repletus est prudentia, erectus et potentia, pro sua magnitudine stipatus multitudine[17], tractans *ΠΡΑΚΤΙΚΗ* de statu regni et *ΘΕΩΡΗΤΙΚΗ* de ordine et stabilitate ecclesiarum Christi, et[17] qualiter boni quiete viverent, et mali inulte non peccarent[17].

Interim[a] episcoporum sacer conventus in basilica praedictae villae post com-

B.

Truogone Mimidensis aecclesiae episcopo,
Engilmaro Osneburgensis aecclesiae episcopo,
Wicperto[9] Wardanensis aecclesiae[10] episcopo,
Wolfhelmo Muntgarduvirensis[e] aecclesiae[11] episcopo,
Vodebaldo[e] Taventrensis aecclesiae[12] episcopo,
Adalgario Bremensis aecclesiae episcopo,
Francone Trugrensis aecclesiae[13] episcopo,
Dedone Wirdunensis aecclesiae episcopo,
Ruadperto Metensis aecclesiae episcopo.

Porro cum eorum unanimitas de aecclesiastico iure diligenti conamine invigilaret, placuit omnibus, ut ad fidelem sanctae matris aecclesiae filium, principem utique regni transmitteretur atque ab eo fideliter investigaretur, quali benignitate, quicquid ipsi iuxta canonicas sanctiones ventilarent, corroborare dignaretur, mandantes*, si

*) *Tertiam formam mandati episcoporum ad Arnolfum directi praebere mihi videntur codd. Col., Monac.* 3853. 6245. 6241. *hoc insequenti capitulo*[18]: Si[f] domni principis auribus complacuerit, ut calumnia in presbyteros peracta iuxta synodalia determinetur pleniter statuta, hoc idem et episcoporum iudicio placet[g] secundum potestatem ipsorum definire, id est, ut canonica feriantur sententia hi, qui timorem Domini postponentes in ministros suos grassare praesumunt. Quodsi vero pietati illius iuxta capitula regum, ubi eorum provisio misericorditer in offensis pecuniae quantitatem[h] interposuit, pro levigatione scilicet poenitentiae, placuerit, ut praefatae res determinentur, episcoporum quoque id iudicio diffiniri eis conplacuit.

A. x) in fine libelli *add.* 4; *glossa marg. in* 1. 2. *interlin. in* 3. y) suae vitae *add.* 4. z) cui sit laus et gloria per infinita saeculorum saecula *perg.* 4. *om. rell.*; *cfr. infra p.* 213, *lin.* 41. a) Interdum 1–3.

B. e) Muntgarduvirensis ... Vodebaldo *om. Phill.* f) Item synodus Liutberti apud Mogontiam *rubr. in Col.*; Item apud Magontiam sinodus Liutperti *rubr. in Monac.* 3853; De his, qui presbiteros fatigare praesumunt *rubr. in Monac.* 6245. 6241. g) *om. Monac.* 6245. 6241. h) qualitatem *Monac.* 3853.

9) *Nomina Wicperti, Wolfhelmi, Vodebaldi, Franconis infra in subscriptionibus desiderantur; cfr. quae exposui in 'NA.' XVII, p.* 71, *not.* 1. 10) *Verden.* 11) *Münster.* 12) *Deventer.* 13) *Tongern.* 14) *Matth.* 28, 20. 15) *Cfr. Apoc.* 21, 6: Ego sum Alpha et Omega, initium et finis. 16) *Rom.* 10, 4. 17) *Verba:* pergens ad palatium . . . stipatus multitudine; et qualiter . . . peccarent; honorificentissime infulati . . . prudentia praediti *rythmice conscripta esse demonstravit Dümmler, De Arnulfo rege p.* 117. 18) *De ratione, quae est inter hoc caput et prologum spurii Capitularis ap. Theod. tom. I, p.* 380. *cfr. Phillips l. c. p.* 759 *sqq.*

895.

A.

munes orationes et preces finitas honorificentissime[17] infulati, pontificalibus sedibus suffulti, mentibus serenati, prudentia praediti[18] sacrosanctum ingressi sunt synodale colloquium. Inter alia namque, quibus divina et humana tractaturi erant, communi voto et pari consensu de collegio sanctorum sacerdotum gnaros et idoneos direxerunt mediatores ad praefatum pium regem inquirentes, quo studio vel quali benignitate secundum sapientiam et possibilitatem ab ipso Deo sibi datam ecclesiam Christi illi per regalem potestatem et ipsis per sacerdotalem eminentiam commissam defendere et ministerium illorum amplificare et sublimare dignaretur; proponentes ei propriam regis eminentiam, id est, ut misericordia et modestia omnes praecellat et non secundum personam iudicet atque iuxta Salomonem[20] iustitiam, iudicium et aequitatem diligat; addentes insuper sacrarum exempla literarum, quibus sapientia alumnos suis laribus[b] educatos instruens, ait: 'Meum[21] est consilium et aequitas, mea prudentia, mea est fortitudo. Per me reges regnant et legum conditores iusta decernunt. Per me principes imperant, et potentes decernunt iustitiam'; et item: 'Rex[22], qui iudicat in veritate[c], tronus eius in aeternum firmabitur'; praeferentes etiam ei institutiones Martini episcopi ad Mironem regem, quibus eum ad honestatem vitae et pietatem morum ordine rationis instituens ait: 'Prudentis[23] proprium est, examinare consilia', atque subiunxit: 'Si prudens est animus tuus, tribus temporibus dispensetur. Praesentia ordina, futura praevide, praeterita recordare', et 'sermo tuus non sit inanis, sed aut suadeat, aut moneat, aut consoletur,

B.

iuxta sanctorum instituta patrum integriter[i] illi placuisset aut secundum capitularia regum, quae inter eos discutienda afforent, diffiniri[k], prona intentione eos iussionibus[l] illius oboedire. Quibus[19] rex, superno lumine illustratus et zelo divini honoris animatus, ut pater et dominus remisit se corpore et animo paratissimum aecclesiasticarum rerum auxiliatorem, aeque[m] defensorem vindicemque in rebelles, qui eorum saluberrimis non adquiescerent monitis, adeo ut, si quaelibet persona in regno suo episcoporum excommunicatione pro malefactis palatino diu careret[n] examine[o], aut a potestatibus[p] regni sui capta regiis aspectibus praesentaretur aut, si se defendere niteretur, absque interdictu occideretur, constrectis insuper parentibus eius, ne aliquam super hoc faidam allevare praesumant. Ad haec sanctorum coetus sacerdotum cum adstanti clero in venerationem[q] regis se humilians per alta[r] voce[r] 'Te Deum laudamus' sonantibus campanis, lacrimantibus quam plurimis in finem usque decantavit; dictaque oratione, tam pro serenissimi regis incolomitate, quam eciam pro fratribus gloriosam maiestatem trinitatis conlaudabant, qui eis tam mitem et strenuum contulit regni tutorem, residentesque capitula[s] subternixa promulgarunt et titulaverunt. Accessit ad haec regiae dignitati honorabilissima iocunditas. Nam cum die altera aecclesiam, in qua sinodus habebatur, ad audiendam missam intraret, hac psallentium voce omnipotens eum Dominus redimere dignatus est, ut per totam basilicam resonaret gloria et iubilatio in laudem nominis Domini. Sicque per caetera missalia officia cum divinis laudibus regis

A. b) laboribus 5. c) pauperes *add. Bibl.*

B. i) *ita Diess.; integrum legi vult Phill.* k) diffiniire *Phill.* l) iussione *id.* m) *ita Diess.;* atque *legendum esse censent Phill., Waitz, VG. V², p. 32, not.* 1. n) caret *Diess.* o) exanimi *Phill.* p) *ita emend. Phill.;* potestatrius *Diess., quod correctum videtur ex* potestate. q) veneratione *Phill.* r) *ita Diess.* s) *ita corr. Phill.;* capitalia *Diess.*

19) *Quae sequuntur summam partim prologi longioris, partim capitis tertii repetunt.* 20) *Cfr. Prov.* 1, 3; 2, 9. 21) *Prov.* 8, 14—16. 22) *Ibid.* 29, 14. 23) *Martini Dumiensis Formula honestae vitae c.* 1, *Galland, Biblioth. patr. XII, p.* 275.

A.

aut praecipiat'. Quibus rex theologiam quasi ab alto disserentibus ab augusta mentis suae sede — quia, ut sapientia ait, 'cor[25] regum inscrutabile est' — archanum mysterii sui revelans in haec verba prorupit: O pastores ecclesiarum Christi et clarissima lumina mundi, agite, quae vobis inposita est, curam pastoralem; et, iuxta apostolum, 'instate[26] oportune inportune, arguite, obsecrate, increpate in omni patientia et doctrina', ut vigili cura et admonitione sedula oves Christi ad caulas aeternae vitae introducere mereamini. Habetis me omnibus ecclesiae Christi adversantibus et vestro sacerdotali ministerio renitentibus obpositissimum bellatorem, quia, ut apostolus Romanis scribit[d], 'in[27] his omnibus[e] superamus propter eum, qui dilexit nos', et item 'si[28] Deus pro nobis, quis contra nos? certus[29] sum enim, quia neque mors neque vita neque instantia neque futura neque ulla creatura poterit nos separare a caritate Dei' et unanimitate sancta, beatissimi patres.

Gratulantes igitur beati, qui missi sunt, sacerdotes, congredientibus quibusdam optimatibus de trono regis causa iustae legationis et verae unanimitatis ad sanctam synodum directis, reversi sunt ad eos, qui miserant illos. Perambulantes igitur et sacrum conventum inrumpentes, rite et laudabiliter, quae iniuncta sunt, exponentes et ecclesiam illic congregatam consolatoria responsione laetificantes siluerunt, et quid deinceps acturi essent, taciti expectare ceperunt. Exsurgentes igitur de sedibus suis reverentissimi patres, cum asstanti clero ter quaterque proclamantes et divinae maiestati supplicantes: 'Exaudi Christe, Arnolfo magno regi vita' et sonantibus campanis 'Te Deum laudamus' concinentibus cunctis, glorificantes et Iesum Christum conlaudantes, qui in servis suis consolabitur, qui ecclesiae suae sanctae tam pium et mitem consolatorem tamque strenuum adiutorem ad honorem nominis sui condonare dignatus est, et peractis divinae maiestati precibus inclinantes se coram pii principis asstantibus missis, gratificantes et magno principi laudes debitas persolventes; deinde recto ordine consederunt, et praevio sancto Spiritu quaedam capitula magis necessaria ex canonicis institutionibus subscripserunt, errata[30] corrigere, superflua abscidere, recta via regia coartare. Post haec prudentissimus rex regnorum sacrosanctis divinae religionis interfuit mysteriis et sancti patres secretis palatinis. Et concordia erat in cunctis ad laudem Iesu Christi domini nostri, cui sit laus et gloria per infinita seculorum secula.

Explicit[f] epistola.

B. 895.

honorificentia intonuit, acsi pro defensione promissa sanctae Dei aecclesiae iudex iustus praesenti futuroque seculo eum coronare misericorditer repromitteret.**

**) *In cod. Cat. hic praemissus est prologus*[24]: Anno incarnationis Domini DCCCXCV sedente ad Triburiam oppidum glorioso rege Arnulfo congregati sunt episcopi numero XXVI cum abbatibus monasteriorum. Quos idem gloriosus rex ecclesiastica iura tractare precepit seque devotissimum adiutorem promisit ad restituenda seu canonum decreta seu decreta progenitorum suorum, quae in capitulari eorum continentur, in quocumque ea cognoscerent infirmari. Contra plerosque etiam seculares, qui episcopalem auctoritatem inminuere temptabant, episcopis et sancte synodo vigore regio favebat. Et promulgata sunt et ab ipso probata capitula, quae infra digesta sunt.

A. d) scripsit 1. 2. e) *om.* 1. 3. f) Finit epistola Triburiensis concilii. Incipiunt capitula eiusdem concilii 2; *cfr. supra p.* 208, *not.* b.

24) *Seckel, l. c. s. fine, non immerito demonstravit verba illa, quae Regino in suo chronico de concilio Triburiensi facit et quae supra p.* 196 *allegata sunt, partim hinc sumpta esse.* 25) *Prov.* 25, 3. 26) 2. *Timoth.* 4, 2. 27) *Rom.* 8, 37. 28) *Ibid.* 8, 31. 29) *Ibid.* 8, 38. 39. 30) *Cfr. quae exposui in 'NA.' XVII, p.* 68, *not.* 1.

895. Caput 1. Communis oratio pro concordia tam cleri, quam populi. Post ingressum sancti et synodalis colloquii, e coelis divinum implorabant auxilium, ut Deus omnipotens, qui David canente 'inhabitare[31] facit unanimes in domo', et 'dabit[32] *virtutem et fortitudinem* plebi suae' in domo sua, in sancta[a] videlicet ecclesia, clerum et populum unanimes dignaretur cohibere, virtutem et fortitudinem dare, ut in nullo dissiderent, sed[b], quae agenda sunt, rite et laudabiliter discernerent[b], quatenus rationabilia meditantes et dictis concordarent et factis.

Cap. 2. De quodam presbytero excaecato, et de excommunicatis interrogatio synodalis. Cum haec pro unitate tam cleri, quam populi tractarentur, quidam presbyter venit medius, a quodam laico excaecatus, eiusdem criminis, propter quod caecus fuerat effectus[a], liberrimus, ut testatur episcopus, in cuius sancta synodo post excaecationem coram positus securus est factus[b]. Quapropter idem episcopus praecepit, ut veniret laicus et de tam nefando scelere satisfactionem procuraret agere. Qui nequaquam consensit, sed communem episcoporum synodum appellavit. Perpendentes episcopi lamentationem Hieremiae[33] impleri, aurum obscurari, lapides sanctuarii ab hostibus destrui et iterum in membris suis Christum crucifigi, suspirantes et compassibiliter ingemiscentes, vicariis pro se et sancto clero transmissis, proclamantes et pium ecclesiarum defensorem appellantes atque consilium postulantes, quid statuere dignaretur pro talibus et similibus, qui pro diversis erratibus et certis criminibus sunt incorrigibiles et iusto anathemate, mucrone apostolici sermonis, abscidnntur, quo ait: 'Tradite[34] huiusmodi Satanae in interitum carnis, ut spiritus salvus sit in die Domini', et iterum: 'Cum[35] huiusmodi nec cibum sumere', sed tamen indurante diabolo, quamvis excommunicentur, ad poenitendum non emolliuntur, sed, sicut scriptum est: 'Impius[36], cum in profundum peccatorum venerit, contemnit', profundum peccatorum intuentes et in desperationem proruentes, 'et[37] erit novissimus error peior priore'; mittentes etiam ei contra eos scripta instituta canonica: in canonibus sanctorum apostolorum cap. XI: 'Quod[38] cum excommunicatis non sit orandum': in Niceno magno concilio cap. V: 'Qui[39] suo peccaverunt evidenter episcopo, excommunicati rationabiliter ab omnibus estimentur'; in Antioceno sancto concilio cap. II: 'Ut[40], si quis episcopus aut presbyter aut diaconus seu[c] quilibet ex clero deprehensus fuerit cum excommunicatis communicare, etiam iste communione privetur, tamquam qui regulam confundat ecclesiae': in epistola Calisti papae: 'Ut[41] nemo cum eis in oratione aut cibo vel potu aut osculo communicet nec eis "Ave" dicat'.

Cap. 3. Responsio regis, et de excommunicatis sententia universalis. Nos igitur, quibus cura regni et sollicitudo ecclesiarum Christi commissa est, aliter regnum et imperium iure ecclesiastico regere et gubernare non possu-

(3a.)

Conquesti[a][42] sunt quidam[b] de quibusdam malefactoribus, quorum tam nimia inprobitas est, ut admonitionem sacerdotum non curent, bannum episcoporum contempnant, ad synodum[c] semel, bis, ter aut

1. a) *Incipit iterum* 2. b) sed ... discernerent *in marg. add.* 1; *om.* 5.
2. a) effectus ... quin[quennio], *infra p.* 217, *lin.* 4, *des. in* 4, *foliis duobus deperditis.* b) ille presbyter *add.* 3; *glossa interlin. in* 1. c) sed communicare quilibet 5.
3a. *Cfr. Tab. III, supra p.* 202 *sqq.*, *nr.* 4. a) Item de malefactoribus. Ex concilio Triburiensi cap. VIII. *rubr. ap. Reg.* b) *om. Cat.* c) synod. ter quaterque *Reg.*

31) *Psalm.* 67, 7. 32) *Ibid.* 67, 36. 33) *Hierem. Thren.* 4, 1. 34) 1. *Corinth.* 5, 5. 35) *Ibid.* 5, 11. 36) *Prov.* 18, 3. 37) *Matth.* 27, 64. 38) *Can. apost.* c. 11, *inscript.*, *Mansi I, col.* 49. 39) *Conc. Nic. c.* 5, *Mansi II, col.* 679. 40) *Conc. Antioc. c.* 2, *l. c. col.* 1321 *sq.* 41) *Pseudo-Calixtus* c. 10, *Decretal. Pseudo-Isidor. ed. Hinschius p.* 138. 42) *Hoc capitulum ope capitum* 3. 8. *compositum est.*

mus, nisi hos, qui 'ecclesiam[43] Christi non habentem', ut apostolus ait, 'maculam neque rugam' conturbant, zelo fidei persequamur. De quo rex David testatur: 'Nonne[45], qui oderunt te, Deus[a], oderam illos, et super inimicos tuos tabescebam? Perfecto odio[b] oderam illos[c], inimici facti sunt mihi'; et cum evangelium legeretur, audivimus: 'Si[46] te non audierit, sit tibi sicut ethnicus et publicanus', et alibi: 'Qui[47] percutit malos in eo, quod mali sunt, minister Domini est'. Idcirco non

quater vocati venire despiciant, ad extremum excommunicati nihili[d] pendant. 895.
De talibus et in capitulari[44] statutum est, regiae cognitioni suaderi debere: et devoto regi Arnulfo cum sancta synodo placuit, ut, quicumque post excommunicationem debitam sic parvi estimant Deum et christianitatem, seculari potestate persequendos, et, si[e] interficiantur, iaceant[f] absque compositione.

potentiam ostendentes, sed iustitiam exhibentes praecipimus et auctoritate nostra iniungimus omnibus regni nostri comitibus[48], postquam ab episcopis anathemate excommunicationis percelluntur et tamen ad poenitendum non inclinantur, ut ab ipsis comprehendantur et ante nos perferantur, ut, qui divina iudicia non verentur, humana sententia feriantur, unde per quendam sapientem dictum est: 'Rex[49], qui sedet in solio iudicii, dissipat omne malum intuitu suo'. Si enim tam rebelles extiterint, ut comprehendentibus repugnare studuerint et in tali temeritate interfecti fuerint, iudicio episcoporum interfectoribus nulla inponatur poenitentia, et praecepto nostro weregeldi nulla ab eis extorqueatur compositio constringanturque proximi et eorum cognati cum iuramento, ne in illis eos vindicent, sed pacem ad eos et concordiam servent[50].

Cap[a]. 4. De iniuria et contumelia, quod absit, presbiterorum.

Si quis presbyter, quod[b] absit, quia sacerdos altissimi Dei[c] est[b], vulneratus vel quibuslibet iniuriis et contumeliis dehonestatus evaserit et supervixerit, tota compositio[51] persolvatur[d] presbytero[e]. Si autem articulo[e] mortis praeventus obierit,

(4a.)

Presbyter[a] vulneratus[b] aut caesus si mortem evaserit, tota[b] compositio cedat presbytero; si vero mortuus fuerit, compositio[c] in tres dividatur portiones: id est: altari, cui presbyter deserviebat, pars una, altera episcopo, tertia parentibus presbyteri solvatur.

3. a) Domine *Stuttg.* b) Perfecto odio odisse est et (*pro* ad) quod facti sunt diligere et quod faciunt increpare, mores pravorum premere, vitae prodesse *add. Stuttg.* (*cfr. Libelli de lite I, p.* 378); *glossa marg. in* 1—3, *quae ad verbum concordat cum Synod. Mett.* 859, *c.* 8, *infra edita.* c) et *add. Bibl.*

3a. d) pro nihilo ducant *id.* e) *om. Cat.* f) iaceantque *id.*

4. a) *rubr. om. Monac.* 3853, *St. Crucis;* Hilarii papae *rubr. in Monac.* 14628. b) quod ... est *om. Monac.* 14628. c) *om. Monac.* 3853, *St. Crucis.* d) solvatur *Monac.* 14628. e) Si vero in atrio ecclesiae aliquid ex istis presbytero factum fuerit (*p.* 216, *lin.* 5 *sqq.*), sive vivo sive mortuo similiter compositio solvatur presbytero. Eiusdem Hilarii papae. Si quis presbyter vulneratus et articulo *perg. id.*

4a. *Cfr. Tab. III, nr.* 5. 6. a) Cap. II. *praemittit Diess.;* Item apud Triburias *rubr. in Col., Monac.* 3853; De compositione presbyteri, si occisus fuerit. Ex eodem (*sc. concilio Triburiensi*) *rubr. ap. Reg., Monac.* 5541. b) calumniatus, si spassaverit, tota *Diess., Col., Monac.* c) calumniantis *add. iid.*

43) *Ephes.* 5, 27. 44) *Cfr. Anseg. II, c.* 23, *tom. I, p.* 419. 45) *Psalm.* 138, 21. 22. 46) *Matth.* 18, 17. 47) *Haec verba ita quidem in Biblia vulgata non leguntur; cfr. vero Rom.* 13, 4: Si autem malum feceris, time: non enim sine causa gladium portat. Dei enim minister est: vindex in iram ei, qui malum agit. 48) *Cfr. Widonis Cap. legib. add.* 891, *supra p.* 107 *c.* 1. 49) *Prov.* 20, 8. 50) *Cfr. Cap. Karlomanni* 884, *infra nr.* 287, *c.* 10. 51) *I. e.: illae duae partes, quas laesus accepit, et tertia pars vel fredus, qui secundum legem regi solvendus erat; cfr. Brunner RG. I, p.* 164 *sq.; II, p.* 621 *sqq.*

895. precium werogeldi[f][52] tripartita partiatur divisione; id est: altari, cui ordinatus fuerat[g], pars una, episcopo, in cuius diocesi erat, altera[h][53], tertia parentibus, de quibus ortus fuerat. Si vero in atrio ecclesiae aliquid ex istis presbytero factum fuerit, supra dicto modo presbytero[i], et pro presbytero[k] solvatur. Sed quia, ut Hilarius papa omnibus episcopis per diversas provintias in epistola sua scribit, 'iniuria[54] sacerdotum et[l] ecclesiarum[l] sacrilegium est[m]', sacrilegium in atrio factum altari et domino eiusdem loci persolvatur. Sacerdotes enim non sunt lacerandi, sed potius coronandi[n], quia de his ecclesiasticus liber loquitur dicens: 'In[57] tota anima tua time Dominum[o], et sacerdotes illius sanctifica, et ministros eius non derelinquas, et honorifica sacerdotem'; et Isidorus: 'His[58] enim, sicut et episcopis, dispensatio mysteriorum Dei commissa est. Praesunt enim ecclesiae Christi, et in confessione[p] divini corporis et sanguinis consortes cum[q] episcopis sunt[q], similiter et in doctrina populorum et in officio praedicandi'.

(4b.)

Si[a] in atrio ecclesiae quislibet iniuriaverit aliquem presbyterorum vel ibidem aliquod sacrilegium perpetraverit, altari, cuiuscumque personae fuerit ecclesia, et domino[b] componatur.

(4c.)

Si[a] quis in ecclesia clericum fuste vel[b] gladio percusserit, ut sanguis exeat[c], vel de ictu[d] sine effusione[e] sanguinis, secundum quod in capitulari scriptum[55] est, componatur, id est: in triplo secundum suam compositionem.

(4d.)

Ut[a][56] si qua in ipsos clericos vel in ecclesias perpetrata fuerint, id est: si quis clericum spoliaverit[b] aut[c] vulneraverit vel quippiam[d] huiusmodi iniuriarum egerit[d], decimas ecclesiae tulerit vel retinuerit et[e] cetera huiusmodi[e], si[f] non prius per secularem potentiam digne vindicatum fuerit[f], episcopus ad suum[g] iudicium illos malefactores vocet et digne emendet*[59].

*) *Reg.*, *Monac. add.*: si contempserint venire, excommunicentur.

4. f) eius *add. id.* g) est *id.* h) pars una par. de quib. ort. fuerat tertia; iniurgia enim sacerdotum *(lin. 11) id., med. des.* i) si vivat *glossa interlin. in* 1—3. k) si occisus sit *item.* l) *om. Monac.* 14628. m) sacrarum rerum ablatio vel pollutio sacrilegium est *add.* 3; sacrilegium est sacrarum rerum *etc. glossa marg. in* 1. 2; sacrarum rerum ablatio. Sacerdotes *Monac.* 14628. n) *Explic. Monac.* 14628. o) Deum 1—3. *Monac.*, *St. Crucis.* p) *ita codd.*; consecratione *legi vult Cochl. sec. Isidorum.* q) *ita Isid.*; cum episcopis *om.* sunt 1—3, *Monac.*, *St. Crucis*; sunt episcopis 5.

4b. *Cfr. Tab. III, nr.* 7. a) Cap. III. *praemittit Diess.*; Item apud Triburias *rubr. in. Col.*, *Monac.* 3853. b) quod (cui *Monac.*) commissum est *add. Col.*, *Monac.*

4c. *Cfr. Tab. III, nr.* 8. a) De pugna in ecclesia. Ex eodem *(sc. Triburiensi) rubr. ap. Reg.* b) aut *id.* c) *om. Cat.* d) iectu *corr.* iactu *id.* e) sang. effus. iuxta *Reg.*

4d. *Cfr. Tab. III, nr.* 9. a) Si quis clericum exspoliaverit. Ex concilio Triburiensi *rubr. ap. Reg.*; Ex concilio Triburiensi. Si quis clericum *Monac.* 5541. b) exspoliaverit *iid.* c) aut vuln. *om. Monac.* d) aliquam iniuriam fecerit *Reg.*, *Monac.*; aut *add. Monac.* e) et ... huiusm. *om. iid.* f) si ... fuerit *om. Monac.* g) suam synodum *Reg.*, *Monac.*

52) 600 *solidorum; Cap. legib. add.* 803. *tom. I, p.* 113, *c.* 1. 53) *Cfr. Capp. legib. add.* 818. 819, *l. c. p.* 281, *c.* 2; *Wilda, Strafrecht d. Germ. p.* 528*sq.* 54) *Haec Hilarii epistola non iam exstat; cfr. Jaffé, Reg. pontif.* I², *nr.* 568. 55) *Cfr. Anseg. IV, c.* 14, *tom. I, p.* 438, *ex quo nostrum caput excerptum videtur; cfr.*: de ictu sine effusione sanguinis; in triplo secundum suam compositionem. 56) *Cfr. c.* 7, *cuius summam auctor Collectionis Cat. in hoc capite cum summa capituli* 4. *coniungit.* 57) *Eccles.* 7, 31—33. 58) *Isidori de ecclesiast. offic. lib. II, c.* 7, *Opera ed. Arevalo, VI, p.* 425. 59) *In Coll. Cat. nunc sequitur:* Item scriptum est in concilio Toletano capitulo undecimo: Si quis de potentibus clericum aut quemlibet pauperiorem aut religiosum expoliaverit, et mandaverit eum ad se venire episcopus, ut audiatur, et contempserit, invicem mox scripta percurrant per omnes provintiae episcopos et quoscumque adire potuerint, ut excommunicatus habeatur, donec audiatur et reddat aliena; = *Conc. Tolet. I, c.* 11, *Mansi III, col.* 1000; *cfr. Reg. II,* 36 *et Seckel l. c., qui hoc caput partem concilii Triburiensis esse putat, et quae ipse exposui eodem loco.*

Cap. 5. Quali poenitentia subiacere debeat, qui presbyterum voluntarie morti tradiderit. Si quis sacerdotem non coactus, sed propria voluntate seductus morti tradiderit, secundum sententiam apostolicorum et nostrorum moderni temporis sacerdotum quinquennio[a] plenissimo[b] castigatione poenitentiae substernatur; ita ut carnem[60] non manducet nec vinum bibat, ieiunet autem usque ad vesperam exceptis dominicis[c] et diebus festis; arma non portet, et ubicunque eat, pedibus incedat: ecclesiam[61] non intret, sed[62] ante fores stet orans Deum[d] puro corde, ut abluatur tanto crimine. Expleto vero quinquennio introducente episcopo ingrediatur ecclesiam, nondum tamen communicans, sed inter[e] audientes stans. Et aliud quinquennium indulgentius introeat indultum. Quo vero expleto cum decimi anni cursus fuerit finitus, gratia communicandi et licentia concedatur ei equitandi. Maneat autem in reliquis observationibus tres dies per ebdomadam, ut purificationis mereatur culmen. 895.

Cap.[a] 6. De eo, qui evaginato gladio atrium ecclesiae intraverit. Si quis temerarius atrium aecclesiae evaginato gladio praesumptiose intraverit, sacrilegium facit; et idcirco sacrilegium in atrio Domini factum sacrilegii more altari et domino persolvatur[b] [63]. Dominus[c] dicit in evangelio: 'Omnes[64] enim, qui acceperint gladium, gladio peribunt': id est: qui se ipsos vice talionis per peccatum in praesenti ulcisci desiderant, gladio ipsius peccati in anima moriuntur: quanto magis is, qui sanctum[d] atrium, quod Dominus sibi prae ceteris segregavit locis suae sanctae ecclesiae ad honorem, polluit et temerarius irruperit, gladio peccati et iniquitatis suae mortuus iacuerit? Quapropter opus est poenitentia[e], ut resurgat ad vitam, qui gustavit mortem[f].

(6a.)

Si[a] quis in atrio ecclesiae pugnare[b] incipit vel homicidium fecerit[c], quicquid pro immunitate violata emendandum est, altari[d] solvatur, cuiuscumque fuerit ecclesia illa.

Cap.* 7. De his, qui res ecclesiae, sive interiores, sive exteriores rapiunt. Quicumque[65] timorem Domini postponentes et ecclesiastica iudicia non verentes res ecclesiae rapiunt vel auferunt, ut in epistola Anacleti papae legitur, sacrilegium faciunt. Papa dixit: 'Ergo[66] qui Christi pecunias et ecclesiae rapit, aufert vel fraudat, homicida est atque homicida ante conspectum iudicis deputabitur: qui rapit pecuniam proximi sui, iniquitatem operatur, qui autem pecuniam vel res ecclesiae abstulerit, sacrilegium facit'. Unde tanta auctoritate apostolicae sententiae suffulti sancimus et unanimes iudicamus, ut res ecclesiae tripliciter componantur[67]; insuper vero bannus episcopalis exquiratur[68]. Qui[a] vero exteriores ecclesiae res rapiunt

*) *Monac.* 14628 *priorem capitis partem hac forma praebet:* Anacleti papae. Quicumque res ecclesiae rapuerit vel aufert, apostolica auctoritate sancimus, ut, quicumque sit, qui Christi pecunias rapit, aufert, fraudat, in conspectu Domini homicida est et sacrilegus; et easdem pecunias tripliciter componat et bannum episcopo persolvere omnimodis conetur.

5. a) *a litteris* quennio *incipit iterum* 4. b) plenissimae castigationi 5. c) [domi]nicis . . . ma[num], *p.* 220, *lin.* 9, *des. in* 2, *tribus foliis excisis.* d) Dominum 5. e) intra 5.
6. a) *rubr. om. Monac.* 3853, *St. Crucis;* In Antioceno concilio *rubr. in Vindob., Bamberg;* Antioceno concilio *rubr. in Monac.* 14628. b) *Cetera des. in Monac.* 14628. c) enim *add. Monac., superscr. St. Crucis.* d) *ita* 4, *Monac., St. Crucis;* secundum *rell.* e) e poenitentiae *corr.* 1; penitentiae 4, *Monac., St. Crucis.* f) *deest in* 1, *folio absciso.*
6a. *Cfr. Tab. III, nr.* 10. 11. a) De pugna et homicidio in atrio ecclesiae. Ex concilio Triburiensi *rubr. ap. Reg.;* Ex concilio Triburiensi *rubr. in Monac.* 5541; De emunitate aecclesiae. Ex concilio Triburiensi cap. XXX. *rubr. ap. Burch.* b) pugnam committit aut *Reg., Monac., Burch.* c) facit *iid.* d) altario *iid.*
7. a) Anacleti papae. *rubr. praemittit. Monac.*

60) *Conc. Wormat.* 868, c. 26, *Mansi XV, col.* 874. 61) per quinquennii tempus *add. id.* 62) cum sacrarum orationum officia aut missarum solemnia celebrantur *add. id.* 63) *Cfr. supra c.* 4. 64) *Matth.* 26, 52. 65) *Cfr. supra c.* 4*d.* 66) *Pseudo-Anacletus* c. 14, *l. c. p.* 73. 67) *Cfr. Brunner, RG. II, p.* 54. 68) *Cfr. Wilda, l. c. p.* 526 *sqq.: Dove in 'Z. f. KR.' V* (1865), *p.* 41.

895. vel fraudant, comite[b] agente coerceantur, ut res ablatae[c] legitime restituantur et componantur. Si vero[d] comes non procuraverit[e] vel non emendaverit, ab episcopo[f] canonico constringantur[g], ut res restituantur.

Cap.[a] 8. De his, qui contemnunt bannum ab episcopis inpositum. Nemo contemnat neque[b] transgrediatur[b] bannum[c] ab episcopis superpositum[d]. Sciat[e] et abhorreat in[f] epistola beati Clementis dictum contra se scriptum: 'Si[69] vobis episcopis[g] non oboedierint omnes[h 70], tam maiores[i] quam[k] et[l] inferioris ordinis[m] atque reliqui populi, tribus et linguae[h], non solum infames, sed[n] et[o] exterres a regno Dei et consortio fidelium[p] a liminibus sanctae Dei[n] ecclesiae alieni[q] erunt'. Et[r] audiat[s] ipsum Dominum in evangelio dicentem: 'Qui[71] vos audit, me audit, et[t] qui vos spernit, me spernit[t]'. Quapropter nos[u] evangelicam et apostolicam considerantes auctoritatem, non quaestum pecuniarum, sed lucrum quaerentes animarum statuimus et confirmamus, ut, si quis post hanc huius sancti[v] concilii diffinitionem inventus fuerit, corrupisse bannum ab episcopis inpositum, XL dierum castigatione corripiatur, tantum[w] in pane, sale et aqua.

Cap.* 9. De eo, si episcopus ecclesiasticum et comes saeculare placitum una die condixerint. Cum autem episcopus ecclesiam a domino Deo sibi commissam regens episcopatum circumeundo porrexerit et placitum canonice constitutum decreverit[72] populumque sibi creditum illo invitaverit atque comes eadem die, sciens placitum ab episcopo condictum vel nesciens, placitum[b] cum populo suum condixerit et per bannum illuc venire praeceperit: placitum comitis omnes postponant[73], et comes ipse idemque populus post episcopum festine pergant, scientes se non illic seditiosa contentione decertare, sed pro fide catholica invigilare, non cumulum pecuniarum, sed lucrum congregare animarum. Unde in eadem beati Clementis epistola: 'Vestrum[74], qui legatione Domini fungimini, est docere populos. Eorum vero est, vobis oboedire, ut Deo': et in epistola Alexandri papae successoris Euaristi: 'Si[75] quis autem legationem vestram impedit, non unius, sed multorum profectum avertit. Et sicut multis nocet, ita a multis est arguendus. Et quia Dei causam impedit et statum ecclesiae conturbat, ideo a liminibus eius arceatur'.

*) *In Monac.* 14628 *prior capituli pars hac forma exstat:* Alexandri. [Cum[a]] episcopus circuiendo parrochiam sui episcopatus et placitum suum canonice constitutum populum sibi creditum illo adventurum decrevit et comes ipsa die sciens indictum placitum condixerit, cum bannito populo ad episcopi placitum veniat.

7. b) a comite coerc. *id.* c) *om. id.* d) non procuraverint vel non emendaverint *pergit* 5. e) procurat . . . emendat *Monac.* f) loci *add. id.* g) constringatur ut ecclesiae ablatas res *id.*

8. a) De transgressoribus banni episcopalis *rubr. in Monac.* 3853, *St. Crucis, Paris;* De banno episcopali concilii Niceni cap. VII. *rubr. in Salisb.;* Fructuosi episcopi *rubr. in Monac.* 14628. b) *om. Salisb., Monac.* 14628. c) ban. episcopi *Monac.* 3853; ban. episcopis *St. Crucis.* d) neque transgrediatur *add. Salisb.* e) unusquisque *add.* 1. f) sicut dicit sanctus Clemens: Ut si quis episcopis *Monac.* 14628. g) *om. Salisb.* h) omnes . . . linguae *om. Monac.* 14628. i) maioris 3. 4, *Salisb. Vindob. et Bamberg.* c. 70, *Ps.-Clem.* k) quam et inf. *om.* 4. l) *om. Monac.* 3853, *St. Crucis, Paris.* m) clerici *add. iid.* n) *om. Monac.* 14628. o) *om.* 4; etiam 5. p) sed *add. Monac.* 14628. q) fiant alieni *id.* r) Et si quis praedictum bannum corruperit, XL dies in pane, sale et aqua sit, *om. rell., id.* s) audiant *Salisb.* t) et . . . spernit *om. id.* u) vos *Salisb.;* et *add. id., Monac.* 3853, *St. Crucis, Paris.* v) *om. Bamberg.* w) *om. id., Vindob.*

9. a) *om. Monac.* b) plac. suum cum pop. cond. 3.

69) *Pseudo-Clemens* c. 57, *l. c. p.* 53. 70) omnes presbiteri, diaconi ac subdiaconi et reliqui clerici cuncti omnesque principes tam maioris ordinis quam et *Ps.-Clem.* 71) *Luc.* 10, 16. 72) *Cfr. Dove l. c. IV* (1864), *p.* 16 *sqq.* 73) *Ibid. V, p.* 11 *sq.* 74) *Cfr. supra not.* 69. 75) *Pseudo-Alexander* c. 13, *l. c. p.* 102.

Quapropter nullus[c] comes nullusque iudex[d], nullus omnino in clericatu vel seculari habitu constitutus legationem episcoporum impediat vel conturbare praesumat[e]. Ut autem unanimitas et concordia sit inter episcopos et comites, placuit, ut, si quis episcopus domi residens conventum populi esse voluerit et comes nihilominus in ipsa eademque die placitum condixerit[f], effectum obtineat, qui prior indicaverat, salva tamen dignitate et potestate episcopi. 895.

Cap. 10. Ut episcopus non deponatur, nisi a XII episcopis[a], presbyter a VI, diaconus a[a] tribus[a]. Statutum est in hac sancta et universali synodo, ut nullus episcopus deponatur, nisi a XII episcopis, presbyter a VI, diaconus a tribus. In concilio Carthaginensi cap. XII: 'Felix[76] episcopus dixit: Si quis episcopus in reatum aliquem incurrerit et non potest plurimos congregare episcopos, ne in crimine remaneat, a XII episcopis audiatur, et presbyter a VI cum proprio suo episcopo, et diaconus a tribus episcopis audiatur'; et in eodem concilio cap. XX: 'Ut[77] presbyter a VI, diaconus a tribus discutiatur episcopis. Reliquorum clericorum causas etiam solus episcopus loci cognoscat et definiat'.

Cap. 11. Si quis clericus homicidium fecerit, ab ordine cessare debebit. Si quis clericus quamvis nimium coactus homicidium fecerit, sive sit presbyter sive diaconus, deponatur. Legimus in canonibus apostolorum, quod 'episcopus[78], presbyter et diaconus, qui in fornicatione aut periurio aut furto captus est, deponatur'. Quanto magis is, qui hoc inmane scelus fecerit, ab ordine cessare debebit? Qui enim Christum sequi desiderat, debet, sicut ipse ambulavit, et ipse ambulare; 'qui[79], cum malediceretur, non remaledicebat; cum percuteretur, non repercutiebat; cum pro nobis pateretur, non comminabatur'. Et ipse in evangelio suo praecepit: 'Si[80] quis te percusserit in unam maxillam, praebe illi et alteram'. Non enim debemus occidere, cum Dominus dicat: 'Audistis[81], quia dictum est antiquis: non occides; qui autem occiderit, reus erit iudicio. Ego autem dico vobis, quia omnis, qui irascitur fratri suo, reus erit iudicio', nec malum pro malo reddere, sed, sicut apostolus Romanis scribens ait: 'Noli[82] vinci a malo, sed vince in bono malum'. Si quis clericorum praesens erit, ubi homicidium[a] fuerit, et neque consensu neque consultu neque in aliquo homicidii reatu pollutus esse convincitur, nihil ei obsit, quin consecratus in gradu permaneat; non consecratus, si alias dignus sit, promotus accedat.

Cap. 12. Ut praeter pascha et pentecosten baptisma non celebretur excepta necessitate periclitantium. Sacrosanctum baptismi mysterium sciant omnes in Christo regenerati non nisi praefixis et legitimis in anno celebrari temporibus, 'cum[83] hoc sibi privilegium', ut in epistola Siricii papae legitur cap. II, 'et apud nos et apud omnes ecclesias specialiter cum pentecoste suo[a] dominicum pascha defendit'; 'in[84] quo', ut legitur in epistola Leonis papae cap. IX[b], 'orta est

9. c) *Incipit iterum Monac.* 14628, *praemissa rubrica:* Alexandri papae. d) et *add. id., om.* omnino. e) *Cetera des. ibid.* f) esse dixerit 5.
10. a) *om.* 4.
11. a) factum *add.* 3. 4.
12. a) sua 3. b) VIII. 4.

76) *Conc. Carthag. c.* 12, *Mansi III, col.* 715. 77) *Conc. Carthag. c.* 20, *l. c. col.* 722: una secum in presbyteri nomine sex, in diaconi tres ipsorum causam discutiant. Reliquorum *etc.* 78) *Can. apost. c.* 25, *Mansi I, col.* 53. 79) 1. *Petr.* 2, 23. 80) *Matth.* 5, 39. 81) *Ibid.* 5, 21. 22. 82) *Rom.* 12, 21. 83) *Supra p.* 177, *not.* 34. 84) *Leonis epist. ad episc. Siciliae. Jaffé l. c.* I[2], *nr.* 414, *c.* 9. *ap. Dionysium, Cod. canon. p.* 444, *c.* 3. *ap. Mansi V, col.* 1308.

895. et virtus muneris et species actionis, ad[c] cuius rei confirmationem plurimum valet, quod ipse[c] dominus Iesus Christus, postquam resurrexit a mortuis, discipulis suis formam et potestatem tradidit baptizandi dicens: 'Euntes[85] docete omnes gentes baptizantes eos in nomine Patris et Filii et Spiritus sancti'. De quo utique ante passionem potuisset eos instruere, nisi proprie voluisset demonstrare[d] regenerationis gratiam ex sua resurrectione coepisse. Additur sane huic observantiae etiam pentecostes ex adventu sancti Spiritus sacra solemnitas, quae de paschalis festi pendet articulo. Nam cum ad alios dies alia festa pertineant, haec semper ad eum diem recurrit, qui resurrectione Domini est insignis, porrigens quodammodo[e] manum[f] auxiliantis gratiae et[g] eos invitans, quos[g] a die paschae aut molestia infirmitatis aut[h] longinquitas itineris aut navigationis difficultas[h] interclusit, ut desiderii sui effectum dono sancti Spiritus consequantur. Ipse enim unigenitus Dei, qui in pascha resurrexit, in fide credentium et in virtute operum nullam inter se et Spiritum sanctum voluit esse distantiam, quia nulla est diversitas in natura'. Unde 'utrique sit proprium non dissimile esse festum, ubi unum est sacramentum'. Sicut tunc, ita et nunc in remissionem peccatorum baptismi celebratur sacramentum, quia[i] idem Spiritus sanctus, cuius hic celebramus adventum, est remissio omnium peccatorum. 'Trina namque in baptismate inmersio triduanam imitatur sepulturam, et ab aquis elevatio instar est resurgentis de sepulchro'. Periculo quocunque modo praeoccupatis et desperatis omni tempore subveniendum et baptismi sacramentum est tribuendum, quia necessitas vix habet legem. Si enim valida infirmitate occupati et desperati ad ecclesiam provehi non possint, loco mundo perspecto baptisma celebretur, et procuratione presbyteri caute observetur et collocetur[86]. Usque ad octavum namque diem ipsa regeneratio sacra ob omni christiano populo celebrabitur, quia resurrectio Domini octo diebus colitur.

Cap. 13. De decimis. De[87] decimis Augustinus doctor mirabilis sub brevi ratiuncula satis videtur dilucidasse, cum ait: 'Decimae[88] ex debito requiruntur. Quid si diceret Deus: nempe meus es, o homo! Mea est terra, quam colis. Mea semina, quae spargis. Mea animalia, quae fatigas. Meus est solis ardor. Et cum omnia mea sunt, tu, qui minus[a] accommodas, solum decimam merebaris. Sed servo tibi IX, da mihi decimam. Si non dederis decimam, auferam[b] IX. Si dederis mihi decimam, multiplicabo IX'. Si ergo quaerit aliquis, cur decimae dentur, sciat, quod ideo dandae sunt, ut hac devotione Deus placatus largius praestet, quae necessaria sunt[89], et ut ministri ecclesiae exinde[90] relevati[c] liberiores fiant ad[91] spiritalis servitii expletionem, et ut munus populi exhinc in cotidiana oblatione Domino immoletur nec non secundum statuta canonum in sustentationem pauperum et restaurationem ecclesiarum proficiant. Quattuor enim fieri partes iuxta canones iudicamus de decimis et oblationibus fidelium, ut una sit episcopi, altera clericorum, tertia pauperum, quarta restaurationi ecclesiarum servetur, sicut in epistola Gelasii papae cap.[d] XXVII. legitur*[92].

*) *In cod. 2. cum capite 13. hic tractatus*[93] *de decimis coniungitur, qui in* 1. 3. 4. *acta concilii subsequitur et ab illis separandus est:* Dominus dicit in evangelio: 'Omnem[94] decimationem vestram

12. c) ad ... ipse *om.* 1. 3. 4. d) *ita omnes codd.;* intellegi *epist. Leonis.* e) *om.* 4. f) *a litteris* num *incipit iterum* 2 g) ad eos quos *epist. Leonis.* h) aut alicuius difficultatis 1—4. i) qui 5.
13. a) *ita* 1—5, *Stuttg., Walahf.;* manus *August.* b) auf. tibi IX. Si autem *Stuttg.* c) velati 3. d) *Ab his verbis incipit caput insequens in Stuttg. (cfr. c. 51).*

85) *Matth.* 28, 19. 86) *I. e.: tempus octo dierum post baptisma rite expleatur; cfr. Binterim, Deutsche Concilien III, p.* 189, *not.* 1. 87) *Walahfridi liber de rebus ecclesiast. c.* 28, *infra in App. edit.* 88) *Augustini append. sermo* 277, c. 3. 2, *Opera ed. Bened. V,* 2, *col.* 461. 89) sicut superius ostendimus et ut sacerdotes et min. *perg. Walahf.* 90) cura et sollicitudine necessitatum corporalium, quibus sine hac vita transigi non potest relevati *id.* 91) meditationem divinae legis et doctrinae administrationem atque *add. id.* 92) *Gelasii epist. ad episc. per Lucaniam, c.* 27, *Mansi VIII, col.* 45, *Jaffé l. c. I*[2], *nr.* 636. 93) *Primum edidit Phillips l. c. p.* 768 *B.* 94) *In evangeliis Bibliae vulgatae non legitur: cogitavit fortasse auctor de Tob.* 1, 7.

Cap.[a] 14. **De decimis antiquarum et novitor consecratarum ecclesiarum.** Placuit[b] huic sancto concilio, ut secundum sanctiones canonum[b] decimae, sicut et[c] aliae possessiones, antiquis conserventur ecclesiis, sicut[d] in Calcidonensi sancto concilio statutum est[95] cap.[e] XVII[f]. Si quis autem[e] in affinitate antiquae ecclesiae novalia rura excoluerit, decima exinde debita antiquae reddatur ecclesiae. Si[g] vero in qualibet silva vel deserto loco ultra milliaria IV aut V vel eo amplius aliquod dirutum conlaboraverit[h] et illic consentiente episcopo ecclesiam construxerit et consecratam perpetraverit, prospiciat presbyterum ad servitium Dei idoneum et studiosum, et tune demum novam decimam novae reddat ecclesiae, salva tamen[i] potestate episcopi.

(14a.) 895.

Ut[a] novalia rura, quae iuxta cultos agros fiunt, ecclesiae[b] antiquae decimentur. Et si ultra milliaria IV vel V in saltu quaelibet digna persona aliquod novale conlaboraverit[c] ibidemque cum sui consensu episcopi ecclesiam construxerit, post consecrationem ecclesiae provideat presbyterum eiusque conductum[d] et de eodem elaboratu decimas eidem ecclesiae conferat.

Cap.[a] 15. **De sepultura mortuorum.** Restat propter instantem, quae[b] tunc maxima occurrit[b], necessitatem, ubi-

(15a.)

Mortuum[a] sepelire sane non in alio loco, nisi apud ecclesiam, ubi sedes est episcopi.

distribuite'. Ipse per prophetam loquitur: 'Inferte[96] omnem decimam in horreum meum, ut sit cibus in domo mea; et probate me in his, dicit Dominus'. Paulus apostolus dicit: 'De[97] filiis Levi sacerdotium accipientes mandatum habent decimas sumere a populo secundum legem, id est a fratribus suis. Hilarem[98] enim datorem diligit Dominus'. Salomon dicit: 'Alii[99] dividunt propria et ditiores fiunt, alii rapiunt non sua et semper in egestate sunt'. Iesus filius Syrac dicit: 'In[100] omni datu hilarem fac vultum et in exultatione sanctifica decimas tuas. Da altissimo secundum datum eius et in bono oculo adinventionem facito manuum tuarum, quoniam Dominus retribuens est et septies tantum reddet tibi'. Augustinus dicit: 'Decimae[1] enim tributa sunt egentium animarum Quodsi decimam dederis, non solum abundantiam frugum recipies, sed etiam sanitatem corporum consequeris. Dominus enim noster, qui dignatus est totum dare, decimam a nobis dignatur repetere non sibi, sed nobis sine dubio profuturam. Unde propheta dicit: "Primitias[2] areae tuae et torcularis tui non tardabis offerre mihi". Si tardius dare peccatum est, quantum peius non dedisse! De primitiis, de negotio, de artificio redde decimas. Cum enim decimas dando et terrena et coelestia possis munera promereri, quare per avaritiam duplici te benedictione defraudas? Haec enim est Domini iustissima consuetudo, ut, si tu illi decimam non dederis, tu ad decimam revoceris. Dabis impio militi, quod non vis dare sacerdoti. Benefacere Dominus semper paratus est, sed hominum malitia prohibetur. Decimae enim ex debito requiruntur et qui eas dare noluerit, res alienas invadit. Et quanti pauperes in locis, ubi ipse habitat, illo decimas non dante fame mortui fuerint, tantorum homicidiorum reus ante tribunal aeterni iudicis apparebit. Qui ergo sibi aut praemium comparare aut peccatorum desiderat indulgentiam promereri, reddat decimas et de novem partibus studeat eleemosynam dare'.

14. a) In Triburiensi concilio. De novalium decimis *rubr. in Salisb.*; Arnolfus imperator *rubr. in Monac.* 14628. b) Placuit ... canonum *om. Monac.* 14628. c) *om. id.* d) sicut ... cap. XVII. *om. id.* e) *Initium novi capitis in Salisb.* f) prout ibi legitur *add.* 3. 4; *glossa interlin. in* 1. 2; et *add. Monac.* 14628. g) Arnolfus imperator. Si quis vero *Monac.* 14628. h) laboraverit *Monac.* 3853. i) *om. Salisb.*

14a. *Cfr. Tab. III, nr.* 12. 13. a) Cap. XI. In Saxonia et Turingia decimae antiquitus constitutae (constutae c.) serventur et dentur. In Francia autem ad antiquas dentur ecclesias. Et in novalia *add. Diess.*; Synodus Liutberti apud Mogontiam *rubr. in Col.*; Quando aliquis novale collaboraverit plus II vel III seu IV milliaria in saltu *rubr. ap. Reg.* b) antiquae ecclesiae *Diess.* c) conlaboraverint *id.* d) conductu de *Reg.*

15. a) Sub Arnolfo imperatore *rubr. in Monac.* 14628. b) quae ... occurrit *om. id.*

15a. *Cfr. Tab. III, nr.* 14. 15. a) Cap. VI *praemittit Diess:* Ubi corpora fidelium sepeliantur. Ex concilio Triburiensi cap. VIII. *rubr. in Helmst.*

95) *Conc. Chalced. c.* 17, *Mansi VII, col.* 378; *cfr. etiam Anseg. II, c.* 34, *tom. I, p.* 422. 96) *Malach.* 3, 10. 97) *Ebrae.* 7, 5. 98) 2. *Corinth.* 9, 7. 99) *Prov.* 11, 24. 100) *Eccles.* 35, 11—13.

1) *Omnia, quae sequuntur, excerpta sunt ex Augustini sermone not.* 88 *citato.* 2) *Exod.* 22, 29.

885. cunque facultas rerum et oportunitas temporum suppetat, sepulturam morientium apud ecclesiam, ubi sedes est episcopi, celebrari. Si autem hoc propter itineris longinquitatem aut adiacentem alicuius inoportunitatis difficultatem inpossibile videatur[c], expectet eum terra sepulturae suae, quo canonicorum aut monachorum sive sanctaemonialium congregatio sancta communiter degat, ut eorum orationibus iudici suo commendatus occurrat et remissionem delictorum[d], quam meritis non obtinet, illorum intercessionibus percipiat. Quodsi et hoc ineptum et difficile estimetur, ubi decimam persolvebat[e] vivus, sepeliatur mortuus.

si fieri potest, determinatum est. Quodsi non[b], ad eandem ecclesiam, ubi decimationem persolvebat vivens, vel ubi canonicorum seu monachorum vel sanctimonialium sancta congregatio degit[c], mortuus[d] sepeliatur[d]; sine[3] aliqua[e] tamen exactione precii sepulturae[f], nisi forte parentes defuncti loco ecclesiae maluerint aliquid conferre*.

*) *Auctor Coll. Cat. capitulum in hanc breviorem formam redegit:* Ut[g], si possit fieri, mortui non alibi sepeliantur preter ad ecclesiam, et deinceps nihil exigatur pro pretio sepulturae; *cfr. Wasserschleben, Regino p. 81, not. z; NA. XVII, p. 61 sq.*

Cap.[a] 16. Ut sepulturam morientium nemo vendat. Abhorrendus[4] et christianis omnibus devitandus mos iniquus subrepsit sepulturam mortuis debitam sub praecio vendere et gratiam Dei venalem facere, cum hoc nusquam sub evangelica gratia[b] meminimus nos invenisse vel legisse. In ecclesiastico namque libro scriptum et: 'Mortuo[5] non[c] prohibeas sepulturam[d]', sciens[e], quia omnes moriemur; et[f] item: 'Omnia[6], quae de terra sunt, in terram convertentur[g]'. Quid terra terram vendis? Memento, quoniam terra es et in terram ibis, et quoniam mors tibi futura est, appropiat[h] et non tardat. Recordare, quoniam non hominis est terra, sed, ut psalmista commemorat, 'Domini[7] est terra et qui habitant in ea'. Si[i] terram vendis, invasione aliena rei reus teneberis. Gratis accepisti a Deo, gratis da pro eo[f]. Quare[k 8] interdictum sit omnibus omnino christianis terram[k] mortuis vendere et debitam sepulturam denegare, nisi forte proximi et amici[l] defuncti propter nomen Domini et redemptionem[m] animae viri gratis aliquid donare velint[n].

Cap.[a] 17. Ut nullus laicus in ecclesia sepeliatur. Secundum statuta sanctorum patrum et experimenta miraculorum prohibemus et praecipimus, ut deinceps nullus laicus in ecclesia sepeliatur[9]. Quidam mirabilis doctor nostrae diffinitioni consentiens inquit: 'Nemo[10] enim in ecclesia sepeliatur, nisi forte talis sit persona sacerdotis aut cuiuslibet iusti hominis, qui per vitae meritum talem vivendo suo corpori defuncto locum adquisivit. Corpora[b] antiquitus in ecclesia sepulta nequa-

15. c) videtur 5. d) peccatorum *Monac.* e) persolvat 4.

15a) b) vel *add. Helmst.* c) elegit *Diess.* d) *om. Helmst.* e) ullo *id.* f) sepulturae *et rell. om. id.* g) De eadem re. Item ex concilio Triburiensi *rubr. ap. Reg.*; Ut *om. Cat.*

16. a) Gregorii papae *rubr. in Monac.* 14628. b) gratiam 1. 2. 4. c) namque ne *Monac.* d) *ita* 1. 2. 5; gratiam 3. 4, *Bibl.*, *Monac.* e) *om. Monac.* f) et item ... da pro eo *(lin. 26) om. id.* g) convertuntur 5. h) appropinquat 4. i) Si terram ... compesceret, *p.* 225, *lin.* 15, *des. in* 4, *uno folio exciso.* k) Gregorii papae. Omnibus igitur christianis interdictum sit, omnino terram *Monac.* l) morte *add. id.* m) redemptione 1. 2; pro redemptione *Monac.* n) velit 5.

17. a) Gregorii papae. Nemo laicorum in ecclesia sepeliatur. Dicit enim sanctus Gregorius: Nemo in ecclesia *(lin. 33) Monac.* 14628. b) Gregorii papae *rubr. praemittit id.*

3) *Cfr. cap.* 16. 4) *Cfr. c.* 15*a sub fine.* 5) *Eccles.* 7, 37. 6) *Ibid.* 40, 11. 7) *Psalm.* 23, 1. 8) *Cfr. Conc. Namnet.* c. 6, *Mansi XVIII*, col. 168; *Conc. Meld.* 845, c. 72, *infra edit.* 9) *Cfr. l. c. ibid.*; *Conc. Bracar.* c. 18, *l. c. IX*, *col.* 779; *Conc. Mog.* 813, c. 52, *l. c. XIV*, *col.* 75; *Capp. eccles.* 810—813?, *tom. I*, *p.* 179, c. 14. 10) *Theodulfi Aurel. capp. presbyt.* c. 9, *Sirmond, Conc. Galliae II*, *p.* 213.

quam proiciantur, sed[11] pavimento desuper facto nullo tumulorum vestigio apparente ecclesiae reverentia conservetur. Ubi vero hoc[12] prae multitudine cadaverum difficile sit facere[12], locus ille cymiterium et poliandrium habeatur ablato inde altari et constituto[c], ubi religiose sacrificium Deo valeat offerri[d]'. Beatus Gregorius in miraculis patrum memoria dignum et huic rei congruum refert miraculum in Genuensi urbe contigisse. 'Ibi[13] namque quidam Valentius nomine Mediolanensis ecclesiae defensor defunctus est, cuius corpus in ecclesia beati martyris Syri sepultum est. Nocte autem media in eadem ecclesia factae sunt voces, ac si quis violenter ex ea repelleretur atque traheretur foras. Ad quas nimirum voces occurrerunt custodes et viderunt duos quosdam teterrimos spiritus, qui eiusdem Valentii pedes cum ligatura constrinxerant et eum[e] ab ecclesia clamantem ac[f] nimium[f] vociferantem foras trahebant. Qui videlicet exterriti, ad sua strata reversi sunt. Mane autem facto aperientes sepulcrum, ubi idem Valentius positus fuerat, eius corpus non invenerunt. Cumque extra ecclesiam quererent, ubi proiectum esset, invenerunt hoc in sepulchro alio positum ligatis adhuc pedibus, sicut de ecclesia fuerat abiectum. Ex qua re colligendum est, quia hi, quos peccata gravia deprimunt, si in sacro loco sepeliri se faciunt, restat, ut etiam de sua praesumptione iudicentur, quatinus eos sacra loca non liberent, sed etiam culpa temeritatis accuset'. Quid igitur sacra loca sepultis prosunt, quando hi, qui indigni sunt, ab eisdem sacris locis divinitus proiciuntur? Sancta synodus dixit: Mira res et multis expavescenda ideoque per futura temporum curricula ab omnibus observanda. 895.

Cap. 18. **De vasculis, quibus mysteria sacra conficiuntur.** Vasa[14], quibus sacrosancta conficiuntur mysteria, calices sunt et patenae. De quibus Bonifacius martyr et episcopus interrogatus, si liceret in vasculis ligneis sacramenta conficere, respondit: Quondam sacerdotes aurei ligneis calicibus utebantur, nunc econtra lignei sacerdotes aureis utuntur calicibus. Zepherinus[15] XVI. Romanus episcopus patenis vitreis missas celebrari constituit. Tum deinde Urbanus XVIII. papa omnia ministeria sacrata fecit argentea. In hoc enim, sicut et in reliquis cultibus magis et magis per incrementa temporum decus succrevit ecclesiarum. Nostris enim diebus, qui servi patrisfamilias sumus, ne decus matris ecclesiae inminuatur, sed magis cumuletur et amplificetur, statuimus, ut deinceps nullus sacerdos sacrum mysterium corporis et sanguinis Iesu Christi domini nostri in ligneis vasculis ullo modo conficere praesumat, ne, unde placari debet, irascatur Deus.

Cap. 19. **Ne in calice aut vinum solum aut aqua sola offeratur.** Alexander successor Euaristi dixit: 'Non[17] debet enim, ut a patribus accepimus et ipsa ratio docet, in calice Domini aut vinum solum aut aqua sola offerri, sed utrumque permixtum, quia utrumque ex latere eius profluxit', ut videlicet per hoc indicetur[a] populos, qui secundum Iohannem[18] aquae sunt, a Christo, cuius sanguis in calice est, dividi non debere. Cuius rei veritatem in hac sancta synodo confitemur, credimus et confirmamus, ne ullus sine commixtione vini et aquae mysteria sacra conficiat, sed ut duae partes sint vini,

(19a.)

Ut[16] mundam aquam in vasculo habeant missas agentes et vino permisceant.

17. c) *om. id.* d) constituatur cum honore *add. id., om. rell.* e) eam 5. f) animam 5.
19. a) indicet 5.

11) tumuli, qui apparent, profundius in terram mittantur et *add. id.* 12) tanta est multitudo cadaverum, ut hoc facere difficile sit *id.* 13) *Gregorii Dialog. lib. IV, c. 53, Opera II, col.* 461. 14) *Walahfridi liber de rebus ecclesiast. c. 25, infra in App. edit.* 15) *Exemplum Zepherini et Urbani ap. Walahfridum ante dicta Bonifacii positum est.* 16) *Fortasse hoc caput nihil est nisi rubrica ad. c. 19.* 17) *Pseudo-Alexander c. 9, l. c. p. 99.* 18) *Apoc. 17, 15.*

895. quia maior est maiestas sanguinis Christi, quam fragilitas populi, tertia aquae, per quam intellegitur infirmitas humanae naturae.

Nihilominus[b] statuimus et iudicamus nulli sacerdoti esse licitum una die uno altari plus quam tres superponere missas. Leo[19] papa, sicut ipse fatebatur, una die VII vel IX missarum solemnia sepius celebrasse legitur; Bonifacius vero archiepiscopus et martyr semel tantum per diem missas fecisse dicitur; sed ambo scientia tam quam gradu praecipui. Itaque 'unusquisque[20] in suo sensu abundet', dum fides concordet[19]. Ideo sacerdotibus missarum numerum non inponimus, sed quantas celebrari in uno conveniat altari, praecipimus[b].

Cap.[a] 20. De iniuria clericorum. Si quis inreverens, timorem Domini postponens, in servos suos[b] sevire praesumpserit, quos ipse prae ceteris peculiari singularitate sibi segregavit et coronae suae similitudinem, tradente apostolorum principe[21], gestare fecit et servos suos dici et esse voluit fortemque illorum se constituit, sicut de eis scriptum est loquente ipso Domino: 'Ego[22] hereditas eorum' et[c] psalmista in persona eorum[c]: 'Dominus[23] hereditas mea est'; si quis, ut diximus, ullum eorum quocumque ordine consecratum causis vulneribus vel quibuscumque iniuriis angustaverit[d], iubeat eum domnus episcopus per bannum a se inpositum[24] ante se venire et advocet cognitorem et adiutorem comitem; et constringant[e] protervum episcopus[f] auctoritate canonica et[g] comes saeculari potentia[g], ut eidem clerico, cui contra divinas et humanas leges contumelias ingessit, iustam et debitam persolvat compositionem; et comite agente persolvat bannum regibus debitum. Si vero agente protervia venire contempserit iustitiamque consentire detrectaverit*, agantur super eum omnia, quae supra scripta sunt in II. et III. capitulo, nisi iterum veniat et iustitiae concordet.

Cap. 21. De querimonia inter presbyterum et laicum. Si quis presbyter contra laicum vel laicus contra presbyterum aliquam habet querimoniae controversiam, episcopo regente sine personarum acceptione finiatur; et laicus praeiuramento[25], si necesse sit, constringatur, presbyter vero vice praeiuramenti per sanctam consecrationem interrogetur, quia sacerdotes ex levi causa iurare non debent[26]. Manus enim, per quam corpus et sanguis Christi conficitur, iuramento polluitur. Absit, cum Dominus in evangelio discipulis suis, quorum vicem nos indigni in sancta gerimus ecclesia, dicat: 'Nolite[27] omnino iurare. Sit autem sermo vester: est, est; non, non; quod autem his abundantius est, a malo est'. Non dixit: quod amplius est, malum est; sed: a malo[a], id est: a malo[b] homine, de cuius incredulitate cogimur iurare.

*) *Cod. Salisb. omissis reliquis perg.:* iusto anathemate, mucrone apostolici sermonis abscidatur, quo ait: 'Tradite[28] huiusmodi Satanae in interitum carnis, ut Spiritus sanctus salvus fiat in die Domini', et iterum: 'Cum[28] huiusmodi nec cibum sumere'; *quae verba non sunt nisi excerptum minus recte factum ex capite secundo; cfr. quae dixi in 'NA', XVII, p. 69, not.* 1.

19. b) Nihilominus ... praecipimus *om.* 5.
20. a) Concilio Agatensi cap. XXIII. *rubr. in Salisb.* b) eius 5. c) et ... eorum *om.* 5. d) angustiaverit *Salisb.* e) constringat *Salisb.; corr.* constringant 1. f) *superscr.* 1. 2. g) et ... potentia *superscr.* 1. 2; *add.* 3, *Salisb.; om.* 5.
21. a) est *add.* 4. b) est *add.* 1. 2.

19) Leo papa ... concordet *ad verbum fere prompta sunt ex Walahfridi libro de reb. eccl.* c. 22, *infra edit.; cfr. Phillips l. c. p.* 632. 20) *Rom.* 14, 5. 21) *Neque in Petri epistolis neque in Biblia quaequam reperiuntur, quae ad hanc sententiam referri possint.* 22) *Ezech.* 44, 28. 23) *Cfr. Psalm.* 15, 5: Dominus pars hereditatis meae et calicis mei; tu es, qui restitues hereditatem meam mihi. 24) *Cfr. Dove l. c. V, p.* 20 *sqq.* 25) *Cfr. Brunner, RG. II, p.* 343 *sqq.* 26) *Cfr. Capp. a a sacerd. propos.* 802, *tom. I, p.* 107, *c.* 20. 27) *Matth.* 5, 34. 37. 28) 1. *Corinth.* 5, 5. 11.

Ut enim in quadam omelia beati Bedae presbyteri legimus: 'Si[29] forte nos incautius 895.
iurasse contigerit, quod scilicet observatum peiorem vergat in exitum, libere illud mutandum noverimus salubriori consilio.'

Cap.[a] 22. De eo, si quis liber aliquo crimine infamatur[b]. Si[30] quis fidelis libertate notabilis aliquo crimine aut infamia deputatur, utatur iure iuramento se excusare. Si vero tanto talique crimine publicatur, ut criminosus a populo suspicetur et propterea superiuretur, aut confiteatur et paeniteat, aut[c] episcopo vel suo misso[d] discutiente per ignem candenti ferro caute examinetur[c]. 'Deus[e][31] omnipotens, cum omnia nuda et aperta sint oculis eius', ut in epistola Euaristi papae scriptum legimus, 'quo[32] nos a dubiis et incognitis sententiam proferre compesceret, mala[f] Sodomae noluit audita iudicare, priusquam[g] manifeste agnosceret, quae dicebantur, unde ipse ait: "Descendam[33] et videbo, utrum clamorem, qui venit ad me, compleverint, an non est ita, ut sciam"'. Quo exemplo[e] moniti[h], ne ad proferendam sententiam unquam praecipites simus aut temere indiligenterque indiscussa quaeque quoquo[i] modo iudicemus, sed exemplo Domini descendamus, videamus et iusto examine criminosos diligenter perscrutemur, sicut[k] ipse Sodomam, ut videamus, utrum clamorem populi compleverint, nec ne[l]. Nam mala audita nullum moveant, sed ante audita diligenter inquirat.

(22a.)

Nobilis[a] homo vel ingenuus, dum[b] in synodo accusatur et negaverit, si eum fidelem esse sciunt, iuramento[c] se expurget; sin[b] antea[d] fuit[e] deprehensus in furto aut[f] periurio[g], ad iuramentum non admittatur, sed, sicut qui ingenuus non est, ferventi aqua vel[h] candenti ferro se expurget.

Cap.[a] 23. De his, qui velatas Deo consecratas in coniugium duxerint. Si quis sacro velamine consecratam in coniugium duxerit et post dicatum Deo propositum incesta[b] foedera sacrilegaque miscuerit, ut in constitutis Gelasii papae cap. XX. legitur, 'protinus[34] aequum est a sacra communione detrudi et nisi per publicam probatamque[c] poenitentiam omnino non recipi. Si tamen poenituerint,

(23a.)

Inlicitum[a] concubitum Deo consecratarum discindi lex canonica sancit. Unde suademus, ut post discidium iuramento constringantur sub uno tecto non cohabitare vel[b] quolibet familiari colloquio perfrui[b], nisi in ecclesia et in publico. Pecunias etiam et terras suas vel si qua[c] alia sibi sint communia, dispercientur[d], ne aliqua in eis mala suspicio increscat.

22. a) Euaristi papae *rubr. in Monac.* 14628. b) Concilii Triburiensis *add. Monac.* 6241 *fol.* 104. c) aut ab episc. vel suo nuntio candenti ferro cautissime discutiatur, *om. quae sequuntur, Monac.* 14628. d) suo inspiciente misso vel *Monac.* 6245 *fol.* 70ᵛ; 6241 *fol.* 104. e) Deus . . . exemplo *om. iid.* f) *Incipit iterum* 4. g) priusquam nosceret *Monac.* 3853, *St. Crucis, Paris.* h) Ideo moniti *Monac.* 6245. 6241. i) quo 1. 5, *Monac.* 3853, *St. Crucis, Paris.* k) *Explic. Monac.* 6245. 6241. l) an non 4; *superscr.* 1. 3.

22a. *Cfr. Tab. III, nr.* 17. a) Si homo accusatur et negaverit. Ex concilio Triburiensi *rubr. ap. Reg.*; De iudiciis faciendis *rubr. in Monac.* 5541; Item ex concilio Triburitensi *rubr. in Helmst.*; De ingenuis, si in synodo accusantur. Ex concilio Triburiensi cap. X. *rubr. ap. Burch.* b) *ita Cal.:* si *rell.* c) cum duodecim ingenuis *Burch.* d) autem *Reg.*; *cfr. vero Regino p.* 332, *not.* 609. e) deprehensus fuerit *Reg.*, *Monac.*, *Burch.*; depr. fuerat in incestu, furto vel periur. *Helmst.* f) atque *Reg.*; in *add. Monac.* g) aut falso testimonio *add. Burch.* h) aut *Burch.*; et *Reg.*, *Monac.*, *Helmst.*

23. a) Siricii papae. Velatae et Deo (*p.* 226, *lin.* 6) *Monac.* 14628. b) incerta 3. 4. c) sententiam et *add.* 4.

23a. *Cfr. Tab. III, nr.* 18. a) Cap. V. *praemittit Diess.*; Synodus Liutberti apud Wormaciam *rubr. in Col.* b) vel . . . perfrui *om. Diess.* c) aliqua *Col.* d) dispertient *Col.*

29) *Bedae homil.* 29, *Opera ed. Giles V, p.* 213. 30) *Cfr. Dove l. c. V, p.* 28*sq.*; *p.* 29*sq.* 31) *Pseudo-Euaristus c.* 11, *l. c. p.* 92. 32) ut nos a praecipitante sententiae prolatione compesceret *id.* 33) *Genes.* 18, 21. 34) *Gelasii epist. c.* 20, *supra p.* 220, *not.* 92.

895. transeuntibus de saeculo viaticum non negetur'; in Calcidonensi concilio cap. XVI: 'Hoc[36] perpetrantes excommunicentur; confitentibus auctoritate episcopi misericordia largiatur'; in epistola papae Syricii cap. VI. velatae[a] Deo consecratae si 'abiecto[37] proposito sanctitatis, clanculum sacrilega se contagione miscuerint, vel de[d] inlicitis complexibus publice et libere filios procreaverint, has inpudicas detestabilesque personas a monasteriorum coetu et ecclesiarum conventibus eliminandas esse iudicatum[e] est[e], quatinus retrusae ergastulis tantum facinus continua[f] lamentatione defleant'. Unde verbo Domini et canonica auctoritate in hac sancta synodo praecipimus, ut omnino[f] separentur et iuramento conligentur[g] ulterius sub uno non[h] cohabitare tecto nec familiari frui[i] colloquio, excepto in ecclesia et in publico, aut[k] pariter ullam habere communionem, unde suspicio inlecebrosi desiderii aut scandalum libidinosi facti iuste possit oriri[k]. Si quae etiam[l] inter se dividenda sint, dividant, et uterque sua provideat.

(23 b.)

Quorum[35] illicita coniugia discindenda sunt, volumus, ut iuramento confirment, ne ad unam mensam nec sub uno tecto umquam simul[a] sint. Res, quas communes habuerint, dividant ad statutum diem, et deinceps ne colloquantur ad invicem, nisi in ecclesia vel in publico*.

*) *Regino exhibet insequens ab ipso partim ex c. 23a, partim ex c. 23b. conflatum capitulum*[38]: Quod cum sacramento illicita coniugia scindenda sunt. Ex concilio Triburiensi. Quorum[39] illicita coniugia scindenda sunt, volumus, ut iuramento confirment, ne ad unam mensam nec sub uno tecto[39] cohabitent[40] vel quolibet familiari colloquio perfruantur, nisi in publico aut in ecclesia[40]. Res[41], quas communes habuerint, dividant[41], ne[42] aliqua suspicio possit nasci atque increscere.

Cap. 24. De virgine ante XII annos velata non consentiente patrono, sub cuius erat patrocinio. Quaecunque virgo sub patrocinio ante annos XII[43] non coacta, sed propria voluntate sacrum velamen sibi inposuerit annumque et diem nullo repetente velata permanserit, ab eodem sancto habitu ulterius non

(24 a.)

Virgines[a], quae ante XII annos[b] insciis[c] mundiburdis[d] suis[e] sacrum velamen capiti suo imposuerint et illi mundiburdi[d] integrum annum et diem hoc tacendo consentiunt[f], postea in eadem religionis observantia se permanere cognoscant. Et[f] si in praedicto anno et die pro illis se proclama-

23. d) delicitis *corr.* inlicitis, *om.* de, 3; de *om.* 4; de ... complexibus *om. Monac.* e) iudicamus *Monac.* f) amarissime fleant et huiusmodi omnino *id.* g) conligantur 1. 3; constricti ut *Monac.* h) tecto non cohabitent *Monac.* i) fruantur *id.* k) aut ... oriri *om. id.* l) vero *id.*

23b. *Cfr. Tab. III, nr.* 19. a) e sint simul *corr. Cat.*

24a. *Cfr. Tab. III, nr.* 20. a) Cap. XXIII. *praemittit Diess.*; Synodus Liutberti apud Mogontiam *rubr. in Col.*; De eadem re. Ex concilio Triburiensi *rubr. ap. Reg., Salisb. VIII,* 7; De virginibus, quae ante XII annos insciis mundiburdis suis velamen sibi imposuerint. Ex concilio Triburiensi cap. X. *rubr. ap. Burch.*; Ex concilio Triburiensi (cap. VIIII. *add. Stuttg.*) *rubr. in Vindob., Bamb. P. I,* 9, *Stuttg.* b) aetatis sponte sua *add. Helmst., Vindob., Bamb., Stuttg.* c) in suis *Diess.* d) mundiburdiis, mundiburdii *id.* e) *om. id.* f) consenserint, in sancto proposito permaneant. Et *Reg., Burch., Salisb.*; consenserint, nec illi mundiburdi nec illae virgines ulterius hoc mutare poterunt. Et *Helmst., Vindob., Bamb., Stuttg.*; *cfr. c. 24b, lin.* 10 *sq.*

35) *Hoc capitulum ita ab auctore Coll. Cat. ope cap. 23a compositum est, ut summa capitum 23. et 49. repetatur; cfr. quae dixi in 'N.A.' XVII, p. 60 et ibid. XVIII.* 36) *Conc. Chalced.* c. 16, *Mansi VII, col.* 378, *abbrev.* 37) *Siricii epist ad Himer.* c. 6, *Coustant, Epist. Roman. pontif.* p. 628, *Jaffé l. c. I², nr.* 255, *hic vero abbrev.* 38) *Cfr. Seckel l. c.* 39) Quorum ... tecto = c. 23*b*. 40) cohabitent ... ecclesia = c. 23*a*. 41) Res ... dividant = c. 23*b*. 42) *Cfr.* c. 23*a*. 43) *Cfr. Admonit. general.* 789, *tom. I, p.* 57, c. 46.

recedat, sed sponso[a] vero, regi Christo, inmaculato agno, ulterius incorrupta et inmaculata deserviat. Si vero idem patronus post annum et diem sanctum propositum corrumpere et velatam studuerit repetere atque Christo suam sponsam rapere, secundum praestituta canonum praeiudicamus, ut vires non obtineat, sed Christo regi suam sponsam relinquat. Si quis[b] de virginibus velatis curiosius et diligentius investigare perstiterit, insistat cap. XVI. Carthaginensis sancti concilii et XCIII. Affricani. In Carthaginensi cap. XVI. continetur: 'Ut[44] ante viginti quinque annos virgines non consecrentur': in Affricano XCIII: 'Ut[45] quicunque episcoporum aliqua urgente necessitate vel periculo mortis angustante aut exigentibus parentibus aut his, ad quorum curam pertinet, velaverit seu velavit ante XXV annos aetatis virginem, non ei obsit concilium, quod de isto annorum numero constitutum est', quin velata et consecrata permaneat.

verint, peticioni eorum assensus praebeatur, nisi[g] Deo[h] compuncti amore in illa religiositate eas permanere concedant. 895.

(24 b.)

Puella[a] si ante duodecim annos aetatis sponte sua sacrum sibi velamen assumit, possunt statim parentes vel tutores eius id factum irritum facere, si volunt. At si annum et diem id[b] dissimulando consenserint, ulterius nec illi[c] nec ipsa mutare hoc[d] poterunt. Porro si in fortiori etate adolescentula vel adolescens servire Deo elegerint, non est potestas parentibus hoc[d] prohibendi*.

*) *Ex altera parte huius capitis ortum videtur esse illud capitulum, quod exhibet cod. Monac.* 14628 *fol.* 18: Triburiense. Virgines adolescentulae si Deo servire elegerint, non potestas parentibus erit omnino hoc prohibendi.

. . .

Cap. 25. De viduis velatis. 'Viduas[46] autem velare pontificum nullus adtemptet', prout constitutum est in decretis papae Gelasii cap. XIII, 'quod nec auctoritas divina[a] nec canonum forma praestituit'. 'Quae[47] si propria voluntate continentiam professa', ut in eiusdem Gelasii cap. XXI. legitur, 'eius intentio pro se reddat rationem Deo; quia, sicut secundum apostolum[49], si se continere non poterat, nullatenus nubere vetabatur, sic secum habita deliberatione promissam

(25 a.)

Vidua[48], quae sacrum velamen sibi inponit et inter velatas publice oraverit et oblatas fecerit, canones sanciunt non posse eam ultra velamen dimittere.

(25 b.)

Viduae[a], quae spontanea voluntate ab altari sacrae conversationis velamen suscipiunt, decrevit sancta sinodus sub[b] velatarum[b] proposito indubitanter[c] eas permanere. Non enim fas esse decrevimus[d], ut, postquam se Domino[e] semel sub vela-

24. a) sponsa 5. b) quas 5.

24 a. g) forte *add. iid., Reg., Burch.;* nisi . . . concedant *om. Salisb.* h) Dei timore tacti cum (*om. Stuttg.*) eorum licentia in religionis habitu perseverent (*explic. Reg., Burch.*). Porro si inferiori aetate adulescentulae vel adolescentes servire . . . prohibendi *iid.; cfr. c. 24 b, lin. 11 sqq.*

24 b. *Cfr. Tab. III, nr.* 21. 22. a) De puellis velandis *rubr. ap. Reg. App.:* De puellis, quae se ante legitimos annos sua sponte sacrae religioni tradiderint. Ex eodem (*sc. Triburiensi*) concilio cap. XVII, cui interfuit rex Arnolfus *rubr. ap. Burch.* b) vel *Cat.* c) ille *Cat.;* ipsa nec illi *Burch.* d) *om. Cat.*

25. a) *ita* 3. 4, *Gelas.; om.* 1. 2. 5.

25 b. *Cfr. Tab. III, nr.* 24. a) Cap. XII. *praemittit Diess.;* Synodus Liutberti. De viduis *rubr. in Col.:* De eadem re. Ex eodem (*sc. Triburiensi*) concilio *rubr. ap. Reg.;* De viduis, quae semel sacrae conversationis velamen suscipiunt. Ex concilio Aurelianensi cap. III. *rubr. ap. Burch.:* Ex concilio Triburiensi patrum XXVI, cap. XIV. *rubr. in Helmst.* b) in eodem *Reg., Burch.* c) *om. iid.* d) decernimus *Col., Burch.* e) Deo *Col.*

44) *Conc. Carthag. c.* 16, *Mansi III, col.* 718. 45) *Conc. Afric. c.* 93, *Cod. canon. p.* 270; *Cod. canon. eccl. Afric. c.* 126, *Mansi III, col.* 822 *sq.* 46) *Gelasii epist. c.* 13, *supra p.* 220, *not.* 92. 47) *Ibid. c.* 21, *quod hic excerptum est.* 48) *Excerptum ex fonte capitis* 25, *sc. ex Conc. Wormat.* 868, *c.* 21; *cfr. not.* 50. *et quae dixi in 'N.A.' XVIII.* 49) 1. *Corinth.* 7, 9.

895. fidem pudicitiae Deo debet custodire'. Qua auctoritate paternae suffulti sententiae in hoc sacro conventu sancimus et libere iudicamus, quod, si sponte velamen[50] quamvis non consecratum sibi inposuerit et in ecclesia inter velatas oblationem Deo obtulerit, velit nolit, sanctimoniae habitum ulterius habere debebit; licet sacramento confirmare velit eo tenore et ratione velamen sibi inposuisse[b], ut iterum possit deponere.

mento[f] consecraverint et inter fideles[c] velatas oblationes[g] fecerint, iterum eis concedi Spiritui sancto mentiri.

Cap.[a] 26. De monachis regulariter exeuntibus sive fuga regularis disciplinae elapsis. Si quis monachus pro lucro animae[b] vel[c] animarum[d] suo monasterio exire et[e] aliud proposuerit intrare consentientibus episcopo, abbate et fratribus[f], consentimus et concordamus, quia id fecisse multos sanctos legimus. Si[g] vero fuga regularis disciplinae elapsus propositum sanctitatis calcaverit, omnimodis coercendus[h] et ab omnibus[i] detestandus atque[k] omni onere est gravandus, ut saltim rubore verecundiae confusus et onere paupertatis afflictus redeat, quem relicta singularitatis professione inimicus tenebat[k]. Si autem[l] tam inreverens et pertinax est, ut ad monasterium redire et propositum monachi reluctaverit observare, inpleantur super eum constituta, quae de eo scripta sunt in sancto canone in concilio Calcidonensi cap. IV[51], papae Siricii sexto[52], Leonis XXVI[m 53], quatinus retrusus ergastulo[l] decoqui possit poenitudinis[n] igne purgatorio.

(26a.)

Monacha[a], si pro lucro animae suae cum[b] licentia abbatissae suae ad[b] aliud monasterium pergere disposuerit[c] ibidemque commanere decreverit[d], concessum est[d]. Si vero fuga disciplinae aliam[e] congregationem quaerit[f], redire cogatur[f].

Cap.[a] 27. De clericis, qui semel in clero deputati sunt. In synodo Calcidonensi cap. VII. statutum est, ut clerici, 'qui[54] semel in clero deputati

(27a.)

Si[a] quis clericus in monasterio nutritus fuerit et in ecclesia publice legerit vel cantaverit et postmodum ad saeculi negotia

25. b) *ita correxi secundum Reg. App.;* inponere *codd.*

25b. f) velo *Reg., Burch.* g) oblatas *Diess., Helmst.*

26. a) Siricii papae *rubr. in Monac.* 14628. b) id est suae *glossa interlin. in* 1—3. c) aliarum *add. Monac.* d) id est aliarum *glossa interlin. in* 1—3; a *add.* 5; de *add. Monac.* e) in *add. Monac.* f) quibus nos *add. id.* g) Siricii papae. Si quis vero monachus fuga *id.* h) est recoercendus *id.* i) hominibus 5. k) atque . . . tenebat *om. Monac.* l) inreverens reverti noluerit et retractaverit iugum propositi, canonica regula invitus ergastulo retrusus *perg. id.* m) VI. 1—3. n) purg. poen. igne *Monac.*

26a. *Cfr. Tab. III, nr.* 25. 26. a) Cap. XV. *praemittit Diess.;* Item de sanctimonialibus. Ex eodem (*sc. Triburiensi*) concilio. Sanctimonialis *Reg.;* De virginibus sacris, quae propter districtiorem vitam ad aliud monasterium ire disposuerint. Ex concilio Triburiensi cap. XI. Virgines sacrae si *Burch.* b) propter districtiorem vitam ad *Burch.* c) disposuerint *id.* d) decrevit, synodus concedi *Reg.;* decreverint, synodus concedit *Burch.* e) alium locum *iid.* f) quaesierint . . . cogantur *Burch.*

27. a) Calcidonense. Si quis clericus *(p. 229, lin. 7) Monac.* 14628.

27a. *Cfr. Tab. III, nr.* 27. a) Cap. XX. *praemittit Diess.;* Ut clerici in monasterio nutriti ad saeculi negotia non egrediantur *rubr.* in *Coll. XII part.;* Item ex concilio Triburiensi cap. XXII. *rubr. in Helmst.*

50) *Cfr. Conc. Wormat.* 868, c. 21, *Mansi XV, col.* 878. 51) *Conc. Chalced. c.* 4, *Mansi VII, col.* 374. 52) *Supra p.* 226, *not.* 37: quatenus retrusae in suis ergastulis tantum facinus continua lamentatione deflentes purificatorio possint poenitudinis igne decoquere. 53) *Leonis epist. ad Rustic., Jaffé l. c.* I², *nr.* 544; *c.* 26. *ap. Dionys., Cod. canon. p.* 459, *c.* 14. *ap. Mansi VI, col.* 405. 54) *Conc. Chalced. c.* 7, *Mansi VII, col.* 375.

sunt, neque ad militiam neque ad aliquam veniant dignitatem mundanam. Et hoc temptantes et poenitentiam non agentes, quominus redeant ad hoc, quod propter Deum primitus elegerunt, anathematizari'. Nos autem eandem sequentes canonicam auctoritatem statuimus, ut clericus[a] ecclesiastice nutritus in ecclesia coram clero vel populo legens vel cantans, si postmodum relicto clericatus habitu a[b] castris dominicis, quibus asscriptus est[b], profugus et apostata elabitur[c] et[c] ad saeculum egreditur[d], ab episcopo canonice coerceatur, ut[e] ad sinum matris ecclesiae revertatur[e]. Quodsi in[f] hac indisciplinatione perdurat[f], ut[g] comam nutriat[h], constringatur, ut[i] iterum detondeatur, et postea nec uxorem accipiat, nec sacrum ordinem attingat. Si vero huic[k] huius sancti concilii reluctaverit diffinitioni, secundum praestitutam Calcidonensis capituli constitutionem anathematizetur. Sanctus Isidorus[55] tales ypocentauris dicit esse similes, qui nec equi nec homines atque quasi bruta animalia libertate ac desiderio suo feruntur.

egreditur, hic ab episcopo suo coerceatur[b], 895.
ut iterum[c] ad monasterium revertatur, unde discesserat. Si autem[d] tam pertinax extiterat, ut capillos capitis sui nutriat, tunc ab[d] episcopo constringatur, ut iterum[e] detondeat[e] caput, et deinceps nec uxorem sibi usurpet, nec ad sacrum ordinem promoveatur.

(27b.)

Clericus[a] si tonsura[b] dimissa uxorem[c] acceperit, qui quidem sit sine gradu nec ad monasterium quodlibet[d] a parentibus traditus, si uxorem habere permittitur, iterum tonderi cogatur, nec in[e] vita sua[e] tonsuram neglegere audeat. Quem autem progenitores ad[f] monasterium[f] tradiderunt et in ecclesia cepit cantare et legere, nec uxorem ducere nec monasterium deserere poterit, sed, si discesserit, reducatur; si tonsuram dimiserit, rursus tondeatur; uxorem, si usurpaverit, dimittere compellatur.

(27c.)

Mogontiacense. Monachus, qui semel se Deo vovit et in monasterio suo conversatus est sub regulari militia, non potest redire omnino ad saeculum.

Cap. 28. Ut nullus episcopus alterius ministrum ecclesiasticum sollicitet. In Niceno sancto et universali concilio continetur: 'Propter[56] multam perturbationem et seditiones, quae fiunt, placuit consuetudinem omnimodis amputari, ita ut de civitate ad civitatem non episcopus, non presbyter, non diaconus transferatur' et cetera; in Calcidonensi cap. XX: 'Clericos[57] in ecclesia ministrantes in alterius civitatis ecclesiam statutos fieri non oportet. Si quis episcopus post hanc diffinitionem susceperit[a] clericum ad alium pertinentem[a], suscipiens et susceptus communione priventur, donec is, qui migraverat, ad propriam fuerit regressus ecclesiam': item in synodo Sardicensi cap. XVIII: 'Ut[58] nulli liceat episcopo alterius episcopi ministrum ecclesiasticum sollicitare et in suis parrochiis ordinare'; in Affricano cap. XXI: 'Ut[59]

27. b) a castris ... est *om. id.* c) elapsus *id.* d) regreditur *id.* e) ut ... revertatur *om. id.* f) noluerit et perdurat *id.* g) *om. id.* h) nutriens *id.* i) et *id.* k) adhuc reluctaverit, anathema sit *id, om. rell.*

27a. b) constringatur *Helmst.* c) *om. id.* d) autem pertinax capillos et barbam nutriat ab *id.* e) se tondeat et *id.*

27b. *Cfr. Tab. III, nr.* 28. a) De clericorum tonsura dimissa uxore *rubr. ap. Reg. App.;* De clericis, qui tonsuras dimiserint et uxores acceperint. Ex eodem (*sc. Triburiensi*) concilio praesente Arnolfo rege cap. XVI. *rubr. ap. Burch.* b) tonsuram *Reg. App.* c) uxore *id.* d) aliquod *Burch.* e) invitus suam *Cat.* f) *om. Reg. App.*

28. a) susceperit ... pertinentem *om.* 3. 4.

55) *Isidori Etymol. lib. I, c.* 40; *XII, c.* 3, *Opera III, p.* 71; *IV, p.* 37. 56) *Conc. Nic. c.* 15, *Mansi II, col.* 681*sq.* 57) *Conc. Chalced. c.* 20, *Mansi VII, col.* 379, *abbrev.* 58) *Conc. Sardic. c.* 18, *Mansi III, col.* 29. 59) *Conc. Afric. c.* 21, *Cod. canon. p.* 220; *Cod. canon. eccl. Afric. c.* 54, *Mansi III, col.* 745*sq.*

895. clericum alienum nullus sibi privet episcopus praeter eius arbitrium, cuius fuerit clericus' et cetera; item in decretis papae Leonis: 'Alienum[60] clericum invito episcopo ipsius nemo suscipiat, nemo sollicitet, nisi forte ex placito caritatis id inter dantem accipientemque convenerit'. Quibus constitutis sanctorum canonum operam dantes et vestigiis patrum inhaerentes, hoc[b] secundum praefixos sanctos canones statuimus, et iustum esse decernimus.

Cap. 29. Ut nullum servum ante perfectam libertatem episcopus ordinare presumat. Secundum decreta sanctorum patrum praeiudicamus et nos id acturos profitemur, ut nullum servum episcopus ordinare praesumat, antequam perfecta ditetur ingenuitate[62], quia non debet vilis persona fungi sacerdotii dignitate. Leo papa in epistola sua cap. 1: 'Debet[63] enim esse ab aliis securus, qui divinae militiae fuerit aggregandus, ut a castris dominicis, quibus nomen eius adscribitur, nullis necessitatis vinculis abstrahatur'; Gregorius in decretis suis cap. VII: 'Multos[64] ex ecclesiastica[65] familia novimus ad omnipotentis Dei servitium festinare, ut ab humana servitute liberi in divino servitio valeant[66] conversari[67]. Si vero festinantes ad omnipotentis Dei servitium incaute retinemus, illi invenimur quaedam negare, qui dedit omnia. Unde necesse est[68], ut ab humano servitio liber recedat, qui divini obsequii districtam subire appetit servitutem'. Sancta[a] synodus dixit: praefinita patrum statuta inviolabilem habeant firmitatem[a].

(29a.)

Ut[a 61] nulli de servili conditione ad sacros ordines[b] promoveantur, nisi prius a dominis propriis legitimam libertatem consecuti[c] fuerint[c], cuius libertatis carta ante ordinandum[d] in ambone[e] publice[e] legatur; et si nullus contradixerit, rite consecrabitur. Porro, si[f] postea de gradu deciderint[g], eius sint[g] conditionis, cuius fuerant[g] ante gradum.

Cap.[a] 30. De eo, si quis ab apostolico falsam detulerit epistolam. In memoriam beati Petri apostoli honoremus sanctam Romanam et apostolicam

(30a.)

Si[a] quis clericus falsam episcopo de sede apostolica portaverit epistolam et exinde victus fuerit, in arbitrio epi-

---

28. b) idem *superscr.* 1; *add.* 3. 4.

29. a) Sancta ... firmitatem *om.* 3. 4.

29a. *Cfr. Tab. III, nr.* 30. a) Quod carta libertatis in ambone sit legenda. Ex concilio Triburiensi *rubr. ap. Reg.*; Ne quis de servili conditione promoveatur ad clerum *rubr. ap Reg. App.*; Ut de servili conditione, nisi prius a dominis propriis libertatem habeant, nulli ordinentur. Ex concilio Triburiensi cap. XXV. *rubr. ap. Burch.* b) gradus *Reg. App.* c) consequantur *Reg.*, *Burch.*; *cfr. not.* 61. d) ordinationem *iid.* e) auditu populi *Cat.* f) servus non canonice consecratus postquam de gradu *Burch.* g) deciderit, sit, fuerat *Reg.*, *Burch.*

30. a) Romanum. Si quis presbyter aut diaconus vel quilibet aliquam *(p. 231, lin. 7) Monac.* 14028.

30a. *Cfr. Tab. III, nr.* 31. a) Cap. XXVIIII. *praemittit Diess.*

60) *Leonis epist. ad Anastas. c. 9, Mansi V, col.* 1283, *Jaffé l. c. I², nr.* 411. 61) *Hoc caput non est nisi excerptum brevissimum ex Anseg. I, c. 82, tom. I, p. 406, cuius nonnulla verba hic repetuntur; cfr.:* ad sacros ordines ... consecuti fuerint; in ambone ... legatur. 62) *Cfr. Hinschius, Kirchenrecht I, p. 32. 33, not. 2.* 63) *Leonis epist. ad episc. per Campan. c. 1, Mansi V, col.* 1227, *Jaffé l. c. I², nr.* 402. 64) *Gregorii Conc. Roman. 599, c. 6, Opera II, App. V, col.* 1290, *Jaffé l. c. I², nr.* 1365. 65) seu saeculari *add. Greg.* 66) familiarius in monasterio *add. Greg.* 67) Quos si passim dimittimus, omnibus fugiendi ecclesiastici iuris dominium occasionem praebemus *add. Greg.* 68) quisquis ex iuris ecclesiastici vel saecularis militiae servitute ad Dei servitium converti desiderat, probetur prius in laico habitu constitutus; et si mores eius atque conversatio bono desiderio eius testimonium ferunt, absque retractatione servire in monasterio omnipotenti Domino permittatur *add. Greg.*

sedem, ut, quae nobis sacerdotalis mater est dignitatis, esse debeat magistra ecclesiasticae rationis. Quare servanda est cum mansuetudine humilitas, ut, licet vix ferendum ab illa sancta sede inponatur iugum, conferamus et pia devotione toleremus. Si vero, quod non decet, quilibet, sive sit presbyter, sive diaconus, aliquam[a] perturbationem machinando et[b] nostro ministerio insidiando redarguatur[b] falsam ab apostolico[c] detulisse epistolam vel aliud quid, quod inde non convenerit[d], salva fide et integra circa[e] apostolicum humilitate, penes episcopum sit potestas, utrum eum in carcerem aut in aliam[f] detrudat custodiam, usque quo per epistolam aut per idoneos suae partis legatos apostolicam interpellet sublimitatem, ut potissimum[g] sua sancta legatione[g] dignetur decernere, quid de talibus iusto ordine lex Romana[69] statuat diffinire, ut et is corrigatur et ceteris modus[h] inponatur.

scopi sui consistat, utrum eum in carcerem 895.
vel in aliam quamlibet detrudat custodiam, quoad usque per litteras suas apostolicam sedem interpellat, quid de eo sit faciendum.

Cap. 31. De furibus et latronibus. Tranquillitatem sanctae Dei ecclesiae inquietari et pacem fraternam infestari testantur fures et latrones, qui ambulant inter nos ovina pelle obumbrati, sed lupina mente recedunt alienati, res ecclesiarum saeva mente adducti rapientes et gregem dominicum spoliando lacerantes. De quibus Salvator in evangelio commemorat: 'Qui[70] non intrat per ostium in ovile ovium, ille fur est et latro'; atque subiunxit[a]: 'Fur[71] non venit, nisi ut furetur et mactet et perdat'. ubi, quamvis hereticos, qui fidem furantur ecclesiae, designet, tamen insecutione furum et latronum turbatam monstrat pacem ecclesiarum. De talibus apostolus ad Philippenses: 'Videte[72] canes, videte malos operarios'. Canes vocavit, quod non habent verecundiam; malos operarios, quia nulla faciunt, quae pietati conveniunt. Et Dominus per prophetam Esaiam: 'Ego[73] Dominus diligens iudicium et odio habens rapinam'. Unde nos, quae Dominus diligit diligentes et quae odit odio habentes, statuimus et iudicamus, ut, si quis post haec evangelica et apostolica atque prophetica verba et diffinitionem pacatissimae synodi inventus fuerit furtum aut rapinam exercere et in ipso diabolico actu mortem meretur incurrere, nullus pro eo praesumat orare aut elemosynam dare; et elemosyna pro eo data in memoriam clericorum nec pauperum veniat, sed execrabilis sordescat. Beatus Augustinus de talibus horribilem profert sententiam dicens: 'Nemo[74] te post mortem tuam fideliter redimit, quia tu te

(31 a.)

De[a] furibus et raptoribus placet[b], si in ipsa[c] praeda occiduntur[d], pro eis minime[e] orandum. Si[f] vulnerati in[g] desperationem praesentis vitae prolapsi fuerint et de[h] pravitatibus suis se poenituerint et[h], si supervixerint, Deo et sacerdoti repromiserint se emendaturos, communionem[g] eis impendere[i] non denegamus[k].

30. b) et ... redarguatur *om. id.* c) apostolica sede defert *id.* d) convenit *id.* e) erga *id.* f) aliquam *id.* g) potissimum ... legatione *om. id.* h) metus *superscr. id.*
31. a) subiungit 5.
31 a. *Cfr. Tab. III, nr.* 32. 33. a) Cap. X. *praemittit Diess.*; Synodus Liutberti apud Triburias *rubr. in Col.*; De eadem re. Ex concilio Triburiensi (cap. V. *add. Burch.*) *rubr. ap. Reg., Burch.*; Fures et predones si *Cat.*; Fures et latrones si *Reg., Burch.* b) ut *add. Diess.* c) furando vel (et *Reg., Burch.*) praedando *Cat., Reg., Burch.* d) visum est *add. iid.* e) non *iid.* f) comprehensi aut *add. iid.* g) presbitero vel diacono confessi fuerint, communionem *iid.* h) de ... et *om. Col.* i) *om. Cat., Reg., Burch.* k) negemus *Cat.*; negamus *Reg., Burch.*

69) *Cfr. Brev. Cod. Theod. IX,* 15 *ad leg. Corn. de falso* c. 1 (*Lex Rom. Visigoth. ed. Hänel p.* 188); *Conrat, Gesch. d. röm. Rechts i. Mittelalter I, p.* 21, *not.* 5. 70) *Ioh.* 10, 1. 71) *Ibid.* 10, 10. 72) *Philipp.* 3, 2. 73) *Esai.* 61, 8. 74) *Supra p.* 220, *not.* 88.

895. redimere noluisti'. Si autem ille fur vel latro vulneratus elabitur et expectatione mortis desperatus putatur atque reconciliari se mysteriis sacrosanctis habitu corporis et voluntate piae mentis deprecatur Deoque et sacerdoti comite vita emendationem morum et actuum confitetur, communionis gratiam non negamus tribuendam. In Niceno magno concilio statutum legimus: 'Si[75] quis egreditur e corpore, ultimo et necessario viatico minime privetur' et cetera. Item[b] de ultima poenitentia in epistola Innocentii papae cap. XXII[c]: 'Tribuitur[76] ergo cum poenitentia extrema communio, ut homines huiusmodi vel in supremis suis permittente Salvatore nostro a perpetuo liberentur exitio'; item de eodem Carthaginensi VII.[77] et Celestini XV, ubi ait: 'Quid[78] rogo? aliud est ultimam poenitentiam negare periclitanti, quam mortem addere morienti[b]'?

Cap.[a] 32. De ecclesia a compluribus coheredibus obsessa[b]. Quaecunque[79] ecclesia a compluribus coheredibus sit obsessa, concordi unanimitate undique procuretur, ne propter aliquas disceptationes[c] servitium Dei minuatur et cura populi inreligiose agatur. Si vero contingat pro ea comparticipes dissidere et sub uno presbytero nolle eam procurare[d] et propterea iurgia et contentiones tam inter ipsos, quam inter clericos incipiant frequentare[e], quia iuxta apostolum 'servos[80] Dei non oportet litigare', episcopus* tollat inde reliquias et sub[f] magna cura honorifice collocet eas[g] atque eiusdem ecclesiae claudat ostia et sub[h] sigillo consignet[i] ea, ut[h] sacrum ministerium nullus celebret in ea, antequam concordi unanimitate unum omnes eligant presbyterum, qui idoneus[k] sit sacrosanctum locum procurare et populo Dei utiliter[k] praeesse. Hanc autem habeant auctoritatem episcopi, ut[81] in nullis ecclesiis nec constituantur presbyteri nec expellantur illis inconsultis et non consentientibus. In epistola beati papae Clementis legitur: 'Attendendum[82] summopere est omnibus presbyteris et reliquis clericis, ut nihil absque episcopi proprii licentia agant. Non utique missas

(32a.)

Si[a] qua fuerit ecclesia per plurimos heredes dispertita nec se coadunare possunt, ut[b] sub uno presbytero ecclesia procuretur, episcopus, in cuius parrochia haec lis maneat, ablatis reliquiis et digno in loco collocatis, foribus quoque ecclesiae sigillatis non prius ibidem sacra celebrare officia permittat, quam concordi pace unum sibi eligant presbyterum, qui digne sanctas reliquias procuret ac populo utiliter praesit, sancta synodus praecepit*.

*) *Auctor Coll. Cat. capitulum in hanc brevissimam formam redegit:* Si[c] plures heredes contenderint de communi ecclesia, auferri iubeat episcopus reliquias sacras et ecclesiam claudi, donec communi consensu[d] statuant ibi presbiterum et unde vivat[e].

31. b) Item ... morienti *om.* 4. c) *ita correxi;* XXI. *omnes codd.*

32. a) Sub Arnolfo imperatore *rubr. in Monac.* 14628. b) *om. Stuttg.* c) disceptationes ... ecce in, *p.* 234, *lin.* 6, *desunt in* 3, *quaternione una deperdita.* d) procurari *Stuttg.* e) frequentare tunc episc. *Monac.* f) sub mag. cura *om. id.* g) ubi proposuerit *add. id.* h) ea sigillet ut *id.* i) constringat 4. k) sit idoneus Deo sacrificare et utiliter *Monac.*

32a. *Cfr. Tab. III, nr.* 34. 35. a) Cap. XXXIII. *praemittit Diess.* b) *ita corr. Phillips;* et *Diess.* c) De eadem re. Ex concilio Triburiensi *rubr. ap. Reg.;* Quid episcopo agendum sit, si plures haeredes de una contenderint aecclesia. Ex concilio Triburiensi cap. XX. *rubr. ap. Burch.* d) et consilio episcopi *add. Burch.* e) vivant *Cat.*

75) *Conc. Nic.* c. 13, *Mansi II, col.* 681. 76) *Innocentii epist. ad Exuperium, Jaffé l. c. I*², *nr.* 293; c. 22. *ap. Dionysium, Cod. canon. p.* 350, c. 2. *ap. Mansi III, col.* 1039. 77) *Conc. Carthag.* c. 7. *Mansi III, col.* 711. 78) *Coelestini epist. ad episc. Vienn. et Narbon., Jaffé l. c. I*², *nr.* 369; c. 15. *ap. Dionysium, l. c. p.* 420, c. 2. *ap. Mansi IV, col.* 465. 79) *Cfr. Conc. Mog.* 852, *supra p.* 186. c. 5. 80) 2. *Timoth.* 2, 24. 81) *Cfr. Cap. Wormat.* 829, *supra p.* 12, c. 1; *Cap. eccles.* 818. 819, *tom. I, p.* 277, c. 9. 82) *Pseudo-Clemens* c. 70, *l. c. p.* 57 *sq., abbrev.*

sine eius iussu quisquam presbyterorum in sua parrochia agat. Similiter et reliqui populi, maiores scilicet et minores, per[l] eius licentiam, quicquid[l] agendum est, agant. Animae vero[m] eorum ei creditae sunt: ideo omnia eius consilio agere debent, et eo inconsulto nihil'. 895.

Cap. 33. De claudis et aliqua parte corporis minutis, si sacro ordini possint adiungi. In[83] Niceno sancto et universali concilio statutum est cap. I: 'Ut[84], si quis a medicis per languorem defectus[a] est aut a barbaris abscisus, hic in clero permaneat'; in epistola Innocentii papae cap. XXVIII: 'Qui[85] igitur volens cuiuslibet partem digiti sibi abscidit, hunc ad clerum canones non admittunt. Cui vero casu aliquo contingit, hunc canones praecipiunt et clericum fieri et, si in clero fuerit repertus, non abici'; item in decretis Gelasii papae cap. XVI: 'Ut[86] nemo literas nesciens vel aliqua parte corporis inminutus promoveatur ad clerum'. Hanc auctoritatem sanctorum patrum confitemur et confirmamus sequimurque, ita ut, 'si[84] quis a medicis per languorem defectus est' vel per aliquam infirmitatem claudus effectus est et[b] inveniatur alias dignus, permaneat clericus et sacro ordini aptus.

Cap.[a] 34. De eo, si quis in hoste contra paganos interficit[b] captivos christianos. Undique bella consurgunt, hostes saeviunt, inimica gens paganorum insequitur populum christianorum[c]; inpletum est enim, quod evangelica testatur historia: 'Surget[87] gens contra gentem et regnum adversus regnum' et cetera; et alibi scriptum est: 'Pugnabit[d][88] orbis terrarum pro eo contra insensatos'. Quapropter zelo divinae emulationis accensus christianorum exercitus procedunt ad bellum confidentes in eum, qui dixit: 'Vos[89] ad certamen acceditis, ego praelior pro vobis'; fit conventus christianorum et paganorum; fortiter dimicant isti pro fide, illi contra fidem. Unde fortissimo confortante Domino, sicut Mathathias[e] pater Machabeorum ait: 'Non[90] in[f] multitudine exercitus fit victora belli, sed de caelo venit fortitudo', sepe fit victoria christianorum, victa est pars paganorum. Quare una cum interfectis paganis[g] perempti fuerunt[h] christiani captivi a barbaris, quia in inpetu belli[f] nequeunt distingui. Idcirco iustum decernentes statuimus[i][91] cum interfectoribus misericordius agendum, ita ut XL diebus poenitentiae indulgentius[k] transactis penes episcopum sit auctoritas et potestas, ut perpendat culpam, agat indulgentiam.

Cap. 35. Ut nullus comes nullusque iudex diebus festis vel dominicis seu ieiuniorum aut quadragesimae placitum habere praesumat, et ut nullus poenitens illo veniat. Secundum sanctorum statuta patrum in hoc sancto praeiudicamus concilio, ut nullus comes nullusque omnino saecularis diebus dominicis vel sanctorum[a] festis seu quadragesimae aut ieiuniorum placitum habere, sed nec populum illo praesumat coercere; quia inde irascitur Deus, [quod[b]], cum tantum suo sancto servitio debet populus desudare, inveniatur lites et contentiones frequentare. Diebus vero dominicis et sanctorum festis vigiliis et orationibus in-

32. l) eius licencia quodcumque *Stuttg.* m) enim ei cred. sunt eorum *id.*
33. a) *ita omnes codd. (cfr. etiam lin. 14); desectus Conc. Nic.* b) *om.* 5.
34. a) Cap. XXVIIII. *Stuttg.* b) interfecit *id.* c) christianum *id.* d) pugnavit 1. 2. e) Mathias 4. f) *om. Stuttg.* g) si *add. id.* h) fuerint 1. 2. 4. i) instituimus *Stuttg.* k) indulgentiae *id.*
35. a) in *add.* 5. b) *ita suppl. Labbe, Concilia IX, col.* 458; *om. codd.*

83) *Cfr. supra p.* 207, *c.* 2. 84) *Conc. Nic. c.* 1, *Mansi II, col.* 678. 85) *Innocentii epist. ad Felicem, Jaffé l. c. I*², *nr.* 314, *c.* 28. *ap. Dionys., l. c. p.* 354, *c.* 1. *ap. Mansi III, col.* 1046. 86) *Gelasii epist. c.* 16, *supra p.* 220, *not.* 92. 87) *Matth.* 24, 7. 88) *Sap.* 5, 21. 89) *Haec verba ipsa quidem in Biblia non reperiuntur, similia vero saepius, ex. gr. Deuter.* 1, 30; 3, 22; *Ios.* 23, 10. 90) 1. *Machab.* 3, 19. 91) *Cfr. Poenit. XXXV capp. I,* 2; *Poenit. Pseudo-Roman. c.* 3, *Wasserschleben, Bussordnungen p.* 506. 570; *Brunner, RG. II, p.* 608, *not.* 3.

895. sistendum et ad missas cuilibet christiano cum oblationibus est currendum et tantummodo Deo vacandum; diebus quadragesimae et ieiuniorum summa devotione ieiunandum et omni intentione est orandum atque unicuique pro facultatibus suis elemosynae tribuendae et nullae lites vel contentiones habendae. Arguit enim eos, qui contentiones et lites tempore ieiuniorum et qui a debitoribus debita exigunt, Dominus per prophetam dicens: 'Ecce[92] in diebus[c] ieiuniorum vestrorum invenitur[d] voluntas[e] vestra, et omnes debitores vestros repetitis; ecce ad lites et contentiones ieiunatis et percutitis pugno inpie'. Ideo nobis, qui gregis Dei curam accepimus pastoralem, summopere curandum et prohibendum est, ne nostra desidia agente praefatis diebus ullus placitum habere et populum nobis commissum a servitio Dei nostri audeat inpedire. Praeterea sancimus et praecipimus, ut nullus comes aliquem poenitentem ad placitum ire compellat nec ipse veniat, ne forte, dum ieiunare et orare atque pro salute suae animae debet invigilare, vaniloquiis et contentionibus cogatur laborare.

Cap.[a] 36. De eo, si duo fratres simul arborem succiderint et cadente arbore unus eorum interfectus fuerit. Si[93] contingat duos fratres simul arborem succidere, sive in silva, sive quocunque[b] loco, et cadente[c] arbore alter alteri: 'fuge'! vel 'cave'! dixerit et ipse stans sive fugiens subtus ipsam arborem devenerit et mortuus fuerit, superstes frater innocens de morte defuncti diiudicetur[d]; quia non voluntate, non incuria illius, non denique consensu nec ullo suo mortem incurrit reatu, sed, dum ambo insisterent operi necessario, incautus et insperatus casu arboris depressus est nemine paenitus adiuvare valente. Hanc eandem statuimus diffinitionem de caeteris similibus sive cognatis sive nulla proximitate coniunctis. Istam[e] diffinitionem tenuerunt patres nostri apostolici viri; ideo eorum exempla sequentes per futura tempora inviolabilem eam custodimus et posteris nostris sequendam transmittimus, quia grave peccatum est et nostro ministerio contrarium innocentem opprimere et securum crimine scienter criminosum habere. Quidam de sapientibus ait: 'Premit[94] insontes debita sceleri noxia poena, iustusque tulit crimen iniqui[e]'.

(36a.)

Si[a] duo fratres in silva arbores succiderint[b] et adpropinquante casura unius[c] arboris frater fratri: 'cave[d]'! dixerit et ille fugiens in pressuram arboris inciderit et mortuus fuerit, vivens frater innocens de sanguine germani diiudicetur[e].

Cap.[a] 37. De muliere, cuius infans aliquo casu propter negligentiam eius moritur. Si[94*] quae mulier,

(37a.)

Mater[a] si infantem[b] iuxta focum collocaverit[b] et alius homo aquam in calda-

35. c) *Incipit iterum* 3. d) inveuietur 1—3. e) voluptas 1—3; e voluntas *corr.* 2.

36. a) Nicolai papae *rubr. in Monac.* 14628. b) in quolibet *id.* c) ea cadente, *om.* arbore, *id.* d) omnimodis diiudicetur, *om. rell.*, *id.* e) Istam *rell. capitis om.* 4.

36a. *Cfr. Tab. III, nr.* 36. a) Cap. XVII. *praemitt. Diess.*; Cap. XVII. Ex concilio, quo supra (*sc. Liutberti archiepiscopi*) *rubr. in Col.*; De eadem re. Ex concilio Triburiensi *rubr. ap. Reg.*, *Burch.*, *qui addit*: cap. XVII; De synodo Liutberti archiepiscopi *rubr. in Monac.* 3851, *St. Crucis, Paris.* b) inciderint *Diess.* c) *om. id.* d) dixerit cave *Diess.*, *Burch.* e) dicitur *Diess.*

37. a) De infante per aquam ferventem perdito *rubr. in Monac.* 3853, *St. Crucis, Paris.*; Nicolai papae *rubr. in Monac.* 14628.

37a. *Cfr. Tab. III, nr.* 37. a) Cap. XVIII. *praemitt. Diess.*; De eadem re. Ex eodem (*sc. Triburiensi*) *rubr. ap. Reg.*; De matre, quae infantem suum iuxta ignem posuerat et sua neglegentia mortuus est. Ex concilio Triburiensi cap. XIV, cui interfuit rex Arnulfus *rubr. ap. Burch.* b) iuxta foc. inf. posuerit *Reg.*, *Burch.*

92) *Esai.* 58, 3. 4. 93) *Cfr. p.* 207, *c.* 3; *Conc. Wormat.* 868, *c.* 29, *Mansi XV, col.* 874; *Poenit. Vallicell. I, c.* 15, *Wasserschleben l. c. p.* 549 (*Brunner in 'SB. d. Berlin. Ak.'* 1890, *p.* 830). 94) *Boetius, Philosoph. consolat. lib. I,* 5, *v.* 29 *sq.* 35 *sq., ed. Peiper p.* 17 *sq.* 94*) *Cfr. Brunner l. c. p.* 822.

ut[b] sepe contingit[b], infantem proprium prope ignem collocaverit et alius quis[c] caldarium super ipsum ignem pependerit[d] et[e] aquam infuderit[e] atque aqua ipsa per[f] ignem fervens egreditur et infanti superfunditur et propterea[g] mortuus agitur[g]: mater infantis[h] propter[i] negligentiam iudicio sacerdotum[k] poeniteat, et homo, qui caldarium pependit[d], securus permaneat[l]. Simili modo[l] de caeteris similibus, quae[m] sepe diverse solent evenire, et iudicamus et esse volumus.

rium miserit et ebullita aqua infans superfusus mortuus fuerit, pro neglegentia mater[c] poeniteat, et ille homo securus persistat[d]. 895

(37b.)

Mater[95] parvulum suum iuxta focum ponit, ebullit aqua ex caldaria, qua superfusus infans perit. Videtur sola neglegentia matris, non culpa eius[a], qui focum construxit vel aquam in caldariam misit.

Cap. 38. Si quis liber libertam duxerit, ulterius habere debebit. In decretis papae Leonis cap. XVIII.[a] scriptum est: 'Non[96] omnis mulier viro iuncta uxor est viri, quia nec omnis filius heres est patris. Nuptiarum autem foedera inter ingenuos sunt legitima et inter aequales. Itaque aliud est[b] uxor, aliud concubina, sicut aliud ancilla, aliud libera. Igitur si quis filiam suam viro habenti concubinam in matrimonium dederit, non ita accipiendum est, quasi eam coniugato dederit, nisi forte illa mulier et ingenua sit facta et dotata legitime et in publicis nuptiis honestata videatur'. Unde paternam sequentes auctoritatem sub praesenti huius sancti catalogo concilii statuimus et libere iudicamus, ut, quisquis liber libertam, hoc est ex ancilla per manumissionem et regalem largitionem liberam factam, legitime in matrimonium duxerit, ulterius habere debebit tamquam unam ex nobili genere progenitam, excepta fornicationis causa; et quamdiu illa vivat, nullam aliam accipiat. Est[c] igitur, ut ex decretis papae Leonis praediximus, 'ingenua[96] facta et dotata legitime et in publicis honestata nuptiis', et propterea iam non est concubina, sed uxor legibus adquisita. Haec eadem lex pro qualitate sexus sit feminis et viris libertis[d].

Cap. 39. Si quis alienigenam in matrimonium duxerit, habere debebit. Quicunque[97] alienigenam, hoc est alienae gentis feminam, verbi gratia Francus mulierem[a] Baioaricam, utrorumque consultu propinquorum legitime vel sua vel mulieris lege adquisitam in coniugium duxerit, velit nolit, tenenda erit nec ultra ab eo separanda, excepta fornica-

(39a.)

Pervenit ad notitiam nostram quendam Franchum genere Saxonicae gentis mulierem communi propinquorum consultu duxisse uxorem et ad subolis procreationem publice plus quam XV annis sibi commansisse; quamvis[a] enim 'una[98] fides et unum baptisma' utramque nationem regat, legem tamen inter se, quantum ad

37. b) ut ... contingit *om. Monac.* 14628. c) qui 5. d) pependit, *superscr.* suspenderit, *Monac.* 14628. e) et ... infuderit *om. Monac.* 3853, *St. Crucis, Paris.* f) in caldaria *Monac.* 14628. g) inde mortuus est *id.* h) homicidii rea *add. id.* i) suam *add. id.* k) sacerdotali *id.* l) sit. Similiter *id.* m) sive supra de arbore iudicetur *perg. id.*

37a. c) *om. Diess.* d) sit *Reg., Burch.*

37b. *Cfr. Tab. III, nr.* 88. a) *ita correxit Seckel;* eis *Cat.*

38. a) VIII. 4. b) est uxor aliud *om.* 5. c) Est igitur *rell. capitis om.* 4. d) libertas 5.

39. a) *om.* 3. 4.

39a. *Cfr. Tab. III, nr.* 39. a) *ita correxi sec. c.* 39, *p.* 236, *lin.* 1; quam *Helmst.*

95) *Hoc capitulum ope cap.* 37 *a. compositum esse videtur; cfr.:* iuxta focum; ebullit aqua; superfusus infans; aquam in caldariam misit, *et quae diximus in 'NA.' XVIII.* 96) *Leonis epist. ad Rustic., Jaffé l. c. I², nr.* 544; *c.* 18. *ap. Dionys. l. c. p.* 456, *c.* 4. *ap. Mansi VI, col.* 402. 97) *Cfr. supra p.* 207, *c.* 4; *Brunner, RG. I, p.* 266 *sq.* 98) *Ephes.* 4, 5.

895. tionis causa. Quamvis enim, ut apostolus ait, 'unus[98] Dominus, una fides, unum baptisma' utrique communis sit nationi, legem tamen habent diversam et, quantum ad saeculum, interdum longe disiunctam. Quare, si unus e duobus unam carnem in duas dividere et copulam nuptialem machinetur disiungere dicendo, non secundum suae gentis legem iura matrimonii contraxisse et idcirco separari posse, canonica institutione diffinimus et nostro omniumque orthodoxorum iudicio statuimus, ut, quod legis inperfectum sit, perficiatur et ius matrimonii nequaquam resolvatur. Synodus Romana ait: 'Quod[99] non dimittenda sit uxor post baptismum, quae habita est et ante baptismum[b]. In baptismo solvuntur crimina, non tamen legitima coniugia'. Cum enim in baptismo transmigrat de vita in vitam et non mutat uxorem legitimam, quomodo[c] mutat eam, qui non mutat vitam, sed transit de gente ad gentem? Igitur, quia iam suffugium non habent separandi, inpleant dictum apostoli, ut 'unanimes[100] unum sentientes' permaneant in Christo Iesu domino nostro. Nos autem cognita referimus, quia quendam Francum et mulierem Saxonicam talia egisse cognovimus. Si quis post haec huius sancti concilii institutionem parvi pendens aliam duxerit, cuiuscunque gentis sit, canonice arceatur, ut priori cum poenitentia copuletur.

saeculum, sortiuntur diversam. Unde contigit, ut antiqui hostis calliditate praefatus homo deceptus diceret non suam, quae tunc credebatur, iure Franchorum ullo modo sibi desponsasse[b] uxorem. Dimissa igitur legitima coniuge aliam sibi sociavit. Sancta ergo synodus super hoc decrevit, ut idem canonicae transgressor disciplinae priorem coniugem reciperet atque secundam cum poenitentia repudiaret.

Cap. 40. De eo, quod quidam uxorem alterius vivente eo constupravit et insuper iuramento confirmavit eo moriente coniugem eam accipere. Audivimus rem execrabilem et catholicis omnibus detestandam quendam nefario fornicationis opere alicuius uxorem vivente eo commaculasse et[a] in augmentum iniquitatis iuramento confirmasse[a], si eius legitimum supervixissent ambo maritum, ut ille fornicator illam adulteram adulterino[b] sibi associaret thoro et legitimo matrimonio; si hoc iure dici matrimonium potest, per quod oriuntur, quae apostolus[1] numerat[c] mala, quae sunt fornicatio, inmunditia, luxuria[d] et cetera, ad ultimum vero veneficia et homicidia,

(40a.)

Relatum[a] est auribus sanctorum sacerdotum quendam alterius uxorem stupro violasse insuper et moechae[b] vivente viro suo iuramentum dedisse, ut post legitimi obitum[c] mariti duceret moechus moecham sub legitimo matrimonio, si supervixisset[c]; quod et factum est. Tale igitur conubium deinceps[d] prohibemus et anathematizamus.

---

39. b) De eodem in epistola Innocentii cap. XIII. *in marg.* 1—3; *rubr. in* 4. c) quando 1—4.
39a. b) *ita correxi;* desponsasset *Helmst.*
40. a) et ... confirmasse *om.* 4. b) adulterio pollutam 5. c) enumerat 5. d) et cetera, *om.* luxuria ... obsceramus *(lin. 5)*, 4.
40a. *Cfr. Tab. III, nr.* 40. a) Cap. VIIII. *praemittit Diess.;* De eadem re. Ex concilio Triburiensi *rubr. ap. Reg., Burch., qui addit:* cap. III. b) moecham *Reg.* c) mariti mortem si supervix. duceret in *(om. Burch.)* uxorem *Reg., Burch.* d) *om. iid.*

99) *Haec verba in nulla synodo Romana quidem exstant; similia vero leguntur in Innocentii epistolis ad Victricium, Jaffé l. c. I², nr.* 286, *c.* 5. 6. *ap. Mansi III, col.* 1034, *c.* 12. 13. *ap. Dionys. l. c. p.* 341 *(cfr. not. b); ad episc. in synodo Tolet. constit., Jaffé l. c. I², nr.* 292, *c.* 6. *ap. Mansi III, col.* 1069, *c.* 52. *ap. Dionys. l. c. p.* 376 *sqq.; ad Rufum, Eusebium etc. c.* 2, *Mansi III, col.* 1059, *Jaffé l. c. I², nr.* 303; *cfr. etiam c.* 1. *C. XXVIII, q.* 2 *(Corp. iur. canon. ed. Friedberg I, col.* 1089*).*
100) *Philipp.* 2, 2. 1) *Rom.* 1, 29.

quia pro tam inlicito amore alii veneno, alii gladio vel aliis diversis sunt perempti maleficiis. Idcirco acutissimo ferro et totius generis artificio sunt[e] resecanda, per quae caelestia regna sunt obcludenda; 'quoniam[2]', ut idem apostolus ait, 'qui talia agunt, regnum Dei non consequentur'. Tale igitur conubium anathematizamus et christianis omnibus obseramus[d]. Non licet ergo nec christianae religioni oportet, ut ullus ea utatur in matrimonio, cum qua prius pollutus est adulterio. 895.

Cap.[a] 41. De eo, si quis duxerit uxorem et concumbere non valens cum ea frater eius clam violaverit illam. Si[3] quis legitimam duxerit uxorem et inpediente quacunque[b] domestica infirmitate uxorium opus non[c] valens inplere cum[d] illa, frater vero eius suadente diabolo adamatus ab ipsa clanculum eam humiliaverit[e] et violatam reddiderit, omnimodo separentur, et a neutro ulterius[f] eadem mulier contingatur[g]. Igitur coniugium, quod erat legitimum, fraterna commaculatione est pollutum, et quod erat licitum, inlicitum est factum, ut[h] Hieronimus ait: 'Mulier duorum fratrum non ascendat thorum; si autem ascendit, adulterium perpetrabit[i]'. Quia[k] vero humana fragilitas proclivis est ad labendum, aliquo modo muniatur ad standum[k]. Idcirco episcopus considerata mentis eorum inbecillitate post poenitentiam sua institutione peractam, si se continere non possint, legitimo consoletur[l] matrimonio, ne, dum sperantur ad alta sublevari, corruant in coenum.

(41 a.)

Vir[a] si duxerit uxorem et concumbere cum ea non valens frater eius clanculo eam[b] vitiaverit et gravidam reddiderit, separentur. Considerata autem imbecillitate misericordia eis impertiatur[c] ad coniugium tantum in Domino.

Cap. 42. Si quis de uno in alium transmigrat episcopatum et consanguineam suam polluerit vel aliquod crimen commiserit. Si quis de uno in alium omnino transmigrat episcopatum, et si, quod absit, contingat eum filiam sororis suae, amitae aut materterae, avunculi vel patrui polluere aut aliquod crimen committere, episcopus[4], in cuius

(42 a.)

Si[a] quis de uno pago et[b] episcopatu[c] in alium pagum et[b] episcopatum[c] adveniens filiam[d] sororis suae vel[e] amitae[f] polluerit vel[g] aliud aliquod scelus commiserit[g], potestatem habeat episcopus, cuius[h] illa parroechia est, delinquentem[i] cohercere ad poenitentiam.

40. e) *om.* 5.

41. a) De eo, si frater fratris uxorem violaverit. *Concilio Toletano tit. VI. rubr. in Salisb.;* Hieronimi presbyteri *rubr. in Monac.* 14628. b) aliqua infirm. *Monac.* c) cum ea non valet *id.* d) cum illa *om. id.* e) violaverit *id., om.* et … reddiderit. f) illorum *id.* g) ulterius attingatur. Nam *id.* h) post illorum tamen paenitentiam, si non valent se continere, nubant., *om. rell., id.* i) perpetravit 4, *Salisb.* k) Quia … standum *om.* 4. l) consolentur 1—4; *corr.* consoletur 1.

41a. *Cfr. Tab. III, nr.* 41. a) Cap. XVIIII. *praemittit Diess.;* Item apud Triburias cap. XVIIII. *rubr. in Col.;* De eadem re. Ex concilio Triburiensi *rubr. ap. Reg., Burch., qui addit:* cap. III. b) *om. Diess., Reg.* c) impertietur *Diess.;* iniungatur. *Col.*

42a. *Cfr. Tab. III, nr.* 42. a) Item apud Triburias cap. XXIIII. *rubr. in Col.;* Ex concilio apud Triburas temporibus Arnulfi regis XXVI episcoporum cap. XXIIII. *rubr. in Helmst.;* Require in libro secundo de vita sancti Martini cap. III. *rubr. in Monac.* 6241; De eadem re. *rubr. in Coll. XII part.* b) vel *Salisb., Monac.* 6245. 6241. c) episcopio, episcopium *codd. Monac.* d) incestu se polluerit *iid., Salisb.* e) filiam *add. Col.* f) suae *add. Coll. cit.* g) vel … commiserit *om. Col., Coll. cit.;* aut aliud quid contra synodale decretum egerit *Helmst.* h) cui *codd. Monac.* i) fornicantem *Col., Coll. cit.;* peccantem *Salisb., codd. Monac.*

2) *Galat.* 5, 21. 3) *Cfr. supra p.* 207, *c.* 5. 4) *Cfr. infra Cap. Karlomanni Vern.* 884, c. 6. 8.; *supra p.* 66, *not.* 2.

895. tunc diocesi commoratur et tali scelere criminatur, habeat[a] ius et potestatem[a] secundum canonicam auctoritatem et nostram synodalem institutionem flagitiosum coercere et ad poenitendum emollire. Per quos enim melius rei veritas ventilatur et emendatur, quam per hos, inter quos habitat et criminosus apparet?

Cap.[a] 43[b]. Si quis cum qualibet fornicatus fuerit et eo nesciente filius eius vel frater inscius violaverit illam. Si[5] quis cum qualibet fornicatus fuerit et eo nesciente filius eius vel frater eiusdem rei inscius cum eadem se polluerit et, postquam[c] se pollutum esse cognoverit, confessus fuerit et hoc se nescire cum iuramento confirmaverit: quia hoc poenituit et confessus fuit, post peractam congruam[e] poenitentiam legitimo utatur matrimonio[d], ne iterum mordente crudelissima libidinis bestia sauciétur et voraginem fornicationis incidere videatur. Nam, ut[e] Hieronimus ait, 'ferreas[f].[7] mentes domat libido[d]'. Mulier vero[g], quae tantum nefas[h] commiserat, ulterius poeniteat atque continens et innupta permaneat.

Cap.[a] 44. Si quis cum aliqua fornicatus fuerit et frater eius ignarus duxerit illam uxorem. Si[8] quis cum aliqua crimen[b] fornicationis fecerit[b] et frater eius eiusdem sceleris ignarus duxerit illam uxorem, frater, qui prior[c] per fornicationem polluerat illam, quia[c] non indicavit fratri[d] uxorem ducenti, praedura[e] arceatur poenitentia et[f] condigna castigatione[f]. Qua[g] peracta si

(43a.)

Si[a] pater cuiuslibet fuerit fornicatus cum muliere et nesciente[b] patre filius eius[c] cum eadem fornicatus[d] fuerit et confessi[e] fuerint, mulier usque in finem vitae suae poeniteat, et filius post[f] peractam poenitentiam[f] 'in[6] Domino nubat'.

(43b.)

Si[a] cuiuslibet[b] frater cum muliere fornicatus fuerit et frater suus[b] nesciens cum eadem se[c] polluerit, mulier diebus vitae suae poeniteat*, et frater, qui post fratrem se cum muliere polluerit[d] nesciens, post poenitentiam, si se continere non possit, 'nubat[6] tantum[e] in Domino'.

*) *Reg., Burch. pergunt:* post poenitentiam autem frater ignarus sceleris coniugium accipiat, si vult, *om. rell.*

(44a.)

Si[a] homo fornicatus fuerit cum muliere et frater eius nesciens duxerit eam[b] uxorem, frater, qui[c] fornicatus est[c], eo quod fratri[d] crimen celaverit, poeniteat et considerata[e] imbecillitate[e] post poenitentiam 'nubat[6] in[e] Domino[e]', mulier autem diebus[f] vitae suae[f] poeniteat[g].

---

42. a) habeat . . . potestatem *om.* 3. 4.

43. a) Arnolfus imperator *rubr. in Monac.* 14628. b) XLIIII, *om. rubr., Salisb.* c) postquam cognoscens reatum suum confitetur post indictam congruam *Monac.* d) coniugio, *om.* ne iterum . . . libido, *id.* e) *om.* 4. f) ferrea libido *Salisb.* g) innupta permaneat *add. Monac.* h) scelus commisit, *om. rell., id.*

43a. *Cfr. Tab. III, nr.* 43. a) Cap. XXV. *praemitt. Diess.;* Item apud Triburias capitulo XXV. *rubr. in Col.* b) nesciens, *om.* patre, *Diess.* c) suus sciens vel nesciens *Col.* d) fornicaverit *Diess.* e) conversi *id.* f) peracta poenitentia *id.*

43b. *Cfr. Tab. III, nr.* 44. a) Cap. XXVIII. *praemitt. Diess.;* Item apud Triburias cap. XXVIII *rubr. in Col.;* De eadem re. Ex eodem *(sc. Triburiensi) rubr. ap. Reg.;* De eadem re. Ex eodem *(sc. apud Vermeriam)* cap. VI. *rubr. ap. Burch.* b) *om. Reg., Burch.* c) concubuerit *iid.* d) polluit *Diess.* e) tamen *Col.*

44. a) De incestuosis *rubr. in Salisb.;* Neocesariense *rubr. in Monac.* 14628. b) fornicaverit *Monac.* c) prius eam violaverat quia *id.* d) eam *add. id.* e) dura coerceatur *id.* f) et . . . castigatione *om. id.* g) Qua etiam peracta si voluerit, nubat legitime, mulier vero paenitens non nubat, *om. rell., id.*

44a. *Cfr. Tab. III, nr.* 45. a) Cap. XXVI. *praemitt. Diess.;* Item apud Triburias capitulo XXVI. *rubr. in Col.;* De eadem re. Ex eodem *(sc. Triburiensi) rubr. ap. Reg.;* De illo, qui stupraverat quandam, quam frater eius postea duxerat uxorem. Ex eodem *(sc. apud Vermeriam)* cap. V. *rubr. ap. Burch.* b) illam *Diess.;* eandem *Burch.* c) qui . . . est *om. Reg., Burch.* d) fratris *Diess.* e) *om. Reg., Burch.* f) usque ad mortem *iid.* g) et sine spe coniugii maneat *add. Burch.*

5) *Cfr. supra p.* 207, *c.* 6. 6) 1. *Corinth.* 7, 39. 7) *Hieronymi epist.* 117, c. 6, *Opera I, col.* 781. 8) *Cfr. supra p.* 207, *c.* 7.

continens esse non possit, indulgentia sublevetur, ne libidini prosternatur, quatenus legitimo consoletur matrimonio. De muliere vero sancimus, sicut de[h] ea in[i] Neocesariensi sancto[k] concilio diffinitum legimus cap. II: 'Mulier[l] [9], si duobus fratribus nupserit, abiciatur usque ad mortem. Verumtamen in exitu propter misericordiam fructum poenitentiae consequatur, si promiserit, quod facta incolumis huius coniunctionis vincula dissolvat. Quodsi[m] defecerit mulier aut vir in talibus nuptiis, difficilis erit poenitentia in vita permanenti[l]. Episcopus vero potestatem habeat secundum conversationem ipsius aut adicere neglegenti aut minuere vere[n] poenitenti[m]. Tamen ulterius continens et a viro disiuncta permaneat. 895.

Cap.[a] 45. Si quis cum duabus sororibus fuerit pollutus. Simili[b] modo secundum sanctos canones[10] diffinimus et iudicamus de eo[b], qui cum[c] duabus sororibus fuerit pollutus, ut[c] usque in[d] exitum vitae poenitens et continens permaneat. Soror autem, quae posterior libidinis[e] perforata aculeis[e] scienter se[f] cum eodem commaculaverit[g], usque in finem vitae[f] poenitens et continens[h] perduret. Si autem inprovise contingit[i], condigna stringatur castigatione et, si[i] velit, legitima[k] utatur viri coniunctione[k].

(45 a.)

In[a] lectum mariti absente uxore soror uxoris[b] ivit, quam ille uxorem suam putans dormivit cum ea. Super hoc visum est, si ipse per securitatem veram hoc probaverit, quod inscius hoc[c] scelus fecerit, penitentiam quidem, quae sibi iudicata[d] fuerit, agat, legitimum vero[e] suum coniugium habere permittatur; illam autem[e] oportere[e] digna vindicta affligi et in eternum coniugio privari.*

(45 b.)

Si[a] quis cum duabus sororibus fornicatus fuerit, vir diebus vitae suae poeniteat, soror[b] autem[b], quae post[c] priorem sciens fornicata est, diebus vitae poeniteat; quodsi non rescivit, licentiam[c] habeat nubendi.

*) *Cat. add. falso*[11]: nisi post dignissimam penitentiam indulgentiam forte meruerit.

Cap.[a] 46. Si cuius uxor constuprata fuerit et propterea maritus perdere illam machinaverit. Si cuius uxor constuprata fuerit et propterea maritus capitali[b] sententia delere illam[b] machinaverit, ipsa vero urguente mortis periculo ad episcopum confugerit et auxilium quaesierit, operosiori[c] tamen[d], si potest[c]

44. h) de ea in *om. Salisb.* i) *om.* 3. 4. k) *om. Salisb.* l) Mulier ... permanenti *om. id.* m) Quodsi ... poenitenti *om.* 4. n) *om.* 5.

45. a) *Cum antecedenti capitulo in unum coniunctum in Salisb.;* Neocesariense *rubr. in Monac.* 14628. b) Simili ... eo *om. Monac.* c) *om. id.* d) ad *id.* e) libidini succubuerit *id.* f) se ... vitae *om. id.* g) commaculaverat 1—3. h) in exitum vitae *add. Monac.* i) contigit peracta digna paenitentia si *id.* k) legitime nubat *id.*

45a. *Cfr. Tab. III, nr.* 46. a) De eadem re. Ex eodem *(sc. Triburiensi) rubr. ap. Reg.;* De illo, qui se ignorante cum sorore uxoris suae fornicatus est. Ex concilio Triburiensi cap. VIII. *rubr. ap. Burch.* b) ivit uxoris *iid.* c) fecerit hoc scelus *iid.* d) indicata *iid.* e) *om. iid.*

45b. *Cfr. Tab. III, nr.* 47. a) Cap. XXVII. *praemittit Diess.;* Item apud Triburias cap. XXVII. *rubr. in Col.;* De eadem re. Ex eodem *(sc. Triburiensi) rubr. ap. Reg., Burch., qui addit:* cap. X. b) sororum *Diess.* c) de alia sorore nescivit licentiam *Reg., Burch.*

46. a) Ex concilio eodem (*sc. Namnatensi*) *rubr. in Vindob. fol.* 105[v], *Bamberg. fol.* 215. b) perdere illam *iid.* c) operosiori ... potest *om. iid.* d) *om.* 5.

9) *Conc. Neocaes. c. 2, Mansi II, col.* 548. 10) *Cfr. Decret. Vermer.* 758—768?, *tom. I, p.* 41, *c.* 12. 11) *Cfr. Seckel l. c.*

895. episcopus labore desudet, ne occidatur. Si vero non potest, nullo modo liceat ei requirenti[e] eam reddere viro[e] ad occidendum, quae se ei[e] obtulit ad defendendum, sed sollerti[f] cura transmittat[g] eam ad locum, quem ipsa delegerit, ut secura vivere possit. Si vero interdum maritus eam invenerit et[e] repetierit[e], secundum saeculum potestatem habuerit[h], quid[i] ei agere velit[12]. Sed audiat sanctum Augustinum dicentem: 'Cum[13] enim vir a virtute nomen[k] accipit et mulier a mollicia, id[l] est fragilitate[l], quare contra crudelissimam[e] libidinis bestiam vult unusquisque uxorem suam esse[e] victricem, *cum ipse ad primum libidinis ictum victus cadit?*' *Nam* quicquid contra fidem catholicam[m] mulieribus non licet, nec viris licet[14]. Si[n] autem eadem *mulier timore* perterrita a loco, ubi eam episcopus destinavit, aufugerit et vir eius ab episcopo semel aut bis vel sepius repetierit, si vitam ei obtinere possit, perquirat et reddat; sin[o] autem, omnino non reddat[n o]. Maritus vero, quamdiu ipsa vivat, nullo modo alteram ducat[p].

Cap. 47. Si quis spiritalem habet compatrem, cuius uxor commater *non est*, eo defuncto eius viduam licet[a] ei ducere uxorem. Qui spiritalem habet compatrem, cuius filium de lavacro sacri fontis accepit, et eius uxor commater non est, liceat ei defuncto compatre suo eius viduam ducere in uxorem, si nullam habent consanguinitatis propinquitatem. Quid enim? Numquid non possunt coniungi, quos nulla proximitas carnalis vel in[b] id[b] generatio secernit spiritalis?

Cap. 48. De eo, si quis suae spiritalis commatris filiam duxerit uxorem. Illud etiam nec canonica institutione diffinimus nec introductione aliqua refutamus, sed propter eos, qui diverse de eo sentiunt[15], hoc loco aliquid commemoramus: Si quis suae spiritalis commatris filiam fortuito et ita contingente rerum casu in coniugium duxerit, consilio maturiori servato habeat atque honeste legitimo coniugio operam det.

Cap. 49. De his, qui in adulterio filios genuerunt, ut omnino separentur. De[16] his, qui in adulterio iuncti[a] per incentiva libidinis malae filium vel filiam genuerunt, canonice praeiudicamus, ut, quando ab episcopo iusta divisione separantur, eo tenore seiungantur, ne ultra spe reversionis deludantur. Quare si quid inter se proprietatis aut pecuniae communi donatione tradiderunt, uterque[b] communi servet[c] infanti. De reliqua vero proprietate et pecunia nullam ulterius habeant communionem, sed uterque[17] *sua provideat et, ut velit, faciat. Et ut hoc verius credatur* atque firmius observetur, verbo[17] Domini praecipimus et canonica atque synodali inpositione iniungimus, quatenus iuramento colligantur[d] deinceps et ultra sub uno non cohabitare tecto nec familiari frui colloquio, excepto in ecclesia et in publico, nec ullam habere communionem in proprietate aut mancipiis vel pecunia sive ullis rebus, unde suspicio luxoriosi facti aut scandalum libidinosi desiderii iuste possit oriri.

46. e) *om. Vindob., Bamberg.* f) magna *iid.* g) transmittet 5; mittat *Vindob., Bamberg.* h) habet, quod agere velit *Vindob.* i) quicquid *Bamberg.* k) dicitur *Vindob., Bamberg.* l) id ... fragil. *om. iid.* m) sanctam *iid.* n) Si ... reddat *om.* 4. o) sin ... reddat *om.* 3. 5, *Vindob., Bamberg.* p) accipiat *Vindob., Bamberg.*

47. a) potest 1—4. b) nulla *legi vult Cochl.*

49. a) et *add.* 1—4. b) ut quae *Cochl.* (5), *qui legi vult* utique. c) servent 5. d) colligentur 5.

12) *Cfr. Brunner, RG. II, p.* 662 *sq.* 13) *Augustini Append. sermo* 289, *c.* 1, *Opera V*, 2, *col.* 481. 14) *Cfr. Wilda, Strafrecht d. Germ. p.* 822 *sqq.* 15) *Cfr. Binterim, Denkwürdigkeiten der kathol. Kirche IV*, 2, *p.* 426; *Schulte, Kathol. Eherecht p.* 188 *sqq.* 16) *Cfr. supra c.* 23 *b.* 17) *Supra c.* 23 *s. fine et med.*

895.

Cap. 50. **De eo, si quis aliquem per inlusionem a recta fide subverterit vel perdiderit, ut dupliciter puniatur.** Si[18] quis vero, sive sit vir sive mulier, aliquem a recta credulitate et catholica fide inlusione diabolica averterit, 'expedit[19] ei', ut evangelicus intonat sermo, 'ut suspendatur mola asinaria in collo eius et dimergatur in profundum maris': quia, qui scandalizaverit alios, ut Deum offendant ac de vera fide et salute recedant, multo melius esset ei, ut propriis vitae suae vitiis et inmunditia pollutus puniretur, quam pro suis et aliorum peccatis in infernum dimergeretur. Et si quempiam veneno vel herbis aut diversi generis maleficiis perdiderit, velut pessimus homicida duplici mulctetur poenitentia.

(50a.)

Sub Arnolfo imperatore. Si quis vel si qua mulier quempiam veneno seu herbis sive diversis maleficiis perdiderit, velut pessimus homicida duplici paenitentia omnino multetur.

Cap.[a] 51. De[b] eo, **si quis cum uxore alterius vivente[c] eo fornicatus fuerit.** Illud[d] vero communi decreto secundum canonum instituta diffinimus et praeiudicamus, ut[d], si quis cum uxore alterius vivente eo fornicatus fuerit, moriente[e] marito synodali iudicio aditus[f] ei claudatur inlicitus, ne[f] ulterius ei coniungatur matrimonio, quam prius polluit adulterio. *Nolumus*[g][20] *enim*[h] *nec christianae religioni oportet, ut ullus ducat in coniugium, quam prius polluit per adulterium*[g].

Cap. 52. **De homicidiis non sponte commissis.** Placuit nobis de homicidiis non sponte commissis *hic* inserere, quod in Ancyrano sancto concilio cap. XXII. legitur, ubi dicitur: 'De[22] homicidiis non sponte commissis prior quidem diffinitio post septennem poenitentiam perfectionem consequi praecepit; secunda vero quinquennii tempus explere. Modus autem huius poenitentiae in episcoporum sit arbitrio, ut secundum conversationem poenitentium possint et extendere tardantibus et minuere studiose festinantibus.'

(52a.)

De eadem re. Ex eodem. De[21] *homicidiis non sponte commissis*, quali poenitentiae iugo submittantur hi, qui fecerint ea, in episcopi sententia maneat.

Cap.[a] 53. De eo, **si quis filium suum non sponte, sed casu contingente occiderit.** Si[23] quis filium[b] suum, quod absit, non sponte[b], sed casu contingente occiderit, secundum homicidia sponte commissa poeniteat[c], ut sequenti subinfertur capitulo.

(53a.)

Si[a][23] quis filium suum non sponte occiderit, iuxta homicidia non[24] sponte commissa poeniteat.

51. a) Laudacense *rubr. in Monac.* 14628. b) Cap. XVII. legitur de eo ... fuerit, cap. LI. *Stuttg.; cfr. supra p.* 220, *not.* d. c) viventis, *om.* eo, *id.* d) Illud ... ut *om. Monac.* e) mortuo *Stuttg.;* mortuo legali mar. *Monac.* f) perpetuus ei aditus coniugii claudatur ne *id.* g) Nolumus ... adulterium *om. id.* h) enim christianam religionem *Stuttg.*

53. a) Gangrense *rubr. in Monac.* 14628. b) proprium filium non sponte *id.* c) ita ut tantum in exitu vitae communionem mereatur paenitentiae modo semper insistens *perg. id.; cfr. quae dixi in 'N.A.' XVII, p.* 69, *not.* 1.

53a. *Cfr. Tab. III, nr.* 50. a) Synodus Liutberti habita apud Mogontiam *praemittit Col.:* De eadem re. Ex eodem *(sc. Triburiensi) rubr. ap. Reg.:* De illis, qui infantes suos non sponte interficiunt. Ex concilio Triburiensi cap. XXI. *rubr. ap. Burch.*

18) *Cfr. Brunner, RG. II, p.* 679 *sqq.; Poenit. Columb. c.* 6, *Wasserschleben, Bussordnungen p.* 356. 19) *Matth.* 18, 6. 20) *Cfr. supra c.* 40, *s. fine, quod hic repetitur.* 21) *Cfr. c.* 55 *a. Collectionis Cat., infra p.* 243, *ex quo Reg. caput composuit.* 22) *Conc. Ancyr. c.* 22, *Mansi II, col.* 527. 23) *Cfr. c.* 55 *a. Collectionis Cat., infra p.* 243, *lin.* 28 *sq.* 24) *Cfr. quae exposui in 'NA.' XVII, p.* 70, *not.* 2.

895. Cap. 54. **De his, qui voluntario homicidium fecerint.** De his, 'qui[25] voluntarie homicidium fecerint', Ancyrano sancto concilio cap. XXI. legitur, ut 'poenitentiae quidem iugiter se submittant: perfectionem vero, id est communionis Christi gratiam, circa vitae exitum consequantur'. Instituta canonica et sanctorum patrum decreta nostro et omnium orthodoxorum iudicio inviolabilem habeant firmitatem. Nobis autem, qui pastores Christi ovium sumus, pro moderni temporis qualitate et hominum fragilitate bonum et utile videtur, ut his, qui voluntario homicidium fecerint, auctoritate synodali et iudicio generali et modum[a] castigationis inponamus et certum[b] ac definitum poenitentiae tempus[c] praemonstremus, ne prolixum tempus poenitentiae generet fastidium neglegentibus, sed cursim[d] exercitatis accrescat opus salutis.

Cap.[a] 55. **De poenitentia XL dierum.** Si[26] quis sponte homicidium fecerit, XL diebus ab ingressu ecclesiae[b] arceatur et nihil manducet[c] illis XL diebus praeter solum panem et salem, neque[d] bibat, nisi puram[d] aquam; nudis pedibus incedat; lineis non induatur vestibus, nisi tantum[e] femoralibus; saecularia[e] arma non portet*; nullo[f] vehiculo utatur[f]; ad nullam feminam nec ad propriam uxorem his diebus misceatur; nullam communionem illis XL diebus cum aliis christianis nec cum alio habeat poenitente in cibo vel potu aut ullis rebus. Si[g] vero sint aliqui vitae suae[h] insidiatores, ut prae illis non possit digne poenitere, interim differatur ei[i] eadem[i] poenitentia, donec ab episcopo proprio[k] pax ei ab illis sit facta. Si[l] enim[o] aliqua corporali[o] infirmitate detentus[m] sit, ut non possit rite ieiunare, adhibeatur[n] ei

(55a.)

Si*[a] quis spontanea voluntate diabolo suadente homicidium perpetraverit, iuxta

*) *In Coll. Cat. c 52. 53. 55—58. in hoc brevissimum caput contracta sunt:* Ut penitentia super homicidiis non diverse, ut prius, sed in episcopiis singulis uno more agatur, hoc est: Inprimis[27] peniteat in pane et aqua, qui sponte occidit hominem. Considerata vero persone qualitate vel infirmitate de pomis vel holeribus seu legumine, prout visum fuerit, aliquid pro misericordia indulgeatur, maxime si quis coactus vel non sponte homicidium fecit. Arma non ferat his diebus, equitare non permittatur et cetera compleat, ut moris est. Dehinc per totum annum abstineat a carne et vino, medone et mellita cervisa.

Duobus[28] sequentibus annis similiter excepta dominica et qui in illa parrochia festi dies habentur. In[29] his tamen, si carne vescitur, a ceteris abstineat; si vino utitur vel medone, non vescatur carne, nisi licentiam forte acceperit, ut certo elemosinae pretio et missarum numero diem redimat.

*) *Monac. pergit:* nec uxori nec alicui feminae iungatur; nullo saltim colloquio coniungatur his diebus; nullam communionem habeat cum omni christiano, tam in cibo quam in potu, nec vestimenta eius ab aliquo christiano tangantur.

54. a) id est in cibo et potu, ut sequenti monstratur capitulo *glossa marg. in* 1—3. b) videlicet VII annorum *item* 1—3. c) usque in exitum vitae, ut in Ancyrano concilio *item* 1—3, *in* 3. *vero ad* prolixum tempus. d) per spacium VII annorum *item* 1—3.

55. a) Sub Arnolfo imperatore *rubr. in Monac.* 14628. b) templi *id.* c) in *add. id.* d) et bibat puram *id.* e) *om id.* f) nullo ... utatur *om.* 3. 4. g) Arnolfus *rubr. praemittit Monac.* h) paenitentis *id.* i) illius *id.* k) suo pax ei fuerit facta *id.* l) Eiusdem *rubr. praemittit id.* m) paenitens detent. fuerit *id.* n) misericordia ei detur donec *id.*

55a. *Cfr. Tab. III, nr.* 51. 52. a) Item in synodo domni Liutberti de eadem re apud Mogontiam habita cap. XXXIII. *rubr. in Col.;* De synodo Liutberti apud Mogontiam habita *rubr. in Guelf., Vindob.:* Ut poenitentia super homicidiis non diverso more, ut prius, sed in episcopiis singulis uno more agatur *(supra lin. 15 sqq.).* Ex concilio Triburiensi *rubr. ap. Reg.:* De paenitentia homicidarum. Ex concilio Triburiensi. Ut paenitentia ... agatur. Id est, si quis *Salisb.:* Si quis spontanea voluntate homicidium perpetraverit, iuxta decreta Melciadis papae et Triburiensis concilii statuta talem poenitentiam accipere debet. Ex concilio Triburiensi cap. IV. Inprimis ut licentiam *Burch.;* Capitulo III. *rubr. in Bamb.*

25) *Conc. Ancyr. c.* 21, *Mansi II, col.* 520. 26) *Cfr. Conc. Mog.* 852, *supra p.* 189, *c.* 11. 27) *Cfr. c.* 55. 56. 28) *Aliter c.* 57. 29) *Cfr. c.* 56.

misericordia, quousque[n] convalescat, et tunc[o] demum poeniteat; si[o] vero longo tempore eadem[p] sit occupatus infirmitate, ad[p] episcopum pertinebit[q], ut prudenter portractet, quomodo infirmum peccatorem curare disponat[r]; quia[s], ut Gregorius pastorali commemorat libro, 'occultiora[30] sunt vulnera mentium, quam corporum, et[s] ars est artium regimen animarum'.

canonum sanctiones et iudicium episcoporum talem penitentiam accipere[b] debet: 895.
Primitus[c], ut licentiam non habeat ecclesiam intrandi illos proximos[d] XL dies nudisque pedibus incedat, quocumque[e] eat[e], et nullo[f] vehiculo utatur[g] et[f] saecularia arma relinquat et nihil[g] sumat his XL diebus, nisi tantum panem et[h] salem et[h] puram bibat aquam ac nullam communionem cum ceteris christianis[i] neque cum alio poenitente habeat[k] in[i] cibo et potu, antequam XL** dierum poenitentia resolvatur[l]. Et[m] si contradictum[n] sit eadem canonica auctoritate, ut his[n] XL diebus supradictis[e] ad[o] nullam feminam nec ad[o] propriam uxorem accedat[p], antequam*** illos XL dies peniteat, nec lineis[q] vestimentis utatur, nisi tantum femoralibus. Et

Quatuor[31] sequentibus annis tres in ebdomada ferias et tres in anno observet quadragesimas.

Post annum ecclesiam ingredi permittatur, non tamen communicet. Post VII annos perfectionem consequatur.

De[32] his vero, qui inviti vel non sponte homicidia committunt, in arbitrio sit episcopi, qualiter et quam diu peniteant; sicut cuidam nuper contigit, qui non sponte filium suum interfecit.

**) *Reg., Salisb., Burch. perg.:* dies adimpleantur et ex cibo, quem sumit, nullus alius manducet. Considerata vero personae qualitate vel infirmitate de pomis vel oleribus seu leguminibus, prout visum fuerit, aliquid pro misericordia indulgeatur, maxime si quis coactus et non sponte homicidium fecerit; *cfr. supra p. 242, lin. 19—22.*

***) *Iid. haec verba exhibent:* nec cum aliquo homine dormiat, iuxta ecclesiam sit, ante cuius ianuas peccata (peracta *Salisb.*) sua defleat diebus et noctibus, et non de loco ad locum pergat, sed in uno loco his XL diebus sit. Et si forte,

55. o) cum melioratus erit, iterum paenitere legitime debet. Eiusdem. Si *id.* p) paenitens infirmatur ad *id.* q) pertinebat 1—3. 5. r) debeat *Monac.* s) quia . . . et *om. id.*

55a. b) incipere *Guelf., Vindob.* c) imprimis *Reg., Salisb., Burch.* d) *om. Bamb.* e) *om. Reg., Salisb., Burch.* f) nullam equitationem exerceat et *Bamb.* g) in laneis vestibus sit absque femoralibus, saecularia arma non ferat et nihil *perg. Reg., Salisb., Burch.:* nihilque *Col.* h) holera ac legumina sive sal et *Bamb.* i) christ. *om. Guelf., Vindob.;* non retineat in *perg. Bamb.* k) retineat *Col., Guelf., Vindob.* l) solvatur *Guelf., Vindob.* m) Verum tamen *Col.* n) omnimodis ex auct. canon. interdicatur ut in his *Reg., Salisb., Burch.* o) cum nulla femina misceatur nec ad *iid.;* ad *om. Bamb.* p) ad fornicationem sibi usurpat, antequam illos XL dies paeniteat. Postea vero iuxta canonum auctoritatem imponatur ei a sacerdote VII annorum penitentia *Bamb., om. rell.* q) in eis *Col.*

30) *Gregorii Lib. pastor. pars I, c. 1, Opera II, col. 3.* 31) *Cfr. c. 58.* 32) *Cfr. c. 52. 52a. 53.*

895.

si forte habuerit vitae suae insidiatores, interim differatur ei poenitentia, donec ab episcopo parroechiae[s] suae[s] pax ei ab inimicis reddatur. Et si infirmitate detentus fuerit, ita ut non possit digne poenitere, adhibenda[r] est misericordia tamdiu, donec[r] sanitati restituatur; si autem[s] longa egritudine occupatus[t] fuerit, ad sententiam episcopi pertinebit, quomodo reum et infirmum sanare disponat.†

†) *Id. add.:* Completis XL diebus aqua lotus vestimenta et calceamenta, quae a se abiecerat, rursus sumat (calceamenta accipiat *Burch.*) et capillum incidat.

Cap.* 56. Post XL dies poenitentia primi anni. Post illos XL dies unum annum integrum ab introitu ecclesiae suspendatur et abstineat se a carne et[a] caseo, a[a] vino et medone ac mellita cervisia[b], nisi dominicis et diebus[c] festis, qui per illum[d] episcopatum publice celebrantur apud[e] cunctum populum**, et nisi vel in hoste aut in aliquo magno sit itinere vel longe aut diu ad dominicam curtam vel si infirmitate detentus sit. Tunc licitum sit ei III. feriam et V. atque sabbatum redimere[33] uno denario vel precio denarii sive tres pauperes pro nomine Domini pascendo: ita duntaxat**, ut vel carne[d] vel[d] vino vel medone[f], id[g]

(56 a.)

In[a] primo anno post XL dies totum illum annum a vino, a[b] medone, a[c] mellita cervisa[d], a carne, a[c] caseo[e] abstineat, nisi festis diebus, qui in illo episcopio publice[b] apud[f] cunctum populum celebrantur, et nisi forte in magno itinere vel in hoste vel longe[b] aut[b] diu ad dominicam curtem vel[g] infirmitate detentus sit[h]. Tunc liceat uno denario vel pretio unius denarii aut tres pauperes pascendo tertiam feriam, quintam et sabbatum redimere: ita duntaxat, ut vel[i] vino vel medone aut carne, id est[i] una re de tribus utatur. Postquam domum veniat[k] vel[l] pausaverit, nullam potestatem habeat[l]

*) *In Monac. 14628 initium capitis hoc est:* Arnolfus. Post XL dies, quos homicida spontaneus primo ieiunat iuxta praedictam sententiam, statim integrum annum ab ingressu ecclesiae *etc.*

**) *Id. pergit:* Eiusdem. Si paenitens in hoste sit primo anno aut in magno itinere aut longe aut diu in aliqua infirmitate sit, quod non possit in dominica ad aecclesiam venire, licitum sit ei terciam, quintam et septimam redimere uno denario aut eius precio, et tres pauperes pro Christi nomine pascat; ita duntaxat *etc.*

55a. r) differatur (ei *add. Salisb.*) poenitentia donec *Reg.*, *Salisb.*, *Burch.* s) in *add. Col.*, *Guelf.*, *Vindob.* t) detentus *Reg.*, *Salisb.*, *Burch.*

56. a) *om. Monac.* 14628. b) cervisa *id.* c) aliis festis diebus *id.* d) *om. id.* e) a populo *id.* f) vel carne *add. id.* g) id . . . tribus *om. id.*

56a. *Cfr. Tab. III, nr.* 53. a) *In codd. Col., Guelf., Vindob. hoc et duo sequentia capitula cum antecedenti in unum coniuncta sunt;* Quid in primo anno observare debent *rubr. in Reg., Salisb., Burch., qui addit:* Ex eodem concilio cap. V. b) *om. iid.* c) et *iid.* d) cervisia *Reg.* e) et pinguibus piscibus *add. Reg., Salisb., Burch.* f) a cuncto populo *iid.* g) in *add. Col., Guelf.* h) *om. iid. et Vindob.* i) vel . . . est *om. Reg., Salisb., Burch.* k) venerit *iid.* l) aut sanitati fuerit restitutus, nullam licentiam habeat *iid.;* vel pausaverit *om. Guelf., Vindob.*

33) *Cfr. Binterim, Denkwürdigkeiten V, 3, p.* 165 *sqq.; Dove in 'Z. f. KR.' IV, p.* 11 *sq.; Hinschius, Kirchenrecht IV, p.* 827.

est de tribus[g] una[h] re[h] utatur, non[i] omnibus vescatur. Postquam[k] autem de itinere domum[l] revertatur aut de infirmitate liberetur[m], praedictas ferias non redimat, sed statuto[n] modo poeniteat. Completo[o] vero unius[p] eiusdemque anni curriculo[o] ita[p] castigatus rite et ordinabiliter more poenitentium introducatur[q] in[r] ecclesiam.

redimendi. Completo[m] anni circulo ecclesiam intret[n]. 895.

Cap.[a] 57. Poenitentia secundi et tertii anni. Secundum vero et tertium annum simili modo poeniteat[b] excepto, quod praedictas tres ferias redimere ius[c] habeat, ubicunque est, sive in domo, sive in itinere. Caetera per[d] omnia observet, ut in primo anno faciebat[e].

(57a.)

In[a] secundo et tertio anno similiter ieiunet, nisi quod tertiam[b] feriam, quintam et[b] sabbatum potestatem habeat redimendi[c], ubicunque est. Cetera omnia diligenter[d] observet, ut in[e] primo anno.

Cap.[a] 58. Poenitentia IV. V. VI. et VII. anni. Quartum enim[b] annum et[c] quintum, sextum et septimum isto modo[d] observet. Ieiunet autem[e] his singulis tres[e] quadragesimas: unam ante pascha Domini[c] a caseo et pinguibus piscibus[f], a vino et medone ac mellita cervisia[g]; alteram[h] ante nativitatem sancti Iohannis baptistae[i], si vero desunt XL dies ante nativitatem[k], inpleantur post[c] nativitatem[c]; tertiam[d] quadragesimam ante nativitatem Domini Salvatoris[c] ieiunet et abstineat se a carne et ceteris rebus praedictis. Et in his IV annis tertia feria et quinta et sabbato manducet et bibat, quodcunque libeat[l], et secundam atque quartam[l] feriam denario aut praedicto[m]

(58a.)

Quattuor[a] vero[b] anni deinde[c] restant, per quos singulos ieiunet III quadragesimas: unam ante pascha cum ceteris christianis abstinendo de vino[d], medone[d], mellita cervisa[e], caseo[f] et de piscibus[g] pinguibus; alteram[h] ante nativitatem sancti Iohannis baptistae, si aliquid remaneat de XL diebus, post missam sancti Iohannis impleat; tertiam[h] ante natalem[i] Domini ieiunet, id[k] est a carne et[d] ceteris rebus[l], sicut[k] supra dictum est. Et in quattuor annis supradictis tertia, quinta feria et sabbato utatur, quodcunque[m] libeat, et secundam[n] et quartam feriam redimendi[o] potestatem habeat[o] pretio iam[p] dicto. Sextam[q] feriam[r] caute[s] observet[t] et ne-

56. h) uno eorum *id.* i) simul *add. id.* k) Arnolfus. Paenitens primi anni postquam de *id.* l) longo redierit *id.* m) convalescit, indictas sibi ferias *id.* n) more solito *id.* o) Completo ... curriculo *om.* 4. p) primo paenitentiae anno ita *Monac.* q) introducetur paenitens *id.* r) *om.* 3. 4.

56a. m) *Quae sequuntur in Reg. et Salisb., quamquam ad. c. 56. vel c. 56a. pertinent, cum c. 57a. coniuncta sunt praemissa rubrica:* Quid in aliis duobus annis debeat observare? n) ingrediatur et pacis osculum concedatur *iid.*; in ecclesiam introducatur et pacis oscul. ei conced. *Burch.*

57. a) Arnolfus *rubr. in Monac.* 14628. b) paenitens debet paenitere *id.* c) ei liceat *id.* d) vero *id.* e) *om. id.*

57a) *Cfr. Tab. III, nr.* 54. 55. a) Quid in secundo et tercio anno observare debeat. Ex eodem cap. VI. *rubr. ap. Burch.*; *cfr. c.* 56*a, not.* m. b) tertia, quinta et *Col., Guelf., Vindob.* c) praetaxato precio *add. Burch.* d) *om. Guelf., Vindob.* e) *om. iid. et Col.*

58. a) Eiusdem *rubr. in Monac.* 14628. b) vero paenitentiae *id.* c) *om. id.* d) paenitens *add. id.* e) quidem tres *id.* f) a carne *add. id.* g) cervisa 2—4, *Monac., qui add.* ab ovo. h) Arnolfus. Alteram quadragesimam ante *Monac.* i) similiter paenitens ieiunet *add. id.* k) eius postea *add. id.* l) velit, secundam autem et quartam *id.* m) precio eius ius habeat paenitens redimere *id.*

58a. *Cfr. Tab. III, nr.* 56. Quid in reliquis quatuor annis debeat observare *rubr. in Reg., Salisb., Burch., qui addit:* Item de eodem cap VII. b) *om. iid.* c) qui *add. Col., Guelf., Vindob.* d) a *add. Guelf., Vindob.* e) cervisia *Reg.*; a carne a *add. Guelf., Vindob.* f) carne et sagimine et ovis et pinguibus piscibus *Burch.* g) abstineat *add. Col., Guelf., Vindob.* h) autem *add. Guelf., Vindob.* i) nativitatem *iid.* k) id ... sic. *om. Reg., Salisb., Burch.* l) reb. sic. *om. Guelf., Vindob.* m) quidquid vult *Reg., Salisb., Burch.* n) secunda et quarta feria *Col.* o) redimere potest *Reg., Salisb., Burch.* p) supra *add. Burch.* q) sexta feria *Col.* r) *om. Reg.* s) omnimodis *Reg., Salisb., Burch.*; cautissime observ. neq. *Guelf., Vindob.* t) in pane et aqua *add. Burch.*

895. denarii[n] precio[n] redimere ius habeat[m]; VI. vero feriam caute observet. His[o] VII annis[p] rite expletis reconcilietur et more poenitentium sacris altaribus et sanctae communioni restituatur* atque[q] perfectionem consequatur[q]. quaquam redimat. His expletis sacram communionem accipiat.

Subscriptio episcoporum XXII[34].

In hoc sancto et[r] universali[r] concilio praesidente et adiuvante pio principe Arnolfo gloriosissimo rege consederunt, qui convenerant[s], sancti patres et venerabiles ecclesiarum pastores et, quae catholica fide promulgaverunt, pari professione confirmaverunt et unanimes subscripserunt.

Nomina episcoporum.

Hattho sanctae Mogontiacensis ecclesiae archiepiscopus subscripsi.

Herimannus[t] sanctae Agrippinensis, quae et Coloniensis, ecclesiae archiepiscopus subscripsi.

Ratbotus[u] Treverensis ecclesiae archiepiscopus subscripsi.

Waldo Frigisingensis ecclesiae episcopus subscripsi.

Erchanbaldus Eihstatensis ecclesiae episcopus subscripsi.

Tuto Radasbonensis episcopus.

Adalbero[v] Augustensis episcopus.

Salomon Constantiensis episcopus.

Theodulfus[w] Curiensis episcopus.

Iringus[x] Basiliensis episcopus.

Baldrammus Strazburgensis episcopus.

Gotethancus[y] Spirensis episcopus.

Theotelaus Wormacensis episcopus[z].

Adalgarius Brumensis episcopus[z].

Dado Wirdunensis episcopus[z].

Wigbertus Hiltinesheimensis episcopus[z].

Ruodulfus Wirziburgensis episcopus[z].

Sigimundus Halvarastatensis episcopus[z].

Ruodbertus Mettensis episcopus[z].

Druogo Mimidensis episcopus[z].

Biso Padarbrunnensis episcopus[z].

Egilmarus Osnebruggensis episcopus[z][35].

*) *Monac. perg.:* Arnolfus imperator. Duodecim his capitulis de homicidis spontaneis praelibatis confirmante Arnolfo imperatore XXII patres subscripserunt innumerabilium circumstantium presbyterorum et diaconorum sive nobilium laicorum multitudo confirmantium; *rell. des.*

58. n) *om.* 4. o) Eiusdem *rubr. praemittit Monac.* p) a paenitente *add. id.* q) atque ... consequatur *om.* 3; atque ... Amen *(p. 247, lin. 4) om.* 4, *add.* De decimis: *cfr. supra p.* 220, *lin.* 38. r) *om.* 5. s) convenerunt 1. 2. t) Hermannus 5. u) Rathotus 5. v) Adalpero 3. 5. w) Theodolfus 5. x) Fringus 5. y) Lotechancus 5. z) *om.* 3.

34) *Vide supra p.* 210 *sq. B.* 35) *Trithemius, Chron. Hirsaug. ad a.* 896, *tom. I, p.* 49 *ait:* Ex abbatibus vero nomina istorum signata invenimus: Hugo, qui et Herigerus abbas Fuldensis, Harderadus abbas huius coenobii Hirsaugiensis, Harderadus quoque abbas Hersfeldensis, Murhardus abbas Selgenstattensis, Adelbertus abbas S. Ferrucii Blidenstatensis, Regino abbas Brumiensis, Hiltwinus abbas Lobiensis et alii multi, quorum vocabula non tenemus; *cfr. Eckhart, Francia orientalis II, p.* 761.

Haec subscriptio sacrosancta venerabili professione et condigna responsione innummerabilium circumstantium presbyterorum et diaconorum nec non et nobilium laicorum confirmata et laudabiliter approbata ad laudem et gloriam Iesu Christi Domini nostri, cui sit honor, laus et iubilatio per infinita saecula saeculorum. Amen[a]. 895.

CANONES EXTRAVAGANTES CONCILIO TRIBURIENSI ADDICTI.

(1.) Ut[a], si quis clericum verberaverit vel debilitaverit vel[b] quaslibet in eum tales lesiones patraverit, et[b] canonice peniteat et ad legem emendet, iuxta quod in capitulari scriptum est[86].

(2.) Perlatum[a] est ad sanctam synodum, quod quidam ingenuus ingenuam acceperit[b] uxorem et post filiorum procreationem occasione divortii cuiusdam servum se fecerit, utrum necessario mulierem tenere debeat, et, si tenuerit, utrum illa quoque secundum secularem legem servituti subici debeat? Iudicatum est, uxorem minime debere dimitti, non tamen ob Christi legem mulierem in servitutem redigi, dum ille non ex consensu coniugis se servum fecit, quem liberum ipsa[c] maritum accepit[d].

(3.) Item[a] interrogatum fuit[b], si quis cum filia materterae suae vel avunculi[c], amitae vel patrui[d] concubuerit, si coniugatus fuerit, liceatne[e] illi ulterius[f] uti coniugio aut non coniugato uxorem accipere? Iustum esset, sicut[g] aliqua priorum[h] statuta habentur, ut in perpetuum a coniugio tales abstineant. Visum est humanae fragilitatis intuitu, ut post penitentiam non[i] quidem penitus priventur coniugio, durissime[k] tamen tam inmanis fornicatio vindicetur, sicut sanctus papa Nicholaus[87] et alii Romani pontifices statuerunt, ne forte desperata[l] conscientia multiplicius peccent.

(4.) Si[a][88] quis cum duabus sororibus fuerit[b] fornicatus et soror sororem ab eodem antea stupratam nescierit, vel si ipse sororem eius, quam antea stupravit, non intellexerit, si digne penituerint et se continere non valuerint, post annos VII coniugia illis non negentur. Si autem non ignoraverint[c], ad finem usque coniugio abstineant*.

(5.) Delata[a] est coram sancta synodo querimonia plebis[b], eo quod sint quidam[c] episcopi nolentes ad predicandum vel[d] firmandum suas per annum parrochias

*) *Cat. addit minus recte*[11]: nisi forte episcopus super eis mitius agendum perpenderit sic utique, ut pena sit salvificans, non mortificans, pietas sed non remissa.

58. a) *In* 1—8. *sequitur nunc:* De decimis; *cfr. not.* q.

1. *Cfr. Tab. IV, nr.* 1. a) Si quis clericum verberaverit. Ex eodem *(sc. Triburiensi).* Si *Reg.* b) aut in aliquo laeserit et *id.*

2. *Cfr. Tab. IV, nr.* 2. a) De illo, qui servum se fecerit. Ex concilio Triburiensi cap. XI. *rubr. ap. Reg.;* De ingenuo, si ingenuam acceperit uxorem et postea se servum esse profitetur. Ex concilio Triburiensi cap. VIII, cui interfuit rex Arnolfus *rubr. ap. Burch.* b) accepit *Cat.* c) *om. Reg.* d) acceperat *id.*

3. *Cfr. Tab. IV, nr.* 3. a) Si quis cum filia materterae suae et cet. concubuerit. Ex eodem *(sc. Triburiensi) rubr. ap. Reg.;* De illo coniugato, qui cum filia materterae suae vel avunculi vel amitae vel patrui sui fornicatus fuerit. Ex concilio Triburiensi cap. I. *rubr. ap. Burch.;* Item *om. id.* b) est *id.* c) amitae vel avunc. *id.* d) patris *Cat.* e) non licent *id.* f) alterius *id.* g) ac sic *id.* h) stat. prior. *Burch.* i) *om. Reg.* k) dirissime autem *Cat.* l) desperati, *om.* conscientia, *Burch.*

4. *Cfr. Tab. IV, nr.* 4. a) De eadem re. Ex eodem *(sc. Triburiensi) rubr. ap. Reg., Burch., qui addit:* cap. IX. b) fornic. fuer. *iid.* c) ignoraverunt, usque ad mortem a coniugio *iid.*

5. *Cfr. Tab. IV, nr.* 5. a) De episcopis, qui non visitatis parochiis precium servitutis requirunt. Ex concilio apud Triburias habito temporibus Arnulphi regis cap. XXVI. *rubr. ap. Reg., Burch.* b) plebium *Reg., Salisb., Burch.* c) episcopi quidam *Reg., Salisb.* d) vel ad confirmandum *Reg., Salisb., Burch.*

86) *Cfr. supra c.* 4c. 87) *Cfr. Nicolai I. epist. ad Arduicum c.* 2, *Mansi XV, col.* 461, *Jaffé l. c. I*[2], *nr.* 2787; *epist. ad Tadonem, Migne, Patrol. lat. CXIX, col.* 1134, *Jaffé l. c. I*[2], *nr.* 2865. 88) *Cfr. supra c.* 45.

895. circuire, qui[e] tamen exigant, ut mansiones, quibus in profectione uti debuerant, alio pretio redimant, qui[f] parare debent. Quae[g] duplex infamia, et[g] neglegentiae[h] et avaritiae, sanctae synodo magno[i] horrori fuit; et[k] statuerunt, ne quis penitus[l] ultra *exerceat id*[m] *cupiditatis ingenium*[n], et ut sollicitiores sint episcopi de suis gregibus visitandis.

(6.) Perlatum[a] est quoque ad sanctam synodum, quod quidam laici inprobe agant contra presbiteros suos[b], ita ut de morientium presbiterorum substantia partes sibi vendicent, sicuti de substantia[c] rusticorum suorum[c]. *Interdicimus itaque*[d], ne hoc ulterius fiat, sed, sicut liberi facti sunt ad suscipiendum gradum et agendum divinum officium, ita ab[e] eis nihil exigatur preter Dei[f] officium. De peculiari vero sacerdotum nihil sibi usurpent, sed[g] de[h] duabus partibus faciant presbiteri, quod sibi[i] placuerit, tertiam secundum canonum[k] iussa quibus serviunt relinquant ecclesiis[40].

(7.) Ut[a] presbiteri non vadant, nisi stola vel orario induti. Et si in itinere presbiteri spoliantur vel vulnerantur aut occiduntur sine[b] stola, simplici emendatione[c] solvantur[d]; si[e] cum stola, tripliciter[f].

(8.) Ut[a 41] laicis[b] indumentis clerici non utantur, id est mantili[c] vel cotto[d] sine cappa nec pretiosis et ineptis caltiamentis et aliis vanitatum[e] novitatibus, sed[f] decenti habitu induti incedant.

(9.) Ut oblatas offerant certo numero, id est infra denarium aut VII aut V aut III vel unam.

(10.) De clericis, qui *rixa interficiuntur*. Ex concilio Triburiensi cap. L. Quicunque clericus aut in bello aut in rixa aut gentilium ludis mortuus fuerit, neque oblatione neque oratione pro eo postuletur, sed manus incidat iudicis, sepultura tamen non privetur.

5. e) mansiones tamen exigant alio pretio redemi, quae eorum profectioni debuerant parari. Quae *Salisb.* f) quae *Cat.* g) hoc est *Salisb.* h) negligentia et avaritia *Reg., Salisb., Burch.* i) horrori fuit magno *iid.* k) ideoque interdixit *Salisb.* l) *om. id., Burch.* m) horrendum et *add. Salisb.* n) *Explic. id.*

6. *Cfr. Tab. IV, nr.* 6. a) Quod laici de substantia morientium presbyterorum suorum nullam portionem accipiant. Ex eodem *(sc. Triburiensi)* cap. II. *rubr. ap. Reg.;* De laicis morientium presbyterorum substantiam diripientibus *rubr. ap. Reg. App.;* De substantia defuncti presbyteri, cuius esse debeat. Ex concilio Triburiensi cap. XXIII, cui interfuit Arnolfus rex. Sancto concilio allatum est quod *Burch.:* Ex eodem cap. XXXVIII. *rubr. in Monac.* 5541, *qui numerus errore scribae ex numero capitis ap. Reg.* (II, c. 39) *ortus videtur esse.* b) *om. Cat.* c) propriis servis *Reg., Monac., Burch.* d) canonica auctoritate *add. Burch.* e) nihil ab eis *id.* f) divinum *id.* g) sed totum in quatuor dividatur partes: una[39] episcopo, alia altari, tercia pauperibus, quarta parentibus et, si non sunt idonei parentes, episcopus eam recipiat et in usum aecclesiae diligenter distribuat. Et si quis contra haec facere presumpserit, anathematizetur *id.* h) ex *Reg. App.* i) eis visum fuerit *Reg., Monac.* k) iussa can. *Cat.*

7. *Cfr. Tab. IV, nr.* 7. a) Ut presbyteri cum stola incedant. Ex synodo Triburiensi *rubr. ap. Reg.;* De presbyteris, qui sine *orario* occiduntur. Ex concilio Triburiensi cap. XXVI, cui interfuit rex Arnolfus *rubr. ap. Burch.* b) non stola vestiti *iid.* c) sua *add. iid.* d) solvatur *Cat.* e) autem *add. Reg., Burch.* f) triplici *Burch.*

8. *Cfr. Tab. IV, nr.* 8. a) Ne clerici laicalibus induantur vestibus. Ex concilio quo supra *(sc. Moguntino) rubr. ap. Reg.;* De clericis, qui laicalibus vestimentis utuntur. Ex eodem *(sc. Triburiensi)* cap. XXVII. *rubr. ap. Burch.* b) laicalibus vestimentis *iid.* c) mantello *Burch.;* mantellum vel cottum *Reg.* d) sive *add. altera manus in Cat.* e) novitatum vanitatibus *Reg., Burch.* f) religioso et *add. iid.*

39) *Cfr. c.* 13, *s. fine.* 40) *Sequitur in Coll. Cat.:* Item sancitum est in capitulari, ne de seminibus *(pro manso)* ecclesiae neque de decimis neque de oblationibus, non de domibus vel atriis iuxta ecclesiam positis aliquod servitium faciant *(sc. presbyteri)* preter ecclesiasticum. Si aliquid vero amplius habuerint, inde faciant servitium senioribus suis; *cfr. Anseg. I, c.* 85, *tom. I, p.* 407, *Reg. App. I,* 43, *supra p.* 216, *not.* 59, *s. fine.* 41) *Excerptum ex Conc. Mett.* 888, *c.* 6, *Mansi XVIII, col.* 79; *cfr. quae dixi in 'NA.' XVIII.*

(11.) De praedicatione presbyterorum. Ex eodem concilio *(sc. Triburiensi)*, cui interfuit rex Arnolfus. Praecipimus vobis, ut unusquisque vestrum super duas seu tres ebdomadas diebus dominicis seu festivitatibus sanctorum populum sibi commissum doctrinis salutiferis ex sacra scriptura sumptis in aecclesia sibi commissa post evangelium perlectum instruere studeat et iubeat illis, ut nullus de aecclesia exeat, antequam a presbytero sive diacono ultima laus, id est: 'Benedicamus Domino' aut 'Ite, missa est' pronuntietur. 906.

(12.) De eo, pro quibus causis quemlibet hominem anathematis vinculo ligari oporteat. Ex eodem concilio *(sc. Triburiensi)*, cui interfuit rex Arnolfus. Quesitum est in eadem synodo, pro quibus causis quemlibet hominem episcopali auctoritate vinculo anathematis ligari oporteat; atque unanimi cunctorum sententia decretum est pro his tribus criminibus fieri debere: cum[42] ad synodum canonice iussus venire contempnit; aut, postquam illuc venerit, sacerdotalibus respuit oboedire praeceptis; aut ante finitam causae suae examinationem a synodo profugus abire praesumit.

(13.) In Triburiensi concilio cap. XXII. Accusator unius rei iudex esse non potest in ecclesiastico negotio. Non propter sacerdotum iudicium, sed accusatorum testimonium saeculares exleges fieri poterunt.

42) *Cfr. infra Conc. Meld.* 845, *c.* 56.

253. INQUISITIO DE THELONEIS RAFFELSTETTENSIS.

903—906.

Lex, quae sequitur, exstat in codice traditionum ecclesiae Pataviensis ab Ottone de Lonsdorf intra annos 1254—1265. *composito fol.* 58', *qui nunc in tabulario regio Monacensi s. nr.* 203. *servatur. De editionibus autem prioribus nostri documenti, ut verbis Iohannis Merkel l. m. utamur (LL. III, p.* 252*), haec referenda sunt: 'Iam Aventinus operae pretium facturus esse sibi videbatur, si documenti illius rationem habuerit, atque evoluto codice inter schedas Passaviae praecipue collectas textum, etsi non ad verbum, attamen in epitomen redactum, descripsit in Rhapsodiarum libro X, fol.* 67, *quem ... nunc bibliotheca regia Monacensis inter codices Bavaros nr.* 204. *possidet. Neque istam tamen epitomen, sed denuo in brevius excerptam Aventinus in Annalib. Boic., Ingolstad.* 1554, *p.* 479. *edidit atque in editione annalium theolisca Francofurtana a.* 1580, *p.* 308. *in vernaculum sermonem transtulit. Ita factum est, ut per longum tempus duplex eiusdem monumenti nec vera figura divulgaretur; breviorem Aventino duce Adlzreitter, Ann. Boic. gentis I,* 13, *§* 9, *ed.* 1710, *p.* 308*; Hansiz, German. Sacra I, p.* 183*; Gemeiner, Regensburger Chronik I, p.* 99*; Buchner, Gesch. v. Bayern II, p.* 196*; alteram largioris styli ex Aventini schedis, sed valde mendose transscriptam sub titulo* Leges portoriae Boiorum *Oefele, SS. rer. Boic. I, p.* 718, *post eumque Canciani, Leges barbar. II, p.* 399, *Hormayr, Histor. Taschenbuch* 1813. *et Beiträge z. Preisfrage d. Erzherzogs Johann II, p.* 88. *ediderunt. Nostra demum aetate textus genuinus in publicum productus et codex Lonsdorfiensis integer a.* 1829. *inter Monumenta Boica XXVIII b, p.* 203, *nr.* 4. *editus est.' Novissimam denique editionem codice denuo collato paravit Iohannes Merkel l. c. p.* 480 *sq., quam commentariis ampliatam repetivit Gengler, German. Rechtsdenkmäler p.* 385 *sqq.*

906. *Documentum illud, ab editoribus 'Leges portorii' vel 'Leges portoriae' inscriptum, testimonium continet ex iussione Hludowici IV. per testes iuramento constrictos editum, quod patrio sermone 'Weistum' appellamus. Quo tempore factum sit, accurate dici non potest. Cum autem Burchardus, cuius antecessor a. 902, die 16. m. Febr. mortuus est, primum a. 903, die 12. m. Aug. episcopus Pataviensis nominetur, et Theotmarus archiepiscopus in proelio a. 907, m. Iulio contra Hungarios commisso diem supremum obierit, inquisitionem intra a. 903—906. habitam esse oportet (cfr. Dümmler, Ostfränk. Reich III², p. 531, not. 4; Böhmer-Mühlbacher nr. 1961 a).*

Inquisitionis notitia, quam codex continuo scriptam praebet, ab Ioh. Merkel in capitula divisa est.

Codicem iterum in usum nostrum Edmundus l. b. ab Oefele Monacensis v. cl. benevolentissime contulit. *(B. deest; P. III, 480.)*

Noverit[1] omnium fidelium orthodoxorum, presentium scilicet ac futurorum, industria, qualiter questus clamorque cunctorum Bawariorum, episcoporum videlicet, abbatum ac comitum omniumque, qui in orientales partes iter habebant, ante Hlodowicum regem venerant dicentes se iniusto theloneo et iniqua muta[2] constrictos in illis partibus et coartatos. Ille vero secundum morem antecessorum regum hoc benignis auribus audiens Arboni marchioni[3] precepit, quatenus cum iudicibus orientalium[4], quibus hoc notum fieret, investigaret ad iura thelonica modumque thelonii exploraret; nuntios suos Theotmarum archiepiscopum[5], Purchardum Pataviensis ecclesie presulem et Otacharium comitem[6] dedit, ut hoc in suo loco iuste legitimeque corrigerent. Et isti sunt, qui iuraverunt[7] pro theloneo in comitatu Arbonis: Walto vicarius, Durinc vicarius, Gundalperht, Amo, Gerpreht, Pazrich, Diotrich, Aschrich, Arbo, Tunzili, Salacho, Helmwin, Sigimar, Gerolt, Ysac, Salaman, Humperht, item Humperht, Engilschalh, Azo, Ortimuot, Ruothoh, Emilo, item Durinc, Reinolt, Eigil vicarius, Poto, Eigilo, Ellinger, Otlant, Gundpold, item Gerolt, Otperht, Adalhelm, Tento, Buoto, Wolfker, Rantolf, Kozperht, Graman, Heimo. Isti et ceteri omnes, qui in hiis tribus comitatibus[8] nobiles fuerunt, post peractum iuramentum interrogati ab Arbone marchione in presentia Theotmari archiepiscopi et Purchardi presulis Pataviensis ecclesie, residente cum eis Otachario comite, in ipso placito in loco, qui dicitur Raffoltestetun[9], retulerunt loca thelonio et modum theolonei, qualiter temporibus Hludwici[10] et Karlomanni ceterorumque regum iustissime exolvebatur.

(1.) Naves vero, que ab occidentalibus partibus, postquam egresse sint silvam Patavicam, et ad Rosdorf[11] vel ubicumque sedere voluerint et mercatum habere, donent

1) *Cfr. Gengler, Beiträge z. bayer. Rechtsgesch. I, p. 96 sqq.; Waitz, VG. IV², p. 70 sqq. et opera, quae ibi nominata sunt.* 2) *German.: 'Maut'; cfr. Schade, Althochd. WB., I², s. v. mûta; Kluge, Etymol. WB. d. Deutsch. Spr., s. v. Maut; Brunner, RG. II, p. 239, not. 35.* 3) *Cfr. Dümmler in 'Archiv f. Kunde österr. Gesch.-Quell.' X, p. 49.* 4) *I. e.: marchiae orientalis; cfr. infra not. 8.* 5) *Salisburgensem.* 6) *Filium Aribonis? cfr. Hormayr, Herzog Luitpold p. XXXII; Gengler, Rechtsd. p. 386, not. 6.* 7) *Cfr. Brunner, Zeugen- u. Inquis.-Beweis l. c. p. 486 sqq.* 8) *'Id est marchia orientalis, ut ex loco chronicorum (potius Gestorum Frider. imp.) Ottonis Frisingensis lib. II, c. 32, (ed. Waitz, II, c. 55) edocemur:* duobus [cum] vexillis marchiam orientalem cum comitatibus ad eam ex antiquo pertinentibus reddidit. Exinde de eadem marchia cum praedictis comitatibus, quos tres dicunt, iudicio principum ducatum fecit *etc.' Merkel not. 89; cfr. Zarncke in 'Berichte d. Sächs. Gesellsch. d. Wissensch.' VIII* (1856), *p.* 178. 9) *Raffelstetten; erat vicus inter Zizelau et Enns.* 10) *Sc. Germanici, qui dicitur, eiusque filii, regis Baiuwariae.* 11) *Inter Patauiam et Lintzam, prope ad Aschach.*

pro theloneo semidragmam, id est[a] scoti[12] I; si inferius ire voluerint ad Lintzam, de 906.
una navi reddant III semimodios, id est[a] III scafilos[13] de sale. De mancipiis vero et ceteris aliis rebus ibi nichil solvant, sed postea licentiam sedendi et mercandi habeant usque ad silvam Boemicam, ubicunque voluerint.

(2.) Si aliquis de Bawaris sal suum ad propriam domum suam transmittere voluerit, gubernatore navis hoc adprobante cum iuramento, nichil solvant, sed securiter transeant.

(3.) Si autem liber homo aliquis ipsum legittimum mercatum transierit nichil ibi solvens vel loquens[14] et inde probatus fuerit, tollatur ab eo et navis et substantia[b]. Si autem servus alicuius hoc perpetraverit, constringatur ibidem, donec dominus eius veniens dampnum persolvat, et postea ei exire liceat.

(4.) Si autem Bawari vel Sclavi istius patrie[15] ipsam regionem intraverint ad emenda victualia cum mancipiis vel cavallis vel bobus vel ceteris suppellectilibus suis, ubicunque voluerint in ipsa regione, sine theloneo emant, que necessaria sunt. Si autem locum mercati ipsius transire voluerint, per mediam plateam transeant sine ulla constrictione; et in aliis locis ipsius regionis emant sine theloneo, que potuerint. Si eis in ipso mercato magis conplaceat mercari, donent prescriptum[c] theloneum et emant, quecunque voluerint et quanto melius potuerint.

(5.) Carre autem salinarie, que per stratam legittimam Anesim[16] fluvium transeunt, ad Urulam[17] tantum unum scafil plenum exsolvant et nichil amplius exsolvere cogantur. Sed ibi naves, que de Trungowe[18] sunt, nichil reddant, sed sine censu transeant. Hoc de Bawaris observandum est.

(6.) Sclavi vero, qui de Rugis[19] vel de Boemanis mercandi causa exeunt, ubicunque iuxta ripam Danubii vel ubicunque in Rotalariis[20] vel in Reodariis[20] loca mercandi optinuerint, de sogma[21] una de cera duas massiolas[22], quarum utraque[d] scoti unum valeat; de onere unius hominis massiola una eiusdem precii: si vero mancipia vel cavallos vendere voluerit, de una ancilla tremisam I, de cavallo masculino similiter, de servo saigam[23] I, similis de equa.

Bawari vero vel Sclavi istius patrie ibi ementes vel vendentes nichil solvere cogantur.

(7.) Item de navibus salinariis, postquam silvam [Boemicam[e]] transierint, in nullo loco licentiam habeant emendi vel vendendi vel sedendi, antequam ad Eparaespurch[24] perveniant. Ibi de unaquaque navi legittima, id est quam tres homines navigant, exsolvant de sale scafil III, nichilque amplius ex eis exigatur, sed pergant ad Mutarun[f] vel ubicunque tunc temporis salinarium mercatum fuerit consti-

a) idem c. b) *ita correxit Merkel;* sub'a *c.;* subera *Hormayr l. c.; cfr. Waitz, l. c. p.* 71, *not.* 3. c) *ita corr. Merkel;* perscriptum *c.* d) uterque *Merkel.* e) *ita suppl. Zarncke l. c.;* Pataviciam *minus recte Merkel; cfr. Waitz l. c. p.* 71, *not.* 4*; in cod. locus octo fere litteris vacuus relictus est.* f) *ita c.;* Mutarim *Merkel.*

12) *De hoc nummo cfr. Soetbeer in 'Forschungen z. D. Gesch.' II, p.* 357*; Waitz, VG. IV*², *p.* 71, *not.* 1. 13) *I. e. 'Scheffel'; cfr. Schade l. c. II*², *s. v. scaphil.* 14) *Cfr. Waitz l. c. p.* 71, *not.* 2. 15) *Cfr. Gengler, Beiträge p.* 98, *not.* 3. 16) *Enns.* 17) *Url, qui rivus ex sinistra parte in Ipisam flumen (Ips) se effundit.* 18) *Traungau* 19) *De Russia; cfr. Büdinger, Österr. Gesch. I, p.* 157, *not.* 1*; Gengler, Beiträge p.* 98, *not.* 4. 20) *'Die Bewohner des Rotthales'; 'Die Bewohner der Umgegend von Ried' Monum. Boica XXXII b, p.* 415*sq.* 21) *Ita vel sagma, sauma; onus, quod mulus portare potest; cfr. Kluge l. c., s. v. Saum; Diez, Etymol. WB. d. rom. Spr. I, s. v. salma.* 22) *Massiola, parva massa, 'Klumpen'; modus quidam cerae.* 23) *Duodecima pars aurei solidi; cfr. Waitz, VG. II*³, 2, *p.* 313*; IV*², *p.* 78 *Soetbeer l. c. p.* 329*sqq.; p.* 356*sqq.* 24) *Ebersburg, vicus quondam situs prope ad Mautern (lin.* 35*); cfr. Pritz, Gesch. d. Landes ob d. Enns I, p.* 397*; Zarncke l. c. p.* 175*sq.*

906. tutum[g]; et ibi similiter persolvant, id est[a] III scafil de sale, nichilque plus; et postea liberam ac securam licentiam vendendi et emendi habeant sine ullo banno comitis vel constrictione alicuius persone; sed quantocunque meliori precio venditor et emptor inter se dare voluerint res suas, liberam in omnibus habeant licentiam.

(8.) Si autem transire voluerint ad mercatum Marahorum, iuxta estimationem mercationis tunc temporis exsolvat solidum I de navi et licenter transeat; revertendo autem nichil cogantur exsolvere legittimum[h].

(9.) Mercatores, id est[a] Iudei et ceteri mercatores, undecunque venerint de ista patria vel de aliis patriis, iustum theloneum solvant tam de mancipiis, quam de aliis rebus, sicut semper in prioribus temporibus regum fuit.

g) constitū c. h) exsolvere. Legittimi mercatores *coniecit Waitz l. c. p.* 72, *not.* 1.

XX.

CAPITULARIA REGUM FRANCIAE OCCIDENTALIS.

843–920.

254. CONVENTUS IN VILLA COLONIA.

843. Nov.

Exstant capitula in codicibus: 1) *Haag.* 1 *fol.* 1. 2) *Paris.* 4638 *fol.* 139^{v}. 3) *Vallicell. N.* 21 *fol.* 4. *et in illis codicibus, qui Synodum Meldensem a.* 845. *celebratam continent; cfr. praef. ad Synod. ad Theod. supra p.* 112.

Codices hanc capitularis inscriptionem praebent: Incipiunt capitula, quae acta sunt anno quarto regni domni Karoli (gloriosi *add.* 3) regis, domni Hludowici imperatoris filii, in conventu habito in villa, quae dicitur Colonia *(Coulaines prope ad urbem Cenomannem)*; quae etiam subscriptione eiusdem principis et episcoporum ac ceterorum fidelium Dei confirmata fuere consensu Warini *(abbatis monasterii Flaviniacensis; cfr. Dümmler, Ostfränk. Reich,* I^2, *p.* 244, *not.* 4) et aliorum optimatum, indictione VI *(pro VII). In Concilio autem Meldensi capitula inscripta sunt ita:* Capitula ex conventu habito in villa, quae dicitur Colonia, principis, episcoporum ac ceterorum fidelium consensu prolata et confirmata et ab omnibus fidelibus necessaria observanda. *Inscriptione capitula a.* 843. *data esse docemur; in Concilii Meldensis prologo hoc capitulare 'in reversione regis Karoli a Redonis civitate' editum esse dicitur. In Redonis autem civitate Karolus rex ipsius anni* 843. *Idibus Novembr. cartam largitionis dedit; cfr. Baluzius II, col.* 1440, *Böhmer nr.* 1546. *(B. II,* 1; *P.* 376.)

Sancta ecclesia navis more, ut de prioribus saeculis taceamus, ab initio suae institutionis pelagus seculi huius diversa qualitate actenus Domino moderante transegit: et modo tranquillitate gravis, amodo autem procellae alicuius tempestate concussa, sed non usquequaque demersa, quin potius excitato fidelium precibus Christo suo gubernatore, salubri libertatis securitate atque optata donata serenitate. Unde etiam in partibus nostri orbis, quae tempore divae recordationis avi nostri et sanctae

843. memoriae domni ac genitoris nostri aliquandiu fuerat pacis suavitate laetata, inimico homine iuxta sanctum evangelium[1] in agro dominico superseminante discordiae zizania in medio tritici Deo amatae caritatis, adeo est diversis atque adversis vexata molestiis, ut non sine maxima difficultate respectu divino et fidelium Dei ac[a] nostrorum[a] solatio inter nos fratresque nostros pacificatio et paterni regni ex consensu divisio seu eiusdem sanctae ecclesiae ac fidelis populi tantorum laborum quantulacunque fieret respiratio. Processu vero temporis, ut solet post condensos aeris turbines nubium in pertranseundo remanere vestigia, restiterunt, fatemur, in nobis et in viris ecclesiasticis necnon et in rei publicae nostrae solaciatoribus huiusmodi materiae et fomites dissensionum, ut manifeste patesceret nos divina gratia indigere, ut omnes a contagio morbi pristini penitus exueremur, qua praeventi eramus, ut infirmitatem communem videre possemus. Quapropter venientes in unum fideles nostri, tam in venerabili ordine clericali quam et inlustres viri in nobili laicali habitu constituti et zelo Dei accensi, memores etiam fidei, quam ipsi et antecessores eorum nostris detulerunt praedecessoribus, ponentesque ante oculos dilectionem et fidelitatem, quam nobis post defunctionem patris laudabiliter et continentissime servaverunt, secundum quod legitur in litteris divinitus inspiratis[2] hortatus est alter alterum, immo omnes se invicem monuerunt[b], ut cuncti universum animi rancorem pro quocunque conceptum negotio a corde propellerent et in Dei voluntate ac sanctae ecclesiae competenti veneratione seu nostra fidelitate servanda atque debito honore et regia potestate stabilienda et conservanda, quin etiam sese in pacis concordia et vera amicitia copularent, quatenus divinae clementiae placerent obnixius et de regis ac regni stabilitate et utilitate possent tractare sublimius et suum atque totius populi communem profectum et tranquillitatem obtinerent propensius. Sicque Deo amabili atque laudabili conventu unanimiter ac rationabiliter perpetrato nostrae mansuetudini suam devotionem et actionem fidelissime suggesserunt. Nos autem tanta fidelium erga dominationem nostram subtiliter perspecta benignitate, ut causa pro sui merito exigebat, eis condignas gratiarum actiones retulimus et nos nostramque potestatem eorum bonae convenientiae per benevolentiam in hoc facto, quod sine dubio ad praesentem et aeternam tendit salutem, sociam et comitem fore tota devotione spopondimus apdicatis omnibus, quantum patitur humana fragilitas, quae persona nostri[c] regiminis ignorantia seu iuventute aut necessitate contra convenientem sibi salubritatem et honestatem usque modo egerat aut alterius astu contraxerat. Qua de re communiter inito consilio hoc scriptum fieri proposuimus, quod etiam manuum omnium nostrorum subscriptione roborandum decrevimus[3]. In quo, quae nobis nunc praecipue ad communem salutem et regni soliditatem atque omnium nostrorum utilitatem, immo plenissimam honestatem visa sunt pertinere, conscripsimus, non loquentes diversarum inmutatione personarum, ut modo regalis sublimitas, modo episcopalis auctoritas, modo autem fidelium loquatur commoditas; sed secundum apostolum[4] sub uno capite Christo, ut revera unus homo in unius ecclesiae corpore, singuli autem alter alterius membra, quod prosit omnibus, omnes unanimiter una voce loquamur, per eum et in eo, qui dixit et de quo dictum est: 'Non[5] vos estis, qui loquimini, sed spiritus patris vestri, qui loquitur in vobis'.

a) amatorum 2. b) *om.* 2. c) *fortasse gen. pron. pers. 'nos'; exspectaveris:* nostra.

1) *Matth.* 13, 25. 2) 1. *Machab.* 12, 50: omnes ... hortati sunt semetipsos. 3) *Subscriptio regis ac procerum desideratur in codicibus. — Cfr. etiam Hincmari Extemp. admonitio ad regem, Mansi XVI, col.* 781: Vos ipse manu propria in villa, quae dicitur Colonia ... confirmastis et per Ricuinum Ludovico fratri vestro misistis. *[K.]* 4) *Cfr. Coloss.* 1, 18. 5) *Matth.* 10, 20.

1. De honore videlicet et cultu Dei atque sanctarum ecclesiarum, quae auctore 843.
Deo sub dicione et tuitione regiminis nostri consistunt, communiter Domino mediante decernimus, ut, sicut tempore beatae recordationis domni ac genitoris nostri excultae et honoratae atque rebus ampliatae fuerunt, salva aequitatis ratione ita permaneant, et quae a nostra liberalitate honorantur atque ditantur, de cetero sub integritate sui serventur, et sacerdotes ac servi Dei vigorem ecclesiasticum et debita privilegia iuxta reverendam auctoritatem obtineant; eisdem vero[d] regalis potestas et inlustrium virorum strenuitas seu reipublicae administratores, ut suum ministerium competenter exequi valeant, in omnibus rationabiliter et iuste concurrant.

2. Honor etiam regius et potestas regali dignitati competens atque sinceritas et optemperantia seniori debita, remota omni socordia et calliditate seu qualibet indebita quorumcumque coniunctione contra honorem et potestatem atque salutem nostram sive regni nostri soliditatem, nobis in omnibus et ab omnibus, sicut tempore antecessorum nostrorum consueverat, exhibeatur. Et si quis quemcumque contra nos et contra hanc pactam sinceritatem aliquid moliri manifeste cognoverit, si eum converti nequiverit, aperte prodat atque denotet. Et sic consilio atque auxilio episcopalis auctoritas et fidelium unanimitas, ut noster honor et potestas regia inconvulsa permaneat, totis nisibus decertare et adiuvare procuret.

3. Quia vero debitum esse cognoscimus, ut, a quibus honorem suscipimus, eos iuxta dictum dominicum honoremus, volumus, ut omnes fideles nostri certissimum teneant neminem cuiuslibet ordinis aut dignitatis deinceps nostro inconvenienti libitu aut alterius calliditate vel iniusta cupiditate promerito honore debere privare, nisi iustitiae iudicio et ratione atque aequitate dictante. Legem vero unicuique competentem, sicut antecessores sui tempore meorum praedecessorum habuerunt, in omni dignitate et ordine favente Deo me observaturum perdono.

4. Quod ut facilius atque obnixius nostra auctoritas valeat observare, omnes, sicut in vestra bene memorabili[e] convenientia pepigistis, conservare studebitis. Immo etiam cuncti in postmodum sollicite praecavebunt, ne aliquis pro quacunque privata commoditate aut reicienda cupiditate sive alicuius consanguinitatis vel familiaritatis seu amicitiae coniunctione nobis inmoderatius suggerat vel postulationibus aut quolibet modo illiciat, ut contra iustitiae rationem et nostri nominis dignitatem ac regiminis aequitatem agamus.

5. Et si forte subreptum nobis quippiam ut homini fuerit, competenter et fideliter, prout sublimitati regiae convenit et necessitatibus subiectorum expedit, ut hoc rationabiliter corrigatur vestra fidelis devotio ammonere curabit.

6. Tandem autem visum est nobis adnectere, ut, si quis hoc foedus concordiae salubris, quod propter pacis caritatisque custodiam inivimus et cirographi virtute subscripsimus[3], rebelli atque animo pertinaci inruperit, christiana dilectione admoneatur et ad inconvulsum caritatis vinculum conservandum, quod qui temptaverit corrumpere facilius poterit se ipsum disrumpere quam illud possit inrumpere, iuxta monita divina, ut resipiscat, hortetur. Et si audierit, fiat de societate fideli omnibus gaudium; si vero obaudire rennuerit, tunc pontificalis auctoritas et regalis sublimitas atque in caritatis connexione persistentium magnanimitas, secundum quod res et necessitas postulaverit ac ratio expetierit seu qualitati personae convenerit, zelum suae devotionis ferventissime exerat, et quod inspirante Deo agendum in omnem salutis et utilitatis atque honestatis partem iudicaverit, inrefragabiliter peragat[f].

d) vera 1. e) memoriali *in codice quodam Bellovac. se legisse tradit Baluzius II, col.* 1259. f) agat 2.

844.

255. CAPITULARE SEPTIMANICUM APUD TOLOSAM DATUM.

844. Iun.

Legitur in codicibus: 1) *Haag.* 1 *fol.* 13'. 2) *Paris.* 4638 *fol.* 153'. 3) *Vallicell. N.* 21 *fol.* 14. *inscriptum verbis:* Sequentia capitula acta sunt apud Tolosam civitatem, anno quarto regni domini (domini regni 1) Karoli, indictione VI *(pro VII)*, mense Iunio, antequam illa, quae praecedunt, facta fuerint secus Teudonis villam et in Verno palatio et in Belvaco civitate; sed ideo ante illa posita sunt, quia et dignitate generalitatis et synodali praeeminent auctoritate. *Anteposuit scilicet scriptor illius codicis, ex quo nostri derivati sunt, synodorum dictarum canones aetate quidem posteriores his Tolosanis capitulis.*

Edita sunt capitula in obsessione urbis Tolosae, cum Karolus Bernardo marchione morte mulcato Septimaniam in suam potestatem redegisset; cfr. Dümmler, Ostfränk. Reich I^2*, p.* 246 *sq.* *(B. II,* 21*; P.* 378.*)*

Haec, quae secuntur, capitula consulentes necessitati[a] episcoporum Septimaniae et subiectorum eis presbiterorum providentes possibilitati, tractantes etiam sacri et iuste inreprehensibilis ministerii honestatem, presbyterorum reclamatione commoniti moderamine mansuetudinis nostrae usque ad diligentiorem tractatum synodi generalis decernimus:

1. Ut episcopi nullam inquietudinem sive exprobrationem presbyteris aut aperte ingerendo aut alia qualibet occasione machinando pro eo, quod se ad nos hac vice reclamare venerunt, inferant; quia longa oppressio huiusmodi itineris eos fecit subire laborem.

2. Ut[1] unum modium frumenti et unum modium ordei atque unum modium vini cum mensura, quae publica et probata ac generalis seu legitima per civitatem et pagum atque vicinitatem habetur, episcopi a presbyteris accipiant, et frischingam sex valentem denarios aut sex pro ea denarios et non amplius exigant; et si haec non accipiunt, accipiant, si volunt, pro his omnibus duos solidos in denariis, sicut in Toletano[2] et Bracharense[3] consensu[b] episcopi considerasse dicuntur.

3. Ut presbyteri, qui prope civitatem quinque miliaria commanent, per famulos suos praedictam dispensam reddi in civitate, cui iusserit civitatis episcopus, faciant; qui autem longius ab urbe commanent, statuant episcopi loca convenientia per decanias, sicut constituti sunt archipresbyteri, quo similiter et eadem propinquitate caeteri presbyteri per famulos suos debitam dispensam archipresbyteris aut episcoporum ministris convehant. Et procurent episcopi, ne ministri illorum presbyteros dehonorent aut pignora inhoneste tollendo vel locationem pro receptione dispensae exigendo, sed cum gratiarum actione recipiant, quae presbyteri cum hilaritatis humanitate iuxta apostolum[4] conferre debebunt. Quodsi ministri episcoporum presbyteros dehonoraverint, dignam illis exinde episcopi castigationem exhibeant; quoniam, nisi fecerint et ad nos iterum pro hoc se presbyteri reclamaverint, motus nostros qui culpabilis repertus fuerit sentiet.

a) necessitate 1. b) *ita codd.;* consensu *vel* concilio *legendum esse proposuit G. H. Pertz.*

1) *Cfr. Capp. episc.* 845—850, *supra p.* 83, *c.* 15. *[K.]* 2) *Conc. Tolet. VII. (a.* 684*), Mansi X, col.* 768, *c.* 4 3) *Conc. Bracar. III. (a.* 572*), Mansi IX, col.* 889, *c.* 2. 4) 2. *Corinth.* 9, 7.

4. Ut[b] in circuitione parrochiae episcopi de cetero singulos presbyteros per singulas iacendo euntes ecclesiolas, sicut actenus, non praedentur: cum scriptum sit[6] eosdem evangelizare debere non turpis lucri gratia, ne vituperetur ministerium sanctum: sed considerent et denuntient loca sibi et populo convenientia, et illuc presbyteri, quotquot possibilitas et moderatio providerit, plebes suas adducant, et ibidem episcopi praedicent, confirment et populi errata[c] inquirant[d] ac corrigant. Iterum autem, quia dominica voce datur licentia[7], qui evangelium adnuntiant ut de evangelio vivant, licet Paulus apostolus nihil horum fuerit usus, presbiteri tale coniectum faciant, ut et episcopi solacium habeant et ipsi non graventur. Quod ita nobis fieri posse videtur, videlicet ut quattuor presbyteri ad locum, ubi quintus degit[e] et episcopus residet, plebes suas de quattuor partibus adducere studeant, et unusquisque eorum decem panes et dimidium modium vini et freschingam[f] de quattuor denariis et pullos duos et ova decem et modium unum de annona ad caballos in subsidium benedictionis gratia praesentet episcopo; et similiter quintus, in cuius domo episcopus residet, faciat, nec amplius ab eo exigatur, nisi forte ligna et utensilia in opus ministerii commodet. Quapropter episcopus providebit, ne domus aut sepes illius a ministris vastentur. 844.

5. Ut semel in anno episcopi hanc circumitionem tempore congruo faciant: et si amplius ministerium suum per diocesim agere voluerint, hanc tamen dispensam non amplius, quam semel a presbyteris per annum accipiant.

6. Quod et si circumitionem in salutem et necessitatem populi quacumque de causa demiserint[g], a presbyteris nec hanc dispensam neque pretium illius exigant neque aliis aut suis domesticis aut amicis exigendam[h] concedant. Et quando circumierint et in domo presbyteri resederint, non sub occasione adfligendi presbyteros inmoderate et non necessarie numerum famulorum adducant neque vicinos ad pastum incongrue convocent. Quod et si cum caritate vocare voluerint, faciant; sed non amplius a presbiteris vel sub occasione vendendi vel alio quolibet modo, quam statutum est, exigant neque paraveredos aut alias exactiones tollant.

7. Ut episcopi parrochias presbyterorum propter inhonestum et periculosum lucrum non dividant; sed si necessitas populi exegerit, ut plures fiant ecclesiae aut statuantur altaria, cum ratione et auctoritate hoc faciant, scilicet ut, si longitudo aut periculum aquae vel silvae aut alicuius certae rationis vel necessitatis causa poposcerit, ut populus et sexus infirmior, mulierum videlicet vel infantum, aut etiam debilium inbecillitas ad ecclesiam principalem non possit occurrere, et non est sic longe villa, ut presbyter illic sine periculo ad tempus et congrue non possit venire, statuatur altare: et si ita populo complacet et commodum fuerit, ne sine ratione scandalizetur, parrochia maneat indivisa. Sin autem praefatae causae postulaverint et populus, non conductus neque cupiditate vel invidia excitatus, sed rationabiliter adclamaverit, ut ecclesia illis fieri et presbyter debeat ordinari, hoc episcopi episcopaliter teste Deo in conscientiae puritate cum ratione et auctoritate sine intentione turpis lucri mature consilio canonico tractent et utilitati ac saluti subiectae plebis quaeque agenda sunt peragant; et secundum quod subtraxerint cuilibet presbytero de parrochia, de dispensa quoque debita ab illo minus accipiant et alteri, qui quod dividitur a parrochia suscipit, sub hac eadem mensura inponant.

8. Ut episcopi sub occasione, quasi auctoritatem habeant canonum, his constitutis excellentiae nostrae nequaquam resultent aut neglegant, sed potius canones, ut

c) *om.* 2. d) inquirent 1. e) deget 1. f) frischingam 2. g) dimiserint 2. h) exigenda 2.

5) *Cfr. not.* 1. 2; *Conc. Tolet. III. (a.* 586), *Mansi IX, col.* 998 *c.* 20. *[K.]* 6) 1. *Petr.* 5, 2. 7) 1. *Corinth.* 9, 14. 15.

844. intellegendi sunt, intellegere et in cunctis observare procurent; quia, si aliter fecerint, omnimodis et qualiter canones fidelium decimis agendum statuant et qualiter intellegi ac observari cum mansuetudinis nostrae decreto debeant, synodali diiudicatione et nostra regia auctoritate docebuntur.

9. Ut episcopi synodos a presbyteris, nisi sicut docet auctoritas canonum[8], duos scilicet et per tempora constituta, non exigant; sed et in eisdem synodis non per occasionem, sed per veritatem ministerii sui teste Deo, ad quod constituti sunt, presbyteros et tractent et teneant et absolvant.

8) *Cfr. Hinschius, Kirchenrecht III, p. 585, not. 4 [K.].*

256. PRAECEPTUM PRO HISPANIS.

844. Iun. 11.

Primo editum est ab Hispaniae rerum scriptore nomine Diago in historia comitum Barcinonensium libro secundo capite quarto e cartulario ecclesiae Barcinonensis, inscriptum: Hoc est exemplar praecepti translatum in civitate Barchinona in anno primo, quo obiit Odo rex (898), tempore domini Borrelli comitis filii quondam Wifredi eiusdem nominis nuncupati post reversionem Barchinonensium. *Ex eodem cartulario Baluzius quoque exemplum habuit; cuius ope praecepti textum edidit in pluribus locis emendatum, quem hic repetimus.*

Secundum subscriptionem praeceptum datum est anno 844, die 11. m. Iun. in monasterio Sancti Saturnini prope Tolosam sito, quam mense Maio et Iunio ipsius anni Karolus rex obsidebat. Secundum Baluzium Petrus Casanova hoc praeceptum suppositilium esse putavit multaque argumenta protulit, ut falsitatem eius probaret. Baluzius vero pro genuino hoc documentum habuit, cui, quamvis argumenta a Casanova prolata ignorem, equidem assentior, cum nullam dubitationem movere nec historicae veritati contrarium videatur. Ceterum, quod Baluzium fugit, hoc edictum ad exemplum constitutionis a Hludowico Pio Hispanis anno 815. *datae (tom. I p.* 261*) conceptum est; magna prioris edicti pars, in editione nostra minoribus typis impressa, ad verbum repetitur, alia vero adduntur.* *(B. II, 25; P. deest.)*

In nomine sanctae et individuae trinitatis. Karolus gratia Dei rex. Si enim ea, quae ob utilitatem sanctae Dei ecclesiae imperialibus edictis sunt constituta, magnificentiae nostrae confirmatione denuo instituentes corroboramus, ad diuturnam prosperamque regni a Deo nobis collati stabilitatem id ipsum adtinere non dubitamus, quin etiam ad capessendam aeternae felicitatis beatitudinem profuturum nobis liquido credimus. Itaque notum sit omnium sanctae Dei ecclesiae fidelium atque nostrorum, praesentium scilicet et futurorum, partibus Aquitaniae, Septimaniae sive Hispaniae consistentium magnitudini, quia progenitorum nostrorum, magnorum siquidem ortodoxorumque imperatorum, avi videlicet nostri Karoli seu genitoris nostri augusti Hludowici, auctoritatem imitantes[1] Gothos sive Hispanos intra Barchinonam famosi nominis civitatem vel Terracium[2] castellum cohabitantes simul cum his omnibus, qui infra eundem comitatum Barchinonae Hispani extra civitatem quoque consistunt, quorum progeni-

1) *Cfr. Praecepta pro Hispanis a.* 813, *tom. I, p.* 169. *et a.* 815, *l. c. p.* 261. 2) *Hodie Tarrasa in comitatu Barcinonensi.*

tores crudelissimum iugum inimicissimae christiani nominis gentis Sarracenorum evitantes ad eos fecere confugium et eandem civitatem illorum magnipotentiae libenter condonarunt seu tradiderunt et ab eorumdem Sarracenorum potestate se subtrahentes eorum nostroque[a] dominio[a] libera et prompta voluntate se subiecerunt, complacuit mansuetudini nostrae sub immunitatis tuitione defensionisque munimine benigne suscipere ac retinere et cohabitationem seu necessitatibus eorum opportunum auxilium, sicut et ab illis progenitoribus eorum et ipsis constat per imperialium apicum sanctionem concessum, clementer conferre; quatenus et nostra regalis conservatio constructa atque innovatio in eorum bene gestis operibus exaltationi ecclesiae pretioso Christi sanguine redemptae et ministret augmentum et animabus eorum ac nostrae proficiat semper in emolumentum. 844.

Cap. 1. Igitur, sicut dictum est, ad[3] omnium vestrum notitiam pervenire volumus, quia eosdem homines sub protectione et defensione nostra denuo receptos[4], sicut in unitate fidei, sic etiam in unanimitate pacis et dilectionis conservare[4] decrevimus, eo videlicet modo, ut, sicut caeteri Franci[5] homines, cum comite suo in exercitum pergant et in marcha nostra iuxta rationabilem eiusdem comitis ordinationem atque admonitionem explorationes et excubias, quod usitato vocabulo wactas dicunt, facere non neglegant et missis nostris, quos pro rerum opportunitate illas in partes miserimus, aut legatis, qui de partibus Hispaniae ad nos transmissi fuerint, paratas faciant et ad subvectionem eorum veredos donent, ipsi videlicet et illi, quorum progenitoribus temporibus avi nostri Karoli id ipsum facere institutum fuit. Si autem hi, qui veredos acceperint, reddere eos neglexerint, et eorum interveniente neglegentia perditi seu mortui fuerint, secundum legem Francorum eis, quorum fuerunt, sine dilatione restituantur vel restaurentur.

2. Ecclesiarum vero census, id est nec pascualia infra eorum terminos vel eorum villas nec telonea infra comitatum, in quo consistunt, nec alia quaelibet redibitio neque[6] a comite neque a iunioribus aut ministerialibus eius deinceps ab illis ullatenus exigatur.

3. Et[7] nisi pro tribus criminalibus actionibus, id est homicidio, rapto et incendio, nec ipsi nec eorum homines a quolibet comite aut ministro iudiciariae potestatis ullo modo iudicentur aut distringantur; sed liceat ipsis secundum eorum legem de aliis criminibus[b] iudicia terminare et praeter haec tria et de se et de eorum hominibus secundum propriam legem omnia mutuo definire.

4. Et[8] si quispiam eorum in partem, quam ille ad habitandum sibi excoluit, alios homines de aliis generationibus venientes adtraxerit et secum in portione sua, quam aprisionem vocant, habitare fecerit, utatur illorum servitio absque alicuius contradictione vel impedimento.

5. Et[9] si aliquis ex ipsis hominibus, qui ab eorum aliquo adtractus est et in sua portione collocatus, alium, id est comitis aut vicecomitis aut vicarii aut cuiuslibet hominis, senioratum elegerit, liberam habeat licentiam abeundi, verumtamen ex his, quae possidet, nihil habeat nihilque secum ferat; sed omnia in dominium et potestatem prioris senioris plenissime revertantur.

6. Placuit[10] etiam nobis illis concedere, ut, quicquid de heremi squalore in quolibet comitatu ad cultum frugum traxerint aut deinceps infra eorum aprisiones[11] excolere potuerint, integerrime teneant atque possideant; servitia tamen regalia infra comitatum, in quo consistunt, faciant.

a) *ita correxi secundum constitutionem anni 815;* nostraeque demum *Diago et Baluzius.* b) *ita emendare proposuit Waitz, VG. IV*², *p. 459, not.;* hominibus *Diago et Baluzius.*

3) *Constit.* 815, *l. c., prolog. s. fine et* c. 1. 4) rec. in libertate conservare *l. c.* 5) liberi *l. c.; cfr. infra* c. 10. 6) *Ibid.* c. 1. 7) *Cfr. ibid.* c. 2. 8) *Ibid.* c. 3. 9) *Ibid.* c. 4. 10) *Cfr. Karoli II. diploma Hispanis quibusdam a.* 844, *die* 19. *mense Maio datum (Böhmer nr.* 1556), *quocum cap.* 6—8. *consentiunt.* 11) *Cfr. Brunner, RG. II, p.* 256 *sq.*

846. 7. Et[10] omnes eorum possessiones sive aprisiones inter se vendere, concambiare seu donare posterisque relinquere omnino liceat: et si filios aut nepotes non habuerint, iuxta legem eorum[12] alii ipsorum propinqui illis hereditando succedant, ita videlicet, ut quicunque successerint servitia superius[13] memorata persolvere non contemnant.

8. Simul[10] etiam praecipientes iniungimus, ut nullus hominum de saepe memoratis eorum aprisionibus vel villis cum propriis terminis propriisque earum finibus et adiacentiis iniustam inquietudinem illis inferre praesumat aut aliquam minorationem contra legem facere audeat, sed liceat eis ipsas res cum tranquillitate pacis tenere et possidere et secundum antiquam consuetudinem ubique pascua habere et ligna caedere et aquarum ductus pro suis necessitatibus, ubicunque pervenire potuerint, nemine contradicente iuxta priscum morem semper deducere.

9. Si[11] autem illi propter lenitatem et mansuetudinem comitis sui eidem comiti honoris et obsequii gratia quippiam de rebus suis exhibuerint, non hoc eis pro tributo vel censu aliquo computetur, neque comes ille aut successores eius hoc in consuetudinem venire praesumat neque eos sibi vel hominibus suis aut mansionaticos parare aut veredos dare aut ullum censum vel tributum aut servitium praeter id, quod iam superius[13] comprehensum est, praestare cogat. Sed liceat tam istis Hispanis, qui praesenti tempore in praedictis locis resident, quam his, qui adhuc ad nostram fidem de iniquorum potestate fugiendo confluxerint et in desertis atque incultis locis per nostram vel comitis nostri licentiam consedentes aedificia fecerint et agros incoluerint, iuxta supradictum modum sub nostra defensione atque protectione in[15] unitate fidei et pacis tranquillitate residere[15] et nobis ea, quae superius[13] diximus, tam cum comite suo, quam cum missis eius pro temporis opportunitate alacriter atque fideliter exhibere.

10. Noverint[16] praeterea iidem Hispani sibi licentiam a nobis esse concessam, ut se in vassaticum comitis nostri, sicut alii Franci[17] homines, commendent; et si aliquod beneficium quisquam eorum ab eo, cui se commendavit, fuerit consecutus, sciat se de illo tale obsequium seniori suo exhibere debere, quale nostrates homines de simili beneficio senioribus suis exhibere solent.

Ut autem hae nostrae regalis auctoritatis litterae erga eosdem Hispanos tenore perpetuo ab omnibus fidelibus sanctae Dei ecclesiae et nostris inviolabiliter conserventur, manu propria nostra eas subter firmavimus et anuli nostri impressione signari decrevimus.

Signum Karoli gloriosissimi regis.

Deormarus[c] ad vicem Hludowici recognovit.

Data III. Idus Iunii anno quarto regnante Karolo glorioso rege.

Actum in monasterio Sancti Saturnini prope Tolosam in[d] Dei nomine[d] feliciter. Amen.

c) *ita recte Bouquet, ut in aliis quoque Caroli Calvi documentis;* Deormannus *Bal.;* Deormannus notarius *Diago.* d) in Amno *Diago.*

12) *Cfr. lex Wisigoth. IV*, 2, 2. 3. 13) *Cap.* 1. 14) *Constit.* 815, *l. c.* c. 5. 15) in libertate residere *l. c.* 16) *Ibid* c. 6. 17) *Cfr. supra* c. 1.

257. NOTITIA DE CONCILIORUM CANONIBUS IN VILLA SPARNACO A KAROLO REGE CONFIRMATIS.

846. Iun.

Regni Francorum occidentalis archiepiscopi et episcopi, cum a. 845. *m. Iunio in civitate Meldensi et a.* 846. *m. Febr. Parisiis concilia celebrarent (cfr. infra nr.* 293*), Karolum regem admonuerunt (c.* 83*), ut capitula ante confirmata conservaret et adimpleret,* *atque ut* capitulis vestrae religioni ab exiguitatis nostrae ministerio oblatis hoc diploma *(epilogum, ut videtur)* adnectatur *ab eodem rege precati sunt. Sed Karolo et primoribus eius hos canones confirmare minime placuit, ut refert nota quaedam in codicibus* 1. 2. *capitulis infra editis praefixa, quae talis est:* Haec, quae secuntur, capitula excerpta sunt a domno rege Karolo et principibus eius ex his capitulis, quae anno DCCCXLVI. ediderunt episcopi in synodis, Wenilo *(Senonensis)* scilicet cum suffraganeis suis, Guntboldus *(Rotomagensis)* cum suffraganeis suis, Ursmarus *(Turonensis)* cum suffraganeis suis, Hincmarus *(Remensis)* cum suffraganeis suis, Amalo[1] *(Lugdunensis e regno Hlotharii)* cum suffraganeis suis: et oblata sunt eidem principi, sicut ipse iusserat, collecta ad relegendum in Sparnaco *(Epernay)* villa Remensis ecclesiae. Et quia factione quorundam motus est animus ipsius regis contra episcopos dissidentibus regni primoribus sui ab eorundem episcoporum ammonitione et remotis ab eodem concilio episcopis, ex omnibus illis capitulis haec tantum observanda et conplacenda sibi collegerunt et episcopis scripto tradiderunt, dicentes non amplius de eorum capitulis acceptasse, quam ista, et ista se velle cum principe observare. *Cui notae a capitulorum quodam collectore conceptae omnino congruunt, quae in Bertinianis Annalibus (ed. Waitz p. 33) Prudentius ad a. 846. refert:* Karolus apud villam Sancti Remigii Sparnacum nomine contra morem conventum populi sui generalem mense Iunio habuit; in quo episcoporum regni sui pernecessaria admonitio de causis ecclesiasticis ita flocci pensa est, ut vix umquam reverentia pontificalis, christianorum dumtaxat temporibus, sic posthabita legatur. 846.

De octoginta et tribus Meldensis et Parisiensis concilii canonibus undeviginti tantum hic a rege confirmata vel, ut in nota illa legitur, acceptata apparent. Quam ob rem alia omnia, et praesertim ea, quae ab ipso rege antea in villa Colonia edita erant, a primoribus reiecta sint, vix dici potest; potissimum autem primorum animos iis offensos esse crediderim, quae in canonibus 41. 42. 61. *de monasteriis et aliis rebus ecclesiasticis a rege per subreptionem vel ignorantiam saecularibus hominibus in alodium datis et de eorum restitutione dicuntur.*

Leguntur haec, quae sequuntur, capitula in codicibus: 1) *Haag.* 1 *fol.* 16. 2) *Paris.* 4638 *fol.* 156. 3) *Vatic.* 4982 *fol.* 71ᵛ. 4) *Vatic. Palat.* 582 *fol.* 105. 5) *Paris.* 9654 *fol.* 99ᵛ. 6) *Vatic. reg. Christ.* 980 *fol.* 30ᵛ. *In codd.* 1—3. *commemorationibus in nota editis illa plena concilii Meldensis capitula adduntur, quorum rubricae in actis placiti exstant (sc. c.* 20—22. 24. 28. 37. 40. 43. 47. 53. 56. 57. 62. 67. 68. 72*). Cum vero ex prioribus quinque commemorationibus intellegi liceat capita illa non confecta vel exhibita esse nisi a scriba archetypi codicum* 1—3, *in quo Coloniensis synodus, non autem Meldensis concilii canones antea descripti erant, a Georgio Heinrico Pertz et Alfredo Boretio recedentes capitula illa ab actis authenticis conventus Sparnacensis separanda esse existimavimus.* *(B. II, 31; P. 388.)*

1. De[2] honore et cultu ecclesiarum.
2. De[2] honore episcoporum et veneratione servorum Dei.
3. De[3] iustitiis.
4. Ut[4] cautela fiat erga eos, qui causa iuventutis aut insipientiae in aliquo fallunt

1) *In Meldensis concilii praefatione neque Ursmarus neque Amalo concilii participes nominantur; contra nominatur ibi Rodulfus Bituricensis.* 2) *Conc. Meld.* c. 1 *(Conv. in villa Colonia* c. 1, *supra p.* 255*).* 3) *Ibid.* c. 3. 4) *Canon in concilio Meldensi ita non legitur; similiter autem constituit eiusdem concilii* c. 56, *et de anathemate agit* c. 13, *ad quem horum Sparnacensium capitulorum auctor respexisse videtur.*

846. sive contempnunt admonitionem episcoporum, ne subito aut incaute damnentur anathemate.

5. De[5] his, qui contra regiam potestatem contumaces esse moliuntur.

6. De[6] precariis.

7. De[7] hospitalibus.

8. De[8] rapacibus.

9. Ut[9] episcopis tempus congruum observetur ad ministerium suum peragendum.

10. Ut[10] clerici arma militaria non contingant.

11. Ut[11] missi dirigantur, qui inquirant, si praecepta a nobis de rebus ecclesiarum ad proprium sint facta.

12. De[12] heresi simoniaca.

13. Ut[13] a nullo sedes episcopalis proprio infirmante episcopo usurpetur.

14. Ut[14] canonici infra dormitorium dormiant.

15. Ut[15] monachi ad palatium non veniant, nisi causa obedientiae, exceptis abbatibus.

16. Ut[16] laici decimas de ecclesiis non contingant.

17. De[17] sanctimonialibus contra auctoritatem nuptis.

18. De[18] sponsis aliorum.

19. De[19] sepulturis infra ecclesiam.*

---

*) *Codd.* 1—3. *pergunt:* Plenitudo[a] autem capitulorum, quae in plenitudine synodalium actionum habentur, unde hae commemorationes excerptae sunt, ita per loca continentur[a].

Commemoratio[b] prima: 'De honore videlicet et cultu ecclesiarum', sicut supra[20] scriptum habetur in villa Colonia subscriptione regis et principum roboratum.

Commemoratio[b] secunda: 'De honore episcoporum et veneratione servorum Dei', similiter[20].

Commemoratio[b] tertia: 'De iustitiis', similiter[20].

Commemoratio[b] quinta[21]: 'De his, qui contra regiam potestatem contumaces esse moliuntur', similiter.

Commemoratio[b] sexta[22].

Caeterae autem commemorationes, quae[c] secuntur, ita in praefata plenitudine cum suis capitulis continentur; *sequuntur nunc capitula supra in praefat. nominata.*

a) *Inscr. om.* 3. b) commemoratione 1. c) *om.* 1.

5) *Conc. Meld. c.* 2; *A. Boretius c.* 15. *spectatum esse putavit. [K.]* 6) *Ibid. c.* 21. 22. 7) *Ibid. c.* 40. 8) *Ibid. c.* 24. 9) *Ibid. c.* 28. 10) *Ibid. c.* 37. 11) *Ibid. c.* 20. 12) *Ibid. c.* 43. 13) *Ibid. c.* 47. 14) *Ibid. c.* 53. 15) *Ibid. c.* 57. 16) *Ibid. c.* 62. 17) *Ibid. c.* 67. 18) *Ibid. c.* 68. 19) *Ibid. c.* 72. 20) *Sc. in codice. [K.]* 21) *Commemoratio quarta omissa est, cum in nullo anteriore concilio exstaret; supra not. 4. [K.]* 22) *Quae continet Conc. Meld. c.* 21. 22.

HLOTHARII, HLUDOWICI ET KAROLI CONVENTUS APUD MARSNAM PRIMUS.

847. Febr.

Vide supra p. 68 sqq.

HLOTHARII, HLUDOWICI ET KAROLI CONVENTUS APUD MARSNAM SECUNDUS. 853.

851. aestate.

Vide supra p. 72 sqq.

258. CONVENTUS SUESSIONENSIS.

853. April. **22.**

Quae sequuntur capitula in his libris, plerisque manuscriptis, uno impresso, exstant: 1) *Haag.* 1 *fol.* 27. 2) *Paris.* 4638 *fol.* 168. 3) *Vatic. Palat.* 582 *fol.* 105. 4) *Paris.* 9654 *fol.* 99ᵛ. 5) *Vatic. reg. Christ.* 980 *fol.* 30ᵛ. 6) *Surio, Concilia III, p.* 469 *sqq.* 7) *Vallicell. N.* 21 *fol.* 20, *et inscribuntur apud Sirmondum, Caroli Calvi Capitula p.* 78, *usum codice quodam Laudunensi et alio quodam nobis incognito, hisce verbis:* Ista capitula constituta sunt a (coram *Laud.*) domno Karolo in synodo apud Suessionis civitatem in monasterio Sancti Medardi, anno incarnationis Domini DCCCLIII, in mense Aprili. *Tradita autem sunt inde a c.* 6. *duabus formis, quae altera (littera A signata) exhibetur in codd.* 1. 2. 7, *in quo desunt c.* 1—5, *altera (littera B inscripta) propositiones episcoporum praebens in codd.* 3—6. *legitur.*

Cum ex his capitibus vel ex illis, quae suis locis annotavimus, satis appareat, quonam tempore vel quibus de causis concilium Suessionense habitum sit, satis videtur hoc loco addere verba illa, quae de concilio laudato facit Prudentius. Refert vero ille auctor in Ann. Bertin. ad a. 853, *ed Waitz p.* 42 *sq., haec:* Karolus mense Aprili synodum episcoporum iuxta urbem Suessionum in monasterium Sancti Medardi adgregans, duos presbiteros, monachos eiusdem monasterii, ipso synodo praesidens, episcopis iudicantibus, degradari fecit, eo quod Pippinum furari et cum eo in Aquitaniam fugere disposuissent. Ingmarus Remorum episcopus omnes ecclesiae suae presbiteros, diaconos et subdiaconos, quoscumque Ebo post depositionem suam ordinaverat, sinodo deposuit.

Ex actis concilii Suessionensis hic et in sequenti capitulari partes tantum quasdam edimus. (*B. II* 49; *P.* 416).

Cap.[a] 1. Regnante in sempiternum domino Deo universorum, anno incarnationis[b] eiusdem domini Dei nostri Iesu Christi DCCCLIII, anno vero[b] regni gloriosi Karoli, filii Hludowici religiosissimi augusti, tertio decimo, indictione prima, episcopis iuxta[c] instituta canonum[c] synodum celebrare volentibus, annuit idem rex Karolus eosque apud urbem Suessionum in monasterio Sancti Medardi et Sancti[d] Sebastiani, X. Kalendas Maias convenire praecepit; ubi posthabitis saecularibus curis ipse quoque rex adesse dignatus est, ut non solum devotione ecclesiae se filium esse ostenderet, verum etiam, sicubi opus esset, protectorem regia potestate monstraret. Cum itaque praesules diversarum ecclesiarum, pio rege multa humiliter et prudenter proponente, tractassent potius quaedam, quam diffinissent, VI. Kalendas Maias[1] synodo praesiden-

a) *om.* 1. 2. b) incarnat. ... vero *om.* 3—6. c) iuxta canonem 3. 6 d) *om.* 1. 3. 6.

1) *Acta huius sessionis exstant apud Mansi XIV, col.* 982 *sqq.*

853. tibus Hincmaro Remorum, Guenilone[e] Senonum, Amalrico Turonorum[f], metropolitanis episcopis, idem Remorum metropolitanus episcopus venerabilis Hincmarus ostendit non paucos a decessore suo Ebbone[g], postquam canonice depositus fuerit[h] nec vero[i] canonice restitutus, inrationabiliter ordinatos. Iam rex absque ulla ambitione synodum solus ingressus simpliciter cum episcopis residebat. Serie igitur depositionis memorati Ebonis[k] plenissime prolata, multis metropolitanis pluribusque aliis episcopis, qui auctores fuerunt, recitatis, restitutionis autem illius non[l] canonicae, immo nec veraesimilis[l] paucis admodum et aliarum regionum praesulibus nominatim expressis, claruit praefatum Ebonem episcopale officium illicite repetisse, quosque gradibus ecclesiasticis aestimatus fuerit promovisse, damnationi potius obnoxios effecisse; Hincmarum autem successorem eius canonicis sanctionibus caute ac subtiliter observatis ad sedem accessisse et praeter decreta maiorum in hac parte nihil omnino moliri; sicut[m] in gestis synodalibus exinde ab episcopis eiusdem concilii more canonico confirmatis plenius edocetur[m].

2. Postmodum venerabilis Guenilonis[n] Senonicae urbis metropolitani episcopi suffraganeus Nevernensis[o] ecclesiae, nomine Herimannus[2], pro suis excessibus[p], quos corporali molestia sepe dicebatur admittere, a sanctis[p] praesulibus modeste[q] et acriter increpatus est, quod prius frequenter correptus ordini sacratissimo perseverantia levitatum adhuc iniuriam faceret. Et in praesentia principis infirmitatem pastoris nequaquam fastidientis iniunctum est metropolitano eius, ut adiunctis secum aliquot episcopis ad oppidum Nevernense[r] accederet et omnia ibi negotia ecclesiastica sapienter componeret; ipsum vero coepiscopum suum Herimannum apud urbem Senonum secum haberet, donec aestivum[s] tempus, quod valde contrarium infirmitati illius ferebatur, pertransiret et sic Domino annuente[s] abstinentia competenti assuetum, episcopali gravitate instructum, apostolicis moribus informatum, clerus et populus eum ad sedem propriam utiliter favente Dei[t] gratia revocaret.

3. De Burchardo[u] etiam, qui Carnutum[v] ecclesiam tenebat, statutum est, ut aut se idoneum ad[w] sumendum episcopalem gradum admonitu Guenilonis[x] metropolitani episcopi ostenderet aut certe pronam in se clementiam principis[y] cognoscens cederet[y] in utroque Dei iudicium experturus. Igitur sequenti die causa illius ad medium deducta venerabiles episcopi, Remorum metropolitanus Hincmarus, Lugdunensium[z][3] Pardulus, Aurelianorum Agius[a], seorsum eum admonere praecepti sunt, ut, si[b] absque discrimino valeret, officium se posse aggredi fateretur; aut si non posset propter Dei timorem, impossibilitatem ingenue confiteretur. Parte cleri, quae praesens erat, ac laicorum bonum ei testimonium perhibente memoratis praesulibus suadentibus ad concilium intromissus tanto quidem gradu se dignum esse profiteri arrogantiae asseruit esse, non veritatis. Si quis vero crimen aliquod sibi vellet obicere, ad id purgandum se paratum esse firmavit. Nullo, qui id conaretur, existente decrevit sancta synodus, ne diu Carnotum[c] sedes vacaret, sed directis illuc secundum voluntatem metropolitani episcopi venerabilis Guenilonis[x], qui electionem praefati Burghardi[d] recognoscerent et ipsi referrent, optantibus[e] canonice ordinaretur episcopus.

e) Wenilone 3—6. f) Turonum 3. 5. 6. g) Ebone 2. h) fuisset 3. 4. 6. i) vere 3. 4. k) Ebbonis 3. l) non . . . veraesimilis *om.* 3—6. m) sicut . . . edocetur *om.* 3—6. n) Wenilonis 3—6. o) Nervennensis 3. p) excess. variis a sanctis 3—6. q) modeste et *om.* 3—6. r) Nivernense 2; Nervennense 3. s) aestivum . . . annuente *om.* 3—6. t) Domini 4. u) Burghardo 3. v) Carnotenam 2. w) assumendum 3; ad assumendum 6. x) Wenilonis 2—6. y) cog. ced. princ. 3—5; cog. princ. ced. 6. z) Hlugdunensium 3. a) Aius 6; eius 3—5. b) non 3—5. c) Carnutum 3. d) Burgchardi 2. e) quod *add.* 2.

2) *Cfr. etiam Synod. apud Vermeriam a.* 853. *m. Aug. habit., infra nr.* 294, c. 1. 3) *Laon.*

4. Praeterea Cenomannicae[f] urbis Aldricus episcopus paralisi dissolutus epistolam direxit causam suae absentiae insinuans potensque, ut maxime sibi adhuc[g] viventi et quandocumque[h] defuncto sacris precibus opitularentur. Quod exuberantes caritate se facturos omnes promiserunt et metropolitano illius, Turonicae urbis venerabili episcopo Amalrico, ut ad eandem urbem accederet, iniunxerunt et, quaecumque essent eidem ecclesiae proficua, ut strenue exequeretur, unanimiter praeceperunt[i]. 853.

5. Ante hoc tempus venerandi concilii, optinente Pippino, Pippini regis filii Hludowici[k] piisimi augusti filio, Aquitaniam, etiam consentiente[4] avunculo eius, glorioso rege Karolo, cui eadem provintia in partem optigerat[5], ecclesiastica disciplina et militari soluta eadem regio a suis indigenis valde vastata est, et multi illic impune illicita perpetrarunt. Tandem aliquando respiciente Deo populum suum idem Pippinus a suis contemptus et desertus atque in potestatem avunculi sui Karoli redactus[6], consilio reverentissimorum pontificum et procerum attonsus et in habitu monachico ad monasterium Sancti Medardi custodiendus et docendus deductus est[l]. Ibi[7] duo[m] quidam monachi habitu, sui[n] propositi vix credibiliter transgressores, ardentes inmodica cupiditate eundem Pippinum abducere conati sunt et pacem christiani populi dissipare. Quos praesentibus diversorum coenobiorum religiosis abbatibus et causam suptiliter iuxta regulam beati Benedicti examinantibus concors congregatio Sancti Medardi a sua unanimitate praecidit attestata se ab horum crimine longe absistere, quod usitatas culpas iam inde ab initio huius religionis monachorum omnium, praeter duntaxat Eutychis[8] et aliorum hereticorum, facile superaret. Eiectos iussu venerabilis Rothadi[o] Suessionum episcopi ad synodi audientiam archidiaconus deduxit; et partim confessi, partim convicti conspirationis malum perpetrasse, canonum severitate depositi sunt — presbiteri quippe erant — et separatim in monasteria sui ordinis longe distantia relegati, ut deinceps nemo tale quid committere auderet, nisi qui similia perpeti non timeret.

A.

(e codd. 1. 2.)

6. Post haec gloriosissimus domnus rex Karolus coram sacra synodo quendam diaconum Remensis ecclesiae nomine Ragamfridum[10] impetiit, quod praecepta falsa regio nomine compilasset, sicut ad eum quorumdam suggestionibus et verisimilibus indiciis esset perlatum. Unde quia putatum est quibusdam significationibus, ut purgationem sui isdem diaconus subterfugere voluisset, aliis aliter dicentibus, visum est omnibus in eodem sacro conventu degentibus, ut ab omni concilio

B.

(e codd. 3—6.)

6. Ut[9] in civitatibus et monasteriis utriusque sexus et ordinis Dei cultus quam proxime fieri posset instauraretur, statuit sancta synodus annitente pio principe, ut idonei legati dirigerentur, qui singulorum locorum statum solertissime perscrutarentur; et quae ipsi per se non valerent corrigere, iudicio proxime futuri concilii et potestati regiae revelarent.

7. Decreverunt[11] praeterea sancti pontifices, ut ecclesiae, quae olim indulgentia religiosorum principum vel aliorum fide-

f) Cinomannicae 2. g) *om.* 2. h) quandoque 2. i) praecepit 2. k) Hludoguici 1. l) *om.* 3. 6. m) quidam duo 3. 6. n) propositi sui 3. 6. o) Hrothadi 3. 5; Rothardi 4.

4) *A.* 848; *cfr. Ann. Bertin., ed. Waitz, p.* 36; *Synod. ap. Saponarias* 859, *infra nr.* 300, *c.* 3. 5) *A.* 839; *cfr. Divisio imperii, supra p.* 58. 6) *A.* 852; *cfr. Ann. Bertin. l. c. p.* 41. 7) *Ibid. ad a.* 853, *supra p.* 268, *lin.* 21 *sqq.* 8) *Cfr. Herzog-Plitt, Real-Encyclop. d. protest. Theolog. s. v. Eutychianismus.* 9) *Cap. inseq. c.* 1. 10) *Ad hunc Ragamfridum Baluzius II, col.* 1265. *referre vult epistolam Hincmari directam* Ansoldo, Gerolo et Hadrico pro inquisitione cuiusdam fratris Ragamfredi ministerialis sui, *Flodoardi Hist. eccl. Rem., lib. III, c.* 28, *SS. XIII, p.* 550. 11) *Cap. inseq. c.* 2.

853. illi interdiceretur, ne a parrochia Remensi quoquo modo praesumeret[p] abscedere, donec se ab illis, quae ei inpingebantur, idoneum[13] redderet vel competenter satisfacere procuraret. Quod et omnibus singillatim episcopis illi auctoritate episcopali praecipientibus ex divino mandato est interdictum.

7. Septima actione eidem sacrae synodo idem christianissimus domnus rex Karolus haec[15], quae sequuntur, capitula proposuit et consultu eorumdem episcoporum ea per regnum suum innotescenda, exercenda et conservanda commonuit, praecepit et confirmavit.

....

lium devotione immunitatem meruissent, ea in perpetuum perfrui sinerentur.

8. Et[12] ut ex possessionibus, quae ecclesiasticae certis indiciis comprobantur nec plene propter varias necessitates possunt restitui, saltem nonae ac decimae tribuantur.

9. Et[14] ut in locis sacratis, diebus dominicis vel aliis solemnitatibus iudicia publica non exerceantur: neque enim fas est[q] ibi reos puniri, ubi respectu divinae reverentiae misericordiam consensu fidelium consequuntur.

10. Illud[16] quoque cunctis volentibus confirmatum est, ut[r], qui disciplina ecclesiastica noxii, sive ingenui sive servi, coercentur, nulli audeant eos tueri et vindictam eorum in quoslibet ad potestatem episcoporum pertinentium retorquere; quodsi qui deinceps praesumpserint, et excommunicationem ecclesiasticam et motum indignationis regiae perpessuros.

11. Optentum[17] est etiam a devotissimo principe, ut incesti et quilibet alii perditi examen episcoporum refugientes per iudices publicos ad eorum praesentiam deducantur, ne alterius[s] illecebram peccandi nutriat impunitas vitiorum.

12. Postremo[18] quod a quibusdam conservabatur, praefixum est generaliter ab omnibus custodiendum, ne ullae res ecclesiasticae absque regis cohibentia[t] commutentur.

p) praesumpsisset 1. q) esse 4—6. r) *om.* 4. s) ulterius 5. t) immo licentia *add.* 5; conniventia 4; cohibentia *corr.* coniventia 3.

12) *Ibid.* c. 6. 13) *Idem ac: se idoneare, se probare innocentem; cfr. Du Cange, s. v. idoneus.* 14) *Cap. inseq.* c. 7. 15) *Cap. inseq.* 16) *Ibid.* c. 9. 17) *Ibid.* c. 10. 18) *Ibid.* c. 12.

259. CAPITULARE MISSORUM SUESSIONENSE.

853. April. 22—26.

Legitur in his libris partim manuscriptis, partim impressis: 1) *Haug.* 1 *fol.* 29ᵛ. 2) *Barchinon. archivii coronae Aragoniae* 40 *fol.* 49, *olim Rivipullensi Baluzii;* 3) *Paris.* 4638 *fol.* 171. 4) *Vatic. Palat.* 582 *fol.* 80. 5) *Paris.* 9654 *fol.* 72ᵛ. 6) *Middlehill.* 10190 *fol.* 132. 7) *olim Paris.* 4761, *tum Ashburnh. Barrois* 146. 8) *Baronio, Ann. ecclesiast. ad a.* 853. 9) *Vallicell. N.* 21 *fol.* 20. 10) *Vatic. reg. Christ.* 291 *fol.* 105, *qui tradit excerpta tantum capitulorum;* 11) *Vallicell. C.* 16 *fol.* 9. 12) *Vatic.* 4982 *fol.* 99. 13) *Ambros. A.* 46, *qui exhibet c.* 7—12. *Capita* 1. 4—11. *etiam recepta sunt in Synodum apud S. Macram a.* 881. *habitam c.* 4. 6 *(Mansi XVII, col.* 540 *sq.;* 547 *sq.), cuius contextus ad verbum fere convenit cum cod.* 1. *Qua de causa existimaverim illum codicem genuinam capitularis formam, reliquos vero codices textum posteriore aetate ampliatum praebere.* 858.

Inscribitur autem capitulare in 2. *falso:* Capitula Karoli gloriosi regis in Compendio facta anno regni eius XXVIII, indictione XV: *in* 3. 10: Ista capitula constituta sunt (Ex capitulis constitutis 10) a domno Karolo in synodo apud Suessionis civitatem in monasterio Sancti Medardi, anno incarnationis dominicae DCCCLIII, in mense Aprili; *in* 8: Ista sunt capitula a domno Karolo ... Sancti Medardi facto anno *etc.*; *in* 4—6: Capitula Karoli regis iunioris facta in monasterio Sancti Medardi: *in* 7: Capitula Karoli regis filii Hludowici.

Quo die m. April. capitula promulgata sint, non certo dici potest. Cum vero concilium Suessionense die 22. m. April. convocatum sit et de rebus clericorum Remensium (cfr. Conv. antec. c. 1), inde a die 26. m. April. usque ad mensem Maium ageretur, capitulare autem secundum codd. 3. 8. 10. *m. Aprili editum sit, Karolus rex intra diem 22. et 26. m. April. capitulare pronuntiasse mihi videtur.*

(B. II, 53. 203; *P.* 418*).*

1[a]. Ut[1] missi nostri per civitates et singula monasteria, tam canonicorum quam monachorum sive sanctimonialium, una cum episcopo parrochiae uniuscuiusque, in qua consistunt, cum consilio etiam et[b] consensu ipsius, qui monasterium[c] retinet*, vitam ibi degentium et conversationem inquirant, et ubi necesse est, corrigant: et ubi desunt, congruas officinas construere[d] iubeant; et ubi sunt[e] factae et per neglegentiam sunt destructae, instaurari praecipiant: et victum ac potum et vestitum[f] atque cetera necessaria pro qualitate et possibilitate loci et inhabitantium necessitate ordinent: et hospitalitatem supervenientium hospitum et receptionem pauperum ibidem disponant[g] et ordinent. Ecclesiae[h] quoque luminaria et ornatum debitum ordinent[h], et thesaurum ac vestimenta seu libros diligenter inbrevient et breves nobis reportent. Inbrevient[i], quid unusquisque ecclesiarum praelatus, quando praelationem ecclesiae suscepit, ibi invenerit, et quid modo exinde ibi minus sit, vel quid vel quantum sit superadditum.** Numerum etiam canonicorum et monachorum sive sanctimonialium uniuscuiusque loci describant, et nobis referant, ut secundum qualitatem et quantitatem loci cum consilio episcoporum et fidelium nostrorum, ubi minor numerus fuerit, nostra auctoritate addamus: ubi vero indiscretione[i*] praelatorum superfuerit, ad mensu-

*) 2—8. 10—12. *addunt:* quem volumus et expresse praecipimus, ut praesens sit.

**) *Item:* Quid etiam Nortmannis per nostram commendationem sive sine nostra commendatione datum sit, quidve relictum vel quid a quoquam ibi in elecmosyna datum.

a) VIII. 8. b) cum *add.* 4. 5. c) locum 2. 4. 5; l. tenet 5. d) extruere 3. e) *om.* 3, *Conc. cit.*; facta 2. f) vestimentum 3. 7. 8. g) ponant 2. 4. 5. 8. h) ecclesiae ... ordinent *om.* 8, *Conc. cit.* i) etiam *add.* 2—8. i*) discretionem 2.

1) *Cfr. Conv. anteced. c.* 6: *Synod. Vernensis* 844, *infra nr.* 291, c. 3; *Capp.* 813, *tom. I, p.* 183, c. 10; *Cap. miss. Niumag.* 806, *l. c. p.* 131, c. 3; *cfr. etiam Hincmari epistolae:* Rothado Suessonico pro ordinatione monasterii Sancti Medardi et restituenda in eo regula *(Flodoardi Hist. eccl. Rem. lib. III, c.* 21, *SS. XIII, p.* 517*)*; Anselmo cuidam monacho precipiens, ut describat omnia, quae in monasterio, ut videtur, Altvillarensi ante ipsius presulis ordinationem facta vel collata fuerunt, et quaeque postea, numerum quoque fratrum ac famulorum eis servientium, et si qua exinde suo tempore dispensata fuerunt, et in quos usus vel per quas personas, et ita veraciter omnia describantur, ut missi dominici nihil ibi falsum possint invenire; Ratramno preposito monasterii Orbacensis similiter *(l. c. lib. III, c.* 28, *p* 552*)*; *Schrörs, Hinkmar v. Reims p.* 74, *not.* 7.

868. ram redigamus*; et qualiter abbatiarum praelati et in locis sacris inhabitantes de his, quae missi nostri praeceperint, oboedierint, nobis diligentissime et capitulatim referre[k] procurent.

2[l]. Ut[2] missi nostri diligenter investigent per singulas parrochias simul cum episcopo de monasteriis, quae[m] Deum timentes in suis proprietatibus aedificaverunt et, ne ab haeredibus eorum[n] dividerentur, parentibus et[o] praedecessoribus nostris sub immunitatis defensione tradiderunt[3], et postea in alodem[p] sunt data; ut describant, quae sint et a quo vel quibus in proprietatem data sunt, et nobis renuntiare procurent, ut[q] cum episcopis et ceteris fidelibus nostris consideremus, quid et qualiter inde secundum Dei voluntatem et nostram salutem agere debeamus.

3. Ut missi nostri per singulas parrochias una cum episcopo parrochiae ipsius requirant de cappellis et[r] abbatiolis ex[s] casis Dei in beneficium datis, qualis census inde exeat, ut ecclesia[t], de qua sunt, exinde vestituram habere possit[t 4], et nobis renuntient, ut hoc nostra auctoritate commendetur atque firmetur; et secundum qualitatem vel[u] quantitatem[u] loci clericos et luminaria ibi ordinent et loca restaurari faciant[v 5].

4. Denuntiandum est omnibus et a missis nostris ordinandum, ut omnes ecclesiae et[w] presbyteri sub inmunitate ac privilegio et ordinatione atque dispositione episcoporum singularum parrochiarum, in quibus consistunt, secundum auctoritatem canonicam et capitularia[6] domni Karoli imperatoris avi nostri et pii augusti Hludowici domni et genitoris nostri permaneant.

5. Ut missi nostri diligenter investigent cum episcopo et praelatis monasteriorum et per fideles et strenuos viros in unaquaque parrochia de rebus ecclesiasticis in alodem datis; et sicut evidentibus et veris indiciis[x] ac auctoritatibus compererint, diligenter, a quo et[y] quibus datae sint[z] vel quantum exinde[a] sit[a], describant, et nobis renuntient.

6. Ut[7] missi nostri expresse et cum omni diligentia cum episcopo et praelatis monasteriorum per singulas parrochias requirant de rebus ecclesiasticis, unde nonae et decimae solvi debent[b] et non solvuntur; ut[c] persolvi ab easdem[d] res retinentibus faciant[8]. Et si aliqua contradictio, quae rationabilis videatur, oborta fuerit, describatur, et praelatus ipsius casae Dei, unde res esse noscuntur, et ille, qui eas detinet et nonam ac decimam solvere detractat, simul cum missis nostris ad nostram iubeatur

*) 2—8. 10—12. *addunt:* Inquirant quoque, quot tempore avi nostri Karoli et domni genitoris nostri Hludowici unoquoque in loco fuerint, et quot modo sint, et ubi loca a Nortmannis sive a quibuslibet aliis destructa sunt et penitus adnullata, quot ibi nunc propter paucitatem rerum et devastationem earumdem constitui vel ordinari possint, ut inde cum consensu fidelium nostrorum ordinemus, quid de caetero agendum sit.

k) *ita* 1. 12, *Conc. cit.;* referant *rell.* l) *ita etiam* 3. m) qui 5. n) *om.* 3. o) *om.* 5; decessoribus 2. p) alodum 8. q) et 2. r) de *add.* 3. 5. 7. 8. s) et 8. t) ecclesiae ... possint 4. u) *om.* 2. v) facient 2. w) *om.* 8. x) iudiciis 2. y) a *add.* 2. z) sunt 2. 3. a) exit 3; exinde percepturi sint 8. b) debeant 3. c) *ita* 1—4, *Conc. cit.;* et *rell.* d) eisdem 3.

2) *Conr. anteced. c.* 7. 3) *Cfr. Synod. Meld.* 845, *infra nr.* 293, *c.* 41. 42. 4) *Cfr. Roth, Feudalität p.* 156; *Brunner, RG. d. Urk. I, p.* 267; *Heusler, Institutionen d. Deutsch. Privatr. I, p.* 353. 5) *Cfr. Cap. Wormat.* 829, *supra p.* 13, *c.* 9; *Capp. excerpta* 813, *tom. I, p.* 175, *c.* 24; *Cap. miss.* 802, *l. c. p.* 104, *c.* 56; *Cap. Aquitan.* 768, *l. c. p.* 42, *c.* 1; *infra not.* 8. 6) *Anseg. III, c.* 28 *(tom. I, p.* 428)? *Praeter hoc caput nullum invenitur, ad quod ratio hoc loco haberi possit.* 7) *Conr. anteced. c.* 8. 8) *Cfr. Cap. Wormat.* 829, *supra p.* 13, *c.* 5; *Pippini Cap. Ital.* 801—810, *tom. I, p.* 210, *c.* 6; *Capp.* 813?, *l. c. p.* 183, *c.* 12; *Synod. Franconof.* 794, *l. c. p.* 76, *c.* 25; *supra not.* 5.

venire praesentiam, ut tunc veritate comperta et diffinitione decreta, quod rationabiliter invenerimus, inde praecipiamus. Volumus etiam, ut investigent missi nostri, qualiter illi, qui easdem res[e] ecclesiasticas, unde decimae dantur sive non dantur, illas salvas habeant et in casticiis[9] et in silvis custoditis, vel si terrae aut mancipia inde perdita sint vel aliquid huiusmodi, aut si familia oppressa sit contra legem: et omnia per breves nobis renuntient missi[e] nostri[e]. 858.

7. Ut[10] missi nostri per singulas parrochias comitibus et rei publicae ministris ex banno nostro praecipiant, ne malla vel placita in exitibus et in atriis ecclesiarum[11] et presbyterorum mansionibus, neque in dominicis vel[f] festivis diebus[12] tenere praesumant[g]; sed comes convenientem locum consideret et inveniat[h], ubi[h] stationem ad mallum tenendum constituat; quia nefas[13] est ibi reos[e] puniri, ubi respectu divinae reverentiae misericordiam consensu fidelium nostrorum et decreto praedecessorum nostrorum[14] consecuntur[13].

8. Ut missi nostri comitibus et omnibus rei publicae ministris firmiter ex verbo nostro denuntient atque praecipiant, ut a quarta feria ante initium quadragesimae nec in ipsa quarta feria usque post[i] octabas paschae[15] mallum vel placitum publicum nisi de concordia et pacificatione discordantium tenere praesumant. Similiter etiam a quarta feria ante nativitatem Domini usque post consecratos dies observent necnon et in ieiuniis quatuor temporum et in rogationibus* simili observatione eosdem feriatos dies venerari omnimodis[k] studeant.

9. Ut[16] missi nostri omnibus per singulas parrochias denuntient, quia, si episcopus aut ministri episcoporum pro criminibus colonos flagellaverint cum virgis propter metum aliorum et[l] ut ipsi[m] criminosi corrigantur, cum tali discretione sine ulla occasione indebita, sicut in synodo[16] conlocutum est, et[e] vel inviti poenitentiam temporaliter et corporaliter agant, ne aeternaliter pereant, si seniores ipsorum colonorum[n] indigne tulerint et aliquam vindictam inde exercere voluerint aut eosdem colonos, ne distringantur, contendere praesumpserint[o], sciant, quia et bannum nostrum component et simul cum excommunicatione ecclesiastica nostram[p] harmscaram[q] durissimam sustinebunt[17].

10. Ut[18] missi nostri omnibus rei publicae ministris denuntient, ut comes[r] vel rei publicae ministri simul cum episcopo uniuscuiusque parrochiae sint in ministeriis illorum, quando idem episcopus suam[e] parrochiam circumierit, cum episcopus eis notum fecerit; et quos per excommunicationem episcopus adducere non potuerit, ipsi regia auctoritate et potestate ad poenitentiam vel rationem atque satisfactionem adducant[19].

*) 2—8. 10—12. *addunt:* et in diebus pentecostes.

e) *om.* 2. f) in *add.* 2. g) debeant 1. h) convenientem 8. i) ad 8. k) omnimodo 2. l) *ita* 1, *Conc. cit.; om. rell.* m) episcopi 1. n) colonum 1. 3. o) et *add.* 2. p) *om.* 3; *postea superscr.* 4. q) armiscaram 2. 4. 5. r) *ita* 1. 2, *Conc. cit.;* comites *rell.*

9) *I. e.: in aedificiis; cfr. LL. Formul. p.* 230, *not.* 5. 10) *Conc. anteced. c.* 9. 11) *Cfr. Capp. legib. add.* 818. 819, *tom. I, p.* 284, *c.* 14; *Capp. miss.* 818?, *l. c. p.* 182, *c.* 8. 12) *Cfr. cap. inseq.; Admonitio* 823—825, *tom. I, p.* 304, *c.* 9. 13) *Verba* nefas ... consecuntur. *except.* nostrorum ... nostrorum, *ex Conc. anteced. c.* 9. *sumpta sunt.* 14) *Cfr. quae infra nr.* 278 *in Cap. Carisiac.* 878, *c.* 12. *contuli.* 15) *Cfr. Conc. Tribur.* 895, *supra p.* 233, *c.* 35; *Conc. Meld.* 845, *infra c.* 79. 80. 16) *Conc. anteced. c.* 10. 17) *Cfr. Cap. Wormat.* 829, *supra p.* 12, *c.* 1; *Waitz, VG. IV*², *p.* 523; *Brunner, RG. II, p.* 598. 18) *Conc. anteced. c.* 11. 19) *Cfr. Epist. Carisiac.* 858, *infra nr.* 297, *c.* 7; *Kar. II. Cap. Pap.* 876, *supra p.* 103, *c.* 12; *Capp. episc.* 845—850, *l. c. p.* 83, *c.* 12. *et quae ibi contuli.*

853. 11. Sciant etiam fideles nostri, quia concessimus in synodo[20] venerabilibus episcopis, ne[21] super beneficia ecclesiastica vel prestarias[s], etiamsi episcopus aut quilibet monasteriorum praelatus inrationabiliter petierit, praecepta confirmationis nostrae ullo modo faciamus. Et ideo ab inrationabili petitione se unusquisque compescat.

12. Ut[22] missi nostri omnibus per illorum missaticum denuntient, ne commutationes rerum vel mancipiorum quilibet praelatus earundem rerum ecclesiasticarum sine licentia vel consensu nostro facere praesumat[23], neque mancipia ecclesiastica quisquam nisi ad libertatem commutet, videlicet ut[t] mancipia, quae pro ecclesiastico[u] dabuntur[24], in ecclesiae[u] servitute permaneant, et[v] ecclesiasticus homo, qui[w] commutatus fuerit[w], perpetua libertate fruatur[x].

s) praesentatorias 8. t) ne 8. u) G1 . . . . . . 8. v) ut 8; *om.* 2. w) qui . . . fuerit *om.* 8. x) Expliciunt capitula Karoli regis *add.* 7.

20) *In actis synodi Suessionensis nobis traditis de hac concessione nihil reperitur.* 21) *Cfr. Conc. Meld.* 845, *infra nr.* 293, *c.* 22. 22) *Conv. anteced. c.* 12. 23) *Cfr. Waitz, VG. IV*³, *p.* 160, *not.* 8. 24) *Cfr. Lex Ribuar.* 58, 3, *LL. V, p.* 243; *Löning, Gesch. d. Deutsch. Kirchenrechts II, p.* 229, *not.* 4; *Brunner, RG. I, p.* 245.

HLOTHARII ET KAROLI CONVENTUS APUD VALENTIANAS.

853. Nov.

Vide supra p. 75 *sq.*

---

260. CAPITULARE MISSORUM SILVACENSE.

853. Nov.

Legitur in codicibus: 1) *Haag.* 1 *fol.* 35ᵛ. 2) *Paris.* 4638 *fol.* 177ᵛ. 3) *Vatic. Palat.* 582 *fol.* 81ᵛ. 4) *Paris.* 9654 *fol.* 73ᵛ. 5) *Middlehill.* 10190 *fol.* 138. 6) *Paris* 4626 *fol.* 82. 7) *Vallicell. C.* 16 *fol.* 12. 8) *Vallicell. N.* 21 *fol.* 25. 9) *Vatic. reg. Christ.* 291. *fol.* 106. 10) *Vatic.* 4982 *fol.* 101. 11) *Ambros. A.* 46, *qui exhibet c.* 9. *Omnes capitularis partes exstant in solis codd.* 1. 2; *cod.* 8. *omittit utrumque iuramentum; codd.* 3—7. 9. 10. *praebent tantum prologum et c.* 1—13, *quibus in* 3—5. *nomina missorum decimi missatici, in cod.* 6. *fragmentum epistolae regis ad missum quendam Divionensem directae tamquam c.* 14. *adduntur. Inscriptum autem est in* 1. 2. 7—10: Secuntur (*ita* 1; Sequuntur *rell.*) capitula, quae in (*om.* 9) ipso (eodem 9) anno et (in *add.* 2) ipso (*om.* 9) mense Novembrio domnus Karolus consultu fidelium suorum in Silvatico (Silvaco 7,

Laud. et Bellovac. Sirmondi) edidit et per regnum suum a missis suis adnuntiari et observari praecepit *(cetera des. in 9)*, sed et missos suos, sicut subsequitur, per regnum suum ordinavit; *in 3—5:* Capitula Hlotharii (Lotharii 4) imperatoris et Karoli regis facta in palatio *(om. 5)* Valentinianas. *Quam codicum 3—5. inscriptionem scriba illius codicis, ex quo hi derivati sunt, minus recte composuit, conductus fortasse verbis prologi:* cum ... Hlothario apud Valentianas locuti fuimus et communi consilio cum fidelibus nostris communibus consideravimus. *Conventum enim re vera Silvaci, non apud Valentianas habitum esse praeter supra citata indicia probant Cap. Attiniac.* 854, c. 1. *et Consilium procerum* 856, *infra sub nr.* 261. 295. *edita.* 858.

Capitula litteris mandata et edita sunt, postquam Karolus apud Valentianas cum Hlothario fratre de illorum summa tractavit atque convenit; cfr. praefat. ad nr. 206, *supra p.* 75. *(B. II.* 63; *P.* 423.*)*

In[a] nomine sanctae et individuae trinitatis. Karolus gratia Dei rex[a] dilectis et fidelibus missis nostris per regnum nostrum constitutis[1] salutem. Sicut vobis notum esse credimus, cum dilectissimo fratre nostro Hlothario apud Valentianas[2] locuti fuimus, et communi consilio cum fidelibus nostris[b] communibus consideravimus, ut inter cetera sanctae Dei ecclesiae et nostri principatus ac regni nobis a Deo commissi[c] negotia necessaria de his, quae subsecuntur, vos specialiter ammoneremus[d], ut, sicut hic descripta habentur, una cum Dei adiutorio[b], prout melius potueritis, strenue exsequi procuretis et hoc praesentaliter necessarium opus sine aliqua dilatione vel excusatione, sicut in missaticis coniuncti et deputati estis, simul conveniatis et hoc ad perficiendum quantocius inchoetis et, quantum vel qualiter inde factum habueritis, unusquisque[e] vestrum, sicut in missaticis[f] constituti estis, de unoquoque missatico nobis ad conloquium, quod in proximo cum fratribus nostris habebimus[3], renuntiare procuret. Et si contigerit, ut aliquis vestrum nostro servitio vel infirmitate aut quacumque occasione detentus fuerit, pro hoc alii non dimittant, ut commendata exsequi non studeant; etiam si unus vacaverit a praedictis occasionibus[g], ipse, quantum Deus dederit, iussa perficere[h] studeat*.

Ista denuntianda sunt populo a missis nostris.

1. Nostri[4] seniores, sicut audistis, parabolaverunt[5] simul et consideraverunt cum communibus illorum fidelibus de Dei servitio et sanctae ecclesiae ac regni statu et qualiter vos, qui in regno consistitis, pacem et iustitiam habere possitis; et ordinaverunt missos per regnum illorum, qui in hoc decertent, quantum Deus adiutorium dederit.

2. Inter omnes iustitias, quas ordinaverunt, ut unusquisque habeat, primo con-

*) *Cod. 6. hunc breviorem prologum praebet:* Ista denuntianda sunt a populo missis nostris capitula, quae fieri iussimus, quando cum fratre nostro Lothario apud Valentinas locuti fuimus. Nostri seniores *rell. c.* 1.

a) In ... rex *om.* 1; *recentissima manu superscr. in* 2. b) *om.* 2. c) commissis si 1. d) *e* ammonemus *corr.* 3. e) unus 1. 3. f) missaticū 3. g) occupationibus 3. 4, *cod. Bellovac. Sirmondi* h) adimplere *iidem codd.*

1) *Cfr. Mittheilungen d. Inst. f. österr. GF.,* XI, *p.* 242 *sq.* 2) *Vide supra nr.* 206, *p.* 75 *sq.* 3) *Leodii a.* 854; *cfr. supra nr.* 207, *p.* 76 *sqq.* 4) *Conr. ap. Valentian.* 853, *supra p.* 75, *Hloth. Adnunt. c.* 1. 5) *Franco-gallice: paroler, parler; cfr. Diez, WB. d. rom. Spr. I, s. v. parola.*

853. sideraverunt[6] de honore ecclesiarum Dei et orfanorum ac viduarum causis et de regalibus iustitiis. Tum[i] maxime de raptoribus[7] puellarum et viduarum causis et sanctimonialium et de his, qui presbyteros flagellare praesumunt, et qui presbyteros de ecclesiis sine episcoporum consensu eicere vel recipere[8] aut censum[k] de manso[9] vel ex his[10], quae domnus et genitor noster in suis capitularibus ecclesiis in immunitate concessit, exigere non timent, et qui[l] censa[m] de rebus ecclesiasticis ad ecclesias persolvere detractant[11], ut firmiter inquirantur et acriter distringantur et plena iustitia inde fiat, secundum quod in capitularibus avi et patris illorum statutum habetur; et ipsi per certos fideiussores ad praesentiam illius, in cuius regno tales inventi fuerint, perducantur, ut inde ipse commendet, quid de tali homine fiat, qui nec Deum timet nec contra sanctos canones facere nec legem et praeceptum regium[n] infringere pertimescit, salva censura ecclesiastica et episcopalis poenitentiae[o] vindicta.

3. Similiter[p] de collectis, quas Theudisca[q] lingua heriszuph[r] appellat[s][12], et de his, qui immunitates infringunt[13] et qui incendia et voluntaria homicidia et adsalituras in domos[t] faciunt.

4. De latronibus autem commendaverunt, ut missi omnibus denuntient in illa fidelitate, quam Deo et regi unusquisque debet[u] et promissam habet, et[v] in illa christianitate, qua pacem proximo unusquisque servare debet, ut sine exceptione alicuius personae nec pro amicitia vel propinquitate aut amore vel timore ullus[w] latronem celet, sed illum missis illorum manifestet, et ad accipiendum[x] illum adiutorium, quantum potuerit, unusquisque[y] prestet, et per[v] sacramentum[14] hoc missi illorum firmare faciant, sicut tempore antecessorum illorum consuetudo fuit. Et si aliquis missos illorum non obaudierit, si regis homo fuerit, per fideiussores ad illius praesentiam perducatur; si autem alterius homo fuerit, senior, cuius homo fuerit, illum regi praesentet.

5. Commendaverunt[z] etiam, ut, si[15] alicui denuntiatum fuerit, ut ad accipiendum[x] latronem adiutorium praestet, aut aliquis sonum[16] inde audierit, ut ad latronem accipiendum concurratur, et se inde retraxerit, ut ad hoc adiutorium non praestet, si liber homo fuerit, bannum dominicum componat[a]; et si colonus fuerit, sexaginta ictus accipiat[a]. Et si latro ibi occisus fuerit, qui eum occiderit, leudem[b] inde non solvat, et nullus illi inde faidam portare praesumat; quodsi quis facere praesumpserit, per certos fideiussores ad regis praesentiam perducatur[17].

6. Quicumque[c] autem[d] abhinc inante latronem receperit, maximo autem illum, qui forbannitus fuerit[18], vel qui illos, quos missi nostri forbannierunt, recepit, postquam forbanniti ab eisdem missis nostris fuerunt, secundum quod constitutum est in

i) etiam *add.* 3. 4. k) census 3. l) de *add.* 1. m) censum 2; census 4. n) regum 3. 4. o) sententiae 6. p) et *add.* 2. q) theudisia 2; teotisca 3; theotisca 4. r) herizup 3. 4. s) appellant 4. t) domo 4. u) *om.* 2. v) *om.* 3. 4. w) ullius 4. x) capiendum 2, *et sic constanter.* y) quisque 1. z) Quomodo latrones constringantur *in marg.* 3. a) componet . . . accipiet 3. b) liudem non solvat inde 4. c) De forbannito latrone *in marg.* 3. d) *om.* 3. 4. 6.

6) *Conv. ap. Valentin.* 853, *supra p.* 75, *Kar. Adnunt.* c. 1—4. 7) *Ibid.*, *c.* 8; *p.* 158, *not.* 47. 8) *Cfr. Cap. Wormat.* 829, *supra p.* 12, c. 1. 9) *Ibid.* c. 4. 10) *Cfr. Sickel, Beiträge V, in 'SB. d. Wien. Ak., phil.-hist. Cl.' tom. XLIX, p.* 346. 348, *not.* 1. 11) *Cfr. Cap. anteced.* c. 6. 12) *Cap. miss. Wormat.* 829, *supra p.* 16, c. 10; *Brunner, RG. II, p.* 651 *sqq.* 13) *Cfr. Cap. legib. add.* 803, *tom. I, p.* 113, c. 2. 14) *Infra p.* 274, *lin.* 20 *sqq.* 15) *Cfr. Brunner l. c. p.* 227. 16) *Quem nos 'Gerüfte, Klaggeschrei' vocamus; cfr. Grimm, RA. p.* 876 *sq.*; *Schröder, RG. p.* 80. *not.* 17) *Cfr. Widonis Cap. Pap.* 891, *supra p.* 107, c. 1. 18) *Cfr. Cap. miss. Aquisgr.* 809, *tom. I, p.* 150, c. 11; *Waitz, VG. IV², p.* 518; *Brunner l. c. p.* 465 *sq.*

capitularibus avi et patris nostri in libro III, capitulo XXIII: 'Si[19] Francus est, 853
cum duodecim similibus Francis iuret, quod ipse latronem eum fuisse non scisset, licet pater eius sit aut frater vel propinquus. Si hoc iurare non potuerit et ab alio convictus fuerit, quod latronem in hospitio suscepisset, quasi latro et infidelis iudicetur: quia[e] latro est, et infidelis est[e*] noster et Francorum, et qui illum suscepit, similis est illi. Si autem audivit, quod latro fuisset, et tamen non scit pro firmiter, aut iuret solus, quod nunquam eum audisset nec per veritatem nec per mendacium latronem, aut sit paratus, si ille de latrocinio evictus[f] fuerit, ut similiter dampnetur.'

7. Ut[g] quando missi nostri latronem forbannierint, hoc et missis aliis et comitibus scire faciant[20]. Et si de uno missatico[h] in alium fugerit, si in vicinitatem venerit[i], pro hoc missus[k], qui eum forbannivit, non dimittat, ut eum non persequatur et comprehendat. Et si longius fugerit[l], missus, in cuius missaticum fugerit, si alodem[m] habuerit, illi tollat, et illum constringat[n], ut illuc, velit nolit, reveniat et ibi malum emendet, ubi illud perpetravit. Et si in alicuius villam fugerit et ipsa villa eum contenderit, secundum quod in capitularibus avi et patris nostri scriptum habetur[21], inde fiat. Et si necesse fuerit, ut iustitia non protelctur, advocato denuntietur, ut ipsum latronem reddat et eos, qui eum contenderint, praesentet, ut debitam disciplinam inde sustineant et emendationem inde congruam faciant. Quodsi facere neglexerit usque ad secundam vicem, bannum[o] dominicum inde componat; et sic[o] per fideiussores ad praesentiam eorum deducatur, ut et de illo et de contradictoribus et de ipso latrone, secundum quod causa coniacuerit, sic[p] decernatur, ut ceteri metum habeant.

8. Hoc etiam commendaverunt seniores nostri, ut[k], si huiusmodi malefactores, sicut praediximus, de uno regno in aliud fugerint, similiter missi illius, de cuius regno fugerit[q], ad alios missos in illo regno, ubi fugit[q], hoc notum faciant[20], et illi missi eos constringant, ut ad illud regnum et ad illos missos reveniant, ut ibi distringi possint, ubi malum fecerunt.

9. De advenis, qui oppressione Nortmannorum[r] vel[s] Brittannorum in partes istorum regnorum confugerunt, statuerunt seniores nostri, ut a nullo rei publicae ministro quamcumque violentiam vel oppressionem aut exactationem patiantur: sed liceat eis conductum suum quaerere et habere, donec aut ipsi redeant ad loca sua aut seniores illorum eos recipiant.* Quodsi[t] inventus fuerit ex rei publicae ministris aut aliis[u] quibuslibet[v] contra hoc pietatis praeceptum facere aut fecisse, bannum dominicum exinde componat[22].

10. Ut[23] omnibus denuntietur, qualiter cuncti sint praeparati ad quamcumque necessitatem imminentem, ut secundum consuetudinem, prout necessitas evenerit, ad

*) Nullus autem eos inservire praesumat, eo quod loco mercenarii apud aliquem manserint, nec censum aut tributum exigere *add. Baluzius nescio quo ex codice.*

e) *supplendum est:* qui, *quod om. etiam Anseg.* e*) *om.* 4. 6. f) postea convictus *Anseg. l. c.* g) Item de forbannito latrone *in marg.* 3. h) transmissatico 2. i) venerint 2. k) *om.* 3. l) fuerit 2. 3; *corr.* fugerit 3. m) alodum 2, *et sic constanter.* n) et *add.* 3. 4. o) inde bannum dom. componet sic 3. p) *om.* 2. q) fugerint *al. man. corr.* 3. r) Normannorum 4. s) vel Britt. *abras. in cod.* 1. t) quod 1; quodqui 3. 4. 6. u) alius 3. 4. v) quilibet qui 3.

19) *Anseg. III, c. 23, tom. I, p.* 428. 20) *Cfr. Cap. Aquisgr.* 809, *l. c. p.* 148, *c.* 4; *Conv. ap. Valentin.* 853, *supra p.* 75, *Hloth. Adnunt. c.* 3. 21) *Anseg. III, c.* 26, *tom. I, p.* 428? 22) *Cfr. Cap. miss. gen.* 802, *tom. I, p.* 93, *c.* 5; *Summula de bannis, l. c. p.* 224. *c.* 4. 23) *Cfr. Conv. ap. Valentin.* 853, *supra p.* 75, *Hloth. Adnunt. c.* 5; *Conv. ap. Marsnam I,* 847, *supra p.* 71, *Kar. Adnunt. c.* 5.

859. Dei servitium et illorum atque ad[w] defendendam sanctam[x] Dei ecclesiam et regnum omnes sint praeparati[y].

11. Capitula autem avi et patris nostri, quae in praescriptis[z] commemoravimus, qui ex missis nostris non habuerint et eis[a] indiguerint, ut commissa per illa corrigere possint, sicut in eisdem capitulis iubetur[b] [24], de scrinio nostro vel a cancellario nostro accipiant, ut rationabiliter et legaliter cuncta corrigant et disponant.

12. Ut unusquisque missus in suo missatico provisionem habeat, ut, si aliquis de nostris fidelibus per missaticum suum[c] transierit aut ibi consistens vel commanens rapinas vel depraedationes aut talia[d] inlicita fecerit, de quibus Deus offendi solet et populus pro oppressione gemere, quatenus hoc subtiliter et veraciter investiget et nobis renuntiet, qualiter inde nos sic ordinemus, ut nec ipsum nec alium hoc agere delectet.

13. Ut[25] missi in illorum missaticis curam habeant, ne homines nostri aut alii quilibet vicinos suos maiores vel minores tempore aestatis, quando ad herbam suos caballos mittunt, vel tempore hiemis, quando marascalcos[e] illorum ad fodrum dirigunt[f], depraedentur aut[g] opprimant[26]. Et si egerint, hoc etiam, ut praediximus, veraciter missi nostri investigent, et nobis renuntient, ut in seniore hoc sic emendemus[27], quatenus homines suos in potestate habeat[h] et contenti sint debitis et indebita iniuste non appetant[i]*.

Istum sacramentum[k] iurabunt Franci homines.

Ego ille adsalituram, illud malum, quod scach[l] [28] vocant vel tesceiam[29], non faciam, nec, ut alius faciat, consentiam; et si sapuero, qui hoc faciat, non celabo; et quem scio, qui nunc latro aut scacheator est, vobis missis dominicis non caelabo, ut non manifestem. Sic[m] me Deus adiuvet et istae reliquiae.

Istum sacramentum[k] iurabunt centenarii.

Ego ille adsalituram[n], illud malum, quod scach[o] vocant vel tesceiam, non faciam, nec, ut alius faciat, consentiam; et si sapuero, qui hoc faciat, non caelabo: et quem scio, qui nunc latro aut scacheator est, vobis missis dominicis non caelabo, ut non manifestem. Et de Francis hominibus in isto comitatu et in meo mynisterio commanentibus nullum recaelabo, quantum recordari potuero, ut per brevem vobis missis dominicis non manifestem. Sic[m] me Deus adiuvet et istae reliquiae.

*) *Cod. 6. subnectit tamquam cap. 14. hoc fragmentum epistolae regiae ad missum quendam directae:* Mandamus praeterea, ut, si capitula domni avi et genitoris nostri scripta non habetis, mittatis[24] ad palatium nostrum de more praedecessorum vestrorum missum vestrum et scriptorem cum pergamena, et ibi de nostro armario ipsa capitula accipiat atque conscribat. Et vos deinde secundum ipsa capitula Dei iustitia[m] populique a Deo nobis commissi necessarias proclamationes legaliter emendare sollerti vigilantia procuretis. Valete.

w) ad ecclesiam def. 3. x) sanctam Dei *om.* 2. y) *e* parati *corr.* 3. z) scriptis 3. a) eisdem 3. 4. 6. b) habetur 2. c) *om.* 2. d) *e* alia *corr.* 3. e) marascalchos 3. 4. f) vicinos maiores vel minores *add.* 1. 2. g) aut opprim. *om.* 1. h) habeant 3. i) *Expliciunt* 3–7. 9. 10; *sequitur in* 3—5. *tamquam cap.* 14: Wenilo episcopus, Odo *etc. infra p.* 276, *c.* 10. k) *om.* 1. l) siach 2. m) si 1. n) assalturam 2. o) scah 2.

24) *Anseg. II, c. 24, tom. I, p.* 419; *cfr. etiam Hlud. prooemium* 818. 819, *l. c., p.* 275, *lin.* 12*sqq.*; *Cap. miss.* 808, *l. c. p.* 138, *c.* 8; *supra l.* 34*sq.* 25) *Cfr. Conc. ap. Valentin.* 853, *supra p.* 76, *c.* 5. 26) *Cfr. Capp. ab Hlud. II. proposita* 850, *supra p.* 85, *c.* 2. 27) *Cfr. Capp. singill. trad. supra p.* 97, *c.* 3. 28) *vel scáh, id est latrocinium, Raub, Räuberei; cfr. Schade, Althochd. WB. II*², *s. v. scáh; Osenbrüggen in 'Z. f. D. Recht', XVII, p.* 472*sq.*; *Brunner, RG. II, p.* 649. 29) *vel texacam, id est furtum; cfr. J. Grimm, Gesch. d. D. Sprache I*³, *p.* 386; *Brunner l. c. p.* 508, *not.* 86; *Cap. Carisiac.* 873, *infra nr.* 278, *c.* 3.

Missi autem et pagi per missaticos qualiter fuerunt tunc ordinati. 858.

1[p]. Hincmarus episcopus[30], Ricuinus[31], Engilscalcus[q] missi in Remitiano[r][30], Vonziso[32], Stadiniso[33], Pertiso[34], Barriso[35], Camiziso[36], Catalaunio, Virtudiso[37], Bagensoniso[38], Tardaniso[39].

2. Pardulus episcopus[40], Altmarus, Theodacrus missi in Lauduniso, Portiano[41], Suessonico, Urciso[42] et Vadiso[43].

3. Immo[s][44] episcopus, Adalardus abba[45], Walteaudus, Odelricus missi in Noviomiso[44], Vermendiso[46], Adertiso[t][47], Curtriciso[48], Flandra, comitatibus Engilramni[49] et in comitatibus Walteaudi.

4. Folcoinus episcopus[50], Adalgarius, Engiscalcus et Berengarius missi in comitatu Berengarii, Engiscalchi, Gerardi et in comitatibus Reginarii.

5. Hludowicus abba[51], Yrminfridus episcopus[52], Ingilwinus[53], Gotselmus[u][53] missi in Parisiaco, Melciano[54], Silvanectensi[55], Vircasino[56], Belvacense et Vindoiliso[57].

6. Paulus episcopus[58], Hilmeradus episcopus[59], Herloinus[60], Hungarius[61] missi in Rotmense[v][58], Tellau[62], Vitnau[63], Pontiu[64], Ambianense.

7. Eirardus episcopus[65], Teodericus abba, Herloinus, Hardoinus missi in Aprincato[66], Constantino[67], Bagisino[68], Coriliso[69], Otlingua Saxonia[70] et Harduini[w], Oxmiso[71] et in Lisuino.

p) *Numeri capitum desunt in* 1. q) Engilscalchus 2. r) Remtiano 1. s) Imino 2. t) Aderoso 2. u) Gosselinus 2. v) Rotinense 2. w) *supplend. est:* comitatu *vel* comitatibus; Oximiso 2.

30) *Remensis; Remensi.* 31) *Cfr. Bourgeois, Le capitulaire de Kiersy p. 244.* 32) *vel Vongensi, 'Voncq, situé sur la rive droite de l'Aisne à peu de distance d'Attigny', Longnon, Atlas historique de la France, text. p. 119, tab. VIII.* 33) *vel Stadunensi, 'Astenois ou Atenois . . . au Vieil-Dampierre (Marne, canton de Dommartin-sur-Yèvre)', Longnon, text. p. 122, tab. VIII.* 34) *vel Pertensi, Perthes, cfr. supra p. 195, not. 8.* 35) *vel Barrensi, Bar-le-Duc.* 36) *Pagus Camsiacensis erat pars septentrionalis pagi Pertensis, quocum saec. X. coniunctus formavit comitatum 'de Chanzy', cuius caput erat Vitry-en-Perthois; cfr. Longnon l. c.* 37) *vel Virtudensi, Vertus, ad meridiem pagi Remensis versus; cfr. Longnon l. c.* 38) *vel Bansionensi, 'pays de Binson . . . répondant à l'archidiaconé de Brie au diocèse de Soissons', Longnon, text. p. 121, tab. VIII.* 39) *vel Tardunensi, Tardenois, cuius pars orientalis erat dioeceseos Remensis, pars occidentalis dioeceseos Suessionensis; cfr. Longnon, text. p. 120, tab. VIII.* 40) *Laudunensis.* 41) *Porcien; cfr. supra p. 24, not. 42.* 42) *vel Orcensi, Orxois vel Orcois, ad meridiem pagi Suessionensis versus; Longnon, text. p. 120.* 43) *vel Vadensi, Valois.* 44) *Noviomensis (Noyon).* 45) *Monasteriorum SS. Amandi et Bertini.* 46) *vel Viromandensi, Vermandois.* 47) *vel Atrebatensi, Artois, Arras.* 48) *vel Curtracensi, Courtrai.* 49) *Cfr. supra p. 192, not. 1.* 50) *Ternanensis.* 51) *Monasterii S. Dionysii.* 52) *Bellovacensis.* 53) *Ingilwinus quidam erat a. 875. episcopus Parisiensis; Gozelmus vel Gozlinus nomen erat abbatis monast. S. Germani Paris.; cfr. Bourgeois l. c. p. 245.* 54) *vel Meldensi.* 55) *Senlis.* 56) *vel Vilcassino, Vexin, 'il correspondait aux deux archidiaconés rouennais du Vexin Français et du Vexin Normand', Longnon, text. p. 98, tab. VII.* 57) *vel Vindoilensi, Vendeuil; cfr. Longnon, text. p. 127, tab. VIII.* 58) *Rotomagensis.* 59) *Ambianensis.* 60) *Accepit a. 859. a patre monasterium S. Richarii et distribuit a. 863. terras quasdam ecclesiae Rotomagensi; cfr. Bourgeois l. c. p. 245.* 61) *Possedit iure beneficiario villam quandam monasterii S. Richarii; cfr. Bourgeois l. c.* 62) *Le Talou, ad septentrionem pagi Rotomagensis versus; cfr. Longnon, text. p. 98, tab. VII.* 63) *vel Viminau, 'comprenait les trois doyennés d'Airaines, de Gamache et d'Oisemont de l'archidiaconé de Ponthieu', Longnon, text. p. 127 sq., tab. VII.* 64) *vel Pontivo, Ponthieu.* 65) *Lexoviensis (Lisieux).* 66) *vel Abrincatino, Avranches.* 67) *Coutances.* 68) *vel Baiocassino, Bayeux.* 69) *vel Coriovallensi, Cotentin (Cherbourg), Longnon, text. p. 101, tab. VII.* 70) *Pars orientalis dioeceseos Baiocassensis; cfr. Longnon, text. p. 98 sq., tab. VII.* 71) *vel Oximensi, ad orientem pagi Baiocassensis versus, 'au diocèse de Séez', Longnon, text. p. 100, tab. VII.*

858. 8. Dodo episcopus[72], Hrotbertus[73] et Osbertus missi in Cinnomannio, Andegavensi atque Turonico, Corboniso[74] et Sagiso[75].

9. Burcardus[x] episcopus[76] et Hrodulfus[77] et Henricus abba[77] missi in Blesiso[78], Aurelianensi, Vindusniso[79], Carentino[80], Durcasino[y][81], Duniso[82], Ebricino[83], Stampiso[84], Castriso[y][85], Pincesiso[86], Madreciso[87].

10. Wenilo episcopus[88], Odo[89] et Donatus[90] missi in pago Senonico, Trecasino, Wasteniso[91], Miliduniso, Morviso[92], Proviniso[93] et in tribus Arcisisis[94] et in duobus Brionisis[95].

11. Teutboldus episcopus[96], Ionas episcopus[97], Isembardus et Abbo abba[98], Daddo missi in comitatibus Milonis et in comitatibus Isembardi, Augustuduno scilicet, Matisconense, Divionense, Cavillone, Hatuariis[99] et in Tornedriso[100] et in Belniso[1] et in Dusmiso[2], comitatu Attelae et in comitatu Romoldi.

12. Hugo[3], Gozso, Nivilungus missi in Niverniso[4], Alciodriso[5], Avaliso[6].

x) Bernardus 2. y) Durcasino ... Castriso *om.* 2.

72) *Andegavensis.* 73) *Comes Andegavensis, cognomine Fortis.* 74) *vel Corbonensi, Corbonnais, ad septentrionem pagi Cenomanici versus; cfr. Longnon l. c.* 75) *vel Sagensi, Séez; cfr. Longnon l. c.* 76) *Carnotensis (Chartres).* 77) *Incertus; cfr. Bourgeois l. c. p. 245 sq.* 78) *vel Blesensi, Blois.* 79) *vel Vindocinensi, Vendôme.* 80) *vel Carnoteno, Carnotensi.* 81) *vel Durocassino, Dreux.* 82) *vel Dunensi, le Dunois, Châteaudun.* 83) *vel Ebroicino, Evreux.* 84) *vel Stampensi, Etampes.* 85) *vel Castrensi, Arpajon; cfr. Longnon, text. p. 112, tab. VII.* 86) *vel Pinciacensi, Poissy; Longnon, text. p. 109, tab. VII.* 87) *vel Madriacensi, Merey (pays de Madrie), ad sinistrum Sagonae fluminis; cfr. Longnon, text. p. 99, tab. VII.* 88) *Senonensis.* 89) *Comes Trecensis; cfr. v. Kalckstein, Robert d. Tapfere p. 56, not. 5; Forsch. z. DG. XIV, p. 44; Bourgeois l. c. p. 246.* 90) *Comes Milidunensis; cfr. v. Kalckstein l. c. p. 57; Bourgeois l. c.* 91) *vel Wastinensi, le Gâtinais, Chateau-Landon (Seine-et-Marne, arrond. de Fontainebleau); cfr. Longnon, text. p. 107, tab. VIII.* 92) *vel Mauripensi, 'repondait au doyenné de Pont-sur-Seine', Longnon, text. p. 111, tab. VIII.* 93) *vel Pruvinensi, Provins; cfr. Longnon, text. p. 107, tab. VIII.* 94) *vel Arciacensi, Arcis-sur-Aube.* 95) *vel Breonensi, Brienne et Margerie; cfr. Longnon, text. p. 110, tab. VIII.* 96) *Lingonensis.* 97) *Augustodunensis (Autun).* 98) *Monasterii S. Germani Autissiodorensis.* 99) *Cfr. supra p. 58, not. 19.* 100) *vel Tornodorensi, Tonnerre.* 1) *vel Belnensi, Beaune.* 2) *vel Duismensi, 'Duesme, canton d'Aignay-le-Duc'. Longnon, text. p. 94, tab. X.* 3) *Propinquus Caroli, filius Chuonradi fratris Indithae imperatricis, ex gente Guelforum; cfr. Bourgeois l. c. p. 99 sqq.* 4) *vel Nivernensi.* 5) *vel Autissiodorensi.* 6) *vel Avalensi, Avallon.*

HLOTHARII ET KAROLI CONVENTUS LEODII HABITUS.

854. Febr.

Vide supra p. 76 sqq.

261. CAPITULARE MISSORUM ATTINIACENSE. 854.

854. Iun.

Capitulare, quod sequitur, traditum est in his libris, plerisque manuscriptis, uno impresso: 1) *Haag.* 1 *fol.* 39ᵛ *et, cum in codice post verbum* fidelitatem *(p. 278, lin. 23) nonnulla folia desint, inde a verbis:* Isti iuraverunt antiquitus *in* 1a) *libro Sirmondi, Capitula Caroli Calvi p.* 114 *sqq., qui Haagensi nondum mutilato usus est.* 2) *Paris.* 4638 *fol.* 182. 3) *Vallicell. C.* 16 *fol.* 14ᵛ. 4) *Vallicell. N.* 21 *fol.* 28. 5) *Vatic. reg. Christ.* 291 *fol.* 106ᵛ. 6) *Vatic.* 4982 *fol.* 102ᵛ. *Cod.* 4. *omittit nomina iurantium, quae una cum sacramento desunt quoque in* 3. 6; *cod.* 5. *exhibet tantum c.* 3. 5. 8. 10. 13.

Quo vero tempore capitula emissa sint, docet inscriptio, quacum conferendum est, quod refert Prudentius in Ann. Bertin. ad a. 854, *ed. Waitz p.* 44: Lotharius fratrem suum Lodoicum super Rhenum de fraternitate erga Karolum alloquitur. Sed prius acriter sese mordentes, tandem ad concordiam redeunt pacisque nomine foederantur. Unde non modice Karolus sollicitus, ab Aquitania nullo peracto negotio repedans, fratrem Lotharium ad palatium suum Attiniacum invitat. Quo convenientes, quod dudum pepigerant, firmaverunt.

Ex inscriptione et brevi capitulorum forma apparet capitulare esse missorum, secundum quod illi populum regerent atque gubernarent. *(B. II, 69; P. 428.)*

Haec memorialia[a] capitula[b], quae secuntur, dedit missis suis domnus Karolus anno dominicae[c] incarnationis DCCCLIV. in mense Iunio, quando apud Attiniacum cum fratre suo Hlothario fuit locutus, ut illa unusquisque missus in suo missatico per regnum illius exsequi procuret.

1. De missis pro latronibus, scilicet ut addantur et suppleantur missi, qui illa peragant, quae in capitulis continentur, quae[d] supra in Silvaco illum edidisse[1] praescripsimus.

2. De maritima custodia, ut secundum consuetudinem vigilanter disponeretur.

3. De viis per aquas, videlicet ut, ubi noviter clausae erant, aperirentur, sicut antiquitus fuerunt apertae[2].

4. De pontibus restaurandis, videlicet ut secundum capitularia avi et patris sui[3], ubi antiquitus fuerunt, reficiantur ab his, qui honores[e] illos[f] tenent, de quibus ante pontes facti vel restaurati fuerunt.

5. De navibus, quae vadunt sub pontibus, videlicet ut inde teloneum non exigatur[4].

6. De advenis[5], quos affligunt ministri rei publicae, scilicet ut qui ab illis, quos Nortmanni vel Brittones adflixerunt, et ideo mendicando in istud regnum venerunt, vel qui propter adflictionem Aquitanicam[6] huc venerunt, censum vel operationes

a) memorabilia 3. 4. 6. b) *Hinc incipit* 5. c) *om.* 1. d) quas 1. 2. e) honore 1. f) *om.* 2.

1) *Supra p.* 272, *c.* 4—8. 2) *Cfr. Cap. miss. Theod.* 805. *tom. I. p.* 124, *c.* 13. 3) *Anseg. II, c.* 20, *l. c. p.* 418; *IV, c.* 41, *l. c. p.* 442; *cfr. etiam exempl. gr. Cap. Mantuan. II. gen.* 787, *l. c. p.* 197, *c.* 7; *Pippini Cap.* 782—786, *l. c. p.* 192, *c.* 4. 4) *Cfr. Capp. legib. add.* 818, 819, *l. c. p.* 284, *c.* 17. 5) *Cfr. Cap. Silvac.* 853, *supra p.* 273, *c.* 9. 6) *Ineunte anno* 854, *invasione Hludowici Iunioris in Aquitaniam facta; Ann. Bertin., ed. Waitz, p.* 44; *Ann. Fuld., ed. Kurze p.* 44.

854. exegerunt, hoc cum sua lege illis emendet[g]. Et qui deinceps hoc facere praesumpserit, simul cum emendatione dominicum bannum componat.

7. De latronibus, qui nunc nihil mali faciunt, et quod iam diu fecerunt emendatum habent, et nullus modo super eos clamat, videlicet ut propter hoc modo non puniantur[7].

8. De hominibus, qui in banno et in paenitentia missi sunt[i] et peius semper faciunt, scilicet ut a missis capiantur[h] et constringantur.

9. De monetis et falsariis fabris, videlicet ut diligenter inquirantur et emendentur.

10. De rebus ecclesiarum in alodem datis[8], videlicet ut a missis inquirantur et describantur, et regi renuntietur.

11. De monasteriis circumeundis, id est, ut, sicut ordinatum fuit[9], ita missi exsequi procurent.

12. De hominibus, qui iterum a novo raptos faciunt, ut a missis conprehendantur et constringantur et ad regis[i] praesentiam deducantur.

13. De fidelitate regi promittenda[10], id est, omnes per regnum illius Franci fidelitatem illi promittant. Et qui dicunt se illam promisisse, aut certis testibus hoc adprobent, aut iurent se illam ante iurasse, aut illam ipsam fidelitatem promittant[k].

Sacramentum autem fidelitatis tale est:

Ego ille Karolo, Hludowici et Iudit[l] filio, ab ista die inante fidelis ero secundum meum savirum[11], sicut Francus homo per rectum esse debet suo regi[12]. Sic[m] me Deus adiuvet et istae reliquiae[n].

Anno incarnationis Domini DCCCLIV, V. Nonas Iulias[o] in mallo Remis[13] isti iuraverunt, quod iuratam habuissent fidelitatem[p].

Isti iuraverunt antiquitus: Teudacrus, Amalricus, Rotboldus, Amalbertus, Dodo, Wingboldus[q], Berulfus, Wala, Herilo[r], Heirbertus, Airardus, Gotlandus, Hilpricus, Gerlegius, Amalgisus, Heico, Amalricus maior de Buxido.

Isti iuraverunt fidelitatem: Goderamnus, Dodilo, Sigebertus, Fidentius, Ermenulfus, Teutgriminus, Wicboldus, Ermengaudus, Rotmundus, Gislulfus, Haimiricus, Teutbaldus, Drogo, Teodericus, Ebroinus, Rodoinus, Gislinus, Vulfridus, Haimuinus, Wandrebertus, Berecarius, Angelinus, Ado, Meinardus, Ottradus decanus, Guntbertus decanus, Heruwincus decanus, Ozias, Ailus, Teudaldus, Teodoldus decanus, Bertricus, Rothaus, Ingobertus, Amblinus decanus, Gozselmus decanus, Vulfarius, Flodoinus, Anglebertus, Einmenulfus[s], Sicbertus decanus, Hecto, Isaac, Gislardus, Alaricus, Gerardus, Madergaudus decanus.

g) emendent 2. h) capientur 1. i) regum 2. k) *Explic.* 3. 5. 6. l) Iudithae 2. m) Si 1. n) *Explic.* 4. o) Iulii 2. p) *Cetera des. in* 1, *foliis nonnullis excisis.* q) Wigboldus 2. r) Hecilo 2. s) Emmenulfus 2.

7) *Cfr. Cap. Olonn. ecclesiast.* 825, *tom. I, p.* 326, *c.* 1. 8) *Cfr. Cap. Silvac.* 853, *supra p.* 272, *c.* 5. 9) *Cfr. miss. Suession.* 853, *supra p.* 267, *c.* 1. 10) *Cfr. Cap. miss.* 832, *supra p.* 64, *c.* 6. 11) *I. e.: 'savoire', sapere, scire; cfr. Pact. Argentorat.* 842, *supra p.* 172, *lin.* 13; *Karoli Capp. election.* 869, *infra nr.* 276, *Responsio Kar.:* iuxta meum scire et posse. 12) *Cfr. Cap. miss. spec.* 802, *tom. I, p.* 101 *sq.; aliter Dupl. legat. ed.* 789, *l. c. p.* 63, *c.* 18. 13) *Schrörs, Hinkmar v. Reims p.* 75, *not.* 12 *probat ad hunc annum referendam esse epistolam, quam Hincmarus direxit* Bertrano illustri comiti Tardunensis pagi ... pro sacramento regi agendo, qualiter regi fidelitatem iurare deberent qui in ipsius comitatu consistebant. *Flodoardi Hist. eccl. Rem. III, c.* 26, *SS. XIII, p.* 545.

262. CAPITULA AD FRANCOS ET AQUITANOS MISSA DE CARISIACO. 856.

856. Iul. 7.

Exstant in codicibus: 1) *Haag.* 1 *fol.* 41. *et a medio capite nono, in quo codex hodie explicit,* 1a) *apud Sirmondum, Capitula Caroli Calvi p.* 126 *sqq.* (*cfr. praef. ad nr.* 261); 2) *Paris.* 4638 *fol.* 187ᵛ. 3) *Vallicell. C.* 16 *fol.* 17. 4) *Vallicell. N.* 21 *fol.* 31ᵛ. 5) *Vatic. reg. Christ.* 291. 6) *Vatic.* 4982 *fol.* 104. *Cod.* 5. *nihil exhibet nisi excerpta capitulorum. Baronius, Ann. ecclesiast. ad a.* 856. *praebet tantum inscriptionem.*

Capitula ad Aquitanos directa sunt, cum, iam inde ab anno 853. *contra Karolum regem rebelles existentes (Ann. Bertin. ad a.* 858, *ed. Waitz p.* 50), *ipso anno* 856. *seditionem machinarentur, tradentibus Ann. Bertin. l. c. p.* 46: Comites pene omnes ex regno Karoli regis cum Aquitaniis adversus eum coniurant, invitantes Ludoicum regem Germanorum ad suum consilium perficiendum. *Quod periculum invasionis ab Hludowico imminentis ut evitaret, Karolus his subsequentibus capitulis magno opere studuit, ut Francos et Aquitanos rebelles sibi reconciliaret.* (*B. II,* 79; *P.* 444.)

Haec, quae secuntur, capitula misit domnus[a] rex Karolus ad Francos et Aquitanos, qui ab eo desciverant, anno incarnationis dominicae DCCCLVI, Nonis Iulii de palatio Carisiaco[b] per fideles[c] missos suos Adalardum[d] abbatem[1], Rodulfum[2], Richuinum[e], Adalgarium[3] et Berengarium.

1. Mandat vobis noster senior, quia suus avunculus Rhuodulfus illi de vestra fidelitate nuntiavit, et quod vos[f] illum precastis, ut ad vos suos denominatos fideles in sua mercede transmitteret, et vos illi per illos vestram necessitatem et voluntatem mandare volebatis; et si aliquid factum habebatis, quod necessitas fuisset emendare, voluntarie per illorum consilium emendabatis, et quod vobis consilium donaverint ad nostri senioris fidelitatem et vestram salvationem, voluntarie faceretis.

2. Et mandat vobis noster senior, quia placet ei, quod illi suus avunculus de vestra fidelitate et bona voluntate nuntiavit: et secundum vestram deprecationem transmittit nos, sicut precastis, ad vos et mandat vobis, quia, si aliquis de vobis se reclamat, quod iniuste alicui de vobis fecit et ad rectam rationem et iustum iudicium venire non potuit aut per insidias aliquas aut ipse senior noster aut aliquis ad illum aliquem de vobis comprehendere[g] voluit et propter hoc ad tempus aliquis de vobis ab illius praesentia et ab illius servitio se subtraxit, quia omnis quicunque de vobis ad rectam rationem ad illum et ante suos fideles venire voluerit, hoc ei concedit. Et si iuste et rationabiliter inventum fuerit, quod rectam rationem contra eum aliquis de vobis habuerit, cum consilio fidelium suorum hoc voluntarie emendabit. Et si inventum fuerit, quod illam causam, unde aliquis de vobis conquirere voluerit, per rationem fecerit, volet, ut, sicut per rationem fecit, ita facta per rationem permaneat.

3. Mandat vobis, ut, si aliquis de vobis rectam rationem ad illum et ante suos fideles precaverit et inde in rectam rationem venerit et iuste et rationabiliter inven-

a) *om. Bar.* b) *om.* 5; Carissiaco *Bar.* c) *om.* 2. 4. d) Allardum 4; Alardum 6, *Bar.* e) Rithuinum *Bar.* f) *om.* 2. g) comperdere 1. 3. 6.

1) *Cfr. p.* 275, *not.* 45. 2) *Fratrem Iudithae reginae.* 3) *Cfr. Simson, Ludwig d. Fr. II, p.* 158, *not.* 1.

856. tum fuerit, quod rectam rationem aliquid de vobis non habeat et ipsa recta ratio illum convicerit, quia, si se concrediderit et humiliaverit et emendare voluerit et in ipsa emendatione permanere voluerit, quia, sicut cum suis fidelibus rationabiliter invenerit, ut rationabilem misericordiam[4] faciat, voluntarie paratus est facere.

4. Mandat vobis, quia, si aliquis est de vobis, qui non se confidit in sua conscientia, ut rectam rationem precare aut non valeat aut non audeat, et se recognoscit et paenitet et misericordiam illius et indulgentiam petierit, quia illum, tantum ut inante, sicut debet, se caveat, voluntarie unicuique, qui sic se recognoscit, misericordiam et indulgentiam donat.

5. Mandat vobis, ut ne aliquis de illo inante dubitet, quia ipsam rectam rationem, qui illam quaerit, semper illi vult conservare et illam misericordiam, quam modo illi concedit, similiter illam semper vult conservare, si ille aliam iterum talem[h] causam non commiserit, pro qua per rectam rationem iustum iudicium debeat sustinere.

6. Mandat vobis, quia, si aliquis de vobis talis est, qui dicat, quia pro paupertate et necessitate[5], quia multos dies in illius servitio misit et omnia, quae habuit, dispendit, ad talem coniunctionem, ut aliquid impetraret, quod per servitium impetrare non potuit, se coniunxit, quia, si hoc nostro seniori ante suos fideles demonstrare potuerit, et hoc si verum inventum fuerit, quod senioris nostri culpa fuerit, quod per necessitatem aliquis de vobis rationabiliter de servitio illius[i] se tali modo subtraxerit, quia senior noster hoc voluntarie recognoscit et cum consilio de suis fidelibus hoc, quam citius et rationabilius potuerit, emendabit.

7. Mandat vobis, quia, si aliquis de vobis dixerit, quod hoc, quod fecit, non pro sua infidelitate neque pro sua desinhonorantia[k] fecit, et timet aliquis de vobis, quod noster senior alicui de vobis reputare inante debeat hoc factum aut pro sua infidelitate aut pro sua desinhonorantia, et propter hoc iam ultra ad illum non debeat consilium acaptare[6], quia, qualiscumque de vobis tali modo in isto facto commisculatus est, si inante[l] illi sic fidelis[l] et obediens et adiutor ad suum regnum et debitum honorem continendum fuerit, sicut per rectum homo suo regi et suo seniori esse debet, quia nulli de ista causa volet[m] reputare, sed totum ex corde dimittere, quod in illius persona in ista causa[m] commisit, et suum servitium, quod illi et ante fecit et adhuc Deo iuvante faciet, debite et rationabiliter vult illi mereri[n]. Si autem aliquis illi aut alicui iniuste abstulit, lex hoc, sicut consuetudo et rectum est, pacificabit.

8. Et sciatis, quia senior noster, sicut subinde voluit, Deo gratias nunc ad bonum effectum perduxit et rogavit fideles suos, ut sine ulla mala suspicione de illius iracundia aut animi commotione communiter quaerant et inveniant atque describant hoc, quod ille secundum suum ministerium facere debet et quae facere illum non condeceant: et ubicunque inventum fuerit, quod fecit, quod facere non debuit, paratus est, ut cum Dei adiutorio et fidelium suorum consilio hoc, quam citius cum ratione et possibilitate emendare potuerit, emendet et inante corrigat et correcta custodiat et, quod facere debuit, quod ad salutem et honestatem illius pertinuit, et aliquid minus fecit, hoc cum Dei adiutorio et fidelium suorum consilio et auxilio, facere quam citius cum ratione et possibilitate potuerit, faciat.

9. Et similiter vult, ut nos quaeramus et inveniamus et describamus, quid et qualiter nobis fidelibus suis in unoquoque ordine contra illum conveniat facere, et

h) *om.* 2. i) alius 1. k) deshonorantia 2. l) inante sit fid. 2. m) volet ... causa *secunda manu in marg. script. in* 2. n) merere 1.

4) *Cfr. Conv. ap. Confluent.* 860, *supra p.* 156, *c.* 7. 5) *Cfr. Lupi Ferrariensis epist.* 21. 25. 32, *ed. Baluzius p.* 44. 49. 65 *sq.* 6) *I. e.: consensum adquirere; cfr. Du Cange s. v. accaptare.*

quid non conveniat facere: ut illa, quae conveniunt, faciamus et illa, quae non conveniunt, caveamus[o], et ubicumque in retro aliqua[p] a nobis suis fidelibus in quocumque ordine facta sunt, quae non condeceant, cum Dei et illius auxilio et nostro communi consilio, quam citius cum ratione et possibilitate emendare potuerimus, emendemus et inante corrigamus et correcta custodiamus. 856.

10. Et sciatis, quia sic est[q] adunatus cum omnibus suis fidelibus in omni ordine et statu et nos omnes sui fideles de[r] omni ordine et statu[r], ut, si ille iuxta humanam fragilitatem aliquid contra tale pactum fecerit, illum honeste et cum reverentia, sicut seniorem decet, ammonemus, ut ille hoc corrigat et emendet et unicuique in suo ordine debitam legem conservet. Et si aliquis de nobis in quocumque ordine contra istum pactum incontra illum fecerit, si talis est, ut ille inde eum ammonere voleat, ut emendet, faciat; et si talis est causa, ut inde illum familiariter non debeat ammonere, et ante suos pares illum in rectam rationem mittat[7], et ille, qui debitum pactum et rectam legem et debitam seniori reverentiam non vult exhibere et observare, iustum iustitiae iudicium sustineat. Et si sustinere non voluerit et contumax et rebellis extiterit et converti non potuerit, a nostra omnium societate et regno ab omnibus expellatur. Et si senior noster legem unicuique debitam et a se et a suis antecessoribus nobis[s] et nostris antecessoribus[s] perdonatam[8] per rectam rationem vel misericordiam competentem unicuique in suo ordine conservare non voluerit et ammonitus a suis fidelibus suam intentionem non voluerit, sciatis, quia sic est ille nobiscum et nos cum illo adunati et sic sumus omnes per illius voluntatem et consensum confirmati, episcopi atque abbates cum laicis et laici cum viris ecclesiasticis, ut nullus suum parem dimittat, ut contra suam legem et rectam rationem et iustum iudicium, etiamsi voluerit, quod absit, rex noster alicui facere non possit.

11. Et sciatis, quia ad hoc quaerendum et inveniendum et statuendum atque confirmandum cum nostro et caeterorum fidelium suorum consensu habet noster senior constitutum locum Vermeriam palatium et tempus ac diem XIV. Kalend. Augusti; et habet ex nomine descriptos fideles suos, per quorum tractatum ista causa Deo adiuvante ad perfectionem perveniat; et habet VII. Kalend. Augusti ad ipsum palatium Vermeriam generaliter omnes fideles suos convocatos, ut omnibus suam voluntatem et perdonationem et nostram, qui fideles illius sumus, devotionem accognitet, ut ista convenientia, quam teste Deo confirmabimus, inante diebus vitae suae et diebus vitae nostrae conservetur et ipse suis successoribus contra successores nostros et nos nostris successoribus suis successoribus conservandam in Dei nomine relinquamus.

12. Et sciatis, quia vult senior noster et nos ac caeteri fideles illius, ut, si vos, qui illius fideles et consiliarii esse debetis, volueritis, sicut vobis diximus, ad illius praesentiam et fidelitatem atque servitium venire et nobiscum in ista societate esse, quia et ipse et nos quae voluntario volemus, ut cum nobis hoc et quaeratis et inveniatis et statuatis et confirmetis atque[t] conservetis[t] et nos cum vobis similiter; et vobis aliis omnibus, sicut et nobis, debitam legem et rectam rationem dehinc inante, sicut rectum est, vult conservare, sicut sui antecessores, qui hoc melius et rationabilius fecerunt, nostris et vostris antecessoribus in omni ordine conservaverunt.

o) *Explic.* 1. p) aliquid 2. q) ille *add.* 5. r) de ... statu *om.* 1a. s) nobis ... antecessoribus *om.* 1a. t) *om.* 1a.

7) *Cfr. Conv. ap. Marsnam II.* 851, *supra p.* 74, c. 8. 8) *Cfr. Conv. Leodii hab.* 854, *Hloth. Adnunt., supra p.* 77, c. 3.

856. 13. Et mandat vobis noster senior, quia, si aliquis de vobis talis est, cui suus senioratus non placet, et illi simulat, ut ad alium seniorem melius quam ad illum acaptare[9] possit, veniat ad illum[10], et ipse tranquillo et pacifico animo donat illi commeatum: tantum ut ipsi et in suo regno vel suis fidelibus aliquod damnum aut aliquam marritionem[11] non faciat: et quod Deus illi cupierit et ad alium seniorem acaptare potuerit, pacifice habeat.

14. Et si aliquis fuerit de vobis, qui voleat dicere, quia non credit senioris nostri fidem, et suspectus sit de sua perditione et propter hoc non audeat ambulare ad illum, nos vobis damus Dei et nostri senioris Karoli fidem et de suis episcopis et fidelibus clericis fidem, quia, quantum Deus vos salvaverit et vos vos ipsos salvaveritis, sani ambuletis et sani cum illo sitis et sani[u], si vobis cum illo[u], sicut debet, non convenerit[v], retornetis, tantum ut pacifice et sine seditione ambuletis et suos fideles non sollicitetis.

15. Et si adhuc dubitatis et aliam firmitatem quaeritis, tantum ut contra rationem non quaeratis, si ad illum, sicut diximus, ambulare vultis, etiam et ad hoc parati sumus, ut faciamus; quia certi sumus, quia omnia cum securitate facere possumus.

u) sanus sit vobiscum ille 1*a*. v) cum venerit 1*a*.

9) *I. q. supra 'consilium acaptare'; cfr. Diez, Etymol. WB. d. rom. Spr. I. s. v. accattare: Brunner, RG. II, p. 273 sq.* 10) *Conv. ap. Confluent. 860, supra p. 158, lin. 27.* 11) *I. e.: impedimentum; cfr. LL. Formul. p. 193, not. 2; Cap. miss. 802, tom. I, p. 92, not. 2.*

263—265. MISSATICA TRIA A. 856. AD FRANCOS ET AQUITANOS DIRECTA.

Capitula, quae infra sub nr. 263—265 sequuntur, Karolus rex ad Francos et Aquitanos rebelles misit, postquam ad generale placitum Vermeriam die 26. m. Iul. indictum venire renuerunt. Ex quibus primum missaticum, cum rex iam primo die m. Sept. cum rebellibus agere vellet (nr. 263, c. 3) post diem 26. m. Iul. vel m. Augusto, secundum post primum diem m. Sept., tertium ante diem 10. m. Octobr. (p. 285, lin. 6) emissa sunt.

263. PRIMUM MISSATICUM AD FRANCOS ET AQUITANOS DIRECTUM.

856. Iul. 26—Sept. 1.

Legitur in his libris partim impressis, partim manuscriptis: 1) *Sirmondo, Capitula Caroli Calvi p. 136 sq., qui usus est codicibus quibusdam Laudunensi et Bellovacensi, et apographis codicis Bellovacensis, scilicet in:* 2) *Vallicell. C. 16 fol. 20.* 3) *Vatic. reg. Christ.* 291, *fol.* 108, *qui excerpta tantum praebet;* 4) *Vatic.* 4982 *fol.* 105[v].

(B. II, 83; P. 448.)

Ista capitula misit rex de Basiu[1] per Hadabrannum et Bettonem. 856.

Cap. 1. Mandat vobis senior noster salutes. Mandat etiam vobis, quia valde miratur, quod placitum tale[2] non custodistis, sicut vos illi promisistis, et sicut ipse vobis mandavit.

2. Mandat vobis senior noster, quod propterea hoc placitum dimisistis, ut fratris eius expectare voluissetis adventum[3]; iuxta quod illi mandastis, non sine aliis suis fidelibus, quos modo secum non habuit, invenire potuit, ut necesse esset inde aliquam expectationem facere.

3. Habet senior noster constitutum aliud placitum Kal. Septemb. in villa Nielfa[4], ubi ei occurrere sui fideles debent. Propterea mandat vobis, ut vos tali loco et vobis congruo et eidem praemisso loco proximo veniatis, ubi tales suos fideles transmittere ad vos possit, quos vobis mittendos postulaveritis.

4. Sciatis, quia vult vobis hoc observare, secundum quod vobis in Vermeria concessit, et sicut scriptis et verbis antea mandaverat, et quicquid amplius iuste et rationabiliter postulare vultis. Pariter et de expectatione, secundum quod cum fidelibus suis invenerit, quod Dei voluntati et eius fideliumque suorum honori non sit indignum, propter Deum et nutrimentum domini et genitoris sui ac illius et servitium illi a vobis impensum hoc vobis adsentire non contradicit.

5. Mandat vobis, ut memores sitis Dei et vestrae christianitatis et nutrimenti genitoris eius et sui et debitae fidelitatis et regni supervenientis periculi[5]; studeatis vos fideles sanctae matris ecclesiae et sui unanimes fieri et omnipotentis Dei voluntatem ac illius fidelitatem communemque salutem simul cum ipso fideliter explere ad resistendum inimicis et christiani nominis persecutoribus.

1) *Prope ad Ambianum.* 2) *Ad palatium Vermeriam die 19. m. Iulii indictum; supra p. 281, c. 11.* 3) *Cfr. Ann. Bertin. ad a. 856, ed. Waitz p. 46; infra nr. 264, c. 4.* 4) *Neaufle, dép. Eure, ad orientem Rotomagi versus; cfr. Hincmarus, De praedest. dissert. poster., SS. XIII, p. 506.* 5) *Per Nortmannos.*

264. SECUNDUM MISSATICUM AD FRANCOS ET AQUITANOS DIRECTUM.

856, post diem 1. m. Sept.

In libris, qui continent capitula antecedentia, sequitur nostrum capitulare, quod aeque ac nr. 265. in cod. 2., omissis inscriptionibus, continuis capitulorum numeris cum nr. 263. in unum coniunctum est. (*B. II*, 85; *P.* 448.)

Istum missaticum transmisit domnus rex gloriosus Karolus per Adalardum abbatem et Richuinum[1] et Rodulfum et Berengarium.

Cap. 1. Mandat vobis senior noster salutes. Et mandat vobis, quia, quicquid in vestra causa secundum consilium suorum fidelium melius et honestius invenire potuit, per suos fideles et sua capitula iam per duas vices[2] vobis mandavit.

2. Mandat vobis, quia, sicut per illos suos fideles et per eadem capitula vobis innotuit, sic vult erga vos adtendere et observare. Et si vos adhuc talem causam

1) *Cfr. supra p. 279, lin. 18 sq.* 2) *Supra nr. 263. 262.*

856. eum postulare volueritis, quae ad suum honorem et ad vestrum profectum pertineat, paratus est etiam in hoc secundum vestram petitionem facere iuxta consilium fidelium suorum.

3. Mandat[3] etiam, ut recordemini Dei et vestrae christianitatis et condoleatis atque compatiamini huic sanctae ecclesiae, quae et a vobis et ab aliis miserabiliter est oppressa et depraedata, et quae crudeliter ex altera parte persequitur a paganis: et non vos dissocietis ab unitate et unanimitate fidelium Dei, sed acceleretis praesentaliter vos[a] illi adunare et coniungere aliis Dei suisque fidelibus ad defensionem sanctae ecclesiae et suam fidelitatem.

4. Si autem dicitis vos propter pares vestros, qui praesentes non sunt[4], hoc non posse facere, mandat, ut vos, qui inpraesentiarum estis, talem securitatem ei faciatis, ut non propter aliam causam hoc dimittatis, quod per nos vobis mandat, nisi propter illos vestros pares, qui praesentes non sunt. Et facite ei securitatem, ut illos vestros pares ad Dei servitium et ad suam fidelitatem, in quantum potueritis, exhortemini et convertatis et, si illos converti non potueritis, vos ab eius servitio non vos subtrahatis: quoniam, si omnes converti ad illum volueritis, paratus est vos omnes secundum sanctae ecclesiae utilitatem et suum honorem et vestrum communem profectum recipere[5] et salvare et honorabiles semper habere et nulli umquam imputare, in quantum ad se pertinet, quicquid neglegenter factum habetis de eius servitio aut in ista causa contra illum egistis.

5. Et mandat vobis, quia, postquam vestram fidelitatem cognoverit, securos etiam vos faciet ex sua parte, quod nulli debeat reputare hoc, quod erga illum neglegenter egit in hac causa; ita tamen, si vos quoque erga illum debitum honorem et debitam fidelitatem conservaveritis sicut Dei suique fideles[6].

6. Et si aliqua pars ex vobis ad eius senioratum et ad eius fidelitatem reverti voluerit, similiter est paratus eos benigne recipere et erga illos omnimodis adimplere, quae superius scripta sunt.

a) vos vos 1.

3) *Cap. antec. c. 5.* 4) *Ibid. c. 2.* 5) *Cfr. Cap. p. 280, c. 7.*

265. TERTIUM MISSATICUM AD AQUITANOS ET FRANCOS DIRECTUM.

856. Sept. 1. — Oct. 10.

Exstat in iisdem libris, quos supra in nr. 263. enumeravimus, subsequens secundum missaticum. (*B. II*, 87; *P.* 449.)

Istum missaticum transmisit rex per Hincmarum[1] et Yrminfridum[2] episcopos et per Adalardum abbatem[3] et Rodulfum et Richuinum et Berengarium.

Mandat vobis senior noster salutes. Et mandat vobis, quia pro Dei amore et pro vestrae quondam fidelitatis servitio sibi impenso omnes vos vult salvos esse et sine aliqua occasione omnes vos ad Dei servitium et ad suam fidelitatem adtrahere

1) *Remensem.* 2) *Belloracensem.* 3) *Cfr. supra p. 279, lin. 18 sq.*

cupit. Et ut omnibus manifestum fiat, quia sic omnes vos vult salvare, sicut suos 857.
fideles, et nulla occasione intermissa aliquem ex vobis perdere vult, et ut etiam contra pares vestros absque laesione salvi esse possitis, sicut debetis et christianos oportet, talem causam, qualem vos eum postulastis, libentissime vobis concedit secundum consilium suorum fidelium usque ad condictum placitum, quod est V. Idus Octob. Carnutum; ita tamen, ut vos securitatem talem ei faciatis, ut usque ad illud placitum in pace maneatis et nullam dehonorationem in aliqua causa erga eum aut erga suos fideles faciatis, quam rationabiliter et possibiliter vitare et cavere potestis, neque impedimentum suis fidelibus faciatis nec[a] impraedationem nec aliquam inquietudinem[a]. Et concedit vobis, ut omnes in honoribus et in alodis vestris interim consistatis exceptis his, quorum honores senior noster donatos habet. Et si aliqui sunt ex vobis, qui honores non habent, si volunt in suis alodibus consistere aut cum aliis eorum paribus vel amicis, faciant. Et etiam si voluerint cum seniore nostro manere, ita tamen ut cum pace vivant et ipsi et sui, etiam hoc clementer concedit: ea videlicet ratione, ut vos securum de vobis illum faciatis, et ut nullum suum fidelem aliquo modo de sua fidelitate subtrahatis neque sollicitetis et, si aliquis ex vobis fuerit, qui hanc pacem isto modo servare noluerit, a vestro consortio omnes eum unanimiter expellatis, si emendare noluerit, quod neglegenter fecisse manifestum fuerit.

a) nec in praedatione nec in aliqua inquietudine *Sirmondus secundum Baluzium in margine posuit ita etiam* 2. 4.

266. CAPITULARE CARISIACENSE.

857. Febr. 14.

Capitula nobis tradita sunt his libris, partim impressis, partim manuscriptis: 1) *a Sirmondo, Capitula Caroli Calvi p.* 143 *sqq. et codicis Bellovacensis, quem ille in editione paranda secutus est, apographis, scilicet: Vatic. reg. Christ.* 291 *fol.* 108ᵛ, *Vallicell. C.* 16 *fol.* 22, *Vatic.* 4982 *fol.* 106ᵛ; 2) *Vatic. Palat.* 582 *fol.* 83. 3) *Paris.* 9654 *fol.* 75. 4) *Middlehill. vel Cheltenham.* 10190 *fol.* 143. 5) *Paris.* 4626 *fol.* 72. 6) *a Goldasto, Imperatorum constitutiones III, p.* 276. 7) *a Baronio, Ann. ecclesiast. ad a.* 856. *Cod. Vatic. Christ. omittit c.* 10. *et Admonitionem et habet reliqua capitula in breviorem formam redacta;* 4. 6. 7. *om. capitula Ansegisi et Benedicti Levitae. In solo cod.* 5. *inscripta sunt haec:* Capitula, quem *(pro* quae*)* Karolus fecit apud Carisiacum *(Quierzy).*

Capitulare ipsum ad exemplum epistolae regiae compositum est, cuius formula, qualis in cancellaria concepta et epistolis ad singulos missos dirigendis subiecta est, exstat in codd. 1. 6. 7. *Additae sunt litteris duae collectiones capitulorum, in quibus, primo quidem in genuinis capitularibus regum Francorum, decretalia Pseudo-Isidoriana et Benedictus Levita allegantur (cfr. Schrörs, Hinkmar v. Reims p.* 48, *not.* 87*). Collectio de raptoribus, quae dicitur, re vera exemplar admonitionis est, quam episcopi populo adnuntiarent et proclamarent (cfr.* audiant raptores; episcopus autem omnibus dicere debet *p.* 289, *lin.* 22*). Auctor vero admonitionis Hincmarus Remensis putandus est; cfr. quae disserui in 'NA.' XVIII* (1893), *p* 303 *sqq.* *(B. II,* 87; *P.* 451.*)*

857. In nomine sanctae et individuae trinitatis. Karolus gratia Dei rex illi*[a] episcopo[b] et dilectis ac fidelibus missis illis[c] comitibusque[d] nostris[e] salutem.

Cap. 1. Notum sit fidelitati vestrae, quia XVI.[f] Kal. Mart. secundum sacram auctoritatem synodum[3] venerabilium episcoporum ac conventum fidelium nostrorum apud Carisiacum fecimus convenire. Cum quibus inter caetera ecclesiasticae[g] utilitatis ac regni necessitatis negotia consideravimus, qualiter rapinae et depopulationes[h], quae partim occasione superinruentium paganorum, partim mobilitate quorundam fidelium nostrorum in regno nostro, per eos etiam, qui ecclesiam Dei defendere et tueri et regni soliditatem ac quietem debuerant providere, grassantur, aliquo modo annuente Domino sedari valeant et amoveri.

2. Quorum consultu decrevimus, ut — quia peccata, quae in suo initio, ut sunt, magni ponderis aestimantur, pernicioso processu, ipso etiam exitiabili usu[i] pravis[i] mentibus leviantur[k] et quasi insensibiles reddunt[l] ac, si quando resipiscere moliuntur, eas[m] saepius[m] obligant[n], ut, si resurgere[o] velint, non possint, antequam censura ecclesiastica et legales sententiae huiusmodi praedatores[p] terribiliter et damnabiliter feriant -- episcopi quique[q] in suis parochiis et missi[r] in illorum missaticis comitesque[s] in eorum comitatibus pariter placita teneant[4], quo omnes rei publicae ministri et vassi dominici omnesque, quicumque vel quorumcumque homines in eisdem parochiis vel comitatibus commanent[t], sine ulla personarum exceptione[u] vel excusatione aut dilatione conveniant.

3. Et episcopus[v] illius parochiae breviter adnotatas sententias[5] de huiusmodi causa, evangelicae videlicet et apostolicae atque propheticae[w] auctoritatis, necnon et decreta apostolica atque canonica omnibus relegat[v] et aperto sermone[6] cunctis, quale quantumque peccatum sit et qualem quantamque poenitentiam et quam immanem severissimamque vindictam exposcat, cum aliis debitis et necessariis atque utilibus praedicationibus innotescere curet[v].

4. Missi quoque legales sententias, sicut eas cognitas habent, adnotent, et praedecessorum nostrorum regum atque imperatorum[7] nostraque capitula de hac causa in unum collecta omnibus nota faciant[x]. Et[8] episcopi Dei et episcopali[y] auctoritate tales depraedationes[z] omnibus interdicant. Et missi ac comites nostri cunctis ex nostro regio banno prohibere firmiter studeant, ut[a] cognoscant omnes, quia, si abhinc inante in nostro regno talia facere aliquis praesumpserit, secundum divinas sententias episcopalem[b] excipiet sententiam et secundum leges ac capitula

*) Hunfrido venerabili episcopo[1], Ingiscalco et Berengario comitibus et ministerialibus ac fidelibus missis nostris in Domino salutem 2-4; dilecto nobis Ionae venerabili episcopo[2] et Isimbardo inlustri comiti missis nostris salutem 5.

a) illustris 6. 7. b) episcopis 7. c) illustribus 6. 7; illis illustr. *Valic.* d) comitibus 7. e) illis *add.* 1; illustribus *add.* 7. f) XV. *Vallicell.*, 6. 7. g) ecclesiastica 7. h) delationes 7. i) supra ius 6. 7. k) levantur 1; loquuntur 6. 7. l) *om.* 7. m) cassibus suis 6. 7. n) obligent 2. 6. o) *ita* 1. 6. 7; surgere *rell.* p) praedicatores 3. q) qui *corr.* quiqui 2; quoque 5; quidem 6. r) missis 2. s) comitesqui 2. t) *om.* 6. 7. u) acceptione 6. 7. v) episcopi ... relegant ... curent 7. w) prophetiae auctoritas 2. x) fiant 1. 7. y) apostoli 7. z) *corr.* deprecationes 2. a) et 6. 7. b) specialiter 6. 7.

1) *Teruannensi, qui successit Folcwino a. 855. in episcopatu et missatico; cfr. supra p. 275, c. 4.* 2) *Aurelianensi; ibid.* c. 11. 3) *In qua actum est* de ecclesia Lingonica, quam Vulfadus ecclesiae Remensis alumpnus contra canonica occupaverat decreta; *cfr. Flodoardi Hist. Rem. eccl. lib. III, c. 24, SS. XIII, p. 535.* 4) *Cfr. Conv. ap. S. Quintin. 857, infra p. 294, Kar. Adnunt. alt.* 5) *Cfr. infra p. 287, Admonit.* 6) *Cfr. Admonitio Lupi Ferrariensis, epist. 100, ed. Baluzius p. 149 sqq.* 7) *Cfr. infra p. 289, excerpta ex Ansegiso et Benedicto Levita.* 8) *Cfr. Cap. inseq. c. 3.*

regia[b] emendare[c] cogetur et secundum iudicium fidelium nostrorum condignam vin- 857.
dictam suscipiet.

5. Et si talis persona fuerit, ut episcopi vel missi nostri ac comites in illorum ministeriis, quod pravum actum fuerit, potuerint emendare, secundum praefixum[d] modum illud emendare studeant, aut per fideiussores ad nostram praesentiam venire faciant.

6. Si autem aliquis quiscumque inoboediens extiterit, cum summa festinatione nobis notum facere curent, ut quantotius[e] ad nostram praesentiam illum venire iubeamus, et dignam ultionem secundum iudicium fidelium nostrorum sustineat.

7. Et[f] si, quod absit, talis emerserit, qui Dei timorem postponat et[g] ecclesiasticam auctoritatem contempnat et regiam potestatem refugiat, sciat, quiscumque ille fuerit, quia et secundum canonicam auctoritatem ab omnium christianorum coetu et a[h] sanctae ecclesiae consortio et in coelo et in terra alienus efficietur et regali potestate atque omnium regni fidelium unanimitate sicut Dei et ecclesiae inimicus et regni devastator persequetur, usque dum a regno exterminetur.

8. Et si aliquis comes fuerit, qui hoc in suo comitatu fecerit aut ibi talia increscere permiserit, ut[i] aut ipse illa non emendet aut nobis nota non fecerit, ut nostra auctoritas talia corrigat, sciat, quia talem sententiam inde sustinebit, sicut tempore antecessorum nostrorum consuetudo fuit[10].

9. Et si aliqui iterantes[k] depraedationes et rapinas per regnum nostrum fecerint[11] et episcopi ac missi vel comites hoc emendare non potuerint, quam citius possunt, nobis notum facere curent, ut iubeamus ipsos depraedatores per eandem viam cum misso nostro redire et illa omnia, quae male[l] egerant, legaliter emendare et talem harmiscaram[m][12], sicut nobis visum[n] fuerit, aut iudicium, sicut cum fidelibus nostris consideraverimus, sustinere.

10. Si autem dilecti fratris nostri aut nepotum nostrorum homines fuerint, qui talia egerint, et hoc nobis innotescant[o], ut illis notum[p] faciamus[13], et illi suos homines, sicut illis melius visum fuerit, de talibus castigare procurent, sicut et nos nostros homines castigare volumus, si in illorum regnis indecentia et aliqua noxia, quod absit, facere praesumpserint.

Admonitio[q].

Sanctus[r] Gregorius in libro pastorali dicit[r]: 'Ammonendi[14] sunt, qui aliena rapere contendunt, ut sollicite audiant, quid[s] veniens in iudicio Dominus dicat: "Esurivi[15] enim[h], et non dedistis mihi manducare", et caetera. Quibus dicit: "Discedite[16] a me, maledicti, in ignem aeternum, qui paratus est diabolo et angelis eius." Hinc ergo colligendum est, quanta dampnatione plectendi sunt, qui aliena rapiunt, si tanta animadversione feriuntur, qui sua indiscrete tenuerunt. Perpendant, quo eos obliget[t] reatu res rapta[u], si tali subicit poenae[v] non tradita. Perpendant, quid[w] meretur iniustitia inlata, si tanta percussione digna est pietas non inpensa.

c) emendari 6. 7. d) praefixa monita 6. 7. e) quanto citius 6. 7 f) De his, qui timorem Dei postponant *in marg.* 2. g) *om.* 2. h) *om.* 7. i) et, *om.* aut, 6. 7. k) itinerantes 6. 7. l) mala 1; alii egerunt 6. 7. m) harmscaram 1; armiscaram 2. 5—7. n) iussum 6. 7. o) innotescat 6. 7. p) nota 1. 6. 7. q) Collectio de raptoribus 1; *cfr. N. A. XVIII, p.* 803, *not.* 1. r) Sanctus *om.* 1; Sanctus ... dicit *om.* 6. 7. s) quod 2. 7. t) obligent 2. u) raptae 2; capta 7. v) poena 2. w) quo demeretur 7.

9) *Cfr. infra p.* 290, *c.* 8—11 10) *Cfr. Capitulat. de part. Sax.* 775—790, *tom. I, p.* 70, *c.* 24; *Brunner, RG. II, p.* 78 *sq.* 11) *Cfr. Cap. Silvac.* 853, *supra p.* 274, *c.* 12. 12) *Cfr. supra p.* 269, *not.* 17. 13) *Cfr. Cap. Silvac.* 853, *supra p.* 273, *c.* 8. 14) *Gregorii Lib. pastoral. III, c.* 20, *Opera II, col.* 65 *sq.; non ad verbum repetita, sed excerpta.* 15) *Matth.* 25, 42. 16) *Ibid.* 25, 41.

807. Audiant raptores: "Vae[x][17] ei, qui multiplicat non sua, usquequo[y] et adgravat contra se densum lutum." Densum lutum contra se adgravare est terrena lucra cum pondere peccati cumulare. Audiant, quid Christus dicat: "Quid[18] prodest homini, si totum[z] mundum lucretur, animae vero suae detrimentum fiat[a]?" id est, quid prodest homini, si totum, quod extra se est, congregat, sed hoc solum, quod ipse est, damnat? Audiant, quod[b] illa, quae[b] rapiunt, in hoc seculo deficient aut[c] in seculo dimittent[d], sed secum ad iudicium causas rapinae, id est damnationem[e] secum ferent.' Et[f] alibi scriptum est. Audiant, quid[g] propheta Esaias dicit[h]: 'Rapina[19] pauperis in domo vestra, et[20] causa viduae non ingreditur ad eos'; et: 'Lacrima[21] viduae usque ad maxillam descendit, et Dominus non delectabitur in illis'. Audiant, quia, in cuius domo rapina est[i], sive in domo corporis, sive in domo mansionis, non habitat in illa domo Spiritus sanctus, sed spiritus malignus: et si accedit ad communionem corporis et sanguinis Christi ante dignam satisfactionem, non mundatur[k] per illam communionem a peccato, sed plenius[l], sicut Iudas, quando in coena plenus rapina et iniquitate communicare praesumpsit de manu Christi, possidetur a diabolo: unde et suspensus crepuit medius. Et[m] ad quem 'causa[20] viduae non ingreditur', nec ipse, si digne non satisfecerit, in coelestem ecclesiam intrare valebit. Audiant rapaces[n] et praedatores, quid[n] iterum propheta dicat[o]: 'Qui[22] praedaris, nonne et ipse praedaberis?' Videlicet quia ille, qui praedatur res pauperum et ecclesiarum ac servorum Dei, praedatur[p] a diabolo et praeda illius fit. Audiant, quid sanctus Paulus[q] apostolus dicat, per quem locutus est Christus, et qui raptus fuit usque ad tertium coelum, et qui raptus fuit in paradysum et audivit talia secreta verba, quae non licebat homini[m] loqui. Ait namque, quia 'neque[m][23] rapaces neque homicidae neque adulteri regnum Dei possidebunt'. Unde[r] intendat, quale quantumque peccatum est rapina, quam cum adulterio et homicidio sanctus comparavit apostolus. Item ipse dicit[s]: 'Si[24] quis fornicator aut adulter aut rapax aut homicida est, cum huiusmodi nec cibum sumere' Christi discipulo, id est christiano, licet ante satisfactionem, id est correctionem ac emendationem et dignam penitentiam. Audiant, quia[t] sanctus Iohannes apostolus electus et dilectus Christi, qui in cena super[u] pectus eius recubuit, talem hominem salutare vetat dicens: 'Nec[25] ave ei[i] dixeris, neque in domum receperis'. Audiant, quid in Toletano concilio sancti episcopi, qui in caelo[v] cum Deo regnant et in terris miraculis choruscant, de totius mundi partibus congregati decreverunt: 'Si[26] quis', inquiunt[q], 'de potentibus clericum aut quemlibet pauperem aut religiosum expoliaverit, et mandaverit ad ipsum episcopus, ut eum audiat; et si[w] contempserit, invicem mox scripta percurrant per omnes provinciae episcopos[x], quoscunque adire potuerit[y], ut excommunicatus habeatur, donec audiat[z] et[z] reddat aliena'. Ecce de pauperum raptoribus. Audiant raptores et praedones rerum ecclesiasticarum, quid[t] sanctus Anacletus papa ab ipso beato[i] Petro apostolo presbyter ordinatus cum totius mundi sacerdotibus iudicavit. Dicit namque: 'Qui[27] abstulerit aliquid patri vel matri[28],

x) Vae ei *om.* 6. 7. y) usquequaque adgravant 6. 7. z) *om.* 2. a) patiatur 6. 7, *Bibl.* b) illi qui 6. 7. c) autem et in 6. 7. d) dimittant 2. e) damnationes 2. f) ut 6. 7. g) quia 6. 7. h) dicat 2. i) *om.* 6. k) mundantur 2. l) inpeiorantur 2. m) *om.* 7. n) raptores quid 6. 7. o) dicit 2. p) depraedatur 6. 7. q) *om.* 6. 7. r) ille 6. 7. s) *ita* 2; dicat *rell.* t) quod 6. 7. u) supra 7. v) et *add.* 7. w) is 2. x) et *add.* *Conc. cit.* y) potuerint 2. 6. 7, *Conc. cit.* z) *ita omnes codd.*; audiatur ut *Conc. cit.*

17) *Habac.* 2, 6. 18) *Matth.* 16, 26. 19) *Esai.* 3, 14. 20) *Ibid.* 1, 23. 21) *Eccl.* 35, 18. 19. 22) *Esai.* 33, 1. 23) 1. *Corinth.* 6, 10. 24) *Ibid.* 5, 11; *sed non ad verbum repetita.* 25) 2. *Ioh.* 10. 26) *Conc. Tolet. I*, c. 11, *Mansi III*, *col.* 1000. 27) *Pseudo-Anaclet.* c. 14, *Decretal. Pseudo-Isidor.* ed. *Hinschius* p. 73. 28) dicitque hoc peccatum non esse *add. epist. cit.*

homicidae particeps est. Pater noster sine dubio Deus est, qui nos creavit; mater 857. vero nostra ecclesia, quae nos in baptismo spiritaliter[a] regeneravit. Ergo qui Christi pecunias et ecclesiae rapit, aufert[a] vel fraudatur[b], homicida est, atque[c] homicida ante conspectum iusti iudicis deputabitur; qui rapit pecuniam proximi sui, iniquitatem operatur, qui autem pecuniam vel res ecclesiae abstulerit, sacrilegium facit et[29] ut sacrilegus iudicandus est[29]'. Item sanctus Urbanus papa et martyr: 'Res[30] et facultates ecclesiae[d] oblationes appellantur, quia Domino offeruntur[31] et vota sunt fidelium ac pretia peccatorum atque[32] patrimonia pauperum. Si[33] quis illa rapuerit, reus est damnationis Ananiae et Saphirae, et oportet huiusmodi tradere[e] Satanae, ut spiritus salvus sit in die Domini'. Item sanctus Lucius papa: 'Rerum[34] ecclesiasticarum et facultatum raptores a liminibus sanctae ecclesiae anathematizatos apostolica auctoritate pellimus et damnamus atque sacrilegos esse iudicamus, et non solum eos, sed et[f] omnes consentientes eis[a], "quia[35] non solum qui faciunt", rei iudicantur, "sed etiam qui facientibus consentiunt"; par enim poena et[a] agentes et consentientes comprehendit'. Et sanctus Augustinus in sermone evangelii sancti Iohannis ita dicit: 'Fur[36] sacrilegus loculorum[g] sacrorum et dominicorum est Iudas; et qui aliquid de ecclesia furatur et rapit, Iudae perdito comparatur'. Item in sacris canonibus, sancto Spiritu dictatis et Christi sanguine confirmatis, scriptum est: 'Si[37] quis oblationes ecclesiae extra ecclesiam accipere[h] vel dare voluerit praeter conscientiam episcopi vel eius, cui huiusmodi officia commissa sunt, nec cum eius voluerit agere consilio, anathema sit'.

Episcopus autem omnibus dicere debet, quid sit anathema[38], et ne desperent, ostendere debet, quandiu duret anathema, id est, quandiu quisque errorem non corrigit et digna satisfactione non emendat, ut reconciliationem et indulgentiam valeat promereri. Si quis vero ante satisfactionem et reconciliationis indulgentiam in peccatis suis perseverans mortuus fuerit, iam anathema perpetuum illi erit et peccatum[39] ad mortem, pro quo non dicit apostolus ut oretur. Sed et plura, si necesse fuerit, episcopus quisque colligere et dicere procurabit[i].

Sequuntur[k] capitula domni Karoli et domni[k] Hludowici[l] imperatorum[m].

(1.) Vobis[n] [40] vero comitibus dicimus vosque commonemus, quia ad vestrum ministerium maxime pertinet, ut reverentiam et honorem sanctae Dei ecclesiae exhibeatis et cum episcopis vestris concorditer vivatis et eis adiutorium ad suum ministerium peragendum praebeatis; ut et vos ipsi in ministeriis vestris pacem et iustitiam faciatis et, quae nostra auctoritas publice fieri decernit, ut in ministeriis vestris studiose perficiantur[o], studeatis. Proinde monemus vestram fidelitatem, ut memores sitis fidei[p] nobis promissae et in parte ministerii nostri vobis commissi, in pace scilicet et iustitia facienda, vosmetipsos coram Deo et coram hominibus tales exhibeatis, ut et nostri veri adiutores et populi conservatores iuste dici et vocari possitis; et nulla quae-

a) *om.* 6. 7. b) fraudat 7, *epist. cit.* c) atque 6. 7. d) ecclesiasticae 2. e) tradi 6. 7. f) etiam 7. g) locorum 2. h) rapere 2. i) *Reliqua desunt* 4. 6. 7. k) *om.* 3. l) Ludowici 3. 5. m) imperatoris 2. n) Admonitio comitum *in marg.* 2. o) perficiatur *codd.* p) vestrae *add.* 1.

29) et . . . est *hic noviter addita sunt.* 30) *Pseudo-Urbani c. 4, l. c. p.* 144: Ipse enim res fidelium oblationes. 31) Non ergo debent in aliis usibus quam ecclesiasticis et predictorum christianorum fratrum vel indigentium converti, quia vota sunt fidelium *etc. epist. cit.* 32) atque ad predictum opus explendum domino traditae. Si *epist. cit.* 33) *Quae sequuntur verba ita quidem non exstant in epist. cit., sed ab Hincmaro sua sponte in hanc brevem formam redacta sunt* 34) *Pseudo-Lucii c. 7, l. c. p.* 179: Omnes tales praesumptores et aecclesiae raptores atque suarum facultatum alienatores una vobiscum a liminibus. 35) *Rom.* 1, 32. 36) *Augustini in evang. Ioh. tractat.* 50, *c.* 10, *Opera III,* 2, *col.* 682; *cfr. infra nr.* 290, *c.* 4. 37) *Conc. Gangr. c.* 7, *Mansi II, col.* 1107. 38) *Cfr. Conc. Tusiac.* 860, *Mansi XV, col.* 568 *sq.* 39) 1. *Ioh.* 5, 16. 40) *Anseg. II, c.* 6, *tom. I, p.* 416.

857. libet causa aut munerum acceptio aut amicitia cuiuslibet vel odium aut timor aut gratia ab statu rectitudinis vos deviare compellat, quia inter proximum et proximum semper iuste iudicetis. Pupillorum vero et viduarum et caeterorum pauperum adiutores ac defensores et sanctae ecclesiae vel[q] servorum illius honoratores iuxta vestram possibilitatem sitis. Illos quoque, qui temeritate et violentia in furtis et latrociniis sive rapinis communem pacem populi perturbare moliuntur, vestro studio et correctione, sicut decet, compescite. Et si aliqua persona in aliquo vobis impedimentum fuerit, quin ea, quae dicimus, facere non valeatis, nobis ad tempus illud notum faciatis[r], ut nostra auctoritate adiuti ministerium vestrum digne adimplere possitis.

(2.) Omnes[41] vero laicos monemus, ut honorem ecclesiasticum conservent et dignam venerationem episcopis et Dei sacerdotibus exhibeant et ad eorum praedicationem cum suis devote occurrant et ieiunia ab illis communiter indicta reverenter conservent et suos observare doceant et[s] compellant. Ut etiam dies dominicus, sicut decet, honoretur[t] et colatur, omnes studeant; et ut liberius fieri possint, mercata et placita a comitibus, sicut saepe admonitum fuit, illo die prohibeantur.

(3.) De[42] pace vero in exercitali itinere servanda usque ad marcham hoc omnibus notum fieri volumus, quod quicunque auctorem damni sibi praeterito anno inlati nominatim cognoscit, ut iustitiam de illo quaerat et accipiat.

(4.) Deinceps[43] tamen omnibus denuntiare volumus, ut unusquisque cognoscat omnes, qui in suo obsequio in tali itinere pergunt, sive sui sint, sive alieni, ut ille de eorum factis rationem se sciat redditurum et, quicquid[u] in pace violanda deliquerint, ad ipsius debeat periculum[v] pertinere; ea scilicet conditione, ut pacis violator primum iuxta facinoris qualitatem, sive coram nobis sive coram misso nostro, dignas poenas persolvat et senior, qui secum talem duxerit, quem aut constringere noluit aut non potuit, ut nostram iussionem servaret, et insuper in regno nostro praedas facere non timuerit, pro illius neglegentia, si ante eum de his non admonuerit, et postquam neglegentia contemptoris ad eius notitiam pervenerit, eum corrigere, sicut decet, neglexerit, honore suo privetur, ut scilicet neuter illorum sine iusta vindicta remaneat.

(5.) Comites[44] vero ministris ecclesiae in eorum ministeriis, ut hoc plenius et de nostris et de se et de suis hominibus obtinere possint, adiutores in omnibus fiant. Et quicunque prima et secunda vice de his a comite admonitus non se correxerit, volumus, ut per eundem comitem eius neglegentia ad nostram notitiam perferatur, ut nostra auctoritate, quod in nostro capitulari continetur, subire cogatur.

(6.) De[45] pace admonemus, ut omnes, qui per aliqua scelera rebelles sunt, constringantur.

(7.) De[46] pace et iustitia infra patriam, sicut saepe per alia capitula iussimus, adimpletum fiat.

(8.) Si[47] quis domum alienam cuiuslibet infregerit, quicquid exinde per vim abstulerit aut rapuerit vel furaverit, secundum legem eam[w] illi, cuius domus fuerit infracta et spoliata, in triplum componat, et insuper bannum dominicum solvat. Si servus hoc fecerit, sententiam superiorem accipiat, et insuper secundum suam legem compositionem faciat. Si quislibet[x] homo aliquod tale damnum alicui fecerit, pro quo plenam compositionem facere non valeat, semetipsum in wadio pro servo dare studeat usque dum plenam compositionem adimpleat.

(9.) Si[48] quis messes aut annonas in hoste super bannum dominicum rapuerit vel paverit aut furaverit aut cum caballis vastaverit, aestimato damno secundum legem in triplum componat. Et si liber homo hoc fecerit, bannum dominicum pro hac re componere cogatur; servus vero secundum legem tripla compositione damnum in loco restituat, et pro damno disciplinae corporali subiaceat.

(10.) Si[49] quis in exercitu infra regnum sine iussione dominica per vim hostilem aliquid praedare voluerit aut foenum tollere aut granum sive pecora maiora vel minora domosque infringere vel incendere, haec ne fiant, omnino prohibemus. Quodsi ab aliquo praesumptioso factum fuerit, sexaginta solidis, si liber est, sit culpabilis, et omnia similia restituat, aut cum duodecim testibus se purget. Si vero servus hoc fecerit, capitali crimini subiaceat, et dominus omnia similia restituat, quia servum suum non correxit nec custodivit, ut talia non perpetraret;

q) id est 1. r) fiat 1. s) et *comp. om.* 1. t) observetur 1. u) ipsi *add. Anseg.* v) plevium *Anseg.* w) et ewam *Anseg.* x) quis liber *Anseg.*

41) *Ibid.* c. 7, *l. c.* 42) *Ibid.* c. 14, *l. c. p.* 417. 43) *Ibid.* c. 15, *l. c.* 44) *Ibid.* c. 23, *l. c. p.* 419. 45) *Ibid. III*, c. 1, *l. c. p.* 425. 46) *Ibid.* c. 62, *l. c. p.* 431. 47) *Ibid.* c. 65, *l. c. p.* 432. 48) *Ibid.* c. 66, *l. c.* 49) *Bened. Lev. I*, c. 341.

quoniam, si nos ipsos comedimus, cito deficiemus. Unusquisque tamen custodiat exercitum suum, ne aliqua depraedatio infra regnum fiat. 857.

(11.) Si[50] quis infra regnum rapinam fecerit aut cuiquam nostro fideli eiusque homini aliquid vi abstulerit, in triplo, cui aliquid abstulit, legibus componat, et insuper bannum nostrum, id est sexaginta solidos, nobis persolvat. Postmodum vero a comite ante nos adducatur, ut in bastonico retrusus, usque dum nobis placuerit, poenas luat. Nam si publice actum fuerit, publicam inde agat poenitentiam iuxta sanctorum canonum sanctionem; si vero occulte, sacerdotum consilio ex hoc agat poenitentiam; quoniam 'raptores[51]', ut ait apostolus, nisi veram egerint poenitentiam, 'regnum Dei non possidebunt'. Qui vero de rebus ecclesiarum aliquid abstulerit, gravius inde iudicetur; quia sacrarum rerum ablatio sacrilegium est, et sacrilegus vocatur, qui ex eis aliquid abstulerit aut rapuerit. Extorres namque a liminibus sanctae matris ecclesiae tales personae usque ad satisfactionem ecclesiae, quam laeserunt, sunt habendae atque firmiter[52] denotandae.

50) *Ibid. II, c.* 383. 51) 1. *Corinth.* 6, 10. 52) infamia notandae *Bened.*

267. ALLOCUTIO MISSI CUIUSDAM DIVIONENSIS.

857. post Febr. 14.

Primo in lucem protracta a Baluzio II, col. 95, *legitur in uno codice Paris.* 4626 *fol.* 91.

Ex prologi verbis: Karolus plurimos fideles . . . mediante Februario mense apud Carisiacum congregans haec capitula . . . nobis transmisit *apparet capitula post conventum Carisiacensem, id est post diem* 14. *m. Febr. litteris mandata esse. Verba vero sequentia:* ut ea vobis denuntiaremus *et:* Primo capitulo continetur, ut vos moneamus *(c.* 1) *et:* ex his mandat senior noster *(c.* 3) *probant his capitulis non capitulare Karoli regis, quale promulgatum est, pure tradi, sed missum quendam Divionensis missatici (cfr. supra descript. codicum) proclamationem vel allocutionem ad populum sui missatici facere. Quae tamen ita composita est, ut missus capitula regis aut excerperet aut ad verbum hominibus denuntiaret. Exemplum est caput tertium, in cuius priore parte usque ad verba:* ex his mandat senior noster *missus loquitur et in cuius altera usque ad verba:* et insuper bannum nostrum, id est solidos LX, componant *regis oratio repetitur; cfr. etiam c.* 4. *(B. II,* 95; *P.* 454.)

Propter cognitas vobis necessitates et nimias perturbationes, quae in regno isto evenerunt, sicut scitis, senior noster Karolus plurimos fideles regni sui, tam episcopos, quam abbates et comites atque reliquos regni sui fideles mediante Februario mense apud Carisiacum congregans haec capitula ab ipsis confirmata nobis transmisit, ut ea vobis denuntiaremus, ut et vos cum omni timore Dei et legali imperio observare cum iustitia studeatis omnesque christiani, qui in nostro consistunt missatico.

1. Primo capitulo continetur, ut vos moneamus de honore sanctae Dei aecclesiae[1], qui per omnia ab omnibus fidelibus christianis observandus est, ut eius[a]

a) *ita emendare proposuit Baluzius;* eorum *c.*

1) *Cfr. Cap. Silvac.* 853, *supra p.* 272, *c.* 2.

867. inmunitates in nullo infringantur[2], res sacrae et fructus eius a nullo rapiantur, quoniam, qui aliena rapiunt, a regno Dei excluduntur dicente apostolo: 'Rapaces[3] regnum Dei non possidebunt'. Nonae et decimae fideliter persolvantur: sacerdotes Dei et ministri eius non dehonorentur, non flagellentur neque de aecclesia sine consensu episcopi sui eiciantur aut in ea recipiantur[1]; aecclesiae destructae restaurentur. Quodsi quis transgressus fuerit, anathematis vindicta feriatur, et comitis districtione constringatur, et banni regalis exactione dampnetur.

2. Sanctimoniales, viduae, orphani et pauperes nullo modo opprimantur; et res illorum, tam in frugibus, quam in pratis necnon etiam in eorum foeno a nullo per rapinam depraedentur. Et ubicumque oppressi sunt, ab episcopis, comitibus et missis regalibus subleventur, et oppressores illorum, sicut supra scriptum est[4], in omnibus constringantur.

3. De[5] his vero, qui intra patriam residentes rapinas exercent, domos infringunt, homines sine causa occidunt, trustes[6] commovent aut alios dampnant et opprimant, prata defensoria[7] depascunt, fruges aliorum devastant, ex his mandat senior noster: 'ut primum episcopali auctoritate iudicentur et sic postea a comitibus legaliter constringantur et insuper bannum nostrum, id est solidos XL, componant'. Et si eos constringere[b] non potuerint, ad regalem praesentiam deducantur, ut dignam suscipiant vindictam.

4. Mancipia[8] aliena, quae intra inmunitates fugiunt aut intra fiscum nostrum aut aliorum potestatem[c] et a dominis suis insecuntur, sine ullo munere aut aliqua contradictione reddantur, aut foras eiciantur, nisi legibus sua esse probaverint. Et si quis contenderit et reddere noluerit et postea fugerint, legaliter ea[d] persolvat.

5. Ut nemo virgines aut viduas rapere praesumat et ad eas nullo modo accedat, nisi legaliter eas nuptialiter desponsatas coniunxerit. Nullus Deo sacratam rapiat aut violet vel in coniugio sibi societ. Si quis hoc transgressus fuerit, ecclesiastico anathemate feriatur et publico iudicio damnetur.

6. Ut regales iustitiae cum omni diligentia perficiantur.

7. Ut[9] nullus de domo sua ad aliam transiens aut in itinere pergens rapinam facere praesumat.

8. Ut[10] unusquisque presbyter inbreviat[e] in sua parrochia omnes malefactores, videlicet raptores, rapaces, adulteros, incestos, homicidas, latrones; et eos extra ecclesiam faciat, nisi paenitentiam agere voluerint. Si se emendare noluerint, ad episcopi praesentiam perducantur.

b) *sic correxit Bal.*; constringere c. c) *ita correxit Bal.*; potestate c. d) eas c. e) *ita* c.

2) *Cfr. Cap. Silvac.* 853, *supra p.* 272, *c.* 3. 3) 1. *Corinth.* 6, 10. 4) *Cfr. supra p.* 289, *c.* 1. 5) *Cfr. Cap. anteced. c.* 4. 6) *Cfr. Breviar. miss.* 789, *tom. I. p.* 66, *c.* 15. 7) *I. e.: prata defensa, 'in quibus pascua et animalia immittere non licet' Du Cange s. v. defensa.* 8) *Cfr. Capp. per se scrib.* 818. 819, *l. c. p.* 288. *c.* 6. 9) *Cap. anteced. c.* 9. 10) *Cfr. Hincmari capitula presbyteror. c.* 1, *Opera, ed. Sirmond I, p.* 730 *sq.; Dore in 'Z. f. K. R.' IV, p.* 26.

268. KAROLI II. ET HLOTHARII II. CONVENTUS APUD SANCTUM QUINTINUM.

857.

857. Mart. 1.

Quae sequuntur capitula conservata sunt: 1) *apud Sirmondum, Capitula Caroli Calvi p.* 159, *qui 'in adnuntiationum collocatione, quia in codice Bellovacensi confusae erant', Mettensem (Paris.* 9654*) secutus est, et in illius apographis, scilicet: Vatic. reg. Christ.* 291 *fol.* 109, *Vallicell. C.* 16 *fol.* 26ᵛ, *Vatic.* 4982 *fol.* 110ᵛ; 2) *in Vatic. Palat.* 582 *fol.* 85ᵛ. 3) *in Paris.* 9654 *fol.* 78ᵛ. *Eo ordine, quo hic editae sunt adnuntiationes, exstant in* 2. 3; *in Vallicell. et Vatic.* 4982, *quales fortasse in archetypo quoque Bellovacensi institutae erant, omnes tres Karoli adnuntiationes praecedunt duas Hlotharii. In Vatic. reg. Christ.* 291, *qui exhibet tantum Karoli adnuntiationes, hic est ordo: primae c.* 1. 3; *secunda usque ad verbum* interdicant *(lin.* 38*); tertia; primae c.* 2.

Praefixa est capitulis in 1, *eiusdem apographis et apud Baronium, Ann. ecclesiast. ad a.* 857, *qui ex cod. Ant. Augustini in Vatic. illato primae Karoli adnuntiationis cap.* 1. *usque ad verba:* de isto saeculo *(lin.* 26*) praebet, inscriptio infra lin.* 22 *edita; in* 2. 3*:* Capitula Karoli regis et Lotharii regis nepotis eius in Valentianas. *Quibus addenda sunt, quae refert Prudentius in Ann. Bertin. ad. a.* 857, *ed. Waitz p.* 47*:* Karlus rex et Lotharius, nepos eius, sacramentis vicissim exhibitis foederantur, similiter Lodoicus rex Germaniae et Lodoicus imperator Italiae: *cfr. Böhmer-Mühlbacher nr.* 1247.

(B. II, 97*; P.* 455.*)*

Adnuntiatio Karoli et nepotis sui Hlotharii apud Sanctum Quintinum, Kalendis Martiis, anno DCCCLVII. incarnationis dominicae.

Adnuntiatio Karoli.

Cap. 1. Volumus vos scire, quod fuit insimul noster conventus[1]. Postquam Deus nostrum seniorem vocavit de hoc[a] seculo[2], semper inveni tale consilium in meo dilecto fratre Hludowico, sicut mihi necesse fuit et ego in illo quaesivi et illum ostendere decuit; et illius adhortatione et interventione devenit, Deo gratias, talis unanimitas inter me et bonae memoriae fratrem meum Hlotharium[3], sicut inter fratres esse debebat[b]. Et propter tales causas, quae sicut inter nos coniacuerant, invenimus cum communibus[c] fidelibus nostris, quia necesse erat, ut inter nos firmitas facta fuisset secundum Dei voluntatem de nostro communi profectu et adiutorio et de filiorum ac regni et fidelium nostrorum salvamento, sicut tunc[d] adcognitavimus nostris communibus fidelibus, qui adfuerunt, et ille in sua vita contra nos conservavit, et Deo gratias nos contra illum conservavimus, et contra illius filios nepotes nostros adiuvante Deo, quantum scimus et possumus et illi ad nos quaesierint, conservare volumus.

2. Post obitum vero illius ex parte pro mea, sicut audistis, infirmitate, ex parte pro paganorum superventione et pro aliis occasionibus[e], quae in regno nostro

a) isto 2. 3. b) debeat 3. c) omnibus 1, *Vall., Vatic.* d) ter 3. e) *ita recte corr. Baluzius;* occupationibus *codd.; cfr. infra p.* 294 *lin.* 30.

1) *Carisiaci habitus; supra nr.* 266. 2) *Hlotharius I. imperator obiit a.* 855. *die* 29. *mensis Septembris.* 3) *Conv. ap. Marsnam II.* 851, *supra p.* 72.

857. acciderunt, usque modo non fuit oportunus locus, ut ego et isto meus carissimus nepos insimul parabolare[1] potuissemus et invicem nobis praesentes nostras voluntates demonstraremus, quas in corde unusquisque contra alterum retinebamus.

3. Evenit autem locus congruus[5], quia iste meus carissimus nepos cum dilectissimo fratre meo Hludowico parabolavit[4] et tale receptum et consilium in eo invenit, sicut et isti necesse fuit et illum demonstrare decuit; quod mihi satis complacuit. Et nunc, quando mecum parabolavit, dixit mihi, quod in illa firmitate, quam ego cum patre suo, bonae memoriae fratre meo, feci et illum suscepi, in illa[f] susceptione vellet perseverare et illam firmitatem, quam suus pater meus frater contra me fecerat, vellet adiuvante Domino per omnia observare.

4. Et invenimus cum communibus fidelibus nostris, ut pro talibus necessitatibus, sicut scitis et videtis in isto regno evenire, nos invicem confirmaremus, sicut et fecimus, ut ad honorem sanctae Dei ecclesiae et communem profectum ac fidelium nostrorum salvamentum et regnum nostrum contra quoscumque nobis necesse fuerit continendum invicem nos salvemus et adiuvemus, sicut avunculus nepotem et nepos avunculum per rectum salvare et adiuvare debet.

5. Et nostri fideles, qui praesentes fuerunt et hoc consilium nobis dederunt, dixerunt nobis, quod parati sunt nos auxiliante Domino in omnibus adiuvare, ut istam firmitatem possimus ad invicem observare[6]. Et propterea volumus a vobis vestrum consensum et voluntatem audire, si et hoc vobis bene videtur et nobis inde auxilium vultis praestare, ut hoc possimus cum Dei adiutorio et vestro observare.

Adnuntiatio Lotharii[g].

Sicut meus avunculus vobis dicit, quantum Deus mihi scire et posse donaverit, et in[h] illa firmitate cum seniore meo facta[3], in qua me suscepit et quam senior meus contra illum fecit, volo perseverare, et illam, quam contra eum feci, cum Dei adiutorio volo firmiter observare.

Item[i] adnuntiatio Karoli regis.

Volumus vos scire, quia propter istas rapinas et depraedationes, quae in regno nostro increverunt, ex parte, quia pagani nobis supervenerunt, ex parte pro talibus occasionibus, quae in regno nostro acciderunt, synodum episcoporum et aliquantos de nostris fidelibus pro oportunitate temporis convocavimus et consideravimus cum ipsis[1], ut per omne regnum nostrum episcopi et missi nostri ac comites in singulis parrochiis ac comitatibus placita teneant et ad illa placita omnis homo, qui placitum custodire debet et in illis comitatibus commanet, sine exceptione et excusatione conveniat[k]. Et episcopi omnibus demonstrent, quam grave hoc peccatum sit, et qualem poenitentiam quaerit, et qualem damnationem, nisi poenitentia succurrerit, adquirat. Et missi nostri capitula legis et antecessorum nostrorum de hoc omnibus ostendant, et tantam[l] miseriam interdicant. Et sciant omnes, quia, quicumque abinde talia facere praesumpserit, et canonicam et regalem vindictam suscipiet, sicut tunc omnibus et episcopi et missi nostri plenius adnuntiabunt.

Item adnuntiatio Lotharii.

Cap. 1. Sciatis etiam, quia consideravimus, ut, quiscumque[7] malefactor de uno regno nostro in alterum venerit, episcopus vel missus sive comes, de quorum mini-

f) ipsa 1, *Vall.*, *Vatic.* g) Hlotharii 3. h) *om.* 3. i) Item Karoli 2. k) custodiat 1. l) tantum mysterium 3.

4) *Cfr. supra p. 271, not. 5.* 5) *Confluentibus a. 857, m. Febr.; Ann. Fuld. ed. Kurze p. 47.* 6) *Conv. ap. Marsnam II. 853, supra p. 73, c. 6.* 7) *Cfr. Cap. Silvac. 853, supra p. 273, c. 8.*

sterio effugerit, ut iustitiam non reddat aut dignam vindictam non sustineat, illis missis, in quorum missatico in alio regno fugerit, notum faciant et ipsi illum taliter constringant, ut aut ad compositionem aut ad vindictam illuc reveniat, ubi malum perpetravit. 858.

2. Et sciatis, quia, sicut Deus[m] per suam misericordiam et per meorum[n] avunculorum bonitatem et per mei senioris ac meorum[o] fidelium adiutorium meo seniori in regno successi, ita et in omni bonitate et in observatione de illis capitulis, quos meus senior cum suis fratribus meis avunculis ad Marsnam[3] de Dei voluntate et sanctae ecclesiae honore et regni stabilitate et sanctae ecclesiae ac regni fidelium salvamento consideravit et confirmavit, cum Dei adiutorio et meorum[p] avunculorum consilio et auxilio et vestro adiutorio permanere volo.

Tertia adnuntiatio Karoli.

Deus omnipotens nobis donet, ut vestram fidelitatem et vestrum adiutorium, quae semper contra nos cum omni barnatu[8] demonstrastis, vobis sic merere possimus, sicut antecessores nostri vestris antecessoribus in bono meruerunt; et nos vobis cum omni bonitate volumus commereri.

m) *ita codd. et edd.; intellegend.:* sicut Deus concessit *vel* Deo adiuvante. n) meos avunculos *codd.; corr.* meorum avunculorum 2, mei avunculi 3. o) meos fideles 1. 3; *add.* in 3. p) meis avunculis 1. 3.

8) *vel baronatu, cum omnibus baronibus (cfr. Diez, WB. d. rom. Spr. I, s. v. barone); aliter Sirmondus in notis ad capitularia, l. c. p.* 100.

269. SACRAMENTA CARISIACI PRAESTITA.

858. Mart. 21.

Traduntur his libris partim impressis, partim manuscriptis: 1) *a P. Pithoeo, SS. coëtan. p.* 508; 2) *in Hincmari Remensis* a) *epistola ad Karolum Calvum pro Hincmaro Laudunensi, Opera ed Sirmond II, p.* 322, b) *epist. ad eundem, l. c. p.* 840, c) *in Exposit. (Admonit. extempor.) ad eundem, Mansi XVI, col.* 782; 3) *a Sirmondo, Caroli Calvi Capitula p.* 165. *et apographis codicis Bellovacensis:* 4) *Vatic. reg. Christ.* 291 *fol.* 109ᵛ. 5) *Vallicell. C.* 16 *fol.* 28. 6) *Vatic.* 4982 *fol.* 110ᵛ. 2*a, c. om. sacramentum fidelium. Nomina optimatum, quae iuramenta sequuntur, desiderantur in omnibus hic nominatis codicibus: exstabant vero in uno nunc deperdito codice Laudunensi, ex quo Sirmondus edidit.*

Inscriptio, quae infra e codd. 1. 3—6. *edita est, ad verbum fere, ita ut Hincmarus codicem quendam eiusdem generis prae oculis habuisse videatur, concordat partim cum his in* 2*a. iuramentum regis praecedentibus et subsequentibus verbis:* Et haec sequentia apud Carisiacum palatium anno incarnationis dominicae DCCCLVIII, regni autem vestri XVIII, XII. Kalendas Aprilis, vos servaturos episcopis et ceteris fidelibus vestris manu propria vestra firmastis: Quantum ... curabo *(l. 26—37).* Sed et alia ex hoc firmastis, quae hic non posui. Et post haec omnia et alia, quae saepe fidelibus vestris et etiam in Carisiaco, quando veniam petentes ab episcopis, qui adfuerunt, manus impositionem

858. accepistis, quin et in villa Breona promisistis. *His addenda sunt, quae idem refert in duobus aliis opusculis, in 2b. scilicet:* supradictas leges, tam publicas, quam ecclesiasticas ... et nobis vestra dilectissima et benignissima dominatio servaturam se et verbo et subscriptione promisit in Carisiaco, ubi hoc capitulum consultu ac consilio fidelium vestrorum, tam episcoporum quam et laicorum condidistis et ei subscripsistis dicentes: Quantum *etc. (lin. 26 sqq.); et in 2c:* Et hoc, quod subsequitur, anno incarnationis dominicae DCCCLVIII, regni autem vestri XVIII, in Carisiaco palatio consensu episcoporum ac caeterorum fidelium vestrorum sponte manu propria confirmastis: Quantum *etc. (lin. 26 sqq.).*

Conventum autem Carisiacensem habuit Karolus, ut fidem optimatum, quae ex seditione Aquitanorum et Neustriorum iam iamque labefactata est (cfr. supra nr. 262—265; Ann. Bertin. ad a. 858, ed. Waitz p. 49; Dümmler, Ostfränk. Reich I², p. 422), reficeret. *(B. II, 99; P. 457.)*

Acta[a] sunt haec sequentia apud[a] Carisiacum palatium anno incarnationis dominicae DCCCLVIII, regni autem domni Karoli XVIII, indictione VI[b]. XII. Kal. Aprilis, in Dei nomine feliciter.

Sacramentum[c] fidelium.

Quantum[1] sciero et potuero, Domino adiuvante absque ulla dolositate aut seductione et consilio et auxilio secundum meum ministerium et secundum meam personam fidelis vobis adiutor ero, ut illam potestatem, quam in regio nomine et regno vobis Deus concessit, ad ipsius voluntatem et ad vestram ac fidelium vestrorum salvationem cum debito et honore et vigore tenere et gubernare possitis; et[d] pro ullo homine non me inde retraham, quantum Deus mihi intellectum et possibilitatem donaverit[d].

Sacramentum[c] regis.

Et[e][2] ego, quantum sciero et rationabiliter potuero, Domino adiuvante unumquemque vestrum secundum suum ordinem et personam honorabo et salvabo et honoratum ac salvatum absque ullo dolo ac damnatione vel deceptione conservabo et[f] unicuique competentem legem et iustitiam conservabo[f], et qui illam necesse habuerit et rationabiliter petierit, rationabilem misericordiam[3] exhibebo, sicut fidelis rex suos fideles per rectum honorare et salvare et unicuique competentem legem et iustitiam in unoquoque ordine conservare et indigentibus et rationabiliter petentibus rationabilem misericordiam debet impendere. Et pro nullo homine ab hoc, quantum dimittit humana fragilitas, per studium aut malivolentiam vel alicuius indebitum hortamentum deviabo, quantum mihi[g] Deus intellectum et possibilitatem donaverit; et si per fragilitatem contra hoc mihi subreptum fuerit, cum hoc recognovero, voluntarie illud emendare curabo.

Hincmarus archiepiscopus[4], Immo episcopus[5], Yrminfridus episcopus[6], Hincmarus episcopus[7], Hilduinus abba[8].

a) Haec acta sunt apud 4. 5. b) VII. 5. c) *Hanc inscriptionem finxit Sirmondus.* d) et ... donaverit *des. in 2b.* e) Et ego *om. 2a—c.* f) et ... conservabo *om. 2c.* g) *om.* 1.

1) *Hincmarus in 2b. haec praefigit verba:* Nos autem fideles vestri, episcopi et ceteri laicalis ordinis, qui adfuerunt, hoc capitulum et vobiscum condidimus et ei subscripsimus unusquisque profitendo. 2) *Cum hoc sacramento ad verbum consentit iuramentum Karoli II. a. 876. praestitum, supra p. 100.* 3) *Cfr. Conv. ap. Confluent. 860, supra p. 156, c. 7.* 4) *Remensis.* 5) *Noviomensis (Noyon).* 6) *Bellovacensis.* 7) *Laudunensis.* 8) *et archicapellanus Karoli; cfr. Schrörs, Hinkmar v. Reims p. 567, not. 42.*

Hungarius[9], Engilramnus[10], Isembardus[11], Odo[12], Osbertus[13], Ratbodus[14], Hunfridus[14], Odalricus[10], Rhodulfus[15], Engischalcus[16], Herluinus[17], Hitto. 860.

9) *Cap. Silvac.* 853, *supra p.* 275, *c.* 6. 10) *Ibid. c.* 3. 11) *Ibid. c.* 11. 12) *Ibid. c.* 10; *cfr. autem v. Kalckstein in 'Forsch. z. D. Gesch.' XIV, p.* 43. 13) *Ibid. c.* 8. 14) *Idem, qui supra p.* 154. *nominatus est?* 15) *Ibid. c.* 9? 16) *Ibid. c.* 1. 4. 17) *Ibid. c.* 6. 7.

HLUDOWICI, KAROLI ET HLOTHARII II. CONVENTUS APUD CONFLUENTES.

860. Iun. 1—7.

Vide supra p. 152 *sqq.*

---

270. CAPITULA POST CONVENTUM CONFLUENTINUM MISSIS TRADITA.

860. post Iun. 7.

Leguntur: 1) *apud Sirmondum, Capitula Caroli Calvi p.* 242, *et in apographis codicis Bellovacensis, scilicet:* 2) *Vatic. reg. Christ.* 291 *fol.* 111. 3) *Vallicell. C.* 16 *fol.* 51. 4) *Vatic.* 4982 *fol.* 125; *in quibus omnibus Adnuntiatio praecedit Summam capitulorum.*

Capitulorum duo genera distinguenda sunt: alia, in quibus rex ipse loquitur, scilicet partes, quas signavi litteris A. et E; alia autem, in quibus missi ad populum de rege vel senioribus suis verba faciunt. Quodsi singulae capitularis partes eodem ordine, quo in uno codice Bellovacensi nobis traditae sunt, in ipso capitulari scriptae erant, illa excerpta, in quibus de regibus agitur, in cancellaria facta et omnibus regni missis eisdem verbis populo pronuntianda transmissa esse crediderim. Si vero capitula in forma genuina fortasse deperdita neque erant ordinata, atque acta Conventus Confluentini, ita ut Confirmatio (B), Adnuntiatio (D), Summa capitulorum (C) reliquas capitularis partes (A. et E) in unum coniunctas sequerentur, illa fortasse non in cancellaria in hanc formam redacta, sed opus missi cuiusdam, qui in libro suo capitularium excerpta capitulis annexerit, esse existimaverim. Utut autem res se habet, non dubium est, quin Summa capitulorum (C) secundum Conventum ipsum (supra p. 156*), quocum Karoli c.* 2. 3. *(p.* 297*) concordant, Adnuntiationi (D) praeponenda sit.* *(B. II,* 145; *P.* 473.*)*

(A.) Haec, quae sequuntur, domnus Karolus reversus a Confluente cum consilio fidelium suorum per regnum suum denuntianda et observanda direxit.

Haec missi nostri discurrentes faciant:

Cap. 1. Omnibus in suo missatico firmitatem, quae inter nos et carissimum fratrem nostrum atque dilectos nepotes nostros facta est[1], notam faciant.

2. Capitula[2] etiam, quae apud Confluentes accepta sunt a nobis et communibus fidelibus nostris, adnuntient.

1) *A.* 860. *ap. Confluentes, supra p.* 154; *cfr. infra Confirmatio.* 2) *Supra p.* 155, *c.* 1—12; *cfr. infra Summa capitulorum.*

860. 3. Sed et illa capitula, quae ante per regnum nostrum observanda misimus cum capitulis episcopalibus et progenitorum nostrorum imperatorum[3], adcognitont. et cognitamentum[4], quod modo apud Confluentes fecimus, omnibus innotescant. Et firmitatem ab omnibus, qui ita contra nos misfecerunt, sicut notum est, et de quibus carissimus frater noster petiit, qui alodes in regno nostro habere volunt, sicut in cognitamento nostro scriptum est[5], firmamentum[6] recipiant, ita tamen, ut, si maiores homines voluerint, ad nos veniant et in praesentia nostra ipsam firmitatem faciant, homines vero illorum ante missos nostros eandem firmitatem faciant.

4. Ut missi nostri eis, qui firmitatem fecerint, alodes illorum, quos de hereditate et de tali conquisitu, qui de nostra donatione non venit, habuerunt, et quos senior noster domnus imperator eis dedit, si praecepta illius ostenderint, quantum in ipsis praeceptis inde continetur, illis reddant.

5. Ut omnes, qui firmitatem fecerint, et quibus alodes reddiderint, diligenter inbrevient. Et si aliqui eam facere noluerint, similiter inbrevient, et nobis renuntient.

6. De rapinis autem et violentiis et ceteris iniustitiis, quas in istis praeteritis annis, postquam ista perturbatio[7] exorta est, in regno nostro fecerunt, quantum rationabiliter potuerint, missi nostri pacificare procurent. Et si de ipsa pacificatione wadii ad nostram partem venerint, ex toto, sicut frater noster carissimus nos petiit, ex nostra auctoritate perdonent in hoc, ut talia de cetero non faciant.

7. De pacificatione vero illorum, qui in regno nostro consistentes, postquam Deus suam nobis ostendit gratiorem misericordiam, per illorum indebitam praesumptionem rapinas et violentias atque alias iniustitias fecerunt, si wadii ad nostram partem exierint, missi nostri inbrevient et nobis renuntient, ut nos inde commendemus, quid nobis tunc visum fuerit.

8. Et ut pax in regno nostro per illorum missaticum, sicut nos adcognitavimus[4] et capitula a nobis directa commendant[8], omnibus modis observetur, diligenter provideant; et qualiter eam quisque observaverit, absque respectu alicuius personae, ut veritatem inde nobis renuntient, diligenter inspiciant. Et quicquid exinde, quod commendamus, per se adimplere non potuerint, ad missos maiores per ipsum missaticum constitutos[9] referant, ut cum illorum consilio et auxilio omnia impleant.

(9.) Firmitas autem, quam a praedictis hominibus missi nostri debent recipere, ista est: 'De ista die in ante Karoli Hludowici imperatoris filii regnum illi non forconsiliabo, neque werribo[10]. Sic[a] me Deus adiuvet et istae sanctae reliquiae'.

(*B.*) Confirmatio seniorum nostrorum regum modo apud Confluentes facta ista est:

Quod 'ad[11] Dei voluntatem et sanctae eius ecclesiae statum et honorem atque[b] defensionem et ad illorum communem salutem et honorem[b] et ad populi christiani illis commissi salvamentum et pacem et ad leges ac iustitiae atque rectae rationis conservationem, quantum illis Deus scire et posse donaverit[12], vero consilio et secundum quod illis rationabiliter et salubriter possibile fuerit, sincero auxilio adiutores

a) Si 1. b) atque ... honorem *om.* 1.

3) *Cfr. Cap. Carisiac.* 857, *supra p.* 287 *sqq.; infra p.* 300. 4) *Supra p.* 157; *infra Adnuntiatio.* 5) *Supra p.* 158, *lin.* 19 *sqq.* 6) *Infra lin.* 31. 7) *Incasione in regnum Karoli ab Hludowico a.* 858. *facta.* 8) *Infra p.* 300, *c.* 4. 5. 9) *Cfr. quae diximus in 'Mittheilungen' XI, p.* 289 *sq.* 10) *werrire* = *'bellum inferre' Du Cange s. v. guerra; cfr. etiam Schade, Althochdeutsch. WB. II², s. v. wërran, et Epist. Carisiac.* 858, *infra nr.* 297, *c.* 15. 11) *Supra p.* 154. 12) et ipsi me obaudierint et a me ipsi quaesierint *add. reges l. c.*

sibi invicem ad regnum illorum continendum erunt, et nec in vita nec in membris 860.
neque in regno aliquis[13] eorum suum parem forconsiliabit[c]'.

(C.) Summa capitulorum, quae apud Confluentes modo acceptata sunt a senioribus nostris regibus et illorum fidelibus, haec est:

Cap. 1. De[14] illorum concordia et fraterna coniunctione atque mutuo adiutorio, sicut in cognitamento illorum continetur.

2. Et[15] de illorum indulgentia, qui in isto regno mispriserunt, si se recognoverint et deinceps a talibus se cavere voluerint et in regno pacifici esse voluerint, sicut in cognitamento illorum continetur.

3. De[16] lege et iustitia omnibus unicuique in suo statu et ordine conservanda.

4. Ut[17] a rapinis ac depraedationibus atque a coniurationibus et conspirationibus et seditionibus et a raptis feminarum se omnes caveant; et qui deinceps talia praesumpserit, sicut in cognitamento illorum continetur, secundum leges ecclesiasticas et mundanas et secundum capitula praedecessorum regum, hoc emendare cogetur et in compositione et in harmscara[18] et in poenitentia ab episcopo parochiae eius suscipienda.

(D.) Adnuntiatio autem illorum ista[d] est:

Cap. 1. Quia[19], secundum quod in praedicta firmitate continetur, deinceps observare volunt et Domino adiuvante observabunt.

2. Et non volunt, 'ut[20] aliquis inter eos alia aliqua verba portet, nisi quae Deo sint placita et ad communem salutem et honorem sint pertinentia. Et si aliquis aliter praesumpserit, in medium adducatur, et taliter inde castigetur, ut nemo alius similia agere tentet'.

3. Et volunt, 'ut[20] ecclesiae et casae Dei et[e] episcopi et Dei[e] homines, clerici, monachi et nonnae talem mundeburdem et honorem habeant, sicut tempore antecessorum suorum habuerunt'.

4. Et volunt, 'ut[20] fideles illorum talem legem et iustitiam et tale salvamentum in regnis illorum habeant, sicut antecessores eorum tempore antecessorum illorum habuerunt, et ipsi reges talem honorem et rectam potestatem habeant, sicut ipsorum antecessores habuerunt; et iustitia et lex omnibus conservetur. Et si aliquis hoc perturbare voluerit, a nullo eorum recipiatur, nisi ut aut ad rectam rationem aut ad rationabilem indulgentiae concessionem deducatur'.

5. Et[21] ut illi homines, qui in isto regno contra seniorem nostrum domnum Karolum mispriserunt, si se recognoverint, propter Deum et propter fratris sui deprecationem, quicquid contra eum misfecerunt[f], eis vult indulgere, et, sicut praescriptum est, alodes illorum de hereditate et de conquisitu, quod tamen de donatione sua non venit, sed et illos alodes, quos de donatione domni imperatoris Hludowici habuerunt, eis concedit, si talem firmitatem ei fecerint, sicut praediximus.

6. 'Sed[22] et de rapinis et depraedationibus et de coniurationibus et de conspirationibus et de raptis feminarum, tam viduarum quam et puellarum atque nonna-

c) Capitula lingua theodisca facta repetuntur *add.* 2. d) ita 3. e) et ... Dei *om.* 1. f) misfecerant 1.

13) illorum eos forconsiliabo in hoc, ut ipsi erga me similem promissionem faciant et conservent *reges l. c.* 14) *Supra p.* 155, *c.* 1—6. 15) *Supra p.* 156, *c.* 7. 16) *Ibid. c.* 9. 10. 17) *Ibid.* c. 8. 18) *Cfr. supra p.* 269, *not.* 17. 19) *Cfr. supra p.* 157, c. 2. 20) *Cap.* 2—4. *ad verbum fere concordant cum cap.* 3—5. *l. c.* 21) *Cfr. p.* 158, *lin.* 19 *sqq.*; *p.* 298, *c.* 4. 22) *Compositum ex cap.* 7. 6, *p.* 158.

860. rum, firmiter banniverunt, ut amodo et deinceps nullus praesumat. Et qui praesumpserit, secundum leges divinas et humanas et secundum capitula imperatorum ac praedecessorum suorum hoc emendare cogatur. Et ut unusquisque infra patriam cum pace et sine oppressione pauperum et circummanentium consistat et in hostem vel ad placitum sive ad curtem veniens de suo sic warnitus de domo sua moveat, ut cum pace venire, stare et ad domum suam redire possit'.

(E.)

Capitula autem imperatorum domni Karoli et domni Hludowici de talibus rebus, ut de multis pauca hic ponamus, ista sunt.

(1.) Si[23] quis infra regnum rapinam fecerit aut cuiquam nostro fideli eiusque homini aliquid vi abstulerit, in triplo, cui aliquid abstulit, legibus componat, et insuper bannum nostrum, id est sexaginta solidos, nobis persolvat. Postmodum vero a comite ante nos adducatur, et in bastonico retrusus usque dum nobis placuerit, poenas luat. Nam si publice actum fuerit, publicam inde agat poenitentiam iuxta sanctorum canonum sanctionem. Si vero occulte, sacerdotum consilio ex hoc agat poenitentiam: quoniam 'raptores', ut ait apostolus, nisi veram egerint poenitentiam, 'regnum Dei non possidebunt'. Qui vero de rebus ecclesiarum aliquid abstulerit, gravius inde iudicetur; quia sacrarum rerum ablatio sacrilegium est, et sacrilegus vocatur, qui ex eis aliquid abstulerit aut rapuerit. Extorres namque a liminibus sanctae matris ecclesiae tales personae usque ad satisfactionem ecclesiae, quam laeserunt, sunt habendae atque firmiter denotandae.

(2.) Et item. Si[24] quis in exercitu infra regnum sine iussione dominica per vim hostilem aliquid praedari voluerit aut foenum tollere aut granum sive pecora maiora vel minora domosque infrangere vel incendere, haec ne fiant, omnino prohibemus. Quodsi ab aliquo praesumptiose factum fuerit, sexaginta solidos, si liber est, sit culpabilis, et omnia similia restituat, aut cum duodecim testibus se purget. Si vero servus hoc fecerit, capitali crimini subiaceat, et dominus omnia similia restituat, quia servum suum non correxit nec custodivit, ut talia non perpetraret; quoniam si nos ipsos comedimus, cito deficiemus. Unusquisque tamen custodiat exercitum suum, ne aliqua depraedatio infra regnum fiat.

(3.) Et item. Si[25] quis domum alienam cuiuslibet infregerit, quicquid exinde per vim abstulerit aut rapuerit vel furaverit, secundum legem eam illi, cuius domus fuerit infracta et spoliata, in triplum componat, et insuper bannum dominicum solvat. Si servus hoc fecerit, sententiam superiorem accipiat, et insuper secundum legem suam compositionem faciat. Si quislibet homo aliquod tale damnum alicui fecerit, pro quo plenam compositionem facere non valeat, semetipsum in wadio pro servo dare studeat usque dum plenam compositionem adimpleat[g].

De capitulis autem a nobis per regnum nostrum directis ista excerpta sunt.

(4.) Ut[26] unusquisque missus in suo missatico provisionem habeat, ut, si aliquis de nostris fidelibus per missaticum suum transierit aut ibi consistens vel commanens rapinas vel depraedationes aut talia inlicita fecerit, de quibus Deus offendi solet et populus pro oppressione gemere, quatenus hoc subtiliter et veraciter investiget et secundum legem emendari faciat nobisque renuntiet, qualiter inde nos sic ordinemus, ut nec ipsum nec alium hoc agere delectet.

(5.) Et item. Ut[27] missi in illorum missaticis curam habeant, ne homines nostri aut alii quilibet vicinos suos maiores vel minores tempore aestatis, quando ad herbam suos caballos mittunt, vel tempore hiemis, quando marascalcos illorum ad fodrum dirigunt, vicinos maiores vel minores depraedentur. Et si egerint, hoc etiam, ut praediximus, veraciter missi nostri investigent, et legaliter emendatum nobis renuntient, ut in seniore hoc sic emendemus, quatenus homines suos in potestate habeat et contenti sint debitis et indebita iniuste non appetant.

(6.) Volumus etiam, ut de beneficiis destructis et silvis venditis tam ex re publica, quam ex rebus ecclesiasticis, missi nostri omnes admoneant, ut de cetero, qui illa habent, exinde se caveant et hoc, quod male actum est, quantum potuerint, emen-

g) adhibeat 1.

23) *Supra p. 290 sq., c. 11 (Bened. Lev. II, c. 383).* 24) *Ibid. c. 10 (Bened. Lev. I, c. 341).* 25) *Ibid. c. 8 (Anseg. III, c. 65).* 26) *Cap. miss. Silvac. 853, supra p. 274, c. 12.* 27) *Ibid. c. 13.*

dare procurent, ne vindictam secundum capitularia praedecessorum nostrorum[28] 861.
sustinere cogantur.

(7.) Capitula autem legum divinarum atque mundanarum et imperatorum de raptis feminarum et de conspirationibus et de coniurationibus et de ecclesiarum infracturis atque clericorum dehonorationibus et de comitibus, qui in comitatibus suis iniusta faciunt, hic non adnotavimus, quia cognita sunt et maiori districtione indigent, de quibus omnes admonere atque omnes ex Dei banno et nostro cavere praecipimus. De his interim missi nostri discurrentes cum consilio maiorum missorum[9], ut praemisimus, studeant, donec plenitudinem capitulorum et adnuntiandam et observandam ad communem omnium nostrum salutem et pacem per regnum nostrum adiuvante Domino disponamus.

28) *Cfr. Cap. miss. Wormat.* 829, *supra p.* 14, *c.* 1; *Waitz, VG. IV*², *p.* 230*sqq.*

271. CONSTITUTIO CARISIACENSIS DE MONETA.

861. Iul.

Primum edita a Sirmondo ex duobus codicibus non iam exstantibus, Laudunensi scilicet et Bellovacensi sub fine truncato (cfr. p. 302, *lin.* 23*sq.), legitur nunc:* 1) *apud Sirmondum, Caroli Calvi Capitula p.* 253. *et in apographis Bellovacensis:* 2) *Vatic. reg. Christ.* 291 *fol.* 112ᵛ. 3) *Vallicell. C.* 16 *fol.* 54. 4) *Vatic.* 4982 *fol.* 127.

Cum Karolum regem ex diplomate quodam (Böhmer nr. 1695*) die* 21. *mensis Iulii Carisiaci esse moratum appareat, constitutionem eodem mense et eisdem fere diebus promulgatam esse verisimile est.* (*B. II,* 151; *P.* 476.)

Hoc edictum constituit domnus Karolus in Carisiaco anno incarnationis dominicae DCCCLXI.

In nomine sanctae et individuae trinitatis. Karolus gratia Dei rex omnibus regni nostri fidelibus.

Pervenit[1] ad nos, quia, quod ad timorem incutiendum, ne aliquis bonum denarium, id est merum et bene pensantem, reicere audeat, more praedecessorum nostrorum pro generali utilitate regni nostri commendavimus[2], aliqui missi ad hoc constitutum exequendum minus intelligentes devotionem voluntatis nostrae et obsequentes intentioni suae voluntatis quasdam adinventiones, quod multum Dominus detestatur, et in mallatione et in exactione intromittunt; cum in eo, quod ad regni utilitatem iubetur et agitur, non privata contra generalem utilitatem commoditas neque aliquod turpe lucrum, quod in christiana religione et in regia dignitate aut in missorum fidelium sinceritate non condecet, se debet ullo modo miscere. Propterea necessarium duximus, ut commendationem nostram ex hoc scribere rogaremus, quae ex more in nostro palatio apud cancellarium retineatur[3] et inde per missos nostros dirigatur, ut nemo per ignorantiam, nemo per industriam ab ea valeat deviare. Unde volumus, quia et timor utilis et consideratio misericors et discretio moderata in hac commendatione nostra est necessaria propter paupertatem hominum, quia necesse fuit in istis temporibus coniectum de illis accipere et ad navium compositionem et in Nort-

1) *Cfr. J. H. Müller, Deutsche Münz-Gesch. I, p.* 118*sqq.* 2) *Cfr. Cap. miss. Attiniac.* 854, *supra p.* 278, *c.* 9. 3) *Cfr. Cap. Silvac.* 853, *supra p.* 274, *c.* 11.

862. mannorum causa[4] pro regni, sicut res coniacet, salvamento, ut omnes cognoscant, qui non quaestum inhonestum, sed publicam regni utilitatem quaerimus. Salva constitutione et inpostmodum iure firmissimo permanente, quae in capitulari avi et patris nostri ex hoc scripta habetur[5], quilibet Francus homo convictus, quia bonum denarium, id est merum et bene pensantem, post hunc bannum nostrum eiecerit, medietatem Francilis banni componat. De colonis autem et servis cuiuslibet potestatis, si in civitatibus vel mercatis aliis deprehensus aliquis fuerit denarium reicere, missus rei publicae provideat, ut, si non invenerit illum denarium merum et bene pensantem, ut cambiare illum mercanti iubeat. Si autem illum denarium bonum invenerit, consideret aetatem et infirmitatem et sexum hominis, quia et feminae barcaniare[6] solent, et aut ictibus, prout viderit competere, aut minutis virgis cum ratione et discretione illum, qui denarium bonum reiecit, castiget, quatenus et ceteri timorem habeant et homo crudeliter non damnetur. Et qui post hunc praesentem bannum inventus fuerit pro tali correptione non castigatus, habeat missus rei publicae in civitatibus et in mercatis denarium sic affectatum, ut deprehensum in fronte denario calefacto salvis venis taliter coquat[7], ut ipse homo et ceteri castigentur et homo non pereat et videntibus signum castigationis ostendat. Missi autem nostri colonos et servos pauperes cuiuslibet potestatis non mallent nec bannum Francilem solvere cogant, sed advocatus eorum non cum aliqua nova adinventione, sed quia de sua advocatione coloni vel servi contra bannum nostrum bonum denarium, id est merum et bene pensantem, reiecerint, sicut lex est, malletur. Et unusquisque advocatus pro[a] omnibus de sua advocatione, si suo sacramento eos inculpabiles de hoc banno nostro reddere non potuerit, unum tantum integrum bannum componat in convenientia, ut[b] cum ministerialibus, de sua[c] advocatione quos invenerit contra hunc bannum nostrum fecisse, sicut supra diximus, cum necessaria et moderata discretione castiget. Et si causa exegerit, ut advocatus de uno solo colono vel servo malletur, quia contra bannum nostrum fecerit, nolumus, quia nec lex est, ut, sicut audivimus aliquos interprendere, advocatus Francus suam legem, sed coloni vel servi de sua advocatione legem componat: nisi forte ipse eum in hoc induxerit, qui contra nostrum fecerit bannum.

Hanc autem nostram de praesenti tempore constitutionem salva inpostmodum, ut diximus, ex hoc praedecessorum nostrorum constitutione et in palatio nostro et in civitatibus et in mallis atque in placitis seu in mercatis relegi, adcognitari et observari mandamus.

a) pro omnib. *om.* 1. b) Cetera desunt 2, *omissis reliquis.* c) *Explic.* 3. 4; hic deest folium *in marg. cfr. infra p.* 303, *lin.* 2 *sq.*

4) *Cfr. Ann. Bertin. ad a.* 861, *ed. Waitz p.* 54 *sqq.; Dümmler, Ostfränk. Reich II*², *p.* 26 *sq.* 5) *Anseg. IV,* c. 30, *tom. I, p.* 441. 6) *negotiari, licitando cunctari, franco-gallice: barguigner; cfr. Ducange s. v. barcaniare; Diez, WB. d. rom. Spr. I, s. v. bargagno.* 7) *Cfr. Cap. de moneta c.* 820, *tom. I, p.* 299, *c.* 5; *Brunner, RG. II, p.* 589.

---

272. CAPITULA PISTENSIA.

862. m. Iun.

Quae sequuntur capitula nobis tradita sunt in his libris: 1) *Vatic. Palat.* 582 *fol.* 110[v]. 2) *Paris.* 9654 *fol.* 105[v]. 3) *Vatic. reg. Christ.* 980 *fol.* 35. 4) *olim Paris.* 4761, *tum Ashburnh. Barrois* 73 *fol.* 1. 5) *apud Sirmondum, Caroli Calvi Capitula p.* 257.

6) *in editione principi Surii, Concilia generalia et provincialia III, p.* 486. *Praeterea* 862. *leguntur in cod. Middlehill.* 10190 *fol.* 149. *et ultima quidem pars inde a verbis:* et expressius a nobis *(infra p.* 310, *lin.* 13) *in apographis codicis Bellovacensis, scilicet: in Vallicell. C.* 16 *fol.* 55ᵛ. *et Vatic.* 4982 *fol.* 128.

Qua de causa vero capitulare editum sit, cum ex ipso apparet, tum ex Ann. Bertin. ad a. 862, *ed. Waitz p.* 58, *ubi haec leguntur:* Karolus . . . omnes primores regni sui ad locum qui Pistis dicitur, ubi ex una parte Andella *(Andelle)* et ex altera Audura *(Eure)* Sequanam influunt, circa Iunii Kalendas cum multis operariis et carris convenire facit, et in Sequana munitiones construens, ascendendi vel descendendi navibus propter Nortmannos aditum intercludit . . . . ad Pistis, quo placitum simul et synodum *(de causa Rothadi)* ante condixerat, redit et inter operandum de sanctae ecclesiae ac regni negotiis cum fidelibus suis tractat.

Propter tenorem capitis quarti Schrörs, Hinkmar v. Reims p. 235, *not.* 72. *recte coniecit Hincmarum Remensem auctorem capitularis fuisse; cfr. etiam quae exposui in* '*NA.*' *XVIII* (1893), *p.* 307, *not.* 2. *(B. II,* 153; *P.* 477.)

In nomine sanctae et individuae trinitatis. Karolus gratia Dei rex et episcopi, abbates quoque et comites ac ceteri in Christo renati fideles, qui ex diversis provinciis[a] super fluvium Sequanam in locum, qui Pistis dicitur, ubi exigentibus peccatis nostris aliquandiu sedes fuit[b] Nortmannorum[c 1], convenimus anno incarnationis dominicae DCCCLXII[d], anno vero XXII. regni domni nostri Karoli regis gloriosi, indictione X.

Cap. 1. Reges et episcopi, qui ante nos fuerunt, ducti amore et timore divino cum ceterorum fidelium Dei consilio atque consensu plura statuerunt capitula providentes, qualiter sancta Dei[e] ecclesia statum debitum et honorem et regni habitatores in omni statu et ordine haberent legem atque iustitiam. Nos etiam[f] pro qualitate rerum et oportunitate temporum quaedam huic causae convenientia capitula superaddidimus. Sed diabolo satagente supervenientibus perturbationibus tam a paganis, quam a nominetenus christianis miserabiliter excitatis, incepta bona defecerunt, et in tantum in hoc regno mala horribilia increverunt, ut in nobis videamus et sentiamus completum, quod olim est per prophetam praedictum: 'Terram[2] vestram in conspectu vestro alieni devorant, et erit sicut[e] in vastitate hostili', et 'pervenit[2] gladius usque ad animam; quoniam[3] alieni insurrexerunt in nos et fortes quaesierunt animas nostras[g] et non proposuerunt Deum ante conspectum suum'; contra quos defensionem paravimus, sed defensionis auxilio, sicut necesse fuerat, hactenus adiuti non sumus. Unde compellente cordis dolore nobis est exclamandum, quod rex bonus obsidionis angustia tribulatus exclamavit dicens: 'Dies[4] tribulationis et blasphemiae dies iste. Venerunt filiae usque ad partum, et vires non habet parturiens'. Haec omnia vidimus, sensimus et dolemus; quia, cum hostes irruerunt, defensores nostri parati[h] sunt, sed ad praeparata non convaluerunt; quia illum Spiritum sanctum, qui requievit super adiutorem[i] in oportunitatibus, in tribulatione, Christum dominum[k] nostrum, et quem per impositionem manus episcopalis in consignatione accepimus, contristatum malignis operibus a nobis effugavimus, spiritum scilicet consilii et forti-

a) principiis 6. b) fuerat 1. c) Normannorum 2. 4. d) DCCCLXIII. 1—4. 6. e) *om.* 6. f) autem 4. g) vestras 6. h) praeparati 6. i) auditorem 6. k) Deum 2. 5.

1) *A.* 855; *cfr. Dümmler, Ostfränk. Reich I², p.* 423; *II², p.* 26 *sqq.* 2) *Esai.* 1, 7: Regionem vestr. coram vobis. — *Hierem.* 4, 10. 3) *Psalm.* 53, 5. 4) 4. *Reg.* 19, 3.

862. tudinis: quem quia ita, ut nobis necesse fuerat, non habemus, ideo contra inimicos nostros stare viriliter et vincere fortiter non valemus. Quae utraque sibi necessario sunt coniuncta, quia neque virtus sine consilio nec consilium sine virtute utilis[l] esse potest. Quid igitur prosunt, qui per consilium praeparantur, dum ad praelium per fortitudinem[m] non procedunt? 'Filiae[n 4] quippe usque ad partum veniunt', quando apta consilia usque ad desiderium efficiendi operis procedunt; sed virtutem non habet parturiens, quia, dum infirmus quisque consilia concipit, haec ad utilitatem aliquantam[o] per partum operis non producit, videmusque[p] impletum, quod a[q] Domino[q] est ante praedictum populo contra voluntatem suam facienti: 'Anathema[5] in medio tui: non poteris stare coram inimicis tuis'; qui[r] contra placatus placentibus sibi dixit: 'Nullus[6] stabit contra vos'. Sed et[s] ideo terram nostram in conspectu nostro alieni devorant, quoniam alienos a Deo diabolos effugata gratia sancti Spiritus in animas nostras recepimus. Ideo terra[t] nostra deserta est sicut in vastatione hostili, quia flores et fructus fidei, spei et caritatis et humilitatis et castitatis et sobrietatis ac ceterarum virtutum ab agro[u] cordis nostri devastavimus et pro illis spinas vitiorum et urticas peccatorum et cicutas[v] vanitatis in nobis ipsis etiam laborantes, ut inique agamus, non increscere[w] solum[x], sed[y] incrementare cum studio fecimus. Ideo habitatores terrae occisi et fugati sunt, quia nos ipsos peccati gladio occidimus et omnia bona, quae nobis Dominus sive in[s] intellectu naturali sive in doctrina sive in divitiis sive in honoribus sive in familiaritatibus, quas nobis contulit apud nobis potentiores, ad carnis voluptates[s] convertimus et nos et[s] omnia, quae nobis Dominus dedit, ab illius voluntate, pro qua nobis facienda illa donavit, avertimus. Quod unusquisque potest in seipso recognoscere, si etiam de singulis membris suis cogitaverit[a], quid fecit et quid facit[b], quod Deus ad operandam suam salutem donavit. Et sicut de membris corporis[c] inveniet apud seipsum, ita de membris animae poterit invenire, quae per spiritalia[d] vitia dispergit atque disperdit, et spiritales in se virtutes a Deo sibi conlatas aut effugat aut conculcat. Ideo ecclesiae et villae incensae sunt, quia ignis avaritiae et rapacitatis atque invidiae et adulteriorum ac ceterarum immunditiarum non solum per naturalem sexum, sed etiam per eum sexum, qui est contra naturam, sine poenitentia et sine resipiscentia in nobis exarsit et ardet. Et quoniam illum spiritum, qui super humilem et quietum et sermones suos trementem[e] requiescit, per superbiam et inobedientiam ac praesumptionem a nobis expulimus, ideo sanctorum ac protectorum nostrorum corpora de sepulchris suae requietionis effossa sunt. Et quia nos spiritui maligno iuxta[f] Dei permissionem[f] potestatem habenti et super nos ascendenti non resistimus, ut fugiat a nobis, idcirco servi et ancillae Dei de locis suis expulsi sunt, et nos de quiete coelestis paradisi et de consortio coelestis ecclesiae, id est angelorum sanctorum, eiecti sumus, nisi per dignos poenitentiae fructus ad haec, unde cecidimus, redeamus. Et quia nos tales efficimus[g], de qualibus[h] Dominus per prophetam dixit: 'Causa[7] viduae non ingreditur ad eos'; quia[i] sic[i] apud nos est facta venalis iustitia, ut ad eam nemo possit pervenire, nisi viam[k] ei aperuerint munera, ideo vota fidelium et pretia peccatorum, quae sacris locis conlata[l] fuerunt, propter peccata nostra de hoc regno sunt penitus exportata, et vendentes iustitiam et veritatem et in his scilicet ipsum Christum, qui est nobis a Deo factus

l) utile 6. m) fortitudine, *om.*, per 5. 6. n) filii 6. o) aliquam 4. p) videamusque 4. q) ad nos 5. 6. r) quo 1. 3. 4. s) *om.* 4. t) contra 3; terram 4. u) ara 5. 6. v) cunctas vanitates 5. w) decrescere 6. x) *om.* 5. 6. y) et *add.* 6. z) voluntatem 6. a) cogitat 5. 6. b) per id *add.* 6. c) corporalibus 2. d) spiritualia 6. e) trementes 6. f) iusta Dei permissione 4—6. g) efficimur 6. h) quibus 6. i) quasi 5. 6. k) eam 6. l) collocata 6.

5) *Ios.* 7, 13. 6) *Deuter.* 11, 25. 7) *Esai.* 1, 23.

iustitia, et qui dixit: 'Ego[8] sum[m] veritas'. nisi digne poenituerint, cum Iuda traditore 862.
Christi aeterna expectant incendia. Et quia sanguis sanguinem tetigit, id est culpae culpis adiunctae sunt et, sicut scriptum est, 'adulterium[9] et homicidium et mendacium et furtum et periurium inundaverunt' et 'iniquitates[10] nostrae supergressae sunt capita nostra'. ideo nobiles nostri et de episcopali ordine[n] et de aliis ordinibus interierunt, et capti cum maximo detrimento et regni et ecclesiae sunt aut redempti aut interempti. Et quia nos per peccata nostra a terra viventium peregrinati sumus, ideirco, sicut scriptum est, 'propheta[11] et sacerdos ierunt in terram, quam ignorabant.' Et post haec omnia pius pater, cuius multis miserationibus non sumus consumpti, 'quia[12] non defecerunt miserationes eius', materna pietate nos flagellat et expectat, ut ipsa vexatio donet intellectum auditui nostro, quia illa credere noluimus, quae per scripturas nobis se illaturum promisit, si illius voluntatem non fecerimus[o]. Et ostendit nobis in exterioribus vastationibus, quae de interioribus depopulationibus intelligere debeamus, et[p] intellecta[q] ad illum redeamus et[r] credamus, quia[s] iterum nobis in scriptura multipliciter promisit. Inter quae veraciter, sicut[t] veritas, dixit: 'Revertimini[13] ad me, et ego revertar ad vos;' et: 'Quare[14] moriemini in peccatis vestris?' Et quia non credidimus promittenti, credamus tandem[u] aliquando vel iuranti: 'Vivo[14] ego, dicit Dominus, nolo mortem peccatoris, sed ut convertatur et vivat;' et 'nisi[15] conversi fuerimus,' sicut iam videmus, 'gladium suum vibravit[v], arcum suum', id est vindictam, 'tetendit et paravit' ad exercendam duriorem vindictam; sicut item de reprobis dictum[w] est: 'Ignis[16], sulphur et spiritus procellarum pars calicis eorum,' et hoc, quod videmus et sentimus, pars et[x] vindictae: quia maiora et plura et graviora venient super nos, nisi fuerimus conversi, ut scriptum est: 'Pugnabit[17] pro[y] eo orbis terrarum contra insensatos.' Unde, sicut dicit apostolus, 'sicut[18] exhibuimus membra nostra arma iniquitatis peccato ad serviendum immunditiae et iniquitati, ita exhibeamus membra nostra servire iustitiae in sanctificationem.' Quia 'stipendia[18]', id est retributio, 'peccati mors; gratia autem Dei' pro nobis operibus ipsa donata est 'vita aeterna'. Et sicut, quando solemus de istis frequentibus itineribus reverti ad mansiones nostras detonsi et delavati[z] cum drappis et calciamentis depannatis, et[a] tunc nos reficimus et reparamus, ita vel nunc reparemus nos per cor contritum et humiliatum et per confessiones ex puro corde et per benignitatem mentis et per concordiam cum Dei voluntate, quia per discordiam et regnum istud temporale imminutum et pene desertum et aeternum regnum perditum habemus, quia nec omnes reges esse possumus nec regem super nos a Deo constitutum — quia[b], sicut scriptum est, 'imposuit[19] homines super capita nostra' — habere sustinemus non attendentes, quia, sicut dicit apostolus, 'non[20] est potestas nisi a Deo, et qui potestati resistit, Dei ordinationi resistit'; quoniam Deus, qui essentialiter est 'rex[21] regum et dominus dominantium', participatione[c] nominis et numinis Dei, id est potestatis suae, voluit et esse et vocari regem et dominum pro honore et vice sua regem[d] in terris. Et sicut archangelus, qui nunc est diabolus, cum suis sequacibus, quia per humilitatis subiectionem conditori suo subditus esse noluit et per aequalitatem[e] caritatis coangelis

m) via, veritas et vita 6. n) ordinatione 6. o) facerimus 5. 6. p) ut 5. q) iis intellectis 5. 6. r) et cred. *om.* 5. 6. s) qui 5. 6. t) sic 5. 6. u) tamen 5. v) vibrabit 5. w) scriptum 6. x) *ita* 1—5; est 6. y) cum illo 6. z) decalvati 6. a) *om.* 5. b) qui 6. c) partitione 6. d) *om.* 6. e) coaequalitatem 6.

8) *Ioh.* 14, 6. 9) *Osea* 4, 2. 10) *Psalm.* 37, 5. 11) *Hierem.* 14, 18. 12) *Hierem. Lamentat.* 3, 22. 13) *Malach.* 3, 7. 14) *Ezech.* 33, 11. 15) *Psalm.* 7, 13. 16) *Ibid.* 10, 7. 17) *Sap.* 5, 21. 18) *Rom.* 6, 19. 23. 19) *Psalm.* 65, 12. 20) *Rom.* 13, 1. 2. 21) 1. *Timoth.* 6, 15.

862. suis socius esse despexit, de coelo cecidit, ita et illi, qui potestati a Deo constitutae propter Deum et in Deo subiecti esse nolunt et pares vel coaequales in regno habere non sufferunt, per quam debitam subiectionem et parilem aequalitatem Dei amici et angelorum consortes esse poterant, subiecti diabolo et[f] Dei inimici constituuntur. Quapropter de diabolo scriptum est: 'Ipse[22] est rex super universos filios superbiae;' et illius subiectis Dominus, 'apud[23] quem non est vicissitudinis obumbratio', quandiu in ipso malo perseverant, semper in evangelio dicit: 'Vos[24] ex patre diabolo estis;' non quia a diabolo sint facti aut generati, sed quia diabolum sunt[g] imitati. Reparemus ergo nos per poenitentiam et confessionem et per eleemosynas unusquisque secundum possibilitatem suam; et quantum quisque se recognoscit a Deo aruisse per culpas, tantum bibat compunctionis suae lacrimas. Et tunc proficient in aqua ista, quas facimus, firmitates, si[h] per bona opera restruxerimus, quas in nobis destruxerunt[i] peccata, virtutum munitiones. Quae et tunc proficient, si mala, quae fecit quis prius, prout potuerit, emendaverit aut rapta solvendo aut per indulgentiam deprecando aut[k] mala cetera per dignam poenitentiam abolendo. Et tunc proficient, si inante se[g] custodierit, ne de illis se sordidet, de quibus se emundavit[l], quia scriptum est: 'Lavamini[25], mundi estote. Auferte malum cogitationum vestrarum ab oculis meis, dicit Dominus. Quiescite agere perverse, discite benefacere;' quia qui se bonis operibus et lacrimis et orationibus a peccato mundat et iterum gravia peccata perpetrat, talis est, ut sanctus Petrus[26] dicit, sicut porcus[m], qui se lavat[n] in luto, et sicut canis, qui remanducat vomitum suum, et timere debet, ne ipsas lacrimas in conspectu Dei reddat immundas, per quas mundari potuit a peccatis. Quae non dicimus, ut, si iterum aliquis ceciderit post confessionem in peccatum[o], ut[f] in peccatis quasi desperatus iaceat, sed ut a peccatis, quantum potest, se caveat. Et si fragilitate ceciderit, quia scriptum est: 'Numquid[27], qui cadit[p], non adiiciet, ut resurgat?' dicat: 'Nunc[28] coepi', et per immutationem dexterae excelsi semper per poenitentiam resurgat, ne illum ultimus dies in peccatis inveniat et sine fine perditus fiat.

2. Unde, quia solent medici, quando generalis[q] infirmitas[r] vel morbus in terram venit, generalem medicinam conficere, unde omnes possint sanari, ita nunc communiter hanc medicinam cooperante et mediante[s] Domino statuimus ad recuperandam et conservandam sanitatem nostram, ne et in isto seculo gravius affligamur et in futuro seculo, quando de isto corpore exierimus, aeternis tormentis cruciemur: id est, ut[29] unusquisque episcopus in sua parochia et missi in illorum missaticis et comites in illorum comitatibus cum maximo studio et summa diligentia curam habeant, ut, quicunque raptores et depraedatores[t] ibi[u] sunt, cuiuscunque homines sint, ad rationem deducantur, ut[v] secundum legem quae ibi male facta habent emendent aut solvant secundum legale placitum aut per indulgentiam sibi impetrent perdonari. Et episcopi secundum qualitatem et quantitatem peccatorum absque acceptione personarum rapacibus et his similibus vitiis nominatis et convictis poenitentiae leges iniungant inspecta discretione et qualitate, prout cuique ad salutem viderint expedire. Ad quae specialiter exequenda quaedam de pluribus capitulis praedecessorum regum et synodalium hic ponere dignum et[g] necessarium[g] duximus commonentes episcopos,

f) *om.* 5. g) *om.* 5. 6. h) si bona destruxerimus 2; si bonas restr. 5. i) distraxerunt 6. k) atque 6. l) emendavit 5. 6. m) sus quae 6. n) iactat 2. 5. 6. o) peccatis 6. p) *ita codd.;* dormit *Bibl.* q) genera infirmitatum 2. 6. r) infirmitas vel *om.* 3. 4. s) medicante 5. t) praedatores 6. u) ubi 5. 6. v) et 5. 6.

22) *Iob* 41, 25. 23) *Iac.* 1, 17. 24) *Ioh.* 8, 44. 25) *Esai.* 1, 16. 17. 26) 2. *Petr.* 2, 22. 27) *Psalm.* 40, 9. 28) *Ibid.* 76, 11. 29) *Cfr. Cap. Carisiac.* 857, *supra p.* 286, *c.* 3–5.

missos[w] et[x] comites, ut illa capitula[30], quae inde ante hos annos in unum collecta 862. fuerunt et in Carisiaco[y] episcopis et missis nostris per universum regnum nostrum ad exequendum donavimus, sed et illa[31], quae consensu fidelium nostrorum fieri iussimus, quando cum[z] fratre[z] nostro Hlothario glorioso imperatore[a] apud Valentianas locuti fuimus, et fidelibus nostris denuntiari et observare[b] praecepimus, ad praesentiam reducant et illa relegant. Et quia haec pauca hic brevitatis causa subscripsimus, in talibus rebus, quae eis advenerint ad emendandum et hic inde capitula[c] non invenerint, per illa et per alia capitula regia et synodalia, quae emendanda sunt et emendanda perviderint[d], emendare procurent. Si vero et iuxta diabolicam calliditatem et secundum humanam fragilitatem nova quaecunque acciderint, quia nova morborum genera nova quaerunt medicamentorum experimenta, morem sequentes praedecessorum nostrorum sancti Spiritus gratia illustrati contra venena diaboli ministrare curabimus medicinalia antidota Christi.

3. Communi placito constituimus, ut usque ad missam sancti Remigii, id est Kalendas Octobris, spatium habeant illi, qui in istis temporibus istas depraedationes et alia malefacta criminaliter et publice fecerunt, ut inde[e] apud Deum[f] et apud eos, quibus male fecerunt, se pacificent. Et quisquis hoc non fecerit, bannum nostrum dupliciter componat, scilicet et[g], quia[h], postquam illas[i] rapinas et alia malefacta in Carisiaco[32] et postea apud Confluentes[33] cum dilecto fratre nostro Hludowico glorioso rege et nepote nostro Hlothario forbannivimus[k], et post istum bannum per consensum omnium factum illa emendare, sicut eis[l] spatium dedimus[34], noluerunt, et omnia, quae commiserunt, legaliter componere compellantur et per publicam poenitentiam secundum sacros canones Deo et ecclesiae, in quam peccaverunt, satisfaciant. Quibus si obedire noluerint, aut per fideiussores ad praesentiam nostram perducantur, aut omnia, quae in regno nostro habent, in bannum nostrum[m] mittantur, et episcopali auctoritate a communi ecclesiastica et omnium fidelium societate excludantur.

4. De honore autem ecclesiarum ac servorum Dei et de rapinis atque aliis malis seu praesumptionibus ab ista die et in reliquum compescendis capitula avi et patris nostri temporibus constituta hic subiungere et, ut omnimodis observentur, ex banno nostro praecipere dignum et necessarium duximus. Scriptum est enim in illis capitulis: 'Si[35] quis infra regnum rapinam fecerit aut cuiquam nostro fideli eiusque homini aliquid vi abstulerit, in[n] triplo, cui aliquid abstulit[n], legibus componat, et insuper bannum nostrum, id est sexaginta solidos, nobis persolvat. Postmodum vero ante nos a comite adducatur, ut in bastonico vel[36] in alio carcere trusus, usque dum nobis placuerit, poenas luat. Nam si publice actum fuerit, publicam inde agat poenitentiam[37]; quoniam "raptores[37]", ut ait apostolus, nisi veram egerint poenitentiam, "regnum Dei non possidebunt". Qui vero de rebus ecclesiarum aliquid abstulerint, gravius inde iudicentur; quia sacrarum rerum ablatio sacrilegium est, et sacrilegus vocatur, qui ex eis aliquid abstulerit aut rapuerit[o]. Extorres namque a liminibus sanctae matris ecclesiae tales personae usque ad satisfactionem ecclesiae, quam laeserunt,

w) *om.* 6. x) *om.* 5. y) Parisiaco 2. z) confratri 6. a) imperatori 6. b) observari 5. c) si *add.* 6. d) praeviderint 5; providerint 6. e) et *add.* 3. 4. f) Dominum 6. g) ut 5. h) *om.* 4. i) illis 2; *om.* 6. k) forbannavimus 6. l) illis 6. m) *om.* 6. n) in ... abstulit *om.* 5; abstulerit 6. o) abripuerit 6.

30) *Cap. Carisiac.* 857, *supra p.* 287 *sqq.* 31) *Cap. Silvac.* 853, *supra p.* 271 *sqq.* 32) *Cap. Carisiac.* 857, *supra p.* 286, c. 4. 33) *Conv. ap. Confluentes* 860, *supra p.* 158, *Adnunt.* c. 6. 34) *Cfr. ibidem p.* 156, c. 7. 35) *Bened. Lev. II*, c. 383; *cfr. Cap. Carisiac.* 857, *supra p.* 291, c. 11. *et Admonitio p.* 287, *unde omnes, qui sequuntur, loci sumpti sunt.* 36) vel in alio carcere *hic noviter addita sunt.* 37) *Cfr. supra p.* 291, *lin.* 7. — 1. *Corinth.* 6, 10.

862. sunt habendae atque firmiter denotandae.' Et item 'sanctus[38] Paulus, per quem locutus est Christus, dicit, quia "neque[39] rapaces neque homicidae neque adulteri regnum Dei possidebunt." Et item: "Si[40] quis fornicator est aut adulter aut rapax aut homicida, cum huiusmodi nec cibum sumere" Christi discipulo, id est christiano, licet ante satisfactionem, id est correctionem ac emendationem et dignam poenitentiam. Et sanctus Iohannes apostolus[41] talem salutare aut in domum recipere vetat.' Et sacri canones[p] Spiritu sancto per eos dictati, 'qui[38] in coelo cum Deo regnant et in terris miraculis coruscant, constituerunt dicentes: "Si[42] quis de potentibus clericum aut quemlibet pauperem aut religiosum exspoliaverit, et mandaverit ad ipsum episcopus, ut eum audiat, et is[q] contempserit, invicem mox scripta percurrant per omnes provinciae episcopos, quoscunque adire potuerint, ut excommunicatus habeatur, donec audiat et reddat aliena." Et de rebus ac facultatibus ecclesiasticis dicunt: "Si[43] quis oblationes ecclesiae extra ecclesiam accipere vel dare voluerit praeter conscientiam episcopi vel eius, cui huiuscemodi officia commissa sunt, nec cum eius voluerit agere consilio, anathema sit."' Et item[r] in capitulis avi et patris nostri scriptum est de his, qui in exercitu quoscunque secum ducunt, quod et nos infra[s] patriam volumus observare[t]. 'Deinceps[44] omnibus denuntiare volumus, ut unusquisque cognoscat omnes, qui in suo obsequio sunt[45], sive sui sint, sive alieni, ut ille de eorum factis rationem se sciat redditurum et[u], quicquid in pace violanda deliquerint, ad ipsius debeat[46] periculum pertinere; ea scilicet conditione, ut pacis violator primum iuxta facinoris qualitatem, sive coram nobis sive coram misso nostro, dignas poenas persolvat et senior, qui secum talem duxerit, quem aut constringere noluit aut non potuit, ut nostram iussionem servaret, et insuper in regno nostro praedas facere non timuerit, pro[v] illius neglegentia, si ante eum de his non admonuerit, et postquam neglegentia contemptoris ad eius notitiam pervenerit, eum corrigere, sicut decet, neglexerit, honore suo privetur, ut scilicet neuter illorum sine iusta vindicta remaneat.' Nos[w] autem episcopi evangelica et apostolica atque episcopali auctoritate seniorem et quemlibet regni potentem, si commonitus iuxta evangelicum praeceptum se suosque homines corrigere noluerit et, licet ipse talia non faciat, tamen, si sui vel in suo obsequio manentes talia fecerint, si eos non correxerit et emendari, quae faciunt, non obtinuerit eosque ad poenitentiam non perduxerit, ipse[47] excommunicetur secundum sacros canones, donec suos homines ad emendationem et poenitentiam reducat; quia melius iudicavimus illum excommunicari, per cuius fortiam[x] sui talia faciunt, quam omnes illos, qui nec Deum timent nec episcopos neque missos rei publicae propter eius fortiam[x] reverentur et excommunicati ipsi non corriguntur et alios suo morbo inficiunt: quia dicente apostolo 'non[48] solum, qui faciunt, sed[y] qui consentiunt facientibus, digni sunt morte;' non est liber a consensu, qui, quod emendare potest, emendare neglegit: quapropter sine dubio peccati se participem facit. Si autem ipse potens vel senior satisfecerit episcopo et missis regiis, quia suos homines ad emendationem et ad poenitentiam non potest adducere, sed seipsum[z] vult aut a talibus immunem[a] ostendere aut digne satisfacere et huiusmodi maleficos

p) a *add.* 6. q) eos 6. r) iterum 3 s) intra 6. t) observari 6. u) ut 6. v) per illius neglegentiam 6. w) vos 1. 2. 5. x) formam 5. y) et *add.* 6. z) ipsum 6. a) incommunem 5.

38) *Admonit. p.* 288. 39) 1. *Corinth.* 6, 10. 40) *Ibid.* 5, 11. 41) 2. *Ioh.* 10. 42) *Conc. Tolet. I, c.* 11, *Mansi III, col.* 1000. 43) *Conc. Gangr. c.* 7, *Mansi II, col.* 1107. 44) *Anseg. II, c.* 15, *tom. I, p.* 417 (*supra p.* 290, *c.* 4). 45) in tali itinere pergunt *Anseg.* 46) *Supra p.* 290, *c.* 4. 47) *Secundum verba:* Nos episcopi . . . seniorem *scribendum erat:* ipsum excommunicemus. 48) *Rom.* 1, 32.

a suo obsequio relcere et ut Dei inimicos persequi, tunc aut non excommunicetur, aut ab excommunicatione solvatur. Et item in capitulis imperatorum scriptum est: 'Comites[49] vero ministris[b] ecclesiae in eorum ministeriis, ut hoc plenius et de nostris et de se et de suis hominibus obtinere possint, adiutores in omnibus fiant. Et quicunque prima et secunda vice de his a comite admonitus non se correxerit, volumus, ut per eundem comitem eius neglegentia[c] ad nostram notitiam perferatur, ut nostra[d] auctoritate, quod in nostro capitulari continetur, subire cogatur.' Et item: 'De[50] pace in exercitali itinere servanda usque ad marcham hoc omnibus notum fieri volumus, quod quicunque auctorem damni sibi[51] inlati nominatim cognoscit, ut iustitiam de illo quaerat et accipiat.' Et item: 'Si[52] quis in exercitu vel[53] infra regnum sine iussione dominica per vim hostilem aliquid praedari voluerit aut foenum tollere aut granum sive pecora maiora vel minora domosque infringere vel incendere, haec ne fiant, omnino prohibemus. Quodsi ab aliquo praesumptiose factum fuerit, sexaginta solidis, si liber est, sit culpabilis, et omnia similia restituat, aut cum duodecim testibus se purget. Si vero servus hoc fuerit[54], sententia capitali subiaceat, et dominus omnia similia restituat, quia servum suum non correxit nec custodivit, ut talia non perpetraret; quoniam si nos ipsos comedimus, cito deficiemus. Unusquisque tamen custodiat exercitum suum, ne aliqua depraedatio infra regnum fiat.' Similiter[55] et collectas, quas Theodisca[e] lingua herizuph[f] appellant[g], et infractiones immunitatum et incendia et assalituras in domos et coniurationes et conspirationes et seditiones et raptus feminarum, sicut et divinae et humanae leges prohibent et praedecessores nostri reges prohibuerunt, firmiter ex banno nostro et nos prohibemus. 802.

Nos quoque episcopi auctoritate Dei et sacrorum canonum, sicut sancti pontifices DCXXX in Chalcedonensi concilio[56] conspirationem fieri prohibuerunt et sicut cetera concilia episcoporum huiusmodi perniciosa facta vetuerunt, et nos prohibemus; quia facientes illa per eorum iudicium, qui cum Deo iam in coelo regnant, et[h] a coelesti ecclesia et a christianorum societate separati sunt, nisi per dignos poenitentiae fructus ad hoc redeant, ut sanctae ecclesiae possint readunari. Similiter ut haec capitula, quae hic annotata sunt, ita per haec et illa omnia, quae in suprascriptis locis, scilicet in Carisiaco et apud Valentianas, collecta et constituta sunt, observari praecipimus et omnes communiter confirmamus:

'Si[57] autem aliquis quiscunque[i] inobediens extiterit, cum summa festinatione episcopi, comites et missi nobis[k] notum facere curent, ut quantocius ad nostram praesentiam illum venire iubeamus et dignam ultionem secundum iudicium fidelium nostrorum sustineat. Et[58] si, quod absit, talis emerserit, qui Dei timorem postponat et ecclesiasticam auctoritatem contemnat et regiam potestatem refugiat, sciat, quiscunque[l] ille fuerit, quia et secundum canonicam auctoritatem ab omnium christianorum coetu et a sanctae ecclesiae consortio et in coelo et in terra alienus efficietur et regali potestate atque omnium regni fidelium unanimitate sicut Dei et ecclesiae inimicus et regni[m] devastator[n] persequetur, usque dum a regno exterminetur. Et[59] si aliquis comes fuerit, qui hoc in suo comitatu fecerit aut ibi talia increscere per-

b) ministri 6. c) et *add.* 6. d) *om.* 6. e) theotisca 2. 3. 5; teutisca 4. f) herizup 1. 6; herizzup 4; herisub 2. g) appellat 6. h) *om.* 5. i) quicunque 6. k) nostri 6. l) quicunque 5. 6. m) Dei *add.* 6. n) vastator 5.

49) *Anseg. II, c.* 28, *tom. I, p.* 419 (*supra p.* 290, *c.* 5). 50) *Ibid. c.* 14, *l. c. p.* 417 (*supra p.* 290, *c.* 3). 51) praeterito anno *add. Anseg.* 52) *Bened. Lev. I, c.* 341 (*supra p.* 290, *c.* 10). 53) vel *om. id.* 54) fecerit capit. crimini *id.* 55) *Cfr. Cap. Silvac.* 853, *supra p.* 272, *c.* 3. 56) *Conc. Chalced. c.* 18, *Mansi VII, col.* 378. 57) *Cap. Carisiac.* 857, *supra p.* 287, *c.* 6. 58) *Ibid. c.* 7. 59) *Ibid. c.* 8.

862. miserit aut ipse illa non emendaverit aut nobis nota non fecerit, ut nostra auctoritas talia corrigat, sciat, quia talem sententiam inde sustinebit, sicut tempore antecessorum nostrum[o] consuetudo fuit. Episcopus[60] autem[r], secundum Toletani concilii capitulum septimum, 'ad quem pertinere noscuntur illi[61], qui talia contra Deum et ecclesiae pacem faciunt, si eos quolibet munere vel favore aut neglegentia admonere noluerit, ut[p] aut revertentes suscipiat aut contemnentes de ecclesia reiciat, excommunicatus[62] a collegio ceterorum episcoporum habebitur, quousque emendationis vel damnationis eorum ab eo sententia promulgetur.' Quoniam nisi communiter certaverimus, ut in omnibus iustitia[q] omnibus conservetur, nec rex pater patriae nec episcopi propitiatores et reconciliatores populi ad salutem aeternam nec, qui participatione nominis Christi christiani vocantur, hoc, quod humano ore dicimur, in divinis oculis esse valemus. Ut autem haec, quae observanda[r] supra scripsimus ac praenominavimus, nunc et de cetero certius et[s] expressius a nobis atque a successoribus nostris[t] inconvulsa serventur, propriis manibus his subscribere communi consensu decrevimus[u] ea conditione servata, ut, quia[t] omnes[v] in cunctis ordinibus a[w] regia ditione sibi expetunt competentia legis iura servari, regiae quoque potestati in cunctis ordinibus[w] lex iuris debiti et honor ab omnibus obedienter et fideliter cooperante Domino conservetur.

Post haec omnia relecta et conlaudata communi consensu decrevimus, ut, si aliquis homo propter mala facta, quae emendare et per legem et per poenitentiam noluerit, seniorem suum dimiserit aut ab illo propter haec eiectus fuerit, ab alio non recipiatur, donec illa, quae male fecit, emendet et per legalem compositionem et per ecclesiasticae satisfactionis poenitentiam.

o) *om.* 5. p) *ita omnes codd.;* et *Conc. Toletan.* q) et ab *add.* 6. r) *In litteris* obser *explicit* 3. s) *Hinc incipit Vallicell. C.* 16, *Vatic.* 4982. t) *om.* 6. u) *Explicit* 4. v) omnia 6. w) a regia . . . ordinibus *om.* 6.

60) *Conc. Toletan. VI, c. 7, Mansi X, col. 665.* 61) illi . . . faciunt *hic noviter addita sunt.* 62) simili sententia plectatur quousque *Conc. Toledan.*

HLUDOWICI, KAROLI ET HLOTARII II. CONVENTUS APUD SAPONARIAS.

862. Nov. 3.

Vide supra p. 159 *sqq.*

---

273. EDICTUM PISTENSE.

864. Iun. 25.

Legitur in his libris partim impressis, partim manuscriptis: 1) *apud Sirmondum, Caroli Calvi Capitula p.* 296, *codice Bellovacensi adhibito, cuius apographi sunt: Vatic. reg. Christ.* 291 *fol.* 113[v], *Vallicell. C.* 16 *fol.* 60[v], *Vatic.* 4982 *fol.* 131. 2) *Vatic. Palat.* 582

fol. 115. 3) *Paris.* 9654 *fol.* 110. 4) *Paris.* 5095 *fol.* 122. 5) *in fragmentis Monacensibus Clm.* 29084. *signatis;* 6) *Londin.* 22398 *fol.* 55v. 7) *Monac.* 3853 *fol.* 280v. 7b) *Paris.* 3878 *fol.* 159, *qui rubricas tantum in indice titulorum praebet;* 8) *Middlehill.* 10190 *fol.* 165. *Codd.* 2—8. *praebent tantum capitula* 1—37, *infra p.* 312 *sqq.; in cod.* 5. *exstant: c.* 1—20. *med., c.* 27. *med.*—29. *med., c.* 33. *s. fine*—34. *med.; in* 7. *(7b): c.* 5. 22. 25. 32. 34. *Inscripta sunt capitula in* 5*:* Karolus gratia Dei. Capitula Karoli maioris; *in* 6*:* Capitula constituta in placito ad Pistis habito anno XXV. regni Karoli gloriosi regis; *in* 8*:* Capitula domni Karoli regis iunioris in Pistis facta. *Ipsum edictum (B.) praecedit Karoli adnuntiatio (A.) et subsequitur eiusdem regis epilogus (C.).* 864.

De conventu autem, quo edictum constitutum est, praebent Annales Bertiniani (ed. Waitz p. 72) haec: Karolus Kalendas Iunii in loco, qui Pistis dicitur, generale placitum habuit. In quo annua dona, sed et censum de Brittannia ... recepit, et firmitates in Sequana, ne Nortmanni per idem fluvium possint ascendere, ibidem fieri iubet. Capitula etiam ad triginta et septem consilio fidelium suorum more praedecessorum ac progenitorum suorum regum constituit et ut legalia per omnem regnum suum observari praecepit; *cfr. etiam Dümmler, Ostfränk. Reich II², p.* 106, *not.* 1.

(B. II, 173*; P.* 188.*)*

(A.) Adnuntiatio domni Karoli apud Pistas.

1. Multas gratias vobis agimus de vestra fidelitate et de vestra bona voluntate, quam semper erga nos in omni adiutorio et obsequio demonstratis, sicut vestri antecessores erga nostros antecessores demonstraverunt; et quia pacem, quam iam praeterito tertio[a] anno hic communiter confirmavimus[1] et adcognitari fecimus, secundum quod causa in quibusdam locis coniacuit, etsi non omnes, sicut desideravimus, tamen ex maiori parte observastis, et quia pleniter et cum pace ad hoc nostrum placitum convenistis.

2. Et quia bonam voluntatem vestram in istis et in aliis videmus et experti sumus, fiducialius vos commonemus, ut et de ipsa pace observanda et de istis operibus, quae contra Dei et sanctae eius ecclesiae et nostros communes inimicos Nortmannos incepimus[2], sine defectu et lassatione viriliter laboretis scientes, qualiter nobis placuisset, si istas firmitates hic factas habuissemus, quando in tali angustia, sicut experti estis, ad Meldis[3] contra eos communiter laboravimus, unde nos Deus, sicut suae misericordiae placuit, manifesto suae clementiae indicio adiuvavit.

3. Et quoniam illa, quae iam tertio anno hic una cum consensu et consilio fidelium nostrorum constituimus et vobis adcognitari fecimus, libenter audisse et suscepisse comperimus, quae nunc etiam ad nostram communem salutem et pacem atque honorem hic fidelium nostrorum consensu atque consilio constituimus, vobis per scriptum nota facere volumus, ut illa plenius audire et ad illud scriptum recurrendo, quod in singulis comitatibus dari et relegi atque haberi praecipimus, firmius retinere et certius observare possitis. Quae etiam ab episcopis vel eorum ministris per singulos comitatus de eorum parochiis aperto sermone, ut ab omnibus possint intelligi, tradi volumus[4].

---

a) *om.* 1*; adest in Christ., Vallicell., Vatic.; cfr. c.* 8*:* quae iam tertio anno.

1) *A.* 862*; supra nr.* 272. 2) *A.* 862*; cfr. Ann. Bertin. ed. Waitz, p.* 58. 3) *Eodem anno; cfr. ibid. p.* 57. 4) *Cfr. Constit. Carisiac.* 861, *supra p.* 302, *lin.* 33 *sq.*

864. ## (B.) EDICTUM.

Karolus[b] gratia Dei rex. Notum esse volumus omnibus Dei et nostris fidelibus, quoniam haec, quae sequuntur, capitula nunc in[c] isto placito nostro[b] anno ab incarnatione domini nostri[d] Iesu Christi[d] DCCCLXIV, anno[e] videlicet regni nostri ipso propitio[e] XXV[f], indictione XII[g], VII.[h] Kalend. Iulias[i] in hoc[k] loco, qui dicitur Pistis, una[k] cum[l] fidelium nostrorum consensu atque consilio constituimus et cunctis sine[m] ulla refragatione per regnum nostrum observanda mandamus[n].

Cap. 1. Primo[o] consideravimus de honore ecclesiarum et sacerdotum ac servorum Dei et immunitate rerum ecclesiasticarum, ut nullus sibi de ipsis rebus contra auctoritatem praesumat; et 'comites[p, 5] episcopis et ministris ecclesiae in eorum ministeriis[6] adiutores in omnibus fiant', sicut in capitulari praedecessorum ac progenitorum nostrorum continetur, in secundo libro, capitulo XXIII; et quicunque comitum vel ministrorum rei publicae haec, quae mandamus, observare neglexerit, si[q] prima[7] et secunda vice de his admonitus[7] non se correxerit, volumus, ut neglegentia comitis ad nostram notitiam per episcopos et per[r] missos nostros deferatur et aliorum neglegentia per comites ad nostram notitiam perferatur, ut nostra auctoritate, quod in capitulari praedecessorum nostrorum[s] continetur, subire cogantur.

2. Post[t] haec de[8] orfanorum et viduarum causis et de regalibus iustitiis et summopere de raptoribus puellarum et viduarum[9] et sanctimonialium[u] et de his, qui presbyteros flagellare praesumunt, et qui[s] presbyteros[v] de ecclesiis sine episcoporum consensu[w] eicere vel recipere aut censum de manso vel ex his, quae domnus et genitor noster in suis capitularibus ecclesiis in inmunitate[x] concessit, exigere[y] non timent, et qui censa de rebus ecclesiasticis ad ecclesias persolvere detrectant, ut firmiter a missis et comitibus nostris inquirantur et acriter distringantur et plena iustitia inde fiat[z], secundum quod in capitularibus avi et patris nostri[a] statutum[a] habetur; et ipsi contemptores legum, divinae scilicet et humanae, ad nostram praesentiam legaliter perducantur[b], ut inde consilio[c] fidelium Dei ac nostrorum commendemus, quid[d] de talibus hominibus[e] sit faciendum, qui nec Deum timent nec contra sanctos[f] canones facere nec legem et praeceptum regium infringere pertimescunt, salva censura ecclesiastica et episcopalis poenitentiae vindicta.

3. Ut[g] lex et iustitia unicuique in suo ordine omnibus[h] conservetur, et pacem, quam proxime teste Deo propriis manibus communi consensu confirmavimus[i], quando hic placitum nostrum habuimus, sic omnes et infra patriam et quando ad placitum unusquisque venerit et quando redierit et quando necessitas nobis evenerit, ut hostem nostrum[i] adnuntiemus[k], usque constituta loca secundum consuetudinem et capitula praedecessorum nostrorum[10] observare procuret. Et qui contra hanc confirmationem per contemptum venerit aut[l] quantocius[m], quod contra hanc confirmationem[n] exces-

b) Karolus ... nostro *om.* 7. 7*b*. c) *om.* 2. 3. d) nostri ... Christi *om.* 7. 7*b*. e) anno ... propitio *om.* 7; regnante Karolo *in indice* 7. 7*b*. f) anno *add.* 7. 7*b*. g) XXII. 5. h) VI. 3. i) Iulii 6. 7. 7*b*. k) *om.* 7. 7*b*. l) cum consensu fid. nost. 7. 7*b*. m) per reg. nost. sine 7. 7*b*. n) mandavimus 7. 7*b*. o) Quod servandum sit honor ecclesiis Dei et ministris earum *rubr. in* 6. p) comitis 6. q) in *add.* 2. r) *om.* 6. s) *om.* 5. t) De causis orfanorum et viduarum et, quid de rationibus agendum sit, et his, qui ministris ecclesia *(sic)* violentiam inferunt *rubr. in* 6. u) sanctarum monialium 4. v) eos 3. w) *om.* 4. x) immunitatem 6. y) exire 5. z) faciat 6. a) nostris tantum 5. b) perducatur 5. c) consilium 6. d) qui 5. e) in omnibus 2. f) sacros 5. g) Quid de his agendum sit, qui pacem servare contempserint et rapinam fecerint *rubr. in* 6. h) omnibus 6. i) nostram 4—6. k) denuntiemus 2. 6. l) ut 5. m) quanto cuius 4. n) *om.* 1.

5) *Anseg. II, c.* 23, *tom. I, p.* 419. 6) ut hoc plenius et de nostris et de se et de suis hominibus obtinere possint *add. Anseg. l. c.* 7) a comite ammonitus non se correxerit, volumus, ut per eundem comitem eius neglegentia ad nostram notitiam perferatur, ... quod in nostro capitulari continetur, subire cogatur *Anseg. l. c.* 8) *Cap. Silvac.* 853, *supra p.* 272, *c.* 2. 9) causis *hic rectius omittitur.* 10) *Cfr. Conv. ap. Confluent.* 860, *supra p.* 158, *Adnunt. Hlud. c.* 6.

sum[o] fuerit, emendare neglexerit, ab episcopis et missis ac[p] comitibus nostris hoc nobis nuntiari[q] mandamus, quatenus tantum[r] Dei et nostrum ac totius christianitatis contemptum[s], sicut secundum leges divinas et humanas invenerimus, emendare curemus, ne ipso nostro iudicio a Deo, quod absit, condemnati simus. Et videant episcopi et missi ac comites nostri, ne[t], si[t] contra nostram communem confirmationem aliquis per contemptum fecerit[u] et emendare noluerit[v], per alium, quam per illos, qui ad hoc[w] constituti sunt, hunc contemptum[u] sciamus; quoniam si per alium, quam per illos hoc[r], sicut non convenit, audierimus, sicut nec ipsi immunes a peccato erunt, sic nec ab ultione[x] immunes existent. 864.

4. Volumus[y] et expresse mandamus comitibus nostris, ut, sicut in XXIV. capitulo secundi libri capitulorum decessorum nostrorum continetur[z], 'vassalli[11] nostri nobis et[12] nostrae coniugi[a] famulantes condignum apud omnes honorem habeant, sicut a[b] genitore nostro et a nobis saepe admonitum est'; et sicut ipsi volunt se a nobis honoratos tenere, ita et nobis famulantibus, sicut consuetudo fuit tempore antecessorum nostrorum[c][13], debitum honorem exhibeant.

5. Volumus[d] et expresse comitibus nostris mandamus[e], ut[b] villae nostrae indominicatae, sed et villae de monasteriis, quae et[f] coniugi nostrae et filiis ac filiabus nostris concessa atque donata habemus, quaeque sub immunitate consistunt, cum salvamento et debita reverentia in comitatibus illorum[g] consistant[h]. Sed et quae homines nostri ac illorum illarumque, qui[i] sine ulla differentia et nostri[k] sunt[l], cum salvamento et debito honore habere possint. Et non ignorent neque obliviscantur comites ac missi nostri nos[m] scire[m], quod dominorum dominus de se dicit: 'Honorificantes[14] me honorificabo et, qui contemnunt me, inhonorati erunt.'

6. Et[n] quoniam humana fragilitas proclivior est ad contra[o] iustitiam faciendum[o], quam ad iustitiam exequendum[p], et diabolus semper certat, ut fragilitati[q] humanae oculos mentis claudat, ne castigationem Dei[r] videat et semetipsam[s] emendet, sicut ad nos perventum est[t][15], quidam leves homines de istis comitatibus, qui devastati sunt a Nortmannis, in quibus res et mancipia et domos habuerunt, quia nunc ibi mancipia et domos non habent, quasi licenter malum faciunt; quia[u], sicut dicunt, non habent[u], unde ad iustitiam faciendam[v] adducantur, et quia non habent domos, ad quas secundum legem[16] manniri et banniri possint, dicunt, quod de mannitione vel bannitione legibus comprobari et legaliter iudicari non possunt. Contra quorum malas insidias consensu et consilio fidelium nostrorum statuimus, ut comes missum suum ad illam terram, in qua domos[w] habuit[x], mittat et eum[y] bannire et mannire iubeat. Et quoniam lex consensu populi et[z] constitutione regis[17] fit, Franci iurare debent[a], quia secundum regium[b] mandatum nostrum[c] ad iustitiam reddendam vel

o) excussum 2. p) a 5. q) renuntiari 6. r) *om.* 4. s) conceptum 6. t) nisi 6. u) fecerit ... contemptum *om.* 6. v) ne *add.* 2. 4. 5. w) huc 4. x) ultiones, *om.* immunes, 5. y) Quod honorandi sint vasalli regis et regine ab omnibus *rubr. in* 6. z) ut *add.* 2. a) coniugis 5. b) *om.* 5. c) meorum 1. d) Quod debeant comites precipue salvare villas regales *rubr. in* 6. e) mandavimus 7. f) *om.* 2. 4. 5. 7. g) eorum 2. 7. h) consistent 4. i) quae 4. 6; vel qui *superscr.* 4. k) nostris, *om.* sunt, 3. 7. l) *hic* possident *vel simile supplendum est.* m) *om.* 7. n) Quomodo ad iustitiam reddendam veniant, qui dicunt res proprietatis sue a Nortmannis vastatas *rubr. in* 6. o) iniusticiam faciendam 3. p) exequendam 1. 3. q) fragilitatis 5. r) *om.* 6. s) semetipsum 2. 3. 5. 6. t) quod *add.* 2. u) eo quod non habeant 3. v) *om.* 3. w) quis *add.* 1. x) habent 3. y) eos 3. z) fit et const. reg. 3. 4. a) debeant 1. b) regium ... vel (*lin.* 1) *om.* 5. c) *om.* 3.

11) *Anseg. II, c. 24, l. c. p.* 419. 12) et nostrae coniugi *noviter addita sunt.* 13) *Cfr. tom. I, p.* 307, *not.* 18. 14) 1. *Reg.* 2, 30. 15) *Cfr. Brunner, RG. I, p.* 379 *sq.* 16) *Lex Sal.* 1, 3; *cfr. J. Grimm, RA. p.* 843 *sqq.* 17) *Cfr. Boretius, Beiträge z. Capitularienkritik p.* 8 *sqq.*; *Brunner l. c. I, p.* 287.

864. faciendam legibus[d] bannitus vel[b] mannitus fuit; et sic ipsae[e] res illi[f] iudicio scabiniorum in bannum mittantur, et, si[g] necesse fuerit, ipse in[h] forbannum mittatur, qui[i] ad iustitiam reddendam venire noluerit[i]. Et[18] mandet comes, qui hoc executus fuit, alteri comiti, in cuius[k] comitatu res et[k] mancipia habet, quid[l] inde factum habeat; et[l] ex nostro verbo illi mandet, ut[m] per illa, quae in suo comitatu habet, illum distringat, quatenus ad iustitiam reddendam[f] vel[f] faciendam ad[n] suum comitatum redeat.

7. Audivimus[o] etiam, quia huiusmodi leves homines in aliis comitatibus depraedationes et iniustitias faciant et ad illum comitatum, in quo commanent et in quo illas malitias non faciunt, factis malitiis in aliis comitatibus reveniunt. Unde mandamus et[p] comitibus nostris expresse praecipimus[r], ut illi comites, in quorum comitatibus tales[q] homines[r] iniustitias[s] faciunt[t], illis comitibus hoc mandent, in quorum comitatibus[q] refugium habent[u], et una mente unoque consensu[t] et uno certamine ad tales homines comprehendendo[v] se erigant et decertent, ut ecclesiae Dei et ministri eius et servi Dei ac populus pacem et quietem habere possit.

8. Ut[w] [19] denarii ex omnibus monetis meri ac bene pensantes, sicut et[x] in capitulari[y] praedecessorum ac progenitorum nostrorum regum libro quarto, XXXII.[z] capitulo continetur[20], in omni regno nostro non reiciantur[a] usque ad missam sancti Martini. Et in omnibus civitatibus et vicis ac villis, tam nostris indominicatis, quam et in[b] his, quae de immunitate[c] sunt vel de comitatibus[21] atque hominum nostrorum, sive cuiuscunque sint, per omne[d] regnum nostrum a iudicibus nostris et ab eis, quorum villae sunt, una cum ministris rei publicae secundum quantitatem locorum et villarum tanti ac tales de ipsis incolis et inibi[e] manentibus constituantur, qui inde[f] providentiam habeant, ne[g] boni denarii reiciantur et non nisi meri et bene pensantes accipiantur.

9. Ut[h] illi[i], qui ex hac causa providentiam habebunt, sacramento iurent, quod, sicut eis ex hac causa iniunctum fuerit, quantum scierint et potuerint, debeant fideliter observare, et illum[k] hominem, quem[k] scierint merum et bene pensantem denarium reicere, non debeant celare, sed ministris rei publicae eum debeant notum facere. De quo sacramento quicunque comprobatus fuerit periuratus, et secundum legem mundanam ut periurus puniatur[l], sicut in capitulari decessorum ac progenitorum nostrorum continetur in fine capituli decimi ex tertio libro[22], et secundum legem ecclesiasticam[m] publicae poenitentiae[23] subigatur.

d) legaliter 3. e) illae 4. f) *om.* 3. g) sic 5. h) *om.* 4. i) quia iusticiam reddere noluit 3. k) cui comitatus et 6. l) quid ... et *om.* 6. m) et 2. n) in 1. 3. o) Quid de his agendum sit, qui aliubi malitias faciunt, ubi vero manent, nil mali operantur *rubr. in* 6. p) *om.* 2. 3. q) tales ... comitatibus *in marg. suppl.* 2. r) *om.* 1. s) iustitias 3. 6. t) faciunt uno consensu 3, *med. des.* u) habeant 5. v) comprehendentes 2. w) Usque ad quem terminum moneta praeterita currere debeat *rubr. in* 6. x) *om.* 2—4. 6. y) capitulare 5. 6. z) *ita* 1—3; XXII. 4—6; *cfr. autem not.* 20. a) recipiantur 6. b) *om.* 1; de 6. c) immunitatis, *om.* sunt, 6. d) omnem 5. 6. e) ibi commanentibus 3. f) in 5. g) nec 6. h) Quid agendum sit de his, qui bonos recipiunt denarios *rubr. in* 6. i) illic 5. k) illi hominis, qui 6. l) puniantur 5. m) sanctam 3.

18) *Cfr. Cap. Silvac.* 853, *supra p.* 273, *c.* 7. 19) *De capp.* 8—24. *cfr. Soetbeer in 'Forsch. z. D. Gesch.' VI, p.* 9—22; *J. H. Müller, D. Münz-Gesch. I, p.* 115 *sqq.* 20) *In Ansegisi lib. IV, c.* 30, *tom. I, p.* 441, *quod hic allegatur, verba tantum fiunt de multa illorum Francorum, qui denarios bonos recipere nolunt; terminus missae sancti Martini* (11. *Novemb.*), *usque ad quem monetae antiquae non reiciendae erant, constituitur in lib. II, c.* 18, *l. c. p.* 418. 21) *Cfr. Waitz, VG. IV*², *p.* 296, *not.* 1. 22) *Anseg. III, c.* 10, *l. c. p.* 426. 23) *Sc.: septem annorum; cfr. Poenitent. Columbani B, c. V, Wasserschleben, Bussordnungen p.* 356.

10. Ut[n] ab ipsa missa sancti Martini per omne[o] regnum nostrum non nisi istius nostrae novae[p] monetae meri et bene pensantes denarii accipiantur. Et 'quicumque[24] ab illa die alium denarium negotiandi causa protulerit, a comite et a[q] ministris eius auferatur[r] ab eo', sicut[s] in libro capitulorum secundo, decimo[t] octavo capitulo continetur[s]. 864.

11. Ut[u] in[v] denariis novae nostrae monetae ex una parte nomen nostrum habeatur in gyro[w] et in medio nostri nominis monogramma, ex altera vero parte nomen civitatis et in medio crux habeatur[25].

12. Sequentes[x] consuetudinem praedecessorum nostrorum, sicut in illorum capitulis invenitur, constituimus, ut[26] in nullo loco[y] alio in omni regno nostro moneta fiat, nisi in palatio nostro et in Quentovico[z 27] ac Rotomago[a], quae moneta ad Quentovicum[b] ex antiqua consuetudine pertinet[c], et in Remis et in Senonis et in Parisio et in Aurelianis et in Cavillono[d] et in Metullo[28] et in Narbona[e 29].

13. Ut[f] hi, in quorum potestate deinceps monetae[g] permanserint, omni gratia et cupiditate seu lucro postposito fideles monetarios[30] eligant, sicut[h] Dei et nostram gratiam volunt habere. Et ipsi monetarii iurent, quod ipsum ministerium, quantum scierint et potuerint, fideliter faciant. Et mixtum denarium et minus, quam debet[i], pensantem non monetent nec monetari[k] consentiant. Et sine ulla fraude et absque malo ingenio contra eos, quorum argentum ad purgandum acceperint, ipsum argentum exmerent et sine fraude tam in pensa, quam in purgatione denarios concambient. Contra quod sacramentum si quilibet fecisse reputatus[l] fuerit, iudicio Dei[m] se examinet: et si[n] contra hoc fecisse comprobatus fuerit, — quia non maiorem fraudem facit[o], si mixtum denarium et minus, quam[m] debeat, pensantem monetaverit, quam[p] si in[p] purgatione et[p] concambio argenti per malum ingenium fraudem de[q] argento[r] rei publicae et[r] de[s] argento rerum ecclesiasticarum et de facultate pauperum fecerit[s t], — sicut constitutum est de falsis monetariis in libro IV. capitulorum, XXXIII.[u] capitulo[31], manum perdat, et ut sacrilegus ac pauperum spoliator publicae poenitentiae iudicio episcopali subiciatur. In[v] illis autem regionibus, in quibus secundum legem Romanam iudicia terminantur, iuxta ipsam legem culpabilis iudicetur[32].

14. Ut[w] in proximis Kalendis Iulii per hanc duodecimam indictionem habeat in Silvanectis[x] civitate[33] unusquisque comes, in cuius comitatu monetam esse iussimus, vicecomitem suum[34] cum duobus aliis hominibus, qui in eius comitatu res et

n) Quid agendum sit de his, qui post prefixum terminum de veteribus voluerint negotiari denariis *rubr. in* 6. o) omnem 5. 6. p) *om.* 6. q) *om.* 3. 4. 6. r) merces *add.* 3. s) sicut . . . continetur *om.* 3. t) *om.* 4. u) Quomodo nova moneta formari debent *rubr. in* 6. v) *om.* 5. w) giro 4—6. x) In quibus locis monete habeantur *rubr. in* 6. y) alio loco 3. 4. z) Quantovico *constanter* 3. a) Rotomagno 3. b) Uicum 5. c) pertinetur 6. d) Cavillonum 3. e) Arbona 3. 5. f) De fidelibus monetariis eligendis et quid his fieri debeat, si in posteores (?) inventi fuerint *rubr. in* 6. g) moneta permanserit 2. 3. h) et *add.* 3. i) debeat 6. k) aliis monetariis 3; monetarii 4. 6. l) repertus 3. m) Dei examinatus si comprobatus fuerit, qui non (*e* quia *corr.*) minorem (*e* maiorem *corr.*) denarium minusque quam 3. n) sicut 1. 2. o) fecit 6. p) et in 3. q) de arg. *om.* 3. r) argento . . . et *om.* 6. s) ecclesiarum et pauperum facultate intulerit 3. t) fecerint 6. u) *ita* 1—3; XXVIII. 4—6; *cfr. not.* 31. v) ex 1. w) De regis camera accipiendas quinque argenti libras ad monetandi initium et eadem pensa ibi restitu[en]dis *rubr. in* 6. x) Silvanectensis 4.

24) *Anseg. II, c.* 18, *l. c. p.* 418. 25) *Nummorum imagines praebet Gariel, Monnaies royales de France II, tabl. XXV—XXXVII. eorumque descriptionem p.* 208—254. 26) *Anseg. III, c.* 13, *l. c. p.* 427: ut nullo alio loco moneta sit nisi in palatio nostro; *cfr. Capp.* 808, *l. c. p.* 140, *c.* 7. 27) *Cfr. supra p.* 24, *not.* 34. 28) *Melle, in pago Pictavensi.* 29) *Cfr. Soetbeer l. c. p.* 12. 49. 30) *Cfr. Soetbeer l. c. p.* 14 *sq.; Waitz, VG. IV², p.* 99. 31) *Anseg. IV, c.* 31, *l. c. p.* 441. 32) *Cod. Theod. IX,* 17. 18 *(Lex Rom. Vis. ed. Hänel p.* 190 *sq.).* 33) *Senlis.* 34) *Cfr. Brunner, RG. II, p.* 173.

864. mancipia vel beneficia habeant, et suum monetarium cum ipsis habeat[y], quatenus[35] ibi accipiant per manus suas de camera nostra ad opus uniuscuiusque monetarii de mero argento cum pensa libras[z] quinque, ut habeat, unde initium monetandi possit incipere: et pensam argenti, quam ex camera nostra accepit[a], per manus eorum, per quas[b] illud accepit[b], sabbato ante initium quadragesimae in monetatis denariis in praefato loco et[c] cum ipsa[d] pensa[e], cum qua argentum acceperat, unusquisque monetarius in nostra camera reddat.

15. Ut[f] nullus more solito pro ullo lucro vel avaritia hoc leviter accipiat, sed omnes ab ipsis Kalendis Iulii argentum suum in constitutis monetis concambiari faciant scientes, quia post missam sancti Martini nulli alii denarii in regno nostro, nisi istius novae nostrae monetae recipientur[g] et ab ipsis Kalendis Iulii ipsi novi denarii ab omnibus accipiantur. Et 'quicumque[36] liber[o] homo[o] ab[37] ipso[h] die denarium merum[i] novae[38] nostrae monetae in regno nostro reiecerit', sicut in praefato libro et capitulo regio continetur, 'bannum nostrum, id est solidos sexaginta, componat. Si vero servi ecclesiastici aut comitum aut vassallorum nostrorum hoc facere praesumpserint', quia in praefato capitulari continetur: 'ut sexaginta ictibus vapulent', et hac occasione indiscreti[k] homines[l] modum in disciplina faciebant, constituimus cum[m] fidelium nostrorum consensu atque[o] consilio[o], ut, quorumcumque coloni et servi pro hoc convicti fuerint[n], non[o] cum grosso[p] fuste, sed nudi cum[o] virgis vapulent[q]; et in civitatibus[r] atque vicis seu villis episcopi per suos ministros vel[s] presbyteros providentiam una cum rei publicae ministris accipiant, ne et in[o] hac causa modus[t] disciplinae transgrediatur, sed taliter fiat, qualiter et homines castigentur[s], et quasi[u] pro intentione vel occasione[u] castigationis disciplinam facientes[v] peccatum non incurrant et disciplinam sustinentes in[w] corpore suo[w] debiliores[x] non fiant. Quodsi quis hoc mandatum nostrum transgressus fuerit, nobis ab episcopis nuntietur, quatenus taliter castigetur, ne deinceps mandatum nostrum quemquam delectet contemnere. Et 'si[o][36] dominus[39] vel[y] magister[y][40], qui liber[z] est[z], aut advocatus talium hominum eos[40] vel comiti vel misso nostro ad[41] disciplinam sustinendam contradixerit vel misso nostro[41] iussus praesentare noluerit, praedictum bannum sexaginta solidorum componat', sicut in praedicto capitulari habetur.

16. Ut[a], si aliquis homo a[y] proximis Kalendis Iulii de hac nova nostra moneta mixtum vel minus, quam debeat, pensantem denarium invenerit, constringat eum, qui ipsum denarium ad negotiandum protulit, et ipse dicat, a quo eum accepit; et sic de manu ad manum veniat, usque dum ad falsitatis auctorem perveniatur. Et inventus mixti vel minus, quam debeat, pensantis denarii monetator in illa terra, in qua iudicia secundum legem Romanam terminantur, secundum ipsam legem iudicetur[32]; et in illa terra, in qua iudicia secundum legem Romanam non iudicantur, monetarius,

y) habeant 3. z) libris 6. a) acceperit 2; acceperint 3. b) *ita* 1. 2. 4—6; quos illud acceperint 3. c) *om.* 3. d) *om.* 4. e) impensa 3. f) Quid de his fieri debeat, qui novam monetam reiecerint *rubr. in* 6. g) accipientur 4. 5; accipiantur 6. h) ipsa 4. 5. i) *om.* 4. 6. k) In discretis hominibus 3. l) sic et per quem scriptum et corruptum *add.* 5 m) *om.* 5. 6. n) *om.* 1. 4—6. o) *om.* 6. p) grossa 1. q) vapulant 5. r) comitatibus 3. s) hec eadem faciant ne castigentur *(lin. 22)* 3. t) modis 6. u) qui in pretentione occasione 3. v) faciunt 3. w) in ... suo *om.* 3. x) debilios non fatiant 5. y) *om.* 3. z) *ita Bellovacensis Sirmondi*, 4. 6, *Anseg.*; quilibet, *om.* est, 1—3; quilibet est 5. a) Quid agendum, si denarius novae monetae non merus inventus fuerit *rubr. in* 6.

35) *Cfr. Soetbeer l. c. p.* 15 *sq.; Waitz, VG. IV²*, *p.* 97 *sq.* 36) *Anseg. IV, c.* 30, *tom. I, p.* 441. 37) ab ipso die *hic noviter addita sunt.* 38) et bene pensantem recipere noluerit *Anseg. l. c.* 39) dominus vel *des. ap. Anseg.* 40) magister eorum vel advocatus qui liber est eos *Anseg.* 41) ad ... nostro *des. ap. Anseg.*

sicut supra[42] diximus, falsi denarii manum dexteram perdat, sicut in quarto libro capitulorum continetur capite XXXIII[b]. Et[31] qui hoc consenserit, si liber est, LX solidos componat: si servus vel[43] colonus, nudus cum virgis vapulet[c][43]. 864.

17. Ut[d] diligenter comites et ministri rei publicae per[e] suos comitatus ac ministeria provideant, ne in[f] aliquo loco occulta vel fraudulenta moneta fieri possit. Et si inventus ac comprobatus quilibet fuerit fraudulentam[g] monetam percutiens[g], sicut constitutum est de falso monetario, ex praefato capitulari praedecessorum nostrorum 'manus[31] ei amputetur[h]. Et qui hoc consenserit, si liber est, sexaginta solidos componat; si servus vel[43] colonus, nudus cum virgis vapulet.'

18. Et[i] si falsus monetarius aut[e] de illis locis, in quibus monetam fieri iussimus, aut occulte[k] monetam percutiens aut denarium falsum de nova moneta ad negotiandum proferens, ut[e] constringi et puniri non possit[l], sicut est constitutum[44], in fiscum nostrum[l] vel in quamcumque[m] immunitatem aut alicuius potentis potestatem vel[e] proprietatem[e] confugerit, si[n] in nostrum confugerit[n] fiscum, requiratur a ministro nostro. Et si ille eum defenderit aut occultaverit, nuntietur nobis, quatenus ita[e] in eo secundum capitulare regium[45] vindicetur[o], ne ullus alius[p] unquam falsitatem nostra[q] auctoritate vel potestate consentire[r] aut defendere audeat. Si autem in immunitatem vel potestatem aut proprietatem[s] alicuius potentis confugerit, secundum quod in tertio libro capitularis, XXVI. capitulo continetur de eo[t], qui furtum aut homicidium vel quodlibet crimen foris committens infra immunitatem fugerit, inde fiat; id est: 'mandet[46] comes vel publicae[47] rei minister episcopo vel abbati[48] vel illi, quicumque locum[u] episcopi vel abbatis vel[v][49] abbatissae tenuerit vel[50] potentis[v] hominis, in cuius potestatem vel proprietatem confugerit[50], ut reddat ei reum. Si ille contradixerit et[w] eum reddere noluerit, in prima contradictione solidis quindecim culpabilis iudicetur. Si ad secundam inquisitionem eum reddere noluerit, triginta solidis culpabilis iudicetur. Si nec ad tertiam inquisitionem consentire voluerit, quicquid reus damni fecit, totum ille, qui eum infra immunitatem retinet nec reddere vult, solvere cogatur, et ipse comes veniens licentiam habeat ipsum hominem infra immunitatem quaerendi, ubicumque eum invenire potuerit. Si autem in prima inquisitione comiti responsum fuerit, quod reus infra immunitatem quidem fuisset, sed fuga lapsus sit, iuret, quod ipse eum ad iustitiam cuiuslibet disfaciendam fugere non fecisset, et sit ei in hoc satisfactum. Si vero intranti in[x] ipsam immunitatem vel[51] in cuiuslibet hominis potestatem vel proprietatem[51] comiti collecta manu quilibet resistere tentaverit, comes hoc ad regem vel[y] principem deferat, et ibi iudicetur. Et sicut ille, qui in immunitate damnum fecit, sexcentis solidis componi debet[z], ita qui comiti collecta manu resistere praesumpserit, sexcentis solidis culpabilis iudicetur.'

19. Ut[a] melius et commodius haec providentia de bonis denariis non reiciendis et de monetae falsae denariis custodiri possit, volumus, ut unusquisque comes de

b) *ita codd.; cfr. not.* 31. c) caedatur 3. d) Qua diligentia cavendum sit, ne fraudulenta moneta fiat, et de falsis monetariis *rubr. in* 6. e) *om.* 3. f) *om.* 4. g) fraudulentam ... percutiens *om.* 3. h) abscidatur 3. i) Quid agendum, si falsus monetarius in quacumque immunitate intraverit ad se liberandum *rubr. in* 6; Ut. k) occultam 6. l) potest eo quod in fisco nostro 3. m) quacumque 5. 6. n) si ... confugerit *om.* 6. o) iudicetur 1. p) *om.* 1. q) nostram 4. 6. r) consonare 3. s) proprii 6. t) his 4—6. u) *om.* 4. v) vel ... potentis *om.* 6. w) *om.* 5. x) *om.* 6. y) ad *add.* 6. z) debeat 5. 6. a) Omnia mercata describenda nuntiandumque regi, ut diffiniat, quot et in quibus locis haberi debeant *rubr. in* 6.

42) *In cap.* 13. 43) ut sexaginta ictus accipiat *Anseg.* 44) *Cfr. Cap. Silvac.* 853, *supra p.* 273, *c.* 7; *Waitz l. c. IV*², *p.* 300 *sqq.* 45) *Supra c.* 15. 17. 46) *Anseg. III, c.* 26, *l. c. p.* 428. 47) publ. rei minister *des. ap. Anseg.* 48) vel vicedomino *add. Anseg.* 49) vel abbatissae *des. ap. Anseg.* 50) vel ... confugerit *item.* 51) vel ... proprietatem *item.*

864. comitatu suo omnia mercata inbreviari faciat et sciat nobis dicere, quae mercata tempore[b] avi nostri[b] fuerunt, et quae tempore domni et genitoris nostri esse coeperunt, vel quae illius auctoritate constituta fuerunt, vel quae sine auctoritate illius facta fuerunt, vel quae tempore nostro convenire coeperunt, vel quae in antiquis locis permanent et, si mutata sunt, cuius[c] auctoritate mutata fuerunt. Et ipsum brevem unusquisque comes ad proximum placitum nostrum nobis adportet, ut decernere possimus[52], quatenus necessaria et utilia et, quae per auctoritatem sunt, maneant, quae vero superflua, interdicantur vel locis suis restituantur. 'Et[53] mercata die dominico in nullo[d] loco habeantur', sicut in primo libro capitulorum[e], capitulo CXXXVI.[f] habetur.

20. Ut[g] comes et[e] rei publicae ministri ac ceteri fideles nostri[h] provideant, quatenus 'iustus[54] modius aequusque sextarius' secundum sacram scripturam et capitula[55] praedecessorum nostrorum in civitatibus et in vicis et in villis ad vendendum et emendum fiat et mensuram secundum antiquam consuetudinem de palatio nostro accipiant[56], et non pro hac occasione a mansuariis[i] vel ab his[k], qui censum debent, maior modius, nisi sicut consuetudo fuit, exigatur. Et ipsi homines, qui per villas de denariis providentiam iurati habebunt[57], ipsi etiam de mensura, ne adulteretur, provideant, sicut in libro tertio capitulorum, capitulo XC. continetur[58]. Et si quis reputatus fuerit mensuram adulterasse et cum maiori modio vel sextario annonam vel vinum accepisse et cum minori mensura venundare, si liber homo est, aut secundum suam legem se inde sacramento idoneum[58] reddat, aut[l], si hoc[m] fecisse vel fieri iussisse aut consensisse[n] comprobatus fuerit, hoc, unde mensuram adulteravit, id est vinum et annona a ministris rei publicae tollatur ab eo; insuper[59] et bannum nostrum, id est solidos sexaginta, componat. Si autem colonus vel servus inde reputatus fuerit, aut iudicio Dei se inde[h] examinet, aut, si inde convictus fuerit, hoc, ut supra diximus, unde mensuram adulteravit, perdat; insuper et virgis nudo corpore[o] vapulet. Et sive liber sive colonus vel servus de hoc convictus fuerit, post legalem emendationem episcopale iudicium suscipiat, quia contra tale interdictum Domini fecit dicentis: 'Qui[60] pecuniam suam non dedit ad usuram'; unde regnum Dei sibi clausit, et infernum sibi aperuit. Quod peccatum inter illa criminalia peccata[h] computatur, de quibus dicit apostolus, quod, qui ea fecerit, 'cum[61] huiusmodi nec cibum sumere' christiano licet; et inde[p] sacri Nicaeni canones[62] clericos gradus[q] perdere iubent. Et de tali causa, unde seculares homines vitam perdunt, inde clerici ecclesiasticum[r] gradum amittunt. Ministri autem rei publicae se caute custodiant, ne pro hac occasione ducti cupiditate per aliquod malum ingenium a liberis hominibus vel colonis seu servis sua[s] iniuste tollant[s]: quia, si inde ad nos clamor venerit et inde convicti fuerint, sic iniustitiam istam exsolvent, sicut illi, qui in suo ministerio tortum[63] faciant. In illis autem regionibus, in quibus

b) tempore ... nostri *om.* 6. c) quo 5. d) ullo 6. e) *om.* 4. f) *ita Bellovacensis Sirmondi et rell. codd.*; CXLV. *corr.* 1; *cfr. not.* 53. g) De aequitate nec mensueri (*sic*) in aridis vel liquidis et de falsatoribus mensurarum *rubr. in* 6. h) *om.* 6. i) *Explicit* 5. k) aliis 6. l) quod si, *om.* hoc, 3. m) nec 6. n) aut *add.* 6. o) corio 2. 6 (*e* corpore *corr.*) *et Bellovacensis Sirmondi.* p) unde 4. 6. q) gradum 6. r) ecclesiastici 4. 6. s) sua ... tollant *om.* 6.

52) *Cfr. Brunner l. c. II, p.* 239 *sq.* 53) *Anseg. I, c.* 139, *tom. I, p.* 412. 54) *Levit.* 19, 36. 55) *Anseg. III, c.* 90, *l. c. p.* 434; *cfr. etiam Relat.* 829, *supra p.* 44, *c.* 54. 56) *Cfr. Waitz, VG. IV², p.* 76. 57) *Cfr. supra c.* 8. 58) *Cfr. supra p.* 266, *not.* 13. 59) *Cfr. Capp. legib. add.* 818. 819, *tom. I, p.* 285, *c.* 19: De adulteratoribus monetae (*Anseg. IV, c.* 31, *l. c. p.* 441), *ad cuius exemplum quae sequuntur ex parte composita sunt.* 60) *Psalm.* 14, 5. 61) 1. *Corinth.* 5, 11. 62) *Conc. Nic. c.* 17, *Mansi II, col.* 682. 63) *I. e.: iniustitiam; cfr. Du Cange s. v. tortus; Diez, WB. d. roman. Spr. I, s. v. torto; infra c.* 26.

secundum legem Romanam[64] iudicantur iudicia, iuxta ipsam legem committentes[t] talia 864.
iudicentur; quia super illam legem[t] vel contra ipsam legem nec antecessores nostri quodcumque capitulum statuerunt nec nos aliquid constituimus. Similiter per civitates et vicos atque per mercata ministri rei publicae provideant, ne illi, qui panem coctum aut carnem per deneratas[65] aut vinum per sextaria[u] vendunt, adulterare et minuere possint. Sed quantos mensurabiles panes in unaquaque civitate de iusto modio episcopi vel[v] abbatis[v] seu comitis[w] ministeriales[v] a pistoribus suis recipiunt, tantos mensurabiles panes de aequo modio a pistoribus, qui panem vendunt, fieri faciant; quodsi[x] inventi fuerint adulterare vel minorare, ut supra diximus, secundum suum modum culpabiles iudicentur. Homines[66] etiam, qui providentiam[y] habere debebunt, ne mancae mensurae fiant, si de[z] periurio, quod iuraverunt, quia hoc consentire non debuissent, revicti fuerint[z], secundum legem puniantur, sicut in fine capituli decimi ex libro tertio capitulorum habetur, et postea ab episcopo publicam poenitentiam de periurio accipiant.

21. Ut[a 67], quia per tres iam annos bannum pro reiectione bonorum denariorum perdonavimus, volumus, ut modo secundum discretionem, quam missis nostris commendavimus, rewadiatum persolvatur et, ubi rewadiatum non est, rewadietur et solvatur, quatenus et ex hoc et ex disciplina constituta ita constricti deinceps cessent[b] denarios bonos reicere. Et quoniam audivimus occasione accepta pro rewadiato[c] banno quosdam plus a pauperibus accepisse, quam bannus levet, hoc a missis nostris diligenter requiri[d] volumus. Et quicumque plus ab eis acceperunt[e], quam iussimus, cogantur illis restituere, et illos absque ulla excusatione ad praesentiam nostram missi nostri adducant, quatenus per nostram harmiscaram[f 68] ita castigentur, ne ulterius tali conludio[g] eos delectet opprimere pauperes.

22. Ut[h] a colonis, qui iam pro reiectione bonorum denariorum flagellati vel[i] flagellandi sunt, nulla alia exactio requiratur; et si ab aliquo eorum aliquid inde[k] acceptum fuit, a missis nostris cogatur restitui. Et qui beneficia vel alodes[l] in duobus vel tribus aut quatuor comitatibus habent et non habent in unoquoque comitatu, unde plenum bannum[m] valeant solvere[n], vel qui in uno tantum comitatu alodem vel beneficia[o] habent et non tantum ibi habent, unde plenum bannum valeant[n] solvere, missis nostris hoc notum faciant, et hoc[p] ab eisdem missis nostris diligenter inbrevietur[q] et nobis renuntietur, ut nostra discretione decernamus[r], qualiter et castigatio ex compositione fiat et homines ultra mensuram et[p] indebite[p] non graventur; 'quia[69]', sicut sancta scriptura dicit, 'non inde requirimus[s] datum, sed fructum', id est non inde requirimus inhonestum lucrum, sed regni ex castigatione profectum.*

*) *Cod.* 1. *hanc glossam in textu addit:* 'Turpe vel inhonestum est lucrum', ut Augustinus[70] exponit, 'per varias circumventiones et occasiones lucrandi causa inhoneste res quaslibet congregari.'

t) committentes ... legem *om.* 6. u) sextarium 6. v) *om.* 6. w) comites 3. x) quos si 2—4. y) super hoc *add.* 2—4. z) hoc consentisse revicti fuerint 3. a) Quid fieri debeat, si bannum pro reiectione denariorum rewadiatum fuerit *rubr. in* 6. b) essent 6. c) wadiato 6. d) inquiri 6. e) acceperint 2. 3. f) harmscaram 1; armiscaram 3. 6. g) concludio 3. h) Quid agi debeat de his, qui non habent in comitatu, unde plenum bannum debeant persolvere *rubr. in* 6. i) vel *om.* 7; vel flagellandi *om.* 3. k) *om.* 4. l) alodos 3; alodas 7. m) pannum possunt 7. n) solvere ... valeant *om.* 3. 7. o) beneficium 4. p) *om.* 7. q) inbrevientur 7. r) discernamus 4. 7. s) quaerimus 4.

64) *Cfr. Cod. Theod. XI,* 8, 3; *XII,* 7; *XII,* 6, 19 (*ed. Hänel col.* 1077. 1293*sq.* 1286). 65) *Id est: per portiones valentes denarios cfr. Du Cange s. v. denariata, denerata; franco-gallice: denrée; cfr. Diez l. c. I, s. v. denaro.* 66) *Cfr. supra c.* 9. 67) *Edict. Carisiac.* 861, *supra p.* 302, *lin.* 2 *sqq.* 68) *Cfr. Capp. post Conv. Confluent.* 860, *supra p.* 299 (*C.*), *c.* 4. 69) *Philipp.* 4, 17. 70) *Neque apud Augustinum neque apud Isidorum inveniuntur; cfr. autem Cap. miss. Niumag.* 806, *tom. I, p.* 132, *c.* 15.

861. Et non solum in pauperioribus[t], sed etiam in ditioribus considerare volumus discretionem, quam decessores nostri reges in quarto libro capitulorum posuerunt, capitulo[u] LVII.[v] decernentes: 'Ut[71] de debito', inquiunt, 'quod ad opus nostrum fuerit rewadiatum, talis[w] consideratio fiat, ut is, qui ignoranter peccavit, non totum secundum legem componere cogatur, sed iuxta quod possibile visum fuerit. Is vero, qui tantum mala voluntate peccavit, totam legis compositionem cogatur exsolvere.'

23. Ut[x] nullus deinceps in regno nostro[y] mixturam auri vel argenti ad vendendum facere vel consentire praesumat: et nullus a missa sancti Remigii, id est a proximis Kalendis Octobris, aurum vel argentum ad vendendum vel[z] emendum[z], nisi purificatum proferat. Et si quis inventus[a] fuerit post praefatas Kalendas Octobris aurum vel argentum vel quodcumque fabricinium ex[b] auro vel argento[b] mixtum ad vendendum vel[c] emendum[c] portare, a ministris rei publicae ipsum, quod portaverit, ab eo tollatur, et ipse per[d] fideiussores, si res et mancipia in illo comitatu non habet[e], ad praesentiam nostram cum ipso auro vel argento adducatur, ut nos inde commendemus, qualiter culpabilis iudicetur. Si vero res et mancipia vel mobile, per quae distringi legaliter possit, in ipso comitatu habuerit, secundum legem ad nostram praesentiam venire iubeatur. Et si quisquam inventus fuerit suum aurum vel argentum vel quodcumque fabricinium ex auro vel argento portare ad fabrum, ut purgetur, provideant rei publicae ministri, ne hac[c] occasione ab eo, quod suum fuerit, tollant. Quodsi fecerint et ad nos inde reclamatio venerit, sicut ille, qui tortum[03] in suo comitatu vel ministerio fecerit, in nostra[e*] vel fidelium nostrorum praesentia culpabilis iudicabitur. Faber vero, qui post praefatas Kalendas comprobatus fuerit aurum vel argentum ad vendendum vel emendum adulterasse vel misculasse, in illis regionibus, in quibus iudiciua secundum legem Romanam terminantur, iuxta illam legem[y] puniatur[32]; in aliis autem regionibus[d] regni nostri secundum capitulare[f] regium[72] sicut falsam monetam percutiens manum perdat. Et liber homo, qui hoc consenserit, sicut in praefato continetur capitulo, bannum nostrum, id est solidos sexaginta[d], componat; colonus vel servus nudus[g] cum virgis[h] flagelletur[g]. Si vero Iudaeus fuerit, ipsum, quod mixtum proferet[i], perdat, et bannum nostrum, sicut tempore praedecessorum nostrorum consuetudo fuit, componat.

24. Ut[k73] in omni regno nostro non amplius vendatur libra auri purissime[l] cocti, nisi duodecim libris[m] argenti de novis et meris[n] denariis. Illud vero aurum, quod coctum quidem[o] fuerit, sed non tantum, ut[p] ex eo deauratura fieri possit, libra una de auro vendatur decem libris argenti de novis et meris denariis. Et omnimodis provideant tam comites, quam ceteri omnes ministri rei publicae, ne aliqua adiectione vel fraude per occasionem aliquid amplius vendatur, sicut de suis honoribus volunt gaudere. Et quicumque hanc commendationem nostram aliquo ingenio infirmare vel fraudare seu aliter immutare inventus fuerit, si[72] liber homo fuerit, bannum nostrum, id est sexaginta solidos, componat; colonus seu servus nudus[q] cum virgis flagelletur[q].

t) pauperibus 4. 6. u) *om.* 7. v) *ita* 1. 2. 4. 6. 7; LVI. 3. w) et caetera 7, *om. reliquis.* x) Quod nulla fieri mixtura debeat in auro vel argento, et de his, qui hoc fecerint, qualiter puniantur *rubr. in* 6. y) *om.* 6. z) *om.* 3. a) post praef. Kal., *om.* Oct., inv. f. 2. 3. b) ex ... argento *om.* 3. c) *om.* 3. d) *om.* 6. e) habent 6. e*) vestra 6. f) regium capitulare 4. 6; regum capitulare 3. g) nudi ... flagellentur 3. h) virga 6. i) proferat 6; protulerit 2. 3. k) Quantum debeat vendi libra auri bene vel minus cocti *rubr. in* 6. l) purissimi 6. m) libras 1. n) novis 4. o) *om.* 4. p) *om.* 3. 4. q) nudi ... flagellentur 3.

71) *Anseg. IV, c. 56, tom. I, p.* 444. 72) *Anseg. IV, c.* 31, *l. c. p.* 441; *supra c.* 16. 17. 73) *Cfr. Soetbeer l. c. p.* 20*sqq.*

25. Ut[r], quoniam in praefatis capitulis continetur[s] in libro tertio, capitulo LXXV, 'ut[74] nullus sine permisso[t] regio bruniam vel arma extraneo dare aut vendere praesumat', et in eodem libro, capitulo VI. designata sunt[u] loca regni, usque ad quae negotiatores 'brunias[75] et arma ad venundandum portare et vendere debeant; quodsi inventi fuerint ultra portantes aut venundantes, ut omnis substantia eorum auferatur ab eis, dimidia quidem pars partibus palatii, alia[v] vero medietas inter missos regios et inventorem dividatur'; quia peccatis nostris exigentibus in nostra vicinia[w] Nortmanni deveniunt[x] et eis a nostris bruniae et arma atque caballi aut[y] pro redemptione dantur aut pro pretii cupiditate venundantur; cum pro redemptione unius hominis ista donantur vel pro pauco pretio venundantur, per hoc auxilium illis contra nos praestitum[z] et regni nostri maximum fit detrimentum et multae Dei[a] ecclesiae destruuntur et quamplurimi christiani depraedantur et facultates ecclesiasticae et regni exhauriuntur: propterea una cum consensu atque consilio nostrorum fidelium constituimus, ut[b], quicumque post proximas Iulii[c] Kalendas huius duodecimae indictionis Nortmannis[d] quocumque ingenio vel pro redemptione vel pro[e] aliquo pretio bruniam vel quaecumque arma aut caballum donaverit, sicut proditor patriae et expositor* christianitatis ad perditionem gentilitati sine[f] ulla retractione[g] vel[h] redemptione de vita componat. Quae omnia omnibus citissime a missis nostris et comitibus nota fiant[i], ne de ignorantia se excusare valeant. 864.

26. Ut[k 76] pagenses Franci, qui caballos habent vel habere possunt, cum suis comitibus[l] in hostem pergant; et nullus per violentiam vel per aliquod malum ingenium aut per quamcumque indebitam[m] oppressionem talibus Francis suas res aut caballos tollat, ut hostem facere et debitos paraveredos secundum antiquam consuetudinem nobis exsolvere non possint, neque comes neque aliquis minister rei publicae. Quodsi fecisse aliquis eorum comprobatus fuerit, sic hoc cogatur componere, sicut de illis est constitutum in capitularibus regiis[77], qui *tortum*[63] in suo comitatu vel ministerio faciunt.

27. Ut[n] iuxta[o] regium capitulare, quod domnus et genitor noster anno XVI.[p] regni sui capitulo VII.[q] constituit[78], comites vel 'missi nostri diligenter inquirant, quanti homines liberi in singulis comitatibus maneant, qui per se possunt expeditionem[r] facere, vel quanti de his, quibus unus alium adiuvet, quanti etiam de his, qui a duobus tertius adiuvetur vel[s] praeparetur[s], necnon de his, qui a tribus quartus adiuvetur et[t] praeparetur, sive de his, qui a quatuor *quintus adiuvetur et praeparetur*, ut expeditionem exercitalem facere possint, et eorum summam ad nostram notitiam deferant'; ut illi, qui in hostem pergere non[u] potuerint, iuxta antiquam et aliarum

*) *Cod.* 3. *pergit:* christianitatis et adiutor gentilium erroris[v]. Igitur pro tali venditione et ausu temerario volumus, ut venditor de vita componat et omnes res eius infiscentur. Ecclesiasticus vero Deo aut sacrata perpetuo exilio dampnentur.

r) Non debere arma vel brunias sive caballos Nortmannis vendere, et de indicio eorum, qui fecerit *rubr. in* 6; Et 1. 3. s) et *add.* 6. t) permissu 2. 3. u) *om.* 6. v) ali 6. w) terra 6. x) devenerunt 3. y) *om.* 3. z) praestatur 3. a) ecclesiae Dei 2; eccl. et Dei 3. b) *Initium capitis in* 7. c) Kalendas Iulii 2. 3; Iulii *om.* 7. d) Normannis 7. e) *om.* 4. f) si 6. g) retractatione 4. h) pro *add.* 6. i) faciant 6. k) Non debere pauperibus Francis res suas vel caballos per cuiusquam violentiam auferri, et quomodo puniri debeat, qui hoc fecerit *rubr. in* 6. l) armis 3. m) cupiditatem aut 3. n) Omnium summam Francorum in singulis comitatibus regi nuntiandam, et quid facere debeant paupores expeditione hostili *rubr. in* 6. o) qui iuxta 6. p) VII. 3. q) II. 3. r) *a litteris* peditionem *incipit iterum* 5. s) *om.* 3. t) ut 3. u) *om.* 4. 6. v) putandus *vel* existimandus *vel simile supplendum est.*

74) *Anseg. III, c.* 75, *l. c. p.* 433. 75) *Ibid. c.* 6, *p.* 426. 76) *Cfr. Boretius, Beiträge p.* 128 *sq.* 77) *Cfr. Cap. Carisiac.* 857, *supra p.* 287, *c.* 8 78) *Supra p.* 6 *sq. editum.*

864. gentium consuetudinem[79] ad[w] civitates novas et pontes ac transitus paludium operentur et in civitate atque[w] in marca[x] wactas faciant; ad defensionem patriae omnes sine ulla excusatione veniant[80]. Et qui de talibus hostem dimiserint, heribannum iuxta discretionem, quae[y] in progenitorum[z] nostrorum tertio libro capitulorum, capitulo XIV. continetur[81], persolvant. Et qui ad defensionem patriae non occurrerint, secundum antiquam consuetudinem et capitulorum constitutionem[82] iudicentur.

28. Ut[a] illi Franci, qui censum de suo capite vel de suis rebus ad partem regiam debent, sine nostra licentia[83] ad casam Dei vel ad alterius cuiuscumquo[b] servitium se non tradant, ut res publica, quod de[c] illis habere debet, non perdat. Quodsi aut seipsos aut res suas ad casam Dei aut ad alterius cuiuscumque servitium sine licentia nostra[d] tradere[e] voluerint, sicut in capitulari avi nostri continetur[84] de his, qui pro furto se in servitium tradere cupiunt, comites vel vicarii hoc eis non consentiant, sed ex banno nostro prohibeant[85]. Quod et[f] si contra bannum nostrum fecerint, ipsi, qui eos receperint, bannum nostrum, id est solidos sexaginta, componant[g]. Et si ipsos in servitio suo habere voluerint[h] vel[i] illorum res[i], de quibus census ad partem regiam exiebat[h], tenere voluerint, censum, quem[k] ipsi[l] Franci debebant vel[m] qui[k] de illorum rebus exire solebat[m], ad nostram regiam partem[l] componant, sicut in praefato capitulorum libro tertio, capitulis[n] XV. et LXXXVI. et[o] in libro IV, capitulo XXXVI.[p] habetur[86]. Et quia, sicut[q] in sacris[l] ecclesiasticis regulis invenitur, 'prior[87] observatio durior, posterior autem exigente[88] causa inclinatior' fuit, post haec praefata capitula decessorum et progenitorum nostrorum huiusmodi, sicut praediximus, Francis hominibus res suas ad casam Dei vel aliis tradere ac vendere eosque ad divinum servitium converti, si vellent, non prohibuerunt, sicut in capitulis libri primi, capitulis CXXXII.[r] et CXXXIV. et in libro II, capitulo XXXI.[s] et in libro IV,[t] capitulo XIX. continetur[89]. Si quis de talibus Francis de suis rebus tradere vel vendere voluerit, non prohibemus; tantum ut ius[u] regium, quod sibi debetur, sine ratione non perdat: quia iniustas consuetudines noviter institutas imponere cuique non volumus, quas[v] in quarto libro eorundem capitulorum prohibitas cap. XLVII.[w] legimus[90]. De illis autem[x], qui secundum legem[x] Romanam vivunt, nihil aliud, nisi quod in eisdem continetur legibus[91] definimus[y].

w) *om.* 3. x) marka 3; marcha 1. 2. y) quam 3. 5. z) genitorum 6. a) Quod neque ad cuiusquam servitium se ille tradere debent, qui censum sui capitis regi solvit, sine regali licentia, et quod bannum solvere debent, qui eum receperit *rubr. in* 6. b) cuiusque 4. c) *om.* 6. d) *om.* 1. e) tradiderint, *om.* voluerint, 3. f) *om.* 2—5. g) componat 4. h) [vo]luerint ... e[xiebat] *desunt in* 5, *folio absciso.* i) vel ... res *om.* 3. k) quod 4—6. l) *om.* 3. m) vel ... solebat *om.* 3. n) capitulo V. 5. o) *om.* 5. p) *ita omnes codd.; cfr. autem not.* 86. q) et *add.* 4. r) CXXXIIII. et CXXXVI. 3; *cfr. not.* 89. s) XXXII. 3. t) V. cap. XVIII. 3. u) iustum 6. v) quasi 5. w) XLV. 3. x) *om.* 4. y) diffinimus 4—6.

79) *Cfr. Waitz, VG. IV², p. 35 sq.* 80) *Cfr. Conv. ap. Marsnam I,* 847, *supra p.* 71, *Adnunt. Kar. c.* 5; *Cap. miss. Silvac.* 853, *supra p.* 273 *sq.*, c. 10; *Capp. propos.* 877, *infra nr.* 281, c. 10. 81) *Anseg. III, c. 14, tom. I, p.* 427. 82) *Cfr. Memor. Olonnae dat.* 822—823, *l. c. p.* 319, c. 18; *Widonis Cap. Pap.* 891, *supra p.* 108, c. 4; *Baldamus, Heerwesen p.* 51 *sq.*, *p.* 36; *Waitz, l. c. IV², p.* 581 *sq.*; *Brunner, RG. II, p.* 215. 83) *Cfr. Cap. miss. Theod.* 805, *tom. I, p.* 125, c. 15. 84) *Cap. Aquisgr.* 801—813, *l. c. p.* 172, c. 15; *cfr. ibid. c.* 6. 85) *Cfr. Brunner l. c. II, p.* 238. 86) *Anseg. III, c.* 15. 86; *IV, c.* 35, *l. c. p.* 427. 434. 442. 87) *Innocentii ep. ad Exuperium, Mansi III, col.* 1039, *c.* 2, *Jaffé, Reg. pontif. I², nr.* 293. 88) interveniente misericordia *l. c.* 89) *Anseg. I, c.* 135. 137; *II, c.* 31; *IV, c.* 18, *l. c. p.* 411. 412. 421. 438 *sq.* 90) *Ibid. IV, c.* 45, *l. c. p.* 443. 91) *Cfr. Cod. Theod. IV,* 18, 1; *XI,* 2 (*Lex Rom. Visig. ed. Hänel p.* 126. 221 *sq.*).

29. Ut[z] illi[a] coloni, tam[b] fiscales, quam et ecclesiastici, qui, sicut[b] in polypticis[92] continetur et ipsi non denegant[c], carropera[d][93] et manopera ex antiqua consuetudine debent[e] et margilam[94] et alia[f] quaeque carricare[e], quae illis non placent, renuunt[g], quoniam adhuc in[g] illis *antiquis temporibus forte margila*[h] *non* trahebatur, quae in multis locis tempore avi ac domni et[e] patris nostri trahi coepit[i], et de manopera in scuria[95] battere nolunt et[i] tamen non denegant, quia manoperam[k] debent[l], quicquid[m] eis carricare[n] praecipitur de[o] opera carroperae, quando illam facere debent[o], sine[p] ulla differentia carricent; et[q] quidquid eis de opera manoperae, quando illam facere debent, praecipitur, similiter sine[q] ulla differentia faciant. 864.

30. Ut[r], quoniam in quibusdam locis coloni, tam fiscales, quam et de casis Dei, suas hereditates, id est *mansa*[s], quae tenent, non solum suis paribus[t], sed et clericis canonicis ac villanis presbyteris et aliis quibuscumque hominibus vendunt et tantummodo sellam[96] retinent et hac occasione sic[u] destructae fiunt[v] villae, ut non solum census debitus inde non possit exigi, sed etiam quae terrae de singulis mansis fuerunt[w], iam non possint agnosci: constituimus, ut praecipiatur a nostris ministerialibus et a ministris ecclesiasticis, ut hoc nullo modo de cetero fiat, ne villae destructae atque confusae fiant: et quicquid de singulis mansis sine licentia dominorum vel magistrorum per quoscumque venditum est, recipiatur, et singulis mansis[u], de quibus terrae venditae sunt et de[x] quibus census decidit[y] propter eorum impossibilitatem, qui[z] mansa deservire non possunt, restituatur; et iuxta qualitatem[z] vel quantitatem terrae vel vinearum ad singulos mansos pertinentium, postquam[a] restaurati fuerint, ab unoquoque manso census ad partem dominicam exigatur.

31. De[b] adventitiis istius terrae, quae a Nortmannis[c] devastata[d] est, constituimus, ut, sicut in capitulari avi nostri Karoli imperatoris habetur[97], unusquisque comes de suo comitatu et nomina eorum et[e] qui sunt[f] eorum seniores describi faciant[g] et ipsos advenas, qui a tempore avi nostri atque a tempore domini et[e] patris nostri in[h] illorum comitatibus commanent[h], secundum consuetudinem, quae illorum temporibus fuit, eos ibi manere permittant. Illos vero, qui[i] persecutione Nortmannorum nuper de istis partibus in illas partes confugerunt, episcoporum missi[k] cum missis rei publicae taliter de illis[l] partibus in istas[m] partes venire[n] faciant, ut non opprimantur nec[o] aliquis[e] census vel quaecumque exactio ab illis exigatur[p][98]; et habeant[q] licentiam, quae in illis partibus suo servitio promeruerunt[r] vel quocumque iusto in-

z) Quod fiscales et ecclesiastici, qui profitentur carropera et manoperam, non possint se excusare, si ad margilam ducendam vel excusatione annone vocentur *rubr. in* 6. a) *om.* 3. b) et fiscalini et ecclesiastici sicut 3. c) denegent 3. d) carroperae et manoperae 6. e) *om.* 3. f) aliam 5. 6. g) non renuuant licet in 3; renuunt 4. 6. h) margillam non traherent 3. i) cepit (*in loco raso* debeat) etiam in scuria batere et 3. k) manopera 3. l) et 6. m) etiam *add.* 3. n) carricare praecipitur de *om.* 6; *in verbo* carricare *explic.* 5. o) de . . . debent *om.* 3. p) *om.* 6. q) et omne opus, quando eis praecipitur, sine 3. r) Non debere ultra fiscales [et] ecclesiasticos hereditates suas cuilibet sociorum vendere *rubr. in* 6. s) mansas 3. t) paris 3. u) *om.* 3. v) sunt 3. w) fuerint 3. x) *om.* 4. y) debuit 3. z) qui . . . qualitatem *om.* 3. a) per quam 4. b) Usque ad quod tempus expectentur nec redire ad sua cogantur advene paganorum timore dispersi *rubr. in* 6. c) Normannis 6. d) vastata 3. e) *om.* 3. f) sint, *om.* eorum seniores, 3. g) faciat 4. h) hic commanent 3, *media des.* i) pro *add.* 6; propter persecutionem 2. 3. k) missis 6. l) istis 3. m) illas 3. n) redire 1. o) ne 6. p) exigantur 2. 3. q) habeatur 6. r) promeruit 6.

92) *Cfr. Guérard, Polyptique d'Irminon I, p. 16 sqq.* 93) *Ibid. p. 778 sq.; p. 748 sqq.* 94) *Mergel; cfr. Schade, Altd. WB. I², s. v. mergil; Diez l. c. II c, s. v. marne; Guérard l. c. p. 791.* 95) *Scheuer; cfr. Schade l. c. II², s. v. sciura; Guérard. l. c. p. 773.* 96) *l. c.: sedem, casam; cfr. Guérard l. c. p. 608 sq.; G. L. v. Maurer, Gesch. d. Fronhöfe I, p. 337.* 97) *Cfr. Anseg. III, c. 18, l. c. p. 427; App. II, c. 2, p. 447.* 98) *Cfr. Cap. Silvac. 853, supra p. 273, c. 9.*

864. genio adepti sunt[s], commendandi. Et illi, qui nullum lucrum de opere in vineis sperant, Kalendis Septembris unusquisque ad locum suum iam[t] perventus sit; et[t] qui lucrum de vineis in illis partibus promeruerit[u], octo dies post missam sancti Remigii[99] in istas partes iam[v] sit perventus et[v] sibi in istis partibus in futurum provideat et suo seniori serviat. Et si necesse illi[w] fuerit, ad missam sancti Martini[100] ad suum conductum in illas partes redeat, et usque ad Kalendas Aprilis ibidem[x] immorandi[y] licentiam habeat[z], indeque ad terram suae[a] nativitatis et[b] ad senioratum[c] suum unusquisque redeat, et usque ad medium Maium propter seminationem ibidem maneat[d]; indeque, si illi[e] necessitas fuerit, ad suum conductum redeat; et inde[f] ad messiones[g] in terram suam unusquisque redeat[h], et[f] de cetero ibidem permaneat[i]. Si autem de istis partibus in illis partibus femina maritum aut maritus feminam accepit, illud coniugium, quia non est legale neque[e] legitimum[e], sicut Leo[1] in suis decretis et sanctus Gregorius[2] in suis epistolis monstrant, dissolvatur; et cuius fuerit[k] vir vel femina, mancipium[l] suum[m] quaeque potestas recipiat, et suae potestatis homini coniungere faciat. Et[m] si infantes inde nati sunt, secundum legem et[e] antiquam consuetudinem[e] nostram[e] infantes matrem sequantur[3]. In illis autem regionibus, quae[n] legem Romanam sequuntur, secundum eandem legem[4] fieri exinde[e] decrevimus.

32. Ut[o] conlimitanei et vicini comites[p] in una die, si fieri potest, mallum non teneant, maxime post octavas paschae[5], propter Francos homines et advocatos, qui ad utraque malla[q] non possunt occurrere[r]; sed mittant sibi invicem missos; et si unus die[s] Lunis[t] mallum habuerit, alter die Iovis aut die Lunis[t] sequentis hebdomadae mallum habeat. Et ne grave ei sit, qui suum mallum interiecit, qui uno anno primus tenuerit mallum, sequenti anno consentiat[u] alteri primum tenere. Et si sacramenta legalia in primo die Lunis[t] post pascha iuranda devenerint aut in aliis feriis, quando mallum tenere debuerat[v], mittat quisque[w] comes missum suum, qui ipsa[x] sacramenta auscultet, ne ipsi homines iectivi[y][6] inveniantur. Et ipse sic mallum suum teneat, ut barigildi[z][7] eius et advocati, qui in aliis comitatibus rationes habent[a], ad suum mallum occurrere possint[b].

33. Et[c] quia sacramenta post quadraginta noctes legaliter iuranda accipiantur et in praefatis praedecessorum et progenitorum[d] nostrorum capitulis invenitur, ut, 'postquam[8] comes et pagenses de qualibet expeditione hostili reversi fuerint, ex eo die super XL noctes[e] sit bannus resisus[f], quod in lingua Theodisca[g] scaftlegi[h], id

s) fuerint 3. t) revertatur et 3. u) sperant 3. v) revertantur et 3. w) *om.* 3. x) unusquisque *add.* 6. y) commorandi 3. z) habeant 3. a) seu 6. b) *om.* 6. c) seniorem 3. d) maneant 3. e) *om.* 3. f) inde ... et *om.* 4. g) mansiones 6. h) redeant 3. i) permaneant 3. k) mancipium 2. 3. l) fuerit 2. 3. m) potestatem habeat recipiendi et sibi coniungendi. Et 3. n) qui 6. o) Non debere vicinos comites in una die mallum tenere *rubr. in* 6. p) comitis 7. q) *om.* 7. r) concurrere 4. s) dies 4. t) Lunae 1. 4. u) et *add.* 6. v) debuerit 3. 7. w) unusquisque 2. 3. 6. x) ipsum sacramentum 3; ipso sacramento 7. y) fugitivi 3. z) bargildi 4. a) et *add.* 3. 7. b) non possunt 3. 7. c) De his, qui iuramenta post XL noctes iurandi accipiunt *rubr. in* 6. d) genitorum 4. 6. e) dies 2. 3. f) recisus 1. g) theotisca 3. h) scastlegi 1. 2. 4; scastlei 3.

99) 1. *Octob.* 100) 11. *Novemb.* 1) *Cfr. Leonis epist. ad Rusticum, Mansi VI, col.* 402, *c.* 4, *Jaffé, Regest. pontif. I*², *nr.* 544. 2) *In Gregorii Registro nulla invenitur epistola, quae huc referri potest.* 3) *Cfr. Walter, Deutsche RG. II*², *p.* 30*sq.* 4) *Cfr. Nov.* 156, *c.* 1; 162, *c.* 8 *(Corp. iur. civ. ed. Kriegelii III, p.* 657. 671.*)*; *cfr. Brunner, Zeugen- u. Inqu.-Beweis l. c. p.* 423, *not.* 3. 5) *Cfr. Cap. miss. Suession.* 853, *supra p.* 269, *c.* 8. 6) *Cfr. Brunner, RG. II, p.* 368*sq.* 7) *Cfr. Gengler, German. Rechtsdenkmäler p.* 687, *not.* 39; *Waitz, VG. IV*², *p.* 382; *Schröder, RG. p.* 212. 8) *Bened. Lev. Add. IV, c.* 114 *(Cap. miss. Wormat.* 829, *supra p.* 16, *c.* 13*)*.

est armorum depositio, vocatur', multi[i] inde contendunt[9], et se inter se[k] iectiscunt[6]. 864.
Alii enim suum sacramentum quadragesimo die, in quo illud accipiunt, iurare volunt; et in tantum contendunt, ut, etiamsi intra quadragesimam sacri[l] ieiunii quadragesimus dies advenerit, suum sacramentum se iurare debere contendant[m], et contra causatores[n] suos, si ad hoc audiendum non venerint, iectiscunt[o]. Numerant enim dies, et non numerant cum eis noctes; sicut[p] numerantur dies[q] et non numerantur[q] noctes[p] a nativitate Domini usque ad purificationem sanctae Mariae[10] et a resurrectione Domini usque ad ascensionem Domini. Quadragesimo enim die et purificatio sanctae Mariae a nativitate Domini et quadragesimo die a resurrectione Domini, quae[r] est in dominica die, ascensio Domini celebratur, quae evenit quinta feria, id est Iovis die. Et de diebus sine memoria[s] noctium Dominus per Ionam prophetam dicit[t]: 'Adhuc[11] quadraginta dies, et Ninive subvertetur.' Et quadraginta dies simul[u] cum noctibus[u] in ieiunio Heliae prophetae[12] et Moysi, quando legem secundo accepit[13], et ipsius Domini ieiunio[14] computantur. In quibus sex septimanae, id est quadraginta et duo dies, fiunt usque ad resurrectionem Domini, quae fit in dominica die, sicut et initium quadragesimae. Et haec non sine Dei mysterio[v] fiunt, per quem conditores legum iusta decernunt. Unde, sicut in quibusdam regionibus[k] rectius tenere comperimus, una cum consensu et[k] fidelium nostrorum consilio[k] constituimus, ut ab ipso die, quo sacramentum accipitur, post quadraginta dies et quadraginta noctes, id est quadragesimo secundo die, de[w] sex septimanis, ipsa feria, qua illud sacramentum accepit, sicut[x] pascha ipsa[x] feria fit[y], qua initium quadragesimae accipitur[z], qui sacramentum legaliter accipit[a], legaliter in locis constitutis iuret, sicut in capitulorum libris[b] decessorum et progenitorum nostrorum continetur[15]. Et amodo nulla dissensio vel retractatio[c] in regno nostro a quolibet ex hoc fiat. Quod mandatum nostrum si quis contemnere praesumpserit, bannum nostrum, id est LX solidos, componat. Et si ipsa dies[d] intra quadragesimae sacra ieiunia evenerit, nemo illud sacramentum, quod[b] accepit, in quadragesima iurare[e] praesumat; quia ex[f] hoc iam[g] etiam[g] manifestam Dei vindictam vidimus et audivimus. Et[b] si quis[h] praesumpserit, similiter bannum nostrum componat, et inde poenitentiam episcopali iudicio faciat. Ipsam autem quadragesimam a quarta feria, id est a capite ieiunii, cum ipsa quarta feria[i], qua[k] publice poenitentes poenitentiam accipiunt, observari usque ad sanctam resurrectionem secundum consuetudinem antiquam praecipimus. Sed expectet qui sacramentum ante quadragesimam servatum accepit, si XL dies et XL noctes ante illud[l] quadragesima non habuit, sine ulla[g] legali compositione vel iectitione[m] usque ad diem Lunis[n] post octavas paschae; et tunc, quod legaliter accepit, legaliter et[g] perficiat.

34. Notum[o] fieri volumus omnibus Dei et nostris fidelibus, quoniam[p] quidam comites nostri nos consuluerunt de illis Francis hominibus, qui censum regium de suo capite, sed[q] et de suis rescellis[16] debebant[q], qui tempore famis necessitate

i) enim *add.* 6. k) *om* 3. l) sacra 6. m) contendunt 3. n) accusatores 3. o) iectiscant 1. 2. p) sicut . . . noctes *om.* 3. q) dies . . . numerantur *om.* 6. r) sive 6. s) noctis memoria 3. t) dixit 6. u) simul . . . noctibus *om.* 1. v) ministerio 3. w) post sex septimanas 3. x) si pasca in ipsa 3. y) sit qua in 6. z) accepit 6. a) accepit 3. 4. b) *om.* 6. c) detractatio 6. d) die 4. e) non *add.* 6. f) *om.* 4. g) *om.* 3. h) qui, *om.* si, 3. i) *Incip. iterum* 5. k) quia 5. l) illam quadragesimam 2. 3. m) iectione 3. 4. n) Lunae 1. 4. o) Quid de his pauperibus Francis faciendum sit, qui res suas, tempore famis etiam semetipsos in servitium vendiderunt *rubr. in* 6. p) quia 3. q) et rescellis debeant (*corr.* debent) 3.

9) *Cfr. Sohm, R.- u. GV. I, p.* 392 *sqq.; Brunner l. c. II, p.* 216 *sqq.;* 218, *not.* 9. 10) 2. *Februar.* 11) *Ionas* 3, 4. 12) 3. *Reg.* 19, 8. 13) *Exod.* 34, 28. 14) *Matth.* 4, 2. 15) *Cfr. exempli gr. Anseg. IV, c.* 26, *tom. I, p.* 440. 16) *I. e.: parvis rebus; cfr. Du Cange s. v. recula.*

864. cogente seipsos ad servitium vendiderunt. Unde cum episcopis et ceteris Dei ac nostris fidelibus tractavimus, quid nobis esset agendum; et quod[r] cum eis inde invenimus ac constituimus[s], praesenti edicto decrevimus: Id[t] est, quia non in[t] lege Salica[u] ex hoc expressius quiddam[v] invenimus, continetur tamen in tertio[w] capitulorum libro, capitulo XXIX. de homine libero, 'qui[17] se loco wadii tradidit in alterius potestatem, et ibi constitutus damnum aliquod cuilibet feeerit, ut is, qui eum loco wadii suscepit, aut damnum solvat aut hominem in mallo productum[x] amittat[y][18] perdens simul debitum, propter quod eum pro wadio suscepit; et qui damnum fecit, dimissus iuxta qualitatem rei[z] cogatur emendare. Si vero liberam feminam habuerit[a][19] et, usque dum in pignore extitit, filios habuerint, liberi permaneant.' Et in lege digito Dei scripta[b] legimus[20], ut, si attenuatus fuerit[c] frater noster et[d] se in servitium tradiderit, sex annis serviet illi, qui eum emit, et septimo egrediatur[e] liber gratis. Quae sacra historia et observantes moraliter aedificat et altiori sensu intelligentes inluminat. In[f] lege etiam, quam praedecessores[g] nostri et[h] nominatissimi imperatores[h] constituerunt[21] de his, qui filios suos fame aut alia aliqua necessitate cogente vendunt, plura habentur capitula, quae omnia hic[i] non[k] necesse duximus ponere[22]. Tamen illud capitulum, quod cum sanctis ecclesiasticis regulis ex maxima parte concordari invenimus, hic[l] ponere necessarium duximus, in quo dicit: 'Ut[23] quicumque ingenui filios suos, quod[24] et de ipsis liberis hominibus, qui se vendunt, observari volumus[24], qualibet necessitate seu famis tempore vendiderint ipsa necessitate compulsi, emptor, si quinque solidis emit, sex recipiat; si decem, duodecim solidos similiter recipiat; aut[m] si amplius, secundum suprascriptam rationem augmentum pretii consequatur.' Sanctus autem[n] Gregorius[25] etiam[o] de his, qui liberi a paganis capti fuerint, si aliquis eos redemerit, ipsi, qui redempti sunt, procurent, ut tantum pretium redemptori suo donent, sicut ab eo redempti fuerunt[p], et in sua libertate permaneant. Si[26] autem ecclesia eos redemerit, gratis sine aliqua[q] compositione liberi fiant. Quod et nos per regnum[r] una cum consensu et[l] fidelium nostrorum consilio[l] observari[s] regia auctoritate praecipimus[t][27]. Et si quis dixerit, quia* non vult aut tempore famis aut pro alia necessitate pretium suum dare pro libero homine, si semper illum servum[u] habere[v] non debet, adtendat*, quid ei Dominus per apostolum suum dicat: 'Qui[28] habuerit', inquiens[w], 'substantiam huius[x] mundi et viderit fratrem suum necesse habere et clauserit viscera sua ab eo, non

*) *Cod. 3. hanc formam praebet:* quia nolo praetium tempore famis dare pro libero homine, si semper illum habere servum non debeo, attendat.

r) quid 5. 6. s) constituere, *om.* ac, 3. t) Eo quod in 3. u) salicha 5. v) non *add.* 3. w) IIII. 5. x) perductum 6. y) admittat 5. 6. z) reis 5. a) *corr.* habuerint 5. b) scriptam 5. 6. c) *om.* 4. d) *om.* 1. 4. 6. e) liber egredietur 2. 3. f) *Initium capitis in* 7. g) praecessores 4. h) et ... imperatores *om.* 7. i) *om.* 3. k) *om.* 7. l) id 3. 7. m) quod 3. n) etiam 2. 3. o) *om.* 2. 3. 5. p) fuerint 5. 6. q) *om.* 1. r) nostrum *add.* 2. 3. s) a *add.* 7. t) *Explic.* 7. u) habere servum 4. 5. v) in servitium *add.* 6. w) substantiam inquiens 4. 5. x) *om.* 3. 6.

17) *Anseg. III. c. 29, tom. I, p. 429; cfr. etiam Capp. legi Sal. add.* 819, *l. c. p.* 293, *c.* 6. 18) dimittat *Anseg.* 19) habuerit usque dum in pignore extiterit et *Anseg.* 20) *Cfr. Levit.* 25. 21) *Iulii Pauli sentent. V,* 1, 1 *(Hänel, Lex Rom. Visig. p.* 412*); cfr. Bened. Lev. II, c.* 4; *Kraut, Vormundschaft I, p.* 46. 22) *Cfr. Walter, Deutsche RG. II², p.* 156. 23) *Nov. Valentiniani III. tit. XI, interpr., Hänel l. c. p.* 292. 24) quod ... volumus *des. l. c.* 25) *Cfr. Gregorii Registr. lib. IV, ep.* 17, *EE. I, p.* 250, *Jaffé l. c. I², nr.* 1288. 26) *Ibid. lib. IX, ep.* 52, *l. c. II, p.* 77. *Jaffé l. c. I², nr.* 1582. 27) *Cfr. Brunner, RG. II, p.* 443. 28) 1. *Joh.* 3, 17.

manet caritas Dei in eo.' Et qui non habet hanc caritatem, etiamsi ad martyrium 864.
et ad ignem se tradiderit[y], sine ista caritate remissionem peccatorum suorum habere non poterit, et nullatenus in regnum Dei intrabit, quia pro Deo suos denarios vel suam annonam, quae a Deo accepit, dare non indurat[z], cum Deus seipsum et sanguinem suum pro eo in cruce clavis et lancea transfixus fudit. Et quia hominum ingenia, qui Deum non timent, diabolo suadente multa mala[a] excogitant, potest fieri, ut, qui tales homines liberos necessitate, ut diximus, cogente in servos[b] suscipiunt, in alteras partes illos dispendant et vendant. Propterea una cum consensu et[c] fidelium nostrorum consilio[c] constituimus, quod in antiquis legibus decretum invenimus[29], ut, si huiusmodi personas aliqui aut ad extraneas gentes aut ad transmarina loca transferre aut venundare praesumpserint, ipse, qui hoc contra statuta praesumpserit, constitutionem regii banni componat. Et si talis homo antea liber, usque dum in tali servitio fuerit, de libera femina filios habuerit, ipsi filii liberi permaneant, sicut in praefato XXIX. capitulo III.[d] libri capitulorum decessorum[e] ac progenitorum nostrorum habetur 'de[17] eo, qui se loco wadii in alterius potestatem commiserit'; salva constitutione legis Romanae[23] in eis, qui secundum illam vivunt.

35. Et[f] sciant comites nostri, 'quia[30] per singulos comitatus missos nostros dirigemus[g], qui specialiter[31] de[h] his[h], quae nunc constituimus, inquirant, qualiter[31] in his nostram iussionem adimplere certaverint', sicut in secundo libro capitulorum[i] decessorum[e] ac progenitorum nostrorum continetur, capitulo XVIII; 'et quicumque neglegens inde inventus fuerit, praecipiemus, ut ante nostram praesentiam venire iubeatur et rationem reddat[k], utrum[k] hoc, quod iussimus, facere noluerit aut non potuerit aut, si aliqua re praepediente id facere non potuit, cur nobis ipsam impossibilitatem ad tempus non adnuntiavit. Quia, si ipse hoc non voluit aut suae neglegentiae causa[l] non potuit, nos talem invenire volumus, qui hoc, quod iubemus, servare velit aut[m] possit.'

36. 'Volumus[n] [32], ut', sicut in secundo libro capitulorum decessorum ac progenitorum nostrorum continetur, capitulo XXIV, 'haec capitula, quae nunc et alio tempore consultu fidelium nostrorum a nobis constituta sunt, a cancellario nostro archiepiscopi et comites eorum[o] de propriis civitatibus modo aut per se aut per suos missos accipiant; et unusquisque per suam dioecesim ceteris episcopis, abbatibus, comitibus aut[p] aliis fidelibus nostris ea transcribi faciant, et in suis comitatibus coram omnibus relegant[q], ut cunctis nostra ordinatio et voluntas nota fieri possit. Cancellarius autem noster nomina episcoporum et comitum, qui ea accipere curaverint, notet, et ea ad nostram notitiam perferat, ut nullus hoc[r] praetermittere praesumat.'

37. Et[s] quoniam fideles nostri in istis, quae[t] in Sequana fiunt[33], et in aliis operibus laborant et heribergum[34] nostrum, quod praeterito anno hic fieri iussimus, homines[u] de illa parte Sequanae in istas partes venientes et[v] de istis partibus in illas partes euntes destruxerunt per occasionem, quia in illo contra debitam[v] reveren-

y) tradidit 1. z) *Explic.* 5. a) *om.* 6. b) servo 6. c) *om.* 3. d) quarti 3. 4. 6. e) praedecessorum 2. 3. f) Haec capitula ubique per regnum vulganda et [de] contemtoribus praeceptorum *rubr. in* 6. g) dirigimus 6. h) *om.* 4. i) nostrorum *add.* 6. k) redditurum 4. l) causam 6. m) et 4. 6. n) A cancellario palatii hec capitula accipienda per achiepiscopos et comites *rubr. in* 6. o) nostri 3. p) et 3. 4. 6. q) legant 6. r) haec 1. s) Quod nullus transeuntium audere debeat in heribergo regio Pistis constructo manere *rubr. in* 6. t) qui 2. 3. u) et *add.* 6. v) *om.* 6.

29) *Cfr. Nov. Valentin. III. tit. XI.* 1, *l. c.*; *Lex Angl. et Werin.* c. 40, *LL. V*, *p.* 132; *Walter l. c. II*², *p.* 5; *Brunner l. c. II*, *p.* 478. 30) *Anseg. II*, c. 18, *l. c. p.* 418, *cuius verba hic paullisper mutata sunt.* 31) diligenter inquirant qualiter comites *Anseg. l. c.* 32) *Ibid.* c. 24, *l. c. p.* 419. 33) *Cfr. supra p.* 311, c. 2. *et praefat.* 34) *Cfr. Hlud. II. Cap. Pap.* 850, *supra p.* 87, c. 7.

864. tiam manere coeperunt, et nunc istud heribergum non sine labore et dispendio fidelium nostrorum fieri fecimus[w]: volumus et expresse mandamus, ut, sicut nec in nostro palatio[35], ita nec in isto[x] heribergo aliquis alius[y] sine nostra iussione manere praesumat nec[z] illud aliquis destruat[z]. Quodsi aliquis praesumpserit et a custodibus, quos ad hoc deputatos habemus, nobis notum factum fuerit, non sine debita vindicta praesumptor evadet. Quia semper parati esse volumus et vos paratos esse iubemus, ut in istis partibus et in aliis quibuscumque nobis necesse fuerit, et contra paganos et contra alios quoscumque, sicut consuetudo fuit et vestri antecessores nostris antecessoribus auxilium praebuerunt et vos nobis debitum et necessarium adiutorium exhibuistis, ita nunc et semper communiter ad Dei voluntatem et sanctae ecclesiae atque istius christianitatis defensionem et nostram communem salutem et pacem obtinendam et[a] defendendam[a] in omnibus, quantum Deus auxilium[b] praestare dignatus fuerit[b], parati[c] semper et in omnibus simus[d].

(C.) Et post haec[e] omnia lecta.

Cap. 1. Monemus fidelitatem vestram, ut haec firmiter observetis et semper sicut Dei et nostri dilecti fideles parati sitis, ut, si necessitas nobis evenerit aut contra paganos aut contra quoscumque alios, ut statim, quando unicuique nuntius venerit aut nobis necesse audierit, sine ulla dilatione hostiliter praeparatus in Dei et nostrum servitium ad communem[f] utilitatem possit movere et certissime nobis occurrere. Et volumus et expresse mandamus, ut, quicumque istis temporibus castella et firmitates et haias[36] sine nostro verbo fecerint, Kalendis Augusti omnes tales firmitates disfactas habeant; quia vicini et circummanentes exinde multas depraedationes et impedimenta sustinent. Et qui eas disfacere non voluerint, comites, in quorum comitatibus factae sunt, eas disfaciant. Et si aliquis eis contradixerit, ad tempus nobis notum facere curent. Qui si hoc, sicut mandamus, adimplere neglexerint, sciant, quia, sicut in istis capitulis et capitularibus praedecessorum nostrorum continetur[37], tales comites quaeremus et in illorum comitatibus constituemus, qui nostrum mandatum facere velint et possint.

2. Et qui interpellatus est, ut hic aliquam causam debeat diffinire, instet[g], usquequo diffinita sit ratio, de qua interpellatus habetur. Et qui pro sua causa hic demorandi habet necessitatem, et ipse nobiscum stare poterit, quantum ei necessitas fuerit. Sed et vasalli nostri cum tantis hominibus, sicut eis commoditas fuerit, nobiscum remaneant et nobiscum pergant.

3. Vos autem alii, sed et ipsi, qui nobiscum remanebunt, in eundo et in patria remanendo et ad nos redeundo pacem a nobis communiter confirmatam servantes ite cum Dei et nostra gratia. Et Deus nobis concedat, ut cito et per plures annos sani et laeti nos invicem videamus et de Dei super nos misericordia et gratia gaudeamus.

w) *e* iussimus *corr.* 4. x) istum heribergum 3. y) *om.* 3. z) ne destruatur 3. a) *om.* 4. b) dignaturus auxilium dare nobis voluerit 6. c) parata semper intentione sitis 3. d) *Cetera des. in* 2—6. e) *om. Christ., Vallic., Vatic.* f) et *add. Sirm.* g) *ita* 1; hic stet *Baluzius.*

35) *Cfr. Cap. de discipl. pal. Aquisgr.* 820?, *tom. I, p.* 298, *c.* 5. 36) *vel hagas, Hecken, Gehege, Verhaue, franco-gallice: haie; cfr. Schade l. c. I² s. r. hag; Diez l. c. IIc, s. r. haie.* 37) *Cfr. supra* c. 20. 26. 35.

HLUDOWICI ET KAROLI PACTUM TUSIACENSE. 865.

865. Febr. 19.

Vide supra p. 165 sqq.

274. CAPITULARE TUSIACENSE IN BURGUNDIAM DIRECTUM.

865. Febr.

Exstat in his libris partim manuscriptis, partim impressis: 1) *olim Paris.* 4761, *tum Ashburnh. Barrois* 73 *fol.* 11. 2) *Paris* 4626 *fol.* 85. 3) *apud Sirmondum, Caroli Calvi Capitula p.* 342, *editum ope codicis Bellovacensis, ut opinor, et in eiusdem apographis, scilicet:* 4) *Vatic. reg. Christ.* 291 *fol.* 119. 5) *Vallicell. C.* 16 *fol.* 74ᵛ. 6) *Vatic.* 4982 *fol.* 139.

De origine capitularis nihil novimus, nisi quod refert rubrica ex codicibus 3—6. *infra lin.* 19 *sqq. edita.*

Utrum vero Karolus capitula post conventum cum Hludowico die 19. *m. Febr. habitum (supra p.* 165 *sqq.) emiserit, an, cum in codd.* 3—6. *pactum antecedant, ante illam conventionem, non certo dici potest; cfr. Dümmler, Ostfränk. Reich II*², *p.* 116.

(B. II, 195; *P.* 501.*)*

Haec, quae sequuntur, capitula misit domnus rex Karolus in Burgundiam exequenda per Gauslinum et Fulconem et per Waltarium et Lantvinum de Tusiaco anno incarnationis dominicae DCCCLXV.

In nomine sanctae et individuae trinitatis. Karolus gratia Dei rex omnibus episcopis, abbatibus, abbatissis, comitibus et vassis nostris seu cunctis Dei et nostris fidelibus in regno Burgundiae consistentibus salutem. Volumus et expresse praecipimus, ut in his, quae subiuncta[a] sunt, exequendis et in aliis, quae ad Dei voluntatem et sanctae ecclesiae statum atque ad nostram fidelitatem et ad nostrum honorem ac ad regni soliditatem necnon ad commune fidelium nostrorum salvamentum pertinent, unusquisque secundum quod suo ordini et suae personae competit, istis missis nostris obedientes et adiutores in omnibus existatis.

1. Ut, sicut nostri infideles et communes contrarii nostri se invicem confirmaverunt ad nostram contrarietatem, ut nullus de his, quae consideraverint, suum parem discooperiat vel prodat neque ad illa, quae adimplere volunt, dimittat, ita fideles nostri se confirment ad Dei voluntatem et nostram fidelitatem et ad honorem et sanctae ecclesiae statum et regni utilitatem et illorum commune adiutorium et salvamentum. Et nullus fidelium nostrorum cuicumque infideli nostro quocumque modo se coniungat, aut in aliquo faveat, vel in quacumque causa, in qua illum impedire potuerit, illi parcat, nisi statim ad fidelitatem nostram se convertere voluerit. Et si

a) subiecta 2. 3.

865. pro certo cognoscere potuerit, qui contra istud capitulum fecerit, non nobis celet. Et si aliquis audierit, quod pari suo fideli nostro necessitas evenerit aut evenire debeat ad resistendum infideli nostro, non expectet, ut illi hoc mandetur, sed statim sit praeparatus sicut Dei fidelis et noster, ad suum parem in nostra fidelitate adiuvandum, et quantum potuerit pergere festinet.

2. Ut omnes, qui fidelitatem nobis adhuc promissam non habent, fidelitatem nobis promittant, sicut in capitulis avi et patris nostri continetur[1].

3. Ut, qui fidelitatem nobis promiserunt et post illud sacramentum ad infideles nostros in nostrum damnum se coniunxerunt, proprietas illorum in nostrum indominicatum recipiatur[2], donec ipsi per fideiussores in nostram praesentiam veniant.

4. Ut nullus[b] infidelium[b] nostrorum, qui liberi homines sunt, in nostro regno immorari vel proprietatem habere permittatur, nisi fidelitatem nobis promiserit et noster aut nostri fidelis homo deveniat.

5. Ut illae traditiones iniustae et a nostris antecessoribus[3] atque a nobis[4] prohibitae, quae factae sunt aut mulieribus aut matribus aut quibuscumque personis, ut liberius ipsi traditores nostram infidelitatem perficere possint aut ut iustitiam in comitatibus non reddant, tamquam factae non fuerint, pro nihilo habeantur: et sicut ipsi ipsos alodes in sua manu tenuissent, ita de ipsis alodibus fiat. Et si nec ita ad fidelitatem nostram aut ad iustitiam reddendam adduci potuerint, ipsi alodes in nostrum dominicatum recipiantur, et certa illorum descriptio nobis adportetur. Ipsi autem infideles nostri in nostro regno locum habere non permittantur. Similiter et de commendationibus quarumlibet facultatum vel pecuniarum fiat. Et si ad casam Dei aliquid commendatum habent, ipse episcopus vel rector ecclesiae, ubi commendatae sunt, aut illis praesentaliter in praesentia missorum nostrorum reddant, qui eas commendaverunt, aut coram missis nostris sigillentur et sub sigillo custodiantur, donec ipsi veniant, qui eas commendaverunt, et coram missis nostris illas recipiant et perinde distringantur, ut ad fidelitatem nostram et ad pacem ecclesiae ac regni revertantur.

6. Ut de iniustis commutationibus, quae ad casas Dei factae sunt sine regia auctoritate, missi nostri inquirant[c] et eas dissolvant, sicut in capitularibus avi et patris nostri continetur[5]. Et[6] si mortua manus vel praeceptum regium super eas interiacet, describantur diligenter atque fideliter, qualiter factae sunt, et nobis missi nostri renuntient; et signatis ipsis praeceptis, sicut lex Romana praecipit[7], ad nostram praesentiam deferri faciant, sicut in capitularibus progenitorum nostrorum continetur.

7. Quia, ut comperimus, plures nobis petierunt alodes et potentes parum plus inde acceperunt, volumus, ut missi nostri hoc diligenter inquirant et describant et ipsos homines cum praeceptis ad nostram praesentiam venire faciant.

b) nulli fideli 2. c) requirant, ut eas 3.

1) *Cfr. Cap. pro lege hab. Wormat.* 829, *supra p.* 20, *c.* 7, *quocum ad verbum fere convenit; Hlotharii Cap. miss.* 832, *supra p.* 64, *c.* 6; *Cap. miss. Attiniac.* 854, *supra p.* 278, *c.* 13. 2) *Cfr. Waitz, VG. III*[2], *p.* 307, *not.* 3. 3) *Cfr. Anseg. I, c.* 114, *tom. I, p.* 410; *Bened. Lev. Add. IV, c.* 119 *(Cap. pro lege hab. Wormat.* 829, *supra p.* 19, *c.* 4*)*; *Cap. Olonn.* 825, *l. c. p.* 330, *c.* 2. 3. 4) *Cfr. Edict. Pist.* 864 *supra p.* 322, *c.* 28. 5) *Bened. Lev. I, c.* 110 *(Cap. miss. Wormat.* 829, *supra p.* 15, *c.* 5*)*; *cfr. etiam Cap. miss. Suession.* 853, *supra p.* 270, *c.* 12. 6) Ubi vero mortua manus interiacet aut alia quaelibet causa, quae rationabilis esse videatur, inventa fuerit, diligenter describatur et ad nostram notitiam perferatur *Bened.* 7) *Cod. Theod. I,* 1, 1 *(Lex Rom. Vis., ed. Haenel p.* 16*)*?

8. Ut missi nostri de omnibus censibus[8] vel paraveredis[9], quos Franci homines 865.
ad regiam potestatem exsolvere debent, inquirant et, ubi per neglectum dimissum est, exsolvi faciant et diligenter de singulis comitatibus cuncta describant et nobis renuntient. Similiter et de terris[d] censalibus et de rebus ad casas Dei traditis, unde census ad partem regis exivit antiquitus[10]. Et si aliquis aliquam auctoritatem regiam inde ostenderit, ad nostram praesentiam ipsam auctoritatem deferri faciant.

9. Ut missi nostri de locis ad claustra canonicorum vel monachorum, ubi necesse fuerit, nostra auctoritate exsequantur, sicut in capitularibus avi et patris nostri continetur[11].

10. Ut de nonis et decimis ad casas Dei reddendis missi nostri exsequantur, sicut in praefatis capitularibus continetur[12].

11. Ut de uno manso ad ecclesiam dato nullus census neque caballi pastus a senioribus de presbyteris requiratur, sicut in praefato capitulari continetur[13]: sed neque de terrulis ac vineolis pro loco sepulturae ad easdem ecclesias datis neque de decimis, sicut in canonibus et in praefatis capitularibus continetur. Et ubi inventum fuerit et[e] a missis nostris, quod seniores sine conscientia episcoporum presbyteros de ecclesiis eiciunt vel in ecclesiis statuunt, missi nostri, sicut in praefatis capitularibus continetur[14], inde faciant. Et episcopi de clericis hominum nostrorum ita faciant, sicut in eisdem capitularibus continetur[15].

12. Ut missi nostri iustitias, quantum temporis qualitas permiserit, omnibus indigentibus faciant, et quod modo pro qualitate vel brevitate temporis facere non potuerint, comitibus commendent, ut tempore congruo eis legem et iustitiam faciant. Et in suis memorialibus adnotent, de quibus comitibus commendaverunt, ut, si iterum illi homines se reclamaverint, quod iustitiam habere non potuerunt, nos ipsi investigemus et decernamus, quare hoc ipsi comites dimiserunt.

13. Ut, si infideles nostri se adunaverint ad devastationem regni nostri, fideles nostri, tam episcopi, quam abbates et comites et abbatissarum homines, sed et ipsi comites ac vassi nostri seu ceteri quique fideles Dei ac nostri de uno missatico se in unum adunare procurent. Et missi nostri de ipso missatico providentiam habeant, qualiter unusquisque episcopus vel abbas seu abbatissa cum omni plenitudine et necessario hostili apparatu et ad tempus suos homines illuc transmiserit cum guntfanonario[16], qui de suis paribus[f] cum missis nostris rationem habeat; et qualiter ipsi comites et vassi nostri seu ceteri quique Dei fideles ad hoc occurrerint, nobis scripto renuntient. Et si de uno missatico ad hoc praevalere non potuerint, ad alium missaticum celeriter missos suos dirigant, et omnes, sicut praediximus, de alio missatico ad illos, qui indigent, praeparati occurrant. Et si illi duo missatici ad hoc non suffecerint, nobis ad tempus hoc mandent, qualiter aut per nos aut per filium nostrum aut, sicut viderimus, eis necessarium solatium tansmittamus, quatenus in regno nostro nullus noster infidelis vel contrarius locum nocendi habeat.

14. Ut[g], quia, sicut audivimus, quidam in domibus suis resident, quamdiu pacem habere possunt et, cum necessitas venit, dicunt se in nostrum venire servitium, nolumus, ut aliquis de his, qui in illa terra manent et eam contra inimicos

d) ceteris 2. 3. e) *om.* 3. f) partibus 2; *corr.* paribus 1. g) *ita codd.; fortasse corrig. est:* Et.

8) *Cfr. Cap. de iust. fac.* 811—813, *tom. I, p.* 177, *c.* 10. 9) *Cfr. Edict. Pist.* 864, *supra p.* 321, *c.* 26. 10) *Cap.* 811—813, *tom. I, p.* 177, c. 11. 11) *Anseg. IV, c.* 48, *l. c. p.* 443. 12) *Ibid. c.* 38, *p.* 442; *c.* 47, *p.* 443. 13) *Ibid. I, c.* 85, *l. c. p.* 407. 14) *Bened. Lev. I, c.* 98 (*Cap. Wormat.* 829, *supra p.* 12, *c.* 1). 15) *Anseg. I, c.* 84, *l. c. p.* 407. 16) *Vexillifer; cfr. Schade, Altd. WB. I*², *s. v. gundfano; Diez, WB. d. roman. Spr. I, s. v. gonfalone; Brunner, RG. II, p.* 213.

869. nostros defendere debent, deinceps hanc occasionem habeat: sed cum necessitas fuerit, sicut praediximus, ad missos nostros et ad pares suos occurrant. Et si nos[h] eum[h] specialiter ad nos venire mandaverimus aut ipse nobis necessariam causam de nostra fidelitate nuntiare voluerit, plenitudinem hominum[i] suorum illic ad nostram fidelitatem exsequendam dimittat et missis nostris vel paribus suis hoc notum faciat. Aliter autem in nullam partem de illa terra pergat, nisi cum communi consilio vel commendatione missorum nostrorum aut reliquorum fidelium nostrorum, qui illam terram defendere debent. Et missi nostri cum episcopis et comitibus ac vassis nostris, qui super aquas commanent, per quas infideles nostri ad regnum nostrum transeunt, ordinent, qualiter illae naves custodiantur, ne infideles nostri ad regnum nostrum devastandum transire possint. Et per cuius neglectum ipsae naves postea bene custoditae non fuerint, nobis renuntietur, ut nos decernamus, qualiter de illo contemptore praecepti nostri quasi de proditore patriae agi debeat.

15. Ut, si missi nostri talem causam in illa terra invenerint, quam ad debitum finem nec per ista capitula nec per capitula progenitorum nostrorum neque per legalia capitula perducere possint, nobis rationabiliter et veraciter remandare procurent[17], ut nos illis remandemus, qualiter inde agere debeant.

16. Ut ministri comitum in unoquoque comitatu dispensam missorum nostrorum, a quibuscumque dari debet[18], recipiant, sicut in tractoria[19] nostra continetur; et ipsi ministerialibus missorum[k] nostrorum eam reddant. Missi autem nostri provideant, ne pro hac occasione inde ministri comitum amplius, nisi quantum in tractoria nostra continetur, inde exigant.

h) quem 3. i) omnium 1. k) ministrorum 3.

17) *Cfr. Respons. 801—814?, tom. I, p. 145, c. 2; Cap. miss. spec. 802, l. c. p. 101, c. 19.* 18) *Cfr. Hlud. II. Cap. Pap. 850, supra p. 88, c. 9.* 19) *Tractoriae exemplum exstat supra p. 11.*

HLUDOWICI ET KAROLI PACTIONES METTENSES.

867.

Vide supra p. 167 sq.

275. CAPITULA PISTENSIA.

869 Iul.

Nobis tradita sunt: 1) *apud Sirmondum, Caroli Calvi Capitula p.* 358, *ut opinor, ex codice Bellovacensi sumpta;* 2) *in cod. Barchinon. archivii coronae Aragoniae* 40 *fol.* 51, *olim Rivipullensi Baluzii;* 3) *in Vatic. reg. Christ.* 291 *fol.* 120. 4) *in Vallicell. C.* 16 *fol.* 79. 5) *in Vatic.* 4982 *fol.* 142. *Cod.* 3. *exhibet excerpta tantum capitulorum et adnuntiationis et om. c.* 12; *cod.* 2. *om. adnuntiationem.*

Quo tempore capitula edita ac promulgata sint, indicant et inscriptio infra edita et duo diplomata, e quibus alterum, Böhmer nr. 1757, Karolum die 28. m. Iunii 'apud salas Basin' prope ad Ambianum, alterum, l. c. nr. 1759, die 21. m. Iulii apud Pistas commoratum esse demonstrat. Adde, quod Karolus ineunte mense Augusto, cum de morte Illotharii nepotis certior fieret, iam in civitate Silvanectensi esset; cfr. Ann. Bertin. ad a. 869, ed. Waitz p. 101. Quibus de causis conventum medio vel exeunte mense Iulio habitum esse mihi videtur. 869.

Cur placitum ad Pistas quidem indictum sit, dicunt Annales Bertiniani l. c. p. 98: Per omne regnum suum litteras misit *(sc. Karolus)*, ut episcopi, abbates et abbatissae breves de honoribus suis, quanta mansa quisque haberet, futuras Kalendas Mai deferre curarent, vassalli autem dominici comitum beneficia et comites vassallorum beneficia inbreviarent et praedicto placito aedium breves inde deferrent, et de centum mansis unum carrum cum duobus bobus praedicto placito cum aliis exeniis, quae regnum illius admodum gravant, ad Pistas mitti praecepit, quatenus ipsi haistaldi castellum, quod ibidem ex ligno et lapide fieri praecepit, excolerent et custodirent; *cfr. infra adnunt. c. 4.* *(B. II, 209; P. 509.)*

Haec, quae sequuntur, capitula constituta sunt a domno nostro Karolo rege glorioso cum consilio et consensu episcoporum ac ceterorum Dei et suorum fidelium, qui adfuerunt, in loco, qui dicitur Pistis, anno incarnationis dominicae DCCCLXIX, anno autem regni sui XXX, indictione secunda, et ab eo denuntiata sunt a se et ab omnibus fidelibus suis secundum uniuscuiusque ordinem et personam inviolabiliter conservanda.

Cap. 1. De[1] honore et cultu Dei atque sanctarum ecclesiarum in regno nostro decernimus, ut, sicut tempore avi et patris nostri excultae et honoratae[2] fuerunt et sicut a nostra largitate honoratae et ditatae[a] sunt vel deinceps fuerint[b], salva aequitatis ratione[c], ita sub immunitate permaneant. Archiepiscopi quoque et episcopi et ceteri sacerdotes ac servi et ancillae Dei, quique vel quaeque in ordinis sui dignitate, honorem atque immunitatem secundum sacras leges et canones habeant.

2. Ut[3] ab archiepiscopis et[d] episcopis[d] et ab aliis fidelibus nostris honor regius et potestas ac debita obedientia atque adiutorium ad regnum nostrum continendum et defensandum nobis in omnibus et[e] ab omnibus secundum uniuscuiusque ordinem et dignitatem atque possibilitatem, sicut tempore antecessorum nostrorum iuste et rationabiliter consueverat, exhibeatur.

3. Ut[4] omnes nostri fideles[5] veraciter sint de nobis securi, quia[4], quantum[6] sciero et iuste ac rationabiliter potuero, Domino adiuvante unumquemque secundum sui ordinis dignitatem et personam honorare et salvare[f] et honoratum ac salvatum[g][7] conservare volo et unicuique eorum in suo ordine secundum[d] sibi competentes leges, tam mundanas quam ecclesiasticas, rectam rationem et[d] iustitiam conservabo[6] et nullum[4] fidelium nostrorum contra legem et iustitiam vel auctoritatem ac iustam rationem aut damnabo aut dehonorabo aut opprimam aut indebitis machinationibus affligam[4]; et legem[8], ut praediximus, unicuique

a) dictato, *om.* et, 2. b) fuerant 2. c) rationum 2. d) *om.* 2. e) et ab omn. *om.* 1. f) salutare 2. g) salutatum 2.

1) *Cfr. Conv. in Colonia* 843, *supra p.* 255, c. 1, *cuius ope hoc capitulum confectum est.* 2) atque rebus ampliatae *add. l. c* 3) *Ibid.* c. 2, *item.* 4) Ut ... quia; nullum ... affligam; fideles ... debet *ex Conv. ap. Marsnam II.* 851, *supra p.* 73, c. 6. *sumpta sunt.* 5) unusquisque in suo ordine et statu *add. l. c.* 6) quantum ... conservabo = *Karoli sacram. Carisiaci* 858 *praest., supra p.* 296. 7) absque ullo dolo ac damnatione vel deceptione *add. l. c.* 8) legem ... perdono = *Conv. in villa Col.* 843, *supra p.* 255, c. 3.

869. competentem, sicut antecessores sui tempore antecessorum meorum habuerunt, in omni dignitate et ordine[h] adiuvante Domino conservaturum perdono[8], cuilibet duntaxat ex eis, qui mihi fideles[i] et obedientes ac veri adiutores atque cooperatores iuxta suum ministerium et personam consilio et auxilio secundum suum scire et posse et secundum Deum[i] ac secundum seculum fuerint, sicut per rectum unusquisque in suo ordine et statu regi suo et suo seniori esse debet[i]. Et capitula, quae avus et pater noster pro statu et munimine sanctae Dei ecclesiae ac ministrorum eius et pro pace ac iustitia populi et quiete regni constituerunt, et quae nos cum fratribus nostris regibus et nostris[k] ac eorum fidelibus communiter constituimus, sed et quae nos consilio et consensu episcoporum ac ceterorum Dei et nostrorum fidelium pro suprascriptis causis in diversis placitis nostris conservanda statuimus, permanere inconvulsa decernimus.

4. Ut[9], quia regia nostra potestas hoc adiuvante Domino exequi[l] per omnia cupit, regni ministri, quantum Deus scire et posse illis donaverit, episcopis et ceteris sacerdotibus ac servis et ancillis Dei, ut suum ministerium implere possint, sicut ab antecessoribus nostris imperatoribus et regibus et a nobis constitutum est, adiutorium praestent et sanctis ecclesiis et sacerdotibus ac servis et ancillis Dei secundum sacras leges, tam mundanas quam ecclesiasticas, et secundum capitula avi et patris nostri ac nostra debitum honorem et immunitatem conservent et[m] exhibeant[m], ut quiete pro stabilitate regni ac nostra et illorum salute Dominum exorare possint[n].

5. Ut episcopi comitibus, missis et vassis nostris, sed et ipsis[o] suis subditis, tam clericis quam laicis, et comitum ac vassallorum nostrorum hominibus[p] paternam benignitatem secundum suum ministerium et debitum honorem ac legem et iustitiam unicuique secundum suum ordinem ac dignitatem impendant[q] et conservent, sicut sacrae leges, tam mundanae quam ecclesiasticae, et capitula avi et patris nostri decernunt[r], et sicut[r] in capitulis a nobis et a fratribus nostris regibus ac communibus fidelibus nostris est constitutum, et sicut temporibus avi et patris nostri[r] iusta[s] et rationabilis consuetudo fuit. Similiter comites et missi ac vassi[t] nostri episcopis ac presbyteris debitam reverentiam et vassallis[t] episcoporum legem et iustitiam et debitum honorem impendant secundum praefatas leges et praefata capitula ac praefatam consuetudinem.

6. Ut[10], si episcopi suis clericis iniuste fecerint, secundum quod sacri canones et sacrae leges, quas ecclesia catholica probat et servat, praefigunt, hoc eorum iudicio, quorum interest, emendare procurent.

7. Ut, si episcopi suis laicis iniuste fecerint et ipsi[m] laici se ad nos inde reclamaverint, nostrae regiae potestati secundum nostrum et suum ministerium ipsi archiepiscopi et episcopi obediant, ut secundum sanctos canones et iuxta leges, quas ecclesia catholica probat et servat, et secundum capitula avi et patris nostri hoc emendare curent, et sicut temporibus avi et patris nostri iusta[s] et rationabilis consuetudo fuit.

8. Ut presbyteri parochiani suis senioribus debitam reverentiam et competentem honorem atque obsequium secundum suum ministerium impendant, sicut in legibus sacris et in praefatis capitulis continetur[11], et sicut temporibus avi et patris nostri iusta[s] et rationabilis consuetudo fuit. Quodsi[u] ipsi presbyteri non fecerint[u], seniores

h) me *add.* 2. i) deinceps 2. k) nostri 2. l) exequium 2. m) *om.* 2. n) exhibeant *add.* 2. o) suis ipsis 2. p) hominum 2. q) inspirant 2. r) decernunt ... nostri *om.* 4; sicut ... nostri *om.* 1. s) iuxta 2. t) vasalli ... vasallis 2. u) quod ... fecerunt 2.

9) *Ad hoc cap. et inseq. cfr. Conv. in villa Col.* 843, *supra p.* 255, *c.* 1; *Conv. ap. Valentin.* 853, *supra p.* 76, *c.* 6; *supra p.* 103, *not.* 18. 10) *Cfr. Nissl, Gerichtsstand d. Klerus p.* 224*sq.* 11) *Cfr. Anseg. I, c.* 85, *tom. I, p.* 407: *infra p.* 335, *lin.* 9*sq.*

illorum episcopis non per occasionem aut malitiam, sed per rationem et veritatem hoc innotescere studeant; et episcopi presbyteros secundum suum ministerium et leges ecclesiasticas taliter castigent, ut hoc illos emendare delectet, qualiter cum necessaria benignitatis concordia et illi pro senioribus suis orare et seniores illorum sacra officia et divina mysteria puro corde per illos[v] suscipere possint. 860.

9. Ut, si abbates vel abbatissae aut comites seu vassi nostri aut ceteri 'laici[12] clericos probabilis vitae et doctrinae episcopis canonice consecrandos[w] suisque in ecclesiis constituendos obtulerint, nulla qualibet occasione eos episcopi vel ministri eorum reiciant;' et 'episcopi[13] praevideant, quem honorem presbyteri pro ecclesiis suis senioribus suis tribuere debent.' Et[x] episcopi[14] parochias et decimas antiquis ecclesiis servent; et seniores[15] immunitatem de manso ad ecclesiam dato conservent: et 'non[12] sine auctoritate vel consensu episcoporum presbyteri in quibuslibet ecclesiis constituantur vel expellantur[x]', sicut in primo libro capitulorum avi et patris nostri et sicut in capitulis patris nostri anno XVI. imperii eius factis continetur[16]. Et senioribus presbyterorum hoc sufficiat, et amplius per ingeniosas machinationes a presbyteris non exigant vel exquirant, nisi, sicut in eisdem capitulis avi et patris nostri ac nostris est constitutum, ne Deum offendant et pro lucro terreno, quod absit, suas animas perdant et nostram offensam incurrant ac post debitam emendationem dignam harmiscaram[y][17] a nobis dispositam sustineant. Et episcopi tam seniores presbyterorum quam presbyteros, sed et seipsos custodiant, ne laici per ignorantiam et presbyteri per necessitatem et ipsi episcopi vel ministri eorum per cupiditatem et avaritiam, quod absit, in Simoniacam haeresim cadant; quia, ut sanctus Gregorius dicit[18], qui praemio vel gratia aut supplicatione indebita ad sacros ordines accedit vel promovetur, haereticus a Domino deputatur, tam ille, qui promovetur, quam ille, a quo taliter promovetur et[z] cuius interventu taliter promovetur[z]; et qui pro tali ordinatione inlicita quolibet malo ingenio, quod Deum latere non potest, aliquid dederit vel acceperit vel mediator factus fuerit, a Deo, sicut canones Dei spiritu conditi demonstrant, condemnatur per illorum iudicium, 'qui[19] cum Deo in coelis regnant et in terris miraculis coruscant.' Damnantur utique in praesenti seculo comburendi igne perpetuo tales negotiatores pravi, cum, quod iuste bene meritis dare gratis debent iustitiam, sicut Iudas Christum, qui, ut dicit apostolus[20], factus est nobis a Deo iustitia, vendidit, ita et isti Deum patrem omnipotentem et eandem iustitiam Christum atque consubstantialem illis sanctum Spiritum, qui per impositionem manuum sacerdotalium hominibus tribuitur[a], quoniam sanctae trinitatis una est natura, voluntas et operatio, gradus ecclesiasticos temporali commodo[b] dantes[b] vel accipientes vendunt; et qui pretium proinde donant, emunt peccatum, et haeretici fiunt; et qui praemium proinde accipiunt, sicut idem[c] sanctus demonstrat Gregorius[18], facti et ipsi haeretici eos malitiae suae gladiis occidunt, quos vivificare orationis suae intercessione debuerunt.

10. Ut[21] nemo episcopus, nemo presbyter excommunicet aliquem, antequam causa probetur, propter quam ecclesiastici canones hoc fieri iubent, et donec illum,

v) ille 2. w) conservandos 1. x) et ... expellantur *om.* 2; compellantur 1. y) harmscaram 1. z) et ... promovetur *om.* 1. 4. 5. a) tribuatur 2. b) commodantes 2. c) item 2.

12) *Anseg. I, c.* 84, *l. c. p.* 407. 13) *Ibid. I, c.* 142, *l. c. p.* 412. 14) *Cfr. ibid. II, c.* 34, *l. c. p.* 422. 15) *Cfr. Cap. anteced. c.* 11. 16) *Cap. Wormat.* 829, *supra p.* 12, *c.* 1. 17) *Cfr. Edict. Pist.* 864 *supra p.* 319, *c.* 21. 18) *Verba, quae sequuntur, ita quidem apud Gregorium non leguntur; cfr. autem Gregorii Registr. lib. V, ep.* 58. 63; *lib. IX, ep.* 218, *EE. I, p.* 369. 379, *Jaffé, Regest. pontif. I²*, *nr.* 1374. 1879. 1747, *et saepius.* 19) *Cfr. supra p.* 288, *lin.* 31 *sq.* 20) *Cfr. Rom.* 10, 4. 21) *Hoc caput usque ad verbum:* redeat *(p.* 336, *lin.* 8) *maxima ex parte desumptum est ex cap.* 6. *Conc. ap. Confluent.* 860, *supra p.* 155 *sq.*

869. qui peccavit et inde aut sponte confessus aut aperte convictus fuerit, secundum evangelicum[d] praeceptum, ut ad emendationem et poenitentiam redeat, commonitum habeat. Qui peccator, si commonitus de certa et manifesta causa, ut ad emendationem et correptionem[e] redeat, inobediens et incorrigibilis permanserit et ad emendationem redire noluerit et excommunicationem canonicam de causis designatis et manifestis parvipenderit, regiam vel rei publicae potestatem per se vel per ministros suos aut per litteras suas episcopus adeat, ut constringatur, quatenus ad emendationem ac poenitentiam isdem peccator redeat[21], ne dicatur nobis a Domino, quod olim populo veteri ab eo legimus dictum: 'Anathema[22] in medio tui. Non poteris stare coram inimicis tuis.' Si autem idem peccator de manifesta et comprobata vel a se sponte confessa causa ad poenitentiam venire voluerit, sed ipsam poenitentiam propter faidam secundum canones[23] suscipere et quiete agere non potuerit[f], episcopus per se vel per ministros aut per litteras suas regiam nostram vel rei publicae nostrae potestatem adeat, ut ipsa faida secundum constitutionem avi et patris nostri[24] legaliter pacificetur aut iuxta leges, secundum quas in aliis regionibus quilibet vivunt, sedetur. Et tunc peccator medicinam poenitentiae secundum sacros canones cum pia et salubri discretione secundum regulas sacras suscipiat et peragat et reconciliationem atque communionem[g] percipiat, sicut in eisdem sacris regulis discretissime et misericorditer continetur.

11. Ut comites et missi ac vassi nostri et ministeriales regni nostri unusquisque secundum ordinem et dignitatem ac possibilitatem suam pacem et iustitiam in suis ministeriis faciant et iuste omnes sub Dei respectu iudicent attendentes, quod Dominus omnibus iudicantibus dicit: 'In[25] quo iudicio iudicaveritis, iudicabitur de vobis'; et: 'Beati[26], qui custodiunt iudicium et faciunt iustitiam in omni tempore.'

12. Ut episcopi atque abbates et comites ac vassi nostri et omnes fideles laici concordi dilectione et unanimi voluntate ad Dei et sanctae ecclesiae ac nostrum et regni nostri honorem et statum atque communem nostram salvationem sine invidia et malivolentia atque indebita contentione communiter decertare procurent, ut pax et iustitia et vera cum Dei voluntate concordia inter nos omnes et in regno nostro maneat; quia, sicut sancta scriptura dicit, 'iustitia[27] elevat gentem, miseros facit populos peccatum.' Et ubi non est vera cum Dei voluntate concordia, ibi, nisi ad iudicium, non habitat Deus, qui, sicut psalmus dicit, 'facit[28] unanimes habitare in domo', id est in sancta ecclesia; in qua fideliter consistentibus spiritum caritatis infundit, qui propter nimiam caritatem suam, qua dilexit nos, tradidit semetipsum pro nobis, et cum essemus mortui in peccatis nostris, convivificavit nos in semetipso, ut essemus sancti et immaculati in conspectu eius in caritate et simus sectatores[h] bonorum operum, in quibus cum fide recta perseverantes perveniamus omnes ipso praeveniente, adiuvante et subsequente ad regna coelorum. Et[i] episcopi privilegia Romanae sedis et regum praecepta ecclesiis suis confirmata vigili[k] solertia custodiant, ut exinde auctorabili firmitate tueantur. Nonas et decimas, unde statutum est, absque alicuius contradictu recipiant. De terris censualibus et potestate ecclesiae suae et culturis indominicatis et absitatibus[29] et manufirmatis maior ecclesia, quae

d) ecclesiasticum 2. e) correctionem 2. f) poterit 2. g) communem 2. h) sectatores 1. i) Et ... cavendum est *om.* 1. 3—5; *Baluzius et G. H. Pertz, om.* et, *a verbo* Episcopi *novum caput* (13) *incipiunt.* k) *ita corr. Baluzius;* vigilis 2.

22) *Ios.* 7, 13. 23) *Cfr. Synod. Pap.* 850, *supra p.* 120, *c.* 12. 24) *Anseg. IV, c.* 25, *tom. I, p.* 440. 25) *Matth.* 7, 2. 26) *Psalm.* 105, 3. 27) *Prov.* 14, 34. 28) *Cfr. Psalm.* 77, 55. 29) *vel absis; cfr. Guérard, Polyptique d'Irminon I, p.* 589 *sqq.; Brunner, RG. I, p.* 212.

caput episcopatus est, decimam recipiat: similiter et de carruca[29] indominicata. De mansis hereditariis[30] presbyter parrocchiae, sicut constitutum est, decimam consequatur. Et ne de hoc contentio[l] oriatur, summopere cavendum est[m]. 869.

Adnuntiatio[n] Karoli regis.

Cap. 1. Volumus vos scire, quia secundum consuetudinem antecessorum nostrorum consideravimus[31] in hoc placito cum episcopis et ceteris fidelibus nostris de honore sanctae ecclesiae et episcoporum ac ceterorum servorum Dei, ut debitum honorem habeant, sicut tempore antecessorum nostrorum habuerunt. Et hominibus fidelibus nostris, unicuique in suo ordine, legem et iustitiam conservabimus, sicut eorum antecessores tempore antecessorum nostrorum habuerunt.

2. Et volumus atque iubemus, ut vassalli episcoporum, abbatum et abbatissarum atque comitum et vassorum nostrorum talem legem et iustitiam apud seniores suos habeant, sicut eorum antecessores apud illorum seniores tempore antecessorum habuerunt. Et si aliquis episcopus, abbas aut abbatissa vel comes ac vassus noster suo homini contra rectum et iustitiam fecerit et se inde ad nos reclamaverit, sciat, quia, sicut ratio et lex atque iustitia est, hoc emendare faciemus.

3. Et volumus atque iubemus, ut[32] episcopi atque abbates, comites ac vassi nostri concordi dilectione et unanimi voluntate ad Dei et sanctae ecclesiae ac nostrum et regni nostri honorem et statum atque communem nostram salvationem decertare procurent, ut pax et iustitia et vera cum Dei voluntate concordia inter nos omnes et in regno nostro maneat et omnes[33] ita sint semper parati, ut, si nobis necessitas evenerit, ad defensionem patriae contra paganos aut contra alios Dei et nostros inimicos, sicut consuetudo fuit tempore antecessorum nostrorum, absque mora statim, ut eis nuntiatum fuerit, possint venire.

4. Et volumus, ut sciatis, quia commendavimus[o], ut unusquisque de sua opera tale certamen habeat, sicut scit necesse esse ad defensionem istius sanctae Dei ecclesiae, secundum nostram commendationem[34]. Gratias vobis agimus, quia fideliter secundum nostram commendationem in nostro venistis servitio. Et ite cum Dei gratia sani et salvi, et Deus nobis concedat, ut iterum cum sanitate et gaudio ad suam voluntatem reconiungamur.

l) contemptio 2. m) *Explicit* 2. n) *Inscript. om.* 4. 5. o) *ita* 1; commendamus *rell. codd.*

29) *'Mensura agri, quantum aratro uno proscinditur', Guérard, Irminon II, p.* 450; *cfr. etiam Du Cange.* 30) *Cfr. Maurer, Fronhöfe I, p.* 358. 31) *Cfr. supra c.* 1. 3. 32) *Supra c.* 11, *sed abbreviatum.* 33) *Ad verbum fere convenit cum Edict. Pist.* 864, *supra p.* 328, *Adnunt.* (*C*) *c.* 1. 34) *Cfr. supra p.* 333, *praefat. lin.* 9 *sqq.*

---

276. ELECTIONIS KAROLI CAPITULA IN REGNO HLOTHARII FACTAE.

869. Sept. 9.

Haec, quae sequuntur, exstant: 1) *apud Sirmondum, Caroli Calvi Capitula p.* 185. *edita ope codicis Leodiensis;* 2) *in Ann. Bertin. ad a.* 869, *ed. Waitz p.* 102 *sqq.*; 3) *apud Sirmondum l. c. p.* 371. *sumpta ex codice Bellovacensi, ut videtur, et in eiusdem apographis, scilicet in cod. Vatic. reg. Christ.* 291 *fol.* 120ᵛ, *in cod. Vallicell. C.* 16 *fol.* 82ᵛ, *in cod. Vatic.* 4982 *fol.* 114; 4) *apud Baronium, Ann. ecclesiast. ad a.* 869, *ex*

869. *codice A. Augustini. Inscriptum est capitulis in* 1: Ordo, qualiter Karolus rex fuit coronatus in Mettis civitate anno DCCCLXIX, in mense Septembrio, V. Idus Septembris, quae evenit die Veneris, cum istis episcopis, videlicet Hincmaro archiepiscopo, Adventio *(Mettensi)*, Hattone *(Viridunensi)*, Arnulfo *(Tullensi)*, Francone *(Leodiensi)*, Hincmaro *(Laudunensi)* et Odone *(Bellovacensi)*, quando quondam rex Hlotharius filius Hlotharii imperatoris fuit mortuus in Placentia civitate; *in ceteris:* Anno incarnationis dominicae DCCCLXIX, indictione II, V. (pridie 4) Idus Septembris Mettis (Metis 3. 4) civitate in ecclesia sancti Stephani martyris, haec, quae sequuntur, capitula Adventius episcopus ipsius civitatis coram rege et episcopis, qui adfuerunt, publice (*om.* 4) populo et scripto et verbis (verbo 4; publice *add.* 4) denuntiavit.

Quo vero modo factum sit, ut Karolus pactionum Mettensium anni 867. *(supra p.* 167*) nulla ratione habita regno Hlotharii potiretur, optime apparet ex illis, quae Hincmarus in suis annalibus actis concentus praemisit. Sat igitur est hoc loco ista verba Annalium Bertin. l. c. repetere:* Quod *(sc. mortem Hlotharii)* Karolus apud Silvanectis civitatem degens . . . non incerto comperiens nuncio, ab ipsa civitate movens, Attiniacum venit. Ubi a quibusdam episcopis, sed et ab aliquibus primoribus regni quondam Hlotharii missos directos suscepit, ut ibi resideret et in regnum quod Hlotharii fuerat non intraret, donec frater suus Hludowicus . . . ab expeditione hostili de Winidis . . . reverteretur. Petierunt ergo, ut . . . ei mandaret, ubi et quando simul convenirent et de regni ipsius divisione tractarent; plures autem saniori consilio illi mandaverunt, ut, quantocius commode posset, usque Mettis properare satageret, et ipsi tam in itinere quam ad ipsam civitatem ei occurrere maturarent. Quorum consilium Karolus acceptabilius et sibi salubrius esse intellegens, iuxta eorum suggestionem agere festinavit. Veniens ergo usque Viridunum, plurimos de eodem regno, sed et Hattonem ipsius civitatis episcopum et Arnulfum Tullensis urbis episcopum, sibi se commendantes suscepit. Indeque Mettis Nonas Septembris veniens, Adventium ipsius civitatis praesulem et Franconem Tungrensem episcopum cum multis aliis in sua commendatione suscepit. Sicque V. Idus ipsius mensis ab episcopis qui adfuerunt, cohibentibus omnibus, in basilica beati Stephani haec quae sequuntur denunciata et gesta fuere hoc modo. — *Ordinem coronationis vide infra nr.* 302.

(B. II, 207; *P.* 512.*)*

(A.) Adnuntiatio[a] Adventii episcopi ante initium missae in ecclesia sancti Stephani coram rege et episcopis et aliis quam plurimis[a].

1. Vos scitis, et multis in plurimis[b] regnis est[c] cognitum, quantos et quales eventus tempore senioris nostri, quem hactenus habuimus, pro causis notissimis communiter sustinuimus, et quanto dolore quantaque angustia de illius infausta morte nuper cordibus perculsi sumus. Unde unicum refugium et singulariter salubre consilium, rege et principe nostro destituti ac desolati, nobis omnibus esse consideravimus, ut ieiuniis et orationibus ad eum nos converteremus[d], qui est 'adiutor[1] in opportunitatibus[e], in tribulatione', et cuius[2] est consilium, ac cuius[3] est regnum et, ut scriptum est, 'cui[4] voluerit, dabit illud', et in cuius[5] manu corda sunt regum, et 'facit[6] unanimes habitare in domo solvens[7] medium parietem et faciens utraque unum'; deprecantes ipsius misericordiam, ut daret[f] nobis regem ac principem secundum cor suum, qui in iudicio et iustitia nos in omni ordine ac professione regeret[e], salvaret atque

a) *Ex* 1. b) pluribus 4. c) esse 4. d) convertamus 4. e) et *add.* 4. f) donet 4.

1) *Psalm.* 9, 10. 2) *Cfr. Prov.* 8, 14. 3) *Cfr. Psalm.* 21, 29. 4) *Daniel* 4, 14. 5) *Cfr. Prov.* 21, 1. 6) *Psalm.* 77, 55. 7) *Ephes.* 2, 14.

defenderet iuxta voluntatem eius et corda omnium nostrorum unanimiter ad[g] eum 860 inclinaret atque uniret, quem ipse ad salutem et profectum nostrum praescitum et electum atque praedestinatum habeat[h] secundum misericordiam suam.

2[i]. Quia denique voluntatem Dei, qui 'voluntatem[7*] timentium se facit et deprecationes eorum exaudit', in concordi[k] unanimitate nostra videmus hunc regni huius heredem esse legitimum, cui nos sponte commisimus, domnum[l] videlicet praesentem regem ac principem nostrum Karolum, ut nobis praesit et prosit, videtur nobis, si vobis placet, ut, sicut post illius verba vobis manifestabimus[m], signo certissimo demonstremus, quia illum a Deo electum et nobis datum principem credimus et eidem largitori Deo ex suis beneficiis non simus ingrati; sed gratiarum actiones illi referentes oremus, quatenus et cum nobis[l] ad salutem et defensionem sanctae suae ecclesiae et ad auxilium atque profectum omnium nostrum cum salute ac pace et tranquillitate nobis conservet diutius et nos fideli devotione illi obsequentes atque optata salvatione fruentes sub illius administratione in suo gubernet servitio.

3[i]. Et si illi placet, dignum ipsi et necessarium nobis esse videtur, ut ex eius ore audiamus, quod a christianissimo rege fideli et unanimi in servitio illius populo, unicuique in suo[n] ordine, convenit audire ac devota mente suscipere[o].

(B.) Responsio[a*] Karoli ad populum.

Quia[p], sicut isti venerabiles episcopi unius ex ipsis voce dixerunt et certis indiciis ex vestra unanimitate monstraverunt et vos acclamastis me Dei electione ad vestram salvationem et profectum atque regimen et gubernationem huc advenisse, sciatis me honorem[8] et cultum Dei atque sanctarum ecclesiarum Domino adiuvante conservare et unumquemque[9] vestrum secundum sui ordinis dignitatem et personam iuxta meum scire et posse honorare et salvare et honoratum ac salvatum tenere velle et unicuique in suo ordine secundum sibi competentes leges, tam ecclesiasticas quam mundanas, legem et iustitiam conservare[9]; in hoc, ut honor[10] regius et potestas ac debita obedientia atque adiutorium ad regnum mihi a Deo datum continendum et defensandum ab unoquoque vestrum secundum suum ordinem et dignitatem atque possibilitatem mihi exhibeatur, sicut vestri antecessores fideliter iuste et rationabiliter meis antecessoribus exhibuerunt.

(C.) Adnuntiatio[a**] Hincmari archiepiscopi.

1. Ne alicui forte videatur incongrue ac praesumptiose me ac provinciae nostrae venerabiles coepiscopos facere, quoniam de altera provincia ordinationi et causis huius provinciae nos immiscemus, sciat nos contra canones sacros non agere. quoniam Remensis et Treverensis ecclesiae in hac regione Belgica cum[q] sibi[q] commissis ecclesiis sorores[11] et comprovinciales habentur, sicut auctoritas ecclesiastica

*) 2—4. *Christ., Vatic. hanc rubricam praebent:* Post haec Karolus rex haec, quae sequuntur, per se in eadem ecclesia cunctis, qui affuerunt, denunciavit[r].

**) *Reliqui codices hanc inscriptionem exhibent:* Et post haec Hincmarus Remorum episcopus haec, quae sequuntur, capitula iubente ac postulante Adventio ipsius civitatis episcopo et ceteris episcopis Treverorum[s] provinciae, Hattone[t] scilicet ecclesiae Viridunensis episcopo et Arnulfo Tullensis civitatis episcopo, Francone[u] Tungrensis civitatis episcopo[u], cohibentibus[v] provintiae Remorum episcopis, coram[w] episcopis et[l] rege cunctisque, qui adfuerunt, in eadem ecclesia publice denuntiavit.

g) in 1. 3. h) habebat 2. i) 2. 4. *praebent hic et infra capitula numeris omissis continuo scripta.* k) corde 4. l) *om.* 4. m) manifestavimus 4. n) ordine suo 2. o) suscipiatur 4. p) Cap. IIII. *praemitt. Vall. omissis rubricis.* q) *om.* 1. 3; cum istis eccl. 4. r) dicens *add.* 2. s) Trevirorum 3. t) Attone 3. u) Francone . . . episcopo *om.* 2; Franco 4. v) conniventibus 4. w) reliquis *add.* 2.

7*) *Psalm.* 144, 19. 8) *Cfr. Capp. anteced.*, p. 333, c. 1. 9) unumquemque . . . conservare = *ibid.* c. 3. 10) honor *rell.* = c. 2. 11) *Cfr. Dümmler, Ostfränk. Reich II²*, p. 283, *not.* 1.

869. et antiquissima demonstrat consuetudo, ac per hoc unanimi consensu et synodalis iudicia exercere et, quae a sanctis patribus constituta sunt, debent concorditer custodire hac privilegii conditione servata, ut, qui prior de Romensi et Treverensi episcopo fuerit[x] ordinatus, prior etiam habeatur.

2.[i] Et lex divinitus inspirata praecipit dicens: 'Si[12] transieris[y] per messem amici tui colligens spicas, manu confricabis ad manducandum, falcem autem non mittas', vel 'falce non metas.' Messis est populus, ut Dominus monstrat in evangelio dicens: 'Messis[13] quidem est[z] multa, operarii autem pauci. Rogate dominum messis, ut mittat operarios in messem suam'; quia vos pro nobis episcopis debetis orare, ut vobis digna possimus loqui. Messis autem amici est populus in provincia alteri metropolitano commissa. Unde vos hortando, quasi manu operis confricando, ad Dei voluntatem et vestram salutem in corpus unitatis ecclesiae valemus et debemus traicere. In parochianos autem provinciarum aliis metropolitanis commissarum falcem iudicii non mittimus, quia nec est unde, nec nostrum esse consideramus.

3.[i] Est et alia causa, quia isti venerabiles domini et confratres nostri provinciae istius episcopi non habentes metropolitanum episcopum exiguitatem nostram sic in suis, sicut et in specialibus nostris causis, nos fraterna caritate iubent et commonent agere. Est ita, domini fratres?

Et responderunt ipsi episcopi: Ita est.

4.[i] Praeter ea, quae[a] domnus episcopus et frater noster Adventius vobis[b] ex sua et ceterorum suorum ac nostrorum fratrum et venerabilium episcoporum voce dixit, in hoc etiam animadvertere potestis voluntatem Dei esse, ut praesens domnus et rex noster, qui in parte regni, quam hactenus tenet et tenuit et nobis ac ecclesiis nostris et populo sibi commisso utiliter praeest ac praefuit et salubriter prodest et profuit, inde ad hunc locum Domino ducente pervenerit, quo etiam vos eius inspiratione confluxistis et ipsi vos sponte commendastis, cuius instinctu animantia[c] omnia in arcam Noe[d] significantem ecclesiae unitatem nullo cogente convenerunt, quia sanctae memoriae pater suus domnus Hludowicus pius imperator augustus ex progenie Hludowici regis Francorum inclyti, per beati Remigii Francorum apostoli catholicam praedicationem cum integra gente conversi et cum tribus Francorum milibus, exceptis parvulis et mulieribus, vigilia sancti[e] paschae in Romensi metropoli baptizati et coelitus sumpto chrismate[14], unde adhuc habemus, peruncti et in regem sacrati[f], exortus[f] per beatum Arnulfum[g], cuius carne idem Hludowicus pius augustus originem duxit carnis, et a Stephano papa Romano ante sanctae Dei genitricis et semper virginis Mariae altare Remi[h] in imperatorem est coronatus[15] et demum factione quorumdam terreno imperio destitutus[16] in praedictam regni partem unanimitate episcoporum et fidelis populi ante sepulchrum sancti Dionysii eximii martyris ecclesiae sanctae est redditus[17] et in hac domo ante hoc altare protomartyris Stephani, cuius nomen interpretatum resonat coronatus, per Domini sacerdotes acclamatione fidelis populi, sicut vidimus, qui adfuimus, corona regni est imperio restitutus[18]. Et quia, ut in historiis sacris legimus[19], reges, quando regna obtinuerunt, singulorum regnorum sibi diademata imposuerunt, non incongruum videtur istis[i] venerabilibus

x) episcopis fuit 1. 3. y) transiens 4. z) *om.* 4. a) quia 4. b) nobis 4. c) animata 2. d) hoc 4. e) sanctae 2. f) consecratus 4. g) a *add.* 4. h) Remis 1. 4. i) *om.* 2.

12) *Deuter.* 23, 25. 13) *Matth.* 9, 37. 38. 14) *Cfr. Schrörs, Hinkmar v. Reims p.* 307, *not.* 48. 15) *A.* 816, *die* 5. *m. Octobr.; cfr. Simson, Ludwig d. Fr. I, p.* 71 *sq.* 16) *A.* 833, *die* 30. *m. Iun.; cfr. ibid. II, p.* 52 *sqq.* 17) *A.* 834, *primo die m. Mart.; cfr. ibid. II, p.* 90 *sqq.* 18) *A.* 835, *die* 28. *m. Febr.; cfr. ibid. II, p.* 129 *sq* 19) *Cfr. ex gr.* 1. *Machab.* 11, 13.

episcopis, si vestrae unanimitati placet, ut in obtentu[k] regni, unde vos ad illum sponte convenistis et vos ei commendastis, sacerdotali ministerio ante altare hoc coronetur et sacra unctione Domino[l] consecretur. Quodsi vobis placet, propriis vocibus consonate. 872.

Et in hoc conclamantibus omnibus dixit idem episcopus: Agamus ergo unanimiter Deo gratias decantantes: 'Te Deum laudamus.'

Benedictiones super regem Karolum — — — ad aeternam perveniat haereditatem. Per Dominum *(cfr. infra nr. 302)*.

k) *ita* 2; obtentum *Pertz*; obedientia 1. 3. 4. l) Deo 2.

---

277. SACRAMENTA APUD GUNDULFI-VILLAM FACTA.

872. Sept. 9.

Praebent sacramenta hi libri partim impressi, partim manuscripti: 1) *Sirmondus, Caroli Calvi Capitula p.* 386. 2) *Vatic. reg. Christ.* 291 *fol.* 122'. 3) *Vallicell. C.* 16 *fol.* 86. 4) *Vatic.* 4982 *fol.* 146'. 5) *P. Pithoeus, SS. coetan. p.* 509. 6) *Baronius, Ann. ecclesiast. ad a.* 873, *codice A. Augustini adhibito.*

In omnibus codicibus praemissa est rubrica infra p. 342. *edita. Quacum convenit relatio illa, quam exhibet Hincmarus in Ann. Bertin. ad a.* 872, *ed. Waitz p.* 119 *sqq.*: Hludowicus ... apud Trientum cum Ingelberga loquens, partem regni Hlotharii quam contra Karolum accepit, neglectis sacramentis inter eos pactis, sine consensu ac conscientia hominum quondam Hlotharii, qui se illi commendaverunt, clam reddidit. Unde utrimque sacramenta prioribus sacramentis quae cum fratre suo pepigerat diversa et adversa inter eos sunt facta ... Karolus autem ad Burgundiam ad Gondulfi-villam placitum ibi antea condictum habiturus, Kalendis Septembris revertitur. Ubi aliquantisper immoratus, et quae sibi visa fuere dispositis, ... ad Arduennam petiit.

Iuramentum 'generale omnium fidelium', quod in editione Pithoeana et secundum illam apud Baluzium et G. H. Pertz sacramentum laicorum subsequitur, ab actis huius conventus separandum est. Nam praeter auctoritatem unius P. Pithoei, qui hoc loco edidit, nihil est, quod probet omnes fideles Karoli hoc anno et in hoc placito regi fidem esse pollicitos. Dicuntur potius in inscriptione infra edita non professionem vel sacramentum praestitisse nisi episcopi et laici nulla mentione generalis iuramenti omnium fidelium facta. Accedit, quod, cum et episcopi et laici Karolo adiutores se fore promittant, 'ut regnum, quod Deus donavit vel d o n a v e r i t, *habere et obtinere et continere possit', in generali sacramento de regno futuro nulla verba fiunt, et quod hoc ad verbum consentit cum illo, quod a.* 876. *episcopi in synodis Papiensi et Pontigonensi (cfr. nr.* 220. 279*) ediderunt. Tandem respiciendum est, quo modo iuramentum nobis traditum sit. Desideratur enim hoc loco apud Sirmondum et Baronium, qui uterque minime 'editionem Pithoeanam exceperunt,' ut dicit G. H. Pertz (cfr. infra not.* d.*). In codicibus vero* 2. 4. *post Capitulare Carisiacense a.* 873, *in* 3. *post epistolam quandam Iohannis papae servatum praecedit Synodum Pontigonensem (cfr. praefat. ad nr.* 279*). Quibus de causis generale iuramentum non cum hoc placito coniungendum, sed pars Synodi Pontigonensis putandum est.*

(B. II, 225; P. 517.)

873. Anno incarnationis dominicae DCCCLXXII[a], indictione quinta, quinto Idus Septembris[b] in placito generali apud Gundulfi[c]-villam, — cum[d] Hludowicus sacramenta superius scripta[1] disrupisset et aequivoco suo itidem Hludowico imperatori se coniunxisset et sacramenta, quae superius scripta sunt[2], fieri iussisset[d] Ingilberga regina et legatis sedis apostolicae, Formoso scilicet et Gaderico[e][3] praesentibus —, hac tempestate urgente episcopi omnes ex regno gloriosi regis Karoli hanc professionem infra scriptam fecerunt, et omnes laici hoc sacramentum similiter infra scriptum iuraverunt.

Professio episcoporum.

Quantum[4] sciero et potuero adiuvante Domino consilio et auxilio secundum meum ministerium fidelis vobis adiutor ero, ut regnum, quod vobis Deus donavit vel donaverit, ad ipsius voluntatem et sanctae ecclesiae ac debitum regium honorem vestrum et[f] vestram fideliumque vestrorum[g] salvationem habere[h] et obtinere et continere possitis.

Sacramentum laicorum.

Quantum[5] sciero et potuero adiuvante Domino consilio et auxilio fidelis vobis adiutor ero, ut regnum, quod habetis ad Dei voluntatem et sanctae ecclesiae et vestrum honorem atque ad vestram salvationem continere possitis, et quod Deus adhuc[i] vobis concesserit, adquirere et[k] contra omnes homines defendere valeatis.

a) DCCCLXXIII. *codd.* b) alias sexta Idibus Septembris 6. c) Grandulsi 8; Gandulphi 6. d) cum . . . iussisset *om.* 5. e) Gauderico 6. f) et vestram *om.* 6. g) vestrum 6. h) continere et hab. et obt. 6. i) nobis adhuc 6. k) *om.* 6.

1) *Sc. in codice; cfr. supra nr.* 250. 245; *Dümmler, Ostfränk. Reich II*², p. 340. 2) *Nunc deperdita.* 3) *Cfr. infra p.* 351, c. 1. 4) *Cfr. supra p.* 296. *sacramentum Carisiaci a.* 858. *praestitum.* 5) *Ad verbum fere cum professione episcoporum consentit.*

278. CAPITULARE CARISIACENSE.

873. Ian. 4.

Legitur: 1) *apud Sirmondum, Caroli Calvi Capitula p.* 388 *sqq., et in his codicibus:* 2) *Vatic. reg. Christ.* 291 *fol.* 122'. 3) *Vallicell. C.* 16 *fol.* 86'. 4) *Vatic.* 4982 *fol.* 146'. 5) *Middlehill. vel Cheltenham.* 10190 *fol.* 195. *et iterum fol.* 204. *Codd.* 2—4. *terminantur sub fine capitis tertii; cod.* 5 *bis. in medio capitulo octavo.*

Cod. Laudunensis Sirmondi nunc deperditus exhibuit hanc rubricam: Anno incarnationis dominicae DCCCLXXIII, indictione VI, pridie Nonas Ianuarii haec, quae sequuntur, capitula domnus rex Karolus in Carisiaco palatio cum fidelium suorum consilio decrevit et per suum regnum denuntiari et observari mandavit; *in codd. vero Bellovacensi, quem Sirmondus secutus est, eiusdem apographis, sc.* 2—4, *apud Baronium, Ann. ecclesiast. ad a.* 873, *verba infra p.* 343. *edita inscripta sunt; in codice denique* 5: Incipiunt capitula iunioris Karoli regis, quae facta fuerunt ad Carisiacum palatium publicum.

Qua de causa capitulare editum sit, referunt Ann. Bertin. ad a. 873, *ed. Waitz p.* 121, *hisce verbis:* Quia ergo multi erant in regno Karoli, qui exspectabant, ut per Karlomannum *(cfr. l. c. p.* 114—118*)* adhuc rediviva mala agerentur, in sancta Dei ecclesia et in aliis regnis . . . cum consilio fidelium suorum, secundum morem praedecessorum ac progenitorum suorum *(cfr. infra c.* 3. 8—12*)*, leges paci ecclesiae et regni soliditati congruas promulgavit et ab omnibus observari decrevit.

(B. II, 227; *P.* 518.*)*

Anno incarnationis dominicae DCCCLXXIII, regni vero domni Karoli XXXIII, indictione V, haec capitula, quae sequuntur, ab eodem rege statuta sunt in placito generali apud Carisiacum omnium cum voluntate et consensu et a praefato rege et ab omnibus, qui praesentes fuerunt, confirmata. 873.

Cap. 1. Quia necesse est, ut, quod male[a] reincrescit, iterum recidatur, de constitutionibus antecessorum nostrorum et nostris, quae in illorum et nostris capitulis constitutae sunt, ad resecanda mala, quae specialiter iterum remergunt, missis et comitibus nostris firmiter exequenda proponimus; id est, ut[1], quando missi vel comites nostri latronem vel aliquem malefactorem vel infidelem nostrum forbannierint, hoc nobis in nostro palatio et aliis missis et comitibus scire faciant, ut, si ad nostram curtem venerit, inde faciamus, quod nostrum est. Et si de uno missatico vel comitatu in alium missaticum vel comitatum fugerit[2], missus vel comes, in cuius missaticum fugerit, per fideiussores constringat, ut, velit nolit, illuc reveniat et ibi malum emendet, ubi illud perpetravit. Et si fideiussores non habuerit, sub custodia illum habeat, donec ad illum comitem, in cuius comitatu forbannitus fuerit, illum revenire faciat. Et si alodem habuerit vel in illo comitatu, unde fugit, vel in illo comitatu, ad quem fugit, comes ipsum alodem in fiscum recipiat. Et[3] qui talem forbannitum receperit, secundum quod constitutum est in capitularibus avi et patris nostri in libro tertio, 'si[4] Francus est, cum duodecim similibus Francis iuret, quod ipsum latronem vel forbannitum esse non scisset, licet pater eius sit aut frater aut propinquus. Si hoc iurare non potuerit vel ab alio convictus fuerit, quod latronem vel malefactorem aut infidelem nostrum forbannitum in hospitio suscepisset, sicut ipse forbannitus et ut infidelis iudicetur.'

2. Ut comites et missi nostri maximam curam adhibeant, quatinus in illorum comitatibus et missaticis populus iustitiam et pacem habeat, et de latronibus exturbandis maximum certamen habeant. Et si talis malefactor aut infidelis noster emerserit, ut per se illum comprehendere comes in suo comitatu non possit, accipiat[5] homines tam nostros, quam episcoporum vel abbatum et abbatissarum in suo comitatu commanentes, et sic illum persequatur, donec comprehendat. Et qui ad talem malefactorem accipiendum vocatus fuerit et[6] se inde retraxerit, ut ad hoc adiutorium non praestet, si liber homo fuerit, bannum dominicum componat; et si colonus fuerit, sexaginta ictus accipiat. Et si talis malefactor in illa persecutione occisus fuerit, qui eum occiderit, leudem inde non solvat, et nullus illi inde faidum portare praesumat; quodsi quis facere praesumpserit, per certos fideiussores ad nostram praesentiam perducatur.

3. De illis liberis hominibus, qui infames vel clamodici sunt de testeiis[7] vel latrociniis et rapacitatibus et assalturis vel de infidelitate nostra et cum furto non comprehenduntur, si eis iam vita perdonata est propter aliquod malefactum, fiat de illis, sicut in capitulari avi et patris nostri continetur in libro III, capitulo XLVII[8]; et si iam de latrocinio revicti sunt, fiat de illis, sicut de revictis. Si autem illis adhuc vita perdonata non fuit et revicti non sunt et res et mancipia vel mobile habent, fiat de illis, sicut in quarto libro capitulorum, capitulo XXIX.[b] dicitur[9], cum ad mallum comitis venerint. Si autem ad mallum non venerint, banniantur, et per res et mancipia vel[c] mobile[c] distringantur, ut veniant. Si autem non venerint, fiat de

a) malae rei/ increscit 1. b) *ita codd. pro* XXVII. c) *om.* 1.

1) *Cap. Silvac.* 853, *supra p.* 273, c. 7. 2) *Hoc loco in c.* 7. *cit. verba quaedam inseruntur.* 3) *Ibid. c.* 6. 4) *Anseg. III*, c. 23, *tom. I*, *p.* 428. 5) *Cfr. Brunner, RG. II*, *p.* 228. 6) *Cap. Silvac.* 853, *supra p.* 272, c. 5. 7) *Cfr. ibid. p.* 274, *not.* 29. 8) *Anseg. III*, c. 47, *tom. I*, *p.* 430. 9) *Anseg. IV*, c. 27, *l. c. p.* 440.

873. illis, sicut in capitulari continetur: Et[10] si post secundam comitis admonitionem ad mallum venire noluerint, rebus eorum in bannum missis venire et iustitiam reddere compellantur. Et si talis est, quem aut parentes aut propter faidam homines accusare noluerint aut ausi non fuerint, et cum malefacto comprehensus non fuerit et negaverit, iuret cum duodecim talibus Francis, quorum testimonium leges publicae non reiciunt, quod testeiam vel latrocinium aut rapinam non fecerit; et post haec iuret ipse tantum, quod[11] deinceps testeiam vel latrocinium non faciet neque facienti consentiet et, si scierit, qui haec fecerit, illis ministris nostris, per quos talis causa emendari debet, non celet. Et qui res et mancipia vel mobile non habent, per quae distringi possint, ut ad mallum veniant, et ibi aut se legaliter, ut praemisimus, excondicant, aut, si se excondicere non potuerint, quod male fecerint, legaliter emendent. Post secundam bannitionem comitis si ad mallum non venerint, comprehendantur secundum praefatum capitulare libri tertii capitulo LVI[d], quo dicitur: 'De[12] latronibus, qui magnam habent blasphemiam. Quicumque aliquem ex his comprehenderit, nullum damnum exinde patiatur.' Comprehensus autem si fideiussores habere potuerit, per fideiussores ad mallum adducatur; si fideiussores habere non potuerit, a ministris comitis custodiatur, et ad mallum perducatur. Et si aliquis eum accusaverit, fiat de illo secundum praefatum capitulum libri capitularis. Si autem eum nullus accusaverit, excondicat se praedicto modo, et iuret, 'quod[13] deinceps testeiam vel latrocinium non faciet neque facienti consentiet et, si scierit, qui hoc faciet, non celet ministris regni, per quos talis causa emendari debet.' Si vero tales, ut praediximus, ad mallum adduci non potuerint, in forbannum mittantur, et de his missi vel comites, sicut supra diximus[14], faciant; et de illis, qui tales receperint, sicut praescripsimus, fiat. Si[15] autem fiscalinus noster ita infamis in fiscum nostrum confugerit vel colonus de immunitate in immunitatem confugerit, mandet comes iudici nostro vel advocato cuiuscumque casae Dei, ut talem infamem in mallo suo praesentet. Et si talem praesentaverit, si aliquis eum comprobare voluerit, faciat; et si nullus eum comprobare voluerit, tamen suam infamiam ad Dei iudicium purget, et per illud Dei iudicium aut liberetur aut condemnetur. Si autem iudex noster vel advocatus de casa Dei commonitus talem blasphemum comiti in mallo suo non praesentaverit, fiat inde secundum capitulare libri tertii capitulo XXVI[e][16]. Et si servus alicuius ita clamosus est, comes dominum servi commoneat, ut eum in mallo praesentet, et praesentatum[f] si aliquis comprobare voluerit, faciat; 'et[17] si nullus eum comprobare voluerit, ad Dei iudicium praedicto modo se examinet, et per illud Dei iudicium aut liberetur aut condemnetur.' Si autem dominus servi eundem servum suum comiti in mallo praesentare noluerit, fiat inde secundum capitulare libri tertii capitulo XLVI[g][18].

4. De illis hominibus, qui cum Carlomanno[19] praeteritis annis tanta mala et tanta scelera in regno nostro fecerunt, sicut tunc et verbis et scriptis praecepimus, ita comites et missi nostri exequantur in eos, in quibus nostra iussio, quam consilio fidelium nostrorum iussimus, executa non est; id est, ut fidelitatem nobis promittant, sicut tunc scarivimus[20] et scriptam comitibus nostris dedimus. Et cui ali-

d) *ita codd. pro* LXI. e) Cetera desunt 2, *omissis reliquis.* f) *Terminantur* 3. 4. g) *ita* 1. *pro* XLIV.

10) *Anseg. IV*, c. 24, *l. c. p.* 440: Et si post unum et alteram comitis admonitionem aliquis ad mallum venire noluerit, rebus eius in bannum missis venire et iustitiam facere conpellatur; *cfr. Waitz, VG. IV²*, *p.* 385, *not.* 3. 11) *Cfr. Cap. Silvac.* 853, *sacramentum Francorum*, *supra p.* 271. 12) *Anseg. III*, c. 61, *l. c. p.* 431. 13) *Supra lin.* 7 *sqq.* 14) *Cap.* 1. 2. 15) *Cfr. Cap. Silvac.* 853, *supra p.* 273, c. 7. 16) *Anseg. III*, *c.* 26, *l. c. p.* 428. 17) *Supra lin.* 27 *sqq.* 18) *Anseg. III*, c. 44, *l. c. p.* 430. 19) *Cfr. Dümmler, Ostfränk. Reich II²*, *p.* 321 *sq.* 20) *I. e.: ordinavimus, constituimus; cfr. Schade, Altd. WB. II²*, *s. v. scarjan; Diez, Etym. WB. d. rom. Spr. I*, *s. v. schiera.*

quid abstulerunt, aut emendent aut deprecentur, et poenitentiam faciant, sicut tunc constitutum fuit. Et qui seniores, sicut tunc praecepimus, acceptos non habent, per fideiussores ad nostram praesentiam perducantur, et alodes, quos habent, comites, in quorum comitatibus sunt, in fiscum recipiant. 873.

5. Ut unusquisque comes in suo comitatu provideat, ut[21], qui fidelitatem nobis adhuc promissam non habent, fidelitatem nobis promittant, sicut in capitulis avi et patris nostri continetur.

6. Ut unusquisque comes in comitatu suo magnam providentiam accipiat, ut nullus liber homo in nostro regno immorari vel proprietatem habere permittatur, cuiuscumque homo sit, nisi fidelitatem nobis promiserit.

7. Et[22] quia audivimus, quod malefici homines et sortiariae[23] per plura loca in nostro regno insurgunt, quorum maleficiis iam multi homines infirmati[h] et plures mortui sunt, quoniam, sicut sancti Dei homines scripserunt[24], regis ministerium est impios de terra perdere, maleficos et veneficos non sinere vivere, expresse praecipimus, ut unusquisque comes in suo comitatu magnum studium adhibeat, ut tales perquirantur et comprehendantur. Et si iam inde comprobati masculi vel comprobatae feminae sunt, sicut lex et iustitia docet, disperdantur. Si vero nominati vel suspecti et necdum inde comprobati sunt vel per testes veraces inde comprobari non possunt, Dei iudicio examinentur; et sic per illud Dei iudicium aut liberentur aut condemnentur. Et non solum tales istius mali auctores, sed et conscii ac complices illorum, sive masculorum, sive feminarum, disperdantur, ut una cum eis scientia tanti mali de terra nostra pereat.

8. Quia, sicut et per scripturas et per auctoritatem et per rationem manifestum est, 'duo[25] sunt, quibus principaliter mundus hic regitur, regia potestas et pontificalis auctoritas', et in libro capitulorum avi et patris nostri coniuncte ponitur, ut res et mancipia ecclesiarum 'eo[26] modo contineantur, sicut res ad fiscum dominicum pertinentes contineri solent', iuste et rationabiliter de rebus et mancipiis, quae in regia et in ecclesiastica vestitura fuerunt, uniformiter et uno modo tenendum est: ut[27], sicut, quaecumque res et mancipia in regia vestitura avi et patris nostri et nostra fuerunt et nunc ab aliis detinentur, demonstretur, qualiter de regia vestitura avi et patris nostri et nostra exierunt, quia plures inde per mendacium quaedam obtinuerunt et quidam plura per fraudem obtinent, ita et de rebus, quae in ecclesiarum vestitura fuerunt, unde quaestio fuerit, demonstretur, qua auctoritate in proprietatem eas quisque obtineant. Et quoniam quidam non contradicunt, quod res et mancipia, quae tenent, in vestitura nostra vel antecessorum nostrorum sive ecclesiarum Dei non fuissent, sed patres illorum morientes eis in hereditatem dimiserunt, ideo non volunt inde ullam auctoritatem ostendere, sed suam hereditatem probare: contra illos dicitur, quia potest fieri, ut aliquis de fisco regio vel de rebus ecclesiae aliquid proprindat aut per fraudem obtineat et mortuo illo filius eius[i] aut filia illas res tenere in hereditatem velit. Propterea per capitula avi et patris nostri, quae Franci pro lege tenenda iudicaverunt[28] et fideles nostri in generali placito nostro conservanda decreverunt, discernendum est, de quali hereditate auctoritas non debet requiri, sed legitima hereditas ab aliquo approbari. Ostenditur[29] enim in eis capitulis, ubi de

h) informati 1. i) *Explicit 5 bis.*

21) *Cap. Tusiac.* 865, *supra p.* 330, c. 2. 22) *Cfr. Brunner, RG. II, p.* 574. 681. 23) *I. c.: reneficae.* 24) *Cypriani tract. de XII abus. saec. c.* 9; *cfr. Synod. Mett.* 859, *infra nr.* 298, c. 8. 25) *Gelasii epist. ad Anastasium, supra p.* 29, c. 3. 26) *Bened. Lev. Add. IV*, c. 170 *(Cap. Wormat.* 829, *supra p.* 13, c. 8*).* 27) *Cfr. Brunner, Zeugen u. Inquisitionsbew., l. c. p.* 448 *sqq.; RG. II, p.* 518. 28) *Cfr. Cap. Pap.* 856, *supra p.* 90, c. 1. 29) *Cfr. Nissl, Gerichtsstand d. Clerus im fränk. Reich p.* 180 *sq.*

878. rebus alienis alicui per malum ingenium venditis vel datis loquitur, quae sit unicuique legitima hereditas, cum dicitur inter alia: 'Similiter[30] de omnibus iustitiis ad eum pertinentibus rationem reddere compellatur excepta sua legitima hereditate, quae ei per successionem parentum suorum legitime evenire debuit.' Et de hac legitima hereditate non est auctoritas requirenda: sed si interpellatio inde fuerit, legitima hereditas approbanda. Quia vero de rebus ex fisco regio et de rebus ecclesiasticis, quae ita, ut in eisdem capitulis habetur, 'contineri[26] debent, sicut res ad fiscum dominicum pertinentes contineri solent', auctoritas est requirenda, per quam auctoritatem quisque illas retineat, in ipsis capitulis demonstratur, cum dicitur: 'Ubicumque[31] commutationes tam tempore nostro, quam tempore genitoris et avi nostri legitime et rationabiliter atque utiles ecclesiis Dei factae sunt, permaneant: ubicumque vero inutiles et incommodae atque inrationabiles factae sunt, dissolvantur, et recipiat unusquisque, quod dedit. Ubi vero mortua manus interiacet aut alia quaelibet causa, quae rationabilis[k] esse videatur, inventa fuerit, diligenter describatur, et ad nostram notitiam perferatur.' Sed et iustum atque rationabile videtur, ut, si rectores ecclesiarum neglegenter res, quas acceperunt in commutationem, neglexerunt et commutantes commutatas excoluerunt, non compensentur excultae et neglectae aequaliter; sed, sicut tunc fuerunt, compensentur, quando commutatae fuerunt. Et ita compensatio ad nostram notitiam perferatur, et nostro ac fidelium nostrorum iudicio, utrum permanere an dissolvi debeant istae commutationes, decernatur.

9. Ut, sicut in capitulis avi et patris nostri continetur, 'missi[32] nostri, ubi[33] boni scabinei non sunt, bonos scabineos mittant: et[33] ubicumque malos scabineos inveniunt, eiciant et totius populi consensu in locum eorum bonos eligant: et cum electi fuerint, iurare eos faciant, ut scienter iniuste non iudicent.'

10. Volumus, ut secundum capitulare avi et patris nostri: 'quicumque[34] de scabineis deprehensus fuerit propter munera aut propter amicitiam iniuste iudicasse, per fideiussores missus ad praesentiam nostram veniat. Et omnibus scabineis denuntietur, ne quis etiam iustum iudicium vendere praesumat.'

11. Volumus, ut secundum capitulare avi et patris nostri: 'in[35] comitatu omni hi, qui meliores et veraciores inveniri possunt, eligantur a missis nostris ad inquisitionem faciendam et rei veritatem dicendam, et ut adiutores comitum sint ad iustitias faciendas.'

12. Volumus, ut secundum capitula avi et patris nostri et nostra mallus[36] neque in ecclesia neque in porticibus aut atrio ecclesiae neque in mansione presbyteri iuxta ecclesiam habeatur: quia non est aequum, ut ibi homines ad mortem iudicentur et dismembrentur et flagellentur, ubi, si confugerint, secundum aliud capitulum[37] pacem habere debent[36]. 'Domus vero', sicut in capitulis avi et patris nostri con-

k) rebellis 1; *cfr. supra p.* 15, *not.* t.

30) *Bened. Lev. Add. IV, c.* 119 *(Cap. pro lege hab. Wormat.* 829, *supra p.* 19, *c.* 4*).* 31) *Ibid. I, c.* 110; *Add. IV, c.* 108 *(Cap. miss. Wormat.* 829, *supra p.* 15, *c.* 5*).* 32) *Ibid. Add. IV, c.* 105 *(supra p.* 15, *c.* 2*).* 33) ubi ... et *desunt et in codicibus Benedicti Levitae ad hoc quidem tempus notis et in Cap. Wormat., ex quo Bened. Lev. hoc caput desumpsit.* 34) *Ibid. Add. IV, c.* 107 *(supra p.* 15, *c.* 4*).* 35) *Ibid. Add. IV, c.* 106 *(supra p.* 15, *c.* 3*).* 36) *Huius capitis prior pars usque ad verba:* habere debent *composita est ex Anseg. IV, c.* 26, *tom. I, p.* 440, *et Cap. miss. Suess.* 853, *supra p.* 269, *c.* 7; *altera pars desumpta est ex Anseg. IV, c.* 26, *l. c., verbis:* domus ... remaneat *antepositis aliisque quibusdam additis; cfr. Brunner, RG. II, p.* 610, *not.* 11. 37) *Anseg. I, c.* 134, *l. c. p.* 411 *(Cap. legib. add.* 803, *l. c. p.* 113, *c.* 3*); cfr. etiam Capitulat. de part. Sax.* 775–790, *l. c. p.* 68*sq., c.* 2. *Childeb. II. Decret.* 596, *l. c. p.* 16, *c.* 4; *Decret. Chlotharii* 511–558, *l. c. p.* 6, *c.* 14.

tinetur, a comite in loco, ubi mallum tenere debet, construatur, quatenus propter calorem solis et pluviam publica utilitas non remaneat. Minora vero placita comes sive intra suam potestatem, vel ubi impetrare potuerit, excepto in ecclesia et porticibus atque atrio ecclesiae et mansione presbyteri habeat, sicut in eisdem capitulis continetur. 876.

279. SYNODUS PONTIGONENSIS.

876. Iun. 21 — Iul. 16.

Acta huius concilii tradita sunt in his libris partim impressis, partim manuscriptis: 1) *apud Sirmondum, Concil. Galliae t. III, p.* 437 *sqq. fortasse codice quodam Remensi usum, qui iuramentum Hincmari in eiusdem Operibus t. II, p.* 834 *(infra* 1 *b), separatim publici iuris fecit;* 2) *apud eundem, Caroli Calvi Capit. p.* 407 *sqq., ope codicis Bellovacensis, ut opinor, edita;* 3) *Vatic. reg. Christ.* 291 *fol.* 123. 4) *Vallicell. C.* 16 *fol.* 3. 5) *Vatic.* 4982 *fol. fere* 148. 6) *Vindob.* 501 *fol.* 117. 7) *apud P. Pithoeum, SS. coll. p.* 506 *sqq.* 8) *apud Muratorium, SS. rer. Ital. t. II,* 2, *col.* 150 *sqq. Inscripta autem sunt in* 1: Synodus apud Ticinum acta palatium anno incarnationis dominicae DCCCLXXVI, indictione IX, mense Februario: confirmata in synodo apud Pontigonem eodem anno et indictione, mense Iunio; *in* 2: Synodus, quae fuit acta apud Ticinum palatium anno ... Februario; et postea fuit confirmata ipsa synodus apud Pontigonem cum missis domni apostolici Iohannis aliisque multarum provinciarum episcopis. *Omnia capitula exhibet solus* 1; *in* 2. *desunt iuramentum (C) et quae subscriptiones episcoporum Franciae sequuntur (E—H), in* 3. 4. *confirmatio Cisalpinorum (B), capitula Odonis (G), quae utroque in* 5. *quoque desiderantur, definitio de Adalgaudo (F), consensus Leonis (H). Muratorius* (8) *praebet tantum exceptis actis synodi Papiensis definitionem de Adalgaudo (F) et consensum Leonis (H); de codd. vero* 6. 7. *cfr. supra praefat. ad nr.* 220. 221.

Ordo singularum partium diversus est in codicibus et confusus: in 1, *quem una cum* 2. *in actis sessionis secundae edendis secutus sum, subscriptionibus episcoporum (D) adiecta sunt capitula Odonis (G), libellus (E), consensus Leonis (H), iuramentum (C) antea omissum; in* 3—5. *iuramentum (C) et libellus (E) praecedunt electionem (A) et capitula (D), quibus* 5. *aeque ac* 8. *definitionem de Adalgaudo (F) et consensum Leonis (H) addit. Quo vero modo synodus re vera processerit, cum ex actis ipsis, tum ex Annalibus Bertin. ad a.* 876, *ed. Waitz p.* 128 *sqq., perspici licet.*

Karolus Calvus Romae imperator electus ex Italia reversus ad monasterium Sancti Dionysii accersiens legatos apostolici Iohannem Tuschanensem et Iohannem Aritinum atque Ansigisum Senensem, synodum auctoritate apostolica et illorum consilio atque sanctione sua indixit medio futuro mense Iulio apud Pontigonem *(Ann. Bertin.). Postquam die* 21. *m. Iun. synodo congregata de primatu Ansegisi actum est, qua de re nihil exstat nisi relatio illa Annalium, secunda sessio die* 30. *eiusdem mensis habita est.* In quo conventu ... lecta et electio domni imperatoris ab episcopis et ceteris Italici regni firmata, sed et capitula quae in palatio Ticinensi constituit et ab omnibus confirmari praecepit, quae et episcopis Cisalpinis praecepit confirmari *(Ann. Bertin.). Quae omnia, quamquam secundum Hincmarum iam die* 21. *facta sunt, tamen, cum optime concordent cum illis, quae capitula electionis nobis tradunt, cumque haec diem* 30. *indicent, ad hunc diem referenda sunt (cfr. quoque Dümmler, Ostfränk. Reich II*[2], *p.* 408, *not.* 2; *Schrörs, Hinkmar v. Reims p.* 362; *aliter v. Noorden, Hinkmar v. Reims p.* 318 *sq.). In hac sessione autem ita actum est, ut primum electio Karoli (A) legeretur* (Gloriosissimo ... Airboldi

876. comitis), *deinde a Cisalpinis (B) confirmaretur* (Sicut domnus ... confirmamus), *tum ad exemplum Synodi Papiensis (supra p. 100), quod attinet ordinem, omnes episcopi — inscriptiones enim iuramento praefixae omnino fictae sunt — Karoli fidem iurarent (C), denique Capitula Papiensia (D) pronuntiata* (In nomine Patris ... experietur *vel* Berardi comitis, *p.* 349, *lin.* 4) *ab episcopis subscriberentur (cfr. etiam Dümmler l. c. II², p.* 408 *sq.).*

Quibus vero diebus reliquae actorum partes editae sint, et ex ipsis apparet et ex iis, quae in not. 34. 36. 39. 50. *diximus.*

Capitula synodi Pontigonensis, quae ex parte tantum ad nos venisse Hincmarus probat, a partibus Karoli facta esse iam supra p. 99. *meminimus.*

(B. II, 235; P. 532.)

30. *Iun.* *(A.)* Electio[a] Karoli imperatoris ab Italici regni episcopis et ceteris confirmata.

Gloriosissimo et a Deo coronato, magno et pacifico imperatori, domno nostro Karolo perpetuo augusto nos omnes episcopi, abbates, comites ac reliqui, qui nobiscum convenerunt Italici regni optimates, quorum nomina generaliter subter habentur inserta, perpetuam optamus[b] prosperitatem et pacem.

Iam quia divina pietas vos beatorum principum apostolorum Petri et Pauli interventione per vicarium ipsorum, domnum videlicet Iohannem summum pontificem et universalem papam spiritalemque patrem vestrum[c], ad profectum sanctae Dei ecclesiae nostrorumque omnium incitavit[d] et ad imperiale culmen sancti Spiritus iudicio provexit, nos unanimiter vos protectorem, dominum ac defensorem omnium nostrum eligimus, cui et gaudenter[e] toto cordis affectu subdi gaudemus — — — Signum Airboldi comitis[f] *(cfr. supra nr. 220, p. 99sq.).*

(B.) Confirmatio[a] Cisalpinorum apud[g] Pontigonem[g].

Sicut domnus Iohannes apostolicus et universalis papa primo Romae elegit atque sacra unctione constituit omnesque[1] Italici regni episcopi, abbates, comites et reliqui omnes, qui cum illis convenerunt, domnum nostrum gloriosum imperatorem Karolum augustum unanimi devotione elegerunt sibi protectorem ac defensorem esse, ita et nos, qui de Francia, Burgundia, Aquitania, Septimania, Neustria ac Provincia pridie Kalendas Iulii in loco, qui dicitur Pontigonis, anno XXXVII. in Francia ac imperii primo, iussu eiusdem domni et gloriosi augusti convenimus, pari consensu ac concordi devotione eligimus et confirmamus[h].

(C.) Sic[i][2] promitto ego, quia de isto die in antea — — — Sic me Deus adiuvet et ista sanctorum patrocinia *(cfr. supra nr. 220, p. 100).*

(D.) In[k] nomine Patris et Filii et Spiritus sancti[k]. Incipiunt capitula, quae domnus imperator Karolus, Hludowici augusti piae memoriae filius, una cum consensu et suggestione venerabilium episcoporum et illustrium optimatum reliquorumque fidelium suorum ad honorem sanctae Dei

a) *Ita in* 1. 2, *fortasse ex codicibus sumpta.* b) optant 2. 6. c) nostrum 7. d) *ita unus Muratorius* (8); invitavit 1—5. 7; invitant. 6. e) gaudentes 1. 2. f) Acta sunt haec in palatio Ticinensi anno Domini DCCCLXXVI, regni domni Karoli, Hludowici augusti piae memoriae filii, in Francia XXXVI, imperii primo, indictione IX. *add.* 1. 7. g) *om.* 2. h) Et subscripserunt omnes cisalpini episcopi, qui adfuerunt, et quorum nomina subter sequentia capitula, quae confirmaverunt, tenentur adscripta *add.* 2, *ut opinor, sua sponte.* i) Generale omnium fidelium *inscribit* 6 *(cfr. supra nr. 277)*; *Sirm. in* 1. 1 *b. hanc falsam praemisit rubricam:* Iuramentum, quod Hincmarus archiepiscopus edere iussus est apud Pontigonem; *G. H. Pertz finxit:* Iuramentum Hincmari archiepiscopi et reliquorum procerum. k) In ... sancti *om.* 1. 3.

1) *Verba, quae sequuntur, ad exemplum electionis, supra lin.* 13 *sqq., composita sunt.* 2) *Cfr. quae de hoc sacramento disseruit Hincmarus, Opera II, p.* 835 *sqq.*

ecclesiae et ad pacem ac profectum totius imperii sui fecit anno incarnationis domini nostri 876.
Iesu Christi DCCCLXXVI[l], regni vero sui in Frantia XXXVI, imperii autem sui primo, indictione IX, mense Februario, in palatio Ticinensi — — — Quicumque autem contra hoc fecerit, praedecessorum et progenitorum nostrorum iudicium experiatur[m] *(cfr. supra nr. 221, p. 101—103, lin. 30).*

Iohannes Tuscanensis[n][3] episcopus, legatus sanctae sedis apostolicae et domni Iohannis summi pontificis et universalis papae, in his, quae supra scripta sunt[o], interfui, consensi et subscripsi. Ansegisus Senonum metropolis episcopus, sanctae et apostolicae sedis per domnum Iohannem summum pontificem papam vicarius, interfui, consensi et subscripsi. Iohannes Aretinus episcopus, sanctae sedis apostolicae legatus, interfui, consensi et subscripsi. Hincmarus Remorum archiepiscopus subscripsi. Aurelianus[p] Lugdunensis ecclesiae episcopus in Christi nomine roboravi[p]. Frotarius archiepiscopus[4] consensi et subscripsi. Ottramnus Viennensis ecclesiae episcopus subscripsi. Iohannes Rotomagensis ecclesiae archiepiscopus subscripsi. Bertmundus Ebredunensis ecclesiae[5] archiepiscopus subscripsi. Ragenelmus Tornacensis ecclesiae episcopus subscripsi. Walterus humilis Aurelianensis ecclesiae episcopus subscripsi. Gerboldus Cabillonensis ecclesiae[6] episcopus subscripsi. Gislebertus Carnotensis ecclesiae[7] episcopus subscripsi. Hildeboldus Suessionensis ecclesiae episcopus subscripsi. Rostagnus sanctae Arelatensis ecclesiae humilis episcopus subscripsi. Isaac Lingonensis ecclesiae episcopus subscripsi. Lantbertus Matiscensis ecclesiae[8] episcopus subscripsi. Ingelwinus sanctae Parisiacensis ecclesiae episcopus subscripsi. Geroldus Ambianensis ecclesiae episcopus subscripsi. Abbo Nevernensis ecclesiae episcopus subscripsi. Iohannes Cameracensis ecclesiae episcopus subscripsi. Hadebertus Silvanectensis ecclesiae[9] episcopus subscripsi. Odo Belgivacorum episcopus[10] in Christi nomine subscripsi. Ratbertus Valentinae ecclesiae[11] episcopus subscripsi. Bernarius Gratianopolitanae ecclesiae[12] episcopus subscripsi. Agenulfus[q] Gabalitanensis ecclesiae[13] episcopus subscripsi. Birico Wapincensis ecclesiae[14] episcopus subscripsi. Alduinus Avenionensis ecclesiae episcopus subscripsi. Wido Vellavensis[r] ecclesiae[15] episcopus subscripsi. Hildebrannus Sagensis[16] episcopus subscripsi. Willebertus humilis Catalaunorum[17] episcopus subscripsi. Ragenfridus Meldensis ecclesiae episcopus subscripsi. Heirardus Lixoviensis ecclesiae episcopus subscripsi. Sigenandus Constantiensis ecclesiae[18] episcopus subscripsi. Aetherius Vivariensis[19] episcopus subscripsi. Erchambertus Baiocensis ecclesiae[20] episcopus subscripsi. Hedenulfus Laudunensis ecclesiae episcopus subscripsi. Agilmarus Arvernensis ecclesiae[21] episcopus subscripsi. Anselmus Lemovicensis ecclesiae[22] episcopus subscripsi. Adalbertus Morinensis ecclesiae[23] episcopus subscripsi. Willelmus Cadurcorum ecclesiae[24] episcopus subscripsi. Lupus Albiensis ecclesiae episcopus subscripsi. Ottulfus sanctae Trecassinae ecclesiae humilis episcopus subscripsi. Berardus Viridunensis ecclesiae episcopus subscripsi. Arnaldus Leucorum ecclesiae[25] episcopus subscripsi. Franco Tungrensis ecclesiae episcopus subscripsi. Theodoricus Vesontionum[s] ecclesiae archiepiscopus subscripsi. Wala Autisiodorensis ecclesiae[t][26] episcopus subscripsi.

l) DCCCLXXVII. 3—6. m) *Baluzius nominibus insequentibus praeposuit:* Ansbertus archiepiscopus . . . Signum Berardi comitis *ex codice Belloracensi; cfr. p.* 103, *not.* f. n) Tusculanensis 5. o) *om.* 1. p) *ita* 1, 2; *Baluzius subscriptionem Aureliani postposuit Frotarii subscriptioni.* q) Angenulfus *Bal.* r) Vallavensis *id.* s) Vesontiorum *id.* t) *om.* 1.

3) *Toscanella.* 4) *Bituricensis, Bourges.* 5) *Embrun.* 6) *Châlons s. Saône.* 7) *Chartres.* 8) *Mâcon.* 9) *Senlis.* 10) *Beauvais.* 11) *Valence.* 12) *Grenoble.* 13) *Javaillon; sedes episcopalis hodie est Mende.* 14) *Gap.* 15) *Le Puy en Velay.* 16) *Séez; cfr. supra p.* 276, *not.* 75. 17) *Châlons s. Marne.* 18) *Coutance.* 19) *Viviers.* 20) *Bayeux.* 21) *Clermont.* 22) *Limoges.* 23) *S. Jean-de-Maurienne.* 24) *Cahors.* 25) *Lüttich.* 26) *Auxerre*

876. Adalgarius Augustidunensis ecclesiae[u 27] episcopus subscripsi. Homico Diensis ecclesiae[28] episcopus subscripsi. Aimarus Ruthonensium ecclesiae[29] episcopus subscripsi. Theotarius Gerundensis ecclesiae[30] episcopus subscripsi. Hugo abba[31]. Albustus abbas ex monasterio, quod vocatur Bethleem sive Ferrarias. Hilduinus[v] abbas[32] et bibliothecarius. Vulfardus abba scripsit et subscripsit. Gauzlenus abba[33] et archicancellarius[v].

4. *Iul.* *(E.)* Libellus[w 34] proclamationis ecclesiae Remensis adversus Hludowicum regem Carolo imperatori oblatus in synodo Pontigonensi[w].

Paternis[x] magisteriis instruimur, ut, si qua maiora negotia vel maiores causae exortae fuerint, ad sedem apostolicam, prout auctoritas docet et mos antiquus obtinuit, semper referantur. Ideoque, quia[x] imperialem excellentiam vestram synodo praeesse et vicarios sedis apostolicae praesto nobis adesse gaudemus, calamitates et miserias ecclesiae nostrae ac filiorum nostrorum, quas hoc anno ab Hludowico rege[35] itemque Hludowico filio eius et complicibus eorum, caedes videlicet et homicidia, adulteria, fornicationes, rapinas, sacrilegia et cetera flagitia, quae nullus enumerare potest, ecclesia nostra perpessa est, vestrae serenitati innotescimus obsecrantes, ut pro Dei omnipotentis amore et pro ingenita vobis benignitate ac pro ministerio imposito nobis et ecclesiae nostrae ac filiis nostris secundum promulgatam[y] omnibus vestram sapientiam consulatis pariter ac succurratis, ne de cetero talia ac tanta mala ecclesia nostra ac regnum patiatur, qualia hactenus passum[z] est.

14. *Iul.* *(F.)* Definitio[w 36] synodi Pontigonensis de Adalgaudo presbytero infamato[w].

Pridie Idus Iulii in loco, qui vocatur Pontigonis, ita de[a] Adalgaudo presbytero a legatis sedis apostolicae[37], Leone apocrisiario sanctae[b] sedis Romanae[b], Petro, Iohanne itemque Iohanne legatis[38] memoratae[c] sanctae sedis[c] et Ansegiso vicario eiusdem sanctae[d] sedis et ab omni concilio definitum est[a], ut[e] illi propria ecclesia reddatur et a praefatis Kalendis quatuor mensium dilatio ad famam suam purgan-

u) *om.* 1. v) Hilduinus ... archicancellarius *om.* 5. w) *ita in* 1, *nescio utrum ex codice sumpta, an ficta.* x) Paternis ... quia *om.* 3. y) pervulgatam *Bal.* z) passa *id.* a) *Verba:* de Adalgaudo presbytero *in* 8. *post:* definitum est *posita sunt.* b) sanctae ... Romanae *om.* 8. c) memoratae ... sedis *om.* 8. d) *om.* 8. e) *Cetera desunt in* 8; *sequitur uno tenore* Quia dominus, *infra p.* 352, *lin.* 30.

27) *Autun.* 28) *Die.* 29) *Rhodez.* 30) *Gerona.* 31) *Turonensis.* 32) *Monasterii S. Audomari, S. Bertini (St. Omer).* 33) *Monasterii S. Germani Parisiorum.* 34) *Hic libellus sine indicio temporis traditus est. Leguntur vero in Ann. Bertin. l. c. p.* 130*:* IV. Nonas eiusdem mensis iterum convenerunt episcopi; et imperator in synodo residens, audivit missos fratris sui Hludowici regis ..., per quos petiit partem de regno Hludowici imperatoris ... sicut ei competeret ex hereditate et illi firmatum fuerat sacramento; *et cum in nulla synodi sessione contentionis regum mentio fiat, Dümmler l. c. recte coniecit petitionem ecclesiae Remensis hoc die prolatam esse; cfr. etiam Schrörs l. c. p.* 364; *aliter v. Noorden l. c. p.* 321. 35) *A.* 875, *mense Decembri invasione in regnum Karoli facta; cfr. Ann. Blandin., SS. V, p.* 24; *Ann. Bertin. l. c. p.* 127; *Hincmari epist. ad episc. dioec. Rem., Opera II, p.* 158. 160, *c.* 2. 8; *Dümmler, Ostfränk. Reich II*², *p.* 390 *sqq.* 36) *Ann. Bertin. l. c. p.* 130*:* Pridie Idus Iulii convenerunt episcopi et misit imperator vicarios apostolici ... Post multas contentiones de presbiteris diversarum parrochiarum reclamantibus ad missos apostolici. 37) *Ibid.:* VI. Idus Iulii ... venerunt missi domni apostolici Leo episcopus *(Gabinensis)* et apocrisiarius ac nepos apostolici atque Petrus Foro-Semproníi *(Fossombrone)* episcopus, deferentes epistolas imperatori et imperatrici et salutationes apostolici ad episcopos. 38) *Supra p.* 349, *lin.* 5 *sq.*

dam illi concedatur. Si post quatuor menses purgare se canonice non potuerit, nulla eius vox postea penitus audiatur. 876.

(G). Capitula[f][39] *ab Odone proposita.* 16. Iul.

Sancta synodus, quae in nomine Domini vocatione domni Iohannis ter beatissimi ac universalis papae et iussione domni Karoli perpetuo augusti congregata est in loco, qui vocatur Pontigonis, anno incarnationis dominicae DCCCLXXVI, indictione IX, regni praefati invictissimi imperatoris XXXVII, imperii autem primo, XVII. Kalendas Augusti, haec capitula, quae subter adnexa sunt, instituit.

1. Obeunte Hludowico[40], qui Romani imperii iura regebat, domnus Iohannes ter beatissimus papa per Gadericum Veliternensem[41], Formosum Portuensem, Iohannem Aretinum venerabiles episcopos domnum Karolum tunc regem ad limina beatorum apostolorum invitavit eumque ecclesiae ipsius defensorem ac tutorem elegit imperialique diademate coronavit[42] eum prae cunctis solum et specialem eligens, qui Romani imperii sceptra teneret. Cuius sacris institutionibus pro debito parentes, quod ipse instituit, instituimus, et quod ipse confirmavit, pari consensu omnes firmamus.

2. Congregata igitur in Romana urbe sancta synodo ante adventum praedicti domni imperatoris misit cum consensu omnium epistolas[43] Hludowico regi, filiis quoque ipsius, archiepiscopis, episcopis, abbatibus ac reliquis primoribus regni sui monentes eos apostolica auctoritate more paterno servare, quae pacis sunt, ne videlicet aliquam inreptionem in regno praefati augusti facile temptarent, usque dum simul ad mutuum colloquium venirent et ipse inter eos et de pace conservanda et de iure regnorum secundum sibi a Deo ministerium creditum decerneret pariter et discerneret. Quas epistolas per Odonem Bellovacorum venerabilem episcopum sibi destinatas et bis delatas omnino recipere renuerunt.

3. Ipse vero apostolica et paterna monita parvipendens et fraterna foedera disrumpens hostili manu tyrannico more fraternum regnum depopulando invasit[45]: homicidia, stupra, adulteria, sacrilegia et innumera mala, quae enumerari nequeunt, auctoritas facientium perpetravit.

4. Haec mala audiens ter beatissimus papa perpetrata esse in regno spiritalis filii sui domni Karoli semper augusti, tactus dolore cordis acceleravit mittere missos suos, Iohannem videlicet et Iohannem venerabiles episcopos, cum aliis epistolis[44] volens eum monere, ut a tanto malo poenitudinem de praeteritis ageret et tandem fraternum regnum invadere desineret. Quorum legationem secundo commonitus necdum recipere voluit.

5. Post hos denique misit iterum alios legatos, Leonem scilicet sanctissimum Gabinensem episcopum et sanctae Romanae ecclesiae missum et apocrisiarium pariterque et Petrum Forosemproniatem venerabilem episcopum, haec eadem obsecrando, monendo protestans. Quorum monita utrum recipere velit, adhuc ambiguum constat.

f) *Hanc rubricam addidit H. G. Pertz.*

39) *Ann. Bertin. l. c. p.* 131: Post quam legit Odo Belgivagorum episcopus quaedam capitula a missis apostolici et ab Ansigiso et eodem Odone sine conscientia synodi dictata, inter se dissonantia et nullam utilitatem habentia, verum et ratione ac auctoritate carentia; et idcirco hic non habentur subiuncta. 40) *A.* 875, *die* 12. *m. Aug.* 41) *Velletri.* 42) *A.* 875, *die nativitatis Domini.* 43) *Quae non iam exstant.* 44) *Iohannis VIII. epistolae ad episcopos et comites in regno Caroli constit., Mansi XVII, col.* 233*sq.: ad episc. qui a Carolo desciscentes Ludowico regi adhaeserant, l. c. col.* 234*sqq.; ad episc. in regno Ludowici regis Baioariae constit., l. c. col.* 227 *sqq.; ad comites in regno Lud. reg. Baioar. constit., l. c. col.* 230*sqq., scriptae a.* 876, *die* 17. *m. Febr.; Jaffé, Reg. pontif. I*², *nr.* 3037—3040.

876. 6. Verum[45] quia praefatus Leo Gabinensis reverentissimus episcopus et sanctae Romanae ecclesiae missus et apocrisiarius, seu et Petrus Forosempronialis episcopus pro quibusdam utilitatibus ecclesiasticis morari hic diutius nequeunt neque episcopos de longinquo venientes fatigare longius dignum est, decreverunt Iohannem Tuscanensem et Iohannem Aretinum venerandos episcopos, qui legationem praefatorum pariter cum priori legatione suscipientes ea, quae peragenda sunt, cum ceteris episcopis, quos communi consensu elegerint, vice omnium episcoporum, quicquid seu in evocanda synodo[g] seu in definiendo[g] seu in contemptoribus feriendo definierint, apostolica auctoritate libere definiant; et quicquid ipsi deliberaverint, et domnus apostolicus cum omni sancta Romana ecclesia determinabit et in perpetuum mansurum statuet et firmabit.

7. Sicut domnus papa Iohannes sanxit[46], connivente et consentiente et condecernente domno et gloriosissimo Karolo imperatore semper augusto, Ansigisum venerabilem episcopum, Senonum archiepiscopum, suam vicem tenere et primatum ei Galliae et Germaniae contulit in evocanda synodo et definiendo canonice, si quaelibet insurrexerint necessaria, et ut graviora ad ipsius notitiam referat, et nos unanimiter omni devotione laudamus et, ut ita ipse primatum teneat Galliae et Germaniae, decernimus et sancimus[47].

8. Synodum[48], quam domnus Iohannes apostolicus et universalis papa super quorundam depositionem, Formosi scilicet Portuensis episcopi et Gregorii nomenculatoris, seu et Stephani secundicerii et Georgii vesterarii ceterorumque suorum complicum, sicut in epistola ipsius ad nos missa continetur, nuper instituit, et nos secundum iussionem ipsius in nullo a capite dissidentes consentiendo decernimus, omnibusque apostolicis illius sanctionibus per omnia parentes, sicut decet, obedimus.

9. Censuram vero, quam domnus apostolicus super nefandissima acta Hludowici regis et complicum eius[49], nisi resipuerint et debitam obedientiam sedi apostolicae exhibuerint, statuit et firmavit, omnes nos, qui ad praesentem synodum convenimus, unanimiter decernimus atque firmamus.

(II.) Consensus[h][50] Leonis episcopi missi et apocrisiarii, cum post synodum discessurus esset[h].

Quia domnus noster Iohannes sanctissimus et[i] ter beatissimus[i] papa nos quidem, me scilicet[k] Leonem Gabinensem[l] episcopum et[l] sanctae Romanae ecclesiae missum et apocrisiarium et Petrum venerabilem Forosemproniatem[m] episcopum ad hoc has in partes direxit, ut[n], eeu[n] pridem per[l] venerabiles[l] episcopos, Iohannem videlicet et Iohannem, mandaverat, vestra[o] sanctitate adgregata de negotiis, quae inter utrosque fratres hoc anno emerserant, determinaremus, sed nos ob quasdam sanctae Romanae ecclesiae utilitates[o] quia diutius morari nequimus[p] et vestram beatitudinem longius fatigare[q] nolumus[r], hos fratres nostros, Iohannem videlicet

g) synodo . . . defin. *om. Bal., Pertz.* h) *ita in* 1, *nescio utrum ex codice sumpta, an ficta.* i) et . . . beatiss. *om.* 8. k) . . . . et *add.* 8. l) *om.* 8. m) Forosemproniensem 8. n) sicut 8. o) vestra . . . utilitates *om.* 8. p) ab ipso vocati *add.* 8. q) fatigari 1. r) noluimus 8.

45) *Hoc caput ad verbum fere consentit cum consensu Leonis infra lin. 30sqq.* 46) *A.* 876, *die* 2. *m. Ian.; cfr. Iohannis epist. ad episc. Galliae et Germaniae, Mansi XVII, col.* 225*sqq.; Jaffé l. c. I*², *nr.* 3032. 47) *Cfr. autem Ann. Bertin. l. c. p.* 129. 131. 48) *A.* 876, *die* 19. *m. Aprilis Romae habitam; cfr. Dümmler l. c. III*², *p.* 27. 49) *Cfr. supra not.* 44. *epist. in regnum Hludowici missae; Dümmler l. c. II*², *p.* 411. 50) *Ann. Bertin. l. c. p.* 131: Postea *(sc. synodo soluta)* imperator, muneratis missis apostolici Leone et Petro, remisit eos Romam. *Quamvis iam in postrema sessione constaret (supra c. 6), Iohannes episcopos vicem Leonis et Petri gesturos esse, et auctoritas, ex qua supra cap. 6. derivatum est, iam tunc scripta exstitisse videatur, tamen verisimile est illam in profectione demum Leonis et Petri esse traditam; cfr. etiam Dümmler l. c. II*², *p.* 411.

Tuscanensem et Iohannem Aretinum venerabiles[r] episcopos[s], vobiscum[r] morari 877. decrevimus, usque dum res, unde[t] agitur, optatum finem divina[u] favente gratia[u] accipiat[v]: qui quicquid seu in evocanda synodo seu in definiendo seu in contemptoribus feriendo definierint, apostolica auctoritate libere definiant, et[w] quicquid ipsi deliberaverint, et domnus apostolicus cum omni sancta Romana ecclesia determinabit et in perpetuum mansurum statuet et firmabit.

s) episcopum 8. t) unde agitur *om.* 8. u) divina . . . grat. *om.* 8. v) in synodo, in qua auctoritate apostolica libere omnia definire poterunt et grata erunt *perg.* 8, *om. rell.* w) *om.* 1; *cfr. supra p.* 352, *lin.* 9.

280. EDICTUM COMPENDIENSE DE TRIBUTO NORDMANNICO.

877. Mai. 7.

Utraque edicti forma, quod sequitur, in lucem, nescio quonam ex codice, prolata est a Sirmondo, Caroli Calvi Capitula p. 421 *sqq.*

De aetate, qua forma A promulgata sit, inter G. H. Pertz, qui anno 861. *edictum attribuit, et alios viros eruditos dissensio fuit. Cum vero iam recte monitum sit de ecclesiis* i m p e r a t r i c i s *sermonem fieri et a.* 861. *nullam expeditionem esse susceptam, ad quam non immerito ista verba:* de illis, qui cum seniore nostro pergere debent *referri possint, constare mihi videtur hanc formam non a.* 861, *sed a.* 877. *editam esse (cfr. v. Noorden, Hinkmar v. Reims p.* 158, *not.* 4; *p.* 335, *not.; Dümmler, Ostfränk. Reich III*², *p.* 42; *Sirmondus, Baluzius). Quod vero naturam formae A attinet, Dümmler l. c. bene coniecit nihil esse, nisi propositionem, ut opinor, ab optimatibus conceptam (cfr.* cum seniore n o s t r o*), ex qua capitulare vel edictum (forma B) additis sane quibusdam verbis compositum est; aliter censuit v. Noorden l. c. p.* 335, *qui eam refert ad tributum* illis Nortmannis qui in Ligeri erant secundum quod sibi ab eis fuit impositum reddendum *(Ann. Bertin. ad a.* 877, *ed. Waitz p.* 135*).*

Hincmarus, qui edicti summam ad verbum fere cum eo convenientem exhibet, falso illud conventui Carisiacensi inde a die 14. *m. Iunii usque ad diem primum m. Iulii habito asscripsit. Refert enim in Ann. Bertin. l. c.:* Inde placitum suum generale Kalendis Iulii habuit, ubi per capitula *(cfr. Cap. inseq.)*, qualiter regnum Franciae filius suus Hludowicus cum fidelibus eius et regni primoribus regeret, usque dum ipse Roma rediret, ordinavit, et quomodo tributum de parte regni Franciae quam ante mortem Lotharii habuit, sed et de Burgundia exigeretur, disposuit, scilicet ut *etc. cfr. infra not.* 1.

(B. II, 257; *P.* 476. 536.*)*

877.

A.

Haec exactio a Nortmannis, qui erant in Sequana tempore Karoli *regis*, de suo regno *fuit facta*, ut ab ipsius regno recederent.

Unusquisque episcopus, qui habet abbatiam, aut abbas, qui similiter habet abbatiam, aut comes, qui aeque habet abbatiam, de suo manso indominicato similiterque et de vassallorum accipiat[2] de manso indominicato denarios duodecim, de manso ingenuili quatuor denarios de censu dominicato et quatuor de sua facultate, de servili vero duos denarios de censu et de sua facultate duos. De omnibus vero ecclesiis unusquisque episcopus vel abbas de sua solummodo potestate accipiant de presbyteris a quocumque plurimum solidos quinque et de unoquoque *iuxta quod possibile fuerit, ita* ut a quo plurimum quinque solidos, a quo minimum quatuor denarios. De ecclesiis vero, quas comites *et vassalli dominici habent*, seu de illis, qui cum seniore nostro pergere debent, sive qui remanserint, episcopus, in cuius parrochia *consistunt, secundum* praetaxatum modum accipere procurabit. De ecclesiis vero imperatricis episcopus similiter accipiet praetaxato *modo*.

B.

Anno incarnationis dominicae DCCCLXXVII, Nonis Maii in Compendio palatio de aliqua, sed non de tota parte regni, quod domnus imperator Karolus habuit, antequam iunior Hlotharius defunctus fuisset, haec constituta est exactio Nortmannis, qui erant in Sequana, tribuenda, ut a regno eius recederent.

Episcopi[1], abbates, comites ac vassi dominici ex suis honoribus de unoquoque manso indominicato donent denarios duodecim, de manso ingenuili quatuor denarios de censu dominicato et quatuor de facultate mansuarii, de servili vero manso duos denarios de censu indominicato et duos de facultate mansuarii. De omnibus vero ecclesiis unusquisque episcopus de suo episcopatu vel abbas de sua solummodo abbatia, in cuiuscumque episcopi sint parrochia, accipiant cum misso episcopi, in cuius parrochia sunt, de presbyteris secundum possibilitatem quinque solidos vel quatuor vel tres vel duos vel unum solidum; a quo plurimum quinque solidos, a quo minimum quatuor denarios. De ecclesiis vero imperatoris et imperatricis et comitum ac vassallorum imperialium, tam de illis, qui cum imperatore pergent[3], quam et illis, qui remanserint, episcopus, in cuius parrochia consistunt, secundum praedictum modum *coniectum* accipiat. De negotiatoribus autem vel qui in civitatibus commanent iuxta possibilitatem, secundum quod *habuerint de facultatibus*, coniectus exigatur.

1) *Hincmarus l. c.*: ut de mansis indominicatis solidus unus, de unoquoque manso ingenuili IV denarii de censu dominico et IV de facultate mansuarii, de manso vero servili duo denarii de censu dominico et duo de facultate mansuarii, et unusquisque episcopus de presbiteris suae parrochiae secundum quod cuique possibile erat, a quo plurimum quinque solidos, a quo minimum IV denarios episcopi de singulis presbiteris acciperent et missis dominicis redderent. Sed et de thesauris ecclesiarum, prout quantitas loci extitit, ad idem tributum exsolvendum acceptum fuit. Summa vero tributi fuerunt quinque milia librae argenti ad pensam. 2) *Cfr. not.* 1: acciperent et redderent. 3) *sc. in Italiam; cfr. Ann. Bertin. l. c. p.* 134 *sq.*

281. 282. CONVENTUS CARISIACENSIS. 877.

877. Iun. 14—16.

Karolus II. imperator, priusquam a Iohanne papa Romam vocatus in Italiam proficisceretur, Carisiaci placitum suum generale Kalendis Iulii habuit, ubi per capitula, qualiter regnum Franciae filius suus Hludowicus cum fidelibus eius et regni primoribus regeret, usque dum ipse Roma rediret, ordinavit *(Ann. Bertin. ad a.* 877, *ed. Waitz p.* 135*). Cuius conventus ex actis illa capitula, quae optimatibus deliberanda proposita sunt, cum nonnullis responsis (infra nr.* 281*) et quatuor capita iussu imperatoris pronuntiata (infra nr.* 282*) ad nos venerunt; authenticum vero et completum capitulare deperditum est. Ut haec statuamus, hisce causis adducimur.*

Ac primum quidem monendum est capitulare nr. 281. *in hac forma, qua nobis traditum est, vix esse pronuntiatum. Ex verbis enim:* Cetera capitula responsione non egent *etc. (infra p.* 358, *lin.* 30 *sq.) sequitur, ut omnia capitula ab imperatore iam fuerint diffinita et constituta*[1]. *Cum vero c.* 24. 26—31. *diffinitiones non contineant et nihil sint, nisi propositiones imperatoris, et cum in c.* 25. *illa statuantur, quae in c.* 7. *discretioni Karoli commissa sunt, neque verba:* Cetera capitula *etc. ad c.* 24. 26—31. *referri neque c.* 7. *et c.* 25. *eodem tempore et in eodem capitulari constituta esse possunt. Quibus de causis K. Zeumer recte coniecit capitulare nr.* 281. *ex duabus partibus constare, cuius altera pars initium forte a c.* 22. *vel* 23. *cepit.*

De quatuor vero capitulis pronuntiatis (nr. 282*) Karolus ipse infra p.* 361, *lin.* 42 *sqq., dicit se 'de generalibus et specialibus causis generalia et specialia capitula habere disposita . . . et de ipsis capitulis quaedam capitula excerpta, quae in illorum omnium notitiam recitari vellet', illis quatuor capitulis ergo non totum capitulare, quale disposuit, sed excerpta tantum capitularis praeberi.*

1) *Cfr. etiam Fustel de Coulanges, Nouvelles recherches sur quelques problèmes d'histoire p.* 450 *sq.; aliter Bourgeois, Le Capitulaire de Kiersy-sur-Oise p.* 47 *sqq.*

281. CAPITULARE CARISIACENSE.

877. Iun. 14.

Debemus haec placiti generalis acta Sirmondo, Caroli Calvi Capitula p. 424 *sqq., qui edidit ea ex codice quodam incognito et hodie deperdito. Non enim exstabant in codice olim Paris.* 4761, *ut putare videtur Bourgeois l. c. p.* 11 *sqq.; p.* 25 *sqq.*

(B. II, 259; *P.* 537.*)*

Haec capitula constituta sunt a domno Karolo glorioso imperatore cum consensu fidelium suorum apud Carisiacum anno incarnationis dominicae DCCCLXXVII, regni vero ipsius XXXVII, imperii autem II, XVIII. Kalendas Iulias, indictione X; de quibus quaedam ipse definivit, et de quibusdam a suis fidelibus responderi iussit.

Cap. 1. De[1] honore et cultu Dei atque sanctarum ecclesiarum, quae auctore Deo sub ditione et tuitione regiminis nostri consistunt, Domino mediante decernimus, ut, sicut tempore

1) *Conv. in villa Colon.* 843, *supra p.* 255, *c.* 1; *cfr. Capp. Pist.* 869, *supra p.* 333, *c.* 1. — *De capitibus* 1—8. *plenissime disseruit Bourgeois l. c. p.* 30—45; *cfr. etiam Fustel de Coulanges l. c. p.* 417 *sqq.; p.* 443 *sqq.*

877. beatae recordationis domni et genitoris nostri exaltae et honoratae atque rebus ampliatae fuerunt[2], et quae a nostra liberalitate honoratae atque ditatae sunt, de cetero sub integritate sui serventur, et sacerdotes ac servi Dei vigorem ecclesiasticum et debita privilegia iuxta reverendam auctoritatem obtineant; et eisdem principalis potestas et inlustrium virorum strenuitas seu rei publicae administratores, ut suum ministerium competenter exequi valeant, in omnibus rationabiliter et iuste concurrant. Et filius noster haec suprascripta similiter Deo iuvante conservet.

RP. Primum capitulum, sicut Deo inspirante decrevistis, omnes conlaudamus et conservare volumus.

2. Ut monasterium a nobis Compendio in honore sanctae Dei genitricis Mariae constructum[3] a filio nostro et fidelibus nostris eo tenore, quo coepimus, honoretur et privilegium a domno papa et ab omnibus episcopis confirmatum, imperiale etiam decretum ab omnibus fidelibus pro Dei et nostro amore benignissime atque inviolabiliter conservetur et a filio nostro firmetur.

RP. De secundo similiter respondemus.

3. Ut tales a vobis eligantur exceptis illis, quibus commendatum habemus, quorum speciali consilio et adiutorio in praesenti itinere utamur.

RP. De tertio vos, sicut melius Deo inspirante vidistis, regni vestri defensionem atque tuitionem et filii vestri custodiam per fideles vestros, tam per episcopos, quam abbates et comites dispositum habetis, et necessarium esse cognoscimus. Ipsam dispositionem nos disordinare non possumus nec debemus; et qualiter illam melius disponere possimus, non sapimus.

4. Quomodo securi esse possimus, quousque Deo donante huc revertamur, a nullo regnum nostrum inquietari posse, quantum Deus vos adiuvare voluerit et vestrum posse extiterit, et quomodo nos de filio nostro et de vobis securi esse possimus et vos de filio nostro securi esse possitis et ipse de vobis, et ut vos ad invicem credere possitis.

RP. De quarto, in quo scriptum est: 'quomodo vos de filio vestro securi esse possitis', respondemus, quia Deo gratias vos eundem filium vestrum et genorastis et nutristis et sub nutrimento vestro Deus ad hanc aetatem illum perduxit; et nemo nostrum illum amplius salvare potest vel debet aut sapit, quam vos, et in vestro consilio et auxilio ac dispositione illius salvatio et honor post Deum et sanctos eius consistit. Et qualiter ad Dei voluntatem et sanctae ecclesiae et regni vestri utilitatem securi de illo esse possitis, in vestra dispositione manet. Et de hoc, quod ibi scriptum est: 'quomodo de nobis securi esse possitis, qualiter usquedum Deo donante huc revertamini, ut a nullo regnum vestrum inquietari possit, quantum Deus nos iuvare voluerit et nostrum posse extiterit', respondemus, quia sunt sacramenta, quae vobis fecimus, et est professio, quam vobis et clerici et laici in Carisiaco[4] fecimus et subscripsimus, et est perdonatio, quam dominatio vestra nobis fidelibus vestris et perdonavit et subscripsit, et est professio et sacramentum, quae in Gundulfi-villa[5] pro novis causis emergentibus ex morte Hlotharii et missatico domni apostolici Hadriani et missatico Hludowici nepotis vestri vobis fecimus; est etiam professio, quam Remis[6] et de vestra fidelitate et de vestri regni dispositione ac defensione et de uxore vestra et de filio vestro, quem habetis, et si Deus adhuc etiam alterum dederit, professi fuimus. Quae omnia hactenus conservavimus et conservamus et adiuvante Deo usque ad finem vitae nostrae conservare volumus. Unde pro certo nos veraciter credere potestis. Si autem aliquis a praefatis sacramentis vel professionibus deviavit, hoc secundum rationem et auctoritatem atque consuetudinem emendet et de cetero conservet. Si autem talis est de vestris fidelibus, qui has

2) salva aequitatis ratione ita permaneant *add. Conv. cit.* 3) *Die 5. m. Maii; cfr. Böhmer, Regesta Carolorum nr. 1809; Ann. Bertin. ad a. 877, l. c. p. 135.* 4) *A. 858, supra p. 296.* 5) *A. 872, supra p. 341 sq.* 6) *A. 870? cfr. Dümmler, Ostfränk. Reich II², p. 309, not. 1; III², p. 43, not. 3.*

professiones non fecit, si necesse fuerit, faciat, et de cetero conservet. Fideles etiam 877.
vestri post mortem fratris vestri ad vos venerunt[7]. Quale sacramentum vobis fecerunt, vos scitis. Qui autem de illis illud sacramentum hactenus conservavit, de cetero conservet. Et si aliquis ab illo sacramento deviavit, secundum rationem et auctoritatem atque consuetudinem hoc emendet, et deinceps conservet. De hoc, quod ibidem scriptum est: 'qualiter nos securi de filio vestro esse possimus', respondemus, quia de filio vestro, quem per Dei gratiam et vestram dispositionem futurum seniorem post vos habere volumus, nullam firmitatem aliam quaerimus, nisi hoc, quod vos in capitulari vestro[8] statuistis et decrevistis, nobis unicuique in suo ordine et persona conservet. De hoc quod ibidem scriptum est: 'qualiter ipse de nobis securus esse possit', respondemus, quod et Remis respondimus: 'quia[9], si Deus et vos illum in regni regimine sublimaveritis et in parte denominata illum designaveritis, sic ei fideles esse cupimus, sicut[10] per rectum esse seniori debemus[9]'. De hoc, quod ibi scriptum est et nobis verbis dixistis: 'ut ad invicem nos credere possimus', verbis fideliter nos confirmavimus, 'ut[9] ad Dei voluntatem et vestram fidelitatem et honorem et sanctae ecclesiae ac regni vestri utilitatem ac fidelium vestrorum salvamentum Deo mediante adunati simus, quantum unusquisque nostrum in suo ordine et persona per Dei gratiam scire et posse habuerit, ut ad invicem nos credamus et mutuo adiuvemus[9].'

5. Ut ea, quae per largitatis nostrae praecepta dilectae coniugi nostrae[11] in proprium habere concessimus, filius noster ante nos confirmet; et ex omnibus, quae illi iure beneficiario concessimus sive concesserimus, si obitus noster evenerit et illa nos supervixerit, quomodo securi sumus, quatinus illam et sua omnia filius noster et fideles nostri condigno honore studeant conservare.

RP. De quinto capitulo, in quo scriptum est de dilectae coniugis vestrae dominae nostrae honore et salvamento et de conservatione earum rerum, quas illi dedistis vel dederitis, et de confirmatione a filio vestro exinde facienda, et filius vester ad hoc paratus est, sicut iubetis, et nos, quantum scierimus et potuerimus, ad hoc parati erimus.

6. De filiabus nostris, cum quo honore secundum Dei voluntatem et quali salvamento aut adiutorio consistere debeant. Quod etiam parvulae nostrae filiae datum habemus aut deinceps dederimus, cum quali securitate tenere possit. Et si Deus eam ad perfectam aetatem venire donaverit, in matris suae sit potestate, et a nullo contra ipsius voluntatem vel marito tribuatur, vel sacrum ei velamen imponatur.

RP. Similiter et de filiabus vestris et etiam de parvula filia vestra, sicut in capitulo vestro continetur, et filius vester paratus est conservare, et ad hoc conservandum, quantum scierimus et potuerimus, adiutorium praestabimus.

7. De ordinandis scaris[12], et si nepotes nostri[13] sui patris[14] imitantes vestigia contra nos aut in itinere aut, postquam ad dispositum locum Deo duce venerimus, aliquid nobis mali aut regno nostro machinari voluerint, quomodo illis Deo iuvante plenissime resistatur.

RP. De scaris ordinandis et de adiutorio, si aliquis de nepotibus vestris aut inter vias aut in Italia vobis aliquod impedimentum facere voluerit, in vestra

7) *Cfr. Dümmler l. c. III², p. 33.* 8) *Cfr. Capp. Pist. 869, supra p. 333, c. 3; Cap. inseq. c. 2.* 9) *Verba:* quia ... debemus *et:* ut ad Dei ... adiuvemus *promissionem Remis datam repetere mihi videntur; cfr. etiam Sacrament. Carisiac. 858, supra p. 296.* 10) *Cfr. sacramenta fidelitatis tom. I, p. 101 sq.* 11) *Richildi, sorori Bosonis.* 12) *Cfr. supra p. 67, not. 11.* 13) *Sc.: Hludowicus rex Franciae orientalis, Karolomannus rex Baiuwariae, Karolus rex Alamanniae.* 14) *Qui invasiones in regnum Karoli fecit a. 858. et a. 875; cfr. infra nr. 297, supra p. 350, not. 35.*

877. dispositione erit[15], qui in isto regno remaneant, vel qui post vos in vestrum adiutorium pergant.

8. Si, antequam redeamus, aliqui honores interim aperti fuerint, considerandum, quid exinde agatur.

RP. Si, antequam iuvante Domino revertamini, aliquis archiepiscopus defunctus fuerit, vicinus episcopus ipsius dioeceseos cum comite ipsam sedem praevideat, usque dum obitus ipsius archiepiscopi ad vestram notitiam perveniat. Si aliquis episcopus interim obierit, archiepiscopus ipsi sedi visitatorem secundum sacros canones[16] deputet, qui una cum comite ipsam ecclesiam, ne praedetur, custodiat, usque dum ipsius episcopi obitus ad vestram notitiam perveniat. Si abbas vel abbatissa obierit, episcopus, in cuius parochia monasterium illud est, una cum comite illud monasterium custodiat, usque dum vestra iussio inde fiat.

9. Si[17] comes obierit, cuius filius nobiscum sit, filius noster cum ceteris fidelibus nostris ordinet de his, qui illi plus familiares et propinquiores fuerint, qui cum ministerialibus ipsius comitatus et episcopo ipsum comitatum praevideant, usque dum nobis renuntietur. Si autem filium parvulum habuerit, isdem cum ministerialibus ipsius comitatus et episcopo, in cuius parochia consistit, eundem comitatum praevideat, donec[a] ad nostram notitiam perveniat. Si vero filium non habuerit, filius noster cum ceteris fidelibus nostris ordinet, qui cum ministerialibus ipsius comitatus et episcopo ipsum comitatum praevideat, donec iussio nostra inde fiat. Et pro hoc nullus irascatur, si eundem comitatum alteri, cui nobis placuerit, dederimus quam illi, qui eum hactenus praevidit. Similiter et de vassallis nostris faciendum est. Et volumus atque expresse iubemus, ut tam episcopi, quam abbates et comites, seu etiam ceteri fideles nostri hominibus suis similiter conservare studeant; et tam de episcopatibus, quam et de abbatiis vicinus episcopus et comes praevideant, ne aliquis res ecclesiasticas vel facultates diripiat, et nullus ad eorum eleemosynam faciendam impediat. Quodsi praesumpserit, et secundum leges humanas hoc componat, et secundum leges ecclesiasticas inde ecclesiae, quam laesit, satisfaciat, et nostram harmiscaram secundum modum culpae et ut nobis placuerit sustineat.

RP. Cetera[18] capitula responsione non egent, quoniam a vestra sapientia sunt disposita et diffinita.

10. Si[17] aliquis ex fidelibus nostris post obitum nostrum Dei et nostro amore compunctus seculo renuntiare voluerit et filium vel talem propinquum habuerit, qui rei publicae prodesse valeat, suos honores, prout melius voluerit, ei valeat placitare. Et si in alode suo quiete vivere voluerit, nullus ei aliquod impedimentum facere praesumat, neque aliud aliquid ab eo requiratur, nisi solummodo, ut ad patriae defensionem pergat[19].

11. Si aliqua occasione filio nostro aut fidelibus nostris de nostro obitu nuntiatum fuerit, non facile credatur; sed conveniant simul fideles nostri et rationabiliter secundum Dei voluntatem omnia a nobis ordinata disponant.

12. Si nos in Dei sanctorumque ipsius servitio mors praeoccupaverit, eleemosynarii nostri, secundum quod illis commendatum habemus, de eleemosyna nostra decertent. Et libri nostri, qui in thesauro nostro sunt, ab illis, sicut dispositum habemus, inter sanctum Dionysium[20] et sanctam Mariam in Compendio et filium

a) *Cap. 3. insequentis capitularis, quod ex nostro derivatum est, addit:* obitus praefati comitis.

15) *Cfr. infra c. 25.* 16) *Cfr. Hinschius, Kirchenrecht II, p. 229 sqq.* 17) *Cfr. Cap. inseq. c. 3. 4; Bourgeois l. c. p. 126—205; Fustel de Coulanges l. c. p. 461 sqq.; Brunner, RG. II, p. 171. 825.* 18) *Cfr. supra in praefat. p. 355.* 19) *Cfr. Edict. Pist. 864, supra p. 322, c. 27.* 20) *Sc. monasterium S. Dionysii apud Parisios situm.*

nostrum dispertiantur; id est: Hincmarus venerabilis archiepiscopus, Franco episcopus[21], Odo episcopus[22], Gauzlinus abba[23], Arnulfus comes, Bernardus comes[24], Chuonradus comes[25], Adalelmus comes[26]. Similiter de his, quae ad eleemosynam coniugis nostrae pertinent, si ipsa obierit, faciant. Quae vero superfuerint, ab ipsis salventur usque ad nostram Deo dante interrogationem. 877.

13. Inveniendum, qualem partem imperii, si obitus noster evenerit, sibi decernendam sperare filius noster debeat; et si Deus alterum filium nobis interim donare voluerit, quam ipse habeat. Et si aliquis ex nepotibus nostris ad hoc se dignum exhibuerit vel si non fecerit, secundum quod nobis tunc et cui placuerit consequatur.

14. Ut filius noster talem se et taliter praeparet, quatenus, cum Deo iuvante reversi fuerimus, Romam ire valeat et ibi Dei et sanctorum apostolorum, quandiu necesse fuerit, servitium agere et ibi Deo adminiculante in regem possit coronari.

15. Qualiter[27] et quo ordine filius noster in hoc regno remaneat, et qui debeant esse, quorum auxilio utatur, et vicissitudine cum eo sint; videlicet ex episcopis assidue sint cum illo: aut Ingilwinus[25] aut Reinelmus[28] sive Odo[22] seu Hildeboldus[29]; ex abbatibus, si alia necessitas non evenerit, assidue sint cum eo: Welpho[30], Gauzlinus[23] et Folco[31]: ex comitibus vero: aut Teudericus aut Balduinus[32] sive Chuonradus[25] seu Adalelmus[26]; alternatim cum illo consistent et quanto saepius pro nostra utilitate potuerint, Boso[33] et Bernardus[24]. Si versus Mosam perrexerit, sint cum eo: Franco episcopus[21], Iohannes episcopus[34], Arnulfus comes, Gislebertus, Letardus, Matfridus, Widricus, Gotbertus, Adalbertus, Ingelgerus, Rainerus una cum praedictis; si ultra Sequanam perrexerit: Hugo abba[35], Waltherus episcopus[36], Wala episcopus[37], Gislebertus episcopus[38] et ceteri nostri fideles illius partis una cum praedictis: sed et de aliis fidelibus nostris, secundum quod in unaquaque parte regni necesse fuerit.

16. Si subito evenerit in aliqua parte regni necessitas, videtur nobis, ut, quia Deo gratias filius noster iuvenis est, non omnes fideles nostros aequaliter faciat laborare; sed, sicut nos iam Deo iuvante saepissime fecimus, acceptis secum strenuis viris ex fidelibus nostris inimicis nostris insperate superveniat, et eos viriliter perterreat; et qui cum eo ire non potuerint, mittant cum eo electos viros, prout necessitas fuerit.

17. Adalardus comes palatii remaneat cum eo cum sigillo. Et si ipse pro aliqua necessitate defuerit, Gerardus sive Fredricus vel unus eorum[39], qui cum eo scariti[40] sunt, causas teneat[41]; et vel una die in septimana ipse causas teneat[42]; et ubicunque fuerint, de pace praevideant.

18. Comites quoque per suos comitatus de raptoribus et malis hominibus praevideant, qualiter pax fiat, et malla teneant, et omnibus, qui hostem debent, denun-

21) *Leodiensis.* 22) *Bellovacensis.* 23) *Monasterii S. Germani Parisiis siti.* 24) *Arvernicus (Auvergne).* 25) *Parisiensis.* 26) *Laudunensis.* 27) *Cfr. Hincmari epist. ad Hludowicum Balbum, Opera II, p. 181, c. 7:* Et quando proxime in Carisiaco inde disposuit *(sc. Karolus)* et nomina vobis descripta dedit, quorum consilio et auxilio regni negotia disponere deberetis (inter quos et Boso adscriptus est) omnes praesentes adfuerunt excepto ipso Bosone et Hugone abbate et Bernardo comite Arvernico. 28) *Tornacensis.* 29) *Suessionensis.* 30) *Monasterii S. Columbae Senonensis.* 31) *S. Audomari (St. Omer).* 32) *Flandriae.* 33) *Viennensis, postea rex Burgundiae.* 34) *Cameracensis.* 35) *Turonensis; cfr. supra p. 276, not. 3.* 36) *Aurelianensis.* 37) *Autissiodorensis.* 38) *Carnotensis (Chartres).* 39) *Cfr. Waitz, VG. IV^2, p. 488, not. 1; p. 490.* 40) *Cfr. supra p. 314, not. 20; aliter Waitz l. c. p. 612, not. 1.* 41) *Cfr. Hincmarus, De ordine palatii c. 19. 21, infra in App. edit.* 42) *Cfr. Cap. miss. Wormat. 829, supra p. 16, c. 14.*

877. tiant, ut parati sint[43], quatinus, si necessitas fuerit, in Dei et nostrum servitium pergere valeant. Et missi nostri, qui per omne regnum nostrum constituti[44] sunt, missaticum nostrum, prout eis opportunum fuerit, agere non negligant.

19. Si werra[45] in regno surrexerit, quam comes per se comprimere non possit, filius noster cum fidelibus nostris eam quantocius comprimere studeat, antequam malum in regno nostro accrescere possit.

20. Ut filius noster cum fidelibus nostris in illa parte regni moretur, ubi maior necessitas fuerit; et nemo[46] in villis nostris vel in villis uxoris nostrae mansionaticum accipiat, et nullus homines nostros sive alios depraedari audeat; et eorum, qui nobiscum vadunt, beneficia et villae sub immunitate maneant[47]. Quodsi aliquis praesumpserit, in triplo componat, sicut ille, qui in truste dominico committit[48]. Et qui in villas episcoporum, abbatum vel aliorum fidelium nostrorum depraedationes fecerint, sicut in capitularibus antecessorum nostrorum et in nostro continetur, emendent[49].

21. Ut nemo despiciat litteras nostra auctoritate aut filii nostri nomine signatas vel eorum, quos in hoc regno cum illo dimittimus, neque inobediens sit, quae sibi mandata fuerint. Quodsi praesumpserit, ita multetur, sicut in capitulari avi et domni ac genitoris nostri continetur[50].

22. Monendum quoque et hortandum, ut fidelium nostrorum, qui cum filio nostro remanserint, nullus in consilio tardus appareat; sed unusquisque, ut sibi melius visum fuerit, loquatur, et post omnium locutiones, quod melius visum fuerit, eligant.

23. Qualiter regnum, quod necessitate Brittonibus quondam iuramento confirmatum fuerat[51], quia de illis, quibus firmatum est, nullus superstes est[52], a fidelibus nostris recipiatur.

24. De regno Aquitanico[53].

25. Ut[54] post nos cum his, quae nobis ferenda sunt, pergat primum Willebertus episcopus[55], deinde Arnoldus episcopus[56] et deinde Wala episcopus[57]. Et ut filius noster et alii nostri fideles ad hoc studeant, ut nihil novi aut mali in hoc regno surgat, quod aut per equites aut per cursores pedites non sciamus, quia de vestra prosperitate, sicut de nostra, semper solliciti erimus. Et si nepotes nostri filii fratris nostri sui patris imitantes exempla post nos pergere et contra nos insurgere voluerint, non expectetur, ut commendemus fidelibus nostris, ut nobis occurrant; sed, prout plenius potuerint, statim ut hoc cognoscere potuerint, nobis in adiutorium, prout citius potuerint, veniant, et ad hoc omnes semper warniti[58] sint.

26. Ut castellum de Compendio a nobis coeptum pro nostro amore et vestro honore perficiatur in testimonium dilectionis vestrae erga nostram benignitatem.

43) *Cfr. Cap. Aquisgr.* 801—813, *tom. I, p.* 171, *c.* 9; *Capp. nota fac.* 805—808, *l. c. p.* 141, *c.* 3; *Frotharii ep.* 25, *Bouquet VI, p.* 396: quatenus omnes praeparati sint, ut, si vespere eis adnuntiatum fuerit, mane, et si mane, vesperi absque ulla tarditate proficiscantur in partes Italiae. 44) *Cfr. Capp. post Conv. ap. Confl.* 860, *supra p.* 298, *c.* 8. 45) *Discordia, inimicitiae; cfr. infra Epist. Carisiac.* 858, *nr.* 297, *c.* 15; *Diez, WB. d. roman. Spr. I, s. v. guerra.* 46) *Cfr. Edict. Pist.* 864, *supra p.* 327, *c.* 37. 47) *Cfr. Waitz l. c. IV*², *p.* 296. 48) *Lex Sal.* 41, 3; *Lex Rib.* 11, 1, *LL. V, p.* 216; *Marculf. I,* 18, *LL. Formul. p.* 55; *cfr. Waitz l. c. IV*², *p.* 308; *III*², *p.* 541, *not.* 2; *Brunner RG. II, p.* 98, *not.* 16. 49) *Cfr. Cap. Pist.* 862, *supra p.* 307, *c.* 4; *Allocut. missi* 857, *supra p.* 292, *c.* 3. 50) *Anseg. IV, c.* 28, *tom. I, p.* 441. 51) *Cfr. Ann. Bertin. ad a.* 867, *ed. Waitz p.* 87 *sq.; ad a.* 868, *l. c. p.* 97; *Dümmler l. c. II*², *p.* 166. 279. 52) *Ann. Bertin. ad a.* 874, *l. c. p.* 125; *Dümmler l. c. II*², *p.* 363. 53) *Quod regebat Hludowicus inde ab anno* 872; *cfr. Ann. Bertin. ad a.* 872, *l. c. p.* 119. 54) *Cfr. cap.* 7. *et p.* 355, *lin.* 15. 55) *Catalaunensis.* 56) *Tullensis.* 57) *Autissiodorensis.* 58) *I. e.: instructi vel praeparati; cfr. supra p.* 158, *not.* 44.

27. De civitate Parisius et de castellis super Sequanam et super Ligerim ex utraque parte, qualiter et a quibus instaurentur: specialiter etiam de castello Sancti Dionysii. 877.

28. De Vulframno et Gauzmaro et Hadeberto aurifice, sicuti statuimus, ita permaneant.

29. De monetis.

30. Qualiter hoc perficiatur et ad effectum perveniat, quod Nortmannis dari debet de coniecto[59].

31. De honoribus Bosonis[33], Bernardi[24] et Widonis[60] et aliorum illarum partium[61]. Et de cappis[62] et aliis negotiatoribus, videlicet ut Iudaei dent decimam et negotiatores christiani undecimam.

32. In quibus ex nostris palatiis filius noster, si necessitas non fuerit, morari vel in quibus forestibus venationem exercere non debeat: Carisiacus penitus cum forestibus excipitur; Silvacus cum toto Laudunensi similiter; Compendium cum Causia[63] similiter; Salmonciacus similiter; in Odreia villa porcos non accipiat et non ibi caciet[64], nisi in transeundo; in Attiniaco parum caciet; in Verno porcos accipiat tantum; Arduenna penitus excipitur, nisi in transeundo; et villae ad servitium nostrum similiter; in Ligurio porcos et feramina accipiat; Aristallium cum foreste penitus excipitur; in Lens et Wara et Astenido et feramina et porcos capere potest; in Rugitusit, in Scadebolt, in Launif tantummodo in transitu, et sicut minus potest; in Crisiaco similiter; in Lisga porcos tantum accipiat.

33. Ut Adelelmus de forestibus diligenter sciat, quot porci et feramina in unaquaque a filio nostro caciata fuerint.

59) *Cfr. Edict. anteced.* 60) *Progenies Widonis comitis Andegavensis, cognatus Widonis marchionis Spoletini; cfr. Wüstenfeld in 'Forsch. z. D. Gesch.' III, p. 429; Bourgeois l. c. p. 96.* 61) *Cfr. Bourgeois l. c. p. 82. 99.* 62) *Cappi vel capi sunt castrati. 'Iudaei ita videntur appellati ob … circumcisionem', Du Cange s. v. capus.* 63) *De palatiis, quae sequuntur, cfr. infra index.* 64) *I. e.: venetur; cfr. Diez l. c. I, s. v. cacciare.*

282. CAPITULA EXCERPTA IN CONVENTU CARISIACENSI CORAM POPULO LECTA.

877. Iun. 16.

Postremo edita sunt a G. H. Pertz ope unius codicis olim Paris. 4761, cuius ab illo tempore ex bibliotheca publica furto rapti priores partes in codicibus Ashburnh. Barrois 73. 146 servatae, ulteriores tamen capitulare nostrum exhibentes amissae sunt. Praeterea traditum est a Sirmondo, Caroli Calvi Capitula p. 441 sqq. Cuius codex hanc praebuit inscriptionem: XVI. Kalendas praedicti mensis, postquam domnus imperator Karolus adnuntiavit generaliter in populum de suo itinere Romam et quia ordinatum habebat *(cfr. supra c. 15)*, qualiter filius suus in regno isto consistat, et quorum in specialibus et generalibus causis utatur consilio et adiuvetur auxilio, et quia ordinatum habebat, quomodo Nortmanni de isto regno expellantur et postea defendantur et, si werra de quacumque parte in isto regno surrexerit *(cfr. supra c. 19)*, comprimatur vel defendatur, et quia de generalibus et specialibus causis generalia et specialia capitula habebat disposita, quae filio suo et fidelibus suis, qui in isto regno remanebant, data habebat et secum portabat, dixit, quia de ipsis capitulis

877. quaedam capitula excerpta habebat, quae in illorum omnium notitiam recitari volebat. Et tunc iussit Gauzlenum cancellarium, ut haec sequentia capitula in populum recitaret. *In codice vero Paris.* 4761, *qui omittit c.* 3. 4, *praemissa erant:* Haec capitula fecit domnus Karolus imperator et adnuntiari iussit novissime apud Carisiacum.

(*B. II,* 267; *P.* 541.)

Cap. 1. De[1] honore et cultu Dei atque sanctarum ecclesiarum, quae auctore Deo sub ditione et tuitione regiminis nostri consistunt, Domino mediante decernimus, ut, sicut tempore beatae recordationis domni et genitoris nostri excultae et honoratae atque rebus ampliatae fuerunt, et quae a nostra liberalitate honoratae atque ditatae sunt, de cetero sub integritate sui serventur; et sacerdotes atque servi Dei vigorem ecclesiasticum et debita privilegia iuxta reverendam auctoritatem optineant; et eisdem principalis potestas et inlustrium virorum strenuitas seu rei publicae administratores, ut suum ministerium conpetenter[a] exsequi valeant, in omnibus rationabiliter et iuste concurrant. Et filius noster haec supradicta similiter Deo iuvante[b] conservet.

2. Ut[2] omnes nostri fideles veraciter sint de nobis securi, quia, quantum potuerimus et iuste et rationabiliter scierimus[3], unumquemque secundum sui ordinis dignitatem et personam honorare et salvare et honoratum ac salvatum conservare volumus et unicuique eorum in suo ordine secundum sibi conpetentes leges, tam ecclesiasticas quam mundanas, rectam rationem et iustitiam conservabimus et nullum fidelium nostrorum contra legem vel iustitiam aut auctoritatem et iustam rationem aut damnabimus aut dehonorabimus aut opprimemus vel indebitis machinationibus affligemus; et legem, ut praediximus, unicuique conpetentem, sicut antecessores sui tempore antecessorum nostrorum habuerunt, in omni dignitate et ordine nos adiuvante Domino servaturos perdonamus, illis videlicet, qui nobis fideles et obedientes atque[4] adiutores et cooperatores iuxta suum ministerium et personam consilio et auxilio secundum suum scire et posse et secundum Deum ac secundum seculum fuerint, sicut per rectum unusquisque in suo ordine et statu imperatori suo et suo[c] seniori esse debet. Et capitula, quae avus et pater noster pro statu et munimine sanctae Dei ecclesiae et ministrorum eius et pro pace ac iustitia populi ac quiete regni constituerunt, et quae nos cum fratribus nostris regibus et nostris et eorum fidelibus communiter constituimus, sed et quae nos consilio et consensu episcoporum et ceterorum Dei et nostrorum fidelium pro suprascriptis causis in diversis placitis nostris conservanda statuimus, et manere inconvulsa decernimus. Similiter et a filio nostro inconvulsa conservari volumus et mandamus[d].

3. Si[5] comes de isto regno obierit, cuius filius nobiscum sit, filius noster cum ceteris fidelibus nostris ordinet de his, qui eidem comiti plus familiares [et[e]] propinquiores fuerunt, qui cum ministerialibus ipsius comitatus et cum episcopo, in cuius parrochia fuerit ipse comitatus, ipsum comitatum praevideant, usque dum nobis renuntietur, ut[6] filium illius, qui nobiscum erit, de honoribus illius honoremus. Si autem filium parvulum habuerit, isdem filius eius cum ministerialibus ipsius comitatus et cum episcopo, in cuius parrochia consistit, eundem comitatum praevideant, donec obitus praefati comitis ad notitiam nostram perveniat et ipse filius eius per nostram concessionem de illius honoribus honoretur. Si vero filium non habuerit, filius noster cum ceteris fidelibus nostris ordinet, qui cum ministerialibus ipsius comitatus et cum episcopo proprio ipsum comitatum praevideat, donec iussio nostra inde fiat. Et pro hoc illo non irascatur, qui illum comitatum praeviderit, si eundem comitatum alteri, cui nobis placuerit, dederimus quam illi, qui eum eatenus praevidit. Similiter et de vassallis nostris faciendum est. Et volumus atque praecipimus, ut tam episcopi, quam abbates et comites seu etiam ceteri fideles nostri hoc erga homines suos studeant conservare.

4. Volumus etiam et expresse praecipimus, quod, si aliquis episcopus vel abbas aut abbatissa vel comes aut vassallus noster obierit, nullus[7] res ecclesiasticas aut facultates

a) conpetentur *c.* b) adiuvante *c.* c) sui *c.* d) *Hic finis erat codicis.* e) *om. Sirm.*

1) *Capp. anteced.* c. 1. 2) *Capp. Pist.* 869, *supra p.* 333, *c.* 3. 3) Domino adiuvante *add. l. c.* 4) veri *hic deest.* 5) *Capp. anteced. c.* 9; *Baldamus, Heerwesen unter d. Karoling. p.* 90 *sqq., hoc cap. et insequens falsata esse putat; isdem p.* 858, *lin.* 16. *non ad procuratorem comitatus, sed ad filium parvulum spectat; cfr. etiam Dümmler, Ostfränk. Reich III², p.* 45, *not.* 1. 6) *Cfr. Brunner, RG. II, p.* 256. 7) *Capp. anteced.* c. 9.

diripiat vel comitis aut vassalli nostri aut alicuius defuncti res aut facultates invadere vel usurpare praesumat vel uxoribus defunctorum laicorum ac filiis quamcumque violentiam inferat et nullus ad illorum eleemosynam faciendam eleemosynarios eorum impediat. Quodsi aliquis praesumpserit, et secundum leges mundanas hoc cum banno nostro componat, et secundum leges ecclesiasticas inde ecclesiae, quam laesit, satisfaciat, insuper nostrum harmiscaram secundum modum culpae et ut nobis placuerit sustineat. 877.

Post haec lecta capitula dedit omnibus licentiam cum Dei gratia et sua redeundi ad propria[8] exceptis his, quos specialiter pro specialibus causis considerandis vel pro dona liberanda[f] secum aliquantis diebus manere praecepit.

f) llbranda *correxit Dümmler l. c. III², p. 47, not. 1; cfr. autem Diez, Etymol. WB. d. rom. Spr. I, s. v. liverare.*

8) *Cfr. Capp. Pist.* 869, *supra p.* 334, *c.* 4.

283. CAPITULA ELECTIONIS HLUDOWICI BALBI COMPENDII FACTA.

877. Nov. 30. — Dec. 8.

Acta conventus Compendiensis exstant: 1) *apud Sirmondum, Caroli Calvi Capitula p.* 492 *sqq., codice quodam Leodiensi adhibito;* 2) *eodem loco p.* 447 *sq., ex codice Bellovacensi fortasse edita;* 3) *in Ann. Bertin. ad a.* 877, *ed. Waitz p.* 138 *sqq.;* 4) *in codice olim Paris.* 4761, *nunc deperdito.* 1. 2. 4. *omittunt professionem Hludowici (A), commendationem Ansegisi (D), professionem episcoporum (E). Capitula in* 1. *hac inscriptione praedita sunt:* Ordo, qualiter Hludowicus rex anno incarnationis dominicae DCCCLXXVII, VI. Idus Decembris, ab Hincmaro archiepiscopo fuit coronatus in Compendio palatio; quando et haec, quae sequuntur, ab episcopis petita sunt apud regem et ab eo promissa episcopis; *in* 2*:* Anno incarnationis dominicae DCCCLXXVII. in Compendio palatio haec, quae sequuntur, ab episcopis petita sunt apud Hludowicum regem et ab eo promissa episcopis.

De quo conventu et rebus antea gestis optime referunt Ann. Bertin. l. c. his verbis, quae actis praemittunt: Hludowicus, accepto nuncio in Audriaca villa de morte patris sui, quos potuit conciliavit sibi, dans eis abbatias et comitatus ac villas secundum uniuscuiusque postulationem. Et iter agens . . . usque ad Vernum . . . : ubi audiens patrem suum sepultum, et regni primores tam abbates quam comites indignatos, quia quibusdam honores dederat sine illorum consensu, et ob id adversum se conspiratos esse, reversus est Compendium. Ipsi autem primores cum Richilde . . . conventum suum ad Montem-Witmari condixerunt, indeque missos suos ad Hlodowicum direxerunt: sed et Hlodowicus legatos suos ad eos direxit. Et discurrentibus inter eos missis, ad hoc perventum est, ut Richildis et ipsi primores ad eum Compendium venirent . . . Richildis Compendium ad Hlodowicum veniens, missa sancti Andreae *(die* 30. *m. Nov.)* attulit ei praeceptum, per quod pater suus illi regnum ante mortem suam tradiderat, et spatam quae vocatur sancti Petri, per quam eum de regno revestiret, sed et regium vestimentum et coronam ac fustem ex auro et gemmis. Et discurrentibus legatis inter Hlodowicum et regni primores, et pactis honoribus singulis quos petierunt, VI. Idus Decembris consensu omnium tam episcoporum et abbatum quam regni primorum ceterorumque qui adfuerunt con-

877. sacratus et coronatus est in regem Hlodowicus ab Hincmaro Remorum episcopo. Et episcopi se suasque ecclesias illi ad debitam defensionem et canonica privilegia sibi servanda commendaverunt, profitentes *(cfr. infra p. 365, E.)* secundum suum scire et posse et iuxta suum ministerium consilio et auxilio illi fideles fore; abbates autem et regni primores ac vassalli regii se illi commendaverunt et sacramento secundum morem fidelitatem promiserunt.

In ordine singulorum capitulorum instituendo, qui in editione nostra alius est atque in Pertziana, Hincmarum secuti sumus, qui tradit (infra not. 1) professionem Hludowici (A) die 30. m. Nov. factam esse, episcopos autem post coronationem demum, cuius ordinem infra nr. 304. invenias, se commendasse (supra lin. 2 sqq.). Qua de causa verba: ad suprascriptam petitionem *(infra not. 1),* quamquam *in Ann. Bertin.* 'professionem ipsorum' *(E) sequuntur, non ad commendationem episcoporum (E) referenda sunt, praesertim cum in ipsa petitionis cuiusdam mentio non fiat. Cum vero responsio regis ad petitionem episcoporum (B) data in promissione (C) exstet, constare mihi videtur professionem illam Hludowici (A) coniungendam esse cum verbis Annalium:* pactis honoribus singulis quos petierunt; *cfr. etiam Dümmler, Ostfränk. Reich III², p. 68.*

(B. II, 271; P. 542.)

(A.) Professio[1] istius Hlodowici filii Karoli.

Ego Hlodowicus, misericordia domini Dei nostri et electione populi rex constitutus, promitto teste ecclesia Dei omnibus ordinibus, episcoporum videlicet, sacerdotum, monachorum, canonicorum atque sanctimonialium, regulas a patribus conscriptas et apostolicis adtestationibus roboratas ex hoc et in futurum tempus me illis ex integro servaturum. Polliceor etiam me servaturum leges et statuta populo, qui mihi ad regendum misericordia Dei committitur, pro[a] communi consilio[a] fidelium nostrorum, secundum quod praedecessores mei imperatores et reges gestis inseruerunt et omnino inviolabiliter tenenda et observanda decreverunt. Ego igitur Hlodowicus rectitudinis et iustitiae amore hanc spontaneam promissionem meam relegens manu propria firmavi.

(B.) Petitio[2] episcoporum.

A[3] vobis perdonari nobis petimus, ut unicuique de nobis et ecclesiis nobis commissis secundum primum capitulum[4], quod novissime in Carisiaco domnus imperator pater vester a se et a vobis servaturum[b] consentientibus fidelibus illius[c] ac vestris atque apostolicae sedis legatis legente Gauzleno[d] denuntiavit, canonicum privilegium et debitam legem atque iustitiam conservetis et defensionem exhibeatis, sicut rex in suo regno unicuique episcopo et ecclesiae sibi commissae per rectum exhibere debet.

a) *ita* 3; per commune consilium *emendav. Baluzius.* b) *ita codd. pro* servandum. c) *ita* 1. 2, *infra p. 365, lin. 4, Petit. episc. a. 882, infra p. 370;* suis 3. 4. d) Gozleno 3.

1) *Hincmarus, l. c. p. 189, haec praefigit verba:* Ad suprascriptam vero episcoporum petitionem haec quae sequuntur, rex Hlodowicus professus est episcopis, et istam ipsam donationis scripturam manu sua eis dedit in Compendio anno incarnationis dominicae DCCCLXXVII, II. Kalendas Decembris. 2) *Hincmarus l. c.:* Quando Hludowicus rex, filius Karoli imperatoris, fuit coronatus in Compendio, hoc petierunt episcopi apud ipsum, sicut hic subsequitur: 'A vobis'. 3) *Cfr. Waitz, Formeln d. D. Königs-Krönung etc. in 'Abhandl. d. Gölting. Gesellsch. d. Wissensch.' XVIII (1873), p. 76. 22.* 4) *Cap. anteced. c. 1; cfr. etiam Hincmari epist. ad Hludowicum regem, Opera II, p. 181 sqq., c. 7. 8.*

(C.) Promissio[5] regis. 879.

Promitto[3] et[e] perdono vobis, quia unicuique de vobis et ecclesiis vobis commissis secundum primum capitulum, quod novissime in Carisiaco domnus imperator pater meus[f] a se et a me servaturum consentientibus fidelibus illius ac nostris atque apostolicae sedis legatis legente Gauzleno[d] denuntiavit, canonicum privilegium et debitam legem atque iustitiam conservabo, et defensionem, quantum potuero, adiuvante[g] Domino exhibebo, sicut rex in[h] suo regno unicuique episcopo et ecclesiae sibi commissae per[i] rectum exhibere debet[k6].

(D.) Commendatio Ansegisi[7] episcopi et aliorum episcoporum, qui adfuerunt apud Compendium, quando benedixerunt Hludowicum filium Karoli imperatoris.

Me ac ecclesiam mihi commissam vobis commendo ad debitam legem et iustitiam conservandam et defensionem exhibendam, sicut rex episcopo et ecclesiae suae iusto iudicio conservare et exhibere debet.

(E.) Professio ipsorum.

Ego ille ipse sic profiteor: 'De[8] ista die et deinceps isti seniori et regi meo Hlodowico Karoli et Hyrmentrudis filio secundum meum scire et posse et meum ministerium et auxilio et consilio fidelis et adiutor ero, sicut episcopus recte seniori suo debitor est, in mea fide et meo sacerdotio.'

Benedictiones super Hludowicum regem factae — — — Quod ipse praestare dignetur *(cfr. infra nr. 304)*.

e) vobis et perdono 1. f) meus se serv. 3. g) exhibebo adiuvante Dom. 3. h) in suo regno *om.* 1. 2. i) debitor est exhibere 3. k) *Reliqua des. in* 2. 4.

5) *Hincmarus l. c.:* Ipse autem Hlodowicus talem promissionem fecit illis episcopis: 'Promitto'. 6) *Idem pergit:* Hoc est capitulum quod hic commemoratur: 'De honore quoque' *supra p.* 362, *c.* 1. 7) *Senonensis.* 8) *Cfr. Sacramenta a.* 876. 872. 854. *praestita, supra p.* 100. 342. 278.

HLUDOWICI BALBI ET HLUDOWICI IUNIORIS CONVENTIO FURONENSIS.

878. Nov. 1.

Vide supra p. 168 *sqq.*

284. CONVENTUS MANTALENSIS.

879. Oct. 15.

Primo publici iuris facta a Paradino, Annales de Bourgogne, Lugdun. 1566, *leguntur capitula:* 1) *apud Marion, Cartulaire de Grenoble p.* 265 *sqq., ope codicis truncati cartularii Gratianopolitani edita;* 2) *apud Paradinum l. c. p.* 105 *sqq. In* 1. *exhibetur electio tantum praemissis verbis:* Concilium Mantalense, in quo Boso electus fuit ab episcopis

879. proceribusque in regem Arelatensem, Idibus Octobris, anno Christi DCCCLXXIX, *quae in 2. legationem synodi (A) et Bosonis responsionem (B) praecedit; sed minus recte. Nam cum episcopi in legatione (A) pronuntient Bosoni se illum regem facere optare (lin. 28), in electione (C) vero iam* 'domnum Bosonem ad hoc regale negotium petierint et unanimiter elegerint' *(lin. 33 sq.), et cum verisimile sit proceres non prius regnum Bosoni tradituros fuisse, quam fidem de postulationibus adimplendis acceperint, legatio (A) et responsio (B) ante electionem (C) factae fuisse videntur (cfr. etiam verba:* imparem me iudicans tanto negotio omnimodis abnuissem ... Obediendum itaque cognoscens, *p. 367, lin. 13 sqq., et:* et qua consideratione tanti laboris renuerit et abdixerit ... tandem obedienter colla promittendo submisit, *p. 368, lin. 34 sqq.); aliter Dümmler, Ostfränk. Reich III², p. 125.*

Quo vero modo re vera Boso rex factus et regno potitus sit, elucet ex eis, quae nobiscum communicaverunt Hincmarus in Ann. Bertin. ad a. 879, ed. Waitz p. 150: Boso, persuadente uxore sua ... partim comminatione constrictis, partim cupiditate illectis pro abbatiis et villis eis promissis et postea datis, episcopis illarum partium persuasit, ut eum in regem ungerent et coronarent, *et Regino in suo Chronico ad a. 879, ed. Kurze p. 114:* Boso ... audita morte Ludowici *(die 10. m. Aprilis)* a Provintia egreditur totamque Burgundiam occupare nititur. Denique nonnullos episcopos partim minis partim suasionibus in societatis foedera colligit et Lugdunum ingressus ab Aureliano eiusdem urbis metropolita et aliis pontificibus in regem super prefatum Burgundiae regnum inunguitur pro nihilo ducens adulescentes filios Ludowici et velut degeneres despiciens; *cfr. etiam Dümmler l. c. III², p. 122 sqq.* *(B. deest; P. 547.)*

(A.) Synodi[a] ad Bosonem regem designatum legatio.

Sacra synodus Mantalensis[1] territorii Viennensis in nomine Domini nostri congregata simul cum primoribus inspirante divinitate summae maiestatis sincera devotione vestram prudentiam, clarissime princeps, adit petens addiscere vestra certissima responsione, qualem vos velitis in principatu, quo vos sublimari per divinam misericordiam optamus, omnibus ostendere: Si videlicet honorem Dei omnipotentis et dilectionem in fide catholica veraciter quaesituri estis et ecclesiam illius pro viribus exaltaturi et[b] singularum ecclesiarum cum suis episcopis et sacerdotibus privilegia conservaturi[b]; si vultis omnibus, sicut boni principes, qui vos praecesserunt et quorum formam literis et fama nostis, legem, iustitiam et rectum concedere et servare tenentes humilitatem, quae est fundamentum virtutum, cum patientia et animo sereno, humillimo, ad damnandum incondito, sed in omnibus iuste promissis stabili et certo, bene per Dei gratiam praeparato et ornato, sobrietate competenti venusto; qui sitis accessibiles omnibus recta suggerentibus et pro aliis intercedentibus, quaerentes magis prodesse, quam praeesse, sequentes vestigia sanctorum principum, calcantes iram, saevitiam, duritiam, avaritiam, cupiditatem, indignationem et superbiam, iustus patricius vestris maioribus et minoribus apparentes, veritatem ore et opere praeferentes, salubre consilium libenter audientes, monstra viciorum declinantes et persequentes, virtutes amantes, defensionem et momburgium[2] singulis exhibentes: ut neque eadem sancta synodus et primates vestri cum ea sentientes nunc de vobis in bonitate maledicantur vel detrahantur in futuro neque sacro vestro principatui nobis, ut credimus, profuturo iuste derogetur. Sed sit pax et veritas sanctorum suffragiis

a) *Inscriptiones finxit Sirmondus, Concilia III, p. 496 sqq.* b) et ... conservaturi *om. id., Pertz, qui editionem Sirmondi repetivit.*

1) *Mantaille, 'est situé ... à cinq lieues au sud de Vienne, commune d'Anneyron, dép. de l'Isère', Gingins-la-Sarraz in 'Archiv f. Schweiz. Gesch.' VII* (1851), *p. 157, not. 272.* 2) *I. e.: mundeburdium.*

per divinam gratiam praelatis et subditis, sacerdotibus et illis commissis primatibus, dum eis auctoritatem evangelicam et apostolicam cum iusta lege humana consenseritis et observaveritis, ut per omnia et in omnibus benedicatur Deus. Precatur etiam sacerdotalis et laicalis fidelitas, ut faciat vestra prudentia unumquemque in vestra domo suum vas possidere in sanctificatione et honore. 879.

(B.) Bosonis[a] regis electi ad synodum responsio.

Sacratissimae synodo et cunctis primoribus nostris fidelibus humilis Christi vernaculus Boso. Primum vestrae sincerissimae devotioni gratiarum actiones corde et ore rependo, quod licet immerito sola vestra benevolentia per incommutabilem Dei gratiam amplecti me visceribus vestris ad liquidum comperio: pariter quoque, quod fervor vestrae caritatis ad id officium me promoveri divinitus optat, ut mea parvitas matri meae, quae ecclesia Dei vivi est, ob immortalem remunerationem decertare valeat. Ego autem conscius meae conditionis et figmenti fragilis imparem me iudicans tanto negotio omnimodis abnuissem, nisi per Dei nutum vobis cor unum datum et animam unam in unum consensum advertissem. Obediendum itaque pro certo cognoscens inspiratis a Deo tam sacerdotibus quam nostris amicis et fidelibus non reluctor nec audeo vestris iussionibus. Quod vero requisistis, qualem me praebere vellem in committendo per Dei misericordiam in regimine futuro, et simul ostendistis normam et instruxistis dogmate sacro, libentissime suscipio. Amplector catholicam fidem, in qua et nutritus sum, quam purissimo corde teneo, ore veracissimo pronuntio, pro qua paratus sum impendi et superimpendi, si sic placuerit domino Deo nostro. Ecclesiarum privilegia iuvante domino nostro Iesu Christo restaurare et conservare[c] per vestrum commune consilium curabo. Omnibus, ut monuistis, legem, iustitiam et rectum momburgium auxiliante Deo conservabo et impendere curabo; quo sequens praecedentium bonorum principum vestigia tam sacris ordinibus quam vobis nostris fidelibus consulere certem aequitatem servando. De moribus meis, licet me peccatorem prae omnibus sciam, voluntatem meam hanc esse veraciter assero, ut per omnia morigerum bonorum et in nullo malorum ostendam; si autem, quoniam homo sum, contra quemlibet animo excessero, secundum vestrum consilium corrigere curabo. In quo precor reverenter, ut, quod iustius et rationabilius inveneritis, mihi congrue pro tempore et loco suggerentes vos ipsos in me honoretis, quoniam et ego, si quis vestrum in me deliquerit, emendationem rationabiliter accessibilis factus expectabo. Evangelicam et apostolicam auctoritatem cum iusta lege sequar humana, ut ipso praeduce et comite per omnia et in omnibus benedicatur Deus. De domo nostra, sicut me monuistis, quia Deus in sanctis habitat, sollicitudinem adhibebo[d]; ut decenter quisque incedat, studiosissime procurabo. Igitur, domini mei, sacrosancti pontifices, ecclesiae summi Dei nostri praesules, et vos omnes nostri fideles, primates et supprimates, confisus de Dei gratia et auxilio per sanctorum eius suffragia, quia vestris iussionibus faveo, precor vos et obsecro, ut per ipsum et cum ipso[e], tam piis ad ipsum interventibus, in tanto subeundo labore meam necessitatem et humilitatem iuvetis, quam etiam[f] humanis adminiculis et auxiliis pro posse suffragari mihi certetis. Quodsi cui displicet et aliter animo tenet, quaeso patenter edicat, et se nobiscum in nullo decipiat. Simulque precor per caritatem, qua fervetis, ut communi faventes utilitati triduanis solenniter precibus dominum Deum nostrum cum plebibus vobis commissis exoretis, ut propter peccata mea vel levitatem meam vos aut me ad deceptionem populi sui nequaquam errare permittat, sed suam ex hoc voluntatem misericorditer ostendat.

c) et iustitiam *add. iid.* d) et *add. iid.* e) ut *add.* 2. f) *ita corr. Sirmondus;* et tam 2.

879. *(C.) Electio*[a] *Bosonis regis.*

Cum convenissent sancti patres in nomine Domini salvatoris mundi[g] conventum celebraturi apud Mantalam territorii Viennensis, de multis aecclesiae negociis tractaturi et sanctae sollicitudinis secretarium[h] penetraturi, multis emergentibus et suimet consideratione cogentibus, sacerdotalis affectus[i] ex antiquo patrum cordibus infusus evidenter dictavit eius[k] personae curam gerere, cuius adminiculo tam in veteri testamento, quam et in novo consuevit populo condignum regimen exhiberi[l]. Et quoniam iam olim eiusdem personae presidiis tam ipsi sancti[m] patres, quos gratia divina episcopos vocari concessit, quam principes et totum vulgus carentes, nullius[n] compatientis fulciebantur vel iuvabantur auxiliis, praesertim cum rege communi[3] morte recepto nullus in eos sua viscera per karitatis largitatem extenderit, anxiari plurimum compulsi sunt, quia non solum in internis per invisibilem inimicum, sed etiam in apertis per visibiles inimicos, etiam ex his, quos ipsa Christo[o] peperit, sancta mater ecclesia possumdari funditus videbatur[p]. Itaque dum mentis aciem usquequaque verterent et simul cum nobilioribus ad hanc necessitatem submovendam idoneas personas considerarent non invenientes, qui suae consultationi respondere vellent, utpote negligentibus cunctis tantum laborem ob honorem Dei et sanctorum eius et matris ecclesiae sumere, omnes inflamati Deum omnium principum[q] principem pro hac angustia medullitus exoraverunt, ut is, qui curam singularem habet mortalium et cuius dispositio curricula vergit omnium seculorum, et rectum daret consilium et evidens auxilii[r] promeret indicium. Denique cui patet omne cor et omnis voluntas loquitur, fatigatos maiorum et minorum inspiciens animos quoddam clarescere fecit solatium, et quodam modo praesentavit suffragium: sane omnibus unum sapientibus et per divinam visitationem idem indivisibiliter ambientibus cordi fuit exhibitus homo, iamdudum in principatu domni Karoli defensor et adiutor necessarius: cuius post se filius eiusdem imperatoris cernens eius insignem prudentiam amplificare delegerat domnus rex Ludovicus. Ipse etiam tantum[s] non solum in Galliis, sed et in Italia cunctis enituit, ut[4] domnus apostolicus Iohannes Romensis instar filii complexus eiusdem sinceritatem multis preconiis extulerit et ad suam tutelam revertens ad sedem propriam delegerit. Ergo nutu Dei per suffragia sanctorum ob instantem necessitatem et eam, quam in eo compererunt, expetibilem utilitatem et prudentissimam et[t] providentissimam sagacitatem communi animo parique voto et uno consensu clarissimum principem domnum Bosonem Christo preduce ad hoc regale negocium petierunt, et unanimiter elegerunt. Et[u] qua consideratione tanti laboris renuerit et abdixerit, oppositis his, quae Dei sunt et eius ecclesiae, tandem obedienter colla promittendo submisit. Electus autem Deo statuitur, preces funduntur, domini nostri Iesu Christi gratia, quae precessit in velle, in certo perfecto[v] satis efficax prestolatur[w]. Et ut haec electio praesentibus et futuris certius innotescat, omnium episcoporum subscriptio luce clarius indicat. Actum apud Mantalam publice, anno incarnationis dominicae DCCCLXXIX, indictione[q] XII[q], Idibus Octobris. Gratia[x] tollende ambiguitatis uno . . . .

g) nostri 2. h) sacrarium 2. i) effectus 1. k) ei 2. l) exhibere 1. m) *om.* 2. n) nullis 2. o) Christi 2. p) videbantur 2. q) *om.* 2. r) consilii 2. s) non tantum in 2. t) atque 2. u) qui etsi *Sirm.*; et quae 2. v) perfectum 1. w) postulatur 2. x) Gratia . . . uno *des. in* 2: Et subscripserunt episcopi *pergit Sirm., qui 'ex verbis Paradini (p. 105: 'Et furent leedits evesques ceux qui s'ensuyuent:* Ottramnus etc.') *subscriptiones concinnavit seriem secutus episcoporum quos interfuisse narrat.'*

3) *Hludowico Balbo filio Karoli II a. 879, die 11. m. Aprilis mortuo, Ann. Bertin. l. c. p.* 148; *cfr. Reginon. chronic. ad a. 879, supra p.* 366. 4) *Cfr. Dümmler l. c. III², p.* 77 *sqq.; p.* 88 *sqq.*

[Ottramnus[y] exiguus Viennen]sis archiepiscopus. [Aure]lianus Lugdunensis archiepiscopus. [Teutrannus[z] Tarantasiensis archiepiscopus]. Rotbertus[a] Aquensis exiguus episcopus. Ad[b] vicem Adalgarii [Augustodunensis episcopi] ... archidiaconus. Ratbertus[a] Valentinensis episcopus. [Bernarius Gratianopolitanus episcopus. Helias aecclesiae] Vasensis[5] episcopus. Emico[c] humilis episcopus [Diensis aecclesiae. Adalbertus Mauriennensis[6] episcopus. Bi]raco [Vapin]censis[7] aecclesiae episcopus. [Eustorgius Tolonensis[8] episcopus. Girbaldus[d] Cavel]lonensis aecclesiae episcopus. Baldemarus[e 9] vilis episcopus. [Hieronimus Lausannensis episcopus. Richardus Aptensis[f 10] episcopus. Gun]tardus[g] Matiscensis episcopus. Rostagnus Arelat[ensis archiepiscopus. Theodericus Vesontionensis] aecclesiae archiepiscopus. Etherius Vivariensis[11] episcopus. Leodoinus Massil[iensis episcopus. Germardus Ar]ausicensis[12] episcopus. Ratfridus Avinionensis episcopus. Gualafridus Uzeziensis[13] aecclesiae [episcopus. Edoldus humilis eccle]siae Regensis[14] episcopus. Leoboinus[h] corepiscopus. Manno propositus. Geilo humilis abba. 882.

y) *Verba, quae his [ ] uncis inclusa sunt, Marion ope relationis Paradini supplevit.* z) Tectronius 2. a) Ratberdus 2. b) *'pour et au nom de Adalgarius evesque d'Austun y assista le seigneur de Toruyz' Parad.* c) Biraco 2. d) Orucrardus 2. e) *Nomen Baldemari deest in 2.* f) *ita correxi secundum Bouquetum;* Agathensis 1. 2. g) Conrardus 2. h) *'Avec ces evesques furent autres grands personnages, comme Gerlo abbé de Vienne, et un nommé Leobernus, coadjuteur de archevesque, et Manno prevost de l'eglise de Vienne' etc. Parad.:* Leoboinus ... abba *om. Sirm.*

5) *Vaison.* 6) *S. Jean-de-Maurienne.* 7) *Gap.* 8) *Toulon.* 9) *Ignotus.* 10) *Apt.* 11) *Viviers.* 12) *Orange.* 13) *Usès.* 14) *Riez.*

285. KAROLOMANNI CONVENTUS CARISIACENSIS.

882. Sept. 9.

Exstat in uno codice Barchinonensi archivii coronae Aragoniae 40 fol. 29, olim Rivipullensi, ex quo primo edidit Baluzius, Opera Lupi Ferrariensis p. 519sq.

Conventus habitus est a Karolomanno, ut, Hludowico fratre rege Franciae et Neustriae die 5. m. Augusti a. 882. subito morte absumpto (Ann. Bertin. ad a. 882), commendationem procerum totius Franciae occidentalis acciperet. Refert enim Hincmarus in Ann. Bertin. ad a. 882, ed. Waitz p. 152sq.: Primores autem regni expeditum nuntium miserunt ad Karlomannum, mandantes, ut, relictis qui Viennam obsiderent ... ipse quantocius ad eos venire festinaret ... Ipsi autem parati erant illum recipere et se illi commendare; sicut et fecerunt. *Cum vero rex secundum diploma ab ipso Viennae die 8. m. Augusti Geiloni Lingonensi episcopo datum et in 'Forsch. z. D. Gesch.' IX, p. 431, editum die 8. m. Augusti adhuc Viennam obsideret et teste Hincmaro l. c. post commendationem in expeditione contra Nordmannos paranda mense Septembri de Vienna expugnata certior fieret, Baluzius diem V. Idus, quo episcopos se commendasse dicunt, ad Idus Septembris referendum esse recte videtur coniecisse.*

(B. II, 281; P. 549.)

882. Peticio episcoporum ad domnum Carolomannum regem, quando ei se comendaverunt in Carisiaco V. Idus [Septembris[a] anno DCCCLXXXII].

A[1] vobis perdonare[b] nobis petimus, ut unicuique de nobis et ecclesiis nobis commissis secundum primum capitulum, quod novissime in Carisiaco domnus imperator avus vester a se et a patre vestro servaturum consentientibus fidelibus illius ac patris vestri atque apostolicae sedis legatis legente Gauzeleno denuntiavit, canonicum privilegium et debitam legem atque iusticiam conservetis et defensionem exibeatis, sicut rex in suo regno unicuique episcopo et ecclesiae sibi commisse per rectum exibere debet, et quemadmodum continetur in scripto, quod in Ferrariorum monasterio[2] coram altare sancti Petri perdonastis et manu propria una cum fratre vestro confirmastis[3].

Promissio domni Karolomanni regis ad superscriptam[c] peticionem.

Promitto[4] et perdono vobis, quia unicuique de vobis et ecclesiis vobis commissis secundum primum capitulum, quod novissime in Carisiaco domnus imperator avus meus a se et a patre meo servaturum consentientibus fidelibus suis ac patris mei atque apostolicae sedis legatis legente Gauzleno denuntiavit, canonicum privilegium et debitam legem atque iusticiam conservabo et defensionem, quantum potuero, adiuvante Domino exibebo, sicut rex in suo regno unicuique episcopo et ecclesiae sibi commissae per rectum exibere debet, et quemadmodum continetur in scripto, quod in Ferrariorum monasterio coram altare sancti Petri perdonavi, in hoc[5], ut vos mihi secundum Deum et secundum seculum sic fideles adiutores et consilio et auxilio sitis, sicut vestri antecessores boni meis melioribus praedecessoribus extiterunt, secundum scire et posse.

a) *suppler. Bal.; des. in cod.* b) perdonari *l. infra not.* 1. *cit.* c) supradictam *corr. Bal.*

1) *Petitio episc. a.* 877, *supra p.* 364. 2) *Ferrières.* 3) *A.* 879, *cum Hludowicus et Karolomannus coronarentur, Ann. Bertin. ed. Waitz p.* 149 *sq.; cfr. etiam Hincmari epist. ad Hludowicum c.* 5, *Opera II, p.* 191: Recordamini quaeso professionis vestrae, quam in die consecrationis vestrae promisistis . . . quamque manu propria subscripsistis et super altare coram episcopis omnibus . . . Domino obtulistis, *et c.* 4, *p.* 197: ut, sicut professi estis in die consecrationis vestrae, in regimine regni more praedecessorum vestrorum honoretis Deum consentiendo ei, conservando sanctae ecclesiae ac ipsius rectoribus leges. 4) *Composita est ex Promiss. regis a.* 877, *supra p.* 365, *et Petit. episc. supra ln.* 8 *sqq.* 5) *Cfr. Capp. Carisiac.* 877, *supra p.* 362, *c.* 2.

---

286. KAROLOMANNI CAPITULA COMPENDII DE RAPINIS PROMULGATA.

883. Febr. 22.

Tradita sunt nobis a Sirmondo, Caroli Calvi Capitula p. 459 *sq.*
(B. II, 283; *P.* 550.)

Haec capitula, quae sequuntur, sunt promulgata a domno glorioso rege Karlomanno anno incarnationis dominicae DCCCLXXXIII, VIII. Kal. Martias, feria VI, anno regni sui in Francia primo, in broilo Compendii palatii, de rapinis.

1. Communi fidelium nostrorum consilio statutum habemus, ut rapinam nullus deinceps faciat aut facienti consentiat.

2. Ut rapina, quae retro est acta, cum omni diligentia emendetur, et condignam pro hoc harmiscaram is, qui eam fecit, sustineat. 884.

3. Ut[1], si quis post hunc conventum et bannum nostrum rapinam faciens inventus fuerit, is, cuius homo eam fecerit, eum ad legalem emendationem in praesentiam nostram adducat. Quodsi eum adducere non potuerit, pro eo secundum statuta legum emendet. Eum autem, qui iustitiam fugerit, sciant omnes esse forbannitum, ita ut nullus eum nisi ad praesentandum recipiat.

1) *Cfr. Cap. miss. Silvac.* 853, *supra p.* 268, c. 4.

287. KAROLOMANNI CAPITULARE VERNENSE.

884. Mart.

Legitur in codicibus: 1) *Vatic. Palat.* 582 *fol.* 122[v]. 2) *Paris.* 9654 *fol.* 118[v]. 3) *Monac.* 3853 *fol.* 282. *eiusque apographis, scilicet S. Crucis* 217 *post fol.* 283. *et Paris.* 3878 *fol.* 159[v]. *Cod.* 3. *omittit c.* 1. 4. 7; *Paris. praebet tantum in indice titulorum rubricas ad c.* 4—6. 11—14.

Quo tempore et qua de causa capitula emissa sint, satis ex prologo elucet.

(B. II, 283; *P.* 550.*)*

In[a] nomine sanctae et individuae trinitatis[a]. Karlomannus gratia Dei rex omnibus[b] venerabilibus episcopis, abbatibus, comitibus, iudicibus omnibusque sanctae Dei ecclesiae et nostris fidelibus. Cum[b] ad palatium Vernis anno dominicae incarnationis DCCCLXXXIV, anno autem regni nostri[c] quinto, indictione secunda, mense Martio convenissemus[d] et pars fidelium nostrorum nobiscum, placuit, ut quaedam statuta sacrorum canonum necnon quaedam capitula antecessorum nostrorum renovarentur; quia graviter et moleste ferimus, quod peccatis impedientibus et malitiis perversorum hominum exuberantibus ultra modum vilescunt atque pene adnullata existunt, praecipue illa, quae contra malum rapinae et depraedationis a sanctis patribus sunt promulgata et a christianissimis regibus auctoritate regia confirmata. Siquidem ita passim longe lateque hoc venenum diffusum est, ut quasi libere iam male abutantur omnes infecti et corrupti corpore et anima hoc tam sceleratissimo atque mortifero morbo non recogitantes hoc, quod Paulus dicit, immo Deus omnipotens per ipsum: 'Rapaces[1] regnum Dei non possidebunt', neque illud, quod alibi apostolus[2] ait, quia, si nosmetipsos comedimus et consumimus, id est depraedamur, cito deficiemus. Completur ergo in nobis, immo per nos, quod omnipotens Deus per Esaiam prophetam improperat dicens: 'Unusquisque[3] carnem brachii sui vorabit', id est substantiam fratris sui diripiet. Carnem enim brachii sui devorat et sanguinem brachii sui bibit, qui substantiam proximi sui tollit, unde caro sustentari debuit. Non est autem mirum, si pagani et exterae nationes nobis dominantur nobisque bona temporalia tollunt, dum unusquisque proximo suo per vim tollit, unde vivere debet.

a) In ... Trinit. *om.* 3. b) omnibus ... Cum *om.* 3. c) sui 3. d) has capitulas constituit 3, *om. rel.*

1) 1. *Corinth.* 6, 10. 2) *Galat.* 5, 15. 3) *Esai.* 9, 20.

884. Ideo iuste convenit nobis illud, quod omnipotens Deus per Esaiam prophetam minatur dicens: 'Vae[4] qui praedaris, nonne et ipse praedaberis?' Nos vero praedamur fratres nostros, et idcirco pagani merito nos nostramque substantiam depraedantur. Quomodo igitur securi poterimus pergere contra inimicos sanctae Dei ecclesiae et nostros, cum 'rapina[5] pauperis inclusa est in domo nostra'? Et non solum domi reclusa est, verum etiam plerumque evenit, ut pleno ventre rapina in hostem quidam proficiscantur. Et quomodo poterimus inimicos nostros devincere, cum sanguis fratrum nostrorum ab ore nostro distillat, et manus nostrae plenae sunt sanguine et brachia pondere miseriarum et rapinarum gravantur totaque virtus animi corporisque debilitatur? Preces nostrae a Deo non recipiuntur, quia clamores et ploratus altaque suspiria pauperum et orphanorum, pupillorum atque viduarum praeoccupant et praeveniunt preces nostras, quae crudis carnibus fratrum nostrorum gravatae raucitudinem acceperunt nullam sonoritatem virtutum habentes. Et sunt multi, qui ex ipsa rapina videntur elemosinas facere non intellegentes, quod de talibus dicit Esaias: 'Qui[6] offert Domino de rapina oblationem, quasi qui mactet filium ante patrem.' Et sunt nonnulli, qui de homicidiis, adulteriis, periuriis, incendiis consilium et poenitentiam quaerunt et malum rapinae pro nihilo ducunt non intellegentes, quia, quot pauperes quis exspoliat et fame ac nuditate periclitari facit, tot homicidia perpetrat: quia tunc proximum suum interficit, dum, unde vivere debet, ei tollit. Et scimus dicente Paulo apostolo, 'quia[7] omnis homicida non habet vitam in regno Dei', et homicidas 'et[8] adulteros iudicabit Deus'. Quia ergo 'rapaces[1] regnum Dei non possidebunt', nisi ea reddiderint, quae tulerint, et insuper poenitentiam egerint, fugiamus hoc tantum malum, unde tot ac tanta alia mala procedunt, et diligamus[9] proximos sicut nosmetipsos adimplentes legem, quae dicit: 'Non[10] concupiscas rem proximi tui nec omnia, quae illius sunt;' quia aliter neque inimicis nostris poterimus resistere neque regnum Dei possidere.

Cap. 1. Volumus itaque, ut palatium nostrum more praedecessorum nostrorum et Dei cultu et regali honore, sed et religionis habitu et unanimitatis concordia atque pacis ordine stabiliatur et in eodem palatio nostro pax praedecessorum nostrorum sanctionibus servata per omne regnum nostrum exequenda proferatur[11].

2. Decernimus igitur, ut omnes in palatio nostro commanentes[e] et illud undique adeuntes pacifice vivant. Quodsi aliquis corrupta pace rapinam exercuerit, per nostram regiam auctoritatem[f] et missi nostri iussionem ad palatinam adducatur audientiam, ut, secundum quod in capitulis antecessorum continetur[12], legali multetur iudicio tripla compositione peracta cum dominico banno[g].

3. Si quis vero absque seniore aut infra palatium aut circa illud degens hoc idem fecerit, hunc missus noster adeat, et ad ipsum palatium[h] iussu nostro cum[i] venire praecipiat. Quodsi ausu temerario venire contempserit, vi[k] ad[k] nostram praesentiam adducatur subdendus praedecessorum nostrorum sanctionibus. Si autem et[l] nos et missum nostrum contempserit et ad nos venire noluerit et se defendendo ibi occisus fuerit et aliquis parentum aut amicorum eius inde faidam fidelibus nostris, qui eum occiderint, portare voluerit, potestative eam iurare faciemus, et fideles nostros regia[l] auctoritate exinde adiuvabimus[13].

e) commorantes 3. f) potestatem 3. g) panno 3. h) nostrum *add.* 3. i) *om.* 3. k) cuius 3. l) nostra *add.* 3.

4) *Esai.* 33, 1. 5) *Ibid.* 3, 14. 6) *Ibid.* 66, 3: Qui offert oblationem, quasi qui sanguinem suillum offerat. 7) *Immo* 1. *Ioh.* 3, 15: Et scitis quoniam ... vitam aeternam in semetipso manentem. 8) *Ebrae.* 13, 4. 9) *Cfr. ex. gr. Matth.* 19, 19. 10) *Exod.* 20, 17. 11) *Cfr. Brunner, RG. II, p.* 47. 12) *Bened. Lev. II, c.* 97. 383; *cfr. etiam Anseg. III, c.* 65, *tom. I, p.* 432. 13) *Cfr. Conc. Tribur.* 895, *supra p.* 215, *c.* 3; *Cap. miss. Silvac.* 853, *supra p.* 272, *c.* 5; *infra c.* 10. 11; *Brunner, RG. II, p.* 581, *not.* 17.

4. Placuit[m] etiam nobis et fidelibus nostris, ut, quicumque infra regnum nostrum aliquid rapuerit aut depraedatus fuerit, omnia in triplum componat et bannum dominicum persolvat et insuper publicam poenitentiam inde faciat, sicut in capitulari antecessorum continetur[14]. Si autem colonus aut servus fuerit, similiter omnia in triplum componat aut dominus pro eo, sexaginta ictus bene pressos accipiat et insuper publicam poenitentiam inde agat; cuius modus erit in consideratione episcopi secundum quantitatem facti, quia fornicationes et adulteria atque homicidia necnon incendia, ebrietates aliaque quamplura vitia exinde prodeunt. Si quis autem negaverit factum, si comprobatus non fuerit, propria manu[15] iuramento se[n] excondicat; excepto nostris vassis dominicis, pro quibus illorum homines meliores iuramentum persolvent[16]. Hoc vero cum summa diligentia tali modo procurabitur. 884.

5. Episcopus, in cuius parrochia aliquis consistens aliquid depraedatus fuerit, semel[17] et bis atque tertio, si necesse fuerit, vocabit illum sua admonitione per suum presbyterum canonice ad emendationem sive[o] ad[i] compositionem[o] et ad poenitentiam, ut Deo et ecclesiae satisfaciat, quam[p] laesit. Si autem despexerit atque contempserit eius[q] admonitionem atque saluberrimam invitationem, feriat illum pastorali virga, hoc est sententia excommunicationis, ut a communione sanctae ecclesiae omniumque christianorum sit separatus usque ad congruam satisfactionem et dignam[s] emendationem. Quam excommunicationem debebit idem episcopus seniori illius[r] notam facere et omnibus suis coepiscopis, ne eum recipiant usque ad[z] satisfactionem.

6. De illis autem, qui infra parrochiam beneficia et alodum[t] non habent et alterius episcopi parrochiani sunt et, dum ad curtem pergunt aut de loco ad locum iter faciunt, rapinas et depraedationes infra parrochiam faciunt, placuit nobis et[u] fidelibus nostris[u], ut, si ita prope episcopum fuerit[v] factum, ut ei depraedatio illorum nota fieri possit, antequam parrochiam eius exeant, mittat strenuum et prudentem presbyterum, qui[w] sua vice rationabiliter illos ad emendationem vocet: in quo superior modus compositionis et emendationis servabitur, si vocati venire voluerint[x]. Si vero vocationem atque ammonitionem episcopi superbe contempserint, simili sententia excommunicationis feriantur qua et illi[y], qui infra parrochiam res aut beneficia habent: et insuper excommunicentur, ne extra parrochiam exeant, antequam superius statuta adimpleant. Quorum excommunicatio seniori illorum et proprio eorum episcopo significanda est, ne eos recipiant, antequam illuc redeant, ubi rapinam fecerunt, ibique pleniter emendentur.

7. Et quoniam episcopi, qui nostris et suis et communibus ecclesiae atque totius regni necessitatibus occupati sunt, non valent cuncta soli[z] prospicere, quae infra fines parrochiae illorum perpetrantur, statuimus, ut, quotiescumque episcopi a propria civitate digrediuntur, tales adiutores unusquisque in sua civitate relinquat, qui haec omnia in sua civitate prudentissime peragant, et pauperes sanguine Christi

m) *Quamquam hoc caput deest in cod. 3, tamen in indice titulorum haec servata est rubrica:* Qualiter de his fiat, qui rapinam exercuerint. n) se abscondat 2. o) sive . . . compos. *om.* 2. p) qui 3. q) *om.* 2. r) illi 3. s) *Baluzius II, col.* 1288. *non recte dicit codicem Palat. verbum* dignam *addere; deest potius et in hoc codice;* dignam *add. Reg. II,* 290. t) alodem 3. u) et . . . nostris *om.* 1. 2. v) fuerit fact. *om.* 1. 2. w) a *add.* 3. x) *ita iam Sirmondus correxit;* noluerint *codd.* y) ille 3. z) sibi 2.

14) *Bened. Lev. II, c.* 97. 383; *altera capitis pars ad exemplum huius capituli ope Anseg. III, c.* 66. *confecta est, ita ut servi tripla compositio et corporalis disciplina, quae triplae compositioni et banno dominico liberi hominis respondent, ex Anseg., poenitentia publica ex Bened. sumptae sint (Capp. cit. vide supra p.* 290, *c.* 9. 11*).* 15) *Quam periurio facto perdidit; cfr. ex. gr. Cap. miss. gener.* 802, *tom. I, p.* 98, *c.* 36. 16) *Cfr. infra c.* 11. 17) *Cfr. Capp. Pist.* 869, *supra p.* 335, *c.* 10.

884. redempti semper in civitate praesentem inveniant, a quo responsum et consolationem accipiant. In vicis autem et villis longe a civitate remotis constituat unusquisque episcopus reverendos et cautos atque prudentia morum[a] temperatos presbyteros, qui sua vice superius statuta modeste[a] perficiant et ad quos alii presbyteri iuniores et minus cauti suam causam referant.

8. Placuit nobis et[b] fidelibus nostris[c] pro communi utilitate et instanti necessitate, ut nullus episcoporum graviter ferat, si eius parrochianum pro huiusmodi causa depraedationis alter episcopus excommunicaverit[18].

9[d]. Et quia ad tantum malum funditus eradicandum atque[e] tollendum[e] et[f] tantum bonum plantandum atque[e] statuendum[e] necesse habet episcopalis auctoritas iudiciali potestate adiuvari, placuit nobis nostrisque[g] fidelibus in commune[h], ut[19] missi dominici suis in locis ex hoc fideliter adiuvent et comes praecipiat suo vicecomiti[20] suisque vicariis[e] atque[e] centenariis ac reliquis ministris rei publicae necnon Francis hominibus mundanae legis documentis eruditis, ut pro amore Dei omnipotentis ac pace sanctae ecclesiae et fidelitate nostra ex hoc adiuvent, quantum melius potuerint, tam[i] per se, quam cum ministris ecclesiae[i], quoties episcopi aut ministri illorum, sive etiam ipsi pauperes super[k] hac re eos[e] appellaverint; ita ut ministri ecclesiae habeant auctoritatem sui episcopi et ministri comitis[l] auctoritatem nostram[e] et[e] sui comitis.

10[d]. Volumus autem, ut, si episcopalem aut[m] regiam auctoritatem ausu temerario aliquis pro nihilo duxerit in comitatu consistens aut[n] iter faciens[o], legaliter[p], quod iniuste abstulerit, emendare contempserit, et rebellis existens si ibi occisus fuerit, nulli fidelium nostrorum, qui eum occiderit[q], aliquis faidam portet[21] neque pro eius morte aliquid componat. Si vero aliquis parentum aut[e] amicorum[e] eius aliquam[e] inde[e] faidam portare voluerit, potestative eam[r] iurare faciemus, et fideles nostros regia[s] auctoritate exinde adiuvabimus.

11. De[22] nostris quoque dominicis vassallis iubemus, ut, si aliquis praedas egerit, comes, in cuius potestate fuerit, ad emendationem eum venire[e] vocet. Qui si comitem aut missum illius audire noluerit, per forciam illud emendare cogatur, prout lex docet, et quemadmodum in capitularibus regum antecessorum[t] nostrorum[t][23] tenetur insertum, in eodem loco, ubi praeda commissa fuerit. Quodsi proclamaverit se ante praesentiam nostram velle distringi[e] potius, quam ante comitem[e], per credibiles fideiussores aut per sacramentum[u] melioris hominis ante nos venire permittatur[v], ut ibi talis ratio finem accipiat. Honorem[23] enim talem nostris vassis dominicis concedimus, ut ipsi non sicut reliqui manu propria sacramentum iurent, sed melior homo illorum et credibilior[w] illud agere non differat. Si autem, quae supra diximus, despexerint et nullo modo emendare voluerint et in contemptu permanentes[x] ibi occisi fuerint, nullam contra ipsos, qui eos occiderint, iracundiam[y] tenebimus unquam. Quodsi[24] aliquis parentum aut[z] amicorum eorum[z] inde faidam portare voluerit,

a) *om.* 2. b) et fid. nostr. *om.* 2. c) *om.* 3. d) *Cap.* 9. *et* 10. *cum cap.* 8. *in unum coniungit* 3. e) *om.* 2. f) ad *add.* 3. g) et nostris 3. h) in communione 3. i) tam ... ecclesiae *om.* 2. k) super hac re *om.* 2. l) habeant *add.* 3. m) etiam *add.* 1. n) etiam 3. o) aut *add.* 3. p) si quod ... abstul. legaliter emend. 2. q) occiderunt 3. r) ei *add.* 3. s) nostra *add.* 3. t) *om.* 2. 3. u) sui *add.* 3. v) permittantur 3. w) credibilis 3. x) manentes 3. y) nec faidam *add.* 3. z) aut ... eorum *om.* 2.

18) *Cfr. Hinschius, Kirchenrecht IV*, p. 758. 842. 19) *Cfr. Capp. Pist.* 869, *supra p.* 334, *c.* 4; *Commemor.* 825, *tom. I, p.* 308, *c.* 2. 20) *Cfr. Edict. Pist.* 864, *supra p.* 315, *c.* 14. 21) *Cfr. supra c.* 3. 22) *Cfr. Brunner, Zeugen- u. Inquisitionsbeweis l. c. p.* 396 *sq.; RG. II, p.* 138. 264 *sq.* 23) *Cfr. supra c.* 4.

potestative[a] eam ei iurare faciemus, sicut superius dictum est, et[a] nostra regia 888.
auctoritate[b] exinde[c] illos[d] iuvabimus. Si vero dixerint[e], quod eis comes non secundum legem fecerit, sed pro aliqua iracundia aut[e] invidia[e], quam ante[e] contra illos tenebat, illud[e] fecerit[e], hoc comes eis ante nos satisfaciat, secundum[f] quod nobis placuerit[f], quod non ob aliud, quam pro rapina sit actum[g].

12[h]. Ut autem omnis occasio rapinae tollatur, volumus, ut presbyteri, qui bonum exemplum caritatis[e] omnibus ostendere debent, hospitales existant, sicut[i] apostolus dicit[i]: 'Hospitales[24] invicem sine murmuratione;' et[k] hospitalitatem[l] praebeant iter facientibus, quia per hospitalitatem[m] placuerunt quidam Deo, angelis hospitio receptis[n].

13. Placuit nobis et[o] nostris fidelibus[o], ut presbyteri suos parrochianos admoneant, ut et ipsi hospitales existant et[p] nulli[25] iter facienti mansionem denegent; et ut omnis occasio rapinae tollatur, nihil carius vendant[q] transeuntibus, nisi quanto[r] in mercato vendere possunt[r]. Quodsi carius vendere voluerint, ad presbyterum transeuntes hoc referant, et illius iussu cum humanitate eis vendant.

14. Volumus, ut presbyteri et ministri comitis villanis praecipiant, ne collectam faciant[26], quam vulgo geldam[s][27] vocant, contra illos, qui aliquid rapuerint. Sed causam suam ad illum presbyterum referant, qui episcopi missus est, et ad illos, qui in illis locis ministri comitis super[t] hoc existunt, ut omnia prudenter et rationabiliter corrigantur.

a) potestative ... et *om.* 2. b) *om.* 1. c) *om.* 3. d) eum 2. e) *om.* 2. f) secundum ... placuerit *om.* 2. g) factum 3. h) *Cum antecedenti in unum coniunctum in* 3. i) iuxta quod apostolus Paulus dicit 3. k) quam, *om.* hospital., 2. l) humanitatem 3. m) illam 2. n) susceptis 2. o) et ... fidelibus *om.* 2. p) ut 3. q) vendatur 2. r) sicut in mercato accipiunt 2. s) geldeam *corr.* geldam 2. t) super hoc *om.* 3.

24) 1. *Petr.* 4, 9. 25) *Cfr. Capp. Pap.* 865, *supra p.* 98, *c.* 5. *et quae eo contuli.* 26) *Cfr. Conc. ap. Confl.* 860, *Adnunt. supra p.* 158, *c.* 7; *Waitz, VG. IV*², *p.* 434 *sqq.* 27) *Cfr. Amira in 'Paul, Grundriss d. germ. Philol.' II*, 2, *p.* 147; *Hegel, Städte u. Gilden I, p.* 3 *sq.*

288. ODONIS REGIS PROMISSIO.

888. Febr.

Quod sequitur capitulum legitur in uno codice Barchinonensi archivii coronae Aragoniae 40 *fol.* 4ᵛ, *olim Rivipullensi, ex quo primo editum est a Baluzio, Opera Lupi Ferrariensis p.* 521.

Conventus, in quo Odo comes Parisiorum, Karolo III. die 13. *m. Ian. a.* 888. *mortuo, rex Franciae est electus, eodem anno Compendii habitus est. Referunt enim Ann. Vedast., SS. II, p.* 203, *haec ad a.* 888: Convenerunt itaque, qui Odonem avocarunt, Compendii palatio atque cum consensu eorum, qui sibi consentiebant, per manus Walteri archiepiscopi benedici sibi in regem fecerunt. *Et cum Dümmler, Ostfränk. Reich. III*², *p.* 316, *not.* 2. *probaverit electionem Odonis die* 29. *m. Febr. esse factam, Odo ipse hanc promissionem eodem die vel paulo ante fecisse putandus est.*

(*B. II,* 291; *P.* 554.)

888. **Promissio Odonis regis.**

Promitto[1] et perdono unicuique vestrum et ecclesiis vobis commissis, quia canonicum privilegium et debitam legem atque iusticiam conservabo et contra depredatores et oppressores ecclesiarum vestrarum et rerum ad easdem pertinentium deffensionem secundum ministerium meum, quantum mihi posse Deus dederit, exibebo; et ius ecclesiasticum et legem canonicam vobis ita conservabo, et res ecclesiarum vestrarum, tam a regibus vel imperatoribus, quam a reliquis Dei fidelibus collatas sub integritate et immunitate absque aliqua[a] inonoratione[b] permanere concedam, quas modo iuste et legaliter vestrae retinent ecclesiae; et eas augmentare et exaltare secundum debitum uniuscuiusque servicium, prout scire et posse mihi Deus racionabiliter dederit et tempus dictaverit, studebo, sicut mei antecessores, qui hoc bene et racionabiliter observaverunt, vestris predecessoribus: in hoc, ut vos mihi secundum Deum et secundum seculum sic fideles adiutores et consilio et auxilio sitis, sicut vestri antecessores boni meis melioribus praedecessoribus extiterunt secundum scire et posse. Et quae retro malo[c] sunt ingenio depravata, in meliorem et pristinum gradum adiuvante me divina clemencia reformabo cum vestro et aliorum nostrorum fidelium consolatio[d] et auxilio[e].

a) *ita corr. Bal.;* aliquam c. b) e inoratione *corr.* c) *ita corr. Bal.;* mala c. d) *ita c.;* consilio *Bal.* e) Confirmacio Odonis regis. Autenticum est inter praecepta Sanctae Crucis *add. c.*

1) *Promissio Karolomanni 882, supra p. 370.*

289. HLUDOWICI REGIS ARELATENSIS ELECTIO.

890. m. Aug. exeunte.

Acta, quae sequuntur, primo in lucem edita sunt a Paradino, Annales de Bourgogne, Lugdun. 1566, *p.* 121 *sqq., cuius editionem nullo codice exstante hic repetimus.*

Bosone rege a. 887, *die* 11. *m. Ian. mortuo Irmingardis regina, cum proceres regni Arelatensis ad Hludowicum filium dignitatem paternam non transferrent, una cum filio se Karolo III. imperatori a.* 887. *(infra not.* 6*) et Arnolfo regi a.* 889. *(infra not.* 7*) commendavit, ut iura Hludowico competentia servarent. Quo facto Arnolfus fautor Hludowici exstitit et cum Stephano IX. papa effecit, ut, regno per tres annos bellis vastato, Hludowicus rex eligeretur. Facta autem est electio in urbe Valentia a.* 890, *intra dies* 18. *et* 31. *m. Augusti; cfr. Böhmer-Mühlbacher nr.* 1797*a.*

(B. deest; P. 558.*)*

Anno incarnationis dominicae DCCCXC, indictione VIII[a], religiosus atque satis venerabilis Bernoinus sacrae sedis Viennensis archiepiscopus pro quibusdam ecclesiae suae sive generalibus totius regni necessitatibus sedem adiens apostolicam consultu ipsius dominii[b] apostolici, cui cura et sollicitudo instat omnium ecclesiarum, digno quoque suo relatu de perturbatione huius regni retulit, quomodo post gloriosissimi Karoli imperatoris obitum aliquamdiu sine rege et principe existens[1] valde undique

a) *ita corr. Duchesne;* VII. *Parad.* b) *ita Parad.;* domni *cett. edd.*

1) *Cfr. Dümmler, Ostfränk. Reich III*[2], *p.* 277.

affligeretur, non modo a propriis incolis, quos nulla dominationis virga coherecbat, sed etiam a paganis[2]: quoniam ex una parte Normanni cuncta penitus devastantes insistebant, ex alia vero Sarrazeni Provinciam depopulantes terram in solitudinem redigebant. His et aliis huiusmodi causis ab eo auditis reverendus dominus Stephanus apostolicus ad lacrimas usque compunctus tam verbis, quam scriptis[3] generaliter ad omnes Galliarum cisalpinarum tam archiepiscopos, quam et reliquos venerabiles antistites directis suo sanctissimo commonuit hortatu, ut unanimes atque concordes omnes in Ludovico nepote quondam Ludovici gloriosissimi imperatoris consentientes hunc super populum Dei regem constituerent. 890.

Cum igitur diligenter comperissemus, quod assensus sanctae catholicae et apostolicae matris nostrae huic faveret electioni, simul convenimus in civitatem Valentiam, dominus scilicet Aurelianus Lugdunensis sedis archiepiscopus, necnon et dominus Rostagnus urbis Arelatensis archiepiscopus, venerabilis quoque Arnaldus Ebredunensis[4] archiepiscopus, ipse quoque dominus[c] Bernoinus Viennensis archiepiscopus, cuius relatu voluntatem dominii[b] apostolici venerabiliter accepimus, cum aliis compluribus coepiscopis tractaturis[d] atque secundum Dei voluntatem quaesituri exploravimus, si hunc digne et rationabiliter secundum monita dominii[b] apostolici, cuius scripta prae manibus habebantur[3], super nos regem constituere deberemus. Assensus itaque in eo omnium fuit, ut nullus melius rex fieri debuisset, quam ille, qui ex prosapia imperiali prodiens bonae puer indolis iam coadolescebat; cuius etsi aetas idonea ad reprimendam barbarorum saevitiam minus sufficere videretur[e], tamen nobilium principum istius regni, quorum non parvus est numerus, consilio et fortitudine Deo iuvante comprimerentur; maxime inclytissimi[f] Richardi ducis[5] eximiique principis fulta iuvamine, quin etiam dominae Hyrmengardis gloriosissimae reginae utilitas[g] regni, insita sibi acutissima atque profundissima a Deo prudentia, adiuncto sibi supradictorum episcoporum digno hortatu procerumque totius regni consilio secundum Dei timorem decentissime administrabitur. Denique freti et tanta sublevati fiducia per Dei, ut credimus, voluntatem supradictum Ludovicum excellentissimi Bosonis regis filium elegimus atque in regem ungendum decrevimus iudicantes illum ad hoc dignum, cui praestantissimus Carolus imperator iam regiam concesserat dignitatem[6] et Arnulphus[7], qui successor eius existit[h], per suum sceptrum perque suos sagacissimos legatos[8], Reoculfum[i] videlicet episcopum et Bertaldum comitem, fautor regni auctorque in omnibus esse comprobatur. Hac tanta talique fulti auctoritatis licentia communi omnes in iam dictam civitatem advenientes consensu hanc regiam fieri decrevimus conscriptionem manibusque insuper propriis ratam perennibusque eam temporibus felicem vigore praeoptantes roboravimus singulique subscripsimus[k].

c) *om. cett. edd.* d) *ita Parad.;* tractaturi *cett. edd.* e) videtur *Parad.* f) inclyti *cett. edd.* g) *ita Parad.;* utilitatis *cett. edd.* h) extitit *cett. edd.* i) Reoculsum *Parad.* k) *Subscriptiones desiderantur.*

2) *Ibid. p.* 317. 3) *Non iam exstant.* 4) *Embrun.* 5) *Burgundiae.* 6) *Ann. Fuld. ad a.* 887, *ed. Kurze p.* 115*:* honorifice ad hominem sibi quasi adoptivum filium eum iniunxit. 7) *A.* 889*; cfr. Dümmler l. c. p.* 332. 8) *Eckhart, Francia orientalis II, p.* 716*. coniecit hos legatos fuisse Thiadulfum episcopum Curiensem et Bertholdum comitem Alamannicum.*

920.

290. KAROLI III. CAPITULA DE TUNGRENSI EPISCOPATU PROPOSITA.

920.

Edidit capitula ex codice quodam S. Mariae Virdunensis, hodie, ut videtur, deperdito, Sirmondus, Caroli Calvi Capit. p. 472 sqq. (1.) et iterum 'in quibusdam emendata' Concilia Galliae III, p. 572 sqq. (2).

Qua de causa capitula emissa sint, ex iis apparet, quae Richerus et Flodoardus nobis tradiderunt. Refert autem Richerus, Histor. lib. II, c. 22. 25, SS. III, p. 576 sq., haec: Karolus . . . Tungros concedit. Ibique episcopo tunc defuncto[1] Hilduinum eligente clero ac populo favente, per archiepiscopum Herimannum praesulem[2] ordinat, virum liberalem, sed factiosum. Nam mox episcopus ordinatus, iis Belgicae principibus, qui Rotberto duci in regis abiectione favebant, mox haesit et favit, plurimum cum eis contra regem machinans. . . . Hilduinus . . . regi infensus ab eo insectabatur. Cuius odii vis eo usque pervenit, ut Richerum[3] . . . promoveret et Hilduinum abdicaret; *et Flodoardus, Ann. ad a. 920, SS. III, p. 369:* Hoc anno, sequenti quoque, agitatur inter Hilduinum episcopum et Richarium abbatem de episcopatu Tungrensi contentio. Si quidem rex illud episcopium Richario, quia Hilduinus a se descivit, cui prius ipsum concesserat, dedit. Herimannus vero archiepiscopus Hilduinum ibi episcopum eligente clero ac populo favente necnon Gisleberto, quem plurimi Lotharienses principem, relicto Karolo rege, delegerant, ordinavit. Karolus vero, reversis ad se Lothariensibus et ipso Gisleberto, Richario abbati, non Hilduino episcopo, episcopatum consentiebat.

Cum Karolus rex iam mense Septembri a. 920. Lotharingia potitus rebelles optimates sibi subiecerit, verisimile est capitula eodem mense vel paulo post episcopis deliberanda proposita esse; cfr. Waitz, Heinrich I, ed. 3, p. 48 sq. 58. *(B. II, 295; P. 565.)*

In nomine sanctae et individuae trinitatis. Karolus vir illustris, divina propitiante clementia rex Francorum, omnibus archiepiscopis et episcopis in regno nobis a Deo commisso constitutis pax et salus ab eodem Deo aeterno.

Cap.[a] 1. Quia divinae propitiationis beneficia, quae ab ipso ab ipsis crepundiis experti sumus, nullatenus enumerare possumus, idcirco laudem Domini loquetur os meum et benedicet nomen sanctum eius in seculum seculi. Unde quia pluribus nostris exigentibus meritis multotiens adversa quaeque sustinuimus, credimus non hoc ad nostrae damnationis meritum, sed ad gratiam suae reconciliationis nobis fore permissum, ut flagellis eius eruditi discamus perversa cavere et in cunctis eius voluntatibus parere. Sicut vobis de multis notum est, cum olim quidam nostri fideles a nostra debita fidelitate exorbitantes vitam et regnum nobis auferre moliti sunt euntes post inimicos nostros eisque familiariter inhaerentes res et episcopia nostri regni ab ipsis dari sibi concupierunt. Ut ergo de multis taceamus, unum, qui nobis nostris visceribus serpentinum virus infudit, vestrae sanctitati propalavimus[b], Hilduinum videlicet, qui contra regalem agens potestatem, contra quoque apostoli dicta, ubi

a) Cap. 1. *om.* 2. b) *ita* 1. 2; *Baluzius correxit:* propalabimus.

1) *Stephano a. 920, die 19. m. Mai.* 2) *Coloniensem.* 3) *Abbatem Prumiensem.*

dicitur: 'Deum[4] timete, regem honorificate', et: 'Non[5] est potestas nisi a Deo', et: 'Qui[c] potestati resistit, Dei ordinationi resistit. Non est enim potestas nisi a Deo[c]', et adversus citharoedi David dicta, ubi ad Dominum loquitur: 'Imposuisti[6] homines super capita nostra'; quique ultra Rhenum ad inimicos nostros proficiscens minimeque reminiscens sacramentorum suorum nobis promissorum eaque retro dorsum abiciens ab Heinrico inimico nostro episcopium Tungrensis ecclesiae expetiit suaque damnatione contra omnia statuta tam sacrorum patrum, quam regum, videlicet antecessorum nostrorum, usurpavit. De qualibus in libro regum capitulari ita dicitur: 'Si[7] quis praesumpserit, quam non meruit, a principe vel seniore iusto dignitatem, sacrilegus habeatur'; et beatus Gregorius: 'Sicut[8] qui invitatus renuit, quaesitus refugit, sacris est altaribus admovendus, sic qui ultro ambit, vel qui importunus se ingerit, proculdubio est repellendus. Nam qui[9] nititur ad altiora contendere, quid agit, nisi ut crescendo decrescat? Cur non perpendit, quia benedictio illi in maledictum convertitur, qui ad hoc, ut fiat haereticus, promovetur?' 920.

2. Cum quidam pestiferi viri, ut supra memoravimus, a nostra fidelitate deviarent, convocavimus archiepiscopos praesules XVI nostri regni, nonnullos etiam proceres, marchiones et comites optimatesque, ut eorum consilio, auctoritate atque virtute tantae vesaniae resisteremus. Inventum est, ut nova gibborum genera novis medicationibus secarentur ac sanarentur, pellentes eos episcopali auctoritate sacrorumque canonum constitutione a coetu et consortio christianorum. Quorum praesumptioni ac nefandae tyrannidi Hilduinus se immiscens[d] datis Heinrico suisque proceribus complurimis auri argentique ponderibus non solum cum eis scienter participavit, sed etiam ex thesauris ecclesiae Tungrensis, quos instinctu diabolico rapuerat vel furatus fuerat, quibusdam minis ac terroribus egit, ut Herimannus Agrippinae civitatis archiepiscopus per violentiam Heinrici suorumque fidelium illum in pontificem consecraret. Nam si non fecisset, sicut ipse venerabilis archiepiscopus nobis postea in praesentia plurimorum retulit, sibi vitam resque ecclesiasticas auferret omnemque familiam trucidaret ac illorum bona diriperet. Ideoque absque legitimorum antecessorum auctoritate eum consecravit, ut ipse adhuc testatur, sed tantis terroribus ac diris crudelitatibus coactus. Unde in Nicaeno concilio ita ad locum invenitur: 'Si[10] quis ex clero deprehensus fuerit cum excommunicatis communicare, etiam ipse privetur communione, tanquam qui regulas confundit.' Quae longe lateque in diversis conciliis et capitularibus regum de excommunicatis inveniuntur.

3. Idem etiam Hilduinus res nostri regni ex praefato episcopio invasit, diripuit et pro libito abduxit agens contra statuta Anacleti papae, ubi dicitur: 'Sanctus[11] Anacletus, qui ab ipso Petro apostolo ordinatus est presbyter, postea in sede Romana successor illius factus episcopus cum totius mundi sacerdotibus iudicavit: „Qui abstulerit", inquit, "patri vel matri aliquid, homicidae particeps est. Pater noster sine dubio Deus est; mater vero nostra ecclesia est, quae nos in baptismo regeneravit. Ergo qui pecunias Christi et ecclesiae rapit, aufert vel fraudatur[e], homicida est, atque homicida in conspectu iusti iudicis deputabitur: qui rapit pecuniam proximi sui.

c) Qui ... Deo *om.* 1. d) intumescens, *om.* se, 1. e) fraudat 2.

4) 1. *Petr.* 2, 17. 5) *Rom.* 13, 1. 2. 6) *Psalm.* 65, 12. 7) *Bened. Lev. II*, c. 396. 8) *Gregorii I. Registr. lib. IX, ep.* 218, *Jaffé, Regest. pontif. I²*, nr. 1747; *hic abbrev.* 9) sic nititur ad altiora conscendere ... perpenditur, quia benedictio illi in maledictionem convertitur *Gregor.* 10) *Haec verba ita quidem neque in Conc. Nic. neque alibi inveniuntur; cfr. autem Conc. Carthag.* c. 9, *tom. I, p.* 56, c. 36. 11) *Admonit.* 857, *supra p.* 288 *sq.*

920. iniquitatem operatur, qui autem pecuniam vel res ecclesiae abstulerit, sacrilegium facit, et ut sacrilegus iudicandus est.'"

4. Praefatus denique Hilduinus thesauros ecclesiae Tungrensis et Aquisgrani palatii iuxta beati Lamberti corpus martyris in quadam area positos avida cupiditate rapuit eosque inimicis nostris, suis videlicet fautoribus, contulit et ecclesiae abstulit. De quo quibusque huiuscemodi sacri canones ita decernunt: 'Si[12] quis inventus fuerit aliquid de ministeriis ecclesiae vendidisse vel abstulisse[f], sacrilegium commisit. Placuit eum in ordine ecclesiastico non haberi.' Unde et beatus Augustinus XLVII. evangelii homilia Iohannis dicit: 'Ecce[13] inter sanctos est Iudas, ecce fur est Iudas; et ne contemnas, fur[14] hic sacrilegus est, non qualiumcumque fur locorum, sed[14] dominicorum; loculorum[g], sed sacrorum'; et post pauca: 'Quicumque aliquid de ecclesia aufert[15] vel fraudatur[e], Iudae proditori comparatur.'

5. Hos ecclesiae thesauros episcopis et comitibus et fautoribus pro sua ordinatione dedit non prae oculis habens statuta Africani concilii, quibus praecipitur, ut nullus per pecunias ordinetur, ita inquiens: 'Si[16] quis episcopus per pecunias obtinuerit dignitatem, deiciatur, modis omnibus abscidatur[h], sicut Simon magus abscissus est a Petro'; item in concilio Chalcedonensi: 'Si[17] quis episcopus, presbyter aut diaconus sub pretio Spiritus sancti gratiam obtinere voluerit, proprii gradus periculo subiacebit; et nihil ex hac ordinatione vel promotione, quae est per negotiationem facta, proficiat, sed anathematizetur.'

6. Iam dictus Hilduinus ad cumulum suae damnationis ante venerabilis Herimanni praesentiam veniens super sacra nefanda iuravit, quod ego Karolus episcopium Tungrense dederim[18], et quosdam ex clericis et laicis iurare compulit. Quod quam sit absurdum quamque vitandum, sparsim sanctarum scripturarum testimonia approbant.

7. Memoratus praeterea Hilduinus per domnum Herimannum episcopum tertio vocatus ad synodum, ut contra haec, quae sibi obiciuntur, responderet, si iustam causam haberet, aut si non posset, canonum feriretur spiculis, qui, quoniam quidem venire distulit, incidit sententiam Bonifacii papae ita dicentis: 'Probat[19] vera esse illa, quae adversus se dicta sunt, qui ad ea confutanda adesse minime vult. Et ne dubitet, quod ita iudicium nocens subterfugit, quemadmodum ut absolvatur, qui est innocens, quaerit'; et post pauca: 'Confitetur enim de omnibus, quisquis subterfugere iudicium posse dilationibus putat'; item ipse: 'Si adesse voluerit, praesens, si confidit, ad obiecta respondeat. Quodsi adesse neglexerit, dilationem sententiae de absentia non lucretur.'

f) qui *add.* 2. g) locorum 1. h) abiciatur 1.

12) *Cfr. supra p.* 289. 13) *Supra p.* 289, *not.* 36. 14) fur et sacrilegus non qualiscumque fur: fur loculorum, sed *Augustin.* 15) furatur Iudae perdito *Augustin.* 16) *Immo Can. apost. c.* 30, *Mansi I, col.* 53: Si quis episcopus aut presbyter aut diaconus per pecunias *etc.* 17) *Conc. Chalced. c.* 2, *Mansi VII, col.* 373: Si quis episcopus per pecuniam fecerit ordinationem et sub pretio redegerit gratiam, quae non potest vendi, ordinaveritque per pecunias episcopum aut diaconum vel quemlibet ex his, qui connumerantur in clero, ... is, cui hoc attentanti probatum fuerit, proprii gradus periculo subiacebit. Et qui ordinatus est, nihil ex hac ordinatione ... proficiat, sed sit alienus a dignitate vel sollicitudine, quam pecuniis quaesivit. Si quis vero mediator tam turpibus et nefandis datis vel acceptis exstiterit, siquidem clericus fuerit, proprio gradu decidat; si vero laicus aut monachus, anathematizetur. 18) *Cfr. supra p.* 378, *lin.* 10. 17. 19) *Bonifacii epist. ad Patroclum etc., Mansi IV, col.* 894 *sq., Jaffé l. c. I*², *nr.* 349; *hoc loco abbrev.*

8. Omnes tam clerici, quam laici supradictae ecclesiae nostram adeuntes sublimitatem luctuosis vocibus innotuerunt, quod iam memoratus Hilduinus cum suis praedonibus bona illorum diripuit omnemque illorum facultatem et supellectilem abstulit nihilque[1] illis remansit, unde saltem sibi victus sufficientiam adhiberent; addentes etiam in precibus, ut vestro consilio citius ageretur, ne amplius praedae et direptioni paterent, sed illis ad ordinandum daremus pontificem Richerum, quem concorditer elegerunt. De quibus videlicet omnibus hic capitulatim insertis vestrum precamur pontificium, ut propter Deum et debitam, quam nobis polliciti estis, fidelitatem pro viribus exinde adiuvetis, ut noster honor in huiusmodi negotiis amplius non decrescat et status sanctae Dei ecclesiae stabiliatur. 920.

1) nihil 1.

XXI.

ADDITAMENTA AD CAPITULARIA REGUM FRANCIAE OCCIDENTALIS.

842–877.

KAROLI ET HLUDOWICI PACTUM ARGENTORATENSE.

842. Febr. 11.

Vide supra p. 171 *sq.*

SYNODUS AD THEODONIS-VILLAM HABITA.

844. Oct.

Vide supra p. 112 *sqq.*

291. CONCILIUM VERNENSE.

844. Dec.

Legitur in his codicibus: 1) *Haag.* 1 *fol.* 8. 2) *Paris.* 4638 *fol.* 147ᵛ. 3) *Vallicell.* N. 21 *fol.* 10. *Concilii originem inscriptio docet in codicibus servata et canonibus a librario praefixa haec:* Canones concilii in Verno palatio habiti, ubi praesedit Ebroinus Pictavorum episcopus (summus cappellanus Karoli regis *in margine addit codex Laudunensis a Sirmondo adhibitus*) et Wenilo Senonum archiepiscopus necnon et Hludowicus Sancti Dyonisii abbas[1] et Hincmarus (Igmarus 1) post[2] Remorum episcopus,

1) *Karoli Magni e Rohtrude filia nepos, mortuus a.* 867. 2) *Sc. inde ab anno* 845; *cfr. infra nr.* 292, *praefat.*

anno quinto regni domini nostri Karoli filii Hludowici imperatoris, mense Decembrio, indictione septima. *In concilii Meldensis a. 845. m. Iun. celebrati canonibus (infra nr. 293) hoc Vernense concilium non excerptum est, sed in eius praefatione haec de nostro leguntur:* Quartum ex convenientia in praedicto conventu *(sc. apud Theodonis-villam)* ceptum et in Verno palatio perpetratum, sed invidia ac malitia diaboli seu ministrorum eius nondum principis et populi auribus propalatum. *Huius concilii capitulis Karolum non esse obsecutum, canonum etiam auctor, Lupus scilicet abbas Ferrariensis (ut Baluzius Capitularium tomo II, col. 1260. adnotat) conqueritur scribens ad Hincmarum Remensem in epistola* 42: Si consiliis, quae in Verno quaesita et inventa sunt, adquievisset *(scilicet Karolus rex)* iam eum in pace regnare fecisset [Dominus] . . . Canones eosdem sive, ut vos vocatis, capitula meo stilo tunc comprehensa vobis direxi: de quorum aequitate credo aetas posterior iudicabit, et devotionis meae non erit immemor cordum renorumque scrutator. *(B. II, 13; P. 383.)* 844.

Gratias omnipotenti Deo referimus, inclyte rex Karole, nos episcopi et caeteri fideles, qui ex diversis partibus ad Vernum evocati sumus, quod deposita discordia, unde tot mala processerunt, quae et enumerare longum est et declinare adhuc inpossibile, redistis ad pacem cum fratribus vestris, quam et natura vobis et religione debetis; in qua ut semper maneatis, per Christum, qui pax nostra est, obsecramus, ut, qui maximas res vestras discordia pene dilapsas videtis, concordia et fido adiutorio relevatas cito aspiciatis. Cedendum est enim Deo, de quo verissimae[a] continent litterae: 'Potestatem[3] habet excelsus in regno hominum et, cuicunque voluerit, dabit illud'; et qui dignatione mirabili pollicetur: 'Beati[4] pacifici, quoniam filii Dei vocabuntur.' Caeterum, quia eodem Deo inspirante dignati estis iubere, ut de statu ecclesiae, qui vehementer magnitudine ac multitudine peccatorum nostrorum[b] confusus est, tractaremus, in nomine et adiutorio eius quae communi deliberatione repperimus celsitudini vestrae ac populi fidelis devotioni humiliter aperimus. Neque enim nos iustos approbare contendimus; consideratione conscientiae nostrae illud Hieremiae suppliciter dicamus: 'Misericordiae[c][5] Domini, quia non sumus consumpti, quia non defecerunt miserationes eius'; sed ad Deum reverti et vos nobiscum trahere meditantes officium nostrum exequimur cunctis adquiescentibus profuturum. Quippe non vobis nostra, sed illius auctoritate loquimur, qui ait: 'Qui[6] est ex Deo, verba Dei audit'; absit autem, ut in vobis impleatur, quod sequitur: 'Propterea vos non auditis, quia ex Deo non estis[d].'

1. Itaque vos primo convenimus, ut, quia vestra probitas cunctis vobis potest prodesse subiectis, cultum Dei rebus omnibus praeferatis. Namque ipse dicit: 'Qui[7] glorificant me, glorificabo eos; qui autem contemnunt me, erunt ignobiles.' Praeterea misericordiam et iudicium atque[b] iustitiam[b] conservetis, scilicet ut misericordia temperet severitatem potestatis, iudicium comprimat obstinate peccantes, iustitia merentibus digna restituat; siquidem 'beati[8] misericordes, quoniam ipsi misericordiam consequentur', et 'beati[9], qui custodiunt iudicium et faciunt iustitiam in omni tempore', et 'honor[10] regis iudicium diligit[e]', et 'iustitia[11] firmari thronum regis' sapientissimi Salomonis, immo per eum loquentis Dei, prodit auctoritas. Taliter vobis agentibus vel incruentam vobis, ut credimus, vel iustam de hostibus victoriam divina gratia providebit. Exemplo vobis esse possunt David et Ezechias, qui merito

a) verissime 2. b) *om.* 2. c) misericordia est 2. d) istis 2. e) diligi 2.

3) *Daniel.* 4, 14. 4) *Matth.* 5, 9. 5) *Lament. Hierem.* 3, 22. 6) *Joh.* 8, 47. 7) 1. *Reg.* 2, 30. 8) *Matth.* 5, 7. 9) *Psalm.* 105, 3. 10) *Psalm.* 98, 4. 11) *Proverb.* 25, 5.

844. sanctitatis inimicos populi Dei vel pugnando vel orando mirabili celeritate vicerunt: sed est domesticum lumen imperator Karolus, qui nomen, quod familiae vestrae peperit, clarissimis actibus adornavit. Nec regni vobis amplitudinem ac soliditatem tantummodo, verum etiam vobis bene gerentibus post vitae huius excursum eadem Dei gratia gloriam largietur aeternam, cui rex et propheta suspirans: 'Satiabor'[12], inquit, 'cum apparuerit gloria tua.' Haec autem vestrae maiestati non temere suggerimus, quia vestri quoque cura nobis commissa est, quorum ministerio per fidem atque baptisma mundati diem tremendi iudicii cum caeteris fidelibus expectatis.

2. Verum ut ad nos episcopos redeamus, per hanc civilem, immo plus[13] quam civilem, discordiam multa interdum in nobis ipsis ac aliis nobis commissis neglеximus, interdum neglegere coacti sumus, ita ut in omnibus ordinibus religio magnum detrimentum acceperit et alii quidem per ignorantiam in interitum tendant, alii vero longa[b] licentia assuefacti impune se peccare posse confidant. Tandem igitur ad propriam et ceterorum correctionem conversi quaesumus, ut scelerum patratores et apostolicae disciplinae contemptores missis a latere vestro probatae fidei legatis absque respectu personarum et excaecatione munerum coherceantur, et otio[f] nobis, quantum possibile est, concesso sermo Dei praedicando fructificet et canonum reverenda auctoritas debitum in omnibus vigorem obtineat.

3. In locis sanctis, hoc est monasteriis, alios studio, nonnullos desidia, multos necessitate victus et vestimenti a sua professione deviare comperimus. Quod petimus, ut[14] in omnibus parroechiis directi a vestra mansuetudine religiosi atque idonei viri cum notitia episcoporum scrutentur et corrigant ac singulorum locorum statum vestrae celsitudini et nostrae mediocritati tempore a vobis[g] constituendo renuntient.

4. Monachos, qui cupiditatis causa vagantur et sanctae religionis propositum impudenter infamant ad sua loca iubemus[h] reverti et regulariter abbatum sollertia recipi. Eis autem, qui post evidentem professionem monachicam etiam habitum reliquerunt vel qui sua culpa proiciuntur, nisi redire et quod Deo spoponderunt implere consentiant, hoc credimus posse[i] remedio subveniri, si in ergastulis inclusi tamdiu a conventu hominum abstineantur et pietatis intuitu convenientibus macerentur operibus, donec sanitatem correctionis admittant. Namque illi, 'qui[15]' quondam monachi, postea 'relicta singularitatis professione, ad militiam vel ad nuptias devolvuntur', papae Leonis decreto 'publicae paenitentiae satisfactione purgandi sunt.' De clericis autem ecclesiarum suarum desertoribus antiqua forma Calcidonensis concilii servanda est, quae praescribit, ut, 'si[16] episcopus susceperit clericum ad alium episcopum pertinentem, et susceptus et suscipiens communione priventur, donec is, qui migraverat, clericus ad propriam revertatur ecclesiam.'

5. Qui sanctimonialibus illicite miscentur et sacrilega foedera cum eis faciunt nuptiarum, eos Innocentii[17] papae censura a communione iubet suspendi 'et nisi per publicam probatamque poenitentiam omnino non recipi aut his certe viaticum de saeculo transeuntibus, si tamen poenituerint, non negari.'

6. Ab altero vero desponsata et ab altero rapta puella secundum statuta Ancirani concilii[18] ei, a quo desponsata fuerat, reddenda est, etiamsi vim a raptore

f) otium 1. 2. g) nobis 2. h) habemus 2. i) nosse 2.

12) *Psalm.* 16, 15. 13) *Verba:* plus quam civilia bella, *e Lucani Pharsalia repetita, saepe saeculo nono occurrere adnotat Baluzius.* 14) *Cfr. Cap. miss. Suession.* 853, *supra p.* 267, *c.* 1. *[K.]* 15) *Supra p.* 228, *not.* 53. 16) *Conc. Chalced. c.* 20, *Mansi VII, col.* 879. 17) *Immo Gelasii c.* 20, *supra p.* 220, *not.* 92. 18) *Conc. Ancyr. c.* 10, *Mansi II, col.* 525; *cfr. tom. I, p.* 279, *c.* 24.

pertulerit. De raptoribus autem id nobis videtur optimum, ut, quoniam ecclesiasticam 844.
excommunicationem parvipendunt, secularium legum[k][19] terreantur austeritate[l].

7. Si quae sanctimoniales causa religionis, ut eis falso videtur, vel virilem habitum sumunt vel crines adtondent, quia ignorantia magis, quam studio eas errare putamus, admonendas castigandasque decernimus; ne forte veteris ac novi instrumenti praevaricatrices iuxta Gangrensem synodum[20] severitate anathematis ab ecclesiae corpore praecidantur.

8. Quoniam quosdam episcoporum ab expeditionis labore corporis defendit inbecillitas, aliis autem vestra indulgentia cunctis optabilem largitur quietem, precavendum est utrisque, ne per eorum absentiam res militaris dispendium patiatur. Itaque, si vestra consentit sublimitas, homines suos rei publicae profuturos cuilibet fidelium vestrorum, quem sibi utilem iudicaverint, committant, cuius diligentia, ne se ab officio subtrahere valeant, observetur.

9. Remorum ecclesiam diu[21] multumque pastore destitutam, nuper spoliatam rebus, oneratam iniuriis absque ingenti dolore fateri non possumus. Et quia vestram sublimitatem et nostram parvitatem exuere desideramus periculo, obsecramus, ut tam[m] fede lacerata ecclesia redintegretur atque iuxta venerabilium canonum constitutionem dignus ei celeriter quaeratur et praeficiatur episcopus[22], ut clerus et populus tantis attritus et spiritalibus et corporalibus incommodis consolatione recepta cum suo praesule pro vestra salute ac prosperitate communi Domino studeat supplicare.

10. Aurelianensis etiam ecclesia confusione maxima noscitur laborare; tamen quia superiore anno archiepiscopus Wenilo suis annitentibus suffraganeis ex eodem loco Agium[n] presbyterum palatii vestri memoratae ecclesiae ordinavit probabilium canonicorum ac laicorum attestatione instructus et petitione impulsus et eadem ecclesia nostro et vestro vacat periculo, huius rei alium exitum non videmus, nisi ut vestra pietas, quod a tantis viris factum est, ratum esse permittat.

11. De praelatione reverendissimi Drogonis[23] definire aliud[o] non audemus, nisi expectandum, quam maximus cogi potest, Galliae Germaniaeque conventum[p], et in eo metropolitanorum reliquorumque antistitum inquirendum esse consensum, cui resistere nec volumus nec valemus. Nobis tamen, si quid tale alicui committi potest et non alia, quam quae praetenditur, latet causa, illi potissimum convenire videtur, qui et communione sacerdotii nobis et excellentiae vestrae propinquitatis privilegio sociatur.

12. Veniemus nunc ad ultimam partem admonitionis nostrae; quam qua intentione fundimus, dederit Deus, ut vos ac proceres caeterique fideles ea devotione suscipiatis. Videmus enim iram Dei nobis et vobis imminere cum pro rapinis et immanibus aliis sceleribus, tum etiam maxime, quod ecclesiae facultates, quas reges et reliqui christiani Deo voverunt ad alimentum servorum Dei et pauperum, ad exceptionem hospitum, redemptionem captivorum atque templorum Dei instaurationem, nunc[24] in usu saecularium detinentur. Hinc multi servi Dei penuriam cibi et potus

k) regum 1. l) auctoritate 2. m) tanta fede 2. n) Aigum 1. 2. o) aliquid 2. p) conventus 2.

19) *Cfr. Capp. incerta* 814—840, *tom. I, p.* 315, *c.* 1. 20) *Conc. Gangr.* c. 13. 17, *Mansi II, col.* 1107 *sq.* 21) *Annis* 835—845; *Flodoardi Hist. eccl. Rem. III, c.* 1, *SS. XIII, p.* 474 *sq.; cfr. etiam Dümmler, Ostfränk. Reich* I^2, p. 110 sq.; p. 254. 22) *Anno* 845. *Hincmarus episcopus constitutus est; cfr. Dümmler l. c.* I^2, *p.* 257 *sq.* 23) *Mettensis archiepiscopi, Karoli Magni e concubina filii, qui a Sergio II. vicarius sedis apostolicae Galliae et Germaniae praefectus fuit, sed episcopis refragantibus a vicariatu se abstinuit; cfr. Dümmler l. c.* I^2, *p.* 252 *sq.; p.* 256 *sq.* 24) *Cfr. Synod. ad Theod.* 844, *supra p.* 114 *sqq., c.* 3—5; *Baluzius, Lupi opera p.* 467. *[K.]*

844. ac vestimentorum patiuntur, pauperes consuetam[q] aelemosinam non accipiunt, negleguntur hospites, fraudantur captivi et fama omnium merito laceratur. Et quidem, si haec a paganis pateretur ecclesia, patientiam flagitaret; nunc autem oppressi a filiis nostris, hoc est ab his, quos vel nos vel decessores nostri in Christo genuimus, christianos eos nostro mynisterio facientes, nullam patientiae consolationem recipimus, quoniam de illorum interitu formidamus. Certe, quod nullus quamquam[r] inpudentissimus negare audebit, possessio[25] ecclesiae votum est fidelium, patrimonium pauperum, redemptio animarum. Votum ergo alterius quomodo quisquam Deo audet auferre? hereditatem pauperum qua temeritate praesumit invadere? unde alii suas animas redemerunt, cur inde alii suas perdunt? Itaque quaedam loca venerabilia, quod numquam antea auditum est, laici ex integro possident, quorundam partem sibi vindicant, quorundam predia multipliciter divisa in hereditatem sibi dari fecerunt. Aegyptii sacerdotes famis necessitate caeteris cuncta vendentibus[s] suas possessiones retinuerunt[26], et falsi dii reverentiam a suis cultoribus meruerunt, quam in hac parte solus et verus Deus non obtinet! Oza[27] percussus est propterea, quod nutantem arcam sublevare praesumpsit, quam tangere nefas erat. Rideat hoc aliquis, nisi, quod summo dolore dicimus, quidam oppressores ecclesiae dignum suis moribus exitum nostro etiam tempore invenerunt. Propheta clamat: 'Qui[28] dixerunt: hereditate possideamus sanctuarium Dei; Deus meus! pone illos ut rotam et sicut stipulam ante faciem venti'; postremo ipse dominus Iesus conditor et redemptor: 'Quid[29] proficit homo, si lucretur universum mundum, se autem ipsum perdat et detrimentum sui faciat?' Et quisquam tam audax et desperatus invenitur, qui possessiones Dei ad certissimam perniciem suam occupet et invadat? O fideles Deo et vobis ipsis, nolite pro temporali abundantia divitiarum mereri sempiternam congeriem miseriarum, nec ultra decus animae vestrae tam pestifero, tam inaudito, tam denique certo sacrilegio polluatis! Reddite Deo sua, ut vestra cum pace possideatis, tormenta evadatis aeterna et postmodum ad gaudium Domini nostri, ut servi fideles, intromittamini. Saeculares honores saeculares possideant, ecclesiasticos ecclesiastici sortiantur. Nec nos insatiabilis cupiditatis arguatis, quia, qualescumque sumus[t], vera nos dicere nec ipsi nescitis. Et licet pauci, sunt[u] tamen aliqui nostrum Deum timentes, qui iuxta illud propheticum exaudiantur: 'Voluntatem[30] timentium se faciet et deprecationem eorum exaudiet'; quia 'omnium[31] finis cotidie appropinquat'; et 'quae[32] videntur, temporalia sunt, quae autem non videntur, aeterna'. Si volumus evadere praesentes calamitates et futuras evitare miserias, in commune omnes a nostris pravitatibus ad Dominum convertamur, et declinantes[33] a malo faciamus bonum, ut 'bona[34] Domini mereamur videre in terra viventium.'

Tu autem, clarissime rex, quia verissime scriptum est: 'Corrumpunt[35] mores bonos conloquia mala', fuge perversorum consortia et consilia, nec a te quisquam petere audeat, quod maiestatem tuam praestare non deceat; nec timeas iratos homines, hoc[36] est terram et cinerem, amplius quam Deum, qui te creavit quique 'in[37] veritate iudicabit'; cuius voluntatem si perfecte secutus fueris, credimus, quod[v] quorumlibet hominum te contumacia liberabit et omnibus angustiis clementer eripiet ac post hoc[w] temporale regnum ad perpetuum cumulata felicitate perducet. In fine

q) consueta 2. r) umquam 2. s) videntibus 1. t) simus 2. u) sint 2. v) a *add.* 2. w) *om.* 2.

25) *Haec de possessione ecclesiae verba saepe in medii aevi scriptis et canonibus occurrunt; cfr. tom. I, p.275, not.* 1. 26) *Genes.* 47,22. 27) 2. *Reg.* 6,7. 28) *Psalm.* 82,13. 14. 29) *Matth.* 16,26. 30) *Psalm.* 144, 19. 31) 1. *Petr.* 4, 7. 32) 2. *Corinth.* 4, 18. 33) *Cfr.* 1. *Petr.* 3, 11. 34) *Psalm.* 26, 13. 35) 1. *Corinth.* 15, 33. 36) *Cfr. Eccles.* 17, 31. 37) *Psalm.* 95, 13.

omnes alloquimur, quod, si nostris salutaribus adquieveritis consiliis, vestro profectui plurimum congratulabimur: sin autem nos, immo Deum per nos loquentem, contempseritis, necessitate implendi ministerii, quod nollemus, facere compellemur. 845.

---

292. SYNODUS BELLOVACENSIS.

845. April.

Traduntur capitula in his libris, partim manuscriptis, partim impressis: 1) *Haag.* 1 *fol.* 12ᵛ. 2) *Paris.* 4638 *fol.* 152ᵛ. 3) *Vatic. Palat.* 582 *fol.* 104ᵛ. 4) *Paris.* 9654 *fol.* 99. 5) *Vatic. reg. Christ.* 980 *fol.* 30. 6) *in Hincmari epist. ad Karolum regem Opera II, p.* 321 *sq.;* 7) *apud Surium, Concilia III, p.* 468*;* 8) *Paris.* 1550. 9) *Vallicell. N.* 21 *fol.* 13. *In* 7. 8. *canones synodi Bellovacensis tamquam c.* 81 — 88. *concilio Meldensi a.* 845. *annexi sunt (cfr. infra p.* 388, *not.* y*). Excerpta autem sunt quaedam capitula in eiusdem concilii Meldensis canonibus.*

De capitulorum origine inscriptione in codd. 1. 2. 9. *servata haec traduntur:* Haec capitula, quae secuntur, facta sunt in synodo habita apud Belvacum civitatem anno incarnationis dominicae (inc. dom. *om.* 1) DCCCXLV, mense Aprilio, anno VI. (quinto *potius*) regni domni Karoli, indictione VII (octava *potius*). Quae collata sunt inter eundem principem domnum Karolum et episcopos regni sui. Et eadem isdem princeps gloriosus Deo teste sub fidei suae adstipulatione se servaturum promisit erga omnes ecclesias et episcopos regni sui. Quae ad vicem omnium episcoporum sui principatus, qui erant quique futuri erant, de manu horum episcoporum conservanda suscepit, id est: Wenilonis[1], Erchanradi[2], Ymmonis[3], Rothadi[4], Symeonis[5], Lupi[6], Ragenarii[7], Heliae[8], Erpoini[9], Agii[10], Hincmari presbyteri et vocati archiepiscopi[11]. *Quibuscum consentiunt, quae Hincmarus in epistola citata actis praemittit:* Haec namque cum aliis, quae ibidem continentur, anno incarnationis dominicae DCCCXLV, mense Aprili, anno VI. regni vestri in Belgivaco civitate cum maxima contestatione cunctis diebus vitae vestrae vos servaturos promisistis eisdem episcopis, qui praesentes aderant, et ceteris regni vestri episcopis, qui corpore praesentes non aderant, et omnibus eorum successoribus et omnibus episcopis in regno vestro consistentibus et in manus eorumdem episcoporum ad petitionem eorum dedistis; *et quae idem in Admonit. (Mansi XVI, col.* 782*) ad Karolum scripsit:* Et hoc cum aliis capitulum, quod subsequitur, in Belgivaco civitate anno VI. regni vestri coram Deo et angelis eius in fide et dextera vestra per spatam vestram iurantes, sicut praesentes episcopi, qui adfuerunt, petierant, illis et caeteris episcopis regni vestri ac successoribus suis et eorum ecclesiis cunctis diebus vitae vestrae vos servaturos promisistis petentibus: 'Ut ius' *etc. Quae verba Hincmari demonstrant octo capitula Bellovacensia non a solo Hincmaro in hac synodo episcopo electo, sed ab omnibus episcopis ad Karolum regem esse directa; cfr. v. Noorden, Hinkmar v. Reims p.* 36, *et Schrörs, Hinkmar v. Reims p.* 43*; aliter Hefele, Conciliengeschichte IV², p.* 113. *(B. II,* 19*; P.* 386.*)*

Cap. 1. Ut ius ecclesiasticum et legem[a] canonicam nobis ita conservetis, sicut antecessores vestri, qui hoc bene et rationabiliter observaverunt[b], iuxta[c]

a) legum 3. 5, *corr.* legem 3. b) *om.* 7. 8. c) ita 3—5. 7. 8.

1) *Senonensis.* 2) *Parisiensis.* 3) *Noviomagensis.* 4) *Suessionensis.* 5) *Laudunensis.* 6) *Catalaunensis.* 7) *Ambianensis.* 8) *Carnotensis.* 9) *Silvanectensis.* 10) *Aurelianensis.* 11) *Remensis.*

845. quod sciri poterit et Deus vobis posse dederit, nostris[d] praedecessoribus conservaverunt.

2. Quod in mea persona nec in meo ordine — nisi forte, quod absit, inanter[e] contra Deum et contra vos manifeste fecero, ut dampnari canonice debeam — adversum me et meum ordinem ita dampnabiliter non faciatis[f] pro quacumque preterita causa, ut[g] mihi dehonoratio aut dampnatio veniat.

3. Quod[12] res ad ecclesiam mihi commissam pertinentes et tempore principatus vestri ablatas ita praesentaliter restituatis et restitutas conservetis, sicut tempore avi et patris vestri fuerunt[h], et excepto superposito, quod in usus possidentium vel ex aedificiis absumptum[i] est, quomodo tunc erant[k] (quantum ad hoc, quod res usitato nomine appellamus, constat), quando vos inde[l] illas tulistis.

4. Ut[13] praecepta inlicita de rebus ecclesiae mihi commissae a vobis facta rescindantur[m], et ut de cetero, ne fiant, caveatis.

5. Ut ab ecclesia mihi commissa indebitas consuetudines et[n] iniustas exactationes[o] de caetero non[p] exactetis, sed sic eas conservetis, sicut tempore avi et patris vestri conservatae fuerunt.

6. Ut contra depraedatores et oppressores ecclesiarum nostrarum et rerum ad easdem[q] pertinentium defensionem secundum ministerium vestrum, quantum posse[r] vobis Deus dederit, exhibeatis.

7. Ut[13] praecepta, quae avus et pater vester ecclesiis nobis commissis fecerunt et[s] firmaverunt et[b] stabilita[t] conservaverunt[s], quae etiam vos confirmastis[u], de caetero[v] rata conservetis.

8. Ut, si vos contra haec capitula, aut nos, quod absit, non malitia nec perverso studio, sed aut per humanam fragilitatem aut per ignorantiam vel per[w] subreptionem non dampnabiliter contra[x] vos egerimus, mutuo hoc consilio corrigamus, et firmata deinceps convenientia maneat[y].

d) et vestri praedecessores 2. e) inante 7. 8. f) non *add.* 5. 7. 8. g) aut 3. 7. 8. h) fuerant 7. 8. i) assumptum 3. 4. 7. 8. k) erant 7. 8. l) in die illa 3—5. m) resci dantur 2. n) seu 7. 8. o) exactiones 2—5. 7. 8. p) *om.* 5. q) eas 3—5. 7. 8. r) posse dederit Deus 7. 8. s) et ... conservaverunt *postea suppl.* 1. t) *sic* 1; stabilia *rell.* u) confirmatis 1; et *add.* 4—8. v) caetera 5. w) *om.* 3. 5—8. x) contra vos *om.* 2. 6. y) Explicit Synodus Meldensis *add.* 7. 8; *cfr. infra nr.* 293. *c.* 83. *ultima nota.*

12) *Cfr. nr.* 293, *c.* 17 *sqq.* *[K.]* 13) *Cfr. Synod. ad Theod.* 844, *supra p.* 115, *c.* 4. *[K.]*

293. CONCILIUM MELDENSE-PARISIENSE.

845. Iun. 17—846. Febr. 2.

Concilium, cuius canones primo critica quidem ratione adhibita hic edimus, secundum prologum a. 845. *die* 17. *m. Iun. in civitate Meldensium inceptum et anno insequenti*[1] *die* 2. *m. Febr. in urbe Parisiorum ad finem perductum est. In quo episcopi primum capitula synodorum, quae antecesserant, repetiverunt, ita ut 'quaedam pro tempore*

1) *Superfluum mihi videtur, quod Hefele, Conciliengesch. IV*², *p.* 119 *sq., de tempore, quo concilium Parisiense habitum sit, affert. Indictionis enim decimae in actis concilii nulla mentio fit.*

tunc dicenda nunc brevitati studentes reciderent, quaedam etiam necessitati consulentes 845.
et ordini providentes . . . interponerent' (infra p. 399, rubr.); deinde sua sponte aliquot canones addiderunt. Quae vero capitula in civitate Meldensium, quae Parisiis constituta sint, dici non potest.

Omnes canones huius concilii leguntur in his libris partim manuscriptis, partim impressis: 1) *Paris. nouv. acq.* 1632 *fol.* 106. 2) *Vatic. Palat.* 582 *fol.* 90^v. 3) *Vatic. reg. Christ.* 980 *fol.* 19. 4) *Paris.* 9654 *fol.* 84. 5) *in editione principi Surii, Concilia III, p.* 453 *sqq.;* 6) *Paris.* 1550 *fol.* 1; *praeterea autem singula quaedam capitula in:* 7) *Haag.* 1 *fol.* 17. 8) *Paris.* 4638 *fol.* 156. 9) *Monac.* 3853 *fol.* 271. *et eiusdem apographis, sc. St. Crucis* 217 *post fol.* 283. *et Paris.* 3878 *fol.* 158, *qui exhibet indicem tantum titulorum et textum usque ad c.* 17. *med.;* 10) *Montispess.* 137 *fol.* 269. 11) *Paris.* 3839 *A fol.* 107. 12) *in Historia ecclesiae Christi secundum centurias in urbe Magdeburgica congesta (Basil.* 1565*), Centur. IX, c.* 9, *col.* 400 *sqq.;* 13) *Monac.* 6245 *fol.* 9^v. 14) *Monac.* 6241 *fol.* 87^v. 15) *Vindob.* 2198 *fol.* 77. 16) *Bamberg. P. I,* 9 *fol.* 195^v.

In codicibus 1—4. *deest c.* 80*; in cod.* 1. *praeterea c.* 15, *cuius rubrica in indice titulorum invenitur, et c.* 83. *Codd.* 7. 8. *exhibent*[2]*: c.* 20—24. 28. 37. 40. 43. 47. 53. 56. 57. 62. 67. 68. 72; *in codice* 9. *exstant:* c. 3. 4. 8. 10. 13—19. 21—24. 26. 27. 29. 35—38. 41. 45. 56. 59—78. 82*: in codicibus* 10. 11. *viginti sex capitula hoc ordine servata sunt:*

c. 1—8 = c. 63—70.	c. 13 = c. 26.	c. 18 = c. 45.	c. 23 = c. 10.
c. 9 = c. 72.	c. 14 = c. 33.	c. 19 = c. 49.	c. 24 = c. 22.
c. 10 = c. 77.	c. 15 = c. 36.	c. 20 = c. 50.	c. 25 = c. 43.
c. 11 = c. 79.	c. 16 = c. 37.	c. 21 = c. 56.	c. 26 = c. 62.
c. 12 = c. 23.	c. 17 = c. 39.	c. 22 = c. 38.	

Centuriatores (12.) *praebent collectionem* 31 *capitulorum, praefixa rubrica:* Concilium Meldense, *ex his partibus diversae aetatis compositam*[3]*:*

c. 1 = *Conc. Ilerd. c.* 4. *et Conc. Tolet. II, c.* 5.		c. 21 = c. 65.
c. 2 = *Cap. Vern.* 884, *c.* 7.		c. 22 = c. 66.
c. 3 = c. 34.	c. 12 = c. 62.	c. 23 = c. 70.
c. 4 = c. 35.	c. 13 = *Capp. ad Salz* 803—804, *c.* 2.	c. 24 = c. 72.
c. 5 = c. 45.		c. 25 = c. 37.
c. 6 = c. 36.	c. 14 = *Anseg. I, c.* 144.	c. 26 = *Anseg. I, c.* 103.
c. 7 = c. 43.	c. 15 = c. 62.	c. 27. 28 = c. 28.
c. 8 = c. 45.	c. 16 = c. 63.	c. 29 = c. 29.
c. 9 = c. 49.	c. 17. 18. = c. 64.	c. 30 = c. 52.
c. 10 = c. 48.	c. 19 = c. 68.	c. 31 = *Capp. Hincmari II, c.* 18. 19.
c. 11 = c. 52. 30.	c. 20 = *Anseg. I, c.* 98.	

In codicibus denique 13—16. *exstant c.* 73. 74. *in* 11 *capita divisa et praedita inscriptione:* Capitula contra Iudaeos Magni Karoli invictissimi imperatoris caeterorumque regum cum consensu episcoporum.

In solis libris 5. 6. *acta his verbis inscribuntur:* Synodus Meldensis habita anno domini DCCCXLV. sub Carolo iuniore rege Francorum.

Codices 1—6, *quos in editione paranda potissimum secuti sumus, in duas classes distribuendi sunt, quae prior (A) amplectitur codd.* 1—4, *altera (B) codd.* 5. 6. *In classi enim B. eadem rubrica capitulis praemittitur, c.* 73—76. *in unum caput coniuncta, capiti*

2) *Cfr. supra p.* 261, *praefat.* 3) *Schrörs, Hinkmar v. Reims p.* 44, *not.* 76. *haec capitula fortasse authentica concilii Meldensis esse putavit, quae deinde Parisiis retractata essent. Ex capite vero secundo apparet collectionem non a.* 845. *ortam, sed post a.* 884. *demum a scriba quodam variis fontibus iuris canonici et civilis adhibitis confectam esse.*

845. *ultimo (sc. c. 80) canones synodi Bellovacensis tamquam c. 81—88. subiecta sunt; in classi vero A. c. 80. omittitur. Cuius classis A codices ita inter se cohaerent, ut 2. 3. ex eodem ignoto codice*[4] *X_2, et cod. X_2 una cum 4. ex communi fonte*[5] *X_1 derivati sint. Rationes vero, quae sint inter codices 1—6. hoc stemmate demonstrari potest:*

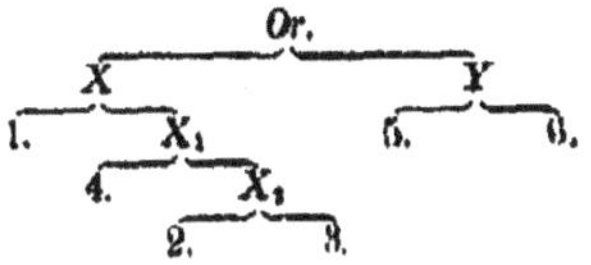

(B. deest; P. deest.)

INDEX TITULORUM.

Ex Sirmondo[a].	*Ex*[b] *codice* 1.
Ex conventu in villa Colonia.	
1. De honore cultuque Dei atque ecclesiarum et servorum Dei veneratione.	De honore et cultu Dei atque sanctarum ecclesiarum.
2. Ut honor et potestas regia inconvulsa permaneat.	De honore regio et potestate regali.
3. De iustitiis unicuique secundum legem suam faciendis.	Ut a quibus honorem suscipimus, eos iuxta dictum dominicum honoremus.
4. Ut nemo quidquam regi contra iustitiae rationem suggerat.	Quod facilius auctoritas nostra valeat observare.
5. Ut, si quid regi subreptum est, fideliter admoneatur.	Si subraptum fuerit quippiam.
6. De iis, qui initum concordiae foedus irruperint.	De federe concordiae.
Ex synodo apud Theodonis-villam.	
7. Ut principes mutuam inter se caritatem et concordiam habere studeant.	De eo, qui feliciter[c] vult regnare.
8. Ut episcopi in viduatis sedibus ordinentur.	Quod ab eo, qui solus rex est et sacerdos, aecclesia disposita sit.
9. Ut monasteria laicis concessa religiosis deinceps viris seu feminis committantur.	De sancto ordine monastico.
10. De abusibus, quos laici monasteria regentes praesumebant.	Quod non laici in medio sacerdotum et levitarum ut domini et magistri resideant.

a) *Hunc indicem ex Sirmondo, Concilia III, p. 25, capitulis praeponi, quamvis dici non liceat, quonam codice Sirmondus, qui contextum synodi ex editionibus prioribus repetisse videtur, usus sit. Indicem vero non esse fictum, probat titulus capitis 27; cfr. infra c. 27.* b) *Index sequitur in 1. prologum concilii.* c) feliter 1.

4) *Quamquam enim aliquot variantes lectiones eis sunt communes et quaedam verba in utroque desiderantur, tamen neque cod. 2. ex codice 3. vel vice versa exscriptus est, cum in codice 2. loci falsi exstent, quos cod. 3. recte praebet, et verba omittantur, quae in codice 3. reperiuntur et vice versa.* 5) *De codicibus X_2 et 4. eadem dicenda sunt, quae de codd. 2. 3; cfr. etiam numeri falsi capitulorum 74 sqq.*

11. De rebus ecclesiasticis non pervadendis.	Quod canonica forma et monastica religiosos principes non habens titubaverit.	845.
12. Ut ordo ecclesiasticus antiquum vigorem recipiat, iudicium et iustitia omnibus reddatur et de praeteritis erroribus poenitentia agatur.	Quod ordo ecclesiasticus secundum antiquam consuetudinem suum vigorem recipiat.	

Ex synodo apud Lauriacum.

13. De eo, qui ecclesiasticam auctoritatem contemnit.	De publico divinae legis provaricatore.
14. De eo, qui contra regiam dignitatem egisse comprobatur.	Si quis contra regiam dignitatem dolose egerit.
15. De eo, qui potestati regiae non obtemperat.	Si quis potestatem regiam contradicere presumpserit.
16. De eo, qui adversus haec capitula praevaricatur.	De eo, qui propriis manibus roborata violare temptaverit.

Ex synodo apud Belvacum.

17. Ut res ecclesiis ablatae restituantur.	Ut res eclesiasticae ablate restituantur et restitutae conservantur.
18. Ut praecepta illicita de rebus ecclesiasticis rescindantur.	Ut precepta inlicita sine dilatione rescindantur.
19. Ut iniustae consuetudines ab ecclesia non exigantur.	Ut ab eclesiis iniustae exactationes non exactentur.
20. Ut missi dirigantur, qui inquirant, quae ad regem et rempublicam pertinent.	Ut[d] ne magnificenciam vestram illuc indecens et inonesta inpellat necessitas.
21. De precariis et commutationibus vacante sede factis.	Ut precariae et commutationes tempore viduatarum eclesiarum facte rescindantur.
22. De precariis, quomodo fieri ac renovari debeant, et de praeceptis regalibus.	Ut precariae de rebus eclesiasticis fieri [non[e]] presumantur.
23. De commutationibus rerum ecclesiasticarum.	Ut comutationes rerum aeclesiasticarum valde caveantur.
24. Ut ecclesiae contra oppressores defendantur.	Ut contra depredatores et oppressores eclesiarum existatis.

In synodo Moldensi acta.

25. Quod domus episcopi recte ordinari et componi debeat.	Ut non solum secundum apostolum domui suae specialiter[f] episcopus bene presit, verum et domum temporalem ornatam habeat.
26. Ut domum episcopi feminae non frequentent nec in ea reges aut principes saeculares diu versentur.	De episcopio, quod domus episcopi appellatur.

d) Et *infra c.* 20. e) *om.* 1. f) *ita* 1. *pro* spiritaliter; *cfr. infra c.* 25.

845.

27. Ut civitates per regis transitum non depraedentur.	Ut si transitus regis iuxta civitates acciderit, inmunes a depredatione mansiones infra civitatem fiant.
28. Ut episcopis libertas a rege ad obeunda ministeria concedatur, et episcopi concesso sibi otio non abutantur.	Ut regia magnificencia liberiorem libertatem episcopis ad suum peragendum misterium tribuat.
29. Ut episcopi plebes sibi creditas ipsimet visitent.	Ut quorundam episcoporum reprehensibilis consuetudo corrigatur.
30. Ut a minore ecclesia ad potiorem nemo aspiret.	De ordine sacerdotali.
31. Ut metropolitanis reverentiam exhibeant episcopi provinciae.	De metropolitanis sedibus.
32. Ut principes synodos provinciales suis temporibus fieri permittant.	De piis principibus.
33. De episcopis, qui ad synodos vocati non veniunt.	Ut si quislibet episcopus ad sinodum vocatus venire distulerit.
34. Ut canonum statuta omnes custodiant et vocum novitates in exponendis scripturis aliisve non praesumant.	Ut canonum statuta custodiantur.
35. Ut habere studeat episcopus, qui presbyteros plebium assidue instruat et informet.	Ut quisque episcopus iuxta se talem habere decertet, qui presbiteros assidue instituat.
36. Ut presbyteri apud ecclesias suas habitent et mulierum frequentationem devitent.	Ut presbiteri nullatenus ubicumque hospitari sinantur.
37. Ut clerici arma militaria non contingant.	Ut quicumque ex clero est, arma non sumat.
38. Ut nullus deinceps episcopus super[g] sacra iuret.	Ut nullus episcopus super sacra iurare presumat.
39. Quod detestanda sint periuria.	Ut multiplex iuramentorum confusio omnibus adnuncietur.
40. De hospitalibus Scotorum et aliis ad nihilum redactis.	Quid ammonenda sit regia magnitudo de hospitalibus.
41. De monasteriis eversis et in allodium datis.	Quid providendum sit regiae maiestati de monasteriis ab omnibus[h] in sua proprietate constructis.
42. Ut missi dirigantur, qui res ecclesiasticas in allodium datas inquirant.	Ut rex fideles missos per suum regnum dirigat.
43. Ut per simoniacam haeresim nemo regimen obtineat.	Ut nemo per symoniacam heresim regiminis locum optineat.
44. Ut chorepiscopus ultra modum suum nihil praesumat.	Ut corepiscopus modum suum teneat.
45. Ne pro chrismate pretium exigatur: et de eulogiis, quae a presbyteris offeruntur.	Ut nemo episcoporum propter crisma aliquid muneris accipiat.
46. Ut sacrum chrisma nisi in coena dominica non fiat.	Ut certo tempore sanctum crisma conficiatur.

g) supra *Sirm.* h) *pro* hominibus.

47. Quomodo providendum sit ecclesiae, cuius episcopus infirmus est.	Ut nemo vivente episcopo res suas invadat. 845.
48. Ut presbyteri excepta aegritudine non baptizent extra loca et tempora constituta.	Ubi presbiter baptizare debeat.
49. Ut laici presbyteros suos villicationi et aliis saecularibus negotiis non implicent nec aliorsum ducant.	Ut [nul]lus laicus presbiteros aeclesiarum suarum inhoneste negociationi[i] implicet.
50. Ut clerici alterius parochiae sine formata non recipiantur et criminati ab omnibus excludantur.	Ut presbiter vel clericus in alterius paroechia sine formata non recipiatur.
51. Ut clerici, qui cum senioribus suis ex aliis provinciis veniunt, non ministrent nec ordinentur sine litteris episcopi sui.	Ut, qui[k] cum[k] senioribus suis de aliis provinciis ad alias paroechias veniant sine formata, ministrare non permittantur.
52. Ut nullus ordinetur, nisi certo in clero per anni spatium conversationem suam probarit.	Ut, qui ex nostris paroechiis aut [ad[e]] tytulum [aut[e]] absolute ordinari petuntur, nullatenus ordinentur.
53. De canonicorum in civitate vel monasteriis cura et disciplina.	Ut canonici in civitate vel monasteriis in dormitorio dormiant.
54. Ut titulos cardinales in urbibus et suburbiis constitutos episcopi penitus ordinent et disponant.	De tytulis in urbibus vel suburbiis.
55. Ut episcopi usuras omnino compescere studeant.	Ut episcopi se ipsos aut ministros suos maxime aeclesiasticos ab usura conpescant.
56. Ut episcopus sine certa causa nullum excommunicet nec anathema imponat sine archiepiscopi et comprovincialium episcoporum consensu.	Ut nemo episcoporum quemlibet sine certa causa peccati communione privet.
57. Ut monachi palatium sine episcopi auctoritate non adeant nec vagentur nec villicationibus inserviant.	Ut monachi, quibus monasteriorum cura commissa non est, palatium sine auctoritate non adeant.
58. Ut canonicos sine episcopi consensu in servitium suum rex non recipiat.	Ut canonici in paroechiis tonsorati vel ordinati sine auctoritate a rege non recipiantur.
59. Ut monachus de monasterio sine episcopi consultu non eiciatur.	Ut monachus de monasterio sine consultu vel presencia episcopi non eiciatur.
60. Ut, qui sacra loca infringunt et praedantur, tamquam sacrilegi puniantur.	De monasteriorum atque sacerdotum locorum vel aeclesiarum infractoribus.
61. Ut pervasores rerum ecclesiasticarum publicae poenitentiae subiciantur.	De pervasoribus aeclesiarum[l] rerum.

i) negociatione 1. k) quicumque 1. l) *ita* 1, *pro* aeclesiasticarum; *cfr. infra c.* 61, *ubi cod.* 1. *item* ecclesiarum *praebet pro* ecclesiasticarum.

845. 62.	Ut, qui nonas et decimas persolvere aut sarta tecta restaurare negligunt, excommunicentur.	De his, qui ex rebus ecclesiasticis nonas et decimas non persolvunt.
63.	Ut de manso ecclesiae allisvo indebitus census a presbyteris non exigatur.	Item de censu aecclesiastici agri.
64.	De raptoribus virginum et viduarum, qui eas consensu parentum postea duxerunt.	De raptoribus virginum vel viduarum.
65.	De raptoribus virginum et viduarum, qui nondum eas ex voluntate parentum duxerunt.	De his, qui necdum eas, quas rapuerant, cum voluntate parentum sub dotalicii nomine in coniugium iunctas habent.
66.	Ut, qui deinceps virgines vel viduas rapere praesumpserint, excommunicentur.	Item de his, qui deinceps rapere virgines vel viduas presumpserint.
67.	De iis, qui sanctimoniales rapiunt et in coniugium sumunt.	De his, qui sanctemoniales virgines vel viduas rapiunt.
68.	De iis, qui alienas sponsas rapiunt.	De his, qui sponsas alienas rapiunt vel consensu parentum accipiunt.
69.	De eo, qui vivente marito coniugem illius adulteravit et illo mortuo sumpsit.	De eo, qui vivente marito coniugem illius adulterasse et eo defuncto eam sumpsisse dinoscitur.
70.	De iis, quae sub velamine religionis quasi sanctimoniales degunt et voluptatibus inservire dicuntur.	De falsis sanctimonialibus.
71.	Ut auctoritatem regiam penes se habeant episcopi, qua ministros rei publicae, si eorum indiguerint adiutorio, conveniant.	Ut auctoritas sigillo regio roborata singulis donetur episcopis.
72.	De sepulturis infra ecclesiam, et de sepulcris non violandis vel pecunia pro sepultura non exigenda.	De mortuis in aecclesia non sepeliendis.
73.[m]	Ut erga Iudaeos antiqua canonum et legum iura serventur.	Ut erga Iudeos ab ominibus[n] iura serventur.
74.		Ex[o] consilio Tolitano capite LVIII[p]. De his, qui contra fidem Christi Iudeis munus vel favorem prestant.
75.		Item[o] in eodem concilio cap. LX[q]. De filiis Iudeorum.
76.		De[o] mercatoribus huius regni.
77.	Ut potentes viri ac feminae provideant, ne in suis domibus vigeant adulteria et libidines.	De adulteriis et luxuriis non faciendis.
78.	Ut capellae villarum regiarum non committantur laicis, sed ecclesiasticis; et de dominicis decimis.	De his, qui ceteris praecellunt et negglegentius, quae Dei sunt, exequi videntur.

m) *Cfr. supra praefat. p.* 389, *lin.* 45. n) *pro* omnibus. o) *Cfr. infra c.* 74—76. p) *pro* LVII. q) *pro* LIX.

79. Ut comites seu iudices placitum aut mallum non teneant post quartam feriam in capite ieiunii. — Ut, que constituta sunt, regia magestas observari precipiat[r]. 845.

80. Ut feriati sint octo dies paschalis festivitatis.

81. Ut capitula a Carolo Magno imperatore et a Ludovico augusto promulgata observari praecipiantur. — Ut capitula a regibus promulgata observentur.

82. Ut, qui haec statuta episcopalia et regalia violarit, si clericus est, gradum amittat, si saecularis, honore suo privetur. — Quod haec, non parvipendentes maiorum instituta, fecerint[s].

83. Conclusio ad regem, ut capitula, quae ipse decrevit et manu sua firmavit, re ipsa conservet.

Quia generis humani fragilitas pronior dilabatur[a] ad corrigenda, quam studeat conservare correcta[b], et divina testantur oracula, et consuetudine monstratur cotidiana; quia etiam virtutes facilius queant[c] plantari, quam vitia possint eradicari, et ager dumosus ruricolarum usu atque labore ad cultum fertilem[d] perductus ostendit, et propheta sacerdotalem gestans personam Domino loquente praemonstrat dicens: 'Ecce[1] constitui te hodie super gentes et super regna, ut evellas et destruas et dissipes et disperdas et edifices et plantes.' Quattuor enim prius ponens ad destruendum[e] prava et duo postmodum ad statuendum recta, ostendit, quid[f] falce sacerdotali durius valeat et sepius debeat recidi: quicquid terrena potestate vel cupiditate, ignorantia seu fragilitate, studio ac subreptione perversum in ecclesia aut in humana[g] conversatione[h] pullulaverit, recidendum. Sacerdotum est enim divina[i] populo dare mandata et referre responsa, quia 'in[2] rationale[k] pectoris Aaron erant doctrina et veritas.' Et sacerdotalis chorus os Domini appellatur, sicut scriptum est: 'Si[3] separaveris pretiosum a vili, quasi os meum eris'; cui etiam dictum est: 'Tu[4] autem adnuntiabis eis', quin populis universis, 'ex me', et: 'Legem[5] requirent ex ore sacerdotis, quia angelus Domini exercituum est'; et multa alia his similia, quae vera christianitas plus iam pene credendo et venerando, quam audiendo vel discendo cognoscit. Sacerdotum est etiam imminentem gladium, quae est animadversio divini furoris atque iudicii, populis nuntiare. Eorum est nichilominus verbi gladio, 'acutiore[5*] omni gladio ancipiti, qui penetrat usque ad divisionem animae et corporis[l], compagum quoque et medullarum atque cogitationum et[m] intentionum cordis', in unoquoque ecclesiae filio prava resecare a rectis pravosque in omni ecclesia[n], si ita res poposcerit, ut saeculi iudices et iudicii divini praecones, segregare de[o] rectis; quia nulli, qui sanum sapit, est dubium ita Dominum omnia moderasse, ut clavibus ecclesiae datis aditus ad vitam claudi debeat vel reserari[p]: et quicquid ordine ordinato

r) *Cap.* 80. *deest. in* 1. s) *Cap.* 83. *deest. in* 1.

a) dilabitur 4. 6. b) directa 1. c) queunt 4. d) feralem 5. e) destruenda 2. 3. 6. f) quod 2—4. g) humanam 3. 4. h) conversationem 4. i) divino 2. k) rationali 5. 6. l) spiritus 4—6, *Bibl.* m) et intent. *om.* 1. n) ecclesiae 4. o) directis 3. p) reseccari 4.

1) *Hierem.* 1, 10. 2) *Exod.* 28, 30. 3) *Hierem.* 15, 19. 4) *Ezech.* 3, 17. 5) *Malach.* 2, 7. 5*) *Ebrae.* 4, 12.

845. a sacerdotibus in ecclesia geritur, per gratiam sancti Spiritus ab illo geratur, qui, quod eis promisit, nullatenus pro quocumque in quocumque dimisit: 'Ecce[6] ego', inquiens, 'vobiscum sum usque ad consummationem saeculi.' Quod certissime cognoscentes Domini sacerdotes et subtili examine perpendentes, quia eorum erat ad omnem actionem[q] populi, ut Dominus per Moysen praeceperat[7], tubis clangere[r], id est manifestissima[s] praedicatione[t] voluntatem Domini insonare; postquam ab ipsis piae memoriae Hludowici[u] divini[v] augusti temporibus[w] ecclesia diversis[x] et adversis ceperat vexationibus fatigari, in qua, ut[y] propheta longe multo ante defleverat, 'a[8] planta pedis usque ad verticem non' erat, immo nec 'est desiderabilis sanitas': crebris monitionibus[z] suam, principum quoque et potentum ac pauperum totiusque ecclesiae clamantes necessitatem, vocem correctionis dederunt, si forte vel 'ipsa[9] vexatio', ut scriptum est, 'intellectum daret auditui[a]'. Hoc verbis, hoc scriptis, hoc publicis, hoc privatis suasionibus, hoc specialibus, hoc generalibus egerunt pro Christo legatione fungentes petitionibus; hoc etiam dicta dominica[b] proponentes, hoc propheticis et apostolicis oraculis[c] contestantes[d], hoc veterum statuta prae oculis demonstrantes, hoc capitulari et petitoria suggestione saepius et principes et rei publicae potentes atque ministros ex divina insinuatione et voce blande ac terribiliter, quia ita diversi rerum eventus exegerant, monuerunt. Et ut de multis quaedam ad memoriam reducamus, ita egerunt scriptis, quae constant.

Quorum est[e] unum ex synodo in pago Andegavensi habita[10] in villa, quae dicitur Lauriacus[11]. Aliud[12] in reversione gloriosi regis ac domni nostri Karoli a Redonis civitate, quod idem inclitus princeps et ceteri quique[f], tam ecclesiastici quamque ex laicali ordine, qui adfuerunt viri, manu propria firmaverunt. Tertium in generali synodo apud Teodonis-villam[g] generaliter actum[13] et generali contestatione prolatum[h]. Quartum ex convenientia in praedicto conventu ceptum et in Verno palatio perpetratum[14], sed invidia ac malitia diaboli seu ministrorum eius nondum principis et populi auribus propalatum[i]. Inde vero, quia, sicut necesse fuerat, divinis iussionibus non est secuta oboedientia, dedit Dominus 'ab[15] aquilone', unde iuxta prophetam 'pandetur[k] malum', dignos meritis nostris apostolos, crudeles scilicet et inmanissimos christianitatis persecutores Nortmannos[l][16], qui usque Parisius[m] venientes, quod iussit Dominus, monstraverunt; quorum actus Domini sacerdotes, ut praevenerant ex ore Domini, sermone sunt etiam subsecuti. Sed et inde Belvacum civitatem venientes[17], quae ex Domini voluntate cognoverant[n], et verbo et scripto nullatenus siluerunt. Tandem autem crassante[o] iniquitate et elongante se optata atque obtabili pace non solum a medio nostri, verum[p], quod est lugubrius, a finibus nostris; perspicientes etiam divinam misericordiam, quae potissimum in tribulatione suis fidelibus consueverat[q] semper adesse, tot miserorum gemitus tantasque lacrimas et pene intolerabiles et in hac regni dumtaxat parte[r] inauditas[s] affictiones et horribiles cala-

q) *om.* 2. r) clangore 1. s) manifestissime 2—4. t) praedicationum 2. 4. u) Hluduici 2; Hlodovici 3; Hloduici 4; Ludovici 5. v) divi 3. 5. w) temporis 2—4. x) adversis 2. y) et 2—4. z) munitionibus 2—4. a) auditu 4. b) propon. domin. 2—4. c) oculis 1. d) constantes 2—4. e) unum est 4. f) quinque 6. g) Theodonis villam 4—6. h) propalatum 4—6. i) prolatum 4—6. k) omne *add.* 4—6. l) Northmannos 4. m) Parisios 5. n) cognoverunt 2. 3. o) grassante 4—6. p) etiam *add.* 4. q) consuerat 2—4. r) partem 2. s) auditas 2—4.

6) *Matth.* 28, 20. 7) *Cfr. Num.* 10. 8) *Esai.* 1, 6. 9) *Ibid.* 28, 19. 10) *A.* 843, *m. Oct.; cuius acta non tradita sunt, nisi ope Concilii Meldensis; infra c.* 13—16. 11) *Loire, prope ad Andegavum.* 12) *A.* 843, *m. Nov.; supra nr.* 254. 13) *A.* 844, *m. Oct.; supra nr.* 227. 14) *A.* 844, *m. Dec.; supra nr.* 291. 15) *Hierem.* 1, 14. 16) *A.* 845, *die* 28. *m. Mart.; cfr. Dümmler, Ostfränk. Reich I*², *p.* 282 *sq.* 17) *A.* 845, *m. April.; supra nr.* 292.

mitates, surda si dici fas est, aure Dominum[t] iusto iudicio praeterire: ob hoc iustae indignationis divinae complangendum supplicium et[u] ecclesiae Christi devoto pectore tractandum negotium, praesulum[v] quoque et sequentis cleri correctionem[w] et regis ac regni salubritatem atque stabilitatem et populi auctore et fautore[x] Domino[y] procurandam salutem venerabiles episcopi, Wenilo videlicet Senonicae sedis archiepiscopus cum[z] suffraganeis suis, Hincmarus quoque sanctae metropolis ecclesiae Remorum episcopus cum coepiscopis[a] suis et Hrodulfus[b] Bituricae civitatis archiepiscopus, ceteris etiam Domini[c] sacerdotibus legatis vel scriptis suam praesentiam exhibentibus in Moldensem ecclesiam de suis civitatibus convenerunt, ibique secundum synodalis ordinis censuram residentes anno dominicae incarnationis DCCCXLV. piique regis Karoli succrescente[d] feliciter VI, cuius consensu sub divino nutu illuc conventum est, XV. Kalendas Iulii, quia occasiones durissimae iam annis praecedentibus synodalia tempora religioni[e] abripientes[f] sibi indebite subripuerant, post compassionis[g] fraternae et communis miseriae luctum statuerunt, primo aliqua ex his, quae nuper ab eodem devotissimo principe una cum sacro[h] ecclesiastico ordine et inlustrium virorum nobilitate decreta sunt, ita, ut constituta fuerunt[i], praefigere vel, quae ab[k] ipsis ac ceteris Christi vicariis ex divina auctoritate ad statum[l] sanctae ecclesiae redintegrandum et[m] principis ac rei publicae et subsequentis[n] christianitatis[o] salutem sunt propalata[p] capitula, recenti memoriae et auditui atque aspectui salubriter propitio[q] Christo praescribere[r], et tunc, quae sancti Spiritus gratia ministraverit et patrum constitutio roborarat, devotis mentibus intimare. Quia quae bene inventa et semel statuta sunt, observatione indigent, ut[s] vestigiis praecedentium didicimus[t], non retractatione. Nec solum studendum est nova cudere, sed et vetera conservare. 845.

Quia etiam mox post absolutam synodum nec ammonitionis episcopalis congruentia variis eventibus praepedita potuit subsequi nec monitionis efficacia[u] promereri, praedicti venerabiles episcopi una cum aeque venerabili Gunbaldo[v] Rotomagensi[w] archiepiscopo ac coepiscopis suis consensu suprascripti gloriosissimi regis[x] Karoli anno incarnationis dominicae DCCCXLVI, XVI[y]. Kalendas Martias Parisius[z] convenerunt, et ceptum divinum negotium pertractantes, ut ad perfectionem debitam propiciante Christo[a] perduceretur, satagere studuerunt. Sicque per septimformis Spiritus sancti virtutem nos omnes, licet indigni, Christi tamen vicarii et apostolorum ipsius successores omnem hominem ecce iam non modo septies, verum[b] et octies intuitu meriti stabulario repromissi: 'Quod[18] supererogaveris', inquit, 'cum redigero[c], reddam tibi' convenientes, ut vel nunc in hac[d] octava, quae resurrectionem praetendit, conventione a mortuis operibus communiter resurgamus, consilium Dei iuxta Pauli vocem[19] adnuntiamus, et mundos nos a sanguine audientium exhibemus; indeque[e] non oboedientibus, quam non optamus, iram et indignationem ac tribulationem, sicut idem sanctus[f] apostolus[20] docuerat, denuntiamus; omni[g] autem oboedienti et operanti bonum ac perseveranti in bono Christi Dei[h] nostri voce promittimus,

t) *om.* 5. 6. u) *om.* 2—4. v) presulem 4. w) correctione 1. x) favore 3. y) Deo 4. z) *altera manu superscr.* 2. a) episcopis 2. 3. b) Rodulphus 5. 6. c) sac. Dom. 2—4. d) succrescentis 5. 6. e) religione 4. f) arripientes 1. g) compassiones 3. h) sanctorum *add.* 1. i) fuerint 2. 3. k) ipsis a ceteris 2. 3. l) statutum 6. m) ad 4—6. n) subsecutis 2—4. o) christianae 6. p) prolata 3. 5. 6. q) Christo prop. 5. 6. r) proscribere 3. s) et 2—4; ex *add.* 5. 6. t) dicimus 5. u) officia 2; efficia 3. v) Guntboldo 2—4; Gunboldo 5. 6. w) Rothomagensi 5. 6. x) *om.* 4. y) *om.* 5. 6. z) Parisiis 5. a) Domino 4. b) iterum 2. 3. c) rediero 2. 4—6. d) hoc 2. 3. e) idemque 2—4. f) om. 4. g) omnia 2. 3. h) Domini 2—5.

18) *Luc.* 10, 35. 19) *Act. apost.* 20, 26. 27. 20) *Rom.* 2, 7—9.

845. quam et deposcimus, gloriam[i] et incorruptionem et vitam aeternam in saecula saeculorum[f]. Amen.

Capitula ex conventu habito in villa, quae[k] dicitur Colonia[l], consensu[m] principis et episcoporum ac ceterorum fidelium prolata[m] et confirmata et ab omnibus Dei[n] fidelibus necessario[o] observanda[p].

Cap. 1. De[21] honore videlicet et cultu[q] Dei atque sanctarum ecclesiarum, quae auctore[r] Deo sub ditione et tuitione regiminis nostri consistunt, communiter Domino mediante decernimus, ut, sicut tempore beatae recordationis domni ac genitoris nostri excultae et honoratae atque rebus[s] ampliatae fuerunt[22], ita permaneant, et quae a nostra liberalitate honorantur atque ditantur, de cetero sub integritate sui serventur[t], et sacerdotes ac servi Dei vigorem ecclesiasticum et debita privilegia iuxta reverendam auctoritatem obtineant; eisdem vero regalis potestas et inlustrium[u] virorum strenuitas seu rei[v] publicae administratores, ut suum ministerium competenter exsequi valeant, in omnibus rationabiliter et iuste concurrant.

2. Honor[21] etiam regius et potestas regali dignitati competens atque sinceritas[w] et obtemperantia seniori debita, remota omni socordia et calliditate seu qualibet indebita quorumcumque coniunctione contra honorem et potestatem atque salutem nostram sive regni nostri soliditatem, nobis in omnibus et[x] ab[x] omnibus[x], sicut tempore antecessorum nostrorum consueverat[y], exhibeatur. Et si quis quemcumque contra nos et contra hanc pactam sinceritatem aliquid moliri manifeste cognoverit, si eum converti[z] nequiverit, aperte prodat atque denotet. Et sic[a] consilio atque auxilio episcopalis auctoritas et fidelium unanimitas, ut[23] honor et potestas regia inconvulsa permaneat, totis nisibus decertare et adiuvare procuret.

3. Quia[21] vero debitum esse cognoscimus, ut, a quibus honorem suscipimus, eos iuxta dictum[b] dominicum honoremus, volumus, ut omnes fideles[c] nostri certissimum teneant neminem cuiuslibet ordinis aut dignitatis deinceps[d] nostro inconvenienti libitu aut alterius calliditate vel iniusta cupiditate promerito honore debere privare[e], nisi iustitiae[f] iudicio et ratione atque aequitate dictante. Legem vero unicuique competentem, sicut antecessores sui tempore meorum[g] praedecessorum habuerunt, in omni dignitate et ordine favente Deo[h] nostram magnificentiam observaturam promittimus[i].

4. Quod[21] ut[k] facilius atque obnixius[l] nostra[m] auctoritas valeat[n] observare, omnes, sicut in vestra bene memorabili convenientia pepigistis, conservare studebitis. Immo etiam cuncti in postmodum sollicite praecavebunt, ne aliquis pro quacumque privata commoditate aut reiciendae cupiditate sive alicuius consanguinitatis vel familiaritatis seu amicitiae coniunctione nobis immoderatius suggerat vel postulationibus aut quolibet modo inliciat, ut contra iustitiae rationem et nostri nominis dignitatem ac regiminis aequitatem agamus.

5. Et[o][21] si forte subreptum nobis quippiam[p] ut homini fuerit, competenter[q] et fideliter, prout sublimitati regiae convenit et necessitatibus subiectorum expedit, ut[r] hoc rationabiliter corrigatur, vestra fidelis devotio admonere curabit.

6. Tandem[21] autem visum est nobis annectere, ut, si quis hoc foedus concordiae salubris, quod propter pacis caritatisque custodiam[s] inivimus et cyrographi virtute subscripsimus, rebelli atque animo pertinaci inruperit, christiana dilectione admoneatur et[t] ad inconvulsum caritatis[u] vinculum conservandum, quod qui temptaverit corrumpere facilius poterit se ipsum disrumpere quam illud[v] possit inrumpere, iuxta monita divina, ut resipiscat, hortetur. Et si audierit, fiat de societate fideli omnibus gaudium; si vero obaudire[w] rennuerit, tunc pontificalis auctoritas et regalis sublimitas atque in caritatis conexione persistentium magnanimitas, secundum quod res et necessitas

i) *bis script.* 3. k) qui 9. l) Holunia 5. 6. m) consensu *om.* 1; principis, episcoporum (eorum 2.) ac cet. fid. consensu prol. 2—4. 9; atque firmata, *om. rell.*, 9. n) *om.* 2—4. o) necessaria 2—4. p) *Sequitur in* 1. *index titulorum, supra p.* 390. q) cultū 2. r) *e* auctor *corr.* 2. s) regibus 3. t) servantur 2. u) industrium 1. v) regi 1. w) insinceritas 1. x) *om.* 4. y) convenerat 5. z) convertere 5. 6. a) *om.* 6. b) edictum 2. 3. 5. 6. 9. c) *om.* 9. d) *om.* 1. e) privari 2. 4—6. 9. f) vel iusto *add.* 4. g) *ita etiam* 1; nostrorum 2—6. 9. h) Domino 2—6. 9. i) promittamus 2. 3. k) *om.* 5. 6. l) obnoxius 1—3. m) vestra 5. n) possit 4. o) Ut 2—4. p) quipiam 1. q) competentem 5. 6. r) in *add.* 3. s) concordiam *Sirm.* t) ut 2. 3. u) veritatis 5. 6. v) illa 4. w) abaudire 1.

21) *Capp.* 1—6 = *Conv. in Col.* 843, *supra p.* 255, *c.* 1—6. 22) salva aequitatis ratione *add. l. c. c.* 1. 23) noster *add. l. c. c.* 2.

postulaverit ac ratio expetiverit seu qualitati[x] personae convenerit, zelum suae devotionis ferventissimo exerat, et quod inspirante Deo agendum in omnem salutis et utilitatis atque honestatis partem iudicaverit, inrefragabiliter peragat. 845.

Ex capitulis vero in[y] synodo[y] apud Teodonis[z]-villam habitis quaedam monenda subiungimus[a]; quaedam autem pro tempore tunc dicenda nunc brevitati studentes recidimus[b]; quaedam etiam necessitati[c] consulentes et ordini providentes, patrum sequentes consuetudinem interposuimus ita ab episcopis prolata principum[d] et ceterorum fidelium saluti[e].

7. Videtur[24] nobis, si feliciter[f] vultis regnare et vigorem regium ac seniorale et super vestros et super inpugnantes potestatem vestram optatis habere, caritatem illam, quam apostolus docuit, 'de[25] corde puro et conscientia bona et fide non ficta' cum fratribus[g] vestris studete habere; et quia sic habeatis, et fidelibus et infidelibus[26] omni virtute et puritate, quantum Deus dederit, curate manifestare, sicut ipse docuit dicens: 'In[27] hoc cognoscent omnes, quia mei estis[h] discipuli, si dilectionem habueritis ad invicem.'

8. Quia[i 28] bene nostis ab illo, qui solus[29] rex et sacerdos fieri potuit, ita[k] ecclesiam dispositam[l] esse, ut pontificali auctoritate et regali potestate gubernetur, et scriptum esse[m] liquido pervidetis: 'Ubi[30] non est gubernator, populus corruit', et tanto periculosius, quanto anima plus est pretiosa quam corpus, canonum etiam inrefragabilis auctoritas super episcoporum ordinatione[31] evidentissime praecipiat, ferventissime Dei[n] legatione fungentes monemus, ut, quandocumque Deo dispensante quilibet episcopus ad Deum[o] migraverit, submota funditus peste simoniacae hereseos, sine dilatione iuxta auctoritatem canonicam, sedes vacans episcopum[32] a vobis regulariter designatum et gratia sancti Spiritus consecratum accipiat[33].

9. Sacrum[34] quoque monasticum ordinem a Deo inspiratum et ab ipsis apostolis fundatum seu a nominatissimis ac sanctissimis patribus excultum atque per istud imperium a vestris piae memoriae praedecessoribus propagatum et quaedam etiam loca specialius venerabilia contra omnem auctoritatem et rationem ac patrum vestrorum seu regum praecedentium consuetudinem laicorum curae et potestati in maximo vestro periculo et illorum perditione[p] et Dei ac sanctorum non modica ad irascendum provocatione vos commisisse dolemus. Quapropter pro Christo devotissime obsecramus, ut[q] tam[q] magnam offensam et iustam[r] reprehensionem atque periculosam sine exemplo praecedentium praesumptionem ab animabus[s] vestris et a[t] felicitate regni vestri pellatis et loca venerabilia et habitum ac ordinem sacrum eis, qui ad hoc vocati sunt, viris[u] scilicet ex[v] clericali[v] et ecclesiastico vel monastico ordine religiosis[w] seu et in[x] suo sexu feminis[y] Deo dicatis atque devotis[z] et[z] in scola Christi eruditis, ad[a] custodiendum et providendum committatis, qui et[a] 'quae[35] Dei sunt Deo et quae sunt caesaris caesari' reddant. Qui si[b] minus perfecte et in divina[c] religione et in rei publicae utilitate profecerint, aut corripiantur aut meliores et[d] utiliores in locis eorum substituantur; et non propter pravorum nequitiam ordo religionis et loca sacratissima eis[e], quibus licitum non est, committantur, quia, ut sancti patres dicunt, 'non[36] debet esse in regimine vel[f] in contubernio communis habitatio, quorum est diversa professio'. Et magnopere cavendum est, ne[g] tam manifesta religionis destructio regni huius fiat desolatio; cum manifestissime scriptura[h] demonstret[37] Ozam morte dampnatum, qui archam Domini quasi caden-

x) qualitate 1—4. y) *om.* 1. z) Theonis 1; Theotonis 4; Theodonis 5. 6. a) subiungemus 5. 6. b) reddimus 1. c) necessitate 3. d) principium 2. e) salutem 3. f) fideliter 2. 3. 5. 6. g) confratribus 3. h) isti 2. i) Qui 9. k) *om.* 3. l) disposita 1. m) est 1. 3. n) legacione Dei 9. o) a Deo 1; Dominum 5. 6. 9. p) perdictionem 1. q) uitam 3. r) iuxtam 1. s) *e* animalibus *corr.* 2. t) *om.* 5. 6. u) viri 5. v) et clericalis 1. w) devotis *add.* 6. x) *om.* 6. y) femineis 6. z) et 2. a) etsi 6. b) etsi 5. c) relig. divina 2. 3. d) aut 2. 3. e) *om.* 2. f) aut 2—4. g) nec 2—4, *corr.* ne 2. h) dicit et *add.* 1.

24) *Synod. ad Theod. 844, supra p.* 118, *c.* 1, *lin.* 28 *sqq., sed valde abbrev.* 25) 1. *Timoth.* 1, 5. 26) vestris *add. l. c.* 27) *Ioh.* 13, 35. 28) *Synod. cit. c.* 2. 29) merito et *add. l. c.* 30) *Prov.* 11, 14. 31) et in populi ad custodiendum suscepti vigilantia ac sedium suarum tenaci stabilitate *add. l. c.* 32) episcopos a Deo datos et a *l. c.* 33) accipiant aut, quae suis episcopis quacumque occasione privatae sunt, canonice eos sine aliqua excusatione aut tarditate recipiant *l. c.* 34) *Ibid. c.* 3. 35) *Matth.* 22, 21. 36) *Nescio, unde haec verba sumpta sint.* 37) 2. *Paralip.* 6, 7.

845. tem relevare[i] voluit, quam vel contingere inlicitum ei fuit. Haec autem loca sacrata[k] non ideo ab illis, quia[l] tenere non debent, occupari prohibemus, ut a nobis illa cupide possideri[m] quaeramus, sed ut hi, quibus ea habere non licet, licita habeant et illi, qui ad regiminis onera portanda a Domino vocati[n] sunt, divina mysteria[o] exsequantur.

10[p]. Perventum est siquidem ad nos, quod auditu lugubre et dictu nefas actuque[q] horribile ac nimis triste dinoscitur, quia contra[r] omnem auctoritatem, contra patrum decreta et totius christianae religionis consuetudinem in monasteriis regularibus laici in medio sacerdotum et levitarum ac ceterorum religiosorum virorum ut domini et magistri resideant[38] et velud abbates de illorum vita et conversatione decernant eosque diiudicent et regimina animarum ac divina eis secundum regulam non solum sine praesentia, verum[s] et[t] sine conscientia episcopi committant[u] sacraria, et ita praesumptive doceant[v], qui noluerunt fieri discipuli veritatis, ut[w] saltu inordinato magistri fiant erroris. Quod quam temerario ausu praesumptum sit, omnis[x] scripturarum demonstrat auctoritas, adeo ut, sicut[y] scriptum est, nec in persecutione dominica sine ministris pontificum res publica ad comprehendendum Dominum, quanto magis ad ordinanda divina servitia[z] auderent transmittere? Ait enim scriptura secundum Iohannem: 'Iudas[39] autem[a] cum accepisset cohortem et a pontificibus et Phariseis[b] ministros'; et item[c]: 'Et[40] adduxerunt Iesum ad Annam primum et inde[d] ad Caiphan pontificem'; et post examinationem pontificis suscepit eum Pilatus; et Paulum[e] princeps sacerdotum secundum legem sedens per legem iudicare[f] debebat[g]. Et[h] quibus panes[i] propositionis non licet edere, etiam regis a Deo electi petitione, nisi ab inmunditia sua mundentur[k], iudicio[l] sacerdotum panes[m] proponunt. Quod[n] non est aliud, nisi quod Iohannes dicit, cum venerit, antichristum[o] acturum, 'et[41] nunc antichristi[p]', videlicet isti, 'multi sunt'; et quod Dominus secundum Marcum: 'Cum[42] videritis abominationem[q] desolationis stantem in loco, ubi non debet; qui legit, intellegat[h].' Vere enim ista est abominatio desolationis, non solum religionis, sed etiam praesentis et perpetuae salutis, et non solum subditorum et[r] talium apocriphorum rectorum, verum et regis et regni atque regni primorum[s] huic detestabili inordinationi[t] fautorum. Et quod adhuc habetur flebilius, quidam episcoporum e vicino sedentes et iuxta prophetam 'canes[43] muti, non valentes latrare nec[44] opponere murum pro domo Israel' haec scientes silent et surda aure pertranseunt. Unde[u] zelo divino accensi auctoritate Dei, 'ex[45] quo omnis paternitas' secundum[v] apostolum 'in caelo[w] et in terra nominatur', decernimus, ut, quicquid huiusmodi hactenus actum est, sacerdotali ac regali rigore seu dispositione cassetur et ad statum auctoritativum reducatur[x], et talis abbatia[y], quae paternitas[y] latino[z] nomine[a] dicitur, funditus[b] removeatur. Et si quis hoc de[c] cetero[c] praesumpserit[d] et ammonitus a[e] tali prae-

i) revelare 2. k) sacra 2–4. l) qui *e correct.* 2; qui ea *Sirm.* m) possidere 1. 4. n) vocata 1. o) ministeria 5. 6. p) *Cum cap.* 8. *in unum coniunct. in* 9. q) atque 2–4. 9. r) *om.* 10. 11. s) *om.* 1. t) etiam 5. 6. 9. u) committat 1. v) doceant 4–6. w) et 4–6. x) omnium 4. y) *om.* 9. z) servare 1. a) ergo 1. 10. 11, *Bibl.* b) Phariseos 2. 3; ministris 3. c) iterum 5. 10. 11. d) deinde 1. 11. e) Paulus 9. f) sedens 1. g) debeat 4. h) Et quibus … intellegat *(lin. 27) om.* 9. i) panis 1. k) mundetur 6. l) iudicia 5. 6. m) non *add.* 4. n) *corr.* quid 2; quid est 4. o) ante christum 2. p) antichristum 1. q) ab homine *corr.* abhominatione, abhominationem 2; ab hominem *corr.* abominem 3; hominem *corr.* abominationem 4. r) *om.* 3. s) et *add.* 6. 9–11. t) inordinatione 3. 9; faustorum 3. u) et *add.* 2. 4–6. 9–11. v) sec. apost. *om.* 9. w) caelis 9. *et Bibl.* x) deducatur 10. 11. y) abba qui pater 9. z) latine 2; nom. lat. 1. a) non *add.* 9. b) *om.* 1. c) de cete 3; decretum *Sirm.* d) contempserit 4, *Sirm.* e) in 10. 11.

38) *Cfr. Dümmler, Ostfränk. Reich I², p.* 291 *sq.* 39) *Ioh.* 18, 3. 40) *Ibid.* 18, 13. 24. 41) 1. *Ioh.* 2, 18. 42) *Marc.* 13, 14. 43) *Esai.* 56, 10. 44) *Ezech.* 13, 5. 45) *Ephes.* 3, 15.

sumptione se[f] corrigere non[g] voluerit, et isdem[h] et[i] qui ei[k] faverit vel consenserit 845.
a corpore Christi separetur et sanguine. Qui autem de monachis per talem manum[l] obedientiam regularem susceperit, gravioris[m] culpae vindicta puniatur. Quodsi post[n] quisquam illorum praesumpserit, iudicio sancti Spiritus praesenti decreta auctoritate anathematizetur. Si autem[o] monachus contempnens[o] gradum ecclesiasticum habuerit, eo[p] privetur; et si gradum[q] non habuerit, pane et aqua contentus[r] ergastulo diebus quadraginta retrudatur, et[s] de ministerio indebite[t] adepto ultionem canonicam, qui a qualibet[u] seculari potestate praedictum[u] honorem ecclesiasticum vult obtinere, ex hoc decreto[v] sustineat. Episcopi vero, qui actenus tantam silentio consenserunt praesumptionis perniciem, durius arguantur; et si deinceps istud sine vindicta dimiserint[w] aut agere in suis parrochiis consenserint, tribus mensibus hoc[x] synodali iudicio a missarum sollemniis se abstineant, et suae tantum ecclesiae communione[y] contenti[z] fiant.

11. Occasionem[46] etiam et fomitem, unde ordo ecclesiasticus et canonica forma atque monastica religio saepe a longe superiori tempore, cum minus religiosos principes habuit, titubavit et pene conlabens deperiit et iterum, cum devotos et in Dei zelo ferventes principes accipere meruit, resurrectione quadam revixit et vigorem recepit atque sui processus tempore ambulavit, quod non sine gravi dolore et metu ultionis divinae dicimus, in vestri[a] regiminis tempore 'in[47] destructionem[b], non in[c] aedificationem', sicut Paulus docuerat, accidisse[d] conspicimus. Quod et nostris peccatis, qui dispensatores et pastores ecclesiarum esse debuimus, veraciter[e] imputamus; et eorum, quorum factione res ista adeo male pullulavit et excrevit, alia praecedentia peccata hoc meruisse, pro certo auctoritate[f] divina[g] cognoscimus: ut, 'qui[48] nocebant', sicut scriptum est, 'nocerent adhuc, et[h] qui in sordibus erant, sordescerent adhuc[i]'. Unde Deum gravius ad iracundiam provocarent et sanctos, quos intercessores pro suis peccatis habere debuerant, infensos[k] haberent et sacerdotes ac viros religiosos seu Christi pauperes, quos oratores et reconciliatores sibi de suo promereri necesse fuerat, proclamatores adversum se fieri irritarent et ad cumulum suorum peccatorum etiam illa peccata, unde in conspectu Dei rationem in die terribilis iudicii redderent, et[l] augerent, quae[m] illi[m] commiserunt, qui eadem ipsa peccata per intercessionem fidelissimarum oblationum deleverunt, quas[n] ecclesiasticarum rerum pervasores inconsulte et in perniciem sui sine reverentia abutuntur. Quod ita verum esse, ut dicimus, Dominus protestatur dicens: 'Peccata[49] populi mei comedunt'. Peccata enim populi comedunt, qui[o] contra auctoritatem divinam res ecclesiasticas indebite pervadunt et nec intercessionis ope nec praedicationis[p] consilio vel quocumque divino auxilio pro peccatis eorum, qui eas[q] dederant, laborant[r] nec pio operi, ad quod fides fidelium eas tradiderat, inservire[s] permittunt. De quo periculoso[t] facto vos, princeps[u] christianissime[u], venerabiliter admonemus et devotissime obsecramus, ut memores salutis vestrae, praesentis scilicet et[v] aeternae, memores etiam largitatis progenitorum vestrorum erga sanctas ecclesias, propter quam feliciter[w] regnaverunt et sibi contrarios superaverunt, memores siquidem, cum quanta religione etiam ante Christi sanguinem et in tempore famis in Aegypto discretione sancti Ioseph apud nefandum[x] regem Pharaonem terra sacerdotalis extitit[50], innumera quoque scripturarum[y] exempla, ut lacte ecclesiae nutriti et scientiae ipsius uberibus sufficienter repleti, ante oculos reducentes tunicam Christi, qui vos elegit et exaltavit, quam nec milites ausi fuerunt scindere, tempore vestro quantotius recon-

f) si 3. g) noluerit 4. 9—11. h) idem 5. 6. i) *om.* 10. 11. k) et 3. l) *bis script.* 3. m) *e correct. in* 2; gravioribus. 3. 4. n) postmodum 4. o) autem ... contempnens *om.* 10. 11. p) *om.* 10. 11. q) ecclesiasticum *add.* 9. r) continetur 1; contemptus 2. 3. s) et indebito ministerio adepto 9. t) [in]debite ... qualibet *om.* 1. u) *ita* 5. 6; praedicto 2. 4. 9; praedito 1. 3. 10. 11. v) *ita* 5. 6; decreta 1—4. 9—11. w) dimiserit 3. x) haec 2—4. y) communioni 1. 4. z) contempti 1. 11. a) vestris 1. b) distructionem 2. 3. c) *om.* 5. 6. d) *om.* 1. e) velociter 3. f) divina auct. conspicimus vel cognoscimus 1. g) divino 2. 3. h) et qui ... adhuc *om.* 5. i) adhuc *om.* 1; et *add.* 4. 6. k) infessos 1. l) om. 1. 4—6. m) *bis script.* 3. n) quibus 2. 3. 5. 6. o) quia 1. p) praecationis 2. 3. q) eos 2. 3. r) laborent 1. s) inservi se 2. 3. t) periculo 2. u) *ita* 1. 3; principes christianissimi 2. 4—6, *Syn. cit.* v) *om.* 1; *post superscr.* 2. w) fideliter 3. x) scilicet *add.* 1. y) *om.* 2. 3.

46) *Synod. ad Theod.* 844, *supra p.* 114 *sq.*, c. 4. 47) 2. *Corinth.* 13, 10. 48) *Apocal.* 22, 11. 49) *Osea* 4, 8. 50) *Genes.* 47, 22.

845. suite et resarcite et nec violenta ablatione[z] nec inlicitorum praeceptorum confirmatione[a] res ab ecclesiis[a] vobis ad tuendum et defensandum ac propagandum commissis auferre temptate[b]; sed ut sanctae memoriae avus et pater vester eas gubernandas vobis fautore Deo dimiserunt, redintegrate, et praecepta regalia earundem ecclesiarum conservate et confirmate; ne[c] sicut intentavit Samuhel[d] propheta[51] ad Roboam filium Salomonis in conscissione pallii, praesens regnum, quod absit, vobis patrum labore adquisitum et hereditate relictum a vobis ipse Christus dividat et aeternum regnum, quod promisit, non tribuat. Nec contra Dei faciem iratas[e] hominum facies consideretis; quia, si ad tempus illis[f] displicueritis, cum vos Deo[g] placebitis, in vobis ille, quod promisit, implebit: 'Cum[52] placuerint[h]', inquiens, 'Domino[i] viae hominis, omnes inimicos eius[k] convertet[l] ad pacem[53].'

12. Petimus[54] tandem, ut ordo ecclesiasticus, in quibuscumque ei fuerit necesse rigorem salutis humanae exercere, per potestatem vestram et per ministerium ministrorum dominationis vestrae secundum antiquam[m] consuetudinem suum vigorem recipiat: et populi generalitas una cum ecclesiastica devotione 'iudicium[55], quod honor regis diligit', et 'iustitiam[56], qua thronus eius firmatur', per dispositionem vestram suscipiat; seu admonitione[n] atque consilio sacerdotali vestra sublimitas et quisque in quolibet statu vel ordine de rapinis et ceteris[k], quae[k] discordiae malo[o] acciderunt, praeteritis erroribus poenitudinem gerat et Domini reconciliationem expostulet. Quam facile omnis, qui quaesierit, inveniet, si in loco discordiae plantata fuerit caritas, quae cooperit[p] multitudinem peccatorum, eumque potius quam nos in consilio, non nostro sed Dei, adtendatis, qui dixit: 'Qui[57] vos audit, me audit, et qui vos spernit, me spernit. Non[58] enim vos estis, qui loquimini, sed spiritus Patris vestri, qui loquitur in vobis.'

Capitula in[q] synodo acta, quae[r] habita est[r] aqud Lauriacum[s] in pago Andegavensi anno DCCCXLIII[t]. incarnationis domini[u] nostri[v] Iesu Christi[u], mense[w] Octobri, indictione VII[x].

13. Si quis publicus divinae legis praevaricator vel pro manifestis criminibus erga[y] ecclesiastica iusta[z] et rationabilia iudicia contemptor repertus fuerit vel inflatus ac[a] tumidus[a] monitis ecclesiasticis ac sanctorum patrum constitutionibus contradictor vel subsannator comprobatus fuerit, si monitionibus episcopalibus[b] obtemperare distulerit, anathematizetur.

14. Si quis contra regiam dignitatem dolose ac callide ac pernitiose satagere[c] comprobatus fuerit, nisi dignissime satisfecerit, anathematizetur[c].

15. Si quis potestati regiae, quae 'non[59] est' iuxta apostolum 'nisi a Deo', contumaci ac[d] inflato spiritu, contra auctoritatem et rationem pertinaciter contradicere praesumpserit et eius iustis et rationabilibus imperiis secundum Deum et auctoritatem ecclesiasticam ac ius civile obtemperare inrefragabiliter noluerit, anathematizetur.

16. Quicumque superbiae facibus accensi vel protervia stomacati haec, quae pro sanctae matris ecclesiae tranquillitate sacerdotalique rigore et regia[e] dignitate a nobis unanimiter definita manibusque propriis roborata sunt, violare aut quolibet argumento inrumpere temptaverit[f], placet eos omnes anathematizari[g].

z) oblatione 1. a) confirmationem res aecclesiasticis 1. b) temtatis 1. c) nec 1. d) Semeias 5. e) iratus 1. f) illi 2. 3. g) *om.* 2. 3. h) placuerit 1. i) Deo 2—6. k) *om.* 2. 3. l) converte 2. 3, *corr.* convertet 2. m) consuet. antiq. 2. 3. n) admonitio 2. 3. o) mala 2. 3. p) *e correct. in* 2; coeperit 3. q) *om.* 2—4. 9. r) quae ... est *om.* 1. s) villa *add.* 1. t) DCCCXLIIII. 1—4. 9. u) domini ... Christi *om.* 9. v) *om.* 6. w) M̄S̄ 2; mensis 3. 9; octb̄ 2. 3; Octobris 9. x) VI. 1. 2. 4. 9. y) *om.* 1—4. 9; ecclesiasticarum iustarum et racionabiliorum iudiciorum cont. 9. z) iuxta 1. a) actū id 2—4; ac tum idem 9. b) episcopalis 1. c) satagere ... anathem. *des. in* 2. d) et inflatu 2—4. e) regio 2. 3. f) *ita* 1—3. 6. 9; temptaverint 4. 5. g) anathematizare 9.

51) 3. *Reg.* 11, 30. 52) *Prov.* 16, 7. 53) *Synod. cit. perg.:* Quod ut commodius valeatis implere *etc.* 54) *Ibid. c.* 6, *l. c. p.* 116; *cap.* 5. *hic omissum est.* 55) *Psalm.* 98, 4. 56) *Prov.* 25, 5. 57) *Luc.* 10, 16. 58) *Matth.* 10, 20. 59) *Rom.* 13, 1.

Ex[h] capitulis apud[i] Belvacum civitatem[k] in[l] synodo habitis[l]. 845.

17. Ut[60] res ecclesiasticae tempore principatus vestri ablatae ex integro praesentialiter restituantur et restitutae conserventur, sicut tempore avi et patris vestri fuerunt, et excepto superposito[m], quod ad usus possidentium[61] absumptum[n] est, quomodo tunc erant[62], quando vos inde[o] illas[p] tulistis, sine refragatione reddantur. Hinc enim in canone Aurelianensi scriptum est titulo XIII[q]: 'Ne[63] cui liceat res vel facultates ecclesiae aut monasteriis vel senodochiis pro quacumque elemosyna cum iustitia delegatas retentare[r], alienare atque subtrahere: quodsi quis fecerit, tamquam necator pauperum canonum[s] antiquorum sententiis constrictus ab ecclesiae liminibus excludatur, quamdiu ab ipso ea, quae sunt ablata vel retenta, reddantur.'

18. Ut[60] praecepta inlicita iure beneficiario de rebus ecclesiasticis facta a vobis sine dilatione rescindantur, et ut de cetero, ne fiant, a dignitate[t] vestri nominis regii caveatur.

19[u]. Ut[60] ab ecclesiis vestrae ditioni subiectis indebitas consuetudines et iniustas exactationes[v] de cetero non exactetis, sed ita eas conservetis, sicut ordo docet canonicus et tempore avi et patris vestri conservatae fuerunt.

20. Et ne magnificentiam vestram illuc vestrae dignitati indecens et inhonesta inpellat necessitas, quo[w] non trahit voluntas, et partim necessitate, partim etiam subreptione, quia aliter, quam se rei veritas habeat, vobis dictum[x] vel postulatum fuit, maxime quod ad rempublicam pertinuit aut praereptione in beneficiario iure aut in alode[y] absumptum[z] habetur: videtur nobis utile et necessarium[a], ut fideles et strenuos missos ex utroque ordine per singulos comitatus regni vestri mittatis, qui omnia diligenter inbrevient[64], quae tempore avi ac patris vestri vel in regio specialiter servitio vel in vassallorum dominicorum beneficiis fuerunt, et quid vel qualiter aut quantum exinde quisque modo retineat, et[b] secundum veritatem renuntietur vobis. Et ubi[c] inveneritis, quia ratio et utilitas ac ordo seu veritas in absumptis[d] vel donationibus[e] habeantur, in[f] statu permaneant; ubi autem inrationabilitas vel potius fraus inventae fuerint, una cum consilio fidelium vestrorum hoc taliter corrigite, ut[g] et ratio atque utilitas seu iustitia non deserantur et dignitas vestrae magnificentiae[h] per necessitatem ita vilis non fiat, sicut vos non decere cognoscitur, quoniam domestica domus vestra aliter obsequiis domesticorum repleri non poterit, nisi habueritis, unde eis meritum[i] rependere et indigentiae solatium ferre possitis; et sic demum res publica et[k] vestra de suo suffragetur sibi, et ecclesiae[k], a quibus non expedit, habeantur inmunes.

21. Ut[l] precariae et commutationes tempore viduatarum ecclesiarum factae ab his, qui loca episcoporum occupaverant, rescindantur et cum auctoritate ecclesiastica vel civili[m], si fiendae[n] sunt[o], fiant.

h) *Rubr. om.* 9. i) *om.* 6; ad 2. k) *om.* 2—4. 6. l) in ... habitis *om.* 2. m) supposito 5. 6. n) adsumptum 1. o) in die *(corr.* de 2*)* illa stulistis *(corr.* abstulistis *alt. man.* 2*)* 2. 3; in die illa tulistis 4. p) illa 6. q) XIIII. 2. 4. 9. r) receptare 2. 4; recentare 3. s) virorum 4. t) dignitati vestrae 1. u) *In cod.* 3. *cap.* 19. 20. *commutata sunt.* v) *ita* 1; exactiones *rell.* w) qui 1—3. x) est *add.* 1. y) alodio 5. 6; alodo 7. 8. z) assumptum 1; adsumptum 7. 8. a) necessaria 1. b) *om.* 5. 6. c) ibi 7. 8; invenietis 8. d) assumptis 5. 6. e) dominationibus 2. 4. f) instituta 5. g) et ut 2. 3; et *om.* 4. h) magnitudinis 1. i) meritis respondere 7. 8. k) *ita* 1; *om. rell.* l) De precariis *rubr. in* 5. m) demum *add.* 1. 7. 8. n) fieri desunt 1; fiendi 7. 8; finiendae 5. 6; faciendae 2. 3. o) *om.* 7.

60) *Capp.* 17—19 = *Synod. Bellovac.* 845, *supra p.* 388, *c.* 3—5, *mutatis sane mutandis et additis quibusdam verbis.* 61) vel ex aedificiis *add. l. c. c.* 3. 62) quantum ad hoc, quod res usitato nomine appellamus, constat *add. l. c.* 63) *Conc. Aurel.* V *(a.* 549*), c.* 13, *LL. Conc. I, p.* 104. 64) *Cfr. Cap. miss. Suession.* 853, *supra p.* 268, *c.* 5; *Cap. de iust. fac.* 811—813, *tom. I, p.* 177, *c.* 7; *Capp. de caus. div.* 807?, *l. c. p.* 136, *c.* 4.

845. 22. Precariae[65] autem a nemine de rebus ecclesiasticis fieri praesumantur, nisi quantum de qualitate convenienti datur ex[p] proprio, duplum accipiatur ex rebus ecclesiae, in suo tantum qui dederit nomine, si res proprias[q] et[r] ecclesiasticas usu fructuario tenere voluerit. Si autem[s] res[q] proprias[t] ad praesens[u] dimiserit, ex rebus ecclesiasticis triplum fructuario usu in suo tantum quis nomine sumat[v], quia sic eas quemque tractare oportet[w] ut alienarum dispensatorem[x], non propriarum largitorem. Et a nulla potestate quis cogatur facere precariam de[z] rebus[z] proprie[y] Deo et sanctis[z] illius dicatis, cum ratio[a] et usus obtineat neminem, cui[b] non vult, contra utilitatem et rationem praestitum de proprio facere beneficium. Praecepta autem regalia super precariis ecclesiasticis fieri nec ratio sinit, nec auctoritas quolibet modo permittit, quoniam praecepta in iure ecclesiastico firmare indignum[c] iudicet necesse[d] est[d] maiestas regia, nisi ab ecclesiastico rectore[e] petantur[f]. Isdem[g] autem[h] custos ecclesiae solertissime caveat, ne sui ordinis et ecclesiasticae communionis forte inmemor contra auctoritatem[i] praeceptum regium[k] pro quacumque adsentatione fieri petat: qui etsi fecerit, non audiatur. Si autem et[l] obtinuerit, regia discretione[m] et episcopali iudicio[n] idem rescindatur[o], et petitor iniustus pro principis iniusta suggestione digne corripiatur. Et[p] [66] precariae secundum antiquam consuetudinem et auctoritatem de[q] quinquennio in quinquennium renoventur[p].

23. Ut commutationes rerum[r] ecclesiasticarum valde caveantur et subtilissime, si aliquo modo fieri debent, inspiciantur. Quae autem inconsulte sunt factae, iuxta decretum canonicum papae Hilarii[67], quae inlicite decessor episcopus admiserit vel ab aliis inlicite commissa sunt, ab eo, qui successor est, emendentur.

24. Ut[68] contra depraedatores et obpressores ecclesiarum et[s] rerum ad easdem pertinentium defensores secundum ministerium vestrum, quantum Deus posse dederit, existatis; et praecepta, quae avus ac pater vester ecclesiis ditioni vestrae subiectis fecerunt ac[t] firmaverunt[t] et stabilita[u] conservaverunt[v], quaeque vos confirmastis, de cetero rata in omnibus conservetis.

Capitula in synodo acta[w], quae apud[w] Meldensem urbem divino[x] nutu habita est[x] anno incarnationis dominicae[y] DCCCXLV, XV[z]. Kalendas Iulias, indictione VIII.

25. Salubre et decens esse cognoscitur atque apostolicis regulis conveniens, ut non solum, secundum apostolum[69], domui[a] suae[b] spiritaliter episcopus bene praesit, verum etiam et domum temporalem ornatam[c] et compositam secundum competens ministerium suum et[d] de vicinitate ecclesiae et de[e] convenientia religionis et de receptione pauperum vel hospitum habeat; et ita sit ordinata, ut, quicumque conversationem et domos conversationis ipsius viderit, habitacula ea[f] religionis valeat computare, non diversoria inpudicitiae aut alicuius inreligiositatis, quae castitati[g] vel bonae opinioni[h] contraria sint vel officiant, estimentur[i].

p) et 1. q) proprias . . . res *om.* 8. r) *om.* 3. s) *om.* 9. t) et ecclesiasticas *add.* 9. u) praesentem 10. 11. v) *om.* 10. 11. w) *om.* 2. 3. 9. x) convenit *add.* 2. 9. y) prope 2. 3. 9. z) sancti 3. a) ratione et usu 9. b) *ita omnes codd.*; qui *Sirm.* c) indigne 9. d) *om.* 1. e) recte repetantur 3. 8. f) petatur 9—11. g) idem 5. 6. h) et *add.* 3. i) et *ab altera manu superscr. in* 2; auct. regiam, *om.* praeceptum, 1. k) regalium 9. l) *om.* 7. 8. m) districtione 8. n) *om.* 7. o) rescindantur 3. p) Et . . . renoventur *om.* 1. q) *om.* 7. r) ecclesiarum rerum 9. s) *om.* 2. t) *ab altera manu in marg. suppl. in* 2. u) *ita* 1; stabilia *rell.*; *cfr. supra p.* 388, *not.* t. v) confirmaverunt 8. w) acta . . . apud *om.* 9. x) divino . . . est *om.* 9. y) *om.* 4. 9. z) *om.* 6. a) domuis 4. b) *om.* 2—4. c) ordinatam *Sirm.* d) ut 2—4. e) *om.* 2—4. f) et 2—4. g) castitatem 1. h) opinion *duabus litteris erasis* 2; opinionio 8. i) estimantur 2. 3.

65) *Cfr. Roth, Beneficialwesen p.* 488 *sq.*; *Feudalität u. Unterthanverband p.* 147 *sq.*; *p.* 160. 164. 199. 66) *Cfr. Roth l. c. p.* 170 *sq.*; *Brunner, RG. I, p.* 210. 67) *Synod. Rom.* 465, c. 4, *Mansi VII, col.* 961. 68) *Synod. Bellur.* 845, *supra p.* 388, c. 6. 7. 69) *Cfr.* 1. *Timoth.* 3, 2—4.

26. Suggerendum est etiam[k] et ex divino mandato intimandum regiae dignitati, ut[l] episcopium, quod domus episcopi[m] appellatur, qualiscumque sit in oculis Domini episcopus, ipse tamen a rege regum rex constitutus, pro sanctitate ordinis episcopalis, sicut sanctus Gregorius[70] ad[n] Fortunatum docet episcopum, venerabiliter[o] et reverenter introeat, et[p] secundum sanctam praedecessorum consuetudinem[p], quando orationis et debitae susceptionis gratia in transitu convenienti civitatem ingressus fuerit[q], habitaculis episcopalibus reverenter inhabitet, et non diversoria feminarum magnificentia sua et religio venerabilis ibidem fieri[r] permittat. Quia si[s] secundum leges canonicas[71] in mansiones clericorum introitus feminarum prohibentur, quanto magis domus episcopi ab huiusmodi[t] inhabitatione et[u] conversatione, etiam et a legitimo conubio coniugatorum debet inmunis esse et aliena? Sed et inmunitates praecedentium imperatorum ac regum ab huiusmodi longiori et diuturna conversatione et commoratione[v] regum et quorumcumque potentium ac secularium personarum in episcopio prohibent. Quapropter et divinitus et humanitus sancitas[w] divinas et humanas leges vestra devotio et dignitas observare curabit[x], si et in[x] caelesti regno et[y] in terreno[y] feliciter cupitis prosperari. 845.

27. Quia hactenus propter diversas necessitatum incommoditates aliter vos fieri incompetentia compulit, quam salubritas poposcisset et honestas atque utilitas postulassent, vestra studebit magnitudo obnixius[z] observare*, ut, quando transitus vester iuxta civitates acciderit, inmunes et liberas vestra dominatio iubeat[a] a depraedationum exactationibus[b] fieri mansiones intra civitatem, quia omnes, qui sua ad civitates[c] deferebant, ut et[d] salva quaeque ibi[e] haberent et illa plus pacifice venderent[72], iam et[f] hoc refugiunt et pristinae inmunitates et confirmationes infringuntur, dum et cives ab hospitibus opprimuntur et[g] ab his, a quibus non solum opprimuntur[g], verum et diripiuntur[h], sua non solum vendere prohibentur, sed et propter direptionem post eos cum gemitu clamare coguntur.

28. Ut[i] regia magnificentia liberiorem libertatem episcopis ad suum[k] peragendum in eorum parrochiis ministerium[l], quam hactenus propter diversas perturbationes habuissent, maxime[m] in sacratissimis temporibus, quadragesimae scilicet et adventus Domini, tribuat, quatinus et periculum et ipsi[n] episcopi et regia dignitas[o] salubrius pro[p] ministerio sibi commisso et neglecto possint evadere et pro strenue[q] exsecuto divinam misericordiam sibi conciliare[r] praevaleant[m]. Ipsi autem episcopi concessum sibi otium non in suas voluptates[s], sed in divinum et officiosum convertant negotium, quatenus studentes praedicationi[t] et[u] correctioni[u] atque confirmationi, quod hactenus

*) *Codd.* 2. 4—6. 9. *addunt:* ut civitates per regis transitum non depraedentur[73].

k) *om.* 9. l) *om.* 10. 11. m) Dei 10. 11. n) *om.* 4. o) venerabitur 1. p) et ... consuetud. *om.* 4. q) civitatem *add.* 1. r) *om.* 11. s) *om.* 1. 9. t) huius 11. u) *om.* 2. 3. 9. v) commemoratione 1—3. 11. w) sanctitas et 1. x) curavit sic in 1. y) et ... terreno *om.* 4. 9. z) obnoxius 2. 3. a) iubebit 1; iubebat 3. b) *ita* 1; exactionibus *rell.* c) civitate 2. 3, *corr.* civitatem 2; civitatem 9. d) ad 1. e) *om.* 9. f) *om.* 4. g) et ... opprimuntur *om.* 1. h) deprimuntur 5. 6. i) Quod a rege postulandum sit, ut episcopi tempore opportuno ad ministerium sibi commissum vacare possint *rubr. in* 12. k) *om.* 12. l) praestet *add.* 12. m) maxime ... praevaleant (*lin.* 32) *om.* 12. n) si episcopi 7. 8; episc. ipsi 5. 6. o) divinitas 2. p) per 1. q) strenue 2. 3. r) consiliari 1. s) voluntates 1. t) praedicationibus, *om.* et, 2—4. 12. u) *om.* 7. 8.

70) *Cfr. Gregorii I. Registr. lib. III, ep.* 60, *EE. I, p.* 219, *Jaffé l. c. I*², *nr.* 1265. 71) *Cfr. supra p.* 33, *not.* 53—55. 72) *Cfr. Brunner, RG. II, p.* 584 *sq.* 73) *Quae verba, cum a tenore huius capituli prorsus abhorreant (cfr.:* per regis transitum *et:* vestra magnitudo, transitus vester*), respondeant vero rubricae supra p.* 392. *editae, nihil sunt, nisi summa capitis, quae in margine archetypi scripta errore scribae hoc loco in contextum posita est.*

845. per[v] parrochias fuit neglectum, sollerter et[w] devotissime[w] de cetero sit correctum[w] et[w] emendatum. Et[x][74] non propter suam quietudinem[y] episcopi ad remotiora loca secedentes et suum ministerium neglegentes proprias deserant[z] civitates, sed ut parrochias suas cum officii efficatia circumeant aut[a] cum religione in suis civitatibus canonice cum suis filiis degant et[b] hospitalitate ornati, quae iam pene propter diversas rapacitates adnullata est, non solum in oculis Domini propter obedientiam[c] mandati divini reddantur conspicui, verum[d] et bonum testimonium secundum sanctum adquirant apostolum[b][75]. Presbiteros etiam sibi commissos et[e] doctrina[f] et castitate et sobrietate atque hospitalitate[f] secundum eorum[g] ministerium ornari[h] compellant.

29. Ut[i] quorundam episcoporum reprehensibilis, immo damnabilis consuetudo omnimodis corrigatur, qui plebes sibi creditas aut raro aut nunquam per[k] se ipsos iuxta ordinem evangelicum et apostolicum atque ecclesiasticum visitant, cum Dominus dicat: 'Speculatorem[76] dedi te domui Israel, et audies ex ore meo verbum, et adnuntiabis eis ex me' et cetera, quae divinus sermo complectitur. Omnes[l] etiam sacerdotes Domini pia vigilantia fidem catholicam indagare et[m] subditos sibi cum mandatorum Domini observantia episcopi quique studiosissime docere contendant[l].

30. Ut[n], si quis de ordine sacerdotali contemptu minoris ecclesiae, ambitiose et improbe ad potiorem aspirare[o] contenderit, canonica erga eum definitio[77] conservetur.

31. Ut metropolitanis sedibus antiquitus statuta iura serventur et a conprovincialibus episcopis iuxta regulas ecclesiasticas[78] eis reverentia exhibeatur.

32. Ut[p] principes iuxta decreta canonum[q][79] per singulas provincias saltim bis aut[r] semel in anno a metropolitanis et dioecesanis episcopis synodice conveniri concedant, quia quaelibet confusio rerum temporalium dissolvere non debet collegium et studium sacerdotum.

33. Ut si quilibet[s] episcopus ad synodum vocatus quacumque occasione venire distulerit, nisi evidens[t] inpossibilitas praepedierit[u], salva censura ex hoc patrum auctoritate[80] decreta cesset[v] ab officio, donec satisfaciat fratribus.

34. Ut canonum statuta sine praeiudicio ab omnibus custodiantur, et nemo in actionibus[w] vel iudiciis ecclesiasticis suo sensu, sed eorum auctoritate ducatur. In exponendis etiam vel praedicandis divinis scripturis sanctorum catholicorum et probatissimorum patrum sensum quisque sequatur, 'in[81] quorum scriptis', ut beatus dicit[x] Hieronimus, 'fidei veritas non vacillet'. Sed[y] et qui in suis monasteriis religiose residere debent[z] et vocum novitates, ut innotescant, studio proferre satagunt, acerrime ut praesumptores[a] arguantur et comprimantur[y].

v) *om.* 7. w) *om.* 12. x) Ne episcopi propter suam quietem negligant plebem sibi commisam. Providendum ne episcopi propter 12. y) inquietudinem 2. 12. z) deserent 1. a) hoc 1. b) et . . . apostolum *om.* 12. c) inoboedientiam 3. 7, *corr.* obedientiam 3. d) *om.* 1. e) et *om.* 12. f) doctrinae, *om.* et, 7; et *om.* 8. 12. g) suum 12. h) ornati 7; hortentur et compellant 8. i) De episcopis, qui raro aut nunquam per seipsos plebes suas visitant *rubr. in* 12. k) pro seipso 12. l) Omnes . . . contendant *des. in* 12. m) *om.* 9. n) *om.* 12. o) aspiraverit, *om.* contenderit, 12. p) pii *add.* 1. q) *e correct. in* 2; canonicum 3. r) et 2—4. s) quislibet 2—4. t) videns 1. u) impedierit 10. 11. v) cessat 8. w) actibus 1. x) dixit 6. y) Sed . . . comprimantur *om.* 12. z) debet 3. a) praesumptiores 2.

74) *Cfr. Relat.* 829, *supra p.* 34, *c.* 17. 75) 1. *Timoth.* 3, 7. 76) *Ezech.* 3, 17. 77) *Cfr. Conc. Sardic. c.* 1. 2. *Mansi III, col.* 22*sq.* 78) *Cfr. ex. gr. Can. apost. c.* 35, *Mansi I, col.* 54; *Conc. Nic. c.* 6, *Mansi II, col.* 679. 79) *Cfr. ll. cc. c.* 38. 5; *Conc. Antioc. c.* 20, *Mansi II, col.* 1326. 80) *Cfr. Conc. Chalced. c.* 19, *Mansi VII, col.* 378; *Conc. Afric. c.* 43, *Cod. canon. p.* 236; *Cod. canon. eccl. Afric. c.* 76, *Mansi III, col.* 778. 81) *Hieronymi epist. ad Laetam c.* 12, *Opera I, col.* 682.

35. Ut[b] quisque episcopus talem[c] iuxta se pro viribus habere decertet, qui 845. iuxta sincerissimum et purissimum sensum catholicorum patrum de[d] fide et observatione[e] mandatorum Dei seu et[f] praedicationis doctrina[g] presbiteros plebium assidue instruant[h] et informent[h], ne[i] domus Dei vivi, quae est ecclesia, sine lucerna verbi divini remaneat; sed et[k] isdem[l] talis existat, quem amor pecuniae non vexet aut reprobi[m] mores et conversatio reprehensibilis* periculose devastet.

36. Ut[n] presbiteri nullatenus ubicumque hospitari sinantur aut aliquo modo ipsi praesumant, sed assidue apud suas ecclesias esse studeant propter sacra[o] misteria[p] vel ministeria fidelibus exhibenda. Nec etiam[q] alibi habitare permittantur, neque[r] mulieres quamcumque frequentationem[s] habeant in locis, in quibus presbiteri aliquem recursum habuerint[r t]. Quodsi[u] observare parvipenderint, ita[d] ut transgressores et qui contra interdicta fecerint[v] iudicentur.

37. Ut[w], quicumque ex clero esse videntur, arma militaria[x] non sumant nec armati incedant, sed professionis suae vocabulum religiosis moribus et religioso habitu praebeant[w y]. Quodsi contempserint, tamquam[z] sacrorum[a] canonum[82] contemptores et[b] ecclesiasticae sanctitatis profanatores proprii gradus amissione multentur, quia non possunt simul Deo et saeculo militare.

38. Ut[c 83] nullus deinceps veritatis episcopus solito super sacra iurare praesumat, quod mysterii[d] causa sancti quaesierint[e] patriarchae et fecerint[f]. Non enim in haesitatione et malitia exigentis[g], sed in caritate non ficta fides[h] servatur. Quod qui transgredi ausu temerario praesumpserit quolibet modo inlectus[i], censurae ecclesiasticae sine retractatione[k] subiaceat.

39. Ut multiplex iuramentorum et periuriorum[l] confusio, per quam[m] multae fidelium animae in toto hoc regno perditae esse noscuntur[n], quam sit detestanda et Deo odibilis, adtentius omnibus annuntietur, sicut ipse Dominus ostendit dicens: 'Non[84] periurabis in nomine meo, nec[o] pollues nomen Dei tui: ego Dominus'. Tantum namque hoc malum est, ut ad sanctuaria martyrum, ubi diversorum egritudines sanantur, ibi periuri, licet manifeste interdum vexari non[p] videantur, iusto Dei

*) 12. *pergit:* contemptibilem reddant. Hinc est, quod, cum Moses querelam in conspectu Dei deponeret, non se posse portare tantum onus, quod ei fuerat impositum, audivit a Deo: 'Congrega[85] mihi septuaginta viros de senioribus Israel, quos tu nosti, quod senes populi tui sint ac magistri, et auferam de spiritu tuo tradamque eis, ut sustentent tecum onus populi et non tu solus graveris.' Quid in Mose, nisi summum sacerdotium? Quid in LXX viris, nisi presbyteros accipimus? Quod autem Dominus aufert de spiritu Moysi traditque eis, patenter ostendit, quod hi, qui ab episcopo in conspectu Dei vocati sunt, ut secum onus populi sustentent, eadem quae Christus debent sentire, eadem velle et impartito sibi onere totis viribus cooperari. Hoc enim significat, quod non alium, sed eundem Moysi spiritum accipiunt.

b) Qualem ministrum episcopus iuxta se habere debeat *rubr. in* 12. c) tales 9. d) *om.* 12. e) operatione 1. f) de *add.* 1; etiam 12. g) doctrinae 2. 4. h) instruat et informet 5. 6. 12. i) nec 1. k) *om.* 9. 12. l) idem 5. 6. 12. m) reprobet 3. n) Ut presbyteri nullatenus ubique hospitari sinantur *rubr. in* 12; *cfr. supra p.* 392, c. 36. o) sua 3. p) *om.* 11. q) *om.* 9; alibi etiam 4. r) neque ... habuerint *om.* 9; enim *add.* 1. s) habitationem 12. t) habent 1. u) sed si 1. v) fecerunt 2. 9. w) Ut clerici armati non incedant *rubr. in* 2. 4. 9; Ut ... praebeant *om.* 9; Ut *om.* 12. x) *om.* 1. 7. 8. 10. 11. y) probent 1. z) tam 9. a) sacrarum canones 7. b) *om.* 2—4. 9. c) Ut episcopus super *(om. 4)* sacra iurare non praesumat *rubr. in* 2. 4. d) mysterium, *om.* causa, 9; ministerii 1. 11. e) quesierunt 1. f) fecerunt 1. g) exigentes 1. h) fide 9. i) inlectos 1; *om.* 10. 11. k) retractione 2. 3. l) periurium 10. 11. m) quem 10. 11. n) cognoscuntur, *om.* esse, 5. 6. o) non 1. p) *om.* 4.

82) *Cfr. Conc. Mog.* 813, *c.* 17, *Mansi XIV, col.* 70; *Cap. miss.* 802, *tom. I, p.* 94, *c.* 17; *Karolomanni Cap.* 742, *l. c. p.* 25, *c.* 2; *Conc. Latun.* 673—675, *c.* 2, *LL. Conc. I, p.* 218. 83) *Cfr. Conc. Tribur.* 895, *supra p.* 224, *c.* 21. 84) *Levit.* 19, 12. 85) 1. *Num.* 11, 16. 17.

845. iudicio a[q] demonibus arripiantur[q], sicut dicit[r] sanctus Gregorius: 'Ad[86] horum corpora aegri veniunt et sanantur; demoniaci[87] veniunt et curantur; periuri veniunt et a demonio vexantur'.

40. Admonenda[s] est regia magnitudo de hospitalibus, quae tempore praedecessorum suorum et ordinata et exculta fuerunt et modo ad nichilum sunt[t] redacta. Sed et hospitalia Scothorum[u][88], quae sancti homines gentis illius in hoc regno[v] construxerunt et rebus pro sanctitate sua[w] adquisitis ampliaverunt, ab eodem hospitalitatis officio funditus sunt[v] alienata. Et non solum supervenientes in eadem hospitalia non recipiuntur, verum etiam ipsi, qui ab infantia in eisdem locis sub religione Domino militaverunt, et[x] exinde eiciuntur et ostiatim[y] mendicare coguntur. Unde[z] pertimescenda est canonica sententia et maxime decretalis Symmachi[a] papae diffinitio[89], quia ut necator pauperum et Christi traditor Iudas isdem[b], qui huius sceleris auctor et perpetrator esse dinoscitur, praesenti et perpetuo est[c] anathemate feriendus. 'Qui[90] reiculam[d]', inquit Symmachus[e] papa, vel quicquid fuerit 'ecclesiae, petunt a regibus et corrumpendae pietatis instinctu egentium substantiam rapiunt, irrita habeantur, quae obtinent[f], et a communione[g] ecclesiae, cuius facultatem auferre cupiunt, excludantur[h]'. Item in[i] canone Aurelianensi: 'Si[91] quis quolibet tempore contra hanc constitutionem nostram venire temptaverit aut aliquid de consuetudine vel facultate senodochii abstulerit[k], ut xenodochium[k], quod avertat Deus[l], esse desinat, ut necator pauperum inrevocabili anathemate feriatur'.

41. Providendum[92] est regiae maiestati[m], ut monasteria, quae ab hominibus[n] Deum timentibus in sua proprietate constructa praedecessores[o] illius causa defensionis et mundoburdi susceperunt, ut libera libertate remota spe hereditaria de illorum propinquitate ibidem religio[p] observaretur, et nunc in alodem[q] sunt data, quapropter omnis exinde[p] religio[r] funditus est eversa: qualiter[93] vota fidelium inconvulsa permaneant, ne voces eorum contra se ante Deum clamantes adiuncto periculo de eorum perditione, qui in eisdem locis necessitate naufragantur, condempnabiles sentiat[s].

42. Monenda est sollertia regia, ut strenuos et fideles missos per regnum sibi commissum dirigat; et investigent ac diligenter inbrevient res ecclesiasticas, quas per subreptionem atque ignorantiam quorumcumque in alodem[t] ipse aut pater suus donavit; et consulens periculo animarum, suae videlicet et patris sui, hoc ad tempus corrigere studeat, ne forte, cum voluerit[u], minime possit.

43. Cavendum est[v] et summopere praecavendum ac per virtutem Christi sanguinis interdicendum et[w] episcopis et[x] regibus et[v] omnibus[v] sublimioribus potestatibus atque cunctis fautoribus et electoribus quorumcumque atque consensoribus seu ordinatoribus in gradu ecclesiastico, ut nemo per simoniacam heresim regiminis locum

q) a ... arripiantur *om.* 4. r) sanctus dicit 2. 3. 5. 6. s) De hospitalibus *rubr. in* 5. t) *om.* 1. u) Scoctorum 2; Scottorum 3. 7. 8; Scotorum 4—6. v) *om.* 8. w) suae 7. x) et exinde *om.* 4; et *om.* 7. 8. y) hostim 1. z) ut de 1. a) Symachi 2—4. b) idem 7—11; id est 1. *et cod. Bellovacensis Baluzii (tom. II, col.* 1264*)*. c) fer. est anath. 4; est *om.* 7. 8. d) reculam 5. 6; regiculum 1. e) Symachus 2—4. f) obtineant 7. 8. g) commune 7. h) cludantur 7. 8. i) *om.* 1. k) abstulerit ut xenod. *om.* 7. 8. l) *om.* 6. m) potestati 9. n) omnibus 4. o) praedecessorum 2. 3. p) religio ... exinde *om.* 3. q) allodium 3. 5. 6. r) *om.* 1. s) senciant 1. t) allodium 5. 6. u) violaverit 1. v) *om.* 5. 7. 8. 10—12. w) *om.* 12. x) ut 12.

86) *Gregorii Homil. in evang.* 32. *c.* 6, *Opera I, col.* 1591. 87) periuri veniunt et a demonio vexantur; demoniaci veniunt et liberantur *Gregorius l. c.* 88) *Cfr. Greith, Gesch. d. altirisch. Kirche p.* 155. 89) *Cfr. Symmachi Conc. Roman.* 502, *c.* 7. *Mansi VIII, col.* 267. 90) *Conc. Arvern.* 535, *c.* 5, *LL. Conc. I, p.* 67. 91) *Conc. Aurel. V (a.* 549*), c.* 15, *l. c. p.* 105. 92) *Cfr. Cap. miss. Suession.* 853, *supra p.* 268, *c.* 2. 93) *Secundum verba:* ut monasteria *aliter pergendum erat.*

obtineat quacumque factione[y], calliditate[z], promissione[z] seu commoditate aut datione[a] 845.
per se aut per emissam personam; cum Spiritus sanctus inter cetera documenta ecclesiastica[b] per os sancti dicat Gregorii: 'Cur[94] non perpenditur[c], quia benedictio illi[d] in maledictionem convertitur, qui[e] ad hoc, ut fiat hereticus, promovetur?' Et item: 'Ementes[95] quippe atque vendentes par poena constringit[95]; cum liqueat[f] hanc heresim in ipsa sua origine apostolica esse detestatione dampnatam.' Et apostolus docet: 'Non[96] solum qui[g] faciunt, sed[h] qui consentiunt facientibus, digni[h] sunt morte.' Et item beatus[i] Gregorius[i]: 'Dolens[k][97]', inquit, 'dico, gemens denuntio, quia sacerdotium[l], quod apud vos intus cecidit, foris diu stare non poterit.' Item[m]: 'Adversarius[94] animarum[98] callida specie suadet, quasi[n] debere ab habentibus accipi, ut sit[o], quod possit non habentibus erogari', sed[p] scriptum est: 'Hostiae[q][99] impiorum abominabiles[r], quia[s] offeruntur[t] ex scelere[u].'

44. Ut[100] corepiscopus modum suum iuxta canonicam institutionem teneat et nec sanctum chrisma nec sanctum paraclitum[v] Spiritum, solis episcopis iuxta decreta Innocentii[1] tribuere debitum, tradere temptet nec ecclesias consecret neque ordines ecclesiasticos, qui per inpositionem manus tribuuntur, id est non nisi usque ad subdiaconatum et hoc iubente episcopo et in locis, quibus canones designant, agere presumat[w]; inpositioni autem penitentiae atque[x] penitentium reconciliationi per parrochiam secundum mandatum episcopi sui inserviat. Si vero civitatis episcopus obierit, nihil ex episcopali ministerio[y] specialiter episcopis debito adtemptet, quia ex hoc magnum scandalum et divisionem rerum ecclesiasticarum atque dilationem in canonice ordinandis episcopis Dei ecclesiis accidisse conspeximus. Nam si episcopus civitatis propter desidiam aut secularem pervagationem[z] vel propter infirmitatem modum suum corepiscopis transcendere consenserit, sententiam canonicam debet adtendere, qua decretum est, ut, qui contra[a] dicta[a] canonum fecerit, gradus sui periculo sine retractatione subiaceat.

45. Ut[b] nemo episcoporum vel quilibet minister ecclesiasticus propter sacrum chrisma aliquid muneris accipiat neque denarios vel quaelibet munuscula, quae per ministros episcoporum a presbiteris inordinabiliter exiguntur[c]. Decet tamen[d] presbiteros cum voluntariis eulogiis[e] tempore congruo visitare[f] et venerari suos episcopos.

46. Ut nemo sacrum chrisma nisi in quinta feria maioris septimanae, id est in cena, quae specialiter appellatur dominica, conficere[g] praesumat.

47. Ut nemo vivente[h] episcopo ecclesiam illius aut res ad eam pertinentes invadere aut dominari praesumat, neque sub voluntariae[i] cleri ac populi electionis obtentu praeter[k] voluntatem episcopi quisquam quacumque seculari potestate prae-

y) fractione 1. z) *om.* 7. a) donatione 7. 8. b) *om.* 12. c) penditur 1; perpendit 12. d) *om.* 8. e) quia 5. 6. 8; qui ... Gregorius *(lin. 8) om.* 12. f) etiam 10. 11. g) *om.* 7. h) sed etiam qui *(om. 7)* consent. digni 7. 8. i) *om.* 11. k) et alibi dolens 12. l) sacerdotum 1. m) idem *add.* 7. 10. 11; ideo *add.* 8; item ... scelere *om.* 12. n) quia si 1. o) si 1. 5. 6. 10. 11. p) sicut 1. 8. 11. q) hoste 1. r) Domino *add.* 10. 11. s) quae 1. 8. t) offerunt 1. u) celere 1—3. v) paracletum 4. 5. w) praesumant 5. 6. x) aut 5. 6. y) misterio 1. z) praevagationem 1. a) interdicta 1. b) Ne pro chrismate precium exigatur *rubr. in* 5. 6. c) exigantur 5; exigatur 6. d) presbiteros tamen 2—4. 9. 12. e) eulogias 1. f) visitari 11. g) confitere 8. h) episc. viv. 7. 8. i) voluntate 1; [volunta]rię *in loco raso* 2. k) propter 1. 8.

94) *Gregorii I. Registr. lib. IX, ep.* 218, *EE. II, p.* 206, *Jaffé l. c. I*², *nr.* 1747. 95) Ementes ... constringit *desiderantur in epist. cit.* 96) *Rom.* 1, 32. 97) *Gregorii I. Registr. lib. V, ep.* 58, *EE. I, p.* 369, *Jaffé l. c. I*², *nr.* 1374. 98) dum non potest in his, quae ad faciem sunt, prava subripere, callida specie quasi pietatis iniecta nititur supplantare, suadetque forsitan debere *perg. Greg.* 99) *Prov.* 21, 27. 100) *Cfr. Relat. ad Hlud.* 829, *supra p.* 32, *c.* 9. 1) *Innocentii I. epist. ad Decentium c.* 3, *Mansi III, col.* 1029, *Jaffé, l. c. I*², *nr.* 311.

845. ditus[l] quasi oeconomum[m] constituat[n]. Sed si episcopus ministerium ecclesiasticum propter infirmitatem corpoream exhibere non potuerit, in archiepiscopi hoc cum voluntate episcopi eiusdem ecclesiae maneat ordinatione, qualiter debitum officium non remaneat. Obsequium vero ad rempublicam pertinens qualiter exsequatur, per tales ex subditis et[o] ecclesiasticis ministris cum consensu archiepiscopi propter pacis caritatisque custodiam episcopus ordinet ac disponat, quos succedendi[p] in episcopatu appetitus[q] indebitus non elevet neque[r] vexet; nisi[s] ita[t] moratus extiterit, ut secundum instituta beati Gregorii in libro epistolarum[2] et humiliter in subditione[u] prosit[v] et post utiliter[w] conveniens sanctis regulis praesit[s]; quia ob hoc in multis ecclesiis scandalum magnum conspeximus. Si[x] autem in archiepiscopo talis necessitas acciderit, similiter ipse consilio coepiscoporum[y] suorum huiusmodi ordinationem[z] exhibeat.

48. Ut[a] nemo presbiterorum[b] baptizare praesumat, nisi in vicis et[c] ecclesiis baptismalibus atque temporibus constitutis, nisi causa egritudinis vel certae necessitatis, sicut[d] sacra canonum docet auctoritas[d 3]; et[4] vici auctoritatem et privilegia debita et[a] antiqua[a] retineant[e].

49. Ut[5] nemo laicorum presbiteros ecclesiarum suarum turpi vilicationi[f] et secundum apostolum[6] seculari et inhonestae negotiationi[g] inplicare nec secum aliorsum contra auctoritatem praesumat ducere, quo[h] ministerium sibi commissum cogantur neglegere. Quodsi contra interdicta[i] praesumpserit, excommunicetur.

50. Ut presbiteri vel quilibet[k] clerici[l] in alterius parrochiam[m] sine formata[7] non recipiantur[n] neque retineantur nec etiam ministrare sinantur. Criminati autem ab omnibus excludantur et eiciantur[o] a[p] parrochiis, in quibus cupiunt immorari, usquequo ad eum revertantur episcopum, a quo aufugisse[q] noscuntur.

51. Qui cum senioribus suis de aliis provinciis ad nostras parrochias veniunt sine formata, ministrare[r] non permittantur; quam et si attulerint et ministrare idonei inventi fuerint, instruantur, quam religiose atque studiose sacrum ministerium peragant et in quibus locis illud agere non debeant, et ut excommunicatis nequaquam communicent. Clerici vero, si ab huiusmodi[s] hominibus ad ordinandum[t] offeruntur, instrui debent[u], ut ad episcopos, ex quorum parrochiis sumpti sunt, eos remittant; et aut ibi ordinentur, aut litteras canonicas ab episcopo, ex cuius dioecesi sunt, perferant, sicut canonica docet auctoritas[7].

52. Qui[v] vero ex nostris parrochiis aut ad titulum[8] aut absolute ordinari[w] petunt[x], nullatenus[v] ordinentur, nisi aut[y] in loco[z] certo et religioso vel etiam in civitate saltim[a] uno anno immorentur, ut de vita et conversatione atque doctrina[b]

l) *om.* 1. m) equonomum 1; ethonomum 3; echonomum 7; dominum 2. 4. n) constituant 1. o) *om.* 6. p) succedi 1; succendi *corr.* succedendi 2; succedenti 3. q) appetus 1. r) ne 1. s) nisi . . . praesit *om.* 1. t) morat. ita 7. 8. u) subdictione 3; subdito 8. v) proraesit 8. w) humiliter 8; viriliter *Sirm.* x) sin 4—6. y) episcoporum 8. z) ordinem 5. 6. a) *om.* 12. b) presbiter 1. c) *om.* 6. d) sicut . . . auctoritas *om.* 12. e) permittant 12. f) vilicationis 2. 4; vilicatione 1; villicatione 10. 11. g) negationi 3. h) qui 2—4. i) indicta 2—4. k) *om.* 10. 11. l) cleri 1. m) *litt.* m *eras.* 2; parrochia 10. 11. n) recipiuntur 1. o) exiciantur 3; reiciantur. 5. 6. p) *om.* 4. q) *e* fugisse *corr.* 2. r) idonei *add.* 3. s) eiusmodi 1. t) ornandum 1. 2. u) debeant 1. v) Hi, qui ordinari petuntur, nullatenus 12 *bis.* w) ordinarii 6. x) petuntur 2—6. y) *om.* 12 *bis.* z) clero 5. 6. a) *om.* 12. b) doctrinae 12 *bis.*

2) *Cfr. Hinschius, Kirchenrecht II, p.* 229 *sqq.*; *Phillips, Kirchenrecht V, p.* 450. 3) *Cfr. Conc. Mog.* 847, c. 3, *supra p.* 176 *sq.* 4) et loca illa *Burch. IV,* 14; in locis illis, quae auctoritatem *Ivonis Decret. I,* 209. 5) *Cfr. Relat.* 829, *supra p.* 33, *c.* 13; *Conc. Cabill.* 813, *c.* 12, *Mansi XIV, col.* 96; *Conc. Vern.* 755, *tom. I, p.* 36, *c.* 16. 6) 2. *Timoth.* 2, 4. 7) *Cfr. Regino, De synod. causis I,* 431—445. 449—451. 8) *l. c.: ad ecclesiam; cfr. Hinschius, l. c. I, p.* 63 *sq.*

illius[c] certitudo possit[d] agnosci. Et[e] nemo absolute quemquam ordinare praesumat, 845.
sicut sancti[f] sanxerunt canones[g][9].

53[h]. Ut[10] canonici in civitate vel monasteriis, sicut constitutum est, in dormitorio dormiant et in refectorio comedant et in domo infirmorum necessario subleventur; et tam sani, quam[i] infirmi canonice vestiantur[k] atque in claustris horis congruis degant et sub custodia canonica lectioni[l] et ceteris divinae institutionis insistant officiis. Qui[m] vero episcoporum[n] loci convenientiam aut facultatem[o] non habuerit, ut hoc perficere et ordinare possit, princeps secundum constitutionem domni imperatoris Hluduwici[p] annuat[q][11]: id est, si vicina episcopio[r] terra de eadem ecclesia esse[s] reperta fuerit et ab alio possidetur, ecclesiae rectori ad claustra clericorum vel alia quaelibet ecclesiae[t] commoda facienda reddatur; si autem de fisco fuerit, regia liberalitas[u] eandem[v] terram ad servorum Dei habitacula construenda largiri dignetur; si autem de alia casa[w] Dei aut de cuiuslibet proprio fuerit, ex convenientia commutandi licentia tribuatur. Et si paupertas loci ad aedificandas[x] domos[y] necessarias[z] non sufficerit[a], eos[b] ad adiutorium[b] aedificandi potestas regia cogat, qui res de eadem ecclesia[c] in beneficiis retinent[12].

54. Ut titulos cardinales[13] in urbibus vel suburbiis constitutos episcopi canonice et honeste sine retractatione[d] ordinent[e] et disponant[f].

55[g]. Ut episcopi se ipsos atque ministros suos et maxime ecclesiasticos cunctosque christianos in sua parrochia perpendentes ex[h] hoc statuta Niceni concilii[14] et ceterorum conciliorum[i] ab usuris[k] sine excusatione compescant[l]; et quos compescere aliter non potuerint[m], canonicam in eos sententiam proferant.

56. Ut[15] nemo episcoporum quemlibet sine certa et manifesta peccati causa communione privet ecclesiastica. Anathema autem sine consensu archiepiscopi aut coepiscoporum, praelata[n] etiam evangelica admonitione[16], nulli[o] imponat, nisi unde canonica docet[p] auctoritas; quia anathema aeternae[q] est mortis dampnatio et nonnisi pro mortali debet imponi crimine et illi[r], qui aliter non potuerit corrigi.

57. Ut monachi, quibus monasteriorum cura commissa non est, passim et sine auctoritate palatium non adeant nec in eo immorentur vel ubi et[s] ubi discurrere ac[t] pervagari acephali[u] praesumant. Sed si[v] tales quilibet fuerint, ut utiles et necessarii ecclesiae[w] ac principi repperiantur, cum auctoritate episcopi canonice ac religiose pergant[x]. Sin autem, in monasteriis suis, sicut canonica et regularis docet institutio, religiose resideant. Quos etiam[y] nec episcopus nec abbas[z] vel quilibet

c) illorum 5. 6. d) poscit 2. e) Et ... canones *om.* 12 *bis.* f) sanctae 2. 4. g) *In* 12. *hoc loco tamquam pars capitis* 52. *cap.* 80. *additum est.* h) LII. 2. i) et *add.* 2. 3. 5—8. k) vestigentur 3. l) *ita* 7; lectionis 1—4. 8; lectionibus 5. 6. m) quae 7. 8. n) episcopis horum 1. o) facultate 2. 3. p) Hludowici 7. 8; Hlodowici 4; Ludovici 5. 6. q) annunciant 1. r) terra episcopio 1. s) *om.* 6. t) aecclesiasticae 1. u) *e* libertas *corr.* 2. v) eadem 3. w) causa 1. 2, *corr.* casa 2. x) aedificandos 7. y) domus 8. z) necessarios 1. 8. a) suffecerit 4—6. 8; fecerit 7. b) eos ... adiut. *om.* 2. c) ecclesiae 1. 7. d) retractione 2. 3, *corr.* retractatione 2. e) ordinent et *om.* 2. 4; ordinent *om.* 3. f) disponent 1. g) *Numerus deest in* 3. h) et 3. i) consiliorum 1. k) usuras 1. l) conpescunt 1. m) *e* potuerunt *corr.* 2. n) prolata 7. 8. o) nullum ponat 2—4; ponat, *om.* nulli, 9; imponatur 10. 11. p) doceat 1. q) aeterna 2. 4. 9; esse 2. 4. r) illis 9; ille que 1. s) et ubi *om.* 8. t) aut 3. u) acefali 7; aceper 3; cephali 1; *om.* 2. 4—6. v) qui 1; hi 2. 4. w) eclesia 1. x) pergunt 1. y) nisi *add.* 1. z) abba 2. 4, *corr.* abbas 4.

9) *Conc. Chalced. c.* 6, *Mansi VII, col.* 375. 10) *Cfr. supra p.* 102, *not.* 8. 11) *Cfr. Cap. miss.* 819, *tom. I, p.* 289, *c.* 7. 12) *Cfr. infra c.* 63. 13) *Cfr. Hinschius, KR. I, p.* 314 *sqq.* 14) *Conc. Nic. c.* 17, *Mansi II, col.* 682. 15) *Cfr. Cap. Vern.* 884, *supra p.* 373, *c.* 5; *Conc. Trib. can. extrar. c.* 12, *supra p.* 249. 16) *Cfr. Matth.* 18, 15—17.

845. alius eos[a] veredariorum[b] more in missaticis instanter transmittat, quia[c] per quosdam illorum contra[d] canonicam auctoritatem et ecclesiastica et civilia perturbantur negotia. Nec sub praetextu obedientiae diutius villicationibus inserviant, sed regulariter obedientiam[e] vicissitudine[f] sua peragentes secum, ut de sancto Benedicto legitur, in monasterio habitent atque se ipsos[g] recolligant[h]. Haec autem transgredientes sive praelati in favendo, sive subditi in obtinendo[i] excommunicentur.

58. Canonicorum autem, qui in parrochiis tonsorantur[k] et erudiuntur[l], interdum etiam et ordinantur, sine auctoritate dignitas regalis in suum periculum non dignetur recipere, praesertim cum eos salubriter et auctoritative possit[m] habere. Quapropter cum quilibet canonicorum ad regiam venerit maiestatem et suo[n] se[o] voluerit mancipare servitio, consensu episcopi, ad cuius dioecesim pertinere dinoscitur, eum recipiat[17]. Et si in ordine[p] clericali eum[q] promoveri[r] voluerit, manus ipsius impositione ad ecclesiasticum ordinem, sancti Spiritus munere si dignus fuerit, consecretur; qualiter[s] et divina auctoritas vigeat et regalis dignitas obsequatur et salus ordinantis[t] et ordinati atque iubentis in omnibus observetur. Alioqui[u] haec statuta transgredientes canonicae subigantur[v] sententiae.

59. Ut monachus de monasterio sine consultu vel praesentia episcopi aut vicarii eius ad hoc regulariter deductus[w] non eiciatur; cuius dispositione et auctoritate de cetero vita et conversatio eiecti[x], ne[x] perditus perpetuo fiat, si aliquo modo salvari potest, ordinari debet atque[y] decerni.

60. Ut hi, qui monasteria atque sacrata[z] loca vel ecclesias infringunt et deposita vel alia quaelibet exinde abstrahunt[a] et sacerdotes ac viros ecclesiasticos non solum dehonorant, verum et diverso atque adverso[b] modo affligunt, velut sacrilegi canonicae sententiae, quae ex his[c] decreta esse dinoscitur, subigantur.

61. Ut pervasores rerum ecclesiasticarum[d], qui easdem res vel contra auctoritatem non solum retinere, verum et crudeliter depopulari noscuntur, quidam etiam et facultates ecclesiae in diversa[e] conlaboratione et reditibus eas expoliant, sed[f] et pauperes atque vicinos et circummanentes inmisericorditer expoliant[f], devastant[g] et opprimunt, ut rapaces, qui secundum apostolum[h] [18] a[i] regno Dei excluduntur, ex criminali et publico peccato publica[k] penitentia satisfaciant. Quodsi hoc agere noluerint[l] et potestate regia ad hoc exortati vel coacti non fuerint, proferatur[m] contra eos apostolica terribilis sententia, qua dicitur: 'Si[19] quis frater nominatur et est rapax, cum huiusmodi nec cibum quisquam praesumat sumere'; quia 'iniquum[20] et sacrilegum est[n]', ut Symachus papa et post eum beatus[o] Gregorius Sabino subdiacono scribit, 'et[21] contra leges[p] est, si quis, quod venerabilibus locis relinquitur, pravae voluntatis studiis suis temptaverit compendiis[q] retinere'. Quapropter[r] secundum statuta canonum ab omni ecclesiastica communione ut sacrilegus debet arceri, donec studeat digna satisfactione quod admisit[s] corrigere.

a) *om.* 5—8. b) veradnariorum 1. 3. 7. c) qui 5. 6. d) extra 8. e) in *add.* 5—6. f) vicissitudinem suam 1. g) seipso 3. h) recolligunt 2. 4, *corr.* recolligant 2. i) obediendo 4. k) tonserantur 2. 4; tonsurantur 5. 6. l) et *add.* 6. m) posse 3. n) suos 2. o) *om.* 2. 4. p) ordinem 1. q) eundem 2—4. r) promovere 4. s) quatenus 5. 6. t) ordinandis 2—4, *corr.* ordinantis 2. u) aliequin 1. v) subiungantur 1. w) deducatus 2. 3; educatus 4. x) eiectione 2; eiectio ne 3; ex eiectione 9; eicta 1. y) *om.* 9. z) sacra 5. 6. a) abstraant 1. b) averso 1. c) quae *add.* 2. 3. d) eclesiarum 1. e) diverso 1. f) sed ... expoliant *om.* 1. g) et devastant et opp. 1. h) *om.* 9. i) in 9. k) puplice 1. l) noluerit 1. m) proferantur 3. n) *om.* 4—6. o) *om.* 1. p) lege 1. q) retinere comp. 1. r) *om.* 2. 4. 9. s) amisit 1. 4.

17) *Cfr. Löning, Gesch. d. Deutch. Kirchenrechts II, p.* 492. 18) 1. *Corinth.* 6, 10. 19) 1. *Corinth.* 5, 11. 20) *Synod. Rom. a.* 502. *sub Symmacho habita, c.* 3, *Mansi VIII, col.* 267. 21) *Gregorii I. Registr. lib. IX. ep.* 89, *EE. II, p.* 102, *Jaffé l. c. I²*, *nr.* 1614.

845.

62. Hi[t][22] vero, qui ex rebus ecclesiasticis nonas et decimas persolvere et sarta[u] tecta[23] ecclesiae secundum antiquam auctoritatem et consuetudinem restaurare debent[v] et hoc[w] non solum neglegunt, verum et per[x] contemptum[y] dimittunt atque clericos[z] fame ac penuria obprimunt[a], ecclesiastica quoque aedificia dissolutione[b] adnullari[c] permittunt, tamdiu ab ecclesiastica communione separentur, usque dum diligentia[d] emendare studeant, quod socordia neglexerunt. Quodsi iterum[e] iteraverint[f], post excommunicationis[g] satisfactionem regia potestate compulsi iuxta legale et antiquum dictum[h] 'qui neglegit censum, perdat[i] agrum'. Servi[k] autem[e] ecclesiarum quibuscumque[l] potestatibus subditi, unde melior consuetudo vel devotior[m] commendatio ex[n] tempore et iussione domni[o] Hludowici[p] vel certe[q] domni Karoli seu etiam Pipini[r] non[s] existit[t], saltim XX diebus in anno eidem ecclesiae[u] ad reficiendas ipsius ruinas[v] absque molestia servire sinantur. Ubi autem et amplior[w] commendatio et melior consuetudo inde habetur[x], pro hac nostra necessitudinis[y] consideratione[z] non decidat.

63. 'Ut[24] secundum canonicam[a] auctoritatem et constitutionem' domni imperatoris Hludowici[b] 'de agro ecclesiastico et manso ac mancipiis', quae ipse[c] suis capitulis constituit[d][25], 'vel si quilibet pro loco sepulturae aliquid largitus ecclesiae[e] fuerit, neque de decimis et oblationibus fidelium cuiquam[f] presbitero[f] aliquem censum persolvere cogat nec quisquam cuiuslibet[g] ordinis vel dignitatis exinde quicquam subtrahat aut[26] redibitionem quamcumque exigat temporalem. Quodsi fecerit, communione usque ad satisfactionem privetur et regia potestate hoc emendare legaliter[h] cogatur[i]'.

64. Raptores[k][27] virginum et viduarum, qui etiam postea[l] voluntate parentum eas quasi desponsantes[m] sub dotalicii nomine in coniugium duxerunt, publicae penitentiae subigantur[n]; et post[o] publicam penitentiam, prout[p] praeviderit episcopus, peractam[q], ne in peius corruant, iterum convenientes de cetero elemosinis et ceteris quibuscumque[r] religiosae[l] et[l] salvificae conversationis actionibus inservire procurent, usquequo ab opere coniugali ex consensu[s] se[t] valeant abstinere. Filii[u] vero ex huiusmodi vituperabili coniunctione ante coniugium etiam[l] minus laudabile[v] procreati ad ecclesiasticam dignitatem nullo modo provehantur[w]; nec de[x] tali coniugio

t) De eodem *rubr. in* 9. u) sacratecta 2; serta tecta 7. v) qualiscumque sit persona *add.* 1. w) *om.* 9. x) *om.* 2—4. 9. 12. y) contemptui 9; contempnendo 12. z) cleros 3. a) *ita solus* 1; *om. rell.;* afficiunt 12. b) dissolutionem 1. c) annihilari 12. d) indulgentia 8. e) *om.* 12. f) iteraverit 7. 8. g) excommunicatione 1. h) edictum 2. 4—6. 9. 12. i) perdit 2. 7. 8; et *add.* 1. k) *Novum caput in* 12. l) qui ubicumque 9. m) de universo 10. 11. n) et 2—4. 9. 12. o) *om.* 9. p) Hludowici 2. 3; Ludowici 1. 4; Ludovici 5. 6. 12. q) certi 1. r) Pippini 3—5. 7. 8. s) *delet. in* 8. t) extitit 9; existat 12. u) aeclesia 1. v) *om.* 10. 11. w) amplius 10. 11. x) haberetur 2. 3. 12. y) necessitatis 9. z) considerationem 1. a) *om.* 11. b) Hluduwici 2. 3; Ludowici 4; Ludovici 5. 6. 10. 12. c) in *add.* 12. d) instituit 11. e) *om.* 10. 11; fuerit eccles. 2—4. 12. f) *ita* 1—6. 10. 11; presbyter, *om.* cuiquam, ... cogatur *Capp. not.* 23. *cit.;* cuiq. presbyteros *Sirm.;* quemquam presbyterum 12; quemquam presbyterorum *Reg. I*, 29, *cfr. autem ibid. not.* 93. g) cuilibet 1. h) legatur 1; *om.* 10. 11. i) compellatur 12. k) igitur *add.* 12. l) *om.* 12. m) disponsantes 1; desponsatas 9. 12. *et Reg. I*, 428. n) subiugentur 12. o) per 1. p) prout ... peractam *om.* 12. q) peractum 1. 5; *om.* 10. 11. r) quibus 1; quibusque 5. 6. s) concessu 1. t) *om.* 10. 11. u) De filiis non legitimis *rubr. praemittit* 12. v) laudabili 5. 6; laudabiliter 12. w) proveniantur 1. x) *om.* 1.

22) *Cfr. supra c.* 53; *Brunner, RG. I, p.* 211; *II, p.* 249. 23) *I. e.: reparationem, restaurationem; cfr. Du Cange.* 24) *Capp. Franc., tom. I, p.* 333, *c.* 4. 25) *Cfr. Cap. ecclesiast.* 818. 819, *l. c. p.* 277, *c.* 10. 26) aut temporale lucrum exigat. Quodsi fecerit, communione privetur et *Capp. cit.* 27) *Cfr. Cap. ecclesiast.* 818. 819, *l. c. p.* 278 *sq., c.* 22—25.

845. generati ecclesiasticis ordinibus[y] applicentur, nisi forte eos aut maxima[z] ecclesiae utilitas vel necessitas postulet vel evidens meritorum praerogativa commendet.

65. Hi[a][27] autem, qui necdum eas, quas rapuerant, cum voluntate parentum sub[b] praefato[b] desponsionis[c] vel dotalicii nomine in coniugium sumptas habent, quando in omnium aures haec fuerit constitutio promulgata, ab earum coniunctione separentur et publicae penitentiae subigantur[d], raptae autem parentibus legaliter restituantur. Post peractam[e] vero publicam[f] penitentiam, si[g] aetas[g] et incontinentia exegerit[h], legitimo et ex utrisque partibus placito coniugio socientur. Nam in his 'non[28] regulam constituimus, sed', ut verbis magni Leonis utamur, 'quid[i] sit[i] tolerabilius, aestimamus'. Quodsi unus ex coniugatis obierit, is, qui publicam[k] penitentiam egit[l] et superstes extiterit, iterare coniugium non praesumat; nisi forte episcopus praeviderit aliquam concedere indulgentiam, ut graviorem possit amovere offensam.

66[m]. Qui[n] vero deinceps rapere virgines vel viduas praesumperint, secundum synodalem beati Gregorii[29] diffinitionem ipsi et complices eorum anathematizentur, et raptores sine spe coniugii perpetuo maneant.

67. Qui[27] sanctimoniales virgines vel viduas rapiunt et progressu etiam criminis in coniugium sumunt, publicae penitentiae[o] iuxta modum, quod[p] praeviderit episcopus, subigantur. Ipsae vero locis congruis[o] penitentiae retrudantur et ad habitum religionis redire cogantur; uterque[q] autem sine ulla spe uxoreae copulationis perenniter maneant[r]. Si autem, quod absit, coniugia iterare praesumpserint, acriori subdantur vindictae et amplius propellantur. Qui[s] si forte oboedire monitis salutaribus non[t] voluerint, anathematizentur.

68. De[27] his, qui sponsas alienas rapiunt vel[u] consensu parentum accipiunt[u], antiqua et synodalis sententia[v] observetur. Quod et si forte in ecclesia eventus[w] talis repperiri[x] dinoscitur, ut pro salutis et religionis competentia humanius[y] quiddam debeant[z] tractare[a] pontifices[z], sicut canonica, ut eisdem[b] verbis utamur, docet auctoritas, 'quia[30] prior quidem[c]', inquiens, 'diffinitio durius, posterior autem quiddam[d] tractavit humanius', nullo modo, ut ad maximam indulgentiam descendamus, alterius sponsae acceptor[e] sine publica transeat penitentia[f] et sponso legaliter multa[g] componat[h]. Quodsi haec[i] obedire renuerit[k], sine ullla refragatione anathematizetur[l]; fautores vero illius iuxta modum culpae episcopali decreto peniteant. Si vero, quod non[m] optamus[n], de gradu ecclesiastico talibus nuptiis se consensorem vel interventorem manifeste prodiderit, a gradu proprio repellatur[o]. Et si verisimilibus exinde suspitionibus fuerit propulsatus et[p] canonice nequiverit approbari, secundum sanctorum patrum statuta se purgare[q] cogatur.

69. Is[r], qui vivente marito coniugem illius adulterasse accusatur et eo in proximo defuncto eandem sumpsisse dinoscitur, omnimodis publicae penitentiae subigatur.

y) ordinis 1. z) maxime 10. 11. a) Si 2—4. 9. 12. b) privatae 12. c) disponsionis 1. 3. d) subiugantur 1; subiungantur 10. 11. e) actam 12. f) *om.* 5. 9. g) pietas 12. h) ut *add.* 12. i) quod si 1; quod sit 12. k) penit. publ. 2—4. l) egerit 12. m) *Cum cap.* 65. *in unum coniunct. in* 9. n) Quicumque 5. 10. 11. o) penit. . . . congruis *om.* 1; penit. *om.* 11. p) quem 4—6. q) utrique 8. r) maneat 5. s) quod si 9. 11. t) noluerint 4. 8—11. u) vel . . . accipiunt *om.* 12. v) sententiae 7. w) ventus 1. x) inveniri 10 11. y) humaniter 9; humanus quidem 1. z) debet *tr.* pontifex 12. a) *om.* 10. 11; retractare 1. b) eiusdem 12. c) *om.* 12. d) quidam 1. 6. e) non *add.* 10. 11. f) poenitentiae 7. g) multam 2. 4. 12. h) componatur 9; imponat 12. i) his 4—6; ad haec 12. k) noluerit 12. l) anathematizentur 11. m) *om.* 3. n) quis *add.* 7. 8. 10. 11. o) reppellantur 2. p) canonice se purget, *om. rell.*, 12. q) probare 2. 4. 9. r) quisquis 9.

28) *Leonis I. epist. ad Rustic., Mansi VI, col.* 405, *c.* 13, *Jaffé l. c. I*², *nr.* 544. 29) *Gregorii II. Synod. Rom. a.* 721, c. 10. 11, *Mansi XII, col.* 264. 30) *Supra p.* 322, *not.* 87.

De quo etiam post penitentiam praefata[s], si expedierit, servabitur regula, nisi forte 845. isdem[t] aut mulier virum, qui mortuus fuerit[u], occidisse notentur aut propinquitas vel alia quaelibet actio criminalis impediat. Quodsi probatum fuerit, sine ulla spe coniugii[v] cum penitentia[w] perpetuo maneant. Si autem negaverit se eandem feminam vivente marito[x] nequaquam adulterasse et praefati homicidii nemo eorum reus extiterit et probatis testibus neuter eorum convinci potuerit, purgent legaliter famam suae opinionis et sumpto utantur coniugio, si alia, ut diximus, non praepedit[y] ratio.

70. Ut[z] illae, quae quasi sanctimoniales sub[a] velamine religionis degere cognoscuntur[b], sed potius iuxta[c] apostolum[c 31] in deliciis viventes mortuae in divinis oculis computantur[d] libidinibusque et ceteris carnis[e] voluptatibus inservire accusantur, si manifeste detegi potuerint, episcopali auctoritate et regia potestate in talibus locis residere sub testimonio religioso cogantur, ubi penitentiam[f] si fecerint[g] dignam, assequantur etiam[h] fructuosam; si autem manifeste detegi non valuerint, erga ecclesiam[h] suae opinionis malam famam legaliter purgare cogantur et, ut religiosius de cetero vivant[i], episcopali decreto et regia potestate coerceantur*.

71. Ut auctoritatem sigillo regio roboratam more tractoriae christianissimus princeps singulis donet episcopis, quam quisque episcoporum penes se habeat[k], ut, quando ei[l] necesse fuerit, per eandem auctoritatem reipublicae ministros conveniat[m], ut[32] ipsi, in quibuscumque civili indiguerit adiutorio, reipublicae ministris[m] concurrentibus suum, immo divinum, possit rite peragere ministerium.

72. Ut[33] nemo quemlibet[n] mortuum in ecclesia quasi hereditario iure, nisi quem episcopus aut presbyter pro qualitate conversationis et vitae dignum[o] duxerit, sepelire praesumat nec[p] quisquam[q] ossa cuiuslibet mortui de sepulcro suo eicere[r], aut sepulturam cuiusquam[s] temerario ausu[t] quoquo[u] modo violet[v]; sed unumquemque in loculo sibi a Deo[s] praeparato[w] atque concesso[x] adventum sui iudicis praestolari concedat, maxime cum non solum divinae leges[y], sed etiam et[z] humanae apud humanam[a] rempublicam sepulcrorum[b] violatores reos mortis diiudicent[34]. Sed et[c] neque pro loco sepulturae, ut verbis sancti[d] Gregorii utamur, 'pretium[e 35] de terra[d] concessa[e] putredini quaerere et de alieno velle[f] facere luctus[g] conpendium', aliquo modo temptet. Si quando autem[h] proximi vel heredes sponte aliquid offerre in ecclesia[i] voluerint in elemosina[k] defuncti, accipere non vetamus; peti vero aut

*) 12. *addit:* De his n. apostolus dicit: 'Quae[36], cum fornicatae fuerint, in Christo nubere volunt.'

s) praefatam 1. 10. 11. t) is 5. 6. u) *ita* 1. 4; fuerat *rell.* v) coniugio 1. w) penitentiae 1. x) viro 2. 3. 5. 6. 9. y) praepedierit 11. z) De secularibus viduis et sanctimonialibus *rubr. in* 12. a) vel 2—4. 9. b) noscuntur 4; videntur 12. c) *om.* 12. d) provincias discurrentes curiose et verbose se libidinibus ceterisque *perg.* 12. e) *om.* 11. f) si penit. 10. 11. g) fecerit 1. h) etiam ... ecclesiae *om.* 12. i) et in monasteriis conversentur *add.* 12. k) habebat 1. l) *om.* 9. m) conveniat ... ministris *in marg. suppl.* 2. n) in ecclesia quemlib. 10. 11. o) duxerit dignum 11. p) ne 11. q) quicquam 1. r) eiciat 5. 6. s) cuiquam 11; quam ... Deo *om.* 7. 8. t) usu 2. u) quomodo 2; aliquo 9. v) vigilet 1. w) parato 12. x) consenso 1. y) legis 2. 4. 9. z) *om.* 4. 9—12. a) humane 1. b) sepulchri 12. c) *om.* 12. d) sancti ... terra *om.* 6. e) commissa 1; putred. concessa 11. f) nullo 7. 8. 11; ullo 10. g) *om.* 8; *Baluzius II, col.* 1264. *non recte dicit codicem Tilianum, qui est noster 7, praebere* lucri. h) *om.* 8; aut 1. i) ecclesiae, *om.* in, 7. 8. 11. k) elemosinam 3.

31) 1. *Tim.* 5, 6: quae in deliciis est, vivens mortua est. 32) *Cfr. Cap. miss. Suess.* 853, *supra p.* 269, c. 10. 33) *Cfr. Conc. Trib.* 895, *supra p.* 222 *sq.*, c. 16. 17. 34) *Cfr. Nov. Valentin. III, tit. V, § 1 (Lex Rom. Visig. ed. Hänel p. 280); Conc. Tolet. IV (a. 633),* c. 46, *Mansi X, col.* 630; *Brunner, RG. II, p.* 684 *sq.* 35) *Gregorii I. Registr. lib. VIII, ep.* 35, *EE. II, p.* 37, *Jaffé l. c. I², nr.* 1524. 36) 1. *Tim.* 5, 11.

845. aliquid exigi omnimodo[l] prohibemus, ne, quod valde inreligiosum est, aut venalis, quod absit, dicatur[m] ecclesia, aut de humanis mortibus videamur[n] gratulari, si conpendium exinde studemus modo quolibet querere.

73[o]. Ut erga Iudeos a christianis principibus ac ceteris omnibus Dei fidelibus, tam clericis quam laicis, viris seu feminis, sacrorum canonum et antiquorum regum atque[p] legum iura serventur; ex quibus pauca de multis subter adnotare curavimus.

Constantinus[q] Flavius imperator[r] augustus: 'Si[37] quis Iudeorum christianum servum vel cuiuslibet alterius sectae emerit et circumciderit, a Iudei ipsius potestate sublatus in libertate permaneat.'

Theodosius[s] et Valentinianus augusti: 'Iudeis[38] vel paganis causas agendi vel militandi licentiam denegamus, quibus christianae legis nolumus[t] servire personas, ne[u] occasione dominii[v] sectam venerandae religionis inmutent. Omnes igitur personas[u] erroris infausti iubemus excludi, nisi his emendatio matura subveniat.'

Item idem imperatores augusti: 'Haec[w][39] victura in omne aevum lege sancimus[x] neminem Iudeum ad honores et dignitates accedere, nulli administrationem patere civilis obsequii nec defensoris saltim fungi officio. Nefas[y] quippe credimus, ut supernae maiestatis[z] et Romanis legibus inimici sub[40] specie cuiuslibet officii christianos vel etiam sacerdotes sub quacumque occasione iniuriis audeant fatigare vel legis nostrae aliquos aut condempnare aut adiudicare praesumant[40]. Nec[41] carcerali custodiae praesint, ne christiani, ut fieri adsolet, nonnumquam obstrusi[a] custodum[b] odiis alterum carcerem patiantur. Nullam[42] denuo audeant construere[c] synagogam. Nam si fecerint, noverint hanc fabricae[d] ecclesiae catholicae[e] profuturam et quinquaginta pondera auri auctores fabricae esse multandos[f]; ruinas tantum[g] synagogarum suarum[h] permissa[i] licentia reparandi[42]. Quicumque[43] Iudeus servum seu ingenuum invitum[k] vel suasione plectenda ex cultu christianae religionis in nefandam sectam ritumve traduxerit, amissis[44] facultatibus capite puniatur[l][44]. Iustissimae[m] penae[45] sanguinis destinatus, qui fidem alterius expugnavit[n] perversa doctrina. Quicumque ex his ad honores inrepsit, habeatur ut ante conditionis extremae; ne videamur[o] hominibus execrandis contumeliosum[p] immunitatis beneficium praestitisse[m].'

Childebertus[q] rex Francorum: 'Iudeis[46] a cena Domini usque in primum pascha per plateas aut forum quasi[r] insultationis causa deambulandi[s] licentia denegetur.'

Gregorius[t] papa Theoderico et Theodeberto regibus Francorum et Brunechildae[u] reginae: 'Mirati[47] sumus, quod in regno vestro Iudeos christiana mancipia possidere

l) omnino 5. 6. 12. m) eccles. dic. 4. 10. 11. n) videamus 1. 7. 11; videmus 10. o) Cap. I. 13—16; *cfr. supra p.* 389. p) *om.* 4. 9. 13—16. q) II. *praemitt.* 13—16. r) *om.* 9. s) III. *praemitt.* 13—16. t) volumus serviri 1. u) nec 1; ne ... personas *om.* 3. v) domini 2. 5. 13—16. w) Hac 4—6, *Nov. Theod.* x) sancimur 1. y) nec fas 5. 6; hostes 2. 4. 9. 13—16; nestis 3. z) maiestati 4, *Nov.* a) abstrusi 5. 6. 13—16. b) custodium 4. c) struere 4—6. 9—11. d) *ita* 1—6. 9; fabricam 13—16, *Nov.* e) non *add.* 13—16; perfuturam 1. f) multandas 1. g) tantam 1. h) *om.* 1—4. 13—16. i) promissa licenciae 1. k) invitam 1; seu suas. 9. l) puniantur 2. 3. 9. m) Iustissimae ... praestitisse *om.* 13—16. n) expugnat 4. o) videamus 1—3. p) contumelioso 1, *Nov.; ambitu add. Nov.* q) IV. *praemitt.* 13—16. r) quia 9. s) perambulandi 1. t) V. *praemitt.* 13—16. u) Burnichilde 1; Brunihildae 4; Brunnihilte 9.

37) *Cod. Theod. XVI*, 4, 1, *interpret. (Lex Rom. Visig. p.* 250*).* 38) *Constit. Sirmond. c.* 6 *(Novell. Constit. ed. Hänel col.* 458*).* 39) *Nov. Theodos. II, tit.* 3, § 1 *(Lex Rom. Visig. p.* 256 *sq.).* 40) sub ... praesumant *ex interpret.* 41) *Nov.* § 7. 42) Nullam ... reparandi *ex interpret.* 43) *Nov.* § 4. 44) amissis ... puniatur *ex interpret.* 45) *Nov.* § 5. 6. 46) *Conc. Matiscon. I (a.* 583*), c.* 14, *LL. Conc. I, p.* 158; *cfr. tom. I, p.* 3, *not.* f. 47) *Gregorii I. Registr. lib. IX, ep.* 215, *EE. II, p.* 203, *Jaffé l. c. I², nr.* 1744; *cfr. ibid. lib. IX, ep.* 213, *l. c. p.* 199, *Jaffé l. c. I², nr.* 1743

permittitis. Quid enim sunt omnes christiani, nisi membra Christi?' Et post pauca: 845.
'In hoc, vos[v] amplius petimus, Dei cultores demonstretis, quod fideles illius[w] ab inimicis eius absolvitis[x].' Item[y] idem ad Fortunatum episcopum[y]: 'Christiana[48]', inquit, 'mancipia, quae a[z] Iudeis adducuntur aut[49] possidentur, aut mandatoribus contradantur aut certe christianis emptoribus intra[a] diem quadragesimum vendantur[b]; et transacto hoc[c] dierum numero nec[d] apud eos quolibet modo[e] remaneant. Si autem quaedam ex eisdem mancipiis talem aegritudinem fortassis incurrerint, ut intra[f] statutos dies vendi non valeant, adhibenda sollicitudo est, ut, dum[g] saluti[g] fuerint[h] pristinae restituta, similiter[i] modis omnibus distrahantur' et inde 'fraudis[50] tollatur cuncta occasio nec[k] christiana mancipia in domo Iudei habitare sinantur'.

Sanctus Alchimus[l] Avitus ecclesiae Viennensis episcopus et sanctus Apollinaris ecclesiae[m] Valentinae et sanctus Gregorius Lingonicae ecclesiae episcopus et sanctus Viventiolus ecclesiae[n] Lugdunensis episcopus cum aliis viginti episcopis in nomine Domini congregatis ita sanxerunt: 'Si[51] superioris loci clericus heretici cuiuscumque[o] convivio interfuerit, anni spatio ecclesiae pacem non habebit. Quod iuniores clerici si[p] praesumpserint, vapulabunt[i]. A Iudeorum vero[p] conviviis etiam laicos constitutio nostra prohibuit, nec cum ullo clerico[q] nostro panem comedat, quisquis[r] Iudeorum convivio fuerit inquinatus.'

Sanctus[s] Caesarius ecclesiae Arelatensis cum aliis XXXV[t] episcopis: 'Omnes[52]', inquiunt, 'deinceps clerici sive laici Iudeorum convivia evitent[u], et nec eos ad convivium quis excipiat, quia[v], cum apud christianos cibis communibus non utantur, indignum est atque sacrilegium[w] eorum cibos a christianis sumi; cum[x] ea, quae apostolo permittente[53] nos[y] sumimus, ab illis iudicentur inmunda[z]; ac[x] sic[a] inferiores incipiant esse catholici[b], quam Iudei, si[c] nos[c] illis, quae ab[d] eis apponuntur, utamur, illi vero a nobis oblata contempnant.'

Priscus[e] ecclesiae Lugdunensis episcopus, Artemius[f] Senonicae, Remedius Bituricae et sanctus Syagrius[g] Heduorum episcopus cum ceteris pluribus statuta ecclesiastica renovantes[h] ita definierunt: 'Ne[54] Iudei christianis populis iudices deputentur aut thelonarii esse permittantur[i], per quod illis, quod Deus avertat, christiani videantur esse[k] subiecti. Ut Iudeis a cena Domini usque prima[l] pascha secundum edictum[m] bonae[n] recordationis domni Childeberti regis per plateas aut forum quasi insultationis causa deambulandi licentia denegetur, et ut reverentiam cunctis sacerdotibus Domini vel clericis inpendant nec ante sacerdotes[o] consessum[p]

v) petimus, ut vos amplius 13—16. w) eius 5. 6. x) absolvatis 9. 13—16. y) Item ... episcopum *om.* 13—16. z) *om.* 1; *superscr.* 2. a) infra 2—4. 13—16. b) venundentur 5. 6, *Greg.* c) *om.* 2—4. 9. 13—16. d) *om.* 13—16; ne 6. e) non *add.* 13—16. f) infra 2. 3. 9. 13—16. g) solitum 1. h) sint 13—16; prist. restituantur 4. i) similiter ... vapulabunt *(lin. 16) om.* 13—16. k) ne 2. 4—6; ut ... non sin. 9. l) Alcimus 9. m) episcopus 3. n) sanctae Lugd. eccl. 4. o) cuiusquam 4. p) *om.* 1. q) *om.* 4. r) quisquam 1. s) VI. *praemitt.* 13—16. t) XXX 3; XXV 4. u) devitent 9. v) qui 9. w) sacrilegum 2. 3. 5, *Conc. Agath.* x) cum ... ac *om.* 13—16. y) non 6; non fuimus 2. 3. 9. z) *om.* 9. a) *ita omnes codd.; si Conc. Agath.;* enim *add.* 13—16. b) christiani *Conc. Agath.* c) si no 1. 2, *corr.* si nos 2; si non 6; si enim nos illos 9. d) *om.* 2—4. 9. 13—16. e) VII. *praemitt.* 13—16. f) Arthemius 2. 4—6; Archemius 3. 9. g) Singrius 4. 5. 13—16. h) removentes 6. i) committantur 1. k) *om.* 9. l) *ita* 1; primum *rell.* m) dictum 5. 6. n) boni 2. 3, *corr.* bonae 2. o) sacerdotis 4. 5. p) consensum 2—6.

48) *Gregorii I. Registr. lib. IX, ep.* 104, *l. c. p.* 112, *Jaffé l. c. I², nr.* 1629. 49) aut possidentur *hic addita sunt; des. apud Greg.* 50) Et si qua filiis suis mancipia donare voluerit, ut cuncta fraudis tollatur occasio, fiant modis omnibus christiana et in domo eius non maneant *Greg.* 51) *Conc. Epaon.* 517, *c.* 15, *LL. Conc. I, p.* 22. 52) *Conc. Agath. c.* 40, *Mansi VIII, col.* 331. 53) 1. *Corinth.* 10, 27. 54) *Conc. Matisc. I (a.* 583), c. 13—17, *LL. Conc. I, p.* 158*sq.; cfr. supra p.* 416, *lin.* 31. 32.

845. nisi ordinati habere praesumant. Quodsi[q] facere fortasse praesumpserint, a iudicibus locorum, prout persona fuerit, distringantur. Et ut nullus christianus Iudeorum conviviis participare praesumat[q]. Quodsi facere quicumque, quod nefas est dici, clericus aut secularis praesumpserit, ab omnium christianorum consortio se noverit coercendum, quisquis eorum impietatibus fuerit inquinatus. Et licet quid[r] de christianis, qui aut captivitatis incursu aut quibuscumque fraudibus Iudeorum servitio inplicantur, debeat[s] custodiri, non solum canonicis, sed et legum beneficiis iampridem fuerit constitutum; tamen, quia nunc ita quorundam querela exorta est quosdam Iudeos per civitates aut municipia consistentes in tantam insolentiam et protorviam prorupisse, ut nec reclamantes christianos liceat vel ad pretium de eorum posse[t] servitute absolvi: idcirco praesenti concilio Deo[u] auctore[u] sancimus, ut nullus christianus Iudeo[v] deinceps debeat deservire, sed datis pro[w] quolibet bono[x] mancipio duodecim solidis ipsum mancipium quicumque christianus seu ad ingenuitatem sive ad servitium licentiam habeat redimendi, quia nefas est, ut, quos Christus dominus sanguinis sui effusione redemit, persecutorum vinculis permaneant inretiti. Quodsi adquiescere his, quae statuimus, quicumque Iudeus noluerit, quamdiu ad pecuniam[y] constitutam venire distulerit, liceat[z] mancipio ipsi cum christianis, ubicumque voluerit, habitare; illud etiam specialiter sancientes, quod, si quis Iudeus christianum mancipium ad ritum Iudaicum convictus fuerit persuasisse, et ipso mancipio careat et legali dampnatione plectatur.'

Sanctus[a] Lupus Trecassenorum[55] episcopus et cum eo alii viginti et quattuor episcopi vel vicarii episcoporum similiter in nomine Domini nostri Iesu Christi congregati pro causis corporis eius, quod est ecclesia, inter multa hoc etiam statuerunt: 'Quia[56] Deo propitio sub catholicorum regum dominatione[b] consistimus, Iudei a cena Domini usque in secunda[c] sabbati in pascha, hoc est ipso quatriduo, procedere inter christianos neque catholicis populis se[d] ullo loco vel quacumque[e] occasione miscere praesumant.'

In[f] concilio Laodiceno statutum est: 'Quod[57] non oporteat a Iudeis vel hereticis ea, quae mittuntur, munera festiva suscipere nec cum eis festa celebrare'; et: 'Quod non oporteat a Iudeis azima[g] accipere et communicare impietatibus eorum.' Et[h] in alio concilio: 'Ut[58], si quis Iudaicae pravitati iugali societate coniungitur, id est si seu[i] christiano Iudea sive Iudeo christiana mulier carnali consortio misceatur, quique[k] horum tantum nefas admisisse[l] noscuntur, a christiano[m] coetu atque convivio et a communione ecclesiae protinus segregentur.'

74[n]. Ex[o] concilio Tolitano[p] IV.[q] cap. LVIII[r]: 'De[59] his, qui contra fidem Christi Iudeis munus vel favorem praestant. Tanta est quorundam cupiditas[s], ut "quidam[60] eam[t] appetentes", iuxta quod[u] ait apostolus, "etiam a fide erraverint".

q) Quodsi ... praesumat *om.* 13—16. r) quod 2. 3. 13—16. s) debeant 1. t) *om.* 2. 3. u) *om.* 1. v) Iudaeos 5; Iudaeis 6. w) per 2—4. x) *om.* 13—16. y) penitenciam 1. z) licet 1. a) VIII. *praemitt.* 13—16. b) dominationem 1; tempore 13—16. c) *ita* 1—4, *Conc. Aurel.*; secundam *rell.* d) seu 2. 4. 9. e) quamcumque occasionem 1. f) IX. *praemitt.* 13—16. g) azimam 1; azymas 9. h) X. *praemitt.* 13—16. i) se 1. 2. 4. 9; *om.* 13—16. k) quicumque 9, *Conc. Arvern.* l) amisisse 1. m) Christo 2. 3; Christi 4. n) XI. 13—16; *in codd.* 5. 6. 9. *et editionibus prioribus c.* 74. 75. 76. *cum c.* 73. *in unum coniuncta sunt; cfr. supra p.* 389. o) Ex ... LVIII. *om.* 1; *cfr. vero supra p.* 394. *in indice titulorum.* p) *om.* 14—16; Tolino 2. 3. q) *om.* 2—4. r) *ita* 1—6, *pro* LVII; XLV. 9. s) captivitas 9. t) eum 1. u) quo 1.

55) *Immo episcopus Lugdunensis, non Trecassinensis.* 56) *Conc. Aurel. III (a. 538), c.* 33, *LL. Conc. I, p.* 83. 57) *Conc. Laodic. c.* 37. 38, *Mansi II, col.* 579 sq. 58) *Conc. Arvern. I (a. 535), c.* 6, *LL. Conc. I, p.* 67. 59) *Conc. Tolet. IV (a. 633), c.* 57; *c.* 58. *apud Mansi X, col.* 633. 60) 1. *Timoth.* 6, 10.

Multi quippe hucusque ex sacerdotibus atque laicis accipientes a Iudeis munera perfidiam eorum patrocinio suo fovebant[v]; qui non inmerito ex corpore antichristi esse noscuntur, quia[w] contra Christum faciunt. Quicumque igitur deinceps episcopus sive clericus sive secularis illis contra fidem christianam suffragium vel munere vel favore praestiterit, ut[x] profanus et sacrilegus anathema effectus ab ecclesia catholica et regno[y] Dei efficiatur extraneus; quia dignum est, ut a corpore Christi separetur, qui inimicis Christi patronus efficitur[z].' 845.

75[a]. Item[b] in eodem[c] concilio cap. LIX[d]: 'De[61] filiis Iudeorum, ut a parentibus[e] separati christianis debeant deputari. Iudeorum filios vel filias[f], ne parentum ultra involvantur[g] erroribus[h], ab eorum consortio separari[i] decernimus; deputatos[k] autem monasteriis aut christianis viris ac mulieribus Deum timentibus, ut sub eorum conversatione cultum fidei discant; atque in melius instituti[l], tam in moribus quam in fide proficiant.'

76[m]. Ut mercatores huius regni, christiani sive Iudei, mancipia pagana, quae per[n] tot populos et civitates fidelium transeuntes ad manus infidelium et sevissimorum hostium nostrorum perducunt[62], ex quo et ipsi infelices servi, qui[o], si[o] a christianis emerentur, poterant salvari, miserabiliter pereunt et inimicorum regni maximus numerus augetur, coerceantur a piis principibus nostris et intra christianorum fines vendere conpellantur, ne tam horrenda crudelitate et aperta infidelitate et animarum dampnis Deus exasperetur et vires hostibus augeantur.

77[p]. Provideant[q] viri potentes et maxime potentes feminae, ut[q] in suis domibus adulteria et luxuriae concubinaticae[r] et incesta adulteria non vigeant[s]. Et[63] suos presbyteros, qui cum eis in capellam[t] vadunt, huiusmodi virtutem habere faciant[u], quatinus omnia vitia[v] in domibus suis resecent; et orationem dominicam ac symbolum cunctos tenere et frequentare compellant, quia parrochiani presbyteri et episcoporum ministri de minoribus[w] et[w] vilioribus[x] personis hoc providere studebunt.

78[y]. Indignum[z] valde[a] est, ut, qui in regia dignitate ceteros ecclesiae filios auctore Deo praecellitis[b], neglegentius quae Dei sunt exsequi videamini. Unde dignum erat, ut capellas villarum vestrarum laicis non committeretis, sed potius illis, qui et eadem[c] sacrata loca religiosius tractarent et vobis exinde adiuti obsequium debitum inpenderent. Sed quia aliter causis intervenientibus res se habere dinoscitur[z], monemus[d] et hortamur[e], ut secundum canonicam auctoritatem — ne, quod absit, periculum interdicti anathematis ex decimis praesumptis incurratis —, si capellas vestras presbyteris aut viris ecclesiasticis dederitis et dominicas decimas acceperint, sarta tecta ecclesiae et luminaria exinde conpetenter provideant et presbyteri parrochianas decimas accipiant et populi necessitatibus debite invigilent[d]; si[f] autem laici

v) fovent 13—16. w) que 1. x) vel 1—3; velut 4. 9. 13—16; vere ut *Conc. Tolet.* y) regni, *om.* et, 1—4. 13—16. z) Finiunt capitula contra Iudaeos Magni Karoli caeterorumque regum cum consensu episcoporum, *om. rell., add.* 13—16. a) *cfr. supra not.* u. b) Item ... LIX. *om.* 1; *cfr. vero supra in indice.* c) alio 9. d) *in margine minio in* 2. 3; XLVI. 9. e) ut apparentibus 2. 3. f) si *add.* 2. 3. 9. g) insidient 1; insidientur 2—4. 9. h) errore 1. i) separare 1—3. 9. k) deputandos 5. 6. l) constitutum 1—4. 9. m) *cfr. supra not.* u; LX. 2—4; XLVII. 9. n) *om.* 9. o) quasi 1. 9. p) LXI. 2—4; LXXIV. 5. 6. q) Providendum est viris potentibus et maxime feminis potentibus ut 9. r) concubinatae 9. s) vigebant 9. t) capella 2. 4. 9; capellania 1. 3. 10. 11. u) faciunt 1. v) *om.* 9. w) *om.* 6. x) levioribus 4. 5. 9—11. y) LXII. 2—4; LXXV. 5. 6. z) Indignum ... dinoscitur *(lin. 31) om.* 9. a) est valde 2. b) precellentis 1. c) in eodem 1. d) hoc monemus etiam et ... invigilent *(lin. 36) ad finem capituli posita sunt in* 9. e) ortemur 1. f) *Capitis initium, om.* autem, *in* 9.

61) *Conc. Tolet. IV, c.* 59. *vel* 60. 62) *Cfr. Cap. Mantuan.* 781?, *tom. I, p.* 190, *c.* 7. 63) *Cfr. Maassen in 'SB. d. Wien. Ak., phil.-hist. Cl.' tom. LXXXIV* (1876), *p.* 246*sqq.*; *Synod. Pap.* 850, *supra p.* 121, *c* 18.

845. capellas habuerint[g], a ratione et auctoritate alienum habetur[h], ut ipsi decimas accipiant et[i] inde canes aut geniciarias[64] suas pascant; sed potius presbyteri ecclesiarum eas accipiant[i] et inde restaurationem ecclesiarum et luminaria et hospitum[k] ac pauperum receptionem[l] exhibeant et pro vobis ac statu regni vestri Domini misericordiam[m] studiose implorent.

79[n]. Ut regia maiestas observari[o] praecipiat omnibus reipublicae ministris, quod a[p] divina auctoritate et sanctorum patrum constitutione[q] cautum esse dinoscitur, videlicet ut nemo comitum aut quisquam ex iudiciaria potestate post quartam feriam, quae caput ieiunii nominatur, in qua omnes poenitentes manus inpositionem ad vacandum solummodo poenitentiae et divinis officiis accipiunt, placitum aut[r] mallum[s] tenere praesumant.

80[t]. Dies[65] quoque octo sacrosanctae paschalis festivitatis omnibus christianis feriatos esse decernimus ab omni opere rurali, fabrili, carpentario, gynaeceo, caementario, pictorio, venatorio, forensi, mercatorio, audientiali[u] ac sacramentis exigendis, quatenus eisdem diebus tanto licentius, quanto liberius, omnibus christianis sanctae resurrectionis laudibus et sacrosanctae praedicationi iugiter insistere liceat. Quodsi quis temerare praesumpserit, excommunicetur.

81[v]. Ut capitula ecclesiastica a domno Karolo magno[w] imperatore nec non et[x] a domno Hludowico[y] pio augusto promulgata obnixe observari[z] praecipiantur, sicut et legalia observanda[a] esse noscuntur.

82[b]. Haec autem constituimus non praeiudicantes aut parvipendentes, quae a maioribus et[c] praedecessoribus nostris[d] forte severius propter rigorem[e] ecclesiasticae disciplinae[f] sunt constituta, sed tempori[g] servientes et fragilitati delinquentium, fisi de multimoda Dei misericordia, si saltim his obedire voluerint, consulentes praescripta taliter praefiximus, ut, quicumque, quae[h] a divino spiritu per pontificalem auctoritatem et regiam maiestatem promulgata et prolata atque confirmata sunt, contumaci atque rebelli animo contraire praesumpserit, si[i] ecclesiastico ordine quaelibet persona fuerit[i] honorata, synodali auctoritate gradus proprii amissione multetur; si autem in seculari habitu qualibet potestate vel dignitate fuerit sublimata persona, honore, quo[k] in re publica fruitur, sine retractatione[l] a regia maiestate privetur et insuper exilii vel afflictionis cuiuslibet, prout ordo ecclesiasticus et[k] regalis severitas decreverit, ultione plectatur[m].

83[n]. Vos simul cum istis et aliis Dei ac vestris fidelibus nos atque socios nostros in episcopali auctoritate rogastis, ut propter Deum et nostrum ministerium iuxta cognitas necessitates verum consilium secundum Deum et secundum seculum invenissemus; quod et fecimus, iuxta quod Dominus inspirare dignatus est, et vestrae christianae devotioni verbis et scriptis protulimus. Quodsi illud pleniter et in om-

g) et *add.* 4. h) habeatur 6. i) et inde ... accipiant *om.* 1; canes ... accipiant *om.* 6. k) hospitium 2; hospicium 3. l) perceptionem 9. m) misericordiam implorent. Hoc monemus *etc.* 9 (*cfr. supra not.* d). n) LXIII. 2—4; LXXVI. 5. 6. o) observare 5. 6. p) ad 1. q) constitutionem 1. r) ad 3. s) malum 1. t) LXXVII. 5. 6; *caput totum deest in* 1—4. u) audientali 5. v) LXXX. 1; LXIIII. 2—4; LXXVIII. 5. 6. w) imperatore magno 1. x) *om.* 1. y) Hluduwico 2; Lodowico 4; Ludovico 5. 6. z) observare 3. a) observandum 2. 3. b) LXXXI. 1; LXV. 2—4; LXXIX. 5. 6; *cum cap.* 78. *in unum coniunct. in* 9. c) a *add.* 6. d) ne *add.* 9. e) quae in *add.* 9. f) *om.* 9. g) tempore 3. h) *om.* 2. 3. 9. i) si ... fuerit *om.* 1. k) *om.* 1. l) retractione 2. 3. m) *Hic explicit* 1. n) LXVI. 3. 4; XXC. 5. 6; *numerus deest in* 2; *totum caput deest in* 1.

64) *I. e.: ancillas, quae in genitiis vel gyneceis operantur; cfr. Cap. de villis* 800, *tom. I, p.* 86, *c.* 31. 65) *Cfr. Cap. miss. Suession.* 853, *supra p.* 269, *c.* 8.

nibus adimplere potestis, sicut verbo et scripto vobis ex divino mandato innotuimus, Deo gratias[o] agimus; si autem vultis et adhuc non potestis, quanto plus[p] perfectionem[q] adproximaveritis, gaudemus. Ut autem capitula, quae Domino mediatore communiter decrevistis et manu propria confirmastis et nunc observaturos[r] vos verbis promisistis, ut opere pleniter conservetis et adimpleatis, nunc etiam admonemus. De sponsis quoque aliorum deinceps quoquo[s] modo acceptis[t][66], quia de hoc, quod in praeterito actum est, maximam indulgentiam, confisi de Dei multimoda et maxima largitate atque longanimitate, propter quorundam fragilitatem repperimus, et capitula patris vestri sine refragatione de cetero conserventur[u], ac capitulis vestrae religioni ab exiguitatis nostrae ministerio oblatis hoc diploma, si conplacet, adnectatur. 853.

Nos autem Dei iudicio sui ab illo vicarii constituti[v] iuxta ministerium nostrum et reverendam auctoritatem, nisi inpossibilitas aut quaecumque contradictio praepedierit, et in locis Deo dicatis et in eorundem locorum inhabitantibus atque in ceteris quibuscumque divinae religionis obsequiis, prout Dominus velle, scire et posse donaverit, ut ipsius voluntas et iussio adimpleatur, pro viribus decertare studebimus[w].

o) agimus gratias 4. p) ad *add.* 3. q) perfectioni 5. 6. r) observatores 2. 4—6. s) quoque 2. 3; quae quo 4. t) accepistis 2. 4—6. u) conservetur 2. 3. v) constituteque 2. 3. w) *Sequitur nunc in* 5. 6. *tamquam c.* 81—88. *Synod. Bellov.* 845, *in cuius fine posita sunt:* Explicit Synodus Meldensis; *cfr. supra p.* 388, *not.* y.

66) *Cfr. supra c.* 68.

294. SYNODUS VERMERIENSIS.

853. Aug. 27.

Canones huius synodi traduntur in codicibus: 1) *Haag.* 1 *fol.* 32. 2) *Paris.* 4638 *fol.* 173[v]. 3) *Vallicell. N.* 21 *fol.* 23, *hac inscriptione praemissa:* Haec, quae secuntur, diffinitiones in synodo apud Vermeriam palatium habita actae sunt anno suprascripto[1] (*sc.* a. 853), in mense Augusto, indictione praefata[2] (*sc.* prima).

(*B. II,* 57; *P.* 420.)

Omnibus sanctae dilectionis fratribus, ad quorum haec poterunt pervenire notitiam, Wenilo Senonum, Hincmarus Remorum, Paulus Rotomagensium, Amalricus Turonum archiepiscopi[a], Teutboldus Lingonum, Pardulus[a] Lugdunensium[3], Hucbertus Meldensium, Ansegaudus Abrincatum, Hrothadus Suessionum, Immo Noviomagensium, Hilmeradus Ambianensium, Yrminfridus Belvacensium, Erpoinus Silvanectensium, Baltfridus Baiocacensium, Guntbertus Ebrocensium, Eirardus Lixoviensium, Erloinus Constantiae, Hildebrannus Sagorum[4], Godelsadus Cavillonensium[b], Ionas Aeduorum[5], Braidingus Matisconensium, Agius Aurelianensium episcopi apud Vermeriam[c] palatium iussu gloriosi principis Karoli anno ab incarnatione Domini DCCCLIII, indictione prima, VI. Kalend. Septembris in nomine eiusdem domini nostri Iesu Christi sinodaliter congregati salutem. Notum fraternitati vestrae fieri volumus, quia nuper

a) Pardulus Lugd. archiepiscopi et Teutboldus 2. 3. b) Cabillonensium 2. c) Vermenam 2.

1) *Cfr. supra p.* 263, *lin.* 30; *descript. codicum: infra lin.* 36. 2) *Cfr. supra p.* 263, *lin.* 31; *infra lin.* 36. 3) *Laon.* 4) *Séez.* 5) *Autun.*

853. instanti anno per praesentem primam indictionem apud urbem Suessionum[d] decimo Kalendas Maias ad synodum convenientes, cui sacro conventui idem gloriosus rex suam est dignatus exhibere praesentiam, inter cetera ecclesiastica negotia de venerabili fratre nostro Herimanno Nivernensis urbis episcopo questionalis est ratio nobis oblata[6]; videlicet quia infirmitate praeoccupatus seu praepeditus corporea saepe ineptire et quaedam, quae ad naufragium rerum et facultatum ecclesiasticarum pertinere atque ad salvationem ac debitam seu rationabilem dispensationem impedire poterant, nisi celeri remedio subventum foret, agere indiscrete soleret. Cuius suggestionis certa experimentorum documenta evidentius perquirentes aliquanta invenimus, quae nobis fidem fecerunt aliis, quae audieramus, sensum accommodare. Unde secundum quod in decretalibus epistolis beati Gregorii exemplo repperimus[7], statuimus illi echonomum persuadere, qui ei suffragium et ecclesiae sibi commissae custodiam debitam et canonicam exhiberet, donec annuente Domino isdem frater venerabilis a sua infirmitate optabiliter convalesceret. Sed quoniam intimatum est nobis in sua ecclesia neminem posse reperiri[e], qui interim eundem venerabilem partim indebita forte pietate, partim reverentia seniorali secundum modum a nobis constitutum custodire aut vellet aut posset, consilii consultu illum hortati sumus, ut cum domno Wenilone praenominato, scilicet reverentissimo confratre nostro et archiepiscopo suo, maneret illeque ei conveniens studium impertiri curaret et ecclesiae Nivernensi ea, quibus indigeret, visitatorio officio impenderet et ordinaret, quousque aestivum[8] tempus, quod huiusmodi infirmitati, qua impediri dicebatur, valde contrarium est, pertransiret et saepefatus dilectissimus ac venerabilis frater noster, ut praediximus, a sua infirmitate emelioraretur[f] et suae potestati suaeque ipsius custodiae suaeve ecclesiae dispositioni, ut est debitum, restitueretur. Quae quoniam, gratias Deo, ad votum iuxta divinam ordinationem, ut fuerant disposita, sunt quoque perducta et canonica iubet auctoritas, ut ab uno quilibet reiectus episcopo, non dicamus a tantis pro tempore et ad tempus remotus secundum quendam modum episcopis, non recipiatur sine testimonii aut litterarum evidentissimo documento, per hos[g] nostrae humanitatis apices plerumque dictum venerabilem fratrem nostrum suae dicioni et potestati atque episcopali custodiae suaeque ecclesiae gubernationi debite restituimus, et nos eum non morum vitiis aut peccatis publicis, quae censura damnat ecclesiastica, a sua illum ecclesia aliquantulum removisse, quod sine aperta convictione vel manifesta confessione fieri non licet, qua de re et non libet, sed corporeae suae infirmitati et ecclesiae sibi commissae necessitati pietative consuluisse manifestissime demonstramus. Quod ut praesentibus scilicet et futuris temporibus enucleatius cognoscatur, his gestis manibus propriis subterfirmare decrevimus[9].

2. In nomine Patris et Filii et Spiritus sancti. Episcopi, qui iussu gloriosi principis domni nostri Karoli ad synodum in Vermeriam palatium convenimus, id est: Wenilo[10] archiepiscopus, Paulus archiepiscopus, Amalricus archiepiscopus, Hincmarus archiepiscopus[h], Teutboldus episcopus, Ansegaudus episcopus, Pardulus[h] episcopus, Hrothadus episcopus, Immo episcopus, Yrminfridus episcopus, Erpoinus episcopus, Hilmeradus episcopus, Agius episcopus, Erloinus episcopus, Baltfridus episcopus, Guntbertus episcopus, Eirardus episcopus, Hildebrannus episcopus, Ionas episcopus, Godelsadus episcopus, Braidingus episcopus Chuonrado[11] inclito et nobilissimo viro

d) Suessonum 1. e) reperire 1. f) inmelioraretur 2. g) has 1. h) Pardulus archiepiscopus, Teutb. 2; *cfr. not.* a.

6) *Cfr. Conc. Suession.* 853, *supra p.* 264, *c.* 2. 7) *Cfr. supra p.* 410, *not.* 2. 8) *Cfr. supra p.* 264, *l.* 23. 9) *Subscriptiones desiderantur.* 10) *Cfr. supra p.* 421, *l.* 29 *sqq.; deest hoc loco Hucbertus Meldensium.* 11) *Fratri Iudithae imperatoris.*

praesentem et aeternam optamus in omnium salvatore salutem. Cum inter caetera 853. ecclesiastica negotia de ordinabili dispositione monasterii Sancti Dyonisii disponeremus, venerunt monachi ipsius sacri coenobii[i] in praesentiam[k] venerandae synodi[l] deferentes auctoritates, videlicet testamentum[12], quod sanctae recordationis abba Fulradus[m] de monasterio Lebbraha[n 13], ubi sanctus Alexander martyr quiescit humatus, et de cella, quae ad Sanctum Yppolitum nominatur[14], seu de rebus aliis, quas per idem testamentum isdem venerabilis abbas Sancto Dyonisio contulerat, necnon et privilegium[15], quod exinde sancta sedes apostolica per beatum Stephanum[16] papam eidem monasterio super praefato testamento fecerat, dicentes, quod venerabilis abbas illorum domnus Hludowicus ex praecepto gloriosi regis domni nostri Karoli eos consuluisset ac consensum eorum quaesisset, quatenus praescriptum monasterium vobis in precariam, acceptis rebus vestra traditione ad eandem casam Dei delegandis, concessisset; quod consentire sine consultu sui episcopi atque archiepiscopi, immo sacrae synodi, non auderent. Quam causam subtiliter investigantes et ad liquidum cognoscentes diffinivimus iuxta sacram et divinam auctoritatem atque secundum testamentum praefatae[o] piae recordationis Fulradi[m] necnon et secundum decretum apostolicae sedis nullo unquam tempore iam dictum monasterium Sancti Alexandri cum rebus sibi pertinentibus a maiore monasterio Sancti Dyonisii quocumque ingenio divellendum nec beneficiario neque precario iure distrahendum. Subiunxerunt etiam idem monachi, quod vestra commendatione ac iussione, immo etiam actione, idem monasterium cum rebus sibi subditis in vestram ditionem redactum et assumptum, quin etiam usurpatum habuissetis. Quod quam absurdum et contra legem atque iustitiam sit, si tamen ita se res habet, ipsi etiam pervidetis. Unde vestram paterna et caritativa seu auctoritativa cum interpositione divini nominis et episcopalis auctoritatis nobilitatem hortamur et obtestamur, ut hoc nullatenus agere ulterius attentetis, sed et si molitum est, ab huiusmodi molitione vel actione vos vestrosque compescatis; quia et contra Deum et contra omnem auctoritatem contraque vestram salutem esse dinoscitur. Sciatis etiam, quia domnum et seniorem nostrum regem gloriosissimum Karolum et humili suggestione et divina auctoritate obsecravimus praefatoque venerabili abbati et monachis suis praecepimus, ut in hoc nulli adsensum praebeant, quoniam nec vobis nec cuiquam fidelium expedit talia postulare. Valete, vir nobilissime, et admodum nobis in Christo carissime.

3. Sed et capitula[17], quae synodali consultu domnus rex Karolus in concilio memorato apud Suessionis civitatem sacro proposuit conventui, coram fidelibus suis in eodem palatio Vermeria relegi fecit, et ab omnibus consonanter suscepta sunt et accepta.

i) *om.* 2. k) praesentia 2. l) synodis 2. m) Folradus, Folradi 2. n) Lebraha 2. o) praefati 2.

12) *Tardif, Monuments histor. p.* 61 *sq.; cfr. Abel-Simson, Karl d. Grosse I*², *p.* 265 *sq.* 13) *Leberau, ad occidentem Schlettstadii versus.* 14) *S. Pilt, prope ad Rappoltsweiler.* 15) *Non iam exstat.* 16) *Stephanum III. aut IV; cfr. Abel-Simson l. c.* 17) *Supra nr.* 258.

856.

295. CONSILIUM OPTIMATUM KAROLO II. DATUM.

856. Aug.

Extat hoc capitulum, de quo nihil novimus, nisi quod ex ipso et inscriptione infra edita elucet, in his codicibus: 1) *Haag.* 1 *fol.* 43. 2) *Paris* 4638 *fol.* 180. 3) *Vatic.* 4982 *fol.* 103. 4) *Vallicell. C.* 16 *fol.* 16. 5) *Vallicell. N.* 21 *fol.* 30^v *et excerptum tantum* 6) *in Vatic. reg. Christ.* 291 *fol.* 107. *(B. II, 77; P. 447.)*

Hoc est consilium, quod episcopi[a][1] et caeteri fideles domni Karoli apud Bonoilum communiter illi dederunt anno incarnationis domini nostri[b] Ihesu Christi[b] DCCCLVI. in mense Augusto.

Increpatio, quam in epistola domni apostolici[2] vobiscum et cum aliis fidelibus vestris audivimus, severissime nos tangeret, si nos aliter non egissemus, quam isdem domnus apostolicus nos egisse, secundum quod ipse audierat, cum magna auctoritate mandavit. Nam quia nos in isto facto, unde nos specialiter redarguit, consentientes non fuimus et vos ac fideles vestros, quos inde admonere convenit, et verbis et scriptis, sicut ipsi scitis et manentia scripta testantur, frequenter et salubriter commonuimus, ut, quod contra salutem et auctoritatem factum erat, emendaretur et, ne deinceps committeretur, omnimodis caveretur, dampnabiliter ista increpatione non tangimur. Sed et nunc nostris monitis illius monita coniungentes et illius monitis nostra[c] monita[c] subiungentes hortamur[d], ut statum monasteriorum in regno vestro[e] consistentium, aliter quam debeat et deceat, perversum ac confusum, quanto citius et melius ac possibilius atque rationabilius potueritis, restituere et corrigere studeatis. Et non solum hoc vos et commissos vobis in regno vestro agere commonemus, verum etiam monemus, hortamur et precamur, ut capitula, quae vos ipse cum fidelibus vestris in Colonia villa manu propria confirmastis[3], sed et ea, quae in Belvaco civitate episcopis tradentibus sub conditione notissima suscepistis[f][4], illa quoque, quae cum fratribus vestris secus Teudonis-villam in loco, qui dicitur Iudicium, approbastis[5] illaque, quae in Verno palatio synodaliter prolata suscepistis[6], ea etiam, quae in Sparnaco[7] de episcopalibus capitulis cum inlustribus viris et sapientibus baronibus vestris observanda delegistis, sed et illa, quae cum fratribus vestris apud Marsnam manu propria confirmastis[8], verum et illa, quae in synodo Suessionica[g][9], cui vestram praesentiam exhibere dignati fuistis, acceptastis necnon et illa, quae in Silvaco decrevistis[10], cum his, quae in Leodico cum fratre vestro Hlothario adnuntiastis[11],

a) et abbates *add. Bal., Pertz.* b) nostri ... Christi *om.* 2. c) *om.* 2. d) *Hinc inde incipit* 6. e) nostro 2. f) susceptis 1. g) Suessonica 1.

1) *Baluzius II, col.* 1267. *et illum secutus G. H. Pertz p.* 447, *not.* 1. *actis nomina episcoporum et abbatum, quos huic conventui affuisse putabant, subiecerunt; sed minus recte. Diploma enim illud, ex quo subscriptiones ediderunt, non a.* 856, *sed a.* 855, *die* 24. *m. Aug. scriptum est; cfr. J. Havet, Questions Méroving. IV, p.* 85 (= *Bibl. de l'école des chartes XLVIII, p.* 235). 2) *Haec epistola Benedicti III. nobis non tradita est.* 3) *A.* 843, *supra nr.* 254. 4) *A.* 845, *supra nr.* 292. 5) *A.* 844, *supra nr.* 227. 6) *A.* 844, *supra nr.* 291. 7) *A.* 846, *supra nr.* 257. 8) *A.* 847. 851, *supra nr.* 204. 205. 9) *A.* 853, *supra nr.* 258. 10) *Eodem anno, supra nr.* 260. 11) *A.* 854, *supra nr.* 207.

diligenter et frequenter ad memoriam reducatis ac relegatis et, quae in regno vestro 856.
contra illa acta sunt contraque divinam et salubrem auctoritatem, quam progenitores et predecessores vestri directo ordine tenuerunt et observaverunt, perpetrata sunt, quantocius ratio et possibilitas permittit, corrigere procuretis. Et ne de cetero a quocumque contra haec agatur[h], omnes communiter cooperante Domino caveamus. Et si quid contra haec actum fuerit, statim, ut citius fieri potuerit, aequitate et ratione ac possibilitate dictante absque dolo cum recta intentione et lege ac auctoritate competente unicuique ordini corrigatur. Et ne leve cuiquam videatur, quod Deo teste ac mediante manu propria confirmatum et sponsione cum[i] veritatis, quae Deus est, assertione prolatum est, discat ex confirmationis cautione in terris et ex baptismatis ac ceterarum observationum confirmatione in caelis, quantis nexibus quisque teneatur obstrictus, omnesque, quod divino spiritu dicitur, communiter audiamus: 'Nisi[12] conversi fueritis, gladium suum vibrabit; arcum suum tetendit et paravit illum et in eo paravit vasa mortis.' De quibus nos[k] omnes ad se et ad[*] mandatorum suorum observationem conversos et in observatione eorumdem permanentes, eripiat Iesus Christus dominus noster, cui est honor et gloria, potestas et imperium per omnia secula seculorum. Amen.

h) agantur *codd.* i) tantae 2. k) non 1; vos 2. 5.

12) *Psalm.* 7, 13. 14.

296. CORONATIO IUDITHAE KAROLI II. FILIAE.

856. Oct. 1.

Coronationis huius ordinem primum in lucem edidit Sirmondus, Caroli Calvi Capit. p. 498 *sqq., codice S. Laurentii Leodiensis adhibito. Cuius editionem codice hodie non iam exstante hic repetimus.*

Qua de causa vero et quo tempore Iuditha coronata sit, in Ann. Bertin. ad a. 856, *ed. Waitz p.* 47, *his verbis refertur:* Edilvulf rex occidentalium Anglorum Roma rediens, Iudith, filiam Karli regis, mense Iulio desponsatam, Kalendis Octobribus in Vermaria palatio in matrimonium accipit, et eam, Ingmaro Durocortori Remorum episcopo benedicente, imposito capiti eius diademate, reginae nomine insignit, quod sibi suaeque genti eatenus fuerat insuetum. *(B. II,* 309; *P.* 450.)

Benedictio super reginam, quam Edelulfus rex accepit in uxorem.

Nubas in Christo obnupta nube caelesti et refrigerata gratia spiritali ac protecta ab omni inlicita concupiscentia; pangas foedus cum oculis tuis, ut non videas alienum virum ad[1] concupiscendum eum et non moecheris in corpore vel corde tuo; et avertas[2] oculos tuos, ne videant vanitatem, quatenus in via Domini vivificeris, ut possis dicere cum propheta: 'Ad[3] te levavi oculos meos, qui habitas in caelis'; et: 'Levavi[4] oculos meos in montes, unde veniat auxilium mihi.' Per conditorem et

1) *Cfr. Matth.* 5, 28. 2) *Psalm.* 118, 37: Averte oculos meos, ne videant vanitatem, in via tua vivifica me. 3) *Psalm.* 122, 1. 4) *Ibid.* 121, 1.

856. redemptorem ac dominum nostrum Iesum Christum, qui cum Patre et Spiritu sancto vivit et regnat in saecula saeculorum.

Benedic, Domine, has dotes, et accipientes tua benedictione dotare digneris, ut coniugii fidem et thorum immaculatum servantes sanctorum patriarcharum adscisci mereantur consortio. Per Dominum.

Accipe anulum, fidei et dilectionis signum atque coniugalis coniunctionis vinculum, ut 'non[5] separet homo, quos coniungit Deus', qui vivit et regnat in omnia saecula saeculorum.

Despondeo te uni viro virginem castam atque pudicam, futuram coniugem, ut sanctae mulieres fuere viris suis, Sarra, Rebecca, Rachel, Hester, Iudith, Anna, Noëmi, favente auctore et sanctificatore nuptiarum Iesu Christo domino nostro, qui vivit et regnat in saecula saeculorum.

Deus, qui in mundi crescentis exordio multiplicandae proli benedixisti, propitiare supplicationibus nostris et huic famulo tuo et huic famulae tuae opem tuae benedictionis infunde, ut in coniugali consortio secundum beneplacitum tuum affectu compari, mente consimili, sanctitate mutua copulentur. Dita eos fructibus sanctis et operibus benedictis. Fac illos talem sobolem generare, quae ad tui paradisi pertineat hereditatem. Aperi, Domine, ianuas coeli, et visita eos in pace. Inriga terram eorum, ut germinet fructum spiritalem. Sanctifica eos, qui datus es nobis ex virgine, et praesta eis tempora salutis, quae ante tuum adventum praedixit sanctus propheta Iohannes, ut hic fideliter credant et beate viventes vitam et regnum consequantur aeternum, gratia tua, Christe salvator noster, qui cum Deo patre in unitate Spiritus sancti vivis et regnas Deus per omnia.

Benedictio reginae. Te invocamus, Domine sancte, pater omnipotens, aeterne Deus, ut hanc famulam tuam, quam tuae divinae dispensationis providentia in praesentem diem iuvenali flore laetantem crescere concessisti, tuae pietatis dono ditatam plenam veritatis de die in diem coram te et hominibus ad meliora semper proficere facias, ut in regimine suo gratiae supernae largitatem congaudens suscipiat et misericordiae tuae muro adversitate undique munita cum pace propitiationis vivere mereatur. Per Dominum.

Sursum corda. Domine sancte, pater omnipotens, aeterne Deus, electorum fortitudo et humilium celsitudo, qui in primordio per effusionem diluvii crimina mundi purgari voluisti et per columbam ramum olivae portantem pacem terris redditam demonstrasti, iterum Aaron famulum tuum per unctionem olei sacerdotem unxisti et postea per huius unguenti infusionem ad regendum populum Israeliticum sacerdotes, reges et prophetas perfecisti vultumque ecclesiae in oleo exhilarandum prophetica famuli tui voce David[6] esse praedixisti; qui hoc etiam unguento famulae tuae Iudith ad liberationem servorum tuorum et confusionem inimicorum vultum exhilarasti et ancillae tuae Hester faciem hac spiritali misericordiae tuae unctione adeo lucifluam reddidisti, ut efferatum cor regis ad misericordiam et salvationem in te credentium ipsius precibus inclinares: te quaesumus, omnipotens Deus, ut per huius creaturae pinguedinem, columbae pace, simplicitate ac pudicitia decoram efficias. Per dominum nostrum Iesum Christum filium tuum, qui venturus est iudicare.

Coronatio. Gloria et honore coronet te Dominus, et ponat super caput tuum coronam de spiritali lapide pretioso, ut, quicquid in fulgore auri et in vario nitore gemmarum significatur, hoc in tuis moribus, hoc in actibus semper refulgeat. Quod ipse praestare dignetur, 'cui[7] est honor et gloria in saecula saeculorum.'

5) *Marc.* 10, 9. 6) *Psalm.* 103, 15: ut exhilaret faciem in oleo. 7) *Rom.* 16, 27.

Benedictiones. Benedic, Domine, hanc famulam tuam, qui regna regum a saeculo moderaris. Amen. 858.

Opera manuum illius suscipe, et benedictione tua terra eius de pomis fructuum caeli et rore atque abysso subiacente repleatur. Amen.

De vertice antiquorum montium et collium aeternorum, de frugibus terrae et plenitudine eius tua benedictione laetetur. Amen.

'Benedictio[8] illius, qui apparuit in rubo, veniat super caput' eius. Da ei 'de[9] rore caeli et de pinguedine terrae abundantiam frumenti et vini', ut[10] serviant illi ac semini eius populi et in honore tuo tribus illam et semen eius adorent. Amen.

Reple eam 'benedictionibus[11] uberum et vulvae'. Benedictiones[12] patrum antiquorum confortatae sint super eam et super semen eius, sicut promisisti servo tuo Abrahae et semini eius in saecula. Amen.

Concede, quaesumus, omnipotens et misericors Deus, ut haec dona tua, quae fideles tui acceperunt de manu tua, dantibus, accipientibus et dispensantibus ad praesentis vitae subsidium ac redemptionem animarum atque ad vitam capessendam proficiant sempiternam. Per Dominum.

8) *Deuter.* 33, 16. 9) *Genes.* 27, 28. 29: Det tibi Deus de rore *etc.* 10) *Ibid.*: Et serviant tibi populi et adorent te tribus. 11) *Genes.* 49, 25. 12) *Cfr. Genes.* 49, 26.

---

297. EPISTOLA SYNODI CARISIACENSIS AD HLUDOWICUM REGEM GERMANIAE DIRECTA.

858. Nov.

Exstant hae litterae in his libris partim impressis, partim manuscriptis: 1) *apud Sirmondum, Caroli Calvi Capit. p.* 167 *sqq.;* 2) *in Paris.* 5095 *fol.* 130. 3) *in Vatic.* 4982 *fol.* 110'. 4) *in Vallicell. C.* 16 *fol.* 28'. 5) *apud Baronium, Ann. eccles. ad a.* 858. 6) *in Vatic. reg. Christ.* 291 *fol.* 109', *qui excerpta tantum exhibet; fragmentum denique capitis septimi inde a verbis:* Quia vero Karolus *usque ad verba:* referre audivimus *in codicibus:* 7) *Havniens.* 166, *fol.* 192'. 8) *Paris.* 4628 *A fol.* 4. *Inscripta est epistola in* 1. 3—6. *his verbis:* Haec, quae sequuntur, capitula miserunt episcopi provinciarum Remensis et Rotomagensis a Carisiaco palatio, quo convenerant, per Wenilonem Rotomagensem archiepiscopum et Erchanraum Catalaunensem episcopum Hludowico regi in Attiniaco palatio consistenti, anno incarnationis dominicae DCCCLVIII, in mense Novembrio; *in* 2. *autem haec rubrica praemissa est:* Exemplar epistolae episcoporum de synodo apud Carisiacum habita ad domnum Hludowicum regem per Wanilonem archiepiscopum et Ercanraum episcopum directae.

Hludowicus rex Germaniae, postquam ab optimatibus quibusdam Karoli invitatus anno 858, *die* 1. *m. Sept. in regnum fratris invadit et Karolo in Burgundiam recedente usque ad Trecas progressus est, mense Novembri Attiniacum rediit (Ann. Bertin. ad a.* 858, *ed. Waitz p.* 50 *sq.; Dümmler, Ostfränk. Reich I², p.* 430 *sqq.). Unde episcopos Franciae occidentalis ad placitum die* 25. *m. Nov. in urbe Remensi habendum convocavit. Illi vero ad indictum conventum non venerunt, sed auspiciis Hincmari synodum Carisiaci celebraverunt et capitula, quae sequuntur, Hludowico miserunt.*

858. *Auctor epistolae est Hincmarus. Testatur enim ipse in litteris ad Karolum de coercendis rapinis directis (Opera II, p.* 145*) hisce verbis:* Nolite negligere illa capitula, quae synodus de Carisiaco per Wenilonem et Erchanraum transmisit ad hunc Attiniacum praeterito anno Hludowico fratri vestro et me transmittente Hincmarus filius meus vobis dedit, quando vobiscum in Burgundia fuit, sed relegite ea diligenter, qui, mihi credite, plus pro vobis quam pro illo facta fuerunt. Credebam enim, quod Dei misericordia vos revocare debuisset et illa admonitio vobis necessaria et utilis esse valeret; *cfr. etiam Flodoardi Hist. eccl. Rem. lib. III, c.* 20, *SS. XIII, p.* 511.

(B. II, 101; *P. deest.)*

Domno Hludowico regi glorioso episcopi Remorum dioceseos atque Rotomagensis, qui adesse potuimus.

1. Litteras dominationis[a] vestrae quique nostrum habuimus, quibus[b] iussistis, ut vobis[c] VII.[d] Kal. Decembr. Remis occurreremus[e], quatenus ibi nobiscum et cum ceteris fidelibus vestris de restauratione sanctae ecclesiae et de statu ac salute populi christiani tractaretis. Sed nos ad placitum illud occurrere non potuimus et propter incommoditatem et brevitatem temporis et propter inconvenientiam loci et, quod est lugubrius, propter confusionem[f] tumultus exorti. Sed et divinis legibus, quas et vos observaturos cum vestris[g] fratribus nobis denunciastis[1], cautum esse dinoscitur, quia, sicut nec archiepiscopi sine coëpiscopis[h], ita nec coëpiscopi sine archiepiscoporum[i] consensu vel iussu, nisi quae ad proprias pertinent parroechias, debent praesumere: et in tam angusto tempore[i] archiepiscoporum litteras[k] non valuimus de conventu habere[l]. Quapropter noverit vestra sublimitas, quia mandatum vestrum nostra non contempsit humilitas, sed, sicut longe est ante nos dictum, 'qui[2] iubet impossibile, facit se contemptibilem.'

2. Sed et tractatum de restauratione sanctae Dei[m] ecclesiae et statu ac salute populi christiani, quod nunc vos nobiscum habere velle dicitis, iustius et rationabilius illud haberi potuisset, si nostris, quin potius divinis consiliis et observationibus[n] atque obtestationibus superno respectu obtemperare voluissetis; quia non nostra scripsimus, mandavimus, diximus, sed quae dictante caritate, quae Deus est, in litteris sacris invenimus, et quae naturae insita recognoscimus. Caeterum quae contra illa, quae scripsimus, mandavimus, diximus, acta sunt vel aguntur, naturalis legis morbus et vitium etiam a minus sapientibus esse dinoscitur. Qua de re prudens quisque resipiscat[o] et[p] sapiat[p], quam granditer Deus offenditur, quando in sic grandibus et apertis non ignoranter peccatur. Unde scriptum est: 'Descendant[3] in infernum viventes', id est labantur in peccatum scientes. Quae divina permissione merito mundi patientis propter communia peccata nostra, pastorum scilicet et gregum, propter delicta regis et[q] regni[q], eveniunt, sicut scriptum est, 'immissiones[4] per angelos malos. Viam fecit Dominus semitae[r] irae suae.' Tamen, sicut veritas[s] protestatur[5], non erit sine ultione vindictae, nec ipsa virga furoris Domini. Sic legimus, sic audivimus, sic vidimus et pro certo sic cito videbimus, quoniam, licet peccatores simus, sed poenitentes et in divina clementia fortiter confidentes ministerium sacrum operante Spiritu sancto suscepimus, sine quo sacra non ministramus, et[t]

a) admonitionis 5. b) qui 2. c) nobis 2. d) octavo 5. e) occurremus 2. f) compassionem 5. g) fratribus nostris 5. h) coepiscopi 4. i) archiep. . . . tempore *om.* 5. k) litteris nos 5. l) sermonem *add.* 5. m) *om.* 3—5. n) obsecrationibus 2. o) respiciat 5. p) *om.* 2. q) *om.* 5. r) semitas 1. s) Dominus 5. t) nam 4.

1) *Cfr. Conv. ap. Marsnam I.* 847, *supra p.* 69, *c.* 5; *Conv. ap. Marsnam II.* 851, *supra p.* 73, *c.* 6. 2) *Quis dixerit, nescio.* 3) *Psalm.* 54, 16. 4) *Ibid.* 77, 49. 50. 5) *Cfr. Esai.* 10, 5.

nobis dictum a veritate veraciter scimus: 'Non[6] vos estis, qui loquimini, sed spiritus patris vestri, qui loquitur in vobis.' 858.

3. Et licet dominatio vestra melius noverit, de quibus scriptis, mandatis et dictis dicamus, tamen non ab re est, si etiam et nos illa ad memoriam vestram reducamus. Primo quidem per Hildegarium venerabilem episcopum[7] scriptis et dictis, secundo per Aeneam honorabilem[u] episcopum[8] litteris et verbis, item per Aeneam verbis, deinde per Hincmarum Remensem et Wenilonem[v] Rotomagensem archiepiscopos, iterum[w] per eosdem cum aliis, quos ipsi[x] vocastis, ea, quae saluti fuerunt congrua, sufficienter audistis[y], quando, sicut et ante, petivimus, ut frater vester et omnes fideles illius ante vestram fideliumque vestrorum praesentiam in rationes loco et tempore congruo venissemus et, quae male gesta forent, vestro consilio et auxilio cum Dei adiutorio fierent emendata. Pro quibus omnibus dictis[q] valde[q] non obaudientibus[z] timemus, quod dicitur: 'Si[9] sermonem meum servaverunt, et vestrum servabunt', et reliqua, quae Dominus comminatur. Et si illa non sunt exaudita, putari potest et[a] nec ista, quae vos dicitis apud nos velle quaerere et audire, exaudientur. Videturque quibusdam, ut, sicut Dominus[10], quando quaesivit ficus in ficulnea, cui maledixit, cum non esset, teste evangelio, tempus ficorum, aliud voluerit significari[b], ita et in hoc citato et incongruo conventu remota dominationis vestrae sinceritate, de qua nihil contra puritatem volumus autumare[c], alia quaedam possint intelligi. Et quia beatus Petrus omnem monet episcopum, ut 'paratus[11] sit ad satisfactionem omni poscenti se rationem', quae nunc videmus, pro tempore damus fideliter dominationi vestrae consilia.

4. Primo quidem in ipsa radice cordis adventum vestrum in hoc regnum inspicite, et coram oculis Domini, cui secundum psalmistam 'cogitatio[12] hominis confitetur', statera aequitatis ponderate; et quicquid hortatores et consiliarii ac laudatores vestri vobis dicant, ad cor redite[d]; et quicquid ad excusationem[e] et commendationem adventus vestri invenire et dicere potueritis, vestram conscientiam interrogate et, si talia sustinere vultis, qualia facitis, iudicate. Et illam horam, quam certi estis quia nullo modo poteritis effugere, quando anima vestra de corpore exiet, ante mentis oculos ponite, quando totum mundum et omnem potestatem et omnes divitias et ipsum corpus derelinquet et sine adiutorio uxoris ac filiorum et sine solatio et comitatu drudorum[13] atque vassorum nuda et desolata exibit et, quicquid cogitavit et ordinare disposuit, infecta[f] dimittet, sicut dicit scriptura: 'In[14] illa die peribunt omnes cogitationes eorum', et videbit omnia peccata sua et sentiet videns diabolos se constringentes et coartantes et, quicquid contra caritatem et fidem debitam cogitavit, parabolavit et fecit in isto saeculo et per dignos poenitentiae fructus non emendavit, ante oculos semper habebit et effugere volebit[g] et non valebit. Nam certum est, quia ad omnes homines, quando egrediuntur de corpore, veniunt[h] diaboli, et ad iustos et ad peccatores; sed et ad ipsum Christum venit, in quo suum nihil invenit, sicut scriptum est: 'Venit[15] princeps huius mundi, et in me non habet quicquam.' Et crede nobis veraciter, rex[i] utinam semper bone et christiane, nec longe est, sed satis et plus, quam speretur, prope[k] tibi est illa[k] hora. Propterea non te seducant ista, quae vides. In tempore quippe

u) Parisiorum 5. v) Wenelonem 2. w) iterumque 2; itemque 4. 5. x) ibi 1. y) audiatis 5. z) valde *add.* 5. a) quod 5. b) significare 5. c) autumari haud alia 5. d) reddite 4; reducite 5. e) accusationem 1; excus. et *om.* 3—5. f) infectum 5. g) volet 1. 4. 5; *e* volebit *corr.* 3. h) *om.* 2. i) et *add.* 2. k) praepropera inest illa 5.

6) *Matth.* 10, 20. 7) *Meldensem.* 8) *Parisiensem.* 9) *Ioh.* 15, 20. 10) *Matth.* 21, 19. 11) 1. *Petr.* 3, 15. 12) *Psalm.* 75, 11. 13) *I. e.: fidelium, amicorum; cfr. Du Cange s. v. drudes, drudi; Diez, Etymol. WB. d. rom. Spr. I, s. v. drudo.* 14) *Psalm.* 145, 4. 15) *Ioh.* 14, 30.

858. patris vestri vidimus per aliquos incepta et facta, quae in tempore isto per istos, qui ista conficiunt, videmus fieri, et per alios videbuntur[l] compleri. Et quando tibi adveniet hora exitus tui, sicut rident nunc, quando per te obtinent quae volunt in hora voluntatis suae, sic ridebunt et in hora exitus tui, et quaerent, quomodo per alium teneant, quae per te obtinuerunt; quod et fieri potest, ut quidam etiam quaerant[m] in tempore tuo. Sed et illi, nisi dignam poenitentiam egerint, miserabiliter ad illam horam venient exitus sui, sicut venerunt et illi, qui defecerunt a patre tuo cum fratre tuo[16]. Nam ut illi ordinantes seditiones in paternam reverentiam, sic et isti vos excitantes in fraternam dilectionem nomen pacis et statum ecclesiae et salutem ac unitatem populi obtendere[n] studuerunt; et[o] latebat sub melle venenum. Et completum est in illis completurque[p] in istis psalmistae dictum: 'Qui[17] loquuntur pacem cum proximo suo, mala autem in cordibus eorum' et reliqua[q], quae sequuntur. Et receperunt illi in saeculo isto, quae nota sunt[r], et receperunt in saeculo altero, quae in iudicio plenius cognoscentur. Quorum isti intuentes exitum timere debuerant actionem; et[s] facient, si illos respexerit Dominus, qui respicit humiles et custodit parvulos, et sic 'pestilente[18] flagellato', ut scriptum est, 'sapientior erit parvulus', et sapient[t], 'quia[19] non repellet Dominus plebem suam' nec 'obliviscetur[20] in finem'; quoniam 'propter[21] *miseriam inopum et gemitum pauperum* nunc exurgam, dicit Dominus'. Alioquin[u] sicut tunc dixit illis, ita et nunc dicit Dominus istis: 'Tacui[22], nunquid semper tacebo? quasi parturiens clamabo; nondum[23] venit hora mea, sed[24] nunc est hora vestra et potestas tenebrarum; et[25] quidem in hac die tua, quae ad pacem tibi, nunc autem abscondita sunt ab oculis tuis, quia venient dies in te'. Roga tibi, quaesumus, in tali loco, ubi bene possis intendere[v], omiliam sancti Gregorii[26] legere in lectione evangelii[w]: 'Videns Iesus civitatem flevit super illam'. Precamur vos, domine, ut et diem ante mentis oculos habeatis, quando cum omnibus hominibus anima[x] vestra proprium corpus recipiet et venietis ante faciem aeterni iudicis in conspectu omnium angelorum et hominum, in qua die, sicut dicit[y] sanctus Paulus, 'iudicabit[27] Dominus unumquemque', non per alienum testimonium[28], sed occulta uniuscuiusque per cogitationes accusantes aut etiam defendentes[q], quando recipiet unusquisque 'propria[29] corporis, prout gessit, sive bonum, sive malum'. Et non despicientur tunc nostra verba, quae scripsimus, ab eis, qui nunc illa contemnunt, quando sine dubio replicata erunt in testimonium in ipso tremendo iudicio, et nullus illorum te[y] tunc adiuvabit, qui nec se ipsum adiuvare sufficiet, quando ibunt qui talia agunt, qualia audimus et sentimus atque dolemus, si in talibus perseveraverint, in ignem aeternum et iusti, qui iniusta patiuntur, in vitam aeternam.

5. Quia tanta et talia crudelia et abominanda fieri per parrocchias, quas pertransitis, audivimus[z] et quaedam sentimus[a], quaedam sentire timemus[b] et illis, qui senserunt et sentiunt, condolemus, quae calamitatem et miseriam, quam a paganis patimur, superent[c], quoniam a christianis in christianos, a parentibus in parentes, a rege christiano in regem christianum, a fratre in fratrem contra omnes leges divinas et humanas aguntur; contra quos clamat ecclesia a paganis afflicta: 'Et[30] super

l) videbantur 5. m) pereant 5. n) ostendere 1. o) sed 5. p) completurque in istis *om.* 5. q) *om.* 5. r) sicut *add.* 5. s) quid 5. t) sapiet 5. u) alioqui 1. v) afferri *add.* 5. w) quae incipit *add.* 5. x) animam vestram 5. y) *om.* 2. z) audimus 2. a) et *add.* 5. b) retinemus 5. c) superant 5.

16) *A.* 833; *cfr. supra nr.* 197. 17) *Psalm.* 27, 3. 18) *Proverb.* 19, 25. 19) *Psalm.* 93, 14. 20) *Ibid.* 12, 1. 21) *Ibid.* 11, 6. 22) *Esai.* 42, 14. 23) *Ioh.* 2, 4. 24) *Luc.* 22, 53. 25) *Ibid.* 19, 42. 43. 26) *Gregorii Homil. in evang.* 39, *Opera I, col.* 1644. 27) *Ebrae.* 10, 30. 28) *Cfr. Rom.* 2, 15. 16. 29) 2. *Corinth.* 5, 10. 30) *Psalm.* 68, 27.

dolorem vulnerum meorum addiderunt', et nos omnes cunctique patientes 'sustinui- 858.
mus[31] pacem, et non venit, quaesivimus bona, et ecce turbatio': propterea talia prohibete, compescite et sedate, quoniam palatium vestrum debet esse sacrum et non sacrilegum. Palatium enim regis[d] dicitur propter rationabiles homines inhabitantes, et non propter parietes insensibiles sive macerias. Et rex a regendo dicitur[32], ut se sub Deo et bonos cum Deo puritate cordis, veritate oris, firmitate stabilitatis regat et pravos a pravitate corrigat et in rectitudinem[e] dirigat. Et si, quae male[f] facta sunt, emendare venistis, peiora, quam viderimus a christianis in christianos fieri, ingerere non debetis[g]; et[h] si pacem facere advenistis, pacem pacifice ab auctore pacis obtinere[g] debetis; et si discordiam effugare et caritatem redintegrare venistis[h], illam[i], quam Christus per Paulum docuit, monstrare debetis. Ait enim: 'Caritas[33] non est ambitiosa, non agit perperam, non quaerit, quae sua sunt, non gaudet super iniquitate, congaudet autem veritati'; quae est 'de[34] corde puro et conscientia bona et fide non ficta'; quae operatur per dilectionem et non per potestatem vel indebitam cupiditatem; sine qua caritate, sicut[k] scriptum est[k], etiam 'si[35] quis tradiderit corpus suum[l], ut ardeat, nihil illi prodest'. Quam[m] omnibus Dominus in signum dedit, ut sciant, si quisque est christianus aut si intrabit[n] in regnum Dei, an non, dicens[o]: 'In[36] hoc cognoscent omnes, quia mei discipuli estis, si dilectionem habueritis ad invicem'. Nam qui in primordio fidei discipuli appellabantur, nunc christiani dicuntur. Et[37] ipsa est vestis nuptialis, quam qui non habuerit de nuptiis coelestis convivii in futuro iudicio eicietur 'in tenebras exteriores et in ignem[p] aeternum; ibi[q] erit fletus et stridor dentium'.

6. Ipsa caritas vos contra paganos accendat, ut[r], quia tunc moti non sunt ad pietatem, ut nobiscum irent contra eos, qui de isto regno amplos habebant et habent honores — quodsi facerent et zelo recto accensi unanimiter vellent, expelli aut disperdi pagani adiuvante Domino poterant — vel nunc quacumque intentione a dominatu illorum per vestram ordinationem sancta liberetur ecclesia et regnum, quod contra eos redimitur[s][38], a tributo indebito eripiatur. Sed et qui fugiunt a facie paganorum, cum in illas partes venerint, in quibus degitis, refugium tranquillum inveniant et non talem depraedationem, ut nec incolae vivere nec fugientibus solatium possint praebere; quia nunc peccatis nostris exigentibus completur, quod olim dictum est per prophetam: 'Qui[39] fugerit a facie leonis, irruet in ursum; et cum intraverit domum et innisus fuerit super parietem, mordebit eum coluber'; et eum 'effugerint[40] arma ferrea, irruent[t] in arcum aereum'. In[u] omni enim parte miseri, pro[v] dolor[v]! afflictionem inveniunt.

7. Et si ecclesiam Dei, sicut nobis scripsistis, quaeritis restaurare, debita episcopis et sibi commissis ecclesiis privilegia intemerata, sicut divinitus constituta sunt, custodite. Praecepta et inmunitates et honorem earum, sicut avus et[v] pater[v] vester conservaverunt[w], conservare curate. Et quae frater vester, dominus noster[x], qui et paterna donatione[y] et vobiscum cum[a] vestris[z] vestrorumque fidelium mutuis[z] firmitatibus regni partem accepit, pro cultu et honore ecclesiarum egit, similiter conservate.

d) sacrum *add.* 5. e) rectitudine 5. f) mala 2. g) debetis ... obtinere *om.* 2. h) et ... venistis *om.* 5. i) charitatem *add.* 5. k) sicut ... est *om.* 5. l) ita *add.* 5. m) quoniam 5. n) intrabunt 5. o) dicit 5. p) ignum, *om.* in, 2. q) ubi, *om.* erit, 5. r) et qui 5. s) redimetur 2. 5. t) fugerit ... inruet 5. u) sic omni ex parte 5. v) *om.* 5. w) conservavit 5. x) Carolus scilicet 5. y) dominatione 2. z) *om.* 2. a) cum suis 5.

31) *Hierem.* 14, 19. 32) *Cfr. Relat. episc.* 829, *supra p.* 46, *c.* 56. 33) 1. *Corinth.* 13, 4—6. 34) 1. *Timoth.* 1, 5. 35) 1. *Corinth.* 13, 3. 36) *Ioh.* 13, 35. 37) *Cfr. Matth.* 22, 11—13. 38) *Cfr. Dümmler, Ostfränk. Reich I*², *p.* 422 *sqq.* 39) *Amos* 5, 19. 40) *Iob* 20, 24.

858. Et rectores ac pastores ecclesiarum ut patres et Christi vicarios colite, sicut sancta[b] scriptura praecepit[c] dicens: 'Sacerdotes[41] Dei sanctifica', et 'magnatis humilia caput tuum' eorumque spiritalia consilia obaudite iterum[d] dicente scriptura: 'Interroga[42] patres tuos et annuntiabunt tibi; maiores tuos et dicent tibi[d]'; et item: 'Interroga[43] sacerdotes meos legem[e]' meam; et Dominus per Malachiam prophetam: 'Labia[44] sacerdotis custodient scientiam et legem requirent ex ore eius, quia angelus Domini exercituum est'. Eosque tempore incongruo et inoportuno nolite inquietare, sed liceat eis ministerium sacrum, ad quod ordinati sunt, in populi salutem peragere; sibique domestica cura subiectos nolite concutere et non sinatis dehonestare sive opprimere. Ut presbyteris honos congruus et iura debita, quae canones et capitula avi et patris vestri statuerunt[45], conserventur, satagite. Ut episcopi quietam[f] libertatem suas parroechias circumeundi et praedicandi ac confirmandi atque corrigendi habeant[46], ordinate. Ut missus rei publicae, id est minister comitis, cum ipsis, si iusserint[47], eat, qui liberos homines incestuosos, si per admonitionem presbyterorum venire ad episcopum noluerint, eos ad episcopi placitum venire faciat, commendate. Ut, si episcopus pro quacumque necessitate ecclesiastica ad vos direxerit, ad quem suus missus veniat, per quem, quae[g] rationabiliter petierit, obtineat, in palatio vestro, sicut comes palatii est in causis reipublicae, ministerio congruum constitutum habete[48]. Ut temporibus a sacris regulis constitutis comprovinciales synodos cum episcopis et speciales cum presbyteris habere quiete[h] possint, annuite. Res et facultates ecclesiasticas, quae[49] sunt vota fidelium, pretia peccatorum, stipendia ancillarum et servorum Dei, depraedari et ab ecclesiis discindi nolite sustinere, sed fortiter ut rex christianus et ecclesiae alumnus resistite atque defendite. De quibus consecratis Deo rebus, quod habent liberi homines ecclesiis servientes per dispositionem rectorum ipsarum ecclesiarum, ideo constituerunt apostolorum successores hoc ordinari, ut, quia creverunt fidelium vota et increverunt infidelium mala, augeretur per dispensationem ecclesiasticam regni militia ad resistendam[i] malorum nequitiam, quatenus ipsae ecclesiae defensionem haberent et pacem et christianitas obtineret tranquillitatem. Quapropter, sicut et illae res ac facultates, de quibus vivunt clerici, ita et illae sub consecratione inmunitatis sunt, de quibus debent militare vasalli, et pari tuitione a regia potestate in ecclesiarum usibus debent muniri. Quia[k] vero Karolus[l] princeps, Pippini[m] regis pater, qui primus inter omnes Francorum reges ac principes res ecclesiarum ab eis separavit atque divisit[50], pro hoc solo maxime est aeternaliter perditus, signis[n] manifestatur evidentibus[n]. Nam sanctus Eucherius Aurelianensium episcopus, qui in monasterio sancti Trudonis requiescit, in oratione positus ad alterum est saeculum raptus et inter cetera, quae Domino sibi ostendente conspexit, vidit illum[o] in inferno inferiore torqueri. Cui interroganti ab angelo eius[p] ductore responsum est, quia sanctorum iudicatione, qui in futuro[q] iudicio cum Domino iudicabunt quorumque[r] res abstulit et divisit, ante illud iudicium anima[s] et corpore

b) *om.* 2. c) praecipit 1. d) iterum ... tibi *om.* 5. e) et dicent tibi *add.* 5. f) *e* quietem[*] *corr.* 2. g) *om.* 5. h) qui 5. i) resistendum mal. nequitiae 5. k) *Hic incipit* 8. l) *Incipit* 7; Carlus 1. m) Pipini 5. 7. n) signis ... evidentibus *om.* 1—7. o) ipsum Karolum 7. p) eius *om.* 8; responsum est ductore, *om.* eius, 7. q) futurum iuditium, *om* in, 8. r) quorumcumque 5. 7. 8. s) animae a corp. 8.

41) *Eccles.* 7, 31; 4, 7. 42) *Deuter.* 32, 7. 43) *Agg.* 2, 12. 44) *Malach.* 2, 7. 45) *Cfr. Conc. Meld.* 845, *supra p.* 413, *c.* 63. 46) *Ibid. c.* 28. 47) *Ibid. c.* 71. 48) *Cfr. Hincmarus, De ordine palatii c.* 19, *infra in App. ed.* 49) *Cfr. Conc. Vern.* 844, *supra p.* 386, *c.* 12. 50) *De his, quae sequuntur, cfr. Roth, Gesch. d. Beneficialwesens p.* 325 *sqq.*; *p.* 334 *sqq.*; *p.* 466 *sqq.*; *Feudalität u. Unterthanverband p.* 105 *sqq.*; *Waitz, VG. III*[2], *p.* 15 *sqq.*; *v. Noorden, Hinkmar v. Rheims p.* 146, *not.* 1; *Schrörs, Hinkmar v. Reims p.* 508 *sq.*; *Brunner, RG. II, p.* 246 *sqq.*

sempiternis poenis est deputatus et recipit simul[t] cum suis peccatis poenas propter 858. peccata omnium, qui res suas et facultates in honore et amore Domini[u] ad sanctorum loca in luminaribus divini cultus et alimoniis servorum Christi ac pauperum pro animarum suarum redemptione tradiderant[v]. Qui in se reversus sanctum Bonifacium[w] et Fulradum abbatem monasterii sancti Dyonisii et summum capellanum regis Pippini[m] ad se vocavit, eisque talia dicens in[x] signum dedit, ut[x] ad sepulchrum illius[y] irent et, si corpus eius ibidem[z] non reperissent, ea, quae dicebat, vera esse concrederent[a]. Ipsi autem pergentes ad praedictum monasterium[b], ubi corpus ipsius Karli[c] humatum fuerat, sepulchrumque illius[d] aperientes visus est subito exisse draco, et totum illud sepulchrum interius inventum est denigratum, ac si fuisset exustum. Nos autem illos vidimus, qui usque ad nostram aetatem duraverunt[e], qui[f] huic rei interfuerunt[f] et nobis viva voce veraciter sunt testati, quae[g] audierunt atque viderunt. Quod cognoscens filius eius Pippinus[h] synodum apud Liptinas congregari fecit[51], cui praefuit cum sancto Bonifacio[i] legatus apostolicae sedis Georgius[k][52] nomine, — nam et synodum ipsam habemus — et quantumcunque de rebus ecclesiasticis, quas pater suus abstulerat, potuit, ecclesiis reddere[l] procuravit[m]. Et quoniam omnes[n] res ecclesiis[o], a quibus ablatae erant, restituere[p] propter concertationem, quam cum Waifario[q] Aquitanorum principe habebat, non praevaluit, precarias fieri ab episcopis exinde petiit[r] et nonas ac decimas ad[s] restaurationes tectorum et de unaquaque casata[t] duodecim denarios ad ecclesiam[u], unde[v] res erant beneficiatae[w], sicut in libro capitulorum regum[x] habetur[53], dari constituit, usque dum ipsae res ad ecclesiam revenirent. Unde et domnus Carolus imperator adhuc in regio nomine constitutus edictum fecit[54], ut nec ipse nec filii[y] eius neque successores huiusmodi rem[z] agere adtemptarent[a]; quod manu propria firmavit, cuius plenitudinem habemus, et de quo capitulum excerptum[b] in libro capitulorum eius, quicunque librum illum habet et legere voluerit, invenire valebit. Hanc etiam relationem et[c] in scriptura[d] habemus; et quidam nostrum etiam viva voce domnum Hludowicum imperatorem patrem vestrum referre audivimus[e]. Sed[55] et sacri canones Spiritu sancto dictati[f] eos, qui facultates ecclesiasticas diripiunt et res ecclesiasticas indebite sibi usurpant, Iudae traditori Christi similes computant; et sancti, qui cum Deo in caelo regnant et in terris miraculis coruscant, divino iudicio tanquam necatores pauperum ab ecclesiae liminibus et a coelesti regno secludunt. De quibus sacrilegis in prophetia[g] psalmi praedictum[g] est: 'Qui[56] dixerunt: Haereditate possideamus sanctuarium Dei. Deus meus, pone illos ut rotam et sicut stipulam ante faciem venti. Et sicut[h] ignis, qui comburit silvam, et sicut flamma comburens montes, ita persequeris illos in tempestate tua, et in ira tua turbabis eos. Imple facies eorum ignominia.'

t) *om.* 2. u) Dei 7. v) tradiderunt 5. 7. 8. w) Bonefacium 2. 7. 8. x) iussit ut 7. y) eius 2. z) *om.* 8. a) crederent 7. 8. b) coenobium 8. c) Carli 1; Karoli 5. 7. 8; sepultum 8. d) ipsius 7; eius 8. e) perduraverunt 8. f) qui ... interfuerunt *om.* 5. g) qui 7; quaequae 8. h) Pipinus 5. 7. i) Bonefacio 2. 7. 8. k) Gregorius 5. l) reddi 5. m) curavit 7. n) *om.* 8. o) ecclesiae 7. 8. p) restaurare 7. 8. q) Waiforo 7. 8. r) precepit 8. s) atque 2. t) casa 8; ecclesia 7. u) casam cui res 7. v) cuius 2. 8. w) ablatae 8. x) regiorum 8. y) filius 1. z) res 3—5 (*e corr.* 8); *om.* 2. 7. 8. a) temptarent 7. b) excerpto 7. c) *om.* 8. d) scripturis 3—5. e) audiverunt 5; *huc usque* 7. 8. f) dictante 5. g) prophetico psalmo dictum 5. h) *om.* 5.

51) *Cap. Liptin.* 743, *tom. I, p.* 28, *c.* 2; *cfr. Hahn, Jahrb. d. fränk. Reichs* 741—752. *p.* 195 *sqq.* 52) *Ostiensis.* 53) *Bened. Lev. I, c.* 3. 54) *Anseg. I, c.* 77, *l. c. p.* 405; *cfr. Boretius ibid. p.* 387 *sqq.*; *Roth, Feudalität p.* 107 *sqq.* 55) *Cfr. Admonit.* 857, *supra p.* 289, *lin.* 16 *sqq.*; *p.* 288, *lin.* 31 *sq.*, *et quae diximus in 'NA.' XVIII* (1893), *p.* 307, *not.* 2. 56) *Psalm.* 82, 13—17.

858. 8. Monasteria etiam religiosa atque praecipua canonicorum et monachorum atque sanctimonialium[i], quae ab antiquo tempore[*] sub religiosi habitus rectore vel rectrice fuerunt, et quando[*] parentes vestri primatum regni tenuerunt et etiam quando sanctus Remigius Francos ad fidem cooperante[k] Domino convertit et cum rege ipsorum baptizavit, et frater vester dominus noster partim[h] iuventute[l], partim fragilitate, partim aliorum callida suggestione, etiam et minarum[m] necessitate — quia dicebant petitores, nisi eis illa loca sacra donaret, ab eo deficerent et ipse aliquando per vos, sicut nunc patet, aliquando per fratrem vestrum regnum destitutus ab eis perderet — talibus, sicut scitis, personis commisit, debito privilegio restituite. Nam idem frater vester et divina inspiratione et sacerdotali redargutione et etiam ab apostolica sede[57] commonitus ex aliqua parte, quae perpere[n] egit, correxerat[n]; quae autem adhuc[h] incorrecta erant, quomodo emendare posset, saepe[h] gemebundus quaerebat. Absit autem, ut vos, qui pro restauratione sanctae ecclesiae huc venistis, aut illa, quae ipse emendavit, deterioretis et, sicut ille offendit, et vos offendatis aut, quae ipse necdum emendare potuit, inemendata sinatis; qui saepe, sicut et nos testes sumus, fratres vestros de talibus monuistis et in omni adnuntiatione, quam communiter faciebatis, promptissime inde disputabatis, sicut et secus Teudonis[o]-villam in loco, qui Iudicium[p] dicitur, capitula[58], quae habemus, cum vestris fratribus acceptastis et in chirographo apud Marsnam[59] manu propria confirmastis. Contra quod si forte aliquis egit, non propterea vos immunes eritis, si illud, quod teste Domino pepigistis et confirmastis, observare, quod absit, non studueritis. Neminem quippe adiuvat, quod[q] aliena mala reprehendit, nisi et ipse illa caveat, quod demonstrat Paulus dicens: 'Putas[60], o homo, quod tu evades iudicium Dei, qui eadem agis, quae iudicas?'

9. Rectores etiam monasteriorum, quibus monasteria committitis[r], firmiter et obnixe praecipite, ut secundum ordinem et habitum ac sexum, quo inhabitantes constituti sunt, sollicite et sollerter praevideant, ut secundum debitum ordinem servi vel ancillae Domini vivant et necessaria stipendia in victu et vestitu et ceteris quibusque habeant et domos ac servitores[s], prout competit, sicut religiosi et habitus et conversationis rectores eis provideant. Susceptionem etiam hospitum et pauperum nullo modo negligant. Et[t] quia[t] inconvenientes personae et res tales, quae religioni non congruunt[u], monasteria non introducantur, non dicimus, quoniam religiosos rectores providentiam et curam debitam inde sumere debere non ignoramus.

10. Hospitalia peregrinorum, sicut sunt Scottorum[61] et quae tempore antecessorum vestrorum regum constructa et constituta fuerunt, ut ad hoc, ad quod deputata sunt, teneantur et a rectoribus Deum timentibus ordinentur, custodiantur, ne dissipentur, obtinete. Sed et rectoribus monasteriorum et xenodochiorum, id est hospitalium, praecipite, ut, sicut canonica docet auctoritas et capitula avi et patris vestri praecipiunt[62], episcopis propriis sint subiecti et monasteria atque hospitalia sibi commissa ipsorum regant consilio, quorum episcopi paternam sollicitudinem eis secundum ministerium illorum studebunt impendere. Et quia saepe unicuique in omni ordine

*) 5. *pergit:* parentes vestri sub religioso habitu constituerunt et in eis rectores et rectrices fuerunt et quando.

i) sanctarum monialium 2; habitacula *add.* 5. k) operante 1. l) iuuuente 5. m) animarum 5. n) peregit, correxit 5. o) Theodonis 5. p) Iullacum 5. q) qui 5. r) committis 2. s) habeant *add.* 5. t) quin et 5. u) in *add.* 5.

57) *Istae litterae non exstant.* 58) *Synod. ad Theod.-villam* 844, *supra nr.* 227. 59) *Conv. ap. Marsnam I.* 847, *Adnunt. Hlud. c.* 5. 6, *supra p.* 70 *sq.* 60) *Rom.* 2, 3. 61) *Cfr. Conc. Meld.* 845, *supra p.* 408, *c.* 40. 62) *Cfr. Cap. miss. gener.* 802, *tom. I, p.* 94, *c.* 15.

competentem legem et iustitiam una cum fratribus vestris frequenti adnuntiatione perdonastis[63], ecclesiastici et religiosi habitus viri ac feminae atque peregrini et pauperes, in quibus specialiter Christus suscipitur, perdonationem vestram sibi sentiant semper adesse. 858.

11. Et quia de statu et salute populi christiani, sicut nobis scripsistis, vultis quaerere, primo a vobis ipsis incipite, qui alios debetis corrigere, sicut scriptum est: 'Medice[64] cura temetipsum', et munda debet manus a sordibus esse, quae alienas sordes curat detergere. Et quae in aliis debetis corrigere, nemo in vobis iuste valeat reprehendere. Super quantos[v] enim[w] estis in regni culmine, tantorum[x] moribus debetis servire et sicut lucerna super candelabrum in domo posita bonitatis exempla monstrare[y], quia omnium oculi in vos debent intendere. Quos si malo exemplo destruxeritis, qui per vos et a vobis in bonum debuerant aedificari, sub tantis sine dubio in futuro saeculo[z] poenis vos necesse erit[a] torqueri. Propterea[b] oportet, ut, qui rex estis et dominus appellamini, in illum semper suspenso corde suspiciatis, a quo, videlicet rege regum et domino dominorum, nomen regis et domini mutuastis[c]; et, sicut ille 'disponit[65] orbem terrae in aequitate' et ad hoc, sicut in libro Sapientiae dicitur, 'constituit hominem', ut ipse similiter faciat, imitamini illum, si vultis regnare cum illo, quia, 'qui[66] dicit se in Christo manere, debet, sicut ille ambulavit, et ipse ambulare', qui dicit: 'Estote[67] et[d] vos[d] perfecti, sicut et[d] pater vester caelestis perfectus est.' Et si dixeritis: Quomodo[e] possum esse perfectus? cum alia scriptura dicat: 'Si[68] quis in verbo non offendit, ille perfectus est vir': non cadit a perfectione, qui non peccat malitiae cupiditate. 'Septies[69] enim cadit iustus et resurgit; impii autem corruunt in malum', et 'iustus, cum ceciderit, non collidetur, quia Dominus supponit manum suam.' Qualitercunque vero quis peccat[f] cupiditatis voluntate aut fragilitatis necessitate, nemo illi melius praevalet indicare, quam[g] conscientia sua, quae non potest latere oculos inspectoris sui. Propterea ita oportet vos vivere, iudicare et agere etiam in occulto, quasi sitis semper in publico; quia saepe[h] talis vos verbo laudabit, qui corde acriter reprehendet[h], saepe etiam illa, quae vobis et in vobis laudaverit, apud alios de vobis reprehensibilia iudicabit. Sic autem, ut dicimus, adiuvante Domino vivere, iudicare et agere praevalebitis, si vos non stimulaverit amor privatus, si non vos inflammaverit cupiditas gloriae, divitiarum, possessionum et potentatus: si non plus credideritis alienae linguae, quam propriae conscientiae; si vos non roserit tinea adulationis, si non[i] vos usserit[k] livor alienae felicitatis; si vos non vexaverit neglectus animae et amor carnis; si credideritis regem[70] Christum non pro se, id est non pro sua necessitate mortuum, sed pro nobis, ut viveremus, qui mortui eramus, et vos, rex[l], plus studeatis aliis vivere in salutis suae utilitatibus, quam vobis ipsis in propriis voluptatibus[m]; si scieritis[n] vos esse morituros et vos credideritis de factis propriis rationem Domino reddituros et, quae digne receperitis, sine fine vel[o] immutatione aliqua habituros.

12. Domum vestram domesticam sic nutrite, regite et disponite, ut, quando regni populus ad vos convenerit, in vobis et in domesticis vestris videant, qualiter se atque domum, cum quanta humilitate atque castitate, quam sobrie, quam iuste,

v) quanto seiñ estis 3; quanto señ estis 4; quanto siti estis 5. w) *om.* 2. x) tanto 5. y) debetis *add.* 2. z) in *add.* 1—4. a) *ita correxi;* erat 1—3; est 4. 5. b) praeterea 5. c) mutuatis 1. 3—5. d) *om.* 5. e) quonam modo 5. f) peccet 3—5. g) ut 5. h) se de vobis reprehensibilia iudicabit 3; se (si 5) de vobis inreprehensibilia iudicabit 4. 5. i) vos non 4. 5. k) arserit 5. l) *om.* 5. m) voluntatibus 3—5. n) sciretis 2; scientes 5. o) et commutatione 5.

63) *Supra p.* 428, *not.* 1. 64) *Luc.* 4, 23. 65) *Sap.* 9, 2. 3. 66) 1. *Ioh.* 2, 6. 67) *Matth.* 5, 48. 68) *Iac.* 3, 2. 69) *Proverb.* 24, 16; *Psalm.* 36, 24. 70) *Cfr. Rom.* 5, 9.

858. quam pie nutrire, disponere debeant et gubernare, quia, sicut quidam sapiens dixit, 'secundum[71] mores domini erit familia custodita.' Et ideo domus regis scola[p] dicitur, id est disciplina; quia non tantum[q] scolastici[p], id est disciplinati et bene correcti, sunt[r], sicut alii, sed potius ipsa scola[p], quae interpretatur disciplina, id est correctio, dicitur, quae alios habitu, incessu, verbo et actu[q] atque[q] totius bonitatis[s] continentia corrigat[t]. Et vos, sicut[u] paxillus non bene infixus, nisi in Domino virtutum innixi fortiter[u] fueritis, et vos cadetis, et qui in vobis pendent labentur. Quapropter, sicut Dominus sub potestate constitutos ex temptatorum occasione docuit reddere, 'quae[72] sunt Caesaris, Caesari et, quae sunt Dei, Deo', ita et vos, qui sub Deo estis et super homines estis, reddite, quae sunt Dei, Deo, et sicut[r] Caesar aequus, quae subditorum[v] sunt, subditis reddite. Reddite Deo puram et immaculatam fidem et sincerissimum cultum in sacerdotibus, in ecclesiarum privilegiis, in sacris locis, in ecclesiasticis et religiosis viris ac feminis, in defensione ecclesiae et christianitatis, in aequitate et iustitia populi christiani, in sublevatione et tranquillitate et consolatione omnium indigentium, sicut praemisimus. Reddite illi quotidianum pensum in quotidiana oratione, in iustis et assiduis elemosinis. Offerte illi devotionem vestram in sacris oblationibus et lacrimis secundum magnitudinem ac multitudinem quotidianorum peccatorum profusis. Reddite subditis iudicium cum misericordia, iustitiam cum aequitate. Studete exaltare humiles et[w] Deum timentes[w] et debellare atque humiliare superbos. Studete a bonis plus diligi, quam timeri. Curate, ut mali, si non propter Deum, vel[x] propter timorem vestrum malum agere metuant. Non plus apud vos lingua dolosa, manus plena, obsequium indebitum valeat, quam veritas, aequitas et sinceritas, scientes scriptum: 'Qui[73] excutit manus suas ab omni munere, iste in excelsis habitabit', unde consequenter intelligi debet: et non alius[y] — munus[74] enim est a lingua, favor; munus a manu, donatio; munus ab obsequio, indebita subiectio —. Constituite ministros palatii, qui Deum cognoscant, ament et metuant; qui maximam curam gerant, quatenus, quicunque necestuosi palatium adierint et per quos perrexeritis[z], patrem et consolatorem mirantes gaudendo vos videre accurrant[a], non, qualem[b] dicere nolumus, gemendo et maledicendo refugiant. Constituite comites et ministros rei publicae, qui non diligant munera, qui odiant avaritiam, qui detestentur superbiam; qui non opprimant neque dehonestent pagenses; qui messes et vineas et prata ac silvas eorum nequaquam devastent; qui illorum[c] pecora vel friskingas vel quaeque[d] illorum sunt non praedentur neque diripiant et per violentiam ac mala ingenia, quae illorum sunt, nullomodo auferant; qui episcoporum suorum consilio, quae Dei sunt et christianitati conveniunt, faciant; qui placita non pro adquisitione lucri teneant, sed ut casae Dei et viduae ac pupilli et populus iustitiam habeant, et plus litigantes ad concordiam salva iustitia revocare studeant, quam committere, ut ipsi inde aliquod lucrum possint habere, quos si pacificare non potuerint, tunc, sicut rectum est, iustum iudicium decerni cum magna sollicitudine faciant scientes scriptum esse: 'Indicabo[75] tibi, homo, quid sit bonum', id est 'facere iudicium et iustitiam, et sollicitum ambulare cum Deo tuo', id est: ut, quod illi placet[e], tibi

p) schola, scholastici 1. 3—5. q) *om.* 5. r) *om.* 2. s) *ita* 1. 2; vanitatis 3—5. t) corrigant 2—4. u) si caput illius non bene infixi in Domino virtutum inimici forte 5. v) subditis 2. w) et ... timentes *om.* 5. x) saltem *add.* 5. y) *sc.*: in excelsis habitabit; aliud 5. z) perrexerint 5. a) occurrant 5. b) qualiter 3—5. c) eorum 1. d) quaecumque 5. e) et *add.* 5.

71) *Quis dixerit, nescio.* 72) *Matth.* 22, 21. 73) *Esai.* 33, 15. 16. 74) *Cfr Hincmarus, De cavendis vitiis c.* 1, *Opera II, p.* 32: Tres vero sunt acceptiones munerum, ad quas ex fraude festinatio. Munus namque a corde est captata gratia a cogitatione, munus ab ore est gloria per favorem, munus ex manu est praemium per dationem. 75) *Micha* 6, 8.

placeat et facias, quod illi displicet, tibi displiceat et non facias; quodsi per fragilitatem feceris, non contumaciter vel pertinaciter in tuo malo facto perseveres, sed statim pedem sicut a ferro calido revoca, et in viam voluntatis Domini[f] tui dirige; et, sicut scriptum est, quia 'sunt[76] viae, quae videntur hominibus bonae et ducunt ad interitum', fac, sicut scriptura tibi praecipit, quicunque es homo, 'interroga[77] de via bona et ambula per eam', quia, sicut[g] dicitur in evangelio[g], 'ampla[78] via est, quae ducit ad perditionem, et multi vadunt per eam; et[h] arta et angusta via est, quae ducit ad vitam, et pauci inveniunt eam'; propterea quicunque es homo, audi prophetam, et ora cum propheta: 'Legem[79] pone mihi, Domine, viam iustificationum tuarum, et exquiram eam semper', et 'deduc me in semitam[i] mandatorum tuorum', et 'viam[k] iniquitatis amove a me, et[l] lege tua miserere mei; quia[80]', sicut Hieremias propheta dicit, 'non est hominis via eius, nec viri est, ut ambulet et dirigat gressus suos', sed 'a[81] Domino diriguntur gressus viri, et viam eius volet.' — Ipsi comites similiter, quantum potuerint, similes sibi timentes Deum et iustitiam diligentes per[m] se ministros constituant, qui, sicut seniores suos[n] benignos et affabiles pagensibus suis viderint, et ipsi pro modulo suo illos imitari in omni bonitate et iustitia certent. 858.

13. Homines etiam et potentes saeculi, qui inter istas seditiones legis iugum et iustitiam aequitatis refugerunt[o] et talia ac tanta fecerunt, pro quibus ecclesiasticam et episcopalem[p] excommunicationem meruerunt, ad leges[q] et iustitiae tramitem revocate, et ut[u] ad suos[r] episcopos humiliter, sicut eis necesse est, veniant, iubete vel cogite; et ut ecclesiae, in quam peccaverunt, aut cum debita et[s] necessaria humilitate satisfaciant, aut humiliter et veraciter se excusent, qualiter absolvi a Domino per ministerium episcopale valeant, suadete atque regia potestate praecipite. Et si forte vos vel quicunque alii de eorum societatis et coniunctionis communicatione infecti et condemnati sunt, poenitentiam quisque se recognoscendo faciat: quia teste sacra auctoritate non poterit absolvi a suis, qui peccatis damnabiliter gravatur externis, sicut orans Dominum[t] sanctus propheta David demonstrat dicens: 'Ab[82] occultis meis munda me, Domine, et ab alienis parce servo tuo.'

14. Iudices denique villarum regiarum[u] constituite, qui non sint cupidi et[v] non diligant avaritiam et usuras nec ipsi faciant nec pecunias regias vel suas ad usuras donent neque a suis subditis usuras fieri sinant, quae omnia[w] vos super omnes ministros vestros[x] odire debetis et fugere. Et servos regios iudices non opprimant, nec ultra quod soliti fuerunt reddere tempore patris vestri ab eis exigant[x]; neque per angarias in tempore incongruo illos affligant; neque per dolos aut per[u] mala ingenia sive inconvenientes precationes colonos condemnent, quia, si per tales vel alias huiusmodi factiones[y] pondus argenti vel auri habueritis in arca, maius et gravius pondus erit peccati, quod habebitis in conscientia vestra et anima. Aedificent villas vestras moderatis casticiis[83], ut et honestas necessaria sit et familia non gravetur; laborent et excolant terras et vineas in tempore cum debita sollicitudine; salvent[z] et dispensent laborata cum fideli discretione; faciant nutrimenta congrua et necessaria; custodiant silvas, unde[u] habeant[u] pastiones[a]; defendant et

f) Dei *add.* 2. g) si creditur evang. 5. h) *om.* 1. i) semita 1. 2. k) diem *Bibl.* l) de *add. ead.*, 5. m) pro 2. n) *om.* 2. o) refugiunt 5. p) specialem 5. q) legis 4. 5. r) nos 3—5, *corr.* vos 3. 4. s) *om.* 1. 3—5. t) Deum 3—5. u) *om.* 5. v) qui 5. w) per *add.* 5. x) vestros ordine exigant 5, *med. des.* y) affectiones 5. z) solvent 3. 4; solvant 5. a) pastionem 5.

76) *Proverb.* 16, 25. 77) *Hier.* 6, 16. 78) *Matth.* 7, 13. 14. 79) *Psalm.* 119, 33. 35. 29. 80) *Hier.* 10, 23. 81) *Psalm.* 36, 23. 82) *Psalm.* 28, 13. 14. 83) *Cfr. supra p.* 269, *not.* 9.

868. excolant prata, unde habeant pabula, quatinus non sit vobis necesse per quascunque occasiones quorumcunque hortatibus circuire loca episcoporum, abbatum, abbatissarum vel comitum et maiores, quam ratio postulat, paratas exquirere[84] et pauperes ecclesiasticos et fidelium vestrorum mansuarios in carricaturis et paraveredis contra debitum exigendis gravare et peccatum de facultatibus indebite consumptis in animam vestram congerere; neque a comitibus vel fidelibus vestris plus studeatis, quam lex et consuetudo fuit tempore patris vestri, de hoc, quod de Francis accipiunt, exquirere; quin potius habeatis, unde sufficienter et honeste cum domestica corte vestra possitis vivere et legationes palatium vestrum adeuntes recipere et, sicut scriptum est, unde[85] possitis de iustis laboribus necessitatem patientibus tribuere, quia rex et largus debet esse et non, quod largitur[b], de iniustitia vel iniquitate debet conquirere. Iudices vero villarum colonos distringant[c], ut non ecclesiasticos homines vel Francos pauperiores aut alienos servos propter privilegium regium opprimant aut silvas vel quaeque[d] aliorum sunt in sua vicinitate devastent; quia rex iustus, qui iustitiam debet diligere, ministros ac colonos impios et iniquos non debet habere; sed omnibus in se et in suis debet imitationem debitam demonstrare, quia, si ipse Deum dilexerit, omnes boni diligent illum, et, si ipse Deum timuerit, omnes mali timebunt illum. Et rex atque sui ministri per amorem Dei bonum faciant et omnes bona facere doceant et[e] per timorem Dei mala fugiant et omnes in illis mala fugere discant. Missos etiam tales per regnum constituite, qui sciant, qualiter comites et ceteri ministri rei publicae iustitiam et iudicium populo faciant, qui, sicut comitibus praeponuntur, ita[f] scientia et[g] iustitia ac veritate eis praeemineant[h].

15. Haec, quia litteris vestris significastis, quod nobiscum de restauratione sanctae ecclesiae et statu ac salute populi christiani tractare velletis, dominationi vestrae scripto respondere[i] curavimus, quia et pro inclementia aeris et pro[k] inconvenientia temporis et propter[l] imminentem diem Domini nostri natalis venire ad praesentiam vestram nequivimus. Operamini vos interim ista, quae cum fidelibus vestris sine nostra corporali praesentia operari valetis. Et cum tempus congruum et sacris canonibus designatum[86] advenerit, quando et pro[m] paganorum infestatione et pro exorti tumultus ac depraedationum atque rapinarum miserrima[m] nimis confusione[m] nobis licuerit cum dominis et fratribus[n] ac comprovincialibus[o] archiepiscopis et coepiscopis synodum favente Domino celebrare, quae his sunt residua, cum eis, sicuti cum magistris et patribus, tractare et vestrae dominationi debitum consilium dare studebimus. Et si Deus soliditatem et salutem ecclesiae atque regni in manu vestra adunare et prosperari[p] decreverit, quae cum archiepiscopis et coepiscopis nostris plus congruere divinis dispositionibus viderimus, agere sub famulatu recti regiminis vestri studebimus. Potens est enim Deus minus bonum initium in perfecte bonum commutare processum, cui[87] noscitur esse possibile, quod inpossibile solent homines iudicare. Si enim[q] sapientia vestra dignum iudicat loqui et tractare cum vicino rege eiusque fidelibus, secedente[r] de ista parte regni domno nostro, fratre videlicet vestro, multo magis nos[s] oportet expectare tempus canonicum, ut cum fratribus[t] et comprovincialibus[u] archiepiscopis et episcopis loquamur, quia generalis

b) dona scilicet accipiat *add.* 5. c) distinguant 5. d) quaecumque 5. e) ut 5. f) et in 5. g) in *add.* 5. h) praemineant 2. i) pandere 5. k) propter inconvenientiam 5. l) pro 2. m) propter . . . miserrimam nimis confusionem 5. n) confratribus 1. o) provincialibus 3–5. p) properari 2. q) *om.* 2. r) suadente et de 5. s) oportet vos 5. t) confratribus 2. u) provincialibus 1.

84) *Cfr. Brunner, RG. II, p.* 228 *sqq.* 85) *Cfr. Ephes.* 4, 28. 86) *Cfr. Admonit. general.* 789, *tom. I, p.* 55, *c.* 13; *Conc. Vern.* 755, *l. c. p.* 34, *c.* 4. 87) *Cfr. Luc.* 18, 27.

causa imminet totius cisalpinae ecclesiae. Maxime autem nobis necesse est loqui cum illis archiepiscopis et episcopis, qui consensu et voluntate populi regni istius domnum nostrum fratrem vestrum unxerunt in regem[88] sacro chrismate divina traditione quemque sancta[u] sedes apostolica mater nostra litteris apostolicis[57] ut regem honorare studuit et confirmare. Legite libros regum, et invenietis, quanta reverentia reprobatum et abiectum a Domino Saul ducere dignum duxit sanctus Samuhel, cuius locum in ecclesia nos licet indigni tenemus. Et attendite, quam magni pendit[v] sanctus David in loco[w] illius electus et unctus a Domino mittere *manum in christum Domini*, cum Saul *non* solum ex alia progenie, verum[x] ex alia tribu erat[y] et illum reiectum[z] et se electum a Domino cognoscebat et nihil firmitatis[a] Sauli David fecerat, sed plurimum adiutorium et devotam servitutem ei impenderat[b]; et neque bello auferre neque ingenii[c] dolo illi regnum subripere adtemptavit; et cum multos ad hoc suasores et auxiliarios[d] habuisset, nulli aurem[e], ut hoc moliretur, accommodavit, quamvis multas persecutiones et morti proximas ab eo saepissime sustinuerit; insuper et[f] bene scitis, quid de illo iusserit, qui, licet mendaciter, pro illius tamen gratia adquirenda se manum misisse in christum, id est unctum Domini, nuntiavit; nam si est aliquis, qui haec[g] ignoret[h], nos ei dicimus, quia gladio eum interficere[i] iussit. Sic et qui infideliter et contumaciter in unctum qualemcunque Domini manum mittit, dominum christorum Christum contemnit, et in anima procul dubio spiritualis gladii animadversione perit. Haec dicimus, non ut exaggerationes contra dominationem vestram incongruas exquiramus, sed ut evidentius pro qualitate nostri ministerii, quid excepta debita fide et beneficentia nobis in fratre vestro reverendum sit, demonstremus. 858.

Talem nempe vos debemus et volumus credere, ut nec vos regni augmentum cum animae vestrae detrimento velitis habere neque nos cum tali dedecore ad adiutorium ecclesiastici regiminis et gubernationis recipere, ut sine sacerdotio simus[k], quo privati erimus, si contra Deum et rationis auctoritatem nos ecclesiasque nostras vobis studuerimus committere. Ecclesiae siquidem nobis a Deo commissae non talia sunt beneficia et[l] huiusmodi regis proprietas, ut[l] pro libitu suo inconsulte illas possit[m] dare vel tollere, quoniam omnia, quae ecclesiae sunt, Deo consecrata sunt. Unde qui ecclesiae aliquid fraudatur[n] aut tollit, sacrilegium secundum sanctam scripturam[89] facere noscitur. Et nos episcopi Domino consecrati non sumus huiusmodi[o] homines, ut[p], sicut homines[p] saeculares, in[q] vassallatico debeamus nos cuilibet commendare — sed ad defensionem et ad adiutorium gubernationis in ecclesiastico regimine nos[r] ecclesiasque nostras committere — aut iurationis sacramentum, quod nos evangelica et apostolica atque canonica auctoritas vetat, debeamus quoquomodo facere[90]. Manus[r] enim chrismate sacro peruncta[r], quae de pane et vino aqua mixto per orationem et crucis signum conficit corpus et Christi sanguinis sacramentum, abhominabile est, quicquid ante ordinationem fecerit[s], ut post ordinationem episcopatus saeculare tangat ullomodo sacramentum. Et lingua[t] episcopi, quae facta est per Dei gratiam clavis caeli, nefarium est, ut, sicut saecularis quilibet, super sacra iuret[91] in nomine Domini

v) pendet 4; pendat 5. w) locum 5. x) sed 5; et *add.* 2. y) esset 5. z) eiectum 5. a) infirmitatis 5. b) impendebat 5. c) ingenti 5. d) consiliarios 5. e) autem 5. f) *om.* 5. g) *hoc* 2. h) *ignorat* 5. i) interfici 5. k) *om.* 2. l) et *huiusmodi regis* ut 3; *et h. reg.* et 4; ut eiusmodi regis et 5. m) possint 5. n) fraudat 5. o) eiusmodi 5. p) ut . . . homines *om.* 3—5. q) ut 3—5. r) manui . . . perunctae 5. s) fecerat 5. t) linguae 5.

88) *A.* 848; *cfr. Synod. ap. Saponar.* 859, *infra nr.* 299, *c.* 3. 89) *Cfr. Act. apost.* 5, 1–11; *Admonit.* 857, *supra p.* 289, *lin.* 3 *sqq.* 90) *Cfr. Conc. Tribur.* 895, *supra p.* 224, *c.* 21. 91) *Cfr. Conc. Meld.* 845, *supra p.* 407, *c.* 38.

858. et sanctorum invocatione, nisi forte, quod absit, contra eum scandalum acciderit ecclesiae suae: et inde sic temperanter agat, sicut Domino docente constituerunt rectores ecclesiae synodali consilio. Et si aliquando[u] sacramenta ab episcopis exacta aut facta fuerunt contra Deum et ecclesiasticas regulas, quae Spiritu sancto dictatae et Christi sunt sanguine confirmatae, irrita[v] sanctae scripturae paginis declarantur[w], et exigentes atque facientes medicamento exinde salutaris poenitentiae indigent. Propterea expectate, domine, patienter sicut princeps christianus et ecclesiae filius et honorate ecclesiae sanctae rectores, ut vos honoret, qui nobis dixit: 'Qui[92] vos audit, me audit; et qui vos spernit me spernit', et 'honorantes[93] me honorabo; et hi qui temnunt me, erunt ignobiles', et 'qui[94] vos tangit, tangit pupillam oculi mei', et in psalmo: 'Nolite[95] tangere christos meos, et in prophetas meos nolite malignari, quoniam[x][96], qui malignantur', id est maligna[x] agunt, 'exterminabuntur, sustinentes autem Dominum ipsi haereditabunt terram', hoc est regnum Dei.

Et cum venerit tempus et locus, sicut superius diximus, loquemur cum nostris confratribus, et, sicut Domini iustis dispositionibus viderimus, sine dubio faciemus. Et non est rationabilis causa, quae contra hoc, quod petimus, vos debeat stimulare; quia non sumus huiusmodi homines, ut, cum cognoverimus voluntatem domini, velimus aut debeamus quoquomodo resultare vel[y] rixas et dissensiones seu seditiones, quas vulgus werras[z][97] nominat, debeamus commovere[a], conserere vel tenere, quos Dominus pacis praedicatores et sectatores voluit ordinare et peccata nostra atque nobis commissorum[b] et etiam totius populi constituit plangere et curare et bellum cum vitiis et[c] pacem cum fratribus iussit habere. Nos et[d] quidem pacem et quietem, non rixas et bella[e] optamus et quaerimus, quia, sicut dicit[f] apostolus, 'non[98] sunt nobis carnalia arma, sed spiritualia et[c] potentia Deo', quibus[g] sumus 'calciati[99] pedes in praeparatione evangelii pacis, induti lorica[h] iustitiae et galea salutis[i], accincti lumbos in veritate, habentes scutum fidei et gladium Spiritus sancti, quia non est nobis conluctatio adversus carnem et sanguinem, sed adversus principes et potestates, adversus rectores tenebrarum harum contra spiritualia nequitiae in caelestibus'. Et non militamus terreno regi, sed caelesti pro salute et nostra et terreni regis et totius populi nobis commissi, quorum officium est nulli nocere, contra neminem infideliter agere, omnibus autem velle prodesse.

Tandem, domine nobis[k] rex, contra Deum et contra animam vestram non audiatis illos, qui dixerint, si forte vobis dixerint: Non tibi sit curae, rex, quae tibi referunt illi fellones atque ignobiles; hoc fac, quod tibi dicimus[l], quoniam cum nostris et non cum istorum parentibus tenuerunt parentes tui regnum. Nos autem obsecramus dominationem vestram, adtendite potius, si christianus rex estis, sicut et Deo gratias estis, et in illum creditis et per illum regnare vultis[m], 'per[100] quem', sicut scriptum est[n], 'reges regnant' et[c] cuius 'est[1] regnum, immo orbis terrae et plenitudo eius', quia idem Deus in carne veniens, qui solus rex fieri potuit et sacerdos, et in caelum ascendens suum regnum, id est ecclesiam, inter pontificalem auctoritatem et regiam potestatem gubernandum disposuit et[c] non elegit[o] ad hoc divites et nobiles, sed pauperes et piscatores et, sicut scriptum est, 'ignobilia[2] et contemptibilia mundi

u) quando 5. v) actae 2. w) declaratur 2. x) et qui maligna 5. y) *om.* 5. z) modo guerras *add.* 5. a) et *add.* 5. b) commissi, *om.* et, 5. c) *om.* 5. d) equidem 5. e) bellum 5. f) dixit 5. g) qui 5. h) loricam 5. i) tecti 5. k) noster 5. l) diximus 5. m) et *add.* 2. n) per me *add.* 5. o) elegerit 5; ad hoc *om.* 2.

92) *Luc.* 10, 16. 93) 1. *Reg.* 2, 30. 94) *Zachar.* 2, 8. 95) *Psalm.* 104, 15. 96) *Ibid.* 36, 9. 97) *Cfr. supra p.* 298, *not.* 10. 98) 2. *Corinth.* 10, 4. 99) *Ephes.* 6, 14–17. 12. 100) *Proverb.* 8, 15. 1) *Psalm.* 21, 29; 23, 1. 2) 1. *Corinth.* 1, 27. 28.

elegit, ut confundat fortia'. Et fieri potest, ut[p] tales vobis ista dicant, si forte minus necessario Deum timentes vobis dixerint, cum quorum parentibus diabolus, qui secundum scripturam 'est[3] rex super omnes[q] filios superbiae', regnum Christi, quod est ecclesia, conturbaverit et nunc eos in regno suo, id est in inferno, retineat et secum in saecula retinebit. Pro certo autem sciatis, quia cum nostris parentibus, id est cum apostolis, Christus rex regum regnum suum, id est ecclesiam, conquisivit, ampliavit et rexit[r]; et per nos et nobiscum, utinam non ad iudicium nostrum[s] dicamus! eandem ecclesiam, id est regnum suum, quotidie adquirit, auget atque gubernat idem dominus Iesus Christus, sicut dictum est a domino ecclesiae per prophetam: 'Pro[4] patribus tuis nati sunt tibi filii', id est pro apostolis creavit[t] tibi episcopos, qui te[u] regant et doceant. Cum qua ecclesia nobis a Deo commissa, rex christiane et domine, sicut litteris vestris iussistis, ieiuniis et orationibus ac letaniis Dominum, summum gubernatorem in navi sanctae ecclesiae fluctuante[v] in hoc mare, id est saeculo naufragoso, peccatis nostris communibus dormientem pulsare et excitare et pro vobis deprecari studebimus, ut quantotius[w] pro sua ineffabili pietate[x] evigilet et imperet ventis et mari, id est tempestatibus[y] diabolicis et inquietudinibus saecularium hominum, et redeat quantulacunque[z] tranquillitas, gratia et misericordia eiusdem Domini nostri Iesu Christi, cui est et sit 'potestas[5] et honor et gloria' et imperium 'in saecula saeculorum'. Amen. 859.

p) quod 2. q) universos 2. r) erexit 5. s) vestrum 5. t) creavi 2. u) *om.* 2. v) fluitante 1. w) quanto citius 5. x) dignitate 4. 5. y) tentationibus 3—5. z) quantumcunque 5.

3) *Iob* 41, 25. 4) *Psalm.* 44, 17. 5) *Apoc.* 5, 13.

298. SYNODUS METTENSIS.

859. Mai. 28—Iun. 4.

Capitula, quae sequuntur, in his libris partim impressis, partim manuscriptis nobis tradita sunt: 1) *a Sirmondo, Caroli Calvi Capit. p.* 207 *sqq.;* 2) *in Vatic.* 4982 *fol.* 118. 3) *in Vallicell. C.* 16 *fol.* 40[v]. 4) *a Baronio, Ann. eccles. ad a.* 859; 5) *in Vatic. reg. Christ.* 291 *fol.* 111, *qui c.* 1—8. *excerpta praebet. In* 1—3. 5. *exstat inscriptio infra edita.*

Synodus vero habita est, ut Hludowicus rex Germaniae a Karolo e Francia occidentali repulsus ad concordiam cum fratre et Hlothario nepote revocaretur. Refertur enim in Ann. Bertin. et Fuld.: Karlus rex recuperatis viribus fratrem suum Ludoicum necopinantem adgreditur et de regni sui finibus pellit *(a.* 859, *die* 15. *m. Ian.).* Lotharius rex ad Karlum, patruum suum, festinat, et die dominico initii quadragesimae in Arcas palatio, publice sacramentis vicissim per se ipsos datis, sese iterum confirmant *(Ann. Bertin. ad a.* 859, *ed. Waitz p.* 51*).* Hludowicus rex quasi inchoante verni tempore de Galliis rediens Wormatiam venit. Cum frequentibus legatorum suorum discursibus fratris ac nepotis sui sibi animos reconciliare studeret eorumque responsa per internuntios reciproca relatione susciperet, tandem condicto tempore singuli ... iuxta Anternacum castellum in quadam insula Rheni fluminis ... convenerunt *(Ann. Fuld. ad a.* 859, *ed. Kurze p.* 53*). Capitulorum auctor fortasse Hincmarus Remensis est; cfr. Böhmer-Mühlbacher nr.* 1398*a.* 1253*b.*

(B. II, 121; *P.* 458.*)*

859. *(A).*

28. *Mai.* **Haec capitula tractata et confirmata sunt ab episcopis in synodo habita apud Mettis civitatem[a] de indulgentia Hludowici regis pro seditione et excessibus in regno fratris sui Karoli[a] perpetratis.**

Dilectis in Christo fratribus et consacerdotibus nostris, legatis videlicet divinae pacis ac nostrae unanimitatis, Hincmaro[1], Gunthario[2], Weniloni[3] archiepiscopis et venerabilibus coepiscopis nostris Herluino[4], Hildegario[5], Adventio[6], Abboni[a*] [7], Hincmaro[8], Erchanrao[9] episcopi, quorum nomina subter habentur adscripta[10], qui favente Domino et annuentibus gloriosis principibus nostris Karolo et Hlothario in Mediomatricum civitatem anno incarnationis dominicae DCCCLIX, indictione VII, V. Kal. Iunias synodali decreto convenimus.

1. Nota[b] et pro dolor! nimis est nota discordia atque calamitatis pernicies, quae factione quorumdam seditiosorum hominum nuper inter fratres, reges nostros Hludowicum et Karolum accidit; unde tanta ac talia in ecclesia nobis ad regendum divina dignatione commissa et in hoc regno perpere sunt admissa, ut ipso etiam auditu horribilia cognoscantur; et si haec discordiae pestilentia diutius operante humani generis antiquo hoste duraverit, quam exitiabilis et mortifera existat, melius[b] ipsi scitis. Qua de re memores, quid veritas missis praedicatoribus iusserit, ut[c] divinus Paulus dicit: 'Legatione[d] [11] fungimur pro Christo, reconciliamini Deo[d]', legatione pro Christo fungentes vos, fratres carissimi, legatos Deo amatae pacis, quoniam exinde iam[e] gloriosos principes nostros Karolum et Hlotharium episcopali auctoritate monuimus[f], ad domnum Hludowicum regem gloriosum mediante Domino ordinamus[g], sicut Salvator dicit: 'In[12] quamcumque', inquiens[b], 'domum intraveritis, primum dicite: „Pax huic domui." Et si ibi fuerit filius pacis, requiescet super illum pax vestra. Sin autem, ad vos revertetur.' Quia[h] aut erit quisque praedestinatus ad vitam et coeleste verbum sequetur, quod audiet, aut si nullus audire voluerit, ipse praedicator sine fructu non fuerit, quoniam[i] ei a Domino pro labore sui operis merces recompensabitur[i].

2. Post praedicatam[k] vero et postulatam pacem legatio vestrae fraternitatis[l] huiusmodi erit conditionis, ut isdem rex nobis et utinam Deo semper amabilis, admissorum indulgentiam consequatur.

3. Videlicet si[m] se de omnibus, quae per[n] eum[n] malitiosorum hominum persuasione atque seductione in parochiis nostris fratrumque nostrorum perpetrata sunt, veraciter recognoverit, sicut scriptum est: 'Iuxta[13] est Dominus his, qui tribulato sunt corde': et: 'Sacrificium[14] Deo est spiritus contribulatus'; quoniam 'cor contritum et humiliatum Deus non spernit[o]'. Et sicut hi, qui ficte Deum quaerunt, invenire[p] nunquam merentur, ita 'prope[15] est Dominus[q] omnibus invocantibus[r] se in veritate.'

4. Et si post veram recognitionem pariter[s] confessus fuerit, quia iterum[b] dicit scriptura: 'Qui[16] abscondit scelera sua, non dirigetur. Qui autem confessus fuerit et reliquerit ea, misericordiam consequetur': et: 'Si[17] confiteamur peccata nostra, fidelis est et iustus, ut remittat nobis peccata nostra, et emundet nos ab omni iniquitate.'

a) *om.* 3. a*) Hebboni 4. b) *om.* 4. c) et 4. d) Legatione ... Deo *om.* 1. e) vos ad *add.* 4. f) non minus 4. g) ordinavimus 4. h) Qua 4. i) quoniam ... recomp. *om.* 4. k) praedictam 2—4. l) paternitatis 4. m) se 4. n) cum 4. o) despiciet 4. p) minime inveniunt 4, *om.* nunquam merentur. q) Deus 4. r) eum pro *add.* 5. s) pariter 4.

1) *Remensi.* 2) *Coloniensi.* 3) *Senonensi.* 4) *Constantiensi.* 5) *Meldensi.* 6) *Mettensi.* 7) *Autissiodorensi.* 8) *Laudunensi.* 9) *Catalaunensi.* 10) *Non sunt serrata in codicibus.* 11) 2. *Corinth.* 5, 20. 12) *Luc.* 10, 5. 6. 13) *Psalm.* 33, 19. 14) *Ibid.* 50, 19. 15) *Ibid.* 144, 18. 16) *Prov.* 28, 13. 17) 1. *Ioh.* 1, 9.

5. Post puram autem confessionem, si promiserit, quae male gesta sunt, per dignos poenitentiae fructus praeveniente, adiuvante et subsequente divina gratia se pro viribus emendaturum, quia scriptum est: 'Facite[18] fructus dignos poenitentiae', ut tanto maiora quaerat bonorum operum[t] quisque lucra per[t] poenitentiam[t], quanto graviora sibi intulit damna per culpam, quoniam et illi 'beati[19], quorum tecta bonis[u] operibus sunt peccata', et, ut scriptum est, 'quia[20] peccavit, et populum peccare fecit', tanta sint bona, quae tanta operiant mala. 859.

6. Deinde si spoponderit ad pacem et concordiam praesentaliter in[v] corde et ore et[b], quantocius rationabiliter et possibiliter atque convenienter ex communi consensu[w] fieri poterit, etiam praesentia corporis ad pacem et concordiam cum fratre suo Karolo se rediturum et in pace ac caritate Deo placita cum praefatis principibus nostris Karolo atque Hlothario, si ipsi eandem pacem et concordiam erga eum servaverint, permansurum, et in se peccantibus debita[x] dimiserit, sicut sua a Deo debita sibi cupit dimitti; quia itidem scriptura dicit: 'Pacem[21] sequimini cum omnibus et sanctimoniam, sine qua nemo videbit Deum.' Et cum[y] mala cuncta bonis sequentibus diluantur, tantum est discordiae malum, quae, nisi extincta funditus fuerit, bonum nullatenus sequi, evangelio teste, permittat; et caritas est, quae operit multitudinem peccatorum, sine qua, etiamsi quis corpus suum tradat ad ignem, nihil ei nisi ad damnationis iudicium proderit. Et Dominus dicit: 'Si[22] non dimiseritis hominibus peccata eorum, nec pater vester coelestis dimittet vobis peccata vestra.'

7. Post haec si promiserit, quod iam ulterius tale vel simile schisma in hac sancta Dei ecclesia atque in ista christianitate non reiteret[z]. Unde scriptum est: 'Qui[23] baptizatur a mortuo et iterum tangit illum, quid proficit lavatio eius?' Baptizatur[24] quippe a mortuo, qui mundatur fletibus a peccato; sed post baptisma mortuum tangit, qui culpas post lacrimas repetit. Et iterum scriptum[a] est: 'Canis[25] reversus ad vomitum suum, et[b] sus lota in volutabro luti'; quia qui peccatum post poenitentiam repetit, quasi in lutosa aqua semetipsum volvit, quia[c], dum fletibus suis[c] vitae munditiam subtrahit, ipsas etiam lacrimas ante Dei oculos sordidas facit.

8. Tunc demum promittat se ab illorum perditorum hominum tuitione atque favore, per quos tam graviter Deum offendit, disiungere. Et qui quasi ad eius fidem, sed potius infideliter ad eum venerint, ad rectam rationem in proximo placito ante fratrem suum Karolum et nepotem suum Hlotharium, sicut Deo teste iam[b] apud Marsnam[26] propria manu firmaverat, venire, si potuerit, faciat. Et quemcumque illorum recta ratio dignificaverit[d], digno[e] honore suo fruatur. Et qui per rectam rationem erga[f] seniorem suum iustificari non potuerit et[g] rationabilem misericordiam[27] pro eo expetierit, eandem[g] rationabilem misericordiam illi obtineat. De illo vero, quem recta ratio et iustum iudicium condemnaverit, et[h] rex christianus cum rege regum Christo condemnet[i] et alienae perditioni se non commisceat[k]; quia, ut Paulus dicit, 'non[28] solum qui faciunt, sed etiam qui mala facientibus consentiunt,

t) *om.* 4. u) bonis operibus *om.* 4. *et Bibl.* v) toto *add.* 4. w) sensu 1. x) ita *add.* 4. y) *om.* 4. z) iteret. Nam 4. a) scriptum est *om.* 4. b) *om.* 4. c) quia . . . suis *om.* 2—4. d) significaverit 4. e) digne 2—4. f) ante 4. g) et . . . eandem *om.* 4. h) ut 1—3. i) concordet 1—3. k) commisceat 4.

18) *Luc.* 3, 8. 19) *Psalm.* 31, 1. 20) 3. *Reg.* 14, 16. 21) *Ebrae.* 12, 14. 22) *Matth.* 6, 15. 23) *Eccles.* 34, 30. 24) *Cfr. Gregorii I. Registr. lib. XI*, *ep.* 27, *Jaffé*, *Reg. pontif.* I², *nr.* 1817: Mortuum quippe est omne opus perversum, quod pertrahit ad mortem . . . Baptizatur ergo a mortuo et iterum tangit eum, qui prava opera, quae se egisse meminit, deplorat; sed eisdem se iterum post lacrimas implicat. 25) 2. *Petr.* 2, 22. 26) *Conv. ap. Marsnam II.* 851, *supra p.* 73, c. 4. 27) *Cfr. Conv. ap. Confluent.* 860, *supra p.* 156, c. 7. 28) *Rom.* 1, 32.

869. digni sunt morte.' Unde sanctus Innocentius dicit: 'Quia[29] non multum interest inter committentis animum et consentientis favorem.' Addo amplius, plerumque dediscit errare, cui nemo consentit. Et iterum sanctus Paulus 'cum[30] talibus hominibus nec cibum sumere' permittit. Et sanctus David, dum totum se ad foedera pacis internae constringeret, testatur, quod cum malis concordiam non teneret, dicens: 'Nonne[31] qui oderunt te, Deus[l], oderam illos, et super inimicos tuos tabescebam? Perfecto odio oderam illos, inimici facti sunt mihi. Inimicos[32] etiam Dei perfecto odio odisse est, ad quod facti sunt diligere et quod faciunt increpare, mores pravorum premere[m], vitae prodesse'. Hinc Finees[33] peccantem[n] civem coeuntem cum Madianitide perculit et iram Dei iratus placavit. Et Iosaphat, qui tot de anteacta vita praeconiis attollitur, de Achab regis amicitiis pene periturus increpatur[o]; cui a Domino per prophetam dicitur: 'Impio[34] praebes auxilium, et his, qui oderunt Dominum, amicitia iungeris. Et idcirco iram quidem Domini merebaris; sed bona opera inventa sunt in te.' Hinc sacri canones sancto[p] promulgati Spiritu dicunt, ut hi[35], qui post excommunicationem vel[q] interdictum cum excommunicatis communicaverint, condemnati anathema[r] habeantur. Et sanctus Cyprianus[36] regis ministerium esse dicit, impios de terra perdere, homicidas, periuros, adulteros, veneficos, sacrilegos non sinere vivere. Et in libro regum scriptum est dicente Domino per prophetam: 'Quia[37] dimisisti[s] virum[s] morte dignum, erit anima tua[t] pro anima illius, et populus tuus[t] pro populo illius.' Et quam noxia sit indebita erga iniquos misericordia, monstratur in opere Saul ac Samuelis; quoniam cui Saul pepercit offendens Dominum, 'Samuel[38] propheta in frusta concidit.' Nam sicut quisque in se peccantibus debet propter Deum dimittere, ita in[u] in Deum peccantes et ecclesiam conculcantes et regni pervasores et in[v] christianitatis depopulatores et in[v] pacis perturbatores et in[v] patriae proditores debet minister Domini rex debitam vindictam propter Deum exercere. Quapropter sciat rex nobis amabilis, quia, sicut infirmus sanari[w] non potest, qui a medico coquitur, quandiu ferrum ignitum in illius tenetur corpore, ita et nemo sanari potest a peccato, quandiu[x] in peccato manserit, vel[y] quandiu in peccato manenti[y] scienter et libenter communicaverit.

9. Tandem si se promiserit adiutorem et cooperatorem Dei pro viribus de caetero et rationabiliter futurum, qualiter ecclesia Dei, quae in suo regno ac regnis nostrorum principum una est, sicut et unum sacerdotium, secundum qualitatem periculosi temporis in unoquoque ordine restituatur et sacerdotes Dei debita privilegia et ecclesiasticum vigorem obtineant et populus iustitiam et pacem habeat, congregatis vobis et nostro, immo divino spiritu, qui est remissio omnium peccatorum, per ecclesiasticam apostolicae auctoritatis potestatem illi peccata in nostris parochiis per illum et ab illo commissa ecclesiastica pietate et canonico more dimittite, eique indulgentiam postulanti donate atque illum sacrae communioni, qua ipse se privaverat excommunicatis communicans, restituite.

l) Domine 4. m) est *add.* 4. n) peccantium civium gratia (gratiam 2. 3) cum Madianitis 1—3. o) inculpatur 4. p) *om.* 2. 3; promulg. a sancto Sp. 4. q) ad 1. r) *om.* 4. s) dimiserit reum 4. t) sua, suus 4. u) *om.* 1; in peccantes in Deum 4. v) *om.* 4. w) lavari 4. x) ei qui *add.* 4. y) vel . . . manenti *om.* 4.

29) *Innocentii epist. ad Conc. Milevit., Mansi III, col.* 1077, *Jaffé l. c. I², nr.* 322. 30) 1. *Corinth.* 5, 11. 31) *Psalm.* 138, 21. 22. 32) *Gregorii Lib. pastoral. III, c.* 22, *Opera II, col.* 69 *sq.; cfr. Hincmarus, De ordine palatii c.* 9, *infra in App. ed.* 33) *Cfr. Num.* 25, 6—8. 34) 2. *Paralip.* 19, 2. 3. 35) *Conc. Antioc. c.* 2, *Mansi II, col.* 1321. 36) *Cfr. Cypriani tract. de XII abus. saec. c.* 9, *Opera ed. Hartel App., p.* 166: Iustitia . . . regis est . . . impios de terra perdere, parricidas et peierantes vivere non sinere. 37) 3. *Reg.* 20, 42. 38) 1. *Reg.* 15, 33.

10. Et licet multorum annorum secundum praefixos a sacris canonibus gradus poenitentia[a] haec perpetrata facinora indigerent, tamen confisi de Dei misericordia, apud quem non sic acceptatur mensura temporis ut doloris nec abstinentia ciborum sicut mortificatio vitiorum, non praeiudicantes patrum sententias[a], quae de huiusmodi decreverunt, sed potius eorum sequentes humaniorem diffinitionem haec scribimus: Ait sancta synodus Africana: 'Poenitentibus[39] secundum differentiam peccatorum episcopi arbitrio poenitentiae tempora discernantur'; et sanctus Leo apostolicae sedis pontifex: 'His[40]', inquit, 'qui in tempore necessitatis et in periculi urgentis instantia praesidium poenitentiae et mox reconciliationis implorant, nec satisfactio interdicenda est nec reconciliatio deneganda; quia misericordiae Dei nec mensuras possumus ponere nec tempora definire, apud quem nullas patitur veniae moras vera confessio[b] dicente Dei spiritu per prophetam: "Cum[41] conversus ingemueris[c], tunc salvus eris[d]". Et alibi: "Dic[42] iniquitates tuas prior, ut iustificeris". Et[e] item: "Quia[43] apud Dominum misericordia est[f], et copiosa apud eum redemptio". In dispensandis itaque donis Dei[f] non debemus esse difficiles, nec se accusantium gemitus lacrimasque neglegere, cum ipsam poenitendi affectionem ex Dei credamus inspiratione conceptam dicente apostolo: "Ne[44] forte det illis Deus poenitentiam", et resipiscant a diaboli laqueis, a quo captivi tenentur ad ipsius voluntatem.' Et sanctus Gregorius in evangelii[f] homelia dicit: 'Veniat[45] foras mortuus, id est, culpam[f] confiteatur peccator. Venientem vero foras solvant discipuli, ut pastores ecclesiae ei poenam debeant amovere[g], quam meruit qui non erubuit confiteri quod fecit.' 859.

11. His perpensis[h], fratres carissimi, si[i], ut[i] diximus, iam dictum regem a[f] nobis amabilem[k] ita contemperatum divinae voluntati et sacrae auctoritati inveneritis, secundum ministerium vobis a Deo traditum cum nostra[l] unanimitate absolvite. Sin alias, vos ullo[m] modo cum eo, quem absolvere non poteritis, ligare nolite; quoniam nec coram Deo nec in synodo nos inde auctores habebitis, si agere aliter, quod absit, praesumpseritis vosque[n] et in synodo et coram Deo pro facto irrito dabitis rationes.

12. Et si ipse, quod Deus longe faciat, ea, quae egit, unde illum nunc commonere vos mittimus, reiteraverit, omnia et ante divinos oculos et ad[o] ecclesiastica iudicia redivivo vulnere curanda vel amputanda noverit revenire. Si quid quoque contra sanctam auctoritatem praesumptum vel subreptum sive extortum fuerit, non solum in divinis examinationibus, verum nec in divinis legibus quippiam praevalebit. Et non sit de caetero immemor idem rex gloriosus, quod dicit sanctus Gregorius: 'Sciendum[46] est', inquiens 'quia, quisquis inlicita nulla commisit, huic iure conceditur, ut licitis utatur; sicque pietatis opera faciat, ut tamen, si noluerit, ea, quae mundi sunt, non relinquat[47]. Quilibet vero tanto a se licita[47] debet abscidere, quanto se meminit et inlicita perpetrasse. Neque enim par fructus esse boni operis debet eius, qui minus, et eius, qui amplius deliquit, aut eius[p], qui in nullis, et eius[p], qui

z) poenitentiae 4. a) sententiis 4. b) *ita omnes codd.;* conversio *Leo.* c) ingemuerit 4. d) erit 4. e) Item propheta David inquid 4. f) *om.* 4. g) admovere 4. h) perpetratis 4. i) sicut 4. k) si *add.* 4. l) vestra 1. m) nullo 4. n) vos 4. o) ante 4 p) ei 4.

39) *Conc. Afric.* c. 10, *Cod. canon.* p. 213; *Cod. canon. eccl. Afric.* c. 43, *Mansi III*, col. 735. 40) *Leonis I. epist. ad Theodor.* c. 4, *Mansi VI*, col. 210, *Jaffé l. c. I*², nr. 485. 41) *Esai.* 30, 15 *sec. LXX.* 42) *Esai.* 43, 26. 43) *Psalm.* 129, 7. 44) 2. *Timoth.* 2, 25. 45) *Gregorii Homil. in evang. XXVI*, c. 6, *Opera I*, col. 1556. 46) *Ibid. homil. XX*, c. 8, *l. c.* col. 1519 *sq.; cfr. Regino, De synod. caus. I*, 322. 47) At si quis in fornicationis culpam vel fortasse, quod est gravius, in adulterium lapsus est, tanto a se licita *perg. Greg.*

859. in quibuslibet facinoribus cecidit[48]. Sed tanto quisque maiora quaerat bonorum operum lucra per poenitentiam, quanto graviora sibi intulit damna per culpam.' Unde a vobis nostra, quin potius Dei voce, commonentur, ut sic studeat praeteritorum poenitens et imminentia atque futura cavens Deo militare in regno terreno, quatenus mereatur conregnare Christo in regno coelesti.

(B). *Episcoporum relatio.*

4. Iun. Haec[q], quae sequuntur, peracta legatione renuntiarunt episcopi.

De indulgentia sua nobis Hludowicus rex pridie Nonas Iunias in Wormatia dixit: 'Volo vos precari, ut, si in aliquo vestros animos offendi, ut hoc mihi perdonetis, ut inantea securus[r] vobiscum loqui possimus.' Ad haec Hincmarus, qui primus in ordine ex sinistra parte illius stetit, respondit[s] dicens: 'Ista causa cito ad effectum pervenire potest; quia, quod nos offerimus, hoc vos petitis.' Et monente Grimoldo[t][49] ac Theodorico episcopo[u][50] iterum ipse[v] Hincmarus dixit: 'Nihil contra me fecistis, unde noxium[v] rancorem in mente contra vos teneam; quia, si facerem, ad altare, ut Domino sacrificarem, accedere non auderem.' Iterum monentibus eisdem Grimoldo[t] et Theodorico ac Salomone[51] dicente ipso Theodorico haec verba: 'Facite, sicut senior noster precatur; parcite illi,' respondit ipse Hincmarus haec eadem verba: 'Quod in me, id est in mea[w] persona, offendistis, et peperci et parco. De hoc autem, quod in ecclesia mihi commissa et in populo male est factum, voluntarie vobis dono consilium, et secundum Deum praesto auxilium, ut inde salvi sitis, si vobis placet.' Et praefati viri responderunt: 'Certe bene dicit[x].' Et caeteri fratres nostri in haec verba et senserunt et prosecuti sunt. Tanta et talis indulgentia illi largita fuit, et non altera neque amplius. De scripto autem, quod confirmatum nobis est traditum, nec ipse[y] a nobis quiddam quaesivit[y], nec nos illi aliquid diximus, quoniam needum cum illo ex huiusmodi in ratione eramus. Ipse autem[z] post haec et alia dixit[v] nos egisse[a], quod non egimus, ex hoc materiam sumens, quod Guntharius illi familiariter, ut eum instrueret et ad satisfactionem provocaret, scriptum relegit ita inquiens: 'Vos mihi transmisistis vestram epistolam cum capitulis: vos venistis cum causa facta. Nos non sumus hic nisi duo vel tres, qui sine aliis huc exilivimus: in illas causas intrare non possum[b], antequam cum nostris episcopis inde tractemus; quia, Deo gratias, nihil sine illorum consilio feci; et postea inde respondeam.' Nos autem expectabamus, ut consilium a nobis de sua salute oblatum ipse quaereret et tunc ei secundum illud scriptum donaremus consilium. Ipse autem de suo gradu respondit, quod in illud scriptum non intraret, antequam cum suis episcopis consideraret. Et sic quicquid in generali causa ecclesiae et populi egit, penes illum remansit.

q) *Hanc rubricam add.* 1. r) securi 4. s) praedicens 4. t) Grimoaldo 4. u) episcopis 4. v) *om.* 4. w) meam personam 4. x) dixit 4. y) ipsi quidem quaesivimus 4. z) prius *add.* 4. a) suggessit *add.* 4. b) possumus 4.

48) et eius, qui in multis est lapsus. Per hoc ergo, quod dicitur: 'Facite dignos fructus poenitentiae', uniuscuiusque conscientia convenitur, ut tanto quisque *perg. Greg.* 49) *Archicapellano et abbate monasterii Sancti Galli.* 50) *Mindensi.* 51) *Episcopo Constantiensi.*

299. SYNODUS APUD SAPONARIAS HABITA. 859.

859. Iun. 14.

Canones huius synodi in his libris partim impressis, partim manuscriptis servata sunt: 1) *a Sirmondo, Concilia Galliae III, p.* 138 *sqq.;* 2) *in Vatic.* 4982 *fol.* 121, *qui omittit c.* 13; 3) *in Vatic.* 3827 *fol.* 81ᵛ. 4) *a Baronio, Ann. eccles. ad a.* 859. *In solo codice Escurial. L. III,* 8 *fol.* 188ᵛ *leguntur subscriptiones episcoporum infra p.* 450. *editae, iuxta quas in margine folii c.* 13. *quoque invenitur.*

De synodo ipsa haec referuntur in Ann. Bertin. ad a. 859, *ed. Waitz p.* 52: Karlus rex per diversa loca conventus episcoporum agit, sed quarto a Tullo Leucorum miliario in villa Saponarias cum Lothario et Karlo, nepotibus suis, regibus, sinodo episcoporum adsistens, libellum accusationis adversus Guanilonem Agedinci Senonum metropolitanum episcopum porrigit. Quae tamen accio propter absentiam eiusdem Guanilonis episcopi dilata est; *cfr. etiam infra nr.* 300. *et Böhmer-Mühlbacher nr.* 1398 *b.*

(*B. II,* 129; *P.* 463.)

Haec ventilata, definita atque obtenta sunt in synodo duodecim provinciarum, quae habita est anno incarnationis dominicae DCCCLIX, indictione VII, in territorio Tullensi, sub principibus Karolo, Hlothario[a] et item Karolo.

Cap. 1. Ut[b] caritas fraterna et concordia pacis reformetur inter fratres, principes scilicet ac gloriosos reges nostros Hludowicum et Karolum[b], qualiter scisma, quod ortum est nuper in ecclesia, ad unitatem benignitatis valeat redintegrari et[c] status ecclesiae pene conlapsus restitui et pax ac iustitia in populo christiano valeat procurari, et qui a fidelitate debita defecerant[d], iudicio et iustitia per rectam rationem et rationabilem misericordiam possint salvari et a perverso conamine ad salubriora[e] converti.

2. Episcopi namque secundum illorum ministerium ac sacram auctoritatem uniti sint[f] et mutuo consilio atque auxilio reges regnorumque[g] primores atque populum sibi commissum in Domino regant et corrigant; et nemo se a[h] solatio mutuo subtrahat, sed[i] synodales conventus secundum iussionem canonicam frequentare procurent, quatenus ordo ecclesiasticus, qui quasi obliteratus iam fuerat, quoniam synodi propter discordiam regum frequentari non poterant, episcopali collatione ad necessarium ac debitum statum reduci praevaleat. Unde etiam consensum apud reges expetitum obtinuerunt.

3. Reges nihilominus ac principes nostri Karolus et[c] Hlotharius atque item Karolus[1] ad Dei voluntatem atque sanctae ecclesiae statum suamque salutem et populi salvationem[k], gratias Deo, uniti et in eadem salutari[l] unitate firmati sunt[m].

4. Perventum est ante conventum episcoporum quendam diaconum, cui Tortoldus nomen est, episcopalem potestatem[n] in urbe Baiocacensium[o] occupasse[2] et pollicita-

a) Lothario ac K. 3. b) Ut ... Karolum *in* 4. *cum inscriptione coniuncta sunt.* c) *om.* 3. 4. d) defecerunt 3. 4. e) salubriorem 4. f) sunt 3. g) regumque 4. h) *om.* 3. i) et 2. 3. k) sublevationem 3. 4. l) salvari 3. m) sint 4. n) dignitatem 4. o) Baiocensium 3. 4.

1) *Rex Provinciae.* 2) *Infra nr.* 300, *c.* 13.

859. tionibus atque minis sollicitare multos ac perturbare. Unde definivit[p] sancta synodus, ut Wenilo Senonum archiepiscopus, cuius diaconus fuit, adiunctis secum tribus aliis memoratum diaconum evocatum audiant et secundum auctoritatem canonicam de eo definiant. Si autem refugerit eorum cognitionem, annitente principali potestate venire ad audientiam compellatur. Quodsi hanc quoque declinaverit, anathemate feriatur.

5. De quodam etiam subdiacono Anscario, qui vivo et incolomi episcopo civitatis Lingonum sedem pervasit, simili est sententia definitum. Sed intervenientibus legatis eiusdem subdiaconi, humanior est prolata sententia, videlicet ut sacramento confirmet se numquam talia huiusmodi praesumptione facturum. Cuius sacramenti tenorem huic capitulo subnectere dignum duximus[q]: 'Ego Anscarius subdiaconus confiteor coram Deo[r] et sanctis angelis eius reverentiae sanctae paternitatis vestrae contra Dei voluntatem et contra canonica statuta temere me fecisse in Isaac venerabilem pontificem usurpando sedem ecclesiae sanctae sibi commissae Lingonicae et sollicitando clericos et vasallos eius omnemque familiam; atque ideo pro tantae praesumptionis excessu per sacri ministerii[s] vestri vobis largitam a Domino potestatem veniam mihi poenitenti largiri suppliciter deprecor. Deinceps vero nec in eundem antistitem nec in alium quemlibet nec in illa nec in alia ecclesia huiusmodi praesumptionem facere temptabo, et neque illi aut alicui suorum clericorum aut laicorum in aliqua re impedimentum faciam[t] pro hac causa, in[u] qua[u] me graviter deliquisse confiteor, neque insidias eis ullius inquietudinis parabo neque per me neque per meorum aliquem propinquorum nec per quemcumque hominem; sed potius[v] adiutor pro viribus et intellegentia ipsi suisque ero, prout sibi placuerit. Et qui sibi pro hoc ipso inimici sunt, quos ipse voluerit, si potuero, eidem[w] conciliari[w] procurabo. Si[x] me Deus adiuvet et istae sanctae sanctorum reliquiae.' Statuit[y] etiam sancta synodus, ut numquam ad eandem Lingonensem ecclesiam sive ad Ianuensem[z][3], quam iam pridem pari modo adflixerat, debeat adspirare. Et si ita, ut praemisimus, iussis episcopalibus oboedire refugerit, sententiam superius diacono datam incurrat.

6[a]. Deinde gloriosus rex domnus Karolus sacrae synodo libellum appellationis electorumque iudicium[b] inter se et Weniloneim Senonum archiepiscopum, qui ab eo defecerat, et proclamationis[c] diploma porrexit[4]. Unde secundum sacram auctoritatem et induciae ac dierum dilatio[d] est[e] concessa, et certa accusatio[e] per episcopos et synodicas litteras[5] praefato archiepiscopo est intimata[f] secundum regulas divinitus promulgatas.

7. Mota est etiam quaestio de Attone Virdunensium episcopo, quod oblatione regulari, unde petitio ibidem est praesentata, in monasterio sancti Germani Autisiodorensium extiterit et contra regulas ecclesiasticas inde discedens minus provise, quam sacra auctoritas doceat, ad ordinem episcopalem pervenerit. Unde etiam definitum est dari sibi commeatus veniendi ad aliam synodum, sicut sacra sancit[g] auctoritas.

8. Ad episcopos siquidem Brittonum, qui se[h] contra auctoritatem a metropoli sua moliuntur discindere, synodus litteras[6] secundum auctoritatem sacram direxit,

p) finivit 3. q) existimavimus 4. r) Domino 3. 4. s) misterii 3. t) facere 2. u) quia 3. 4. v) *om.* 3. 4. w) conligare eidem 3. 4. x) sic 4. y) *Incipit. cap.* 6. *in* 3. 4. z) Ianuacensem 3; Lauuacensem 4. a) *Cap.* 7. *etc. in* 3. 4. b) iudicum 1. c) damnationis 4. d) prolatio 3. 4. e) est *om.* 2; est concessa *om.* 4; est . . . accusatio *om.* 3. f) atque concessa *add.* 3. 4. g) sanxit 4. h) *om.* 3.

3) *Genua?* 4) *Infra nr.* 300. 5) *Mansi XV, col.* 529 *sqq.* 6) *Mansi XV, col.* 532 *sq.*

859.

quatenus ad suam metropolim redeant eique debito iure se subdant nec[i] a canonica et episcopali communione[k] se segregent. Excommunicatis[7] etiam, sicut sacrae decernunt regulae[8], nequaquam[l] communicent, et Salomonem commoneant, ut promissam fidem[9] glorioso regi Karolo observet et ipse[l] et[m] Brittones excommunicatis[n] communicantes ipsi se sacra communione non privent.

9. Ad memoratos quoque excommunicatos sancta synodus litteras[10] direxit[o] eisque usque ad proximam futuram synodum corrigendi spatium tribuit monens ecclesiastica pietate, ut convertantur et vivant; quia, nisi se correxerint, in[p] futura synodo generali unanimitate anathemate terribili ferientur.

10. Relecta[11] sunt denique in eadem synodo quaedam capitula, super quibus quorundam fratrum sensus dissentire probantur[q]. Unde convenit inter episcopos, ut Deo favente pace ac tranquillitate recuperata[r] simul conveniant et prolatis sanctarum scripturarum atque catholicorum doctorum sententiis, quae saniora sunt, concordi unanimitate sequantur.

11. Tandem postulavit humiliter generalis synodus se ad terram usque prosternens ante Karolum regem et Rodulfum Biturigum[s] archiepiscopum, obsecrans et adiurans per crucem et Christi sanguinem, ut privilegium monasterii sancti Benedicti, quod annuente praefato rege firmaverant[t] quodque idem Rodulfus subscripserat, qui[u] praefatam abbatiam inregulariter retinebat[u], ratum et inconvulsum servare studerent. Quodsi abbas neglegens et sacris regulis inconveniens per directos missos inventus fuerit, ab eadem paternitate removeatur, et alius, qui dignus repertus fuerit, substituatur, et privilegii regularis status[v] in eodem monasterio quacumque occasione non destituatur.

12. Haec de praecipuis in eadem sacra synodo fuere statuta. Caeterum specialia de quibusque parroechiis, prout visum fuit, secundum ecclesiasticam auctoritatem definita et episcopis in propriis parroechiis ad exsequendum sunt commissa.

---

13. Placuit omnibus, ut creditur instinctu divino, qui ad universale concilium in viciniam Tullensium confluxerunt, quoniam calamitatum taedio laborabant, quo invenirent aliquid, ubi consolationis gratia respirarent. Statuerunt itaque, ut pro se invicem omnes, dum adviverent, preces in[w] eiusmodi frequentarent, scilicet ut singuli pro cunctis per singulas ebdomadas feria quarta missam celebrarent. Post vocationem autem cuiuslibet eorum superstites obtineant, ut pro eo, qui decesserit, in sedibus septenae missae totidemque vigiliae Domino persolvantur, a presbiteris autem monasteriorum sive villarum tres[x] missae[x] totidemque[y] vigiliae dependantur. Exitus autem uniuscuiusque vicissim piis currentibus litteris innotescat. Praesentes etiam abbates in tam profutura societate recepti eadem se conditione iunxerunt.

---

i) ne 3. k) congregatione 4. l) nequaquam ... ipse *om.* 3. 4. m) a 2. 3. n) *om.* 3. 4. o) dirigit 1. 2. p) ad futuram synodum 3. 4. q) probatur 3. r) impetrata 4. s) Bitturicum 3. t) firmaverat 3. 4. u) qui ... retinebat *om.* 3; qui ... retinebat, ratum et *om.* 4. v) auctoritas 3. 4. w) huiusmodi 5. x) *om.* 4. y) totidem 4.

7) *Cfr.* c. 9. 8) *Conc. Nic.* c. 5, *Mansi II, col.* 679. 9) *A.* 852; *Ann. Bertin. ad a.* 852, *l. c. p.* 41. 10) *Mansi XV, col.* 534 *sqq.* 11) *Synod. Lingon.* 859, *Mansi XV, col.* 537 *sqq.*; *cfr. Hincmarus, De praedestinat. poster. dissertat., Opera I, p.* 1 *sq.*; *Dümmler, Ostfränk. Reich I*², *p.* 453.

859. *Nomina episcoporum et abbatum, qui synodo interfuerunt.*

Guntharius Coloniae metropolitanus episcopus.
Rodulfus Biturigum metropolitanus episcopus.
Hincmarus Rhemorum archiepiscopus.
Herardus Turonorum archiepiscopus.
Teutgaudus Treverorum archiepiscopus.
Remigius Lugdunensium archiepiscopus.
Arduicus Vesontionum archiepiscopus.
Wenilo Rotomagensium archiepiscopus.
Teuramnus Darentasie episcopus.
Immo Noviomagorum episcopus.
Ebbo Gratianopolitanus episcopus.
Ionas Aeduorum episcopus.
Ungerus Traiectensis episcopus.
Fredebertus Basiliensis episcopus.
Erpuinus Silvanectensium episcopus.
Arnulfus Tullensis episcopus.
Rothadus Suessionum episcopus.
Ermenfridus Bellovacensis episcopus.
Adventius Metensis episcopus.
Atto Virdunensis episcopus.
Abbo Autisiodorensis episcopus.
Aeneas Parisii episcopus.
Gislebertus Carnotensis episcopus.
Guntbertus Ebroecensis episcopus.
Ratbertus Valentinensis episcopus.
Franco Tungrensis episcopus.
Agius Aurelianorum episcopus.
Hildegarius Meldensis episcopus.
Hincmarus Laudunensis episcopus.
Erchanraus Catalaunensis episcopus.
Rotbertus Cenomanensis episcopus.
Erloinus Constantiae episcopus.
Hildebrandus Sagensis episcopus.
Airardus Lexoviensis episcopus.
Waltbertus Abrincatensis episcopus.
Godelsadus Cabilonensis episcopus.
Abbo Maurogensis[12] episcopus.
Groidingus[13] Madiscensis episcopus.
Isaac Lingonensis episcopus.
Erchambertus Baiocacensis episcopus.
Lupus abba[14].
'Frodoinus abba[15].
Everardus abba.

12) *vel Maurigensis, Mauriennensis (S. Jean-de-Maurienne).* 13) *vel Braidingus Matisconensis.* 14) *Ferrariensis.* 15) *Monasterii S. Launomari (Saint-Lomer de Montiers-au-Perche).*

300. LIBELLUS PROCLAMATIONIS ADVERSUS WENILONEM.

859. Iun. 14.

Legitur: 1) *apud P. Pithoeum, SS. coëtan. p.* 491 *sqq.;* 2) *in Vatic.* 3827 *fol.* 82v. 3) *apud Baronium, Ann. eccles. ad a.* 859; *cfr. supra nr.* 299.

(*B. II,* 133; *P.* 462.)

Libellus proclamationis[a] domni[b] Karoli regis adversus Wenilonem archiepiscopum Senonum electis iudicibus Remegio[c] Lugdunensium[b], Erardo[d] Turonorum[b], Weniloni Rothomagensium[b] et Rodulfo[e] Biturigum[b] archiepiscopis in sancta synodo duodecim[b] provinciarum[b] apud Tullensem parroechiam in[f] suburbano eiusdem urbis, quod dicitur Saponarias[f], propria ipsius manu porrectus anno[g] incarnationis dominicae DCCCLIX, indictione VII, XVIII. Kal. Iulias.

Cap. 1. Quia, sicut dicit sanctus Gregorius et[h] ex[i] consuetudine olitana cognoscitis, 'in[1] Francorum regno reges ex genere prodeunt', mihi a domno et genitore meo

a) proclamatorius 3. b) *om.* 2. 3. c) Remigio 1. 3. d) Eirardo 1. 3. e) Rodulpho 1. f) in ... Saponarias *om.* 2. 3. g) anno ... Iulias *om.* 2. 3. h) *om.* 2. i) *om.* 3.

1) *Gregorii Homil. in evang. X, c.* 5, *Opera I, col.* 1470.

piae memoriae Hludowico augusto pars regni inter fratres meos reges divina dispo- 859.
sitione est tradita. In qua parte regni vacabat tunc pastore metropolis Senonum, quam iuxta consuetudinem praedecessorum meorum regum Weniloni tunc clerico meo in capella mea mihi servienti, qui more liberi clerici se mihi commendaverat et fidelitatem sacramento promiserat, consensu sacrorum episcoporum ipsius metropolis ad gubernandam[k] commisi[2], et apud episcopos, quantum ex me fuit, ut eum ibidem archiepiscopum ordinarent obtinui.

2. Post haec de divisione regni inter me et fratres meos ratio[l] est exorta notissima, unde partem divisionis cum mutuis, nostris scilicet nostrorumque fidelium, sacramentis, sicut etiam[m] primores[n] regni totius invenerant, tenendam et gubernandam suscepi. Quam divisionem inter me et fratres meos de cetero a me substantialiter tenendam, sicut et alii, qui ibi adfuerunt, episcopi, Wenilo mihi fratribusque meis propria manu iuravit, pacem etiam et mutuum adiutorium inter me et[o] praefatum fratrem[o] Hludowicum Wenilo sacramento firmavit.

3. Sed et post hoc electione sua aliorumque episcoporum ac ceterorum fidelium regni nostri voluntate, consensu et acclamatione cum aliis archiepiscopis et episcopis Wenilo in diocesi sua apud Aurelianis[p] civitatem in basilica sanctae crucis me secundum traditionem ecclesiasticam regem consecravit[3] et in regni regimine chrismate sacro perunxit et diademate atque regni sceptro in regni solio sublimavit. A qua consecratione vel regni sublimitate subplantari vel proici a nullo debueram, saltem[q] sine audientia et iudicio episcoporum, quorum ministerio in regem sum consecratus et qui throni Dei sunt dicti, in quibus Deus sedet et per quos sua decernit iudicia; quorum paternis correptionibus[r] et castigatoriis iudiciis me subdere fui paratus et in praesenti sum subditus.

4. Denique cum seditiones in regno nostro per homines inreverentes coeperunt crebrescere, consensu episcoporum ac ceterorum fidelium nostrorum chyrographum[s] invicem conscripsimus, qualiter ego erga eos cooperante Domino agere vellem, et qualiter mihi consilio et auxilio idem fideles nostri abinde postmodum solatium ferre debuissent[4]. Cui scripto Wenilo apud[t] Baiernam villam[5] propria manu subscripsit, sicut in praesenti videre potestis.

5. Deinde cum contra paganos ad insulam loci, qui Oscellus[6] dicitur, cum fidelibus nostris in[u] terreno[v] ac navigio, sicut scitis, perrexi[7], quidam a nobis deficientes fuga lapsi sunt; Wenilo[w] autem se pro infirmitate sua illuc ire non posse dicens ad sedem suam reversus est. Dum autem in procinctu eo[x] infirmi degeremus, frater noster Hludowicus, sicut scitis, cum manu hostili et seditiosis hominibus ex regno suo regnum nostrum inrupit[y8]. Ad cuius colloquium sine mea voluntate atque licentia Wenilo venit, quem supplantatorem meum esse cognovit[z]; quod nemo episcoporum ex regno nostro alius fecit.

6. De cetero, cum contra praedictum fratrem meum et inimicos meos ac vastatores ecclesiae et depopulatores regni, qui cum illo erant, cum fidelibus Dei ac nostris

k) gubernandum 3. l) altercatio *in parenthesi add.* 3. m) tum 2; iam 3. n) priores totius regni 2. 3. o) et fratrem meum 3. p) Aurelianos 3. q) *om.* 2. 3. r) ereptionibus 2. s) chyrographi 2; chirographa 3. t) *om.* 1. u) et 2. 3. v) itinere *add.* 3. w) *Abhinc in* 1. 2. *promiscue* Wenilo *et* Guenilo *legitur.* x) niti 2; nos et 3. y) invasit 3. z) cognovi 3.

2) *A.* 840. 3) *A.* 848; *cfr. Ann. Bertin. ad a.* 848, *ed. Waitz p.* 36; *Dümmler, Ostfränk. Reich I*², *p.* 337, *not.* 3. 4) *Cfr. Conv. Carisiac.* 858, *supra nr.* 269. 5) *Brienne-le-Château sur Aube; quo vero anno factum sit, non liquet.* 6) *Oscel prope Bougival; cfr. Dümmler l. c. I*², *p.* 425, *not.* 3. 7) *A.* 858, *m. Iul.; Ann. Bertin. ad a.* 858, *l. c. p.* 48. 50; *Dümmler l. c.* 8) *Cfr. supra nr.* 297.

869. perrexi, nec per se ipsum nec per debitum solacium, quod antecessores mei reges et ego ipse ex ecclesia illi commissa habere solitus eram, aliquid[a] adiutorii praebuit, praesertim cum hoc devote ab illo petierim.

7. Cum autem ratio et necessitas mihi accidit[b], de villa Breona ut[c] a praedicto fratre meo secederem[9], et ipse frater meus Hludowicus ad hoc rediit in partem regni mei, ut mihi meum nepotem subriperet et homines meos mihi subtraheret ac fideles meos vastanter inprimeret[d], Wenilo cum quo potuit solatio ad praedictum fratrem meum Hludowicum in meam contrarietatem venit; cum quo erant excommunicati istius regni et seditiosi, de quorum excommunicatione coepiscoporum suorum litteras accepit. Et missas publicas fratri meo, cum quo ipsi seditiosi erant, in palatio meo Attiniaco[e] et parrocchia et provincia alterius archiepiscopi fidelis nostri sine sua licentia ac coepiscoporum consensu Wenilo excommunicatis vel excommunicatorum participibus caelebravit. Et in eo[f] concilio atque consilio fuit, quo[10] nepos meus Lotharius per mendacia, quantum ex deductoribus[g] suis[h], subriperetur et debitum ac sacramento promissum solacium atque adiutorium ex illo mihi subtraheret[i].

8. Praedicti[k] nihilhominus fratris mei consiliariis et publicis ac secretis tractatibus Wenilo cum specialibus familiaribus et inter priores eius familiariter cum episcopali iudicio, ut diximus[l], excommunicatis et iudicio regni diiudicatis[m] interfuit, quatinus partem regni, quam idem frater meus[11] et Wenilo mihi iuraverant et in qua Wenilo me regem sacraverat[3], saepe fatus[n] frater meus obtineret et ego illam perderem.

9. Wenilo in eo consilio et tractatu[o] fuit, ut episcopi, qui mihi fidei[p] promissae debitores erant et consilium atque auxilium manu propria confirmatum ferre debuerant, deficerent et ad fratris mei Hludowici obsequium et subditionem se verterent.

10. De abbatia sanctae Columbae[12] et rebus vel honoribus regni mei apud Hludowicum fratrem meum praeceptum[13] obtinuit et litteras ad missos, qui[q] eandem abbatiam revocarent[r], Ecchardum[s] et Teodoricum[t] impetravit.

11[u]. Sed[v] in eisdem litteris ad praefatos missos iussionem fratris mei Hludowici Wenilo obtinuit, ut de muro castelli Meleduni[w 14], quod ius regiae est potestatis, petras haberent[x] licentiam prendere. Unde constat, quia[y] in plebe istius regni mihi a Deo collati eum studebat colere et satagebat tenere.

12. Wenilo in eo consilio et tractatu cum praefatis excommunicatis[z] fuit, ubi consideratum est, quatenus illi[a] homines, qui mihi fideles erant et mihi sacramento[b] fidelitatem promiserant, sive nolentes[c] sive volentes, fratri meo Hludowico iurarent[d], ut ei adiutorium ferrent, qualiter regnum meum contra me obtinere potuisset. Et non solum consilio[e] Wenilo interfuit, sed et ipse hoc idem consilium fratri meo Hludowico[d] contra meam fidelitatem, quam mihi promisit sacramento, donavit.

13. Wenilo per se et per familiares suos, supradictos scilicet excommunicatos, apud fratrem meum Hludowicum obtinuit, ut vacans episcopatus, Baiocacensis[f]

a) aliquod adiutorium 2. 3. b) ut *add.* 3. c) ne 3. d) opprimeret *coniecit Baluzius.* e) Atiniaco 2. f) *om.* 3. g) seductoribus 3. h) fuit 3. i) subtraherent 3. k) praedictis 3. l) dicimus 2. m) *om.* 3. n) factus 2. o) contractatu 3. p) fidem promissam 2; ob fidem pr. 3. q) quo 3. r) revocaret 2. 3. s) Ethardum 3. t) Theodericum 1. 3. u) *Hoc caput in 1. et editionibus Sirmondi, Baluzii, Pertzii cum antecedenti in unum coniunctum est.* v) et *add.* 3. w) Meloduni 1; Meliduni 3. x) haberet 3. y) quae 1; quod 3. z) excommunicatus 1, *fortasse erratum typographi.* a) ille 3. b) iuramento 3. c) volentes sive nolentes 2. 3. d) iurarent ... Hludowico *om.* 3. e) viam 2. f) Baiocensis 3.

9) *A. 858, die 12. m. Nov.; Ann. Bertin. l. c.; Dümmler l. c. I², p. 432.* 10) *Ann. Bertin. l. c. p. 51.* 11) *Cfr. Conv. ap. Marsnam II, 851, supra p. 74, Adnunt. Hlud.* 12) *Senonensi.* 13) *Deperditum est; cfr. Böhmer-Mühlbacher nr. 1394 n.* 14) *Melun.*

scilicet civitatis, propinquo suo, clerico meo nomine Tortoldo[15], qui mihi se commendavit et fidelitatem sacramento promisit, donaretur, qui eundem episcopatum in mea infidelitate et contra fidelitatem mihi promissam consensu Hludowici fratris mei accepit. 866.

14. Tandem postquam mihi Deus vires recuperandi mei[g] per solatium fidelium meorum contra fratrem meum donavit, perrexi prope[h] de civitate Wenilonis, qui me contra fratrem meum ad recuperandum regnum meum pergere scivit et nullum adiutorium vel per se, promisso[i] ac subscripto consilio, vel per militiam, quae ex ecclesia sibi commissa solet exire, adiutorium aliquod praestitit.

g) *om.* 3. h) propere 3. i) promissum vel 3.

15) *Cfr. p.* 447, *c.* 4.

301. CORONATIO HERMINTRUDIS REGINAE.

866. Aug.

Coronationis formulam ex editione principi Sirmondi, Caroli Calvi Capit. p. 504 *sqq., qui adhibuit codicem S. Laurentii Leodiensis nunc deperditum, hic repetimus. Coronata vero est Hermintrudis a.* 866, *m. Aug. in synodo Suessionensi. Testantur enim Ann. Bertin. ad a.* 866, *ed. Waitz p.* 82 *sq.:* Karolus mense Augusto Suessionis civitatem adit et synodo a Nicolao papa convocatae considet .... Sed antequam idem episcopi ab ipsa recederent urbe, Karolus eos petit, ut uxorem suam Hyrmintrudem in regiam sacrarent; quod et ipso adtestante in basilica sancti Medardi fecerunt et una cum eo illi coronam imposuerunt. (*B. II,* 313; *P.* 506.)

Adlocutio duorum episcoporum in ecclesia sancti Medardi, quando Hermintrudis fuit consecrata in reginam.

Volumus vos scire, fratres, quia domnus et senior noster Karolus rex gloriosus nostrae humilitatis petiit devotionem, ut auctoritate ministerii nobis a Deo conlati, sicut ipse[1] in regem est unctus et consecratus episcopali auctoritate, unctione sacra et benedictione, veluti in scripturis legimus Dominum praecepisse, ut reges ungerentur et sacrarentur in regiam potestatem, ita uxorem suam dominam nostram in nomine reginae benedicamus, sicut et a sede apostolica et a nostris decessoribus antea de aliis factum comperimus. Et ut non vobis sit mirum, quare hoc petat, fraternitati vestrae rationem reddere maturamus: videlicet quia, sicut multis est cognitum, Deus omnipotens sua gratia istud regnum in manus suorum antecessorum mirabiliter adunavit, quod ipsi decessores sui nobiliter gubernaverunt et per successiones sua progenies usque ad haec tempora rexit. Et isti nostro seniori Deus filios, sicut vobis notum est, dedit, in quorum nobilitate ad sanctam ecclesiam et regnum, quod Deus illi ad regendum commisit, fideles illius spem maximam se habere sunt gratulati. De quibus ipse aliquos[2] Deo obtulit, ut etiam de fructu ventris sui oblationem Deo offerret; aliquos Deus adhuc aetate immatura sua gratia de hoc seculo rapuit, 'ne[3]',

1) *Cfr. Lib. proclamat. c.* 8, *supra p.* 451; *Dümmler, Ostfränk. Reich I*², *p.* 386 *sq.; Brunner, RG. II, p.* 21, *not.* 38. 2) *Karolomannum et Hlotharium; cfr. Dümmler l.c. II*², *p.* 320. 3) *Sap.* 4, 11.

860. ut scriptum est, 'malitia mutaret corda eorum': aliquibus[4] autem, quod vos non latet, suo iudicio talem passionem permisit incurrere, sicut fideles illius agnoscuntur dolere. Propterea petit benedictionem episcopalem super uxorem suam venire, ut talem sobolem ei Dominus de illa dignetur donare, unde sancta ecclesia solatium et regnum necessariam defensionem et fideles illius desiderabile adiutorium et ista christianitas optabilem tranquillitatem et legem atque iustitiam cum illis, quos adhuc habet annuente et cooperante Domino possit habere. Et de hoc in sanctis scripturis habemus auctoritatem, quia, sicut Dominus ad Abraham dixit: 'In[5] semine tuo benedicentur omnes gentes', cui iam centenario de nonagenaria uxore Isaac filium dedit, ita et ipsum Isaac uxorem sterilem accipere fecit, ut et in hoc, sicut in multis solet facere, misericordiae suae largitatem ostenderet. Et inde dicit scriptura, quia 'deprecatus[6] est Isaac Dominum pro uxore sua, eo quod esset sterilis', et concepit. Et non sit vobis mirum, cur antea hoc non fecit: quia, sicut sacra scriptura dicit, in primordio coniunctionis masculi et feminae dixit Dominus ad Evam: 'Ad[7] virum tuum erit conversio tua, et ipse dominabitur tui.' Et cum iam essent moribus in legitima coniunctione maturi et provectae aetatis Abraham et Sarra et, ut sanctus Petrus dicit: 'Sarra[8] obediebat Abrahae dominum eum vocans', dixit Dominus ad Abraham, quod antea nec ipsi nec alio homini legimus illum dixisse: 'Omnia[9], quae dixerit tibi Sarra, audi vocem eius.' Iam enim et Abraham presbyter merito vocabatur, et defecerant muliebria, id est omnis lascivitas Sarrae, et tunc acceperunt benedictionem seminis benedicti a Domino, in quo benedicuntur omnes gentes. Amen.

His ergo fulti auctoritatibus 'in[10] dispensandis Dei donis', qui ab illo ministri eius sumus ad hoc constituti, ut Leo dicit, 'non debemus esse difficiles' nec[11] devotorum petitiones negligere, maxime si ipsas petitiones evidentibus indiciis 'ex Dei viderimus inspiratione conceptas'; quia multiplex misericordia Dei ita saluti humanae subvenire decrevit, ut praecipue sacerdotum supplicationibus ipsa salus debeat obtineri. Cui operi, ut in sacris literis legimus, ipse salvator intervenit, nec unquam ab his abest, quae ministris suis exequenda commisit dicens: 'Ecce[12] ego vobiscum sum omnibus diebus.' Et 'si[10] quid per servitutem nostram bono ordine et gratulando implemus affectu[13]', ut Leo dicit, 'non ambigamus per Spiritum sanctum nobis fuisse donatum.' Et ideo, fratres, quoniam ita est et nostra pro vobis ministratio et vestra erga nos coniuncta devotio, ut una fiat apud Dominum supplicatio, sicut legimus[14], quia ad hoc constituti sunt sacerdotes, ut prius pro suis, deinde pro populi orent peccatis, et 'oratio[15] fiebat sine intermissione ad Deum pro Petro', id est pro omni episcoporum choro, orantibus nobis pro communi nostra, immo pro totius ecclesiae ac populi necessitate atque salute, commune votum etiam vestra communis prosequatur oratio apud eum, 'qui[16] facit unanimes habitare in domo' et vivit et regnat in secula seculorum. Amen.

Oratio: Domine sancte, pater omnipotens, aeterne Deus, qui potestate virtutis tuae de nihilo cuncta fecisti et dispositis universitatis exordiis homini ad imaginem tuam facto inseparabile mulieris adiutorium condidisti ac femineo corpori de virili dedisti carne principium docens, quia, quod ex uno placuit tibi institui, non[17] liceat ab homine separari, respice propitius super hanc famulam tuam maritali iunctam consortio, quae tua se expetit protectione muniri. Sit in ea iugum dilectionis et pacis. Fidelis et casta nubat in Christo imitatrixque sanctarum permaneat feminarum.

4) *Hludowico regi Neustriae et Karolo regi Aquitaniae; cfr. Dümmler l. c. II², p. 38 sq.*
5) *Genes.* 22, 18. 6) *Ibid.* 25, 21. 7) *Ibid.* 3, 16. 8) 1. *Petr.* 3, 6. 9) *Genes.* 21, 12.
10) *Supra p.* 445, *not.* 40. 11) *Cfr. ibid. lin.* 15 *sq.* 12) *Matth.* 28, 20. 13) effectu *Leo.*
14) *Cfr. Levit.* 9, 7. 15) *Act. apost.* 12, 5. 16) *Psalm.* 67, 7. 17) *Cfr. Marc.* 10, 9.

Sit amabilis ut Rachel viro, sapiens ut Rebecca, longaeva et fidelis ut Sarra. Nihil 860. in ea ex actibus suis auctor praevaricationis usurpet. Nexa fidei mandatis permaneat, uni thoro iuncta contactus inlicitos fugiat. Muniat infirmitatem suam robore disciplinae. Sit verecundia gravis, pudore venerabilis, doctrinis caelestibus erudita. Sit foecunda in tibi placita sobole, sit probata et innocens. Percipiat per hunc sacrum misericordiae et laetitiae et exultationis olei unctionem sanitatem mentis, incolumitatem corporis, tutelam salutis, securitatem spei, corroborationem fidei, plenitudinem caritatis. Corona eam, Domine, corona iustitiae, corona eam fructibus[18] sanctis et operibus benedictis. Sit meritis et nomine atque virtute regina adsistens in hoc seculo fide recta et operibus bonis et in futuro honore et gloria coronata a dextris regis, in vestitu bonorum operum, circumdata virtutum varietate. Fac[18] illam talem sobolem generare, quae ad paradisi tui pertineat hereditatem. Praesta, Domine, huic famulae tuae tantum caritatis affectum et misericordiae studium atque religionis augmentum, ut tuum iugiter promereatur auxilium. Callidi serpentis ab ea venena repelle, et lorica[19] fidei indutam scuto salutis eam defende, actus eius corrige, vitam emenda, mores compone et eam in senectute bona ad coelestia regna digneris perducere. Per eundem Dominum nostrum.

Coronet te Dominus gloria et honore et sempiterna protectione. Qui vivit et regnat.

Deus omnipotens, qui benedixit Adam et Evam dicens: 'Crescite[20] et multiplicamini', et patriarcharum benedixit coniugia quique cum Tobia misit Raphael angelum suum, cuius ministerio daemonium effugavit a Sarra uxore ipsius, benedicat te et illam futuram uxorem tuam, ut secundum praeceptum Domini 'effecti[21] duo in carne una, quod[22] Deus iungit, homo non separet', et det vobis benedictionem 'de[23] rore caeli et de pinguedine terrae.' Benedicimus enim vobis in nomine Domini, qui mittat angelos suos bonos, ut vos custodiant semper et omnem phantasiam et nequitiam atque versutiam omnium malignorum spirituum et hominum a vobis depellant et ab omni inquinamento omnis adulterii omnibusque insidiis humanis et diabolicis protegant, muniant et defendant gratia domini nostri Iesu Christi, qui amorem et timorem suum iugiter cordibus vestris infundat, ut consenescatis pariter in senectute bona et videatis filios filiorum vestrorum florentes in voluntate Domini et pax vobiscum permaneat atque in fide recta ac bonis operibus et concordia bona et amore coniugali sincero necnon et in confessione sanctae trinitatis et ecclesiae catholicae communione perseverantes ad vitam perveniatis aeternam. Quod ipse praestare dignetur, cuius regnum et imperium sine fine permanet in secula seculorum. Amen.

18) *Cfr. Coronat. Iudithae, supra p.* 426, *lin.* 16 *sqq.* 19) *Cfr.* 1. *Thessal.* 5, 8. 20) *Genes.* 1, 28. 21) *Ephes.* 5, 31. 22) *Marc.* 10, 9. 23) *Supra p.* 427, *not.* 9.

869.

302. ORDO CORONATIONIS KAROLI II. IN REGNO HLOTHARII II. FACTAE.

869. Sept. 9.

Ordinem coronationis debemus Sirmondo, Caroli Calvi Capit. p. 486, qui in editione paranda codice S. Laurentii Leodiensis hodie non iam exstante usus est.

De causa et tempore Karoli coronationis cfr. supra nr. 276.

(B. II, 301; *P.* 514.*)*

Benedictiones super regem Karolum ante missam et altare sancti Stephani.

Adventius episcopus Mettensis: Deus, qui populis tuis indulgentia consulis et amore dominaris, da huic famulo tuo spiritum sapientiae, cui dedisti regimen disciplinae, ut tibi toto corde devotus et in regni regimine maneat semper idoneus et in bonis operibus perseverans ad aeternum regnum te duce valeat pervenire. Per Dominum etc.

Hatto Virdunensis: Gratiae tuae, quaesumus, Domine, huic famulo tuo tribue largitatem, ut mandata tua te operante sectando consolationem praesentis vitae percipiat et futurae. Per Dominum etc.

Arnulfus Tullensis: Nostris, quaesumus, Domine, in regimine istius famuli tui propitiare temporibus, ut tuo munere dirigatur et nostra securitas et devotio christiana. Per Dominum.

Franco Tungrensis: Da, quaesumus, Domine, huic famulo tuo salutem mentis et corporis, ut bonis operibus inhaerendo tua semper mereatur virtute defendi. Per Dominum.

Hincmarus Laudunensis: Benedictionem tuam, Domine, hic famulus tuus accipiat, qua corpore salvatus et mente et gratam tibi semper exhibeat servitutem et propitiationis tuae beneficia semper inveniat. Per Dominum.

Odo Bellovacensis: Conserva, quaesumus, Domine, hunc famulum tuum et benedictionum tuarum propitius ubertate purifica, ut eruditionibus tuis semper multiplicetur et donis. Per Dominum.

Benedictio Hincmari archiepiscopi: Extendat omnipotens Dominus dexteram suae benedictionis et effundat super te donum suae propitiationis et circumdet te felici muro custodiae suae protectionis, sanctae Mariae et omnium sanctorum intercedentibus meritis. Amen.

Indulgeat tibi mala omnia, quae gessisti, et tribuat tibi gratiam et misericordiam, quam humiliter ab eo deposcis; liberetque te ab adversitatibus cunctis et ab omnibus visibilium et invisibilium inimicorum insidiis. Amen.

Angelos suos bonos semper et ubique, qui te praecedant, comitentur et subsequantur, ad custodiam tui ponat; et a peccato seu gladio et ab omnium periculorum discrimine te sua potentia liberet. Amen.

Inimicos tuos ad pacis caritatisque benignitatem convertat, et apud odientes te gratiosum et amabilem faciat. Pertinaces quoque in tui insectatione et odio confusione salutari induat. Super te autem sanctificatio sempiterna effloreat. Amen.

Ad ista verba: 'Coronet[1] te Dominus' inunxit eum Hincmarus archiepiscopus de chrismate ad dextram auriculam et in fronte usque ad sinistram auriculam et in capite. 869.

Coronet te Dominus corona gloriae in misericordia et miserationibus suis et ungat te in regni regimine oleo gratiae Spiritus sancti sui, unde unxit sacerdotes, reges, prophetas et martyres, qui per fidem vicerunt regna et operati sunt iustitiam atque adepti sunt promissiones; eisdemque promissionibus gratia Dei dignus efficiaris, quatenus eorum consortio in coelesti regno perfrui merearis. Amen.

Victoriosum te atque triumphatorem de visibilibus atque invisibilibus hostibus semper efficiat; et sancti nominis sui timorem pariter et amorem continue cordi tuo infundat; et in fide recta ac bonis operibus perseverabilem reddat; et pace in diebus tuis concessa cum palma victoriae te ad perpetuum regnum perducat. Amen.

Et qui te voluit super populum suum constituere regem, et in praesenti seculo felicem et aeternae felicitatis tribuat esse consortem. Amen.

Clerum ac populum, quem sua voluit opitulatione tuae subdere ditioni, sua dispensatione et tua administratione per diuturna tempora te faciat feliciter gubernare; quo divinis monitis parentes, adversitatibus omnibus carentes, bonis omnibus exuberantes, tuo ministerio fideli amore obsequentes et in praesenti seculo pacis tranquillitate fruantur et tecum aeternorum civium consortio potiri mereantur. Amen. Quod ipse praestare dignetur.

Ad ista verba: 'Coronet te Dominus' miserunt illi episcopi coronam in capite.

Coronet te Dominus corona gloriae atque iustitiae, ut cum fide recta et multiplici bonorum operum fructu ad coronam pervenias regni perpetui ipso largiente, cuius est regnum et imperium in secula seculorum.

Ad ista verba: 'Det tibi Dominus velle' dederunt illi palmam et sceptrum.

Det tibi Dominus velle et posse, quae praecipit, ut in regni regimine secundum voluntatem suam proficiens cum palma perseverantis victoriae ad palmam pervenias gloriae sempiternae, gratia domini nostri Iesu Christi, qui vivit.

Orationes in missa: Da nobis, omnipotens Deus, ut beati Gorgonii martyris tui veneranda solemnitas et devotionem nobis augeat et salutem. Per Dominum.

Quaesumus, omnipotens, ut famulus tuus, qui tua miseratione suscepit regni gubernacula, a te virtutum etiam percipiat incrementa, quibus decenter ornatus et vitiorum monstra vitare et ad te, qui 'via[2], veritas et vita es', gratiosus valeat pervenire, qui vivis et regnas cum Deo.

Super oblata. Respice, Domine, munera populi tui sanctorum festivitate votiva, et tuae testificatio veritatis nobis proficiat ad salutem. Per Dominum.

Munera, quaesumus, Domine, oblata sanctifica, ut et nobis unigeniti tui corpus et sanguis fiant et Karolo regi nostro ad obtinendam animae corporisque salutem te largiente usquequaque proficiant. Per eundem.

Post communionem. Sacramentorum tuorum, Domine, communio sumpta nos salvet et in tuae veritatis luce confirmet. Per Dominum.

1) *Cfr. Brunner, RG. II, p. 19 sqq.* 2) *Ioh.* 14, 6.

869. Haec, Domine, communio salutaris famulum tuum ab omnibus tueatur adversis, quatenus et ecclesiasticae pacis obtineat tranquillitatem et post istius temporis decursum ad aeternam perveniat haereditatem. Per Dominum.

PACTIONES AQUENSES.

870. Mart. 6.

Vide supra p. 191 *sq.*

DIVISIO REGNI HLOTHARII II.

870. Aug. 8.

Vide supra p. 193 *sqq.*

---

303. SYNODUS ATTINIACENSIS.

874. Iul. 1.

Acta synodi, de qua nihil novimus, nisi quod ex ipsis apparet, nobis tradidit Sirmondus, Caroli Calvi Capit. p. 400 *sqq., ex codice ignoto.*

Capitula autem non a Karolo rege sunt statuta, ut dicitur in rubrica infra lin. 19 *edita, sed ab episcopis in concilio conscripta et regi tamquam consilium tradita (cfr. p.* 459, *lin.* 41*:* domnus rex commendabit suo marchioni, qualiter eos distringat atque castiget; *p.* 460, *lin.* 26*:* iussio regia haec per fideles missos diligenter ac veraciter inquirere iubeat*).* *(B. II,* 233*; P.* 522.*)*

Anno incarnationis dominicae DCCCLXXIV. haec, quae sequuntur, capitula domnus rex Karolus in Attiniaco Kalendis Iulii statuit.

Cap. 1. Episcopus Barcinonensis[1] se reclamavit, quod Tyrsus presbyter Cordubensis in ecclesia intra muros ipsius civitatis sita seorsum conventus agens pene duas partes ex decima ipsius civitatis sibi usurpat et sine illius licentia missas et baptisteria in eadem civitate praesumit celebrare et convocatos ab episcopo ad matrem ecclesiam etiam in solemnitatibus paschae ac nativitatis Domini ad se revocat atque contempto episcopo eis communionem largitur. Undo sacrum Nicaenum concilium dicit: 'Quicumque[2] temere ac periculose neque timorem Dei prae oculis habentes nec agnoscentes ecclesiarum[a] regulam discedunt ab ecclesia presbyteri aut

a) ecclesiasticam *Conc. Nic.*

1) *Johannes; cfr. Gams, Series episc. s. v. Barcelona et diploma infra not.* 19. *citat.* 2) *Conc. Nic. c.* 16, *Mansi II, col.* 682.

diaconi vel quicumque sub regula prorsus existunt, hi nequaquam debent in aliam ecclesiam recipi; sed omnem necessitatem convenit illis imponi, ut ad suas parochias revertantur. Quodsi non fecerint, oportet eos communione privari.' Hoc de Tyrso, qui inregulariter a sua civitate discessit, decretum est. Ceterum de ipso et de aliis contemptoribus Antiochenum concilium dicit: 'Si[3] quis presbyter aut diaconus episcopum proprium contemnens se ab ecclesia sequestravit et seorsum colligens altare constituit et commonenti episcopo non adquieverit nec consentire vel obedire voluerit semel et iterum convocanti, hic damnetur omnimodo, nec ultra remedium consequatur, quia suam recipere non potest dignitatem. Quodsi ecclesiam conturbare et sollicitare persistit, tanquam seditiosus per potestates exteras opprimatur.' Hinc etiam Africae provinciae canones[4] decreverunt. Sed tantum hoc capitulum de Antiocheno concilio posuisse sufficiat. De basilicis autem et decimis sacri canones decreverunt: 'Ut[5] omnes basilicae, quae per diversa loca constructae sunt vel quotidie construuntur, secundum priorum canonum regulam in eius episcopi, in cuius territorio positae sunt, potestate consistant.' Et sanctus Gelasius in decretis suis: 'Quatuor[6]', inquit, 'tam de reditu quam de oblatione fidelium, prout cuiuslibet ecclesiae facultas admittit, sicut dudum rationabiliter est decretum, convenit fieri portiones: quarum una sit pontificis, altera clericorum, pauperum tertia, quarta fabricis applicanda. De quibus, sicut sacerdotis intererit integram ministris ecclesiae memoratam dependere quantitatem, sic clerus ultra delegatam sibi summam nihil insolenter noverit expetendum. Ea vero, quae ecclesiasticis aedificiis adtributa sunt, huic operi veraciter prorogata locorum doceat instauratio manifesta sanctorum; quia nefas est, si sacris aedibus destitutis in lucrum suum praesul impendia his designata convertat. Ipsam nihilominus adscriptam pauperibus portionem, quamvis divinis rationibus se dispensasse monstraturus esse videatur, tamen, iuxta quod scriptum est, "ut[7] videant opera vestra bona et glorificent patrem vestrum, qui in coelis est", oportet etiam praesenti testificatione praedicari et bonae famae praeconiis non taceri.' Et haec quidem de reditibus [et[b]] illis oblationibus fidelium decreta sunt, quae specialiter ad episcopos ecclesiarum in illis regionibus pertinent, quae non abundant rebus, sed tantum de fidelium decimis ac votis subsistunt. Ceterum de rusticanis parochiis, quantum episcopus in partibus Septimaniae atque Galliciae a presbyteris exigere debeat, Bracarense concilium capitulo secundo[8] et Toletanum concilium capitulo quarto[9] demonstrant. De his autem, qui contra auctoritatem et Barcinonensis episcopi voluntatem Tyrsum presbyterum in ecclesia Barcinonae civitatis retinent, capitulare augustorum domni Karoli et domni Hludowici decernit hoc modo: 'De[10] his, qui sine consensu episcopi presbyteros in ecclesiis constituunt vel de ecclesiis eiciunt vel ab episcopo vel a quolibet misso dominico admoniti obedire noluerint, ut bannum nostrum rewadiare cogantur et per fideiussores ad palatium nostrum venire iubeantur; et tunc nos decernamus, utrum nobis placeat, ut aut illum bannum persolvant, aut aliam harmscaram sustineant.' Quia vero longum est istos ad praesentiam regis adducere vel periculosum est longius a marcha eos abducere, domnus rex commendabit suo marchioni[11], qualiter eos distringat atque castiget. De decimis vero, quae in potestate

874.

b) *ita supplevi, om. Sirm.*

3) *Conc. Antioc. c. 5, l. c. col.* 1322. 4) *Cfr. Conc. Carthag. II (a. 390), c. 8, Mansi III, col.* 695 *(Cod. canon. p.* 189, *c.* 10*).* 5) *Conc. Aurel. I (a.* 511*), c.* 17, *LL. Conc. I, p.* 6. 6) *Decreta Gelasii, Mansi VIII, col.* 45, *c.* 27. 7) *Matth.* 5, 16. 8) *Conc. Bracar. III (a.* 572*), c.* 2, *Mansi IX, col.* 839. 9) *Conc. Tolet. VII (a.* 684*), c.* 4, *Mansi X, col.* 768; *cfr. Cap. Septiman.* 844, *supra p.* 256, *c.* 2. 10) *Bened. Lev. I, c.* 98 *(Cap. Wormat.* 829, *supra p.* 12, *c.* 1*).* 11) *Bernhardo comiti; cfr. Dümmler, Ostfränk. Reich II², p.* 360.

874. et dispositione episcopi esse debent, quas illi a matre ecclesia abstrahunt et pro suo libitu alibi donant, idem capitulare dicit: 'Quicumque[12] decimam abstrahit de ecclesia, ad quam per iustitiam debet dari, et eam praesumptiose vel propter munera aut amicitiam vel aliam quamlibet occasionem ad aliam ecclesiam dederit, a comite vel a misso nostro distringatur, ut eiusdem decimae quantitatem cum sua lege restituat.' Et item: 'De[13] his, qui nonas et decimas iam per multos annos aut ex parte aut ex toto dare neglexerunt, volumus, ut per missos nostros constringantur, ut secundum capitularem priorem solvant unius anni nonam et decimam cum sua lege et insuper bannum nostrum; et hoc eis denuntietur, quod, quicumque hanc negligentiam iteraverit, beneficium, unde haec nona et decima persolvi debuit, amissurum se sciat.'

2. De hoc, quod se reclamavit, quoniam castrum Terracinense[14] suae subditum potestati factione Baionis per presbyteri insolentiam suo resultat ministerio, definitio praefati Antiocheni concilii[3] sequenda est in causa insolentis presbyteri. Contra factionem autem Baionis sequendum est capitulum Carthaginensis concilii, quo dicitur: 'Visum[15] est universis ab imperatoribus postulari defensores, propter afflictionem pauperum, quorum molestiis sine intermissione fatigatur ecclesia, ut defensores eis adversus potentias divitum cum episcoporum provisione delegentur.' Sequendum est etiam supra positum capitulum ex capitulari augustorum 'de[10] his, qui sine consensu episcopi presbyteros in ecclesiis suis constituunt vel de ecclesiis eiciunt.'

3. De hoc, quod se reclamavit, quia Gotus quidam Madascius fraude atque subreptione per praeceptum ecclesiam sancti Stephani nobilem et antiquam impetravit, ubi postposito Dei cultu foeda efficitur conversatio rusticorum, et similiter Ricosindus Gotus fraude et subreptione agrum sanctae Eulaliae[16] per praeceptum obtinuit, iussio regia haec per fideles missos diligenter ac veraciter inquirere iubeat, et ipsam inquisitionem per fidelium custodiam sub sigillo ad notitiam suam perferri faciat. Et si inventum fuerit, quod praedicta ecclesia sancti Stephani et ager sanctae Eulaliae a praefatis Gotis per praecepta obtenta sunt, ipsa praecepta secundum legem sigillentur[17] et una cum ipsa inquisitione ad praesentiam regiam perferantur, ut secundum iura forensia[18], qui in precibus fuere mentiti, non illis prosint, quae impetraverunt, et ibi careant ipso scriptorum beneficio, quo perducentur rescripta, et regia magnificentia recipiat quod est sui iuris Barcinonensis ecclesia[19].

12) *Bened. Lev. Add. IV, c.* 100 *(Cap. cit. c.* 6*).* 13) *Ibid. I, c.* 276 *(Cap. cit. c.* 5*).* 14) *Tarrasa, ad occidentem Barcinonae versus.* 15) *Conc. Carthag. V (a.* 401*), c.* 9, *Mansi III, col.* 970*:* Ab imperatoribus universis visum est postulandum propter afflictionem *etc.* 16) *Ecclesiae cathedralis Barcinonensis.* 17) *Cfr. Cap. Tusiac.* 865, *supra p.* 330, *c.* 6. 18) *Cfr. Conc. Meld.* 845, *supra p.* 404, *c.* 22. 19) *Cfr. diploma Hludowici Balbi a.* 878. *episcopo Barcinonensi datum, Böhmer nr.* 1840*:* Concedimus ei agrum suum prope civitatem Barchinonam, quem hactenus Gotus, nomine Recosindus, de potestate Iohannis episcopi tulit et absque lege tenuit.

304. ORDO CORONATIONIS HLUDOWICI BALBI.

877.

877. Dec. 8.

Exstat haec formula apud Sirmondum, Caroli Calvi Capit. p. 492 sqq., qui ex codice S. Laurentii Leodiensis in lucem edidit.

De tempore, quo Hludowicus coronatus sit, vide supra nr. 283.

(B. II, 306; P. 544).

Benedictiones super Hludowicum regem factae. Deus[1], qui populis tuis virtute consulis et amore dominaris, da huic famulo tuo spiritum sapientiae cum regimine disciplinae, ut tibi toto corde devotus in regni regimine maneat semper idoneus tuoque munere ipsius temporibus securitas ecclesiae dirigatur et in tranquillitate devotio christiana permaneat. Per Dominum.

Sacri[2] olei infusio. Omnipotens sempiterne Deus, creator et gubernator coeli et terrae, conditor et dispositor angelorum et hominum, qui Abraham famulum tuum de hostibus triumphare fecisti, Moysi et Iosue populo tuo praelatis multiplicem victoriam tribuisti, humilem quoque David puerum tuum regni fastigio sublimasti eumque de ore leonis et de manu bestiae atque Goliae, sed et de gladio maligno Saul et omnium inimicorum eius liberasti et Salomonem sapientiae pacisque ineffabili munere ditasti, respice, quaesumus, ad preces humilitatis nostrae, et hunc famulum tuum virtutibus, quibus praefatos fideles tuos decorasti, multiplici honoris benedictione condecora, et in regni regimine sublimiter colloca, et oleo gratiae Spiritus sancti tui perunge, unde unxisti sacerdotes, reges, prophetas et martyres, qui per fidem vicerunt regna et operati sunt iustitiam atque adepti sunt promissiones. Cuius sacratissima unctio super caput eius defluat atque ad interiora eius descendat et cordis illius intima penetret et promissionibus, quas adepti sunt victoriosissimi reges, gratia tua dignus efficiatur; quatenus et in praesenti seculo feliciter regnet et ad eorum consortium in coelesti regno perveniat. Per dominum nostrum Iesum Christum filium tuum, qui unctus est oleo laetitiae prae consortibus suis et virtute crucis potestates aerias debellavit, tartara destruxit regnumque diaboli superavit et ad caelos victor ascendit. In cuius manu victoria omnis, gloria et potestas consistunt, et tecum vivit et regnat Deus in unitate eiusdem Spiritus sancti per omnia secula seculorum. Amen.

Impositio coronae. Coronet[3] te Dominus corona gloriae atque iustitiae, honore et opere fortitudinis, ut per officium nostrae benedictionis cum fide recta et multiplici bonorum operum fructu ad coronam pervenias regni perpetui, ipso largiente, cuius regnum et imperium permanet in secula seculorum. Amen.

Sceptri traditio. Accipe sceptrum, regiae potestatis insigne, virgam scilicet rectam regni, virgam virtutis, qua te ipsum bene regas, sanctam ecclesiam, populum videlicet christianum tibi a Deo commissum, regia virtute ab improbis defendas, pravos corrigas, rectos, ut viam rectam tenere possint, tuo iuvamine dirigas: quatenus de temporali regno ad aeternum regnum pervenias ipso adiuvante, cuius regnum et imperium sine fine permanet in secula seculorum. Amen.

1) *Coronatio Karoli II. 869, supra p. 456, lin. 10.* 2) *Cfr. ibid. p. 457, lin. 4 sqq.* 3) *Ibid. p. 457, lin. 23 sqq.*

877. Benedictiones. Dominus Deus omnipotens, qui dixit ad Moysem servum suum: 'Loquere[4] ad Aaron fratrem tuum et ad filios eius dicens: Sic benedicetis populo meo et ego benedicam ei', benedicat tibi et custodiat te. Amen.

Illuminet faciem suam super te et misereatur tui. Amen.

Convertat vultum suum ad te et donet tibi pacem. Amen.

Extendat[5] dexteram suae benedictionis et effundat super te donum suae propitiationis et circumdet te felici muro custodiae suae protectionis, sanctae Mariae et omnium sanctorum intercedentibus meritis. Amen.

Indulgeat tibi mala omnia, quae gessisti, et tribuat tibi gratiam et misericordiam, quam humiliter ab eo deposcis; liberetque te ab adversitatibus cunctis et omnibus visibilium[6] inimicorum insidiis. Amen.

Multiplicet in te copiam suae benedictionis et confirmet in spe regni coelestis. Amen.

Actus tuos corrigat, vitam emendet, mores componat et te ad coelestis paradisi hereditatem perducat. Amen.

Talique intentione repleri valeas, quae ei in perpetuum placeat. Amen.

Angelos[5] suos bonos semper et ubique, qui te praecedant, comitentur et subsequantur, ad custodiam tui ponat; et a peccato seu gladio et ab omnium periculorum discrimine te[a] sua potentia liberet. Amen.

Inimicos tuos ad pacis caritatisque benignitatem convertat et odientibus te gratiosum et amabilem faciat. Pertinaces quoque in tui insectatione et odio confusione salutari induat. Super te autem sanctificatio sempiterna effloreat. Amen.

Victoriosum[7] te atque triumphatorem de visibilibus atque invisibilibus hostibus Dominus semper efficiat; et sancti nominis sui timorem pariter et amorem continue cordi tuo infundat; et in fide recta ac bonis operibus perseverabilem reddat; et pace in diebus tuis concessa cum corona victoriae ad perpetuum te regnum perducat. Amen.

Et qui te voluit super populum suum constituere regem, et in praesenti seculo felicem et aeternae felicitatis tribuat esse consortem. Amen.

Clerum ac populum, quem sua voluit opitulatione tuae subdere ditioni, sua dispensatione et tua administratione per diuturna tempora te faciat feliciter gubernare; quo divinis monitis parentes, adversitatibus cunctis carentes, bonis omnibus exuberantes, tuo ministerio fideli amore obsequentes et in praesenti seculo pacis tranquillitate fruantur et tecum aeternorum civium consortio potiri mereantur. Amen. Quod ipse praestare dignetur.

a) de *Sirm.*

4) *Num.* 6, 23. 5) *Coron. Kar. supra p.* 456, *lin.* 30 *sqq.* 6) et invisibilium *add. l. c.* 7) *Ibid. p.* 457, *lin.* 9 *sqq.*

XXII.
ACTA DE THEUTBERGA REGINA EMISSA.
860—865.

305. 306. SYNODI AQUENSES 860.

Ex actis, quae de divortio Hlotharii II., de quo cfr. Dümmler, Ostfränk. Reich II[2], *p.* 1—20. 31—33. 62—80. 127—138, *intra annos* 860—865. *promulgata sunt, hoc loco utramque synodum Aquensem anni* 860. *et relationem de Theutbergae reginae receptione a.* 865. *facta edimus; reliqua inveniuntur apud Mansi XV.*

Utriusque synodi acta debemus Hincmaro, qui ea recepit in librum, qui inscribitur: De divortio Hlotharii II, interrog. I (Opera Hincmari ed. Sirmond I, p. 568 *sqq.; p.* 573 *sq.) et nunc servatur in unico codice Paris.* 2866. *a Sirmondo quoque in editione adhibito.*

Prioris synodi a. 860. *die* 9. *m. Ian. celebratae duplex forma a partibus Hlotharii scripta exstat: 'libellus*[1] *octo capitulorum', quem littera A signavimus, et 'libellus septem capitulorum', nobis B. Quarum*[2] *forma A ad absentes episcopos regni Hlotharingici, qua ad synodum a.* 860. *m. Febr. habendam invitarentur, forma B ad optimates vel ad populum directa est. Posterioris synodi m. Febr. habitae Hincmarus initium tantum et capita* 15—19. *nobis tradidit ex 'tomo quodam, quem ex integro propter sui prolixitatem hic scribere devitavit'.*

---

305. SYNODUS AQUENSIS I.
860. Ian. 9.

(B. deest; forma B. P. 465.*)*

A.

Cap. 1. Nos episcopi, qui in Aquensi palatio nuper vocati convenimus, quid ibi sensimus, quidve repperimus, ad notitiam

B.

Cap. 1. Postquam dominus noster Hlotharius serenissimus ac gloriosissimus rex Tetbergam[3] cum consensu et voluntate

1) *Cfr. Hincmarus l. c.* 2) *Cfr. Sdralek, Hinkmars Gutachten über d. Ehescheidung Lothars II. p.* 61 *sq.; Schrörs, Hincmar v. Reims p.* 181 *sq.* 3) *Filiam Bosonis comitis, sororem Hucberti abbatis monasterii S. Mauricii.*

860.

A.

fratrum et coepiscoporum deducere curamus, ut ipsi aurem cordis et corporis accommodantes discernant et unanimi consilio inveniant, quem exitum et quem finem huiusmodi causae imponant.

Cap. 2. Gloriosus rex Hlotharius familiare et secretum colloquium nobiscum habens humiliter devota puritate suas speciales ac proprias necessitates, consilium et remedium quaerendo, exposuit. Nos quoque suae bonae voluntati congratulantes, lacrimis ipsius et suspiriis invitati et ad compassionem flexi, Domino inspirante, petenti, quaerenti et pulsanti consilium dedimus et medicinale remedium adhibuimus.

Cap. 3. Tunc isdem rex lugubri voce, quod nos quidem non sine merore et dolore prosequimur, coepit nobis dicere de sua uxore, quam desideravit habere, quod ipsa obnixis et continuis precibus postularet, ut vinculis coniugalibus absoluta, maritali videlicet thoro, ut ipsa testabatur, indigna, sacrum velamen suscipere et Christo domino servire mereretur.

Cap. 4. Interea missus ipsius reginae nos accersivit orans, ut illam adire non tardaremus. Ad quam nos accedentes ipsa occurrere festinavit et pene ad pedes nostros devoluta coepit his verbis multum inprecari: 'Propter Deum', inquiens, 'et propter ministerium vestrum obsecro vos, ut mihi verum consilium detis.'

B.

fidelium suorum ad coniugium more regali sibi sociavit[4] et discordiarum querelae inter eos coeperunt exoriri, dictum est eidem principi a quibusdam, quomodo memorata Tetberga scelus quoddam horribile ac nefas patratum[5], vulnus occultum in animo sive in corpore haberet, in quo Deum graviter offensum haberet, pro quo etiam illi non esset digna neque liceret vel eum deceret ad coniugium eam amplius habere[6].

Cap. 2. Ex opinione vero praemissa, quae de illa per ora quorundam volitabat, praefatus rex in conspectu fidelium suorum secrete ac manifeste frequenter conlocutus fuit et cum eis rationes habuit, unde iudicium postea per ipsorum consilium extitit factum[7], sed non divina pietas indulgens[a] rei veritatem manifestare voluit; sed cum postmodum ad fratrem suum Hludowicum imperatorem in Italiam devenisset[8], illuc apertius patratum scelus est illi manifestatum.

Cap. 3. Proinde ne suspicio ista et nequissima fama de uxore diutius regia inexaminata aut inprobata maneret, quatenus item dominus noster certior securiorque effectus de hac causa: cum quae illi agenda erant more regali liberius exsequeretur[b], convenerunt iussu eiusdem principis, anno videlicet incarnationis dominicae DCCCLX. et regni eius V, indictione VIII, V. Idus Ianuarii Aquis palatio Guntharius[9] summus capellanus et Teotgaudus[10]

a) indulgente c. b) *ita correxi;* exequerentur c.

4) *A.* 855. 5) *Cfr. Synod. Aquens. II, infra nr.* 306, *c.* 15; *Hincmarus, De divortio, interrog. I, l. c. p.* 568*:* Uxor domni regis Hlotharii primo quidem reputata est de stupro, quasi frater suus cum ea masculino concubitu inter femora, sicut solent masculi in masculos turpitudinem operari, scelus fuerit operatus et inde ipsa conceperit, quapropter, ut celaretur flagitium, potum hausit et partum abortivit. 6) *Cfr. autem Ann. Bertin. ad a.* 857, *ed. Waitz p.* 47*:* Lotharius rex concubinis *(potissimum Waltrada)* abutens, uxorem suam reginam abicit. 7) *A.* 858; *cfr. Hincmarus l. c.:* Quae *(sc. Theutberga)* ipsa denegans probationis auctore testibusque deficientibus iudicio laicorum nobilium et consultu episcoporum atque ipsius regis consensu vicarius eiusdem feminae ad iudicium aquae ferventis exiit, et postquam incoctus fuerat ipse repertus, eadem femina maritali toro ac coniugio regio . . . est etiam restituta; *Ann. Bertin. ad a.* 858, *l. c. p.* 50*:* Lotharius rex, cogentibus suis, uxorem quam abiecerat recipit, nec tamen ad torum admittit, sed custodiae tradit. 8) *A.* 859; *Ann. Bertin. ad a.* 859, *l. c. p.* 53*:* Lotharius fratri suo Ludoico Italorum regi quandam regni sui portionem adtribuit. 9) *Coloniensis.* 10) *Trevirensis.*

860.

A.

Cap. 5. Cui nos e vestigio respondentes: 'Utinam', aimus, 'Dominus nobis consilium, quod tibi veraciter et salubriter demus, administret! Tantum tu dic nobis pura et veraci tuae conscientiae confessione, quid est, unde consilium tam expressa obtestatione requiris, quia aliter tibi, quod petis, praestare non possumus, nisi rei veritatem agnoscamus. Hoc tamen praemonemus, tibi diligenter prohibemus Dei et nostra auctoritate, ut nec alicuius suasione, immo deceptione, ad alios honores invitata nec timore cuiuslibet poenae vel mortis aliquod tibi crimen falso confingas et nos, quod absit, in errorem inducas; sed, sicut superius monuimus, rei veritatem, sicuti est nec plus nec minus, pandas, nosque Domino donante consilium et auxilium tibi praestare decertabimus, ut nequaquam a tua iustitia in aliquo defrauderis.'

Cap. 6. 'Nequaquam', ait illa, 'teste Deo et propria conscientia, teste etiam meo confessore, aut a dextris aut a sinistris aliter dicam, vel de me fatebor, nisi quemadmodum in veritate est. Recognosco, inquit, et de me ipsa scio, quia non sum digna in coniugali copula permanere; et inde vobis testem adhibeo praesentem episcopum Guntharium, cui ego confessa fui: ipse enim novit, quia ego non sum digna.' Quae etiam mox se vertens ad ipsum episcopum implorando aiebat: 'Rogo', inquit, 'episcope, ut istos tuos confratres, sicut melius scis, intelligere facias, quia ita est, sicuti de me testimonium perhibui.' Cui memoratus episcopus: 'Bonum est', inquit, 'ut tu ipsa istis meis confratribus, quod adhuc latet, aperias, quatenus ex tuo proprio ore, quod diiudicent, audiant.' Et illa: 'Quid necesse est', ait, 'ut aliter dicam, nisi sicut tu nosti? propter Deum tibi sit, ut tu eis manifestes meam necessitatem, quo pariter cum seniore meo mihi licentiam detis, ut, quod desidero, faciam; quia, inquit, pro

B.

archiepiscopi, Adventius[11] et Franco[12] episcopi, Hegil et Odelingus abbates[13] sive alii fideles eius. Quibus omnia superius inserta referens iubendo monuit praescriptos episcopos atque abbates dirigens ad illam, ut de praedicta fama apud eam omnem rei veritatem perquirerent, sicuti et fecerunt. Nam ipsa confessa est eis coram Deo et angelis eius omnia, quaeque in illa erant, omneque secretum iuxta exortam famam penitus aperuit[c] illis, ipsique reversi nuntiaverunt praedicto regi, quod ad uxorem non liceret eam illi habere.

Cap. 4. Primus Guntharius dixit: 'Confessa est Deo et nobis, quod vulnus in se haberet interius, non tamen sua sponte, sed violenter sibi inlatum, pro quo indignam se esse omnino iudicavit ad regalem sive maritalem torum iam ulterius accedere et nullatenus posset pro praedicto scelere, quod turpe est dicere, coniugium famulare cum eo vel cum quolibet amplius habere: et ideo deprecata est licentiam sibi dari mutandi saecularem habitum et a virili commixtione discedendi, nulla interveniente fraude iracundiae, etiam vel voluntate, quam contra eundem regem haberet, sed ut illa discedente ipse animo et corpore solaretur et ipsa, quod inique egit, per Dei misericordiam et eorundem episcoporum orationes deflere potuisset.'

Cap. 5. Adventius dixit: 'Hoc me facinus et factum hactenus latuit, et nefas est illud, ut deinceps more maris et feminae simul conveniatis, et si tamen, ut prius fuit, vobis esset amabilis et dilecta, darem vobis consilium secundum ministerium mihi commissum et probarem omnino, ne ulterius lateri vestro sociaretur sicuti coniunx, sed iuxta petitionem eius velum accipere et habitum mutare hoc permitteretis.'

Cap. 6. Similiter Teotgaudus archiepiscopus dixit atque consensit.

c) apparuit *Sirm.*

11) *Mettensis.* 12) *Tungrensis.* 13) *Ignoti.*

860.

A.

toto mundo nolo meam animam perdere. Et ideo rogo vos propter Deum et propter ministerium, quod suscepistis, ut mihi, quod postulo, ad salutem animae meae non denegetis.'

Cap. 7. Tunc nos episcopi tentantes requisivimus, an ipsa ulterius vellet inde aliquam querimoniam movere aut aliquas insidias moliri, si suae petitioni satisfactum fieret. Ad quod illa libera voce: 'Per illam fidem, quam colo', ait, 'vobis coram Deo promitto, quia in aeternum nec per me ipsam nec per meum ingenium ullam inde querelam movebo.'

B.

Cap. 7. Egil abba vice eiusdem Tetbergae ita faciendum suasit et petiit, ut, quia non sua sponte, sed vi oppressa rem nefandam perpetraverat, tribueretur ei facultas velandi et locus, quo patratum vulnus sanaret, quod vero simpliciter et nullo incumbente timore aut qualibet occasione vel voluntate, sed pro Dei amore et animae suae solutione petebat.

Cap. 8. Quid denique a saepefato confratre nostro de hac re multum tristante et angustiante ac lugente atque, quod unquam illius confessionis conscius extitit, admodum poenitente didicimus, hoc fratribus et coepiscopis iuxta conditionem datae licentiae viva voce narrandum est, ut, sicut in primordio dictum est, cum argumenta hactenus latentis causae perceperint, uno eodemque omnes consilio et consensu errorem expellant et verum statuant.

---

306. SYNODUS AQUENSIS II.

860. Febr.

(B. deest; P. 466.)

Anno ab incarnatione Domini DCCCLX, indictione VIII, mediante Februario mense, decernentibus gloriosis regibus Hludowico, Carolo atque Hlothario iuniore, in generali conventu obtimatum ex regno almi Hlotharii actum est concilium episcoporum Aquisgrani palatio, Guntharii Agrippinensis, Theotgaudi Treverensis, Wenilonis Rotomagensis, Franconis Tungrensis, Hattonis Viridunensis, Hildegarii Meldensis, Halduini[a] Aviniensis.

Cap. 15. [Ad[1] locum de femina, unde agitur, ita scriptum repperimus:] Porro illa, nulla securitate hoc celandi aut superandi fulta, primo regi ordinem perpetrati reatus, ut fama fuerat, enarravit. Deinde quibusdam episcoporum simul et laicorum id ipsum enucleavit. Postea quoque cartulam suae confessionis suo rogatu conscriptam in nostra omnium et multorum laicorum praesentia in manu gloriosi regis Hlotharii porrexit moxque coram omnibus palam locuta: 'Domine, mi rex', inquit, 'propter Deum rogo et propter vestram mercedem, ut mihi poenitentiam agere liceat, quoniam et verbis et scripto confiteor me coniugalem copulam non mereri, ideoque prostrata suppliciter expostulo, ut mihi iam nunc et deinceps non denegetis, quod meae saluti posthac succurrere potest.' Textus itaque illius scripturae haec verba et hunc sensum continebat: 'Ego Thietbrihc, quam feminei sexus inprudentia et fragilitas fefellit humana et conscientia delicti mordet, propter spem salutis animae meae et propter fidelitatem erga seniorem meum veram confessionem coram Deo et sanctis angelis

a) Hilduini *Sirm.*

1) *Verba uncis inclusa Hincmarus l. c. (cfr. supra p. 463) addidit.*

eius ac venerabilibus episcopis sive nobilibus laicis sic profiteor, quia[2] germanus meus 860. Hucbertus clericus me adulescentulam corrupit et in meo corpore contra naturalem usum fornicationem exercuit et perpetravit. Hoc testificor, teste mihi conscientia mea, non aliqua malivola suggestione persuasa neque violenti necessitate conpulsa, sed simplici voluntate rei veritatem, sicuti est, professa. Sic me adiuvet Dominus, qui peccatores salvare venit et peccata simpliciter ac veraciter confitentibus veram indulgentiam promisit, si nihil fingo, si vera propria voce pronuncio et litterarum cyrographo rem gestam confirmo; quia tolerabilius est mihi inprudenti ac deceptae feminae coram hominibus culpam simpliciter confiteri, quam ante tribunal Domini erubescere atque aeternum vae habere.'

16. Hoc itaque recitato astantium animos horror pariter ac dolor perculit, ac de tanta licentia diabolicae fraudis sacerdotum pectora gemitus complevit. Sed quamvis ista eius confessio credibilis appareret, tamen ne forte pro aliqua deceptione aut pro timore alicuius saepe dicta mulier mentiretur, denuo memoratum regem alloquentes magnis eum obtestationibus astrinximus, ut nobis confiteretur, si eam suasione aut comminatione ad se ipsam fallaciter criminandum compulisset. Econtra ipse cum maximis attestationibus nobis declaravit solam rei veritatem illam confiteri se persuasisse nec in ea causa industriose aliquid amplius egisse. Referebat etiam nobis in ipsa hora, quomodo, postquam primum infandam rem audivit et veram credidit, quantum inde doluit, quantumque sibi inopinatum malum et minime optata fore displicuit; qualiter denique rem fedam patienter ferre et, nisi iam tantum fama cucurrisset, occultare voluit et quantum potuit fecit. Unde et falsum iudicium se sciente pro verifica examinatione suscepit et toleravit, ut, si fieri posset, tanta turpitudo incredibilis appareret et sic in mundo evanesceret ipseque coram saeculo in tam ignominiosa macula et ruinosa offensione non remaneret. Postquam autem revelata pestis latere non potuit ac ipse pondus tanti obprobrii ferre nequivit, maxime cum partibus Burgundiae atque Italiae discurrens[3] nimis diffamatam ac divulgatam feditatem exhorruit, non est passus hanc causam sine episcoporum examine diutius subsilere. Revera lacrimosis suspiriis multipliciter id sibi de memorata femina inculcatum et in hoc etiam regno a plurimis affirmatum non sine gemitu repetebat.

17. Nos igitur rursus eandem mulierem, primum secreto, deinde coram laicis adivimus eamque cum adiuratione divina monitis pluribus exhortati sumus, ne sibi ullo modo falsum crimen inferret, aeternarum quoque poenarum minis, si hoc faceret, deterrere curavimus, iterumque de nostro consilio et auxilio, tuitione ac defensione contra omnes insidias vel violentias securam reddidimus, tantum ut nobis iam tunc fiducialiter confiteretur, utrum persuasa, an conpulsa ad se ipsam criminandum fuisset. Ad haec illa aspero intuitu nos redarguens: 'Putatis', inquit, 'ut me ipsam pro aliqua re in mundo ita perdere voluissem? Sicut enim confessa fui, sic confiteor, et sic confitebor. Tantum obsecro propter Dei amorem, ut meis precibus desideratam misericordiam iam modo concedatis.' Hinc nostra sollicitudo requisivit, an ipsa ulterius inde aliquam vellet querimoniam movere aut aliquas aliquando insidias moliri, si suae petitioni fieret satisfactum; cuius obligationem et nostra illico unanimitas ita prosecuta est: 'Scias, o filia, quia, si nostram in te tuamque confessionem sententiam expectabis, ut te divinae et canonicae comprehendat auctoritatis censura et indissolubilis incipiat ligare sacerdotum catena, unde adhuc potes recuperare, si tamen potes, ulterius, ut aestimamus, non recuperabis.' Sic et laici plurimum eam admonuerunt, maxime ipsius familiares et amici admodum illam, ne se deciperet, pulsando increpabant. Ipsa tamen, veluti si eius conscientiae secretum intuentium oculis visibiliter appareret, immobilis in sua confessione perduravit.

2) *Cfr. supra p.* 464, *not* 5. 3) *Cfr. supra p.* 464, *not.* 8.

865. 18. Quid longius immoremur? Iam omni dubietate remota et rei veritate comperta novum auditu scelus nefandaque pollutione horrendum, praesertim cuius fetorem iam diu per innumeros longe lateque fama disperserat, ne praesentibus ac futuris pestiferam corruptionem inferat, nisi severius diligentiusque evellatur, nulla levi cura vel indulgentia tractandum visum est. Non enim dubium est, quia naturalis inter fratrem et sororem concubitus veniam temporalis non meretur honoris, et nihil aliud restat, quam vindicta et poenitentia, nec habet ulterius progrediendi occasionem damnabile crimen, quod statim a praevaricatoribus multa, quae fuerant licita, paenitus amputat: ideoque hoc eo rarius a saeculo contigit, quo constat, quia nullus inde exemplum sibi praesumpsit, quod numquam veniale apud mundi gloriam esse potuit. Sed cum quilibet aliquotiens in hanc miseriam lapsi sunt, non de exemplo alterius accidit, sed de antiqua diaboli fraude et simili fragilitatis impulsu ac praecipitio recens et quasi nova ruina fuit. Istud autem contagionis genus, quod nunc incipit esse novum et antea nobis erat inauditum, cavendum est, ne morbosam pestem et incurabilem luem generi transmittat humano, ut ita, videlicet origo pernitiosa, funditus exstirpetur, quo nullum exemplum nullamque fragilibus relinquat occasionem, ne forte, quod absit, talis consuetudo inolescat, qua naturalem consanguinitatis concubitum quis devitet, et fornicari contra naturam in proprio genere leve hoc aestimans malum licentius assuescat.

19. His ergo consideratis et diligenter perspectis lugendam incesti pollutionem in publicum exalatam publicae poenitentiae satisfactione purgandam decrevimus.

---

307. RELATIO DE THEUTBERGAE RECEPTIONE SCRIPTA.

865. Aug. 3.

Tradita est ab Hincmaro in Ann. Bertin. ad a. 865, *ed. Waitz p.* 77 *sq. Qui de illis, quae ante receptionem reginae evenerint, haec verba praemittit:* [Arsenius] . . . in Gundulfi-villam ad Hlotharium venit. Cui et episcopis ac primoribus regni sui epistolas papae dedit, continentes, quia, nisi uxorem suam Theodbergam reciperet et Waldradam *(quam a.* 862, *die* 29. *m. April. in matrimonium duxerat)* abiceret, renunciante sibi Arsenio, illum ab omni christianorum societate debuisset eicere, quem in pluribus epistolis has praecedentibus excommmunicatum et a consortio christianorum eiectum multoties praedicaverat . . . Arsenius ad Duciacum obviam Hlothario pergit, ducens Theotbergam, quae aliquamdiu honorabiliter in regno Karoli deguit; et accepto sacramento a duodecim hominibus ex parte Hlotharii, eandem Theodbergam, nulla ecclesiastica satisfactione pro adulterio publico ab eo secundum canones sacros patrata, illi in matrimonium reddidit. Sacramentum autem pro Theodberga praestitum ex parte Hlotharii ita se habet, veluti dictatum et Roma delatum ab ipso Arsenio. *(B. deest; P.* 503.*)*

'Iurans promitto ego talis per haec quatuor sancta Christi evangelia, quae manibus meis tango, atque istas sanctorum reliquias, quia senior meus Hlotharius rex, filius quondam piae recordationis Hlotharii serenissimi imperatoris, amodo et deinceps accipiet Theodbergam uxorem suam pro legitima matrona et eam sic habebit in omnibus, sicut decet regem habere reginam uxorem. Et propter iam fatas dissensiones neque in vita neque in membris neque a praedicto seniore meo Hlothario neque a nullo hominum, ipso instigante aut auxiliante vel etiam consentiente, aliquod malum habebit; sed eam sic habebit, sicut regem decet habere uxorem legitimam; ea tamen ratione, ut sic se amodo custodiat, sicut decet uxorem suo seniori in omnibus observare honorem.' 865.

Haec sunt nomina eorum, qui hoc iuraverunt: De comitibus: Milo, Ratharius, Herlandus, Theutmarus, Weremboldus, Rocolfus comes; de militibus: Herleboldus, Vulfridus, Heidulfus, Bertmundus, Nithardus, Arnostus.

Hoc iuratum est super quatuor Dei evangelia atque pretiosissimum lignum sanctae dominicae crucis et alias sanctorum reliquias in loco, qui dicitur Vindonissa[1], die tertia mensis Augusti, indictione XIV. Hoc factum est temporibus domni ter beatissimi et coangelici Nicolai apostolici, [mediante[a] et constituente Arsenio venerabili episcopo[2], misso et apocrisiario summae sanctae catholicae atque apostolicae sedis, apostolicam habente auctoritatem et legato eiusdem domni Nicolai apostolici[a].]

Nomina episcoporum, in quorum praesentia et qui interfuerunt, haec sunt: Harduinus archiepiscopus Besintionensis[3], Remedius archiepiscopus Laudunensis, Ado archiepiscopus Biennensis[4], Rodlandus archiepiscopus Arelatensis, Adventius episcopus Mettensis, Atto episcopus Bardunensis[5], Franco episcopus Sancti Landberti[6], Rathaldus episcopus Stratiburgensis, Fulkericus capellanus et missus imperialis. De regno autem Karoli Ysahac episcopus Linguinensis, Herkanraus episcopus Catalaunensis, de quorum manibus ex parte Karoli regis suscepta est Theodberga regina ab Arsenio venerabili episcopo et legato apostolicae sedis una cum praenominatis archiepiscopis et episcopis; adstantibus vero in eodem loco de diversis regnis nobilium virorum multitudinem populi puplice haec videntibus et audientibus, quorum nomina per omnia non valuimus huic inferre paginae.

a) *Cfr. Waitz l. c. p. 77, not. c.*

1) *Vendresse.* 2) *Ortensi.* 3) *vel Vesontionensis.* 4) *vel Viennensis.* 5) *vel Virdunensis.* 6) *Leodiensis.*

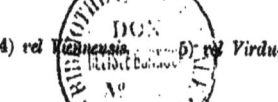

MONVMENTA GERMANIAE HISTORICA

INDE AB ANNO CHRISTI QVINGENTESIMO
VSQVE AD ANNVM MILLESIMVM
ET QVINGENTESIMVM

EDIDIT

SOCIETAS APERIENDIS FONTIBVS
RERVM GERMANICARVM MEDII AEVI.

LEGVM SECTIO II. CAPITVLARIA REGVM FRANCORVM.

TOMI II. PARS TERTIA.

HANNOVERAE
IMPENSIS BIBLIOPOLII HAHNIANI
MDCCCXCVII.

Nachricht für den Buchbinder!

Die der ersten Lieferung beigegebenen vorläufigen Titelblätter nebst Vorwort und Inhalts-Verzeichniss (— pag. IX) sind zu beseitigen und durch die hier gegebenen Titel nebst folgenden römisch paginirten Blättern (— pag. XXXVI) zu ersetzen.

MONVMENTA
GERMANIAE
HISTORICA

INDE AB ANNO CHRISTI QVINGENTESIMO
VSQVE AD ANNVM MILLESIMVM
ET QVINGENTESIMVM

EDIDIT

SOCIETAS APERIENDIS FONTIBVS
RERVM GERMANICARVM MEDII AEVI.

LEGVM SECTIO II. CAPITVLARIA REGVM FRANCORVM.
TOMVS II.

HANNOVERAE
IMPENSIS BIBLIOPOLII HAHNIANI
MDCCCXCVII.

CAPITVLARIA REGVM FRANCORVM

DENVO EDIDERVNT

ALFREDVS BORETIVS

ET

VICTOR KRAVSE.

TOMVS SECVNDVS.

HANNOVERAE
IMPENSIS BIBLIOPOLII HAHNIANI
MDCCCXCVII.

Ex officina aulae Vimariensis typographica.

TOMO SECUNDO INSUNT:

pag.
Praefatio . . . . IX.
Conspectus librorum . . . . XI.

XIII. Hludowici Pii capitularia.

*184—*193. Capitula anno 828. et 829. edita.
*184. Constitutio de synodis anno 829. in regno Francorum habendis. 828. Dec. 2.
*185. Hludowici et Hlotharii epistola generalis. 828. Dec. . . . . . . 3.
*186. Capitula ab episcopis in placito tractanda. 829. initio. . . . . . 6.
*187. Capitula de missis instruendis. 829. initio. . . . . 7.
*188. Capitulare missorum. 829. initio. . . . . 9.
*189. Tractoria de coniectu missis dando. 829. initio. . . . . 10.
*190. Capitula incerta. 829? . . . . 11.
*191. Capitulare Wormatiense. 829. Aug. . . . . 11.
*192. Capitulare missorum Wormatiense. 829. Aug. . . . . 14.
*193. Capitulare pro lege habendum Wormatiense. 829. Aug. . . . . . 17.
*194. Regni divisio. 831. Febr.? . . . . 20.

XIV. Additamenta ad Hludowici Pii capitularia.

*195. Capitula de praescriptione temporis. . . . . 25.
*196. Episcoporum ad Hludowicum imperatorem relatio. 829. Aug. . . . . . 26.
*197. Episcoporum de poenitentia, quam Hludowicus imperator professus est, relatio Compendiensis. 833. Oct. . . . . 51.
*198. Agobardi cartula de poenitentia ab imperatore acta. 833. Oct. . . . . 56.
*199. Ebbonis Remensis archiepiscopi resignatio. 835. Mart. 4. . . . . . . 57.
*200. Divisio imperii. 839. Iun. . . . . 58.

XV. Capitularia Hlotharii I. et regum Italiae.

*201. Hlotharii capitulare Papiense. 832. Febr. . . . . 59.
*202. Hlotharii capitulare missorum. 832. Febr. . . . . 63.
*203. Hlotharii capitulare de expeditione contra Sarracenos facienda. 846. fere Oct. 65.
*204. Hlotharii, Hludowici et Karoli conventus apud Marsnam primus. 847. Febr. 68.
*205. Hlotharii, Hludowici et Karoli conventus apud Marsnam secundus. 851. aestate. 72.
206. Hlotharii et Karoli conventus apud Valentianas. 853. Nov. . . . . . . 75.
207. Hlotharii et Karoli conventus Leodii habitus. 854. Febr. . . . . . . 76.

pag.
*208. Hludowici II. capitulum Italicum originis incertae. 844—850? . . . . . 78.
209—211. Hludowici II. capitularia intra annos 845—850. edita.
209. Hludowici II. commonitorium episcopis Papiae traditum. 845—850. 79.
210. Capitula episcoporum Papiae edita. 845—850. . . . . 80.
211. Hludowici II. capitulare. 850. . . . . 83.
212. 213. Capitularia a. 850. exeunte Papiae facta.
212. Capitula comitibus Papiae ab Hludowico II. proposita. 850. exeunte. 84.
213. Hludowici II. capitulare Papiense. 850. exeunte. . . . . 85.
214. Hludowici II. capitula Papiensia in legem data. 855. Iul. 20. . . . . 88.
215. Capitulare Papiense pro lege tenendum. 856. ineunte . . . . 90.
216. Capitula Papiae optimatibus ab imperatore pronuntiata. 865. Febr. 4. . 91.
217. Capitulare missorum. 865. post Febr. 4. . . . . 93.
218. Constitutio de expeditione Beneventana. 866. ineunte. . . . . 94.
219. Capitula singillatim tradita Hlothario vel Hludowico II. adscripta. . . . 97.
220. Karoli II. imperatoris electio. 876. Febr.. . . . . 98.
221. Karoli II. capitulare Papiense. 876. Febr. . . . . 100.
222. Widonis capitulatio electionis. 889. Febr. . . . . 104.
223. Widonis regis capitulum singillatim traditum. 889. Febr. — 891. Febr. . 106.
224. Widonis imperatoris capitulare Papiense legibus addendum. 891. Mai. 1. . 107.
225. Lamberti capitulare Ravennas. 898. . . . . 109.

XVI. Additamenta ad capitularia Hlotharii I. et regum Italiae.

*226. Ebbonis Remensis archiepiscopi restitutio. 840. Aug. . . . . 111.
*227. Synodus ad Theodonis villam habita. 844. Oct. . . . . 112.
*228. Synodus Papiensis. 850. . . . . 116.
229. Iuramentum Romanorum Arnolfo imperatori praestitum. 896. Febr. . . 123.
230. Synodus Ravennas. 898. . . . . 123.
231. Berengarii promissio Angiltrudae data. 898. Dec. 1.. . . . . 126.
232. Capitula incerta. . . . . 127.

XVII. Pacta et praecepta Venetica.

Praefatio ad pacta et praecepta Venetica. . . . . 129.
233. Pactum Hlotharii I. 840. . . . . 130.
234. Praeceptum Hlotharii I. 840. Sept. 1.. . . . . 136.
235. Praeceptum Hludowici II. 856. Mart. 23. . . . . 137.
236. Pactum Karoli III. 880. Ian. 11. . . . . 138.
237. Praeceptum Karoli III. 883. Mai. 10. . . . . 141.
238. Pactum Berengarii I. 888. Mai. 7. (11.). . . . . 143.
239. Praeceptum Widonis imperatoris. 891. Iun. 20. . . . . 147.
240. Praeceptum Rudolfi. 924. Febr. 29. . . . . 148.
241. Praeceptum Hugonis. 927. Febr. 26. . . . . 150.

XVIII. Capitularia regum Franciae orientalis.

242. Hludowici, Karoli et Hlotharii II. conventus apud Confluentes. 860. Iun. 1.—7. 152.
243. Hludowici, Karoli et Hlotharii II. conventus apud Saponarias. 862. Nov. 3. 159.
244. Hludowici et Karoli pactum Tusiacense. 865. Febr. 19. . . . . . . 165.
245. Hludowici et Karoli pactiones Mettenses. 867. . . . . 167.
246. Hludowici Iunioris et Hludowici Balbi conventio Furonensis. 878. Nov. 1. 168.

XIX. Additamenta ad capitularia regum Franciae orientalis.

pag.
*247. Hludowici et Karoli II. pactum Argentoratense. 842. Febr. 11. . . . . 171.
248. Concilium Moguntinum. 847. Oct. 1. . . . . 173.
249. Concilium Moguntinum. 852. Oct. 3. . . . . 184.
250. Pactiones Aquenses. 870. Mart. 6. . . . . 191.
251. Divisio regni Hlotharii II. 870. Aug. 8. . . . . 193.
252. Concilium Triburiense. 895. Mai. 5. . . . . 196.
253. Inquisitio de theloneis Raffelstettensis. 903—906. . . . . 249.

XX. Capitularia regum Franciae occidentalis.

*254. Conventus in villa Colonia. 843. Nov. . . . . 253.
*255. Capitulare Septimanicum apud Tolosam datum. 844. Iun. . . . . 256.
*256. Praeceptum pro Hispanis. 844. Iun. 11. . . . . 258.
*257. Notitia de conciliorum canonibus in villa Sparnaco a Karolo rege confirmatis. 846. Iun. . . . . 260.
258. Conventus Suessionensis. 853. April. 22. . . . . 263.
259. Capitulare missorum Suessionense. 853. April. 22.—26. . . . . . . 266.
260. Capitulare missorum Silvacense. 853. Nov. . . . . 270.
261. Capitulare missorum Attiniacense. 854. Iun. . . . . 277.
262. Capitula ad Francos et Aquitanos missa de Carisiaco. 856. Iul. 7. . . 279.
263—265. Missatica tria a. 856. ad Francos et Aquitanos directa.
263. Primum missaticum ad Francos et Aquitanos directum. 856. Iul. 26.—Sept. 1. . . . . 282.
264. Secundum missaticum ad Francos et Aquitanos directum. 856. post diem 1. m. Sept. . . . . 283.
265. Tertium missaticum ad Francos et Aquitanos directum. 856. Sept. 1. —Oct. 10. . . . . 284.
266. Capitulare Carisiacense. 857. Febr. 14. . . . . 285.
267. Allocutio missi cuiusdam Divionensis. 857. post Febr. 14. . . . . . 291.
268. Karoli II. et Hlotharii II. conventus apud Sanctum Quintinum. 857. Mart. 1. 293.
269. Sacramenta Carisiaci praestita. 858. Mart. 21. . . . . 295.
270. Capitula post conventum Confluentinum missis tradita. 860. post Iun. 7. 297.
271. Constitutio Carisiacensis de moneta. 861. Iul. . . . . 301.
272. Capitula Pistensia. 862. Iun. . . . . 302.
273. Edictum Pistense. 864. Iun. 25. . . . . 310.
274. Capitulare Tusiacense in Burgundiam directum. 865. Febr. . . . . . 329.
275. Capitula Pistensia. 869. Iul. . . . . 332.
276. Electionis Karoli capitula in regno Hlotharii factae. 869. Sept. 9. . . 337.
277. Sacramenta apud Gundulfi-villam facta. 872. Sept. 9. . . . . 341.
278. Capitulare Carisiacense. 873. Ian. 4. . . . . 342.
279. Synodus Pontigonensis. 876. Iun. 21. — Iul. 16. . . . . 347.
280. Edictum Compendiense de tributo Nordmannico. 877. Mai. 7. . . . . 353.
281. 282. Conventus Carisiacensis. 877. Iun. 14.—16.
281. Capitulare Carisiacense. 877. Iun. 14. . . . . 355.
282. Capitula excerpta in conventu Carisiacensi coram populo lecta. 877. Iun. 16. . . . . 361.
283. Capitula electionis Hludowici Balbi Compendii facta. 877. Nov. 30. — Dec. 8. 363.

pag.
284. Conventus Mantalensis. 879. Oct. 15. . . . . 365.
285. Karolomanni conventus Carisiacensis. 882. Sept. 9. . . . . 369.
286. Karolomanni capitula Compendii de rapinis promulgata. 883. Febr. 22. . 370.
287. Karolomanni capitulare Vernense. 884. Mart. . . . . 371.
288. Odonis regis promissio. 888. Febr. . . . . 375.
289. Hludowici regis Arelatensis electio. 890. Aug. exeunte. . . . . . . 376.
290. Karoli III. capitula de Tungrensi episcopatu proposita. 920. . . . . . 378.

XXI. Additamenta ad capitularia regum Franciae occidentalis.

*291. Concilium Vernense. 844. Dec. . . . . 382.
*292. Synodus Bellovacensis. 845. April. . . . . 387.
293. Concilium Meldense-Parisiense. 845. Iun. 17. — 846. Febr. 2. . . . . 388.
294. Synodus Vermeriensis. 853. Aug. 27. . . . . 421.
295. Consilium optimatum Karolo II. datum. 856. Aug. . . . . 424.
296. Coronatio Iudithae Karoli II. filiae. 856. Oct. 1. . . . . 425.
297. Epistola synodi Carisiacensis ad Hludowicum regem Germaniae directa. 858. Nov. . . . . 427.
298. Synodus Mettensis. 859. Mai. 28. — Iun. 4. . . . . 441.
299. Synodus apud Saponarias habita. 859. Iun. 14. . . . . 447.
300. Libellus proclamationis adversus Wenilonem. 859. Iun. 14. . . . . . 450.
301. Coronatio Hermintrudis reginae. 866. Aug. . . . . 453.
302. Ordo coronationis Karoli II. in regno Hlotharii II. factae. 869. Sept. 9. 456.
303. Synodus Attiniacensis. 874. Iul. 1. . . . . 458.
304. Ordo coronationis Hludowici Balbi. 877. Dec. 8. . . . . 461.

XXII. Acta de Theutberga regina emissa.

305. 306. Synodi Aquenses. 860.
305. Synodus Aquensis I. 860. Ian. 9. . . . . 463.
306. Synodus Aquensis II. 860. Febr. . . . . 466.
307. Relatio de Theutbergae receptione scripta. 865. Aug. 3. . . . . 468.

Appendix.

Walafridi Strabonis libellus de exordiis et incrementis rerum ecclesiasticarum. . . . . 473.
Hincmarus de ordine palatii. . . . . 517.

Baluzianae editionis capitularia cum editione nostra collata. . . . . . 531.
Pertzianae editionis capitularia cum editione nostra collata. . . . . . 534.

Addenda et corrigenda. . . . . 537.
(cfr. pag. XXXVI.)

Index nominum. . . . . 542.
Index rerum et verborum. 568.
Glossarium linguarum vernacularum. . . . . 719.
Index initiorum. . . . . 722.

SOCIETAS APERIENDIS FONTIBVS RERVM GERMANICARVM MEDII AEVI

SANCTVS
AMOR PATRIAE
DAT
ANIMVM.

FRANCOFVRTI A. M.
XIII. KAL. FEBR. MDCCCXIX.

Novae capitularium editionis tomum secundum, cuius fasciculus primus paginas 1—192 complectens anno 1890, fasciculus secundus paginas 193—470 continens 1893. prodiit, nunc completum proponimus. Continet capitularia regum Francorum inde ab anno 828. usque ad exitum Karolinorum una cum additamentis. Accedunt pacta et praecepta Venetica, acta de Theutberga regina emissa et in appendice Walafridi Strabonis libellus de exordiis et incrementis rerum ecclesiasticarum et Hincmari epistola, quae de ordine palatii inscribitur.

Capitularia aliaque acta hic edita partim ex recensione Alfredi Boretii v. cl., partim ex recensione Victoris Krause b. m. data sunt. Boretius, qui ineunte anno 1889. propter infirmam valetudinem ab opere incepto recessit, capita, quae sub numeris 184—205. 208. 226—228. 247. 254—257. 291. 292. exstant, in indice asterisco signata, ad editionem praeparaverat. Quae tamen omnia Victor Krause, ad opus persequendum vocatus, priusquam imprimi fecit, recensuit et retractavit; de cuius rei causis atque ratione in tomo XVI. annalium nostrorum, p. 421 sqq., disseruit, rationem inter suum et Boretii modum edendi exponens. Quae his capitibus in commentariis adiecit littera K. uncis inclusa signavit. Reliqua huius tomi capita et appendicem soli Victoris Krause operae debemus, qui vero in pactis et praeceptis Veneticis edendis auxilio Pauli Kehr v. cl. adiutus est.

Victor Krause, cum addenda et corrigenda, indicem nominum atque priores litteras indicis rerum et verborum imprimi fecisset, praematura morte d. 9. Martis anni 1896. nobis ereptus est.

Cuius opus imperfectum relictum ego Karolus Zeumer inde a littera d usque ad finem litterae i perduxi, unde Albertus Werminghoff v. d., tunc novus noster socius, laborem suscepit et me curante ad finem peregit. Materiam summa diligentia collectam, sed magna ex parte rudem, fere indigestam et haud sine lacunis nobis relictam tractavimus, digessimus et, quantum fieri potuit, supplevimus. Cum tamen materiae, qua usi sumus, pars multo maior non a nobis excerpta, sed a b. m. auctore relicta sit, neque etiam licuerit a ratione indicis semel instituta longius discedere, nos quidem neque de integritate neque de indole huius indicis quicquam recipere vel affirmare possumus.

Glossarium, initiorum indicem, conspectum librorum debemus Alberto Werminghoff.

Prolegomenis, qualia Alfredus Boretius in tomi primi praefatione promisit, coacti renuntiamus. Collectionem, quae dicitur Benedicti levitae, tertio tomo reservatam edet Emilius Seckel v. d.

Datum Berolini mense Augusto
anni MDCCCXCVII.

HEINRICUS BRUNNER. KAROLUS ZEUMER.

CONSPECTUS LIBRORUM.

Conspectui librorum, quos A. Boretius et V. Krause b. m. in edendis capitularibus regum Francorum adhibuerunt, pauca mihi praemittenda sunt.

Genealogia codicum, quae uniuscuiusque editionis caput recte dici potest, a viris doctis frustra desiderabitur: in eis enim, quae editores reliquerunt, nihil fere inveniebatur, quo nisus stemma quod vocatur librorum manuscriptorum praeberem. Qua de causa in enumerandis codicibus, quibus paucos post editionem confectam inventos ipse addidi, ordinem tantum alphabeti secutus sum. Accedit quod nullum codicem praeter Gothanum (membr. II. No. 189) ipse inspexi, ut verear ne eis praesertim locis erraverim, ubi descriptiones codicum hodie obsoletae vel schedae eorum, qui hanc editionem paraverunt, nemini nisi ipsis auctoribus perspicuae exstabant. Antecessorum errores quoad fieri potuit plerumque tacite correxi, ut tale quid proponerem, quo fulti alii in hanc materiam difficillimam altius penetrarent; si ipse erravi vel aliqua minus recte disserui, periculum in me recipio.

Restat ut viris doctis gratias agam, qui in hoc opere perficiendo seu consilio seu opera me adiuverunt, P. Achatz scilicet S. Pauli in Karinthia bibliothecario, Fink Bunzlaviensi, Georges Gothano, Th. Hampe Norimbergensi, Hauthaler S. Petri Salisburgensis bibliothecario, Holder Carlsruhensi, Leitschuh Bambergensi, Molhuysen Lugdunensi, Tideman Haagensi, Weeke Havniensi. Inter omnes vero excellit E. Seckel Berolinensis, qui numquam sciscitanti mihi defuit.

Albertus Werminghoff.

Codices manuscripti.

Codex Abrincatensis 145 (antea 121, olim monasterii S. Michaelis de periculo maris), membr. saec. XII., fol. 110 in 4°; cfr. 'Archiv' VIII, p. 382; 'Catalogue général des manuscrits des bibliothèques de France, Départements' X, p. 66 sq.; MG. Capit. I, p. 391 No. 25. Exhibet Ansegisi collectionem.

Codex Admontensis 712 (antea 55), membr. saec. XI.—XIII. compositus, 4°; cfr. 'Archiv' VI, p. 180 sq., X, p. 643 sq., XI, p. 572 sqq.; MG. LL. III, p. 188. Praebet C. 170[1].

1) *Quae capitum partes in codicibus tradantur, ex praefatione unicuique documento anteposita perspici potest, quod hoc loco non repetiri.*

De codice monasterii S. Aegidii in Septimania v. infra Sirmond, Concilia Galliae.

Codex Andaginensis monasterii S. Huberti[1] *in Arduenna = Codex Ashburnhamensis, Barrois 43.*

De codice Aquitanico v. infra Sirmond, Concilia Galliae.

Codex Argentinensis bibliothecae publicae (olim Beati Rhenani Schlettstadiensis, tum Buechlerianus), membr. saec. IX., fol. 115 in 2° min., anno 1870. incendio deletus est; cfr. 'Archiv' IV, p. 445, V, p. 221, VII, p. 751; 'Neues Archiv' VIII, p. 481; MG. LL. III, p. 8; MG. LL. nat. Germ. V, p. 16; MG. Form. p. 339; MG. Capit. I, p. 390 No. 6. Inerat collectio Ansegisi.

Codices Ashburnhamenses.

Codex Ashburnhamensis, Barrois 43 (olim Andaginensis monasterii S. Huberti in Arduenna, tum collegii Lovanii et codex Barrois olim Lovanii a Boretio dictus), membr. saec. XI. XII., fol. 145 in 2°; cfr. 'Catalogue of the manuscripts at Ashburnham-Place' II No. 43, ubi vero in codice ea inesse dicuntur, quae praebet codex Ashburnh.-Barrois 73; 'Neues Archiv' IV, p. 612; MG. Capit. I, p. 392 No. 46. Tradit C. 35. 36. 37. 39. 40. 41. 44. 46. 55. 85. 104, 4. 5. 6. 122. 123. 124 et collectionem Ansegisi.

Codex Ashburnhamensis, Barrois 73 = codicis Parisiensis latini 4761 pars altera.

Codex Ashburnhamensis, Barrois 146 = codicis Parisiensis latini 4761 pars prima.

Codex Ashburnhamensis, Barrois 214 (olim P. Pithoei), membr. saec. IX. ex. vel X. in., fol. 51 in 4°, olim cum codicibus Londiniensi Egerton ms. 269 (v. infra) et Parisiensi latino 4633[2] *coniunctus; cfr. Pardessus, 'Loi salique' p. XXXIX sq.; von Richthofen, 'Zur lex Saxonum' p. 19; 'Abhandlungen der Berliner Akademie, philol.-hist. Abh.' 1857, p. 90 sqq.; 'Catalogue' II No. 214; MG. LL. V, p. 2. 200 sq. Servat C. 20. 34. 39. 40. 134. 139.*

Codex Ashburnhamensis, Barrois 248, membr. saec. X., fol. 109 in 4°; cfr. 'Catalogue' II No. 248; 'Neues Archiv' IV, p. 613. Exhibet C. 177 et Walafridi libellum de exord. rer. eccl.

De codice Antonii Augustini, apographo codicis Mureti, qui fluxit ex codice Mutinensi II, 2, cfr. 'Rivista italiana per le scienze giuridiche' XI, p. 380 et infra Baronius, Annales ecclesiastici.

Codex Aurelianensis = Codex Parisiensis, nouv. acq. 1632.

Codices Bambergenses.

Codex Bambergensis A. I. 35 (olim monasterii S. Michaelis prope Bamberg), membr. saec. X., fol. 86 in 4°; cfr. 'Neues Archiv' XVII, p. 322 sqq. Inveniuntur in codice C. 249 et 252 (can. brev.).

Codex Bambergensis A. II. 53 (antea 23), membr. saec. X., fol. 176 in 8°; cfr. Archiv' VII, p. 814 sqq., XI, p. 571 sq.; MG. LL. III, p. 18, ubi saeculis XI. vel XII. attribuitur. Insunt C. 170. 177 et Walafridi libellus de exord. rer. eccl.

Codex Bambergensis D. II. 2, membr. saec. IX., fol. 145 in 8° long.; cfr. 'Archiv' VI, p. 70; MG. LL. III, p. 4. Praebet C. 110.

Codex Bambergensis P. I. 1 (antea 62), membr. saec. IX. vel X., fol. 78 in 2° min.; cfr. 'Archiv' VI, p. 70 sq.; MG. Capit. I, p. 392 No. 42, ubi falso numero 60. insignitus est. Leguntur in hoc codice C. 7. 77. 184. 186. 191. 192. 193 et Ansegisi collectio.

1) *Hic codex MG. Capit. I, p. 244, 25 minus recte codex Andaginensis S. Amandi nominatur.*
2) *De codice Parisiensi latino 4633, qui in editione capitularium adhibendus non erat, cfr. Haenel, Lex Romana Visigothorum p. LXXVI.*

Codex Bambergensis P. I. 9 (antea 64), membr. ex duabus partibus saec. XI. XII. et saec. X. compositus, fol. 232 in 8° mai.; cfr. 'Archiv' VII, p. 822 sqq., XI, p. 572; 'Neues Archiv' XVII, p. 303 sqq.; 'Archiv für katholisches Kirchenrecht' XLVII, p. 191 sq.; MG. LL. III, p. 188. Exhibet C. 252 (form. vulg. et can. brev.) et 293.

De codicibus bibliothecae Barberinianae inter codices Romanarum bibliothecarum disseremus.

Codex Barcinonensis archivi coronae Aragoniae 40 (olim Rivipullensis monasterii), membr. saec. XI., 2°; cfr. 'Neues Archiv' VI, p. 386. Tradit C. 184. 185. 241. 275. 285. 288 et Ansegisi collectionem.

Codex Barrois olim Lovanii = Codex Ashburnhamensis, Barrois 43.

De codice Bellovacensi deperdito[1]*, cuius exemplaria sunt codices Vallicellanus C. 16, Vaticanus 4982, Vaticanus reginae Christinae 291, v. infra Pithoeus, Scriptores coaetanei, et Sirmond, Caroli Calvi Capitula.*

Codices Bernenses.

Codex Bernensis 89 (olim Bongarsii Francogallici), membr. saec. VIII. IX., fol. 172 in 2°; cfr. Hagen, Catalogus codicum Bernensium p. 108 sq.; 'Archiv' V, p. 498. In hoc codice legitur C. 14.

Codex Bernensis 289 (olim Bongarsii Francogallici), membr. saec. IX., fol. 129 in 4°; cfr. Hagen, l. l. p. 310 sq.; 'Forschungen zur Deutschen Geschichte' XIII, p. 596 sq. Traditur hoc codice C. 173.

Codices Berolinenses.

Codex Berolinensis 84, Phill. 1743 (olim collegii Claramontani, tum Meermannianus 576), membr. saec. VIII., fol. 301 in 2°; cfr. 'Archiv' VII, p. 98; 'Neues Archiv' IV, p. 587 sq.; Rose, 'Die lateinischen Meermannhandschriften des Sir Thomas Phillipps in der Königlichen Bibliothek zu Berlin' p. 171 sqq.; Maassen, 'Geschichte der Quellen und der Literatur des canonischen Rechts' I, p. 638 sqq.; MG. Conc. I, p. XIV. Praebet C. 1 et 9.

Codex Berolinensis 161, Phill. 1736 (olim collegii Claramontani, tum Meermannianus 566), membr. saec. IX. X., fol. 23 in 2°; cfr. 'Archiv' VII, p. 98. 746; Rose, l. l. p. 353 sq. Insunt C. 7. 39. 40. 41. 43. 44. 57. 67.

Codex Berolinensis 162, Phill. 1737 (olim collegii Claramontani, tum Meermannianus 567), membr. saec. X. ex., fol. 51 in 2° min.; cfr. 'Archiv' VII, p. 98. 790; Rose, l. l. p. 354 sqq.; MG. Capit. I, p. 390 No. 2. Quo in codice reperiuntur C. 138. 188. 191. 192. 193 et Ansegisi collectio.

Codex Berolinensis 163, Phill. 1762 (olim S. Remigii Remensis, deinde Tilianus, postea Claramontanus, tum Meermannianus 605), membr. saec. X., fol. 138 in 4°; cfr. 'Archiv' VII, p. 98. 790, IX, p. 499; Rose, l. l. p. 357 sqq.; MG. Capit. I, p. 392 No. 43. Insunt C. 77. 184. 186. 189. 191. 192. 193 et Ansegisi collectio.

Codex Berolinensis Hamilton 132, membr. saec. VIII. IX., fol. 263 in 2°; cfr. 'Neues Archiv' VIII, p. 332 sqq.; 'Zeitschrift für Kirchengeschichte' VI, p. 193 sqq.; MG. Conc. I, p. XIV sq. Exhibet C. 1. 5 et Ansegisi collectionis fragmenta.

Codex Bonnensis 402 (antea 96a, olim academiae Duisburgensis), membr. saec. XII., fol. 94 in 8°; cfr. 'Rheinisches Museum' I (1827), p. 158 sqq.; Pardessus, l. l. p. XLII sqq.; 'Archiv' XI, p. 738; Catalogi chirographorum in bibliotheca academica Bonnensi servatorum fasc. IV, p. 118; MG. Capit. I, p. 391 No. 10. Tradit C. 184. 186. 189. 191. 192. 193 et Ansegisi collectionem.

De codice Brixinensi nunc deperdito v. infra Cochlaeus, Acta et decreta concilii Triburiensis.

1) *Cfr. 'Neues Archiv' VIII, p. 312 et quae infra de codice Vaticano 3827 proferemus.*

Codex Bruxellensis 8654—8672 (olim S. Bertini), membr. saec. IX. ex. vel X. in.; cfr. 'Archiv' VIII, p. 515; 'Catalogue des manuscrits de la bibliothèque royale des ducs de Bourgogne' I, p. 174. Servat C. 22. 23. 47. 86.

Codex Cameracensis 625 (antea 576), membr. saec. IX., fol. 80 in 2°; cfr. Pardessus, l. l. p. XXVIII; 'Archiv' VIII, p. 432; 'Sitzungsberichte der Wiener Akademie, philos.-hist. Classe' LIV, p. 168; 'Catalogue général, Départements' XVII, p. 242 sqq. Praebet C. 39 et 40.

Codex Cantabrigiensis collegii Corporis Christi 265, saec. X. ex. vel XI. in.; cfr. 'The English Historical Review' X, p. 712 sqq.[1] Praebet C. 36.

Codices Carlsruhenses.

Codex Carlsruhensis inter Augienses XXIX (olim monasterii Augiae maioris), membr. saec. IX., fol. 70 in 2°, quibus folia 13 nuper addita sunt; cfr. Mabillon, Vetera Analecta, 2. ed., p. 15; 'Archiv' XI, p. 784. Inest C. 30.

Codex Carlsruhensis, Rastatt 22 (antea Durlach 94), membr. saec. X. scriptus manuque saec. XI. hincinde castigatus, fol. 116 in 8°; cfr. Jaffé, Bibliotheca rerum Germanicarum III, p. 10 sq.; 'Die Handschriften der Hof- und Landesbibliothek zu Karlsruhe' III, p. 102 sqq.; MG. EE. III, p. 217 sqq. In hoc codice leguntur C. 10 et 11.

Codex Casinensis 353, membr. iussu Johannis abbatis Casinensis (915—934) conscriptus, fol. 289 in 2°; cfr. 'Archiv' V, p. 134 sq., X, p. 389 sqq., XII, p. 505 sq.; MG. SS. III, p. 197. 222, VII, p. 636; MG. SS. rer. Langob. p. 467; MG. LL. IV, p. XLII sq. Leguntur in hoc codice C. 170 et 218.

Codex Catalaunensis 32, membr. saec. XI. ex., fol. 60 in 8°; cfr. 'Catalogue général, Départements' III, p. 12 sq.; 'Neues Archiv' XVIII, p. 389 sqq. Inest C. 252 (can. brev.).

Codex Cavensis 22, circa annum 1005. in partibus Beneventi scriptus, 4°; cfr. 'Archiv' IV, p. 372 sq., V, p. 247 sqq., X, p. 359 sqq.; Baudi a Vesme, Edicta regum Langobardorum p. XXXII sqq.; Boretius, 'Capitularien im Langobardenreich' p. 50 sqq.; MG. LL. IV, p. XXX sqq. Exhibet C. 20. 39. 40. 44. 61. 67. 88. 90. 91. 92. 93. 94. 95. 98. 99. 102. 104. 121. 134. 135. 139. 140. 158. 159. 161. 162. 163. 164. 165. 232.

Codices Cheltenhamenses vel Middlehilliani.

Codex Cheltenhamensis 1736 = Codex Berolinensis 161, Phill. 1736.
Codex Cheltenhamensis 1737 = Codex Berolinensis 162, Phill. 1737.
Codex Cheltenhamensis 1743 = Codex Berolinensis 84, Phill. 1743.
Codex Cheltenhamensis 1762 = Codex Berolinensis 163, Phill. 1762.

Codex Cheltenhamensis 10190, saec. IX. vel X., fol. 210; cfr. 'Archiv' IX, p. 502; MG. Capit. I, p. 392 No. 44. Tradit C. 259. 260. 266. 272. 273. 278 et Ansegisi collectionem.

Codex Chisianus F IV. 75 v. inter codices bibliothecarum Romanarum.

Codices Colonienses.

Codex Coloniensis 120 (antea Darmstad. 2119), membr. saec. X., fol. 172 in 4°; cfr. Jaffé et Wattenbach, Ecclesiae metropolitanae Coloniensis codices manuscripti p. 49 sq. Servat C. 123.

Codex Coloniensis 124 (antea Darmstad. 2123), membr. saec. XI., fol. 240 in 2° min.; cfr. Wasserschleben, 'Beiträge zur Geschichte der vorgratianischen Kirchenrechtsquellen' p. 20 sqq.; 'Archiv' VIII, p. 621; Jaffé et Wattenbach, l. l. p. 52. Hoc in codice inveniuntur C. 176 et 252 (can. brev.).

1) Eodem loco de aliis codicibus, qui idem caput 36 praebent, agitur, scilicet de codicibus Londiniensi inter Cottonianos, Nero A. I, Oxoniensi Bodleiano 718, Parisiensi inter suppl. lat. 138, quorum nullus a Boretio in editione paranda adhibitus est.

Codex Corsinianus 14 v. inter codices Romanos.

Codex S. Crucis (monasterii Heiligenkreuz in Austria) 217, membr. saec. X., fol. 330 in 4°, exemplar codicis Monacensis latini 3853; cfr. 'Archiv' X, p. 597 sq.; 'Neues Archiv' XIX, p. 128; MG. LL. III, p. 6 sq. 195. Praebet C. 13. 15. 16. 20. 23. 36. 42. 52. 55. 66. 78. 94. 95. 98. 131. 134. 157. 163. 165. 167. 176. 188. 191. 192. 193. 195. 196. 242. 252 (form. vulg. et can. brev.). 273. 287. 293 et Ansegisi collectionem.

Codices Eporedienses.

Codex Eporediensis 33, membr. saec. IX. ex. vel X. in., fol. 153 in 2° min.; cfr. Haenel, Lex Romana Visigothorum p. LII; 'Archiv' IX, p. 617, XI, p. 547 sqq.; 'Abhandlungen der Berliner Akademie' 1857, p. 80 sqq.; Boretius, l. l. p. 39 sqq.; MG. LL. III, p. 6. 185. 511 sq., IV, p. LI; MG. LL. V, p. 201 sq.; MG. LL. nat. Germ. V, p. 15. Hoc in codice leguntur C. 20. 21. 22. 23. 39. 40. 41. 43. 44. 68. 88. 94. 95. 97. 98. 104, 7. 8. 112. 129. 134. 135. 139.

Codex Eporediensis 34, membr. circa annum 830. conscriptus, fol. 167 in 2° min.; cfr. Haenel, l. l. p. XLIX; Baudi a Vesme, l. l. p. XXII sqq.; 'Abhandlungen der Berliner Akademie' 1857, p. 80 sqq.; 'Archiv' IX, p. 617; Boretius, l. l. p. 39 sqq.; MG. LL. III, p. 511, IV, p. XXI sqq. LI. Insunt C. 20. 21. 22. 39. 40. 41. 43. 44. 60. 88. 93. 94. 95. 97. 98. 99. 100. 101. 112. 134. 135. 138. 139. 140. 141. 157. 163. 164. 165. 168, 2. 201.

Codex Escurialensis bibliothecae regalis S. Laurentii L. III. 8 (olim ecclesiae Silvanectensis, tum Leodiensis), membr. saec. X., 4°; cfr. 'Archiv' VIII, p. 818 sq.; 'Neues Archiv' VI, p. 253 sqq. Tradit C. 299.

Codex Estensis v. inter codices Mutinenses.

Codex Florentinus bibliothecae Laurentianae plut. LXXXIX, super. 86, membr. saec. XI. ex., fol. 138 in 2°; cfr. 'Archiv' V, p. 277 sqq.; Baudi a Vesme, l. l. p. XLV; MG. LL. IV, p. LVII sq. Exhibet C. 100.

De codice Gandavensi hodie incognito v. infra Sirmond, Concilia Galliae.

De manuscripto quodam abbatiae „de S. Gilles" v. infra Ménard, 'Histoire de Nîmes'.

Codices Gothani.

Codex Gothanus membr. I No. 84 (antea 54, olim ecclesiae S. Martini Moguntinensis), membr. saec. X. ex. vel XI. in., fol. 413 in 2°, maiorem partem collectionis legum a Lupo circa annum 830. conditae exhibens[1]*; cfr. Cyprianus, Catalogus codicum manuscriptorum bibliothecae Gothanae p. 12 sqq.; 'Archiv' X, p. 363 sqq., XI, p. 604 sqq.; Pardessus, l. l. p. XLIII sq.; Haenel, l. l. p. XLVI; Baudi a Vesme, l. l. p. XXXIX sq.; Boretius, l. l. p. 37 sq.; MG. LL. III, p. 4. 189, IV, p. XXXVII sqq. LI; MG. LL. V, p. 197; MG. LL. nat. Germ. V, p. 12; MG. Capit. I, p. 390 No. 3 et p. 391 No. 27. Praebet C. 20. 22. 23. 39. 40. 43. 44. 94. 95. 97. 98. 112. 138. 139. 140. 141. 157. 163. 165. 166. 175. 176. 191. 192. 193. 196. 209. 210. 212. 213. 216. 217. 228 et Ansegisi collectionem.*

Codex Gothanus membr. II No. 189, membr. saec. X., fol. 11 in 4°. Inest C. 45.

De codice cartularii Gratianopolitani v. infra Marion, 'Cartulaire de l'église cathédrale de Grenoble'.

Codices Guelferbytani.

Codex Guelferbytanus inter Augustaeos 50. 2, membr. saec. IX., 4°; cfr. Pardessus, l. l. p. LXVI sq.; 'Archiv' VI, p. 23. Insunt C. 39. 40. 43. 44. 139.

Codex Guelferbytanus inter Augustaeos 83. 21 (olim monasterii S. Jacobi

1) *Cfr. quae infra de codice Mutinensi ecclesiae cathedralis ord. I. 2 proferemus.*

extra Moguntium), membr. saec. X., fol. 171 in 2°; cfr. 'Archiv' VI, p. 23 sq. Continet C. 252 (can. brev.).

Codex Guelferbytanus inter Blankenburgenses 130. 52 (olim ecclesiae cathedralis Augustanae)[1], *membr. saec. X., fol. 207 in 2°; cfr. 'Archiv' VII, p. 777 sqq., XI, p. 577 sqq.; Baudi a Vesme, l. l. p. XXXI sq.; Boretius, l. l. p. 46 sqq.; MG. LL. III, p. 8. 188. 512 sqq., IV, p. XXV sq. LI; MG. LL. V, p. 197; MG. LL. nat. Germ. II, p. 17, V, p. 16. Inveniuntur in hoc codice C. 14. 22. 23. 28. 38. 39. 40. 41. 43. 44. 57. 60. 67. 93. 95. 97. 98. 103. 105, 1. 112. 114. 129. 131, 5. 138. 139. 140. 143. 150. 156. 157. 158. 159. 160. 161. 163. 164. 165. 166. 174. 177. 178. 179. 180. 191. 192. 193. 201. 202. 210. 211. 214. 219, 2. 228.*

Codex Guelferbytanus inter Gudianos 299, membr. saec. IX., fol. 61 in 4°; cfr. 'Archiv' VI, p. 23, VII, p. 752; Pardessus, l. l. p. XLVII; MG. LL. V, p. 201. Quo in codice leguntur C. 39. 44. 57. 135.

Codex Guelferbytanus inter Helmstadienses 254, membr. saec. IX., fol. 16 in 8° long.; cfr. 'Archiv' VI, p. 23. 29. 31, VII, p. 766; von Heinemann, 'Die Handschriften der Herzoglichen Bibliothek zu Wolfenbüttel, Helmstädter Handschriften' I, p. 214 No. 287. Servat C. 32 et 128.

Codex Guelferbytanus inter Helmstadienses 454, membr. saec. X., fol. 165 in 8° mai.; cfr. 'Kritische Jahrbücher für deutsche Rechtswissenschaft' 1828, p. 485; 'Zeitschrift für Kirchenrecht' XX, p. 99 sq.; von Heinemann, l. l. I, p. 356 No. 488. Exhibet C. 249 et 252 (can. brev.).

Codex Guelferbytanus inter Helmstadienses 496a, membr. saec. VIII. ex. vel IX. in., fol. 26 in 2°; cfr. 'Archiv' VI, p. 23, VII, p. 754 sq.; von Heinemann, l. l. I, p. 377 No. 533. Exhibet C. 22.

Codex Guelferbytanus inter Helmstadienses 532 (olim fortasse Salisburgensis, deinde M. Flacii Illyrici, tum academiae Helmstadiensis), membr. saec. IX. vel X., fol. 173 in 8°; cfr. 'Archiv' XI, p. 541 sqq.; von Heinemann, l. l. II, p. 20 No. 579; MG. LL. III, p. 185, IV, p. XXIII sq. Traduntur hoc codice C. 169 et 170.

Codex Guelferbytanus inter Weissemburgenses 97 (olim monasterii S. Petri et S. Pauli Weissemburgensis), membr. inter annos 754. et 768. ab Agamberto quodam scriptus, fol. 86 in 8°; cfr. 'Archiv' VI, p. 23, VII, p. 732 sq.; Holder, 'Lex Salica ... nach der Handschrift von Tours-Weissenburg-Wolfenbüttel' p. 80 sqq.; MG. Form. p. 537. Praebet C. 3.

Codex Haagensis musei Meermanno-Westreniani 1 (olim Tilianus Sirmondi[2], *tum Meermannianus 606), membr. saec. IX., fol. 43 in 4°, hodie mutilatus; cfr. 'Archiv' VII, p. 98. Servat C. 204. 205. 206. 227. 254. 255. 257. 258. 259. 260. 261. 262. 292. 293. 294. 295; v. infra Sirmond, Caroli Calvi capitula.*

Codex bibliothecae civitatis Hamburgensis 83 in scrin. 141a (olim Corbeiensis, tum Lindenbrogii), membr. saec. IX. vel X., pag. 276 in 4°; cfr. 'Archiv' VI, p. 473 sqq., VII, p. 751; Pardessus, l. l. p. XLIV; MG. LL. V, p. 200; MG. LL. nat. Germ. V, p. 14; MG. Capit. I, p. 390 No. 1. Insunt C. 188. 191. 192. 193 et Ansegisi collectio.

Codex Havniensis antiquae collectionis regiae 166, membr. saec. XI., fol. 173 in 2°. Exhibet fol. 172' inde a verbis 'Karolus princeps' fragmentum c. 7 capitis 297.[3]

1) *Pardessus, l. l. p. LXVII, eumque secutus Boretius, MG. Capit. I, p. 32, hunc codicem 'Guelferbytanum inter Blankenburgenses III. 3' dicunt, sine dubio in errorem rapti descriptione huius codicis, quae extat MG. LL. I, p. XXXVII sq., ubi 'tab. III. 3' significat in tabula III. sub No. 3 specimen scripturae inveniri.* 2) *Cfr. 'Neues Archiv' XVI, p. 428.* 3) *Codex Havniensis antiquae collectionis regiae 1943, cuius descriptio apud Pardessus, l. l. p. LIII; MG. LL. III, p. 5; MG. Form. p. 265 invenitur, a Boretio non adhibitus est, quamquam in eo insunt C. 137. 138. 139. 140. 141.*

Codex Holkhamensis 210 (olim ecclesiae maioris S. Mariae Ravellensis), membr. saec. IX. ex. vel X. in., fol. 164 in 4°; cfr. 'Neues Archiv' X, p. 597, ubi saeculo XII. attribuitur; Gaudenzi, 'Una antica compilazione di diritto Romano e Visigoto' p. 11 sqq. Quo in codice invenitur C. 232.

Codex Klitschdorfianus comitis de Solms-Baruth, antea in castro Klitschdorf, nunc in castro Wehrau prope Bunzlau sub 'Rep. X^b. IV. 1' asservatus, membr. saec. IX. vel X., olim fol. 181, nunc fol. 141 integra et fol. 4 mutilata in 4° continens; cfr. MG. LL. nat. Germ. V, p. 13 sq. Praebet C. 67; cfr. infra p. XXXVI et p. 676 s. v. patria.

De codice Laudunensi vel S. Vincentii Laudunensi[1]*, qui vel periit vel certe nobis ignotus est, v. infra Baluze, Capitularia, et Sirmond, Caroli Calvi capitula.*

De codice S. Laurentii Leodiensi nunc deperdito v. infra Sirmond, Caroli Calvi capitula.

Codices Londinienses musei Britannici.

Codex Londiniensis Add. of Ayscough 5411 (olim Pinellianus), membr. saec. XI., fol. 192 in 2° min.; cfr. 'Archiv' V, p. 291 sqq., VII, p. 78. 779 sqq.; Baudi a Vesme, l. l. p. XLV; MG. LL. IV, p. LVII sqq. Ex hoc codice sumptum est C. 219, 5.

Codex Londiniensis Add. 22398, membr. saec. IX., fol. 105 in 4°; cfr. 'Catalogue of additions to the manuscripts in the British museum' 1854—1860, p. 641 sq.; 'Neues Archiv' IV, p. 365; MG. LL. V, p. 200. Continet C. 273.

Codex Londiniensis inter Cottonianos, Tiberius A. III, membr. saec. IX. X., fol. 178 in 4°; cfr. 'Catalogue of the manuscripts in the Cottonian library deposited in the British museum' p. 31 sq; 'Archiv' VII, p. 72. Hoc in codice legitur C. 170.

Codex Londiniensis Egerton ms. 269 (antea Spangenbergii), membr. saec. IX. ex. vel X. in., fol. 15 in 4°, quondam cum codicibus Ashburnhamensi Barrois 214 (v. supra) et Parisiensi latino 4633 coniunctus; cfr. 'Archiv' V, p. 301 sq., IX, p. 487. 493; 'Abhandlungen der Berliner Akademie' 1857, p. 88 sq.; von Richthofen, 'Zur lex Saxonum' p. 18 sqq.; MG. LL. III, p. 5, V, p. 1 sqq. 202; MG. LL. nat. Germ. II, p. 16, V, p. 13. Praebet C. 39. 40. 45. 140. 156.

Codices Lugdunenses Batavorum.

Codex Lugdunensis Batavorum bibliothecae publicae latinae 13 (olim S. Mariae Dunensis), membr. saec. XIV., fol. 113 in 2° min.; cfr. Mommsen, C. Iulii Solini collectanea rerum memorabilium, 2. ed., p. XXXVI; MG. Capit. I, p. 392. Insunt fragmenta Ansegisi collectionis.

Codex Lugdunensis Batavorum bibl. publ. 22 (olim S. Nichasii ut videtur Remensis), membr. saec. X. in., fol. 42 in 8° mai.; cfr. 'Archiv' VII, p. 134. 789 sq.; MG. Capit. I, p. 391 No. 26. In codice legitur Ansegisi collectio.

Codex Lugdunensis Batavorum Vossianus latinus in folio 4 (olim S. Dionysii in Francia, tum Petavii 43), membr., constans ex. fol. 33 saec. IX. et fol. 4 saec. XIV. conscriptis; cfr. 'Archiv' VII, p. 136. 1010; Châtelain, 'Paléographie des classiques latins', text. p. 13, tab. 138; Delisle, 'Cabinet des manuscrits' I, p. 203 sq. Exhibet C. 30.

Codex Lugdunensis Batavorum Vossianus Q. 119, membr. saec. IX. vel X., fol. 141 in 4°; cfr. 'Archiv' VII, p. 137. 736 sqq., XI, p. 537 sqq.; Pardessus, l. l. p. XXXIII sq.; Haenel, l. l. p. LXXVII; Holder, 'Lex Salica . . . nach dem Codex Vossianus Q. 119', p. 59 sqq.; MG. LL. III, p. 184 sq., V, p. 201 sq.; MG. LL. nat. Germ. V, p. 15. Tradit C. 3. 4. 7. 18. 20. 22. 23. 24. 34. 39. 40. 67. 134.

Codex Martisburgensis 58 (= Merseburgensis), membr. saec. IX. X., fol. 92

1) *Cfr. quae infra de codice Parisiensi latino 4788 proferemus.*

in 2° min.[1]; *cfr. 'Archiv' VIII, p. 665; Muellenhoff et Scherer, 'Denkmäler deutscher Poesie und Prosa', 3. ed., II, p. 43. Inest C. 170.*

Codices Mediolanenses.

Codex Mediolanensis Ambrosianus A. 46 inf., membr. saec. X.; cfr. 'Atti della R. Academia della scienze di Torino' XXV, p. 882 sq. Exhibet C. 191. 192. 193. 206. 259.

Codex Mediolanensis Ambrosianus G. 58 sup. (olim S. Columbani de Bobio), membr. saec. X.; cfr. 'Archiv' XII, p. 617; 'Wiener Sitzungsberichte' XLVI, p. 237 sqq.; Maassen, l. l. I, p. 896. Legitur in hoc codice C. 248.

Codex Mediolanensis Ambrosianus O. 55 (olim coenobii Oscelae vel 'Susa in Savoia'), membr. saec. XI. in., 8° mai.; cfr. 'Archiv' V, p. 265 sqq., XII, p. 615; Baudi a Vesme, l. l. p. XLIII sq.; MG. LL. IV, p. LIV sq. Tradit C. 88. 100. 168, cc. 6—13. 219, 1. 232.

Codex Merseburgensis = Codex Martisburgensis.

Codex bibliothecae Mettensis E. 19 (quondam S. Arnulfi Mettensis), membr. saec. XI. vel XII.; cfr. 'Archiv' VII, p. 788, VIII, p. 454. Exhibet C. 29.

Codices Monacenses latini.

Codex Monacensis latinus 3519 (olim M. Welseri, deinde bibliothecae civitatis Augustanae 25, tum inter cimelia IV. 3. b (328) collocatus), misc., membr. saec. XII., fol. 49 in 4°; cfr. 'Archiv' XI, p. 561 sqq.; Catalogus codicum manuscriptorum bibliothecae regiae Monacensis III, 2, p. 84 No. 634; MG. LL. III, p. 186. Insunt C. 39. 40. 41. 68. 69.

Codex Monacensis latinus 3853[2] *(olim ecclesiae cathedralis Augustanae 153), membr. saec. X., fol. 318 in 4°; cfr. 'Archiv' VII, p. 118. 761; 'Neues Archiv' XIX, p. 96 sqq.; Catalogus III, 2, p. 125 No. 881; MG. LL. III, p. 6. 195. 250; MG. LL. nat. Germ. V, p. 14; MG. Capit. I, p. 391 No. 14. Inveniuntur in hoc codice C. 13. 15. 16. 20. 23. 36. 42. 52. 55. 66. 68. 78. 94. 95. 98. 131. 134. 157. 163. 165. 167. 176. 188. 191. 192. 193. 195. 196. 242. 252 (form. vulg. et can. brev.). 273. 287. 293 et Ansegisi collectio.*

Codex Monacensis latinus 4115 (olim monasterii S. Crucis Augustanae 15), membr. saec. VIII. IX., fol. 67 in 8° mai.; cfr. 'Archiv' VII, p. 735 sq. 755 sq. 760 sq.; Catalogus III, 2, p. 139 No. 971; Holder, 'Lex Salica ... nach den Handschriften von Tours ... und von Fulda-Augsburg-München' p. 85 sqq.; MG. LL. III, p. 3. 520, V, p. 196; MG. LL. nat. Germ. II, p. 17, V, p. 11. Inest C. 3.

Codex Monacensis latinus 4460 (olim praedicatorum Bambergensium), membr. ex quattuor codicibus saec. XI.—XIV. compositus, fol. 191 in 8°; cfr. Catalogus III, 2, p. 168 No. 1120; Muellenhoff et Scherer, 'Denkmäler deutscher Poesie und Prosa', 3. ed., II, p. 158 sq.; MG. LL. III, p. 5. 195. 250; MG. LL. nat. Germ. V, p. 14. Praebet C. 68.

Codex Monacensis latinus 4774 (olim Benedictoburanus 274), membr. saec. XV., fol. 285 in 4°; cfr. Catalogus III, 2, p. 202 No. 1364; 'Neues Archiv' XIX, p. 672. Tradit C. 209. 210. 272.

Codex Monacensis latinus 5260 (olim canonicorum Chiemseensium 10, deinde Johannis Caspari de Lippert, tum inter cimelia IV. 3. c (327) collocatus), membr. saec. XII., fol. 39 in 8°; cfr. 'Archiv' XI, p. 558 sqq.; Catalogus III, 3, p. 2 No. 11; MG. LL. III, p. 186. 242. 250 sq. Exhibet C. 39. 40. 41. 67. 68. 69.

Codex Monacensis latinus 5541 (Diessensis 41), membr. ex duabus partibus saec. XIII. XIV. et saec. XI. compositus, fol. 143 in 4°; cfr. Catalogus III, 3, p. 22

1) *In Boretii schedis hic codex numero 58. insignitus invenitur, MG. Capit. I, p. 343 vero eum Martisburgensem 136 appellat. Ab archivo capituli Merseburgensis frustra petii, ut rectum mihi nuntiaretur.*
2) *Huius codicis exemplaria sunt codices S. Crucis 217 (v. supra) et Parisiensis latinus 3878 (v. infra).*

No. 61; MG. SS. XXIV, p. 175 (de parte saec. XIII. XIV.); 'Archiv für katholisches Kirchenrecht' XLVII, p. 179 sqq.; 'Neues Archiv' XVII, p. 305 sqq. Ex parte saec. XI. fluxit C. 252 (can. brev.).

Codex Monacensis latinus 6241 (olim Frisingensis 41), membr. saec. XI., fol. 142 in 2°; cfr. Catalogus III, 3, p. 77 No. 620; 'Archiv für katholisches Kirchenrecht' XLVII, p. 184 sqq.; 'Neues Archiv' XVII, p. 292 sqq. Servat C. 248. 249. 252 (form. vulg. et can. brev.). 293.

Codex Monacensis latinus 6243 (olim S. Mariae et S. Corbiniani Frisingensium), membr. saec. VIII. vel IX. in., fol. 238 in 2°; cfr. Catalogus III, 3, p. 78 No. 622; Maassen, l. l. I, p. 476 sq. 921 sqq.; MG. LL. III, p. 239. 242. Exhibet C. 14.

Codex Monacensis latinus 6245 (Frisingensis 45), membr. saec. X., fol. 124 in 4°; cfr. 'Archiv' VII, p. 117. 812 sq.; 'Neues Archiv' XVII, p. 289 sqq.; 'Archiv für katholisches Kirchenrecht' XLVII, p. 188 sqq.; Catalogus III, 3, p. 78 Nr. 624; MG. LL. III, p. 213. 255. Insunt C. 248. 249. 252 (form. vulg. et can. brev.). 293.

Codex Monacensis latinus 6285 (Frisingensis 85), membr. saec. X., fol. 98 in 2°; cfr. Catalogus III, 3, p. 84 No. 664; 'Neues Archiv' VIII, p. 308. Praebet C. 10.

Codex Monacensis latinus 6288 (Frisingensis 88), membr. saec. X., fol. 209 in 2°; cfr. Catalogus III, 3, p. 85 No. 667. Legitur in hoc codice C. 248.

Codex Monacensis latinus 6324 (Frisingensis 124), membr. saec. X., fol. 106 in 2°; cfr. 'Archiv' VII, p. 117; Catalogus III, 3, p. 92 No. 703. Traditur hoc codice, qui exemplar codicis sequentis est, C. 117.

Codex Monacensis latinus 6325 (Frisingensis 125), membr. saec. IX., fol. 142 in 4°; cfr. 'Archiv' VII, p. 117; Catalogus III, 3, p. 93 No. 704. Ut in antecedenti codice legitur hic C. 117.

Codex Monacensis latinus 6360 (Frisingensis 160), membr. et a duobus scribis saec. X. vel XI. exaratus, fol. 89 in 4°; cfr. Catalogus III, 3, p. 97 No. 733; MG. Capit. I, p. 391 No. 15. Insunt C. 130. 167, 1 et Ansegisi collectio.

Codex Monacensis latinus 8112 (Moguntinus 12), membr. saec. IX., fol. 128 in 4°; cfr. Catalogus IV, 1, p. 2 No. 12; Jaffé, Bibliotheca rerum Germanicarum III, p. 9, ubi saec. XI. attribuitur; MG. EE. III, p. 216 sq. Tradit C. 10 et 11.

Codex Monacensis latinus 14468 (olim S. Emmerammi Ratisbonensis E. 91) membr. anno 821. iussu Baturici Ratisbonensis episcopi conscriptus, fol. 112 in 4°; cfr. 'Archiv' VII, p. 114; Catalogus IV, 2, p. 176 No. 1449; Muellenhoff et Scherer, 'Denkmäler deutscher Poesie und Prosa' 3. ed., II, p. 344 sq. Servat C. 22. 23. 109.

Codex Monacensis latinus 14508 (olim S. Emmerammi Ratisbonensis F. 11), membr. ex duabus partibus saec. XIV. et saec. X. compositus, fol. 148 in 4°; cfr. 'Archiv' VII, p. 114; Catalogus IV, 2, p. 184 No. 1488; MG. Form. p. 605. Ex parte saec. X. fluxit C. 36.

Codex Monacensis latinus 14581 (olim S. Emmerammi Ratisbonensis F. 84), membr. ex duabus partibus saec. XI. et saec. XIV. compositus, fol. 174 in 4°; cfr. Catalogus IV, 2, p. 196 No. 1557; 'Neues Archiv' IX, p. 562. In parte saec. XI. leguntur C. 177 et Walafridi libellus de exord. rer. eccl.

Codex Monacensis latinus 14628 (olim S. Emmerammi Ratisbonensis G. 12), membr. saec. XI. vel XII., fol. 130 in 4°; cfr. Catalogus IV, 2, p. 205 No. 1603; 'Neues Archiv' XVII, p. 319 sqq. Praebet C. 249 et 252 (form. vulg. et can. brev.).

Codex Monacensis latinus 14727 (olim S. Emmerammi Ratisbonensis G. 111), membr. ex duabus partibus saec. XIV. et IX. compositus, fol. 170 in 4° min.; cfr. 'Archiv' VII, p. 114; 'Neues Archiv' IX, p. 564; Catalogus IV, 2, p. 223 No. 1695. Parti saec. IX. scriptae debetur C. 116.

Codex Monacensis latinus 17184 (Scheftlariensis 184), membr. saec. XII., fol. 135 in 4°; cfr. Catalogus IV, 3, p. 85 No. 686; 'Neues Archiv' IX, p. 572. Invenitur hic Walafridi libellus de exord. rer. eccl.

Codex Monacensis latinus 19415 (Tegernseensis 1415, inter cimelia IV. 3. d (325) collocatus), membr. intra saec. IX.—XI. conscriptus, pag. 305 in 4°; cfr. 'Archiv' VII, p. 765, XI, p. 556 sqq.; 'Neues Archiv' IX, p. 582; Catalogus IV, 3, p. 244 No. 1950; MG. LL. III, p. 5. 185 sq. 242. 250. 251. 254; MG. LL. nat. Germ. V, p. 14. Insunt C. 39. 40. 67. 68. 69.

Codex Monacensis latinus 19416 (Tegernseensis 1416), membr. saec. IX. et X. conscriptus, fol. 209 in 8°; cfr. Boretius, 'Capitularien im Langobardenreich' p. 42 sqq.; Catalogus IV, 3, p. 244 No. 1951; 'Neues Archiv' IX, p. 582; MG. LL. IV, p. LI. Praebet C. 20. 22. 23. 39. 40. 41. 43. 44. 46. 47. 67. 93. 95. 97. 98. 99. 103. 105, 8. 112. 129. 191. 192. 193. 201.

Codex Monacensis latinus 27246 (olim S. Mariae et S. Corbiniani Frisingensium B. H. 1) membr. saec. X., fol. 100; cfr. 'Archiv' VII, p. 791 sqq.; 'Neues Archiv' VIII, p. 308, IX, p. 600; Catalogus IV, 4, p. 257 No. 2727. Exhibet C. 10.

Codex Monacensis latinus 29084, ex monasterio Benedictoburano oriundus, ex fol. 19 saec. IX. X. scriptis constat, quibuscum 2 fol. tegumenti codicis Monacensis latini 4774 (v. supra) et 4 fol. in bibliotheca universitatis Monacensis coniungenda videntur; cfr. 'Neues Archiv' XIX, p. 671 sqq.; MG. Capit. I, p. 391 No. 16. Tradit C. 105, 9. 12. 175. 209. 273 et fragmenta capitum 91. 93. 95. 102. 158. 163. 165. 180. 193. 196. 210. 224. 228 et Ansegisi collectionis.

Codex Monacensis latinus 29085, saec. IX. X.; cfr. 'Neues Archiv' XIX, p. 670 sq. Insunt C. 14. 154 et Ansegisi collectionis fragmenta.

Codex Hermanni abbatis Altahensis (1242—1273, obiit 1275) in tabulario regio Monacensi, form. max., saec. XIII. compositus; cfr. Jaffé, Bibliotheca rerum Germanicarum IV, p. 387 ann. a; 'Neues Archiv' I, p. 374; MG. SS. XVII, p. 351. Servavit C. 75.

Codex traditionum ecclesiae Pataviensis ab Ottone de Lonsdorf, Pataviensi episcopo (1254—1265), compositus et in tabulario regio Monacensi ('Litteralien des Hochstifts Passau No. 203') asservatus; cfr. MG. LL. III, p. 252 sq.; MG. Capit. II, p. 249 sq. In hoc codice exstat C. 253.

Codex Monasteriensis Msc. VII. 5201 (olim Corbeiensis, tum Patherbrunnensis), saec. X., fol. 328 in 4°; cfr. 'Archiv' IV, p. 346 sqq.; von Richthofen, 'Zur lex Saxonum' p. 65 sqq.; MG. LL. V, p. 3. 103. Exhibet C. 27. 139. 140. 141.

Codices Montispessulani.

Codex Montispessulanus 136 (olim Pithoei, deinde collegii Trecensis), membr. saec. IX, fol. 189 in 2° min.; cfr. 'Archiv' VII, p. 741 sq., 788 sq.; Pardessus, 'Loi salique' p. XXXIV sqq.; Haenel, Lex Romana Wisigothorum p. LIX; 'Catalogue général des bibliothèques publiques des départements' I (1849), p. 335; MG. LL. III, p. 591; MG. LL. nat. Germ. II, p. 21. Tradit C. 20. 34. 39. 40. 44. 67. 138. 139. 140. 141.

Codex Montispessulanus 137 (olim Pithoei, deinde collegii Trecensis), membr. saec. XI. vel XII., 4°; cfr. 'Archiv' VII, p. 199. 790; 'Catalogue' I (1849), p. 335 sq. Insunt C. 293 et Ansegisi collectionis fragmenta.

Codex Montispessulanus 360 (olim Pontigniacensis), membr. saec. IX. vel X. in., 4°; cfr. 'Archiv' VII, p. 204. 371. 789; Einhardi vita Karoli ed. Waitz (Hannoverae 1890), p. XVII sq.; MG. SS. rer. Merow. II, p. 225 sqq. Legitur in hoc codice miscellaneo C. 131, 6.

Codices Mutinenses.

Codex bibliothecae Mutinensis olim ducalis, Estensis dictus, a Pellegrino Prisciani, ducum Estensium historiographo, circa annum 1490. compositus adhibito fortasse archetypo saec. IX.; cfr. Baudi a Vesme, l. l. p. XLIV; MG. LL. IV, p. LX. Exhibet C. 219, 5.

Codex Mutinensis ecclesiae cathedralis ord. I. 2, membr. anno 991. confectus, fol. 218 in 4°, collectionem legum circa annum 830. a Lupo conditam continet; cfr. Muratori, Antiquitates Italicae II, p. 233 sqq.; 'Archiv' V, p. 262 sqq., X, p. 356. 408, XI, p. 596 sqq.; Baudi a Vesme, l. l. p. XLII sq.; Pardessus, l. l. p. XLVII; Boretius, l. l. p. 32 sqq.; MG. SS. III, p. 216; MG. LL. III, p. 3 sq. 189, IV, p. XL sqq.; MG. LL. V, p. 196 sq.; MG. LL. nat. Germ. V, p. 12. Traduntur hoc codice C. 20. 22. 23. 39. 40. 43. 44. 94. 95. 97. 98. 112. 157. 163. 165. 191. 192. 193. 196. 216. 217.

Codex Mutinensis II. 2, membr. saec. X., 2°; cfr. 'Archiv' XII, p. 700; 'Zeitschrift für Rechtsgeschichte' II (1862), p. 466; 'Rivista italiana per le scienze giuridiche' XI, p. 376 sq. Praebet C. 225 et 230.

Codex Norimbergensis bibliothecae urbanae, Mss. Cent. V. Anhang No. 96 (olim Meieri Norimbergensis), membr. saec. X. vel XI., fol. 39 in 8° mai.; cfr. 'Archiv' IX, p. 549 sq. Praebet C. 20. 21. 39. 40. 43. 44. 61. 62. 63. 67. 71. 104, 3.

Codices Novarienses.

Codex capituli Novariensis XV (30), saec. XII., 2°, exemplar est codicis subsequentis; cfr. 'Sitzungsberichte der Wiener Akademie, phil.-hist. Classe' XLVI, p. 68 ann. 1., LIII, p. 391; 'Neues Archiv' XII, p. 533. Inest C. 203.

Codex capituli Novariensis XXX (66), membr. saec. X. XI., fol. 290 in 2°; cfr. 'Wiener Sitzungsberichte' LIII, p. 387 sqq., LXVIII, p. 613 sqq.; 'Neues Archiv' XII, p. 533. In hoc codice legitur C. 203.

Codex Ottobonianus v. inter codices Romanos.

Codices Parisienses latini.

Codex Parisiensis latinus 1454 (olim Guillelmi Sacherii, deinde Mazarineus, tum regius 2241), membr. saec. IX. X., fol. 247 in 2°; cfr. Catalogus codicum manuscriptorum bibliothecae regiae Parisiensis III, p. 115 sq.; 'Wiener Sitzungsberichte' LIV, p. 190 sqq.; MG. Conc. I, p. XVI. Tradit C. 1.

Codex Parisiensis latinus 1455 (olim Jacobi Tavelli Senonensis, deinde Colbertinus 3368, tum regius 3887, 1. 1. A), membr. saec. X., fol. 199 in 2°; cfr. Catalogus III, p. 116; 'Wiener Sitzungsberichte' LIV, p. 195 sqq.; Maassen, l. l. I, p. 536 sq.; MG. Conc. I, p. XV. Invenitur in hoc codice C. 5.

Codex Parisiensis latinus 1535 (olim Bigotianus), membr. saec. X., 2°; cfr. Catalogus III, p. 146 sq.; 'Archiv' VII, p. 808; 'Wiener Sitzungsberichte' LIV, p. 199. Praebet C. 170.

Codex Parisiensis latinus 1537 (olim Colbertinus), membr. saec. X. vel XI.; cfr. Catalogus III, p. 147; 'Wiener Sitzungsberichte' LIV, p. 200. Continet C. 169.

Codex Parisiensis latinus 1550, chart. saec. XVI.; cfr. Catalogus III, p. 149. Inest C. 293.

Codex Parisiensis latinus 2178 (olim Colbertinus 4593, deinde regius 4323), membr. saec. XI.—XII. compositus, plagulas 140 in 4° continens; cfr. Catalogus III, p. 319; Carpentier, Alphabetum Tironianum p. 3; U. Fr. Kopp, Palaeographia critica I, p. 318 sqq.; Sickel, Acta regum Karolinorum I, p. 116 sqq.; Schmitz, Monumenta tachygraphica codicis Parisiensis latini 2718, fasc. I, p. III sqq. et p. 45, ubi editum est ex hoc codice C. 137, quod ibidem notis Tironianis perscriptum legitur.

Codex Parisiensis latinus 2826 (olim S. Martialis Lemovicensis), membr. saec. IX. X., 4°; cfr. Catalogus III, p. 336 sq.; MG. EE. IV, p. 12. Exhibet C. 170.

Codex Parisiensis latinus 2853 (olim J. B. Massoni), membr. circa annum 840. conscriptus; cfr. Catalogus III, p. 342 sq. Tradit C. 198.

Codex Parisiensis latinus 2866 (olim Colbertinus), membr. saec. IX. X.; cfr. Catalogus III, p. 345; 'Archiv' VII, p. 44. Insunt C. 305 et 306.

Codex Parisiensis latinus 3833 (olim Colbertinus 962, deinde regius 3887), membr. saec. X., fol. 168 in 2° min.; cfr. Catalogus III, p. 517; 'Wiener Sitzungsberichte' LIV, p. 228 sqq. Exhibet C. 14.

Codex Parisiensis latinus 3839, membr. saec. IX.; cfr. Catalogus III, p. 517; 'Archiv' VII, p. 46. Leguntur in hoc codice Ansegisi collectionis fragmenta.

Codex Parisiensis latinus 3839A (olim Baluzianus), membr. saec. IX.; cfr. Catalogus III, p. 517 sq.; 'Archiv' VII, p. 46. Servat C. 293 et Ansegisi collectionis fragmenta.

Codex Parisiensis latinus 3842A (olim Thuaneus[1], deinde Colbertinus 932, tum regius 3887), membr. saec. IX.—X., fol. 191 in 2°; cfr. Catalogus III, p. 518 sq.; 'Wiener Sitzungsberichte' LIV, p. 232. Ut codex Parisiensis latinus 1454, cuius exemplar est, praebet C. 1.

Codex Parisiensis latinus 3846 (in monasterio S. Amandi in diocesi Tornacensi quondam asservatus, deinde Tellerianus, tum regius 3665), membr. saec. IX., fol. 266 in 2° mai.; cfr. Catalogus III, p. 519; 'Archiv' VII, p. 46, ubi saec. XI. attribuitur; 'Wiener Sitzungsberichte' LIV, p. 233; MG. Conc. I, p. XV. Continet C. 1 et 5.

Codex Parisiensis latinus 3878 (olim Faurianus, tum regius 4242), membr. saec. X., fol. 171 in 4°, exemplar est codicis Monacensis latini 3853; cfr. Catalogus III, p. 524 et 'Archiv' VII, p. 46, ubi saec. XII. attribuitur; 'Wiener Sitzungsberichte' LIII, p. 253; 'Neues Archiv' XIX, p. 128 sqq.; MG. Capit. I, p. 391 No. 13. Insunt C. 13. 15. 16. 20. 23. 36. 42. 52. 55. 66. 68. 78. 94. 95. 98. 131. 134. 157. 163. 165. 167. 176. 188. 191. 192. 193. 195. 196. 242. 252 (form. vulg.). 273. 287. 293 et Ansegisi collectio.

Codex Parisiensis latinus 4280A (olim S. Remigii Remensis, deinde Colbertinus 3029, tum regius 4240B), membr. saec. X., fol. 107 in 4°; cfr. Catalogus III, p. 573; 'Wiener Sitzungsberichte' LIV, p. 256 sqq.; Maassen, l. l. I, p. 846 sqq. In hoc codice inveniuntur C. 138. 139. 140. 141.

Codex Parisiensis latinus 4404 (olim Narbonensis, deinde Colbertinus 2436, tum regius 4890. 2. 2), membr. saec. IX. in., fol. 234 in 4° mai.; cfr. Catalogus III, p. 589; Pardessus, l. l. p. X sqq.; Haenel, l. l. p. XLIV; 'Archiv' VII, p. 733 sqq.; MG. LL. III, p. 2, V, p. 196; MG. LL. nat. Germ. V, p. 12. Traduntur hoc codice C. 3. 4. 7. 39. 40. 67. 82.

Codex Parisiensis latinus 4409 (antea Colbertinus 1197, deinde regius 5184), membr. saec. IX., fol. 183 in 4°; cfr. Catalogus III, p. 589 sq.; Pardessus, l. l p. XIII sq.; Haenel, l. l. p. LXXI. LXXV; 'Archiv' VII, p. 743; MG. Form. p. 131. Inest C. 7.

Codex Parisiensis latinus 4417 (olim canonicorum Aniciensium, deinde Colbertinus 826, tum regius 5159. 9. 5), membr. saec. IX. vel X., fol. 185 in 2° min.; cfr. Catalogus III, p. 591; Pardessus, l. l. p. XIV sq.; Haenel, l. l. p. LXXV sq.; 'Archiv' XI, p. 586 sqq.; MG. LL. III, p. 9. 188 sq. 249. 510 sq., V, p. 200; MG. LL. nat. Germ. II, p. 17, V, p. 16; MG. Capit. I, p. 391 No. 8. Exhibet C. 68. 167, 4. 184. 186. 189. 191. 192. 193 et Ansegisi collectionem.

Codex Parisiensis latinus 4613 (olim Colbertinus, a Baluzio Thuaneus appellatus), membr. saec, X., fol. 100 in 2°; cfr. Catalogus III, p. 614; Baudi a Vesme, l. l. p. XXIX; Boretius, l. l. p. 44 sq.; 'Archiv' VII, p. 773 sqq.; MG. LL. IV, p. XXVI sq. LI. Tradit C. 20. 22. 23. 25. 33. 39. 40. 94. 96. 98. 105, 4. 5. 121. 141. 158. 165. 191. 192. 201. 214. 215. 219, 3. 4.

Codex Parisiensis latinus 4626 (olim Matisconensis, deinde Bigotianus 128, tum regius 5189), membr. saec. X. ex. vel XI. in., fol. 129 in 2°; cfr. Catalogus III,

1) *De alio codice Thuaneo, qui periisse videtur, v. infra Baluze, Capitularia; cfr. praeterea codices Parisienses latini 4613 et 4638.*

p. 615; Pardessus, l. l. p. XVI sq.; Haenel, l. l. p. LXXVI; MG. LL. III, p. 517 sq.; MG. LL. nat. Germ. II, p. 15. In hoc codice servantur C. 20. 39. 40. 57. 138. 139. 140. 141. 260. 266. 267. 274.

Codex Parisiensis latinus 4627, membr. saec. IX. vel X., fol. 149 in 4° min.; cfr. Catalogus III, p. 615; Pardessus, l. l. p. XVII sq.; Holder, 'Lex Salica . . . nach der Handschrift von Sens—Fontainebleau—Paris 4627' p. 38 sqq.; MG. Form. p. 34 sq. Exhibet C. 7.

Codex Parisiensis latinus 4628 (antea Colbertinus 5453, tum regius 5289. 6), membr. saec. IX. vel X., 8°; cfr. Catalogus III, p. 615 sq.; Pardessus, l. l. p. XVIII; MG. LL. III, p. 6, V, p. 200; MG. LL. nat. Germ. V, p. 14. In hoc codice inveniuntur C. 39. 40. 139. 140. 141. 156.

Codex Parisiensis latinus 4628A (olim abbatiae S. Dionysii in Francia), membr. saec. X., 4°; cfr. Catalogus III, p. 616; 'Notices et extraits de la bibliothèque du roi' XIII, 2, p. 62 sqq.; Pardessus, l. l. p. XVIII sqq.; MG. LL. V, p. 270; MG. Capit. I, p. 391 No. 11. Continet C. 3. 7. 20. 22. 28. 39. 40. 43. 44. 61. 63. 77. 139. 140. 141. 142 167, 7. 184. 186. 187. 188. 189. 191. 192. 193. 297 et Ansegisi collectionem.

Codex Parisiensis latinus 4629 (olim Colbertinus 4059, tum regius 5189. 3. 3), membr. saec. IX., 2° long.; cfr. Pardessus, l. l. p. XX; 'Archiv' VII, p. 745; MG. LL. V, p. 196, ubi sicut in Catalogo III, p. 616 saec. X. attribuitur; MG. Form. p. 166. Exstant in codice C. 7. 39. 40. 41. 43. 44. 57. 67.

Codex Parisiensis latinus 4631 (olim Faurianus), partim membr., partim chart. saec. XV., exemplar est codicis Parisiensis latini 4628A; cfr. Catalogus III, p. 616; Pardessus, l. l. p. XX; MG. LL. V, p. 270; MG. Capit. I, p. 391 No. 12. Leguntur in codice C. 3. 28. 139 et Ansegisi collectio.

Codex Parisiensis latinus 4632 (olim Mazarineus et a Baluzio Regius appellatus), membr. saec. X. in ecclesia S. Estefani in villa nomine Templova scriptus, 4°; cfr. Catalogus III, p. 616 sq.; Pardessus, l. l. p. XXI; 'Archiv' VII, p. 752; MG. LL. III, p. 6. Praebet C. 39. 40. 104, 7. 134. 139. 142.

Codex Parisiensis latinus 4634 (olim ecclesiae S. Mariae et S. Stephani Senonum, deinde Baluzianus 202, tum regius 4243. 2), membr. saec. IX. vel X.; cfr. Catalogus III, p. 617; MG. LL. I, p. 270; MG. Capit. I, p. 391 No. 33. Exhibet Ansegisi collectionem.

Codex Parisiensis latinus 4635 (olim Mazarineus et a Baluzio Tilianus dictus), membr. saec. X., 4° mai.; cfr. Catalogus III, p. 617; MG. LL. I, p. 269; MG. Capit. I, p. 391 No. 34. Inveniuntur in hoc codice C. 167, 6 et Ansegisi collectio.

Codex Parisiensis latinus 4636 (olim Cangii 144, deinde regius 4243), membr. saec. IX. ex. vel X. in.; cfr. Catalogus III, p. 617; MG. LL. I, p. 270; MG. Capit. I, p. 391 No. 35. Continet Ansegisi collectionem.

Codex Parisiensis latinus 4637 (olim Colbertinus 467, deinde regius 4243A), membr. saec. X. vel XI., 2°; cfr. Catalogus III, p. 617; MG. LL. I, p. 269; MG. Capit. I, p. 391 No. 36. In hoc codice legitur Ansegisi collectio.

Codex Parisiensis latinus 4638 (olim Pithoei et Pithoeanus a Baluzio dictus, postea J. A. Thuani, deinde Colbertinus 1597, tum regius 4243. 1), membr. saec. X. vel XI., 2°; cfr. Catalogus III, p. 617; MG. LL. I, p. XXXII. 270; MG. Capit. I, p. 391 No. 37. Insunt in hoc codice C. 77. 167, 7. 170. 184. 186. 189. 191. 192. 193. 204. 206. 207. 227. 254. 255. 257. 258. 259. 260. 261. 262. 291. 292. 293. 294. 295 et Ansegisi collectio.

Codex Parisiensis latinus 4758 (olim Mazarineus, tum regius 4490), membr. saec. IX. in., 4° min.; cfr. Catalogus III, p. 629; 'Archiv' VII, p. 728; Pardessus, l. l. p. XXI sq.; MG. LL. III, p. 516 sq.; MG. LL. nat. Germ. II, p. 15. Tradit C. 39 et 40.

Codex Parisiensis latinus 4760 (olim Baluzianus 365, tum regius 4263. 7), membr. saec. X. XI., 8° mai.; cfr. Catalogus III, p. 629 sq.; Pardessus, l. l. p. XXII sq.; MG. LL. I, p. XXX sq. Exhibet C. 20. 37. 39. 40.

Codex Parisiensis latinus 4761 *(olim Philiberti ex gente de la Mare Divionensis), membr. saec. X., 4° min., variis fatis insignis. Trium enim partium una periit, qua continebantur C. 170. (189). (193). 282. 283. Altera, fol. 1—102 codicis complectens, ex bibliotheca Parisiensi rapta in bibliothecam Ashburnhamensem venit, ubi inter codices Barrois 146 numerabatur, unde vero postea in bibliothecam Parisiensem rediit; huic nunc primae parti codicis Paris. 4761 insunt C. 259 et Ansegisi collectio; cfr. MG. Capit. I, p. 390 No. 4. Tertia denique, fol. 26 complectens, item ex bibliotheca Parisiensi in Ashburnhamensem translata et inter codices Barrois 73 numerata tandem patriae restituta est. Hac in parte iam altera cod. Paris. 4761 leguntur C. 77. 184. (189). 191. 192. (193). 272. 274; cfr. Delisle, 'Catalogue des manuscrits des fonds Libri et Barrois' p. 196 sqq., qui tabulam praebet capitum nunc deperditorum. Nonnulla parte a Boretio et Krause discrepat, id quod ea ratione significavimus, ut quae hi in codice adhuc exstare dicunt, Delisle vero negat, uncis incluserimus; cfr. praeterea quae Krause, MG. Capit. II, p. 355, de capite 281 monuit.*

Codex Parisiensis latinus 4762 *(olim Colbertinus), membr. saec. X.; cfr. Catalogus III, p. 630; MG. Capit. I, p. 391 No. 38. Serrat Ansegisi collectionem.*

Codex Parisiensis latinus 4788 *(olim S. Vincentii Laudunensis*[1]*, deinde Baluzianus 864, tum regius 4655 A), membr. saec. IX. vel X., 8°; cfr. Catalogus III, p. 632; Pardessus, l. l. p. XXIII sq.; MG. LL. I, p. XXIII. Insunt C. 39. 40. 138. 139. 140. 141. 146. 147.*

Codex Parisiensis latinus 4995 *(olim Colbertinus 3287, tum regius 5192), membr. saec. X., 2°; cfr. Catalogus IV, p. 27 sq.; 'Archiv' VII, p. 54; MG. LL. III, p. 213. Leguntur in hoc codice C. 34. 37. 39. 40. 43. 44. 54. 61. 62. 63. 67. 74. 139. 140. 156.*

Codex Parisiensis latinus 5095 *(olim Tellerianus), membr. saec. X.; cfr. Catalogus IV, p. 39. Exhibet C. 273 et 297.*

Codex Parisiensis latinus 5577 *(olim b. Mariae Lucionemensis, deinde Colbertinus 4167, tum regius 4382. 5. 5), membr. saec. X., 8° long.; cfr. Catalogus IV, p. 134 sq.; MG. LL. I, p. XX. Inest C. 31.*

Codex Parisiensis latinus 9008 *est membrana saec. VIII. ex. sub vitro hodie servata; cfr. Champollion-Figeac, 'Fragment inédit de la fin du VIII. siècle relatif à l'histoire de Charlemagne' p. 5 sqq. Tradit C. 111.*

Codex Parisiensis latinus 9653 *(olim J. A. Lescurii, deinde Cl. Ex Pillii Gratianopolitani, tum inter supplementa latina 65), membr. saec. IX. X., fol. 163 in 4°; cfr. Pardessus, l. l. p. XXIV sq.; Haenel, l. l. p. LXII sq.; Holder, 'Lex Salica ... nach dem Codex Lescrivanus (Paris. 9653)' p. 28 sqq.; Delisle, 'Inventaire des manuscrits latins conservés à la bibliothèque nationale sous les numéros 8823—18613', fasc. I, p. 42; MG. LL. III, p. 509 sq.; MG. LL. nat. Germ. II, p. 17. Exstat in hoc codice C. 139.*

Codex Parisiensis latinus 9654 *(olim S. Vincentii Mettensis et collegii Claramontani, tum inter suppl. lat. 75), membr. saec. X. vel XI., 4°; cfr. Pardessus, l. l. p. XXV sq.; 'Archiv' XI, p. 589 sq.; Delisle, l. l. fasc. I, p. 42; MG. LL. III, p. 8. 189, V, p. 199. 270; MG. Capit. I, p. 391 No. 17. Leguntur in hoc codice C. 12. 13. 14. 15. 16. 20. 21. 23. 34. 36. 39. 40. 41. 42. 43. 44. 46. 48. 49. 51. 52. 53. 55. 56. 57. 58. 59. 61. 62. 63. 64. 65. 66. 71. 72. 73. 74. 77. 78. 80. 119. 184. 186. 189. 191.*

1) *De alio codice S. Vincentii Laudunensi deperdito vel ignoto v. infra Baluze, Capitularia, et Sirmond, Caroli Calvi capitula.*

192. 193. 195. 242. 243. 257. 258. 259. 260. 266. 268. 272. 273. 287. 292. 293 et Ansegisi collectio.

Codex Parisiensis latinus *9656 (olim monasterii S. Eufemiae Veronensis P. I. 87), membr. saec. XI., fol. 115 in 4°; cfr. Delisle, l. l. fasc. I, p. 42; MG. LL. IV, p. LVIII sqq. Tradit C. 219, 5.*

Codex Parisiensis latinus *10753 (olim ecclesiae b. Launomari Claramontani, tum inter suppl. lat. 215, a Sirmondo Blesensis, a Baluzio et Corbionensis et Remensis vocatus), membr. saec. X. ex. vel XI. in., fol. 154 in 4°; cfr. Pardessus, l. l. p. XXVIII sq.; Haenel, l. l. p. XXVI sq. LXXIX sq.; 'Archiv' VII, p. 729; Delisle, l. l. fasc. I, p. 92; MG. LL. III, p. 1 sq. 10 sq. 518 sq. 591, V, p. 195 sq.; MG. LL. nat. Germ. II, p. 15, V, p. 12 sq.; MG. Form. p. 605. Hoc codice traduntur C. 8. 39. 40. 44. 139.*

Codex Parisiensis latinus *10754 (olim collegii Claramontani, tum inter suppl. lat. 303), membr. saec. IX. vel X., 4°; cfr. Pardessus, p. XXIX sq.; Delisle, l. l. fasc. I, p. 92. Servat C. 39. 43. 44.*

Codex Parisiensis latinus *10757 (olim Rosniensis 2410, tum inter suppl. lat. 1007), membr. saec. X., fol. 16 in 4°; cfr. Duemmler, 'Das Formelbuch des Bischofs Salomo III. von Constanz' p. XXIX sqq.; Delisle, l. l. fasc. I, p. 93; MG. Form. p. 391. Servavit unicum c. 32 libelli Walafridi de exord. rer. eccl.*

Codex Parisiensis latinus *10758 (olim S. Remigii Remensis, postea collegii Claramontani 620, tum inter suppl. lat. 164 bis), membr. saec. IX. X., fol. 169 in 4°; cfr. Pardessus, l. l. p. XXVI sqq.; Delisle, l. l. fasc. I, p. 93; Einhardi vita Karoli ed. Waitz (Hannoverae 1890) p. XIX; MG. LL. I, p. XXIX sq.; MG. Capit. I, p. 392 No. 41. Praebet C. 3. 7. 20. 22. 28. 39. 40. 77. 142. 167, 5. 8. 184. 186. 187. 188. 189. 191. 192. 198 et Ansegisi collectionem.*

Codex Parisiensis latinus *11015, miscell. saec. XII.—XIV. confectus; cfr. Vaissette, 'Histoire générale de Languedoc, nouv. éd.' II b p. 73; Delisle, l. l. fasc. I, p. 105 sq. Legitur in huius codicis parte saec. XII. conscripta tamquam exemplar documenti cuiusdam in archivo archiepiscopi Narbonensis asservati C. 76.*

Codex Parisiensis latinus *12097 (olim Corbeiensis 26, tum Sangermanensis 936), membr. saec. VI.—VII. diversis manibus exaratus, fol. 232 in 4°; cfr. Delisle, l. l. fasc. II, p. 36; 'Wiener Sitzungsberichte' LIV, p. 268 sqq.; MG. Conc. I, p. XII. Servavit C. 1. 2. 8.*

Codex Parisiensis latinus *18237 (olim A. Loiselii, deinde 'Fond de Notre-Dame' 252 [F. 9]), membr. saec. IX., 8°; cfr. 'Archiv' VII, p. 730 sq.; Pardessus, l. l. p. XXXI sq.; Delisle, l. l. fasc. V, p. 87; MG. LL. III, p. 9. 185; MG. LL. nat. Germ. V, p. 16; MG. Capit. I, p. 392 No. 39. Insunt C. 3. 7 et Ansegisi collectio.*

Codex Parisiensis latinus *18238 (antea 'Fond de Notre-Dame' 244 [F. 4]), membr. saec. IX. vel X., 8°; cfr. Pardessus, l. l. p. XXX sq.; Delisle, l. l. fasc. V, p. 88; MG. LL. I, p. XXV. 270; MG. Capit. I, p. 392 No. 40. Tradit C. 138. 139. 140. 141 et Ansegisi collectionem.*

Codex Parisiensis latinus *18239, saec. XI., 8°; cfr. Delisle, l. l. fasc. V, p. 88; MG. Capit. I, p. 391 No. 24. Exhibet Ansegisi collectionem.*

Codex Parisiensis latinus nouv. acq. *204, saec. IX.—XI. attributus, fol. 95 in 8°; cfr. Delisle, 'Manuscrits latins et français ajoutés aux fonds des nouvelles acquisitions pendant les années 1875—1891', I, p. 380 sq.; 'Neues Archiv' VIII, p. 202, XII, p. 579 sqq.; MG. LL. nat. Germ. II, p. 16, V, p. 16. Leguntur in hoc codice C. 139. 141. 143. 144. 145.*

Codex Parisiensis latinus nouv. acq. *1632 (olim S. Benedicti Floriacensis, tum Aurelianensis [1]), membr. ex tribus partibus saec. IX.—X. confectis compositus, fol. 152*

1) *Hoc nomine appellatur MG. Capit. I, p. 392 No. 45.*

in 2°; cfr. 'Catalogue général des manuscrits des bibliothèques publiques de France, Départements' XII, p. 270 No. 662; Delisle, l. l. I, p. 49. 94. 340; Delisle, 'Catalogue des manuscrits des fonds Libri et Barrois' p. 111 sqq. Inveniuntur in hoc codice C. 293 et Ansegisi collectio.

Codex Parisiensis latinus inter suppl. lat. 1046 exemplar modernae aetatis est legis Salicae, quae in codice Lugdunensi Vossiano lat. Q. 119 (v. supra) legitur; cfr. Pardessus, l. l. p. XXXIII. Legitur in hoc codice C. 4.

De codice Patavino S. Antonii 182 v. infra Muratori, Scriptores. Pro certo affirmare non ausim hunc codicem eundem esse atque eum, quem Minuciotti, 'Catalogo dei codici manoscritti esistenti nella biblioteca di sant' Antonio di Padova' p. 62 No. 182 descripsit et qui saec. VIII. conscriptus Augustini libros de locutionibus et quaestionibus veteris testamenti continet.

Codices S. Pauli in Karinthia.

Codex S. Pauli in Karinthia XXV $^{a}_{4}$ (olim Kruftianus, deinde monasterii S. Blasii in Nigra Silva), membr. intra annos 817. et 823. exaratus, fol. 184 in 4°; cfr. 'Archiv' III, p. 78 sqq., XI, p. 574 sqq.; Pardessus, l. l. p. LXIV; Haenel, l. l. p. LXXVIII; Boretius, 'Capitularien im Langobardenreich' p. 29 sqq.; MG. LL. III, p. 7. 188. 514, IV, p. LI; MG. LL. V, p. 199; MG. LL. nat. Germ. II, p. 16, V, p. 15. In hoc codice exstant C. 20. 39. 41. 43. 44. 46. 47. 88. 90. 92. 93. 94. 95. 98. 99. 113. 134. 139. 140. 141. 158. 165. 181.

Codex S. Pauli in Karinthia XXV $^{a}_{5}$ (quondam monasterii S. Blasii in Nigra Silva), membr. saec. IX. vel. X., fol. 168 in 8° long.; cfr. 'Archiv' III, p. 82; MG. LL. I, p. XXII. Praebet C. 125 et 126.

Codex S. Pauli in Karinthia XXV $^{a}_{6}$ (antea fortasse monasterii Augiae maioris), membr. saec. IX., fol. 192 in 2° min.; cfr. 'Archiv' III, p. 82; 'Neues Archiv' I, p. 413; MG. LL. I, p. XX. Inest C. 133.

Codex Petropolitanus O. II. 11 (antea musei Petri Dubrowski), membr. saec. IX., fol. 40 in 4°; cfr. Hubé, 'La loi salique' p. XIX sqq.; 'Neues Archiv' V, p. 614 sqq. Exhibet C. 39 et 40.

Codices Pictavienses.

Codex Pictaviensis 121 (antea 6, olim S. Hilarii Pictaviensis), membr. saec. XI. ex. vel XII. in., fol. 104 in 2° long.; cfr. 'Catalogue général des manuscrits des bibliothèques publiques de France, Départements' XXV, p. 40. Inest C. 252 (can. brev.).

Codex Pictaviensis 162 (antea 154)[1], membr. saec. IX., fol. 88 in 2°; cfr. 'Catalogue général, Départements' XXV, p. 256 sq. Legitur hoc in codice C. 149.

Codex Pommersfeldensis 2875, chart. saec. XVI. ex., 2°; cfr. 'Archiv' IX, p. 537 sq.; MG. EE. III, p. 222. Inest C. 10.

Codex Pragensis[2] musei Bohemici 277, saec XI.; cfr. MG. Capit. I, p. 359. Praebet C. 176.

Codex ecclesiae Reatinae Arm. V. L., saec. XI.; cfr. 'Archiv' XII, p. 488; MG. Capit. I, p. 96, 40. Legitur in hoc codice C. 33, c. 27.

1) *Quantum coniectare licet hic codex idem est atque ille codex Pictaviensis, liber scilicet manuscriptus Parthenonis S. Crucis, cui titulus est testamentum S. Radegundae, quem adhibuit Mabillon, Vetera analecta, 1. ed., I, p. 290, cuius editionem Boretius, MG. Capit. I, p. 302, repetivit.* 2) *Haud scio an hic codex idem sit atque ille musei Bohemici Pragensis I. G. 13, saec. X., 2° min., quem descripsit Schulte, 'Abhandlungen der Königl. Böhmischen Gesellschaft der Wissenschaften, 6. Folge', tom. II, fasc. II, p. 14. Hic enim continet fol. 1 constitutionem, cui titulus est „de convicibus (?) et calumniis episcoporum et reliquorum ordinum." Boretius codicem 277 exhibere dicit item fol. 1 hanc capitis inscriptionem „de homicidiis et calumniis episcoporum et reliquorum ordinum."*

De codice quodam Remensi[1] *v. infra Sirmond, Concilia.*

Codex monasterii Rivipullensis = Codex Barcinonensis archivi coronae Aragoniae 40.

Codices bibliothecarum Romanarum.

De codice quodam bibliothecae Barberinianae v. infra d'Achéry, Spicilegium.

Codex bibliothecae Barberinianae XIV. 19, membr. saec. IX., 2°; cfr. 'Archiv' XII, p. 380, ubi vero haud recte saec. XI. attribuitur. In hoc codice legitur C. 170.

Codex bibliothecae Barberinianae XIV. 52 (2888), membr. saec. IX. vel X., fol. 298 in 2°; cfr. 'Archiv' XII, p. 381; 'Neues Archiv' III, p. 154 sq.; 'Wiener Sitzungsberichte' LIII, p. 314 sqq. 406; Maassen, l. l. I, p. 513; 'Bulletino Senese di Storia Patria' III (1896), p. 491, ubi Patetta C. 104, 1 hoc codice traditum accuratius edidit.

Codex Chisianus F. IV. 75, membr. versus annum 1000. conscriptus, 4°; cfr. 'Archiv' V, p. 308 sq., XII, p. 391; Boretius, 'Capitularien im Langobardenreich' p. 50 sqq.; MG. SS. III, p. 695; MG. LL. IV, p. LI. Insunt C. 20. 39. 40. 44. 61. 67. 88. 90. 91. 92. 93. 94. 95. 98. 99. 102. 104, 7. 8. 134. 135. 139. 140. 141. 158. 159. 161. 162. 163. 164. 165. 201. 208. 232.

Codex Corsinianus 14, chart. saec. XVII., fol.; cfr. 'Archiv' XII, p. 393, ubi falso numero 4. insignitus est; 'Rivista italiana per le scienze giuridiche' XI, p. 377 ann. 3. Exhibet C. 225 et 230.

Codex Vallicellanus A. 5, membr. saec. IX. vel X., fol. 339 in 4° mai.; cfr. 'Archiv' XII, p. 421; 'Neues Archiv' VIII, p. 311; 'Wiener Sitzungsberichte' LIII, p. 339 sqq. 407; Maassen, l. l. I, p. 442 No. 35; 'Rivista italiana' XI, p. 380 sq. Traduntur hoc codice C. 225 et 226.

Codex Vallicellanus C. 16, chart. saec. XVI., fol. 260 in 2°, exemplar codicis Bellovacensis deperditi; cfr. 'Archiv' XII, p. 420. Exstant in hoc codice C. 206. 207. 220. 221. 242. 243. 244. 250. 251. 259. 260. 261. 262. 263. 264. 265. 266. 268. 269. 270. 271. 272. 273. 274. 275. 276. 277. 278. 279. 295. 297. 298.

Codex Vallicellanus C. 18, chart. saec. XVII.; cfr. 'Archiv' XII, p. 423; 'Rivista italiana' XI, p. 377. Exhibet C. 225 et 230.

Codex Vallicellanus C. 23, saec. XVI.; cfr. 'Neues Archiv' VIII, p. 311; 'Rivista italiana' XI, p. 377. Tradit C. 230.

Codex Vallicellanus C. 24, misc. saec. XVI. ex.; cfr. 'Wiener Sitzungsberichte' LIII, p. 408; 'Rivista italiana' XI, p. 377. Leguntur in hoc codice C. 225 et 230.

Codex Vallicellanus G. 94, chart. saec. XVI., 2°; cfr. 'Archiv' XII, p. 424. Praebet C. 10.

Codex Vallicellanus N. 21, chart. saec. XVI.—XVII.; cfr. 'Archiv' XII, p. 425. In hoc codice leguntur C. 204. 205. 207. 227. 254. 255. 258. 259. 260. 261. 262. 291. 292. 294. 295.

De codice bibliothecae Vaticanae v. infra d'Achéry, Spicilegium.

De codice Vaticano 'vetustissimo' v. infra Baluze, Capitularia.

Codices Vaticani 1146, 1147, 1148, de quorum aetate nihil inveni (cfr. 'Archiv' XII, p. 223), exhibent C. 177; codd. Vatic. 1147 et 1148 praebent etiam Walafridi libellum de exord. rer. eccl.

Codex Vaticanus 1339, membr. saec. XI., fol. 317 in 2°; cfr. 'Archiv' XII, p. 225; 'Neues Archiv' I, p. 569, VII, p. 312, XX, p. 313. Inest C. 223.

Codex Vaticanus 1342, saec. IX. ex. vel X. in., fol. 213; cfr. 'Archiv' XII, p. 225; 'Neues Archiv' VIII, p. 310; 'Wiener Sitzungsberichte' LIV, p. 395; Maassen, l. l. I, p. 512 sq. Traditur hoc codice C. 180.

1) *Quattuor alii codices olim S. Remigii Remensis erant, Berolinensis scilicet 163, Parisienses latini 4280A et 10758, Vaticanus reginae Christinae 417; cfr. praeterea codex Parisiensis latinus 10753.*

Codex Vaticanus 3827 (olim S. Petri Bellovacensis [1]*), membr. saec. X. XI., fol. 209 in 4°; cfr. 'Archiv' V, p. 463 sq., XII, p. 237; 'Neues Archiv' VIII, p. 312 sq.; 'Wiener Sitzungsberichte' LIII, p. 397; Maassen, l. l. I, p. 778 sq.; MG. Conc. I, p. XV. Insunt C. 5. 12. 13. 14. 185. 299. 300.*

Codex Vaticanus 3922, chart. saec. XVI. vel XVII., 2°; cfr. 'Archiv' XII, p. 240; MG. LL. I, p. XXXV. Praebet C. 45.

Codex Vaticanus 4159, membr. saec. IX. vel X. in., fol. 112 in 8° min.; cfr. 'Archiv' V, p. 314 sq., XII, p. 243; MG. Capit. I, p. 391 No. 7. Inest Ansegisi collectio.

Codex Vaticanus 4899, chart. saec. XVI. in., fol. 540 in 2°; cfr. 'Archiv' XII, p. 244; 'Rivista italiana per le scienze giuridiche' XI, p. 376 ann. 8. Leguntur in hoc codice C. 225 et 230.

Codex Vaticanus 4979, membr. saec. XI., 4°; cfr. MG. LL. IV, p. 205 ann. 2. Exhibet C. 223.

Codex Vaticanus 4982, saec. XVII. vel XVIII., fol. 304 in 2°, exemplar codicis Bellovacensis deperditi; cfr. 'Archiv' XII, p. 246; 'Neues Archiv' III, p. 150. Inveniuntur in hoc codice C. 204. 205. 206. 207. 220. 221. 242. 243. 244. 250. 251. 257. 259. 261. 262. 263. 264. 265. 266. 268. 269. 270. 271. 272. 273. 274. 275. 276. 277. 278. 279. 295. 297. 298. 299.

Codex Vaticanus 5359 (olim Theodorici a Malsen Ultraiectini, deinde ut videtur ex bibliotheca Ursiniana in Vaticanam translatus), membr. saec. IX. ex. vel X. in., fol. 146 in 4°; cfr. 'Archiv' IV, p. 372, V, p. 239 sqq., XII, p. 250; Baudi a Vesme, Edicta regum Langobardorum p. XXVIII sq.; Boretius, l. l. p. 45 sq.; MG. LL. IV, p. XXIV sq. Serrat C. 163. 165. 201.

Codex Vaticanus 5748 (olim S. Columbani de Bobio), membr. saec. X., 4°; cfr. 'Archiv' XII, p. 251; 'Neues Archiv' I, p. 571. In hoc codice exstat C. 248.

Codex Vaticanus 6209, fortasse saec. XI. conscriptus; cfr. 'Wiener Sitzungsberichte' XLIX, p. 730. Praebet C. 252 (can. brev.).

Codex Vaticanus inter codices reginae Christinae 263, membr. saec. X.–XIV. compositus, fol. 235 in 8°; cfr. 'Archiv' XII, p. 271 sq.; 'Neues Archiv' III, p. 152; MG. LL. IV, p. LI sq. Hoc codice exhibentur C. 20. 44. 87. 93. 202. 224. 225. 232.

Codex Vaticanus reginae Christinae 291 (olim Petavianus), chart. saec. XVI., exemplar codicis Bellovacensis deperditi; cfr. 'Archiv' XII, p. 273. Hic leguntur C. 7. 206. 207. 220. 221. 242. 243. 244. 246. 250. 251. 259. 260. 261. 262. 263. 264. 265. 266. 268. 269. 270. 271. 273. 274. 275. 276. 277. 278. 279. 295. 297. 298.

Codex Vaticanus reginae Christinae 417 (olim S. Remigii Remensis), membr. saec. X. vel XI., 4°; cfr. 'Archiv' XII, p. 279; MG. Capit. I, p. 391 No. 23. Tradit C. 184. 186. 191. 192. 193 et Ansegisi collectionem.

Codex Vaticanus reginae Christinae 447, membr. saec. IX. ex. vel X. in. vel XI., fol. 72 in 8°; cfr. 'Archiv' XII, p. 281; MG. Capit. I, p. 391 No. 22. Ab utroque, a Bethmanno et a Boretio, schedae a b. m. Krause relictae discrepant. Inest Ansegisi collectio.

Codex Vaticanus reginae Christinae 520 (olim vel S. Benedicti Floriacensis ad Ligerim vel monasterii S. Petri Corbeiensis, deinde P. Danielis, tum Petavianus), ex diversis partibus, membranaceis et chartaceis, saec. X.—XV. scriptis compositus, 2°; cfr. 'Archiv' XII, p. 286 sq.; 'Neues Archiv' III, p. 153; Mai, Spicilegium Romanum VI, p. 181 sqq.; MG. LL. III, p. 590 sq.; MG. LL. nat. Germ. II, p. 21, V, p. 11 sq. Traduntur hoc codice C. 3. 7. 20. 62. 82. 83. 84. 104, 2. 131, 6.

Codex Vaticanus reginae Christinae 846[2] *(olim A. Petavii et pristinis numeris*

1) *De alio codice Bellovacensi deperdito eiusque exemplaribus cfr. quae supra monuimus; cfr. praeterea Codex Vaticanus reginae Christinae 980.* 2) *Codices Vaticani reginae Christinae 558 et 571, qui capitularia et capitularium fragmenta servare dicuntur (cfr. 'Archiv' XII, p. 290. 293 sq.), hac in editione adhibiti non sunt.*

1170, 1029, 1287 insignitus), membr. saec. IX.—X., fol. 114 in 4°; cfr. Pardessus, l. l. p. XLIX sq.; Haenel, l. l. p. LXXXVII; 'Archiv' XII, p. 308 sq.; W. Schmitz, 'Miscellanea Tironiana aus dem Cod. Vat. reg. Christ. 846 (fol. 99—114),' p. 1 sq. Servat C. 7 et 20.

Codex Vaticanus reginae Christinae 974 (olim Petavianus), saec. X. vel XI.; 'Archiv' XII, p. 311; MG. Capit. I, p. 391 No. 28. Praebet Ansegisi collectionem.

Codex Vaticanus reginae Christinae 980 (olim A. Petavii), ex partibus saec. X.—XII. compositus; cfr. 'Archiv' XII, p. 311 sq. Ex parte saec. X. conscripta olimque S. Petri Bellovacensis recepta sunt C. 194. 257. 258. 272. 292. 293.

Codex Vaticanus reginae Christinae 991 (olim A. Petavii), membr. saec. IX. ex. vel X., fol. 167 in 4°; cfr. 'Archiv' XI, p. 584 sq., XII, p. 312; Pardessus, l. l. p. LI sq.; MG. LL. III, p. 7. 188. 249, V, 200; MG. LL. nat. Germ. V, p. 15. Legitur in hoc codice C. 68.

Codex Vaticanus reginae Christinae 1000[bis], membr. saec. X., 4°; cfr. 'Archiv' XII, p. 312. In insigniendo codice Bethmannum secuti sumus, non Boretium, qui hunc codicem (MG. Capit. I, p. 391 No. 21) 'codicem Vaticanum reginae Christinae 1000' appellat. Exstant in hoc codice C. 157 et Ansegisi collectio.

Codex Vaticanus reginae Christinae 1036 (olim A. Petavii), saec. XV. vel XVI., fol. 147 in 4°; cfr. 'Archiv' XII, p. 313; Pardessus, l. l. p. LIII sq.; MG. Capit. I, p. 391 No. 30. Exhibet C. 3. 20. 39. 40. 43. 44. 46. 67. 74. 80. 105,2 et Ansegisi collectionem.

Codex Vaticanus reginae Christinae 1041, chart. saec. XVII.; cfr. 'Archiv' XII, p. 313. Continet C. 12. 13. 14. 185.

Codex Vaticanus reginae Christinae 1050 (olim A. Petavii), membr. saec. X. vel saec. XI. in., fol. 165 in 2°; cfr. 'Archiv' XII, p. 313; Pardessus, l. l. p. LIV; Haenel, l. l. p. LXXXVIII; MG. LL. III, p. 7 sq. 195. 585 sqq., IV, p. 200; MG. LL. nat. Germ. II, p. 20, V, p. 15. Inveniuntur in hoc codice C. 39 et 40.

Codex Vaticanus reginae Christinae 1283, ex partibus saec. X.—XIII. confectus; cfr. 'Archiv' XII, p. 315 sq. In parte saec. X. legitur C. 194.

Codex Vaticanus reginae Christinae 1728, chart. saec. XV. vel XVI. vel XVII., fol. 161 in 4°; 'Archiv' XII, p. 325; Pardessus, l. l. p. LIX; MG. Capit. I, p. 166; unoquoque loco alii saeculo attribuitur. Tradit C. 3. 74. 80.

Codex Vaticano-Ottobonianus 258 (olim reginae Christinae 1233), membr. saec. X., 4° min.; cfr. 'Archiv' V, p. 583, XII, p. 359; MG. Capit. I, p. 391 No. 20. Exhibet Ansegisi collectionem.

Codex Vaticanus inter Palatinos 289 (olim Moguntinus), membr. saec. IX., fol. 64 in 4°; cfr. 'Archiv' III, p. 154, V, p. 305 sq., XII, p. 333; Bibliotheca Vaticana, Codices Palatini latini I, p. 74; MG. LL. V, p. 5. Insunt C. 26. 27. 42. 78. 118.

Codex Vaticanus Palatinus 577 (olim ecclesiae S. Martini Moguntini), membr. saec. VIII. vel IX., fol. 75 in 4°; cfr. 'Archiv' V, p. 303 sqq., XII, p. 338; 'Neues Archiv' VIII, p. 307; 'Wiener Sitzungsberichte' LIII, p. 402 sq., LVI, p. 500 sqq.; Maassen, l. l. I, p. 425 sq.; Muellenhoff et Scherer, 'Denkmäler deutscher Poesie und Prosa', 3. ed., II, p. 316 sq.; Codices Vaticani Palatini latini I, p. 191 sq. Servat C. 10. 11. 14. 106. 107. 108.

Codex Vaticanus Palatinus 582 (olim ecclesiae S. Martini Moguntini), membr. saec. IX. vel X., fol. 155 in 4°; cfr. 'Archiv' XII, p. 339; 'Neues Archiv' VIII, p. 313; Codices Vaticani Palatini latini I, p. 193 sqq.; MG. Capit. I, p. 391 No. 18. Continet C. 12. 13. 14. 15. 16. 20. 21. 23. 34. 36. 39. 40. 41. 42. 43. 44. 46. 48. 49. 51. 52. 53. 55. 56. 57. 58. 59. 61. 62. 63. 64. 65. 66. 71. 72. 73. 74. 77. 78. 80. 119. 184. 186. 189. 191. 192. 193. 195. 242. 243. 257. 258. 259. 260. 266. 268. 272. 273. 287. 292. 293 et collectionem Ansegisi.

Codex Vaticanus Palatinus 583, membr. saec. IX. vel X., fol. 224 in 4°; cfr.

'Archiv' XII, p. 339; 'Neues Archiv' VIII, p. 307 sq.; Codices Vaticani Palatini latini I, p. 196; MG. Capit. I, p. 391 No. 29. Leguntur in hoc codice C. 10 et Ansegisi collectio.

*Codex Vaticanus **Palatinus** 773, membr. saec. X., fol. 57 in 8°; cfr. 'Archiv' V, p. 218 sq., VII, p. 750, XII, p. 342; Codices Vaticani Palatini latini I, p. 276; MG. LL. V, p. 197. Praebet C. 39. 40. 41.*

Codex Vaticanus Palatinus 973, membr. saec. X. vel XI. in., 4°; cfr. 'Archiv' XII, p. 349 sq.; MG. Capit. I, p. 391 No. 19. Exhibet C. 249 et Ansegisi collectionem.

Codices Salisburgenses S. Petri.

Codex Salisburgenses S. Petri, a VIII. 7 (antea D, 29), membr. saec. XII. in., fol. 74 in 2°; cfr. 'Archiv' IX, p. 482, X, p. 615; 'Mittheilungen der Gesellschaft für Salzburger Landeskunde' XXIV, p. 51 sq. Exstant in hoc codice C. 176 et 252 (can. brev.).

Codex Salisburgensis S. Petri, a IX. 32 (antea R, tum D, 28), membr. saec. XI. vel XII., fol. 218 in 2° min.; cfr. 'Archiv' IX, p. 482, X, p. 616; 'Wiener Sitzungsberichte' XLIV, p. 437 sq., ubi saec. X. ex. vel XI. in. attribuitur; 'Archiv für katholisches Kirchenrecht' XLVII, p. 202. Inveniuntur in hoc codice C. 10. 11. 249. 252 (form. vulg. et can. brev.).

Codices Sangallenses.

De codice Sangallensi v. infra Canisius, Antiquae lectiones.

Codex Sangallensis 278, membr. saec. IX., pag. 514 in 4°; cfr. (Scherrer), 'Verzeichnis der Handschriften der Stiftsbibliothek von St. Gallen' p. 106. Tradit inde a c. 29. Walafridi libellum de exord. rer. eccl.

Codex Sangallensis 296, membr. saec. IX., pag. 216 in 4° min.; cfr. 'Archiv' V, p. 208; Scherrer, l. l. p. 109. Inest C. 248.

*Codex Sangallensis 446, membr. saec. X., pag. 344 in 4°; cfr. 'Archiv' V, p. 305 ann. *; Scherrer, l. l. p. 144 sqq. Continet C. 177 et Walafridi libellum de exord. rer. eccl.*

Codex Sangallensis 727, membr. saec. X. XI., pag. 256 in 2°; cfr. 'Archiv' V, p. 315; Scherrer, l. l. p. 233; MG. Capit. I, p. 391 No. 31. Exhibet Ansegisi collectionem.

Codex Sangallensis 728, membr. saec. IX. X., pag. 220 in 4°; cfr. 'Archiv' V, p. 210 sq., VI, p. 478 sq.; Scherrer, l. l. p. 233; MG. LL. V, p. 200; MG. Capit. I, p. 391 No. 32. Leguntur in hoc codice C. 39 et Ansegisi collectio.

Codex Sangallensis 729 (olim Egidii Tschudi), membr. priore parte saeculi IX. scriptus, pag. 404 in 4°; cfr. 'Archiv' V, p. 215 sq., VI, p. 479 sqq., VII, p. 745. 757; Pardessus, l. l. p. LXIII; Haenel, l. l. p. LXXVIII sq.; Scherrer, l. l. p. 235 sq.; MG. LL. III, p. 2 sq.; MG. LL. nat. Germ. V, p. 12. Praebet C. 7.

Codex Sangallensis 731, membr. mensibus octobris et novembris anni 794. a Vandalgario, canonico ecclesiae S. Pauli Bisuntinensis, conscriptus, pag. 342 in 8° mai.; cfr. 'Archiv' III, p. 85 sq., VI, p. 483 sqq., VII, p. 741, XI, p. 213 sqq.; Pardessus, l. l. p. LXIII sq.; Haenel, l. l. p. LXXIII; Scherrer, l. l. p. 238 sqq.; Holder, 'Lex Salica . . . nach den Handschriften von Besançon-St. Gallen 731 und Iohannes Herold' p. 88 sq.; MG. LL. III, p. 3; MG. LL. nat. Germ. V, p. 11. Tradit C. 7.

Codex Sangallensis 733, membr. saec. IX. in., pag. 88 in 8°; cfr. 'Archiv' V, p. 306, VI, p. 485; Scherrer, l. l. p. 241 sq.; Boretius, 'Capitularien im Langobardenreich' p. 28 sq.; MG. LL. IV, p. LI. In codice leguntur C. 20. 22. 23. 89. 94. 97.

Codex Sangallensis 1394, membr., pag. 200 in 2° mai., miscellaneus est continens collectionem fragmentorum veterum codicibus manuscriptis detractorum; cfr. Scherrer, l. l. p. 456 sqq. In parte eius XV. legitur manu saeculi IX. scriptum C. 127.

Codex Schaffhusanus bibliothecae ecclesiasticae S. Iohannis No. 74, membr. saec. XI. vel XII. a compluribus conscriptus, fol. 97 in 4°; cfr. 'Archiv' VIII, p. 734; MG. SS. II, p. 587; MG. LL. I, p. 266; MG. Capit. I, p. 391 No. 9. Exhibet C. 184. 186. 189. 191. 192. 193 et Ansegisi collectionem.

De codice ecclesiae cathedralis Spirensis non iam exstante cfr. infra Busaeus, Hincmari epistolae.

Codices Stuttgartenses.

Codex Stuttgartensis bibliothecae aulicae, cod. iur. et pol. 107 (olim monasterii Weingartensis), membr. saec. XI. ex. vel XII. in., fol. 201 in 4°; cfr. 'Wiener Sitzungsberichte' CXVII, fasc. XI, p. 23 sqq. Tradit C. 248 et 252 (form. vulg. et can. brev.).

Codex Stuttgartensis bibliothecae publicae, cod. iur. quart. 134 (olim monasterii Weissenaugiensis, tum in castro Liebenau ad lacum Brigantinum servatus), membr. saec. X., fol. 201 in 4°; cfr. Haenel, l. l. p. LXXXVII; 'Berichte der sächsischen Gesellschaft der Wissenschaften' 1865, p. 1 sqq.; MG. LL. III, p. 9; MG. LL. nat. Germ. V, p. 16; MG. Capit. I, p. 390 No. 5. Insunt C. 50 et Ansegisi collectio.

De codice bibliothecae cathedralis Trevirensis ut videtur deperdito v. infra Brower, Antiquitates.

Codex Trivisanus infra inter codices Venetiis asservatos describetur.

Codex Turicensis necrologii Augiensis, diversas saeculorum IX. et sequentium partes continens ac saec. XVI. compositus, 4°; cfr. 'Mittheilungen der antiquarischen Gesellschaft in Zürich' VI, p. 38 sq.; MG. Necrol. I, p. 271. Exhibet C. 170.

Codices Turinenses.

Codex Turinensis G. V. 4, membr. saec. X., fol. 200 in 4° min.; cfr. Ottino, 'I codici Bobiesi nella biblioteca nazionale di Torino' p. 44; 'Neues Archiv' XIX, p. 217 sqq. Tradit C. 170.

Codex Turinensis G. V. 38, membr. saec. X., fol. 130 in 8°; cfr. Ottino, l. l. p. 50; 'Neues Archiv' XVII, p. 24 sqq., XIX, p. 217 sqq. Legitur in hoc quoque codice C. 170.

Codices Vallicellani inter codices bibliothecarum Romanarum descripti inveniuntur.

Codex Varsoviensis (olim Lingonensis, postea Claramontanus 617, deinde Meermannianus, tum Friderici L. Keller) bibliothecae maioris, membr. saec. IX., fol. 269 in 4°; cfr. Haenel, l. l. p. LXIX sq.; Hubé, 'La loi salique d'après un manuscrit de la bibliothèque centrale de Varsovie' p. I sqq.; MG. Form. p. 131. Tradit C. 7.

Codices Vaticanos, Vaticanos reginae Christinae, Vaticanos Palatinos supra inter codices bibliothecarum Romanarum enumeravimus.

Codices Veneti.

Codex Trivisanus in archivo rei publicae Venetiarum (antea Bernardi Trivisani), circa annum 1500. conscriptus et diplomata ad historiam Venetiarum spectantia inde ab anno 700. complectens; cfr. 'Archiv' IV, p. 170 sqq., XII, p. 634; 'Mittheilungen des Instituts für Oesterreichische Geschichtsforschung, Ergänzungsband' I, p. 54 ann. 1. Inveniuntur in hoc codice C. 233. 235. 236. 238. 239. 240. 241.

Liber blancus in eodem archivo, membr. iussu Andreae Danduli ducis Venetiarum (1343—1354) confectus, 2° mai., cui ea inserta sunt, „quae ad Lombardiae, Tusciae, Romandiolae, Marchiae et Siciliae provincias pertinebant"; cfr. 'Archiv' III, p. 576 sqq. 598 sqq., 612 sqq., VI, p. 492, XII, p. 633 sq.; 'Mittheilungen etc., Ergänzungsband' I, p. 54 ann. 1. Exhibet C. 233. 234. 235. 237. 238. 239. 240. 241.

Liber pactorum I. in eodem archivo exemplaria vidimata documentorum usque ad annum 1409. continet; cfr. Bluhme, Iter Italicum I, p. 204; 'Archiv' XII, p. 631 sqq. Exstat in hoc libro C. 237.

Codex Venetus S. Marci, Zanetti CLXIX, chart. saec. XV., fol. 282 in 2°; cfr. 'Archiv' IV, p. 140; Valentinelli, Bibliotheca manuscripta ad S. Marci Venetiarum II, p. 228 *sq.*; *Hinschius, Decretales Pseudoisidorianae p.* LXVII *sqq.*; MG. EE. III, *p.* 221. *Praebet* C. 10 *et* 11.

Codex Venetus S. Marci, Zanetti CCCC, *chart. saec.* XIV., 4° *mai., chronicon Andreae Danduli continens; cfr. Valentinelli, l. l.* VI, *p.* 151 *sq.*; '*Archiv*' IV *p.* 142; *Simonsfeld, 'Andrea Dandolo und seine Geschichtswerke' p.* 27 *sqq. Inest* C. 234.

Codices Vercellenses.

Codex Vercellensis CLXXIV, *membr. saec.* IX. *vel* X., *fol.* 80 *in* 2° *min.*; *cfr.* '*Atti della R. Academia delle scienze di Torino*' XXV, *p.* 879 *sqq. Praebet* C. 92. 93. 164. 165. 166 *et fragmenta collectionis Ansegisi.*

Codex Vercellensis CLXXV, *membr. saec.* IX., *fol.* 87 *in* 8°; *cfr.* '*Wiener Sitzungsberichte*' LIII, *p.* 419, LXVIII, *p.* 542 *sqq. Insunt* C. 163. 165. 166.

Codex Vercellensis collectionis canonum Anselmo dedicatae, saec. X.; *cfr.* '*Rivista italiana per le scienze giuridiche*' XI, *p.* 375 *sq. Inveniuntur in hoc codice* C. 225 *et* 230.

Codices Vindobonenses.

Codex Vindobonensis 398 (*iur. can.* 45), *membr. saec.* XII., *fol.* 150 *in* 8°; *cfr.* '*Archiv*' X, *p.* 486; *Tabulae codicum manuscriptorum in bibliotheca Palatina Vindobonensi* I, *p.* 63. *Inest* C. 125.

Codex Vindobonensis 471 (*iur. civ.* 210, *olim ecclesiae Gurcensis*), *membr. saec.* XI. *vel* XII., *fol.* 141 *in* 2°; *cfr.* '*Archiv*' V, *p.* 290; *Baudi a Vesme, l. l. p.* XLV; *Tabulae* I, *p.* 77; MG. LL. IV, *p.* LX; MG. *Form. p.* 567. *Tradit* C. 219, 5.

Codex Vindobonensis 501 (*iur. can.* 106), *membr. saec.* X., *fol.* 118 *in* 4°; *cfr. Tabulae* I, *p.* 83. *Leguntur in hoc codice* C. 220. 221. 279.

Codex Vindobonensis 694 (*theol.* 79), *membr. saec.* XI., *fol.* 177 *in* 2°; *cfr. Wasserschleben, Reginonis libri* II *de synodalibus causis p.* XXI; *Tabulae* I, *p.* 117. *Invenitur in hoc codice* C. 252 (*can. brev.*).

Codex Vindobonensis 751 (*theol.* 259), *membr. ex quattuor codicibus saec.* IX. X. *compositus, fol.* 188 *in* 2°; *cfr.* '*Archiv*' III, *p.* 170 *sqq.*; '*Neues Archiv*' XI, *p.* 11 *sqq.*; *Jaffé, Bibliotheca rerum Germanicarum* III, *p.* 11 *sqq.*; *Muellenhoff et Scherer, l. l.,* 3. *ed.,* II, *p.* 49 *sq.*; *Tabulae* I, *p.* 126; MG. EE. III, *p.* 219 *sqq.*; MG. *Form. p.* 545. *Servat* C. 10. 11. 17.

Codex Vindobonensis 914 (*rec.* 17), *membr. saec.* X., *fol.* 223 *in* 2°; *cfr. Tabulae* I, *p.* 156. *Exhibet Walafridi libellum de exord. rer. eccl.*

Codex Vindobonensis 2198 (*iur. can.* 99), *membr. saec.* X., *fol.* 123 *in* 4°; *cfr.* '*Archiv für katholisches Kirchenrecht*' XLVII, *p.* 190 *sq.*; '*Neues Archiv*' XVII, *p.* 295 *sqq.*; *Tabulae* II, *p.* 29; MG. LL. III, *p.* 254, *ubi saec.* X. *vel* XI. *attribuitur. Praebet* C. 252 (*form. vulg. et can. brev.*) *et* 293.

Codex Vindobonensis 2232 (*iur. can.* 128), *membr. saec.* IX. *vel* X, *fol.* 102 *in* 8°; *cfr. Tabulae* II, *p.* 39 *sq.*; MG. LL. III, *p.* 251. *In hoc codice exstant* C. 22 *et* 69.

De codice S. Mariae Virdunensi ut videtur deperdito v. infra Sirmond, Caroli Calvi capitula.

Codex Weissenaugienses = *Codex Stuttgartensis bibliothecae publicae, cod. iur. quart.* 134.

Libri impressi.

L. d'Achéry (Dacherius), Spicilegium sive collectio veterum aliquot scriptorum, 2. ed. expurgata per L. F. J. de la Barre, t. I, Paris. 1723, p. 584 e duobus codicibus bibliothecarum Barberinianae et Vaticanae publici iuris fecit C. 177.

Baluze, Capitularia regum Francorum, ed. P. de Chiniac, Paris. 1780, dedit t. II, col. 235 C. 220; t. II, col. 25 e documento cartularii ecclesiae Barcinonensis C. 256; t. I, col. 189 e codice S. Vincentii Laudunensi C. 19; t. I, col. 499. 549. 569 e documentis archivi archiepiscopi Narbonensis C. 76. 132. 133; t. II, col. 95 e codice Parisiensi 4626 C. 267; t. I, col. 653. 657, t. II, col. 201 e codice Rivipullensi (nunc archivi Barcinonensis coronae Aragoniae 40) C. 185. 244; t. I, col. 515. 351 e schedis J. Sirmondi C. 35. 120; t. I, praef. p. 15, col. 653. 657 e codice Thuaneo C. 185. 225. 230; t. I, col. 625 e codice Vaticano 'vetustissimo' C. 176.

Baluze, Lupi Ferrariensis opera, Paris. 1664, p. 519 et 521 codice Rivipullensi (nunc archivi Barcinonensis coronae Aragoniae 40) usus est in edendis C. 285 et 288.

Baronius in Annalibus ecclesiasticis ad annos 853. 856. 858. 859. praebet C. 261. 266. 297. 298. 299. 300; ad annos 904. 860. 862. 869. 873. e codice Antonii Augustini, apographo codicis Mureti, C. 225. 230. 242. 243. 276. 277.

Chr. Brower, Antiquitates et annales Trevirenses 1626, p. 35 e codice bibliothecae cathedralis Trevirensis solus tradit C. 182.

J. Busaeus, Hincmari Rhemensis archiepiscopi ... epistolae, Mogunt. 1602, p. 15 e manuscripto membranaceo codice bibliothecae et cathedralis Spirensis imprimendam curavit Hincmari epistolam de ordine palatii.

H. Canisius, Antiquarum lectionum t. V, Ingolstadii 1604, p. 683. 685. 674 e codice quodam Sangallensi profert C. 213. 215. 228.

Cochlaeus, Speculum antiquae devotionis circa missam, Mogunt. 1549, p. 63 ope codicis nunc deperditi edidit Walafridi libellum de exord. rer. eccl.

Cochlaeus, Acta et decreta concilii Triburiensis, Mogunt. 1524, e codice Brixinensi typis dedit C. 252 (form. vulg.).

F. Diago, 'Historia de los victoriosissimos condes de Barcelona, Barcelona' 1603, p. 58 e documento cartularii ecclesiae Barcinonensis protulit C. 256.

A. Duchesne (Chesnius), Historiae Francorum scriptores coaetanei . . ., t. II, Lutet. Paris. 1636, p. 321 et 322 ex documentis archivi archiepiscopi Narbonensis exhibet C. 132 et 133.

Flacius Illyricus, Ecclesiastica historia . . . secundum singulas centurias congesta in urbe Magdeburgica, Basileae 1565, Cent. IX, c. 9, col. 406 exhibet C. 293.

M. Goldast, Collectio constitutionum imperialium t. III, Offenbachi 1610, p. 276 typis dedit C. 266.

J. Chr. Harenberg, Monumenta historica adhuc inedita ..., fasc. I, Brunovici 1758, p. 90 ex chronico quodam Gandersheimensi alias ignoto edidit ab ipso fortasse fictam Karoli Magni constitutionem Scahiningensem, cuius textum MG. Capit. I, p. 461 repetitum invenies.

W. Lippert, 'Neues Archiv' XII, p. 534 secundum Fr. Maasseni schedas e codicibus capituli Novariensis XXX et XV edidit C. 203.

J. Mabillon, Vetera analecta sive collectio veterum aliquot operum, t. I, Paris. 1675, p. 299 e codice Pictaviensi[1] dedit C. 149.

J. Marion, 'Cartulaire de l'église cathédrale de Grenoble' ('Collection des documents inédits sur l'histoire de France' XI), Paris. 1869, p. 265 ope codicis truncati cartularii

1) *De codice Pictaviensi supra egimus.*

Gratianopolitani, de quo num idem sit atque ille codex, qui in 'Catalogue général des manuscrits des bibliothèques publiques de France, Départements' VII, p. 526 No. 1547 describitur, equidem pro certo affirmare non ausim, edidit C. 284.

Ménard, *'Histoire civile, ecclésiastique et littéraire de la ville de Nîme', Paris. 1750, t. 1, 'Preuves' p. 2 ex manuscripto ecclesiae beati Aegidii (hodie Saint-Gilles) edidit C. 171.*

Muellenhoff et Scherer, *'Denkmäler deutscher Poesie und Prosa', 2. ed., Berolini 1873, p. 155. 164. 180. 181 (= 3. ed. cur. E. Steinmeyer, Berolini 1892, t. I, p. 198. 209. 229. 231) praebent C. 107. 109. 182. 247.*

L. A. Muratori, *Antiquitates Italicae medii aevi, t. I, Mediolani 1738, col. 83 e charta Bobiensi edidit C. 222; t. VI, Mediolani 1742, col. 339 e diplomate archivi monachorum Casinensium S. Sixti Placentini C. 231.*

L. A. Muratori, *Rerum Italicarum scriptores, t. II, 2, Mediolani 1726, col. 150 typis dedit C. 279; t. II, 2, col. 150. 151 „secundum apographum saec. XVII. sumptum ex volumine capitularium et conciliorum" C. 220. 221; t. II, 1, Mediolani 1723, col. 416 e charta Bobiensi C. 222; t. I, 2, Mediolani 1723, col. 184 e codice Patavino S. Antonii 182 C. 161 (form. sacr.).*

Paradinus, *'Annales de Bourgogne', Lugdun. 1566, p. 105 et 121 exhibet C. 284 et 289.*

P. Pithoeus, *Annalium et historiae Francorum ... scriptores coaetanei XII, ed. Germ. Francofurti ad Moenum 1594, p. 283. 330. 508. 509. 506. 491 typis dedit C. 45. 194. 269. 277. 279. 300; p. 488 e codice Bellovacensi et e codice nunc deperdito C. 251.*

Th. Sickel, *'Das Privilegium Otto I. für die römische Kirche vom Jahre 962, Innsbruck' 1883, p. 173 edidit C. 172.*

J. Sirmond, *Capitula Caroli Calvi et successorum, Paris. 1623, typis dedit p. 411 C. 221; p. 228 C. 242; p. 279 C. 243; p. 351 C. 244; p. 545 C. 246; p. 376 C. 250; p. 381 C. 251; p. 257 C. 272; p. 386 C. 277; p. 421 C. 280; p. 424 C. 281; p. 441 C. 282; p. 459 C. 286; p. 167 C. 297; p. 207 C. 298; p. 400 C. 303. E codice Bellovacensi ut videtur edidit p. 143 C. 266; p. 159 C. 268; p. 242 C. 270; p. 296 C. 273; p. 342 C. 274; p. 358 C. 275; p. 371 C. 276; p. 407 C. 279; p. 447 C. 283. Adhibitis eodem codice Bellovacensi et codice Laudunensi tradidit p. 136 sqq. C. 263. 264. 265; p. 253 C. 271; usus eodem codice Bellovacensi et codice Mettensi (hodie Parisiensi latino 9654, de quo supra egimus) p. 159 C. 268. E codice Haagensi 1 (v. supra) nondum mutilato dedit p. 114 et 126 C. 261 et 262. E codice Laudunensi protulit p. 356 C. 245; p. 165 C. 269; p. 388 C. 278; ex eodem codice Laudunensi et alio codice incognito fluxit p. 78 C. 258. Edidit e codice S. Laurentii Leodiensi p. 485 C. 276; p. 492 C. 283; p. 498 C. 296; p. 504 C. 301; p. 486 C. 302; p. 492 C. 304. Codice denique S. Mariae Virdunensi usus est p. 472 in edendo C. 290.*

J. Sirmond, *Concilia antiqua Galliae, Lutet. Paris. 1629, t. III, p. 464. 475 edidit C. 185 (A et B); t. II, p. 473 C. 190; t. II, p. 560 C. 197; t. III, p. 437 C. 220. 221; t. III, p. 572 C. 290; t. III, p. 138 C. 299. E codice monasterii S. Aegidii in Septimania in lucem protulit t. II, p. 685 C. 171; t. II, p. 675 e codice Aquitanico C. 169; t. II, p. 323 e codice Gandavensi C. 79; t. III, p. 437 e codice ut videtur Remensi C. 279.*

J. Sirmond, *Hincmari opera, t. II, Lutet. Paris. 1645, p. 834 affert C. 220 et 279; t. I, p. 1067 C. 242 (Karoli iuramentum); t. II, p. 322 et 840 C. 269; t. II, p. 321 C. 292.*

Surius, *Concilia omnia tum generalia tum provincialia, t. III, Colon. Agripp. 1567, p. 480 edidit C. 209; p. 481 C. 210; p. 482 C. 216; p. 421 C. 248; p. 469 C. 258; p. 486 C. 272; p. 468 C. 292; t. 453 C. 293.*

Vaissette, *'Histoire générale de Languedoc', 2. ed., t. II*[b]*, Tolos. 1875, p. 73 e codice Parisiensi latino 11015 typis dedit C. 76.*

Legum et canonum collectiones.

Ansegisi collectioi capitularium sola tradit haec capita: libro III, cc. 64. 65 et app. II, cc. 34. 35 C. 70[1]; l. I, cc. 140—158 et app. I, c. 30 C. 81; l. IV, cc. 1—12 C. 148; l. II, cc. 25. 26. 27 C. 151; l. II, c. 28 C. 152; l. II, cc. 29. 30 [= Iustiniani epitome novellarum Iuliani const. VII, cc. 1. 2 (vel 32. 33)] C. 153; app. III, cc. 1—10 C. 155.[2]

Benedicti Levitae collectionis libro III, cc. 123—127, debetur C. 19; cfr. praeterea quae in praefationibus capitum 21 et 31 et infra p. 537 ad C. 31 exponuntur.

Burchardi Wormatiensis decretum l. VI, cc. 5. 6 nostrum est C. 176.

Deusdedit in collectione canonum l. I, cc. CCXLII—CCL (ed. Martinucci p. 169 sqq.) recepit C. 161.

De Hibernica collectione quae faciat ad textum canonum Triburiensium (C. 252) cfr. infra p. 541.

Ivo Carnotensis in decreti sui parte X, cc. 134. 135 recepit C. 176.

In legem Romanam canonice comptam transiit C. 163, c. 10; cfr. Maassen, l. l. I, p. 891.

Ex libro Papiensi haec capita recepta sunt: lib. Pap. Karoli Magni cc. 33. 65. 121. 126. 127. 128 [= concilium Cabilionense 813 c. 30]. 132 [= conc. Cabil. c. 31]. 143 = C. 105, c. 8. 9. 10. 11. 12. 13. 14; lib. Pap. Pippini c. 45 [Karoli Magni c. 151] = C. 105, 19; lib. Pap. Hludowici Pii c. 53 = C. 168, 1; lib. Pap. Hlotharii cc. 81. 82. 102 = C. 168, 3. 4. 5. Capitula extra librum Papiensem vagantia (MG. LL. IV, p. 586 sqq.) 2. 20 [= Iuliani epitome novellarum 119, 6]. 24. 16. 17. 3. 11. 12 [= Epitome Aegidii legis Romanae Visigoth. Cod. Theod. V, 12 Interpr. ed. Haenel, l. l. p. 150]. 32 = C. 105, 7. 15. 16. 17. 18. 20. 21. 22. 219, 1. Adhiberi praeterea potest liber Papiensis in restituendo textu capitum 20. 70. 99. 102. 104, 7. 156. 161. 165. 168, 2. 180. 208. 219, 5. 224.

Lupi collectio legum continetur codicibus Gothanis membr. I No. 84 et Mutinensi ord. I. 2, de quibus supra diximus.

Theodori capitula quae faciant ad textum canonum Triburiensium (C. 252) exponitur infra p. 541.

Scriptores.

Annales Bertiniani (ed. G. Waitz, Hannoverae 1883, p. 20. 38. 145. 108. 110. 138. 77) auctore Prudentio ad annos 839. et 851. exhibent C. 200 et 205; auctore Hincmaro ad annos 878. 870. 877. 865. praebent C. 246. 250. 251. 283. 307.

Annales Fuldenses (ed. Fr. Kurze, Hannoverae 1891, p. 128) ad annum 896. exhibent C. 229; ad annum 860. (MG. SS. I, p. 373) C. 242 (Hludowici iuramentum).

Chronica S. Benedicti Casinensis c. 3 (MG. SS. rer. Langob. p. 469) tradunt C. 218.

Ebbonis libro apologetico (ed. L. d'Achéry, Spicilegium sive collectio veterum aliquot scriptorum, ... 2. ed. expurgata per L. F. J. de la Barre, t. III, Paris. 1723, p. 336) servatur C. 199.

Flodoardi historia Remensis l. II, c. 20 (MG. SS. XIII, p. 473) tradit C. 199 et 226.

1) *Deest hoc caput MG. Capit. I, p. 383, ubi typographi fortasse errore excidit haec linea: 14) Capitula Karoli apud Ansegisum servata. 810. 811?* 2) *De capitularibus ab Ansegiso recensitis v. MG. Capit. I, p. 383 sqq.*

Gregorii Turonensis historia Francorum l. IX, c. 20 (MG. SS. rer. Merow. I, p. 374) praebet C. 6.

Hincmari annales v. supra Annales Bertiniani.

In Hincmari expositione (admonitione extemporali) ad Carolum (ed. Mansi, Conciliorum amplissima collectio t. XVI, col. 781) traditur C. 269.

In Hincmari libro de praedestinatione (ed. Sirmond, Hincmari opera t. I, p. 324) servatum est C. 199.

Hincmari opusculum de divortio Lotharii (l. l. I, p. 568 et 573) exhibet C. 305 et 306.

Nithardus historiarum libro III, c. 5 (MG. SS. II, p. 665; 2. ed. in 8°, Hannoverae 1870, p. 37) tradit C. 247.

ADDENDA ET CORRIGENDA.[1]

TOM. I.

Nr. 107. Capitula per missos cognita facienda. 803—813. *In inscriptione pro* partes *legendum est* patrias *secundum codicem Klitschdorfianum comitis de Solms-Baruth (Zeumer).*

Nr. 104, 1. *Codice Barberiniano 2888 iterum inspecto praebuit Patetta, 'Bulletino Senese di Storia Patria' III (1896), p. 389 hunc pleniorem capitis textum:* Adquisitionem autem facta precipienda statuimus, ut nullus hominibus audeat commendatione facere ad monachos nisi iussione abbati suo. quia eodem scapulum staminia tene. et si fur venerit nocte ac die commendatione detulerit aut furaveris non sit ille emendandi. Ille monachus qui in suo vim commendatione suscepi. nec abbas suo. Sicut domno nostro Karulo rex Francorum et patritio Romanorum facere iussit pro causa oportunis. et si intentione voluerit committere componat sol. centum et monachus inlesus permaneat. *Minus recte supra p. XXVII, lin. 11 'p. 491' pro 'p. 391' positum est.*

Nr. 105. *Huius capitis c. 18 fluxit ex Aegidii epitome Paul. II, 1 (ed. Haenel, Lex Romana Visigothorum p. 356); cfr. Conrat, 'Neues Archiv' XV, p. 202 (Zeumer).*

Nr. 113. *Ex statutis ecclesiae antiquis c. 31. 32. 20 (ed. Bruns, Canones apostolorum et conciliorum saec. IV—VII., t. I, p. 144. 145. 143) originem trahunt huius capitis cc. 2. 3. 5 (Zeumer).*

Nr. 168. *Ex Aegidii epitome Cod. Theod. IV, 5 (ed. Haenel, l. l. p. 108) sumptum est c. 10; e lege Romana Raetica Curiensi XXIII, 25. 26 (MG. LL. V, p. 419 sq.) cc. 11—13; cfr. Conrat, 'Neues Archiv' XV, p. 202. — p. 337 annotatio 9 delenda est; cfr. addendum infra p. 539, quod minus accurate scriptum est (Zeumer).*

TOM. II.

pag. 30. *lin.* 49 *pro* VI, col. 760 *legas:* III, col. 1096.
pag. 31. *lin.* 49 *pro* VII. col. 701 *legas:* IV, col. 417.
pag. 75. *lin.* 9 *pro* 850. *legas:* 853.
pag. 98. *lin.* 24. 25 *pro Sirmondi Concil. ampl. coll. legas: Sirmondi Concil. Galliae.*
pag. 123. *lin.* 12. *adde:* (P. 561).
Nr. 260. *De hoc capite cfr. Vanderkindere, 'Le capitulaire de Servais et les origines du comté de Flandre', Bruxellis 1897.*
Nr. 281. *De hoc capite cfr. Bourgeois in libro miscellaneo 'Etudes d'histoire du moyen-âge dédiés à G. Monod', Paris. 1896, p. 137 sqq.*
pag. 676. *s. v. patria = pagus, comitatus, addas:* II 19, 10.
pag. 701. *s. v. scarire legas:* I 159, 10. II 344, 40.
pag. 719. *in fine col.* II. *excidit:* ewa.
pag. 720. *col.* III. *inter* scrura *et* scura *adde:* sculdasius.
pag. 722. *col.* II. *haec suprema linea addenda est:* Cum in Saxonia orientali I 461, 15.

1) *Scripsit A. Werminghoff. Cfr. pag.* 537—541.

APPENDIX.

WALAFRIDI STRABONIS
LIBELLUS
DE EXORDIIS ET INCREMENTIS RERUM ECCLESIASTICARUM.

HINCMARUS
DE ORDINE PALATII.

WALAFRIDI STRABONIS
LIBELLUS
DE EXORDIIS ET INCREMENTIS QUARUNDAM IN OBSERVATIONIBUS ECCLESIASTICIS RERUM.

Walafridi Strabonis abbatis monasterii Augiensis liber de exordiis et incrementis rerum ecclesiasticarum, quem omnibus codicibus, qui supersunt, adhibitis hic edimus, legitur in his libris partim manuscriptis, partim impressis: 1) *Sangall.* 446 *p.* 213. 2) *Monac.* 17184 *fol.* 1. 3) *in editione principi Cochlaei, Speculum antiquae devotionis (Mogunt.* 1549*) p.* 63 *sqq., qui adhibuit codicem quendam nunc perditum, archetypo codicum* 4. 5. *simillimum;* 4) *Vatic.* 1146 *fol.* 36. 5) *Vindob.* 914 *fol.* 36; *praeterea exstant c.* 21—25. 28—30. *in his codicibus:* 6) *Ashburnh. Barrois* 246 *fol.* 83ᵛ. 7) *Monac.* 14581 *fol.* 65. 8) *Bamberg. A. II,* 53 *fol.* 84; *c.* 32. *denique in codice:* 9) *Paris.* 10757, *ubi tamquam c.* 3. *formulis Alsaticis insertum est (cfr. LL. Form. p.* 391*). Cum codices iam supra accurate descripserimus, satis est hoc loco eorum stemma repetere:*

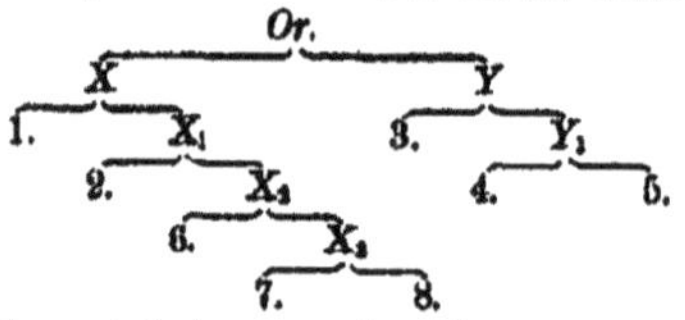

Editiones priores libelli nostri hae nominandae sunt: 1) *Cochlaeus, Speculum antiquae devotionis p.* 63 *sqq., supra nr.* 3; 2) *Hittorp, De divinis catholicae ecclesiae officiis (Colon.* 1568*) p.* 382 *sqq., qui repetivit editionem Cochlaei;* 3) *A. Knöpfler, Walafridi Strabonis liber de exordiis etc., Monachii* 1890, *qui in editione paranda codicem nostrum* 1. *ducem adhibuit et codicum nostrorum* 2. 7. *lectiones aliquot variantes adnotavit et textum notis perlustravit. Reliquae editiones, Bibliothecae veterum patrum et Migne, Patrologiae cursus Latin. CXIV, col.* 919, *nullius momenti sunt, cum in illis editio Hittorpii repetita sit.*

Walafridus Strabo, de cuius vita operibusque E. Dümmler in praefatione carminum, Poetae Latini II, p. 259 *sqq., optime disseruit, quo tempore hunc librum composuerit, inde concludi licet, quod auctor in c.* 8. *de 'temporibus bonae memoriae Ludowici imperatoris' verba facit et secundum prologum tum 'pauper hebesque' erat necdum abbatiam monasterii Augiensis receperat. Hludowicus imperator a.* 840. *die* 20. *m. Iun. obiit, Walafridus autem a.* 842. *in dignitatem abbatis restitutus est, qua de causa libellum intra annos* 840. *et* 842. *scriptum esse patet; cfr. Dümmler l. c.; Knöpfler l. c. p. IX.*

Incipit[a] libellus Walafridi[b] Strabonis de exordiis et incrementis quarundam in[c] observationibus ecclesiasticis rerum.

Hoc opus exiguum[d] Walafridus[e] pauper hebesque
Collegit patrum dogmata lata sequens;
Sed non sponte sua tam magnos venit in ausus,
Dura Reginberti[f] iussio adegit[g] eum.
Si quid in hoc, lector, placet, assignare memento
Id Domino, quicquid displicet, hocce[h] mihi.

Incipiunt[i] capitula opusculi sequentis.

1. De exordiis templorum et altarium.
2. Qualiter religiones diversae se invicem imitatae sunt[k], et quid commune habuerint[l], quid diversum.
3. De profectu religionis christianae.
4. In quas plagas orantes[m] vertantur.
5. De vasis, quae simpliciter signa dicuntur.
6. Expositio nominum quorundam sacris rebus adiacentium.
7. Quomodo Theotisce[n] domus Dei dicatur.
8. De imaginibus et picturis.
9. De templis et altaribus dedicandis.
10. Quid fieri debeat in locis Deo consecratis.
11. Quid item[o] non debeat[o].
12. De orandi[p] modis et distantia vocum.
13. Quibus[q] prosit divinus cultus et quibus non.
14. Iustas oblationes et magis virtutes, quam[r] corporalia munera Deum[s] desiderare.
15. De oblationibus veterum.
16. De sacrificiis novi testamenti.
17.[t] Cur mutata[u] sint per Christum sacrificia.
18. De virtute sacramentorum, et cur ab eis criminosi suspendantur.
19. Quid offerendum sit in altari.
20. Non ab aliis, quam ieiunis[v] communicandum.
21. Quod[w] alii rarius, alii crebrius, alii cotidie communicandum dicunt[x].
22. Utrum semel vel saepius in die offerre conveniat et communicare.
23. De ordine missae et offerendi ratione.
24. De tempore missae.
25. De vasis et vestibus sacris.
26. De horis canonicis[y], genuum flexione, ymnis[z], cantilena et incrementis eorum.
27. De baptismi incremento et mersione et causis baptizandorum.
28. De decimis dandis.

a) *Inscript. om.* 3. b) walafredis trabonis 4; wulafridis trabonis 5. c) rerum in eccles. observat. 2. d) *om.* 5; *ex* egregium *corr. man. altera* 4. e) Walfredus 4; Wulafridus 5. f) Regimberti 4; Reginbirti 5. g) *e* coegit *corr. man. alt.* 4. h) hoc te 4. 5. i) Elenchus capitulorum Walafridi. Praefatio authoris. I. De exord. *etc.* 8; *index titulorum in* 4. 5. *praemissa rubrica:* Incipiunt capitula precedentis opusculi *sub fine libelli positus est.* k) sint 3. l) et *add.* 4. 5. m) coeli orationes 3. n) theodiscq 4. 5. o) item fieri non deb. 3; deb. fieri 4. p) orandis 2. q) modis *add.* 4. r) qua 5. s) Domini 4. 5. t) *Cap.* 17. *cum cap.* 16. *in unum coniunct. in* 3, *add.* et. u) mutati 5. v) ieiuniis 5. w) Quid 2. x) dicant 3. y) et *add.* 3—5. z) de hymnis item et cantilenis et 3.

29. De laetaniis agendis.
30. De aqua[a] sparsionis.
31. De benedictione caerei.
32. Comparatio ecclesiasticorum ordinum et saecularium[b] et conclusio libelli.

Finiunt[c] capitula[c].

Dehinc[d] inprimis incipit prefatio; dein textus sequentis libelli.

In nomine Dei[b] Patris et Filii et Spiritus sancti.

A[e] et *Ω*.

De ministris ecclesiae et ministeriis ipsorum necnon et de multiplicibus sacramentorum, officiorum et observationum rationibus multi multa dixerunt, ita ut pauca vel[f] paene nulla remanserint, quae non iam per inluminationem Spiritus sancti sint demonstrata, non solum qualiter debeant fieri, verum etiam quomodo singula mystice debeant vel possint intellegi diligenti examinatione discussa[g]. Quorum omnium copiam cum secundum sollertissimum in rebus ecclesiasticis studium tuum et libris habeas et memoria[h] conprehensam[i], venerande in Christo pater Reginberte, salubri curiositate ardens, quaedam non a prioribus penitus omissa, sed brevius, quam volueras, tacta[k], a me addi desideras[k], quasi aliquid illos fugerit[l], quod nos possimus[m] inspicere; cum potius vere fateri[n] debeamus omnia, quae illi inventa nobis scriptis suis reliquerunt, nec ipsa discendi instantia nos assequi posse. Sed est, quod in[o] huiuscemodi[p] coeptis me timidum consoletur, dum considero illos difficilioribus intentos, leviora transisse et putasse nobis aperta[q], quae sibi pro sensus sui[r] vivacitate videbantur perspicua. Scribam igitur in quantum Dominus dederit facultatem, sicut ex authenticorum dictis, quae adhuc attigimus[s], addiscere potui, de quarundam ecclesiasticarum exordiis et causis rerum, et unde hoc vel illud in consuetudinem venerit, et quomodo processu temporis auctum sit, indicabo, habiturus et si non pro scientia laudem, tamen pro oboedientia certam mercedem. Et primum de sacris aedibus, in quibus ipsa celebrantur sacra, dicendum videtur.

1[t]. Altaria quidem Noe[1], Abraam[2], Isaac[3] et Iacob[4] Domino, ut legitur, exstruxerunt. Moyses vero primus tabernaculum iuxta exemplar divinitus sibi demonstratum in deserto Synai filiis Israhel de servitute Aegyptia[u] liberatis erexit[5]. Salomon quoque longo iam tempore eodem populo in terra repromissionis degente et regiae dignitatis apice gentibus circumpositis praeminente[v] templum illud mirificum in Hierusalem, quam David pater eius[w] caput regni instituit, magnis aedificavit sumptibus et diversis ditavit[x] ornatibus[y][6]. In quorum utroque, tabernaculo videlicet ac templo, et arca testamenti et altaria cum utensilibus suis aliaeque species religioni[z] illius temporis[a] congruae fuisse leguntur, tam multiplices et tam consulta ratione provisae, ut, quicquid modo spiritalibus ecclesiae celebratur in studiis, totum in illis constructionum figuris pleniter[b] et, ut ita dicam, consignanter deliniatum atque con-

a) aquae sparsione *corr. man. alt.* 4. b) saecul. Eiusdem authoris praefatio. In nomine Dei *etc.* 3. c) *om.* 2—5. d) *om.* 4. 5; Incipit prefatio sequentis libelli. De ministris 2. e) *A* et *Ω* *om.* 3—5. f) *om.* 5. g) excussa 3; sunt *add.* 5. h) illam copiam *add.* 5; scilicet illam copiam *superscr. man. alt.* 4. i) o *add.* 3. k) tacta . . . desideras *om.* 5. l) aufugerit 3. 4, *ex* autfugerit *corr.* 4; autfugerit 5. m) possumus 5. n) fatere 5. o) *om.* 3—5. p) in *add.* 3. q) apta 5; operta 3. r) integritate et *add.* 5; id est integritate *superscr. man. alt.* 4. s) attingimus 2. 4. 5; id est perscrutati sumus *superscr. man. alt.* 4; perscruta . . mus *(duas litteras eras.)* attingimus addisc. *corr.* perscrutans addisc. 5. t) *In* 2—4. *hic et ubique rubricae ex indice titulorum additae sunt; in* 2. 4. *manibus recentioribus in marg. scriptae sunt.* u) *corr.* egiptiaca 5. v) *om.* 2. w) *om.* 5. x) dotavit 3. y) ordinibus 2. z) regionis 4. 5, *post corr.* religionis 4. a) tempori 3. b) veluti *add.* 5.

1) *Cfr. Genes.* 8, 20. 2) *Cfr. ibid.* 12, 7; 13, 18; 22, 9. 3) *Cfr. ibid.* 26, 25. 4) *Cfr. ibid.* 33, 20; 35, 7. 5) *Cfr. Exod.* 25, 9 *sqq.* 6) *Cfr.* 3. *Reg.* 6—8.

structum[c] videatur. Paganos etiam templa fecisse diis suis vel potius daemonibus seductoribus suis non solum ex ipsorum libris, sed etiam ex divinae scripturae testimoniis agnoscimus, quia et templum Dagon in Samuele legimus[7] et regem Sennacherib[d] in templo Neserach trucidatum[8], Danihelem quoque in templo Belis[e] sacerdotum eius strophas deprehendisse[9] et Antiochum reliquiarum populi Dei persecutorem gravissimum et templi, quod post reversionem de captivitate reaedificatum est, violatorem in templo Naniae corruisse cognoscimus[10], et multa alia, quibus approbatur, quod dicimus. Nolumus autem de libris paganorum eiusdem rei testes adsciscere[f], ne inter ecclesiasticae aedificationis eloquia lectoris[g] animum inutilibus fabulis occupemus.

2. Et[h] primis quidem temporibus tam veros Dei cultores, quam etiam daemonum veneratores in locis congruis suae religionis cultum[i] sub divo[i] celebrasse credendum est. Sed quia daemones hominibus persuaserunt in contumeliam creatoris[k] imaginem 'incorruptibilis[l] [11] Dei, in similitudinem corruptibilis hominis et volucrum et quadrupedum et serpentum[m] commutare et servire creaturae potius quam creatori', consequenter[n] etiam aedificationem templorum et sanguinis non solum animalis, sed etiam humani immolationem ad maiorem persuasi erroris vindictam sibi fieri exposcebant. Ideoque omnipotens et patiens creator facturae suae volens undecunque[o] consulere, quia[p] propter fragilitatem carnalium omnes consuetudines pariter tolli non posse sciebat, permisit et iussit quaedam sibi oboedienter a piis exhiberi, quae daemonibus damnabiliter ab impiis solvebantur, sicuti[q] sunt aedium constructiones et diversorum genera sacrificiorum. Et factum est, ut, quae prioribus propter infirmitatem concessa sunt ad exclusionem erroris, nobis sequentibus per Christi passionem patefacta proficerent ad causam perfectionis[r], dum et in illis materialibus structuris aedificium ecclesiae spiritale et in carnalibus victimis ac sollemnitatibus passionem Christi et virtutum documenta sentimus. Sicut autem quaedam praecepta moralia nobis[s] et veteribus voluit Deus esse communia, ut sunt ea, quae ad morum honestatem et[t] ius inter homines pertinent conservandum, ita quaedam flagitiosa, quae daemonum voluptati[u] sunt instituta, et[v] illis et nobis statuit omnimodis fugienda, maleficia videlicet ac mendacia, stupra et superstitiosos errores et similia. Haec cum ita sint distincta[w], sciendum est quaedam esse omni religioni communia, ut est: 'Quod[12] tibi[x] non vis fieri, alii[y] ne feceris', et quicquid ex naturali lege divinis congruum invenitur mandatis. Hoc tamen in illis distat, quod quidam illa[z] propter honestatem, ut philosophi, quidam propter timorem, ut Iudaei, alii propter dilectionem, ut christiani observant. Ut autem ad proposita revertamur: sicut Deus, ut destrueret opera diaboli, quaedam sibi exhiberi[a] voluit a cultoribus suis, quae daemones prius persuaserunt errantibus, ita cultum a Deo institutum maxime in sacrificiorum et cerimoniarum multiplicitate sibi deinceps daemones exposcebant, sicut scriptum est de libris legis[b] Dei, 'de[13] quibus scrutabantur gentes similitudinem simulacrorum suorum', ut scilicet, quomodo lex Domino servire praecepit, eisdem ritibus deceptores suos daemones deceptae gentes venerarentur. Nam et temporibus Tiberii et Gai

c) perstructum 1. 2. d) Sennacheribus 1. e) phebis sacerdotem 5. f) adscissere 4; admisere (m *in ras.*) *corr.* admiscere 5. g) lectoribus 2. h) Ut *corr. man. alt.* Et 4. i) cultum (sub *eras.*) diu 5. k) creaturis 4. 5, *corr. man. alt.* creatoris 4; in *superscr.* 2. l) incorruptilis 5. m) serpentium 2. 4. n) id est simili modo *superscr. man. alt.* 4. o) unde 2. p) vero *add.* 3. q) secuti 4. r) profectionis 5. s) novis 4. 5, *corr.* nobis 4. t) ad *add.* 3; eius *corr.* et ius 1. u) voluptatibus 4. 5; voluptate 3; sunt *om.* 3—5. v) *eras.* 5. w) dicta 3—5. x) *om.* 2. y) alio 2; aliis 5. z) scilicet moralia praecepta *superscr. man. alt.* 4; illa moralia propter praecepti hon. 5; in illa 2. a) exhibere 4. 5, *corr. man. alt.* exhiberi 4. b) *om.* 4. 5.

7) *Cfr.* 1. *Reg.* 5, 2 *sqq.* 8) *Cfr.* 4. *Reg.* 19, 37. 9) *Cfr. Dan.* 14. 10) *Cfr.* 2. *Machab.* 1, 13—16. 11) *Cfr. Rom.* 1, 23. 25. 12) *Cfr. Luc.* 6, 31: Prout vultis, ut faciant vobis homines, et vos facite illis similiter. 13) 1. *Machab.* 3, 48.

caesarum idola in templo[c] Domini legimus collocata[d]. Et Iulianus Apostata totum ecclesiastici ordinem ritus ad idolorum[e] honorem detorquere conatus est; et ipse diabolus a Christo se pro Deo voluit adorari[14].

3. Postquam itaque venit tempus, 'quando[15] veri adoratores in spiritu et veritate non in Hierusalem tantum vel[f] monte Samariae', id est, non localiter sed spiritaliter[g] coeperunt adorare patrem et in omnes gentes secundum Domini iussionem[16] doctrina salutaris emissa est, coeperunt fideles loca munda quaerere et a tumultibus ac negotiis carnaliter conversantium semota[h], in quibus orationes mundas et sacrosancta mysteria et mutuae aedificationis solatia celebrarent. Quamvis enim secundum evangelistam[i 17] erant discipuli cum credentibus semper in templo vel caenaculo laudantes Deum et orationi ac ieiunio insistentes, tamen post adventum Spiritus sancti legimus eos circa domos orationes et fractionem[k] panis celebrasse et non solum intra[l] urbium aedificia, verum et extra in locis secretis convenisse. Nam et Paulus processisse legitur in Philippis[m] extra 'portam[18] iuxta flumen, ubi videbatur oratio esse', et ipse cum Ephesiis oravit in litore[19]. Cum autem multiplicaretur numerus credentium, coeperunt domos suas facere ecclesias, ut in[n] gestis sanctorum creberrimo[o] legitur, et privatas habitationes[p] ad publicas fidelium contulerunt utilitates. Saepe etiam persecutorum rabiem declinantes in criptis et[q] cymiteriis et speluncis atque desertis montibus[n] et vallibus conventicula faciebant. Deinde magis[n] magisque proficiente christianae religionis miraculo et per lucra Christi damno succedente diaboli non solum novae ad orandum domus constructae sunt, sed etiam templa deorum abiectis et exterminatis idolis cum spurcissimis cultibus suis in Dei mutantur[r] ecclesias.

4. Et quia diversitas idolatriae diversis modis templa construxerat, non magnopere curabant illius temporis iusti, quam in partem orationis loca converterent, dum tantum viderent, ubi eliminatae sunt daemonum sordes, ibi Deum omnium[t] creatorem, qui ubique est, coli et adorari. Quamquam itaque sapiens[20] dicat nos ad orientem lucis adorare Deum, et revera congruum est et salubri more institutum, ut orientem versus facies orando vertamus, quia, sicut ab oriente lucis adventum suscipimus corporeae, sic in orationibus inluminari super nos vultum illius[u] deposcimus, de quo scriptum est: 'Ecce[21] vir, Oriens nomen eius', et: 'Visitavit[22] nos Oriens ex alto': tamen, quia et templi et tabernaculi introitus ab oriente fuit, ubi et[v] altare et labrum[w] erat et omnes victimarum et sacrificiorum ritus fiebant, certum est in utroque ab oriente multos orasse contra occidentem. Siquidem et Salomon dedicans templum 'stetit[23] ante altare et extendit manus in caelum' et effudit orationem tam[n] devotione[n], quam prolixitate mirabilem; priora autem et anteriora templi vel altaris orientem respiciebant, unde et apud veteres orientales partes[v] templorum antica, occidentales postica, aquilonales[x] sinistra, meridianae dextra dicebantur; quod et de[n] templi Domini latere meridiano sic scribitur: 'Ostium[24] lateris[y] medii erat in parte domus dextrae.' Quia igitur[z] portae trium atriorum una contra alteram positae recta linea ad orientem patebant, ita ut[a] sol aequinoctialis exoriens radios suos per illas aequa-

c) templum 5. d) collata 5. e) diabolorum 3. f) in *add.* 2. g) spiritualiter 3. h) id est segregata *superscr. man. alt.* 4; conv. id est semota segregata in 5. i) scilicet sic scriptum sit *superscr. man. alt.* 4; sic scriptum sit *add.* 5. k) fractiones 3. 5. l) iuxta *superscr.* intra 4; inter 3. 5. m) scilicet civitate *superscr. man. alt.* 4; legitur civitatem in Ph. 5. n) *om.* 5. o) celeberrime 2. p) *om.* 2. q) in *add.* 3. r) mutabantur 3. s) videretur 3. t) creat. omn. 3. 5. u) eius 2. v) *om.* 3. w) candelabrum *corr.* 5. x) *ita* 1. 2. 4. 5; aquilonares 3, *Knöpfler.* y) lateri 2. z) ergo 3. a) et 3.

14) *Cfr. Matth.* 4, 9 *sq.* 15) *Ioh.* 4, 23. 21. 16) *Matth.* 28, 15. 17) *Cfr. Act. apost.* 1, 13. 14. 18) *Ibid.* 16, 13. 19) *Ibid.* 21, 5. 20) *Cfr. Tertullianus, Apologeticus c.* 17, *ed. Beatus Rhenanus p.* 558; *Knöpfler l. c. p.* 10, *not.* 1. 21) *Zachar.* 6, 12. 22) *Luc.* 1, 78. 23) 3. *Reg.* 8, 22 *sqq.* 24) *Ibid.* 6, 8.

liter contra medietatem[b] templi dirigeret eodemque modo per ostia porticus et ipsius templi in ostia sancti sanctorum altrinsecus posita portenderet[c], sicut traditur a maioribus, illi, qui in exterioribus atriis positi ab introitu interioris quibusdam[d] rationabilibus causis prohibebantur, per[e] portarum contra se positarum patulum[e] prospectum oculos usque ad introitum templi dirigentes, quo pedibus non audebant, precibus et votis et salutationibus accedebant. Sed et ipse Salomon in illa celebri oratione de populo in peregrinationem propter peccata sua venturo dixit[f] ad Deum: 'Si[25] oraverit[g] ad te contra viam civitatis[g], quam elegisti, et templi, quod aedificavi nomini tuo' et reliqua. Quod Daniel quoque propheta et[h] talis, in quo suspitio nulla potuit repperiri, legitur[26] fecisse; 'apertis[27] enim fenestris caenaculi sui contra Hierusalem tribus vicibus oravit per singulos dies.' His et aliis exemplis edocti cognoscimus non errasse illos vel errare, qui in[i] templis vel noviter Deo constructis vel ab idolorum squalore mundatis propter aliquam locorum oportunitatem in diversas plagas altaria statuerunt vel[k] statuunt[k], quia non est locus, ubi non sit Deus. Verissima enim relatione[l] didicimus in ecclesia, quam apud Heliam[m] Constantinus imperator cum matre Helena super sepulchrum Domini mirae magnitudinis in[n] rotunditate[n] constituit, itemque Romae in templo, quod ab antiquis Pantheon dictum a beato Bonifacio[28] papa, permittente Focate[o] imperatore, in honorem[p] omnium sanctorum consecratum est[q], in ecclesia quoque beati Petri principis apostolorum altaria non tantum ad orientem, sed et[r] in[s] alias partes esse distributa. Haec cum secundum voluntatem vel necessitatem fuerint ita disposita, improbare non audemus. Sed tamen usus frequentior, secundum quod et supra memoravimus, et rationi[t] vicinior habet in orientem orantes converti et pluralitatem maximam ecclesiarum eo tenore constitui. 'Unusquisque[29] in sensu[u] suo abundet; prope[30] est Dominus omnibus invocantibus eum in veritate', et 'longe[v][31] a peccatoribus salus'; 'adpropinquemus[32] Domino, et[w] adpropinquabit nobis.' Alioquin peccator, etiam si fugerit eum, qui[x] ubique est, evitare non poterit; 'quia[33] neque ab oriente neque ab occidente neque a desertis montibus'[z] subaudis[y] patet locus fugiendi, 'quoniam[33] Deus iudex[z] est; hunc humiliat et hunc exaltat'; cui etiam propheta dicit: 'Quo[34] ibo a spiritu tuo, et quo fugiam[a] a conspectu tuo? Si ascendero in caelum' et[b] reliqua.

5. De vasis vero fusilibus vel etiam productilibus, quae simpliciter signa vocantur, quia eorum sonoritate quibusdam pulsibus excitata significantur horae, quibus[c] in domo Dei statuta celebrantur officia: de his, inquam, hoc[d] dicendum videtur, quod eorum usus non[e] adeo[e] apud antiquos habitus[f] proditur, quia nec tam multiplex apud eos conventuum assiduitas, ut modo est, habebatur. Apud alios enim[g] devotio sola cogebat ad statutas horas concurrere, alii praenuntiationibus publicis invitabantur, et in una solemnitate proxime futuras discebant. Apud quosdam tabulis, apud nonnullos cornibus horae prodebantur. Vasorum autem, de quibus sermo ortus est, usum primo[h] apud Italos affirmant inventum. Unde et a Campania, quae est

b) meridietatem 2. c) perpenderet 5. d) quasi *add.* 3. e) per patulum port. 4; per patulum port 5. f) dicit 2. 4. g) oraverit contra civitatem 3. h) qui talis fuit 5; et talis, *superscr. man. alt.* scilicet fuit, 4. i) *om.* 3. k) *om.* 3—5. l) revelatione. 4. m) Aeliam 3. n) intro . . . ditate *corr. man. alt.* intracillitate 5. o) Foca 2. 3. 5, e *correct.* 2. p) honore 2. 4. 5. q) *om.* 1. r) etiam 3—5. s) *om.* 4. 5. t) oratio, *om.* habet, 5. u) suo sensu 2. 4. 5. v) est *add.* 4. w) ipse *add.* 2. x) *om.* 5. y) subaudi 3. z) vindex 5. a) a facie tua fugiam 3. b) tu ibi es; si descendero in infernum, ades 3. c) quibusdam 2. d) hic 3. e) ñádõ 4; nã adeo 5. f) non *superscr. man. alt.* 5. g) etiam 4. 5. h) primum 5.

25) *Ibid.* 8, 44: Orabunt te contra viam . . . et domum, quam aedificavi *etc.* 26) *Dan.* 6, 4. 27) *Ibid.* 6, 10. 28) *Bonifacius IV.* a. 608—615; *cfr. Lib. pontif. ed. Duchesne I, p.* 317, § 116. 29) *Rom.* 14, 5. 30) *Psalm.* 144, 18. 31) *Ibid.* 118, 155. 32) *Iac.* 4, 8: appropinquate Deo et. 33) *Psalm.* 74, 7. 8. 34) *Ibid.* 138, 7. 8.

Italiae provintia, eadem vasa maiora quidem campanae[l] dicuntur, minora vero, quae et[k] a sono tintinnabula vocantur[l], nolas appellant a Nola eiusdem civitate[m] Campaniae, ubi eadem vasa primo sunt commentata. Quia vero tubas aereas et argenteas in lege habemus[35] et propheta 'quasi[36] tuba vocem' praedicationis exaltare iubet[n], congrue[o] his vasis utimur in convocatione fidelium, ut praedicatio nostra in ecclesia in[p] argento pura, in aere significetur durabilis et sonora, id[q] est[q], ut nec heretica foedetur rubigine nec neglegentiae lassetur pigredine[r] nec humana supprimatur formidine.

6. Haec a nobis, ut potuimus, dicta sint[s]; nunc de nominibus, quae ipsis sacris locis vel aedificiis[t] non fortuito, sed rationabiliter imposita sunt, pauca dicamus[u], ut lector, dum causas aedificiorum et exordia didicerit, cur etiam ita vel ita dicta sint, possit advertere.

Ecclesia[37], quod[v] Grecum nomen est et interpretatur convocatio vel conventus, cum sit vel generalis sanctorum unitas in una fide et dilectione coniuncta, unde una et catholica dicitur ecclesia, vel singulorum[w] societas sancta locorum, unde et multae dicuntur ecclesiae, tamen etiam ipsa domus, in qua ad divina[x] vel discenda vel celebranda convenit multitudo fidelium, ecclesia vocatur a re, quae ibi geritur[y], illud vocabulum mutuans[z]. Horum exempla apostolus insinuat dicens: 'Ut[38] exhiberet sibi gloriosam ecclesiam non habentem maculam neque rugam'; et: 'Sicut[39] in omnibus[a] ecclesiis sanctorum doceo'; et[b]: 'Mulieres[40] in ecclesia taceant', et multa his similia. Unusquisque etiam electorum domus et templum Dei[c] dicitur, sicut apostolus et in[d] suo et prophetico confirmat exemplo: 'Templum[41]', inquiens, 'Dei sanctum est, quod estis vos; sicut[42] dicit Deus[e]: quia inhabitabo et inambulabo in illis[f]', et reliqua; et Petrus: 'Vos[43] tamquam lapides vivi superaedificamini[g] domus spiritales', et reliqua. Sicut ergo ecclesia in ecclesia, sic multae domus et templa in domo Dei et templo conveniunt. Domus[44] autem dicta est a domate, quod Grece tectum vocatur. Dicitur etiam domus familiae totius sub uno tecto commorantis consortium, 'sicut urbs totius populi et orbis totius generis humani est domicilium.'

'Templum[45] dictum[h] est quasi tectum amplum', unde et excellentioribus[i] aedificiis hoc congruit nomen; sicut Salomon[k] rex potentissimus in regia urbe templum, Moyses vero in itinere tabernaculum[l] dicitur condidisse. Dictum[46] est autem tabernaculum a tabulis et cortinis, eo quod 'interstantibus tabulis[m] cortinae desuper tenderentur', unde et 'militum tentoria, quibus in itinere solis ardores, tempestates imbrium frigorisque iniurias vitant', tabernacula dicuntur. Aedes[47] et aedificia ab edendo putant dicta, quasi primitus ad edendum facta, unde Plautus dicit[n]:

"Si[48] vocassem vos in aedem ad prandium".

Potest enim fieri, ut aedes ad[o] edendum in eis, sicut caenacula ad caenandum primo sint facta et postea longo usu in aliud verterentur; sicut tabernae primitus[p] plebeiorum[q]

l) campana 2. k) *om.* 4. l) *om.* 5. m) Camp. civit. 2. n) iubetur 1. 2. o) congrue 1. p) pura in argento 3. q) *om.* 2. 5. r) pigritudine 3. s) sunt 2. 3. t) sacrificiis 2. u) dicantur 4. 5. v) quidem 3. w) dicitur *add.* 5. x) misteria *superscr. man. alt.* 4, *add.* 5. y) *corr.* agitur 5. z) mutuamus 3. a) ecclesiis omnibus *(del., man. alt. superscr.)* 4. b) ut 5. c) *om.* 5. d) *om.* 1. e) *Dominus* 3. f) vobis 3. g) super *superscr. man. alt.* 5. h) est dictum 3—5. i) excelentioribus 5. k) rex *s.* sapientissimus 3. l) dic. tabernac. 3. m) *om.* 5. n) dicitur 5. o) *add. man. alt.* 5. p) *om.* 4. 5. q) plebium id est *corr. man. alt.* 5.

35) *Cfr. Num.* 10, 2. 36) *Esai.* 58, 1. 37) *Cfr. Amalarius, De officiis ecclesiast. lib. III,* c. 2 *(Hittorp, De divinis catholicae ecclesiae officiis p.* 174*).* 38) *Ephes.* 5, 27. 39) 1. *Corinth.* 4, 17*:* Sicut ubique in omni ecclesia doceo. 40) *Ibid.* 14, 34. 41) *Ibid.* 3, 17. 42) 2. *Corinth.* 6, 16. 43) 1. *Petr.* 2, 5. 44) *Cfr. Isidori Etymol. lib. XV,* c. 3, 1, *Opera ed. Arevalo IV, p.* 216 *sqq.; Dümmler in 'N. A.' XVII* (1892), *p.* 224. 45) *Ibid.* c. 4, 7. 46) *Ibid.* c. 10, 1. 47) *Ibid.* c. 3, 2. 48) *Hunc Plauti versum Walafridus non ex ipso poeta (Poenul. III, 1, 26), sed ex Isidoro sumpsit.*

domunculae, 'quod[49] ex[r] tabulis ligneis fierent', dicebantur, unde et tabernaculum derivari[s] quidam volunt; nunc autem cauponum aediculae[t] sic vocantur.

Basilica[50] Grece, Latine regalis dicitur[u] vel regia a basileo, id est a[v] rege. Nam et carnalium regum palatia ita dicuntur, sicut scriptum est de Hester: 'Stetit[51] in atrio domus regiae, quod erat interius contra basilicam regis'. Nostra autem orationis[w] domus ideo regia dicitur, quia regi regum in ea servitur, vel[x] quia reges et sacerdotes, id est summi regis et sacerdotis membra, qui motibus[y] corporis imperant et spiritales hostias immolant Deo, ibi[z] regenerantur ex aqua et spiritu et salutari nutriuntur doctrina. Absida[52] Grece, Latine lucida dicitur, quia lumen acceptum per arcum intromittit. Exedra est absida quaedam separata modicum quid[a] a templo vel palatio et dicta inde, quod extra haereat; Grece autem cyclon vocatur. 'Aram[53] quidam vocatam dixerunt, quod ibi incensae[b] victimae arderent, alii a precationibus, quas Greci aras vocant, unde[54] et imprecationes antara[c] dicuntur.' 'Altare[55] autem quasi altae arae nominatur.' Porticus[56] a porta vel quod sit aperta dicitur; ad hoc enim[d] maxime sit, ut per eam intretur et transeatur. Cymiterium recubitorium vel dormitorium est mortuorum, qui et ideo ab ecclesia dormientes dicuntur, quia resurrecturi non dubitantur. Criptae sunt specus subterranei dictae a profunditate abrupta, sicut et crepidines dicimus abruptas summitates quorumlibet corporum. Martyria[57] vocabantur ecclesiae, quae in honore aliquorum martyrum fiebant, quorum sepulchris et ecclesiis honor congruus exhibendus in canonibus decernitur; qui et loca, quae sub incertis nominibus et reliquiis[e] vel tantum mortuorum appellatione construuntur, nullo honore colenda constituunt[58]; quod beatus Martinus[59] et Germanus Parisiensis[60] suis leguntur[f] confirmasse exemplis. Sacrarium[61] dicitur, quia ibi sacra reponuntur et servantur; analogium[g][62], quod in eo verbum Dei legatur et nuntietur[h], logos enim Grece verbum vel ratio dicitur; pulpitum[63], quod sit in publico statutum, ut, qui ibi stant[i], ab omnibus videantur[i]. Ambo ab ambiendo dicitur, quia intrantem[k] ambit et cingit. Cancelli videntur dici, quia minoribus columnis fiunt; cancri enim vocantur maiores columnae et maximae quadrae; vel cancelli dicuntur a[l] cubito, qui Grece ancos[64] dicitur. Solent enim plurimi non altius construi, quam ut stantes[m] desuper inniti[m] cubitis possint. 'Ianuae[n][65] a Iano quodam dictae, cui gentiles omnem introitum et exitum consecrarunt.' Ostia ab obstando extra positis vel ostendendo aditum vocantur; valvae a volvendo; fores, quod forinsecus[o] sint positae; portae, quia per eas portantur quaeque et feruntur. Sunt[66] autem ianuae proprie primi ingressus in domum, ostia intra ianuam aditus ad loca quaelibet: valvae, quae intro volvuntur, id est vertuntur et complicantur, sicut fores, 'quae foras[p] vertuntur; portae autem proprie sunt murorum' et atriorum. Camera[67] dicitur a curvitate, quae solet in his aedificiis fieri, quae[d] cementicio[q] opere desuper concluduntur. Haec etiam a concavitate superiori ad similitudinem cuiusdam animalis

r) sex 3. s) quidam derivari 2. t) ecclesiae 3. u) vel reg. dic. 3. v) *om.* 3. w) dom. orat. 3. x) et 4. 5. y) motis 5. z) ubi 4. 5. a) quidem 3. b) incensa 5. c) ante ara 2; antera 4. 5, *corr.* antara 4. d) *om.* 3. e) reliquis 1. f) confirm. leg. 2. g) analogum 5. h) annuncietur 3. i) stat, videatur 5. k) intrante 5. l) ac 1. m) stantes inulti 5. n) ianua 1. o) foris secus 2. p) fores vertunt 5. q) cementino 5.

49) *Isidorus l. c. c.* 2, 48. 50) *Ibid. c.* 4, 11. 51) *Esth.* 5, 1. 52) *Isidorus l. c. c.* 8, 7. 53) *Ibid. c.* 4, 13. 54) unde contra imprecatio *κατάρα* dicitur *Isidorus.* 55) *Ibid. c.* 4, 14. 56) *Ibid. c.* 7, 3. 57) *Ibid. c.* 4, 12. 58) *Cfr. Cod. canon. eccl. Afric. c.* 83, *Mansi III, col.* 782 *(Conc. African. c.* 50, *Cod. canon. p.* 238*).* 59) *Cfr. Vita s. Martini, auct. Venantio Fortunato, lib. I, v.* 228—234, *AA. antiq. IV,* 1, *p.* 303. 60) *In vita s. Germani de hac re nihil invenitur.* 61) *Isidorus l. c. c.* 5, 1. 62) *Ibid. c.* 4, 17. 63) *Ibid. c.* 4, 15. 64) *vel potius: ἀγκών.* 65) *Ibid. c.* 7, 4. 66) *Isidori Different. lib. I,* 308, *Opera V, p.* 41. 67) *Eiusd. Etymol. lib. XV, c.* 8, 5.

testudo nominatur[68]; Grece enim camyron curvum dicitur. Lacunaria[68] et laquearia pendentia sunt templorum ornamenta inde dicta, quod luceant in aëre. Quia vero longum est singulas sacrarum aedium partes exponendo percurrere — multiplex est enim[r] in eis aeque, ut in ceteris structuris, nominum et specierum diversitas —, sufficiant haec de eminentioribus earum partibus dicta. Ad cetera, quae restant, per haec signa ingressuum facilior studiosis patebit introitus.

7. Dicam tamen etiam secundum nostram barbariem, quae est Theotisca, quo nomine eadem domus Dei appelletur[s], ridiculo futurus Latinis, si qui forte haec legerint, qui velim[t] simiarum informes natos inter augustorum liberos computare[u]. Scimus[69] tamen et Salomoni, qui in multis typum gessit Domini salvatoris, inter pavones simias fuisse delatas; et Dominus, qui pascit columbas, 'dat[70] escam pullis corvorum invocantibus eum.' Legant[v] ergo nostri et sicut religione, sic quoque rationabili locutione nos in multis veram imitari Grecorum et Romanorum intellegant philosophiam. Multae res sunt[w] apud singulas gentes, quarum[x] nomina ante cognitionem ipsarum rerum apud alias incognita sunt; sicque fit saepissime, ut rerum intellectus alii[y] ab aliis addiscentes nomina quoque et appellationes earum vel integre vel corrupte cum nova intellegentia in suam proprietatem trahant. Ut ab Hebreis Greci, Latini et barbari amen, alleluia et osanna mutuati sunt, a Grecis Latini et omnes, qui libris Latinorum et lingua utuntur, ecclesiam, baptismum, chrisma et omnium paene radices dictorum acceperunt; a Latinis autem Theotisci multa et in communi locutione, ut scamel, fenestra, lectar, in rebus autem[z] divino servitio adiacentibus paene omnia; item a Grecis sequentes[a] Latinos, ut chelih[a] a calice, phater[b] a patre[c], moter[d] a matre, genez[e] a genetio, quae Grece dicuntur cylix[f], pater, meter[g] et genetion[h], cum in quibusdam horum non solum Latini, ut genitor et genitrix, sed etiam Theotisci proprias habeant voces, ut atto et amma[i], todo[71] et toda. Ab ipsis autem Grecis kyrica[k] a kyrios[l] et papo a papa, quod cuiusdam paternitatis nomen est et clericorum congruit dignitati, et heroro[m] ab eo, quod est heros, et mano et manoth a mene[72] et alia multa accepimus. Sicut itaque domus Dei basilica, id est regia, a rege, sic etiam kyrica[n], id est dominica, a Domino nuncupatur, quia Domino dominantium et regi regum in illa servitur. Si autem quaeritur, qua occasione ad nos vestigia haec Grecitatis advenerint, dicendum et barbaros in Romana republica militasse et multos praedicatorum Grecae et Latinae locutionis peritos inter has bestias cum erroribus pugnaturos venisse et eis pro causis multa nostros, quae prius non noverant, utilia[o] didicisse, praecipueque a Gothis, qui et Getae[p], cum eo tempore, quo ad fidem Christi, licet non recto[q] itinere, perducti sunt, in Grecorum provinciis commorantes nostrum, id est Theotiscum, sermonem habuerint et, ut historiae[73] testantur, postmodum studiosi illius gentis divinos libros in suae locutionis proprietatem transtulerint, quorum adhuc monimenta apud nonnullos habentur; et fidelium fratrum relatione[r] didicimus apud quasdam Scytharum gentes, maxime Thomitanos, eadem locutione divina hactenus celebrari officia. Hae autem permixtiones et trans-

r) *om.* 3—5. s) appellatur 3. t) velint 3; velut *e correct.* 5. u) velint *add. man. poster. in marg.* 5. v) legantur 5. w) *om.* 2. x) quorum *corr.* quarum 4. *et man. alt.* 5. y) alius 2. z) Lat. seq. 2. a) chelihc 2; chelich 3—5; calicem, *om.* a, 3. b) pater 5. c) pater, *om.* a, 3. d) mater 5; mater muter 3. e) gener a genero 5. f) calix (callix 4) 3—5. g) moter 1. 2; et mater 5. h) genecion 3—5. i) ammatodo 4; amatodo 3. 5. k) kirica 5. l) kiricos 4. 5. m) hero 3. n) kirica 4. 5. o) *om.* 2. p) Grece *corr.* Greci 2; Gete *corr. man. alt.* Scite 5. q) in *add.* 5. r) revelatione 4.

68) *Ibid. c.* 8, 8. 6. 69) *Cfr.* 3. *Reg.* 10, 22. 70) *Psalm.* 146, 9. 71) *vel: toto et tota.* 72) *vel potius:* μήν. 73) *Cfr. Cassiodorii Hist. tripart. VIII*, c. 13, *ed. Bened. p.* 328; *Isidori Hist. Goth. c.* 7. 8, *Opera VII*, p. 110 *sq.*

lationes verborum in omnibus linguis tam[s] multiplices sunt, ut propria singularum iam non sint paene[t] plura, quam cum aliis communia[u] vel ab aliis translata.

8. Nunc iam de imaginibus et picturis, quibus decus ecclesiarum[v] augetur, dicenda sunt aliqua, quia et earum varietas nec quodam cultu immoderato colenda est, ut quibusdam stultis videtur, nec iterum speciositas ita est[w] quodam despectu calcanda, ut quidam vanitatis assertores existimant. Quis enim sanum[x] sapiens contra[y] id, quod scriptum est: 'Dominum[74] Deum tuum adorabis et illi soli servies', et iterum: 'Non[75] facies tibi omnem similitudinem eorum, quae in caelo vel in terra vel in aquis[z] sub terra sunt', putabit[a] in tabernaculi vel templi constructione[a] fecisse Moysen et Salomonem? cum et ille[76] secundum divinam iussionem cortinarum varietatem et indumentum sacerdotale diversis ornaverit figuris; et iste secundum sapientiam divinitus sibi attributam picturis et sculpturis, non tantum animalium, sed etiam arborum et herbarum paene omne[b] opus templi distinxerit; uterque[77] insuper Cherubim similitudines[c] super arcam et propitiatorium statuerit; cum certum sit et illos ita sensisse et nos ita sentire debere, quod videlicet non sint Deo debitis cultibus et honoribus colenda, quae ab illis vel nobis facta sunt[d] vel fiunt[e] aut significandi alicuius mysterii causa, ut in[f] tabernaculi et templi structura omnia[g], aut[h] ob commemorationem rerum gestarum, ut picturae hystoriarum[h], aut ob amorem eorum, quorum similitudines sunt, animis videntium artius[i] imprimendum[k], ut imagines Domini et sanctorum eius[b]. Neque enim frustra superiori sententiae subiunctum est: 'Non[78] adorabis neque coles ea', ut[l] videlicet intellegamus in his faciendis[m] devotionem et utilitatem, qua commoneri[n] vel instrui appetimus, non esse[b] culpandam[o], sed in his colendis superstitionem et hebitudinem, qua spiritalem cultum ad corporalia traducere erronei nituntur[p], esse damnandam[q]. Sane, si cui videtur ars pictorum vel fabrorum ob hoc culpanda, quasi ea, quae ab ipsis fiunt, propter artis decorem et convenientiam ad cultum sui inliciant insipientes[r], poterit consequenter et Dei obtrectare[r] facturis, quare ipse vel luminaria caeli tanti splendoris vel herbas et holera tantae creaverit venustatis et odoris, cum ipsa, sicut et aliae creaturae, a quibusdam errantibus divinis honoribus adorata sint et culta; qui error non auctori[s] bonorum asscribendus[t] est, sed daemonum persuasioni et hominum consensui iniquo, qui bonis abuti[u] in malum didicerunt. Notandum vero, quod, sicut quidam easdem imagines ultra, quam satis est, venerantur, ita alii, dum volunt cautiores ceteris in religione videri, illas ut quasdam idolatriae species respuunt et praesumptionis fastu simplicium corda scandalizant. Huius[79] rei questio apud Grecos saepe tantas contentiones excitavit, ut sub Gregorio papa iuniore Constantinus[v] imperator[80] apud Constantinopolim omnes imagines deposuerit[81] et sub Gregorio tertio Romae synodus sit facta[82] contra supradictam, ut dixerunt, heresim, in qua firmatum est, ut sanc-

s) sunt tam multipl. 2. t) bene 5. u) communialibus ab 5. v) augeatur eccles. 2. w) et *add. man. alt.* 5. x) sanum contra sapiens id *corr. man. alt.* insanum contra id 5. y) id contra 4. z) vel *add.* 4. a) putabit ... constructione *post* Moysen *posita sunt in* 5. b) *om.* 5. c) similitudinem 3. d) sint 3. e) fuerint 3. 5, *corr. man. alt.* fiunt 5. f) *om.* 3. g) omnis 3. h) aut ... hystoriarum *bis script., sed post. del. in* 5. i) arctius 3. k) imprimenda 3. 5, *ex* imprimendum *corr. man. alt.* 5. l) unde 3—5; ut intell. videl. 2. m) faciendi esse *corr. man. alt.* faciendam esse 5. n) commoveri 3—5. o) culpandum 3. p) intuntur dampnanda esse. Sano sic videtur 5. q) damnandum 2. 4, *corr.* damnandam 4. r) *ita* 1—5; inspicientes *Knöpfler.* s) actori 2. t) asscribendū sed 2. u) in mal. abuti 3. v) Constantius 4. 5.

74) *Matth.* 4, 10. 75) *Exod.* 20, 4. 76) *Exod.* 26, 1; 28.— 3. *Reg.* 6, 29. 77) *Exod.* 25, 18; 37, 7. 8.— 3. *Reg.* 6, 23 *sqq.* 78) *Exod.* 20, 5. 79) *Cfr. Hefele, Conciliengeschichte III*², *p.* 366 *sqq.*; *Herzog-Plitt, Real-Encyklopädie f. protest. Theologie s. v. Bilderstreitigkeiten.* 80) *Constantinus V, cognomine Copronymus, a.* 741—775. 81) *Synod. Constantinop.* 754; *Hefele l. c. III*², *p.* 410 *sqq.* 82) *A.* 731; *Jaffé, Reg. pontif. I*², *nr.* 2233.

torum imagines secundum priscum catholicae ecclesiae usum[w] restituerentur. Ipsa denique querela Grecorum temporibus bonae memoriae Ludowici imperatoris in Frantiam[x] perlata eiusdem principis providentia scriptis synodalibus est confutata[83]. Quam etiam Claudius quidam Taurinensis episcopus[84], sed in veritatis itinere nominis sui similitudine nutabundus, inter ceteras vanitatum suarum ineptias cupiens renovare, antequam diversorum contra eum scribentium iaculis perfoderetur[85], suo iudicio damnatus interiit; et fortasse, qui imperatoris fidelium veluti in[y] nummo contempsit imaginem, ante tribunal ipsius protervitatis suae pariter et inquietudinis poenas exsolvit. Non enim[z] levem iniuriam seculi potentes sibi putabant[a] inlatam, si imaginem suam vel nomen in quolibet nomismate a subiectis despici[b] cognoverint et calcari. Non autem, quia[c][86] populus Israel in deserto vel[d] Hieroboam[e] rex vitulorum fabricatione[f] Deum offenderant, serpens aeneus, quem ex iussu Domini Moyses fecit[87], contemnendus erat, quippe cum percussi a veris[g] serpentibus[h] imaginarii serpentis contemplatione sanarentur, quem, quia populus semper in[i] idolatriam proclivis postmodum quadam superstitiosa veneratus est religione, Ezechias rex Iuda religiosissimus legitur[88] confregisse[k]. Ergo cum christianus populus tanta sit in divinis rebus docilitate in interiora sapientiae spiritalis inductus cellaria[l], ut, non dicam picturas[m] et imagines, sed ne ipsos quidem sanctos homines, vivos vel mortuos, divinis credat colendos honoribus vel adorandos — rogamus enim sanctos, non ut ipsi praestent per se, quae saluti nostrae necessaria sunt, sed ut ab auctore bonorum, a quo est 'omne[89] datum optimum et omne donum perfectum', utpote illi proximiores meritis et ideo certius audiendi impetrent, quae saluti petentium oportuna non nesciunt; Deum autem oramus, ut sua bonitate gratuita meritis et intercessionibus sanctorum, quae nobis iudicat commoda, largiatur; et huic quidem ut Deo domino, iudici[n], creatori omnipotenti et salvatori supplicamus, illos vero ut Dei amicos, Domini famulos, patronos vere honoratos et pleniter salvatos in adiutorium invocamus[o]; tales esse preces fidelium, qui publicas ecclesiae orationes considerare norunt dubitare non poterunt — cum itaque talis sit christiani perfectio sensus, non sunt omnimodis honesti et moderati imaginum honores[p] abiciendi. Si enim[q] ideo, quia novimus non adorandas nec colendas[r] iconas, conculcandae sunt et delendae picturae quasi non necessariae vel nocivae[s], ergo et, quia credimus, quod creator omnium, qui ubique est et caelum[90] ac terram implet, 'non[91] habitet[t] in manufactis', destruenda sunt templa, ne videamur parietibus et tectis inclusum credere creatorem; sicque poterit evenire, ut, dum cavemus, ne uspiam[u] sit aliquid, ubi insipientium mens possit errare, nihil paene habeamus, quo vel devotionem nostram exerceamus vel simplices et ignaros ad amorem invisibilium trahere valeamus. Quantum autem utilitatis ex pic-

w) ritum 3. x) Fanciam 2. y) in uno contempsisset 4; in umo *(e corr. man. alt.)* contempsit 5. z) etenim 2. a) putant 4. 5. b) dispici 1. c) quia *eras. man. alt.* 5. d) quia *superscr. man. alt.* 5. e) Ieroboam 3—5. f) fabricationem 4. 5; Deo offenderat (*man. alt. corr. ex* offenderant) 5. g) severis 2. h) vulnerarentur *add. man. alt.* 5. i) ad 3—5. k) fregisse 3—5. l) cellaria *corr. man. alt.* celatas 5; fit *vel* sequitur *supplendum esse minus recte coniecit Knöpfler, cfr. lin.* 28. m) picturam 3. n) ac *add. man. alt.* 5. o) vocamus 3. p) honoris 2. q) *om.* 1; ideo enim 4. 5. r) imagines *add.* 5; id est imagines *superscr. man. alt.* iconas 4. s) nocuae 5. t) habitat 3—5. u) adverbum loci est ut piam sit aliquid 5; adverbium loci est *add. man. alt. in marg.* 4.

83) *A.* 825. *synodo Parisiis habita; cfr. Mansi XIV, col.* 421—474; *Simson, Ludwig d. Fromme I, p.* 248 *sqq.* 84) *A.* 815. *vel* 820—827. *vel* 832; *cfr. Simson l. c. II, p.* 245 *sqq.*; *Herzog-Plitt l. c. s. v. Claudius.* 85) *Scripserunt contra Claudium Dungalus Scotus (Responsa contra perversas Claudii sententias), Theodemirus abbas Psalmodiae, Ionas Aurelianensis (De cultu imaginum).* 86) *Cfr. Exod.* 32, 4 *sqq.*; 3. *Reg.* 12, 28 *sqq.* 87) *Cfr. Num.* 21, 9. 88) *Cfr.* 4. *Reg.* 18, 4. 89) *Iac.* 1, 17. 90) *Hierem.* 23, 24. 91) *Act. apost.* 7, 48.

turae ratione proveniat, multipliciter patet: primum quidem, quia pictura est quaedam[v] litteratura inlitterato, adeo[w] ut quidam priorum legatur ex picturis didicisse antiquorum historias; deinde, ut brevitatis causa praetermittam plurima, in gestis Silvestri papae legitur[92] Constantinum imperatorem per thoracidas apostolorum, quod ipsos in visione viderit, cognovisse. Et videmus aliquando simplices et idiotas, qui verbis vix ad fidem gestorum possunt perduci, ex pictura passionis dominicae vel aliorum mirabilium ita compungi, ut lacrimis testentur exteriores figuras cordi suo quasi lituris impressas. Igitur[x] sicut[y] 'omnia[93] munda mundis', coinquinatis autem et infidelibus nihil[z] mundum, quia coinquinata[a] sunt eorum et[b] mens et conscientia, ita malis omnes viae offensionis[c] plenae sunt; et sicut boni[d] etiam malis[e] bene, sic mali[f] etiam bonis male utuntur.

Sic itaque imagines et picturae habendae sunt et amandae, ut nec dispectu[g] utilitas adnulletur — et haec inreverentia in ipsorum, quorum similitudines sunt, redundet iniuriam — nec cultu immoderato fidei sanitas vulneretur et corporalibus rebus honor nimie impensus arguat nos minus spiritalia contemplari.

9[h]. Quod templa Dei dedicatione solemni consecranda sint, exemplis antiquorum et congrua ratione docemur, quia et Iacob patriarcha erexisse lapidem legitur[94] et oleo desuper fuso unxisse eum et vocasse domum Dei itemque[i] super altare erectum invocasse fortissimum Deum Israel. Tabernaculum autem Moyses et Salomon templum celeberrimis dedicationibus[k] consecrasse leguntur[l][95], unde in testimonium divinae ostensionis et visitationis ignis de caelo descendens oblata consumpsit et super[m] utramque domum fumus ac nebula divinae protectionis apparuit. Notandum vero, quod non tantum in prima constructione templi dedicatio[n] est celebrata, sed etiam secundo[96] vel tercio post eversionem et profanationem eiusdem templi propter peccata populi a[o] gentibus perpetratam, cum reaedificatum[p] sub Zorobabel sive sub Machabeis fuisset purificatum, iterata dedicatio[q] est[q] subsecuta. Unde ea, quae novissime facta est[r] hiemis tempore, usque ad tempora passionis Christi observata cognoscitur[s], sicut scriptum est in evangelio Iohannis: 'Facta[97] sunt encenia in Hierosolimis, et hiems erat', et reliqua; nam ceterae duae aliis anni temporibus factae, septimo videlicet et primo mense narrantur. Invenitur etiam concilio Agatensi statutum[98], ut altare unguatur et benedicatur. Haec quidem et alia exempla dedicandorum habemus templorum et altarium, non minus ad hanc observantiam probabili ratione perducti. Si enim pagani templa et statuas erroris sui testimonia daemoniis deceptoribus suis per quaedam[t] potius exsecramenta, quam sacramenta devovere et dedicare noscuntur, ut et[u] suam devotionem diis, quibus placere desiderant, artius insinuent et[u] ad se invisendos daemonum gratiam hac[v] familiaritate sibi concilient, sicut legitur[99] Nabuchodonosor rex Babylonis fecisse[w] dedicationem statuae, quam erexerat in campo Duram: quare non potius nos templa et altaria

v) doctrina *add.* 5; id est doctrina *superscr. man. alt.* litteratura 4. w) in tantum *superscr. man. alt.* 4; *add. in contextu* 5. x) ergo 3. y) sic 5. z) est *add.* 2. a) inquinata 3—5. b) *om.* 5. c) offensionibus 1. 2. 5, *corr. man. alt. ex* offensionis 1. 5. d) ita *add. man. alt.* 5. e) mali 5. f) malis 4. 5, *corr.* mali 4; sic *man. alt. add.* 5. g) despectu 3. 5, *e* dispectu *corr.* 2. h) VIII. 2. i) idemque 3. k) dedicationis 5. l) *e* legitur *corr.* 1. m) supra 3. n) dedicationem celebrata 5. o) perpetrat. a gentib. 3. p) reaedificatam 2. 4, *corr. man. alt.* reaedificatum 4. q) dedicatione 3—5, *corr. man. alt.* dedicatio est 5. r) *om.* 5, *man. alt. add. in marg.* sunt. s) cognoscuntur 5. t) quaedam exsecr. magis quam 3. u) *om.* 5. v) hac *corr.* ac 4. w) fecisse statuam auream quam 2.

92) *Cfr. Gesta Silvestri, ed. Mombritius, Vitae Sanctorum (Mediol.* 1497) *II, fol.* 281. 93) *Tit.* 1,15. 94) *Cfr. Genes.* 28, 18 *sqq.* 95) *Cfr. Exod.* 40; 3. *Reg.* 8. 96) *Cfr.* 1. *Machab.* 4, 36 *sqq.*; 2. *Machab.* 10, 1 *sqq.* 97) *Ioh.* 10, 22. 98) *Conc. Agath. c.* 14, *Mansi VIII, col.* 327. 99) *Cfr. Dan.* 3, 1 *sqq.*

nostrae religiositatis indicia Deo salvatori nostro per inlibata et vera sacramenta dedicare curemus, ut et cum nostrae devotionis officiis divinae maiestati placeamus et ipse nos semper invisere et mansionem sibi in nobis facere dignetur, qui per prophetam dicit: 'Pavete[100] ad[x] sanctuarium meum[y]', et reliqua?

10[z]. Quid autem fieri debeat in locis Deo consecratis, Dominus per prophetam et per se ipsum manifestat dicens: 'Domus[1] mea domus orationis vocabitur cunctis gentibus', et psalmista: 'Introibo[2] in domum tuam, adorabo[a] ad templum sanctum tuum[a] in[b] timore tuo[b]', et multa his similia. Angelorum etiam praesentiam[c] in locis talibus[d] haberi et Iacob agnovit[3], quando scala[e] in Bethel erecta vidit angelos ascendentes et descendentes, et David testatur dicens: 'In[4] conspectu angelorum psallam tibi et adorabo ad templum sanctum tuum'. Vota etiam et sacrificia in his Deo offerri debere et lex Moysi pleniter docet, et psalmista commemorat: 'Vota[5] mea', inquiens, 'Domino[f] reddam in conspectu omnis populi eius', et cetera. Doctrinae quoque verbum populo in ecclesia dispensari et Moyses ostendit[6], cum ad ostium tabernaculi mandata Domini populo exposuit, et ipse Dominus 'in[7] templo duodennis inventus est in medio doctorum sedens' et creberrime in evangelio repperitur in templo sermonem fecisse, sicut et[g] in passione sua fatetur 'se[8] palam in sinagogis docuisse et in templo, quo omnes Iudei conveniunt.' Sed[h] et Petrus cum Iohanne in templo oravit, et Paulus vota persolvit, et omnes apostoli docuerunt[9]. Unde cum eadem domus Dei oratorium dicatur, potest et a deprecationibus in ea faciendis et a locutione doctrinae ita dicta putari, quia oratio[i] est[i] oris ratio et non tantum humilis postulatio, verum etiam[k] rationabilis[l] intellegitur hoc[m] nomine locutio. Inde est, quod primi ordines in ecclesia utuntur orariis[n], quia ad ipsos pertinet docendi offitium, et publici declamatores[o] ac sapientes dictionum compositores oratores vocantur. Baptismum quoque ibi convenientissime celebratur, quia ante tabernaculum labrum et ante templum mare ac decem luteres[p] positos legimus[10], in quibus et oblaturi sacerdotes et victimarum carnes lavarentur. Et dignum profecto est, ut in Christi templo christiani regenerentur.

11[q]. Alia vero negociorum carnalium in[m] Deo consecratis aedifitiis opera fieri non debere, ut non dicam, quae[r] nusquam licent, sed et quaedam alia, quae alibi interdum veniabiliter[s] exercentur, inde semovenda[t] ipse[u] Dominus ostendit, cum[11] zelo domus Dei ductus vendentes et[g] ementes[g] eiecit de templo et per prophetam quodam loco queritur[v] dicens: 'Dilectus[12] meus in domo mea fecit scelera multa'. Apostolus quoque Corinthios in ecclesia dissensiones habentes itemque convivantes increpat[w] dicens: 'Primum[13] quidem convenientibus vobis audio scissuras esse', et[g] reliqua[g], et in sequentibus[x]: 'Convenientibus[13] ergo[y] vobis in unum iam non est dominicam caenam manducare. Unusquisque enim suam caenam praesumit ad manducandum, et alius quidem esurit, alius autem[z] ebrius est. Numquid domos non habetis ad manducandum et bibendum? aut ecclesiam Dei[a] contemnitis, et confunditis eos,

x) a sanctuario meo 4. y) e tuum *corr.* 1. z) VIIII. 2. a) adorabo a · s · t · e · t. 4. 5. b) in . . . tuo *om.* 3—5. c) praesentium 2. d) *om.* 2. e) scalam . . . erectam (erecta 5) vidit et 4. 5. f) Deo 2. g) *om.* 5. h) sicut 4. i) *ex* orationem *corr. man. alt.* 5; or. id est 3. k) et 3. l) rationabili 4. 5. m) *om.* 4. 5. n) oracioribus *corr. man. alt.* 5. o) reclamatores 4. 5. p) lictores *corr.* literes 5. q) X. 2. r) que *corr. man. alt.* quod 5. s) venialiter 3; venerabiliter 4. 5, *e correct.* 5. t) esse movenda 3. 5, *corr. man. alt.* remov. 5. u) Dom. ipse 3. v) conqueritur *corr. man. alt.* 5. w) increpavit 4. 5. x) consequentibus 3. y) *om.* 3. 5. z) vero 4. a) confunditis *add.* 2.

100) *Levit.* 26, 2. 1) *Esai.* 56, 7. 2) *Psalm.* 5, 8. 3) *Cfr. Genes.* 28, 12. 4) *Psalm* 137, 1. 2. 5) *Ibid.* 115, 14. 6) *Lev.* 8, 3 *sqq.* 7) *Luc.* 2, 46. 8) *Ioh.* 18, 20. 9) *Cfr. Act. apost.* 3, 1; 21, 26. 10) *Cfr. Exod.* 30, 18 *sqq.*; 3. *Reg.* 7, 38 *sqq.* 11) *Cfr. Ioh.* 2, 14 *sqq.* 12) *Hierem.* 11, 15. 13) 1. *Corinth.* 11, 18 *sqq.*

qui non habent?' Et post multa subiungit: 'Itaque[14] fratres mei, cum convenitis ad manducandum[b], invicem expectate. Si quis esurit, domi manducet, ut non in[c] iudicium[d] conveniatis.' Et superius de inordinatis orantium gestibus[e] praemittit: 'Hoc[15] autem precipio non laudans, quod non[e] in melius, sed in deterius convenitis.' Unde beatus pater Benedictus in regula monachorum praecipit, ut 'oratiorum[16] hoc sit[f], quod dicitur[g], nec ibi quicquam aliud geratur aut condatur.' Ubi ostenditur culpabiles[h] eos esse, qui nulla necessitate coacti indigna ibi committunt vel loca sancta in horrea et apothecas convertunt, cum in canonibus quoque saepius sit interdictum[17], ne in ecclesiis convivia vel prandia fiant, nisi quis itineris necessitate cogatur.

12[i]. Qualiter autem orandum sit, idem pater brevibus verbis et maxime istis concludit dicens: 'Brevis[18] et pura debet esse oratio, et non in multiloquio, sed in puritate cordis et conpunctione lacrimarum nos exaudiri sciamus', et non in clamosa voce, sed in lacrimis et intentione cordis; et item: 'Consideremus[19], qualiter in conspectu divinitatis et sanctorum angelorum[k] esse oporteat, et sic stemus ad psallendum, ut mens nostra concordet voci nostrae.' Intellegamus ergo his exemplis, quid Dominus in templis suis fieri[c] velit vel quid prohibeat; qui et filios Heli propter scelera circa tabernaculum commissa punivit[20] et Annam matrem beati Samuhelis in secreto cordis motu tantum labiorum sine strepitu vocis orantem in filii petitione exaudivit[21] ipsumque Samuhelem, quia fideliter in domo Domini ministravit, reprobato sene male[l] pio[l] in prophetam[m], sacerdotem et ducem elegit[22], de cuius matre modestissima et in[n] oratione discenda est instantia humilis et post orationem perseverantia salutaris. Legitur siquidem de illa, quia 'vultus[23] illius non sunt amplius in diversa mutati.' Qui enim aut in oratione aliut, quam debet, petit aut alio modo, quam magister humilitatis insinuat, deprecatur, vel orare nescit vel minus, quam potuit, proficit. Qui vero peracta oratione vel ad malam consuetudinem vel ad nova facinora sine respectu mox prosilit, fructum orationis perdit. Nam quidam in oratione pectus pugnis[o] pavimentant, caput contundunt, voces muliebri gracilitate summittunt, et in proximo vel verbis vel factis alios conturbare et semetipsos non metuunt culpabiles exhibere. Hi nimirum contra iudicem, quem orando honorant, moribus pugnant. De vocum autem differentia dicendum[p] illam esse divinis laudibus aptam, quae, qualitercumque sonuerit, ex bono thesauro cordis profecta internae intentioni concordat. Nam et in bono[q] legitur[24] vox alta, dum dicitur in dedicatione templi Salomonis vox sacerdotum et levitarum in tubis et hymnis exclamantium longius sonuisse et sancti martires sub ara Dei voce magna clamasse leguntur[25]. Ubi quamvis intellegi possit, sicut et in aliis multis locis, illam esse[r] magnam vocem, quae, quamvis sit sono humilis, ex bona devotione procedit — sicut ad Moysen dicit Deus: 'Quid[26] clamas ad me?' cum non legatur ibi aliquid clamasse — tamen bonum est et omni quieti praeferendum[s] in laude[t] Dei[r] decenter et simpliciter laborare. Cumque omne genus laudationis divinae secundum rationem exhibitae[u] sit laudandum,

b) et bibendum *add.* 4. c) *om.* 5. d) iudicio 4. 5. e) gestis 2. f) ad *add. alt. man.* 5. g) fcm *superscr. man. alt.* 5. h) eos (post 4) culpabil. 3—5. i) XI. 2. k) nos *superscr.* 2. l) *om.* 3; in alepio 5. m) ad *add. man. alt.* 5. n) *corr. man. alt.* eius 5. o) *In cod.* 2. *dimidium folii* 24, *quod continet verba:* pugnis ... pecu[nias] *(p. 487, lin. 7) per longitudinem abscisum est.* p) dicentium 2; est *add. man. alt.* 5. q) neutrum absolutum *superscr. man. alt.* 4; bono neutrum abest vox 5. r) *om.* 5. s) est *add.* 2. t) laudem 3—5. u) exhibitum sit *(e correct. man. alt.)* laudatio laudandum 5.

14) *Ibid.* 11, 33. 34. 15) *Ibid.* 11, 17. 16) *Reg. Benedicti* c. 52, *ed. Martene* p. 666. 17) *Cfr. ex. gr. Conc. Hipp.* c. 29, *Mansi III, col.* 923. 18) *Reg. Benedicti* c. 20, *l. c.* p. 330. 19) *Ibid.* c. 19, *l. c.* p. 325. 20) *Cfr.* 1. *Reg.* 2, 12 *sq.* 21) *Cfr. ibid.* 1, 10 *sqq.* 22) *Cfr. ibid.* 2, 18; 3, 7. 23) *Ibid.* 1, 18. 24) *Cfr.* 3. *Reg.* 8. 25) *Apoc.* 6, 9. 10. 26) *Exod.* 14, 15.

illud probabilius est dicendum, quod[v] habuerit vanitatis et iactantiae minimum. Lege libros[w] confessionum sancti Augustini[27], et invenies, quantum ille iudicaverit esse periculi in cantilenarum[x] melodia[y] dulcedine.

13[z]. Sciendum sane ita demum[a] templorum et officiorum sacrorum Deo universorum creatori cultus esse acceptos, si hominum pectora[b], quorum[c] causa haec sibi exhiberi[b] permittit vel iubet, ipsius inhabitatione fuerint digna. In vanum enim ligna et lapides poliunt, qui mores non componunt; frustra dona et pecunias comportant, qui interius divinae subtilitatis oculum non placant. Nam quia Iudaei Dominum intus[d] non audierunt, exteriora eorum contempsit et abiecit dicens[e] per prophetam: 'Reliqui[28] domum meam, dimisi haereditatem meam', et[f] per se ipsum: 'Relinquetur[29] vobis domus vestra deserta.' Ergo propter peccata hominum loca sacra[g] a Deo neglegi[h] testis est arca ab allophilis capta[30], templum totiens eversum vel profanatum et multae christianorum ecclesiae nunc a barbaris vastatae vel subversae, nunc ignibus vel fulminibus desolatae, nunc terrae motibus vel turbinibus dirutae[i]. Unde et[k] Dominus per Hieremiam peccatori populo confidentiam vel maximam aufert dicens: 'Nolite[31] confidere in verbis mendatii[l] dicentes: templum Domini, templum Domini, templum[m] Domini est', et cetera. Non solum autem Dei protectionem, sed etiam angelorum custodiam et sanctorum curam a locis quondam[n] sanctis discedere, cum prius habitatores vel cultores locorum a Deo discesserint, ex eo certum est, quod omnis militia sanctorum solio Dei assistit et, ubi Deus non fuerit, ibi esse non[o] possunt; secundum[p] gratiae ostensionem dico, non secundum divinae potentiae immensitatem[p], qua[q] neque infernalibus deest, qui caelum implet ac[r] terram[r]. Scribit etiam[s] Iosephus imminente propter peccata urbis excidio auditam fuisse custodum invisibilium vocem de interioribus templi: 'Transeamus[32] ex his sedibus'. Neque vero sacra loca illis prosunt, qui sanctitatem proiciunt, sicut nec loca horrida obsunt his, qui Domini gratia proteguntur. Nam et in praedicta Hierusalem subversione omnibus malis attriti suffusos[t] lacrimis oculos retorquentes ad templum liberari non meruerunt, sicut scriptum est: 'Clamaverunt[33], nec erat, qui salvos faceret, ad Dominum: nec exaudivit eos'. Subiungitur enim in eodem psalmo, quo merito: 'filii[34] alieni mentiti sunt mihi', et reliqua. Praesumptores ergo[u] et neglegentes in locis sanctis multantur: ut Nadab[v] et Abiu 'offerentes[35] ignem alienum'; item Chore[36] cum seditiosis ante tabernaculum igne Domini[w] devoratur; Heli[37] sacerdos in loco[x] sancto 'fractis cervicibus' expiravit; Bethsamitae[y][38] in conspectu arcae damnantur; Oza[z][39] iuxta arcam perimitur; Ioab[40] iuxta altare trucidatur; Ozias[41] sacerdotium indigne usurpans lepra perfunditur. Econtra humiles et Deum timentes in locis infimis et[a] exitialibus iustitia tuente salvantur: Ioseph[42] in cisterna non perit, in carcere non

v) quid 4. 5, *corr.* quod 4. w) *e* librum *corr.* 4. x) cum *add.* 3. y) non habere *add. man. alt. in marg.* 5; dulcedinem 4. z) XII. 2. a) *om.* 2. b) pect. ob quam *(add. man. alt.)* causam haec sibi Deus exhiberi 5. c) scilicet ob *superscr. man. alt.* 4; ob causam 3. d) interius 3. e) per proph. dic. 3. f) alibi *add. man. alt.* 5. g) sacrata 3; sancta, *in marg.* sacra, 4. h) despici *superscr. man. alt.* 4; Deo despici neglegi 5. i) diruptae 5. k) *om.* 4. l) mendaciis 4. 5. m) templ. (*del.* 2.) Dom. *om.* 2—5; est *om.* 3. 4. n) quodammodo *corr. man. alt.* 5. o) *corr. man. alt.* illi minime 5. p) Nota: per gratiam discedit Deus, non per potentiam *add. in marg.* 4; per gratiam enim *(superscr. man. alt.)* discedit . . . potentiam *add.* 5. *post* immensitatem. q) quia 3. 5. r) *om.* 2. s) enim 3. t) *ita et* 1; fusos *Knöpfler.* u) enim 3—5. v) Naab 4. 5. w) Dei 3. x) sancto loco 2. y) Bethsamitae 4. 5. z) *om.* 3. a) *om.* 5.

27) *Cfr. Augustini Confess. lib. X, c.* 33, *Opera ed. Bened. I, col.* 187. 28) *Hierem.* 12, 7. 29) *Matth.* 23, 38. 30) *Cfr.* 1. *Reg.* 4, 11. 31) *Hierem.* 7, 4. 32) *Cfr. Iosephus, De bello Iudaico IV, c.* 5, 3. 33) *Psalm* 17, 42. 34) *Ibid.* 17, 46. 35) *Levit.* 10, 11. 36) *Num.* 16, 32. 37) 1. *Reg.* 4, 18. 38) *Ibid.* 6, 19. 39) 2. *Reg.* 6, 7. 40) 3. *Reg.* 2, 28. 34. 41) 2. *Paralip.* 26, 19. 42) *Genes.* 37, 24 *sqq.*; 40, 3 *sqq.*

dimittitur; Moyses[43] in fluvio non necatur; Iob[44] de sterquilinio erigitur; Hieremias[45] de lacu caenoso sustollitur[b]; Danihel[46] inter leones, tres[47] pueri inter ignes[c] inlaesi servantur; Petrus[48] liberatur de carcere; Paulus[49] evadit de mari. Et quid amplius dicam? Iniquitas de caelo angelos deiecit, iustitia de[d] inferno homines liberavit.

14[e]. Postremo ammonendi sunt[f] sacrarum structores aedium vel ornatores, ut suae devotionis affectum rebus iuste adquisitis ostendant, quia Dominus per prophetam testatur 'se[50] odio habere rapinam in holocausto', et alibi scriptum est: 'Qui[51] offert victimam de rapina pauperis, quasi qui mactet filium ante[g] patrem'; et in Proverbiis: 'Hostiae[52] impiorum abhominabiles, quia offeruntur[h] a scelere'; itemque: 'Honora[53] Dominum de tuis iustis laboribus', et reliqua. Meminerint[i] etiam David[54] regem noluisse accipere aream Arouna Iebusei ad aedificandum altare Domino ipso gratis dare volente, nisi prius[k] iusti pretii rependeret quantitatem. Et revera non est remedium peccati, si contempto salutis praecepto ipsius signa contemptus[l] obicias praeceptori. Deinde qui iuste quidem offert, sed maiora[m] et utiliora legis mandata postponit, audit cum Cain: 'Nonne[55] si recte offeras, recte autem non dividas, peccasti? quiesce.' Qualibus salvator dicit: 'Vae[56] vobis, qui decimatis mentam et rutam et omne holus, et[57] quae graviora sunt legis praeteritis, misericordiam[n], iuditium et veritatem.' Haec autem dicimus, non quo[o] aedificantium et ornantium loca sancta devotionem culpemus, sed quo[p] doceamus elemosinam in pauperes huic[q] praeferendam; quia, ut beatus Hieronimus[58] ait, superstitiosum est parietes auro fulgere et[r] Christum ante ianuas fame et nuditate torqueri[s]. Ipse enim ibi nos[t] iubet 'thesaurizare[59], ubi neque[u] tinea[u] nec aerugo demolitur, ubi fures non effodiunt nec furantur'; et in iuditio veniens, non utrum ecclesias aedificassemus, sed utrum membris eius[u] minimis profuissemus[60] inquisiturus est.

Haec quidem ornamenta 'sanctum[61] saeculare' apostolus nominat, quia sunt alia quasi sancta caelestia, sicuti sunt ornamenta animarum, quae, quo minus apud homines habent splendoris, tanto plus apud Dominum habent meriti et mercedis. Legitur[62] etiam[v] de beato Gregorio papa, quod non, sicut alii, in extructione ecclesiarum laboraverit, sed in doctrina et elemosinarum largitate, quam non solum apud suos, verum etiam apud longe et[w] in exteris provintiis positos exercere curavit. Si ergo in condendis vel ornandis sacris aedificiis summa[x] sanctitas esset, debuerunt earundem studiosissimi rerum aliis, qui minus his faciendis institerunt, meritorum praeminere distantia. Sed quia legimus Moysen[63] tabernaculi structorem ad aquam contradictionis Dominum offendisse et idcirco ad terram repromissionis non pervenisse, Salomonem[64] quoque post singularem templi mirabilis extructionem mulierum[y] seductum amore

b) *ex* erigitur *corr.* 4. c) ignem 3. d) homin. de inf. 4. e) XIII. 2. f) *om.* 3. g) in conspectu patris 5, *Bibl.* h) offerunt .. 5. i) meminerit 3. 4. k) primum 3. l) exhibeantur, *om.* contemptus ... praeceptori, 5. m) maiora legis util. 4. n) et *add.* 4; scilicet *add. man. alt.* 5. o) quo 4. 5, *corr.* quod *et iterum* quo 4, *corr.* quod *man. alt.* 5. p) *corr. man. alt.* quod 5. q) *corr. man. alt.* hinc 5; proferendam 5. r) Christumque 3. s) perire *superscr.* torqueri 4. t) iubet nos 2. u) *om.* 2. v) enim 3—5. w) internis et *add.* 2. x) sanctitas summa 2. y) seduct. mulier. 2.

43) *Exod.* 2, 3 *sqq.* 44) *Iob* 42, 10. 45) *Hierem.* 38, 6 *sqq.* 46) *Dan.* 6, 16 *sqq.* 47) *Ibid.* 3, 24 *sqq.* 48) *Act. apost.* 12, 7 *sqq.* 49) *Ibid.* 27, 14 *sqq.* 50) *Esai.* 61, 8. 51) *Eccles.* 33, 24: Qui offert sacrificium ex substantia pauperum, quasi qui victimat filium in conspectu patris. 52) *Proverb.* 21, 27. 53) *Ibid.* 3, 9. 54) *Cfr.* 2. *Reg.* 24, 20 *sqq.* 55) *Genes.* 4, 7. *sec. LXX.* 56) *Luc.* 11, 42. 57) *Matth.* 23, 23. 58) *Cfr. Hieronymi epist.* 128, *c.* 4, *Opera ed. Vallarsius I*, *col.* 959. 59) *Matth.* 6, 20. 60) *Cfr. ibid.* 25, 40. 61) *Ebrae.* 9, 1. 62) *Cfr. Bedae Historia ecclesiast. lib. II*, *c.* 1, *Opera ed. Giles II*, *p.* 104; *Knöpfler l. c. p.* 35, *not.* 6. 63) *Cfr. Num.* 20, 12. 13. 64) *Cfr.* 3. *Reg.* 11, 1 *sqq.*

Domini incurrisse offensam, unde et regni eatenus uniti potentia a[z] semine eius discissa in aliam tribum perniciosa divisione partim concessit, intellegimus et omni postposita dubietate fatemur ita constructionem sacrarum aedium ex religiosa devotione laudandam, ut tamen virtutes, quae sunt spiritales structurae et animarum, in quibus Deus habitat[a], ornamenta[b] perennia, his multum praelatas, quia terrena ornamenta, quantalibet formositate fingantur, sine virtutibus Deo vilescunt. Virtutes vero, quas et in angelis suis[c] diligit, etiam sine materiali compositione semper sibi[d] placere demonstrat, dicens per Michaeam prophetam: 'Indicabo[65] tibi, o homo, quid sit bonum, et quid Dominus quaerat[e] a[f] te: utique[g] facere iuditium et diligere misericordiam et sollicitum ambulare cum Deo tuo.' Unde multos[h] sanctorum et ante usum templorum sacrorum Deo[i] placuisse, alios vero, postquam Deo per loca diversa sanctuaria sunt constituta, in desertis et squalentibus locis commorantes scimus omnipotenti Domino solis virtutibus militasse.

15[k]. Haec de sacrorum fabricis et usibus locorum nos pro modulo tarditatis et ignaviae nostrae commemorasse sufficiat; nunc de sacrificiis et oblationibus, quae in eis Deo exhibentur, quod ipse dederit, adiungamus. Abel et Cain primi Domino munera obtulisse leguntur[66]: ille quidem de naturalibus ovium, quas pascebat, faetibus, iste[l] de terrenis, quas arte ei labore adquisivit, frugibus. Sed dona amborum non una dignatione suscepta, quia dispari fuerant ratione oblata, testis est divini censura respectus et invidentis fraternae felicitati Cain usque ad homicidii reatum prolapsa dementia. Noe[67] quoque post diluvium de mundis animantibus optulit Domino in odorem suavitatis. Abraham[68] etiam et Iacob[69] et patientiae Iob[70] exemplar sacrificia et holocausta Domino immolasse leguntur. Iam vero in lege quam multiplicia sint[m] oblationum praecepta, ex ipsis libris discendum est, ubi quadrupedum et volucrum carnes et sanguis, terrae fruges et fructus arborum diversis modis offerri iubentur. Quae omnia cum legalium observationum[n] umbris, licet evangelii veritatem sua praefiguraverint exhibitione, tamen infirmo et quasi carnem et sanguinem sapienti populo imposita sunt eatenus observanda, donec veniret dominus legis et prophetarum et omnia, quae de se fuerant apertis vel mysticis dictis praenunciata vel imaginariis victimarum, sacrificiorum et sollemnitatum ritibus praesignata, compleret; ita sane, ut inlucescente evangelii veritate nec credentes ex Iudeis ab illis observandis quasi rebus sacrilegis et profanis prohiberentur nec de gentibus ad fidem venientes ad ea suscipienda quasi saluti christianorum necessaria cogerentur.

16[o]. Itaque Christus, qui credentibus 'finis[71] est legis', carnis dispensationem subiens legis statuta utpote a[p] Deo instituta[q] non respuit, quin potius in se, ut terminaret, explevit; novi vero testamenti nova mysteria ad instruendum novum hominem tradidit, et morte sua vetera perficiens resurrectione sua nova firmavit. In caena siquidem, quam ante traditionem suam ultimam cum discipulis habuit, post paschae veteris sollemnia corporis et sanguinis sui sacramenta in panis et vini substantia eisdem discipulis tradidit, et ea in commemorationem sanctissimae suae passionis celebrare perdocuit. Nihil ergo congruentius his speciebus ad significandam capitis atque membrorum unitatem potuit inveniri, quia videlicet[r] panis de multis granis aquae coagulo in unum corpus redigitur et vinum ex multis acinis exprimitur,

z) et 2. a) habitant, *om.* Deus, 2. b) *corr. man. alt.* ornamentis 5. c) *om.* 5. d) placere sibi 4. e) requirat 2, *Bibl.* f) ad *corr.* a 4. 5. g) itaque 4; itaquerat 5. h) invenimus *superscr. man. alt.* 4. i) plac. Deo 3. k) XIIII. 2. l) *om.* 5; de terr. iste 3. m) *e* sunt *corr.* 1. n) observantium 5. o) XV. 2. p) in 2. q) *om.* 3—5. r) sicut *add.* 3.

65) *Micha* 6, 8. 66) *Genes.* 4, 3 *sqq.* 67) *Ibid.* 8, 20 *sq.* 68) *Ibid.* 22, 2 *sqq.* 69) *Ibid.* 35, 14. 70) *Iob* 1, 5. 71) *Rom.* 10, 4.

sic et corpus Christi ex multitudine sanctorum coadunata completur. Unde consulto a prioribus statutum est[72], ne vinum in sacrificio sine aquae admixtione offeratur, ut videlicet per hoc indicetur[s] 'populos[73], qui' secundum Iohannem 'aquae sunt', a Christo, cuius sanguis in calice est, dividi non debere. Ergo nec vinum sine aqua nec aqua sine vino offertur, quia nec Christus[t] aliter, quam pro populo suo passus est nec aliter populus, quam per passionem Christi potest salvari.

17[u]. Quia vero Christus sacerdos esse dicitur 'secundum[74] ordinem Melchisedec', quod apostolus Paulus copiosissime astruit, salva multiplicium ratione figurarum, quibus idem sacerdos Dei summi Iesum[v] Christum filium Dei, qui semet ipsum patri[w] pro nobis optulit, praenuntiasse[x] cognoscitur, congruum genus sacrificii Dominus noster sacerdos verus in corporis et sanguinis sui mysterium providere dignatus est, ut videlicet, sicut Melchisedec ante circumcisionem et legis ceremonias vivens ex fide panem et vinum legitur optulisse, ita ipse Dominus, pontifex factus secundum ordinem non Aaron, sed Melchisedec, iustus et iustificans eum, qui ex fide est, post expletionem legis easdem species sacrificii fidelibus suis tradidit, ne[y] dubitemus nos sine operibus legis iustificari per fidem, dum illos imitamur libertate fidei et devotionis, quos sine servitute legis coactitia[z] Deo cognoscimus[a] placuisse per fidem. Ergo dum notus esset in Iudea Deus, dumque[b] in uno tabernaculi vel templi loco sacrificia deberent offerri, praeceptum est vel potius permissum carnalibus varias et sumptuosas oblationes exhibere, ut[c] servilis religio gravibus desudaret obsequiis. At vero postquam super omnem terram laudabile nomen Domini inluxit, dumque in omnibus locis et gentibus non speciale, sed generale sacerdôtium geritur, tota fidelium unitate[d] non in unum corporaliter locum[e], sed in unam spiritaliter[f] fidem concurrente, statutum est fidelibus oblationes simplices Domino consecrare, quae et veritatem mysterii continerent et filios adoptionis nulla sumptuum difficultate comprimerent. Non est autem discutiendum ratione mortalium, cur haec[g] vel illa, isto vel illo tempore quasi diversa et discrepantia ille, qui semper idem[75] est et mutari non potest, statuerit vel iusserit, cum ipsorum conditor et ordinator temporum, quicquid in tempore fit, non temporali sapientiae suae ratione, sed aeterna iuste, convenienter et utiliter, quamvis saepius occulte, disponat[h]. Notandum[i] tamen, quod non de maioribus, fortioribus, sanctioribus, utilioribus ad minora, infirmiora[k], viliora, inutiliora genus humanum vocaverit, sed sicut persona filii servis praemissis, vel angelis videlicet vel hominibus, naturae suae praeminet maiestate, sic ipse in carne adveniens illis maiora instituit, et a carnalibus ad[l] spiritalia, a terrenis ad caelestia, a temporalibus ad aeterna, ab imperfectis ad perfecta, ab umbra ad corpus, ab imaginibus ad veritatem docuit transeundum.

18[m]. Igitur cum[n] ipse filius[o] Dei dicat: 'Caro[76] mea vere est cibus, et sanguis meus vere est potus', ita intellegendum[p] est eadem redemptionis nostrae mysteria et vere esse corpus ac sanguinem[q] Domini, ut illius unitatis perfectae, quam cum[r] capite nostro iam spe[s], postea re[t] tenebimus, pignora credere debeamus[u]. Inde et sacra-

s) indicetur 1. t) aliter Chr. 2. u) XVI. 2; *cum cap. anteced. in unum coniunctum in* 3. v) Iesus Christus filius 3. w) pro nobis patri 2. x) pronuntiasse 3. y) nec 3. z) coactiva 3. a) placuisse cog. 4. b) *e* denique *corr.* 4. c) et 5. d) unitatem 4. e) sed in unam specialiter locum *add.* 5, *sed postea del.* f) specialiter 4. 5. g) hoc 5. h) Quis est homo, qui non est natus et post mortem baptizatus est et in ventre matris suae sepultus est *add.* 4, *sed postea del.* i) non tantum 5. k) *om.* 5. l) *ex* a *corr. man. alt.* 5. m) XVII. 2. 3. n) dum 4. o) Dei filius 2. p) *corr. man. alt.* intelligenda sunt 5. q) *corr. man. alt.* sanguis 5. r) *om.* 4. 5. s) sepe 5. t) retinebimus 2. u) debemus 3—5.

72) *Conc. Hipp. c.* 28, *Mansi III, col.* 928. 73) *Apoc.* 17, 15. 74) *Ebrae.* 7, 17 *sqq.* 75) *Num.* 23, 19. 76) *Ioh.* 6, 56.

menta a sanctificatione vel secreta virtute dicuntur, unde etiam criminum foeditate capitalium a membrorum[v] Christi sanitate[w] deviantes ab ipsis sacramentis ecclesiastico suspenduntur iuditio. Qui enim corpus et sanguinem Domini digne manducat et bibit, designat se esse in Deo et Deum in eo; qui vero medicinam vel non habet vel ea indigne utitur, longe se a medico esse languendo testatur; non enim mentitur, qui dicit: 'Nisi[77] manducaveritis carnem filii hominis et biberitis eius sanguinem, non habebitis vitam in vobis', et reliqua. Sciendum vero[x] a sanctis patribus ob hoc vel maxime constitutum[78], ut mortaliter peccantes a sacramentis dominicis arceantur, ne indigne ea percipientes vel maiori reatu involvantur — ut Iudas[y], quem post panem temere a magistro susceptum diabolus dicitur plenius invasisse, ut crimen, quod prius scelerata praemeditatione[z] conceperat, iam sceleratissimo consummaret effectu — vel ne, quod apostolus de Corinthiis dicit[79], infirmitatem[a] corporis et inbecillitatem ipsamque mortem praesumptores incurrant[b]; et ut a[c] communione suspensi terrore eiusdem[d] exclusionis et quodam condemnationis anathemate conpellantur studiosius poenitentiae medicamentum appetere et avidius recuperandae salutis desideriis inhiare.

19[e]. Quamvis autem eorundem sacramentorum usus ab ipso Domino traditus et ab apostolis apostolicisque viris in totam ecclesiae catholicae latitudinem sit transmissus, tamen primis temporibus quosdam alia quaedam genera oblationum offerre solitos intellegimus ex canonibus et maxime apostolorum, in quorum tertio capitulo ita scribitur: 'Si[80] quis episcopus aut presbyter praeter ordinationem Domini alia quaedam in sacrificio offerat[f] super altare, id est aut mel aut lac aut pro vino siceram et confecta[g] quaedam aut volatilia aut animalia aliqua aut legumina, contra constitutionem Domini faciens, congruo tempore deponatur'; et in quarto: 'Offerri[80] non liceat aliquid[h] ad altare praeter novas spicas et uvas et oleum ad luminaria et thimiama, id est incensum, tempore, quo sancta celebratur oblatio.' Dum ergo quaedam prohibentur offerri, ostenditur ea a quibusdam, licet extraordinarie[i], oblationibus adhibita; unde Euticianus vicesimus octavus[81] sedis Romanae praesul constituit: 'Fruges[82] super altare tantum fabae et uvae benedici', et haec idcirco fortasse, quia vino sanguinis dominici mysterium celebratur, faba vero abstinentium cibus est. Alias autem diversarum species rerum statutum est ubilibet benedici a sacerdotibus, vel, si ad altare benedicenda quaelibet deferantur, speciali benedictione a consecratione dominicorum sacramentorum omnimodis discernenda, ut, sicut pro innumeris legis mandatis 'breviatum[83] evangelii verbum Dominus fecit super terram', ita pro diversis sacrificiorum ritibus simplex oblatio panis et vini fidelibus sufficiat, qui non in multitudine umbrarum apparituram quaerunt veritatem, sed eam in manifestatione factorum tenent perspicuam. Unde quorundam simplicium error de Iudaicarum superstitionum seminario natus et ad nostra usque tempora quaedam vetustatis vestigia[k] extendens iam ex magna parte sapientium studio conpressus est[h], et, sicubi adhuc pernitiosum huius pestis germen revirescere[l] fuerit comprobatum, mucrone spiritali radicitus est amputandum, illum dico errorem, quo quidam[m] agni carnes[n] in pascha

v) membris Chr. deviantes 3. w) societate *e corr. man. alt.* 5. x) enim 3—5. y) *corr. man. alt.* Iudam 5, *om.* quem. z) p̄meditatione 1. a) infirmitatem . . . praesumptio[ne] *(p. 495, lin. 18) des. in 2, foliis excisis.* b) *corr. man. alt.* incurrunt 5. c) ad communionem 5. d) eius 3—5. e) XVIII. 3. f) *superscr. man. alt.* 4. g) confectaque 3. h) *om.* 5. i) extra ordinem 4. k) extendens vestigia 3. l) *e* reviviscere *corr.* 4. m) quidem 3. n) carnem 5.

77) *Ioh.* 6, 54. 78) *Cfr. ex. gr. Conc. Eliberrit., Mansi II, col.* 5 *sqq.; Hefele, Conciliengesch. I², p.* 155. 79) 1. *Corinth.* 11, 29. 30. 80) *Can. apost. c.* 3. 4, *Mansi I, col.* 50 *sq.* 81) *Rectius vicesimus septimus; cfr. Knöpfler l. c. p.* 43, *not.* 1. 82) *Lib. pontif. I, p.* 159, § 28. 83) *Rom.* 9, 28.

iuxta vel sub[o] altari eas ponentes[p] benedictione propria consecrabant et in ipsa resurrectionis die ante ceteros corporales cybos de ipsis carnibus percipiebant, cuius benedictionis series adhuc a multis habetur. Quod quam sit supervacuum et a[b] sacramentis christianae perfectionis abhorrens, facile perspicit, qui veraciter intellegit, quod 'pascha[84] nostrum immolatus est Christus', et vult epulari 'non in fermento veteri, sed in azimis sinceritatis et veritatis.'

20[q]. Hoc quoque commemorandum videtur, quod ipsa sacramenta quidam interdum ieiuni, interdum pransi percepisse leguntur, ut legitur in canonibus, concilii[r] Africani, capitulo VIII. his verbis: 'Ut[85] sacramenta altaris non nisi a ieiunis hominibus celebrentur, excepto uno die anniversario, quo caena Domini celebratur', et reliqua. Isti quidem eo die post prandium communicandum esse censebant, quia Dominus post legalis paschae caenam novi testamenti sacramenta legitur discipulis tradidisse. Alii vero secta quadam singulari non semel in anno, sicut superiores, sed crebrius ante sacramentorum perceptionem cibis corporalibus refici debere iudicantes[s] post prandia et plenitudinem stomachi quasi confirmaturi[t] sacris rebus necessitatem[u] corpoream communicabant[v], ut testatur Socrates in historia sua ecclesiastica, ubi de diversis ecclesiarum consuetudinibus faciens mentionem post multas ieiuniorum et solemnitatum varietates haec inter cetera ponit: 'Sed[86] etiam circa celebritatem collectarum quaedam diversitas invenitur. Nam[w] dum per ecclesias in universo terrarum orbe constitutas die sabbatorum per singulas ebdomadas sacrificia celebrentur, hoc in Alexandria et Roma quidam[x] prisca traditione non[y] faciunt. Aegyptii vero Alexandriae vicini et[z] Thebaidis habitatores[z] sabbato quidem collectas agunt, sed non, sicut moris est, sacramenta percipiunt; nam postquam fuerint epulati et cibis omnibus adimpleti, circa vesperam oblatione facta communicant', et paulo inferius[a]: 'In Antiochia vero Syriae altare non ad orientem ecclesiae, sed magis ad occidentem habent'; de qua re etiam nos quaedam[b] superius disseruimus[c] [87]. Et hoc[d] quidem, quod[e] in[e] singulis sabbatis isti[f] post prandium vel caenam communicabant[g], qua[h] autoritate facere voluerint, non adeo liquet[i]. Illud vero, quod superiores in anniversario caenae dominicae pransi communicare permissi sunt, ex[k] occasione supra exposita emersisse videtur. Sed a[l] sequentibus honesta et rationabili deliberatione statutum esse cognoscitur[88], ut omni tempore a ieiunis sacrosancta mysteria[m] celebrentur. Non enim ideo prius prandere et postea communicare debemus, quia[n] Dominus[n] completor legis et[o] auctor gratiae prius legale pascha perfecit, deinde evangelica[p] sacramenta instituit, sicut nec[n] prius corporaliter cogimur circumcidi et postmodum baptizari, cum sciamus Dominum nostrum 'factum[89] ex muliere, factum sub lege' primo[q] secundum legis statuta circumcisum ac deinceps ad expletionem omnis iustitiae lavacri[r] salutaris subisse nobisque consecrasse primordia. Ergo[s] a ieiunis semper celebrari[s] debere eadem sacramenta, et generalis totius iam comprobat

o) super 5. p) porrientes *corr. man. alt.* porrigentes 5. q) XIX. 3. r) *ita* 3; concilio 1. 4. 5. s) indicantes *corr. man. alt.* iudicantes 5. t) confirmati 3. u) necessitate corporea 3. v) *e* censebant *corr. man. alt.* 4. w) *e corr.* 5. x) *ita codd.*; quadam *Cassiod.* y) *om.* 4. z) et . . . habitatores *om.* 5. a) post 4. b) *superscr. man. alt.* 4; *e* quidam *corr. man. alt.* 5; quidem 3. c) dixerimus *e corr. man. alt.* 5. d) hi 3; haec 4. 5. e) quod isti in 4; inquit 3. f) *om. hoc loco* 4. g) communicant 4. 5, *corr. man. alt.* communicabant 4. h) quia 5. i) liquent 5. k) et 5. l) *om.* 4. 5. m) celebrentur myst. 3. n) *om.* 5. o) *om.* 3. p) sacram. evangel. 3—5. q) postmodum 4. 5. r) lavacris, *om.* salutaris, 5. s) Ergo ieiuni semper celebrare 4. 5.

84) 1. *Corinth.* 5, 7. 8. 85) *Conc. Afric. c.* 8, *Cod. can. p.* 213 *(Conc. Hipp. c.* 28, *Mansi III, col.* 923*).* 86) *Cassiodorii Hist. tripart. IX, c.* 38, *Opera I, p.* 348. 87) *Supra p.* 477, *cap.* 4. 88) *Cfr. Conc. Bracar. III (a.* 572*), c.* 10 *Mansi IX, col.* 841; *Conc. Matisc. II (a.* 585*), c.* 6; *Conc. Autissiod. c.* 19, *LL. Conc. I, p.* 167. 181. 89) *Galat.* 4, 4.

usus ecclesiae, et edicta[t] synodi Bracarensis ostendunt[90], ubi etiam supra[u] memorata[u] in die caenae dominicae communicatio post solutum ieiunium anathematis interpositione absciditur. Si itaque illo die post prandium[v] communicare non licet, cui et exemplum Domini et quorundam assensus suffragari videbatur, multo minus aliis temporibus licet, quibus horum neutrum cognoscitur attributum. Hoc autem ita fieri, non solum honestas sobrietatis, per quam receptacula pectorum tantae sanctitati percipiendae praeparari convenit, ne, si indigne[91] sumatur, in iuditium transeat medicina, sed etiam ratio necessitatis magna poscebat, quia videlicet[w] prandentes ante communicationem proficiente, ut adsolet, in peius mala consuetudine de parvis refectionibus usque ad ebrietatis ingluviem[x] interdum prolapsos credibile est: et quid tam absurdum, quam tunc spiritalem atque vitalem percipere victum, cum ex nimietate ingestorum[y] nec corporalia alimenta potest crapulatus honeste tractare? Apostolus autem praecipit dicens: 'Omnia[92] vestra honeste et secundum ordinem fiant.' Quae moderationes, quamvis in singulis sanctorum operibus necessariae sint, tamen etiam atque etiam in sanctissima[z] corporis et sanguinis Domini veneratione debent servari, ut videlicet honeste, hoc est humiliter, pacem et caritatem in corde tenentes, ieiuni[a] et sobrii cum munditia corporis et cordis, quantum fieri potest, ipsa sacramenta contingamus; secundum ordinem autem, ut sanctificationem eorum a cibis ceteris, utpote animae[b] vitam significantium[c], longe distare sciamus et primo horum consolatione refecti, deinde corporis sustentacula capiamus. Quod autem neque[d] ante[d] neque post communicationem in ecclesiis sit convivandum, et canones discrete et manifeste loquuntur, et nos superius commemoravimus[93].

21[e]. Quia vero de ratione sacramentorum pauca perstrinximus, videtur[e] subnectendum, qualiter ad cotidianam[f] celebrationem eorundem[g] mysteriorum[h] usus pervenerit. Et quoniam[g] multiplex est eius[i] rei apud doctores relatio, colligimus[k] summatim quae possumus, ita ut nomina singulorum auctorum propter prolixitatem non ponamus. Nihil vero conemur astruere, quod non vel ita legimus vel ex lectione coniectavimus vel veracium verbis percepimus vel usu insinuante cognovimus. Alii, ut ex patrum collationibus[l] discimus[m], semel in anno communicandum censebant, ut videlicet diuturna praeparatione corpus et animam purificantes tandem ad communionem mensae caelestis digne pertingerent[n]; et quidem horum alii ipsam celebrationem annuam in die caenae dominicae faciebant, ut ibi solum sacramentorum gratia iteraretur[o] illorum, ubi primitus est ostensa. Unde et ipsa die solvebant ieiunium[p], sicut in festis actitare solemus[q], et ante meridiem collectas explebant, quod in canonibus partim ostenditur et penitus prohibetur. Sed aliis cautioribus visum est istos eo indigniores ad annuam suae observantiae[r] celebritatem pervenire, quo se putabant longa dilatione defaecatos[s] quandoque ad sacrorum perceptionem satis dignos accedere meliusque credebant, quamvis a[t] minus dignis, crebrius iterari[u], quae sancta

t) dicta 8. u) predicta *superscr. man. alt.* supra memorata 4. v) prandia 4. 5. w) *e corr. man. alt.* 4. x) inluviem 1; congluvie 5. y) *corr. man. alt.* digestorum 5. z) sanctissimi corp. et sang. 8. a) ieiunii 5. b) animas 4. c) sanctificantium, *om.* vitam, 4. 5. d) *superscr. man. alt.* 4. e) XX. 8; De eo quod alii rarius, alii crebrius, alii cotidie communicandum dicunt. Videtur nobis subnect. 7; XXVI. Videtur nobis (*om.* 6) 6. 8. f) cottidię, *om.* ad, 8. g) venire debeamus (debemus 6). Quoniam 6—8. h) ministeriorum 3. 4; *e* mysteriorum *corr. man. alt.* 4. i) huius 7. k) colligamus 6. 8. l) collectionibus 4. 5. m) *corr. man. alt.* didicimus 5. n) pergerent 4. 5, *corr. man. alt.* pertingerent 4. o) iteratur 6. p) ieiunia 6. 7. q) solebant 7. r) observationis 8. s) defectos 4. 5, *corr. man. alt.* defecatos 4; defessos quoque 7. t) animis 8; annuis 7; animus 5. 8, *corr. man. alt.* animis 5. u) iterare 6. 7.

90) *Cfr. Conc. Bracar. II (a. 563)*, c. 16, *Mansi IX, col.* 776. 91) *Cfr.* 1. *Corinth.* 11, 29; *supra p.* 491, *lin.* 4. 5. 92) 1. *Corinth.* 14, 40. 93) *Cap.* 11.

sunt, quia talis est illa spiritalis medicina, ut et sanos[v] adiuvet ad perseverantiam sanitatis et vulneratis subveniat[w] ad redintegrationem virtutis, et eo[x] dignius percipitur, quo percipientes per humilitatis custodiam substrati nunquam se ad eius perceptionem satis dignos arbitrantur. Qui autem tardius secundum iuditium spiritalium medicorum ipsi[y] admittuntur medelae, ideo ad tempus abstinere debent, ne praepropere[z] incongrua suis valitudinibus ingerentes medicamina gravius aegrotent et, quod aliis[a] est reparatio, illis fiat damnatio. Alii omni dominica vel omni sabbato apud Orientem et Hispanias missas facientes commemorationem passionis dominicae, omni septimana si facerent, sufficere credebant. Unde etiam orationem dominicam, quae ab ipsis[b], ut credimus, apostolorum temporibus ante communicationem et panis fractionem dicebatur, quidam illo tantum tempore recitandam crediderunt, quo sacrificia celebrabant, quia panem illum, qui in eadem oratione petitur, supersubstantialem intellegi, non cotidianum voluerunt; et[c] sic fiebat, ut, qui semel per ebdomadam communicabant, semel etiam orationem dominicam recenserent. Cyprianus autem cotidie dicendam[d] esse ostendit dicens: 'Itaque[94] in oratione dominica panem nostrum, id est Christum, dari nobis cotidie petimus, ut, qui in Christo manemus et vivimus, a sanctificatione et corpore eius non recedamus.' Item Hilarius[e]: 'Et[95] quia cotidiana oratio est, cotidie[f] quoque panis vitae, ut detur, oratur.' Sanctus Augustinus dicit: 'De[96] cotidianis parvisque peccatis, sine quibus vita haec[g] non ducitur, cotidiana oratio[h] fidelium satisfacit errori[i].' Superioribus quidem, ita ut praedictum est[h], complacuit; aliis vero non solum in dominicis et festis generalibus, ut sunt nativitas, epyphania, pascha, ascensio Domini et[h] pentecostes, verum etiam in natalicii sanctorum divinorum munerum celebranda esse mysteria[k]. Legitur enim Felix XXVII.[97] papa constituisse, ut 'super[98] memorias martyrum missae caelebrarentur'; sed et[l] beatus Gregorius papa in ordine LXVI.[99] praecepit 'super[100] corpus beati Petri apostoli fieri missas.' His[h] ita[m] observatis coeperunt iuniores tempore sequenti[n] ferias ieiuniorum augere[o] veraciter intellegentes panem illum[p] cotidianum et cotidie petendum et cotidie ab illis, quibus competit, offerendum et accipiendum. Quia[q] vero Melchiades[r] XXXIII.[1] ordine[s] Romae[t] praesulatum agens[s] statuit, ut: 'nulla[o][2] ratione dominico[u] aut V. feria ieiunium quis fidelium ageret', pagani enim[v] his diebus quasi ieiunia frequentabant, ideo beatus Gregorius supradictus in dispositione officiorum anni infra quadragesimam[w] V. feriam vacantem dimisit, ut, quia festiva[x] erat veluti dominica, etiam officio diei dominicae celebris haberetur. Quae V. feria, quoniam postmodum coepit ut caeterae ieiuniis applicari[y], Gregorius iunior statuit[3] eam missis et orationibus esse solemnem, et undecumque colligens eiusdem[z] diei augmentavit officia. Cum igitur[a] Hebrei carnales suas oblationes cotidie ex iussione Domini celebrasse legantur[4], quare non christiani hostias suas spiritales cotidie offerant et in munimentum[b] suae salutis

v) nos *add.* 5. w) veniat ad redintegrationis virtutem 4. 5. x) ideo 4. 5. y) *om.* 6. z) properent 5. a) est aliis 4. 5. b) illis 3. c) *om.* 4. 5. d) dicenda 5. e) Ylarius 4. 5. f) cotidiane 5; cotidianae vitae panis 4. g) *om.* 5; *superscr. man. alt.* 4. h) *om.* 5. i) *ita codd; corruptelam esse ex verbis Augustini* eorum est enim *recte coniecit Knöpfler l. c. p.* 49, *not.* 8. k) Cap. XXVII. *add. hoc loco* 8, *om.* XXVII. *post* Felix. l) *om.* 3. m) itaque 6—8. n) seculi 3. o) agere 3—5. p) esse *add.* 4. q) Cap. XXVIII. *praemitt.* 8, *om.* XXXIII. *post* Melchiades. r) *e* Miltiades *corr. man. alt.* 4. s) pp *del. et superscr. man. alt.* ordine . . . agens 4. t) Romano 7. u) dominica 4. 5. 7. 8. v) in *add.* 6. 7. w) in quadragesima 5. x) festivitas 6. 7. y) applicare 5. z) eidem 7. a) ergo 3. b) mūnimentum 4. 5; monumentum 8.

94) *Cyprianus, De dominica oratione c.* 18, *ed. Hartel p.* 280: Et ideo panem nostrum. 95) *Hilarii fragmentum ex incerto opere, Opera ed. Bened. col.* 1368. 96) *Augustini Enchiridion de fide, spe etc. c.* 71, *Opera VI, col.* 223. 97) *Potius XXVI.* 98) *Lib. pontif. I, p.* 158, § 27. 99) *Rectius LXIV.* 100) *Lib. pontif. I, p.* 312, § 113: Hic fecit, ut super . . . Petri missas celebrarentur. 1) *Rectius XXXII.* 2) *Lib. pontif. I, p.* 168, § 33. 3) *Ibid. I, p.* 402, § 182. 4) *Num.* 28, 3 *sqq.*

frequentent? Legimus etenim[c] beato Gregorio, cuius supra[d] fecimus mentionem, testante[5] Cassium Narniensem[e] episcopum post ordinationem suam omni die sacrae oblationis hostiam Domino immolasse et eum[f] divina dignatione, ut solitis instaret operibus[g], commonitum ac magna promissionis gratia ad perseverantiam confortatum. Gennadius[h6] autem Massiliensis[i] presbyter in Dogmate ecclesiastico quasi inter veteres et iuniores medius existens, id est cum adhuc alii dominicis tantum, iam quoque nonnulli cotidianis communicarent diebus, huiusmodi libramine sententiam suam temperat[k], ut cotidianam eucharistiae perceptionem nec laudare nec vituperare se dicat; omni vero dominica communicare, si capitalia peccata non prohibeant et mens in delectatione[l] peccandi posita non sit[l], hortatur. Apud Grecos quoque illi, qui duas dominicas vel tres sine communione transierint[m], excommunicari dicuntur[7]. Quia vero venerabilis papa Sylvester XXXIV.[8] a beato Petro ferias habere[n] clerum docuit, ut, sicut apud paganos feriae tantum dies aliquibus festis insigniti[o] dicebantur, sicut etiam[p] per Moyson dicitur[q]: 'Hae[9] sunt feriae Domini', ita christianis et maxime clericis omnes dies in ferias deputentur[r], videtur ratione plenissimum, ut per singulos dies sacris occupemur officiis et, quantum mentis vel corporis graviores maculae non obsistunt, panem et sanguinem dominicum, quibus[s] sine vivere non possumus, iugiter[t] ambiamus et desiderio illius tuitionis potius, quam praesumptione[u] nostrae puritatis sumamus imitantes primitivae ecclesiae studium salutare, de quo in actibus apostolorum ita scriptum est: 'Erant[10] autem perseverantes in doctrina apostolorum[v] et communicatione fractionis[w] panis et orationibus'; et infra: 'Cotidie[11] quoque perdurantes unanimiter in templo et frangentes[x] circa domos panem sumebant cybum cum exultatione et simplicitate cordis laudantes Deum'; et iterum: 'Omni[12] autem die in templo et circa domos non cessabant docentes et evangelizantes Christum Iesum[y].' Nota, quod dicit prius eos fregisse panem ac deinde cybum[z] sumpsisse.

22[a]. Diversitas autem quaedam[b] inter sacerdotes oboriri solet: quia[c] est talis, qui semel tantum in die missam celebrare velit, nimirum credens idem mysterium passionis Christi cunctarum[d] necessitatum esse generale subsidium, quia unus, qui[e] dominator[f] et iudex est vivorum ac mortuorum, semel pro peccatis nostris mortuus est[g] 'ad[13] multorum exhaurienda[h] peccata'; alius vero bis, ter vel quotieslibet eadem mysteria in[i] die iterare congruum putat credens tanto amplius Deum ad misericordiam flecti, quanto crebrius[k] passio Christi commemoratur, et fortasse consuetudinem suam inde[l] confirmandam existimat, quia Romanorum usus habet duas vel tres interdum unius solemnitatis facere missas, ut in nativitate Domini salvatoris et aliquorum festis

c) enim 4. 5. d) superius 4. 5. e) Narmensem 5. f) *om.* 3. g) precibus *superscr. man. alt.* vel operibus 4. h) Genadius 4. 5, *corr. man. alt.* Gennadius 4. i) Marsiliensis 3; Mansiliensis 5. k) temperet 3–5, *corr. man. alt.* temperat 4. l) *om.* 7. 8. *add.* voluntate *post* sit. m) dimittat *add. man. alt. in marg.* 4. n) *om.* 5. 6; clerum habere 3. o) *ex* insiguiri *corr. man. alt.* 4; insignitis 7. p) *om.* 7; enim 8. q) dictum est 6. r) deputantur 4. 5. 8. s) sine quibus 4. 7. t) graviter 3–5. u) *Hic incipit iterum* 2. v) *om.* 5. w) et (*om.* 5) fractione 4. 5. x) *e* frangente *corr. man. alt.* 5. y) *om.* 7. z) sumpsisse cibum 3. a) XXI. 3; XXVII. 6; *om.* 7. b) *suppl. man. alt. in marg.* 4. c) quae 3. d) *om.* 7. 8; omnium 6. e) *om.* 2; *del.* 8. f) mediator 7. g) *om.* 2. 8. h) evacuanda 7. i) in die *superscr. man. alt.* 4. k) amplius 7. l) *ex* in die *corr.* 1.

5) *Gregorii Dialog. lib. IV, c.* 56, *Opera II, col.* 468; *Homil. in evang.* 37, *c.* 9, *Opera I, col.* 1631. 6) *Gennadii Liber de dogmate eccles. c.* 53, *ed. Elmenhorst p.* 31: Quotidie eucharistiae communionem percipere nec laudo nec vitupero. Omnibus tamen dominicis diebus communicandum suadeo et hortor, si tamen mens sine affectu peccandi sit. 7) *Cfr. Poenit. Theodori I,* 12, § 12 (*Wasserschleben, Bussordnungen p.* 196). 8) *Rectius XXXIII.* 9) *Levit.* 23, 2. 10) *Act. apost.* 2, 42. 11) *Ibid.* 2, 46. 47. 12) *Ibid.* 5, 42. 13) *Ebrae.* 9, 28.

sanctorum; siquidem Thelesphorus[m] nonus[14] in ordine Romanae episcopus[n] sedis in natale[o] Domini noctu[p] missas celebrari[q] constituit[15]. Et revera non esse[r] absurdum crediderim[s], si, dum plures in una die faciendae sunt missae, unus sacerdos[t] duas vel tres necessitate vel[u] voluntate persuadente celebret potius, quam[v] quasdam dimittat[v]. Ad hoc accedit[w], quod totius[x] usus ecclesiae habet saepius missas agere pro[y] vivis et pro defunctis, pro elemosinis et aliis diversis causis, quod etiam officia his attributa testantur. In diebus itaque publica celebritate conspicuis aut illae diversarum rerum necessitates[z] sunt intermittendae aut concurrentibus sibimet publica observatione et privata necessitate utriusque expletio suis est discernenda officiis vel, quod superius commemoravimus[16], una oblatione diversae causae sunt explendae. Fidelium relatione[a] virorum in nostram usque pervenit[b] notitiam[17] Leonem papam, sicut ipse fatebatur, una[c] die[c] VII vel IX missarum solemnia saepius[d] celebrasse, Bonifacium vero archiepiscopum et martirem semel tantum per diem missas fecisse, qui et non longe ante nostra fuerunt tempora et ambo tam[e] scientia, quam gradu praecipui. Itaque 'unusquisque[18] in suo sensu abundet', dum fides concordet, ut nec saepius offerentes aestiment Deum aliter petitiones non posse discernere, nec semel hostias per diem immolantes putent suae fidei subtilitatem potius, quam superiorum devotionem divinis acceptam conspectibus.

23[f]. Quoniam igitur, qualiter ad celebrationem cotidianam missarum solemnia[g] pervenerint, qualitercumque monstravimus, hinc de officio missae quid[h], quando et a quibus statutum sit, quantum invenire potuimus, exponamus. Quod nunc agimus multiplici orationum[i], lectionum, cantilenarum et consecrationum officio[k], totum hoc apostoli et post ipsos proximi, ut creditur, orationibus et commemoratione passionis dominicae, sicut ipse praecepit, agebant simpliciter. Unde circa domos secundum[l] superius[19] commemorata testimonia frangebant panem, quod[m] etiam alia sententia[m] Lucas declarat dicens: 'Una[20] autem sabbati cum convenissemus[n] ad frangendum panem', et reliqua. Et relatio[o] maiorum est ita[p] primis temporibus missas fieri solitas, sicut modo in parasceue paschae[q], quo die apud Romanos missae non aguntur, ante[r] communicationem facere solemus, id est praemissa oratione dominica et, sicut ipse Dominus noster praecepit, commemoratione passionis eius adhibita eos[s] corpori dominico communicasse et sanguini, quos ratio[t] permittebat. Proficiente[t*] dehinc religione eo[u] amplius aucta sunt a Christi cultoribus officia missarum, quo vel pax praestita latius terminos propagavit ecclesiae vel sanctorum copia usu facta est convalescente frequentior. Quod[v] et in sacrarum[w] aedium constructione[x] vel ornatibus ita provenisse[y] iam diximus[21]; non quod aliqui sequentium apostolis fuerint scientia

m) Telesphorus 3. 4. n) sedis episc. 3. 4. o) natali 1. p) tres *add.* 3; *cfr. not.* 15. q) celebrare 4—7. r) est *superscr. man. alt.* vel esse 4. s) credere *superscr. man. alt.* vel crediderim 4; crediderunt 7; si *om.* 6. t) presbyter *superscr. man. alt.* vel sacerdos 4. u) *corr. man. alt.* non 5. v) quas quamdam *corr. man. alt.* quandoque, *om.* dimittat, 5; dimittat *superscr. man. alt.* 4. w) accidit 5—8. x) usus totius 4. y) pro (*eras.* 5) unius (*superscr. man. alt.* vel vivis 4) defunctis (defuncti 5) 4. 5. z) necessitate 5. 8. a) ratione *superscr. man. alt.* vel relatione 4. b) supervenit 6—8, *corr.* pervenit 8. c) *om.* 3. d) *superscr. man. alt.* 4. e) tam gradu quam scientia 4. 5; scientia tam 2. 6. f) XXII. 3; XXVIII. *corr.* XXVIIII. 6; *om.* 7. g) sepius celebrasse *add.* 2. h) quod 2. 6. 7. i) rationum 6. 7; ratione 8. k) officium 5; tantum *corr.* totum 1. l) sicut 2. m) quam etiam sententiam 4. n) venissemus frang. 6. o) revelatio 4. 5; maior 5. p) in 2. q) *eras.* 5; in *add.* 3. r) *om.* 3, *Knöpfler.* s) eius 4. 5. 7, *corr. man. alt.* eos 4. t) oratio 7. 8, *corr.* ratio 8. t*) proficiscente 6—8. u) *om.* 3. v) quo 4. 5, *corr.* quod 4; et *om.* 3. w) sacrum 5; sacra 7. x) instructione 2; consecratione 8. y) pervenisse 5.

14) *Rectius octavus.* 15) *Lib. pontif. I, p.* 129, § 9: Hic constituit, ut . . . natalem Domini noctu missas celebrarentur. 16) *Supra* p. 495, *lin.* 27 *sq.* 17) *Quae hic Walafridus de Leone et Bonifatio enarrat, ex traditione, sicut ipse dicit, sumpta sunt neque usquam scripta inveniuntur; cfr. infra not.* 75. 18) *Rom.* 14, 5. 19) *Cfr. not.* 10—12. 20) *Act. apost.* 20, 7. 21) *Supra c.* 6. 8.

vel religiositate maiores, sed quia illi maxime curabant ab infidelitate ad[z] fidem, a tenebris homines ad lucem vocare et in veritate stabiles reddere, ipsa facilitate religionis melius, quod volebant, rudibus persuadere potuerunt; unde etiam, sicut legitur[22], credentes primo[a] de gentibus legalium pondere mandatorum deprimi noluerunt. Multi itaque apud Grecos et Latinos missae ordinem, ut sibi visum est, statuerunt; et Romani quidem usum observationum[b] a beato Petro[c] principe apostolorum accipientes suis quique[d] temporibus, quae congrua iudicata sunt, addiderunt. Quorum morem[e] ideo in sacris rebus tam multae gentes imitantur, quia et[f] tanti magysterii ex apice apostolico primordiis[g] clarent et[h] nulla per orbem ecclesia[i] aeque[k] ut Romana ab omni faece[l] hereseon[m] cunctis retro temporibus pura permansit. Ambrosius quoque Mediolanensis episcopus tam missae, quam ceterorum dispositionem officiorum suae ecclesiae et aliis Liguribus[n] ordinavit, quae et usque hodie in Mediolanensi tenetur[o] ecclesia. Igitur[p] ordinem missae Romanae, ut possumus, exequamur[p].

Antiphonas ad introitum dicere Caelestinus papa XLV.[23] instituit, sicut legitur in gestis pontificum Romanorum[24], cum ad eius usque tempora ante sacrificium lectio una apostoli tantum et evangelium legeretur. Laetaniae autem, quae sequuntur, id est Kyrie[q] eleison et[r] Christe[s] eleison a Grecorum usu sumptae creduntur, quia et[t] Greca sunt verba et ea ipsi Greci saepius in suis iterant missis. Ymnum autem angelicum, in quo paucis verbis, quae[u] ab angelis circa nativitatem dominicam in laude[v] Dei sunt prolata, sequentes sancti patres ad communem[w] sanctae et individuae trinitatis laudationem dulcissimas et congruentissimas dictiones addiderunt, ut[x], sicut eius principium a caelestibus est ordinatum ministris, ita etiam tota eius series divinis esset plena mysteriis: illum, inquam, ymnum ante[y] sacrificium dici, Thelesphorus IX.[14] Romanorum praesul constituit[25], ut ad tantae sanctitatis caelebrationem congregatorum animi angelicae modulationis dulcedine[z] mulcerentur. Sed in hoc loco quaeri potest, si idem ymnus huius papae temporibus ante[a] sacrificium[a] coepit dici, cur[b] longo tempore post sub Caelestino legatur tantum ante sacrificium lectionem[c] apostoli[d] et evangelium praecessisse, ut ille necessario de psalmis David antiphonas, quae ante ipsas lectiones cantarentur, praeposuisse videatur. Ubi respondendum est vel constitutum quidem fuisse a Thelesphoro, ut idem ymnus in capite missae diceretur, sed apud posteros ipsam eius constitutionem intermissam, donec a subsequentibus[e] plenius totus ordo missae componeretur, vel ita statutum ab eo, ut ipse ymnus in summis festivitatibus et[f] a solis episcopis usurparetur, quod etiam in capite libri sacramentorum designatum videtur[26] et ideo scriptum esse usque ad tempora Caelestini ante sacrificium lectiones tantum[g] habitas, ut subintellegatur, quamvis ille ymnus interdum ante missas diceretur, ut praediximus, non fuisse tamen, quod iugiter in omnibus missis ab omnibus sacerdotibus ante lectiones poneretur, antequam idem Caelestinus antiphonas ad introitum dicendas instituit. Vel ita potuit evenire, ut idem Caelestinus 'Sanctus, sanctus, sanctus Dominus Deus[h]', et reliqua ante[h] sacri-

z) a 5. a) primi 3; de gentilibus 6; diligentibus 7. 8. b) observantium 4. 5. c) *om.* 4. 5. d) quoque 8. e) *corr. man. alt.* mores 5; morum 2. f) *om.* 4. g) *corr.* primordia 5. h) ut 2. i) ecclesiae 2. k) quaeque 4. 5. l) fere 3. m) *corr. man. alt.* crescorum 5. n) Luguribus (Veneticis vel ceteris adfinibus *glossa*) 8. o) tenentur 4; continentur 7. p) Igitur ... exequamur *quasi rubr. in* 7. q) Kirie 1. 7. r) *om.* 4. 5. s) Christi 1. t) *om.* 5; *superscr.* 4. u) quaedam 3. v) laudem 3. w) communionem 6. x) *om.* 4. y) antequam 5. z) *superscr. man. alt.* 5. a) *superscr. man. alt.* 4. b) cum 5. c) lectionum 2. d) *om.* 5. e) sequentibus 3, *Knöpfler.* f) et a solis *om.* 2. g) *om.* 2. h) Deus Sabaoth ante 6.

22) *Cfr. Act. apost.* 15, 24 *sqq.* 23) *Potius XLIII.* 24) *Lib. pontif. I, p.* 230, § 62; *cfr. Knöpfler l. c. p.* 56, *not.* 2. 4. 25) *Ibid. I, p.* 129, § 9: constituit, ut ... ante sacrificium hymnus diceretur angelicus, hoc est: 'Gloria in excelsis Deo'. 26) *Cfr. Gregorii I. Liber sacramentorum, Opera III, col.* 1.

ficium dicere[i] docuerit, quod nihilominus ymnus angelicus dici potest, quia principium eius Esaias[27] propheta Seraphim pronuntiasse commemorat, sed ab imperitis quibuslibet[k] in eodem loco, ubi Thelesphorus dicitur[l] ymnum angelicum ante sacrificium posuisse, additum sit 'Gloria in excelsis Deo' putantibus nullum alium intelligi ymnum angelicum, nisi quem angeli nato Domino cecinerunt; quae verba, id est 'Gloria in excelsis Deo', si non essent posita in capitulo Thelesphori, non nasceretur questio suprascripta et intellegeretur ymnus angelicus ille, qui ante actionem[m] cantatur. Huic assertioni videtur illud suffragari, quod legitur[n] Symmachum LIII.[28] Romanorum praesulem constituisse, 'ut[29] omni dominica vel nataliciis sanctorum "Gloria in excelsis Deo" diceretur': aut enim, sicut praediximus[o], illum ymnum Thelesphorus non apposuit aut, si fecit, statutum illius longo tempore[p] imperfectum remansit.

Orationes vero[q], quas collectas dicimus, quia necessarias petitiones[r] earum compendiosa brevitate colligimus, id est concludimus, diversi auctores, ut cuique[s] videbatur congruum[t], confecerunt. Solebant enim non solum inter officia missae, verum etiam in aliis orationibus, conventibus[u] et collocutionibus, qui[v] caeteris aderant eminentiores, brevi oratione opus[w] concludere; quod et in sanctorum patrum exemplis agnoscimus, dum alii alios honorificentiae causa orationem[x] colligere postulabant. Et venerabilis doctor Augustinus in quibusdam sermonibus suis ad populum ita terminavit locutionem, ut diceret extremo: 'Conversi[30] ad Dominum', ubi intellegitur oratione subiuncta communem petitionem ad Dominum[y] direxisse. Sic[z] etiam nunc solent sacerdotes[a] in conclusionibus nocturnae vel diurnae synaxeos orationes breves, id est collectas, subiungere. Sunt enim aliae[b] tales, ut non alibi, quam circa sacrificii celebrationem sint dicendae, sunt vero aliae, quibus et in officio missae et non minus in aliis locis et[b] temporibus[b] possumus uti. Crescente autem, sicut praediximus[31], religionis cultu divinae crescebat etiam paulatim orationum et officiorum ecclesiae compositio multis et[b*] ex summa scientia et ex mediocri et ex minima addentibus[c], quae congrua rebus explicandis videbantur. Ideoque credimus[d] conciliis Carthaginiensi[32] et Melivitano[e][33] statutum, ut preces et orationes a quibuslibet compositae, nisi probatae fuissent[f] in concilio, non dicerentur. Nam et[g] Gelasius papa in ordine LI.[h][34] tam a se, quam ab aliis compositas preces dicitur[35] ordinasse, et Galliarum ecclesiae suis orationibus utebantur, quae et adhuc a multis habentur. Et quia tam incertis auctoribus multa videbantur incerta et sensus integritatem non habentia, curavit[i] beatus Gregorius rationabilia quaeque coadunare et seclusis his, quae vel nimia vel inconcinna videbantur, composuit librum, qui dicitur sacramentorum[26], sicut ex titulo eius manifestissime declaratur, in quo, si aliqua inveniuntur adhuc[k] sensu claudicantia, non ab illo inserta, sed ab aliis minus diligentibus postea credenda sunt superaddita.

i) docuerit dicere 3. k) quodlibet 5. l) dicit 6. 7. m) orationem, id est 'Te igitur' in actione cantatur 6. n) per *add. man. alt.* 5. o) supra diximus 4. 5. p) in *add.* 4. 5, *del.* 4. q) *om.* 3. r) earum petit. 3. s) cumque 3—5. t) *om.* 2. u) *ita* 1. 5; convenientibus *rell. codd., corr.* conventibus 4. v) quae 4—6; quo 3. w) *om.* 7; *ex* operas *corr. man. alt.* 4. x) oratione 3. y) Deum 2; dixisse 4. 5. z) sicut 3; sed 4. 5. a) *om.* 2. b) *om.* 3. b*) *om.* 4—7. c) attendentibus 6—8. d) in *add.* 4; concilio 7. e) *ex* Elibertano *corr.* 4. f) *om.* 6. g) *om.* 5; *superscr.* 4. h) ita *add.* 3; ei *add.* 6. i) cur aût 4. 5; *superscr. man. alt.* curavit 4. k) ad hunc sensum 3.

27) *Esai.* 6, 3. 28) *Rectius LI.* 29) *Lib. pontif. I, p.* 263, § 81. 30) *Cfr. Augustini sermones ex. gr.* 1. 18. 26. 30. 49, *Opera V, col.* 5. 101. 148. 155. 276. 31) *Supra p.* 496, *lin.* 31 *sqq.* 32) *Conc. Carthag. III (Hispana c.* 23) *vel Hipp. c.* 21, *Mansi III, col.* 922. 33) *Conc. Milev. c.* 12 *(Hispana) vel Conc. Carthag. XI, c.* 9 *(Cod. eccl. Afric. c.* 103, *Mansi III, col.* 807). 34) *Rectius XLIX.* 35) *Cfr. Lib. pontif. I, p.* 255, § 74.

Lectiones apostolicas vel evangelicas quis ante celebrationem sacrificii primum statuerit, non adeo certum est. Creditur tamen a primis successoribus apostolorum eandem dispensationem[l] factam ea praecipue causa, quia in evangeliis[36] eadem sacrificia celebrari iubentur et in apostolo[36], qualiter celebrari debeant, docetur, et ut ante sanctissimae actionis mysterium ex evangelio salutis et fidei suae recognoscerent fundamentum[m] et ex apostolo eiusdem fidei et morum Deo placentium caperent[n] instrumentum. Anteponitur autem in ordine, quod inferius est dignitate, ut ex minoribus animus audientium ad maiora sentienda proficiat et gradatim ab imis ad summa conscendat. Statuit autem Anastasius XLI.[37] papa, 'ut[38], quotiescumque sanctum evangelium recitaretur, sacerdotes non sederent[o], sed curvi starent', ut videlicet humilitatem, quae a Domino docetur, etiam corpore demonstrarent. Videtur autem non alias lectiones ante evangelium fuisse tunc positas, nisi tantum apostoli Pauli, quas solum nominavit qui gesta pontificum scripsit, cum[p] antiphonarum mentioni[q] subiunxit: 'Quod[39] ante[r] non fiebat[s], nisi tantum epistola beati Pauli apostoli legebatur et sanctum evangelium'; quod etiam[t] Damasus papa ad Hieronimum scribens[40] paene eisdem verbis ostendit. Et fortasse inprimis solius Pauli lectiones eo loci[u] legebantur, postea autem omnibus latius augmentatis[v] aliae lectiones non tantum de novo, verum etiam de veteri, prout festorum ratio poscebat, intermixtae sunt testamento. Nec mirum videri debet, quod paulatim aucta narrantur officia, dum adhuc multa in rebus necessariis defuissent, cum videamus usque hodie et lectiones[w] et[x] collectas et diversas laudum species iam paene abundantibus omnibus superaddi, ut et in hoc illud propheticum videatur impleri: 'Pertransibunt[41] plurimi et multiplex erit scientia.' Sed videndum est, sicut beatus Augustinus ait, 'ut[42] ea[y] cantentur, quae ita scripta sunt, quae autem non[z] ita scripta sunt, non cantentur.'

Responsoria[a] et Alleluia, quae ante evangelium cantantur, deinde adiuncta videntur, postquam antiphonae ad ingressum dici coeperunt[b], quae et videntur prohibita canonibus[43] Hispanorum, qui longo post tempore sunt constituti. In illis enim iubetur, ne aliquis ymnus inter lectionem apostolicam et evangelium in ordine missae ponatur; ex quo intellegitur id[c] aliquos temptasse tunc temporis, sed propter novitatem rei studium eorum nondum fuisse a quibusdam receptum; quod tamen postea usu Romano commendatum ad omnes Latinorum pervenit ecclesias.

Symbolum[d] quoque fidei catholicae recte in missarum solemniis post evangelium recensetur, ut per sanctum evangelium 'corde[44] credatur ad iustitiam', per symbolum autem 'ore[e] confessio fiat in[f] salutem[g].' Et notandum Grecos[h] illud symbolum, quod nos ad imitationem eorum intra missas assumimus, potius quam alia in cantilenae dulcedinem ideo transtulisse, quia Constantinopolitani concilii proprium est et fortasse aptius videbatur modulis sonorum, quam Nicenum, quod[i] tempore prius[k] est, et ut contra hereticorum venena in ipsis etiam sacramentorum celebrationibus medicamenta apud regiae suae urbis sedem confecta fidelium devotio replicaret. Ab ipsis ergo ad Romanos ille usus creditur pervenisse; sed apud Gallos et Germanos post

l) dispositionem 2. 6—8, *Knöpfler*. m) *c* sacramentum *corr.* 4. n) capere 5. o) recti 3. p) de *add.* 3. q) mentione 3. 5. 6; *c* mentioni *corr. man. alt.* 5. r) antea 4—8; contra 2. s) faciebat 4. 5, *corr. man. alt.* fiebat 5. t) sanctus *add.* 3; beatus *add.* 4. u) loco 3—6. v) augmentis 4. 5, *corr.* augmentatis 4. w) collectiones 3, *Knöpfler*. x) et collectas *om.* 5; et collectiones 4. y) *om.* 3. z) ita non 2. 3. a) Cap. VIII. *praemitt.* 7. b) expirarunt 3. c) et 7. d) VIIII. *praemitt.* 7. e) ore sit confessio in 2; ore conf. sit in 6. f) ad 3, *Bibl.* g) *om.* 7. h) *om.* 2. i) qui 5; in *add.* 2. k) propius 4; proprius 5.

36) *Luc.* 22, 17 *sqq.*; 1. *Corinth.* 11, 24 *sqq.* 37) *Rectius XXXIX.* 38) *Lib. pontif. I, p.* 218, § 56. 39) *Supra p.* 497, *not.* 24. 40) *Theiner, Disquisitiones criticae in praecipuas collectiones canon. p.* 301; *Jaffé l. c.* I², *nr.* 246. 41) *Dan.* 12, 4. 42) *Ex quonam Augustini opere sumpta sint, nescio.* 43) *Cfr. Conc. Tolet. IV,* c. 12, *Mansi X, col.* 622. 44) *Rom.* 10, 10.

deiectionem Felicis[45] heretici sub gloriosissimo Karolo Francorum rectore damnati idem symbolum latius[l] et crebrius in missarum coepit[m] officiis iterari. Concilio quoque Toletano statutum est omni dominica idem symbolum 'secundum[46] morem orientalium ecclesiarum recitari, ut, priusquam dominica dicatur oratio, fides vera manifestius testimonium habeat et ad corpus Christi ac sanguinem praelibandum[n] pectora populorum purificata accedant.' In eiusdem loci concilio statutum est[47], ut etiam ymnus trium puerorum[48] ad missam omni dominica in pulpito cantaretur, quod Romani propter multiplicitatem officiorum non faciunt, nisi quattuor per annum diebus, quibus lectionum XII numerus adimpletur.

Offertorium[o], quod inter offerendum cantatur, quamvis a prioris populi consuetudine in usum christianorum venisse dicatur, tamen quis[p] specialiter addiderit officiis nostris, aperte non legimus, sicut et de antiphona, quae ad communionem dicitur, possumus fateri, cum vere credamus priscis temporibus patres sanctos silentio obtulisse vel communicasse, quod etiam hactenus in sabbato sancti[q] paschae observamus. Sed, sicut supra dictum est[49], diversis modis et partibus per tempora decus processit ecclesiae et usque in finem augeri non desinet. Traditur denique beatum Gregorium, sicut ordinationem missarum et consecrationum, ita etiam[r] cantilenae disciplinam maxima ex parte in eam[s], quae hactenus quasi decentissima[t] observatur, dispositionem[s] perduxisse, sicut et in capite antiphonarii[u] commemoratur[50]. Sciendum autem quosdam inordinate offerre, qui attendentes numerum oblationum potius, quam virtutem sacramentorum saepe in illis transeunter[v] offerunt missis, ad quas persistere nolunt. Rationabilius siquidem est ibi offerre, ubi velis[w] persistere, ut, qui munus Domino optulisti, offeras pariter pro eodem munere[x] suscipiendo postulationem devotam. Non enim frustra in actione[y] dicitur: 'Qui tibi offerunt', non dicitur: 'Qui optulerunt', ut intellegamus eos persistere debere in offerendo, donec oblata ad hoc perveniant, ad quod oblata sunt. Sed et[z] in hoc error non modicus videtur, quod quidam putant[a] se non posse aliter plenam commemorationem eorum facere, pro quibus offerunt, nisi singulas oblationes pro singulis offerant, vel pro vivis et defunctis non simul aestimant immolandum, cum vere sciamus unum pro omnibus mortuum et unum panem esse[b] ac sanguinem, quem universalis offert[c] ecclesia. Quodsi cui placet pro singulis singillatim offerre pro solius devotionis amplitudine et orationum augendarum delectatione, id faciat, non autem[d] pro stulta opinatione, qua[e] putet unum Dei sacramentum non esse generale[f] medicamentum. Quodam modo enim in fide imperfectus est, qui putat Deum[g] non discernere, cum[h] una petitione pro multis rogatur, quid[i] cui sit necesse, vel fastidire eum estimat, cum eadem oblatio nunc pro uno, nunc pro alio exhibetur. Praefationem[k] actionis, qua populi affectus ad gratiarum actiones incitatur[l] ac deinde humanae devotionis supplicatio

l) latinum crebrius 4. m) officiis cepisse 7. n) post libandum 2; post libandum et accipiendum pect. 4; potes accipi libandum 5. o) X. *praemitt.* 7. p) qui 5. q) sanctae 3; sancto 6—8. r) et *add.* 7. s) ea . . . dispositione 6. 7; eam . . . dispositione *e* dispositionem *corr. man. alt.* 5. t) *corr. man. alt.* decente 5. u) antiphonariorum 4; antiphonarum 7. v) transeuntes 6. 8. w) velit 6. 7. x) munera 2. y) oratione 6. z) *superscr.* 4; *om.* 5; in *add. man. alt.* 5. a) *om.* 3. b) *om.* 6; et 3. c) ecclesia offert 3. d) *superscr. man. alt.* 4. e) quia unum putet 2. f) sacramentum *add.* 2. g) Dominum 3—5. h) quando 3. i) quod 5. k) XI. *praemitt.* 7. l) incitantur 7.

45) *Episcopi Urgelitani propter adoptianismi heresim in synodo Franconofurt. a.* 794. *damnati; cfr. Simson, Karl d. Gr. II, p.* 67 *sqq.; Hefele, Conciliengesch. III², p.* 642 *sqq.* 46) *Conc. Tolet. III, c.* 2, *Mansi IX, col.* 993. 47) *Conc. Tolet. IV, c.* 14, *Mansi X, col.* 623: Ut per omnes ecclesias Hispaniae vel Galliae in omnium missarum solemnitate idem hymnus in pulpito decantetur. 48) *Cfr. Dan.* 3, 52 *sqq.; Knöpfler l. c. p.* 62, *not.* 5. 49) *Supra p.* 477, *c.* 3. 50) *In libro Antiphonario Gregorii de hac re nihil commemoratur; cfr. autem Vita Gregorii auctore Iohanne Diacono lib. II, c.* 6, *Opera Gregorii IV, col.* 47.

caelestium[m] virtutum laudibus admitti[m] deposcitur, vel ipsam actionem, qua conficitur sacrosanctum corporis et sanguinis dominici mysterium, quamque[n] Romani canonem, ut in pontificalibus saepius invenitur, appellant, quis primus ordinaverit, nobis ignotum est. Aucta[o] tamen fuisse non semel, sed saepius ex partibus additis intellegimus, quia et praefatio in quibusdam[p] festis aliter, quam diebus cotidianis dicitur et interdum non ipsa mutatur[q], sed inseruntur in medio speciales quarundam rerum commemorationes. Actio[r] vero[s] sive canon ex eo cognoscitur maxime per partes compositus[t], quod nomina sanctorum, quorum ibi communio et societas flagitatur, duobus in locis posita repperiuntur. Non enim verum est, quod quidam dicunt, ideo duos ordines nominum ibi factos, quia posterius[u] positi nondum coronati fuissent, cum priores in illo canone ponerentur, cum sciamus Iohannem baptistam ipsis apostolis non tantum parem tempore, verum et[v] priorem, Stephanum vero[w] parem et utrumque ante apostolos coronatum, ceteros quoque[x], qui in sequenti ordine numerantur, eisdem fuisse temporibus, quibus fuere, qui prius sunt positi. Unde constat sequentes ecclesiae doctores[y] antiquis patrum statutis, quae congrua visa[z] sunt, addidisse, ut, sicut religiosorum aucta est multitudo, ita et religionis crescerent instituta. Primam vero partem canonis praedicti ex eo vel maxime antiquam esse cognoscimus, quia in ea[a] ordo apostolorum non ita est positus, sicut in emendatioribus evangeliis invenitur; quod ideo fortasse evenit, quia pars illa prius composita est, quam evangelia ad eam veritatem[b], quae nunc habetur[c] apud Latinos, corrigerentur. In prioribus enim editionibus, ut Hieronimus testis est, non solum evangelistarum mutatus[d] ordo, sed etiam verborum et sententiarum erat confusa commixtio. Alexander septimus[51] papa[e] in numero 'miscuit[52] passionem Domini in praedicatione[f] sacerdotum, quando missae celebrantur.' Quod cum ita de eo in pontificalibus scriptum sit, dubium videtur, utrum ille eam tantum partem actionis, qua passio Domini commemoratur, ordinaverit vel totam a capite usque ad ipsum[g] locum. Sed huic[h] secundae aestimationi videtur contrarium, quod in ea parte sancti nominantur, qui[i] et ante illum et qui post illius[g] tempora[k] longe fuerunt, nisi dicamus ab illo eos tantum, qui ante illum fuerunt commemoratos, ceterorum vero nomina suis quaeque[l] temporibus ab aliis superinmissa; unde et ipsius nomen Alexandri in sequenti ordine repperitur. Gregorius[53] vero, de quo superius[m] saepius fecimus mentionem, 'augmentavit[54] in praedicatione[n] canonis "Diesque nostros in tua pace disponas"'; ubi quidam volunt intellegi totam[o] ab eo loco canonis consequentiam[p] usque in finem per illum fuisse compositam[p], cui sensui[q] repugnare videtur, quod passio Domini, quam Alexander eidem praedicationi[r] inseruit, post hos versus habetur. Unde nonnulli credunt non amplius Gregorium, quam illas tres petitiones, id est pro pace temporum et ereptione ab aeternis suppliciis et consortio sanctorum optinendo, prioribus superaddidisse statutis. Leo quoque XLVI.[s][55] loco apud Romanos pontificatum agens 'constituit[56], ut intra actionem sacrificii diceretur: "Sanctum sacrificium", et reliqua.' De hoc etiam quaeri potest, utrum[t] ab eo loco quae sequuntur addiderit vel ipsa tantum verba, id est: 'Sanctum sacrificium, immaculatam hostiam', eo loco inter-

m) caelestium . . . admitti *om.* 7. n) *corr.* quam eciam 5; quam quoque 3. o) auctam 3, *Knöpfler.* p) specialiter *add.* 7; festivitatis 5. q) *om.* 4. 5. r) XII. *praemitt.* 7. s) mysterii *add.* 6. t) compositas 7; compositis 8. u) post 4; post tertium 5. v) etiam 7. w) quoque 6. x) vero 6. y) et *add.* 7. z) *superscr. man. alt.* 4. a) eo 2. 3. b) virtutem 3—5. c) habentur 7. d) est *add.* 4; mutatur 7. e) in numero papa 2. f) precatione 3. 7. 8. g) illum 4. 5. h) hinc 8. i) quia 5; et *om.* 4. 5. k) tempore 2; longa 4. 5. l) atque aliis *in ras. man. alt.* 5. m) *om.* 8. n) precatione 3. 7. o) tam 1; eam 3—5. p) consequentia . . . composita 5. q) sensu 2. r) precationi 3. 6. 7. s) XLVII. 3. 6. 7. t) ut utrum 4. 5.

51) *Rectius sextus.* 52) *Lib. pontif. I, p.* 127, § 7. 53) *Gregorius Magnus.* 54) *Lib. pontif. I, p.* 312, § 118. 55) *Potius XLV.* 56) *Lib. pontif. I, p.* 239, § 66.

miscuerit, quod, quia manifeste non legimus, nolumus diffinire. Ex hoc tamen apparet Gregorium, qui longe post Leonem fuit, non totum[u] canonem ab eo loco, quo sua inseruit, usque in finem composuisse. Gregorius deinde[v] tertius eiusdem nominis papa faciens[57] oratorium in basilica beati Petri[w] in honorem omnium sanctorum et cotidiana ibidem officia ac missas[x] in eorum venerationem[y] constituens caelebrari pariter instituit 'in canone a sacerdote dicendum: "Quorum solemnitas hodie in conspectu tuae maiestatis caelebratur[z], Domine Deus[a] noster, toto in orbe terrarum"', quod, quia specialiter ad illam pertinet celebritatem, non est canoni, qui generaliter dicitur, adnotatum[b]. Actio[c] dicitur ipse canon, quia in ea[d] sacramenta conficiuntur dominica, canon vero eadem actio nominatur, quia[e] ea est legitima et[f] regularis sacramentorum confectio. Sequitur[g] oratio dominica cum appositionibus congruis: una enim praecedens eam fiduciam praedicat, qua Dominum creatorem patrem dicere praesumamus; altera subsequens explicat, quomodo et a quibus malis per Dominum nos liberari petamus. Quae oratio dominica, qui prius, quam cetera in[h] consecratione sacrificiorum assumpta est, in expletione eiusdem sacratissimae actionis digne ponitur, ut per hanc purificati qui communicaturi sunt, quae sancte confecta sunt, digne ad salutem veram percipiant. Pacem[i] ante communionem[k] dari Innocentius papa decretis suis instituit[58], scilicet ut, quod in oratione sancta sub sponsione remissionis praemittimus, pacatos nos ipso opere demonstremus. 'Agnus[l] Dei' in confractione corporis Domini a clero et populo decantari Sergius LXXXVI.[59] Romanorum antistes[m] constituit[60], ut, dum praeparatur[n] ad dispensandum[o] corpus dominicum, rogent accepturi, quatenus ille, qui pro eis oblatus est innocens, faciat eos salubriter pignora salutis aeternae percipere. Porro[p] quod canones praecipiunt eum ad pacem non accedere, qui non communicat, quidam sic intellegunt, quod non debeat pacem accipere quis in aliis missis, nisi in quibus communicat; alii vero volunt illum tantum a pace prohiberi, qui iudicio sacerdotali a communione suspensus est, illum autem, qui[q] quadam ratione illo tempore differt communicationem, cum tamen non sit extra communionem, non debere a pacis gratia separari, ne humilitas eius[r] graviorum criminum suspicione notetur. Et quia de communicandi varietate quaedam praemisimus[61], hoc addendum videtur esse quosdam, qui semel in die communicare, etiam si pluribus interfuerint missis, pro dignitate sacramentorum sufficere credant[s]; esse vero alios, qui, sicut in una, sic in omnibus, quibus affuerint, missis in die communicare velint[t]; quorum neutros culpandos existimo, quia, sicut Augustinus ait de his, qui cotidie communicant, et illis, qui rarius: 'Istos[62] reverentia sanctarum retrahit rerum, illos vero amor salubrium invitat sacramentorum.' Nam[u] et ipse sacerdos, quotiens in die missas facit, communicare non omittit[v]; quodsi non[w] faciat, canonico est feriendus iudicio[x][63]. Et hoc non est mirum ita de sacerdote intellegi,

u) tantum 4. 5, *corr. man. alt.* totum 4. v) inde 5. w) apostoli *add.* 2. x) in missas eorum 3. y) veneratione 5. z) Domine celebratur 2. a) *superscr. man. alt.* 4. b) *ex* adnotantum *corr.* 1; adnotandum 4. 5, *ex* adnotatum *corr.* 5. c) vero *add.* 4. d) eo 3—5, *Knöpfler*; in eo rationem (*p.* 503, *lin.* 18) *des. in.* 6, *duobus foliis excisis.* e) in *add.* 3. f) *om.* 2. g) XIII. *praemitt.* 7. h) in consecratione ... i) XIIII. *praemitt.* 7. k) communicationem 7. l) XV. *praemitt.* 7. m) praesul 4. n) ad disp. praepar. 7. o) dispendendum 7. 8. p) XVI. *praemitt.* 7. q) *om.* 4, *superscr.* 5. r) *om.* 8. s) credantur 4. 5. t) volunt 4. 5. u) XVII. *praemitt.* 7. v) obmittit 4. 5. w) *om.* 2. 7. 8, *Knöpfler.* x) *om.* 7.

57) *Lib. pontif. I, p.* 417, § 194. 58) *Innocentii epist. ad Decentium, Mansi III, col.* 1029, *c.* 1, *Jaffé l. c. I*², *nr.* 311. 59) *Rectius LXXXIV.* 60) *Lib. pontif. I, p.* 376, § 168: Hic statuit, ut tempore confractionis dominici corporis 'agnus Dei, qui tollis peccata mundi, miserere nobis' a clero et populo decantetur. 61) *Supra p.* 498 *sqq.*, *c.* 21. 62) *Quo ex opere Augustini haec verba sumpta sint, nescio; in epist. LIV. ad Ianuarium directa, ut dicit Knöpfler l. c. p.* 69, *c.* 5, *not.* 1, *non leguntur.* 63) *Conc. Tolet. XII, c.* 5, *Mansi XI, col.* 1033.

cum[y] conciliis Caesaraugustano[64] et Toletano[65] communiter sit statutum de omnibus, ut, qui acceperit eucharistiam et non sumpserit, quasi sacrilegus repellatur. Est autem legitimum tempus communicandi ante ultimam orationem, quae dicitur ad complendum, quia eius petitio maxime pro eis est, qui communicant. Unde etiam eorum, qui per singulas missas communicare volunt, accendi[z] videtur voluntas, quia per totam missam pro eis quam maxime et quasi nominatim oratur, qui ibi offerunt atque communicant. Possumus tamen[a] et debemus, ut eadem[b] sancta missarum celebratio[c] non paucis, sed multis prodesse credatur, dicere ceteros in fide et[d] devotione offerentium et communicantium persistentes[e] eiusdem oblationis et communionis dici[f] et esse participes. Quamvis autem, cum soli sacerdotes missas caelebrant, intellegi possit illos eiusdem actionis esse cooperatores, pro quibus tunc ipsa celebrantur officia et quorum personam in quibusdam responsionibus sacerdos exequitur, tamen fatendum[g] est illam esse[h] legitimam missam, cui[i] intersunt sacerdos[k], respondens[l], offerens atque communicans, sicut ipsa compositio precum evidenti ratione demonstrat. Statutum est autem Aurelianensi concilio[66], ut populus ante benedictionem sacerdotis non egrediatur de missa, quae benedictio intellegitur illa ultima sacerdotis oratio.

24[l]. Tempus[67] autem missae[m] faciendae secundum rationem solemnitatum[n] diversum est. Interdum enim[o] ante meridiem, interdum circa nonam, aliquando ad vesperam, interdum noctu celebratur. Nam Thelesphorus papa constituit[68], ut nullo tempore 'ante horae tertiae cursum ullus praesumeret missas[p] celebrare, qua hora Dominus noster' secundum Marci evangelium[69] crucifixus asseritur. Inter haec notandum[q] neque ieiunandum[q] in dominicis et festis maioribus, ubi non cogit necessitas, sicut et canones ostendunt[70], nec in diebus ieiuniorum vel umquam post meridiem ymnum angelicum, id[r] est[r] 'Gloria in excelsis Deo' vel 'Alleluia' dicendum, nisi in duobus sabbatis paschae[s] et pentecostes, quae specialibus mysteriis adornantur.

25[t]. Vasa quoque, quibus praecipue nostra sacramenta imponuntur et consecrantur, calices sunt et patenae. Calix dicitur a Greco, quod est cylix[u]; patena a patendo, quod patula sit; ampulla quasi parum ampla. Zepherinus XVI.[v] [71] Romanus pontifex patenis vitreis missas celebrare[w] constituit[72]; tum[x] deinde Urbanus XVIII.[73] papa 'omnia[74] ministeria[y] sacrata fecit argentea et patenas XXV[z].' In hoc enim[a], sicut et in reliquis cultibus, magis et magis per incrementa temporum decus succrevit ecclesiae. Bonifacius martyr et episcopus interrogatus, si liceret in vasculis[b] ligneis sacramenta conficere, respondit: 'Quondam[c] [75] sacerdotes aurei[d] ligneis calicibus ute-

y) in *add.* 8. z) accedendi 8. a) autem 3. b) earum 3—5. c) celebrati 2. d) in *add.* 8. e) persistens 4. f) esse dici part. 7; dici esse 8. g) faciendum 8. h) *om.* 2. i) qui inters. cum *(superscr. man. alt.)* sac. respondet *(e respondens corr. man. alt.)* 5. k) presbyter 4; sac. offerens 7. l) XXIII. 3. 5 (*cfr. vero supra p.* 496); XVIII. 7. m) faciendae missae 2. n) *Incipit iterum* 6. o) *ex* autem *corr. man. alt.* 4; etiam 7. p) missam 3—5. q) ut (n. iei.) est *add. man. alt.* 5; est non esse iei. *perg.* 6. r) *add. man. alt.* 4. 5. s) scilicet *add. man. alt.* 5. t) XXIV. 3, *corr.* XXV. 5; XVIII. 7; XXX. 6. u) ylix 6. 8. v) Romanus pont. XVI. 3—5. w) celebrari, *om.* constituit, 2. x) tunc 4. 6. 7; dum inde 8. y) mysteria 2. 4, *corr.* ministeria 4. z) *eras. et superscr. man. alt.* atque 5. a) *om.* 3—5. b) vasis 3—5. c) quidam 4. 5. d) aureis 5.

64) *Conc. Caesaraug. I, c.* 3, *Mansi III, col.* 634. 65) *Conc. Tolet. I, c.* 14, *Mansi III, col.* 1000: Si quis autem acceptam a sacerdote eucharistiam non sumpserit, velut sacrilegus propellatur. 66) *Conc. Aurel. I (a.* 511). *c.* 26, *LL. Conc. I, p.* 8. 67) *Cfr. Amalarius, De ecclesiast. officiis lib. III, c.* 42, *l. c. p.* 209. 68) *Lib. pontif. I, p.* 129, § 9. 69) *Marc.* 15, 25. 70) *Conc. Caesaraug. I, c.* 2, *l. c.* 71) *Rectius XV.* 72) *Lib. pontif. I, p.* 139, § 16. 73) *Potius XVII.* 74) *Lib. pontif. I, p.* 143, § 18. 75) *Haec verba nusquam scripta inveniuntur; fortasse autem ab aequalibus Bonifatii memoria tradita sunt; cfr. Conc. Tribur.* 895, *c.* 18, *supra p.* 223.

bantur, nunc e contra[e] lignei sacerdotes aureis utuntur calicibus.' Silvester papa constituit 'sacrificium[76] altaris non in serico, non in panno tincto celebrari, nisi tantum lineo e terra procreato, sicut corpus domini[f] Iesu Christi "in[77] sindone munda" sepultum est[g].' Vestes etiam sacerdotales per incrementa ad eum[h], qui nunc habetur[h], auctae sunt ornatum. Nam primis[i] temporibus communi indumento vestiti missas agebant, sicut et hactenus quidam orientalium facere perhibentur. Stephanus autem XXIV.[78] papa[k] constituit 'sacerdotes[79] et levitas vestibus sacratis in usu cotidiano non uti, nisi in ecclesia' tantum; et Silvester ordinavit, 'ut[80] diaconi dalmaticis in ecclesia uterentur et pallio linostimo eorum leva tegeretur.' Et primo quidem sacerdotes dalmaticis ante casularum usum induebantur, postea vero, cum casulis uti caepissent, dalmaticas diaconibus concesserunt. Ipsos tamen pontifices eis uti debere ex eo clarum est, quod Gregorius vel alii Romanorum praesules aliis episcopis earum usum permiserunt, aliis interdixerunt, ubi intellegitur non omnibus tunc fuisse concessum, quod nunc paene omnes episcopi et nonnulli presbyterorum sibi licere existimant, id est ut sub casula dalmatica vestiantur. Statutum est autem concilio Bracarensi[81], ne sacerdos sine orario[l] celebret missam. Addiderunt in vestibus sacris alii alia vel ad imitationem eorum, quibus veteres utebantur sacerdotes, vel ad mysticae significationis expressionem. Quid enim singula[m] designent, quibus nunc[n] utimur, a prioribus nostris satis expolitum[o] est[82]. Numero autem suo antiquis respondent, quia, sicut ibi tunica, superhumeralis linea, superhumerale, rationale, balteus[p], feminalia, thyara et lamina[q], sic hic dalmatica, alba, mappula, orarium, cingulum, sandalia, casula et pallium; unde, sicut illorum extremo soli pontifices, sic istorum[r] ultimo summi tantum pastores[s] utuntur.

26[t]. Praemissis his, quae[u] de ordine missae videbantur dicenda, de canonicarum statutis horarum, quae[v] Dominus dederit, adiungamus. Sciendum est multa post revelationem evangelii tempora transisse, antequam ita ordinarentur quarundam per diem et noctem horarum solemnia, sicuti nunc habentur. In veteri autem testamento legimus[83] quasdam certas orationis horas ut tempus matutini et vespertini sacrificii, et quod Danihel legitur[84] ter in die genu in oratione[w] flexisse, non absque ratione fecisse credendus[x] est. In novo quoque[y] non tantum orandi, sed etiam genua flectendi copiosa repperiuntur exempla: nam dominus Iesus Christus ante passionem suam procidens in faciem suam adoravit patrem[85], et Stephanus 'positis[86] genibus' pro lapidantibus exoravit; de Bartholomeo etiam legitur apostolo, quod centies in die, centies in nocte flexerit genu[z]. Quamvis autem geniculationis morem tota[a] servet ecclesia, tamen praecipue huic operi Scottorum[b] insistit natio[b], quorum multi pluribus, multi paucioribus, sed tamen certis vicibus et dinumeratis per diem vel noctem genu flectentes non solum pro peccatis deplorandis, sed etiam pro cotidianae devotionis expletione studium istud frequentare videntur. Quibus autem[c]

e) contra non *(add. man. alt.)* ligneis 5. f) nostri *add.* 6—8, *Lib. pontif.* g) *Cetera des. in* 6—8. h) eo que nunc habentur *corr. man. alt.* 5. i) primus 5. k) *om.* 3. l) *corr.* oratione *man. alt.* 5. m) sigulla *corr. man. alt.* cingula 5. n) utimur nunc 3. o) expositum 3—5. p) balteum 4. 5. q) lammina 2. 4. 5. r) illorum 3. s) hiis *add.* 5. t) XXV. 3. u) *om.* 2. v) quod 5. w) orationem 4. x) credendum 3. y) autem 2. z) genua 2. 3. 5. a) tot habeat 5. b) totorum . . . ratio *e correct. man. alt.* 5. c) cum *superscr. man. alt.* 4; quo 5.

76) *Lib. pontif. I, p.* 171, § 85 77) *Matth.* 27, 59. 78) *Potius XXXIII.* 79) *Lib. pontif. I, p.* 154, § 24. 80) *Ibid. p.* 171, § 85. 81) *Conc. Bracar. IV (a. 675), c.* 4, *Mansi XI, col.* 157. 82) *Cfr. Amalarius, De ecclesiast. officiis lib. II. c.* 16—26, *l. c. p.* 168 *sqq.*; *Hrabanus Maurus, De institutione clericorum lib. I, c.* 14—23, *ibid. p.* 318 *sqq.* 83) *Cfr. Exod.* 29, 41; *Levit.* 9, 17; *Num.* 28, 8. 23; *Psalm.* 140, 2; *Dan.* 9, 21. 84) *Cfr. Dan.* 6, 10. 85) *Cfr. Luc.* 22, 41. 86) *Act. apost.* 7, 59.

horis vel temporibus inter publica officia sine[d] genuum flexione orandum sit, canones loquuntur[87], id est in[e] dominicis et festis maioribus et[f] quinquagesima, iuxta quos[g] publice penitentes semper genua flectere debent. Horae igitur canonicae, quamvis omnes rationabili[h] auctoritate celebrentur et nihil in eis observetur, quod non exempla vel dicta sanctorum patrum confirment, tamen quaedam manifestioribus sunt dedicatae documentis: ut ipsum Dominum nostrum in oratione legimus pernoctasse[88]; Paulum quoque et Sylam noctis medio orasse in carcere terrae motus ostendit[89]; circa terciam in apostolos orantes Spiritus sanctus descendit[90]; hora sexta Petrus 'ascendit[91] in caenaculum, ut oraret', itemque cum Iohanne 'in[92] templum ad horam orationis nonam', in qua etiam[i] oranti[k] Cornelio[k] angelus apparuit[93]; testis est etiam Philo primitivam apud Alexandrinos[l] ecclesiam inter alia bona ymnos antelucanos[m] celebrasse[94]. Ex his itaque[n] et similibus intellegimus apud multos horas, quae et nunc celeberrimae sunt, observatas, sed non ea distributione psalmorum vel orationum, qua nunc utimur, quam et[o] circa tempora Theodosii senioris[p] inchoatam ac deinceps expletam multis animadvertimus causis. Ambrosius enim Mediolanensis, ut in libris confessionum suarum beatus Augustinus testatur[95], ymnos divinae laudationis populo componens persecutionem Iustinae augustae rerum novitate lenivit. 'Quo[96] in tempore', sicut etiam in vita ipsius Ambrosii scribitur, 'antiphonae, ymni et vigiliae in ecclesia Mediolanensi celebrari coeperunt.' Hilarius quoque Pictaviensis ymnos composuit[97], et[q] de Gelasio papa scribitur[98], quod tractatus[q] et ymnos in morem beati Ambrosii composuerit[r]; Damasus vero[s] constituit, 'ut[99] psalmi die noctuque canerentur per omnes ecclesias' vel[t] monasteria[t] et 'praecepit hoc episcopis et presbyteris.' Deinde Iohannes Constantinopolitanus[u] 'primus[100] auxit in nocturnis ymnis orationes ob hanc vel maxime causam: Arriani[v] extra civitatem collectas agebant; sabbato autem atque dominica intra portas et per[w] porticus congregati ymnos et antiphonas ex Arriano dogmate compositas decantabant; et hoc maxima noctis parte facientes diluculo cum ipsis antiphonis per mediam civitatem egressi portam ad suam ecclesiam concurrebant. Cumque hoc crebro quasi ad vituperationem orthodoxorum facere non cessarent, frequenter enim etiam hoc cantabant: "Ubi sunt, qui dicunt trina[x] virtute unum", tunc[y] Iohannes, ne simplices huiusmodi cantibus traherentur, instituit suum populum, ut et ipsi nocturnis occuparentur ymnis, quatenus et illorum obscuraretur opus et fidelium professio firmaretur. Studium ergo Iohannis nimis utile cum turba periculisque finitum[z] est[z].' Haec in decimo libro Historiae ecclesiasticae, quae tripartita dicitur, ita feruntur[a], quibus et hoc subnectitur paulo inferius: 'Dicendum[100] tamen est, unde sumpsit initium, ut in ecclesia antiphonae decantentur: Ignatius Antiochiae Syriae tercius post apostolum Petrum episcopus, qui etiam cum ipsis degebat apostolis, vidit angelorum visionem, quomodo per[b] antiphonas sanctae trinitati dicebant[c]

d) *corr. man. alt.* in 5. e) *corr. man. alt.* non in 5. f) sed *e corr. man. alt.* 5, *add.* in. g) canones *add.* 3—5. h) rationali 3—5. i) *in marg. man. alt.* 5. k) ora cornelio *corr.* oratione 5. l) Alexandrinam *e corr. man. alt.* 5. m) ante galli cantus lucanos 3—5. n) *e* quoque *corr. man. alt.* 4. o) *om.* 5. p) principis, *superscr. man. alt.* vel senioris 4. q) Gelasius papa tractatus … composuit 4. r) composuerat 5. s) *superscr. man. alt.* 4, *add.* papa. t) *superscr. man. alt.* 4. u) episcopus *add.* 4. v) autem *add.* 4. w) *om.* 3. x) tria 3. y) episcopus *add.* 4. z) *corr. man. alt.* revocatur 5. a) inseruntur 3; in *add.* 3—5. b) *om.* 3. 4. c) et *add.* 3.

87) *Cfr. Conc. Nic. c.* 20, *Mansi II, col.* 684. 88) *Cfr. Luc.* 6, 12. 89) *Cfr. Act. apost.* 16, 25. 26. 90) *Cfr. ibid.* 2, 15. 91) *Ibid.* 10, 9. 92) *Ibid.* 3, 1. 93) *Ibid.* 10, 3. 94) *Cfr. Eusebii Hist. eccles., interp. Rufino, II, c.* 17. 95) *Cfr. Augustini Confess. IX, c.* 7, *Opera I, col.* 162. 96) *Vita Ambrosii, auctore Paulino, c.* 13, *Opera Ambrosii ed. Bened. II, App. p.* IV. 97) *Cfr. Gamurrini, Hilarii tractatus de mysteriis et hymni p. XVII sq.; p.* 28 *sqq.; Knöpfler l. c. p.* 76, *not.* 2. 98) *Cfr. Lib. pontif. I,. p.* 255, § 74. 99) *Ibid. p.* 213, § 54. 100) *Cassiodorii Hist. tripart. X, c.* 8. 9, *Opera I, p.* 356 *sq.*

ymnos; isque modum visionis Antiochenae tradidisse probatur ecclesiae, et ex hoc ad cunctas transivit ecclesias.' Notandum autem ymnos dici non tantum, qui metris vel rithmis decurrunt, quales composuerunt Ambrosius et[d] Hilarius[e], Beda Anglorum presbyter[f] et Prudentius Hispaniarum scolasticus et alii multi, verum etiam ceteras laudationes, quae verbis convenientibus et sonis dulcibus proferuntur; unde et liber psalmorum apud Hebreos liber ymnorum vocatur. Et quamvis in quibusdam ecclesiis ymni metrici non cantentur, tamen in omnibus generales[g] ymni, id[h] est[h] laudes, dicuntur. Cantandos etiam illos, qui legitime componuntur, Toletani auctoritas concilii ostendit inter alia sic dicens: 'Et[1] quia a nonnullis ymni[d] magno studio in laudem Dei atque apostolorum et martyrum triumphos compositi esse noscuntur, sicut sunt[i] hi, quos beatissimi doctores Hilarius atque Ambrosius ediderunt, quos tamen quidam specialiter reprobant pro[d] eo, quod de scripturis sanctorum canonum vel[h] apostolica traditione non existunt: respuant[k] ergo et illum ymnum ab hominibus[l] compositum, quem cotidie publico privatoque officio[m] in fine omnium psalmorum dicimus: "Gloria et honor Patri et Filio et Spiritui sancto in saecula saeculorum, amen." Est[n] et ille ymnus, quem nato in carne Christo angeli cecinerunt: "Gloria in excelsis Deo et in terra pax hominibus bonae voluntatis"; reliqua, quae ibi sequuntur, ecclesiastici doctores composuerunt. Ergo nec ipsi in ecclesiis canendi sunt, quia in sanctarum scripturarum libris non inveniuntur? Componuntur[2] missae sive preces vel orationes sive commendationes seu[o] manus impositiones[o], ex quibus, si nulla decantantur in ecclesia, vacant[p] officia[q] omnia ecclesiastica.' His verbis ostenditur multa in ecclesia noviter componi, quae non sint[r], si a fide veritatis non abhorreant, abicienda. Porro ymni metrici ac rithmici in Ambrosianis officiis dicuntur, quos etiam aliqui in missarum sollemniis propter compunctionis gratiam, quae ex dulcedine concinna augetur, interdum assumere consuerunt.[s] Traditur siquidem Paulinum Foroiulensem patriarcham saepius et maxime in privatis missis circa immolationem sacramentorum ymnos vel ab aliis vel[t] a se compositos[3] celebrasse. Ego vero crediderim tantum tantaeque scientiae virum hoc nec sine auctoritate nec sine rationis ponderatione[u] fecisse. In officiis quoque, quae beatus Benedictus abba omni sanctitate praecipuus ordinavit, ymni dicuntur per horas canonicas, quos ipse[v] Ambrosianos nominans[4] vel illos vult intellegi, quos confecit Ambrosius, vel alios ad imitationem Ambrosianorum compositos. Sciendum tamen multos putari ab Ambrosio factos, qui nequaquam ab illo sunt editi. Incredibile enim videtur illum tales aliquos fecisse, quales multi inveniuntur, id est qui nullam sensus consequentiam habentes insolitam Ambrosio in ipsis dictionibus rusticitatem demonstrant. Dicendum vero de ymno, qui ob honorem sanctae et unicae trinitatis officiis omnibus interseritur, cum a sanctis patribus aliter atque aliter ordinatum. Nam Hispani, sicut superius commemoravimus[5], ita eum dici omnimodis voluerunt; Greci autem: 'Gloria Patri et Filio et Spiritui sancto et[w] nunc et semper et in saecula saeculorum, amen[w]' dicere[x] cognoscuntur; Latini vero eodem ordine et eisdem verbis hunc ymnum decantant addentes tantum in medio: 'sicut[6] erat in principio'; pro quibus etiam particulis

d) *om.* 3. e) et *add.* 3—5. f) pater 3. g) *e* generaliter *corr.* 4. h) *om.* 5. i) *om.* 4. 5, *Conc. cit.* k) respuunt 2. l) omnibus 1—3. 5. m) officioque 2. n) sed 3. o) seu ... imposit. *om.* 5. p) vocant 4. 5. q) omnia officia 3. 4. r) *e* sunt *corr.* 4; sint *corr.* sunt 5. s) consueverunt 3. 4. t) et 4. 5. u) *e* pondere *corr. man. alt.* 4. v) Ambros. ipse 3. w) et ... amen *in marg.* 1. x) dicere cognosc. *om.* 3.

1) *Conc. Tolet. IV*, c. 13, *Mansi X, col.* 622 *sq.*: Et quia nonnulli hymni humano. 2) Componuntur ergo hymni, sicut componuntur missae *etc. Conc. cit.* 3) *Cfr. Poetae Lat. I, p.* 124. 136 *sqq.* 4) *Cfr. Reg. Benedicti c.* 9. 12. 13. 17, *ed. Martene p.* 260 *sq.* 286. 290 *sq.* 306 *sq.* 5) *Supra lin.* 15 *sqq.* 6) *Cfr. Conc. Vas. II* (*a.* 529), *c.* 5, *LL. Conc. I, p.* 57; *Knöpfler l. c. p.* 79, *not.* 2.

quidam Greci minus sapientes Latinos proximis ante nos temporibus calumniis impetere conati sunt. Intellegimus tamen nos in hoc non errare credita consempiternitate[y] gloriae Patris et Filii et Spiritus sancti, pariterque scientes, quod Romani firmissimi fidei servatores remotis ceteris compositionibus hunc huius ymni tenorem non aliter suscepissent, *nisi eum purum ab omni errore cognoverint*[z]. Affirmant siquidem[a] multi ymnum istum Niceni concilii sacratissima sanctione prolatum[7], ut omnibus officiis et orationibus intermixtus et fidem coaeternae trinitatis inculcet et in singulis petitionibus ipsa confessio melius[b] favorem divinae exauditionis obtineat. Hunc itaque[c] ymnum nonnulli omnibus paene psalmis et interdum incisionibus psalmorum coaptant, responsoriis vero paucioribus, ut illi, qui *statuta*[d] patris *Benedicti* in horis sequuntur canonicis; Romani eum in psalmis rarius[e], in responsoriis crebrius iterant. Sane versum, qui in capite omnium praeter missas officiorum, quae horis canonicis exhibentur, dici solet, id est: 'Deus[8] in adiutorium meum intende', et[f] reliqua, patres[g] antiqui suis collationibus inveniuntur statuisse omnibus non tantum officiis, sed etiam operibus praemittendum[h], ut invocatio divinae opitulationis initio[i] cuiuslibet actionis assumpta faciliorem faciat et postulandi constantiam et optinendi virtutem. In agendis autem *mortuorum* et circa passionis dominicae solemnitatem inchoationes et expleciones officiorum non ut in[k] ceteris fiunt, tristitiae videlicet significandae causa, non[l] aliquo graviori decreto.

Quia vero tanta est in ipsis diversitas officiis non solum pro varietate gentium ac linguarum, verum[m] etiam in una gente vel lingua[m] pro temporum mutatione vel magistrorum studiosa institutione, ut, si velim cuncta replicare, quae de hac multiplicitate iam legimus, magis onerosus quam profructuosus videar audituris: omittam[n], quae infinita sunt, hoc tantum[o] affirmans, quod plenarius[p] officiorum ordo, qui nunc per Romanum orbem servatur, post antiquitatem multis temporibus evolutam[q] institutus[r] et ad omnem eminentiam sanctae religionis est dilatatus. Crescente enim fidelium numero et heresium[s] pestilentia multiplicius pacem[t] maculante catholicam necesse erat augeri cultum verae observationis, ut[u] et clarior religio accedentium ad fidem animos invitaret et auctior[v] cultus veritatis constantiam catholicorum adversus inimicos ostenderet. In tantum denique vel cantilenae vel psalmodiae memoriter exercendae usus erat rarus[w] apud priores, ut de novissimis paene Romanorum praesulibus et, qui nec ducentis annis nostra tempora praecesserunt, quasi memorabile quiddam et singulare scribatur, si qui eorum in rebus praedictis eminentiores ceteris viderentur. Hormisda enim[x] in ordine LIV.[9] 'clerum[10] composuit et psalmis erudivit', Leo LXXXII.[x][11] et Benedictus[x] post eum[y] proximus itemque Sergius LXXXVI.[z][12] psalmodia et cantilenae scientia floruisse dicuntur[13]. De Gregorio autem tertio velut inauditum quiddam et novum refertur[14], quod omnes psalmos memoriter tenuerit; ubi intellegi[a] datur paucos priorum ita psalterium didicisse. Solebant enim psalmos aeque ut ceteras scripturas partim[b] memoriter, partim etiam

y) *corr. man. alt.* cum semper eternitate 5. z) *corr. man. alt.* cognovissent 5. a) se quidam 2. b) medius 4. 5. c) ymnum itaque 2. d) instituta 4. 5. e) et *add.* 2. f) Deus ad adiuvandum me festina. Gloria et *add.* 4. g) e patris *corr. man. alt.* 4. h) praetermittendum 2. i) Imo 5. k) *superscr. man. alt.* 4. l) et non 5; nisi 3. m) verum ... lingua *om.* 5. n) igitur *add.* 3, *Knöpfler.* o) tamen 4; tam 5. p) *corr.* plenius *man. alt.* 5. q) evolutis *corr.* 5. r) institutis 2. s) haeresum 3. t) pene 4. 5, *superscr. man. alt.* vel pacem 4; commaculatam 5. u) *om.* 2; et ut 4. v) *corr. man. alt.* sanctior 5. w) *om.* 4. 5. x) papa *add.* 4. 5. y) Leonem 4. z) papa (*om.* 5) LXXXIIII. 4. 5. a) datur intell. 2. b) partim memorit. *om.* 3.

7) *'Doxologia concilio Niceno multo anterior est', Knöpfler l. c. p.* 80, *not.* 2. 8) *Psalm.* 69, 2. 9) *Rectius LII.* 10) *Lib. pontif. I, p.* 269, § 82. 11) *Rectius LXXX.* 12) *Potius LXXXV.* 13) *Lib. pontif. I, p.* 359, § 147; *p.* 363, § 151; *p.* 371, § 158. 14) *Ibid. p.* 415, § 190.

lectitando suis officiis inserere; quod si diligenter advertas, multis scripturarum[c] documentis apparet. Ordinem autem cantilenae diurnis seu nocturnis horis dicendae beatus Gregorius plenaria creditur ordinatione distribuisse, sicut et supra de sacramentorum diximus libro[15], cum multi ante sive post eum orationes, antiphonas vel responsoria composuerint[d]. Nam et de antiphonarum inchoatione superius diximus[16]; et responsoria ab[e] Italis[e] primum inventa traduntur, vel Ambrosio videlicet vel aliis[f] nova[g] divinarum laudum augmentatione gaudentibus[f]. Et quia Gallicana ecclesia viris non minus peritissimis instructa[h] sacrorum officiorum instrumenta habebat non minima, ex eis aliqua Romanorum officiis inmixta dicuntur, quae plerique et verbis et sono se a ceteris cantibus discernere posse fatentur[i]. Sed privilegio Romanae sedis[k] observato et congruentia rationabili[l] dispositionum apud eam factarum[m] persuadente factum est, ut in[n] omnibus paene Latinorum ecclesiis consuetudo et magisterium eiusdem sedis praevaleret, quia non est alia traditio aeque sequenda vel in fidei regula vel in observationum doctrina. Est etiam ille[o] ordo officiorum laudabilis, quem beatus pater Benedictus monachis constituit observandum[17], scilicet ut, qui proposito[p] a ceteris discernuntur, etiam continuae[q] servitutis[r] penso aliquid amplius ceteris persolvere studeant. Quam dispositionem ideo a pastoribus ecclesiarum non interdici putamus, quia et vicina est auctoritati Romanae, et quia beatus Gregorius vitam egregii[s] patris Benedicti describens regulam ab eodem[t] conscriptam, in qua idem officiorum ordo habetur, conlaudans[18] sua auctoritate statutis eius favere[u] videtur. Sunt tamen, qui, nescio qua praesumptione, non ea velint constitutione uti, volentes pigritiam vel protervitatem suam illo excusare permissu, quo[v] sanctissimus vir per humilitatis suae magnitudinem videtur concedere[19], ut, si cui displicuerit distributio eius, quam fecit[w], ordinet, si aliter melius iudicaverit, quasi aliquid[x] melius possint[y] et suo ordini congruentius invenire, quam ille, qui spiritu omnium sanctorum dicitur plenus fuisse. Psalmos[z] autem cum secundum[a] LXX interpretes Romani adhuc habeant, Galli et Germanorum aliqui secundum[b] emendationem, quam Hieronimus presbyter[c] de LXX editione composuit, psalterium cantant, quam Gregorius Turonensis episcopus a partibus Romanis mutuatam[d] in Galliarum dicitur ecclesias transtulisse[20]. Cantilenae[e] vero perfectiorem scientiam[f], quam iam[g] pene tota Francia diligit, Stephanus papa[21], cum ad Pippinum[h] patrem Karoli Magni imperatoris[i] in Frantiam[k] pro iustitia sancti Petri a Langobardis[l] expetenda venisset, per suos clericos petente eodem Pippino[h] invexit, indeque usus eius longe lateque convaluit.

27[m]. De baptismo[n] etiam dicenda sunt aliqua, quod praefiguratum in transitu maris rubri vel Iordanis manifeste, secretius autem aliis multis figuris praesignatum[o] cognoscitur. Hoc Iohannes primus initio novae gratiae ad fidem Christi

c) *om.* 2. d) composuerunt 4. 5, *corr. man. alt.* composuerint 4. e) habita ut 5. f) alii ... gaudenti 3. g) non iam 4. 5, *corr. man. alt.* nova 4. h) *in marg. man. alt. suppl.* 4. i) fateantur 3. k) legis *superscr. man. alt.* sedis 4. l) rationabilium *corr. man. alt.* 5. m) *e* facturum *corr. man. alt.* 4. n) *om.* 4. 5. o) ordo ille laudab. 2. p) propositi *corr. man. alt.* 5. q) continuo 5. r) in *add. man. alt.* 5. s) egregie 3. t) eo 3; conscriptum 1. u) videtur favere 2. v) quem 2. w) psalmorum *add.* 3, *Knöpfler*. x) aliquod 2; quidam 3. y) possit 4. 5; et *om.* 3. z) De psalmis *rubr. in marg.* 2. a) *om.* 2. b) *superscr.* 1. c) pater 3. d) ammutuatam 5. e) De cantilena *rubr. in. marg.* 2. f) sententiam 4. 5. g) pene iam 3. h) Pipinum, Pipino 3. 4. i) inprimis 3. k) Franciam 3—5. l) Longobardis 3. 5. m) XXVI. 3. 5, *corr.* XXVII. 5. n) baptissimo 1. o) praefiguratum 3.

15) *Supra p.* 500, *lin.* 16 *sqq.* 16) *Supra p.* 497, *lin.* 14 *sqq.* 17) *Reg. Benedicti c.* 65, *l. c. p.* 347 *sq.* 18) *Cfr. Gregorii Dialog. II, c.* 36, *Opera II, col.* 272. 19) *Reg. Benedicti* c. 18, *l. c. p.* 318: Ut, si cui forte distributio psalmorum displicuerit, ordinet, si melius aliter iudicaverit. 20) *Unde haec sumpta sint, nescio.* 21) *Cfr. Lib. pontif. I, p.* 446, § 241.

conversis ostendit non sua adinventione, sed[p] divina constitutione[p] provisum, sicut ipse testatur dicens: 'Qui[22] misit me baptizare in aqua', et reliqua. Baptizavit autem non in remissionem[q] peccatorum, quod Christi baptismo agi[r] consuevit, sed in[s] paenitentiam, dicens in eum, qui venturus erat, ut crederent, hoc est in Iesum, de quo etiam testimonium perhibuit[t]: 'Ego[23] quidem baptizo[u] vos aqua in paenitentiam; qui autem post me venturus est, fortior me est, cuius non sum dignus calciamenta portare[v], ipse vos baptizabit in Spiritu sancto et igni[w].' Et plane dignum erat[x], ut in nova generis humani per adventum filii Dei in carne salvatione novum panderetur purificationis mysterium, quatenus, sicut sacerdotes Levitici generis lavari[y] consueverant ante oblationem carnalium hostiarum, ita omnes christiani nominis heredes, qui dicuntur 'regale[24] sacerdotium', lavacro spiritali a peccatorum labe mundati offerant Deo 'hostias[z][25] spiritales in[26] odorem suavitatis.' Sciendum autem primo simpliciter in fluviis vel fontibus baptizatos credentes; ipse enim dominus noster Iesus Christus, ut[a] nobis idem consecraret lavacrum, in Iordane baptizatus est a Iohanne, et, sicut alibi legitur, 'erat[27] Iohannes baptizans in Enon iuxta Salim, quia[b] aquae multae erant ibi'; et Philippus evangelista eunuchum baptizavit in fonte, quem repperit in via[28]. Sicut autem supra ostendimus[29] crescente in[c] processu temporum religionis honore institutionum[d] ecclesiasticarum usque ad plenitudinem decus crevisse, ita et huius mystici lavacri gradatim per temporum augmenta in[e] maius[e] celebratio crevit. Addiderunt alii chrismatis unctionem, quam ex veteri sumptam consuetudine nemo qui dubitet, cum primis gratiae[f] temporibus impositione manuum baptisma[g] confirmari soleret, quod in Samaria fecisse[h] Petrum legitur et Iohannem[30]. Quae confirmatio et tunc ad primos ecclesiae pastores pertinuit et nunc pertinere non dubitatur; unde in[i] canonibus saepius[k] interdicitur presbyteris, ne chrisma conficiant[31] neque baptizatos in fronte consignent, quod solis debetur episcopis. Testantur hoc decreta Innocentii papae[32] et statuta Silvestri, qui[l] et ipse constituit[m], 'ut[33] presbyter baptizatum chrismate liniat[n] propter occasionem transitus mortis.' Quodsi a[o] diacono vel quolibet alio homine baptizatus casu ante confirmationem transierit, credendus[p] non est perire propter hoc, 'quia[34] sub fide, qua credidit, poterit esse salvus', si eum post commissa peccata non perimant; lege concilii Eliberitani decreta. Alii[q][35] addiderunt in baptismatis[r] sacramento exorcismos, alii consecrationem fontis, alii salis vel salivae infusionem, alii cathecuminorum ordinabilem instructionem, alii scrutinia diligentissime ad tantum mysterium praeparationis statuerunt[s], sed et multa alia[t], quae et exemplis divinorum actuum vel dictorum inventa sunt et congruentissimis spiritalium profectuum significationibus plena noscuntur, sicut copiosa priorum de his[u] rebus documenta demonstrant. Caelebratur autem ipsum[v] baptisma verum[w] non nisi in nomine summae trinitatis, quod

p) sed ... constit. *om.* 5. q) remissione 2. r) fieri *superscr. man. alt.* 5. s) *om.* 2. t) dicens *add.* 3, *Knöpfler, in marg. man. alt.* 5. u) vos bapt. in aqua 3, *Knöpfler.* v) solvere *superscr. man. alt.* vel portare 4. w) igne 3. x) erit 3. y) e levari *corr.* 1. z) spirital. host. 2. a) in *add.* 3. b) *superscr.* 1. c) *om.* 3, *Knöpfler*; autem in 2. d) institutionem 1; institutione 2; instructionum 4. 5. e) imanis 4; in manius 5. f) *om.* 3. g) baptismum 3; baptismi *corr. man. alt.* baptism' 5; baptista 4; confirmare 5. h) legitur fec. Petr. 2. i) sacris *add.* 4. k) saepe 3. l) quia 3. m) instituit 3, *Knöpfler.* n) linat 1. 2. o) *om.* 4. p) credendum 3. q) *ex alia man. alt.* 4. r) baptismo 2. s) statuerint 5. t) *om.* 2. u) eis 1; eisdem 3. v) *superscr. corr. man. alt.* 4. w) vero 5.

22) *Ioh.* 1, 33. 23) *Matth.* 3, 11. 24) 1. *Petr.* 2, 9. 25) *Ibid.* 2, 5. 26) *Num.* 15, 7. 27) *Ioh.* 3, 23. 28) *Act. apost.* 8, 36 *sqq.* 29) *Supra p.* 507, *lin.* 26 *sqq.* 30) *Act. apost.* 8, 17. 31) *Cfr. ex. gr. Conc. Carthag. II*, c. 3, *Mansi III, col.* 693. 32) *Innocentii epist. ad Decent.* c. 3, *Mansi III, col.* 1029, *Jaffé l. c. I*[2], *nr.* 311. 33) *Lib. pontif. I, p.* 171, § 35. 34) *Conc. Eliberit.* c. 77, *Mansi II, col.* 18. 35) *Cfr. Knöpfler l. c. p.* 87, *not.* 2.

et[x] Dominus ipse ostendit[36] et canones apostolorum docent[37]; unde quicumque vel ab hereticis in trinitate baptizantibus vel ab alio quolibet homine sub appellatione[y] legitima eiusdem sanctae trinitatis fuerit baptizatus, rebaptizari non debet, ne invocatio summae divinitatis adnullari videatur, sed chrismate et manus impositione, quod inperfectum erat, perfici debet. Hoc in canonibus et decretis patrum frequens habetur. Legitur quoque in ultimo ecclesiasticae historiae libro[38], quod Athanasius adhuc puer inter coaevos baptismatis similitudinem per ludum exercuerit; Alexandrum etiam Alexandriae praesulem cognita interrogatione baptistae[z] et responsione baptizatorum et ceteris, quae quamvis per ludum, tamen iuxta nostram religionem gesta sunt, non rebaptizandos iudicasse, sed usitatis ecclesiae confirmandos mysteriis. Concilio quoque Eliberitano fidelibus plenum baptisma habentibus in necessitate baptizare permittitur[39]. Victor etiam XV.[40] Romanorum pontifex constituit, 'ut[41] necessitate faciente, ubi[a] et[a] ubi inventum fuisset sive in flumine sive in mari sive in fontibus, christianae credulitatis confessione clarificata quicumque ex gentilitate veniens baptizaretur.' In hoc tamen et similibus non tribuitur quibuscumque baptizandi indiscreta licentia, cum in[b] concilio Carthaginiensi mulieres prohibeantur baptizare[42]. Sed demonstratur per haec, ubi inevitabilis necessitas poscit, melius baptizari ubicumque et a quocumque in nomine trinitatis, quam periclitantem[c] sine remedio[d] deperire[e]. Unde etiam tempora baptizandi legitima in talibus necessitatibus observanda non sunt, sed iuxta decreta Leonis[f][43] aegritudine, persecutione, obsidione et naufragio periclitantibus semper est succurrendum[44]; et concilio Gerundensi unius diei infans, si in discrimine sit, baptizari iubetur[45]. Eos autem, de quibus incertum est, id est qui nullo testimonio probare possunt se esse baptizatos, ex concilio Carthaginiensi[44] et decretis Leonis discimus baptizari debere[g][46]; illos vero, qui baptizatos quidem se[h] noverunt, sed in qua professione ignorant, eiusdem Leonis papae decreta sub manus impositione suscipiendos constituunt[47]. Tempora autem baptizandi legitima pascha et pentecostes[i] praefiguntur secundum decreta Siricii[48], Leonis[43] vel Gelasii[49] episcoporum, quamvis concilio Gerundensi natalis Domini et pascha ponantur[50]. Alii quoque in epiphania Domini baptizare voluerunt, quia[k] eo tempore Dominum nostrum traditur[l] baptizatum, quod et ipsum ab[m] aliis prohibetur[51]. Quia vero secundum apostolum 'in[52] morte salvatoris baptizamur[n]' et ipse Dominus intraturos in[o] regnum caelorum ex[p] aqua et spiritu renasci debere praemonstrat[53], congrue a praesulibus Romanorum haec duo tempora sola ad celebrationem praefixa

x) Domin. et 2. y) appellationem legitimam 5. z) baptismi 5. a) liceat 3. b) *om.* 3. c) periclitare 4. 5. d) et *add. man. alt.* 4. e) perire 2; baptismi *(in ras. a man. alt.)*. Ubi 5. f) legionis 5. g) deberi 4. 5. h) *om.* 3. i) pentecoste 3; pentecosten 4. k) *e* qui *corr. man. alt.* 4; quia *corr. man. alt.* quoniam 5. l) *corr. man. alt.* tradunt 5. m) *om.* 4. 5. n) baptizantur 4. 5, *corr. man. alt.* baptizamur 4. o) *om.* 3. p) et 2.

36) *Matth.* 28, 19. 37) *Can. apost. c.* 49, *Mansi I, col.* 56. 38) *Cfr. Rufinus, Hist. eccles. I, c.* 14, *ed. Vallarsius col.* 241 *sq.* 39) *Conc. Eliberit. c.* 38, *Mansi II, col.* 12: fidelem, qui lavacrum suum integrum habet. 40) *Rectius XIV.* 41) *Lib. pontif. I, p.* 137, § 15. 42) *Conc. Carthag. IV, c.* 100, *Mansi III, col.* 958 *(cfr. Hefele, Conciliengesch. II², p.* 68*)*. 43) *Leonis epist. ad universos episc. Siciliae, Mansi V, col.* 1308 *sqq., c.* 3. 5, *Jaffé l. c. I², nr.* 414. 44) *Conc. Carthag. V, c.* 7 *(Hispana) vel Cod. eccl. Afric. c.* 72, *Mansi III, col.* 775. 45) *Conc. Gerund. c.* 5, *Mansi VIII, col.* 549. 46) *Leonis epist. ad Neonem, Mansi VI, col.* 389, *c.* 1, *Jaffé l. c. I², nr.* 548. 47) *Eiusd. epist. ad Nicetam, Mansi VI, col.* 334, *c.* 7, *Jaffé l. c. I², nr.* 536. 48) *Supra p.* 177, *not.* 34. 49) *Gelasii epist. ad episc. per Lucaniam etc., Mansi VIII, col.* 40, *c.* 10, *Jaffé l. c. I², nr.* 636. 50) *Conc. Gerund. c.* 4, *Mansi VIII, col.* 549; *Knöpfler l. c. p.* 89, *not.* 5. *hunc canonem perperam intellexit.* 51) *Cfr. Leonis epist. not.* 43. *cit. c.* 6. 52) *Rom.* 6, 3. 53) *Cfr. Ioh.* 3, 5.

sunt baptismatis[q], id est pascha et pentecostes, quorum uno passio et[r] resurrectio Domini, altero adventus celebratur Spiritus sancti. Alii trinam mersionem[s] volunt in similitudinem[t] triduanae sepulturae, ut[u] in canonibus apostolorum statutum[v] habetur[54] et Romanorum consuetudo observat; alii unam propter divinitatis unitatem contendunt, ut in concilio Toletano plenissime habetur[55], ubi etiam commemoratur, quod beatus Gregorius interroganti super hoc Leandro[w] inter cetera ita responderit, 'quia in una fide nihil officit ecclesiae consuetudo diversa. Nos autem, quod tertio mergimus, triduanae sepulturae sacramenta signamus, ut, dum tertio ab aquis infans educitur, resurrectio triduani temporis exprimatur[x]. Quodsi quis forte etiam pro[y] summae trinitatis veneratione existimet fieri, neque ob[z] hoc aliquid obsistit baptizandum semel in aquis mergere, quia, dum in tribus subsistentiis[a] una substantia est, reprehensibile esse nullatenus poterit infantem baptismate ter vel semel mergere, quando et in tribus mersionibus personarum trinitas et in una potest[b] divinitatis singularitas designari.' Quae singularis mersio quamvis tunc ita Hispanis complacuit dicentibus trinam mersionem ideo vitandam, quia heretici quidam dissimiles in trinitate[c] substantias dogmatizantes[d] ea usi sint ad consubstantialitatem sanctae trinitatis negandam, tamen antiquior usus praevaluit et ratio supradicta. Si enim omnia deserimus, quae heretici in suam perversitatem traxerunt, nihil[e] nobis restabit, cum illi in ipso Deo errantes omnia, quae ad eius cultum pertinere visa sunt, suis erroribus quasi propria[f] applicarint. Notandum autem non solum mergendo, verum etiam desuper fundendo multos baptizatos fuisse et adhuc posse ita baptizari, si necessitas sit; sicut in passione beati Laurentii quendam urceo allato legimus[56] baptizatum. Hoc etiam solet evenire, cum provectiorum granditas corporum in minoribus vasis hominem tingui[g] non patitur. Notandum deinde primis temporibus[57] illis[h] solummodo baptismi gratiam dari solitam, qui et corporis et mentis integritate iam ad[i] hoc pervenerant, ut scire et intellegere possent, quid aemolumenti in baptismo consequendum, quid[k] confitendum[k] atque credendum, quid[l] postremo renatis in Christo esset servandum. Refert siquidem venerabilis pater Augustinus de se ipso in libris Confessionum suarum[58], quod paene usque ad XXX annorum aetatem cathecuminus[m] perdurarit[n], ea videlicet intentione, ut per hanc temporis moram de singulis edoctus ad eligendum quodlibet libero duceretur arbitrio et defervescentibus lubricae aetatis incendiis melius, quod sequendum erat, servare potuisset. Sed augescente divinae religionis diligentia intellegentes christiani dogmatis amatores peccatum Adae originale[o] non solos eos[p] tenere obnoxios, qui suis operibus praevaricationem auxerunt, sed etiam eos, qui sine suis commissis — quia[q] secundum psalmistam 'in[59] iniquitatibus concepti' et nati sunt — immunes a peccato esse non possunt. dum de polluta radice procedunt, ut merito de omnibus dicatur per apostolum: 'Omnes[60] enim[r] peccaverunt et egent gloria[s] Dei.

q) baptizatis 3—5. r) Domini et resurrectio 3. s) immersionem 3; trinamersione *corr. man. alt.* trinam mersionem 4. t) similitudine 5. u) *ex* et *corr. man. alt.* 4. v) tantum 4. 5. w) Heleandro 4. 5, *corr. man. alt.* Leandro 4. x) *corr. man. alt.* exprimitur 5. y) prae 2. z) *del.* 4; ad *Conc. cit.* a) substantiis, *om.* una, 5; in *corr. man. alt.* una 4. b) divinitatis potest 2. c) trinitatis (*e* trinitate *corr. man. alt.*) substantia 5. d) dogmatizare ausi sint 3. e) *om.* 4. 5; nil *superscr. man. alt.* 4. f) *om.* 5. g) tingi 3. 5, *e* tingui *corr.* 5. h) illi 4. i) ab 2. k) *om.* 4. 5, *superscr. man. alt.* 4. l) quod 2. 5. m) catecuminis 4. 5, *corr.* catecuminus 4. n) perdurari 5; et *add.* 3. o) originales 4. 5. p) esse 5. q) *eras.* 5. r) *om.* 3. s) gloriam 5.

54) *Can. apost. c.* 50, *Mansi I, col.* 56. 55) *Conc. Tolet. IV, c.* 6, *Mansi X, col.* 618 *sq.* (*Gregorii I. Registr. I, ep.* 41, *EE. I, p.* 57, *Jaffé l. c. I²*, *nr.* 1111). 56) *Gesta Laurentii ed. Surius, Vitae Sanctor. IV, p.* 588. 57) *Knöpfler l. c. p.* 91, *not.* 2. 58) *Augustini Confess. VI. VIII. IX, Opera I, col.* 119 *sqq.* 59) *Psalm.* 50, 7. 60) *Rom.* 3, 23. 24.

iustificati gratis[t] per gratiam ipsius', et de Adam: 'In[61] quo omnes peccaverunt': hoc ergo sentientes sanae fidei sectatores, ne perirent parvuli, si sine remedio regenerantis[u] gratiae defungerentur, statuerunt eos baptizari in remissionem peccatorum; non[v], sicut heretici quidam gratiae Dei repugnantes contendebant nulla necessitate parvulos baptizari, quia nondum peccassent; quodsi verum esset, vel non baptizandi erant, vel, si extra necessitatem baptizarentur, imperfectum et non verum in eis erat baptismi sacramentum, quod in symbolo confitemur dari in remissionem peccatorum. Ergo quia omnes, quos[w] gratia[x] non liberat[w], pereunt in originali delicto, etiam, qui sui[y] sceleris[y] non adiecerunt augmenta, necessario parvuli baptizantur; quod et sanctus Augustinus in libro de baptismo parvulorum ostendit[62] et Africana testantur concilia[63] et aliorum patrum documenta quam plurima. Ex[z] hac igitur occasione inventum est, ut patrini vel matrinae adhibeantur suscepturi parvulos de lavacro et pro eis respondeant omnia, quae ipsi per aetatis[a] infirmitatem confiteri non possunt. Pariterque debet spiritalis pater vel mater ei, quem de fonte regenerationis suscepit, cum ad intellegibilem pervenerit aetatem, insinuare confessionem, quam pro eo fecit, ut, qui aliena[b] confessione, sicut paralyticus[c] fide portantium[64], meruit a peccatorum solvi languore, studeat saluti[d] praestitae[d] vivere non indigne et sua impleat exsecutione, quod illorum confessus est ore, si non vult salvatione carere, quam illorum meruit fide. Non[65] autem debet[e] pater vel mater de fonte suam suscipere sobolem, ut sit discretio inter spiritalem generationem atque carnalem: quodsi casu evenerit, non habebunt carnalis[f] copulae deinceps ad invicem consortium, qui in communi filio compaternitatis spiritale vinculum susceperunt. Baptizandi sunt itaque non solum per aetatem loquentes et intellegentes, quae aguntur, sed etiam nondum[g] per se pro[h] se loquentes; sicut[i] etiam synodus Carthaginiensis[66] baptizandos statuit aegrotos, qui iam loqui non possunt, 'cum voluntatis eorum testimonium sui dixerint' aut ipsi[k] aliquibus[l] signis comprobare potuerint. Mortuis vero baptisma vel eucharistiam[m] dari supradicti loci prohibetur concilio[67], quamvis primis praedicationis evangelicae temporibus tanti fervoris quidam in divina credulitate referuntur fuisse, ut pro quibusdam carissimis ante adnuntiationem veritatis vel baptismi[n] perceptionem defunctis baptizari studerent, quod apostolus Paulus ad astruendam[o] resurrectionis fidem commemorat[68], quia, nisi crederentur resurrecturi, stultum erat pro eis, qui iam non existerent, laborare.

28[p]. Decimas Deo et sacerdotibus Dei dandas Abraham factis[69], Iacob promissis insinuat[q][70], deinde lex statuit[71], et omnes doctores sancti commemorant. Et profecto dignum[r] erat[r], ut Israhelitae decimas pecorum et frugum et omnium pecuniarum Domino darent, qui, ut eos liberaret, X plagis percussit Aegyptios et in novissima plaga primogenita cunctorum disperdidit gratiamque suis praestitit, qua[s] impetratis pecuniis spoliarent Aegyptum. De quibus decimis Augustinus doctor

t) gratias 5, *add. man. alt. in marg.* agant 5. u) regenerationis 3. v) ne 2. w) quos *(del.)* ... liberat *om.* 4. x) Dei *add.* 3, *Knöpfler.* y) *corr. man. alt.* sceleribus 5. z) et 2. a) infirmit. aetat. 2. b) confess. aliena 4. c) paraclytus 2. d) *corr.* salute prestita 5. e) pater debet 3. f) carnali 2. g) non 4. 5. h) vel pro se 3; pro se *om.* 4, *eras.* 5. i) sic 2; sed 4. k) si 2. l) a quibus 4. 5, *corr. man. alt.* aliquibus 4. m) *corr. man. alt.* eucharistia 5. n) baptissimi 1. o) struendam 2. p) XXVII. 3—5, corr. XXVIII. 4; XXXI. 6; XXVI. 8; XX. 7 *(cfr. supra p. 508, not. t).* q) insinuant 5. r) dinumerat 2. s) quo 7; ut 8.

61) *Rom.* 5, 12. 62) *Augustinus, De peccatorum meritis ... et de baptismo parvulorum I,* c. 16—18. 28, *Opera X, col.* 12 *sqq.; col.* 30 *sq.* 63) *Cod. canon. eccl. Afric.* c. 110, *Mansi III, col.* 811. 64) *Luc.* 5, 18 *sqq.* 65) *Cfr. Conc. Mog.* 813, c. 55, *Mansi XIV, col.* 75. 66) *Conc. Carthag. III (Hispana* c. 34 *(vel Hipp.* c. 32, *Mansi III, col.* 923. 67) *Conc. Carth. III (Hispana* c. 6) *vel Hipp.* c. 4, *ibid. col.* 919. 68) 1. *Corinth.* 15, 29. 69) *Genes.* 14, 20. 70) *Ibid.* 28, 22. 71) *Levit.* 27, 30.

mirabilis[t] dicit: 'Decimae[u 72] ex debito requiruntur[u]. Quid[v] si diceret Deus: nempe meus es, o homo! Mea est terra, quam colis. Mea sunt semina, quae spargis. Mea animalia, quae fatigas. Meus est solis[w] calor. Et cum mea[x] omnia sint[y], tu, qui minus[z] accomodas[a], solam decimam merebaris. Sed reservo tibi IX, da mihi decimam. Si non dederis mihi[b] decimam, auferam IX. Si[c] dederis mihi decimam, multiplicabo novem[c].' Cum itaque Iudaicus populus praeceptum decimarum tanta diligentia observaret, ut de minimis quibusque[d] holusculis, ruta videlicet, menta et cymino, ut ipse Dominus testatur[73], decimas daret, cur non maiori studio plebs evangelica eandem impleat iussionem, cui et maior est numerus sacerdotum et sincerior cultus sacramentorum? Ideo ergo dandae sunt[e], ut hac devotione Deus placatus largius praestet, quae necessaria sunt, sicut superius ostendimus, et ut sacerdotes et ministri ecclesiae cura et sollicitudine necessitatum corporalium, quibus sine haec[f] vita transigi non potest, relevati[g] liberiores fiant ad meditationem divinae legis et doctrinae amministrationem[h] atque spiritalis servitii voluntariam expletionem, et ut munus populi in cotidiana oblatione Domino immoletur[i] necnon secundum statuta canonica in sustentationem pauperum et restaurationem ecclesiarum proficiat[i]. Quattuor enim partes iuxta canones[74] fieri de[k] fidelium oblationibus debent, ut una sit episcopi, altera clericorum, tertia pauperum, quarta restaurationi ecclesiarum servetur[l].

29[m]. Laetanias[75], id est rogationes publicas, quas maiores vocamus, Romani una die denominata, id est VII. Kal. Maii, annuatim[n] facere solent, quas Gregorius papa initio ordinationis suae instituit, dum post aquarum inundationem insolitam[o] inguinaria lues[p] primo Pelagio papa extincto populum vastaret Romanum; qui[q] tunc eo modo septenam ordinavit laetaniam, sicut Paulus[r] in Gestis Langobardorum commemorat, ut precaturos[s] Dominum in septem turmas distribueret, quo[t] pietatem Domini multiplicius implorarent: 'In[76] primo choro fuit clerus, in secundo omnes[u] abbates cum monachis suis, in tertio[u] omnes abbatissae cum congregationibus suis, in quarto omnes pueri, in quinto omnes laici, in sexto omnes[v] viduae, in septimo omnes mulieres coniugatae.' Triduanae[w] autem laetaniae, quae proximis diebus ante ascensionem Domini annue per omnes Galliarum vel Germaniae ecclesias celebrantur, in Galliis sunt constitutae. Temporibus[x 77] siquidem[y] Chlodovei[z] regis Francorum, qui cum gente sua primus christianus effectus est, dum civitas Viennensium crebro terrae motu subrueretur et[a] bestiarum desolaretur[b] incursu, sanctus Mamertus eiusdem civitatis episcopus eas legitur pro malis, quae praemisimus, ordinasse, quas Aurelianensis synodus[78] et eo tempore fieri[c] iubet et ab opere servili, ut plenius celebrentur[d], omnes vacare. Hispani autem propter hoc, quod scriptum est: 'Non[79] possunt filii

t) ita *add. man. alt.* 5. u) decimae ... requiruntur *om.* 7. v) quod 2; quasi 6. w) calor solis 3. 4. x) omnia mea 3; mea sint omnia 2. y) sunt 4–7; sed *add.* 2. z) *ita codd.; manus Augustin.* a) adimples 7. b) decimam mihi 3, *Knöpfler.* c) Si ... novem *om.* 4. 5, *suppl. man. alt. in marg.* 4. d) quibuscumque 5. e) decimae *add.* 3. f) hac 4. 5. g) *corr. man. alt.* revera 5; relevari 4. h) *e correct.* 4; ac ministrationem 5. i) immolentur ... proficiant 5. k) *om.* 4. 5, *add. man. alt.* 4. l) *om.* 7. m) XXVIII. 3–5, *corr.* XXVIIII. 4; XXXII. 6; XXI. 7; *om.* 8. n) annuationem 2. o) insolita 3. p) alueus 5. q) quia 3. r) paulo post 5. s) praedicaturos 5. t) qui 5. u) abbates omnes 3; omnes ... tertio *om.* 4. 5, *superscr. man. alt.* 4. v) autem 8. w) XXII. *praemitt.* 7. x) tempore 4. y) *om.* 4. 5. z) *e* Clodovei *corr.* 4; Holodovei 5; Glodovei 6. 8. a) et bestiar. desolar. *om.* 5. b) desolaret 2. c) iubet fieri 3. d) celebrantur 2.

72) *Cfr. Conc. Trib.* 895, *c.* 18, *supra p.* 220, *not.* 88. 73) *Matth.* 23, 23. 74) *Supra p.* 220, *not.* 92. 75) *Cfr. Amalarius, De officiis ecclesiast. lib. I, c.* 73, *l. c. p.* 151. 76) *Pauli Hist. Langob. lib. III, c.* 24, *SS. rer. Langob. p.* 105; *cfr. Vita Gregorii I. auctore Iohanne diacono lib. I, c.* 41–43, *Opera Gregorii IV, col.* 36 *sqq.* 77) *Cfr. Gregorii Turon. Hist. Francor. lib. II, c.* 34, *SS. rer. Merow. I, p.* 97 *sq.* 78) *Conc. Aurelian. I (a.* 511*), c.* 27, *LL. Conc. I, p.* 8. 79) *Matth.* 9, 15.

sponsi[e] lugere, quamdiu cum illis est sponsus', infra quinquagesimam paschae recusantes ieiunare laetanias suas post pentecosten posuerunt V. et VI. et VII. feria[f] eiusdem ebdomadis eas[g] facientes. Alii eorum Idibus Decembribus[h] triduanum statuerunt[i] ieiunium, alii Kalendis Novembribus[k]. Notandum autem laetanias non[l] tantum dici illam recitationem[m] nominum, qua sancti in adiutorium vocantur infirmitatis humanae, sed etiam cuncta, quae[n] in supplicationibus fiunt, rogationes[o] appellari. Laetaniae[p] autem sanctorum nominum postea creduntur[p] in usum assumptae[p], quam Hieronimus martyrilogium secutus Eusebium Caesariensem per anni circulum conscripsit[q][80], ea[r] occasione ab episcopis Chromatio[81] et Heliodoro[82] illud opus rogatus componere[83], quia Theodosius religiosus imperator in concilio episcoporum laudavit Gregorium Cordubensem episcopum, 'quod[83] omni die missas explicans[s] eorum martyrum[t], quorum natalicia essent, nomina plurima commemoraret.'

30[u]. 'Aquam[84] sparsionis cum sale benedici' et[85] in habitaculis fidelium spargi Alexander papa constituit. Sicut enim populus prior legalibus institutis deserviens sanguine lustrabatur[86], ita novus christianorum populus baptismi sacramento renatus digne aqua benedicta aspergitur, ut, sicut sanguis agni in postibus ad repellendum percussorem ponebatur[87], ita mysterium aquae corpora et loca muniat renatorum[v].

31[w]. Cereum autem benedici non solum in[x] principalibus ecclesiis, sed etiam in parochiis Zosimus papa constituit[88]; quod ipsum concilio Toletano ostenditur[89] quosdam Hispanorum observasse, quosdam neglexisse.

32[y]. Circa[z] harum calcem nugarum[a] placet inserere quandam saecularium atque ecclesiasticarum comparationem dignitatum, quamvis non nesciam ordinationes[b] potestatum et officiorum tanta diversitate pro varietate gentium, locorum et[c] temporum perplexas, ut de eis vix aliquid certi possit exponi. Quotus[d] enim quisque est, qui se[e] scire fateatur, quibus non dico Assyriorum, Medorum et Macedonum, sed vel Romanorum, quod notius et proximius nobis[f] est[g], imperium[h] distributum fuerit et ordinatum amministrationibus et officiis, cum per longitudinem temporum aliae potestates aliis mutatae sint, aliae additae[i], aliae sublatae[k], ut ipsa instabilitate rerum[f] humanum esse et temporarium[l] comprobetur[m], quod quadam inconstantia et in maius extenditur[n] et in minus contrahitur? Omissis igitur[o] incertis, quae notiora sunt, invicem comparemus, ut ostendamus ordinationes mundanae sapientiae in spiritalem ecclesiae universalis rempublicam sacris distinctionibus commutatas in similitudinem antiquae hystoriae, qua[p] vel[p] pecuniae Aegyptiorum in usum tabernaculi[90]

e) *In litteris* spon[si] *explicit* 6. f) feriis 3. g) *om.* 5. h) Decembris 4. i) constituerunt 7. 8. k) Decembribus 3—5. l) nunc 2. m) recitationum 2. n) quae in *add. man. alt.* 4; quae *superscr.* 5; in *om.* 3. 5. o) orationes 3. p) litania . . . creditur . . . assumpta 3. q) scripsit 4. 5. r) et hoccasione *corr. man. alt.* et hac occasione 5. s) amplicans 5. t) martyrium 5. u) XXIX. 3—5, *corr.* XXX. 4; XXIII. 7; *om.* 8. v) *Finiunt* 7. 8. w) XXX. 3; XXVIIII. 5. x) *om.* 4. 5, *superscr. man. alt.* 4. y) *om.* 1; XXXI. 3; XXX. 5. z) Comparatio Walahfridi abbatis Augiensis coenobii de mundanis et aecclesiasticis dignitatibus. Feliciter ursus *rubr. in.* 9, *om.* Circa harum . . . narrantur *(p. 515 lin. 2)*. a) rerum 3. b) *ex* ordines *corr.* 4. c) *om.* 2. d) Qd 2. e) si 4. f) *superscr.* 1. g) et *add.* 4. 5. h) *e* distributum fuerit imperium *corr.* 2. i) subditae 3. k) abditae 3. l) *corr. man. alt.* temporale 5. m) *e* comprobatur *corr. man. alt.* 5. n) ostenditur 4. 5, *corr. man. alt.* extenditur 4. o) ergo 3. p) quales *in ras. a man. alt.* 5.

80) *Martyrologium, quod dicitur Hieronymianum (ed. Florentinius, Lucae 1668), non ab Hieronymo esse conscriptum satis notum est.* 81) *Aquileiensi.* 82) *Altino.* 83) *Martyrologii epist. p.* 55. 84) *Lib. pontif. I, p.* 127, § 7. 85) in habitaculis hominum *perg. Lib. pontif.* 86) *Cfr. Exod.* 24, 8. 87) *Ibid.* 12, 22. 23. 88) *Lib. pontif. I, p.* 225, § 59. 89) *Conc. Tolet. IV, c.* 9, *Mansi X, col.* 620. 90) *Exod.* 11, 2; 12, 35.

vel caedri de Libano caesi[q] in templi aedificationem profecisse[r] [91], Raab[s] [92] quoque[t], *Ruth*[93] *et Achior*[94] *in numerum populi Dei translati narrantur.*

Sicut augusti[u] Romanorum totius orbis monarchiam tenuisse feruntur[v], ita summus pontifex in sede Romana vicem beati Petri gerens totius ecclesiae apice sublimatur; de quo Sardicensi[w] concilio statuitur[95] cunctorum statuta ad eum referri debere idque observandum, quod ipse statuerit. Sicut vero summus saeculi[x] principatus non tantum apud Romanos, verum etiam apud aliarum partium gentes interdum[y] fuit, ita et aliae ecclesiae dignitati sedis[z] Romanae consotiantur, id[a] est Antiochensis in Asia, Alexandrina[b] in Africa. In concilio enim Niceno[96] harum trium privilegium ecclesiarum ceteris omnibus anteferendum ostenditur. Sed potest[c] trium locorum eminentia ad unam dignitatem referri, quia in duobus horum ipse Petrus sedit, tertium[d] nihilominus, id[e] est[e] Alexandriam, per Marcum filium suum[f] et evangelium, quod ex ore eius ipse Marcus descripserat, suam effecerat sedem. Similiter intellegendum de principatibus saeculi, quod, quamvis in diversis orbis partibus per tempora sua fulserint, tamen ad[g] ius[g] Romanum quasi unum apicem postremo omnes paene[h] relati sint[i]. Comparetur ergo papa Romanus augustis et caesaribus, patriarchae vero patriciis, qui primi post caesares in imperiis fuisse videntur, ita et isti, qui satis pauci sunt, primi post trium sedium praesules habentur. Deinde[97] archiepiscopos, qui ipsis metropolitanis praeminent, regibus conferamus[k]; metropolitanos autem ducibus comparemus, quia, sicut duces singularum sunt[l] provintiarum, ita et illi in singulis provintiis singuli ponuntur; unde in Calcedonensi concilio iubetur: 'Ne[98] una provintia in duos metropolitanos dividatur.' Quod comites vel praefecti in saeculo, hoc episcopi ceteri in ecclesia explent. Ferunt[m] enim in Orientis partibus per singulas urbes et praefecturas singulas esse episcoporum gubernationes. Sicut tribuni militibus praeerant, ita abbates monachis, athletis spiritalibus, praeesse noscuntur. Quemadmodum sunt in palatiis praetores[n] vel comites palatii, qui saecularium causas ventilant, ita sunt et illi, quos summos cappellanos[o] Franci appellant, clericorum causis praelati[99]. Cappellani[o] minores ita sunt, sicut[p] hi, quos vassos dominicos Gallica consuetudine nominamus. Dicti sunt autem primitus cappellani[o] a cappa beati Martini[100], quam reges Francorum ob adiutorium victoriae in proeliis solebant secum habere, quam ferentes et custodientes cum ceteris sanctorum reliquiis clerici cappellani[o] coeperunt vocari. Porro sicut comites quidam[q] missos[q] suos praeponunt popularibus[r], qui minores causas determinent, ipsis maiora reservent, ita quidam episcopi chorepiscopos[s] habent, qui in rebus sibi congruentibus, quae iniunguntur, efficiunt[1]. Centenarii, qui et centuriones[t] vel vicarii, qui per pagos statuti sunt, presbyteris plebium, qui baptismales ecclesias tenent et minoribus presbyteris praesunt, conferri queunt. Decuriones vel decani[2], qui sub ipsis vicariis

q) cęsi *corr.* cęse 4; cedi *corr.* cesi 5. r) demonstrantur *add. man. alt. in marg.* 5. s) Rahab 4. 5. t) et *add.* 3. u) autem gens 3. v) fertur 3. w) Serdicensi 1. 4. 5, *corr.* Sardicensi 1. x) aut *add.* 9. y) *om.* 9. z) apostolicae vel *add.* 9. a) id est *om.* 4. 5, *superscr. man. alt.* 4. b) Alexandria 2. c) post 3. d) *om.* 4. 5. e) .i. *superscr. man. alt.* idem 4; *eras.* 5. f) *eras.* 5. g) alius 4. 5. h) *om.* 9; penelati *corr. man. alt.* pene prelati 5. i) sunt 2—5, *Knöpfler, corr.* sint 4. k) hoc est Furiolanum, Lugdunensem, Mogontiacensem *add.* 9. l) *om.* 4. m) fertur 3, *Knöpfler.* n) *ita* 1. 2; praeceptores *rell. et Knöpfler.* o) *ita* 1; capellanos, capellani *rell.* p) sicuti *corr. man. alt. ex* sicut hi 5. q) qui at missos (*corr. man. alt.* quidam missos) 4; qui admissos 5. r) copularibus 5. s) coepiscopos 3—5, *corr.* corepiscopos 4. t) contenariones 3. 5 (*corr. ex* contenarios).

91) 3. *Reg.* 5, 6. 92) *Ios.* 2, 3 *sqq.* 93) *Ruth* 4, 5. 10. 94) *Iudith* 6, 6. 95) *Conc. Sardic.* c. 3. 4. 7, *Mansi III, col.* 23 *sqq.* 96) *Conc. Nic.* c. 6, *Mansi II, col.* 679. 97) *Cfr. Waitz, VG. III³, p.* 436 *sq.* 98) *Conc. Chalced.* c. 12, *Mansi VII, col.* 376, *rubr.* 99) *Cfr. infra Hincmarus, De ordine palatii* c. 19. 100) *Cfr. Waitz l. c. p.* 516, *not.* 1. 1) *Cfr. Brunner, RG. II, p.* 182. 2) *Cfr. Waitz l. c. p.* 405; *Hincmarus l. c.* c. 17.

quaedam minora exercent, minoribus presbyteris titulorum[u] possunt comparari. Sub ipsis ministris centenariorum sunt adhuc minores, qui collectarii, quaterniones vel duumviri[v] possunt appellari, quia colligunt populum et ipso[w] numero ostendunt se decanis esse minores. Sunt autem ipsa[x] vocabula ab antiqua[y] consuetudine[y] mutuata, in qua officia praelatorum dicebantur ex numero subiectorum, ut sunt chiliarchi Grece, Latine millenarii, centenarii vel centuriones, pentacontarchi vel quinquagenarii, decani vel decuriones[z], quaterniones, duumviri. Ad horum, id[a] est minorum, similitudinem sunt diaconi et[b] subdiaconi, presbyterorum adiutores in verbo, baptismo et cottidiano officio. Sunt etiam archipresbyteri in episcopiis[c] canonicorum curam gerentes. Habent et potentes[d] saeculi consiliarios in domesticis et liberorum pedagogos suorum, habent ipsi procuratores rei familiaris; similiter in quibusdam ecclesiis[e] archidiaconos[f] familiae respicit gubernatio. Sunt[g] in saecularibus questionarii, id[b] est[b] qui reos examinant[g], sunt in ecclesia exorcistae, daemonum exclusores; habent aulae[h] potentium ianitores, habet et domus Dei ostiarios; habet[i] mundus veredarios[3], commentarienses[i][4], ludorum[k] exhibitores, carminum pompaticos relatores, habet ecclesia acolitos[l], lectores, cantores[m] atque[m] psalmistas. Ceterum ex utriusque ordinis coniunctione et dilectione una domus Dei[m] construitur, unum corpus Christi efficitur cunctis membris officiorum suorum fructus mutuae utilitati conferentibus, dum oculus est in sapientibus, qui veram lucem et percipiunt et insinuant, os in doctoribus, auris in benivolis auditoribus, nasus in discretionis amatoribus, manus in operatoribus, pedes[n] in proficientibus[o], venter in compatientibus, umeri[p] in laborum toleratoribus et[q] cetera[q] in ceteris, 'ut[5] non sit scisma in corpore[q], sed si gloriatur[q] unum membrum, congaudeant omnia membra; si contristatur[r] unum, cuncta condoleant.' Ista convenientia eo usque tenenda est, 'donec[6] occurramus[s] omnes in virum perfectum, ut[7] sit Deus omnia in omnibus.'

Gravi[t] pondere tandem solutus, et utinam tam[u] profectuoso quam magno, in fine conclusionis lecturos obtestor[v], ne, quod oboedientiae devotione[w] subii[x], tribuant temerariae presumptioni. Fateor etenim[y] me nec repperisse cuncta, quae dilucidare[z] cupii, nec cuncta posuisse, quae repperi, cum et rerum magnitudo sciendi cupiditatem succenderet et diversitatum confusio fastidii nimietatem preberet. Habebit tamen in his lectoris mei curiosa vestigatio, et si non copiam satietatis, qua delectetur, qualemcumque[a] causam inquisitionis, qua melius exerceatur[b]. — Finit.

u) *om.* 4. 5. v) *corr. man. alt.* dum viri 5. w) ipsos 5. x) ista 4. 5. y) antiquitate 9. z) centuriones 9. a) id est minorum *om.* 3—5. b) *om.* 9. c) *corr. man. alt.* episcopis 5. d) potestates 3—5. e) ad *add.* 2, *Knöpfler*. f) quos *add.* 3; ad quos *add. man. alt.* 5. g) Sunt ... examinant *om.* 2. h) *om.* 9. i) habet mundus veredarios *om.* 5; habet et commentar. 2. k) ludores *corr.* lusores 5. l) *ita* 1; acolytos *rell.* m) *om.* 2. n) *corr.* pes 5. o) proficiscentibus 4. p) *corr.* umerus 5. q) et cuncta 3; et cetera ... gloriatur *man. alt. partim in marg., partim in loco raso supplev.* 4; et cetera ... corpore *om.* 5. r) contristaverit 2. s) *Finiunt* 2. 9 (*add.* Amen). t) Conclusio libelli *praemitt.* 3; Cap. XXXI. *praemitt.* 5. u) *superscr. man. alt.* 4; *om.* 5. v) contestor 5. w) *om.* 3. x) isti *add.* 3. y) enim 3. z) lucidare 5. a) tamen *add.* 3. b) Explicit Walafridi Strabonis liber de ecclesiasticarum rerum exordiis et incrementis *add.* 3; *in* 4. 5. *sequitur nunc index titulorum, cfr. supra p.* 474, *not.* i.

3) *Cfr. Conc. Meld.* 845, *supra p.* 412, *c.* 57. 4) *vel notarios; cfr. Waitz l. c. p.* 512, *not.* 2. 5) 1. *Corinth.* 12, 25 *sq.* 6) *Ephes.* 4, 13. 7) 1. *Corinth.* 15, 28.

HINCMARUS

DE ORDINE PALATII.

Hincmari epistola, quae De ordine palatii inscribitur, nobis tradita est in editione principi Iohannis Busaei, Hincmari Rhemensis archiepiscopi... epistolae (Mogunt. 1602), p. 16 sqq., qui 'ex ms. membranaceo cod. bibliothecae et cathedralis ecclesiae Spirensis' imprimendam curavit. Quae editio, codice Spirensi hodie non iam exstante neque alio invento, a posterioribus editoribus repetita est, scilicet: 1) a Duchesnio, Recueil des historiens de France (Paris. 1636), II, p. 487 sqq.; 2) a Sirmondo, Hincmari Opera (Paris. 1645), II, p. 201 sqq.; 3) a Drümel, Geschichtsmässige Abhandlungen von dem Gross-Seneschall und Erz-Seneschall des Fränkischen und Teutschen Reiches etc. (Nürnberg 1731), p. 63 sqq.; novissime denique 4) a Mauritio Prou, Hincmar De ordine palatii (Bibliothèque de l'école des hautes études, fasc. 85, Paris. 1885), qui textum notis amplissimis adornavit et versionem gallo-francam adiecit. Reliqui: Bouquet, Recueil des historiens des Gaules IX, p. 263 sqq.; Walter, Corpus iuris Germanici III, p. 761 sqq.; Migne, Patrologiae cursus Latin. CXXV, col. 993 sqq., ex Sirmondo, e contra Gengler, Germanische Rechtsdenkmäler p. 692 sqq., qui c. 1. 6—8. 12—23. 29. notis perlustravit, ex Walter textum sumpserunt. Nos quidem editionem principem, orthographia non mutata, sed locis tantum depravatis correctis, repetimus.

Scripta vero est epistola a. 882, post diem 9. m. Septembris. Nam cum in c. 11. 37. concilii apud S. Macram a. 881. celebrati et in c. 37. 'Hludowici regis nuper defuncti', qui obiit a. 882, die 5. m. Augusti, mentio fiat, 'iste iuvenis et modernus rex', ad cuius institutionem, secundum c. 1, litterae destinatae erant, Karolomannus est, qui a. 882, die 9. m. Sept. rex Franciae est creatus[1]. *Direxit Hincmarus hunc libellum non, ut dicitur in rubrica codicis et apud Flodoardum*[2], ad episcopos et ad regem Karolomannum, *sed ad 'bonos et sapientes viros':* ad institutionem ... regis et ad reerectionem honoris et pacis ecclesiae ac regni *(cap. 1.).*

Quo in opere componendo Hincmarus Adalhardi abbatis[3] *libellum De ordine palatii, qui nunc desideratur, adhibuit. Cuius libelli textum ex parte in capp. 13—36. repetitum esse efficitur ex ratione dicendi, quae admodum discrepat ab oratione reliquorum capitum aliorumque Hincmari operum. Tamen Hincmarus libellum Adalhardi non ad verbum exscripsit, sed verbis aliis deletis, aliis adiectis sua sponte retractavit; cfr. Brunner, RG. II, p. 96; Prou l. c. p. XVIII.*

1) *Cfr. Karolomanni Conv. Carisiac.* 882, *supra p.* 369 *sq.; Schrörs, Hinkmar v. Reims p.* 440. 2) *Flodoardi Hist. eccl. Rem. III, c.* 19, *SS. XIII, p.* 511: Item ad regem Karolomannum adolescentem et ad episcopos admonitionem de disponendo regali ministerio per capitula. 3) *Cfr. infra c.* 12.

Admonitio Hincmari Remorum archiepiscopi ad episcopos et ad regem Karolomannum per capitula[a].

Hincmarus episcopus ac plebis Dei famulus.

Cap. 1. Pro aetatis et sacri ordinis antiquitate posteriores tempore, boni et sapientes viri, rogatis exiguitatem meam, ut, qui negotiis ecclesiasticis et palatinis, quando in amplitudine et unitate regni prospere agebantur, interfui et consilia doctrinamque illorum, qui sanctam ecclesiam in sanctitate et iustitia rexerunt, sed et eorum, qui soliditatem regni tempore superiore prosperius disposuerunt, audivi, quorum magisterio traditionem maiorum suorum didici, post obitum etiam domni Hludowici imperatoris[1] in eorum obsequio, qui pro filiorum eius, tunc temporis regum nostrorum, concordia sategerunt, pro modulo meo frequentibus itineribus, verbis et scriptis laboravi, ad institutionem istius iuvenis et moderni regis nostri et ad reerectionem honoris et pacis ecclesiae ac regni ordinem ecclesiasticum et dispositionem domus regiae in sacro palatio, sicut audivi et vidi, demonstrem; quatenus in novitate sua ea doctrina imbuatur, ut in regimine regni Deo placere et in hoc saeculo feliciter regnare et de praesenti regno ad aeternum valeat pervenire. Experimento quippe cognoscimus, quia vas novum, quo prius sapore et odore imbutum fuerit, illud in posterum diu retinebit, sicut et quidam sapiens dicit:

'Quo[2] semel est imbuta recens servabit odorem
Testa diu.'

Et legimus[3], quomodo Alexander in pueritia sua habuit baiulum nomine Leonidem, citatis moribus et incomposito incessu notabilem, quae puer, quasi lac adulterinum sugens, ab eo sumpsit. Unde in adulta aetate sapiens et rex fortis se ipsum reprehendebat et vitare volebat, sed, ut legitur, cum omnia regna vicerit, in hoc se ipsum vincere non potuit.

Cap. 2. Intellegat igitur dominus rex, ad quod officium est provectus, et obaudiat commonitionem atque comminationem regum regis dicentis ei cum aliis regibus: 'Et[4] nunc reges', inquit, 'intellegite: erudimini, qui iudicatis terram. Servite Domino in timore et exultate ei cum tremore. Apprehendite disciplinam ne, quando irascatur Dominus, et pereatis de via iusta'; sicut multos hanc commonitionem et comminationem neglegentes perisse legimus, audivimus, et etiam nostro tempore scimus[5]. Obaudiat etiam sanctam scripturam sibi praecipientem: 'Diligite[6] iustitiam, qui iudicatis terram. Sentite de Domino in bonitate, et in simplicitate cordis quaerite illum; quia in malivolam animam non introibit sapientia nec habitabit in corpore subdito peccatis.'

Cap. 3. Ego autem et pro imposito ministerio et pro bona et rationabili vestra iussione aggrediar exequi, quod rogatis, non meo sensu neque verbis meis, sed, ut praemisi[7], maiorum traditione attendens dicentem Dominum ad prophetam: 'Tu[8] autem audiens nuntiabis eis ex me'. 'Ex me', inquit, et non ex te, quia, sicut ipse dicit, 'qui a semetipso loquitur, gloriam propriam quaerit.' Sancta scriptura in omni ordine et professione unicuique administratori praecipit, ut intellegat cuncta, quae ait; quoniam, si intellegit, administratio quam gerit, unde exordium caepit, sollicitius satagit, ut de administrationis talento sibi credito rationem redditurus[9]. 'Omnes[10] enim

a) *Rubr.:* De ordine palatii *adiecit Sirm. Cfr. supra p.* 517, *not.* 2.

1) *Hludowici Pii.* 2) *Horatii Epist. lib. I, ep.* 2, *v.* 69. 3) *Quintilianus, De institut. orator. I,* c. 1, 9. 4) *Psalm.* 2, 10 *sqq.* 5) *Sc. Hlotharium II. et Hludowicum III.; cfr. Prou l. c. p.* 6, *not.* 5. 6) *Sap.* 1, 1. 4. 7) *Supra lin.* 9. 8) *Ezech.* 3, 17. 9) *Cfr. Matth.* 14 *sqq.* 10) *Rom.* 14, 10.

astabimus ante tribunal Christi, ut[11] referat unusquisque, quae per corpus gessit, sive bonum, sive malum.' Non audiat a iusto iudice, quod Dominus in evangelio servo *malo* et pigro responsurum se fatetur, sed audire mereatur: 'Euge[12]! serve bone et fidelis; quia super pauca fuisti fidelis, supra multa te constituam; intra in gaudium domini tui.'

Cap. 4. Legimus[13] in sancta scriptura veteris testamenti, quia David rex simul et propheta praefigurans dominum nostrum Iesum Christum, qui solus rex simul et sacerdos fieri potuit, duos in sacerdotibus ordines constituit, in summis videlicet pontificibus et in minoris ordinis sacerdotibus, qui nunc presbyteratus funguntur officio; ea videlicet provisione, ut, dum quilibet pontificum vita decederet, quicunque sacerdotum optimus putaretur, ei in pontificatum succederet. Et in novo testamento dominus noster Iesus Christus de multitudine discipulorum suorum, sicut in evangelio legimus, 'duodecim[14] elegit, quos et apostolos nominavit.' Horum in ecclesia locum tenent episcopi, sicut sacra scriptura[15] et catholici doctores[16] ostendunt. 'Designavit[17] etiam et alios LXXII', qui sub duodecim apostolis figuram presbyterorum, id est secundi ordinis sacerdotum, praemonstraverunt; ut decedentibus episcopis de his secundi et inferioris ordinis sacerdotibus secundum sacros canones[18] spiritu Dei conditos et totius mundi reverentia consecratos ad summi sacerdotii apicem loco decessorum episcoporum provehantur, sicut sacra scriptura actuum apostolorum patenter ostendit dicente Petro ad confratres suos, quando Iudas, 'qui[19] connumeratus fuerat in ordine apostolorum et sortitus sortem ministerii apostolatus', abiit in locum suum: 'Oportet[19]', inquiens, 'ex his viris, qui nobiscum congregati sunt in omni tempore, quo intravit et exivit inter nos dominus Iesus, testem resurrectionis eius nobiscum fieri unum ex istis.' Et venit electio divina super 'Mathiam[20], qui annumeratus est cum undecim apostolis.'

Cap. 5. Et[21] in sacra regum historia legimus[22], quia principes sacerdotum, quando sacra unctione reges in regnum sacrabant, coronam significantem victoriam ponentes super capita eorum legem in manum eius dabant, ut scirent, qualiter[23] se ipsos regere et pravos corrigere et bonos in viam rectam deberent dirigere. Unde, sicut beatus papa Gelasius ad Anastasium imperatorem ex sacris scripturis demonstrat[24] et in his, quae nuper apud martyrium Sanctae Macrae in synodo gesta sunt[21], continetur, 'duo[24] sunt, quibus principaliter' unacum specialiter cuiusque curae subiectis 'mundus hic regitur: auctoritas sacra pontificum et regalis potestas'; in quibus personis, sicut ordinum sunt divisa vocabula, ita sunt et divisa in unoquoque ordine ac professione ordinationum officia. Diligenter igitur quisque debet in ordine et professione sua, quo nomine censetur, attendere et magnopere providere, ne a nomine discordet officio. 'Primum[25] namque', ut beatus Cyprianus dicit, 'ab episcopo, quid sui nominis dignitas teneat, inquiratur: quoniam episcopus, cum Graecum nomen sit, speculator interpretatur. Quare vero speculator ponitur, et quid a speculatore requiratur, Dominus ipse denudat, cum sub Ezechielis prophetae persona episcopo officii sui rationem denunciat ita inquiens: "Speculatorem[26] dedi te domui Israel"'. Speculatoris officium est, ut commisso sibi populo exemplo et verbo, qualiter vivere

11) 2. *Corinth.* 5, 10. 12) *Matth.* 25, 21. 13) *Cfr.* 1. *Paralip.* 23—26. 14) *Luc.* 6, 13. 15) *Cfr. Matth.* 10, 2 *sqq.*; *Luc.* 6, 13 *sqq.* 16) *Cfr. ex. gr. Pseudo-Anacleti* c. 28, *Decretal. Pseudo-Isidor. ed. Hinschius* p. 82; *Augustini Enarrat. in psalmos XLIV, c.* 32, *Opera IV, col.* 398; *Prou l. c. p.* 10, *not.* 4. 17) *Luc.* 10, 1. 18) *Cfr. Conc. Sardic.* c. 13, *Mansi III, col.* 27. 19) *Act. apost.* 1, 17. 21. 22. 20) *Ibid.* 1, 26. 21) *Cfr. Synod. ap. S. Macram* 881, c. 1, *Mansi XVII, col.* 538 *sq.* 22) *Cfr.* 2. *Paralip.* 23, 11; *Deuter.* 17, 18. 23) *Cfr. Synod. Carisiac.* 858, *supra p.* 431, c. 5. 24) *Supra p.* 29, *not.* 20. 25) *Cyprianus, De XII abusion. saec.* c. 10, *Opera ed. Hartel App., p.* 168. 26) *Ezech.* 33, 7.

debeat, incessanter annuntiet; sicut de Christo, qui sequi se, id est imitari, praecipit[27], scriptum est: 'Quae[28] caepit Iesus facere et docere.' Et sic vitam ac mores sibi commissorum speculetur attendere et, postquam attenderit, sermone, si poterit, et actu corrigere et, si non poterit, iuxta evangelicam regulam[29] scelerum operarios debet declinare.

Cap. 6. Et rex 'in[30] semet ipso nominis sui dignitatem custodire debet: nomen enim regis intellectualiter hoc retinet, ut subiectis omnibus rectoris officium procuret. Sed qualiter alios corrigere poterit, qui proprios mores, ne iniqui sint, non corrigit? "Quoniam[31] iustitia regis exaltatur solium" et veritate solidantur gubernacula populorum.' Quae vero sit iustitia regis idem beatus Cyprianus in nono abusionis gradu sufficientissime monstrat[32].

Cap. 7. Habet quippe ordo sacerdotalis leges divinitus promulgatas, qualiter quisque ad culmen regiminis, videlicet episcopatus, venire debeat, atque ad hoc recte perveniens qualiter vivat, et bene vivens qualiter doceat, et recte docens infirmitatem suam quotidie quanta consideratione cognoscat, qualiter etiam ministros sibi subpositos regere debeat, quam pura etiam intentione sacros ecclesiasticos ordines dispensare et qua discretione ligare vel solvere subditos debeat. De quibus legibus in eisdem scriptum est ita: 'Nulli[33] sacerdoti suos liceat canones ignorare nec quicquam facere, quod patrum possit regulis obviare.' Quia non minus in sanctarum traditionum delinquitur sanctiones, quam in ipsius Domini iniuriam prosilitur. Quod tale est, quia, ut sacra monstrat auctoritas[34], cognata sunt schisma et haeresis, ac, si aliis verbis dicatur, non minus schismaticus delinquit, cum praevaricatione sanctarum regularum per contemptum se ab unitate sanctae ecclesiae, quae corpus Christi est, dividit, quam haereticus, qui de Deo, capite videlicet ipsius ecclesiae, male sentit.

Cap. 8. Et sicut dictum est de legibus ecclesiasticis, quod 'nulli[33] sacerdoti suos liceat canones ignorare nec quicquam facere, quod patrum possit regulis obviare', ita legibus sacris decretum est, ut 'leges[35] nescire nulli liceat aut quae sunt statuta contemnere'. Cum enim dicitur: 'Nulli liceat leges nescire vel quae sunt statuta contemnere', nulla persona in quocunque ordine mundano excipitur, quae hac sententia non constringatur. Habent[36] enim reges et reipublicae ministri leges, quibus in quacumque provincia degentes regere debent, habent capitula christianorum regum ac progenitorum suorum, quae generali consensu fidelium suorum tenere legaliter promulgaverunt. De quibus beatus Augustinus dicit, quia, 'licet[37] homines de his iudicent, cum eas instituunt, tamen, cum fuerint institutae atque firmatae, non licebit iudicibus de ipsis iudicare, sed secundum ipsas.'

Cap. 9. Multo minus autem regi vel cuilibet in quocunque ordine contra leges divinas licet agere per contemptum. Unde principi terrae magnopere providendum atque cavendum est, ne in his Deus offendatur, per quos religio christiana consistere debet et caeteri ab offensione salvari. Et ideo, qui res ecclesiasticas divino iudicio tuendas et defensandas suscepit, consensu eius, electione cleri ac plebis et approbatione episcoporum provinciae quisque ad ecclesiasticum regimen absque ulla vena-

27) *Matth.* 16, 24. 28) *Act. apost.* 1, 1. 29) *Luc.* 13, 27: Discedite a me omnes operarii iniquitatis. 30) *Cyprianus l. c. c.* 9, *p.* 169. 31) *Proverb.* 16, 12. 32) *Supra p.* 444, *not.* 36. 33) *Coelestini epist. ad episc. per Apuliam et Calabriam constit. c.* 1, *Mansi IV, col.* 469, *Jaffé, Reg. pontif. I*[2], *nr.* 371. 34) *Cfr. Hieronymi Commentar. in epist. ad Titum c.* 3, *Opera VII, p.* 738; *Augustinus contra Cresconium II, c.* 7, *Opera IX, col.* 418. 35) *Interpret. ad Cod. Theod. I,* 1, 2 (*L. Rom. Visig. ed. Hänel p.* 16). 36) *Cfr. Hincmari epist. ad. episc. regni pro Karolomanno c.* 15, *Opera II, p.* 224; *Waitz VG. III*[2], *p.* 620. 37) *Augustinus, De vera religione c.* 31, *Opera I, col.* 768.

litate provehi debet, quia, sicut Dominus in evangelio dicit, 'qui[38] non intrat per ostium in ovile ovium, sed ascendit aliunde, ille fur est et latro'; ecclesiasticis regulis sine difficultate omnimodis debet favere, si non vult regem regum offendere. Et sicut episcopi ac rex providere debent, ut nullius rei intuitu eligatur episcopus, nisi Dei solius, id est non pro aliquo munere dationis nec pro aliquo obsequio humano vel propinquitate consanguinitatis seu amicitia vel servitio temporali aut aliqua occasione, quae contraria esse possit veritati aut divinae auctoritati, ita rex custodire debet, sicut sanctus Augustinus demonstrat[39], ne[40] muneribus vel blanditiis cuiuscunque scelerati pelliciatur et adulationibus decipiatur nec quibuscunque propinquitatis necessitudinibus coniunctis contra Deum sanctamque ecclesiam atque rempublicam perverse agentibus affectu carnali parcat[40], dicente Dei spiritu per David prophetam: 'Nonne[41] eos, qui oderunt te, Deus, oderam, et super inimicos tuos tabescebam? Perfecto odio oderam illos; inimici facti sunt mihi. Inimicos[42] enim Dei perfecto odio odisse, est ad quod facti sunt diligere et quod faciunt increpare, mores pravorum premere, vitae prodesse.'

Cap. 10. Tales etiam comites et sub se iudices constituere debet, qui avaritiam oderint et iustitiam diligant et sub hac conditione suam administrationem peragant et sub se huiusmodi ministeriales substituant. Et quicunque in omni ordine et professione in dominatione constituuntur et domini appellantur, sicut sanctus Cyprianus in sexto abusionis gradu demonstrat, dominationis virtutem auctore et cooperatore Domino teneant; 'quia[43] nihil proficit dominandi habere potestatem, si dominus ipse non habeat et virtutis rigorem. Sed hic virtutis rigor non tam exteriori fortitudine, quae et[b] ipsa saecularibus dominis necessaria est, indiget, quam animi interiori fortitudine, bonis moribus exerceri debet. Saepe enim dominandi per animi neglegentiam perditur fortitudo. Tria ergo necessaria hos, qui dominantur, habere oportet, terrorem scilicet et ordinationem et amorem. Nisi enim ametur dominus pariter et metuatur, ordinatio minime constare illius potest. Per beneficia ergo et affabilitatem procuret, ut diligatur, et per iustas vindictas non propriae iniuriae, sed legis Dei studeat, ut metuatur. Propterea quoque, dum multi pendent in eo, ipse Deo adhaerere debet, qui illum in ducatum constituit, qui ad portanda multorum onera ipsum veluti fortiorem solidavit. Paxillus enim, nisi bene forte firmetur et alicui fortiori adhaereat, omne, quod in eo pendet, cito labitur, et ipse solutus a rigore suae firmitatis cum oneribus ad terram delabitur: sic et princeps, nisi suo conditori pertinaciter adhaeserit, et ipse et omne, quod continet, cito deperit'; et 'sciat[44], quod, sicut in principatu[45] hominum primus constitutus est, ita[46], quoscunque peccatores sub se in praesenti habuit, nisi se et illos correxerit, supra se modo implacabili in illa futura poena habebit.'

Cap. 11. In memoratis namque gestis apud martyrium Sanctae Macrae et de his, quae ad sanctae ecclesiae ac rectorum ipsius honorem et vigorem[47], et de his, quae ad regis et regni soliditatem atque curam pertinent[48], necnon et de domus

b) *sic corr. Sirm.*; in *Bus.*

38) *Ioh.* 10, 1. 39) *Cfr. Augustinus, De civitate Dei V, c.* 24, *Opera VII, col.* 141. 40) ne muneribus ... decipiatur *et* nec quibuscumque ... parcat *ex Hincmari epistola de regis persona et regio ministerio ad Karolum Calvum directa c.* 21. 29. *sumpta sunt, Opera II, p.* 19. 23. 41) *Psalm.* 138, 21. 22. 42) *Gregorii Lib. pastoral. III, c.* 22, *Opera II, col.* 69 *sq.*; *cfr. Synod. Mett.* 859, *c.* 8, *supra p.* 444. 43) *Cyprianus l. c. c.* 6, *p.* 160. 44) *Ibid. c.* 9, *p.* 167. 45) in throno *Cyprian.* 46) sic et in poenis, si iustitiam non fecerit, primatum habiturus est. Omnes namque quoscumque *Cyprian.* 47) *Synod. ap. S. Macram* 881, *c.* 3. 4, *Mansi XVII, col.* 540 *sq.* 48) *Ibid. c.* 5. 6.

regiae dispositione[49] ex catholicorum[c][50] secundum sanctarum scripturarum tramitem promulgationibus atque ex christianorum regum constitutionibus per capitula breviter ac salubriter, si teneantur et exequantur, collecta continentur. Verumtamen quia Samaritanus, verus videlicet custos humani generis, stabulario, id est pontificali ordini, cuius curae vulneratum quemque commiserat ad sanandum, dans duos denarios, vetus scilicet ac novum testamentum, dixit: 'Quod[51] supererogaveris, ego, cum rediero, reddam tibi', eisdem gestis, velut ex supererogatione, quae praemissa sunt in hoc opusculo, et quae sequentur, adicere studeo.

Cap. 12. Adalhardum[52] senem[53] et sapientem domni Caroli magni imperatoris propinquum et monasterii Corbeiae abbatem, inter primos consiliarios primum, in adolescentia mea vidi[54]. Cuius libellum De ordine palatii legi et scripsi, in quo inter caetera continetur duabus principaliter divisionibus totius regni statum constare anteposito semper et ubique omnipotentis Dei iudicio: primam videlicet divisionem esse dicens, qua assidue et indeficienter regis palatium regebatur et ordinabatur; alteram vero, qua totius regni status secundum suam qualitatem studiosissime providendo servabatur.

Cap. 13. In prima igitur dispositione regis palatium in ornamento totius palatii ita ordinatum erat. Anteposito ergo rege et regina cum nobilissima prole sua, tam in spiritalibus quam et in secularibus atque corporalibus rebus per hos ministros omni tempore gubernabatur: videlicet per apocrisiarium[55], id est responsalem negotiorum ecclesiasticorum; cuius ministerium[56] ex eo tempore sumpsit exordium, quando Constantinus magnus imperator christianus effectus propter amorem et honorem sanctorum apostolorum Petri et Pauli, quorum doctrina ac ministerio ad Christi gratiam baptismatis sacramenti pervenit, locum et sedem suam, urbem scilicet Romanam, papae Silvestro edicto privilegii tradidit[57] et sedem suam in civitate sua, quae antea Byzantium vocabatur, nominis sui civitatem ampliando aedificavit; et sic responsales tam Romanae sedis, quam et aliarum praecipuarum sedium in palatio pro ecclesiasticis negotiis excubabant.

Cap. 14. Aliquando per episcopos, aliquando vero per diaconos apostolica sedes hoc officio fungebatur. Quo officio beatus Gregorius in diaconi ordine functus fuit[58]; et ex aliis praecipuis sedibus per diaconos id officium exequebatur, sicut sacri canones iubent[59]. Et in his cisalpinis regionibus, postquam Hludowicus praedicatione beati Remigii ad Christum conversus et ab ipso cum tribus millibus Francorum in vigilia sancti paschae baptizatus extitit[60], per successiones regum sancti episcopi ex suis sedibus et tempore competenti palatium visitantes vicissim hanc administrationem disposuerunt. A tempore vero Pippini et Caroli interdum per presbyteros, interdum per episcopos, regia voluntate atque episcopali consensu per

c) concillorum *emendare vult Prou; cfr. vero not.* 50.

49) *Ibid. c.* 8. 50) *Ibid. prolog.:* quae a maioribus nostris secundum tramiteni sacrarum scripturarum statuta fuere. 51) *Luc.* 10, 35. 52) *Cfr. Wattenbach, Deutschlands GQ. I*[6]*, p.* 250 *sqq.; Simson, Ludwig d. Fr. I, p.* 19 *sqq.; Prou l. c. p.* 32, *not.* 1*; p.* 98. 53) *Cfr. Prou l. c. p.* 33, *not.* 2. 54) *Hincmarus direxit epistolam* Adalardo abbati de amicitia inter ipsos, et qualiter debet esse verus amicus, *Flodoardi Hist. eccl. Rem. III, c.* 24, *SS. XIII, p.* 535. 55) *Cfr. c.* 16: quem nostrates capellanum vel palatii custodem appellant; *c.* 13—16. 19. 20. 32*; Waitz, VG. III*[2]*, p.* 520 *sq.; Brunner, RG. II, p.* 116, *not.* 18. 56) *Cfr. Hinschius, KR. I, p.* 501 *sqq.* 57) *Cfr. Constit. Constantini c.* 17, *ed. Zeumer in 'Berlin. Festgab. f. Gneist' p.* 58. 58) *Cfr. Gregorii Dialog. III, c.* 32. 36, *Opera II, col.* 349. 357*; Vita Gregorii auctore Iohanne diacono I, c.* 26, *Opera Gregorii IV, col.* 31. 59) *Cfr. Conc. Sardic. c.* 9, *Mansi III, col.* 25 *sq.* 60) *Cfr. Gregorii Tur. Hist. Franc. II, c.* 31, *SS. rer. Merov. I, p.* 93*; Hincmari Vita s. Remigii c.* 4, *AA. SS. Boll. Oct. I, p.* 146 *sq.*

diaconos vel presbyteros, magis quam per episcopos hoc officium executum extitit; quia episcopi continuas vigilias supra gregem suum debent assiduo exemplo et verbo vigilare et non diutius secundum sacros canones[61] a suis abesse parrochiis.

Cap. 15. Neque iuxta decreta ex sacris canonibus promulgata beati Gregorii[62] praetoria, quae nunc regia et usitatius palatia nominantur, debent inutiliter observare, ne incurrant iudicium, ut contra placita canonum sibi in ordinatione sua tradita[63] facientes ipsi sibi[d] honore privent ecclesiastico. Et, ut de licitis exempla ponamus[64] et de inlicite[e] usurpatis non taceamus, tempore Pippini et Caroli hoc ministerium consensu episcoporum per Fulradum[65] presbyterum, tempore etiam Caroli per Engelramnum[66] et Hildiboldum[67] episcopos, tempore denique Hludowici per Hilduinum presbyterum[68] et post eum per Fulconem item presbyterum, deinde per Drogonem episcopum[69] extitit hoc ministerium executum.

Cap. 16. Apocrisiarius autem, quem nostrates capellanum vel palatii custodem appellant, omnem clerum palatii sub cura et dispositione sua regebat[70]. Cui sociabatur summus cancellarius[71], qui a secretis olim appellabatur; erantque illi subiecti prudentes et intelligentes ac fideles viri, qui praecepta regia absque immoderata cupiditatis venalitate scriberent et secreta illis fideliter custodirent. Post eos vero sacrum palatium per hos ministros disponebatur: per camerarium videlicet[72] et comitem palatii[73], senescalcum[74], buticularium, comitem stabuli, mansionarium, venatores[75] principales quatuor, falconarium unum.

Cap. 17. Et quamvis sub ipsis aut ex latere eorum alii ministeriales fuissent, et[f] ostiarius[76], saccellarius[77], dispensator[77], scapoardus[77], vel quorumcunque ex eis iuniores aut decani[78] fuissent, vel etiam alii ex latere, sicut bersarii[79], veltrarii[80], beverarii[81], vel si qui adhuc supererant: verumtamen, quamvis et ipsi singuli iuxta suam qualitatem ad hoc intenti essent, non tamen ad eos, sicut ad caeteros principaliter, ut subter insertum est, totius regni confaederatio [pertinebat[g], sed] in maioribus vel minoribus singulis quibusque quotidianis necessitatibus occurrentibus cum palatio conglutinabantur. Sed nec ipsi superiores omnes aequaliter propter ministeriorum diversitatem, qualitatem vel convenientiam prodesse poterant, cum tamen nullus se propter fidei[h] servandam veritatem[h] regis et regni, ut praedictum est, subtrahere potuisset vel etiam voluisset. De quorum personis vel ministeriis, quanquam plura sint, quae dicantur, haec tamen praecipue habebantur.

Cap. 18. Imprimis ut iuxta cuiuscunque ministerii qualitatem vel quantitatem minister nobili corde et corpore, constans, rationabilis, discretus et sobrius eligeretur;

d) *ita Bus.; sc corr. Sirm.* e) *ita corr. Sirm.;* inclite *Bus.* f) *ita Bus.;* ut *corr. Duch.* g) *ita fortasse supplendum;* consideratio in maior. vel minor. [pertinebat], sed singuli quibusque *emendare proposuit Gengler l. c. p.* 696; confoederatio ... conglutinabantur [pertinebat]. Sed *Prou.* h) fidem servandam voluntati *coniecit Gengler l. c.*

61) *Cfr. Conc. Sardic. c.* 11, *Mansi III, col.* 26. 62) *Cfr. Gregorii Lib. pastoral. II, c.* 7, *Opera II, col.* 24 *sqq.* 63) *Cfr. Hincmari opuscul. LV capitul. prolog., Opera II, p.* 389. 64) *Cfr. Waitz, VG. III², p.* 516 *sqq.; Simson, Karl d. Gr. II, p.* 540 *sqq.; idem, Ludwig d. Fr. II, p.* 232 *sqq.* 65) *Abbatem S. Dionysii.* 66) *Mettensem.* 67) *Coloniensem.* 68) *Abbatem S. Dionysii.* 69) *Mettensem.* 70) *Cfr. c.* 19. 71) *Cfr. Sickel, Urk.-Lehre p.* 76 *sqq.; Waitz l. c. III², p.* 518 *sqq., p.* 524 *sq.; Brunner l. c. II, p.* 116 *sq.* 72) *Cfr. c.* 22. 73) *Cfr. c.* 21. 74) *Cfr. c.* 23. 75) *Cfr. c.* 24. 76) *Cfr. Waitz l. c. III², p.* 505 *sq.* 77) *Erat minister vel iunior camerarii; cfr. Waitz l. c. p.* 508; *p.* 502, *not.* 2. 78) *Cfr. Walafridus, De exordiis et incrementis rer. ecclesiast. c.* 32, *supra p.* 515. 79) *Venatores, 'Schützen'; cfr. Diez, Etym. WB. II c, s. v. bercer* 1; *Du Cange s. v. bersa.* 80) *'Canibus veltricibus praefecti' Du Cange s. v. veltrarius.* 81) *'Quibus castorum (Biber) cura et custodia incumbit' id. s. v. beverarii.*

sed nec illa sollicitudo deerat, ut, si fieri potuisset, sicut hoc regnum Deo auctore ex pluribus regionibus constat, ex diversis etiam eisdem regionibus aut in primo aut in secundo aut etiam in quolibet loco idem ministri eligerentur[82], qualiter familiarius quaeque regiones palatium adire possent, dum suae genealogiae vel regionis consortes in palatio locum tenere cognoscerent.

Cap. 19. His ita breviter de eligendis et constituendis ministris praedictis nunc ad eorundem ministrorum et ministrationum ordinem, qualiter currebant, veniendum est. Nam quamvis praefati ministri unusquisque de suo ministerio non sub alio vel per alium, nisi per se ipsum solum regem, vel quantum ad reginam vel gloriosam prolem regis respiciebant, caput ponerent, non tamen omnes aequaliter de caeteris rebus vel caeterorum necessitatibus regem adibant, sed mensura sua quisque contentus erat et, ubi vel ubi ratio poscebat, solatium alterius requirebat. E quibus praecipue duo, id est apocrisiarius[83], qui vocatur apud nos capellanus vel palatii custos, de omnibus negotiis ecclesiasticis vel ministris ecclesiae, et comes palatii[84] de omnibus saecularibus causis vel iudiciis suscipiendi curam instanter habebant[85], ut nec ecclesiastici nec saeculares prius domnum regem absque eorum consultu inquietare necesse haberent, quousque illi praeviderent, si necessitas esset, ut causa ante regem merito venire deberet; si vero secreta esset causa, quam prius congrueret regi, quam cuiquam alteri dicere, eundem dicendi locum eidem ipsi praepararent introducto prius rege, ut hoc iuxta modum personae vel honorabiliter vel patienter vel etiam misericorditer susciperet.

Cap. 20. Apocrisiarius quidem de omni ecclesiastica religione vel ordine necnon etiam de canonicae[1] vel monasticae[1] altercatione, seu quaecunque palatium adibant pro ecclesiasticis necessitatibus, sollicitudinem haberet, et ea tantummodo de externis regem adirent, quae sine illo plenius definiri non potuissent. Caeterum ut non solum de his, quae ad eos specialiter de omni ornamento vel officio ecclesiastico infra palatium agenda pertinebant, verum quoque et omnem consolationem spiritalem sive consilium totius palatii quicunque quaereret apud eum, ut necesse erat, fideliter inveniret, et qui non quaereret, et tamen ipse apud aliquem necessarium esse sentiret, iuxta personae qualitatem et a perverso sensu vel opere retrahere et ad viam salutis convertere studeret. Et caetera spiritualia, quaecunque palatio tam ab assidue conversantibus quamque et a supervenientibus sive secundum Deum, sive secundum seculum ut providerentur et praeviderentur erant necessaria, quae enumerare longum est, ad eius specialiter curam pertinebant; non ita, ut aliter ullus sive palatinus, sive externus superveniens sapientia et vera devotione per Dei gratiam illuminatus tale aliquid minime ageret, sed maxime consuetudo erat, ut aut cum eodem apocrisiario pariter, aut certe per eius consilium, quod erat agendum, ageret, ne forte quid minus utile aut indignum regi subriperet.

Cap. 21. Comitis[86] autem palatii inter caetera paene innumerabilia in hoc maxime sollicitudo erat, ut omnes contentiones legales, quae alibi ortae propter aequitatis iudicium palatium aggrediebantur, iuste ac rationabiliter determinaret seu perverse iudicata ad aequitatis tramitem reduceret[87], ut et coram Deo propter iustitiam et coram hominibus propter legum observationem cunctis placeret. Si quid vero tale esset, quod leges mundanae hoc in suis diffinitionibus statutum non haberent aut secundum gentilium consuetudinem crudelius sancitum esset, quam christianitatis

1) *ita Bus.*; canonica vel monastica *corr. Prou; supplendum videtur:* religionis.

82) *Cfr. Waitz l. c. III², p.* 503 *sq.; Brunner l. c. II, p.* 102. 112. 83) *Cfr. c.* 13. 84) *Cfr. c.* 21. 85) *Cfr. Walafridus l. c. c.* 32, *supra p.* 515. 86) *Cfr.* 16. 19; *Waitz l. c. IV², p.* 485 *sqq.; Brunner l. c. II, p.* 108 *sqq.; id., Forschungen p.* 141 *sq.* 282, *not.* 87) *Cfr. Gengler l. c. p.* 698, *not.* 54.

rectitudo vel sancta auctoritas merito non consentiret, hoc ad regis moderationem perduceretur, ut ipse cum his, qui utramque legem nossent et Dei magis, quam humanarum legum statuta metuerent, ita decerneret, ita statueret, ut, ubi utrumque servari posset, utrumque servaretur, sin autem, lex saeculi merito comprimeretur, iustitia Dei conservaretur.

Cap. 22. De honestate vero palatii seu specialiter ornamento regali necnon et de donis annuis militum[88], absque cibo et potu vel equis, ad reginam praecipue et sub ipsa ad camerarium[89] pertinebat; et secundum cuiusque rei qualitatem ipsorum sollicitudo erat, ut tempore congruo semper futura prospicerent, ne quid, dum opus esset, ullatenus opportuno tempore defuisset. De donis vero diversarum legationum ad camerarium aspiciebat, nisi forte iubente rege tale aliquid esset, quod reginae ad tractandum cum ipso congrueret. Haec autem omnia et his similia eo intendebant, ut ab omni sollicitudine domestica vel palatina, in quantum rationabiliter et honeste esse poterat, domnus rex omnipotenti Deo spem suam indesinenter committens ad totius regni statum ordinandum vel conservandum animum semper suum promptum haberet.

Cap. 23. Ad tres autem ministeriales: senescalcum[90], buticularium et comitem stabuli, secundum uniuscuiusque ministerii qualitatem vel quantitatem pertinebat, ut cum communi consensu de suo quisque ministerio admonendi non essent segnes, ut, quantocius[k] esse potuisset, omnes actores regis praescirent[91], ubi vel ubi rex illo vel illo tempore tanto vel tanto spacio manere debuisset, propter adductionem vel praeparationem; ne forte tarde scientes, dum inopportuno tempore vel cum nimia festinatione exigeretur, familia regalis per neglegentiam sine necessitate opprimeretur. Quae videlicet cura quanquam ad buticularium vel ad comitem stabuli pertineret, maxima tamen cura ad senescalcum respiciebat, eo quod omnia caetera praeter potus vel victus caballorum ad eundem senescalcum respiceret. Inter quos etiam et mansionarius[92] intererat, super cuius ministerium incumbebat, sicut et nomen eius indicat, ut in hoc maxime sollicitudo eius intenta esset, ut tam supradicti actores, quamque et susceptores[93], quo tempore ad eos illo vel illo in loco rex venturus esset, propter mansionum praeparationem, ut oportuno tempore praescire potuissent; ne aut inde tarde scientes propter afflictionem familiae importuno tempore peccatum aut hi propter non condignam susceptionem, ac si bene noluissent, cum certe non volendo, sed non valendo, offensionem incurrerent.

Cap. 24. Similiter quoque quatuor venatores[94] et quintus falconarius cum eadem unanimitate secundum temporis qualitatem admonere studebant, qualiter ea, quae ad singulorum ministeriorum curam pertinebant, ut opportuno tempore et non tarde considerarentur, quando tanti[l] vel quando tanti, quando toti et quando nulli aut in palatio retinerentur aut more solito foris nutriendi usque ad tempus mitterentur aut tempore congruo per denominata loca venandi causa pariter et nutriendi disponerentur. Sed et hoc et illud, id est et intra et extra palatium, ita semper cum mensura et ratione ordinaretur, ut, quantum prodesset, esset, et quantum non prodesset, non esset, quia in ipsis ministeriis non sic facile certus numerus aut hominum aut canum aut avium diffiniri potest: ideo in ipsorum arbitrio manebat, quanti et quales essent.

k) *ita corr. Sirm.;* quando eius *Bus.* l) *sc.:* homines, canes, aves; *cfr. lin.* 42. 43.

88) *Cfr. c.* 27. 89) *Cfr. c.* 16. 32; *Waitz l. c. III*^{2}, *p.* 502 *sqq.* 90) *Cfr. c.* 16; *Waitz l. c. III*^{2}, *p.* 499 *sqq.* 91) *Cfr. Brunner l. c. II, p.* 123. 92) *Cfr. c.* 16; *Waitz l. c. III*^{2}, *p.* 507. 93) *Cfr. Waitz l. c. IV*^{2}, *p.* 13, *not.* 94) *Cfr. c.* 16. 17; *Waitz l. c. III*^{2}, *p.* 508.

Cap. 25. Sensus[m] autem in his omnibus talis erat, ut nunquam palatio tales vel tanti deessent ministri propter has praecipue inter caeteras necessitates vel honestates[m]. Primo, ut sive generaliter maioribus, sive specialiter vel singulariter quibusque minoribus recedentibus omni tempore et multitudine congrua, sine qua rationabiliter et honeste esse non posset, semper esset ornatum palatium et consiliariis condignis nunquam destitutum fuisset; et ut qualiscunque legatio sive speculandi, sive etiam subdendi gratia veniret, qualiter omnes quidem honeste suscipi potuissent. Deinde primus consilii rectitudinem, secundus misericordiae et benignitatis consolationem, tertius vero versutiae seu temeritatis sermo referret medicinam; et ut ex quacumque parte totius regni quicumque desolatus, orbatus, alieno aere oppressus, iniuste calumnia cuiusque suffocatus seu caetera his similia, quae nunc enumerare perlongum est, maxime tamen de viduis et orphanis tam seniorum quamque et mediocrium uniuscuiusque secundum suam indigentiam vel qualitatem, dominorum vero misericordiam et pietatem semper ad manum haberet, per quem singuli ad pias aures principis perferre potuissent.

Cap. 26. Similiter, qui propter diutinum servitium digni erant, ut remunerari debuissent, et locus talis occurrebat, ubi ex praedictis indigentibus nemo sine mensura destitueretur; similiter secundum eorum qualitatem ad memoriam principum revocarentur non tam ipsis urgentibus, quam eorum, de quibus supra dictum est, fidem et debitum exigentibus; ut in eis id fieret primo, propter quod cum iustitia et misericordia Deo placerent[n], deinde in militia remanentibus certissimam fideliter servandi[o] fidem et constantiam ministrarent, deinde ut etiam longe positis per totius regni ambitum laetitiam et gaudium demonstrarent. Et si aliquis ex ministerialibus vel consiliariis decedebat, loco eius congruus et utilis restituebatur[95].

Cap. 27. Et ut illa multitudo, quae in palatio semper esse debet, indeficienter persistere posset, his tribus ordinibus fovebatur[96]. Uno videlicet, ut absque ministeriis expediti milites[97], anteposita dominorum benignitate et sollicitudine, qua nunc victu, nunc vestitu, nunc auro, nunc argento, modo equis vel caeteris ornamentis interdum specialiter, aliquando prout tempus, ratio et ordo condignam potestatem administrabat, saepius porrectis, in eo tamen indeficientem consolationem necnon ad regale obsequium inflammatum animum ardentius semper habebant: quod illos praefati capitanei ministeriales[98] certatim de die in diem, nunc istos, nunc illos ad mansiones suas vocabant et non tam gulae voracitate, quam verae familiaritatis seu dilectionis amore, prout cuique possibile erat, impendere studebant; sicque fiebat, ut rarus quisque infra hebdomadam remaneret, qui non ab aliquo pro huiusmodi studio convocaretur.

Cap. 28. Alter[96] ordo per singula ministeria discipulis congruebat, qui magistro suo singuli adhaerentes et honorificabant et honorificabantur locisque singuli suis, prout opportunitas occurrebat, ut a domino videndo vel alloquendo consolarentur. Tertius ordo item erat tam maiorum quam minorum in pueris vel vasallis, quos unusquisque, prout gubernare et sustentare absque peccato, rapina videlicet vel furto, poterat, studiose habere procurabant[p]. In quibus, scilicet denominatis ordinibus, absque his, qui semper eundo et redeundo palatium frequentabant, erat delectabile, quod interdum et necessitati, si repente ingrueret, semper sufficerent; et tamen semper, ut dictum est, maior pars illius[q] propter superius commemoratas benignitates cum iucunditate et hilaritate prompta et alacri mente persisterent.

m) *sic divisit capitula Prou; in omnibus anterioribus edd. verba:* sensus ... honestates *cum c.* 24. *coniuncta sunt.* n) *sic corr. Prou;* placeret *Bus.* o) serviendi *coniecit Bus., corr. Sirm., Prou.* p) *ita Bus.;* procurabat *corr. Prou.* q) *sc.:* multitudinis *vel* ordinis; illorum *emendav. Prou.*

95) *Cfr. Waitz l. c. III*², *p.* 545. 96) *Cfr. c.* 33; *Waitz l. c. III*², *p.* 542 *sq.* 97) *Cfr. c.* 22; *Waitz l. c. III*², *p.* 547; *Brunner l. c. II, p.* 101. 98) *Cfr. Waitz l. c. III*², *p.* 529 *sq.*

Cap. 29. Secunda divisio est, qua totius regni status, *antepoDavid*, sicuti semper et ubicumque, omnipotentis Dei iudicio, quantum ad humanam rationem pertinebat, conservari videbatur, haec est. Consuetudo[99] autem tunc temporis talis erat, ut non saepius, sed bis in anno placita duo tenerentur: unum, quando ordinabatur status totius regni ad anni vertentis spacium[100]; quod ordinatum nullus eventus rerum, nisi summa necessitas, quae similiter toto regno incumbebat, mutabatur. In quo placito generalitas universorum maiorum, tam clericorum quam laicorum, conveniebat: seniores propter consilium ordinandum, minores[1] propter idem consilium suscipiendum et interdum pariter tractandum et non ex potestate, sed ex proprio mentis intellectu vel sententia confirmandum; caeterum[r] autem propter dona generaliter danda.

Cap. 30. Aliud placitum cum senioribus tantum et praecipuis consiliariis habebatur, in quo iam futuri anni status tractari incipiebatur, si forte talia aliqua se praemonstrabant, pro quibus necesse erat praemeditando ordinare, si quid mox transacto anno priore incumberet, pro quo anticipando aliquid statuere aut providere necessitas esset; verbi gratia: si inter marchisos in qualibet regni parte ad aliud tempus dextrae datae fuissent, quid mox post dextras exactas agendum esset, utrum renovandae an finiendae essent; iuxta, caeterarum partium imminentibus rixa et pace, ut secundum id, quod tunc temporis ratio poscebat, si ex una parte hinc aut inde vel facienda vel toleranda inquietudo necessario incumbebat, ex aliis partibus tranquillitas ordinaretur. Et cum ita per eorundem seniorum consilium, quid futuri temporis actio vel ordo agendi posceret, a longe considerarent, et cum inventum esset, sub silentio[2] idem inventum consilium ita funditus ab omnibus alienis incognitum usque ad aliud iterum secundum generale placitum, ac si inventum vel a nullo tractatum esset, maneret: ut, si forte tale aliquid aut infra aut extra regnum ordinandum esset, quod praescientia quorundam aut destruere aut certe inutile reddere aut per aliquam diversam astutiam laboriosius faciendum convertere voluisset, hoc nullatenus facere potuisset; in ipso autem placito, si quid ita exigeret vel propter satisfactionem caeterorum seniorum vel propter non solum mitigandum, verum etiam accendendum animum populorum, ac si ita prius exinde praecogitatum nihil fuisset, ita nunc a novo consilio et consensu illorum et inveniretur et cum magnatibus[s][3] ordo Domino duce perficeretur; ita[4] autem anno priore terminato praefato modo ordinaretur et de secundo.

Cap. 31. Consiliarii[5] autem, quantum possibile erat, tam clerici quam laici tales eligebantur, qui primo secundum suam quisque qualitatem vel ministerium Deum timerent, deinde talem fidem haberent, ut excepta vita aeterna nihil regi et regno praeponerent, non amicos, non inimicos, non parentes, non munera dantes, non blandientes, non exasperantes, non sophistice vel versute aut secundum sapientiam solummodo huius saeculi, quae inimica est Deo, sapientes, sed illam sapientiam et intelligentiam scientes, qua illos, qui in supradicta humana astutia fiduciam suam habuissent, pleniter per iustam et rectam sapientiam non solum reprimere, sed funditus opprimere potuissent. Electi autem consiliarii una cum rege hoc inter se principaliter constitutum habebant, ut, quicquid inter se familiariter locuti fuissent

r) *Apud Busaeum a verbo* caeterum *cap.* 30. *incipit; Waitz vero l. c. III^{2}, p.* 557, *not.* 1; *p.* 591, *not.* 3 (*cfr. etiam Brunner l. c. II, p.* 131, *not.* 32) *demonstravit verba* caeterum ... danda *cum cap.* 29. *coniungenda esse.* s) *ita corr. Sirm.;* magnanimis *Bus.*

99) *Cfr. Waitz l. c. III^{2}, p.* 555 *sqq.; Brunner l. c. II, p.* 130 *sqq.* 100) *I. e.: per annum currentem; cfr. Waitz l. c. III^{2}, p.* 556. 557, *not.* 1; *Prou l. c. p.* 73, *not.* 2. 1) *Cfr. Waitz l. c. III^{2}, p.* 582, *not.* 2; *p.* 586, *not.* 4. 2) *Cfr. c.* 31, *p.* 528. 3) *Cfr. Waitz l. c. IV^{2}, p.* 328, *not.* 4) *Cfr. ibid. l. c. III^{2}, p.* 557, *not.* 1. 5) *Cfr. c.* 30. 32; *Waitz l. c. III^{2}, p.* 530 *sqq.; Brunner l. c. II, p.* 102 *sq.*

tam de statu regni quamque et de speciali cuiuslibet persona, nullus sine consensu ipsorum cuilibet domestico suo vel cuicunque altori prodere debuisset[6] secundum hoc, quod res eadem sive die sive duobus sive amplius seu annum vel etiam in perpetuo caelari vel sub silentio manere necesse fuisset; quia saepe in tali tractatu de qualibet persona talis interdum propter communem utilitatem agendam vel cavendam sermo procedit, qui ab eo cognitus aut valde turbat aut, quod magis est, in desperationem trahit vel, quod gravissimum est, in infidelitatem convertit et ab omni profectu, quem fortasse multipliciter exercere potuit, inutilem reddit, cum tamen nihil ei obesset, si eundem sermonem minime sciret. Quale de homine uno, tale de duobus, tale de centum, tale de maiori numero vel etiam de progenie una vel tota qualibet simul provincia, si magna cautela non fuerit, fieri poterit.

Cap. 32. Apocrisiarius[7] autem, id est capellanus vel palatii custos, et camerarius[8] semper intererant, et idcirco cum summo studio tales eligebantur aut electi instruebantur, qui merito interesse potuissent. Sed et de caeteris ministerialibus[9], qui talem se ostendebat, ut ad hoc vel praesens vel futurus nunc discendo, postmodum vero consiliando loco eorundem honorifice substitui potuisset, cum summa intentione mentis intendendo singulis, quae agebantur, interesse iubebatur[b] salvans credita[10], discens incognita, retinens ordinata et constituta: ut, si forte tale aliquid extra aut infra regnum oriretur aut insperatum[t] et ideo non praemeditatum nunciaretur, rarius tamen necesse esset, ut consilium altius tractaretur, et tamen tempus aptum non esset, in quo praefati consiliarii convocarentur, ipsi palatini[11] per misericordiam Dei ex eorum assidua familiaritate tam in publicis consiliis quamque ex domestica in hac parte allocutione, responsione et consultatione studium haberent, prout tunc rei vel temporis qualitas exigebat, aut consilium pleniter dare, quid fieret, aut certe, quomodo ad praefinita tempora cum consilio et absque ullo detrimento res eadem expectari vel sustentari potuisset. Haec de maioribus.

Cap. 33. De minoribus vero vel proprie palatinis, ita ut diximus, non generaliter ad regnum pertinentibus, sed specialiter ad personas quasque respicientibus, quae specialiter palatio imminebant, cum eis[12] dominus rerum ita inconfuse ordinare potuisset, ut exinde non solum detrimentum ullum oriretur, verum etiam ortum aut imminens utiliter aut mitigari aut funditus extingui aut etiam evelli potuisset. Si vero talis esset causa, ut velocitati immineret et tamen aliquatenus usque ad generale placitum quoquo pacto sustentari vel sine peccato aut sine contumelia potuisset, ipsi modum eiusdem sustentationis ex praedicto maiori usu consilium dandi scirent et sapientiam priorum imitati[u] placite Deo et utiliter regno interim dare[v] potuissent. Praefatorum autem consiliariorum intentio, quando ad palatium convocabantur, in hoc praecipue vigebat, ut non speciales vel singulares quascunque vel quorumcumque causas, sed nec etiam illorum, qui pro contentionibus rerum aut legum veniebant, ordinarent, quousque illa, quae generaliter ad salutem vel statum regis et regni pertinebant, Domino miserante ordinata habuissent; et tunc demum, si forte tale aliquid domno rege praecipiente reservandum erat, quod sine eorum certa considerati one determinari a comite palatii vel a caeteris, quibus congruebant, non potuisset.

Cap. 34. Proceres[13] vero praedicti sive in hoc, sive in illo praefato placito, quin et primi senatores[14] regni, ne[15] quasi sine causa convocari viderentur, mox

t) *ita emend. Sirm.*; inperatum *Bus.* u) *ita corr. Prou*; imitari *Bus.* v) consilium *suppl. Prou.*

6) *Cfr. c.* 30. 7) *Cfr. c.* 20. 8) *Cfr. c.* 22. 9) *Cfr. c.* 23. 27. 10) *'gardant les secrets' Prou l. c. p.* 83. 11) *Cfr. Brunner l. c. II, p.* 96 *sq.* 12) *Sc.: cum consiliariis.* 13) *Cfr. c.* 35; *Waitz l. c. III², p.* 584 *sq.* 14) *Ibid. p.* 531. 15) *Ibid. p.* 579, *not.* 1.

auctoritate regia per denominata et ordinata capitula, quae vel ab ipso per inspirationem Dei inventa vel undique sibi nuntiata post eorum abscessum precipue fuerant, eis ad conferendum vel ad considerandum patefacta sunt[16]. Quibus susceptis interdum die uno, interdum biduo, interdum etiam triduo vel amplius, prout rerum pondus expetebat, accepto ex praedictis domesticis palatii missis intercurrentibus quaeque sibi videbantur interrogantes responsumque recipientes, tam diu ita nullo extraneo appropinquante, donec res singulae ad effectum perductae gloriosi principis auditui in sacris eius obtutibus exponerentur et quicquid data a Deo sapientia eius eligeret omnes sequerentur. Ecce sicut de uno, ita de duobus, vel quotquot essent, capitulis agebatur, quousque omnia Deo miserante illius temporis necessaria expolirentur.

Cap. 35. Interim[17] vero, quo haec in regis absentia agebantur, ipse princeps reliquae multitudini in suscipiendis muneribus, salutandis proceribus, confabulando rarius visis, compatiendo senioribus, congaudendo iunioribus et caetera his similia tam in spiritalibus quamque et in secularibus occupatus erat; ita tamen, ut, quotienscunque segregatorum voluntas esset, ad eos veniret[18], similiter quoque, quanto spatio voluissent, cum eis consisteret; et cum omni familiaritate, qualiter singula reperta habuissent, referebant, quantaque mutua hinc et inde altercatione vel disputatione seu amica contentione decertassent, apertius recitabant. Sed[19] nec illud praetermittendum, quomodo, si tempus serenum erat, extra, sin autem, intra diversa loca distincta erant, ubi et hi abundanter segregati semotim et caetera multitudo[20] separatim residere potuissent, prius tamen ceterae inferiores personae interesse minime potuissent. Quae utraque tamen seniorum susceptacula sic in duobus divisa erant, ut primo omnes episcopi, abbates vel huiusmodi honorificentiores clerici absque ulla laicorum commixtione congregarentur; similiter comites vel huiusmodi principes sibimet honorificabiliter a caetera multitudine primo mane segregarentur, quousque tempus, sive praesente sive absente rege, occurreret[w]; et tunc praedicti seniores more solito clerici ad suam, laici vero ad suam constitutam curiam subselliis similiter honorificabiliter praeparatis convocarentur. Qui cum separati a caeteris essent, in eorum manebat potestate, quando simul vel quando separati residerent, prout eos tractandae causae qualitas docebat, sive de spiritalibus, sive de saecularibus seu etiam commixtis. Similiter[21], si propter quamlibet noscendi[x] vel investigandi causam quemcunque convocare voluissent, et re comperta discederet, in eorum voluntate manebat. Haec interim de his, quae eis a rege ad tractandum proponebantur.

Cap. 36. Secunda[17] autem ratio regis erat interrogatio, quid unusquisque ex illa parte regni, qua veniebat, dignum[y] relatu vel retractatu secum afferret, quia et hoc eis non solum permissum, verum etiam arctius commissum erat, ut hoc unusquisque studiosissime, usque dum reverteretur, tam infra, quam extra regnum perquireret, si quid tale non solum a propriis vel extraneis, verum etiam, sicut ab amicis, ita et ab inimicis investigaret, intermissa interim nec magnopere, unde sciret, investigata persona: si populus in qualibet regni parte, regione seu angula turbatus, quae causa turbationis esset, si murmur populi obstreperet vel tale aliquid inaequale resonaret, unde generale consilium tractare aliquid necessarium esset, et caetera his similia; extra vero, si aliqua gens subdita rebellare vel rebellata subdere, si necdum tacta insidias regni moliri vel tale aliquid oriri voluisset. In his vero omnibus quaecumque cuilibet periculo imminerent, illud praecipue quaerebatur, cuius rei occasione talia vel talia orirentur.

w) *ita corr. Prou;* occurrerent *Bus.* x) *sic coniecit Waitz l. c.;* discendi *Gengler l. c. p.* 704, *not.* 85; vescendi *Bus., Prou.* y) *ita corr. Sirm.;* digna *Bus.*

16) *Cfr. Prou l. c. p.* 86, *not.* 1. 17) *Cfr. Waitz l. c. III^2, p.* 589 *sq.* 18) *Ibid. p.* 585 *sq.* 19) *Ibid. p.* 583 *sq.; Brunner l. c. II, p.* 132. 20) *Cfr. c.* 29. 21) *Waitz l. c. III^2, p.* 585, *not.* 2.

Cap. 37. Post illa, quae in synodo apud martyrium Sanctae Macrae de maiorum constitutionibus collecta et regi Hludowico nuper defuncto[22] fuere directa[23], haec de ordine palatii et dispositione regni vobis ad institutionem istius regis nostri ac ministrorum eius regnique provisorum, sicut scriptis et verbis seniorum didici et ipse adhuc in adolescentia mea vidi, devote iussioni vestrae obediens obtuli. Personas autem hominum et mores ac qualitates illorum, per quos, si aliqua sunt collapsa, restituantur, vestra sollertia providebit; quoniam de his, quos tempore domni Hludowici imperatoris vidi palatii procuratores et regni praefectos, neminem scio esse superstitem: scio tamen de illorum nobilitate natos[24] pro patribus filios, licet illorum mores ac qualitates ignorem. Ipsi vero procurent, ut non sint moribus ac virtute atque pro aetatis quantitate vel temporis qualitate sapientia et studiis bonis degeneres; quatenus merito patrum loca et officia suppleant et se in ipsa suppletione caute custodiant, 'ne', ut sanctus Gregorius dicit[25], 'in culmine honoris positi usu gloriae permutentur', sicut Saul, qui prius in electione honoris extitit humilis, postea reprobari meruit propter elationem tumoris.

22) *A.* 882, *die* 5. *m. August.* 23) *Synod. ap. S. Macram* 881, *c.* 5, *Mansi XVII, col.* 541 *sqq.* 24) *Cfr. Psalm.* 44, 17: Pro patribus tuis nati sunt tibi filii. 25) *In Gregorii Commentar. in* 1. *Reg. c.* 15, *ut ait Busaeus, haec verba ita non leguntur; cfr. vero lib. VI, c.* 29, *Opera IV, col.* 365.

BALUZIANAE EDITIONIS CAPITULARIA CUM EDITIONE NOSTRA COLLATA.

Baluze tom. I. col.		Nostra editio tom. II. pag.
653.	Capitulare 828.	
	Qualiter conventus episcoporum fieri debeat	2.
	Haec capitula ab episcopis tractanda sunt	6.
	Epistola, quae generaliter populo est legenda	3.
655.	Haec sunt capitula de instructione missorum	7.
657.	Haec sunt capitula, quae volumus ut diligenter inquirant	8.
657.	Epistola generalis 828.	3.
661.	Capitulare Wormatiense 829.	
663.	Capitula pro lege habenda	11.
666.	Item alia capitula	14.
669.	Capitula pro lege habenda	17.
671.	Capitula, quae ad generalia placita sunt reservata	11.
671.	Item alia capitula	11. 9.
673.	Capitula: Licet iam pridem; Si quis vero terram; Si quis colonum	25.
675.	Praeceptum de ordine monastico restituto in monasterio S. Dionysii 832.	deest.
681.	Praeceptum de paganis . . . et de institutione episcopatus Hammaburgensis 834.	deest.
685.	Charta divisionis imperii 837.	20.
689.	Capitula Ludowici Pii excerpta ex Lege Langobardorum	desunt.[1]
693.	Ansegisi et Benedicti Levitae[2] collectiones; cfr. tom. I, 382.	

Capitula Karoli Calvi.

tom. II.		
1.	Conventus in villa Colonia 844.	253.
7.	Synodus ad Teudonis villam 845.	112.
13.	Concilium in Verno palatio 845.	382.
19.	Synodus Belvacensis 845.	387.
21.	Apud Tolosam civitatem 844.	256.
25.	Praeceptum confirmationis pro Hispanis 844.	258.
29.	In villa Sparnaco 846.	260.
39.	Conventus apud Argentoratum 842.	171.
41.	Conventus apud Marsnam I. 847.	68.
45.	Conventus apud Marsnam II. 851.	72.
49.	Synodus Suessionensis 853.	263.
53.	Capitula	266.

1) *A scriba quodam privatim collecta sunt.* 2) *Benedicti collectio in tom. III. edetur.*

Baluze tom. II. col.		Nostra editio tom. II. pag.
57.	Synodus apud Vermeriam 853.	421.
61.	Apud Valentianas 853.	75.
63.	Apud Silvacum 853.	270.
69.	Apud Attiniacum 854.	277.
71.	Apud Leudicam 854.	76.
75.	Praeceptum confirmationis pro ecclesia Tornacensi	deest.
77.	Apud Bonoilum 856.	424.
79.	Ad Francos et Aquitanos missa de Carisiaco 856.	279.
83.	Ad eosdem de Basiu 856.	282.
85.	Ad eosdem per Adalardum abbatem 856.	283.
87.	Ad eosdem per Hincmarum et alios 856.	284.
87.	Synodus Carisiaca 857.	285.
95.	Capitula data in synodo apud Carisiacum 857.	291.
97.	Apud S. Quintinum 857.	293.
99.	Sacramenta apud Carisiacum 857.	295.
100.	Epistola episcoporum ad Ludowicum regem 858.	427.
121.	Synodus Metensis de indulgentia Ludowici 859.	441.
129.	Synodus Tullensis apud Saponarias 859.	447.
133.	Libellus proclamationis adversus Wenilonem	450.
137.	In basilica s. Castoris apud Confluentes 860.	152.
145.	Post reditum a Confluentibus 860.	297.
151.	Edictum in Carisiaco 861.	301.
153.	Synodus Pistensis 862.	302.
163.	Quando Hlotharius ad osculum receptus est 862.	159.
173.	Edictum Pistense 864.	310.
195.	Apud Tusiacum 865.	329. 165.
203.	Apud Compendium 868.	266.
207.	Apud S. Arnulfum 868.	167.
209.	Apud Pistas 869.	332.
215.	Quando Karolus rex Metis coronatus est 869.	337.
221.	Pactio Aquisgranensis 870.	191.
221.	Divisio regni Hlotharii 870.	193.
225.	Apud Gundulfi villam 872.	341.
227.	Apud Carisiacum 873.	342.
233.	Reclamatio episcopi Barcinonensis apud Attiniacum 874.	458.
237.	Synodus Pontigonensis 876.	99. 348.
251.	Acta synodi Romanae 877.	desunt.
257.	Exactio Nortmannis constituta 877.	353.
259.	Apud Carisiacum 877.	355. 362.

Capitula Ludowici II.

271.	Ludowici II. coronatio Compendii 877.	363.
273.	Synodus Tricassina 878.	deest.
277.	Conventus Furonensis 879.	168.

Capitula Karlomanni.

281.	Apud Carisiacum 882.	369.
283.	In broilo Compendii 883.	370.

Baluze tom. II. col.		Nostra editio tom. II. pag.
283.	Apud Vernis palatium 884.	371.
291.	Capitulum Odonis regis 888.	375.

Capitula Karoli III.

293.	Constitutio dotis Friderunae reginae 907.	deest.
295.	Tungrensis episcopatus controversia 911.	378.
299.	Pactum Karoli et Henrici 926.	deest.[1]

Karoli Calvi etc. consecratio.

301.	Karoli Calvi coronatio in regno Lotharii 869.	456.
305.	Ludowici II. coronatio 877.	461.
309.	Iudithae coronatio 856.	425.
313.	Hermintrudis coronatio 866.	453.

Capitula Hlotharii imperatoris.

317.	Capitulare Romanum 824; cfr. tom. I, 322.	
321.	Apud Olonam; cfr. tom. I, 321. 326. 320.	
327.	Capitula addita ad legem Longobardorum	59.
331.	Capitula excerpta ex lege Longobardorum	desunt.[2]
341.	Edictum de restitutione Ebbonis 840.	110.

Capitularia Hludowici II. imperatoris.

345.	Capitula data in conventu Ticinensi 850.	85.
347.	Capitula edita in palatio Ticinensi 854.	90.
349.	Capitulare interrogationis ad episcopos 855.	79. 88.
351.	Rescriptum consultationis	80.
355.	Capitula edita post responsionem episcoporum	91.
357.	Constitutio promotionis exercitus 867.	94.
361.	Fragmenta capitularium	desunt.

1) *Exstat in LL. Const. I, p. 1 sq. ad a. 921.* 2) *Non ab imperatore, sed a scriba quodam privatim collecta sunt.*

PERTZIANAE EDITIONIS CAPITULARIA CUM EDITIONE NOSTRA COLLATA.

Pertzii editio tom. I. pag.		Nostra editio tom. II. pag.
325.	Capitularia Aquisgranensia 828.	
326.	Oratorum relatio ad imperatorem; cfr. tom. I, 366.	
327.	Constitutio de conventibus habendis	2.
327.	Haec capitula ab episcopis tractanda sunt	6.
328.	Constitutio de missis ablegandis	11.
328.	Haec sunt capitula de instructione missorum	7.
329.	Haec sunt capitula, quae volumus ut diligenter inquirant	8.
329.	Haec sunt capitula, quae ad generale placitum sunt reservata	11.
329.	Epistola, quae generaliter populo Dei est legenda	3.
331.	Constitutiones Wormatienses 829.	
331.	Episcoporum relatio	26.
350.	Capitularia generalia	11.
351.	Item alia capitula	14.
353.	Capitula pro lege habenda	17.
354.	Capitula missis data	9.
355.	Hlotharii I. constitutio ecclesiastica 830; cfr. tom. I, 331.	
356.	Divisio imperii 830.	20.
359.	Hlotharii I. constitutiones Papienses 832.	59.[1]
365.	Hlotharii imperatoris conventus Compendiensis 833.	51.
369.	Agobardi cartula 833.	56.
370.	Hludowici I. imperatoris conventus Compendiensis 835.	57.
370.	Capitulorum fragmenta	desunt.[2]
371.	Hlotharii I. imperatoris capitula Langobardica 835; cfr. tom. I, 335, c. 3—5.[3]	
372.	Hlotharii I. excerpta canonum 835.	desunt.[4]
373.	Divisio imperii 839.	58.
374.	Hlotharii I. conventus Ingelheimensis 840.	111.

Regum Francorum, imperatorum diviso imperio capitularia.

375.	Hludowici II. et Karoli II. pactum Argentoratense 842.	171.
376.	Karoli II. conventus in villa Colonia 843.	253.
378.	Karoli II. synodus apud Tolosam 844.	256.
380.	Hlotharii I., Hludowici II. et Karoli II. conventus ad Theodonis villam 844.	112.
383.	Karoli II. concilium in Verno palatio 844.	382.

1) *Capitulare LL. I, p.* 362. *a G. H. Pertzio editum, compilatio a scriba quodam facta est; cfr. Boretius, Capitularien i. Langobardenreich p.* 189 *sq.* 2) *Cap.* 1. *est Grimoaldi c.* 4; *cap.* 2. *Augustinus, De civitate Dei XXI,* 11*; cfr. Boretius l. c. p.* 190 *sq.* 3) *Cap.* 3. *est Anseg. I, c.* 149*; cfr. Boretius l. c. p.* 183. 4) *Sunt capitula concilii Romani* 826. *a librario privatim collecta; cfr. Boretius l. c. p.* 183.

Pertzii editio tom. I. pag.		Nostra editio tom. II. pag.
386.	Karoli II. synodus Bellovacensis 845.	387.
387.	Hludowici II. Italiae regis capitulum 844—850.	78.
388.	Karoli II. conventus in villa Sparnaco 846.	260.
393.	Hlotharii, Hludowici et Karoli conventus apud Marsnam I. 847.	68.
395.	Hludowici II. imperatoris conventus Ticinensis 850.	
396.	Rescriptum consultationis	116.
400.	Capitula de ordinibus ecclesiasticis	desunt.[1]
405.	Capitula comitibus ab imperatore proposita	84.
405.	Leges ab imperatore promulgatae	85.
407.	Hlotharii, Hludowici et Karoli conventus apud Marsnam II. 851.	72.
410.	Hludowicus Germaniae regis conventus Moguntinus 851.	184.
416.	Karoli II. Synodus Suessionensis 853.	263.
418.	Capitulare missorum Suessionense 853.	266.
420.	Karoli II. synodus apud Vermeriam 853.	421.
422.	Hlotharii et Karoli conventus apud Valentianas 853.	75.
423.	Karoli II. conventus Silvacensis 853.	270.
427.	Hlotharii et Karoli conventus apud Leudicam 853.	76.
428.	Karoli II. conventus Attiniacensis 854.	277.
430.	Hludowici II. imperatoris conventus Ticinensis II. 855.	
430.	Capitula	79.
430.	Rescriptum consultationis	80.
433.	Leges ab imperatore promulgatae	91.
434.	Legatio	93.
434.	Institutio imperatoris	83.
435.	Hludowici II. imperatoris conventus Ticinensis III. 855.	90.
436.	Statuta pro lege posita	88.
437.	Hludowici II. imperatoris constitutiones 856.	
	Capitula	97.
	Capitula missis data.	63.
439.	Hludowici II. imperatoris capitula ecclesiastica 856; cfr. tom. I, 362.	
442.	Hludowici II. imperatoris capitula excerpta 856.	desunt.[2]
444.	Karoli II. capitula ad Francos et Aquitanos missa 856.	279.
447.	Procerum Karoli II. consilium 856.	424.
448.	Karoli II. capitula ad Francos et Aquitanos missa 856.	282.
450.	Coronatio Iudithae Karoli II. filiae 856.	425.
451.	Karoli II. conventus Carisiacensis 857.	285.
454.	Missorum capitula 857.	291.
455.	Karoli II. et Hlotharii II. conventus apud S. Quintinum 857.	293.
457.	Karoli II. conventus Carisiacensis 858.	295.
458.	Karoli II. et Hlotharii II. synodus Mettensis 859.	441.
462.	Karoli II. et Hlotharii II. atque Karoli fratrum conventus apud Saponarias 859.	450.
463.	Capitula	447.
465.	Hlotharii II. regis synodus Aquensis I. 860.	463.
466.	Hlotharii II. regis synodus Aquensis II. 860.	466.
468.	Hludowici, Karoli et Hlotharii conventus apud Confluentes 860.	153.

1) *Eadem sunt ac praecedens rescriptum; cfr. Boretius l. c. p.* 161 *sq.* 2) *A librario privatim collecta sunt; cfr. Boretius l. c. p.* 191 *sq.*

Pertzii editio tom. I. pag.		Nostra editio tom. II. pag.
473.	Karoli II. capitula missis contradita 860.	297.
476.	Karoli II. edictum de tributo Nordmannico 861.	353.
476.	Karoli II. edictum Carisiacense 861.	301.
477.	Karoli II. synodus Pistensis 862.	302.
483.	Hludowici, Karoli et Hlotharii conventus apud Sablonarias 862.	159.
488.	Karoli II. edictum Pistense 864.	310.
499.	Hludowici Germ. et Karoli II. pactum Tusiacense 865.	165.
501.	Karoli II. capitula missis data 865.	329.
503.	Hlotharii II. sacramentum de Theotberga recipienda 865.	468.
504.	Hludowici II. imperatoris constitutio de exercitu promovendo 866.	94.
506.	Coronatio Hermintrudis reginae 866.	453.
508.	Hludowici et Karoli conventus Mettis 868.	167.
509.	Karoli II. conventus apud Pistas 869.	332.
512.	Karoli II. coronatio in regno Hlotharii 869.	337. 456.
516.	Hludowici Germ. et Karoli II. pactio Aquensis 870.	191.
516.	Hludowici Germ. et Karoli II. divisio regni Hlotharii 870.	193.
517.	Karoli II. conventus apud Gundulfi villam 872.	341.
518.	Karoli II. capitulare Carisiacense 873.	342.
522.	Karoli II. conventus Attiniacensis 874.	458.
523.	Hludowici II. imperatoris capitula diversa 875; cfr. tom. I. 336, c. 6—13.[1]	
528.	Hludowici II. imperatoris capitula duo 875.	98, c. 5.[2]
528.	Karoli II. conventus Ticinensis 876.	98.
532.	Karoli II. synodus Pontigonensis 876.	347.
536.	Karoli II. imperatoris edictum de tributo Nordmannico 877.	353.
537.	Karoli II. imperatoris conventus Carisiacensis 877.	355.
542.	Hludowici II. Karoli f. coronatio 877.	363. 461.
545.	Hludowici iunioris et Hludowici Karoli f. conventus Furonensis 878.	168.
547.	Bosonis regis electio 879.	365.
549.	Karlomanni, Hludowici II. f. Galliae regis promissio apud Carisiacum 882.	369.
550.	Karlomanni capitula in broilo Compendii 883.	370.
550.	Karlomanni capitula apud Vernis palatium 884.	371.
554.	Odonis regis electio 888.	375.
554.	Widonis regis electio 888.	104.
556.	Widonis regis leges 889.	107.
558.	Ludowici regis Arelatensis electio 890.	376.
559.	Arnulfi concilium Triburiense 895.	196.
561.	Arnulfi imperatoris coronatio 896.	123.
562.	Lamberti imperatoris conventus Ravennas 898.	123.
564.	Lamberti imperatoris capitulare 898.	109.
565.	Berengarii pax cum Agiltruda 898.	126.
565.	Karoli III. capitula de Tungrensi episcopatu 920.	378.
567.	Karoli III. et Heinrici I. pactum 921.	deest.[3]
568.	Capitula legis Gallorum	desunt.

1) *Capitula a librario privatim collecta sunt; de reliquis hic omissis cfr. Boretius l. c. p.* 193 *sqq.* 2) *Caput alterum ex legibus Aistulfi sumptum est; cfr. Boretius l. c. p.* 184. 3) *Editum est in LL. Const. I, p.* 1 *sq.*

ADDENDA ET CORRIGENDA.

TOM. I.

Nr. 1. Chlodowici regis epistola 507—511. *legitur etiam in cod. Berolin. Hamilton* 132, *fol.* 139.

p. 2, *lin.* 8: agnoscitis, vestras epistulas … signatas sic *legendum est (Zeumer).*

Nr. 3. Pactus Childeberti I. et Chlotharii I, 511—558, c. 2. *pro verbis:* Et sic latro redimendi se habeat facultatem, *quae falso praebet cod.* 4. *ponas lectionem codicis* 2: Et sic latro redemptus est, si facultatem habet *vel codicum* 5—9: Et si latro redimendi se habeat facultatem, se redimat. *Nota* m *(lin.* 27*) sic corrigenda est:* Et si latro redimendus est, si habet facultatem 3; sic latro reverendus est, si facultatem abit 1.

Nr. 4. Chilperici edictum 561—584, c. 7. *legendum est:* necesse est ut ad inium fidem faciant *vel* necesse est at (= ad) inium *etc.*; *cfr. Brunner, Mithio u. Sperantes in 'Festgaben f. Beseler' p.* 25 *sq.*

Ad c. 9. *cfr. Brunner, RG. II, p.* 334.

Nr. 5. Guntchramni edictum 585. *legitur etiam in cod. Berolin. Hamilton* 132, *fol.* 159ᵛ.

Nr. 7. Childeberti decretionem *a.* 596. *Mart.* 1. *datam esse vult Krusch, SS. rer. Meroving. II, p.* 577.

Nr. 9. Chlotharii II. edictum 614, c. 10: Quicumque se incestuoso ordine sociare praesumpserit *feliciter coniecit Robertus comes de Nostitz-Rieneck a.* 1888. *Seminarii iuris Germ. Berol. sodalis (Zeumer).*

p. 22, *lin.* 33. *pro: 'quadraginta novem lineas' lege: 'undeviginti lineas' (Zeumer).*

p. 23, *lin.* 33: *post verbum:* Hamingus *supplendum esse videtur:* obtulit; *cfr. Brunner, RG. II, p.* 113, *not.* 5.

Nr. 10. Karlmanni capitulare 742. *legitur etiam in codd. Vatic. Palat.* 588. *et Vallicell. G* 94; *cfr. Nürnberger in 'NA.' VIII, p.* 307 *sq. Variantes lectiones codicum* 6. 8, *qui nunc signantur Monac.* 6285. 27246, *praebet ibidem W. Wattenbach. His subsidiis parata est editio Epist. III, p.* 309 *sqq.*

p. 24. *lege:* IX, 32 (*pro* 52).

p. 24, *lin.* 28 *pro:* Wintanum *lege:* Hvitanum *ex cod.* 1. *(Zeumer).*

p. 25, *lin.* 36. *lege:* ignes, quos.

Nr. 13. Pippini capitulare 754—755. *omniaque capitularia, quae in cod. Monac.* 3853 *nobis tradita sunt, exstant etiam in codd. St. Crucis* 217 *et Paris. lat.* 3878, *apographis codicis Monacensis.*

Nr. 14. Concilium Vernense 755. *legitur quoque in cod. Monac. Clm.* 29085; *cfr. Seeliger, Mittheilungen aus einer Münchener Hs. in 'N. A.'* XIX (1894), *p.* 670.

Nr. 20. Capitulare Haristallense 779. *servatur etiam in cod. Paris.* 4760 *fol.* 16ᵛ.

Nr. 22. Admonitio generalis *rectius inscribitur:* Carta de legationis edicto; *cfr. Nr.* 23.

Nr. 23. Duplex legationis edictum 789 (*potius:* Duplex capitulare missorum). *Verba:* Anno dominicae incarnationis … Kalendas Aprilis *non esse inscriptionem huius capitularis, sed subscriptionem antecedentis Nr.* 22: *Admonitionis generalis demonstravit K. Zeumer in 'Waitz, Abhandlungen z. Deutschen Verfassungs- u. Rechtsgeschichte' p.* 403 *sqq.*

Nr. 25. Capitulare missorum *nec a.* 786. *nec a.* 792, *sed a.* 789. *vel paulo post constitutum esse recte probavit Brunner, RG. II, p.* 59, *not.* 10; *cfr. Richter, Annalen d. Fränk. Reichs II, p.* 120, *not.* 1, *ubi etiam de verbis inscriptionis:* qui nulla sacramenta *etc. agitur.*

Nr. 30. Karoli epistola generalis 786—800. *edita est etiam a Philippo Jaffé, Bibliotheca rer. Germanic. IV, p.* 372 *(Dümmler).*

Nr. 31. Capitulum in pago Cenomannico datum 800. *esse spurium et a Benedicto Levita fictum Simson, Entstehung d. Pseudo-Isidor. Fälschungen in Le Mans p.* 124 *sqq., demonstrare conatus est; cfr. etiam Seeliger, Kapitularien d. Karolinger p.* 80, *not.* 1.

Nr. 32. Capitulare de villis *anno* 812. *esse constitutum probavit Gareis in 'Abhandlungen f. Konrad v. Maurer' p.* 224. 232. *Idem vult p.* 236. *Ansegisum esse auctorem capitularis.*

Novissimam editionem commentario et notis amplissimis perlustratam paravit Gareis, Die Landgüterordnung Karls d. Gr. (Berlin 1895*).*

Praeter illum egit de hoc capitulari v. Fischer-Benzon, Altdeutsche Gartenflora p. 181 *sqq.*

H. Bloch sodalis noster mecum communicavit in marginibus codicis ab ipso scriba has additas esse glossas:

fol. 9. Modius[1] habet libras XLIIII. Satum secundum …… dimidium modium. Est et aliud satum XXII sestariorum.

fol. 10. Batus[2] habet sestarios L. Amphora capit modios III. Gomor[3] frumenti bilibris est. Gomor olei sextarii sunt V. Gomor maior XV modiorum. Gomor minor sestariorum V.

fol. 11. Cadus[4] Greca anfora est: id est modios III, obtinens urnas III. Urna vas est, quae

1) *Cfr. Isidori Etymolog. XVI,* 26, § 10 *(ed. Arevalo IV, p.* 304 *sqq.):* Est autem mensura librarum XLIIII; § 11: Est et aliud satum mensura sextariorum XXII. 2) = *Isid.* § 12. 13: Bathus …, capiens L sextarios. Amphora … recipit … frumenti modios italicos tres. 3) *Cfr. Isid.* § 17: Gomor XV modiorum onus appendit. 4) = *Isid.* § 13. 14.

pro condendis defunctorum cineribus adhiberi solet. Chorus[1] XXX modiorum mensura.

fol. 12. Item[2] Gomor maior.... XV modios; modicus autem Gomor XXII sextarios. Sextarii autem duo libra et dimidium secundum alios.

fol. 13. Item[3] Gomor mensura est attica habens, ut quidam opinantur, cenices III, id est sextarios XII. Alii Gomor dicunt paulo minus *(fol.* 14*)* a sextariis V, quod ipse et sequor, eo quod sit decima pars oephi. Gomor cotili enim est in Ezechiele: 'Decem enim inquit cotile sunt gomor.'

fol. 15. Solidus[4] sexta pars unciae est, denarii IIII. Alio nomine sexula vel numisma.... vocatur. Tremissis dicitur, eo quod ter missus solidum facit.

fol. 15*v*. Sextula[5] dicitur, quod his sex uncia compleatur. Sexula[6] bis adsumpta duellam facit, scripiles (= scrupula) VIII. Ter posita staterem reddit. Stater autem medietas unciae est *(fol.* 16*)* adpendens aureos III. Aureus[7] quattuor continens scripiles, sicut solidus aureus vel argenteus tres scripiles conplet.

fol. 16. Dragma[8] denarium significat. VIII denarii, id est dragm[ata], efficiunt unciam. VI oboli faciunt dragma....

Nr. 33. Capitulare missor. generale 802, *c.* 9, *lin.* 14. 15. *Brunner l. c. II, p.* 352, *not.* 19. *proposuit emendandum esse:* sive pro cupiditate aliqua vel pro ingenio rationis suae iustum iudicium marrire vel rationem suam minus rationare valente opprimendi studio.

c. 30, *lin.* 36. *pro:* pacem defensionem *legendum esse mihi videtur:* pacem et defensionem.

c. 36, *lin.* 9. *pro:* qui *legendum videtur:* quia.

Nr. 35. Cap. missorum speciale 802 *totum legitur in cod. Barrois.*

Nr. 37. Capitula ad lectionem canonum *etc. c.* 23, *p.* 108, *lin.* 34. *pro:* legatur capitula VII. III. VI. VIII. LIX. LX. et LXI. *legendum videtur:* legantur capitula VII *(i. e. septem):* I. II. V. LVIII. LIX. LX et LXI. *(Zeumer).*

Nr. 42. Capitula ad Salz data 803—804, *c.* 7. *pro:* puellarum aut nutriendum *legendum est:* puellarum ad nutriendum, *uti praebet Palat.* 582. *et Paris.* 9654.

Nr. 44. *Cap. miss. Theod. II,* 805, *not.* 5: *Halazstadt = Hallstadt prope Bambergum a sept. exstat etiamnunc.*

Nr. 45. Divisio regnorum 806. *Exordium codicum* 2. 3. *inde a verbis:* omnibus fidelibus *consentit cum exordio Divisionis* 831, *tom. II, p.* 21.

c. 8, *not.* y *verba codicum* 3. 4. *in textum recipienda esse mihi videntur; cfr. tom. II p.* 22, *lin.* 18.

Nr. 47. Capitula excerpta de canone 806. *Nürnberger v. cl. benevolentissime nobis innotuit Capitula excerpta de canone a.* 806. *composita esse ex his titulis collectionis canonum codicis Andegavensis (cfr. Maassen, Gesch. d. Quellen d. kanonischen Rechts I, p.* 821*): tit.* 2. 3. 5—19. 21. 20. 22—26. *et canonem Pseudosilvestri repperiri tamquam appendicem collectionis nominatae in cod. Sangall.* 675, *p.* 170.

c. 14. *pro:* excommunicatione *emendandum est:* excommunicato; *cfr. Maassen l. c.; Anseg. App. I, c.* 18.

Nr. 64. Cap. missor. Aquisgr. I, 810, *c.* 8: sic luceant opera *usque ad finem = Matth.* 5, 16.

Nr. 67. Capitula per missos cognita facienda 803—813, c. 2, *p.* 156, *lin.* 29. *secundum plerosque et meliores codices omittenda videtur vox* baptiste, *itaque legendum:* Quicumque post missam sancti Iohannis latroni mansionem dedit. *Intelligenda autem haec verba videntur de missa Sancti Iohannis evangelistae (d.* 27. *Decemb.); quod optime convenit cum verbis, quae in plerisque codicibus ultimum huius capitularis caput sequuntur:* Et hoc missi nostri ante nativitatem Domini *(d.* 25. *Decemb.)* cognitum faciant. *Haec verba, quae in nova editione in Nr.* 69. *inscriptionis loco leguntur, cum G. H. Pertz huic capitulari attribuenda sunt (Zeumer).*

Nr. 69. Capitulare Baiwaricum c. 810? *Delenda est superscriptio p.* 158, *lin.* 24; *cfr. Nr.* 67 *(Zeumer).*

Nr. 77. Cap. Aquisgranense 801—813. *anno* 813. *esse editum probavit Gareis l. c. p.* 224 *sqq.; p.* 232.

De prologo capitularis, qui ab illo separandus videtur, cfr. Brunner, l. c. I, p. 379, *not.* 17; *Conrat, Gesch. d. Quellen des Röm. Rechts i. Mittelalter I, p.* 44; *Seeliger, Kapitularien d. Karolinger p.* 20, *not.* 1; *p.* 29, *not.* 1; *p.* 38, *not.* 2.

c. 13, *p.* 172, *lin.* 4. *post:* ad eum habuit *supplendum est:* satisfecerit; *cfr. etiam G. H. Pertz, LL. I, p.* 188, *not. g.*

Nr. 78. Capitula e canonibus excerpta *c.* 2. 3. 5. 6. 17. 23. 26. *respondent Statutis Bonifatii c.* 6. 7. 14. 15. 5. 9. 8 *(ed. d'Achery, Spicilegium IX, p.* 63 *sq.); cfr. Nürnberger in 'Röm. Quartalschrift' V* (1891), *p.* 35.

c. 8. *pro:* expellentur, *quod praebet cod.* 3, *legas:* expellantur.

Nr. 81. Capitula ecclesiastica 810—813, *not.* b *delenda est; cfr. Anseg. I, c.* 144 *et infra nr.* 133.

Nr. 83. Capitula missorum 813, *c.* 5, *p.* 182, *lin.* 5. *pro verbis:* sehuti morhostis *legendum est:* sehu (= seu) timor hostis. *Nota* h *delenda est (Zeumer).*

Nr. 85. Capitula a missis directa 801—813. *edita sunt a Ph. Jaffé, Bibliotheca IV p.* 417 *(Dümmler).*

Nr. 91. Pippini Capitulare 782—786, *capita* 2. 3. *leguntur etiam in cod. Monac. Clm.* 29084 *AI, c.* 3. 4. *Variantes lectiones: p.* 191, *lin.* 34: ecclesias et monasteria; *p.* 35: Et si — exercitales *desunt; p.* 192, *lin.* 2: mundia episcopalia; *lin.* 4: fratres vel sorores; possibilitatem et providentia proprii episcopi; *cfr. Seeliger, Mittheilungen l. c. p.* 674.

Nr. 92. 93. Cap. Mantuanum duplex 787. *legitur etiam in cod. Vercell.* 174 *post Ansegisum. Secundum inscriptionem:* Capitulare, quod factum est anno domini Caroli (XIII), Bernhard autem regis primo de mense Ianuario, ab incarnatione vero Domini anno DCCCXIII, *non a.* 787, *sed. a.* 813, *m. Ian.*

1) = *Isid.* § 17: Corus XXX modiis impletur. 2) *Cfr. Isid.* § 6: Sextarius duarum librarum est. 3) *Cfr. Isid.* § 6: Sextarius ... assumptus quater, fit graeco nomine choenix; quinquies complicatus ... gomor facit. *(§ 5).* Cotyla hemina est. — *Cfr. Exod.* 10, 36: Gomor autem decima pars est ephi. 4) *Cfr. Isid. XVI*, 25, § 14: Solidus ... nomisma vocatur ... Apud latinos alio nomine sextula dicitur, quod iis sex uncia compleatur. Hunc ... vulgus aureum solidum vocat, cuius tertiam partem ideo dixerunt tremissem, eo quod solidum faciat ter missus. 5) *Vide lin.* 65. 6) = *Isid.* § 15. 16. 7) *Cfr. Isid.* § 19: Uncia ... constat ... scrupulis XXIV. 8) *Cfr. Isid.* § 13: Drachma octava pars unciae est, et ad denarii pondus argentei tribus constans scrupulis.

editum est. Capitularia in unum coniuncta sunt; incipiunt a verbis: Placuit primis omnium ut *et expliciunt:* contra ecclesiam satisfaciunt *(p. 197, lin. 38); cfr. Patetta in 'Atti della R. Accademia delle Scienze di Torino' tom. XXV, p. 883 sqq.*

Nr. 93. Cap. Mantuan. II, 787, *c.* 1. 3—6. *leguntur etiam in cod. Monac. Clm.* 29084, *sc. c.* 1. *in A II, c.* 1. *et B II tamquam Anseg. IV, c.* 71. *Quo in loco sub fine haec adduntur:* quod si ipse comes adhuc huiuscemodi altercationi finem inponere nequiverit, nunciet imperatori vel regi, et eius iuditio terminetur; *cap.* 3. *in A II, c.* 15. *et B II tamquam Anseg. IV, c.* 72; *cap.* 4—6. *in A II, c.* 16—18; *cfr. Seeliger, Mittheilungen l. c. p.* 673 *sq.; p.* 676.

Nr. 95. Pippini Cap. 790, *c.* 1. *traditum est etiam in cod. Monac. Clm.* 29084 *A I, c.* 5. *Variantes lectiones: lin.* 30: De quibusdam autem in primo capitulo de senedochio iussit; *l.* 33: sint gubernandas cum consultu proprii episcopi (cum-episcopi *etiam Lib. Pap.*) qualiter Deo exinde placeat; *cfr. Seeliger, Mittheilungen l. c. p.* 674.

c. 6. *legitur in cod. Chis.:* esse videntur et regalia sunt ut quicumque; *cfr. Sickel in 'Wiener Sitzungsber. phil.-histor. Cl.' tom. XLIX, p.* 317.

Nr. 96. Capitula cum episcopis deliberata 790—800, c. 1, *post:* iudiciariam *supplendum est:* potestatem *vel simile.*

Nr. 97. Karoli epistola in Italiam emissa 790—800. *edita est a Ph. Jaffé, Bibliotheca IV, p.* 371 *(Dümmler).*

Nr. 102. Pippini Cap. 801—810, *c.* 2. *exstat etiam in cod. Monac. Clm.* 29084 *A I, c.* 2; *cfr. Seeliger Mittheilungen l. c. p.* 674.

Nr. 103. Karoli Epistola 806—810. *edita est a Ph. Jaffé, Bibliotheca IV, p.* 391 *(Dümmler).*

Nr. 104. Capitula Francica, c. 4. *non a.* 803, *sed illo tempore promulgatum est, quo scabini nondum a Karolo Magno constituti erant; cfr. Brunner, Herkunft d. Schöffen (Forschungen p.* 254, *not.* 2*).*

Nr. 105. Capitula Italica, *c.* 9. *legitur etiam in cod. Monac. Clm.* 29084 *B II tamquam Anseg. IV, c.* 72; *cfr. Seeliger, Mittheilungen l. c. p.* 674.

c. 12. *legitur ibidem A II, c.* 13; *cfr. Seeliger l. c. p.* 676.

c. 21. *Verba editoris:* Fictum est — additis *delenda sunt. Caput enim sumptum est aut ex Anseg. II, c.* 32. *aut ex Conc. Mog.* 813, *c.* 7; *cfr. tom. II, p.* 180, *c.* 18. *Textus capituli in Lib. Pap. corruptus est: emendandum est lin.* 13: sub mala occasione; *lin.* 14: in publico placito coram; *lin.* 15: autem aliter inventum.

Nr. 108. *De* Indiculo superstitionum *egit Saupe in 'Programm des städtischen Realgymnasiums zu Leipzig'* 1891.

Nr. 115. Indiculus obsidum *primo a Gerberto, Monumenta veteris liturgiae Alamanniae II, p.* 112 *sq., non ab Ussermanno editus est (Dümmler).*

Nr. 120. Capitula de presbyteris admonendis, c. 9: Sermo eorum — conditus = *Coloss.* 4, 6.

Nr. 121. Missi admonitio 801—812, *p.* 239, *lin.* 22: quia fides sine operibus mortua est = *Iacob.* 2, 26; *lin.* 27: Diligite proximos — ipsos = *Luc.* 10, 27; *lin.* 31: Dimittite vobis — vestra peccata *ope Matth.* 6, 14. 15. *concepta sunt.*

Nr. 123. Ghaerbaldi capitula 802—810. *leguntur etiam in cod. Salisb. IX* 32, *fol.* 152r; *edita sunt a Ph. Jaffé, Bibliotheca IV, p.* 389 *(Dümmler).*

Nr. 128. Brevium exempla 810. *De glossis marginalibus codicis vide supra p.* 537. *nr.* 32.

Nr. 130. *Capitula non in cod. Monac.* 3853, *sed in cod. Monac.* 6360 *fol.* 64v *leguntur.*

Cap. 1. *est Cap. Vernense* 884, c. 5, *p.* 373 = *Reg. II,* 290, *Burch. XI,* 13.

Nr. 142. 143. Capitula legi Salicae addita *non a.* 819, *sed a.* 820, Capitula de functionibus publicis *non a.* 820, *sed a.* 821, *m. Oct. promulgata esse probavit Seeliger, Kapitularien d. Karolinger p.* 54, *not.* 1.

Nr. 145. Responsa imperatoris 820, *c.* 2. *post:* conquisitis *est supplendum:* est *vel simile.*

Nr. 154. Capitula e conciliis excerpta 826. 827, *c.* 2. *pro:* fuerit, factum hoc *legas:* fuerit factum, hoc.

Nr. 158. Memoria Olonn. 822—823, c. 6. *legitur etiam in cod. Monac. Clm.* 29084 *A I, c.* 6; *cfr. Seeliger, Mittheilungen l. c. p.* 675.

Nr. 163. Cap. Olonn. ecclesiast. primum 825. *legitur etiam praeditum inscriptione:* Item alia capitula *in cod. Vercell.* 174, *sub fine, in quo deest caput* 6; *cfr. Patetta l. c. p.* 885.

Nr. 165. Cap. Olonn. mundan. 825. *exstat etiam in cod. Vercell.* 175, *sub fine, in quo inscripta sunt:* Item alia capitula domini Hlotharii *et caput* 14. *desideratur; cfr. Patetta l. c. p.* 885. *C.* 1—4. *usque ad verbum:* concedimus *tradita sunt in cod. Monac. Clm.* 29084, *A; cfr. Seeliger, Mittheilungen l. c. p.* 672.

Nr. 166. Capitula de reb. ecclesiast. 825? *tradita nobis sunt etiam in cod. Vercell.* 175, *sub fine, praedita inscriptione:* Item alia capitula; *cfr. Patetta l. c. p.* 885.

Nr. 167. Capitula Francica, *c.* 4. *tamquam capitulum Hludowici Pii citatur in Conc. Meld.* 845, c. 63, *p.* 413.

Nr. 168. Capitula Italica, c. 11—13. *exstant etiam in L. Rom. Cur. XXIII,* 25. 26 *(ed. Zeumer LL. V, p.* 419 *sq.).*

Nr. 170. Cap. monasticum 817, *p.* 343, *lin.* 25—30. *De ratione, quae est inter Capitulare monasticum et Statuta Murbacensia videas O. Seebass in 'Zeitschr. f. Kirchen-Gesch.' XII* (1891), *p.* 331, *qui probavit Statuta in synodo Aquisgranensi anni* 816. *esse edita et Capitulare ad illorum exemplum conceptum.*

Nr. 171. Notitia de servitio monasteriorum 817. *exstat etiam apud Ménard, Histoire de Nîmes I, Preuves p.* 2, *inscripta: 'Chronique tirée d'un ancien manuscrit de l'abbaye de S. Gilles'. Variantes lectiones: p.* 350, *lin.* 6: DCCCXVIII; *lin.* 8: seu et senatus; *lin.* 13: numero XVI; *lin.* 20. *post* Stabulaus *adduntur:* monasterium Prub ... Mediolano; monasterium Sancti Iohannis; *lin.* 21: Fariniacum, *ut Bouquetus; notis* 12. 13. 21. 22. 27. 28. 44—46. *convenit Ménard cum Sirmondo; lin.* 23: Maresupium *(rectius); lin.* 26: Nantuadis *(item); p.* 351. *lin.* 3: numero LIV; *lin.* 6: Ludra *(rectius); lin.* 11: Saviniaco *(item); lin.* 16: Schewanc *(item); lin.* 19: Castelli Malasci *(item); lin.* 20: Caprariensis *(item); lin.* 27: Karrofini; *lin.* 28: Brantosmum *(rectius); p.* 352 *lin.* 1: Visciano; *lin.* 4: His.

Est autem Notitia non authentica, sed a falsario quodam Septimannico ficta; cfr. Pückert in 'Berichten d. Sächs.-Gesellsch. d. Wissensch., phil.-hist. Cl.' XLII (1890), *p.* 46 *sqq.*

Nr. 173. Hludowici praeceptum 819, *quod Böhmer-Mühlbacher nr.* 713. *a.* 821. *datum esse vult, ex codice novissime edidit W. Wattenbach in 'N.A.' II* (1877), *p.* 435 *sqq. (cf. p.* 628*). Legendum est lin.* 29: Dei salvatoris; *p.* 356, *lin.* 7: munus inferret *(uti etiam in exemplari Salisburgensi); lin.* 20: adnuente adque consentiente; *lin.* 28: necnon et de iure,

Praeter illud exemplar nobis tradita sunt exemplaria Vesontionense a. 821 (Böhmer-Mühlbacher nr. 712) et Salisburgense a. 823 (l. c. nr. 749). Praeceptum Adalrammo Salisburgensi datum, quod invenias apud Sybel et Sickel, Kaiserurkunden in Abbildungen XI, 1, compluribus locis a Trevrensi (et Vesontionensi) exemplari discrepat. Notanda sunt haec:

p. 356, *lin.* 27: necnon et subfraganeis *desunt.*
" " *lin.* 28: de tua parroechia quam de suffraganeorum tuorum.
" " *lin.* 29: sive illorum *desunt.*
" " *lin.* 31: addictus a iugo servitutis absolvus et perpetuo liberum efficius ea tamen conditione, ut noverit se is, qui libertate donatur, in pristinam servitutis conditionem relapsurum, si sacri ordinis, quem susceperit, praevaricator fuerit conprobatus. Modus *etc.*
" " *lin.* 34: continens, hoc tantum praeter solitum additum habens, ut noverit se libertate cariturum, si gradus sacri praevaricator extiterit et in fine *etc.*
" " *lin.* 40—43: Simili — potestatem *desunt.*

Nr. 175. Capitula proposita 825. *leguntur etiam in cod. Monac. Clm.* 29084, *in quo praefixa est rubrica:* De monachis et monachabus *et c.* 2. *a verbo:* Ubi autem *in duo capitula divisum est. C.* 2. *hac recta forma praebetur:* Ubi vero fuerunt et non sunt, vivant canonice; ubi vero fuerunt et non sunt et adhuc ibi aliqui manent et numerus canonicorum in maioribus est, canonice vivant; *cfr. Seeliger, Mittheilungen l. c. p.* 672.

Nr. 176. Concilium et capitulare de clericor. percussoribus *post Triburiense concilium esse conceptum demonstravit etiam E. Mayer, Entstehung der Lex. Rib., p.* 180.

Nr. 177. Haitonis capitula 807—823. *leguntur etiam in codd. Sangall.* 446 *fol.* 205; *Monac.* 14 581 *fol.* 119^{v}; *Bamberg. A II* 53 *fol.* 76^{r}; *Vatic.* 1146, *fol.* 34; *Vatic.* 1147, *fol.* 37; *Vatic.* 1148.

c. 12: non solum — facientibus = *Rom.* 1, 32.

c. 22: calle sinistro — interitum = *Levit.* 10, 17; *pro* reliquis *legendum est* reliquiis, *uti praebent codd. cit.*

Nr. 180. Eugenii conc. Roman. 826. *traditum est nobis etiam in cod. Vatic.* 1342, *fol.* 193.

c. 31, *lin.* 10. 11. *lectiones codicis Guelferbytani in textum recipiendae sunt.*

Nr. 183. Ansegisi collectio *exstat etiam in cod., quondam Aurelianensi, nunc Paris. lat. nouv. acq.* 1632 *s. X., de quo cfr. Delisle, Catal. des mscrs des fonds Libri et Barrois p.* 111—115.

Collectionem Ansegisi in Italiam quoque receptam esse probavit Patetta l. c. p. 876 *sqq.*

lib. I, c. 144, *nota* b *delenda est. Codex unus Vatic. Baluzii, qui est noster Palat.* 582, *non praebet illam lectionem.*

p. 451, *not.* 1. Capitulare incerti anni *non idem est ac Statuta Bonifacii (Nürnberger).*

TOM. II.

Nr. 184. Constitutio de synodis habendis 828. *exstat etiam in cod. Barchinon. archivii coronae Aragoniae* 40, *fol.* 5, *qui explicit in verbo* conservet *(p.* 3, *lin.* 3*).*

Nr. 185. Epistola generalis 828. *forma A. praebetur etiam in cod. Vatic. reg. Christ.* 1041, *apographo saec. XVII, fol.* 59, *eodem loco ac in cod. Vatic.* 8827.

Nr. 193. Cap. pro lege habendum Wormat. 829, c. 8. *exstat etiam in cod. Monac. Clm.* 29 081, *E; cfr. Seeliger, Mittheilungen l. c. p.* 672.

Nr. 194. Regni divisio 831, *p.* 21, *lin.* 29. *verba* omnibus fidelibus — constitutae sunt *ex codicibus* 2. 3. *Divisionis* 806 *(tom. I, p.* 126, *not. a) sumpta sunt.*

Nr. 196. Episcoporum relatio 829, c. 41. *ex:* propter eorum abstinentiam *fortasse corrigendum est:* propter eorum absentiam, *ut legitur in Conc. Paris.*

c. 54, *not.* 59. *adde post:* p. 382. *Waitz, VG.* III^{2}, *p.* 530, *not.; Prou, Hincmar De ordine palatii p. XXV sq.*

Nr. 203. Hlotharii capitulare 846. *ex solo codice Novar. XXX impressum est in Spicilegio Casinensi I, p.* 334 *sqq.; cfr. p. LXXXIII.* — c. 1. *legitur in cod. XXX:* hic tractavimus et definivimus *(Dümmler).*

Nr. 205. Conv. ap. Marsnam *II,* 851, *c.* 2: de corde puro — fide non ficta = 1. *Thimoth.* 1, 5.

Nr. 207. Conventus Leodii habitus 854. *legitur etiam in cod. Vallicell. C.* 16, *fol.* 15, *in quo desideratur sacramentum.*

Nr. 209. 210, *c.* 1. *tradita nobis sunt etiam in cod. Monac. Clm.* 4774; *cfr. Seeliger, Mittheilungen l. c. p.* 672.

Nr. 225. Lamberti capitulare Ravennas 898. *exstat etiam in compluribus codicibus Collectionis*[1] *canonum Anselmo dedicatae III, tit.:* De iudicibus *etc., ubi positum est inter Synod. Roman.* 895. *et Synod. Ravenn.* 898. *sc. in Vercell.; Moden. II,* 2; *Vatic.* 4899; *Vallicell. C.* 18. *C.* 23. *C.* 24; *Corsinian.* 4. *Cfr. Patetta in 'Rivista italiana per le scienze giuridici' XI, fasc.* 3.

Nr. 226. Ebbonis restitutio 840, *lin.* 19: cor contritum — non despicit = *Psalm.* 50, 19.

lin. 20: gaudium etiam esse — poenitentiam agente = *Luc.* 15, 10.

Nr. 230. Synod. Ravennas 898. *exstat etiam in Collectione canonum Anselmo dedicata, ubi subsequitur Capitulari Ravenn.; cfr. supra nr.* 225.

Nr. 232, *c.* 2—4. *non esse originis Visigoticae, sed. Italicae probavit Brunner l. c. II, p.* 311, *not.* 63.

Nr. 242. 243. 244. *leguntur etiam in cod. Vallicell. C.* 16 *fol.* 47. 55^{v}. 77^{v}.

Nr. 248. Conc. Moguntinum 847. *legitur etiam in cod. Ambros. G.* 58, *fol.* 29^{r}.

c. 10, *usque ad verbum:* dispensentur *sumptum est ex Conc. Turon.* 813, c. 16 *(Mansi XIV, col.* 85*) et typis minoribus imprimendum erat.*

c. 18. *exstat etiam apud Anseg. II,* c. 32 *(tom. I, p.* 421*).*

Nr. 249. Conc. Moguntinum 851, *c.* 25. *sumptum est ex Anseg. I, c.* 20 *(tom. I, p.* 399*) et minoribus typis imprimendum erat.*

1) *Cfr. Savigny, Gesch. des Röm. Rechts im Mittelalter* II^{2}, *p.* 289 *sqq.; Conrat, Gesch. d. Quellen des Röm. Rechts im Mittelalter I, p.* 212 *sqq.*

Nr. 250. Pactiones Aquenses 870. *traditae sunt etiam in cod. Vallicell. C. 16 fol. 85.*

Nr. 251. Divisio regni Hlotharii 870. *De locis quibusdam hic nominatis egit Pückert in 'Festschrift z. deutsch. Historikertag in Leipzig' p. 91 sqq.*

Nr. 252. Conc. Tribur. 895. *De quo novissime iterum egit E. Seckel, Zu den Acten d. Triburer Synode II in 'N. A.' XX, p. 289 sqq. Omissis reliquis, quae editioni nostrae nullius momenti mihi videntur esse, haec tantum adnotanda sunt:*

tab. III. Canones aliquot ex forma vulgata excerpti inveniuntur etiam in Capitulis Theodori (ed. J. Petit, Dissertationes ad Poenit. Theodori I, p. 33 sqq.), quorum collector fontem collectionem X adhibuit. Ex quibus c. 46. 42. 59. 43. *concordant cum c.* 4b. 31a (De furibus). 37a. 52a.[1] 58a. *Reliquo capitulo, sc. c.* 47, *adhuc ignotum excerptum formae vulgatae c.* 22. *praebetur. Utrum vero c.* 37. 44. *ex vulg. c.* 5. 11. *excerpta sint et in collectione X exstiterint, in dubio relinquendum est; Seckel p. 296 sqq.*

Extrav. c. 10. sumptum est ex Coll. Hibernensi XL, c. 15c (Wasserschleben, Die irische Kanonensammlung, ed. alt. p. 157) et ponendum in tab. V; Seckel p. 302.

tab. V, nr. 22. sumptum est ex Cap. Theodori c. 35, non ex Poenit. Vallicell; Seckel l. c. p. 303.

tab. V. sub fine adde: Cod. Guelferbyt. 35 (inter Helmstad. 32) fol. 17v. Ex concilio Triburiensi. Si quis episcopus in aliquibus causationibus = *Conc. Antioc. c. 14. ap. Martinum Bracar.; Seckel p. 316.*

c. 3. *verba:* Qui percutit — Domini est *desumpta sunt ex Coll. Hibernensi XXVII, c. 8a (Wasserschleben p. 87); Seckel p. 292.*

c. 5a. De eodem. Qui sacerdotem voluntarie occiderit, carnem non comedat et vinum non bibat cunctis diebus vitae suae; ieiunet usque ad vesperam exceptis diebus festis atque arma non sumat, equum non ascendat; ecclesiam per quinque annos ingrediatur, nondum vero communicet, sed inter audientes. Cum autem duodecimi anni cursus finitus erit, communicandi ei licentia concedatur et equitandi tribuatur remissio. Maneat autem in reliquis observationibus tres dies per hebdomadam, ut perfectius purgari mereatur *(= Cap. Theodori c. 37, supra lin. 19).*

c. 11a. De continentia sacerdotis. Episcopus aut presbyter aut diaconus, qui in fornicatione aut periurio aut furto lapsus est, deponatur, non tamen communione privetur. Dicit enim scriptura: 'Non vindicabit Dominus bis in idipsum' *(= c. 44, supra lin. 19).*

c. 15b. Item in Triburiensi concilio legitur. Ubi quisque eligere sepulturam sibi debet. Ubicunque temporum vel locorum facultas tulerit, apud maiorem ecclesiam, ubi sedes est episcopi, sepulturae celebrentur. Si autem propter temporis vel loci asperitatem hoc difficile visum fuerit, apud ecclesiam, quo religiosorum canonicorum vel monachorum vel sanctimonialium religiosa congregatio communiter degerit, sepeliatur. Si autem et hoc ineptum visum fuerit, ubi quis decimas persolvebat vivus, ibi sepeliatur mortuus. *Hoc capitulum invenitur in Corp. iur. can. C. 13, q. 2, c. 6. De origine nihil constat; Seckel p. 307 sq.*

c. 22a. De ingenuo fideli accusato. Scelere si quis ingenuus fidelis notatur, liceat ei cum iuramento se expurgare. Quodsi quilibet ingenuus gravi infamia publicetur, ut cum populus superiuravit criminosum haberi, si se excusare voluerit, ferro se examinet *(= Cap. Theod. c. 47, supra lin. 17).*

c. 27a. *fortasse ex Coll. Hibernensi XLII, c. 14b. (Wasserschleben p. 166) desumptum est:*

Sinodus Nicena dicit: Si quis in monasterio nutritus est et usque ad summum studium auditionis exortus est et postmodum discesserit, nisi de novo revertatur, desertoris et peccatoris crimine condemnandus est; *Seckel p. 294 sq.*

c. 39. Quod non — coniugia = *Coll. Hib. XLVI, c. 29 (Wasserschleben p. 192); Seckel p. 292 sq.*

c. 41. Mulier duorum fratrum — adulterium perpetrabit = *Coll. Hib. XLVI, c. 35 (Wasserschleben p. 194); Seckel p. 293.*

c. 46. Nam quicquid — nec viris licet *Augustini quoque verba sunt. Totus locus sumptus est ex Coll. Hib. XLVI, c. 16 (Wasserschleben p. 189); Seckel p. 294.*

p. 213, lin. 37 sqq. verba: capitula magis necessaria — recta via regia coartare, *de quibus loco not. 30. citato egi, ita etiam leguntur tom. I p. 53, lin. 42 — p. 54, lin. 1.*

Nr. 266. Cap. Carisiac. 857. *not. 2. pro:* Aurelianensi *legendum est:* Augustodunensi.

Nr. 270. Capitula missis tradita 860, *B ex:* leges *emendandum videtur:* legis, *quod praebet Conv. apud Confluentes l. c.*

Nr. 273. Edictum Pistense 864, c. 29—33. *in Monac.* 29084. *deficientia exstant in cod. Monac. 4774; cfr. Seeliger, Mittheilungen l. c. p. 672.*

Nr. 278. Cap. Carisiac. 878, c. 11. *ex:* discendam *corrigendum est:* dicendam, *ut legitur in locis not. 35. citatis.*

Nr. 301. Coronatio Hermintrudis 866. *p. 455, lin. 8:* Corona coronam iustitiae = 2. *Timoth.* 4, 8.

p. 473. Walafridi libellus *exstat etiam in codd. Vatic. 1147, fol. 39 et Vatic. 1148. Praeterea traditur inde a capite 29 (a verbo* annuatim *p. 513, lin. 20) in cod. Sangall. 278, p. 3—9. ante Amalarii librum, De ecclesiast. officiis (Dümmler).*

p. 515, lin. 26. praetores *praebet etiam cod. Sangall.* 278.

1) *Cum illud quoque caput in collectione X exstiterit, Regino auctor illius non iam putandus est.*

INDEX NOMINUM.

Maior numerus paginam, minor quinas lineas indicat. Uncis quadratis [ ] locus ex praecedenti repetitus inclusus est.

A.

Abbo *v.* Ebbo.
Abel archiep. Remensis I 29, 20.
Abrincadinus, Aprincatus pag., *Avranches* I 100, 10. II 275, 15.
Abrincates, Abrincatas civ. I 13, 10. II 421, 30; Abrincatensis episc.: Ansegaudus, Waltbertus.
Achistadi monast. *v.* Eihstatensis.
Acyronense *v.* Ancyranum.
Adal-, Athal-, Adel-.
Adalbaldo I 377, 40.
Adalbero, Adelbero episc. Augustensis II 210, 20. 246, 15.
Adalbertus episc. Mauriennensis II 349, 35. 369, 5.
Athalbertus abb. monast. Fabar. I 222, 5.
Adalbertus com. et missus I 308, 10. 15 [419, 25].
Adalbertus com. in Baiuwaria (?) II 154, 15.
Adalbertus com. II 358, 20.
Adalbertus missus II 68, 1.
Adalbertus, Adlabertus haereticus I 29, 15. 30, 1.
Adelperto I 378, 15.
Athalfridus episc. Noviom. I 221, 25.
Adalgarius episc. Augustidun. II 350, 1. 369, 1.
Adalgarius episc. Bremensis II 211, 10. 246, 25.
Adalgarius com. et missus II 275, 10. 279, 15.
Adalgaudus episc. Vercell. II 99, 25. 103, 30.
Adalgaudus presb. II 350, 20—351, 1.
Adalgaudus I 233, 20.
Adalgisus missus II 67, 30.
Adalhardus, Adalardus, Adelardus.
Adalardus, Adelardus episc. Veron. II 99, 30. 103, 30.
Adelardus episc. et archicanzelarius Berengarii II 146, 45.
Adalardus abb. monast. SS. Amandi et Bertini et missus II 275, 5. 279, 15. 283, 35. 284, 35.
Adalhardus abb. Corbeiensis et missus I 183, 30. 35. II 522, 5. 10.
Adalardus com. pal. Karoli M. I 82, 1.
Adalardus com. pal. Karoli II. II 359, 30.
Adalardus senescalcus Hludowici Pii II 154, 10.
Adalhelmus, Adalhelm, Adalelmus, Adelelmus.
Adalelmus archiep. Burdegal. II 2, 25 [6, 5].
Adalelmus com. Laudun. II 192, 25. 359, 1. 15. 361, 20.
Adalelmus com. II 192, 25.
Adalhelmus missus I 339, 10.
Adalhelm II 250, 25.
Adalluiso I 377, 35.
Adalo I 378, 10.
Adalprand I 377, 40.
Adalradus I 233, 10.
Adalrammus archiep. Salzpurcg. (II 540, 1—10).
Adalulfus episc. Gratianop. II 112, 1.
Adda fl., *Adda* II 95, 20.
Addiza fl., *Etsch* II 95, 20.
Adelmo I 378, 15.
Adelperto *v.* Adalbertus.
Ademarus com. I 169, 10.
Aderaldo I 378, 5.
Adertensis, Adertisus pag., *Arras* II 24, 5. 275, 5.
Adini I 378, 15.
Adlubertus *v.* Adalbertus.
Ado archiep. Vesontion. II 469, 15.
Ado episc. Valentin. II 112, 5.
Ado I 233, 15. II 278, 30.
Adrianae civ., *Adria* I 353, 25.
Adrianus, Hadrianus.
Adrianus I. pont. Rom. (I 75, 10). 78, 10. 354, 10. 405, 40.
Hadrianus II. pont. Rom. II 356, 40.
Adrianus episc. Salatrit. I 371, 10.
Adrianus episc. Signinae I 371, 10.
Adrolo I 378, 20.
Adventius episc. Mettensis II 154, 10. 159, 10. 338, 1. 5. 30. 339, 35. 340, 20. 442, 5. 450, 20. 456, 10. 465, 1. 35. 469, 15.
Aeduorum, Heduorum civ., *Autun* II 417, 25. 421, 30. 450, 15; *cfr.* Augustidunum.
S. Aegidii in valle Flaviana monast., *St. Gilles* I 351, 10.
Aegyptii II 386, 10. 514, 30.
Aegyptus II 115, 15 [401, 35].
Aelia *v.* Helia.
Aeneas episc. Paris. II 429, 5. 450, 1.
Aetherius, Etherius episc. Vivar. II 349, 30. 369, 10.
Africa II 459, 10. 515, 5.
Africanum, Affricanum conc. (synod., canon) I 55, 10. 56, 30—57, 1 [399, 5. 400, 30—401, 1]. 231, 10. 408, 40. II 227, 10. 15. 229, 35. 380, 10. 445, 5. 492, 5. 512, 10; *cfr.* Carthaginense.
Agaricus, Agericus archiep. Ebredun. II 2, 20 [6, 1].
Agatense, Agathense (*Agde*) conc. II 181, 25. 30. 187, 35. (188, 5. 10). 224, 40. (417, 15). 484, 30.
Agathus episc. Monteferet. I 371, 1.
Agathus episc. Polimart. I 371, 1.
Ageltruda, Agildruda relicta Widonis imp. II 123, 15. 126, 35.
Agenulfus, Angenulfus episc. Gabalit. II 349, 25.
Agericus *v.* Agaricus.
Agilmarus II 67, 30.
Agilmarus episc. Arvern. II 349, 30.
Agildruda *v.* Ageltruda.
Agipertus episc. Fanestris I 371, 5.
Agiprandus archiep. Florentin. I 371, 5.
Agiulfus, Aiulfus archiep. Bituricensis II 2, 25 [6, 5]. 57, 35.
Agius episc. Aurelian. II 264, 30. 385, 20. 387, 20. 421, 35. 422, 40. 450, 5.
Agobardus archiep. Lugdun. II 2, 20 [6, 1]. 56, 10. 57, 15.
Agrippina civ., *Cöln* II 379, 25. — Agrippinensis, Agripinensis eccl. 210, 15. 246, 10; A. archiep. 466, 25; *cfr.* Colonia.
Agustodunum *v.* Augustidunum.
Ahistulfo *v.* Aistulfus.
Ahyto *v.* Haito.
Aicharh I 233, 15.
Ailus II 278, 30.
Aimarus episc. Ruthenensium II 350, 1.
Ainau, Hainous pag., *Hennegau* II 24, 5. 195, 10.
Aino *v.* Egino.
Airardus *v.* Herardus.
Airboldus com. II 100, 1. 104, 1.

Aistulfus, Ahistulfo, Heistulfus.
Aistulfus rex Langob. II 185, 1.
Aistulfus, archiep. Mogont. et missus I 308, 10 [419, 20]. 360, 30. 361, 25.
Ahistulfo I 377, 30.
Aito v. Haito.
Aiulfus v. Agiulfus.
Alabernus I 234, 1.
Alamannia I 127, 25, 30. 283, 15. 350, 30, II 24, 5. 58, 20; rex: Karolus III.
Alamannus I 238, 25; A. dominus 206, 5.
Alaricus II 278, 30.
Alarinum civ., *Larino* II 67, 5.
Alasenza villa, *Alsenz* I 258, 30. 35.
Alatrum civ., *Alatri* I 358, 20.
Alazstad v. Halazstat.
Alba civ., *Alba* I 327, 10. — Albensis eccl. II 99, 30. 103, 35; episc.: Hildradus.
Albanensis eccl., *Albano* I 370, 35; episc.: Benedictus.
S. Albani claustrum Mogont. II 173, 35.
Albechowa, *Albegau* II 194, 10.
Albenganum v. Albinganum.
Alberichus, Albericus, Albricus.
Albericus episc. Lingon. et missus I 308, 20 [419, 30]. II 7, 5.
Alberichus chorepisc. Patav. II 185, 10.
Albericus com. II 68, 10.
Albericus com. II 99, 35. 104, 1.
Albericus signifer II 67, 35.
Albgis II 189, 20.
Albia fl., *Elbe* I 167, 15 [433, 10].
Albige civ., *Albi* I 13, 10. — Albiensis eccl. II 349, 35; episc.: Lupus.
Albinganum, Albenganum civ., *Albenga* I 327, 10.
Albinus praefectus II 127, 20.
Albiola civ., *Palestrina* II 130, 35. — Albiolenses II 134, 20.
Albricus v. Albericus.
Albustus abb. monast. Bethleem sive Ferrariarum II 350, 1.
Albwin missus I 289, 30.
Alchimus v. Avitus.
Alchvinus v. Aliquinus.
Alciodrisus pag., *Auxerre* II 276, 10; v. Autissiodorensis.
Aldaha v. Altahe.
Aldo I 377, 25.
Aldricus episc. Cenomann. II 265, 1.
Aldricus com. II 68, 1.
Alduinus v. Hilduinus.
s. Alexander II 423, 5. 15; monast.: Lebbraha.
Alexander I. pont. Rom. II 218, 25. 30. 219, 35. 223, 30. 501, 20. 30. 35. 514, 10.
Alexander Magnus II 518, 20.
Alexandria civ. II 515, 10. — Alexandrini 505, 10; Alexandrina eccl., sedes 515, 5—15.
Alfard I 378, 1.
Alifredus episc. Balneo-regensis I 371, 1.
Aliquinus, (Alchvinus) abb. monast. S. Martini Turon. I 78, 15.
Alitgarus episc. Camerac. II 38, 10.
Allo I 378, 5.
Allolldd I 377, 25.
Alluido I 377, 25.
Almeprando I 378, 5.
Alpes I 127, 25. 35.
Alprand I 378, 15.
Alsbivetensis eccl., *Orvieto* I 371, 1; episc.: Walipertus.
Alsensis pag., *Auxois* I 127, 15.
Altahe, Aldaha monast., *Nieder-Altaich* I 222, 5. 350, 25; abb.: Ebarsindus.
Alta-petra abbatia, *Mouthier-Hautepierre* II 194, 5.
Altbertus I 234, 5.
Altembure monast., *Weltenburg?* I 350, 25.
Altinum opp. *(olim in Venetia)*; episc.: Heliodorus.
Altmarus missus II 275, 5.
Altum fragitum monast., s. *Sixti de Fagito* I 352, 1.
Altus-mons monast., *Hautmont* II 195, 5.
Amabilis I 169, 10.
Amalbertus II 278, 20.
Amalgisus II 278, 25.
Amalo archiep. Lugdun. II 261, 5.
Amalricus archiep. Turon. II 264, 1. 265, 5. 421, 25. 30. 422, 35.
Amalricus episc. vocatus Comensis II 112, 5.
Amalricus II 278, 20.
Amalricus de Buxido II 278, 25.
Amalwinus archiep. Vesont. II 112, 1.
Amancio I 169, 15.
S. Amandi monast., *St.-Amand (d. Noyon-Tournai)*; abb.: Adalardus.
Amaus, Emaus comit. II 58, 25. 194, 10; *cfr. p.* 58, *not.* 18.
Ambianensis, Ambiensis *(Amiens)* eccl. II 349, 20; A. episcopat. I 308, 15 [419, 30]; A. pag. II 24, 1. 275, 15; episc.: Iesse, Ragenarius, Hilmeradus, Geroldus. — Ambianenses 421, 30.
Amblinus decanus II 278, 30.
s. Ambrosius II 31, 10. 34, 10. 497, 10. 505, 15. 20. 506, 1. 10. 30. 35. 508, 5. — Ambrosiana officia 506, 20; A. ymni 506, 30.
Ambrosius I 377, 35.
Ameria civ., *Amelia* I 358, 15. 371, 10; episc.: Benedictus.
Amiana, *insula Venetiarum* II 131, 1. — Amianenses 146, 5.
Amo II 250, 20.
Amolo II 67, 30.
Amoriana civ., *Murano* II 130, 35. — Amorianenses 134, 20.
Anacletus I. pont. Rom. II 217, 25. 35. 45. 288, 35. 379, 35 (380, 5).
Anagnia civ., *Anagni* I 358, 20. 370, 30; episc.: Romualdus.
Anastasius I. pont. Rom. II 499, 5.
Anastasius imp. II 29, 20. 519, 30.
Anastasius presbyt. I 371, 15.
Ancona civ., *Ancona* I 358, 30. — Anconenses II 130, 30. — Ancomitana eccl. I 371, 5; episc.: Tigrinus.
Ancyranum, Ancirantum, Anchiranum, Anciritanum, Acyronense conc. I 54, 35. 57, 5 [398, 25. 401, 5]. 108, 15. II 45, 5. 181, 10. 25. 182, 1. 241, 20. 242, 1. 35. 384, 40.
Andecavis civ., *Angers* I 222, 1. — Andegavensis pag. II 276, 1. 396, 20. 402, 20; comes: Hrotbertus; episc.: Mauriolus, Dodo.
Andelaum civ., *Andelot* I 12, 30.
Ando I 377, 25.
s. Andreae festivitas, natalis (30. *Nov.*) I 179, 20 [413, 10]. 245, 10. 312, 20.
Andreas archiep. Florent. II 99, 35.
Andreas archiep. Tarantas. II 2, 20 [6, 1].
Andreas patriarcha Aquileiensis II 80, 35.
Andreas episc. Clusensis I 370, 40.
Andreas missus II 95, 25.
Andreas scavinus I 377, 25.
Andreas, Andreus I 377, 30. 35. 378, 20.
Anesis fl., *Enns* II 251, 15.
Angarii, Angrarii I 71, 15. 234, 1.
Angelinus II 278, 30.
Angenulfus v. Agenulfus.
Angilbertus archiep. Mediol. II 80, 35. 117, 5.
Angilramnus v. Engelramnus.
Anglebertus II 278, 30.
Angli II 506, 1.
Anianum monast., *Aniane* I 351, 10.
Ansbertus, Anspertus, Anseperto.
Ansbertus, archiep. Mediol. II 99, 10. 25. 100, 10. 101, 5. 103, 30.
Ansbertus com. I 283, 10.
Anseperto I 378, 15.
(Anscarius), Ansgarius episc. Hamburg. II 173, 5.
Anscarius subdiac. II 448, 5—25.
Ansegaudus episc. Abrincat. II 421, 30. 422, 40.
Ansegisus, Ansigisus archiep. Senon. II 349, 5. 350, 25. 352, 10. 365, 5. 10.
Ansegisus abb. Luxoviensis, Fontanellensis ac Flaviacensis coenobiorum I 394, 5. 10.
Ansegiso I 378, 1.
Anselmus episc. Lemovic. II 349, 30.
Anselmus episc. vocatus II 67, 10.
Anseperto v. Ansbertus.
Ansgarius v. Anscarius.
Ansigisus v. Ansegisus.
Anso filius Andrei I 377, 35.

Anso I 378, 15.
Ansolo I 378, 5.
Anspertus v. Ausbertus.
Anthanachum, Anthonagum v. Antonacum.
Antiochensis eccl., sedes II 515, 5—15.
Antiochenum, Antiocenum conc. I 54, 15. 30. (35. 55, 1—10) [398, 5. 20—399, 1]. II 32, 25. 214, 25. 217, 10. (444, 10). 459, 5. 10. 460, 10.
Antiochus rex II 476, 5.
Anto I 378, 15.
Antonacum, Anthonagum, Anthanachum civ., *Andernach* I 16, 15.
Antonii monast. (d. *Rodez*) I 351, 5.
Antonium monast., *Antoing* II 195, 5.
Aotolfus v. Audulfus.
Apolenare I 377, 30.
s. Apollinaris episc. Valent. II 417, 10.
Appo I 378, 10.
Aprincatus pag. v. Abrincadinus.
Aptensis eccl., *Apt* II 369, 5; episc.: Richardus.
Aquileiensis eccl., *Aquileia* II 117, 5; episc.: Chromatius; patriarchae: Andreas, Theodemarus.
Aquilenses v. Equilo.
Aquinum civ., *Aquino* I 353, 40.
Aquinus II 67, 30.
Aquinus signifer II 68, 20.
Aquis, Aquisgrani palat., *Aachen* I 62, 30. 71, 10. 117, 10. 134, 15. 148, 5. 149, 35. 152, 35. 169, 40. 170, 30. 263, 5. 264, 20. 270, 30. 280, 30. 298, 5. 339, 1. 344, 1. 35. 350, 5. 405, 40. II 191, 35. 380, 1. 464, 30. 466, 25; abbatia de Aquis 194, 5. — Aquense districtum 194, 5; A. palatium I 463, 25.
Aquis civ., *Aix* I 75, 10. — Aquensis eccl. II 369, 1; archiep.: Benedictus, Rotbertus.
Aquis civ., *Acqui* I 327, 10. — Aquensis eccl. II 99, 30; episc.: Bodo.
Aquitani II 279, 15—282, 15. 283—285, 15. 433, 15.
Aquitania, Aquitanea, Equitania I 65, 10. 73, 25. 127, 10. 128, 15. 157, 5. 261, 15 [II 268, 35]. I 271, 20. 272, 30. 351, 20. II 24, 1. 58, 30. 70, 15. 265, 5. 10. 348, 25; reg.: Pippinus I. II; princ.: Waifarius. — Aquitanicus, a, um II 277, 35. 360, 25.
Amualdus I 378, 15.
Arausicensis eccl., *Orange* II 369, 10; episc.: Gernardus.
Arbo marchio II 250, 15—25.
Arbo II 250, 20.
Arces civ., *Arce ad Neapolim* I 353, 40.
Arcisisus pag., *Arcis-sur-Aube* II 276, 5.
Ardaricus I 169, 15.
Ardemanne, Ardemanno I 377, 25. 30.
Ardenna v. Arduenna
Ardeperto I 378, 5.
Arderigo I 377, 25.
Ardobertus archiep. Senon. I 29, 20.
Arduenna, Ardenna pag., *Ardennengau* II 24, 5. 194, 15. 195, 10; A. silva 361, 16. — Arduennensium comitat. 58, 20.
Arduicus v. Harduinus.
Arduiso I 378, 1.
Arelatense (*Arles*) conc. I 313, 40—314, 1; A. eccl. 75, 5. II 349, 15. 369, 5. 417, 15. 469, 15; A. urbs I 377, 10; archiep.: s. Caesarius, Elifantus, Noto, Iohannes, Rodlandus, Rostagnus.
Aretina eccl. v. Aritium.
Argentaria civ., *Strassburg* II 171, 15. — Argentinensis eccl. 210, 25; cfr. Struzburg.
Aribertus I 30, 20.
Arilianensis v. Aurelianensis.
Ariminum civ., *Rimini* I 353, 30. 370, 35; episc.: Stefanus. — Ariminenses II 130, 30.
Aripaldo I 378, 5.
Aristallium pal., *Herstal* II 361, 15.
Aritium civ., *Arezzo* II 95, 25. — Aretina eccl. I 370, 30. II 99, 25. 103, 30. 349, 5. 351, 10. 352, 5. 353, 1; episc.: Lampertus, Petrus, Iohannes.
Arlon pag., *Arlon* II 195, 10.
Arnaldus, Arnoldus.
Arnaldus archiep. Ebredun. II 377, 10.
Arnoldus episc. Tull. II 360, 25.
Arnaldus episc. Tungr. II 349, 35.
Arnaldus *notarius* I 264, 20.
Arnigauso I 377, 25.
Arno archiep. Salzpureg. I 338, 35.
Arnostus miles II 469, 5.
s. Arnulfus II 340, 30; s. Arnulfi monast. Mett. 167, 30.
Arnulfus, Arnulphus, Arnolfus rex II 206, 5. 207, 40. 209, 35—210, 1. 25—35. (211, 10—20. 212. 213. 214, 15. 35—215, 20). 221, 40. 45. 227, 40. 229, 40. 232, 35. 234, 45. 237, 40. 238, 30. 241, 1. 242, 40. 243, 40. 244, 30. 245, 30—40. 246, 5. 35. 247, 35. 45. 248, 30. 40. 249, 1. 10. 377, 30. — imperator 123, 15; filius: Hludowicus IV.
Arnulfus episc. Tull. II 388, 1. 389, 40. 450, 15. 456, 15.
Arnulfus com. II 68, 10. 154, 15. 359, 1. 20.
Arnulfus signifer II 68, 15.
Arnustus com. II 154, 10.
Arpinum civ., *Arpino* I 353, 40.
Arsenius episc. Ortensis et apocrisiarius II 469, 10. 20.
Artaxerses rex II 175, 1.
Artemius, Arthemius archiep. Senon. II 417, 25.
Arthemius episc. Asolensis (?) et missus II 95, 20.
Arvernense (*Clermont*) conc. II 418, 30; A. eccl. II 349, 30; comes: Bernardus; episc.: Agilmarus.
Asbania v. Hasbania.
Asclipiodus recognovit I 17, 25.
Asia II 515, 5.
Asilium, Asilum v. Asylum.
Asilo monast., *Mas d'Azil* I 351, 25.
Asinarius abb. monast. Novalic. I 222, 5.
Asinarius I 169, 10.
Asnapium fiscus, *Gennep (? prope Cliviam); Annappes (? arr. Lille)* I 254, 1; *cfr. Bourdot de Richebourg, Coutumier général* II, p. 917, *Coutumes d'Anapes (H. Brunner).*
Asolensis v. Asylum.
Aschrich II 250, 20.
Assisiensis eccl., *Assisi* I 371, 1; episc.: Magnus.
Assyrii II 514, 25.
Aste civ., *Asti* I 327, 10. — Astensis eccl. II 99, 30. 103, 35; episc.: Hilduinus.
Astenidum palat. *Astenet ad Eupen (K. Plath)* II 361, 15.
Asylum, Asilium, Asilum civ., *Asolo* I 327, 15; episc.: Arthemius.
Athal- v. Adal-.
s. Athanasius, Athenasius I 235, 10. 363, 10. II 510, 5.
Atila I 169, 10.
Atoariae v. Hatuarii.
Attela com. II 276, 10.
Attiniacum, Atiniacum palat., *Attigny* I 140, 35. 221, 10. 304, 15 [415, 50]. 357, 10. II 277, 20. 361, 15. 427, 30. 452, 10. 458, 20.
Atto v. Hatto.
Attostus I 233, 30.
Audax II 67, 30.
Audax archiep. Tarantas. II 112, 1.
Audefredus I 377, 35.
S. Audomari monast., *St.-Omer*; abb.: Hilduinus, Folco.
Audracus com. I 233, 25.
Audradus I 233, 15.
Audulfus, Aotolfus, Odulfus, Ottulfus.
Ottulfus episc. Trecass. II 349, 35.
Audulfus com. et missus I 123, 15.
Aufredo I 377, 35.
S. Augentii monast., *St.-Claude* II 195, 1; *cf.* S. Eugendi monast.
Augia, Augiense monast., *Reichenau* I 362, 35. II 514, 40; abb.: Waldo, Haito, Walafridus.
Augusta civ., *Aosta* I 128, 5. — Augustana eccl. II 99, 30; episc.: Ratbornus. — A. vallis I 127, 35. II 58, 15.
Augustchirche *capella in Theodonisvilla sita* II 194, 5; *cfr. Pückert l. c. p.* 93.
Augustensis, Augustitudunensis eccl. (*Augsburg*) II 210, 15. 246, 15; A. episcopat. I 252, 30; episc.: Sinbertus, Lanto, Witgarius, Adelbero.

Augustidunum, Augustudunum, Agustodunum civ., *Autun* I 100, 10. 221, 25; A. pag. II 276, 10. — Augustidunensis, Augustodunensis, Augustudunensis comitat. I 271, 20; A. eccl. II 350, 1. 369, 1; episc.: Syagrius, Hiddo, Modoinus, Ionas, Adalgarius; *cfr.* Aedui.

s. Augustinus II 34, 10. 221, 25. 231, 35. 240, 5. 289, 15. 319, 35. 380, 5. 487, 1. 494, 15. 498, 15. 499, 20. 502, 30. 505, 15. 511, 25. 512, 10. 35 [220, 25]. 520, 30. 521, 5.

Augustitudunensis eccl. *v.* Augustensis.

Aurelianorum civ., *Orléans* I 100, 10. II 264, 30. 315, 10. 450, 5. 451, 15. — Aurelianenses 421, 35. 432, 30. — Aurelianensis, Arilianensis civ. I 100, 5; A. conc. (canon.) II 227, 45; A. I. conc. I 1, 5. II 459, 10. 503, 15. 513, 30; A. III. conc. I 36, 5. II 418, 20; A. IV. conc. I 231, 10; A. V. conc. II 403, 5. 408, 15; A. eccl. 349, 15. 385, 20. 25; episc.: s. Eucherius, Agius, Walterus; A. pag. 276, 1; comes: Mahtfridus.

Aurelianus archiep. Lugdun. II 349, 10. 369, 1. 377, 10.

Ausari I 377, 25.

Ausimum, Ausimana civ., *Osimo* I 353, 30. 370, 35; episc.: Germanus.

Auspertus episc. Populon. I 370, 35.

Austerban pag., *Ostrevant* II 24, 5.

Austrasii II 58, 20.

Austrefuso I 378, 10.

Austria I 127, 30. 175, 15. 193, 10.

Autcarius, Autgarius *v.* Otgarius.

Autharius com. I 314, 15 [449, 35].

Autisiodorensium civ., *Auxerre* II 448, 35. — Autisiodorensis eccl. 349, 40. 450, 20; episc.: Abbo, Christianus, Wala; monast.: S. Germani; comes: Chuonradus.

Autramnus, Ottramnus.

Ottramnus archiep. Viennen. II 349, 10. 369, 1.

Autramnus com. et signifer II 68, 5.

Ottramnus com. II 68, 5.

Avalensis, Avalisus pag., *Avallon* I 127, 15. 271, 20. II 276, 10.

Avari, Havari I 123, 10 [426, 5]. 271, 20.

Avaria I 136, 1.

Avenionensis, Avinionensis, Avinienis eccl., *Avignon* II 349, 25. 369, 10. 466, 25; episc.: Halduinus, Ratfridus.

s. Avitus archiep. Vienn. II 417, 10.

Azo episc. Epored. II 99, 25. 103, 30.

Azo II 250, 25.

B.

Badaradus, Baturatus episc. Padarbrunn. II 57, 35. 112, 5. 173, 20. 185, 5.

Bagensonisus pag., *pays de Binson* II 275, 1.

Bagisinus pag., *v.* Baiogne.

Baierna, Breona villa, *Brienne-le-Château* II 451, 25. 452, 1.

Baio II 460, 10. 15.

Baioaria, Baiovaria, Baiwaria, Bavaria I 74, 1. 127, 20. 30. 271, 20. 350, 15. 25. 351, 15. II 24, 5. 185, 5; dux: Tassilo; reges: Karlomannus, Hludowicus III.

Baioarica lex II 235, 30 -236, 5; B. mulier 235, 30.

Baioarii, Baiuvarii, Baiuwarii, Baivarii, Bawarii II 250, 10. 251; B. ducatus I 74, 10; B. eva, lex 157, 30. 159, 1.

Baiogne civ., *Bayeux* I 222, 1. — Baiocacensis, Baiocensis civ., II 447, 35. 452, 40; Baiocacenses 447, 35; B. eccl. 349, 30. 450, 20; episc.: Leodeningus, Baltfridus, Erchambertus. — Baiocasinus, Bagisinus pag. I 100, 10; II 275, 15.

Baldeberhtus episc. Basil. I 221, 20.

Baldemarus episc. II 369, 5.

Baldrammus episc. Strazburg. II 210, 25. 246, 20.

Baldricus I 233, 20.

Baldrih I 258, 25.

Balduinus I. com. Flandriae II 160, 30. 359, 15.

Balma monast., *Baume-les-Dames* I 350, 20. II 194, 1.

Balneum regis, *Bagnorea* I 353, 35. — Balneo-regensis eccl. 371, 1; episc.: Alifredus.

Baltfridus episc. Baiocac. II 421, 30. 422, 40.

Barcinona, Barchinona civ., *Barcelona* I 264, 10. II 258, 35. 40. 259, 1. 459, 30; comes: Berana. — Barcinonensis eccl. 458, 20. 459, 30. 460, 30; episc.: Iohannes.

Bardaenowic, Bardenwi, Bardanwih, Bardenwih, Bardaenowio, Bardenwio, Bardowich, Bardenwich, Bardunwih, *Bardowiek* I 123, 10 [426, 5].

Bardunensis *v.* Virdunensis.

Barrensis, Barrisus pag., *Bar-le-Duc* II 195, 15. 275, 1.

Bartholomeus apost. II 504, 30.

Bartolomaeus archiep. Narbon. II 2, 20 [6, 5].

Basalchowa, *Baselgau* II 194, 10.

Basela, Basula civ., *Basel* I 221, 20. II 193, 35. — Basileensis, Basiliensis eccl. I 362, 35. II 210, 30. 246, 20. 450, 15; episc.: Baldeberhtus, Haito, Fredebertus, Iringus.

Basiniacus pag., *Bassigny* II 194, 10.

Basiu villa II 283, 1.

Basula *v.* Basela.

Batavorum, Batua comitat., *Batua, Betuwe* II 58, 25. 194, 5.

Batto II 189, 25.

Batua *v.* Batavi.

Baturatus *v.* Badaradus.

Baugulfus abb. Fuld. I 79, 5.

Bavaria *v.* Baioaria.

Bawarii *v.* Baioarii.

Bebbo signifer II 67, 35.

Bebo II 68, 5.

Beda presbyt. Anglor. II 225, 1. 506, 1.

Bedagowa, Bedensis pag., *Bidgau* II 194, 10. 15. 195, 15.

Begora civ., *Tarbes* I 13, 40.

Beheim, *Böhmen* I 136, 1. — Beheimi 271, 20; *v.* Boemani.

Beieri com. II 68, 10.

Beieri signifer II 68, 15.

Belgica regio II 339, 30.

Belgivaci *v.* Belvacus.

Bellovacensis, Bellovaci *v.* Belvacum.

Belnisus pag., *Beaune* II 276, 10.

Belvacus civ., *Beauvais* I 308, 15 [419, 25]. II 256, 1. 387, 10. 390, 30. 403, 1. — Belvacenses, Bellovaci, Belgivaci 349, 20. 351, 20. 421, 30. — Bellovacensis, Belvacensis eccl. 450, 20. 456, 25; episc.: Yrminfridus, Odo; B. pag. 275, 10.

Benarno civ., *Béarn* I 13, 40.

s. Benedictus II 412, 1; nativitas (21. 3) I 346, 40; regula, statuta 26, 5. 28, 1. (63, 5—20). 67, 1. 75, 30. 35. 76, 5. (108, 30—109, 5). 162, 1. 164, 15. 228, 25. (229, 5. 10). 234, 35. 236, 10. 251, 30. 344, 5. 10. (345, 15. 346, 1. 10. 15. 348, 20). 369, 20. 30. II 80, 1. 82, 25. 174, 10. 179, 25. 265, 15. 486, 5. 10. 506, 25. 507, 10. 508, 15; s. Benedicti monast., *Floriacum, St.-Benoit-sur-Loire, Fleury* I 350, 10. II 449, 15.

Benedictus II. pont. Rom. II 507, 35.

Benedictus III. pont. Rom. II 424, 10.

Benedictus archiep. Aquensis *(Aix)* II 2, 20 [6, 1].

Benedictus episc. Alban. I 370, 35.

Benedictus episc. Amerin. I 371, 10.

Benedictus episc. Cremon. II 99, 25. 103, 30.

Benedictus presbyter I 371, 15.

Benedictus I 314, 15 [449, 35].

Benenatus episc. Eugub. I 371, 5.

Beneventum I 201, 35. II 67, 1. 10. 20. 94, 20. 96, 35; duces: Sigenulfus, Radalgisus. — Beneventanum patrimonium I 353, 40; B. regnum II 67, 15.

Benninc I 233, 30.

Berana com. Barchinon. I 169, 10.

Berardus episc. Viridun. II 349, 35.

Berardus com. II 104, 5.

Berch abbatia, *Berg* II 193, 35.

Berch monast., *Haindlingberg* I 351, 15.

Berecarius II 278, 30.

Berengarius, Beringarius, Verengarius.

Berengarius rex Italiae II 126, 35. 143, 15. 20. 144, 35. 146, 15.

Berengarius com. et missus I 308, 20 [419, 30].

Berengarius com. et missus II 275, 10. 286, 30.

Berengarius com., filius Gebehardi comitis II 154, 15.
Verengarius com. Spolet. II 95, 25.
Berengarius missus II 279, 15. 283, 35. 284, 35.
Beringarius II 67, 30.
Bergamum civ., *Bergamo* I 327, 10; episc.: Hagano.
Bernhardus, Bernardus, Bernarius.
Bernhardus rex Italiae II 588, 55.
Bernardus archiep. Viennen. II 2, 20 [6, 1].
Bernarius episc. Gratianop. II 349, 25. 369, 1.
Bernhardus marchio Septiman. II 459, 40.
Bernardus com. Arvern. II 359, 1. 20. 361, 1.
Bernardus com. Odorn. II 194, 10.
Bernardus com. II 100, 1. 104, 1. 5.
Bernardus signifer II 67, 35.
Bernoinus, Bernuinus archiep. Vesontion. et missus I 308, 10 [419, 20]. II 2, 20 [5, 40].
Bernoinus archiep. Viennen. II 376, 30. 377, 10.
Bernoldus com. II 154, 15.
Bernulfus I 233, 30.
Bertaldus com. I 233, 30. 35. II 377, 30.
Berterigo I 378, 5.
Berthana regina, uxor Pippini reg. I 101, 30. 102, 1.
S. Bertini monast., *St.-Bertin*; abb.: Adalardus.
Bertmundus archiep. Ebredun. II 349, 10.
Bertmundus miles II 469, 5.
Bertoaldus episc. Lunensis I 371, 1. 5.
Bertricus II 278, 30.
Berulfus II 278, 25.
Besintionensis v. Vesontium.
Bethleem monast. II 350, 1; v. Ferrarias.
Bethsamitae II 487, 30.
Betto II 283, 1.
Biennensis v. Vienna.
Biraco, Birico episc. Vapinc. II 349, 25. 369, 5.
Birniho I 253, 10.
Birtilo I 233, 30.
Bisentionum, Bisintionum civ. v. Vesontium.
Bislanc civ., *Besslingen* II 194, 15. 195, 10.
Biso episc. Padarbrunn. II 210, 40. 246, 30.
Bissancion villa v. Vesontium.
Biterrae civ., *Béziers* I 264, 20.
Bithinia II 209, 40.
Biturica civ., *Bourges* II 397, 5. 417, 25. — Bituriges 449, 15. 450, 1. 35. — Bituricensis eccl. 57, 35. 349, 10: archiep.: Remedius, Agiulfus, Hrodulfus, Frotarius.
Blera, Bleda, *Bieda* I 353, 15. 370, 20; episc.: Passivus.
Blesisus pag., *Blois* II 276, 1.
Blesitchowa, *Bliesgau* II 194, 10.
Bobium civ., *Bobbio* I 353, 25.
Bodo episc. Aquensis *(Acqui)* II 99, 30.
Bodolonus I 233, 10.
Bodonis-monasterium, *Val-de-Bon-Moutier* II 194, 1.
Bodradus com. pal. II 100, 1. 104, 1.
Bodradus II 68, 5.
Boemani, *Böhmen* II 251, 20; v. Beheimi.
Boemica silva II 251, 1. 30.
Bolensis pag., *Boulogne-s.-mer* II 24, 5; *cfr.* Bononia.
s. Bonefacius, Bonifacius, Bonifatius archiep. Mogont. I 24, 25. 30. 25, 5. II 187, 30. 483, 1—10. 496, 10 [224, 5]. 503, 30. 35 [223, 20].
s. Bonifacii monast., *Fulda* I 350, 25.
Bonifacius I. pont. Rom. II 380, 25.
Bonifacius IV. pont. Rom. II 478, 15.
Bonoilum civ., *Bonneuil ad Sequanam* II 424, 5.
Bononia civ., *Boulogne-s.-mer* I 166, 15; *cfr.* Bolensis.
Bononia civ., *Bologna* I 353, 25.
Bortrini, *Westfahali* I 72, 35. — Bortrensis solid. 72, 35.
Boso com. Viennen. II 154, 15. 359, 20. 361, 5; dux et missus Italiae 99, 35. 104, 1; rex Burgund. 366, 25—367. 45. 368, 25—35. 377, 25; uxor: Hyrmengardis; filius: Ludovicus.
Boso com. II 160, 45.
Boso I 314, 25 [460, 5]. 377, 25. II 67, 35.
Bota fl., *Bode* I 168, 15.
Bracarense, Bracharense *(Braga)* II. conc. II 493, 1; B. III. conc. 256, 25. 459, 30; B. IV. conc. 504, 15.
Bracbantum, Bragmentum pag., *Brabant* II 24, 5. 195, 10.
Braidingus, Groidingus episc. Matiscon. II 421, 35. 422, 40. 450, 15.
Brantosmum, Brantosmurii monast., *Brantôme* I 351, 25. II 589, 55.
Breemberga, Breemberg, Breemberеg, *Bremburg* I 123, 15 [426, 10].
Bremensis, Brumensis eccl., *Bremen* II 211, 10. 246, 25; episc.: Adalgarius.
Breona villa v. Baierna.
Brionisus pag., *Brienne et Margerie* II 276, 5.
Briteio I 377, 30. 40. 378, 10.
Brittanni, Brittones II 70, 1. 25. 273, 25. 277, 35. 360, 20. 448, 40. 449, 1; dux: Salomo. — Britannica marcha 58, 25.
Brixia civ., *Brescia* I 327, 10; episc.: Rambertus.
Brumensis v. Bremensis.
Brunardus I 233, 20.
Brundulo civ., *Brondolo* II 131, 1.
Brunechildis, Brunichildis, Brunechilda, Brunehilda reg. I 12, 30. 13, 30. 40. 14, 1. 5. II 416, 30; maritus: Sigiberthus; liberi: Childebertus II., Chlodosinda; soror: Gailesoinda.
Brunherus I 234, 5.
Bruno I 377, 30.
Bunia (?) I 377, 35.
Bunun filius Theotaker I 234, 1.
Buoto II 250, 25.
Burnburg civ.; episc.: Hvitanus.
Burchardus, Burcardus, Burghardus, Burgchardus, Purchardus.
Burchardus episc. Carnot. et missus II 264, 25—40. 276, 1.
Purchardus episc. Patav. II 250, 20. 25.
Burchardus episc. Wirziburg. I 24, 25.
Burchardus com. II 154, 15.
Burdegala civ., *Bordeaux* I 13, 40; archiep.: Sicharius, Adalelmus.
Burgundia I 100, 10. 127, 20. 30. 128, 15. 271, 20. II 24, 5. 58, 15. 25. 67, 1. 329, 15. 20. 348, 25. 467, 25; dux: Richardus; reges: Boso, Hludowicus, Rudolfus.
Buria monast., *Benedictbeuern* I 350, 30.
Burianum, Buriana civ., *Burano* II 131, 1.
Busbrunnum monast., *ignot.* I 222, 5; abb.: Fabigaudus.
Byzantium civ. II 522, 25; *cfr.* Constantinopolis.

C.

Cabillio, Caballio, Cavalonum, Cavillonum, Cavillonis civ., *Chalon-s.-Saône* I 116, 25 [448, 15]. II 315, 10. — Cabillonenses, Cavillonenses 421, 30. — Cabilionensis, Cabilonensis, Cabillonensis, Cavellonensis, Cavallonensis comitat. (pag.) 58, 25. 276, 10; C. eccl. 349, 15. 369, 5. 450, 15; episc.: Godelsadus, Gerboldus; C. conc. I 312, 30—313, 20.
Cadurcorum civ., *Cahors* I 13, 40. 14, 1; C. eccl. II 349, 35; episc.: Willelmus.
Caelestinus, Celestinus I. pont. Rom. I 372, 35. II 232, 5. 497, 10—35.
Scelestino I 378, 10.
Caenomanicus pag. v. Cenomanensis.
Caesar-, Cesar-.
Caesaraugustanum conc. II 508, 1.
s. Caesarius episc. Arelat. II 417, 15.
Cesarius episc. Ostiensis I 370, 35.
Caesariensis episc. Eusebius II 514, 5.
Cesariense conc. v. Neocaesariense.
Calabria I 353, 40.
Calapodius I 169, 10.
Calcedonense, Calcidonense, Chalcedonense conc. (synod.) I 35, 30. 36, 15. 20. 54, 10. 15. 55, 10. 25—56, 10 [398, 1. 399, 1. 15—400, 10]. 111, 1. 227, 25. 228, 15. 278, 35 [408, 15].

369, 30. 372, 20. II 30, 10. 42, 35. 191, 15. 221, 5. 226, 1. 228, 20. 25. 229, 20. 30. 309, 25. 380, 15. 384, 30. 516, 20.

Calistus pont. Rom. II 214, 30.

Callis, Calliensis civ., *Cagli* I 358, 30. 370, 40; episc.: Pasivus.

Calmontis monast., *Chaumont* II 195, 5; C. pag. 194, 10. — Calmontensium comitat. 58, 15.

Cameracum civ., *Cambrai* II 195, 1; — Cameracensis, Camaracensis, Camalacensis eccl. 349, 20; C. episcopat. I 308, 20 [419, 30]; episc.: Alitgarus, Iohannes; C. pag. II 24, 5. 195, 10.

Camerinum civ., *Camerino; comes:* Wito.

Camizisus pag. II 275, 25; *cfr. not.* 36.

Campania I 358, 20. 40. II 478, 35. 479, 1.

Campita monast., *Kempten* I 350, 25.

Cano I 378, 10.

Caprariensis, Capariensis Mariae monast., *Cabrières* I 351, 20. II 539, 55.

Caprulas civ, *Caorle* II 131, 1. — Caprisani 135, 10.

Capua civ. I 353, 40. II 96, 35.

Caput Argeles, Argeris civ., *Cavarzere* II 131, 1. 142, 15.

Carcassona civ., *Carcassonne* I 264, 10. — Carcassensis comitat. 271, 20.

Carentani, *Kärnthen* I 271, 20.

Carentinus *v.* Carnutum.

Carisiacus palat., *Quierzy* II 279, 15. 285, 30. 286, 5. 291, 35. 296, 10. 301, 20. 307, 1. 15. 309, 30. 342, 35. 343, 1. 355, 30. 356, 35. 361, 10. 362, 1. 364, 30 [365, 1. 370, 1. 10]. 427, 30.

Carl- *v.* Karl-.

Carnutum, Carnotum civ., *Chartres* II 264, 25. 35. 285, 5. — Carnotensis, Carnotinsis, Carnotina, Carentina eccl. 349, 15. 450, 1; episc.: Helias, Burchardus, Gislebertus; C. pag. I 13, 5. 100, 5. II 276, 1.

Carol- *v.* Karol-.

Caronna fl., *Garonne* I 8, 10.

Carroffinii, Karrofini monast., *Charroux* I 351, 25. II 539, 55.

Cartaginense, Carthaginense conc. I 36, 25. 56, 10—25 [400, 10—25]. 108, 25. 227, 40. 279, 15. 20. 408, 50. II 178, 20. 30. 187, 30. 219, 10. 227, 10. 232, 5. 460, 15. 498, 25. 510, 15. 20. 512, 20. 25; *cfr.* Africanum.

Cassiodorius II 492, 15. 20. (505, 20—30).

Cassius episc. Narniensis II 495, 1.

Castellanus I 169, 15.

Castellum abbatia, *Kievermunt* II 193, 35.

Castellum Carnones abbatia, *Chateau-Châlon* II 194, 5.

Castellum Felicitatis civ., *Città di Castello* I 358, 35. 371, 1; episc.: Stabilis.

Castelli Malasci monast., *Montis Oliveti* I 351, 15. II 539, 55.

s. Castoris basilica Confluentina II 154, 5; *monasterium* 154, 10.

Castrensis, Castricius pag., *Mézières* II 24, 10. 195, 10.

Castrisus pag., *Arpajon* II 276, 5.

Catalaunorum civ., *Châlons-s.-Marne* II 349, 25. — Catalaunensis eccl. 427, 30. 450, 10. 469, 20; episc.: Lupus, Erchanraus, Willebertus. — Catolonis comitat. I 308, 15 [419, 25]; Catalonis, Catalaunius pag. II 24, 1. 275, 1.

Catervio I 377, 25. 30.

Caunas monast. *(d. Narbonne)* I 351, 15.

Causia silva, *la forêt de Cuise (dép. Oise)* II 361, 15. *(K. Plath).*

Cavallenses *v.* Gabelum.

Cavallon-, Cavellon-, Cavillon- *v.* Cabillio.

Cazerellus I 169, 15.

Celestinus *v.* Caelestinus.

Cella fraxilii monast., *Serres* I 352, 1.

Celmanis civ., *Le Mans* I 221, 25. — Cenomanensis, Cenomanica, Cenomannica, Caenomanica civ. II 265, 1. 5; C. eccl. 450, 10; episc.: Gaucilenus, Aldricus, Rotbertus; C., Cinnomannius pag. I 81, 20. 100, 10. II 276, 1.

Ceneda civ., *Ceneda* I 327, 17; episc.: Haiminus (?). — Cenetenses II 130, 30.

Centula monast., *St. Riquier* I 222, 5; abb.: Witmarus.

Centumcellae civ., *Civitavecchia* I 358, 15. — Centumcelensis eccl. 371, 1; episc.: Petrus.

Cerensis eccl. *v.* Chere.

Cesar- *v.* Caesar-.

Cesena civ., *Cesena* I 358, 25. — Cesentenses, Cesenetenses II 130, 30.

Chalcedonense conc. *v.* Calcid.

Charibertus I. rex, fil. Chlotharii I. I 13, 1—10.

Chere civ., *Cervetri* I 358, 15. — Cerensis eccl. 370, 35; episc.: Romanus.

Childeberthus, Childebertus, Hildebertus, Heldeberto.

Childeberthus I. rex, fil. Chlothovechi I 2, 25. 4, 30. 35. (7, 5. 15). II 416, 30. 417, 30.

Childebertus II. rex, fil. Sigiberthi I 12, 30—14, 10. 35. 15, 10. 15; uxor: Faileuba.

Heldeberto I 377, 30. 378, 5.

Childericus III. rex, fil. Chlothovechi II. I 29, 1.

Chilpiricus, Chilpericus, Hilpericus, Hilpricus, Hilperichus.

Chilpiricus I. rex, fil. Chlotharii I. I 8, 10. (19, 15. 20). 22, 5. 20; filius: Chlotharius II.

Hilpericus signifer II 68, 5.

Hilpericus, Hilpricus II 68, 5. 278, 25.

Chletgowe, Chletgaoi, *Kletgau* I 127, 25.

Chlodechilda, Chlothielda, filia Gunthramni I 13, 15.

Chlodosinda, Chlodesuinda, filia Sigiberthi I 13, 30.

Chlodoveus *v.* Chlothovechus.

Chlotharius, Chlotarius, Clotharius, Chlothacharius, Clodacharius, Hlotarius, Lotharius.

Chlotharius I. rex, fil. Chlothovechi I 4, 30—40. 5, 20. (8, 20. 10, 25). 14, 10—20. (19, 15. 20); filii: Sigiberthus I., Chilpiricus I., Charibertus I., Gunthramnus.

Chlotharius II. rex, fil. Chilperici I. I 18, 25. 20, 30—23, 35.

Chlothovechus, Chlodoveus, Hludowicus rex I 1, 15. (10, 20). II 340, 25. (434, 1). 513, 30. 522, 30; filii: Chlotharius I., Childebertus I.

Christianus episc. Autissiod. II 154, 10. 159, 15.

Christianus com. II 154, 15.

Christianus, Cristiano I 169, 10. 378, 15.

Christus caput ecclesiae II 29, 5—15; Christi corpus est ecclesia I 356, 10. II 418, 20. 516, 15. 520, 20. — Chr. baptismum 509, 1; Chr. corpus et sanguis; Christi nomen; Christi vicarii; *cfr.* Dominus.

(Chrodegangus), Hrodegangus episc. Mett. I 221, 20.

Chromatius episc. Aquileiensis II 514, 5.

Chuonradus com., frater Iudithae imperatricis II 154, 10. 422, 40. 423, 10—30; filius: Chuonradus.

Chuonradus, Chuanradus com., filius Chuonradi II 154, 15.

Chuonradus com. Paris. II 359, 1. 15.

Cimorra monast., *Simorra* I 352, 1.

Cinisius mons, *Mont-Cenis* I 127, 15.

Cinnomannius pag. *v.* Celmanis.

Cisalpini II 348, 20. 40.

Civitas nova, *Eraclea* I 128, 5. II 131, 1. 135, 1. 142, 15. — Civitatini novi 135, 1. 10.

Claudius episc. Taurin. II 483, 1.

Clemens I. pont. Rom. II 218, 5. 25. 232, 30.

Clinga monast., *Klingenmünster* I 351, 10.

Clugia, Cluia, Cluga civ., *Chioggia* II 131, 1. — Clugienses, Clugenses 135, 20.

Clusium civ., *Chiusi* II 95, 25. — Clusensis eccl. I 370, 40; episc.: Andreas.

Codemundus episc. Tuscan. I 371, 5.

Coerndiddo = Coera (Curia) *et* Diddo, *nomen episcopi; cfr. Mabillon, Annales* II, *p.* 207.

Colonia civ., *Cöln* I 17, 1. 25. 308, 15 [419, 25]. II 193, 35. 450, 1. — Coloniensis eccl. 246, 10; archiep.: Hildeboldus, Hadaboldus, Guntharius, Herimannus; *cfr.* Agrippina.

Colonia villa, *Coulaines* II 258, 10. 262, 20. 398, 1. 424, 25.

Coloprinus II 148, 30.

s. Columbae monast. Senon. I 222, 5. II 452, 25; abb.: Widradus, Welpho.

Comensis eccl., *Como* II 99, 30; episc.: Amalricus, Eilbertus; *cfr.* Cuma.

Comiaclum civ., *Comacchio* I 353, 25. — Comaclenses II 130, 30.

Communences, Communenses II 134, 20.

Compendium palat., *Compiègne* I 37, 35. 301, 5 [437, 10]. II 52, 25. 53, 40. 56, 10. 267, 1. 354, 1. 356, 5. 358, 40. 360, 35. 361, 10. 363, 20. 25. 365, 5. 370, 35; monast.: s. Mariae.

Condatum monast., *Condé* II 195, 5.

Condorusto, Condrusto, Condrust comitat., pag., *Condroz* II 58, 20. 194, 20. 195, 10.

Confluentes civ., *Coblenz* II (154, 5. 10). 157, 5. 159, 35. 297, 25. 30. 298, 1. 30. 299, 1. 162, 20. 163, 5. 35. 164, 5. 166, 10. 307, 15; eccl.: s. Castoris.

Conquas monast., *Conques* I 351, 5.

Consorannis civ., *Conserans* I 13, 10.

Constantia civ., *Constanz* I 221, 30. — Constantiensis eccl. II 210, 20. 246, 20; episc.: Iohannes, Egino, Salomon I., Salomon III.

Constantia civ., *Coutances* II 421, 30. 450, 10. — Constantiensis eccl. 349, 30; episc.: Herluinus, Sigemundus; *cfr.* Constantinus.

Constantiniana eccl. Rom. II 125, 35.

Constantinopolis civ. I 73, 30. II 482, 35. — Constantinopolitanum conc. 499, 35; C. patriarcha Iohannes I. 505, 20; *cfr.* Byzantium.

Constantinus Magnus imp. I 247, 35; II 35, 40. 175, 15. 416, 5. 478, 15. 484, 1. 522, 20.

Constantinus V. Copronymus imp. II 482, 35.

Constantinus episc. Praenest. I 370, 35.

Constantinus pag., *Coutances* I 100, 10. II 275, 15; *cfr.* Constantia.

Corbeia monast., *Corbie* I 222, 5. 350, 15. II 522, 10; abb.: Leodharius, Adalhardus.

Corbonisus pag., *Corbonnais* II 276, 1.

Cordubensis eccl., *Cordova* II 458, 20. 514, 10; episc.: Gregorius.

Corilisus pag., *Cotentin* II 275, 15.

Cornelius centurio II 505, 10.

Cornitulum I 378, 15.

Corsica ins. I 318, 35. 325, 5. 353, 35.

Cosmas episc. Human. I 371, 10.

Cotedanchus *v.* Gotethancus.

Cruiline I 233, 15.

Cremisa monast., *Kremsmünster* I 350, 25.

Cremona civ., *Cremona* I 327, 10. — Cremonensis eccl. II 99, 25. 103, 30; episc.: Benedictus.

Crisentius presbyter I 371, 15.

Crisiacus palat., *Crécy-s.-Canne (dép. Nièvre) aut Cressy (dép. Seine-Inférieure)* II 361, 20; *cfr. Longnon l. c. p.* 176.

Crispinnum monast., *Crespin* II 195, 5.

Cristiano *v.* Christianus.

S. Crucis monast. Leodefredi, *La Croix St.-Leufroy* I 350, 15.

S. Crucis monast. Pictav. I 302, 5. 30. 351, 30.

Crudatis monast., *Cruas* I 351, 10.

Culdini monast. *v.* Gildini m.

Cuma civ., *Como* I 327, 10; *cfr.* Comensis.

Cunibertus com. II 100, 1. 104, 1.

Cunibertus II 68, 1.

Curia, Coera civ., *Cur* I 222, 1. II 58, 20. — Curiensis ducat. I 127, 30; C. eccl. II 210, 30. 246, 20; episc.: Tello, Esso, Ruodharius, Theodulfus.

Curtricisus pag., *Courtrai* II 275, 5.

s. Cyprianus II 444, 15. 494, 10. 519, 35. 520, 10. 521, 15.

D.

Dadanus episc. Traiect. (?) I 24, 25.

Daddo missus II 276, 10.

Dado, Dedo episc. Virdun. II 211, 10. 246, 25.

Damasus I. pont. Rom. II 499, 15. 505, 20.

Danctagus I 284, 10.

Danubius fl., *Donau* I 127, 25. II 251, 20.

Darentasia civ. *v.* Tarantasia.

David episc. Lausann. II 112, 5.

David II 68, 5.

Dedo *v.* Dado.

S. Deodati abbatia, *St.-Dié* II 194, 1.

Deodericus *v.* Teudericus.

Deonant civ., *Dinant* II 195, 5.

Deormarus cancellar. II 260, 30.

Desiderius rex Langobard. I 188, 15.

Deusdedit missus Venet. II 137, 20.

Deusdedi I 377, 35.

Diatmarus chorepisc. Mogont. II 185, 10.

Diddo episc. I 222, 1; *cfr.* Coeradiddo.

Diensis eccl., *Die* II 350, 1. 369, 5; episc.: Hemico.

S. Dionysii, Dionisii, Dyonisii monast., *St.-Denis* I 222, 1. II 340, 35. 358, 40. 361, 1. 382, 20. 428, 1. 5. 15; abb.: Fulradus, Magenarius, Fardulfus, Hilduinus, Hludowicus.

Diotrich II 250, 20.

Ditmannus I 234, 5.

Divionensis pag., *Dijon* II 276, 10.

Dodilo II 278, 25.

Dodo episc. Andegav. et missus II 276, 1.

Dodo I 283, 30. II 278, 25.

Dominicus episc. Pisaur. I 371, 5.

Dominicus presbyter, episc. Madamauc. II 147, 15. 148, 30.

Dominicus presbyter I 371, 15.

Dominus: Domini adventus II 405, 30; D. natalis, nativitas I 3, 1. 179, 15 [418, 5]. 226, 35. 227, 10. 312, 25. 344, 35. 345, 15. 346, 35. 348, 10. 40. 363, 35. II 245, 20. 25. 259, 15. 325, 5. 494, 20. 495, 30. 496, 1. 510, 25; D. octavae, octava I 179, 20 [418, 5]. 312, 25. 346, 35. 363, 35; D. epiphania; D. pascha; D. resurrectio 363, 25. 30. II 41, 25. 325, 5. 30; D. ascensio, ascensa I 179, 20 [418, 10]. 312, 20. 363, 35. II 325, 5. 10; *cfr.* Christus, dominicus.

Donatus episc. Gallens. I 371, 5.

Donatus com. et missus I 308, 20 [419, 30].

Donatus com. Melidun. et missus II 276, 5.

Donesdei I 377, 25.

Dono I 378, 1.

Dorestado, *(Wijk bij) Duurstede* II 58, 25.

Drogo, Druogo, Truogo.

Drogo episc. Mett. II 112, 1. 25. 385, 25. 523, 10.

Druogo, episc. Minid. II 211, 1. 246, 30.

Drogo II 278, 25.

Druhtgangus abb. Gemed. I 222, 1.

Dulmensis pag., *le Dormois* II 195, 10.

Dungalus Scottus I 327, 10.

Dunum cast., *Châteaudun* I 13, 5. — Dunisus pag. II 276, 1.

Durandus cancellar. I 263, 1.

Durcasinus pag., *Dreux* II 276, 1.

Durgowe, Durgaoi, *Thurgau* I 127, 30.

Durinc vicarius II 250, 20.

Durinc II 260, 25.

Dusera monast., *Donzère* I 351, 10.

Dusmisus pag., *Duesme* II 276, 10.

E.

Ebarsindus abb. Aldah. I 222, 5.

Ebbo, Ebo, Hebbo, Abbo.

Ebbo archiep. Rem. et missus I 308, 15 [419, 25]. 360, 35. II 2, 20 [6, 1]. 57, 30. 58, 5. 264, 1. 5; episc. Hiltinesheim. 178, 20.

Ebbo episc. Gratianop. II 450, 10.

Abbo abb. monast. S. Germani Autissiodorensis et missus II 276, 5; episc. Autissiodor. 442, 5. 450, 20.

Abbo episc. Maurogensis II 450, 15.

Abbo episc. Nevernensis II 349, 20.

Ebo II 68, 5.

Eberdunum civ. *Embrun* I 75, 10. — Ebredunensis, Ebrodunensis eccl. II 349, 10. 377, 10; archiep.: Agaricus, Bertmundus, Arnaldus.

Eberhardus, Ebrardus, Everardus, Evrardus, Heverardus.

Everardus abb. II 450, 20.

Everardus com. et marchio Foriiulii II 136, 15. 137, 15.

Evrardus com. II 154, 10.
Ebrardus missus II 67, 30.
Eberhardus II 67, 30.
Ebo v. Ebbo.
Eboracas civ., *Evreux* I 221, 20. — Ebrecinus, Ebricinus pag. 100, 10. II 276, 1. — Ebrocenses 421, 30. — Ebrocensis eccl. 450, 1; episc.: Maurinus, Guntbertus.
Eboreia v. Eporegia.
Eboresheim, Eborreheim monast., *Ebersheim* I 351, 5. II 194, 1.
Ebrardus v. Eberhardus.
Ebrecinus pag. v. Eboracas.
Ebredunensis v. Eberdunum.
Ebricinus, Ebrocensis v. Eboracas.
Ebrodunensis v. Eberdunum.
Ebroinus episc. Pictav. II 382, 15.
Ebroinus II 278, 25.
Ecchardus missus II 452, 25.
Echa monast., *Alden-Eyk* II 195, 5.
Eddanus, Eddo episc. Strazburg. I 24, 25. 221, 20.
Edelulfus rex Anglorum II 425, 30. 426, 5—20.
Edoldus episc. Regensis II 369, 10.
Eemundus com. et missus I 308, 15 [419, 25].
Egil, Hegil abb. II 465, 1. 466, 1.
Egila I 169, 10.
Egilmarus v. Engilmarus.
Egino, Aino episc. Constant. *(Constanz)* I 233, 10. 15. 234, 10. 249, 10.
Egloin I 233, 15.
Egubium v. Eugubium.
Eicardus II 68, 15.
Eigil vicarius II 250, 25.
Eigilo II 250, 25.
Eihstatensis, Ethstetensis eccl., *Eichstätt* II 210, 20. 246, 15; episc.: Wilbaldus, Otgarius, Erchanbaldus. — Achistadi monast. I 221, 30.
Eilbertus episc. Com. II 99, 30.
Einhartus I 234, 10.
Einmenulfus II 278, 30. 35.
Eirardus v. Herardus.
Elehenwanc monast., *Ellwangen* I 350, 30.
Eleutherius episc. Privinat. I 371, 10.
Eliberitanum, Eliberritanum *(Elvira)* conc. II 181, 15. 30. 509, 30. 510, 10.
Elifantus, Eliphantus archiep. Arelat. I 75, 5.
Elipandus, Eliphandus archiep. Toletan. I 73, 25.
Elisatia, Elisatium *(Elsass)* comit. II 194, 10; ducatus 58, 20.
Elischowe, *Elsgau* II 194, 10.
Ellinger II 250, 25.
Elpericus I 169, 10.
Emaus pag. v. Amaus.
Emico v. Hemico.
Emilia prov. I 193, 10. 353, 25.
Emilo II 250, 25.
Emmenulfus II 278, 30. 35.
Emmo I 233, 10.
Empuria civ., *Ampurias* I 264, 10.
Engelramnus, Engilramnus, Ingelramnus, Angilramnus.
Engelramnus capellanus, episc. Mett. I 78, 10. 15; II 523, 5.
Engelramnus com. Flandriae II 192, 1. 25. 275, 5. 297, 1.
Engilramnus com. II 68, 15.
Engi, Enge, *Engen prope Schaffhausen* I 127, 25.
Engilenheim v. Ingelheim.
Engilmarus, Egilmarus episc. Osnebrugg. II 211, 1. 246, 30.
Engilscalcus, Engilscalchus, Engilschalh, Engiscalcus, Engiscalchus, Ingiscalcus.
Engiscalcus com. et missus II 275, 10.
Engilscalcus missus II 275, 1. 297, 1. 286, 30.
Engilschalh II 250, 25.
Engiltrudis reg., uxor Bosonis II 160, 20. 25.
Eogendi monast. v. Eugendi monast.
Eoriches I 234, 10.
Epaonense, Epaunense conc. I 231, 20. (II 417, 10).
Eperaespurch vic., *Ebersburg* II 251, 30.
Ephterniacum, Ephternacum monast., *Echternach* II 193, 35.
Eporegia, Eboreia civ., *Ivrea* I 128, 5. 327, 10. — Eporediensis eccl. II 99, 25. 103, 30; episc.: Ioseph, Azo.
Equilo, *Equilio vel Jesolo* II 131, 1. — Equilenses, Aquilenses 184, 25.
Equitania v. Aquitania.
Erardus v. Herardus.
Ercam-, Ercham-, Ercan-, Erchan-, Herkan-.
Erchanbaldus episc. Eihstat. II 210, 20. 246, 15.
Ercambaldus archicancell. I 169, 35.
Ercambaldus notarius II 137, 1.
Erchambertus episc. Baiocac. II 349, 30. 450, 20.
Erchanfridus episc. Ratisbon. II 185, 10.
Erchanraus episc. Catalaun. II 167, 10. 427, 30. 35. 442, 5. 450, 10. 469, 20.
Erchanradus episc. Paris. II 387, 20.
Erembertus missus II 95, 20.
Erenstein monast., *Erstein* II 194, 5.
Eriulfus missus II 95, 20.
Erivaldus I 233, 25.
Eriwardus I, 233, 25.
Erkingarius com. Alamann. II 154, 15.
Erlardus II 68, 1.
Erlinus, Erloinus v. Herloinus.
Ermamenarius I 233, 30.
Ermenfridus episc. Bellovac. II, 450, 20.
Ermefridus missus II 95, 25.
Ermenfredus missus I 339, 5.
Ermengarius com. I 169, 10.
Ermengaudus II 278, 25.
Ermenoldus com. II 68, 5.
Ermenoldus missus II 68, 15.
Ermenulfus II 278, 25.
Ernaldus seniscalcus (?) I 298, 10.
Erpesfurt, Erpisfurt, Erphesfurt, Erpesford, Herpesfurd, Herbisfurt civ., *Erfurt* I 123, 15 [426, 5].
Erpoinus, Erpuinus episc. Silvanect. II 387, 20. 421, 30. 422, 40. 450, 15.
Ervigo I 377, 25.
Ervin I 233, 15.
Esperandei I 169, 10.
Esso episc. Curiensis II 185, 5.
Etherius v. Aetherius.
Ethi v. Hetti.
Ethstetensis eccl. v. Eihstatensis.
Euaristus pont. Rom. II 218, 30. 223, 35. 225, 10. 30.
s. Eucherius episc. Aurelian. II 432, 30—433, 5.
S. Eugendi, Eogendi monast., *St.-Claude* I 221, 25. 350, 10; episc.: Yppolitus; *cfr.* S. Augentii monast.
S. Eugeniae monast. *(d. Narbonne)* I 351, 20.
Eugenius II. pont. Rom. I 322, 20. 323. 324, 5—15. 370, 30. 371, 20. 35. 377, 5.
Eugerius missus I 65, 10.
Eugubium, Egubium civ., *Gubbio* I 353, 30. 371, 5; episc.: Benenatus.
s. Eulaliae ager Barcinon. II 460, 25.
s. Eusebius episc. Caesar. II 514, 5.
Eusebius episc. Turon. I 222, 1.
Eustorgius episc. Tolonensis II 369, 5.
Euticianus pont. Rom. II 491, 25.
Eutyches II 265, 20.
Everardus, Evrardus v. Eberhardus.

F.

Fabariae monast., *Pfäffers* I 222, 5; abb.: Athalbertus.
Fabigaudus abb. Busbrunn. I 222, 5.
Faileuba reg., uxor Childeberti II. I 13, 30.
Fanum civ., *Fano* I 353, 30. — Fanestris eccl. 371, 5; episc.: Agipertus. — Fanenses II 130, 30.
Farago I 377, 40.
Fardulfus abb. S. Dionysii et missus I 100, 5.
Fariniacum v. Faverniacum.
Farulfus signifer II 68, 5.
Fastrada reg., uxor Karoli M. I 225, 15. 30.
Faustinus diac. I 371, 20.
Faventia civ., *Faenza* I 353, 25.
Faverniacum, Fariniacum monast., *Favernay* I 350, 35. II 194, 1.
Felix I. pont. Rom. II 494, 20.
Felix episc. Urgellit. I 73, 25. II 500, 1.
Feltria civ., *Feltre* I 327, 15.
Ferentinum civ., *Ferentino* I 353, 20.

Ferentum civ., *Ferento* I 353, 35.

Fermenses v. Firmum.

Ferraria civ., *Ferrara* I 353, 25. — Ferrarienses II 188, 20.

Ferrariae, Ferraria monast., *Ferrières* I 350, 15. II 350, 1. 370, 5. 15; abb.: Lupus, Albustus.

Fesulensis eccl., *Fiesole* I 370, 35; episc.: Grasulfus.

Ficausto I 378, 5.

Fidentius II 278, 25.

Fines civ., *Fine* II 131, 1.

Firmum civ., *Firmo* I 327, 15. — Firmenses, Fermenses II 130, 30.

Fiuhctinwanc monast., *Feuchtwangen* I 350, 20.

Flandria, Flandra, Franderes pag., *Flandern* I 301, 5 [437, 15]. II 24, 5. 275, 5; com.: Engelramnus, Balduinus I.

Flaviana vallis I 351, 10.

Flaviniacum, Flavinceuse monast., *Flavigny* I 222, 5. 350, 20. 394, 40; abb.: Manase, Ansegisus, Warinus.

S. Flodoaldi monast., *St.-Cloud* I 222, 1; abb.: Iohannis.

Flodoinus II 278, 30.

Florentia civ., *Florenz* I 327, 15. II 95, 25. — Florentina eccl. I 371, 5. II 99, 35; archiep.: Agiprandus, Petrus (?), Andreas.

Florus I 323, 15.

Flotharius episc. Tull. II 112, 5.

Focas imp. v. Phocas.

Folchardus chorep. Mogunt. II 185, 10.

Folco abb. monast. S. Audomari II 359, 15.

Folcoinus episc. Teruan. et missus II 275, 10.

Folericus episc. Tungrensis I 221, 25.

Fontanellense, Fontinellense, Funtanellae monast., *St.-Wandrille* I 394, 40; abb.: Withlecus, Ansegisus.

Forachheim, Forahheim, Forcheim, *Forchheim* I 123, 15 [426, 10].

Formosus episc. Portuensis II 342, 5. 351, 10. 352, 15; pont. Rom. 123, 10. 125, 5.

Forosemproniatis v. Forumsimpronii.

Forum Iulii civ., *Cividale* I 327, 15. II 95, 20. — Foroiulienses, Foroiuliani 130, 30. 135, 10. — Foroiulianus finis 135, 15. — Foroiulensis patriarcha Paulinus 506, 25; Furiolanus metropolitanus 515, 40.

Forumlivii civ., *Forli* I 353, 25.

Forumpopuli civ., *Forlimpopoli* I 353, 25.

Forumsimpronii civ., *Fossombrone* I 353, 30. 370, 30. — Forosemproniatis eccl. II 351, 35. 352, 1. 30; episc.: Leopardus, Petrus.

Fossus monast., *Fosses* II 195, 5.

Fossatus monast., *St.-Maure-des-Fossés* I 351, 5.

Fossiones, Fossones civ., *Fossone* II 131, 1.

Franci, *Franken* I 71, 15. 20. 166, 30 [432, 40]. 191, 25. 192, 30. 193, 5. 268, 45. 275, 25. 354, 40. 394, 35. II 126, 25. 207, 10. 279, 15 (—282, 15. 283—285, 15). 340, 30. 345, 35. 434, 1. 516, 25. 522, 30. — Francorum apostolus 340, 25; F. bannus I 94, 15; F. comites 29, 5; F. consensus 72, 20; F. consuetudo 192, 25; F. dux 24, 25. 29, 1. II 187, 30; F. exercitus I 52, 5. 20; F. gens 193, 25; F. grex et populus 225, 10; F. infidelis 166, 30 [428, 10]. F. iudicium (?) 148, 10 [430, 35]; F. ius II 236, 1; F. lex I 205, 15. II 207, 10. 235, 30. 35. 236, 1. 5. 259, 20; F. maiores I 4, 40; F. obtimates 29, 5—15; F. populus 225, 20; F. princeps 24, 25. 29, 1. II 187, 30. 432, 30; F. rector 500, 1; F. regina 416, 30; F. regio I 13, 30; F. regnum 44, 20. 53, 20. 25 [397, 5. 10]. 73, 20. 74, 5. II 450, 40; F. rex I 4, 40. 14, 1. 15, 15. 18, 25. 29, 1. 83, 20. 42, 5. 79, 5. 80, 20. 126, 30. 168, 15. 169, 10. 208, 15. 211, 30. 213, 10. 219, 1. 241, 15. 246, 30. 355, 1. II 340, 25. 378, 25. 389, 40. 416, 30. 432, 30. 434, 1. 513, 30. 515, 30; F. senatus I 350, 5; F. servi 17, 15; F. terra II 211, 1. — Francus Salicus cum Saxone et Frisione litigans I 268, 30 [446, 1]; F. de Saxonia, Baiouaria uxorem ducens II 207, 10. 235, 30. 236, 20; F. dominus I 206, 5; F. pontifex 192, 10.

Francia, Frantia I 13, 40. 100, 30. 104, 20. 127, 30. 169, 40. 198, 30. 199, 30. 204, 30. 205, 35. 268, 25 [445, 40]. 272, 30. II 24, 10. 65, 25. 67, 1. 100, 25. 348, 35. 101, 10. 112, 10. 137, 1. 143, 10. 207, 10. 221, 45. 348, 25. 370, 35. 483, 1. 508, 30; F. orientalis 185, 5. — Francilis bannus 302, 5. 15. — Franciscus, a, um: Fr. comes I 192, 20; Fr. scara II 68, 10.

Franconadal villa, *Frankenthal* I 253, 10.

Franco episc. Tungrensis II 154, 10. 211, 10. 338, 1. 339, 40. 349, 35. 359, 1. 20. 450, 5. 456, 20. 465, 1. 466, 25. 469, 15.

Franderes pag. v. Flandria.

Fredebertus episc. Basil. II 450, 15.

Fredegarius I 234, 1.

Fredeger I 233, 30.

Fredemirus I 169, 10.

Fredred I 233, 15.

Fredricus com. pal. II 359, 30.

Fresia v. Frisia.

Fricco I 97, 35.

Fridamundus I 234, 10.

Fridileih I 234, 5.

Fridaricus I 253, 25.

Frigisingae civ., *Freising* I 229, 25. — Frigisingensis, Frisingensis eccl. II 210, 30. 246, 15; episc.: Waldo.

Frisia, Fresia, *Friesland* I 127, 30. II 24, 5. 58, 20. 194, 10. 195, 15.

Frisiluna civ., *Frosinone* I 353, 20.

Frisingensis v. Frigisingensis.

Frisiones I 186, 5. 268, 30 [445, 40. 446, 1]. 270, 1.

Frodoinus abb. monast. S. Launomari II 450, 20.

Froimundo I 377, 35.

Frotarius archiep. Bituric. II 349, 10.

Fructuosus episc. II 218, 35.

Fulco capellanus, presbyt. II 523, 10.

Fulco missus II 329, 20.

Fuleradus v. Fulradus.

Fuldense monast., *Fulda*; abb.: Baugulfus, Hanto.

Fulgentius II 29, 25. 47, 1.

Fulkericus capellanus et missus imperialis II 469, 20.

Fulradus, Fuleradus.

Fulradus abb. S. Dionysii et capellanus I 222, 1. II 423, 5. 15. 433, 5. 523, 5.

Fulradus abb. S. Quintini et missus I 168, 15. 183, 30.

Fuleradus com. II 68, 5.

Fuleradus missus II 68, 10.

Fuleradus II 67, 35.

Fontanellae v. Fontanellense monast.

Furiolanus v. Forum Iulii.

Furonis villa, *Fouron* II 169, 1.

G.

Gabalitanensis eccl., *Cavaillon* II 349, 25; episc.: Agenulfus.

Gabelum civ., *Gavello* I 353, 25. — Gavalenses, Cavallenses, Kavalenses II 130, 30.

Gabinensis eccl., *olim Gabii* II 351, 35. 352, 1. 30; episc.: Leo.

Gabinus I 169, 15.

Gabrihel archangelus I 55, 5 [399, 10]. 365, 10.

Gadericus, Gaudericus episc. Veliter. II 342, 5. 351, 10.

Gaerbodus episc. I 75, 25.

Gaido I 377, 35.

Gaius imp. II 476, 40.

Gailesoindu soror Brunechildis I 13, 40.

Gallensis eccl. v. Gallisis.

Galli II 499, 40. 508, 25.

Gallia I 161, 1. 164, 15. 359, 20. 25. 360, 35. 362, 10. 20. 352, 10. 15. 385, 25. — Galliae 33, 25. 80, 30. II 368, 25. 377, 5. 498, 30. 508, 25. 513, 25. 30. — Gallica consuetudo 515, 35. — Gallicanus, a, um: G. cantus 61, 5 [404, 15]; G. ecclesia II 508, 5.

Gallicia II 459, 30.

S. Galli monast., *St.-Gallen*; abb.: Grimoldus.

Gallisis castellum, *Gallese* I 353, 15. — Gallensis eccl. 371, 5; episc.: Donatus.

Gamundias monast., *Hornbach* I 221, 25; episc.: Iacob.

Gangrense, **Gangarense** *(Gangra)* conc. I 57, 5 [401, 1]. 227, 35. II 241, 40 (289, 15 [308, 10]). 385, 5.
S. Ganguifi abbatia II 194, 1.
Garibaldus, Ghaerbaldus, Gerbaldus, Girbaldus, Gerboldus.
Girbaldus, Gerboldus episc. Cabillon. II 349, 15. 369, 5.
Ghaerbaldus episc. Tungr. I 241, 15. 242, 1. 35. 245, 1.
Garimaro notar. I 378, 10.
Gaucilenus, Gauslinus, Gauzlenus, Gauslinus, Gauscelinus.
Gaucilenus episc. Cenoman. I 221, 25.
Gauslenus abb. S. Germani et cancellar. II 350, 5. 359, 1. 15. 362, 1. 364, 30 [365, 5. 370, 5. 15].
Gauscelinus com. I 169, 10.
Gauslinus missus II 329, 20.
Gaudericus v. Gadericus.
S. Gaugerici monast., *St.-Gery* II 195, 5.
Gaurentius I 377, 25.
Gauscelinus v. Gaucilenus.
Gauseprando, Gausprando I 377, 35. 378, 15.
Gauslinus v. Gaucilenus.
Gauso I 377, 35.
Gausprando v. Gauseprando.
Gauzlenus v. Gaucilenus.
Gauzmarus II 361, 1.
Gavalenses v. Gabelum.
Gebehartus, Gebehardus episc. Spirensis II 154, 10. 173, 25. 185, 5.
Gehirfredus episc. Muntgarduv. I 314, 15 [449, 35].
Geilo abb. II 369, 10.
Gelasius I. pont. Rom. I 57, 30 [401, 30]. 227, 30—228, 5. 279, 5 [408, 30]. 405, 45. II 29, 20. 42, 35. 220, 35. 226, 25. 227, 25. (384, 35). 459, 15. 498, 30. 505, 20. 510, 25. (513, 15). 519, 30.
Gemedicum monast., *Jumièges* I 221, 1; abb.: Druhtgangus.
Genavensis comitat., *Genf* II 58, 25.
Genbaudus episc. Laudun. I 221, 20.
Gennadius Massil. II 495, 5.
Gentionis fossa II 184, 25.
Genua v. Ianua.
Georgius episc. Ostiensis I 38, 35. 45. 39, 15. II 433, 10.
Georgius episc. Vellatr. I 370, 35.
Georgius presb. I 371, 15.
Georgius vesterarius II 352, 20.
Gerardus episc. Laudensis II 99, 25. 103, 35.
Gerardus com. II 67, 35. 275, 10.
Gerardus com. pal. II 359, 30.
Gerardus missus II 68, 10.
Gerardus I 233, 20. II 278, 30.
Geraus abb. Niviell. I 222, 5.
Gerbaldus v. Garibaldus.
Gerbertus I 253, 30.
Gerboldus v. Garibaldus.
Gercmannus com. I 233, 20.
Gerimfrid I 233, 15.
Gerlegius II 278, 25.
Germani II 499, 40. 508, 25; *cfr.* Theotisci.
Germania I 359, 20. 25. 360, 35. 362, 10. 20. II 185, 5. 352, 10. 15. 385, 25. 513, 25.
s. Germanus Parisiensis II 480, 20; S. Germani monast. I 221, 1; abb.: Lantfridus.
S. Germani Autisiodorensis monast. II 448, 35; abb.: Abbo.
Germanus episc. Ausiman. I 370, 35.
Germardus episc. Arausic. II 369, 10.
Geroldus episc. Ambian. II 349, 20.
Gerolt II 250, 20. 25.
Gerpreht II 250, 20.
Gerunda civ., *Gerona* I 264, 10. — Gerundense conc. II 510, 20; G. eccl. 350, 1; episc.: Theotarius.
Geti II 481, 30.
Gildini, Culdini monast., *Calmoutier (?)* II 195, 1; *cfr. Pückert l. p.* 541, 1. *c. p.* 98.
Ghaerbaldus v. Garibaldus.
Girbaldus v. Garibaldus.
Gisclafredus com. I 169, 10.
Giselbertus, Gislebertus.
Giselbertus episc. II 112, 5.
Gislebertus episc. Carnot. II 349, 5. 359, 20. 450, 1.
Gislebertus com. II 359, 20.
Gislebertus com. Masuar. II 154, 15.
Gislardus II 278, 30.
Giselprando I 378, 1.
Gislebertus v. Giselbertus.
Gislinus II 278, 25.
Gislulfus II 278, 25.
Giso I 377, 25.
Gisulfo I 378, 10.
Godefredus, Godefridus com. et missus I 100, 10.
Godelsadus episc. Cabillon. II 421, 30. 422, 40. 450, 15.
Goderamnus II 278, 25.
Godobertus abb. Rasbac. I 222, 5.
Gombata v. Gundobada.
Gomis I 169, 15.
Gomoldus I 253, 15.
s. Gorgonius II 457, 30.
Gotbertus com. II 359, 20.
Gotethancus, Cotedanchus episc. Spirensis II 210, 25. 246, 20.
Gothi, Goti I 1, 20. II 258, 35. 460, 20. 25. 481, 30.
Gothia, Gotia I 127, 20. 128, 15. II 24, 10; marchio: Hunfridus.
Gotlandus II 278, 25.
Gotselmus v. Gozselmus.
Gozbaldus episc. Wirziburg. II 173, 20. 185, 5.
Gozprahtus, Gozbrachtus, Gozpertus episc. Osnebrug. II 173, 20. 185, 5.
Gozselmus decan. II 278, 30.
Gozselmus, Gotselmus missus II 275, 10.
Gozzo missus II 276, 10.
Gradus, Gradensis civ., *Grado* II 131, 1. 135, 15.
Graeci v. Greci.
Graffilado I 378, 5.
Graman II 250, 25.
Grandivallis monast., *Granfelden* II 194, 5.
Graolfus I 253, 15.
Grasulfus episc. Fesul. I 370, 35.
Gratianopolitana eccl., *Grenoble* II 349, 25. 369, 1. 450, 10; episc.: Adalulfus, Ebbo, Bernarius.
Gratiosus episc. Nepesin. I 371, 10.
Greci I 73, 30. II 480, 10. 481, 10—35. 482, 30. 483, 1. 495, 10. 497, 5. 15. 499, 30. 506, 35. 507, 1. — Grecus, a, um 479, 10. 25. 480, 1—10. 25. 481, 1. 20. 30. 497, 15. 503, 25. 516, 5. 537, 50.
Grecitas II 481, 30.
Gregorius I. pont. Rom. 175, 5. (235, 25). 251, 30. 279, 30 [409, 10]. (371, 40—372, 15). 25. II 29, 35. 30, 20. 25. 34, 1. 10. 46, 35. 49, 35. 52, 5. 160, 25. 30. 161, 25. 176, 1. 180, 5. (215, 30). 222, 35 — 223, 1. 230, 15. 243, 5. 287, 30. 324, 10. 326, 20. 335, 20. 35. 379, 10. 405, 1. 408, 1. 409, 1. 5. 410, 5. 412, 30. 415, 25. 416, 30. 417, 1. 422, 10. 430, 20. (444, 5). 445, 30. 450, 40. 488, 25. 494, 20. 30. 495, 1. 498, 30. 501, 30. 35. 502, 1. 504, 10. 508, 1. 15. 511, 5. 518, 20. (521, 10). 522, 30. 523, 1. 530, 10.
S. Gregorii monast., *Münster im Gregorienthal* I 351, 5. II 194, 1.
Gregorius II. pont. Rom. II 414, 10. 482, 35. 494, 30.
Gregorius III. pont. Rom. II 482, 35. 500, 15. 502, 1. 507, 35.
Gregorius episc. Cordub. II 514, 10.
s. Gregorius episc. Lingon. II 417, 10.
Gregorius episc. Turon. II 508, 25.
Gregorius nomenculator II 352, 15.
Gregorius presbyt. I 371, 15.
Grimoldus, Grimaldus, Grimoaldus abb. S. Galli et archicapellanus II 185, 10. 446, 10—20.
Grimoualdus I 377, 30.
Grisio villa, *Griet* I 254, 30.
Groidingus v. Braidingus.
Grozmannus II 68, 10.
Gualafridus v. Walafridus.
Gudiperto I 378, 10.
Guenilo v. Wenilo.
Guidbertus, Witherius cancellar. I 169, 35.
Gumprand, Gumprando I 378, 10.
Gunbaldus, Gunboldus v. Guntboldus.

Gundalperht II 250, 20.
Gundbodingi v. Guntbadingi.
Gundobada, Gombata lex I 370, 30. 40.
Gundpold v. Guntboldus.
Gundulfi- villa, *Gondreville* II 342, 1. 356, 35.
Gunfredo I 377, 30.
Guntardus episc. Matiscensis II 369, 5.
Guntbadingi, Guntbodingi, Gundbodingi I 58, 35. 77, 35.
Guntbertus episc. Ebroc. II 421, 30. 422, 40. 450, 1.
Guntbertus decan. II 278, 30.
Guntboldus, Gunboldus, Gundpold, Gunbaldus.
Guntboldus archiep. Rotomag. II 261, 5. 397, 25.
Gundpold II 250, 25.
Guntchramnus, Gunteramno v. Gunthramnus.
Guntharius archiep. Colon. II 154, 10. 442, 5. 446, 25. 450, 1. 464, 30. 465, 15. 30. 35. 466, 15. 25.
Gunthramnus, Gunteramno, Guntchramnus.
Gunthramnus rex, fil. Chlotharii I. I 10, 35. 11. 5. 12, 20. 30. 13. 14. 22, 5. 20; filia: Chlodechilda.
Gunteramno I 378, 5.
Guntulo I 377, 35.
Gunzo princeps coquorum I 298, 10.

H.

Hadabernus I 234, 10.
Hadaboldus, Hadabaldus, Hadebaldus archiep. Colon. et missus I 308, 15 [419, 25]. 360, 30. II 2, 20 [5, 40].
Hadabrannus II 283, 1.
Hadalbardus v. Adalhardus.
Hadamarus I 134, 5.
Hadebaldus v. Hadaboldus.
Hadebertus episc. Silvanect. II 349, 30.
Hadebertus aurifex II 381, 1.
Hadrianus v. Adrianus.
Hagano episc. Bergom. II 112, 5.
Haiminus v. Heiminus.
Haimiricus II 278, 25.
Haimuinus v. Heiminus.
Hainous v. Ainau.
Haito, Heito, Aito, Ahyto.
Haito episc. Basil. I 233, 10. 362, 35.
Aito com. et missus I 123, 15.
Halazstat, Halazstad, Haluxstat, Halastat, Chulazstat, Alazstad, *Hallstadt* I 123, 15 [426, 5]. II 538, 45.
Halduinus v. Hilduinus.
Halitgarus v. Alitgarus.
Halvarastatensis, Halvarastetensis eccl., *Halberstadt* II 210, 35, 246, 30; episc.: Hemmo, Sigimundus.
Hammburgensis eccl., *Hamburg*; episc.: Anscarius.
Hamarlant comitat., *Hamaland* II 58, 20.
Hamingus referendarius I 23, 30.
Hanto abb. Fuld. II 185, 10.
Hardingus com. II 100, 1. 104, 5.
Harduicus II 67, 30.
Harduinus, Arduicus archiep. Vesont. II 450, 10. 469, 15.
Harduinus, Hardoinus com. et missus II 275, 15.
Harifeus episc. Vesont. I 221, 30.
Hartbertus II 68, 5.
Hartgarius episc. Tungrensis II 112, 5.
Hartmannus com. II 154, 15.
Harthwigus episc. Patav. II 185, 10.
Hartwic presbyter II 252, 35.
Hasbanium, Asbania pag., *Haspengau* II 24, 5. 195, 10.
Hatto, Hattho, Hatho, Atto.
Hattho archiep. Mogont. II 210, 10. 246, 10.
Hatto episc. Viridun. II 154, 10. 159, 10. 338, 1. 339, 40. 448, 35. 450, 20. 456, 15. 466, 25. 469, 15.
Atto com. II 154, 15.
Hatuarii, Hatoarii, Hattuariae, Atoariae comitat. II 24, 25. 58, 25. 194, 5. 276, 10; *cfr. p.* 58, *not.* 19.
Havari v. Avari.
Haymo v. Heimo.
Hazarieda, Nazaruda monast., *Hasenried* I 350, 20.
Hebbo v. Ebbo.
Hebrei I 259, 1. II 481, 15. 494, 35. 506, 5; v. Iudei.
Hecilo II 278, 35.
Hecti v. Hetti.
Hecto II 278, 30.
Hedenulfus episc. Laudun. II 349, 30.
Hedui v. Aedui.
Hegil v. Egil.
Hegowe, Hegaoi, *Hegau* I 127, 25.
Heico II 278, 25.
Heidulfus miles II 469, 5.
Heimericus II 67, 30.
Heiminus, Haiminus, Haimuinus.
Haiminus episc. Cened. (?) II 112, 5.
Heiminus episc. et missus I 308, 10 [419, 20]. 314, 25 [450, 1]. 315, 1 [450, 10].
Heiminus II 67, 30.
Haimuinus II 278, 25.
Heimo, Haymo.
Haymo missus I 339, 5.
Heimo II 250, 25.
Heinricus, Henricus I. rex Germaniae II 379, 5. 20. 25.
Henricus abb. et missus II 276, 1.
Heirardus v. Herardus.
Heirbertus v. Heribertus.
Heistulfus v. Aistulfus.
Henricus v. Heinricus.
Heito v. Haito.
Helbuneus archicancell. II 148, 15.
Helde- v. Hilde-.
Helena imp. II 478, 15.
Helia, Aelia civ., *Jerusalem* II 478, 15; *cfr.* Hierusalem.
Helias episc. Carnot. II 387, 20.
Helias episc. Vasensis II 309, 1.
Heliodorus episc. Altinus II 514, 5.
Helisachar archicancell. I 263, 1. 264, 20. 315, 1 [450, 10].
Helmigaudus I 30, 20.
Helmwin II 250, 20.
Hemico, Emico episc. Diensis II 350, 1. 369, 5.
Hemmo episc. Halvarast. II 173, 20. 185, 5.
Hepfanheim, *Heppenheim ad Wormatiam* I 253, 40.
Herardus, Erardus, Eirardus, Airardus, Heirardus.
Herardus archiep. Turon. II 450, 5. 35.
Eirardus episc. Lexov. et missus II 275, 15. 349, 30. 421, 30. 422, 40. 450, 10.
Airardus II 278, 25.
Herbisfurt v. Erpesfurt.
Herbipolensis v. Wirziburgensis.
Heriando I 378, 15.
Heribertus, Heirbertus II 67, 30. 278, 25.
Heribodesheim monast., *Herbitzheim* II 194, 5.
Heribrandus signifer II 68, 5.
Herigildus I 233, 25.
Herigis I 253, 35.
Herilo II 278, 25.
Herimannus, Heremannus archiep. Colon. II 210, 15. 246, 10. 379, 20. 25. 380, 20. 25.
Herimannus episc. Nevern. II 264, 15. 20. 422, 1—30.
Herimannus com. II 154, 15.
Herkanraus v. Erchanraus.
Herlandus com. II 469, 5.
Herleboldus miles II 469, 5.
Herloinus, Herluinus, Erloinus, Erlinus.
Herluinus episc. Constant. *(Coutances)* II 421, 30. 422, 40. 442, 5. 450, 10.
Herloinus missus II 275, 10. 15. 297, 1.
Erlinus com. I 169, 10.
Hermintrudis, Hyrmentrudis regina, uxor Karoli II. II (313, 15). 365, 15. 453, 20. 25. 454, 1. 40—455.
Hermulo I 378, 10.
Hernaldus I 233, 25.
Herpesfurd v. Erpesfurt.
Heruwincus decanus II 278, 30.
Hesis civ., *Jesi* I 353, 30. — Hesinatis eccl. 371, 10; episc.: Iohannes.
Hessi com. II 154, 15.
Hessi pag., *Hessen* II 58, 20.
Hessiheim, Hessilhaim, Hessicheim, Hessichaim, *Hessheim ad Frankenthal* I 252, 40. 253, 5.
Hetti, Heti, Hethi, Hecti, Ethi archiep. Trever. et missus I 308, 10

[419, 25]. 355, 30. 356, 25—40. 360, 35. II 2, 20 [5, 40]. 112, 1.

Hettus I 234, 5.

Heverardus v. Eberhardus.

Hiddo episc. Augustid. I 221, 25.

Hieremias archiep. Senon. et missus I 308, 20 [419, 30].

s. Hieronimus I 251, 30. II 30, 25. 31, 40. 44, 1. (215, 10). 406, 30. 488, 20. 499, 15. 501, 20. 508, 25. 514, 5. 541, 25.

Hieronimus episc. Lausan. II 369, 5.

Hierusalem civ. 154, 1 [447, 20]. II 475, 30. 487, 20. 25; cfr. Helia.

Hilardense, Hilerdense v. Ilerdense.

s. Hilarii monast. I 351, 20.

Hilarius pont. Rom. II 215, 35. 216, 5. 404, 20.

Hilarius episc. Pictav. II 494, 15. 505, 15. 506, 1. 10.

Hildebaldus v. Hadaboldus.

Hildebertus v. Childebertus.

Hildeboldus, Hildiboldus, Hiltibaldus, Hildebaldus.

Hildeboldus archiep. Colon. I 78, 15. II 174, 1. 528, 10.

Hildeboldus episc. Suession. II 349, 15. 359, 15.

Hildebrandus, Hildebrannus, Heldeprando.

Hildebrandus episc. Sagensis II 349, 25. 421, 30. 422, 40. 450, 10.

Hildebrandus com. I 315, 1 [450, 10].

Heldeprando I 377, 25. 378, 15.

Hildegarda, Hildecarda, Ildicarda, Ildegarda reg., uxor Karoli M. I 201, 30. 314, 30 [450, 5].

Hildegarius episc. Meld. II 429, 5. 442, 5. 450, 5. 466, 25.

Hildigangus episc. Suuseon. I 221, 25.

Hildradus episc. Albensis II 99, 30. 108, 35.

Hilduinus, Halduinus, Alduinus.

Hilduinus episc. Astensis II 99, 30. 108, 35.

Hilduinus episc. Avenion. II 349, 25. 466, 25.

Hilduinus episc. Tungrensis II 378, 40. 379, 20. 25. 35. 380, 1. 10. 20. 25.

Hilduinus abb. monast. S. Audomari II 350, 1.

Hilduinus abb. S. Dionysii et archicanc. II 528, 10.

Hilduinus abb. et archicap. II 296, 35.

Hildulo I 378, 10.

Hilmeradus episc. Ambian. et missus II 275, 10. 421, 30. 422, 40.

Hilperichus, Hilpericus, Hilpricus v. Chilpiricus.

Hilpert I 378, 15.

Hiltibaldus v. Hildeboldus.

Hiltinesheimensis, Hiltineschinensis eccl., *Hildesheim* II 210, 35. 246, 25; episc.: Ebbo, Altfridus, Wigbertus.

Hincmarus, Igmarus archiep. Remensis et missus II 154, 10. 159, 15. 167, 30. 261, 5. 264, 1. 10. 30. 275, 1. 284, 35. 296, 35. 338, 1. 339, 30. 35. 341, 5. 348, 40. 349, 10. 359, 1. 363, 20. 382, 20. 387, 20. 397, 5. 25. 421, 25. 422, 35. 429, 5. 433, 10. 442, 5. 446, 10. 15. 450, 5. 456, 30. 457, 1. 518, 1—10. 35. 522, 10. 530, 1. 5.

Hincmarus episc. Laudun. II 159, 15. 167, 30. 298, 35. 338, 5. 442, 5. 450, 5. 456, 20.

Hiselmundus episc. et missus II 95, 25.

Hispani I 169. 261, 15—262 [II 258, 35—260]. I 263, 15—264, 15. II 499, 25. 506, 35. 511, 10. 513, 35. 514, 20.

Hispania, Ispania, Spania I 127, 15. 20. 128, 15. 136, 1. 167, 15. 169, 30. 261, 15. 20 [II 258, 35]. I 262, 1 [II 259, 15]. I 263, 30. 433, 15. II 494, 5. 506, 1.

Histrienses v. Istrienses.

Hisus I 233, 20.

Hitto com. I 233, 10. II 297, 1.

Hittun I 234, 5.

Hlotharius, Hlotarius, Chlotharius, Chlotarius, Lotharius, Lotarius, Lodharius, Leodharius, Lottarius, Hlutharius, Liutharius, Liutherus.

Hlotharius I. imp., fil. Hludowici I. I 270, 10. 35. 271, 5. (15. 35—273, 15). 287, 40. 316, 10. 318, 1. 322, 20. 324, 10. 325, 1. 326, 10. 15. 328, 5. 329, 5. 25. 359, 25. 370, 15. 30. 394. 413, 25. 424, 1. 435, 1. 5. 449, 30. II 4, 5. 12, 35. (35, 25). 52, 20—30. 53, 5. 15. 25. 55, 30. 56, 15. 60, 1. 62, 25. 65, 25. 66, 35. 68, 30. 70, 5. 30. 72, 10. 74, 10. 75, 5. 15. 76, 30. 77, 1. (82, 20. 30. 83, 25. 85, 25). 86, 1. 88, 35. (90, 35. 95, 5). 111, 15. 112, 10. 25. 116, 35. 117, 1. (121, 15). 124, 20. 130, 15. 20. 35. 132, 1. 135, 5. 136, 1. 10. 137, 1. 158, 5. 171, 20. 271, 1. 15. 277, 20. 293, 25. (35. 294, 5). 307, 1. (334, 5). 338, 5. (424, 25. 30. 428, 15. 430, 5. 434, 5. 15. 435, 1. 451, 1—10). 468, 40. 539, 25; filii: Hludowicus II., Hlotharius II., Karolus.

Hlotharius II. rex, fil. Hlotharii I. II (153, 45). 154, 10. 20. (156, 25. 157, 15. 20). 158, 30. 159, 10. 15. 160, 1. (15—25). 161, 1—10. (35. 40. 162, 5—35. 163, 5. 15—30. 164, 10). 25—165, 10. 167, 1. (10. 15. 168, 5). 169, 5. 192, 5. 15. 194, 10. 293, 15. 20. 294, 1—25. 40. (297, 30). 307, 20. 333, 5. 25. 354, 5. 356, 35. (438, 40). 442, 5. 20. 443, 10. 30. (444, 30). 447, 15. 35. 452, 10. 463, 25. (464, 5—465, 10. 20. 30). 466, 25—40. (467, 10—30). 468, 40. 469, 1; uxor: Tetberga; avunculus: Liutfridus.

Leodharius abb. Corbei. I 222, 5.

Liutharius com. II 154, 15.

Liutherus I 234, 5.

Hludowicus, Hluduwicus, Hluduvicus, Hluduicus, Hluthowicus, Hlodowicus, Hlodovicus, Hloduicus, Chluduicus, Cludowicus, Clodouuicus, Chlothovechus, Ludowicus, Ludovicus, Luduvicus, Luedowicus, Lådewicus, Lodoicus, Lodhuwicus.

Hludowicus I. imp., fil. Karoli M. I 127, 1. 20—128, 20. (129, 35. 45. 130, 5—15. 131, 15). 165, 15. 169, 25. 185, 20. 258, 15. 261, 15. 263, 1. 5. 15. 264, 15. 20. 267, 40. 269, 15. 270, 10. 25. 273, 35. 275, 25. 35. 280, 30. 281, 35. 40. 287, 40. 291, 40. 302, 5. 303, 5. 324, 10. 329, 5. (330, 25). 338, 30. 344, 1. 350, 5. (352, 1). 353, 5. 355, 10. 25. 357, 1. (358, 25). 359, 25. 366, 20. 368, 15. 20. 369, 20. 370, 1. 30. 394, 5—40. 413, 25. 424, 1. 435, 1. 5. 449, 30. II 2, 5. 15. 4, 5. 12, 35. 21, 25—24. 27. (28, 1. 5. 15. 33, 15. 25. 34, 40. 35, 25. 30. 36, 25. 40. 37, 15—35. 38, 1—15. 35. 39, 1—20. 42, 20. 46, 10—25. 48, 10—51, 15). 52, 35—55, 35. 56, 20—57, 15. 60, 1. 62, 20. 25. 69, 20. (25. 70, 35. 74, 20). 75, 30. (77, 10. 83, 10. 91, 1). 100, 25. 101, 5. (30. 103, 5. 15. 112, 10. 115, 20 [402, 1]). 124, 20. (158, 20 [299, 35]. 171, 20). 253, 10. (254, 1. 255, 1 [333, 1. 356, 1. 362, 5. 398, 5]). 258, 35. 263, 30. 265, 5. 268, 20. 30. (272, 5 [312, 20]. 273, 1 [343, 15]. 278, 15. 274, 1. 30. 277, 30). 278, 15. (288, 15. 20). 289, 25. (293, 25. 298, 10). 30. 300, 5. (302, 1. 307, 25. 308, 15. 318, 1. 321, 25. 328, 5. 25. 330, 5. 30. 331, 5. 334, 15—40. 336, 10. 15). 340, 25. 30. (343, 35. 345, 20—35. 346, 20—35. 360, 15. 388, 5. 15. 20 [403, 1. 15. 404, 25]). 388, 1. 396, 5. (403, 20. 408, 30). 411, 5. 413, 10. 15. 420, 15. (421, 5. 430, 1. 5. 431, 35. 40). 433, 25. (434, 35. 437, 30, 438, 5). 451, 1. 459, 35. 483, 1. 518, 10. 523, 10. 530, 5; uxor: Iuditha; filii: Hlotharius I., Pippinus I., Hludowicus II., Karolus II.

Hludowicus II. imp., fil. Hlotharii I. II (65, 35. 67, 1—20). 79, 30. 80, 25—30. 83, 40. 86, 1. 88, 25. 30. 90, 20. 92, 1. (97, 25). 116, 30. 117, 5. 10. (121, 15). 124, 20. 137, 10. 15. 35. 154, 20. (157, 15. 20. 168, 5). 169, 10. (297, 30). 342, 1. 351, 5. 377, 5. 464, 20; uxor: Ingelberga.

Hludowicus II. rex Franciae oriental., fil. Hludowici I. I 270, 10. 35. 271, 5. 15. 20. (25—273, 15). II 21, 30—24 (54, 30. 55, 10. 68, 30. 70, 10. 72, 10. 74, 15. 30. 77, 1. 15—35. 78, 1—10. 112, 25. 153, 5. 40. 154, 5. 157, 5. 158, 15—25. 159, 10. 15. 40. (160, 1—15. 161, 35—162, 5). 163, 5. (164, 5—15. 25—35. 165, 5). 20. 167, 30. 168, 15. 169, 1. 171, 15—172, 15. 173, 5. 15. (25. 30. 174, 30. 35. 175, 15—30. 184, 10). 15. 185, 1. 191, 35. 192, 5. 10. 20. 193, 10. 35. 250, 30. (283, 5. 287, 25). 293, 25. 294, 5. (295, 5. 10. 297, 30. 298, 5. 15. 299, 30). 307, 15. (334, 5. 25). 342, 1. 350, 5. 10. 351, 15—35. 352, 20. (357, 1. 35. 360, 30. 424, 25. 30). 427, 30. 428, 10—25. (429. 430, 1. 5. 20—432, 20. 434, 1—25. 35. 435. 436, 1—25. 437, 20—35. 438. 439, 1—25. 440, 5. 15. 30. 35. 441, 1—10). 442, 1. 10. 20. (30—443, 25. 444, 25—35. 445, 20—30). 446. 447, 20—30. 451, 1—10. 35. 40. 452, 5—453, 5. 466, 25;

filii: Karlomannus, Hludowicus III., Karolus III.

Hludowicus III. iunior, rex Franciae oriental., fil. Hludowici II. II (77, 30). 169, 1. 25. 350, 10. 356, 40. (357, 35. 40. 359, 5. 360, 30; filius: Hludowicus.

Hludowicus, filius Hludowici III. iunioris II 169, 25.

Hludowicus IV. rex Germ., fil. Arnulfi II 250, 15.

Hludowicus II. Balbus, rex Franciae occid., fil. Karoli II. II 169, 1. (331, 35. 356, 5. 10—40 [362, 10]. 357. 358, 10—40 [362, 30—40]. 359, 5—30. 360, 5. 15. 25. 361, 10—20. 35. 40). 363, 20. 25. 364. 365. 368, 10. 25. (370, 5. 10). 461, 5—462; filii: Hludowicus III., Karlomannus, Karolus III. Simplex.

Hludowicus III. rex Franciae occid., fil. Hludowici Balbi II 169, 30. (370, 10).

Ludowicus III. rex Provinciae., fil. Bosonis II 377, 5. 15—25.

Hludowicus abb. S. Dionysii et missus II 275, 10. 382, 15. 20. 423, 10.

Hludowicus archicanc. II 260, 30.

Hodo v. Odo.

Hoenchirche *ad Aquas sita?* II 194, 5; *cfr. Pückert l. p.* 541, 1. c. *p.* 92

Hoinowa monast., *Hohenaugia vel Honau* II 194, 1.

Holonna v. Olonna.

Homburch, Homburc monast., *Odilienberg* II 194, 1.

Homodei I 169, 10.

Honorifico I 378, 15.

Hormisda pont. Rom. II 507, 30.

Horrea monast., *Ören* II 193, 35.

Horta civ. v. Orta.

Hostiensis eccl. v. Ostiensis.

Hoxonensis pag., *Exmes* I 100, 10.

Hredi, Heredi, Redi com. et missus I 123, 15.

Hrenus fl. v. Rhenus.

Hroccolfus v. Rocolfus.

Hrodegangus v. Chrodegangus.

Hrod-, Hruod-, Hrot-, Hruot- v. Rod-, Rot-.

Hucbertus episc. Meldensis II 421, 30.

Hucbertus abb. monast. S. Mauricii, frater Tetbergae reg. II 467, 1.

Hucboldus signifer II 68, 15.

Hucboldus II 67, 35.

Hugo, Ugo rex Italiae II 150, 5—151, 20.

Hugo abb. S. Martini Turon. II 350, 1. 359, 20.

Hugo com. II 154, 15.

Hugo missus II 276, 10.

Humana civ., *Umana* I 358, 30. — Humanenses II 130, 30. — Humanata eccl. I 371, 10; episc.: Cosmas.

Hunfridus episc. Teruan. II 286, 30.

Hunfridus marchio Gothiae II 154, 15. 297, 1.

Humfridus II 67, 30.

Hungarius missus II 275, 10. 297, 1.

Humperht, Hunbertus I 258, 25; II 250, 20. 25.

Hunulfcurt monast., *Honnecourt* II 195, 5.

Hwitanus, Wintanus episc. Buraburg. I 24, 25. II 537, 40.

Hyrmentrudis v. Hermintrudis.

Hyrmengardis *reg.*, uxor Bosonis II 377, 20.

I.

Iacentius I 169, 10.

Iacob episc. de monasterio Gamundias I 221, 25.

Ianua, Genua civ., *Genua* I 327, 10. — Ianuensis, Ienuensis eccl. II 99, 30. 104, 1. 448, 25; episc.: Sabbatinus.

Ianus II 480, 30.

Ienuensis v. Ianua.

Iesus Christus v. Christus.

Iesse episc. Ambian. I 120, 40.

Igmarus v. Hincmarus.

Ildegarda, Ildicarda v. Hildegarda.

Ilerdense, Hilardense *(Lerida)* conc. II 181, 20. 188, 10.

Immo, Ymmo episc. Noviomag. et missus II 275, 5. 296, 35. 387, 20. 421, 30. 422, 40. 450, 10.

Immola civ., *Imola* I 358, 25.

Inda monast., *Inden vel Cornelimünster* II 193, 35.

Ingelberga imp., uxor Hludowici II. imp. II 342, 5.

Ingelgerus com. II 359, 20.

(Ingelheim), Engilenheim palat., *Ingelheim* II 112, 25.

Ingelramnus v. Engelramnus.

Ingelwinus, Ingilwinus episc. Paris. II 349, 20. 359, 15.

Ingilwinus missus II 275, 10.

Ingiscalcus v. Engilscalcus.

Ingobertus com. et missus I 308, 20 [419, 30].

Ingobertus II 278, 30.

Ingoldestat, Ingoldesstat, *Ingolstadt* I 127, 20. 271, 25.

Ingrimus v. Iringus.

Innocentius I. pont. Rom. I 55, 5. 56, 1. 57, 15. 20 [398, 35. 400, 1. 401, 15]. 227, 35. II 232, 5. 233, 5. (236, 10. 322, 20). 384, 35. 409, 15. (414, 25). 444, 1. 502, 15. 509, 25.

Inquirinus notar. II 143, 10.

Iohannes, Iohannis, Iohanne, Iohanes, Ioannes.

s. Iohannes apost. II 288, 25. 485, 15. 505, 5. 509, 20; s. I. festivitas, natalis (27. *Dec.*) I 179, 20 [418, 5]. 346, 35. 363, 35.

s. Iohannes bapt. II 501, 10. 508, 35. 509, 15; s. I. festivitas, natalis, nativitas (24. *Jun.*) I 179, 20. [418, 10]. 227, 10. 312, 20. 346, 35. 363, 35. II 245, 20.

S. Iohannis monast., *Moutiers-St.-Jean* I 222, 5; abb.: Waldo.

S. Iohannis monast., *ignot.* II 539, 50.

Iohannes VIII. pont. Rom. II 99, 15 [348, 15]. 101, 15. 347, 15. 348, 20. 349, 5. 351. 352. (356, 10). 368, 25.

Iohannes IX. pont. Rom. II 124, 1—15. 125, 10—126, 15.

Iohannes archiep. Arelat. I 169, 25.

Iohannes archiep. Pisan. I 371, 5.

Iohannes archiep. Rotomag. II 349, 10.

Iohannes episc. I 360, 35.

Iohannes episc. Aretin. II 99, 25. 103, 30. 349, 5. 350, 25. 351, 10. 30. 352, 5. 30. 358, 1.

Iohannes episc. Barchinon. (II 458, 20. 460, 10. 20).

Iohannes episc. Camerac. II 349, 20. 359, 20.

Iohannes episc. Constant. *(Constanz)* I 221, 30.

Iohannes episc. Constantinop. II 505, 20. 30.

Iohannes episc. Hesinat. I 371, 10.

Iohannes episc. Silvae-candidae I 370, 35.

Iohannes episc. Ticin. II 99, 25. 103, 35.

Iounnes episc. Torton. et missus II 95, 25.

Iohannes episc. Tudertin. I 371, 10.

Iohannes episc. Tuscan. II 349, 5. 350, 25. 351, 30. 352, 1. 30. 35.

Iohannis abb. S. Flodoaldi I 222, 1.

Iohannes archipresb. I 371, 15.

Iohannes presbyt. I 371, 15.

Iohanes dux Veneticor. II 142, 5. 10.

Iohanes Fabicianus legatus Veneticor. II 150, 15.

Iohannes sacellarius I 38, 35.

Iohannes I 169, 10. 378, 1. 15.

Ionas episc. Augustidun. et missus II 276, 5. 286, 35. 421, 30. 422, 40. 450, 15.

Ioseph episc. Epored. et archicap. II 80, 35. 112, 1. 117, 5.

Iosephus histor. II 487, 20.

Ioseph II 67, 35.

Iotselmus missus II 95, 20.

Iringus, Ingrimus episc. Basil. II 210, 30. 246, 20.

Isaac, Ysahac, Ysac episc. Lingon. II 349, 15. 448, 10. 15. 450, 15. 469, 20.

Isembardus com. et missus II 276, 5. 10. 286, 35. 297, 1.

Isidorus, Ysidorus episc Hispal. II 46, 30. 47, 10. 216, 15. 229, 20. (479, 25—481, 1. 537, 45—538, 20).

Ispani, Ispania v. Hispani, Hispania.

Israel II 483, 10.

Israeliticus populus II 426, 35.

Israhelitae II 512, 35.

Istrienses, Histrienses II 130, 30.

Itali II 478, 35. 508, 5.

Italia I 78, 20. 127, 20. 35. 128, 5. 169, 40. 191, 30. 199, 10. 15. 201, 1. 204, 30. 205, 30. 206, 1. 211, 20. 272, 30. 318, 1. 407, 25. II 37, 30. 67, 1. 5. 25. 85, 5. 10. 137, 1. 35. 138, 15. 143, 10. 150, 1. 169, 10. 357, 40. 368, 25. 464, 20. 467, 25. 479, 1; Italiae missus 104, 1; I. provinciae I 204, 25. 30; I. reges 205, 1; I. regnum 216, 10. 273, 10. II 60, 1. 62, 20; reges et imperatores: Liuthprandus, Aistulfus, Desiderius, Karolus M., Pippinus, Bernhardus, Hludowicus I., Hlotharius I., Hludowicus II., Karolus II., Karolus III., Berengarius I., Wido, Lambertus, Arnulfus, Rodulfus, Hugo; *cfr.* Langobardia. — Italicus, a, um: I. exercitus II 96, 35; I. litus 95, 25; I. montes I 127, 15; I. regnum II 88, 35. 97, 15. 99, 10. 20 [348, 15]. 101, 10. 105, 40. 348, 10. 25.

Itherius abb. S. Martini Turon. et missus I 368, 35.

Iudaeus, Iudeus, Iudea.

Indea II 490, 15.

Iudaei I 8, 10 [II 416, 30. 417, 30]. I 22, 5. 152, 20. 25. 230, 15. 258, 25 — 259, 20. II 41, 35. 97, 15. 20. 122, 35. 40. 320, 25. 389, 35. 416—419, 10. 476, 30. 487, 5. 489, 30. — Iudaeus, a, um: I. mercator II 252, 5; I. negotiator I 131, 25 [410, 25]. 298, 10. II 361, 10; I. testis I 152, 20. — Iudaicus, a, um: I. populus II 518, 5; I. superstitiones 491, 35.

Iudas apost. II 288, 10. 433, 30. 491, 5. 519, 20.

Iudicium villa, *Yütz prope Theodonis-villam* II 112, 25. 424, 25. 434, 15.

Iudith, Iudit, Iuditha, Iudithta.

Iudit imp., uxor Hludowici I. II 278, 15; frater: Chuonradus; filius: Karolus II.

Iudith filia Karoli II. II 160, 30. 425, 30 — 427, 10.

Iulianus imp. II 477, 1.

Iulius I 177, 10 [484, 5].

Iupiter I 223, 5. 20. II 324, 20. 325, 10.

Iustina imp. II 505, 15.

Iustinianus I. imp. I 247, 35. II 127, 20.

Iustinna, Iustina monast., *Jussan* (?) II 194, 5.

K.

Karlomannus, Carlomannus, Karlmannus, Karolomannus, Carolomannus, Karalmannus.

Karlmannus dux et princeps Francor. I 24, 20. (28, 5 — 20). II 187, 30; frater: Pippinus.

Karlomannus frater Karoli M. I 128, 1.

Karlomannus rex Baiuvariae, fil. Hludowici II. II 170, 5. 10. 250, 30. (357, 35. 40. 359, 5. 360, 30); filius: Arnulfus.

Karlomannus rex Neustriae, fil. Hludowici Balbi II 169, 30. 370. 371, 15. 518, 1. 10. 20. (530, 1).

Carlomannus fil. Karoli II., abb. S. Medardi II 344, 35.

Karolus, Carolus, Karulus, Karrulus, Karlus, Carlus.

Karolus Mart. I 129, 25 [II 23, 15]; I 356, 1; II 432, 30—433, 15; filii: Karlmannus, Pippinus.

Karolus Magnus rex I 44, 20. 47, 15. 58, 20 [397, 5]. 63, 25. 66, 30. 71, 10. 73, 20. 25. 74, 1. 5. 15. 79, 5. 80, 20. 81, 20. 193, 25. 194, 35. 198, 20. 25. 199, 25. 203, 15. 218, 10. 220, 15. 226, 5. II 500, 1; imperator I 91, 40. 100, 40. 101, 30. 102, 1. 109, 30. 112, 1. 15. 113, 1. 117, 15. 20. 120, 20. 40. 126, 5. 30. 130, 25. 152, 35. 156, 35. 157, 30. 168, 15. 169, 5. 170, 25. 204, 25. 211, 20. 30. 213, 5. 241, 10. 245, 1. 246, 25. 247, 25. 258, 15. 259, 10. (272, 30. 273, 10). 288, 5. 10 [442, 30. 35]. 290, 40. 291, 20 [445, 10]. 296, 25. 30. 297, 1. 5. (306, 10. 40. 307, 5. 30 [417, 45. 418, 30. 35. 419, 20]). 314, 15 [449, 35]. (333, 10). 353, 25. 30. 354, 5. 10. 355, 1. 359, 15—25. 394, 10—30. 397, 1. 45. 405, 40. 413, 25. 424, 1. 5. 435, 1. 5. 446, 20. 447, 30. II (13, 5. 15, 10. 17, 5). 19, 15. 23, 15. (33, 25. 37, 25. 38, 5. 50, 40). 52, 35. 40. 60, 1. 62, 20. 25. (69, 25). 75, 30. (77, 10). 91, 1. (101, 30. 103, 5. 15). 124, 20. (115, 20 [402, 1]). 136, 20. 173, 35. 188, 40. (253, 25). 258, 35. 259, 20. 268, 20. 30. (272, 5 [312, 20]. 273, 1 [343, 15]. 273, 15. 274, 1, 30. 277, 30). 289, 25. 300, 5. (302, 1. 307, 25. 308, 15. 318, 1. 322, 10. 323, 5. 20. 25. 330, 5. 30. 331, 5. 333, 20. 334, 5 [362, 25]. 334, 15—40. 335, 10. 15. 343, 35. 345, 20. 25. 35. 346, 20—35. 360, 15). 384, 1. (388, 5. 15. 20 [403, 1. 15. 404, 25]). 389, 35. (403, 20). 413, 10. 420, 15. (431, 35. 432, 10). 433, 20. (434, 35). 459, 35. 508, 30. 522, 5. 35. 523, 5. 538, 55; uxores: Hildegarda, Fastrada; filii: Karolus, Pippinus, Hludowicus; *cfr.* I 129, 35. 139, 5. 155, 25. 208, 25. 225, 15. 227, 10.

Karolus fil. Karoli M. I 127, 1—15. 30. 35. 128, 1 — 20. (129, 35. 45. 131, 15). 141, 15. 20.

Karolus II. rex, fil. Hludowici I. II 21, 30 — 24. (54, 30. 55, 10). 68, 30. 70, 15. 30. 71, 5. 72, 10. 74, 30. 75, 5. 25. 76, 30. 77, 15. 112, 25. 153, 5. 40— 154, 5. 20. (157, 15. 20). 158, 10 — 30. 159, 10—20. 35. (163, 15 — 30). 164, 5. 30. 35. 165. 167, 30. 168, 15. 169, 1. 5. 171, 15—172, 15. 191, 35. 192. 193, 10. 195, 1. 253, 10. 256, 5. 258, 25. 260, 30. 261, 5—15. 263, 10. 30—264. 5. 15. 25. 265, 10. 30. 266, 10. 20. 267, 1. 5. 270, 30. 271, 1. 10. 277, 20. 278, 15. 279, 15—282, 15. 283 — 285, 15. 30. 286, 1. 291, 30. 293, 15. 20. 294, 20. 25. 295, 1. 10. 296, 15. 297, 25. 298, 30. 299, 30. 301, 20. 25. 303, 15. 20. 311, 5. 15. 312, 1. 329, 15. 20. 333, 15. 337, 1. 338, 1. 5. 339, 5. 35. 40. (340, 20). 342, 5. 35. 348, 1. 364, 15. 30 [365, 1. 370, 1. 10]. 365, 10. 15. 368, 25. 382, 15. 383. (384, 1 — 20. 385. 386, 35. 40). 387, 15. (35 — 388, 25 [403, 1 — 15. 404, 20. 25]). 389, 40. (396, 25). 397, 10. 15. 25. (398, 1. 403, 15—30. 405, 15—25. 408. 411, 5—15. 416, 15. 419, 25. 30. 420. 1. 5. 30— 421, 5). 422, 1. 35. 423, 10. 25 — 35. 424, 5—426, 1. (428, 15. 429, 5. 430, 5. 431, 35. 40. 434, 5—15. 435, 1. 438, 40. 439, 1. 20). 442, 1. 5. 10. 20. 443, 10. 30. (444, 30). 447. 448, 25. 449, 1. 15. 450, 30. 453, 25 — 454, 5. 456—458, 1. 20. (459, 40). 466, 25. 469, 20; imperator 99, 10 [348, 10]. 100, 25 [348, 35]. 101, 5. 105, 40. 348, 25—349, 1. 350, 5—15. 351, 10— 30. 352, 10. 354, 5. 355, 30. 361, 35. 362, 1; uxores: Hermintrudis, Richildis; filii: Hludowicus II. Balbus, Carlomannus; filia: Iudith.

Karolus III. rex Alamanniae, fil. Hludowici II. II 170, 5. 10. (357, 35. 40. 359, 5. 360, 30); imperator 138, 15. 141, 1. 143, 5. 376. 35. 377, 30.

Karolus rex Provinciae, fil. Hlotharii I. II 154, 20. (157, 15. 20. 168, 5. 297, 30). 447, 15. 35.

Karolus III. Simplex, rex Franciae occid., fil. Hludowici II. Balbi II 378, 25—381.

Karrofini monast. *v.* Carroffinii.

Kavalenses *v.* Gabelum.

Kozperht II 250, 25.

L.

Ladini I 377, 25—35. 378, 5.

Lagiperto I 378, 5.

Laibulfus com. I 169, 10.

Lambertus, Lampertus, Lantbertus, Lantpertus, Landbertus, Landebertus, Landeperto.

S. Lamberti eccl. Tungr. II 380, 1. 469, 15.

Lambertus imp. II 123, 15. 25. 124, 1. 126, 15. 25.

Lampertus episc. Aretin. I 370, 30.

Lantbertus episc. Matiscon. II 349, 15.

Landebertus missus II 95, 20.

Landeperto notar. I 377, 30.

Landeperto I 378, 1.

Lampulo I 378, 10.

Landari I 377, 35.

Land-, Lande-, Lan- *v.* Lamb-, Lant.

Langob-, Langub-, Languv-, Longob-.

Langobardi I 169, 10. 15. 191, 25. 30. 193, 5. 199, 20. 30. 200, 1. 5. 205, 5. 216, 25. 218, 25. 219, 1. 353, 35. 354, 10. 40. II 62, 35. 125, 25. 508, 30. — Langobardorum consuetudo I 319, 15. 320, 25. 30. 321, 10; L. edictus 219, 5; L. gens 191, 25. 193, 25; L. lex 204, 40. 317, 1. 319, 5. 15. II 90, 25. 91, 5. 106, 35. 134, 15; *cfr.* I 204, 35; 205, 1; L. rex I 79, 5.

80, 20. 126, 30. 168, 15. 169, 10. 191, 25. 193, 25. 203, 15. 211, 30. 219, 5. 241, 15. 246, 30. 354, 5. II 135, 1. — Langobardus mulierem Romanam habens I 319, 20; L. dominus 206, 5; L. liber 200, 1; L. pontifex 192, 10. — Langobardiscus 191, 5. 10. 192, 25; L. lex 204, 35. 205, 1.

Langobardia I 127, 20. 157, 5. 278, 5 [407, 25]; *cfr.* Italia.

Lantbertus *v.* Lambertus.

Lantfridus, Lantfredus, Landefredo, Lanfredo, Lanfred.

Lantfridus episc. Sabion. II 185, 10.

Lantfridus abb. S. Germani I 222, 1.

Lantfredus I 233, 25.

Landefredo, Lanfredo, Lanfred I 377, 30. 378, 10. 15.

Lanto episc. Augustensis II 173, 25. 185, 5.

Lantpertus *v.* Lambertus.

Lantramnus, Landramnus archiep. Turon. et missus I 308, 20 [419, 30]. II 2, 20 [6, 1].

Lantvinus missus II 329, 20.

Laodicenum, Laudacense, Laudicense conc. I 55, 10—25 [399, 5—15]. II 241, 35. 418, 25.

Lapurdo civ., *Bayonne* I 13, 10.

Lateranis *domus Aquisgrani pal.* I 344, 1.

Latini I 247, 5. II 481, 5. 15. 20. 497, 5. 499, 30. 501, 20. 506, 40. 507, 1. 508, 10. — Latinus, a, um I 363, 5. II 480, 1. 5. 481, 30. 516, 5.

Laubias, Laubicis monast., *Lobbes* I 221, 25. II 195, 5; episc.: Theodolfus.

Laudacense, Laudicense conc. *v.* Laodicenum.

Laude civ., *Lodi* I 327, 10. — Laudensis eccl. II 99, 25. 108, 30; episc.: Gerardus.

Laudunum civ., *Laon* I 221, 20. 308, 15 [419, 25]. — Laudunensis: L. eccl. II 349, 30. 456, 20; L. pag. 24, 10. 361, 10; Laudunisus pag. 275, 5. — Lugdunenses 264, 30. 421, 30. 450, 5; comes: Adalelmus; episc.: Genbaudus, Symeon, Pardulus, Hincmarus, Hedenulfus.

Laudunensis = Lugdunensis *v.* Lugdunum.

Launif palat., *ignot.* II 361, 20.

S. Launomari monast., *St.-Lomer;* abb.: Frodoinus.

s. Laurentius II 511, 20; s. L. nativitas (10. *Aug.)* I 346, 35.

S. Laurentii monast. Leudense (*Lüttich)* II 195, 5; *aliter Pückert l. p.* 541, 1. c. *p.* 97.

S. Laurentii monast., *St.-Chignan* I 351, 20.

Laurentius episc. Olivol. II 142, 5.

Lauretum civ., *Loreo* II 131, 1.

Lauriacum, Lauriagum, Loriacum civ., *Lorch* I 123, 15 [426, 10].

Lauriacus villa, *Loire* II 300, 20. 402, 25.

Lausannensis eccl., *Lausanne* II 369, 5; episc.: David, Hieronimus.

Lebbrahamonast., *Leberau* II 423, 5—20; abb.: Fulradus.

Ledi monast., *Lierre* II 195, 5.

Lemovicas civ., *Limoges* I 13, 40. 351, 1. — Lemovicensis eccl. II 349, 30; episc.: Anselmus; monast.: S. Marine.

Lens (= *Lennis?)* palat., *Lens (dép. Pas-de-Calais)* II 361, 15.

Leo I. imp.: Leoniana constitutio I 311, 1 [421, 5].

Leo I. pont. Rom. I 54, 25. 55, 30. 57, 25. 30 [398, 10. 399, 25. 401, 20. 25]. 75, 5. 228, 1. 277, 40. 376, 15. II 176, 15. 189, 30. 219, 35. 228, 20. 230, 1. 15. 235, 10. 35. 324, 10. 384, 30. 414, 5. 445, 5. 454, 20. 30. 496, 10 [224, 1]. 501, 35. 502, 1. 510, 20. 25.

Leo II. pont. Rom. II 507, 35.

Leo III. pont. Rom. II 188, 35.

Leo IV. pont. Rom. II (66, 30). 67, 20. 85, 25.

Leo episc. Gabinensis et apocris. II 350, 20. 351, 35. 352, 1. 30.

Leo diaconus I 371, 20.

Leo legatus Veneticor. II 142, 5.

Leo I 372, 40. 377, 30. 35. 378, 1.

Leoboinus corepisc. II 369, 10.

Leodac I 233, 10.

Leodeningus episc. Baiocac. I 222, 1.

Leodharius *v.* Hlotharius.

Leodicum *v.* Leucorum civ.

Leodoinus episc. Massil. II 369, 10.

Leodoinus episc. Mutin. II 99, 30.

Leomallo I 377, 35.

Leoninus episc. Tribustabernae I I 371, 10.

Leonis II 518, 20.

Leontius diac. I 371, 20.

Leopardus episc. Forosempron. I 370, 30.

Leoperto I 378, 1.

Leoprando *v.* Liutbrandus.

Letardus com. II 359, 20.

Leucorum, Leudica, Leodicum, Leudensis civ., *Lüttich* II 76, 30. 195, 5. 349, 35. 424, 30; monast.: S. Laurentii; *cfr.* Tungris civ., Liugas.

Leut- *v.* Liut-.

Lexoviensis, Lixoviensis eccl., *Lisieux* II 349, 30. 450, 10. — Lixovienses 421, 30. — Lisuinus, Livinus pag. I 100, 10. II 275, 15; episc.: Eirardus.

Liftinas, Liptinas, Listinas, *Lestinnes* I 27, 40. II 433, 10.

Ligeris fl., *Loire* I 100, 10. 127, 15. 167, 10. 15 [433, 10. 15]. 301, 20 [437, 30]. II 21, 1. 58, 25. 361, 1.

Ligures II 497, 10.

Ligurium silva, *forêt de Trois-Fontaines* II 361, 15.

Lingones civ., *Langres* II 421, 30. 448, 1; Lingonia pag. I 100, 5. 10. — Lingonensis, Linguinensis, Lingonicus: L. comitat. II 58, 25; L. eccl. 349, 15. 417, 10. 448, 10. 25. 450, 15. 469, 20; episc.: s. Gregorius, Albericus, Teutboldus, Isaac.

Lintza civ., *Linz* II 251, 1.

Liptinas, Listinas *v.* Liftinas.

Lisgu silva, *Lesges (dép. de l'Aisne)* II 361, 20. *(K. Plath).*

Lisuinus pag. *v.* Lexoviensis.

Liugas pag., *Lüttichgau* II 194, 5. 195, 10; *cfr.* Leuci.

Liupalde I 377, 35.

Liupramnus archiep. Salzpurg. II 185, 5.

Liut-, Lind-, Luit-, Leut-

Liutardus *v.* Liuthardus.

Liutbertus, Liutpertus archiep. Mogont. I 359, 20. II 167, 30. 192, 20. 211, 40. 221, 45. 225, 45. 226, 35. 227, 40. 231, 40. 234, 40. 241, 40. 242, 45.

Luitbertus episc. Mimigernaford. II 154, 10.

Liutbrandus, Liuthprandus, Liuprande, Leoprando.

Liuthprandus rex Langobard. II 185, 1.

Liutbrandus episc. II 185, 10.

Liuprando I 378, 5.

Leoprando I 378, 1.

Liutfridus com., Hlotharii II. avunculus II 154, 15.

Liutfridus com. II 99, 35. 192, 10. 25.

Liutfridus missus II 67, 30.

Liutfridus II 67, 30.

Lindefredo I 378, 15.

Liuthardus, Liutardus.

Liutardus episc. Nucer. I 371, 1.

Liuthardus com. II 154, 15.

Liutharius, Liutherus *v.* Hlotharius.

Liutpirga reg., uxor Tassilonis I 159, 10.

Liutrigus com. I 314, 15 [449, 35].

Leutulfus, Leutulphus com. vel dux Saxoniae II 154, 15.

Liutwardus archicancell. II 143, 10.

Livinus, Lixoviensis *v.* Lexoviensis.

Lomensis pag., *Lommegau* II 195, 10.

Lomprandus episc. Pistur. I 371, 5.

Longobardi *v.* Langobardi.

Lorenzenvillare, *Lorenzweiler apud Mogontiam* I 253, 40.

Lorwim monast., *ignot.* I 351, 10.

Lubianus presbyt. I 371, 15.

Luca civ., *Lucca* II 95, 25. — Lucana eccl. I 371, 1; episc.: Petrus.

Luceolis civ., *hodie Cantiano* I 353, 30.

Luceria civ., *Lucera* II 96, 35.

Luciano I 378, 20.

Lucius pont. Rom. II 289, 10.

Luda, Ludra monast., *Lutera?, Inda?* I 351, 5. II 589, 55.

Lugdunum civ., *Lyon* I 308, 20 [419, 30]. II 2, 20 [6, 1]. 195, 1. — Lugdunenses 450, 5. 30. — Lugdunensis, Laudunensis: L. comitat., pag. I 127, 15. II 58, 15. 25. 195, 15; L. eccl. 56, 10. 349, 10. 369, 1. 377, 10. 417, 10. 25. 469, 15; L. metropolitanus 515, 40; archiep.: s. Viventiolus, Priscus, Agobardus, Amalo, Remigius, Aurelianus.

Lugdunensis = Laudunensis v. Laudunum.

Luit- v. Liut-

Lullus archiep. Mogont. I 42, 5. 221, 20.

Lunis civ., *olim Luni* II 95, 25. — Lunensis eccl. I 371, 5; episc.: Bertoaldus.

Lupus archiep. Senon. I 221, 20.

Lupus episc. Albiensis II 349, 35.

Lupus episc. Catalaun. II 387, 20.

s. Lupus episc. Trecensis II 418, 20.

Lupus episc. Turcun. I 371, 5.

Lupus abb. Ferrariensis II 450, 20.

Lutera abbatia, *Lure* II 194, 1.

Lutrahahof, Luthraof, *Lauterhofen* I 127, 20. 271, 25.

Luttosa monast., *Leuze* II 195, 5.

Luxovium, Luxoviense monast., *Luxeuil* I 394, 40. II 194, 1; abb.: Ansegisus.

M.

Maalinas monast., *Mecheln* II 195, 5.

Macco I 233, 20. 30.

Macedo missus II 95, 25.

Macedones II 514, 25.

S. Macrae martyrium, *St.-Macre, Fimes* II 519, 30. 521, 35. 530, 1.

Macrinus I 234, 10.

Madalfeus episc. Virdun. I 221, 30.

Madalgaudus, Madelgaudus, Madalgoz com. et missus I 100, 10. 128, 15.

Madamauco civ., *Malamocco* II 130, 35. — Madamaucenses, Methamaucenses, Metamaucenses 134, 20. 138, 25. 148, 30; episc.: Dominicus; *cfr.* Metamauri fossa.

Madascius II 460, 20.

Madelgaudus v. Madalgaudus.

Madergaudus decan. II 278, 30.

Madiscensis eccl. v. Matisconensis.

Madrecisus, Madricinsis pag., *Merey (pays de Madrie)* I 100, 10. II 276, 5.

Magadoburg civ., *Magdeburg* I 123, 15 [426, 5].

Magenardus, Magnardus archiep. Rotomag. et missus I 75, 25. 100, 10.

Magenarius abb. monasterii S. Dionysii et missus I 353, 35.

Maginarius com. I 315, 1 [450, 10].

Magnilocum monast., *Manlieu* I 351, 5.

Magnus archiep. Senon. et missus I 100, 10. 338, 30.

Magnus episc. Assis. I 371, 1.

Magont-, Magunt-, Magonc-, Magunc- v. Mogontia.

Mahtfridus v. Matfridus.

Maingis I 233, 25.

s. Mamertus archiep. Viennen. II 513, 30.

Mamfredo I 378, 1.

Mananseo monast., *Mondsee* I 350, 20.

Manase abb. Flaviniac. I 222, 5.

Mancio missus I 65, 10.

Manno praepositus II 369, 10.

Mano- v. Mono-.

Mantala civ., *Mantaille* II 368, 1. 35. — Mantalensis synod. 366, 20.

Mantua civ., *Mantua* I 190, 5. 327, 15. 25. II 137, 35. 143, 10.

Manturanum civ., *Martarano, hodie Barbarano apud Viterbium* I 353, 15. — Mantutriensis eccl. 371, 10; episc.: Theodosius.

Maraenses, Marahi, *Mährer* II 189, 20. 252, 5.

S. Marcelli monast., *apud Cabillonum* II 195, 5.

Marcellus magister militum Veneticor. II 135, 1.

Marchatellus I 169, 15.

Marcius v. Martius.

Marcradus I 233, 10.

s. Marcus apost. II 515, 10.

Maresci primi, Maresupium v. S. Michael.

s. Mariae missa I 230, 10; M. festivitas, nativitas *(8. Sept.)* 227, 10. 230, 10; M. conceptio *(25. Mart.)* 230, 10; M. purificatio *(2. Febr.)* 179, 20 [413, 5]. 230, 10. 321, 25. 363, 35. II 325, 5; M. assumptio *(15. Aug.)* I 179, 20 [413, 10]. 230, 10. 312, 20. 363, 40. — s. M. petendum I 223, 15.

S. Mariae monast. Capariense, Caprariense, *Cabrières* I 351, 20. II 589, 55.

S. Mariae monast. Compendiense II 356, 4. 358, 40.

S. Mariae monast. in Deonant *(Dinant)* II 195, 5.

S. Mariae monast. Lemovic. I 351, 1.

S. Mariae monast. ad Orubionem, *de Orassa* I 351, 20.

S. Mariae altare Remi II 340, 35.

S. Mariae monast. (basilica) Suession. I 350, 15. II 53, 20; *cfr.* S. Medardi monast.

S. Mariae monast. Vesontion. II 195, 1.

Marilias monast., *Maroilles* II 195, 5.

Maringo I 377, 35.

Maringo curtis, *Marengo* I 325, 1.

Marisga villa, *Moersch apud Frankenthal* I 253, 10.

Marsna, *Meersen* II 68, 30. 72, 10. 163, 35. 295, 5. 424, 30. 434, 15. 443, 30.

Marta civ., *Marta* I 353, 35. 45.

Martianus imp. I 247, 35.

s. Martinus I 164, 15. II 237, 40. 480, 20. 515, 30; M. festivitas, natalis, nativitas *(10. Nov.)* I 179, 20 [413, 10]. 227, 10. 312, 25. 346, 40. 364, 1.

S. Martini abbatia Mett. II 194, 15.

S. Martini monast. Turon.; abb.: Itherius, Alchvinus, Hugo.

S. Martini monast. Vesontion. II 195, 1.

Martinus episc. Dumiensis II 212, 30.

Martinus presbyt. I 169, 10.

Martius, Marcius mensis I 15, 15. 16, 5. 17, 1. 25.

Masau pag., *Maasgau* II 194, 5. 195, 10.

Masonis-monasterium, *Maasmünster* II 194, 1.

Massiliensis eccl., *Marseille* II 369, 10; M. presbyter Gennadius 495, 5; episc.: Leodoinus.

Mastracurii (= *Masciacus*) monast., *Massai* I 351, 5.

Matfridus, Mahtfridus, Matfredus com. Aurelian. II 10, 5.

Matfridus com. II 359, 20.

Mathaseo monast., *Mattsee* I 350, 30.

Matisconensis, Matiscensis, Madiscensis eccl., *Mâcon* II 349, 15. 369, 5. 421, 35. 450, 15; M. pag. I 127, 15. II 276, 10. M. I. synod. (417, 25); II. synod. I 12, 20. 231, 15; episc.: Braidingus, Lantbertus, Guntardus.

s. Matthias apost. II 519, 20.

Mauri II 67, 5; *cfr.* Sarraceni.

Mauri-monasterium, *Maursmünster* I 351, 5. II 194, 1.

s. Mauricii festivitas *(22. Sept.)* I 364, 1;

S. Mauricii monast., *St.-Maurice* I 221, 25; abb.: Willibarius, Hucbertus.

Mauritius legatus Venetic. II 147, 15.

Mauriennensis eccl. v. Morienna.

Maurinus episc. Eborac. I 221, 20.

Maurinus episc. Urbinat. I 371, 10.

Maurinus presbyt. I 371, 15.

Mauriolus episc. Andecav. I 222, 1.

Mauritius v. Mauricius.

Mauro I 169, 15. 377, 30.

Maurogensis eccl. v. Morienna.

S. Maxentii monast., *St.-Maixent* I 351, 25.

S. Maximini abbatia Trever. II 193, 35.

S. Medardi monast. Suession. II 53, 20. 263, 10. 30. 265, 15. 20. 267, 5. 453, 20; *cfr.* S. Mariae monast. Suession.

Medenenti pag., *Menin* II 24, 5.

Medi II 514, 25.

Mediolanum civ., *Mailand* I 327, 10. II 539, 10. — Mediolanensis eccl. I 247, 25. II 99, 25. 101, 5. 117, 5. 497, 10. 505, 15; archiep.: s. Ambrosius, Odilbertus, Angilbertus, Ansbertus; monast.: Prub...

Mediomatricum civ., *Metz* II 442, 5; *cfr.* Mettis.

Megenensium pag., *Meiengau* II 194, 10.

Megingozus episc. Wirziburg. I 221, 25.

Meginhartus I 258, 30.

Megitodus I 234, 10.

Megus I 234, 5.

Meieni-monasterium, *Moyenmoutier* II 194, 1.

Meinardus II 68, 10. 278, 30.

Melaredum monast., *cella monasterii S. Germani Autissiodorensis* I 351, 1; *cfr. Pückert l. p.* 589, 60. *c. p.* 54, *not.* 19.

Melchiades, Melciades pont. Rom. II 242, 50. 494, 25.

Meldis civ., *Meaux* I 13, 10. 221, 20. II 311, 30. — Meldenses 421, 30. — Meldensis eccl., urbs 349. 25. 30. 397, 5. 404. 25. 450, 5. 466, 25; M. synod. 388, 30. 389, 25. 40; episc.: Wulframnus, Hucbertus, Hildegarius, Ragenfridus. — Melcianum, Meltianum I 100, 5. II 24, 1. 275, 10.

Meledunum castell., *Melun* II 452, 30. — Melidunensis, Milidunensis pag. I 100, 5. 276, 5.

Mempiscon, Menpiscum pag. I 301, 5 [437, 15]. II 24, 5.

Menadinii monast., *Menat* I 351, 5.

Mercurius I 223, 5. 20.

Merrebecchi monast., *Meerbeck* II 195, 5.

Metamauri, Methamauri fossa, *Malamocco?* II 134, 25.

Methamaucenses, Metumaucenses *v.* Madamauco.

Methema monast., *Metten* I 351, 20.

Mettis, Metis civ., *Metz* I 121, 25. 221, 20. II 167, 30. 194, 15. 338, 1. 5. 442, 1. — Mettensis eccl. 112, 1. 25. 211, 10. 246, 30. 450, 20. 456, 10. 469, 15; episc.: Chrodegangus, Engelramnus, Drogo, Adventius, Ruodbertus; monast.: S. Arnulfi, S. Martini, S. Petri; *cfr.* Mediomatricum.

Metullum civ., *Melle* II 315, 10.

Michahel archang. I 55, 10 [399, 10]. 365, 10; M. festivitas, dedicatio (29. *Sept.*) 227, 10. 312, 25 [422, 5]. 363, 40.

S. Michaelis Maresci primi, Maresupium I 350, 20. II 539, 55.

S. Michahelis monast., *St.-Mihiel* II 195, 1.

Milevitanum *(Milere)* conc. II 498, 25.

Milidisa, Milidisca, Millidissa, Milidissa II 142, 15.

Milidun- *v.* Meledun-.

Milo com. II 276, 10. 469, 5.

Milo II 67, 30.

Mimidensis eccl., *Minden* II 211, 1. 246. 30; episc.: Theodoricus, Druogo.

(Mimigernafordensis), Muntgarduvirensis eccl., *Münster* II 211. 5; episc.: Gehirfredus, Liutbertus, Wolfhelmus.

Miro rex II 212, 30.

Modoinus, Motwinus.

Modoinus episc. Augustudun. II 57, 35.

Motwinus I 253, 5.

Mogontia, Magontia, Maguntia, Mogontiacum, Magontiacum, Maguntiacum, Maguncincum civ., *Mainz* I 116, 25 [448, 15]. 221, 20. 234, 15. 308, 10 [419, 20]. 312, 1. 359, 20. II 2, 20 [5, 40]. 173, 25. 185, 5. 210, 10. 211, 40. 221, 45. 241, 40. 242, 45. — Mogontiensis, Mogontiacensis, *etc.*: M. conc. I 312, 1—30. II 229, 20. (248, 40); M. eccl. I 360, 30. 361, 25. II 173, 5. 20. 184, 15. 246, 10; M. metropolitanus 519, 40; archiep.: Bonifatius, Lullus, Rihcolfus, Aistulfus, Otgarius, Rabanus, Hattho; chorepisc.: Diatmarus, Folchardus, Reginharius; monast.: S. Albani.

Molburium monast., *Maubeuge* II 195, 5.

Monogoldus, Manogoldus, Monoaldus, Manoaldus com. et missus I 308, 10 [419, 20]. 314, 25 [450, 5].

Montemfalconis civ., *Montfaucon* II 195, 1.

Montemferetri civ., *Montefeltre* I 358, 30. — Monteferetrana eccl. 371, 1; episc.: Agathus.

Montessilicenses, Montesilicenses, Montesilienses, *Monselice* II 130, 30.

Morbach abbatia, *Murbach* II 194, 1.

Morienna, *St.-Jean-de-Maurienne* I 127, 15. — Morinensis, Maurienensis, Maurogensis eccl. II 349, 35. 369, 5; episc.: Abbo, Adalbertus.

Morontius presbyt. et notarius II 148, 15.

Morvisus pag. II 276, 5.

Mosa fl., *Maas* II 58, 20. 25. 193, 10. 194, 15. 195, 10. 15. 359, 30.

Moseburch monast., *Mosburg* I 351, 30.

Moselli, Mosellici, Moslensis.

Mosellorum pag. II 24, 10.

Mosellicorum ducat. II 58, 20.

Moslensis comitat. II 194, 15.

Mosminsis pag., *Mouzon* II 195, 10.

Motwinus *v.* Modoinus.

Muntgarduvirensis *v.* Mimigernafordensis.

Muscincum monast., *Moissac* I 351, 10.

Mutarun, *Mautern* II 251, 35.

Mutina civ., *Modena* I 128, 5. 327, 15. — Mutinensis eccl. II 99, 30; episc.: Leodoinus.

N.

Namnatense *(Nantes)* conc. II 239, 45.

Nantuadis, Natradis monast., *Nantua* I 350, 25. II 539, 55.

Narbona civ., *Narbonne* I 264, 10. II 315, 10; archiep.: Bartolomaeus.

Narnia civ., *Narni* I 358, 15. — Narniensis eccl. II 495, 1; episc.: Cassius.

Natradis *v.* Nantuadis monast.

S. Nazarii monast., *Lorsch* I 350, 15.

Nazaruda *v.* Hazarieda.

Neapolitanus, a, um: N. patrimonium I 353, 45; N. magister militum Sergius.

Neocaesariense, Neocesariense, Cesariense conc. I 57, 10 [401, 10]. 108, 15. 20. II 32, 25. 41, 1. 182, 35. 238, 40. 239, 1. 35.

Nepe civ., *Nepi* I 353, 15. — Nepesinis eccl. 371, 10; episc.: Gratiosus.

Neustria, Niustria I 127, 30. 193, 10. II 24, 10. 348, 25.

Nevernensis *v.* Nivernis.

Nicea civ. II 209, 40. — Nicenum, Nicaenum, Nicoenum conc. I 29, 5. 54, 10—30 [398, 1—20]. 108, 10—20. (207, 25). 228, 20. 243, 1. 364, 5. II 214, 25. 218, 35. 229, 25. 232, 5. 233, 5. 318, 30. 379, 30. 411, 20. 458, 25. 499, 35. 507, 5. 515, 5. 541, 15.

Nicolaus, Nicholaus I. pont. Rom. II (160, 15. 161, 10. 15. 162, 5). 234, 35. 40. 247, 20. (484, 10. 489, 1). 469, 10. 15.

Niella *v.* Niviella.

Nielfa villa, *Neaufle* II 283, 10.

Nigelli monast., *Nesle la Reposte* I 350, 15.

Nitachowa, *Niedgau* II 194, 10.

Nithardus miles II 469, 5.

Niumaga pal., *Nymwegen* I 130, 35.

Niu-monasterium, *Münstereifel* II 193, 35.

Niustria *v.* Neustria.

Nivernis civ., *Nevers* I 127, 15. — Nivernensis, Nevernensis eccl., urbs II 264, 15. 20. 349, 20. 442, 1. 15. 20. 30; episc.: Herimannus, Abbo. — Nivernisus pag. I 127, 15. 271, 20. II 276, 10.

Niviella, Niella monast., *Nivelles* I 222, 5. II 195, 5; abb.: Geraus.

Nivilungus com. et missus II 276, 10.

Nola civ., *Nola* II 479, 1.

Nomenoius dux Brittonum II 70, 1.

Nord- *v.* Nort-.

Noricae Alpes I 127, 35.

Northgowe, Northgow, Nortgowi, Nortgaoe, *Nordgau* I 127, 25. 30. 271, 25. II 58, 20.

Nortmanni, Northmanni, Nordmanni, Normanni II 70, 1. 25. 76, 15. 267, 30. 268, 30. 273, 25. 277, 35. 301, 40. 308, 15. 311, 30. 313, 25. 321, 5—15. 323, 20. 25. 354, 5. 361, 5. 40. 377, 1. 396, 30; *cfr.* pagani.

Nordemanne I 377, 25.

Noto, Notho archiep. Arelat. II 2, 20 [6, 5].

Notho missus I 389, 45.

Novalicium monast., *Novalese* I 222, 5. 350, 15; abb.: Asinarius.
Novaria civ., *Novara* I 327, 10.
Novionia civ., *Noyon* I 221, 25. — Noviomagi, Noviomagenses II 421, 30. 450, 10. — Noviomacensis episcopat. I 308, 15 [419, 30]; episc.: Athalfridus, Ragnarius, Immo. — *Noviomisus pag.* II 275, 5.
Nuceriensis eccl., *Nocera* I 371, 1; episc.: Liutardus.

O.

Odalricus, Odelricus, Odolricus.
Odalricus com. et missus II 275, 5. 297, 1.
Odolricus com. II 68, 15.
Odelingus abb. II 465, 1.
Odesindus I 169, 15.
Odilbertus archiep. Mediol. I 246, 30. 247, 25.
Odilo com. I 169, 10.
Odo, Hodo.
Odo rex Franciae II 376, 1—15.
Odo episc. Bellovac. II 159, 15. 167, 30. 192, 25. 338, 5. 349, 20. 351, 1. 20. 359, 1. 15. 456, 25.
Odo com. Trecensis et missus II 276, 5. 297, 1.
Odo buticularius I 314, 25 [450, 5].
Odo I 233, 10.
Odolricus v. Odalricus.
Odornense pag., *Ornois* II 194, 10. 195, 15.
Odreia villa, *Orville (dép. Pas-de-Calais)* II 361, 15.
Odulfus v. Audulfus.
Offonis-villa abbatia, *Enfonvelle* II 194, 1.
Offunwilarii monast., *Schuttern* I 350, 15.
Ofilo I 169, 10.
Olivoli, Oliboli castrum, *Olivolo* II 130, 25. — Olivolenses 140, 35; episc.: Laurentius.
Olonna, Ollonna, Olona, Holonna *curtis reg., Corteolona (ad Papiam)* I 316, 10. 318, 1. 326, 20. 329, 5. II 60, 5. 82, 20. 83, 25. 143, 25.
Orclas civ., *Orchia* I 358, 35.
Orgellitana eccl., *Urgel* I 73, 25; episc.: Felix.
Oric rex Nortmannorum II 70, 1.
Oriens II 494, 5. 515, 20.
(Orta), Hortem civ., *Orte* I 358, 15. — Ortensis eccl. 370, 40; episc.: Stefanus, Arsenius.
Ortgrimo gastaldus I 377, 25.
Ortimuot II 250, 25.
Orubio fl., *Orb* I 341, 20.
Osbertus com. et missus II 276, 1. 297, 1.
Oscellus insula, *Oscel* II 451, 30.
Osmannus I 234, 5.
Osnebruggensis, Osneburgensis eccl., *Osnabrück* II 211, 1. 246, 30; episc.: Gozprahtus, Egilmarus.
Ostfahali, Oostfalahi, Osterfali, *Ostfalen* I 71, 15. 233, 20.
Ostiensis, Hostiensis eccl., *Ostia* I 370, 35; episc.: Georgius, Caesarius.
Otgarius, Otkarius, Otacharius, Autcarius, Autgarius.
Otgarius archiep. Mogont. II 2, 20 [5, 40]. 7, 1. 112, 1.
Otgarius episc. Eichstat. II 173, 20. 185, 5.
Otacharius com. et missus II 250, 20. 30.
Otlant II 250, 25.
Otlingua Saxonia pag. II 275, 15.
Otperht II 250, 25.
Ottenburanum monast., *Ottobeuren*; abb.: Witgarius.
Ottradus decan. II 278, 30.
Ottramnus v. Autramnus.
Ottulfus v. Audulfus.
Oxmisus pag. II 275, 15.
Ozias II 278, 30.

P.

Padarbrunnensis, Paderbrunnensis eccl., *Paderborn* II 210, 40. 246, 30; episc.: Badaradus, Biso.
Padus fl., *Po* I 128, 5. II 95, 20.
Pantheon II 478, 15.
Papia palat., *Pavia* I 128, 5. 198, 1. 10. 327, 10. II 60, 1. 67, 5. 88, 30. 104, 10. 25. 106, 5. 116, 30. 130, 25. 138, 40. 148, 15. 150, 1. 151, 20. — Papienses denarii 146, 30. 149, 30; cfr. Ticina civ.
S. Papulimonast., *St.-Papoul* I 351, 25.
Paraparius I 169, 15.
Pardulus episc. Laudun. et missus II 264, 30. 275, 5. 421, 30. 422, 40.
Parisius civ., *Paris* I 13, 5. 20, 30. 23, 35. 112, 15. II 2, 40 [6, 1]. 71, 5. 315, 10. 361, 1. 396, 30. 397, 25. 450, 1. — Parisiensis, Parisiacensis: P. conc. (483, 1); P. eccl. 349, 20. 480, 20; Parisiacus pag. I 100, 5. II 275, 10; episc.: s. Germanus, Erchanradus, Ingilwinus; com.: Stephanus, Chuonradus.
Parma civ., *Parma* I 327, 15.
Paschalis, Pascales.
Paschalis I. pont. Rom. I 353, 10. 25. 45—355, 5.
Pascales I 169, 15.
Passivus, Pasivus.
Passivus episc. Bleran. I 370, 30.
Pasivus episc. Calliensis I 370, 35. 40.
Patavorum civ., *Padua* I 327, 15. — Patavienses, Padavenses, Paduanenses II 138, 20.
Pataviensis *(Passau)* eccl. II 250, 20. 30; episc.: Harthwigus, Burchardus; chorepisc.: Albericus. — Patavica silva II 250, 30. 251, 35.
Patrichus II 189, 20.
Patricum civ., *Patrica* I 358, 20.
Patritius missus Veneticor. II 136, 25.
Paulinus patriarcha Foroiul. I 405, 40. II 506, 25.
Paulinus episc. Senogall. I 370, 35.
Paulinus episc. Triviensis I 371, 1.
Paulutio, Paulutius dux Veneticor. II 135, 1. 10.
s. Paulus apost. II 41, 10. 288, 20 [308, 1]. 477, 10. 485, 15. 488, 1. 499, 10. 505, 5. 522, 20; cfr. Petrus.
Paulus archiep. Rotomag. et missus II 275, 10. 421, 25. 422, 35.
Paulus episc. Placentin. II 99, 35.
Paulus diaconus I 81, 1. 5. II 513, 20.
Pazrich II 250, 20.
Pelagius I. pont. Rom. II 513, 20.
Pentapolis I 108, 30. 201, 35. 353, 25. II 67, 20.
Peredeus archiep. Senensis I 370, 35.
Peredeo I 378, 15.
Perrunas civ., *Péronne* I 12, 20.
Pertefuso I 377, 25. 35.
Pertisus, Portensis pag., *Perthes* II 195, 15. 275, 1.
Perusium civ., *Perugia* I 358, 15. — Perusina eccl. 371, 5; episc.: Theodericus.
Petronacius archiep. Ravennat. I 370, 30.
s. Petrus apost. I 358, 10. 25. 30. II 30, 5. 485, 15. 488, 1. 497, 5. 505, 5. 509, 20. 515, 10. 522, 20. — s. Petri basilica, ecclesia 66, 30. 67, 1. 125, 5. 478, 15. 495, 10. 502, 1; P. corpus I 324, 10. 371, 15; P. sancta ecclesia 129, 25 [II 23, 10]. I 354. II 101, 25; P. iustitia 508, 30; P. limina I 322, 20; P. termini, territoria 128, 5. II 101, 20. 125, 30; P. vicem gerere 85, 35. 515, 1. — Petri et Pauli interventio 99, 15 [348, 15]; P. et P. natalis *(29. Jun.)* I 179, 20 [418, 10]. 312, 20. 363, 40; P. et P. terminus II 101, 20; P. et P. vicarius 99, 15 [348, 15].
S. Petri in Lunate monast. *(d. Béziers)* I 351, 15.
S. Petri abbatia Mettensis II 194. 15.
Petrus episc. Aretin. vel Spoletin. et missus II 67, 10.
Petrus episc. Centumcel. I 371, 1.
Petrus episc. Florentin. vel Aretin. et missus II 95, 20.
Petrus episc. Forosempron. II 350, 20. 351, 35. 352, 1. 30.
Petrus episc. Lucan. I 371, 1.
Petrus episc. Virodun. I 75, 10.
Petrus episc. Voluterr. I 371, 5.
Petrus I. dux Veneticor. II 67, 20. 130, 15. 25. 35. 136. 137, 10. 15.
Petrus II. dux Veneticor. II 143, 15. 25—35. 147, 5. 15—148, 5.
Petrus cancellar. II 146, 45.
Petrus princeps pistor. I 297, 30. 298, 10.

Petrus scuvinus I 377, 25.
Petrus, Petro I 377, 30. 378, 1. 5. 15. 20.
S. Philiberti monast. I 351, 25.
s. Philippus apost. II 509, 15.
Philo Alexandrinus II 505, 10.
(Phocas), Focas imp. II 478, 15.
Piciano, Visciano monast., *Pessan* I 352, 1. II 539, 60.
Pictavi civ., *Poitiers* I 13, 10. II 382, 15. — Pictavensis, Pictaviensis eccl. 505, 15; P. urbs I 302, 5; episc.: Hilarius, Ebroinus.
Pilicho I 378, 5.
Pincesisus, Pinciacensis pag., *Poissy* I 100, 5. II 276, 5.
Pinenses, Quinenses, *Penne* II 130, 30.
Pippinus, Pipinus.
Pippinus Haristall. (I 28, 20).
Pippinus dux et princeps Francor. I 29, 1. 30, 10. 15; rex Francor. 31, 10. (20—32, 10). 33, 20. 35. 40, 5. 42, 5. 30. 43, 1—25. 50, 10. 61, 5 [404, 15]. 65, 15. 74, 5. 80, 30. 101, 30. 104, 1. 115, 30 [448, 5]. 129, 25 [II 23, 15]. I 176, 15 [433, 25]. 284, 35 [441, 15]. (296, 30. 35. 333, 10). 353, 20. 354, 5. 355, 1. II 413, 10. 432, 30. 433, 5—20. 508, 30. 522, 35. 523, 5; uxor: Berthana; filii: Karolus M., Karlomannus.
Pippinus rex Italiae, fil. Karoli M. I 127, 1—15. 30—128, 20. (129, 35. 45. 131, 15). 165, 15. 191, 25. 198, 10. (207, 1. 10). 211, 20. 30. (212, 1. 20). 329, 1; filius: Bernhardus.
Pippinus I. rex Aquitaniae, fil. Hludowici I. I 270, 5. 10. 271, 5. 25. (35—273, 15). 301, 20 [437, 30]. 302, 5. 15. 20. 30. II 21, 30—24. (54, 30. 55, 10); filius: Pippinus II.
Pippinus II. rex Aquitaniae II (70, 15). 266, 5—15.
Pirinaei, Pirinei montes I 167, 15 [433, 15].
Pisa civ. II 95, 25. — Pissan. eccl. I 371, 5; archiep.: Iohannes.
Pisaurum civ., *Pesaro* I 353, 30. — Pisaurenses II 130, 30. — Pisaurensis eccl. I 371, 5; episc.: Dominicus.
Piscaria civ., *Pescara* II 96, 35.
Pistis, *Pitres* II 303, 15. 311, 5. 15. 312, 5. 333, 15.
Pisturia, Pistoris civ., *Pistoja* I 371, 5. II 95, 25; episc.: Lomprandus.
Placentia civ., *Piacenza* I 327, 10. II 99, 45. 338, 5. — Placentini I 201, 35. — Placentina eccl. II 99, 35; episc.: Paulus.
Plautus II 479, 30.
Plavis maior fl., *Piave* II 135, 10.
Plavis sicca fl., *Monticano* II 135, 10.
Polemniacum abbatia, *Poligny* II 194, 1.
Polimartium civ., *Bomarzo* I 353, 15. — Polimartiensis eccl. 371, 1: episc.: Agathus.
Pons-curvus, *Pontecorvo* II 96, 35.
Pontigonis villa, *Ponthion* II 347, 15. 348, 20. 25. 350, 20. 351, 5. — Pontigonensis synod. 350, 5. 20.
Pontius pag., *Ponthieu* II 24, 1. 275, 15.
Populonium civ., *Piombino* I 353, 35. — Populoniensis eccl. 370, 35; episc.: Auspertus.
Portensis pag. v. Pertisus.
Portianus pag., *Porcien* II 24, 10. 275, 5.
Portisiorum comitat., *Le Portois* II 58, 15.
Portus civ., *Porto* I 353, 15. — Portuensis eccl. 370, 35. II 351, 10. 352, 15; episc.: Stephanus, Formosus.
Postfredo I 378, 5.
Poto II 250, 25.
Praenestensis eccl., *Palestrina* I 370, 35; episc.: Constantinus.
Priscus archiep. Lugdun. II 417, 20.
Privinata eccl., *Piperno* I 371, 10; episc.: Eleutherius.
Provincia, Provintia, *Provence* I 78, 25. 127, 10. 128, 10. 15. 261, 15. II 24, 10. 58, 30. 67, 1. 348, 25; reges: Karolus, Ludowicus III.
Prosper II 31, 10. 36, 5.
Provinensis, Provinisus pag., *Provins* I 100, 5. II 276, 5.
Prub … monast. Mediolano II 539, 50.
Prudentius Hispaniarum scolasticus II 506, 1.
Prumia abbatia, *Prüm* II 194, 20; abb.: Richerus.
Psalmodium monast. I 351, 10.
Pulvensis insula, *Polvese* I 358, 15.
Purchardus v. Burchardus.

Q.

Quentovicum, Quantovicum civ. II 24, 5. 315, 10.
Quinenses v. Pinenses.
S. Quintini monast., *St.-Quentin* II 293, 20; abb.: Fulradus.
Quintila I 169, 10.

R.

Rabanus, Rabonus archiep. Mogont. II 173, 5. 20. 175, 30. 184, 15. 185, 5.
Rachiperto I 378, 1.
Radabodus v. Ratbodus.
Radalgisus dux Beneventi II 67, 15.
Radasbonensis, Radasponensis eccl. v. Ratisbonensis.
Rado com. et missus I 183, 30. 35.
Radulfus com. II 192, 20.
Rafahel v. Raphahel.
Raffoltestetun, *Raffelstetten* II 250, 30.
Ragamfridus diaconus II 265, 30.
Ragenarius, Ragnarius, Ragengarius, Ragingarius, Rantgarius, Reginarius, Reginharius, Raginerius, Reginerius.
Ragenarius episc. Ambian. II 387, 20.
Ragnarius episc. Noviomac. et missus I 308, 20 [419, 30]. II 38, 10.
Reginharius chorepisc. Mogont. II 185, 10.
Ragingarius abb. Utic. I 222, 5.
Raginerius abb. II 99, 35.
Reginarius com. II 275, 10.
Ragenelmus, Reinelmus episc. Tornac. II 349, 10. 359, 15.
Ragenfridus, Regenfridus, Reginfridus, Reginfredus.
Regenfridus archiep. Colon. I 24, 25.
Ragenfridus episc. Meldensis II 349, 25. 30.
Ragenisburg v. Reganesburg.
Ragimbodo I 378, 1.
Raginaldo I 378, 15.
Raginardo I 377, 30.
Ragingarius, Ragnarius v. Ragenarius.
Ragipertus episc. Rosell. I 371, 5.
Ragnowardus, Ragnoardus, Rainowardus, Rainoardus archiep. Rotomag. II 2, 20 [6, 1].
Rago I 378, 5.
Rainerus com. II 359, 20.
Rainoardus, Rainowardus v. Ragnowardus.
Rambertus episc. Brix. II 112, 5.
Ramnulfus missus I 302, 30. 35.
Ranoldus I 169, 15.
Rantgarius v. Ragenarius.
Rantolf II 250, 25.
Ranus I 233, 15.
Raphahel, Rafahel archang. I 55, 15 [399, 10]. 365, 10. II 455, 20.
Rasbacis monast. v. Resbacense.
Rataldus v. Rathaldus.
Ratbertus episc. Valentin. II 349, 20. 369, 1. 450, 5.
Ratbertus actor reg. I 298, 5.
Ratbodus, Ratbotus, Radobodus, Ratptho.
Ratbotus archiep. Trever. II 210, 15. 246, 15.
Ratbodus com. II 154, 15. 297, 1.
Radobodus I 30, 15.
Ratbornus episc. Augustan. II 99, 30.
Ratfridus episc. Avenion. II 369, 10.
Rathaldus, Ratoldus episc. Strazburg. II 112, 5. 469, 20.
Rataldus II 67, 25.
Ratharius com. II 469, 5.
Rathleihus abb. Seligenstat. II 185, 10.
(Ratisbonensis), Radasbonenis, Radasponensis eccl., *Regensburg* II 210, 30. 246, 15; episc.: Erchanfridus, Tuto; cfr. Reganesburg.
Ratoldus v. Rathaldus.
Ravenna civ. I 108, 30. 353, 25. II 96, 30. 131, 15. 138, 15. 144, 5. — Ra-

venenses, Ravennates 130, 30. — Ravennas: R. eccl. I 370, 30. II 142, 35; R. exarchatus I 358, 20; archiep.: Petronacius.

Reatinum territorium, *Rieti* I 358, 35.

Rebellis I 169, 10.

Recchus I 234, 10.

Redi v. Hredi.

Redonis civ., *Redon* II 396, 20.

Reganesburg, Regenisburg, Ragenisburg civ., *Regensburg* I 128, 15 [426, 10]; *cfr.* Ratisbonensis eccl.

Regenfridus v. Ragenfridus.

Regia civ., *Reggio (Emilia)* I 327, 10. — Regenses 128, 5. — Regensis eccl. II 369, 10; episc.: Edoldus.

Reginarius v. Ragenarius.

Reginbertus, *magister Walafridi Strabonis* II 474, 5. 475, 10. 15.

Reginerius, Reginharius v. Ragenarius.

Reginfridus, Reginfredus v. Ragenfridus.

Reinelmus v. Rageneimus.

Reinolt II 250, 25.

Remboldus II 67, 30.

Remedius archiep. Bituric. II 417, 25.

Remedius archiep. Rotomag. I 221, 20.

Remis, Remorum, Rheraorum civ., *Reims* I 308, 15 [419, 25]. II 278, 20. 315, 10. 340, 35. 356, 40. 357, 10; R. diocesis 428, 10; R. eccl. 264, 1. 30. 339, 35. 340, 10. 382, 20. 385, 10. 15. 397, 5. 421, 25. 450, 5; R. provintia 389, 40. — Remensis, Remegensis: R. eccl. 261, 10. 265, 30. 339, 30. 340, 1. 30. 350, 5—20. 429, 5; R. pag. 24, 10; R. parrochia 266, 1; R. provincia 427, 30; R. urbs 111, 25; Remitianus pag. II 275, 1. — archiep.: s. Remigius, Abel, Ebbo, Hincmarus.

Remigius, Remegius.

s. Remigius archiep. Rem. II 340, 25. 434, 1. 522, 30; R. festivitas, natalis *(1. Oct)* I 312, 25 [422, 5]. 364, 1.

Remigius archiep. Lugdun. II 450, 5. 30. 469, 15.

Remigius II 68, 10.

Remitianus pag. v. Remis.

Reoculfus episc. II 377, 30.

Reodarii, *'Bewohner der Umgegend von Ried'* II 251, 20.

(Resbacense), Rasbacis monast., *Rebais* I 222, 5; abb.: Godobertus, Vulfadus.

Rhenus, Renus, Hrenus fl., *Rhein* I 127, 25. 135, 10. 167, 10. 15 [433, 10]. 350, 15. 20. 351, 15. II 379, 1.

Rhispno monast., *Reisbach* I 229, 25.

Rhodanum mare, *Genfer See* II 58, 15.

Rhodulfus v. Rodulfus.

Ribuariae, Ripuariae II 24, 5. 194, 5. — Ribuariorum ducat. 58, 20. — Ribuaria, Ribuariensis, Ripuariensis lex I 117, 20—118, 20. 273, 5.

Richardus, Riccbardus, Rihhardus, Ricardus.

Richardus episc. Aptensis II 369, 5.

Richardus dux Burgundiae II 377, 20.

Rihhardus com. et missus I 308, 20 [419, 30].

Richardus com. II 99, 35. 104, 1.

Riccbardus, Richardus I 288, 35. II 68, 10.

Richerus abb. Prumiensis, episc. Tungrensis II 381, 5.

Richildis imp., Karoli II. uxor (II 354, 30. 356, 40. 357, 20. 25. 359, 1. 360, 5.)

Richuinus, Ricuinus, Richoinus.

Richuinus com. in Alsatia II 154, 15.

Richuinus com. et missus II 275, 1. 279, 15. 283, 35. 284, 35.

Richoinus I 233, 15.

Rihcolfus, Richulfus archiep. Mogont. I 249, 10. II 174, 1.

Riconsindus II 68, 10. 460, 25.

Rimino missus II 95, 25.

Riperto I 377, 30.

Ripoinus com. I 233, 25.

Ripuariae v. Ribuariae.

Rivo altum, *Rialto* II 130, 35. — Rivoaltenses, Rivoltenses 134, 20.

Rocolfus, Hroccolfus.

Hroccolfus com. et missus I 183, 30. 35.

Rocolfus com. II 469, 5.

Rodlandus archiep. Arelat. II 469, 15.

Rodingus episc. II 112, 5.

Rodoinus II 278, 25.

Rodoma v. Rothomagum.

Rodselmus missus II 95, 25.

Rodulfus, Rodulphus, Ruodulfus, Rhuodulfus, Ruadolfus, Hrodulfus, Hruodulfus.

Rodulfus rex Italiae II 148, 25—150, 1.

Rodulfus archiep. Bituric. II 397, 5. 25. 449, 15. 450, 1. 35.

Ruodulfus episc. Wirziburg. II 210, 30. 246, 25.

Rodulfus com. et missus, frater Iudithae imp. II 154, 15. 279, 15—25. 283, 35. 284, 35.

Hrodulfus com. et missus II 276, 1. 297, 1.

Hruodulfus com. II 154, 15.

Roipert I 377, 40.

Roma urbs I 32, 5. 35, 15. 128, 10. 134, 5 [411, 35]. 193, 20. 324, 5. II 65, 25. 67, 1. 84, 35. 86, 1. 96, 35. 123, 15. 348, 20. 359, 10. 361, 35. 478, 15. 482, 35. 494, 25.

Romanus I 17, 20. 19, 1. 43, 15. 356, 30; R. dominus 206, 1; R. mulier 319, 20. — Romani 218, 25. 219, 1. 230, 10. 15. 323, 5. 20. 354, 40. 45. II 124, 25. 125, 25. 481, 10. 496, 25. 497, 5. 499, 40. 500, 5. 501, 1. 35. 507, 1. 10. 508, 25. 513, 15. 515, 5. — Romanorum, Romanus, a, um: Romanorum antistes II 502, 20: Romana auctoritas 508, 15; Romanor. augustus 515, 1; Romanor., Romanus cantus I 61, 5 [404, 15]. 80, 30. 285, 20; Romana civitas 358, 10 (*cfr.* II 351, 15; 522, 25); Romanus clerus I 323, 5; Romana consuetudo 230, 15. II 511, 1 (*cfr.* I 64, 5. 80, 30. II 497, 5. R. usus); Romana ditio I 310, 35 [420, 45]; Romanus ducatus 358, 10; Romana ecclesia 75, 10. 121, 25. 355, 5. 364, 30. 366, 1. 377, 5. II 65, 35. 66, 1. 101, 10. 15. 104, 35. 40. 106, 10. 125, 1. 5. 40. 126, 1. 149, 25. 168, 10. 351, 35. 352, 1. 10. 30. 35. 358, 5. 497, 10 (*cfr.* R. sedes); Romanus episcopus I 38, 35 (*cfr.* R. papa); Romanum imperium 126, 30. 169, 5. 204, 25. 211, 30. 241, 10. 246, 30. 267, 40. II 351, 15; Romanum ius 515, 15; Romana lex I 145, 15. 170, 30. 204, 35. 218, 25. 219, 1. 335, 5. 369, 5. II 281, 10. 315, 25. 316, 35. 319, 1. 320, 20. 322, 30. 324, 15. (326, 10. 327, 5.) 15. 330, 30; Romanae leges I 19, 1. 25. II 123, 25. 127, 20. 416, 15; Romana lingua 158, 10. 15. 30. 171, 15. 20. 172, 10. 25. 176, 15; Romana missa 497, 10; Romanus mos I 64, 5. II 497, 5 (*cfr.* R. consuetudo); Romanor. officia 508, 5; Romanus orbis 507, 25; Romanus ordo I 234, 30. II 176, 15 (*cfr.* I 234, 30); Romanus papa II 340, 30. 515, 15 (*cfr.* I 38, 35. II 368, 25. R. pontifex, praesul); Romanor. patricius I 79, 5. 193, 25. 203, 15. 213, 10; Romanus pontifex 364, 30. II 168, 10. 247, 20. 497, 15. 503, 30. 510, 10 (*cfr.* R. papa); Romanus populus I 218, 25. 219, 1. 323, 5. 25. 30. 324, 15. II 518, 20; Romanor. praesul 497, 20. 498, 5. 504, 10. 507, 30. 510, 30 (*cfr.* R. papa); Romana respublica 481, 30; Romanor. rex I 80, 20; Romanor. ritus 234, 30 (*cfr.* II 176, 15); Romana sedes I 324, 15. II 29, 20. 209, 40. 210, 1. 230, 25. 231, 1. 336, 35. 350, 20. 379, 35. 491, 25. 496, 1. 508, 10. 515, 1. 5. 15. 522, 25 (*cfr.* R. ecclesia); Romana synodus 230, 35. 236, 10. (408, 10. 412, 30). 414, 10. 482, 35. 541, 25; Romanor. testamentum I 216, 20; Romana traditio 80, 30 (*cfr.* R. consuetudo); Romana urbs II 351, 15. 522, 25 (*cfr.* I 358, 10); Romanus usus 64, 5. 110, 5. 230, 15. 364, 30. II 495, 30. 499, 30 (*cfr.* R. consuetudo). — Romensis apostolicus 368, 25; pontif.: Anacletus I., Clemens I., Euaristus, Alexander I., Thelesphorus, Victor I., Zepherinus, Calistus I., Urbanus I., Lucius, Stephanus I., Euticianus, Melchiades, Silvester I., Felix II., Damasus I., Siricius, Anastasius I., Innocentius I., Zosimus, Bonifacius I., Caelestinus I., Leo I., Hilarius, Gelasius I., Simmachus, Pelagius I., Gregorius I., Bonifacius IV., Leo II., Benedictus II., Sergius I., Gregorius II., Gregorius III., Stephanus II., Stephanus III., Adrianus I., Leo III., Stephanus IV., Paschalis I., Eugenius II., Leo IV., Benedictus III., Nicolaus I., Adrianus II., Iohannes VIII., Stephanus V., Iohannes IX.; episc.: Georgius.

Romania prov., *Romagna* I 201, 35. 330, 10. II 67, 5.

Romanus episc. Cerensis I 370, 35.

Romerici-mons abbatia, *Remiremont* II 194, 1.

Romoldus com. II 276, 10.

Romualdus episc. Anagniae I 370, 30.

Roncariolus I 169, 15.

Roprande I 377, 25.

Rosciliona civ., *Roussillon* I 264, 10.

Rosdorf, *Rosdorf* II 250, 20.

Rosellae civ., *Roselle* I 358, 35. — Rosellensis eccl. 371, 5; episc.: Rugipertus.

Roselmi I 378, 1.

Rossotinse civ., *Ressons-sur-le-Matz (dép. Oise)* I 14, 10.

Rostagnus archiep. Arelat. II 349, 15. 369, 5. 377, 10.

Rotalarii, *'Bewohner des Rotthales'* II 251, 20.

Rot-, Ruot-, Ruod-, Ruad-, Ruoht-, Hrot-, Hruot-, Hruat-.

Rotbertus, Ruodbertus, Ruadpertus, Ruatpertus, Hrotbertus, Hruotbertus, Hruodbertus.

Rotbertus episc. Aquensis II 369, 1.

Rotbertus episc. Cenoman. II 450, 10.

Ruodbertus episc. Mett. II 211, 10. 246, 30.

Hrotbertus com. Andegav. et missus II 276, 1.

Ruodbertus com. et missus I 308, 10 [419, 25].

Hruodbertus com. et missus I 308, 20 [419, 30].

Rotboldus II 278, 20.

Rotchildo I 378, 5.

Hruotfridus com. et missus I 308, 15 [419, 25].

Hrotfridus II 67, 35.

Rotgerus I 233, 20.

Rothadus, Hrothadus, Ruothadus, Hruotadus, Hruatchadus, Rothaus.

Rothadus I. episc. Suession. et missus I 308, 15 [419, 25].

Rothadus II. episc. Suession. II 265, 20. 387, 20. 421, 30. 422, 40. 450, 20.

Rothaus II 278, 30.

Ruodharius episc. Curiensis II 210, 30.

Ruadharus I 234, 10.

Ruadhartus I 234, 10.

Rothmundus, Rotmundus, Ruohtmundus, Hruotmundus.

Hruotmundus com. I 314, 20 [450, 1].

Rotmundus II 278, 25.

Ruothoh II 250, 25.

Rothomagum, Rotomagum, Rodoma civ., *Rouen* I 221, 20. 308, 20 [419, 30]. II 315, 10. — Rothomagenses 421, 25. 450, 10. 35. — Rothomagensis, Rotomagensis; R. eccl. 349, 10. 397, 25. 427, 30. 429, 5. 466, 25; R. diocesis 428, 10; R. provincia 427, 30. — Rodomensis, Rotmensis pag. I 100, 10. II 275, 15; archiep.: Remedius, Magenardus, Willibertus, Ragnowardus, Guntboldus, Paulus, Wenilo, Iohannes.

Ruadharus *v.* Rotharius.

Ruadhartus *v.* Rothadus.

Ruadpertus *v.* Rotbertus.

Rufinus II 85, 45. 510, 5.

Rugi, *Russen* II 251, 20.

Rugitusit silva, *ignot.* II 361, 20.

Ruod-, Ruot *v.* Rot-.

Ruthenensium eccl., *Rodez* II 350, 1; episc.: Aimarus.

S.

Sabbatinus episc. Ianuensis II 99, 30. 104, 1.

Sabinensis, e: S. territorium I 353, 30. 35; S. eccl. 351, 10; episc.: Samuhel.

Sabinus subdiac. II 412, 30.

Sabionensis eccl., *Säben (Brixen)*; episc.: Lantfridus.

Sablonarias *v.* Saponarias.

Saboia pag., *Savoyen* I 127, 15.

Sagorum civ., *Séez* II 421, 30. — Sagensis eccl. 349, 25. 450, 10; Sagisus pag. 276, 1; episc.: Hildebrandus.

Sala curtis reg., *Salo* II 147, 1.

Salacho II 250, 20.

Saluman II 250, 20.

Salatritana eccl., *ignot.* I 371, 10; episc.: Adrianus.

Salernitanum patrimonium, *Salerno* I 353, 40.

Saliburch monast. *v.* Salzpurcgensis.

Salicus I 17, 20. 43, 15. 268, 30 [446, 1]. 270, 1. — Salica, Salicha, Saliga lex 5, 10. 8, 15. 111, 45. 112, 1. 20. 114, 20 [429, 15]. 145. 15. 170, 30. 268, 25 [445, 40]. 270, 1. 280, 30. 281, 35. 40. 292, 10 — 293, 30. 295, 5, 15. 394, 35. 418, 40. 424, 45. 425, 45. II 326, 1.

Salmonciacus palat., *Samoussy (dép. de l'Aisne)* II 361, 15.

Salmoringus pag., *Sermorens* II 195, 15.

Salodorum civ., *Solothurn* II 194, 5; monast.: S. Ursi.

Salomon I. episc. Constant. II 154, 10. 159, 10. 173, 25. 185, 5. 446, 15. 20.

Salomon III. episc. Constant. II 210, 20. 246, 20.

Salomo presbyt. I 169, 15.

S. Salvii monast., *St.-Saulve* II 195, 5.

Salz, Sal curtis reg., *Salz (super Salam fl.)* I 119, 5.

Salzpurcgensis eccl., *Salzburg* I 338, 35; archiep.: Arno, Adalrammus, Liuprammus, Theotmarus. — Saliburch monast. I 229, 25.

Samuhel, Samuel.

Samuhel episc. Savin. I 371, 10.

Samuel episc. Wormat. II 112, 5. 178, 20.

Saponarias, Sablonarias villa, *Savonnières (olim apud Tullum)* II 163, 40. 165, 10. 450, 35.

Saraceni *v.* Sarraceni.

Sarachowa, *Saargau* II 194, 10.

Sardicense conc. (synod.) I 54, 15. 55, 5. 20. 35. 57, 25 [398, 1. 35. 399, 15. 35. 401, 20]. 108, 25. 378, 1. II 229, 35. 515, 5.

Sardinia insula I 358, 35.

Sarraceni, Sarrazeni, Saraceni I 261, 20 [II 259, 1]. I 268, 15. II 4, 45. 67, 5. 15. 20. 377, 1; *cfr.* Mauri.

Sasprando I 377, 35.

Satanas I 163, 35. 247. 10; *cfr.* diabolus.

S. Saturnini monast. Tolosan. II 260, 35.

Savinensis eccl. *v.* Sabinensis.

S. Savini monast., *St.-Savin (d. Poitiers)* I 351, 25.

S. Savini monast., *St.-Savin (d. Tarbes)* I 352, 1.

Saviniacum, Saviniciacum monast., *Savigny* I 351, 10. II 589, 55.

Sax I 377, 30.

Saxones, Saxoni, Saxani, *Sachsen* I 69, 5. 40. 70, 30. 71, 10 — 72, 30. 100, 30. 104, 20. 116, 20 [448, 15]. 136, 1. 160, 25. 30 [449, 5. 15]. 268, 25. 30 [445, 40. 446, 1]. 270, 1. II 207, 10; Saxonum consensus I 72, 20. 30; S. ewa 72, 10. 15. 25; S. lex 70, 30. II 207, 10. 285, 30. 35; S. solidi I 72, 30—40. — Saxonica lex II 285, 30. 35; S. mulier 285, 30. 286, 20.

Saxonia, *Sachsen* I 68, 15. 123, 10 [426, 5]. 127, 30. 167, 15 [433, 10]. 168, 15. 225, 35. II 24, 5. 58, 20. 185, 5. 207, 10. 221, 40; dux vel comes: Leutulfus.

Scadebolt silva, *ignot.* II 361, 20.

Scarponinsis pag., *Serpagne vel Charpeigne* II 195, 10.

Scelestino *v.* Caelestinus.

Schewanc, Scewanc monast., *ignot.* I 351, 15. II 589, 55.

Schezla, Skaesla, Schesla. *Schessel* I 123, 15.

Sciltung I 234, 5.

Sclavi I 123, 10 [426, 5]. 271, 20. II 132, 5. 251, 10. 20. 25.

Sconenauva monast., *Schönau* I 351, 20.

Scotti, Scothi, Scoti II 408, 5. 434, 30. 504, 35.

Scudingus, Scudingius comitat., pag., *Salins* II 58, 15. 194, 10.

Sculturbura monast., *Schlüchtern* I 351, 15.

Scythae II 481, 35.

S. Sebastiani monast. Suession. II 53, 25. 263, 30.

Sebastianus episc. Ticin. I 371, 5.

Segnia civ., *Segni* I 353, 20. — Signina eccl. 371, 10; episc.: Adrianus.

Segonna fl. v. Sequana.

Segusia civ., *Susa.* — Segusiana vallis I 127, 15. 35.

Seligenstatense monast., *Seligenstadt*; abb.: Rathleihus.

Seline pag., *Salingowe* II 194, 10.

Sena civ., *Siena* II 95, 25. — Senensis eccl. I 370, 35; episc.: Peredeus.

Senogallia civ., *Sinigaglia* I 353, 30. — Senegalenses, Senegallienses II 130, 30. — Senogalliensis eccl. I 370, 35; episc.: Paulinus.

Sennones monast., *Senones* II 195, 5.

Senones civ., *Sens* I 221, 30. 308, 20 [419, 30]. II 2, 20. 264, 1. 20. 315, 10. 349, 5. 352, 10. 382, 15. 421, 25. 448, 1. 30. 450, 30. 451, 1. 453, 5. — Senonicus: S. eccl. 6, 1. 417, 25; S. pag. 276, 5; S. sedes 397, 5; S. urbs I 338, 30. II 264, 15; archiep.: Artemius, Ardobertus, Lupus, Magnus, Hieremias, Wenilo, Ansegisus; monast.: S. Columbae.

Septimania I 127, 20. 128, 15. 261, 15. 20 [II 258, 35]. I 351, 10. II 58, 30. 256, 15. 348, 25. 459, 30.

Sequana, Segonna fl., *Seine* I 100, 5. 10. 134, 25. 135, 10. 301, 25 [437, 35]. II 24, 1. 58, 25. 303, 15. 327, 35. 354, 5. 359, 20. 361, 1.

S. Sequani monast., *St.-Seine* I 350, 25.

Sergius I. pont. Rom. I 38, 30. II 502, 20. 507, 35.

Sergius presbyt. I 371, 15.

Sergius magister militum Neapolit. II 67, 20.

Sergius I 328, 15.

S. Servatii eccl. Traiect. II 195, 5.

Siagrius, Syagrius episc. Augustidun. II 417, 25.

Sicbertus v. Sigebertus.

Sicharius archiep. Burdegal. I 338, 30.

Sicilia insula I 358, 35.

Sidugath I 233, 30.

Sierus I 233, 25.

Sige-, Sigi-, Syghi-, Sic-.

Sigeardus, Sigardus v. Sigehardus.

Sigibaldus I 233, 25.

Sigebertus, Sigiberthus, Syghibertus, Sicbertus.

Sigiberthus rex Francor., fil. Chlotharii I. I 13, 1—10. 14, 10. 15. 22, 5. 20; liberi: Childeberthus II., Chlodosinda.

Sicbertus decan. II 278, 30.

Sigebertus II 278, 25.

Sigehardus, Sigeardus, Sigardus com. II 154, 15.

Sigenandus episc. Constant. *(Coutances)* II 349, 30.

Sigenulfus dux Benevent. II 67, 15.

Sigeri com. II 154, 15.

Sigiricus signifer II 68, 20.

Sigericus II 67, 10.

Sigimar, Sigimarus I 234, 5. II 250, 20.

Sigimundus episc. Halvarastat. II 210, 35. 246, 30.

Signina eccl. v. Segnia.

Silva-candida I 370, 35; episc.: Iohannes.

Silvacum, Silvaticum palat., *Servais* II 270, 30. 277, 25. 361, 10. 424, 30.

Silvanectis civ., *Senlis* I 13, 10. 14, 5. 308, 15 [419, 25]. II 315, 30. — Silvanectenses 421, 30. 450, 15. — Silvanectensis: S. eccl. 349, 20; S. pag. 275, 10; episc.: Erpoinus, Hadebertus.

Silvester, Sylvester I. pont. Rom. I 133, 40 [411, 25]. II 484, 1. 495, 10. 504, 1. 5. 509, 25. 522, 25.

Simmachus, Symmachus I. pont. Rom. I 75, 5. II 408, 10. 412, 30. 498, 5.

Simeon, Symeon episc. Laudun. II 387, 20.

Simon, Symon.

Simon presbyt. I 371, 15.

Simon magus I 55, 30. 372, 30. 399, 25. II 30, 5. — Simoniaca haeresis, pestis I 87, 10. 358, 10. 364, 15. II 29, 35. 30, 5. 114, 5 [399, 20]. 206, 1. 262, 10. 335, 20. 408, 35.

Simplicio I 169, 15.

Sinbertus, Sindbertus episc. Augustensis I 133, 20. 234, 5.

Sindefredo I 378, 15.

Siricius, Syricius pont. Rom. I 57, 15 [401, 15]. 413, 35. II 177, 1. 219, 35. 225, 45. 226, 5. 228, 20. 30. 510, 25.

Socrates histor. II 492, 15.

Solocensis pag., *Le Soulossois* II 194, 10.

Sora civ., *Sora* I 353, 40.

Sorabi, Surabi, *Sorben* I 136, 1.

Spania v. Hispania.

Sparnacum villa, *Epernay* II 261, 10. 424, 25.

Sperohgouwi, *Speiergau* II 58, 20.

Spirensis, Spirinsis *(Speier)* eccl. 210, 25. 246, 20; Sp. pag. I 253, 40; episc.: Gebehardus, Gotethancus.

Spiritus sancti donum II 39, 30; Sp. tradere 40, 30. 35. 409, 10. 15.

Spoletum civ., *Spoleto* I 201, 35. — Spoletinae civitates 327, 15; Sp. ducatus 128, 10. 354, 10. 15; episc.: Petrus; com.: Wido, Berengarius.

Stabilis episc. Castelli Felicitatis I 370, 40. 371, 1.

Stabulaus monast., *Stablo* I 350, 20. II 194, 20.

Stampinsis, Stampisus pag., *Estampes* I 13, 5. 100, 5. II 276, 1.

Staphinseie, Staphinsere insula, *Staffelsee* I 250, 30.

Starasfurt civ., *Stassfurt* I 168, 15.

Stephanus, Stefanus.

s. Stephanus I 64, 10. II 501, 10. 504, 30; St. festivitas, natalis *(26. Dec.)* I 179, 20 [413, 5]. 346, 35. 363, 35. — St. eccl. Barcinon. II 460, 25; eccl. Mett. 338, 5. 30. (339, 35). 340, 35. 456, 5; monast. Strazburg. 194, 1. 5.

Stephanus I. pont. Rom. II 504, 5.

Stephanus II. pont. Rom. II 508, 30.

Stephanus III. pont. Rom. II 423, 5. 15.

Stephanus IV. pont. Rom. II 340, 30. 423, 5. 15.

Stephanus V. pont. Rom. II 376, 35. 377, 1. 15.

Stephanus episc. Arimin. I 370, 35.

Stefanus episc. Ortensis I 370, 40.

Stephanus episc. Portuensis I 370, 35.

Stephanus com. Paris. et missus I 100, 5. 112, 15.

Stephanus secundicerius II 352, 20.

Stephanus Coloprinus II 148, 30.

Stephanus I 169, 10. 378, 10.

Stivagium abbatia, *Étival* II 194, 1.

Strazburg, Stratsburch, Strastburch, Stradburgium civ., *Strassburg* I 221, 20. II 171, 15. 193, 35. — Strazburgensis, Stratiburgensis eccl. 246, 20. 469, 20; episc.: Eddanus, Rathaldus, Baldrammus; monast.: S. Stephani; *cfr.* Argentaria.

Suana civ., *Sovana* I 353, 35. — Suanensis eccl. 371, 1; episc.: Vestianus.

Suarizaha monast., *Schwarzach* I 350, 25.

Suasconis civ. v. Suessionis civ.

Suentisius, Suentisiorum pag., *Le Saintois* II 58, 15. 194, 10.

Suessionis, Suessiones, Suasconis civ. *Soissons* I 29, 5. 34, 1. 221, 25. 308, 15 [419, 25]. 350, 15. II 263, 10. 30. 265, 20. 267, 5. 421, 30. 422, 1. 423, 30. 450, 20. — Suessionensis, Suessionicus, Suessonicus: S. eccl. II 349, 15; S. pag. 275, 5; S. synod. 424, 30; episc.: Hildigangus, Rothadus I., Rothadus II., Hildeboldus; monast.: S. Mariae, S. Medardi et S. Sebastiani.

Suestre abbatia, *Süsteren* II 198, 35.

Suigant I 233, 20.

Suithardus I 233, 25.

Sunicfredus I 169, 15.

Sunniacum monast., *Soignies* II 195, 5.

Suppo com. II 100, 1. 104, 1.

Surabi v. Sorabi.

Suricinium monast., *Sorèze* I 351, 25.

Sutrium civ., *Sutri* I 353, 15. — Sutriensis eccl. 370, 35; episc.: Valerinus.

Swalafelda, *Schwalefeld* II 58, 20.

Sy- v. Si-.

T.

Tachiperto I 378, 5.
Tachiprando I 378, 5.
Tagulo I 378, 10.
Tarantasia, Turentasia, Durentasia civ., *Tarantaise* I 75, 10. 127, 15. 308, 20 [419, 30]. II 450, 10. — Tarantasiensis eccl. 369,1; archiep.: Andreas, Audax, Teutrannus.
Tardanisus pag., *Tardenois* II 275, 1.
Tarro I 377, 35.
Tarvanensis v. Tervanensis.
Tarvisium civ., *Treviso* I 327, 15. — Tarvisanenses, Tarvisianenses II 130, 30. — Tarvisianus finis 184, 25.
Tasprand I 378, 15.
Tassilo, Tasilo dux Baioariae I 74, 1—15. 127, 20. 25. 159, 10; uxor: Liutpirga.
Tatastat villa, *Dannstadt apud Mutterstadt* I 253, 40.
Taurinorum civ., *Turin* I 327, 10. — Taurinensis eccl. II 483, 1; episc.: Claudius.
Taventrensis eccl., *Deventer* II 211, 5; episc.: Vodebaldus.
Teatina eccl., *Chieti* I 371, 10; episc.: Walanus.
Tegerinseo monast., *Tegernsee* I 350, 20.
Tellaus pag., *Le Talou* II 275, 15.
Tello episc. Cur. I 222, 1.
Tento II 250, 25.
Teod-, Teot- v. Theod-.
Terracium, Terracinense castell., *Tarrasa* II 258, 35. 460, 10.
Tertona, Terdonensis v. Tortona.
Tervanensis, Tarvanensis, Turrovaninsis *(Thérouanne)* diocesis I 308, 15 [419, 30]; T. pag. 8, 10. II 24, 5; episc.: Folcoinus, Hunfridus.
Testebant, Testebrant, Testrabant, Trestebant, Testrabanticus pag., *Teisterbant* II 58, 25. 194, 5.
Tet-, Teud-, Teut-, Teu- v. Theod-.
Texandrus comitat., *Toxandrien* II 195, 5.
Theanum civ., *Teano* I 353, 40.
Thelesphorus pont. Rom. II 496, 1. 497, 20—30. 498, 1—10. 503, 20.
Theod-, Theot-, Teod-, Teot-, Teud-, Teut-, Teu-, Tet-, Thet-, Thiet-, Tit-, Deod-, Thiud-, Thut-, Theodo-, Theode-, Teodo-, Teode-.
Theodacrus missus II 275, 5.
Teudacrus II 278, 20.
Theotaker I 234, 1.
Theodaldus, Teudaldus I 169, 15. II 278, 30.
Theotarius episc. Gerund. II 350, 1.
Theodar, Theodoar I 233, 15.
Teutbaldus v. Teotboldus.
Theodberga, Teutberga, Tetberga, Thietbrihc reg., Hlotharii II. uxor II (161, 10. 162, 10). 463. 25—466, 15. 30—467. 468, 10—469, 5. 20.
Theodebertus, Theodobertus II. rex Francor., fil. Childeberthi II. I 13, 25. II 416, 30.
Teutboldus episc. Lingon. et missus II 276, 5. 421, 30. 422, 40.
Teotboldus, Teutbaldus, Titbaldus I 233, 25. II 67, 35. 278, 25.
Theodericus v. Theodoricus.
Teotgaudus archiep. Trever. II 450, 5. 464, 30. 465, 45. 466, 25.
Teotgaudus II 68, 10.
Teutgriminus II 278, 25.
Theodisci, Theotisci, Theothisci, Teodisci, Teotisci, Theudisci, Teudisci, Teutisci, Thiudisci, Thutisci II 481, 20. 25. — Theudisca lingua, sermo I 205, 20. II 16, 25 [324, 30]. 157, 5. 158, 15. 30. 171, 15. 20. 172, 15. 25. 176, 15. 272, 10. 299, 40. 309, 20. 474, 15. 481, 5. 35.
Teudelasio I 377, 30.
Theotelaus, Thietelohus episc. Wormat. II 210, 25. 246, 25.
Theodemarus, Theotmarus, Theutmarus, Tetmarus, Thetmaer.
Theodemarus patriarcha Aquil. II 117, 5.
Theotmarus archiep. Salzpurcg. II 250, 20. 25.
Theutmarus com. II 195, 15. 469, 5.
Thetmaer I 233, 15.
Teutmundus missus II 95, 25.
Teudo I 378, 15.
Theodoar v. Theodar.
Teodoldus decanus II 278, 30.
Teodoldus missus II 95, 20.
Theodolfus v. Theodulfus.
Theodonis-, Teodonis-, Teotonis-, Teudonis-villa, palat., *Diedenhofen*, I 120, 20. 280, 30. 359, 15. 25. 360, 30. 361, 40. 362, 20. II 112, 25. 137, 1. 256, 5. 396, 20. 399, 1. 424, 25. 434, 15.
Teutrannus, Teurannus archiep. Tarantas. II 369, 1. 450, 10.
Theodoricus, Theodericus, Teodoricus, Teodericus, Teudericus, Deodericus.
Theodericus II. rex Francor., fil. Childeberthi II. I 13, 25. II 416, 30.
Theodoricus archiep. Vesontionensis II 369, 5. 449, 35. 40.
Theodoricus episc. Mimidensis II 154, 10. 446, 10. 20.
Theodericus episc. Perusin. I 371, 5.
Teodericus abb. et missus II 275, 15.
Theodoricus com. II 192, 20. 25. 359, 15.
Teodoricus missus II 452, 25.
Teodericus II 278, 25.
Theodorus diacon. I 371, 20.
Theodorus nomenculator I 355, 5.
Theodorus primicerius I 323, 15.
Theodosius I. imp. I 247, 35. II 505, 10. 514, 10.
Theodosius II. imp. II 127, 20. 416, 10.
Theodosius episc. Mantutriensis I 371, 10.
Theodulfus, Theodolfus, Theudulphus, Teudulfus.
Theodulfus episc. Aurel. II 222, 30.
Theodulfus episc. Curiensis II 246, 20.
Theodolfus episc. monasterii Laubicis I 221, 25.
Theudulphus episc. Torton. II 99, 25. 108, 35.
Theot-, Thet-, Theut-, Thi- v. Theod-.
Thomitani II 481, 35.
S. Tiberii monast., *St.-Tiberi* I 351, 15.
Tiberius imp. II 476, 40.
Tibur civ., *Tivoli* I 353, 20.
Ticina civ., *Pavia* II 80, 35. 90, 20. 117, 5; Ticinum palat. 347, 15. — Ticinensis, Tycinensis, Tycynensis. T. aula 104, 25; T. civ. 92, 1. 107, 10; T. eccl. I 371, 5. II 99, 25. 103, 35; T. palat. 100, 25. 101, 10. 348, 35; T. pons 84, 10. 85, 10. 88, 35; episc.: Sebastianus, Iohannes; *cfr.* Papia.
Ticinus fl., *Ticino* II 95, 20.
Ticlivinni monast., *Dickelvenne* II 195, 5.
Tigrinus episc. Anconit. I 371, 5.
Titbaldus v. Teotboldus.
Todis civ., *Todi* I 353, 15; *cfr.* Tudertina eccl.
Toletana sedes, *Toledo* I 73, 25; archiep.: Elipandus. — Toletanum conc. II 237, 30; I. conc. 288, 30 [308, 5]. 503, 1; III. conc. 500, 1; IV. conc. 418, 35. 419, 5. (499, 25). 500, 5. 506, 5. 511, 5. 514, 15; VI. conc. 310, 1; VII. conc. 256, 25; IX. conc. I 364, 30.
Tolosa civ., *Toulouse* II 2, 20 [6, 1]. 256, 5. 260, 35. — Tolosana, Tolonensis: T. eccl. 369, 5; T. marka I 271, 20. 351, 25; episc.: Eustorgius.
Torcelum, Torcellum civ., *Torcello* II 181, 1. — Torcelenses, Torcellenses 184, 20.
Toringia v. Turingia.
Tornacensis eccl., *Tournai* II 349, 10; episc.: Rageneimus.
Tornedrisus pag., *Tonnerre* II 276, 10.
Toronis v. Turones.
Torro I 233, 30.
Tortoldus diacon. II 447, 35—448, 5. 458, 1.
Tortona, Tertona civ., *Tortona* I 327, 10. II 95, 25. — Terdonensis eccl. 103, 35; episc.: Iohannes, Theudulphus.
Tragulfo I 377, 25.
(Traiectum), Treiectum civ., *Maastricht* I 15, 30. II 68, 30. 72, 10. 153, 5. — Trectis districtum 194, 5. — Treiectinsis, Traiectensis: T. eccl. 450, 15; T. pag. 153, 5; episc.: Dadanus, Ungerus; eccl.: S. Servatii.
Transpadana regio I 128, 10.
Trebia fl., *Trebbia* II 95, 20.

Trecas, Tricas civ., *Troyes* I 100, 5. — Trecasseni II 418, 20. — Trecassinus, Trecasinus, Tricassinus: T. eccl. 349, 35; T. pag. I 100, 5. II 276, 5; episc.: s. Lupus, Ottulfus.

Trectis, Treiectum v. Traiectum.

Troola fiscus, *ignot.* I 256, 25.

Tresegius signifer II 68, 10.

(Tres Tabernae), Tribustabernae, *Tre Taverne, hodie Cisterna* I 371, 10; episc.: Leoninus.

Trestebant v. Testebant.

Treverorum *(Trier)* civ. I 308, 10 [419, 25]. II 198, 35. 339, 40. 450, 5. T. pag. 24, 40. — Treverensis eccl. 210, 15. 246, 15. 339, 30. 340, 1. 466, 25; archiep.: Hetti, Teotgaudus, Ratbotus.

Triburia, Triburiae, Triburiae villa, *Trebur* I 359, 25. 361, 35. 362, 10. II 209, 30. 40. 210, 1. 211, 1. 35. 213, 5. 215, 40. 216, 30. 231, 40. 237, 35. 40. 238, 35—45. 239, 40. 247, 45. — Tribituriense conc. I 349, 20. II (206, 5). 207, 30—45. 208, 45. 213, 40. 214, 40. (215, 40. 216, 30.) 35. 217, 45. 221, 40. 50. 222, 35. 225, 30—40. 226, 10. 35. 40. 227, 15. (40.) 45. 228, 35—45. (229, 40). 231, 40. 232, 40. 234, 40. 45. 236, 40. 237. 40. (238, 40. 45. 239, 40). 241, 45. 242, 45. 50. (244, 40. 245, 35. 45). 247, 30—40. 248, 20—40. 249, 1—15. 541, 25. 55.

Tribustabernae v. Tres Tabernae.

Tricas v. Trecas.

Trientum, Tridentum civ., *Trient* I 327, 15.

Triviensis eccl., *Trevi* I 371, 1; episc.: Paulinus.

S. Trudonis monast., *St.-Trond* II 432, 35.

Trungowe, *Traungau* II 251, 20.

Truogo v. Druogo.

Tudertina eccl., *Todi* I 371, 10; episc.: Iohannes; *cfr.* Todis.

Tullum civ., *Toul* II 195, 1. — Tullenses II 58, 25. 449, 25. — Tullensis: T. eccl. 339, 40. 450, 15. 456, 15; T. pag. 58, 25. 195, 15; T. parrocchia 450, 35; T. territorium 447, 15; episc.: Flotharius, Arnulfus, Arnoldus.

Tumbae fl., *Thommen* II 194, 15. 195, 15.

Tungris civ., *Tongern* I 221, 25. II 195, 1. — Tungrensis, Trugrensis: T. civ. 339, 40; T. eccl. 211, 10. 349, 35. 379, 20. 380, 1. 10. 381, 1. 450, 5. 456, 20. 466, 25; T. episcopium 380, 20; episc.: Folcricus, Ghaerbaldus, Hartgarius, Franco, Arnaldus, Hilduinus, Richerus; eccl.: S. Landberti.

Tunzili II 260, 20.

Turcunensis eccl., = *Tarconensis?, Tarchina?* I 371, 5; episc.: Lupus.

Turingia, Toringia, *Thüringen* I 127, 30. II 24, 5. 58, 20. 221, 40.

Turones, Turonus, Toronis, Turoni civ., *Tours* I 13, 10. 222, 1. 308, 20 [419, 30]. II 264, 1. 421, 30. 450, 5. 35. — Turonensis, Turonicus: T. conc. I 313, 30—40; T. eccl. II 508, 25; T. pag. I 127, 10; II 276, 1; T. urbs 265, 1; archiep.: Gregorius, Eusebius, Lantramnus, Ursmarus, Amalricus, Herardus; monast.: S. Martini.

Turrovaninsis v. Tervanensis.

Tuscana civ., *Toscanella* I 353, 35. — Tuscanensis eccl. 371, 5. II 349, 1. 352, 1. 353, 1; episc.: Codemundus, Iohannes.

Tuscia, Tustia, Tussia, *Toscana* I 193, 10. 327, 15. 335, 30. 368, 15. 35. 354, 10. — Tuscanus ducatus 128, 10. 354, 10. 15. — Tuscani II 96, 35.

Tusiacum villa, *Tusey (dép. Meuse)* II 160, 15. 165, 25. 329, 20.

Tuto episc. Ratisbon. II 210, 30. 246, 15.

Tuto I 234, 1.

Tyrsus presbyt. II 458, 20—459, 1. 30.

U.

Ucetia, Ucecia, Ucecium civ., *Uzès* II 195, 1. 15. — Uzeziensis eccl. 369, 10; episc.: Gualafridus.

Ugo v. Hugo.

Ungensis pag. II 24, 10.

Ungerus episc. Traiect. II 450, 15.

Unrocus com. I 233, 20.

Unrocus com. et missus I 183, 30.

Unroh I 253, 5.

Unvanus I 233, 35.

Urbanus I. pont. Rom. II 289, 5. 508, 30 [283, 25].

Urbinum civ., *Urbino* I 358, 30. — Urbinata eccl. 371, 10; episc.: Maurinus.

Urbivetum civ., *Orvieto* I 358, 35; *cfr.* Albivetensis eccl.

Urcisus pag., *Orxois, Orceois* II 275, 5.

Ursmarus archiep. Turon. II 261, 5.

Ursus, Ursius, Ursio, Urso.

S. Ursi abbatia in Salodoro *(Solothurn)* II 194, 5.

Ursio archiep. Vienn. I 75, 5.

Ursus presbyt. I 371, 15.

Ursus I. dux Veneticor. II 188, 15. 25. (143, 1).

Ursus II. dux Veneticor. II 148, 25. 30.

Urso notarius I 377, 35.

Urso gastaldus I 377, 30.

Urso I 377, 30—378, 15.

Urta fl., *Ourthe* II 194, 15. 20. 195, 10.

Urula fl., *Url* II 251, 20.

Uticum monast. S. Ebrulfi, *St.-Evroul (d. Lisieux)* I 222, 5; abb.: Ragingarius.

Utrech civ., *Utrecht* II 193, 35.

Utriculum civ., *Otricoli* I 353, 15.

Uzeziensis eccl. v. Ucetia.

V.

Vadi civ., *Vado* I 327, 10.

Vadisus pag., *Valois* II 275, 5.

Vagionensis eccl., *Worms* II 210, 25; *cfr.* Wormacia.

Valentia civ., *Valence* II 377, 10. 30. — Valentina, Valentinensis eccl. 349, 20. 369, 1. 417, 10. 450, 5; episc.: s. Apollinaris, Ado, Ratbertus.

Valentianas, Valentinas, Valentinianas palat., *Valenciennes* II 75, 10. 271, 1. 15. 35. 293, 15. 307, 1. 309, 30.

Valentinianus III. imp. II 127, 20. 416, 10.

Valentinus archidiac. I 371, 20.

Valerinus episc. Sutriensis I 370, 35.

Vallavensis eccl. v. Vellavensis.

Valle-Asperii monast., *Valespin* I 351, 20.

Vallisiorum comitat., *Wallis* II 58, 15.

Vallis-Clusae abbatia, *Vaucluse* II 194, 5.

Valvense territorium, *Vallombrosa* I 353, 30.

Vapincensis, Wapincensis eccl., *Gap* II 369, 5; episc.: Biraco.

Vasensis eccl., *Vaison* II 369, 5; episc.: Helias.

Vellatriensis, Veliternensis eccl., *Velletri* I 370, 35. II 351, 10; episc.: Georgius, Gudericus.

Vellavensis, Vallavensis eccl., *Le Puy en Velay* II 349, 25; episc.: Wido.

Venercha monast., *Venerque* I 351, 25.

Venetia, Venecia, Veneciae civ., *Venedig* II 67, 20. 130, 15. 131, 1. 5. 136, 1. 5. 137, 10. 142, 5. 25. 143, 15. 147, 5. 148, 25. 149, 35. 40; duces: Petrus I., Ursus I., Petrus II., Ursus II.

Venetici II 130, 25. 30. 135, 25. 136, 15. 142, 10. 35. 143, 5. 20. 146, 25. 149, 30. 151, 10. 15.

Veosatum civ., *Visé* II 195, 10.

Verbodo I 378, 1.

Vercellae civ., *Vercelli* I 128, 5. 327, 10. — Vercellensis eccl. II 99, 25. 108, 30; episc.: Adalgaudus.

(Verdensis), Wardanensis eccl., *Verden* II 221, 5; episc.: Waltgarius, Wicpertus.

Vermendisus, Virdomadensis pag., *Vermandois* II 24, 5. 275, 5.

Vermeria palat., *Vermerie* I 40, 5. 140, 35. II 288, 40. 45. 281, 25. 30. 283, 10. 421, 25. 35. 422, 35. 423, 35.

Vernum, Vernis palat., *Ver* I 33, 15. 25. II 256, 5. 361, 15. 371, 20. 382, 15. 383, 15. 396, 25. 424, 25.

Verona civ., *Verona* I 327, 15. — Veronensis eccl. II 99, 35. 103, 30; episc.: Adelardus.

Vesontium, Bissancium, Vesontionum, Bissintionum, Bisentionum civ., *Besançon* I 100, 10. 221, 30. 308, 10 [419, 20]. II 195, 1. 349, 35.

450, 10. — Vesontionensis, Besintionensis eccl. 349, 35. 369, 10. 469, 15; archiep.: Harifeus, Bernoinus, Amalwinus, Arduicus, Theodoricus; monast.: S. Mariae, S. Martini.
Vestianus episc. Suanensis I 371, 1.
Victor I. pont. Rom. II 510, 10.
Vicus Iulii, *Aire en Gascogne* I 13, 10.
Vienna civ., *Vienne* I 308, 20 [419, 30]. II 195, 1. — Viennenses 513, 30. — Viennensis, Biennensis: V. eccl. I 75, 5. II 349, 40. 369, 1. 377, 10. 417, 10. 469, 15; V. pag. 195, 15; V. sedes 376, 30; V. territorium 366, 20. 368, 1; archiep.: s. Mamertus, s. Avitus, Bernardus, Ado, Ottramnus, Bernoinus.
Vigilius legatus Veneticor. II 142, 5.
Villamagna monast., *Villemagne* I 351, 15.
Vincentia civ., *Vicenza* I 327, 15. — Vincentenses, Vincentinenses II 180, 30.
Vindocinus, Vindusnisus pag., *Vendôme* I 13, 5. II 276, 1.
Vindoilisus pag., *Vendeuil* II 275, 10.
Vindonissa civ., *Vendresse* II 469, 10.
Vindusnisus pag. *v.* Vindocinus.
Vintimilium civ., *Ventimiglia* I 327, 10.
Vircasinus pag., *Vexin* II 275, 10.
Virdomadensis pag. *v.* Vermendisus.
Viridunum, Wirdunum civ., *Verdun* I 221, 30. II 195, 1. — Virdunenses 448, 35. — Viridunensis, Virdunensis, Wirdunensis, Bardunensis: V. eccl. II 211, 10. 246, 25. 339, 40. 349, 35. 450, 20. 456, 15. 466, 25. 469, 15; V. pag. 195, 10; episc.: Madalfeus, Petrus, Atto, Berardus, Dado.
Virtudisus pag., *Vertus* II 275, 1.
Visciano monast. *v.* Piciano.
Vitalis legatus Veneticor. II 147, 15.
Viterbum castrum, *Viterbo* I 353, 35.
Vitnaus pag. II 275, 15.
Vivarias civ., *Viviers* II 195, 1. 15. — Vivariensis eccl. 349, 30. 369, 10; episc.: Aetherius.
s. Viventiolus archiep. Lugdun. II 417, 10.
Vodebaldus episc. Taventrensis II 211, 5.
Volterra civ., *Volterra* II 95, 25. — Voluterrensis eccl. I 371, 5; episc.: Petrus.
Vonzisus pag., *Voncq* II 275, 1.
Vulfadus abb. Resbac. II 154, 10.
Vulfaldus com. I, 233, 30.
Vulvaldus I 234, 1.
Vulfardus abb. II 350, 5.
Vulfarius II 278, 30.
Vulferus I 233, 25.
Vulfericus missus II 95, 25.
Vulframnus episc. Meld. I 221, 20.
Vulframnus II 361, 1.
Vulfridus miles II 469, 5.
Vulfridus II 278, 25.
Vulvaldus *v.* Vulfaldus.

W.

Waifarius princeps Aquitanor. II 433, 15.
Wala episc. Autissiodor. II 349, 40. 359, 20. 360, 25.
Wala II 278, 25.
Walah I 234, 1.
Walafridus, Walahfridus, Gualafridus, Walfridus, Walfredus.
Gualafridus episc. Uzez. II 369, 10.
Walafridus Strabo abb. Augiensis II 474, 1. 40. 475, 15—25. 514, 35. 516, 25. 30. 40.
Walfridus com. II 99, 35.
Walanus episc. Teatinus I 371, 10.
Walda I 169, 15.
Waldensis comitat., *Waadtland, pays de Vaud* II 58, 15.
Waldo episc. Frising. II 210, 30. 246, 15.
Waldo abb. Augiensis I 233, 25. 234, 5.
Waldo abb. S. Iohannis monast. I 222, 5.
Waldo I 234, 5.
Walipertus episc. Alsbivet. I 371, 1.
Walprandus, Walprando I 377, 35. 378, 1.
Walpulo I 378, 10.
Waltarius, Waltheri, Waltherus, Walterus.
Waltherus episc. Aurelian. II 349, 15. 359, 20.
Waltarius missus II 329, 20.
Waltheri I 258, 35. 40.
Waltbertus episc. Abrincat. II 450, 15.
Walteaudus com. et missus II 275, 5.
Waltgarius episc. Verdensis II 173, 20.
Waltheri, Waltherus *v.* Waltarius.
Walto vicarius II 250, 20.
Wandrebertus II 278, 30.
Wanesheim villa, *Wonsheim apud Bingen* I 253, 25. 30.
Wanilo *v.* Wenilo.
Waningus com. I 233, 15.
Waningo I 378, 5.
Wapincensis eccl. *v.* Vapincensis.
Wara palat., *ignot.* II 361, 15.
Warasch pag., *Le Varais, Varasques* II 194, 10; *cfr.* Wirasci.
Wardanensis eccl. *v.* Verdensis.
Warensis pag. *v.* Wavrensis.
Warinus abb. Flaviniac. II 253, 10.
Warmuntus I 234, 10.
Warnarius, Warinarius, Werinheri.
Warnarius com. et missus I 123, 15.
Warnarius com. II 154, 15.
Wasco I 169, 15.
Wasconia, *Gascogne* I 127, 10. 128, 15. 271, 20. 352, 1. 360, 35. II 58, 20.
Wasloi monast., *Walers* II 195, 5.
Wastenisus pag., *Le Gâtinais* II 276, 5.
Wavrensis, Warensis pag., *Woevre* II 24, 10. 195, 10.
Weizzenbrunno monast., *Wessobrunn* I 351, 20.
Welpho abb. S. Columbae Senon. II 359, 15.
Wendulfus I 233, 30.
Wenilo, Wenelo, Wanilo, Guenilo.
Wenilo archiep. Rotomag. II 427, 30. 35. 429, 5. 450, 10. 35. 466, 25.
Wenilo archiep. Senon. et missus II 261, 5. 264, 1. 15. 25. 40. 276, 5. 382, 15. 385, 20. 387, 20. 397, 5. 25. 421, 25. 422, 15. 30. 35. 442, 5. 448, 1. 30. 450, 30. 451—453, 5.
Weremboldus com. II 469, 5.
Werinheri *v.* Warnarius.
Westfahali, Westfalahi, Westerfali, *Westfalen* I 71, 10. 238, 10; *cfr.* Bortrini.
Wicbald, Wicboldus, Wingboldus.
Wicbald missus I 289, 30.
Wicboldus II 278, 25.
Wicfredus com. et signifer II 68, 5.
Wicharius I 284, 1.
Wichartus I 284, 1.
Wicpertus *v.* Wigbertus.
Wido, Wito.
Wido imp. II 104, 25. 30. 105, 30. 35. 106, 1—15. 30. 107, 5. 10. 125, 15. 126, 35. 147, 5. 10. 148, 10. 15.
Wido episc. Vellav. II 349, 25.
Wito comes marchio Spoletin. II 67, 10. 95, 25.
Wido com. II 361, 5.
Widradus abb. S. Columbae Senon. I 222, 5.
Widricus com. II 359, 20.
Wigbertus, Wicpertus.
S. Wigberti monast., *Hersfeld* I 350, 30.
Wigbertus episc. Hiltinesheim. II 210, 35. 246, 25.
Wicpertus episc. Verdensis II 211, 5.
Wigricus com. II 154, 15.
Wilbaldus, Willabaldus *v.* Willibaldus.
Wilbernus I 234, 5.
Willebertus *v.* Willibertus.
Willelmus episc. Cadurc. II 349, 35.
Wilelmus II 67, 35.
Willibaldus, Willipaldus, Willabaldus episc. Eihstat. I 24, 25. 221, 30.
Willibertus, Willebertus.
Willibertus archiep. Rotomag. et missus I 308, 20 [419, 30].
Willebertus episc. Catalaun. II 349, 25. 360, 25.
Williharius episc. de monasterio S. Maurici I 221, 25.

Wingboldus *v.* Wicbaldus.

Winolfesheim villa, *Weinolsheim apud Mogontiam* I 258, 40.

Wintanus *v.* Hwitanus.

Wippilo I 378, 10.

Wirascorum comitat. II 58, 15; *cfr.* Warasch.

Wirdunum *v.* Viridunum.

Wirziburgum civ., *Würzburg* I 221, 25. — Wirziburgensis eccl. II 210, 30. 246, 25; episc.: Burchardus, Megingozus, Gozbaldus, Rodulfus.

Wisiens I 169, 15.

Wiso villa, *Wiesen apud Alzei* I 258, 15.

Witericus I 169, 15.

Witgarius episc. Augustensis II 167, 30.

Witgarius abb. Ottenbur. II 154, 10.

Witherius *v.* Guidbertus.

Withlecus abb. Fontanell. I 222, 1.

Witmarus abb. Centul. I 222, 5.

Wito *v.* Wido.

Witradus I 234, 10.

Wizemburch monast., *Weissenburg* I 252, 35—253, 20.

Wolfhelmus episc. Mimigernaford. II 211, 5.

Wolfker II 250, 25.

Wolfoltus I 234, 5.

Wolfurichus I 234, 10.

Wormacia, Wormatia civ., *Worms* II 225, 45. 446, 5. — Wormacensis, Wormacinsis: W. eccl. 246, 25; W. pag. I 252, 35. 253; episc.: Samuhel, Theotelaus; *cfr.* Vagionensis eccl.

Wormazfelda pag., *Wormsfeld* II 58, 20.

Y.

Ymmo *v.* Immo.

S. Yppoliti cella, *St.-Pilt* II 423, 5.

Yppolitus episc. de monasterio Eogendi I 221, 25.

Yrminfridus episc. Bellovac. et missus II 275, 10. 284, 35. 296, 35. 421, 30. 422, 40.

Ys- *v.* Is-.

Z.

Zaraldo I 378, 10.

Zate I 169, 15.

s. Zenonis ripa II 134, 25.

Zepherinus pont. Rom. II 503, 30 [228, 25].

Zoleiman I 169, [illegible].

Zosimus pont. Rom. I [illegible], 227, 30. II 514, 15.

INDEX RERUM ET VERBORUM.

a.

abbas, abba I 28,1. 47,20. 50,25. 67,1. 71,10. 109,30. 112,20. 161,10. 162,15.25. 165,1. 170,25. 191,25. 203,25. 225,15. 230,35. 267,40. 274,35. 275,25. 344,1. 347,10. 350,5. 355,5.10. 356,15. 405,40.45. II 56,15. 99,10 [348,10]. 173,25. 174,1.5. 185,10. 211,5. 213,5. 228,15. 250,15. 265,15. 291,30.35. 303,15. 348,25. 350,1.5. 356,15. 371,15. 449,35. 515,25. 529,20; locum abbatis tenere I 113,10 [428,25]; a. venerabilis I 71,10. 92,1. 280,30. 355,5. II 371,15. 423,5.30; abbatem eligere I 76,5. 195,5. 276,25 [406,10]. 369,25; a. ordinare I 63,20; a. qualis debeat esse, qualis constituendus sit I 108,35. 375,20.25; a. non tondeatur nobilis I 280,20; a. episcopo oboediat, subiectus sit I 74,40. 94,1. 214,10; abbates episcoporum consilio et documento omnia peragant et eorum admonitionem audiant et oboediant I 305,1 [416,25.30]; a. ad episcopum rationem faciat I 36,35; abbates ad synodum episcoporum conveniant I 34,5; abbates conventui episcoporum interesse debent I 366,30; a. suscipiat episcopum I 29,30; a. non sit absolutus sine magisterio episcopali I 110,30; abbates, qui non sunt episcopi I 221,15; a. qualiter vivere debeat I 162,20; a. sub ordine sancto vivat I 43,1. 65,20; a. in ordine suo se custodiat I 95,20; a. a recto tramite non deviet I 226,20; a. canones discat, intellegat, observet, I 93,30. 100,15. 103,30; abbates canonicam normam debentes I 209,25; a. secundum regulam vivat I 93,30. 100,15. 103,30; a. regulam legat et cum monachis impleat I 344,5; abbates interrogare, si regulam sciant *etc.* I 234,35; a. qualiter suum habeat officium praeparatum I 110,1; a. qualiter cum monachis conversari debeat I 369,30; a. subiectis cum veneratione presit *etc.* I 93,30. 100,15. 103,30; a. regat vitam monachorum I 60,15 [403,40]; a. monachos regat et doceat secundum regulam Benedicti I 236,10; a. admoneat monachos II 66,10; a. clericos instruat I 209,25; a. in doctrina sua apostolicam formulam debet servare I 348,15.20; a. monasteria commoneat I 141,30; a. nullum de fratribus plus amet quam alium I 230,25; a. non viliorem diligat neque ordinandum ducat I 94,15; a. in coena Domini pedes fratrum lavet *etc.* I 345,20; a. monachos non coecet *etc.* I 76,5; a. villas monachis custodiendas non committat I 345,25; a. monachos in missaticis non transmittat II 411,30. 412,1; a. lectoribus benedictionem tribuat I 347,20.25; a. sportolas non accipiat I 37,10; a. praemium pro susceptione monachi non quaerat I 63,20. 76,1.5; a. dormiat cum monachis I 75,35; a. ea, quam monachi habent, mensura contentus sit in manducando, bibendo *etc.* I 345,25.30; a. ad portam monasterii cum hospitibus non reficiat I 345,30; a. cum episcopis, abbatibus, canonicis, nobilibus unde reficiuntur causa caritatis sumat I 345,40; a. ospitalem faciat I 210,10; a. abstineat se de quadrupedia carne I 229,10; a. se abstinens de volatilibus I 348,10; a. habeat cellas I 346,30; a. plurima monasteria aut cellas non habeat I 133,20 [447,1]; a. monasterium suum frequentet I 209,25; a. villas frequenter non circumeat *etc.* I 345,25.30; a. non vadat per casas miscendo I 64,10; abbates in propria villa morantes in suis maneant domibus *etc.* II 92,20.25; a. rebus, negotiis secularibus se inserens I 161,20.25; a. venationem non faciat I 195,15.20; a. cupplas canum nec falcones *etc.* non habeat I 64,20; a. canes, acceptores *etc.* non habeat I 95,20; a. peculium et res monasterii ordinet I 94,30; a. consideret thesauros ecclesiasticos I 131,20 [410,25]; a. ecclesias restauret I 42,30; a. monasterium emendet I 209,25; a. res ecclesiarum possideat I 43,1; a. res ecclesiae inter parentes et proximos non amplius dividat I 229,40; super abbatem clamare I 165,1; clamor super abbatem I 64,15; a. remissus vel neglegens I 35,20. 321,35. 369,30. II 449,20; a. pravus I 124,45; a. sine regula vivens abiciatur I 195,5; abbati oboedientia exhibeatur I 63,5; extra abbatis preceptum nihil facere I 240,15; cum abbate suo proterve non contendere I 348,25; a. fideliter vivat I 94,1; abbatis sacramentum fidelitatis I 66,30; a. in suum ministerium bannum vel decretum conservet I 98,30; a. capitula transscribat I 307,25.30 [419,15]; a. capitula nota faciat et observare studeat I 141,10; a. iustitiam faciat, adimpleat I 190,10. 193,20; a. iustitiam facere nolens vel prohibens I 291,5 [444,35]; a. pauperibus *etc.* consolationem et defensionem det I 94,1; a. indigentibus adiuvet I 141,15; a. res pauperum *etc.* nec emat nec vi tollat I 220,10. 312,15 [421,40]; a. res nobilium non atrahat I 227,40; a. res tributalium regis non atrahat I 229,15; a. res et libertates iniuste auferens I 289,5 [443,1]; a. de latronibus et malefactoribus habeat providentiam I 141,25; a., in cuius potestate denarius merus reiectatus fuerit et non emendaverit, honore privetur I 151,10; abbates cum laicis confirmati II 281,20; abbas pacem et concordiam habeat cum episcopis et comitibus *etc.* I 58,5 [401,35]. 103,25; abbates, episcopi adque abbatissae comitesque unanimi sint I 94,1. 101,15; a., comites *etc.* se adunent II 331,25; abbates, comites *etc.* communiter decertent ad ecclesiae et regni honorem *etc.* I 336,25 [337,15]; abbates comitibus adiutores sint I 305,5 [416,30.35]; abbates adiuvent comitibus II 16,1; abbates missis adiutores existant II 329,20.25; a. missos non tardet I 213,20; a. ad placitum missorum veniat aut vicarium mittat I 291,25 [445,15]; abbates conveniant cum missis I 310,5 [420,30]; a. cum misso consideret de opere et restauratione ecclesiarum I 287,30 [442,20]; a. ad placitum missi non veniens I 145,25; a. semper ad placita imp. venire debet II 9,10; a. ad palatium veniat II 262,15; a. ad palatium veniens aut inde vadens *etc.* I 198,30—199,10; abbates consiliarii regum II 165,10; a. ad placitum imp. non veniens I 116,5; a. pleniter cum hominibus suis armatis veniat I 168, 20; a. cum excarritis hominibus ad imperatorem esse debeat I 141, 15; a. hostem non faciat I 29, 25; a. plenissime homines suos dirigat II 96, 1; a. homines suos transmittat cum hostili apparatu I 29, 25. II 331, 30; a. homines habeat, qui praevideant de praeparato exercitu I 171, 25; a. duos de casatis et laicis hominibus suis dimittat I 187, 30; a. liberos homines suos in nomine ministerialium dimittens I 165, 5; a. non habeat potestatem (dimittere) tonsos clericos et reliquos homines I 164, 35; a. bruniam vel gladium non det aut venundet I 167, 25; a., quot denarios donare debeat II 354, 10. 15; *a. quot solidos accipiat* II 354, 20; a. libram de argento in elemosinam donet I 52, 10; a. familiam nutriat, nutricet I 132, 25 [411, 5]; a. IV pauperes nutriat I 52, 10. 15; per abbates oratio pro rege fiat II 173, 30; abbates eligere *et dirigere in universum regnum* I 92, 1; abbates directi monasteria et senodochia circumeant *etc.* II 94, 1. 5; a., qui missus est I 291, 30 [445, 20]; abbates ab episcopis electi ad conspiciendum regulae observationem in monasteriis, quae facere debeant I 321, 30—322, 5; abbates secularis rei altercationem inter se habentes I 226, 30; a. ad regem faciat rationem I 36, 35. 124, 45; abbates de personis suis ad publica vel secularia iuditia non trnantur vel distringantur I 196, 10; a. advocatum habeat I 214, 15. 319, 1; a. advocatum bonum habeat I 93, 30. 101, 25. 104, 35; a. duos advocatos habeat I 326, 35; a. centenarium comitis non habeat advocatum I 290, 30. 35 [444, 25]; a. suum notarium habeat I 121, 30; a. de saeculo migrans I 221, 15. 230, 35; a. defunctus I 348, 1; a. obiens II 358, 10. 362, 45; a. in ecclesia sepeliatur I 174, 25. — a. canonicus I 103, 30. 347, 20. 366, 30. II 88, 30—40; a. monasticus I 366, 30; a. regularis I 103, 30. 209, 20. II 88, 30—40; a. legitimus I 29, 25; a. mediocris, minor I 52, 10; *cfr.* archimandrita.

abbatia I 271, 25. II 70. 35 [170, 20]. 105, 10. 268, 1. 354, 10. 20. 358, 25. 400, 35. 449, 15. 452, 25; a. comitis II 354, 15; a. episcopi II 354, 10; *cfr.* monasterium.

abbatiola II 268, 10.

abbatissa I 50, 25. 67, 5. 230, 35. 405, 40. 45; abbatissae locum tenere I 113, 40. II 317, 20; abbatissam eligere I 195, 5; a. bonam constituere II 48, 30; abbatissae quales monasteriis praeferendae vel creandae sint I 318, 20. 25 [423, 5. 10]; a. subiecta sit episcopo I 214, 10; a. ordinationem vel receptionem in monasterio cum episcopo suo retractet I 95, 20; a. rationem faciat ad episcopum I 36, 35; a. sub ordine sancto vivat I 43, 1; a. canones discat et observet I 93, 30; a. sec. canones vivat I 103, 30; a. sec. regulam, regulariter vivat I 93, 30. 103, 35; a. institutionis formam teneat, sec. institutionis formam vivat I 341, 10—20; a. subiectis cum veneratione presit I 93, 25; a. subditas in religionis proposito constringat, subiectas gubernet I 341, 15. 20; a. bonum exemplum praebeat *etc.* et congregationes gubernet II 88, 30—40; a. praevideat de feminis velatis I 34, 30. 35; a. subditis foras evagari aut per villas residere non permittat I 341, 15—25; a. sanctimonialem non dirigat absque licentia episcopi I 95, 25; a. benedictionem *viris non det* I 60, 25 [404, 1]; *a. non velet* virgines cum benedictione sacerdotali I 60, 25 [404, 5]; a. viduis et puellis virginibus velum non inponat II 42, 15. 20; a. dua monasteria non habeat I 34, 15. 20; a. in suo monasterio resedeat I 47, 30. 35. 341, 15. 20; a. infra claustrum se custodiat I 95, 25; a. extra monasterium, claustrum non exeat I 34, 15. 20. 63, 30. 95, 25. 229, 1. 5. II 180, 10. 15; a. cupplas canum nec falcones *etc.* non habeat I 64, 20; a. consideret thesauros ecclesiasticos I 131, 20 [410, 25]; a. studium habeat in aedificando et restaurando II 180, 15; a. res ecclesiarum possideat I 43, 1; clamor super abbatissam I 64, 15; a. canonice aut regulariter non vivens honore privetur I 77, 40; a. sine regula vivens abiciatur I 195, 5; a. fideliter vivat I 94, 1; a. pauperibus *etc.* consolationem adque defensionem det I 94, 1; abbatissae, episcopi, abbates *etc.* unanimi sint I 94, 1. 101, 15; abbatissae missis adiutores existant II 329, 20. 25; a. ad regem veniat iussa I 34, 15. 20. 341, 15; a. plenissime homines suos dirigat II 96, 1; a. homines suos transmittat cum hostili apparatu II 331, 30; a. *liberos homines suos in nomine* ministerialium dimittens I 165, 5; a. bruniam vel gladium non det aut venundet I 167, 25; a. libram de argento in elemosinam donet I 52, 10; a. familiam nutricet, nutriat I 132, 25 [411, 5]; a. pauperes IV nutriat I 52, 10. 15; a. rationem faciat ad regem I 36, 35; a. advocatum habeat I 214, 15. 319, 1; a. advocatum bonum habeat I 93, 30. 101, 25. 104, 35; a. duos advocatos habeat I 236, 35; a. centenarium comitis non habeat advocatum I 290, 30. 35 [444, 25]; a. obiens II 358, 10. 362, 45. — a. canonica I 103, 30; a. regularis I 103, 35; a. mediocris, minor I 52, 10; *cfr.* archimandritissa.

abducere: a. in praesentia regis I 67, 15; a. a marcha II 459, 40; *cfr.* ducere. — a. (= *abstrahere*) res regni II 379, 35.

aberrantes equi vel eque II 183, 5.

abicere: a. concubinam II 189, 30 (*cfr.* dimittere); a. falsatorem II 170, 1; a. de hereditate parentum, de causa sua quaerenda I 126, 1 [427, 30]; a. de testimonio I 126, 1 [427, 30]. II 19, 30; *cfr.* proicere. — a. = *deponere:* a. abbates, abbatissas I 195, 5; a. clericum I 340, 35; a. sacerdotem I 378, 40.

abiecticium, abiectire I 91, 10; *cfr.* iectivus.

aborsus, abortivus = *abortus* II 181, 20. 40.

abrenuntiare, abrenunciare: a. in baptismo I 161, 25. 168, 30; a. diabolo I 229, 35. 40. 366, 10. II 40, 10. 15. 25; a. mundo I 94, 35; *cfr.* renuntiare.

abrenuntiatio, abrenunciatio I 161, 25. 168, 30. 35; a. Satanae, diaboli I 247, 10. 366, 10; *cfr.* renuntatio.

abrotanum I 90, 1. 256, 35.

abscidere linguam, manus, oculos, pedes, testiculum, virgam I 205, 30; *cfr.* amputare. — a. insanum a rege II 178, 5 [186, 25]; a. superflua I 54, 1 [397, 25]. II 218, 35; *cfr.* proicere.

abscondere: non a. fugitivos I 150, 10 [448, 30]. *152, 1; non a. latronem* I 70, 1; non a. sementia I 88, 5; *cfr.* celare.

in abscondito non fiant traditiones I 151, 10.

absconse poenitere II 184, 1; *cfr.* occultus.

absentes damnare, morti adiudicare II 54, 30.

absentia, absencia: a. domini I 168, 30; *a. episcopi* I 373, 1. II 265, 1. 385, 10.

absida II 480, 5. 10.

absitates = *mansi absi* II 336, 40; *cfr.* absus.

absolutio criminum II 53, 35. — a. = *manumissio* I 356, 30. 35. II 540, 10.

absolutus, a, um: a. ingenuitas I 356, 30; non a. esse sine magisterio episcopali I 110, 30. — absolute: a. facere I 205, 5; a. non ordinare.

absolvere: a. de obligatione I 14, 30; a. a subditione, iuramento II 172, 5; a. presbyteros II 258, 5; absolvi a peccatis I 84, 25. II 437, 20. 25. 445, 20. 25; absolvere se per confessionem et penitentiam II 190, 5. — a. = *manumittere* I 356, 20. 30. — a. aliquid in concilio II 184, 10.

abstinentia I 438, 40. II 118, 30. 445, 1; *a. presbyterorum* II 40, 40. 540, 45.

abstinere se: a. se a coniugio *etc.* I 40, 15. 41, 10. 374, 5. II 189, 1. 5. 15. 30. 247, 15. 25. 418, 25; *cfr.* continere. — a. se a. coitu pregnantium II 46, 1; a. se a communione, missarum sollemniis I 229, 40. 231, 25. 243, 35. II 401, 10; a. se ab ingressu ecclesiae II 189, 15; a. se ab inlicitis nuptiis I 228, 35; a. se ab operibus carnis I 313, 5. 10 [422, 30. 35]; a. se a saecularibus curis, negotiis I 108, 1. II 179, 15; a. se a turpibus lucris et usuris I 312, 35

[422, 15]. — abstinere se = *ieiunare, poenitere* II 184, 5. 189, 35; a. so a carne, caseo, cervisa, medone, milschida, ovo, piscibus, potu, sagimine, vino, volatilibus.

abstrahere aliquid I 43, 1. 10. 65, 20. 92, 40. 76, 35. 169, 20. 183, 5. 208, 25. II 13, 15. 412, 20. 460, 1. — a. aliquem I 92, 40. 118, 20 [411, 40]. 199, 40; *cfr.* abducere, alienare, attrahere, auferre, avertere, invadere, pervadere, privare, rapere, removere, segregare, separare, sollicitare, submovere, subtrahere, suspendere, tollere, usurpare.

absumere superpositum II 388, 10 [403, 1]. — absumpta II 403, 20. 25.

absus mansus = *mansus colono non vestitus* I 89, 30. 252, 30. 253, 10. 25—40.

acaptare II 280, 25. 282, 1. 5.

accedere: non a. ad altare I 364, 35; a. ad baptismum II 39, 25; a. ad communionem I 367, 10. II 288, 10; non a. ad convivia laicorum I 228, 35; non a. ad feminam, propriam uxorem II 243, 15; non a. ad secularia iuditia I 107, 10. 226, 25. 228, 40; a. ad sacrum ordinem I 229, 20. II 335, 20; a. ad sedem episcopalem II 264, 10; a. ad torum II 465, 20; non a. ad virgines et viduas II 292, 20. — a. in hereditate I 292, 30; a. super res venditas I 187, 25; a. in rebus eccl. I 19, 15; a. ad terram possidendam I 8, 20.

acceptare capitula II 154, 10. 261, 15. 299, 1. 424, 30. 434, 15; *cfr.* accipere, recipere, suscipere.

acceptio: a. munerum I 276, 5 [405, 35]. 304, 30 [416, 10]. 358, 10. II 46, 5. 10; a. pecuniarum II 82, 1; a. personarum I 281, 15. 276, 5 [405, 35]. II 224, 25. 306, 35; *cfr.* respectus.

acceptor: a. rerum oblatarum I 277, 15 [406, 45]; a. sponsae alterius II 414, 25.

acceptor *v.* accipiter.

accersire: a. episcopos, abbates, canonicos *etc.* I 274, 35; a. episcopos et praelatos I 339, 20; a. regem I 272, 25; *cfr.* convocare.

accessibilis rex II 366, 35. 367, 30.

accio *v.* actio.

accipere I 403, 45; a. aliquid ad operandum et restaurandum I 287, 30. 35 [442, 20]; a. aliquid de scriptis II 62, 10; a. de Francis II 488, 5; non a. plus a. pauperibus II 319, 20. 25; nihil a. I 299, 30. 304, 10 [415, 45]. 331, 15; nihil a. pro ordinatione II 335, 25. 35; a. legaliter II 325, 35; a. alodes II 330, 35; a. annonam vel vinum II 318, 20; a. argentum I 307, 10 [418, 40]. II 62, 10; a. beneficium I 38, 15. 287, 25 [442, 15]; a. capitale I 5, 25; a. census I 367, 20; a. compositionem I 5, 1. 6, 1. 15; a. coniectum I 138, 5. 10. 291, 15 [445, 5]. II 11, 1. 5. 25. 301, 40. 354, 20. 35; a. debita I 313, 15 [422, 40]; a. decimas; a. denarios II 354, 15; a. dispensam I 291, 30 [445, 20]. II 256, 25. 257, 20. 40; non a. dona a familia I 83, 5; a. duplum II 404, 1; a. ecclesiam I 45, 35. 243, 25; a. eleemosinam II 386, 1. 415, 30; a. exenia I 195, 30; a. hereditatem I 8, 10; a. heribannum I 125, 25 [427, 15]; a. iustitiam; a. loca deserta I 268, 30; a. mansiones II 87, 5; non a. mansionaticum II 360, 5; a. munera; a. oblata I 364, 35; a. paraveredos I 211, 35. II 88, 1. 259, 20; a. pignus II 132, 25; a porcos et feramina II 361, 15. 20; non a. praemium, pretium; a. provendam I 88, 1; a. pulveraticum I 144, 20; a. res I 188, 10. 277, 10 [406, 40]. 311, 25 [421, 25]. 337, 5. II 346, 15. 423, 10; a. res accusati I 9, 30; a. de rebus latronis I 181, 15; a. rodaticum I 144, 20; a. solidos II 354, 20. 25; a. solutionem banni I 155, 20; a. stipendia II 87, 10. 88, 1; a. sportolas I 37, 10; a. teloneum; a. terras I 8, 15. 20. 264, 5; a. tertiam I 301, 15 [437, 25]; a. traditionem I 282, 10 [439, 5. 380. 35]; a. tributa I 313, 15 [422, 40]; non a. usuras; a. veredos II 259, 20; *cfr.* I 211, 35. II 88, 1; a. vestituram I 314, 25 [450, 5]; non a. viles personas in iuditio *etc.* I 334, 35; non a. clericum alterius I 158, 10; accipi in monasterio I 60, 10 [403, 30]; accipi in communionem I 54, 10 [398, 1]; *cfr.* ex-, per-, recipere, exigere, revocare. — a. feminam, maritum, sponsam alterius; non a. uxorem patris I 15, 20; non a. sibi de propinquitate usque in quintum genu I 365, 20; non a. alteram I 38, 40. II 235, 20. 240, 40; non a. alterum I 38, 40. — accipere = *capere* II 272, 20. 25. 343, 30. — accipere = *acceptare* II 316, 5; a. capitula imperatoris.

accipiter, acceptor I 86, 15; a. non habere, non portare I 25, 15. 29, 25. 45, 5. 64, 20. 95, 20. 231, 20. 364. 10. II 117, 35. 187, 30; a. in compositione wirgildi non detur I 282, 25 [439, 20]; *cfr.* avis.

acclamare II 257, 35. 339, 20; *cfr.* collaudare.

acclamatio II 340, 35. 40. 451, 15; *cfr.* collaudatio.

accognitare *v.* adcognitare.

accusare I 210, 35. 290, 20 [444, 10]; a. nolle nec audere II 344, 1; a. non debet vilis persona I 57, 1 [400, 40]. 384, 40; a. criminaliter aut civiliter I 262, 5. — non a. clericum I 56, 10 [400, 5], diaconum II 127, 20, episcopum I 56, 10. 20 [400, 5. 20]. 77, 10. II 127, 20, presbyteros II 127, 20; a. maiores natu I 56, 20 [400, 20]. 77, 10; a. ingenuum II 541, 10; a. liberum clamodicum II 344, 15; a. servum I 181, 25. — a. adulterii II 414, 35; a. de causis criminalibus I 22, 25; a. de crimine I 18, 35. 19, 1. 196, 35; a. de furto I 284, 15. 20 [440, 45—441, 5]; a. de infidelitate I 129, 20 [II 23, 10]; a. servitii de uno manso exacti II 12, 35. — a. apud regem I 10, 15; a. in synodo II 225, 5; *cfr.* appellare.

accusatio I 334, 35; a. adversus episcopum, presbyterum, diaconum, subdiaconum, acolitum, exorcistam, lectorem I 184, 1 [411, 30]; accusationem intimare archiepiscopo II 448, 30.

accusator I 49, 5. 75, 1. 124, 20 [426, 35. 448, 20]. 217, 5. II 249, 15; a. presbyteri I 77, 20. II 188, 20.

accusatus I 75, 1. 130, 1.

acetum I 86, 10. 87, 10. 89, 10.

acolitus = *acoluthus* I 184, 1. 5 [411, 30. 35]. II 516, 15.

acqui- *v.* adqui-.

acrimonia I 256, 35.

acroma II 117, 30.

acta: a. imperatoris, regis II 56, 30. 352, 20; a. pravorum corrigere II 5, 30. — actis confirmare I 311, 10 [421, 15].

actio, accio = *actus* I 368, 35. II 423, 20. 25. 480, 15. 527, 20; actiones conversationis religiosae II 418, 25; actio fidelium II 254, 25; a. populi II 396, 5; a. inlicita et indecens presbiterorum II 80, 35. — a. = *causa* I 9, 20. 35. 19, 20; a. criminalis I 210, 30. 262, 10 [II 259, 25]. 415, 1; a. ecclesiastica I 374, 25. II 406, 30; a. episcopi I 374, 25; a. legitima I 300, 30 [437, 1]; a. sacerdotis I 374, 25; a. secularis I 36, 15. — a. publica = *munus* I 22, 5. — a. synodi, synodalis II 173, 25. 176, 1. 262, 20. 266, 5. — a. = *canon* II 406, 30. 498, 5. 499, 5. 500, 20. 35. — 501, 5. 25. 35. 502, 5—15.

actionarius I 193, 20.

actor imperatoris, regis II 16, 5. 525, 20. 25; actoris ministerium I 298, 5; actores malivolos non habere I 206, 30; a. dominicus res et libertates iniuste auferens I 289, 5 [443, 1]; a. in rebus ecclesiae non accedat I 19, 15; a. villae, in quam mancipia confugerunt I 288, 5 [442, 30. 35]; a. fisci, in quem servi confugerunt I 300, 30 [436, 40]; a. fugitivos reddat II 132, 15. 20; actores servos denarium merum recipere nolentes praesentent missis vel comitibus II 15, 30. 16, 1; a. publicus widrigildum non exigat II 108, 15.

actus = *officium, munus:* a. vassi dominici I 48, 35; *cfr.* honor. — a. = *actio* I 246, 1. II 232, 1. 400, 5. 486, 5. 520, 1; a. archiepiscoporum II 2, 30 [6, 10]. 28, 15; a. comitum II 83, 10; a. diabolicus II 231, 35; a. imperatoris, regis I 272, 25. II 4, 25. 56, 35. 384, 1. 462, 10; a. inliciti II 49, 35; a. monachorum I 230, 25; a. Nortmannorum II 396, 30; a. reginae II 426, 45. 455, 1. 15.

actum = *edictum* I 20, 30. 208, 1.

acupictile I 61, 15 [404, 30].

adbreviare I 264, 1; *cfr.* breviare, inbreviare.

adcognitare II 293, 30. 298, 25. 311, 20. 35; a. capitula II 298, 1; a. constitutionem II 302, 30; a. voluntatem *etc.* II 281, 30; *cfr.* notum facere.

adcognitatio II 164, 1; *cfr.* adnuntiatio, cognitatio.

addere decretis, legibus I 180, 5 [II 23, 40]. *I 198, 1. 275, 5; a. pactioni* I 14, 30; a. capitula; *cfr.* adiungere, adnotare, inserere, superaddere. — a. censum I 22, 1. 367, 25.

addicere: addictum esse dominatui I 356, 30.

adducere: a. dominum II 89, 1. 5; non a. mancipia christiana venundanda II 181, 20; a. rachymburgiis I 9, 25; a. testes; a. testimonii causa I 356, 35; a. ad audientiam II 105, 30; a. ad praesentiam, mallum, placitum comitis I 205, 35. 284, 20 [441, 1]. 298, 5. II 78, 30. 91, 5. 344, 15. 20; a. ad praesentiam ducis, loci servatoris I 205, 35; a. ad regem, ad praesentiam regis, imperatoris I 10, 5. 15. 89, 30. 123, 5 [425, 45]. 157, 5. 198, 15. II 319, 20. 320, 10. 371, 5. 372, 35. 459, 40; a. ad audientiam palatinam II 372, 30; a. in medium II 299, 20; a. in mercatum I 298, 25; a. ad palatium I 298, 30; a. ad synodum II 257, 5. 10; a. ad fidelitatem II 330, 15; a. ad iustitiam faciendam, reddendam II 318, 30. 330, 15; a. ad poenitentiam vel rationem atque satisfactionem II 269, *30. 35*; a. *ad emendationem* et poenitentiam II 308, 40; *cfr.* ducere. — a. res aliunde I 301, 20 [437, 25]; a. res de longe I 306, 15 [418, 1]; non a. venientem ad palatium I 298, 30.

adductio II 525, 20.

adeps I 348, 40; *cfr.* pinguedo.

adesse conventui, synodo *etc.* I 191, 25. 215, 1. 244, 5. 366, 30. II 163, 5. 263, 35. 293, 30. 333, 15. 338, 5. 339, 35. 40. 340, 40. 350, 10. 365, 5. 396, 20. 428, 10. 451, 10; *cfr.* astare.

adfannire II 71, 35.

adfi-, adfli- *v.* aff-.

adgravare II 85, 5; *cfr.* opprimere.

adgregare, aggregare: a. concilium, episcopos I 339, 1. II 352, 30; *cfr.* convocare.

adhortatio regis II 293, 25; *cfr.* monitio. — a. = *praedicatio* I 11, 40. 53, 30 [397, 15].

adhramire, adramire, aramire, aframire I 70, 25. 149, 25 [431, 30]. 284, 10—20 [440, 40. 441, 1]; *cfr.* stabon.

adiacentiae I 353, 35. II 260, 5.

adinventiones I 330, 5. II 301, 30. 302, 15; a. usurarum II 43, 20; *cfr.* novitates.

adipisci aliquid II 324, 1; a. ecclesiam II 179, 10; *cf.* accipere.

adiudicare I 196, 15; a. morti II 54, 30.

adiungere legem I 219, 5; *cfr.* addere.

adiurare per Deum, Christum I 259, 5. II 125, 15; a. regem per crucem II 449, 15.

adiuratio divina II 467, 30.

adiurnare I 81, 20; *cfr.* bannire.

adiutor = *complex* I 124, 10 [426, 25. II 61, 5]. — a. episcopi = *minister* II 8, 30. 373, 35. 374, 1. — a. esse comiti I 210, 1. 305, 5 [416, 35]. II 15, 5; a. Dei II 444, 30; a. esse ecclesiae Dei I 53, 20 [397, 5]. II 184, 10. 213, 10. 30; a. esse episcopo I 210, 1. *II* 39, 5. 101, 35—102, 1. 224, 15. 312, 10. 448, 20; a. esse imperatori, regi I 303, 30. 40. 304, 30 [415, 20. 30. 416, 10]. II 48, 35. 49, 20. 25. 73, 30 [156, 25. 334, 1. 362, 20]. 105, 35. 155, 1 [298, 40]. 164, 15. 35. 166, 35. 168, 5. 280, 25. 296, 20. 342, 10. 365, 15. 368, 25. 370, 15 [376, 10]; a. esse ministris eccl. I 307, 20 [419, 5]; a. esse missis II 4, 35. 329, 25; a. esse pupillis, pauperibus *etc.* I 304, 30 [416, 15]; a. esse seniori II 100, 1. 385, 15; *cfr.* auxiliator.

adiutorium: a. praebere contra *adversarium* I 172, 25; a. praestare ad latronem accipiendum II 272, 20. 25 [348, 30]; a. non praestare malefactori I 150, 20; a. facere ad domos eccl. aedificandas, ecclesias restaurandas I 210, 5. II 411, 15. — a. inpendere civibus I 98, 35; a. ferre, praestare comiti I 161, 10. 305, 5 [416, 35]. II 76, 1. 108, 1; a. ecclesiastici regiminis, gubernationis II 439, 25. 30; a. praestare *etc.* episcopo I 190, 25. 304, 20. 25 [416, 5]. 367, 30. II 48, 20. 76, 1. 334, 15. 415, 20; in a. imperatoris pergere, venire II 358, 1. 360, 30; a. regni II 51, 15; a. praestare *etc.* regi, II 70, 10. 76, 15. 77, 5—25. 159, 35. 172, 5. 293, 30. 294, 20. 295, 5. 10. 299, 5. 311, 20. 328, 5. 10. 329, 30. 333, 30 [339, 25]. 356, 15. 357, 35. 40. 383, 15. 451, 10. 452, 1. 15. 35. 453, 5; a. praestare regis uxori et filiis II 166, 30. 357, 30. — a. civile II 415, 20; a. comitis I 189, 20; a comitum I 367, 30; a. episcopi II 53, *30*; a. *commune fidelium* II 293, 30. 294, 20. 295, 5. 10. 311, 20. 328, 5. 10. 329, 30. 333, 30 [339, 25]. 356, 15. 357, 35. 40; a. missorum I 308, 25. 309, 5 [419, 40. 420, 1]; a. principum, regum II 51, 5; a. regis II 172, 5. 454, 5; *cfr.* adminiculum, auxilium, iuvamen. — a. = '*Beisteuer*' I 25, 20. 151, 5; a. exercitus I 28, 10. 137, 10. 188, 1. 5. 325, 20. 330, 1. II 20, 1. 80, 15; *cfr.* collectio.

adiuvare: si adiuvet me Deus I 101, 35. 102, 5. 118, 20. 259, 1. II 100, 10 30. 155, 5. 168, 15. 274, 20. 30. 278, 20. 298, 30. 448, 25. 467, 5. — a. viduas, pupillos, pauperes I 192, 5. 281, 30 [438, 25]. 289, 15 [443, 10]; non a. altercantem in iudicio I 113, 25 [428, 40]; a. centenario aut iudice ad malefactorem I 17, 5; a. suum parem ad resistendum infideli II 330, 1; a. ad ecclesias restaurandas I 175, 1. — a. se mutuo II 357, 15; a. comitem I 304, 35 [416, 20]. II 16, 1. 108, 1; a. episcopum I 257, 30. 108, 1; a. episcopalem auctoritatem II 374, 10. 15; a. fideles II 372, 40. 374, 25; a. oppressis I 239, 30; a. regem; a. sacerdotes I 239, 35. — a. suos indigentes de famis inopia I 123, 1 [410, 1]. 141, 15; a. subiectos de necessitatibus I 375, 20; non a. homicidae ad solutionem I 16, 15; a. in hostem pergentem I 137, 10. 20. 325, 15. II 7, 10 [321, 30]. 10, 15; *cfr.* auxiliari, praeparare, subvenire.

admallare I 9, 1. 10, 10; a. ad sacramentum I 148, 40; *cfr.* mallare.

adminiculum I 228, 5. II 177, 20 [185, 25]; a. imperatoris II 51, 10; *cfr.* adiutorium.

administrare: a. dignitatem rei publicae II 120, 15; a. officium I 310, 1. 15 [420, 25. 40]; a. officia domestica, rem familiarem I 355, 35; a. religionem II 35, 10; a. utilitatem regni II 377, 25. — a. indumenta *sacerdotalia* II 42, 30; a. obsequia II 93, 35. 94, 5; a. paraveredos II 93, 35; a. stipendia II 38, 40.

administratio, amministratio: a. iudiciariae potestatis II 122, 40; a. ministerii imperatoris I 303, 40 [415, 30]; a. regni, reipublicae *I* 274, 10. 303, 20 [415, 10]. II 52, 35. 86, 20. 339, 10; a. rei familiaris, privatae I 356, 1. II 120, 20; a. regis II 457, 15 [462, 25]; a. scolae I 357, 40. — a. = *officium* II 514, 25. 521, 15. 522, 35.

administrator: a. muneris publici *II* 86, 30; a. muneris secularis II 88, 15; a. rei publicae II 255, 5 [356, 5. 362, 10. 398, 10].

admittere: a. ad clericatum I 373, 15; a. ad communionem II 182, 1; a. ad electionem II 82, 5; a. ad episcopatum I 368, 25; non a. ad iuramentum II 225, 10.

admonere, ammonere *passim, ex. gr.* I 57, 35. 58, 25 [402, 10]. 59, 30 [403, 10]. 209, 15. 210, 40. 226, 20. 227, 20. 228, 35. 239, 1. 5. 295, 5. 304, 45 [416, 25]. 307, 35 [419, 20]. 303, 15. 25. 30. [415, 1. 10. 20]. 324, 5. 357, 20. 401, 30. 425, 35. II 27, 30. 31, 30. 36, 25. 38, 35. 39, 25. 41, 35. 44, 15. 71, 20. 76, 1. 271, 15. 281, 10. 301, 5. 424, 15; a. aliquid I 54, 5 [397, 30]. 115, 15. II 37, 10. 50, 40. a. prima et secunda vice I 307, 20 [419, 5]. II 312, 10; a. usque ad tertiam vicem I 197, 25. II 186, 5. — a. episcopos sinodali conventu I 249, 15. II 34, 35; a. imperatorem, *regem*; a. presbyterum II 188, 20; a. principem I 361, 35; *cfr.* monere. — a. = *praedicare* I 53, 35 [397, 20]. 59, 20 [402, 40]. 62, 1 [405, 10]. 158, 10. 15 [418, 10. 20]. 174, 20. 237, 30—238, 25. 240, 10. 376, 30. II 35, 25. 40, 10. 45,

30, 46, 20. — a. = *bannire, mannire*: a. ex iussione imperatoris I 288, 15 [442, 45]; a. ad persequendum latronem, ad vestigium I 5, 20. 7, 15. II 108, 1; a. ad patriam defendendam I 319, 25 (*cfr.* vocare); a. dominum ad presentandum servum I 6, 15.

admonitio, ammonitio: a. abbatum I 322, 1; a. archiepiscopi, metropolitani I 342, 15—25. 374, 1; a. episcopi I 21, 15. 227, 20. 305, 1 [416, 30]. 328, 30. 373, 25. 374, 1. II 12, 20. 82, 35. 120, 20. 121, 30. 122, 10. 262, 1. 273, 10—25; a. episcoporum II 38, 40. 41, 20. 44, 25. 46, 25. 53, 10. 15. 40. 213, 10. 261, 10. 385, 30; a. episcopalis II 122, 15. 397, 25; a. fidelium I 270, 35; a. imperatoris, regis I 11, 25. 53, 40. [397, 20]. 57, 40. 78, 20. 239, 1. 272, 25. 306, 15. 35. 307, 5 [418, 5. 20. 25. 40]. 312, 10 [421, 35]. 324, 5. 339, 15. 342, 15. 35. 415, 10. 35. 416, 1. 20—35 II 82, 20 83, 15. a. missorum I 308, 30 [419, 10]. 342, 20. 25. II 8, 25; a. presbyteri II 432, 10; a. sacerdotis I 312, 40. 313, 3 [422, 20. 25. 433, 15]. II 120, 20. 121, 30. 183, 10. 214, 35; a. sacerdotalis II 50, 25. 116, 15 [402, 10]; *cfr.* monitio. — a. = *praedicatio* I 53, 30 [397, 15]. 248, 40. 413, 10. 20. II 176, 10. — a. = *bannitio, mannitio* I 118, 5. 261, 30 [II 259, 15]. I 268, 30 [446, 5]. 284, 1 [440, 30]. II 344, 1.

admonitorium I 309, 35 [420, 15].

admonitum, admonitus, admonita: a. doctorum I 372, 30; a. metropolitani II 264, 25.

adnectere (sc. capitulum) I 405, 45; *cfr.* addere.

(adnitere), annitere II 265, 30. 385, 20. 448, 1; *cfr.* consentire.

adnotare, annotare I 275, 10. 276, 25 [406, 15]. II 9, 10. 46, 20. 301, 5. 331, 20. 416, 5: a. capitula imperatoris; a. capitulis I 275, 10. 278, 1 [407, 20]. II 28, 15; a. capitulatim II 134, 5; a. sententias II 286, 20. 25; *cfr.* addere, notum facere.

adnuere, annuere et consentire I 356, 20. II 104, 30. 263, 30. 432, 20. 442, 5. 449, 15.

(adnullare), annullare aliquid I 22, 15. II 38, 5; a. aedificia ecclesiastica II 418, 1; a. capitula II 371, 25: a. hospitalitatem II 406, 5; a. loca sacra II 268, 35.

adnuntiare, annuntiare, annunciare I 82, 1. 139, 5. II 46, 20. 76, 30. 158, 10. 30. 165, 10. 25. 294, 40. 297, 35. 407, 25: a. generaliter II 361, 35: a. potestative I 155, 10; a. capitula imperatoris; a. hostem II 312, 30; a. iustitiam I 97, 1. 101, 10. 104, 30; a. placitum I 48, 20; a. sunniam I 9, 5. 10. — a. archiepiscopo I 95, 30; a. imperatori, regi I 67, 20. 77, 10. 89, 35. 147, 20. 155, 20. 298, 1. 306, 30 [418, 15]. II 4, 20. 121, 20; *cfr.* notum facere. — a. = *praedicare* I 2, 35. 46, 15. 237, 30. 242, 5. 20. 279, 30 [409, 10]. 520, 1.

adnuntiatio, annuntiatio, annunciatio: a. episcopi II 338, 30. 339, 30; a. episcopalis II 75, 30; a. imperatoris, regi I 97, 40. 186, 10. II 68, 30. 70, 5. 10. 71, 5. 72, 10. 74, 10. 15. 30. 75, 15. 25. 76, 30. 77, 1. 15. 153, 40. 157, 5. 158, 30. 163, 5. 164, 5. 25. 165, 1—10. 293, 20. 294, 20. 25. 40. 295, 10. 299, 15. 311, 15. 337, 1. 434, 15. 435, 1; a. missorum I 116, 20 [448, 10]; *cfr.* adcognitatio. — a. = *praedicatio* I 242, 25.

adolatio v. adulatio.

adolescens, adulescens: a. Deo serviens II 227, 10. 35; adulescentes conubio copulentur II 122, 30; *cfr.* adultus.

adolescentula Deo serviens II 227, 10. 15 35.

adoptare locum episcopi I 21, 5; *cfr.* usurpare.

adorare: a. Deum I 78, 5. 106, 30. II 477, 5. 25: a. iconas II 483, 25. 30; a. imagines I 78, 30. II 483, 15; a. picturas, sanctos, II 483, 15; *cfr.* orare.

adoratio imaginum I 73, 30. 74, 1.

adp- v. app-.

adquiescere: a. se nolle II 107, 30; a. consiliis II 52, 40. 53, 15. 387, 1; non a. consiliis episcopor. II 210, 10; non a. iuditium scabinorum I 123, 20 [426, 15]; a. petitionem II 136, 25. — a. = *admittere, concedere* I 16, 20.

adquirere, acquirere I 140, 30. 148, 10 [430, 40]. 163, 15. II 86, 25. 342, 20; a. post consecrationem, ordinationem I 178, 30 [412, 30]. 277, 1 [406, 30]; a. civitates I 13, 40. 14, 1; a. ecclesiam II 441, 5; a. feminam II 235, 25. 30; a. proprietatem, res; a. regnum II 115, 25 [402, 5]; non a. temporalia I 237, 35; a. aliquem I 89, 30. 206, 5. 276, 35 [406, 25]. II 11, 25. — a. iudicium I 153, 5 [448, 40]: a. iustitiam I 308, 30. 309, 1 [419, 45]. — a. causam I 226, 25. 431, 45; *cfr.* quaerere.

adquisitio I 213, 10. II 436, 35.

adquisitor rerum alienarum II 108, 20.

adquisitus I 186, 10; *cfr.* conquisitio.

adramire v. adhramire.

adripia I 90, 5.

ads-, adt- v. ass-, att-.

adtrutio v. antrustio.

adulatio, adolatio I 94, 15. 96, 15. II 521, 5; a. muneris I 98, 5; in adolatione non indicare *vel similiter* I 58, 15. 20 [402, 1. 5]. 92, 20. 35. 93, 20.

adulescens v. adolescens.

adulter, adultera II 46, 1; adulter cum adultera comprehensus I 317, 1. 5; adulteram matrimonio sibi non associare II 286, 35; adulteros non celare I 96, 10; a. examinare et investigare II 66, 20. 25; a. inbreviare II 292, 30; a. sub districtione corripere I 159, 1; a. extra ecclesiam facere II 292, 30; a. ad praesentiam episcopi deducere II 292, 30; a. non sinere vivere II 444, 15. — a. clericus I 25, 5. 28, 1; a. cognata I 282, 15; a. diaconus I 25, 5; a. sanctimonialis II 78, 15 [155, 30]; a. socrus I 282, 15; a. soror I 41, 15; *cfr.* fornicator.

adulterare: a. cum alia I 202, 25; a. cum duabus sororibus I 41, 15; a. uxorem alienam I 318, 30. II 414, 35. 415, 5; a. cum muliere fratris I 38, 25; a. uxorem vassalli I 215, 15; a. nurus suas II 122, 25; adulterans ancilla I 215, 40; *cfr.* fornicare. — a. argentum, aurum II 320, 20; a. mensuram II 318, 15—25; a. panem II 319, 5; *cfr.* falsare.

adulterator monetae I 285, 10 [441, 30]; *cfr.* falsator.

adulterium I 100, 25. 170, 30. 207, 25. 315, 25. II 55, 5. 177, 5. 236, 40. 237, 5. 350, 15. 351, 25. 372, 15. 373, 5. 419, 20. 455, 25; a. prohibere et emendare I 28, 15; a. non concelare I 192, 35; adulteria quadragesimale facere II 96, 20; propter a. ad palatium venire I 298, 15. 20; adulterio prius polluta in matrimonio non uti II 237, 5. 241, 15; in adulterio filios gignere II 240, 25; ex a. filios, faetus necare II 181, 15. 20; adulterii compositio, poenitentia. — a. clerici I 28, 5; a. sanctimonialis I 215, 30. 319, 1; a. servi liberti I 40, 40. 41, 1; a. perpetrare cum filia uxoris I 40, 15. cum sorore uxoris 39, 5. cum muliere fratris 38, 25, cum matre et filia 39, 1; *cfr.* fornicatio.

adulterinus thorus II 286, 35.

adultus, adulta: a. femina puero non iungatur II 122, 25. 30 (*cfr.* matura aetas); a. puer et puella parvula I 232, 15; *cfr.* adolescens.

adunare: a. se = *coniungere se* II 74, 15. 30. 157, 15. 166, 15. 20. 281, 5. 20. 284, 5. 331, 25. 357, 15; a. se = *convenire* I 16, 5. II 178, 25. — a. capitula I 394, 10—30; a. ecclesiam Dei; a. soliditatem regni II 488, 35; a. regnum II 166, 20. 458, 30; *cfr.* colligere, unire. — a. conventum populi I 356, 15; a. synodum I 20, 30; *cfr.* convocare.

adunatio II 157, 15. — a. = *coniuratio* I 318, 35.

advena I 131, 25 [427, 35]. II 278, 25. 277, 35. 323, 25—324, 15; a. vadat sub defensione regis I 198, 20; *cfr.* adventitius.

advenire: a. de uno pago in alium II 237, 25; a. de alia provincia I 48, 15. 198, 5; a. terras I 8, 20; a. facere in praesentiam imp. I 282, 35 [439, 30]; *cfr.* venire. — a. = *convenire* II 377, 30.

adventantes II 105, 25. 30.

adventitius, adventicius I 157, 1. 5 [447, 35]. II 323, 20—324, 15; adventicia mancipia I 211, 10; *cfr.* advena.

adversari alicui I 296, 1; a. ecclesiae II 218, 15.

adversarius I 114, 5 [429, 1]. 172, 25; a. capitulis II 184, 10; adversario satisfacere I 268, 25 [445, 35]; adversarii = *hostes* II 85, 15. — adversarii (= *diaboli*) opera, pompa.

advocare: a. comitem in auxilio II 107, 35. 224, 15; a. sacerdotes a suis ecclesiis I 367, 20.

advocatio II 302, 20. 25; per a. ab hoste relaxatum esse I 326, 35; per a. non excusatum esse II 95, 10.

advocatus I 67, 1. 185, 15. 300, 30 [436, 40]. II 16, 10. 15; advocatos eligere, constituere I 115, 20 [429, 25]. 124, 25 [427, 1]. 149, 10 [431, 25]. 151, 1. 210, 15. 20. 319, 5; advocatum non habere centenarium comitis I 290, 35 [444, 25]; advocatus habeat propriam hereditatem in illo comitatu I 172, 5; a. in aliis comitatibus rationes habens II 324, 20. 25; advocati potestas I 48, 30; advocati ministerium; advocatus legem sciat et iustitiam diligat *vel similiter* I 93, 30—40. 101, 25. 104, 35. 214, 15; a. res et libertates iniuste non auferat I 289, 5 [443, 1]; a. non iustus I 163, 15; a. pravus I 185, 10. 206, 30; advocatum pravum tollere I 124, 25 [427, 1]; advocatus pro omnibus de sua advocatione bannum componat II 302, 15—25; a. servos distringat I 211, 1; a. servos comiti praesentet I 285, 5 [441, 25]. II 316, 25; a. praesentet colonum confugientem II 344, 25. 30; a. latrones ad comitum placitum praesentet I 48, 20—35; a. latronem reddat et praesentet contendentes latronem II 273, 15; advocati duo episcopi, abbatis, abbatissae ab hoste relaxati sint I 326, 35; advocati ad placitum missorum veniant, cum missis conveniant I 295, 30. 310, 5 [420, 30]; advocati beneficium I 151, 1; advocati ministerialis I 302, 20. — a. abbatis I 93, 30—40. 101, 25. 104, 35. 137, 25. 164, 35. 165, 1. 172, 5. 214, 15. 295, 30. 319, 1. 326, 35; a. abbatissae I 93, 30—40. 101, 25. 104, 35. 295, 30. 319, 1. 5. 326, 35; a. casae Dei II 344, 25. 30; a. comitis I 190, 20; a. episcopi I 93, 30—40. 101, 25. 104, 35. 137, 25. 164, 35. 165, 1. 172, 5. 192, 15. 196, 15. 35. 283, 10 [440, 1]. 295, 30. 319, 1. 5. 326, 35. 374, 25. 30; a. immunitatis I 48, 20; a. rectoris ecclesiae I 283, 10 [440, 1]; a. pontificis I 192, 15; a. sacerdotis I 201, 1. 374, 25—35; a. sanctimonialium I 302, 35.

aedes, edes I 336, 20. II 479, 30. 35; a. sacrae II 475, 25. 476, 20. 481. 1. 488, 5. 489, 1; *cfr.* aedificium.

aedicula II 480, 1.

aedificatio ecclesiastica II 476, 5; aedificationis solatium II 477, 5.

aedificium I 251, 35. II 479, 30; a. facere in desertis locis I 262, 25 [II 260, 20]; a. emendare I 172, 15; in aedificiis operare facere I 212, 1; aedificia anteponere I 188, 5. — a. intra curtes regis I 86, 30. 87, 25; a. sacra Deo consecrata II 485, 25 —486, 5. 488, 30; a. ecclesiae, ecclesiastica II 388, 10. 413, 1. — aedificium spiritale ecclesiae II 476, 20; *cfr.* aedes, domus.

aedoniare *v.* idoneare.

aeducere *v.* educere.

(aegritudo), egritudo: egritudinis causa baptizare II 410, 10.

(aegrotans), egrotans: aegrotantem parvulum baptizare, unguere II 190, 30; *cfr.* infirmans.

aegrotus, a: aegrotum baptizare II 512, 25; a. curare I 311, 20 [421, 20].

aelemosina *v.* eleemosyna.

aequalis, e: a. mensura; a. modius I 132, 35 [411, 15]; a. pondus; *cfr.* aequus.

(aequaliter), equaliter dividere I 219, 10. II 109, 1. 5.

aequitare *v.* equitare.

aequitas, equitas I 11, 40. 12, 5. 10. 18, 30. 148, 20 [430, 45]. 333, 20 [422, 45]. II 47, 20. 255, 1 [388, 25]. 255, 30. 30 [398, 25. 30]. 425, 5. 436, 10. 15. 437, 15. 524, 40; aequitatem servare, conservare I 11, 40. II 367, 25; a. pro pecunia non mutare I 240, 15; secundum a. definire I 301, 15 [437, 25]. 315, 1 [450, 10]. II 69, 30. — aequitas fidelium I 305, 20 [417, 1].

aequus, a, um: a. denarius I 108, 25; a. mensura I 108, 25. 132, 35. [411, 15]; a. modius; a. sextarius II 318, 10; *cfr.* aequalis, iustus.

aer: aeris inaequalitas I 122, 30 [410, 1]; a. intemperies I 245, 35; aera conturbare II 45, 1.

aera I 231, 1. 370, 15.

aeramentum I 125, 25 [427, 15].

aereus, a, um: a. caldarium, caldera, conca, pocularis; a. vasa I 87, 1.

aerimanni *v.* arimanni.

aes: aere alieno oppressus II 526, 10.

aestimare, estimare: a. damnum I 160, 20 [432, 15]; a. res I 187, 30; *cfr.* appretiare.

aestimatio, estimatio: a. compositionis I 72, 40; a. damni I 206, 1. 269, 1 [446, 10]. 283, 25 [440, 10]; a. operis I 197, 15. 287, 35 [442, 25]; a. rei I 152, 20; a. telluris I 82, 1; a. usus I 294, 20; *cfr.* existimatio.

aetas, etas II 302, 10; a. non permittens ieiunare I 245, 15; infra aetatem puerum vel puellam in matrimonium non sociare I 232, 10; aetas tenera I 232, 15; a. inperfecta II 122, 30; a. infantula I 112, 10 [409, 40]; a. iuvenalis I 124, 5 [426, 30]; a. legitima I 240, 5; a. idonea II 122, 30; a. nubilis II 119, 30; a. rationabilis I 58, 35 [402, 20]; a. matura I 232, 15; a. provecta II 39, 25; a. perfecta I 60, 5; a. maior I 269, 30; a. fortior II 227, 10. — a. = *proles* I 330, 35.

aethimologia *v.* ethymologia.

affatomie I 293, 25.

affectus: a. carnalis II 521, 10; a. propinquitatis I 316, 25; a. sacerdotalis II 368, 5; *cfr.* respectus.

(affinitas), adfinitas I 129, 5 [II 22, 40]; *cfr.* propinquitas.

affirmare, adfirmare II 23, 25. 118, 1. 467, 30; a. veraciter I 293, 35; a. cum XII coniuratoribus I 281, 5 [437, 45]; a. per testes I 190, 15; a. sub sacramentum II 96, 10; a. in manu imperatoris I 298, 45; *cfr.* firmare.

affirmationis sermo I 346, 30.

afflictare regnum II 377, 1.

afflictio, adflictio I 320, 30. II 431, 35; a. familiae II 525, 30; afflictionem non inferre populo II 8, 10; *cfr.* molestia. — afflictionis ultione plecti II 420, 30.

affligere, adfligere: non a. advenas II 277, 35; non a. ecclesiam II 448, 25; non a. fideles indebitis machinationibus II 78, 25 [156, 20. 333, 40. 362, 20]; non a. pauperes II 43, 20. 44, 20. 85, 1; non a. populum II 19, 15. 83, 10. 87, 5; non a. presbyteros II 257, 20; non a. sacerdotes aut viros ecclesiasticos II 412, 20; non a. servos regios II 437, 35; non a. subditos I 110, 20; *cfr.* opprimere.

aframire *v.* adhramire.

agenda II 507, 15.

agentes I 18, 25. 203, 15; a. ecclesiarum I 22, 30. 23, 1; a. episcopi I 23, 20; a. imperatoris I 298, 40; a. potentum I 22, 30. 23, 1. 20; a. publici I 19, 15. 22, 30. — agens = *graphio* I 10, 5. 15.

ager I 2, 30. 13, 15. 30; agros incolere in desertis locis I 262. 25 [II 260, 20]; in agris episcopum non constituere I 55, 25 [399, 15]; agrum perdere II 413, 5. — a. cultus II 221, 1; a. dominicatus II 14, 5. 10; a. ecclesiasticus, ad locum venerabilem pertinens I 311, 1 [421, 1. 5]; 333, 25. 30. II 460, 25; a. fiscalis I 13, 20. 35.

agere I 313, 35 [423, 20]. II 46, 30. 528. 15. 529, 10; a. cum aliquo iuxta aestimationem usus I 294, 20; a. cum rege fratre II 161, 35; a. capitula imp.; a. causam I 268, 15. 283, 15 [440, 1]; a. de causa I 210, 25; a. de communi correctione II 4, 10; a. rescriptum II 116, 30; a. de venditione I 188, 5. — a. concilium II 466, 25; a. synodum II 125, 5. 347, 15. — actum I 62, 30. 169, 40. 263, 5 [II 260, 35]. I 264, 20. II 112, 10. 137, 35. 143, 10. 147, 1. 148, 15. 150, 1. 151, 20. 368, 35.

aggeres iuxta Ligerim facere I 301, 20 [437, 30].

agnatio, agnitio = *liberi* I 113, 30 [447, 40]; a. hominis denarialis, cartularii I 118, 15; *cfr.* cognatio.

agnellus I 83, 10. 252, 1.

agnoscere, agnuscere ad integrum I 1, 25; a. cartulam veram I 319, 20; a. epistulas regis I 2, 1.
agnus I 254, 25. 255, 30. 256, 5. 25. II 11, 5. 83, 20; agni carnes benedicere II 491, 40. 492, 1; a. anniculus I 255, 30. 256, 5. 25; a. annotinus I 254, 25.
agraria I 19, 15.
alba I 248, 35. 251, 15. II 504, 20.
albergare II 108, 40.
albus, a, um: a. vestimenta I 247, 10.
aldio, ones I 201, 35. 331, 20; a. per XXX annos liber fieri non potest II 62, 10; aldionis dominus, patronus I 196, 35. 205, 30; a. terram ecclesiae colens I 196, 30. 35; a. ad ius publicum pertinens I 205, 30. — aldia I 207, 25. — aldiana = *aldia* I 205, 31.
aleas non amare II 179, 25.
alere subiectos I 375, 20; *cfr.* nutrire.
alia *v.* allium.
alienare: a. res suas I 188, 15. 205, 5. 319, 5; non a. rem immobilem ecclesiae *etc.* pertinentem I 310, 35. 311, 1. 10. 15 [421, 1—20]. — non a. aliquem I 96, 35; *cfr.* abstrahere.
alienatio I 311, 1—10 [421, 5—15].
alienigenae I 127, 10 [II 21, 35]. — alienigenam in coniugium ducere II 235, 30—236, 20.
alienus, a, um: a. ancilla I 292, 25. 30; a. clericus I 108, 1; a. colonus II 26, 5; a. dominium I 143, 20; a. domus I 160, 10 [432, 5]. 205, 40; a. ecclesia I 107, 1; a. fines I 56, 15 [400, 15]; a. gens II 235, 30; a. mancipium I 5, 15. 292, 20; a. parroechia I 244, 10; a. patria I 268, 15 [445, 25]; a. potestas I 330. 20. 436, 45; a. provincia I 268, 20 [445, 30]; a. regio I 268, 20 [445, 30]; alienae res I 262, 5. II 19, 1. 66, 25. 108, 15. 20; a. servus I 292, 15. 25. 30. II 438, 10; a. sponsa I 315, 20; a. terra I 268, 45; a. terrae II 14, 10. 48, 25; a. uxor I 292, 35. 318, 30. — aliena non rapere II 292, 1.
alimentum servorum Dei et pauperum II 385, 35.
alimonia I 123, 1 [410, 1]; a. servorum Christi ac pauperum I 195, 35. II 433, 1; *cfr.* eleemosyna.
alleluya I 346, 1. II 481, 15. 499, 25. 503, 25.
allevare faidam II 212, 20.
allium, alium I 90, 10. 255, 5. 256, 35.
allocutio domestica II 528, 20; a. episcoporum II 453, 20.
alloqui II 387, 1; a. episcopos, abbates, comites I 161, 10. 15; a. plebem II 171, 20; a. regem II 467, 10.
almitas = *episcopi* I 59, 40 [403, 15]; = *papae* I 225, 30.
alodis, alodum, allodium I 132, 30 [411, 10]. II 66, 35; alodes habere velle, petere II 298, 5. 330, 35; a. concedere, dare II 158, 20. 25 [299, 35]. 298, 5. 10; a. reddere II 298, 5. 10; a. accipere II 330, 35; in alodis consistere II 285, 10; in alodo suo vivere II 358, 35; alodes in compluribus comitatibus habere II 319, 35; a. infra parrochiam non habere II 373, 30. — in alodem sibi comparare beneficium, alodem restaurare ex beneficio *vel similiter* I 100, 25. 104, 20. 131, 35 [428, 1]. 136, 15. 20. 158, 30 [449, 5]. 177, 1 [433, 45]; in alode absumere II 403, 20; allodium sibi emere de rebus ecclesiae I 238, 15; in alodem dare monasteria II 268, 5. 408, 20, res ecclesiast. II 268, 30. 278, 5. 408, 30. — alodem in bannum mittere I 362, 15; a. tollere II 278, 10; a. in fiscum, dominicatum recipere, ad fiscum redigere I 48, 5. 362, 15. II 330, 15. 20. 348, 15. 345, 1; cum alode distringere II 75, 20; *cfr.* proprium.
altare I 121, 20 [446, 30]. 250, 30. II 475, 25. 35. 477, 35. 478, 10. 20; a. construere, conservare, statuere I 178, 20 [412, 15]. II 257, 30. 35; a. destructum iterum construere I 282, 30; a. sacrare, consecrare I 178, 25 [412, 20]. 232, 25. II 41, 40; altaris consecratio I 178, 25 [412, 20]; altare lapideum consecrare I 133, 30 [447, 10]; a. dedicare, unguere et benedicere II 484, 30—485, 1; a. induere, vestire I 251, 15. 20; super a. teguria vel laquearia fiant I 64, 25; altari linteamina praeparare I 178, 25 [412, 20]; altaris palla I 364, 35; altaris unius IV partes fiunt II 186, 30. — altaris minister I 59, 40 [403, 20]; altaris ministerio non intermisceantur Deo dicatae I 364, 35; ad altare non ingrediantur, accedant mulieres I 55, 20 [399, 10]. 102, 30. 364, 35. II 42, 30. 35; altari uno una die plus quam tres missae non superponantur II 224, 1. 5. — altaria venerentur, non sint pervia canibus I 59, 30. 35 [403, 10]. 103, 35; altari sacrilegium componere II 216, 1—10. 217, 15; altari partem compositionis presbyteri solvere II 215, 25. 216, 1. 5; de altari census exigere I 367, 25; in altare periurium cavere I 58, 25 [402, 10]. 104, 1; desuper a. manum retraere I 180, 25; iuxte a., ante cornu altaris dimittere, libertatem consequi I 158, 5. 277, 5 [406, 35]. — ad altare offerre fanones I 251, 15; ad a. offerre puerum I 346, 10; ad a. deferre oblata I 364, 35; altaribus restituere II 246, 1. 5.
altea I 90, 35. 256, 40; *cfr.* mismalva.
altercari I 77, 1; a. iniuste I 113, 25 [428, 40]; *cfr.* quaerere.
altercatio I 75, 5. II 524, 20; in altercatione venire II 89, 15; altercatio clericorum II 539, 10; a. inter clericum et laicum I 77, 5; a. rei secularis I 226, 30; a. inter virum et feminam I 230, 30; *cfr.* causa. — a. = *disputatio* II 529, 15.
amandalarius I 91, 1.
amatoria pocula II 45, 1.
ambasiatus I 84, 25; *cfr.* legatio.
ambigare I 369, 30.
ambiguitas I 92, 15. 97, 20. 276, 15 [406, 1]. 354, 45. 356, 35. II 59, 15. 368, 40; *cfr.* dubietas.
ambitio I 227, 40. II 30, 5. 37, 10. 40, 20. 81, 40; a. muneris I 316, 25.
ambitiose aspirare ad maiorem ecclesiam II 406, 15.
ambitus secularis II 66, 10.
ambo II 480, 25; in ambone I 277, 5 [406, 35]. II 280, 10. 480, 25.
ambulare I 68, 1; a. pacifice II 282, 10; a. sine litteris I 138, 25 [447, 1]: non a. aliubi I 68, 1; a. per patrias I 41, 15; a. per regnum I 14, 25; a. per terram II 183, 20; a. per villas I 3, 1. — a. ad casam, res debitoris I 9, 20, latronis I 17, 5; a. ad locum sanctum I 282, 30; a. ad potentiores I 21, 10; a. ad regem, principem I 21, 10. 34, 20. II 282, 5—15; a. ad sortem I 5, 15. 30; *cfr.* pergere.
amen II 481, 15.
amens I 90, 1.
amicitia I 355, 1. II 255, 30 [398, 30]; propter amicitiam a statu rectitudinis non deviare I 304, 30 [416, 10]; propter a. iniuste non iudicare II 15, 5; amicitiae causa nihil prebere I 358, 10; propter amicitiam decimam ad alteram ecclesiam non dare II 13, 15. 20; amicitiae causa senodochia *etc.* non dare I 316, 30; pro amicitia episcopum non eligere II 521, 5; propter amicitiam non relaxare incestuosos I 122, 15 [409, 45]; pro amicitia latronem non celare II 272, 20; a. inter episcopos, abbates, comites *etc.* I 101, 20; a. regis II 162, 35; a. regum II 169, 15. 170, 15; amicitiae locum apud regem non habere II 166, 40.
amictus I 251, 15.
amicus I 58, 20 [402, 5]. II 126, 35. 164, 15. 35. 165, 5; amici res conferentes I 301, 20 [437, 30]; ab a. stipendia accipere II 87, 10; domestici aut amici II 257, 20; a. et fideles II 162, 10. 367, 15; gasindii et a. I 192, 25; parentes aut a. I 16, 15. 192, 25. 195, 25. 278, 25 [408, 5]. 346, 40. II 372, 40. 374, 20. 35; pares vel a. II 285, 10; propinqui vel a. II 34, 15. 86, 35; proximi et a. II 222, 25. — amici clerici I 195, 25; a. comitis I 192, 25; a. defuncti II 182, 20. 222, 25; a. episcopi II 34, 15. 257, 20; a. feminae, viduatae I 278, 25 [408, 5]; a. homicidae I 16, 15; a. latronis II 86, 35; a. occisi II 327, 40. 374, 20. 35; a. presbyteri I 195, 25; a. regis II 162, 10. 367, 15.
amissarius I 190, 30.
amita I 15, 15; cum amita incestum committere, amitam mechari I 31, 20. 143, 15; cum filia amitae concumbere, filiam a. polluere II 237, 25. 30. 247, 15. — amita clerici I 207, 25. 228, 20; a. diaconi, epi-

scopi I 207, 25; a. presbyteri I 207, 25. 248, 1; a. sacerdotis I 287, 1.

amittere servos fugitivos I 206, 5; *cfr.* dimittere.

ammin-, ammon- *v.* adm-.

amor: per amorem amici non declinare a iudicio I 58, 20 [402, 5]; pro amore latronem non celare II 272, 20; amorem inlicitum aliis non inmittere II 122, 30; amor coniugalis II 455, 30.

amphora, anfora II 537, 45. 50.

ampliare ecclesiam II 255, 1 [356, 1. 398, 5]. 441, 5; *cfr.* augere.

amplificare: a. ecclesiam II 223, 30; a. ministerium episcopor. II 212, 5.

ampulla I 179, 10 [412, 45]. II 508, 30; a. cuprina, stagnea, vitrea II 251, 10. 15.

amputare: a. manum; a. testiculos I 205, 25; *cfr.* abscidere, castrare. — a. commissa I 375, 25; a. exenia I 195, 30; a. inlicitas causas I 189, 20; a. intentiones I 188, 20; a. mala I 279, 15 [408, 40]; a. peccata I 348, 20.

amputatio membrorum I 262, 5.

anachoritus I 63, 1.

analogium II 480, 20.

anantes I 254, 30. 255, 30. 256, 25.

anathema I 73, 30. II 120, 25. 214, 20. 289, 20. 25. 411, 25. 491, 10; a. sine consensu archiepiscopi nulli imponere II 411, 20; anathemate subito aut incaute non damnare II 262, 1; anathemate excommunicationis percelli et ad poenitendum non inclinari II 215, 10. 15. — anathematis vindicta ferire transgressorem II 292, 5; a. interpositione abscidere communicationem post solutum ieiunium II 493, 1; anathemate ferire, qui contra conciliorum statuta venire audeat I 57, 35; anathematis vinculo constringere decimas non dantes II 186, 5. 292, 5; periculum interdicti anathematis ex decimis praesumptis incurrere II 419, 30; anathemate ferire diaconum II 448, 5; a. ferire excommunicatos II 449, 5; anathematis vinculo innodare incestum I 377, 1; anathemate ferire necatorem pauperum II 408, 10, res sacras rapientem II 292, 5; a. ecclesiatico ferire raptorem *etc.* sacratae II 292, 25; a. ferire raptoris puellae participes I 278, 40 [408, 20]; a. praecidere ab ecclesiae corpore sanctimonialem sumentem habitum virilem II 385, 5; anathema est, peculiaria sibi usurpare I 280, 5; anathematis vinculo ligare non venientem ad synodum *etc.* II 249, 10; *cfr.* excommunicatio.

anathematizare: non a. absque metropolitani cognitione et episcoporum iuditio II 120, 30; a. clericum profugum II 229, 20; a. conubium moechi et moechae II 236, 30. 237, 1; a. episcopalibus monitionibus *etc.* non obtemperantem II 402, 25. 35; a. monachum suscipientem obedientiam regularem per laicum II 401, 1; a. poenitentiam non suscipientem II 120, 20—30; a. raptorem puellae *etc.* eiusque complices I 278, 40 [408, 20]. II 119, 45. 414, 10; a. raptorem sanctimonialis II 414, 20; a. raptorem sponsae alienae I 279, 5 [408, 30]. II 414, 30; a. contra regiam dignitatem dolose satagentem II 402, 30; a. regiae potestati contradicentem II 402, 30; a. sanctimonialem raptam II 414, 20; a. Simoniacam heresim II 206, 1; *cfr.* excommunicare.

anceps I 334, 20.

ancilla I 146, 1. 5. 207, 25; ancillam ecclesiae tribuere I 69, 20; de ancilla una tremissam I persolvere II 251, 25; ancillam flagellis verberare et occidere II 181, 30. 182, 1; ancillae fugaces I 193, 10. 15; a. inter partes confugientes II 132, 10; ex ancilla liberam fieri I 41, 30. II 285, 20; a. vestem religiosam suscipiens et adulterans aut maritum ducens I 215, 35; ancillae regis velentur secundum mensuram I 122, 5 [409, 30]; ancilla ab ingenuo uxor accepta I 41, 15. 292, 25. 30; ancillam uxorem pro ingenua accipere I 40, 25; ancilla concubina servi I 40, 35; cum a. manere I 41, 30; a. a servo accepta I 40, 35. 40. 41, 25. 145, 10; ancillae aliorum de congregatione eiciantur I 95, 20. — ancillae Dei II 304, 35. 334, 10; ancillarum D. ordo secundum regulam sanctam stabilis permaneat I 29, 20; a. D., monasteriales iuxta regulam Benedicti vivant I 26, 5. 29, 20; a. D. secundum ordinem vivant II 434, 25; ancillarum D. conversatio I 104, 15; ancilla D. velata in monasterio sit I 35, 30; ancillarum D. monasterium; ancilla Christi in crimen fornicationis lapsa I 25, 35; ancillarum Dei stipendia II 432, 20; ancillae D. honorem atque immunitatem habeant II 333, 25. 334, 10. 15; *cfr.* sanctimonialis.

andedus, andeda I 87, 1. 254, 10. 255, 15. 256, 10.

anesum *v.* anisum.

anetum I 90, 5.

anfora *v.* amphora.

angariae I 196, 30. 375, 15. II 437, 35.

angelicus, a, um: a. hymnus; a. modulatio II 497, 25.

angelus: angelorum custodia II 487, 15; a. nomina ignota nec fingantur nec nominentur nec colantur I 55, 15 [399, 10]. 102, 30. 365, 5. 10.

angustare clericum II 224, 15; *cfr.* opprimere.

anima: pro animarum salute congregari I 221, 10; propter animae salutem iterare I 96, 20; pro anima res tradere, conferre I 113, 35 [411, 40]. 220, 1. 282, 5 [438, 35. 380, 1]. II 82, 40; animae commendatio I 235, 15; animarum remedium I 226, 35; animarum redemptio II 386, 5. 433, 1; animas redimere II 386, 10.

animadversione imperatoris, regis puniri, plecti II 81, 20. 87, 1. 88, 15.

animalia I 81, 30. 172, 20. 255, 25. 256, 5. 428, 20; a. minora I 251, 1; animalium cerebrum I 223, 15; a. mortalitas I 154, 10. II 4, 30. — cum animalibus suis prata aliorum decerpere II 85, 1; cum a. suis seniori arare I 81, 25; in animalia negotiare I 142, 20; in animalia heribannum exactare I 166, 25 [432, 30]; de animalibus nonas et decimas persolvere I 287, 30 [442, 15]. II 102, 30.

animositas I 61, 40 [405, 5].

(anisum), anesum I 90, 1.

anniculus, a, um: a. agnus I 255, 30. 256, 5. 25; a. hedus I 255, 30. 256, 5. 25; a. poledrus I 256, 20; a. pultrella I 256, 5. 20; a. vitulus I 256, 25; *cfr.* annoticus, annotinus.

annitere *v.* adnitere.

anniversarium officium I 348, 1.

annona I 72, 40. 85, 10. 141, 15. 171, 20. 237, 35. 250, 30. 251, 40. 252, 10. II 11, 5. 257, 10; a. nova, vetus I 89, 10; a. publica regis I 74, 25; a. ad caballos I 291, 30. 35 [445, 20. 25]. II 83, 20; annonam colligere I 152, 15 [448, 40]: a. comparare I 132, 20 [411, 1]; a. vendere I 152, 15 [448, 40]. II 318, 20; annonae venundatio I 142, 25; annonam non vendere I 258, 30. 35; a. carius non vendere I 74, 20. 123, 1 [410, 1]. 132, 30 [411, 10]; annona in hoste rapta *etc.* in triplum componatur I 160, 20 [432, 15]; de a. nona et decima persolvatur II 13, 35; annonam in ecclesiam non mittere I 178, 20 [412, 15].

annotare *v.* adnotare.

annoticus bos I 72, 30; *cfr.* anniculus.

annotinus, a, um: a. agnus, hedus I 254, 25; a. poledrus I 254, 25. 255, 25; a. pultrella I 255, 25; a. vitulus I 254, 25; *cfr.* anniculus.

annu- = adnu- *v. ibidem.*

annualia dona II 93, 35. — annualiter inferre, persolvere libras XXV denariorum II 146, 25. 30. 149, 30; *cfr.* annuus.

annuatim: a. dationes in palatium inferre I 354, 5. 10; a. renuntiare imperatori I 323, 25.

annus: per anni circulum sermones congruere I 81, 5; per anni circulum homeliae I 363, 20; anni officia II 494, 30; annis singulis censum persolvere I 354, 10. 15; annis singulis de unaquaque casata solidum reddere I 28, 10; omni anno fructa ad curtem venire facere I 84, 35; per singulos annos duae partes ad servitium regis veniant I 87, 10; per singulos a. reddere pullos et ova I 86, 25; unoquoque a. separare, quod ad provendarios *etc.* dari debet I 86, 1; singulis annis curare plateas vel cloacas I 216, 10; in anno quater elemosynas facere I 226, 35; in a. bis aut ter placitum tenere I 214, 5; in a. placita II tenere II 527, 1; in a. III placita tenere I 290, 20 [444, 5]. 320, 30; in a. IV mensibus placitum habere I 177, 10 [434, 5]; per a. singulos synodum congregare, renovare I 25, 5. 29, 10; annis singulis cum metropolitano convenire I 366, 25. 30; in anno bis vel semel concilia celebrare I 108, 10. 183, 10 [411, 15]. 227, 25. II 37, 15; in a. bis aut semel synodice convenire II 406, 20; per annum parrochias circuire II 247, 25—248, 1; in anno semel circumitionem facere II 257, 15. 20; intra anni circulum infantes baptizare I 69, 30; ante a. spatium vestem mutare velumque suscipere II 90, 25. 30; a. probationis I 346, 10; anno uno in civitate immorari II 410, 35. — annos constituere II 131, 5; a. legales II 142, 35. — infra annum ad mallum non venire I 118, 5 [430, 25]; a. integrum silere, non contradicere I 331, 5. 10; infra a. spatium ad vindictam non tradere I 320, 25. II 62, 35; a. et diem tacere II 226, 25—227, 5; a. et diem cum servo stare II 63, 1; a. et diem in banno esse I 268, 35 [446, 5]. 283, 20 [440, 10]. 362, 15; de annis III nonam et decimam persolvere II 14, 10. — annum vertentem poenitere I 26, 1: annorum multorum poenitentia II 445, 1; annos II in carcere permanere I 26, 1; a. III in penitentia exigere II 189, 1: per a. V ecclesiam ingredi II 541, 40; annorum VII poenitentia II 182, 1. 189, 15—25. 242, 10—246, 5. 247, 25; annor. X poenitentia II 181, 15. 217, 5. 10; annor. XII poenitentia II 182, 5; annos XII poenitere I 361, 15; anni XII. cursu finito communicare II 541, 40; annis XXI poenitere I 438, 40. — annorum praescriptio I 206, 5; per X a. possidere I 15, 30; per a. XX possidere I 16, 1. 65, 15; per XXX a. possidere, habere I 19, 20. 107, 10. 169, 30. II 13, 25. 26, 5; annor. XXX praescriptio I 219, 5; per XXX a. vestitura I 169, 20. 30; ultra XXX a. non licet interpellare I 405, 45 (*cfr.* tricennalis); per XXX a. servus, aldio liber fieri non potest I 335, 10. II 62, 10; in annos XXX capulum facere, reaperire flumina II 134, 20. 25; annorum XL curricula terminare I 219, 10; in annos legales requirere iustitiam II 142, 35. — anni curricula inter duos fratres non computentur I 219, 10. 15; anni pubertatis I 232, 10; puerilitas XII annorum I 67, 5; annus duodecimus I 92, 25; anni legitimi I 282, 20 [439, 10. 381, 35]; annos legitimos necdum habenti res non tradere II 19, 5; infra XII a. res alterius sibi iniuste non usurpare I 293, 1. 5; ante XII a. velamen sibi imponere, assumere II 226, 25. 227, 5; a. legitimi iuxta legem Ribuariam I 273, 5; ante XXV annos virgines, puellas non velare I 57, 1 [404, 1]. 77, 40. 108, 5. 279, 15—25 [408, 40—409, 1]; ante XXX a. presbyterum non ordinare I 57, 10 [401, 10]. 78, 1. 108, 10. — annus consulatus I 204, 30; a. imperii, imperatoris I 20, 30. 112, 5. 10. 117, 15. 120, 10. 134, 15. 149, 25. 152, 35. 164, 5. 164, 25. 169, 40. 178, 5. 188, 20. 263, 5. 264, 20. 270, 15. 30. 274, 35. 280, 30. 316, 10. 318, 1. 325, 1. 326, 15. 329, 5. 344, 1. 370, 30. 394, 5. II 2, 15. 12, 15. 56, 15. 62, 25. 88, 35. 90, 20. 100, 25. 101, 10. 107, 10. 130, 25. 137, 1. 35. 143, 10. 148, 15. 335, 10. 348, 20. 35. 40. 351, 5. 355, 35. 538, 55; a. principatus I 78, 20; a. principis II 52, 20; a. regni, regis I 12, 20. 14. 35. 15, 15. 17, 25. 20, 30. 28, 35. 29, 1. 33, 35. 47, 15. 62, 30. 71, 10. 166, 15. 169, 40. 204, 30. 269, 15. 356, 35. II 100, 25. 101, 10. 112, 25. 138, 15. 143, 20. 150, 1. 151, 20. 167, 30. 185, 1. 191, 30. 35. 198, 10. 209, 35. 40. 210, 35. 253, 10. 256, 5. 260, 30. 263, 30. 267, 1. 296, 10. 15. 303, 20. 312, 1. 321, 25. 333, 20. 348, 1. 348, 25. 35. 351, 5. 355, 35. 370, 35. 371, 20. 383, 1. 387, 15. 397, 10. 538, 55; a. incarnationis, Domini I 24, 25. 29, 1. 62, 30. 71, 10. 112, 5. 120, 20. 204, 25. 270, 15. 30. 275, 25. 344, 1. 350, 5. 394, 5. II 52, 20. 56, 10. 68, 30. 72, 5. 75, 5. 76, 30. 90, 20. 92, 1. 100, 25. 101, 10. 117, 1. 130, 20. 143, 10. 147, 1. 148, 15. 150, 1. 151, 20. 153, 1. 154, 5. 159, 10. 165, 10. 20. 167, 25. 169, 1. 185, 1. 191, 30. 193, 10. 209, 35. 40. 210, 35. 213, 5. 261, 5. 268, 10. 25. 267, 5. 277, 20. 278, 20. 279, 15. 293, 20. 296, 10. 15. 301, 20. 303, 15. 312, 1. 329, 20. 333, 15. 338, 1. 5. 342, 1. 30. 343, 1. 347, 15. 348, 35. 349, 1. 351, 5. 354, 1. 355, 30. 363, 20. 366, 1. 368, 35. 40. 370, 1. 35. 371, 20. 376, 30. 387, 10. 15. 397, 10. 25. 402, 20. 404, 25. 421, 25. 35. 424, 5. 427, 30. 442, 10. 447, 15. 450, 35. 458, 15. 464, 30. 466, 20. 538, 60.

annuus, a, um: a. census I 108, 25; a. dona II 525, 5; annua mysteriorum celebratio II 493, 30. 35; *cfr.* annualis.

anser I 89, 10.

antecessores I 293, 20. 25; a. episcopi I 327, 25. 30. II 370, 20 [376, 10]. 379, 25; a. fidelium II 74, 35. 77, 10. 254, 10. 255, 20 [398, 25]. 281, 15. 40. 299, 25. 30. 311, 20. 328, 5. 337, 10. 339, 25. 370, 20; a. imperatoris, regis I 115, 40. 126, 1 [427, 30]. 204, 35. 289, 30 [443, 25]. II 74, 35. 75, 35. 76, 10. 77, 10. 115, 35. 125, 30. 157, 25—35 [299, 25]. 158, 5. 168, 35. 168, 10. 170, 30. 174, 30. 250, 10. 255, 10 [338, 30. 339, 25. 398, 15]. 272, 20. 281, 15. 40. 287, 15 [310, 1]. 294, 35. 295, 15. 299, 25. 30. 311, 20. 313, 15. 319, 1. 328, 5. 330, 10. 334, 15. 337, 5. 10. 20. 343, 5. 345, 30. 360, 10. 371, 20. 372, 30. 373, 1. 374, 30. 376, 10. 379, 5. 387, 40. 434, 30. 452, 1. 458, 30; a. pontificis Romani II 168, 10; *cfr.* decessor, praedecessor, progenitor.

antofonarius *v.* antiphonarius.

antelucani hymni II 506, 10.

anteponere vassos regis I 321, 1. — a. = *excipere* I 188, 1. 192, 5. 196, 20. II 89, 35.

antidota II 307, 10.

antiphonae I 345, 20. II 497, 10. 25. 35. 499, 10. 25. 500, 10. 505, 15. 35. 508, 1. 5.

antiphonarius, antifonarius, antefonarius liber I 251, 30. 368, 20. II 500, 15.

antiquitus: a. apparatus sumptus II 85, 25; a. census constitutus I 367, 35; a. census exeuntes I 177, 15 [434, 10]. II 331, 5; a. clausae apertae II 277, 25; a. constitutum est I 206, 5. 269, 35; a. consuetudo est I 284, 10 [440, 35]. 319, 15. 323, 20; a. consuetum esse I 85, 20; a. domus publicae constructae II 87, 30; a. institutum est I 88, 25; a. iura statuta II 406, 20; a. mercatus est I 149, 5; a. naves ordinatae II 85, 15; a. pontes constructi I 144, 20. 301, 25 [437, 35]. 306, 40 [418, 30]; a. redditum dare II 135, 15; a. telonea exigere I 294, 15.

antiquus, a, um: a. constitutio I 166, 30 [432, 40]; a consuetudo; a. definitio II 181, 15; a. dispositio II 87, 35; a. donatio vel devotio I 119, 20; a. ecclesia; a. ius I 18, 30. 19, 30; a. leges II 327, 5; a. libellarii I 196, 30; a. loca legitima I 190, 35. II 318, 1. 5; a. mensura II 63, 30; a. mos; a. patres; a. pons I 145, 30; a. privilegia II 410, 15; a. sententia II 414, 20; a. status I 290, 1 [443, 35].

antistes: a. = *archiepiscopus* II 6, 1; a. = *episcopus* I 362, 35. II 377, 5. 385, 25. 448, 15; a. = *pontifex Romanus* II 502, 20.

antrustio, antrutio, adtrutio I 8, 10. 9, 20. 10, 5.

anulus II 426, 5; anulo episcopi signare I 2, 1; anuli imperatoris, regis impressione signare, adsignare, insignire, anulo sigillare, roborare I 169, 35. 204, 1. 268, 1 [II 260, 30]. I 264, 15. 352, 5. II 136, 35. 143, 5. 149, 40. 151, 15.

aperire et interpretari I 177, 25 [434, 35]. II 465, 10. 40; a. sacramenta divina I 284, 40.

apertus, a, um: a. convictio II 422, 30; a. depraedationes II 84, 35; a. infidelitas II 419, 15; a. violentiae I 306, 1 [417, 30]. — aperte: a. convinci II 386, 1; a. ingerere inquietudinem II 256, 20; a. prodere II 255, 15 [398, 15]; *cfr.* manifestus. — aperti honores II 358, 1.

apex: a. apostolicus II 497, 5; apicis imperialis dignitas II 177, 15 [185, 20]. — apices = *litterae:* a. episcoporum II 422, 25; a. imperatoris, imperiales I 246, 35. II 27, 35. 136, 25. 259, 5.

apis I 84, 30. 172, 20; apium vasa I 252, 1. 255, 30.

apium I 90, 5. 255, 5. 256, 35.

apocriphus rector II 400, 25.

apocrisiarius II 469, 10. 522, 20—523, 15. 524, 10. 20—35. 528, 10.

apostoli: apostolorum canones; a. capitula I 231, 5; a. festi, festivitates I 227, 10. 346, 35. 363, 40; a. lectio II 497, 15. 25. 499, 10. 15; a. limina; a. ordo II 501, 15; a. successores II 397, 30; a. symbolum.

apostolicus, a, um: a. apex II 497, 5; a. auctoritas; a. disciplina II 384, 15; a. formula I 348, 15; a. lectio II 499, 1. 25; a. mater II 377, 10; a. mores II 264, 25; a. oracula II 29, 5; a. ordo II 406, 10; a. pagina I 365, 40; a. patres II 284, 25; a. regulae II 404, 30; a. sermo II 29, 35; a. symbolum. — apostolicus: = *pontifex Romanus* II 469, 10. 15; a. et imperator missos constituant I 323, 25; apostolico fidem repromittere I 324, 10; a. oboedientiam observare I 323, 10; ab apostolico falsam epistolam non deferre II 230, 25. 231, 5. 10; apostolici commendatio II 161, 15; a. consilium II 162, 5; a. consultus II 376, 35; a. defensio specialis I 323, 10; a. decreta II 209, 40. 210, 1; a. duces I 323, 25; a. epistola II 160, 15. 161, 10. 424, 10; a. hortatus II 377, 5; a. iudices I 323, 25; a. legatio II 231, 10; a. missus II 85, 25. 347, 15; a. monita II 377, 15; 424, 15; a. notitia I 323, 25; a. scripta II 377, 5. 15; a. voluntas II 377, 15; *cfr.* papa, pontifex. — apostolicus, a, um = *pontificalis:* a. adtestationes II 364, 20; a. auctoritas; ad a. culmen provehi II 125, 35; a. ecclesia; a. decretum; a. largitas II 111, 25; a. licentia I 78, 15; a. litterae II 439, 1; a. mandata I 368, 25; a. monita II 351, 25; a. sanctiones II 362, 20; a. sedes; a. sententia II 217, 30; a. sublimitas II 281, 10; a. voluntas II 125, 25. 30. — a. = *episcopalis:* a. pontifex I 11, 35; a. sacerdotes II 217, 1; a. sedes I 1, 15. 2, 5.

apostolium I 2, 1.

apotheca II 486, 5.

apparatus: a. hostilis II 96, 10. 331, 30; a. legationi delegatus II 85, 25.

apparitio Domini I 241, 25; *cfr.* epiphania.

appellare = *invocare:* a. comitem I 291, 15 [445, 1]; a. ministros rei publicae II 374, 15; a. synodum II 214, 10. — a. = *accusare:* a. per furtum, in furto I 4, 45. 5, 30; a. de statu, libertate, hereditate I 268, 20 [445, 30]; a. de servitio II 89, 10; a. cartam falsam II 91, 10. 108, 25; *cfr.* appellare, conpellare, inculpari, interpellare, pulsare.

appellationes et nomina II 481, 15. — appellatio = *accusatio* II 448, 25.

appendere: a. cartas I 64, 25; a. homines propter leves culpas I 188, 35; *cfr.* pendere.

appenditiae, appendiciae I 136, 10. 254, 5.

appetere: non a. indebita II 274, 15.

(appetitor), adpetitor rerum ecclesiasticarum I 297, 5.

applicare: applicet id est albergat II 108, 5. 40.

(apprehendere), adprehendere mancipia christiana venundantem II 181, 20; *cfr.* comprehendere.

(appretiare), adpretiare res I 187, 25. 188, 5; *cfr.* aestimare.

approbare, adprobare I 2, 1. 74, 35. 160, 5 [482, 1]. 188, 10; a. crimen I 215, 10; a. hereditatem II 345, 40. 346, 5; a. homicidia, furta *etc.* I 192, 35. 40. 193, 1; a. latronem I 180, 20; a. periurium I 49, 20; a. testimonium II 62, 5. — a. canonice II 414, 30; a. apud iudicium Dei I 49, 5; a. cum iuramento II 251, 5; a. cum testibus I 152, 20. II 278, 15; *cfr.* probare. — a. = *confirmare:* a. capitula II 112, 30; a. episcopum I 371, 35; a. subscriptionem II 247, 1.

approbatio episcoporum II 520, 40.

aprisio, adprisio I 169, 30. 262, 10. II 259, 30. 40. 260, 1. 5.

aptificare et consentire I 71, 15. 20.

aqua: super aquas commanentes II 332, 5; aquarum ductus I 260, 10; a. ripae I 294, 5; per aquas viae II 277, 25; aquam non denegare I 96, 20. II 93, 1; a. praendere I 48, 10; preter a. nihil tangere I 168, 30. — aquae ferventis iudicium I 281, 10 [438, 1]; ad aquam ferventem se idoniare, se expurgare I 160, 30 [449, 10]. II 225, 10; aquae frigidae examen, iudicium II 7, 5. 16, 20. — aquam bibere II 242, 15. 243, 5; aqua sola uti I 167, 5 [433, 1]; in aqua et pane poenitere, satisfacere, contentum esse I 25, 40. 438, 40. II 189, 1. 5. 15. 25. 218, 15. 242, 15. 401, 5; aqua et panis in parasceue sumatur I 347, 1. — aquam benedicere II 514, 10. 15; aqua aspergere II 514, 15; aquam in calice miscere I 244, 1; a. vino permiscere II 228, 30—40; a. solam, sine vino non offerre II 223, 30. 35. 490, 1. 5.

aquamanile I 251, 10.

ara II 480, 10.

arabilis terra I 251, 35. II 60, 10; *cfr.* aratoria.

aramire *v.* adhramire.

arare I 83, 20. 88, 40. 252, 15—25; non a. die dominico I 61, 10 [404. 20]; a. in campo dominico I 81, 25. 30; a. non exigere I 197, 5.

arata: de a. abstinere die dominico I 36, 10.

aratoria terra I 172, 20; *cfr.* arabilis.

aratum I 252, 25; in a. obsequium non facere I 144, 5.

arbitrium: a. liberum II 511, 30; suo arbitrio non dispensare decimas II 121, 25. 30; secundum arbitrium non iudicare I 96, 15. II 98, 5. 10; a. iurandi II 135, 30. 146, 40. — a. abbatis I 348, 10; a. episcopi I 2, 1. II 230, 25. 243, 25; a. imperatoris, regis I 13, 20. 35. 82, 20. 204, 35; a. iudicum I 205, 1; a. monachorum I 348, 10; a. prioris I 344, 15. 345, 1; a. provisoris I 369, 15; a. venatorum II 525, 40.

arbor I 89, 5. 90, 10—91, 1. 254, 10. 30. 35. 255, 5. 15. 256, 10. 35; ad arbores votum *etc.* non facere I 69, 35; arbores, ubi luminaria *etc.* fiunt I 59, 1 [402, 30]. 104, 5; a. destruere I 77, 35; a. capulare, delere, succidere II 134, 25. 30. 207, 5. 234, 15—25; arboris casura, casus, pressura II 234, 15. 25; arbores non caedere die dominico I 61, 10 [404, 25].

arca regis II 437, 35; *cfr.* fiscus, thesaurus.

archicancellarius, archicanzellarius II 143, 10. 146, 45. 148, 10. 350, 5.

archicapellanus II 80, 35. 117, 5.

archidiacon, archidiaconus I 51, 10. 66, 30. II 265, 20. 516, 10; a. non sit laicus I 122, 15 [409, 40]; de archidiaconis inquirere, quale studium et qualem famam habeant II 8, 30. 35; super archidiaconum curam adhibere II 33, 1; archidiaconus avaritiam non exerceat II 32, 30—33, 1; a. de mansis ad luminaria datis nihil accipiat I 304, 10. 15 [415, 45]; a. pravus I 185, 10; a. ad vicem episcopi II 369, 1; a. episcopi presbyteros et clericos ad synodum commoneat I 31, 30.

archiepiscopus I 75, 15. 95, 30. II 2, 25 [6, 5]. 28, 10. 349, 10 377, 5. 378, 25. 438, 30. 40. 439, 1. 451, 15. 515, 15; a. sanctissimus ac reverentissimus II 100, 10. 101, 5. 422, 15; a. venerabilis I 246, 30. 338, 30. 35. 355, 30. II 185, 5. 359, 1. 376, 30. 377, 10. 379, 25. 380, 20. 388, 25; archiepiscopum ordinare II 451, 5; archiepiscopos constituere super episcopos I 25, 5. 29, 20; archiepiscopi in regno constituti II 378, 25; a. per provincias constituti I 277, 5 [406, 30]; archiepiscopi provincia, diocesis, parrochia; archiepiscopi sedes, ecclesia; archiepiscopus honorem atque immunitatem habeat II 333, 25; archiepiscopi ministerium; archiepiscopus suffraganeos admoneat I 173, 25; a. cum suis suffraganeis conveniat II 2, 20 [5, 40]. 4, 15. 20; a. sine coepiscopis non debeat praesumere aliquid II 428, 15. 20; a. sedi episcopali visitatorem deputet II 358, 5; archiepiscopi officium visitatorium II 422, 20; archiepiscopus formulam institutionis canonicae praelegat *etc.* et praevideat, ut congregationes sec. formam inst. vivant *etc.* I 339, 20—30. 341, 10. 15. 30—40. 342, 15—25; a. monachos se non emendantes ad sinodum convocet I 94, 10; a., qualiter servum ecclesiae ordinet I 277, 5 [406, 30. 35]; a. capitula accipiat et transscribi faciat et relegat I 307, 25. 30 [419, 10. 15]; archiepiscopi obediant potestati regiae II 334, 35; archiepiscopi honorem regium atque adiutorium *etc.* exhibeant II 333, 25. 30; archiepiscopos convocare II 379, 15; cum archiepiscopis familiare conloquium habere I 246, 30; archiepiscoporum consilium II 379, 15. 381, 5; archiepiscopi consultus II 423, 10; archiepiscopos eligere missos et dirigere in universum regnum I 92, 1; archiepiscopi missus I 342, 5. 10; archiepiscopi familia II 379, 25; archiepiscopi obitus II 358, 5; *cfr.* antistes, metropolitanus, praesul.

archimandrita, archimandritissa I 310, 35 [421, 1]; *cfr.* abbas, abbatissa.

archiminister palatii II 99, 35. 104, 1.

(archioeconomus), archyconomus I 311, 5 [421, 10].

archipresbyter I 230, 1. II 516, 5; archipresbyterum constituere I 230, 1. II 256, 30; de archypresbyteris inquirere, quale studium *etc.* habeant II 8, 40 (*cfr* II 82, 10—20); a. avaritiam non exerceant II 32, 30—33, 1; a. singulis plebibus praesint *etc.* II 110, 20—30 120, 30—40; archipresbyteri presbiteros perquirant ac perscrutentur I 230, 1; a. constringant facientes maleficia I 228, 10. 15; a. unumquemque patrem familias conveniant II 118, 10. 15; presbyteri archipresbyteris dispensam episcopalem convehant II 256, 30; archipresbyteri fruges vel alios ecclesiarum redditus ad proprias domos non abducant *etc.* II 82, 10—20; archipresbyteris layci non dominentur II 82, 5; archipresbyteros episcopi non gravent II 83, 20; archipresbiter municipalis II 118, 25.

archivum palatii I 262, 40. 264, 10; a. publicum I 275, 10; *cfr.* armarium, scrinium.

archyconomus *v.* archioeconomus.

arcus I 89, 25. 168, 25. 171, 25. 172, 10.

argentarius I 87, 15. 255, 1.

argenteus, a, um: a. busta I 251, 5. 10; a. calix I 251, 5; a. corona I 251, 1; a. denarius; a. lammina I 251, 1; a. ministeria II 503, 30 [223, 25]; a. offertorium I 251, 5; a. solidus II 538, 20; a. turabulum I 251, 10; a. vasa I 142, 20.

argentum I 125, 25 [427, 15]. 129, 1 [II 22, 35]. I 250, 30. 251, 1. II 526, 25; nomisma mero argento I 74, 30; in argento XII denarii solidum faciunt II 72, 40; argenti libris XII vendere auri libram II 320, 30; a. purgare, purificare II 315, 15. 320, 5—15; argenti purgatio II 315, 20; argentum misculare, miscere II 320, 10. 20. 25; argenti mixtura II 320, 5; argentum non adulterare II 320, 20; a. concambiare II 316, 5; argenti concambium II 315, 20; argentum monetare II 316, 1; a. munidatum I 251, 5; in argento heribannum exactare I 166, 25 [432, 30]; in argento nihil recipere in wadio aut pro debito I 258, 25; argenti libras XXX persolvere II 107, 40. — argentum donare pro opere faciendo I 287, 35 [442, 25]; de argento in elemosinam donare I 52, 10. 15; argentum accipere pro nona et decima I 307, 10 [418, 40]; a. accipere pro indicato aut scripto II 62, 10. — a. ecclesiae I 334, 5; a. rerum ecclesiasticarum II 315, 25; a. rei publicae II 315, 20; a. de laboratu regis I 85, 25; *cfr.* pecunia.

argumentum I 354, 20. II 63, 30. 123, 15. 466, 15; a. ad detrimentum populi pertinentia agere II 80, 15.

aries I 254, 25

arimanni, aerimanni II 108, 5—15. 109, 35. 110, 1. 5.

arioli II 44, 35. 40; ariolos non sciscitari I 58, 40 [402, 25]; 104, 5.

aripennis I 6, 20. 254, 35.

arivannus *v.* haribannus.

arma I 129, 1 [II 22, 25]. I 167, 10 [433, 10]. 168, 20. 25. II 5, 10; cum armis contendere I 148, 15 [430, 40]; cum armis venire super missum, vassum imperatoris I 160, 5. 10 [431, 45—432, 5]; in armis heribannum exactare I 166, 25 [432, 30]; arma habere posse I 67, 5; a. non portare infra patria I 123, 1 [425, 40]. 156, 25 [428, 10]; a. non tollere II 96, 20. 25; a. deponere, non portare, relinquere II 18, 30. 57, 10. 217, 5. 242, 15. 20. 243, 5. 45. 541, 35. 40 (*cfr.* cingulum); armorum depositio II 16, 25; arma militaria non portent clerici, diaconi, monachi, presbyteri, sacerdotes I 41, 20. 59, 30 [403, 5]. 103, 40. 107, 15. 163, 5. 243, 15. II 102, 20. 262, 5. 407, 10; a. non baiulare II 106, 30; a. foris regno non vendere, venundare I 123, 15 [426, 10]. 190, 30. II 321, 1—15; a. non commendare infra monasteria puellarum I 120, 1.

armatura I 25, 10. 123, 5 [426, 1].

armatus: armatum non incedere II 407, 10; a. venire I 334, 20; a. venire contra missum dominicum I 160, 10 [432, 1]; armatus homo I 163, 25. 168, 20.

armarium palatii I 339, 40. 45. II 274, 35; *cfr.* archivum.

armentum ablatum reddere II 138, 5; *cfr.* iumentum.

armiscara *v.* harmiscara.

ars: artium officinae I 344, 10. — artes liberales I 80, 25. 376, 25; ars magica II 122, 30; a. medicinalis I 121, 15 [446, 30].

artifex I 87, 15.

ascalonica I 90, 10.

ascensio Domini *cfr.* Dominus.

ascia I 254, 10. 255, 15.

ascribere, asscribere, adscribere: a. nomina II 442, 5; a. portionem regni I 127, 30; asscriptum esse castris dominicis II 229, 10. 230, 15; *cfr.* subscribere.

asinus I 254, 25. 255, 25.

(aspirare), adspirare: a. ad ecclesiam II 406, 15. 448, 25; a. ad gradum presbyterii I 356, 20.

(assalire), adsalire cum collecta I 51, 5.

assaltura, adsalitura II 272, 15. 274, 20. 25. 309, 20. 348, 35.

assensus, adsensus: assensum non praebere voluntati malorum, malefactoribus I 210, 20. II 86, 10. 105, 20; a. praebere patrono II 227, 1; assensus sanctae ecclesiae II 377, 10; a. imperatoris, regis I 276, 5 [405, 30]. II 51, 5. 53, 10. 177, 35 [186, 20]; a. omnium, populi II 82, 1. 377, 15; a. regum II 73, 25 [156, 20]; *cfr.* consensus. — a. non dare iussionibus episcopi I 326, 25.

(assentatio), adsentatio II 404, 10.

assentire II 112, 1. 283, 15; *cfr.* consentire.

assertio veritatis II 425, 10.

assia, ae I 168, 25.

assignare, adsignare: a. anuli impressione II 136, 35; assignata vestigia minare I 7, 5; *cfr.* signare.

assistentes diaconi, presbyteri II 112, 5; *cfr.* astantes.

associare se II 77, 20; a. sibi adulteram II 236, 35; *cfr.* sociare.

assumere, adsumere: a. in testimonium I 114, 25. — a. decimas I 121, 20; a. monasterium II 428, 20; a. superpositum II 388, 25 [403, 35]; *cfr.* abstrahere.

assumptio s. Mariae *v.* Maria.

astantes, adstantes II 467, 10. 469, 20; a. clerici II 53, 25. 212, 20. 218, 30; a. diacones I 371, 15; a. missi II 213, 35; a. presules II 111, 25; a. testes II 43, 10. 15; *cfr.* adesse, assistentes, circumadstare, circumstare.

(astipulatio), adstipulatio fidei II 387, 15.

astringere obtestationibus II 467, 15; *cfr.* constringere.

astus II 254, 30.

astutia I 92, 5.

atrahere *v.* attrahere.

atrium ecclesiae: in atrio iudicia secularia non facere I 182, 10; in a. placita, malla non facere, habere, tenere I 174, 30. 284, 10 [440, 40]. II 269, 5. 347, 1; atrium gladio evaginato non intrare, in atrio non pugnare II 217, 10—20; in a. homicidium non perpetrare, committere, facere I 281, 15. 20 [438, 5. 10]. II 18, 1. 20. 217, 10. 15; in a. presbyterum vulnerare II 216, 1. 5; in a. sacrilegium perpetrare II 216, 1. 10. 217, 15. 20; in atrium confugere I 182, 10; in atrio pacem habere I 118, 20 [411, 35]; de atrio non extrahere, abstrahere I 6, 20. 118, 20 [411, 35]; de atriis servitium non facere I 277, 25 [407, 5].

attendere et consentire I 101, 35; a. et observare II 288, 40. — a. ad gasindios vel parentes et amicos I 192, 25.

attestatio, adtestatio II 467, 15; a. canonicorum ac laicorum II 385, 20; adtestationes apostolicae II 364, 20.

attingere, adtingere: non a. mulierem II 237, 35; non a. viduam raptam I 281, 35 [438, 30]; *cfr.* contingere.

(attondere), adtondere: non a. crines II 385, 1; *cfr.* tondere.

(attractus), adtractus: adtractu acquirere I 321, 10.

(attrahere) adtrahere, adtraere, atrahere: a. alios homines I 262, 10. 15 [II 259, 30. 35]. 22, 20; non a. res nobilium I 227, 40; non a. res tributalium regis I 229, 15; a. ad Dei servitium et fidelitatem II 284, 40; *cfr.* abstrahere, convertere.

auca I 84, 30. 35. 86, 25. 89, 10. 172, 20. 252, 1. 254, 25—35. 255, 30. 256, 5. 25.

aucellator I 87, 15.

auceps I 87, 15.

auctor I 251, 30. 376, 10. II 445, 25; auctorum vocabula I 80, 35; auctorum sanctorum dicta I 60, 35 [404, 15]. — auctor cartulae II 108, 20; a. legitimus libertatis, cartae ingenuitatis I 215, 1—10 [430, 5. 10]. 293, 30; a. rerum delegatarum II 78, 30; a. rei interciatae I 118, 10 [430, 30]; a. regni II 377, 30; a. senodochii I 369, 15. — a. damni I 305, 30 [417, 15]; a. facti I 124, 10 [426, 25]. II 16, 10; a. falsitatis II 316, 30; a. mali I 278, 40 [408, 20]. II 345, 15; a. praevaricationis II 455, 1; a. rixae II 18, 5. 15 (*cfr.* commotor). — auctor = *tutor* I 192, 40. — auctores (= *actores*) publici I 124, 40.

auctorabilis firmitas II 336, 40; *cfr.* auctoritativus.

auctoritas I 28, 1. 55, 15 [399, 10]. 374, 20. 40. II 162, 30. 255, 5 [356, 1. 362, 10. 398, 10]. 257, 30. 40. 268, 20. 312, 10. 379, 25. 404, 10. 15. 423, 25. 424, 15. 425, 5. 448, 40. 454, 5. 20. 459, 30; a. et dignitas II 86, 20; a. et ratio II 78, 20. 25 [156, 20. 333, 35. 40. 362, 20]. 114, 15 [399, 25]. 346, 45. 357, 5. 402, 30; a. antiqua II 404, 15. 418, 1; a. apostolica I 279, 35 [409, 15]. II 41, 15. 161, 15. 30. 218, 10. 286, 20. 308, 25. 367, 1. 30. 439, 35. 444, 35; a. apostolica (= *pontificalis*) I 73, 20. 377, 1. II 101, 20. 217, 30. 35. 351, 15. 352, 5. 353, 1. 424, 10. 469, 15; a. archiepiscoporum II 379, 15; a. canonum I 195, 1. 20. 208, 20. 241, 15. 333, 25. II 114, 5 [399, 15]. 178, 15 [185, 25]. 243, 50. 257, 45. 258, 5. 309, 20. 384, 15. 406, 30. 410, 15; a. canonica I 31, 30. 77, 25. 35. 106, 25. 119, 35. 122, 10 [409, 40]. 125, 15 [446, 35]. 237, 40. 278, 5. 40 [407, 25. 408, 20]. 366, 30. 368, 1. 5. 25. 373, 5. 374, 10. II 32, 10. 33, 25. 34, 20. 37, 20. 35. 39, 5. 35. 54, 30. 58, 1. 102, 10. 114, 5. 10 [399, 20]. 161, 15. 30. 182, 20. 224, 15. 226, 15. 229, 5. 238, 1. 248, 10. 262, 15. 268, 15. 20. 287, 10 [309, 35]. 350, 10. 410, 30. 411, 25. 412, 1. 25. 414, 25. 419, 30. 420, 1. 422, 25. 434, 35. 439, 35. 448, 1. 467, 40; a. civilis II 403, 35; a. comitis II 374, 15. 379, 15; a. conventus *sacri* II 53, 5; a. *Dei* II 465, 10; a. divina I 278, 35. 279, 15 [408, 10. 40]. 303, 25 [415, 15]. 365, 5. II 2, 25. 30 [6, 5. 10]. 4, 20. 28, 10. 15. 30, 1. 38, 25. 48, 30. 50, 20—35. 115, 10 [401, 30]. 162, 1. 286, 30. 412, 10. 420, 5. 423, 15. 25. 425, 1. 467, 40. 521, 5; a. ecclesiastica II 41, 15. 42, 15. 53, 5. 177, 25. 287, 10 [309, 35]. 389, 35. 391, 5. 402, 30. 408, 35. 449, 25; a. episcopalis II 12, 30. 48, 15. 218, 15. 249, 10. 254, 35. 255, 15 [398, 20]. 266, 5. 286, 30. 292, 15. 307, 25. 308, 25. 374, 10. 20. 379, 15. 420, 30. 423, 20. 442, 20. 453, 25. 465, 10; a. episcopi, episcoporum I 277, 20 [406, 45]. 304, 1. 15 [415, 35. 50]. 322, 5. II 38, 10. 232, 30. 233, 30. 374, 15. 383, 30. 411, 25. 30. 412, 5. 15; a. evangelica I 153, 15 [413, 20]. II 218, 10. 286, 20. 308, 25. 367, 1. 30. 439, 35; a. generalis I 18, 30; a. humana I 278, 35. 279, 15 [408, 10. 40]. II 162, 1; a. *imperialis* I 356, 25. II 5, 30. 38, 15. 49, 30. 84, 10 (*cfr.* a. regalis, regia); a. imperatoris, regis I 53, 40 [397, 25]. 81, 5. 128, 20. 205, 10. 262, 35 [II 260, 25]. I 263, 20. 264, 5. 15. 278, 30 [408, 5]. 289, 35. 304, 25. 35. 305, 10 [416, 5. 20. 40]. 307, 25 [419, 5]. 310, 20 [420, 45]. 314, 20 [449, 40]. 339, 20. 25. 356, 40. 367, 1. II 4, 30. 8, 35. 37, 25. 30. 38, 1. 15. 46, 10. 64, 10. 86, 1. 87, 35. 88, 5. 91, 5. 116, 5. 121, 10. 184, 10. 215, 10. 255, 25 [398, 25]. 258, 35. 267, 30. 268, 10. 287, 15 [319, 1]. 298, 15. 312, 15. 317, 15. 318, 1. 5. 331, 5. 360, 15. 374, 15; a. iudiciaria II 82, 20; a. iudicis I 376, 45; a. marchionum II 379, 15; a. ministerii (episcopalis) II 48, 15; a. missatici II 108, 10; a. optimatum II 379, 15; a. papae I 354, 10; a. pastoralis II 32, 40; a. paterna II 55, 10; a. paterna (= *pontificalis*) II 228, 1. 235, 20; a. patrum I 218, 1. 332, 1. 365, 5. II 233, 10. 406, 25; a. pontificalis II 114, 1 [399, 15]. 255, 40 [398, 40]. 345, 20. 440, 40; a. pontificalis (= *episcopalis*) I 304, 5 [415, 40]. II 420, 25; a. pontificum II 29, 20. 25. 519, 30; a. pontificis (= *episcopi*) I 232, 35; a. praecepti, praeceptionis imperatoris, regis I 263, 25. 35. 288, 35 [440, 25]; a. principalis I 247, 35; a. procerum II 379, 15; a. propheticа II 286, 20; a. publica I 197, 30; a. rationis II 439, 25; a. regalis I 262, 35 [II 260, 25]. I 264, 15; a. regia I 19, 5. 205, 1. 10. 15. 356, 25. II 83, 15. 149, 30. 258, 1. 269, 30. 326, 25. 330, 30. 371, 25. 372, 30. 40. 374, 25. 375, 1. 529, 1 (*cfr.* a. imperialis); a. regulae I 321, 35. 322, 1; a. *Romana* II 104, 35. 508, 15; a. *sacerdotalis* consilii II 115, 40; a. sacra II 83, 5. 161, 5. 286, 1. 423, 25. 437, 25. 445, 20. 477, 25. 448, 30—40. 520, 20; a. sancta II 445, 30. 525, 1; a. scripturarum sanctarum II 188, 30; a. *sedis* apostolicae II 124, 25; a. synodalis II 242, 5. 256, 5. 420, 25; a. synodica II 82, 35; a. vicorum II 410, 15. — a. = *diploma, praeceptum* II 416, 15. 428, 1; a. regis I 12, 20. 18, 30. 19, 1. 10. 28, 30. 277, 5 [406, 35]. II 136, 35; a. regis maneat stabili firmitate nec vacuetur I 19, 10; auctoritatem regiam ostendere II 331, 5. — a. rerum II 345, 30—346, 5.

auctoritativus, a, um: a. interpositio *II* 423, *20*; a. *status* II 400, 35. — auctoritative habere II 412, 5; *cfr.* auctorabilis.

audientia = *a. iudicis* I 14, 20. 22, 15—25; audientias tenere I 88, 15; ad a. venire nolle I 330, 25; audientia publica I 21, 20. 22, 30. — a. legitima episcoporum II 81, 20. 451, 20; ad audientiam palatinam, regis adducere *II* 105, *30*. 372, *30*; audientia synodi II 265, 20. 448, 5.

audientiale opus II 420, 10.

audientes: inter a. stare, esse II 217, 5. 541, *40*.

audire II 36, 35; a. causas; a. clamantes I 122, 30 [425, 40]; a. consiliarios I 208, 25; a. diaconum evocatum II 448, 1; a. querelam, querimoniam I 333, 15 [421, 45]. II 93, 35; a. rationem I 301, 15 [437, 20]. 333, 15 [421, 25]; a. sacramenta I 66, 25. — a. = *oboedire* II 255, 40 [398, 40]; *non* a. comitem *II* 13, 20. 25. 374, 25; non a. episcopum; non a. missum comitis II 374, 25.

auditorium monasterii II 43, 5.

auditus: a. *populi II* 230, 35; a. principis II 529, 5.

auferre aliquid iniuste, malo I 22, 15. 169, 35. 280, 30. II 122, 5; a. per virtutem, vim ex domo aliena I 160, 15 [432, 5]; a. per vim vel furtu de ecclesia I 68, 25. — a. beneficium I 172, 30; non a. equos, equas, armentum *etc.* II 133, 5; a. fructus et lac *II* 45, 1; non a. libertates I 289, 5 [443, 1]; non a. monasterium a dominio constructoris I 374, 35; non a. oblationes I 19, 10; non a., quae sunt pagensium II 436, 30; non a. partem regni II 78, 5; non a. res alicuius I 23, 20. 289, 5 [443, 1]; non a. res ecclesiae, ecclesiasticas I 68, 25.

279, 45 [409, 25]. II 67, 20. 102, 25. 115, 20 [402, 1]. 217, 25—218, 1. 388, 5 [403, 1]. 483, 15; a. rem intercintam I 118, 20. 25; non a. res monasterii I 302, 20; non a. res plebium I 374, 10; non a. res sanctorum II 432, 35; non a. res venientis ad imperatorem II 125, 1; a. publice uxorem alterius II 189, 20; a. substantiam Iudei I 258, 25. 35; a. substantiam negotiatorum I 123, 15 [426, 10]; non a. votum alterius II 386, 5; *cfr.* abstrahere, discindere. — ablata: a. in triplum componere I 160, 15 [423, 5]; a. emendare II 345, 1. 374, 20; a. pacificare II 280, 30; a. recipere I 14, 20. a. requirere II 181, 1; a. restaurare I 22, 15; a. restituere I 169, 35. II 17, 5. 87, 15; a. in duplum restituere II 181, 10. — a. et degradare clericos, diaconos, presbyteros falsos I 25, 5; *cfr.* deponere. — a. = *offerre* I 9, 1. 10, 1.

augere: non a. censum I 367, 35; a. ecclesiam sanctam II 441, 5.

augmentare: a. possessionem I 13, 35; a. res ecclesiarum II 376, 5; a. sua II 178, 5 [186, 25]; *cfr.* ampliare.

augmentum regni II 439, 20.

auguria I 223, 10; a. non facere, ab auguriis se abstinere, ad auguria non intendere I 58, 30 [402, 25]. 104, 5. 110, 40. 228, 5; auguria prohibere I 25, 30. 45, 25.

auguriari I 58, 40 [402, 25].

auguriatrix I 96, 15.

augustalis, e: a. aula II 92, 1; a. decretum II 125, 30; a. sanctio II 93, 5; *cfr.* imperialis.

augustus I 112, 1. 117, 15. 120, 40. 261, 15. 263, 15. 270, 30. 273, 35. 338, 30. 353, 5. 355, 30. 394, 5. 449, 30. II 4, 5. 53, 15. 88, 30. 90, 35. 100, 25 [348, 35]. 101, 5. 111, 15. 130, 20. 136, 15. 137, 15. 142, 1. 147, 10. 258, 35. 348, 25. 30. 351, 20. 451, 1. 459, 30. 460, 15; a. perpetuus II 99, 10 [348, 10]. 351, 5; semper a. II 351, 30. 352, 10; a. clarissimus II 132, 1; a. clementissimus I 112, 15; a. divinus, divus II 396, 5; a. gloriosissimus I 424, 1. II 137, 35; a. invictissimus II 27, 25; a. magnificentissimus II 92, 1; a. pius II 268, 20. 340, 25. 30. 420, 15; a. piissimus I 263, 5. 264, 20. 370, 30. 394, 10. 435, 1. II 92, 15. 117, 5. 137, 1. 265, 5; a. praecellentissimus I 394, 10; a. religiosissimus II 263, 30; a. serenissimus I 126, 30 [II 21, 25]. I 152, 35. 168, 15. 169, 5. 170, 25. 204, 25. 211, 30. 241, 10. 245, 1. 246, 25. 267, 40. 350, 5. II 86, 1. 97, 25. 137, 1. 35. 143, 5. 148, 10. 15. — augusti Romanorum II 515, 1. 15. — augusta celsitudo I 369, 35; a. gloria I 368, 20; *cfr.* imperialis.

aula: a. augustalis II 92, 1; a. regia II 104, 25. 106, 5; *cfr.* palatium.

aureus, a, um: a. inauris I 251, 5; a. solidus II 538, 20; a. vasa I 142, 20.

aurifex I 87, 15. 255, 1. II 361, 1.

aurum I 125, 25 [427, 15]. 129, 1 [II 22, 35]. I 250, 30. 251, 1. 20. 258, 25. II 526, 25; auri libram libris XII argenti vendere II 320, 30; auri solidus II 181, 10. 182, 10. 15; aurum purgare II 320, 15; a. purificatum II 320, 5. 10; a. misculare II 320, 20; a. mixtum II 320, 10. 25; auri mixtura II 320, 5; a. coctum II 320, 30; a. obrizum II 149, 40; a. adulterare II 320, 20; in auro heribannum exactare I 166, 25 [432, 30]; auri solidos CCC componere II 134, 1; auri solidos D componere II 181, 10. 182, 10. 15; auri libras X, V, III poenam dare II 128, 1. 5; aurum libre X componere II 63, 5; auri libras L componere II 109, 10; auri libras C componere II 143, 1. 5. 149, 40. — a. ecclesiae I 334, 5.

auscultare: a. sacramenta II 324, 25; *cfr.* inquirere. — a. (= *oboedire*) missis secundum legem et iustitiam I 184, 25.

austaldi: a. abbatis, episcopi I 325, 10; a. imperatoris, regis I 210, 15. 325, 5; *cfr.* vassallus.

ausus, ausum II 105, 30; a. inlicitus I 367, 15; ausu temerario I 16, 15. II 45, 5. 321, 35 372, 35. 374, 20. 400, 10. 407, 30. 415, 25.

authenticus, autenticus, a, um: a. formula institutionis I 340, 5. 10; a. potestas II 210, 20. — authenticorum dicta II 475, 20.

auxiliari, auxiliare II 469, 1; a. sibi mutuo II 69, 15; a. ecclesias I 375, 15; *cfr.* adiuvare.

auxiliator: a. regis fratris II 168, 10; a. rerum ecclesiasticarum II 212, 10; *cfr.* adiutor, cooperator.

auxilium II 339, 10; a. et consilium v. consilium; a. vicissim sibi ferre I 310, 15 [420, 40]; a. raptori feminae non praebere II 119, 45; a. ferre, in auxilio adiutorem esse *etc.* regi, fratri regi I 127, 35. 128, 25 [II 22, 5]. I 129, 15 [II 23, 1]. I 271, 40. II 70, 10. 72, 35 [155, 15]. 74, 25. 77, 25. 100, 5. 118, 40. 155, 1 [298, 40]. 161, 35. 168, 1. 5. 169, 25. 30. 255, 15 [398, 20]. 294, 20. 295, 10. 296, 15. 328, 5. 342, 10. 15. 365, 15. 376, 15. 446, 20. 447, 25. 451, 25. — in auxilio advocare comitem vicinum II 107, 35; auxilium comitum II 83, 10; a. episcopi II 239, 30; a. episcoporum II 370, 15 [376, 10]. 376, 15. 446, 20. 447, 25. 451, 25. 452, 20. 465, 20. 467, 30; a. fidelium II 73, 30 [156, 25. 334, 1. 362, 20]. 73, 40 [156, 35]. 74, 35. 100, 5. 162, 1. 166, 5. 30. 35. 255, 15 [398, 20]. 280, 40. 294, 20. 296, 15. 328, 5. 342, 10. 15. 359, 15. 361, 35. 365, 15. 376, 15; a. missorum I 309, 1 [419, 45]. 310, 15 [420, 40]. II 298, 30; a. regis, fratris regis, imperatoris I 127, 35. 128, 25 [II 22, 5]. I 129, 15 [II 23, 1]. I 271, 40. II 70, 10. 72, 35 [155, 15]. 74, 25. 77, 25. 118, 40. 155, 1 [298, 40]. 168, 1. 5. 169, 25. 30. 281, 1. 295, 10. 356, 30; auxilio reg. emendare II 429, 10; auxilio regio nefas compescere II 104, 30. 35; auxilio (*pro* consilio?) imperatoris offerre II 98, 15; *cfr.* adiutorium.

avaritia, avaricia I 59, 15 [402, 45. 434, 25]. 104, 10. 132, 15 [410, 40]. 149, 15 [448, 25]. 312, 40 [422, 20]. II 80, 5. 81, 1. 15. 25. 82, 10. 84, 20. 40. 175, 20. 310, 5. 335, 20. 366, 35; avaritiam cavere I 59, 10 [402, 40]. 237, 35; ab avaritia se cohibere II 31, 1; ab a. se custodire I 240, 1; avaritiam devitare I 94, 35; a. non diligere II 437, 30; a. odisse II 436, 30. 521, 15; a. postponere II 31, 35; a. prohibere I 56, 15. 77, 10; a. non sectari I 237, 5. II 30, 30. 35. — a. abbatis I 340, 35; a. archidiaconi II 33, 1; a. episcopi II 248, 1; a. ministrorum episcopi II 33, 35. 40; a. presbyteri II 33, 15; *cfr.* cupiditas.

avellanarius, avelanarius I 90, 10. 255, 5. 256, 40.

avena I 72, 35. 74, 20. 25. 132, 30 [411, 10]. 254, 15. 256, 1.

avenatius panis I 74, 25.

avertere: non a. a recta credulitate II 241, 5; non a. hominem a domino II 22, 20; *cfr.* abstrahere.

aves II 525, 40; avium auguria I 228, 10; aves capere I 87, 20; a. non sequi II 179, 25; cum a. usum non habere II 188, 25; *cfr.* accipiter.

aviaticae res I 15, 15.

avunculus I 15, 15; a. uxorem nepotis corrumpens II 207, 35; avunculum interficere, occidere I 98, 10. 113, 30 [447, 40]. 148, 15; avunculi filia II 188, 20. 237, 15. 247, 30; avunculi relicta II 183, 20.

avus servi ab alia patria in aliam migrans I 276, 35 [406, 20].

axila I 89, 5.

b.

baccinus I 255, 15.

bacco I 171, 30. 252, 1. 254, 20. 255, 20. 25. 256, 1. 20.

baculus: baculum in hoste non habere I 172, 10; cum baculo caedere vassallum I 172, 10; baculis inter se confligere I 346, 20.

baiulare arma II 106, 30.

baiulus II 518, 20.

balare I 376, 30.

balneae I 344, 15.

balsamus I 251, 15. II 207, 30.

balteus II 504, 20.

bancalis I 87, 1. 256, 30.

bannire, banniare I 17, 1. 97, 20. 98, 20; b. bannum I 101, 15. 104, 35. 146, 15. 214, 20; b. de banno Dei et verbo regis II 158, 1 [300, 1]; b. ex Dei et regis verbo II 158, 10; b. hostem, in hoste, in hostem I 137, 15. 158, 1. 166, 15. 30 [432, 20. 35]. 171, 20; b. per comitem, non mannire I 284, 1 [440, 25]; b. secundum legem, legibus ad domos II 313, 30. 314, 1; b. ad placitum, ad mallum I 116, 15 [429, 40. II 19, 40]. I 118, 30. 145, 25. II 218, 30. 348, 40; non b. liberos per placita I 207, 5; *cfr.* adiurnare, admonere, coercere, cogere, mannire.

bannitio II 313, 30; b. secunda II 344, 10; b. prima, secunda, tertia, quarta I 118, 30; *cfr.* admonitio, mannitio.

bannus, pannus, bandus, pandus dominicus, Francorum, Francilis, imperatoris, regalis, regis I 71, 15. 20. 146, 15. 157, 30—158, 1. 171, 1. 214, 20. 224, 20—30; bannum, per b. bannire I 101, 10. 104, 35. 145, 25. 146, 15. 171, 20. 214, 20; b. facere II 307, 20; ad banno concedere I 94, 15; cum b. emendare II 107, 30; per b., ex b. praecipere II 218, 20. 269, 5. 301, 5. 307, 30; ex b. prohibere II 286, 30. 309, 20. 322, 10; per b. promulgare capitula I 205, 15; b. conservare I 98, 30. 40; b. non adimplere I 165, 10; b. contempnere I 98, 20; II 218, 5; contra b. facere I 71, 15. 123, 25. 160, 20 [432, 15]. 199, 10. II 302, 5—30. 322, 10. 15. 371, 1; b. inrumpere I 157, 30. 214, 20; b. marrire I 93, 5; b. transgredi I 71, 15. 97, 40; de b. inculpabilem reddere non posse II 302, 20; b. componere, solvere, persolvere I 48, 25. 49, 1. 51, 10. 70, 1. 5. 15. 94, 10. 97, 5. 101, 15. 104, 35. 128, 5 [426, 1]. 140, 5. 144, 20. 146, 20. 152, 5. 153, 20 [431, 35]. 155, 20. 157, 30—158, 1. 160, 10—20. 35 [432, 1—15. 449, 15]. 166, 20 [432, 20]. 167, 20 [449, 20]. 186, 1. 190, 30. 191, 1. 5. 199, 10. 20. 200, 5. 207, 30. 211, 5. 214, 20. 216, 10. 219, 20. 257, 10. 281, 5. 20. 25. 35. 282, 1. 35. 285, 1. 5 [437, 45. 438, 15—30. 439, 25. 441, 20—30]. 287, 35 [442, 25]. 296, 1. 300, 20 [436, 30]. 301, 10 [437, 20]. 318, 35. 40. 326, 25. 329, 35. 330, 20. 25. 331, 10. 334, 25. 335, 20. II 12, 20. 13, 1. 19, 25. 89, 5—15. 25. 91, 5. 108, 20. 224, 20. 269, 25. 272, 30 [343, 30]. 278, 20. 278, 1. 292, 5. 15. 302, 5. 15. 318, 20. 319, 15. 320, 25. 35. 322, 15. 325, 25. 327, 10. 368, 1. 5. 372, 30. 373, 1; banni solutio I 155, 20; plus non accipere, quam b. levet II 319, 20; decima pars banni ecclesiis reddatur I 69, 20; pro banno disciplina corporali subiacere I 160, 25 [432, 15]; b. unum integrum componere II 302, 20; b. fortiorem statuere, b. multiplicare I 72, 20. 25; b. dupliciter componere I 208, 1. 10. II 307, 15; b. tripliciter componere II 101, 25. 102, 1. 30. 103, 25; banni imperatoris ad opus imperatoris veniant I 171, 10; b. componere non posse I 318, 40. II 319, 25. 30; b. rewadiare II 12, 15. 319, 15. 20; b. concedere I 96, 30; b. perdonare II 319, 15; b. = *forbannus* I 70, 10. 172, 1. 5; in bannum mittere alodem, beneficium, domum, proprietatem, res I 118, 5. 10 [430, 25. 30]. 165, 15. 268, 35 [446, 5]. 283, 20. 30. 284, 1 [440, 10. 20. 30]. 362, 15. II 78, 30. 307, 25. 314, 1. 344, 1; in banno annum ac diem esse I 268, 35 [446, 5]. 283, 20 [440, 10]. 362, 15; in banno missum esse et peius facere II 278, 5; b. = *haribannus:* b. resisus II 16, 25; b. componere, persolvere I 137, 25. 35. 153, 25. 30 [449, 1]; de b. obnoxium non fieri I 166, 35 [432, 25]. II 71, 30; b. rewadiare I 137, 25—40. 153, 30 [449, 1]; b. exigere, exactare I 153, 30 [449, 1]. 166, 25 [432, 25]. 334, 35. II 110, 5; *cfr.* solidi LX. — b. christianitatis II 188, 15; b. comitis I 70, 25. 104, 35. II 252, 1; b. Dei II 158, 1. 301, 5; b. episcopalis, episcopi I 361, 5—15. II 214, 35. 217, 30—218, 10. 224, 15; b. iudicis I 104, 35.

bansatrix I 3, 1.

baptisma, baptismum I 133, 35 [447, 10]. 363, 15. II 481, 15. 508, 35—512, 25; in baptismum remissionem peccatorum suscipere I 239, 15; baptismi sacramentum in remissionem peccator. celebratur II 220, 15. 512, 5; baptisma in nomine trinitatis caelebretur II 509, 35; in baptismo trinitatem invocare I 38, 30; ad b. accedere II 39, 25; in baptismate pactum cum *Deo facere* II 40, 5—25; in b. promittere vel abrenunciare, confiteri, credere I 161, 15. 163, 30. 35. 239, 35. II 511, 25; baptismatis sacramentum secundum Romanum ordinem celebretur II 176, 15—177, 1; baptisma *loco mundo celebretur* II 220, 20; infantem ad b. intra circulum anni offerre II 69, 30; baptisma pascha et pentecosten celebretur I 106, 35. 363, 25. 367, 1. II 40, 1. 35. 219, 30—220, 10. 511, 1; b. infirmitatis causa tribuere I 106, 35; b. *periculo praeoccupatis omni tem*pore tribuendum est I 363, 30. II 220, 20; in baptismate mersio I 363, 25. II 511, 1—15; post b. dies VIII observare II 220, 20; in baptismate suscipere filios et filias spiritales I 366, 10; de b. alios suscipere II 39, 30 (*cfr.* fons, lavacrum); ad b. non venire I 69, 5; sine b. mori I 34, 40. 367, 15. 20; ante b. infans oppressus II 189, 5; baptismatis sacramentum pretio non vendere I 106, 40; pro b. nihil exigere II 206, 1. 207, 1; baptismatis sacramento fideles instruere II 39, 25; baptismi sacramentum presbiteris tradere II 177, 1; baptismatis sacramentum docere presbyteros I 173, 25. 247, 5; baptisma a presbytero factum discutere I 59, 20. 25 [408, 1]. 103, 20; de b. rationem reddere I 25, 20; baptismatis officium in ecclesiam episcopi transferre I 317, 1; baptismate usi ecclesias restituant I 185, 30; *baptismum percipientes decimas* dent II 83, 1; *cfr.* baptisterium.

baptismalis: b. ecclesia; b. plebs I 373, 10.

baptisterium: b. legale I 229, 35; b. publicum I 34, 35. — b. audire I 64, 5; b. discere, memoriter tenere, intellegere I 234, 35. 236, 30. 363, 20. — b. (= *baptisma*) celebrare II 458, 20.

baptizare II 509, 1—10. 25. 510, 1—25. 511, 20; b. in nomine trinitatis I 108, 10; b. secundum morem Romanum I 64, 5; b. in vicis *etc.* II 410, 10; b. *infantes infra annum* I 69, 30; b. parvulos II 512, 1. 5; b. in pascha et pentecosten I 237, 5. 363, 25. II 40, 1. 510, 15. 25—511, 1; b. statuto tempore, *nisi* causa infirmitatis eveniat seu timor hostis I 182, 1; b. pro infirmitate aut necessitate I 34, 40. II 510, 10—20. 511, 20; b. aegrotos II 512, 20. 25; b. infirmum I 41, 20. 237, 5. 243, 30; II 190, 30; non b. sine iussione episcopi I 35, 1; ad baptizandum cum crismate et oleo proficisci I 244, 15; non b. de vetere chrismate I 45, 30; baptizari a presbytero non baptizato I 38, 30; pro baptizandi causa pretium non exactare I 248, 15. 20; baptizati in ecclesia restaurent eam *II* 64, 25; non *b.* cloccas I 64, 25; non baptizatus Saxonus I 69, 5.

barbam non nutrire II 229, 40.

barbari II 481, 15. 30.

barbarice (= *theotisce*) discere orationem *dominicam* et *symbolum* apostolorum I 363, 5.

barbaries II 481, 5.

barcaniare II 302, 10.

(bardana), parduna, *'Klette'* I 90, 5; *cfr. Gareis l. p.* 537, *lin.* 35. *cit. p.* 68.

bargildus, barigildus, bharigildus, bargildio I 185, 10. 325, 15. II 324, 25.

barnatus II 295, 10.

barones II 424, 25.

barriclus I 89, 35.

basilica I 94, 5. 10. 164, 10. 242, 15. II 41, 40. 53, 20. 211, 35. 212, 35. 451, 15. 459. 10. 480, 1. 481, 25; basilicae secretarium II 154, 5; b. dedicatio I 363, 45; in basilicis fabulis otiosis *etc.* non sit vacandum, negotia *secularia etc. non* habeantur II 46, 5; in basilicis mortuos non sepelire I 314, 1 [423, 30]; basilicam petere super alium I 243, 25; b. novum construere I 163, 20; basilicae laicorum II 83, 1; basilicas iuxta domos habere II 81, 25; basilicae tributalium regis I 229, 15; *cfr.* ecclesia.

bassall-, bassus *v.* vassall-, vassus.

basterna I 89, 20.

batlinia I 87. 1.

battere, batere: b. in scuria II 323, 5; b. linum I 61, 15 [404, 30]; b. monetam I 299, 35 (*cfr.* monetare).

batus II 537, 45.

bauga, bauca, pauga I 115, 25 [448, 5].

beatitudo vestra *(episcopi)* I 1, 20. 339, 5. 35. II 352, 35.

beatus rex I 2, 25; beatissimus papa.

beboraniae I 169, 20.

bellicum instrumentum I 168, 20.

bellum: b. suscipere I 372, 1. 5; in bello mortuus clericus II 248, 20.

benedicere aliquid II 491, 30; b. altare II 484, 30; b. aquam II 514, 10. 15; b. basilicas I 229, 15; b. cereum II 514, 15; b. fabas II 491, 25. 30; b. regem II 365, 5. 455, 20; b. reginam II 426, 1. 10. 427, 1. 453, 30. 455, 20. 25; b. salem II 514, 10; non b. servum alterius ministrum ecclesiae I 229, 20; b. uvas II 491, 25. 30.

benedictio II 454, 20. 461, 20. 462. 10; b. a sacerdote dicatur I 347, 1; benedictionem super capita virorum non det abbatissa I 60, 25 [404, 1]; cum benedictione sacerdotali abbatissa non velet virgines I 60, 25 [404, 5]; benedictionem lectoribus tribuere I 347, 25. 30; ante b. sacerdotalem non exire I 59, 35 [408, 15]. II 503, 15. — cum benedictione iungere I 98, 1; benedictione sacerdotali cum sponso initiare II 119, 40; corruptae benedictionem non percipiant II 119, 30. — benedictio episcopi I 2, 5; b. episcopalis II 454, 1. 461, 30; b. super regem, reginam II 425, 30. 426, 1. 15. 20. 427, 1. 453, 25. 456, 5. 461. 5. 462, 1; b. propria II 492. 1; b. specialis II 491. 30.

beneficia v. veneficia.

beneficiare: b. capellas II 186, 10; b. res I 50, 30. II 433, 20; b. villas I 127, 25.

beneficiarius I 253, 20; b. ius II 357, 20. 403, 10. 20. 423, 15; b. servus I 281, 10 [438, 5]. 293, 15.

beneficium imperatoris I 320, 25. — beneficium = *'Lehen'* I 268, 15 [445, 25]. II 439, 25; b. accipere I 38, 15; b. tenere I 67, 5; de b. IV mansos habere I 137, 5; prope suum b. esse I 291, 15 [445, 1. 5]; de b. obsequium seniori exhibere I 262, 30 [II 260, 25]; nullus comitum arimannos in beneficia hominibus suis tribuat II 109, 35; in b. non tribuere plebes aecclesiasticas II 110, 15; beneficium facere de proprio II 404. 5. — b. dominicum I 443, 25; b. ecclesiasticum I 175, 1. 297, 1. II 270, 1; b. ecclesiarum I 203, 25; b. ecclesiae habere I 42, 30. 76, 20. 25. 175, 1. 179, 15 [413, 5]. 197, 1; b. ecclesiae non destruere I 104, 20. 146, 20; in beneficium, beneficio ecclesiam dare I 170, 35. II 8, 35. 82, 35; in b. dare cappellas et abbatiolas II 268, 10; in beneficium, beneficio habere res ecclesiae I 50, 15 104, 30. II 18, 30. 411, 15; b. habere de rebus ecclesiae I 132, 20 [411, 5. 10]. 210, 5; b. ex rebus ecclesiasticis II 300, 45; in beneficiis basilicas habere II 82, 45. 83, 1; ad b. imperatoris pertinentes ecclesiae II 12, 25; b. imperatoris, regis II 12, 25; b. imp. habere I 43, 5. 15. 65, 25. 74, 25. 84, 5. 88, 1. 132, 30 [411, 5. 10]. 134, 25. 136, 5. 15. 128, 35 [II 22, 20]. I 137, 35. 167, 1 [432, 40]. 167, 5 [433, 5]. 192, 30. 272, 15. 287, 25 [442, 15]. 301, 20 [437, 25]. 325, 10. II 16, 1. 66, 40. 67, 25. 319, 25. 30; b. imp. in longinquis regionibus habere I 300, 35 [437, 5]; b. imp. in comitatu habere II 316, 1; b. imp. in conpluribus comitatibus habere II 319, 25; b. imp. infra parrochiam habere II 373, 20. 25; sine beneficiis imp. esse et alodos habere II 66, 35. 67, 25; beneficia imp. describere I 177, 1. 5 [433, 45]; b. imp. perquirere II 64, 20; b. imp. inmeliorare I 171, 5; in beneficio imp. conlaborare I 301, 15 [437, 25]; b. imp. condrictum I 43, 5. 64, 25. 65, 25. 100, 30. 104, 20. 136, 20. 177, 1 [433, 45]; b. imp. non bene condrictum I 150, 15 [448, 35]. 152, 10. 154, 20; b. imp. non destruere, deserere I 93, 1. 100, 25. 104, 20. 136, 10—20. 146, 20. 153, 30 [449, 5]. 287, 15. 20 [442, 5]. 290, 1 [443, 35]. II 14, 35. 92, 25. 30. 94, 1. 300, 45; de b. imp. alodem sibi non conparare *vel similiter* I 131, 30. 35 [427, 40. 45]. 136, 15. 153, 30 [449, 5]. 177, 1 [433, 45]; de b. imp. census exigere I 367, 25; de b. imp. pauperem nutrire I 182, 1 [410, 30]; b. imp. perdere, amittere I 14, 30. 48, 5. 48, 20. 25. 35. 123, 10 [426, 5]. 167, 1 [432, 45]. 284, 30 [441, 10. 15]. 287, 20. 288, 1 [442, 5. 25]. 362, 15. II 96, 1; b. imp. contradicere I 192, 30; b. imp. auferre I 172, 30; b. imp. in bannum mittere I 118, 10 [430, 30]; b. non perdere I 151, 1; beneficio imp. absque legali sanctione non privari II 92, 25; beneficium habere de monasterio I 258, 20—35; per b. monasteria et senodochia habere I 201, 10; b. principis I 167, 1 [432, 40]; b. regale I 132, 30 [411, 10]. 427, 40. 45; b. ex re publica II 300, 45. — b. dominici gisindii II 94, 1; servi honorati b. tenentes I 67, 5; beneficia cum imperatore vadentium II 360, 10; in beneficiis vassallorum esse II 403, 20.

benignitas II 447. 20. 526, 5; b. domini II 526, 25. 40; b. episcoporum II 384. 20; b. fidelium II 254, 25; b. imperatoris, regis I 357. 25. II 350, 15. 360, 35.

berbex, berbix I 61, 15 [404, 30]. 83, 5. 86, 10.

berbicaritia I 85, 5.

bersarius II 523, 20.

bestia I 172, 10.

beta I 90, 5. 256, 35.

beverarius II 523, 20.

bibere I 87, 15. 107, 15. 109, 5. 345, 25; non cogere, rogare ad bibendum I 116, 5 [412, 5]. 167, 1 [433, 1]; non bibant monachi, clerici, presbyteri in tabernis I 55, 10 [399, 5]. 76, 10. 102, 30. 237, 5. 238, 5. 243, 15; bibendi causa laici in refectorium non ducantur I 347, 5; non bibere ante statutam horam I 245, 25; b. post refectionem vespertinam I 344, 25. — b. aquam II 242, 15. 243, 5; non b. vinum I 361, 20. II 217, 5. 541, 35; non invitare vinum bibere I 179, 1 [412, 30]; b. quodcunque libeat II 245, 25.

bibliae libri I 251, 20. 25.

bibliotheca I 345, 1.

bibliothecarius I 355, 10. II 350, 5.

biduana ieiunia v. ieiunia.

bimus, a, um: b. poledrus I 254, 25. 255, 25. 256, 5. 20; b. pultrella I 255, 25. 256, 5. 20.

blandientes II 527, 35.

blandimentum I 210, 25.

blanditia personae I 125, 20 [427, 15]; blanditiis non pellici II 521, 5.

blasfemare iudicium scabinorum I 123, 20 [426, 15].

blasphemia I 98, 5. 153, 25 [431, 40].

blasphemus II 344, 30.

(blitum), blida I 90, 5.

bona: b. temporalia II 371, 35; b. vicinorum non diripere II 92, 25; *cfr.* res.

bonitas I 183, 30. II 49, 20. 295, 5. 15. 436, 5. 437, 15; b. regis II 295, 5. 15.

bonus, a, um: b. conversatio; boni credentes I 9, 20; b. fama I 181, 1; bonae fidei homines I 16, 25; boni homines I 118, 25 [411, 40]. 152, 15 [448, 40]. 180, 30. 215, 1—10 [430, 5. 10]. II 28, 5; bona opera; b. opinio; b. persona I 31, 25; b. testes; b. testimonium. — bene vivere.

bos I 83, 5. 88, 40. 125, 25 [427, 15]. 252, 1. 15. 20. 254, 25. 255, 25. 256, 5. 25. II 251, 10; bovem conparare, vendere I 157, 1 [428, 20]; unum bovem conponere I 70, 10; cum bubus iter agere I 36, 5; in bovibus non pignerare I 320, 30; bovem non tollere II 96, 20. 25; bovum stercora I 228, 10. — b. annoticus I 72, 30; b. cloppus I 85, 5; b. saginatus I 86, 10.

bracius, brace I 86, 10, 88, 35. 252, 1. 30.

brephotrophium I 310, 35. 311, 20 [411, 1. 25].

breviarium missorum I 65, 10.

brevis, brebe I 201, 30; b. capitulorum I 187, 5. 162, 15; breves tres ex hoc capitulo uno tenore conscripti I 74, 15; b. centenarii II 274, 30; b. comitis I 67, 10. 15. 190, 20. II 318, 5; b. iudicis villae I 87, 10. 88, 15; b. missorum I 67, 10. 92, 15. 116, 20 [448, 10]. 186, 15. II 10, 15. 267, 25. 269, 5.

breviare I 252, 30. 253, 20. 254, 1; *cfr.* inbreviare.

britlas, brittolos I 90, 5. 256, 35.

broilum, broilus, brolius, brogilus I 87, 20. 140, 35. 295, 5. II 370, 35.

brunaticus (= *festos brumaticos*) colere I 202, 15.

brunia, brunea I 123, 10 [426, 5]. 125, 25 [427, 15]; brunias foris regno non vendere, venundare, dare negotiatoribus I 51, 15. 115, 25 [448, 5]. 123, 15 [426, 10]. 167, 25. II 321, 1—15; brunias infra monasteria puellarum non commendare I 120, 1.

bubulcus I 88, 40.

bulla: b. imperialis, metropolitani, pontificis I 374, 25.

bunuarium II 60, 10.

busta argentea I 251, 5. 10.

buticula I 88, 10.

buticularius, buthicularius I 84, 20. 87, 25. 314, 25 [450, 5]. II 523, 15. 525, 15. 20.

buttes ex coriis facere I 89, 35.

butyrum, butirum I 86, 10. 87, 10. 248, 35. 252, 5. 254, 20.

C.

cabalarius I 136, 5. 168, 25. 30.

caballus, cavallus I 83, 5. 85, 10. 252, 1. 291, 30. 35 [445, 20. 25]. II 83, 20. 251, 10. 257, 10. 274, 15 [300, 40]. 525, 25; caballi pastus II 331, 10; caballos habere I 67, 5. II 321, 20; c. conparare I 157, 1 [428, 20]; c. vendere I 157, 1 [428, 20]. II 251, 25; c. extraneo non venundare II 321, 1—15; in caballos in nocte non negotiare I 142, 20; caballum non tollere II 96, 20. 25. 321, 20; cum caballis non vastare messes, prata aliorum I 160, 20 [432, 15]. II 85, 1; caballum in sua messe invenire I 160, 30 [449, 15]; in caballis heribannum exactare I 125, 25 [427, 15]; caballos in dona regia praesentare I 144, 15; *cfr.* equus.

caciare II 361, 15. 20.

cadus II 537, 50.

caecare monachos I 76, 10; *cfr.* excaecare.

caecus: caecis tuitionem atque adminiculum inpertire I 228, 5; caecum efficere presbyterum II 214, 10.

caedere, cedere: c. legatos I 306, 1 [417, 30]; c. presbyterum II 215, 20; c. cum baculo vassallum I 172, 10. — c. arbores I 61, 10 [404, 25]; c. ligna II 260, 10; non c. materia I 88, 5; *cfr.* capulare, delere, percutere, succidere.

caementarium opus II 420, 10; *cfr.* cementicium opus.

caen- *v.* coen-.

caesar, cesar I 92, 25. 369, 20. 394, 5—15. 30. 418, 25. 424, 1. 435, 1. 5. 449, 30. II 12, 35. 112, 10; caesares II 515, 15; *cfr.* imperator.

caesarea epistola II 3, 40; *cfr.* imperialis.

calamus I 251, 35.

calciamenta, caltiamenta, calceamenta I 64, 5. 223, 20. 346, 10. 347, 10. II 248, 15. 305, 25; c. rursus sumere II 214, 10.

caldarium, caldaria, caldera I 252, 5. 254, 10. 255, 15. 30. 35. II 234, 35. 235, 1—10.

calix I 243, 35. 244, 1. II 223, 30—40. 481, 20. 503, 25—504, 1 [223, 20. 25]; c. argenteus I 251, 5.

calumnia, calumpnia II 526, 10; calumniam peregrino non facere I 82, 5; c. in sacerdotes, presbyteros peragere I 360, 40. II 211, 25. — c. = *querela* I 333, 20 [422, 45]. 334, 5.

calumniare, calumniari: c. diaconum I 361, 10. 40; c. presbyterum I 361, 15. II 215, 40; c. subdiaconum I 361, 1. 40.

calumpniosa contradictio II 136, 30.

camactos XV accipere I 190, 25.

camba I 254, 20.

cambiare II 302, 5; *cfr.* commutare.

camera I 87, 1. 5. 254, 5. 255, 10. 30. 35. 256, 10. 25. II 480, 35. — c. imperatoris, regis I 172, 25. II 64, 15; camerae medietatem componere II 109, 10. 149, 40; de camera argentum accipere II 316, 1. 5; *cfr.* fiscus.

camerarius II 523, 15. 525, 5. 10. 528, 10.

caminata I 255, 30. 256, 25.

camisia I 345, 10.

camisilis, camisilus I 172, 25. 252, 10. 25.

campanum II 479, 1.

camphio, campio I 268, 5. 283, 5 [439, 35].

campus I 89, 1. 223, 25; in campis non arare *etc.* die dominico I 61, 10 [404, 20]; in c. operare non facere I 212, 1; in c. teloneum non exigere I 149, 5 [431, 20]. 294, 15; campus dominicus I 81, 25. 30; c. ducis, iudicis I 15, 30; c. regis I 86, 15. 20; c. senioris I 81, 25. 30. — ad campum iudicare I 208, 10; campum ad examinationem non iudicare I 129, 20 [II 23, 5]; in campum exire cum fustibus I 180, 25; in campo contendere I 118, 10 [430, 30]. 160, 25 [449, 10]. 217, 20. 284, 20 [441, 5]; in campo decertare cum scutis et fustibus I 268, 5. 10. 283, 1. 5 [439, 35. 40].

canabis *v.* cannabis.

canalis = *via publica* I 108, 25.

canava *v.* cannabis.

cancellarius, canzelarius I 145, 15. 215, 5 [430, 5. 10]; 319, 10—20. II 62, 10. 15; c. regis, palatii I 138, 15. 307, 25. 30 [419, 10. 15]. II 146, 45. 274, 5. 301, 35. 362, 1; summus c. II 523, 15.

cancellus I 364, 35. II 480, 25.

cancer II 480, 25.

canere V psalmos I 348, 30. 35. 349, 1; *cfr.* cantare.

canis I 64, 20. 84, 5. 85, 35. 89, 40. II 525, 40; c. in dextro armo tunsus I 116, 10; canes ex decimis non pascere II 420, 1; canes non sint in ecclesia I 59, 35 [403, 10]. 103, 35; canes non habeant episcopi, clerici *etc.* I 25, 15. 29, 25. 95, 20. 231, 15. 20. 364, 10. II 117, 35. 179, 25. 187, 5. 25—35. 188, 25.

(cannabis), canabis, canava I 89, 5. 256, 30.

canon = *actio* II 501, 1—15. 30. 502, 1—10. — c. = *sacra scriptura* I 235, 15—25. — canones ecclesiastici, sacri, sancti I 33, 30. 47, 25. 35. 77, 1. 40. 121, 30. 133, 1. 10. 174, 10. 182, 30. 191, 35. 195, 15. 20. 237, 40. 243, 10. 276, 40. 277, 1 [406, 25. 30]. 278, 5. 35. 279, 15 [407, 25. 408, 10. 40]. 328, 35. II 37, 15. 38, 35. 60, 20. 82, 40. 181, 10. 186, 5. 187, 30. 227, 25. 228, 20. 289, 15. 307, 20. 308, 5. 331, 15. 333, 25. 334, 30. 335, 25. 40. 358, 5. 380, 5. 382, 15. 409, 15. 411, 1. 432, 10. 433, 25. 438, 25. 444, 10. 445, 1. 459, 10. 480, 20. 486, 5. 498, 20. 30. 502, 20. 503, 20. 509, 20. 510, 5. 519, 15. 522, 30. 523, 1; c. discere I 110, 30; de canonibus doctum esse I 237, 1; canones non ignorare II 520, 10. 25; c. intellegere I 100, 15. 103, 15. 234, 25. II 257, 45. 258, 1; c. legere atque perscrutari II 174, 5; c. recipere II 176, 5; c. observare I 103, 30. II 257, 45. 258, 1; secundum canones vivere I 93, 25. 103, 30. 209, 15. 234, 35. 236, 10; secundum c. ministerium peragere II 101, 35; cum canonibus concordare I 276, 30 [406, 15]; secundum canones decernere I 25, 15. 30; secundum c. diffinire II 289, 10; secundum c. statuere II 230, 5; secundum c. iudicare I 208, 1. 15. 237, 10; iuxta c. distringere I 21, 15; secundum c. emendare I 34, 20. II 334, 35; canonibus ferire I 6, 40. II 380, 25; canonibus punire I 11, 15; secundum canones excommunicare, II 160 30. 308, 30; secundum c. poenitere I 175, 1. 361, 15. 40. 362, 5. II 190, 1. 386, 10. 15; contra canones agere, facere II 272, 10 [312, 25]. 339, 30. 409, 25; canonibus contrarium I 189, 25. II 83, 1; canonibus non obedire II 307, 20; canonibus obviare I 45, 10. — canonum auctoritas; c. concilia II 176, 5; c. contemptor; c. constitutio II 379, 20. 385, 15; c. constituta II 230, 1; c. decreta; c. institutio II 188, 30; c. instituta; c. interdicta II 33, 20; c. iura; c. iussu II 248, 10; c. liber I 251, 30; c. norma I 374, 35; c. ordo II 184, 5; c. placita II 523, 5; c. praestituta II 227, 5; c. regula I 163, 40; c. sanctiones; c. severitas II 265, 20. 25; c. statuta; c. tempora II 40, 1. — canones antiqui II 119, 45. 183, 30; c. apostolor. I 54, 25. 55, 30 [398, 10. 15. 399, 20]. 108, 1—10. II 209, 35. 214, 25. 219, 15. 491, 20. 510, 1. 511, 1; c. patrum I 28, 1. II 175, 20. 182, 5;

canon penitentialis I 369, 20 (*cfr.* liber); canones sanctorum I 33, 25.

canonicus, a, um: c. abbas; c. abbatissa I 103, 30; c. altercatio II 524, 20; c. auctoritas; c. capitula I 280, 1; c. cautela I 25, 25; c. clericus I 103, 30; c. communio II 39, 30. 449, 1; c. consilium II 257, 40; c. constitutio; c. custodia; c. decreta; c. definitio II 406, 15; c. disciplina; c. electio pontificis I 324, 15; c. epistolae I 251, 25; c. excommunicatio I 77, 15. II 336, 5; c. forma II 114, 30 [401, 10]; c. fundamentum fidei I 368, 25; c. horae; c. institutio; c. instituta I 57, 35. 40; c. inpositio II 240, 30; c. invectio I 278, 10 [407, 30]. 332, 25; c. iudicium; c. ius; c. iussio II 447, 30; c. iussum II 182, 30; c. lex; c. liber; c. licentia; c. litterae; c. mandata I 368, 25; c. ministerium I 210, 1; c. monasterium I 369, 35; c. mos; c. norma; c. observantia I 59, 40; c. observatio I 77, 35; c. ordinatio I 75, 25; c. ordo; c. patres I 332, 1; c. poenitentia; c. praedicatio I 12, 5; c. privilegium II 364, 30 [385, 5. 370, 5. 15. 376, 1]; c. professio; c. propositum II 48, 1; c. regula; c. remedium II 189, 5; c. restitutio II 264, 5; c. sanctimonialis I 103, 30; c. sanctio; c. surculum II 124, 5; c. scripturae II 118, 5; c. sententia; c. severitas I 12, 1; c. statuta; c. susceptio I 60, 20 [408, 40]; c. tempus II 438, 40; c. ultio II 401, 5; c. vicus I 144, 15; c. vindicta II 294, 35; c. vita; non canonica non praedicare I 61, 25 [404, 35]. — canonice: c. approbari II 414, 30; c. arcere a coniugio II 236, 20; c. coercere II 229, 10; c. constituere II 218, 15. 30; c. constringere II 218, 1; c. construere monasterium, oratorium I 374, 35; c. se custodire I 95, 25; c. dampnare II 388, 1; c. decimas dispensare II 102, 35; c. definire II 362, 10; c. degere in uno collegio I 276, 15 [406, 5]. 339, 30. 341, 10. 369, 1. II 406, 5; c. deponere archiepiscopum II 264, 1; c. dignitatem conferre I 339, 20; c. diiudicare II 102, 1; c. distringere I 191, 35; c. emendare I 189, 20; c. examinare I 122, 15 [409, 40]; c. eligere subditos episcopi I 77, 1; c. facultatem attribuere I 373, 15; c. iubere II 249, 10; c. iudicare I 373, 25. 374, 5. 45; c. in suas ecclesias manere, non migrare I 75, 5; c. officio fungi II 186, 35; c. ordinare et disponere II 411, 15; c. ordinare episcopum II 264, 40. 409, 20; c. peragere II 125, 10; c. pergere II 411, 30; c. poenitere I 61, 1 [447, 30]. II 247, 5; c. praeiudicare II 240, 25; c. se purgare II 351, 1; c. recipere episcopos II 114, 10; c. reconciliationem requirere I 56, 15 [400, 15. 20]; c. restitui II 264, 1; c. sacerdotem habere II 186, 40; c. sacrari I 189, 30; c. suscipere aliquem I 213, 15; c. vestiri II 411, 5; c. vivere; c. vocare raptorem II 373, 10. — canonici I 60, 30 [404, 10]. 140, 25. 345, 40. II 323, 10. 385, 20; canonicorum ordo; canonicorum religio I 305, 1 [416, 30]; canonici, qualiter vivere debeant I 95, 35—96, 5. 183, 1. II 411, 15; c. vitam canonicam observent, secundum ordinem canonicum, secundum canones, canonice vivant I 92, 10. 173, 35. 175, 20. 209, 15. 234, 35. II 179, 15—180, 1; canonicorum vita, conversatio; canonici in castitate permaneant I 240, 10; c., qualiter suum habeant officium praeparatum I 110, 1; c. ecclesiastica exerceant I 240, 10; c. librum pastoralem atque librum officiorum discant I 235, 25; c. lectionem scripturarum sanctarum ammoneant I 240, 10; canónicus psalteria III cantet I 52, 5; c. biduana ieiunia faciat I 52, 10; canonici in cellis sint I 346, 30; c. infra dormitorium dormiant II 262, 10; c. gira non sint de loco ad locum I 240, 10; c. monasteria sanctimonialium inconsulto episcopo non adeant II 42, 35—43, 5; c. negotiis saecularibus se non implicent, a negotiis saecularibus se abstineant I 240, 10. II 179, 15—180, 30; canonicorum regula I 276, 10 [406, 1]; canonicorum congregatio I 168, 40. II 222, 1. 5. 541, 1. 5; canonicorum monasterium, claustrum; canonicorum habitationes I 327, 15. 340, 30; canonicorum numerus I 358, 35. II 267, 25. 30. 540, 1; canonicorum vitam regat episcopus I 60, 15 [403, 40]. 240, 10. II 34, 30; canonicorum praepositus I 277, 20 [406, 40]; canonicorum praelati I 340, 10. 15; canonicorum cura II 516, 5; canonicos accersire I 274, 35; canonicorum sacramentum fidelitatis I 66, 30; canonicus in sua professione bannum vel decretum conservet I 98, 30; canonicos in parrochiis tonsoratos *etc.* rex sine auctoritate non recipiat II 412, 5. 10. — canonicae I 276, 10 [406, 1]. II 43, 1. 5.

cantalena *v.* cantilena.

cantare I 79, 40. 121, 25. 164, 1. 5. 365, 5. II 180, 20. 228, 25. 229, 1. 15; c. alleluia II 499, 25; c. antiphonas II 497, 25; c. 'Gloria Patri' I 59, 25 [403, 5]. 347, 30; c. hymnum II 500, 5. 506, 5; c. missam; c. offertorium II 500, 10; c. responsoria II 499, 25; c. psalmos, psalteria; *cfr.* canere, decantare.

cantica, canteca I 2, 40. 96, 5; c. inlecebrosa I 229, 30; a canticis obscenis turpibusque se cavere II 45, 25.

cantilena, cantalena I 231, 20. II 487, 1. 496, 20. 499, 35. 500, 15. 507, 30—508, 1. 30.

cantor I 121, 25. II 516, 15.

cantus I 121, 10 [446, 25]. 131, 20 [410, 20]. II 508, 10; cantum emendare I 60, 1 [403, 25]; c. discere I 121, 25; c. scire I 237, 1. — cantus Gallicanus I 61, 5 [404, 15]; c. Romanae ecclesiae, Romanorum, Romanae traditionis I 61, 5 [404, 15]. 80, 30. 121, 25. 235, 20.

canzelarius *v.* cancellarius.

capella, capellanus *v.* capp-.

capere: non plus capere vel exigere I 195, 15. — c. confugientem ad ecclesiam I 6, 20; c. conspirantes inter se II 86, 15; c. fures I 5, 20; c. cum furtu I 6, 5; c. latrones; c. hominem latrones sibi conciliantem II 86, 30; c. homines missos in banno I 362, 15. II 278, 5; captus a paganis II 326, 20. — capere aves I 87, 20; c. feramina I 89, 1; *cfr.* captivare, comprehendere.

capillus: capillos vicissim sibi detundere I 124, 10 [426, 30]; c. incidere II 244, 10; c. radere I 26, 1; c. non nutrire II 229, 1; *cfr.* coma.

capitale I 5, 20. 25. 7, 5. 30. 292, 20; c. conponere I 9, 10; c. exigere I 6, 1; c. restituere I 6, 15. 7, 35. 17, 10. 15.

capitalis, e: c. crimen; c. peccata II 495, 5; c. sententia.

capitaneus I 135, 5; c. ministerialis II 526, 30; c. villa I 84, 35.

capitulatio I 68, 15.

capitulare, kapitulare, capitularis, capitularius regis I 82, 5. 142, 25. 156, 35. 180, 15. 196, 35. 199, 25. 200, 25. 203, 25. 206, 10. 241, 30. 307, 25 [419, 10]. 310, 20 [420, 45]. 320, 30. 327, 25. 330, 25. II 13, 1. 5. 30. 14, 35. 15, 25. 18, 1. 19, 20. 20, 1. 60, 5. 82, 25. 213, 10. 216, 10. 247, 5. 357, 5; capitularii IV exemplaria scribantur I 138, 10; capitularia antecessorum, praedecessorum *etc.* I 361, 35. II 13, 5. 19, 15. 62, 20. 95, 5. 124, 20. 268, 20. 272, 5 [312, 20]. 273, 1 [348, 15]. 278, 15. 277, 30. 302, 1. 312, 10. 15. 314, 15. 30. 316, 15. 30. 317, 5. 15. 322, 10. 328, 20. 330, 30. 331, 5—15. 343, 35. 344. 346, 25. 360, 10. 15. 373, 1. 374, 30. 379, 5. 30. 459, 30. 460, 1. 15. 538, 55; capitulare dominicum I 91, 5. 120, 20. 331, 15. II 180, 30; c. regium II 317, 15. 320, 25. 321, 25; c. legationis I 420, 20. — capitulare dare I 310, 1 [420, 25]; c. facere I 47, 15. 204, 1. 302, 5. II 62, 25. 538, 55. 60; c. instituere I 52, 5. 198, 10; capitularium statuta I 361, 35; capitulare observare I 302, 5. II 83, 10; capitularis contemptor II 62, 45; capitularia relegere I 184, 10. — secundum capitulare agere I 330, 25; iuxta c. castigationem adhibere II 63, 25; in capitulare commendare I 128, 5 [426, 1]. 125, 35 [447, 35]; in c. constituere I 331, 15. 336, 25; secundum c. diffinire II 212, 1. 5; secundum c. emendare II 65, 1. 108, 5. 15. 158, 10. 360, 10; in c. inserere I 189, 35; in, per c. mandare I 147, 10. 15; in, per c. ordinare I 306, 10 [417, 45]. 307, 5. 15 [418, 40. 419, 1]; in c. praecipere I 125, 1. 15 [410, 5. 15]; in c. statuere II 215, 1. — c. episcoporum II 396, 15.

tulis inserere I 275, 5. 278, 1. 30 [407, 20. 408, 5]; per capitula iubere I 153, 20 [431, 40]; in capitulis mandare I 139, 35. II 283, 35; in c. ordinare I 132, 5. 138, 10; capitulis praecipere I 66, 35; per capitula punire II 28, 5; per capitula rationem reddere I 290, 15 [444, 5]; per c. statuere I 309, 10 [420, 5. 10]; in capitulis tractare II 50, 20. — c. = *causa, res* I 31, 20. 71, 15. 20. 158, 1. 215, 10. 15. 330, 35. II 133, 10. 134, 30; capitula maiora, minora I 69, 15. — ad capitulum martyrologium legatur, lectio tradatur I 347, 30. 35.

cappa I 344, 25. 345, 10. 347, 20. II 248, 15; c. s. Martini II 515, 30.

cappella, capella I 183, 5. 210, 10. 255, 35. II 110, 10. 15; c. beneficiata, in beneficium data II 186, 10. 268, 10. — c. dominica II 6, 40. 186, 10; c. imperatoris, regis I 77, 15. 83, 30. II 451, 1; c. palacii I 74, 15; c. palatina II 39, 5; capellae villarum regis II 419, 25. 30. 420, 1; capellae potentum II 419, 20.

cappellanus, capellanus I 25, 10. 199, 35. II 469, 20. 515, 25. 30. 523, 10. 524, 10. 528, 10; summus c. II 382, 15. 433, 5. 464, 30. 523, 15.

cappus II 381, 10.

capra I 89, 10. 252, 1. 254, 25. 255, 30. 256, 5. 25.

capraritia I 85, 5.

capsa I 248, 35. 250, 35.

captivationes christianorum II 5, 1. 5.

captivitas I 1, 25. II 131, 20.

captivare extra pace I 2, 1; *cfr.* capere.

captivi: captivos fraudare II 386, 1; c. redimere I 239, 20. 277, 35 [407, 15]; captivorum redemptio II 385, 35; captivos non transponere II 181, 25. — captivos christianos interficere II 233, 25; captivus laicus I 1, 30.

capulare I 86, 15. II 134, 20. 25. 135, 10; non c. die dominico I 61, 15 [404, 25]; *cfr.* concapulare, caedere. — c. *pro* compellere II 62, 40.

capulum, capula II 134, 20. 135, 15.

capus II 117, 35; *cfr.* falco.

caput, capud: c. crismate perunguere I 247, 15; in capite inunguere II 457, 1; caput feminae tondere I 336, 20; c. servi tondere, tundere I 150, 20. 284, 30 [441, 15]. 335, 20. — de capite censum debere II 322, 5. 325, 35; in, per caput conponere I 83, 10. 197, 30; capite punire I 68, 30. 69, 1. — c. = *'Oberhaupt'* II 70, 35 [170, 20]; a capite dissidere II 352, 20. — in capite esse ad malitiam fatiendam II 181, 10. — caput tenere ad regem I 207, 1. II 524, 10. — caput = *capitale* I 5, 45.

carcer I 171, 35. 346, 40; carceris custodia I 142, 15; in carcerem non mittere, in carcere non ponere clamatores I 123, 40. 124, 1 [426, 15]; in c. mittere, recludere clericum falsam epistolam deferentem II 231, 1. 10, incestos I 31, 25, Iudeum I 258, 35, malefactores I 141, 25, tempestates *etc.* facientes I 228, 10; in carcere poenitere I 25, 40. 26, 1; *cfr.* inclusio.

carcerare homines iniuste agentes I 171, 35.

cardinalis, e: c. ecclesia I 195, 20; cardinales tituli II 411, 15.

cardo urbis Romae I 184, 5 [411, 35].

cardo = *Dipsacus fullonum* I 87, 5. 90, 10.

careium I 90, 1.

carigare *v.* carricare.

caritas *(opp. abundantia)* I 74, 20. — c. = *amor:* cum caritate et concordia requirere I 226, 30; in caritate et pace vivere I 92, 10; caritatem et pacem, concordiam ad invicem habere I 305, 5 [416, 40]. II 36, 40. 49, 20; caritas et pax inter regem et fideles II 255, 35. 40 [398, 35. 40]; c. et pax inter imperatorem et Romanos I 355, 1; caritatem et fidem conservent sibi reges I 13, 1; caritas inter fratres reges I 127, 10 [II 21, 35]. 49, 30. 35. 69, 15. 72, 30 [155, 10]. 113, 30. 35 [399, 10]. 153, 45. 162, 15. 443, 10. 447, 20; c. fraterna II 77, 20. 447, 20. — c. vestra I 62, 5 [405, 15].

caritativa interpositio II 423, 20.

carminum relator II 516, 15.

carnalia *v.* carralia.

carnalis, e: c. affectus II 521, 10; c. commercium I 40, 15; c. commixtio I 230, 30. II 45, 40; c. concupiscentia II 179, 20; c. coniunctio II 183, 15; c. copula II 512, 20; c. desideria II 42, 15; c. generatio II 512, 20; c. negocia II 485, 25; c. proximitas II 240, 15; c. victimae II 476, 20; c. voluptates II 37, 1. — carnaliter ministrare I 209, 20.

carnaticos exactare I 212, 1.

caro I 85, 5; carnem vendere II 319, 5; c. non comedere, manducare, a carne se abstinere I 68, 25. 30. 84, 25. 166, 30 [432, 35]. 179, 1 [412, 30]. 227, 5. 229, 10. 245, 15. 249, 25. 346, 15. 361, 20. II 97, 30. 35. 189, 15. 20. 217, 5. 242, 25. 244, 15. 245, 20. 25. 40. 45. 541, 35; carne uti, vesci II 242, 30. 244, 25—245, 1. — carnis opera I 313, 10 [422, 30].

carpentarius I 87, 15.

carpentarium opus II 420, 10.

carrada I 251, 35. 40. 252, 15—25. 253. II 83, 20.

carralia, carnalia I 32, 5.

carraria opera I 61, 15 [404, 25].

carricare, carigare I 85, 35. 197, 5. II 323, 1. 5.

carricatura II 438, 1.

carropera II 323, 1. 5.

carruca I 85, 5. 10; c. indominicata II 337, 1.

carrus, carrum I 168, 25. 30. 171, 25. 253, 1; cum carra venire ad placitum I 135, 5; carrum in hostem carigare I 85, 35. 89, 20. 25; cum carris et victualibus *etc.* praeparatum esse II 5, 10; de carris theloneum non exigere I 32, 5. 294, 25. 30. — carrum ostilium I 61, 15 [404, 25]; c. regis I 89, 20. 25; carra salinaria II 251, 15.

carta, cartula: cartulae auctor II 108, 20; cartas scribere, conscribere I 179, 1 [412, 35]. 285, 25. 319, 10. 336, 1; cartam falsam non facere I 143, 15; c. subscribere I 215, 5 [430, 5]. II 108, 30; cartae testes II 108, 25; cartam ostendere I 114, 5 [429, 1]. 145, 35. 319, 20. 335, 15. II 108, 25—35; c. inspicere I 314, 30 [450, 10]; c. probare, comprobare I 145, 35; c. veracem et legitimam confirmare I 215, 5—20 [430, 5. 10]; c. veram agnoscere I 319, 20; c. falsam appellare, efficere, deprehendere, c. falsare I 145, 35. 215, 5 [430, 10]. 293, 30. II 91, 10. 108, 25—35; c. frangere I 187, 20. 188, 1. 10; c. facere de rebus venditis I 337, 1; per cartam res non alienare I 205, 5 [II 108, 15. 20]; per c. dimittere I 158, 5. 215, 1 [430, 1]; cartas per perticas non appendere I 64, 25. — carta confessionis II 466, 30; c. donationis I 188, 5. 15. 205, 5; c. ingenuitatis, libertatis I 22, 1. 114, 5. 10 [429, 1. 5]. 145, 35 —146, 5. 158, 5. 215, 10 [430, 15]. 293, 30. 335, 15. II 280, 10; c. obligationis I 187, 20; c. publica I 179, 1 [412, 35]; c. reatuum II 54, 1. 55, 25. 30; c. regis I 2, 30. 62, 30; c. traditionis I 314, 30 [450, 10]. II 108, 20; c. venditionis I 187, 25. 188, 1. 15; *cfr.* conscriptum, instrumentum, scriptio, scriptum.

cartularius, cartolarius, cartellarius I 50, 35. 118, 15; c. cum ancilla manens I 41, 30.

carius non vendere I 74, 20. 123, 1 [410, 1]. 132, 30 [411, 10]. II 93, 1. 96, 30. 107, 25. 375, 10.

carvitae I 90, 5.

casa I 87, 20. 254, 5. 255, 10. 35; casam praevidere I 136, 10; intra casam servire I 167, 5 [433, 5]; per casas non vadere I 64, 10; in casa sua non recipere hominem Langubardiscum I 191, 5; infra casam pignerare II 133, 30; casam wiffare I 197, 30; ad casam alterius male facere I 141, 20. 25; casam alterius frangere, incendere I 224, 25. 30. — casa abbatis I 141, 10. 165, 10; c. accusati I 9, 20; c. comitis I 51, 15. 141, 10. 165, 10; c. dominicata, indominicata I 251, 25. 252, 40. 253. 256, 25; c. episcopi I 141, 10. 165, 10; c. latronis I 17, 5; c. rebellis I 72, 15; c. regalis I 255, 30; c. regis I 85, 20 (*cfr.* palatium); c. vassi dominici I 51, 15; *cfr.* causa, domus. — casa Dei II 268, 10. 30. 323, 10. 15. 411, 10. 428, 10; casae Dei iustitiam habeant II 436, 35; casae Dei mundeburdem et honorem habeant II 157, 25 [299, 20. 25]; casae Dei legem et honorem habeant II 168, 30; ad casam Dei res tradere I 118, 35 [411, 40]. 220, 1. II 322, 10. 20. 331, 1; ad casam Dei se tradere II 322, 5. 10; ad casam Dei commendare, facere commutationes II 380, 20. 25; casae Dei advocatus II 344, 25. 30; *cfr.* ecclesia, monasterium.

casata, casatum = *casa* I 52, 10; census de casata I 28, 10. 50, 15. 20. II 483, 20. — casatus homo I 137, 30. 177, 1 [433, 15]; c. servus I 129, 1 [II 22, 30]; c. vassallus I 167, 5 [433, 5]; non c. mancipium I 129, 5 [II 22, 35].

caseus: a c. se abstinere II 244, 15. 245, 15.

cassare sacerdotali ac regali rigore II 400, 35.

castaldus, castaldius, castaldehus *v.* gastaldus.

castanea planeta I 251, 15.

castanearii I 90, 10.

castellum I 272, 5. 296, 30. 358, 10—20. 354, 1. 25; castella non facere II 328, 20; c. instaurare II 861, 1; c. perficere II 860, 35; in castella residere II 95, 25.

casticia II 269, 1. 487, 35.

castigare I 287, 35 [442, 25]. II 157, 25 [299, 20]. 287, 25. 302, 15. 316, 20. 25. 459, 40; se c. II 181, 10; non se c. II 60, 30. 302, 10; c. clamatores I 154, 20; c. contumacem I 284, 5 [440, 35]; c. fures, latrones *etc.* I 96, 15; c. iudicem I 19, 5; c. presbyterum II 885, 1; c. regem fratrem I 272, 25; c. sanctimoniales II 885, 5; c. stupratorem II 207, 25. — c. per harmiscaram II 319, 20; c. ictibus, virgis II 302, 10; c. poenitentia II 181, 10. 207, 25.

castigatio I 284, 30 [441, 10]. II 316, 20. 319, 35; castigationis signum II 302, 15; castigatio et poenitentia II 217, 1. 218, 10. 238, 30. 239, 20. 242, 5; castigationem imponere factori II 97, 30; c. exhibere ministris episcoporum II 256, 35; c. reiectoribus denarii adhibere II 63, 25. 319, 30; castigatio verberum vel corporis I 348, 20.

castigatoria iudicia II 451, 20.

castimonia I 341, 5.

castitas I 62, 1 [405, 10]. 240, 10. II 28, 30. 404, 35. 435, 40; in castitate uxores diligere II 45, 40; c. cleri I 279, 30 [409, 10]; c. monachorum I 95, 1. 5; c. presbyterorum I 25, 25. 110, 15. II 406, 5; c. sacerdotum I 237, 35.

castra I 354, 20; c. dominica I 276, 35 [406, 25]. II 229, 10. 230, 15; a castris militaribus sequestrari II 39, 35; *cfr.* cingulum.

castrare I 205, 25; *cfr.* abscidere.

castratio II 185, 40.

castus, a, um I 79, 30. 96, 1; c. coniugium I 376, 45; castam nubere in Christo II 454, 45. — caste: c. regere II 302, 35; c. vivere.

casula I 26, 5. 228, 1. II 504, 10—20.

casura arboris II 234, 15.

casus: casu irrumpere statuta I 129, 35 [II 23, 20]; casu occidere ancillam II 182, 1, episcopum I 361, 20, filium II 241, 30; *cfr.* sponte.

catalogus concilii II 235, 20.

cataroe I 108, 20.

catellus I 88, 25.

catena I 87, 1.

cathecuminus, catecuminus, caticuminus I 247, 5. 10. II 509, 30; cathecuminum instruere I 110, 5; super c. exorcismus I 235, 15; c. oleo inunguere I 179, 10 [412, 45].

cathedra principalis I 56, 30 [400, 30]; *cfr.* sedes.

catholici I 348, 30—349, 1. II 177, 25. 236, 25. 507, 25. 522, 1.

catholicus, a, um: c. baptisma I 59, 25 [403, 1]; c. doctor II 449, 10. 519, 10: c. ecclesia; c. fides; c. liber I 60, 1 [403, 25]; c. pax II 507, 25; catholici patres; c. populus I 126, 40 [II 21, 30]; c. praedicatio II 340, 30; c. provisor I 369, 15; c. sedes II 469, 10, c. tractatus I 60, 35 [404, 15]. — catholice: c. agere I 339, 1; c. hereditare I 77, 30; c. instruere I 174, 25. 312, 30 [422, 10].

cauclearius, coclearius I 55, 20 [399, 25].

(caucula), coclea I 223, 20.

cauculator I 59, 1 [402, 25]. 104, 5.

caulis, cauli I 90, 5. 255, 5. 256, 35.

caupo II 480, 1.

causa: sine causa non convocare proceres II 528, 40; sine c. non detrahere episcopos II 36, 30. 35; sine c. non eicere advenas I 131, 25 [427, 35]; sine c. non excommunicare I 115, 20 [412, 1]. II 335, 40—336, 10. 411, 20; sine c. iniuriam non facere I 309, 35 [420, 20]; sine c. non mittere hominem in iuditio I 115, 30 [429, 35]; sine c. non occidere I 16, 15. II 292, 10; sine c. non scandalizare infirmos II 37, 5; ex c. levi aut sine c. hominem in ecclesia interficere I 281, 1 [437, 40]; sine c. pignus non tollere II 138, 1; c. rationabilis II 15, 15; c. rebellis II 15, 15. 35 [346, 10. 35]. — c. = *res, negotium, passim ex. gr.* I 50, 10. 98, 35. 131, 25 [427, 35]. 141, 25. 142, 25. 189, 35. 200, 25. 211, 10. 212, 10. 15. 219, 1. II 446, 10. 25. 448, 20. 464, 5. 25. 466, 15. 467, 15. 25; c. ante regem veniens II 524, 15; causam ad notitiam missorum perferre I 310, 15 [420, 40]; causam regi recitare I 169, 25; in causas intrare II 446, 25. 30; causae ad correctionem pertinentes II 4, 25; causae clericorum II 515, 25; c. ecclesiae I 55, 10 [399, 1]. 289, 35. II 350, 5. 439, 1. 446, 35; c. ecclesiastica II 12, 40. 50, 35 (*cfr.* 2, 25 [6, 5. 28, 10]); c. exercitalis I 207, 5; c. generalis II 162, 10. 361, 35. 40. 439, 1. 446, 35; c. inlicita I 100, 25. 104, 10. 189, 15; c. levior I 272, 10; c. maior I 72, 20. 272, 5. II 350, 5; c. minor II 80, 10; c. monachorum I 276, 20 [406, 10]; c. oportuna I 47, 20. 268, 35; c. pagania I 146, 25; c. populi II 446, 35; c. ad populi dampnum *etc.* pertinens II 8, 20; c. presbyteri II 374, 5; c. provinciae II 339, 30; c. publica, privata I 14, 25; c. regis I 83, 20. 25. 88, 20. 89, 20. II 111, 25. 162, 15. 163, 20. 25; c. (regni) II 529, 30; c. ad inhonorationem regni aut commune damnum pertinens I 305, 20. 25 [417, 10. 15]; c. ad religionem christianam pertinens II 2, 25 [6, 5. 28, 10]; c. rei publicae I 272, 5. 10. II 80, 10. 361, 35. 40. 363, 5. 432, 15; causae saecularium II 515, 25; causa saecularis II 524, 15; c. secreta II 524, 15; c. singularis II 528, 35; c. specialis II 361, 35. 40. 363, 5. 528, 35. — c. = *res, 'Sache'* I 83, 10; causam non tollere I 199, 1. 200, 5; c. requirere I 17, 10; causas male interciatas amittere I 16, 30; de causa nutrire catellos I 88, 25; causa servi furantis I 181, 15. — c. = *res, 'Process, Processsache'* I 18, 30. 32, 1. 58, 40 [402, 25]. 104, 1. 259, 10; causam habere I 172, 1. 176, 20 [433, 30]. 210, 25. 218, 25. 236, 5. 262, 40. II 109, 10. 133, 25. 30. 134, 10. 20; c. non habere I 214, 5; causas non movere I 176, 15 [433, 25]; causarum iurgia diebus dominicis non moveantur I 11, 35; in causa esse I 226, 30; de causa contentionem habere I 268, 1. 282, 40 [439, 30]; causam suam quaerere I 116, 15 [439, 40]. 117, 30. 126, 1 [427, 25]. 148, 20 [431, 5]. 150, 20. 159, 5. 281, 30 [438, 20]; 295, 30. 296, 1; c. adquirere I 226, 25. 431, 5. 45; c. conquirere I 116, 5 [429, 35]; c. requirere I 201, 5. 10. 226, 30. II 132, 20. 25. 133, 35. 148, 1; c. mallare I 10, 10; de c. mallare I 9, 35; causae prosecutor I 5, 5; causam agere I 268, 40. 288, 15 [440, 1]; de c. agere I 210, 25. 289, 1 [442, 45]; per c. rationem reddere I 98, 15. 268, 30 [446, 1]. 284, 1 [440, 25]; in causam intrare II 19, 5; ad c. venire I 210, 25; causam comperire I 210, 25; de causa interpellari I 268, 15 [445, 30]; causam audire *(de iudicibus dicitur)* I 9, 30. 37, 5. 58, 20 [402, 10]. 63, 25. 108, 40. 115, 15. 122, 35. 281, 30 [438, 20]. 367, 40. II 4, 40. 16, 30; c. tenere II 359, 30; c. deliberare I 209, 35. 229, 1. II 89, 30. 124, 30; c. declarare I 129, 15 [II 23, 5]; c. discutere I 176, 15 [433, 25]; c. examinare I 55, 1 [398, 30]. 367, 40. II 69, 30. 98, 35. 265, 15; causae examinatio II 249, 10; causam inquirere I 124, 20 [426, 40. 448, 25]. 212, 5; c. investigare II 93, 30. 423, 10; c. reservare usque ad interrogationem imperatoris I 176, 15 [433, 25]; c.

ad palatium ad definiendum producere I 71, 30; c. definire, finire I 37, 5. 71, 25. 77, 5. 129, 15 [II 23, 5]. I 190, 20. 196, 20. 210, 25. 228, 40. 262, 5 [II 259, 30]. I 281, 30 [438, 20]. 314, 20. 30. 315, 1 [449, 40. 450, 10]. 333, 15 [421, 45]. II 69, 30. 89, 15. 25. 35. 132, 25—133, 1. 148, 1. 328, 25. 332, 10. 15; c. pacificare I 71, 25; c. discernere I 58, 20 [402, 10]. 103, 40. 124, 25 [427, 1]; c. iudicare, diiudicare I 21, 20. 37, 5. 74, 40. 103, 40. 114, 25 [429, 20]. 185, 5. 210, 30. II 16, 30. 120, 15; c. perficere I 172, 5; c. terminare I 124, 25 [427, 1]. 176, 15 [433, 25]. II 85, 30; causarum terminus I 176, 15 [433, 20]; causam iudicatam repetere, removere I 114, 20 [429, 15]; causa manens, remanens I 7, 5. 201, 10. II 133, 30; c. cotidie non cessans I 150, 5 [418, 30]. 152, 1; causam perdere I 10, 10. II 133, 10; c. non perdere I 337, 5; c. emendare I 68, 20. 70, 30. 199, 5. 236, 10; de causa una fideiusores plures dare I 337, 5; ad causam testes habere I 283, 20 [440, 5]; causam iurare I 49, 15; causa ad iuramentum veniens II 148, 1; causam innotescere ad comitem I 32, 20; causa veniat ante comitem vel iudicem I 196, 15; c., quae adhuc coram comite non fuit, comiti commendetur I 291, 10. 15 [444, 45. 445, 1]; de causis ad imperatorem se reclamare II 17, 1; pro causa sua ad palatium venire I 32, 15—25; pro c. sua in palatio demorari II 328, 30; causam notare episcopo I 228, 40; causam deferre ad metropolitanum I 226, 35; causa civilis I 21, 15. II 122, 40; c. criminalis I 22, 25. 376, 5. II 122, 40; c. maior, minor I 49, 5. 10. 20. 70, 25. 262, 1. 5. II 515, 30; c. potentior I 176, 20 [433, 30]; c. levior I 210, 30; c. abbatis I 176, 20 [433, 30]; c. clerici I 21, 10. 55, 1 [398, 30]; c. clericorum I 36, 30; c. comitis I 176, 20 [433, 30]; c. dominica I 295, 20. 25 (*cfr.* 185, 5. 333, 15 [421, 45]); c. ecclesiae I 36, 15. 37, 5. 192, 15. 333, 15 [421, 45]. 367, 40. II 135, 15; c. ecclesiastica I 288, 10 [439, 40]; c. inter aeclesiasticos ordines I 226, 25—35; c. inter personam publicam et homines ecclesiae I 21, 20; causas habere cum sacerdotibus ecclesiarum II 134, 10; causa episcopi I 55, 1 [398, 30]. 176, 20 [433, 30]; c. imperatoris I 185, 5 (*cfr.* 295, 20. 25. 333, 15 [421, 45]); c. impotentis I 295, 25; c. miserorum II 85, 30 (*cfr.* c. pauperum); c. monasterii I 135, 15; c. orfanorum, pauperum, pupillorum, viduarum I 36, 15. 37, 5. 63, 25. 122, 35. 209, 35. 281, 30 [438, 20]. 295, 25. 333, 15 [421, 45]. 367, 40. II 47, 25. 69, 30. 93, 30. 272, 1; c. potentum, potentiorum I 176, 20 [433, 30]. 333, 15 [421, 45]; c. presbyteri II 460, 10; c. regia I 333, 15 [421, 45] (*cfr.* I 185, 5. 295, 20. 25); negotia causarum inter Romanos I 19, 1; causa saecularis I 268, 10. 283, 5 [439, 40]; c. servi I 9, 10; *cfr.* altercatio, lis. — causam (casam?) incendere I 72, 15; causa (casa?) censata I 65, 30.

causari I 338, 20 [422, 45]. II 207, 10.

causatio I 161, 15.

causator I 124, 20 [426, 35. 448, 20]. 320, 30 330, 20; contra causatorem iectiscere II 325, 5.

causidicus, causedicus I 123, 20 [426, 10].

cautela II 261, 40; c. canonica I 25, 25; c. generalis II 124, 15.

cautio II 134, 15. 140, 30. 146, 40; c. confirmationis II 425, 10.

cavallus *v.* caballus.

cavare I 216, 25.

cedere *v.* caedere.

celare I 92, 40. 228, 15. II 207, 25. 238, 25. 466, 30. 528, 1; non c. adulteros, auguriatrices I 96, 15; non c. contra capitula facientem II 330, 1; non c. fugitivum fiscalem I 92, 40; non c. furantem femmina imperatoris I 98, 30; non c. furem; non c. furtum I 5, 25; non c. homicidas, incantatores I 96, 15; non c. infidelem II 103, 25; non c. latronem; non c. reicientes denarium merum II 314, 25; non c. scachcatorem II 274, 20. 25; non c. telonea non solventem I 294, 25; *cfr.* abscondere, concelare, occultare, recelare, recipere, suscipere.

cella I 133, 20 [447, 1]. 346, 30. II 428, 5; c. hospitum I 346, 5.

cellarinsem exigere I 23, 25.

cellarium I 243, 1. 254, 5. 255, 30. 256, 10. 25; c. regis I 83, 40.

cellararius, cellerarius I 86, 25; c. monasterii I 63, 5. 75, 35. 230, 5. 347, 15; c. regis I 84, 1.

celsitudo = *titulus imperatoris, regis* I 81, 1. 367, 30. 370, 5. II 28, 5. 15. 36, 25. 37, 25. 39, 1. 20. 142, 10. 383, 25. 384, 20; c. augusta I 369, 35; c. imperialis II 186, 15; c. regalis II 148, 30. 150, 10.

cementicium opus II 480, 35; *cfr.* caementarium opus.

cenix *v.* coenix.

censata causa (?) I 65, 30.

censitus (?) presbyter I 67, 1.

censalis, censualis terra II 331, 1. 336, 40.

censura II 85, 10; c. anathematis I 57, 35; c. auctoritatis II 467, 40; c. ecclesiastica II 272, 10 [312, 25]. 286, 10. 15. 407, 20. 422, 30; c. episcopalis II 102, 15; c. papae II 352, 20. 384, 35; c. patrum II 406, 25; c. synodalis I 364, 30; c. synodi I 75, 20; c. vindictae I 365, 10.

census, censum I 88, 40. 93, 15. 254, 20. 255, 25. 256, 1. 20. 30; censum debere II 318, 15. 322, 5—15. 325, 35; c. reddere I 203, 35; c. exsolvere II 331, 1; census in eodem loco persolvatur, ubi pater et avus solvere consueverunt I 295, 30; censum non marrire I 93, 10; c. non neglegere II 413, 5; censa ad opus regis veniant, exeant I 171, 10. 177, 20 [434, 15]. II 333, 1. 5; censum perquirere I 177, 15 [434, 10]; c. exigere, exactare I 86, 20. 171, 10. 272, 30; c. non exigere ab advenis II 278, 35. 277, 35. 278, 1. 323, 30; c. non exigere ab Hispanis I 262, 1. 20 [II 260, 15]; c. non superponere I 169, 30; c. non addere, augere I 22, 1. 367, 35; c. levare I 29, 25; sub censu retinere pecuniam ecclesialem I 28, 10; sub censu recipere res ecclesiis delegatas I 330, 5; census de capite, de propria persona I 125, 30 [427, 25]. II 322, 5—15. 325, 35; census de suis rebus I 125, 30 [427, 25]. 169, 30. 177, 20 [434, 15]. 287, 25 [442, 15]. II 322, 5—15. 323, 15; census de ecclesia I 367, 10. 25; censum non persolvere, exigere de agro, manso ecclesiastico I 333, 30. II 272, 1. 5 [312, 20]. 323, 10. 20. 331, 10. 15; census de rebus ecclesiarum I 50, 10—25. 76, 1. II 272, 5 [312, 20]; c. de cappellis *etc.* in beneficium datis II 268, 10; c. de decimis et oblationibus I 367, 25; c. de Tuscia *etc.* I 354, 5. 10. 20. 25; c. de vino I 88, 40; c. annuus I 108, 25; c. Dei I 364, 25; c. dominicatus, indominicatus II 354, 15. 20; c. ecclesiae I 203, 25. 334, 5. 10. II 259, 20; c. ad fiscum pertinens I 69, 20; c. regis I 86, 20; c. regalis I 125, 30 [427, 25]. 434, 10; c. regius I 295, 30. II 325, 35. — c. = *teloneum* I 289, 15 [448, 15]; censum exigere I 144, 30; c. maiorem non exigere I 295, 1; sine censu transire II 251, 20.

centena, centina I 5, 20. 17, 10. 15. 67, 10. 89, 1. II 19, 35; c. vicina I 283, 15 [440, 5]. 426, 40.

centenarius I 17, 5. 10. 51, 10. 137, 20. 25. 138, 5. 203, 15. 211, 35. 290, 30. 35 [444, 25]. 310, 10 [420, 35]. II 16, 10. 15. 515, 35—516, 5; centenarium constituere, eligere I 7, 5. 124, 25 [427, 1]. 149, 10 [431, 25]. 151, 15; centenarii ministerium; centenarius iuret I 67, 1; centenarii sacramentum II 274, 25; centenarius bannum vel decretum conservet I 99, 1; c. ad iustitias faciendas compellat et bonos iuniores habeat I 96, 10. 15; c. legem sciat et iustitiam diligat I 93, 30—40; c. diligat legem vel iustitiam I 214, 15; c. legem discat I 147, 10; c. munera non accipiat I 291, 1 [444, 30]; c. sub mala occasione res pauperum non emat nec vi tollat I 174, 30 (*cfr.* 165, 5); super centenarium clamare I 165, 1; centenarius pravus I 185, 5. 10. 206, 30; centenarium pravum tollere I 124, 25 [427, 1]; centenarii placitum I 290, 20 [444, 10]; centenarius generalem placitum frequentius non habeat I 214, 1. 5. II 19, 15—25; coram centenario omnis controversia definiri potest excepto redditione terrae et mancipiorum I 315, 30; ante centenarium de proprietate aut libertate *etc.* iudicium non terminetur I 158, 5 [448, 40]. 154, 25; in placito centenarii neque ad mortem neque ad libertatem suam amittendam *etc.* iudicetur I 176, 30 [488, 40]; centenarius fures et latrones non celet aut defendat I 290, 35 [444, 25]. II 274, 25; c. maleficia facientes non remittat I 228, 10; c. a servo regis mancipia non emat I 171, 5; c. feramina imperatoris non furet I 98, 25; c. praevideat missis I 96, 25. 30; c. missis coniectum det I 138, 5; centenarii adiuvent episcopos II 374, 10. 15; *cfr.* vicarius.

centurio II 515, 35. 516, 5.

cepa I 90, 10. 255, 5. 256, 35.

cera I 86, 10. 87, 10. 88, 30. 89, 5. II 83, 20. 251, 25; *cfr.* cereus.

cerarius I 50, 35.

cercata *v.* circata.

cerebrum animalium I 228, 15.

ceresarius, cerisarius I 91, 1. 256, 40.

cereus, ceria: cereum benedicere II 514, 15; cerias incendere I 202, 20; *cfr.* cera.

cerfolium I 90, 10. 256, 35.

cerimoniae II 476, 35.

cerisarius *v.* ceresarius.

cervisa, cervisia I 86, 10. 87, 15. 88, 35. 89, 10. 345, 15. II 11, 5; a cervisa se abstinere I 249, 25; a c. mellita se abstinere II 189, 15. 242, 25. 244, 15. 20. 245, 15. 20.

certamen agere contra adversarium I 172, 25; *cfr.* lis.

cespitaticus, cepstaticus I 132, 5. 144, 30.

cessio I 5, 10. 6, 15.

chirographum, cirographum, cyrographum regis II 255, 35 [398, 35]. 434, 15. 451, 25. 467, 5.

chiliarchus II 516, 5.

chorepiscopus, corepiscopus I 108, 15. II 173, 25. 515, 30; chorepiscopi speciem LXXII discipulorum gerunt II 32, 15—25; chorepiscopus modum cognoscat et nihil absque licentia episcopi faciat I 54, 40 [398, 25]; ch. ultra modum suum non progrediatur *etc.* II 32, 15—30; ch. modum suum teneat II 409, 10—20; de corepiscopis inquirere, quale studium et qualem famam habeant II 8, 30. 35; chorepiscopus avaritiam non exerceat II 32, 30—33, 1.

chorus I 376, 30; ch. episcoporum II 454, 35. — chorus = *modius* II 538, 1.

chrisma, crisma I 179, 10 [412, 45]. 244, 15. II 481, 15. 510, 1; ch. vetus I 45, 30; chrisma conficere II 409, 30; chrismatis confectio a presbiteris non fiat II 118, 40. 509, 25; chrisma quaerere, petere I 25, 25. 29, 30. 45, 30; ch. accipere ab episcopo I 278, 10. 15 [407, 30. 35]; ch. non tradatur a chorepiscopo II 409, 10. 15; ch. sub sigillo custodire I 174, 20. 244, 20; chrismatis unctio II 509, 20; crismate caput perunguere I 247, 15; confirmatio cum chrismate I 188, 30 [447, 10]; chrismate perunguere et in regem sacrare II 340, 30. 439, 1. 451, 15. 457, 1; chrismate peruncta manus II 439, 35; chrisma non dare ad aliquam nimietatem, pro necessitate I 142, 15. 237, 10; ch. non sub praetextu medicinae vel maleficii donare I 174, 20; ch. non dare ad iudicium subvertendum I 149, 10 [431, 20]. 150, 30; pro chrismate nihil exigere II 206, 1. 207, 1; propter chrisma munus non accipere II 409, 25; *cfr.* oleum sanctum.

christianitas II 171, 20. 272, 15. 283, 15. 284, 1. 432, 25. 433, 20. 454, 5; ch. una est II 167, 10; christianitatis bannus II 188, 15; christianitatis caput II 66, 1; christianitatis defensio II 328, 10. 436, 10; christianitatis depopulator II 444, 20; christianitatis despectus I 68, 25; christianitatis expositor II 321, 15; christianitatis opera I 197, 35; christianitatis persecutores II 396, 30; christianitatis rectitudo II 524, 45. 525, 1; christianitatis regula I 366, 30; christianitatis salus I 226, 20; christianitatis salvatio II 104, 25; contra christianitatem agere II 161, 5.

christiani *passim, ex. gr.* I 35, 10. 69, 10. 96, 35. 110, 35. 161, 20. 30. 163, 30. 170, 35. 288, 25. II 28, 35. 45, 20. 25. 46, 1. 5. 233, 15. 20. 321, 10. 419, 15. 420, 10. 15. 431, 15. 476, 30. 494, 35. 495, 10; christianos non emere nec vendere II 131, 15. 20. 139, 1; christianorum captivationes II 5, 1; christianorum coetus II 287, 10 [309, 35]. 379, 20; christianorum communio, consortium II 373, 15. 379, 20; christianorum sanguis I 45, 5. 10; christianorum societas II 309, 25; christianorum usus II 500, 10; christiani et Iudei I 22, 5. 152, 20. 25. 258, 25—35. 259, 10. 15. II 122, 35. 40. 416, 1—419, 10.

christianus, a, um: ch. captivi II 233, 25; ch. communio II 122, 40; ch. devotio II 456, 20. 461, 10; ch. disciplina I 164, 10; ch. doctrina II 53, 20; ch. dogma II 511, 30; ch. ecclesia; ch. fideles; ch. imperator I 247, 35; ch. lex I 259, 15. II 156, 10; ch. mancipia; ch. mercator; ch. negotiator; ch. populus; ch. religio; ch. Saxani I 69, 40; ch. testes I 152, 20; christianissimus imperator, princeps, rex.

christus = *unctus* II 439, 5. 15.

cibariae res I 376, 1.

cibus, cybus I 344, 20. II 525, 5; in cibo communionem non habere II 242, 25. 35. 243, 10; cibum non sumere cum christiano I 35, 10; c. non donare I 31, 20; cibis mentes inficere II 45, 1; ciborum abstinentia II 445, 1; cibum moderare II 179, 30. — cibi mensura I 340, 1. 5. 345, 5. 15. 30. 348, 5; cibi penuria II 385, 40; cibi quadragesimales I 227, 15; cibi statuti I 245, 20; ciborum utensilia I 168, 25.

cicerum italicum I 90, 1.

ciminum I 90, 1.

cimiterium, cymiterium I 69, 40; II 477, 15. 480, 15.

cingulum II 504, 20; c. militare, militiae deponere I 361, 20. 25. II 55, 25. 182, 10. 189, 25; c. militare non sumere II 181, 10; cingulo militiae non uti II 120, 15; *cfr.* arma, castra.

cippaticus I 83, 35.

cippus I 141, 25. 298, 20.

circare parrochiam I 195, 15; *cfr.* circumire.

circata, cercata facere I 190, 25.

circavicinus II 96, 30; *cfr.* vicinus.

circumadstare II 41, 15; *cfr.* astare.

circumire, circuire I 85, 15; c. per comitatus II 88, 15; c. episcopatum II 218, 15; non c. loca episcoporum, abbatum, abbatissarum, comitum II 488, 1; c. monasterium; c. parrochiam; c. senodochia II 94, 5; c. urbes I 111, 5; c. villas I 345, 25; *cfr.* circare, peragrare, visitare.

circumitio parrochiae II 257, 1. 15. 20.

circummanentes I 189, 35. 186, 1. 300, 25 [436, 35] II 87, 1. 158, 1 [300, 1]. 328, 20. 412, 25; *cfr.* vicini.

circumspectio II 110, 25. 120, 30.

circumstare II 41, 15. 246, 35. 247, 1; *cfr.* astare, interesse.

cirographum *v.* chirographum.

cisalpina ecclesia II 439, 1.

civilis, e: c. adiutorium II 415, 20; c. auctoritas II 403, 35; c. causa I 21, 15. II 122, 40; c. concordia II 384, 5. 10; c. ius II 402, 30; c. iudicium I 36, 25; c. negotium I 111, 5. II 412, 1; c. panes I 311, 1 [421, 1]. — civiliter accusari I 262, 5.

civis I 98, 35. II 405, 20; c. Romanus I 356, 30.

civitas I 74, 30. 114, 25 [429, 20]. 192, 30. 216, 10. 272, 5. 288, 15 [442, 40]. 353, 10. 354, 1. 20—30. 40. II 102, 5. 125, 25. 302, 5. 10. 314, 15. 316, 20. 319, 1. 5. 354, 35; civitatis exactor, procurator I 216, 15; in civitatibus relegere constitutionem II 302, 30; in unaquaque civitate tres descriptiones constitutionis sint I 262, 35; ad civitates sua deferre et vendere II 405, 20. 25; per omnes c. legitimus forus et mensuras facere I 30, 1; in civitatibus aequales mensurae *etc.* sint I 60, 15 [434, 30. 403, 45]; in c. iustus modius sit II 318, 10; per civitates mensuram inquirere II 63, 30; civitatis moneta I 299, 25. 300, 1; civitatis nomen in denario habeatur II

315, 5; per civitates inquirere palatia vel publicas domus II 64, 15. 87, 30; in civitatibus beneficia perquirere II 64, 20; in c. stipendia vel paravaredos accipere II 88, 1; in c. rapinam non exercere II 105, 25; civitates per transitum regis non depraedari II 405, 20; ad civitates operari, in civitatibus wactas facere II 322, 1; per civitates diversas possessiones habere et publice scelus perpetrare II 120, 1. 5. — civitas episcopi I 278, 10. 15 [407, 35]. 307. 25 [419, 10]. II 64, 30. 66, 35. 120, 1. 5. 256, 25. 30. 267, 15. 397, 5. 406, 5. 411, 1; per civitates episcopi sint I 33, 25; per c. episcopos ordinare I 25, 1. 29, 20; in una civitate non sint II episcopi I 138, 15 [411, 20]; a civitate digredi II 378, 35; civitatem non relinquere, deserere II 34, 40. 406, 1; a civitate non discedere II 459, 1; de civitate in civitatem non transmigrare I 55, 35 [399, 35]. 75, 1. 102, 35; per civitates non vagari II 122, 20; in civitatibus suis canonice degere II 406, 1. 5; in civitate uno anno immorari II 410, 35; in c. monasterium habere II 180, 10; in civitatibus claustrum instituere II 102, 5; per civitates monasteria praevidere, commonere I 131, 15 [410, 20]. 141, 30; in duas civitates non ministrare I 133, 20 [447, 1]; in civitatibus cultum instaurare II 265, 30; in c. teneantur festivitates I 133, 35 [447, 15]; civitatis decima II 458, 20. — c. regia II 88, 30.

clamare = *quaerere* I 122, 30 [425, 35]. 196, 15. 214, 5; c. super episcopos, abbates, comites *etc.* I 165, 1; c. super latronem II 278, 1; c. regalem dignitatem I 56, 1 [398, 30]; c. ad palatium II 61, 1; *cfr.* reclamare.

clamator I 85, 25. 123, 20 [426, 10]. 190, 10. 305, 15 [416, 45]; c. in palatio I 153, 1 [431, 30]. 154. 20. 298, 35; *cfr.* reclamator.

clamodicus II 343, 35; *cfr.* clamosus.

clamor I 171, 15. 172, 1; c. super abbatem I 64, 10. 196, 15; c. super abbatissam, comitem I 64, 10; c. super diaconum I 196, 15; c. super episcopum I 64, 10; c. super ministros rei publicae II 318, 35; c. super presbiterum, subdiaconum I 196, 15; clamores ad notitiam apostolici deferre I 328, 25; c. ad seniores veniens II 96, 25; *cfr.* querela. — c. et questus I 333, 20 [421, 50]. II 17, 1. 225, 20. 250. 10. 318, 35.

clamosus II 344, 30; *cfr.* clamodicus.

claudicans II 207, 1.

claudus I 228, 5. II 233, 5. 10.

clausa, clusa I 127, 15. II 277, 25.

claustrum: claustra monasterii non egredi I 248, 25. — c. = *monasterium* I 76, 1. II 173, 35; c. iuxta ecclesiam constituere, construere I 277, 35. 278, 1 [407, 20]. 340, 25. 30. 373, 5; c. in civitatibus instituere II 102, 5. 10; claustri locum non habere II 411, 5—15; ad claustra loca dare I 289, 25 [443, 20]; infra claustrum se custodire neque foris ire I 95, 25; in claustris degere II 411, 5; super claustra ministros eligere I 373, 10; claustra laici non intrent I 228, 20. — c. abbatissae I 63, 30. 95, 25; c. canonicorum, clericorum I 277, 35. 278, 1 [407, 20]. 289, 25 [443, 20]. 340, 30. 373, 5. II 102, 5. 331, 5. 411, 5—15; c. puellarum I 95, 15. 25. 100, 20. 103, 35.

clavigeri regni caelorum II 51, 35.

clavis ecclesiae II 395, 40; c. domus I 6, 1.

clementissimus augustus I 112, 15; c. imperator, rex.

clementia: clementia divina favente imperator, rex II 142, 1. 378, 25 (*cfr.* gratia); c. imperatoris, regis I 68, 25. 75, 20. 96, 35. II 264, 25; c. principalis I 18, 25. — c. = *titulus imperatoris, regis* I 211, 30 248, 20. 312, 10 [421, 35]. II 37, 35. 142, 5.

clericalis, e: c. ordo; c. reverentia II 101, 30.

clericatus I 227, 20. 403, 30. II 219, 1. 229, 10; ad clericatum provehi, promoveri I 56, 1 [400, 1]. 57, 25 [401, 25]. 103, 15; ad c. accedere I 60, 15 [403, 35]; in clericatu esse et comam sibi crescere dimittere II 66, 25.

clericus, clerecus I 12, 15. 19, 20. 28, 1. 55, 20. 25. 60, 30. 61, 45. 164, 35. 189, 35. 231, 10. 302, 30. 332, 5. 341, 25. 363, 10. II 58, 25. 81, 15. 117, 5. 174, 1. 5. 232, 20. 233, 15. 282, 10. 318, 30. 356, 35. 448, 15. 515, 25. 527, 5; c. non fiat invitus I 163, 40; clericum ordinare I 48, 5. 54, 15 [398, 5]. 57, 35 [401, 20]. 102, 25. 373, 15. II 85, 1. 5. 81, 35. 268, 15; clericus a laico non habeatur neque ordinetur absque licentia episcopi I 110, 35; clericum ad ordinandum offerre I 277, 20 [407, 1]. II 85, 5. 410, 25. 30; c. per pecunias non ordinare I 55, 25 [399, 20]. 102, 30; propter clericorum ordinationes vel consecrationes praemia non accipere I 195, 25; clerici ordo II 219, 20; clericorum ordinem disponere I 195, 1; clericus in ordine suo se custodiat I 95, 20; c. ordinem suum custodiat I 209, 25; c. in suo proposito et voto permaneat I 56, 1 [399, 35]. 76. 15. 102, 35; ex clericis seculares vel laici effecti II 65, 5; clericus secundum canones, canonice vivat, degat I 103, 30. 191, 35. 236, 10. 369, 1; c. secundum normam patrum vivat I 189, 10; c. iuste et beate vivat I 164, 1; clericorum conversatio; clericorum officium I 209, 25; clerici disciplinis ecclesiasticis vacent I 373, 5; clerici ad ecclesiam militent II 106, 30. 35; clericus in duas civitates non ministret I 133, 20 [447, 1]; c. non transmigretur de civitate in civitatem, de ecclesia ad aliam ecclesiam I 55, 35 [399, 35]. 76, 25. 30. 102, 35; clerici giri non sint de loco ad locum I 240, 10; clericus non de uno loco ad alium transeat I 133, 25 [411, 35]; c. non militetur in alterius ecclesia *etc.* I 35, 30; c. vagans I 196, 20. II 121, 30—40. 122, 20; c. fugitivus I 54, 15 [398, 5]. 102, 25. 125, 1 [410, 5]. 174, 35. 290, 30 [444, 20] (*cfr. infra* c. peregrinus, alterius); c. fuga lapsus II 87, 30. 35; c. ecclesiae suae desertor II 384, 30. 35; c. in monasterio, ecclesiastice nutritus egrediens vel profugus II 228, 25—229, 20; c. non sit praepositus monachorum I 122, 15 [409, 40]; c. inferioris ordinis non sit rector ecclesiae baptismalis I 328, 15; c. absque examinatione missas non celebret II 81, 35; c. non det chrisma ad aliquam nimietatem pro necessitate I 142, 15. 237, 10; c. abstrahat pallas altaris I 364, 35; c. L psalmos cantet I 245, 25. 249, 25. 30; c. lectionem scripturarum sanctarum ammoneat I 240, 10; per clericos oratio pro rege fiat II 178, 30; clericus clementer agat et misericorditer tractet subditos I 313, 15 [422, 40]; c. emendanda emendet I 189, 35; clerici et populus episcopum eligant I 372, 35. 40; clerici loci et presbyteri sibi rectorem eligant II 82, 1; clericus obediat episcopo I 74, 40; clerici episcoporum obediant mandatis I 240, 10 (*cfr.* 47, 35); clericus coram diacono non sedeat II 191, 10; c. in monasterium puellarum non intret I 119, 30. 175, 25. 228, 30; c. brunias aut arma infra monasteria puellarum non commendet I 120, 1; c. non cum muliere habitet, nullam mulierem in domo habeat *vel similiter* I 30, 5. 54, 20 [398, 10]. 102, 25. 207, 25. 30. 228, 20. 336, 20. 369, 1; per clericorum domus feminae non discurrant I 175, 20; in clericorum mansiones introitus feminarum prohibeatur II 405, 5; a clerici mansione ancillae et libertae removeantur II 188, 10; clericus extraneae mulieri non iungatur II 188, 5. 10; c. uxorem non habeat II 229, 5—20; c. fornicationem non faciat I 29, 25; c. fornicator, incestuosus I 25, 5. 26, 1. 28, 1. 35, 5; c. adulter I 28, 1; c. conhibens raptori puellae I 278, 40 [408, 15]; c. in secularia negotia non transeat I 55. 30 [399, 25]. 102. 35; c. negotiis secularibus se non inplicet I 240, 10; c. negotia secularia non agat II 106, 30. 35; c. non habeat actiones seculares I 36, 15; c. non conveniat ad iudicia publica I 36, 20; c. non sit conductor I 36, 15. II 122, 1; c. non sit fideiussor I 103, 5; c. non defenset episcopum aut presbyterum vagantem I 36, 1; c. non fingat habitu vel nomine se monachum esse I 60, 30 [404, 5]; c. habitum laicorum non portet I 29, 25; c. laicis indumentis non utatur II 248, 15; *c. comam non laxet* II 180, 10; c. arma non portet *etc.* I 41, 20. 103, 40. II 262, 5. 407, 10 (*cfr.* I 120, 1); c. in seditione arma non suscipiat, arma non baiulet II 106, 30. 35; c. conspirationes vel insidias non faciat I 56, 5 [400, 5]. 102, 40; c. in bello aut in rixa *etc.* mortuus II 248, 20; c. tabernas non ingrediatur I 55, 10 [399, 5]. 76, 10. 102, 30; c. spectaculis non intersit II 191, 15; c. venationes non faciat I 29, 25; c. canes, accipitres non habeat, portet I 29, 25. 95, 20; c. usuras non accipiat, exigat I 108, 15. II 122, 10; c. usuras vitet I 369, 1; c. usuris pauperes non adfligat *etc.* II 48, 20. 25; c. *sportolas non accipiat* I 37, 15; c. episcopo falsam epistolam de sede apostolica portans II 230, 25—231, 5; c. in periurium se non mittat I 208, 10; c. homicidium non faciat II 219, 15—30; c. criminatus II 410, 20; c. a laico non accusetur I 56, 5 [400, 5]; c. ab episcopo distringatur I 47, 45. 191, 35; c. non a iudice distringatur I 21, 15. 46, 15; c. ab episcopo diiudicetur I 31, 30. 32, 1. 56, 5 [400, 1]. 102, 35. 183, 1; c. apud ecclesiasticos iudicetur I 56, 25 [400, 25]. 103, 1; c. ad principem non ambulet I 21, 10. 15; c. regalem dignitatem non clamet I 55, 1 [398, 30]; clerici, qui passim palatium adeunt et auribus imperialibus molestiam ingerunt II 87, 20. 35; clerici inter se negotium habentes, ad invicem altercantes I 56, 5 [400, 1]. 77, 1. 102, 35; clericus contra clericum querens II 81, 15. 20; c. contra episcopum agens, querens I 77, 1. II 81, 15. 20; inter clericum et laicum altercatio I 77, 1. II 81, 20; clericos congregare I 378, 15; clericorum congregatio I 341, 30; clericorum claustra I 378, 5. II 411, 10; clericos non plus quam sufficiat ordinare I 373, 15; clericorum *numerus plus quam XXX non augeatur* I 302, 30; de clericis episcopi potestatem habeant I 47, 35 (*cfr.* 74, 40. 240, 10); clericis previdere I 209, 25; clericos gubernare I 340, 35. 341, 35; c. instruere, docere I 209, 25. 339, 20. 340, 25. 35. 372, 30. II 410, 25. 30; clericis sanctarum litterarum thesauros aperire II 118, 5; clericos examinare II 121, 30. 35; clericorum usus II 33. 15; clericorum usibus decimationem distribuere II 121, 25; clericis una pars decimarum applicetur I 228, 1; clericus contentiosus decimam intendens I 364, 30; clericorum stipendia I 195, 20. 276, 20 [406, 5]. II 126, 1; clericis panem et potum tribuere I 342, 25; clerici possessio propria I 196, 15; clerici proprietates I 252, 35. II 106, 30. 35. 178, 20—30; clerici beneficia II 64, 20; clericorum honores I 376, 15; clerici mundeburdem et honorem habeant II 157, 25 [299, 20. 25]; clericis honorem *etc.* conservare II 334, 20; clericorum dehonorationes II 301, 5; clericis iniuste non facere II 334, 30 (*cfr.* 224, 15. 20); clericus violentiam vel damnum non patiatur I 1, 20—2, 1; clericos obprimere II 413, 1; clericis requirere functionem I 19, 15; a clerico dationes exigere *etc.* I 375, 15; clericum spoliare, exspoliare II 216, 15; c. verberare vel debilitare *etc.* II 247, 5; c. cum fuste vel gladio icere, percutere I 281, 25 [438, 15]. II 216, 5; clericorum percussor I 359, 15; clericum vulnerare II 216, 15; c. vulneribus vel iniuriis angustare II 224, 15. 20; clericorum *homicidium, occisio* I 113, 1 [428, 20]; clericus promittat fidelitatem I 67, 1; c. advocatus I 192, 15; c. in capella regis I 77, 15; c. consiliarius II 527, 30; c. senior II 529, 20. 25; clericum alterius non ordinare I 48, 5. 54, 15 [398, 5]. 57, 25 [401, 20]. 102, 25; c. alterius ad se non sollicitare, usurpare, sibi privare I 57, 25 [401. 20]. 203, 20. II 190, 40. 229, 30. 230, 1; c. alterius sine formata *etc.* non recipere, suscipere I 21, 10. 15. 48, 5. 76, 25. 30. 108, 1. 5. 146, 25. 150, 15. 158, 10. 210, 10. 244, 10. II 81, 35. 190, 40. 229, 30. 230, 1. 410, 20. 25; c. peregrinum non recipere I 54, 15 [398, 5]. 102, 25. 108, 35. 133, 25 [447, 1] (*cfr.* c. vagans); clerici dimissoria I 374, 20. — clericus liber, colonus, servus I 302, 30. II 451, 1; c. abbatis I 76, 25. 30. 209, 25. II 335, 5; c. abbatissae II 333, 5; c. canonicus I 103, 30. II 323, 10; c. comitis II 335, 5; c. hominis regis II 331, 15. 335, 5; c. laici I 76, 30. 277. 20 [407, 1]. II 35, 1. 5. 83, 1. 410, 25. 30; c. regis I 83, 25. 30. II 453, 1; c. in capella regis serviens II 451, 1; c. saecularis I 346, 25; c. vassi regis II 331, 15. 335, 5.

clerus I 27, 45. 56, 1. 371, 20. II 211, 15. 212, 20. 213, 30. 228, 25. 264, 30. 35; clerum componere II 507, 30; claudicans in clero gradum mereatur II 207, 1; clerus canonice vivat I 96, 5; c. Deo militet II 102, 10; c. proprio fungatur ministerio II 92, 15; c. ferias habeat II 495, 10. 15; c. abstineat a carne et vino IV. et VI. feria I 227, 5; c. cantum Romanum discat *etc.* I 61, 5 [404, 15]; c. et populus eligat episcopum I 21, 1; cleri et populi electione episcopus eligatur I 276, 5 [405, 30]. II 520, 40; clerus et populus episcopum revocent II 264, 25; c. et populus, ad quos electio pontificis specialiter pertinet I 323, 5; qui in clero sunt, mulierem non habeant in domo sua I 54, 20 [398, 10]; ex clero nullus feminam in domo habitare permittat I 228, 20; quicumque ex clero est, arma militaria non sumat II 407, 10; ex clero nullus usuram exigat I 227, 35; quilibet de clero de personis suis ad publica vel secularia iuditia non traantur vel distringantur I 196, 10; quilibet ex clero regalem dignitatem non clamet I 55, 1 [398, 30]; ex clero nullus regem inquietet I 228, 40; cleros episcopus distringat I 191, 35; de clero episcopus potestatem habeat I 33, 40; clerum gubernare II 457, 15 [462, 25. 30]; c. regere I 21, 5; c. ordinare et disponere II 8, 30; c. secundum *institutionis normam* informare I 340, 30. 35; c. in sobrietate et castitate nutrire divinisque officiis imbuere I 279, 30 [409, 10]; cleri correctio II 397, 1; clerum non neglegere II 34, 45; inter clerum et pauperes res *ecclesiae collatae dividantur* I 276, 20 [406, 10]; ex clero cuilibet iniuriae non fiant I 438, 10; cleros ad secularem habitum non pertrahere I 191, 35; in clero certo immorari II 410, 30. 35; coram clero legere vel cantare II 229, 5; coram *clero et plebe servus ecclesiasticus* liber efficiatur I 356, 30; clerus et populus unanimes sint II 214, 1. 5. — c. palatii II 523, 10; c. presbyteri I 96, 5; c. Romanus I 323, 5.

clientulus familiaris I 81, 1.

cloaca, coclea I 216, 10. 15.

clocca I 64, 25.

cloppus bos I 85, 5.

clusa *v.* clausa.

coadunare se II 232, 10; *cfr.* coniungere.

coartare, cohartare: c. recta I 54, 1 [397, 25]. II 218, 35; c. monachos I 375, 30; c. canonica auctoritate I 374, 10; c. iudiciaria auctoritate II 82, 20; c. in custodia I 98, 15; c. iniqua muta II 250, 15; *cfr.* constringere.

cociones, cocciones, cotiones, cottiones I 60, 40 [447, 25]. 104, 15.

coclea *v.* cloaca.

coclea, coclearius *v.* caucula, cauclearius.

codex I 64, 1; c. monachorum, nemocanonum II 127, 5. 10; *cfr.* liber.

coemptio I 149, 25.

coena, caena, cena dominica, Domini I 3, 10 [II 416, 30]. I 230, 15. II 492, 25; in coena dom. paschalia sacramenta celebrare II 54, 20; in die caenae dom. facere annuam celebrationem communionis II 493, 30; in cena dom. ieiunium non solvere I 237, 5; communicationem in die caenae dom. post solutum ieiunium anathematis interpositione abscidere II 493, 1; in coena dom. abbas pedes fratrum lavet et poculum eis porrigat I 345, 20; in c. dom. conficere chrisma II 409, 30; in c. dom. novum crisma quaeratur I 25, 25. 29, 30. 278, 10

[407, 35]; in c. dom. duas ampullas secum deferre I 179, 10 [412, 45]; in c. dom. rationem et ordinem ministerii sui reddere I 29, 30; in c. dom. placitum generale non habere II 54, 20; *cfr.* mensa caelestis.

(coenaculum), caenaculum II 479, 35.

(coenix), cenix II 528, 5.

coenobium, cenobium I 362, 35. 375, 20. II 92, 15. 265, 15. 423, 1; c. sub ordine sancto sit I 65, 20; coenobia monasteriorum Venetiarum iustitiam requirant, sec. quod Ravennas habet ecclesia II 142, 30. 35. 149, 25; *cfr.* monasterium.

coepiscopus I 79, 40. 370, 30. II 81, 10. 173, 5. 20. 264, 20. 339, 30. 373, 20. 377, 15. 397, 5. 25. 428, 15. 438, 30. 35. 442, 5. 452, 5. 10. 464, 1. 466, 15; coepiscoporum consensus II 411, 20. 25. 523, 5; coepiscoporum consilium II 410, 10.

coercere, cohercere: c. clericum II 180, 10. 229, 1. 10; c. diacones II 60, 30; c. ecclesiasticum II 88, 15; c. faidam II 20, 1; c. flagitiosum II 237, 30. 238, 1; c. homicidas I 313, 30 [423, 15]; c. incestuosos I 318, 30 [423, 15]. II 183, 15; c. laicos II 82, 10; c. latrones I 290, 5 [443, 40]; c. mercatores II 419, 15; c. monachos I 348, 20. II 228, 15; c. parricidas I 313, 30 [423, 15]; c. patratores scelerum II 384, 15; c. presbyteros II 33, 30. 60, 30; c. raptores rerum ecclesiae II 218, 1; c. transgressores II 33, 25. 121, 10; c. auctoritate imperatoris II 121, 10; c. disciplina ecclesiastica II 266, 15; c. secundum disciplinam gradus proprii II 88, 15; c. disciplina regia II 82, 10; c. per disciplinam secularis potentiae I 313, 30 [423, 15]. II 183, 15; c. poenitentia I 401, 5; c. verberum castigatione, verberibus I 348, 20. II 60, 30; *cfr.* constringere. — non coercere populum ad placitum I 233, 35; *cfr.* cogere.

coercitio publica II 52, 15.

coetus: a coetu christianorum alienum effici, pelli II 287, 10 [309, 35]. 379, 20; c. sacerdotum II 212, 20; *cfr.* communio.

cofinus I 89, 10.

cogere: c. auctoritate episcopali II 415, 10; c. auctoritate, iussione, potestate regia I 333, 30. II 180, 40. 312, 15. 411, 15. 412, 30. 415, 10; non c. familiam regis I 83, 5; non c. ad angaria I 198, 30; non c. ad bibendum I 116, 5 [412, 5]; non c. inebriari I 107, 5 (*cfr.* 167, 1 [433, 1]); non c. bannum solvere II 302, 15; non c. censum persolvere I 333, 30; non c. exsolvere amplius II 251, 20. 30. 252, 5; non c. operari ad brolios I 295, 5; non c. pontaticum persolvere I 294, 35; c. ad placitum I 148, 25 [431, 5]. 150, 20. 214, 5. 320, 30. II 110, 5; non c. ad pontem ire I 149, 5 [431, 15]. 150, 40. 284, 35 [441, 20]; non c. precariam facere II 404, 5; coactum homicidium facere II 219, 15. 242, 20. 243, 35; non coactum morti tradere sacerdotem II 217, 1 (*cfr.* sponte); *cfr.* bannire, constringere.

cogitatus I 246, 1.

cognatio: a cognatione propria mulierem non adsumere, in coniugio non copulare I 182, 5. 377, 1; cognatio fiscalini, coloni, servi I 143, 20; *cfr.* affinitas. — c. = *agnatio* I 118, 30. 447, 45.

cognatus, a II 284, 25; cognatum non adsumere I 182, 5; cognatam in coniugio non copulare I 377, 1; cognata adultera I 232, 15. — cognati hominis interfecti II 215, 20; *cfr.* parentes.

cognitamentum II 298, 1. 5. 299, 5. 10.

cognitatio II 164, 1; *cfr.* adcognitatio.

cognitio: c. episcoporum II 448, 1; c. metropolitani II 120, 30; c. regia II 215, 1.

cognitor et adiutor II 224, 15.

cognoscere: c. nominatim auctorem damni I 305, 30 [417, 15]; c. servum suum I 193, 15; c. suos pergentes in suo obsequio I 305, 30 [417, 15. 20]; c. per brebe I 190, 20. — cognitum esse homicidia, furta, adulteria I 192, 35; cognitum facere capitula I 144, 1. 156, 25. 158, 20; *cfr.* notum facere. — c. (= *confiteri*) crimina II 57, 5.

cohabitare: non c. cum presbyteris I 328, 25. 332, 1; non c. sub uno tecto II 225, 25 [240, 35]. 226, 15. 20.

cohabitatio II 259, 5.

cohercere *v.* coercere.

coheredes: c. ecclesiam obsidentes II 232, 10—30; c. ecclesias dividentes I 279, 45 [409, 20]. II 12, 20; c. hominis in bannum missi I 269, 5 [446, 15]. 283, 30 [440, 15]; c. liberi res tradentis I 282, 15. 20 [439, 5. 10. 381, 1—20].

cohibentia, cohibere *v.* conniventia, connivere.

coire non posse II 207, 15. 30; *cfr.* concumbere.

coitus: a coitu pregnantium uxorum se abstinere II 46, 1; *cfr.* concubitus.

colere: c. Deum II 477, 25; non c. facta II 482, 15; non c. falsa nomina angelorum I 365, 10; c. imagines, iconas et picturas II 483, 15. 30; non c. loca incerta I 223, 15; c. sanctos. — c. agrum II 221, 1; c. terram ecclesiae I 196, 30; c. vineam I 61, 10 [404, 20]; *cfr.* ex-, incolere.

coliandrum *v.* coriandrum.

coll-, conl-.

conlaborare: c. dirutum, novale II 221, 5. 10; c. in beneficio I 301, 15 [437, 25]; *cfr.* comparare.

conlaboratio II 412, 25; conlaborationis tertia pars I 301, 15 [437, 25]; conlaborationum decimae II 102, 30; conlaboratio regis I 88, 10.

conlaboratus I 83, 25. 86, 5. 254, 15. 255, 20. 40. 256, 15; de conlaboratu nonae et decimae persolvantur I 307, 10 [418, 40]; c. hominum regis I 85, 35.

collatio, conlatio: c. pecuniae II 66, 30—40. — c. = *collocutio, deliberatio:* c. religionis et ecclesiastici ordinis I 310, 10 [420, 35]; c. episcopalis II 447, 30. — c. = *lectio post coenam habita* I 347, 35. II 180, 20. 507, 10. — c. = *comparatio:* c. cartae I 215, 5. 10 [430, 10]; c. manus II 108, 35.

collaudare, conlaudare capitula; *cfr.* ac-, conclamare, laudare.

conlaudatio capitulorum I 362, 10; *cfr.* acclamatio.

collecta = *trustis:* collectae non fiant II 16, 10. 15. 272, 10. 309, 15; cum collecta non adsalire I 51, 1. 5. 66, 1; per collecta, collecta (multitudine) vim non facere, inferre I 175, 35. 205, 40. 300, 20 [436, 30]; cum collecta non venire super missum, vassum dominicum I 160, 5. 10 [431, 45. 432, 1. 5]; cum c. in placito comitis non venire I 318, 40; collecta (manu) non resistere comiti I 113, 15. 20 [428, 35. 40]. — ne collectam faciant quam vulgo geldam vocant II 375, 15. — collecta = *oratio missae* I 230, 15. II 493, 30. 498, 10. 20. 499, 20.

collecti latrones II 86, 5.

collectarius II 516, 1.

collectio et adiutorium I 25, 20; collectiones vel redibutiones non exigere I 197, 1; collectiones frugum non exigere I 197, 5. — collectio = *lectio* II 499, 40.

collegium II 104, 30. 174, 1; in uno collegio canonice degere I 339, 30. 341, 5; collegium abbatum et comitum II 56, 15; c. episcoporum II 124, 5; c. sacerdotum II 212, 5. 406, 20. 25.

conligare iuramento II 226, 15 [240, 30]; *cfr.* constringere.

colligere II 289, 25; c. annonam I 152, 15 [448, 40]; c. capitula II 46, 25. 261, 10; c. capitula regis II 307, 1. 309, 30; c. constitutiones maiorum II 530, 1; c. formulam I 339, 5. 10; c. fructum, fruges I 151, 5. 291, 25 [445, 10]; c. messes I 83, 20; non c. sibi peculiaria I 230, 5. 25; c. populum II 516, 1; c. solatium I 16, 10. 23, 20; c. testimonia II 48, 10; c. vasa, sacrificia I 59, 35 [403, 10]; c. vinum I 152, 15 [448, 40]; *cfr.* congerere, convocare, digerere.

collocare, conlocare: c. aliquem in suo opere I 152, 25; c. hominem in sua portione I 262, 15 [II, 259, 35]; c. mancipia I 89, 35; c. Saxonem infra regna aut in marca I 72, 30.

collocutio, conlocutio II 498, 15; c. fraterna, regum II 76, 15; ad conlocutiones secretas sanctimonialium se non divertere II 48, 1. 10; *cfr.* colloquium.

colloqui, conloqui: non conloquantur separati coniuges II 226, 5; c. cum sanctimoniali II 48, 5; c. in synodo I 29, 5. II 269, 20; c. in conspectu fidelium II 464, 15; *cfr.* loqui.

colloquium, conloquium: colloquio familiari non perfruuntur separati coniuges II 225, 25 [240, 35]. 226, 15. 20; conloquium familiare habere cum episcopis I 246, 30. II 464, 5. — c. = *conventus* II 106, 5; c. commune, mutuum regum fratrum II 65, 35. 77, 1. 159, 10. 20. 271, 20. 351, 20; ad colloquium imperatoris properare II 109, 30; c. regis II 451, 35; c. synodale II 212, 5. 214, 1; *cfr.* collatio, collocutio.

conlucrare I 89, 30.

colludium, conludium, conludius I 5, 20. 6, 5. 10. II 319, 20; colludium vel falsitatem non scribere II 64, 5.

collum: in collo portare, deportare malefactorem I 298, 20.

colonitia II 125, 25.

colonus I 67, 5. 313, 15 [422, 40]; coloni carropera debentes II 323, 1. 5: colonus aliubi traditiones non faciat I 115, 30 [429, 30]; c. hereditatem non vendat II 323, 10. 15: a colonis iniuste nihil tollere II 318, 35; colonos per dolos non condemnare II 487, 35; colonus in alienum dominium commorans I 148, 20; c. infamis confugiens II 344, 20—30; c. criminosus II 269, 20. 25: coloni ecclesiasticos homines *etc.* non opprimant *etc.* II 438, 10. 15; colonus rapiens II 373, 1. 5; c. adiutorium ad accipiendum latronem non praestans II 272, 30 [343, 30]; c. denarium bonum reiciens II 302, 5. 15—25. 316, 15. 25 (*cfr.* 319, 25): c. consentiens falso monetario II 317, 1. 5. 320, 25; c. modium iustum non habens II 318, 25; c. aliqua adiectione vel fraude amplius vendens II 320, 35; colonos distringere II 269, 25. 438, 10; c. flagellare II 269, 20. 25. 319, 25. 320, 25. 40. — colonum alienum in re sua XXX annos habere II 26, 5; colonus clericus I 302, 20. — colona I 145, 5.

coloquentidae I 90, 1.

coltile = *cortile* I 336, 25.

columba I 88, 30.

coma: comam deponere I 116, 1 [412, 5]; c. tondere I 375, 35: c. sibi crescere non dimittere, non laxare, non nutrire II 66, 25. 180, 10. 229, 15; *cfr.* capillus.

comburere igni Iudeum I 259, 20; *cfr.* incendere.

comeatus, commeatus, comiatus II 448, 35; c. episcopi I 35, 5. 36, 5; c. senioris I 199, 10. II 282, 5; c. viri I 38, 5. 40. 39, 10. 201, 25; *cfr.* licentia.

comedere, commedere: ad comedendum non urgere II 117, 25; comedere in refectorio II 411, 1; c. ad honorem daemonum I 69, 40; non c. carnem; c. homines I 68, 30; c. lunam I 223, 30; non c. volatilia, poma et lactucas I 344, 15. 20. 348, 10; *cfr.* manducare.

comes, comis I 18, 35. 27, 40. 29, 5. 30, 15. 95, 35. 112, 20. 113, 25 [428, 45]. 170, 25. 185, 10. 188, 10. 191, 25. 200, 5. 203, 15. 204, 25. 210, 1. 15. 262, 25. 40 [II, 260, 20]. I 263, 20. 268, 1. 280, 30. 285, 5 [441, 25]. 287, 15 [442, 5]. 298, 10. 317, 40. 318, 25. 319, 10. 20. 336, 20. 355, 10. II 16, 25. 56, 15. 62, 15. 99, 10 [348, 10]. 211, 5. 250, 15. 303, 15. 348, 25. 354, 10. 15. 356, 15. 360, 1. 371, 15. 515, 20. 30; comes inluster vir I 47, 20. 71, 10; c. inluster II 67, 10. 286, 35; comitem constituere II 328, 25. 436, 25. 521, 15; comes, qualis esse debeat II 436, 25—35; c. officia sua non violet II 103, 5; de comitibus inquirere, quale studium de suo habeant ministerio *etc.* II 9, 1. 5. 80, 10. 15; de vita et actibus comitum quaerere II 83, 10. 15; comitis ministerium; comitis terminus II 92, 35. 107, 25; comitis potestas; comes sacramentum fidelitatis iuret I 67, 30; comitum fidelitas I 329, 35; comes fideliter vivat I 94, 1; comites memores sint fidei imperatori promissae in pace scilicet et iustitia facienda I 304, 25 [416, 5]; comites adiutores imperatoris et populi conservatores sint I 304, 25—35 [416, 5—20]; comites semper ad placita, palatium imp. venire debent I 116, 5. 198, 30—199, 10. II 9, 10; comites convenire facere, congregare, convocare I 275, 25. II 291, 30. 35. 379, 15; comites separare, segregare I 161, 10. II 529, 20. 25; c. consulere II 85, 15; comitum consilium; comitum consultus II 85, 20; comites interrogare, inquirere I 161, 15. 305, 15. 20 [417, 1. 5]. II 85, 5—30; per comites scire II 85, 1. 10; per comites ad notitiam imp. perveniat II 85, 25; per comitem providentia missorum et obedientia populi appareat II 4, 40; comes ad notitiam regis deferat, regi notum faciat I 283, 35 [440, 20]. 301, 1 [437, 5]. II 313, 1. 5. 321, 25—35; 328, 20. 25. 539, 10; comes vassallis regis honorem exhibeat II 313, 10. 15; c. beneficium imperatoris habens et de ipso proprietatem sibi conparans I 131, 30 [427, 40]; c. qui missus est I 291, 10. 15. 30 [444, 45. 445, 1. 20]. II 11, 5; comites, qui actores non sunt I 298, 10; a comitibus plus non exquirere II 438, 5; comites pacem et concordiam ad invicem habeant I 70, 20; c. causam inter se habentes ad imp. praesentiam venire iubeantur I 176, 20; c. cum fidelibus concorditer vivant I 305, 5 [416, 35]; c. pacem et concordiam habeant cum episcopis, abbatibus *etc.* I 58, 5 [401, 35]. 103, 25; c., episcopi, abbates *etc.* unanimi sint I 94, 1. 101, 15; c., episcopi, abbates *etc.* se adunent II 331, 25; c., episcopi, abbates *etc.* communiter decertent ad ecclesiae et regni honorem *etc.* II 336, 25 [337, 15]; c. et episcopi concordiam inter se habeant, concorditer vivant et sibi adiutorium ferant I 209, 35—210, 1. 304, 20. 25 [416, 5]. 305, 5 [416, 35]; comitis et episcopi concordia et mutuum auxilium II 76, 1; inter comites et episcopos pax et concordia sit II 177, 5 [185, 20]; inter comites et episcopos unanimitas et concordia sit II 219, 1; comites stent cum episcopis I 158, 30; c. et episcopi uniti sint pro pace et salvatione II 107, 20; comes atque episcopus habeant inter se conversationem I 214, 10; comites episcopos, presbyteros *etc.* honorent et venerentur *vel similiter* II 103, 1. 5. 334, 25; c. episcopis obedientes, consentientes sint I 174, 5. 184, 5. II 178, 40 [185, 30]; comes episcopum adiuvet, episcopo adiutorium praebeat, episcopo adiutor sit I 189, 20. 190, 25. 210, 1. 257, 30. 367, 30; comites episcopis auxilium fulciant II 83, 10. 103, 1. 5. 224, 15. 312, 10. 374, 10; comitis consensus I 189, 20. 326, 20; cum comite advocatum episcopi elegere I 319, 5; cum c. sedem archiepiscopi praevidere II 358, 5: cum c. ecclesiam episcopi, monasterium custodire II 358, 5. 10; comes et episcopus praevideant episcopatum et abbatiam defuncti II 358, 25; comites veniant ad iudicium episcoporum I 74, 40; c. conventui episcoporum interesse debent I 366, 30; comes et episcopus conveniant et causam diffiniant I 77, 5; c. et episcopus eadem die placita condicentes II 218, 15—219, 5; c. legationem episcopi non impediat II 219, 1: c. simul cum episcopo circumeunte sit II 269, 30; de comitibus testimonium episcoporum I 305, 15 [417, 1]. II 80, 10. 15; comes ministris ecclesiae adiutor fiat I 307, 20 [419, 5]; c. reverentiam et honorem ecclesiae exhibeat, ecclesiae vel servorum illius honorator sit I 304, 20—35 [416, 5—15] (*cfr.* 184, 20. 190, 10. 209, 30); c. presbyteris subtractum restituat II 12, 35; c. presbyteros et clericos absque licentia episcopi non recipiat nec missas sibi celebrare faciat II 81, 35; c. consideret de opere et restauratione ecclesiarum I 287, 30 [442, 15. 20]; c. in ecclesiastica negotia non se inserat I 161, 20; comites adiuvare I 305, 5 [416, 35]. II 16, 1. 108, 1; comiti inoboedientem, contumacem non esse I 162, 25. 184, 25. 284, 5. 10 [440, 35]; comiti non impedimentum esse I 304, 35 [416, 15]; comiti non contradicere II 316, 25. 328, 20; comitem audire II 13, 20. 25; comitis contemptor II 13. 20. 25. 14, 10; comitem interficere I 70, 20; comitibus episcopi paternam benignitatem et debitum honorem *etc* impendant II 334, 20; comitibus adiutores sint episcopi, abbates *etc.* I 305, 5 [416, 35]; comitibus adiuvent episcopi et abbates et reliqui II 16, 1; comitibus episcopi consentientes sint II 178, 15; comitum testimonium de episcopis I 305, 15 [417, 1]; comites confiteantur, qua lege vivere debeant et secundum ipsam iudicent I 104, 20; comes legem sciat, discat I 144, 10. 147, 10; c. bannum vel decretum conservet I 99, 1; c. decreta imp. perficiat I 304, 20. 25 [416, 5]; c. constitutionem imp. non neglegat II 16, 1; c. capitula habeat, accipiat et nota faciat, relegat I 141, 10. 281, 1. 307, 25. 30 [419, 10. 15]. II 307, 1. 5. 321, 15; c. exemplar capitularii habeat I 138, 10; c. descriptionem constitutionis habeat I 262, 40; c. de mandato imp. dubitans I 184, 30; c. iustitiam diligat I 209, 30. 305, 15 [417, 1]; c. ad iustitiam faciendam compellat I 96, 10; c. iustitiam, iustitias faciat I 51, 15. 70, 30. 135, 35. 177, 10 [434, 5]. 184, 35. 192, 20. 25. 193, 20. 214, 10. 240, 15. 291, 5 [444, 40]. 301, 5 [437, 10]. 304, 20. 25 [416, 5]. 305, 5 [416, 35]. 305, 15 [417, 1]. II 17, 1. 92, 20. 331, 20. 25. 336, 20. 343, 20. 25. 438, 20; per comites iustitiae studendae II 76, 5; comes contra legem non faciat I 67, 20; c. sciens aut nesciens aliquid iniuste factum habens II 9, 5; c. iniusta, non secundum legem faciens II 301, 5. 375, 1; c. iustitiam non dilatet I 149, 1 [431, 15]; c. pro pecunia non mutet aequitates I 240, 15; c. nulla causa aut munerum acceptione aut amicitia *etc.* a statu rectitudinis non deviet I 304, 25. 30 [416, 5. 10]; c. munera, praemia non accipiat I 70, 15. 149, 1 [431, 15]. 174, 5. 291, 1 [444, 30]; c. et episcopus ab incestuosis *etc.* wadios accipientes inter se pecuniam non dividant I 312, 35. 40 [422, 40]; c. sportolas non accipiat I 37, 15; c. pauperibus, viduis, orphanis et peregrinis consolationem atque defensionem det I 94, 1; c. viduas, pupillos, pauperes adiuvet I 281, 30 [438, 25]; c. pupillorum et viduarum et pauperum adiutor ac defensor sit I 304, 25. 30 [416, 5—15]; c. pupillos et viduas protegat II 92, 20; c. iustitias ecclesiarum, viduarum *etc.* faciat I 184, 20. 190, 10. 209, 30; c. praevideat, ne praedae et devastationes fiant II 103, 10. 15; c. depraedationes prohibeat II 286, 30—287, 25 [309, 30—310, 1]; c. in propria sede *etc.* residens, cuius homines depraedationes fecerint II 97, 25. 30; c. provideat, ne molestentur incolae II 92, 30. 35; c. sublevet oppressos pauperes *etc.* II 292, 10; c. pauperinos pro concesso banno non constringat I 96, 30; c. liberos non opprimat I 201, 30. 270, 5; c. oppressiones legaliter emendet II 105, 20; c. sic vivat, qualiter vicini ac pauperes non opprimantur II 76, 1; comites in propria villa, in suis ministeriis morantes in suis maneant domibus *etc.* II 92, 30. 35. 103, 10; comes inter honores rapinam non exerceat II 109, 30; c. ab arimannis aliquid per vim non exigat *etc.* II 108, 5. 10; c. ultra quam legibus sancitum est non exigat *etc.* II 105, 20; c. servos, aldiones, libellarios ad angaria *etc.* non cogat I 196, 30; c. maiorem modium non exigat II 318, 10. 15; c. Hispanos sibi vel hominibus suis mansionaticos parare *etc.* aut ullum censum *etc.* praestare non cogat I 262, 30 [II 260, 15]; comitibus nullum obsequium in prato *etc.* facere nec coniectum aut residuum resolvere I 144, 5; comes sub mala occasione res pauperum non emat nec vi tollat I 165, 1. 174, 30. 220, 10. 312, 15 [421, 40]; c. res et libertates iniuste non auferat I 289, 5 [443, 1]; c. Francis res aut caballos non tollat II 321, 20. 25; comiti proprium dare nolle I 165, 1; comes arimannos in beneficia suis hominibus non tribuat II 109, 35; c. pravus I 124, 25 [427, 1]; c. neglegens I 197, 20. 308, 30 [419, 40]. II 9, 5. 312, 10. 328, 25; comitis neglegentia; super comitem clamare I 165, 1; clamor super comitem I 64, 15; comes excommunicatus se non corrigens I 326, 25. — c. ad placitum imp. bene praeparatus veniat I 136, 5; c. cum excarritis hominibus ad imperatorem esse debeat I 141, 15; c. cum hostili apparatu occurrat II 331, 30; c. domi remanens homines suos dirigat I 137, 35; c. infirmitate non detentus non remaneat *etc.* II 96, 1—10; c. de herba duas partes defendat ad opus hostis et habeat pontes bonos et naves bonas I 171, 30. 35; c. homines habeat, qui praevideant de praeparato exercitu I 171, 25; c. de singulis capitulis consideret, quae in hoste facienda sint I 135, 35; c. omnibus hostem denuntiet II 359, 35; c. unumquemque hominem in hostem banniat I 171, 20; liber a comite admonitus, ut eat ad patriam defendendam I 319, 25. 30; c. ad defensionem patriae aerimannos hostiliter properare monens II 108, 10; comiti pagenses obediant et bannum adimpleant I 165, 10; comis distringat exercitales I 191, 35; c. distringat homines pro scubia publica I 319, 5; c. distringat liberos hostem facere nolentes I 330, 5—15; c. non heribannum exactet de wacta, scara *etc.* I 166, 25 [432, 25]; c. de liberis hominibus haribannum aut coniectum non recipiat aut requirat I 207, 5; c. widrigildum *(bannum exercitus)* non exigat II 108, 15; contra comitem pro heribanno rationem reddere I 165, 15; comes describat, quanti sint in suo comitatu, qui per se hostem facere non possunt *etc.* II 71, 35; c. inquirat de hominibus hostem facientibus II 321, 25—35; c. eligat inter II aut III seu IV mediocres liberos, qui hostem facere possit I 329, 35. 330, 1; c. nullum de his, qui hostem facere debiti sunt, dimittat *vel similiter* I 93, 5. 164, 35. 167, 20 [449, 20]. II 95, 10. 15. 30; c. quot homines de hoste dimittere debeat I 137, 25. 30. II 95, 10. 15. 30; c. scusatos, excusatos habeat I 319, 15. 325, 20; c. liberos homines suos in nomine ministerialium dimittens I 165, 5; c. aerimannos dimittat II 108, 15; comite iubente propter se redimendum pretium dare I 138, 1; cum comite ire in hostem I 167, 5 [433, 5]. 261, 25 [II 259, 15]. I 325, 10. II 321, 20; comes de expeditione hostili reversus II 16, 25; c. ad custodiam maritimam deputatus I 301, 1, 5 [437, 5, 10]. — c. placitum, mallum habeat, teneat I 70, 30. 301, 5 [437, 10]. II 89, 20—35. 286, 15. 294, 30. 359, 35; c. III placita generalia in anno teneat I 290, 35. 40; comites et missi conveniant et communia placita faciant I 177, 20 [434, 20]; comes placitum ceteris mensibus habeat I 177, 10 [434, 5]; c. placita minora habeat I 284, 15 [440, 40]; c. diebus dominicis *etc.* placitum non habeat I 304, 45 [416, 25]. II 233, 30. 35. 234, 10; c. post IV. feriam placitum non teneat II 420, 5; c. locum malli consideret II 269, 10; c. placitum in ecclesia *etc.* non teneat I 196, 25. II 110, 15. 20; c. in loco malli domum construat I 284, 15 [440, 40]; c. restauret locum placiti I 151, 15; c. placitum ieiunus habeat I 116, 5 [429, 35]; c. placitum non dimittat I 135, 35; c. die placiti nec in venationem nec ad pastum vadat I 63, 25; c. potestatem habeat in placito suo facere, quae debet I 296, 5 (*cfr.* mallus, placitum); comitis scabini; comitis iudex; comes banniat et manniat II 313, 30; per comitem banniri I 284, 1 [440, 25]; a comite ad mallum adduci I 298, 5; comitis admonitio secunda I 268, 30 [446, 5]. 284, 1 [440, 30]; comes pauperes non semper per placita opprimat I 270, 5; c. arimannos ad placitum frequentius non cogat II 110, 5; c. poenitentem ad placitum non compellat II 234, 10; ante comitem in mallum venire I 281, 30 [438, 20]; ante c. iustitias recipere et reddere, facere I 191, 10. 302, 20. 319, 5; ante c. causa veniat I 196, 20; ad c. innotescere causam I 32, 15. 20; comiti causa, quae adhuc coram ipso non fuit, commendetur I 291, 10. 15 [444, 45. 445, 1]; ad comitem se proclamare I 190, 10—20; comes altercationi finem imponere nequiens II 539, 10; in praesentia comitum de proprietate aut libertate iudicium terminetur I 153, 10 [448, 45]; ante comitem veniant res propresae I 159, 1; coram comite redditio terrae et mancipiorum definiatur I 315, 30; coram c. traditionem facere I 118, 15; comes coheredes convocet et cum eis divisionem faciat I 209, 5 [446, 15]. 283, 30 [440, 15]; in praesentia comitis mancipia vendere I 51, 5. 10; ad comitis examen reserventur criminales actiones I 262, 10; comes Hispanos pro criminalibus actionibus iudicet II 259, 25. 30; ante comitem iudicetur ad mortem I 171, 40 (*cfr.* praesentia); comes primitus causas orfanorum, viduarum *etc.* audiat et definiat I 87, 5. 63, 25. 209, 35; comites non sint tardi ad iudicandum causas regis I 185, 5; comitis iudicium I 189, 25; comes per veraces homines per sacramentum inquirat, inquisitionem faciat I 189, 30. 318, 35. II 87, 1. 312, 20; c. in causa pauperis aut inpotentis sine sacramento inquirat I 295, 25; c. homines causam scientes ad causam venire faciat I 210, 25; c. testes necessarios adducere faciat I 317, 15; c. testes eligat I 176, 25 [488, 35]. 210, 20. 269, 30; c. provideat testes imperatoris I 297, 1; in manus comitis dextrare, (detestare) I 193, 5; comes homini testimonia non tollat aut abstrahat I 199, 40; c. falsos testes non accipiat I 174, 5; c. testimonium testium malam famam habentium perhibeat I 210, 20; c. non invenientem fideiussores sub custodia teneat I 330, 20; c. causam inpedientem foras exire iubeat I 296, 1; comiti satisfacere I 172, 1. 268, 25 [445, 35]; contra comitem componere I 197, 35; comites tertiam partem compositionis ad eorum opus recipiant I 201, 5. 10. 268, 40. 283, 40; comes de notitia solidum I accipiat I 145, 10; comitis districtio; c. distringat II 312, 20. 374, 30; c. distringat abstrahentem decimam de ecclesia *etc.* II 18, 20; c. comprehendat anathemate perculsos II 215, 10. 15; c. constringat augustantes clericum II 224, 15. 20; c. distringat clericos et presbyteros I 81, 30. 82, 1. 191, 35; c. distringat coheredem I 282, 15 [439, 10. 881, 5. 10]; c. distringat, conprehendat contumacem, contemptorem I 326, 20. 25. II 19, 1; c. distringat pontificem I 192, 10; c. distringat usuram facientem I 326, 25; c. homines filiorum ac filiarum regis distringere non audeat I 189, 5; c. libellarios non distringat I 199, 20; c. de latronibus et malefactoribus habeat providentiam I 141, 25; c. de raptoribus et malis hominibus praevideat II 359, 35; c. latrones perquirat I 191, 5. II 86, 5. 10; c. malefactorem fugientem notum faciat II 294, 40. 295, 1; c. non permittat morari in suis honoribus praedonem, raptorem vel incestum II 107, 20—35; c. latronem non abscondat I 70, 1; c. vindictam et iudicium in latrones faciat I 49, 25—50, 5; c. de latronibus iustitiam faciat et malefactores et fures infestet I 210, 30; c. fures et latrones et raptores compescat I 304, 35 [416, 15]; c. latrones *etc.* exturbet, comprehendat II 343, 20. 25; c. distringat, coerceat, constringat raptores *etc.* II 75, 20. 218, 1. 292, 15; c. vassallum regis depraedationes facientem constringat I 217, 10; c. vassallos dom. praedas agentes ad emendationem vocet II 374, 25; c. curet, ut raptores *etc.* emendent *etc.* II 306, 35; c. latronem in forbanno mittens I 148, 25 [431, 1]. II 273, 10 [343, 10]. 314, 1—10. 343, 5—15. 344, 20; c. non recipiat hominem ab alio comite forbannitum I 150, 15; comiti confugientem in immunitatem reddere, praesentare I 118, 5—15 [428, 25. 30]. II 344, 25—35; comes homicidam compositionem solvere et faidam pacificare faciat I 284, 5 [440, 30]; c. facientes adunationem in exilio mittat I 318, 35; c. perquirat et comprehendat maleficos *etc.* II 345, 10. 15; c. maleficia facientes non remittat I 228, 10; c. pro poena praepositum operis pigneret I 197, 15; per comitem debitum exsolvere I 269, 1 [446, 10]. 288, 25 [440, 10]; comitis licentia non est vitam concedere I 172, 1. — comes pravum actum emendet II 287, 1. 5; c. patricidas *etc.* in custodia coartet I 98, 15; c. carcerem habeat I 171, 35. — c. describat adventitios *etc.* II 328, 20. 25; c. missos transmittat contra mentiendo vadentes I 153, 5 [431, 35]; c. rationem reddat de pagensibus pontes non reparantibus II 16, 20; c. disfaciat firmitates et haias II 328, 20; c. palatia restauret II 92, 20; c. domos publicas restauret II 85, 20. 87, 30. 110, 15. 20; c. mercata inbreviari faciat II 317, 35—318, 5; c. mercata die dominico prohibeat I 304, 45 [416, 25]; c. mensuram de palatio accipiat II 318, 10. 15; c. provideat iustum modium *etc.* II 318, 10; c. iussionem imp. de moneta adimpleat I 306, 20—35 [418, 5—20]; sub custodia comitis moneta fiat I 299, 25—300, 1; comes provideat, ne occulta vel fraudulenta moneta fiat II 317, 1. 5; c., in cuius comitatu denarius merus reiectatus fuerit, et non emendaverit, honore privetur I 151, 10; c. accipiat argenti meri libras quinque II 315, 30. 316, 1; c. provideat de auro II 320, 30; c. fidelitatem promittere faciat II 344, 35. 40. 345, 5; c. nomina et numerum eorum, qui iuraverunt, in brebem adportet *etc.* I 67, 10. 15. — c. freda exactet I 282, 35 [439, 35]; c. censum non exigat I 262, 1 [II 259, 25]; c. rationem reddat de iniustis theloneis II 16, 20; c. villas regales salvet II 318, 15. 20; c. forestem noviter non instituat I 291, 1. 5 [444, 30. 35]; si c. feramina imperatoris furaverit I 98, 25; c. pastum imp. solvat II 110, 5; c. alodes in fiscum recipiat II 345, 1; c. hereditatem ingenui ad opus imp. revocet I 171, 10; c. res rei publicae cuiquam non concedat I 217, 25; c. non consentiat se tradentibus II 322, 10; per licentiam comitis consedere et agros incolere I 262, 25 [II 260, 20]. — comes et populus eligat iudices, advocatos, praepositos, centenarios *etc.* I 149, 25. 151, 1; comitis centenarius, vicarius, vicecomes; comitis notarius I 121, 30; comitis praeco I 214, 15; comitis missus; comitis advocatus; comitis ministri; comitis ministeriales; comitis iuniores; comitis subiecti I 185, 35; comiti in vassaticum se commendare I 262, 30 [II 260, 25]. I 264, 1. 5; comitis senioratus II 259, 35; comitis homines; comitis domus; comitis servus II 316, 15. 25; comitis familia I 182, 25 [411, 5]; comites pertinentia comitatus non habentes II 64, 20; comitis honor; comitis bannus I 70, 25. 104, 35; comites missis adiutores existant II 329, 20. 25; c. missos non tardent I 213, 20; comes praevideat missis I 96, 25. 30; c. missos soniare faciat I 85, 20; c. coniectum missis det I 138, 5; c. ad placitum missorum veniat aut vicarium mittat I 291, 25 [445, 15]. 295, 25; c. ad missos recurrat I 308, 25 [419, 35. 40]; comites conveniant cum missis I 177, 10 [434, 5]. 310, 5 [420, 30]; sine comite legationem non perficere I 67, 25; cum comite emendare I 92, 15; cum c. compleat missus iustitias I 199, 35; comes et missus ad casam vassi dominici iustitiam non facientis sedeant I 51, 15; cum comitibus missi ordinent II 332, 5. 10; cum comite missus homines eligat I 288, 15 [442, 40]; comes obiens, defunctus II 358, 10. 15 [362, 30—40]. 362, 45. 363, 1. — c. fortior, mediocris, minor I 52, 15. 20; c. Franciscus, Langubardiscus I 192, 20. 25; c. provincialis I 92, 15; comites vicini I 148, 25 [431, 5]. 315, 5 [450, 15]. II 107, 35. 324, 15. — comes palatii, palatinus II 359, 30. 432, 15. 515, 25. 523, 15. 528, 40; c. pal. de saecularibus causis vel iudiciis curam habeat II 524, 10. 15; c. pal. causas teneat II 359, 30. 35; c. pal. contentiones legales palatium aggressas determinet II 524, 35—525, 5; c. pal. potentiores causas non finiat, sed ad pauperum et minus potentium iustitias faciendas vacet I 176, 20 [433, 30]; coram comite pal. causam quaerere I 295, 30. 296, 1; ante comitem pal. rationem reddere I 302, 20; comes pal. diligentiam adhibeat, ut clamatores in palatio non remaneant I 298, 35. — c. stabuli II 523, 15. 525, 15. 20; *cfr.* agens, graphio.

comessatio, commessatio I 61, 40 [405, 5]. 94, 35. 288, 1. 289, 30. II 33, 30. 45, 15. 20. 179, 25; *cfr.* convivium.

comiatus *v.* comeatus.

comitalis, comitialis fiscus II 110, 5.

comitatus I 124, 20 [426, 40. 448, 25]. 128, 5. 10. 135, 10. 136, 15. 152, 5. 171, 20—35. 172, 5. 192, 15. 201, 40. 271, 20. 282, 5 [438, 35. 380, 15]. 283, 15 [440, 5]. 290, 40. 296, 1. 305, 20. 306, 25. 307, 30 [417, 5. 418, 10. 419, 15]. II 7, 5 [321, 30]. 10, 15. 15, 1. 19, 35. 64, 10. 70, 15. 71, 35. 89, 20. 30. 35. 95, 10. 107, 20. 108, 1. 250, 20. 25. 259, 25. 40. 274, 25. 30. 286, 15. 287, 15 [309, 40]. 294, 30. 301, 5. 306, 35. 311, 40. 318, 15. 25. 314, 1. 315, 30. 317, 1. 318, 1. 320, 10—20. 323, 25. 328, 20. 25. 331, 1. 332, 15. 343, 25. 345, 1—10. 359, 35. 374, 20. 403, 20; c. comitis defuncti I 358, 15. 20 [362, 35. 40]; comitatus ministeriales II 358, 15 [362, 35. 40]; comitatus pertinentia II 64, 20; de comitatu villa II 314, 20; comitatus homines meliores I 295, 30. II 10, 1; per comitatus meliores et veratiores eligere II 8, 15; de comitatu iuratores eligere II 148, 1; de comitatu testes congregare, quaerere I 268, 15. 283, 15 [440, 1]: in comitatu tortum facere II 321, 25; in comitatibus compluribus beneficia vel alodes habere II 319, 25; comitatus diversos circumire et praedas facere II 86, 15; in comitatibus aliis depraedationes *etc.* facere II 314, 5. 10: de comitatu uno ad alium c. fugitare, fugere I 67, 10. 70, 1. II 343, 10. 15; in comitatibus aliis refugium habere II 814, 10; de comitatu uno in alio scriptum non facere II 62, 15; in comitatibus aliis rationes habere II 324, 25.

commaculare: c. uxorem alicuius II 236, 30: c. se cum fornicatore sororis II 339, 15; *cfr.* fornicare.

commaculatio fraterna II 237, 15.

commater: commatres sibi facere I 344, 30; commater in matrimonium non coniungatur I 31, 15. 365, 25. II 240, 15; commatris spiritalis filii II 240, 20.

commeatus *v.* comeatus.

commedere *v.* comedere.

commemoratio: commemorationes excerpere II 262, 20; commemoratio ad missorum legationem pertinens I 308, 20 [419, 35].

commendare = *praecipere* (*'empfehlen, anbefehlen'*) I 83, 35. 123, 5 [426, 1]. 125, 35 [447, 35]. 155, 10. 181, 5. 184, 10. 25. 30. 207, 30. 211, 10. II 75, 25. 268, 10; commendare aliquid II 271, 25. 272, 10 [312, 25]. 272, 15. 25. 273, 20. 298, 20. 25. 301, 25. 319, 15. 320, 10. 324, 1. 331, 20. 337, 20. 340, 25. 341, 1. 356, 15. 358, 40. 360, 30. 432, 15. 459, 40; c. filios ac filias in misericordia regis I 74, 10. — c. = *tradere*: c. se (in vassallatico) I 67, 10. 125, 30 [427, 20]. 200, 1. 5; non commendent se clerici II 102, 10; c. se non debent episcopi II 439, 30; c. se comiti I 262, 30 [II 260, 25]. I 268, 30; c. se imperatori, regi I 321, 1. II 365, 10. 370, 1. 451, 1. 453, 1; c. se paribus I 264, 5; c. se ad seniores I 165, 20; c. manus in senioris manus I 215, 15; c. se vasso, vassallo comitis I 268, 30, dominico I 263, 30. 264, 1. 5. 321, 5. 325, 5; non c. arma aut brunias infra monasteria puellarum I 120, 1; c. causam comiti I 291, 15 [445, 1]; c. ecclesiam regi II 365, 10; non c. filium in monasterio puellarum I 119, 40; c. monasterium vel oratorium presbitero I 374, 40; non c. obsidem in villa regis I 84, 10; c. pecuniam ecclesiae I 28, 20; c. puellas gravioribus feminis I 77, 25; c. res ad casam Dei II 380, 20. 25; c. res ecclesiae I 231, 5; c. res episcopo II 34, 15; c. res parentibus aut amicis I 346, 10; c. vaccas I 85, 5. — commendatus = *mandatus* I 280, 35.

commendatitiae, commendaticiae litterae I 35, 30. 54, 20 [398, 5]. 76, 25. 102, 25. 108, 1. 210, 10. 229, 1. II 121, 35.

commendatio = *iussio*: c. apostolici II 161, 15; c. regis II 301, 35. 320, 35. 337, 25. 423, 20; c. vel consilium commune missorum et fidelium II 332, 5; c. et consuetudo II 413, 5. 10. — c. = *traditio* II 134, 15. 140, 30; commendationem non facere ad monachos I 213, 10; commendatio ecclesiae I 178, 30; c. vel beneficium ecclesiasticum I 197, 1; c. episcopi II 365, 5; commendationes iniustae facultatum vel pecuniarum II 330, 20. 25; per commendationem regis dare II 267, 30. — commendationem animae discere I 235, 15.

commendator (clerici) I 94, 20.

commentariensis II 516, 15.

commercium, commertium I 294, 15; c. carnale I 40, 15; c. maritale I 39, 15; *cfr.* coniugium.

commessatio *v.* comessatio.

commixtio: c. carnalis I 230, 30. II 45, 40; c. turpium feminarum I 334, 40; c. virilis II 465, 25; *cfr.* coniugium.

commodare: c. pecuniam; non c. utensilia I 87, 5.

commoditas: commoditate locum regiminis non obtinere II 409, 1; commoditas fidelium II 254, 35; c. privata II 255, 25 [398, 30]. 301, 30; c. regni et regis II 56, 25.

commonere I 78, 15. 341, 45. II 84, 15. 85, 10; c. legaliter II 161, 30; c. de pace II 158, 30; c. ad synodum I 31, 30; c. capitula I 152, 35; c. abbates I 162, 20. 321, 35; c. archiepiscopum I 246, 35. 248, 20; c. comites I 304, 20 [416, 1]; c. dominum servi II 344, 30; c. episcopos I 162, 20; c. fideles II 92, 5. 311, 25. 424, 15; c. iudices II 84, 10; c. monachos I 322, 1; c. monasteria I 141, 30; c. peccantem II 155, 40. 336, 1; c. populum I 242, 15; c. regem; c. subditos II 84, 1; *cfr.* monere.

commonitio: c. regis II 81, 10; c. sacerdotis I 3, 1; *cfr.* monitio.

commonitorium regis II 81, 1.

(commonitorii), communitorii missi II 107, 25.

commorari: non c. in pauperioris domo II 103, 10; *cfr.* morari.

commoratio potentum, regis, secularium II 405, 10; *cfr.* conversatio.

commotionem facere I 175, 15. 217, 15. II 96, 15.

commotor rixae II 18, 30; *cfr.* auctor.

commovere: c. causas I 201, 5; c. trustes II 292, 10.

communicare: c. clericis II 102, 15; c. cum clericis in palatio habitantibus I 77, 15; non c. cum anathematizato, damnato, excommunicato I 35, 5. 10. 54, 30. 35 [398, 20]. 56, 20 [400, 25]. II 120, 10. 25. 160, 20. 410, 25. 444, 35. 449, 1. 5; c. manenti in peccato II 444, 25. — c. (eucharistiam) I 133, 40 [411, 25]. 179, 10 [412, 40]. 182, 25. 313, 40 [423, 25]. 367, 10. II 217, 10. 492, 10—493, 15. 25—495, 15. 496, 30. 500, 10. 502, 15. 25—503, 10; non c. I 54, 25. 30 [398, 15]. II 120, 10. 217, 5. 248, 20. 502, 20. 25. 541, 40.

communicatio: communicatione excommunicati infectum esse II 437, 25. — communicatio eucharistiae I 411, 25. 423, 25. II 493, 1. 5. 20. 494, 10. 496, 25. 502, 25.

communio: communionem non habere II 226, 20 [240, 30. 35]; c. non habere in cibo et potu II 242, 20—243, 10; communione ecclesiae suae contentum esse II 401, 10; a communione episcopali se non segregare II 449, 1; communio sacerdotii II 385, 30; *cfr.* coetus, consortium. — communio ecclesiastica, christiana, ecclesiae, fidelium, sancta I 239, 10. II 404, 10. 455, 30. 457, 40. 458, 1; communione se non privare II 449, 5; c. se privat communicans excommunicatis II 444, 35; c. non privare sine certa causa II 155, 40. 156, 1. 411, 20; a c. suspendere, alienare, segregare peccantes II 155, 40. 156, 1. 491, 10; communione privare abbatem neglegentem I 369, 30; a communione alienus sit coniungens in quarto genuculo I 282, 20; a c. summovere coniurationes facientes II 177, 25. 30; a c. detrudere in coniugium ducentem consecratam, sociantes se virginibus sacris, miscentes se cum sanctimonialibus I 279, 10 [408, 35]. II 225, 30. 384, 35; communione privare contentiosum de decimis, decimas et nonas non persolventem I 364, 30. II 121, 30. 418, 5; c. privare exigentem de agro ecclesiae I 338, 30; a communione submovere falsos testes II 181, 25; a c. submovere homicidas II 181, 25. 190, 5; a c. VII annos removere interficientem in ecclesia I 438, 40; communionem denegare interfectoribus sacerdotis II 182, 15; a communione pellere aliquem iudiciariae potestatis II 122, 40; c. privare pervasorem rerum eccl. II 412, 35; c. privare populum I 232, 25; c. privare raptorem II 373, 15; c. privare retinentem clericos I 21, 15; c. privare scelus committentem II 120, 5. 10; in communionem non recipere excommunicatum, a communione suspensum I 54, 10 [398, 1]. 365, 1; communioni restituere II 444, 35. — communio eucharistiae, altaris, corporis et sanguinis Chr., canonica II 457, 40. 458, 1. 498, 30. 500, 10. 502, 15. 503, 5. 10; c. viatici, communionis viaticum I 179, 10 [412, 45]. II 120, 1. 182, 25; communionem largiri II 458, 25; c. dare, tribuere infirmis I 107, 20. II 182, 25; c. dare digne penitentibus II 182, 30; c furibus et raptoribus vel latronibus tribuere, impendere II 120, 1. 231, 20. 232, 1; sine communione mori I 179, 20 [412, 45]; pro communione pretium non exactare, nihil exigere I 248, 15. 20. II 206, 1. 207, 1; communionem subsequi I 438, 40; c. obtinere, mereri II 119, 15. 35; c. accipere, percipere II 182, 1. 246, 1. 5. 336, 15; c. digne excipere I 110, 45; ad communionem reverenter accedere I 367, 10. II 288, 10; sine communione transire II vel III dominicas II 495, 10; a communione suspensum esse II 502, 35; a c. suspendere, se abstinere I 231, 25; communionem incesto non tribuere I 377, 1; a communionis gratia sequestrare retinentem res alterius I 46, 25; communione privati ab ecclesiarum liminibus et a castris militaribus sequestrentur *etc.* II 39, 30. 35. 120, 15; *cfr.* excommunicatio.

communis, e: c. adiutorium II 76, 15. 298, 30. 329, 30; c. animus II 388, 30; c. bonum I 384, 5. 10; c. christianitas II 161, 5; c. collegium II 174, 1; c. colloquium II 65, 35. 77, 1; c. commendatio II 332, 5; c. commertia I 294, 15; c. concilium I 56, 1 [398, 30]; c. confirmatio II 318, 5; c. consensus; c. consilium; c. consultus I 307, 20 [419, 1]. II 124, 1; c. correctio II 4, 10. 81, 25; c. damnum I 305, 20 [417, 5]; c. decretum I 221, 10. II 73, 40. 74, 1 [156, 40. 157, 1]. 241, 15; c. deliberatio II 383, 25; c. devotio I 271, 15; c. donatio II 240, 30; c. ecclesia II 232, 25; c. emendatio I 33, 30; c. fideles; c. honor; c. hostis I 167, 1 [432, 40]; c. indemnitas II 161, 40; c. infans II 240, 30; c. infirmitas II 254, 10; c. interitus II 55, 15; c. iuditium II 120, 30; c. lex I 219, 1; c. missi II 194, 15; c. necessitas; c. observatio pacis II 70, 1; c. opera II 88, 1; c. oratio II 454, 35; c. pax; c. pecuniae II 225, 30; c. placitum; c. profectus; c. prosperitas II 885, 20; c. provincia I 7, 5; c. regnum II 71, 1; c. res I 330, 30. II 226, 5. 15; c. rex II 368, 10; c. salus, salvamentum, salvatio; c. sententia I 272, 25. 277, 1. 5 [406, 30]; c. silva I 258, 25 —35; c. societas et status I 305, 20 [417, 1]. II 307, 25; c. synodus II 214, 10; c. terrae II 225, 30; c. testimonium I 305, 15 [416, 45]; c. tranquillitas II 254, 20; c. ultio II 69, 20; c. usus I 294, 15; c. utilitas; c. vestimenta I 227, 35; c. voluntas II 174, 1; c. votum. — in commune admonere I 301, 30; in c. censere II 33, 25 (*cfr.* II 30, 35); in c. comperire II 77, 40; in c. emendare II 78, 40 [156, 35]; in c. iudicare II 30, 35 (*cfr.* II 33, 25); in c. persequi II 73, 5 [155, 25. 170, 25]; in c. placuit, statuere, visum est II 32, 5. 35. 41, 15. 374, 10. — communiter: c. abicere mendacem II 170, 1; c. cavere II 425, 5; c. certare II 310, 5; c. condicere placitum II 71, 5; c. confirmare II 161, 1. 309, 30. 311, 20. 328, 35; c. se coniungere II 170, 5. 10; c. consentire II 73, 35 [156, 30]. 157, 35; c. consilium dare II 424, 5; c. consilium inire II 254, 30; c. constituere II 334, 5 [362, 35]; c. conversari I 289, 40; c. decernere II 255, 1 [398, 5]. 421, 1; c. decertare II 49, 20; c. degere I 289, 40. II 222, 10. 541, 5; c. dirigere, mittere missos II 70, 25. 30. 170, 1; c. facere II 78, 35 [156, 30]; c. indicere ieiunia I 304, 40 [416, 20]; c. infensos habere reges II 70, 1; c. intellegere II 7, 35; c. paratum esse II 328, 10; c. pergere II 71, 25; c. quaerere II 280, 35; c. statuere II 306, 30; c. vivere in hereditate I 380, 30.

communitorii *v.* commonitorii.

commutare: c. homines, mancipia, ecclesiasticos II 270, 5. 10; c. res suas I 205, 5. II 109, 5; c. res, terram ad claustra I 289, 25 [448, 25]. II 411, 10; c. res ecclesiasticas II 266, 20. 346, 15; *cfr.* cambiare, concambiare, mutare.

commutatio: c. ad casas Dei, ecclesiis facta II 15, 10. 330, 25. 30; c. rerum ecclesiasticarum I 231, 10. 334, 10. II 270, 5. 346, 15. 20. 403, 35. 404, 15. 20; *cfr.* concambium.

comp-, conp-.

compar, conpar I 172, 25; c. servi I 40, 35; *cfr.* par.

comparare, conparare = *emere* I 149, 15 [448, 30]. 157, 1 [428, 20]. 199, 1; c. precio iusto II 87, 10; c. adulteros I 318, 30; c. sibi alodem I 131, 35 [428, 1]. 177, 5 [433, 45]; c. hominem I 211, 5; c. sibi proprietatem I 181, 30 [427, 40]; c. res I 301, 20 [437, 25]. 311, 5 [421, 5]. II 19, 1. 34, 25; c. res pauperum I 174, 30. 220, 10. 312, 15 [421, 40]. II 180, 35; c. vinum I 83, 35; *cfr.* emere.

comparatio, conparatio I 77, 25; comparationem non facere dolose cum paupere I 151, 10; *cfr.* emptio.

comparatus I 86, 5.

comparticipes ecclesiae II 232, 15.

compater I 174, 25. 312, 30 [422, 10]; compatres sibi non facere I 344, 10; compater in matrimonium non coniungatur I 365, 25; compatris spiritalis vidua II 240, 15.

compaternitas II 512, 20.

conpellari de statu, libertate, hereditate I 268, 30 [446, 1]. 284, 1 [440, 25]; *cfr.* appellare.

compellere: compelli potestate regia II 418, 5; compellere episcopum I 196, 35; c. suos, subditos I 304, 40 [416, 25]. II 84, 5; non c. servos ad anguria *etc.* I 196, 30 (*cfr.* 197, 15); non c. census reddere I 367, 25; non c. ad placitum II 284, 10; non c. ad opera I 197, 15 (*cfr.* 196, 30); *cfr.* cogere, constringere.

compensare, conpensare: c. inter freto et faido I 6, 15; c. res ecclesiae II 346, 15; c. tertiam I 14, 10. — c. = *deliberare* I 188, 10.

compensatio rerum ecclesiae II 346, 15.

compescere, conpescere: c. falsos testes, periuria I 290, 5 [443, 40]; c. perturbantes communem pacem I 304, 35 [416, 15]; c. rapinas *etc.* II 307, 25; c. suos a rapina II 192, 5; c. usuras accipientes II 411, 20; c. vindictam facientem II 86, 35; *cfr.* constringere.

competens: c. honor II 334, 40; c. horae I 106, 30. 228, 30; c. indices I 378, 40; c. iura II 310, 15; c. iustitia II 296, 25. 30 [100, 15]; c. lex; c. misericordia II 281, 15; c. ordo II 66, 20; c. potestas II 255, 10 [398, 10]; c. religio II 101, 30; c. tempus I 238, 10. II 522, 35. — competenter: c. admonere II 255, 30. 35 [398, 35]; c. implere II 67, 20; c. ministerium exequi II 255, 5 [398, 10. 356, 5]; c. opus peragere II 82, 1; c. ordinare II 138, 20; c. satisfacere II 266, 1.

competentia salutis et religionis II 414, 25.

competere: c. puellam et viduam religiosam et sanctimonialem I 23, 10; non c. res alterius I 46, 20; *cfr.* petere.

conpetitio I 19, 10; *cfr.* petitio.

compilare: c. lectiones I 80, 30; c. praecepta regio nomine II 265, 30.

(compilatio), compelatio II 134, 10.

complacere se cum propinquis occisi I 97, 25; *cfr.* pacificare.

completorium I 347, 1. II 180, 20; conpletorii lectio I 344, 25.

complices II 82, 15. 350, 10. 352, 20. 25; c. maleficorum II 345, 15; c. raptoris virginis II 414, 10; c. sceleratorum II 86, 40; *cfr.* adiutor, conscius, consensor, cooperans, cooperator, fautor, interventor.

componere, conponere I 10, 1. 15. 98, 25. 180, 25; c. solutionem atque conpositionem per XII denariorum solidos I 268, 25 [445, 40]; c. crimen I 75, 20; c. damnum; c. denarialem regi I 158, 5; c. furtum I 5, 5. 30; c. immunitatem violatam I 281, 20 [438, 10]; c. rapinam sponsae alienae II 414, 30; c. res ecclesiasticas ablatas II 218, 1; c. latronem sine culpa pensum I 139, 25; c. occisum I 97, 25; c. occisum post pacificationem I 128, 5 [426, 1]; c. servum mordritum I 257, 10. — c. nihil pro morte rebellis II 374, 20; c. duplum, in duplum I 72, 10. II 131, 10. 134, 15; c. tripliciter, in triplum, triplo I 43, 10. 72, 10. 160, 15. 20 [432, 5. 15]. 213, 15. 257, 10. 281, 20. 25. 35. 282, 1 [438, 10—30]. 285, 20 [441, 40]. II 96, 20. 25. 101, 25. 216, 10. 217, 30. 35. 360, 10. 373, 1. 5; c. libras X auri II 63, 5; c. libras L auri II 109, 10; c. C libras auri II 143, 1. 5. 149, 40; c. bannum dominicum; c. bannos comitum et iudicum I 104, 35; c. bannum episcopalem I 361, 5—15; c. bovem unum I 70, 10; c. capitale et delatura I 9, 10; c. in caput I 83, 10; c. censum II 322, 15; c. compositionem, cum compositione; c. debitum I 290, 25 [444, 15]; c. fredam, fredum I 114, 20 [429, 15]. II 17, 5; c. haribannum; c. legem, secundum, iuxta legem; c. legaliter II 307, 20. 414, 30; c. solidos; c. tertiam partem ex suis mobilibus II 108, 5; c. de vita; c. weregeldum. — c. de dorsum I 17, 20; c. penitentiam I 97, 25; *cfr.* solvere. — c. campos et culturas I 86, 20; c. legem I 58, 20 [402, 5]; c. mendacia II 72, 35 [155, 15]; c. mores II 455, 15. 462, 10; c. negotia ecclesiastica II 264, 20; c. vitam I 369, 20.

compositio, conpositio I 16, 40. 72, 40. 89, 1. 269, 1. 5 [446, 10. 15]. 283, 25 [440, 15]. II 319, 30. 326, 25; c. legalis II 310, 20. 325, 30. 372, 30; compositiones solidis XII denariorum solvantur I 114, 20 [429, 15]. 268, 25 [445, 40]; ad compositionem vocare II 373, 10. 25; compositionem componere I 198, 20. 268, 25 [445, 40]. 361, 20. 362, 5; secundum compositionem componere I 281, 20. 25 [438, 15. 20]. II 216, 10; cum compositione componere I 361, 5—15; compositionem solvere, exsolvere, persolvere I 269, 5 [446, 15]. 283, 30 [440, 20]. 284, 5 [440, 30]. 290, 25 [444, 15]. II 215, 25. 216, 5. 224, 20; c. facere, perficere I 72, 5. 97, 25. 160, 15. 20 [432, 10]. II 18, 35. 96, 25; c. dare I 215, 30; c. reddere I 330, 40; in compositione emendare I 97, 20. II 299, 15; in compositione offerre I 117, 35 [430, 15]; ad compositionem revenire II 295, 1; compositionis partes I 201, 5. 10. 268, 40. 281, 20. 25 [438, 10—20]. 283, 5 [439, 40]. II 215, 25. 216, 5; compositionem accipere, suscipere, recipere I 5, 1. 6, 1. 15. 97, 20. 284, 5 [440, 35]; c. clerico persolvere II 224, 20; c. mundoaldo dare I 215, 30; compositiones ad palatium pertinentes I 201, 5 (*cfr.* 72, 5); compositionem presbytero persolvere II 215, 25. 216, 5; conpositionem emendare ad propinquos extincti I 97, 20; c. in publico dare I 215, 30; c. ad partem regis facere I 72, 5 (*cfr.* 201, 5); c. non requirere II 107, 35; absque conpositione iacere I 281, 5 [438, 1]. II 18, 10. 216, 10. — compositio adulterii I 215, 30. 35; c. damni I 298, 30; c. homicidii I 198, 20; c. clerici II 216, 10; c. diaconi I 281, 20 [438, 15]. 361, 10; c. presbyteri I 361, 15. 20. 362, 5. II 215, 25. 216, 5; c. subdiaconi I 281, 20. 25 [438, 15. 20]. 361, 5; c. integra I 6, 1. 7, 10; c. plena I 160, 20. 330, 40; c. tota I 290, 25 [444, 15]. II 215, 25. 216, 5; conpositionis medietas I 293, 10; compositio media I 6, 1; c. tripla, triplex I 72, 5. 160, 25. 35 [432, 15. 449, 15]. 212, 15. 20. 361, 5—20. 362, 5. II 372, 30; secundum conpositionem in triplo conponere I 281, 20. 25 [438, 15. 20]. II 216, 10; compositio wirgildi I 282, 25 [439, 20]. II 215, 20; *cfr.* solutio.

compositor dictionum II 485, 20.

conpotus *v.* conputus.

comprehendere, conprehendere, conpreendere, conpraehendere = *capere* II 279, 30; c. contumacem II 19, 1; c. depraedatores II 314, 10; c. episcopum I 361, 20. 362, 5; c. excommunicatos II 215, 15; c. furonem, furem I 205, 35. 206, 1. II 231, 45; c. hominem absque furto I 160, 25 [449, 5]; c. Iudeum II 97, 20; c. latronem; c. lupos I 89, 35. 40; c. malefactorem aut infidelem I 141, 25. 354, 35. II 348, 25; c. maleficos *etc.* II 346, 15; c. facientes predaciones II 97, 5; c. raptores II 281, 45. 278, 10; c. servum I 257, 5; c. servum absque conprobatione I 160, 30 [449, 10]; c. vagum I 326, 40. — c. = *invenire;* c. adulterum cum adultera I 317, 1; c. episcopum, presbyterum, diaconum in fornicatione *etc.* I 108, 5; c. in, cum furto I 108, 5. 181, 15. II 343, 35; c. in latrocinio I 180, 20. 205, 25; c. cum malefacto II 344, 1; c. in periurio I 108, 5; *cfr.* apprehendere, deprehendere, prendere.

comprimere, conprimere: c. depredationes II 84, 35; c. mala II 211, 10; c. praesumptores II 406, 35; c. transgressores legis II 105, 5; *cfr.* constringere.

comprobare, conprobare aliquid I 32, 10. 114, 5 [429, 1]. 129, 20 [II 23, 10]. I 180, 20. II 266, 1; c. aliquem I 75, 30. 166, 20 [432, 35]. 180, 20. 285, 10 [441, 30]. 293, 35. 331, 10. 335, 20. 374, 40. II 15, 15. 313, 30. 315, 20. 317, 5. 318, 20. 320, 20. 321, 25. 344, 25. 30. 345, 15. 373, 5. 402, 25. 30. 540, 20. — c. cartam I 145, 35; c. causam II 336, 10; c. damnum I 160, 30 [449, 15]; c. latrocinium I 4, 30. 180, 20; c. in periurio I 336, 15. II 314, 30; c. testium diversitatem I 208, 10. 283, 5 [439, 40]; c. vestigium I 5, 25. — c. campo I 268, 10. 283, 5 [439, 40]; c. per testes II 345, 15; *cfr.* probare.

comprobatio, conprobatio: absque comprobatione conprehensus I 160, 30 [449, 10]; comprobationem dare I 77, 20; *cfr.* probatio.

comprovincialis, conprovincialis, c. II 482, 15. 488, 30. 40; c. ecclesia II 389, 35; c. episcopus.

conputare I 83, 30.

(conputus), conpotus: conpotum discere I 121, 15 [446, 25]. 235, 20. 363, 20; c. emendare I 60, 1 [408, 25]; c. scire I 237, 1.

conca aerea I 254, 10. 255, 15. 35. 256, 10.

concambiare: c. argentum II 316, 5; c. denarios II 315, 20; c. res II 260, 1; *cfr.* commutare.

concambium argenti II 315, 20; *cfr.* commutatio.

concapulare I 91, 10; *cfr.* capulare.

concedere I 23, 5. 92, 1. 320, 25. 30. 358, 5. II 87, 15. 90, 35. 91, 10. 109, 5. 149, 30. 35. 228, 10. 259, 40. 270, 1. 279, 30. 283, 10. 285, 1. 10. 376, 5; c. ad banno I 94, 15; c. in immunitate II 272, 5 [312, 20]; c. per praecepta II 357, 20. — c. omnia adducta II 181, 25; c. advocatos I 326, 35; c. agraria I 19, 15; c. alodes II 158, 20. 25 [299, 35]; c. bannum I 96, 30; c. cohabitationem II 259, 5; c. colonum I 143, 20; c. consuetudinem I 323, 20; c. decimas I 336, 25; c. decimas porcorum I 19, 15; c. fiscalinum I 143, 20; c. fiscum comitalem in ius ecclesiasticum II 110, 10; c. heribannum I 167, 20 [449, 25]; c. homines seniori I 167, 20 [449, 25]; c. honorem II 374, 35; c. inducias II 448, 30; c. indulgentiam I 227, 15. II 444, 10; c. iustitiam II 366, 30; c. iustitiam requirendam II 142, 30; c. legem; c. licentiam distringendi I 330, 15; c. loca (= monast.) II 38, 35 (*cfr.* 313, 15. 423, 10); c. mallum proximum I 292, 15; c. membra I 68, 20; c. misericordiam II 280, 10; c. monasteria II 313, 15. 423, 10 (*cfr.* 38, 35); c. monetam I 300, 1. II 149, 30; c. pascuaria I 19, 15; c. peculiare servo I 277, 1 [406, 30]; c. pecuniam ad defensionem I 361, 1. 362, 25; c. petitiones II 90, 30. 91, 15; c. portionem regni I 127, 30; c. potestatem I 316, 30. 356, 25; c. praeceptalia II 126, 35; c. privilegium I 321, 1; c. rebus

(= reipus?) leodibus I 8, 15; c. rectum II 366, 30; c. res ad claustra I 289, 25 [448, 25]; c. res gastaldiis I 321, 10; non c. res ecclesiae, rei publicae I 217, 25; c. res servo I 277, 1 [406, 30]; c. servum I 148, 20; c. solidos XII pro wargida I 71, 25. 30; c. XXX solidos I 32, 10; c. territorium I 353, 30; c. vitam; *cfr.* adquiescere. — concessa ecclesiis in usus clericorum *etc.* deveniant II 33, 15.

concelare: non c. homicidia, furta, adulteria, inlicitas coniunctiones I 192, 35; non c. fugaces servos aut ancillas I 198, 15; *cfr.* celare.

concertatio II 438, 15.

concessio: c. episcopi II 110, 10; c. imperatoris, regis I 169, 5 268, 35. II 149, 35. 156, 10. 157, 35 [299, 30]. 174, 35. 177, 35 [186, 20]. 362, 40. — c. indulgentiae II 157, 35 [299, 30]; c. proprietatum II 156, 10.

conciliari II 448, 20; c. sibi latrones II 86, 25.

concilium I 33, 40. 226, 20. 279, 25 [409, 1]. 359, 15. 360, 30. 364, 5. 372, 20. 373, 1. II 184, 10. 238, 30. 261, 10. 265, 5. 40. 266, 1. 309, 25. 350, 25. 379, 30. 452, 10; c. sacrum, sanctum, sacrosanctum, venerabile I 74, 1. 227, 5. 228, 10. 338, 35. 339, 5. 15. 20. 45. 340, 1. 15. 20. 341, 5. 342, 15. 356, 20. II 221, 1. 10. 246, 5. 265, 5; c. agere II 465, 25; c. facere I 29, 5; c. congregare, adgregare I 24, 25. 338, 35. 339, 1; conciliorum conventus I 249, 15; concilia bis in anno celebrentur I 55, 10 [399, 5]. 108, 10. 227, 35. II 87, 15; in concilio generaliter dicere I 340, 15. 20; in concilio constituere, prohibere II 41, 20. 42, 1; ad concilium intromittere II 264, 35; in concilio causam examinare I 55, 1 [398, 30]; concilii unanimitas I 356, 20; concilii consensus I 341, 5; concilii diffinitio II 218, 10. 229, 20; concilii iudicium II 265, 35; concilii sanctio II 507, 5; concilii capitula; concilii canones II 382, 15; concilii decreta II 208, 45; concilii statuta; concilii catalogus II 235, 20; concilii institutio II 236, 20; concilia canonum legere et intellegere II 176, 5. 10. — c. episcopi I 35, 1; c. imperatoris I 241, 15; c. provinciale II 40, 30; c. synodale I 23, 25. 47, 15. 73, 25. 328, 30. 332, 5; c. universale I 53, 35 [397, 20]. 57, 35. 77, 20. II 246, 5. 449, 25; *cfr.* synodus.

conclamare I 362, 15. II 341, 5; *cfr.* collaudare.

concordare II 177, 15. 228, 15; c. cum canonibus sacris I 276, 30 [406, 15]; c. iustitiae II 224, 20; *cfr.* consentire.

concordia: c. pacis, c. et pax I 12, 5. 98, 5. 181, 15. 226, 30. 312, 5 [421, 30]. 331, 20. 394, 15. II 47, 20. 177, 10—20 [186, 15. 20]. 215, 20. 372, 25. — c. cleri et populi II 214, 1; c. comitum I 70, 20; c. inter comites et episcopos *v.* conc. episcopi; c. coniugum II 455, 30; c. discordantium II 269, 15; c. episcoporum I 226, 15; c. inter episcopos, abbates, abbatissas, comites, iudices *etc.* I 58, 5 [401, 35]. 94, 1. 101, 20. 108, 25. 174, 5. II 336, 30; c. inter episcopos et comites I 209, 35. II 76, 1. 177, 15 [185, 20]. 219, 1; c. inter episcopum et laicum II 35, 5; c. ecclesiae I 61, 5 [404, 20]; c. fidelium I 150, 10 [447, 30]. 152, 1. 206, 20. 305, 20 [417, 1]. II 254, 20; c. inter fideles et regem II 255, 35 [398, 35]. 386, 25 [387, 20]; c. litigantium II 436, 35; c. inter ministros imperatoris II 49, 30; c. inter pastores et gregem Christi II 36, 40; c. populi II 51, 5; c. populi et cleri II 214, 1; c. inter presbyterum et seniorem II 335, 1; c. regum fratrum I 14, 25. II 49, 35. 69, 15. 158, 45. 299, 5. 388, 15. 390, 25. 443, 10. 15. 447, 20. 518, 10; c. Romanorum I 354, 45; *cfr.* unanimitas.

concors I 310, 15 [420, 40]. II 74, 20. 377, 5; c. devotio II 348, 30; c. dilectio II 336, 25 [337, 15]; c. mens II 99, 20; c. pax II 232, 20; c. sanctimonia II 210, 5; c. unanimitas; concordi voce profiteri II 126, 5. — concorditer: c. custodire constituta II 340, 1; c. degere II 94, 5; c. eligere episcopum II 381, 5; c. existere II 49, 25; c. vivere: *cfr.* unanimis.

concredere se II 280, 1.

concubina I 202, 25. 376, 40. II 45, 35. 189, 30. 190, 25. 285, 25. — concubina ancilla I 40, 35.

concubinarius I 334, 40.

concubinaticae luxuriae II 419, 20.

concubitus: c. consanguinitatis II 468, 15; c. consecratarum II 225, 25; c. inter fratrem et sororem II 468, 5; concubitu relictae sive filiae avunculi aut patris filiae vel privignae se polluere II 188, 20; *cfr.* coitus.

concumbere: c. non valere II 237, 5; c. cum muliere fratris II 238, 40; c. cum filia materterae, avunculi, amitae, patrui II 247, 15; *cfr.* coire, fornicare.

concupiscentia I 59, 10 [402, 40]. 94, 30. 35; c. carnalis II 179, 20; *cfr.* avaritia.

concutere: non c. subiectos II 432, 5; *cfr.* opprimere.

condecernere II 352, 10; *cfr.* statuere.

condemnare, condempnare I 29, 15. II 182, 30. 448, 35; non c. per se clericum I 46, 15; c. centenarium I 17, 5; non c. colonos II 437, 35; c. depraedationes facientem I 323, 15; non c. per se diaconum I 46, 15; c. excommunicatum I 35, 15; non c. inauditum I 18, 35; c. iudicem I 17, 5; non c. per se iuniorem ecclesiae I 46, 15; non c. pauperes, pauperiores I 165, 5. 207, 5; non c. per se presbyterum I 46, 15; c. sacerdotem Simoniacum I 372, 20. II 335, 25; non c. sanctimoniales I 302, 15; non c. iniusta occasione subditos I 318, 35 [423, 20]. — c. exilio I 35, 15; c. V solidos I 5, 25. 7, 25; c. LX solidis I 17, 5; c. ad supplicium I 6, 20. — c. se per iudicium Dei II 344, 25. 35. 345, 15; c. per iudicium episcoporum II 335, 25; c. iudicio regis I 35, 15; condemnare legali sententia I 323, 15; *cfr.* damnare.

condemnatio, condempnatio II 166, 1; c. sacerdotis I 378, 40; c. perennis I 15, 25; *cfr.* damnatio.

condicere: c. domino cum testibus I 6, 10; c. causam ad notitiam I 212, 10; c. conventum I 198, 1; c. locum II 160, 5. 163, 15; c. placitum; c. sinodum I 182, 30; c. tempus II 163, 15; *cfr.* indicare.

condicio *v.* conditio.

condirgere, condirigere = *procurare, colere* I 43, 5; condrictum, condirectum beneficium imperatoris; condirigere villas dominicas I 83, 35.

conditio, condicio I 13, 10. 25. 28, 10. 264, 5. II 34, 25; condiciones pacis II 67, 15. — c. = *praestatio* II 64, 15. 105, 10. — c. = *conditio status* I 186, 35. 196, 35. 205, 25. 313, 10 [422, 35]. II 87, 1; c. servilis I 60, 1 [403, 25]. 356, 15. 20. II 230, 5. 15; c. servitutis II 540, 15. — c. = *lex* I 271, 10. 273, 15. 330, 35. II 133, 15. — c. = *occasio* I 14, 1. — c. = *causa, negotium* I 15, 15. 16, 1. 229, 15. — condicione pari, simili convenit I 1, 20. 8, 30. 16, 5. 17, 10.

conditor monasterii, senodochii II 63, 20.

condonare: c. civitatem II 259, 1; c. ecclesiis res I 297, 5; *cfr.* donare.

condrictus *v.* condirgere.

conducere: c. praemio, munere testes I 148, 30 [431, 10]. 276, 30 [406, 20]; c. praecio ad periuria et falsa testimonia I 163, 15.

conductor non sit clericus, presbyter I 36, 15. 179, 1 [412, 35]. II 122, 1. 179, 20.

conductus II 273, 30. 324, 5; c. presbyteri II 221, 5.

confabulari II 529, 10.

confaederatio *v.* confoederatio.

conferre = *tradere* I 13, 15. 20. 35. 19, 20. II 256, 35; c. beneficium I 14, 30; c. cohabitationem et auxilium II 259, 5: non c. decimationem ad suam capellam II 110, 10; c. donationes I 354, 5; c. res II 34, 20. 37, 10; c. res ecclesiis I 326, 30. II 82, 40. 222, 5. 376, 5; c. thesauros ecclesiae II 380, 5. — c. = *tractare* I 370, 5. II 51, 10. 56, 20; c. capitula episcoporum II 387, 15; c. capitula regis I 138, 25. 359, 35. II 529, 1. — c. = *percensere* I 339, 30.

confessio: c. fidei II 512, 15; c. peccatorum I 61, 5 [405, 15]. 64, 20. 69, 15.

110, 10. 175, 15. 237, 30. 239, 15. 240, 25. 244, 5. II 53, 35. 55, 25. 56, 35. 57, 35. 182, 15. 25. 30. 306, 30. 443, 1. 455, 30. 465, 5. 466, 15. 30—40. 467, 10. 40. 45; peccatorum confessionem in domo facere II 43, 15; per confessionem se absolvere II 190, 5; per c. se reparare II 306, 5; sine confessione mori I 367, 15. 20; confessio manifesta II 422, 30; c. occulta II 118, 25. 189, 5.

confessor II 57, 35. 182, 20. — c. = *martyr* I 25, 35; confessorum festivitates I 312, 25 [422, 5]; confessorum ossa et reliquiae I 163, 20.

confiniales, confinales I 206, 25. 208, 30.

confinium, confinia I 127, 25; c. duorum comitatuum I 283, 15 [440, 5]; c. regnorum I 129, 15 [II 23, 5]. I 272, 10. 324, 1.

confinus *v.* cofinus.

confirmare I 247, 35. 270, 25 [406, 15]. 346, 15. 354, 1. 362, 5. 409, 45. II 67, 1. 73, 1 [155, 20]. 161, 1. 166, 10. 25. 177, 25. 218, 10. 266, 15. 281, 25. 40. 309, 30. 351, 15; se c. II 159, 35. 281, 20. 294, 10. 329, 30. 357, 15; c. auctoritate regia II 371, 25; c. per pontificalem auctoritatem et regiam maiestatem II 420, 25; c. cyrographo II 467, 5; c. manibus propriis II 74, 40. 452, 20; c. subscriptione II 64, 1; c. iuramento, sacramento II 54, 10. 67, 15. 226, 1. 10. 228, 5. 236, 30. 238, 10. 360, 20. 448, 10; c. per praeceptum II 142, 35; c. et subscribere II 246, 5. 35; non c. alienationes I 311, 10 [421, 15]; c. capitula II 434, 15. 442, 1; c. capitula regis; c. cartam idoneam II 108, 30; c. cartam veracem I 215, 5. 20 [430, 5. 10]; c. consilium II 527, 10; c. manu propria consilium et auxilium II 452, 20; c. convenientiam II 281, 30; c. dicta sua II 118, 1; c. electionem imperatoris II 348, 10; c. subscriptione iudicatum II 64, 1; c. pactum per sacramentum II 54, 10; c. pacem II 311, 20. 312, 30. 328, 35; c. possessionem I 107, 15; c. praecepta; c. privilegium II 356, 10; c. iuramento regnum II 360, 20; c. regem II 439, 5; c. scriptum II 370, 10. 446, 20; c. sacramento securitatem et consensum II 67, 15; c. auctoritate regia statuta canonum II 371, 25; c. subscriptionem II 247, 1; c. synodum II 347, 15; c. testamentum I 216, 25. — c. et concedere I 23, 5. — c. corpore et sanguine dominico I 247, 15; c. baptisma II 509, 20; c. filium, filiam I 218, 20; c. populum, plebem; *cfr.* constringere, firmare.

confirmatio: c. electionis II 348, 20; confirmationis imperatoris auctoritas II 136, 30. 35, decretum I 354, 5. 15, pactum I 353, 5. 355, 5, praeceptum II 136, 20, privilegium II 136, 1. 137, 10. 141, 30. 147, 5. 148, 25. 150, 5; confirmatio regis II 298, 30, 312, 35. 313, 5; confirmatione regis corroborare II 258, 30; confirmationes regis infringere II 405, 30; confirmatio praeceptorum II 115, 20 [402, 1]. 357, 25; confirmationis praeceptum II 270, 1. — confirmatio baptismatis I 38, 35. 209, 15. 363, 15. 407, 40. II 405, 30. 425, 10. 509, 20. 25; confirmationem accipere I 314, 25 [450, 5]; confirmatio cum chrismate I 133, 30 [447, 10].

confiteri I 104, 20. 118, 25 [411, 40]. 347, 25. II 55, 20. 207, 20. 225, 10. 238, 5. 10. 265, 20; c. nolle II 190, 1; c. sacerdoti peccata, crimina, delicta, errata, mala *etc.* I 25, 15. 107, 20. 228, 10. 365, 5. II 43, 10. 15. 53, 25. 35. 57, 10. 118, 15. 183, 30. 231, 45. 232, 1. 336, 1. 10. 442, 35. 448, 10. 20. 465, 5. 15. 30. 467, 1. 5. 15. 35; c. homicidium I 243, 35; c. fidem II 511, 25. 512, 10. 15; *cfr.* cognoscere.

confligere inter se pugnis baculisve I 346, 20; *cfr.* decertare.

confluere II 449, 25; c. ad fidem imperatoris, regis I 262, 25 [II 260, 15]; *cfr.* convenire.

(confoederatio), confaederatio regni II 528, 25.

confoederatus II 73, 35 [156, 35].

confrater II 340, 15. 422, 15. 438, 45. 440, 15. 465, 35. 40. 466, 15.

confugere: c. ad, in atrium ecclesiae I 6, 20. 182, 10; c. ad ecclesiam I 6, 25. 48, 15; c. ad episcopum II 289, 30; c. in fiscum I 300, 30 [436, 40]. II 317, 10. 344, 20; c. ad honoratos homines I 128, 30 [II 22, 10]; c. in immunitatem II 317, 10. 15. 344, 25; c. ad imperatorem I 261, 20; c. ad loca sancta I 128, 30 [II 22, 10]; c. in potestatem, proprietatem potentis II 317, 10—20; c. ad alium regem I 128, 30 [II 22, 10]; c. in aliud regnum II 69, 30; c. ad sacerdotem I 69, 15; c. in villam dominicam I 288, 1. 5 [442, 30]; *cfr.* fugere. — confugientes advenae II 273, 30. 323, 25; confugientes servi aut ancillae II 132, 10. 15; *cfr.* fugitivus.

confugium facere I 201, 35. II 131, 15. 30; c. facere de uno comitatu ad alium I 70, 1; c. facere ad, in ecclesiam I 16, 10. 68, 20. 113, 20 [411, 35]; c. facere ad imperatorem, ad regiam potestatem I 72, 25. II 259, 1; *cfr.* fuga.

confundere vel destruere villas II 323, 15.

congerere: c. capitula I 275, 10. II 45, 30; c. capitula regis; c. dicta patrum I 276, 10 [406, 1]; c. formulam I 339, 5. 10; *cfr.* colligere.

congregare: se congregare II 444, 30; c. abbates et clericos II 529, 20; c. concilium, conventum, synodum, synodali conventu *etc.* I 24, 25. 27, 40. 47, 15. 71, 10. 221, 10. 236, 5. 270, 30. 308, 25 [418, 35]. 356, 15. II 80, 35. 104, 30. 351, 15. 366, 20. 421, 35. 433, 10; c. ecclesiam II 213, 25; c. fideles II 291, 35; c. plebem I 11, 35; c. Saxones de verbo regis I 70, 30; c. testes I 268, 15; *cfr.* convocare. — c. monachos, clericos I 122, 5 [409, 35]. 378, 15.

congregatio = *synodus* I 226, 15. — c. monachorum, canonicorum, clericorum I 79, 5. 225, 15. 347, 40. II 265, 20. 541, 5; c. propositi monachici I 59, 40; c. regularis I 63, 30; c. sanctimonialium I 84, 35. 95, 15. 20. 302, 25. 30. 341, 30. 35. II 222, 5; c. non fiat de nolentibus aut invitis aut vilibus I 163, 40; congregationis ordo I 228, 25; in congregationem recipere I 84, 35. 95, 15. 20; in congregatione permanere I 63, 1; congregationem aliam non quaerere II 228, 15; congregationes a clericis et laicis habitae I 341, 30. 35; c. gubernare II 34, 30. 35. 38, 35. 40; congregatio absque abbate eiusdem ordinis esse non potest I 369, 25; de ipsa congregatione abbas vel abbatissa eligatur I 195, 5; in congregatione abba non elegatur, ubi iussio regis fuerit I 76, 5; ad congregationem sepelire II 222, 5; congregatio superflua I 122, 5 [409, 35].

conhibere *v.* connivere.

coniectare V solidos I 135, 1.

coniectores somniatorum II 44, 35.

coniectus II 301, 40. 354, 35. 361, 5; coniectum facere ad haribannatorem I 115, 25 [429, 30]; c. comitibus aut vicariis resolvere I 144, 5; c. non recipiant comites I 207, 5. — coniectus episcopi II 257, 5. 10; c. missorum I 138, 5. 10. 291, 15 [445, 5]. II 11, 1. 5. 25.

coniugalis, e: c. amor II 455, 30; c. coniunctio, consortium II 426, 5. 15; c. copula II 465, 25. 466, 35; c. copulatio I 280, 30; c. lex II 119, 25; c. opus II 413, 25; c. velatio *vel* violatio I 413, 35; c. vincula II 464, 20; c. vita I 129, 40.

coniugatus: coniugatum esse publice I 163, 5; c. esse et fornicari II 247, 15; coniugatus advena I 131, 25 [427, 35]; coniugati raptor et rapta II 414, 10; *cfr.* coniungere.

coniugium I 129, 40. II 426, 1. 464, 1. 10; c. a Deo constitutum est II 45, 35; c. non causa luxuriae, sed causa filiorum appetendum est II 45, 35—46, 1; c. benedicere II 455, 20; c. castum custodire I 376, 45; c. in Domino II 287, 10; c. raptoris et raptae II 413, 20—414, 5; c. servorum I 218, 10. 15. II 324, 10; c. legale I 218, 15. II 324, 10; c. legitimum I 278, 40 [408, 20]. II 167, 5. 207, 25. 237, 15. 239, 15. 240, 20. 324, 10. 414, 5; c. licitum II 207, 20; in coniugium ducere alienigenam II 235, 30—236, 20 (*cfr.* I 129, 5 [II 22, 35]); in c. accipere ancillam alienam I 292, 25. 30; ad c. accipere feminas inter partes et regna I 129, 5 [II 22, 35] (*cfr.* II 235, 30—236, 20); in c. ducere filiam commatris spiritalis II 240, 20; coniugio se iungere cum libero servitio se subdente I 317, 10 (*cfr.* I 292, 25. 30. 320, 25); in coniugium ducere raptam II 413, 20. 414, 1 (*cfr.* I 278, 40 [408, 20]); in coniugio sibi copulare servum I 320, 25 (*cfr.* I 317, 10); in coniugium accipere ancillam alienam, servum alienum I 292, 25. 30; in c. accipere, sumere viduam I 293, 15. 20; c. inlicitum II 226, 1. 10; c. prohibitum vel inlicitum sibi non sortiri I 69, 35; in coniugio non accipere propinquas I 336, 30; in coniugio non copulare consobrinam, neptem *etc.* I 377, 1. II 183, 30; coniugio non copulari in quarta generatione II 183, 25; coniugio non sibi sociare incestuosam I 15, 20; in coniugium non ducere prius per adulterium pollutam II 241, 15; coniugio non copulare pollutos II 183, 20; in c. sibi non sociare, accipere, ducere sanctimonialem, consecratam, sacratam I 19, 10. 23, 10. II 66, 25. 225, 25. 292, 25. 414, 15; ad coniugium raptam non vindicare I 278, 40 [408, 20] (*cfr.* II 413, 20. 414, 1); absque spe coniugii manere I 361, 25. II 189, 25. 207, 45. 238, 30. 414, 15. 415, 1; a coniugio se abstinere II 189, 1. 5. 30. 247, 15. 25; coniugio privari II 239, 20; coniugiis non copulari II 181, 10; coniugium non habere I 38, 25. II 465, 20. 25; c. non accipere I 39, 15; c. non contrahere II 119, 35; ad c. non pervenire I 41, 10; coniugii aditum claudere II 241, 35; coniugium non iterare II 414, 10. 20; in coniugio permanere I 40, 35; coniugium accipere II 238, 20; c. habere II 239, 15; coniugio sociari II 414, 5; coniugio uti II 415, 5; coniugium permittere, indulgere II 207, 25. 30; c. non negare II 207, 20. 247, 25; coniugio non privare II 247, 20; ad coniugium recipere mulierem I 38, 5; coniugio priori sociari I 376, 35; coniugium dissolvere, discindere II 207, 25. 30. 226, 1. 10. 324, 10; *cfr.* commercium, commixtio, coniunctio, consortium, conubium, copula, copulatio, geniculum, matrimonium, nuptiae.

coniunctio: c. et societas II 437, 25; c. consanguinitatis, familiaritatis, amicitiae II 255, 30 [398, 30]; c. indebita II 255, 10 [398, 15], 280, 15; c. regum II 77, 5. 15. 169, 15. 299, 5; *cfr.* adunatio. — c. = coniugium I 98, 1; coniunctionis coniugalis vinculum II 426, 5; coniunctio raptoris et raptae II 413, 25. 414, 5; c. legitima II 239, 20; coniunctiones incestae, inutiles, illicitae I 376, 45; c. illicitas prohibere II 125, 25. 30; c. inlicitas non concelare I 192, 35; c. inlicitas, incestas emendare I 15, 25. 189, 15; coniunctionibus inlicitis reprehensi I 98, 15 (*cfr.* II 183, 20); a coniunctionibus illicitis separare I 202, 10. 20; coniunctionem sanctimonialium atque propinquarum seu sponsarum aliorum cavere II 76, 5; coniunctione carnali non violare relictam fratris II 183, 15. 20; coniunctio parentelae I 232, 20; c. quarta (= c. *in quarto genu*) I 40, 5; coniunctionis (in quarto genu factae) cunctis diebus in penitentia perseverare I 365, 20. 25; *cfr.* coniugium.

coniungere: se c. = *se adunare* I 67, 30. II 70, 5. 77, 5. 10. 25. 168, 10. 15. 170, 10, 15. 271, 20. 280, 15. 284, 5. 342, 1; non se c. infideli, in damnum regis II 329, 35. 330, 5—15. — c. in matrimonium, matrimonio: c. mancipium II 324, 15; c. legaliter virgines aut viduas II 292, 25; coniunctum esse in IV. progenie I 37, 35. 38, 1. 40, 5; non coniunctum esse in IV. nec in V. geniculo I 40, 10. 232, 20; non coniunctum esse in III. progenie I 37, 40. 38, 1. 40, 5; coniungentium consanguinitas I 98, 1; non coniungere in matrimonium incestuosos I 365, 25; non c. adulteros I 317, 5. 318, 30; non c. matrimonio adulterio pollutam II 241, 15; c. se aliis I 40, 5; c. se aliis non posse I 40, 10; *cfr.* adunare, associare, coadunare, consociare, reconiungere, simul esse, sociare.

coniurare aliquid I 136, 15; c. apud locum I 193, 10; non c. sacramenta per gildonia I 51, 1.

coniurationes: c. non facere I 77, 5. II 177, 25. 299, 35—300, 1. 301, 1; a coniurationibus se cavere II 299, 10; coniurationes per s. Stephanum aut per regem aut per eius filios non facere I 64, 10; c. servorum non fiant I 301, 5. 10 [437, 15. 20]; c. prohibere II 309, 20; *cfr.* adunatio, conspiratio, convenientia.

coniurator I 91, 10. 268, 20 [445, 30]; cum coniuratoribus XII legitimis iurare *vel similiter* I 281, 5 [437, 45]. 315, 25. 30; liberi, qui proprium non habent, coniuratores esse possunt II 19, 30; *cfr.* iurator.

coniux: coniugis consensus II 247, 15; coniugem legitimam dimittere II 236, 5; a coniuge secunda separari II 207, 15; coniugem priorem resumere, recipere II 207, 15. 236, 5; c. mariti viventis adulterare et eo defuncto sumere II 414, 35—415, 5; a coniuge se abstinere II 189, 40. — coniux comitis I 291. 20 [445. 10]; c. imperatoris, regis II 35, 25. 173, 30. 313, 10—20; *cfr.* uxor.

conlimitanei comites II 324, 15.

conniventia, conhibentia, cohibentia II 119, 25; c. regis II 266, 20; *cfr.* licentia.

connivere, conhibere, cohibere et consentire II 339, 40. 352, 10. — conhibentes et participes I 278, 40 [408, 15. 20].

conp- *v.* comp-.

conquestus saecularis II 179, 20; *cfr.* quaestus.

conquirere II 438, 10; c. causam II 279, 35; non c. causam ebrium I 116, 5 [429, 35]; c. sanctam ecclesiam II 441, 5; c. hominem in servitio I 210, 35; c. hominem occidentem parentes *etc.* I 165, 25; c. suam libertatem I 114, 10 [429, 5]; c. res et mancipia I 154, 25; c. servum suum I 215, 10 [430, 10]; *cfr.* quaerere. — conquirere atque rogare testimonia I 200, 1.

conquisitus, conquesitus: de conquisitu interpellari I 268, 45 [445, 30]; de c. alodes habere II 158, 20 [299, 35]. 298, 10; conquisitus foris ductorum I 140, 30; *cfr.* adquisitus.

conregnare II 446, 5.

consacerdos I 11, 35. II 442, 5; consacerdotibus oneri non existere II 32, 5; pro consacerdotibus preces fundere II 117, 20; consacerdotum correctio II 35, 15; consacerdotum plenitudo II 51, 5.

consacramentalis I 149. 20 [431, 30]. 151, 20; *cfr.* iurator.

consanguineus, a: consanguineam polluere I 237, 25; consanguineus parens I 15, 20; *cfr.* propinquus.

consanguinitas I 130, 1; consanguinitatis liniamenta II 207, 35; consanguinitatem se coniungentium exquirere I 98, 1; consanguinitatis concubitus II 468, 15; per consanguinitatis defensionem recta institiae via non impediri I 92, 20; propter consanguinitatem, consanguinitate familiaritatis, pro consanguinitatis propinquitate nihil facere I 94, 15. 358, 10. II 255, 25. 30 [398, 30]. 521, 5; consanguinitatis propinquitas II 240, 15; *cfr.* propinquitas. — consanguinitas = *consanguinei* I 113, 30 [447, 40]; contra consanguinitatem agere II 161, 5.

conscientia II 207, 5. 257, 40. 465, 5. 20. 466, 40. 467, 1. 45. — sine conscientia aut voluntate factum I 118, 1 [430, 30]. 118, 25. II 132, 20; conscientia domini I 8, 30; c. episcopi I 76, 25. 111. 5. 182, 10. 285. 25. 364, 20. 376, 40. II 331, 15. 400, 10; c. metropolitani I 54. 35 [398, 25]; c. pontificis I 46, 15; c. senioris fratris, regis I 272. 5.

conscius mali II 345, 15.

conscribere: c. breves I 74, 1; c. cartas publicas I 319. 10; c. capitula II 124, 10. 15; c. capitula regis: c. chyrographum II 451, 25; c. instrumenta, strumenta I 311, 10 [421, 10]. 319, 20; c. legem I 18, 25; c. pactionem I 13, 5; c. thesaurum ecclesiae II 93, 30. c. in breve I 88, 15; se c. I 316, 30; *cfr.* scribere.

conscriptio: c. librorum II 79, 10; c. litterarum I 171, 10. — conscriptiones = *scripta* I 79, 20. — conscriptio = *carta*: conscriptiones facere I 219, 1; conscriptio regia II 377, 35.

conscripta testatoris I 332, 10; *cfr.* scriptum.

consecrare: c. ad ordinem ecclesiasticum II 412, 10; c. se Domino II 228, 1; c. aliquem nihil habentem I 277, 1 [406, 30]; c. archiepiscopum II 58, 1, 379, 25; c. clericos I 277, 20 [407, 1]. II 219, 30. 224, 15; c. episcopum I 371, 10. 372, 35. 40; consecrati Domino episcopi II 439, 30; c. pontificem I 324, 15. 354, 15; c. presbyteros I 41, 20. II 81, 35; c. unctione regem, in regem II 341, 1. 451, 15. 20. 453, 25; c. in reginam II 453, 20; c. sacerdotes I 372, 15. 30. II 519, 15; non c. servum II 230, 10; c. virgines; *cfr.* ordinare, sacrare, velare. — consecrata sunt Deo omnia, quae ecclesiae sunt II 439, 30; *consecratae Dei possessiones* II 177, 30; consecrare aedificia Deo II 485, 25; c. altare; c. carnes agni II 492, 1; c. ecclesiam; c. fontes in ecclesia I 317, 1; c. loca Deo II 485, 5; c. mensam lapideam I 46, 5; c. oratorium I 144, 15; c. templa II 484, 15. 20.

consecratio: consecrationis propositum I 59, 45 [403, 20]; consecratio clerici I 195, 25; c. presbyteri I 178, 30 [412, 30]. 195, 25; per consecrationem presbyterum interrogare II 224, 25; consecratio puellarum II 118, 40; c. regis II 451, 20. — consecrationes II 496, 20. 500, 15; consecratio altaris I 178, 25 [412, 20]; c. ecclesiae I 178, 25 [412, 20]; c. ecclesiae baptismalis I 332, 1; c. fontis II 509, 30; c. oraculi I 332, 1; c. sacramentorum II 491, 30; c. senodochii I 332, 1; *cfr.* sacratio.

consecrator solitarius corporis et sanguinis II 41, 10.

consempiternitas II 507, 1.

consensare I 65, 30; *cfr.* consentire.

consensor II 408, 35. 414, 30; *cfr.* complices.

consensus I 170, 30. II 219, 25. 234, 25. 308, 35. 413, 25; c. communis I 170, 30. 275, 5. 360, 35. II 33, 1. 54, 10. 74, 5 [157, 1]. 164, 1. 168, 5. 174, 1. 282, 25. 310, 10. 15. 312, 30. 352, 5. 377, 30. 443, 5. 525, 15; c. par II 33, 35. 35, 1. 20. 40, 25. 106, 15. 348, 30. 351, 15; c. omnium I 295, 5. II 307, 20; c. unanimis II 310, 1; c. unus II 368, 30 (*cfr.* c. populi); c. abbatis II 267, 15; c. abbatum I 203, 30; c. antistitum II 385, 25; c. archiepiscopi II 410, 5. 411, 20. 428, 20 (*cfr.* I 226, 25); c. clericorum I 372, 40; c. coepiscoporum II 411, 20. 25. 452, 10; c. comitis I 189, 20. 326, 20; c. concilii I 341, 5; c. coniugis II 247, 15; c. consiliariorum II 527, 30. 528, 1; c. episcopalis II 179, 1. 523, 1; c. episcopi I 34, 15. 35, 20. 76, 5. 94, 30. 108, 5. 119, 20. 158, 10. 173, 30. 178, 15 [412, 10]. 196, 20. 203, 20. 30. 229, 1. 316, 30. 326, 30. 358, 5. 369, 25. 374, 20. 40. II 12, 15. 124, 20. 179, 10. 180, 5. 221, 5. 256, 25 (?). 272, 1 [312, 20]. 292, 1. 5; c. episcoporum I 29, 1. 10. 52, 5. 203, 30. 277, 20 [406, 45]. 341, 5. 360, 35. II 33, 1. 15 35. 35, 1. 20. 40, 25. 101, 5. 10. 118, 20. 125, 5. 10. 174, 1. 212, 5. 333, 15. 334, 5 [362, 25. 30]. 340, 1. 348, 30. 351, 15. 352, 5. 368, 30. 380, 25. 398, 1. 411, 20. 25. 451, 5. 15. 25. 452, 20. 466, 15. 523, 5; c. fidelium I 245, 5. 289, 20 [443, 20]. II 12, 35 28, 1. 54, 10. 60, 1. 101, 5. 10. 161, 1. 266, 10. 268, 35. 269, 10. 281, 25. 297, 30. 303, 20. 307, 1. 311, 35. 312, 5. 313, 30. 316, 15. 321, 10. 325, 15. 326, 25. 327, 5. 333, 15 [362, 25. 30], 334, 10. 343, 1. 355, 30. 398, 1. 451, 15. 25. 463, 25. 464, 1. 520, 30; c. Francorum I 72, 20; c. habitantium I 373, 15 (*cfr.* 372, 40); c. heredum II 232, 25; c. imperialis II 125, 5. 10; c. imperatoris, regis II 270, 5. 281, 20. 397, 10. 25. 398, 1. 453, 1. 520, 40 (*cfr.* I 29, 15. 30, 10); c. levium hominum II 167, 1; c. metropolitani I 226, 25 (*cfr.* II 410, 5. 411, 20. 428, 20); c. metropolitanorum II 385, 25; consensus monachorum II 423, 10; c. optimatum I 29, 1. 10. II 101, 5. 10. 125, 5. 10. 253, 10. 15; c. parentum I 293, 20. II 414, 20; c. plebis I 372, 40 (*cfr.* 373, 15); c. populi I 29, 15. II 15, 1. 313, 35. 439, 1 (*cfr.* c. communis *etc.*); c. principis I 29, 15. 30, 10 (*cfr.* c. imperatoris); c. regis fratris I 272, 1. 35; c. regum fratrum II 112, 30. 164, 1. 168, 5. 254, 5. 447, 30; c. regis nepotis II 294, 20; c. sacerdotum I 29, 1. 10. 208, 30. II 42, 10; c. Saxonum I 72, 20. 30; c. seniorum II 527, 30. 528, 1; c. servorum Dei I 29, 1. 10. 34, 10. — consensum honoris sacramento confirmare II 67, 15; *cfr.* voluntas, votum, vox.

consentire I 23, 15. 24, 30. 38, 35. 45. 39, 15. 69, 15. 71, 15. 72, 15. 74, 1 15. 78, 15. 20. 95, 35. 101, 35. 112, 15. 116, 15. 118, 25. 128, 20 [II 22, 1]. 129, 45. 131, 15. 138, 5. 163, 25. 174, 5. 196, 25. 226, 30. 289, 30. 35. 315, 20. 25. 324, 15. 336, 20. 356, 20. 30. 376, 40. II 9, 5. 33, 25. 37, 1. 5. 56, 25. 57, 15. 69, 35. 73, 35 [156, 30]. 157, 35. 158, 30. 168, 5. 169, 1. 178, 15 [185, 25]. 221, 10. 222, 30. 226, 25. 227, 5. 228, 10. 15. 265, 5. 349, 1. 5. 352, 10. 20. 364, 30 [365, 1. 370, 5. 10]. 377, 5. 384, 25. 385, 10; non c. I 324, 10. II 181, 10. 214, 10. 282, 30. 423, 10. 424, 10. 465, 45. 469, 1. 525, 1; c. nolle I 113, 10 [428, 30]. 284, 5 [440, 30]; c. non debere I 162, 30; non c. aliquid alicui iniuste I 93, 20; non c. iniqua I 289, 30; c. alienationi rerum ecclesiasticarum I 311, 10 [421, 10]; c. consilium contra regem vel gentem christianorum I 69, 10 (*cfr.* II 100, 10); non c. vanae contentioni I 301, 25 [437, 35]; c. corepiscopis modum transcendentibus II 409, 20; c. corruptioni filiarum II 119, 30. 35; c. crimini I 279, 5 [408, 25]; c. falsatori monetae, mensurae I 285, 10 [441, 30]. II 315, 15. 317, 1—15. 318, 20. 319, 10. 320, 5. 25; c. furfalio I 16, 20; non c. hominibus suis ad male faciendum I 206, 35 (*cfr.* 12, 10. 95, 5. 96, 1. 144, 10); non c. hominibus suis hominem recipientibus I 128, 35 [II 22, 15]; c. incesto I 365, 30. 35; non c. infidelitati I 92, 30. 146, 35; c. ingenuare se volenti per ingenia vel iniuste I 185, 10 (*cfr.* 145, 20); non c. latroni I 48, 25. II 274, 20. 25. 344, 5. 20. 370, 40; c. se liberanti cum falsis testibus I 145, 20 (*cfr.* 185, 10); non c. machinanti contra honorem regis II 100, 10 (*cfr.* I 69, 10); non c. malignos I 154, 1 [447, 20]; c. malis operibus I 12, 10; non c. in mala I 95, 5. 96, 1. 144, 10 (*cfr.* 206, 35); c. matrimonio I 232, 15; c. missis I 98, 5; non c. monacho aliquid peculiaris colligenti I 230, 25; non c. periurio I 29, 30. 336, 15; c. praesumptioni II 401, 1—10; c. raptori suo I 16, 10; c. raptori sponsae I 282, 35 [439, 25]; c. nolle scabineis I 128, 40; non c. subtrahentibus res I 354, 20; non c. se tradenti in servitio pro furto I 172, 5 (*cfr.* 185, 15). II 322, 10; c. venditioni mulieris I 40, 30; c. auctoritatem II 367, 1; c. nolle capitula I 212, 10; c. decreta I 27, 40. 47, 20; c. mandatis et praeceptis imperialibus I 158, 35 [431, 45]; c. iudicium I 97, 35; 98, 15; c. iustitiam I 101, 40. 189, 15. 214, 10. II 224, 20; c. legem I 94, 1. 214, 10; c. rectum I 189, 15. II 71, 15. 20; c. pacem I 214, 10; c. regnum II 78, 5. 192, 5. 15; c. nolle symbolum et orationem dominicam I 257, 30; *cfr.* adnuere, annitere, aptificare, concordare, connivere, consensare, consonare. — c. = *constituere* I 43, 20.

consequi I 9, 15; c. furto I 181, 15; c. legibus I 10, 1. 5.

conservatio I 324, 15; c. sanctae ecclesiae II 156, 15; c. regalis II 259, 5; c. rerum II 357, 25.

conservatores populi I 304, 30 [416, 10].

considerare I 108, 25. 132, 25 [411, 5]. 135, 35. 163, 30. 199, 25. 208, 25. 287, 25. 30 [442, 10. 15]. 325, 5. 377, 5. II 4, 15. 25. 12, 20. 51, 5. 70, 20. 71, 5. 74, 40. 91, 15. 125, 40. 166, 25. 30. 167, 10. 256, 25. 271, 15. 30. 35. 286, 5. 294, 30. 40. 312, 5. 320, 1. 337, 5. 338, 35. 358, 1. 452, 30. 468, 20. 525, 35. 527, 20; c. cum consiliariis I 53, 25 [397, 10]; c. cum episcopis II 268, 5. 446, 30; c. cum episcopo parrochiae I 201, 15; c. cum fidelibus I 79, 5. 297, 10. II 15, 15. 20. 74, 15. 268, 5. 287, 20; c. cum rege fratre I 158, 25; c. cum sacerdotibus I 53, 25 [397, 10]; c. capitula regis;

c. speciales causas II 303,5; c. firmitatem II 154,5; *cfr.* tractare. — c. semetipsos I 230,1; c. loca convenientia II 257,1; c. thesauros ecclesiae I 131,20 [410,25]; c. vassallum dominicum I 135,5; *cfr.* inspicere.

consideratio I 185,5. 287,30 [442,20]. 290,25 [444,15]. II 51,1.5; c. comitis I 325,20; c. consiliariorum II 528,10; c. episcopi I 95,15. II 373,5; c. episcoporum I 229,10. II 418,10; c. imperatoris I 312,10 [421,35]. II 301,35; c. metropolitani I 367,1. — c. vitae vel morum I 161,30; in consideratione personae non indicare I 58,15 [402,1].

considere in concilio, synodo II 173,35. 174,5. 213,35. 246,5; *cfr.* sedere.

consignare: c. baptizatos II 509,25. — c. = *signare*: c. capitula I 112,15; c. sigillo ostia ecclesiae II 232,25. — c. (= *attribuere*) portionem regni I 127,20.

consignatio baptizati II 303,10.

consiliari, consiliare II 528,15; c. mortem viri I 40,25; c. in regno I 75,15; c. in vita, mortem regis I 66,30. 75,15; c. in vita vassalli I 215,15.

consiliarius I 53,25 [397,10]. II 165,10. 281,35. 429,25. 452,15. 516,10. 522,10. 526,5.20; consiliarii quae facere debeant I 208,25. II 49,15—25. 527,10.30—10. 528,20—529,30; *cfr.* proceres, senior.

consilium = '*Beratung*' I 12,30. II 464,1; *cfr.* consultatio. — c. = *placitum:* c. imperatoris, regis I 113,1. II 98,10. 452,10—35; c. generale, publicum II 528,20. 529,40. — c. = '*Beschluss, Entschluss, Verabredung, Zustimmung*': c. acaptare II 280,25; c. communiter inire II 254,30; c. inire cum paganis adversus christianos I 69,10; c. adunationis incoare I 318,35; c. abbatis II 267,15; c. amicorum I 278,25 [408,5]; c. archiepiscopi I 95,30 (*cfr.* 54,35 [398,25]. 55,1 [398,30]. 226,35. 229,1); c. canonicum II 257,40; c. coepiscoporum II 410,10 (?); c. commune I 72,15. II 189,20. 271,15; c. domini I 8,30; c. episcopi I 34,25. 48,10. 94,30. 95,30. 144,15. 226,30.35. 229,10. 278,25 [408,5]. 305,1 [416,30]; c. episcoporum I 54,35. 55,1 [398,25.30]. 361,20. II 387,1 (?). 466,15; c. episcopale II 179,5; c. fratris senioris I 272,1.35; c. heredum II 186,40; c. magistrorum I 245,15; c. metropolitani I 54,35 [398,25]. 55,1 [398,30]. 226,35. 229,1 (*cfr.* 95,30); c. parentum I 278,25 [408,5]; c. plebis I 232,30; c. Romanorum I 354,45; c. sacerdotis I 69,35. 278,25 [408,5]; c. synodale II 440,1. — c. = '*Rat*': c. quaerere, requirere II 84,35. 161,10. 446,30. 464,10. 465,5. 524,25; c. dare, donare I 25,1. II 161,35. 438,30. 445,15. 446,30. 452,35. 464,15.30. 465,1.5.40. 524,20.30; c. mandare, remandare II 167,10.15; c. praestare II 468,15.20; c. ordinare II 527,5; c. proferre II 420,35; c. promittere ac subscribere II 453,5; c. tractare II 527,5; 528,20; c. accipere, suscipere II 160,15. 527,5; c. abbatum I 170,30; c. apocrisiarii II 524,35; c. apostolici II 162,5; c. archiepiscoporum II 379,15. 381,5; c. bonorum II 52,40; c. coepiscoporum II 410,10 (?); c. comitum I 29,5—15. 170,30. II 84,35. 379,15. 381,5; c. commune I 271,5. 344,1. II 54,10. 78,25 [156,20]. II 159,35. 163,40. 281,1. 332,5. 364,20. 367,20.25. 370,40; c. consiliariorum I 208,25. II 526,5; c. ducum I 170,30; c. episcopi II 458,5; c. episcoporum I 25,1. 170,30. II 53,5.15. 57,5. 76,5.10. 80,5. 160,15. 161,10. 189,20. 265,10. 267,30. 333,15. 334,5 [362,25.30]. 370,15 [376,10]. 387,1. 388,25. 420,35. 424,5. 428,25. 432,1. 436,30. 438,30. 446,30. 447,25. 451,25. 464,10.15.30. 466,15 (*cfr.* 265,10). 467,30; c. episcopale II 162,5; c. fidelium I 170,30. 245,5. II 4,5. 54,10. 70,20.25. 78,25.30 [156,20.25. 334,1. 362,20]. 78,40 [156,35]. 75,35. 100,5. 154,5. 157,10.35. 159,35. 161,1. 162,1. 163,10.40. 166,5.10.30.35. 256,15 [398,15.20]. 267,30. 279,20.35. 280,20.35.40. 281,1. 283,35. 284,1. 285,5. 294,15. 296,15. 303,20. 311,35. 312,5.25. 313,30. 316,15. 321,10. 325,15. 326,25. 327,5. 332,5. 333,15 [362,25.30]. 342,10.15.35. 344,35.40. 356,15. 360,20. 361,35. 364,20. 365,15. 367,20.25. 370,40. 403,25. 424,5. 451,25; c. imperatoris, regis II 295,10. 356,30. 429,10; c. marchionum II 379,15. 381,5; c. missorum I 309,5 [420,1]. II 332,5; c. missorum maiorum II 298,30. 301,5; c. nefandum II 52,45; c. optimatum I 24,25. 25,1. 29,5—15. 30,10. 280,35. II 379,15. 381,5 (*cfr.* c. procerum, seniorum); c. palatii II 524,25; consilia perversorum II 386,35; c. pontificum II 265,10 (*cfr.* c. episcoporum); c. pravorum II 54,20; c. principum II 377,20; c. procerum II 265,10. 377,25. 379,15. 381,5 (*cfr.* c. optimatum, seniorum); c. regis fratris II 70,10. 72,35 [155,15]. 74,25. 113,35.40. 155,1 [298,35.40]. 161,35. 167,10.15. 168,15. 169,25.30. 298,25; c. regum fratrum II 70,20. 271,15; c. sacerdotum I 25,1. II 4,5; c. sacerdotale II 115,40. 116,15 [402,10]; c. seniorum II 74,5 [157,1]. 527,20.30 (*cfr.* c. optimatum, procerum); c. servorum Dei I 24,25. 28,5. 29,5—15; *cfr.* consultum, consultus. — c. = *consolatio, subsidium* I 112,10 [409,35]. 200,30. — c. habere in villis regis I 87,25; salvare et cum consilio habere liberos fratris regis I 278,1.

consimiles: de suos c. tres dare I 5,5.

consistere: c. in suis domibus II 103,10; c. cum pace II 71,10. 158,1 [300,1]; *cfr.* morari.

consobrinus, a: consobrinus uxorem consobrini corrumpens II 207,35; consobrini uxorem non ducere uxorem I 202,20; consobrinam in coniugio non copulare I 376,45. 377,1; cum consobrina incestum committere, consobrinae impudice se sociare I 31,20. II 183,20; cum consobrina uxoris manere I 41,25.

consociare, consotiare: c. se II 77,20; c. sibi latrones II 86,25; *cfr.* coniungere.

consolacio *v.* consolatio.

consolare monachos et ancillas Dei I 29,20.

consolatio I 207,1.5. 320,20. II 526,5.30; c. paterna I 208,25; c. et auxilium II 376,15; c. et defensio I 94,1; c. atque sublevatio II 38,5. 436,10.15; *cfr.* consilium. — consolationes aecclesiasticae II 182,25; c. spiritales II 524,25.

consolator II 436,25; c. sanctae ecclesiae II 213,30.

consonare = *consentire* II 57,15. 317,40. 341,1.

consors: c. episcopi I 110,20; c. genealogiae vel regionis II 524,1; c. imperii I 271,5; c. regni I 127,5.

consortium II 82,5. 285,15. 386,25. 479,25; c. catholicorum, christianorum, ecclesiae, ecclesiasticum, veniae: ex consortio alienum fieri II 182,20; a consortio alienus sit adulter I 232,20; a consortio summovere coniuratores II 177,25.30; a c. alienum efficere contemptorem auctoritatis ecclesiasticae et regiae potestatis II 287,10 [309,35]; a c. pellere infideles II 379,20; in consortio non recipere sacerdotem ab officio motum I 227,40. 228,1. — consortium coniugale II 426,15; c. maritale II 454,40; c. mulierum declinare I 287,40; *cfr.* communio, coniugium. — consortium = '*Totenbund*' I 78,15.20.

consotiare *v.* consociare.

conspectus: ante conspectum imperatoris quaestiones discutere I 204,30; in conspectu regis rationem deducere I 204,1; *cfr.* praesentia.

conspicere I 163,35; *cfr.* tractare. — c. observationem regulae I 321,30; *cfr.* inspicere.

conspirare inter se II 86,15.20.

conspiratio II 265,20; conspirationes non facere I 56,5 [400,5]. 77,5. 124,5.15 [426,25.30]. II 156,10. 158,10 [299,35—300,1]. 177,25. 301,1; a conspirationibus se cavere II 299,10; conspirationes prohibere II 309,20.25; de conspirationibus inquirere II 65,1; *cfr.* coniuratio.

constituere aliquid *ex. gr.* I 7,15. 29,15. 43,1. 92,1. 289,20 [443,20].

331, 15. 336, 25. II 9, 35. 15, 25. 18, 1. 108, 5. 307, 10. 311. 35. 312, 5. 527. 40; c. adiutorium I 138, 5; c. annos II 131, 5; c. bannum I 70, 35; c. capitula II 117, 5; c. capitula regis; c. causas I 30, 10. 291, 20 [445, 10]; c. censum I 287, 25 [442, 15]. 367, 35; c. condicionem I 271, 10; c. constitutionem I 314, 1 [423, 30]. II 343, 5; c. curiam II 529, 25; c. decretalia I 57, 30 [401, 25]; c. decretum I 80, 10; c. diem; c. disciplinam I 64, 1. II 319, 15; c. edictum II 301, 20; c. exactionem II 354, 5; c. expensam I 305, 45 [417, 30]; c. fidem catholicam I 29, 5; c. horam I 344, 10; c. ieiunia I 401, 5; c. iussionem I 188, 10; c. legem II 326, 10; c. locum; c. loca I 271, 5. 10. II 312, 30; c. mercata; c. monetam II 316, 5; c. pactum II 180, 25; c. placitum; c. regulam I 228, 1; c. servitium I 314, 20 [450, 1]; c. synodos II 258, 5; c. tempus. — c. aliquem I 306, 15 [417, 45]. 310, 15 [420, 35]. 327, 5. II 47, 25. 313, 5. 314, 20. 25. 432, 15. 454, 20. 30; c. abbates I 375, 20; c. abbatissas II 48, 30; c. in vice abbatissae II 180, 15; c. advocatum I 149, 10 [431, 25]. 151, 15; c. archiepiscopum; c. archipresbiterum I 230, 1. II 256, 30; c. centenarium I 149, 10 [431, 25]. 151, 15; c. clericos I 277, 20 [407, 1]; c. comites; c. conductores II 122, 1; c. consortem et successorem imperii I 271, 5; c. diaconum I 134, 5 [411, 35]; c. doctores I 376, 25; c. episcopum; c. exactores II 122, 1; c. imperatorem, regem; c. iudicem; c. magistros I 298, 35. 376, 25; c. metropolitanum I 34, 5; c. ministros comitis II 437, 15; c. ministrum ecclesiae I 229, 20; c. ministros episcopi II 32, 40; c. ministros palatii II 436, 25. 524, 5; c. ministros rei publicae II 436, 25. 30; c. missos; c. monachos II 268, 35; c. monachum proviso loco I 376, 40; c. monachum in titulo II 180, 5; c. notarios II 64, 5; c. oeconomum II 103, 20. 410, 1; c. duos ordines II 519, 5; c. pastores II 2, 25 [6, 10. 28, 15]. 48, 25; c. pontifices I 11, 5; c. praepositum I 149, 10 [431, 25]. 151, 15. 346, 5; c. presbyterum; c. procuratores II 122, 1; c. rectorem I 310, 1 [420, 25]. II 48, 25. 82, 5; c. sacerdotes; c. sanctimoniales in monasterio II 180, 15; c. scabinios I 149, 10 [431, 25]. 151, 15; c. vicarium I 149, 10 [431, 25]. 151, 15; c. vicedominum I 151, 1; c. vassos dominicos ad marcam custodiendam I 300, 35 [437, 1]; *cfr.* ponere, statuere.

constitutio. constitucio: c. antiqua I 166, 30 [432, 40]; c. banni II 327, 10; c. canonica I 33, 40. 94, 5; c. canonum II 379, 20. 385, 15; c. capitulorum II 322, 5; c. episcoporum II 42, 1. 5. 414, 5; c. episcopalis II 179, 1 [185, 35]; c. formatae I 375, 10; c. imperatoris, regis I 18, 25. 19, 15. 20, 20. 130, 5 [II 23, 35]; I 192, 15. 306, 25 [418, 10]. 311, 1. 15 [421, 5. 15]. 333, 25. II 94, 15. 302, 1. 30. 313, 35. 336, 10. 348, 5. 411, 5. 522, 1; constitutionem imp. subscribere et signare I 262, 45—263, 1 [II 260, 30]; c. imp. subterfirmare et signare I 264, 15; constitutionis imp. descriptiones tres I 262, 35. 40; constitutionis imp. praecepta septem I 264, 10; constitutionem imp. promulgare I 289, 10 [443, 10]; c. imp. relegere II 302, 30; c. imp. adimplere II 16, 1; c. imp. conservare, observare, tenere I 262, 35. 45. 263, 1. 264. 15. 272, 45. 290, 15. 20 [444, 5]. 328, 25. II 130, 25; constitutionum imp. observatio II 130, 25; constitutionem imp. neglegere II 16, 1; c. imp. transgredi I 298, 15. 20; constitutionis imp. transgressor II 19, 25; constitutionis imp. praevaricator II 177, 35 [186, 15]; constitucio antiqui iuris I 19, 30; c. Leoniana I 311, 1 [421, 5]; c. *legis* I 117, 20. 268, 30 [446, 1]. 284, 1 [440, 25]. 291, 1 [444, 30]; c. legis Romanae II 327, 15; c. maiorum II 530, 1; c. patrum I 314, 1 [423, 30]. 323, 5. 20. II 397, 20. 402, 25. 420, 5; constitutionem patrum constituere I 314, 1 [423, 30]; constitutionibus patr. contradictor II 402, 25. — c. (= *Einsetzung*) imperatoris I 415, 5.

constituta: c. retinere II 528, 15; c. canonum II 280, 1; c. concilii II 228, 20; c. imperatoris, regis observare, exequi I 135, 10. 139, 5. II 301, 25; c. imp. temerare aut neglegere II 88, 10; constitutis imp. resultare et neglegere II 257, 45; constitutis imp. percelli II 124, 20; constituta papae II 225, 25. 30; c. patrum II 209, 40; *cfr.* statuta.

constrictio II 251, 15. 252, 1; *cfr.* districtio.

constringere I 181, 1. 218, 5. 330, 15. II 520, 30; c. homines in banno missos II 278, 5. 10; c. clericum I 191, 35. II 229, 5. 15. 40; c. contumacem I 362, 15; c. decimas dare nolentem II 13, 1. 110, 15. 186, 5; c. denarium mixtum proferentes II 316, 30. 317, 10; c. devastationes facientem II 108, 15; c. *ecclesiasticum* I 110, 5; c. ementem extra loca praedicta I 294, 20; c. excedentes I 12, 5; c. excommunicatum I 326, 25; c. familiam I 291, 25 [445, 10]; c. feminas I 257, 30; non c. festinantes ad imperatorem I 96, 35; c. fugientem II 73, 15 [155, 35]; c. homines suos I 305, 35. 306, 5 [417, 20. 25]; c. incantatores I 228, 10; c. incestuosum I 122, 15 [409, 45]; c. latronem II 75, 20. 273, 10 [348, 10]; c. malefactores II 75, 20. 273, 25. 295, 1; c. monetarium falsum II 317, 10; c. oppressores pauperum, viduarum *etc.* II 292, 10; c. homines in paenitentia missos II 278, 5. 10; non c. pauperinos I 96, 35; non c. pauperiores I 165, 10; c. peccatorem II 156, 1. 336, 5; c. pontem non reparantes II 16, 20; c. populum I 257, 30. 35; c. praedatores II 75, 20. 108, 15; c. presbyterum I 77, 20. 374, 15; c. protervum II 224, 15; c. raptam et raptorem I 278, 35 [408, 10]; c. raptores II 218, 1. 292, 15; c. rebellem I 122, 30 [425, 35]; c. reiectores bonorum denariorum II 319, 15; c. sacerdotes I 191, 35. II 102, 10; c. sanctimoniales subditas I 341, 20; c. servos I 300, 20 [436, 30]. 301, 10 [437, 15]. II 251, 10; c. transgressorem II 292, 5; c. vassallum I 217, 10. 305, 35 [417, 20]; c. vassallum dominicum I 326, 40; c. vendentes vinum et annonam I 448, 45. — c. anathematis vinculo II 186, 5; c. auctoritate canonica et saeculari potentia II 224, 15; c. auctoritate humana et divina I 278, 35 [408, 10]; c. canonice II 218, 1; c. secundum canonicam institutionem I 77, 20; c. disciplina II 319, 15; c. disciplinis I 181, 1; c. districtione comitis II 292, 5; c. examinatione I 228, 10; c. excommunicatione episcopali II 110, 15; c. flagellis aut ieiuniis I 257, 30; c. legaliter II 292, 15; c. legibus publicis et canonicis II 41, 5; c. iniusto theloneo et iniqua muta II 250, 15; c. saeculari potentia et auctoritate canonica II 224, 15; c. satisfactione I 110, 5; non c. servitio I 96, 35; c. vinculis I 326, 25; *cfr.* coartare, coercere, compellere, compescere, comprimere, distringere, opprimere, reprimere. — c. = *conligare, confirmare:* c. banno II 188, 15; c. iuramento, sub iuramento I 313, 1 [422, 25]. II 3, 1 [6, 15]. 188, 15. 215, 20. 225, 25. 226, 30; c. laicum praeiuramento II 224, 25; c. se monachi voto I 228, 30.

constructiones templi II 475, 35.

constructor: c. ecclesiae I 317, 1; c. monasterii vel oratorii I 374, 35.

construere: non c. domos die dominico I 61, 10 [404, 25]. — c. alodem I 136, 20; c. beneficium I 136, 20. 150, 35; non c. propriam ex beneficio I 93, 5; *cfr.* condirgere, restaurare.

constuprare uxorem alterius II 236, 25. 239, 30; *cfr.* stuprare.

consubstantialitas II 511, 15.

consuescere I 146, 15. 214, 20. 295, 30. II 115, 35. 255, 10 [398, 15]. 333, 30; consuetum esse antiquitus I 85, 20. — consueta aelemosina II 386, 1; consuetus mos II 149, 30.

consuetudo I 8, 20. 10, 20. 57, 10 [401, 10]. 71, 25. 144, 20. 147, 15. 164, 10. 189, 30. 191, 30. 192, 15. 195, 30. 199, 20. 201, 35. 218, 25. 284, 35 [441, 15]. 295, 1. 302, 25. 307, 10 [418, 40]. 319, 15. 355, 1. II 10, 10. 71, 15. 114, 15 [399, 25]. 134, 25. 158, 1. 272, 20. 273,

35. 277, 25. 287, 15 [310, 1]. 312, 30. 313, 10. 315, 5. 10. 320, 25. 328, 5. 356, 45. 367, 5. 408, 15. 524, 35. 527, 1; c. apostolicae et ecclesiasticae auctoritati refragans II 41, 15; c. et lex II 157, 35. 488, 5; c. non superponatur legi I 201, 20; c. pro lege servetur I 220, 20; per consuetudinem pro lege tenere II 158, 1; consuetudo et rectum II 280, 30. — c. antecessorum II 76, 10. 158, 5. 337, 5. 20 (cfr. 315, 5. 320, 25. 405, 5. 451, 1); c. antiqua I 66, 25. 123, 20 [426, 15]. 132, 5. 145, 30. 167, 10 [433, 5]. 180, 20. 190, 35. 192, 5. 195, 15. 197, 15. 284, 10 [440, 35]. 295, 5. 323, 5. 20. 325, 20. 327, 20. 331, 5. 332, 1. II 84, 5. 87, 25. 40. 102, 35. 105, 10. 25. 110, 5. 20. 116, 10 [402, 10]. 133, 15. 185, 15. 260, 10. 315, 10. 318, 10. 15. 321, 20. 322, 1. 5. 323, 1. 25. 324, 15. 325, 30. 340, 1. 404, 15. 413, 1; c. ecclesiastica I 356, 40. II 183, 30; c. Francorum I 192, 25; c. Gallica II 515, 25; c. gentilium II 524, 45; c. inolita II 135, 20; c. iudicii II 98, 10; c. iusta I 197, 15. II 334, 25—40; c. Langubardorum I 319, 15; c. longa I 293, 25; c. melior II 413, 5. 10; consuetudines noxiae I 322, 5; consuetudo olitana II 450, 40; c. ordinata I 177, 25 [434, 25]; c. patrum II 399, 5; c. praecedens II 125, 20; c. praedecessorum II 315, 5. 320, 25. 405, 5. 451, 1 (cfr. 76, 10. 158, 5. 337, 5. 20); c. prava I 318, 30 [423, 15]. 356, 15. II 82, 10. 183, 15; c. rationabilis II 334, 25—40; c. religionis christianae II 400, 5; c. reprehensibilis I 356, 15. II 406, 10; c. Romana I 230, 15; c. sedis Romanae II 508, 10; c. Romanorum II 511, 1; c. temeraria II 41, 35. 40; c. terrae II 107, 30. — in consuetudinem aliquid non praesumere I 262, 20 [II 260, 15]; pro consuetudine neque placitum neque ospitium vindicare II 110, 20; consuetudines iniustas non inponere, non exactare I 284, 30—285, 1 [441, 15. 20]. 289, 15 [448, 10]. II 322, 25. 388, 10. 15 [408, 10. 15]; consuetudinem novam non imponere I 65, 20.

consulatus (= *imperii*) annus I 204, 30.

consulere: c. comites II 85, 15; c. vicinos episcopos II 118, 20; c. regem II 325, 35. — c. ecclesiae II 350, 15; c. unicuique ordini communi voto et consensu I 274, 35. 275, 5; c. saluti populi II 32, 35; *cfr.* cura.

consultatio II 528, 20; c. episcoporum II 27, 20. 80, 30. 116, 30. 368, 15; *cfr.* consilium.

consultum: consulta episcoporum II 178, 35 [185, 30]; *cfr.* consilium.

consultus II 219, 30; c. abbatum I 274, 35; c. apocrisiarii II 524, 15; c. archiepiscopi II 423, 10; c. canonicorum I 274, 35; c. comitum II 85, 20; c. comitis palatii II 524, 15; c. communis I 307, 20 [419, 1]. II 124, 1. 235, 30; c. episcopi II 412, 15. 423, 10. 539, 10; c. episcoporum I 44, 15. 274, 35. II 72, 10. 124, 1. 266, 10; c. fidelium I 44, 25. 81, 20. 275, 5. 280, 1 [409, 20]. 307, 20. 25 [419, 1. 10]. II 5, 35. 40. 46, 10. 55, 10. 72, 10. 270, 30. 286, 10; c. monachorum I 274, 35; c. nobilium II 90, 20; c. optimatum I 274, 35; c. primatum II 211, 1; c. propinquorum II 285, 30; c. sacerdotum I 44, 25. II 5, 40; c. synodalis II 423, 30; c. synodi II 423, 10; *cfr.* consilium.

consurgere in contrarietatem imperatoris I 297, 1. — consurgat actio I 19, 25.

contactus inlicitos fugere II 455, 1.

contagio II 468, 10.

contaminare: c. fornicatione I 97, 30; contaminatam invenire uxorem I 38, 20; *cfr.* fornicare.

contaminator locorum sacrorum II 175, 20.

contemnere, contempnere: c. admonitionem episcopi I 328, 35. II 262, 1. 373, 15. 25; c. auctoritatem ecclesiasticam II 287, 10 [309, 35]; c. bannum I 98, 20. II 218, 5; c. dispositionem episcopi II 83, 1; c. episcopum II 387, 1. 458, 25; c. edictum regis I 16, 10; c. iussionem imperatoris, regis; c. mandatum regis II 316, 25. 325, 25; c. ministerium episcopi II 36, 25; c. ministerium sacerdotale II 34, 20; c. regulas patrum II 124, 20; c. statuta II 520, 25; c. synodum I 34, 10; c. vigorem ecclesiasticum II 38, 1; *cfr.* despicere.

contemptive violare defensionem I 323, 10.

contemptor I 197, 30. 326, 20. 25. II 353, 1 [352, 5]; c. benevolentiae regis II 177, 35; c. canonum I 46, 10. 278, 10 [407, 30]. II 121, 40. 407, 15; c. capitulorum I 147, 20. II 62, 25; c. comitis II 13, 20. 25. 14, 10; c. disciplinae apostolicae II 384, 15; c. episcopi I 327, 1. II 13, 20. 25; c. iussionis imperatoris II 19, 10. 15; c. legum II 312, 25; c. legis divinae II 402, 25; c. missorum II 14, 10; c. praecepti regis II 332, 10; c. sanctionum divinarum II 121, 30; c. senioris I 305, 40 [417, 25]; *cfr.* rebellis.

contemptus, contemtus, contentus I 23, 20. 35, 5. II 413, 1. 520, 20; pro contemptu excommunicatione dignum haberi I 326, 20; contemtus capitulorum I 205, 15; c. decimarum I 186, 1; c. episcopi II 34, 35; c. legum divinarum II 520, 35; c. servitutis divinae II 84, 40; c. regis II 312, 35—313, 5. 374, 35; *cfr.* despectus.

contendere = *contradicere:* non c. aliquid I 43, 20; c. de iniustitia I 217, 10; non c. pastum I 144, 5. — c. cum abbate suo I 348, 25; c. cum armis I 148, 15 [430, 40]; c. in campo I 118, 10 [430, 30]. 160, 25 [449, 10]. 180, 25. 217, 20. 284, 20 [441, 5]; c. ad crucem I 49, 5. 118, 10 [430, 30]. 160, 25 [449, 10]; c. in iudicio I 160, 25 [449, 10]; c. per pugnam II 69, 5; *cfr.* decertare. — c. = *recipere suum:* c. colonos II 269, 25; c. latronem II 273, 15; c. mancipium alienum II 292, 20.

contentio = *discordia* I 61, 40 [405, 5]; contentiones movere, amare *vel similiter* I 94, 35. 95, 10. 98, 5. 230, 25. 243, 15. 20. II 15, 20. 45, 15. 20. 179, 20; contentiones inter coheredes et clericos II 232, 20; c. inter reges seminare II 169, 30. 35; contentio indebita II 336, 25. — c. = *causa* I 161, 20. 268, 1. 282, 40 [439, 30]; c. legalis II 524, 40; c. rerum aut legum II 528, 35; contentionibus terminum inponere I 283, 15 [440, 1]; contentio in confinio duorum comitatuum exorta I 283, 15 [440, 5]; contentiones et lites diebus dominicis *etc.* non habere II 283, 35—284, 5; propter contentionem pugnare I 331, 15; contentio abbatis I 176, 20 [433, 30]; c. clericorum I 196, 15; c. comitis I 176, 20 [433, 30]; c. episcopi I 176, 20 [433, 30]; c. heredum II 186, 35; c. potentiorum I 176, 20 [433, 30]; contentio inter Saxones et Frisiones orta I 268, 25 [445, 40]; c. de decimis orta II 337, 1; c. de ecclesia surrigens II 180, 35; c. de pigneribus orta II 135, 30. 146, 40; c. de possessionibus orta I 196, 15; c. de proprietatibus orta II 147, 45. 148, 1; *cfr.* lis.

contentiosus I 364, 30. — contentiose agere I 171, 10.

contentus *v.* contemptus.

contestari, contextari I 63, 25. 95, 1. 242, 10; c. coram Deo et angelis I 75, 10; *cfr.* testari.

contestatio, contextatio = *admonitio* I 97, 5; c. episcopi I 327, 1. 328, 25. 30. 332, 5; c. generalis II 396, 20; c. missorum II 8, 25. — contestatio prima et secunda II 132, 20. 133, 5.

contextari *v.* contestari.

continere = *conservare, 'erhalten':* c. legitime mancipia fugitiva I 288, 5 [442, 35]; c. palatia vel publicas domus II 64, 15; c. regnum; c. res ecclesiasticas II 9, 35. 13, 25; c. res fisci II 9, 35. 10, 1. 13, 25; *cfr.* tenere. — c. se = *abstinere:* c. se non posse, valere I 40, 10. 15. 30. II 237, 20. 238, 15. 239, 1. 247, 25; continentem et innuptam permanere II 238, 20. 239, 5. 15.

continentia I 243, 25; c. sacerdotis II 541, 45; *cfr.* abstinentia.

contingere mulierem II 237, 15; *cfr.* attingere.

contractor I 9, 25.

contractus I 311, 15 [421, 15]; c. emphitheuseos I 311, 1 [421, 5]. 316, 20; c. nuptialis I 232, 15.

contradicere I 73, 25. 113, 10 [428, 30]. 160, 30 [449, 10]. 181, 5. II 12, 20. 230, 10. 260, 10; c. comiti II 328, 20; c. convenientiae II 74, 1 [156, 40]; c. communi decreto II 73, 40. 74, 1 [156, 40. 157, 1]; c. episcopo I 204, 1; c. episcopis II 101, 35; c. regi II 73, 25 [156, 25]; c. regiae potestati II 402, 30; c. regulam I 276, 15 [406, 1]; c. = *vetare* I 98, 20. 296, 5. II 124, 25; c. auctoritate canonica II 243, 10; *cfr.* contraire. — c. = *recusare, negare:* c. beneficium I 192, 30; c. decimam I 336, 25; c. denarios novos I 74, 30; c. homines comiti vel misso II 316, 25; c. mancipia fugientia I 287, 10. 288, 5. 10 [441, 45. 442, 30. 35]; c. mansionem I 116, 10 [429, 40]; c. missaticum I 160, 5 [432, 1]; c. servum, terminum, terram imperatoris I 92, 35; c. viam ad regem I 70, 5. 88, 20. II 124, 25. — c. per violentiam presbyterum aut clericum aut incestuosum I 32, 1.

contradictio I 128, 40 [II 22, 25]. I 262, 10 [II 259, 35]. I 334, 45. II 70, 35 [170, 30]. 97, 20. 292, 20; c. calumpniosa II 136, 30; c. prima I 113, 10 [428, 30]. 181, 5; c. rationabilis II 268, 30; *cfr.* contradictus, interdictum, interpellatio.

contradictor I 181, 5. 197, 30. 35. II 273, 20. 402, 25; *cfr.* rebellis.

contradictus II 336, 40; *cfr.* contradictio.

contrahere: c. iura matrimonii II 236, 10; c. permutationem I 311, 25 [421, 25].

contraire II 88, 10. 420, 25: c. episcopis II 101, 35; c. ex authentica potestate II 210, 20; *cfr.* contradicere.

contrarietas II 54, 10. 72, 25. 30 [155, 5. 10]. 133, 15. 136, 20; contrarietatem non facere II 147, 30. 149, 5; in contrarietatem imperatoris non consurgere I 297, 1; in contrarietatem regis esse, venire II 70, 30. 329, 30. 452, 5; contrarietas fidelium I 320, 1; c. iudicum I 21, 20; *cfr.* inimicitiae.

contrarius I 123, 5 [425, 40]; contrarii regis II 329, 30; contrarium esse voluntati vel praeceptis imperatoris I 93, 10; contrarius sacerdos I 373, 30; sanctimoniales contrariae I 95, 10. — contrarium: c. corrigere II 35, 10; c. facere presbytero eiusque hominibus I 72, 5; c. divinae legi et canonibus II 83, 1; *cfr.* adversarius, rebellis.

contrastare II 84, 10.

controversia: c., quae coram centenario definiri potest I 315, 30; c. inter partes regni orta I 129, 15 [II 23, 5]; c. inter presbyterum et laicum II 224, 25; c. de rebus ecclesiasticis II 187, 1; *cfr.* lis.

contubernium II 399, 35.

contumacia, contumatia I 291, 15 [445, 1]; per contumatiam a potestate episcopi non dissilire II 102, 10; per c. vim inferre I 300, 20 [436, 25. 30].

contumax I 205, 20. II 18, 30. 19, 1. 420, 25; c. et rebellis II 281, 15; c. comiti I 284, 5 [440, 35]; c. episcopo I 326, 25; c. episcopis I 362, 10; c. contra regiam potestatem II 262, 1. 402, 30; c. presbyter I 77, 15. — contumaciter transgressorem existere II 42, 5; *cfr.* rebellis.

contumeliae: contumelias ingerere clerico II 224, 20; contumeliis dehonestare presbyterum II 215, 25; *cfr.* convitium.

conturbare: c. ecclesiam II 215, 1; non c. legationem episcoporum II 219, 1; c. regnum I 128, 25 [II 22, 5]; *cfr.* perturbare.

conturbatio I 151, 10; *cfr.* lis.

conturbium I 66, 25; c. et discordia inter comites I 70, 20.

conubium: c. legitimum II 122, 30; conubia iniusta prohibeantur I 59, 15 [402, 45. 449, 30]. 104, 10: conubium moechi et moechae, fornicatoris et adulterae II 236, 30. 237, 1; *cfr.* coniugium.

convellere I 13, 20.

conveniens: c. locum II 256, 30. 257, 1. 269, 10; c. salubritas et honestas II 254, 30.

convenientia, convenentia I 241, 30. II 390, 20. 411, 5; c. clericorum I 231, 10; c. episcoporum cum laicis II 178, 10; c. episcoporum cum rege II 388, 25; c. fidelium II 254, 25. 255, 25 [398, 30]; c. fidelium cum rege II 281, 30; c. priorum vel missorum I 93, 20; c. regum fratrum II 73, 40. 74, 1 [156, 35. 40]; c. synodi I 228, 20; *cfr.* unanimitas. — convenientiae et statuta imperatoris I 129, 35 [II 28, 20]. — c. (= *licentia*) viri I 40, 20. — convenientia loci II 411, 5; c. ministeriorum II 523, 25. — convenientias (= *adunationes*) facere de elemosinis vel de incendio vel de naufragio I 51, 1; *cfr.* coniuratio. — convenientia atque conditio I 264, 5. II 159, 15. 302, 20.

convenire: c. cum rege fratre, cum fidelibus I 12, 30. II 68, 30. 72, 10. 75, 10. 77, 15. 106, 5. 112, 25. 157, 10. 160, 5. 10. 162, 10. 15. 163, 10. 40. 164, 30. 166, 1. 5. 169, 15. 171, 15. 172, 1; non c. ad iudicia laicorum I 36, 20; c. ad placitum I 61, 10 [404, 25]. 440, 45. II 286, 20. 294, 35; c. ad placitum generale, ad regem, imperatorem I 71, 10. 206, 25. 272, 40. II 52, 25. 74, 5 [157, 1]. 77, 35. 99, 10 [348, 10]. 104, 25. 105, 25. 162, 10. 169, 15. 286, 5. 303, 15. 311, 25. 341, 1. 348, 25. 30. 358, 35. 371, 20. 377, 10. 485, 40. 527, 5; c. ad placita missorum I 177, 10. 25 [434, 5. 20]. 291, 10 [444, 40]. 310, 5. 10 [420, 30]. II 286, 20. 294, 35; c. ad synodum I 34, 1. 5. 35, 1. 366, 25. II 2, 20 [5, 40. 6, 1]. 4, 20. 174, 1. 246, 5. 263, 30. 280, 5. 352, 25. 368, 1. 397, 5. 10. 30. 422, 1. 35. 427, 30. 448, 10. 463, 25. 464, 30; c. synodali decreto II 442, 10; c. synodice II 408, 20; *cfr.* venire. — c. in locis secretis II 477, 10; c. more maris et feminae II 465, 35. — convenit atque placuit I 6, 20. 8—10. 12, 1. 15. 35. 14, 1—10. 25. 15. 16, 5. 15. 20. 17, 1—10, *saepius;* convenire de precium servi I 7, 1. — c. = *admonere:* c. consecratorem II 41, 10; c. ministros rei publicae II 415, 15.

conventiculum II 477, 15.

conventio = *conventus, 'Zusammenkunft':* c. episcoporum I 227, 25. — c. = *convenientia, 'Übereinkunft'* I 448, 30. II, 23, 35. 169, 1; c. dubia I 398, 40. 45.

conventus II 498, 15; c. conciliorum I 249, 15; c. ecclesiae I 69, 30; c. episcoporum I 20, 30. 340, 5. 10. II 2, 15—25 [5, 40—6, 5]. 3, 1 [6, 15]. 11, 10. 28, 10. 33, 25. 35, 20. 39, 15. 41, 20. 45, 30. 46, 20. 25. 52, 15. 53, 5. 10. 40. 56, 10. 20. 25. 57, 1. 187, 35. 211, 35. 368, 1. 447, 35; c. episcoporum singulis annis fiat I 366, 30—367, 1. II 88, 30. 90, 20 (*cfr.* c. sacer *etc.*); c. fidelium I 275, 25. 350, 5. II 286, 1. c. Galliae Germaniaeque II 385, 25; c. generalis, imperatoris, regis I 198, 1. 241, 15. 280, 35. II 89, 20. 253, 10. 254, 25. 371, 1. 398, 1. 428, 20. 429, 15. 466, 25; c. missorum I 308, 25 [419, 35]. 310, 10 [420, 35]; c. obtimatum II 466, 25; c. patrum sanctorum II 187, 35; c. populi I 356, 15. II 219, 1; c. popularis II 120, 15; c. presbiterorum II 188, 20. 458, 20; c. publicus I 317, 15. II 62, 1; Saxones generaliter conventus publicos non faciant I 70, 30; conventus publici diebus dominicis non fiant I 69, 25; in conventu primo causae et querelae viduarum, pupillorum, orfanorum, pauperum audiantur et diffiniantur I 333, 15 [421, 45]; conventus regum II 166, 5. 293, 25; c. sacer I 241, 35. 270, 30. 276, 10. 15 [405, 35. 406, 1]. 278, 30 279, 1 [408, 5. 25]. 338, 35. 339, 5—25. II 34, 40. 213, 25. 228, 1. 265, 40. II 396, 25. 422, 1. 423, 30; c. sanctus I 73, 25; c. synodi II 178, 25; c. synodalis I 27, 40. 221, 10. 322, 1. II 34, 35. 147, 30; *cfr.* colloquium, concilium, placitum, synodus.

conversari, conversare I 189, 35 (?). II 81, 5. 87, 15; c. in palatio II 524, 20; c. secundum auctoritatem apostolicam I 279, 35 [409, 15]; c. religiose I 305, 15 [417, 1]. II 88, 35; non c. cum feminis I 328, 25. 332, 5. 374, 5; c. in episcopiis aut in monasteriis I 373, 20. II 229, 20; c. nomine monachorum I 67, 1; c. communiter I 289, 40; c. cum fratribus, monachis I 321, 35. 369, 30.

conversatio = *vita* I 161, 30. 162, 20. 237, 30. II 415, 20; conversationis bonae non esse I 56, 20 [400, 20]; c. praecipua I 11, 20; c. prava I

334, 40; c. religiosa II 413, 25. 434, 25. 30; c. religionis I 79, 10; c. reprehensibilis II 407, 5; c. sancta II 117, 35; c. abbatis I 162, 25; c. archiepiscopi II 2, 30 [6, 10. 28, 15]; conversationem canonicorum praeparare I 327, 15. 20, inquirere, perquirere II 64, 30. 267, 15; conversatio clericorum I 309, 1. II 79, 35. 81, 5. 10; c. episcopi I 102, 25. 304, 10 [415, 10]. 368, 35. II 8, 30. 83, 35. 84, 10. 85, 15. 79, 35. 81, 5. 10. 117, 10. 15. 118, 5. 404, 30. 35; c. gradum amittentium II 41, 1; c. monachorum I 63, 15. 95, 20. 161, 35. II 400, 10. 484, 30; conversationem monachorum cognoscere I 321, 30; de conversatione monachorum inquirere I 131, 20 [410, 20]. 199, 40. II 267, 15; conversatio monachi electi II 412, 15; c. ordinandi II 410, 35; c. poenitentis II 239, 5; c. potentium II 405, 10; c. presbyterorum I 332, 10. II 79, 35. 81, 5. 10; de conversatione presbyterorum examinare I 110, 15; c. religiosorum II 400, 10; c. regis. secularium II 405, 10; c. sacerdotis I 59, 40 [403, 20]. 237, 35. 374, 30; c. sacerdotalis II 33, 35; c. sacra II 227, 30; c. sanctimonialium et ancillarum Dei I 164, 15. II 7, 1; de conversatione sanctimonialium inquirere I 131, 20 [410, 20]. 199, 40. II 267, 5. — conversationem inter se habere I 214, 10; conversatio pastoris vel magistri venerabilis loci I 164, 1. — c. = *commoratio:* c. in domo episcopi II 405, 10: c. rusticorum II 460, 20. — c. = *conversio* I 365, 25.

conversio libri hominis I 412, 5; *cfr.* conversatio.

convertere: converti I 377, 1. II 166, 35. 255, 15 [398, 15]. 447, 25. 449, 5; c. ad correctionem II 384, 10; c., convertere se ad Deum, ad divinum servitium I 121, 20 [446, 30]. 240, 30. II 85, 25. 322, 20; c. se ad ecclesiam I 239, 15; c. se ad fidelitatem II 329, 35.

convicinantium parrochiae, missatici, ministeria I 141, 15.

convicini I 71, 35; *cfr.* vicini.

convicium, convitium I 110, 45. 238, 15; convicia inferre iudicibus in iudicio residentibus II 109, 5; *cfr.* contumelia.

convictio aperta II 422, 30.

convictus I 313, 25 [423, 10]; c. episcopi II 117, 25.

convincere aliquem I 140, 5. 153, 5 [431, 35]. 315, 25; c. comitem I 32, 20; c. iudicem I 17, 1; c. leudes I 14, 10. 15; c. presbyterum I 328, 25. 332, 5; c. racemburgios I 32, 20; c. falsos testes I 210, 25. 282, 40 [439, 30]; convinci I 14, 10. 17, 15. 19, 1. 21, 15. 114, 20 [429, 20]. 156, 30 [428, 10]. 206, 1. 259, 15. 268, 5. 283, 40. 330, 40. 337, 1. II 15, 20. 182, 10. 265, 20. 302, 1. 306, 40. 316, 15. 318, 25. 35. 336, 1; non convinci posse testibus probatis II 415, 5; c. manefestum I 21, 15; c. publico crimine I 175, 1; c. de crimine capitali I 21, 15; c. de falsitate I 269, 35; c. de latrocinio I 156, 35 [428, 15]; c. periurii I 124, 20 [426, 40. 448, 25]. 269, 35. 283, 40. 330, 40; *cfr.* evincere, revincere.

conviva episcopi II 117, 15.

convivare: non c. in ecclesia II 193, 20; *cfr.* manducare. — convivare ignem in silvam I 335, 20.

convivium I 98, 5. 238, 5. 248, 20; convivia festis diebus non facere I 376, 25. 30; conviviis secularibus usum non habere I 96, 5; ad convivia laicorum non accedere I 228, 35; convivia in ecclesia non fiant II 486, 5; *cfr.* comessatio.

convocare II 458, 20; c. archiepiscopos, proceres, marchiones, comites, optimates II 379, 15; c. coheredes I 269, 5 [446, 15]. 283, 30 [440, 15]; c. consiliarios II 528, 20. 25. 45; c. conventum fidelium II 90, 20; c. generaliter fideles II 281, 30. 294, 30; c. presbyteros ad civitates I 278, 15 [407, 40]; c. proceres, senatores II 528, 45; c. seniores II 529, 25; c. suffraganeos I 339, 15. — c. = *vocare:* c. ad se conparem I 172. 25; c. ad se milites II 526, 35; non c. vicinos ad pastum II 257, 25. — c. = *citare* II 529, 30; c. iterum ad palatium I 72, 1; c. ad synodum I 94, 10. II 180, 5; *cfr.* accersire, adgregare, adunare, congregare, evocare.

cooperantes rapinae I 278, 40 [408, 15]; *cfr.* complices.

cooperator: c. Dei II 444, 30; cooperatorem raptoribus feminarum non existere II 120, 1; cooperator regis II 73, 30 [156, 25. 334, 1. 362, 20]. 168, 10; *cfr.* complices.

copertorium I 256, 30.

copplae *c.* capplae.

copula: c. coniugalis II 465, 25. 466, 35; c. maritalis I 365, 35; c. nuptialis II 236, 5; *cfr.* coniugium.

copulare: copulari legitimo conubio II 122, 30; copulare sibi feminam liberam I 318, 30. 320, 25. II 62, 30; c. sibi viduam I 281, 35 [438, 25]; c. sibi uxorem parentem I 202, 25; c. in coniugio consobrinam *etc.* I 377, 1; copulatos esse proximis vel Deo sacratis II 88, 5; pollutos copulare coniugio II 183, 20. 25; c. aliam uxorem I 376, 35; copulari priori uxori II 236, 20; copulare se cum servo II 62, 35; c. se maritos I 202, 10; c. se viris I 215, 30; copulari legitime I 315, 20. — c. se in pacis concordia II 254, 20; *cfr.* coniungere.

copulatio: c. coniugalis I 230, 30; c. inlicita I 377, 1; c. non rata I 365, 30; sine copulationis uxoreae spe manere II 414, 15; copulatio virginum sacrarum I 278, 10 [408, 35]; *cfr.* coniugium.

coquina I 86, 30. 254, 5. 255, 10. 35. 256, 10. 340, 10.

corbis, corbus I 84, 1. 254, 15. 255, 20. 40. 256, 15. 40.

corepiscopus *c.* chorepiscopus.

coriandrum, coliandrum I 90, 10. 255, 5. 256, 35.

corium I 89, 5. 20. 35; c. hircinum I 252, 5. — c. in dorso ferire I 299, 35; corio nudo vapulare II 318, 40.

cornu I 89, 5. 30. 223, 20. II 478, 35; *cfr.* tuba. — cornu altaris I 277, 5 [406, 35].

corona II 340, 40. 461, 30. 519, 25; c. argentea I 251, 1. 5; c. de racemis I 85, 1.

coronare: c. imperatorem, regem: c. reginam II 426, 45. 455, 15. — coronatus a Deo, divino nutu augustus, imperator I 126, 30. 168, 15. 169, 5. 170, 25. 204, 25. 211, 30. 241. 10. 245, 1. 246, 30. 267, 40.

coronatio reginae II 426, 45.

(corporale), corporales I 251, 20.

corporalis, e: c. disciplina I 142, 15. 152, 5. 160, 10—35 [432, 5—20. 449, 20]; c. infirmitas II 242, 30; c. opus I 11, 35; c. res II 522, 15; c. substantia I 357, 40.

corpus: c. purificare I 313, 10 [422, 30]: corporis incolumitas II 455, 5; corporis castigatio I 348, 20; corpore nudo vapulari II 318, 25; corpus defuncti I 69, 1. 40; c. ecclesiae I 246, 10; per corpus Petri promittere I 324, 10; corpora sanctorum I 63, 10. 76, 1; per corpora sanctorum festinare I 193, 20. — corpora (*opp.* res) I 13, 15. — corpus et sanguis Christi, Domini, dominicus I 363, 15. II 457, 35. 40. 489, 35. 490, 10. 25. 35; corporis veneratio II 493, 15; corpus conficere, praeparare II 223, 30. 489, 35. 501, 1. 502, 20; corporis sacratio I 244, 1; corporis solitarius consecrator II 41, 10; corporis mysteria celebrare II 41, 10. 15; corporis confractio II 502, 20; corpus a feminis non porrigatur II 42, 30. 35; corpus percipere, corpori communicare II 491, 1. 5. 496, 30; corporis perceptio, communio I 313, 1 [422, 25]. 367, 10. II 39, 15. 41, 40. 119, 15. 288, 10; corpore confirmare I 247, 15; a corpore excommunicatio I 347, 25; a corpore excommunicare II 160, 20; a corpore separare II 401, 1; *cfr.* panis. — corporis facultas *i. q.* *corpus* (= *universitas*) *facultatis* I 13, 30.

correctio II 4, 10. 20. 25. 5, 20—35. 31, 25. 37, 15. 44, 15. 288, 25. 396, 10. 405, 30; ad correctionem redire II 396, 40; ad c. converti II 384, 10; ad c. perduci non posse II 156, 1; correctio cleri II 397, 1; c. consacerdotum II 35, 15; c. episcoporum II 4, 20. 36, 25. 46, 15. 397, 1; c. imperatoris II 36, 25; c. maiorum

II 12, 40: c. ministrorum episcopi II 35, 15; c. praesulum II 397, 1; c. sacerdotum II 46, 15; c. subiectorum episcopi II 36, 15. 46, 15. — c. = *districtio* I 159, 1. 306, 40 [418, 25] II 8, 15; correctionis modus II 47, 25. 118, 25; correctio monachi I 348, 25; c. pastoralis I 11, 40; c. sinodalis II 33, 1.

correctores II 33, 25.

correptio = *disciplina* I 202, 15. II 302, 10; correptionibus corrigere I 342, 15; ad correptionem redire II 336, 1; correptio episcopi I 227, 20. 328, 30; correptiones paternae episcoporum II 451, 10.

corrigere I 12, 1. 53, 40 [397, 25]. 212, 5. 274, 45. 303, 15 [415, 1]. 309, 10 [420, 10]. II 50, 30. 40. 51, 1. 52, 30. 66, 1 93, 10. 116, 5. 231, 10. 281, 5. 287, 15 [310, 1]. 408, 30. 425, 1. *saepius*; corrigenda inquirere, discutere et diiudicare canonice II 101, 40. 102, 1; corrigere non posse, valere I 75, 1. II 115, 40. 265, 35. 406, 1; se corrigere I 31, 20. 154, 15. 204, 1. 244, 1. II 80, 35. 66, 25. 83, 15. 411, 25 ff. 449, 5; non se c. I 57, 30 [401, 25]. 94, 10. 278, 10 [407, 30]. 342, 20. 307, 20 [419, 5]. 326, 25. 40. II 81, 15. 82, 15. 20. 35. 83, 15. 98, 5. 124, 25. 161, 30. 175, 25. 188, 20. 308, 25. 35. 312, 10. 401, 1; c. abbatem I 369, 30; c. actus II 455, 15. 462, 10; c. clericos I 60, 30 [404, 5]; c. consuetudinem episcoporum II 406, 10; c. conversationem et vitam canonicorum *etc.* II 267, 15; c. contrarium ecclesiae I 33, 25; c. depravata II 8, 5; c. in episcopis reprehensibile II 35, 10. 406, 10; c. errata I 54, 1 [397, 25]. 369, 25. II 213, 35; c. errata populi II 257, 5; excommunicati non corriguntur II, 308, 35; c. familiam suam I 154, 15; c. flagitia II 46, 10; c. in persona et ministerio imperatoris II 27, 40 (*cfr.* 447, 25); c. inordinatum II, 94, 5; c. libros I 80, 30. 279, 35 [409, 15]; c. ministros comitis II 83, 15; c. monasteria; c. populum; c. pravos; c. prava II 5, 25; c. primores, reges II 447, 25; c. sacerdotes exemplo conversationis I 304, 10 [415, 40]; c. viduas I 48, 1; c. vitam ac mores II 520, 1; c. ex auctoritate imperatoris I 310, 20 [420, 45]. II 4, 30. 46, 10; c. secundum consilium et iudicium episcoporum II 76, 10. 367, 25; c. consilio, consultu fidelium II 46, 10. 280, 40. 403, 25; c. mutuo consilio II 388, 25; c. disciplina et vigore principis II 45, 5; c. absque dolo cum recta intentione II 425, 5; c. emendatione II 16, 10; c. mutua exhortatione II 30, 5; c. iuste legitimeque II 250, 20; c. legaliter II 274, 1. 5; c. per missos; c. in sua parrochia secundum ordinem canonicam, praedicatione I 11, 20. II 101, 35. 432, 10; c. potestate imperatoris I 305, 25 [417, 5. 10]; c. prudenter et rationabiliter II 375, 20; c. rationabiliter II 255, 35 [398, 35]; c. per regulam I 322, 1; c. secundum regulam christianitatis I 366, 30; c. regulariter II 94, 5; c. satisfactione II 412, 35; *cfr.* pacificare. — c. = *corripere* I 98, 20 (?). 342, 25; c. correptionibus I 342, 15; canonica praedicatione corrigi I 12, 5; corrigere comitem I 308, 30 [419, 40]; c. criminosos II 269, 20; c. decimas non dantem II 83, 5. 84, 10; c. severius divinatores *etc* II 45, 10; c. episcopum I 308, 30 [419, 40]; c. homines suos II 308, 25. 30; c. plebem imperio regis I 2, 30; c. vassum I 305, 40 [417, 35].

corripere II 175, 25; c. abbates, abbatissas I 195, 5. II 114, 25 [399, 35]; c. adulteros I 159, 1; c. archipresbyteros II 82, 15; c. bannum episcopi corrumpentes castigatione XL dierum II 218, 10; c. christianum I 152, 25; c. clericum, ecclesiasticum I 227, 20; c. episcopum II 264, 15; c. homicidas I 159, 1; c. imperatorem II 53, 40. 45; c. incestuosos I 97, 30. 159, 1; c. latrones I 159, 1; c. monachos; c. negligentes et contemnentes I 348, 15; c. presbyterum degradatum I 35, 5; c. tonsoratos, velatas I 35, 25. 30. — c. pro capitali et publico crimine II 78, 10 [155, 30]; c. pro culpis atque criminibus I 326, 20.

corroborare II 211, 20; c. confirmatione II 258, 30; *cfr.* roborare.

corroboratio imperatoris II 136, 35.

corrumpere: c. munere testes I 276, 30 [406, 20]. — c. = *viliare*: c. filias II 119, 20—35; c. sororem II 467, 1; c. raptas II 119, 40; c. uxorem fratris II 207, 15. 35; *cfr.* fornicare.

corruptela filiarum II 119, 25.

corruptio II 113, 30; c. filiarum II 119, 30.

corruptores filiarum II 119, 25.

corvada I 83, 5.

costum I 90, 1. 255, 5. 256, 35.

cotidianus, quotidianus, a. um: c. celebratio mysteriorum II 493, 20; c. devotio II 504, 35; c. missae II 502, 5; c. oblatio II 513, 15 [220, 30]; c. officia II 502, 5; c. oratio I 106, 15. II 436, 15; c. panis II 494, 10. 25; cotidiana eucharistiae perceptio II 495, 5; c. sacrificia II 117, 20; c. victus I 348, 5. — cotidianis diebus communicare II 495, 5.

cotidie: c. dicere orationem dominicam II 494, 10. 15; c. offerre hostias II 494, 35; c. petere et offerre panem II 494, 25.

cotilis, cotyla II 538, 10.

cotiones, cottiones *v.* cociones.

cotoniarius I 90, 10. 255, 5. 256, 40.

cottum = *culcita* II 248, 15.

coturnosae voces II 117, 40.

cotzus I 227, 35.

cramaculus *v.* gramaculum.

cramalius *v.* gramalius.

creare abbatissas I 313, 25; *cfr.* eligere.

credentia I 129, 10 [II 22, 40].

credere fidem, in Deum *etc.* I 61, 25 [404, 40]. 110, 25. 161, 25. 234, 25. 236, 25. 239, 5—20. 247, 5. 248, 10. 363, 1. II 28, 20. 25. 177, 1. 511, 25; c. iuditium Dei I 150, 30; credentes II 477, 10. 15; 'Credo in Deum' I 238, 1. — credentes homines I 9, 20. 192, 30. 193, 5. — homo bene creditus I 83, 20.

credibilis fideiussor II 374, 30; credibilior homo II 374, 35.

creditor I 311, 1 [421, 1. 5].

credulitas fidei I 242, 25. 247, 5. 40. 248, 10; a credulitate avertere II 241, 5; *cfr.* fides.

crepido II 480, 15.

crevedella I 91, 1.

crimen I 61, 35 [405, 1]. II 259, 30; c. publice perpetrare II 83, 5. 118, 15; c. committere foris emunitatem I 113, 5 [428, 25]; c. committere in alio episcopatu II 237, 30; c. facere ante excommunicationem II 78, 10 [155, 30]; crimini consentire I 279, 5 [408, 25]; pro criminibus totiens corripere aliquem, ut excommunicatione dignus habeatur I 326, 20; ob crimen proprietatem in bannum mittere I 268, 35 [440, 5]. 283, 30 [440, 5]; pro criminibus colonos flagellare II 269, 20; propter crimen servitio se subdere I 317, 5. II 63, 1; propter c. ad palatium venire I 298, 15. 20; c. componere I 75, 20; c. non emendare I 203, 1; in criminibus perdurare I 313, 30. 35 [423, 15]; pro criminibus incorrigibilem esse II 214, 20; de criminibus inquirere II 65, 1; crimen indicere, obicere, ingerere, imponere I 114, 25 [429, 25]. 217, 20. II 89, 10. 264, 35; de crimine suspectum esse I 6, 10; crimine infamari, deputari *etc.* II 225, 5; in crimine accusari I 18, 35. 19, 1. 196, 35; crimen probare, approbare I 215, 10. II 188, 20. 25; criminibus deprehensus II 9, 10; criminum manifestatio II 56, 35; in crimine primo victus I 57, 1 [400, 40]; crimina confiteri I 107, 20; a crimine se expurgare, absolvere II 188, 25. 190, 5. — crimen diaconi, presbyteri II 188, 15—25. — c. capitale I 21, 15. 61, 1 [447, 30]. 367, 30. II 78, 10—20 [155, 30—40]. 491, 1; c. maius I 313, 40 [423, 25]; c. manifestum II 402, 20; c. mortale I 69, 15. II 411, 25; c. ostensum I 376, 10. 15; c. publicum I 175, 1. 374, 25. II 78, 10—20 [155, 30—40]. 83, 5. 118, 15; *cfr.* scelus.

criminalis, e: c. actio I 210, 30. 262, 10 [II 259, 25]. 415, 1; c. causa I 22, 25; 376, 5. II 122, 35. 40; c. iudicium I 36, 25; c. negucium I 21, 15; c. opus I 77, 20; c. peccatum II 318, 30. 412, 30; criminalia scelem inquirere, discutere et diiudicare canonice II 101, 40. 102, 1. — criminaliter: c. facere depraedationes et malefacta II 307, 15; c. accusari I 262, 5.

criminare II 288, 1; se c. II 467, 15. 35; c. periurii I 49, 20; criminati presbyteri, clerici II 410, 20.

criminosus I 15, 35. 16, 25. 45, 35. II 238, 1; criminosum suspicari II 225, 5. 10; criminosum haberi II 541, 1; criminosos examine perscrutari II 225, 20; criminosus non habeat vocem accusandi meliores natu aut episcopum suum I 77, 10; c. in accusatione et iuditio et testimonio non se exhibeat I 384, 40. — criminosi coloni II 269, 20; criminosus latro I 17, 5; c. servus I 17, 10; *cfr.* malus, sceleratus.

crines non adtondere II 385, 1; *cfr.* capilli.

cristallinus, a, um: c. gemma I 250, 35; c. pomum I 251, 1.

cruciare pauperes II 17, 1; *cfr.* opprimere.

cruciculae per parrochiam plantatae I 30, 1.

crux I 248, 35. II 315, 5; crucis signaculum I 60, 25 [404, 5]; per crucem Iesu Christi promittere I 324, 10; super crucis lignum iurare II 469, 10; crucis iudicium I 129, 20 [II 23, 45]. I 230, 30. 268, 10 [439, 45]; ad crucem iudicare I 208, 10; ad c. exire I 41, 25; ad c. stare I 49, 5. 15. 269, 30; ad c. contendere I 118, 10 [480, 30]. 160, 25 [449, 10]; cruce decertare I 117, 30; ad crucem examinare I 269, 30; crucis examinatio non facienda I 279, 25 [409, 5]; crucis vexillum II 28, 5. — crux cuprina I 251, 1; c. reliquiarum I 250, 35. 251, 1.

(crypta), cripta II 477, 15. 480, 15.

cuculla I 228, 30. 345, 5. 10. 346, 10.

cucumeres I 90, 1.

cucurbitae I 90, 1.

cucurum I 89, 25.

culcita I 87, 1. 252, 5. 256, 15. 30.

culleus parricidalis I 259, 5.

culpa: culpam committere I 293, 1. 354, 30. 35; culpis deprehensum esse II 9, 10; culpa noxae teneri I 348, 1; in culpa implicari I 329, 35; culpam incurrere I 56, 25 [400, 25]. 103, 1. 183, 1; c. subiacere I 6, 15; c. confiteri II 467, 5; culpae modus I 6, 10. 346, 45. 365, 10. 374, 35. II 358, 25 [363, 5]. 414, 30; culpae qualitas I 14. 25. 143, 10; culpae vindicta II 401, 1; culpam perpendere II 233, 30; propter culpas appendi I 138, 35; pro culpis corripi I 326, 20; pro culpis degradari de officio sacerdotali I 133, 25 [447, 5]; pro culpa seniorem dimittere I 199, 10; pro culpis excommunicari I 54, 10 [397, 40]; pro culpa flagellari I 344, 30; propter culpas ad mortem diiudicari I 148, 5 [430, 35]; pro culpa satisfactionem reddere I 218, 5; pro culpa testimonium proferre I 347, 25; sine culpa hominem diffacere I 50, 1; sine c. advenae non fiant eiecti I 131, 25 [427, 35]; sine culpa interficere uxorem II 18, 25; sine c. pendere I 139, 25. 30; sine c. tollere res I 14, 20; culpa focum construentis II 285, 5. 10; c. latronis I 6, 15. 51, 25; c. senioris II 280, 15. — culpa faidae I 201, 1; *cfr.* reatus.

culpabilis I 347, 25. II 256, 40; culpabilem de atrio non extrahere I 6, 20; culpabiles ad praesentiam imperatoris venire debentes II 9, 10; culpabilis neglegentiae iussionis regalis I 306, 40 [418, 25]; c. servus I 9, 5. 211, 1; culpabilem iudicari I 9, 5. 10. II 315, 25. 319, 10. 320, 15. 20; c. iudicari solidis, solidos; culpabilem esse de vita I 9, 20; culpabilem non esse de causa I 259, 10.

culpare contra aliquem I 201, 5.

cultor I 247, 40; cultores Dei II 476. 10. 35.

cultura indominicata II 336, 40; c. regis I 86, 20. — cultura = *cultus* I 373, 1; c. idolorum I 2, 25.

cultus I 369, 1. II 503, 30 [223, 25]; c. christianitatis I 106, 20; c. Dei, divinus I 184, 1. 274, 25. 350, 1. 5. II 33, 10. 40, 30. 60, 10. 175, 15. 255, 1 [388, 5. 355, 35. 362, 5. 398, 5]. 339, 20. 372, 25. 383, 35. 433, 1. 460, 20. 507, 25. 511, 15; cultum reddere Deo in sacerdotibus, in ecclesiarum privilegiis *etc.* II 436, 10; cultum Dei instaurare II 265, 30; cultus divini destitutio II 35, 1; c. ecclesiarum II 261, 35. 339, 20. 481, 40; c. imaginum II 484, 10; c. officiorum sacrorum II 487, 5; c. religionis I 238, 15. II 476, 10. 35; c. sanctitatis I 369, 10; c. sacramentorum II 513, 5; c. senodochiorum I 195, 10; c. templorum II 487, 5. — c. frugum II 259, 40; *cfr.* cultura.

cunias I 87, 1. 168, 25.

cuperculum I 251, 10.

cupiditas I 132, 20 [411, 1]. 149, 15 [448, 25]. 272, 20. II 18, 25. 318, 35. 335, 20. 366, 35. 384, 25. 523, 15; cupiditatem vitare II 32, 35; cupiditas indebita II 166, 5; c. iniusta. reicienda II 255, 20. 25 [398, 25. 30]; c. pretii II 321, 5; *cfr.* avaritia.

cupplae, copplae canum I 64, 20.

cuprinus, a, um: c. ampulla I 251, 10; c. capsa I 250, 35; c. circulus I 251, 15; c. crux I 251, 1; c. lammina I 251, 30; c. turabulum I 251, 10; c. urceus I 251, 10.

cura; curam adhibere super archidiaconum II 33, 1; cura cleri palatii II 523, 10; curam diaconis non implicare I 231, 10; c. domestica I 330, 30; curam habere, gerere ecclesiae I 75, 1. 303, 20 [415, 5]. II 376, 35; curam suscipere ecclesiae s. Petri I 129, 25 [II 23, 10]; cura monachorum I 375, 30; c. monasteriorum II 411, 25; curae mundanae II 35, 15. 39, 10; cura pauperum I 312, 10 [421, 40]; c. populi, omnium I 304, 5 [415, 35. 40]. II 2, 25 [6, 5. 28, 10]. 5, 30. 232, 15; curam presbiteris non implicare I 231, 10; cura rei familiaris I 231, 10; c. regis II 384, 5. 521, 40; c. regni I 303, 20 [415, 5]. II 214, 35. 521. 40; c. sacerdotum I 304, 5 [415, 35. 40]; curae saeculares I 108, 1. 281, 5. II 268, 30; cura sanctimonialium II 180, 15; c. spiritualium II 523, 10; curam subiectorum postponere II 35, 1. — cura abbatissae II 180, 15; c. apocrisiarii II 523, 10. 524, 30; c. apostolici II 376, 35; c. buticularii vel comitis palatii II 525, 20; c. episcopi I 75, 1. 231, 10. 304, 5 [415. 35. 40]. 312, 10 [421. 40]. 375, 30. II 88, 1. 73, 15 [155, 35]. 384, 5; c. imperatoris, regis I 92, 35. 129, 25 [II 23, 10]. I 303, 20 [415, 5]. II 2, 25 [6, 5. 28, 10]. 5, 30. 39, 10. 214, 35; c. ministeriorum II 525, 35; c. monachorum II 411, 25; c. pastoralis II 101, 15. 218, 5. 10. 234, 5; c. presbyterorum I 304, 5 [415, 35. 40]. II 232, 15; *cfr.* sollicitudo.

curia clericorum et laicorum II 529, 25.

currentes litterae II 449, 35.

cursores pedites II 360, 25.

cursus: c. paganus I 223, 20. — c. diurnus vel nocturnus I 110, 5.

curticula I 254, 5. 255, 15. 30.

curtis I 192, 35. 193, 15. 254, 5. 30. 35. 255, 1. 10. 35. 256, 10. 30; c. dominica I 85, 20; c. ecclesiae I 69, 20; c. indominicata I 251, 35. 252, 10. 30; c. palatii I 201, 35; c. regia, regis, imperatoris, imperialis I 82, 5. 84, 35. 85, 1. 20. 86, 30. 131, 30 [427, 40]. 321, 10. II 62, 35. 64, 10. 143, 25. 147, 1. — c. regis = *palatium:* ad curtem mittere I 123, 40; ad c. venire, pergere I 124, 45. II 158, 5 [300, 5]. 343, 10. 373, 20; ad curtem esse II 244, 20. 25; in curte vivere I 75, 35; de curte indiculum portare I 123, 40; ad curtem monetam percutere I 140, 10. — c. domestica regis (*= familia et domus regis*) II 438, 5.

custodia I 141, 25; c. carceris I 142, 15; custodiis constituere I 376, 10; in custodiam detrudere II 231, 1. 10; in custodiam mittere I 197, 35. 216, 5. II 19, 1; in custodia coartare I 98, 15; sub custodia habere II 348, 15; in custodia recludere I 123, 20 [426, 15]; sub custodia retinere I 76, 30; sub c. servare I 56, 30 [400, 30]. 67, 15. 191, 5; sub c. tenere I 330, 20; cum custodia in pulsatorio habitare I 34, 30; sub custodia vitam custodire, vivere I 92, 10. 95. 40; cum custodia mittere, remittere ad palatium I 123, 40. 124, 1 [426, 15]; custodia canonica II 411, 5. — sub custodia comitis moneta fiat I 299, 25; c. episcopalis II 422, 30. — custodias praetermittere I 5, 20; custodia clericorum II 81, 15; c. canonica ecclesiae II 422, 10; c. filii regis II 356, 15; c. littoris II 85, 15; c. maritima I 301, 1 [437, 5]. II 95, 1. 25. 277, 25; c. monasterii I 346, 5; c. patriae II 95, 1. 25; c. vel salvatio populi I 184, 1.

custodire aliquem I 298, 1. II 344, 15; c. in exilio I 302, 15; c. se invicem I 103, 5; c. aedificia I 86, 30; c. bestias et pisces I 172, 15; c. brogilos I 87, 20; c. comitatum II 95, 10; c. coniugem ac domum comitis I 291, 20 [445, 10]; c. ecclesiam II 358, 5; c. episcopum II 422, 15; c. farfalium I 16, 20; c. feramina, forestes regis I 86, 15; c. iumenta regis I 84, 15; c. lucos I 87, 20; c. marcham I 139, 1. 159, 10; c. ministerium comitis I 187, 30; c. monasteria I 77, 5. II 358, 5. 10; c. obsides I 129, 10 [II 22, 40]. I 207, 1; c. portas, vias I 201, 35; c. prata regis I 86, 25; c. silvas I 86, 15. II 437, 40. — custodire se = *manere, persistere* I 469, 5; c. se in servitio Dei I 98, 40; c. se infra claustra I 95, 25; c. se canonice vel regulariter I 95, 25; c. se in suo ministerio II 8, 15.

custos: c. ecclesiae I 167, 25. 232, 30. II 404, 10 (*cfr.* rector); custodes imperatoris II 49, 20; custos heribergi II 328, 1. 5; c. palatii II 523, 10. 524, 10. 528, 10; c. rerum divinarum II 178, 5; c. thesaurorum I 131, 30 [410, 25]; custodes titulorum II 82, 10.

cybus *v.* cibus.

cyclon II 480, 10.

cylix II 481, 20. 508, 25.

cymiterium *v.* cimiterium.

d.

dadsisa I 223, 1.

daemones, demones I 76, 20. II 408, 1. 476. 477, 25. 482, 30. 484, 35; daemonum exclusor II 516, 10; idola dedicata daemoni I 2, 30; daemonibus offerre I 69, 5; ad daemonum honorem commedere I 69, 10.

daemonia II 484, 30.

(daemoniacus), demoniacus I 235, 15.

dalmatica I 251, 15. II 504, 10—20.

damnabiliter agere II 166, 40.

damnare, dampnare: d. et opprimere II 292, 10; d. aut dehonorare fideles II 73, 20 [156, 20. 333, 35. 362, 20]; d. silvas I 86, 15. — d. = *condemnare*: non d. crudeliter II 302, 10; non d. iniuste, innocentes I 19, 5. 240, 15; d. absentes II 54, 30; d. cauculatores *etc.* I 59, 1 [402, 30]. 104, 5; non d. per se clericum I 21, 15; d. ecclesiasticum II 321, 35; d. episcopum II 388, 1; d. notarios II 64, 5; d. latronem I 156, 35 [428, 15]; d. non obedientem monitis sacerdotalibus II 52, 25; d. paganas observationes facientem I 28, 20; d. praesulem I 134, 1 [411, 30]; d. presbyterum I 134, 5 [411, 35]; d. raptores puellarum I 278, 10 [408, 20]; d. raptores virginum aut viduarum II 292, 25; d. Deo sacratam II 321, 35; d. transgressorem capitulorum I 294, 25. II 292, 5; d. anathemate II 262, 1; damnari a synodo vel suo episcopo I 54, 30 [398, 20]; d. exilio II 321, 35; damnari publico iudicio II, 292, 25; damnari ab officio I 133, 30 [447, 5]; d. summa LX solid. exactione banni I 294, 25. II 292, 5. — damnatae nuptiae II 188, 15; damnata iuramenta I 226, 30; *cfr.* condemnare.

damnatio, dampnatio: absque damnatione conservare fideles II 298, 25 [100, 15]; d. aut dehonoratio episcopi II 388, 5. — damnatio et perditio (*sc. aeterna*) II 34, 30. 264, 10; damnationem adquirere II 294, 35; d. legibus prefixam sustinere II 86, 30; latronem occidens nulla damnatione multetur II 86, 35; *cfr.* condemnatio.

(damnietas): dampnietatem emendare I 335, 20; *cfr.* damnum.

damnosus II 87, 20.

damnum, dampnum = *afflictio, detrimentum* I 51, 20. 284, 10 [440, 35]; damna sustinere I 320, 30; damnum pati I 1, 25. 158, 25 [431, 40]; d. commune I 305, 20 [417, 5]; d. ecclesiae I 217, 25. 311, 5 [421, 10]. 335, 5. II 102, 25; d. populi II 8, 20; d. regis II 330, 5. — d. facere I 114, 15 [429, 10]. 160, 15 [432, 10]. 160, 25 [449, 10]. 206, 30; d. facere in emunitatem I 113, 5. 20 [428, 25. 40]; d. facere in palatio I 298, 25. 30; d. facere in regno II 282, 1. 5; damnum inlatum a servo I 117, 30 [430, 15]; servum propter d. a se dimittere 143, 10; damni auctor I 305, 30 [417, 15]; damnum incurrere I 70, 10; d. perferre I 7, 10; d. conprobare I 160, 30 [449, 15]; d. aestimare I 160, 20 [432, 15]; damni aestimatio I 206, 1. 269, 1 [446, 10]. 283, 25 [440, 10]; damnum conponere I 143, 10. 205, 25. 206, 1. 298, 35; d. restituere I 160, 25 [432, 15]; d. solvere, persolvere I 113, 10 [428, 30]. 114, 15 [429, 10]. II 251, 10; d. sarcire I 330, 25; sine dampno restituere I 118, 25. — d. = *poena* I 95, 25, 329, 35.

dare I 403, 45; d. specialiter I 276, 20 [406, 10]; d. per commendationem regis sive sine c. II 267, 30; d. minus, quam ipsa carta scriptum fuerit I 337, 5; d. alodes II 298, 10; non d. baugas, brunias, arma *etc.* negotiatoribus *etc.* I 115, 25 [448, 5]. 167, 25. II 321, 5; d. beneficium I 172, 30; d. cappellas et abbatiolas II 268, 10; d. suam causam I 199, 1; d. ecclesias I 316, 30. II 8, 35. 439, 30; d. forestem I 172, 15; d. hereditatem I 8, 10; d. loca exculta I 263, 30; d. X. mancipium et X. virgam hereditatis fisco regis I 171, 15; d. mansum ad ecclesiam; d. monasteria et senodochia I 316, 30. II 121, 15. 268, 5. 408, 20; d. predia locorum venerabilium II 386, 10; d. proprium suum I 165, 5; d. res suas I 201, 15. 282, 5 [438, 30. 379, 45]. 326, 25. II 109, 1. 357, 25. 30. 404, 1; d. res alienas II 19, 1; d. res ecclesiasticas II 268, 20. 25. 278, 5. 378, 35; non d. rem litigosam I 337, 1; d. silvam I 172, 20; d. thesauros ecclesiae II 380, 10; d. terram censalem I 287, 20; d. terrulas ac vineolas II 331, 10; d. in alodem II 268, 5. 20. 25. 278, 5. 408, 20 (*cfr.* II 386, 10); d. in beneficio II 8, 35. 268, 10; d. in elemosyna I 201, 15. 347, 1. II 287, 30; d. per enfitheuseos contractus I 316, 30; d. in hereditatem II 386, 10 (*cfr.* d. in alodem); d. in suo nomine II 404, 1; nihil dare ad usuram I 54, 25 [398, 15]; nihil dare pro ordinatione II 385, 25. 35; d. epistolam I 2, 25; data, datum I 12, 20. 17, 25. 23, 35. 33, 35. 62, 30. 263, 5 [II 260, 30]. I 264, 20. 329, 5. II 137, 1. 35. 143, 10. 147, 1. 148, 15. 150, 1. 151, 20; d. fidem I 8, 30; d. iudicium I 12, 10; d. fideiussores I 2, 30; d. iuratores I 4, 35. 5, 10. 15; d. rachymburgios I 9, 30; *cfr.* donare. — d. = *tradere*: d. ad negociandum II 134, 15. 140, 35. — d. feminam in matrimonium, ad coniugium I 38, 5. 129, 5 [II 22, 40]; d. servum ad vindictam I 6, 15. 8, 30; d. (= *reddere*) servum fugitivum I 7, 1; d. se in wadio I 160, 20 [432, 10].

datio II 409, 1. 521, 5; dationes annuatim in palatium regis inferre I 354, 5. 10; dationes non exigere a sacerdote aut clerico aut piis locis I 375, 15. 20; *cfr.* donatio, donum.

dator I 276, 20 [406, 10].

deambulare I 3, 10 [II 416, 30]; *cfr.* ambulare.

deaurare I 250, 35. 251, 1—15. 30.

deauratura II 320, 30.

debere I 205, 25; d. fisco I 16, 15; d. carropera et manopera II 323, 1. 5; d. censum; d. hostem II 359, 35; d. ius regium II 322, 5; d. vinum I 83, 40; debitum esse praevidere missis I 96, 30.

debilitare: d. clericum II 247, 5; d. subdiaconum I 361, 1.

debitor I 70, 10. 15. 117, 25. 184, 15. 269, 1 [446, 10]. 283, 25 [440, 10]. 303, 25 [415, 10]. 337, 1. II 121, 30. 234, 5; debitoribus debita dimittere I 62, 5 [405, 15]; debitor ex beneficiis et rebus ecclesiarum I 76, 15; debitores fidei II 452, 20; debitores itineris exercitalis II 5, 10; debitor paraveredorum I 315, 5 [450

15]; debitorem seniori esse II 365, 15.

debitum I 269, 1 [446, 10]. 283, 20. 25 [440, 10]. 285, 25. 348, 10. II 133, 30. 438, 1. 526, 20; debita a subditis reddenda non impie ac crudeliter exigere I 313, 40 [423, 20]; debitis contentum esse II 274, 15; debita non exigere diebus ieiuniorum II 284, 5; debito negare I 337, 1; debitum solvere, exsolvere, persolvere I 205, 25. 269, 1 [446, 10]. 269, 35—270, 1. 281, 25 [438, 20]. 283, 20. 25 [440, 10. 15]; d. ante solis occasum persolvere I 331, 1; propter d. servitio se subdere I 317, 5; d. accipere I 318, 15 [422, 40]; d. perdere I 114, 15 [429, 10]. 258, 30; pro debito alterius pecuniam reddere I 219, 20; debitum pauperum I 151, 5; d. ad partem imperatoris solvendum I 114, 20 [429, 15]; d. ad opus dominicum rewadiatum I 290, 25 [444, 10. 15]; d. imperatoris non marrire I 93, 10. — d. = *culpa* I 93, 15. II 448, 10; d. maius I 97, 5; *cfr.* reatus.

debitus, a, um: d. adiutorium II 166, 30. 328, 5. 333, 30 [339, 25]. 452, 10. 15; d. animadversio II 81, 20; d. bannus II 224, 20; d. census II 323, 10; d. compositio II 224, 20; d. consilium II 438, 30; d. cura II 39, 10; d. custodia II 422, 10; d. decima II 221, 10; d. disciplina I 368, 20. II 273, 15; d. dispensa II 256, 30. 257, 40; d. dispensatio II 422, 5; d. emendatio II 73, 5. 335, 15; d. fidelitas II 283, 20. 378, 35. 381, 5. 447, 20; d. fides II 439, 20; d. fraternitas II 162, 35; d. honor I 443, 45. II 45, 40. 71, 1. 74, 35. 80, 10. 85, 25. 163, 30. 166, 15. 168, 10. 254, 20. 280, 25. 296, 20. 303, 20. 318, 15. 20. 334, 15. 20. 337, 5. 342, 10; d. humilitas II 437, 20; d. ius II 310, 15. 432, 10. 449, 1; d. iustitia II 364, 30; d. lex II 281, 15. 40. 364, 30; d. ministerium I 372, 35. II 86, 30. 410, 1; d. oboedientia I 328, 30. 332, 20. II 101, 20. 143, 5. 333, 30 [352, 25]; d. obsequium II 94, 5. 162, 35. 164, 30. 419, 30; d. obtemperantia II 255, 10 [398, 15]; d. officium I 209, 25. 373, 30. II 410, 1; d. ornatus II 267, 20; d. pactum II 281, 10; d. paraveredi II 321, 20; d. poenitentia II 73, 10. 15 [155, 30. 35]; d. potestas II 102, 15; d. praedicationes II 286, 25; d. privilegia II 255, 5 [398, 10. 356, 1]. 410, 15. 431, 35. 434, 5. 444, 30; d. religio II 101, 30; d. res I 14, 20. 23, 5. II 136, 20; d. reverentia I 367, 5. II 33, 10. 105, 1. 281, 10. 313, 15. 327, 25. 334, 25. 40; d. salvamentum II 166, 30; d. sepultura II 222, 15. 25; d. servitium I 277, 25 [407, 5]. II 63, 1; d. solacium II 452, 1. 10. 15; d. sollicitudo II 126, 5. 437, 40; d. status II 308, 20. 447, 30; d. stipendia II 102, 30; d. susceptio II 405, 5; d. teloneum I 294, 20. 25; d. vigor II 101, 15. 166, 15. 20. 30. 296, 20. 384, 15; d. vindicta II 328, 5. 444, 25. — debite: d. admonere II 74, 5 [157, 1]; d. amittere hereditatem I 312, 5 [421, 30]; d. invigilare necessitatibus II 419, 35; d. obtinere honorem II 72, 35. 40 [155, 20]; d. offerre decimas I 106, 25; d. restituere II 422, 30.

decania II 256, 30.

decantare: d. antiphonas I 345, 20; d. hymnum I 362, 20. II 506, 40; d. officium divinum I 234, 35; d. 'Sanctus' I 59, 25 [403, 5]; d. verba turpia I 376, 30; *cfr.* cantare.

decanus I 88, 25. 193, 10. II 515, 35—516, 5. 523, 20; d. monasterii I 63, 5. 165, 10. 230, 5. 347, 10—25; d. regis I 84, 1.

decedere: d. intestatum I 21, 20; decedens episcopus I 21, 1. II 449, 30; *cfr.* defungi.

decennii praescriptio I 219, 5.

deceptio II 100, 5. 166, 1. 168, 10. 296. 25 [100, 15]. 467, 10; deceptiones agere I 61, 1 [447, 25]. 104, 15; *cfr.* fraus.

decernere I 2, 30. 4, 30. 5, 20. 11, 30. 12, 20. 15, 20. 16, 25. 20, 35. II 12, 20. 273, 20 *etc.*; d. specialiter I 278, 30 [408, 10]; d. et confirmare II 67, 1; d. cum consensu episcoporum sive sacerdotum et optimatum consilio I 29, 5. 10; d. pari consensu II 40, 25; d. pari voto parique consensu II 35, 20; d. communi sententia I 272, 25. 277, 5 [406, 30]; d. legibus sacris II 520, 25; d. capitula regis; d. iudicium II 436, 35; d. placitum II 218, 15. — regem d. pari consensu II 106, 15; *cfr.* statuere.

decerpere prata aliorum II 85, 1; *cfr.* depascere.

decertare: d. aut cruce aut scuto et fuste II 117, 30; d. in campo, cum scutis et fustibus I 268, 5. 269, 30. 283, 5 [439, 35]; *cfr.* contendere. — d. = *decernere* I 61, 5 [404, 15].

decessor: d. episcopi II 264, 1. 386, 1. 404, 20. 453. 30. 519, 15; d. imperatoris, regis II 149, 30. 313, 10. 314, 30. 320, 1. 322, 20. 325, 20. 327, 10. 20. 25. 453, 30; *cfr.* antecessor.

decessus viri I 278, 25 [408, 1]; *cfr.* obitus.

decidere: servus decidat I 9, 10.

decimare II 221, 1.

decimatio II 110, 10. 121, 15. 25. 222, 1.

decimatur (= *decimator*) I 19, 15.

decimus, a, um: d. partem de omnibus in elecmosynam datis dare pauperibus I 347, 1; d. mancipium et d. virga (*sc. terrae*) hereditatis fisco detur I 171, 15; d. pars de censu, fredo, banno, substantiae et laboris ecclesiis et sacerdotibus reddatur, donetur I 69, 25. — decima, decimae I 140, 30. 174, 1. 277, 35 [407, 20]. II 75, 30. 220, 35—221, 35. 258, 1. 512, 35—513, 15 [220, 25. 30]; decima est Dei census I 364, 25; decimam offerre I 106, 25. 189, 30. 195, 30. II 102, 30. 35; d. donare, dare, reddere, solvere, persolvere, exsolvere I 42, 15. 48, 10. 65, 30. 101, 10. 104, 30. 119, 15—25. 146, 20. 150, 35. 182, 1—30. 186, 1. 5. 197, 20—35. 208, 35. 288, 1 [442, 25]. 289, 25 [443, 20]. 312, 40. 313, 1 [422, 20. 25]. 327, 25. 336, 25. 364, 25. 30. II 13, 1. 64, 25. 83, 1. 84, 5. 121. 30. 124, 20. 179, 1 [185, 35]. 186, 5. 268, 30. 292, 1. 331, 10. 433, 15. 20. 541, 5; ubi decimam persolvebat vivus, sepeliatur mortuus II 222, 15; decimam dent Iudaei negotiatores II 361, 10; d. ad capellas dominicas dare II 6, 40; d. ex proprietate conferre I 76, 20; d. de frugibus terrae et animalium nutrimine persolvere I 287, 30 [442, 15]; decima totius facultatis I 106, 25; decimas de omni conlaboratu et vino et foeno persolvere I 83, 25. 307, 5. 10 [418, 35. 40]; d. ex beneficiis et rebus ecclesiarum donare I 50, 10. 76, 15. 119, 20. 179, 15 [413, 5]. 183, 5. 210, 5. II 266, 5. 268, 25—269, 1. 413, 1; d. persolvere de agris dominicatis II 14, 10; de terris censualibus et potestate ecclesiae suae et culturis indominicatis et absitatibus et mannufirmatis maior ecclesia decimam recipiat II 336, 40—337, 1; decima de dominico I 183, 5; decimas de villis novis conferre I 277, 30 [407, 10]; d. non redimere II 13, 20; d. accipere, recipere, suscipere I 105, 25. 178, 30 [412, 30]. 210, 5. II 32, 10. 15. 336, 40. 337, 1. 419, 35. 420, 1; d. habere I 183, 15; d. non abstrahere, adsumere I 121, 20 [446, 20]. 183, 5. 203, 25. II 458, 20. 459, 40—460, 10; d. laici non accipiant II 420, 1; d. non contingere II 262, 15; d. non retinere vel tollere I 186, 1. II 216, 15; d. in suos usus non convertere II 6, 40; ex decimis praesumptis periculum interdicti anathematis incurrere II 419, 30; d. ad alterum pertinentem non recipere I 178, 30 [412, 25]; decimas non privare ecclesias antiquitus constitutas *etc.* I 174, 25. 312, 30 [422, 10]. 314, 1 [423, 30]; decimas antiquis ecclesiis conservare II 221, 1—10. 335, 10; decimae de ecclesia abstractae et ad alteram datae II 13, 15. 20; d. in plebibus vel baptismalibus aeccelesiis oblatae maiori aeccelesiae vel episcopo non inferendae I 195, 30; d. non propriis basilicis vel clericis tribuendae II 83, 1; decimae in potestate episcopi sint I 178, 20 [412, 15]; decimas dispensari, distribuere, dividere I 48, 10. 65, 30. 178, 20 [412, 15]. 182, 35. 336, 25. II 82, 10. 45. 102, 35. 178, 35 [185, 30. 35]; decimae in III partes dividantur I 106, 25. 30; decimarum III. pars I 364, 30; decimae in IV partes dividantur I 228, 1. II 178, 35—179, 1 [185, 35]; decimarum IV. pars I 364, 30. II 32, 10. 15. 220, 35;

ex d. IV portionibus una ad susceptionem episcopi pertineat II 186,5.10; de decimis fidelium subsistere II 459,30; ex decimis quae provideantur II 419,35. 420,1; de decimis census non persolvatur nec quicquam subtrahatur aut temporale lucrum exigatur I 333,30. 367,25. II 331,15; de decimis non servitium facere I 277,25 [407,5]. — decimae dominicae II 394,15. 419,30; d. legitimae I 76,20; d. novae II 221,10.15; d. parrochianae II 419,30; d. porcorum I 19,15. 86,20; *cfr.* nonae.

declamator II 485,20.

declarare causam I 129,15 [II 23,5]; *cfr.* deliberare.

declinare: d. a recto iudicio I 58,20 [402]; *cfr.* deviare. — d. audientiam synodi II 448,5; *cfr.* despicere.

decretalis, e: decretalia constituta I 57,30 [401,25]; d. diffinitio II 408,10; d. epistolae II 422,10; d. statuta I 227,40. — decretalia I 57,15 [401,15].

decretio regis I 5,20. 15,10.

decretum, decretus, decreta: decreta apostolica II 101,20. 210,1. 286,20. 423,15. 459,15 (*cfr.* d. papae); decretum augustale II 125,30; decreta caesaris I 369,20; d. canonum I 25,5. 28,15. II 213,10. 406,20; d. canonica II 286,20. 404,20; d. concilii, synodi, synodalia, episcoporum I 27,40. 30,10. 37,35. 40,5. 133,20 [411,25]. 226,5. 221,10. II 52,15. 185,10. 187,30. 208,45. 237,45. 241,15. 509,30; decretum episcopale II 414,30. 415,15. 442,10; d. episcopi II 110,30. 120,40; decretum imperatoris, imperiale, regis I 5,40. 7,15. 15,30. 47,20. 69,30. 98,30. 111,1. 130,5 [II 23,35]. I 259,10. 264,5. 354,5.15. 362,10. 369,20. II 125,30. 136,20.30. 258,1. 356,10 (*cfr.* I 369,20. II 125,30); d. regum I 11,30. II 73,40. 74,1 [156,40. 157,1]. 213,10. 269,10; decreta maiorum II 264,10; d. papae I 54,25. 55,5.30. 56,1. 57,25.30 [398,10.35. 399,25. 400,1. 401,20.30]. 227,30—228,1. 279,5 [408,30]. 376,15. 377,5. 405,15. II 34,1. 42,35. 176,15.20. 180,5. 189,30. 227,25. 230,1.15. 233,10. 236,10.25. 324,10. 384,30. 404,20. 502,15. 509,25. 510,20.25. 523,1 (*cfr.* 101,20. 210,1. 286,20. 423,15. 459,15); decreta patrum II 230,5.10. 242,5. 400,5. 510,10; decretum sanctorum II 73,35 [156,30]; d. synodale *v.* d. concilii.

decurio II 515,35. 516,5.

dedicare: d. altaria II 484,30—485,1; d. idolum I 2,30; loca Deo dedicata I 56,10 [400,10]. 102,40; d. monasterium I 183,1; d. templa II 484,30—485,1; d. statuas II 484,35; *cfr.* sacrare.

dedicatio ecclesiae, oraculi, senodochii *etc.* I 322,1. 363,40; d. statuae II 481,35; d. templi II 484,15—25.

deducere: d. in alterius centenam I 5,20.45; d. ad praesentiam episcopi II 266,20; d. ad praesentiam imperatoris, regis I 115,25 [429,30]. 443,45. II 19,1. 63,30. 86,40; 97,20. 278,10. 292,15; d. ad metropolitanum II 122,20; d. ad praesentiam missorum II 273,20; d. ad audientiam synodi II 265,20; d. ad rationem II 157,35 [299,30]. 306,35; *cfr.* ducere. — d. sacramento I 192,15; d. rationes I 84,25.

deductores II 452,10; *cfr.* seductores.

defendere II 142,40. 339,1; se defendendo occidere, interficere I 40,25. 281,5.10 [437,45. 438,1]; se defendendo occidi, interfici II 97,10. 212,15. 372,35.40 (*cfr.* repugnare); d. concessa II 342,20; d. divina II 178,5; d. ecclesiam Dei, Christi; d. ecclesiam s. Petri I 129,25 [II 23,15]. I 354,25. II 67,1; d. ecclesias II 174,35; d. res et facultates ecclesiasticas II 432,20; d. fures et latrones I 290,35 [444,25]; d. marcam I 206,35; d. falsum monetarium II 317,5; d. patriam I 136,1. 319,30; d. populum II 461,35; d. regni fines I 127,10 [II 21,35]. 274,1; d. religionem christianam II 175,15; d. salutem et pacem II 328,1; d. terram II 71,25. 332,1.5; d. viduas et orphanos I 239,30. — d. in placito I 148,10 [430,40]; d. alteri contra iustitiam I 155,20; se d. I 217,30; se d. secundum suum legem I 201,5. 259,10. 293,25; se d. testimonio bonorum hominum I 215,1 [430,5]; se d. non posse I 224,25; d. ingenuitatem I 315,30; d. res I 210,15; d. res ecclesiasticas I 297,5. 335,5. — d. forestes I 172,15. 291,1 [444,30]; d. herbam I 171,30; d. prata II 437,40. 438,1; *cfr.* defensio, defensoria prata.

defensare = *defendere*: se defensando occidi II 86,35; d. ecclesiasticas res II 115,20 [402,1]. 520,40; d. episcopum, presbyterum I 86,5; d. libertum I 22,1; d. regnum II 333,30; d. sacerdotes contra canonicas leges *etc.* II 102,15. — d. in placito I 22,15; se d. non posse I 22,25; d. viduas et orfanos I 192,5.

defensio: d. consanguinitatis, propinquitatis I 92,20. 93,5.20; d. patriae I 161,10. II 71,25. 108,10. 322,1.5. 337,20. 358,35; d. regni I 330,15. II 166,20.35. 303,30. 356,15.40. 454,5. — defensionem et patrocinium eligere I 158,10; defensio specialis I 323,10; d. Dei I 158,30; sub defensione ecclesiae esse II 121,5; d. ecclesiastica I 94,5; d. episcoporum II 467,30; d. et tuitio imperatoris, regis, regia I 13,20—30. 96,35.40. 101,5. 104,25. 129,40. 198,20. 261,25 [II 259,20]. I 323,10. II 77,30. 78,5. 366,40. 538; d. (regia) ecclesiae et christianitatis II 328,10. 436,10, ecclesiae I 303,20 [415,10]. II 154,20 [298,35]. 166,20. 168,1. 213,1. 284,5. 328,10. 337,25. 339,10. 436,10. 439,30, ecclesiae s. Petri I 129,25 [II 23,10], ecclesiae Romanae I 168,10; defensio (regia) ecclesiae et episcopo exhibita II 364,30.35 [365,5. 370,5.15. 376,1.5]. 365,10. 388,15. 432,25; regia immunitatis defensio II 177,30. 178,1 [186,15.20]. 259,5. 268,5; defensionis causa monasteria suscipere II 408,20; defensionem reg. habeant pauperes II 157,35; defensio palatii II 121,15; d. senioris I 215,15. — defensio in placito I 92,20. 93,5.10.20. 94,5. 361,1. II 179,20. — herbam defensionis tempore tollere I 51,5. 66,5; prata d. t. devastare II 97,25; *cfr.* defendere.

defensor II 99,20 [348,20]. 105,35. 348,25; d. ecclesiae Dei I 25,30. 44,20. 53,20 [397,5]. II 173,20. 351,10; d. ecclesiarum, viduarum, orphanorum, pauperum *etc.* I 93,1. 304,30 [416,15]. II 47,20. 178,1 [186,25]. 212,10. 214,15. 404,20; d. imperatoris II 368,25; defensores regis II 303,35. — d. = *tutor*: d. filii II 19,5; d. sponsae raptae I 282,30.35 [439,25]. — d. = *advocatus*: d. ecclesiae I 297,5. II 128,1; d. presbyteri I 31,30. 35,1.

defensoria prata II 292,15; *cfr.* defendere.

deferre: d. aliquid ad notitiam pontificis I 323,25; d. rem ad iuditium Dei II 171,25; d. causam ad metropolitanum I 226,35; d. aliquid, rem ad imperatorem, regem *etc.* I 113,20 [428,40]. 177,15 [434,10]. II 10,15. 12,15. 87,15; d. secum res II 132,10; *cfr.* nuntiare, portare.

deficere a rege II 430,5. 434,5. 448,30. 451,30. 452,20; d. a fidelitate debita II 447,20; *cfr.* desciscere, deviare, exorbitare.

definire, diffinire: d. secundum aequitatem I 301,15 [437,25]. 315,1 [450,10]. II 69,30; d. auctoritate apostolica II 353,1 [352,5]; d. secundum auctoritatem canonicam II 448,1; d. ex auctoritate imperatoris I 314,20.30 [449,40. 450,10]; d. secundum capitularia II 212,5; d. consilio I 12,35; d. secundum consuetudinem antecessorum II 76,10; d. secundum potestatem episcoporum, iudicio episcoporum I 360,40. 361,1. II 211,25; d. coram episcopo I 77,20; d. actionem I 210,30; d. causam; d. controversiam I 315,30; d. iudicia II 259,30; d. iustitias I 262,10; d. querelam; d. querimoniam populi II 93,35; d. non posse questionem de capitulo regulae I 322,5; d. rationem; *cfr.* deliberare, determinare, discernere, discutere, finire, pacificare, terminare. — d. = *constituere* I 12, 20. 14, 30. 38, 20. 74, 1. 75, 1—10. 25 *etc.*; definiri non posse II 524, 25; d. humanius II 181, 15; d. unanimiter II 402, 35; d. capitula regis; d. tempus I 205, 10; *cfr.* statuere.

definitio, diffinitio: d. litis I 262, 40; d. legalis, iudicialis, iudicis II 108, 20. — d. = *constitutio* I 108, 40. II 524, 40; d. canonica II 406, 15; d. concilii, synodi, synodalis I 28, 5. II 42, 15. 182, 5. 218, 10. 222, 30. 229, 20. 231, 30. 234, 25. 30. 350, 20. 414, 10. 421, 25. 460, 10; d. decretalis II 408, 10; d. generalis I 11, 30; d. sanctorum patrum I 107, 25. II 445, 5; d. regis I 21, 1. 23, 30. II 269, 1; *cfr.* statutum.

defraudare II 334, 5; *cfr.* fraudare.

defunctus I 228, 1; d. si intestatus decesserit I 21, 20; defunctorum oblationes I 19, 10; defuncti elemosina II 415, 30; pro defunctis immolare II 500, 25; pro d. missas agere I 110, 10. II 496, 5; pro d. psalmos speciales cantare I 347, 5; pro d. psalmos V canere I 348, 35. 349, 1; pro d. psalmum invitatorium et 'Gloria' non cantare I 347, 30; defuncti corpus flamma consumi facere I 69, 1; defuncti heredes I 166, 20 [432, 25]. II 415, 30; defuncti orphani I 301, 20 [437, 30]; defuncti parentes II 222, 5; defuncti proximi et amici II 222, 25. 415, 30; defuncti uxor I 301, 15. 20 [437, 25. 30]. — defunctus abbas I 348, 1; d. comes, vassallus imperatoris, laicus II 363, 1; *cfr.* mori.

degener II 530, 10.

degere: d. canonice; d. in canonica vita I 226, 20; d. in claustris, monasteriis II 267, 15. 411, 5; d. communiter I 289, 40. II 222, 5. 10. 541, 5; d. concorditer II 94, 5; d. sub silentio I 228, 20; d. sub velamine II 415, 5; *cfr.* vivere. — d. = *morari*: d. infra palatium *etc.* II 327, 35; d. in regno fratris I 129, 40.

degradare: d. de officio sacerdotali I 183, 25 [447, 5]; d. clericum I 25. 237, 10; d. diaconum I 237, 10; d. presbyterum; d. sacerdotem I 364, 25. II 182, 10; *cfr.* deponere.

dehonestare I 361, 20. 362, 5. II 109, 5. 215, 25. 432, 5. 436, 30; *cfr.* dehonorare.

dehonestatio regis II 55, 15; *cfr.* dehonoratio.

dehonorare II 167, 5. 256, 35. 292, 1. 412, 20; non d. fideles II 73, 20 [156, 20. 333, 35. 362, 20]; *cfr.* dehonestare.

dehonoratio II 41, 15; dehonorationes clericorum II 301, 5; dehonoratio episcopi II 388, 5; d. locorum sanctorum II 66, 15; d. regis eiusque fidelium II 285, 5; *cfr.* dehonestatio.

dei II 476, 1. 477, 20. 484, 35.

deiudicare *v.* diiudicare.

delatura, dilatura I 7, 10. 9, 10. 292, 20.

delegare aliquid I 368, 1. II 85, 25; d. proprietatem I 331, 5; d. res. — d. legatos II 28, 5.

delere: d. arbores II 134, 30. — d. = *expellere:* d. aliquem de regno II 73, 10 [155, 30. 170, 25].

deliberare aliquid II 56, 25. 358, 5 [352, 5]; *cfr.* declarare, discutere, examinare, inquirere, investigare. — d. (= *definire*) causam I 209, 35. 229, 1. II 89, 30.

deliberatio I 209, 35; d. communis episcoporum et fidelium II 388, 25; d. regis I 28, 25. 188, 20; d. regum I 13, 5; d. unanimis I 11, 40; discussio, examinatio, inquisitio, investigatio.

delictum II 57, 35. 81, 15. 466, 40; delictorum remissio II 222, 10; delictum originale II 512, 5; delicta regis, regni II 428, 35.

delinquere I 348, 15. 375, 25. II 5, 5. 44, 25. 52, 5. 10. 53, 45. 55, 20. 189, 10. 207, 25. 237, 30. 367, 30. 448, 20; d. in sanctiones II 520, 20; cupiditate d. II 122, 5; ignorantia d. II 42, 10; occulte d. II 118, 15; temeritate d. II 42, 10; voluntate d. I 322, 1; *cfr.* peccare.

demandare I 169, 25. 198, 25. 199, 25. 35; nominative d. I 158, 5; *cfr.* mandare.

deminoratio I 210, 5. II 105, 5. 136, 25; *cfr.* minoratio.

deminutio, diminutio II 69, 25; d. de titulis I 195, 10.

demittere: d. hominem in placito I 114, 15 [429, 10]. — d. = *dimittere*: d. circumitionem II 257, 20; d. iter I 137, 25; d. placita I 69, 30; d. res I 36, 35; d. regis solatium vel perfectum (= profectum) I 70, 20.

demon- *v.* daemon-.

demorari, demorare: d. in palatio II 328, 30; d. per villas et loca I 34, 20; *cfr.* morari.

denarialis homo I 118, 15. 158, 5.

denarius, dinarius I 7, 35. 74, 20. 25. 132, 20—35. 271, 5. 292, 15. 35. II 248, 15. 315, 20. 316, 5. 538, 10. 20; denarios non accipere propter chrisma II 409, 25; de denariis providentiam habere II 314, 20. 25. 317, 35. 318, 15; denarii XII faciunt I solidum I 28, 10. 72, 40. 114, 20 [429, 15]. 268, 25 [445, 40]. 270, 1. 347, 15. II 483, 20; d. XL faciunt I solidum I 268, 30 [446, 1]. 270, 1; d. novi, d. novae monetae I 74, 30. II 315, 1. 316, 10. 320, 30; d. modo monetati, si pensantes et meri sunt, habeantur I 125, 20; denarios (antiquos) post Kalendas Augusti non dare aut recipere I 191, 1; denarium alium non proferre I 306, 30. 35 [418, 20]; denarios meros tantum accipere II 314, 20. 25. 315, 1; denarii boni, meri, bene pensantes non reiectentur I 152, 5. 10. 285, 1. 5 [441, 25]. II 15, 20—30. 301, 25. 302. 314, 15—25. 316, 10. 15. 317, 35. 319, 15; denariorum bonorum reiectio II 319, 15. 25; denarium argenteum recipere II 63, 25; denarii aequi habeantur I 108, 25; denarius mixtus, falsus II 315, 15. 20. 316, 30. 35. 317, 1. 10. 35; d. palatinus I 140, 10; d. Papiensis II 146, 30. 149, 30; denarios donare, accipere pro exactione Nortmannorum II 354, 10—25; denario uno redimere poenitentiam II 244, 20. 25. 245, 25—246, 1; denarios unum vel duos dare pro poenitente I 179, 1 [412, 35]; d. VI donet in unoquoque die mediocris I 249, 25; d. VI accipere II 256, 25. 257, 10; d. XII de unaquaque casata dare I 28, 10. II 433, 20; *cfr.* pecunia.

denegare I 192, 35. 193, 1. II 132, 15; *cfr.* negare. — d. = *recusare*: d. hospitium, tectum, focum, aquam *etc.* I 96, 20. 144, 5. II 93, 1; d. pacem I 97, 20.

denerata II 319, 5.

denominare socios missorum II 8, 5; *cfr.* nominare.

denominatio regni I 127, 5.

denotare II 255, 15; denotari reprehensione II 31, 30; denotari suspicione I 278, 10 [407, 30]; *cfr.* notare.

denuntiare, denunciare aliquid I 46, 5. 197, 20. 323, 30. 417, 15. II 13, 1. 45, 30. 52, 30. 77, 40. 88, 10. 97, 15. 108, 5. 268, 15. 269, 20. 30. 270, 5. 271, 25. 272, 15. 25. 273, 15. 35. 297, 30. 428, 15; d. iudici regis I 83, 30; d. scabinis II 15, 5; d. ex verbo regis II 269, 15; d. capitula II 338, 5. 10. 339, 35. 40; d. capitula regis; d. hostem II 5, 15. 359, 35; d. ieiunium I 46, 1. 364, 1; d. inditium II 133, 35; d. loca II 257, 1; d. placitum I 171, 20. 25; *cfr.* nuntiare. — d. = *praedicare* I 245, 20. 365, 1. 35. 366, 5. II 39, 25. 41, 25. 35. — d. (= *prodere*) latronem I 48, 25.

denuntiatio, denunciatio: d. episcoporum II 82, 20; d. imperatoris, regis I 46, 1. 417, 15; *cfr.* adnuntiatio.

depannata calciamenta II 305, 25.

depascere prata II 87, 15. 292, 15; *cfr.* praedari.

depellere aliquem a locis I 263, 25; *cfr.* expellere.

deperire I 5, 20.

deponere: d. arma II 18, 30. 57, 10; d. cingulum militiae I 361, 20. II 55, 25; d. habitum saecularem I 57, 15; d. velamen II 228, 5; *cfr.* dimittere. — d. archiepiscopum II 264, 1; d. clericum I 55, 25 [399, 20]; d. diaconum; d. episcopum; d. a gradu episcopatus I 75, 30; d. monachos II 265, 25; d. presbyterum; d. ab honore presbyteratus I 243, 1; d. sacerdotem I 373, 45;

d. sacerdotem et ordinatorem I 364, 15; d. servum, qui calliditate vel fraude ad gradus ecclesiasticos pervenerit I 276, 30. 35 [406, 20]; *cfr.* abicere, auferre, degradare, eicere, expellere, propellere, removere.

depopulari: non d. populum II 87, 15; d. regnum fraternum II 351, 25; non d. res ecclesiasticas II 412, 25.

depopulatio II 286, 5; depopulationes interiores II 305, 10.

depopulator: d. christianitatis II 444, 20; depopulatores regni II 451, 40.

deportare malefactorem in collo usque ad cippum I 298, 20. — deportare in exilio I 23, 15.

depositio armorum II 16, 25. — d. archiepiscopi II 264, 5; d. episcopi II 352, 15.

depositum II 412, 20.

depraecari *v.* deprecari.

depraedari, depraedare II 86, 15; d. infra regnum, in parochia II 373, 1. 10; d. christianos II 321, 10; d. ecclesiam II 284, 5; non d. homines imperatoris sive alios II 360, 5; non d. res pauperum *etc.* II 292, 10; non d. res venientis ad imperatorem II 124, 30; non d. vicinos II 274, 15 [300, 40]; *cfr.* praedari.

depraedatio, depredatio I 202, 1. II 103, 10. 105, 20. 25. 371, 25. 405, 20. 431, 30. 438, 30; depraedationes criminaliter et publice facere II 307, 15; depraedationes non facere, exercere I 217, 10. 323, 15. 324, 1. II 5, 1. 5. 97, 25. 105, 25. 30. 156, 10. 158, 1. 5 [299, 35—300, 1]. 286, 30—287, 25; a depraedationibus se cavere II 299, 10; depraedationes sustinere II 328, 20; d. interdicere II 69, 25. 30. 286, 30. 294, 25. 30; d. inquirere II 125, 10. 15; d. conprimere II 84, 35; depraedationes in rebus ecclesiasticis factae II 64, 35; d. in termino Petri et Pauli factae II 101, 25; d. in villas episcoporum, abbatum vel fidelium factae II 360, 10; d. in aliis comitatibus factae II 314, 5; d. in missatico factae II 274, 5 [300, 35]; d. infra parrochiam alterius factae II 373, 20. 374, 5; *cfr.* praedatio.

depraedator II 287, 20. 306, 35. 376, 1; d. ecclesiarum, rerum eccl. II 388, 15 [404, 20]; *cfr.* praedator.

depravare I 339, 40. II 7, 40. 8, 5. 376, 15; non d. beneficium II 92, 25. 30; non d. legem II 178, 15; *cfr.* deteriorare.

depravatio textus I 339, 10. 15. 35. 40.

deprecatio finalis I 133, 40 [411, 25]; *cfr.* oratio.

deprecari, depraecare: d. misericordiam Dei I 122, 35 [410, 1].

deprehendere, depraehendere: d. aliquem dicentem aliter, quam se veritas habeat I 8, 25; d. scabinos iniuste iudicasse II 15, 5; d. adulteros I 232, 15; deprehendi in criminali opere, culpis et criminibus I 77, 20. II 9, 10; deprehendi denarium reicere II 302, 5. 15; d. in facinore II 86, 30. 148, 1; d. in fornicatione I 30, 10; d. cum furto I 23, 20; d. in furto aut periurio *etc.* II 225, 5; d. in incantationibus, auguriis *etc.* I 228, 10; d. in malo ingenio I 184, 35; d. moecham I 317, 10. — d. cartam falsam I 145, 35; d. neglegentiam II 42, 10; *cfr.* comprehendere.

deputare = *attribuere* II 103, 20; d. mensuram restaurandi I 196, 25; d. oblationes ecclesiae I 19, 10; d. portionem operis I 197, 15; deputari in clero II 228, 25; d. monasterio I 378, 20. — d. = *destinare*: d. comites ad custodiam maritimam I 301, 1 [437, 5]; d. custodes II 328, 5; d. homines I 84, 30; d. ministros II 48, 10; d. missos II 271, 20; d. visitatorem II 358, 5; d. hospitalia II 434, 35; d. res ad stipendia II 88, 5. — d. (= *mittere*) in exilio I 16, 35. — deputari (= *inculpari*) crimine aut infamia II 225, 5.

derelinquere terras posteritati I 264, 5; *cfr.* relinquere. — d. uxorem propriam II 18, 25.

derogare licentiam I 18, 35.

desciscere a rege II 279, 15; *cfr.* deficere.

describere aliquid I 130, 5 [II 40, 1]. I 177, 1 [433, 40]. 289, 5 [443, 5]. II 3, 1 [6, 15]. 15, 15. 268, 30. 280, 35. 40. 330, 30—331, 1; d. adventitios I 157, 5 [447, 35]. II 323, 25; d. numerum canonicorum *etc.* II 267, 25; d. capitula regis I 394, 10. 20. 30; d. ecclesias II 12, 25; d. fideles II 281, 25; d. fiscos I 177, 5 [434, 1]; d. liberos II 19, 35; d. monasteria in proprietatem data II 268, 5; d. pactum II 130, 25; d. pauperes II 71, 35; d. res I 201, 30; d. res ecclesiae II 278, 10; d. res ecclesiasticas in alodem datas II 268, 25; d. thesaurum ecclesiae II 93, 30; *cfr.* scribere. — d. portionem regni I 127, 10 [II 21, 35].

descriptio: descriptiones constitutionis imperatoris I 262, 40; descriptio missorum II 483, 40; d. alodum II 330, 20.

deserere: d dominum I 6, 25. — d. beneficium imperatoris; d. curtes imperatoris I 131, 30 [427, 40]; d. ecclesiam I 42, 30. — desertum locum I 262, 25 [II 260, 15. 20]. I 263, 20—35. 264, 1; *cfr.* relinquere, destruere.

desertare: d. beneficium I 93, 1; d. villas I 122, 20; *cfr.* destruere.

desertor exercitus I 205, 20.

deservire: d. Christo, Deo I 2, 25. 69, 30. II 175, 30. 227, 1; d. altari II 215, 25; d. partibus fisci I 89, 1; d. in palatio I 87, 25. 294, 30. 298, 15; d. regi I 83, 5. II 105, 25. — mansa deservire II 323, 20; *cfr.* servire.

desidia I 276, 10 [405, 35]. II 66, 5. 87, 25. 30; d. comitis II 9, 5; d. imperatoris II 5, 35; d. rectorum II 174, 10; d. subditorum II 80, 1; *cfr.* neglegentia.

desidiosus I 110, 5. 227, 20; *cfr.* neglegens.

designare: d. episcopum II 114, 10 [399, 20]; d. regem II 357, 10. — d. comitatus II 70, 15; d. loca regni II 321, 1; d. porcionem regni I 127, 10 [II 21, 35]; *cfr.* nominare.

desinhonorantia II 280, 20. 25.

desolare II 526, 10; d. villas I 122, 5 [409, 35]; *cfr.* destruere.

desolatio regis, regni, primorum II 400, 25.

despectus, dispectus: d. christianitatis I 68, 25; in dispectum habere iussionem regis I 208, 1; d. litterarum dominicarum I 284, 25 [441, 5]. 290, 5 [443, 40]; sacerdotes despectui habere I 367, 15.

desperatis omni tempore baptismi sacramentum est tribuendum II 220, 15. 20.

despicere, dispicere: d. admonitionem episcopi II 373, 15; d. clamantes I 122, 30 [425, 35]; d. dicta, epistolam, litteras *etc.* regis I 284, 25. 30. 45 [441, 5. 10]. II 360, 15. 374, 35. — d. = *considerare* I 161, 30; *cfr.* contempnere.

despondere II 426, 5; *cfr.* desponsare.

desponsare, disponsare II 413, 20; d. legaliter, rite II 189, 30. 292, 25; d. non legitime II 189, 30; d. lege uxoris II 207, 10. 236, 5; d. puellam, virginem, uxorem *etc.* I 278, 35. 279, 1 [408, 15. 20]. 413, 35. 40. II 189, 30. 207, 15. 30. 292, 25. 384, 40; *cfr.* despondere.

desponsio II 414, 1.

destinare: d. legatos II 93, 10; d. missos; d. obsides per diversa loca I 129, 10 [II 22, 40]; destinare mulierem II 240, 10. — d. et instituere vicarium I 12, 10.

destructio ecclesiarum II 12, 45.

destruere = *extrudere, strudem facere* I 9, 25.

destruere, distruere: d. altare I 232, 30; d. beneficium; d. ecclesias; d. heribergum II 327, 25. 328, 1; non d. loca sacra II 38, 35; d. monasteria I 328, 35. II 268, 35; d. officinas II 207, 20; d. palatia II 64, 15; d. senodochia I 195, 10. 328, 35; d. simulacra I 2, 30; d. villas II 323, 10. 15; *cfr.* confundere, deserere, desertare, desolare, praedari. — d. emphyteusim I 335, 5; d. teloneum novum I 132, 5.

detenere *v.* detinere.

deteriorare emendata II 434, 10; *cfr.* depravare.

determinare II 352, 35. 353, 5 [352, 10]. 528, 40; d. iuxta capitula regnum I

361, 1. II 211, 35; d. indicio episcoporum I 360, 40. II 211, 25; d. causam per evangelia II 133, 35; d. contentiones legales II 524, 40; *cfr.* definire.

detestari, detestare II 80, 5; d. heresim II 206, 1.

detestatio II 32, 5.

detinere, detenere = *retinere*: non d. aliquem per fortia I 43, 15; non d. aliquem ad pontem *etc.* I 32, 5; d. clericos vagantes II 122, 20; d. fugitivos I 158, 20 [431, 35]; d. latrones VII noctes I 70, 1; d. legatarios et epistolarios II 133, 25; d. monachos monasteria dimittentes I 198, 30; detentum esse infirmitate I 67, 25. II 96, 1. 10. 242, 30. 244, 1. 20. 25. 271, 25; detentum esse servitio regis I 306, 30. II 271, 25; detentum esse ad dominicam curtem II 244, 20 25; detentum esse sunni I 7, 30. 118, 1 [430, 20]. II 108, 15. — d. = *possidere* I 16, 5; d. provincias, urbes et civitates *etc.* in suo iure, principatu ac ditione I 354, 5; d. facultates ecclesiae usu saecularium II 385, 40; d. res ecclesiasticas II 268, 30; d. res et mancipia regis II 345, 25; d. villas et cortes regis II 64, 10; *cfr.* tenere.

detondere, detundere I 285, 15 [441, 40]; d. sibi vicissim capillos I 124, 10 [426, 30]; detonderi iterum II 229, 5. 15; *cfr.* tondere.

detractio I 229, 40. II 32, 5. 20. 34, 35; detractiones non committere II 45, 15. 20; detractionem cavere II 46, 10; detractiones non acceptare II 72, 35 [155, 15].

detractor II 169, 30.

detrahere = *rapere*: d. puellam, viduam I 23, 10. — d. = *detrectare* II 30, 35. 52, 15; non d. episcopum II 33, 40. 36, 30; d. ministerium sacerdotale II 34, 20; *cfr.* contemnere.

detricare, detrigare I 5, 5. 9, 30.

detrimentum I 342, 30; d. animarum II 45, 25; d. ecclesiae II 102, 25. 305, 5; d. populi II 8, 20. 80, 15; d. regni II 305, 5. 321, 10; *cfr.* damnum.

detundere *v.* detondere.

devastare: d. pauperes, vicinos, circummanentes II 412, 25; d. fruges aliorum II 292, 15; d. messes, prata, vineas *etc.* II 97, 25. 486, 30; d. silvas aliorum II 438, 10; d. terram II 323, 20.

devastatio II 110, 15; devastatio regni II 331, 25.

devastator regni II 287, 10 [309, 40].

deviare II 166, 35. 296, 35; d. a sua cognitatione II 164, 1; d. a commendatione regis II 301, 35; d. a fidelitate II 379, 15; d. a professione II 356, 45. 357, 1. 384, 20; d. a suo proposito II 66, 10; d. ab statu rectitudinis I 304, 30 [416, 10]; d. a recto tramite I 226, 20; II 2, 30 [6, 10. 28, 15]. 50, 30; d. a regulis patrum II 124, 15; d. a sacramentis II 356, 45; 357, 1; *cfr.* declinare.

devotio, divotio I 18, 30. 360, 40. II 48, 10. 255, 45 [399, 1]. 457, 30. 524, 35; d. christiana II 456, 15. 20. 461, 10; d. communis I 271, 15; d. concors II 348, 30; d. ecclesiastica II 116, 10 [402, 10]; d. fidelis II 339, 10; d. unanimis II 348, 25; d. episcoporum II 50, 10. 339, 10; 348, 25. 30. 454, 30; d. fidelium I 271, 15. II 266, 1. 281, 30. 366, 25. 367, 5; d. pastoris I 369, 5; d. populi I 273, 10. II 383, 25; d. principum II 266, 1; d. regis regum II 113, 5. 15. 254, 30. 263, 35. 301, 30. 436, 15; d. sacerdotum II 51, 5. — devotio religiosa I 11, 35. 119, 15. 20; 125, 5 [410, 5]. II 489, 1; d. cotidiana II 504, 35. — devotio tua, vestra *(episcopi)* I 246, 35; 453, 25. *(fidelium)* I 303, 15 [415, 1]. II 65, 35. 77, 30. 35. 254, 25. 255, 35 [398, 35]. *(imperatoris, regis)* II 38, 1. 48, 10. 405, 15. 420, 35.

devotus, a, um: d. meus II 339, 15; d. monachus I 79, 35; d. puritas II 464, 5; d. rex II 456, 10. — devotum permanere in sua ecclesia I 107, 1. 5; devotorum petitiones II 454, 20. — devote: d. obedire, parere I 81, 1. II 530, 5; d. petere II 452, 1. — devotior commendatio II 413, 5; devotiorem se exhibere I 342, 45. — devotissimi famuli et oratores II 46, 15; devotissimus princeps II 266, 20. 397, 15. — devotissime: d. adiutorium ferre II 48, 20; d. corrigere et emendare II 406, 1; d. obsecrare II 115, 10 [401, 35]; d. reverentiam exhibere II 41, 35.

devovere se in religione I 1, 20; *cfr.* vovere.

dexter, a, um: d. brachium I 258, 35; d. manus I 9, 1. 258, 25. 30. 268, 10. 269, 35. 283, 5 [439, 35]. 283, 40. 336, 15; dextras dare II 527, 15; per dextras conspirationem firmare I 124, 10 [426, 30]. 25; a dextris dicere II 465, 25.

dextrare in manus comiti I 193, 5.

diabolicus, a, um: d. actus II 231, 35; d. astus II 29, 15; d. calliditas II 307, 5; d. fraus II 467, 10; d. inlusiones II 45, 1. 241, 5; d. insidiae II 455, 25; d. instiuctus II 177, 5. 379, 20; diabolicum I 239, 35.

diabolus: diaboli opera, pompae; diaboli fraus II 468, 10; diaboli insidiae, servitium I 179, 5 [412, 40]; contra diabolum se defensare I 242, 20; hominem diabolo sacrificare I 69, 5; diaboli servitium I 179, 5 [412, 40]; d. membrum se facere II 29, 15; diabolo se mancipare II 34, 30; diabolo servire II 45, 5; diabolo abrenuntiare, renuntiare I 229, 35. 366, 10. II 40, 10. 15. 177, 5; diaboli abrenuntiatio I 247, 10. 366, 10.

diaconus, diacon I 27, 45. 371, 20. II 53, 25. 112, 5. 185, 10. 191, 5. 10. 246, 35. 247, 1. 516, 5. 522, 30. 523, 1; diaconum ordinare I 75, 25. 227, 30; diacones ante XXV annos non ordinentur I 103, 5; diaconem ad ecclesias suas ordinare absque licentia episcopi I 110, 35; diaconus per pecunias dignitatem non obtineat I 399, 20; d. in ordine suo se custodiat I 95, 20; d. sobrie, caste atque cum pudicitia vivat I 230, 5; d. nullus sit absolutus sine magisterio episcopali I 110, 30; d. in sua ecclesia maneat I 75, 1; diaconum transferre II 229, 30; diaconus non sit rector ecclesiae baptismalis I 328, 15; d. chrisma ad aliquam nimietatem, pro necessitate non det aut accipiat I 142, 15. 237, 10; d. peccantes non percutiat I 108, 10; d. in potestate episcopi sit I 47, 45; d. oboediat episcopo I 74, 40; d. contra episcopum non superbiat I 56, 40; d. coram presbitero non sedeat II 191, 5; d. adversus presbyterum non det accusationem I 133, 40 [411, 30]; d. in monasteria puellarum non intret I 119, 30; d. in sua domo mulierem habitare non permittat *vel similiter* I 26, 5. 54, 20 [398, 10]. 96, 5. 102, 25. 207, 25. 30. 336, 20; d. fornicator I 25, 5 [*cfr.* 108, 5. 374, 1. II 541, 50]; d. seculares curas non adsumat I 231, 5; diaconis tutelam aut curam non inplicare I 231, 10; diaconus casula utatur, non sago I 26, 5; diaconibus dalmaticae concessae sunt II 504, 10; diaconus arma non portet I 59, 20 [403, 5]. 103, 40; d. tabernis non ingrediatur I 76, 10; d. de rebus ecclesiarum praedia sibi non emat II 34, 25; d. venationem non faciat I 195, 15; d. canes, acceptores *etc.* non habeat I 95, 20. 231, 20. 25. II 188, 25; d. falsam epistolam ab apostolico deferens II 231, 5. 10; d. in fornicatione aut periurio aut furto lapsus, conprehensus I 108, 5. II 541, 50 [*cfr.* I 25, 5]: d. de quacumque femina crimine fornicationis suspicatus I 374, 1; d. faciens homicidium II 219, 15; d. crimine accusatus II 188, 15—25; diaconum impetire II 265, 30; d. evocare II 448, 1; d. accusare II 127, 20; subdiaconus adversus diaconum non det accusationem I 134, 1 [411, 30]; diaconus manefestus convictus I 21, 15; d. non a iudice distringatur I 46, 15; d. de persona sua ad publica vel secularia inditia non trahatur I 196, 10. 15; diaconi excusatio, purgatio II 188, 15. 265, 35; diaconus cardine constitutus urbis Romae nisi in XXXVII testimonia non dampnabitur I 134, 5 [411, 25]; diaconum degradare I 25, 5. 237, 10; d. deponere I 108, 5. 231, 5. 336, 20. II 219, 5—15. 541, 50; diaconus ecclesiastico honore privatus II 60, 20—30;

diaconum docere I 372, 30; diaconi possessio propria I 196, 15; diaconi proprietates post ordinationem adquisitae II 178, 20—30; diaconum calumniare I 361, 10. 40; d. plagare, cum fusto icere, percutere I 212, 20. 281, 20. 25 [438, 15]. II 128, 1; d. interficere, occidere I 68, 30. 113, 5 [428, 20]. 212, 20; diaconi ministerium, professio I 98, 30; diaconus liber, servus I 212, 20.

diadema II 340, 40. 451, 15; d. imperiale I 271, 5. II 351, 10.

dicare Deo II 37, 5; d. propositum I 279, 10 [408, 30]. — Deo dicata (sc. virgo) I 243, 10. 363, 10. 400, 30; dicata Deo in matrimonium non coniungatur I 365, 25; dicatae Deo in ministerio altaris non intermisceantur I 364, 35; dicata basilica II 46, 5; dicata loca; *cfr.* sacrare.

dicere: d. imperatori, regi I 67, 20. 86, 1. 88, 20. 131, 25 [417, 25]. 217, 20. II 51, 10. 318, 1; d. episcopis II 464, 20; d. missis I 184, 25; d. populo II 17, 1; d. super aliquem de homicidiis, furtis, adulteriis, praeda I 192, 35. 40; aliquem dicere latronem I 180, 20; dicere nominatim I 193, 5. — d. = *constituere* I 30, 5; — d. = *iudicare* I 292, 20. 293, 25; — d. = *testari* I 9, 15. 57, 1 [400, 40].

dictare capitula II 159, 40.

dictio *v.* ditio.

dictiones II 485, 20.

dictum II 429, 1—10; dicta et exempla II 31, 5. 35. 35, 20. 25; dicta auctorum sanctorum I 60, 35 [404, 15]; d. patrum I 81, 1. 276, 10 [405, 35]. 341, 5. II 31, 25. — dictum (= *edictum*) legale et antiquum II 418, 5.

dies: diei nomen I 356, 35; annus et dies II 63, 1; dies placiti I 63, 25. 171, 25; diem placiti *etc.* constituere, statuere, ponere I 70, 10. 25. 193, 15. 197, 15. 347, 5. II 53, 10. 226, 5. 281, 25; per diem iudicii iurare I 14, 35; vicini comites in una die mallum non teneant II 324, 20; dies quos servire debet homo I 85, 30; diem I arare I 81, 25. 30; diem I opera manuum facere 81, 30; in diebus II arare II 81, I 25; dies III manibus operari I 81, 30; diebus III abstinere a vino et carne *etc.* I 245, 15. II 189, 25. 217, 10; dies III per hebdomadam in observationibus manere II 541, 45; dies III redimere II 242, 30; infra dies VII pignerare II 138, 30; ad diem VIII. regeneratio celebrabitur II 220, 20; infra dies XIV iustitiam facere II 183, 30; dies XV sint inter primum et secundum placitum II 89, 20. 30. 35; diebus XX in anno ecclesiae servire II 413, 10; dies XX sint inter primum et secundum placitum II 89, 20. 25; dies et noctes XXX abstinere a vino et carne II 97, 35; dies XXX post decessum viri expectare I 278, 25 [408, 1]; dies quadragesimus II 325, 1—15. 30; diebus XL abstinere ab ecclesia et a communione I 243, 35; dies et noctes XL abstinere a vino et carne II 97, 30; dies XL penitere in pane *etc.* II 189, 1. 5. 15; dierum XL castigatio, poenitentia II 218, 10. 233, 25. 242, 10—244, 10; infra dies XL reddere mancipia aliena I 5, 15; XLII dies II 325, 15. 20; intra dies LX tradere malitiam facientem II 131, 10; d. Lunis, Iovis II 324, 20—35. 325, 10. — dies (*opposit.* nox) I 106, 20; numerare dies et non noctes II 325, 5; negotium in die exercendum I 142, 20. — dies consecrati II 269, 15; d. feriati *v.* feriare; d. feriatici I 175, 20; d. festi *v.* festus; d. festiva II 269, 5. 494, 30; d. festivitatum I 110, 30; dies VIII festivitatis paschalis II 420, 10. 15; d. sacri I 3, 1. 376, 25, 30; d. sollemnes II 39, 10. — d. dominicus, dominica I 3, 1. 133, 35 [447, 10]. 363, 20; d. dominicum observare, celebrare, colere *etc.* I 10, 35. 36, 5. 10. 55, 15 [399, 5]. 76, 10. 104, 15. 146, 30. 304, 40. 45 [416, 25]. II 41, 25—35; diei dominici observatio, veneratio II 39, 10. 41, 30. 35; in die dominica a curis mundanis se exuere II 39, 10; die dom. currere, recurrere ad ecclesiam I 69, 30. 376, 1. 5. 35; die dom. vacare orationi I 181, 35. 182, 25; die dom. vigiliis et orationibus insistere *etc.* II 233, 35. 234, 1; die dom. communicare I 182, 25. II 495, 5. 10; diei dom. officium II 494, 30; die dom. praedicare I 106, 20. 285, 20. II 118, 10; die dom. populum instruere II 249, 1. 5; die dom. fidem s. Athanasii recitare I 363, 15; die dom. missas facere, mysteria celebrare II 494, 5. 20; in dominicis orare sine genuum flexione II 505, 1; die dom. non abstinere, non ieiunare II 217, 5. 242, 25. 244, 20. 503, 20; in diebus dom. a corporali opere suspendi, opera non facere *vel similiter* I 11, 30. 17, 20. 61, 10. 15 [404, 20—30]. 104, 15. 152, 20. 25. 174, 15. 181 35; die dom. negotia, laborationes, operationes, mercationes non peragere I 376, 1; diebus dom. conventus et placita publica non fiant *vel similiter* I 69, 25. 174, 15. 182, 1. II 233, 30. 35. 234, 10. 266, 5. 10. 269, 5; diebus dom. mercatus non habeatur I 149, 5 [412, 5]. 150, 30. 174, 15. 182, 1; diebus dom. expectacula non fiant I 182, 1; diebus dom. lites et contentiones non frequentare II 233, 35—234, 1; diebus dom. commotiones non facere I 175, 20; die dom. culpa noxae teneri I 348, 1; die dom. criminales causae et furta inventa, facinora commissa I 376, 5. 10; diem dom. paschae venerari I 312, 20 [422, 1]; *cfr.* dominica.

diffacere *v.* disfacere.

diffamare I 207, 25; d. ecclesiam II 189, 20.

differentia: sine differentia carricare II 323, 5.

differre aliquid I 307, 1. 5 [418, 35]; d. iussionem imperatoris I 306, 35 [418, 25]; d. iustitiam I 192, 10. 20. II 64, 1.

difficultas I 304, 1 [415, 35]. 340, 35. 40.

diffin- *v.* defin-.

digerere II 6, 15; d. capitula II 28, 5. 213, 15; d. sententias I 339, 5. 10.

dignificare II 443, 30.

dignitas I 13, 20. 333, 30. II 30, 20. 255, 20. 25 [334, 1. 339, 20. 302, 20. 398, 20. 25]. 333, 30 [339, 25]. 334, 20. 336, 20. 420, 25; dignitate cedere I 311, 10. 15 [421, 15]; dignitas ecclesiarum II 69, 20; d. ecclesiastica I 339, 1. II 32, 35. 413, 30; dignitates ecclesiasticae II 177, 25. 514, 20; dignitas episcopi II 219, 5; d. episcopalis II 118, 5; d. imperatoris, regis II 48, 10. 255, 30. 403, 15. 405, 15; d. imperialis apicis II 177, 15 [185, 20]; d. regalis I 55, 1 [398, 30]. II 255, 10 [398, 10]. 412, 5. 10; d. regia II 212, 30. 301, 30. 377, 30. 402, 25. 35. 405, 1. 30. 419, 25; d. imperii I 247, 25. 30; d. magnificentiae, nominis regii II 403, 10. 25; d. ordinis II 333, 25. 35 [362, 15]; d. regiminis I 274, 1; d. rei publicae II 120, 15; d. sacerdotalis II 30, 5. 35, 35; d. sacerdotii I 276, 40 [406, 25]. 339, 1. II 230, 15; dignitates saeculares II 514, 20; d. saecularis potentiae I 53, 20 [397, 5]. II 210, 25; dignitas sedis metropolitanae I 339, 20; d. sedis Romanae II 515, 5. 10. — dignitas vestra (*imperatoris*) II 49, 20.

diiudicare, deiudicare I 148, 20 [430, 30]. 362, 5. II 284, 20. 405, 40; d. causam I 74, 40; d. causam leviorem I 210, 30; d. contentionem I 176, 20 [433, 30]; d. clericos I 56, 5 [400, 5]. 102, 35; d. presbyterum aut clericum I 81, 30; d. religiosos II 400, 10; d. vicarios et centenarios I 290, 35 [444, 25]; d. canonice II 102, 1; d. iuxta canonicam auctoritatem I 81, 30; d. secundum canonicam institutionem I 35, 15; d. iudicio II 452, 15; d. iterum ad palatium I 72, 1; d. censura synodali I 364, 30; d. secundum voluntatem et potestatem regis I 285, 15 [441, 35]; d. ad mortem I 148, 5 [430, 35]. 172, 1. 181, 10. II 415, 25; *cfr.* iudicare.

diiudicatio synodalis II 258, 1; *cfr.* iudicium.

dilatare = *differre*: d. iustitiam; d. regnum II 51, 1. 52, 35.

dilatatio = *dilatio* I 48, 30. 209, 35. 210, 5; d. iniusta II 97, 30.

dilatio I 1, 30. 129, 35 [II 23, 20]. I 184, 20. 198, 25. 307, 1 [418, 30]. II 86, 20. 87, 25. 89, 5. 90, 30. 259, 20. 271, 20. 286, 20. 328, 15. 403, 10;

d. dierum II 448, 40; d. IV mensium II 350, 25.

dilatura *v.* delatura.

dilectio II 454, 40. 476, 30. 526, 30; d. inter episcopos et comites *etc.* I 209, 35. II 336, 25. 337, 15. — dilectio tua, vestra I 212, 5. 10. 245, 1.

dimin- *v.* demin-.

dimissoriae litterae I 48, 5. 198, 30. 210, 10.

dimittere: d. homines suos II 332, 5; d. indemnem furonem vel latronem I 205, 35; d. incantatores I 202, 15; d. servum interfectorem I 293, 15; d. servum propter damnum ab illo cuilibet illatum I 117, 30 [430, 15]. — d. exercitum I 205, 20; d. de hoste I 93, 5. 137, 25—35. 165, 5. 10. 291, 20. 25 [445, 10. 15]. II 95, 30. 108, 10; d. ancillam I 41, 1. 30; d. concubinam I 40, 35; d. maritum I 39, 5. 40, 30; d. mulierem, uxorem; d. virum I 38, 40. — d. = *manumittere:* d. servum alienum I 292, 15. 20; d. per cartam I 158, 5. 215, 1 [480, 1]; d. per cartam in ecclesia I 158, 5; d. in ecclesia I 356, 40. — d. = *relinquere:* res in hereditatem d. II 345, 25; d. aliquem cum rege II 360, 15; d. vassallum I 38, 15. — d. = *deserere:* d. beneficium I 48, 5; d. dominum I 128, 30. 45 [II 22, 15]; d. exercitum I 185, 15; d. forestes I 288, 10 [442, 35]. 291, 5 [444, 35]; d. monasterium I 198, 30; d. parem I 167, 1 [432, 40]. II 281, 20; d. porprisum II 169, 5; d. saeculum I 163, 5; d. seniorem; d. senodochia I 200, 30. — d. = *tradere;* res emptas ad utendum d. I 330, 10; res proprias ad praesens d. II 404, 1. — d. = *neglegere* I 84, 20. 25. 85, 30. 184, 5. 10. II 2, 25 [6, 5. 28, 10]. 50, 30. 284, 10. 331, 25; d. circumitionem II 257, 45; disciplinas constitutas d. I 64, 5; d. hostem II 322, 1; d. placitum I 135, 35. II 288, 5; d. tonsuram II 229, 20; d. velamen II 227, 25; *cfr.* demittere.

dinarius *v.* denarius.

dinoscentia imperatoris I 304, 1 [415, 35]. 342, 10.

diocesanus episcopus II 406, 20.

dioecesis, dioecesis, diocesin: d. archiepiscopi I 308, 10. 15 [419, 20—30]. 339, 15. 20. 340, 5. 15. 341, 10. 30. 40. 342, 5. 15. 356, 25. II 111, 25. 178, 20. 358, 5. 428, 10 (*cfr.* provincia); d. episcopi I 56, 30 [400, 30]. 76, 25. 94, 25. 95, 15. 228, 10, 229, 25. 230, 20. 35. 276, 5 [405, 35]. 339, 20. 342, 5. 356, 25. 362, 35. 374, 35. 375, 1. 10. 30. II 216, 1. 238, 1. 257, 15. 410, 30. 451, 15; *cfr.* parrochia.

diploma II 421, 11. 448, 30.

diptamnus I 90, 5.

directo ordine tenere II 425, 1.

directum, drictum, drectum = *'droit'* I 10, 1. 87, 10. 101, 35. 104, 1.

direptio II 86, 20; d. civium II 405, 25; direptiones pauperum II 55, 5; d. rerum collecta multitudine factae I 300, 20 [486, 30].

dirigere aliquid I 2, 1. 11, 20. 34, 25. 79, 40. 183, 35. 208, 30. 211, 20. 212, 5. 230, 35. 246, 15. 284, 25 [441, 5]. 339, 15. 341, 1. 342, 25. II 50, 25; d. aliquem I 83, 20. II 264, 35; d. ad praesentiam regis I 17, 5. 229, 1. 257, 30; d. in exilium I 51, 20; d. abbates II 94, 1; d. clericum I 228, 40. 229, 1; d. fratrem monachum I 63, 20; d. homines suos in hostem I 137, 30. II 96, 1; d. legationem I 91, 40. 305, 40 [417, 30]; d. legatos I 272, 5. 355, 1. II 92, 30. 93, 35. 265, 30; d. mediatores II 212, 5; d. missos; d. sanctimoniales I 95, 30; d. viros religiosos II 384, 20; d. visitationes I 84, 35.

diripere aliquem II 86, 5. 405, 25; d. bona, propria II 86, 5. 92, 25. 35. 381, 1; d. pecora vel friskingas pagensium II 436, 30; d. facultates praesulis II 103, 20; d. res vel facultates ecclesiasticas II 358, 25 [363, 1]. 433, 25; d. thesaurum ecclesiae II 93, 30; d. res legatorum I 306, 1 [417, 30]; d. res regni II 379, 35.

dirutum conlaborare II 221, 10.

discedere a civitate II 459, 1; d. ex monasterio II 448, 35.

disceptatio II 232, 15.

discere aliquid I 79, 10—35. 147, 15. 278, 15 [407, 35]. 327, 10. 358, 1. II 40, 10; quae discant omnes ecclesiastici I 235, 10—25. 363, 20; d. iuxta praeceptum episcopi I 46, 10. 15; d. canones I 110, 30; d. cantum I 61, 5. 121, 25. 235, 20; d. compotum I 121, 30. 235, 20. 363, 20; d. disciplinas I 121, 30; d. fidem Athanasii I 235, 10. 363, 10; d. homelias I 110, 30. 235, 20. 363, 20; d. Kyrieleyson I 229, 30. 35; d. legem I 58, 20; *cfr.* 402, 5. 121, 20 [446, 30]. 147, 10; d. librum pastoralem I 110, 30. 235, 25; d. litteras I 235, 1; d. medicinalem artem I 121, 30; d. orationem dominicam; d. regulam I 121, 35. 344, 5; d. responsiones I 363, 10; d. scripturas sanctas I 162, 30; d. signaculum I 257, 30. 35; d. symbolum.

discernere causas I 58, 20 [402, 10]. 103, 40. 124, 25 [427, 1]. II 464, 1; d. legibus I 18, 30; d. legem I 402, 5; *cfr.* definire.

discidium (*sc.* coniugii) II 225, 25.

discindere inlicitum concubitum II 225, 25; d. inlicitum coniugium II 226, 1. — d. se a metropoli II 448, 40; d. res ab ecclesiis II 482, 20.

disciplina I 12, 5. 17, 1. 64, 1. 83, 10. 97, 15. 147, 20. 180, 20. 202, 15. 368, 20. II 16, 5. 273, 15. 319, 15. 455, 1; disciplinae modus II 316, 15. 20; d. regimen II 456, 10 [461, 5]; disciplina et cura I 92, 35; d. et pax I 22, 10. 25; d. et magisterium I 96, 1. 110, 30; d. vel plaga I 212, 15. 20; disciplina corripere I 230, 25; d. macerare II 122, 25; d. constringere I 181, 1; disciplina latronis I 140, 30; d. novitiorum I 108, 35; d. apostolica II 384, 15; d. canonica I 95, 40. 373, 30. II 236, 5; d. corporalis I 142, 15. 152, 5. 160, 10. 15. 25 [432, 5—15]. 160, 35 [449, 20]. II 316, 15—25; d. ecclesiastica I 164, 10. II 88, 10. 15. 102, 15. 105, 15. 121, 10. 179, 10. 265, 10. 266, 15. 420, 20; d. episcopi II 121, 35; d. gradus proprii II 88, 10. 15; d. militaris II 265, 10; d. misericordissima I 313, 20 [423, 1]; d. principis II 45, 5; d. regia II 82, 10; d. regularis I 63, 20. 76, 10. 93, 40. 346, 20. 348, 25. II 228, 10. 15; d. saecularis I 63, 20. 76, 10; d. saecularis potentiae I 318, 30 [423, 15]. II 183, 10. — disciplinas discere I 121, 15 [446, 25]; disciplina cantandi vel legendi I 164, 5; d. christiana I 164, 10; disciplinae ecclesiasticae I 378, 5; d. officii ecclesiastici I 369, 35. 40; d. ecclesiasticae regulae I 131, 20 [410, 20]; d. sancta I 95, 35.

discipulus I 108, 35.

discooperire II 329, 30.

discordare I 164, 35. 269, 15. 289, 10 [443, 10]. II 269, 15.

discordes II 15, 35.

discordia II 29, 1. 162, 25. 169, 30. 170, 1. 383, 15. 431, 10. 443, 10; discordiae I 272, 15. 35. II 15, 20. 49, 25. 103, 10. 464, 1; discordia civilis I 384, 10; d. inter comites I 70, 20; d. inter episcopos, abbates, comites *etc.* I 101, 20; d. heredum II 186, 35; d. regum fratrum II 113, 25. 40. 114, 5. 116, 15 [402, 15]. 442, 10. 15. 447, 30.

discretio, discrecio I 180, 15. 241, 30. 245, 10. 371, 35. 373, 15. II 269, 20. 306, 40. 319, 15. 320, 1. 322, 1. 437, 40. 520, 15; discrecionis modum tenere II 84, 15; discretio incauta I 274, 45; d. moderata II 301, 35. 302, 10. 25; d. regis, regia II 319, 30. 404, 15; d. salubris II 336, 15. — d. = *decretio* I 5, 20.

discretus II 336, 15. 528, 30; discretissima moderatio II 52, 5. — discrete corrigere I 274, 45.

discubitus I 346, 40.

discupere II 72, 35 [155, 15]. 169, 20.

discurrere, decurrere I 140, 10. 175, 30. 300, 5. II 86, 5. 411, 25. 467, 25; d. per mercatus II 33, 30; d. per patrias I 132, 1 [410, 30]; d. per territoria I 211, 35; d. ad placita *etc.* II 60, 25; discurrentes (decurrentes) missi I 165, 25. 309, 1 [420, 1]. 342, 5. II 163, 30. 164, 20. 40. 297, 30. 301, 5.

discursores missi I 23, 15.

discus I 87, 1. 254, 10. 255, 15. 35; d. regis I 85, 10.

discussio I 19, 1. 5. 130, 1. 180, 20; ad discussionem perducere I 113, 25 [411, 40]; d. ecclesiastica II 122, 20; d. episcoporum II 33, 5.

discutere I 56, 5 [400, 5]. 123, 5 [425, 40]. 161, 15. 176, 25. [433, 35]. 363, 1. II 118, 5. 25. 212, 1. 225, 10; d. causas, lites I 176, 15 [433, 25]; d. fidem et vitam ordinandi I 54, 15 [398, 1]. 102, 25; d. presbyteros I 59, 20 [403, 1]. 103, 15; d. quaestiones I 204, 30; d. regulam I 344, 5; d. sacerdotem I 374, 30; d. criminalia scelera II 102, 1; d. testes I 124, 15 [426, 35. 448, 20]. 148, 30 [431, 10]. 150, 40.

disfacere, diffacere: d. hominem I 49, 30. 50, 5; d. cartam I 114, 10 [429, 5]; d. firmitates II 328, 20; d. iustitiam I 113, 15 [428, 35].

dishonoratio ecclesiae I 224, 20.

disiungere: d. copulam nuptialem II 236, 5; d. pollutos II 189, 20; d. sanctimoniales et viros I 215, 30. 35; disiuncta a viro II 239, 5.

dismembrare II 346, 35.

disordinare II 356, 20.

dispectus v. despectus.

dispendere II 280, 15. 327, 5.

dispendium I 7, 10. 375, 10. II 328, 1. 385, 10; d. vitae I 9, 25.

dispensa I 85, 15. 294, 25. 30; d. episcopi II 83, 20. 256, 30. 35. 257, 15. 20. 40; d. missorum I 291, 30. 35 [445, 20. 25]. II 332, 15.

dispensare I 88, 15; d. decimas; d. laborata II 437, 40; d. oblationes I 78, 1; d. ordines ecclesiasticos II 520, 15; d. res I 201, 15; d. res ecclesiasticas II 178, 10 [185, 25]; *cfr.* dividere.

dispensatio = *divisio:* d. ecclesiastica II 432, 25; d. rerum et facultatum ecclesiasticarum II 422, 5. — d. = *divina oeconomia* I 369, 40. II 5, 25; d. Dei I 248, 40; d. divina I 271, 5. II 115, 35. 426, 25. 457, 15 [462, 25].

dispensator II 523, 20; dispensatores ecclesiarum II 114, 35 [401, 20].

dispercire v. dispertire.

disperdere aliquem II 345, 15. 20.

dispertire, dispercire: d. ecclesiam II 232, 10; d. mansiones II 87, 15; d. pecunias et terras communes II 225, 30; *cfr.* dividere.

dispicere v. despicere.

dispoliare I 125, 25 [427, 15]. 287, 25 [442, 15].

disponere aliquid I 20, 35. 95, 30. 96, 30. 127, 35. 130, 10 [II 21, 40. 23, 25]. 131. 10 [427, 30]. 193, 30. 276, 20 [406, 10]. 327, 20. 353, 10. 354, 25. 30. II 56, 15. 174, 10. 244, 10. 267, 20. 301, 10. 356, 15. 20. 358, 40; d. legaliter II 274, 5; d. et ordinare II 410, 5. 411, 15; d. ordinabiliter et rationabiliter II 81, 5; d. administrationem II 522, 35; d. capitula II 358, 30. 361, 40; d. claustra I 103, 35; clerum d. II 8, 30; clericorum ordinem d. I 195, 1; d. custodiam II 277, 25; d. domum II 434, 40. 436, 1; ecclesias d. I 191, 30. II 8, 30; barmiscaram d. II 335, 15; locum d. II 357, 35; monasteria d. I 195, 5. II 80, 1. 82, 25; negotia d. II 105, 5; palatium d. II 523, 15; poenitentiam d. I 97, 25. 35; d. provisores I 116, 5; d. regnum II 518, 5; senodochia d. I 332, 10.

disponsare v. desponsare.

dispositio II 87, 35. 177, 25; d. abbatis I 75, 35; d. apocrisiarii II 523, 10; dispositiones divinae II 438, 35; d. Domini II 440, 15; dispositio episcopi I 75, 35. II 82, 15. 82, 40. 83, 1. 121, 25. 268, 15. 20. 412, 15. 432, 20. 460, 1; d. imperatoris, regis I 128, 20. 323, 15. 35. 327, 5. II 82, 30. 88, 10. 356, 20. 30. 357, 5. 358, 1; d. regum II 88, 5. 116, 10 [402, 10]; d. regalis II 400, 35; d. institutoris senodochii II 121, 5; d. pontificis I 323, 35; d. presbyterorum I 369, 5; d. prioris I 345, 1; d. sacerdotalis II 400, 35. — dispositio rei I 309, 30 [420, 15]. II 522, 15; d. domus regiae II 518, 10. 522, 1; d. ecclesiae II 422, 20; d. imperii, regni I 350, 5. II 210, 1. 356, 40. 530, 1; d. monasterii II 423, 1; senodochii I 332, 10. 15.

disputare II 434, 15; d. in placito I 296, 1. II 179, 20.

disputatio II 529, 15.

disrumpere sacramenta II 342, 1.

dissensio I 61, 40 [405, 5]. II 325, 20. 440, 15; dissensiones committere II 45, 15. 20; d. dirimere II 49, 25.

dissentire I 268, 5. 283, 1 [439, 35]. II 62, 5. 449, 10.

dissidere: d. a capite II 352, 20; dissidentes episcopi II 261, 10.

dissilire a potestate episcopi II 102, 10.

dissociare II 78, 10. 284, 5.

dissolvere: d. commutationes II 15, 10; d. coniugium II 207, 30. 324, 10; d. precarias I 327, 25.

distinctio II 12, 40.

distribuere, destribuere: d. decimas I 336, 25. II 82, 45; d. honores I 271, 25; d. plebes II 64, 30; inrationabiliter d. res ecclesiae I 327, 30.

districtio I 71, 15—25. 159, 1. 171, 35. 211, 1. 228, 10. 270, 5. 325, 1. II 183, 20. 292, 5; d. gravis I 97, 30; d. maior II 301, 5; d. saevissima I 97, 15.

districtum = *regio* II 194, 5.

districtus, a, um: d. examinatio I 228, 15; d. inclusio I 3, 5. — d. penitentia I 57, 5 [401, 5]. II 181, 10. — districte: d. coercere II 33, 30; d. ferire I 277, 15.

distringere I 12, 5. 32, 1. 196, 15. II 259, 30. 459, 40; d. agentes I 23, 1; homines qui res suas alienant distringat comes pro scubia publica I 319, 5; *cfr.* 330, 5. 10. II 330, 25; distringere austaldos episcopi et abbatis I 325, 10; *cfr.* II 16, 1; censa persolvere detractantes d. II 272, 5 [312, 20]; d. clericum; d. cleros I 191, 25; d. coheredem I 282, 15 [381, 10. 439, 10]; d. colonos II 209, 25. 438, 10; d. conciliantem sibi latrones II 86, 30; d. conspirantes inter se II 86, 15; d. contemptorem episcopi I 326, 20. 25; *cfr.* II 83, 30; d. decimas dare nolentes, abstrahentes I 197, 30. 327, 25. 336, 25. II 13, 20. 25; d. diaconum I 196, 15; d. faidosum I 123, 5 [425, 40]; d. filios ecclesiae plebes restaurare nolentes I 327, 20; d. forbannitum II 314, 5. 343, 40. 344, 10; d. fratrem hereditatem non suscipientem I 330, 15; d. fugitivos ac peregrinos I 115, 25 [448, 1]; d. homines liberos contra legem II 91, 5; d. homines in aprisione habitantes I 262, 10; d. homines episcopi, abbatis *etc.* II 16, 1; *cfr.* I 325, 10; d. homines regis I 139, 10; *cfr.* II 374, 30; homines liberi commendati non distringantur, quousque de servitio regis reversi fuerint I 321, 5; d. malefactores II 75, 20. 273, 25; d. monasteria I 192, 1; d. monachos II 66, 10; d. iuniores suos I 153, 35 [431, 45]; d. latrones; d. libellarios I 199, 20; d. liberum fraudolenter res delegantem I 330, 5. 10; *cfr.* 319, 5. II 330, 25; d. non obtemperantes sacerdotibus II 83, 30; *cfr.* I 326, 20. 25; d. pontificem I 192, 10; d. praedatores II 75, 20; d. presbyterum I 31, 30. 47, 45. 196, 15; d. raptores II 75, 20; d. rebellem I 72, 15; d. sacerdotes I 242, 25; d. seniores I 321, 5; d. servos I 211, 1; d. subdiaconum I 196, 15; d. traditores rerum II 330, 25; *cfr.* I 319, 5. 330, 5. 10; d. usuram facientem I 327, 1; d. vassos dominicos II 374, 30; *cfr.* I 139, 10. — d. iuxta canones I 21, 20; d. potestate ducis II 142, 35; d. legaliter I 321, 5. II 320, 15; d. per res ecclesiis delegatas, per res venditas I 330, 5. 10; d. per res et mancipia vel mobile II 314, 5; 343, 40. 344, 10; d. per mobile II 320, 15. — d. ad constitutionem adimplendam II 16, 1; d. ad fidelitatem et ad pacem ecclesiae ac regni I 123, 5 [425, 40]. II 330, 25; d. ad hostem et reliquas publicas functiones I 325, 10; 330, 5. 10; *cfr.* 206, 35; d. ad iuditium I 196, 15; *cfr.* II 91, 5; d. ad iustitias faciendas I 262, 10. 321, 5; d. ad marcam defendendam I 206, 35; d. ad placita contra legem II 91, 5; *cfr.* I 196, 15.

distruere v. destruere.

disvestire I 65, 25.

ditare ecclesias II 255, 5 [383, 25. 356, 1. 398, 5].

ditio, dicio, dictio: d. clerici, ecclesiae I 19, 20; d. episcopi II 422, 25. 30; d. imperatoris (regis) II 86,

20. 255, 1 [355, 35. 362, 5. 398, 5]. 403, 10. 404, 25. 457, 15 [462, 25]; d. regia II 310, 15; d. *imperii*, *regni* II 136, 20. 141, 30. 142, 15. 147, 10. 148, 35. 149, 5; d. papae I 358, 10. 40. 364, 5. 15. 25. 30; d. provincialis I 19, 20; d. Romana I 310, 35 [420, 45].

ditiores I 197, 10.

diurnus cursus I 110, 5.

diuturnum officium I 76, 1.

diversitas: d. mensurarum I 367, 35; d. testium I 268, 10. 288, 5 [439, 40].

diversus, a, um: d. mensurae II 44, 15. — diversa non sentire in iudiciis poenitentium I 365, 10; per diversa non mitti II 40, 35. 42, 25. — diverse sentire II 240, 20.

divertere I 376, 40.

dives: divitibus hospitium non denegetur I 96, 20; divitem sub nomine Dei rebus suis expoliare I 168, 10.

dividere I 219, 10; d. ecclesias inter heredes, coheredes I 279, 45 [409. 20]. II 12, 20. 25. 186, 30. 35; d. decimas I 106, 25. 228, 1; d. episcopia I 405, 40; d. hereditatem I 219, 10. II 109, 5; d. monasteria I 405, 40. II 268, 5; d. parrochias II 257, 30. 40; d. pecuniam I 312, 40 [422, 20]; d. predia locorum sanctorum *II 386, 10;* d. *potestatem* inter filios I 272, 40; proprium cum coheredibus nondum divisum habere I 269, 5 [446, 15]. 283, 30 [440. 15]; d. provinciam I 183, 15 [411. 20]; d. regnum I 127, 5. 40—128, 5 [II 22, 1]. *II* 115, 25 [402, 5]. 168, 5. 169, 5; *cfr.* I 272, 40; d. res cum coheredibus I 282, 15 [381, 5. 439. 5]; d. res communes II 226, 5. 15. 20; d. res ecclesiae I 229, 40. 276. 20 [406, 10]. II 432, 30. 35; d. res ecclesiasticas I 276, 1 [405, 25]; d. res paternas vel maternas cum parentibus I 292, 30; d. substantiam I 330, 30; d. usum fructuarium II 109, 5; d. ab inlicita copulatione I 377, 1. 5.

divinationes I 64, 1. 202, 15. 228, 5. II 46, 5. 10.

divinus vel sortilegus I 25, 30. 45, 25. 69, 40. 228, 10. II 44, 35.

divinus, a, um: per omnia divina iurare I 14, 35; d. auctoritas; d. cultus; d. examinationes II 445, 30; d. institutio; d. iudicium II 172, 1; d. lex; d. mandata I 376, 25. II 476, 30; d. negotium II 405, 30; d. officia; d. opus I 367, 15. II 110, 25 [120, 35]; d. res I 246, 35. II 178, 1; d. scriptura; d. sanctiones II 121, 30; d. scripta II 52, 5; d. sententiae II 286, 30; d. verbum I 279, 30 [409, 10]. 358, 5.

divisio II 522, 10. 527, 1; d. hereditatis, proprii I 171, 15. 269, 5 [446, 15]. 282, 15 [381, 10. 439, 10]. 288, 30 [440, 15]; d. imperii I 127, 10 [II 21, 35]. I 270, 10. 35. II 55, 10. 58, 15; d. regni I 127, 10 [II 21, 35]. 128, 5. II 21, 30. 35. 168, 5. 169, 10. 25. 193, 10. 35. 194, 10. 195, 1. 254, 5. 451, 5. 10; d. regnorum I 46, 20. 126, 5; d. rerum basilicae I 94, 10; d. rerum ecclesiasticarum I 276, 5 [405, 30]. II 409, 20.

divisor I 292, 30; d. ecclesiarum I 272, 20.

divortium II 247, 10.

divus augustus II 396, 40.

divutio *v.* devotio.

docere I 79, 10. 98, 25. 174, 20. 248, 20. 327, 5. 358, 1. 363, 5. 372, 20. 35. 376, 25. II 81, 25. 520, 10; d. secundum canonicam regulam I 158, 25; d. monachos secundum regulam I 209, 20. 236, 10; d. plebem I 45, 20. 158, 15 [418, 15]. 247, 5; d. populum I 161, 30. 175, 5. 228, 15; d. presbyteros, sacerdotes I 178, 25. 247, 5. II 406, 15; d. regem II 441, 10; d. subditos I 77, 1. II 406, 15; d. suos I 304, 40 [416, 20]. II 39. 15; d. fidem I 110, 25. 236, 25. 241. 15. 20. 242, 10; d. scripturas sanctas I 162, 30.

doctor I 58, 45 [397, 40]. 372, 25. 30. 374, 15. 397, 40. II 45, 35. 501, 15; doctores pro studio litterarum constituere I 376, 25; doctoribus scolam deputare I 369, 40. — doctores catholici II 449, 10. 519, 10; d. sancti II 512, 30. 35. — doctores legis I 440, 45.

doctrina I 246, 35. 339, 35. 348, 15. 357, 25. 30. 358, 1. II 8, 35; d. praedicationis II 407, 1; d. clericorum II 81, 15; d. vestra *(sc. imperatoris)* I 248, 40; d. populorum I 110, 10; d. in populo II 79, 40. 81, 20. — d. = *scientia* I 21, 5. 28, 1. 327, 1. 5. 357, 40. II 35, 15. 406, 5. 410, 35; d. clerici probabilis I 277, 20 [407. 1]; d. ecclesiasticorum I 109, 30; d. *ministrorum* I 378, 10; d. presbiteri I 25, 25. — d. = *'Lehre':* doctrina caelestis II 455, 1; d. christiana II 53, 20. 477, 5. *518, 10;* d. ecclesiastica I 78, 20. II 37, 20.

doctus I 357, 30. II 29, 40. 30, 20; doctum esse de scriptura divina I 236, 25, de canonibus I 237, 1; d. abbas I 375, 25; d. frater I 347, 25.

documentum et consilium I 305, 1 [416, 30]; documenta ecclesiastica II 409, 1; *documenta spiritalia* I 340, 35.

dogma I 109, 35; d. christianum II 511, 30; d. ecclesiasticum II 174, 5. 176, 5; d. sacrum, sanctum II 118, 5. 367, 15. — dogmata liberalium artium I 376, 25.

dogmatizare II 511, 15.

dolaturium, dolatura, dolatoria I 87, 1. 168, 25. 171, 30. 252, 5. 254, 10. 255, 15. 40. 256, 15.

dolose: d. agere II 53, 40; d. amittere res ecclesiasticas II 102, 25; d. conparationem facere I 151, 10; d. satagere contra regiam dignitatem II 402, 25.

dolositas II 100, 5. 168, 10. 296, 15.

dolus II 296, 25 [100, 15]. 425, 5. 437, 35; d. malus I 14, 35.

domesticus, a, um: d. allocutio II 528, 20; d. cura I 330, 30. II 432, 5; d. curtis II 438, 5; *d. domus; d. lumen* II 384, 1; d. necessitates II 120, 20; d. officium I 355, 30; d. sollicitudo II 526, 10. — domestica II 516, 10. — domesticus I 132, 30 [411, 5]. II 528, 1; d. episcopi II 257, 20; d. palatii II 529, 5; d. presbyteri I 288, 20; d. regis II 408, 30.

domina, domna I 69, 15; d. ancillam occidens II 181, 30; d. regina I 12, 30. 13, 30. 40. 14, 1. 5. 225, 15. II 357. 25. 453, 25.

dominari II 82, 5; d. ecclesiam, res episcopi II 409, 30.

dominatio I 13, 10. 20. II 377, 1. 521, 15. 20; dominationem habere in ecclesiis baptismalibus I 191, 30; dominatio extraordinaria in ecclesiis non exercenda II 82, 5; d. potentiva I 93, 25; dominationis ius non exercere in servum libertum I 229, 20; dominatio imperatoris, regis I 14, 1. 354, 15. II 254, 25; d. regum II 113, 10. 116, 5. 10 [402, 10]; d. regalis atque imperialis II 23, 25. — d. *(titulus imperatoris, regis)* I 248, 25. II 131, 15. 356, 35. 405, 20. 428, 10. 429, 1. 15. 20. 438, 20. 30. 439, 20. 440, 35. — d. = *territorium dominationis* II 44, 20.

dominatus II 431, 25; d. regalis atque imperialis I 130, 10 [II 23, 25]. — dominatui addictus servus I 356, 30.

dominica = *ecclesia, basilica* II 481. 25. — d. = *dies dominica* I 85, 25. II 494, 5. 20. 503, 20. 505, 1.

dominicalis villa I 271, 25.

dominicatum regis = *fiscus* II 330, 20.

dominicatus, a, um: d. agri II 14, 5; d. casa I 252, 40. 253. 256, 25; d. census II 354, 15; d. mansionilis I 254, 30. 35. 255, 1; d. villae II 194, 15. 20.

dominicum = *fiscus* I 101, 1; nona et decima de dominico I 183, 5.

dominicus, a, um = *regius:* d. actor I 289, 5 [448, 1]; d. bannus; d. beneficium; d. campus I 81, 25; d. capella II 6, 40. 186, 10; d. capitulare I 91, 5. 120, 30; d. causae I 295, 25; d. curtis I 85, 20. 88, 1. II 244, 20. 25; d. edictum I 122, 40; d. fiscus; d. forestis I 211, 5. 444, 30; d. fredus I 101, 5; d. gisindius II 94, 1; d. iussio; d. litterae I 284, 25 [441, 5]; d. ministerialis I 291, 40; d. missi; d. moneta I 151, 10; d. opus I 85, 5. 444, 10; d. pars; d. placitum I 116, 35; d. porcellus I 252, 25; d. praeceptum I 481, 35. 443, 25; d. pratum I 252, 15—25; d. proprium I 285, 10 [441, 30]; d. servitium I 121, 35. 122, 1 [446, 35]; d. terra I 252, 20. II 19, 30; d. trustis II 360, 10; d. vassallus, vassus; d.

verbum I 30, 25; d. vestitura I 443, 45; d. villa I 83, 35. 288, 1. 5 [442, 30]; d. vinea I 256, 30. — dominicus, a, um = *Dei*: d. castra; d. coena II 492, 25. 493, 1. 30; d. corpus et sanguis; d. decimae; d. dies; d. nox I 109, 5; d. oratio; d. panis II 495, 15; d. passio II 494, 5; d. plebs I 371, 20; d. praeceptio II 48, 20; d. res II 177, 35. 178, 1 [186, 20. 25]; d. resurrectio I 368, 30. II 41, 25; d. sanguis; d. substantia II 121, 25.

dominium: d. constructoris monasterii vel oratorii I 374, 35; d. imperatoris, regis I 195, 1. 261, 25 [II 259, 1]. 283, 35 [440, 25]. 300, 30 [486, 40]; d. senioris I 262, 15 [II 259, 35]. — d. = *territorium domini* I 143, 20. — d. = *dominus* II 376, 35. 377, 15.

dominus, domnus: d. servi, ancillae, mancipiorum *etc.* I 40, 35. 40. 41, 30. 67, 5. 114, 5 [429, 1]. 145, 40—146, 5. 150, 30. 196, 35. 205, 30. 216, 25. 229, 20. 232, 25. 276, 30—277, 1 [406, 25. 30]. 298, 30. 356, 35. 357, 35. 40. II 89, 1—10. 131, 20; domini filiam rapere I 69, 10; dominum interficere I 69, 15. 257, 5; dominus fugitivi I 140, 5. 148, 20. 206, 1. 5. 287, 10. 288, 5 [441, 45. 442, 30. 35]. 300, 30 [486, 40]. 331, 15. II 132, 15. 292, 20; dominum fugere (dimittere, deserere) I 6, 25. 7, 1. 128, 45 [II 22, 15]. I 197, 10. 276, 30 [406, 20]. 287, 5 [441, 40]; in domini potestate et servitio reverti I 320, 25; dominus servum quaerens (adquirens) I 145, 35. 276, 35 [406, 25]; servus iniuste venditus *etc.* domino pristino restituatur I 292, 20; d. res servi reserventur I 181, 10; ad dominum perveniant res ingenuae (Franci) servum (ancillam) in coniugium accipientis I 292, 30; sine domini conscientia et consilio *etc.* I 8, 30. 118, 1 [430, 20]; sine domini voluntate et licentia I 55, 35 [399, 30]. 57, 25 [401, 25]. 76, 15. 108, 15. 183, 20 [446, 40]. 229, 20. 232, 25. II 328, 15; domino permittente I 31, 25; cum voluntate domini I 215, 40. 218, 15; convenientibus utrisque dominis I 365, 30; ex iussione domini I 74, 35; d. de servo suo iustitiam faciendi potestas I 181, 15. 25; dominus servum distringat et inquirat I 211, 1. 5; d. pro servo respondeat I 117, 30 [430, 15]. 143, 10. 181, 20. 284, 20 [441, 5]. 335, 25; d. pro servo rationem reddat I 211, 1; d. pro servo componat (solvat *etc.*) I 5, 10. 9, 10. 49, 35. 74, 35. 143, 10. 181, 20. 211, 5. 215, 40. 281, 10 [438, 1]. 284, 20 [441, 5]. 293, 10. 15. 335, 20. II 96, 25. 251, 10. 378, 5; d. servum in mallum praesentet *etc.* I 5, 5. 6, 10. 9, 5. 17, 10. 335, 25. II 344, 30; d. servum in compositione aut ad poenam offerat I 117, 30 [430, 15]; d. servum ad mortem *etc.* tradat I 181. 20. 281, 10 [438, 1]. 335, 20; d. servum non praesentans II 316, 25. 344, 35; d. persolvat LX sol. I 31, 25. 300, 20. 301, 10 [486, 30. 487, 15. 20]. II 316, 25. 344, 35; domino satisfacere II 132, 15; domino precium servi reformare I 6, 5. 7, 1; d. weregildum servi solvere I 139, 30; dominus legitimus I 287, 10 [441, 45]. 356, 35; d. Francus, Alamannus, Langobardus, Romanus I 206, 5. — d. clerici I 78, 30. 150, 15; d. domus I 6, 1. 25. 7, 1; d. hominis (vassalli) I 28, 5. 101, 35. 104, 1. 128, 30—40. 129, 20 [II 22, 10—25. 23, 10]. I 137, 35. 40. 138, 15. 150, 15. 166, 20. 168, 30. 272, 15. II 22, 20. 526, 10. 25 (*cfr.* senior); d. immunitatis I 181, 1. 5; d. loci II 216, 5. 10. 217, 15; d. monasterii (oratorii) I 374, 35; d. rerum I 358, 1. II 99, 20 [348, 20]. 528, 25 (*cfr.* rex); d. subditorum I 318, 35. 40 [428, 20]; d. vassalli *v.* d. hominis. — d. (*titulus*): d. apostolicus, pontifex, papa I 323, 10. 25. 324, 10. 15. 353—355. II 99, 15 [348, 15]. 101, 15. 160—162. 347—349. 351—358. 356, 10. 35. 367, 35. 368, 25. 376, 35. 377, 1. 424, 10. 469, 10. 15; d. apostolicus (= *episcopus*) I 108, 20. 30; d. archiepiscopus II 488, 30; d. episcopus I 1, 15. 2, 5. 42, 5. 108, 20. 30. II 224, 15. 340, 15. 20; d. imperator (rex) *passim, ex. gr.* I 4, 30. 8, 10. 12, 20—14. 17, 25. 22, 5. 20. 25. 91, 40. 92, 20. 25. 35. 93. 1. 5. 94, 15.

domuncula II 480, 1.

domus I 7, 1. 85, 35. 124, 30 [427, 5]. II 85, 1. 479, 25; in domibus propriis residere (manere, consistere) I 23, 10. II 42, 20. 92, 25. 30. 97, 25. 103, 10. 331, 40; domui infantes nutrire I 119, 35; in domo confessio peccatorum facienda II 43, 15; in domibus missae non celebrentur I 64, 10. 106, 35. 364, 25. II 102, 5. 191, 15; in domibus misteria divina non exerceantur II 121, 35; iuxta domos basilicas habere II 81, 25; foris domus praesentare I 23, 1; ad domos mannire et bannire II 313, 30; domum in forbanno (in bannum) mittere I 70, 10. 165, 15; domum wiffare I 197, 30; domos construere die dominico I 61, 10 [404, 25]; domos aliorum inhoneste ac inpudice frequentare II 38, 30. 109, 35; in domo alterius male facere I 141, 25; hostiliter quaerere alium in propria domo I 214, 20; domos aliorum per vim invadere II 98, 35; in d. adsalituras facere II 272, 15. 309, 20; d. alienam infringere I 160, 10. 15 [432, 5]. II 292, 10; domus alienae incendium I 205, 40; in domo alterius furtum invenire I 6, 1; in domum suam excommunicatum recipere II 161, 25; d. in loco malli construere I 284, 15 [440, 40]; iudices domos in rebus publicis restituant, in quibus placitum teneant et hospitentur II 110, 20; domus semota (in monasterio) his, qui fugere aut pugnis inter se voluerint confligere *etc.*, habeatur I 346, 20; d. arimannorum II 109, 35; d. claustri II 411, 10. 15; d. clerici I 1, 25. 30, 5. 54, 20 [398, 10]. 102, 25. 175, 20. 228, 20; d. coltilis I 336, 25; d. Dei I 28, 15. II 177, 30. 35 [186, 15]. 479, 20. 481, 5. 25. 482, 5. 10. 485, 20. 516, 15; d. diaconi I 26, 5. 54, 20 [398, 10]. 96, 5. 102, 25; d. ecclesiae, ecclesiarum I 76, 20. 131, 15 [410, 20]. 174, 30. 248, 10. 277, 25 [407, 5]. 334, 5. II 110, 15. 20; d. episcopalis I 95, 35. 230, 35. 231, 15; d. episcopi II 404, 30—405, 1. 10; d. feminae vel Deo dicatae vel laicae I 243, 10; d. feminarum II 102, 20; d. fiscalis I 7, 1; d. imperatoris (regis) I 215, 15. 30. 363, 40. II 49, 25. 367, 5. 30. 403, 30. 486, 1; d. regalia I 255, 10. 256, 10; d. regia II 518, 10. 521, 40. 522, 1; d. incolarum II 98, 35; d. Iudei I 258, 20; d. ad locum venerabilem pertinens I 310, 35. 311, 1 [421, 15]; d. missorum II 11, 5; d. monachorum II 484, 25; d. orationis II 480, 5; d. oratorii I 111, 5; d. pauperum II 85, 1. 87, 10; d. pauperioris I 108, 10; d. presbiteri I 26, 5. 54, 20 [398, 10]. 96, 5. 102, 25. II 88, 20. 257, 10—20; d. potentium II 419, 20; d. publicae II 64, 15; d. privatorum II 85, 20. 87, 15. 30. 110, 20; d. religiosa I 219, 5; d. rei publicae II 109, 35; d. sacerdotum II 102, 15; d. saecularis I 378, 20. II 121, 35; d. servorum I 298, 5. — d. = *familia*: d. suam gubernare *etc.* I 240, 5. II 485, 35. 40; d. domestica regis II 403, 30. 485, 40. — d. = *patria*: domi traditionem facere I 118, 35 [411, 40]; domi dimittere I 137, 30. 35. 138, 1. 5. 15. 167, 20 [449, 20. 25]. 291, 20 [445, 10]; domi remanere (residere) I 137, 15. 30—40. 165, 5. 20. 167, 5 [433, 5]. 205, 15; domum reverti I 205, 20.

donare: d. ad provendarios I 86, 1; d. decimas I 83, 25. II 460, 1; d. episcopatum II 451, 1; d. honores II 285, 10; d. loca sacra II 434, 5; d. monasteria II 318, 15; d. possessiones II 260, 1; d. proprietatem I 331, 20; d. proprietates ad monasterium I 252, 35; d. res suas I 201, 25. II 109, 5; d. res ecclesiis I 330, 40; non d. res ecclesiasticas in alodem II 408, 30; d. sogales I 84, 5; d. solidum I 249, 25; d. gratis II 222, 25. — d. (= *tradere*) ad servitium ecclesiae I 69, 40; d. arma Nortmannis II 321, 10. 15; d. argentum pro opere faciendo I 287, 35 [442, 25]; d. pretium II 326, 25. 335, 35.

donatio, donacio I 311, 1 [431, 5]. II 409, 35; d. est munus a manu II 436, 25; donationis carta, cartula I 188, 5. 10. 205, 5; donationis pagina I 353, 25; donationis scriptum I 353, 30; donationis praeceptum I 169, 5; donationem monumentis intimare I 311, 10 [421, 15]; donationes non exigere a sacerdote vel clerico et piis locis I 375, 15; donationes duae de eadem re factae I 205, 10; donatione communi tradere proprietatem aut pecuniam II 240, 30; *d. paterna* II 431, 40; *d. regis* II 149, 35. 158, 20. 25 [299, 35]. 298, 10. 431, 40; donationes regum I 119, 15. 353, 25. 30. 354, 5. 10; d. rei ecclesiasticae I 231, 10. II 403, 25; d. rerum ad episcopia seu monasteria I 119, 15. 20; d. in loca venerabilia I 188, 10.

donitum = *donatio*: d. imperatoris I 169, 20.

donum I 87, 10; d. matutinale I 18, 40; dona annua, annualia, regia I 135, 5. 144, 18. 168, 35. 350, 10. 20. 351, 1. II 93, 35. 94, 1. 368, 5. 525, 5. 527, 10; dona legationum II 525, 10; dona regum fratrum I 271, 30—40. 272, 35; d. familiae regis I 88, 5. — dona (= *oblationes*) fidelium I 365, 10. 15.

dormire: d. cum aliquo II 248, 35; d. in loco convivii I 238, 5; dormientes monachi I 344, 10. 345, 28; d. post nocturnas I 109, 5; d. post sextam I 346, 15. 347, 35; d. cum monachis suis I 75, 30; d. in dormitorio I 347, 15. 375, 35. II 180, 20. 262, 10. 411, 1. — d. = *fornicari, concumbere*; d. cum noverca, filiastra, duabus sororibus I 41, 5. 10; d. cum sorore uxoris I 41, 10. II 239, 10.

dormitorium I 175, 20. 347, 15. 373, 5. 375, 35. II 180, 20. 262, 10. 411, 1.

dorsum: ad d. sellam portare II 96, 20; [fer]iatur corium in dorso I 299, 35; in d. recipere sententiam I 84, 25; in d. accipere fredo dominico I 101, 5; de d. componere I 17, 20; in d. servi hasta frangatur I 123, 25.

dos I 8, 25. 18, 40. II 426, 1. — ecclesia sine dote I 282, 25. II 60, 5.

dotalicium II 413, 20. 414, 1.

dotare II 207, 15. 30. 426, 1; d. lege uxoris II 207, 10.

draganten I 90, 1.

dragma II 588, 10.

drappus I 87, 1. 254, 10. 255, 15. 35. II 305, 25.

drudi II 429, 30.

dubietas I 5, 5. II 468, 1.

dubitare I 10, 10. 125, 1. II 118, 15; d. de mandato imperatoris I 184, 30.

dubius, a, um: II 182, 15; d. conventio I 398, 40; d. res I 129, 20 [II 23, 5]. 205, 1.

ducatus, duchatus I 41, 1. 74, 10. 127, 25. 128, 10. 353, 10. 354, 10. 15. II 58, 20. 130, 15. 131, 1. 20. 25. 136, 1. 20. 25. 141, 30. 146, 25. 147, 10; ducatus honor II 142, 40.

ducere: d. ad episcopum I 77, 20; d. ad praesentiam, in praesentia imperatoris, regis I 68, 25. 171, 35; d. ad palatium bracios I 88, 35. II 97, 10 (*cfr.* adducere, deducere); d. homines foris regno I 140, 30; mancipia in aliam regionem d. I 211, 10; d. arma et brunias ad venundandum I 123, 15 [426, 10]; d. se foris loca I 6, 20. — d. uxorem, in coniugium *v.* uxor, coniugium; d. in matrimonium II 235, 20. 236, 25; d. = *ducere in matrimonium*: d. novercam II 183, 20; d. nurum II 183, 35; d. puellam desponsatam II 189, 30; d. sponsam raptam I 315, 20; d. viduam invitam I 281, 35 [488, 25]. — d. maritum I 40, 30.

duella II 588, 10.

dulgere: dulgat servum I 8, 30.

duodenarius numerus scabinorum I 295, 30.

duplex: duplices mensurae II 44, 20; d. poenitentia II 241, 5. 10. — dupliciter componere bannum I 208, 1. 10. II 307, 15, weregildum I 257, 10; dupliciter punire II 241, 1.

duplum, dublum: d. accipere, recipere I 149, 15 [448, 30]. II 404, 1; d., in duplum componere, persolvere I 72, 10. 337, 1. II 131, 10. 134, 15; in duplum multiplicare I 72, 25; d., in duplum restituere, reddere I 70, 15. 337, 5. II 131, 10. 133, 1.

duumviri II 516, 1. 5.

dux I 170, 25. 204, 25. 205, 35. 211, 30. 240, 15. 268, 1. II 67, 20. 99, 35. 104, 1. 130, 25. 137, 15. 377, 20. 515, 20; duces provintie II 149, 30; ducis campus I 15, 30; ducum iuniores I 211, 30; ducis missus II 136, 15; ducis res, servus I 15, 30; duces apostolici I 323, 15. 25. 30; dux Baioariae I 74, 1; d. Brittonum II 70, 1; d. Francorum I 24, 20. 29, 1. II 187, 30; d. Venetiae *v.* Venetia.

e.

ebrietas I 2, 40. 61, 40 [405, 5]. 64, 10. 94, 35. 95, 5. 98, 5. 107, 5. 110, 40. 154, 15. 230, 20. 238, 20. 239, 30. 243, 30. 244, 30. II 33, 30. 45, 10. 20. 177, 5. 179, 25. 373, 5. 493, 10; seniores ebrietatem devitent I 158, 15 [413, 15].

ebriosus I 96, 1. 237, 5.

ebrius I 288, 5; e. in exercitu inventus I 167, 5 [433, 1]; nullus e. causam in mallo possit conquirere nec testimonium dicere I 116, 5 [429, 35. II 60, 30].

ecclesia, eclesia, aecclesia, aeclesia *passim*: e. sancta (Christi, Dei *etc.*) I 41, 25. 73, 30. 93, 35. 126, 35. 246, 10. II 364, 20, *saepius*; e. primitiva I 495, 15; e. catholica I 88, 20. 247, 10. 356, 10. 377, 5. 394, 15. II 334, 30. 35. 455, 30. 479, 10. 488, 1. 491, 15; e. universalis I 29. 101, 15. 120, 25. 167, 5. 514, 30; e. una I 239, 10. II 167, 5. 10. 444, 30; e. unum corpus eiusque caput Christus II 29, 5—25; e. est corpus Christi I 356, 10. II 418, 20. 520, 20; e. mater nostra I 318, 15 [423, 1]. 356, 10. II 27, 25. 30. 177, 10 [185, 15]; e. Romana I 75, 10. 121, 25. 355, 5. 364, 30. 366, 1. II 65, 35. 101, 10. 104, 35. 149, 25. 351, 35. 352, 1. 30. 35. 358, 5 [859, 10]. 515, 10; e. catholica atque apostolica Romana I 377, 5; e. Galliarum, Gallicana II 508, 5. 518, 25; e. Germaniae II 513, 25; e. cisalpina II 489, 1; ecclesiae Latinorum II 508, 10; e. s. Petri I 129, 25 [II 28, 10]; e. Petri apost. I 354. II 66, 30. 67, 1. 101, 25. — ecclesiae aedificia II 388, 5. 10. 418, 1; e. pulchra sint aedificia I 164, 5; e., ecclesiarum domus I 76, 20. 131, 15 [410, 20]. 248, 10. 277, 25 [407, 5]. 334, 5; e. fabrica I 228, 1; e., quomodo structae aut destructae sint in tectis, in maceriis sive parietibus sive in pavimentis necnon in pictura etiam et in luminariis sive officiis I 186, 10; e. altare I 232, 30; ecclesiae ita constitutae, ut altaria in orientem disposita sint II 478, 20; e. atrium; e. aurum, argentum I 334, 5; fontes e. I 317, 1; e. fores II 217, 5. 282, 15; e. ianua I 182, 10. II 248, 35; e. libri II 267, 25; ecclesiarum limina II 39, 35; ecclesiae luminaria I 119, 15. 182, 1. 35. 304, 10. 15 [415, 45]. II 33, 10. 267, 20; e. ornamentum I 106, 25. 131, 15 [410, 20]; e. ornatus I 248, 30. II 267, 20; e. ostium I 488, 40. II 232, 25; e. parietes I 186, 10. 367, 25; e. porticus II 347, 1; e. reliquiae II 232, 15. 25; ecclesiarum signa I 106, 30; 228, 35. II 478, 30; ecclesiae tectum I 182, 1. 35. 196, 25; e. sarta tecta II 413, 1; e. tegumentum I 76, 20; e. thesaurus I 174, 10. II 64, 30. 98, 30. 267, 25. 379, 20. 380, 1. 10; e. vasa I 277, 30 [407, 15]; e. vestes I 334, 5; e. vestimenta II 267, 25; cimiteria ecclesiarum I 69, 40; iuxta ecclesiam claustra constituantur I 378, 5; mansio presbyteri iuxta e. II 346, 30. 35. — ecclesiae antiquae, antiquitus constitutae nec decimis nec aliis possessionibus priventur I 174, 25. 312, 25. 30 [422, 10]. 314, 1 [423, 30]. II 179, 5. 186, 10; *cfr.* II 221, 1. 10. 335, 10; e. novae I 174, 25. II 179, 5. 221, 10. 15; e. noviter inventae I 125, 15 [446, 35]; e. in villis novis noviter constructae I 277, 30 [407, 10]; ecclesia maior I 195, 30. II 81, 25. 30. 336, 40; ecclesiae minores II 9, 1; de ecclesia minore ad potiorem aspirare II 406, 15; ecclesia metropolis II 397, 5; e. metropolitana II 142, 30. 35. 149, 25; e. mater civitatis II 458, 25. 460, 1; e. matrix (= *episcopalis*) II 110, 25; e. principalis II 257, 30. 514, 15; e. cardinalis I 195, 20. 25; ecclesia baptismalis I 119, 15. 191, 30. 195, 10. 30. 199, 20. 200, 30. 35. 246, 15. 316, 30. 319, 30. 328, 15. 332, 1. 15. 358, 5. 369, 10. II 102, 35. 124, 20. 410, 10. 515, 35; ecclesias baptismales laici non teneant I 200, 30; e. baptismales plebes appellantur II 102, 35; ecclesiarum baptismalium restauratio II 84, 5; ecclesias baptismales restaurare I 191, 30. 196, 20. II 64, 25; ecclesia, ubi baptismum percipitur II 88, 1; e. archiepiscopi I 356, 35; e. episcopi, pontificis I 77, 30. 191, 30. 316, 30. 317, 1. 366, 40. 372, 40. II 66, 35. 105, 1. 5. 358, 5. 409, 30; e., ubi sedes est episcopi II 221, 15; 222, 1, 10; e., cui episcopus praeest II 84, 25; e. presbyteri I 173, 35. 175, 25. 182, 5. 243; e. sacerdotis I 106, 15. 365, 45. II 33, 5; presbiter ad ecclesiam ordinatus I 108, 5; e. presbytero dare II 179, 10; in ecclesia, ecclesiis presbyteros (sacerdotes) constituere I 277, 20 [407, 1]. 358, 10. 373, 20. II 12, 15. 232, 20; *cfr.* II 331, 15; ecclesia unaquaeque suum (proprium) presbyterum habeat I 277, 30 [407, 10]. II 41, 20; ecclesiam occupare per munera I 364, 15; e. per pretium adipisci II 179, 5. 10; munera exigere a presbiteris propter ecclesiae commendationem I 178, 30; presbyteri de ecclesiis non eiciantur sine consensu episcopi I 178, 35. II 12, 15. 232, 30. 331, 15; ecclesiae desertae I 42, 30; ecclesia viduata I 362, 25. II 403, 35; e. monachorum II 186, 10; e. monasterii puellarum I 175, 25; e. imperatoris, regis I 201, 15. II 354, 25, 30; ecclesia (auctoritate) imperatoris in beneficio data I 170, 35. II 8, 35; ecclesiae ad beneficium imperatoris pertinentes II 12, 25; e. non beneficia et regis proprietas II 439, 25; e. sub dicione et tuitione regis consistentes II 255, 1 [355, 35. 362, 5. 398, 5]; ecclesiae ad mundio palatii pertinentes I 189, 15; e., quae in fiscis regis sunt I 83, 25; ecclesiam regi commendare II 365, 10; ecclesias regi committere II 489, 25. 35; ecclesiae comitum, iudicum, vassorum regis *etc.* I 203, 20; e. comitum, vassallorum dominicorum (imperialium) II 354, 25. 30; pro ecclesiis senioribus honorem tribuere I 178, 20 [412, 15. II 335, 10]; ecclesiae laicorum I 110, 35. II 85, 5. 186, 10. 410, 15; e. saecularium hominum iure constitutae I 375, 5; e. proprio iure (= iuri) subiectae I 375, 5; e. in rebus propriis constitutae II 186, 30; ecclesiam in proprietate aedificare, construere I 119, 20. 316, 30. 317, 1; ecclesiae ab ingenuis constructae tradantur, vendantur, tantummodo ut non destruantur I 78, 10; ecclesia a compluribus coheredibus obsessa II 232, 10—30; ecclesiae inter coheredes divisae I 279, 40. 45 [409, 20. 25]. II 12, 20. 25; si heredes contenderint de communi ecclesia II 232, 25; ecclesia per heredes dispertita II 232, 10—20; ecclesiae inter heredes non dividantur II 186, 30—40; ecclesiae comparticipes II 232, 15. — de ecclesia census exigere I 367, 20. 25; aecclesiis exenia inponere I 195, 30; ab ecclesia indebitas consuetudines exactare II 388, 10. 15 [408, 10. 15]; in ecclesiis mansionaticos et parvaredos accipere I 211, 25; ecclesiae nullam requirere functionem I 19, 15; *cfr.* ecclesiae inmunitas; confugere ad (in) ecclesiam I 16, 10. 48, 15. 281, 5 [487, 45]; in ecclesia coniugium (*lege:* confugium) facere I 23, 10; ad ecclesiam confugium facere I 113, 20 [411, 35]; in ecclesia pacem custodire I 227, 30; in e. hominem interficere I 281, 1—15 [487, 40—488, 5]. II 18, 1—15; in ecclesiis sanguinis effusio facta I 281, 20. 25 [488, 10. 25]; in ecclesiis homicidia commissa II 18, 1; ad ecclesiam homicidio pollutam solidos DC solvere I 281, 5 [487, 45], persolvere wirgildum interfecti I 281, 10 [488, 5], tradere servum interficientem hominem I 281, 10 [488, 10]; in ecclesia clericum percutere II 216, 5; in ecclesia placita publica non teneantur I 196, 25; in ecclesia mallus non habendus I 284, 10 [440, 40. II 346, 30]. II 347, 1; nullus in atrio ecclesiae secularia iudicia faciat I 182, 10; in ecclesia sacramentum iuretur I 118, 20; iuramentum intra vel extra e. I 58, 35 [402, 20]; in e. periurium I 29, 30; sacramentum ad ecclesiam adframire ad diem statutum I 70, 25; in ecclesia mortuos sepelire I 174, 25. 179, 5 [412, 35]. II 222. 415, 20; infra ecclesiam sepulturae II 262, 15. — extra ecclesia excommunicari I 186, 5; ab (de) e. expellere I 133, 30 [447, 5]. 174, 1. II 183, 10; ab e. separare II 66, 25, sequestrare I 46, 20, secludere II 433, 30, alienare II 155, 40, removere II 181, 15. 422, 25. 30; ab ecclesiae consortio alienum efficere II 287, 10 [309, 35]; extra ecclesiam facere malefactores II 292, 30; ab eclesiae corpore dissecari II 120, 25, praecidere II 385, 5; ab unitate ecclesiae se dividere II 520, 10. —

ecclesiam aedificare I 232, 25. 35; ecclesiarum agentes; ecclesiae agraria, pascuaria vel decimas porcorum concedere I 19, 15; ecclesiae antistes I 362, 35; e., ecclesiarum beneficia; capellae et abbatiolae ecclesiae in beneficium datae II 268, 10; e., causa; ad ecclesias censa persolvere II 272, 5 [312, 20]; ecclesiarum census; ecclesiam claudere I 232, 25. II 232, 25; ecclesiae claves II 395, 40; e. alterius clericus I 85, 30; clerici nequaquam de ecclesia ad aliam ecclesiam transmigrentur I 76, 25; ecclesiae commoda II 411, 10; e. res commendatae I 231, 5; e. communio II 373, 15; commutationes ecclesiis factae II 15, 10; e. concessa in usus clericorum *etc.* deveniant II 33, 15; e. concessionem conferre II 174, 25; e. res condonare I 297, 5; ecclesiae aliquid conferre I 14, 15. 276, 20 [406, 5]; ecclesiam consecrare, ecclesia consecrata, sacrata I 178, 25 [412, 20]. 232, 25. 364, 25. II 409, 15; ecclesiae consecratio I 178, 25 [412, 20]; constituere ecclesiam I 174, 25. 312, 30 [422, 10]. 314, 1 [423, 30]. 407, 10. II 179, 5; construere e. I 78, 10. 115, 15 [447, 15]. 119, 10. 178, 20 [412, 15]; in e. credere I 247, 10; ecclesiarum cultus; ecclesiae custodia II 422, 10; ecclesiae custos; ecclesiae decima I 119, 20. 178, 30 [412, 25]. 189, 30. II 18. 216, 15; decima pars ecclesiis reddita I 69, 30; nona et decima ecclesiae donatae I 179, 15 [418, 5. II 13, 5]; ecclesias defendere, defensare; ecclesiam sanctam defendere II 461, 35; e. Christi, Dei defendere I 289, 35. II 212, 10. 15. 274, 1. 286, 5; ecclesiarum defensio; ecclesiae, ecclesiarum defensor; ob vitandam rei publicae utilitatem res suas ecclesiis delegare I 330, 5; ecclesias destruere I 115, 15 [447, 15. II 60, 5]. 136, 10. 332, 20. II 60, 10; ecclesiae destructae I 277, 35 [407, 20]. 279, 35 [409, 15]. 375, 10. II 12, 25; in ecclesia liberum dimittere I 356, 40; in e. per cartam dimittere I 158, 5; disciplina ecclesiae I 121, 30; ecclesiam ditare II 255, 1. 5 [333, 20. 25. 355, 35. 356, 1. 362, 5. 398, 5]; ecclesia divisionem aut iacturam non patiatur I 276, 5 [405, 30]; ecclesia sine dote, nihil dotis habens I 232, 25. II 60, 5; ecclesiae in elemosynam dare I 347, 1; ecclesias emendare I 115, 15 [447, 15. II 60, 5]. 121, 35. 131, 20 [410, 20]. 170, 35. 189, 15. 203, 25. 210, 10. 279, 35 [409, 15]. II 12, 30; ecclesiae exitus II 269, 5; ecclesiae facultas, facultates I 341, 35. II 34, 25. 41, 20. 386, 5; e. familia I 277, 5 [406, 35]. 277, 10 [406, 40]. II 92, 10. 15. 102, 30; ecclesiae fideles; e. filii I 327, 20. II 52, 20. 105, 15; ad ecclesiam fredum persolvere I 281, 20. 25 [488, 15. 20]; ecclesiarum fruges vel redditus II 82, 15; aecclesiam in honore sancti fundare I 363, 40; in ecclesia in gradu aliquo promoveri I 357, 35; ecclesiae gubernacula I 364, 20; ecclesiam gubernare II 113, 25. 30. 114, 1 [399, 15]. 115, 25 [402, 1]. 166, 30. 440, 40. 441, 5; ecclesia pontificali auctoritate et regali potestate gubernatur II 114, 1 [399, 15]; *cfr.* II 440, 40; ecclesiarum homines I 21, 20. 22, 25. 212, 1; ecclesiae, ecclesiarum honor I 68, 15. 129, 30 [II 23, 15]. 276, 5 [405, 30]. 303, 15 [415, 1]. 303, 20 [415, 10]. 304, 20 [416, 5]. II 69, 20. 154, 20 [298, 35]. 166, 20. 168, 1. 261, 35. 389, 20. 481, 35. 40; ecclesiae sine honore manentes absque offitiis et luminaribus I 121, 15 [446, 30]; ecclesia Dei suum habeat honorem, non sit domus Dei et altaria pervia canibus ... et ut secularia negotia vel vaniloquia in ecclesiis non agantur I 59, 30. 35 [408, 10. 15]. 108, 35. 40; in ecclesiis convivare II 498, 20; in ecclesiis convivia vel prandia non fiant II 486, 5; annonam vel foenum in ecclesia non mittere I 178, 20 [412, 15]; ecclesias honorare II 174, 20. 255, 1. 5 [333, 20. 25. 355, 35. 356, 1. 362, 5. 398, 5]; ecclesiae immunitas, inmunitas, emunitas I 22, 5. 86, 30. 282, 20 [489, 15. 331, 30]. II 92, 10. 15. 101, 25. 156, 15. 265, 40. 266, 1. 268, 15. 20. 272, 5 [312, 20]. 291, 35—292, 1. 333, 20. 25. 334, 15. 431, 35; ecclesiae habeantur inmunes II 408, 30; ecclesiarum infracturae II 301, 1; ecclesiam infringere I 216, 5. II 412, 20; ecclesiae ingressus II 189, 15. 242, 10; e. introitus I 178, 15 [412, 10]. 197, 25. II 244, 15; e. iunior I 46, 15; e. iura I 25, 5. II 34, 25; ecclesiae iuris aliquid defraudare I 334, 5; ecclesia suum ius praeter mobilem possessionem non amittere debet I 334, 5; ecclesiae, ecclesiarum iustitia, iustitiae I 92, 5. 15. 101, 10. 25. 104, 35. 146, 20. 184, 20. 190, 10. 209, 30. II 93, 30; ecclesiae leges antiquae I 369, 20; ecclesiarum mancipia I 201, 25. II 269, 1. 345, 25; ecclesiae mansus I 277, 25 [407, 5]. II 331, 10; unus mansus ecclesiae adtributus, datus I 277, 25 [407, 1. 5]. II 12, 30. 60, 5. 10; ad ecclesiam militare II 106, 30; ecclesiae militia II 458, 5; e. milites I 79, 35. II 35, 15; e., ecclesiarum ministerium I 1, 20. 29, 35. 196, 25; ecclesiae ministri; ecclesiarum mundeburdis, mundepurdium I 98, 35. 101, 15. 146, 15. 214, 20. II 157, 25 [299, 20]; ecclesiae necessitates; ecclesiae negotia; e. catholicae normae I 33, 20; ecclesiis depotare oblationes defunctorum I 19, 10; ecclesiae oeconomus (hyconomus) I 311, 5 [421, 5. 10]. II 108, 20; ecclesiis res offerre I 229, 40; in ecclesia offerre in elemosina II 415, 30; ad ecclesiam panem offerre I 202, 20; ecclesiae officia II 498, 25; e. opus I 287, 30. 35; ecclesias ordinare I 191, 30. 195, 1. 20. 232, 35. II 8, 30; ecclesiarum ordo II 211, 30; e. omnis ordo secundum legem Rom. vivat I 335, 5; e. parrochiae II 180, 5; e. pastores I 61, 20 [404, 35]. 162, 25. II 27, 30. 36, 40. 48, 25. 50, 25. 246, 5. 432, 1. 508, 15; ecclesiarum pax I 171, 1. 205, 15. 212, 5. II 330, 25. 374, 15; ecclesiae pacem habeant I 71, 15. 154, 1 [447, 25]. 157, 30; cfr. II 175, 15; ecclesiae pecora I 334, 5; ecclesiarum pecunia I 25, 5. 28, 10. 15; e. possessio, possessiones I 28, 15. 129, 30 [II 23, 20]. II 336, 5; ecclesiae possessionem per XXX annos tenere I 107, 10; e. mobilis possessio I 334, 5; e. potestas = *districtus* II 336, 40; ecclesiarum praecepta II 336, 35. 338, 20 [404, 25]. 431, 35; e. praecepta regalia II 115, 25 [402, 1]; ecclesiae praedia I 334, 5; episcopi et ceteri e. praelati I 339, 20; praelatus praelationem e. suscipiens I 267, 25; e. praepositus I 21, 20. 22, 1; e. praesul II 103, 20; ecclesiarum privilegia II 366, 20. 30. 431, 35. 436, 10; in ecclesiae providentiam ordinati I 369, 5; e. rector I 61, 20 [404, 35]. 167, 25. 197, 15. 272, 30. 283, 10 [439, 45]. 287, 35 [442, 25]. 316, 30. 356, 15. II 48, 25. 70, 35 [170, 20]. 92, 10. 15. 102, 25. 105, 5. 330, 20. 340, 15. 432, 1. 25. 440, 1. 5; ecclesiam regere I 21, 5. 242, 1. II 178, 15 [185, 25]. 218, 15. 441, 5. 518, 5; ecclesiae regimen I 354, 30; e. res proprias relinquere I 178, 30 [412, 30]; e. relinquere tertiam partem pecuIiaris II 248, 10; e. res; e. res per XX annos habitae I 65, 15; res ab ecclesiis inlicitorum preceptorum confirmatione auferre II 115, 20 [402, 1]; ecclesiis pertinentes res inquirere *II* 64, 20; *ecclesiae* res vota sunt fidelium, pretia peccatorum *etc.* I 275, 35 [405, 25]; quae e. sunt, Deo consecrata sunt II 489, 30; ecclesiarum restauratio I 65, 15. 104, 30. 119, 15. 142, 25. 189, 20. 192, 5. 206, 20. 287, 30. 35 [442, 15. 25]. 304, 10 [415, 45]. 307, 15 [418, 45]. II 38, 10. 64, 25. 79, 40. 80, 1. 82, 20. 84, 5. 168, 1. 518, 15 [220, 30]; restaurationes e. facere de rebus ecclesiarum II 18, 30; restaurationem ecclesiae ex decimis exhibere II 420, 1; ecclesias restaurare I 42, 30. 76, 20. 119, 10 181, 20 [410, 20]. 150, 5. 152, 1. 154, 1 [447, 20]. 175, 1. 189, 15. 210, 5. 287, 30 [442, 20]. II 12, 30. 292, 5; ecclesias baptismales restaurare I 191, 30. 196, 20. 25. II 64, 25; cfr. I 185, 30; ecclesiae satisfacere I 362, 15. II 307, 20. 358, 25 [368, 5]. 378, 15. 487, 20; ecclesiae senior; ad ecclesiae servitium donare I 69, 40; e. servitus II 270, 10; e. servus I 1, 25. 6, 5. 17, 15. 277, 1 [406, 30]. 303, 20 [415, 10]. 304, 30. 35 [416, 15]; ecclesiis servientes liberi II 432, 20; ecclesiae, ecclesiis servire I 211, 35—212, 1. 288, 15. II 418, 10; ecclesiae silva I 28, 20; e. status; e. terminus I 178, 30 [412, 25]; e. *terra* I 196, 30. 216, 25. 334, 5. II 269, 1; e. terrula II 331, 10; ad ecclesiam terram censalem dare I 287, 20 [442, 10]; ecclesiae titulus I 107, 1. 195, 10; ecclesiarum titula I 369, 10; ecclesiae, ad ecclesiam res tradere I 280, 20. 298, 5. 10; ad e. terram tributariam tradere I 287, 10 [442, 1]; ecclesiae tradere hereditatem I 282, 20 [439, 10. 331, 15]; ad ecclesiam se tradere in servitium I 281, 25 [438, 20]; res in vestitura ecclesiarum II 345, 30; cfr. 268, 10; ecclesiae usus II 32, 15. 178, 35 [185, 30]. 432, 30; ecclesiae usus = *consuetudo* II 493, 1. 496, 5.

ecclesialis pecunia I 28, 10.

ecclesiasticus, aecclesiasticus, eclesiasticus, aeclesiasticus, a, um: e. actio I 374, 25; e. aedificatio II 470, 5; e. aedificia; e. ager I 333, 25; e. anathema II 292, 25; e. ancilla I 193, 15; e. auctoritas; e. beneficia; e. canones II 335, 40; e. causae I 283, 10 [439, 40]; e. censura; e. commendatio I 197, 1; e. communio; e. consolationes I 182, 25; e. consortium I 282, 20; e. consuetudo I 356, 40. II 188, 30; e. defensio I 94, 5; e. devotio II 116, 10 [402, 10]; e. dignitas; e. disciplina; e. discussio I 122, 20; e. dispensatio I 432, 25; e. doctrina I 78, 20. II 87, 20; e. documenta II 409, 1; e. dogma II 176, 5; e. elemosynarius, erogatarius II 108, 20; e. excommunicatio; e. facultates; e. femina I 314, 25 [450, 5]; e. gradus; e. gubernatio II 489, 25; e. habitus II 435, 1; e. homo *v.* ecclesiasticus; e. honor; e. institutiones II 509, 15; e. iudicia; e. ius; e. lex; e. *mancipia*; *e.* mansus I 333, 25; e. milicia I 330, 15; e. minister; e. ministerium; e. monita II 402, 25; e. mos II 52, 15; e. necessitas II 432, 15. 524, 20; e. negotium; e. officium; e. ordinatio I 206, 20; e. ordo; e. ornamentum II 524, 25; e. pax II 122, 25. 177, 30; e. placitum II 218, 15; e. plebes II 110, 15; e. poenitentia II 58, 30; e. possessiones; e. potestas I 94, 5. II 444, 35; e. praeceptum II 336, 40; e. praestaria II 270, 1; e. precaria II 404, 10; e. ratio II 281, 1; e. rector II 404, 10; e. regimen II 439, 25. 30. 520, 40; e. regula; e. religio II 524, 20; e. res; e. sanctio II 119, 30. 120, 10; e. satisfactio II 310, 20; e. servitium I 277, 25 [407, 5]; e. servus; e. societas II 307, 25; e. sollicitudo; e. statuta II 417, 25; e. thesaurus I 181, 20. 25 [410, 25]; e. tuitio II 160, 30; e. utilitas; ecclesiastica exercere I 240, 10. — ecclesiasticus *v.* homo e. — ecclesiasticus = *clericus* I 320, 20. II 115, 30. 211, 5. 524, 15; ecclesiasticum ordinare I 196, 25; ecclesiasticus extra canonicam vel regularem licentiam nihil agat I 110, 45; ecclesiastici laicis in vita sua exemplum praebere debent I 168, 30; ecclesiastici et laici I 161, 15; ecclesiastici officium I 110, 1; ecclesiasticus excommunicatum in communionem non accipiat I 54, 10 [397, 40]; e. res a personis non accipiat, quarum liberi *etc.* hac oblatione possent exheredari I 277, 10. 15 [406, 40]; e. feminam secum non habeat I 336, 15; e. incestuosus I 31, 25; e. arma *etc.* non vendat II 321, 35; e. secularibus negotiis se non ingerat I 162, 25; e. ab usuris se compescat II 411, 15. 20; e. non carius vendat annonam I 74, 20; ecclesiastici ante episcopis iudicentur I 183, 1;

ecclesiasticorum studium I 341, 40; ecclesiastici quae discere debeant I 235, 10—25; ecclesiasticos de eruditione et doctrina examinare I 109, 30. 35; ecclesiasticos non gravare II 488, 1. 5; e. fidelitatem imperatori promittat I 92, 20; ecclesiastici ministerium I 98, 30. — ecclesiastice: e. agere I 339, 1; e. nutrire II 229, 5.

ecclesiola II 257, 1.

echonomus v. oeconomus.

edere: e. capitula; e. legem I 205, 1; e. libellum II 56, 35.

edes v. aedes.

edictum, edictus: e. dominicum I 122, 35 [410, 1]; e. imperatoris, regis I 8, 10. 12, 20. 20, 35. 74, 30. 125, 15 [427, 10]. II 101, 30. 326, 1; edicti tenor; edictum instituere, constituere, facere I 65, 15. II 301, 20. 433, 20; e. subscripcionibus revocare I 28, 30; e. conservare et implere I 65, 15; e. non contempnere, contra e. non agere I 16, 5. II 149, 35. — e. legale et antiquum II 418, 30; e. legationis I 62, 30; edictus legis Langobardicae, Langobardorum I 193, 10. 205, 1. 219, 5. 317, 1; edictum synodale I 54, 30 [398, 20]. 61, 10 [404, 20].

edocere presbyteros, sacerdotes *etc.* I 279, 35 [409, 15]. 304, 5. 15 [415, 40. 50]. 339, 20. 372, 35; e. exemplo suos II 39, 35.

educare milites ecclesiae II 35, 15. 40, 25.

educere, aeducere se I 9, 1. 10.

effugere: e. iudicium comitis I 218, 5; e. de ministerio episcopi, missi, comitis II 295, 1. — mancipia effugientia I 287, 10 [441, 45]; *cfr.* fugitivus.

effusio sanguinis II 38, 15; e. sanguinis in ecclesia facta I 281, 20. 25 [438, 10. 15]. II 216, 10.

egritudo, egrotans v. aegr-.

eicere: non e. advenas I 131, 30 [427, 35]; e. ancillas, feminas de congregatione I 95, 20; e. hominem suum II 310, 20; e. latronem de emunitate I 181, 1. 5; e. de fisco, immunitate, potestate aliena mancipia (servos fugitivos) I 287, 10 [441, 45]. 288, 5 [442, 30]. 300, 30 [486, 40]. II 292, 20; e. presbiteros vel clericos criminatos II 410, 20; e. foras regno remanentes II 95, 15. 30. — e. = *deponere:* e. presbyteros, sacerdotes de ecclesia I 182, 5. II 12, 15. 272, 1 [312, 20]. 292, 5; e. scabinos malos II 15, 1; e. vicarios malos I 144, 10. — missi eiciant(?) populum II 95, 25.

elatio II 40, 20. 177, 5.

elatus I 96, 1.

electi (*sc.* iuratores) II 146, 40; medii e. I 4, 35. 5, 15; tres e. I 5, 10. 6, 5; quinque e. II 131, 25; sex e. I 5, 15. 118, 20; cum duodecim electis iurare *vel similiter* I 4, 35. 118, 20. II 132, 20. 135, 20. 25.

electio: e. archiepiscopi II 451, 15; e. episcopi I 276, 5 [405, 30]. II 264, 40; e. imperatoris, regis I 271, 5. 278, 25. II 348, 10. 368, 35. 377, 10; e. papae, pontificis I 323, 5. 20. 324, 15. 354, 40; e. rectoris plebis II 82, 5; e. sacerdotum II 29, 30. 30, 5; e. cleri et populi I 276, 5 [405, 30]. II 82, 5. 364, 15. 409, 30. 35. 520, 40.

elector II 408, 35.

eleemosyna, elemosyna, elemosina, elimosina, elymosyna, elymosina, helemosyna, aelemosyna, aelemosina I 62, 5 [405, 15]. 240, 25. 271, 1. II 35, 25. 182, 20. 267, 30. 306, 5. 486, 15. 488, 25; e. facere, (dare, tribuere) I 42, 15. 153, 10 [418, 10]. 201, 15. 289, 25. 240, 1. 25. 245, 20. 249, 25. II 234, 1. 358, 25 [368, 1]; elemosinis inservire II 418, 25; de e. convenentias facere I 51, 1; elemosynas facere quater in anno I 226, 35; e. ex rapina facere II 372, 10; in elimosina dare brunias aut arma I 120, 1; pro elemosinis distribuere decima I 336, 25; in elemosina donare libram de argento, mediam libram, V solidos I 52, 10; in elemosyna dare res I 201, 15; eleemosynarum decimae I 347, 1; elemosinas pauperibus dare, distribuere *vel similiter* I 195, 10. 347, 1. II 126, 1. 336, 1. 488, 15; e. mittere ad Hierusalem I 154, 1 [447, 20]; per elemosinas se purgare II 189, 10; elemosynis peccata redimere II 81, 30; e. delicta redimere II 122, 5; e. ieiunia redimere I 245, 15; elemosinae pretio diem redimere II 242, 30; pro elemosinis missas agere II 496, 5; in elemosina defuncti aliquid offerre II 415, 30; e. pro fure vel latrone dare II 231, 35; e. imperatoris II 358, 40; e. imperatricis II 359, 1; *cfr.* alimonia. — e. (= *misericordia*) imperatoris, regis I 34, 30. 37, 5. 96, 30. 97, 1. 189, 20.

eleemosynarius, elemosinarius I 347, 5. 348, 30. II 363, 1; e. ecclesiasticus II 103. 20; e. imperatoris II 358, 40.

eligere, elegere I 192, 15; e. abbatem; e. abbatissam I 195, 5; e. bonos adiutores imperatoris II 48, 35; e. advocatum; e. cancellarios I 319, 10. 15; e. cellerarios I 75, 35; e. centenarios I 7, 5. 124, 25 [427, 1]. 149, 20. 151, 1; e. clericos II 35, 5; e. episcopum; e. graphionem I 10, 1; e. homines regis, qui pontes emendent I 288, 15 [442, 40]; e. imperatorem II 348, 20—30. 351, 10; e. iudices; e. iuratores (*cfr.* electi); e. meliores et veratiores I 124, 40. II 8, 15. 15, 5. e. ministros episcopi I 373, 10; e. rei publicae ministros II 48, 35; e. missos I 91, 40. 287, 30 [442, 20]; e. notarium I 115, 20 [429, 25]. II 3, 1 [6, 10]; e. pontificem I 323, 20. 324, 15. 354, 45; e. praepositum I 149, 20. 151, 1; e. rectorem plebis II 82, 1; e. regem; e. sacerdotem; e. scabinos I 115, 20 [429, 25]. 149, 20. 151, 1; e. testes; e. vicarios; e. vicedominos I 124, 25 [427, 1]. 151, 1; e. vilicum I 172, 15. — e. canonice I 77, 1.

elimosina v. eleemosyna.

elitigare rem litigosam I 387, 1.

eloquia sacra II 44, 25; *cfr.* scriptura.

elymosina v. eleemosyna.

emendare = *corrigere, passim, ex. gr.* I 19, 5. 20, 35. 67, 20. 98, 35. 40. 101, 25. 104, 40; emendanda innotescere II 163, 30. 164, 10. 20. 40; emendanda corrigere, emendare II 116, 5. 164, 10. 20. 40. 307, 5; emendandis spatium tribuere II 81, 15. 83, 15; e. non posse I 35, 15. 20. 92, 15. 101, 30. 104, 40. 209, 20. 236, 10. 305, 25 [417, 10]. 308, 30. 309, 5. 10 [419, 40. 420, 1. 10]. II 108, 15. 287, 20; e. secundum canones I 34, 20; e. secundum canonicam constitutionem I 38, 40; e. canonice I 189, 20; e. iuxta capitulare II 65, 1; e. secundum consilium episcoporum II 80, 5; e. imperiali auctoritate II 84, 10; e. consilio et auxilio regis II 429, 10; e. per iussionem regiam I 312, 15 [220, 15. 421, 45. II 180, 35]; e. secundum iustitiam I 129, 35 [II 28, 20]; se emendare I 32, 1. 35, 10. 25. 93, 40. 94, 10. 98, 20. 195, 5. 197, 30. 348, 25. II 186, 5. 188, 20. 231, 20; se emendare nolle I 12, 1. 31, 20. 231, 20. 292, 30; e. aedificia I 172, 20; e. beneficium I 287, 15 [442, 5]; e. capitula et proclamationes II 274, 35; e. cappellas I 210, 10; e. caculatores, incantatores *etc.* I 59, 1 [402, 30]. 104, 5; e. conversationem I 162, 20; e. criminas I 208, 1; e. domus et tegumenta ecclesiarum I 76, 25; e. in domibus aecclesiarum et ornamentis aecclesiae I 131, 20 [410, 20]; e. ecclesias; e. in ecclesiis locisque sacratis II 66, 5; e. in statu ecclesiae II 163, 10; e. de episcopatibus II 71, 1; e. feminas turpes I 375, 40; emendare fures, latrones *etc.* I 96, 15; e. furta I 193, 5; e. incestuosos I 48, 1; e. inopiam II 66, 10; e. libros I 60, 1 [403, 25]; e. lucos (brogilos) I 87, 20; e. male actum (gestum) II 300, 45. 443, 1; e. monachos I 322, 1. II 66, 10. 15; e. monasteria I 34, 5. 10. 209, 25; e. necessitates I 323, 30. 366, 35; e. necessaria I 174, 20; e. neglegentiam I 306, 1 [417, 35]; e. pontes; e. sacerdotem I 374, 35; e. scolas I 357, 35; e. vias, portoras I 199, 30; e. vicia I 208, 5; e. vitam II 455, 15. 462, 10. — e. = *componere* I 51, 5. 25. 181, 20. 201, 30. 217, 1. 10. II 19, 15. 278, 1. 308, 30. 334, 30. 35; e. secundum capitula II 158, 5. 10 [300, 1]. 286, 30. 287, 1. 299, 10. 307, 5; e. secundum capitularia II 65, 1. 103, 5. 15.

158, 10. 860, 10; e. per legalem compositionem et poenitentiam II 310, 20; e. legaliter I 828, 20. 838, 30. II 64, 35. 98, 30. 103, 15. 105, 20. 107, 30. 125, 10. 274, 25. 287, 20. 300, 45. 844, 10. 874, 20; e. secundum legem, leges I 82, 20. 35. 49, 35. 160, 35 [449, 15]. 199, 5. 201, 5. 294, 25. 320, 1. II 108, 10. 158, 10. 287, 1. 299, 10. 300, 1. 35. 306, 35. 371, 5; e. cum lege, per legem, ad legem II 91, 5. 247, 5. 278, 1. 310, 20; e. sicut lex est I 211, 5. II 97, 30. 35. 337, 15; e. legem suam I 49, 5. 199, 10; e. secundum rationem et auctoritatem atque consuetudinem II 356, 45. 357, 5; e., sicut ratio et iustitia est II 337, 15; e. conpositionem I 97, 20; e. pretium I 49, 10; e. alicui aliquid cum sua lege II 278, 1; e. ablata II 845, 1. 874, 20. 35; e. causam I 68, 20. 70, 30. 199, 5; e. in clericos perpetrata II 216, 20; e. damnum tripla conposicione I 160, 35 [449, 15]; e. damnum iuxta qualitatem rei I 114, 15 [429, 10]; e. dampnietatem I 335, 20; e. depraedationes I 328, 20. 324, 1. II 64, 35. 105, 30. 125, 10. 15. 287, 1. 300, 35. 360, 10; e. in ecclesiis, in ecclesias facta II 76, 10. 216, 20; e. furtum pro servo I 284, 20 [441, 5]; e. homicidium I 281, 15 [438, 10]; e. pro immunitate violata II 217, 15; e. incendia II 125, 10. 15; e. iniustitias I 324, 1; e. male acta, male facta II 287, 20. 306, 35. 307, 20. 310, 20. 344, 10; e. mala II 75, 20. 78, 30. 131, 5. 278, 15 [348, 10]; e. presbyterum tripla compositione I 212, 15; e. praedas II 374, 25; e. rapinas II 105, 30. 125, 10. 15. 300, 35. 371, 1. 5. 373, 30; e. rapta II 107, 30; e. subreptum II 296, 35 [100, 20]; e. tractationes et violentias II 125, 10. 15.

emendatio I 97, 35. 99, 1. 274, 20. 30. 279, 45 [409, 25]. 328, 30. 332, 5. 367, 5. 368, 5. II 4, 20. 16, 10. 28, 5. 80, 10. 160, 10. 186, 5. 280, 1. 367, 30; e. eclesiae sanctae I 357, 30; e. episcoporum, sacerdotum, subiectorum episcopi II 46, 15; e. morum I 164, 10; e. peccatorum I 228, 10; e. regis I 272, 20. — emendatio = *compositio* I 205, 30. II 278, 1; ad emendationem constringere I 110, 5. II 108, 15; ad e. vocare II 378, 10. 25. 374, 25; ad e. adducere, perducere II 78, 5 [155, 25. 170, 25]. 308, 30. 40. 371, 1. 5; ad e. recurrere I 97, 20; ad e. redire II 155, 40. 156, 1. 336, 1. 5; e. facere I 97, 30. II 278, 15; usque ad e. distringere I 171, 40; usque ad e. excommunicari I 86, 5; usque ad e. separari a communione II 378, 15; emendatio banni I 70, 10; e. debita II 335, 15; e. legalis II 16, 10. 15. 318, 25. 371, 1. 5; e. legitima II 16, 15; e. simplex II 248, 10. 15.

emere I 43, 10. II 251, 15. 25. 30. 251, 1; e. aliter, amplius I 140, 1. 146, 30; e. ad mensuram antiquam II 63, 30; e. sine theloneo II 251, 10. 15; e. extra mercata I 294, 20; e. adulteros marito ad vindictam traditos I 317, 5; e. animalia I 248, 20; e. communia commertia I 294, 15; e. homines Christianos II 181, 15. 189, 1; e. mancipia I 171, 5. 211, 10; e. necessaria II 96, 30. 105, 25; e. proprietatem alterius I 330, 10; e. res I 321, 10. 428, 20; e. sibi de rebus ecclesiae allodium, *praedia etc.* I 238, 15. II 34, 15. 25; e. res pauperum I 174, 30. 312, 10. 15 [220, 10. 421, 35. 40. II 180, 30]; e. servos II 419, 15; e. victualia II 251, 10; e. vinum I 83, 35; *cfr.* comparare.

emina I 345, 15.

eminentia regis, sacerdotalis II 212, 15.

emissarius = *admissarius* I 84, 10. 254, 25. 255, 25. 256, 5. 20.

emittere: e. cartam I 2, 30; e. pactum I 4, 35.

emolumenta I 311, 5 [421, 5].

emphyteusis, emphiteusis, enfitheusis I 311, 1 [421, 5]. 316, 30. 335, 5.

emphyteuticarium, enfiteoticarium ius II 102, 25.

emptio I 74, 30. 140, 1. 411, 1. II 15, 25.

emptor I 294, 15. 20. 331, 10; e. rerum alienarum II 19, 10.

empturium I 74, 30.

emunitas *v.* immunitas.

eneca I 86, 30.

eneus = *aeneus:* ad eneum provocare I 5, 5.

enucleare II 466, 30.

enucleatim: e. excerpere I 341, 5: e. legere II 41, 10. — enucleatius II 422, 35.

eon, eoun, eowa *v.* ewa.

epiphania, epyphania I 179, 20 [418, 5]. 227, 10. 312, 25. 346, 35. II 494, 20. 510, 25.

episcopalis, e: e. admonitio II 397, 25; e. adnuntiatio II 75, 30; e. auctoritas; e. bannus; e. collatio II 447, 30: e. capitula II 298, 1. 424, 25; e. censura II 102, 15: e. consensus II 179, 5. 528, 1; e. consilium II 162, 5. 179, 5; e. constitutio II 179, 1 [185, 35]; e. custodia II 422, 25. 30; e. decretum II 414, 30. 415, 15; e. dignitas II 118, 5; e. domus; e. excommunicatio I 326, 20. II 110, 15. 437, 20; e. gradus II 264, 25; e. gravitas II 264, 25; e. habitaculum II 405, 5; e. habitatio I 231, 20; e. indicium; e. iussa II 448, 25; e. libertas II 51, 10; e. magisterium I 110, 30; episcopales manus II 57, 10. 303, 40; e. minister II 33, 15; e. ministerium; e. monasterium I 36, 35; e. monitiones II 402, 25; e. mundium I 192, 1; e. ordo II 305, 5. 405, 1. 448, 35; e. potestas II 447, 35; e. sedes II 33, 5. 262, 10; e. sententia II 286, 30; e. statuta II 395, 10; e. vicus I 36, 35; e. vindicta II 272, 10 [312, 25]; e. voluntas I 307, 15 [418, 45]. — episcopalia consequi I 75, 25. — episcopaliter tractare II 257, 35. 40.

episcopatus = *officium episcopi* I 75, 30. 189, 30. II 34, 20. 410, 5. 439, 35. — e. = *episcopium* I 37, 1. 369, 1. II 70, 35 [170, 20]. 71, 1. 244, 20. 354, 20; e. accipere II 458, 1; e. non sit sine pastore I 36, 20; in episcopatibus ordo ecclesiasticus teneatur I 271, 25; episcopatum circumire II 218, 15. 20; in episcopatibus violentia aut gravamina II 105, 10; de uno episcopatu in alium transmigrare I 287, 25; episcopatus caput II 337, 1; e. defuncti II 358, 25; e. vacans II 452, 40; episcopatus Venetiarum II 142, 30. 35. 149, 25.

episcopium I 60, 1 [403, 25]. 79, 5. 100, 25. 119, 15. 369, 5. 378, 20. II 108, 5. 287, 45. 242, 15. 45. 244, 15. 378, 35. 379, 5. 35. 380, 20. 405, 1. 10. 411, 5. 516, 5; in episcopiis magistri et doctores constituantur I 376, 25; episcopia dividere I 405, 40.

episcopus: e. Romanus II 223, 25; e. sedis Romanae II 29, 20; episcopi Galliae et Germaniae I 360, 35; e. Galliarum I 38, 25; e. in Langobardia constituti I 278, 5 [407, 25]; e. Italiae I 407, 25; episcopus vicarius Dei II 421, 10; episcopi vicarii Christi (et clavigeri regni caelorum) II 51, 35. 118, 15; e. vicem Petri gerunt II 35, 35; e. vicem apostolorum tenentes II 118, 40; e. successores apostolorum II 32, 20. 35, 10; e. speculatores Domini II 27, 35; e. Domino consecrati sunt II 439, 30; venerabilis episcopus I 71, 10. 280, 30. 355, 5. II 67, 10. 101, 5, *saepius*; e. venerandus II 352, 5; e. reverentissimus II 56, 10. 352, 1. 385, 25; e. reverendissimus II 385, 25; e. civitatis I 111, 5. 221, 10—222, 1. 262, 40. 369, 25. II 120, 5. 186, 35. 409, 15. 20; episcopi debeant esse per singulas civitates I 33, 35; e. duo non sint in una civitate I 138, 15 [411, 20]; episcopus loci I 76, 5. 191, 25. 322, 1. 369, 30. II 122, 20; e. metropolitanus I 35, 15. 47, 20. 54, 35 [398, 25]. 229, 1. 411, 15. II 406, 20; episcopi in vicem metropolitanorum constituti I 33, 35; episcopus = archiepiscopus I 100, 10. II 56, 10. 57, 15. 30. 58, 5. 261, 5; e. vicinus sedem archiepiscopi praevideat II 358, 5; e. suffraganius, suffraganus I 47, 20. 54, 35; e. provincialis I 21, 1. 55, 10 [399, 1]. 340, 5. 10. 342, 5. II 120, 30. 438, 40; episcopi provinciae I 75, 30. 94, 10. II 339, 30. 40. 340, 15. 347, 15. 427, 25; e. conprovinciales I 75, 30. 339, 30. 35. 341, 10. 361, 20. II 398, 30. 406, 20. 438, 40; episcopus parrochiae I 201, 15;

episcopus dioeceseos II 428, 10; e. dioecesanus II 408, 20; episcopum eligere I 21, 1. 5. 368, 25. 372, 35. 40. II 381, 5; nullus episcoporum se vivente eligat successorem I 21, 5; episcopi per electionem cleri et populi eligantur I 276, 5 [405, 30. 35]; episcopum regulariter designare II 114, 10 [399, 20]; episcopi ordinatio I 75, 25. 188, 15 [411, 20]; episcopum, episcopos ordinare I 21, 1. 5. 25, 5. 29, 20. 36, 20. 47, 30. 55 [399, 1. 20]. 77, 30. II 264, 40. 482, 5; e. canonice ordinare II 409, 20; episcopus approbatus ordinetur I 371, 35. 372, 15; e. per pecunias, muneribus non ordinetur I 55, 25 [399, 20]. 372, 15. 20. II 380, 15; e. ordinatus nec receptus I 188, 15 [446, 40]; episcopus non in villulis, agris, vicis constituatur vel ordinetur I 55, 20 [399, 15]. 76, 15; episcopum invitum non ordinare I 372, 35; e. consecrare I 371, 40; e. a clericis et populo postulatum consecrare I 372, 35; legitimos episcopos constituere I 29, 15. 20; episcopus vocatus I 221, 20. II 67, 10. 112, 5; episcopum deponere I 108, 5. 228, 20. 231, 5. 336, 20. II 219, 5. 10; episcopi in civitatibus canonice degant II 406, 1. 5; episcopus principalem cathedram non neglegat I 56, 30 [400, 30]; nullus e. propriam sedem amittat aliubi frequentando I 77, 25; episcopi propriam sedem negligentes remotiora loca non frequentent II 84, 40; e. ultra trium hebdomatarum spatium a propriis ecclesiis non morentur I 373, 1; episcopus de civitate in civitatem non transmigretur I 55, 35 [399, 35]. 75, 1; episcopus non de uno loco ad alium transeat I 188, 20 [411, 25]; episcopum non transferre II 229, 30; episcopus proprius I 365, 5; episcopi vicini II 118, 20; episcopus extraneus I 365, 5; e. ambulans I 41, 15; e. hospes I 345, 40; e. peregrinus I 188, 25 [447, 1]; episcopi vagantes I 85, 40; episcopus de aliis regionibus superveniens I 29, 35; episcopum suscipere I 25, 20. 29, 35. II 186, 10; vivente episcopo adoptare locum eius I 21, 5; a nullo sedes episcopalis episcopo infirmante usurpetur II 262, 10; episcopus taliter affectus, ut ecclesiam . . . nec clerum regere possit I 21, 5; e. decedens I 21, 1; episcopi obitus I 77, 30. II 358, 5. 362, 45; e. exitus II 449, 35; episcopus in ecclesia sepeliatur I 174, 25; episcopum comprehendere vel dehonestare I 361, 20. 362, 5; episcopo insidias ponere I 361, 20. 362, 5; episcopum interficere, occidere I 68, 30. 113, 5 [428, 25]. 212, 15. 361, 10. 20. —

episcopi et abbates, abbatissae I 58, 5 [401, 35]. 77, 40. 94, 1. 5. 95, 30. 101, 15. 214, 10. 321, 30. II 358, 10; episcopus a presbytero non accusetur I 188, 40 [411, 30]; episcopi advocatus I 93, 30. 101, 25. 104, 35. 187, 25. 164, 35. 172, 5. 196, 15. 35. 214, 15. 319, 1. 5. 374, 25. 30; episcopi cum comitibus adbocatum eligant I 319, 5; episcopus duos advocatos habeat I 236, 35; e. centenarium comitis non habeat advocatum I 290, 30. 35 [444, 25]; episcopi agens I 23, 20; e. archidiaconus I 31, 20; episcopus super archidiaconum suum curam adhibeat II 38, 1; episcopi et archipresbyteri I 280, 1. II 82, 15. 110, 30. 118. 120, 35. 40; episcopus bannum conservet I 98, 30; episcopo bannum persolvere II 217, 35; episcopus et canonici I 60, 15 [403, 40]. 95, 35. 188, 1. 327, 15. 20. II 179, 15; episcopi praepositos cardinalium ecclesiarum non expellant I 195, 20; e. titulos cardinales ordinent II 411, 15; e. centenarius I 93, 30. 101, 25. 104, 35; e. in civitatibus suis claustrum instituant II 102, 5. 10; *cfr.* 411, 5; episcopus parrochiam circumeat, circumiens I 25, 20. 29, 30. 45, 20. 170, 30. 174, 20. II 9, 1. 32, 1. 10. 101, 35. 247, 25—248, 1. 406, 1. 432, 10; e. parrochiam circans I 195, 15; e. per sua parrochia cercata faciens I 190, 25; e. episcopatum circumiens II 218, 15; episcopi semel in anno circumitionem faciant II 257, 15; e. greges, plebes, suas visitent II 248, 1. 5. 406, 10; episcopus et clerici I 47, 35. 56, 5 [400, 5]. 76, 30. 102, 35. 174, 35. 228, 40. 229, 1. 277, 20 [407, 1]. 374, 20. 375, 15. II 35, 5. 118, 5. 10. 331, 15; e. et clericus alterius I 57, 25 [401, 20]. 108, 5, clericus profugus II 229, 1—15; episcopi se non debent in vassallitico commendare II 439, 30; episcopus et comitatus II 358, 15. 20 [362, 35. 40]; episcopi et comites I 77, 5. 94, 1. 101, 15. 189, 20. 214, 10. 228, 15. 312 [422, 20]. II 80, 10. 15. 103, 1. 107, 20. 30. 178, 15. 218, 15—219, 5. 312, 15. 331, 25. 358, 25; inter episcopos et comites concordia, pax I 58, 5 [401, 35]. 209, 35—210, 1. 304, 20 [416, 5]. 305, 5 [416, 35]. II 76, 1. 177, 15 [185, 20]. 219, 1; episcopi comitibus adiutores I 209, 40—210, 1. 305, 5 [416. 30. 35]. II 16, 1; comites episcopis adiutores I 304, 20. 25 [416, 5]. 367, 30. II 312, 10; episcopi comitum auxilio fulciantur II 88, 5. 10; episcopus adiutus a gravione I 25, 30; episcopi et comites vicissim sibi adiutorium ferant I 305, 5 [416, 35]; episcopi et comitis mutuum adiutorium II 76, 1; testimonium episcoporum de comitibus, comitum de episcopis I 305, 15 [417, 1]; *cfr.* II 83, 10. 15; episcopi cum comitibus stent I 158, 30; episcopus per suam monitionem et per iudicium comitis homicidia *etc.* emendet I 189, 25; episcopo componere subdiaconum I 361, 5. 40, diaconum I 361, 10. 362, 1, presbyterum I 361, 15. 362, 5; e. tertia pars compositionis (weregelti) presbyteri solvenda II 215, 25. 216, 1. 5; episcopus neminem sine certa causa communione privet *etc.* II 411, 20; *cfr.* 155, 40. 335, 40; commune episcoporum concilium I 55, 1 [398, 30]; ab episcopis bis in anno concilia celebrentur I 108, 10; episcopi provinciales cum suo metropolitano bis in anno concilia celebrent I 55, 10 [399, 1]; episcopus ad provinciale concilium veniens II 40, 30; omnes presbyteri ad concilium episcopi veniant I 85, 1; episcopus confirmet populum I 29, 30. 45, 20. II 257, 5; *cfr.* I 218, 20; episcopi praedicationem et confirmationem expleant I 209, 15; episcopi nolentes ad praedicandum vel firmandum suas parrochias circuire II 247, 25—248, 1; ad episcopum confugere II 289, 30. 240, 1. 10; episcopos congregare I 24, 25. 47, 15. 356, 15. II 104, 25. 30. 291, 30. 35; e. Galliarum adgregare I 33, 25; episcopi evocati II 383, 10. 15; e. coniectus II 354, 25—35; episcopo coniectum facere II 257, 5. 10; episcopi convenientes I 34, 1. 5. II 104, 25. 263, 30. 303, 15. 427, 35. 30; e. conveniant cum suo metropolitano annis singulis I 366, 25. 30; episcoporum conventus I 20. 30. 350, 5. II 2, 15—25 [5, 40—6, 5]. 3, 1 [6, 15]. 11, 5. 10. 211, 35; episcopus conventum habeat cum sacerdotibus I 241, 35; episcopi conversatio, vita I 43, 1. 65, 20. 93, 25. 100, 15. 103, 15. 161, 30. 162, 20. 279, 30—40 [409, 5—15]. 303, 35. 40 [415, 20—30]. 305, 15 [417, 1]. 357, 25. II 35, 10. 81, 5. 117. 405, 30; e. venationem non faciant, exerceant I 195, 15. II 117, 35. 181, 1. 187; e. canes, accipitres non habeant I 95, 20. 231, 20. 25. II 187; e. cupplas canum non habeant nec falcones nec accipitres nec ioculatores I 64, 20; episcopus de femina crimine fornicationis suspicatus I 374, 1; e. feminam secum habens I 336, 20; e. introductam non habeat mulierem nec ancillam aut aldiam I 207, 25. 30; episcopi mater soror, amita I 207, 25; e. cubiculo sacerdotes et clerici assistant II 117, 15; episcopi criminalia scelera *etc.* inquirant *etc.* II 101, 40. 102, 1; criminosus contumax ab episcopo excommunicetur I 326, 25; episcopus rei familiaris curam ad se non revocet I 231, 20; e. seculares curas non adsumat I 231, 5; e. dispenset decimam I 182, 35. II 102, 35; episcopi nonas et decimas accipientes I 210, 5. II 336, 40; episcopus argentum pro nona et decima accipiens I 307, 10 [418, 40]; episcopi prohibeant, ne decimae redimantur II 18, 20; episcopo quarta pars decimarum applicetur I 228, 1. 384, 30; *cfr.* II 32, 10. 15; e. de decimis in plebibus oblatis nulla pars inferatur I 195, 30; episcopis decimationem praebere II 110, 10; episcopus et diaconi I 47, 35. 281, 10; episcopi dimissoria I 48, 10; e. dioecesis I 76, 30; e. doctrina I 357, 25; episcopi res ecclesiarum potestatem habeant I 182, 30; res ecclesiasticas praevideant, regant II 178, 10 [185, 25]; episcopus rebus ecclesiae commendatis non tanquam propriis utatur I 231, 5; cfr. II 34, 15; episcopi res ecclesiae inter parentes etc. dividentes I 229, 40; episcopus rem ecclesiae alienans I 311, 10 [421, 10]; inrita erit episcopis donatio, vinditio, commutatio ecclesiastice rei absque convenentia vel scriptione clericorum I 231, 10; episcopus res immobiles de subiectis plebibus etc. in proprio usu non habeat I 374, 5. 10; per episcopum servus ecclesiasticus liber efficitur I 356; episcopus reconcilians excommunicatos I 243, 35; episcopi familia II 448, 15; e. et feminae velatae I 84, 30, feminae se velantes II 42, 25; e. heredes I 77, 25. 30; e. homines I 67, 5. 137, 30. 165, 5. 171, 25. II 331, 30; episcopus honorem perdat I 95, 20. 25; episcopi honor II 167, 25 [299, 25]. 333, 25. 334, 15; e. de incestuosis potestas I 48, 5; cfr. II 107, 20. 25. 188, 10. 237, 25—238, 1; e. indulgentia II 414, 10; e. iudex I 23, 15; episcopus et imperator v. e. et rex; episcopi, episcoporum iudicium I 28, 15. 48, 5. 49, 40. 74, 40. 97, 35. II 74, 5 [157, 1]. 451, 20; episcopi praesentia I 22, 1. 51, 5; e. iudicantes I 30, 15. 183, 1; episcopus deiudicans I 31, 30; e. super sacra non iuret II 407, 15. 20; e. iustitiam facit I 74, 35. 291, 5 [444, 35]; episcopi et latrones I 49, 25. 141, 25; e. litterae commendatitiae I 76, 25; episcopus et malefactores I 141, 25. 294, 40. 295, 1; episcopi ministerium I 101, 15. 357, 25; e. ministri I 241, 20. II 118, 25. 411, 15; e. et missi I 53, 40 [397, 25]. 183, 1. 218, 20. 287, 30 [442, 15]. 288, 15 [442, 40]. 308, 25. 30 [419, 35. 40]. 310, 5 [420, 30]. 329, 5. II 12, 25. 329, 20. 25. 332, 5. 10. 334, 20; episcopus ad placitum missi (non) veniens I 145, 25. 291, 25 [445, 15]; e., qui missus est I 291, 15 [445, 1]. 291, 30 [445, 20]; episcopi in suo episcopio missatici potestate fungantur II 108, 5. 10; e. missus I 32, 1; e. missi discursores I 28, 15; episcopus et monachi, regulares I 94, 5. 10. 188, 1. 286, 10. 344, 15. 378, 30. II 179, 15; episcopi et monasteria I 34, 5. 30. 95, 30. 141, 30. 158, 25. 209, 15. 308, 35. 40. 373, 20. 415, 20—30. II 82, 30. 35. 120, 40. 121, 1. 358, 10. 401, 5. 10. 434, 35; e. munera, pretium non accipiant I 278, 5 [407, 25]. 332, 1. II 409, 25; e. notarius I 121, 30; episcoporum nuntii I 380, 35; e. officia II 117. 118; episcopi ad palatium venientes aut inde vadentes I 198, 30—199, 10; e. parrochia I 25, 20. 30. 29, 35. 30, 1. 33, 40. 34. 36, 1. 5. 42, 15. 47, 35. 48. 54, 35. 40 [398, 25. 30]. 119; episcopus et pauperes I 94, 1; episcopi res pauperum non emant nec vi tollant I 220, 10. 312, 15 [421, 40]. II 180, 30; episcopus per pecunias ordinatus I 55, 20. 399, 20; e. disponat, ordinet poenitentiam etc. I 97, 25. 35. II 18, 25. 83, 5. 10. 120, 5. 10. 241, 20. 25. 243, 1. 25. 244, 5. 298, 15. 306, 35. 40. 319, 10. 413, 25. 414, 15; cfr. II 289, 5; episcopi, quibus iudicium penitentiae iniunctum est I 57, 10 [401, 5]; episcopus reconciliationem penitentum faciat II 118, 35. 40; potestas (= districtus) episcopi I 151, 10; episcopus praedicet, episcopi praedicatio I 58, 1 [401, 30]. 61, 25 [404, 35]. 103, 20. 209, 15. 241, 15. 305, 15 [417, 1]. 404, 30. II 35, 1. 66, 35. 88, 25. 102, 1. 5. 118, 5. 10. 257, 5; e. populis verbum annuntient I 279, 30 [409, 5. 10]; episcopus omelias habeat II 176, 10; episcopus et presbyteri I 29, 35. 34, 35—35, 10. 47, 35. 95, 30. 160, 30. 174, 35. 281, 10. 375, 5. 10. II 40, 35. 118, 5. 10. 177, 1. 224, 25. 256, 25. 257. 258, 5. 335, 1. 407, 1. 5; episcopus rapinas emendet II 287, 20; e. et raptores II 306, 30. 35. 378; e. constituat rectorem plebis II 82, 1. 5; episcopi res, proprietates I 77, 25. 30. II 34, 20. 25. 178, 20—30; episcopis iniuncta oboedientia rei publicae I 328, 20. 332, 20; episcopi et rei publicae ministri II 415, 15. 20; episcopus et rex, senior, imperator II 365, 15; cfr. I 55, 1 [398, 30]; e. ad placitum imperatoris veniens I 116, 5. II 9, 10; e. et sacerdotes I 278, 15 [407, 35]. 304, 5. 10 [415, 35. 40]. 372, 30. 374. 375, 15. II 102, 5. 10; episcopi sacramentum I 1, 25. 2, 5. 66, 30. II 439, 30—440, 5; episcopi scolas habeant etc. I 357, 35. 40. II 35, 15. 40, 25. 30; episcopus rebus secularibus se inserens I 161, 20; e. negotiis secularibus se inserens I 162, 25; e., abbas, presbyter secularis rei altercationem inter se habentes I 226, 30; e. alterius servum ad clericatum sine domini voluntate promovens I 57, 25 [401, 25]. 103, 15; cfr. 76, 1; episcoporum synodus I 84, 1. 5. II 214, 10. 406, 25. 432, 15. 20; episcopi a presbiteris synodos non exigant nisi duos II 258, 5; decretum sinodale episcoporum I 226, 5; episcopis tradere usuras exercentes II 63, 30; episcopi vassallus I 167, 25. II 448, 15; vicarii episcoporum I 183, 15; episcopi vicarii I 279, 30 [409, 10]; episcopi vicedominus I 98, 30. 101, 25. 104, 35. 214, 15.

epistola, epistula, aepistola II 6, 40; epistulas scribere I 235, 25; epistola apostolici, papae II 225, 20. 160, 15. 161, 10. 351, 15. 20. 30. 352, 20. 422, 10. 424, 10; e. falsa apostolici II 230, 25. 231, 5; e. caesarea II 3, 40; epistolae canonicae I 251, 25; epistola comitis I 192, 10; epistolae decretales II 422, 10; epistola ducis I 24, 30; e. episcopi, episcoporum I 2, 1. 5. II 427, 30. 446, 25; e. imperatoris (regis) I 2, 25. 67, 30. 79, 40. 141, 20. 201, 35. 211, 20. 225, 30. 342, 35; epistolam imp. suscipere I 248, 20; e. imp. relegere, tradere I 242, 5. 246, 25; e. imp. generaliter populo legere II 3, 40; per epistolam imp. praecipere II 101, 30; e. imp. dispicere I 284, 30 [441, 10]; epistola iudicis II 133, 25. 30; e. missi I 184, 1. 40; e. papae v. e. apostolici; e. pastoralis Gelasii I 235, 25; e. praeloquutiva II 209, 30. 213, 40; e. principis I 21, 10; e., quam dicebant, quod de celo cecidisset I 60, 35 [404, 10].

epistolarius II 188, 25.

equitare, aequitare I 252, 15. 20. II 217, 10. 242, 25.

equitas v. aequitas.

equitatio II 248, 45.

equites I 360, 25.

equus I 445, 40. II 5, 10. 85, 1. 87, 5. 10. 133, 5. 525, 5. 526, 25; episcopus equorum curam contemnat II 117, 35; equorum auguria I I 228, 10; equus emissarius I 84, 10. — equa II 133, 5. 134, 5. 251, 25; cfr. caballus.

eremus, heremus I 169, 20. 30. II 259, 40.

ergastulum II 228, 20. 334, 25. 401, 5.

eribannus v. heribannus.

erogare nutrimentum I 174, 10.

erogatarius ecclesiasticus II 108, 20.

erogator I 201, 20.

errare I 60, 35 [404, 10]. II 476, 35. 482, 25. 511, 15. — errata: e. inquirere II 257, 5; e. corrigere I 54, 1 [397, 25]. II 213, 35. 257, 5; e. confiteri II 58, 35; e. delinquentium II 52, 5.

erratus II 214, 15.

error II 476, 15. 491, 35. 40. 511, 15; ab erroris macula liberare I 247, 35; in errorem non mittere populum I 60, 35 [404, 10]; errores superstitiosi II 476, 25.

eruca alba I 90, 5.

erudire: e. canonicos I 95, 35. 40. II 412, 5; e. filios I 318, 45 [428, 25]. II 49, 30. 35; e. inperitos I 234, 30; e. populum I 106, 25. 30; e. presbyteros I 95, 30; e. sacerdotes in monasterio I 60, 10 [403, 35]. — legibus eruditus II 64, 5.

eruditio I 208, 30. 367, 5; e. ecclesiasticorum I 109, 30; e. filiorum I 428, 25; e. populi I 110, 30.

escavinus v. scabinus.

estimare, estimatio v. aesti-.

etas v. aetas.

eucharistia I 179, 5 [412, 40]. II 495, 1. 503, 1. 512, 35.

eulogiae I 68, 10. 347, 30; e. voluntariae II 409, 30.

eunuchus II 185, 20.

evangelicus, a, um: e. lectiones II 499, 1; e. pagina I 365, 40; e. plebs II 518, 5; e. sacramenta II 492, 30; e. scriptura I 365, 10.

evangelistarum ordo II 501, 20.

evangelium II 501, 15. 20; e. legere (perlegere) I 109, 5. 234, 30. II 249, 5. 497, 15. 25. II 499, 5—30; e. intellegere I 235, 20; e. alios erudire I 234, 30; per evangelia promittere I 324, 10; per e. determinare II 183, 35; per, super e. iurare II 468, 35. 469, 10; periurium in evangelio cavere I 58, 28 [402, 10]. 104, 1; in evangelio crimen periurii perpetrare I 365, 40; absque evangeliis testari I 75, 15; in evangelio sortire I 64, 1; evangelium scribere I 60, 5 [403, 30].

evictus de latrocinio II 278, 5.

evindicare: e. libertatem suam I 440, 45; e. servos ad possessionem regis I 300, 35 [437, 1]; *cfr.* vindicare.

evocare: e. episcopos et fideles II 388, 15; e. synodum II 352, 10. 353, 1 [352, 5]; e. diaconum II 448, 1.

ewa, euua, eva, evwa: e. Baiuvariorum I 159, 1; e. Saxonum I 72, 10. 15. 25. 160, 15. 35 [432, 5. 449, 15]; *cfr.* lex.

exactare, exhactare I 169, 30; nihil e. pro banno I 158, 30 [449, 1]; non e. carnaticos I 312, 1; e. censa I 86, 20; e. indebitas consuetudines et iniustas exactationes II 388, 15 [403, 15]; e. freda I 282, 35 [439, 25]; e. heribannum I 125, 20 [427, 10]. 166, 25 [432, 30]; e. pretium I 248, 20; e. teloneum; e. vinum I 212, 1.

exactatio II 278, 20. 388, 10. 15 [403, 15] 405, 20.

exactio II 301, 30. 328, 20. 354, 5. 10; exactiones iniustae II 388, 25 [403, 40]; exactionem requirere a colonis II 319, 25; e. a presbyteris tollere II 257, 25; exactio banni II 292, 5; exactiones depraedationum II 405, 35; exactio precii II 222, 5.

exactor I 197, 15; e. civitatis I 216, 15; e. fiscalium rerum II 122, 1; e. rei publicae I 92, 20.

examen II 93, 10. 225, 20; e. comitis I 262, 10; e. episcopi II 266, 20; e. imperatoris I 204, 35; e. palatinum II 212, 15; e. aquae frigidae interdicatur II 16, 20. 25; *cfr.* iudicium.

examinare I 230, 20. 241, 25. 242, 1. II 19, 25; e. capitula II 124, 5; e. causam; e. pauperum querelas *etc.* II 69, 30; e. rem ambiguam II 118, 20; e. aliquem de fide I 110, 25; e. aliquem ad iustitias faciendum I 270, 5; e. clericum I 21, 20. 229, 35; e. clericos aut sacerdotes II 121, 35; e. clericos et monachos peregrinantes II 122, 20; e. ecclesiasticos I 109, 30; e. flagitiis publicis inretitos II 66, 20. 25; e. incestuosos I 122, 15 [409, 40]; e. latrones I 180, 15; novatianos secundum regulam pleniter e. I 228, 25; e. presbyteros I 115, 20 [412, 1]. 190, 25. 234, 25. — se e. (= *expurgare*) II 188, 25; e. se iudicio, ad iudicium Dei II 315, 20. 318, 25. 344, 30; examinari iudicio, ad iudicium Dei I 118, 30 [448, 1]. 148, 40. 151, 10. 365, 20. II 190, 10. 345, 15; e. iudicio aquae ferventis I 281, 10 [488, 1]; e. in campo I 289, 10 [443, 10]; e. ad crucem I 269, 30; e. ferro candenti II 225, 10.

examinatio, examinacio rei I 129, 20 [II 23, 5]. 180, 1. 336, 10. II 120, 25. 249, 10. 467, 20; e. damni I 269, 10 (*cfr.* aestimatio); e. clerici (presbyteri) I 108, 15. 110, 35. II 81, 35; e. ecclesiasticorum et laicorum I 109, 30; e. incantatorum *etc.* I 228, 10. 15; e. maleficorum II 122, 35. — examinatio crucis I 279, 25 [409, 5]. — examinationes divinae II 445, 30.

exarchatus Ravennas I 358, 20.

exartum = *roncale* I 86, 10.

excaecare I 180, 1. II 214, 10.

excaecatio presbyteri II 214, 10; e. munerum II 384, 15.

excarpsum *v.* excerpere.

excarriti homines I 141, 15.

excedere: e. contra confirmationem II 312, 35; e. in refectorio I 346, 25; e. animo contra quemlibet II 367, 25. — excedentes I 11, 40. 12, 5.

excellentia II 34, 40. 35, 30. 136, 25. 257, 45. 386, 30; e. imperialis II 350, 10.

excellentissimus imperator, rex.

exceptio personae, personarum II 272, 15. 20. 286, 15. 294, 30. — e. (= *receptio*) hospitum II 385, 35.

excerpere I 33, 30. II 46, 20; e. enucleatim I 341, 5; e. capitula; e. commemorationes II 262, 20. — excarpsum capituli I 120, 40.

excessus I 12, 1. II 448, 15; e. regis II 442, 1.

excipere: e. homines de banno I 137, 25. 35. — e. = *recipere:* e. leudes alterius I 14, 25. — e. = *accipere:* e. sententiam ultionis I 19, 1.

excludere: e. presbiteros vel clericos criminatos II 410, 20; e. raptores a societate ecclesiasticorum et fidelium II 307, 25; excludi a regni finibus II 93, 5 (*cfr.* exilium). — excludit lex tricenaria I 16, 1.

exclusa, sclusa I 82, 5.

exclusio a communione II 491, 10.

excolentia rerum communium I 330, 30.

excolere I 263, 25; e. de deserto (de inculto) I 263, 30 — 264, 1; non e. agros dominicatos II 14, 5; e. prata II 438, 1; e. res ecclesiae II 346, 15; e. terras et vineas II 437, 40; e. terras alienas II 14, 10.

excommunicare I 15, 25. 34, 10. 35 36, 5. 186, 5 [433, 1]. 318, 1. 35 [422, 25. 423, 5]. 326, 40. 364, 15—25. II 73, 10 [155, 30]. 105, 20. 30. 107, 30. 121, 40. 122, 1. 155, 30. 160, 30. 177, 35 [186, 15]. 216, 20. 308, 30. 309, 1. 335, 35. 373, 30. 374, 5. 410, 20. 412, 5. 420, 15; in exercitu ebrius inventus ita excommunicetur, ut in bibendo sola aqua utatur I 167, 5; excommunicatus I 218, 1. II 452, 10; excommunicatis, cum e. communicare *etc.* I 35, 5. 10. 54, 10 [397, 40]. 56, 20 [400, 25]. II 120, 10. 379, 30. 410, 25. 444, 35. 449, 1. 452, 15; excommunicatus ad satisfactionem veniens I 213, 15; e. se non corrigens, emendans I 326, 25. 348, 25. II 214, 20. 215, 1. 308, 25.

excommunicatio I 35. 133, 30 [447, 5]. II 73, 1 [155, 30]. 182, 20. 212, 10. 373, 15. 30. 413, 5. 452, 5. 10; e. canonica I 77, 15; e. ecclesiastica II 266, 15. 269, 25. 385, 1. 437, 20; e. episcopalis I 326, 20. II 437, 20; e. sine causa non fiat I 115, 20 [412, 1]; excommunicationem merere II 437, 20; excommunicatione dignum haberi I 326, 20; excommunicationi subiacere II 124, 25. 413, 5; excommunicatione constringere II 101, 10. 15; excommunicatio a corpore et sanguine Christi fiat de furto incerto I 347, 25; excommunicationis sententia II 373, 15; e. anathema II 215, 5—15; ab excommunicatione solvere II 309, 1; excommunicationes neglegere I 218, 25; excommunicationem parvipendere II 336, 5. 385, 1; *cfr.* II 269, 30.

excondicere = *excusare, educere:* se e. II 344, 10. 15; se e. iuramento II 373, 5.

excubiae I 261, 30 [II 269, 15]. II 65, 5.

excusare: e. se de ignorantia II 321, 15; excusatus clericus I 21, 15; excusatus leudes I 14, 30; excusatus servus I 6, 25; se excusare I 181, 20. II 437, 20; se e. non posse I 70, 1; se e. sacramento (iuramento) I 117, 35 [430, 20]. 118, 25. II 225, 5; e. homicidas, reos I 48, 15; excusari de morte I 69, 15; servum sacramento e. I 284, 20 [441, 5]. — se e. de publicis functionibus I 295, 5; non excusatum esse de hoste per praeceptum neque per advocationem II 95, 10. 30; se e. de iustitia facienda I 301, 1 [437, 10]; excusatum habere I 325, 20.

excusatio I 190, 20. 193, 1. 217, 20. 291, 25 [445, 15]. 306, 20 [418, 5]. 327, 10. 384, 35. II 73, 35 [156, 30]. 144, 30. 286, 15. 294, 30. 319, 20. 322, 1. 411, 20; e. difficultatis I 340, 40; e. de ignorantia I 157, 10; e. homicidae I 48, 15; e. presbyterorum, diaconorum II 108, 15.

excussio (sc. frumenti) I 86, 10.

excutere alterum pitto I 7, 35.

exdicere = *excondicere, excusare:* e. hominem I 315, 35.

exedra II 480, 10.

exemplar: e. auctoritatis regia I 277, 5 [406, 35]; capitularii quattuor exemplaria scribantur I 188, 10; e. descriptionis, constitutionis in archivo palatii reponatur I 262, 40. 264, 10; exemplaria epistolae regis I 79, 40; e. institutionis canonicae in armario palatii recondatur I 339, 40. 45.

exemplum: e. bonum dare (praebere, tribuere) I 161, 30. 168, 30. 342, 40. II 84, 1. 88, 35; exemplo innocentiae suae alios ad bene vivendum provocare I 279, 40 [409, 15]; *exemplo* subiectis prodesse I 276, 10 [405, 35]; exemplo et verbo populis prodesse I 304, 5 [415, 40]; exemplis et dictis incitare plebes II 35, 20. 25; exemplo propriae conversationis corrigere sacerdotes I 304, 10 [415, 40]; exemplo et verbo praedicare I 364, 40; exemplo instruere II 39, 15. 20. — exemplum (= *exemplar*) institutionis canonicae I 339, 45.

exenia: e. ad introitum ecclesiae non donanda I 178, 15 [412, 10]; e. maiora non accipienda I 195, 30; e. indebita II 9, 1.

exercitalis, e: e. causa I 207, 5; e. expeditio II 7, 10. 10, 15. 20, 1; e. iter I 188, 10. 305, 25 [417, 10]. II 5, 10; e. oboedientia I 164, 35; e. opus II 7, 15; e. placitum; exercitales distringere I 191, 35. — exercitaliter ire I 168, 20.

exercitare I 184, 25. 206, 30.

exercitus I 1, 20. 28, 10. 84, 25; super exercitum missos constituere I 188, 15; e. promovere I 137, 5; exercitus promotio II 94, 20; exercitum dimittere I 186, 15. 205, 20; in e. ire (exire, pergere) I 25, 10. 100, 30. 138, 15. 141, 15. 20. 165, 20. 167, 1 [432, 40]. 205, 10. 261, 25 [II 259, 15]; de exercitu nullus remaneat I 71, 20; exercitum fugere (vitare) I 125, 5 [410, 10]. II 110, 1; e. praetermittere II 110, 5; in exercitu esse I 141, 25. 282, 5 [439, 1. 380, 15]; armatura in e. I 123, 5 [426, 1]; *in exercitu* quoscunque secum ducere II 808, 15; ebrius in exercitu inventus I 167, 5 [433, 1]; in exercitum substantiam ducere I 125, 1 [427, 10]; exercitus superveniens I 319, 30; e. Francorum I 52, 5. 20; e. Italiae II 67, 1. 5; e. Italicus I 96, 35; e. navalis I 132, 5.

exeredare *v.* exheredare.

exfortiare aliquid I 43, 10. 65, 25.

exheredare, exeredare, exhereditare I 125, 10 [410, 15]. 277, 15 [406, 45]; e. legitimos heredes I 163, 10. — exheredati I 312, 1 [421, 30].

exheredes fieri I 312, 5 [421, 30].

exhortari, *exortari* I 184, 1. II 31, 30; e. potestate regia II 412, 30.

exhortatio, exortatio: e. episcoporum II 27, 20. 30, 35. 44, 25. 80, 30. 116, 30; e. presbyteri I 248, 40; e. regis II 80, 35.

(exhortator), *exortator comitis* I 210, 1.

exigere *II 525, 25;* e. amplius II 332, 20; e. ultra quam legibus sancitum est II 105, 15; e. maiorem modium II 318, 15; nichil amplius e. de navibus salinariis II 251, 30; plus e. a parrochia I 195, 15; amplius e. a presbyteris II 256, 25. 257, 15. 25. 335, 15. 459, 30; e. a servis regiis ultra quod soliti fuerunt reddere II 437, 30; e. aliquid per vim ab arimannis II 108, 5; nihil e. a presbiteris II 247, 10; nihil e. pro baptismo, chrismate, communione, ordinatione II 207, 1; *cfr.* I 278, 5 [407, 25]. II 409, 25; nihil e. pro sepultura II 207, 1. 222, 10. 416, 1; e. bandum exercitus II 110, 5; e. capitale I 6, 1; e. carricaturas II 438, 5; e. cellarinsem I 23, 25; e. censum; e. coniectum II 354, 35; e. iniustas consuetudines II 391, 20; e. dationes I 375, 15. 20; e. debita I 318, 40 [428, 20]. II 234, 5; e. decimas I 197, 20; e. dispensam II 257, 20; e. donationes I 375, 15. 20; e. dona annualia II 94, 1; e. exactionem II 323, 30; non e. indebita exsenia II 9, 1; e. fredam I 158, 30 [449, 5]. 154, 25; e. haribannum; e. locationem II 256, 35; e. *lucrum* temporale de agro ecclesiastico I 333, 30; e. metalla I 272, 30; *e.* numorum monetam II 149, 35; e. munera I 178, 30. 278, 5 [407, 25]; e. munuscula II 409, 25; e. opera I 318, 15 [422, 40]; e. operationes II 278, 1; e. paraveredos; e. pretium II 257, 20; e. redibitionem I 197, 5. II 259, 25. 418, 20; e. sacramenta; e. sibi servitium II 12, 35; e. solidos I 125, 25. 30 [427, 20]; e. stipendia II 88, 5; e. synodos II 258, 5; e. teloneum, tributum, usuras; e. vectigalia II 122, 35; e. widrigildum II 108, 15.

exiliari I 171, 35.

exilium I 129, 15 [II 28, 1]. 323, 20. II 54, 30; in e. mittere adulterum I 189, 20; in exilio mittere adunationem facientes I 318, 35; in exilium religare (exilii ultione plectere) contumacem I 284, 10 [440, 35]. 362, 15. II 420, 30; *cfr.* I 35, 15. 186, 5. 329, 35; in exilium mittere decimas dare nolentem I 186, 5; exilio dampnare ecclesiasticum II 321, 35; e. condemnare excommunicatum I 85, 15; in exilium mittere homicidam I 282, 35 [439, 15]; in exilio mittere hostem facere nolentem I 329, 35; e. retrudere interfectorem senioris sui II 148, 1; in e. transmittere (deportare) raptorem et raptam I 16, 10. 23, 15; in exilium mittere raptorem sponsae I 282, 35 [439, 30]; exilio dampnare Deo sacratam II 321, 35; e. tradere tabellionem I 311, 10 [421, 10].

exire: e. in hostem (in exercitu) I 141, 20. II 5, 15; e. ad iudicium Dei I 75, 20. 180, 20; e. in campum I 180, 25; e. ad crucem I 41, 25; e. ad sortem I 5, 30; e. iubere foras iudicii I 296, 1. — exire de convenientia II 73, 40. 74, 1 [156, 35. 157, 1].

existimatio = aestimatio: e. rerum I 380, 25; *cfr.* I 56, 10 [400, 5].

existimator I 187, 25.

exitus: in exitibus ecclesiae placita non tenenda II 269, 5. — e. = *mors:* in exitu reconciliari II 122, 35; in exitu non communicari II 120, 25; exitus uniuscuiusque litteris vicissim innotescat II 449, 30. 35.

exlex II 249, 15.

exmerare argentum II 315, 20.

exoniare = *purgare:* se e. I 259, 10. 15.

exorare Deum II 46, 5; e. pro imperatore (rege) II 51, 15. 384, 15; e. pro stabilitate imperii II 51, 15.

exorbitare: e. a fidelitate II 378, 35; e. a ministerio II 34, 30.

exorc*ismus* I 235, 15. II 509, 30.

exorcista I 184, 1. 5 [411, 30. 35]. II 516, 10.

(exorcizare), exorzizare I 247, 10.

exort- *v.* exhort-.

expect- *v.* exspect-.

expeditio, e. exercitalis (hostilis) II 96, 5. 385, 5; expeditionem facere II 7, 5. 10 [321, 30]. 10, 15; expeditio in diebus quadragesimae facta II 54, 20; e. sine consilio et utilitate facta II 55, 1; de expeditione reverti II 16, 25; expeditio navalis II 67, 20.

expellere: e. latronem ad alia centena I 17, 15; e. praepositum cardinalis ecclesiae ab utilitatibus I 195, 25; e. de fisco servos fugitivos I 300, 30 [436, 40]; *de ecclesia e.* confugientem I 68, 20; e. ab ecclesia (= *excommunicare*) I 133, 30 [447, 5]. 174, 1; e. ex fisco I 169, 20; e. ex locis excultis I 268, 30; e. ex palatio I 298, 30; e. de regno II 170, 25. 281, 15; e. a societate (consortio) omnium I 281, 15. 285, 15. — e. = *deponere:* e. presbyteros I 277, 20 [407, 1]. 358, 10. II 232, 30.

expensa I 89, 20. 305, 45 [417, 30]. II 64, 10.

expilationis socius II 82, 20.

explorationes facere I 261, 30 [II 259, 15].

expoliare *v.* exspoliare.

exponere: e. divinas scripturas II 406, 30; e. fidei sponsionem et abrenuntiationes I 368, 10; e. necessitates II 464, 10.

expositio: e. orationis dominicae I 235, 10; e. psalmorum I 251, 30.

expositor christianitatis II 321, 15.
exprobratio II 72, 30 [155, 30]. 256, 20.
expurgare: se e. a crimine II 188, 25; se e. iuramento II 225, 5; se cum XII e. II 86, 5. 225, 5, 40; se e. aqua ferventi, ferro candenti II 225, 10.
exquirere = *inquirere* I 92, 1. 95, 15. 175, 30; e. consanguinitatem coniungentium I 98, 1. — e. = *exigere*: e. a comitibus vel fidelibus II 488, 5; e. a presbyteris II 335, 15; e. paratas II 488, 1; e. servicium I 81, 35.
exsolvere: e. census II 331, 1; e. compositionem; e. debitum; e. iniustitiam II 318, 35; e. multam I 205, 15. 215, 10 [430, 15]; e. paraveredos II 321, 20. 331, 1; e. XL sol. in bannum, sol. XX e. I 140, 1; e. theloneum II 251, 20. 30. 252, 5. — exsolvi = *liberari* I 8, 35.
(exspectacula), expectacula = *spectacula*: e. diebus dominicis non fiant I 182, 1.
exspoliare, expoliare: e. aliquem rebus suis I 181, 1. 10. II 87, 10; e. circummanentes II 412, 25; e. clericum II 216, 35; e. ecclesias II 88, 10. 84, 30; e. facultates ecclesiae II 412, 25; e. pauperes; e. vicinos II 412, 25.
exterminare a regno II 287, 10 [309, 40].
externae gentes II 87, 30. — externi II 524, 35; externa II 524, 25.
exterus, a, um: e. gentes I 272, 40; e. nationes; e. provinciae II 105, 25. — exteri transeuntes II 107, 25. — exteriores incursiones II 23, 1; exteriora peragere I 367, 15; imperium interius exteriusque cladibus attritum II 27, 30.
extorquere aliquid contra sanctam auctoritatem II 445, 30.
extraneus, a, um: e. episcopus I 365, 5; e. gentes II 327, 10; e. mulier; e. sacerdos I 365, 5. — extraneus I 167, 25. II 529, 35; extraneum esse de palatio I 15, 25.
extraordinaria dominatio II 82, 5. — extraordinarie ministrare II 121, 40.
extrudere I 9, 30.
exuere (= *purgare*) se sacramento I 17, 15.

F.

faba I 90, 10. 254, 15. II 491, 30.
faber I 89, 10. II 320, 20; f. ferrarius, aurifex, argentarius I 87, 15; f. falsarius II 278, 5.
fabricae ecclesiarum I 228, 1. II 489, 10.
fabricare auro vitroque I 251, 1.
fabricinium II 320, 10. 15.
fabrile opus II 420, 10.
fabulae otiosae II 46, 5.
fabulari cum femina I 374, 1.
facinus I 305, 35 [417, 20]; f. non propalatum II 86, 30; facinora die dominico commissa I 376, 5; pro facinoribus in exilium mittere I 129, 15 [II 23, 1]; facinora perpetrantibus poenitentiam imponere II 104, 30.
factio II 261, 10. 409, 1. 437, 35. 442, 10.
factum II 378, 5; auctor facti I 124, 10 [426, 35]. II 16, 10; facti emendatio I 205, 30; facta mala componere I 10, 1.
factus = *mansus* I 81, 25.
facula I 89, 1.
facultas, facultates = *res, bona* I 333, 15 [421, 30]. II 330, 20; facultas corporis I 18, 35; f. substantiae I 325, 15; facultates hereditario iure alicui pertinentes I 261, 20; f. sibi emere de rebus ecclesiae I 238, 15; f. suas ad loca sanctorum tradere II 488, 1; facultatibus cedere I 311, 15 [421, 15]; facultates amittere (adquirere) parentibus et fisco I 15, 40. 16, 10. 15; facultatem heredibus sociare I 28, 15; facultates ad sumptum et apparatum legationis delegatae II 85, 25; facultatis decimae I 106, 25; de facultatibus coniectum exigere II 364, 25; ex f. propriis pontem emendare vel reficere I 295, 1; facultas clericorum II 331, 1; facultates alicuius defuncti, comitis defuncti II 368, 1; f. ecclesiae I 341, 35. II 84, 25. 41, 20. 385, 35. 40. 412, 25; f. ecclesiasticae II 321, 10. 358, 25 [362, 45. 363, 1]. 422, 5. 432, 20—30. 433, 25; f. ecclesiasticorum II 488, 5; f. incestuosi I 15, 40; f. intestati I 21, 25; f. laicorum II 331, 1; f. latronis I 7, 10; f. magistratus I 311, 15 [421, 15]; f. mansuarii II 354, 15. 20. 488, 5; f. pauperum II 315, 25; f. praesulis mortui II 103, 20; f. raptae I 28, 15; f. raptoris I 16, 10. 28, 15; f. regni II 321, 10; f. vassalli imperatoris defuncti II 363, 1.
facundia = *facultas* II 89, 25.
faetus = *foetus*: f. ex adulterio necare II 181, 20.
fagidus v. faidosus.
faida I 201, 1. 440, 30. 45. 448, 40. 45. II 336, 10. 344, 1; propter faidam fugere I 39, 15; pro faida precium recipere nolle I 51, 20; de faida bannum mittere I 70, 25; propter faidam bannum fortiorem statuere I 72, 20; faidam non portare I 217, 15. II 272, 30 [343, 30]. 372, 40. 374, 20. 25. 35; f. non allevare II 212, 20; faida non crescat II 107, 35; faidam iurare II 372, 40. 374, 25. 35. 375, 1; f. coercere II 20, 1; f. pacare I 290, 5 [448, 40]; f. pacificare I 284, 5 [440, 30]. II 336, 10. 15.
faidosus, fagidus I 175, 15; faidosum distringere ad pacem I 128, 5 [425, 40]; fagidis commotionem non facere II 96, 15.
(faidus?), faido, feitum, fedo I 6, 15. 35.
falcicula I 252, 5. 254, 10. 255, 20.
falco, falcones I 25, 40. 45, 5. 64, 20. 95, 20. 364, 10. II 117, 35; *cfr.* walco.
falconarius I 87, 25. 165, 10. 211, 35. II 523, 20. 525, 30—40.
faldo I 251, 35.
fallere in aliquo II 261, 40; f. principem I 19, 1.
falsare: f. cartam; f. monetam I 299, 35.
falsarius faber II 278, 5.
falsator monetae II 63, 30.
falsidicos dicere iudices pro iudicio II 109, 10.
falsitas (*opp. veritas*) I 2, 5; falsitatem sequi I 268, 5. 283, 5 [439, 35]; de falsitate convinci I 269, 35. — falsitas monetae II 316, 30. 317, 15; falsitatem non scribere II 64, 5.
falsus, a, um: f. carta; f. crimen II 467, 30; f. denarius II 317, 1. 10; f. epistola II 230, 25. 231, 5; f. inscriptio I 108, 25; f. iudicium II 54, 30. 467, 20; f. moneta; f. monetarius I 116, 25 [448, 15]. II 315, 25. 317, 5. 10; falsa nomina angelorum I 365, 5; f. nomina martyrum I 56, 30 [400, 35]; f. praeceptum II 265, 30; f. presbiter I 25, 5; f. sacerdos I 25, 1. 29, 15; f. sacramentum I 148, 15 [430, 40]; f. scriptum II 62, 15; f. suspitio II 36, 30; f. testimonium; f. testis. — falsum dicere I 57, 1 [400, 40].
falx I 252, 5. 254, 10. 255, 20.
fama II 87, 1; famam habere in populo II 8, 35; f. bona I 181, 1; famam mali habere II 87, 10; fama malae opinionis II 102, 15; f. sinistrae opinionis II 36, 35; f. mala I 200, 30. 248, 5. 305, 40 [417, 30]. 364, 5. 374, 25; famam purgare II 350, 25. 415, 5. 15.
famelicus pauper I 52, 10. 20.
fames I 40, 30. 74, 25. 76, 20. 96, 35. 122, 30 [409, 45]. 128, 1 [410, 1]. 139, 25 [411, 5]. 134, 25. 141, 15. 151, 5. 174, 10. 188. 229, 10. 245, 35. II 4, 30. 43, 25. 44, 20. 325, 35. 326, 15. 25. 413, 1.
familia I 81, 35. 103, 40 (?). 132, 1 [410, 30]. II 479, 25; familiam suam corrigere I 154, 15; f. propriam de proprietate nutrire I 132, 30 [411, 10]; f. archiepiscopi II 379, 25; f. beneficii I 74, 30. 132, 30 [411, 10]; f. captivi II 131, 25; f. ecclesiae I 277, 5. 10 [406, 35. 40]. 291, 25 [445, 10]. II 92, 15. 102, 30. 269, 5. 516, 10; f. episcopi II 448, 15; f. imperatoris (regis) I 83. 88, 10. 15. 30. II 437, 35. 40. 525, 20. 30; f. malefactoris I 72, 30; f. monasterii I 141, 30. 291, 25 [445, 10]; f. mulieris II 109, 5; f. regalis I 525, 20. 30; f. sacerdotis II 105, 15.
familiaris, e: familiaris II 164, 15. 35. 358, 10 [362, 30]; pro familiaribus psalmos canere I 348, 30; familiares suos gubernare I 174, 10; familiares archiepiscopi II 452, 35; familiares speciales regis II 452, 15.

familiaris clientulus I 81, 1; familiare colloquium; f. res. — familiariter: f. admonere II 53, 45; f. loqui II 527, 40; f. porrigere capitula II 46, 25; familiarius adire palatium II 524, 5.

familiaritas = *propinquitas* II 43, 1. 81, 40. 82, 1. 255, 25. 30 [898, 30]; familiaritatis consanguinitas I 358. 10. — f. = *amicitia* I 243, 5. II 166, 40. 526, 30. 528, 20. 529, 15.

famosus I 180, 20.

famulari imperatori, regi I 307, 30 [419, 15]. II 39, 20. 313, 10; f. coniugi regis II 313, 10.

famulatus *regiminis* II 438, 35.

famulus: f. episcopi II 257, 20; f. presbyteri II 256, 30; famuli fideles imperatoris II 46, 10.

fano I 229, 5; f. lineus I 251, 15.

fanum I 228, 1; *cfr.* vanum.

farfalius, faravalium, farefalius, farefallos = *frafalius*, '*Frevel*' I 16, 20; *cfr.* *Brunner*, *RG. II*, *p.* 331, *not.* 7.

farina I 85, 15. 86, 10. 89, 25. 171, 30. 223, 25. 254, 15. 255, 20. 40. 256, 15. 40.

farinaria I 84, 30.

farisaica (= *pharisaica*) superstitio I 58, 30 [402, 15].

farus I 254, 10. 255, 15.

fasciola I 252, 10. 345, 10.

(faseolus), fasiolus I 90, 1.

fasianus I 86, 30.

fasiolus *v.* faseolus.

fastidium generare in auribus regis I 88, 20.

fastus II 177, 5.

fatigare aliquem I 132, 1 [428, 5]; f. regem I 85, 30.

fautor II 408, 35; fautores acceptoris sponsae alienae II 414, 30; fautores sceleratorum II 86, 40.

favere facinori II 160, 20.

febrefugia I 90, 5.

fedus, feitus *v.* faidus.

fellones II 440, 30.

famare *v.* fimare.

femina: feminae confessio et conversatio I 237, 30; feminas flagellis aut ieiuniis constringere ad symbolum et orationem dom. discendum I 257, 30; *cfr.* 288, 1; de feminis pigneratio non fiat II 184, 5; feminae lunam comedentes, corda hominum tollentes I 223, 30; f. indiculos afferentes I 314, 25 [450, 1]; de feminis et viris est una lex I 38, 5. 15; feminae per domos clericorum non discurrant I 175, 30; femina in domo clerici non habitet I 228, 20; f. ad secretum cubiculi vel cellarium presbyteri non adeat I 243, 1; f. cum sacerdote (presbytero) non habitet I 237, 1. 278, 5 [407, 30]. 328, 25. 332, 1; *cfr.* 336, 15. 20. II 33, 20; in feminarum domos sacerdotes non intrent II 102, 15. 20; feminarum accessum vitare I 369, 1; feminarum accessus inlicitus non fiat II 42, 30; a femina se abstinere I 374, 5; cum f. fabulari, conversari I 374, 1. 5; feminarum diversoria II 405, 5; feminas osculari I 314, 30; nullus presbyter ad domum feminae sanguinem minuere praesumat I 243, 10; feminae indumenta sacerdotalia non administrent II 42, 30; feminae sacrata vasa non contingant II 42, 30; feminae corpus et sanguinem Domini non porrigant II 42, 30. 35; feminae linteamina altaribus praeparent I 178, 25 [412, 20]; feminarum mansiones I 255, 35 (*cfr.* genetium); ad feminam misceri, accedere (feminae iungi) II 242, 20. 35. 243, 15. 45; feminarum raptus; feminam trahere I 224, 25; feminam stuprare II 207, 25. — femina adulta II 122, 25. 30; alienigena, h. e. alienae gentis f. II 235, 30; f. Deo dicata (sacrata), ecclesiastica, religiosa, sanctimonialis, velata I 30, 5. 34, 30. 230, 35. 319, 1. II 43, 5. 114, 20. 25 [399, 30. 35]. 435, 1. 436, 10; feminae sine consensu sacerdotum velum sibi non imponant II 42, 10; femina velum accipiens I 40, 20. 278, 25. 30 [408, 1. 5]. II 7, 1 42, 20. 35. 90, 25. 30; feminae in sancta congregatione viventes I 95, 20; f. habitum religiosum aut velamen suscipientes viros sociari non permittantur I 375, 40; f., quae se Deo voverant et postea se maritos copulaverunt I 202, 10: femina veste mutata moecha deprehensa I 317, 10; feminae quales monasteriis praeferendae sint I 313. 20. 25 [423, 5. 10]; *cfr.* 40, 20. 95, 20. 202, 10. 313, 20. 25 [423, 5. 10]; 317, 10. 375, 40; feminarum monasteria; feminae ecclesiasticae, fiscales I 314, 25 [450, 1. 5]; f. Franca, ingenua, libera I 38, 10. 15. 125, 35 [427, 25]. 145, 35. 224, 25. 293, 40. 320, 25. II 62, 30. 35; f. fugitiva I 125, 1 [410, 5]; f. gravior I 77, 25; f. incestuosa I 35, 5. 10. 97, 35; f. ingenua *v.* f. Franca; f. inservita I 40, 25; f. libera *v.* f. Franca; feminae potentes II 419, 20; f. regis I 172, 20; feminae religiosae, sacratae Deo, sanctimoniales *v.* f. dicatae Deo; f. sanctae II 454, 45; f. turpes I 334, 40; f. velatae *v.* f. dicatae. — *femina* = *uxor* I 38, 1; feminam accipere I 315, 20. 25; femina advena maritum accipiens II 324, 10; f. inter partes et regna postulata I 129, 5 [II 22, 35]; *cfr.* II 235, 30; cum f. manere I 39, 10; f. altercationem cum viro de coniugali copulatione habens I 230, 30; feminae amissis viris velum accipientes I 278, 25. 30 [408, 1. 5]. II 7, 1. 42, 20. 25. 90, 25. 30; femina potestatem habet per comiatum viri res suas vendere, donare I 201, 25; f. filiastram aut filiastrum ad confirmationem tenens I 38, 40; feminam alterius adulterare II 415, 1. 5; cum femina fratris adulterium perpetrare I 38, 25; f. leprosi viri I 39, 10; f. libera I 114, 15 [429, 10]. 318, 25. 30. II 327, 10; nobiles feminae amissis viris velatae et in propriis domibus residentes II 42, 20. 25.

feminalia II 504, 20.

femineus, a, um: f. opus I 302, 20; f. vestimenta I 229, 5.

femorale I 345, 10. II 242, 15. 248, 15. 45.

fenicolum I 90, 5.

fen- *v.* foen-.

fermmen II 361, 15. 20; f. imperatoris (regis) I 86, 15. 88, 40. 98, 20. 25. 172, 10.

ferbatutus *v.* forbatutus.

feria II 243, 20. 495, 10. 15; f. II. I 229, 30. II 245, 25. 30; f. III. I 229, 30. II 244, 25. 245, 25; f. IV. I 227, 5. 230, 15. 345, 1. II 245, 30. 325, 30; f. V. I 229, 30. II 244, 25. 245, 25. 325, 10. 494, 30. 35; f. VI. I 227. 5. 229, 30. 230, 15. 345, 1. 15. 348, 10. 40. II 245, 30. 246, 1; feriae ieiuniorum II 494, 25; f. legitimae II 189, 1. 20; feria IV., quam caput ieiunii nuncupant I 230, 10. II 420, 5; IV. feria ante initium quadragesimae I 230, 10. II 269, 15; feria IV. ante nativitatem Domini II 269, 15 — feriae, quas faciunt Iovi vel Mercurio I 223, 20.

feriare: f. dies I 363, 35. 40. II 269, 20. 420, 10; f. festivitates I 364, 1; f. tempora I 363, 30—40.

feriatici dies I 175, 30.

ferire: f. anathemate II 448, 5; f. canonibus I 6, 40; f. invectione canonica I 278, 10 [407, 30]. 332, 25; f. periculo vitae I 16, 5. 15; f. capitali sententia I 23, 10; f. synodali vel imperiali sententia I 277, 15. 20 [406, 45]; *cfr.* II 82, 20.

ferramentum I 87, 5.

ferraricia fossa I 89, 10.

ferrarius: f. faber I 87, 15. 89, 10. 255, 1.

ferre: lata praeceptio I 2, 1.

ferrebannitus *v.* forbannire.

ferreolum *(vas vinarium)* I 256, 30.

ferreus, a, um: f. caldarium (caldera) I 252, 5. 254, 10. 255, 15; f. luminare I 252, 5; f. pala I 168, 25; f. vasa I 87, 1.

ferrum I 89, 25. 252, 5. 254, 10. 255, 20. 256, 25; ferro vincire II 19, 1; ferro ignito (candenti) se exoniare (se expurgare) I 259, 15. II 225, 10; nudi cum ferro vagantes I 61, 1 [447, 25]. 104, 15.

festivitas I 3, 1. 110, 30. II 457, 35. 494, 35. 45; festivitates summae II 497, 30; f. in anno venerandae I 179, 15. 20 [413, 5]. 227, 10. 312, 20 [422, 1]. 346, 35 (*cfr.* 363, 35. 40); f. martyrum vel confessorum observare I 312, 25 [422, 5]; f. ab episcopo praedicatas observare II 33, 25. 30; f. parrochiae I 227, 10. 312, 25 [422, 5]. 346, 40; ut f. praeclaras in civitates aut in vicos publicos teneantur I 183, 35 [447, 15]; festivitatibus populum erudire, instruere I 183, 35 [447, 10]. II 249, 1. 5; festivitatibus aptae homeliae I 363, 20; festivitati congruens lectio I 81, 5; festivitatibus praeclaris saecularia placita demittantur I 69, 30; festivitatibus praecipuis non ieiunare II 189, 25. — festivitas s. Andreae; f. s. Iohannis apost.; f. s. Iohannis baptistae; f. s. Stephani; f. XII apostolorum I 227, 10; cfr. 363, 40; f. paschalis II 420, 10.

festivus, a: f. dies II 494, 30; festivis diebus malla non tenere II 269, 5.

(festuca), fistuca I 9, 1. 20.

festus (sc. dies), festum: festi generales II 494, 20; f. maiores II 503, 20. 505, 1; f. dies celebrandi I 312, 20. 25 [422, 1. 5]. 363, 35. 40; dies festi, qui in civitatibus sunt II 102, 5; d. f., qui per episcopatum publice celebrantur II 242, 25. 30. 244, 20; diebus festis ad ecclesiam venire I 64, 5; d. f. ad publicas stationes occurrere II 102, 5; d. f. evangelium praedicetur I 106, 20; d. f. praedicationem impendere II 118, 10; f. d. convivia non facienda etc. I 370, 25. 30; f. d. non ieiunare II 189, 15. 217, 5. 242, 25. 30. 244, 15. 20. 493, 30. 503, 20. 541, 35. — f. apostolorum I 346, 35; f. sanctorum II 191, 10. 233, 35. 234, 1. 495, 30. 496, 1; festis sanctorum placitum non habere II 233, 35. 234, 10, lites et contentiones non frequentare II 234, 1.

ficus I 91, 5.

fideiussio: fideiussionem facere I 282, 15 [439, 5. 330, 40. 45]; sub fideiussione ad palatium venire II 15, 15.

fideiussor I 241, 30. 313, 45 [423, 30]. 366, 10. II 39, 30; fideiussores dare, donare I 2, 30. 154, 25. 282, 10 [439, 1. 330, 30]. 284, 20 [441, 1]. 330, 15. 337, 5; f. praesentare I 70, 10; f. habere II 344, 15; f. non habere, non invenire I 67, 15. 70, 10. 117, 25. 330, 20. 343, 15. 344, 15; per fideiussorum manus tradere I 182, 1 [428, 5]; per fideiussores constringere II 343, 10; per f. ad mallum adducere II 344, 15; per f. remittere in praesentiam comitis I 210, 45; per f. deducere ad praesentiam missorum II 278, 20; per f. ad praesentiam regis (imperatoris) adducere (deducere, perducere) I 115, 20 [429, 30]. II 86, 35. 40. 272, 5—30 [343, 30]. 307, 20. 320, 10. 345, 1; per f. ad regem mittere I 67, 15. 158, 30 [449, 5]; per f. ante regem venire facere I 82, 1; per f. ad praesentiam (palatium, placitum) imperatoris (regis) venire II 12, 15. 20. 14, 10. 15, 5. 20. 16, 15. 19, 10. 15. 287, 5. 330, 10. 374, 30; per f. servare latrones I 191, 5; clericus, presbyter, sacerdos non sit fideiussor I 107, 10. 108, 5. 344, 10. 364, 10.

fidelis, e: fidelem esse domino suo I 101, 30. 35. 102, 1; f. esse imperatori (regi) I 63, 25. 169, 30. 324, 10. II 123, 10. 15. 156, 5. 278, 15. 20. 280, 25. 452, 30; f. esse in servitio regis I 321, 10; f. esse seniori (= *imperatori, regi*) II 100, 1. 296, 20. 342, 10. 15. 357, 10. 365, 15; fidelis abbas I 162, 15; fideles adiutores esse regi II 73, 25. 30 [156, 25. 334, 1. 362, 20]; fidelis advocatus, centenarius I 214, 15; fideles clerici II 282, 10; f. comites I 325, 20; fidelis devotio II 339, 10; f. episcopus I 162, 15; fideles famuli II 46, 15; fidelis homo I 88, 25; fideles laici; f. legati I 272, 20; f. missi I 271, 40. 272, 5; f. optimates I 274, 35; f. oratores II 46, 15; fidelis populus I 247, 30. II 339, 15. 340, 35. 40; f. praeco I 214, 15; f. rex II 296, 30 [100, 15]; fideles seniores II 74, 5 [157, 1]; f. vicedominus I 214, 15. — fideliter: f. adiutorium exhibere regi II 339, 25; f. servire I 289, 35; fideliter vivere I 94, 1. — fideles = *'Getreue'*: f. imperatoris, regis I 17, 15. 23, 5. 126, 30. 170, 30. 191, 25. 208, 10. 225, 25. 30. 261, 15. 262, 35. 45. 268, 1. 15, *et saepius*; f. capitanei I 135, 5; f. communes II 159, 40. 160, 10. 166, 5. 30. 168, 5. 169, 1. 10. 35. 192, 5. 15. 293, 30. 294, 10. 297, 35. 334, 5 [362, 25]. 384, 25; f. paris II 169, 20. 438, 40; f. regum fratrum II 69. 71—74 [155. 156]. 299, 1. 438, 40. 452, 5; f. utriusque regis I 14, 15—25; f. saeculares, spiritales I 245, 1. 5; fidelium magnitudo *(tit. comp.)* II 186, 15; fideles habeant ad invicem pacem et concordiam I 206, 20; fidelium aequitas, pax, concordia I 305, 20 [417, 1]; f. concordia I 150, 10 [447, 30]. 152, 1; cum fidelibus concorditer vivere I 305, 5 [416, 35]; fideles episcopo oboediant I 208, 30. 35; f. contra episcopos scandalum non sumant II 36, 25. 30; f. res ecclesiarum pie tractent II 37, 5; f. tantum ad sacramentum recipiantur I 182, 15; fidelium homines I 138, 15. II 330, 10. 358, 20 [362, 45]; fidelium mansuarii II 438, 1; fidelium villae II 360, 10; fidelium fidelitas I 320, 20. II 284, 20; f. firmitates II 431, 40; f. professio II 356, 35. 40; f. sacramentum II 296, 15. 20. 356, 35. 451, 5; f. devotio; fideles regi debitum honorem et fidelitatem conservent I 320, 20. 25. II 284, 20; f. honorem regium atque adiutorium etc. exhibeant II 333, 25. 30 [339, 20. 25]; fidelis unusquisque in suo loco et ordine adiutor imperatoris I 303, 30 [415, 15. 20]; fideles non sint regi contradicentes et resistentes, sed oboedientes ac veri adiutores *etc.* II 73, 25. 30 [156, 20. 25. 334, 1. 362, 20]; f. parati sint regem adiuvare II 294, 15; f. regi solatium ferant II 451, 25; f. adunati cum rege II 281, 5. 20; f. regi occurrant II 283, 10; fidelium adiutorium; f. auxilium et consilium; f. consolatio I 320, 20. II 376, 15; f. bona voluntas I 320, 20. II 311, 20. 25; f. obsequium II 311, 20; f. dona I 365, 10. 15; fideles legationes suscipiant I 306, 5—15 [417, 40—418, 1]; fidelium honor; f. indemnitas II 161, 40; f. salvatio, salvamentum, salus; fidelium solatium II 458, 5. — fideles regia auctoritate adiuvare II 374, 25; fideles beneficio privare II 92, 25; fideles convocare (congregare, evocare) II 90, 20. 281, 30. 291, 30. 35. 294, 30. 383, 15; f. ex nomine describere II 281, 25; fideles convenientes II 77, 35. 254, 10. 303, 15. 358, 35; fidelium conventus; cum fidelibus placitum, conventum habere II 4, 5. 15. 28, 1. 88, 30. 90, 20; cum f. commune colloquium habere *etc.* II 77, 1. 5; cum f. ad placitum convenire II 162, 10; cum f. adunatum esse II 74, 15. 20; in fidelium conspectu colloqui II 464, 10. 15; fidelibus adnuntiare, (denuntiare, innotescere) II 4, 20. 39, 25. 45, 30; ante fideles demonstrare II 280, 15; coram fidelibus relegere capitula II 423, 30. 35; cum fidelibus considerare I 271, 10. 297, 10. II 4, 15. 15, 15. 20. 74, 10. 15. 268, 5. 271, 15. 30. 287, 20. 294, 30. 337, 5; cum fidelibus deliberationem instruere I 23, 25; fidelium deliberatio II 383, 25; cum fidelibus tractare I 245, 1. 5. II 126, 1. 326, 1. 428, 10; cum f. invenire II 9, 35. 280, 1. 283, 5. 15. 293, 30. 294, 10. 326, 1; cum f. constituere II 9, 35. 326, 1; cum f. ordinare II 358, 10. 15 [362, 30. 40]; cum f. praecipere I 82, 1; per f. disponere II 356, 15; cum f. confirmare capitula II 424, 20. 25; fideles monere (admonere, commonere) I 209, 10. II 36, 25. 39, 25. 40, 10. 41, 35. 76, 1. 328, 15. 424, 15; f. instruere II 36, 25. 40, 5; fideles quaerant et inveniant II 280, 35. 40; f. imperatorem, regem ammonentes I 270, 35. II 255, 35 [398, 35]. 281, 5. 20; f. respondentes II 355—358, 5. 30; f. conlaudantes II 356, 5; f. consentientes II 157, 35. 364, 30 [365, 1. 370, 5. 10]; f. consilium dantes II 294, 15; fidelium consilium, consultus; f. commendatio II 332, 5; f. consensus et acclamatio; f. voluntas II 451, 15. 464, 1; fideles constituentes I 189, 5; f. decernentes II 345, 40; f. disponentes II 358, 35. 40; fidelibus placitum est, placuit I 208, 1. 361, 25. 30. 373, 1. 20. 374, 5. 10. 375, 10; fideles capitula suscipientes II 423, 30. 35; fidelium subscriptio II 253, 10. 254, 35; ante praesentiam f. in rationes venire II 429, 10; ante fideles rationem rectam precare

II 279, 30. 35; fidelium iudicium II 287, 1. 5 [309, 35]. 287, 20. 346, 15; in praesentia fidelium culpabilem iudicari II 320, 20. — fideles ecclesiae I 126, 30 [II 21, 25]. 170, 25. 225, 25. 261, 15. 262, 35 [II 258, 30. 260, 30]. 262, 45. 263, 1. 15. 264, 15. 274, 20. 276, 20 [406, 5]. 334, 20. 355, 1. II 4, 5. 62, 20. 283, 20. 284, 5; f. papae I 225, 25. — f. seniorum II 74, 1 [156, 40]. — fideles = '*Gläubige*' I 108, 1. 133, 40 [411, 25]. 238, 25. 248, 20. 365, 1. 371, 25. II 36, 25. 40, 5. 10. 41. 46, 5. 477, 5. 15; f. christiani I 249, 20. 349, 1; f. loci I 368, 25; fidelium convocatio II 479, 5; f. oblationes; f. redditus I 195, 20; f. votum; quae dant fideles, redemptio peccatorum est I 365, 10. 15; fidelium societas II 307, 25.

fidelitas: f. fidelium II 54, 25. 279, 20. 25. 283, 20. 284, 20. 311, 20; fidelitatis sacramentum; fidelitatem scriptam dare II 344, 40; f. imperatori (regi) iurare (promittere) I 66, 30. 67, 1. 92, 20. 25. 98, 20. 25. 100, 15. 104, 15. 124, 5. 40 [426, 20. 427, 45. 50]. 131, 15. 177, 25 [434, 25]. 377, 25. II 8, 20. 10, 10. 20. 20, 1. 54, 15. 55, 10. 171, 15. 172, 5. 272, 15. 278, 15—25. 330, 5. 10. 342, 5. 344, 40. 345, 5. 451, 1. 5. 452, 35. 453, 1; f. repromittere I 131, 15; f. promittere et iurare proprio seniori I 124, 5 [426, 20]; in fidelitate permanere I 172, 30; fidelitatem servare I 92, 15. 98, 20. 25. 177, 30 [434, 25]. 320, 20. 25. II 254, 15. 20. 284, 20; f. explere II 288, 20; f. non infrangere I 146, 35; a fidelitate deficere, (deviare, exorbitare) II 378, 35. 379, 15. 447, 20; ad fidelitatem se convertere II 329, 35; ad f. venire II 281, 35; ad f. reverti II 284, 25. 330, 25; ad f. exhortari II 284, 10; ad f. adtrahere, adducere II 284, 40. 330, 15; ad f. revocare II 103, 25; de fidelitate subtrahere II 285, 15; pro f. adiuvare episcopos II 374, 15; propter fidelitatem adiuvare regem II 381, 5; *fidelitatis servitium* II 284, 35; fidelitas erga seniorem II 466, 40; f. comitis I 329, 35. — f. imperatoris II 356, 10. 357, 15; f. regis II 284, 5. 329, 25. 30. 330, 1. 332, 1. 5; f. Romanorum erga papam II 128, 10; f. senioris (= *regis*) II 279, 25; fidelitatem regis mereri II 295, 10. 15. — fidelitas = *fideles* I 304, 25 [416, 5]. II 77, 1. 92, 5. 153, 45. 286, 1. 328, 15; f. sacerdotalis, laicalis II 367, 1.

fides = '*Treue*' I 273, 10. 15. II 526, 20; fidem sibi conservare I 18, 1; fides centenarii I 7, 5; f. episcopi II 365, 15. 489, 20; f. regis II 387, 15; fidem apostolico repromittere I 324, 10; f. imperatori, regi debita II 365, 15. 489, 20; fidem promittere imperatori, regi I 131, 35 [428, 1]. 304, 25 [416, 5]. II 449, 1. 452, 20; f. regi deferre II 254, 10. 15; f. servare (conservare, observare) I 23, 5. II 69, 25. 78, 1 [155, 20]. 166, 30. 449, 1. 523, 30; f. salvare II 8, 20. 25; fidei promissae debitor II 452, 20; fidem promissam custodire I 131, 35 [428, 1]; fidei fraudator I 74, 5; ad fidem *imperatoris*, regis venire, (confluere, se conferre) I 159, 10. 262, 25 [II 260, 15]. 263, 15. 264, 5. II 158, 15. 448, 30; f. seniori non mentiri I 41, 1. — fides = '*Vertrauen, Glaubwürdigkeit*': fidei bonae homines I 16, 25. — fides = '*Sicherheit*': fidem dare (facere) I 8, 30. 9, 1. 15. 70, 25. 88, 40. 97, 20. 30. 187, 20. 40. II 282, 5. 10; f. exigere II 526, 15; per fidem remittere in praesentiam comitis I 210, 35. — fides = '*Glauben*': f. catholica (christiana) I 60, 35 [404, 10]. 62, 1 [405, 10]. 239. 248, 5. 20. 368, 5. 15. II 28, 20—29, 5. 176, 1—10. 366, 25. 367, 15. 20; f. recta I 242. 247, 40. 248, 10. II 455, 10. 30. 457, 10. 20 [461, 30]. 462, 10; f. recta et catholica II 241, 5; fidei rectitudo I 237, 30; fides pura II 436, 10; f. vera II 241, 10; f. orthodoxa I 247, 30; f. Athanasii I 235, 10. 368, 10. 15; f. trinitatis I 236, 25. 368, 25. II 507, 5; f. bonis operibus exornetur II 28, 30; per fidem iustificari II 490, 15; fidei symbolum I 77, 10. 241, 20. 25. II 499, 30; fidem *constituere* I 29, 5; f. discere I 235, 10. 368, 10. 15; f. credere (tenere, intellegere) I 234, 25. 236, 25. 237, 30; f. denuntiare (praedicare *etc.*) I 29, 5. 56, 10. 58, 1 [400, 10. 401, 30]. 77, 10. 103, 20. 237, 30; f. docere (de fide instruere) I 110, 5. 25. 174, 25. 236, 25. II 39, 25. 406, 15. 407, 1; in fide confirmare II 166, 25; fidei corroboratio II 455, 5; f. documenta I 371, 35; f. regula II 508, 10; f. sponsor, sponsio I 366, 10; fides ordinandi I 54, 15 [398, 1]. 102, 25; f. presbyteri, sacerdotis I 25, 20. 25. 59, 20 [403, 1]. 103, 15. 20. 110, 25. 234, 25. 235, 10. 368, 1.

fiducia: ad fiduciam, in fiducia (regis) venire I 169, 30. II 86, 10.

figurare monetam II 63, 25.

filiaster I 38, 35. — filiastra I 38, 35. 40, 10. 41, 10. II 183, 15; f. Franca I 38, 5.

filiolus I 236, 25; filiolus aut filiola spiritalis in matrimonium non coniungantur I 365, 25.

filius: *f.* legitimus I 272, 40; *f.* non legitimus II 413, 45; f. ex adulterio natus II 181, 15; f. in adulterio genitus II 240, 25; *f.* ante coniugium procreatus II 413, 25. 414, 1; *f.* in alia patria genitus I 276, 35 [406, 20]; filii terram habeant, si f. defuncti fuerint, filia accipiat I 8, 15; filii defuncti filii cum patruis suis hereditatem dividant II 109, 1. 5; filium erudire I 313, 40. 45 [408, 25]; f. ad discendum litteras mittere I 235, 1; f. masculum in monasterio puellarum ad nutriendum commendare I 119, 40; f. Deo offerre I 63, 15. 108, 35; f. confirmare I 213, 20; filio proprio rea iustitiae tollendae causa tradere II 19, 5. 10; filius a patre instructus pergat II 95, 5; filium in servitio tradere I 187, 20; f. vendere II 326, 15; *f.* casu (non sponte) occidere II 241, 30. 248, 25; f. necare II 181, 15; in filii loco suscipere I 272, 40. II 164, 25; filius cum noverca dormiens I 41, 5; f. sponsam a patre *oppressam* uxorem accipiens I 38, 30. 35; f. stuprans mulierem a patre stupratam II 207, 20. 238, 5; *cfr.* 183, 15; filii clericorum I 1, 20. II 106, 35; *f.* ecclesiae *I* 327, 20. II 395, 35; *f.* hominis Franci vel ingenuae in servitio se inplicantis I 298, 10; f. ingenui I 60, 1 [403, 20]; *cfr.* f. liberi; *f.* imperatoris (regis) I 63, 25. 64, 10. 116, 20. 139, 5. 155, 25. 208, 25. 227, 10. 236, 5. 276, 1 [405, 25]. 298, 5. 303, 20 [415, 5]. 350, 10. 351, 1. 354, 15. 355, 10. II 23, 30. 35, 30. 35. 55, 10. 318, 15. 20. 458, 35; f. liberi, qui *se* loco wadii *commiserit* I 114, 15 [429, 10]; f. liberi, qui in servitio fuerit II 327, 10; f. liberarum cum servis se copulantium II 62, 35. 63, 1; *cfr.* f. ingenui; f. raptoris et raptae II 413, 30. 414, 1; f. servi I 276, 35 [406, 20. 25]; f. servi et Francae I 145, 40. 146, 1. 5; f. spiritales I 174, 25. 312, 30 [422, 10]. 366, 5. 10. II 351, 30. — filia: filiabus nuptias providere, ne in paterna domo corrumpantur II 119, 20—35; filiam Deo offerre I 119, 35; f. in servitia tradere I 187, 20; filia, si filii defuncti fuerint, terram accipiat I 8, 15; f. in tertiam portionem de *servis* liberis factis introeat I 201, 20; cum f. incestum committere I 31, 20. 365, 35; f. et mater adulterantes cum eodem I 39, 1; f. amitae II 237, 25. 30. 247, 15; *f.* avunculi I 183, 20. 237, 30. 247, 15; filiam commatris spiritalis in coniugium ducere I 240, 20; f. domini rapere I 69, 10; filia filiastrae I 40; f. hominis Franci vel ingenuae in *servitio* se inplicantis I 298, 10; *cfr.* 146, 1. 5. II 62, 35. 63, 1; f. imperatoris (regis) I 129, 35. 40. 139, 5. 155, 25. 225, 15. II 318, 15. 20. 357, 30. 35; filiae liberarum cum *servis se* copulantium II 62, 35. 63, 1; *cfr.* I 146, 1. 5. 298, 10; filia materterae II 237, 25. 30. 247, 15; f. patrui II 237, 25. 30. 247, 15; f. servi et Francae I 146, 1. 5; *cfr.* 298, 10. II 62, 25. 63, 1; *f.* sororis I 237, 25. 30; f. spiritalis I 366, 5. 10; f. uxoris I 40, 10; f. vassi I 172, 10.

fimare, femare = *stercorare*: femare terram aratoriam I 172, 20; f. iurnalem I de terra dominica I 252, 20.

fines I 353, 15—30. II 260, 5; fines alienos usurpare I 56, 15 [400, 15]; fines imperii II 54, 20; f. regni I 127, 10 [II 21, 35].

fingere: sanctos sibi f. I 223, 25.

finire = *definire* I 13, 5. 176, 20. 190, 20. 196, 20.

finitiva sententia I 159, 1.

firmamentum recipere II 298, 5.

firmare I 94, 15. 180, 5. II 103, 35. 351, 15. 353, 5 [352, 10]. 352, 25; claustra sint bene firmata I 63, 30; firmare auctoritate imperatoris, regis II 86, 1. 184, 10. 268, 10; f. iuramento II 360, 20; f. manu propria I 271, 10. 352, 5. II 58, 5. 74, 10 [157, 5]. 136, 35. 143, 5. 260, 30. 364, 25. 396, 20. 433, 20. 443, 30; firmare sacramento (per sacramentum) I 124, 10 [426, 25. 30]. 190, 20. II 272, 20. 451, 10; f. auctoritatem II 136, 35; f. auctoritatis litteras II 260, 30; f. capitula I 170, 30; f. cartam I 215, 5 [430, 5]; f. concordiam pacis I 226, 15; f. convenientiam II 388, 25; f. decretum imperiale II 356, 10; f. decreta synodi I 27, 40; f. donationes I 354, 5; f. edictum II 433, 20; f. emunitates I 199, 25; f. praeceptionem I 2, 1; f. praecepta II 388, 20 [404, 25]. 404, 10; f. privilegium II 125, 1. 449, 15; f. promissionem II 364, 25; f. regnum II 360, 20; f. sacramenta I 5, 10. — firmare (= *confirmare*) suas parrochias II 247, 25.

firmitas I 19, 10. 20. 275, 10; f. auctorabilis II 336, 40; firmitatem obtenere I 18, 30. — firmitas = *fides, 'Sicherheit'*: firmitatem de rege quaerere II 282, 10. 357, 5. — firmitas = *sacramentum* II 158, 20 [299, 35]. 298, 1—10. 30. 481, 40; f. regum fratrum II 154, 5. 157, 15. 192, 10. 15. 293, 30—294, 25. 297, 30. 299, 15. 481, 40. — firmitas = *auctoritas*: firmitatem de parte dominica habere I 287, 15 [442, 1]. — firmitates = *'Befestigung'* II 311, 30. 328, 15.

fiscalinus, fiscilinus, fiscalina I 67, 5. 81, 20—35. 88, 1. 205, 30; fiscalinu regia I 125, 35 [427, 25]; fiscalinus alubi traditiones non faciat I 115, 30 [429, 30]; f. in alienum dominium commorans I 148, 20; f. infamis in fiscum confugiens II 344, 20; f. servus furtum admittens I 17, 35; fiscalini homines reprobati I 180, 30; fiscalinus servus, qui hominem in ecclesia interfecit I 281, 10 [438, 5]; fiscalini homicidia vel iniustitias facientes II 16, 5; fiscalinus interfectus C solidis conponatur I 117, 25.

fiscalis, fescalis, e: f. ager I 13, 20. 35; f. domus I 7, 1; f. femina I 314, 25 [450, 5]; fiscales hereditates II 323, 10. 15; f. porcarius I 23, 20; fiscales res II 122, 1; fiscalis servus I 17, 35. — fiscalis I 7, 25. 88, 5. II 323, 1. 10; f. fugitivus I 92, 40.

fiscus: f. (regis, imperatoris) I 289, 25 [443, 25]. II 345, 35. 346, 5. 411, 10; ad fiscum (fisci ius) pertinentes res (conditiones) II 9, 35. 10, 1. 64, 15; res et mancipia a fisco occupata I 300, 20 [436, 35]; fisco solidi CXX componantur I 69, 35; f. detur decimum mancipium et decima virga I 171, 15; in fiscum recipere alodes II 345, 1; fiscus acquirat res vagi I 326, 40; fisco sociare proprietatem in banno missam I 268, 35—269, 5. 288, 20—30 [446, 10. 15. 440, 10—20]; ad fiscum alodes in bannum missos redigere I 362, 15; in f. recipere alodem forbanniti II 343, 15; in f. res in exilium missi redigere I 186, 5; in fisco sociare res desertoris I 205, 20; fiscus recipiat alodem incestuosi I 48, 5; fisco redigere possessionem feminae moechae I 317, 10; f. sociare res sanctemonialis adulterae I 319, 1; in fiscum redigere hereditatem interfectoris II 18, 25; in fisco cadant res et mancipia latronis I 139, 30; fisco adquirere res raptoris et raptae I 16, 15; fiscus adquirat in adulterio coniunctos I 317, 5; fisco sociare servum et liberam in coniugio sibi copulantes I 320, 25; census ad fiscum exiens I 69, 20. — fiscus = *villa regis* I 83, 15. 25. 88, 5. 89, 1; f. dominicus I 254, 1. 255, 10. 30. 256, 10; f. regalis I 433, 45. 436, 30. 35; fisci actor I 300, 30 [436, 40]; f. servus I 6, 5. 17, 15; fiscos describere I 177, 5 [434, 1]; fiscum sibi testificare ad proprietatem I 169, 15; de fiscis pontes facere I 294, 35; in fiscum confugere I 300, 25. 30 [436, 40]. II 292, 20. 317, 10. 344, 20; de fisco eicere (expellere) servos fugitivos I 300, 30 [436, 40]. — fiscus comitalis II 110, 5.

fistuca *v.* festuca.

flagellare II 346, 35; f. colonos II 269, 20. 25. 319, 25. 320, 25. 40; coniuratores se invicem flagellent I 124, 10. 35 [426, 25. 30]; flagellare liberum I 335, 25; f. meretricem I 298, 25; f. monachum nudum I 344, 3; f. presbyterum, sacerdotem I 26, 1. II 11, 20. 272, 1 [312, 15]. 292, 1; f. servum I 74, 35. 124, 15 [426, 30]. 298, 25. 335, 20. II 96, 25. 320, 25. 40.

flagellum: flagellis constringere feminas I 257, 30; flagellorum ictus C suscipere I 3, 5; flagellorum ictus CCC accipere I 5, 10. 35.

flagitiosus II 238, 1.

flagitium: flagitia publica II 66, 20. 25.

flamma consumere corpus defuncti I 69, 1.

flebotomia I 344, 20.

flumen: flumina aperire, reaperire II 134, 20. 25; per flumina transire II 138, 20; per flumina capulare II 134, 20; fluminum transiturae II 133, 15; tributa et telonei in medio flumine institute auferantur I 289, 20 [448, 15].

focus I 85, 20. 228, 15; focum non denegare I 96, 20. 144, 5. II 93, 1; iuxta f. infantem, parvulum collocare II 234, 35. 235, 5.

fodrum I 142, 20. II 274, 15 [300, 40].

foedus: f. concordiae II 255, 35 [398, 35]; foedera fraterna II 351, 10. 25; foedera incesta, sacrilega I 279, 10 [408, 35].

(foeneralia), feneralia ministeria I 378, 25.

foenum, fenum I 89, 1. 251, 35. 252, 15. 25. II 88, 20; f. secare I 88, 20; f. die dominico non secandum I 61, 10 [404, 25]; f. in ecclesia non mittatur I 178, 20 [412, 15]; in foeno depraedari II 292, 5. 10; de f. nonas et decimas persolvere I 307, 10 [418, 40].

(foenum graecum), fenigrecum I 90, 1.

foenus, fenus I 132, 20 [410, 45]. 378, 20.

fondibula *v.* fundibula.

fons: fontes, ubi luminaria vel aliae observationes fiunt I 59, 1 [402, 30]. 104, 5; ad fontes votum facere, aliquid offerre I 69, 35; f. sacrificiorum I 223, 10. — fons baptismatis I 363, 30. 365, 25; fontem aedificare I 229, 25; fontes consecrare I 317, 1; fontis consecratio II 509, 30; de fonte sacro (baptismatis, lavacri) suscipere I 110, 40. 241, 20—30. 313, 45 [423, 25]. II 39, 25. 30. 512, 10. 15.

foras, fores, foris: de foris accusare I 181, 25; f. exire iubere I 296, 1; f. ducere I 140, 30; f. patriam eicere, facere remanentes I 72, 30. II 95, 15. 30; f. per curtes vel vicoras manere I 192, 35; f. manere (= *remanere*) I 325, 10.

forbannire, ferrebannire I 9, 25. II 371, 5; f. infidelem II 343, 10. 20; f. latronem I 148, 20. 25 [431, 1. 5]. *150*, 35. *II* 272, 35. 273, *10* [343, 10. 15]. 343, 20; f. malefactorem II 343, 10. — f. rapinas et malefacta II 307, 20; f. theloneum I 51, 5.

forbannus: in forbannum mittere latronem I 148, 25 [431, 1]. II 344, 20; in f. mittere res I 70, 10. II 314, 1; *cfr.* meziban.

forbatutus, ferbatutus I 16, 10.

forcapium, forcaphium, furcapium I 287, 5 [441, 40]; f. non recipere I 211, 10.

forcia *v.* fortia.

forconsiliare *v.* forsconsiliare.

forensis, e: f. presbiter I 158, 25; forensia iura II 460, 30; forense opus II 420, 10.

fores II 480, 30. 35; f. ecclesiae sigillare II 232, 15; ante fores ecclesiae stare II 217, 5; *cfr.* foras.

forestarius I 84, 1. 172, 10.

forestis imperatoris (regis, dominicus) I 84, 10. 86, 15. 172, 20; forestes II 301, 10—20; intus foreste amplius feramina non prendere I 89, 1. 172, 15; in forestes feramina furare I 98, 20; in foreste pedicas tendere I 211, 5; forestes noviter instituere I 288, 10 [442, 35. 40]. 291, 1. 5 [444, 30. 35]; forestes inquirere I 291, 1 [444, 30]; de foreste inquirere, interrogare I 314, 15—25 [449, 35—450, 5].

forfactae res I 201, 15.

foris *v.* foras.

forma: f. canonica II 114, 30 [401, 10]. 115, 40; f. institutionis canonicae I 341, 1. 20—35; f. iuris I 18, 35; *cfr.* formula.

formata = *epistola formata* I 375, 10. II 410, 20. 25.

formaticus = *caseus, fromage* I 86, 10. 87, 10. 252, 5. 254, 20. 255, 25.

formula: f. apostolica I 348, 15; f. institutionis canonicae I 339. 340, 1—15. 341, 1—10. 342, 1—15.

fornicari, fornicare I 96, 1. 108, 20. II 237, 45; f. cum filiastra I 41, 10. II 188, 15; f. cum muliere a patre, fratre stuprata II 207, 40. 238, 5. 10; f. cum muliere, quam frater duxit uxorem II 238, 20. 25; f. cum duabus sororibus II 239, 20. 247, 20; f. cum uxore alterius II 241, 15. — f. cum fornicatore sororis II 239, 25; f. cum patre et filio II 188, 15; f. contra naturam II 468, 15.

fornicarius, a I 95, 40. II 160, 20. 25. 207, 45.

fornicatio I 29, 25. 61, 40 [405, 5]. 110, 40. 232, 15. 240, 1. 5. II 177, 5. 373, 5; f. servorum Dei vel ancillarum Christi, clericorum, monachorum, episcopi, presbiteri, sacerdotis, diaconi, I 28, 5. 29, 25. 94, 40. 95, 10. 108, 5. 374, 1; f. in primo vel secundo vel tertio genu perpetrata I 365, 25. 30; fornicationis crimen facere cum muliere, quam frater duxit uxorem II 238, 25; fornicationis opere uxorem alicuius commaculare II 236, 30; f. vindicta II 207, 20; fornicationem vindicare II 247, 20; fornicatione contaminatum corripere I 97, 30; fornicationis causa mulierem, uxorem relinquere, dimittere I 30, 10. 376, 35. II 46, 1. 235, 20. 35; fornicationem contra naturalem usum exercere II 467, 1.

fornicator adulteram sibi associans matrimonio II 236, 30. 35; f. clericus I 25, 5. 28, 1.

fornicatrix II 207, 25.

forsconsiliare, forconsiliare II 72, 35 [155, 15]. 155, 5 [299, 1]. 169, 20. 192, 5. 15. 298, 30.

fortia, forcia I 43, 15. 71, 15. 119, 20. II 108, 5. 142, 20. 308, 30. 35. 374, 25.

fortior: f. comes I 52, 15. 20; f. vassus I 197, 1.

forum, forus: per forum deambulare I 8, 10 (II 416, 30); f. = *mercatus:* per omnes civitates forus legitimus et mensuras facere I 30, 1.

fossa I 89, 40; f. ferraricia, plumbaricia I 89, 10.

(fossorium), fussorium, fosorius I 168, 25. 255, 20.

fovere latrones II 86, 25.

Francus, a, um = *ingenuus:* F. advocatus II 302, 20; F. femina I 145, 35; F. filiastra I 38, 5; F. homo; F. latro I 17, 5; Franci pagenses II 321, 20. — Franci I 38, 10. 15. 45. 156, 30 [428, 10]. 292, 30. 298, 5. 10. II 259, 15. 260, 25. 274, 20—30. 278, 15. 20. 302, 1—5. 318, 35. 324, 20. 344, 5. 374, 10. 15. 488, 5; F. in fiscis aut villis regis permanentes I 88, 15; F. censum debentes II 331, 1; F. censum de suo capite vel de suis rebus debentes II 322, 5—25. 325, 35. 326, 1; F. pauperes (pauperiores) II 71, 30. 35. 488, 10.

frangere: f. sepem, portam, casam cum virtute I 224, 30; frangere cartulas I 187, 20. 188, 1. 10.

frater: inter fratres curricula anni non computentur, sed equaliter dividant I 219, 10; fratres paternae seu maternae hereditati succedentes I 330, 10. 15; fratres in paterna seu materna hereditate viventes et substantiam dividere nolentes I 330, 30. 35 [436, 45. 445, 45]; fratres indivisi II 95, 5. 10; inter fratrem et sororem concubitus II 468, 5; frater feminam ab fratre stupratam uxorem accipiens II 207, 25. 238, 25. 30; *cfr.* 238, 10; fratrem occidere, interficere I 97, 25. II 18, 25; frater arbore oppressus II 207, 5. 234, 15. 20; f. mortuus I 8, 20; fratris uxor, mulier; fratris relicta II 188, 15; *fratris germana* II 188, 15; fratribus duobus nubere II 188, 15; in fratris loco suscipere I 272, 40; fratres reges *v.* rex. — f. = *monachus* I 63, 10. 76, 5. 79, 20. 109, 5. 192, 1. 227, 15. 230, 25. 321, 30—322, 1. 344—348. II 228, 15. 375, 25; fratres in via directi I 63, 20. 344, 30; fratres docti I 347, 25. — f. = *archiepiscopus* II 438, 30. 40; f. = *coepiscopus* II 438, 30; f. = *episcopus* II 182, 25. 340, 15. 20. 406, 25. 421, 25. 438, 40. 442, 5. 20. 30. 445, 20. 446, 20. 449, 10. 453, 25. 454, 30. 461, 1; f. = *presbyter* I 286, 25.

fraternitas II 49, 30. 162, 35. 168, 1. 171, 20. 172, 1; f. tua, vestra *(sc. episcopi)* I 249, 15. II 421, 35. 442, 25. 453, 30.

fratricidium I 98, 10. 170, 30.

frauda *v.* fredus.

fraudare, fraudari I 181, 15; f. captivos II 386, 1; f. commendationem II 320, 35; f. aliquid ecclesiae II 439, 30; f. oblata I 57, 5 [401, 1]. f. opus regis I 171, 5; f. pecunias, res ecclesiae I 25, 5. II 217, 35. 218, 1.

fraudator fidei I 74, 5.

fraudulentus, fraudolentus: f. moneta II 317, 5. — fraudulenter: f. admittere II 19, 10; f. delegare res ecclesiis I 330, 5; f. distribuere res ecclesiae I 327, 35; f. se ingenuare I 140, 25; f. ingredi regnum I 128, 25 [II 22, 5]; f. venundare res delegatas I 331, 5.

fraus I 14, 5. 69, 10. 92. 93, 5. 218, 20. II 192, 5. 345, 30. 35. 460, 20. 25; fraudem facere I 88, 10. 93, 1. II 315, 20; fraus in donationibus inventa II 408, 25; sine fraude tam in pensa quam in purgatione denarios concambiare II 315, 25; sine fraude exonerare argentum II 315, 20. 25; sine (absque) fraude fidelem esse I 63, 20. 101, 30. 324, 10. II 100, 5; fraude ad gradus ecclesiasticos pervenire I 276, 30 [406, 20]; pro f. se de publico subtrahere, vendere II 320, 35; f. monetas vitiare II 63, 25.

fredus, fretus, freta, freda, fridus, frauda I 6, 15. 38, 10. 15. 88, 40. 114, 20 [429, 15]. 155, 20. 319, 35; f. exigere I 153, 30 [449, 5]. 154, 25; f. exactare a raptore sponsae alienae I 282, 35 [439, 25]; f. non requirere a puero I 293, 1; f. dare I 155, 20; f. componere I 114, 20 [419, 15]. II 17, 5; pro fredo tertiam partem compositionis solvere I 268, 40. 288, 5 [439, 40]; f. dominicum in dorso accipere I 101, 5; pro frauda (*l.:* freda) vapulari I 88, 15; fredum perquirere I 177, 15 [434, 10]; f. inferre ad imperatorem I 155, 20; fredi decima pars ecclesiis reddatur I 69, 20; fredus ad ecclesiam persolvatur I 281, 20 [438, 15]; f. indici reservetur I 7, 10.

frequentare: non f. aliubi I 77, 25; f. ecclesiam I 56, 30 [400, 30]; f. monasteria I 209, 25; f. palatium II 526, 40; f. synodales conventus II 447, 30.

friskinga, friskingia, friskingua, frisginga, frischinga, freschinga, frisinga I 252, 10. 25. 291, 30. 35 [445, 20. 25]. 294, 25. 30. II 11, 5. 88, 20. 96, 20. 25. 256, 25. 257, 10. 486, 30.

fructus: f. ad curtem venire facere I 84, 35; f. et lac auferre II 45, 1. — f. et emolumenta I 311, 5 [421, 5]; fructuum satisfactio I 46, 25; fructus ecclesiae rapere II 292, 1; in senodochiis quinta pars fructuum pauperibus detur I 332, 10.

fruges I 89, 5; frugum collectiones non exigere I 197, 5; in frugibus non depraedari, fruges non devastare II 292, 5. 15; de frugibus terrae nonae et decimae persolvantur I 287, 30 [442, 15]; fruges ecclesiarum II 82, 15.

frumentum I 74, 20. 25. 132, 35 [411, 15]. 254, 15. 256, 40. II 256, 20.

frustrari I 340, 5. 10.

fuga: per fuga a dominis vel patronibus labi I 197, 10; fuga labi de emunitate I 118, 15 [428, 35]; monachus fuga disciplinae elapsus II 228, 10. 15; sacerdotes et levitae et sequentis ordinis clerici fuga lapsi II 37, 30.

fugare (?) I 428, 5.

fugax: fugaces ancillae, servi I 193, 10. 15. 206, 1.

fugere, fugire I 118, 15 [428, 35]; f. seniores I 206, 30; f. a paganis II 481, 25. 30; f. in alium ducatum seu provinciam I 41, 1; f. ad, in ecclesiam I 6, 35. 238, 25. 281, 5 [437, 45]; f. infra emunitatem, immunitates I 118, 5 [428, 25]. 181, 1. II 292, 20; f. in fiscum II 292, 20; f. in alium locum II 41, 5; f. de uno missatico vel comitatu in aliud missaticum vel comitatum I 75, 20. 278, 10. 348, 10. 15; f. in alias patrias I 39, 15; f. in alienam potestatem I 287, 5 [441, 40]. II 292, 20; f. de uno regno in aliud II 78, 15 [155, 35]. 75, 20. 295, 1. 378, 25; f. in villam alicuius II 278, 15. — hominem fugientem non suscipere I 161, 15; fugientes monachi I 346, 20; fugientes obsides I 207, 1; fugiens servus I 7, 1. 117, 35 [430, 20]. 270, 30 [406, 20].

fugitare de comitatu ad aliud comitatum I 67, 10.

fugitivus I 125, 1 [410, 5]. 138, 35. 142, 25; fugitivi partibus Ravennon et Pentabolin I 108, 30; f. partibus Beneventi sive Romaniae vel Pentapoli I 201, 35; fugitivos requirere II 182, 25; f. retinere, recipere, abscondere I 140, 5. 150, 10 [448, 30]. 152, 1. 153, 20 [431, 35]; f. reddere I 201, 35. 331, 15. II 182, 10—20. 183, 10; f. nuntiare regi I 67, 15; f. ad placitum imperatoris adducere I 157, 5; f. distringere I 115, 25 [448, 1]. — fugitivus clericus I 54, 15 [398, 5]. 102, 25. 125, 1 [410, 5]. 174, 35. 290, 30 [444, 20]; f. fiscalis I 92, 40; f. homo I 140, 5; f. latro I 181, 30 [427, 35]; f. mancipia I 211, 10; f. monachus I 290, 30 [444, 20]; f. presbiter I 174, 35; f. servus I 128, 45 [II 22, 15]. 181, 30 [427, 35]. 206, 1. 290, 30 [444, 20]. — fugitivus = *iectivus* II 324, 40.

functio, funccio: functionem requirere I 19, 15; functiones publicae I 295, 5. 330, 5. II 150, 35; functionem regalem fugere I 125, 5 [410, 10].

fundare ecclesiam I 368, 40.

fundibula, fondibula I 171, 30.

funes: telonea iniusta, ubi f. tenduntur I 124, 30 [427, 5].

fur, furo I 16, 25. 95, 40. 138, 35; f. nocte ac die veniens I 213, 10; fures capere I 5, 20; f. celare I 96, 10. 98, 30. 290, 35 [444, 25]; f. comprehendere I 205, 35. 206, 1; f. infestare I 210, 30; f. praesentare I 6, 15; fur vulneratus II 281, 15. 20. 281, 1; f. in ipsa praeda occisus I 281.

furare, furari I 5, 35. 6, 15; f. per virtutem ex domo aliena I 160, 15 [432, 5]; f. feramina imperatoris I 98, 20. 25; f. in hoste messem aut annonam I 160, 20 [432, 15]; f. viduam in uxorem II 160, 30; furando occidi I 231, 40; *cfr.* involare.

furtum, furtus; *pl. neutr.:* furta, furtus, furtae I 49, 10. 98, 5. 110, 40. 160, 25 [449, 5]. 239, 35. 240, 5. 262, 5. 304, 35 [416, 15]. II 526, 40; f. facere, perpetrare, admittere, exercere I 17. 10. 15. 25. 181, 25. 284, 20. 25 [441, 5]. II 231, 30. 35; furta quasi necessario exercere I 163, 10; furtum foris emunitatem commissum I 118, 5 [428, 25]; furta die dominico inventa I 376, 5; furta concelare I 192, 35; furta prohibere I 59, 15 [402, 45. 449, 30]. 104, 10; furta reprimere II 85, 5. 10; in furtum inculpari, appellari I 5, 5. 10. 6, 5. 10; de furto accusari I 284, 15. 20 [440, 45—441, 5]; furti reus II 82, 20; de furto se excusare I 118, 25; de furto incerto primum oratio et postea excommunicatio fiat I 347, 25; cum furtu capi, in furto, cum furto comprehendi, deprehendi I 6, 5. 23, 20. 108, 5. 181, 15. II 225, 5. 348, 35; furto rem interciatam auferre I 118, 20; furtu auferre aliquid ex ecclesia I 68, 25; furto subripere aliquid legationibus I 306, 1 [417, 30]; furto consequi I 181, 15; furtum mancipiorum I 211, 10; f. componere I 5, 30; f. emendare I 193, 5; f. in quadruplum restituere II 132, 10; furtum unum, furta duo, tria I 49, 30. 35. 50, 1. 51, 20. 25; furtum perferre I 7, 30. 9, 5; in furto mancipia emere I 211, 10; homo propter furtum ab ipso perpetratum ad palatium veniens I 298, 15. 20; per furtum ligare ingenuam personam I 4, 35; pro furto in servitio se tradere I 172, 5. II 322, 10. — f. = *res furata:* f. invenire in alterius domum I 6, 1; f. invenire et occulte accipere I 5, 1.

fusilia vasa II 478, 30.

fussorium *v.* fossorium.

fustis I 334, 20; cum fustibus exire in campum I 180, 25; cum fuste (et scuto) decertare, contendere, pugnare I 117, 30. 207, 20. 268, 5. 269, 30. 283, 1 [439, 35]. 284, 20 [441, 5]. 331, 15; cum fuste in ecclesia sanguinis effusionem facere I 281, 20 [438, 10]; fuste percutere clericum II 216, 5; cum fuste grosso vapulare II 316, 15.

futura praedicere II 45, 1.

g.

gadalis I 298, 25.

galea I 171, 25.

gamati, gamsiti *cfr.* camacti.

garum I 86, 10.

gasindius, gisindius I 192, 25; gisindii dominici beneficia II 94, 1.

gastaldius, gastaldus, castaldius, castaldus, castaldehus I 192, 20. 25. 204, 25. 210, 40. 211, 30. 321, 10. 325, 25. 377, 25. 30. II 95, 10; gastaldi minister II 95, 10. 30.

geida II 375, 15.

geldonia, gildonia, gildunia, ghildunia, gellonia I 51, 1. 66, 1.

gemma I 129, 1 [II 22, 35]. 131, 20 [410, 25]; g. cristallina, vitrea I 250, 35. 251, 1; gemmas in die negotiare I 142, 20.

genealogia I 165, 25. 30. II 524, 1.

generalis, e: g. auctoritas I 18, 30; g. capitula II 361, 40; g. consilium II 529, 40; g. contestatio II 396, 20; g. conventus; g. decretum ac definitio I 11, 30; g. expeditio II 54, 20; g. ieiunium II 4, 5. 5, 1; g. iudicium II 242, 5; g. iussio I 305, 10 [416, 40]; g. iustitiae I 425, 40; g. mensura II 256, 25; g. necessitas II 66, 10. 376, 35; g. petitiones II 396, 10; g. placitum; g. salus II 92, 5; g. synodus; g. utilitas. — generaliter I 320, 20. II 80, 10. 526, 1. 528, 25, 35; g. admonere I 153, 15 [418, 20]. 295, 5; g. adnuntiare II 361, 35; g. acta II 396, 20; cartam g. per omnia loca emittere I 2, 30; g. convenire II 52, 25; g. conventus publicos facere I 70, 30; g. convocare II 281, 30; g. ieiunia celebrare observare *etc.* I 245, 5. 246, 10. 364, 1. II 5, 5. 27, 35; g. indicere I 368, 40; g. populo legere epistolam II 3, 40; g. notum facere I 308, 25 [419, 35]; g. placitum habere I 448, 15; g. praecipere I 23, 5; g. statuere I 309, 10 [420, 10]; g. venire hostiliter, in hostem I 67, 30. 136, 1. 5, ad placitum I 136, 1. 5.

generalitas II 108, 1; g. populi I 67, 5. 303, 25 [415, 10]. II 52, 25. 53, 25. 116, 10 [402, 10]. 131, 1 [188, 30. 143, 35]. 256, 5; generalitatem populi congregare I 270, 30; generalitas missos non tardet I 218, 20; g. maiorum II 527, 5.

generatio II 259, 20; generationes futurae I 355, 5; generationum successiones I 127, 1; generationes in Italia commanentes I 201, 1; generationes Sclavorum II 132, 5. — g. tertia I 118, 15; g. quarta I 40, 10. II 183, 25; g. sexta I 182, 5 (*cfr.* genu). — g. carnalis II 512, 20; g. spiritalis II 240, 15. 512, 20.

genetium, genitium I 86, 1. 87, 5. 30. 252, 5. 317, 10. II 481, 20; *cfr.* gynaeceum opus.

geniciariae II 420, 1.

geniculatio II 504, 30.

genitor II 481, 20; genitoris res I 201, 40.

genitrix II 481, 20.

gens I 19, 25. 126, 40 [II 21, 30]. I 354, 40. II 87, 1. 138, 35. 148, 1; lex gentis II 286, 5; gens christianorum I 69, 1; g. Francorum I 198, 25 (*cfr.* grex); g. Langobardorum I 191, 25. 198, 25; g. Sarracenorum I 261, 20 [II 259, 1]; g. Saxonorum I 69, 5; gentes exterae, externae, extraneae I 272, 40. II 87, 30. 327, 10. — gentes = *pagani*, *gentiles* I 28, 5. 232, 15. 245, 35.

gentiles: gentilium consuetudo II 524, 45; g. error II 321, 35; g. ludi II 248, 20; g. mos I 69, 35; g. ritus II 44, 30; g. spurcitiae I 45, 25.

gentilitas II 175, 1. 321, 15; gentilitatis spurcitiae I 25, 30.

genu: genu, genua flectere I 347, 5. 348, 1. II 504, 35—505, 1; genuum flexio, genuflexio I 230, 15. II 505, 1; *cfr.* geniculatio. — genu = *gradus*: g. primum, secundum, tertium I 365, 25. 30; g. quartum, quintum I 365, 20.

genuclum = *genu*, *gradus*: g. tertium I 40, 5; g. quartum, quintum I 232, 20.

genuflexio *v.* genu.

genus: g. nobile I 69, 35. II 285, 20; reges ex genere prodeunt II 450, 40; generis boni homines I 171, 35.

germanitas I 7, 5.

germanus I 7, 25. 19, 30. — germana I 13, 30. 40. II 183, 15.

gerontochomium I 310, 35. 311, 20 [421, 1. 20].

gesta: g. episcoporum II 422, 35; g. regum II 364, 25; g. synodalia II 185, 10.

ghildunia, gildonia, gildunia *v.* geldonia.

girum *v.* gyr-.

gisindius *v.* gasindius.

git I 90, 5.

gladiolus I 90, 1.

gladius: gladium dare, venundare I 167, 25; gladio evaginato atrium intrare II 217, 15; g. evaginato occidere vassallum I 215, 15; gladio percutere clericum II 216, 5.

gloria vana II 40, 20. 117, 5.

gloriosus, gloriosissimus, a: gloriosissimus augustus I 424, 1. II 137, 35; *g. caesar* I 369, 20; g. dux II 130, 25; gloriosus, gloriosissimus imperator, rex; g. princeps; gloriosissima regina I 12, 30. II 377, 20.

gradale officium I 61, 5 [404, 15].

gradus: g. diaconi I 142, 15; g. ecclesiasticus I 48, 5. 64, 15. II 408, 35. 414, 30; in aliquo gradu in ecclesia promoveri I 357, 35; gradum in clero mereri II 207, 1. 5; ad gradus ecclesiasticos indiscrete *etc.* non promoveri I 276, 25. 277, 10 [406, 15. 35]. II 280, 35; ad gradus per pecunias accedere I 37, 5; gradus vendere II 335, 35; gradus proprii disciplina II 88, 10; gradum amittere I 142, 15. 276, 40 [406, 25]. II 41, 1. 5. 318, 30; gradus amissio II 407, 15. 420, 25; *g.* honore carere II 120, 1; a gradu decidere I 278, 5 [407, 25]. 278, 40 [408, 5]. II 280, 10. 15; gradus proprii periculum sustinere II 122, 10; gradu privari II 401, 5; a gradu repelli II 414, 30; a gradibus arceri II 40, 1; gradus honorare II 103, 5; gradus episcopalis II 284, 25. 35; *g.* episcopi II 409, 25; g. episcopatus I 75, 30; g. presbyteri I 40, 15. 20. 142, 15. 149, 10 [431, 20]. 248, 5. 20. 328, 30. 332, 5. II 41, 40. 42, 5. 248, 5; gradus sacerdotalis I 64, 15; g. sacerdotis I 46, 10. — de gradu suo respondere II 446, 30; gradus poenitentiae II 445, 1. — gradus = *g. propinquitatis*: gradus tertius I 219, 15.

gramaculum, *cramaculus* = *gramalius* I 87, 1. 252, 5.

gramalius, cramalius = *'crémaillère'* I 254, 10. 255, 15. 256, 10.

grammaticam emendare I 60, 1 [403, 25].

grandines inmittere II 45, 1.

graneca I 255, 10.

graphio, gravio I 9, 15—30. 10, 1. 25, 30; *cfr.* comes.

gratia: propter gratiam a statu rectitudinis non deviare, pro gratia iustitiam non pervertere I 290, 10. 15 [444, 1]. 304, 30 [416, 10]. II 64, 1; gratia non defraudare I 334, 5; absque gratia heribannum exactare I 125, 20 [427, 15]; ad sacros ordines gratia accedere II 335, 20; *gratia* Dei II 512, 5; gratia Dei rex, imperator I 42, 5. 44, 20. 58, 20. 79, 5. 203, 15. II 88, 30. 137, 15. 138, 15. 147, 10. 150, 10. 258, 25. 271, 10. 301, 25. 303, 15. 312, 1. 329, 20. 371, 15; *gratia regis, imperatoris* I 79, 40. 95, 35. 96, 25. 168, 35. 169, 35. 257, 35. 324, 5. II 17, 1. 70, 30. 96, 15. 315, 15. 328, 35. 368, 5; gratiam regis concedere, conferre I 74, 10. 75, 20; a *gratia imperatoris* extorres I 428, 45; per gratiam imperatoris iurare II 118, 1.

gratis: g. accipere, gratis dare I 248, 20. II 222, 25; g. liberum fieri II 326, 25.

gravamen I 328, 35. II 142, 20; g. facere II 138, 15. 20; gravamina novae conditionis imponere II 105, 10.

gravare I 321, 35. 367, 35. II 88, 20, *saepius*; g. testes I 197, 25; g. transeuntes II 84, 15.

gravedo I 328, 20. 332, 20.

gravidam reddere uxorem fratris II 207, 15. 237, 10.

gravio *cfr.* graphio.

gravior femina, persona I 56, 30 [400, 30]. 77, 25.

grex: de gregibus equarum vel porcorum indomitorum nulla pigneratio fieri debeat II 184, 5; grex pultrellarum I 84, 15. — grex = *populus*: g. Francorum I 225, 20.

grossus fustis II 316, 15.

gubernaculum: g. ecclesiae, plebis I 364, 20; g. regni I 274, 10. II 106, 15. 457, 30.

gubernare II 186, 30. 388, 10; *g.* secundum ministerium regale II 105, 35; *g.* regaliter II 106, 5; g. canonicos II 34, 30; g. clericos I 340, 35. 341, 25; g. clerum ac populum II 457, 15 [462, 30]; g. congregationes II 34, 20; g. domum suam I 240, 5; g. ecclesiam; g. familiares suos II 174, 10; g. imperium; g. metropolim II 451, 5; g. monachos II 34, 30; g. palatium II 522, 20; g. potestatem II 296, 20; g. plebem; g. populum; g. regnum; g. sanctimoniales II 34, 30; g. senodochia I 200, 30; g. subiectas I 341, 20; g. vasallos II 526, 40.

gubernatio II 389, 20; g. ecclesiastica I 318, 20 [428, 1]. II 489, 25. 30; gubernationes episcoporum II 515, 20. — g. ecclesiae II 422, 30.

gue-, gui- *v.* we-, wi-.

guntfanonarius II 331, 30.

gurges: in gurgite proicere Iudeum I 259, 20.

gurpire (= *werpire, dimittere*) iustitiam et res proprietatis I 74, 10.

gynaeceum opus II 420, 10; *cfr.* genetium.

gyr-, gir-.

gyrovagus monachus I 68, 1.

girum: clerici gira non sint de loco ad locum I 240, 10.

h.

habitaculum: h. episcopale II 405, 5; h. servorum Dei II 411, 10; h. saeculare I 56, 10 [400, 10]. 102, 40. 133, 1.

habitatio I 261, 20; h. canonicorum I 327, 15. 340, 30; h. episcopalis I 231, 20; h. monachorum I 196, 35.

habitator II 130, 35 [138, 25. 143, 35]. 133, 30. 303, 20. 304, 15.

habitus I 285, 20 [441, 40]. 318, 25 [423, 10]. II 102, 20. 434, 25; h. clericatus II 229, 10; h. laicalis nobilis II 254, 10; h. laicorum I 29, 25; h. monachicus II 265, 10. 15; h. monachi I 60, 30 [404, 5]. 111, 5. 375, 30. 35. II 65, 1. 384, 25; h. poenitentis II 26, 25. 57, 15; h. religionis II 227, 35. 414, 15; h. religiosus I 375, 40. II 407, 15. 434, 1. 25. 435, 1; h. sacer II 114, 20. 25 [399, 30]; h. saecularis I 60, 10 [403, 35]. 191, 35. II 219, 1. 420, 25. 30; h. saeculi II 55, 25. 57, 15; h. sanctimoniae II 228, 5; h. sanctus II 226, 30. 227, 1; h. virilis II 385, 1.

haereditare, haeres *v.* hereditare, heres.

haeresis, heresis, eresis I 61, 40 [405, 5]. II 40, 5. 497, 10. 520, 20; h. Adalberti I 29, 15; h. Elipandi et Felicis I 78, 25; h. Simoniaca *v.* Simon magus.

haereticus, hereticus II 210, 1. 265, 20. 335, 20. 35. 510, 1. 511, 15. 512, 1. 520, 20.

haia II 328, 20.

hamedii I 91, 10.

hamus I 89, 40.

haribannator, haribannitor, heribannitor I 115, 25 [429, 30]. 144, 10.

haribannus, aribannus, arivannus, agribannus, heribannus, eribannus, hairibannus, heiribannus, hiribannus, heirbannus I 131, 25 [427, 35]. 153, 25 [449, 1]; h. legitimus I 125, 25 [427, 15]; de haribanno obnoxium fieri I 166, 20 [432, 25]; haribannum exactare, exigere *etc.* I 125, 20. 25 [427, 10—20]. 154, 20. 166, 25 [432, 25]. 167, 20 [449, 20]. 207, 5. 10. 334, 30. 35 [436, 45. 445, 40]; h. solvere, componere *etc.* I 115, 25 [429, 30]. 166, 15 [432, 20]. 167, 20 [449, 20]. 205, 10. 15. II 322, 5; h. persolvere non posse II 71, 30; h. rewadiare I 137, 20. 138, 15. 291, 20 [445, 10]; pro haribanno contra missos rationem reddere I 165, 15; haribannum concedere I 167, 20 [449, 25].

harizhut, heriszuph, herizuph, heriszup, herizup I 224, 25. II 272, 10. 309, 15.

harmiscara, armiscara, harmscara II 12, 20. 96, 20. 25. 269, 25. 287, 20. 299, 15. 319, 20. 335, 15. 358, 25 [368, 5]. 371, 1.

hasta frangatur in dorso servi I 123, 25.

hediculus I 252, 1.

hedus I 254, 25. 255, 30. 256, 5. 20.

heirbannus *v.* haribannus.

heirbergare *v.* heribergare.

henium *v.* eneum.

herba I 43, 10. 51, 5. 66, 5. 168, 30. 171, 30. 294, 20; herbae hortulanae I 90, 1—10. 255, 5. 256, 35; ad herbam caballos mittere II 274, 10. 15 [300, 40]; veneno vel herbis quempiam perdere II 241, 1. 10.

herbula I 87, 10.

hereditare, haereditare I 77, 30. II 260, 1; h. in agnationem I 118, 15.

hereditarius, a, um: h. ius; h. mansus II 337, 1; h. spes II 408, 20; h. successio II 34, 20.

hereditas I 146, 20. 282, 15. 20 [439, 10. 331, 15. 20]. II 386, 10; h. legitima II 19, 10. 345, 40—346, 5; h. paterna vel materna I 293, 5. 312, 5 [421, 30]. 330, 15. 30—40 [436, 45. 445, 45]; h. rerum paternarum I 292, 30; h. parentum I 125, 35 [427, 25]; hereditatem dare I 8, 10; h. accipere *etc.* I 8, 10. II 71, 30; in h. venire I 15, 30; h. non amittere *etc.* I 125, 35 [427, 25]. 312, 5 [421, 30]. 317, 1; hereditati succedere I 330, 15; hereditatem dividere II 109, 5; *cfr.* I 292, 30; hereditatis divisio I 171, 10. 15; hereditatem nolle dividere I 330, 30; hereditates vendere II 323, 10; hereditate privari, hereditatem amittere I 97, 30. 98, 10. 143, 15; hereditas contentiosa I 171, 10; de hereditate appellari, interpellari *etc.* I 268, 20. 30 [445, 30. 446, 1]. 283, 35 [440, 25]; de h. mannire I 270, 5; de h. auctoritatem requirere II 345, 40. 346, 5. — hereditas propria advocati I 172, 5; h. diaconi I 96, 10; h. ecclesiae I 219, 10; h. a litterarum conscriptione ingenui I 171, 10; h. illius, qui comitem interfecerit I 70, 20; h. illius, qui patrem aut matrem *etc.* interfecerit II 18, 25; h. liberi ad mortem iudicati I 281, 15 [438, 5]; h. pauperum II 386, 5; h. presbiteri I 96, 10; h. defuncti in servitio I 166, 20 [432, 25]; h. servi regis I 171, 5; h. vassalli I 128, 40 [II 22, 25]. 172, 10. 272, 15; h. regis II 178, 1 [186, 20]; alodes de hereditate et de conquisitu II 168, 20 [299, 35]. 298, 5. 10. — hereditas regni I 128, 20 [II 21, 40]. II 69, 35; hereditate relinquere regnum II 115, 25 [402, 5].

heremus *v.* eremus.

heres, haeres II 11, 20. 25. 415, 30; heredes legitimi I 114, 5 [412, 1]. 281, 15 [438, 5]. II 18, 25. 339, 5; heredes legitimos exheredare I 163, 10; heredes propinqui I 23, 15. 131, 10; heredibus res traditas reddere, tradere I 177, 20 [434, 15]; haeredem sibi facere quemlibet I 118, 10; heredes contentiose de hereditate agentes I 171, 10; h. ducis II 143, 1; h. ecclesiastici I 131, 10; h. episcopi I 77, 25. 30; h. exheredatorum I 125, 10 [410, 15]; h. ingenui (ingenuae) ancillam alienam (servum alienum) in coniugium accipientis I 292, 30; h. institutoris synodochii II 121, 5. 10; h. interfecti iudicis II 109, 10; h. interfecti patris, matris *etc.* II 18, 25; heres invasoris I 374, 45; heredes liberi ad mortem deiudicati I 131, 10. 281, 15 [438, 5]; h. liberi traditionem facientis I 114, 5 [412, 1]. 282, 10. 15 [439, 5. 330, 35. 45]; heredes pauperum in servitium regis se tradentium II 71, 30; *cfr.* I 166, 20 [432, 25]; h. raptoris et raptae I 23, 15; h. reginae I 14, 5; h. defuncti in servitio I 166, 20 [432, 25]; *cfr.* II 71, 30; h. servi regis I 171, 5; h. eorum, a quibus usurae exactae sunt II 122, 5; h. ecclesiae II 186, 30. 35. 282, 10—25; h. regni II 339, 5.

heresis, hereticus *v.* haeresis, haereticus.

heribannitor, heribannus *v.* haribannator, haribannus.

heribergare, heirbergare I 166, 25 [432, 25].

heribergum II 327, 35. 328, 1.

herisliz, herisccliz I 158, 30 [449, 5]. 154, 25. 166, 30 [432, 40]. 205, 30.

heristiura I 444, 45.

heriszuph *v.* harizhut.

hircaritia I 85, 5.

hircinum corium I 252, 5.

hircus I 89, 30. 252, 1. 254, 25. 255, 30. 256, 5. 25.

histrio I 334, 40.

holera, olera II 189, 1—25. 242, 20. 243, 30. 45.

holocausta II 489, 20.

holusculum II 518, 5.

homelia, omelia I 234, 30. II 176, 10; homelias discere I 110, 25. 235, 20. 363, 20; homeliam legere I 347, 35; omelias transferre II 176, 15; omeliarum liber Gregorii I 251, 30.

homicida I 95, 40. II 189, 15. 190, 1. 217, 35. 372, 20. 444, 15; h. ad ecclesiam confugiens I 48, 15; homicidas non celare, sed prodere I 96, 10; h. corripere I 159, 1; h. per secularis potentiae disciplinam cohercere I 313, 10 [423, 10. 15]; h. examinare et investigare II 66, 25; h. inbreviare II 292, 30; h. ad praesentiam episcopi perducere II 292, 30; homicida consilio episcoporum poeniteat I 361, 30; homicidae poenitentia I 367, 30. II 66, 25. 181, 25. 189, 15. 241, 5. 292, 30; homicidam servum parentibus occisi tradere I 298, 10.

homicidium I 16, 15. 61, 40 [405, 5]. 83, 10. 97, 5—20. 100, 25. 110, 40. 150, 10 [448, 35]. 152, 5. 192, 35. 240, 5. 262, 1 [II 259, 25]. 270, 1. 330, 35. 40. II 177, 5. 219, 15. 30. 372, 15. 378, 5; h. perpetrare, facere I 97, 15. 20. 248, 35. II 104, 30. 184, 1. 5. 190, 1. 272, 15; h. indiscrete facere II 96, 30; h. publice perpetrare II 83, 5; h. voluntarie, sponte facere, committere II 181, 25. 241, 20—246, 5; h. non sponte facere, committere II 182, 5. 241, 20—30. 242, 20. 243, 25. 35; h. foris emunitatem committere I 113, 5 [428, 25]; h. de infra inmonitate I 65, 30; h. in ecclesia, in atrio ecclesiae facere I 281, 5. 15. 20 [437, 45. 438, 5. 10. II 18, 1. 20. 217, 15; h. facere collecta multitudine I 300, 20 [436, 30]; h. propter pulverem mortalem agere I 153, 10 [448, 45]; homicidia a fiscalinis facta II 16, 5; h. necessitate cogente committere I 284, 5 [440, 30]; h. concelare I 192, 35; h. prohibere I 282, 20 [439, 15]. 290, 5 [443, 40]; h. vindicare I 59, 10 [402, 45. 434, 25]. 104, 10; homicidii reus II 235, 35; ab homicidio se absolvere II 190, 1. 5; de h. cum XII iuratoribus iurare II 91, 5. 10; homicidium confiteri I 243, 35; h. emendare, conponere I 189, 25. 281, 15. 20 [438, 10]; homo propter h. ad palatium veniens I 298, 15. 20. — h. advenarum et peregrinorum I 193, 20; h. clericorum I 113, 1 [428, 20]; h. episcoporum et reliquorum ordinum I 359, 20; h. mariti II 415, 5; h. plurium hominum II 189, 10; h. propinquorum II 18, 35.

homo: hominem in servitio (ad servitium) conquirere (quaerere) I

210, 30. II 11, 20. 25; h. commedere I 68, 30; *hominis defuncti corpus* flamma consumi facere I 69, 1; *hominis onus* II 251, 20; homines christianos non emere nec venundare *etc.* II 131, 15. 20. 189, 1; h. in comitatu manentes, circummanentes I 139, 35. 186, 1. 208, 5. 315, 1. 5 [450, 15]; h. boni I 118, 25 [411, 40]. 180, 30; h. meliores I 295, 30; h. veraces I 76, 25. 189, 35; h. credentes I 192, 30. 198, 5; homo bene creditus I 88, 20; homines bonae fidei I 16, 25; h. mali I 10, 1. 15. 22, 10; h. boni generis I 171, 35; h. nobiliores I 186, 1; homo vulgaris I 158, 10 [448, 45]. — homo alicuius I 48, 40. 118, 10 [430, 30]. 136, 10. 150, 30. 157, 1 [428, 20]. II 324, 15. 525, 40; homines in *aprisione* habitantes I 262, 10. 15 [II 259, 30. 35]; h. denarium merum reicientes II 316, 25; h. se ingenuantes et facientes se bargildiones I 185, 10; h. malum non perpetrent I 198, 1; h. homini alicui causam non tollant *etc.* I 199, 1; h. rapinam (depraedationes) non perpetrent (faciant) II 93, 1. 5. 97, 25. 30. 274, 10. 15 [300, 40]. 287, 25. 306, 35. 371, 1. 5; h. in exercitali itinere pacem non violent I 305, 30—40 [417, 20. 25]; *cfr.* II 109, 30. 35; *homo latronem celans* II 272, 25; homines depraedari II 360, 5; *h. domi remanere iussi in exercitum ire non compellantur* I 138, 15; h. propter utilitatem imperatoris iter agentes I 116, 10 [429, 40]; homo de XII mansis bruneam habeat I 123, 10 [426, 1]; homines ad placita conveniant II 286, 15. 20; hominem vendere aut comparare I 211, 5; homo fidelis II 380, 10; h. fidelis domino suo I 101, 35. 104, 1. II 280, 25; *cfr.* 278, 30; homines de beneficio senioribus officium exhibeant I 262, 30 [II 260, 25]; homo cum *seniore* in hostem vel aliis suis utilitatibus pergat I 137, 5—15. 165, 20. II 71, 20. 25; h., qui cum seniore suo in hoste non fuit I 167, 15 [449, 20]; *cfr.* dimittere de hoste; h. seniorem sine iusta ratione non dimittat I 128, 30 [II 22, 15]. 199, 10. 15. 206, 25. 215, 20. II 71, 15; h. seniorem pro rapina dimittens II 93, 1. 5; h. propter mala facta seniorem dimittens II 310, 20; h. seniorem acceptum non habere II 344, 35—345, 1; hominibus suis rectum consentire *etc.* II 71, 20; homini suo contra rectum et iustitiam facere II 337, 15; hominum suorum *sollicitudinem gerere* II 93, 1; pro hominibus suis iurare II 87, 10; homines suos in potestate habere II 274, 15 [300, 45]; h. suos corrigere *etc.* II 308, 25. 30. 40; h. suos constringere I 306, 1. 5 [417, 35]; h. suos castigare II 287, 25; hominibus suis consentire ad male faciendum I 206, 35; h. suis mansiones in domibus pauperum dispercire II 87, 10—20; homines suos comiti vel misso contradicere II 316, 25; hominem alterius recipere (suscipere) I 128, 25. 35 [II 22, 10. 15]. 146, 25. 161, 15. 199, 10. 15. 206, 25. II 71, 15. 93, 5. 310, 20; h. Langobardiscum in vassatico vel in casa sua recipere I 191, 5; h. alterius sacramentum fidelitatis sibi promittere facere, ad se adtrahere II 22, 20; homines alterius confugientes restituere II 131, 15; h. alieni in exercitali itinere pergentes I 305, 30 [417, 20]. — homo Francus, liber I 88, 15. 128, 30—40 [II 22, 15—30]. 137, 5—15. 167, 15 [449, 20]. 272, 15. 284, 30 [441, 10]. 321, 5. II 19, 30. 71, 10. 91, 1. 5. 278, 20. 345, 5; homines meliores II 373, 10. 374, 30. 35; h. maiores II 298, 5; h. abbatis I 29, 25. 137, 30. 35. 138, 1. 141, 15. 164, 35. 165, 5. 168, 20. 30. 171, 25. 199, 1. 325, 10. II 96, 1. 331, 30. 337, 15. 348, 25. 358, 20 [362, 45]; h. abbatissae I 67, 5. 165, 5. II 96, 1. 331, 25. 30. 337, 15. 348, 25; h. capitaneorum I 185, 5; homo cartularius I 118, 15; h. casatus I 52, 10. 15. 137, 25—35. 177, 1 [433, 45]; h. *centenarii* I 137, 20; homines comitis I 67, 5. 137, 20—30. 141, 15. 165, 5. 171, 25. 199, 1. 262, 20 [II 260, 15]. 307, 20 [419, 5]. II 16, 1. 97, 25. 30. 109, 35. 334, 20. 337, 15. 358, 20 [362, 45]; homo denarialis I 118, 15; homines episcopi I 67, 5. 75, 15. 20. 137, 30. 35. 138, 1. 141, 15. 164, 35. 165, 5. 167, 25. 171, 25. 195, 15. 199, 1. 325, 10. II 97, 25. 30. 331, 30. 337, 15. 348, 25. 358, 20 [362, 45]; homo ecclesiae I 21, 20. 22, 25. 212, 1; h. ecclesiasticus I 32, 25. 38, 5. 81, 20—35. 117, 25. 130, 30. 131, 1—20. 197, 5—15. 211, 25. II 270, 10. 323, 1—15. 438, 10; homines excarriti I 141, 15; *homo fiscalinus* I 81, 20—35. 143, 20; homines Hispanorum I 263, 35. II 259, 25. 30; h. maiorum hominum II 298, 5; h. imperatoris, regis I 84, 10. 30. 85, 25. 88, 10. 128, 35 [II 22, 15]. 131, 30. 35 [427, 40. 45]. 136, 10. 20. 137, 35. 138, 1. 145, 25. 155, 25. 165, 15. 166, 30. 262, 30 [II 260, 25]. 288, 15 [442, 40]. 307, 20 [419, 5]. II 13, 20. 25. 16, 15. 22, 20. 70, 30. 272, 30. 274, 10. 15 [300, 40]. 313, 20. 314, 20. 330, 10. 331, 15. 348, 25. 360, 5. 452, 5. 30; homo imperialis II 109, 30; *homines regis fratris* I 128, 25. 129, 1 [II 22, 10. 30]. 272, 40. II 158, 15. 20 [299, 30]. 163, 35. 164, 20. 165, 1. 287, 25; h. filii (*coniugis*) imperatoris I 139, 5. 155, 25. II 318, 20; h. libellarii I 199, 20; h. maiorum I 86, 20; h. ministerialis palatini I 298, 1. 5; h. missi dominici I 72, 10. 116, 25 [448, 10]; h. potentis I 22, 25. 155, 25; homo regius I 117, 25. 172, 20; h. presbyteri I 72, 5; h. rectoris ecclesiae I 167, 25; *cfr.* h. episcopi; h. vassi I 168, 30; h. vassi dominici I 306, 1. 5 [417, 35]. 321, 5. 325, 5. II 328, 30. 334, 20. 373, 10. 374, 30. 35; h. vicarii I 127, 20.

honestas I 271, 25. II 255, 45 [399, 1]; h. ecclesiastica II 39, 5; h. imperatoris II 49, 20; h. palatii II 525, 5. 526, 1; h. regni II 7, 40; h. regis II 280, 40.

honeste ac rationabiliter II 525, 10. 526, 5; h. suscipere II 526, 5.

honor I 13, 20. II 67, 15, *saepius*; honoris causa omittere aliquid I 290, 10. 15 [444, 1]; honorem congruum unicuique inpendere II 174, 10. 15; honore suo frui II 443, 30; honor ancillarum Dei II 333, 25. 334, 15; h. archiepiscoporum II 333, 25; h. austaldi I 210, 15; h. casarum Dei II 157, 25 [299, 20. 25]. 163, 30; h. clericorum I 157, 25 [299, 25]. 334, 20; h. comitis I 262, 20 [II 260, 10]. II 334, 20; h. communis II 77, 5. 157, 10. 161, 40. 162, 20. 311, 35; h. *ecclesiae Dei* I 59, 30 [403, 10]. 103, 35. 276, 5 [405, 30]. 308, 15. 20, *saepius*; h. ecclesiae Romanae II 104, 35; h. ecclesiarum I 68, 15. 78, 10. 121, 15 [446, 30]. 129, 30 [II 23, 15]. 278, 1 [407, 20]. 279, 45 [409, 25]. 281, 1 [437, 40]. 289, 20 [443, 15]. 312, 25 [422, 10]. II 69, 20. 157, 25 [299, 20. 25]. 163, 30. 164, 20. 40. 255, 1 [388, 5. 355, 35. 362, 5. 398, 5]. 261, 35. 272, 1. 307, 25. 312, 5. 334, 15. 339, 20. 481, 35. 40; h. ecclesiasticus I 201, 1. 304, 40 [416, 20]. II 37, 20. 39, 5. 20. 74, 35. 101, 30; h. episcopi, episcoporum I 98, 1. 189, 5. 328, 20. 332, 20. II 157, 25 [299, 25]. 261, 40. 333, 25. 334, 15. 337, 5; h. *fidelium* II 77, 5. 157, 10. 162, 20. 166, 30. 255, 20 [398, 25]. 283, 15. 311, 35; h. imperatoris, regis I 115, 40. 126, 1 [427, 30]. 272, 40. 45. 305, 10, *saepius*; honorem debitum exhibere regi II 74, 35. 40; honor imperialis II 101, 30; h. regalis II 372, 25; h. regius II 72, 35 [156, 15. 20]. 73, 25 [156, 20]. 156, 15, *saepius*; h. filii imperatoris II 23, 30. 35; h. filiarum imperatoris II 357, 30; h. imperatricis II 357, 20. 25; h. laicorum II 334, 20; h. missorum I 305, 10 [416, 40]. II 334, 20; h. monachorum, nonnarum I 157, 25 [299, 25]; h. papae, pontificis II 101, 15. 20. 105, 1. 128, 10; h. pontificum I 189, 5; h. presbyteri I 98, 1. II 432, 10; h. publicus II 12, 40; h. rectorum ecclesiae II 521, 35; h. regni I 101, 30. 305, 25. 306, 5. 10 [417, 10. 35. 40]. II 4, 35. 7, 40. 49, 15. 169, 20. 336, 25 [337, 15]. 518, 10; h. sacerdotum II 75, 30. 80, 10. 15, *saepius*; h. saecularis II 128, 15; h. senioris I 178, 20 [412, 10]. II 100, 5. 10. 334, 40; h. servorum Dei I 303, 20. II 163, 30. 164, 20. 40. 307, 25, *saepius*; h. uxoribus debitus II 45, 40; h. vassallorum episcopi II 334, 25; h. *vassorum, vassallorum dominicorum* I 207, 1. 210, 15. 272, 15. 307, 30 [419, 20]. 321, 1. II 313, 15. 334, 20. 374, 30. 35. — honor = *munus, 'Amt'* I 21, 10.

291, 5 [444, 35]; honorem perdere I 167, 1 [432, 45]; honore privari II 420, 30; honorem abbatis perdere I 95, 25. 151, 10; h. abbatissae perdere I 77, 40; h. advocati perdere I 48, 35; honor clerici I 376, 15; honorem clerici perdere I 95, 25; honor comitis II 105, 20; honorem comitis perdere I 49, 30. 50, 5. 70, 1. 15. 151, 10. 192, 20. 25. II 95, 30. 107, 35. 108, 10; h. diaconi perdere I 95, 25. 96, 10; honor ducatus II 142, 40; h. ecclesiasticus I 37, 5. II 401, 5; honore ecclesiastico privari II 60, 20. 523, 5; honor episcopi I 75, 20; honorem episcopi perdere I 34, 10. 95, 25. 151, 10. II 523, 5; h. iudicis perdere I 48, 25. 35. 216, 5; honore locopositi privari I 107, 35. 108, 10; honor presbiterii I 108, 15; ab honore presbyteratus deponi I 248, 1. 5; honorem presbyteri perdere I 95, 25. 96, 10. 174, 20. 243, 40; honor sacerdotalis I 375, 25; h. sacerdotis I 376, 15; h. sacerdotis I 372, 20; honore sculdasii privari II 108, 10; honorem vassi dominici perdere I 48, 25. — honores = *beneficia*: h. distribuere, dare I 271, 25; honorum largitio II 156, 10; honores concedere II 158, 25; h. suos filio, propinquo placitare II 358, 30; h. tenere II 277, 30; h. donatos habere II 285, 10; in honoribus consistere II 285, 10; honores imperatoris, regis I 166, 30 [432, 35]. 306, 1. 5 [417, 30. 35]; h. de regno habere II 431, 25; h. non habere II 285, 10; h. amittere, perdere I 284, 25 [441, 5]. 284, 30 [441, 10. 15]. II 96, 1; ab honoribus propriis extorris I 428, 45; honoribus propriis privari II 98, 10; honores aperti II 358, 1; in honoribus legem et iustitiam habere II 163, 35. 164, 25. 165, 1; inter honores rapinam exercere II 109, 30; de honoribus pontes facere II 277, 30; honores abbatis II 96, 1. 354, 10. 358, 1. 20; h. abbatissae II 96, 1; h. archiepiscopi II 358, 1. 5; h. comitis I 95, 35. II 96, 1. 107, 25. 40. 320, 35. 354, 10. 358, 1. 10. 20. 361, 5. 362, 35. 40; h. episcopi II 354, 10. 358, 1. 5. 20; h. regni II 452, 25; h. vassi dominici II 96, 1. 354, 10. 358, 1. 20.

honorabilis II 284, 15. — honorabiliter suscipere II 524, 20.

honorare: h. ecclesias II 12, 20. 174, 20. 255, 1. 5 [333, 20. 25. 356, 1. 362, 5. 398, 5]; h. filium comitis II 362, 35. 40; h. fideles II 296, 25. 30 [100, 15. 333, 35. 339, 20. 362, 15]; h. ministros Dei II 174, 30; h. monasterium II 356, 10; h. nepotes imperatoris I 130, 1; h. parentes I 59, 20 [404, 40]; h. rectores ecclesiae II 440, 5; h. regem II 439, 5; h. sacerdotes II 174, 20; h. ordine ecclesiastico II 420, 25. — honorati 128, 30 [II 22, 10]. 309, 35 [420, 20]. II 87, 5. 20. 318, 10; h. servi I 67, 5. — honoratior persona I 3, 5.

honorificentia regis II 218, 1.

hora: horas significare, prodere II 478, 30. 35; horae canonicae I 366, 1. II 180, 20. 504, 25—505, 10. 506, 30. 507, 10; h. diurnae, nocturnae I 366, 1. II 508, 1; h. conpetentes I 106, 30. 228, 30; hora constituta I 344, 10; h. statuta I 245, 25. 478, 35; h. prima I 348, 30. 363, 15; h. tertia I 288, 10. 347, 20. II 180, 20; h. quinta I 245, 15; h. nona I 227, 5. 245, 15. 20. 249, 25. 345, 1. 346, 20. 347, 20.

horreum I 255, 35; in horrea convertere loca sancta II 486, 5.

hortamentum indebitum II 296, 35 [100, 20].

hortator regis II 429, 25.

hortatus II 377, 5. 25. 438, 1.

hortulanae herbae I 255, 5. 256, 35.

hortulanus I 90, 10.

hortus, ortus I 83, 40. 89, 5. 90, 1. 172, 20. 254, 30. 35. 255, 1. 15. 256, 10; in horto laborare die dominico I 61, 10 [404, 25]; horti ecclesiae I 277, 25 [407, 5]; hortum ad locum venerabilem pertinentem alienare, creditoribus obligare I 311, 1 [421, 1. 5].

hospes II 87, 10. 405, 20; hospitibus tectum, focum *etc.* denegare II 93, 1; hospes ecclesiae, monasterii I 238, 25. 345, 30. 346, 5. II 386, 1; hospitum susceptio, receptio, exceptio, hospitalitas I 60, 20 [403, 40]. 63, 10. II 267, 20. 385, 35. 404, 30. 420, 1. 434, 30.

hospitalia, hospitales II 262, 5. 408, 1. 5. 434, 30. 35; h. restaurare II 94, 5; *cfr.* senodochium.

hospitalis I 238, 25. II 375, 5. 10.

hospitalitas, ospitalitas I 60, 25 [404, 1]. 77, 10. 152, 15 [448, 35]. 281, 15. 341, 35. II 31, 30. 40. 267, 20. 375, 5. 406, 5; hospitalitatem neglegere II 85, 1; hospitalitatis officium II 408, 5.

hospitari II 407, 5; h. in domibus publicis II 110, 20.

hospitium, ospitium, ospicium: h. non denegare I 96, 20. 144, 5; hospitia exposcere II 85, 5; hospitium in domibus ecclesiarum non viadicare II 110, 20; ospitii occasione in pauperioris domo commorari II 108, 10; sub obtentu hospitii vicinos opprimere II 92, 25; latronem in hospitio suscipere I 156, 30 [428, 15].

hostia: hostias offerre, immolare I 226, 20. II 117, 20. 25. 484, 35. 495, 1. 496, 15; hostia immolatitia I 25, 30; in hostiam daemonibus offerre I 69, 5.

hostilis, e: h. apparatus II 96, 10. 331, 30; h. bannus I 93, 5; ostilia carra I 61, 15 [404, 35]; h. expeditio II 16, 25. — hostiliter: h. praeparatum, paratum esse I 136, 5. 171, 30. II 328, 15; h. venire, pergere, properare I 48, 5. 65, 25. 67, 30. II 108, 10; h. in propria domo alium quaerere I 314, 20.

hostilitas I 34, 15. 69, 30.

hostis, ostis II 131, 30; h. communis I 167, 1 [432, 40]; timor hostis I 182, 5; ostium insurgentium impetus I 272, 1. — hostis = *expeditio exercitalis* I 133, 15; hostem adnuntiare, denuntiare II 312, 30. 359, 35; h., in hostem bannire I 137, 15. 158, 1. 166, 15. 30 [432, 20. 35]; ad h. praeparatio I 167, 10 [433, 5]; utensilia in hostem necessaria I 168, 25; armatura in hoste habenda I 426, 1; in hoste non baculum, sed arcum habere I 172, 10; hostis opus I 171, 30; in hoste bovem dare I 252, 15; in hostem carra carigare I 85, 35; in h. ducere ferramenta I 87, 5; in h. mittere barriclos I 89, 25; hostem debere II 359, 35; h. facere I 98, 5. 137, 15. 280, 20. 330, 5; in hostem pergere, ire, proficisci, vadere, venire I 25, 10. 51, 5. 89, 20. 114, 1 [411, 45]. 134, 25—135, 10. 136, 1. 137, 5. 10. 30. 35. 138, 1. 5. 141, 20. 166, 15 [432, 20]. 168, 20. 220, 5. 330, 30. II 71, 20. 25. 94, 35—95, 10. 321, 20. 451, 30. 452, 1; in hostem pergentes teloneum non dent I 285, 1 [441, 20], trasturas non solvant I 290, 25; in (ad) h. cum pace venire II 158, 1. 5 [300, 1. 5]. 312, 30—313, 5; quidam pleno ventre rapina in h. proficiscentes II 372, 5; in h. dirigere, ire facere I 137, 30. 165, 5. 10; h. non facere I 29, 25. 158, 25 [449, 1]. 329, 30. 35; de hoste neglegens I 330, 10; in hostem non pergere, proficisci, vadere, venire I 138, 5. 165, 25. 166, 15 [432, 20]. 171, 15. 20. 224, 30. 250, 30. 252, 15; in hoste non fuisse I 167, 20 [449, 20]. 291, 20 [445, 10]; hostem per se facere non posse I 329, 35. 330, 1. II 71, 35. 321, 20. 25; de hoste remanere I 330, 30. 35; *cfr.* II 95. 96; hostem dimittere II 322, 1; ab h. relaxare advocatos I 326, 35; in h. esse I 65, 25. II 244, 20; in h. constitutus I 227, 15. traditiones in h. factae I 114, 1 [411, 45]; infra patriam vel foras patriam in hoste faciendum I 135, 40; in hoste rogare ad bibendum I 167, 1 [433, 1]; in hoste litigatio aut scandalum orta I 334, 15; in hoste messem aut annonam rapere, pascere *etc.* I 160, 20 [432, 15]; in hoste pax I 334, 15. 425, 45. 434, 35; de hoste reverti, redire I 87, 5. 114, 1 [411, 45]. 290, 25 [444, 15]; de h. reverti absque licentia I 166, 30 [432, 40].

humanus a, um: h. favor II 52, 10; h. lex; h. respublica II 415, 25. — humanior diffinitio II 445, 1; h. sententia II 448, 5.

humiliare: se h. II 280, 1. — humiliare (= *adulterare*) uxorem fratris II 287, 15.

humilitas II 57, 5; h. regis II 113, 15; h. episcopi II 458, 25. 461, 15.

huticus I 89, 10.

hycononus v. oeconomus.

hymnus, ymnus I 281, 20. II 499, 25. 506. 507, 1. 5; ymnos componere II 505, 15. 20. 506, 1—15. 25; ymni Ambrosiani II 505, 15. 506, 30; ymnus angelicus II 497, 15—498, 10. 502, 25. 503, 25. 506, 15; ymni antelucani II 505, 10; y. generales II 506, 5; y. nocturni II 505, 20; y. metrici, ritmici II 506, 1. 5. 20; ymnus trium puerorum II 500, 5. — 'Agnus Dei' II 502, 15; 'Benedicamus Domino' II 249, 5; 'Christe eleison' II 497, 15; 'Gloria Patri et Filio' *etc.* I 59, 25 [403, 5]. 347, 30. II 506, 35; 'Gloria et honor Patri *etc.*' II 506, 15. 35; 'Gloria in excelsis Deo' II 498, 1. 5. 10. 503, 25. 506, 15; 'Kyrieleyson' I 229, 30. II 497, 15; 'Sanctus, Sanctus, Sanctus' I 59, 25 [403, 5]. 348, 1. II 497, 35; 'Te Deum laudamus' I 362, 20. II 212, 20. 213, 30. 341, 5.

hypotheca specialis I 311, 1 [421, 1].

I.

iacere: iaceat forbatutus I 16, 10; i. incompositus I 217, 10; i. absque conpositione I 281, 5 [438, 1]. II 18, 10. 215, 10.

iactantia II 177, 5.

iactare I 171, 30; i. (= *eicere*) latronem de potestate, de ministerio I 48, 30.

iactivus v. iectivus.

iactura I 276, 5 [405, 30].

ianitor II 516, 10.

ianua II 480, 30; i. ecclesiae I 182, 10. *II* 248, 35.

ibischa I 90, 35. 256, 40.

icona II 483, 30.

ictus: ictu percutere ingenuum I 117, 20; ictus sine sanguinis effusione clerico datus I 281, 25 [438, 15]. II 216, 10; ictibus castigare II 302, 10; ictus flagellorum accipere, ictibus vapulari *etc.*: i. XV I 114, 20 [429, 20]; i. XL II 108, 5; i. LX I 285, 5. 10 [441, 25. 30]. 318, 40. II 63, 25. 272, 30 [348, 30]. 316, 15. 378, 5; i. C I 3, 1; i. CXX I 150, 15; i. CCC I 5, 10.

idola I 2, 30. II 477, 1. 20. 478, 10; idolorum cultura I 2, 25; i. servitus I 61, 40 [405, 5]; i. vana I 68, 20.

idoneare, idoniare, aedoniare: i. se per sacramentum I 180, 25; i. se cum iuratoribus I 160, 10 [432, 1]. 160, 30 [449, 10]. 284, 20 [441, 1]; i. se ad aquam ferventem aut ad aliud iudicium I 160, 30 [449, 10].

idoneus, a, um: i. aetas II 122, 30; i. clerici II 35, 5; i. fideiussores II 86, 35; minus i. iudices II 64, 5; i. iuratores I 124, 15 [426, 30]; i. missi II 69, 30; i. sacramentales II 108, 35; i. sacramentum II 182, 15; i. testes; cartam veram et idoneam facere, efficere II 91, 10. 15. 108, 30. 35; idoneum se reddere, facere sacramento I 334, 20. 25. 335, 25. II 266, 1. 318, 20; idoneus exivit *(a iudicio Dei)* I 75, 20; inde homines idoneos *(sc. testes)* habeat I 190, 15; idonei ad sacerdotium promoveantur II 29, 40. 30, 40.

iectiscere II 325, 15.

iectitio, iectio II 325, 30.

iectivus, iectus, iactivus I 9, 10. 70, 30. *II* 324, 25; *cfr.* abiecticium.

ieiunare I 249, 25. 257, 30. 345, 1. 347, 5. 35. II 217, 5. 234, 1. 242, 30. 245. 508, 20. 514, 1.

ieiunium I 138, 35 [447, 10]. II 477, 10. 494, 30; ieiunii dies II 347, 5; ieiuniorum feriae II 494, 25; ieiunium solvere I 287, 5. II 498, 1; ieiunia ecclesiastica solvere I 57, 5 [401, 5]. 108, 10; i. redimere I 52, 15. 245, 15; ieiuniis constringere feminas I 257, 30; per ieiunia se purgare II 189, 10; i. indicere, indicare I 42, 15. 304, 40 [416, 20]. 363, 40. 364, 1. II 5, 5. 126, 10; ieiunium generale II 4, 5. 5, 1. 5; ieiunia biduana I 52, 10. 15; i. triduana I 162, 20. 245. 246, 10. 249, 15. 271, 1. II 5, 1. 5. 27, 35. 67, 20. 173, 25. 211, 15. 514, 1; ieiunium quadragensimale I 68, 25; i. quadragesimae II 325, 1. 25; ieiunia quatuor temporum I 46, 1. II 269, 15; caput ieiunii I 280, 10. II 325, 30. 420, 5; ieiuniorum dies II 234, 1. 508, 20; nullus comes ieiuniorum diebus placitum habere praesumat *etc.* II 233, 35. 234, 1. 10.

ieiunus: i. iudex I 58, 20 [402, 10]. 103, 40; ieiunum iurare I 58, 35 [402, 20]. 104, 1; ieiunus tantum ad iuramentum vel ad testimonium admittatur I 124, 20 [426, 35. 448, 20]; ieiunum testimonium dicere et sacramentum iurare I 148, 30 [431, 10]. 150, 25; ieiunum sacramenta percipere II 492, 5. 30. 35. 493, 15; episcopi ieiuni s. Spiritum tradant II 40, 30. 35.

ignis: *igne cremare ecclesiam* I 68, 25; igni comburere Iudeum I 259, 20; *ignem in silvam convivare* I 335, 20. 25; ignis sacrilegus I 25, 35; i. fricatus de ligno I 223, 15; prope ignem infantem collocare II 235, 1. — per ignem examinari II 225, 10; ad i. incendere manum I 5, 30.

ignitus, a, um: i. ferrum I 259, 15; igniti vomeres I 118, 30 [448, 1].

ignobiles, innobiles I 86, 15. 318, 15 [422, 35]. II 440, 30.

ignoranter peccare I 290, 25 [444, 15].

ignorantia I 276, 10 [405, 35]. II 45, 30. 301, 35. 321, 15; excusatio de i. I 157, 10; ignorantia delinquere II 42, 5. 10; i. imperatoris II 5, 35; i. iudicis I 58, 20 [402, 5]; i. sacerdotum II 50, 35.

igrotus (= *aegrotus?*) homo I 298, 1.

ill-, inl-

inlegitimae commutationes II 15, 35.

inlicitus, a, um: i. accessus feminarum II 42, 30; i. actio II 38, 35; i. amor II 122, 30; i. aditus coniugii II 241, 15; i. causae *I* 100, 25. 104, 10. 189, 15; i. concubitus II 225, 25; i. coniugium I 69, 35. *II* 226, 1. 10; i. coniunctiones; i. copulatio I 377, 1. 5; i. dationes I 375, 20; i. loca II 41, 40; i. nuptiae I 228, 35; i. perpetratio I 202, 25; i. praecepta II 115, 20 [402, 1]. 125, 20. 388, 10 [408, 10]; *i. praesumptio* I 212, 15; i. telonea I 145, 30; inlicita in missatico facere *II* 274, 5 [300, 35]. — inlicite ministrare II 121, 40.

illusio diabolica II 45, 1. 241, 5; i. emptoris I 331, 10.

illuster, inluster: i. comes II 67, 10. 286, 35; i. episcopi, missi II 286, 35; i optimates II 101, 5; i. vir; i. viri.

imagines sanctorum, Dei I 73, 20. II 482. 483, 1. 15. 25. 484, 10.

imbreviare v. inbreviare.

imm-, inm-

inmeliorare: i. beneficium I 171, 5; i. servitium regis I 172, 20.

immobilis res; immobilia I 320, 30.

immolatitia hostia I 25, 30.

immunditia I 61, 40 [405, 5]. 94, 40. 97, 30. 238, 20.

immunis II 434, 20; i. = *liber* I 232, 20. II 405, 10. 20; immunem se ostendere II 308, 40; inmunes ecclesiae II 408, 30.

immunitas, inmunitas, emunitas I 22, 25. 192, 5. 289, 30 [443, 30]. 330, 5. II 174, 30. 405, 10; immunitatem merere *I* 19, 15; i. habere II 383, 25; immunitate perfrui II 266, 1; sub i. consistere, esse II 313, 15. 482, 30; sub i. manere, permanere II 383, 25. 360, 10. 376, 5; in i. concedere II 272, 5 [312, 20]; inmunitatum praecepta I 319, 10; immunitatis defensio II 177, 30 [186, 15]. 268, 5; i. tuitio II 92, 15. 259, 5; immunitatem observare, conservare I 32, 15. 36, 30. 199, 25. 289, 25 [443, 25]. 326, 30. II 88, 25. 177, 35 [186, 20]. 334, 15. 335, 10. 431, 35; immunitatem violare I 281, 20 [438, 10]. II 217, 15; cum emunitate emendare II 64, 35; inmunitas ecclesiae I 282, 20 [439, 10. 15. 381, 30]. II 101, 25. 156, 15. 431, 35; i. rerum ecclesiasticarum II 177, 30. 312, 5; sub inmunitate episcopi permanere II 268, 15. 20. — emunitatis dominus I 181, 1. 5; inmunitatis iudex, advocatus I 48, 20; in emunitatem damnum facere I 113, 5—20 [428, 25—35]; in immunitatem frangere I 425, 45; immunitates infringere II 272, 15. 292, 1. 405, 20; immunitatum infractiones II 309, 15; in immunitatem fugere, confugere I 113, 5 [428, 25]. 181, 1. II 292, 20. 317, 10. 15. 344, 25; qui pontes faciunt de immunitatibus I 294, 35; villae, quae de immunitate sunt II 314, 20.

immutare: i. commendationem II 320, 35; i. iustitiam II 84, 10; i. traditionem I 262, 15 [439, 5. 380, 45]; i. vestimenta pristina I 346, 10.

imp-, inp-

inparatum esse I 97, 40.

impedimentum I 158, 5 [431, 35]. 262, 10 [II 259, 35]. II 285, 5; impedimenta sustinere II 328, 20; impedimentum esse comiti I 304, 35 [416, 15]; inpedimento esse quaerenti causam I 296, 1. — impedimenta legibus contenta II 108, 15.

impedire: i. causam I 296, 1; i. iustitiam I 314, 15 [449, 35]; i. opus imperatoris I 98, 10.

imperare I 370, 25; i. et regnare II 112, 10.

imperator I 100, 35. 118, 25. 130, 15. 146, *passim*; imperatorem eligere II 348, 25. 30. 351, 10; (in) i. coronare II 340, 35. 351, 10; i. constituere II 348, 25; imperator ad quid constitutus sit II 47, 1—15; i. augustus I 126, 30 [II 21, 25]. 170, 25. 261, 15. 263, 15. 270, 30. 273, 35. 355, 30. II 4, 5. 99, 10 [348, 10]. 111, 15. 130, 20. 136, 15. 137, 15. 142, 1. 147, 10. 340, 25; i. christianissimus I 91, 40; i. clementissimus II 57, 1. 122, 15; i. a Deo coronatus II 99, 10 [348, 10]; i. excellentissimus II 126, 15; i. gloriosus II 79, 30. 82, 20. 83, 25. 86, 1. 105, 40. 307, 1. 348, 25. 352, 10. 355, 30; i. gloriosissimus I 112, 1. 126, 5. 185, 20. 316, 10. II 52, 20. 56, 15. 99, 10 [348, 10]. 124, 1. 20. 376, 35. 377, 5; i. invictissimus I 247, 25. II 351, 5; i. magnus I 100, 40. 118, 1. 126, 30. 168, 15. 169, 5. 170, 25. 184, 10. 211, 30. 241, 10. 246, 30. II 99, 10 [348, 10]. 258, 35; i. nominatissimus II 328, 15; i. orthodoxus II 258, 35; i. pacificus I 126, 30. 168, 15. 169, 5. 170, 25. 211, 30. 241, 10. 246, 30. II 99, 10 [348, 10]; i. pius II 340, 25. 30; i. piissimus I 101, 30. 102, 1. 247, 25. II 35, 25. 86, 1. 125, 1. 20; i. praestantissimus II 52, 35. 377, 30; i. sacratissimus II 121, 10; i. serenissimus I 91, 40. 126, 30. 157, 30. 170, 25. 242, 5. 263, 1. 264, 15. II 56, 15. 60, 1. 77, 1. 143, 5. 148, 10. 15; i. sublimissimus II 125, 40; i. venerabilis II 58, 10. — imperator caesar I 126, 30; dominus, domnus i. I 94, 15. 40. 120, 40. 167, 5 [433, 5]. 183, 30. 35. 184. 211, 10. — imperatoris annuntiatio I 97, 40; i. anulus; auctoritas i.; qui ad aures i. impedimentum faciunt I 158, 5 [431, 35]; auribus i. quaerimoniam deferre I 263, 20; *cfr.* II 84, 40. 89, 1; i. bannus I 93, 5. 94, 10. 97, 40. 101, 10. 104, 35. 146, 15. 155, 20. 165, 15; i. beneficium; i. capitula; i. clementia; ante i. conspectum quaestiones discutere I 204, 30; i. curtis; i. defensio; i. donitum; i. elymosina I 96, 30. 97, 1; i. fiducia; i. fiscus; i. gratia I 95, 35. 96, 25. 168, 35; i. honores I 166, 30 [432, 35]; i. intercessio I 354, 35; i. indicium; i. iussio I 97, 40. 100, 25. 104, 25. 115, 5. 165, 20. 168, 20; i. iussum I 97, 1. 109, 30; i. iustitia I 97, 1. 101, 10. 104, 30; i. iustitiae I 122, 35; *cfr.* iustitiae regales; i. legati II 92, 20; i. litterae; i. mandatum I 97, 40; i. mansuetudo I 204, 25; i. manus I 170, 30; i. missi; i. palatium; i. placitum; i. praeceptum; i. praesentia I 94, 15. 96, 10. 97, 35. 296, 5; *cfr.* praesentia; i. rectum I 102, 1; rectum i. dicere I 146, 25; i. regnum I 101, 30. 102, 1; i. res familiaris; i. salus I 350, 10. 351, 1; i. servitia I 356, 20; i. transitus; i. utilitas; i. vassi I 160, 10 [432, 5]; i. vestitura; i. voluntas I 98, 10. — imperatorem admonere I 270, 35. 312, 10 [421, 35]. II 88, 10, *saepius*; ad i. caput tenere I 207, 1; imperatori fidelem esse I 324, 10. II 128, 15. 362, 25; pro imperatore orare; pro i. et filiis eius orationem facere I 286, 5; coram i. poenas persolvere I 305, 35 [417, 20]; ad imperatorem proclamare II 126, 25; imperatori, ad imperatorem querelam deferre I 264, 15. 87, 15; imperatori rationem reddere I 290, 15 [444, 5]; imperatorem et legatos eius recipere II 92, 20; ad i. (se) reclamare I 309, 1 [419, 45]. II 17, 1; imperatori renuntiare II 12, 25. 358, 15 [362, 35]; qui veniunt ad imperatorem, ut iustitiam accipere mereantur I 354, 35; venire in praesentiam imperatoris I 296, 5.

imperatoria potestas II 124, 30.

imperatrix II 354, 30. 357, 20. 25. 359, 1. 360, 5.

imperfectus, a, um: i. etas II 122, 30; imperfectum remanere I 309, 10 [420, 10].

imperialis, e: i. anulus I 352, 5; i. apex II 177, 15 [185, 20]. 259, 5; i. auctoritas I 356, 25. II 5, 30. 38, 15. 49, 30. 84, 10; i. aures II 37, 20. 35; i. bulla I 374, 25; i. decretum II 356, 10; i. dominatus, dominatio I 130, 10 [II 28, 25]; i. diadema I 271, 5. II 351, 10; i. edictum II 258, 30; i. excellentia II 350, 10; i. homines II 109, 30; i. honor II 101, 30; i. maiestas II 124, 25; i. mandatum I 158, 35 [431, 45]; i. missus II 99, 35. 110, 5; i. pars I 216, 15; i. potentia I 272, 25; i. potestas I 271, 15. II 38, 10. 58, 1; i. praeceptum I 158, 35 [431, 45]. II 108, 10; i. prosapia II 377, 20; i. sacramentum I 98, 25; i. sententia I 277, 15 [406, 45]. 277, 20; i. servitium I 366, 30; i. stipendium II 110, 10; i. vassallus II 354, 20; i. villae et curtes I 82, 5; i. voluntas II 125, 25. 30.

imperium I 106, 10. 124, 40. 130, 10 [II 28, 25]. 272, 1. 275, 25. 276, 30 [406, 5]. 294, 10. II 5, 40. 21, 30. 37, 25. 30. 52, 20. 30. 114, 15 [399, 20]. 125, 5. 143, 1. 340, 40; i. Romanum I 126, 30. 169, 5. 204, 25. 211, 30. 241, 10. 246, 30. 267, 40. II 351, 5. 20. 514, 25; i. Karoli I 152, 35; i. vel regnum I 350, 5; i. atque regnum I 358, 45; i. regere I 267, 40. II 214, 35; i. gubernare I 169, 5. 211, 30. 241, 10. 246, 30. II 214, 35; per i. capitula dirigere II 50, 25; per i. missos dirigere I 340, 20; foris i. vendere I 123, 1 [410, 1]; imperii annus; imperium cladibus attritum II 27, 30; imperii consors et successor I 271, 5; ad i. culmen provehi I 274, 25; i. dictio II 136, 5. 20. 147, 10; i. ditio II 142, 15; i. dignitas I 247, 30; i. dispositiones I 350, 5; i. divisio I 127, 10. 270, 10. 35. II 55, 10. 58, 15; i. fines II 54, 20; i. gloria I 248, 45; i. heredes I 127, 5; i. ordines II 27, 40; i. partes I 272, 40. II 28, 10. 359, 5; i. pax II 54, 10. 92, 5. 101, 10; i. potestas II 136, 25; i. provinciae I 272, 30. 367, 35; i. regiones I 272, 30; i. salus II 54, 10; i. stabilitas I 287, 10. 350, 10. 351, 1. II 35, 25. 30. 51, 15. 126, 1; i. subiecti II 49, 25; i. unitas I 270, 35. 278, 15. II 4, 40; i. utilitas I 270, 30. 271, 10.

imponere: i. per violentiam I 195, 25; i. iniustas consuetudines II 322, 25; i. crimina II 89, 10; i. exenia I 195, 30.

impositio manus, manuum I 38, 30. 60, 25 [404, 1]. 356, 25. II 32, 20. 40, 30. 33, 1. 118, 40. 308, 40. 409, 15. 412, 10. 420, 5. 10. 509, 20. 510, 1. 25; i. canonica, synodalis II 240, 30.

impossibilitas II 12, 30; i. iussionem regis adimplendi I 306, 30. 307, 5 [418, 15. 35]; i. comitis I 308, 30 [419, 45]; i. evidens II 406, 25.

impotentes = *pauperes* I 189, 20. 295, 25.

improperium II 72, 30 [155, 10].

inpudicitia II 404, 35.

inanis I 18, 35. II 62, 20.

inauditus: inauditum condemnare I 18, 35; i. interficere I 28, 25.

inaures aurei I 251, 5.

inbreviare, imbreviare II 319, 30. 403, 1. 20; i. aliquem I 184, 25. II 298, 10. 20; i. apparatum hostilem II 96, 10; i. bannum I 158, 30 [449, 1]; i. libros ecclesiae II 267, 25; i. malefactores II 292, 30; i. mercata II 318, 1; i. res ecclesiae, ecclesiasticas II 267, 25. 408, 30; i. senodochia I 329, 5; i. thesaurum, vestimenta ecclesiae II 267, 25.

incantatio I 25, 30. 45, 25. 110, 40. 202, 15. 228, 10. 228, 5.

incantator I 55, 20 [399, 25]. 59, 1 [402, 25]. 96, 15. 104, 5. II 44, 35.

incantatrix I 55, 20 [399, 25].

incarnationis annus I 29, 1. 204, 30. 270, 30. 275, 25. 344, 1. 350, 5. 394, 5. II 52, 20. 56, 10.

incendere: i. casam I 224, 25; i. cerias I 202, 20; i. manum I 5, 5; i. scuriam I 224, 25; i. strigam I 69, 1.

incendium I 71, 15. 72, 10. 20. 157, 35. 205, 40. 262, 1 [II 259, 25]. II 98, 20. 125, 10. 272, 15. 309, 20. 378, 5; incendia ecclesiarum II 5, 1. 5; incendium collecta multitudine factum I 300, 20 [436, 30]; i. facere infra patriam I 224, 25; bannus de incendio I 214, 20; qui in testimonium de incendio non recipiantur I 330, 35; convenentias facere de incendio I 51, 1.

incestuosus, a, um: i. scelus prohibere I 97, 30. — incestuosi: incestuosos investigare II 183, 10; i. canonice examinare I 122, 15 [409, 40]; i. cohercere I 313, 30 [423, 10. 15]. II 183, 10. 15; i. corripere I 159, 1; i. emendare I 48, 1. 5; i. ad placitum episcopi venire facere II 432, 10. 15; incestuosum contradicere I 32, 1; i. paenitentia multare I 312, 40 [422, 20]; i. ab ecclesia expellere I 174, 1; ab incestuosis wadios accipere I 312, 40 [422, 20]; incestuosum coniugio sibi sociare I 15, 20.

incestus, a, um: i. adulteria II 419, 20; i. coniunctio I 15, 25. 98, 15. 376, 45; i. foedera I 279, 10 [408, 30. 35]; i. matrimonia II 83, 5; i. nuptiae I 98, 1. 110, 40. 279, 40 [409, 20]; i. propinqua II 78, 10. 15 [155, 30. 35]. — incesti I 45, 35. II 66, 20. 266, 20. 292, 30.

incestus, incestum I 28, 15. 35, 5. 48, 5. 170, 30. 179, 25 [447, 20]. II 46, 1. 5. 189, 5. 237, 45; incesti crimen, quid sit I 365, 20—35; incestum cum commatre, matrina spiritali, matre et filia, duabus sororibus, fratris filia *etc.* I 31, 15. 20; i. cum Deo sacrata, consecrata I 31, 15. II 225, 25; i. in sanctimoniali I 97, 35; in incestu deprehendi II 225, 40; propter incestum res proprias amittere I 301, 5 [437, 10].

inclitus, inclytus: i. princeps I 20, 30; i. vir II 422, 40.

inclusio districta I 3, 5.

incolae II 92, 35. 314, 20. 431, 30.

incompetentia II 405, 15.

incompositus iaceat I 217, 10. II 97, 10.

inconcussus, a, um: inconcusso iure I 15, 30. 19, 20; inconcusso ordine I 15, 45.

incontinentia II 414, 5.

incorrectores II 38, 25.

incorrectum II 434, 10.

incorrigibilis, e II 74, 5 [157, 1]. 155, 40. 214, 20. 336, 1.

increpare monachos I 344, 25. 348, 15.

increpatio: i. publica II 188, 20; increpationem rependere I 184, 5; i. mereri II 8, 15.

inculcare II 41, 35.

inculpabilis, e I 219, 25; inculpabilem se reddere II 185, 20. 25; i. reddere aliquem sacramento II 302, 20.

inculpare I 5, 5—15. 6, 5.

incuria II 37, 25. 234, 20. 25; i. comitis I 308, 30 [419, 45]; i. episcopi II 34, 35. 41, 5; i. missorum II 8, 5; i. sacerdotum II 31, 25.

incursiones: i. exteriores II 28, 1; i. repentinae I 272, 1.

indebitus, a, um: i. consuetudines II 388, 10 [408, 10]; i. exsenia II 9, 1; i. hortamentum II 298, 35 [100, 20]; i. machinationes II 78, 20. 25 [156, 20. 333, 40. 362, 20]; i. *ministerium* II 38, 25; i. *occasio* II 269, 20.

indicare: i. ieiunium II 5, 5; i. praeparationem ad hostem faciendam I 167, 10 [433, 5]; i. rixantes I 298, 30; i. imperatori I 298, 40. 45. 309, 10 [420, 10].

indicere: i. crimen I 114, 25 [429, 25]; i. ieiunium.

indicium: per indicia (indiciis) comperire I 305, 15 [416, 45]. II 268, 20; indicio veraci ostendere I 288, 10 [442, 35]; indiciis manifestis probare II 190, 1.

indictio I 356, 35.

indiculus, indiculum I 149, 20 [431, 30]. 151, 20. 221, 15. II 62, 30; i. afferre I 314, 25 [450, 1]; i. transmittere II 75, 20; i. a comite palatino accipere I 298, 35; i. de curte portare I 128, 40; i. imperatoris dispicere I 284, 45; i. sacramenti I 328, 5.

indigenae II 98, 1.

indigentes II 436, 15. *526*, 15; indigentium defensor II 47, 20; indigentibus adiuvare I 141, 15.

indigentia II 75, 35.

indignatio imperatoris, regis II 86, 10. 87, 20. 177, 35 [186, 15]; i. imperialis ultionis II 125, 1; i. regia II 266, 5.

indisciplinatio II 229, 15.

indisciplinatus I 348, 15. — indisciplinate vivere I 313, 20 [423, 1].

indiscretio II 267, 30.

indiscretus II 316, 15. — indiscrete: i. non accipere corpus et sanguinem dominicum I 318, 5 [422, 30]; i. discurrere per mercatus II 33, 30; i. intrare in domos feminarum II 102, 20; i. per diversa mittere II 40, 35; i. vivere II 42, 25.

indivisi fratres II 95, 5.

indoctus clericus, diaconus *etc.* I 372, 30.

indominicatus, a, um: i. carruca II 337, 1; i. casa I 251, 35; i. census II 354, 15; i. cultura II 336, 40; i. curtis I 251, 35; i. mansus II 354, 10. 15; i. villa II 313, 15. 314, 15. — indominicatum regis II 330, 5.

inducias postolare I 225, 40.

induere: i. virilia indumenta I 229, 5; i. vestibus lineis II 243, 15; i. se veste monachica I 202, 10.

indulgentia II 414, 25. 421, 5; indulgentiam agere II 283, 30; i. concedere I 227, 15. II 414, 30; i. impetrare II 56, 30. 35; i. merere II 239, 25; indulgentia imperatoris, regis II 96, 20. 156, 5. 157, 35 [299, 30]. 289, 1. 280, 5. 299, 5. 306, 35. 385, 5.

indulgere I 22, 25. II 242, 20. 243, 35. 299, 30.

indumenta: i. laica II 248, 15; i. sacerdotalia II 42, 30; i. virilia I 229, 5.

industria: per industriam episcopum occidere I 362, 10.

inebriari I 107, 5.

inemendatae praesumptiones II 16, 10. — inemendatum II 434, 15.

inevitabilis necessitas I 310, 5 [420, 30]. II 48, 5. 89, 20. 35.

inexcusabiliter parere I 342, 35. 40.

infamari crimine II 225, 5; infamatus presbyter II 350, 20.

infamia II 225, 5. 344, 25.

infamis I 334, 40. II 343, 35. 344, 20. 25.

infans: dominus infans I 257, 5; i. servilis conditionis I 60, 1 [408, 20]; i. infra XII annos res alterius iniuste sibi usurpans I 293, 1; infantes, qui antea non potuerunt iurare, modo fidelitatem repromittant I 124, 5 [426, 20. 427, 45]; i. artem medicinalem discentes I 121, 30; infantem incaute opprimere II 189, 1. 5; infans iuxta focum (prope ignem) collocatus et aqua superfusus II 234, 35—235, 5; i. infra annum baptizetur I 69, 30; infantes suscipere de fonte baptismatis I 110, 40. 241, 25; i. sine baptismo morientes I 367, 15. 20; i. domui nutrire I 119, 35; locus venerabilis, in quo infantes aluntur I 311, 20 [421, 25]; i. oblati I 346, 15; *cfr.* 119, 35. — infantium natalis I 346, 35; *cfr.* innocentes. — infans = *filius, filia:* vir et uxor infantes inter se non habentes I 8, 25; infans communis adulterorum II 240, 30; infantes imperatoris, regis I 124, 40 [427, 50]; i. fratris regis II 78, 1 [155, 20]; i. hominis liberi, qui se servitio alterius subdidit I 317, 5. 318, 25; i. colonae et servi I 145, 5; i. matrem sequantur II 324, 15; uxor et i. non fiant dispoliati de vestimentis I 125, 25 [427, 15]; i. ad *mortem* deiudicati I 181, 10.

infantia I 249, 25.

infantulae aetatis puellulae I 122, 10 [409, 40].

inferenda: tributum, quod i. vocatur II 17, 5.

inferior: inferioris ordinis clerici I 328, 15; i. gradus ordines I 280, 30; i. ordinis homines I 155, 10. — inferiores I 334, 40. II 529, 20.

inferre: i. annualiter XXV libras II 146, 25. 30; i. solutionem banni vel fredi ad imperatorem I 155, 20; *cfr.* inferenda.

infestare: i. malefactores, fures I 210, 30; i. regnum II 5, 5.

infidelis: i. regis, i. regi I 66, 25. 69, 10. 75, 15. II 113, 35 [399, 10]. 329, 30—330, 10. 20. 331, 25. 35. 332, 5. 10; pro infideli teneri I 285, 15 [441, 35]; inter infideles reputari II 8, 25; infidelis est latro I 156, 30 [428, 15]; infidelem forbannire II 348, 10—20; i. celare aut suscipere *etc.* II 108, 25. 348, 20. 25. — infideles = *pagani* II 66, 1. 67, 5. 419, 15.

infidelitas I 131, 35 [428, 1]. II 128, 15. 280, 20. 25. 330, 15. 528, 5; pro infidelitate computare I 217, 25; infidelitati alterius consentire I 92, 30; de infidelitate accusari I 129, 20 [II 23, 10]; de infidelitate infamis, clamodicus II 343, 35; de infidelitate cum fustibus non pugnetur I 331, 15. — infidelitas = *paganismus* II 40, 5.

infirmare: i. statum et utilitatem regni I 330, 5; i. commendationem II 320, 35. — infirmare = *aegrotare* I 179, 5. 10 [412, 40. 413, 1]; infirmatus oleo unguntur I 107, 25. II 119, 5. 10.

infirmitas: infirmitate detineri I 67, 25. 227, 15. 364, 25. II 96, 1—10. 242, 30. 243, 1. 244, 1. 5. 20. 25. 245, 1. 271, 25; i. occupari II 220, 20; in infirmitate positus I 248, 40; infirmitate prohiberi, impediri, prepediri I 221, 15. 241, 35. 245, 15. 249, 25. 291, 25 [445, 15]. II 48, 15. 189, 20. 25; de infirmitate mori I 220, 5; infirmitatem considerare II 242, 20. 248, 30. 302, 10; pro infirmitate baptizare I 84, 35. 106, 40. 182, 5; infirmitas episcopi II 264, 15. 20.

infirmus, a: i. abbas vel monachus vel monacha I 229, 10; i. parvulus I 179, 10 [412, 40]. — infirmi I 93, 15. II 411, 1; infirmus, qui pugnare non valet I 268, 10 [489, 45]; ad infirmos venire et instrumenta conscribere I 319, 15. 20; infirmos pascere, curare I 311, 15. 20 [421, 20. 25]; infirmum baptizare I 41, 20. 237, 5. 248, 30. 367, 1; circa infirmos ministerium implere I 244, 5. 20; infirmorum visitatio I 228, 30; infirmorum confessio II 182, 15. 20; infirmos unguere, inunguere oleo I 179, 10. 15 [413, 1]. 244, 15. II 119, 15; infirmus sine olei unctione et viatico non deficiat I 45, 40; infirmis viaticum et communio tribuatur I 107, 20; infirmi cum unctione olei communione viatici reficiantur II 182, 20. 25; infirmis Spiritum sanctum tradere II 40, 35. — infirmiores = *inferiores, pauperiores* I 263, 25.

infiscare res I 330, 20. II 321, 35.

informare I 340, 20. 341, 15; i. clerum I 340, 35; i. presbiteros II 407, 1.

infractiones immunitatum II 309, 15.

infracturae ecclesiarum II 301, 1.

infringere, infrangere: i. domum alienam I 160, 10. 15 [432, 5]. II 292, 10; i. ecclesiam I 216, 5. II 412, 20; i. immunitates II 186, 15. 272, 15. 292, 1; i. loca sacrata, monasteria II 412, 20; i. possessiones Dei II 177, 35 [186, 15]. — i. instituta regis II 149, 35; i. pacem I 157, 30; i. praeceptum II 272, 10 [312, 25]; i. sacramentum II 78, 1.

ingeniosus, a, um: i. machinationes II 335, 15. — ingeniose: i. res ecclesiis delegare I 330, 5; i. se in servicio tradere I 331, 1.

ingenium I 14, 5. 67, 10. 92, 5. 35. 40. 93, 10. 149, 1 [431, 15]. 188, 15. 312, 5 [421, 30]. II 70, 30. 131, 15. 132, 10. 171, 20. 320, 35. 321, 15; ingenium facere II 89, 10; i. adulationis I 93, 20; i. fraudis I 14, 35; i. iustum II 328, 30; i. malum I 49, 40. 68, 30. 101, 30. 113, 25 [428, 40]. 125, 10. 30 [410, 10. 427, 20]. 174, 30. 184, 20. 35. 40. 185, 10. 15. 196, 30. 220, 10. 285, 15 [441, 35]. 312, 15 [421, 40]. 324, 10. II 19, 5. 100, 5. 180, 35. 315, 15. 20. 318, 35. 321, 20. 335, 25. 376, 15. 486, 30. 487, 35.

ingenuare: i. se fraudulenter I 140, 25; i. se per ingenia vel iniuste I 185, 10.

ingenuilis mansus I 252, 10. 20. 30. 253, 25. 40. II 354, 15.

ingenuitas: ingenuitatis status I 49, 10. 201, 5; i. perfecta I 356, 30. II 230, 10; de ingenuitate mannire I 270, 5; ingenuitatem defendere I 315, 30; ingenuitatis carta; ingenuitatis libellus I 356, 30.

ingenuus, a: ingenuus, i. vir, homo I 3, 5. 4, 45. 5, 35. 17, 20. 22, 1. 38, 5. 69, 20—40. 78, 10. II 266, 15; i. Saxo I 71, 25. 72, 5; ingenua persona I 4, 35; ingenua, i. mulier, femina I 38, 10. 15. 40, 25; de ingenuo patre vel matre nati I 335, 10; ingenui filius I 60, 1 [403, 20]; ingenui lex I 5, 15; ingenuus tria custodiat placita I 210, 55; i. mallatus I 9, 35; i. in synodo accusatus II 225, 5. 10; i. in furtum inculpatus I 5, 5; i. cum furto non deprehensus I 23, 20; ingenuus ingenuum ictu percutiens I 117, 20; ingenuus multa solvere nequiens I 117, 25; i. novum denarium contradicens I 74, 35; i. pedicas tendens I 211, 5; cum ingenuis XII se expurgare II 225, 40; ingenuum occidere I 293, 10; ingenuus homo a servo occisus I 8, 30; ingenuam feminam trahere contra voluntatem parentum I 224, 25; ingenuus ingenuam uxorem accipiens et servum se faciens II 247, 10; ingenuus ancillam alienam, ingenua servum alienum in coniugium accipiens I 292, 25. 30; ingenuus ancillam uxorem accipiens pro ingenua I 40, 25; ingenua servum maritum accipiens pro ingenuo I 40, 30; ingenua femina in servitio se inplicans I 298, 40; *cfr.* Francus homo; ingenuus a litterarum conscriptione I 171, 10; i. per cartam dimissus, ad servitium interpellatus I 215, 1 [430, 1]; ingenuum dimittere servum alienum I 292, 15. 20.

ingerere crimen I 217, 20.

ingredi: i. ecclesiam II 243, 20. 245, 35; non i. ecclesiam I 182, 10; i. ad altare II 42, 25. — i. in patria Gotorum I 1, 20; i. fraudulenter terminos regni I 128, 25 [II 22, 5]; i. in regnum II 5, 1.

ingressus: ab ingressu ecclesiae se abstinere II 189, 15, arceri II 242, 10.

inhonoratio, inonoratio II 376, 5; i. imperatoris II 8, 25; i. regni I 305, 20. 40 [417, 5. 20].

inimicitia, inimicitiae, inimiciciae I 61, 40 [405, 5]. 72, 15; propter inimicitiam iniuste iudicare II 15, 5; inimicitias committere II 45, 15. 20. — inimicitiae = *faida*: inimicitiarum vindictae II 88, 30; inimicitias movere, facere I 97, 1. 15. 20. 30; i. a parentibus latronis sustinere II 86, 35.

inimicus, a, um: inimicae nationes I 272, 1. — inimicus, inimici: inimicorum commotio II 4, 10; inimicorum adventus I 320, 1; inimicum in regnum inducere I 92, 30; inimicorum insidiae II 85, 15; inimicis insidias facere I 208, 30; inimici Christi nominis II 4, 40. 283, 20; raptor, inimicus Dei I 16, 5; inimici ecclesiae II 5, 5. 69, 20; inimicus regis et populi I 217, 15; inimici regis I 128, 25 [II 22, 10]. II 331, 40. 332, 1. 337, 20. 378, 35. 379, 1. 5. 380, 5; i. regum fratrum II 69, 20; inimicus terrenus II 77, 25.

iniquitas I 365, 40. II 56, 30.

iniquus, a, um: i. cupiditas II 103, 25; i. inquietudo II 136, 25; i. machinatio I 354, 30. II 101, 25. — iniquorum potestas I 262, 25 [II 260, 15]. — inique agere I 171, 35.

iniungere = *mandare* I 305, 10 [416, 40]; i. aliquid missis I 183, 30. 213, 20. II 8, 5; i. legationem I 183, 20.

iniuria I 226, 30; iniuriam pati II 186, 10; iniurias saecularium pati I 373, 30; iniuriam vindicare I 2, 35; iniuriae cuilibet ex clero factae I 438, 10; iniurias agere contra clericum II 216, 15; *cfr.* 224; iniuriam inrogare ecclesiae I 46, 20; i. facere ecclesiis, viduis *etc.* I 93, 1; i. facere honoratis I 309, 35 [420, 20]; iniuriam machinare annuntiantibus iustitiam imperatoris I 97, 1; iniuriis dehonestare presbyterum II 215, 25; iniuriae sacerdotum in ecclesiis factae I 281, 20 [438, 10].

iniuriare presbyterum II 216, 1.

iniustitia: iniustitiam facere II 47, 20. 298, 20; i. reclamare I 92, 10; iniustitias pacificare II 298, 15; i. emendare I 324, 1; iniustitiam exsolvere II 318, 35; de iniustitia contendere I 217, 10; iniustitiae in aliis comitatibus factae II 314, 5. 10; i. fiscalinis factae II 16, 5.

iniustus, a, um: i. consuetudines; i. commendationes II 330, 20; i. commutationes II 330, 25; i. conubium I 59, 15 [409, 45. 449, 30]. 104, 10; i. dilatatio II 97, 30; i. exactationes II 388, 10 [408, 10]; i. inquietudo I 272, 15; i. mensura II 179, 25; i. modii II 44, 15; i. munera II 179, 20; i. negotium II 179, 25; iniusta occasio I 50, 5. 318, 35 [428, 20]; i. occasiones I 289, 15 [448, 10. 15]; i. pondera II 179, 25; i. pretium I 184, 20; i. ratio I 64, 1; i. sestarii II 44, 15; i. teloneum; i. traditiones II 380, 10; i. vexatio II 105, 5; iniusta facere II 301, 5. — iniuste: i. agere I 171, 35. 224, 20. 119, 10; i. altercari I 118, 25 [428, 40]; i. amittere I 314, 30 [450, 10]; i. auferre I 169, 35. 289, 5 [448, 1]. II 66, 15. 20. 161, 1. 280, 30. 374, 20; i. calumnia suffocatus II 526, 10; i. consentire I 98, 20; i. damnare I 19, 5; i. disputari I 296, 1; i. facere I 49, 30. 50, 5. II 9, 5. 279, 25. 334, 30; i. se ingenuare I 185, 10; i. inservire I 114, 5 [429, 1]; i. interpellare I 217, 5; i. invadere res I 328, 35; i. iudicare I 144, 10. II 15, 1. 5. 98, 5. 10; i. opprimere pauperes *etc.* I 289, 15 [448, 10]. 302, 15; i. pati I 214, 5. II 47, 30; i. praesumere II 102, 30; i. querelas facere I 333, 20; i. in servitio redigere I 215, 10; i. superponere II 17, 5; i. tenere I 5, 15; i. tollere I 155, 15. 191, 1. 292, 35. 318, 40 [428, 20]. II 318, 35; i. usurpare res I 293, 1; i. vendere res alienas II 19, 10.

inl- *v.* ill-.

inm- *v.* imm-.

innobilis *v.* ignobilis.

innocens I 75, 15; contra innocentem surrigere I 180, 30; super i. munera accipere I 70, 15; i. opprimere II 284, 30; i. occidere I 154, 20; se i. exuere I 17, 35; i. de morte fratris videri, diiudicari II 207, 5. 284, 20. — innocentum natalis I 179, 20 [418, 5]. 368, 35.

innotescere: i. causam ad comitem I 32, 15; i. episcopo II 335, 1; i. fidelibus imperatoris II 45, 30; i. imperatori, regi I 84, 30. 92, 5. 189, 20. 326, 30. II 28, 5. 287, 25; i. metropolitano I 34, 10; i. posteribus (?) regis I 189, 20.

innovare I 147, 15.

innuptam permanere I 41, 5. II 238, 20.

inoboediens, inobediens: i. abbati I 348, 20; i. abbatissis I 95, 10; i. comiti I 165, 25. 184, 25. 284, 10 [440, 35]. II 287, 5 [309, 30]; i. episcopo I 208, 30. 362, 10. II 155, 40. 287, 5 [309, 30]. 336, 1; i. imperatori I 160, 35 [449, 15]. II 360, 15; i. magistris I 95, 10; i. missis I 165, 25. II 287, 5 [309, 30].

inoboedientia I 364, 25.

inonoratio *v.* inhonoratio.

inopia I 96, 35. 168, 10. 229, 10. II 66, 10.

inops: inopem expoliare I 150, 20.

inordinata monasteria et senodochia I 328, 30. II 94, 5. — inordinate vivere I 195, 5.

inp- *v.* imp-.

inquietare: i. episcopos II 482, 5; i. fratres monachos I 228, 30; i. libellarios I 199, 20; i. regem I 228, 40; i. venientes ad imperatorem II 124, 30.

inquietudo I 165, 5. 264, 1. II 86, 20. 136, 25. 256, 20. 285, 5. 527, 15; i. iniusta I 272, 15; inquietudines saecularium II 441, 15; inquietudinem Hispanis inferre II 260, 5; i. regi facere I 36, 30; i. in territoriis ingerere II 186, 25.

inquilini I 318, 15 [422, 40]. II 26, 10.

inquirere I 66, 30. 67, 25. 104, 30. 125, 30. 145, 20. 147, 15, *passim;* i. per optimos, meliores I 289, 10 [448, 5]. 335, 20. 25; i. per populum II 87, 1; i. per testes cum iuramento I 317, 15; i. per sacramentum I 189, 35; i. pagenses per sacramenta in causis dominicis tantum I 295, 20. 25; i. cum iuramento II 62, 1. — inquirere clericos I 174, 35; i. comites II 85, 5. 10. 20. 30; i. latrones. I 180, 15; i. presbiteros I 174, 35. 190, 25; i. servos I 211, 5; i. testes I 124, 15 [426, 35. 448, 20]. 210, 20; episcopi circumeant parrochias et ibi inquirant de incestu, de patricidiis *etc.* I 170, 30; missi inquirant de monasteriis *etc.* II 63—65; *cfr.* II 278, 5; inquirere de censibus II 331, 1; i. de iniustis commutationibus II 330, 25. 30; i. de heribanno I 158, 25 [449, 1]; i. de hoste I 137, 15; i. de institiis imperatoris, ecclesiarum *etc.* I 101, 25. 104, 40; i. de moneta, monetis I 299, 35. 300, 5. 306, 25 [418, 10]. II 68, 25. 278, 5; i. de paraveredis I 315, 5 [450, 15]. II 331, 1; i. de statu et cognatione I 148, 20; i. de statu rei publicae II 93, 35. — inquirere actum I 208, 5; i. capitula II 8, 25; i. causam, causas I 124, 20 [426, 40. 448, 25]. 201, 40. 212, 5; i. veritatem I 129, 30 [II 28, 5]. 268, 10 [439, 45]. 314, 30 [449, 40]; i. iustitiam ecclesiarum II 93, 30; i. iustitiam regis, regalem I 122, 30 [425, 40]. 208, 5; i. scelera, violentias *etc.* II 102, 1. 125, 10; missi inquirant mensuram antiquam *etc.* II 63. 64; inquirere villas, cortes regales, palatia, publicas domus, comitatus pertinentia II 64, 10—20; i. forestes I 291, 4 [444, 30]; i. res ecclesiis pertinentes II 64, 20; i. res ecclesiasticas I 335, 5; i. monasteria et senodochia II 94, 5.

inquisitio, inquaesitio I 22, 5. 210, 25. 248, 35. 270, 5. 318, 35. II 15, 5. 62, 1. 82, 25. 87, 1; i. prima I 118, 15 [428, 35. II 317, 25]; i. secunda, tertia I 118, 10 [428, 30. II 317, 25]; i. secunda I 181, 5; inquisitione investigare I 274, 35; i. discutere I 298, 1; inquisitio missi I 488, 40; inquisitionem facere per domos, mansiones I 298, 10; inquisitio, quo modo fiat II 8, 15—25; inquisitiones superfluae non fiant II 90, 35. 91, 1; inquisitio rerum I 168, 15; i. de possessione I 107, 10. 15; i. de rebus fisci I 300, 25 [436, 35]. II 10, 1; i. de ecclesiis destructis II 12, 25; i. de rebus ecclesiarum I 186, 1.

inreligiositas II 404, 35.

inreligiosius vivere II 88, 40.

inreprehensibilis I 312, 35 [422, 15].

inscribere = *accusare* I 215, 5.

inscriptio: cartas vel quascunque inscriptiones falsas appellare II 108; inscriptio temporum II 25, 15.

inserere I 201, 20. II 48, 10; i. capitula I 83, 35. II 85, 30; i. in apicibus II 27, 35; i. in capitulare I 189, 35; i. capitulis, in capitulis I 275, 5. 278, 1. 30. 35. 279, 15. 280, 1 [407, 20. 408, 5. 10. 40. 409, 30]; i. in cartulis II 55, 30; i. decretis I 69, 30.

inservire aliquem I 40, 25. 30. 114, 5. 10 [429, 1. 5]; i. advenas II 278, 35.

insidiae II 279, 30. 529, 40; i. adversariorum, inimicorum II 85, 15; insidias ponere episcopo I 361, 20. 362, 5; i. facere inimicis I 208, 30; i. contra pastorem facere I 56, 5 [400, 5].

insidiationes malorum II 91, 15.

insidiatores vitae II 242, 25. 244, 1.

insignire impressione anuli II 149, 40.

insinuare alicui I 340, 10; i. dinoscentiae imperatoris I 304, 1 [415, 35].

insobrinus I 202, 20.

inspectio descriptionis I 262, 40.

inspicere I 274, 45. II 298, 25; i. cartam traditionis I 314, 30 [450, 10]; i. commutationes II 404, 20.

instituere aliquid I 49, 15. 198, 25. 199, 25. 201, 20. 208, 25. 318, 25. 339, 5. II 259, 20. 351, 15; i. sinodaliter I 42, 30; i. capitulare I 52, 5. 198, 10; i. capitula; i. edictum I 65, 15; i. placitum; i. tributum, teloneum I 289, 15 [448, 15]; i. forestes I 288, 10 [442, 35. 40]. 291, 5 [444, 35]; i. monasteria I 111, 5; i. plebes I 312, 35 [422, 15]; i. senodochia I 196, 35. — i. aliquem I 339, 40; i. iudicem I 12, 15. 28, 15; i. missum I 28, 15; i. vicarium I 12, 10; *v.* institutum.

institutio: i. canonica I 33, 35. 34, 45. 35, 1. 15. 36, 1. 58, 40 [397, 25]. 77, 20. 93, 35. 95, 35. 100, 15. 103, 15. 106, 35. 119, 25. 30. 122, 1. 5 [446, 35]. 188, 25 [447, 5]. 190, 30. 195, 15. 243, 5. 339, 5—340, 15. 30. 35. 341, 1—35. 342, 1—15. 369, 35. II 42, 30. 218, 35. 236, 10. 240, 20. 409, 10. 411, 30; i. canonum II 188, 30; i. concilii II 236, 20; i. divina II 411, 5; i. ecclesiastica II 509, 15; i. episcopi II 287, 20; i. imperatoris I 211, 20. II 88, 40. 95, 15; institutiones papae II 351, 10; institutio regularis I 98, 35. 122, 1. 5 [446, 35]. II

411, 30; i. synodalis II 288, 1; i. testatoris II 121, 10; i. vitae canonicorum I 367, 40. 368, 1. — institutio = *instructio*: ad institutionem regis ac ministrorum eius *etc.* II 530, 1.

institutor synodochii II 121, 5.

institutum: instituta canonica I 33, 25. 57, 35. 40. II 242, 1; instituta canonum I 57, 20 [401, 20]. 76, 10. 78, 5. 103, 10. II 81, 40. 118, 35. 241, 15. 263, 30; i. papae II 410, 5; i. patrum I 35, 40. 119, 35. 378, 30. II 212, 1; i. regis I 52, 10. 208, 30. II 149, 35.

instructio I 340, 20; i. missorum II 7, 30.

instruere aliquem I 61, 25 [404, 40]. 79, 35. 40. 284, 30. 285, 1. II 89, 20; i. catecuminos I 110, 5; i. clericos; i. fideles; i. feminas nobiles II 42, 25; i. filios spiritales I 174, 25. 312, 30 [422, 10]; i. filios et ministros ecclesiae I 304, 15 [415, 50]; i. homines suos I 306, 5 [417, 35]; i. meliores et veratiores electos II 8, 20; i. missos II 8, 10; i. parroechias II 45, 30; i. plebem I 247, 5; i. populum II 249, 5; i. presbyteros; i. procuratorem rerum I 306, 5 [417, 40]; i. sacerdotes I 247, 5; i. subditos I 77, 1; i. viduas I 279, 35 [409, 15]. — instruere (= *armare*) utiliorem II 94, 35—95, 5.

instrumentum, strumentum: i. bellicum I 168, 20. — instrumentum = *carta* I 311, 10 [421, 10. 15]. 319, 20. 373, 35; i. imperatoris I 369, 25. — instrumentum (= *testamentum*) vetus ac novum I 80, 25.

insufflare I 247, 10.

insurgere contra regem II 360, 30.

integer, a, um: i. libertas I 229, 20; i. possessio I 28, 15. — ad integrum agnuscere I 1, 25; in integrum redhibere I 18, 1.

integritas I 13, 5. 18, 25; sub integritate concedere I 358, 20—35; sub i. permanere II 376, 5; in i. tenere I 14, 5.

intentio: i. malivola I 72, 20; i. recta II 425, 5. — intentio = *contentio* I 188, 20. 218, 10. 336, 20; i. inter partes regni orta I 129, 15 [II 28, 5].

intercedere pro aliis II 366, 35.

intercessio I 128, 30 [II 22, 10]; i. imperatoris, beati Petri I 354, 35. 45.

interciare I 16, 1. 118, 10—25 [430, 30].

interdicere I 7, 35. 205, 10. 207, 25. 248, 1. 10. II 42, 5. 43, 1; i. strumenta I 311, 10 [421, 10. 15].

interdictum, interdictus II 407, 10. 410, 20; i. anathematis II 419, 30; interdicta canonum II 33, 20; interdictum episcopi I 327, 1; i. regis I 4, 30. — interdictum = *contradictio* II 212, 15.

interfector I 281, 5. 10 [438, 1]; i. christiani captivi II 233, 25; i. rebellis repugnantis II 215, 20; i. sacerdotis degradati II 182, 15; interfectoris hereditas II 18, 25; *cfr.* homicida.

interficere II 38, 25; i. inauditum I 28, 25; i. hominem ex levi causa aut sine causa I 282, 25 [439, 15]; i. aliquem in propria domo I 214, 20; i. in ecclesia I 281, 1—15 [437, 40—438, 5]. II 18, 1—15; se defendendo interficere I 281, 5 [437, 45]. II 18, 10. 97, 10. 215, 10; i. auctores facti I 124, 10 [426, 25]; i. avunculum I 148, 15; i. christianos captivos II 233, 25; clericus in bello aut in rixa interfectus II 248, 20; interficere comitem I 70, 20; i. diaconum I 68, 30; i. dominum vel dominam I 69, 15; i. episcopum I 68, 30; i. fratrem II 18, 25; i. hominem regium, ecclesiasticum, litum I 117, 25; i. indicem II 109, 10; i. malefactorem I 72, 25; i. malum hominem I 10, 15; i. maritum II 190, 5; i. matrem I 148, 15. II 18, 25; i. missum regis I 72, 10; i. nepotem I 148, 15. II 18, 25; i. parentes I 97, 20; i. patrem I 148, 15. II 18, 25; i. poenitentem I 282, 1 [438, 30]; i. presbyterum I 68, 30; i. propinquos I 97, 20. 25. II 18, 25; i. repugnantem II 215, 15; i. seniorem II 142, 40; i. servum iudicio aquae ferventis examinatum I 281, 10 [438, 1]; i. uxorem II 18, 25. 190, 5; i. vassallum depraedationes facientem I 217, 10.

interpellare I 118, 5 [430, 25]. 152, 20. 217, 1. 5; i. invasorem rerum alterius I 293, 25; i. rectorem ecclesiae I 197, 15; i. de causa I 268, 15 [445, 30]. 268, 45 [445, 35]; i. de conquisito vel de mancipiis I 268, 45 [445, 30]; i. de conventione I 398, 40; i. de hereditate paterna vel materna I 293, 5; i. de libertate I 113, 30 [447, 35]. 215, 1. 5. 20 [430, 1. 10]; *cfr.* I 315, 35. II 11, 35; i. de proprietate in bannum missa I 283, 35 [440, 20]; i. de statu, ad servitium I 215, 1. 5. 20 [430, 1. 10]. 315, 35. II 11, 25; *cfr.* I 113, 30 [447, 35]. — interpellare apostolicam sublimitatem, sedem II 231, 1. 10; i. ad palatium I 365, 1; i. ad regem II 328, 25. 30.

interpellatio I 107, 10. II 13, 25. 58, 1; i. de hereditate facta II 345, 5.

interpellator I 215, 10 [430, 10]. II 108, 30.

interpres I 246, 15; LXX interpretes II 508, 25.

interpretatio symboli secundum Latinos I 247, 5.

interregnum, interrignum I 14, 20. 23, 5.

interrogare I 161, 15. 20. 162, 30. 284, 25. 35. 285, 1. 305, 20 [417, 5]. 309, 30 [420, 5]. II 10, 5. 224, 25; i. testes I 210, 40; i. iuratos I 210, 40; interrogetur Romanus populus, qua lege vult vivere I 323, 30; populus i. de capitulis, quae in lege noviter addita sunt I 116, 10; buticularius de foreste sua interrogandus est I 314, 25 [450, 5].

interrogatio: i. imperatoris, regis II 529, 30; i. missorum II 12, 40; i. synodalis II 209, 45. 214, 5. — ad interrogationem imperatoris, (regis) reservare I 176, 20 [433, 25]. 293, 15. II 359, 5.

intervenire et discutere I 161, 15.

interventio Petri et Pauli II 99, 15 [348, 15].

interventor II 414, 30.

intestatus defunctus I 21, 20.

intimare = *inserere*: i. donationes monumentis I 311, 10 [421, 15]. — intimare = *nuntiare*: i. apostolico I 108, 20; i. fidelibus II 65, 35; i. imperatori I 342, 10.

intrare in causam II 19, 5.

introire in tertiam portionem I 201, 20.

inultum I 98, 40; inultum remanere II 47, 25.

inunguere oleo I 179, 10 [413, 1].

invadere per vim domos II 92, 35; i. ecclesiam II 409, 30; i. facultates praesulis mortui II 108, 20; i. iustitiam II 181, 1; i. res alienas II 19, 10; alteri res suas aut alia causa sine iudicium tollere aut invadere I 200, 5; i. res alienas sine lege II 108, 20; i. res defuncti II 363, 1; i. res ecclesiasticas I 328, 35. II 102, 25; i. res episcopi II 409, 30; i. res venientis ad imperatorem II 124, 30; i. terminos vel regni limites I 128, 25 [II 22, 5].

invasio: i. alienarum rerum I 262, 5; i. regni II 71, 20.

invasor: i. domus Dei II 177, 35 [186, 15]; i. ecclesiae I 374, 40. 45; i. rerum alterius I 293, 25.

invectio canonica I 278, 10 [407, 30]. 382, 25.

invenire: i. caballos in sua messe I 160, 30 [449, 15]; i. fugitivum I 7, 1. 140, 5. 287, 5 [441, 45]; i. furtum I 5, 1. 6, 1; i. latronem; i. hominem foras sermone regis missum I 10, 15; i. mancipia, servum I 6, 15. 7, 1. 287, 5 [441, 45]; *cfr.* 140, 5; i. thesaurum subtus terra I 216, 25. — invenire aliquid (*sc. deliberatione*) II 2, 25—3, 1. 4, 20. 25. 80, 5. 170, 30, *saepius*; i. in conventu (placito), cum fidelibus II 9, 35. 56, 25. 70, 20. 71, 5. 84, 5. 157, 10. 15. 168, 5. 169, 10. 288, 5. 15. 293, 30. 294, 10. 318, 1. 326, 1. 359, 5.

investigare *ex. gr.* I 45, 30. 109, 35. II 66, 20; i. causam II 93, 30. 423, 10; i. res ecclesiasticas II 408, 30; i. ad iura thelonica II 250, 15.

investigatio I 296, 30. 310, 15 [420, 40]. 368, 5.

investitura *v.* vestitura.

invidia I 49, 25. 50, 1. 59, 5 [402, 30]. 61, 40 [405, 5]. 110, 45. II 28, 40. 40, 10. 45, 15. 20. 375, 1.

invitare: i. graphionem I 9, 15—30. 10, 1; i. ad placitum II 218, 15.

invitatio: i. graphionis I 10, 5; i. episcopi II 378, 15.

invitatorius psalmus I 347, 30.

invitus, a I 227, 20; invitum clericum, monachum facere *etc.* I 68, 15. 168, 40. 376, 10. 15; i. episcopum ordinare, consecrare I 372, 35. 40; i. tondere I 130, 1; invitam velare I 40, 20; i. viduam sibi copulare, ducere I 281, 30 [488, 25].

involare = *furari* I 5, 10. 17, 1.

ioculator I 64, 20. II 179, 20.

iocus I 185, 35. 195, 20. II 187, 5. 188, 25; ioca saecularia II 179, 20—35.

Iovis barba = *sempervivum tectorum* I 90, 10.

ira I 61, 40 [405, 5]. 72, 10. 180, 20. II 45, 15. 20.

iracundia I 72, 20. 180, 30. 182, 5. II 375, 1.

iracundus I 95, 40.

ire: in eundo pacem servare II 328, 20; in eundo vastationem *etc.* facere I 101, 20. 25; eundo fugidis commotionem facere I 96, 15; ire in hostem, in exercitum I 138, 5. 15. 165, 5. 10. 167, 1 [432, 45]. 220, 5. 325, 10—20. II 71, 25. 95, 1; i. in exercitalem expeditionem II 20, 1; i. exercitaliter I 168, 20; i. cum exercitu II 67, 5. 10; i. cum comite I 167, 5 [433, 5]; i. ad patriam defendendam I 319, 30; i. facere populum II 95, 35; i. ad obsequium, servitium imperatoris, regis I 165, 20. II 92, 30. 124, 30; i. ad palatium II 526, 40; i. cum rege II 359, 30; i. ad Dei iudicium I 75, 15; i. in servitium Dei I 220, 5; i. in trustem I 7, 25; i. ad vestigium I 7, 30.

irr- *v.* inr-.

iter I 229, 15. II 62, 15. 92, 20. 93, 35; in itinere esse, iter facere *etc.* I 36, 1. 142, 20. 178, 25 [412, 25]. 227, 15. II 41, 40. 244, 20—245, 1. 10; iter facientibus hospitalitatem praebere, mansionem non denegare II 375, 5. 10; in itinere pergens nulla super suum pare praendat I 43, 5; in i. nihil tollere II 87, 10; *cfr.* 374, 20; in iter agendo onerosum et damnosum existere II 87, 20; in itinere rapinam facere II 292, 25. 30. 373, 20; in i. missam celebrare I 46, 5. 178, 30 [412, 25]; in i. mortuus I 220, 5; itinera agere die dominico I 36, 5; i. agere propter utilitatem imperatoris I 116, 10 [429, 40]; iter exercitale I 138, 10. 167, 15. 168, 30. 35; i. demittere I 137, 25; in itinere exercitali pax sit I 305, 30. 35 [417, 10—20]. II 5, 10; in itinere pergere aut hostiliter vel ad placitum I 43, 5.

iterare aliquid II 18, 1. — iterare = *itinerari* I 124, 30 [427, 5]. 376, 1; iteranti hospitium denegare I 96, 20. 144, 5; ad iterantes mansionem vetare I 199, 1; iterantium susceptio I 152, 15 [448, 35]; iterantes adsalire I 51, 1. 66, 1; i. depraedationes et rapinas non faciant II 287, 15.

iubere I 15, 25. 16, 15. 18, 30, *passim*; i. per bannum episcopi II 224, 15.

Iudaismus I 363, 35.

iudex, iudices I 7, 15. 11, 5. 12, 10. 16, 10. 20. 15, 30. 17, 5. 10. 18, 35. 19, 25. 113, 40. 151, 10. 192, 30. 193, 5. 196, 15. 20. 203, 15. 204, 40. 207, 15. 210, 35. 319, 10. 367, 40. 373, 40. 376, 10. II 15, 30. 62, 10. 64, 1. 5. 89, 5. 250, 15. 314, 20. 344, 25. 30. 371, 15. 395, 1; iudex publicus I 21, 20. 22, 25. 216, 5. 320, 30. II 266, 20; iudex publicus compescat vindictam facientem II 86, 35; iudices boni et idonei I 104, 35; iudex pravus I 206, 30; iudices domni apostolici I 323, 15. 25. 30. 324, 1; iudex comitis I 51, 10. 124, 40. 210, 20. 25; i. episcopi I 23, 15; i. immunitatis I 48, 20; i. loci I 11, 35. 16, 35. II 183, 1; i. a metropolitano probatus I 56, 35 [400, 40]; i. potentis I 23, 15; iudices constituere I 149, 10 [431, 25]. II 64, 1. 5. 521, 15; i. sibi constituere II 57, 25; i. in regione constituti I 11, 5; i. cum comite et populo eligere I 151, 15; i. electi de utrinsque partibus I 77, 35; iudicem instituere I 12, 15; i. ordinare II 133, 30; iudices de aliis provinciis non ordinandi, instituendi I 22, 10. 23, 15; presbyter ad iudicem manu perdat I 150, 30; ante iudicem I 6, 10. 15. 159, 1. 5; coram iudicibus increpatus I 118, 25 [428, 45]; in praesentia iudicum I 205, 35; sine iudice compositionem accipere I 5, 1. — iudex esse non potest accusator II 249, 15; i. homicidium vindicet I 59, 15 [402, 45. 434, 30]; i. ieiunus causas audiat et discernat I 58, 20 [402, 10]. 103, 40; i. inauditum non interficiat I 23, 20; i. rationetur pro infirmo I 93, 15; i. iustitiam non dilatet I 149, 1 [431, 15]. 209, 35; iudices iustitiam non immutent II 84, 10; iudex legem discat I 58, 20; i. confiteatur, qua lege vivere debeat, et secundum ipsam iudicet I 104, 20; i. secundum scriptam legem iudicet I 96, 15; iudices secundum scripturam, non secundum arbitrium iudicent II 98, 5—15; iudex contra legem iniuste damnans I 19, 5; iudices munera, praemia non accipiant I 149, 1 [431, 15]. 174, 5; iudex ponat rationem I 193, 30; iudices testes falsos non accipiant I 174, 5; i. testimonium testium mala fama habentium prohibeant I 210, 20; iudicum arbitrium I 205, 1; iudicis bannus I 96, 30. 104, 35; i. campus I 15, 30; iudicum contrarietas I 21, 25; iudicis diffinitio II 108, 40; iudicum ecclesiae I 208, 20; iudicis epistola II 183, 30; iudici fretus conservetur I 7, 10; iudices falsidicos dicere II 109, 10; iudicis honor I 48, 25. 35. 216, 5; i. ignorantia I 58, 20 [402, 5]; i. iudicium II 98, 5; i. iussio II 182, 20; i. ministerium I 48, 30. 192, 30. 324, 5; i. missus I 193, 30. 196, 15; i. pagus I 16, 10; iudex patibulum habeat I 171, 35; iudicis placitum I 87, 5; iudex placitum in ecclesia non teneat I 196, 25; *cfr.* II 110, 15. 20; iudicis potestas I 48, 30; iudicis res I 15, 30; i. sacramentum II 64, 5. 131, 25; i. sententia I 18, 30; i. servus I 15, 30; i. subscriptio II 64, 1; iudicum ultio I 12, 5. — iudex clericum per se non distringat I 21, 15. 46, 15; iudex et comes II 344, 25. 30; iudices et episcopi I 58, 5 [401, 35]. 103, 25. 174, 5. II 178, 15. 40 [185, 30]. 219, 1. 266, 20; iudex et fugitivi, fugaces I 193, 15. II 182, 10—20. 344, 20. 25; iudices et latrones I 7, 10. 17, 1. 5. 181, 15. 210, 5; iudex et orfani I 87, 5. 192, 10. 209, 35; i. et pauperes I 96, 30. 100, 30. 165, 5; i. res pauperum non emat nec vi tollat I 174, 30. 220, 10. 312, 15 [421, 40]. II 180, 30. 35; iudices testes inquirant, eligant I 210, 20; *cfr.* 174, 5. — iudicem interficere II 109, 10; iudicibus minas aut convicia inferre II 109, 5. 10; licentia pignerare iudicem II 133, 30; iudicibus satisfacere I 268, 25 [445, 35]. — iudex = *iudex fisci, actor dominicus, villicus* I 83—90; iudices villarum regiarum II 487, 30—488, 1. 10; iudicis ministerium I 84, 1. 87, 15. 88, 15; si iudex intra patriam non fuerit, in exercitu, wacta, ambasiato fuerit I 83, 20. 84, 25; iuniores iudicis I 84, 25. 88, 20. 25. 89, 15; iudicis missus I 88, 20.

iudicare I 25, 15. 68, 20. 71, 35. 72, 1 115, 30 [429, 35]. 118, 5 [430, 25]. 148, 15 [430, 40]. 152, 20. 176, 30 [433, 40]. 200, 1. 201, 30. 257, 5. 292. 293. II 56, 25. 57, 15. 170, 30. 189, 30. 207, 5. 217, 30. 225, 20. 247, 10. 485, 25. 30; iudicandi potestas I 58, 15 [402, 1]. 103, 40. 354, 30; iudicare iuste I 58, 15 [402, 1]. 96, 15. 103, 40. 159, 5. 304, 30 [416, 10]. II 336, 30; i. per iustitia I 37, 5; i. iustum iudicium I 72, 1. II 46, 5; i. legaliter II 318, 30; i. legitime I 32, 15; i. legem, secundum legem I 32, 20. 100, 40. 104, 30. 180, 30. 181, 5. 192, 25; i. recte II 64, 1; i. veraciter II 84, 10; i. iniuste I 144, 15. II 15, 1. 5. 98, 5. 10; i. contra rectum iudicium I 146, 25; i. perpere I 19, 5; i. secundum arbitrium I 96, 15. II 98, 5. 10; i. in muneribus, consideratione personae I 58, 15 [402, 1]. 103, 40; i. secundum personam II 212, 20; i. aliud, quam ut praeceptio continet I 19, 25; i. secundum consuetudinem et constitutionem capitulorum II 322, 5; iudicandi aequitas I 12, 10; i. canonice, secundum canones *etc.* I 35, 1. 208, 1. 15. 237, 10. 373, 25. 374, 5. 45; i. episcopali auctoritate II 292, 15. — i. causam; i. facinora licitis diebus I 376, 10; i. iudicia II 316, 35. 319, 1; i. clericos et ecclesiasticos I 56, 25 [400, 25]. 103, 1. 188, 1; i. conspirationem facientes I 124, 10 [426, 25]; i. episcopos II 86, 35; i. Hispanos eorumque homines II 259, 30; i. latronem I 171, 40. 172, 1. 180, 5. 20; iudicari quasi latro et infidelis I 156, 30 [428, 15]; iudicare libertum I 22, 1; i. poenitentes I 179, 25 [447, 20]; i. populum II 48, 35; i. praesulem I 184, 1 [411, 30]; i. presbiteros II 407, 10; i. de vassis dominicis I 160, 10 [432, 5]. — iudicari apud ecclesiasticos, non apud saeculares I 56, 25 [400, 25]. 103, 1; iudicari ante episcopis I 188, 1; iudicari a principe vel episcopis seu comitibus I 30, 10; iudicari ad regem vel ad principem I 113, 20 [428, 40. 317, 30]; ad iudicandum non se exhibeant viles et infames I 384, 40; Iudei nullas civiles aut criminales causas inter christianos iudicandi locum habeant II 122, 40. — iudicare anathema I 73, 30. 74, 1; i. bannum I 172, 1; i. ad campum I 208, 10; *cfr.* 331, 15; i. capitali sententia I 23, 30; iudicari culpabilem; i. ad crucem I 208, 10; i. ad excusandum aut ad emendandum I 181, 20; i. ad mortem I 148, 5. 10. 20 [430, 35. 40]. 151, 10. 171, 40. 172, 1. 182, 10. 281, 15 [438, 5]. II 346, 35; *cfr.* I 23, 30; iudicare ad poenam vel ad mortem diebus dominicis I 174, 15; i. poenitentiam I 40, 10. II 289, 15; i. pugnam I 331, 15; *cfr.* 208, 10; i. ad sacramentum I 148, 15 [430, 40]; i. sacramenta ad palatium I 151, 15. — iudicans I 290, 20 [444, 10]. II 54, 30. — iudicatum = *iudicium* II 62, 10. 524, 40.

iudicialis: i. diffinitio II 108, 20; i. potestas II 374, 10; i. sententia I 204, 35.

iudiciarius, a, um: i. auctoritas II 82, 20; i. potestas I 192, 25. 202, 10. 324, 5. II 259, 25. 420, 5; iudiciariae potestatis administrationem Iudeus non tractet II 122, 40. — iudiciaria (= *iudicia*) tenere I 79, 45.

iudicium, iuditium = *conventus iudicialis, placitum* I 336, 15; in iuditio residere II 109, 5; in i. venire I 181, 1; iuditium incedere II 134, 15; in i. mittero I 115, 30 [429, 35]; ad i. mittere servum I 335, 25; in i. testes mittere I 139, 30; in i. proferre advocatum I 374, 30; in iudicio adiuvare aliquem I 118, 25 [428, 40]; in i. lex discernatur I 402, 5; iudicium habere II 133, 1; i. archiepiscoporum I 29, 20; i. comitis I 218, 5. II 85, 30; i. ecclesiasticum I 36, 25; i. episcopi I 74, 40. II 216, 20; i. imperatoris, regis I 12, 10. 92, 20. 97, 30. 35. 98, 10. 143, 10. 289, 5 [443, 5]. 329, 1; i. publicum I 36, 20. 25. 122, 30 [425, 35]. 196, 10. 197, 35. 232, 20. II 266, 5. 10. 292, 25; i. saeculare I 107, 10. 121, 35. 182, 10. 196, 10. 210, 30. 226, 25. 228, 40. — iudicium et iustitiam populo facere II 438, 20; i. atque iustitiam conservare II 383, 35; in iudicio et iustitia regere II 338, 40; pro ingenio rationis iustum iudicium marrire I 93, 15; *cfr.* 149, 10 [431, 20]. 150, 40. — iudicium = *causa iudicii*: i. criminale, civile I 36, 25; i. saeculare II 524, 15. — iudicium = *iudicatum* I 6, 25. 16, 25. 139, 25. 30. 148, 20 [430, 45]. 172, 1. 176, 15 [433, 25]. 200, 5. 229, 35. 268, 35. 282, 40 [439, 30]. 334, 35. 346, 45. II 98, 5. 10. 109, 10. 132, 25. 30. 334, 30. 523, 5; i. reservare ad examen comitis I 262, 10; i. iudicare I 72, 1. II 46, 5. 316, 35. 319, 1; i. dare I 12, 1; i. statuere, decernere I 201, 40. II 436, 35; i. terminare, exercere, perficere I 93, 40. 94, 1. 148, 5 [430, 35]. 158, 5 [448, 40]. 172, 10. II 259, 30. 315, 25. 316, 35. 320, 20; i. cum misericordia reddere II 436, 15; i. denuntiare II 188, 35; pro iudiciis munera accipere I 174, 5; iudicia vendere II 15, 10; iudicium blasfemare I 123, 20 [426, 10]; i. subvertere I 149, 10 [431, 20]. 150, 40; *cfr.* 92, 5. 93, 15; i. aequitatis II 524, 40; i. falsum II 54, 30; i. iustum I 12, 10. 72, 1. 93, 40. 94, 1. 98, 15. 172, 10. 188, 10. 20. II 15, 10. 46, 5. 279, 25. 30. 280, 10. 281, 15. 20. 436, 35; i. iustitiae II 255, 20 [398, 25]; i. legale II 160, 30. 372, 30; i. legibus consentaneum II 98, 10; i. rectum I 58, 20 [402, 5]. 146, 25. 185, 10; i. apostolicae sedis I 124, 25; i. canonicum I 29, 5. 189, 35. 281, 5 [438, 1]. II 42, 20. 84, 10. 175, 25. 502, 35; i. comitis I 189, 25; i. concilii II 265, 35; iudicia ecclesiastica II 217, 25. 402, 25. 406, 30. 491, 1; iudicium episcopi I 48, 5. 97, 35. 98, 10. 226, 25; i. episcoporum I 28, 15. 49, 25. 40. 360, 40. 361, 1. II 58, 15. 74, 5 [157, 1]. 76, 5. 10. 120, 30. 182, 15. 211, 25. 35. 215, 15. 20. 236, 10. 242, 5. 243, 1. 335, 25; *cfr.* II 265, 35; i. episcopale I 317, 10. II 315, 25. 318, 25. 325, 25. 404, 15; i. fidelium II 287, 1. 5 [309, 30]. 287, 20. 346, 15; i. Francorum I 13, 40. 148, 10 [430, 35]; i. imperatoris, regis I 13, 40. 85, 15. 189, 35. 326, 25. II 98, 10. 103, 30; i. metropolitani I 328, 30. 332, 5; i. missorum II 103, 15; i. poenitentiae I 57, 10 [401, 5]. 179, 25 [447, 20]. II 190, 1; i. poenitentium I 365, 10; i. presbiterorum I 98, 10; i. sacerdotum II 235, 5. 249, 15; i. sacerdotale II 53, 20. 235, 5. 502, 25; i. scabinorum I 123, 20 [426, 10]. 148, 15 [430, 45]. II 314, 1; i. synodi I 28, 5; i. synodale II 241, 15. 340, 1. 401, 10. — iudicium, i. Dei, i. divinum = *examen* I 160, 25 [434, 10]. 208, 10. II 172, 1. 344, 25—35. 345, 15; ad i. rem deferre II 171, 25; iudicio reservare II 190, 1; ad iudicium ire, exire *etc.* I 75, 15. 20. 148, 40. 151, 10. 180, 20; apud i. adprobare I 49, 5; per i. reprobare I 181, 1; iudicio se examinare, purgare II 118, 20 [448, 1]. 365, 20. II 190, 10. 315, 20. 318, 25. 344, 25. 30. 345, 15; ad iudicium se idoniare I 160, 30 [449, 10]; i. aquae ferventis I 281, 10 [438, 1]; i. aquae frigidae II 7, 5; i. crucis I 129, 20 [II 23, 45]. I 280, 30. 268, 10 [439, 45]; *cfr.* examen, examinatio, crux. — ad iudicia Dei (= *evangelia*) iurare I 192, 30; *cfr.* '*Z. f. Rechtsgesch.*' *XI. p. 35*; iuditium Dei credere (?) I 150, 30.

iumentum I 172, 20. 254, 25. 255, 25. 258, 5. 20; i. conparare, vendere I 157, 1 [428, 20]; iumenta pacem habeant I 171, 1.

iungere (*sc. matrimonio*) I 179, 25 [447, 20]; i. cum benedictionem I 98, 1; non iungant se raptor et rapta I 279, 5; puero adulta femina non iungatur II 122, 30; mancipia diversae potestatis iuncta I 335, 30.

iuniores I 158, 35 [431, 45]. II 523, 20; i. centenarii I 96, 15; i. comitis I 96, 15. 169, 15. 25. 35. 184, 15. 20. 187, 1. 199, 20. 40. 262, 1 [II 259, 25]; i. ducum I 211, 30; i. ecclesiae I 46, 15; i. iudicis I 84, 25. 88, 20. 25. 89, 15; i. mansionarii I 298, 10; i. senioris I 158, 15 [413, 15].

iuramentum I 58, 30. 35 [402, 15. 20]. 107, 15. 124, 5 [426, 20]. 186, 1. 197, 20. 226, 30. 346, 30. II 140, 35. 148, 1; testes ad i. admittere I 124, 15. 20 [426, 35. 448, 20]; ad i. non admitti II 225, 5. 10; iuramento constringere I 313, 1 [422, 25]. II 3, 1 [6, 15]. 188, 15. 215, 20. 225, 25. 226, 15; iuramento conligare II 226, 15 [240, 30]; iuramento firmare, confirmare II 226, 1. 10. 238, 10. 360, 20; cum iuramento adprobare II 251, 5; iuramento se excusare, expurgare II 225, 5; iuramento se excondicere II 373, 5; cum iuramento inquirere I 317, 15. II 62, 1. 250, 25; a iuramento periculoso, noxio se cavere II 45, 25; iuramenti usum devitare, prohibere I 228, 15. 336, 40; iuramentorum confusio II 407, 20; iuramentum II hominum II 185, 25; i. VI hominum I 8, 30; i. hominum meliorum II 378, 10; i. Iudeorum I 259, 5. — i. fidelitatis II 54, 10; i. fidelitatis papae I 324, 15; i. fidelitatis regum fratrum II 172, 5.

iurare: i. sacramentum I 48, 25—35. 49, 5. 15. 113, 15 [428, 35]. 148, 15 [430, 40]. 151, 10. 180, 20. 25. 198, 15. 217, 5. 258, 35. 282, 30 [439, 20]. 331, 1. II 62, 1. 5. 15. 64, 1. 89, 5. 108, 30. 133, 10. 250, 20. 274, 20. 25. 278, 15. 313, 35. 314, 25. 315, 15. 318, 15. 319, 10; i. iuxta suam legem I 219, 1; i. sacramenta legalia, legitima I 268, 20 [445, 30. 35]. II 324, 25—325, 1. 25; iurandi arbitrium tribuere II 135, 30. 146, 40; iurare contempnere I 70, 25; sacramentum manu propria i. II 374, 35; i. pro suis hominibus II 87, 10; i. facere homines I 192, 30. 198, 5; i. facere scabinos electos II 15, 1; i. non debere I 51, 1. 58, 35 [402, 20]. 107, 15. II 224, 25; i. ieiunum I 58, 35 [402, 20]. 104, 1. 148, 30 [431, 10]. 150, 25; sacramenta ubi iuranda sint I 284, 10 [440, 35. 40]; sacramentum in ecclesia iuretur I 118, 20; iurare in patria I 268, 20. 25 [445, 35]; i. in palatio I 314, 20 [450, 1]; i. per caritatem et veritatem I 58, 25 [402, 15]; i. per Dei nomen et trinitatem *etc.* I 14, 30; i. per Dei mysteria II 123, 10; i. in sanctis I 58, 35 [402, 20]. 104, 1; i. supra reliquias I 118, 20; i. super sacra II 380, 20. 407, 15. 439, 40; i. ad Dei iudicia I 192, 30 (*cfr.* iudicium); i. per gratiam imperatoris II 118, 1; i. per vitam regis et filiorum eius I 116, 20; i. solum I 156, 35 [428, 15]; i. cum duobus aut tribus aut cum suo archiepiscopo I 75, 10. 15; i. cum iuratoribus, coniuratoribus, sacramentalibus I 124, 15 [426, 30]. 268, 20 [445, 30]. 336, 5; i. cum VI electis I 118, 20; i. cum XII coniuratoribus, Francis *etc.* I 117, 30. 118, 20. 156, 30 [428, 10]. 315, 30. II 91, 10. 108, 30. 182, 10. 344, 5. 15; cum LXXII i. II 182, 40. — i. faidam II 372, 40. 374, 25. 375, 1; i. fidelitatem.

iurationis sacramentum II 439, 35.

iurator I 49, 5. 58, 40 [402, 25]. 104, 1. 124, 15 [426, 30]. 160, 25 [449, 10]. 180, 25; iuratores de illo comitatu eligantur, ubi causa requiritur II 148, 1; iuratores singillatim iurent I 331, 1; iuratores tanti sint, quantae sint librae II 185, 30; i. sex I 5, 15; i. duodecim I 4, 35. 160, 10 [432, 1]. II 91, 10. 15. 135, 25. 148, 1.

iurgia causarum I 11, 35.

iurnalis I 251, 35. 252, 15. 20.

ius I 9, 5. II 302, 1; i. conservare I 226, 15. II 476, 25; in ius et potestatem pervenire I 288, 35 [440, 25]; in iure suo habere, detinere I 220, 5. 354, 5. 358, 5; in iure permanere I 18, 5. 20. 354, 15; ad iura alicuius pertinere I 328, 35; ad ius suum transferre facultates praesulis mortui II 103, 35; intra iuris proprii terminos redigere II 82, 5; iure gubernare II 136, 30; i. honorare II 174, 20; i. possidere I 15, 30. 19, 20. 107, 10; i. ad gradus ecclesiasticos promoveri I 277, 1 [406, 30]; iure vendere I 74, 30; i. vindicare I 278, 10 [408, 20]; ius antiquum I 18, 30. 19, 30; i. baptismatis I 106, 35; i. beneficiarium II 357, 20. 408, 10. 20. 428, 15; i. canonicum I 25, 20. 29, 20. 38, 30; iura canonum II 416, 5; ius civile II 402, 30; i. constructoris ecclesiae I 317, 1; i. dominationis I 229, 20; i. ecclesiae I 25, 5. 327, 30. 334, 5. 375, 5. II 34, 25; i. ecclesiae Romanae II 101, 15; i. ecclesiasticum, iura ecclesiastica I 28, 1. II 34, 15. 37, 20. 102, 25. 106, 30. 110, 5. 211, 15. 213, 10. 214, 35. 376, 5. 387, 35—388, 1. 404, 10; ius emphyteuticarium II 102, 25; i. episcopi II 34, 20. 238, 1; i. fisci II 10, 1; i. Francorum II 236, 1; i. hereditarium I 261, 20. II 169, 25. 415, 20; i. integritatis I 13, 15; i. iustitiae I 11, 10; i. legis, legum II 310, 15. 416, 5; i. legitimum II 69, 20. 174, 20; i. libellarium II 102, 25; i. maternum I 312, 5 [421, 30]; iura, ius matrimonii I 365, 30. II 236, 5. 10; i. monasterii I 356, 25; iura pactionis, pacti II 40, 25; ius papae I 354, 5. 15; i. paternum I 312, 5 [421, 30]; i. possessoris I 19, 25; i. potestativum I 92, 35; i. precarium II 423, 15; i. presbyteri II 432, 10; i. propinquorum II 34, 15; i. publicum I 205, 30; i. regis I 70, 20. II 310, 15; iura regum II 416, 5; ius regium II 322, 25; iura regni II 104, 25; ius regnorum II 351, 20; i. Romanum II 515, 15; i. secularium hominum I 375, 5; iura synodalia II 210, 5; iura thelonica II 250, 15.

iusiurandum II 87, 1; i. episcoporum atque abbatum vel optimatum I 355, 5; i. notarii II 64, 5; i. fidelitatis I 100, 15.

iussio: i. abbatis I 213, 10. 348, 30; i. centenarii I 187, 20. 25; i. comitis I 187, 20. 25. 317, 15. II 61, 35; i. domini I 74, 35; i. dominica I 149, 20 [431, 30]. 151, 20. 334, 30. 434, 10. 436, 45. 445, 40 (*cfr.* i. imperatoris); i. episcopi I 35, 1. 36, 1. 20. 48, 10. 65, 30. 133, 25 [411, 25]. 326, 20. 25; i. imperatoris, regis I 34, 20. 63, 30. 67, 30. 76, 5. 97, 40. 100, 25. 104, 25. 115, 5. 30 [448, 5], *passim;* i. regalis II 180, 10; i. regia I 158, 1; iussionem imperatoris non adimplere I 309, 5 [420, 5]; i. imperatoris non servare I 298, 20; i. imp. contempnere I 205, 10. 298, 20. II 16, 15. 20. 19, 10. 15; i. imp. neglegere I 305, 10. 306, 25. 35. 40. 307, 5. 15 [416, 40. 418, 15. 25. 35. 419, 1]. 330, 5. II 19, 10; i. imp. postponere II 143, 1; iussioni imp. non obtemperare, non obedire I 340, 40. 45. 341, 1; iussione imp. in dispectum habere I 208, 1; iussionem imp. irritam facere I 138, 10; i. imp. inrumpere I 158, 1; de (ex) iussione imp. praecipere et commendare I 155, 10. 207, 30. 315, 5 [450, 15]; ex iussione imp. commendatio II 418, 10; ex iussione imp. admonere I 288, 15 [442, 45]; iussio iudicis II 132, 20; i. metropolitani I 373, 1; i. missorum II 372, 30; i. papae II 352, 20; i. principis I 373, 1. 5 (*cfr.* i. imperatoris); i. sacerdotis I 107, 5; i. senioris I 67, 5; i. vicarii I 187, 20. 25.

iussus, iussum: i. archiepiscopi II 428, 20; i. canonum II 248, 10; i. canonicum II 182, 30; i. episcopi II 265, 20; i. imperatoris, regis I 109, 30. 284, 30 [441, 10]. II 169, 5. 189, 20. 348, 30. 372, 35. 422, 35; iussa imperatoris disponere (= *dispicere?*) I 97, 1; i. imperatoris neglegere I 380, 5; i. metropolitani I 226, 35; i. presbyteri II 375, 15.

iustificari per fidem II 490, 15.

iustificatio II 78, 35 [156, 30].

iustitia, iusticia, iustitiae *passim, ex. gr.* I 14, 15. 18, 25. 19, 10. 142, 25; iustitia sancta I 109, 35; per (secundum) iustitiam *ex. gr.* I 14, 20. 22, 25. 23, 1. 129, 35; contra iustitiam *ex. gr.* I 9, 25. 30. 72, 10. 125, 10. 15; iustitia et aequitas I 11, 40. 12, 5; iustitiae aequitas II 255, 20 [398, 25]; iustitia aequitatis II 437, 15; iustitiam cum aequitate reddere II 436, 15; in iustitia et iudicio regere II 338, 40; iustitiae iudicium II 255, 20 [398, 25]. 281, 15; i. iura I 11, 10; iustitia et lex II 71, 1. 74, 35, *saepius;* i. et lex unicuique competens II 296, 25. 30 [100, 15. 388, 35. 389, 25]; i. et lex docet II 345, 15; i. et pax I 158, 20 [431, 40. II 290, 30]. II 75, 15. 336, 20. 25 [337, 15. 20]. 343, 25; i. et rectitudo II 364, 25. — iustitiae generales I 425, 40; iustitia, iustitiae imperatoris, regis I 101, 25. 125, 30 [427, 20]. 184, 15. 189, 15. 208, 5. 297, 5. 319, 25; iustitiam imperatoris annuntiantes I 97, 1. 101, 10. 104, 30; iustitiae regales I 122, 30 [425, 40]. II 272, 1 [312, 15]. 292, 25; iustitia populi I 305, 25 [417, 10]. II 156, 15. 157, 30 [299, 30]. 334, 5 [362, 25]. 436, 10; iustitiae vassorum regalium I 191, 30; iustitia vassi, austaldi regis I 210, 15; i., iustitiae ecclesiae, ecclesiarum I 101, 10. 119, 25. 122, 30 [425, 35]. 129, 25. 30 [II 28, 15]. 146, 20. 184, 20. 190, 10. 209, 30. II 93, 30; iustitia viduarum, orfanorum, pauperum *etc.* I 101, 25. 104, 35. 122, 30 [425, 35]. 158, 30. 176, 20. 25 [433, 30]. 184, 20. 190, 10. 20. 192, 5; iustitiae ecclesiarum, sinodochiorum, pauperum, viduarum, orfanorum I 198, 25. 209, 35. 333, 20; iustitiam suam per manus fideiussorum tradere I 132, 1 [428, 5]; omnem i. et res proprietatis gurpivit atque proiecit I 74, 10; iustitiae de temporibus Tassilonis seu Liutpirgae I 159, 10; i. in capitulo scriptae I 362, 5. — iustitiam accipere I 189, 25. 198, 25. 305, 30 [417, 15]. 321, 1. 354, 35; i. adimplere I 198, 25. 30; i. adquirere I 308, 30. 309, 1 [419, 45]; i. auferre I 150, 25; iustitia carere I 268, 10 [439, 45]. II 8, 5; iustitiam conculcare II 89, 10; (ad) i. consentire I 101, 40. 189, 15. 214, 10. II 224, 20; i. conservare I 11, 40. 303, 25 [415, 10]. II 131, 5 [138, 35. 144, 1]. 168, 35, *saepius;* (a) iustitia declinare II 9, 10; iustitiam deferre II 64, 1; iustitias definire I 262, 10; iusticiam differre I 330, 25; i. dilatare I 48, 25. 149, 1 [431, 15]. 159, 5. 209, 35. 428, 5. II 89, 10; iustitiae dilatio II 89, 5; iusticiam disfacere I 118, 15 [428, 35. II 317, 30]; i. exequi I 98, 5; i. explere I 209, 30; iustitiam facere = *iudicio parere, alii iure debitum facere, 'Recht geben'* I 32,

15. 51, 15. 20. 70, 1. 72, 1. 15. 96, 10. 118, 5 [480, 25]. 181, 15. 192, 10. 196, 35. 210, 15. 40. 217, 10. 268, 20. 35 [445, 30. 446, 5]. 288, 20 [440, 10]. 284, 1 [440, 30]. 291, 5 [444, 35]. 302, 35. 328, 15. 333, 20. II 78, 30. 89, 5. 10. 25. 92, 20. 138, 20. 30. 134, 15. 272, 5 [312, 20]. 318, 30. 314, 5; *eadem significatione:* iustitias facere I 49, 30. 193, 1. 196, 15. 197, 1. 262, 10. 319, 5. II 135, 15; advocatus iustitias faciat et suscipiat I 192, 15; si habens beneficium iusticias facere noluerit I 192, 30; iustitias facere = *ius dicere, reddere, 'Recht pflegen, Gericht halten'* I 37, 10. 48, 30. 51, 15. 70, 30. 35. 118, 15. 147, 35. 170, 30. 174, 5. 176, 15. 25 [433, 30]. 177, 25 [434, 5. 20]. 181, 20. 184, 20. 40. 190, 20. 192, 10. 20. 25. 198, 25 [262, 10]. 270, 5. 291, 5 [444, 40]. 305, 5 [416, 35]. II 15, 5. 17, 1. 75, 25. 76, 1. 135, 5. 178, 15 [185, 30]. 331, 10; pignerare pro iustitias faciendas I 192, 15; si castaldius … iustitias … non fecerit (?) I 192, 25. 30; *eadem significatione:* iustitiam facere I 155, 15. 20. 181, 25. 190, 10. (?) 15. 20. 210, 30. 289, 5 [443, 1]. 291, 10 [444, 40]. 296, 5. 301, 15 [437, 10]. 304, 25 [416, 5. 10]. 305, 15 [417, 1]. 321, 5. 328, 25. II 19, 15. 331, 20. 438, 20; iustitiam fugere II 155, 30. 371, 5; i. non posse habere I 190, 15. 193, 25. II 331, 20; si missi invenerint eum i. habere I 314, 15 [449, 35]; i. habere ad repetendum aliquid I 288, 5 [442, 30]; i. causandi vel reclamandi non habere I 333, 20; i. immutare II 84, 10; i. impedire I 92, 20. 314, 15 [449, 35]; i., iustitias inquirere I 92, 15. 101, 25. 104, 35. 40. 122, 30 [425, 40]. 208, 5; iustitiam invadere II 181, 1; i. marrire I 92, 5. 93, 20; i. neglegere II 80, 10; de iustitias neglegentiam habere I 190, 20; iustitiae obedire II 166, 5; ad iustitiam oboediens I 101, 40; iustitias ordinare II 271, 35; de iustitiis ordinare I 274, 40; iustitiam peragere I 226, 30. 35. II 182, 25; i. percipere I 28, 15. II 88, 35; i. unicuique perdonare II 435, 1; i. perficere I 49, 30. 92, 15. 93, 20. 35. 101, 35. 104, 35. 40. II 292, 25; i. pervertere I 291, 1 [444, 30]; iustitias procurare II 84, 1. 5; iustitiam protelare II 278, 15; i., iustitias quaerere I 124, 35. 148, 5 [430, 35]. 192, 20. 30. 305, 30 [417, 15]. II 88, 30; de iustitiis rationem reddere II 19, 10; iustitiam, iustitias recipere I 190, 10. 191, 10. 196, 15. II 135, 5; iustitiam, iustitias reclamare I 70, 5. 192, 35; iustitiam, iustitias reddere I 28, 1. 15. 148, 15. 20 [430, 45]. 191, 10. 302, 25. II 170, 20. 295, 1. 313, 35—314, 5. 330, 15. 344, 1; iustitiae remanentes I 176, 20 [433, 30]. 177, 5 [434, 1]. 184, 35; i. per neglegentiam aut malitiam retractae I 184, 40; iustitiam requirere I 148, 5. 20 [430, 35. 50]. 192, 10. II 142, 35; iustitiae per episcopos et missos ac comites studendae II 76, 5; iustitiam subterfugere II 78, 5 [155, 25. 170, 25]; i. subvertere II 180, 40; iustitias suscipere I 192, 15. 20; iustitiam tollere II 19, 5; iustitia venalis II 304, 40; iustitiam vendere II 80, 10. 304, 40.

iustus, a, um: i. adtractus I 321, 10; i. advocatus I 168, 15; i. consuetudo I 197, 40. II 334, 25—40; i. defensio I 328, 10; i. deliberatio I 209, 35; i. discussio atque examinatio I 180, 1; i. electio pontificis I 324, 15; i. ingenium II 328, 30; i. iudicium; i. lex II 367, 1. 30; i. mensura I 174, 15; i. modius II 318, 10. 319, 5; i. oboedientia I 328, 10. 15; i. occasio II 78, 5; i. pax I 71, 15; i. pondus; i. praepositus I 168, 15; i. pretium I 187, 25; i. ratio; i. telonea I 294, 20; i. vestitura I 296, 30; i. vindicta I 305, 40 [417, 20]. — iustum est I 209, 35. 295, 1. 300, 25 [436, 35]; iustum invenire I 314, 20 [449, 40]. — iuste: i. accedere ad ministerium I 303, 35. 40 [415, 25. 30]; i. in ministeriis agere II 9, 5; i. causas perficere I 172, 5; i. constituere I 92, 1; i. conservare emunitates I 326, 30; i. deputare II 108, 20; i. determinare contentiones I 524, 40; i. excommunicare I 218, 1; i. exigere censum I 289, 15 [443, 15]; i. iudicare; i. iustitias facere I 184, 20; i. invenire II 279, 30. 35; i. postulare II 288, 10. 15; i. ad coniugium quaeri I 129, 40; i. regere I 362, 35. II 102, 30; i. tenere servos I 300, 30 [436, 40]; i. vivere; iustissime perquirere II 84, 10.

iuvencus I 254, 25. 256, 25.

l.

labor I 83, 20. 188, 5. II 328, 1; laboris decima pars I 69, 25.

laborare I 61, 1 [447, 30]. 86, 5. 88, 10. 132, 5 [410, 30]. 237, 35; l. ad medietatem I 179, 15 [418, 5]; l. die dominico I 61, 10 [404, 25]; l. facere fideles II 359, 25; l. in operibus II 327, 35; l. terras et vineas II 437, 40; l. villam I 169, 20—30; bene l. in beneficiis regis I 48, 5.

laboratio I 85, 25. 376, 1.

laboratum: l. salvare et dispensare II 437, 40.

laboratus I 85, 25. 186, 10; laboratum tollere I 199, 1.

laboricare loca erema I 169, 30.

lacterida I 90, 10.

lactuca I 90, 5. 344, 20.

lacunar II 481, 1.

(laedere), ledere: l. iudicem II 109, 10.

laesio, lesio II 131, 30—132, 5. 285, 1; l. inter partes non eveniat, non proveniat II 131, 5 [138, 30. 143, 40]. 133, 20; lesiones machinare annuntiantibus iustitiam imperatoris I 97, 1; l. patrare in clericum II 247, 5.

laetania v. litania.

laicalis, e: l. fidelitas II 367, 1; l. ordo I 330, 10; l. habitus II 254, 10; laicalia vestimenta II 248, 45.

laicus, a, um: laica femina I 243, 10; laica indumenta II 248, 15. — laicus, laici *passim, ex. gr.* I 29, 25—30, 35. 163, 30. II 122, 5. 10. 334, 20. 30. 368, 1; l. consiliarii II 165, 10; l. fideles I 277, 5 [406, 35]. 305, 5 [416, 30. 35]. II 336, 25; l. nobiles ac fideles II 154, 5—15; l. fugitivus I 125, 1 [410, 5]; l. in pace regis I 2, 1; l. in periurium se mittens I 208, 15; l. religiosus I 92, 1; l. testis I 346, 15; laicorum testimonium II 264, 35; l. convivia I 228, 35; l. habitus I 29, 25; l. iudicia publica I 36, 20; l. mos I 26, 5; capitula ad l. fidelium observationem et salutem pertinentia II 45, 35; l. ordo I 274, 35. — laici recte legibus utantur et in pace vivant I 92, 10; laicos interrogare, quomodo legem sciant vel intellegant I 235, 1; laici praecepto et voluntati imperatoris oboedientes sint I 98, 35; l. imperatori fidelitatem promittant I 92, 20; laicorum sacramentum II 342, 5. 15; laici hostem facientes I 280, 20; episcopi (*in expeditione*) nullum laicum relinquant II 95, 15. — laici et clerici II 356, 35; l. et saeculares ex clericis et monachis effecti II 65, 5; laicorum et canonicorum attestatio et petitio II 385, 20; altercatio inter laicum et clericum I 77, 1; quaerimonia inter l. et presbyterum II 224, 25; laici contra episcopum aut clericum querentes II 81, 15. 20; l. honorem ecclesiasticum conservent et venerationem episcopis exhibeant I 304, 40 [416, 20]; l. dividere volentes episcopia et monasteria I 405, 40; l. oboediant episcopis II 178, 15 [185, 25]; l. episcopum aut presbyterum vagantem defensantes I 86, 1; l. episcopos aut clericos accusantes I 56, 5 [400, 5]; l. episcoporum admonitionem audiant et oboediant I 305, 1 [416, 25. 30]; l. symbolum et orationem dominicam discant I 147, 15; l. diem dominicum honorent et colant I 304, 40. 45 [416, 20. 25]; l. diebus festis ad publicas stationes occurrant II 102, 5; l. ad praedicationem cum suis occurrant I 304, 40 [416, 20]; l. ieiunia indicta observent et suos observare compellant I 304, 40 [416, 20. 25]; l. ter in anno communicent I 313, 40 [428, 25]; l. chrisma ad aliquam nimietatem accipientes et dantes I 142, 15; l. in ecclesia non sepeliantur II 222, 30; l. excommunicatus I 35, 5. 10; *cfr.* 228, 1; l. excommunicatum in communionem accipiens I 54, 10 [397, 40]. — laici archipresbyteris non dominentur II 82, 5. 10; l. presbiteros vilicationi et seculari negotiationi non implicent II 410, 15; l. presbiteros per diversa non mittant II 40, 35; l. ecclesias baptismales non teneant I 200, 30; l. clericos episcopis consecrandos *etc.* offerrentes I 277, 20 [407, 1]. II 85, 1. 5; laicus presbiterum vel diaconem seu clericum secum non habeat neque ad ecclesias suas ordinet absque licentia episcopi I 110, 35; quos laici de familia ecclesiae ad sacros ordines promovere volunt I 277, 10 [406, 40]; laici non sint praepositi monachorum nec archidiaconi I 122, 15 [409, 40]; laicis capellae in villis regiis non committantur II 419, 35—420, 35; laicorum clerici II 82, 45. 83, 1; l. ecclesia II 85, 1. 5. 186, 10; *cfr.* I 200, 30; monasteria propter rei publicae necessitatem interim laicis committuntur II 115, 45; laicus rector monasterii I 85, 20; laicorum curae et potestati loca venerabilia non committantur II 114, 15—35 [399, 35—400, 1]; laici monasteria habentes I 341, 25. II 38, 30—40; l. loca venerabilia possidentes II 386, 10; l. iuxta domos, in propriis vel in beneficiis basilicas habentes II 81, 25. 82, 45—83, 1; l. in monasteriis regularibus non resideant II 400, 5. 30—401, 10; l. ad missas in presbiterio non consistant I 376, 15. 20; l. in monasteria puellarum non intrent I 119, 30. 175, 25. 228, 30; l. in claustra monachorum non intrent I 228, 30; l. brunias aut arma infra monasteria puellarum non commendent I 120, 1; l. causa manducandi ac bibendi *in refectorium non* ducantur I 347, 5; l. presbyteros non eiciant de ecclesiis nec mittant sine consensu *episcoporum* I 178, 30. 178, 15 [412, 10]; l. munera a presbyteris non exigant I 178, 30; l. decimas de ecclesiis non contingant II 262, 15; *cfr.* I 364, 30; l. de ecclesia sacrata portionem non quaerant I 282, 35; l. de substantia presbiterorum morientium partes sibi non vendicent II 248, 5. 10; l. ecclesiae beneficium habentes ecclesias restaurent I 42, 30; l. res ecclesiae tenentes precarias inde accipiant I 43, 20.

lamina II 504, 20; l. argentea I 251, 1; l. cuprina I 251, 30.

lana I 87, 5. 89, 5. 172, 25. 251, 15; lanam carpere die dominico I 61, 15 [404, 30].

lancea I 67, 5. 89, 25. 128, 1 [425, 40]. 128, 25. 168, 25. 171, 35; lanceam non portare infra patria I 156, 25 [428, 10].

laneae vestes II 243, 45.

lanina pectinus I 87, 5.

lantweri II 71, 20. 25.

lapideus, a, um: lapidea porta I 254, 5; lapideum altare I 133, 30 [447, 10].

lapis I 254, 1. 255, 10. 35. 256, 25. 30.

laquear I 64, 25. II 481, 1.

lardum, lartum I 86, 10. 252, 1. 254, 20. 255, 20. 256, 1. 20.

largiri: l. per praecepta II 125, 25; l. terram II 411, 10.

largitas: l. apostolica II 111, 25; l. imperatoris, regis I 18, 20. 112, 1. 305, 1 [416, 30]. II 115, 15 [401, 35]. 142, 25. 333, 25. 357, 20; l. regalis I 416, 25.

largitio: l. elemosinarum I 271, 1. II 85, 25; l. regalis II 285, 20.

lartum *v.* lardum.

Latinitas I 259, 1.

latro *passim, ex. gr.* I 5, 20. 6. 7, 5—15. 17, 5. 49, 30. 35. 50, 1. 51, 20. 25. 88, 10. 125, 10 [410, 15. II 61, 20. 180, 30]. 125, 35 [447, 35]. 188, 35. 180, 15—25. II 86, 30. 87, 1. 273, 10. 15. 277, 20; l. est infidelis I 156, 30 [428, 15. II 278, 5. 343, 20]; l. in emunitatem fugiens I 181, 1. 5; l. de uno comitatu ad alium confugium faciens I 70, 1; l. ante comitem iudicatus ad mortem I 171, 40. 172, 1; latronis casa I 17, 5; l. res I 181, 15; latroni consentire I 48, 25; l. mansionem dare I 156, 25. 30 [428, 10. 15]; latrones in emunitatibus correpti ab earum indicibus ad comitum placita praesententur I 48, 25. 30; l. ante missos non venientes I 191, 5; l. accipere, capere II 272, 20. 25; l. annuntiare, denuntiare I 48, 20. 25; l. celare, defendere I 96, 10. 146, 25. 290, 35 [444, 25]. II 272, 15. 20. 274, 20—30. 344, 5. 20; l. coercere, punire I 290, 5 [443, 40]; l. comprehendere I 6, 1. 17, 1. 153, 25 [431, 40. II 344, 10]. 180, 20. 205, 35. 206, 1. II 86, 30. 278, 10. 344, 10. 15; l. sibi conciliari atque consotiare II 86, 25—87, 1; l. distringere I 139, 25. 154, 25. 177, 25 [434, 20]. II 86, 5; l. expellere I 17, 15; l. forbannire II 272, 30. 35. 273, 10—20 [348, 10]; l. in forbanno mittere I 148, 25 [431, 1]; l. forbannitos non recipere, suscipere I 148, 20. 25 [431, 1. 5]; *cfr.* 150, 15. 35; l. inbreviare, extra ecclesiam facere et ad praesentiam episcopi deducere II 292, 30; l. inquirere I 180, 15; l. invenire I 7, 1. 17, 30. 180, 15; l. laxare, relaxare I 17, 1. 25; l. manifestare I 175, 15; l. in custodiam mittere I 216, 5; l. occidere II 86, 30. 35. 272, 30; l. perquirere II 86, 5. 10; l. reddere I 17, 15; l. ad occidendos traditos servare I 205, 20. 25; l. in ospicio suscipere I 156, 30 [428, 10. II 273, 1. 343, 20]; latronum pax I 150, 10; de latronibus iustitiam facere I 210, 30; de l. *providentiam* habere I 141, 25.

latrocinari I 59, 15 [402, 45. 434, 35]. 104, 10.

latrocinium I 4, 30. 83, 10. 181, 25. 262, 5. 304, 35 [416, 15]; latrocinia emendare I 198, 5; l. necessario exercere I 168, 10; de latrociniis infamem vel clamodicum esse II 343, 35. 344, 5. 15; de l. convictus, revictus I 156, 35 [428, 15]. II 343, 35; in latrocinio conprehensus I 205, 35.

latus: a latere regis II 384, 15; ex latere ministrorum sacri palatii II 528, 20; de latere iudicum I 12, 10.

laudare unanimiter II 352, 15.

laudatio divina II 505, 15. 506, 5.

laudator *regis* II 429, 35.

laudes II 499, 20. 506, 5. 508, 5.

launegild, launichil I 188, 5. 10.

laurus I 91, 1.

lavacrum = *baptismum*: l. mysticum II 509, 15; l. spiritale II 509, 10; de lavacri fonte, de lavacro suscipere I 318, 45 [428, 35]. II 512, 10.

lavare: l. sibi vicissim pedes I 345, 20; l. vestimenta I 61, 15 [404, 30]. 344, 10.

laxare latronem I 17, 25.

lectar I 87, 1. II 481, 20.

lectarium I 87, 1. 256, 30.

lectio I 80, 30—81, 5. 121, 10 [446, 35]. 131, 20 [410, 30]. 238, 15. 240, 10. II 117, 30. 180, 1. 496, 20. 497, 25. 35. 499, 10—20. 500, 5; l. apostoli II 497, 15. 25. 499, 10. 15; l. evangelica II 499, 1; l. sacra = *Biblia* I 368, 35; l. completorii I 344, 25; l. ad conlationem I 345, 35. 347, 35; lectiones libri Comitis (= *lectionarium per circulum anni*) discere I 235, 20; l. vacare I 281, 15; *lectioni* insistere I 411, 5.

lectionarius I 243, 35. 251, 25. 30. 279, 35 [409, 10]; lectionarium discere I 368, 20.

lector I 134, 1. 5 [411, 30. 35]. 346, 1. II 516, 15; l. stando benedictionem postulet I 347, 30; lectorem percutere II 128, 5; lectoribus benedictionem tribuere I 347, 20. 25.

lectus I 254, 10. 255, 15. 35. 256, 15. 349, 5; in lecto legere I 346, 15; ad lectos redire I 344, 10.

ledus *v.* litus.

legalis, e: legales anni II 142, 35; legale baptisterium I 229, 25; legalia capitula II 332, 15. 420, 20; legale coniugium I 218, 15. II 324, 10; legalis contentio II 524, 40; l. compositio; legale dictum, edictum II 418, 5; legalis diffinitio II 108, 20; l. emendatio; l. iectio, iectitio II 325, 30; legale imperium II 291, 35; l. iudicium II 160, 30; legalis iustitia II 92, 20; legale placitum II 306, 35; legalis poena I 12, 1. II 86, 20; l. sanctio II 92, 25; legale sacramentum II 324, 35; legalis sententia; l. ultio I 12, 5. — legaliter: l. commonere II 161, 30; l. componere II 307, 20. 414, 25. 30; l. constringere II 292, 15; l. corrigere II 274, 5; l. definire II 93, 35; l. desponsare II 292, 25; l. disponere II 274, 5; l. distringere I 321, 5. II 320, 15; l. se excondicere II 344, 10; l. iudicare II 318, 30; l. iustitiam reddere II 170, 30; l. sacramenta accipere I 325, 20. 25; l. sacramenta iurare I 324, 30. 325, 20; l. faidam pacificare II 336, 10. 15; l. perducere II 312, 25; l. perficere II 325, 35; l. persolvere II 292, 30; l. possidere II 136, 30; l. capitula promulgare II 520, 30; l. punire II 69, 35. 170, 20; l. famam purgare II 415, 5. 15; l. raptam restituere II 414, 5; l. retinere II 376, 5.

legatarius II 133, 20.

legatio I 75, 10. 85, 20. 101, 5. 272, 10. II 218, 25; l. maior, minor II 11, 25; l. episcoporum II 58, 5. 219, 1. 442, 25. 446, 5; legationes gentium externarum II 87, 30; legatio papae II 281, 10. 351, 30. 352, 5; legationum dona II 525, 10; servitium ad ducentes legationem pertinens I 144, 10; legationem dirigere I 91, 40; legatione fungi I 188, 5; legationem iniungere I 183, 30; l. perficere I 67, 25; l. recipere, suscipere I 284, 25 [441, 10]. 305, 40—306, 10 [417, 30—45]; l. soniare I 85, 25; in legatione sibi adiungere I 183, 35. — legatio missorum I 62, 30. 96, 25. 155, 10. 177, 10. 25 [433, 5. 20]. 183, 35. 289, 1 [442, 45]. 308, 20. 35 [419, 20. 35]. 309, 25. 35 [420, 15. 20]. II 8, 5. 8, 1—10. 10, 10. 11, 5. 93, 30. — legatio = *districtus missi* I 177, 5 [434, 1]. 289, 20 [443, 20]. 308, 25 [419, 35]. 309, 1. 5 [420, 1. 5]. 310, 5 [420, 30]. II 7, 1.

legatum ecclesiae I 219, 10.

legatus, legati: l. Hispanorum I 262, 1 [259, 15]; l. imperatoris, regis I 271, 35. 272, 20. II 70, 1. 92, 20. 93, 35. 101, 30. 377, 30; l. nationum exterarum I 272, 5; l. papae, sedis apostolicae, ecclesiae Romanae I 349, 5. 350, 20. 25. 351, 35. 355, 5. II 342, 5. 364, 30 [365, 1. 370, 5. 10]. 433, 10. 469, 20. 25; l. Romanorum I 354, 45. 355, 1; l. subdiaconi II 448, 5; l. synodi II 442, 5. 20; l. Veneticorum II 142, 5; legatis paratas facere et veredos donare I 262, 1 [II 259, 15]; legatos recipere II 92, 20. 93, 35. — legati = *missi dominici* II 28, 5. 93, 10. 265, 30. 35. 384, 15; legatos delegare II 28, 5; l. destinare II 93, 10; l. dirigere II 92, 30. 93, 35. 265, 30.

legere I 60, 1. 5 [408, 25]. 79, 40. 164, 1. 5. II 180, 20; l. admonitiones II 165, 10; l. cartam libertatis II 230, 10; l. capitula; l. epistolam imperatoris II 3, 40; l. epistolam missi I 184, 40; l. evangelium I 109, 5. 234, 30; l. fidem catholicam I 58, 1 [401, 30]. 108, 20; l. homeliam I 347, 35; l. lectiones I 81, 5; l. libros canonicos; l. martyrologium I 347, 30; l. regulam I 344, 5. 347, 35; l. tractatus catholicos I 60, 35 [404, 15]; l. in ecclesia I 346, 15. 365, 5. II 228, 25. 229, 1. 15; *cfr.* I 81, 5; l. in lecto I 346, 15; legendi tempus I 346, 15.

legiloquus liber I 394, 1.

legislatores I 204, 35.

legitimus, legittimus, a, um: l. abbas I 29, 25; l. accusator II 188, 20; l. actio I 300, 30 [437, 1]; l. aetas I 240, 5; l. anni I 278, 5. 282, 20 [381, 25. 439, 10]. II 19, 5; l. antecessor II 379, 25; l. auctor I 215, 1 [430, 5]. 298, 30; l. audientia II 81, 20; l. carta I 215, 5 [430, 5]; l. census I 125, 30 [427, 25]; l. commutationes II 15, 10; l. coniugium; l. coniunctio II 289, 20; l. coniuratores I 281, 5 [437, 45]. 315, 25; l. coniux II 286, 5; l. conubium II 122, 30; l. decima I 76, 20; l. dispositio II 177, 25; l. divisio I 269, 5 [446, 15]. 283, 30 [440, 15]; l. dominus; l. emendatio II 16, 15; l. episcopus I 29, 20; l. feriae II 189, 1. 20; l. filii I 272, 40. II 418, 45; l. forus I 30, 1; l. haribannus I 125, 25 [427, 15]; l. hereditas; l. heres; l. ius II 69, 20. 174, 20; l. liberi I 278, 1. 15; l. libertas II 280, 10; l. loca antiqua I 190, 35; l. maritus II 236, 25. 30; l. matrimonium; l. matrona II 468, 40; l. mensura II 256, 25; l. mercator II 252, 10; l. mercatus I 149, 5. II 251, 5; l. missa II 508, 10; l. mulier I 38, 25. 35. 40; l. navis II 251, 30; l. parentes I 15, 25. 16, 15; l. poena I 155, 25; l. portura I 319, 25; l. pretium I 87, 25. 319, 15; l. propinquus II 19, 5; l. sacramentales II 108, 25; l. sacramentum, l. sacramenti locus I 268, 20 [445, 30. 35]; l. solidus II 252, 5; l. strata II 251, 15; l. tempus; l. terminus I 283, 10 [440, 1]; l. testes I 114, 1 [411, 40]. 398, 45; l. theloneum I 145, 30; l. traditio I 282, 5 [380, 10. 438, 35]; l. uxor; l. vestitura I 296, 30. 297, 1. II 108, 20; l. vir II 119, 25. — legitime: l. res ablatas componere et restituere II 218, 1; l. ad coniugium postulare I 129, 5 [II 22, 35]; l. continere I 283, 5 [442, 35]; l. copulari I 315, 20; l. desponsare II 189, 30; l. hereditatem habere I 128, 40 [II 22, 25]; hereditas l. veniens II 19, 10; l. iudicare I 32, 15; l. iurare II 108, 30; l. libertatem consequi I 114, 5 [429, 1]; l. in matrimonium ducere II 235, 20; l. nubere II 288, 45. 289, 35; l. poenitentiam peragere II 78, 10. 20 [155, 30. 35]; l. preciari I 319, 30; l. ad gubernandas plebes provectum esse II 82, 10; l. reddere I 43, 5; l. uxorem adquirere II 235, 20; l. vivere I 29, 25; l. ymnos componere II 506, 5.

legumen I 87, 10. 89, 5. II 243, 45; de legumine indulgere II 242, 20. 243, 30; in leguminibus penitere II 189.

lenticulus I 252, 10.

leodis, leudis, liudis = *homo* I 8, 15. 20. 14, 10. 25. 15, 20. 23, 5. — leodis = *compositio hominis interfecti* I 193, 20; l. servi I 193, 30; leodem componere, solvere I 143, 10. 293, 15. II 18, 5. 272, 30 [348, 30].

leprosus I 39, 10. 64, 15. 25.

lesio *v.* laesio.

letania *v.* litania.

leudis *v.* leodis.

levigatio poenitentiae I 300, 45. II 211, 30.

levis, e: l. causa I 282, 20 [439, 15]; l. culpa I 188, 35; leviores causae I 210, 30. 272, 10.

levisticum, livesticum, libesticum I 90, 5. 255, 5. 256, 35.

levita II 87, 30. 35. 400, 5.

lex *passim*: l. fit consensu populi et constitutione regis II 313, 25; legis capitula II 294, 35; capitula legibus, in lege, in legem addere, dare I 116, 10. 275, 5. 280, 30. 281, 1. 285, 25. II 88, 35; capitula inter alias leges ponere I 113, 1; in lege capitula scribere I 212, 10; capitula pro lege habere, tenere I 212, 10. 293, 35. 295, 10. 394, 10. 15. II 18, 1. 62, 20. 90, 25. 345, 35. 40; in lege aut in capitulis scriptum II 71, 30; lex et consuetudo II 157, 35. 488, 5; ubi l. est, praecellat consuetudinem, et nulla consuetudo superponatur legi I 201, 20. 25; pro lege servetur longa consuetudo I 220, 20; rapinas quasi pro l. per consuetudinem tenere II 158, 1; lex et iustitia I 14, 20. II 331, 20. 437, 20; *cfr. infra:* legem et iustitiam conservare; legum statuta II 371, 5; *cfr.* 110, 5; statuta pro lege posita II 88, 25; leges et statuta servare II 364, 20. — legis aequitas II 69, 30; legum auctoritas I 203, 30; l. conditores II 325, 15; legis constitutio I 268, 30 [446, 1]. 284, 1 [440, 25]. 291, 1 [444, 30]; l. doctores I 440, 15; l. modum excedere I 18, 30; l. iugum refugere II 437, 15; l. ordo I 22, 15. 145, 20. 384, 20. — legem concedere et servare II 77, 10. 366, 30; l. consentire I 94, 1. 214, 10; l. conservare, observare I 49, 20. 67, 20. 210, 35. II 69, 25. 77, 10. 15. 157, 30 [299, 30]. 255, 20. 25 [333, 40. 334, 1. 339, 25. 362, 20. 398, 25]. 281; l. et iustitiam conservare II 74, 35. 156, 15. 157, 30 [299, 30]. 299, 10. 364, 30 [365, 5. 370, 5. 15. 376, 1]. 367, 20; *cfr.* 331, 20; l. conservare regi I 210, 40. II 74, 35; legibus constituere II 108, 5; legibus contineri II 108, 15; legem diligere I 214, 15; l. discere I 58, 20 [402, 5]. 121, 20 [446, 30]. 147, 10. II 98, 10. 15; l. edere I 205, 1; l. exhibere populo I 92, 15, seniori II 281, 10; legem facere I 10, 5; l. habere de hereditate I 282, 20 [439, 10. 381, 15. 20], adversus petitores I 297, 5; l. incurrere I 22, 10; l. infringere II 272, 10 [312, 25]; l. intelligere, scire I 93, 30. 144, 10. 285, 1. 298, 15; l. irrumpere I 30, 10; l. iudicare I 148, 15 [430, 40]. 192, 25; *cfr.* 32, 20; l. mutare I 144, 15; l. nescire I

281, 30 [438, 20. 25]; l. observare, servare I 93, 35. 96, 10. 115, 20 [429, 25]; l., legi subiacere I 6, 5. II 109, 30; cfr. 108, 5. 10; una lex est de viris et feminis I 88, 5. 15. — legibus causam finire I 190, 20; l., secundum leges consequi I 10, 1. 5; l. discernere I 18, 30; l., secundum legem iudicare I 180, 5. 30; l. iustitiam recipere I 181, 40 [428, 5]; l., secundum leges mannire et bannire I 118, 1 [430, 20]. II 313, 30. 314, 1; l., secundum leges mori I 17, 25. 48, 15; l. pertinere I 193, 20. 269, 5 [446, 15]. 288, 30 [440, 20]. 312, 5 [421, 30]; cfr. II 292, 20; l., secundum legem servum adquirere I 276, 35 [406, 25]. 288, 5 [442, 30]; l., secundum legem tenere I 287, 20 [442, 10]. 293, 10; l. res tradere I 293, 10; secundum legem adprobare I 180, 20; secundum l. componere I 160, 15. 20 [432, 5. 15. II 290, 35. 40]. 191, 1. 290, 25 [444, 15]; cfr. I 192, 25. 290, 25 [444, 15]; iuxta legem cui malum factum est componere I 219, 1; pro lege disciplinam recipere I 88, 10; secundum legem emendare I 82, 20. 160, 35 [449, 15]. 201, 5; ad (per) l. emendare II 247, 5. 310, 20; cum lege emendare II 91, 5; emendare ut lex est II 97, 30. 35; legibus emendare I 49, 30. 35. 50, 5; secundum legem exsequi II 74, 1 [156, 40]; secundum l. defendere I 148, 10 [430, 35]; secundum l. facere II 375, 1; secundum l. instrumenta conscribere I 319, 15. 20; secundum l. punire II 319, 10; secundum l. se purgare I 280, 30; secundum l. ad praesentiam regis venire II 320, 15; cum lege nonam et decimam solvere II 13, 1. 14, 10; de legem solvere I 9, 15; secundum l. solvere I 50, 1. 287, 10 [441, 45]; iuxta, secundum l. vindicare I 59, 15. 293, 25; contra l. facere I 67, 20. 217, 10. 298, 15. II 260, 5. 281, 20; contra leges officia violare II 108, 5; contra legem pignerare II 91, 5; contra l. ad placita adduci, protrahi II 91, 1. 5; sine lege res alienas invadere II 108, 20; sine l. mori I 17, 1.

lex = *lex nationis, l. personalis* I 67, 35. 188, 15. 20. 192, 5—30. 193, 5. 206, 5. 323, 35. II 123, 10. 285, 25; lex propria I 107, 10. 330, 35; leges proprias subditis concedere II 106, 10; legem suam conservare I 67, 20; l. suam habere I 48, 15; l. unicuique competentem perdonare II 435, 1; l. profiteri I 323, 30. 35; sua vel mulieris lege uxorem adquirere II 285, 30; cfr. 236, 5; lege, secundum legem vivere I 43, 15. 100, 40. 104, 20. 205, 30. 219, 1. 282, 10 [380, 20. 439, 1]. 297, 5. 323, 30. II 386, 15; legibus suis uti I 92, 10. II 105, 15; cfr. 207, 10; banni, quos comites aut iudices faciunt, secundum legem uniuscuiusque componantur I 104, 35; cum lege sua componere I 288, 1; secundum suam legem componere I 43, 10. 212, 15; secundum suam l. compositionem facere I 160, 15 [432, 10. II 290, 35]; iuxta suam l. conscriptiones facere I 219, 1; secundum l. suam se defendere I 201, 5; cfr. 297, 5; cum lege sua emendare II 278, 1; secundum legem (suam) emendare I 83, 15; secundum l. suam se idoneum reddere II 318, 20; iuxta suam l. iurare I 219, 1; in aliena patria secundum l. suam iustitiam facere I 268, 20 [445, 30]; secundum suam l. proprium suum et hereditatem possidere I 272, 15; cum lege sua restituere I 288, 1. II 12, 35. 13, 20. 17, 5 (?); secundum legem suam restituere I 160, 25 [432, 15. II 290, 40]. 160, 35; iuxta suam l. successionem habere I 218, 25—219, 1; contra l. populi Romani facere I 323, 35. — lex = *'Wergeld'*: legem suam componere I 124, 15 [426, 30. II 61, 10]. 190, 15. 281, 35; medietatem ingenui legem componere I 5, 15; wadium pro lege sua donare I 296, 1; legem suam emendare I 49, 5; l. suam persolvere I 49, 20; triplicem legem et triplicem bannum regis exsolvere, persolvere II 102, 1. 30; cfr. I 113, 20; cum lege reddere I 292, 35. — lex Baioarica, Baivariorum I 157, 30. II 235, 30—236, 5; l. Francorum I 71, 20. 205, 15. II 207, 10. 235, 35. 236, 1. 5. 259, 20; l. Gombata, Gundobada I 170, 30; l. Hispanorum II 259, 30. 260, 1; l. Iudeorum I 258, 30. 35. 259, 10; l. Langobardica, Langobardorum I 204, 35. 40. 205, 1. 317, 1. 319, 5. 15. 320, 25. 30. 321, 10. II 90, 25. 91, 5. 106, 30. 134, 15; cfr. edictus legis Langobardicae; lex Moysi data I 258, 1. 5; l. Moysi II 485, 10; l. Ribuaria, Ribuariensis, Ripuarianensis I 117, 10. 20. 278, 5; l. Romana, leges Romanae I 19, 1. 25. 145, 15. 170, 30. 204, 35. 335, 5. 369, 5. II 123, 25. 30. 127, 20. 213, 10. 315, 25. 316, 35. 319, 1. 320, 20. 322, 30. 324, 15. 326, 10. 327, 5. 15. 330, 30; *l. populi Romani* I 219, 1; l. Salica I 5, 10. 8, 15. 111, 45. 112, 1. 20. 114, 20 [429, 15]. 170, 30. 268, 25 [445, 40]. 270, 1. 280, 30. 281, 35. 40. 292, 10—25. 293, 20. 30. 295, 5. 15. 394, 35. 413, 40. 424, 45. 425, 45. II 326, 1; l. Saxonica, Saxonum I 70, 30. II 207, 10. 235, 35. — lex = *'Busse'*: triplici lege componere II 96, 20.

lex canonica I 231, 1. II 41, 5. 102, 15. 225, 25. 376, 5. 387, 35—388, 1. 405, 5; l. Christi II 247, 10; l. Christiana I 259, 15; l. christiano regi conveniens II 162, 10; l. coniugalis II 119, 25; l. Dei, Domini I 25, 1. 29, 10. 46, 15. 54, 25. 58, 5. 25. 40. 59, 5—15. 60, 20. 61, 5 [398, 10. 401, 40. 402, 10. 25—30. 403, 45. 404, 20. 434, 25. 30. 449, 30]. 356, 5. 367, 35. II 38, 20. 44, 15. 105, 5. 175, 1. 512, 30. 525, 1; l. digito Dei scripta II 326, 10; l. divina II 39, 35. 42, 30. 44, 20. 35. 54, 25. 30. 88, 1. 118, 10. 160, 30. 162, 10. 167, 1. 178, 40 [185, 30]. 187, 1. 209, 35. 224, 20. 300, 1. 301, 1. 309, 20. 312, 25. 313, 1. 358, 25 [363, 5]. 402, 20. 25. 405, 15. 415, 25. 428, 15. 430, 40. 518, 10; l. divinitus inspirata II 340, 5; l. ecclesiastica I 369, 20. II 156, 1. 10. 299, 10. 314, 30. 333, 35 [339, 25. 362, 15]. 334, 15. 20. 335, 1. 358, 25 [363, 5]; l. evangelica II 207, 15; l. humana II 54, 25. 30. 110, 10. 162, 10. 224, 20. 300, 1. 309, 20. 312, 25. 313, 1. 358, 25. 367, 1. 405, 15. 415, 25. 430, 40; l. loci I 49, 10; l. mundana I 100, 20. 275, 5. 278, 1. 5 [408, 1. 5]. 394, 30. 424, 5. 435, 5. II 122, 10. 160, 30. 299, 10. 301, 1. 314, 30. 333, 35 [339, 25. 362, 15]. 334, 15. 20. 368, 1. 374, 10; l. naturalis II 428, 30. 476, 30; l. nuptiarum II 188, 35; l. pacis II 67, 15. 69, 20; l. penitenciae II 57, 5. 306, 40; l. publica II 41, 5. 344, 5; l. sacra II 333, 25. 334, 15. 20. 30—40; *l. secularis* II 247, 10. 335, 1; l. tricenaria, tricennalis I 16, 1. 405, 45.

libellarium ius II 102, 5.

libellarius I 196, 20.

libellus I 279, 35 [409, 10]. II 56, 35; l. ingenuitatis I 356, 30. 35; l. proclamationis II 350, 5.

liber, libera: liber homo de furto accusatus I 284, 15. 20 [440, 45. 441, 1]; l. uxorem fiscalinam regiam, libera femina hominem fiscalinum regium accipiens I 125, 35 [427, 25]; l. adulteratori monetae, falso monetario consentiens I 285, 10 [441, 30]. II 317, 1. 5. 320, 25; l. clericus I 302, 30; l. libertam in matrimonium ducens II 285, 20; l. maritus II 247, 15; poledrarii, qui liberi sunt I 88, 1; l. presbyter I 212, 15; libera femina, mulier I 114, 15 [429, 10. II 326, 5]. 318, 25. 30; liberae feminae cum servis se copulantes II 62, 30—64, 1. 320, 25; l. uxor I 317, 5. II 63, 1. 5; liberae potestatis civis Romanus I 356, 30; liberi heredes, hereditas I 281, 15 [438, 5]; liberorum hominum possibilitas I 206, 30; liberi, liberorum hominum res I 289, 25 [448, 25]. II 108, 20; liberi non sint, nisi de ingenuo patre vel matre nati sunt aut cartam libertatis ostendunt I 335, 10. 15; l. sint, qui se et uxores, filios vel filias in servitio tradiderunt I 187, 20; liberum esse per cartam I 146, 5; liberum dimittere I 356, 40; l. dimittere per cartam (*ingenuitatis*) I 158, 5. 215, 1 [430, 5]; homines christianos, qui liberi sunt, emere, venundare II 189, 1; liberum efficere *servum* ecclesiasticum I 356, 30; liberi facti servi I 201, 20; liberam facere familiam II 109, 5; liberum *gratis* fieri II 326, 25; l. per manumissionem et regalem largitionem fieri II 235, 20; l. permanere I 114, 5 [429, 1]. 139, 30. 145, 20. 146, 1. 293, 10; pro libero pretium dare II 326, 25. 30; liberos in servos susceptos vendere *etc.* II 327, 5. 10; liberi ecclesiam in proprietate construentes I 316, 30. 317, 1; homo liber res suas pro salute animae dare volens I 282, 1—20 [488, 30—489, 15. 379, 45—381, 30]; liberi collectam facientes II 16, 10; l. per dextras conspirationem firmantes I 124, 10 [426, 30. II 61, 10]; l. pontes facientes I 294, 35; liberis hominibus traditiones vel venditiones de regno alterius non interdicantur I 129, 5 [II 22, 35]; liber denarium merum *etc.* non recipiens I 152, 5. 285, 1. 5 [441, 25]. II 15, 25; liberi fraudolenter res ecclesiis delegantes easque sub censu utendas recipientes I 330, 1. 5; l. proprium (non) habentes, in terra dominica residentes II 19, 30. 35; l. homines partibus fisci deservientes I 89, 1; l. comam deponentes et res suas delegantes I 116, 1 [412, 5]; l. ad servitium Dei se tradere volentes I 125, 5 [410, 5]. — super liberos homines mansionaticos et paraveredos accipere I 211, 35; liber homo de publicis functionibus se non excuset I 295, 5; prae liberis ceteris vassi regis omni honore digni I 321, 1; liberi homines, qui fidelitatem nondum promissum habent II 10, 10. 20. 20, 1; liberos homines ad opus servile comites non opprimant I 201, 30; liberi pauperes saepius non fiant manniti I 125, 15 [410, 15. II 180, 30]; liberi pauperes non opprimantur I 25, 10 [410, 10. II 61, 15. 180, 25]. 100, 30. 104, 25; l. homines pauperiores I 207, 5; liber homo ad brolios non operetur I 295, 5; l. in bovibus non pigneretur I 320, 30, l., quomodo in hostem pergere et quid in hoste agere debeant I 184, 25—185, 1. 187, 5—15. 160, 30 [432, 15. II 290, 40]. 166, 15 [482, 20]. 206, 30. 261, 25 —262, 1 [II 259, 15]. 319, 25—320, 1. 328, 25—330, 1. II 7, 5. 10 [321, 30]. 10, 15. 19, 35. 20, 1; de liberis hominibus haribannum, coniectum recipere, requirere I 207, 5; l. homines III placita generalia in anno observent I 290, 15. 20 [444, 5. 10]. 320, 30; *cfr.* 148, 25 [431, 5]. 150, 20; liberi homines per placita banniti I 207, 5; liberi comitibus aut vicariis nullum obsequium in prato *etc.* faciant et coniectum vel residuum resolvant I 144, 5; l. homines ab adiutorio comitis se non subtrahant II 108, 1. 5; liberis nihil superponatur, nisi sicut lex est *etc.* I 319, 5. 10; liberi austaldi I 325, 10; l. homines quos vocant bharigildi I 325, 15; liberorum hominum ordo secundus I 325, 15. 20. — liberi in aliena potestate I 436, 45. 445, 50 [380, 20]; l., qui se loco wadii in alterius potestatem commiserunt I 114, 10 [429, 5. II 326, 5]; l. mobilem in aliena potestate transferentes, ut causator eos pignerare non possit I 330, 20. 25; liber uxorem liberam habens et servitio alterius se subdens I 317, 5. II 68, 1. 5; l. homo, dum in servitio fuerit, de libera femina filios habens II 327, 10; l. homo ad servitium se inplicans I 318, 25; l. ingeniose se in servicio tradens I 331, 1. 5; liberi homines ecclesiae servientes II 432, 20; l. homines commendationem vel beneficium aecclesiasticum habentes I 196, 35. — liber homo = *vassus* I 165, 5. 321, 5. II 91, 1. 96, 20; l. homo seniorem accipiat II 71, 10; l. homo epistolam regis dispiciens I 284, 30 [441, 10]; l. infidelis II 330, 10; liberi Langobardi licentiam habeant se commendandi I 200, 1; liber homo, qui cum seniore suo non in hoste est I 167, 15 [449, 20]; l. homo fidelitatem promittat II 345, 5.

liber = *'Buch'* I 238, 15. 243, 35. 345, 1. II 79, 40. 267, 30. 481, 35; libri canonici I 55, 25 [399, 15]. 60, 35 [404, 15]; liber capitulorum II 316, 10. 488, 20. 25; libri catholici I 60, 1. 5 [403, 25]; liber comitis (= *lectionarius per circulum anni*) I 235, 20; libri imperatoris II 358, 40; l. veteris ac novi instrumenti (= *testamenti*) I 80, 25; *cfr.* 251, 20—30; liber officiorum I 235, 25; l. pastoralis I 110, 30. 235, 25; l. sacramentorum I 235, 15.

liberales artes I 376, 25.

liberalitas imperatoris, regis I 262, 35. 289, 25 [448, 25]. 320, 25. II 255, 5 [356, 1. 362, 5. 398, 5]; l. regia I 411, 10.

liberare: l. se de servitio I 145, 20; l. servum I 5, 35; liberari per iudicium Dei II 344, 35. 345, 15. — liberare = *tradere, 'livrer'* II 363, 5.

liberi = *filii:* l. oblatione exheredati I 277, 15 [406, 40. 45]; l. hominis liberi servitio alterius se subdentis I 317, 5. II 68, 5; l. imperatoris, regis I 278, 1. 5. 15. II 49, 30. 35; l. legitimi I 273, 1. 5; liberorum pedagogi II 516, 10.

libertas: l. episcopalis II 51, 10; l. integra I 229, 20; l. legitima II 280, 10; l. sacerdotalis II 35, 20; libertatis auctor I 215, 1—10 [430, 5. 10]; l. carta; l. status I 166, 20 [432, 25]; l. statum non amittere I 317, 5. II 68, 5; libertatem accipere I 10, 40. 41, 30; l. approbare, probare II 89, 20—30; l. opportuni temporis concedere II 37, 15; l. per praeceptum regis conquirere I 114, 10 [429, 5]; l. consequi I 277, 5 [406, 35]; l. per cartam ingenuitatis consequi I 114, 5 [429, 1]; l. a propriis dominis consequi I 276, 30 [406, 20]; l. per falsos testes consequi I 145, 15; l. dare I 276, 35 [406, 25]; l. evindicare, vindicare I 315, 30 [440, 45]; l. perdere I 166, 20 [432, 25]; libertate notabilis II 225, 5; l. donari I 277, 1; l. perpetua frui II 270, 10; l. propria uti II 42, 25; libertates in vestitura regis I 289, 10 [443, 5]; ad libertatem mancipia commutare II 270, 5; de libertate sacramenta adhramire vel iurare I 284, 10 [440, 35. 40]; de l. appellari, compellari, interpellari I 118, 30 [447, 35]. 268, 20. 30 [445, 30. 446, 1]. 283, 35 [440, 25]; de l. nihil habentes in testimonium non recipiantur I 330, 35. 40; de l. in praesentia missorum aut comitum iudicium terminetur I 158, 5 [448, 40]; ad libertatem amittendam in placito centenarii non iudicetur I 176, 30 [438, 40]; de libertatibus iniuste ablatis iustitiam facere I 289, 5 [443, 1]; in libertate conservare I 261, 25; in l. esse I 298, 10; in l. permanere I 298, 5. 318, 25. II 426, 25; in l. perseverare I 215, 1 [430, 5]; in l. residere I 262, 35; in l. tenere I 148, 10 [430, 40].

libertus, a I 22, 1. 31, 25. 232, 35. II 235, 20. 25.

libesticum *v.* levisticum.

libitus II 255, 20 [398, 20]. 489, 25.

libra I 32, 10. 74, 20. 25. 251, 1. 256, 30; quantae sint librae, tanti sint iuratores II 135, 25. 30; qui habent libras sex, tres, duas, unam I 125, 25. 30 [427, 15. 20]; l. quinque I 135, 15; de ripatico quadragesimam libram tollere II 145, 20; dimidiam libram argenti accipere II 62, 10; libram de argento in elemosinam donare I 52, 10. 15; libras quinque de mero argento accipere II 316, 1; librae duodecim argenti unam libram auri faciunt II 320, 30; libras triginta argenti persolvere II 107, 40; tres, quinque, decem libras auri poenam dare II 128, 1. 5; decem l. auri componere II 63, 5; quinquaginta l. auri componere II 108, 10. 109, 10; centum l. auri componere II 143, 1. 5. 149, 40; libras tres, sex de cera dare I 88, 30; viginti quinque l. de denariis Papiensibus annualiter inferre, persolvere II 146, 30. 149, 30; libra panis I 347, 15.

librarius I 80, 25.

licentia *ex. gr.* I 8, 30; licentiam derogare I 18, 35; l. abbatis I 54, 20 [398, 5]; l. abbatissae II 228, 10; l. apostolica I 78, 10. 15; l. archiepiscopi II 452, 10; l. canonica I 96, 10. 110, 45. 219, 40; l. comitis I 172, 1. 262, 25 [II 260, 20]. II 62, 15; l. domini I 55, 35 [399, 30]. 76, 15. 150, 15. II 328, 15; l. episcopi I 54, 20. 40 [398, 5. 25]. 94, 30. 95, 30. 110, 35. 158, 10. 229, 1. 243, 25. II 48, 5. 60, 30. 81, 35. 102, 5. 179, 10. 180, 10. 458, 20; l. imperatoris, regis I 16, 1. 84, 25. 125, 5 [410, 5]. 166, 30 [432, 35]. 169, 20. 30. 205, 20. 262, 25 [II 260, 20]. II 90, 30. 270, 5. 322, 5. 10. 451, 25; post lecta capitula rex dedit omnibus licentiam sua redeundi ad propria II 363, 5; licentia magistri II 328, 15; l. pontificis I 323, 35; l. principis I 166, 30 [432, 35]. II 58, 5; l. regularis I 110, 45; l. sacerdotis I 69, 35; l. vicarii I 172, 1.

lidus *v.* litus.

ligare II 445, 25; l. aut solvere I 365, 5; l. homicidam II 184, 1; l. latronem I 17, 5. — l. (= *appellare*) ingenuam personam per furtum I 4, 35.

ligatura I 223, 10.

lignamen ecclesiae abstractum I 76, 25; l. facere II 184, 30.

lignarium I 89, 1.

ligneus, a, um: l. calix II 503, 35 [228, 25]; l. casa I 255, 35; l. manus I 228, 25; l. pes I 228, 25; l. porta I 255, 10. 35. 256, 10; l. utensilia I 254, 10. 255, 20. 40. 256, 15; l. vasa I 87, 1; l. vasculum II 228, 30. 503, 30 [228, 20].

lignum I 252, 20. 254, 5. 255, 10. 256, 10. 30; praeter ligna nihil prendere, tangere (lignis uti) I 48, 10. 168, 30. 294, 20; ligna caedere II 260, 10; lignum commodare II 257, 15.

lilium I 90, 1. 255, 5. 256, 35.

limen: limina apostolorum, Petri I 322, 20. II 351, 10; ad l. apostolorum migrare, pergere I 365, 1. 5; a liminibus ecclesiarum secludere, sequestrare II 39, 35. 483, 20.

limes regni I 127, 25. 128, 25 [II 22, 5].

liminium = *postliminium; cfr. L. Rom. Vis. Nov. Val. c. 12. Int. (Zeumer)* I 16, 30.

linea superhumeralis II 504, 20.

lineus, a, um: l. fano I 251, 15; l. pallium I 251, 20; l. vestimentum II 248, 15; l. vestis II 242, 15.

lingua: linguam abscidere I 205, 30. — lingua = *dialectus*: l. ineruditа I 79, 25; l. Romana II 158, 10. 15. 30. 171, 15. 20. 172, 10. 25. 176, 15; l. rustica II 176, 15; l. Theotisca II 16, 25. 157, 5. 158, 15. 30. 171, 15. 20. 172, 15. 25. 176, 15. 272, 10. 299, 40. 309, 15.

liniamenta consanguinitatis II 207, 35.

linire pectus et scapulas I 247, 10.

linteamen I 251, 20; linteamina altaribus praeparare I 178, 25 [412, 20].

linteum, linteus I 256, 15. 30.

linum I 87, 5. 89, 1. 172, 25. 252, 10; l. battere I 61, 15 [404, 30].

liquamen I 87, 15.

lis I 176, 15 [433, 20. 25]. 262, 40; litem non amare, devitare I 98, 5. II 179, 20; l. commovere, excitare I 107, 15. 280, 25; lites diebus dominicis non habere II 233, 35—234, 5; l. neque infra neque foris monasterio movere I 94, 35; l. inter reges seminare II 169, 30. 35.

litania, laetania, letania I 42, 15. 133, 35 [447, 10]. 227, 5. 229, 30. 230, 10. 245, 20. II 126, 10. 178, 25. 211, 15. 497, 15. 513, 15—514, 5; l. maior I 179, 20 [413, 10].

litigare I 268, 20. 30 [445, 35. 446, 1]. II 436, 25; litigans testes adhibeat I 289, 10 [443, 10]; l. ad placitum centenarii veniat I 290, 20 [444, 10].

litigatio in hoste aut infra regnum I 334, 15. 35; litigationes movere I 95, 10.

litigator I 176, 30 [433, 35].

litigiosus I 95, 40.

litigosa res I 337, 1.

litis *v.* litus.

litterae = *epistola* I 280, 35; l. apostolicae II 439, 1; l. archiepiscopi II 428, 20; l. canonicae II 410, 30; l. commendatitiae I 35, 30. 54, 20 [398, 5]. 76, 25. 102, 25. 108, 1. 133, 35 [447, 1]. 210, 10. 229, 1. II 191, 35; l. dimissoriae I 210, 10; l. episcopi I 55, 1 [398, 30]. 230, 40. II 422, 25. 429, 5; l. imperatoris, regis I 87, 35. 204, 1. 212, 5. 306, 5 [417, 40]. 339, 15. II 66, 30. 428, 10. 433, 20. 441, 10. 452, 25; l. metropolitani I 75, 1; l. synodi II 448, 30. 40. 449, 5; a litterarum conscriptione ingenui I 171, 10. — litterae = *carta*: l. imperatoris, regis I 169, 25. 262, 35 [II 260, 25]. 356, 35; litteras regis de palatio deferre I 124, 1 [426, 15]; l. dominicas dispicere I 284, 25 [441, 5]. 290, 5 [443, 40]. II 360, 15. — litterarum studium, litteras discere I 79, 10. 30. 35. 80, 35. 235, 1. 376, 20. 25; litterae sanctae II 118, 5.

littoralia, littoraria maris I 100, 35. 198, 10.

litus, *littus maris* I 198, 30. 358, 10. 40; l. Italicum II 95, 25; litoris custodia II 85, 15.

litus, litis, lidus, lidis, liddus, ledus I 5, 15. 101, 1. 117, 25. 205, 30; l. Saxo I 69, 20—40. 71, 25. 72, 5.

locatio II 256, 35.

locipositus, locopositus I 192, 20. 25. 193, 10. II 108, 5. 10.

locus; *plur. num.*: loca: loci episcopus; locus malli, placiti I 149, 15 [431, 25]. 151, 5. 284, 15 [440, 40]. II 269, 10; l. placiti generalis II 160, 5. 162, 15. 281, 25; l. sacramenti legitimus I 268, 20 [445, 35]. II 325, 20; loci iudex I 11, 35. 16, 35; nomen loci in fine libelli I 346, 35; l. paupertas II 411, 10; l. servator I 205, 35; locum condicere II 160, 5; l. constituere I 232, 35. 299, 30. II 48, 5. 60, 30. 162, 15. 281, 25; l. denuntiare II 257, 1; loca diciora, minora I 276, 20 [406, 5]; l. deserta, inculta I 262, 25 [II 260, 20]. 263, 20—30. 264, 1; l. locare I 172, 15; l. maritima I 100, 35. 301, 10 [437, 15]; l. remotiora frequentare, ad l. remotiora secedere II 34, 45. 406, 1; l. secreta II 477, 10; l. transmarina II 327, 10; l., ubi via et mansionatici ordinati sunt I 306, 10 [417, 40. 45]; loca, ubi pontes facti sunt I 306, 40—307, 1 [418, 30]; loca, ubi theloneum exigitur I 22, 5. 294, 25; ad locum proprium, ad loca sua redire, reverti I 131, 30 [427, 35]. 143, 20. 174, 35. 201, 35. 290, 30 [444, 20]. II 278, 30; in alium locum fugere I 41, 5; in locis congruis scolas ordinare I 304, 15 [416, 1]. — locus = *pagus?* I 22, 10. 23, 15. — locus = *locus sanctus* I 95, 15. 119, 25. II 267, 20—268, 1. 15. 30. 384, 15; loca constituere I 341, 30; l. ab imperatore concessa destruere II 38, 35; l. locare I 170, 35; l. restaurare II 268, 15; per loca monastica provisores disponere II 116, 5; loca semel Deo dedicata monasteria maneant I 56, 10 [400, 10]. 102, 40; locus Deo dicatus I 46, 5; loca Deo dicata fideles adeant II 46, 5; locis Deo dicatis res conferre I 326, 30; loca pia I 129, 30 [II 23, 20]. 374, 5. 10. 45—375, 15; locus religiosus II 410, 30; loca sacra spurcitia foedata I 290, 1 [443, 30. 35]; l. sacra donare II 434, 5; in locis Deo consecratis quid fieri debeat II 435, 5—25; in l. sacris cultum Deo reddere II 436, 10; loca sacrata infringere II 412, 20; l. sacrata religiosius tractare II 419, 30; locis Deo sacratis violentia aut gravamina non imponantur *etc.* II 105, 10; in l. sacratis neglecta emendare II 66, 5; in l. sacratis iudicia publica non exercenda II 236, 5. 10; locum sacrosanctum procurare II 232, 30; locus sanctus I 167, 25. 232, 30; locum sanctum conquinare I 23, 1; loco sancto rem immobilem praestare et ab eo aliam accipere I 311, 20. 25 [421, 25]; loca sancta in horrea et apothecas convertere II 436, 5; locorum sanctorum dehonoratio II 66, 15; l. sanctorum restauratio II 116, 1; ad loca sancta confugere I 128, 30 [II 22, 10]; in locis sanctis negligentes II 437, 30; ad loca sanctorum tradere res et facultates II 438, 1; locus venerabilis I 164, 1. 5. 188, 10. 282, 5 [438, 35. 380, 1]. 311, 5—20 [421, 5. 20. 25]; loci venerabilis pastor atque rector I 129, 30 [II 23, 20]; loca venerabilia, sacrata laicorum curae non committantur II 114, 15—25 [399, 35—400, 1]; l. venerabilia a laicis possessa *etc.* II 386, 10; l. sub incertis nominibus et reliquiis *etc.* constructa II 480, 20; loca pro sanctis culta I 223, 15. — nullus ordinetur sine pronuntiatione et stabilitate loci I 55, 40 [399, 25]; locum abbatis, abbatissae, episcopi tenens I 113, 10. 40 [428, 25]; l. domini emunitatis tenens I 181, 1. — locus = *gradus cognationis* I 38, 1.

locutio II 360, 20. 481, 20. 30—40. 498, 20.

loquax homo I 438, 45.

loquella communis I 58, 25 [402, 10]. 104, 1.

loqui: nihil l. II 251, 5; l. pro viduis, pupillis, pauperibus I 281, 30 [438, 25]. — loqui = *tractare*: l. cum comprovincialibus, archiepiscopis et episcopis *etc.* II 438, 40. 439, 1. 440, 10. 15. 446, 10; l. cum imperatore, rege I 212, 10. II 360, 20; l. familiariter cum imperatore

II 527, 40; l. cum rege fratre II 160, 15. 271, 15. 35. 307, 5. 488, 35. 40.
lorica I 128, 1 [425, 40]. 171, 25. 334, 20.
lucida II 480, 5.
lucrum I 311, 5 [421, 10]; l. temporale de agro ecclesiastico et manso exigere *etc.* I 333, 20; l. turpe I 92, 10. 95, 40. 132, 15. 25 [410, 45. 411, 5]. 240, 15. 244, 10. 312, 35 [422, 15]. II 33, 30. 43, 20. 319, 35; lucri causa placita tenere II 486, 35.
lucus: lucos custodire I 87, 20; l. destruere I 77, 35; ad l. vota *etc.* facere I 69, 35.
ludus: ludi licentiam non habere I 364, 10; l. gentilium II 248, 20; ludorum exhibitores II 516, 15; ludis delectari I 378, 20. 25.
lumen accendere I 228, 35.
luminare = *candelabrum*: l. ferreum I 252, 5. — luminaria = *candelae* I 45, 30. 119, 15. 121, 15 [446, 30]. 136, 10. 182, 1. 35. 189, 10. II 488, 1; l. ecclesiae ordinare II 267, 20. 268, 15; in luminaribus studium non habere II 33, 10; ad luminaria ecclesiae mansos dare I 304, 10 [415, 45]; l. praebere I 210, 10; l. providere II 419, 35; l. ex decimis exhibere II 420, 1; sacerdus decima dispenset pro luminaria I 336, 25; l. ad arbores, petras, fontes facere I 59, 1 [402, 30].
luna: lunae defectio I 223, 20; dies lunae, lunis II 324, 20. 25. 35; lunam comedere I 223, 30.
luparius I 171, 15.
lupellus, lupus I 89, 35. 171, 15.
lusus I 96, 15; l. saecularis I 229, 30.
lutrinus roccus I 140, 1.
luxoriari I 96, 1.
luxuria I 61, 40 [405, 5]. 238, 20; l. concubinaticae II 419, 20.
luxuriosus I 96, 5.

m.

maceria I 256, 30; m. ecclesiae I 136, 10.
machinari, machinare: m. laesiones vel iniuriam I 97, 1; m. contra regem fratrem II 166, 40; m. contra seniorem *etc.* II 100, 10.
machinatio I 197, 5. 354, 20. II 77, 30. 118, 35. 136, 30. 147, 30; m. indebita II 78, 25 [156, 20. 333, 40. 362, 20]; m. ingeniosa II 335, 15; m. iniqua I 334, 30. II 101, 25; m. mala II 72, 25 [155, 5].
maculare uxorem, filiam vassi I 172, 10.
magica ars II 122, 30.
magister I 196, 25. 245, 15. 357, 35. 376, 20. 25. II 526, 35; magistri, qui cervisam facere debent I 88, 35; magister vel pastor loci venerabilis I 164, 1; m. mansi II 328, 15; m. militum II 67, 20. 185, 1; m. puellarum I 95, 10; m. servorum, hominum I 85, 30. 88, 20. 285, 5 [441, 25]. II 316, 25; magistros super mendicos et pauperes constituere I 298, 35. — magistra regula I 348, 20.
magisterium, magysterium I 96, 1. II 497, 5. 518, 5; m. episcopale I 110, 30; m. pastorale II 81, 25. 52, 5; m. paternum II 350, 5; m. sedis Romanae II 508, 10.
magistratus I 311, 10. 15 [421, 10. 15].
magnates II 527, 30.
magnificentia = *titulus imperatoris, regis* II 81, 1. 258, 30. 398, 25. 408, 15. 25. 405, 5. 25.
magnificentissimus imperator II 92, 1; magnificentissimi viri illustres II 56, 10.
magnipotentia II 259, 1.
magnitudo = *titulus fidelium* II 136, 15. — m. = *titulus imperatoris, regis* II 48, 25. 405, 15. 408, 1.
magnus imperator; magni viri I 28, 25.
magus II 44, 35. 40.
maiestas II 33, 10. 90, 35. 125, 25. 136, 20. 334, 5. 336, 35; m. divina II 44, 30; m. imperialis II 124, 25; m. regia II 82, 40. 404, 10. 408, 20. 412, 10. 420, 5. 25. 30; maiestatis reus I 205, 20.
maior, us: m. census I 295, 1; m. ecclesia I 195, 30. II 81, 25. 30; maiores causae I 262, 1. 5. II 350, 5; m. res I 49, 5; maiora II 258, 25; m. capitula I 68, 15; m. crimina I 318, 40 [428, 25]; m. negotia II 350, 5. — maiores = *potentiores* I 263, 25. II 12, 40. 130, 30. 366, 35. 368, 20. 526, 1. 35. 527, 5; m. homines II 298, 5; m. missi II 298, 25. 301, 5; m. personae I 32, 20. 58, 5 [401, 35]. 102, 35. 228, 25. 334, 15. II 142, 35; m. vicini II 274, 10 [300, 40]; maior in unoquoque die donet solidum unum I 249, 25. — maiores natu Franci I 4, 40. 275, 25; m. natu accusare I 56, 20 [400, 20]. 77, 10; cum maioribus natu placitum tenere I 214, 5. — maiores = *'Vorfahren'*: maiorum constitutiones II 530, 1; m. desidia I 80, 25; m. traditio II 518, 5. 35. — maior = *maior villae, agens* I 84, 15. 85, 15. 86, 20. 88, 35; maioris ministerium I 254, 1. — maior domus I 30, 15.
malbergus I 7, 35.
maledictio II 45, 20. 25.
malefactor I 16, 25. 17, 5. 30. 125, 10 [410, 15]. 141, 25. 210, 30. II 86, 35. 214, 35. 318, 10—30; m. iustitiam faciat II 78, 30; m. de uno comitatu ad alium confugium faciens I 70, 1; m. de uno missatico ad aliud fugiens II 75, 15. 20; m. ad regiam potestatem confugium faciens I 72, 25; m. de uno regno in aliud fugiens II 278, 20. 25. 294, 40. 295, 1; m. in ecclesiam introiens I 48, 15; malefactoribus assensum praebere II 86, 10; malefactores inbreviare, extra ecclesiam facere, ad praesentiam episcopi perducere II 292, 30; m. ad iudicium episcopi vocare II 216, 20; m. comprehensos in cippo et in carcere mittere I 141, 25; m. in collo ad cippum portare I 298, 20.
malefactum I 218, 10. II 307, 15. 20. 344, 1.
maleficium I 38, 5. 110, 40. 228, 10. 402, 25. II 345, 10. 476, 25; m. contra christianam legem aut Christianum facere I 259, 15; sub praetextu maleficii crimina donare I 174, 20; maleficiis aëra conturbare *etc.* II 45, 1. 5; m. perdere quempiam II 241, 1—10.
maleficus, malificus I 55, 20 [399, 25]. 59, 1 [402, 25]. 88, 10. 96, 15. 104, 5. II 308, 40. 309, 1. 345, 10. 15; malefica II 122, 30.
malignus I 154, 1 [447, 20].
malitia I 184, 40. 218, 10. II 72, 30 [155, 10]. 314, 5. 10. 335, 1. 388, 20; nulla m. inter partes proveniat II 181, 5. 10; malitiam imperiali auctoritate comprimere II 49, 30.
malivolentia II 296, 30.
malivolus, a, um: m. actor I 206, 30; m. cupiditas, m. intentio I 72, 15. 20.
mallare I 9, 35. 10, 5. 10. II 302, 15—25; m. ad, in servitium II 89, 1. 15. 25. 30.
mallatio II 301, 30.
mallus, mallum: m. comitis I 262, 5. 292, 10. 15. 293, 5; m. proximus I 9, 15. 292, 15; m. publicus I 112, 15. 149, 15 [431, 25]. 288, 10 [440, 1]. II 269, 15; in legitimo suo a (?) mallo I 268, 45; m. quartus I 10, 5; malli tres I 5, 1. 10, 1; mallum habere, tenere I 292, 10. II 269, 10. 324, 15. 30. 359, 35; mallus non in ecclesia neque in atrio neque in porticibus neque in mansione presbyteri habeatur I 284, 10 [440, 40]. II 269, 5. 346, 30—347, 1; m. quo tempore non habeatur II 269, 5. 15. 420, 10; ad mallum, in mallo adduci, perduci, produci I 114, 15 [429, 10]. 298, 5. II 344, 15. 20; ad m. legibus mannire, bannire I 118, 1. 30 [430, 20]; ad m. occurrere II 324, 20. 25; ad m. arma non portare I 156, 25 [428, 5]; ad m. venire I 46, 1. 262, 5. 270, 5. 281, 30 [438, 20]. 283, 10 [440, 1]. II 343, 40. 344, 10; ad m. venire non cogi I 148, 25 [431, 5]. 150, 20; ad m. venire non posse I 9, 30; ad m. non venire I 118, 1. 5 [430, 20, 25]. 268, 30. 35 [446, 5]. 288, 20. 284, 1 [440, 10. 30]; in mallo se adhramire I 284, 15 [441, 1]; in m. causam conquirere I 116, 5 [429, 35]; in m. causam innotescere I 32, 15; in m. causam iudicatam repetere I 114, 20 [429, 20]; in m. fidelitatem iurare II 278, 20; in m. farfalium minare I 16, 20; in m. servum *etc.* praesentare I 5, 5. II 344, 25—35; in m. constitutionem relegere II 302, 30; in m. capitula manifesta facere I 112, 15; nullus monachus

per mallos et publica placita pergat I 79, 45.

malus, a, um: m. conversatio I 374, 30; m. dolus I 14, 35; m. fama; m. ingenium; m. machinationes, molitiones II 72, 25 [155, 5]; m. occasio; m. opinio; m. presbyter, sacerdos I 374, 35. 40; m. scabinus II 15, 1; m. sors I 5, 10. 6, 5; m. suspicio I 228, 20; m. voluntas I 290, 45 [444, 15]; mali, mali homines I 10, 1. 15. 20. 210, 20. II 359, 35; malorum flagitia II 28, 5; m. insidiationes II 91, 15; m. insullentia I 22, 10; m. oppressiones I 192, 5. — malum: m. inter partes commissum II 131, 5 [188, 30. 144, 1]; m. ad notitiam regis perveniens II 47, 25; mali auctor I 278, 40 [408, 20]. II 345, 15; m. conscii et complices II 345, 15. 20; aliquid m. consentientes vel facientes I 144, 10; m. famam habere II 87, 10; malum, mala agere, facere *etc. passim, ex gr.* I 10, 1. 22, 15. 124, 10 [426, 25]. 148, 25 [430, 45]. 160, 35 [449, 10]. II 16, 10. 75, 20. 170, 20; m., mala emendare I 97, 20. 189, 20. II 78, 30. 97, 30; m. non merere I 259, 1; mala ex ritu gentilium remanentia II 44, 20; malorum patratores II 44, 20; mala compescere II 307, 25; m. comprimere II 211, 10; m. confiteri I 228, 10; m. inquirere I 170, 30; m. pati I 131, 30 [427, 40]; m. suspicari de presbitero II 188, 15; a malis se cohibere II 35, 25; in mala non consentire I 95, 5. — male: m. facere I 10, 1—15. 141, 20. 148, 20 [430, 45]. 150, 20. 206, 35. II 16, 10. 344, 10; m. praesumere II 101, 25; m. ab ecclesiis subtrahere II 82, 15; male plebes tractare II 82, 10; m. presbyterum tractare I 362, 1.

malva I 90, 5. 256, 35.

mancare aliquem membris I 180, 1.

mancatio I 68, 20. 205, 25.

mancipium I 89, 30. 134, 35. 189, 20. 211, 10. 237, 35. 330, 35. II 131, 25. 30. 240, 35. 318, 25. 314, 1. 5. 316, 1. 320, 10. 15. 343, 40. 344, 5; mancipia adventitia I 211, 10; m. aliena I 5, 15. II 292, 20; mancipium non casatum I 129, 1 [II 22, 35]; mancipia christiana I 28, 10. 190, 30. II 131, 20; m. diversae potestatis iuncta I 365, 30; *cfr.* II 324, 10; m. ecclesiae, ecclesiastica I 201; 25. 333, 25. 30. II 269, 1. 5. 270, 5; m. in ecclesiastica vestitura II 345, 25. 30; m. pro ecclesiastico data II 270, 5. 10; m. duo ecclesiae dentur II 60, 10; m. fugitiva, fugientia, confugientia I 211, 10. 288, 1—10 [442, 30. 35]; *cfr.* 287, 5. 10 [441, 40. 45]. II 292, 20; m. pagana I 190, 30. II 419, 10; m. in regia vestitura II 345, 25. 30; m. a fisco occupata I 300, 20 [436, 30. 35]; mancipium decimum fisco regis detur I 171, 15; mancipia palatii, palatina I 201, 25; m. ad regis beneficium pertinentia I 74, 25; m. a servo regis emere I 171, 5; m. rustica I 311, 1 [421, 1]. — per mancipia distringere II 314, 1. 5. 343, 40. 344, 5. 10; mancipia emere I 171, 5. II 84, 15; m. in furto emere I 211, 10; de mancipiis forcapium non recipere I 211, 20; de m. heribannum non exactare I 166, 25 [482, 30]; de m. interpellari I 268, 45 [445, 30]; mancipia ante vicarios et centenarios non conquirantur I 154, 25; ad m. reddenda in placito centenarii non iudicetur I 176, 30 [433, 40]; redditio mancipiorum non nisi coram comite (non coram centenario) fieri potest I 315, 30; de mancipiis theloneum solvere II 252, 5; *cfr.* 251, 1; mancipia vendere I 51, 5. II 251, 25; mancipium foris marca nemo vendat I 51, 10; m. foris regno non vendantur I 190, 30; *cfr.* II 131, 20.

mancusus II 135, 25.

mandare *passim, ex. gr.* I 61, 10 [404, 20]. 118, 5 [428, 25]. 147, 10. 15. 181, 1. 5. 225, 20. 30. II 274, 30. 280, 5—20. 283, 1—15. 35—284, 1—20. 35. 312, 5. 10. 328, 1. 20. 25; m. regi II 331, 35; m. scripto et verbo II 168, 20; m. cum auctoritate II 424, 10; m. ex verbo regis II 314, 5; m. in capitulis I 139, 35; m. per litteras et missos II 66, 20; m. per missum I 301, 20 [437, 30]; m. specialiter II 332, 1.

mandatum: in mandatis dare I 188, 15. 192, 35. 198, 10. 20; mandatum apostolicum, apostolici, papae I 368, 25. II 160, 20. 161, 15; mandata Dei II 407, 1; m. divina II 476, 30; m. episcopi II 409, 15. 425, 10. 15. 429, 1; m. imperatoris, regis I 59, 15 [402, 45. 434, 30]. II 182, 1. 318, 35. 328, 25; m. imperatoris, regis contemnere, praeterire, transgredi I 72, 25. 97, 40. II 316, 25. 325, 20. 25. 428, 20; mandatis imperialibus oboedire et consentire I 158, 35 [431, 45]; de mandato imperatoris dubitare I 184, 30; mandatum missorum II 132, 1. — 'mandatum' post coenam fiat I 345, 20.

manducare I 17, 20. 345, 25. 347, 5; m. carnem I 179, 1 [412, 30]. II 217, 5; m. panem I 318, 5 [422, 30]. II 242, 10; m. salem II 242, 10; m. feria III. et V. et sabbato II 245, 25; non m. ante statutam horam I 245, 25.

manere: m. foris I 325, 10; m. cum imperatore II 363, 5; m. in proprietate I 325, 5; episcopus in propriis rebus amplius quam tres ebdomadas non maneat I 77, 25; m. in statutis iuxta domibus II 92, 30; m. sub canonica vel regulari vita I 230, 20; manentes seu vagantes latrones II 86, 30; m. in parrochia decimam donent I 336, 25; circa manentes per sacramentum inquirere I 139, 35. — manere = *concumbere*: m. cum ancilla I 41, 30; m. cum consobrina uxoris I 41, 25; m. cum filia et matre I 39, 1. 5; m. cum filiastra I 40, 10; m. cum sponsa filii I 38, 35; m. cum uxore sua I 39, 10.

mango I 60, 40 [447, 25]. 104, 15.

manica I 345, 10; m. serica I 251, 20.

manifestare I 188, 1; m. homicidium II 190, 1; m. latronem I 175, 15. II 272, 20. 274, 20—30.

manifestus, a, um: manifesta causa II 336, 1—10. 411, 20; m. confessio II 422, 30; manifestum crimen II 402, 30; m. indicium II 188, 25. 190, 1; m. convinci I 21, 15; m. in facinore esse II 86, 20; m. aliquid imperatori facere II 8, 15. 25; imperatoris manifestam voluntatem facere II 5, 35; manifesta facere capitula I 112, 15.

mannina I 270, 5; *cfr.* mannitio.

mannire I 292, 10. 298, 1. II 314, 1; m. secundum legem ad domos II 313, 30; m. ad placitum, ad mallum I 72, 5. 118, 1 [430, 20]. II 19, 20; m. de statu I 268, 30 [446, 1]. 270, 5. 284, 1 [440, 25]; m. prima, secunda, tertia vice I 145, 20; pauperes non saepius ad placita fiant manniti I 125, 15 [410, 15].

mannitio II 313, 30; m. prima, secunda, tertia, quarta I 118, 30 [430, 25]; mannitionis spatium I 292, 10.

manopera *v.* manuopera.

mansio I 256, 10. 305, 40 [417, 30]; m. abbatum, actorum I 298, 10; m. arimanni II 108, 5; m. capitaneorum II 526, 30; m. clericorum II 405, 5; m. comitum, episcoporum I 298, 10; m. feminarum I 255, 35; m. negotiatorum I 298, 10; m. presbyteri I 288, 20. II 269, 5. 346, 30. 347, 1; m. regis II 305, 25; m. vassorum I 298, 10; m. virorum I 256, 25; mansionum praeparatio II 525, 30; dare mansionem latroni I 156, 25. 30 [428, 10. 15]; mansionem vetare, contradicere, denegare iter facienti I 48, 10. 50, 40. 116, 10 [429, 40]. 144, 5. 199, 1. II 375, 10; mansiones accipere II 87, 5; m. contra voluntatem privatorum hominibus dispercire II 87, 15; m. parare debere, redimere II 248, 1.

mansionarius I 298, 10. 355, 10. II 528, 15. 525, 25. 30.

mansionaticus, mansionatica: mansionaticos accipere, prendere I 84, 5. 85, 20. 211, 35. II 360, 5; m. dare vel persolvere I 306, 10. 15 [417, 45. 418, 1]; m. parare, ordinare I 262, 20 [II 260, 15]. 306, 10 [417, 45].

mansionilis I 84, 35. 254, 30. 35. 255, 1.

mansuarius I 86, 25. II 318, 15. 354, 15. 488, 1.

mansuetudo: m. comitis I 262, 15 [II 260, 10]; m. imperatoris I 262, 35. II 93, 10; m. imperatoris, regis (*titulus*) I 204, 25. 313, 35 [428, 15]. II 254, 25. 256, 15. 258, 1. 259, 1. 384, 20.

mansus, mansum I 84, 5. 254, 30. 314, 15 [449, 35]. II 323, 10—20; m. absus I 89, 30. 252, 30. 253, 10. 25—40; m.

ecclesiasticus I 333, 25. 30; mansus unus ecclesiae absque alio servitio adtribuatur, detur *etc.* I 277, 25 [407, 5]. 333, 25. 30. II 12, 30. 35. 60, 10. 331, 5; *cfr.* 335, 10; m. hereditarius II 337, 1; m. indominicatus II 354, 10. 15; m. ingenuilis I 252, 10. 20. 30. 253, 25. 40. II 354, 15; m. regalis I 172, 20; m. servilis I 252, 25. 30. 253. II 354, 15. 20; m. vestitus I 187, 5. 10. 252, 10—30. 253; duos mansos ad unamquamque ecclesiam pagenses condonent I 69, 20; mansos habentes in hostem veniant I 134, 25—35; de manso censum exigere II 272, 1. 5 [312, 20]. 323, 20; de duodecim mansis omnis homo bruneam habeat I 123, 10 [426, 1]; de m. ad luminaria datis nihil accipiatur I 304, 10. 15 [415, 45].

mantellum, mantile I 256, 15. II 248, 15.

manualis, e: m. cubitus I 259, 15; m. servitium I 81, 25.

manufirmata cultura II 386, 40.

manufirmatio I 116, 15.

manumissio II 178, 30. 235, 20; manumissionis modus I 356, 30. 35.

manumittere servum ecclesiasticum I 356, 35.

manuopera, manopera I 84, 5. II 323, 1. 5.

manus: m. fideiussoris I 70, 10; m. lignea I 223, 25; m. mortua II 15, 10. 330, 30; cartae manus conlatione a notario descriptae II 108, 35; m. signaculum I 355, 5. 10; m. subscripcio I 23, 30. II 55, 35; manum abscidere, amputare I 205, 30. 258, 30. 268, 10. 283, 5 [439, 35]. 283, 40. 285, 10 [441, 30]. II 317, 5; m. amittere, perdere, redimere I 49, 1. 10. 98, 10. 123, 5 [426, 1]. 124, 20 [426, 40. 448, 25]. 139, 35. 142, 20. 143, 15. 149, 10 [431, 20]. 150, 35. 160, 25 [449, 15]. 268, 10. 269, 35. 336, 15. II 108, 30. 315, 25. 317, 1. 320, 25; m. incendere I 5, 5; m. desuper altare retrahere I 180, 25; manu propria se excondicere II 373, 5; m. propria cum sacramento se idoneum facere I 334, 20; m. propria sacramentum iurare II 374, 35; m. cancellarii cartam firmare vel subscribere I 215, 5 [430, 5]; m. propria ecclesiasticorum et laicorum firmare II 396, 20; m. propria (episcopi) roborare, signare, subscribere, subterfirmare II 57, 15. 58, 1. 377, 35. 402, 35. 422, 35; m. propria (omnium) firmare *etc.* I 112, 20. II 124, 5; m. propria (regis, imperatoris) firmare *etc.* I 170, 30. 263, 1 [II 260, 30]. 264, 15. 271, 10. 352, 5. II 72, 10. 74, 10. 40 [157, 5]. 136, 35. 143, 5. 149, 40. 310, 10. 312, 30. 364, 25. 370, 5. 396, 20. 421, 1. 424, 25. 30. 425, 5. 433, 30. 434, 15; manibus laborare, operari I 34, 35. 81, 30. 182, 5 [410, 30]. 344, 10; in manu imperatoris adfirmare I 293, 40. 45; in m. eius tradi, cui malum factum est I 10, 5; in m. pontificis tradi I 232, 25; in manus comiti dextrare, detestare I 193, 5; in m. mariti tradi I 318, 30; in m. senioris manus commendare I 215, 15. — manus (= *'Schaar'*) minor I 136, 5; m. collecta I 118, 15 [428, 35].

manzeres I 334, 40.

mappa I 256, 15.

mappula II 504, 20.

marscalcus, marascalcus, marascalchus I 171, 30. II 274, 15 [300, 40].

marca, marka, marcha I 139, 25. 167, 10. 15 [433, 10. 15]. 206, 25. 245, 35. 305, 30 [417, 15]. II 58, 20—30. 74, 15. 322, 1; m. Tolosana I 271, 20; marcam ampliare I 208, 30; m. custodire I 139, 1. 159, 10. 300, 35 [437, 1]; m. defendere I 206, 35; m. non minuere I 123, 25 [II 22, 5]; m. ordinare I 206, 35; in marca Saxonem collocare I 72, 30; in m. explorationes et excubias facere I 261, 25. 30 [II 259, 15]; in m. adiutorium praestare I 161, 10; in m. residere II 96, 5; foras marca bauga et brunias negotiatoribus non dentur I 115, 35; foris marca mancipia non vendantur I 51, 10.

marchio I 206, 25. 261, 20. 314, 25 [450, 5]. II 379, 15.

marchisus II 527, 15.

mare: m. australe I 128, 10; m. mediterraneum I 127, 20; negotium suum infra mare exercere I 319, 25; per m. capulare II 134, 20; per m. ambulandi licentiam habere II 133, 20.

margarita I 251, 5. 20.

margila II 323, 1.

maria = *adnuntiatio* I 10, 10; *cfr. Brunner, RG. II, p.* 334, *not.* 13.

maritalis, e: m. commercium I 39, 15; m. consortium II 454, 40; m. copula I 365, 35.

maritimus, a, um: maritima custodia; m. loca I 100, 35. 301, 10 [437, 15].

maritus: m. advena feminam accipiens II 324, 10; m. adulterae I 317, 5; m. uxoris adulteratae, constupratae I 318, 30. II 239, 30—240, 10; m. defunctus I 8, 25. 301, 15 [437, 25]; m. uxorem interficiens II 190, 5. 10; m. vivente muliere aliam non accipiat I 30, 5. 10. II 240, 10; m. vivente uxore non coniungatur I 365, 25; mariti societas I 129, 10 [II 22, 40]; uxor marito vivo subtracta I 292, 35; maritum accipere I 38, 10. 15. 40. 40, 30. 41, 15. II 247, 15; m. dare I 38, 10; m. dimittere I 38, 10. 39, 5. 40, 30; m. ducere I 40, 30. 215, 40; m. habere I 39, 10; m. legitimum supervivere II 236, 25. 30; maritos se copulare I 202, 10.

marka v. marca.

marrire I 92, 5. 93, 10—20.

marritio II 232, 5.

martrinus, marderinus roccus I 140, 1. 10.

martyr I 25, 35. 163, 20; martyrum ecclesiae, sepulchra II 480, 15. 20; m. festivitates I 312, 25 [422, 5]; m. falsa nomina non venerentur I 56, 30 [400, 35]. 108, 5; m. sanctuaria II 407, 25.

martyrium II 480, 15.

martyrologium I 248, 35. II 514, 5; m. legere I 347, 30.

masculus: masculum filium aut nepotem vel parentem in monasterio puellarum non commendare I 119, 40; cum masculis peccare I 57, 10 [401, 5]; cum m. pollutiones admittere II 44, 25.

massa I 251, 35. II 125, 25.

massiola II 251, 25.

mater: m. ingenua I 335, 10; m. spiritalis II 512, 10; m. puerum tempore oblationis ad altare offerat *etc.* I 346, 10. 15; m. sobolem suam de fonte non suscipiat II 512, 15. 20; matris negligentia II 235, 1. 5; m. potestas II 357, 20; matrem sequi II 324, 15.

materia I 33, 5. 153, 35. 283, 1 [442, 25].

materiales structurae II 476, 20.

materiamen I 89, 5. 449, 5.

maternus, a, um: materna hereditas I 298, 5. 330, 15. 30 [445, 15]; materni iuris hereditas I 312, 5 [421, 30]; materna pars I 315, 25; maternae res I 292, 30.

matertera: m. presbyteri I 243, 1; cum filia materterae concumbere (filiam m. polluere) II 237, 30. 247, 15; cum matertera incestum committere I 31, 20; materteram occidere I 165, 25.

matrimonium: m. pro religiosa vita non solvatur I 376, 40; m. incestum II 33, 5; ius matrimonii II 236, 5. 10; m. iura ad alios non negentur I 365, 30; alterius m. iura perdere I 365, 30; matrimonium viduae vel puellae expedire I 19, 5; m. non legitimum prohibere et emendare I 28, 15; m. legitimo consolari, uti II 237, 20. 238, 15. 239, 1; in matrimonium, qui non coniungantur I 365, 25; in m. libertam ducere II 235, 20; in matrimonium puerum vel puellam infra aetatem non sociare nec in dissimili aetate I 232, 10; matrimonio legitimo adulteram sibi associare II 236, 35; m. pollutae prius adulterio non coniungi II 241, 15; in matrimonio femina adulterio polluta uti II 237, 1; sub matrimonium legitimum moecham ducere II 236, 30. 35.

matrina II 512, 10; m. spiritalis I 31, 5.

matrix (sc. ecclesia) II 110, 25. 120, 35.

matutinale donum I 13, 40.

matutinus, a, um: m. hora II 180, 20; m. sacrificium II 504, 25.

mediare I 12, 35.

mediator I 55, 30 [399, 30]. II 168, 30. 164, 15. 30. 212, 10. 335, 25; m. inter Deum et homines I 367, 15. 374, 15.
medicina I 174, 30.
medicinalis ars I 121, 15 [446, 30].
medietas I 7, 10. 101, 1. 252, 40; m. banni II 302, 5; m. compositionis I 293, 10; m. damni I 205, 25; m. dotis I 8, 25; m. substantiae I 123, 30 [426, 10. II 321, 5]; medietatem legem componere I 5, 15; m. wirigildi componere, solvere I 205, 30; m. heredibus interfecti iudicis et alteram m. camerae imperiali componere II 109, 10; m. palatio, m. duci suisque heredibus componere II 148, 1; m. camerae et m. duci componere II 149, 40; m. usurarum refundere II 122, 5; ad m. laborare I 179, 15 [413, 5].
mediocris I 249, 25. II 526, 10; m. abbas, abbatissa, episcopus I 52, 10; m. comes I 52, 15. 20; mediocres liberi I 329, 35; non de potentioribus, sed de mediocribus maiores fiant I 88, 35.
medius, a, um: m. compositio I 8, 1; iuratores medios electos dare I 4, 35. 5, 15.
medum, medo I 86, 10. 89, 10; a medone se abstinere I 249, 25. II 189, 15. 242, 25. 244, 15. 245, 15. 20; medone uti II 242, 30. 244, 25–245, 1.
mel I 72, 35. 86, 10. 87, 10. 89, 5. 252, 5. II 83, 20.
meliorare I 92, 5.
meliores: m. homines comitatus I 295, 30; m. homines (*sc.* vassi) II 373, 10. 374, 30. 35; m. testes I 268, 5. 282, 10 [380, 25. 439, 1]. 288, 1 [439, 30]; meliorum testimonium II 10, 1; meliores eligere I 124, 10. II 8, 15. 15, 1. 5; per m. inquirere I 289, 10 [443, 5]. 295, 25. 335, 25.
mellita cervisa II 189, 15. 242, 25. 244, 15. 20. 245, 15. 20.
melodia II 487, 1.
membranula I 394, 15.
membrum: membra concedere I 68, 20; membrorum amputatio I 262, 5; m. debilitatem ingerere I 76, 10; membris mancare I 180, 1.
memorabilis, e: m. convenientia II 255, 25 [398, 30]; m. capitula II 277, 35.
memoratorium I 184, 25.
memoria: capitula ob memoriae gratiam congesta I 275, 10, ad legationem ob m. causam pertinentia I 289, 1, m. causa scripta I 446, 20; memoriae novorum sanctorum per vias non erigantur I 77, 30; m. incertae sanctorum non venerentur I 56, 35 [400, 35]; orationem dominicam et simbolum in memoriam habere, retinere I 241, 25. 242, 20. — memoria = *memoriale* I 318, 25.
memorialis, e: m. convenientia II 255, 45; m. capitula II 277, 30. — memoriale missorum II 331, 20.
memoriter: m. discere, tenere, recitare I 236, 25. 30. 241, 20. 25. 344, 5.
mendacium, mendatium I 156, 35 [428, 15]. II 345, 30; mendatia non acceptare II 72, 35 [155, 15]; m. cavere I 154, 30. II 45, 25; m. dicere I 180, 30; m. fugere II 476, 25.
mendicare, mendicari I 132, 5 [410, 30]. II 277, 25. 408, 10.
mendicus I 125, 10 [410, 15]. 132, 1 [410, 30]; super mendicos magistros constituere I 298, 35.
mensa: m. caelestis II 498, 30; m. lapidea I 46, 5; ad unam mensam simul non esse II 226, 1. 5. 15; ad mensam regis servire I 85, 15.
mensis: nomen mensis habeatur in fine libelli manumissionis I 356, 35; mensium IV dilatio II 350, 25; m. VI spatium II 132, 25–133, 1; mensibus tribus, duabus, uno a communione suspendi I 281, 20. 25; m. IV in anno missi legationes exerceant I 177, 10 [434, 5].
mensura I 108, 25. 150, 15 [448, 30]. 152, 10; m. aequa I 132, 35 [411, 15]; m. aequalis I 60, 15 [434, 30. 408, 45]. 104, 10. 115, 30 [448, 5]. 174, 15. 367, 35; m. antiqua II 63, 30; m. diversa II 44, 15. 20; m. generalis, legitima, probata, publica II 256, 25; m. iniusta II 179, 25; m. legitima I 30, 1; m. manca II 319, 10; m. *minor* I 254, 20. II 318, 20; mensuram accipere (habere), sicut in palatio est I 84, 1. 255, 1. 318, 10. 15; m. adulterare II 318, 15–25; m. inquirere II 63, 30; de mensura providere II 318, 15. 319, 10; mensurarum diversitas, inaequalitas I 367, 35. II 44, 15.
mensurabilis panis II 319, 5.
mensurare I 146, 30.
menta I 90, 5. 255, 5. 256, 35.
mentastra, mentastrum I 90, 5. 255, 5. 256, 35.
mentiri: m. fidem I 41, 1; mentiendo vadere I 116, 20 [448, 15]. 153, 5 [481, 35].
mercari I 140, 10. II 251. 302, 5.
mercatio II 252, 5; mercationes die dominico non peragere I 376, 1.
mercator II 252, 5; m. christianus sive Iudeus II 419, 10. 15; m. legitimus II 252, 10.
mercatorium opus II 420, 10.
mercatus, mercatum I 88, 10. 89, 1. 298, 10. II 83, 30. 84, 35. 250, 30. 251, 5. 15. 252, 5. 302, 5. 15. 319, 1. 375, 10; m. palacii I 189, 1; m. salinarium II 251, 35; m. die dominico non fiat I 149, 5 [412, 5]. 150, 30. 174, 15. 182, 1. 304, 45 [416, 25]. 318, 1. 5; de mercatibus telonea exigere I 124, 30 [427, 5]. 294, 15. 20. II 251, 5; in mercatu flagellari I 298, 20. 25; in mercatis constitutionem relegere II 302, 10.
mercenarius II 273, 35.
merces I 93, 20; m. regis I 201, 15.
meretrix I 298, 1. 5. 25. 400, 45.
meraio triana, trina I 363, 25. II 511, 1–15.
merus, a, um: m. argentum I 74, 30; m. denarius.
mespilarius I 90, 10.
messis I 52, 15. 88, 5. 132, 20 [411, 1]; messes colligere I 83, 20; messem contendere I 144, 5; m. devastare II 97, 25. 436, 20; m. in hoste rapere *etc.* I 160, 20 [432, 15]; liberi homines comitibus nec vicariis in messe obsequium non faciant I 144, 5; *caballos in m. sua invenire* I 160, 30 [449, 15].
metallum I 272, 30.
metani I 91, 10.
metere: non m. in campis die dominico I 61, 10 [404, 25].
metrici ymni II 506, 5. 10.
metropolis II 349, 5. 397, 5; m. Germaniae II 185, 5; m. Remensis II 340, 30.
metropolitanus I 33, 35. 34, 1. 5. 35, 15. 47, 20. 56, 35 [400, 35]. 75, 25. 30. 133, 15 [411, 15]. 226, 35. II 5, 40. 6, 1. 264. 285, 1. 340, 15. 408, 20. 515, 15. 20; m. episcopum indoctum admoneat I 372, 30; m. causam clerici deliberet I 228, 40. 229, 1; m. causam inter episcopum et abbatem *etc.* diiudicet I 74, 40. 75, 1; m. nihil sine consilio suffraganorum faciat I 54, 35 [398, 25]; m. episcopum ordinare debet I 21, 1; metropolitani admonitio I 374, 1; m. bulla I 374, 25; absque m. cognitione non anathematizare II 120, 30; m. conscientia et consilium I 54, 35 [398, 25]; m. consensus I 226, 25. II 385, 25; m. consideratio I 367, 1; m. consilium I 55, 1 [398, 30]. 226, 35. 229, 1; m. iudicium I 328, 30. 332, 5; m. iussio, iussus I 226, 35. 373, 1; m. litterae I 55, 1 [398, 30]. 75, 1; m. missi I 368, 5; m. populus, m. provincia II 340, 10; m. sententia II 118, 20; m. suffraganei I 368, 1; m. voluntas I 226, 35; metropolitano curam institutionis vitae canonicorum delegare I 368, 1. 5; ad metropolitanum deducere II 122, 20; ad m. causam deferre I 226, 35; provinciales episcopi bis in anno cum metropolitano suo concilia celebrent I 55, 10 [399, 10]; *cfr.* 366, 25; metropolitanorum nomina II 264, 1. —, metropolitana ecclesia II 142, 30; m. sedes I 339, 20.
metrum II 506, 1.
metus II 269, 20; metum habere I 94, 35. 95, 25. 97, 30. 117, 20. 230, 25. 348, 30. II 273, 20; m. inponere II 231, 40.
meziban I 150, 15.
migrare I 75, 1. 276, 35 [406, 20]. 298, 20. 364, 40. 365, 1. II 87, 20. 121, 35.
milicia *v.* militia.

milio I 87, 10. 89, 5.

militare II 432, 30; m. Deo I 161, 20. 168, 1. 319, 35 [422, 15]. II 102, 10. 407, 15. 408, 10; m. saeculariter, saeculo I 330, 15. II 407, 15; clerici ad ecclesiam seu ad episcopum non militantes II 106, 30.

militaris, e: militaria arma II 102, 20. 262, 5; m. castra II 39, 35; militare cingulum I 361, 20. II 189, 25; militaris disciplina II 266, 10; m. res II 336, 10.

milites II 525, 5. 526, 25; m. Christi, ecclesiae I 79, 35. II 35, 15. 40, 25; magister militum II 67, 20.

militia, milicia II 526, 20; m. Christi I 340, 35; m. ecclesiastica I 330, 15; m. regularis II 229, 25; militiae cingulum deponere II 55, 25. 182, 10; m. saecularis cingulo non uti II 120, 15; ad militiam saecularem non redire II 55, 20; m. regni augere II 432, 25; m. facere I 350, 10—20. 351, 1.

millenarius II 516, 5.

milschida I 249, 25.

minae: minas iudicibus inferre II 109, 5.

minare: m. farfalium I 16, 20; m. vestigia I 7, 5.

mininiare res ecclesiarum I 65, 20.

minister: m. centenarii II 516, 1; m. comitis I 196, 25. 30. 217, 10. 269, 1 [446, 10]. 283, 25 [440, 10]. 306, 35 [418, 20]. 319, 25. 30. II 9, 5. 17, 5. 30, 10. 15. 33, 10. 15. 95, 10. 30. 332, 15. 20. 344, 15. 374, 15. 375, 15. 432, 10. 437, 15; m. episcopi I 241, 20. 361, 35. II 9, 1. 32, 30—33, 1. 35, 15. 41, 1. 118, 25. 156, 1. 256, 35. 257, 15. 269, 20. 311, 40. 316, 20. 335, 20. 336, 5. 10. 374, 15. 409, 25. 411, 15. 20. 419, 25; m. episcopalis II 33, 15; m. fidelis I 306, 15 [418, 1]; m. gastaldii II. 95, 10. 30; m. imperatoris, regis II 49, 15—25. 116, 10 [402, 10]. 317, 10. 344, 5. 437, 30. 438, 15. 530, 1; m. iudiciariae potestatis II 259, 20; m. monasterii I 230, 5. 373, 10; m. palatii II 436, 25. 522, 20. 523. 524, 10. 526, 1; m. palatinus II 39, 10; m. publicus I 211, 25. 320, 30. II 86, 10. 15; m. regni II 334, 10. 15. 344, 20; m. rei publicae I 197, 1. 20—35. 327, 20. 331, 15. 431, 25. II 8, 20. 48, 35. 64, 25. 78, 15 [155, 35]. 83, 30. 91, 1. 97, 5. 10. 269, 5. 10. 30. 273, 30. 277, 35. 286, 15. 20. 312, 10. 314, 20. 25. 316, 20. 317, 1. 20. 318, 10. 20. 30. 319, 1. 320, 10. 15. 35. 321, 20. 374, 10. 15. 396, 15. 415, 15. 20. 420, 5. 436, 30. 438, 20. 520, 30; m. sacerdotum II 43, 10. — m. altaris, Christi, Dei, ecclesiae, ecclesiasticus I 59, 40 [408, 20]. 226, 20. 229, 20. 307, 20 [419, 5]. 371, 35. 374, 5. II 179, 30. 229, 35. 323, 15. 334, 5 [362, 25]. 374, 15. 409, 25. 410, 5. 524, 10; m. altaris de secularibus curis se abstineat I 108, 1; m. Christi sub potestate episcopi permaneat II 105, 10. 15; ministros Dei dehonorare, flagellare II 292, 1; m. Dei honorare II 174, 30; cfr. 105, 10. 15; m. ecclesiae instruere I 304, 15 [415, 50]; m. ecclesiae regere II 520, 15; in ministros Domini crassare I 360, 40. II 211, 30.

ministerialis, ministeriales I 87, 20. 211, 35. 217, 25. 255, 1. II 286, 30. 523, 20. 525, 15. 526, 20. 528, 10; m. abbatis I 187, 40. 165, 10. II 319, 5; m. abbatissae I 165, 10; m. advocati II 302, 20; m. capitaneus II 526, 30; m. comitis I 187, 40. 188, 1. 165, 10. 262, 1 [II 259, 25]. 284, 30 [441, 10]. II 319, 5. 521, 5; m. comitatus II 358, 15 [362, 35. 40]; m. dominicus I 84, 1. 5. 20. 86, 30. 291, 30; m. episcopi I 187, 40. 165, 10. II 319, 5; m. imperatoris, regis I 98, 25. 99, 1. 187, 40. 291, 15. 30 [445, 5. 20]. 298, 40. II 323, 15; m. iudicis II 521, 15; m. missorum II 332, 20; m. palatii, palatinus I 298, 1. 5. II 523, 20. 525, 15. 526, 20. 528, 10; m., qui in palatio deserviunt I 87, 25; m. regni II 336, 20.

ministerium = *servitium, 'Dienst'* I 28, 1. II 257, 15; m. altaris I 59, 40 [408, 20]. 364, 35; m. baptismatis I 367, 1; m. divinum I 25, 10. II 76, 5; m. Domini I 318, 25 [423, 5]; m. ecclesiae I 1, 20. 29, 35; m. ministrorum dominationis regiae II 116, 10 [402, 10]; m. sacrum I 367, 15. II 232, 25; m. funerale I 373, 25. 30; m. rusticum I 373, 25. 30; ministeria fidelibus exhibere II 407, 5. — m. = *officium, 'Amt'* I 67, 5. II 84, 1. 100, 5. 296, 15. 334, 1 [362, 20]. 342, 10. 365, 15. 401, 5. 432, 15. 523, 25. 30. 524, 5. 526, 25. 30; m. abbatis I 98, 30. 101, 20. 321, 35. 375, 20; m. abbatissae I 101, 20; m. advocati I 149, 10 [431, 25]. 151, 15; m. ancillarum Dei II 334, 10; m. apocrisiarii II 522, 20. 523, 5. 10; m. archiepiscopi I 339, 25. 342, 35. II 4, 20. 57, 35. 334, 35. 518, 35; m. canonicum I 210, 1; m. cellararii I 347, 15; m. centenarii I 149, 10 [431, 25]. 151, 15; m. cleri II 92, 15; m. clerici I 47, 35; m. comitis I 85, 20 (?). 101, 20. 158, 30. 184, 1. 210, 1. 304, 20. 25. 35. 305, 5 [416, 1—10. 20. 35]. 308, 25. 30. 310, 15 [419, 40. 420, 40]. II 9, 1. 103, 10. 15. 108, 10; m. consiliarii II 527, 30; m. decani I 347, 15; m. diaconi I 98, 30; m. ecclesiasticum I 25, 25. 161, 15. II 84, 5. 103, 1; m. episcopale, episcopi I 98, 30. 101, 20. 158, 25. 30. 184, 15. 190, 25. 203, 20. 35. 209, 15. 278, 20 [407, 40]. 303, 35. 40 [415, 25. 30]. 304, 20. 305, 5 [416, 5. 35]. 308, 25. 30 [419, 40]. 310, 15 [420, 40]. 357, 25. II 8, 30. 35, 10. 36, 25. 30. 48, 15. 51, 35—52, 25. 53, 1. 30. 101, 35. 103, 1. 10. 15. 114, 5. 231, 5. 257, 15. 258, 5. 262, 5. 334, 10. 20. 35. 335, 1. 384, 5. 387, 1. 404, 30. 405, 25. 406, 1. 409, 20. 415, 20. 420, 30. 421, 10. 432, 5. 434, 40. 437, 20. 439, 20; m. falconarii II 525, 35. 40; m. imperatoris, regale, regis I 303, 25. 30. 40. 304, 25. 305, 10 [415, 15. 30. 416, 5. 45]. 367, 40. 416, 45. II 27, 40. 46, 25. 47, 15—48, 5. 52, 45. 53, 30. 105, 25. 113, 30. 116, 5. 230, 35. 334, 35. 345, 10. 350, 15. 376, 5. 388, 15 [404, 20]; m. iudicis I 149, 10 [431, 25]. 151, 15. 324, 5; m. locopositi II 108, 10; m. mansuarii II 525, 25; m. ministerialium I 84, 5. II 525, 15; m. ministrorum, missorum comitis II 9, 5. 17, 5. 95, 20. 35; m. monasterii I 60, 10 [408, 35]. 121, 35; m. monetarii II 315, 15; ministeria palatii II 522—527; ministerium papae II 101, 20. 351, 20; m. poledrarii I 88, 1; m. portarii, portararii I 347, 40; m. praelatorum I 340, 25; m. praepositi I 149, 10 [431, 25]. 151, 15. 347, 15; m. presbyteri I 25, 20. 29, 30. 47, 35. 98, 30. 238, 15. 243, 10. 244, 5. 20. II 84, 30. 384, 40. 406, 5. 410, 15. 25; m. sacerdotale, sacerdotis I 46, 10. 241, 35. 372, 35. II 28, 25. 33, 5. 35. 34, 20. 52, 25. 186, 40. 212, 15. 218, 15. 384, 10; m. sacrum I 229, 35. II 30, 20. 256, 15. 428, 40; m. scabinii I 149, 10 [431, 25]. 151, 15; m. sculdasii II 108, 10; m. servorum Dei II 334, 10; m. vassi I 101, 20; m. venatoris II 525, 35. 40; m. vicarii I 149, 10. 25 [431, 25]. II 17, 5; m. vicedomini I 151, 1; m. adimplere, exequi, peragere *vel similiter* I 46, 10. 149, 10 [431, 25]. 151, 1. 15. 278, 20 [407, 40]. 304, 20. 25. 305, 5 [416, 5. 20. 35]. 310, 15 [420, 40]. 340, 25. II 92, 15. 108, 1. 255, 5 [356, 5. 362, 10. 398, 10]. 257, 15. 334, 10. 405, 25. 410, 1. 25. 415, 20, *saepius;* m. amittere (perdere, a ministerio removeri, de m. removeri) I 347, 15. II 17, 5. 95, 30. 35. 108, 10; m. fideliter facere II 315, 15; m. impedire I 161, 15; m. implere non posse I 308, 25. 30 [419, 40]; m. neglegere, neglegenter agere, tractare I 321, 35. II 52, 45. 58, 30. 406, 1. 410, 15; m. suscipere I 303, 35. 40 [415, 25. 30]. II 428, 40; m. tenere I 67, 5; ad m. foras mitti I 121, 35; ministerio publico fulciri II 38, 25; a m. exorbitare II 84, 30; a m. recedere II 57, 35; de m. studium habere II 9, 1; de m. rationem reddere II 47, 30; in m. se custodire II 8, 15. — ministerium = *districtus* I 210, 40. 309, 1 [420, 1]. II 98, 35. 178, 15 [185, 25]. 318, 35. 320, 20. 321, 25; m. actoris I 298, 5; m. advocati I 48, 30. 214, 15; m. agentium I 203, 25; m. austaldi I 210, 15; m. centenarii I 96, 10. 30. 203, 25. 214, 15. II 274, 25. 30; m. comitis I 51, 15. 70, 25. 30. 85, 20 (?). 95, 35. 96, 10. 30. 135, 5. 187, 25. 30. 188, 10. 141, 15. 169, 10. 176, 25 [433, 35]. 184, 35. 199, 35. 203, 25. 209, 35. 210, 30. 283, 35. 284, 5 [440, 20. 30]. 291, 5. 10 [444, 40. 45]. 301, 1 [437, 5]. 304, 25 [416, 5]. 305, 20 [417, 1]. 306, 25 [418, 10]. 307, 20 [419, 5]. II 92, 20. 95, 25. 103, 10. 209, 30. 287, 1. 294, 40. 295, 1. 317, 5. 336, 20; m. episcopi II 103, 10. 287, 1. 294, 40. 295, 1; m. exactoris II 92, 20; m. iudicis I 83, 30. 84, 1. 30. 87, 15. 88, 10. 15. 192, 30. 203, 25; m. maioris

I 85, 15. 254, 1; m. ministerialium regni II 336, 20; m. ministri rei publicae II 269, 30. 317, 5; m. missi dominici I 67, 25. 30. 203, 25. 334, 30. II 287, 1. 294, 40. 295, 1. 336, 20; m. praeconis I 214, 15; m. presbyteri I 237, 30; m. vassi dominici I 208, 25. 210, 15. II 336, 20; m. vicarii I 136, 15. 171, 15. 20. 203, 25; m. vicedomini I 214, 15. — ministeria = *vasa sacra:* ministeria sacrata argentea II 503, 30 [223, 25].

ministrare: feminae *presbyteris non* ministrent II 33, 20; carnaliter et spiritualiter subiectis ministrare I 209, 30. — m. = *praebere* I 254, 10. 255, 40; m. expensam regis, necessaria II 64, 10; m. victum et vestimenta II 60, 25. — m. = *celebrare* I 54, 30 [398, 20]. II 121, 40; m. sacra II 428, 40; in duas civitates non m. I 133, 20 [447, 1]; in alterius parrochia non m. I 36, 1. II 410, 20. 25.

ministratio II 524, 5.

minor, minus: m. abbas, abbatissa, comes, episcopus I 52, 10. 20; m. ecclesiasticus I 31, 25; m. minister II 516, 1. 5; m. populus II 87, 15; m. *presbyter* II 515, 35. 518, 1; minores causae; m. ecclesiae II 9, 1; m. Hispani I 263, 25; m. personae, minores I 58, 5 [401, 35]. 108, 25. 334, 15. II 130, 30. 142, 35. 366, 35. 368, 20. 419, 25. 526, 1. 35. 527, 5; m. vicini II 274, 10 [300, 40]; minora II 516, 1. 528, 25; m. capitula I 69, 15; m. placita I 284, 10. 15 [440, 40]; m. vitia I 179, 5.

minorare I 354, 30. II 319, 5; m. res publicas II 110, 10; m. utilitatem publicam I 330, 10; m. vaccaritias vel carrucas I 85, 5. 10.

minoratio II 260, 5.

minuere: m. opus imperatoris I 93, 10; m. placita I 135, 35; m. potestatem papae I 354, 20.

minutia, minucia I 87, 10. 252, 1. 254, 20. 255, 25. 256, 1. 20.

miscere: ad feminam, uxorem misceri II 242, 20. 243, 45; sanctimonialibus *misceri* II 384, 35; episcopi vel abbates non vadant per casas miscendo I 64, 10.

misculare aurum vel argentum II 320, 20.

misericordia II 526, 5. 10. 20; m. imperatoris, regis I 74, 10. 116, 5. 367, 20. 368, 1. II 38, 10. 95, 15. 125, 1. 280, 1—10. 281, 15; misericordiae opera I 365, 40; misericordiam adhibere, facere, impertire *etc.* I 116, 5. II 237, 10. 243, 1. 244, 5. 388, 35; m. consequi II 266, 10. 269, 10; m. rationabilem exhibere, impendere II 156, 5. 296, 30 [100, 15. 20]; cum misericordia iudicium reddere II 486, 15; pro m. indulgere II 242, 20. 248, 30. 35.

misericors II 336, 15; m. consideratio II 301, 35; misericordissima disciplina I 313, 20 [428, 1]. — misericorditer: m. agere I 273, 5. 287, 25 [442, 15]. 313, 35 [423, 20]. II 233, 25; m. emendare I 22, 5; m. pecuniae quantitatem interponere I 300, 45. II 211, 30; m. *suscipere* II 524, 20; m. tractare I 313, 15 [422, 40].

misfacere II 158, 20. 25 [299, 35]. 298, 1.

mismalva I 90, 5. 256, 35.

mispilarius I 255, 5. 256, 35.

misprendere II 299, 5. 30.

missa I 84, 15. 95, 15. 178, 35. 189, 10. 257, 5. 230, 10. 346, 20; m. non in domo fiat I 64, 10. 106, 35. II 191, 15; *cfr.* 41, 35. 40. 102, 5; missae cotidianae II 502, 5; missa legitima II 503, 10; m. primorum temporum II 496, 25. 30; m. privata II 506, 25; m. pro defunctis, pro elemosinis, pro vivis *etc.* II 496, 5; m. *pro suspensis* II 182, 30; m. specialis I 110, 10. 221, 15. 20. 235, 15; missae caput II 497, 30; m. ordo I 25, 20. II 497, 5—503, 15; *cfr.* I 234, 20; m. tempus II 503, 15. 20; missam audire I 245, 20; m. cantare I 52, 5. 228, 30. 245, 25. II 191, 15; m. in alterius parrochia non cantare I 178, 25. 30 [412, 35]; m. celebrare I 25, 10. 35, 1. 46, 5. 119, 30. 175, 25. 190, 25. 229, 40. 242, 15. 248, 25. II 43, 10. 117, 20. 186, 35. 494, 5. 495, 25—496, 15; *m.* absque examinatione episcopi non celebranda II 81, 35; m. non celebret vagans *I* 364, 20; *m.* presbiter solus non celebret II 41, 10—20; m. patenis vitreis celebrare II 503, 30 [223, 25]; m. sine orario celebrare II 504, 15; m. celebrare et non communicare interdictum est I 54, 25 [398, 15]; *cfr.* II 503, 5; m. discere I 235, 15. 20; m. intelligere, nosse I 59, 20. 25 [403, 15]. 108, 20. 234, 30; missarum numerus II 224, 1. 5; missarum numero redimere diem II 242, 30; a m. sollemniis se abstinere II 401, 10; ad m. sollemnitatem oblationes omnium recipere I 374, 15; in m. solemniis pax praebeatur I 78, 1; m. celebrationes II 41, 40; missis solemnis dies II 494, 30; m. pluribus interesse II 502, 30. 35; ad missas laici in presbiterio non consistant I 376, 15. 20; ad m. currere, procedere, venire I 59, 35 [403, 15]. 61, 20 [404, 30]. II 39, 10. 284, 1; ad m. 'Sanctus' dicatur *etc.* I 348, 1; ad m. perstare, perexpectare I 133, 40 [411, 25]; ex missa ante completionem benedictionis non exire I 59, 35 [403, 15].

missale I 230, 15. 243, 35. 279, 35 [409, 10]; m. scribere I 60, 5 [403, 30].

missaticum = *'Botschaft'* II 154, 1. 283, 30. 284, 35. 356, 35. 40; in missaticis monachos non transmittere II 412, 1. — missaticum = *officium missi:* m. agere II 360, 1; m. contradicere I 160, 5 [431, 45]; missatici potestate et auctoritate fungi II 103, 5. 10. — missaticum = *districtus* I 131, 10 [427, 30]. 157, 5 [447, 35]. 177, 1 [433, 40]. 177, 15. 25 [434, 10. 20]. 308, 10—20 [419, 20—30]. II 7, 5. 270, 5. 271, 20. 274, 5. 10 [300, 35. 40]. 275. 276. 277, 20. 286, 15. 291, 35. 295, 1. 297, 30. 298, 25. 306, 30. 331, 25—35. 343, 25; in missaticum dirigere I 291, 10 [444, 45]; per m. pergere II 11, 1. 5; per m. transire II 274, 5 [300, 40]; de uno missatico in aliud fugere II 75, 20. 273, 10 [343, 10]. — missaticum (*pro* ministerium) comitis I 141, 15.

missus, missi I 93, 20. 131, 10—25 [410, 20. 427, 30. 35]. 135, 5. 208, 10. II 17, 5. 19, 25; *m. dominicus* I 118, 15. 137, 5. 160, 5. 10 [431, 15. 432, 1]. 201, 10. 308, 35 [419, 20]. 309, 15 [420, 5]. 427, 30. 35. 429, 25. 40. 434, 15. 442, 45. 443, 45. 444, 40. 45. 445, 1. 15. 20. II 12, 15. 374, 10; m. imperatoris I 141, 20. 155, 10. 172, 15. 183, 30. 35. 184, 5. 261, 30—262, 1 [II 259, 15]. 368, 1; m. imperialis I 158, 5 [448, 40]. II 99, 25. 110, 5; m. filii imperatoris (?) I 281, 30; missus de palatio imperatoris II 108, 15; m. palatinus I 289, 5 [443, 1]; m. regalis I 71, 25. 30. II 292, 10; m. regis I 43, 20. 65. 70, 30. 197, 20. 208, 15; m. regis interfectus in triplum componatur I 72, 10; m. regius II 308, 35; m. filii regis I 207, 10; m. rei publicae II 302, 5. 10. 308, 30. 35. 323, 30; missi communes (regum) II 194, 15; m. decurrentes, discurrentes I 116, 10 [429, 40]. 165, 25. II 297, 30. 301, 5; m. non sine causa huc illucque discurrant I 309, 1 [420, 1]; m. inter reges discurrant II 163, 30. 164, 20. 40; missi = *legati* I 272, 5. II 70, 15. 25. 30. 154, 1. 167, 10. 15. 170, 5. 10. 213, 35; m. maiores II 298, 25. 301, 5; m. transeuntes I 184, 35. II 64, 10. 88, 1. — missos addere et supplere II 277, 20; m. ammonere II 271, 15; m. constituere I 308, 25. 30. 309, 5 [419, 35. 40. 420, 5]. 309, 35 [420, 25]. 323, 25. II 69, 20. 108, 15. 271, 10. 20. 298, 30. 360, 1. 438, 20; m. destinare I 274, 40. 340, 20. 368. 5; m. dirigere I 58, 40 [397, 20]. 96, 25. 98, *30.* 101, 5. 157, 5. 199, 35. 305, 10 [416, 40]. 306, 25 [418, 10]. 323, 30. 340, 15. 20. 341, 40. II 8, 10. 75, 15. 262, 5. 331, 35. 391, 20. 408, 25. 30; missos instruere II 8, 10; m. interrogare I 309, 30 [420, 15]. 314, 25 [450, 1]; m. mittere I 152, 15 [448, 40]. 239, 1. 261, 30—262, 1 [II 259, 15]. 410, 20. II 4, 25; m. ex utroque ordine mittere II 403, 20; m. obaudire II 272, 20; m. ordinare I 118, 15. 301, 20 [437, 30]. 305, 15 [416, 45]. II 95, 15. 271, 1. 30. 275, 1; missos recipere, suscipere I 104, 25. 165, 10. 284, 25 [441, 5. 10]. 291, 25 [445, 10]. 306, 5. 10 [417, 40]; *cfr.* 116, 10 [429, 40]. 152, 15 [448, 35]. — missum aggeribus faciendis praeponere I 301, 20 [437, 30]; missos super exercitum constituere I 183, 15; missum ad divisionem hereditatis transmittere I 171, 10. — missorum admonitio I 239. 240. 308, 30 [419, 40]. 342, 20; m. adiutorium I 308, 35. 309, 5 [419, 40. 420, 1]; m. aequalitas I 427, 35; m. auxilium I 309, 1 [419, 45]. 310, 15 [420, 40]; m. consilium I 309, 5 [420, 1]; m. conventus I 308, 25 [419, 35]. 310, 5—15 [420, 30—40]; m. descriptio I 433, 40; m. dispensa I 291, 30. 35 [445, 20. 25]; m. inquisitio I 433, 40; m. iuditium II 108, 15; m. legatio I 177, 10 [434, 5]. 289, 1 [442, 45]. 289, 30 [443, 20]. 308, 20. 25 [419, 35]. 309, 1. 5 [420, 1. 5]. 309, 25. 35. 310, 5 [420, 15. 20. 30]. II 3, 1. 5. 7, 1. 11, 5; m. mandatum II 132, 1; m. memoriale II 331, 20; m. ministerium I 67, 25. 30. 203, 25. 334, 30. II 287, 1. 294, 10. 295, 1. 336, 20; m. neglegentia I 309, 5 [420, 5]; m. notitia I 310, 15 [420, 40]; m. observatio I 443, 40; missorum placita I 177, 10. 20. 25 [434, 5. 20]. 291, 10 [444, 45]. 291, 25 [445, 15]. 295, 25. 300, 35. 301, 1 [437, 5]. II 110, 15. 20. 286, 15. 294, 30; cfr. I 125, 1; m. praesentia I 158, 5 [448, 40]. 176, 30 [433, 40]. 211, 10. 309, 5 [420, 1]; m. procuratio I 309, 10 [420, 10]; m. relatio, relatus I 309, 10 [420, 10]. 332, 20; cfr. 155, 10. 20. 177, 15 [434, 10]. 181, 5. 184, 5. 290, 15 [444, 1]. 300, 25 [436, 35]. 308, 30 [419, 40]. 323, 25. 341, 45. II 4, 25. 30. 7, 5. 10 [321, 25—35]. 64, 20. 30. 65, 5. 271, 20. 274, 5—15 [300, 35. 40]. 319, 30; missorum scara I 213, 20; m. scriptum I 342, 10; m. sinceritas II 301, 30. 35; m. socii I 116, 25 [448, 10]. 213, 20; m. stipendia vel paravaredi II 88, 1. 5; m. tractoria I 291, 15 [445, 5]. — missi acceptum restitui cogant II 319, 25; m. adventicios et fugitivos ad placitum imperatoris adducant I 157, 5; m. ad placitum imperatoris venientes habeant descriptum, quanti adventicii sunt *etc.* I 157, 1 [447, 35]; m., qui breves de adnuntiatione detulerunt, breves de opere adducant I 116, 20 [448, 10]; m. descriptionem alodum regi adportent II 330, 20; m. ex auctoritate imperatoris corrigant, definiant I 310, 20 [420, 45]. 314, 20. 30 [449, 40. 450, 10]; m. ex banno, ex iussione, ex verbo imperatoris praecipiant I 315, 5 [450, 15]. II 269, 5—15; m. solutionem banni et fredi accipiant et ad imperatorem inferant I 155, 20; m. pauperiores pro concesso banno non constringant I 96, 30; m. bandum pretermissi exercitus exigant II 110, 5; m. de banno rewadiato requirant II 319, 20; m. beneficia regis, quomodo sunt condricta, provideant I 64, 35; m. et beneficia habentes I 171, 5. 287, 15 [442, 5]; m. de beneficiis inquirant I 136, 5—15. 177, 1 [433, 40. 45]. II 408, 20; m. loca ad claustra canonicorum reddant I 289, 35; m. de cappellis *etc.* in beneficium datis requirant II 268, 10; m. causam pupillorum et viduarum investigent et examinent II 93, 30. 35; m. census imperatoris perquirant I 177, 15 [434, 20]; m. colonos et servos cuiuslibet potestatis non malleut, sed advocatus eorum malletur II 302, 15; m. legatione fungentes coniectum accipiant I 138, 5. II 11, 1. 5; m., qui vassi et ministeriales sunt, coniectum accipiant I 291, 15 [445, 5], quantum accipiant I 291, 30. 35 [445, 20. 25]; m., qui episcopi vel abbates vel comites sunt, coniectum accipiant I 291, 15 [445, 1. 5], quantum accipiant I 291, 30 [445, 20]; missi depraedationes prohibeant II 286, 30—287, 25 [309, 20—310, 1]; m. indicent dominis servorum coniurationes facientium, ut eos constringant I 301, 10 [437, 15]; m. de ecclesiis inquirant I 104, 35. 136, 10. 289, 20 [443, 20]. 332, 20. 25. II 8, 35. 12, 25. 93, 30. 408, 25. 30; m. ordinent, ut omnes ecclesiae et presbyteri sub immunitate *etc.* permaneant II 268, 15; m. de rebus ecclesiarum in alodem datis inquirant II 278, 5. 10; cfr. 267, 15—268, 1; m. de rebus ecclesiarum iniuste invasis emendent I 323, 35; m. denuntient, ne quilibet praelatus commutationes rerum ecclesiasticarum sine consensu regis faciat II 270, 5; cfr. 330, 25. 30; m. mandent, ut in ecclesiis libri canonici veraces habeantur I 147, 10; missus in rebus publicis domos restituat II 110, 15. 20; missi emendanda emendent *vel similiter* I 290, 10 [443, 40. 45]. 323, 25. 30. II 4, 25. 30. 8, 5. 46, 10. 307, 1. 5; m. examen aquae frigidae interdicant II 16, 20. 25; missi, quae facere debeant II 297, 30—298, 30. 330, 30—331, 35. 332; m. de feminis inquirant, quarum mariti in Francia sunt I 199, 30. 35; m. sacramentum fidelitatis explicent et iurare faciant I 66, 25. 67, 10. 15. 92, 20. 177, 25 [434, 20]. II 278, 15. 344, 35. 40; cfr. 10, 10; m. de rebus et mancipiis a fisco occupatis inquisitionem faciant I 300, 25 [436, 35]; m. forbannientes II 272, 35. 273, 10 [348, 5. 10]. 344, 20; m. de foreste inquirant I 314, 20 [449, 40]; cfr. 291, 1. 5 [444, 30. 35]; m. freda perquirant I 177, 15 [434, 10]; m. heribannum exactent, exigant *etc.* I 51, 5. 125, 20—30 [427, 10—20]. 166, 25 [432, 30]. 334, 30. 35; cfr. 165, 15; m. de heribanno inquirant I 158, 25 [449, 1]; m. homines filiorum ac filiarum regis distringere non audeant I 189, 5; m. de hoste bannito inquirant I 187, 15; m., quid inquirant II 8, 10. 25—9, 10. 63, 20—65, 5; m. inquirant ab universis *etc.* I 310, 10 [420, 35]; m. inquirant, si praecepta ad proprium sint facta II 262, 5. 10; m. iustitiam et pacem faciant *vel similiter* I 92, 10. 15. 101, 35. 104, 40. 149, 1 [431, 10]. 315, 1 [450, 10]. II 15, 5. 17, 1. 75, 25. 76, 5. 135, 5. 271, 30. 331, 20. 336, 20. 348, 20; m. alius iustitias non faciant, nisi quemadmodum illis iussum est I 181, 20; m. de rebus et libertatibus iniuste ablatis iustitiam faciant I 289, 5. 10 [443, 1. 5]; m., qualiter de latronibus agere debeant I 180, 15. 181, 1. 191, 5. II 272, 20. 274, 20—30. 277, 20. 343, 20. 25; m. inquirant, quanti liberi maneant, qui per se possint expeditionem facere *etc.* II 7, 5. 10 [321, 25. 30]. 10, 10. 15. 19, 35. 20, 1; missus malefactorem fugientem notum faciat II 294, 40. 295, 1; missi alterius regni malefactorem fugientem constringant II 295, 1; m. marcam custodiant I 159, 10; m. missos in banno et peius facientes capiant et constringant II 278, 5; m. de monasteriis inquirant II 8, 35. 267, 15—268, 1. 5. 278, 10; m. de moneta inquirant I 306, 25 [418, 10]. II 278, 5; m., quantam moram faciant I 116, 25 [418, 10]; cfr. 85, 20; m. describant et ad notitiam imperatoris perferant, ubi mortua manus interiaceat *etc.* II 15, 15; m. de nonis et decimis inquirant II 13, 1. 268, 25—269, 1; m. proprium remanentium ad opus imperatoris recipiant et eos foras eiciant II 95, 15. 30; m. pagenses admoneant, ut pontes restaurent I 301, 25. 30 [437, 35. 40]; m. cum episcopo et comite homines eligant, qui pontes emendent I 288, 15 [442, 40]; m. de pontibus restaurandis renuntient I 307, 5 [418, 35]; m. populo oneri non sint II 8, 5. 10; m. populum eiceant (?) et custodiam praevideant *etc.* II 95, 25; m. proclamationes populi emendent II 274, 35; m. querelas pauperum *etc.* examinent et secundum aequitatem definiant II 69, 30; m. querimoniam populi audiant et definiant II 93, 35; m., qualiter de rapinis et raptoribus agere debeant II 75, 15. 274, 5—15 [300, 35—45]. 278, 10. 294, 35. 40. 306, 30. 35. 372, 35; m. de statu rei publicae *etc.* inquirant II 93, 35. 94, 1; m. sacerdotes *etc.* fuga lapsos perquirant II 37, 30; m. senodochia imbrevient I 329, 5; m. inquisitionem faciant de iniuste teloneis I 306, 35 [418, 25]; m. antiqua tributa et teloneos ad notitiam regis deferant I 289, 30 [443, 15]; m. vassos regis placita non custodientes notos faciant I 301, 1 [437, 5]; missus widrigildum exigat II 108, 15. — missi et abbates I 214, 10. 287, 30 [442, 20]. 291, 5 [444, 35]; missi de rebus abbatis, comitis, episcopi *etc.* iustitiam facere nolentis vivant I 51, 15. 291, 5 [444, 35]; m. advocatos, iudices, notarios, scabinos elegant I 115, 20 [429, 25]. 124, 40. II 15, 1. 64, 1. 5; m. et archiepiscopi I 341, 40. 342, 1. 5; m. et comites I 51, 15. 92, 15. 176, 25 [433, 25]. 287, 30 [442, 20]. 288, 15 [442, 40]. 290, 35. 291, 1—10 [444, 30—40]. 306, 30 [419, 40]. 315, 1. 5 [450, 15]. II 9, 1. 5. 331, 20; m.

sine comite legationem non perficiant I 67, 25; m. comites neglegentes iudicent, ad notitiam regis perferant I 197, 20. II 16, 1. 5. 312, 15; m. sciant, qualiter comites et ceteri ministri rei publicae iustitiam et iudicium populo faciant II 488, 20; m. imperatori renuntient, qualiter duces et iudices pontificis iustitiam faciant I 328, 25; m. et episcopi I 188, 1. 201, 15. 257, 30. 287, 30 [442, 20]. 288, 15 [442, 40]. 308, 30 [419, 40]. II 8, 30. 35. 9, 1. 12, 25. 88, 10. 268, 20. 269, 20. 30. 884, 25. 374, 10; m. scire debent, qualiter episcopus et comes inter se habent conversationem *etc.* I 214, 10. 15; m. curam habeant, quatinus rector populi officium administret I 309, 35. 310, 1 [420, 25]. II 8, 10. 15. — missi capitula de scrinio, *armario* accipiant II 274, 1. 5. 35; missis capitula dare II 277, 20; per missos capitula dirigere II 50, 25; *missi capitula exequantur* II 307, 1; m. capitula exsequi procurent I 309, 35—310, 5 [420, 25. 30]. II 277, 20; *m. brevem capitulorum habeant* ad exercitum promovendum I 137, 5; m. exemplar capitularii habeant I 138, 10. 15. 157, 5; m. capitula cognita faciant I 156, 25. 281, 1. 309, 10 [420, 5. 10]. 334, 30. II 271, 1. 35. 286, 25. 291, 35; m. capitula omnibus ostendant II 294, 35; m. capitula relegant II 307, 1. 5; m. per capitula verbis et scriptis rationem reddant I 290, 15 [444, 5]. — ad missos bannum regis componere I 191, 1; ad m. querelam deferre I 308, 30. 309, 1 [419, 45]; ad m. recurrere I 308, 25 [419, 40]; ante m. firmitatem facere II 298, 5. 30; ante m. res propresae veniant I 159, 1; coram missis commendationes sigillare II 380, 25; coram m. factum frustrari I 340, 5. 10; coram m. institutionem canonicam percensere I 339, 25—40; coram m. poenas persolvere I 305, 35 [417, 20]; coram m. traditionem facere I 118, 15; per missos causas deliberare II 124, 30; per m. dirigere commendationem II 301, 35; per m. et exercitus auxilium ferre I 271, 40; per m. servos distringere I 211, 1. — missus alicuius I 199, 15; m. abbatissae I 84, 20. II 100, 5; m. apostolici II 85, 25. 347, 15; m. archiepiscopi I 307, 25 [419, 10]. 342, 5. 10; m. comitis I 141, 25. 158, 5 [431, 35]. 184, 30. 192, 10. 198, 15. 205, 35. 211, 10. 262, 25 [II 260, 20]. 282, 15 [381, 10. 439, 10]. 366, 30. II 9, 5. 95, 25. 108, 10. 318, 30. 324, 20. 25. 374, 25. 515, 30; missi communitorii comitis et episcopi II 107, 25; missus ducis II 186, 15; m. ecclesiae Romanae II 351, 35. 352, 1. 30; m. episcopi I 32, 1. 184, 15. 358, 25. II 95, 25. 96, 10. 225, 10. 328, 25. 354, 20. 375, 15. 482, 15; missi discursores episcopi I 28, 15; m. fidelium I 306, 10 [417, 45]; missus habentis beneficium I 192, 30; m. Italiae II 104, 1; m. iudicis I 83, 20. 193, 30. 196, 15; m. metropolitani I 368, 5; m. missi dominici II 274, 30; m. monasterii I 34, 25; missi papae I 225, 20. II 351, 30; missus s. Petri I 25, 5; missi discursores potentum I 28, 15; missus rei publicae, id est minister comitis II 482, 10; missi sacerdotum I 364, 5; m. vilici I 172, 25. — missi: Abbo, Adalardus, Adalbertus, Adalgarius, Adalgisus, Adalhardus, Adalhelmus, Aito, Albericus (Albricus), Albwin, Altmarus, Andreas, Anselmus, Arthemius, Audulfus, Autgarius, Berengarius, Betto, Burcardus, Daddo, Dodo, Donatus, Ebo, Ebrardus, Ecchardus, Eemundus, Eirardus, Engiscalcus, Erembertus, Eriulfus, Ermefridus, Ermenfredus, Ermenoldus, Eugerius, Fardulfus, Folcoinus, Fulco, Fulcradus, Fulradus, Gauslinus, Gerardus, Godefredus, Gotselmus, Gozso, Hadaboldus, Hadabrannus, Hadalbardus, Hardoinus, Haymo, Heiminus, Heistulfus, Henricus, Herioinus, Hetti, Hieremias, Hilmeradus, Hincmarus, Hiselmundus, Hludowicus, Hredi, Hroccolfus, Hrodulfus, Hruodbertus, Hrotbertus, Hruotfridus, Hugo, Hunfridus, Hungarius, Immo, Ingilwinus, Ingiscalcus, Ingobertus, Ionas, Ioannes, Iotselmus, Isembardus (Isimbardus), Itherius, Landebertus, Landramnus (Lantramnus), Lantvinus, Liutfridus, Macedo, Madalgaudus, Magenardus, Magenarius, Magnus, Mancio, Manoaldus, Manogoldus (Monogoldus), Nivilungus, Notho, Odalricus (Odelricus), Odo, Osbertus, Pardalus, Paulus, Petrus, Ragnarius, Richuinus (Ricuinus), Rihhardus, Rimmo, Rodselmus, Rodulfus, Ruodbertus, Ruothadus, Stephanus, Teodericus (Teodoricus), Teodoldus, Teutboldus, Teutmundus, Theodacrus, Unrocus, Vulfericus, Waltarius, Waltcaudus, Warnarius, Wenilo, Willibertus, Wito, Yrminfridus.

mitio: nec colonus nec fiscalinus foras mitio possint aliubi traditiones facere I 115, 30.

mittere: m. electos viros II 359, 30; m. missum I 184, 30. 262, 1 [II 259, 15]. 410, 20; m. presbiteros per diversa II 40, 35; m. testes I 197, 25; m. testimonia I 115, 30 [448, 5]; m. bannum de faida *etc.* I 70, 25; m. in bannum I 118, 5. 10 [430, 25. 30]. 165, 15. 268, 35 [446, 5]. 283, 20. 30 [440, 10. 20]. 284, 1 [440, 30]. 362, 15. II 78, 30. 278, 5. 307, 25. 314, 1. 344, 1; m. in cippo et in carcere I 141, 25; m. in custodia I 197, 35; m. in districtionem I 211, 1; m. in divisione aut in sorte I 94, 10; m. in ecclesiam I 182, 10; m. in exilium I 51, 20. 68, 25. 129, 15 [II 28, 1]. 186, 5. 282, 25 [439, 15]. 284, 10 [440, 35]; m. in forbannum I 148, 25 [431, 5]. II 314, 1. 344, 20; m. in iudicium I 115, 30 [429, 35]. 335, 25; m. capitula in lege I 116, 35; m. capitula in lege Salica I 111, 45. 112, 1. 20; m. constitutionem in lege Ribuaria I 117, 20; m. ad ministeria I 121, 35; m. in monasterium I 122, 20. 174, 1. 375, 35. II 60, 25; m. ad negotia I 121, 20 [446, 35]; familiam regis in paupertate m. I 88, 5; m. se in periuria I 208, 10; m. ad regem I 158, 30 [449, 5]. II 15, 5; m. ad sortem I 9, 5; *cfr.* 94, 10; m. foras sermone regis I 10, 15; cum fistuco super se m. I 9, 20.

mixtura auri vel argenti II 320, 5.

mobilis, e: m. possessio I 334, 5; m. res I 269, 1 [446, 10]. 283, 25 [440, 10]. II 102, 25. — mobile, mobilia: m. habere II 320, 15; m. recipere I 330, 25; m. tollere II 96, 20. 25; m. transferre I 330, 20; de mobilibus widrigild, solidos X habere II 94, 35—95, 1; ex m. tertium partem componere II 108, 5; per mobile distringere II 320, 15. 343, 40. 344, 5. 10.

moderatio I 202, 25. II 52, 5; m. regis II 525, 1.

modernum tempus II 242, 5.

modius I 74, 25. 104, 10. 182, 10. 25—35 [410, 35. 411, 1—15]. 171, 20. 250, 30. 252, 1—10. 254, 15. 20. 255, 20. 40. 256, 1. 15. 30. 291, 30. 35 [445, 20. 25]. II 11, 5. 88, 20. 256, 20. 257, 10; m. aequalis I 182, 35 [411, 15]; m. iniustus I 44, 15; *cfr.* II 318, 15. 20; m. iustus II 318, 10. 319, 5; m. publicus et noviter statutus I 74, 20; *cfr.* 104, 10; mensura modiorum I 84, 1. 150, 15 [448, 35]. 152, 10. 255, 1.

modulare psalmos I 59, 25 [403, 1]. 103, 20.

modulatio angelica II 497, 25.

moechari, mechari I 143, 15. 317, 10.

moechus, mechus, a II 207, 20; moechus moecham sub matrimonio ducens II 286, 25; moecham deprehendere I 317, 10.

mola I 171, 30.

molestare II 77, 35. 92, 35.

molestatio II 142, 20.

molestia II 101, 35; molestiam auribus imperialibus inferre, ingerere II 84, 40. 87, 20. 35.

molina, molinum I 89, 1. 172, 20. 252, 10. 258, 30. 35. 264, 20.

moliri contra regem II 166, 40. 255, 15 [398, 15].

molitio II 72, 25 [155, 5].

momburgium *v.* mundeburdum.

monacha, monachae I 36, 30. 52, 5. 10. 229, 10; m. cum licentia abbatissae ad aliud monasterium pergere possunt II 228, 10; monacharum monasteria II 42, 35—43, 5; monachae in suo proposito maneant I 358, 25; m. regulariter vitam degant I 189, 10.

monachicus, a, um: m. habitus II 265, 15; m. ordo I 55, 35 [399, 30]; m. professio I 56, 1 [400, 1]. II 384, 25; m. propositum I 59, 40. 103, 35. II 265, 15; m. vestis I 202, 10; m. vita I 60, 5 [403, 30]. 226, 25; m. votum I 228, 35. 40. — monachice vivere I 60, 5 [403, 30]. 358, 30.

monachus, monachi I 26, 1. 28, 5. 36, 30. 52, 5. 10. 55, 25. 60, 30 [404, 5]. 74, 40. 94, 5. 111, 5. 140, 25. 164, 1. 245, 25. 344, 10. 346, 30. 347, 20. 368, 25. II 173, 25. 174, 5. 10. 185, 10; m. defunctus, de saeculo migrans I 230, 35. 349, 1; ex monachis seculares vel laici effecti II 65, 5; monachi monasteria dimittentes I 198, 25; m. fugitivi I 290, 30 [444, 20]; m. reguliter exientes sive fuga regularis disciplinae olapsi II 228, 10. 15; m. in solo habitu existentes I 375, 30. 35; m. gyrovagi vel sarabaiti I 63, 1; monachus, missus regis I 199, 35; monachi peregrini I 108, 35; m. ad clericatum provecti I 56, 1 [400, 1]; m. habitum relinquentes II 65, 1. 5. 384, 25. 30; m. cum abbatibus residentes et capitula decernentes I 344, 1. 5; m., qui vicibus ordinantur praepositi, decani, portarii, cellerarii I 230, 5; m. supervenientes I 347, 15; m. per manum laici obedientiam suscipientes II 401, 1. 5; m. vagantes, peregrinantes I 196, 20. II 122, 20. 384, 25. 30; *cfr.* I 35, 15. — monachorum claustra I 228, 20. II 331, 5; m. congregatio I 163, 40. 369, 25. II 222, 1. 5; m. consensus II 423, 5. 10; m. conversatio, victus, vita I 161, 35. 199, 35. 40. II 174, 10. 179, 15—180, 1. 267, 15. 434, 25; m. domus II 434, 25; m. ecclesiae II 186, 10; m. genera I 108, 35; m. habitus I 375, 30. 35; m. monasterium I 310, 35 [421, 1]. II 267, 15. 434. 1; m. numerus I 358, 30. 35. II 267, 25. 30; m. ordo I 274. 35. 275, 5. II 66, 5. 10. 364, 20; m. praepositus I 122, 15 [409, 40]. 277, 10 [406, 40]. 346, 5; m. professio I 346, 10; m. propositum I 276, 25 [406, 10]. II 66, 10; m. religio I 305, 1 [416, 30]; m. servitores II 434, 25; m. stipendia I 276, 20 [406, 5]. II 434, 25; m. turma II 174, 15; m. vestitus II 434, 25; m. votum I 228, 30. II 180, 1. — monachi ex se ipsis sibi eligant abbates I 276, 20. 25 [406, 10]; m. a quadrupedia carne se abstineant I 229, 10; m. a saecularibus negotiis se abstineant I 55, 30 [399, 25]. 64, 15. 75, 30. 102, 35. 111, 1—10. 162, 25. II 179, 15—180, 30; m. ad convivia laicorum non accedant I 228, 35; m. parrochias ecclesiarum non accipiant II 180, 1. 5; m. monasteria sanctimonialium inconsulto episcopo non adeant II 42, 35—43, 10; m. cantum Romanum peragant I 404, 15; m. foras monasterio non habitent I 170, 40; m. per consensum episcopi de monasterio in alterum migrantes I 85, 20; m. mundeburdem et honorem habeant II 157, 25 [299, 25]; m. officium celebrent I 344, 10; m. ordinem suum deserentes II 66, 5; per monachos oratio pro rege fiat II 178, 30; monachi palatium non adeant II 87, 35. 262, 10. 411, 25; m. peculiaria sibi non usurpent I 230, 5; m. ad saecularia placita non vadant I 60, 10 [403, 35]. 75, 30. 79, 40; m. propositum suum observent *vel similiter* I 56, 1 [399, 35]. 57, 15 [447, 25]. 76, 15. 276, 20. 25 [406, 10]. 358, 25. 30. II 228, 20. 229, 20. 25; m. nihil proprietatis habeant et res seculares sibi non usurpent II 180, 1. 5; m. regulam et canonem discant I 235, 25; m. reguliter, iuxta regulam s. Benedicti vivant I 26, 5. 28, 1. 29, 20. 63, 20. 76, 10. 93, 30. 94, 20—95, 1. 100, 20. 103, 30. 170, 35. 175, 20. 189, 10. 235, 25. 236, 10. 344, 5—349, 5. II 92, 15. 179, 15—180, 1; *cfr.* I 164, 5; m. tabernas non ingrediantur I 55, 10 [399, 5]. 76, 10. 102, 30; m. venationes non faciant I 195, 15; m. diutius vilicationibus non inserviant II 412, 1; monachis villas custodiendas committere I 345, 25; monachi vocum novitates non proferant II 406, 30. 35. — monachos accersere I 274. 35; m. corripere I 94, 10. 35. 280, 25. 348, 25; m. deponere II 265, 25; m. secum in itinere ducere I 347, 20; m. eicere, proicere II 265, 15. 20. 384, 25. 412, 15; m. gubernare II 34, 30; m. occidere I 113, 5; m. depositos in monasteria relegare II 265, 25; m. in missaticis non transmittere II 411, 30—412, 1; m. tundere I 109, 5. 346, 10; ad monachos commendationem non facere I 213, 10.

monarchia II 515, 1.

monasterialis ancilla I 26, 5.

monasteriolae II 7, 1. 5.

monasterium I 23, 10. 28, 15. 47, 35. 56, 10 [400, 10]. 76, 1. 79. 94, 15. 20. 95, 40. 102, 40. 122, 15 [409, 40]. 133, 20 [447, 1]. 221, 25—222, 5. 228, 25. 230, 25. 30. 303, 25 [415, 25]. 328, 30. 35. 346, 1. 374, 35. 40. 375, 20. 403, 45 [60, 15]. II 265, 30; monasteria in proprietatibus aedificata et in proprietatem, alodem data II 268, 5. 408, 20; m. habitacula secularia non fiant I 183, 1; monasterium canonicorum I 174, 1. II 115, 40. 267, 15. 434, 1; m. episcopale I 36, 35; m. episcopi II 60, 25; m. in mundio episcopali I 192, 1; m. sub potestate episcoporum II 121, 1; *cfr.* I 182, 30; monasteria feminarum in canonico vel regulari ordine constituta I 369, 25; *cfr.* II 80, 1. 82, 25; m. in mundio hominum I 192, 1; m. ex largitate imperatoris habita I 305, 1 [416, 25. 30]; m. laicorum I 35, 20. 25. II 38, 30; m. monachorum I 310, 35. 311, 1 [421, 1. 5]; m. in mundio palatii I 189, 15; *cfr.* II 121, 15. 192, 1; m. ad palatium vel ad quorumcumque iura pertinentia II 328, 30. 35; m. regalia I 36, 35. 195, 5. 201, 10; *cfr.* II 318, 15; monasteria sub regis regimine sita I 195, 1; m. regularia I 47, 30. 116, 1 [412, 5]. 195, 1. 209, 20. 319, 30. 35. 369, 20. 35. II 400, 5; m. puellaria, puellarum I 34, 5. 47, 30. 95, 10. 15. 100, 20. 25. 119, 30. 131, 15 [410, 20]. 141, 30. 158, 25. 173, 35. 174, 1. 175, 25. 192, 1. 195, 1. 199, 35. 211, 35. 318, 20. 25 [428, 5. 10]. 319, 35. 341, 10. 25; m. sanctimonialium I 310, 35 [421, 1]. II 42, 35—43, 5. 115, 40. 45. 267, 15. 434, 1; monasterium speciale I 373, 20; m. virorum I 34, 5. 100, 20. 25. 131, 15 [410, 20]. 141, 30. 158, 25. 192, 1. 195, 1. 199, 35. 211, 35. 319, 35. 341, 25. II 80, 1. 82, 25. 120, 40. — monasterii advocatus I 93, 35; m. causa II 135, 15; m. cellararius I 63, 5. 75, 35. 230, 5; monasteriorum coenobia II 142, 35; monasterii claustra I 348, 25; m. conditor II 63, 20; m. cura II 411, 25; m. custodia I 346, 5; m. decanus I 230, 5; m. dispositio II 423, 1; m. dominus I 374, 35; m. ingressus I 346, 5; m. ius I 356, 25; m. ministeria I 60, 10 [403, 35]; m. ministri I 230, 5; m. munera I 34, 35; m. necessitas I 34, 25; m. ordo I 34, 30. II 82, 25. 30; m. patres I 162, 35; m. paupertas I 34, 30; m. porta I 345, 30; m. portarius I 230, 5; m. praelatus II 268, 20. 25. 270, 1; m. praepositus I 93, 35. 230, 5; m. privilegium II 434, 5; m. propositi et missi I 34, 25; m. qualitas et professio II 8, 35; m. res I 199, 40. 302, 20; m. rector, rectrix II 82, 35. 434, 1. 25. 35; m. status II 82, 30. 424, 20. — monasteria aedificare, construere I 111, 5. II 268, 5; m. circumire I 346, 5. II 94, 1. 5. 278, 10; m. coinquinare I 28, 1; m. corrigere II 82, 35. 384, 20. 424, 20; m. curare I 209, 15; m. custodire II 358, 10; m. per enfitheuseos contractus dare I 316, 30; m. non deserere I 111, 10. II 229, 15; m. dimittere I 198, 30; m. dividere I 405, 40. II 268, 5; m. emendare I 209, 25; m. frequentare I 209, 25; m. gravare I 321, 25; m. in civitate habere II 180, 10; dua m. abbatissa non habeat I 34, 15; m. honorare II 356, 5. 10; m. infringere II 412, 20; m. instituere I 111, 5; inconvenientes personas, res m. introducere II 434, 30; m. sub defensione palatii ponere II 121, 15; m. regere II 434, 35. 40; m. relinquere II 43, 15; m. destructa restaurare II 120, 40—121, 1; m. privilegio restituere II 434, 1. 5; m. retinere II 267, 15; m. causa defensionis suscipere II 408, 20; monasterio suo exire et aliud intrare II 228, 10; m. invitum sine crimine ostenso non intromitti I 376, 10. 15; ad monasterium res delegare, donare, tradere I 119, 20. 230, 20. 252, 35—253, 15; ad m. solidum reddere I 28, 10; ad m. redire, reverti I 198, 30. 345, 30. 375, 35. II 228, 20. 229, 1. 10. 15; ad m. aliquem tradere II 229, 10. 15; ad m. proprii servi et ancillae non supra modum mittantur I 122, 10; ad m. venientes regulam discant I 121, 35; ad m. venientes in pulsatorio probentur I 60, 10 [403, 25]; de monasteriis emendare II 71, 1; cfr. 884, 15. 20; de m. beneficium habere I 258, 20; de m., per monasteria inquirere II 8, 25. 63, 20. 267, 15; extra monasterium, foras monasterio egredi, exire vel similiter I 84, 15. 25. 63, 30. 94, 25. 30. 95, 40. 229, 1. 5. 341, 20. 25. 376, 10. II 180, 10; foras monasterium mittere I 121, 35; in m. conversari II 229, 20. 25; in m. scola non habeatur nisi oblatorum I 346, 30; in m. habitare I 108, 35. II 412, 1. 5; cfr. I 170, 40. 340, 25; in m. nutriri II 228, 25; in m. permanere I 63, 15; in m. recipere I 348, 5; in m. residere I 47, 35. 341, 10. II 406, 30. 411, 30; in monasteriis regularibus laici non resideant II 400, 5. 30—401, 10; in m. nullus proprii cordis voluntatem sequatur I 348, 20. 25; in m. aequales mensurae etc. sint I 60, 15 [484, 30]; in m. litis et contentio tollatur I 280, 25; cfr. 94, 35. 348, 25; in monasterio vivere I 215, 35. 303, 35. 40 [415, 25. 30]; canonici in monasteriis viventes II 411, 1; in monasteria mansionaticos et parvaredos accipere I 211, 35; in m. puellarum nullus masculum filium etc. ad nutriendum commendet I 119, 40; infra m. puellarum nullus brunias aut arma commendet I 120, 1; in monasterium intrare, introire I 76, 1. 215, 30. 228, 30; in m. mitti II 60, 25; in monasteria relegati II 265, 25; infra m. Deo servire I 88, 40; per monasteria epistolam imperatoris dirigere I 246, 15; per m. psalmos, notas etc. emendare I 60, 1 [403, 25]; per m. ospitalem facere I 210, 10. — nomina monasteriorum, quae dona et militiam facere debent, quae tantum dona dare debent sine militia, quae nec dona nec militiam dare debent I 350, 10—352, 1.

monasticus, a, um: m. abbas I 366, 30; m. loca II 116, 5; m. meditatio I 369, 20; m. ordo II 114, 10. 20 [399, 20. 30]; m. professio II 38, 1; m. propositum II 43, 1; m. religio II 114, 30 [401, 15]. 524, 20; m. vita I 129, 40.

monere, munire I 7, 30. 9, 25. 271, 35, passim; m. auctoritate imperiali II 87, 35; m. in conventu et concilio I 241, 15.

moneta I 138, 40. 150, 15. 152, 5. 191, 5. II 317, 5. 361, 5; m. publico, constituto loco fiat I 299, 25. 30; m. in libra nisi XXII sol. non habeat I 32, 10; m. in nullo loco nisi ad curtem percutiatur I 140, 10; m. una teneatur I 306, 15—30 [418, 5—20]. II 315, 1—317, 10; m. nova I 290, 5 [443, 40]. II 315, 1. 5. 316, 10; monetam battere I 299, 35; m. figurare II 63, 25; m. percutere I 285, 10 [441, 30]. 306, 25 [418, 10]. II 317, 5. 10; m. falsa I 125, 15 [427, 10]. 140, 30. 285, 10 [441, 30]. 290, 5 [443, 40]. II 317, 35. 320, 25; m. fraudulenta vel occulta II 317, 5. 10; monetae adulterator, falsator I 285, 10. 299, 40. II 63, 30; m. falsare, vitiare I 299, 35. II 63, 15; de monetis inquirere II 63, 25. 278, 5. — moneta = fabrica monetae II 63, 25. 314, 15. 315, 30. 316, 5; m. in palatio sit I 125, 20 [427, 10]. II 315, 10; monetam concedere I 300, 1. II 149, 30; m. Iudeus in domo sua non habeat I 258, 30.

monetare I 125, 20. II 315, 15. 20. 316, 1. 5; v. munidatum.

monetarius I 299, 25—35. 300, 1. II 315, 15. 25. 316, 1. 5. 35. 317, 5. 10; m. accipiat I solidum I 32, 10; m. falsus I 116, 25 [448, 15].

monetator II 316, 25.

monitio, munitio: m. episcopalis, episcopi I 189, 25. 35. II 396, 10. 397, 25. 402, 25. — monitio = bannitio: m. tertia I 181, 5.

monitum II 414, 20; m. apostolici, apostolicum II 351, 25. 424, 15; m. ecclesiasticum II 402, 25; m. episcopi II 52, 25. 53, 10. 212, 10. 424, 15. 20; m. legatorum papae II 351, 25; m. sacerdotale II 52, 25.

monogramma II 315, 5.

monumentis donationes intimare I 311, 10 [421, 15].

mora I 96, 30. 184, 20. II 5, 15; moram, moras facere I 116, 25 [448, 10]. 291, 10 [444, 40]. II 97, 5.

morari II 78, 15 [155, 35]. 105, 30. 360, 5; m. in dioecesi archiepiscopi I 342, 5; m. in ministerio comitis I 291, 10 [444, 40]; m. in regio obsequio II 105, 20; m. in palatiis II 361, 10; non m. extra parroechiam I 378, 1; m. in propria villa II 92, 20; in morando vastationem etc. non facere II 101, 25; in m. non inquietare II 124, 30.

morarius I 91, 1. 255, 5. 256, 40.

moratum I 86, 10. 40. 89, 5.

mordridare I 360, 35.

mordritus I 257, 10.

morganegiba I 13, 40.

mori, morire I 220, 5; m. sine baptismo I 34, 40; m. sine communione I 179, 10 [412, 45]; m. sine unctione et reconciliatione etc. I 45, 40. — mori = occidi II 189, 15. — mori = supplicium subire I 48, 15. 49, 35. 50, 1. 51, 25. 68, 25. 69, 5—15. 118, 30 [447, 40]. 216, 5; m. sine culpa I 189, 25. 30; m. sine lege I 17, 1; qui novit occidere, discat morire I 16, 20.

mors: m. triduana I 363, 25; mortis periculum I 41, 20. II 182, 15; morte periclitari II 40, 35. — mors = occisio I 40, 25. II 217, 1. 231, 35. 234, 25; in mortem regis consiliare I 75, 15; de morte comitis consilium dare I 70, 20; de m. excusari I 69, 15; pro m. rebellis nihil componere II 374, 20. — mors = supplicium I 50, 1; mortis periculum incurrere I 15, 25. 16, 30; mortis reus II 415, 25; morti absentes non adiudicare II 54, 30; m., ad mortem tradi I 181, 10. 220, 5; morte dignum esse I 180, 25. 181, 20; m. mori I 68, 25. 69, 5—15; ad mortem iudicari, diudicari I 148, 5. 10. 20. 35 [430, 35. 40]. 151, 10. 172, 1. 181, 10. 182, 10. 281, 15 [438, 5]. II 346, 35; ad m. diebus dominicis non iudicetur I 174, 15; ad m. in placito centenarii non iudicetur I 176, 30 [433, 40].

mortalis, e: m. crimen I 69, 15. II 411, 25. — mortaliter peccare II 491, 5.

mortuus: m. diaconus, presbyter, subdiaconus I 361, 5—15. 40. 362, 1; m. praedo II 107, 30; m. iustitiam reddere non debet I 148, 15 [430, 45]; mortui in ecclesiis non sepeliantur I 174, 25. 179, 5 [412, 35]. 314, 1 [423, 30]. II 415, 20; mortuorum agenda II 507, 15; m. officium I 344, 25; m. ossa de sepulcro eicere II 415, 20; m. sacrificia I 25, 30; sacrilegium ad m. sepulchra I 228, 1; mortuis baptisma vel eucharistiam non dare II 512, 25. — mortua manus interiacens II 15, 10. 330, 30.

mos I 11, 30. 189, 30; m. antiquus I 319, 25. II 260, 10. 350, 10; m. canonicus I 354, 45. II 103, 20; m. consuetus II 149, 30; m. ecclesiae Romanae I 60, 25 [404, 1]. 121, 25; m. ecclesiasticus II 52, 15; m. gentilium, paganorum I 68, 30. 69, 5. 35; m. parentum I 270, 35. 278, 1; m. paternus II 37, 25. 38, 5; m. priscus I 319, 25. II 260, 10. 350, 10; m. praedecessorum II 301, 25. 307, 10; m. solemnis I 271, 5; m. solitus I 71, 25. 270, 30. 278, 15 [407, 35]. — mores II 530, 10; m. apostolici II 264, 25; m. boni I 59, 40 [403, 20]; m. pastorum I 161, 30. II 2, 30 [6, 10. 28, 15]; m. reginae II 455, 15; m. regis II 462, 10; m. religiosi, reprobi II 407, 5. 10; morum consideratio I 161, 30; m. emendatio I 164, 10; m. improbitas II 33, 1; m. probitas I 348, 5. II 23, 30. 35, 15; m. ornatus I 164, 5.

motus regis sentire II 256, 40.

muffula vervicina I 345, 10. 348, 10.

mulier: m. Baioarica, m. Saxonica II 235, 30. 236, 20; m. Romana virum Langobardum habens I 319, 20; m. sanctimonialis I 215, 30; m. a fornicatione et veneficiis se custodiat I 240, 1; cum muliere fornicari etc. II 207, 20—40. 238, 5—20. 25. 239, 1. 5; mulieres fornicantes et partus suos necantes II 181, 10. 15; mulier extranea, m. introducta in domo clerici etc. non habitet I 26, 5. 30, 5. 54, 20 [398, 10]. 96, 5. 102, 25.

107, 5. 108, 10. 207, 25. 228, 20. 287, 40. 243, 1. 5. 364, 1. 5; *cfr.* 373, 20. II 407, 10; m. ingenua I 40, 30; mulierem accipere I 80, 5. 88, 10. 35. 40. 89, 1—10; m. a propria cognatione non adsumere I 182, 5; m. de beneficio dare I 38, 15; m. dimittere I 80, 10. 38, 10. 89, 1; mulier vivente viro alium non accipiat I 80, 10; mulieris caput vir est I 39, 15; *cfr.* 240, 1; m. lex I 319, 20. II 285, 30; mulier legitima I 88, 25. 35. 40; m. leprosi I 89, 10; m. raptoris I 16, 10. 15; m. mortem viri consilians I 40, 20; m. sine commeatu viri se velans I 88, 5. 40, 20; m. virum pro religionis causa dimittens I 38, 40; m. viri cum consobrina manentis faciat quod vult I 41, 25; m. se reclamans, quod vir numquam cum ea mansisset I 41, 20; m. filium vel filiam per fraudem ad confirmandum tenens I 218, 20; mulieres ad altare non accedant I 55, 20 [399, 10]. 102, 30. 364, 35. II 42, 25; m. festis ac sacris diebus verba turpia non decantent *etc.* I 376, 30; m. res suas commutare, donare venundare, familiam suam liberam facere valent II 109, 5; mulierum oblata I 364, 35; m. purgatio II 54, 35; mulieribus traditiones iniustas non facere II 330, 15; de mulieribus pigneratio non fiat II 184, 5.

multa: multam sponso componere II 415, 25. 30; m. exsolvere (persolvere) I 205, 15. 215, 10 [430, 15]. 278, 20. 25 [408, 1]; m. in carta scriptam solvere I 114, 10 [429, 1]; m. solvere non posse I 117, 25.

multare: m. latronem I 6, 1. — multari: m. sicut in capitulari continetur II 360, 15; m. amissione gradus II 407, 15. 420, 25; m. damnatione II 86, 35; m. legitima emendatione II 16, 15; m. inrefragabiliter II 103, 25; m. iudicio legali II 372, 20; m. poenitentia I 279, 1. 5 [408, 25. 30]. II 18, 15; m. XV solidis I 28, 20; m. pena LX solidorum I 205, 40.

multiplicare: m. servitium vel noctes I 83, 30; m. pultrellas I 84, 15.

multitudo II 16, 15. 53, 20—54, 5. 529, 10. 20. 25; m. clericorum II 53, 25; m. collecta I 205, 40. 300, 20 [436, 30]; m. sacerdotum II 51, 5; multitudinem convenire facere I 291, 10 [444, 40].

multo I 250, 30. 255, 30. 256, 5. 25.

mulus II 117, 35.

mundanus, a, um: m. capitula I 447, 30. 449, 30; m. cupiditas *etc.* II 85, 15; m. cura II 39, 10; m. lex; m. ordo II 520, 25; m. res I 94, 35.

mundeburdum, mundepurdium, mundeburdis, mundoburgium, momborgium imperatoris, regis I 98, 35. 101, 15. 104, 25. 146, 15. 158, 30. 214, 20. II 157, 25 [289, 25]. 160, 30. 168, 10. 366, 40. 367, 20; monasteria mundiburdi causa suscipere II 408, 20.

mundialis (= *mundanus*) timor II 52, 10.

mundiburdus (= *mundoaldus*) virginis II 226, 25.

mundium: m. episcopale I 192, 1; m. palatii, regis I 189, 10. 192, 1. 201, 25.

mundoaldus I 215, 20. 25.

mundoburgium *v.* mundeburdum.

municipalis archipresbiter II 118, 25.

municipium II 68, 20. 72, 10.

munidatum (= *monetatum*) argentum I 251, 5.

munimen ecclesiae II 334, 5 [362, 25].

munitio *v.* monitio.

munus = *officium*: m. publicum II 86, 30; m. saeculare II 88, 15. — m. = *donum, redditus* II 384, 15. 436, 20. 521, 5; m. excommunicati I 35, 10; m. populi II 513, 10. 15 [220, 30]; m. regis I 225, 35; muneris adolatio I 93, 5; m. ambitio I 316, 25; munus propter chrisma non accipere II 409, 25; m. super innocente non accipere I 70, 15; munera propter iustitiam pervertendam non accipere *vel similiter* I 58, 15 [402, 1]. 103, 40. 291, 1 [444, 30]. II 15, 5. 64, 1. 180, 40; *cfr.* 304, 40; m. pro latrones non accipere I 171, 40; m. ad palatium dare I 84, 25; m. diligere II 436, 30; m. propter commendationem ecclesiae non exigere I 178, 30; m. suscipere II 529, 10; munere testes conducere vel corrumpere I 276, 30 [406, 20]; muneribus episcopum, sacerdotem ordinare I 372, 15. 20. II 521, 5; per munera ecclesiam occupare I 364, 15; m. ab ordinandis accipere, exigere I 278, 5 [407, 25]; pro munere nullum in monasterio recipere I 348, 5; pro m. sacerdotem eligere II 80, 1; sine m. reddere mancipium II 292, 20.

munusculum II 409, 25; munuscula regis I 225, 35.

murmur: m. fratrum I 230, 25; m. populi, plebis I 229, 40. II 529, 40.

murmurare I 344, 35.

murmuratio populi II 54, 20.

murus: murum construere, facere II 66, 30. 67, 1.

muta II 250, 15.

mutare: m. constituta I 198, 1; m. contractus I 316, 20; m. legem I 144, 15; m. placitum II 89, 25; m. vestem religionis II 90, 30.

mutatio decanorum et praepositorum I 63, 5.

mutuare solidos II 134, 15. 140, 35.

mutuus, a, um: m. adiutorium II 76, 1; m. caritas II 49, 30; m. colloquium II 106, 5. 351, 20; m. reconciliatio II 53, 20.

mysterium, misterium: m. caeleste (divinum, sacrum *etc.*) I 25, 40. 248, 5. 15; m. actionis II 499, 5; m. aquae II 514, 15; m. baptismi II 219, 30. 509, 30; m. corporis et sanguinis I 333, 15. II 41, 10. 15. 490, 10. 25. 35. 501, 1; m. olei II 119, 5. 15; m. passionis II 495, 25; m. purificationis II 509, 5; m. sanguinis II 491, 30; mysteria specialia II 503, 25; m. scripturarum divinarum I 79, 30; m. novi testamenti II 489, 35; m. celebrare (exercere, exhibere) I 364, 25. II 121, 35. 407, 5. 477, 5. 492, 30. 494, 20; *cfr.* I 372, 30. 35. II 493, 20. 30. 35; m. conficere I 78, 1. II 223, 20. 30. 40; m. in die iterare II 495, 30; m. percipere II 64, 25; mysteriis se reconciliare II 282, 1; per mysteria Dei iurare II 123, 10.

mysticus, a, um: m. lavacrum II 509, 15; m. sermo I 11, 40; m. significatio II 504, 15; m. velamen I 247, 15; m. veritas I 134, 5 [411, 35].

n.

napis, napus I 87, 10. 89, 5.

nares: n. sibi invicem praecidere I 124, 10 [426, 25]. 124, 35; n. tangere I 247, 10.

nasturtium I 90, 5.

nasus: nasum cappillare, capulare, abscidere I 49, 30. 35. 51, 25. 30.

natalis: n. s. Andreae; n. Domini; n. infantium, innocentum; n. s. Iohannis apost.; n. s. Iohannis bapt.; n. ss. Petri et Pauli; n. s. Stephani I 179, 20 [418, 5]. 346, 35. 363, 35.

natalitiae, nataliciae: n. sanctorum I 376, 30. II 494, 20; natalicias celebrare I 346, 40. II 191, 10.

natare I 89, 20.

natio I 206, 5. 319, 25; legem ex natione habere I 67, 35; nationes I 126, 40 [II 21, 30]. II 124, 10; n. externae I 128, 25. 271, 40—272, 5. 305, 40 [417, 30]. II 49, 20. 25. 371, 35; n. inimicae I 272, 1.

nativitas presbyteri I 212, 20; nativitatis terra II 324, 5. — nativitas = *natalis dies*: n. s. Benedicti; n. Domini; n. s. Iohannis baptistae; n. s. Laurentii; n. s. Mariae; n. s. Martini.

natura: contra naturam fornicari II 468, 15; contra n. peccare I 57, 10 [401, 5].

naturalis, e: n. concubitus II 468, 5. 15; n. lex II 428, 30. 476, 30; n. servitium I 302, 30; n. usus II 467, 1.

natus: natos suos extinguere II 181, 20.

naufragari I 83, 35.

naufragium I 51, 1.

navalis, e: n. exercitus II 132, 5; n. expedicio II 67, 20.

navigium I 32, 5. 66, 1. 144, 20; teloneca de navigiis I 124, 30 [427, 5]; navigia mittere I 167, 30 [449, 25]; n. praeparare I 100, 35. II 84, 15.

navis I 89, 1. II 250, 30. 251, 1. 20. 252, 5; naves bonae I 171, 35; navis legitima, salinaria II 251, 30; navis gubernator II 251, 5; navium compositio II 301, 40; naves custodire II 332, 10; n. facere I 139, 1. 158, 25 [449, 5]; n. reparare II 85, 15; n. tollere II 251, 5; de navibus sub pontibus transeuntibus theloneum exigere I 124, 30 [427, 5]. 284, 35 [441, 15. 20]. 289, 15 [443, 15]. 294, 30. II 277, 30; in navibus pergere I 167, 30 [449, 25].

necare: n. partus, filios ex adulterio II 181, 15.

necator pauperum II 408, 10. 433, 30.

necessarius, a, um: n. causa I 291, 20 [445, 10]; n. stipendia II 88, 40; n. testes I 317, 15; n. testimonia I 214, 5. — necessaria fratribus dare I 347, 10; n. emere II 96, 30. 105, 25; n. ministrare II 64, 10; n. soniare I 85, 20. 25; n. vendere I 50, 45. II 107, 25.

necessitas *saepius, ex. gr.* I 34, 35. 40, 35. 41, 1. 20. 77, 15. 88, 30. 89, 20. 142, 30. 287, 20. II 410, 10. 510, 10. 15. 20. 511, 20. 512, 5. 525, 20. 526, 40; n. vix habet legem I 368, 30; n. inevitabilis I 271, 30. 310, 5 [420, 30]. II 48, 5. 89, 20. 35; n. rationabilis I 57, 1. 5 [401, 1, 5]. 77, 40. 103, 10; ex necessitate ad palatium venire I 88, 25; n. cogente homicidium committere I 284, 5 [440, 30]. — necessitas, necessitates = *'Bedürfnis'* I 245, 5. 30. 35. 323, 30. 366, 30. 35. II 42, 20. 291, 30. 294, 10. 405, 15. 524, 10. 526, 1; necessitas comitum II 76, 1; n. communis II 77, 5. 10. 378, 35. 454, 35; necessitates domesticae II 120, 20; necessitas ecclesiae I 274, 20. II 166, 10. 378, 35. 376, 35. 396, 10. 414, 1; n. ecclesiastica II 432, 15. 524, 20; n. episcopi II 108, 10; n. fidelium II 76, 1. 279, 20. 399, 5; necessitates generales II 376, 35; n. imperatoris, regis II 464, 10; n. monasterii I 34, 25. 119, 30; n. populi I 18, 25. II 419, 30. 454, 35; necessitates quotidianae II 523, 25; necessitas regni I 272, 10. II 166, 10. 286, 5. 378, 35. 376, 35. 527, 5; n. rei publicae II 115, 40; n. regum fratrum I 272, 35; n. subiectorum II 255, 30 [393, 35]; n. temporalis II 116, 1. — necessitas et paupertas II 280, 15. 20. 384, 20; n. ecclesiae, pauperum *etc.* II 396, 10; n. generalis II 66, 10; necessitatem pati I 207, 1.

necessitudo propinquitatis II 521, 10.

necestuosus = *indigens, a necesse (Ducange)* II 436, 25.

negare I 4, 45. 7, 1. 9, 25. 77, 20. 118, 30 [448, 1]. 160, 5 [432, 1]. 192, 40. 230, 30. 336, 1. II 185, 20. 182, 5. 188, 25. 190, 10. 225, 5. 344, 1. 378, 5. 415, 1. 5; n. non posse I 113, 25 [428, 45]. — negare apostolium I 2, 1; n. debito I 337, 1.

negator I 4, 35.

neglectus I 244, 20. II 331, 1. 332, 10.

neglegentia, negligentia I 85, 30. 168, 35. 184, 10. 200, 35. 201, 5. 304, 1 [415, 30]. 332, 15. II 12, 25. 42, 10. 66, 5. 85, 15. 87, 25. 259, 20. 525, 20; neglegentiam iterare II 13, 1; n. ad notitiam regis perferre I 307, 20 [416, 5]; pro neglegentiis correctionem et increpationem mereri II 8, 15. — neglegentia abbatis, abbatissae I 304, 1 [415, 30]. II 88, 35; n. advocati I 190, 20; n. comitis I 184, 15. 40. 190, 20. 201, 10. 304, 1 [415, 30]. 306, 30 [418, 15]. 308, 30 [419, 5]. II 9, 5. 16, 10. 17, 1. 312, 10; n. contemptoris I 305, 40 [417, 25]; n. custodum I 181, 20 [410, 25]; n. domini servorum I 300, 20 [436, 30]; n. ducum I 328, 25; n. episcopi I 242, 5. 327, 20. II 33, 10. 45, 30. 81, 10—20. 248, 1; n. fratrum (monachorum) I 375, 25; n. honores regis habentium I 305, 40—306, 1 [417, 30. 35]; n. imperatoris II 7, 40—8, 5. 52, 40. 53, 30. 55, 10. 56, 20. 35; n. iudicis I 84, 20; n. iudicum I 328, 25; n. matris II 235, 1. 5; n. ministrorum episcopi II 32, 35; n. missorum I 309, 5 [420, 5]. II 7, 40—8, 5. 17, 1; n. populi II 81, 20; n. praelatorum II 66, 10. 15; n. praepositorum II 80, 1; n. presbyteri I 242, 10. 312, 40 [422, 20]; n. rectorum II 174, 10; n. sacerdotum II 50, 25; n. senioris I 305, 40 [417, 25]; n. servi I 181, 15; n. vassi dominici I 304, 1 [415, 30].

neglegere, negligere *passim, ex. gr.* I 305, 10. 25. 306, 5. II 50, 25. 30. 55, 25; n. admonitionem I 5, 25; n. capitula I 189, 35; *cfr.* II 312, 5. 10. 15; n. censum II 413, 5; n. constitutionem, constituta imperatoris II 16, 1. 88, 10. 257, 45; n. de decimis II 84, 5; n. ecclesias in restauratione aut in luminariis I 304, 10 [415, 45]; n. hospites II 336, 1; n. iussa de hoste I 330, 5; n. presbyteros I 230, 1; n. res ecclesiae II 346, 15; n. vicos canonicos I 144, 15. 20; n. vocationes (?) I 218, 15. — neglegens I 147, 20. 348, 15. II 98, 10; n. de hoste I 330, 10; n. in locis sanctis II 487, 30. — neglegenter: n. agere I 307, 15 [419, 1]. 369, 30; n. iustitiam facere I 291, 10 [444, 40]; n. ministerium tractare II 52, 45; n. molestare II 77, 35; neglegentius agere I 308, 30 [419, 40]. — de neglecto fraudem facere I 88, 10; neglecta fratrum I 375, 25; n. corrigere, emendare II 74, 35. 84, 5. 98, 5. 10. 406, 1. 413, 5.

negotiari, negociari I 124, 30 [427, 5]. 298, 10. 306, 35 [418, 20]. II 86, 5. 10. 134, 15. 140, 35. 316, 30. 317, 10; n. in nocte nullus audeat I 142, 20.

negotiatio secularis II 410, 15.

negotiator, negociator I 115, 25 [448, 5]. 129, 5 [II 22, 35]. 300, 1. II 133, 15. 321, 1. 5; negotiatores partibus Sclavorum et Avarorum pergentes I 123, 10—20 [426, 5. 10]; n. christiani I 298, 10. II 361, 10; n. Iudaei I 181, 25 [410, 25]. 298, 10. II 361, 10; n. Venetici II 149, 10. 150, 30. 35; de negotiatoribus conlectum exigere II 354, 35; n. n. telonea exigere I 124, 25 [427, 5].

negotium, negocium I 32, 5. 55, 5 [398, 35]. 92, 10. 121, 20 [446, 35]. 123, 10 [426, 5]. 132, 25 [411, 5]. 331, 5. II 133, 15. 142, 20; n. in die eorum testibus exerceatur I 142, 20; n. infra mare non exerceatur I 319, 25; n. iniustum non exerceatur II 179, 25; negotia die dominico non facienda I 376, 1; n., antequam fructum collegatur, cavenda I 151, 5. — negotium carnale II 485, 25; n. civile I 111, 5. II 412, 1; n. divinum et officiosum II 405, 30; negotia ecclesiae Dei II 271, 15. 368, 1. 397, 1; n. ecclesiastica I 111, 5. 161, 20. 268, 10. 274, 30. 279, 40 [409, 15]. 283, 10 [439, 40]. II 105, 5. 249, 15. 264, 20. 286, 5. 412, 1. 422, 1. 423, 1. 518, 5. 522, 20. 25. 524, 10; negotium emptionis vel venditionis I 74, 30. 35; n. palatinum II 518, 5; n. principatus II 271, 15; n. regale II 368, 30; n. regni I 271, 15. 286, 5; n. saeculare I 55, 30 [399, 30]. 59, 35 [403, 15]. 64, 15. 75, 30. 94, 25. 102, 35. 103, 40. 111, 1. 10. 161, 20. 162, 25. 163, 1. 240, 10. 283, 10 [439, 40]. 312, 25 [422, 15]. 373, 25. II 8, 30. 46, 5. 50, 35. 106, 30. 179, 15—30. 228, 25. 229, 1. — negotium = *causa iudicialis* II 89, 1; n. causarum inter Romanus I 19, 1; n. Christiani contra Iudeum, Iudei contra Christianum I 259, 10. 15; n. clericorum I 56, 5 [400, 5]. 102, 35; n. orfanorum, pupillorum, viduarum I 122, 35; n. criminale I 21, 15.

nepos = *'Neffe'* I 15, 20. 330, 35; n. regis II 69, 35; nepos masculus I 119, 40; nepotem interficere I 143, 15. II 18, 25. — nepos = *'Enkel'* I 15, 15. 282, 20 [381, 25. 439, 10]. 287, 20 [442, 20]. II 260, 1.

nepta = *Nepeta cataria* I 90, 5. 256, 35.

neptis, nepta: n. clerici I 30, 5; n. presbiteri I 40, 15; neptam Deo offerre I 119, 35; cum nepta incestum committere, neptam mechari, n. in coniugio copulare I 31, 20. 143, 15. 376, 45. 377, 1. II 183, 30.

nesciens I 39, 1—10. 49, 5. II 9, 10. 238, 5—25. 239, 45.

nied fyr *v.* nodfyr.

nimida (?) I 223, 5.

nitor I 86, 10; *cfr.* 85, 10. 86, 30. 87, 30.

niusaltus I 86, 10. 89, 30.

nobilis, e: n. genus II 235, 20; n. habitus laicalis II 254, 10. — nobilis, nobiles I 227, 40. 313, 15 [422, 35]. II 225, 5. 10. 250, 25. 305, 5. 469, 20; nobiles feminae II 42, 20; n. Franci I 394, 25. II 207, 10; nobilis hospes I 345, 40; n. iudex II 64, 1; n. laicus II 154, 5. 246, 35. 247, 1. 467, 1; n. Saxo I 69, 20—40. II 207, 10; n. testis I 107, 15; nobiles iuxta domos suas basilicas habentes II 81, 25; n. legem discant I 147, 10; n. publicas nuptias faciant I 86, 15; nobilium consultus II 90, 20; n. filii oblati I 68, 15. 108, 35; nullus de nobilibus neque abbas neque presbiter tondeatur, antequam examinentur I 230, 20. — nobiliores I 186, 1. II 868, 15; nobilior Saxo I 71, 25. 72, 5. — nobilissimus vir II 422, 40. 428, 30.

nobilitas II 453, 35. 530, 5. — nobilitas = *persona nobilis* II 397, 15. 428, 25.

nocere aliquem I 146, 25.

nocimenta *v.* nocumenta.

nocturnale officium I 61, 5 [404, 15]. 80, 30.

nocturnus, a, um: n. cursus I 110, 5; n. hora I 109, 5. 366, 1; n. vigilia I 5, 20; n. ymnus II 505, 20.

nocumenta, nocimenta II 72, 25 [155, 5].

nodfyr, nied fyr, neidfyr, nied feir I 25, 35. 223, 15.

nola II 479, 1.

nomen I 356, 35; nomina angelorum, martyrum, sanctorum I 55, 15 [399, 10]. 56, 30 [400, 35]. 57, 20 [401, 15]. 78, 5. 102, 30. 103, 5. 365, 5; nomen regium II 48, 5. 157, 30. 162, 30. 296, 20. 408, 10. 433, 20; nominibus regiis insigniri I 271, 5; nomen regis in denariis novae monetae ex una parte habeatur in gyro *etc.* II 315, 5; *cfr.* I 74, 30; nominis regis auctoritate missi corrigenda corrigant I 58, 40 [397, 25]; nomine regis fratres reges censentur I 371, 25; n. regis falsa praecepta compilare II 265, 30; n. filii regis litteras signare II 360, 15; nomen sacerdotale II 85, 35; qualis lex ex nomine (?) I 67, 25. — nomine alterius, n. suo res comparare, emere II 34, 15. 25; in n. ministerialium liberos homines ad casam dimittere I 165, 10; in n. suo res dare, fructuario usu sumere II 404, 1. 5. — in nomine Dei *etc.* I 29, 1. 5. 259, 10. 261, 15. 263, 15. 270, 25. 273, 35. 338, 30. 353, 5. 355, 25. II 4, 5. 21, 25. 56, 10. 92, 1; per nomen Dei iurare I 14, 30; in nomine Domini I 40, 1. 198, 20. 292, 10. 325, 1; in n. Iesu Christi I 12, 30. 23, 30. 24, 20. 47, 40. 191, 25. 204, 25. 267, 40. 370, 25. II 111, 15. 130, 20. 136, 10. 137, 15. 148, 25. 150, 10. 421, 35; in n. Patris *etc.* I 126, 30. 168, 15. 169, 5. 211, 30. 241, 10. 245, 1. 246, 25. II 101, 5. 422, 35; in n. Trinitatis I 29, 1. II 88, 30. 90, 20. 138, 15. 142, 1. 143, 20. 147, 10. 209, 35. 258, 25. 271, 10. 286, 1. 301, 25. 308, 15. 329, 20. 371, 15. 378, 25.

nomenculator I 355, 5. II 352, 15.

nominatim auctorem damni cognoscere I 305, 30 [417, 15].

nominative: n. demandare I 158, 5; n. dicere I 198, 5.

nominatus maleficus necdum probatus II 345, 15.

nomisma *v.* numisma.

nomocanon II 127, 5. 10.

nona, nonum I 101, 40. 140, 30. 146, 20. 277, 35 [407, 20]. II 75, 30; n. de omni conlaborata et de vino et foeno persolvatur I 307, 5. 10 [418, 35. 40]; nonae de frugibus terrae et animalium nutrimine persolvantur I 287, 30 [442, 15]; n. de rebus ecclesiarum solvantur I 50, 10. 15. II 266, 1. 5; nonam dent, qui per beneficium imperatoris ecclesiasticas res habent I 104, 30; *cfr.* 179, 15 [418, 5]. 183, 5. 210, 5; n. donent, qui debitores sunt ex beneficia et rebus ecclesiarum I 76, 15; de nono precarias renovare I 65, 30; nonas de ecclesiis abstrahere I 208, 25; n. dare, persolvere, reddere, solvere I 203, 35. 288, 10. 288, 1 [442, 25]. 289, 25 [443, 20]. II 13, 1. 14, 5. 10. 268, 30. 292, 1. 331, 10. 413, 1. 483, 15. 20; n. recipere II 336, 40; *cfr.* decimae.

nona hora *v.* hora.

nonna I 26, 1. 28, 5. II 158, 10 [299, 40]; nonnae mundeburdem et honorem habeant II 157, 25 [299, 25].

nonnanes, de nonnanis I 55, 20. 63, 30. 142, 15. 249, 25. 30.

nonni I 347, 10.

norma II 367, 15; n. canonica I 78, 1. 98, 40. 209, 25; n. canonum I 374, 35; n. ecclesiae catholicae I 88, 20; n. institutionis I 340, 30; n. iuris antiqui I 18, 30; n. patrum I 189, 10; n. regularis I 79, 10. 98, 40. 302, 15; n. religionis II 92, 5; n. vitae I 28, 1.

noscere causam II 529, 30.

nosochomium I 310, 35. 311, 15 [420, 45. 421, 20].

nostrates I 262, 30 [II 260, 25]. II 528, 10.

notabilis libertate II 225, 5.

notae: notas emendare I 60, 1 [403, 25].

notare I 72, 30. 230, 20; n. capitula I 54, 5 [397, 30]; n. causam episcopo I 228, 40; n. nomina comitum et episcoporum I 307, 30 [419, 15]; n. sacerdotem I 227, 40; n. scripto, scriptis I 290, 10 [448, 45]. 342, 10.

notarius I 121, 15 [446, 25]. 377, 30. 35. 378, 10. II 174, 5; notarios constituere, eligere I 115, 20 [429, 25]. II 8, 1 [6, 10. 15]. 64, 5; notarii legibus eruditi et bonae opinionis II 64, 5; notariorum iusiurandum II 62, 15. 64, 5; unusquisque episcopus aut abbas vel comes suum notarium habeat I 121, 30; comes notarium suum scribere faciat, quanti ad se proclamassent *etc.* I 190, 15; notarii cartam, quae falsa appellata est, veram faciant II 91, 10. 15. 108, 25—35; n. cartulas ad scribendum recipiant neque perdant I 386, 1. 5.

notitia I 212, 10. 216, 15. 25 [II 259, 10]. II 8, ·. 11, 5; n. episcopi I 95, 15. II 384, 20; ad notitiam episcopi deducere II 463, 25. 464, 1, pervenire I 248, 20; ad n. missorum perferre I 310, 15 [420, 40]; ad n. imperatoris, regis deferre, deducere *vel similiter* I 288, 35 [440, 20]. 289, 20 [443, 15]. 300, 25 [436, 35]. 307, 20. 30 [419, 5. 15]. 308, 30 [419, 40]. II 4, 30. 7, 10 [321, 30]. 12, 15. 15, 15. 16, 5. 10. 19, 1. 30, 10. 103, 15. 116, 5. 312, 15. 346, 15. 460, 25; ad notitiam imperatoris, regis pervenire, venire I 158, 30 [449, 1]. II 47, 25. 85, 25. 87, 5. 358, 5—15 [362, 35]; ad n. regis fratris perferre I 272, 10; ad n. papae referre II 352, 15; ad n. senioris pervenire I 305, 40 [417, 25]. — notitia = *scriptum* I 145, 10; n. deliberationis I 188, 20.

notus, a, um: notam facere causam I 10, 10; n. facere firmitatem regum II 297, 30; n. facere iussionem dominicam I 384, 30 [436, 45]; n. facere ordinationem et voluntatem imperatoris I 307, 30 [419, 15]; notum facere capitulum I 120, 40; n. facere nomen et tempus I 230, 40; n. testimonium I 51, 10. — notum efficere, facere I 289, 20 [433, 20]. II 321, 15. 325, 35; n. facere comitibus I 148, 25 [431, 5]. 177, 20 [434, 20]. II 16, 25; n. facere imperatori, regi I 85, 30. 89, 15. 155, 10. 290, 15 [444, 1]. 304, 35 [416, 15]. II 28, 15. 78, 15 [155, 35]. 287, 5. 15 [309, 30. 310, 1]. 287, 20. 25. 328, 5. 25; n. facere ministris rei publicae II 314, 25; n. facere missis II 295, 1. 319, 30. 332, 5; n. facere missis alterius regni II 278, 25; n. facere paribus II 332, 5; n. facere populo II 16, 25; n. sit omnibus I 190, 20.

novalia rura II 221, 1. 5.

novatianus *v.* novitius.

noverca I 41, 5. 365, 35. 377, 1. II 188, 15. 35.

novitates II 80, 15; n. vocum II 406, 30.

noviter: n. ad conversationem venire I 63, 15; *cfr.* 121, 20 [446, 30]; n. instituta consuetudo I 289, 15 [443, 15]; n. inposita exenia I 195, 30; n. institutae forestes I 288, 10 [442, 35]; n. statutus modius I 74, 20; n. inventi sancti I 125, 15 [446, 35]; n. instituta senodochia I 195, 5. 35; n. inceptum teloneum I 284, 35 [441, 15].

novitius, novatianus I 108, 35. 228, 25. 346, 5. 10.

novus, a, um: n. annona I 89, 10; n. basilica I 168, 20; n. census I 22, 1; n. conditio II 105, 10; n. consuetudo I 65, 20; n. ecclesia; n. moneta I 290, 5 [448, 35]. II 315, 5; n. oratorium; novi sancti I 77, 30; novum teloneum I 182, 5; n. vinum I 89, 10; episcopi nihil novi faciant in parrochiis I 54, 35 [398, 25]; nova populo non praedicanda I 61, 25 [404, 35].

nox I 2, 40. 142, 20; horae, vigiliae noctis I 106, 15. 30; noctes dominicae I 109, 5; n. multiplicare I 88, 30; n. numerare II 325, 5; VII noctes I 9, 15. 70, 1. 118, 5 [430, 25]. 292, 15; X n. I 9, 5; XIV n. I 9, 15. 118, 5 [430, 25]. II 183, 30; XV n. I 5, 30; XX n. I 5, 5. 6, 10; XXI n. I 118, 5 [430, 25]; XXX n. I 201, 15; XL n. I 199, 25. 292, 10. II 16, 25. 324, 30. 325, 15. 30; XLII n. I 9, 5—25. 118, 5 [430, 25]; LXXXIV n. I 9, 10. 10, 5.

noxa: noxae culpa teneri I 348, 1.

noxius I 326, 25.

nubere: n. alii, alteri I 40, 25. 279, 5 [408, 25]. 315, 20. II 119, 40; n. duobus fratribus, duabus sororibus II 183, 15; nubendi licentia II 238, 45. 239, 25. 35; n. potestas II 207, 30. 238, 40; n. tempus I 272, 35; nubere in Domino, in Christo II 237, 35. 238, 10—25. 425, 30. 454, 45; nuptae sanctimoniales II 262, 15.

nubilis aetas II 119, 20.

nucarius I 91, 1. 255, 5. 256, 40.

nudus: nudum flagellare, vapulare I 74, 35. 284, 30 [441, 15]. 344, 30. II 316, 15. 317, 1. 5. 318, 25. 320, 25. 35. 40.

nugator I 334, 40.

numisma, nomisma I 74, 30.

nummi, numi: n. boni II 15, 40; nummorum moneta II 149, 30; nummos pro perceptione chrismatis, baptismo et communione dare II 206, 1.

nuntiare, nunciare: n. hostem II 337, 20; n. sunniam I 9, 10; n. episcopo I 322, 1; n. imperatori, regi I 67, 15. 84, 10. 89, 35. 96, 35. 124, 25 [427, 1]. 137, 40. 138, 5. 184, 10. 245, 35. 247, 15. 326, 25. II 16, 20. 121, 10. 313, 1. 316, 25. 317, 15. 332, 1; n. iudici I 84, 20; n. synodali conventui, synodo I 322, 1. 5. — marias qui nuntiabantur ecclesias I 10, 10.

nuntius: n. episcopi I 360, 35; n. imperatoris, regis I 100, 35. II 250, 20. 328, 15.

nuptiae: n. damnatae II 183, 15; n. incestae I 98, 1. 110, 40. 279, 40 [409, 20]; n. inlicitae et sceleratae I 228, 35. II 414, 30; nuptiarum auctor et sanctificator II 426, 10; n. foedera cum sanctimonialibus non fiant II 384, 35; eadem, quae in viri, in uxoris parentela de lege nuptiarum regula custodienda est II 183, 25; nuptias filiabus providere II 119, 25; n. publicas nobiles et innobiles faciant I 36, 15; usque ad n. virginitas custodienda II 45, 35; a nuptiis prohiberi I 315, 25..

nuptialis contractus I 132, 15. — nuptialiter coniungere II 262, 25.

nurus II 122, 25. 183, 35.

nutricare familiam I 132, 30 [411, 10].

nutrimen I 255, 25. 256, 1. 20. 307, 10 [418, 40].

nutrimentum I 174, 10. II 283, 15. 437, 40.

nutrire: n. catellos I 88, 25. 30; n. familiam I 132, 30 [411, 10]; n. familiam monasterii I 141, 30; n. filios I 240, 1; n. infantes domini I 119, 35; n. paupertinos I 215, 35. — nutrire ecclesiastice, in monasterio I 94, 20. 119, 25. 40. II 228, 25. 229, 5.

nux maior vel minor I 89, 5.

O.

obitus: o. abbatis, abbatissae, archiepiscopi, comitis, vassalli II 358, 5. 10. 362, 30—363, 10; o. episcopi I 77, 30. II 358, 5; o. imperatoris II 358, 35; post obitum maritorum uxores tertiam partem conlaborationis accipiant I 301, 15 [437, 25]; obitus patris I 8, 15.

obiurgatio I 11, 25.

oblata I 57, 5 [401, 1]. 364, 5. 35. II 500, 25; cfr. 457, 35.

oblatae II 227, 25. 248, 15.

oblatio I 277, 15 [406, 45]. 374, 10. 15. II 228, 1. 5. 500, 20. 25; o. pro clerico in bello etc. mortuo II 248, 20; o. defunctorum I 19, 10; o. fidelium I 195, 20. II 178, 40—179, 1 [185, 35]. 459, 25. 518, 15 [220, 35]; cfr. 82, 10; de oblationibus fidelium census non persolvatur I 333, 30. 367, 25, servitium non fiat I 277, 25 [407, 5]; oblatio pueri I 346, 10; o. regularis II 448, 35; o. pro suspensis II 182, 30; oblationibus abuti II 115, 5 [401, 25]; o. dispensari I 78, 1; cum o. ad missas currere II 284, 1. — oblatio = sacrificium I 78, 5. II 486, 15. 489, 15. 20. 490, 20. 491, 25; o. carnalis II 484, 35; o. cottidiana II 518, 15 [220, 30]; o. panis et vini II 491, 35. 508, 5. 10; oblationis hostia II 495, 1.

obligare: poena aliquem o. I 215, 35. 327, 25. — o. creditoribus specialis hypothecae titulo I 311, 1 [421, 5].

obligatio: o. imperatoris I 309, 30 [420, 15]; o. reginae II 467, 40; o. sacramentorum I 14, 30; per obligationem adunatio non fiat I 318, 35. — cartulae obligationis de hominibus factae, qui se et uxores etc. in servitio tradiderunt I 187, 20.

obligator I 59, 1 [402, 25]. 104, 5.

obmalare: se o. I 293, 15.

obnoxius I 5, 15; o. de heribanno I 166, 20 [432, 25]; o. de libertate et banno II 71, 30.

oboedientia, obedientia I 323, 10. 15; o. abbatum episcopis debita I 94, 5; o. archiepiscoporum, episcoporum, fidelium regi debita II 383, 25. 30 [389, 25]; o. discipulorum I 108, 35; o. episcoporum rei publicae debita I 328, 30. 332, 20; o. monachorum abbatibus debita I 35, 20. 63, 5. 15. 346, 5. 10; o. monachorum episcopis debita I 94, 5; o. populi II 4, 40. 51, 5; o. presbyterorum rei publicae et episcopis exhibenda I 328, 20. 332, 20; o. regis sedi apostolicae debita II 359, 25; oboedientiam apostolico, pontifici observare I 323, 15. 324, 10; o. decretis papae conservare II 101, 30; o. sacerdotibus impendere II 80, 10. 15. — oboedientia exercitalis I 164, 35; o. regularis II 401, 1. 412, 1.

obp- v. opp-.

obrizum aurum II 149, 40.

obscenus, a, um: o. canticae II 45, 25; o. sermonicationes II 46, 5.

obsequium: o. regi exhibere II 162, 35. 164, 30. 311, 20. 419, 30; ad o. regis fratris se vertere II 452, 20. 25; obsequii gratia comiti quippiam exhibere I 262, 15. 20 [II 260, 10]; o. causa aliquid prebere I 358, 10; pro obsequio humano episcopus non eligatur II 521, 5. — obsequium = servitium I 255, 5; o. administrare II 93, 35. 94, 5; o. comitibus aut vicariis a liberis hominibus non faciendum I 144, 5; o. imperatoris, regis I 71, 10. II 51, 15. 92, 30; o. regale I 125, 10 [410, 15]. II 526, 30; o. regium II 105, 20; obsequia religionis II 421, 10; obsequium ad rempublicam pertinens II 410, 1; o. seniori exhibere, impendere I 262, 30 [II 260, 25]. II 334, 40; cfr. I 277, 25; o. senioris I 305, 30 [417, 20]. II 308, 30. 309, 1.

observantia: o. canonica I 59, 40 [403, 20]; o. ecclesiae Romanae I 364, 30; o. religionis II 226, 30.

observare: o. emphyteusim I 335, 5; o. hominem in palatio I 298, 5.

observatio: o. canonica I 77, 35; observationes episcoporum II 428, 25; o. paganae, paganorum I 25, 35. 28, 20. 45, 20; o. ad arbores, petras, fontes I 59, 5 [402, 30]. 104, 5; o. in foco vel in incoatione rei I 223, 15.

obses I 207, 1; nullus iudex obsidem regis in villa commendare faciat I 84, 10; obsides propter credentias dati et per diversa loca ad custodiendum destinati I 129, 10 [II 22, 40].

(obtemperantia), optemperantia seniori debita II 255, 10 [398, 10].

obtemperare I 98, 20. 203, 20. 35. 340, 30. 40.

obtimates v. optimates.

obtinere: obtenta in synodo II 447, 15.

occasio, occansio = causa, praetextus, passim, ex. gr. I 32, 5. 130, 1. 263, 30. 277, 20. 289, 40; o. exercitus aut placiti vitandi II 110, 1; o. hospitii II 108, 10; per occasionem immunitatis iustitiam non facere I 289, 30 [448, 30]; occasio iniusta I 50, 5. 318, 35 [428, 20]; o. iusta et rationabilis II 78, 5; o. mala I 49, 25. 65, 30. 174, 30. 220, 10. 312, 10. 15 [421, 35. 40]; utrum ex necessitate an ex occasione I 88, 25. — occasiones (= tributa qualibet occasione exacta) et consuetudines in-

iustae I 289, 15 [443, 10]. — occasio = *excusatio* I 192, 5. II 132, 5; *cfr.* 144, 30. — occasio = *exceptio* II 269, 20. 284, 40. 285, 1.
occasus solis I 331, 1.
occidentales partes II 250, 30. 477, 35.
occidere: o. casu I 361, 20. II 241, 30; o. sine causa I 16, 15. II 292, 10; se defendendo o. I 40, 25; se defendendo occidi II 18, 30. 86, 35. 372, 40; occidere se defendentem II 212, 15; o. per industriam I 362, 10; o. lege iubente I 59, 15 [402, 40. 434, 30]. 104, 10; o. alterum post pacificationem I 123, 5 [426, 1]; o. sponte I 361, 20. II 242, 15. — non o. accusatum sine iusta discussione I 130, 1; o. hominem iustitiam imperatoris adnunciantem I 101, 10. 104, 30; o. ancillam II 182, 1; o. avunculum I 98, 10. 118, 30 [447, 40. 448, 1]; o. per adulterium conceptos II 181, 15; o. denarialem I 158, 5; o. diaconum I 113, 1 [428, 20]. 212, 20; o. dominos suos infantes, pueros I 257, 5; o. episcopum I 113, 1 [428, 20]. 212, 15. 361, 20. 362, 10; o. epistolarium II 183, 25; o. filium II 241, 30; o. fratres I 97, 25; o. fures II 231, 15; o. quemlibet de genealogia I 165, 25; o. V homines II 189, 30; o. ingenuum I 8, 30. 298, 10; o. latronem I 205, 20. II 86, 35. 272, 30; o. legatarium II 183, 25; o. malefactorem II 343, 30; o. materteram I 165, 25; o. matrem I 118, 30 [447, 40. 448, 1]. 165, 25; o. monachum I 113, 1 [428, 20]; o. parentes I 165, 25; o. patrem, patruelem I 118, 30 [447, 40. 448, 1]. 165, 25; o. patruum I 98, 10; o. peregrinos I 193, 20; o. pergentes II 86, 5; o. presbyterum I 113, 1 [428, 20]. 212, 15. 361, 20. 362, 5. 435, 40. 438, 45. II 182, 5. 10. 248, 10; o. propinquum I 97, 25. 98, 10. 118, 30 [447, 40. 448, 1]; o. raptorem I 16, 10. II 231, 15; o. rebellem II 374, 20. 35; o. sacerdotem I 212, 15; o. Salicum I 270, 1; o. servum I 292, 15. II 181, 30; o. subdiaconum I 113, 1 [428, 20]; o. uxorem constupratam II 240, 1; o. vassallum suum I 172, 10. 215, 15; o. virum suum II 415, 1.
occisio clericorum I 113, 35.
occultare: o. confugientem II 317, 15; o. fugitivos I 158, 30 [431, 35]; o. latronem I 6, 40; o. rem foedam II 467, 20; o. scelera subiectorum I 12, 15.
occultus, ocultus, a, um: o. confessio II 118, 25; o. moneta II 317, 5; o. penitentia II 189, 10; in occulto notarius scriptum non faciat II 62, 15; *cfr.* I 319, 10. — occulte: o. compositionem accipere de furtu invento I 5, 5, de re sibi furata I 6, 15; o. confessionem agere II 189, 5; o. mancipia ducere I 211, 10; o. monetam percutere II 317, 10.
occupare: o. locum desertum ad habitandum I 263, 30. 264, 1; o. sibi partem (terrae) I 262, 10; o. villam alterius I 293, 20. — res et mancipia per fiscum occupata I 300, 20 [436, 35].
occurrere: o. ad ecclesias I 245, 20; o. imperatori, regi cum hostili apparatu II 328, 20. 331, 30. 35. 360, 30; o. ad missos regis *etc.* II 332, 1; o. ad placitum regis II 428, 15; o. super vassallum I 215, 15.
octavae, octabae: o. Domini; o. epiphaniae I 179, 20 [418, 5]. 227, 10; o. paschae I 344, 15. II 269, 15.
oculus: oculum componere I 205, 30; latro de furto probatus oculum perdat I 49, 30. 35. 51, 25.
odium I 59, 5 [402, 30]. 110, 45. 239, 35. II 29, 1. 444, 5. 521, 10; o. aliis inmittere II 122, 30; per o. hominem diffacere I 49, 30; per o. innocentes damnare I 240, 15; odii causa missi regis nihil omittant I 290, 10. 15 [444, 1]; *cfr.* 304, 30 [416, 10].
oeconomus, echonomus, hyconomus ecclesiae I 311, 5 [421, 5. 10]. II 108, 20. 410, 1. 422, 20.
offendiculum II 77, 30.
offensa I 360, 45. II 211, 30; offensam Dei incurrere I 270, 40—271, 1; o. regis incurrere II 335, 15.
offensio I 328, 30.
offerre: o. capitula imperatori II 85, 30; o. clericum ad ordinandum II 85, 5; o. latronem tribus mallis I 5, 1; o. sacramentum I 268, 30 [445, 35]; o. servum in compositione aut ad poenam I 117, 35 [430, 15]. — ad altare o. fanones I 251, 15, puerum I 346, 10; o. basilicis, ecclesiis res I 94, 10. 229, 40; o. Christo hostias I 226, 20. II 494, 35; o. decimas; o. daemonibus hominem I 69, 5; o. Deo filiam, neptam, parentem I 119, 35; *cfr.* 108, 35. 346, 15. II 458, 35; o. Domino II 488, 10. 15. 489, 15—25. 491, 25. 496, 15. 500, 10—30. 508, 5. 10; o. in ecclesia in elemosina defuncti II 415, 30; o. ad ecclesia panem I 202, 20; *cfr.* II 494, 25; o. more gentilium I 69, 35. 40.
offertorium = *cantus* II 500, 10. — offertorium (= *vas sacrum*) argenteum I 251, 5.
officiales, qui operam dant, ut monumentis intimentur donationes *etc.* I 311, 10 [421, 15].
officina: officinae artium I 344, 10; o. ad usus clericorum necessariae I 373, 5. II 267, 20.
officiosum negotium II 405, 30.
officium II 514, 20. 25; o. administrare I 310, 1. 15 [420, 25—40]; o. supplere II 530, 30; officio cessare I 231, 35; ab o. damnari I 188, 30 [447, 5]; ab o. removeri, sequestrari II 39, 30. 35; ab o. suspendi I 86, 1; officium abbatis I 110, 1; o. apocrisiarii II 522, 30. 523, 1; o. canonici I 110, 1; o. clericatus I 227, 20; ad o. clericatus servus non promoveatur I 57, 25 [401, 25]. 103, 15; o. clerici I 209, 25; officio clerici aut sacerdotis usurpativo frui II 191, 40; officium comitum, vasallorum imperatoris violare II 103, 5; o. domesticum I 355, 30. 35; o. ecclesiastici I 110, 1; o. ecclesiastici ordinis I 220, 20; o. episcopi I 110, 1. 312, 10 [421, 35]. 308, 35. II 118, 10. 264, 30. 406, 1. 410, 1; ab officio episcopi cessare II 406, 25; officium imperatoris, regis I 367, 40. II 48, 5. 387, 10. 518, 25; o. ministerialium I 86, 30; o. monachi I 110, 1; o. ordinationis II 519, 35; o. pastorale I 308, 40 [415, 25]; o. pontificale II 57, 35; o. pontificum I 11, 20; o. praedicandi, praedicationis I 110, 10. 174, 15; o. praedicationis implere I 358, 5; o. praelatorum I 340, 30; o. presbyteri I 35, 5. 110, 1. 248, 30. 369, 5; ab officio presbyteri suspendere II 188, 20; officium sacerdotale II 117, 35; de officio sacerdotali degradare I 188, 25 [447, 5]; officium sacerdotis I 227, 40. 286, 35. 378, 20. 30. II 186, 35; ab officio sacerdotis removere, submovere, amovere *etc.* I 46, 10. 15. 57, 30. 277, 40. 372, 35. II 54, 20; officium visitatorium II 412, 20. — officium = *officium divinum* I 369, 10. 375, 5. II 116, 1; o. celebrare, persolvere I 238, 5. 10. 344, 10; officiorum cultus II 487, 1. 5; o. dispositio II 497, 10; o. liber I 235, 25; o. multiplicitas II 500, 5; o. ordo II 507, 20. 508, 10. 20. 25; officia Ambrosiana, s. Benedicti, Romanorum II 506, 20. 25. 508, 5; o. anni II 494, 30; officium anniversarium I 348, 1; o. baptismatis in ecclesiam episcopi transferre I 317, 1; o. cantilenarum, consecrationum *etc.* II 496, 20; o. cottidianum II 502, 5. 516, 5; o. diei dominici II 494, 30; o. diuturnum I 76, 1; o. divinum I 106, 15. 234, 30. 279, 30 [409, 10]. 341, 35. II 35, 15. 38, 40. 60, 10. 81, 25. 420, 10; *cfr.* I 356, 1. 5. II 411, 5; o. ecclesiae I 119, 15. 121, 15 [446, 30]. 186, 10. 189, 10. II 40, 40. 498, 25; o. ecclesiasticum II 186, 10; o. ecclesiasticum reformare I 369, 35. 40; o. festivitatum I 188, 35 [447, 15]; o. graduale I 61, 5 [404, 15]; o. missae I 188, 30 [447, 5]. II 102, 5. 496—508. 506, 35. 507, 5—20. 508, 1. 5; o. mortuorum I 344, 5; o. nocturnale I 61, 5 [404, 15]. 80, 30; o. peculiare I 76, 1; o. plenarium I 346, 40; o. publicum II 102, 5. 505, 1; o. sacrum I 80, 35. 106, 30. 374, 35. II 282, 20. 495, 15. 508, 5; o. sacrum pro aliquo pretio non vendatur I 106, 40.
olera *v.* holera.
oleum I 29, 30. 179, 10 [412, 45]. II 88, 20; o. consecratum, sacratum, sanctum I 244, 15; oleo unguere, olei unctio I 46, 40. 107, 25. 179, 15 [418, 1]. 244, 15. 247, 20. II 182, 25

[*cfr.* 119, 1—15]. 426, 30; olei unctio reginae II 455, 5; *regem oleo unguere* II 457, 5 [461, 10]; *cfr.* 461, 10.

olisatum I 90, 5.

olla vitrea I 251, 10.

omelia *v.* homelia.

opera, ae I 6, 30. 174, 15. 210, 5. 212, 1. 344, 30. II 337, 20; o. carroperae, manoperae II 323, 5; o. communi populi pontem construere II 88, 1; operas exigere I 197, 5.

operari, operare I 212, 1. 246, 25. 252, 15—25. 345, 25. 346, 20. 25; o. manibus I 84, 35. 81, 30. 344, 10; o. in beneficio I 186, 15; o. ad brolios I 295, 5; o. ad *civitates et pontes etc.* II 322, 1; o. ad ecclesias I 287, 30 [442, 20]; o. ad opus domini I 150, 30; o. sabbatum I 368, 35.

operarii: operarios conducere I 287, 35—288, 1 [422, 25].

operatio: operationes de advenis non exigendae II 277, 35—278, 1; o. die dominico non peragendae I 376, 1.

operculus I 89, 20.

opinio: o. adulterii I 207, 25; o. bona II 49, 20. 25; advocatus bonae opinionis I 192, 15. 374, 30; notarii bonae opinionis II 64, 5; opinio mala I 94, 30. 278, 10 [407, 30]. II 102, 15; o. sinistra II 86, 35; opinionis suae famam purgare II 415, 5. 15.

oppidum I 358, 15. 20. 354, 1. 20. 25; per oppida presbiteros curam gerere oportet II 118, 30.

opponere, obponere: o. necessitates II 42, 20; o. decennii, vicennii, XXX annorum praescriptionem I 219, 10; o. testes meliores I 268, 5. 288, 1 [439, 30].

(opportunitas), oportunitas: o. ecclesiastica aut publica I 305, 10 [416, 40]; presbyter ad domum ecclesiae oportunitatem suam agat I 243, 10.

oppositio difficultatis I 340, 35.

oppressio, obpressio: o. comitum eorumque iuniorum I 169, 15; *cfr.* II 85, 1; o. episcopi I 195, 15; *cfr.* II 256, 30; o. a ministris publicis *etc.* inlata I 211, 25; *cfr.* II 278, 30; o. Nortmannorum, Britannorum II 278, 25; o. potentium, potentiorum I 354, 35. II 85, 5; o. Sarracenorum I 261, 20.

opprimere, obprimere I 93, 15. 146, 30. 239, 30, *saepius*; propter privilegium regium ecclesiasticos homines *etc.* non o. II 488, 10. — oppressus aere alieno II 526, 10. — opprimere = *constringere*: o. praesumptores II 69, 30; *cfr.* 75, 20. — o. = *interficere*: o. infantem II 189, 1. 5. — o. = *stuprare*: o. sponsam filii I 38, 10.

optemp- *v.* obtemp-.

optimates, optemates, obtimates I 16, 5. 91, 40. 111, 1. 182, 25 [411, 5]. 171, 30. II 52, 25; o. regni Italici II 99, 10 [348, 15]; o. accersere I 274, 35; o. convocare II 379, 15; o. ad synodum dirigere II 218, 25; optimatibus dicere II 92, 5; cum o. deliberationem instruere I 28, 25; cum o. pertractare I 8, 10. 15, 15; optimatum consensus, consilium, consultus; o. conventus II 466, 25; o. *iusiurandum, promissio et subscriptio* I 355, 5.

optimi I 197, 40; o. in pago, o. in pago vel civitate in testimonium adsumantur I 114, 25 [429, 20], testes eligantur I 176, 25 [438, 35]; per optimos inquirere I 289, 10 [443, 5].

opus, opera = *labor, labores* I 17, 20. 81, 25—82, 1. 88, 5. 88, 30. 152, 25. 181, 35. 246, 25. 299, 30 (?). 313, 15 [422, 40]. 345, 1. II 311, 25. 327, 35; opus audientiale II 420, 10; o. caementarium II 420, 10; o. carpentarium II 420, 10; o. carrarium I 61, 15 [404, 25]; o. coniugale II 413, 25; o. corporale I 11, 35; o. ecclesiarum I 287, 30. 35 [442, 15—25]. II 18, 30; opera in restauratione ecclesiarum facere sive redimere I 307, 15—25 [418, 45—419, 10]; o. per ecclesiasticos facienda I 197, 10. 15; opus exercitale II 7, 15; o. fabrile II 420, 10; o. femineum I 302, 20; o. forense II 420, 10; o. gynaecum II 420, 10; *cfr.* I 87, 5. 30; o. mercatorium II 420, 10; opera palatii I 140, 35; opus pictorium II 420, 10; *o. rurale* I 86, 10. 61, 10 [404, 20]. II 41, 30. 420, 10; o. servile I 61, 10 [404, 20]. 152, 25. 201, 30; o. textile I 61, 15 [404, 25]; o. uxorium II 237, 10; o. venatorium II 420, 10; operis prepositus I 197, 15; operi missum praeponere I 301, 20 [437, 30]. — opus = *actum, passim, ex. gr.*: opera adversarii, diaboli, Satanae I 163, 35. 289, 40. 247, 10. II 40, 10. 15. 177, 5. 476, 25; o. benedicta II 455, 5; o. bona I 53, 25. 231, 20, *saepius*; o. carnis I 318, 10 [422, 30]; o. iusta I 69, 30; o. iniquitatis I 365, 40; *o. legis* II 490, 15; o. mala I 12, 10; o. misericordiae I 365, 40. II 122, 25; ad opus pium res tradere II 115, 10 [401, 30]. — opus = *profectus, utilitas*: o. abbatis, abbatissae, episcopi *etc.* I 43, 1; o. domini I 150, 30; o. dominicum I 85, 5; o. regis, imperatoris I 83, 1. 15. 84, 30. 85, 35. 88, 15. 93, 10. 171, 10—20. 172, 15; debitum ad o. imp. rewadiatum I 290, 25 [444, 10. 15]; feminae ad o. imp. servientes I 172, 20; *cfr.* 87, 5. 30; forestes ad o. imp. pertinentes I 288, 10 [442, 40]; hereditatem, proprium ad o. imp. recipere, revocare I 171, 5. 10. II 95, 15; ad o. regis componere I 74, 35; familia ad eorum opus bene laboret I 88, 10; opus iudicis I 84, 5.

oraculum = *verbum, oratio*: o. apostolicum II 29, 5; o. divinum I 375, 5. II 81, 25. — oraculum = *aedes sacra, in qua oratur* I 11, 30. 191, 30. 382, 1.

orare, o. Deum I 63, 10. 78, 5, *saepius*; o. pro ecclesiae et populi necessitate II 414, 35; o. pro imperatore, rege I 2, 5. 106, 5. 247, 15. 342, 45. 356, 40. II 102, 30; o. pro regno II 102, 30; o. pro seniore II 335, 1; o. pro hominibus I 239, 35.

orarium = *stola* I 251, 20. II 248, 10. 485, 20. 504, 15. 20.

oratio I 66, 1. 107, 25, *saepius*; orationis domus II 480, 5; o. hora II 504, 25. 505, 10; o. loca II 477, 20; o. gratia civitatem ingredi II 405, 5, ad limina apostolorum migrare I 365, 1. 5, Romam proficisci II 84, 35. 86, 1. 10; orationes facere de furto incerto I 347, 25; o. pro imperatore (*rege*) et filiis eius et populo (fidelibus, imperio) I 46, 5. 225, 25. 30. 286, 5. 350, 10. 351, 1. II 178, 30. 212, 25; o. propter diversas plagas populi I 158, 10 [418, 10]; per orationes se purgare II 189, 10. — oratio dominica II 496, 25. 502, 10. 15; orationem dominicam discere, praedicare *etc.* I 59, 25. 106, 20. 110, 25. 35. 147, 10, *saepius*.

orator II 485, 20; o. imperatoris, regis I 79, 5. 247, 25. 367, 35. II 46, 15.

oratorium I 63, 10. 76, 1. II 485, 20; o. novum I 312, 30 [422, 10]. II 179, 5 [186, 10]; o. villare I 133, 30 [447, 5]; o. a dominio constructoris non auferatur I 374, 35. 40; o. consecrare I 144, 15; oratorii dedicatio I 363, 40; o. domus I 111, 5; iuxta oratorium dormitorium constituatur I 347, 15.

orbare: o. monachos I 63, 20. — orbatus II 526, 10; orbatos pueros pascere I 311, 20 [421, 20].

ordeaceus panis I 74, 25.

ordeum, ordium I 72, 40. 74, 20. 25. 132, 30 [411, 10]. 254, 15. 256, 1. 15. II 256, 20; o. novellum I 255, 20.

ordinare = *constituere, instituere, passim*: o. comitem I 191, 35; o. qui comitatum praevideat II 358, 10 [362, 30. 40]; o. consilium II 527, 5; o. genitia I 87, 30; o. indicem II 133, 30; o. indicem de aliis provinciis *etc.* in alia loca I 22, 10; o. missos; o. clericos, clerum II 8, 30. 268, 15; o. ecclesias; o. hospitalia, hospitalitatem II 267, 20. 434, 35; o. legatos ad regem II 442, 20; o. mansionaticos I 306, 10 [417, 45]; o. marcam I 206, 25; o. monasteria II 63, 20; o. naves II 85, 15; o. palatium II 522, 10. 15; o. plebes; o. receptionem pauperum II 267, 20; o. res locis Deo dicatis I 326, 30. 35; o. scaram II 357, 35. 40; o. scolas I 304, 20 [416, 1]; o. senodochia; o. statum regni II 525, 15. 527, 5—10; o. titulos cardinales II 411, 15; o. tranquillitatem II 527, 20; o. viam I 306, 10 [417, 45]; o. victum ac potum *etc.* II 267, 20; o. canonicorum vitam et conversationem I 26, 5. II 64, 30. — ordinare = *consecrare* I 54, 15 [398,

1. 5]. 94, 20. 25. 102, 25. 229, 35; ordinare absolute I 55, 35 [399, 35]. 76, 35. 102, 35. 183, 20 [446, 40]. II 410, 30. 411, 1; o. per pecunias I 55, 25. 30 [399, 20]. 102, 30. 278, 5 [407, 25]. 364, 15. 372, 15. 20. II 82, 1. 380, 15; o. ad titulum II 410, 30; o. abbatem I 63, 20; *cfr.* II 116, 5; o. archiepiscopum II 451, 5; o. canonicos II 412, 5. 15; o. clericos; o. diaconos; o. ecclesiasticos I 196, 25; o. aliquem de familia ecclesiae I 277, 5 [406, 35]; o. episcopum; o. monachos I 280, 5; o. presbyteros; o. sacerdotes; o. servum nesciente domino I 183, 20 [446, 40]. — ordinare = *iubere* I 10, 5. 78, 1. 84, 20. 25. 125, 20. 177, 15, *saepius;* o. capitula I 362, 35. II 12, 40. 529, 1; o. capitulis, in capitulari, per capitularia I 188, 10. 307, 10. 20 [418, 40. 419, 1]; o. cum consiliariis II 528, 25; o. cum fidelibus, cum consensu (consilio) fidelium II 75, 35. 77, 5. 268, 35; *cfr.* 527, 5. 20. 30; o. per praeceptionem regis I 22, 15; o. de verbo regis I 42, 15. 84, 20.

ordinatim adnotare II 46, 20.

ordinatio, ordinacio = *'Ordnung'* I 95, 30. II 514, 30. 519, 35; o. ecclesiastica I 206, 20; o. humana I 303, 25 [415, 15]; o. plebium II 80, 1; o. potestatum et officiorum II 514, 20; o. regni I 127, 10. 180, 10. II 21, 35. 40. 23, 25; o. rerum episcopii I 369, 5. 10; o. rerum locis Deo dicatis conlatarum I 326, 30; o. senodochii I 322, 15. II 80, 1. — ordinatio = *consecratio* I 94, 15. 365, 1; o. canonica I 75, 25; o. inlicita II 335, 25; ordinationem non facere in alterius parrochia I 86, 1. 55, 5 [398, 35]; propter o. praemia non accipere, nihil exigere I 195, 25. II 206, 1. 207, 1; ordinatio diaconi I 75, 25; o. episcopi I 35, 40. 75, 25. 183, 15 [446, 20]. II 380, 10. 439, 35. 523, 5; o. presbyteri I 41, 15. 75, 25. 108, 20. 238, 10. 15. 412, 1; o. sacerdotis II 30, 5; o. servorum I 276, 25. 277, 1 [406, 15. 30]. II 280, 35. — ordinatio = *iussio:* o. archiepiscopi II 410, 1. 10; o. comitis I 261, 25 [II 259, 15]; o. episcopi II 114, 5 [399, 15]. 268, 15. 20; o. imperatoris, regis I 75, 20. 85, 25. 120, 40. 137, 15. 245, 1. 307, 30 [419, 15]. II 48, 15. 481, 25; o. principis I 21, 1.

ordinator: o. senodochii I 332, 15. — o. = *consecrator* I 364, 15. II 121, 35. 408, 35.

ordo *passim:* omnis o. ecclesiarum secundum legem Romanam vivat I 335, 5; o. rei publicae II 86, 10; o. et stabilitas ecclesiarum II 211, 30. — ordo palatii. — ordo = *modus* I 328, 20. 332, 20. II 66, 20. 80, 1; inconcusso ordine possidere I 15, 40—16, 1; o. quieto et pacifico res tenere II 102, 25. — ordo = *canon, regula:* o. apostolicus II 406, 10; o. baptismatis II 176, 15; o. canonicus I 33, 40. 45. 35, 25. 191, 30. 200, 35. 209, 20. 25. II 29, 35. 403, 15; ordines canonicae observantiae I 59, 40; *cfr.* 403, 20; in ordine canonico monasteria feminarum constituere I 369, 35; ordinem canonicum servare I 276, 15 [406, 1]; secundum o. canonicum vivere I 178, 35. II 179, 15; *cfr.* I 175, 20; secundum o. vitam canonicam conservare I 226, 25; ordo canonum II 184, 5; o. clerici I 95, 20. 209, 25. II 219, 20; o. clericorum I 195, 1; o. congregationis I 228, 25; o. bonae conversationis II 7, 1; o. coronationis II 388, 1. 363, 20; o. ecclesiasticus I 188, 30 [447, 5]. 271, 25. 276, 5 [405, 30]. 394, 25. II 114, 30 [401, 10]. 406, 10. 420, 30. 447, 30; ordinis ecclesiastici et religionis conlatio I 310, 10 [420, 35]; ordo honoris ecclesiastici II 87, 20; o. legis I 22, 15. 145, 20. 334, 20; o. ministerii I 25, 20. 29, 30; o. missarum I 25, 20; o. monasteriorum I 34, 30. II 82, 30; *cfr.* 434, 25; utriusque ordinis monasteria II 265, 30; ordo et lex poenitenciae II 57, 5; o. rationis I 20, 35; o. regularis I 35, 25. 60, 10 [403, 35]. 178, 35. 228, 25. 302, 20. 369, 25. 370, 1. II 92, 15. 174, 10. 179, 15; *cfr.* 34, 5. 175, 20; monasteria feminarum in ordine regulari constituta I 369, 35; ordo vitae regularis I 79, 10; o. Romanus, ecclesiae Romanae I 121, 25. 284, 30. II 176, 15; ordinem sanctum custodire I 47, 30; sub ordine sancto esse, vivere I 48, 1. 65, 30; ordo senodochiorum I 369, 15. — ordo = *'Stand'* I 240, 1. 275, 5. 303, 30. 310, 1. 359, 20. II 27, 35. 47, 30. 72, 20. 30. 105, 35, *saepius;* o. uterque II 2, 30 [6, 10. 28, 15]; ex utroque ordine missos mittere II 403, 20; ordines tres I 368, 25; ordines omnes imperii II 27, 40; o. populi superioris et inferioris gradus I 280, 30; ordinis inferioris homines I 155, 10; auctoritas, iustitia, lex unicuique ordini competens II 425, 5. 434, 40. 435, 1; in ordine et persona conservare II 357, 5—15; secundum ordinem et personam honorare *etc.* II 296, 25. 30 [100, 15. 333, 15. 339, 20. 25. 362, 15]; *cfr.* 105, 10. — liberorum hominum ordo secundus I 325, 15. 20; o. ministrorum episcopi I 241, 20; o. laicalis, laicorum I 274, 35. 275, 5. 330, 10. II 108, 1. 396, 20; o. saecularis II 87, 5; o. subditorum II 73, 40 [156, 35]. — ordo abbatis I 95, 25; *cfr.* 369, 25; o. ancillarum Dei I 29, 20; o. canonicorum I 274, 35. 275, 5. 369, 15. 20. II 66, 15. 364, 20; o. clericalis I 55, 35 [399, 30]. 120, 1. II 114, 20 [399, 30]. 120, 1. 254, 10. 412, 10; o. clericatus I 227, 20; o. clerici I 245, 25. 281, 25 [438, 15]. 328, 15. II 81, 20; o. diaconi I 95, 25. 336, 20; ordines in ecclesia primi II 435, 20; ordo ecclesiasticus, ordines ecclesiastici I 27, 45. 227, 20. 339, 20. 362, 20. 371, 35. 373, 40. 45. II 48, 25. 73, 35 [156, 30]. 74, 35. 87, 5. 88, 10. 114, 20 [399, 30]. 116, 10 [402, 10]. 173, 25. 185, 10. 397, 15. 414, 1. 420, 25; ordines ecclesiasticae pietatis, sublimitatis I 58, 20 [357, 5]. II 210, 25; capitula ad o. ecclesiasticos pertinentia I 275, 20. 35; ad ordinem ecclesiasticum consecrare II 412, 10; ordines ecclesiastici apud ecclesiasticos iudicentur I 56, 25 [400, 25]. 108, 1; *cfr.* 226, 25; ad o. ecclesiasticos rite promoveri I 279, 35 [409, 10]; o. ecclesiastici per impositionem manus tribuuntur II 409, 15; ordo episcopalis, episcopi I 95, 25. 333, 20. 363, 25. II 305, 5. 364, 20. 388, 1. 5. 405, 1. 448, 35; ordinis episcoporum socii II 30, 20—31, 5. 30. 34, 40; ordo monachicus, monachorum I 29, 20. 55, 35 [399, 30]. 274, 35. 275, 5. II 66, 5. 10. 364, 20; o. monasticus II 114, 10. 20 [399, 20. 30]; o. pontificatus I 354, 15; o. presbyteri, presbyteratus I 95, 25. 336, 20. 248, 20. 356, 20. 25; o. rectoris ecclesiastici II 404, 10; o. sacer, ordines sacri I 96, 1. 133, 10. 15. 229, 20. 303, 40 [415, 25]. 356, 40. II 114, 20 [399, 30]. 229, 5. 25. 233, 15. 335, 20. 367, 25; ordines sacros committere II 102, 15; *cfr.* 114, 25 [399, 35]; ad o. sacros promoveri I 276, 30. 277, 10 [406, 15. 20. 40]. II 280, 5; ordo sacerdotalis, sacerdotis I 158, 15 [418, 15]. II 122, 15. 364, 20. 406, 15. 520, 10; o. sacratissimus II 264, 15; o. sanctimonialium II 66, 15. 364, 20; in ordine sancto fratres suscipere I 76, 1. 5.

oriens II 477, 25—40. 478, 20.

orientalis, e: o. Francia II 185, 5; o. partes II 250, 15; o. partes templorum II 477, 35. — orientales II 504, 5.

orfanus *v.* orphanus.

originalis, e: o. delictum II 512, 5; o. peccatum II 511, 30.

ornamentum II 526, 20; o. ecclesiae, ecclesiasticum I 131, 15 [410, 20]. II 524, 25; ad o. ecclesiae primam partem decimarum suscipere I 106, 25; o. regale II 525, 5.

ornatus: o. ecclesiae I 248, 30. II 267, 30; domus ad ornatum rei publicae constructae II 87, 20; ornatus sacerdotalis I 373, 30.

orphanotrophium I 310, 35. 311, 20 [421, 1. 20].

orphanus, orfanus I 16, 1. 301, 20 [437, 30]. II 526, 10; de orphanis cancellarius pro iudicato aut scripto nihil accipiat II 62, 10. 15; orphanorum causae I 36, 15. II 272, 1 [312, 15]; o. causae, querelae primum audiantur I 37, 5. 63, 25. 122, 35. 2[illegible], 20. 25. 338, 15 [421, 45]; o. clamores II 372, 10; orphanos defendere, defensare I 192, 5. 289, 30. II 178, 15 [185, 25]; orphanorum defensio I 94, 1. II 179, 20; o. defensor I 93, 1. II 47, 20; o. iustitia I 101, 25. 104, 35. 40. 122, 30 [425, 35]. 158, 30. 184, 20. 189, 20. 190, 10. 192, 5. 198, 25; o. iustitia a iudicibus non dilatetur I 209, 35; orphani sub mundeburdo regis pacem et eorum iustitia habeant I 158, 30; orphanorum mundeburdis I 98, 35; o. mundeburdem irrumpentes bannum dominicum componant I 101, 15. 146, 15. 20. 214, 20; orphanos opprimere II 122, 10. 15. 292, 5. 10; orphanorum oppressio I 192, 5; o. oppressor II 80, 10. 122, 10. 15; orphani pacem habeant I 71, 15. 154, 1 [447, 25]; orphanorum pax, si infrangatur, sexaginta solidis componatur I 157, 30. 205, 15; *cfr.* 224, 20; orphanis tuitionem impertire I 228, 5; orphanorum tutela II 122, 10; o. tutor I 192, 5. II 122, 10. 15.

orthodoxus, a, um: o. augustus II 27, 20. 25; o. fides I 247, 30; orthodoxorum patrum auctoritas I 365, 5. homeliae I 234, 30.

ortus *v.* hortus.

os: (ex) ore proprio (imperatoris) dicere *etc.* I 145, 30. 151, 5. 15.

osanna I 85, 25. II 481, 15.

osculari: o. feminas I 344, 30; o. fratres I 345, 20.

osculum I 85, 10. II 159, 10. 20; o. pacis concedere II 245, 35.

osp-, ost- *v.* hosp-, host-.

ossa: o. ad cinerem reddere I 69, 1; o. sanctorum transferre I 162, 20.

ostendere I 188, 1; o. auctoritatem II 345, 35; o. auctoritatem regiam II 331, 5; *o. cartam; o.* praecepta imperatoris II 298, 10.

ostensor cartae II 108, 25—35.

ostiarius, hostiarius I 355, 10. *II* 523, 20; o. ecclesiae I 184, 1 [411, 30]. II 516, 10.

ostium II 480, 30; *o.* ecclesiae claudere et sub sigillo consignare II 282, 25; ad o. ecclesiae satisfacere I 488, 40.

ovum I 83, 10. 86, 25. 89, 10. 252, 10. 25. 291, 30. 35 [445, 20. 25]. II 11, 5. 83, 20. 257, 10; ab ovo se abstinere II 245, 40. 45.

P.

pabulari, pabulare II 134, 30.

pabulatio II 142, 20.

pabulum II 488, 1. — p. vitae ovibus Christi ministrare II 52, 1.

pacare faidam I 290, 5 [443, 40].

pacificare: p. aliquid I 75, 1. II 280, 30; p. causam I 71, 25; p. contentionem I 196, 15; p. ecclesiam I 246, 10; p. faidam; p. rapinas II 298, 15; p. regnum II 52, 45; p. aliquem II 55, 10. 67, 15; p. faidosos I 123, 5 [425, 40]; p. rixantes in palatio I 298, 25. 30; se p. I 283, 10 [439, 45]; se p. nolle I 71, 35. 72, 1. 176, 20 [438, 30].

pacificatio I 123, 5 [425, 45]. II 254, 5. 269, 15. 298, 15. 20.

pacificus, a, um: p. concordia I 61, 5 [404, 20]; p. imperator; p. regnum II 52, 35; *p. unitas I* 57, 40; *pacificum esse* I 96, 1. II 156, 5. 158, 20. 299, 5; pacifico ordine tenere II 102, 25. — pacifice I 135, 10. II 92, 30. 105, 20. 107, 25. 282, 10; p. convenire II 162, 15; p. vivere I 320, 35. II 372, 30.

pactio I 13, 1. 5. 14, 10. 20. 35. II 40, 25. 167, 30. 191, 35.

pactum, pactus I 334, 10; p. cum Deo in baptismate factum II 40, 5. 25; p. imperatoris, regis II 54, 10. 130 *sqq. passim;* p. imperatorum cum ecclesia Romana factum I 353, 5. 355, 5. II 125, 15—25; p. regis et fidelium II 281, 5. 10; p. pro tenore pacis I 4, 25.

paganiae I 25, 30.

paganiae, paganicae causae I 146, 35. 40.

paganismus I 30, 1. 20.

paganus, a, um: p. cursus I 223, 20; p. mancipia I 190, 30. II 419, 10; p. observationes I 28, 20. 45, 20; *cfr.* 25, 35. 223, 15; *p.* reges II 175, 1; p. ritus I 25, 30. 223, 25; *cfr.* 68, 30—69, 5. — pagani I 28, 20. 45, 5. 10. 69, 10. 96, 35. 223, 30. 376, 30. II 41, 25. 66, 1. 30. 169, 20. 233, 15—35. 284, 5. 286, 5. 294, 25. 303, 25. 430, 35. 40. 431, 20. 25. 494, 30. 495, 10; paganum permanere I 69, 5; *cfr.* 30, 1; paganum de fonte sacro suscipere I 110, 40; cum paganis consilium adversus christianos inire I 69, 10; paganorum bella I 245, 35; p. infestatio II 433, 25; p. mos, ritus I 68, 30—69, 5; *cfr.* 25, 30. 223, 25; p. observationes I 25, 35. 223, 15; *cfr.* 28, 20. 45, 20; p. superventio II 293, 35; p. tumulus I 69, 40.

pagensalis I 67, 10.

pagenses I 67, 5. 69, 20. 72, 15. 164, 35. 165, 20. 25. 167, 5 [433, 5]. 169, 15. 192, 35. 200, 35. 210, 20. 215, 5 [430, 10]. II 16, 25. 321, 20. 486, 30. 487, 15; p. comiti, episcopo obediant I 165, 10. 184, 15; p. solidos XII pro districtione et wargida recipiant I 71, 25. 30; p. paravereda dantes I 315, 1 [450, 10]; p. pontes restaurent I 301, 25 [437, 35]; *cfr.* II 16, 20; p. dominicis tantum causis per sacramenta inquirendi I 295, 20. 25; de pagensibus testes adhibere I 282, 10 [439, 1. 330, 20].

pagina donationis I 358, 25.

pagus I 7, 30. 10, 15. 67, 10. 25. 136, 5. 157, 1. 5 [428, 20. 447, 35]. 299, 30. II 237, 25. 256, 25; p. iudicis I 16, 10; pagi homines veratiores I 300, 25 [436, 35]; optimus quisque in pago in testimonium adsumatur I 114, 25 [429, 20]. 176, 25 [438, 35]; de ipso p. testes elegantur I 124, 20 [426, 40. 448, 25]; per pagos statuere vicarios II 515, 35.

pala ferrea I 168, 25. 254, 10. 255, 20. 256, 15.

palatinus, a, um: p. audientia II 372, 30; p. cappella; p. comes; p. denarius; p. examen; p. mancipia; p. ministri; p. ministerialis; p. missus; p. negotium; p. res I 296, 30; p. secreta II 218, 40; p. sollicitudo II 525, 10. — proprie palatina, non generaliter ad regnum pertinentia II 528, 25. — palatini II 105, 20. 25. 524, 35. 528, 20.

palatium, p. imperatoris, regis I 22, 15. 40, 5. 71, 10. 78, 10. 15. 84, 1. 15. 91, 30. 105, 1. 120, 30. 147, 35. 148, 5. 149, 35. 152, 35. 158, 1. 5 [431, 35]. 201, 15. 227, 15. 234, 25. 265, 45. 270, 30. 280, 30. 298. 328, 35. 334, 40. 344, 1. II 56, 10. 72, 15. 90, 20. 101, 1. 10. 108, 15. 130, 25. 191, 35. 256, 5. 271, 1. 279, 15. 281, 25. 30. 295, 35. 296, 5. 10. 315, 10. 321, 5. 342, 35. 343, 10. 347, 15. 35. 354, 1. 368, 20. 25. 370, 35. 371, 20. 372, 25. 382, 15. 421, 25. 35. 422, 35. 424, 25. 425, 25. 427, 30. 431, 1. 463, 25. 464, 30. 466, 25. 480, 1. 10. 518—528; p. publicum I 38, 25. 62, 30. II 112, 10; p. regale, regium I 169, 40. 263, 5. 264, 20. II 60, 1. 35. 187, 1. 5. 35. 211, 25; p. sacrum I 74, 15. 208, 1. II 104, 1. 518, 10. 523, 15; p. debet esse sacrum, non sacrilegum II 431, 1; palatii archiminister; p. archivum; p. armarium; p. cancellarius; p. clerus; p. comes; p. consilium; p. consolatio II 524, 25. 526, 30; p. curtis; p. custos; p. defensio; p. domestici; p. necessitates vel honestates II 525, 5. 526, 1; p. mancipia; p. mercatus; p. ministri; mensura in palatio; moneta in p.; palatii mundium I 188, 35. 189, 15. 192, 1; p. ordo II 518, 40. 522, 10. 530, 1; p. opera I 140, 30; *p. pars;* p. praetor II 515, 25; p. presbyter II 385, 20; p. proceres I 4, 40; p. procurator II 530, 5. — in palatio, ad palatium bannum (LX solidos) componere *I* 198, 20. 199, 10. 266, 10; *cfr.* 201, 5. 10. II 148, 1; ad palatium barriclos mittere I 89, 35; ad p. bracios ducere I 88, 35; in palatio brevem retinere I 74, 15; in p. ad causas audiendas sedere II 4, 40; ad palatium causam perducere I 71, 30; in palatio commendationem regis retinere II 301, 35; in p. constitutionem relegere II 302, 20; ad palatium generaliter convenire II 52, 25; ad p. convocare I 72, 1. II 281, 30. 528, 35; in p. dationes annuatim inferre I 354, 5. 10; ad p. dispensam inferre I 294, 30; p. disponere II 528, 15; in palatio pro ecclesiasticis necessitatibus aliquem constituere II 482, 15; *cfr.* I 78, 10. 15; in p. pro ecclesiasticis negotiis excubare II 522, 25; episcopus, si de p. eligitur I 21, 5; in p. esse, morari *vel similiter* I 78, 15. 282, 5 [330, 15. 439, 1]. 298, 35. 334, 40. II 328, 1. 30. 361, 1. 10. 372, 20. 35. 524, 30. 526, 25; de p. extraneus I 15, 25; penes palatium formulam institutionis scribere I 339, 15; p. frequentare II 526, 40; p. gubernare, regere et ordinare II 522, 10—20; circa p. hominem portare I 298, 30; a palatio ieiunium denuntiare I 363, 40. 364, 1; palatium inquirere II 64, 15; ad p. munera dare I 84, 25; in palatio observare I 298, 5; in p. pacem exequi II 372, 25—35; ad palatium aliquem perducere I 97, 40; de palatio praeceptiones requirere I 22, 15; ad palatium se proclamare, clamare, reclamare I 88, 30. 124, 1 [426, 15]. 190, 15; cfr. 199, 15; p. reficere, restaurare II 64, 15. 86, 15. 20. 87, 25. 92, 30. 94, 1; a palatio remanere I 217, 10; de p. redire I 290, 25; ad palatium remittere II 61, 5; ad p. res forfactae pertineant I 201, 15; in palatio rixari I 298, 25—30; in p. sacramentum iurare I 314, 20 [450, 1]; ad palatium sacramenta adhramire, iudicare I 149, 20 [481, 30]. 151, 15; ad p. scriptorem mittere II 274, 30; in palatio servire, deservire I 87, 25. 294, 30. 298, 15. 300, 35 [437, 5]. 325, 5. 488, 1; ad palatium substantiam ducere I 125, 1 [427, 10]; cfr. 123, 20 [426, 10]; ad p. venire, p. adire, aggredi *vel similiter* I 82, 15—25. 51, 1. 71, 35—72, 5. 84, 25. 86, 20. 88, 20. 25. 149, 20 [481, 30]. 151, 20. 198, 15. 30. 35. 201, 10. 227, 15. 286, 1 [441, 20]. 290, 30. 298, 15. 30. 301, 15. 30. II 12, 15. 20. 15, 5. 35. 37, 35. 60, 25. 86, 5. 97, 30. 372, 35. 411, 25. 488, 5. 524, 1. 20. 40; ad p. venire per fideiussores, sub fideiussione II 14, 10. 15, 15. 20; de palatio venire I 207, 10; palatium visitare II 522, 30; in palatio widrigildum componere I 203, 1.

palea II 93, 1.

palla altaris I 364, 35.

palleum v. pallium.

palliare II 81, 5.

pallium, palleum I 186, 25 [482, 30]. II 504, 20; p. ad altare induendum I 251, 15. 20. — p. archiepiscopi II 111, 25.

palmae I 226, 35; dominica in palmis, quae Osanna dicitur I 85, 25.

palus: ad palum flagellare, vapulare I 74, 35. 284, 30 [441, 15]. 386, 20.

palus: paludium transitus II 322, 1.

pangere et confimare II 484, 20.

panicium, panigum I 87, 10. 89, 5.

panis I 74, 20. 291, 20. 35 [445, 20. 25]. 342, 25. 347, 15. II 11, 5. 83, 20. 257, 10; p. civilis I 311, 1 [421, 1]; p. de frumento, siglatius, ordeaceus, avenatius I 74, 20. 25; panem coquere I 252, 30. II 319, 1. 5; p. ad ecclesiam offerre I 202, 10; p. et aquam sumere, manducare I 347, 1. II 242, 15. 243, 5; pane et aqua contentum esse II 401, 5; in p. et aqua poenitere I 25, 40. 488, 40. II 189, 1. 5. 15. 25. 218, 15. 242, 15. — panis = *corpus dominicum* II 489, 35. 40; p. supersubstantialis II 494, 10; panem frangere II 495, 25. 496, 25; panis fractio II 477, 10. 494, 10; panem manducare I 313, 5 [422, 30]; panis oblatio II 491, 35; panem petere, ambire II 494, 25. 495, 15.

pannus I 125, 25 [427, 15]. 223, 20. 25; cfr. 166, 25.

papa I 225. 405, 40. 45. 413, 35. II 481, 25. 508, 30 [228, 25]. 515, 15; cfr. I 354, 30; p. beatissimus I 370, 30; cfr. II 409, 10; p. sanctissimus I 370, 30; p. universalis I 358, 10. 354, 1. 355, 5. 370, 30. II 99, 15 [348, 15]. 101, 20. 348, 20. 349, 5. 351, 5. 352, 15; papae auctoritas; p. censura; p. constituta; p. decretum; p. decretales epistolae II 429, 10; p. diffinitio II 408, 10; p. ditio; p. electio; p. epistola; p. fideles; p. fidelitas II 128, 10; p. honor; p. institutiones; p. iuramentum; p. ius; p. iussio; p. legatio; p. legatus; p. mandatum; p. ministerium; p. missi; p. notitia; p. orationes I 225, 25. 30; p. pars I 354, 15; p. populus I 225, 20; p. potestas; p. principatus; p. sententia II 380, 25; p. statuta II 379, 35; p. successores; p. territoria II 125, 10; p. vicem tenere II 352, 10; p. vocatio II 351, 1. 5. — papa = *episcopus* I 2, 5.

papaver I 90, 5.

papo II 481, 25.

par: p. conditio I 13, 10; p. consensus II 85, 1. 20. 40, 25. 106, 15. 212, 5. 348, 30. 351, 15; p. consilium I 245, 5; p. votum II 85, 20. 186, 40. 212, 5. 368, 30. — pariter convenire I 272, 40. — par, pares I 43, 10. 161, 15. 167, 1 [483, 1]. 176, 30. II 281, 10. 20. 284, 10. 285, 1. 10. 328, 10. 331, 30. 332, 1. 5; pares comitis I 300, 1; p. ministerialis palatini I 298, 1; parem adiuvare I 187, 15. II 329, 30. 330, 1; p. dimittere I 167, 1 [482, 40]; p. nocere II 76, 10; de pretio paris sui liberari I 40, 35; paribus se commendare I 264, 5; pro paris suos sunnia nuntiare I 9, 30. — pares = *reges paciscentes* II 72, 30. 35 [155, 15]. 77, 30. 169, 5. 20. 25. 170, 15. 299, 1.

parabolare II 271, 30. 294, 1. 5. 429, 35.

paradisus, paradysus II 161, 20. 288, 20.

parare: p. mansionaticos I 262, 20 [II 260, 15]; p. mansiones II 248, 1. — paratum esse I 97, 40. 100, 25. 104, 25, *saepius*; p. esse ad defensionem patriae II 387, 20, ad hostem (hostiliter) I 171, 25. 30, ad libertatem probandam II 89, 20, ad officium explendum I 248, 30, cum testibus II 89, 25.

parasceue I 280, 15. 347, 1.

paratae: paratas maiores exquirere II 488, 1; p. facere I 262, 1 [II 259, 15].

paraveredus, um; parvaredus, um; parafridus I 85, 20. 252, 25. II 488, 1; parvaredos accipere I 211, 35. II 88, 1; p. administrare II 98, 35; p. dare I 305, 45 [417, 30]; p. exigere II 85, 25. 88, 5. 488, 5; p. exsolvere II 321, 30. 331, 1; p. recusare I 315, 1 [450, 10]; p. a presbyteris tollere II 257, 25.

parduna v. bardana.

parens I 30, 5. 119, 35; p. consanguineus I 15, 20; p. masculus I 119, 40; parentem uxorem sibi copulare I 202, 25. — parentes I 22, 5. 20. 23, 1. 38, 10. 41, 5. 165, 25. 174, 25. 192, 25. 220, 1. 240, 5. 292, 30. 313, 40. 45. 346, 5. 10. 357, 35. 40. II 119, 20. 30. 35. 121, 45. 344, 1; p. foris ducti I 140, 30; p. exhereditati, exereduti I 126, 10 [410, 15. II 61, 15. 180, 25]; p. legitimi I 15, 25. 16, 15; p. proximi I 215, 25. 262, 40; parentibus proximis componere aliquem I 189, 25; cfr. II 215, 15. 216, 1. 5; parentes abbatis I 229, 40; p. adolescentis Deo servientis II 227, 10; p. clerici, episcopi I 229, 40; p. feminae incestuosae I 97, 35, ingenuae I 224, 25, liberae cum servum se copulantis II 62, 35, virum amittentis I 278, 25 [408, 5]; p. homicidae I 16, 15; p. (hominis) defuncti II 222, 5, ingenui I 8, 30. 298, 10, interfecti I 97, 20, ligati I 5, 1, mali I 10, 1. 15, occisi II 188, 25. 212, 15. 372, 40. 374, 20. 35; p. imperatoris I 270, 35; p. latronis II 86, 35; p. mariti defuncti, mulieris defunctae I 8, 25; p. presbyteri I 195, 25. 229, 40. II 215, 25. 216, 1. 5; p. puellae velandae I 279, 20 [409, 1]. II 227, 5—15; cfr. I 286, 20 [441, 40]; p. raptae II 119, 40. 414, 5; p. senioris mortui I 88, 20; p. testium I 269, 30; p. viduae I 298, 20. — parentum consensus I 298, 20; p. hereditas I 126, 35 [427, 25]; p. honor I 192, 25; p. mos; p. successio, successio I 18, 30. II 19, 10; p. voluntas I 88, 5. 278, 20 [407, 45]. II 119, 40.

parentela, parentella: p. uxoris, viri I 336, 30. II 183, 25; parentelae coniunctio I 232, 20; propter parentellam veritatem obfuscare I 208, 5.

parietes ecclesiae I 6, 20. 136, 10; de parietibus ecclesiae census exigere I 367, 25.

parricida II 181, 5. 10; parricidas canonicae penitentiae subdere I 367, 30; p. sacerdotum admonitionibus inoboedientes per secularis potentiae disciplinam cohercere I 313, 30 [428, 10. 15].

parricidalis culleus I 259, 15.

parricidium II 181, 1.

parochia, parrochia, parroechia, parraechia I 30, 1. 35, 40. 36, 1. 5. 107, 10. 118, 15. 154, 15. 162, 1. 196, 20. 198, 30. 228, 35. 346, 40. 357, 40. 364, 20. II 180, 5. 286, 15. 20. 294, 30. 384, 20, *saepius*; parochia archiepiscopi I 356, 25. 35; p. episcopi I 25, 20. 30. 33, 40. 42, 15. 54, 35 [398, 25]. 119, 15. 25. 30. 174, 35. 210, 1. 10. 249, 15. 319, 1. 366, 25. II 8, 35. 32, 30—40. 33, 20. 41, 35. 60, 25. 306, 30. 378, 10, *saepius;* p. presbyteri I 178, 25. 30 [412, 20. 25]. II 257, 25—40. 292, 30; p. sacerdotis I 365, 20; parrochiae cathedra principalis I 56, 30 [400, 30]. — parochiam circare; p. circumire I 25, 20. 29, 30. 45, 20. 170, 30. 174, 20. II 9, 1. 83, 20. 101, 35. 218, 30. 406, 1. 432, 10, *saepius;* parroechias admonendo instruere II 45, 30; p. peragrare II 82, 5; p. pertransire II 430, 35; p. servare II 335, 10; p. visitare II 247, 40; infra parrochiam beneficia et alodum habere II 373, 20. 25; in parrochiis cereum benedicere II 514, 15; per parroechias festivitates observare II 83, 25; de parroechia sua migrare ad aliam I 364, 40. 365, 1; *cfr.* 373, 1; in alterius parrochiam presbiteri *etc.* sine *formata* non recipiantur II 410, 20. 25.

parochianus, a: p. decima II 419, 35; p. presbyteri II 384, 40. 419, 25. — parochianus, parochiani I 178, 25 [412, 20]. II 340, 10. 373, 20. 374, 5. 375, 10.

pars: p. compositionis I 201, 5. 10. 268, 40. 283, 5 [439, 40]. II 215, 25. 216, 5; *cfr.* 108, 5; p. tertia conlaborationis I 301, 15 [437, 25], heribanni I 166, 25 [432, 30]; p. imperii I 272, 40. II 359, 5; p. regni I 127, 40. 128, 1 [II 22, 1]. 128, 45 [II 22, 30]. 129, 5 [II 22, 35. 23, 5]. 245, 35. II 5, 15. 78, 1. 5. 169, 10. 357, 10. 359, 20. 25. 360, 5. 433, 40. 527, 15. 529, 35. 40; *cfr.* I 14, 15. 25. 30. — pars dominica I 287, 15 [442, 1]. 302, 20. II 323, 20; p. ecclesiae I 50, 15. 30. 374, 40; p. episcopi I 216, 25; partibus fisci deservire I 89, 1; pars imperatoris, regis I 13, 1. 68, 25. 71, 30. 35. 72, 1. 5. 101, 30. 354, 15. 287, 10. 15 [442, 1]. 321, 10; a parte regis I 2, 1; ad partem regis bannum componere I 199, 20. 200, 5. 207, 30. 208, 1. 334, 25; debita ad p. regis solvenda I 114, 20 [429, 15]; ad p. regiam censum debere II 322, 5. 15. 331, 5; *cfr.* I 177, 15. 20 [434, 10]; partibus regis deservire, fraudem facere de latrocinio I 83, 5. 10; ad partem regis persolvere widrigild I 208, 15; ad p. imperatoris recipere I 71, 30. 166, 25 [432, 30]. II 185, 5; ad p. regis venire I 70, 20. II 298, 15; ex parte imperatoris iubere I 184, 1; pars imperialis I 216, 15; p. palatii I 123, 20 [426, 10. II 321, 5]; ad partem palacii persolvere pandum I 216, 10; pars papae I 354, 15; p. *paterna* sive materna I 315, 25; p. publica I 197, 35. 318, 30. II 105, 15. 20. 108, 1; parte (?) *sua* I 96, 35. — pars = *pars litigans in iudicio* I 176, 15. 187, 25. 268, 5. 10. 269, 30. 283, 1—10. 284, 5. II 62, 5, *saepius;* p. utraque I 6, 5. 21, 20. 270, 1; ex parte utraque testes adhibere I 289, 10 [443, 10]; partes iudices electos non spernant I 77, 35; de partibus duabus inquisitio facta II 62, 1; p. procedat iustum iudicium I 188, 10. — pars = *partes, 'Rolle, Obliegenheit':* partem aut potestatem disponendi vel iudicandi *etc.* sibi vendicare I 354, 30.

partus necare II 181, 15.

parvipendere II 88, 10. — parvipendens non sit pastor animarum I 63, 1.

parvitas: p. archiepiscopi I 249, 20; p. episcoporum II 51, 1. 385, 15.

parvulus, a: p. filius II 122, 25; p. filius comitis II 358, 15 [362, 35]; p. puella II 232, 15. — parvulus, parvuli I 179, 10 [412, 40]. II 89, 25. 190, 30. 285, 5. 512, 1—10; parvulo res *iustitiae tollendae causa* tradere II 19, 5. 10; parvuli iurare non cogantur I 58, 25 [402, 20]; p. ad *sacramentum non trahantur* I 77, 35.

pascere II 87, 20; p. fratres, francos in senodochiis I 192, 1. 40; p. in hoste messem aut annonam I 160, 20 [432, 15. II 290, 10]; p. pauperes I 42, 15. 52, 25. 200, 30; p. peculia II 184, 30. 185, 5. — pastus, a, um: p. auca, p. pullus I 86, 25.

pascha, pasca I 8, 1. 183, 35 [447, 10]. 179, 20 [413, 5]. 227, 10. 241, 35. 312, 20. 344, 35. 346, 35. 348, 10. 368, 35. II 40, 35. 245, 15. 324, 20. 25. 325, 20. 35. 494, 20. 510, 35—511, 1; p. primum I 8, 10 [II 417, 30]; paschae octava I 344, 15. II 269, 15; p. parascene II 496, 25; p. quinquagesima II 514, 1; p. sabbatus II 500, 10. 503, 25; p. sabbato baptizetur I 368, 25; *cfr.* II 522, 30; in pascha baptizare I 237, 5. II 219, 30—220, 1.

paschalis festivitas II 420, 10.

pascua II 142, 15. 260, 10.

pascualia II 259, 20.

pascuaria I 19, 15.

passio I 28, 25; p. dominica, Christi II 476, 20. 25. 494, 5. 495, 25. 30. 496, 20. 501, 25. 30. 507, 15.

(pastinaca), pastenaca I 90, 5.

pastio I 85, 15. II 487, 40.

pastor I 48, 15. 85, 35. 369, 5. 375, 30. II 30, 20. 48, 25. 52, 5. 15. 428, 35; p. ecclesiae I 58, 30 [397, 15]. 162, 25. II 27, 30. 36, 40. 50, 25. 114, 35 [401, 20]. 213, 5. 432, 1. 508, 15. 509, 20; p. loci venerabilis I 129, 30 [II 23, 15]. 164, 1; p. populi II 2, 25 [6, 5. 28, 10]. 81, 15; p. *sanctus* I 12, 15. — pastor = *episcopus* I 56, 5 [400, 5]. 61, 20 [404, 35]. 102, 40. 161, 30. II 187, 30. 242, 5. 246, 5. 264, 15. 385, 10.

pastoralis, e: p. auctoritas II 32, 40; p. correctio I 11, 40; p. cura II 101, 15. 213, 5. 284, 5; p. epistola Gelasii I 285, 25; p. liber; p. magisterium; p. officium I 308, 40 [415, 25]; p. provisio II 104, 30; p. regula II 29, 35. 30, 1; p. sarculum II 52, 10; p. studium; p. virga II 373, 15.

pastus I 63, 25. 85, 10. 144, 5. 197, 5. 367, 25. II 257, 25. 331, 10; p. imperatoris II 110, 5.

patella I 255, 35. 256, 10. 30.

patena I 248, 35. 251, 5. II 503, 25. 30 [228, 20. 25].

pater *passim, ex. gr.* I 15, 20. 30. 38, 30. 35. 130, 1. 10. 140, 30. 156, 30; p. aldionis II 62, 10; p. familias II 118, 15. 119, 25—35; p. ingenuus I 335, 10; p. liberi res tradentis I 282, 20 [381, 25. 439, 10]; p. parvuli filii, cui res traditae sunt II 19, 5; p. servi II 62, 10; p. spiritalis II 512, 10; p. sponsae raptae I 282, 30 [439, 20]; p. servos liberos faciens I 201, 20; patri in hereditate succedere I 128, 20 [II 21, 40]; *cfr.* 268, 20. 25 [445, 30. 35]; patris traditio I 312, 5 [421, 30]; patrem interficere, occidere I 113, 30 [447, 10]. 143, 15. II 18, 25. — patres = *abbates:* p. monasteriorum I 162, 25; p. = *archiepiscopi et coepiscopi* II 438, 30; p. = *episcopi* I 42, 5. 60, 30 [404, 5]. 278, 35 [408, 15]. II 39, 15. 84, 5. 218, 20. 30. 40. 246, 5. 368, 1. 5. 371, 25. 432, 1; *cfr.* I 73, 25. 74, 1. II 103, 1; pater spiritalis, spiritualis = *papa* I 354, 1. II 99, 15 [348, 15]. — patrum auctoritas; p. concilium I 372, 20; p. constitutio; p. consuetudo; p. decreta; p. documenta II 512, 10; p. instituta; p. norma; p. regulae II 124, 15. 20. 520, 25; *cfr.* 364, 20; p. statuta I 369, 5. 371, 35. 372, 30. 375, 15. II 119, 35. 182, 25. 222, 30. 379, 5. 501, 15; p. terminos transcendere I 56, 15 [400, 15]. — patres antiqui II 507, 10; patrum antiquorum canones I 28, 1, constitutio I 314, 1 [423, 30]; patres apostolici II 234, 25; p. canonici I 332, 1; p. catholici I 81, 1. 5. II 406, 30. 407, 1. 522, 1; p. orthodoxi I 284, 30. 365, 5; patres sancti I 107, 25. 108, 30. 218, 1. 248, 10. 346, 30. 367, 1. II 29, 20. 230, 5. 233, 10. 399, 35. 497, 20. 500, 10. 506, 35; patrum sanctorum canones II 175, 20, constituta II 209, 35. 40. 212, 1, (*cfr.* 340, 1. 491, 5), constitutiones I 323, 5. 20. II 402, 25, conventus II 187, 35, decreta II 230, 10. 242, 1. 5, dicta I 276, 10 [405, 40]. 341, 5. II 31, 25. 505, 5, edicta I 54, 30 [398, 20], exempla I 248, 35. II 33, 35. 498, 15. 505, 5, instituta (canonica) I 57, 35. 119, 35, opuscula II 174, 5, regulae I 168, 40, (*cfr.* II 180, 20), sententiae I 339, 5. 10. 341, 5, statuta I 361, 35. II 230, 25. 233, 30. 414, 35, traditio I 275, 35 [405, 25]. — 'Pater noster' I 238, 1. 242, 15. 348, 1.

paternitas I 225, 40. 339, 5. II 512, 20.

paternus, a, um: p. admonitio II 49, 25; paterno affectu gubernare congregationes II 38, 40; p. auctoritas II 55, 10. 235, 20; p. donatio II 491, 40; p. hereditas; p. honor I 272, 40; p. mos; p. pars I 315, 25; p. regnum II 169, 25. 30. 254, 5; p. res I 292, 30; p. reverentia I 347, 10.

II 430, 5; p. sanctio; p. sententia II 228, 1; p. sollicitudo II 484, 40; p. traditio I 58, 35 [397, 20].

patibulus I 171, 35. II 182, 25.

patratror malorum, pollutionum II 44, 25.

patria I 59, 10 [402, 45. 484, 25]. 88, 20. 104, 10. 123, 1 [425, 40]. 128, 25. 157, 35. 206, 35. 224, 25. II 74, 25. 96, 15. 308, 15, *saepius;* p. Gotorum I 1, 20; patriae ac provinciae regni II 142, 10. 35; p. custodia II 95, 1. 25; p. defensio I 161, 10. II 71, 25. 108, 10. 322, 1. 5. 337, 20. 358, 35; patriam defendere I 136, 1. 319, 30. 320, 1; patriae lex I 43, 15; p. proditor I 321, 15. II 332, 10; p. seniores I 43, 20. 65, 30; infra patriam arma portare I 156, 25 [428, 10]; infra p. pax I 67, 30. 140, 25. 158, 20 [431, 40. II 290, 30]. 334, 15. 25. 425, 45. 484, 35. II 158, 1. 312, 30—313, 5. — patria = *pagus, comitatus, districtus iudicis ordinarii:* mallus vel placitum infra patriam I 156, 25 [428, 10]; placitum infra patriam (*opp.:* in palatio) I 314, 20; causa infra patriam (*opp.:* in presentia missorum, regis) I 71, 25; fraudulenter admissa infra patriam (*opp.:* in presentia regis) emendare II 19, 10; iustitiae infra patriam faciendae I 147, 35. 176, 15; in aliena patria interpellatus ibi iustitiam faciat I 268, 15 [445, 35]; de libertate sua vel de hereditate liceat sacramentum in patria, i. e. in legitimo (sui) sacramenti loco I 268, 20 [445, 35]; sagramentum in patria sua in legitimo suo amallo iurare I 268, 45; alium sequi in patriam suam ad recipiendum sacramentum I 268, 25 [445, 35]; capitula cognita facere in omnes patrias (*ita pro* partes *praebet cod. bibliothecae comitis de Solms-Baruth in castro Klitschdorf. Zeumer)* I 156, 25.

patriarcha II 80, 35. 117, 5. 426, 1. 455, 20. 515, 15; p. Venetiarum II 186, 20. 30; patriarchae sancti II 407, 15.

patriarchatus Venetiarum II 148, 35.

patricidium I 98, 10. 170, 30.

patricius II 366, 35. 515, 15; p. Romanorum I 79, 5. 80, 20. 193, 25. 208, 15. 213, 10.

patrimonium I 353, 40. 45. 354, 1. 20. 25. II 125, 25; p. pauperum I 275, 35. II 386, 5; patrimonia quadripertita I 369, 10.

patrinus I 313, 45 [428, 25]. II 512, 10.

patrocinium I 21, 10. 158, 10. II 226, 25; p. principis, potentioris I 21, 10; p. sanctorum I 25, 10. 101, 35. 102, 5. II 100, 10. 30.

patronus I 197, 10. II 39, 30. 60, 25; p. aldionis, libellarii I 196, 35; p. liberorum hominum II 91, 5; p. virginis II 227, 1.

patruelis I 113, 30 [447, 40]. 165, 25.

patruus I 15, 20. 98, 10. 128, 20 [II 22, 1]. 130, 1. II 237, 35. 247, 15; cum patruis hereditatem, usumfructuarium dividere II 109, 5; nepotes p. obedientes II 69, 35.

pauper, pauperes I 48, 5. 64, 20. 65, 20. 57, 5. 136, 5, *saepius;* pauperes Franci heribannum non persolventes et in servitium regis se tradentes II 71, 30; pauperes liberi I 100, 30. 104, 25. 125, 10. 15 [410, 10. 15. II 61, 15. 180, 25. 30]; p. populi I 310, 10 [420, 35]; p. presbyteri I 238, 15; p. usuris adfligere II 48, 20. 25; p. adiuvare; pauperum alimentum II 385, 35; p. alimoniae, helemosynae I 195, 10. 249, 25. II 433, 1; de pauperibus cancellarius nihil accipiat II 62, 15; pauperum causa I 209, 35. 281, 30 [438, 20]. 295, 25. 333, 15. 367, 40. II 47, 25; pauperibus censum augere I 367, 35; *cfr.* 108, 25; pauperum clamores II 17, 1. 372, 10; cum pauperibus conspirationem facere I 151, 10; pauperum debita I 151, 5; pauperibus una pars decimarum applicetur I 106, 30. 228, 1. II 32, 15; *cfr.* I 347, 1; pauperum defensio II 157, 30. 35; p. defensor; p. direptiones II 55, 5; p. domus II 85, 1. 87, 15; *cfr.* 108, 10; pauperes ab episcopis *etc.* consolationem adque defensionem habeant I 94, 1; *cfr.* 165, 1; p. exspoliare I 150, 20. 163, 10. 165, 1. II 372, 15. 412, 25; pauperum facultas II 315, 25; pauperibus V. partem fructuum dare I 332, 10. 15; pauperum hereditas II 386, 5; p. hospitales II 94, 5; pauperibus hospitium non denegetur I 96, 20; pauperum iustitia I 92, 5. 15. 155, 15. 176, 20. 25 [433, 30]. 189, 25. 198, 25. 209, 35. 333, 15. 20; super pauperes magistros constituere I 298, 35; pauperum necessitas II 396, 10; pauperes nutrire *etc.* I 42, 15. 52, 10. 20. 132, 1 [410, 30]. 141, 30. 200, 30. 311, 15 [421, 20]. II 244, 25; *cfr.* I 174, 10; p. per placita opprimere I 270, 5; *cfr.* 214, 5; p. pacem habeant I 154, 1 [447, 25]; pauperum patrimonium; p. querela, querimonium I 209, 30. II 69, 30. 85, 30. 92, 10; p. receptacula I 340, 30. 35; p. receptio, susceptio I 60, 20 [408, 40]. II 267, 20. 404, 30. 434, 30; pauperes reficere I 195, 10; pauperum res I 22, 25. 174, 30. 220, 10. 312, 10. 15 [421, 35. 40]. II 180, 35. 288, 15. 292, 5; p. spoliator II 315, 25; pauperibus stipendia erogare II 102, 30; pauperum sustentatio II 513, 15 [220, 30]; p. usus I 78, 1. 276, 20 [406, 5]. II 88, 15. 178, 35 [185, 30]. — pauperiores Franci II 438, 10; p. condemnare I 207, 5; p. constringere et in hostem ire facere I 165, 10.

pauperini I 96, 30; p., qui dicuntur unvermagon I 224, 25.

paupertas I 84, 30. 196, 30. 327, 10. 330, 1. II 89, 30. 280, 15. 301, 40; p. ecclesiae, monasterii I 28, 15; pro paupertate in hostem ire non posse I 325, 15; familia regis a nemine in p. mittatur I 88, 5.

paupertinus vir I 215, 35.

pausare I 344, 30. II 244, 30.

pavido (?) I 10, 15.

pavimentum ecclesiae I 136, 10.

pavo I 86, 30. 254, 25. 255, 30.

pax I 12, 5. 22, 10. 78, 5. 226, 30. II 336, 25 [337, 15. 20]. 339, 10. 359, 35; p. communis II 55, 10. 70, 25. 301, 10. 311, 35. 328, 10; p. a Deo concessa I 270, 35; p. ecclesiae, ecclesiastica II 122, 25. 177, 30. 330, 25. 374, 15. II 518, 10; p. ecclesiarum et illarum servientium I 212, 5; pacem habere in atrio, ante ianuam ecclesiae I 118, 20 [411, 40]. 182, 10; p. ecclesiarum, viduarum, orfanorum et pupillorum ac minus potentium inrumpere I 205, 15; pax sit inter episcopos *etc.* I 58, 5 [401, 35]. 103, 25. 174, 5. II 177, 15 [185, 30]; *cfr.* 36, 40; p. fidelium I 206, 20. 305, 20 [417, 1]; p. in hoste infra patriam I 334, 15. 25. 425, 45. 484, 35; p. in itinere exercitali I 305, 30. 35 [417, 10—20]; p. imperii II 54, 10. 92, 1. 101, 10; p. latronum I 150, 10; p. infra patriam; p. populi I 271, 15. 30. 304, 25 [416, 15]. 305, 25 [417, 10]. II 4, 40. 73, 25 [156, 20]. 74, 35. 90, 30. 35. 95, 30. 154, 20 [298, 35]. 157, 10. 168, 1. 334, 5 [362, 25]. *cfr.* 177, 10. 15 [185, 10. 20]. 177, 30; p. recta I 157, 30; p. regis I 2, 1; p. inter patres reges I 128, 30 [II 22, 5]. 271, 10. II 69, 15. 158, 45; p. regni II 73, 5 [155, 25. 170, 20. 25]. 330, 25. 518, 10. — ad pacem accedere II 502, 20; p. accipere II 70, 25. 502, 25; p. adcognitare II 311, 20; pacis auctor II 67, 20; propter pacem bannum fortiorem statuere I 72, 20; pace carere II 9, 5; pacis concordia; p. condiciones II 67, 15; pacem confirmare I 49, 30. II 311, 20. 312, 30. 328, 35; p. conligare I 272, 40; p. consentire I 214, 10; p. conservare, observare, servare I 291, 20 [445, 10]. 303, 25 [415, 10]. II 35, 5. 70, 1. 159, 35. 215, 20. 285, 15. 298, 25. 311, 20. 35. 328, 35. 351, 20; pacis observatio II 70, 1. 75, 30; cum pace consistere II 71, 10. 158, 1 [300, 1]; pacem custodire II 106, 15; p. custodire in ecclesia I 227, 30, cum fratre I 127, 10 [II 21, 35]; pacis custodia II 255, 35 [398, 35]. 410, 5; pacem denegare I 97, 20; ad p. distringere I 128, 5 [425, 40]; p. donare I 274, 20; p. facere I 22, 25. 48, 15. 60, 5. 272, 5. 304, 25 [416, 5. 10]. II 242, 30. 386, 20. 481, 5; p. habere I 68, 20. 70, 20. 71, 15, *saepius;* pacis leges II 67, 15. 69, 20; p. ordo II 372, 25; p. osculum II 245, 35; pacem in palatio exequi, corrumpere II 372, 25. 30; cum bona pace pergere I 168, 30; pacis perturbator II 54, 10; cum pace ad placitum venire II 71, 10. 311, 25. 312, 30

—318, 5; *cfr.* 158, 1. 5 [300, 1. 5]; pro pace praeceptum statuere I 160, 35 [449, 15]; de p. praevidere II 359, 35; paci rebellis I 122, 30 [425, 35. II 290, 30]. 142, 25; pacem reddere I 97, 20. II 244, 1; p. reformare II 106, 15; p. sociare I 355, 1; pacis studium I 208, 35; pacem suscipere I 272, 1; pacis tenor; cum pace summa transire II 87, 20; pacem violare, pacis violator I 305, 30 [417, 20]. — cum pace regum dicere II 118, 25. — pax = *osculum pacis:* pacem dare I 57, 15 [401, 15]. II 502, 15.

peccare I 57, 10 [401, 5]. 215, 35; p. ignoranter, mala voluntate I 290, 25 [444, 15]; p. mortaliter II 491, 5; p. in ecclesiam, in reges II 156, 5; p. contra naturam II 44, 30. — peccantes I 348, 40. II 88, 5. 155, 40. 237, 45. — peccatum I 110, 10. 228, 10. 289, 15. II 68, 35. 118, 25. 304, 40. 411, 20, *saepius;* p. criminale II 318, 30. 412, 30. 495, 5; p. originale II 511, 30; p. publicum II 412, 30; p. confiteri I 25, 15. 365, 5. II 48, 10. 15; p. dissimulare I 348, 15; p. redimere II 81, 30; p. relaxare I 374, 15; p. remittere II 119, 20.

peccator II 156, 1. 336, 5—15. 521, 35.

pecora, peccora I 85, 10. II 44, 25; p. ecclesiae I 334, 5; p. pagensium II 486, 30; in pecoribus heribannum exactare I 166, 25 [432, 30].

pectinus lanina I 87, 5.

pectus unguere oleo, linire I 247, 10.

peculiare I 230, 5. 25; p. sacerdotum II 248, 10; p. eorum, qui a propriis dominis libertate donantur I 276, 40. 277, 1 [406, 30].

peculiaris, e: p. officium I 76, 1; p. vinum I 84, 35. — in peculiariis locis II 186, 25.

peculium I 85, 15. 94, 30. 125, 25 [427, 15]. 254, 1. 25. 255, 25. 256, 5. 20. II 184, 30. 185, 5; in peculio emendare I 83, 15.

pecunia I 31, 20. 85, 25. 149, 15 [448, 25]. 196, 25. 360, 45. II 66, 35. 40. 179, 10. 211, 30. 225, 30. 240, 30. 380, 20; p. Christi II 217, 25; p. ecclesialis, ecclesiae I 25, 5. 28, 10. 15. 158, 25; p. ab imperatoribus ad defensionem concessa I 361, 1. 362, 25; p. regia II 487, 30; pecuniam accipere I 56, 25 [400, 45]. 103, 1; de pecunia cartas conscribere I 319, 10; pecuniam commendare, commodare I 28, 10. 56, 25 [400, 45]. 103, 1. 244, 5; p. congregare per turpe lucrum I 244, 10; p. dividere I 312, 40 [422, 20]; p. ad usuram donare I 244, 5; per p. ordinare I 55, 25. 30 [399, 20]. 102, 30. 364, 15. II 82, 1. 380, 15; *cfr.* I 37, 5. 76, 5; p. perdere I 31, 20; p. reddere, restituere I 25, 5. 219, 20.

pedagogus II 516, 10.

pedestres I 84, 25.

pedicas tendere I 211, 5.

pedites: cursores p. II 360, 25.

pedules I 345, 10.

peledrus *v.* poledrus.

pellicia I 345, 10.

pellis I 89, 5. 30. 35. II 45, 35; pelles luporum I 171, 15; pellis ovina II 281, 15; p. vervicina I 252, 5.

pendere: p. hominem I 139, 25; p. latronem I 17, 5; p. servum I 139, 30.

pensa I 254, 15. 20. 255, 20. 25. 40. 256, 15. 40. II 315, 20. 316, 1. 5.

pensare I 74, 25. 30. — denarius pensans I 125, 20. 152, 5. 10. 285, 5 [441, 25]. II 301, 25. 302, 5. 20.

pensio I 354, 5. 20. 25.

pentacontarchus II 516, 5.

pentecoste I 179, 20 [418, 10]. 226, 35. 237, 10. 241, 35. 312, 20. 346, 35. 347, 5. 363, 35. II 40, 35. 269, 35. 494, 20. 503, 25. 514, 1; in pentecosten baptizare I 237, 5. II 219, 30—220, 10. 510, 25—511, 1; p. sabbato baptisma celebretur I 363, 30.

pepo I 90, 1.

perambulare I 96, 20.

perariciis (?) I 91, 1.

percensere I 339, 25. 30. 340, 10.

perceptio corporis et sanguinis dominici I 313, 1 [422, 25]. II 39, 15. 41, 40.

percipere: p. iusticiam I 23, 15; p. in potestate I 14, 1; p. sacramentum I 313, 10 [422, 35].

percussio I 285, 20. 344, 40; percussionibus CXX vapulare I 148, 25 [431, 1].

percussor clericorum I 359, 15.

percutere II 216, 5; p. ictu ingenuum I 117, 20; p. presbiterum, sacerdotem *etc.* I 108, 10. II 68, 5. 128, 1. 5; p. monetam.

perdere I 5, 20. 25. 7, 5; p. beneficium I 128, 10 [426, 5]. 167, 1 [432, 45]; p. bruniam I 128, 10 [426, 5]; p. causam I 10, 10. 337, 5; p. debitum I 114, 15 [429, 10. II 326, 5]; p. dies I 85, 30; p. honorem I 167, 1 [432, 45]; p. manum I 123, 5 [426, 1]. 269, 35.

perditio II 282, 5.

perdix I 86, 30.

perdonare: p. bannum II 319, 15; *p.* legem II 77, 10. 435, 1; p. tributum I 287, 15 [442, 1]; p. vitam II 348, 35. 40. — perdonare = *ignoscere* II 158, 20. 298, 15. 306, 35.

perdonatio imperatoris, *regis* II 281, 30. 356, 35. 435, 1.

perducere: p. ad iudicium publicum I 297, 35; p. ad mallum II 344, 15; p. ad palatium; p. ad poenitentiam II 303, 30; p. ad praesentiam episcopi II 292, 30; p. ad moderationem regis II 525, 1; p. ad praesentiam imperatoris, regis I 97, 35. 98, 15. 25. II 272, 10 [312, 25]. 272, 25. 30 [343, 30]. 307, 20. 345, 1; p. ad rationem II 73, 5. 10 [155, 25. 170, 25]. 169, 35.

peregrinantes clerici, monachi II 122, 20.

peregrinus: p. clericus I 54, 15 [398, 5]. 102, 25. 103, 35. 133, 25 [447, 1]; p. episcopus I 133, 25 [447, 1]; p. monachus I 103, 35; p. vagus I 150, 10 [448, 30]. 152, 5. — peregrini I 32, 5. 37, 1. 60, 20 [403, 40]. 93, 1. 94, 1. 96, 20. 106, 30. 115, 25 [448, 1]. 193, 20. 311, 15 [421, 20]. 345, 40. II 434, 30. 435, 1. — ad peregrina (sc. loca) migrare II 121, 35.

perfectus = *profectus* I 70, 20.

perfectus, a, um: p. aetas I 60, 5 [403, 30]; p. ingenuitas I 356, 30.

pergamena II 62, 30. 274, 30.

pergere I 94, 30. 128, 10. 155, 15. 167, 10. 15. 168, 30. II 292, 25. 30. 330, 5, *saepius;* p. canonice ac religiose II 411, 30; p. ad curtem II 378, 20; p. ad custodiam maritimam vel patriae II 95, 1; p. ad defensionem patriae II 358, 35; p. in exercitum I 25, 10. 141, 15. 165, 20. 167, 1 [432, 40]. 205, 15. 261, 25 [II 259, 15]; *cfr.* 305, 30 [417, 20]; p. hostiliter, in hostem; p. in itinere I 43, 5; p. per mallos et publica placita I 79, 45; p. per missaticum II 11, 5; p. in navibus I 167, 30 [449, 25]; p. ad palatium; p. ad placitum; p. cum rege II 328, 30; *cfr.* 354, 30. 358, 1. 360, 1; p. per regnum I 199, 1; p. Romam, ad limina apostolorum I 365, 5. II 86, 1; p. cum seniore I 165, 20. II 354, 30; p. in terreno ac navigio contra hostes II 451, 30.

periclitantes II 219, 30.

periculum I 56, 15 [400, 15]. 363, 30. II 40, 1. 45, 30. 118, 35. 40. 220, 15. 20. 280, 20. 412, 5. 529, 45; p. interdicti anathematis incurrere II 419, 30; p. animae II 8, 20; p. gradus I 46, 10. 328, 30. 332, 5. II 41, 40. 42, 1. 5. 122, 20. 409, 25; p. honoris I 243, 40; p. mortis I 15, 25. 16, 30. 41, 20. II 182, 15. 20; p. periurii I 313, 1 [422, 25]; p. temporale II 48, 15; p. vitae I 4, 30. 6, 10. 7, 15. 16, 5. 15. 25. 72, 25. 205, 20. 323, 10. II 96, 15. 20. 30.

periurare, periurari I 49, 5. 15. 20. 58, 25 [402, 10]. 146, 25. 208, 10. 217, 20. 219, 25. II 314, 30; *p. manum* I 123, 5 [426, 1]; se p. I 139, 35; periuratus nec testis sit nec ad sacramentum accedat nec iurator existat I 58, 35 [402, 20]. 104, 1.

periurium I 29, 30. 49. 98, 5. 100, 25. 138, 35. 139, 35. 140, 25. 154, 20. 313, 1 [422, 25]. 365, 40. II 54, 15. 35. 55, 5. 178, 15 [185, 30]. 392, 30. 407, 20; p. in sancto euangelio, altare, sanctorum reliquiis, communi loquella I 58, 25 [402, 10]. 104, 1; de periuriis, ut caveantur I 124, 15 [426, 35. 448, 20]; periuria compescere I 290, 5 [443, 40]; ad p. conducere I 168, 15; periurium declarare I 208, 10;

de periuriis emendare I 189, 25; in periuria se mittere I 208, 10; p. parvipendere I 163, 15; periurium perpetrare I 217, 20. II 55, 1; in p. testes scienter inducere II 15, 15. — periurii, propter periurium convictus I 124, 20 [426, 40. 448, 25]. 268, 5; in periurio deprehensus II 225, 5; de (in) p. probatus I 49, 5. 98, 10; propter periurium victus I 268, 40. 283, 5 [439, 35].

periurus I 70, 30. 336, 15. II 65, 1. 314, 30. 407, 25. 408, 1.

permissio: p. episcopi I 248, 25. 364, 20. 365, 1; p. principis I 166, 30 [432, 40]; p. regalis I 433, 15; p. regis I 288, 10 [442, 35].

permissum imperatoris I 89, 1. 167, 25.

permutatio I 311, 1. 25 [411, 5. 25].

perpere II 434, 15. 442, 15.

perpetuus, a, um: p. contractus emphiteuseos I 311, 1 [421, 5]; perpetuo iure possidere I 107, 10.

perpetrare: p. aliquid mali I 22, 15; p. periurium; p. sacrilegium I 3, 1.

perquirere I 92, 10. 296, 30. 340, 25. 368, 5. II 84, 10. 90, 25; p. beneficia II 64, 20; p. de canonicorum vita et conversatione II 64, 30; p. census, freda I 177, 15 [434, 10]; p. conspirantes inter se II 86, 15; p. de ecclesiae thesauro II 64, 30; p. fugientem II 78, 15 [155, 35]; p. latronem I 7, 10. 191, 5. II 86, 5; p. maleficos *etc.* II 345, 15; p. de plebibus episcoporum II 64, 30; p. presbiteros I 230, 1; p. infra et extra regnum II 529, 35; p. servos et ancillas fugaces I 198, 10.

perscrutari presbiteros I 230, 1.

persecutio II 86, 35. 343, 30.

persequi: p. saeculari potestate II 215, 5; p. infidelem II 343, 25; p. latronem I 6, 1. 7, 5—15. II 278, 10; p. malefactorem I 17, 30. II 86, 10. 343, 25; p. raptorem I 16, 5; p. vagos II 78, 10 [155, 25. 170, 25].

persicarius I 90, 10. 255, 5. 256, 40.

persolvere I 69, 40. 70, 10; p. argentum, in argento I 287, 35 [442, 25]. 307, 10 [418, 40. 45]; p. bannum; p. censum I 177, 20 [434, 15]. 287, 25 [442, 15]. 295, 30. 333, 30. II 272, 5 [312, 20]; p. dampnum II 251, 10; p. debitum in dubium I 337, 1; p. decimas I 327, 25; p. heribannum I 166, 15 [432, 20]. 167, 20 [449, 20]. II 71, 30. 322, 5; p. legem I 49, 20; p. annualiter XXV libras II 149, 30; p. mancipia II 292, 20; p. mansionaticos I 306, 15 [418, 1]; p. multam I 278, 25 [408, 1]; p. nonam et decimam I 287, 30 [442, 15]. 307, 10 [418, 40. 45]; p. opera in restauratione ecclesiarum I 307, 15 [419, 1]; p. poenas I 305, 35 [417, 20]; p. pontaticum I 294, 35; p. sacrilegium II 216, 10. 217, 15; p. teloneum I 294, 20. 25. II 252, 1; p. tributum I 287, 15 [442, 1]; p. wirgildum proximis interfecti I 282, 1 [438, 30], ad partem regis I 208, 15.

persona I 6, 5. 94, 30. 125, 20 [427, 15]. II 212, 20. 296, 25 [100, 15. 333, 35. 339, 20. 362, 15]. 357, 10. 15, *saepius*; p. abbatis *etc.* I 196, 10. 20; p. episcopi II 388, 1; p. imperatoris II 27, 40. 46, 25; p. sanctimonialis feminae I 319, 1; p. bona I 31, 25; p. condigna I 21, 1; p. debilior I 17, 5; p. ecclesiastica I 320, 20; p. gravior I 56, 30 [400, 30]; p. honoratior I 3, 5; p. inferior II 529, 20; p. ingenua I 4, 35; p. libera I 180, 15; p. maior I 32, 20. 228, 25; p. minor I 31, 25; p. potentior I 21, 10; p. propria I 92, 30; census regalis de propria p. I 125, 35 [427, 25]; p. publica I 21, 20. II 108, 10; p. regalis II 29, 20. 30; p. sacerdotalis II 29, 20. 30; p. secularis II 120, 40; p. servilis I 3, 1; p. vilis I 276, 40 [406, 25]. II 230, 10; personarum acceptio; personae conditio I 196, 25. 205, 25; p. exceptio II 272, 20. 286, 15; p. meritum I 21, 5; p. qualitas I 365, 10. II 255, 40 [389, 1]; p. respectus II 298, 25. 384, 15.

pertica I 64, 25.

pertinere I 15, 30. 74, 10; p. ad imperatorem I 297, 1; *cfr.* 288, 10 [442, 40]. II 521, 40. 528, 35. 40; p. ad palatium I 201, 15; p. ad potestatem alicuius I 287, 20 [442, 10]. — res ecclesiis pertinentes II 64, 20. — pertinentia comitatus II 64, 20. — heredes vel pertinentes (?) institutoris II 121, 5.

pertractare I 2, 35. 8, 10. 11, 10. 15, 15. 278, 1. II 106, 5; p. ecclesiasticas vel imperii utilitates I 270, 30.

pertransire: p. parroechias II 480, 35. — pertranseuntes rapinam non exerceant II 105, 25.

perturbare pacem I 304, 35 [416, 15].

perturbator pacis II 122, 25.

perunguere crismate I 247, 15. II 340, 30.

pervasor alienarum rerum II 66, 25; p. rerum ecclesiasticarum II 115, 5 [401, 25]. 412, 25.

pervertere iustitiam II 64, 1.

pervium I 13, 5; p. denegare I 14, 25.

pes II 217, 5. 242, 15. 248, 5; pedes lignei I 228, 25; p. abscidere I 205, 30; p. sibi vicissim lavare I 345, 20; pedibus vindemiam premere I 87, 30.

pestilentia I 122, 30 [410, 1]. 245, 35. II 4, 30. 44, 20.

petenstro(?) I 228, 40.

petere I 59, 25 [403, 5]. 97, 20. 103, 25. 243, 25. 356, 20. II 270, 1. 415, 30. 416, 1; p. a rege, regem, imperatorem I 2, 5. 118, 25. II 35, 30. 81, 15. 88, 10. 25. 90, 30. 116, 10 [402, 10]. 125. 174, 30. 184, 10. 296, 30 [100, 15. 20]. 298, 5. 15. 363, 20. 25. 364, 30. [370, 1]. 384, 20. 386, 35. 429, 5. 440, 15.

petitio I 312, 5 [421, 30]. 346, 10. 15. II 85, 30. 186, 25. 270, 1. 284, 1. 498, 10. 20. 501, 35. 507, 5; p. canonicorum II 385, 20; p. episcoporum II 364, 25. 370, 1. 10. 396, 10; p. generalis II 396, 10; p. laicorum II 385, 20; p. populi II 90, 25. 30. 91, 15; p. specialis II 396, 10.

petitor I 117, 35 [430, 15]. II 484, 5; p. ecclesiae I 297, 5; p. puellae velandae I 279, 10 [408, 45].

petitoria suggestio II 396, 15.

petra I 59, 1 [402, 30]. 61, 10 [404, 25]. 76, 25. 104, 5. 171, 30. 223, 5.

petresilus I 90, 5. 255, 5.

pharetra I 168, 25.

philosophus II 476, 30.

phitones *v.* pithones.

phylacterium, filacterium I 25, 30. 45, 15. 25. 228, 10. II 46, 1.

pictorium opus II 420, 10.

pictura I 258. II 482, 1. 483, 15. 20—484, 10; p. ecclesiae I 136, 10.

pietas = *titulus imperatoris, regis* I 367, 1. II 36, 25. 40. 37, 15. 30. 35. 38, 35. 39, 20. 46, 20. 48, 20. 49, 15; p. imperii I 248, 20. 30; p. principis I 360, 40. 361, 1. II 211, 30; p. regia II 180, 25. 385, 25.

pigneratio II 132, 25. 133, 5. 134, 1.

pignerare, pignorare I 70, 5. 192, 15. 320, 30. 330, 20. II 132, 20—133, 1. 10. 134, 15; p. liberos homines II 91, 1. 5; p. liberos homines vassorum regis I 321, 5; p. iudicem II 133, 30; p. pro pignere II 132, 25. 133, 1; p. pro poena I 197, 15.

pignus I 70, 5. 114, 15 [429, 10. II 326, 10]. 259, 10. II 132, 25. 133, 1. 30. 135, 30. 140, 35. 146, 40; p. accipere II 132, 25; p. antestare II 133, 30; in p. dare vasa ecclesiae I 277, 30. 35 [407, 15]; p. ponere II 134, 15. 135, 30. 140, 35. 146, 40; p. recipere II 132, 30; p. reddere, restituere II 132, 25. 133, 1. 5; p. tollere II 133, 1. 10. 256, 35.

pinguedo I 345, 15. 348, 5.

pinus I 91, 1.

pirarius I 90, 10. 255, 5. 256, 35.

piratium I 87, 15.

pisa I 252, 10; *cfr.* pisile.

piscari I 87, 20. 252, 5.

piscatio II 142, 15.

piscator I 87, 15. 89, 10.

piscatum I 87, 10.

piscis I 89, 25. 30. 172, 10. 20. 255, 15. 256, 10. II 244, 40. 245, 15. 20. 45.

pisile, pisla (?) = *'phiesal, phiesel', caminata* I 87, 30. 254, 5. 255, 10. 35. 256, 30.

pistor I 87, 20. II 319, 5.

pistrinum I 86, 30. 254, 5. 255, 10. 35. 256, 10. 344, 10.

(pisum), pisus I 254, 15; pisi Maurisci I 90, 10.

pithones, phitones I 59, 1 [402, 25]. 104, 5.

pittus I 7, 35.

pius, a, um: p. loca I 374, 5. 10. 375, 1—15; piae recordationis genitor imperatoris I 274, 25. — piissimus augustus; p. Hludowicus II 2, 5; p. imperator I 275, 25. 302, 5. 394, 25. 485, 1; *cfr.* imperator; p. princeps II 81, 1. 5; p. rex.

placere: *terra ad tenendum placita* I 287, 35 [449, 10]. — placet I 184, 5. 302, 15. II 279, 25; placuit I 13, 15. 14, 30. 15, 20. 17, 20. 68, 15. 69, 20. 30. 71, 20. 78, 15. 187, 20. 194, 35. 199, 30. 40. 201, 20. 25. 30. 203, 1. 208, 1. 215, 30. 218, 1. 10. 227, 5. 228, 10. II 120, 40. 259, 40. 373, 1. 374, 5. 375, 10. 449, 25; p. atque convenit I 8, 15. 30. 12, 35. 198, 25; iuxta quod placuerit I 116, 5 [448, 5]; quomodo regi aut reginae placuerit I 84, 30; ut placuerit II 358, 25 [363, 5]. — placitum est I 208, 1; *v.* placitum.

placitare I 185, 35; p. honores suos II 358, 30.

placitum I 5, 5. 30. 93, 10. 15. 114, 35. 131, 35 [427, 45]. 151, 5. 168, 25. 174, 20. 217, 20. 270, 5. II 88, 10. 161, 40. 250, 30; inter placitum et placitum sint XV vel XX dies II 89, 15. 20. 30. 35; p. primum, secundum, tertium II 89, 15. 30; p., quando non fiat I 61, 10 [404, 25]. 69, 25. 30. 174, 15. 182, 1. 304, 45 [416, 25]. II 233, 35. 234, 10. 269, 5. 15; *cfr.* 54, 20. 420, 10; p., ubi non fiat I 174, 30. 196, 25. II 46, 5. 110, 20. 269, 5. — p. centenarii; p. comitis; p. commune I 72, 15. II 70, 15. 307, 10; placita communia inter missos et comites I 177, 25 [434, 20]; placitum dominicum; p. ecclesiasticum; p. episcopi I 374, 40. II 218, 15. 20. 30. 482, 15; p. exercitale I 98, 35. 101, 15. 146, 15. 214, 20; p. generale I 116, 25 [448, 15]. 145, 15. 25. 168, 15. 190, 5. 326, 20. II 4, 10. 9, 35. 10, 5. 27, 40. 54, 20. 342, 1. 343, 1. 345, 40; *cfr.* 527, 1—30. 528, 30; placita generalia III in anno observentur I 290, 15. 20 [444, 5]; ad p. generalia capitula reservare II 11, 15; p. imperatoris, regis I 50, 10. 116, 5. 136, 5. 139, 5. 157, 1 [447, 35]. 157, 5. 209, 10. 301, 5 [437, 10]. 301, 15 [437, 20]. 303, 25 [415, 10]. 307, 5 [418, 40]. II 38, 35. 76, 15. 84, 5. 169, 15. 170, 5. 10. 311, 5. 25. 312, 1. 30. 334, 10 [362, 30]. 337, 5. 428, 15; ad p. regis brevem adportare II 318, 5; ad placita imperatoris venire debent episcopi, abbates, comites II 9, 10; ad placitum imperatoris sub fideiussoribus, sub fideiussione venire II 15, 20. 35; p. iudicis I 87, 5; p. legale II 306, 35; placita minora comitis I 284, 15 [440, 40. II 347, 1]; placitum missorum; m. publicum I 69, 25. 79, 45. 174, 30. 196, 25. 220, 10. 312, 15 [421, 40]. II 46, 5. 180, 35. 269, 15; p. saeculare I 60, 10 [408, 35]. 196, 25. 364, 10. II 179, 20. 218, 15; p. vicarii I 171, 15. 20. II 19, 15. 20. 25. — ad placitum adducere II 78, 30. 91, 5; ad p. arimannos cogere II 110, 5; ad p. arma portare I 156, 25 [428, 5]; *cfr.* 318, 40; ad p. bannire I 116, 15 [429, 40. II 19, 20]. 140, 25. 207, 5; in placito causam quaerere I 225, 30; ad placitum cogere I 150, 20. II 110, 5; p. condicere I 135, 5. 166, 20 [432, 35]. 206, 25. II 71, 5. 218, 20. 30. 219, 5. 288, 5; ad placitum conpelli II 78, 30; p. constituere II 89, 5. 218, 15. 283, 5; in placitis constitutionem relegere II 302, 30; ad placitum convenire I 206, 25. II 105, 25. 162, 10; p. custodire I 171, 15. 20. II 283, 1. 294, 30; placita tria custodire I 210, 35; placitum decernere II 218, 15; in placito defendere I 155, 20; placitum denunciare I 171, 20. 25; p. dimittere II 388, 5; ad p. donn presentare I 168, 35; ad p. exire I 75, 30. II 97, 15; p. facere I 70, 30; p. habere I 116, 5 [429, 35. II 60, 35]. 178, 25 [412, 25]. 214, 1. 217, 20. II 4, 15. 28, 1. 210, 1; p. instituere I 98, 35. 101, 15. 146, 15. 210, 35. 214, 20; p. intendere in LXXXIV noctes I 9, 10; in placito invenire II 84, 5; ad placitum mannire I 72, 5. 116, 15 [429, 40. II 19, 20]. 125, 15 [410, 15. II 180, 30]; p. mutare II 89, 25; p. observare I 149, 15 [431, 25]. 151, 15. 314, 20 [450, 1]; ad p. pergere I 48, 5. 51, 25; p. ponere II 89, 1; ad placita contra legem protrahere II 91, 1; ad placitum praesentare I 68, 20; per placita sacramenta firmare I 5, 10; placitum tenere I 214, 5. 291, 10 [444, 45]. 301, 5 [437, 10]. II 19, 15. 20. 25. 108, 5. 110, 20. 420, 10. 436, 35; ad placita vagari, discurrere II 60, 25; ad (in) p. (placitum) venire I 46, 1. 5. 67, 5. 135, 5. 139, 5. 145, 25. 148, 25 [431, 5]. 150, 20. 25. 166, 30 [432, 35]. 171, 20. 25. 214, 5. 262, 5. 270, 5. 291, 25 [445, 15]. 295, 25. 30. 301, 1 [437, 5]. 321, 1. II 71, 10. 78, 30. 158, 5 [300, 5]. 218, 20. 234, 10. 312, 30. 35; ad p. venire per bannum praecipere II 218, 20; ad placita venire ter in anno I 320, 30; in placitis tribus venire negligens II 89, 20. 35; placitum vitare II 110, 1; ad p. vocari I 46, 1. — placitum = *praeceptum* I 84, 20 (?); placita canonum II 528, 5. — placitum *pro* palatium I 149, 25. 151, 20.

plaga I 31, 25. 153, 10 [418, 10]. 154, 10. 212, 15. 20. II 189, 15; plagae in libero, in servo peractae II 184, 5.

plagatus *diaconus*, presbiter I 212, 15. 20.

plana I 254, 20. 255, 20. 40.

planeta I 248, 35; p. castanea I 251, 15.

plantare vineam I 172, 20.

platea I 8, 10 [II 417, 30]. 64, 20. 216, 10. 15. II 251, 15.

plebeius, plebei I 319, 35. 346, 25. II 105, 15. 479, 35.

plebium, plivium = *obligatio, 'Pflicht, Verantwortung, Haftung'* I 305, 35 [417, 20]; = *cura, 'Pflege'* I 85, 10. 87, 5; = *securitas, fideiussio* I 6, 5 *(Zeumer).*

plebs I 20, 30. 289, 5 [443, 1]. 312, 35 [422, 15]. 319, 20. II 171, 20; p. christiana II 174, 1. 5; p. Dei II 518, 1; p. dominica I 371, 20; plebem imperio corrigere I 2, 30. — plebs, plebes = *plebs ecclesiastica, 'Gemeinde'* I 11, 35. 46, 1. 195, 15. 197, 20. 211, 35. 229, 40. 312, 35 [422, 15]. 336, 25. 356, 30. 364, 1. 373, 1. 376, 25. II 36, 1; p. archiepiscopo commissa I 247, 5; p. baptismalis I 373, 10; ecclesiae baptismales plebes appellatae II 102, 35; plebs ecclesiastica II 110, 15; p. episcopi I 374, 5. II 64, 30. 118, 10. 367, 45; p. parrochiae II 82, 35; p. presbyteri II 257, 5. 10; p. sacerdotis I 153, 15 [413, 15]. 312, 35 [422, 15]. 374, 30; p. subdita, subiecta II 35, 25. 81, 10. 257, 40; p. et clerici episcopum eligant I 372, 35. 40; *cfr.* II 520, 40. — plebium archipresbiteri II 110, 20—30. 118, 10. 15. 120, 30. 35; plebis consilium I 232, 30; p. gubernacula non suscipiat vagans I 364, 20; p. populus I 375, 15. II 82, 1; decimae a populo in *plebibus etc.* oblatae I 195, 30; plebium presbiteri II 407, 1; *cfr.* 118, 10; plebis querimonia II 247, 25; plebium sollicitudo II 81, 15; plebem in religione confirmare I 362, 35; plebes contra rationem destributae II 64, 30; p. docere, instruere *vel similiter* I 45, 20. 153, 15 [413, 15]. 247, 5; p. gubernare II 82, 10. 110, 25. 120, 35; p. ordinare II 64, 30. 81, 40. 82, 1; *cfr.* 80, 1; p. restaurare I 327, 20; p. male tractare II 82, 10; p. visitare II 406, 10; in plebe habitare II 60, 25, ad publicum officium festinare II 102, 5.

plenarium officium I 346, 40.

plenitudo: p. actionum synodalium II 262, 20; p. consacerdotum II 51, 5; p. capitulorum II 262, 20. 301, 5; p. edicti II 488, 20; p. hominum II 331, 30. 332, 1.

plenus, a, um: p. compositio I 160, 15. 20 [432, 10. II 290, 35. 40. 300, 30]. 330, 40; p. iustitia I 88, 5. 10; p. leudis, liudis hominis liberi I 143, 10. 20.

plivium *v.* plebium.

plumacium, plumatium I 87, 1. 251, 20. 252, 5. 256, 15. 30.

plumbaricia *fossa* I 89, 10.

plumbeus, a, um: p. patella I 256, 30; p. vasa I 87, 1.

plumbum I 251, 35.

popularis I 254, 10. 255, 15. 35; p. aereus I 256, 10.

poculum I 345, 20; p. amatorium II 45, 1.

poena, pena I 49, 30. 50, 5. 117, 30 [430, 15]. 205, 40. 335, 5. II 134, 30; p. castrationis II 135, 20. 25; p. legalis I 12, 1. II 86, 20; p. legitima I 155, 25; p. in legibus posita II 86, 5. 10; p. LX solidorum I 294, 30; poenam conscribere I 316, 30; p. X, V, III libras auri dare II 128, 1. 5; p. iudicare I 174, 15; p. mundoaldo obligare I 215, 35; p. persolvere coram imperatore sive misso I 305, 35 [417, 20]; p. sustinere I 17, 15; successor in antecessoris poena non sit obligatus I 327, 25; pro poena pignerare I 197, 15.

poenitentia, penitentia I 25, 40. 26, 1. 202, 10. 25. 361, 1. 365, 20—30. II 28, 25. 83, 30. 188, 1. 236, 10. 20. 278, 5. 294, 35. 440, 5; p. biennii II 181, 30; p. quinquennii II 182, 1. 5. 189, 5. 217, 1. 5. 241, 25; p. VII annorum, septennis II 181, 20. 182, 15. 189, 15—25. 241, 25. 242, 10—246, 5; p. X annorum II 181, 15. 217, 5. 10; p. XII annorum I 361, 15. II 182, 5; p. XL dierum II 218, 10. 238, 25. 242, 10—244, 10; p. acerrima II 122, 35; p. canonica I 361, 40. 367, 30. II 41, 1; p. composita I 97, 25; p. debita II 78, 10. 20 [155, 30. 35]; p. digna II 55, 25; p. districtior II 207, 25; p. duplex II 241, 5. 10; p. ecclesiastica II 58, 30; p. occulta II 189, 10; p. publica I 175, 1. 278, 30 [408, 5]. 279, 1—10 [408, 25. 30]. 282, 1 [488, 30]. 367, 30. II 18. 55, 20. 57, 5. 10. 66, 25. 83, 5. 10. 119, 10. 15. 35. 181, 1. 307, 20. 314, 30. 315, 25. 319, 10. 378, 1. 5. 412, 30. 413, 20. 25. 414, 5—15. 35; poenitentiae publicae subacti alios de baptismate non suscipiant, ab ecclesiarum liminibus et a castris militaribus sequestrentur II 89, 30. 35; p. publicae subiugatus nullam rei publicae debet administrare dignitatem, nullo militiae cingulo utatur II 120, 15; cfr. 55, 30; sub poenitentia publica redigere usuras exigentes II 63, 35; p. praedura II 238, 30. — p. acceptoris sponsae alienae II 414, 25; p. adulteri II 189, 25; p. fornicatoris II 247, 20; cfr. I 97, 35. II 238, 25. 239, 35; p. homicidae II 189, 15; p. homicidii sponte facti II 241, 25. 242, 10—246, 5; p. in ecclesia interficientis I 438, 1. 40; p. malefactorum II 292, 30; p. mariti cum sorore uxoris dormientis II 239, 15; p. iurantis in quadragesima II 325, 25; p. sacrilegi II 217, 25; p. viri et mulieris occidentis maritum II 415, 1. — per poenitentiam se absolvere II 190, 5; p. accipere I 281, 10 [488, 1]. II 18, 5. 10. 325, 30; ad p. adducere, perducere II 308, 30. 35; ad p. auctoritate regia adducere II 269, 30. 35; p. agere I 26, 1. 34, 25. 39, 5. 10. 40, 5. 61, 1 [447, 30]. 69, 15. 174, 1. 202, 15. 218, 20. 219, 25. 282, 1 [438, 30]. II 161, 1. 292, 30. 336, 10. 372, 20; ad p. cogere I 25, 10; ad p. cohercere II 237, 30. 238, 1; p. constituere I 40, 40; p. differre II 242, 25. 244, 1; per p., in poenitentia emendare II 299, 15. 310, 20; p. exposcere II 286, 20. 25; p. exsolvere II 182, 15; p. facere II 345, 1; p. facere in pane et aqua I 25, 40; p. indicare I 25, 15. 107, 20; poenitentiae impositio II 409, 15; poenitentiam imponere I 25, 40. 61, 1 [447, 30]. II 104, 30. 215, 20; poenitentiae iudicium I 57, 10 [401, 10]. 179, 25 [447, 20]. II 190, 1; poenitentiam iudicare I 40, 10. II 239, 15; poenitentiae levigatio; p. lex; p. locus II 414, 15; cfr. 60, 30; p. modus II 48, 15. 182, 20. 378, 5; p. modus in episcopi arbitrio sit II 241, 20. 25; p. modus tempusque II 183, 30. 184, 1; poenitentia multare I 312, 40 [422, 20]; poenitentiae opera II 122, 35; in poenitentia ad finem vitae perseverare II 189, 30; poenitentiae pondus sublevare II 182, 20; poenitentiam quaerere II 294, 35; iuxta qualitatem poenitentiae denarios dare I 179, 1 [412, 35]; p. quantitas II 182, 20; ad poenitentiam redire II 155, 40. 156, 1. 336, 1. 5; in (ad) p. redigere I 3, 5. 28, 5; sub p. redigere presbiteros et diacones II 60, 20—30; poenitentiae satisfactio II 27, 35. 35, 25. 39, 30. 83, 30; per poenitentiam satisfacere II 307, 20; poenitentiae subicere, subigere, submittere I 377, 5. II 119, 30. 207, 15; poenitentiam suscipere II 120, 5. 336, 15; p. suscipere nolens II 120, 20. 25. 30; poenitentiae tempus II 29, 15. 242, 5; p. vacare II 420, 10; p. vindicta II 272, 10 [312, 25]; ad poenitentiam vocare II 378, 10. — post poenitentiam coniugium accipere, coniugio non privari II 238, 20. 247, 20; cfr. 207, 20. 25; post p. matrimonio uti, consolari II 237, 20. 238, 15; post p. nubere II 238, 10. 15.

poenitentialis, penitentialis, e: p. canon I 368, 20. — poenitentialis, e = *liber poenitentialis* I 179, 25 [447, 20]. 234, 30. 235, 15. 237, 1. 248, 35.

poenitere, paenitere, penitere I 246, 1. 361. 362, 1. 5. 10. II 55, 20. 214, 20. 215, 15. 225, 10. 235, 1. 5. 238. 239. 242—246. 280, 5. 414, 30; p. absconse II 184, 1; p. in aqua, pane *etc.* II 189. 218, 15. 242, 15; p. canonice, digno II 247, 5. 25; p. iuxta (secundum) homicidia non sponte, sponte commissa II 241, 30. 35; cfr. I 361, 20; p. publice II 118, 15. 184, 1. 325, 30. — poenitens, poenitentes I 45, 40. 179, 1 [412, 30]. 244, 10. II 118, 30. 182, 30. 184, 5. 231, 20. 239, 5; p. publice coniugium non contrahat II 119, 35; poenitentes inpositionem manus in feria IV. accipiunt II 420, 5. 10; poenitens ad placitum non veniat II 234, 10; poenitentis habitus II 55, 25. 57, 15; p. mos II 58, 20; poenitentium iudicia I 365, 10; cfr. 179, 25 [447, 20]; p. reconciliatio II 409, 15; p. reconciliatio non a presbiteris, sed ab episcopis fiat II 118, 35. 40.

poenitudo, paenitudo, penitudo II 116, 15 [402, 15]. 118, 35. 120, 5. 351, 30.

poledrarius I 84, 1. 88, 1.

poledrus, peledrus I 84, 15. 87, 35. 89, 10; p. anniculus, annotinus, bimus I 254, 25. 255, 25. 256, 5. 20.

polluere: p. adulterio I 215, 30. II 236, 40. 237, 5. 241, 15; p. concubitu II 188, 20; p. coniugium II 237, 15; p. filiam amitae, avunculi *etc.* II 237, 25. 30; p. per fornicationem II 238, 25; p. se cum muliere a fratre stuprata II 238, 10. 15; p. cum duabus sororibus II 239, 10.

pollutiones cum masculis et pecoribus admittere II 44, 25. 30.

polypticum II 323, 1.

pomarium, pomerium I 172, 20. 255, 15.

pomarius I 90, 10. 255, 5. 256, 35.

pomatium I 87, 15.

pompae adversarii, diaboli, Satanae I 168, 35. 247, *10*. II 40, *10*. *20*. 177, 5.

pompaticus relator II 516, 15.

pomum I 83, 10. 344, 20. II 242, 20. 243, 20; p. cristallinum I 251, 1.

pondus: pondera iusta, aequalia I 60, 15 [408, 45. 434, 30]. 104, 10. 174, 15.

ponere: p. centenarium I 7, 5; p. diem I 198, 15; p. per fideiussores I 32, 1; p. pignus II 134, 15. 135, 30. 140, 35. 146, 40; p. placitum II 89, 1; p. ad sortem I 5, 5; p. in vestigia I 17, 10; p. vicarios I 144, 10.

pons I 32, 5. 89, 1. 171, 30. 254, 20. 284, 35 [441, 15. 20]; p. antiquus I 145, 30; pontes publici II 16, 15. 65, 5. 15; p. publici per bannum fiunt I 290, 30 [444, 20]; p. super Sequanam I 301, 25 [437, 35]; theloneum de pontibus I 66, 1. 124, 30 [427, 5]. 149, 5 [431, 15]. 150, 30. 294, 15. 30. — pontes construere I 144, 20. II 84, 10. 15. 88, 1; p. emendare I 199, 25. 288, 15 [442, 40. 45]. 295, 1; p. facere I 192, 5. 197, 10. 301, 25. 30 [427, 35. 40]. II 277, 30; p. facientes pontaticum de eodem ponte non persolvant I 294, 35; sub pontibus ire, transire, vadere *vel similiter* I 124, 30 [427, 5]. 144, 30. 284, 35 [441, 15]. 289, 15 [443, 15]. 294, 15. II 277, 30; ad pontes operari II 322, 1; p. reficere, reparare, restaurare *vel similiter* I 290, 30 [444, 20]. 301, 25. 30 [437, 35. 40]. 306, 40. 307, 1 [418, 30]. II 16, 15. 94, 1, *saepius*.

pontaticum persolvere I 294, 35.

pontifex = *episcopus* I 11, 15. 21, 20. 23, 25. 106, 15. 162, 1. 192, 10. 208, 20. 25. II 32, 20. 40, 25. 58, 25. 35. 101, 35. 265, 10. 35. 309, 20. 367, 25. 414, 25. 448, 10. 15. 504, 20; pontifices apostolici I 11, 35; p. sacrosancti I 11, 20; p. Venetiarum II 186, 20; pontificis admonitio I 21, 15; p. advocatus I 192, 15; p. auctoritas

I 232, 35; p. conscientia I 46, 15; p. conversatio II 33, 35. 34, 10; cfr. I 189, 5. 35; p. honor I 189, 5; p. iussio I 48, 10; in p. manus servum tradere I 229, 20. 232, 25. — pontifex altaria sacrans I 232, 30. 35; pontifices ecclesias suas ordinent I 191, 30; p. sacerdotes, clericos constringant I 191, 35; in pontificem consecrare II 379, 25. — pontifex = *archiepiscopus* II 379, 25. 381, 5. — p. = *papa* I 323, 15. 324, 5. 371, 20. 35. II 510, 10; p. ecclesiae Romanae I 75, 10; p. Romanus I 354, 25. 364, 30. II 168, 10. 247, 30; p. summus I 353, 10. 354, 1. II 99, 15 [348, 15]. 101, 15. 105, 1. 349, 5. 515, 1. 519, 5; p. universalis I 374, 25; pontificum auctoritas II 29, 25. 519, 5; p. decreta II 210, 1; pontificis dispositio; p. licentia; p. potestas; p. sepultura I 354, 45; pontificum Romanorum usus I 364, 30; pontificem consecrare I 324, 15. 354, 45; p. eligere I 323, 20. 354, 45; cfr. 323, 5; pontifex electus I 324, 15.

pontificalis, e: p. auctoritas; p. ministerium, officium II 57, 35; p. ordo II 522, 1; p. potestas II 105, 5; p. sedes II 212, 1. — pontificale II 501, 1. 20.

pontificatus I 354, 45. 501, 35; in pontificatum succedere II 519, 10.

pontificium = *dignitas, officium pontificum* II 381, 5. — p. = *libera potestas* I 22, 20.

popularis, e: p. conventus II 120, 15. — populares II 515, 30.

populus *passim, ex. gr.* I 2, 5. 11, 10. 13, 5. 14, 1. 22, 1. 53, 25 [397, 10]. 129, 5 [II 2, 40]. II 17, 1. 42, 35. 435, 40; p. catholicus; p. christianus I 2, 25. 25, 1. 28, 5. 29, 10. 15. 30, 1. 97, 5. 35. 98, 5. 10, *saepius*; p. Dei I 53, 30. 397, 25; p. fidelis; p. Francorum I 225, 20; p. metropolitani II 340, 10; p. minor; p. papae I 225, 20; p. pauperior II 83, 10; p. plebis I 375, 15; p. Romanus I 218, 35. 323; p. subiectus I 11, 30; populi subiecti I 18, 25; populus terrae II 107, 30; p. Venetiarum II 136, 20. 30; p. vulgaris I 153, 35 [431, 40]. 174, 35. — populi acclamatio II 340, 40; p. adiutorium I 25, 20; populum admonere I 62, 1 [405, 10]. 376, 30; cfr. 244, 1; p. affligere; populo legere adnuntiationes II 165, 10, auctoritatem regis I 277, 5 [406, 35], epistolam (caesaream) II 3, 40; populus ad archiepiscopi iudicium recurrat I 29, 20; populi assensus II 82, 1; p. auditus II 280, 35; populum bannire, banno distringere *etc.* II 118, 15. 218. 20. 30; populo capitula denuntiare, recitare *vel similiter* I 334, 30. 362, 1. II 271, 35. 388, 5; populus de capitulis interrogetur *etc.* I 116, 10; populum in castella residere facere II 95, 25. 30; populi clamor II 225, 20; populum colligere; p. a communione privare I 232, 25; ad p. componere I 101, 1. 5; populi concordia; populum confirmare I 25, 20. 29, 30. 45, 20. II 83, 20; populi coniectus II 11, 25; p. consensus; p. conservatores; p. conspectus II 74, 40; populum constringere; populi conventus; populum corrigere I 11, 20. 25. 40. II 207, 5. 447, 25; populi custodia; p. damnum; p. decimae I 106, 25. 182, 1. 30. 228, 1. II 13, 20; p. detrimentum; p. devotio; populum docere; in populo doceat et regat episcopus I 158, 30; doctrina populorum, in populo; populum eicere (?) II 95, 25; populi *electio*; *populus et clerus* eligant episcopum I 21, 1. 372, 35. 40; cfr. II 264, 25; p. et comes eligant advocatos, iudices *etc.* I 149, 25. 151, 1; p. eligens regem I 128, 15 [II 21, 40]. 272, 40; cfr. 271, 1; populi eruditio; a populo exigere redibutiones, *collectiones* I 197, 5; cfr. II 17, 5; populus festivitates observet II 83, 25. 30; populum fidelitatem promittere facere I 177, 35 [434, 20]; populis fidem sermone annuntiare I 237, 30; populi generalitas; populum gubernare I 11, 20. II 47, 15. 48, 35; per p. inquisitionem facere II 87, 1; populus ad *invasionem repellendam* pergat II 71, 20. 25; p. iuramento constrictus II 188, 15; populi iustitia; p. lex; p. munus; p. neglegentia; p. oboedientia II 4, 40. 51, 5; populus oboediens sit episcopo I 174, 5, imperatori I 180, 10 [II 23, 30]; populi opera communis II 88, 1; p. oppressio II 274, 10 [300, 35]; pro populo orationem facere I 236, 5; populi ordines I 280, 30; p. pastores II 2, 25 [6, 5. 68, 10]. 81, 15; p. pauperes I 310, 10 [420, 35]; p. pax; p. petitio; populum ad placitum invitare, cum populo placitum condicere II 218, 15. 20; p. diebus dominicis ad placitum non coercere II 233, 35. 234, 10; populi praedatio II 67, 10; populo praedicare I 54, 5 [397, 35]. 58, 1 [401, 30]. 61, 20. 25 [404, 35]. 103, 20. 106, 20. 227, 20. 25; cfr. II 118, 5; populi proclamatio; p. profectus I 247, 30. II 254, 20; p. querimonia II 93, 35; p. rector I 310, 1 [420, 25]. II 8, 20; populum regere I 61, 20 [404, 35]. 97, 15. II 8, 10. 9, 5. 177, 15 [185, 20]; populi sacramentum II 172, 20; cfr. 54, 35. 55, 10; p. salus I 2, 25. 227, 10. 357, 30. II 32, 35. 92, 5. 397, 1. 5, *saepius*; p. *salvamentum* II 154, 20 [298, 35]. 160, 10. 170, 10; p. salvatio I 11, 20. 25. 184, 1. II 90, 20. 25. 118, 10. 168, 1; p. sapientes I 58, 20; p. seniores I 98, 1; p. status II 428, 15. 25. 485, 5. 488, 20; p. tranquillitas; p. unanimitas II 177, 10 [185, 15]. 339, 20. 340, 35. 341, 1; p. unitas II 480, 10; p. utilitas I 204, 35. 310, 1 [420, 25]. II 4, 35. 49, 15. 90, 25; p. voluntas II 439, 1; p. vota I 271, 1.

porcaritiae I 85, 5.

porcarius fiscalis I 23, 20.

porcellus I 83, 10. 252, 1. 25. 254. 25. 291, 30. 35 [445, 20. 25]. II 11, 5. 83, 20.

porcus I 23, 25. 83, 5. 86, 10. 20. 172, 20. 252, 1. 254, 25. 255, 30. 256, 5. 25. II 361, 15. 20; porcorum decimae I 19, 15; p. greges II 184, 5.

porrus I 90, 10. 255, 5. 256, 35.

porta I 87, 30. 201, 35. 224, 20. II 480, 30. 35; p. ecclesiae reliquiis consecrata I 281, 15 [488, 5]; p. lapidea I 254, 5. 256, 20; p. lignea I 255, 10. 35. 256, 10.

portarius, portararius I 230, 5. 347, 40.

portare: p. arma I 123, 1 [425, 40]. 123, 15 [426, 10. II 321, 15]. 123, 25. 243, 10; p. faidam I 217, 15. II 372, 40. 374, 25. 35; p. verba II 157, 20 [299, 20].

porticus I 254, 5. 255, 30. 256, 25. II 346, 30. 347, 1. 480, 10.

portio I 18, 1. 10. 179, 15 [418, 5. II 18, 5]. 216, 25, *saepius*; p. regni I 127, 5. 10. 20 [II 21, 35]. 127, 30. 128, 1. 10. 20. II 69, 35. 192, 5. 15; cfr. 23, 35; p. tertia de servis I 201, 20; in portione sua habitare facere, conlocare hominem I 262, 10. 15 [II 259, 30. 35].

portora, portura I 199, 25. 30; ad p. legitima tantum negotium exerceatur I 319, 25.

portus I 32, 30. 358, 10. 40; per p. ripaticum tollere II 133, 15.

possessio I 135, 1. 163, 5. II 82, 15. 136, 25. 260, 1; possessionem ecclesiae per XXX annos *sine interpellatione* tenere I 107, 10; possessio XXX annorum I 335, 10; cfr. I 19, 20; possessiones per diversas provincias et civitates habere II 120, 5; qui in possessionibus sunt II 102, 5; possessionem in bannum mittere I 118, 5 [430, 25]; possessiones Dei II 177, 30. 35 [186, 15]. 386, 20; p. duchatus II 136, 25; p. ducis II 147, 45; possessio ecclesiae votum est fidelium II 386, 5; p., possessiones ecclesiarum, ecclesiasticae I 129, 30 [II 23, 20]. 174, 25 [II 179, 5. 186, 10]. 196, 15. 312, 30 [422, 10]. 314, 1 [423, 30]. II 105, 1. 174, 30. 35. 221, 5. 266, 1. 5; p. ecclesiae integra I 28, 15, mobilis I 334, 5; quidquid ecclesia, clerici *etc.* intercedente iusto possessionis inicio per XXX annos possedisse probatur I 19, 20; possessio feminae veste mutata moechae deprehensae I 317, 10; ad possessionem regis evindicare servos I 300, 35 [437, 1].

possessor: possessoris ius I 19, 25; p. voluntas I 23, 20.

possibilitas I 52, 15. 128, 25 [II 22, 10]. II 164, 15. 35; p. liberorum hominum I 206, 30; p. presbyteri II 256, 15.

possidere I 6, 10. 8, 20. 14, 20. 28, 15. 163, 15. 264, 1. 5. II 259, 35. 40, *saepius*; p. per XXX annos I 19, 20. II 13, 25; p. sine contradictione II

70, 35 [170, 20]; p. cum (sub) honore *etc.* I 13, 20. 272, 15; p. ex integro II 386, 10; p. iure (ordine) inconcusso per X annos I 15, 30. 45. 16, 1; p. *iure legitimo* II 69, 25; p. iure perpetuo I 107, 10; p. legaliter II 136, 25. 30; p. cum (sub) securitate I 13, 35. 14, 20; p. sub soliditate I 13, 30. — possidentium usus II 388, 5 [408, 1].

posteres regis I 189, 20. 25. 40.

posteri II 260, 1; p. regis I 13, 15.

posteritas I 127, 1. 169, 30. 264, 1. 5.

posticum II 477, 35.

potare: ad potandum urgere II 117, 25; *cfr.* bibere.

potationes I 288, 1.

potens, potentes I 22, 25. 358, 5. II 81, 30. 85, 1. 5. 87, 5—20. 308, 25—309, 1. 419, 20; p., qui per diversa possedent I 6, 10, qui in alias regiones possedent I 23, 15; p. saeculi II 437, 15. 516, 10; potentum agentes I 22, 30. 23, 1. 20; p. basilicae II 81, 25; p. capellae II 419, 20; p. commoratio; p. conversatio; p. homines I 22, 25. 155, 25; p. hominum causa I 333, 15; p. iudex, missus I 23, 15; p. necessitas II 396, 10; p. potestas, proprietas II 317, 10—20. 30; p. presbyteri II 419, 20; *cfr.* I 358, 5. 10; p. servus I 6, 10; p. timor I 58, 20 [402, 5]. 92, 20. — potentior persona I 21, 10. — *potentiores* I 88, 35. 125, 10 [410, 10. II 61, 15. 180, 25]. 197, 10; p. Hispani I 263, 25; potentiorum causa, contentio I 176, 20 [433, 30]; p. quaerimoniae II 85, 30. — minus potentes pacem habeant I 71, 15. 157, 30. 158, 30; minus potentium iustitiae I 176, 20. 25 [433, 30]. 190, 10; minus p. mundeburdis I 101, 15. 146, 15. 214, 20; *cfr.* 158, 30; minus p. res I 220, 10 [421, 40. II 180, 35]. 312, 10. 15. — minimum potentes I 98, 35.

potentatus II 485, 30.

potentia: p. imperialis I 272, 25; p. saecularis I 53, 20 [397, 5]. II 216, 20. 224, 15; potentiae saecularis dignitates II 210, 25, disciplina I 318, 30 [423, 15]. II 183, 10; potentia tyrannica I 110, 20.

potestas *passim, ex. gr.*: p. rerum propriarum I 296, 30. 35; p. rerum ad loca pia pertinentium I 129, 30 [II 23, 20]; *cfr.* 272, 30; in potestatem recipere, transferre, in potestate habere aliquid, aliquem I 14, 1. 70, 1. 146, 25. 330, 20; *cfr.* 436, 45; se loco wadii in potestatem alterius committere, tradere I 114, 10 [429, 10. II 326, 5]; servi in potestate domini I 320, 25; cuiuslibet potestatis colonus, servus II 302, 5. 15, homo, mancipium II 324, 10. 15; servi, qui in una potestate sunt I 181, 25; mancipia diversae potestatis I 365, 30; civis Romanus liberae potestatis I 356, 30; puer vel puella iam suae potestatis aut in alterius potestate I 285, 20 [441, 40]; capitis sui potestatem habere *ibid.*; filia in matris potestate II 357, 30. — quacumque potestate (= *officio*) praeditus, sublimatus II 409, 35. 420, 25; potestas authentica II 210, 20; p. abbatis I 346, 1; p. advocati, comitis I 164, 35; p. domini I 320, 25; in potestate domini beneficium habere I 272, 15; potestas ducis II 142, 10. 35; ius et p. ecclesiae Romanae II 101, 15; p. episcopi *ex. gr.* I 178, 20. 182, 30. 232, 25; p. imperatoris; p. imperatoris, regis *ex. gr.* I 285, 15. 304, 5. 305, 25; homo sub potestate imperatoris constitutus I 354, 40; potestas imperialis; p. regis inter filios non dividenda *etc.* I 272, 40. 273, 1. 10; potestati regis vindicare, in potestatem regis redigere aliquid I 18, 10. 283, 30 [440, 20]. 289, 5 [448, 1]; potestas iudicandi, iudicialis, iudiciaria; p. pontificalis; p. pontificis I 203, 25. 323, 35; praepositus post abbatem maiorem potestatem habeat I 346, 1; p. principalis; p. regalis, regia I 72, 25. 271, 10. 333, 30. II 29, 25, *saepius*; ad potestatem regiam exsolvere censum *etc.* II 331, 1; contra p. regiam contumax II 262, 1; p. regiam stabilire II 254, 20; p. regis *v.* p. imperatoris; p. saecularis II 215, 5; p. sacerdotalis II 35, 35. 52, 25. — potestas = *magistratus* II 404, 5. 413, 5. 514, 20. 526, 25; *potestates regni* II 212, 15; potestas rei publicae II 155, 40. 156, 1. 177, 25. 386, 5. 10; p. saecularis II 102, 10 (?). 401, 5; *cfr.* 409, 35. 420, 25; p. sublimior II 408, 35. — potestas = *districtus* II 315, 10; p. abbatis I 152, 5. 10; p. advocati, iudicis I 48, 30; in potestatem alicuius fugere I 287, 5 [441, 40] (?). II 292, 20; potestas comitis I 152, 5. 10. 284, 15 [440, 40. II 347, 1]. II 103, 15. 374, 25; p. ecclesiae II 386, 40; p. episcopi I 152, 5. 10. II 103, 15; in potestate territorii episcopi I 362, 1; potestas regum I 271, 25. 272, 30; p. imperatoris II 131, 15; infra potestatem imperii II 136, 25; potestas papae I 353, 40. 354; *cfr.* 358, 10; in potestatem potentis confugere, intrare II 317, 15. 20. 30. — per potestatem = *vi* I 28, 20.

potestativus, a, um: p. ius I 92, 35. — potestative: p. annunciare I 155, 10; p. docere et regere I 158, 25; p. faidam iurare facere II 372, 40. 374, 25. 375, 1.

potus I 35, 10. 84, 20. 25. 291, 30. 35, *saepius*; p. quadragesimalis I 227, 15; p. mensura I 340, 1. 5. 342, 25. 345, 5. 15. 20. 348, 5; p. penuria II 385, 40.

(praebendarii), prebendarii I 254, 20; *cfr.* provendarii.

praecare I 43, 10.

praecellentissimus augustus I 394, 10; p. rex I 12, 30. 71, 10. 189, 25.

praeceptalis II 126, 35.

praeceptio, preceptio I 19, 25. 22, 15; p. dominica II 48, 20; p. imperatoris, regis I 2, 1. 10, 35. 192, 10. 193, 25. 263, 30. 327, 20.

praeceptum = *mandatum, iussio* I 22, 15. II 273, 30; p. auctoritatis (imperatoris) I 339, 25. 356, 40; *cfr.* 283, 35 [440, 25]; p. Dei I 161, 25; p. dominicum I 431, 35. 443, 25; p. ducis II 142, 35; p. imperatoris, regis I 3, 1. 97, 40. 98, 35. 130, 5 [II 23, 40]. 153, 20 [431, 35]. 190, 35 [449, 15]. 228, 5. 289, 25 [443, 25]. 294, 25. II 185, 1. 215, 20. 332, 10. 423, 10; p. imperatoris marrire I 93, 5; p. imperiale I 158, 35 [431, 45]. II 108, 10; p. regium infringere II 272, 10 [312, 25]; praecepta regis ad proprium facere II 262, 5; praeceptum sacerdotis, sacerdotale I 2, 30. II 249, 10; p. sacrum II 102, 30; p. synodalicum I 362, 1. — praeceptum = *carta, diploma* I 201, 35 (?); p. *falsum* II 265, 30; p. inlicitum II 115, 20. 125, 20. 25. 388, 10 [408, 10]; p. concessionis atque donationis I 169, 5; p. confirmationis II 186, 20; *cfr.* 142, 35; p. confirmationis super beneficia ecclesiastica vel prestarias II 270, 1; p. immunitatis I 319, 10; praecepta VII de constitutione conscribere I 264, 10; per praeceptum non excusatum esse II 95, 10; praecepta firmare II 404, 10; quasi per p. patrimonia *etc.* largiri II 125, 25; per p. in proprium concedere II 357, 20; p. signare II 330, 30. — praeceptum auctoritatis (papae) I 354, 10; p. auctoritatis regiae II 149, 30; p. imperatoris, regis I 23, 10. 263, 20. 35. 264, 1. II 105, 5. 330, 35; per p. regis libertatem conquirere I 114, 10 [429, 5]; p. imperatoris ostendere II 298, 10; p. regale I 263, 25; praecepta regalia ecclesiarum conservare ac confirmare II 115, 25 [402, 1]; *cfr.* 336, 35. 388, 20 [404, 25]. 431, 35; p. regalia super precariis ecclesiasticis II 404, 5. 10; praeceptum regium petere II 404, 10; p. regium scribere II 523, 15.

praecipere I 2, 30. 18, 30. 19, 1. 23, 5. 28, 5. 15. 20. 264, 10. 280, 30. 35, *saepius*; p. per bannum, ex banno II 218, 20. 269, 5. 301, 5. 307, 30; p. de (ex) verbo regis I 87, 25. 185, 5. II 269, 15; p. per epistolam seu per legatos imperatoris II 101, 30; p. exercitui I 1, 20.

praecipui consiliarii II 527, 10.

praeclarus caesar I 394, 10. 15; p. imperator I 394, 30. — praeclarissimus augustus I 485, 5; p. princeps I 449, 30.

praeco: praeconis comitis ministerium I 214, 15.

praeda I 192, 35. 198, 5. 305, 35 [417, 25]. II 86, 15. 20. 103, 15. 107, 25. 30. 231, 15. 374, 25. 30.

praedari II 257, 1. 288, 15. 436, 30; praedando occidi II 281, 45.

praedatio II 67, 10. 97, 5. 285, 20.

praedator II 75, 15. 20. 286, 15. 288, 15.

praedicare *passim, ex. gr.* I 11, 25. 40, 20. 41, 25. 56, 10. 59, 5. 61, 25—40. 77, 10; p. *canonem* I 285, 20; p. festivitates II 88, 25; p. gentibus I 248, 5; p. legem Dei I 46, 15; p. nova et non canonica I 61, 25 [404, 35]; p. orationem dominicam I 59, 25 [408, 5]. 108, 20; p. populo; p. scripturas divinas II 406, 30; p. sermonem II 384, 15; p. verbo et exemplo I 364, 40. — officium praedicandi I 110, 10.

praedicatio I 11, 20. 40. 154, 15. 209, 15. 231, 15. 241, 15. 246, 35. 279, 30 [409, 10]. 357, 30. 372, 25. 418, 15. II 35, 1. 79, 40. 81, 20. 115, 10 [401, 30]. 118, 10. 119, 5. 286, 25. 405, 30. 420, 15. 479, 5. 501, 35. 522, 30; p. ita fiat, ut vulgus intellegere possit I 174, 15; p. canonica sacerdotum I 12, 5; p. catholica; p. episcopi; p. presbyteri; p. sacerdotis I 318, 1 [422, 25]; de doctrina praedicationis presbiteros instruere II 407, 1; p. officium I 358, 5; p. sermo II 48, 5; praedicationem audire II 81, 30; p. exercere II 102, 1; p. percipere II 83, 1; ad p. occurrere I 304, 40 [416, 20]; ad p. venire I 358, 5. II 80, 10. 81, 25; *cfr.* 48, 1. 5.

praedicator II 40, 10. 15. 440, 20. 481, 30.

(praediolum), prediola sacerdotum II 83, 10.

praedium: praedia ecclesiae ad proprietatem alicuius non transferantur I 334, 5. 10; p. de rebus ecclesiarum emere II 34, 15. 25; p. locorum sanctorum II 386, 10.

praedo, predo II 66, 25. 107, 25. 30. 35. 108, 5. 281, 40. 288, 35.

praefatio I 394, 5. 30. 397, 1. 35. 418, 40; p. sinodi I 227, 35.

praefatiuncula I 418, 20. 435, 1.

praefectura II 515, 20.

praefectus I 25, 15. 27, 40. *II 515, 20;* p. regni II 530, 5.

(praegnans): pregnantes uxores II 46, 1.

praeiudicare II 233, 30; p. canonice II 240, 25.

praeiudicium I 14, 20. 279, 25 [409, 5]. II 54, 30.

praeiuramentum II 224, 25.

praelatio II 66, 15. 385, 25; p. ecclesiae II 267, 25.

praelatus, praelati I 369, 10. II 367, 1. 412, 5; p. abbatiarum II 268, 1; p. canonicorum I 340, 10—25. 342, 1; p. ecclesiae I 339, 20. II 267, 25. 30; p. ecclesiarum, clerici sive laici I 318, 15 [422, 40]; p. monasteriorum II 268, 20—30. 270, 1. 5; praelatorum ministerium *I 340, 25;* p. officium I 340, 30. II 516, 5; p. duricia, neglegentia II 66, 10. 15. — praelati congregationes suas neglegentes II 64, 35; p. inopiam non emendantes II 66, 15; p. presbiteros per diversa non mittant II 40, 35. — praelati et praelatae I 342, 1.

praelocutio imperatoris ad episcopos et populum I 303, 5.

praelocutiuncula I 424, 1.

praeloquutiva epistola II 209, 30.

praemium, premium I 70, 15. 92, 20. 35. 93, 20. 96, 15. 149, 1 [431, 15]. 150, 25. 176, 30 [438, 35]. 192, 25. 208, 5. 228, 10. 263, 30. 287, 5 [441, 45]; propter p. dimittere disciplinam I 64, 5; propter p. a iudicio declinare *I 58, 20 [402, 5]; per p. legem* non depravare II 178, 15 [185, 30]; p. pro susceptione monachi I 63, 20. *76, 1;* premiis consecrare sacerdotem I 372, 15; *cfr.* 195, 25. II 335, 20. 35; praemio conducere testes I 148, 30 [431, 10].

praenotare capitula I 227, 25.

praenuntiatio publica II 478, 35.

praeoccupare I 116, 25 [448, 15].

praeparare *(sc. ad exercitum, in hostem):* p. alium I 134, 30—135, 1. 136, 1. 5. II 7, 10 [321, 30]. *10, 5; se* p. I 137, 5. 20; bene praeparati cum equis, armis *etc.* II 5, 10; homines bene armati et praeparati I 168, 20; bene praeparati hostiliter veniant I 136, 5; (hostiliter) praeparati ad Dei servitium et nostram (regis) utilitatem, ad Dei et nostrum servitium et publicam utilitatem *vel similiter* I 125, 30 [427, 20]. 141, 20. II 273, 35. 274, 1. 328, 15. — duo tertio adiutorium praeparent II 20, 1.

praeparatio ad hostem I 167, 10 [433, 5].

praeponere I 228, 25. 301, 25 [437, 30]; qui praeponuntur nonni vocentur I 347, 10.

praepositum (= *munus praepositi?*): a praepositum removere I 93, 40.

praepositus I 93, 35. 149, 10 [431, 25]. 151, 1. 163, 15. 165, 10. 185, 10. 217, 25. 327, 5. 347, 10. 15. II 16, 10. 15. 80, 1; p. canonicorum I 277, 10 [406, 40]; p. claustri I 289, 40; p. ecclesiae I 21, 20. 22, 1. II 369, 10; p. ecclesiae cardinalis I 195, 20. 25; p. monachorum I 277, 10 [406, 40]; p. monachorum laicus non sit I 122, 15 [409, 40]; p. monasterii I 93, 35. 40. 170, 35. 230, 5; p. post abbatem maiorem potestatem habeat I 346, 1; p. lectoribus benedictionem tribuat I 347, 20. 25; p. monachus monachis constituatur I 346, 5; praepositorum mutatio secundum regulam fiat I 63, 5; praepositus operis I 197, 15; p. rei publicae I 204, 25.

praereptor II 408, 20.

praescribere *formam* institutionis I 341, 1. 5. 10.

praescriptio: p. annorum I 206, 5; p. decennii, vicennii, XXX annorum I 219, 5; *p. temporum II 25, 25.*

praescientia II 527, 25.

praesens: praesente rege (nobis praesentibus) I 9, 30. 10, 5. *II 529, 25.*

praesentaliter II 95, 15. 30; p. damnare II 64, 5; p. emendare I 199, 5. 217, 1; p. persolvere I *69, 40;* p. reddere II 330, 20; p. restituere II 388, 5 [408, 1]; p. reverti I 198, 30; p. *sacramentum reddere* I 217, 1; p. inter se wadiare II 89, 15.

praesentare I 218, 10. II 273, 15; p. *caballos;* p. dona I 168, 35; p. fideiussorem; p. forbannitum II 371, 5; p. furem; p. hominem I 23, 1; p. homines misso II 316, 25; p. latronem I 48, 20—30. 70, 1; p. in mallum I 5, 5. 10; p. in mallo fiscalinum, colonum, servum II 344, 25—35; p. presbyterum episcopo I 203, 20; p. ad placitum I 68, 20; p. regi, in praesentia regis I 89, 35. 199, 15. II 272, 25; p. in obtutibus regis I 2, 35; *cfr.* II 212, 15; p. servum I 5, 5. 10. 6, 10. 17, 10. 285, 5 [441, 25]; p. venientem ad palatium I 298, 35.

praesentia, presentia I 10, 5; p. archidiaconi, *centenarii*, vicedomini I 51, 10; p. archiepiscopi I 356, 35; p. comitis I 51, 5. 158, 5. 10 [448, 30]. 205, 35. 210, 15. 35. 211, 5. 288, 10 [440, 1]; ad praesentiam comitis se adhramire I 284, 15 [441, 1]; in praesentia comitis iudicare I 176, 30 [438, 40]; p. ducis I 205, 35; p. episcopi I 22, 1. 51, 5. 218, 1. 280, 20. 365, 1. II 400, 10. 412, 15. 438, 25; praesentiae, ad praesentiam episcopi deducere, perducere I 158, 10. II 266, 20. 292, 30; in praesentia fidelium iudicari *II 320, 20;* ante praesentiam fidelium venire II 429, 10; praesentia fratris senioris I 272, 5; *p. imperatoris, regis* I 84, 1. 71, 30. 72, 15. 84, 25. 96, 10. II 422, 1; in p. regis abducere I 67, 15; ad (in) praesentiam imperatoris, regis adducere, deducere, perducere I 68, 25. 71, 30. 97, 5. 35. 98, 15. 25. 101, 30. 104, 40. 115, 20 [429, 30]. 123, 5 [425, 45]. 171, 35. 443, 45. II 68, 30. 86, 40. 97, 5. 10. 20. 272, 5. 10 [312, 25]. 272, 25. 30 [348, 30]. 278, 10. 292, 15. 307, 20. 320, 10. 345, 1. 319, 20. 371, 1. 5. 372, 35; praesentiam imperatoris adire I 341, 15; *ad p. regis deferre* I 330, 30. 331, 5; ad p. regis dirigere I 17, 5. 257, 30; ante p. regis distringere II 374, 30; p. regis exhibere II 424, 30; in praesentia regis firmitatem facere. II 298, 5; in p. regis iudicari II 320, 20; in p. regis praesentare; ad praesentiam imperatoris properare II 87, 5; a praesentia regis se subtrahere; in (ad, ante) praesentiam imperatoris, regis venire I 10, 5. 94, 10. 116, 10. 159, 5. 196, 25. 171, 1. 176, 20 [438, 30]. 200, 1. 258, 35. 282, 35 [439, 25. 30]. 284, 5 [440, 35]. 296, 5. 306, 25. 40 [418, 15. 25]. 324, 5. 329, 5. 341, 15.

342, 20. 25. II 9, 10. 13, 20. 25. 16, 15. 37, 30. 170, 30. 269, 1. 281, 35. 287, 5 [309, 35]. 320, 15. 330, 10. 35. 429, 10. 438, 25; ad p. imperatoris venire per fideiussores, sub fideiussoribus II 15, 5. 16, 15. 19, 10. 15; in p. regis aut reginae venire I 84, 25; praesentia iudicis comitis I 51, 10; p. iudicum I 205, 35; p. missi, missorum I 71, 25. 145, 20. 158, 5 [448, 40]. 176, 30 [433, 40]. 309, 5 [420, 1]. 324, 15. II 278, 20. 330, 20; p. missorum comitum I 211, 10; p. populi I 324, 15; p. praepositi I 22, 1; p. reginae I 84, 25; p. servatoris loci I 205, 35; in praesentiam synodi venire II 423, 1. — presencia = *statim* I 6, 1. 25.

praeses = *graphio* I 9, 30.

praesidere II 56, 15. 185, 5. 246, 5. 263, 35. 382, 15; p. synodo II 112, 30. 117, 5.

praesidium = *peculium, res mobilis* I 13, 20. 35.

praestare: p. censum, tributum I 262, 20 [II 260, 15]; p. epistolam I 2, 5; p. obsequium I 262, 10; p. servitium II 260, 15. — praestare = *concedere* I 19, 15.

praestigiae, prestigiae II 45, 1. 117, 30.

praestituta canonum II 227, 5.

praesul = *episcopus* I 358, 1. 369, 5. II 108, 20. 111, 25. 178, 40 [185, 30]. 250, 20. 25. 263, 35. 264, 5. 15. 35. 367, 35. 397, 1; non damnabitur p. sine LXXII testes neque p. summus (= *papa*) a quemquam iudicabitur I 134, 1. — praesul = *archiepiscopus* II 385, 15; archiepiscopi praesules XVI regni II 379, 15. — praesul = *papa* II 497, 20. 498, 5. 507, 30. 510, 30; *cfr.* I 134, 1. II 515, 15.

praesulatus II 494, 25.

praesumptio I 203, 20. II 16, 10. 307, 25; p. incauta II 91, 5; p. indebita II 298, 20; p. inlicita I 202, 15; p. in sacerdotes I 360, 35.

praesumptiose I 227, 40. 228, 1. II 13, 15.

praesumptor II 69, 30. 328, 5. 406, 35. 487, 30.

praetermittere I 21, 1. 10. 135, 5. 180, 15, *saepius;* p. bannum ostile I 93, 5; bannus praetermissi exercitus II 110, 5; praetermittere custodias I 5, 20.

praetextus I 174, 20.

praetor II 515, 25.

praevaricari, praevaricare I 328, 25. 332, 5; p. capitula II 391, 15; p. constitutionem II 42, 1.

praevaricatio sanctarum regularum II 520, 20.

praevaricator publicus legis divinae II 402, 20.

praevidentia I 77, 25.

praevidere: p. acceptores, spervarios I 86, 15. 20; p. alodes, beneficia, casas I 136, 5—20; p. apes I 84, 30; p. de clamatoribus I 85, 25; p. clericis I 209, 25; p. cleros I 96, 5; p. equos emissarios I 84, 10; p. de maleficiis I 88, 5; p. marcham I 139, 25; p. ministeria I 84, 5; p. per monasteria I 199, 35.

pragmatica sanctio I 311, 35 [421, 35].

prandium II 486, 5.

pratum I 86, 20. 212, 1. 251, 35. 253. II 87, 15. 97, 25. 142, 15. 292, 5. 10. 436, 30. 438, 1; p. defensorium II 292, 15; p. dominicum I 252, 15. 20. 25; comiti in prato obsequium non fiat I 144, 5.

pravus, a, um: p. advocatus, archidiaconus *etc.* I 185, 10; p. conversatio I 334, 40; p. consuetudo I 313, 30 [428, 15]; p. homines I 88, 5; p. iudex *etc.* I 206, 30. — pravi II 431, 5. 461, 35. 519, 25; p., qui brunaticus colunt I 202, 15; pravorum acta II 5, 30; p. consilium II 54, 20. — prava II 5, 25.

precaria, praecaria II 262, 1. 408, 35; precariae ab episcopis factae II 433, 15; *cfr.* I 50, 25; p. a rectoribus ecclesiarum factae I 327, 25; p. de rebus proprie Deo *etc.* dicatis non fiant II 404, 5; p. cum auctoritate ecclesiastica vel civili fiendae II 408, 35; p. de rebus ecclesiasticis II 404, 1; p. de rebus ecclesiarum I 50, 20. 208, 25; praecepta regalia super precariis ecclesiasticis II 404, 5. 10; precariae de verbo regis I 50, 20. 25; precarias renovare I 50, 20. 65, 30. 203, 35; precariae de quinquennio in quinquennium renoventur II 404, 15; precarias rescindere II 408, 35; p. scribere I 50, 15. 25; in precariam monasterium concedere II 423, 10; per p. usum fructuum possidere I 205, 10; quod tradidit in diebus vitae suae habeat in p. I 253, 1. 5.

precarium: p. renovare, p. novum rescribere, in precario praestare, sub p. retinere I 28, 10. 15.

precarium ius II 423, 15.

precatio I 16, 10. II 437, 35.

preciare cartam I 319, 30.

prendere, praendere, prindere I 9, 20. 17, 30. 172, 15. 216, 5; p. mansionaticos I 84, 5. 10. 85, 20; p. aliquid super suum parem I 48, 10; p. sortem I 5, 10. 15; p. malam sortem I 6, 5.

presbyter, presbiter *passim, ex. gr.* I 24, 25. 27, 45. 237, 5. 30—238, 25; presbyteri mediatores Dei hominumque I 374, 10. 15; presbyter tondetur I 230, 20; presbyteri adstantes, assistentes II 58, 25. 112, 5; presbyter adulter I 25, 5; p. non baptizatus I 88, 30; p. capellanus I 25, 10. 15; p. fore censitus (?) I 67, 1; presbyteri circumstantes et confirmantes II 246, 35. 247, 1; presbyter criminatus; p. falsus; p. forensis; p. fugitivus; presbyteri per minores titulos habitantes II 110, 25. 120, 30; presbyter ignotus I 25, 25; p. indoctus I 372, 30; p. infamatus; p. iunior II 374, 1; p. liber, servus I 212, 15. 20; p. palatii II 385, 20; p. parrochianus II 334, 40. 419, 25; *cfr.* 190, 35. 40. 257, 25—40. 292, 30; presbyteri plebium II 407, 1; p. potentum; presbyter vagans I 36, 5; p. villanus II 323, 10. — presbyteri et clerici I 244, 10. 332, 5. 10. II 32, 1; p. et diaconi I 134, 1 [411, 25]. II 191, 5; p. et episcopus I 25, 15. 20. 29, 30. 31, 30. 34, 40. 35, 1. 47, 35. 56, 20 [400, 25]. 59, 20. 30 [403, 1. 5]. 74, 40. 77, 15. 95, 35. 102, 40. 103, 15. 108, 1. 110, 15. 20. 119, 25. 133, 40 [411, 25]. 150, 30. 208, 20. 221, 15. 20. 227, 20 [407, 1]. 243, 35. 40. 328, 15—30. 332. 358, 5. 10. II 12, 15. 42, 5. 81, 35. 179, 10. 232, 30. 256, 25. 30. 257. 268, 15. 30. 354, 20. 373, 10. 25. 374, 1. 375, 15. 409, 25. 30; p. et laici I 110, 35. II 214, 10. 224, 25; p. et seniores I 178, 20 [412, 10. II 335, 5]. 179, 1 [412, 35]. 277, 35 [407, 5]. II 334, 40. 335.

presbyterum absolvere; presbyter absolutus non sit sine magisterio episcopali I 110, 30; presbyteros accusare; p. admonere I 236, 10. II 188, 10; presbyteri admonitio; presbyteros affligere; presbyter de agro ecclesiastico *etc.* census non persolvat I 333, 30; p. altare ad pontificem ad sacrandum deferat I 232, 30; presbyteri amici; p. amita; presbyter ampullas secum deferat I 179, 10 [412, 45]; p. arma non portet I 59, 30 [403, 5]. 103, 40. 248, 10. 15; presbyterorum avaritia I 237, 5. II 33, 15; presbyter baptismatis sacramentum pretio non vendat I 106, 40; *cfr.* 243, 15. 20; presbyteris baptismi sacramentum tradatur II 177, 1; presbyteri baptizent I 34, 35. 35, 1. 237, 5; p. baptizent secundum morem Romanum I 64, 5; ubi et quando p. baptizent II 410, 10; p. basilica I 248, 25; presbyter benedictionem lectoribus tribuat I 347, 20. 25; presbyterum caedere; p. calumniare; presbyter capitula habeat de maioribus vel de minoribus vitiis I 179, 5 [412, 40]; presbyteris capitula ordinare I 362, 35; p. capellas regis dare II 419, 30—420, 1; presbyter cartas non scribat I 179, 1 [412, 35]; p. casula utatur, non sago I 26, 5; *cfr.* II 248, 10; p., quomodo catecuminos instruat I 110, 5; presbyteri cellarium I 248, 1; p., qualiter chrisma accipiant I 278, 10. 15 [407, 30. 35]; p. confectionem chrismatis non faciant II 118, 40; presbyter chrisma custodiat I 174, 20. 244, 20; p. chrisma ad aliquam niemitatem (necessitatem) dans aut accipiens I 142, 15; *cfr.* 237, 10; p. chrisma donans ad iudicium subvertendum I 149, 10 [431, 20]. 150, 30; p. chrisma quaerat I 25, 25; presbyteri compositio; p. non sint conductores I 179, 1 [412, 35]. II 121, 40. 122, 1. 179, 20; p. conductus; presbyter consanguinitatem coniungentium exquirat I 98, 1; presbyterum consecrare; presbyteri consecratio; presbyterum constituere I 277, 25 [407, 5]. 358, 10. 375, 5. 10. 412, 10. II 12, 15. 40, 35. 40. 282, 30. 374, 1; presbyterorum conventus; presbyterum corripere; presbyteri crimen; p. cubiculum I 248, 1; presbyterum damnare; presbyter decimam accipiat, recipiat I 178, 30 [412, 25]. II 419, 25—420, 1; p. parrochiae decimam consequatur de mansis hereditariis II 337, 1; p. admoneat decimam dare neglegentes I 197, 25; p. decimas dispenset I 178, 20 [412, 15]. II 182, 35 [185, 30. 35]; presbytero decimas donare I 179, 15 [413, 5. II 18, 5]; presbyteri de decimis etc. census et pastus reddere compelluntur I 367, 25, de decimis etc. servitium faciant I 277, 25 [407, 5]; p. defensor; p. degradatio II 182, 10; presbyterum degradare I 35, 5. 41, 20. 150, 30. 237, 10. II 182, 10; p. dehonestare, dehonorare II 215, 25. 256, 35; p. deponere I 231, 5. II 179, 10. 219, 5—15. 265, 25; p. depraedari II 257, 1; presbyter dignitatem obtinens per pecunias I 399, 20; presbyteri dimissoria I 374, 35. 40; p., quid discant vel similiter I 110, 5. 25. 30. 234, 25—35. 237, 30. 238, 15. II 8, 35. 406, 5; cfr. 118, 5; p. discendi gratia ad civitates convocentur I 278, 15 [407, 35]; p. dispositio; presbyterum distringere; p. docere I 178, 25; presbyteri domestici; p. domus; presbyter ab ebrietate se caveat I 248, 30; cfr. 288, 1. II 33, 30; presbyteri ecclesia; presbyter una sit contentus ecclesia II 41, 20; cfr. I 277, 30 [407, 10]. II 282, 15—25; p. ecclesiam per pretium non adipiscatur II 179, 5. 10; p. ad introitum ecclesiae exenia non donet I 178, 15 [412, 10]; presbyteri de rebus ecclesiarum praedia ementes II 84, 25; p. res ecclesiae inter parentes et proximos dividentes I 229, 40; p. rem ecclesiae vendentes II 178, 25. 30; presbyterum eligere II 282, 20. 30; presbyter eulogias in refectorio det I 347, 30; presbyterum examinare; presbyteri excusatio; presbyterum expellere; presbyter nullam feminam (mulierem) in domo habeat vel similiter I 54, 20 [398, 10]. 97, 5. 102, 25. 207, 25. 30. 243, 1. 278, 5. 10 [407, 30]. 328, 25. 30. 332, 1. 5. 336, 15. 20; cfr. II 33, 20. 42, 30; p. fideiussor non existat I 244, 10; presbyteros flagellare I 26, 1. II 272, 1 [312, 15]; presbyteri gradus; p. honor; p. hospitales sint I 238, 25. II 375, 5; presbyteros hospitari II 407, 5. 10; presbyteri infamia II 188, 15; p., qualiter de infirmis agant I 179, 10. 15 [418, 1]. 243, 40. 244, 5. 15. II 119, 10. 182, 15. 20; presbyterum iniuriare; p. inquirere; p. instruere II 102, 5. 407, 1. 410, 25. 30; p. interficere; presbyteros investigare I 178, 25; presbyteri ius; p. iussus; p. mansio; p. mater I 54, 20 [398, 10]. 207, 25. 243, 1; p. matertera; p. per mercatus discurrentes II 33, 30; p. ministerium; p., qualiter missas celebrent I 35, 1. 53, 5. 54, 25 [398, 15]. 64, 10. 110, 10. 119, 30. 173, 35. 175, 25. 178, 25. 30 [412, 20. 25]. 190, 25. 229, 35. 238, 30. 245, 25. 249, 25. 374, 10. 15. II 41, 5—20. 40; a presbyteris munera, munuscula exigere I 178, 30. II 407, 25; cfr. 9, 1. 248, 10. 256, 25. 257, 15. 25; presbyterorum neglegentia; presbyteri oblata mulierum accipiant etc. I 364, 35; presbyterum occidere I 118, 1 [428, 20]. II 182, 5. 10. 248, 10 (cfr. occidere); presbyteri officium I 35, 5. 110, 1. 248, 30. 369, 5. II 188, 20; presbyterum ordinare I 25, 40. 40, 40. 75, 25. 107, 1. 108, 5. 227, 30. 369, 5. 373, 10. II 81, 35. 257, 35; presbyter non ordinetur, priusquam examinetur I 115, 20 [412, 1]. 234, 25; p. non ordinetur ante XXX. annum I 57, 10 [401, 10]. 78, 1. 108, 10; presbyteri ordinatio I 41, 15. 75, 25. 108, 20. 195, 25. 238, 10. 15. 412, 1; presbyteri orationem peragant I 374, 10. 15; p. ad palatium venientes, palatium adeuntes I 198, 30—199, 10. II 87, 35; p. parentes I 195, 25; cfr. 229, 40; presbyterum percutere; presbyteros perquirere; presbyteri, qualiter de poenitentibus agant I 179, 1 [412, 30]. 244, 5. 10. II 33, 30. 118, 30—40. 182, 15. 20; p. possessio I 196, 15; p. possibilitas; p. praedicatio, presbyter praedicet I 58, 1 [401, 30]. 61, 20. 25 [404, 35]. 108, 20. 110, 10. 178, 25 [412, 20]. 404, 30. 412, 40. II 102, 1. 5; presbyterum probare; presbyteri procuratio; p. propositum; p. proprietates post ordinationem adquisitae II 178, 20—30; presbyterum providere, prospicere II 221, 5. 10; presbyteri puellarum consecrationem non faciant II 118, 40; presbyter in puellarum monasterium cum testimonio intret I 95, 15; presbyterorum reclamatio II 256, 15. 20. 40; presbyter saeculares curas non adsumat vel similiter I 231, 5. 399, 25. 30; cfr. 226, 30; presbyteri saepes II 257, 15; p. satisfactio II 188, 20—35; p. scholarii I 238, 10. 20; p. servientes; p. socius I 278, 15 [407, 35]. II 188, 25; p. solutio I 435, 40. 438, 45; presbyterum solvere tripla compositione I 212, 20, simplici emendatione (tripliciter) II 248, 10. 15; presbyteri soror I 54, 20 [398, 10]. 207, 25. 248, 1; presbyterum spoliare II 248, 10; p. statuere II 282, 25; presbyterorum morientium substantia II 248, 5. 10; presbyteri ad synodum conveniant vel similiter I 31, 30. 84, 1. 182, 30. 237, 10; a presbyteris duo synodi tantum exigendi II 258, 5; cum p. synodos habere II 432, 20; presbyteri tabernis non ingrediantur I 76, 10. 107, 15. 237, 5. 243, 5; cfr. II 33, 30; presbyterum transferre II 229, 30; presbyter usuram non exigat I 227, 35. 244, 5. 10; cfr. II 33, 30; p. uxorem habens I 40, 15. 191, 5; p. venationem non faciat I 195, 15; cfr. 95, 20. 231, 20. 25. II 188, 25; presbyteri viduas instruant I 279, 35 [409, 10. 15]; p., qui villici fiunt II 33, 30; presbyterorum vita, conversatio I 110, 15. II 79, 35. 81, 5. 10. 110, 25. 120, 30. 35; presbyteri, qualiter vivant I 93, 25. 175, 5. 236, 10. 279, 35 [409, 10. 15]. II 81, 5. 10; presbyterum vulnerare II 215, 20—216, 5. 248, 10; presbyteri weregeldum II 216, 1.

presbyteratus I 37, 10. 243, 1. 5. 356, 15. 25. 30. II 519, 5. 10.

presbyterium, presbiterium = dignitas presbyteri I 108, 15. 356, 20. — p. nuncupatur locus, ubi sacerdotes vel reliqui clerici consistunt I 376, 20.

prestaria II 270, 1.

pretium, precium, praecium I 9, 25. 51, 10. 72, 40. 125, 25 [427, 15]. 131, 35 [428, 1]. 135, 1. 137, 40. 138, 1. 149, 15 [448, 30]. 168, 15. 175, 15. 188, 1. 243, 20. 331, 5. II 335, 35. 392, 45; p. dispensae II 257, 20; p. iniustum; p. iustum; p. legitimum; p. pro libero datum II 326, 25. 30; pretia peccatorum II 304, 40; pretium redemptionis I 16, 15; p. proprium I 321, 10; p. paris, viri I 40, 30. 35; p. servi I 6, 5. 7, 1; p. weregeldi II 216, 1. — pretio defraudare I 334, 5; pretium accipere de consecratione etc. ecclesiae I 332, 1; per p. ecclesiam adipisci II 179, 5. 10; p., in pretio emendare I 49, 10. 33, 15; p. facere I 9, 20; p. pro faida recipere, solvere I 51, 20; pretio (de hoste) se redimere I 137, 35; pretium de latronibus prendere I 216, 5; p. perdere I 318, 30; p. reddere I 138, 1; sine pretii exactione sepelire vel similiter II 222, 5—15. 415, 25. 30.

(prex), precis etc.; preces: prece aut pretio I 334, 5; preces ad adiutoria facienda II 30, 15. — preces = orationes I 25, 20. 356, 5. II 117, 20. 367, 40. 498, 25. 30. 503, 10; ante precem sacerdotalem I 57, 20 [401, 20]; preces pro regibus II 117, 20, pro vita etc. imperatoris etc. I 106, 10. II 35, 30.

primariae rationes I 398, 40.

primates II 53, 15. 131, 1 [138, 30. 148, 35]. 209, 40. 211, 1. 366, 40. 367, 1. 35; p. Galliae et Germaniae I 362, 10.

primatus: p. Galliae et Germaniae II 352, 10. 15; p. regni II 484, 1.

primitiva mala I 91, 1.

primogenitus I 271, 5.

primus, a, um: p. hora I 348, 30.

368, 15. II 180, 20; p. senatores II 528, 40. — primi I 188, 25; p. Galliae et Germaniae I 359, 20. 25.

primores II 366, 25. 367, 5; p. regni II 160, 5. 261, 10. 351, 15.

princeps = *imperator, rex* I 19, 20. 22, 5. 23, 1. 45, 1. 311, 20. 360, 40, *passim*; p. christianissimus II 115, 10 [401, 30]. 266, 30. 415, 15; p. christianus II 416, 1; p. devotissimus II 266, 20; p. gloriosissimus I 344, 1. 394, 5. 20; p. gloriosus II 387, 15. 422, 35. 529, 5; p. inclytus I 20, 30. 396, 20; p. piissimus et sapientissimus II 81, 5; p. pius II 265, 20. 419, 15; p. praeclarissimus I 449, 30; principes praeteriti, priores I 25, 1. 29, 10; princeps religiosus II 265, 40; p. serenissimus II 185, 1; p. terrae II 520, 35; principis beneficium I 167, 1 [482, 40]; p. disciplina, vigor II 45, 5; p. epistola I 21, 10; p. iussio I 378, 5; p. licentia, permissio I 166, 30 [482, 40]; p. ordinatio I 21, 1; p. patrocinium I 21, 10; p. sententia I 375, 10; in p. servitium se tradere I 166, 15 [482, 20]; ad principem ambulare I 21, 10; ad regem vel ad principem deferre ibique iudicari I 118, 20 [428, 40]; p. supplicare I 360, 40. — princeps Aquitanorum II 483, 15; p. et dux Burgundiae II 377, 20; princeps Wido II 104, 30. 106, 1. 5. — dux et princeps Francorum I 24, 20. 29, 1. II 187, 30; *cfr.* 482, 30; princeps *eadem significatione* I 25, 15. 28, 10. 30, 15; principis consensus I 29, 15. 30, 10. — principes = *optimi, primi* I 361, 25. II 41, 30. 35. 50, 20—30. 51, 1. 261, 5. 262, 20. 368, 5; comites vel huiusmodi principes II 529, 20; p. Galliae et Germaniae I 362, 20; p. regni II 211, 5. 377, 20; p. sacerdotum II 519, 25; p. saeculares II 391, 40; principum adiutorium, assensus II 51, 5.

principalis, e: p. cathedra; p. ecclesia. — p. = *regalis, imperialis:* p. auctoritas I 247, 35; p. clementia; p. potestas; p. venator. — principaliter II 29, 15. 20. 519, 30. 522, 10. 523, 25. 527, 40.

principare II 45, 35.

principatus I 354, 5. 15. II 271, 15. 366, 25. 40. 368, 25. 387, 15. 388, 5 [408, 1]; p. hominum II 521, 35; p. papae I 354, 5. 15; p. saeculi II 515, 5. 10; annus principatus.

prindere *v.* prendere.

prior (*sc.* monasterii) I 344, 15. 25. 345, 1. 346, 25. 349, 1.

pristinus, a, um: p. dominus I 292, 20; p. ius II 102, 25.

privatus, a, um: p. amor II 485, 30; p. causae I 14, 25; p. commoditas; p. gratia I 384, 5; p. missa; p. res; p. servitium I 196, 30; p. suasiones II 396, 10. — privatus, privati: privatorum domus II 87, 15; privati res I 46, 20; p. silva I 28, 20. — privatus = *familiaris* II 163, 20. 164, 15. 35. — private venire contra Romanos I 354, 40.

privilegium II 92, 15. 105, 10. 119, 20. 255, 5 [356, 1. 362, 10. 398, 10]. 340, 1. 522, 35; p. canonicum; p. confirmationis; p. ecclesiae, sedis Romanae II 104, 35. 125, 1. 386, 35. 508, 10; p. ecclesiarum Romanae, Antiochensis, Alexandrinae II 515, 10; privilegia ecclesiarum II 105, 1. 179, 5. 366, 30. 367, 20. 431, 35. 436, 10; p. episcoporum II 431, 35; sub privilegio episcoporum permanere II 268, 15. 20; privilegium honoris I 321, 1; p. monasterii II 356, 10. 434, 5; p. papae II 423, 5; p. regium II 438, 10; privilegia vicorum II 410, 15.

probare = *comprobare* I 19, 20. 40, 25. 124, 20 [426, 35. 448, 25]. 192, 20. 25. 268, 45 [445, 35]. 385, 20. 389, 45. II 108, 5. 190, 1. 415, 1; p. cartam; p. crimina I 215, 10. II 89, 10. 188, 25; p. hereditatem II 345, 35; p. legibus II 292, 20; p. libertatem II 89, 20. 30; p. per sacramentum I 380, 25; p. per securitatem II 239, 10. 15; p. testimonium II 62, 5. — probare = *approbare* I 125, 15 [446, 35]; p. capitula II 218, 15. — probare = *'prüfen'*: p. causam II 335, 40; p. episcopum, presbyterum I 29, 35; p. iudicem I 56, 35 [400, 35]; p. in pulsatorio I 60, 10 [403, 35]; *cfr.* 84, 35; p. secundum regulam I 68, 15; p. servos iudicio I 6, 30. — probare = *convincere* II 81, 20. 251, 5; probari de furto I 49, 30; p. de (in) periurio I 49, 5. 98, 10. — probati I 6, 10; *cfr.* probatus.

probatio: p. novitii I 346, 5. 10; p. synodalis I 25, 25; p. III testium II 91, 5.

probatus, a, um: p. episcopus I 368, 25; p. mensura; p. monachus II 174, 5. 10; p. poenitentia I 279, 10 [408, 35]; p. testes II 415, 5. — probatissimi patres II 406, 30.

probitas: p. morum; p. regis II 383, 30.

procaspis (?) II 193, 10.

procedere I 123, 10 [426, 5]. II 39, 10; p. letania, cum laetaniis I 229, 30. 245, 20; procedat iustum iudicium I 188, 10—20.

proceres II 58, 25. 265, 10. 379, 15. 20. 385, 35. 528, 40. 529, 10; p. mediantes I 12, 35; p. palacii I 4, 40; p. imperatoris, regis I 189, 35. 40. II 35, 30. 35. 39, 10; p. regni II 377, 25; *cfr.* posteres.

procinctus I 315, 25. 30.

proclamare I 199, 5. 10. II 374, 30; p. se II 226, 30; p. se ad comitem, palatium, placitum I 190, 10—20. 35; p. ad imperatorem, se per misericordiam imperatoris II 124, 25. 125, 1; p. ad regem I 85, 30; *cfr.* 88, 20.

proclamatio I 88, 20; p. super liberum hominem veniens I 207, 5; p. ad palatium I 199, 5; p. populi II 274, 35. — proclamationis diploma II 448, 30; p. libellus II 350, 5. 450, 30.

procreatio: p. filiorum aut filiarum I 145, 40—146, 1; p. liberi servitium alteri se subdentis II 63, 1; *cfr.* I 317, 20; p. servi cum ancilla alterius sociati I 145, 10.

procurare I 19, 5. 356, 1. 5. II 74, 35; p. ecclesiam II 232, 15. 20. 30; p. officium rectoris II 520, 5; p. regnum I 273, 5; p. reliquias II 232, 20.

procuratio: p. missorum I 309, 10 [420, 10]; p. presbyteri II 220, 20.

procurator I 334, 5. II 122, 1; p. civitatis I 216, 15; p. palatii II 530, 5; p. rei familiaris II 516, 10; p. rerum I 306, 5 [417, 40]; p. rerum saecularium II 179, 20; p. scolae I 357, 40.

prodere II 255, 15. 528, 1; p. fures, latrones I 96, 15.

proditor patriae II 321, 15. 332, 10.

producere: p. in mallo I 114, 15 [429, 10. II 326, 5]; p. testes I 268, 1. 25. 282, 40 [439, 30]. II 10, 1; p. testimonia I 293, 35. II 88, 35. 89, 1.

productilia vasa II 478, 30.

profanus, a, um: p. sacrificium I 45, 15.

profectus II 528, 5; p. communis, omnium I 208, 25. II 70, 10. 20. 25. 71, 5. 74, 15. 77, 5. 170, 5. 172, 5. 284, 1. 15. 293, 30. 294, 10. 339, 1. 10. 20; p. communis populi II 254, 20, regum II 168, 1; p. ecclesiae I 62, 10 [405, 20]. II 27, 25. 99, 15. 20 [348, 15]; p. imperii II 101, 10; p. multorum I 304, 20 [416, 1]; p. plebis II 174, 1. 5; p. regis et ecclesiae I 43, 20; p. regis I 86, 15. 89, 30; p. regni II 49, 20; p. temporalis II 37, 5. — ad profectum (= *perfectum?*) venire I 83, 25.

professio I 92, 5. 289, 40. 303, 35. 40 [415, 25. 30]. II 38, 35. 246, 5. 247, 1. 356, 35—357, 1. 384, 20. 510, 25. 521, 15; p. ac ordo II 338, 40. 518, 40. 519, 30. 35. 521, 15; p. canonica I 276, 10 [405, 35—406, 1]. 277, 15. 399, 25; p. canonici, monachi, sanctimonialis I 98, 30; p. clerici II 407, 10; p. episcoporum II 342, 5. 10. 365, 10; p. monachica; p. monachorum; p. monasterii II 8, 35; p. monastica; p. regis II 364, 15; p. regularis I 277, 15; p. sanctimonialis I 95, 20; p. vitae I 245, 15.

proficisci I 167, 15 [488, 15]. 378, 5. II 84, 35; p. cum exercitu II 67, 5; p. in hostem I 137, 30.

profiteri I 75, 25. 165, 15. II 58, 40. 55, 25; p. legem I 323, 30. 35.

progenies II 528, 10; p. tercia, quarta I 87, 35—88, 1.

progenitores I 274, 25. 276, 1. II 118, 5. 166, 20, *saepius*; p. imperatoris, regis I 303, 15 [414, 45]. II 38, 5. 50, 40. 108, 30. 258, 35. 298, 1. 425, 1.

520, 30; progenitorum capitula II 520, 30; p. decreta II 213, 10; p. emunitates II 88, 25.

prohibere: p. ex banno II 322, 10; p. iustitiam I 291, 5 [444, 35]; p. sacerdotibus I 2, 30. — prohibitum coniugium I 69, 35.

proicere omnem iustitiam et res proprietatis I 74, 10.

proles II 426, 10; p. imperatoris, regis I 225, 30. II 85, 25. 178, 20. 30. 522, 15. 524, 10.

prolixitas II 29, 15. 45, 35.

prolongare iustitiam II 89, 5. 20.

promissio I 116, 1 [412, 5]. 168, 30. 35. 354, 45. II 8, 25. 155, 5. 409, 1; p. episcoporum, abbatum, optimatum I 355, 5; p. regis II 77, 40. 364, 25. 365, 1. 370, 10. 376, 1; in promissione retinendus, qui pro alterius debito se pecuniam suam promiserit redditurum I 219, 20.

promittere I 63, 15. 219, 20. 304, 15 [415, 50]. II 100, 1. 105, 30. 126, 35. 421, 5; p. in baptismo I 168, 30; p. fidelitatem; p. fidelitatis sacramentale I 101, 30. 40, sacramentum II 22, 20. 64, 10; *cfr.* I 63, 25; p. fidem Deo I 2, 25, imperatori I 181, 35. 304, 25, *saepius*.

promovere: p. exercitum I 137, 5; promovere ad clericatum; p. ad gradus ecclesiasticos I 276, 25. 30. 35. 277, 1. 5. 10 [406, 15. 25. 35]. II 280, 5; *cfr.* I 357, 35; p. ad ministerium sacrum I 229, 35; p. in ordine clericali II 412, 10; p. ad ordines ecclesiasticos I 279, 35 [409, 10]; p. ad ordinem sacrum I 96, 1. 276, 30. 277, 10 [400, 15. 20. 40]. II 280, 5. 385, 20. 25; p. ad sacerdotium I 282, 30. II 29, 40. 30, 40; p. ad sortem, plebium I 6, 3.

promulgare II 93, 5. 246, 5; p. capitula; p. constitutionem; p. decretum I 377, 5; *cfr.* II 523, 1; p. invectionem canonicam I 332, 25; p. sanctionem I 311, 25 [421, 25]; p. statuta canonum II 371, 25. — promulgatae divinitus leges II 520, 10.

promulgationes catholicorum II 522, 1.

pronuntiatio loci I 55, 40 [399, 35].

propalare: facinus non propalatum II 86, 30.

properare: p. hostiliter II 108, 10; p. ad imperatoris colloquium II 109, 30, obsequium II 92, 30, palatium, praesentiam II 87, 5, servitium II 109, 30.

propheta II 518, 35. 519, 5. 40.

propheticus, a, um: p. auctoritas; p. scriptura I 365, 10.

propinquitas I 93, 5. 20. 118, 30 [447, 40]. 316, 25. II 43, 1. 240, 15. 272, 20. 415, 1; p. consanguinitatis II 521, 5; de propinquitate nullus sibi accipiat usque in quintum genu I 365, 20; ob propinquitatem non ordinare II 81, 40. 82, 1. — propinquitas = *propinqui* II 408, 20. — propinquitas = *vicinitas* II 256, 30.

propinquus, propinqui I 91, 10. 97, 20. 25. 98, 10. 118, 30 [447, 40]. 156, 30 [428, 10. II 278, 1. 348, 20]. 188, 5. 217, 15. 277, 15 [406, 45]. 282, 5 [380, 5. 438, 35]. 315, 35. II 18, 25. 119, 40. 207, 35. 358, 30; propinqui episcopi I 77, 25. 30. II 34, 15. 25; p. heredes I 28, 15. 181, 10; propinquus Caroli imperatoris II 522, 5. 10; propinqui Hludowici imperatoris II 54, 5; p. intestati I 21, 20; p. latronis II 86, 35. 40; propinquus legitimus; propinqui sex sacramentales II 108, 35; p. succedentes II 260, 1; propinquarum coniunctio II 76, 5; p. consultus; p. homicidis. — propinqua (*sc.* femina) I 336, 30. II 73, 10 [155, 30]. — propinquiores comitis II 358, 10 [362, 30].

proponere II 66, 5. 263, 35; p. capitula; p. vestigium I 5, 45. — propositus monasterii I 34, 35. — propositum I 56, 1 [399, 35]. 57, 15 [447, 25]. 92, 5. 20. 358, 30. II 508, 15; p. canonicum II 43, 1; p. clerici II 179, 25; p. consecrationis I 403, 20; *cfr.* 59, 43; p. Deo dicatum I 279, 10 [408, 30]; p. monachicum, monachorum, monasticum; p. presbyteri I 369, 5; p. religionis I 341, 20. II 384, 25; p. sanctitatis II 228, 15; p. sanctum II 226, 40. 227, 1. 5; p. velatarum II 227, 30.

proprietas I 76, 20. 165, 1. 169, 20. 218, 5. 329, 30. 330, 35. 40. II 135, 10. 147, 45. 156, 10. 180, 1. 330, 10. 346, 5. 30; p. (*opp.:* beneficium) I 181, 30. 35 [427, 40. 45]; p. donatione tradita II 240, 30; proprietatis res I 74, 10; p. qualitas I 206, 30; proprietatem adquirere II 80, 15. 178, 20; p. in bannum mittere I 269, 1 [446, 5. 10]. 288, 20. 25 [440, 5. 10]. 35; proprietates delegare et postea alii venundare I 331, 5. 10; proprietatem alterius, qui hostem facere potest, emere eique ad utendum dimittere I 330, 10; p. ad monasterium donare et ad usum fructuarium recipere I 252, 35; p. perdere II 170, 30; p. in indominicatum recipere II 330, 5. 10; p. tultam recuperare II 95, 15. 20; ad p. terras *etc.* ecclesiae transferre I 334, 5. 10; de proprietate familiam propriam nutrire I 132, 30 [411, 10]; de p. in praesentia missorum aut comitum iudicium terminetur I 153, 5 [448, 40]; in proprietate communionem non habere II 240, 30. 35; in p. ecclesiam, monasterium aedificare *vel similiter* I 119, 20. 317, 1. II 268, 5. 408, 20; in p. (ecclesiam?) habere I 336, 25; in proprietatem monasteria dare II 268, 5; in proprietatibus legem et iustitiam habere II 163, 35. 164, 20. 165, 1; in p. manere I 325, 5; in p. percipere I 14, 1. 35. — proprietas clerici, diaconi *etc.* II 178, 20; p. potentis II 317; p. regis II 489, 25.

proprindere: p. de fisco vel de rebus ecclesiae II 345, 35; p. loca erema I 169, 30; p. res I 169, 1.

proprius, a, um *passim*: p. actiones I 374, 25; p. ancilla I 122, 5 [409, 30]. 145, 10; p. carta I 145, 35; p. cognatio I 182, 5; p. diocesis I 276, 5 [405, 30]; p. dominus I 276, 30. 40 [406, 20. 30]. II 280, 10; p. domus I 28, 10. 214, 20. II 42, 20; p. ecclesia I 173, 35. 175, 25; p. episcopus I 54, 10 [397, 40]. 174, 35. 365, 5. II 102, 10; p. facultates I 295, 1; p. familia I 132, 30 [410, 30. 411, 10]. 295, 1; p. filius II 19, 5; p. gradus I 278, 5 [407, 25]. 278, 40 [408, 15]. II 122, 10; p. habitationes I 261, 20; p. habitus II 65, 1; p. heredes I 177, 20 [434, 15]; p. hereditas I 98, 10. 143, 15. 172, 5; p. honor I 279, 45 [409, 25]. 428, 45. II 86, 10. 15. 87, 20; p. intellectus II 527, 10; p. lex; p. lex sacerdotis I 107, 10; p. libertas II 42, 25; p. locus; p. manus; p. monasterium I 111, 10; p. mores II 520, 5; p. negotium I 74, 35; p. opus I 268, 30; p. os; p. pecunia I 28, 10; p. persona I 92, 25; census regalis de p. persona I 125, 35 [427, 25]; p. possessio I 135, 1. 196, 15; p. prediola II 33, 10; p. presbyter I 179, 15 [418, 5. II 13, 5]. II 41, 20; p. res; p. sacerdos I 365, 5; p. sacramentum I 335, 25; p. sedes I 77, 25. II 34, 40; p. sedes aecclesiae I 107, 1; p. senior I 124, 5 [426, 20]; p. servus I 122, 5 [409, 30]. 145, 10. 281, 10 [438, 1]; p. solum I 428, 45; p. terra II 43, 25; p. uxor II 18, 25; p. usus I 294, 30. 35. 374, 10; p. vicinantes I 71, 25. — proprii vel extranei II 529, 35. — propria = *alodis:* propriam ex beneficio construere I 93, 1; in propria sua residere I 230, 20. — proprium, propria *eadem signif.* I 165, 1. 5. 208, 25. 287, 25 [442, 10]. 296, 30. 35. II 19, 30. 35. 106, 30. 411, 10; p. dominicum; p. liberi, hominis regis, episcopi, abbatis I 137, 5. 10. 35; propria ecclesiae Romanae II 101, 25; p. incolarum II 92, 35; proprium vasalli I 272, 15; p. amittere, perdere II 91, 10. 95, 30. 35. 96, 1; p. in bannum mittere I 288, 20 [440, 5]; p. in bannum missum non divisum habere I 269, 5 [446, 15]. 288, 30 [440, 15]; in propriis basilicas habere II 82, 45. 83, 1; proprii occasione beneficium deserere I 287, 15 [442, 5]; de proprio beneficium facere II 404, 5; propria cavare I 216, 25; de proprio suo cum lege conponere I 285, 15 [441, 35]; in proprium per praecepta concedere II 357, 20; in propria dare I 216, 25; ex proprio dare II 404, 1; ad propria dimittere I 165, 10; ad proprium facere loca erema I 169, 30; p. ad opus imperatoris recipere II 95, 15. 30; ad p. suum protrahere I 288, 40; ad propria redire II 363, 5; p. retinere I 163, 25; ad p. venire II 126, 10. — ad proprium facere praecepta II 262, 10. — proprie: p. suum habere I 296, 35.

prosapia imperialis II 377, 20.

prosecutor causae I 5, 5.

prosperitas: p. communis; p. regia II 72, 35 [155, 15. 20]; p. regni II 74, 35. 169, 20.

protectio: p. ecclesiae II 126, 15; p. imperatoris, regis I 261, 25 [II 259, 10]. 262, 25 [II 260, 20].

protector II 99, 20 [348, 20]. 349, 25; p. ecclesiae II 263, 35; p. ecclesiarum, viduarum etc. I 98, 1.

protegere: p. ecclesiam I 246, 10, ecclesiam Romanam II 125, 5; p. pupillos et viduas II 92, 20.

proterrarium I 89, 5.

protestamentum (?) I 209, 40.

protestatio II 43, 25.

protractatus (?) I 209, 40.

provehere: provehi ad clericatum I 56, 1 [400, 1]; p. ad ecclesiasticam dignitatem II 418, 30; p. ad ecclesiasticum regimen II 520, 40—521, 1; p. ad plebes gubernandas II 82, 10; p. ad presbiteri honorem I 108, 15; p. ad regis officium II 518, 25; p. ad sacerdotium II 30, 20; p. ad summi sacerdotii apicem II 519, 15. — provecta aetas II 39, 25.

provenda I 88, 1.

provendare: provendati I 251, 40.

provendarii I 86, 1. 251, 40; cfr. praebendarii.

providentia I 141, 25. 206, 20; p. abbatissae I 175, 30; p. comitis II 62, 15; p. divina I 261, 15. 268, 15; p. divina ordinante I 278, 35. 338, 30. 350, 5. 355, 30. II 4, 5. 21, 25. 111, 15. 180, 20. 186, 15; p. episcopi I 175, 30. 210, 5. 327, 25. 378, 40. 45. 375, 40. II 12, 20. 115, 45. 121, 35; p. fidelium I 297, 1; p. imperialis I 329, 1; p. missorum II 4, 40; p. missi (?) I 297, 1; p. sacerdotalis I 438, 40.

providere I 19, 25. 171, 45. 173, 35. 175, 20, saepius; p. causas regis I 88, 20. 25; p. utilitatem ecclesiae II 28, 5.

provincia, provintia I 22, 10. 23, 15. 41, 1. 43, 15. 118, 15. 158, 20 [431, 35]. 268, 20 [445, 30]. 276, 35 [406, 20]. 305, 20 [417, 5]. 354, 1. 20. 25. II 42, 30. 44, 15. 87, 40. 104, 25. 265, 10. 308, 15. 520, 30. 528, 10; provinciae communes I 7, 5; p. imperii I 272, 30. 367, 35; p. Italiae I 204, 25. 30; provincia iudicis I 7, 10; p. regni II 142, 10; duces provinciae II 149, 30. 515, 20; provinciarum sequestratio I 46, 20; per provincias diversas possessiones habentes II 120, 1. 5. — provincia = *provincia ecclesiastica* I 109, 20 (?). 198, 35. II 122, 20. 410, 45; p. archiepiscopi II 339, 30. 340, 15; cfr. I 277, 5 [486, 30]; p. metropolitani II 340, 10; p. inter duos metropolitanos non dividatur I 188, 15 [411, 15]. II 515, 20; p. Romensis, Rotomagensis II 427, 25. 30; p. Treverorum II 339, 40; provinciae episcopus I 75, 30. 94, 10. II 340, 15. 347, 15. 427, 25. 30. 520, 40; per provinciam concilium semel in anno celebretur II 37, 15; cfr. 406, 20.

provincialis, e: p. archiepiscopus II 438, 45; p. comes I 92, 15; p. concilium II 40, 30; p. episcopus; p. synodus II 118, 20. 392, 10. — provinciales = *Romani* I 18, 25. 19, 20.

provisio: p. pastoralis II 104, 30. 35; p. regum I 360, 45. II 211, 30.

provisor II 116, 5; p. catholicus; p. regni II 580, 1; p. rei publicae II 88, 15.

provocare ad eneum I 5, 5.

proximitas II 234, 25; p. carnalis.

proximi I 174, 25. 282, 1 [488, 30]. 312, 30 [422, 10]. II 83, 5. 215, 20; p. episcopi, abbatis, presbiteri I 229, 40; p. (hominis) defuncti II 222, 25. 415, 30; p. parentes I 139, 25. 215, 35.

prunarius I 90, 10. 256, 40.

psallere I 221, 20. 245, 20.

psalmista II 516, 15.

psalmodia II 507, 30. 35.

psalmus I 110, 5. 245, 25. 249, 25. 30; p. invitatorius I 347, 30; psalmi II 505, 10. 15. 506, 5. 507. 508, 25; p. David II 497, 25; p. speciales I 347, 5; psalmorum celebratio II 180, 20; p. expositio I 251, 30; p. initia I 348, 30. 35. 349, 1. II 428, 30. 507, 10; psalmos emendare I 60, 1 [408, 25]; p. modulare I 59, 25 [408, 1]. 108, 20.

psalterium I 52, 5. 64, 1. 221, 15. 20. 248, 35. 347, 5. 368, 20. II 507, 35. 508, 25; p. scribere I 60, 5 [408, 30]; p. memoriter tenere I 236, 25.

pseudochristiani II 169, 20.

pseudodoctor I 62, 5 [405, 15].

pseudografia I 60, 30 [404, 10].

ptochotrophium I 310, 35. 311, 15 [420, 45. 421, 20].

pubertas: pubertatis anni I 282, 20.

publicari crimine II 225, 5.

publicus, a, um: p. actio; p. actor; p. agentes; p. annona; p. archivum; p. auctores; p. auctoritas; p. audientia; p. baptisterium; p. carta I 179, 1 [412, 35]. 319, 10; p. causae; p. coercitio; p. consilia; p. conventus; p. crimen; p. domus; p. excubiae II 65, 5; p. flagitia; p. functiones; p. honor; p. increpatio; p. indices; p. iudicium; p. ius; p. lex; p. mallus; p. mensura; p. mercatum I 182, 1; p. minister; p. ministerium II 38, 25; p. modius; p. munus; p. nuptiae; p. officium; p. palatium; p. partes; p. peccatum; p. persona; p. placitum; p. poenitentia; p. pontes; p. praenuntiatio; p. praevaricator; publicae res I 204, 30. 279, 45 [409, 25]. II 110, 10. 20; p. rogationes II 518, 15; p. scolae II 37, 25; p. scriptor II 110, 1; p. scubia I 319, 5. 10; p. servitium I 196, 30; p. stationes II 102, 5; p. suasiones II 386, 10; p. synodus I 84, 10; p. tributa II 93, 35. 94, 1; p. utilitas; p. viae II 65, 5; p. vicus I 133, 35 [447, 15]. 182, 30; p. villa I 221, 10. — publici et ecclesiastici iustitiam faciant I 82, 15. — publicum: libertus ad p. non revocandus I 22, 1; in publico I 331, 5; in p. cellarinsem exigere I 23, 25; in p. colloqui II 225, 30 [240, 35]. 226, 5. 15. 20; in p. compositionem dare I 215, 30; in p. perduci I 113, 25 [411, 40]; in p. res vocare, revocare I 148, 10. 35 [430, 35]; in p. uxorem accipere I 39, 5; in p. vestimenta lavare etc. I 61, 15 [404, 30]; de p. se subtrahere I 196, 30. — publice I 299, 25. II 368, 35; p. adnuntiare I 82, 1. II 159, 40; p. assistere II 112, 5; p. capitula denuntiare II 388, 10. 389, 40; p. cartam libertatis legere II 280, 10; p. coniugatum esse I 163, 5; p. crimina perpetrare II 118, 15; cfr. 88, 5. 120, 5; p. depraedationes et malefacta facere II 307, 15; p. dies festos celebrare II 244, 20; p. distringere I 386, 25; p. iudicari I 175, 1; p. legere vel cantare II 228, 25; p. orare II 227, 25; p. peccare II 88, 5. 184, 1; p. poenitere II 118, 15. 184, 1. 325, 30; p. precipere I 210, 15; p. recitare I 57, 20 [401, 15]; p. venire contra Romanos I 354, 40; p. uxorem alterius auferre II 189, 20. — publiciter I 29, 15.

pudicitia I 280, 5; p. virginalis I 279, 20 [408, 45].

puella I 77, 20. 282, 15; p. desponsata I 278, 35 [408, 15]. 279, 1 [408, 20]. 418, 35. 40. II 384, 40; p. regularis I 95, 10; p. religiosa I 28, 5; p. sponsa II 119, 40; puellam rapere I 19, 10. 28, 15. 278, 35. 279, 1 [408, 15. 20]. II 76, 5. 119, 40. 384, 40; cfr. 158, 10 [299, 40]. 272, 1 [312, 15]; p. infra aetatem in matrimonium sociare I 282, 10; p. tradere I 92, 25; p. velare I 278, 20 [407, 45]. 279, 15 [408, 40]. 285, 20 [441, 40]. II 41, 15. 20. 42, 5; cfr. 227, 5; puellarum claustrum; p. consecratio II 118, 40; p. magister; p. monasterium; p. monnasteriolae; de puellis pigneratio non fiat II 184, 5.

puellare monasterium I 318, 20 [428, 5]. 341, 10. II 48, 10.

puellula I 122, 10 [409, 40].

puer I 282, 15. 20. 288, 1. 311, 20 [421, 20]. II 518, 20. 526, 35; p. infra XII annos culpam committens I 298, 1; p. infra aetatem in matrimonium non sociandus I 282, 10; puero inperfectae etatis adultam feminam iungere II 122, 30; puerum ad altare offerre I 346, 10. 15; p. tondere, tonsorare I 278, 20 [407, 45]. 285, 20 [441, 20]; puerorum legentium scolae, pueros legendo vel scribendo corrumpere I 60, 1. 5 [403, 25]. — dominos pueros occidere I 257, 5.

puerilitas XII annorum iuret I 67, 5.

pugna I 268, 10. 283, 5 [439, 35]. 346, 20; p. ad examinationem non indicetur I 129, 20 [II 23, 5]; *cfr.* 331, 15; pugnam contra adversarium agere I 172, 25; p. in atrio committere II 217, 45; per p. testimonium approbare II 62, 5.

pugnare I 25, 10. 268, 20 [439, 45]. II 217, 10; p. cum fustibus I 331, 15.

pugnator I 331, 25.

puledium I 90, 5.

pullus I 83, 10. 84, 30. 35. 86, 25. 89, 10. 172, 20. 252, 1. 10. 25. 254, 30. 35. 255, 30. 291, 30. 35 [445, 20. 25]. II 11, 5. 83, 20. 257, 10.

pulmentum I 348, 40.

pulpitum II 480, 25. 500, 5.

pulsare I 122, 10 [409, 35]. 187, 25; p. signum I 228, 35. 238, 10. — pulsatus de statu I 315, 25 [440, 45].

pulsatorium I 34, 30. 60, 10 [403, 35].

pultrellae, putrellae I 84, 15. 89, 10; p. anniculae, annotinae, bimae, trimae I 255, 25. 256, 5. 20.

pulveraticus I 144, 30.

pulvis: p. mortalis I 158, 10 [448, 45]; pulvere lupellos comprehendere I 89, 35. 40.

punire I 166, 35 [432, 40]. 290, 5 [443, 40]. II 314, 30. 317, 10. 319, 10. 320, 20; p. animadversione debita I 81, 20; p. capite, capitali sententia I 68, 30. 69, 1. 10. 15; p. inretractabiliter II 44, 35; p. legaliter.

pupillus I 16, 30. 228, 5. II 92, 20; pupillos adiuvare, relevare I 289, 15 [443, 10]; p. testes non habentes vel legem nescientes comes adiuvet I 281, 30 [438, 20. 25]; pupillorum adiutor, defensor I 304, 30 [416, 10. 15]; p. causae I 122, 35. II 93, 30. 35; p. causae primum audiantur I 68, 25. 281, 30 [438, 20]. 333, 15; p. clamores *etc.* II 372, 10; p. iustitia, iustitia et lex I 92, 5. 15. 101, 25. 104, 40. 122, 30 [425, 35]. II 436, 35; p. pax I 171, 1. 205, 15; p. quaerimoniae II 85, 30; p. rationem tenere et pro eis loqui I 281, 30 [438, 20. 25].

purgare: p. secundum statuta patrum II 414, 35; p. argentum II 315, 15; p. famam II 350, 25. 415, 5. 15; p. infamiam ad iudicium Dei II 344, 25; se p. II 264, 35. 351, 1; se p. per ieiunia et elemosinas *etc.* II 189, 10; se p. secundum legem; se p. per XII vomeres ferventes II 182, 10.

purgatio: p. argenti II 315, 20; p. mulierum II 54, 35. — p. = *excusatio* II 265, 35.

purificare corpus et animam I 313, 10 [422, 20].

purificatio II 217, 10. 325, 5.

purprindere II 169, 5.

putrellae *v.* pultrellae.

q.

quadragesima, quadragesimum I 85, 25. 133, 35 [447, 10]. 348, 40. II 325, 30. 405, 25. 494, 30; quadragesimae ieiunium; q. initium I 230, 10. II 325, 15. 20; in quadragesima bibere I 344, 25; in quadragesimae diebus expedicionem facere II 54, 20; ante quadragesimam laetanias facere I 229, 30; in quadragesima libros accipere I 345, 1; in q. natalicia vel festa sanctorum non celebranda II 191, 10; in q. ministerii rationem reddere I 25, 20; in q. pedes lavare I 345, 20; in q. usque ad nonam operari I 346, 20; quadragesimae diebus placitum non habendum II 233, 35; *cfr.* 234, 10. 269, 15; quadragesimas III poenitere (ieiunare, observare) II 189, 1. 20. 25. 243, 20. 245, 15—25; q. V, VI, VII, X poenitere I 361, 5—20; *cfr.* II 284, 1. 325, 1. 25; quadragesimae tempore presbyteri ad civitatem non convocentur I 278, 15 [407, 35]; in quadragesima non radere I 344, 15. — quadragesima medians I 83, 30. 35.

quadragesimalis, quadragensimalis, e: q. cibus, potus I 227, 15; q. ieiunium. — quadragesimale (*sc.* nutrimentum) I 87, 10; q. (*sc.* tempus) II 96, 15. 20.

quadripertita patrimonia I 369, 10.

quadrupedius, a, um: q. caro I 229, 10. — quadrupedia I 57, 10 [401, 5]. II 188, 5.

quadruplum: in q. restituere furtum II 182, 10.

quadruvium I 64, 20.

quaerere, querere = *adquirere* I 306, 15 [418, 1]. 321, 5; q. hostiliter in domo propria I 214, 20; q. cartam traditionis I 314, 30 [450, 10]; q. causam suam; q. hominem ad servitium II 11, 20. 88, 30; q. iustitiam; q. licentiam absolvendi a rege I 84, 25; q. mancipia fugitiva I 288, 5 [422, 30. 35]; q. portionem ecclesiae sacratae I 232, 25; q. possessionem ecclesiae I 107, 10; q. proprium dominicum I 285, 10 [441, 35]; q. rem, res I 268, 25 [445, 35]. 288, 35 [440, 25]. 298, 25; q. servitium I 302, 15. 20; q. servum I 145, 35; q. testes. — quaerere = *queri* I 116, 15 [429, 40]. 161, 15. 210, 15. 282, 35 [439, 25]. 292, 30. 298, 25. 30. 35. 302, 25. 321, 1; quaerens in tribus placitis non veniens II 89, 20. 25. 35. — quaerere = *interrogare, inquirere* I 162, 20. 25. 30. 275, 1. II 2, 25 [6, 5. 28, 10]. 4, 20. 36, 30. 56, 25. 80, 5. 10. 81, 5. 83, 10. 113, 15. 280, 35. 40. 281, 25. 40. 464, 15; q. consilium II 84, 35.

quaerimonia, querimonia I 2, 35. 268, 20. II 466, 5. 467, 40; quaerimoniae pauperum II 92, 10; q. pupillorum, viduarum *etc.* II 85, 30; q. populi.

quaesitor I 330, 25.

quaestio, questio I 114, 1 [411, 45]. 204, 30. 302, 25. II 345, 30. 448, 35; q. de capitulo regulae I 149, 15; q. ultra XII librarum II 135, 30. — quaestio = *quaestus* I 149, 15.

quaestus saecularis I 94, 30.

qualitas II 526, 5. 527, 30. 530, 5; q. culpae I 143, 10; q. damni I 117, 30 [430, 15]; q. disciplinae I 212, 15; q. facinoris I 305, 35 [417, 20]; q. farinarii I 84, 30; q. infirmi II 119, 15; q. ministerii II 525, 15; q. monasterii II 8, 35; q. personae I 365, 10. II 242, 20. 243, 30; q. plagarum I 212, 15; q. plebis I 197, 20; q. proprietatis; q. rei II 525, 5. 528, 20; iuxta rei qualitatem (regi, iusta qualitatis legem) emendare I 114, 15. 30 [429, 10]; q. temporis II 525, 35. 528, 20. 530, 10.

quantitas: q. aetatis II 530, 10; q. disciplinae I 212, 15; q. ministerii II 525, 15; q. operis I 197, 15; q. plagarum I 212, 15.

quaternio II 516, 1. 5.

querela, querella, quaerela I 201, 5. 334, 20. II 143, 5. 466, 10; q. domini servi I 145, 30; q. Iudei I 152, 20; q. orphanorum, pauperum *etc.* I 209, 35. 333, 15. II 69, 30; querelas definire I 209, 35. 264, 15. 309, 1 [420, 1]. 315, 1 [450, 10]. 333, 15 [421, 15]. II 69, 30; q. iniuste facere I 333, 20 [422, 40]; q. inquirere I 315, 1. 5 [450, 10. 15]; q. imperatori deferre I 264, 15. II 87, 15; *cfr.* 89, 1; q. ad missos remittere, deferre I 308, 30. 309, 1 [419, 45. 420, 1]. 315, 1 [450, 10].

queri contra episcopum aut clericum II 81, 20.

questionalis ratio II 422, 1.

questionarius II 516, 10.

questus clamorque II 250, 10.

quies: q. et pax regni II 73, 5 [170, 20. 25]; q. senioris ac ecclesiae atque regni II 100, 5.

quietus, a, um: quietus II 156, 5; quieto ordine tenere II 102, 25; q. pax I 71, 15. — quiete possidere I 13, 35.

quinquagenarius II 516, 5.

quinquagesima I 345, 15. 348, 10. II 505, 1. 514, 1.

quinquennium II 189, 5; precariae de quinquennio in quinquennium renovandae II 404, 15; quinquennii poenitentia.

quotidianus *v.* cotidianus.

r.

rachymburgii, rachemburgii, racinburgi, racemburgii I 9, 15—30. 10, 1. 10. 32, 15. 20.

racemus I 85, 1.

radere I 344, 15; r. capillos I 26, 1.

radices I 87, 10. 90, 10. — r. dictorum II 481, 20.

rapacitas I 98, 5. II 75, 30. 406, 5; r. episcopalium ministrorum II 38, 15;

de rapacitatibus infames vel clamodici II 348, 35.

rapax: r. comites, ministri comitum II 80, 10. — rapaces II 262, 5. 288, 15. 372, 20. 412, 25; r. imbreviare etc. II 292, 30; rapacibus poenitentiae leges iniungere II 306, 40.

rapere I 57, 5 [401, 1]. II 217, 25—35. 292, 1. 375, 15; r. ex domo aliena per virtutem I 160, 15 [432, 5]; r. in hoste messem aut annonam I 160, 20 [432, 15]; r. filiam domini I 69, 10; r. puellam; r. sacratam Deo I 279, 10 [408, 35]. II 292, 25; r. sanctimoniales II 78, 15 [155, 30]. 76, 5. 414, 15; r. sponsam alienam; r. viduas; r. virgines II 292, 20. 414, 1—10; r. virgines sacras I 279, 10 [408, 35]. II 292, 25. — rapta I 280, 30 [408, 10]. II 76, 5.

rapina I 304, 35 [416, 15]. II 71, 10. 288, 20. 307, 25. 371, 25. 372, 5—20. 375, 5. 10. 385, 35. 488, 30. 526, 40; bannus de rapina I 98, 35; cfr. II 307, 15. 20; a r. se abstinere, cavere I 110, 45. II 299, 10; a r. suos compescere II 92, 5; per rapinam depraedare res pauperum II 292, 10; r. eliminare II 92, 10; r. emendare II 371, 1; r. emondare nolle II 307, 15. 20; r. exercere, facere vel similiter I 93, 1. II 93, 5. 105, 25. 109, 30. 156, 10. 158, 1. 5 [299, 35—300, 1]. 281, 30. 35. 287, 15. 25. 292, 25. 30. 298, 20. 344, 5. 370, 40. 371, 1; r. in missatico facere II 274, 5 [300, 35]; r. in palatio exercere II 372, 30. 35; r. infra parrochiam alterius facere II 373, 20. 30; r. exercere intra patriam II 292, 10; r. exercere infra regnum II 105, 25. 30. 107, 30; cfr. 373, 1; r. facere per viam ad palatium II 97, 30; r. per villas et vias vel silvas facere II 86, 15. 20; r. de regno extirpare II 106, 15; de rapinis, rapinas inquirere II 65, 1. 125, 10. 15; rapinas interdicere II 69, 25. 30. 294, 25. 35; de rapinis penitudinem gerere II 116, 15 [402, 15]; cfr. 104, 30; rapinas pacificare; r. sedare II 286, 5. 10; rapina vivere I 288, 15.

raptor I 16, 5. 10. 95, 40. II 75, 15. 107, 25. 231, 15. 287, 30—289, 25. 292, 30. 306, 35. 359, 35; r. in ipsa praeda occisus II 231, 15. 30. 35; r. puellae (sanctemonialis, viduae, virginis) I 278, 30—279, 1. 20 [408, 10—25. 45]. II 119, 35—45. 272, 1 [312, 15]. 413, 30. 414, 1. 15; r. puellae desponsatae, sponsae alienae I 282, 35 [439, 25. 30]. 315, 20. 25. II 384, 40. 385, 1; r. rerum ecclesiasticarum II 288, 35.

raptus, raptum I 262, 1 [II 259, 25]; bannus de raptu I 101, 15. 146, 15. 214, 20; cfr. II 309, 20; rapta emendare II 97, 35. 107, 30; raptum facere I 16, 5. 71, 15. 157, 35. 205, 40. 224, 25. II 69, 35. 278, 10; raptus feminarum II 90, 30. 156, 10. 158, 10 [299, 40. 300, 1]. 299, 10. 301, 1. 309, 20; r. sponsarum I 282, 30 [439, 20]; r. viduarum I 281, 30 [438, 25].

ratio. racio passim, ex. gr. I 129, 30. 188, 35. II 335, 1; r. iusta I 332, 15. II 73, 20. 74, 1. 108, 30; r. iniusta I 64, 1; r. recta II 155, 1. 280, 1. 10. 20. 281, 15. 20. 40. 333, 35; absque ratione I 110, 20; contra rationem II 114, 15 [399, 25]; contra r. facere II 71, 15. 20; contra r. largiri II 125, 25; cum ratione I 220, 15 [II 180, 35]. II 302, 10; cum r. res pauperum etc. conparare I 312, 15 [421, 40]; iuxta, secundum rationem I 128, 5 [II 22, 10]. 196, 35; sicut ratio est, emendare II 337, 15; triplici ratione iudicare I 124, 10 [426, 25. II 61, 5]. — ratio ecclesiastica II 230, 25—231, 1; r. humana II 527, 1; r. pacti II 130, 30 [138, 20. 143, 25]; r. primaria I 398, 40. — ratio = '*Rechenschaft, Verantwortung*': rationem habere de suis paribus II 331, 30; r. reddere I 93, 15. 268, 30 [446, 5]. 284, 1 [440, 25]. 344, 25. II 518, 40; r. episcopo reddere I 25, 20; r. reddere, facere etc. ad regem, imperatorem vel similiter I 83, 35. 84, 25. 88, 20. 89, 30. 193, 30. 204, 1. 290, 15 [444, 15]. 306, 25. 30. 40 [418, 15. 25]. II 16, 15; cfr. I 172, 25; r. reddere ante regem aut ante comitem palatii I 302, 20; r. misso dominico reddere I 172, 15; r. pro filio reddere II 19, 5 [346, 1]; r. pro malefactis reddere I 218, 10; r. de pagensibus reddere II 16, 20; r. pro servos reddere I 211, 1; r. de theloneis iniustis reddere II 16, 20. — ratio = *causa, quaestio* I 98, 10. 15. II 374, 30; r. quaestionalis II 422, 1; rationem audire I 301, 15 [437, 20]. 333, 15 [421, 45]; r. ad concilium universale deferre I 77, 20; r. diffinire I 71, 30. 333, 15 [421, 45]. II 328, 30; r. contra comites habere I 184, 40; r. in aliis comitatibus habere II 324, 25; r. rectam habere II 10, 5; r. rectam contra regem habere II 279, 30. 35. 280, 1; r. viduarum etc. tenere I 281, 30 [438, 25]. — ratio = *iudicium:* ad rationem adducere, deducere etc. I 98, 30. 35. II 157, 25. 169, 35. 269, 30. 35. 306, 35; ad r. rectam deduci, perduci II 78, 5 [155, 25. 170, 25]. 157, 35 [299, 30]; r. rectam precare II 279, 35. 280, 5; r. rectam subterfugere II 78, 5 [155, 25. 170, 25]; in (ad) r. rationem venire II 279, 25. 30. 35; in r. ante pares venire II 281, 10; in rationes venire II 429, 10. — ratio = *causa, occasio:* r. certa II 35, 5; r. expostulans II 48, 5; r. iusta I 195, 25. II 71, 15; per rationem facere II 279, 35.

rationabilis, e: r. aetas I 58, 20 [402, 20]; r. causa II 15, 15; r. commutationes II 15, 10; r. concessio II 157, 30 [299, 30]; r. consuetudo; r. contradictio; r. dispositio I 382, 15; r. licentia II 102, 35; r. minister II 528, 30; r. necessitas; r. occasio II 78, 5; r. possibilitas II 156, 10. 164, 15. 35; r. status I 369, 15; r. voluntas I 129, 45. — rationabiliter I 200, 5, *saepius;* r. cognoscere II 88, 1; r. corrigere; r. determinare II 524, 40; r. disponere I 332, 10. II 81, 40; r. iudicare I 87, 5.

(ratiocinari), ratiocinare coram Deo I 174, 25.

rationale II 504, 20.

rationari, rationare I 98, 10. 15.

ravacauli, ravacaules I 90, 5. 255, 5.

reatus I 376, 10. II 54. 57, 35. 82, 10. 182, 15. 219, 30. 234, 25; r. imperatoris II 53, 5. 30. 54, 1. 55, 20; reatum cognoscere et emendare I 46, 20; r. confiteri II 238, 35; r. incurrere II 121, 25.

rebaptizare II 510, 1.

rebellare subdita r. vel rebellata subdere II 529, 40.

rebellio II 177, 25.

rebellis, e: r. animus II 255, 35 [398, 35. 40]. 420, 25; r. causa II 15, 15. 35 [346, 35]. — rebellis, revellus I 22, 10. 72, 15. 122, 30 [425, 35]. 184, 25. II 212, 10. 215, 15. 281, 15. 374, 20; r. super wiffam intrans I 197, 30. 35.

rebus = *reipus* I 8, 15.

recapitulare II 158, 15.

receptacula pauperum I 340, 30. 35.

receptio I 95, 30; r. pauperum, hospitum II 267, 20. 404, 30. 420, 1.

receptum invenire II 294, 5.

recipere = *rursus accipere:* r. ablata I 14, 25; r. ancillam adulteratam I 41, 1; r. hereditatem II 71, 30; r. mancipium II 324, 10; r. possessa II 69, 25; r. proprietatem II 170, 30; r. res beneficiatas I 50, 30; r. res debitas I 14, 20; r. res traditas (delegatas, donatas, venditas) I 114, 5 [412, 1]. 188, 1. 10. 220, 5. 330, 5. II 15, 10; r. rem interciatam I 118, 10 [430, 10]; r. terram venditam II 328, 15. — recipere = *accipere, passim, ex. gr.:* r. alodem I 48, 5; r. capitale I 5, 20; r. denarium argenteum II 68, 25; r. nolle bonos denarios II 15, 20. 25; r. hereditatem, proprium ad opus regis, imperatoris I 171, 5. 10. II 95, 15; r. haribannum I 207, 10; r. iudicium I 32, 20; r. iustitiam I 181, 40 [428, 5] (cfr. iustitia); r. res; r. sacramentum I 268, 25 [445, 35]; r. ad sacramenta fideles I 182, 10; r. sententiam I 84, 25; r. testes, testimonia I 116, 15 [429, 45]. II 18, 25. 89, 1. 35; r. in (ad) testimonium I 182, 10. 330, 25. II 62, 5. — recipere = *suscipere* I 183, 15. 233, 10. 354, 35. II 284, 15. 25, *saepius;* r. advenam II 278, 30; r. canonicos; r. clericum; r. excommunicatum I 218, 1. 365, 1. II 161, 1. 373, 20, 30; r. forbannitum I 148, 25 [431, 5]. 150, 15. II 272, 30 [348, 15]. 344, 20. 371, 5; r. fugitivos; r. hominem alterius, Langobardiscum; r. incestuosum I 31, 20; r. latronem I 70, 1. II 272, 30; r. legationem; r. legatos; r. mancipia adventicia et fugitiva I 211, 10; r. missos; r. monachos II 384, 25; r. presbyteros II 272, 1 [312, 20]; r. alterius presbiterum I 190, 25. 198, 30; r. raptorem II 373, 20. 30 r. relectum, remotum II 422, 25; r. sacerdotem I 227, 40. 364, 20. II 102, 10. 292, 5; r. servos alienos, fugitivos I 76, 15. 128, 45 [II 22, 15]. 300, 30 [486, 40]; r. supervenientes II 408, 5; r. susurrones II 169, 35; r. vagos II 73, 5 [155, 25. 170, 25]; r. vassallum alterius I 150, 15. — recipere communione I 268, 1. 365, 1; r. in congregatione I 34, 35. 95, 15; r. ad coniugium I 38, 5; cfr. II 236, 5; r. in consortio I 227, 40; r. in consortio sive in orationibus I 78, 20; r. in hospitalitate I 231, 5; r. in monasterio I 346, 25. 348, 5; r. ad osculum atque conloquium II 159, 10. 20. 162, 15; r. in palatio I 298, 15. 20. 30; r. in regno II 161, 1; r. in servitio II 322, 15; r. sub tuitione etc. regis I 13, 25. 30; r. in vassatico et casa I 191, 5. — recipere = *probare* I 41, 25; r. canones; r. regulam s. Benedicti I 23, 1.

recitare I 169, 25. 229, 5. II 529, 15; r. capitula II 362, 1; r. fidem s. Athanasii I 363, 15; r. nomina I 57, 20 [401, 15]. 78, 5; r. orationem dominicam et simbolum I 241, 20. 25; r. sententiam I 204, 35.

recitatio nominum sanctorum II 514, 5.

reclamare I 22, 1. 333, 20. II 90, 35; r. iniustitiam; r. iustitiam; r. se I 35, 10. 40, 20. 41, 20. 165, 1. 262, 40. 291, 10 [445, 1]. II 279, 25. 331, 20; r. se super pontificem I 192, 10; r. (se) ante regem, ad palatium I 32, 20. 25. 43, 10. 124, 1 [426, 15]. 309, 1 [419, 45]. II 17, 1. 174, 30. 256, 20. 40. 334, 35. 337, 15.

reclamatio ad regem I 81, 20. 314, 15 [449, 35]. II 256, 15. 320, 20.

reclamator II 61, 1.

recludere in monasterium I 75, 30. II 60, 30.

reclusio: reclusionis locus I 75, 35.

recognoscere (sc. cartam) I 17, 25. 169, 35. 268, 1 [II 260, 30]. 264, 20. II 143, 10. 146, 45. 148, 10. — se recognoscere II 156, 5 [299, 30]. 280, 5. 299, 5.

recolligere: r. ad se dimidiam dotis I 8, 25; se r. II 412, 5.

reconciliare: r. poenitentem II 118, 35. 40; r. se II 159, 35. 232, 1; reconciliari I 35, 10. 56, 13 [400, 20]. 77, 15. 243, 35. 40. 367, 15. II 122, 35. 246, 1.

reconciliatio I 45, 40. II 118, 35. 40. 409, 15; r. tempore necessitatis I 77, 15; reconciliationem merere II 39, 35. 119, 35; r. percipere II 336, 15; r. requirere I 56, 15 [400, 15].

rectitudo: r. itineris I 168, 30. 35. — rectitudo christianitatis; r. consilii II 526, 5; r. ecclesiastica I 208, 25; r. fidei. — rectitudo = *iustitia* I 77, 5. 149, 1 [431, 15]. 304, 30 [416, 10]. 319, 10. II 28, 1. 157, 30. 364, 25. 431, 5.

rector II 40, 30. 174, 10. 400, 25. 520, 5; r. ecclesiae I 327, 25. 332, 25. 356, 15. II 64, 20. 70, 35 [170, 30]. 117, 20. 411, 10. 521, 35 (cfr. ecclesia); r. ecclesiae baptismalis I 328, 15; r. ecclesiasticus; r. hospitalis II 434, 35; r. loci venerabilis; r. monasterii; r. plebis I 371, 20. II 82, 1. 5; r. populi I 310, 1 [420, 25]. II 8, 20. 81, 15; r. regni Francorum I 44, 20. 53, 20 [397, 5]; r. religionis II 173, 20; r. tituli I 369, 10; r. senodochii II 434, 35. — rectrix monasterii.

rectus, a, um: advocati recti sint I 172, 5; r. intentio; r. iudicium; r. lex I 92, 1. II 281, 10; r. mensura I 60, 15 [434, 30]. 104, 10; r. pax I 157, 30; r. potestas II 157, 30 [299, 25]; r. ratio; r. regimen II 433, 35; r. sapientia II 527, 40; r. testimonia I 185, 10; a recto tramite deviare I 226, 20. II 2, 30 [6, 10. 28, 15]. 50, 30; r. via II 519, 25. — rectum = *directum, 'droit'* II 71, 15. 20. 280, 30. 296, 30 [100, 15]. 337, 15. 366, 30. 367, 20; r. imperatoris, regis I 102, 1; r. regis consentire I 189, 15; r. imperatoris dicere I 146, 25; sicut rectum est, sicut per r. esse debet II 70, 5. 73, 30 [156, 25. 334, 5. 362, 25]. 74, 25. 153, 45. 157, 15. 163, 20. 25. 30. 164, 15—35. 165, 5. 168, 10. 278, 20. 280, 25. 281, 40. 294, 15. 357, 10. 364, 35 [365, 5. 370, 5. 15]. 436, 35; cfr. 62, 10. — recta coartare; r. suggerere II 366, 35. — recte I 209, 35. II 520, 10; sicut r. esse debet I 101, 40. II 126, 35; r. causas perficere I 172, 5; r. constitutum I 92, 1; r. iudicare; r. iustitias facere I 184, 20; r. legibus uti I 92, 10; r. loqui I 79, 15; r. praedicare I 61, 20 [404, 35]. 303, 35. 40 [415, 25. 30]; r. vivere I 79, 10. 83, 15. II 81, 5.

recuperare I 330, 1; r. iura ecclesiastica I 23, 1; r. proprietatem II 95, 20; r. legem Dei et ecclesiasticam regulam I 29, 10.

recuperatio: r. proprietatis II 95, 20; r. regni II 54, 25.

recurrere: r. ad ecclesiam I 69, 20. 30; r. ad iudicium I 29, 20; r. ad missos.

redarguere aliquem censura II 85, 10.

redargutio sacerdotalis II 434, 10.

reddere = *restituere* I 181, 15. II 132, 25. 133, 10; r. ancillas confugientes II 132, 10. 15; r. captivos I 1, 30; r. captivos transponentem II 131, 25; r. clericum alienum I 103, 1; r. equos vel equas etc. ablata II 133, 5; r. fugitivos; r. latronem I 17, 15. II 273, 15; r. launegild I 188, 10; r. leudes I 14, 30; r. malefactorem I 72, 25; r. mancipia I 5, 15. 176, 30 [433, 40]. 287, 10 [441, 45]. 288, 5 [442, 35]. II 292, 20; cfr. 131, 20; r. pecuniam I 219, 20; r. pecunias ecclesiarum I 25, 5; r. pignus II 132, 25. 133, 1. 5; r. possessionem I 23, 15; r. pretium I 7, 1. 187, 30. 188, 1; r. raptorem I 16, 10; r. res I 176, 30 [433, 40]. 282, 30 [439, 25]. 298, 25. II 133, 10; r. res ecclesiarum, ecclesiasticas I 46, 1. 177, 20 [434, 15]. 289, 25. 311, 5 [421, 5]. II 408, 5. 433, 15; r. res fisci II 10, 1; r. reum I 113, 10 [428, 30]; r. servum I 6, 25. 7, 1. II 132, 10. 15; r. sponsam raptam I 282, 30 [439, 25]; r. sublata I 155, 20. II 372, 20; r. terram II 411, 10; r. uxorem I 292, 35. II 240, 1. 10; r. veredos II 259, 20. — reddere = *dare* I 86, 25; r. beneficium in proprietatem I 181, 35 [427, 45]; r. iustitiam, iustitias; r. rationem. — reddere = *solvere* I 48, 5. II 437, 30; de casata solidus ad ecclesiam etc. reddatur I 28, 10.

redditio terrae et mancipiorum coram comite definita I 315, 30.

redditus, reditus I 13, 20. 30. 334, 5; r. ecclesiae I 369, 10. II 82, 10. 15. 83, 15. 412, 25; r. fidelium I 195, 20. II 178, 40. 179, 1 [185, 35]; redditum facere, dare II 135, 10. 15; redituum exactor II 122, 1.

redebere, redhibere I 14, 20; r. in integrum I 13, 1.

redemptio I 16, 15. 49, 1. II 108, 30; r. captivorum II 335, 35; cfr. 321, 15; r. animarum II 336, 5. 433, 1; r. peccatorum I 365, 10. 15.

redemptor capti II 326, 25.

redibitio, redibutio I 197, 1; r. ad regem pertinens I 69, 20; r. temporalis II 418, 20.

redimere II 122, 5; r. animas II 336, 10; r. captivos, captos I 277, 35 [407, 15]. II 326, 20. 25; r. decimas II 13, 20; r. feminam inservitam I 40, 25; r. ieiunia (*cfr. etiam* II 242, 30. 245, 1. 25—246, 1); r. malum hominem I 10, 5; r. mansiones; r. manum; r. opera I 307, 15 [418, 45]; r. peccata II 81, 30; r. poenitentiam I 179, 1; r. regnum contra paganos II 431, 25; se redimere I 5, 1. 16, 15. II 135, 20; se r. de hoste I 137, 35. 138, 1.

redire: r. cum pace, pacifice II 92, 30. 158, 5 [300, 5]; r. ad casam I 141, 10; r. ad domum suam II 158, 5 [300, 5]; r. ad ecclesiam suam I 76, 30; r. ad episcopum proprium I 174, 35; r. ad imperatorem, regem I 342, 10. II 328, 35; r. ad regem cum misso II 287, 20; r. ad loca sua I 174, 35. 290, 30 [444, 20]. II 273, 30; r. ad monasterium I 345, 30; r. ad palatium I 72, 1. 85, 20. 25; de palatio vel de hoste rediens I 290, 25 [444, 15]; redire in patriam I 129, 10 [II 23, 1]. II 161, 5; r. de placito II 312, 30; r. ad propria II 133, 25. 363, 5. — redeundo fugidis commotionem facere II 96, 15; r. aliquem inquietare II 124, 30; eundo vel r. palatium frequentare II 526, 40; cfr. 97, 30;

in r. vastationem facere II 101, 20. 25.

reducere: r. ad aequitatis tramitem II 524, 40; r. ad emendationem *etc.* II 308, 30; r. ad iustitiam I 92, 15.

refectio I 345, 35; r. vespertina I 344, 20.

refectorium I 175, 20. 345, 30. 346, 25. 347, 5. 30. 373, 5. 375, 35. II 411, 1.

referre: r. de aliqua re imperatori, regi I 145, 25. 30. 35. 341, 45. II 267, 25. 268, 1. 379, 25. 529, 15; r. ad notitiam papae II 352, 15. — referre = *adducere:* r. ad iudicium imperatoris I 92, 20; r. ad missos maiores II 298, 30; r. causas maiores ad sedem apostolicam II 350, 10.

reficere = *restaurare:* r. pontem I 295, 1; r. ruinas ecclesiae II 413, 10. — r. = *nutrire:* r. pauperes I 195, 10. — reficere, refici = *cibum sumere* I 345, 35. 40. 346, 20. 40; r. ad portam monasterii I 345, 30.

reformare II 376, 15; r. disciplinam officii ecclesiastici I 369, 40; r. lectiones I 81, 1; r. loca sacra I 290, 1 [448, 35]. — reformare = *reddere:* r. capitale I 7, 5; r. servum vel precium I 6, 5. 7, 1.

refragatio II 136, 20. 414, 30. 421, 5.

refugium: r. in aliis comitatibus habere II 314, 10; r. invenire II 481, 25.

rega facere I 84, 5.

regalis, e *passim:* r. auctoritas; r. bannus; r. beneficium; r. casa; r. census; r. debitum I 429, 15; *cfr.* 114, 20; r. domus; r. familia; r. fiscus; r. functio; r. honor I 432, 35. II 372, 25; r. iussio; r. iustitia; r. largitas; r. largitio; r. mansus; r. ministerium; r. missi; r. negocium; r. obsequium; r. ornamentum II 525, 5; r. palatium; r. persona II 29, 20. 30; r. potestas; r. praeceptum; r. praesentia II 292, 15; r. sala; r. servitium II 259, 40; r. solium II 211, 25; r. statuta II 395, 10; r. torus II 465, 20; r. vassus; r. villa; r. vindicta II 294, 35. — regaliter gubernare II 106, 5. — regalis = *basilica* II 480, 1.

regeneratio sacra usque ad octavum diem celebranda II 220, 20.

regere II 46, 35. 338, 40. 519, 25. 520, 30; r. clerum; r. clerum palatii II 523, 10; r. ecclesiam I 200, 35. 246, 10. II 218, 15 (*cfr.* ecclesia); r. gregem I 84, 15; r. imperium, regnum I 127, 5. 204, 25. 257, 40. II 35, 40. 52, 40. 214, 35; r. ministeria I 158, 25; r. ministros subpositos II 520, 15; r. monachos I 286, 10; r. palatium II 522, 10; r. plebem I 362, 35; r. populum; r. senodochia I 195, 10. 200, 30; r. viduas I 48, 1. 40; r. vitam I 60, 15 [403, 40].

regimen: r. abbatis I 170, 35. 284, 35. 313, 25 [423, 10]; r. imperatoris, regis I 180, 10. 195, 1. 320, 35. II 73, 10. 114, 35, *saepius;* regiminis dignitas I 274, 1; r. disciplina I 368, 20. — regimen ecclesiae; r. ecclesiasticum; r. regni *v.* r. imperatoris; regiminis culmen II 520, 10; r. locus II 408, 35. 409, 1.

regina I 84, 20. 30. 101, 30. 102, 1. 201, 30. 225, 15. II 522, 15. 524, 5. 525, 5. 10; r. gloriosissima I 12, 30. II 377, 20; reginae, super reginam benedictio II 425, 30. 426, 20; reginam coronare; reginae iussio I 85, 20. 88, 25; *cfr.* 84, 25. 30. 87, 25; r. ministeriales I 298, 5; in praesentia r. venire I 84, 25; r. res tradere I 314, 30 [450, 5]; de verbo r. ordinare I 84, 20.

regio I 12, 10. 22, 10. 23, 15. 29, 35. 111, 5. 211, 10. 272, 30. 375, 1. II 251, 10. 15. 265, 10. 320, 25. 325, 15. 336, 15. 524, 1. 529, 40; r. aliena I 268, 30 [445, 30]; regiones longinquae I 300, 35 [437, 1]; r., in quibus secundum legem Romanam iudicia terminantur II 315, 25. 318, 35—319, 1. 320, 20; r., quae legem Romanam sequuntur II 324, 15. — regio Belgica II 339, 30; r. cisalpina II 522, 30; r. Transpadana I 128, 10. — regio = *regnum* I 8, 10. 15. 11, 5. 10. 12, 5. 29, 5; r. Francorum I 13, 30.

regius, a, um: r. aspectus II 212, 15; r. auctoritas; r. auxilium; r. bannus II 286, 30. 327, 10; r. capitula; r. capitulare; r. causa I 333, 15 [421, 45]; r. census; r. civitas; r. cognitio; r. conscriptio; r. curtis; r. defensio; r. dignitas; r. disciplina; r. discretio; r. ditio; r. domus; r. dona; r. fiscalinus, fiscalina; r. fiscus II 345, 35. 346, 5; r. homo; r. honor; r. indignatio II 266, 15; r. ius; r. iussio; r. liber II 316, 10; r. liberalitas II 411, 10; r. magnificentia II 405, 25; r. magnitudo II 408, 1; r. maiestas; r. mandatum II 313, 35; r. missi; r. mundeburdis II 160, 30; r. nomen; r. obsequium; r. officium II 48, 5; r. palatium; r. pars; r. pecunia; r. pietas II 180, 25; r. potestas; r. praeceptum; r. privilegium II 488, 10; r. prosperitas, salus II 72, 35 [155, 15. 20]; r. sedes; r. servitium; r. servus; r. sigillum; r. sollertia; r. sublimitas; r. urbs II 80, 35. 117, 5; r. vestitura II 345, 25. 30; r. via (?) coartare II 218, 35; r. villa; r. vigor; r. voluntas II 522, 35. — regium = *palatium* II 523, 5. — regia = *basilica* II 480, 1. 5. 481, 25.

regnare I 33, 35. 71, 10. 128, 20 [II 22, 1]. 176, 15 [433, 25]. II 2, 15. 113, 25 [399, 5]. 115, 15 [401, 35]. 518, 15; r. et imperare II 112, 10; regnandi facultas I 11, 30.

regnum *passim, ex. gr.* I 13. 16, 1. 30. 20, 35. 127—129. II 4, 40. 360. 518, 15. 527, 20. 35. 528; r. vel (atque) imperium I 350, 5. 358, 45; r. christianum II 158, 25; r. commune II 71, 1; r. fraternum, fratris I 129, 40. 273, 5. II 23, 35. 294, 40. 295, 1. 351, 25. 442, 1. II 69 *sqq.* 155, 5 *sqq. passim;* r. paternum, patris II 77, 30. 169, 25. 30. 254, 5; r. regis mortui I 13, 15; r. utriusque regis I 14, 15. 25; r. totum, universum I 92, 1. 20. 93, 30. 212, 15. II 4, 25. 522, 10. 15. 523, 25. 525, 15. 526, 10. 20. 527, 15. — regnum acquirere II 115, 25 [402, 5]. 168, 5; regni adiutores II 49, 25; r. adiutorium II 51, 15; r. administratio; regnum adunare II 166, 20. 453, 30; regni ambitus II 526, 20; r. amplitudo II 384, 1. 518, 5; r. angula II 529, 40; r. annus; r. augmentum I 128, 10. 15. II 439, 20; r. comites II 215, 10; r. confoederatio; regnum confirmare, firmare II 360, 20; regni consortes; regnum continere, obtinere II 77, 30. 155, 1 [299, 1]. 280, 25. 294, 10. 15. 299, 1. 333, 30 [389, 25]. 342, 10. 15; r. conturbare; regni corona II 340, 40; r. corpus dividere I 127, 5 [II 21, 35]; r. culmen II 435, 5; r. cura; regnum defendere, defensare II 274, 1. 333, 30 [389, 25]; regni defensio; r. delicta; r. desolatio II 399, 35. 400, 25; r. detrimentum; regnum devastare II 332, 10; regni devastatio; r. devastator; r. diadema II 340, 40; regnum dilatare; per r. discurrere II 86, 5; regni dispositio; r. ditio; regnum dividere; regni, regnorum divisio; r. episcopia II 378, 35; a regno expellere, exterminare; regni facultates; r. fautor II 377, 30; r. fideles II 287, 10 [309, 40]. 291, 30; a r. finibus excludi II 93, 5; regnum forconsiliare, werrire II 298, 30; regni gubernaculum; regnum gubernare I 278, 5. II 166, 30. 214, 35; regni habitatores II 303, 20; r. hereditas I 128, 20 [II 21, 40]. II 69, 35; *cfr.* I 13, 15. II 115, 25 [402, 5]; r. heres; r. honestas; r. honor; de regno honores habere II 431, 20; per regnum celebrare generale ieiunium II 4, 5; r. infestare; regni inhonoratio; regnum inquietare II 356, 20. 30; in regno inreptionem facere II 351, 20; regni interitus II 53, 10; r. invasio; r. ius; r. limites; r. loca II 321, 1; r. marcae II 74, 15; r. militia; r. minister; r. ministeriales; per regnum missos dirigere II 75, 15; regni necessitas; r. negotia II 271, 15. 286, 5; in regno libere negotia sua peragere II 142, 20; regni obtentus II 341, 1; pro regno orare II 102, 25. 30; regni ordinatio; regnum pacificare; regni pars; r. patriae ac provinciae II 142, 10; r. pax; regnum perdere II 434, 5; per regnum pergere I 193, 35; regni periclitatio II 55, 15; *cfr.* 44, 20; r. periculum II 56, 15. 283, 20; r. perturbatio II 376, 35; r. populus II 71, 20. 435, 40. 439, 1; r. portio I 127, 5 [II 21, 35]. II 69, 35. 192, 5. 15; r. potentes II 308, 25; r. potestas II 149, 25; r. potestates II 212, 15; in regno praedas facere I 305, 35 [417, 25]; regni praefectus

II 580, 1; r. primatus II 484, 1; r. primores II 74, 5 [157, 1]. 261, 10. 351, 15. 400, 25; r. princeps II 211, 15; r. principes II 211, 5. 377, 20; r. proceres II 377, 25; regnum procurare I 278, 5; regni profectus II 49, 20; de uno regno in aliud proficisci I 128, 20 [II 22, 15]; regni provisor II 580, 1; r. prosperitas II 169, 20; r. quies II 78, 25 [170, 25]. 100, 5. 288, 5. 384, 5 [862, 25]; a regno rapinas eliminare *vel similiter* II 92, 10. 105, 30. 106, 15; a r. recedere II 354, 5. 10; regnum recipere II 360, 20; regni recuperatio; regnum redimere; in r. reges sacrare II 519, 25; r. regere; regni regimen; regni regio II 320, 25. 529, 40; r. res II 378, 35. 379, 30; r. salubritas; r. salus; r. salvamentum; r. salvatio; r. senatores; r. soliditas; r. spatia I 11, 10; regnum stabilire II 178, 35; regni stabilitas; r. status; in regno succedere II 295, 5; regnum tenere II 440, 35; regnorum termini aut confinia I 129, 15 [II 23, 1]; regni territoria II 147, 45; r. tranquillitas II 100, 10. 155, 25; ad regnum transire II 382, 5. 10; r. a tributo eripere II 481, 25; regni tuitio II 356, 15; r. tutor II 212, 30; r. unitas; r. utilitas; r. vastatio I 319, 30. 320, 1. II 107, 25; regnum vincere II 518, 20. — regnum Aquitanicum II 360, 25; r. Beneventanum II 67, 15; r. Burgundiae II 329, 20; r. Francorum I 44, 20. 58, 20 [397, 5]. 73, 20. 74, 5; r. Italiae, Italicum I 216, 10. 278, 10. II 58, 15. 60, 1. 62, 20. 88, 30. 35. 97, 15. 99, 10. 20 [348, 15]. 101, 10. 105, 40. 169, 10. 348, 10. 25; r. Saxoniae II 58, 20; Hlotharii I. r. II 66, 1. 25. 35. 67. 25; Lotharii II. r. II 194, 10; r. Karoli I 66, 30; Karoli II. r. II 158, 45.

regula I 98, 40. 164, 15. 322, 5. II 116, 5. 400, 10; r. s. Benedicti *v.* s. Benedictus; r. canonica I 158, 25. 372, 35. II 102, 10. 228, 35; r. canonicorum et canonicarum I 276, 15 [406, 5]; r. canonum I 168, 40; r. christianitatis; r. divina II 2, 30 [6, 10. 28, 15]; r. ecclesiastica I 29, 30. 181, 20 [410, 20]. II 179, 10. 322, 20. 326, 15. 406, 20. 440, 1. 521, 1; r. Innocentii papae I 227, 35; r. pastoralis; r. patrum I 38, 20. 520, 15. 25 (*cfr.* pater); r. sacra II 336, 15. 482, 15; r. sancta II 520, 20; r. sanctimonialium II 180, 20. — regulae auctoritas I 321, 25. 322, 1; regulam constituere; per r. corrigere; d. discere, intelligere, scire I 100, 15. 108, 30. 121, 35. 284, 35. 40. 325, 25. 344, 5; secundum r. disciplinam facere I 121, 30; secundum r. docere; secundum r. evangelium legere I 109, 5; secundum r. examinare; r. legere; in regula permanere I 121, 15; promissionem secundum regulam factam tenere I 116, 1 [412, 5]; secundum r. pulsari I 122, 10 [409, 35]; sine regula sedere I 63, 30; regulam servare, observare I 95, 10. II 364, 20. 415, 1; *cfr.* I 321, 30; regularum statuta delinquere I 375, 25; secundum regulam vivere I 29, 20. 47, 30. 60, 15 [403, 40]. 93, 30. 94, 20. 100, 15. 20. 108, 30. 195, 1. 5. 199, 35. 209, 15. 20.

regularis, e: r. abbas; r. abbatissa; r. congregatio; r. disciplina; r. institutio; r. licentia; r. militia; r. modulus I 369, 35; r. monachus I 103, 30; r. monasterium; r. norma; r. oboedientia; r. ordo; r. professio I 277, 15; r. puella, sanctimonialis I 95, 10. 103, 35; r. susceptio I 60, 20 [403, 40]; r. vindicta I 348, 30; r. vita. — regulares I 33, 40. 95, 10. 103, 30. 35. 188, 1. 209, 15. 344, 5. — regulariter: r. corrigere II 94, 5; r. se custodire I 95, 25; r. deducere II 412, 15; r. episcopum designare II 114, 10 [399, 20]; r. in monasterio habitare II 412, 1. 5; r. recipere II 384, 25; r. vitam degere I 189, 10; r. vivere.

reicere: r. clericos a laicis oblatos, clericum laici I 277, 20 [407, 1]. II 85, 5; r. consiliarios I 208, 25; r. iudices II 64, 5; r. uxorem I 40, 15. — reiectum esse ab episcopo II 422, 25.

reiectare denarium merum I 152, 5. 10.

reiecte (?) I 9, 33.

reiectio bonorum denariorum II 319, 15. 25.

reiector monetae II 63, 25.

relatio missorum I 332, 20.

relator: relatoris querela I 309, 1 [420, 1].

relatus II 529, 35; r. episcoporum et comitum I 305, 15. 20 [417, 1]; r. missorum I 309, 10 [420, 10].

relaxare I 97, 30. 98, 25; r. ab hoste I 326, 35; r. aliquod de percussionibus I 344, 40; r. incestuosum I 122, 15 [409, 45]; r. latronem.

relegare monachos II 265, 25.

relegere: r. adnuntiationes II 165, 10; r. capitula; r. capitularia; r. cartam I 114, 30; r. commonitorium II 81, 1; r. constitutionem imperatoris; r. epistolam; r. notitiam I 188, 20; r. sententias et decreta II 286, 20.

religio, relegio I 318, 25 [428, 5]. II 101, 30; r. Christi II 175, 15; r. christiana I 25, 5. 288, 25. 279, 15 [408, 35]. 310, 10 [420, 35]. II 2, 25 [6, 5. 28, 10]. 29, 35. 39, 15. 41, 25. 48, 25. 54, 15. 477, 20. 520, 35; r. christiana per successores apostolorum administrari *etc.* debet II 85, 10; religionis christianae consuetudo II 400, 5; r. christianae fundamentum est fides catholica II 28, 20; r. christianae norma II 92, 5; religio divina I 362, 35. II 421, 10; r. ecclesiastica I 25, 1. II 524, 20; religionis competentia; r. cultus; r. studium I 106, 20. II 116, 1. — religio, r. monastica I 1, 20. 38, 40. II 39, 1. 114, 20 [401, 15]; *cfr.* I 305, 1 [416, 20]; religionis habitus, vestis II 90, 30. 227, 35; sub religione militare II 408, 5. 10; religionem observare I 303, 35. 40 [415, 15. 20]. II 408, 20. 25; religionis observantia II 226, 30; r. propositum I 341, 20. II 384, 25; r. pudorem postponere II 42, 35. — religio sacerdotalis II 38, 1. — religio regis = *rex* II 421, 5.

religiositas I 375, 30. 40. II 227, 1.

religiosus, a, um: r. conversatio II 418, 25. 484, 25. 30; r. devotio; r. domus; r. feminae; r. habitus; r. locus; r. monasteria II 484, 30; r. mores II 407, 10; r. princeps I 248, 10; r. puella, vidua I 23, 5; r. rector II 434, 30; r. rex; r. testes II 38, 35; r. vestis I 215, 40; r. viri; r. vita I 376, 40. — religiose: r. conversari, vivere I 303, 35. 40 [415, 25. 30]. 305, 15 [417, 1]. II 38, 35; r. residere II 406, 30. 411, 30. — religiosius tractare loca sacrata II 419, 30.

relinquere: r. filios vel filias II 109, 1; r. laicum de hoste II 95, 10. 15; r. possessiones posteris II 260, 1; r. regnum posteris I 13, 15; r. res proprias ecclesiae I 178, 30 [412, 30]. — relinquere = *deserere, dimittere:* r. ecclesias suas II 102, 10; r. seculum I 122, 1 [446, 35]. 168, 1. 15. 25; r. uxorem I 376, 35; r. virum I 38, 10. — relicta = *uxor dimissa:* r. sacerdotis I 40, 15; r. = *vidua:* r. avunculi, fratris II 188, 15. 20.

reliquiae I 170, 35. 250, 35. 251, 1. II 12, 25. 232, 15—25; r. incertae II 480, 20; r. sanctorum I 106, 15. 133, 30 [447, 5]. 168, 20; in reliquiis sanctorum periurium cavendum est I 58, 25 [402, 10]. 104, 1. 365, 40; supra reliquias sacramentum iuretur I 118, 20; *cfr.* II 155, 5. 274, 20. 30. 278, 20. 298, 30; absque reliquiis testari I 75, 15.

remanere cum imperatore, rege I 167, 5 [433, 5]. II 328, 30. 360, 20. 361, 40; r. domi I 137, 15. 25—40. 138, 5. 15. 167, 5 [433, 5]; r. in militia II 526, 20; r. in patria I 328, 35; r. in regno I 358, 1; r. de defensione patriae II 108, 10; r. de exercitu, de hoste I 71, 20. 165, 20. 325, 5. 10. 330, 30. 35. II 9, 5—25. 96, 1. 5. 10. 354, 30. — remanere = *r. in suspenso, non finitum* II 4, 15; remanentes causae I 210, 10; *cfr.* 7, 5; r. iustitiae I 176, 20 [433, 30]. 177, 5 [434, 1]. 184, 35; praesumptiones inemendatae r. II 16, 10.

remedium: r. animarum I 226, 35; r. peccatorum I 110, 10.

rememorare I 187, 25. II 98, 5. 166, 10.

remissio: r. delictorum II 222, 10; r. iniquitatum II 56, 30; r. peccatorum II 58, 25. 509, 1. 512, 1. 5.

remittere I 238, 15. 354, 35; r. per fidem, fideiussores in praesentiam comitis I 210, 35. 45; r. ad missos I 309, 1 [420, 1].

removere = *deponere:* r. abbatem de paternitate II 449, 20; r. episcopum ab ecclesia II 422, 25. 30; r. praepositum *etc.* de ministerio I 347, 15; r. presbyterum ab officio I 46, 15. — r. = *repetere:* r. causam iudicatam I 114, 35.

remunerare II 526, 15.

renovare: r. capitula II 371, 20; r. dextras II 527, 15; r. pactum II 188, 20; r. pontes I 307, 1 [418, 30]; r. precariam; r. precarium; r. statuta canonum, ecclesiastica II 371, 20. 417, 25.

renuntiare, renunciare: r. episcopo II 110, 25. 120, 35. 384, 20; r. imperatori, regi I 64, 15. 25. 67, 15. 101, 25. 177, 15 [434, 15]. 184, 5. 209, 20. 307, 5 [418, 35]. II 12, 25. 64, 20. 30. 65, 5. 80, 5. 268, 5. 10. 25. 269, 5. 271, 20. 274, 10. 15 [300, 40. 45]. 278, 10. 298, 10. 20. 25. 319, 30. 330, 30. 331, 1. 30. 332, 10. 358, 15 [362, 35]. 384, 20. 403, 25; r. imperatori annuatim I 323, 25; r. missis II 103, 15. — renuntiare = *abrenuntiare:* r. diabolo in baptismo I 163, 35. II 177, 1. 5; r. saeculo, in saeculum I 163, 25. II 358, 30.

(renuntiatio), renunciatio: r. vel abrenunciatio I 161, 25.

reparare: r. domus I 340, 35; r. pontes publicos II 16, 15.

repetere: r. civitates I 14, 5; r. mancipia fugitiva I 288, 5 [442, 30]; r. monetam concessam II 149, 35; r. possessionem I 107, 10. 15; r. res datas II 10, 5; r. servum I 7, 1. 300, 30 [486, 40]; r. uxorem II 240, 1. 10; r. velatam II 227, 5. — repetere = *renovare:* r. causam indicatam I 114, 20 [429, 20]; *cfr.* removere.

repetitio, repeticio = *requisitio* I 19, 25. 74, 10. II 58, 1; r. de rebus traditis non facienda I 282, 10 [380, 40. 439, 5]; indicatus ad mortem nullam potest facere repetitionem (*sc.* rerum suarum) I 148, 10 [430, 35].

repetitor servorum fugitivorum I 300, 30 [486, 40].

replicare: r. exhortationem II 80, 35. — r. aliquem ad servitium II 89, 10.

repraesentare ad placitum generale I 145, 25.

reprimere II 527, 40; r. farfalium I 16, 20; r. furta II 85, 10; r. insullentiam I 22, 10; r. malos I 10, 20.

reprobare II 580, 10. 15; r. latronem I 180, 15. 25. 30. 181, 1.

repromittere I 18, 25; r. ad invicem II 131, 5. 15 [138, 35. 144, 1]. 139, 1; r. beneficium I 14, 30; r. fidem, fidelitatem I 181, 15. 324, 10.

reputare = *imputare, accusare* II 159, 40. 160, 1. 163, 25. 164, 5. 10. 280, 25. 30. 284, 20. 315, 20. 318, 15.

requirere: r. actionem (?), agentes I 22, 30. 40; r. causam; r. iustitiam I 148, 5. 20 [430, 35. 50]. 192, 10. — r. = *postulare* I 89, 15. II 519, 40; r. auctoritatem II 345, 40—346, 5; r. praeceptiones I 22, 15; r. volatilia I 348, 10. — r. = *exigere* II 95, 1. 132, 10. 358, 35; r. censum II 331, 10; r. compositionem II 107, 35; r. exactionem II 319, 25; r. fretum I 7, 10. 30. 293, 1; r. functionem I 19, 15; r. haribannum I 207, 10; r. pastum II 331, 10; r. servicium I 81, 25. 30. — requirere = *inquirere* I 77, 40. 116, 25 [448, 15]. 241, 25. II 268, 10. 25. 319, 20; r. veritatem rei I 242, 1. — requirere = *repetere:* r. ablatum II 131, 1; r. clericum suum I 76, 30; r. colonum, fiscalinum, servum I 148, 20; *cfr.* II 132, 20. 25; r. equos vel equas *etc.* ablata II 138, 5; r. mancipia II 131, 25; r. mansum I 314, 15 [499, 35]; r. monetarium confugientem II 317, 10]; r. partem regni II 169, 10. 15; r. rem I 268, 25. 45; r. uxorem II 240, 1.

res: r. cibariae; r. corporalis; r. divinae; r. ecclesiasticae I 204, 30. 279, 45 [409, 25]. II 82, 20. 187, 1. 212, 10. 475, 20. 520, 35; r. litigosa; r. militaris; r. mundana; r. nefanda I 189, 15; r. privata I 204, 30; r. publicae; r. sacra; r. saecularis; r. spiritalis II 8, 30. 522, 15. — res, *n. pl.* res = *'Vermögen, Gut'* I 9, 25. 30. 35, 25. 65, 25. 98, 15. 129, 1. 160, 25. 188, 5, *saepius;* r. accipere; r. (sibi) adquirere I 77, 25. 287, 35. 321, 10. II 10, 5. 408, 5; r. adpretiare; r. aestimare; r. alienare, vendere, venundare I 187, 25. 30. 188, 1. 5. 15. 201, 25. 205, 5. 258, 35. 319, 5. 337, 1. II 109, 5. 110, 1. 322, 20. 25; rerum amissio II 108, 30; res amittere I 15, 25. 282, 25 [439, 15]; r. in bannum, in forbanno mittere I 70, 10. 118, 5 [430, 25]. 268, 30 [446, 5]. 284, 1 [440, 30]. 330, 25. II 78, 30. 314, 1. 344, 1; de rebus censum regalem debere, solvere I 125, 35 [427, 25]. 177, 20 [434, 15]. II 322, 5. 10. 15; res commutare II 109, 5; r. sibi in alodem comparare I 131, 35 [428, 1]; r. conquirere I 154, 25; de rebus debitum exsolvere I 269, 1 [446, 10]. 283, 25 [440, 10]; de r. decimam in ecclesiam concedere I 336, 25; res dispensare; per r. distringi II 314, 1. 5. 343, 40. 344, 5. 10; r. cum coheredibus, parentibus dividere I 282, 15 [381, 1. 439, 5]. 292, 30; r. donare; r. emere; (de) rebus exspoliare I 168, 10. 181, 1. 10; res in fiscum redigere I 186, 5; *cfr.* 326, 40; r. in fisco sociare I 205, 20. 319, 1; r. infiscare I 330, 30. II 321, 35; *cfr.* I 139, 30. 300, 20 [486, 30. 35] (*cfr. infra* res fiscales, fisci); r. non habere II 318, 25. 30; non habentes r. aut substantiam, pro quibus constringi possint I 218, 5; qui r. non habet, unde sua mala facta componat I 10, 1. 15; de rebus legationes suscipere I 284, 25 [441, 10]; res quaerere, requirere; r. possidere *etc.* II 136, 20. 30; rerum procurator I 306, 5 [417, 40]; res in publico vocare I 148, 10 [430, 35]; r. recipere I 14, 20. 114, 5 [412, 1]. 188, 1. 10. 220, 5; r. repetere II 10, 5; r. reddere I 176, 30. 282, 30. 35 [439, 25]. II 138, 10; r. restaurare I 336, 1; de rebus revestiri I 23, 5; res tradere (commendare, conferre, dare, delegare) I 125, 10 [410, 15]. 201, 30. 205, 5. 10. 293, 5. 10. 314, 25. 30 [450, 5]. 331, 5. 10. 346, 5. 10. II 10, 5. 19, 5. 37, 10. 70, 25. 30. 108, 20. 322, 10—25. 357, 25. 428, 5; r. tradere pro salute animae I 220, 1. 5. 282, 5. 10 [380, 1. 5. 30. 438, 30. 35. 439, 45]; r. tradere ad novam basilicam I 168, 20; r. ad casam Dei tradere, delegare I 113, 35. 114, 1 [411, 40. 45]. 220, 1. 5. II 322, 10—25. 331, 1. 423, 10; r. ad ecclesiam tradere (condonare, offerre, commendare) I 177, 20 [434, 15]. 229, 40. 230, 20. 231, 5. 282, 20 [381, 25. 30. 439, 10. 15]. 297, 5; r. ecclesiis fraudolenter delegare I 330, 5; r. episcopo, episcopio commendare, delegare I 119, 20. II 34, 15; res locis Deo dicatis conferre I 326, 30; r. ad sanctorum loca tradere II 433, 1; r. ad loca venerabilia tradere I 282, 5 [380, 1. 5. 438, 35]; r. ad monasterium tradere, delegare I 116, 1 [412, 5]. 119, 20. 230, 20; r. tradere ad opus pium II 115, 10 [401, 30]. — res aliena I 262, 5. II 19, 1. 5. 15. 66, 25. 108, 15. 20; res alterius I 65, 25. 293, 25; r. alterius auferre, invadere, usurpare I 23, 20. 200, 5. 289, 5 [443, 1]. 293, 1. 20. 25. II 124, 30. 125, 1. 363, 1; r. alterius interciare I 16, 1. 118, 10—25 [430, 30]; super r. alterius residere II 91, 1; r. alterius retinere I 46, 20; propter r. alterius ad testimonium non recipi II 19, 30; r. basilicae I 94, 10; r. clerici I 19, 20; r. comitis defuncti II 363, 1; r. communes I 330, 30. II 226, 5. 15; r. Deo consecratae II 432, 20; r. diaconum II 60, 25; r. ducis I 15, 30; r. ecclesiae, ecclesiasticae I 182, 30. 219, 10. 272, 30. 275, 35 [405, 25]. 289, 25 [443, 25]. 296, 30. II 9, 35. 13, 25. 37, 5. 105, 15. 108, 20. 315, 25. 345, 25. 30. 35. 432, 20. 25. 30; r. eccl. abstrahere, subtrahere I 29, 20. 43, 1. 65, 20. II 82, 35; in rebus eccl. accedere I 19, 15; res eccl. alienare I 311, 15 [421, 15. 20]; r. eccl. in alodem dare, donare II 268, 20. 25. 278, 5. 408, 30; de rebus eccl. allodium *etc.* emere I 288, 25. II 84, 35; ex r. eccl. alodes restaurare I 100, 30. 104, 20; res eccl. auferre I 279, 45 [409, 25]. II 102, 25. 30. 115, 20 [402, 1]. 217, 25—218, 1. 388, 5 [403, 1]. 433, 15. 20; r. eccl. augmentare II 376, 5; r. eccl. beneficiatae I 50, 30. II 438, 20; r. eccl. in beneficium habere I 50, 10. 15. 100, 30. 104, 20. II 13, 30. 82, 35. 411, 15; r. eccl. per beneficium imperatoris habere I 104, 30; ex rebus eccl. beneficia habere I 182, 30 [411, 5]. 210, 5. II 300, 45; r. eccl. commutare II 266, 20. 346, 15; rerum eccl. commutatio I 281, 10. II 270, 5. 404, 15; res eccl. competere I 46, 20; r. eccl. tripliciter componere II 217, 30. 35; r. eccl. concedere I 217, 25; r. eccl. defendere I 297, 5; r. eccl. non depraedari, sed defendere II 432, 20; *cfr.* 64, 35; rerum eccl. depraedator II 388, 15 [404, 20]; res eccl. diripere, depopulari, praedari II 288, 15. 358, 25 [362, 45. 368, 1]. 412, 25; *cfr.* 288, 35; rerum eccl. dispensatio II 422, 5; res eccl. distribuere I 327, 30; r. eccl. dividere I 229, 40. 276, 1 [405, 25]. II 432, 30; rerum eccl. divisio I 276, 1. 5 [405, 25]. II 409, 20; r. eccl. donatio I 231, 10; r. eccl. emphyteusis I 335, 5; *cfr.* II 102, 25; res eccl. fraudare II 218, 1; res eccl. habere I 50, 10—25. 76, 30. 358, 5. II 272, 5 [312, 20]; r. eccl. habentes nonam et decimam persolvant I 50, 10. 65, 30. 76, 20. 179, 15 [418, 5]. 183, 5. II 268, 25—269, 1. 418, 1; r. eccl. habentes ecclesias restaurent I 65, 15. 287, 30. 35 [442, 20]. II 12, 30. 18, 30; r. eccl. habentes sarta tecta restaurent II 418, 1; rerum eccl. immunitas II 177, 30. 312, 5; res eccl. sub integritate et immunitate permaneant II 376, 5; *cfr.* 432, 25. 30; cum rebus eccl. sub immunitatis tuitione permanere II 92, 15; res eccl. inquirere I 335, 5. II 64, 20; de rebus eccl. inquisitio I 186, 1; res eccl. invadere, pervadere I 328, 35. II 102, 25. 30. 115, 5. 10 [401, 25. 30]; *cfr.* 412, 25; r. eccl. investigare ac inbreviare II 408, 30; r. eccl. neglegere II 346, 15; rerum eccl. oppressio II 75, 30; r. eccl. oppressores II 376, 1. 388, 15 [404, 20]; in rebus eccl. pigneratio non fiat II 184, 10; res eccl. possidere II 70, 35 [170, 20]; r. eccl. per XXX annos possidere I 19, 20; de rebus eccl. praecepta facere II 262, 5. 10. 388, 10 [403, 10]; res eccl. praevidere, regere *etc.* II 178, 10 [185, 25]; precariae de rebus eccl. factae I 48, 20. 50, 20. II 404, 1. 5; de r. eccl. precarias accipere I 203, 25; res eccl. rapere II 217, 25 —223, 1; *cfr.* 288, 35; de rebus eccl. testimonia non recipiantur II 13, 25; res eccl. per testes tollere I 216, 20; r. eccl. pie tractare II 87, 5; r. eccl. usu fructuario tenere II 404, 1; r. eccl. usurpare II 433, 25; r. episcopi I 46, 20. 25. 77, 25. 30. II 84, 20. 25; *cfr.* 409, 30; de rebus episcopi *etc.* iustitiam non facientis vivere I 291, 5 [444, 35]; res episcopii I 369, 5; r. episcopalium sedium II 38, 5; r. familiaris I 231, 10. 355, 30. 356, 1. II 516, 10; r. feminae I 129, 10 [II 22, 40]. 201, 25. 215, 30. 35; r. (feminae) ingenuae I 292, 30. 293, 5. 40; r. fiscales II 122, 1; r. fisci I 289, 25 [448, 25]. II 9, 35. 10, 1. 13, 25. 346, 5; r. forfactae I 201, 15; r. Franci I 292, 30. 293, 5. II 321, 20; r. furata I 6, 15; r. genitoris I 201, 40; r. immobiles I 129, 1 [II 22, 30]. 269, 1 [446, 10]. 283, 25 [440, 15]. 310, 35 [421, 1]. 311, 25 [421, 25]. 320, 30. 374, 10. II 102, 25; r. iudicis I 15, 30. 22, 15; r. latronis I 181, 15; r. legatorum I 306, 1 [417, 30]; *cfr.* II 80, 25. 88, 5; r. liberorum I 289, 25 [448, 25]; r. locorum piorum I 129, 30 [II 23, 20]; r. loci venerabilis I 310, 35. 311, 1. 5. 10. 25 [421, 1. 5. 10. 25]. 374, 10; r. maternae I 292, 30; r. mobilis; r. monasteriorum I 36, 35. 94, 30. 199, 40. 302, 20. 341, 30. II 428, 15; r. mulieris II 109, 5; r. nobilium I 227, 40; r. parentum I 10, 1; r. paternae I 168, 45. 292, 30; r. pauperum I 125, 10 [410, 5] (*cfr.* pauper); r. plebium I 374, 10; r. presbyteri I 178, 30 [412, 30]. II 60, 25; r. privata I 374, 40. II 120, 20; r. privati I 46, 20; r. propria I 22, 15. 98, 15. 298, 30. II 186, 30; r. proprias propter incestum amittere I 301, 5 [437, 10]; r. proprias ad ecclesiam dimittere II 404, 1; r. proprias in longinquis regionibus habere I 300, 35 [437, 5]; in rebus propriis manere I 77, 25; de r. propriis largiri ad oratorium I 144, 15; de r. propriis pontem emendare *etc.* I 295, 1; r. propriis privari II 54, 25; res proprias habere, tenere I 48, 5. 65, 25. 118, 10 [430, 30]. 284, 15. 20 [441, 1]; r. proprias usu fructuario tenere II 404, 1; r. proprietatis gurpire *etc.* I 74, 10; r. provincialis I 19, 20; r. publicae II 110, 10. 20; r. reginae I 201, 30; r. in vestitura regis I 289, 10 [448, 5]. 296, 30. 297, 1. II 345, 30; r. regni II 378, 35. 379, 35; r. sacras rapere II 292, 1; r. sanctimonialis I 319, 1; r. sanctorum II 184, 10. 404, 5. 432, 35; r. servi I 181, 15. 276, 40. 277, 1 [406, 25. 30]; r. servorum Dei II 288, 15; r. tributalium regis I 229, 15; r. uxoris I 41, 5; *cfr.* II 109, 1. 5; r. vassalli defuncti II 368, 1; r. viri I 215, 30. 35. — res publica II 115, 30. 300, 45. 322, 10. 358, 30. 403, 20. 30. 420, 30. 521, 10; r. publica humana II 415, 25, spiritalis II 514, 30; rei publicae: administratores II 255, 5 [365, 1. 5. 362, 10. 398, 10]; causa II 432, 15; dignitas II 120, 15; domus II 109, 35; exactores II 92, 20; ministeriales I 217, 25; ministri; missi; necessitas; oboedientia I 328, 20. 332, 30; obsequium II 410, 1; ordo II 86, 20; ornatus II 87, 5; potentes II 396, 15; potestas; praepositus; provisores; res I 217, 25; salus II 397, 15; solaciatores II 254, 5; status; utilitas. — res = *causa iudicialis*: r. ambigua II 118, 20; r. austaldi, vassi I 210, 15; r. dubia I 129, 20 [II 23, 5]. 205, 1; r. ecclesiarum, pauperum, sacerdotum I 29, 20. 25; r. maior I 49, 5; rei aestimatio I 152, 20; rerum contentiones II 528, 35; de re interpellari I 118, 5 [430, 25]; rem investigare et describere *etc.* I 289, 5 [448, 1. 5]; r. retro tractare, ad effectum deducere I 155, 15; r. terminare I 204, 30; rei veritatem inquirere, invenire I 289, 10 [448, 5. 10]. 314, 20 [449, 40]. II 62, 1; *cfr.* I 168, 15; de omnibus rebus XII dinarii per solidum solvantur I 270, 1; re vinci (?) I 388, 20.

rescella = *recula* II 325, 35.

rescire I 288, 10. II 170, 10. 207, 20. 289, 25.

rescribere: r. precarium I 28, 15. — rescriptum consultationis sive exortationis II 27, 20. 80, 25. 30. 116, 30.

reservare I 7, 10. II 51, 10. 135, 15. 528, 40; r. capitula ad generalia placita II 11, 15, regibus I 158, 1; r. causam (rem) ad interrogationem imperatoris I 176, 20 [433, 25]. 298, 15, ad iudicium imperatoris I 289, 5 [448, 5]. 329, 1; r. iudicia ad examen comitis I 202, 15; r. res diiudicati ad mortem domino *etc.* I 181, 10; r. sibi ius vendendi *etc.* I 205, 5, portionem I 314, 30 [450, 10], usumfructum et ordinationem rerum conlatarum I 326, 30.

residere, resedere = *sedere:* r. separatim (*sc.* in placito) II 529, 20. 25; r. in iuditio II 109, 5. 188, 35. 250, 30. 397, 10; r. cum iudicibus I 210, 35; r. in sede pontificis I 354, 25; r. in synodo I 344, 1. 371, 15. II 212, 30. — residere = *morari* I 262, 25 [II 260, 15]. 284, 25 [441, 10]. II 87, 25; r. in aula II 92, 1; r. in castella II 95, 25; r. domi, in propriis domibus I 28, 10. 165, 5. 20. 205, 15. II 42, 20. 97, 25. 219, 1. 331, 40; r. in domibus arimannorum II 109, 35; r. in domo presbyteri II 257, 10—20; r. in marcha II 96, 5; r. in monasterio I 47, 35. 301, 1 [437, 5]. 341, 20. II 406, 30. 411, 30; r. intra patriam II 392, 10; r. in propria sua, in propriis suis I 230, 20. II 106, 30; *cfr.* 97, 25; r. super res suas alienatas I 319, 5; r. super res alterius II 91, 1; r. in medio sacerdotum *etc.* II 390, 35. 400, 5. 10; r. in terra dominica II 19, 30. — r. in libertate I 262, 25; r. quietum I 210, 30; r. in unitate fidei et pacis tranquillitate II 260, 20.

residuum I 144, 5.

resistere: r. convenientiae II 74, 1 [156, 40]; r. comiti collecta manu I 118, 15. 20 [428, 35. 40]; r. imperatori, regi I 296, 35. II 78, 25 [156, 25]; r. missis dominicis I 155, 20. 160, 5. 10 [432, 1].

resisus bannus II 16, 25 [324, 40].

resolvere: r. coniectum vel residuum I 144, 5. 10.

respectus: r. personae II 100, 5. 298, 25. 384, 15.

respondere II 519, 1; r. *in iudicio* I 148, 30 [431, 5]. 150, 35. 292, 30. II 380, 25; *cfr.* 89, 1; r. pro servo I 117, 30 [430, 15]. 148, 10. — respondere *in placito generali* imperatori I 309, 30 [420, 15]. II 355, 35. 356. 357. 358, 5. 30. — responsum regis II 529, 5. — respondere *in missa* I 363, 10. II 503, 10.

responsalis II 522, 25; apocrisiarius, i. e. r. negotiorum ecclesiasticorum II 522, 20.

responsio: r. circumstantium II 247, 1; r. palatinorum II 528, 20; r. regis ad populum II 389, 15. — r. = *responsorium* I 368, 10.

responsorium II 499, 25. 507, 10. 508, 5.

restaurare: r. alodem; r. beneficia I 136, 10; r. decreta canonum et ecclesiae iura I 22, 5; r. ecclesias; r. loca pia I 375, 10. 15; r. locum placiti I 151, 5; r. mansos II 323, 20; r. oraculas I 191, 30; r. palatia vel publicas domos II 64, 10; r. plebes I 327, 20; r. pontes; r. res I 187, 25. 188, 5; r. senodochia; r. stratas; r. tecta I 175, 1. II 418, 1. — restaurare = *reddere* I 72, 10; r. ablata I 14, 20. 22, 15. 76, 25. 329, 1; r. res I 336, 1; r. veredos II 259, 20.

restauratio: r. sanctae ecclesiae II 428, 10. 25. 434, 10; r. ecclesiarum; r. locorum sanctorum II 115, 45. 116, 1; r. tectorum ecclesiarum II 433, 15.

restituere = *restaurare:* r. ecclesias I 185, 30; r. monasteriorum statum II 424, 20; r. pontes I 307, 1 [418, 30]; r. se II 29, 15. — r. = *reddere:* r. duplum, in duplum I 70, 15. 72, 10. 337, 1. II 131. 10; r. tripla compositione, in triplum I 160, 25. 35 [432, 15. 449, 20]; r. in quadruplum II 132, 10; r. ablatum, subtractum I 46, 25. 72, 10. 289, 5 [443, 1]. II 12, 35. 17, 5. 66, 20. 87, 10. 15. 101, 25. 102, 30. 103, 25. 131, 10. 218, 1; r. accepta II 319, 20. 25; r. caballum sublatum I 160, 35 [449, 20]. II 96, 25; r. capitale I 6, 15. 7, 35. 17, 10. 15; r. caput I 5, 45; r. christianum in wadium missum I 258, 30; r. clericum I 76, 30; r. damnum; r. debitum I 337, 1; r. decimas et nonas I 287, 35 [442, 35]. II 18, 20. 25; r. exarchatum I 358, 20. 25; r. furtum II 132, 10; r. homines confugientes II 131, 15; r. libertates I 289, 5 [443, 1]; r. monasteria II 434, 5; r. pecuniam I 25, 5; r. pignerationem II 134, 10; r. pignus II 133, 1. 10. 134, 15; r. possessiones ecclesiasticas II 266, 5; r. male (iniuste) praesumpta II 101, 25. 102, 30. 103, 25; r. raptam II 414, 5; r. rem interciatam I 118, 25; r. res propter incestum amissas I 301, 5 [437, 15]; r. res ecclesiasticas II 66, 20. 82, 40. 266, 5. 388, 5 [403, 1]. 433, 15; r. sacerdotes *etc.* fuga lapsos II 37, 35; r. servum iniuste venditum *etc.* I 292, 20; r. sedem ac diocesim II 111, 25; r. terram venditam II 323, 20; r. usuras II 122, 5; r. veredos II 259, 20. — restitui altaribus et communioni II 246, 5; r. imperio II 340, 40; r. potestati suae II 422, 20. 25. 30; restituere aliquem loco ministerialis vel consiliarii decedentis II 526, 20.

restitutio: r. ecclesiae Dei II 73, 25 [156, 20]; r. canonica II 264, 5.

retacere infidelitatem I 92, 30.

rete I 87, 20.

retiator I 87, 20.

retinere I 118, 10 [428, 30]; r. ablata II 17, 5; r. brevem I 74, 15; r. clericum I 21, 15. 76, 30; r. decimas I 186, 1. II 216, 15; r. fugitivum; r. hominem alterius I 128, 35 [II 22, 15]; r. loca ad opus proprium I 263, 30; r. ordinata *etc.* II 528, 15; r. pecuniam ecclesiae I 28, 10; r. res ecclesiasticas II 412, 25; r. res alterius I 46, 15; r. vagos II 73, 5 [155, 25. 170, 25]; r. vassallos casatos I 167, 5 [433, 5]. — retinere = *recipere:* r. pristinam dignitatem *etc.* II 69, 20. — r. = *tenere, possidere:* r. beneficia II 64, 20. 403, 25; r. res ecclesiarum II 64, 20; r. res traditas I 177, 20 [434, 15].

retornare II 158, 25. 282, 10.

retractatio II 325, 20. 397, 20. 407, 20. 409, 25. 411, 15. 420, 30.

retractatus II 529, 35.

retractio II 102, 35. 321, 15.

retrahere: r. de eremo I 109, 20; r. se de convenientia II 73, 40. 74, 1 [156, 40. 157, 1]. — retractae iustitiae I 184, 40.

retribuere malum II 155, 10.

retributio I 184, 25. II 72, 30.

retundere = *tondere* I 108, 20.

retro agere I 328, 15.

reus I 208, 1. II 266, 10. 269, 10. 516, 10; r. ad ecclesiam, infra emunitatem confugiens I 48, 15. 118, 10. 15 [428, 30. 35]. 132, 10; r. adulterii I 315, 25; r. publico crimine convictus I 175, 1; r. debiti maioris I 97, 5; r. fornicationis I 97, 35; r. furti II 82, 20; r. homicidii I 97, 20. 25. II 415, 5; r. maiestatis I 205, 20; r. mortis II 415, 25.

revellus *v.* rebellis.

revenire ad compositionem aut ad vindictam II 75, 20. 273, 10. 25 [343, 10. 15]. 295, 1.

reverendissimus, reverentissimus: r. archiepiscopus; r. episcopus; r. patres II 213, 30.

reverentia I 165, 15. 367, 5. II 88, 10. 318, 15. 519, 15; r. clericalis II 101, 30; reverentiam diei dominicae exhibere II 41, 30. 35; reverentia ecclesiae I 68, 20. 304, 20 [416, 5]; r. episcopi I 374, 40; *cfr.* II 384, 25; r. paterna I 347, 10. II 430, 5; reverentiam pontifici praestare I 324, 5. II 105, 1; r. presbyteris impendere II 384, 25; reverentia regis II 116, 1. 173, 20; r. sacerdotalis, sacerdotis I 201, 1. II 101, 30. 105, 15; reverentiam exhibere sedibus metropolitanis II 406, 20; reverentia seniori (= *regi*) debita II 281, 10; reverentiam senioribus exhibere II 33, 10. 383, 40. — reverentia vestra = *episcopi* I 59, 30 [408, 10].

reverti I 115, 20 [429, 25]. 191, 5. 193, 20; r. ad dominationem I 14, 5; r. ad dominum I 140, 5; r. domum; r. ad episcopum I 21, 15; r. de expeditione hostili, de hoste I 266, 30 [432, 40]. II 16, 25; r. ad priorem locum I 143, 20; r. ad proprium locum II 201, 35; r. ad monasterium I 84, 20. 198, 20; r. de palatio II 70, 20. 87, 10. 529, 25.

revestire I 23, 5. 28, 10.

revinci I 333, 20 (?). II 319, 10. 343, 35. 40.

revocare: r. compositionem *etc.* I 7, 10; r. ad se medium dotem I 8, 25; r. hereditatem ad opus regis I 171, 10; r. libertum ad publicum I 22, 1; r. mancipia vendita I 190, 30; r. regnum ad se I 13, 5. 15; r. res ecclesiarum ad ecclesias, ad ius ecclesiae I 50, 15. 327, 30; r. thesaurum inventum ad partem episcopi I 216, 25.

revolvere oblatum I 94, 10.

rewadiare I 116, 1 [448, 5]; r. bannum; r. debitum I 290, 25 [444, 15]; r. haribannum.

rex *passim, ex. gr.* I 1, 15. 8, 10. 31, 25. 128, 35. II 46, 30—47, 15. 431, 5. 433, 10. 15. 518 *sqq.*; r. pater patriae II 310, 5; r. accessibilis; reges antiqui et moderni II 104, 35; *cfr.* 518, 10; r. christianus II 162, 10. 15. 430, 40. 440, 35. 441, 10. 520, 30. 522, 1; r. christianissimus II 173, 20. 263, 5. 339, 15; r. clarissimus II 386, 35; r. clementissimus et beatus I 2, 25; r. communis; r. devotus II 215, 5. 456, 10; r. excellentissimus I 191, 25. 219, 1. II 106, 15. 377, 25; r. gloriosus I 13, 40. 211, 30. 302, 5. II 75, 35, *saepius;* r. gloriosissimus I 10, 35. 47, 15. 194, 35. II 77, 15, *saepius;* r. gloriosissimus et religiosus I 38, 20. 35; r. inclytus II 383, 10; r. insignis II 104, 25; r. invictissimus II 150, 1; r. magnificus II 106, 10; r. magnus II 213, 20; r. orthodoxus II 185, 1; r. pius II 212, 10. 263, 35; r. piissimus I 73, 20. 74, 5. 15. 189, 10. II 138, 25; r. praecellentissimus I 71, 10. 189, 25; r. prudentissimus II 213, 35; r. religiosus I 38, 20; r. sapientissimus II 210, 1. 30. 211, 10; r. serenissimus II 149, 40. 212, 25; r. venerabilis II 158, 5. — dominus rex, domnus r. I 31, 10. 20. 32, 1. 33, 35. 34. 36, 30. 35. 40, 5. 47, 15. 20. 50, 10. 15. 52, 5. 20. 65, 10. 66, 25. 30. 67. 189, 15. 25. II 519, 25. 524, 15. 525, 10. 528, 40; *cfr.* 441, 10; r. et princeps II 376, 35; r. et senior II 280, 25. — regis absentia I 19, 5. II 529, 10; r. actor; r. admonitio; r. adnuntiatio; r. annona; r. annus; r. arbitrium; r. auctoritas; r. aures I 38, 20. 139, 20. 25; r. bannus; r. beneficium; r. benignitas; r. bonitas; r. cancellarius; r. capitula; r. cappella; r. carta; r. celsitudo; r. clementia; r. commoratio; r. consiliarii; r. conspectus; r. conversatio; r. cura; r. curtis; r. defensio; r. dehonestatio; r. dehonoratio; r. denunciatio; r. donatio; r. edictum; r. eleemosyna; r. emunitas I 22, 25; r. epistola; r. fideles; r. fidelitas I 484, 20; r. filii; r. fiscus; r. gratia; r. homines; r. imperium I 2, 30; r. indiculus; r. infidelis; r. inimicus; r. institutio; r. interrogatio; r. iudicium; r. iussio; r. iustitia II 520, 5. 10 (*cfr.* iustitia); r. litterae; r. mandatum; r. ministerialis; r. misericordia I 116, 1 [448, 5]; r. missus; r. moderatio; r. mors; r. motus; r. mundeburdum; r. munus; r. munusculum; r. necessitas; r. nepos; r. nomen; r. nomine fidelitatem promittere I 92, 25; r. obtutus I 2, 35; r. officium; r. obsequium; r. opus; r. orator I 79, 5; r. ordinatio; r. palatium; r. pars; r. posteri; r. praeceptum; r. praesentia; r. profectus; r. progeniti; r. proles; r. sacellum; r. servi, ancillae; r. servitium; r. solatium; r. soliditas; r. subscriptio; r. synodus; r. transitus I 13, 20. 14, 5. 10. 20; r. tuitio I 13, 20. 25. 30; r. utilitas; r. vassus I 48, 25. 35. 51, 15; r. verbum I 50, 10—25. 64, 30; r. verbum et voluntas I 34, 10. 67, 20; r. veritas (?) II 523, 30; r. vice, ad vicem regis I 82, 1. 152, 15 [448, 40]. — cum rege accusare I 10, 15; regi, ad regem adducere I 10, 5. 193, 15; regem adire II 524, 25; r. adiuvare II 75, 25. 158, 15. 158, 25. 294, 15. 381, 5; r. admonere, commonere, monere II 82, 40. 115, 10 [401, 30]. 255, 30. 35 [398, 35]. 281, 5. 20. 367, 25. 408, 1. 25. 424, 15. 20. 445, 25. 446, 1. 449, 1; regi adnuntiare; contra regem agere, facere II 158, 20. 161, 5. 388, 25; *cfr.* 255, 15 [398, 15]. 298, 1; ad r. ambulare; r. benedicere; capitula regibus reservata I 158, 1; regi se commendare; r. componere I 158, 5. 10. II 107, 25; regem confirmare II 489, 5; regi consilium dare II 488, 30; contra regem consilium consentire I 69, 10; *cfr.* II 177, 25; r. constituere I 278, 15. II 364, 15. 377, 5. 15; r. consulere; r. contemnere II 372, 35; regi contradicere; ad regem convenire; regem, in r. coronare II 359, 10. 363, 20; regi damnum emendare I 114, 30; regem decernere; comes hoc ad r. deferat ibique indicetur I 113, 20 [428, 40]; regi deservire; regem designare; regi dicere; ad regem dirigere I 2, 1. 229, 1; (in) regem eligere I 128, 20 [II 21, 40]. 272, 40. 278, 15. II 99, 20. 105, 35. 106, 5. 368, 30. 35. 377, 25; ante r. excommunicatos perferre II 215, 15; r. expetere II 83, 5; regi fidelitatem iurare, promittere; de rege firmitatem quaerere; regem honorare II 439, 5; *cfr.* 255, 10 [388, 25. 30. 389, 25. 398, 15]; r. implorare II 82, 40; pro rege implorare II 420, 1; regi innotescere, notum facere, nuntiare; regem inquietare I 228, 40. II 524, 15; r. interrogare I 118, 5. 10 [430, 25. 30]. 145, 10. 167, 25. II 529, 5; cum rege ire; ad regem mittere; r. orare II 104, 35; pro rege orare, orationes facere (dicere); ad regem pergere I 48, 5. 65, 25; cum rege pergere II 328, 30; a r., apud regem, regem petere II 116, 10 [402, 10]. 298, 5. 15. 368, 20. 25. 384, 20. 386, 35; regi ad placitum occurrere II 428, 5. 15; pro rege psalmum canere I 348, 35; *cfr.* II 117, 20; ante regem rationem reddere; contra r. rectam rationem habere; coram rege ad rationem perducere II 169, 35; ad (ante) regem (se) reclamare; redibutio ad regem pertinens I 69, 20. 25; regi referre; cum rege remanere II 328, 30; regi renuntiare; regem, in regem sacrare II 340, 30. 458, 25. 519, 25; ante r. satisfacere II 375, 1; regi subiectionem exhibere I 180, 15 [II 28, 30]. 271, 15; regem sublimare; ad r., regi suggerere; coram rege traditionem facere I 118, 15; ad regem transmittere I 51, 20; (in) regem unguere II 377, 25. 426, 35. 489, 1. 458, 25; ad (ante) r. venire I 32, 1. 34, 15. 20. 43, 10. 50, 40. 70, 5. 75, 1. 85, 30. 186, 15. 169, 25. II 279, 30. 298, 5. 372, 35. 374, 30; regi tertiam partem weregeldi componere I 114, 10 [429, 5]. — frater rex, fratres reges I 127—130 [II 21, 40—28]. 271. 272. 278, 1. 5. 15. II 28, 35. 68, 30, *passim;* nepotes, patrui reges II 442, 10. — regum historia II 519, 25.

rigor: r. disciplinae ecclesiasticae II 420, 20; *r. regalis; r.* sacerdotalis.

ripa: in ripis aquarum telonea non exigantur I 294, 15.

ripaticum II 133, 15 [145, 20]. 142, 20.

rite I 46, 10; r. desponsare II 189, 30.

rithmici ymni II 506, 20.

rithmus II 506, 1.

ritus II 476, 35; r. ecclesiasticus II 477, 1; *cfr.* I 26, 5; r. gentilium, paganorum, paganus I 25, 30. 69, 1. 228, 25. II 44, 30; r. Romanorum I 234, 30; r. sacrificiorum II 491, 35.

rixa I 61, 40 [405, 5]. II 179, 20. 248, 20. 527, 15; rixae auctor, commotor; rixam committere, commovere II 18, 5—15. 45, 15. 20. 440, 15. 20.

rixari I 281, 1 [437, 40. 45]. 298, 25. 30. II 18, 5. 189, 15.

roborare, rovorare: r. bulla I 374, 25; r. manu, scriptione, subscriptionibus I 354, 15. 355, 5. II 55, 30. 35. 149, 40. 349, 10; r. sigillo regio II 415, 15; r. auctoritatem I 23, 30. II 415, 15; r. capitula I 170, 30. II 124, 5; r. conscriptionem II 377, 35; r. definita II 402, 35; r. edictum I 23, 30; r. instrumenta I 319, 20; r. litteras regis I 204, 1; r. synodum.

roccus, rochus I 139, 1. 229, 5. 345, 10; r. matrinus, lutrinus, siamusinus I 140, 1.

rodaticum I 144, 20.

rogare = *interrogare:* r. testimonia I 200, 1. — *rogare = precari* I 16, 30. II 518, 5. 25; r. Deum I 60, 5 [403, 25]. 249, 15; r. imperatorem, principem I 354, 30. 361, 25. II 49, 15. — *r. = admonere, poscere* I 17, 10. 58, 30 [397, 15]. 59, 15 [402, 45. 449, 30]. 60, 5 [403, 30]. 95, 1. 303, 40 [415, 25]. 361, 35; r. aliquem bibere I 167, 1 [433, 1]; *cfr.* 107, 5. 116, 5 [412, 5]. — *r. = queri* I 9, 15.

rogationes I 363, 25. II 269, 15; r. publicae II 513, 15. 514, 5.

ros marinum I 90, 1.

rosa I 90, 1.

rubus: circulus, virga ex rubo I 259, 15.

rumica I 258, 35.

runcare I 197, 5.

runcina I 254, 10. 255, 20.

rura novalia II 221, 1. 5.

rurale opus II 420, 10.

rusticitas II 506, 35.

rusticus, a, um: r. lingua II 176, 15; r. mancipium I 311, 1 [421, 1]; r. ministerium I 373, 25. 30. — rusticus II 122, 25; rusticorum substantia II 248, 5. — rustico clamare I 229, 35.

ruta I 90, 1. 255, 5. II 518, 5.

S.

sabbatus II 492, 25. 494, 5; s. nativitatis Domini I 226, 35; s. ante palmas I 226, 35; s. paschae I 363, 25. II 500, 10. 503, 25; s. pentecostes I 226, 35. 363, 25. 35. II 503, 25; s. sanctus I 344, 15; s. septimi mensis I 226, 35; sabbato manducare et bibere II 245, 35; sabbatum operari; s. redimere II 244, 25. 245, 1. 10.

(sabina), savina I 90, 5. 255, 5. 256, 25.

sacellarius, saccellarius I 88, 35. II 523, 20.

sacellus regis I 32, 1. 10.

sacer, a, um: *s.* auctoritas; *s.* canones I 78, 5. 189, 25 (*cfr.* canon); s. conventus; *s. dies;* s. *historia* regum II 519, 25; s. lex II 520, 25 (*cfr. lex*); s. *loca;* s. *ministerium;* s. officium; s. ordo II 397, 15. 518, 1. 520, 15 (*cfr. ordo*); s. palatium; s. regula; s. res II 121, 25; s. sacrificium; *s. scriptura;* s. unctio II 519, 25; s. vestis II 504, 15. — sacra II 498, 35; *s.* celebrare II 475, 25; super s. iurare; s. reponere et servare II 480, 20; s. Mercurii vel Iovis, silvarum I 228, 5. — *sacrior sensus* I 322, 5.

sacerdos, sacerdus *passim, ex. gr.* I 11, 5. 15, 25. 54, 20. 25. 35. 189, 35. 356, 5. 10. 365 *sqq.* II 395, 25—396, 5; sacerdotes mediatores inter Deum et homines I 367, 15; s. in ecclesiis sponsi facti sunt I 365, 45. 366, 1; s. imperatorem, principem ammonentes I 361, 30. 35. II 53, 45; s. diffinientes I 247, 35; sacerdos falsus I 25, 1. 29, 15; s. fuga lapsus II 37, 30; sacerdotes in ecclesiis vel monasteriis non habitantes I 373, 15. 20; s. indocti I 372, 30; sacerdos loci I 377, 5; sacerdotes mediantes I 12, 35; sacerdos monasterii vel oratorii I 374, 40; s. migrans, vagans I 364, 40. 365, 1. II 121, 30. 35. 40; s. proprius I 365, 5; s. sanctus II 36, 20. 236, 25; s. venerabilis I 27, 40. — sacerdotes et episcopus I 304, 5 [415, 35. 40]. 372, 30. 35. 374, 20. 30. 45. 375, 15. II 33, 5. 102, 10. 15. 105, 10. 15. 121, 30. 35. 40; s. et sanctimoniales II 43, 10. 15; s. et seniores II 33, 5. 10. — sacerdotem abicere; sacerdotis actio; sacerdotem admonere I 11, 45. 46, 10. 237, 30—238, 25. 365, 10. 35. 45; sacerdotis, sacerdotum admonitio; sacerdotis advocatus; sacerdotes alienatione abstineant I 311, 1 [421, 5]; sacerdos arma non portet I 107, 15. II 102, 20; cfr. I 120, 1; sacerdotis basilica I 242, 15; sacerdotum castigatio I 36, 15; s. coetus; s. collegium; sacerdotis commonitio; sacerdotem a communione suspendere I 365, 1; ad sacerdotem confugere; s. consecrare; sacerdotum consensus; cum sacerdotibus considerare; sacerdotis consilium, consultus; sacerdotes constituere I 373, 10. 20. 374, 25; s. constringere, distringere; cum sacerdotibus conventum habere I 241, 35; sacerdotes corrigere I 304, 10 [415, 40]; cfr. II 46, 15; sacerdos de curis secularibus se abstineat I 108, 1; cfr. II 50, 35; sacerdotes, qualiter de decimis agant I 69, 25. 106, 25. 30. 336, 25; cfr. II 121, 25; sacerdotem degradare; s. deponere; sacerdotes, quid discant et sciant I 57, 20 [401, 20]. 78, 5. 103, 10. 236, 25—237, 1. 363. 365, 5. 10. 20. II 176, 5. 10; s. docere; s. eicere; sacerdotem eligere, sacerdotis electio I 106, 10. II 29, 30—30, 30; sacerdotis eloquium II 117, 40; sacerdotes examinare; s. feminas, mulieres secum habitare non faciant *vel similiter* I 107, 5. 237, 1. 40. 364, 1. 5. II 102, 15. 20; cfr. I 374, 1; sacerdotes feneralia non exerceant I 378, 25. 30; sacerdos fideiussor non sit; sacerdotum fides; sacerdotem flagellare; sacerdotis gradus; sacerdotes habitum non decentem non assumant II 102, 20; sacerdotum honor; sacerdotes honorem atque immunitatem habeant II 333, 25. 334, 10. 15; s. hospitalitatem sectentur II 31, 30. 35; s., qualiter de ieiunio agant I 46, 1. 401, 5; s., qualiter de infirmis agant I 107, 20. 25; cfr. 106, 35; sacerdotum ignorantia; s. incuria; s. iniuria; s. iudicium; sacerdos non iuret I 107, 15. II 224, 25; sacerdotis iussio; sacerdotis lex propria I 107, 10; coram sacerdotibus libertatem consequi I 277, 5 [406, 35]; sacerdos defenset libertum I 22, 1; sacerdotis licentia; s. ministerium I 367, 15 (cfr. ministerium); sacerdotum ministri; s. missi; sacerdotes, qualiter missas celebrent I 46, 5. 106, 35. 364, 25. II 48, 10. 224, 1. 5. 503, 35. 504, 15; sacerdotis monita I 318, 35 [423, 15]; sacerdos de monogamia vel virginibus requiratur I 368, 30; s. mysterium in ligneis vasculis non conficiat II 228, 30; sacerdotum neglegentia II 50, 35. 81, 20; sacerdotis officium; s. oratio ultima II 503, 15; sacerdos oret pro vita imperatoris, pro pontifice I 106, 10. 15; sacerdotem ordinare I 336, 25. 364, 15. 40. 365, 1. 372, 15. 20; sacerdotum ordinatio; s. ordo II 105, 10 (cfr. ordo); sacerdotes sine ornatu sacerdotali extra domos non appareant I 378, 30; sacerdotis parrochia; s. peculiare II 248, 10; sacerdotes periurii crimen devitent I 365, 40; cfr. 208, 5. 10; s. placita saecularia non observent I 364, 10; cfr. 107, 10; s., qualiter de plebe, de populo agant I 106, 20. 25. 30. 158, 10 [418, 10]. 238, 1. 376, 30. 35 (cfr. sacerdos praedicet); s., qualiter de poenitentibus agant I 107, 20. 365, 10. 377, 5. II 183, 30. 184, 1; s. seculari potestati se non commendent II 102, 10. 15; sacerdotis praeceptum; sacerdos praedicet, sacerdotis praedicatio I 12, 5. 106, 20. 158, 15 [418, 15]. 242, 10. 15. 313, 1 [422, 25]; sacerdotum promotio II 29, 30; sacerdotes recipere II 102, 10. 15. 292, 1. 5; sacerdotis relicta I 40, 15; sacerdos reliquias sanctorum conservet I 106, 15; sacerdotum res I 22, 25; sacerdoti respondere, responsionem offerre I 363, 10; sacerdotes sanguinem non fundant I 45, 5; sacerdotum sententia II 217, 1; s. studium II 406, 25; sacerdotem submovere ab officio I 57, 30 [401, 25]; sacerdotes tabernas non ingrediantur I 364, 5 (cfr. taberna); sacerdotis testimonium I 69, 25; cfr. 356, 35; sacerdos, si testimonium dicat I 378, 35. 40; sacerdotes usuris abstineant *vel similiter* I 312, 30. 35 [422, 10. 15]. 364, 40. II 122, 10; cfr. I 361, 1. 378, 25. II 31, 1. 5; s. plures uxores habentes I 45, 10; s. uxores non habeant I 374, 5; s. venationem non exerceant II 102, 20; cfr. I 364, 10. 378, 25. 30; sacerdotis verbum I 2, 35; sacerdotem vincire II 11, 20; sacerdotes, qualiter vivant I 100, 15. 103, 15. 189, 10. 237, 35. 304, 5 [415, 35. 40]. 364, 40. 365, 45. 366, 1. II 31, 25. 30. 33, 40. 34, 1.

sacerdotalis, e: s. admonitio; s. affectus; s. benedictio I 59, 35 [403, 15]. II 119, 40; s. chorus II 395, 25; s. consilium; s. conversatio; s. dignitas; s. dispositio; s. eminentia; s. fidelitas; s. gradus; s. honor; s. indumenta; s. iudicium; s. libertas; s. mater II 231, 1; s. ministerium II 341, 1 (cfr. ministerium); s. monitum; s. nomen; s. officium; s. ordo; s. ornatus; s. persona II 29, 20. 30; s. praeceptum II 249, 10; s. potestas II 35, 35. 52, 25; s. prex I 57, 20 [401, 20]; s. providentia I 438, 40; s. religio II 33, 1; s. reverentia II 101, 30; s. rigor II 400, 35. 402, 35; s. salutatio; s. vestes II 504, 1; s. vigor II 35, 35. 52, 25. 121, 30.

sacerdotium I 276, 40 [406, 25]. 342, 40. II 102, 40. 230, 10. 365, 15. 385, 30. 489, 25; s. generale, speciale II 490, 20; s. summum II 407, 30. 519, 15; sacerdotio privari I 45, 10; ad sacerdotium promoveri, provehi, venire I 183, 10. 232, 30. II 29, 40. 30, 20.

sacramentale (*sc.* fidelitatis) I 101, 30. 102, 1.

sacramentales: cum XII sacramentalibus legitimis cartam veram facere II 108, 25. 30. 35; cum s. iurare I 336, 5.

sacramentare I 208, 5.

sacramentarium I 363, 20.

sacramentum, sagramentum = *iusiurandum, iuramentum* I 14, 30. 92, 25—93, 25. 124, 5. 15 [426, 25. 30. II 5, 15]. 233, 40. 323, 5. II 54, 10. 15. 30; s. centenarii II 274, 25; s. episcopi I 1, 25. 2, 5; s. fidelitatis I 63, 25. 65, 10. 66, 25. 30. 67, 10. 15. 101, 20. 131, 15; s. fidelitatis iurare, promittere I 323, 5. II 22, 20. 54, 15. 64, 10. 278, 15. 380, 5; cfr. 10, 20. 20, 1; s. fidelitatis irritum facere I 285, 15 [441, 35]; s. fidelium II 296, 15. 20; cfr. I 182, 10; s. per gildonia I 51, 1; s. hominis vassalli dominici II 374, 30; s. V aut VII hominum I 16, 25; s. XII hominum I 117, 30; cfr. II 132, 20; s. hominum Francorum II 274, 20; s. imperiale I 93, 25; s. Iudeorum I 258, 35. 259, 15; s. iudicis II 64, 5. 131, 25; s. iurationis II 489, 35; s. laicorum II 342, 5. 15; s. legale, legitimum; s. populorum II 172, 20; s. regis II 296, 25. 30. 35; s. regum II 78, 1. 171, 15. 20. 172, 5; s. saeculare II 439, 40; ad s. accedere, venire I 58, 35 [402, 25]. 336, 15; s. accipere I 278, 5 [407, 25]. II 67, 15. 324, 30. 325; s. adhramire I 70, 15. 149, 20 [431, 30]. 151, 15; ad s. admallare; per s. adunationem facere I 318, 35; per s., sub sacramento affirmare I 281, 5 [437, 45]. II 96, 10; sacramentum audire I 66, 25. II 325, 5; s. auscultare II 324, 25; cum sacramento bannum componere I 334, 25; s. cartam veram facere II 108, 35; s., per sacramentum (se) confirmare II 54, 10. 67, 15. 159, 35. 228, 5; sacramenta dare de observandis constitutionibus II 130, 25 [138, 20. 143, 25]; sacramentum alicui debere I 70, 25; sacramento deducere I 192, 15; sacramentum falsum dicere I 148, 15 [430, 40]; sacramento (se) excusare I 117, 35 [430, 20]. 118, 25. 284, 20 [441, 5]; sacramentum exigere I 278, 5 [407, 25]. II 420, 10.

440, 1. 5; per s. se exoniare I 259, 10. 15; sacramento se exuere I 17, 15; sacramentum facere regi *etc.* II 356, 35—357, 5; *cfr.* 342, 1. 5; s. facere pro servo I 335, 25; contra s. facere II 315, 20; per s. faidam pacificare I 284, 5 [440, 30]; s. firmare I 5, 10; per s. firmare I 190, 20. II 272, 20; per s., (cum) sacramento re idoniare, idoneum facere, reddere I 180, 25. 284, 20 [441, 1]. 334, 20. 25. II 318, 20; sacramento inculpabilem reddere II 302, 20; sacramentum infringere II 78, 1; per s. inquirere *vel similiter* I 189, 35. 295, 20. II 87, 1; sine sacramento inquirere *vel similiter* I 295, 25. 300, 25 [436, 35]; sacramentum iurare I 48, 35. 49, 5. 102, 1. II 324, 20—325, 1. 25 (*cfr. supra* s. fidelitatis); s. offerre; de sacramento periurari II 314, 30; sacramentum ante solis occasum persolvere I 331, 1; s. praebere I 14, 10. 15. II 89, 5. 134, 15; per s. probare I 330, 25; s. recipere II 135, 25; ad s. recipere I 151, 10. 182, 10; s. reddere presentaliter I 217, 1; per s. satisfacere II 132, 15; *cfr.* 133, 10; s. servare I 177, 30 [434, 25]; ad s. trahere I 77, 35. — sacramentum = *mysterium* I 367, 5. II 490, 40. 491, 1. 15. 492, 1; s. baptismatis, baptismi I 106, 40. 178, 25. 247, 5. II 89, 25. 30. 176, 15. 177, 1. 220, 15. 20. 509, 30. 512, 5. 522, 20; s. baptismatis et confirmationis I 368, 15; s. Christi I 57, 20 [401, 15]; s. divinum II 121, 40; s. dominicum II 491, 5. 30. 502, 5. 10; s. evangelicum II 492, 30; s. fidei II 89, 35; s. olei II 119, 1. 5. 10; s. sanguinis Christi II 489, 35; s. sanguinis et corporis II 489, 35; sacramentorum cultus; s. immolatio II 506, 25; s. liber I 235, 15. 251, 30. II 497, 30. 498, 35. 508, 1; s. vasa II 503, 25. 40; s. sacramento arceri, suspendi II 491, 1. 5; sacramentum celebrare II 492, 35; s. conficere II 502, 5. 10. 503, 35 [223, 20]; s. contingere II 498, 15; s. imponere vasis II 508, 25; s. interdicere penitenti II 119, 15; s. percipere I 57, 20 [401, 10]. 318, 10 [422, 35]. II 88, 1. 492, 5. 10; s. tribuere I 248, 5.

sacrare I 189, 30; s. altare, ecclesiam I 232, 25. 30. 35; s. regem, in regem; s. servos I 76, 15. — sacratus, a, um: s. altaria I 59, 35 [408, 10]; s. arma I 321, 35; s. loca; s. vasa I 59, 35 [408, 10]. II 42, 30. — sacrata, s. Deo I 31, 15. 245, 25. II 292, 25; s. Deo femina I 30, 5; s. Deo mulier II 88, 5; s. virgo I 56, 30. 108, 5. — sacratissima tempora II 405, 35.

sacrarium II 400, 10. 480, 20.

sacratio I 75, 15. 244, 1.

sacrificare II 117, 25.

sacrificium I 228, 5. 244, 20. 356, 5. 376, 20. II 476, 20. 489, 15. 20. 490, 1. 10. 497, 15—498, 1. 20. 499, 1; s. cottidianum II 117, 20; s. matutinum et vespertinum II 504, 25; s. mortuorum I 25, 30; s. sanctificatum I 408, 10; s. sacrum I 244, 20; s. celebrare II 494, 10. 504, 1; sacrificiorum consecratio II 502, 15; s. fontes I 228, 10; s. multiplicitas II 476, 35; s. ritus.

sacrilegium I 2, 35. 8, 1. 110, 40. 189, 25 (?). 217, 25. 228, 1. 5. II 104, 30. 216, 1. 10. 217, 15. 25. 489, 30.

sacrilegus, a, um: s. foedus I 279, 10 [408, 25]. II 384, 35; s. ignis I 25, 35; s. temeritas II 82, 20. 121, 25. — sacrilegus, i: I 186, 5. 189, 25 (?). II 315, 25. 412, 20. 35. 433, 30. 508, 1; s. et homicida II 217, 35; sacrilegos celare, prodere I 96, 15; s. examinare, investigare *etc.* II 66, 25.

saecularis, secularis, e: s. actio; s. *ambitus*; s. arma II 242, 15. 243, 5. 45; s. causa; s. clericus; s. conquestus; s. convivium; s. cura; s. dignitates; s. disciplina; s. domus; s. habitaculum; s. habitus; s. homines I 243, 15. 375, 5. II 318, 30; s. honor; s. ioca; s. iudicium; s. lex; s. lusus; s. militia; s. munus; s. negotiatio; s. negotium; s. ordo; s. personae II 120, 40; *cfr.* I 378, 35; s. placitum; s. potentia; s. potestas; s. principes II 391, 40; s. quaestus I 94, 30; s. res I 161, 20. 226, 30. II 86, 1. 179, 20. 522, 15; s. sacramentum II 489, 35. 40; s. sollicitudines II 50, 35; s. voluntates I 209, 30. — saecularis, saeculares I 11, 45. 33, 40. 46, 20. 60, 10. 92, 10, *saepius*; saeculares et clerici, presbyteri I 56, 5. 25 [400, 5. 25]. 102, 40. 103, 1. II 65, 1. 5. 121, 40. 122, 1; s. res ecclesiae tenentes precarias accipiant I 43, 20; saecularis res ecclesiarum in beneficium habens I 50, 10; *cfr.* II 385, 40; saecularium causae; s. iniuriae I 373, 30; s. inquietudines II 441, 15. — saecularia II 516, 10. 529, 10. — saeculariter militare I 330, 15.

saeculum, seculum II 286, 1. 5. 518, 1. 5; saeculi habitus II 55, 25. 57, 15; s. homines et potentes II 437, 15; s. lex II 525, 1; s. negotia II 228, 25; s. principatus; s. sapientia II 527, 35; secundum saeculum I 184, 30. II 154, 1. 240, 1. 334, 5 [362, 25]. 524, 30; secundum s. adiutorem esse II 370, 15 [376, 10]; secundum s. consilium invenire II 420, 35; secundum s. converti I 289, 1; ad s. egredi, redire, regredi II 229, 10. 25. 35; s. dimittere I 163, 5; coram saeculo honoratum esse II 167, 10; seculum relinquere I 122, 1 [446, 35]. 163, 1. 15. 25; in s., saeculo renuntiare I 163, 25. II 358, 30; s. sectari I 163, 5. — de saeculo migrare, transire = *mori* I 221, 15. 230, 35. 279, 10 [408, 35]; *cfr.* 13, 15. II 293, 25.

(saepes), sepes I 36, 10. 86, 30. 87, 30. 254, 30. 35. 255, 1. 35. 256, 10; s. presbyteri II 257, 15; sepem frangere I 224, 30; s. non ponere die dominico I 61, 10 [404, 25].

sagellum I 140, 1.

sagena I 252, 5.

sagimen II 245, 45.

saginare I 23, 25. 86, 20. — saginati boves I 86, 10.

sagitta I 168, 25. 171, 25.

sagmarius, saugumarius I 294, 25. 40.

sagum I 26, 5. 139, 1.

saiga, seiga I 252, 10. II 251, 25.

saio I 169, 20.

sal I 252, 5. 254, 20. II 251, 1. 5. 30. 252, 1. 509, 30; salem accipere I 247, 10; s. benedicere II 514, 10; s. facere I 301, 15 [437, 20]; s. manducare, sumere II 242, 15. 243, 5; castigatio in pane, sale et aqua II 218, 15.

sala regalis I 254, 1.

salinarius, a, um: s. carra, s. mercatus, s. navis II 251, 15. 30. 35.

saliva II 509, 30.

saltarius I 193, 10.

salubritas regis, regni II 397, 1.

salus I 367, 5. II 118, 25. 255, 45 [399, 1]. 414, 25. 524, 30; s. animae I 205, 5. 282, 1 [380, 1. 438, 35]; s. christianitatis II 397, 15; s. communis, omnium, universorum I 247, 30. 278, 10. 309, 30 [420, 15]. II 4, 35. 35, 20, *saepius*; s. ecclesiae II 77, 10. 339, 10. 488, 30; s. fidelium II 86, 25. 30. 399, 5; s. imperatoris, regis, regia I 350, 10. 351, 1. II 46, 25. 49, 15. 72, 30. 35 [155, 15]. 255, 10 [398, 15]. 280, 40. 334, 15. 335, 20. 528, 35; s. filiorum imperatoris I 350, 10. 351, 1; *cfr.* 227, 10; s. regum fratrum II 154, 20 [298, 35]; *cfr.* 161, 40; s. imperii, regni I 227, 10. II 55, 10. 169, 20. 488, 30. 528, 35. 40; s. laicorum II 45, 35; s. plebis II 257, 40; s. populi; s. principis II 397, 15. 399, 5; s. rei publicae II 397, 15.

salutare I 35, 10. 225, 15; s. proceres II 529, 10.

salutatio sacerdotalis I 368, 10.

salvamentum II 157, 30 [299, 25]. 313, 15. 20; s. commune II 73, 25 [156, 20]; s. ecclesiae II 295, 10; s. fidelium II 166, 30. 293, 30. 294, 10. 295, 10. 329, 25. 30. 357, 15; s. imperatoris, filiarum imperatoris II 357, 25. 30; s. populi; s. regni II 293, 30. 302, 1; s. regum fratrum II 160, 10. 166, 30. 168, 1.

salvare I 86, 5. II 51, 10. 284, 15. 285, 1. 338, 40. 520, 35; s. credita II 528, 15; s. fidelem II 164, 1. 296, 25. 30 [100, 15. 338, 35. 339, 20. 362, 15]; s. regem II 165, 5. 167, 1; s. se invicem II 294, 15. — salvari in carcere I 228, 10.

salvatio II 86, 20; s. communis, omnium II 107, 20. 118, 10. 124, 10. 336, 25 [337, 15]. 339, 10. 20; s. ecclesiae II 170, 5; s. fidelium I 320, 20. II 161, 40. 162, 20. 279, 25. 296, 20. 342, 10; s. populi; s. regionis I 11, 10; s. regis, imperatoris II 54, 25.

105, 40. 161, 1. 15. 162, 20. 296, 20. 342, 10. 15. 356, 30; s. regni I 320, 20. II 105, 40. 167, 10.

salvia I 90, 1. 255, 5. 256, 35.

salvus, a, um: s. causa I 176, 15 [433, 25]; s. pigneratio, s. pignus II 134, 10. 15; salvas habere res ecclesiasticas II 269, 1; salvum esse I 83, 20. 85, 20. 89, 20. II 167, 10. 284, 35; s. vadere *etc.* sub defensione regis I 193, 20.

sancire, sanccire I 41, 35. 205, 30. 276, 35 [406, 25]. 277, 25. 30 [407, 1. 10]. 278, 10 [407, 35]. 279, 25 [409, 5]. 401, 20. II 101, 20. 524, 45; s. capitula I 275, 25. 30; s. legibus II 105, 15. — sancita II 12, 45; s. imperatoris II 124, 20.

sanctimonia I 95, 5. II 210, 5; sanctimoniae habitus II 228, 5.

sanctimonialis, sanctemonialis: s. femina I 319, 1; s. mulier I 215, 30; s. vidua, virgo II 414, 15; s. canonica, regularis I 108, 30. 35; s. nupta II 262, 15; *cfr.* 384, 35. 40; sanctimonialis, sanctimoniales I 1, 20. 23, 5. 95, 25. 226, 20. 228, 35. 229, 5. 230, 5. 341, 15. 342, 25. 369, 35. II 88, 30. 42, 15. 180, 15. 20. 228, 35. 385, 1; sanctimoniales ante comitem vel vicarios iustitiam reddant et accipiant I 302, 25; s. in coniugium accipere II 66, 20. 25; *cfr.* I 19, 10; s. gubernare II 34, 30; s. opprimere I 302, 15. II 292, 5. 10. — sanctimonialium advocatus I 302, 35; s. congregatio I 84, 35. 95, 15. 341, 30. II 222, 1. 5; s. coniunctio II 76, 5; s. conlocutio II 43, 10; s. conversatio, vita I 164, 15. II 267, 15; *cfr.* I 92, 10. 181, 1; s. monasterium; s. numerus II 267, 25. 30; s. ordo; s. professio I 98, 30; s. raptores II 272, 1 [312, 15]; *cfr.* 73, 10. 15 [155, 30. 35]; s. regulae II 180, 20; *cfr.* I 276, 10. 15 [406, 1. 5]; s. religio I 305, 1 [416, 30]; s. stupratores II 66, 20; *cfr.* I 97, 35.

sanctio I 279, 25 [409, 1]. II 520, 20; s. apostolica II 352, 20; s. auctoritatis I 339, 20; s. auctoritatis regiae I 205, 1; s. augustalis II 93, 5; s. canonica I 58, 35 [397, 20]. II 211, 20; s. canonum I 362, 10. II 221, 1. 248, 1; s. concilii II 507, 5; s. decreti imperatoris I 362, 10; s. divina II 121, 30; s. ecclesiastica II 119, 30. 120, 10; s. imperatoris, regis I 340, 35. II 372, 25. 35; s. imperialium apicum II 259, 5; s. legalis; s. paterna I 58, 35 [397, 20]; s. pragmatica I 311, 25 [421, 25]; s. synodi II 124, 25.

sanctitas I 313, 25 [423, 5]. II 408, 5. 488, 30. 518, 5; s. ecclesiastica II 407, 15; sanctitatis propositum II 228, 15; sanctitatem proicere II 487, 25. — sanctitas (= *titulus*) I 53, 35 [397, 20]. 54, 5 [397, 25]. — s. = *archiepiscopus* I 246, 35. 339, 5. 15. 341, 40. 342, 35. 356, 25. — s. = *episcopus* I 42, 10. 241, 15. II 352, 30. 378, 40. — s. = *papa* I 225, 30. 35. 40.

sanctuaria martyrum II 407, 25.

sanctus, a, um: s. apostoli II 522, 20; s. auctores; s. canones; s. communio I 282, 20; s. concilium; s. conventus; s. doctores; s. dominus I 1, 15. 2, 5. 42, 5; s. ecclesia; s. episcopi II 522, 30. 35; s. evangelia I 75, 15; s. feminae; s. habitus; s. homines II 408, 5; s. locus; s. oleum; s. ordo; s. pastor; s. patres; s. patriarchae II 407, 15; s. propositum II 226, 40. 227, 1; s. regula; s. sacerdos; s. scriptura; s. synodus; s. traditio II 520, 15. 20. — sanctissimus, a, um: s. concilium I 74, 1; s. papa I 370, 30; s. patres I 73, 35. 74, 1. — sanctus, sancti I 228, 5. 346, 40. 368, 40. II 168, 15. 488, 15. 20. 25; sancti cum Deo in caelo regnantes *etc.* II 488, 30; s. pro peccatis intercessores II 115, 1 [401, 20]; s. novi, noviter inventi I 77, 20. 125, 15 [446, 35]; s. electi I 77, 20; sanctos coronare II 501, 5. 10; s. fingere I 228, 25; s. nominare, commemorare II 501, 20; sanctorum canones I 38, 25; s. coenobia I 65, 20; s. communio II 501, 5; s. consortium II 501, 35; s. copia II 496, 30; s. corpora I 68, 10. 76, 1. 198, 20; s. cura II 487, 15; s. decreta II 78, 35 [156, 30]; s. festi, festivitates I 346, 35. II 191, 10. 288, 35. 496, 1; s. honor I 68, 20; s. imagines; s. invocatio II 440, 1; s. loca; s. memoriae; s. militia II 487, 30; s. natales, nataliciae I 179, 20 [413, 5. 10]. 312, 20. 25. 368, 35. 40. 364, 1. 376, 30. II 191, 10. 494, 20; s. nomina II 501, 5. 10. 25; *cfr.* 514, 5; s. ossa I 168, 20; s. patrocinium; s. pignora I 259, 10; s. reliquiae; s. res II 482, 35; *cfr.* 404, 5; in s. rebus pigneratio non fiat II 134, 10; s. societas II 501, 5.

sandalia II 504, 20.

sanguis II 216, 5; sanguinis effusio I 281, 20. 25 [438, 10. 15]. II 88, 15. 216, 10; sanguinem christianorum *etc.* fundere I 45, 5. 10; s. minuere I 248, 10; sanguinis minuatio I 63, 35. — sanguis Christi, dominicus I 247, 15. 347, 25. II 42, 30. 35. 489, 35. 493, 15. 495, 15; sanguinis Christi communio I 367, 10. II 119, 15; *cfr.* 288, 10. 496, 30; s. Domini mysterium I 368, 15. II 41, 10. 15. 228, 30. 490, 10. 35. 491, 5. 30. 501, 1; s. dominici perceptio I 318, 1 [422, 25]. II 39, 15. 41, 40; s. Domini sacratio I 244, 1; a sanguine Christi separare II 401, 1.

sapiens: sapientes barones II 424, 25; s. (homines) populi I 58, 20 [402, 5]; s. iudices II 64, 1. — sapientissimus princeps II 81, 5.

sapo I 87, 5. 10. 88, 30. 89, 5. 252, 5. 345, 15. 349, 1.

saponarius I 87, 15.

(sarabaita), sarabaitus I 63, 1. 96, 1.

sarcilis, sarcillus I 172, 25. 30. 252, 10. 25.

sarcire: s. dilaturam I 7, 10. — sarta tecta I 189, 35. II 418, 1. 419, 35.

sartago I 254, 10. 255, 15.

satisdatio I 376, 10.

satisfacere I 118, 15 [428, 35. II 317, 30]. 266, 1. 308, 40. 402, 30; s. iuramento II 185, 25; s. secundum leges ecclesiasticas II 358, 25 [368, 5]; s. in pane et aqua I 488, 40; s. per poenitentiam publicam II 307, 20. 412, 30; s. VI solidis I 297, 30. 35; s. comiti *etc.* I 268, 25 [445, 35]; s. dominis servorum II 132, 15; s. ecclesiae I 362, 15. II 55, 20. 373, 15. 487, 20; s. episcopo II 308, 35. 406, 25; s. missis regiis II 308, 35; s. parti II 188, 5. 35; s. animo regis I 284, 25 [441, 10]; s. ante regem II 375, 1; s. sacerdoti I 186, 5.

satisfactio I 31, 25. 46, 25. 82, 1. 110, 5. 376, 45. II 27, 35. 35, 25. 39, 30. 42, 20. 83, 30. 186, 5. 188, 30. 35. 527, 25; s. digna II 5, 35; s. ecclesiastica II 310, 20; s. hominis I 201, 1; s. presbyteri II 188, 20. 30. 35; ad satisfactionem regia auctoritate adducere II 269, 30. 35; s. adimplere II 183, 5. 10; s. agere in synodo II 214, 10; satisfactione corrigere II 412, 35; usque satisfactionem excommunicari II 105, 20; *cfr.* 378, 15. 20; s. facere II 160, 1. 5. 168, 25; s. reddere pro culpa I 218, 5; ad s. venire I 218, 15.

satureia I 90, 5. 255, 5. 256, 35.

sauma I 82, 5. 171, 30.

savina *v.* sabina.

savirum: iuxta savirum fidelem esse II 278, 20; *cfr.* 172, 10.

scabinus, scabineus, scabinius, scavinus, escavinus I 112, 15. 114, 20. 35 [429, 20]. 123, 40. 148, 15 [430, 40]. 151, 10. 172, 1. 207, 5. 377, 25. 440, 45; s. bonus II 15, 1. 346, 20; s. malus, pravus I 185, 5. II 15, 1. 30; VII scabini I 116, 15 [429, 40. II 19, 20]; XII s. I 295, 25; ante scabinis cartas conscribere I 319, 10. 30; scabini comitum adiutores II 15, 1. 5; *cfr.* I 301, 5 [437, 10]; scabinos constituere, eligere I 115, 20 [429, 25]. 149, 10 [431, 35]. 151, 15. II 15, 1. 5; scabinorum iudicium I 123, 20 [426, 15. II 61, 1]. 148, 15 [430, 45]. II 15, 5. 10. 314, 1; *cfr.* I 149, 1 [431, 15]; scabini de notitia solidum I accipientes I 145, 10; s. ad placitum (mallum) veniant I 148, 25 [431, 5]. 150, 20. 210, 35. 320, 30; s. sententiam dantes I 145, 35; coram scabinis traditionem facere I 118, 15.

scach, scah II 274, 20. 25. 40.

scachcator II 274, 20. 25.

scafilus, scafil, scapilus I 72, 35. II 251, 1. 20. 30. 252, 1.

scaftlegi, scahft legi, scaftleg, scast legi, scastlei, scat legi, scat legii, cast legi, casolegi II 16, 25. 35. 40. 324, 30. 40.

scalonia I 255, 5. 256, 35.

scalpri I 87, 1. 254, 10. 255, 15. 40. 256, 15.

scamera II 181, 30.

scandalizare II 33, 5. 37, 5. 241, 5; s. ecclesiam II 53, 1. 10. 30. 55, 20.

scandalum I 8, 15. 12, 30. 128, 35 [II 22, 25]. 270, 40. II 4, 35. 33, 5. 35. 34, 30. 54, 10. 55, 20. 69, 15. 162, 25. 226, 20 [240, 35]. 409, 20. 410, 10; s. ecclesiae II 52, 30. 440, 1; s. contra episcopos II 36, 30; s. in hoste aut infra regnum I 334, 15; in s. corruere II 33, 20; s. movere II 100, 10; s. pati II 188, 20; s. vitare II 35, 5.

scapoardus II 523, 20.

scapula I 247, 10.

scapularis I 345, 35.

scapulum (?) I 213, 10.

scara = *exercitus*, *manus*, '*Schar*' I 166, 20 [482, 25] (?). II 67, 30. 68, 1. 10; s. missorum; scaram ordinare II 357, 35. 40. — scara = *servitium itinera faciendi* I 166, 20 [482, 25] (?). 252, 15. 20. 25.

scarire I 159, 10. 344, 40; scaritum esse cum comite palatii II 359, 30; scariti II 92, 30.

scedula I 276, 25 [406, 15].

scedum I 198, 20.

sceleratus, a, um: s. nuptiae I 228, 35. — sceleratus, scelerati II 86, 40. 521, 5.

scelus I 12, 15. 98, 5. 122, 30 [425, 35. II 290, 30]. 373, 40. II 384, 10. 520, 1; s. criminale II 101, 40; s. fornicationis I 365, 25. 30. II 288, 35; s. incestuosum I 97, 30; scelere criminari II 288, 1; scelus committere in alio episcopatu II 287, 25; ad s. compellere I 168, 10; s. exercere I 5, 20; de sceleribus inquirere II 65, 1; scelus palam, publice perpetrare II 120.

sceptrum II 377, 30.

schema I 79, 30.

schisma, scisma II 40, 5. 520, 20.

schismaticus, scismaticus II 210, 1. 520, 20.

scholarius I 238, 10. 20.

scholasticus *v.* scolasticus.

(scilla), squilla I 90, 1.

scindere coniugium II 226, 10.

scire I 8, 30. 85, 35. 87, 15. 102, 1, *saepius;* s. causam ad populi dampnum *etc.* pertinentem II 8, 20. — sciens I 49, 15. 160, 5 [432, 1]. 241, 35. 317, 10. II 9, 5. 68, 5. 239, 15. 25. 525, 20. 30; scientem celare I 98, 25; s. periurare I 49, 15. 20. — scienter I 285, 15 [441, 35]; s. cum excommunicato communicare I 85, 5; s. iniuste iudicare II 15, 1; s. testes in periurium inducere II 15, 15.

sclareia I 90, 10. 256, 35.

sclusa, exclusa I 82, 5. 30.

scola: scolae publicae in tribus locis imperii fiant II 37, 25; s. puerorum I 60, 1 [408, 25]; ad scolam convenire I 327, 15; s. doctoribus deputare I 369, 40; s. emendare I 357, 35. 40; s. habere I 346, 30. II 35, 15; s. ordinare I 304, 15. 20 [415, 30. 416, 1]; s. reparare I 376, 20.

scolasticus, scholasticus I 79, 35. 327, 5. II 40, 30.

scorticare = *excorticare*, *excoriare*, *i. e. proprie corticem vel cutem detrahere (cfr. Glossam ad L. Rib. 86:* excorticaverit = 'biscindit'), *hoc loco, ut videtur = cutem flagellis vel virgis contundere (Zeumer)* I 26, 1.

scotus II 251, 1. 25.

screona I 87, 30.

scriba I 121, 10 [409, 30].

scribere I 79, 25. 121, 10 [409, 30]. 146, 1. 184, 15. 30. 45. 202, 25. II 62, 30. 64, 5. 520, 5. 522, 5; s. capitula; s. capitula in lege I 212, 10; s. cartam, cartulam; s. evangelium *etc.* I 60, 5 [403, 30]; s. formulam institutionis I 339, 15; s. precarias. — scribentes pueri I 60, 5 [408, 25]. — scripta lex I 336, 10. 15. II 98, 10. 15. — scriptum II 518, 10. 530, 1; scripta absque mense et die mensis vigorem non habeant I 335, 30; s. divinarum scripturarum I 106, 10; scriptum donationis I 368, 30; s. falsum II 62, 15; s. fiduciationis II 140, 35; s. synodale II 488, 1; scripta testamentorum I 328, 25. — scriptum episcopi I 247, 1. 15. II 398, 10—30. 429, 1. 5. 438, 25; s. imperatoris, regis II 8, 10. 27, 30. 370, 5. 15; s. monachorum I 79, 20. — pro scripto aliquid accipere II 62, 10; scriptis et verbis commonere II 424, 15; s. consilium proferre II 420, 35. 421, 1; s. decreta committere II 52, 15; scripto demonstrare II 157, 35; scriptis confirmare I 409, 45; scripto denuntiare, renuntiare II 331, 30. 338, 5; scriptum facere II 62, 15. 264, 30; scripto mandare II 163, 20. 165, 1. 288, 10; s. notare I 290, 10 [448, 45]. 342, 10; *cfr.* II 311, 35; s. ostendere II 157, 15; scriptis praecipere II 344, 35; s. rationem reddere I 290, 15 [444, 5]; per scriptum res dare II 109, 1; s. roborare II 254, 30. 35.

scrinium I 89, 10. II 274, 5.

scrippa, schirpa, scirpa, stirpe I 32, 5. 30.

scriptio I 217, 35; s. clericorum I 231, 10; s. falsa II 108, 40; scriptione roborare II 55, 30.

scriptor I 389, 40. 409, 30. II 274, 30; scriptores publici res arimannorum transcribant II 110, 1.

scriptura: s. canonica II 118, 5; s. divina I 79, 30. 236, 25. 237, 40. 238, 25. 248, 25. II 406, 30; s. prophetica et evangelica I 365, 10; s. sacra, sancta I 79, 25. 162, 30. 248, 25. 274, 15. II 48, 5. 188, 30. 518, 30. 40. 519. 522, 1; secundum scripturam iudicare II 98, 5. 10.

scroba I 89, 10.

scrua I 298, 10.

scrutinium I 247, 5. II 176, 15. 509, 30.

scubia (= *excubia*) publica I 319, 5. 10.

sculdasius, sculdasus, sculdais, sculdaissibus, sculdahis, sculdas I 190, 25. 35. 192, 20. 25. 40. 193, 10. II 86, 5. 108, 5.

scura, scuria I 84, 35. 88, 30. 224, 30. 254, 5. 30. 35. 255, 1. 256, 10. 30. II 328, 5.

scurra I 334, 40.

scurriles praestigiae II 117, 30.

scurrilitas I 2, 40. II 45, 20.

scusati = *excusati* I 319, 15.

scutarius I 89, 10.

scutum I 67, 5. 89, 25. 123, 1 [425, 40]. 156, 25 [428, 10]. 168, 25. 171, 25. 334, 20; (cum) scuto et fuste decertare, contendere I 117, 30. 268, 5. 269, 30. 283, 1 [439, 35]. 284, 30 [441, 1. 5]; cum scutis in placito comitis non veniendum I 318, 40.

secare I 197, 5. 252, 15. 20. 25; s. fenum I 61, 10 [404, 25]. 88, 20.

secretarium basilicae II 154, 5.

secretus, a, um: s. causa II 523, 15; s. conlocutiones II 48, 10; s. loca II 477, 10. — secretum cubiculi I 248, 1; secreta palatina II 218, 40; s. custodire II 528, 15; a secretis appellatus II 528, 15.

secta I 61, 40 [405, 5]. II 492, 10.

sectio I 36, 10.

secundicerius II 352, 20.

securis I 87, 1. 171, 30. 252, 5. 254, 10. 255, 15. 35. 256, 10.

securitas I 309, 30 [420, 20]. II 135, 10. 357, 30; securitatem accipere II 70, 15; s. sacramento confirmare II 67, 15; s. facere II 138, 10. 284, 10. 285, 5; cum securitate facere II 282, 15; cum (sub) s. possidere I 13, 35. 14, 20. 272, 15; per securitatem probare II 239, 10. 15.

securus, a, um: s. crimine II 284, 30; securum esse, permanere, persistere I 331, 1. II 73, 20 [156, 15. 333, 30. 362, 15]. 285, 1. 5. 356, 20. 25. 30. 357, 5. 10. 20; s. facere II 284, 20. 285, 15; s. fieri II 214, 10; s. possidere I 13, 25; s. ad propria redire II 138, 25.

secus (= *secundum*) constitutionem iuris antiqui I 19, 30.

sedere I 9, 15. 20. II 87, 35; s. et mercari II 250, 30. 251, 1. 30; s. ad casam vassi dominici I 51, 15; s. in palatio ad causas audiendas II 4, 40. 16, 30. — sedit, placuit *etc.* I 12, 35.

sedes: s. propria I 77, 25. II 84, 45. 97, 25; s. vacans, viduata II 114, 5 [399, 20]. 264, 35. 390, 30. 391, 25; s. Alexandrina, Antiochensis II 515, 5; s. apostolica I 75, 10. 78, 10. II 161, 15. 25. 280, 25. 281, 1. 5. 35. 368, 30. 376, 35. 434, 10. 489, 1. 522, 25; sedis apostolicae auctoritas II 124, 25, consuetudo II 508, 10, decretum II 428, 15, hortatus I 44, 20, iudicium II 124, 25, legatus

II 342, 5. 349, 5. 350, 20. 25. 351, 35. 364, 30 [365, 1. 370, 5. 10]. 433, 10, magisterium II 508, 10, privilegium II 428, 5. 508, 10, unanimitas I 61, 5 [404, 20], vicarius II 349, 5. 350, 10. 25; s. apost. vices tenere I 405, 40; sedi apost. obedientiam exhibere II 352, 25; ad sedem apost. referre maiores causas II 350, 10; sedes apostolica = *s. episcopalis* I 1, 15. 2, 5; s. archiepiscopi II 358, 5. 376, 30. 377, 10; s. ecclesiae I 107, 1; s. episcopalis, episcopi I 73, 25. 357, 30. II 38, 5. 262, 10. 358, 5. 522, 35; *cfr.* 264, 25; sedium episcoporum stabilitas II 114, 5; sedes imperatoris II 522, 20; s. metropolitana I 389, 20. II 406, 20; s. pontificalis II 212, 1. 213, 25; s. regia I 350, 5; s. Remensis urbis II 111, 25; s. Romana I 324, 15. II 29, 20. 210, 1. 336, 35. 350, 20. 25. 379, 35. 515, 1. 5. 15. 522, 25; *cfr.* I 354, 25. 40; s. Senonica II 397, 5; s. suffraganea I 75, 5.

seditio II 102, 30. 156, 10. 309, 20. 430, 5. 442, 1; sine seditione ambulare II 282, 10; a seditionibus se cavere II 299, 10; seditiones commovere *etc.* II 440, 15.

seductio: absque seductione fidelem esse *etc.* II 100, 5. 296, 15.

seductor II 452, 40.

segregare I 86, 5. 88, 30. II 529, 15. 20. 25; s. iumenta, poledros, pultrellas I 84, 15; s. servitium I 85, 30.

seiungere iunctos in adulterio II 240, 25.

sella = *'Sattel'*: cum s. ad dorsum ante regem dirigi II 96, 20. — s. = *sedes, casa* II 328, 10.

sellarius I 89, 10.

sementare I 197, 5.

sementis, sementia I 86, 1. 88, 5. 252, 10. 255, 20.

semidragma II 251, 1.

semimodius II 251, 1.

seminare I 83, 20. 86, 5. 252, 15. 20. 25. 254, 15. 255, 40. 256, 1. 15.

(semispathium), semispatum, senispatum, senespasio I 67, 10. 168, 25. 40.

senatores regni II 528, 45.

senatus II 124, 25; s. Francorum I 350, 5.

senescalcus, sinescalcus, siniscalcus I 84, 20. 87, 25. II 523, 15. 525, 15. 25.

senespasio *v.* semispathium.

senilis (*sc.* pars populi) iuret I 67, 5.

senior = *maior natu* I 153, 15 [413, 15]. II 529, 10. 530, 1; s. decanus I 347, 10; s. frater regum I 271. 272. 273, 1. 5. 15; seniores (*sc.* monachi) I 346, 5. — senior = *dominus* I 67, 5. 157, 1 [428, 20]. 167, 30 [449, 25]. 199, 5. 208, 5. 217, 15. 298, 15. 325, 5. II 71, 20. 73, 40. 74, 1. 5 [156, 40. 157, 1]. 96, 20. 25. 97, 5. 259, 40. 308, 25—309, 1. 310, 20. 337, 10. 345, 1. 526, 10. 527. 529, 20. 25; seniores patriae, populi I 48, 20. 65, 30. 98, 1; senior advenae, adventicii I 157, 5 [447, 35]. II 273, 30. 323, 25. 324, 5; s. clerici I 76, 30. II 410, 25; s. coloni II 269, 25; s. ecclesiastici, fiscalini I 32, 25. 81, 25. 30. 35; s. ecclesiae I 11, 35 (?). 178, 20 [412, 15. II 335, 10]; s. hominis Franci I 38, 15; s. hominis liberi I 137, 5. 167, 15 [449, 20]. 321, 5; *cfr.* 200, 10. 272, 15; s. hominis in exercitali itinere pacem violantis I 305, 30. 35. 40 [417, 15. 20. 25], latronem celantis II 272, 25; s. latronis II 36, 35; s. ministri (comes) II 487, 15; s. presbyteri I 179, 1 [412, 35]. 277, 25 [407, 5]. II 331, 10. 15. 334, 40. 335, 1. 10. 15. 410, 25; s. raptoris II 372, 35. 373, 15. 30; s. sacerdotis II 33, 10; seniorem accipere II 71, 10. 15; ad s. se commendare I 165, 20; *cfr.* 215, 15; s. dimittere I 135, 5. 172, 10. 199, 10. 215, 10. 15. 20. II 71, 15. 93, 5. 310, 20; in seniore emendare II 274, 15 [300, 45]; seniori fidelitatem promittere I 124, 5 [426, 20]; seniorem fugere I 205, 25; s. interficere II 142, 40; seniori de beneficio obsequium exhibere I 262, 30 [II 260, 25]; *cfr.* II 308, 30. 309, 1; seniorem sequi I 41, 1; ad s. alium venire, acaptare II 282, 1. 5. — senior = *imperator, rex* II 105, 40. 192, 5. 10. 15. 271, 30. 35. 272, 15. 278, 20. 30. 279 *sqq.* 291, 30. 292, 15. 298, 30. 299, 1. 30. 338, 25. 354, 30. 357, 5. 10. 428, 25; s. et rex II 104, 25. 105, 35. 106, 5. 15. 365, 15; episcopus recte seniori suo debitor est II 365, 15; s. fidelem esse *vel similiter* II 78, 30 [156, 25. 334, 5. 362, 25]. 100, 1. 5. 10. 255, 10 [398, 15]. 296, 20. 342, 10. 15. 357, 10. 365, 15. — senior = *pater* II 158, 20. 166, 25. 293, 25. 294, 20. 295, 5. 298, 10. — s. = *maritus* II 469, 5.

senioralis, e: s. reverentia II 422, 15; s. vigor II 118, 30 [399, 5].

senioratus II 282, 1. 284, 25. 324, 5; s. comitis, hominis, vicarii, vicecomitis II 259, 35.

senodochium, senedochium, sinodochium, synodochium, xenedochium, exenodochium, cenodoxium I 170, 30. 192, 1. 195, 15. 198, 25. 211, 35. 310, 25. 311, 1. 15 [420, 45. 421, 1. 20]. 319, 35. 328, 30. 35. 329, 1. 332, 1. 374, 45. II 105, 10; s. sub defensione ecclesiae, in potestate episcopi II 121, 5; s. ad mundium palatii pertinens I 189, 15. 328, 30. 35; *cfr.* II 121, 15; s. regale, regis I 195, 5. 201, 10; senodochia testamentorum scripta sequantur I 328, 25; *cfr.* 332, 10. II 121, 10; senodochii auctor, conditor I 369, 15. II 63, 20; senodochia circumire *etc.* II 94, 1. 5; s. per enfitheuseos contractus dare I 316, 30; s. dimittere I 200, 30; s. gubernare, regere I 195, 5. 10. 200, 30; *cfr.* II 484, 35; s. imbroviare I 329, 5; de senodochiis inquirere II 63, 20; synodochia instituere II 121, 5. 15; s. ordinare I 195, 5. 10. II 63, 20; *cfr.* I 332, 10. 15. II 80, 1. 32, 25; senodochiorum ordinem servare I 369, 15; per senodochia ospitalem facere I 210, 10; s. restaurare I 191, 10; s. ad statum pristinum revocare II 94, 5.

senpectae = *sympaectae* I 109, 1.

sententia = *opinio* II 527, 10; s. apostolica I 179, 10 [418, 1]; s. episcopi I 362, 1. II 118, 20. 241, 20. 244, 5; s. Gregorii II 80, 25; s. metropolitani, synodi provincialis II 118, 20; sententiae sanctorum patrum I 339, 5. 10. 341, 5. — sententia = *'Urteil, Spruch'* II 520, 25 (?); s. apostolica (= *papae*) II 217, 30; s. apostolicorum, sacerdotum II 217, 1; s. canonica II 411, 20; s. communis, unanimis I 272, 25. 277, 15 [406, 20]. II 249, 10; s. doctoris proprii constringi I 374, 15; s. episcopalis II 286, 30; s. finitiva I 159, 1; s. iudicialis I 204, 35; s. iudicis I 18, 30; s. papae II 380, 25; s. paterna (= *papae*) II 228, 1; s. principis I 375, 10; s. sinodalis, imperialis I 277, 15 [406, 45]. 277, 20; aliquid ex Romana seu Langobardica lege competenti sententia terminare I 204, 35; sententiam accipere a scabineis I 145, 35; s. dare, proferre I 290, 35 [444, 25]. 297, 5. II 225, 15. — sententia = *sententia poenalis, poena* I 41, 10. II 52, 25; s. canonica I 22, 10. 34, 10. 312, 40 [422, 20]. 360, 40. 362, 15. II 211, 30. 408, 10. 409, 20. 412, 15. 20; s. capitalis I 28, 10. 30. 69, 1. 10. 166, 30. 35 [432, 40]. 205, 25. 320, 1. II 239, 30; s. divina II 286, 30; s. excommunicationis II 373, 15. 25; s. humana II 215, 15; s. legalis I 211, 10. 323, 15. II 286, 15. 25; s. synodalis II 82, 20. 414, 20; s. ultionis I 19, 1; sententiam accipere, recipere I 36, 1. 84, 25. 160, 15 [432, 10. II 290, 35. 300, 30]. 200, 1; s. relegere II 286, 20; sententiae subiacere I 49, 15. 35. 54, 35 [398, 20]. 211, 10. 228, 1. 328, 30. II 81, 15; sententiam sustinere I 49, 15. II 287, 15 [310, 1].

sentire II 520, 20. 524, 30; s. cum synodo II 367, 40; s. diversa in indiciis poenitentium I 365, 10.

separare = *disiungere* I 86, 1. II 529, 25; s. episcopos, abbates et comites I 161, 10; s. testes I 124, 15 [426, 35. 448, 20]; s. testimonia I 210, 25. — s. coniuges I 37, 35. 40. 38. 40, 5. 10. 30. 41, 25; s. a secunda coniuge II 207, 15; s. coniugium II 226, 15; s. a coniunctione (illicita) I 202, 10. 25. 30. II 414, 5; non separentur in quarto genu I 365, 20; *cfr.* II 183, 25; s. iunctos in adulterio II 240, 25; s. mulierem a viro I 218, 20; s. uxorem alienigenam II 235, 35. 236, 10. 15; s. uxorem a fratre humiliatam II 237, 15. — separare = *excludere*: s. a Christianorum societate II 309, 25; s. a communione ecclesiastica II 373, 15.

413, 5; s. ab ecclesia II 66, 25. — separare (= *expellere*) raptorem ex ecclesia I 16, 10.

separatim I 348, 5. II 529, 20; s. in pulsaturio habitare I 84, 30; s. discutere testes I 148, 30 [431, 10]. 150, 25.

sepelire II 221, 25. 222; mortui in basilica, ecclesia non sepeliendi I 174, 25. 179, 5 [412, 35]. 314, 1 [428, 30]. II 415, 20.

sepes v. saepes.

seponere I 89, 10.

septemtrionales Saxones I 72, 35.

septimana II 325, 10. 20; s. maior II 409, 30.

septuagesima I 245, 30. 346, 1.

septuaginta interpretes II 508, 25.

sepulcrum, sepulchrum I 61, 15 [404, 25]. 228, 1. II 415, 20. 25.

sepultura I 412, 35. II 222, 1—15. 248, 20. 415, 25; s. in basilicis, infra ecclesiam I 428, 30. II 262, 15; s. pontificis I 354, 45; pro sepulturae loco terrulas ac vineolas dare II 331, 10; *cfr.* I 333, 25; pro s. loco pretium non querere *etc.* II 415, 25—416, 1; *cfr.* 207, 1.

sequestrare I 23, 15. 38, 15; s. a communionis gratia I 46, 25; s. ab ecclesia I 46, 20; s. ab ecclesiarum liminibus et a castris militaribus II 39, 35.

sequestratio provinciarum I 46, 20.

sequi I 10, 20; s. *maritum*, seniorem I 41, 1. 5; s. vestigium I 17, 30.

serenitas *(titulus imperatoris)* II 27, 30. 28, 1. 5. 33, 15. 35. 42, 20. 350, 15; *(titulus regis)* I 11, 20.

serenus: *serenissimus* augustus; s. dominus II 178, 20; s. imperator; s. princeps; s. rex.

sericea manica I 251, 20.

sericus = *siricus* I 251, 15. 20.

series legum Romanorum I 19, 25.

sermo II 520, 1. 526, 5; sermone aperto capitula tradere II 311, 40; s. aperto innotescere II 286, 20. 25; sermo incultus I 79, 20. 25; s. otiosus II 45, 20. 47, 30; s. vivus I 237, 30; s. adhortationis I 11, 40; s. affirmationis aut iuramenti I 346, 30; s. praedicationis II 48, 5; *cfr.* 384, 15; s. apostolicus II 29, 35; s. doctorum I 372, 25; sermones patrum I 81, 5; sermo serenitatis regiae I 11, 20. — foras sermone regis mittere I 10, 15.

sermonicatio II 46, 5.

servare: s. latronem I 191, 5. 205, 25; s. vasa, sacrificia I 59, 35 [403, 10]. — s. = *protegere*: s. populum II 8, 20. — s. = *observare* II 525, 1; s. conditionem I 18, 10; s. consuetudinem longam pro lege I 220, 20; s. legem II 77, 10; s. normam iuris I 18, 20; s. praeparationem ad hostem I 167, 10; s. regulam; s. sacramentum et fidelitatem I 177, 20 [434, 25]; s. statuta I 14, 35; s. veritatem (?) II 528, 30.

servatoria I 91, 1.

servilis, e: s. condicio; s. conditionis homo I 74, 35, infans I 60, 1 [408, 25]; s. mansus; s. opus I 104, 15 (*cfr.* opus); s. persona.

servire I 61, 1 [447, 30]. 85, 5. 30. 86, 5. 25. 88, 30. 35; s. de beneficio I 131, 30 [427, 40]; s. Deo I 88, 40. II 227, 10. 15. 35; s. dominis I 218, 15; s. ecclesiae II 432, 20 (*cfr.* ecclesia); s. in imperatoris transitu II 64, 10; s. in palatio; s. intra casam I 167, 5 [433, 5]; s. ad mensam regis; s. ad opus regis I 83, 1. 85, 35. 88, 15. 172, 25; s. seniori II 324, 5. — *servientes* ecclesiae I 211, 25. 212, 1. 5; s. imperatoris I 131, 30 [427, 40]; *cfr.* 86, 25; s. presbyteri I 288, 20.

servitium I 255, 20. 262, 10 [II 259, 35]. 332, 20. 356, 20. II 89, 35. 260, 1. 323, 30; s. adimplere I 84, 5; de servitio appellare; in servitium cadere I 113, 30 [447, 35. 40]; in servitio aliquem conquirere; s. aliquem constringere; in s. defungi I 166, 20 [432, 25]; in s. esse, permanere I 146, 5. 292, 25. 30. 318, 30. II 327, 10; *servitium exigere*; in servitio habere II 322, 15; servitium impendere II 288, 15; s. impendere imaginibus I 73, 30, senioribus presbyterorum I 277, 25 [407, 5]; ad s. se implicare, in servitio implicari I 292, 25. 30. 293, 5. 318, 25; s. iniungere I 328, 20. 332, 20; ad s. interpellare; de servitio se liberare; ad servitium mallare; *servitium multiplicare*; s. perficere I 83, 30. 85, 5. 172, 10; s. praestare II 260, 15; ad s. quaerere II 11, 20. 88, 30; in s. recipere II 322, 15; in s. redigere vassallum I 215, 10; ad s. redire, restitui I 292, 20; ad s. replicare II 39, 10; s. segregare I 85, 35; ad s. subicere I 288, 25; ad s., servitio alterius se subdere, tradere I 172, 5. 187, 20. 317, 5. 331, 1. 5. II 63, 1. 5. 322, 10 (*cfr. infra* servitium Dei, ecclesiae, principis, regis); ad s. se vendere II 326, 1. — servitium Dei, divinum I 60, 1 [408, 20]. 92, 30. 95, 15. 119, 35. 193, 20. 209, 25. 225, 20. 340, 35. II 322, 20; ad s. Dei innovare I 147, 15; in s. Dei ire I 220, 5; s. Dei minuere II 232, 15; s. Dei peragere II 51, 10; ad s. Dei se praeparare I 125, 30 [427, 20]. 141, 20; *ad s. Dei se tradere* I 125, 5 [410, 5]; s. diutinum II 526, 15; s. domini I 188, 15. 320, 25; ad s. domini ire I 165, 20; s. dominicum; s. ad dominicum opus I 85, 5; ad s. ecclesiae donare; ad ecclesiam in s. se tradere; s. ecclesiasticum; s. episcopi II 376, 10; s. iudicis I 85, 15; in s. iudicis familia regis non ponenda I 83, 5; *s. manuale*; *s. naturale*; in s. *principis* se tradere I 166, 15. 20 [432, 20. 25]; s. privatum I 196, 30; s. proprium I 358, 5; ad s. publicum cogi I 196, 30; s. regis, imperatoris I 187, 30. 188, 10. 184, 1. 209, 30. 271, 25. 314, 20 [450, 1]. 366, 20. II 89, 20. 25. 280, 15. 30. 284, 20. 35. 328, 15. 339, 10. 15; *cfr.* I 67, 25. 144, 10; in servitio regis esse I 321, 5; s. regis, imperiali detineri I 366, 30. II 271, 25; servitium imperatoris facere I 264, 1. 330, 1; *in servitio regis* fidelem esse I 321, 10; *servitium* regis inmeliorare I 172, 20; servitio regis se mancipare II 412, 10; servitium imperatoris peragere I 268, 20; in s. imperatoris pergere II 360, 1; ad s. regis praeparatum esse II 274, 1; ad s. imperatoris properare II 109, 30; s (de) servitio regis se subtrahere II 279, 30. 280, 20. 284, 15; *in servitium regis se* tradere II 71, 30; ad (in) s. regis venire I 37, 10. II 281, 35. 331, 40. 337, 25; villae ad s. imperatoris II 361, 15; s. regium, regale II 259, 40. 403, 20; s. spiritale; s. temporale I 302, 15. II 521, 5.

servitor I 345, 35; servitores monachorum II 434, 25.

servitus I 276, 35 [406, 25]. 317, 10. 356, 20. 30; servituti uxorem ingenuam subicere II 247, 10. — servitus = *servitium* I 74, 1; s. divina II 34, 40; in servitute dominorum aldiones *etc.* vivant I 205, 30; servitus ecclesiae.

servus I 5, 5. 10. 6, 25. 30. 8, 30. 17, 20. 38, 5. 15. 69, 20. 101, 5. 151, 5. 160, 35 [449, 20]. 146, 1. 5. 185, 10. 212, 20. 298, 20. 302, 30. 313, 15 [422, 40]. 323, 20. 334, 40. II 108, 1. 5. 134, 5. 318, 25. 35. 438, 10. 519, 1; s. beneficiarius I 281, 10. 15 [438, 5]. 298, 15; s. casatus I 129, 1 [II 22, 30]; s. comitis I 285, 5 [441, 25]. II 316, 5; s. ducis I 15, 30; s. ecclesiasticus, ecclesiae I 1, 25. 6, 5. 17, 15. 67, 5. 181, 20. 206, 1. 277, 1 [406, 30]. 281, 1 [438, 5]. 285, 5 [441, 25]. 298, 15. 300, 25 [406, 35]. 303, 20 [415, 10]. 304, 35 [416, 15]. 356, 20—40. II 316, 15. 418, 5; s. fiscalinus, fiscalis, fisci I 6, 5. 17, 15. 281, 10 [438, 5]; servi Francorum I 17, 15; servus hominis liberi I 300, 25 [436, 35]; s. iudicis; s. paganus II 419, 15; s. potentis; s. regis, regius, imperatoris I 85, 5. 30. 88, 5. 20. 92, 35. 122, 5 [409, 30]. 171, 5. 206, 1. 298, 5. II 437, 30; s. vassalli regis I 285, 5 [441, 25]. II 316, 15. — dominus servi I 6, 25. 40, 35. 40. 128, 45 [II 22, 15]. 196, 35. 206, 1. 5. 232, 25. 257, 5. 276, 30 [406, 20]. 300, 20 [436, 30] (*cfr.* dominus); domini diversi servorum I 218, 10. 15; magister servorum. — servus ancillam concubinam habens *vel similiter* I 40, 35. 40. 145, 10; *cfr.* 41, 25; s. feminam Francam, liberam accipiens, sibi copulans I 145, 25. 320, 25. II 62, 30; *cfr.* I 218, 10. 15. 292, 25. 30; s. beneficia et ministeria tenens *etc.* I 67, 5; s. cartam ostendens I 145, 35; s. cartam ingenuitatis adferens I 298, 30; s. clamosus II 344, 30. 35; servi collectam facientes II 16, 15; *cfr.* I 160, 10 [432, 5]. 300, 20 [436, 25. 30]; s. coniurationes, conspirationes facientes I 124, 15 [426, 30 II 61, 10]. 301, 5. 10 [437, 15. 20]; servus criminosus; s. damnum inferens I 117, 30—118, 1 [430, 15. 20]; s. denarium bonum reiciens *vel similiter* I 152, 5. 285, 5 [441, 25]. II 302. 316, 15. 25; s. in dominio alieno commorans I 143, 20; s. domum alienam infringens I 160, 15 [432, 10. II 290, 35. 300, 30]; s. epistolam regis dispiciens I 284, 30 [441, 15]; s. fugax, fugiens, fugitivus; s. ignem in silvam convivans I 335, 20. 25; s. ingenuum presbyterum occidens I 298, 10. 15. II 182, 10; *cfr.* I 281, 10 [438, 1]. II 18, 10. 15; s. lanceam non portet *etc.* I 123, 25; s. latronem forbanitum suscipiens I 148, 25 [431, 1]. 150, 15; s. mercatum transiens *etc.* II 251, 10; s. monetario falso consentiens *vel similiter* I 285, 10 [441, 30]. II 317, 1. 5. 320, 25; s. mordritus I 257, 10; s. rapiens I 160, 25 [432, 15. II 290, 40]. II 373, 1. 5; *cfr.* 96, 25; s. terram ecclesiae colens I 196, 30. 35. — servum accusare; s. adiuvare de famis inopia I 151, 5; s. adquirere I 276, 25 [406, 25]; de servo cessionem facere I 5, 10; servos coercere disciplina ecclesiastica II 266, 15; servum comprehendere; s. cum (de) furto comprehendere, deprehendere, probare I 28, 20. 49, 35. 50, 1. 181, 15; *cfr.* 284, 20 [441, 5]; s. conquirere; s. deiudicare ad mortem I 181, 10; s. dimittere I 143, 10; s. distringere; s. se facere I 185, 15, occasione divortii II 247, 10. 15; s. flagellare; servos inquirere I 211, 5; s. iudicare ad excusandum *etc.* I 181, 20; s. liberare; servus per XXX annos liber fieri non potest, si pater servus, mater ancilla fuerit II 62, 10; s. ecclesiasticus ad presbyteratus ordinem electus quomodo liber fiat I 356, 25; liberos homines necessitate cogente in servos suscipere II 327, 5; *cfr.* 326, 30; servum mallare II 89, 1. 15; s. manumittere; s. mittere in districtionem I 211, 1, ad iudicium I 335, 25; s. occidere II 181, 30; s. occidere, vendere, ingenuum dimittere I 292, 15. 20; s. ordinare I 133, 20 [446, 40]. 277, 1. 5 [406, 30. 35]. II 230, 10; *cfr.* I 276, 25 [406, 15]; s. pendere; s. ponere ad sortem I 5, 5; s. praesentare; s. promovere ad clericatum *vel similiter* I 57, 25 [401, 25]. 108, 15. 232, 25. 276, 25. 30. 35 [406, 15. 20. 25]; *cfr.* 229, 20. 397, 40; s. quaerere I 145, 35; pro servo rationem reddere I 211, 1; s. requirere I 5, 5. II 132, 20; de servo saigam I persolvere II 251, 25; servum sollicitare ad clericalem *etc.* ordinem I 55, 35 [399, 35]. *cfr.* 76, 15; s. tradere in manus pontificis I 229, 20. 232, 25; pro servo in wadio se dare, donare I 51, 10. 160, 20 [432, 10. II 290, 40. 300, 30]. — servi Christi II 433, 1; s. Dei I 24, 25. 30. 25, 10. 15. 35. 30, 10. 361, 35. II 224, 10. 255, 5 [356, 1. 362, 10. 398, 10]. 261, 40. 337, 5. 385, 40. 386, 1. 434, 25; servorum Dei alimentum II 385, 35, consensus I 34, 10, consilium I 28, 5. 29, 5. 10, defensor II 47, 20, habitacula II 411, 10, honor II 163, 30. 164, 20. 40. 166, 15. 20. 307, 35. 312, 5, honor atque immunitas II 333, 35. 334, 10. 15, interfectio II 5, 1, res II 288, 15, stipendia II 432, 20. — servus servorum Dei (*titulus archiepiscopi*) I 247, 25.

severitas: s. anathematis II 385, 5; s. canonica; s. canonum II 265, 20. 25; s. potestatis II 383, 35; s. regalis II 420, 30.

severiter coercere II 33, 30.

sexta = *officium ecclesiasticum sexta hora celebradum* I 346, 15. 347, 15. 20; sextam persolvere I 288, 10.

sextarium, sextarius, sistarium I 88, 30. 252, 10. 15. II 11, 5. 88, 20; s. aequus; s. iniustus; s. maior II 318, 20; sextariorum mensura I 84, 1. 150, 15 [448, 35]. 152, 10. 255, 1; per sextaria vendere II 319, 5.

sexcupla accipere I 364, 40.

sextus, a, um: s. feria; s. hora II 180, 20; *v.* horae canonicae.

sexus I 19, 25 (?). II 302, 10. 484, 25; s. utriusque monasteria II 265, 30; secundum utrumque sexum missas commutare I 110, 10.

siccamen I 86, 10.

sicera II 11, 10.

sicerator I 87, 15.

siclus, sicclus I 72, 35. 252, 5.

sigalatius panis I 74, 20.

sigale, sigalum, sigla, sigula I 72, 35. 40. 74, 20. 25. 182, 35 [411, 10]; *v.* sigilis.

sigilis (?) I 254, 15. 255, 40.

sigillare I 169, 35. II 143, 5; s. anulo imperiali; s. commendationes II 330, 25; s. fores, ostia ecclesiae II 232, 15. 35.

sigillum I 149, 20 [431, 30]; s. regis, regium I 201, 35. II 415, 15; sub sigillo consignare ostia ecclesiae II 232, 25; sub s. custodire I 174, 20. II 380, 25.

signaculum: s. crucis I 60, 25 [404, 5]; s. manus I 355, 5. 10. — s. = *symbolum* I 236, 30. 257, 30.

signare: s. epistolam de anulo I 2, 1; s. litteras II 360, 15; s. praecepta II 330, 30; s. anuli impressione (*cfr.* anulus); s. manu propria II 57, 15. — s. scapulas I 247, 10. — signatus mentiendo vadens I 116, 20 [448, 15]; *cfr.* sinnadus.

significatio II 100, 5.

signifer II 67, 35. 68, 5—20.

signum = *subscriptio* I 30, 15. 20. II 99, 35. 100, 1. 104, 1. 5; s. imperatoris, regis I 263, 1 [II 260, 30]. 264, 15. II 137, 1. 35. 143, 5. 148, 10. 149, 40. 151, 15. — signum = *campana* I 251, 15. II 478, 20; s. (ecclesiae) pulsare, sonare I 106, 30. 228, 35. 238, 10. 347, 20.

silentium: s. solvere I 347, 30. 35; sub silentio manere II 527, 20. 528, 1.

silere I 331, 5; s. de reclamatione I 314, 15 [449, 35].

silum I 90, 1.

silva I 61, 10 [404, 25]. 86, 15. 20. 129, 1 [II 22, 30]. 172, 20. 223, 5. 335, 20. II 86, 15. 300, 45. 438, 10; s. Boemica, Patavica II 250, 30. 251, 1. 30. 35; s. communis I 253, 25. 30. 35; s. ecclesiae, privati I 28, 20; s. pagensium II 436, 30; silvam custodire; in silva pignerationem facere II 134, 1; in s. teloneum non exigendum I 294, 15; homo, qui per silvas vadit I 10, 15.

silvatica vagatio I 25, 15.

simila I 87, 20.

similis, e: cum XII similibus Francis (suis) iurare I 156, 30. 40 [428, 10. II 273, 1. 343, 20]; latroni similem esse I 5, 1.

simplicitas II 91, 5. 10.

simulacrum I 2, 30; s. de consparsa farina *etc.* I 223, 25.

simulator I 298, 40.

simultas II 186, 30. 35.

sinape I 86, 10. 87, 10. 90, 5.

sinaxis *v.* synaxis.

sinceritas seniori debita II 255, 10. 15 [398, 10. 15].

sinescalcus *v.* senescalcus.

sinister, senexter, a, um: s. manus I 9, 1. — s. opinio II 36, 35; s. tergiversatio II 186, 30.

sinnadus = *signatus* I 116, 35.

sinod- *v.* synod-.

sirica I 251, 15.

sisimbrium I 90, 5.

sismusinus roccus I 140, 1.

sistarium *v.* sextarium.

situla I 84, 1.

siu I 89, 5.

sobrietas I 153, 15 [418, 15]. 237, 35. 245, 20. 279, 30 [409, 10]. 312, 20 [422, 1]. II 117, 25. 406, 5.

(sobrina), subrina I 31, 20; *cfr.* consobrinus.

sobrius I 96, 1. II 493, 15. 523, 30. — sobrie vivere I 95, 10. 230, 5.

socciare, sociare I 86, 10. 15. 35.

soccia, socia I 86, 10. 35.

soccus I 345, 15.

socer I 232, 15. II 122, 25.

sociare II 523, 10. 15; s. se I 22, 10. 129, 5 [II 22, 40]. 279, 5 [408, 30]. II 183, 20; s. sibi aliquem, aliquam I 145, 10. II 236, 5; s. sibi (in) coniugio, in coniugium I 15, 20. 19, 1. 320, 35. 376, 35. II 292, 25. 414, 5; s. in matrimonium I 232, 10. — s. se ad hostem praeparandum I

184, 30; s. sibi aliquem I 155, 15; s. sibi filios ingenuorum I 60, 1 [403, 25]; s. res in fisco I 205, 20.

societas II 170, 1. 281, 15 35. 487, 25; in societate canonice vivere I 341, 5; de s. et statu communi ab imperatore interrogatus I 305, 20 [417, 5]; a s. ecclesiastica, christianorum excludere, separare II 307, 25. 309, 25; societas mariti I 129, 10 [II 22, 40].

socius II 82, 20; socii episcoporum II 80, 30. 35. 81, 30; s. imperatoris I 308, 20 [415, 5]; s. missorum I 116, 25 [448, 10]. 155, 10. 218, 20. II 8, 5; s. presbyteri; socio in hostem pergenti adiutorium facere, dare I 138, 1. 5; cum sociis sex se expurgare II 188, 25.

sodomita I 95, 1.

sogales I 84, 5. 88, 40.

sogma II 251, 25; *cfr.* sagmarius.

sol: solis occasus I 331, 1.

solaciator rei publicae II 254, 5.

solarium I 254, 5. 255, 10. 35. 256, 30.

solatium, solacium = *auxilium:* s. dare II 86, 35; s. ferre I 136, 1; s. praebere I 328, 20. 332, 20. II 77, 20. 25. 431, 20; s. praestare I 197, 10. II 182, 5; s. requirere II 524, 10; s. transmittere II 331, 35. — s. regis demittere I 70, 20; in solatio regis hostiliter venire I 67, 30. — solatium collectum = *trustis, agmen* I 16, 10. 28, 20.

solem- v. sollem-.

soliditas: s. ecclesiae II 100, 10. 488, 30; s. regis II 50, 25. 521, 40; s. regni II 56, 25. 100, 10. 166, 20. 35. 254, 35. 255, 10 [398, 15]. 286, 5. 329, 25. 384, 1. 488, 30. 518, 5. 521, 40; s. senioris II 100, 10; cum soliditate reverti I 14, 5; *sub s.* possidere I 18, 25. 30.

solidus I 135, 1; s. XII denariorum, per XII denarios I 114, 20 [429, 15]. 268, 25 [445, 40]. 270, 1. 347, 15; *cfr.* 28, 1; *s.* XL *denariorum* I 268, 30 [446, 1]. 270, 1; solidi Saxonum I 72, 30. 35. 40; solidos pro exactione accipere II 354, 25; s. mutuare. — solidum medium dare, reddere I 50, 15. 20; I sol. I 172, 10; s. I de casata I 52, 20; s. I de notitia I 145, 10; sol. I accipere I 82, 10; s. I componere I 72, 5; s. I culpabilem iudicari I 215, 40; s. I in unoquoque die donare I 249, 25; s. I de navi exsolvere II 252, 5; s. I recipere II 132, 10; II solidi I 254, 20. II 17, 5; sol. II accipere II 256, 25; s. II componere I 72, 5; III solidi I 251, 5; sol. III culpabilis I 7, 35; s. III reddere I 17, 20; s. IV componere, solvere I 5, 10. 71, 35. 72, 5; V solidi I 52, 10. 15. 251, 10; sol. V componere I 71, 25; s. V condempnari I 5, 25. 7, 15; s. V coniectare I 185, 1; s. V exigere I 125, 30 [427, 20]; VI solidi I 251, 5. 10; sol. VI componere I 197, 30; s. VI culpabilis I 186, 1. 5; s. VI satisfacere I 197, 35; s. VII et dimidium componere I 17, 20; X solidi I 182, 5 [410, 35]. 140, 1. II 95, 1; sol. X componere I 70, 10. 101, 5; s. X exigere I 125, 25 [427, 20]; XI solidi I 254, 20; sol. XII componere I 9, 10. 71, 25. 30. II 133, 30; s. XII concessos habere I 71, 30; s. XII recipere I 71, 25. 30; XV solidi I 251, 5; sol. XV componere, solvere I 9, 10. 16, 1. 25. 17, 20. 69, 35. 40. 70, 25. 71, 20. 74, 35. 101, 1. 5. 114, 20 [429, 20]. 117, 20. 148, 20 [431, 1]. 150, 15. 181, 5. 190, 25; s. XV culpabilis I 7, 30. 118, 10 [428, 30. II 317, 20]. 118, 25 [428, 45]. 118, 1 [430, 20]; s. XV multari *etc.* I 28, 20; XX solidi I 140, 1; sol. XX componere, exsolvere I 101, 1. 140, 5; de s. XXII monetarius I sol. accipiat I 82, 10; s. XXIV componere I 72, 1; XXX solidi I 82, 10. 251, 5; sol. XXX componere I 69, 35. 40. II 184, 5; s. XXX culpabilis I 118, 10 [428, 30. II 317, 25]. 181, 5. 215, 35; s. XXX exigere I 125, 25 [427, 20]; s. XXXV culpabilis I 292, 20; *s.* XL componere, exsolvere I 140, 5. 158, 5. 10; s. L componere II 134, 5; LX solidi I 104, 35. 171, 20. 224, 20. 25. 30; sol. LX componere, solvere *vel similiter* I 81, 20—82, 1. 10. 69, 35. 40. 70, 25. 71, 15. 20. 72, 20. 157, 25. 158, 1. 166, 15 [432, 20]. 193, 20. 205, 15. 40. 281, 35 [428, 25]. 282, 35 [489, 25]. 285, 10 [441, 30]. 296, 1. 300, 20 [436, 30]. 301, 10 [437, 10]. 329, 35. 331, 10. II 62, 25. 68, 25. 107, 35. 292, 15. 317, 1. 5. 318, 20. 320, 25. 35. 322, 15. 325, 25; s. LX condemnari I 17, 5; *cfr.* 294, 25. 30; s. LX multiplicare I 72, 25; s. LXXII componere II 182, 15; *s.* C componere I 117, 25. 218, 10. II 134, 30; s. C sive usque ad M componere I 72, 25; s. CXX componere I 69, 35; s. CC culpabilis I 292, 35; s. CCVI (CCIII) poenam dare II 128, 5; s. CCC componere I 118, 1 [428, 20]. 361, 5. 40. II 133, 25. 134, 1; s. CCC culpabilis I 292, 35. 40; s. CCCLX (CCCXL) poenam dare II 128, 1. 5; s. CCCC componere I 118, 5 [428, 20. 25]. 361, 5. 10. 40. 362, 1; s. D componere II 131, 10 [138, 40. 144, 5]; s. DC componere I 118, 5. 20 [428, 25. 40. II 317, 35]. 117, 30. 361, 10. 15. 362, 1; s. DC ad ecclesiam solvere I 281, 5 [437, 45]; *s.* DCCXX *poenam dare* II 128, 1; s. DCCCC componere I 118, 5 [428, 25]. 361, 15. 362, 5; s. M componere II 133, 25; *cfr.* I 72, 25.

solitarius consecrator II 41, 10.

solitudo: in solitudinem *terram redigere* I 197, 10. 261, 20.

solitus mos I 71, 25. 85, 20. 25. 270, 30. 278, 15 [407, 35]. II 525, 35. 529, 25.

solium regale II 211, 25.

sollemnis, sollempnis, solemnis, e: s. dies II 39, 10; s. mos I 271, 5. — sollemnia: s. horarum canonicarum II 504, 25; s. missarum I 78, 1. 178, 35. 175, 25. 227, 5. 229, 40. 242, 15. — sollemniter I 356, 15. 20.

sollemnitas, solemnitas I 11, 30. 175, 20. 235, 20. 346, 35. 40. II 476, 20. 478, 35. 508, 30; s. statuta I 284, 30; solemnitatibus iudicia publica non exercenda II 266, 5. 10.

sollertia, solertia (*titulus*); s. imperatoris II 39, 5. 46, 25; *cfr.* 580, 5; s. regia II 408, 25; s. fidelium II 4, 15. 21, 30. 77, 40.

sollicitare: s. fideles II 282, 10. 284, 15; s. leudes I 14, 25. — s. = *trahere: s.* ad se clericum alterius I 57, 25 [401, 20]. — s. = *incitare:* s. ad clericalem *etc.* ordinem I 55, 35 [399, 30].

sollicitudo I 11, 30. II 126, 5. 376, 35. 437, 40. 524, 1. 20. 40. 525, 5. 25. 526, 25; s. centenarii I 7, 5; s. episcopi I 374, 45. 375, 1; *s.* paterna (= *episcopi*) II 484, 40; s. regis II 81, 5. — s. domestica, palatina II 525, 10; s. ecclesiastica II 110, 30. 120, 35. 122, 15; s. mundana II 35, 15. 39, 10; s. plebium II 81, 15; s. saecularis II 50, 35.

soloecismus I 80, 35.

solsaticum I 91, 10.

solsatire I 91, 10.

solsequia I 90, 1. 256, 35.

solum: a solo proprio extorris I 428, 45.

solutio, solucio I 7, 10. 16, 15; s. banni vel fredi I 155, 20; s. debiti II 15, 25; s. legis Salicae I 268, 25 [445, 40]; s. poenae I 316, 30; s. presbyteri.

solvere = *persolvere* I 9, 30. 154, 25. 268, 30 [446, 1]; s. de legem, secundum legem; *s.* secundum legale placitum II 306, 35; s. bannum dominicum; s. censum I 108, 25. 125, 30 [427, 25]. 295, 30; s. compositionem I 114, 20 [429, 15]. 268, 40. 283, 5 [439, 40]; s. medietatem conpositionis I 298, 10; s. damnum; s. debitum; *s. haribannum* I 187, 20 (*cfr.* haribannus); s. homicidia et iniustitias a fiscalinis facta II 16, 5; s. leodem I 298, 15; s. multam I 114, 10 [429, 5]. 117, 25; s. poenam I 335, 5; s. presbyterum; s. promissa I 337, 5; s. III, IV *etc.* solidos; s. theloneum II 252, 5; *cfr.* 251, 1. 5. 25; s. trasturas I 290, 30 [444, 20]; s. vinum; s. weregildum I 139, 30; s. medietatem wirigildi I 205, 30; solvi werigeldo II 18, 35. — solvere = *absolvere:* s. aut ligare I 365, 5. II 520, 15; s. ab excommunicatione II 309, 1. — s. = *dissolvere:* s. matrimonium I 376, 40. — s. = *finire:* s. ieiunia I 57, 5 [401, 5]. 108, 10.

somnia observare I 58, 40 [402, 25]. 104, 5.

somniatorum coniectores II 44, 35.

somnolentus I 237, 5.

sonesti, soniste I 117, 30. 40.

sonia *v.* sunnis.

soniare, sonare I 51, 15. 30. 85, 20.

sonitum neglegenter facere I 346, 25.
sonus II 499, 35. 506, 5. 508, 10. — s. = *clamor*, '*Geräft*' II 272, 25.
sophistice II 527, 35.
sorbarius I 90, 10.
soror I 8, 20. 13, 30. 15, 35. II 237, 25. 30; sororem interficere II 18, 25; s. mechari I 148, 15. — soror clerici I 30, 5. 54, 20 [398, 10]. 207, 25. 228, 10; s. diaconi I 54, 20 [398, 10]. 207, 25; s. episcopi I 207, 25; s. presbyteri I 54, 20 [398, 10]. 207, 25. 243, 1; s. sacerdotis I 237, 1; s. uxoris I 15, 20; cum sorore uxoris dormire I 41, 10. II 289, 10. 15; cum duabus sororibus fornicari, pollui, dormire I 41, 10. 15. II 239. 247, 20; *cfr.* 183, 15.
sors I 9, 5; s. mala I 5, 10. 15. 6, 5; ad sortem adiacere, iacere I 5, 35; ad s. ambulare I 5, 15. 30; ad s. exire I 5, 30; ad s. mittere I 9, 5; *cfr.* 94, 10; ad s. ponere I 5, 5; ad s. promovere I 6, 5; ad s. venire I 6, 5. 9, 5.
sortiariae II 345, 10. 15.
sortilegus I 25, 30. 45, 25. 223, 10. II 44, 35; divini et sortilegi I 69, 40.
(sortiri), sortire in psalterio vel in evangelio I 64, 1.
sparvarius, sparavarius, sporvarius I 86, 15. 95, 20. 364, 10.
spassare I 361, 15. 362, 1. II 215, 40.
spata I 67, 10. 115, 35. 168, 25; s. in conpositione wirgildi non detur I 282, 25 [439, 20].
spatharius II 136, 15.
spatium II 525, 20. 529, 10; ad anni vertentis spacium II 527, 5; ad s. XII annorum expectare I 293, 5; s. mannitionis I 292, 10. 15; spatia noctium I 292, 15; spatium temporis II 51, 5. 10; s. dare I 64, 20. 306, 20 [418, 5]. II 307, 20; s. habere II 307, 15; s. largiri II 93, 10; s. poscere II 58, 10.
specialis, e: s. adiutorium, consilium II 356, 15; s. capitula II 361, 40; s. causa II 340, 15 (*cfr.* causa); s. defensio; s. hypotheca; s. missa; s. monasterium; s. persona II 528, 1; s. petitio; s. psalmi I 347, 5; s. synodus. — specialiter I 11, 25. 13, 15. 67, 1. 85, 20, *saepius*; s. capitula facere I 278, 30 [408, 5]; s. constituere I 306, 10 [417, 45]; s. decernere I 278, 30 [408, 10]; s. iniungere II 89, 1. 5; s. inquirere II 327, 15; s. instruere I 306, 5 [417, 40]; s. mandare II 332, 1; s. missus I 302, 35.
species I 13, 20. 35. 22, 5. 72, 40. 45; s. ad negotiatores pertinentes I 129, 5 [II 22, 35]; speciem commodare, accipere I 56, 25 [400, 45]. 103, 1; *cfr.* 364, 40; in specie heribannum exigere I 166, 25 [432, 30].
spectaculum I 364, 10. II 117, 30.
spensa = *expensa* I 89, 25; s. abbatis, comitis, episcopi, optimatum, regis I 171, 25.
spelta I 182, 35 [411, 10]. 254, 15. 255, 20. 40. 256, 15. 40.
spelunca II 477, 15.
spernere iudicem I 56, 35 [400, 40]. 77, 25.
spicarium I 254, 5. 255, 1. 10. 25. 256, 10. 30.
spinae I 255, 10.
spirauca I 91, 1.
spiritualis, spiritalis, e: s. commater; s. consilia II 432, 1; s. consolatio II 524, 25; s. documenta, exercitia I 340, 35; s. filia, filiola I 365, 25. 366, 5; s. filius, filiolus I 174, 25. 312, 30 [422, 10]. 365, 25. 366, 5. 422, 10. II 125, 1. 126, 15. 351, 25. 30; s. generatio; s. lavacrum; s. mater; s. medici II 58, 35; s. pater; s. paternitatis vinculum II 512, 20; s. res; s. res publica; s. servitium II 518, 10 [220, 30]; s. studia II 475, 35; s. vitia II 28, 40. 40, 10. — spiritualia II 524, 20. 529, 10. — spiritualiter, spiritaliter: s. gubernare II 38, 35. 40; s. ministrare I 209, 20; s. parcere II 73, 40 [156, 35].
spoliare II 86, 15; s. clericum, presbyterum II 216, 15. 248, 10; s. domum alienam I 160, 15 [432, 5. II 290, 35. 300, 30].
spoliator pauperum II 315, 25.
spolia iniqua I 12, 10.
spondere II 181, 30. 182, 5; s. Deo II 384, 25; s. pro aliquo I 366, 10. II 39, 30. — sponsus II 119, 40. 414, 25; s. puellae raptae I 279, 5 [408, 25]; s. raptae sponsae I 282, 35 [439, 25]; sponsa II 76, 5. 262, 15; s. filii a patre oppressa I 38, 30; sponsam alterius accipere I 57, 15 [401, 15]. II 414, 20. 25. 421, 5; s. alienam rapere I 282, 30 [439, 20]. 315, 20. 25. II 119, 40. 414, 20; sponsae raptae defensor, pater, sponsus I 282, 30. 35 [439, 25].
sponsio I 92, 30. II 425, 5; s. fidei I 366, 10.
sponsor fidei I 366, 10.
spontanea voluntas I 199, 1. — spontanea (= *ex spontanea voluntate*) I 331, 5.
sponte: s. confessionem dare I 69, 15; s. homicidium committere, interficere, occidere I 281, 10 [438, 1]. 361, 20. II 241. 242, 10. 15. 20. 243, 25. 35; s. velum accipere I 38, 35.
sportolas accipere I 37, 10.
spurcalia I 223, 1.
spurcitia I 290, 1 [448, 35]; spurcitiae gentilitatis, gentilium I 25, 30. 45, 25.
squilla *v.* scilla.
stabilitas: s. ecclesiarum II 211, 30; s. regis II 254, 20. 397, 1; s. regni I 11, 10. II 49, 15. 254, 20. 258, 30. 295, 5. 334, 15. 397, 1 (*cfr.* imperium).
stabularius II 522, 1.
stabulum, stabolum I 86, 30. 87, 35. 254, 5. 255, 10. 35. 256, 10; comes stabuli.
stagnea ampulla I 251, 10.
staminia (?) I 218, 10.
stare I 347, 30. 348, 1; s. inter audientes II 217, 5; s. in banno I 172, 1; s. ad crucem, ad iudicium crucis I 49, 5. 15. 230, 30. 269, 30; s. cum pari I 167, 1 [432, 45]; s. cum rege II 158, 5 [300, 5]. 328, 30; s. sanum II 70, 20. — s. = *valere* I 7, 35. 40, 30. 41, 10. — stetit = *placuit* I 199, 10. 20. 35. 200, 1. II 133, 10. 15. 134. 135, 15. 20. 140, 20.
statio: s. malli II 269, 10; s. publica II 102, 5.
statua II 484, 30. 35.
statuere I 7, 15. 20, 35. 22, 15. 25, 5. 25. 35. 28, 5, *saepius*; s. bannum fortiorem I 72, 20; s. per capitula I 309, 10 [420, 5. 10]; s. in commune II 32, 5. 35; s. in communi consensu II 33, 1; *cfr.* I 72, 20; s. communi decreto I 221, 10; s. praeceptum I 160, 35 [449, 20]. — s. = *instituere:* s. vicarios per pagos II 515, 35. — statutus, a, um: s. cibus I 245, 20; s. damnum I 329, 30. 35; s. dies I 70, 10. 15. II 226, 5; s. hora I 245, 25; s. iudicium I 201, 40; s. modius I 74, 20; s. sollemnitates I 284, 30; s. tempus I 182, 5; s. viae, loca II 92, 30. — statutum, statuta I 129, 35 [II 28, 20]. 185, 20. II 11, 30. 327, 10; statuta servare I 14, 30. 35; s. populo servare II 364, 20; s. transcendere, transgredi I 14, 30. II 412, 15; s. s. Benedicti II 508, 20; s. canonica II 518, 15; s. canonum I 21, 1. 276, 5 [405, 30]. 361, 35. 362, 5. II 12, 30. 45. 33, 30. 189, 15. 25. 220, 30. 371, 20. 406, 25. 412, 35; s. capitularium I 361, 35; s. concilii I 54, 20 [398, 20]. 57, 35. II 380, 10. 385, 40. 411, 20; s. decretalia; s. ecclesiastica; s. episcopalia; s. horarum canonicarum II 504, 25; s. legis Romanae I 369, 5. 10; s. legum, legum humanarum II 371, 5. 525, 1; s. imperatoria, regis, regalia II 88, 25. 124, 20. 379, 5. 395, 10; s. papae II 379, 35. 509, 25; s. patrum, patrum sanctorum; s. priorum II 182, 40. 247, 15; s. regularum I 375, 25; statutum synodale I 360, 40. II 211, 25. — statutum = *statum* *v.* status.
status II 403, 25; s. anni futuri II 527, 10; s. auctoritativus II 400, 35; s. communis I 305, 20 [417, 5]; s. ecclesiae, ecclesiarum I 80, 25. 189, 5. 248, 20. 274, 40. 394, 20. II 44, 20. 74, 10, *saepius*; s. ecclesiae Romanae II 104, 35; s. episcopatuum *etc.* II 105, 10; s. locorum sacrorum (sanctorum) I 290, 1 [448, 35]. II 265, 35. 384, 20; s. ministrorum ecclesiae II 384, 5 [362, 25]; s. monasteriorum II 82, 30. 424, 20; s. populi II 428, 10. 15. 25. 435, 5. 438, 20; s. regis II 336, 25 [337, 15]. 528, 35; s. regni I 270, 35. 308, 15 [415, 1]. 330, 5. 370, 1. II 50, 40. 51, 1. 56, 15, *saepius*; s. rei publicae I 274, 30. 370, 1. II 85, 20.

98, 35; s. religionis II 174, 1; s. senodochii I 332, 10. 15. 369, 15. — status = *'Stand'*: s. et ordo II 299, 10. 306, 25; quisque in quolibet statu vel ordine II 116, 15 [402, 15]; fideles, unusquisque in suo ordine et s. II 78, 20. 30 [156, 15. 25. 334, 5. 362, 25]; *cfr.* 281, 5; aliquis de subditis, in quocumque ordine et s. II 78, 40 [156, 35]; status coloni, fiscalini, servi I 148, 20; s. hominis I 268, 15. 288, 15 [440, 5]; s. ingenuitatis I 49, 5. 10. 201, 5; s. libertatis I 317, 5; statutum (*corr.* statum) libertatis amittere II 68, 5; ad statum libertatis reverti I 166, 20 [432, 25]; dominus status servi I 6, 10; de statu appellari, compellari I 268, 20. 30 [445, 30. 446, 1]. 288, 35 [440, 25]; de s. interpellari, pulsari I 315, 25; *cfr.* 440, 45.

stercora bovum I 228, 10.

sterilitas: s. frugum II 4, 30; s. terrae I 245, 35.

sternutatio I 228, 10.

stipendium I 138, 1. II 87, 10. 88, 5. 102, 30. 105, 25. 109, 30; s. clericorum, monachorum I 195, 20. 276, 20 [406, 5]. 340, 30. II 126, 1. 434, 25; *cfr.* 432, 20; s. congregationibus administrare II 88, 40; s. imperiale II 110, 10; stipendia missorum.

stipulatio I 398, 45.

stirpare = *exstirpare* I 86, 5; s. silvam, in silvis I 61, 10 [404, 25]. 172, 20.

stirps I 172, 20.

stola II 248, 10. 15.

strata: s. legitima; stratas restaurare I 192, 5; in stratis telonea exigere I 294, 15.

(strenuitas), strinuetas iudicum I 19, 25.

striga I 68, 30.

stringere I 191, 40. 192, 40. — strictus necessitate famis I 188, 1. 10.

structurae materiales II 476, 20.

struere: s. alodem I 177, 5 [433, 45]; s. ecclesias I 186, 10.

studium II 4, 25. 5, 35. 526, 35. 528, 10; s. archiepiscopi, ecclesiasticorum I 341, 40; s. comitis II 9, 1; s. episcopi I 304, 15 [415, 30]. II 38, 40. 40, 30. 42, 25; s. imperatoris, imperiale, regis I 339, 1. 10. 357, 20. II 38, 15. 47, 20. 48, 25. 50, 30. 125, 40; s. imperatoris populo nuntiare II 8, 10; s. palatinorum II 530, 10; s. progenitorum II 118, 5; s. sacerdotum II 51, 5. 406, 25. — studium artium liberalium I 80, 25; s. doctrinae I 357, 40; *cfr.* II 8, 35; s. litterarum I 79, 30. 376, 20. 25; s. pastorale I 11, 20; s. praedicationis II 35, 15; s. religionis I 106, 20; s. religionis et officii II 116, 1; *cfr.* I 369, 40; s. sanctum I 369, 25; s. spiritale II 475, 35.

stultiloquium II 45, 20.

stultus = *superstitiosus* I 59, 1 [402, 30]. 104, 5.

stuprare: s. feminam, mulierem II 207, 20. 25; s. sorores duas II 247, 20.

stupratores sanctimonialium II 66, 20.

stuprum II 236, 25. 476, 25.

suasio I 312, 5 [421, 30]; suasiones publicae episcoporum II 396, 10.

subc- *v.* succ-.

subdere II 528, 5; s. se dominio imperatoris I 261, 25, servitium alterius II 63, 1. 5. — subditus, a, um: s. gens II 529, 40; s. monachus II 412, 5; s. plebs II 81, 10. — subditus, subditi I 77, 1. 179, 5 [412, 40]. 318, 35. 40 [423, 20]. 340, 15. 20. 25. 346, 1. II 81, 5. 84, 20. 73, 40. 74, 1 [156, 35. 40]. 80, 1. 84, 1. 367, 1. 400, 25; subditi abbatis I 369, 25. II 82, 35; s. episcopi I 110, 20. II 334, 20. 406, 15. 410, 5; s. iudicis II 437, 30; s. regis I 436, 10. 15. — subditae I 341, 20; s. abbatissarum I 63, 30. — res monasterio subditae II 423, 20. — subditi (= *interiacentes*) anni I 361, 5—20.

subdiaconatus II 409, 15.

subdiaconus I 74, 40. 119, 30. 196, 15. 372, 30. II 191, 10. 516, 5; s. ab acolito non accusandus, nisi in septem testimonia non damnandus I 184, 1. 5 [411, 30. 35]; s. de femina crimine fornicationis suspicatus I 374, 1; s. ad publica *etc.* iudicia non trahendus I 196, 10; subdiaconum calumniari *etc.* I 361, 1. 5. 40; s. occidere, percutere I 118, 1 [428, 20]. II 128, 1; *cfr.* I 281, 20. 25 [438, 15].

subditio: a subditione regis absolvere II 172, 5.

subf- *v.* suff-.

subiacere I 192, 20; s. correctioni sinodali II 33, 1; s. culpam I 6, 15; s. damno statuto I 329, 35; s. disciplinae, vindictae regulari I 348, 25. 30; s. indicio I 317, 10. 346, 45; s. iudicio metropolitani I 332, 5; s. legem I 6, 5; s. sententiae.

subicere: s. se dominio regis II 259, 1; s. ad servitium I 263, 25. — subiectus, a, um: s. frater I 375, 15; s. plebes (baptismales) I 373, 10. 374, 5. 10. 376, 25. II 35, 25; s. populus I 11, 30. 18, 25. II 51, 10. 53. 1. 54, 15; s. sacerdos I 372, 30. 373, 5. 374, 20. 375, 15. — subiectum esse episcopo I 25, 20. 29, 30. 95, 35. 111, 5. II 102, 10. 434, 35 (*cfr. infra* subiecti episcopi), metropolitano I 47, 25. — subiecti I 98, 25. 276, 10 [405, 35]. 368, 20. II 5, 40. 176, 10. 519, 30; s. abbatis I 209, 20; s. comitis I 185, 35; s. episcopi I 328, 20. 332, 20. II 35, 15. 46, 15. 432, 5; s. imperii II 49, 25; r. regis II 383, 35; subiectis capitula perdocere I 275, 35; subiectorum cura II 35, 1; s. necessitates II 255, 30 [398, 35]; s. numerus II 516, 5; s. scelera I 12, 15. — subiectae I 341, 20.

subiectio I 180, 1. 10 [II 23, 30]. 203, 35. 271, 15. 354, 15; s. presbyterorum I 400, 25.

subire ordinata in capitulari I 307, 15. 25 [419, 1. 10].

subiungere capitula I 53, 40 [397, 25]. 57, 40.

sublevatio II 38, 5; s. indigentium II 436, 10. 15; *cfr.* 292, 10.

sublimare: s. personam potestate vel dignitate II 420, 25; s. regem II 357, 10. 366, 25.

sublimiores potestates II 408, 35.

sublimitas: s. apostolica II 231, 20; s. ecclesiastica II 210, 25; s. regis, regia, regalis II 83, 15. 116, 15 [402, 10]. 254, 35. 255, 30. 40 [398, 35. 40]. 380, 1. 385, 10. 15. 428, 20.

submissus II 88, 30.

subnectere capitulo sacramentum II 448, 10.

subreptio II 192, 5. 15. 388, 20. 25. 403, 15. 408, 30.

subreptitius, a, um: s. sugessio I 19, 10. — subreptitio I 19, 1.

subreptive I 19, 30.

subripere I 1, 20. 2, 1; s. furto I 306, 1 [417, 30].

subrogare I 93, 40. II 58, 1.

subsannator II 402, 25.

subscribere I 23, 30. 355, 10. 359, 20. 25. 361, 25. 362, 10. 20. II 99, 25. 30. 35. 103, 30—104, 1. 246, 10. 15. 35; s. propria manu I 268, 1 [II 260, 30]. II 57, 15. 58, 1. 5; s. capitula II 72, 10. 218, 35. 307, 5. 310, 10; s. cartam; s. conscriptionem II 377, 35; s. decretum I 377, 5; s. foedus II 255, 35 [398, 35]; s. perdonationem, professionem II 356, 35. — subscribentes abbates, archiepiscopi, episcopi II 348, 40. 349, 5—350, 5.

subscriptio I 116, 15. II 55, 35; s. abbatum, episcoporum, optimatum I 355, 5; s. episcoporum II 246, 5. 247, 1. 253, 10. 254, 35. 368, 35; s. fidelium II 253, 10. 254, 35; s. iudicis II 64, 1; s. principis II 253, 10. 254, 35; s. principum II 262, 20; s. regis I 12, 20. 22, 30. II 262, 20.

subsellium II 529, 25.

subsidium temporalis necessitatis II 116, 1.

substantia, substancia I 218, 5. 325, 15. 330, 15; s. corporalis; s. dominica II 121, 25; s. ecclesiae I 158, 25; s. Iudei I 258, 25. 35. II 97, 20; s. negotiatorum I 128, 15 [426, 10. II 321, 5]; s. pontificis (= *episcopi*) I 192, 15. 20; s. presbyterorum, rusticorum II 248, 5. 10; substantiae modus I 245, 25; s. decima pars I 69, 25; s. quantitas I 358, 30; substantiam suam amittere I 329, 35; s. alicui auferre, tollere I 299, 30. 300, 5. II 251, 5; s. dividere I 330, 30; s. suam ducere ad domum aut ad palatium aut in exercitum I 124, 30 [427, 5].

substantiolae subditorum I 313, 40 [423, 20].

substituere II 110, 10. 114, 25 [399, 35]; s. aliquem episcopo I 21, 5; s. ministeriales II 521, 15.

subtalaris I 345, 15.

subterfirmare manu propria I 264, 15. II 422, 35.

subtractio II 186, 30.

subtradere I 29, 20.

subtrahere I 195, 5. 304, 20. 30. II 82, 15; s. de fidelitate II 285, 15; s. res ecclesiarum II 82, 35. 40; *cfr.* I 333, 30; s. substantiam dominicam II 121, 25; s. uxorem marito I 292, 35; s. se I 196, 25. II 107, 35. 108, 1. 30. 118, 10; s. se ad defensionem regni I 330, 15; s. se de ditione et potestate papae I 354, 30; s. se ab operibus I 81, 35; s. se a praesentia et servitio regis II 279, 30. 280, 20. 284, 15; s. se de publico I 196, 30; subtractum presbyteris restituere II 12, 35. — subtrahere = *minuere:* s. iustitiam regis I 125, 30 [427, 20].

suburbanum I 128, 5. 358, 10. II 125, 25; in suburbanis episcopus ministros procuret II 118, 25.

suburbium II 411, 15.

subvectio legatorum, missorum I 262, 1 [II 259, 15].

subvertere: s. iudicium I 149, 10 [431, 20]. 150, 40; s. iustitiam II 180, 40.

succedere I 77, 30. 278, 15; s. in episcopatu, in pontificatum II 410, 5. 519, 10; s. in facultatem intestati I 21, 25; s. hereditando II 260, 1; s. hereditati paternae seu maternae I 330, 15; s. patri in regni hereditate I 128, 20 [II 21, 40]; *cfr.* II 295, 5.

successio, subcessio I 218, 25; s. hereditaria II 34, 20; s. generationum I 126, 35; s. parentum; successiones regum II 522, 30.

successor I 273, 10. 274, 20. 275, 10. 15. 276, 1. 25 [405, 25. 406, 15]. II 281, 30. 35; s. apostolorum II 397, 30; s. archiepiscopi I 356, 25; s. comitis I 262, 20 [II 260, 15]; s. ducis Veneticorum II 149, 35; s. episcopi I 21, 1. 5. 316, 30. 327, 25. 334, 5; *cfr.* II 404, 20; s. hyconomi I 311, 5 [421, 10]; s. imperatoris, regis I 263, 15. 354, 15. 45. II 136, 35. 310, 10. 433, 20; successorem imperii constituere I 271, 5; successor papae I 353, 10. 354, 1. 15. 20; s. praesulis II 103, 20.

succurrere I 101, 1.

suffocare: s. infantem II 189, 1. — suffocatus calumnia II 526, 10.

suffraganeus, subfraganeus, suffraganius, suffraganus, a: s. episcopus I 47, 20. 54, 35 [398, 25]; s. metropolitanus I 74, 40. II 264, 15; s. sedes I 75, 1. — suffraganeus I 368, 1. II 261, 5; s. archiepiscopi I 178, 25. 277, 5 [406, 35]. 356, 25. 40. 360, 30. 35. II 2, 20. 25 [5, 40—6, 5]. 4, 20. 385, 20. 397, 5; s. dioeceseos I 339, 15; s. episcopi I 247, 1. 369, 25.

suffragans I 79, 40.

(suffragium), subfragium I 97, 1.

sugessio I 19, 10; *v.* suggestio.

suggerere I 169, 15. II 366, 35; s. imperatori, regi II 36, 25. 37, 5. 25. 38, 15. 48, 20. 25. 255, 30 [398, 30]; s. ad regem vel sinodum I 84, 25.

suggestio episcoporum *etc.* II 101, 5. 10; *cfr.* 348, 35; *v.* sugessio.

sulci circa villas I 223, 20.

sulcis I 86, 10.

summa = *numerus:* s. liberorum expedicionem facientium II 7, 10 [321, 30. 35]. 10, 15. — s. = *summa pecuniae* I 166, 15 [432, 20].

sumptus I 229, 15; s. legationi delegatus II 85, 25.

sunnis, sunnia, sunia I 5, 5. 7, 30. 118, 1 [430, 20]. II 108, 15; s. certa I 9, 30; sunniam adnuntiare, nuntiare I 9, 5. 10. 30.

superabreptio II 168, 10.

superbia I 217, 10. II 28, 40. 40, 10. 15. 20. 177, 5. 30 [186, 15]. 486, 30; per superbiam iurare I 67, 15.

superbire contra episcopum I 56, 25 [400, 25]. 102, 25.

supererogatio II 522, 5.

superflua abscidere I 54, 1 [397, 25]. II 213, 35.

superfluitas II 40, 20.

superhumeralis linea II 504, 20. — superhumerale II 504, 20.

superior gradus I 280, 30. — superiores II 523, 25.

superiurare II 225, 10.

superponere I 319, 5. II 17, 5; s. beboranias, censum I 169, 20. 30. — superpositum I 195, 10. 375, 15. II 383, 5 [408, 1].

supersedere res venditas II 110, 1.

superstes, superstitutus I 8, 15. 20. 25. 13, 10. 15. 25. 14, 5; s. fratri I 128, 15 [II 22, 1]; s. pari II 77, 30.

superstitio I 279, 25 [409, 15]. II 83, 25; s. Iudaica II 491, 35; s. pharisaica I 58, 30 [402, 15]; *cfr.* stultus.

superstitiosi errores II 476, 25.

superstitutus *v.* superstes.

supersubstantialis panis II 494, 10.

superveniens II 408, 5. 524, 30; s. vagans clericus I 196, 20; s. exercitus, hostis I 319, 30. 320, 1; s. externus II 524, 35; s. monachus I 347, 15. 25; s. praedo II 108, 1.

supervivere: s. fratrem regem II 78, 5; s. maritum II 236, 30.

supplantatio II 72, 25 [155, 5].

supplantator II 451, 35.

supplere I 205, 1; s. debitum de rebus immobilibus I 269, 1 [446, 10]. 283, 25 [440, 15]; s. loca *etc.* patrum II 580, 10.

suppletio II 580, 10.

supplicium, subplicium I 6, 20; ad s. tradere I 281, 15 [438, 5]. 284, 25 [441, 5].

supprimates II 367, 35.

susceptacula seniorum II 529, 20.

susceptio II 294, 5; s. episcopi II 186, 10; s. hospitum I 68, 10. II 484, 30; s. iterantium I 152, 15 [448, 35]; s. regis II 405, 5; *cfr.* 520, 30; s. regularis et canonica I 60, 20 [408, 40]; s. monachi I 68, 20; s. pauperum; libellus ad sacri ordinis susceptionem perveniens I 356, 40.

susceptor: s. clerici I 35, 30; s. regis II 525, 25.

suscipere I 213, 15. 330, 15. II 510, 25. 524, 20. 526, 5. 529, 1; s. clericum I 35, 30. 35. 108, 1. 5; *cfr.* 19, 20; s. declinantem telonea solvere I 294, 20; s. electum I 272, 40; s. episcopum I 25, 20. 29, 35. II 186, 10; s. fugitivos I 153, 20 [431, 35]; *cfr.* 128, 45 [II 22, 15]. 193, 15; s. hominem I 128, 30. 35 [II 22, 10. 15]. 161, 15; s. latronem; s. legationem; s. missum; s. monasteria mundeburdi causa II 408, 20; s. nepotem regem II 294, 5. 20; s. novitios I 108, 35; s. obsides propter credentias datos I 129, 15 [II 23, 1]; s. peregrinos I 311, 15 [421, 20]; s. res ecclesiasticas tuendas *etc.* II 520, 35. 40. — suscipere de baptismo, fonte, lavacro *vel similiter* I 110, 40. 241, 20. 25. 30. 313, 45 [423, 25]. II 39, 25. 30. 512, 10. 15; s. ad conversationem I 68, 15; s. in ministerio ecclesiae I 29, 35; s. in monasterio I 119, 40; s. in sancto ordine I 76, 1. 5; s. in loco wadii I 114, 15 [429, 10. II 326, 5]. — s. = *accipere:* s. compositionem I 284, 5 [440, 35]; s. ictus I 8, 5; s. litteras I 230, 35; s. munera II 529, 10, velamen II 464, 25. — s. = *recipere:* s. canones I 28, 1.

suspectio I 6, 5. 335, 25.

suspectus, a: s. advocatus I 374, 30; s. maleficus II 345, 15; s. persona I 376, 10; s. sacerdos I 374, 1; s. de crimine servus I 6, 10.

suspendere: s. in patibulis II 182, 35. — s. = *removere:* s. a communione, sacramentis I 281, 15. II 491, 10; s. ab officio II 188, 20; suspensus ab omnium caritate I 46, 25. — suspendere = *in suspenso relinquere* I 188, 10.

suspicare, suspicari I 328, 25. II 188, 15. 225, 10; s. dimissorias I 374, 20. — sacerdos crimine fornicationis suspicatus I 374, 1.

suspicio, suspitio I 208, 10. 228, 20. II 86, 30. 225, 30 [240, 35]. 226, 15. 20; s. falsa, inanis II 86, 30; s. mala I 94, 30; s. malae famae, opinionis I 278, 10 [407, 30]. 364, 5; s. verisimilis II 414, 30; per suspicionem iudicari II 86, 35.

sustentare = *sublevare:* se s. I 287, 25 [442, 15]; sustentari in invicem solatio II 77, 20. 25. — s. = *differre:* s. causam, rem II 528, 25. 30.

sustentatio = *sublevatio:* s. infideli non praestanda II 108, 25; s. pauperum. — s. = *dilatio* II 528, 30.

sustinere: s. quidquid iudicaverint I 32, 15. 180, 30; s. indicium I 28, 5;

s. periculum vitae I 16, 25; s. sententiam I 49, 15.
susurro II 72, 35 [155, 15]. 169, 30.
sutor I 87, 15; 89, 10.
symbolum I 247, 5. 10; s. apostolicum I 235, 10. 363, 5; s. fidei I 77, 10. II 499, 30—500, 1; s. discere, scire *vel similiter* I 110, 35. 40. 147, 10. 234, 25. 241, 20. 25. 35. 242, 5. 20. 257, 30. 35; s. populo insinuare I 106, 20; *cfr.* 110, 25; s. presbytero reddere I 110, 40; s. tenere II 419, 25.
synaxis, sinaxis I 109, 1. II 498, 20.
synodalica (?) praecepta I 362, 1.
synodalis, sinodalis, e: s. actio; s. auctoritas; s. capitula; s. censura; s. colloquium; s. concilium; s. consilium; s. consultus; s. conventus; s. correctio; s. decretum I 226, 5. II 187, 30. 237, 45; s. definitio; s. diiudicatio; s. edictum; s. gesta II 185, 10. 264, 10; s. institutio; s. interrogatio; s. iudicium; s. iura; s. ordo II 397, 5. 10; s. probatio I 25, 25; s. scripta II 433, 1; s. sententia I 277, 15 [406, 45]. 277, 20. II 82, 20; s. statutum; s. tempora. — synodaliter: s. capitula proferre II 424, 25; s. congregare II 421, 35; s. instituere I 42, 30; s. statuere II 125, 30.
synodicus, a, um: s. auctoritas II 82, 35. — synodice bis aut semel in anno convenire II 406, 20.
synodus, sinodus I 20, 30. 24, 30. 25, 35. 29, 10. 31, 10. 36, 20. 30. 37, 1. 48, 1. 50, 10. 54, 20. 30 [398, 5. 20]. 55, 35 [399, 35]. 78, 10. 15. 20. 183, 40 [411, 25]. 188, 10. 208, 1. 236, 5. 10. 15. 359, 20. 362, 5. II 161, 40. 249, 10. 264, 35. 265, 30. 267, 5. 269, 20. 270, 1. 519, 30. 580, 1; synodi bis in anno fiant I 34, 1. 133, 1 [411, 15]; *cfr.* II 258, 5; synodus comprovincialis II 432, 15; s. episcopi II 214, 10. 216, 35; s. episcoporum II 104, 10. 286, 1. 294, 30; s. generalis I 347, 20. II 256, 15. 396, 20; s. magna I 117, 15; s. provincialis II 118, 30. 392, 10; s. publica I 84, 10; s. regis I 64, 20; s. sacra II 119, 20. 120, 40; s. sacratissima II 367, 5; s. sancta I 12, 20. 74, 15. 35. 75. 76, 1. 78, 15. 230, 30. 35. 278, 40 [408, 15]. II 117, 10. 122, 20. 124, 10. 206, 1. 207, 15. 215, 5. 219, 5. 223, 20. 40. 226, 15. 227, 30. 230, 20. 236, 5. 247, 10. 25. 248, 1. 5. 265, 30; s. specialis II 432, 20; s. universalis II 219, 5. — synodi actio; s. audientia; s. consultus; s. conventus; s. decreta I 27, 40; s. definitio; s. iudicium; s. praefatio; s. sanctio II 124, 25; s. tractatus; synodum absolvere II 397, 25; in synodo accusari II 225, 5; s. adesse II 263, 30. 35; synodum agere, facere, habere I 29, 5. 33, 15. II 65, 25. 112, 25. 185, 5. 209, 30. 35. 347, 15. 396, 20. 399, 1. 402, 20. 404, 25; in synodo capitula constituere, edere II 261, 5. 263, 10; s. capitula proponere II 266, 5. 10; synodum celebrare II 263, 30. 433, 30; ad s. commonere I 31, 30; s. confirmare, firmare II 347, 15. 396, 20; s. congregare; ad s. convenire, venire, ire I 31, 30. 34, 10. 36, 1. 182, 30. 287, 10. II 180, 5. 214, 10. 215, 1. 249, 10. 380, 25. 422, 1. 35. 423, 1. 448, 35; *cfr.* 264, 1. 5; ad s. convocare, vocare I 97, 10. II 180, 5. 214, 35. 215, 1. 380, 25. 406, 25. 463, 25; ad s. dirigere II 213, 25; s. evocare II 352, 10. 358, 1 [352, 5]; s. instituere II 352, 15. 20; ad s. canonice iubere II 249, 10; synodo nuntiare I 322, 5; in s. praecepta terminare II 125, 20; s. praeesse, praesidere II 112, 25. 30. 117, 5. 268, 35. 350, 10; synodum roborare ac servare II 125, 5. 10; s. solvere I 362, 20; ad s. suggerere I 34, 25.

t.

tabellio I 311, 10 [421, 10].
taberna I 55, 10 [399, 5]. 76, 10. 102, 30. 107, 15. 287, 5. 248, 15. 364, 5. II 33, 30. 479, 35.
tabernaculum I 46, 5. II 475, 25. 30. 477, 30. 479, 30. 480, 1. 482, 5. 15. 484, 15.
tabulae II 478, 35; t. de plumbo I 251, 35; tabulas vel codices requirere I 64, 1.
tabularius I 50, 35.
tacere: t. annum integrum I 331, 10. — tacitum permanere de servitio alicuius II 89, 35.
talentum administrationis II 518, 40.
tanazita, tanezatum I 90, 5. 255, 5. 256, 35.
tarathrus, tarratrus, taretrus I 87, 1. 168, 25. 171, 30.
taurus I 252, 1. 254, 25. 255, 25. 256, 25.
tectum I 256, 30. II 225, 25 [240, 30]. 226; t. ecclesiae I 136, 10. 175, 1. 182, 1. 35. 189, 10. 196, 25; *cfr.* II 433, 15; sarta tecta; tectum denegare I 96, 20. II 93, 1; t. constituere in locis, ubi mallus habetur I 149, 15 [431, 25].
tegula ecclesiae I 76, 25.
tegumenta ecclesiarum I 76, 20.
tegurium I 87, 30; teguria super altaria I 64, 25.
tellus: telluris estimatio I 82, 1.
(telonica), thelonica iura II 250, 15.
telonarium = *teloneum* II 142, 20. 25. 30.
telonearius, telonarius, tolonarius I 84, 1. 165, 10. 190, 35.
teloneum, teloneus, telloneus, theloneum, theloneus, toloneum, tolloneum, tholoneum I 289, 15 [443, 15]. 441, 15. 20. II 250, 30—252, 5; t. iniustum, inlicitum I 64, 15. 145, 30. 284, 30—285, 1 [441, 15. 20]. 306, 35. 40 [418, 20. 25]. II 18, 20. 250, 15. 20; t. iustum, legitimum I 145, 30. 294, 20; t. accipere I 144, 20. 150, 30 [431, 15. 20]; t. exigere, tollere I 22, 5. 32, 5. 10. 37, 1. 5. 51, 5. 124, 25. 30 [427, 5]. 132, 5. 149, 5. 10. 190, 30. 191, 1. 294. II 259, 25. 277, 30.
temerare II 420, 15; t. deliberationem I 28, 25.
temerario ausu I 16, 15.
temerator I 374, 15; t. sanctionum divinarum II 121, 30.
temeritas, temeretas I 19, 30. 304, 35 [416, 15]. II 42, 5. 10. 526, 5; t. sacrilega II 82, 30.
tempestarius I 59, 1 [402, 25]. 104, 5.
tempestates facere I 223, 20. 228, 5.
templum I 369, 10. II 476, 1. 5. 477, 20. 478, 10. 479, 20. 25. 480, 10. 481, 1; t. Salomonis II 475, 30. 35. 476, 5. 477, 10. 20. 35. 478, 1. 5. 479, 25. 484, 15. 20. 487, 10; templorum cultus II 487, 1. 5; t. dedicatio II 484, 15. 20. 25; t. instauratio II 385, 35; t. oracula I 11, 30; t. partes II 477, 35.
temporalis, e: t. commodum II 335, 35; t. honor II 468, 5; t. hostis I 171, 25; t. lucrum I 333, 30; t. necessitas; t. periculum; t. profectus II 37, 5; t. redibitio II 413, 20; t. servitium. — temporalis I 237, 35. — temporaliter gubernare II 38, 40.
tempus *passim, ex. gr.* I 21, 1. 88, 20. 84, 10. 15. 209, 30. II 25, 15. 51, 5. 10. 405, 25; t. constituere, statuere I 6, 10. 182, 5. 344, 30. II 3, 1 [6, 10]. 40, 1. 160, 5. 162, 15. 281, 25. 384, 20. 410, 10. 432, 15; t. canonibus designatum, canonicum, canonum II 40, 1. 438, 25. 40; t. diffinitum I 205, 10; t. legitimum I 227, 30. 363, 25. II 219, 35. 503, 1. 510, 15. 25; t., tempora baptismatis I 106, 35. 182, 5. 363, 25. 367, 1. II 40, 1. 219, 35. 410, 10. 510, 15. 25; t. communicandi II 503, 1; t. conventus generalis II 160, 5. 162, 15. 281, 25; t. feriandi I 363, 30. 35. 40; t. legendi I 344, 30; t. ordinationis I 108, 20. 227, 30; t. pausandi I 344, 30; t. synodi, tempora synodalia II 397, 10. 432, 15. 438, 25. 40. — IV tempora I 46, 1. 182, 25. II 269, 5.
tenere: t. filium vel filiam ad confirmandum I 218, 20; *cfr.* 38, 35. — t. et possidere II 259, 40. 260, 5. 10; t. in integritate I 14, 5; t. legibus I 293, 35; t. in libertate I 148, 10 [430, 40]; t. in potestate et ditione I 358, 10; t. ecclesias I 46, 15. II 12, 20; t. locum I 262, 15; t. ministeria I 67, 5; t. potestatem regiam II 296, 20; t. regnum II 21, 35. 451, 10; t. res traditas, villam aut res alterius I 298, 10. 25; t. res in hereditatem II 345, 35; t. terram censalem I 287, 20. 25 [442, 10]. — t. = *retinere:* t. mancipia aliena I 5, 15; servos t. ad regis dominium I 300, 30 [436, 40].
tenor, tinor I 94, 15. 145, 40. 262, 35 [II 260, 25]; t. disciplinae I 12, 5; t. edicti I 12, 20. 20, 35. II 149, 35; t. pacis I 4, 25. 7, 1. 15. 8, 35; t. sacramenti II 448, 10; uno tenore conscriptum I 74, 15. 264, 10.
terebrus I 87, 1. 254, 10. 255, 15. 40. 256, 15.

terminare I 204, 35. II 527, 30; t. annorum XL curricula I 219, 10; t. causas I 124, 25 [427, 1]. 176, 15 [438, 25]; t. facinora I 376, 45; t. iudicia; t. lites I 176, 15 [438, 25]; t. negotia I 19, 1; t. praecepta II 126, 20; t. quaerimonias II 85, 30.

terminatio II 135, 1.

terminus I 13, 5. 10. 14, 1. 127, 25. 30. 128, 25 [II 22, 5]. 129, 15 [II 23, 5]; t. vel proprietas II 135, 10; t. comitis, episcopi II 92, 35. 107, 25; termini fidelium I 17, 30; t. Hispanorum II 259, 20. 260, 5; terminus imperatoris I 92, 35; termini montium Italicorum I 127, 15; t. patrum I 56, 15 [400, 15]; t. s. Petri I 128, 5; *cfr.* II 101, 20. 25; criminas emendare de terminibus sibi commissis I 208, 1. — terminus causarum, litium I 176, 15 [438, 20]; t. legitimus contentionibus imponendus I 283, 10. 15 [440, 1]. — t. = *tempus statutum* I 178, 30 [412, 25]; t. annorum praefixus iuxta Ribuariam legem I 278, 5.

terra I 88, 5. 216, 25. 301, 15 [437, 20]; t. mortuis non vendenda II 222, 20. 25. — t. = *ager* I 8, 15. 20. 81, 35. 92, 35. 129, 1 [II 22, 30]. 135, 1. 264, 5. 330, 25. 358, 30. II 411, 5. 10; terrae redditio I 315, 30; t. sterilitas I 245, 35; in terras heribannus non exactandus I 166, 25 [482, 30]; terram in solitudinem redigere I 197, 10; terra aliena II 14, 10. 48, 25; t. arabilis; t. arutoria; t. censalis, censualis I 287, 20 [442, 5]. II 331, 1. 336, 40; terrae communes II 225, 30; terra dominica; t. ecclesiae I 196, 20. 334, 5. 10. II 269, 1. 5; terrae de singulis mansis II 323, 10. 15. 20; terra tributaria. — terra = *patria, regio* I 8, 20. II 316, 35; terram adquirere II 71, 25; per t. ambulare, vadere I 60, 40 [447, 25]. II 133, 20; t. defendere II 71, 25. 331, 40—332, 5; terra aliena I 268, 45; t. comitis, episcopi II 107, 25. 30; t. Francorum II 211, 1; t. nativitatis II 324, 5. 10.

territorium I 128, 5. 211, 35. 353. 354. II 366, 20. 369, 1. 447, 15; t. episcopi I 352, 1; t. montanum ac maritimum I 358, 10. 40; territoria papae, s. Petri II 125, 10. 30; t. parrochiarum II 120, 10; t. regni II 147, 45; t. Veneticorum II 136, 25.

terror I 125, 20 [427, 15]. 306, 40 [418, 25]. 341, 1. II 38, 30; t. imperatoris II 92, 15.

terrula ecclesiae II 331, 10.

tertia (*sc.* hora) *v.* hora.

tertia, t. pars I 14, 5; t. pars conlaborationis I 301, 15 [437, 25]; t. pars heribanni I 166, 25 [482, 30]; t. pars de mobilibus componenda II 108, 5.

tesceia, testeia II 274, 20. 25. 343, 35. 344, 5. 15.

testamentum I 328, 25. II 428, 1. 5. 15; t. per quinque aut per septem confirmare I 216, 20; t. auctoris senodochii I 332, 25. 369, 15; t. Romanorum I 216, 20. — t. novum, vetus I 80, 25. 164, 10. II 519, 5. 10. 522, 5.

testari I 114, 35. 268, 40. 288, 5 [439, 40]. II 172, 10. 15. 20. 214, 10; t. absque reliquiis et sanctis evangeliis I 75, 15.

testator senodochii I 332, 10. 25. II 121, 10.

testeia *v.* tesceia.

testiculos abscidere, amputare I 205, 25. 30.

testificari, testificare I 114, 35. 290, 20 [444, 10]. II 10, 1. 467, 1; t. sibi fiscum ad proprietatem I 169, 20; t. testimonia I 185, 10.

testimoniari, testimoniare I 114, 25 [429, 20]. 269, 15.

testimonium I 129, 15 [II 23, 5]. 268, 40. 288, 5 [439, 35]. 317, 15 [II 61, 35]. 356, 35. II 48, 5. 422, 25; de testimonio abicere I 126, 1 [427, 25]; ad testimonium adducere, admittere, producere I 124, 20 [426, 35. 448, 20]. II 88, 35; t. approbare per pugnam II 62, 5; ad t. conducere praemio I 148, 30 [431, 10]; t. dicere ieiunum I 148, 30 [431, 10]. 150, 25; *cfr.* 116, 5 [429, 35]; t. facere I 334, 40; t. perhibere I 290, 20 [444, 10]; t. proferre I 347, 25; t. recipere II 18, 25. 89, 1; ad (in) t. recipere, suscipere I 148, 15 [430, 40]. 182, 10. II 19, 30. 62, 5. — testimonium accusatorum II 249, 15; t. bonorum, meliorum et veraciorum hominum I 181, 1. 215, 1. 5. 10 [430, 5. 10]. 268, 5. 283, 1 [439, 35]. II 10, 1; *cfr.* I 114, 25 [429, 20]. 124, 40; t. cleri II 264, 35; t. commune comitum de episcopis *etc.* I 305, 15 [416, 45. 417, 1]; t. episcoporum I 49, 25; t. falsum I 29, 30. 59, 15 [402, 45. 449, 30]. 139, 25. 140, 25. 143, 15. 145, 20. 146, 25. 189, 25. 330, 40. II 46, 10. 225, 40; ad t. falsum conducere I 163, 15; per t. falsum lex non depravetur II 178, 15 [185, 30]; t. Francorum II 344, 5; t. laicorum II 264, 35; t. de libertate vel hereditate I 330, 25; t. rectum, verum I 185, 10. 305, 20 [417, 5]. II 62, 1; t. sacerdotis I 69, 15. 378, 35; t. religiosorum virorum et feminarum II 48, 5; t. testium malam famam habentium I 210, 20. — testimonium = *testis* I 94, 20. 95, 15; V vel VII testimonia I 216, 20. 25; VII, XXXVII, XLIV t. I 134, 5 [411, 35]; t. conquirere, rogare, tollere I 199, 40. 200, 1; t. mittere I 115, 30 [448, 5]; t. producere I 293, 35. II 89, 1; t. separare I 210, 25; t. inter se discordantia I 269, 30; *cfr.* II 62, 1. 5; testimonium falsum I 116, 15. 35; t. malum I 185, 5; t. necessarium I 214, 5; t. bene notum I 51, 10. — testimonia = *sacramentales* I 9, 1. — testimonium = *fama:* t. bonum I 210, 20. 332, 5.

testis I 6, 10. 106, 25. 114, 20 [429, 20]. 142, 20. 150, 25. 190, 25. 197, 20. 25. 215, 1 [430, 5]. 216, 20. 244, 5. 317, 15. 319, 20. 346, 15. II 33, 25. 34, 10. 43, 10. 15. 91, 10. 108, 25. 35. 117, 15. 182, 20. 278, 15. 415, 5; t. non sit mala fama I 210, 20; t. non sit iudicatus ad mortem I 151, 10; t. non sit periuratus I 58, 35 [402, 30]. 104, 1; *cfr.* 77, 35. II 15, 15; II vel III testes II 187, 1. 188, 20; III testes I 152, 20. II 91, 5; III usque ad VII testes I 328, 25. 332, 5; IV aut VIII t. I 152, 20; LXX t. I 134, 1 [411, 30]; t. boni I 297, 1. 5; t. dissentientes, discordantes I 268, 5. 10. 30. 288, 1. 5 [439, 35. 40]. II 62, 5; t. falsi I 116, 15 [429, 45]. 138, 35. 145, 15. 20. 174, 10. 176, 30 [433, 35]. 268, 1. 10. 40. 210, 25. 282, 40 [439, 30]. 288, 1. 5 [439, 30. 40]. 290, 5 [443, 40]. II 65, 1. 181, 25; t. idonei I 152, 20. 220, 15. 259, 10. 15. 282, 10 [380, 25. 439, 1]. 297, 1. 328, 25. 332, 5; t. imperatoris I 297, 1; t. legitimi; t. meliores; t. necessarii I 317, 15. 320, 30. II 61, 35; t. peiores I 268, 5; t. veraces I 107, 15. 268, 40. 288, 1 [439, 35]. 297, 5. II 345, 15; t. adducere I 124, 20 [448, 25]. 176, 30 [433, 35]. 317, 1. 5. II 61, 35. 62, 1; t. adhibere de pagensibus I 282, 10 [380, 25. 439, 1], ex utraque parte I 289, 10 [443, 10]; t. conducere munere I 148, 30 [431, 10]. 276, 30 [406, 20]; t. congregare I 268, 10. 15. 288, 15 [440, 1]; t. separatim discutere I 124, 15 [426, 35. 448, 20]. 148, 20 [431, 10]. 150, 35. 40; t. eligere I 176, 25 [433, 35]. 197, 20. 268, 5. 269, 30. 283, 1 [439, 30]; t. eligere de ipso pago aut de vicinis centenis I 124, 20 [426, 40. 448, 25]; *cfr.* 288, 20 [440, 5]; t. habere I 281, 5. 30 [437, 45. 438, 20]. II 61, 35. 91, 10; t. inquirere I 210, 20. 40; t. mittere in iudicium I 139, 30; t. producere I 268, 1. 25. 282, 40 [439, 30]; t. quaerere I 176, 25 [433, 35]; t. recipere II 89, 35; t. non recipere, t. refutare I 124, 20 [426, 35. 448, 25]; t. suscipere I 333, 10.

testudo II 481, 1.

textus: t. formulae canonicae institutionis I 339, 10; t. lectionum I 81, 5.

theologia II 218, 1.

theophania I 368, 35; *cfr.* epiphania.

thesaurus I 216, 25; t. ecclesiae, ecclesiasticus I 131, 20. 25 [410, 25]. 174, 10. II 379, 20. 380, 1. 10; thesaurum eccl. conscribere, inbreviare II 93, 30. 267, 25; de thesauro eccl. perquirere II 64, 30; thesaurus imperatoris II 358, 40; t. palatii II 380, 1.

thorus, torus II 426, 1. 455, 1; t. regalis II 465, 20.

(thronus), tronus regis II 213, 25.

thyara II 504, 20.

tilli (?) I 8, 35.

timiama I 251, 10.

timor I 290, 10. 15 [444, 1]. 304, 30 [406, 10]. II 272, 20. 467, 10, *saepius*; t. hostis I 182, 5; t. mundialis II 52, 10; t. potentum; t. regis II 301, 25. 35. 302, 10. 486, 20.

tina I 251, 35. 252, 5.

tinor *v.* tenor.

tintinnabulum II 479, 1.

titulare capitula II 212, 30.

titulus, titulum: t. (*sc. legis*) I 18, 25. 120, 20. 25. — t. = *titulus iuris* I 18, 20. — t. = *instrumentum:* t. hypothecae I 311, 1 [421, 1. 5]; t. scriptionis I 217, 25. — t. = *ecclesia* I 195, 10. II 82, 10. 516, 1; in titulo constitutum esse II 108, 5; sub t., in titulum ordinatum esse I 107, 1. II 410, 30; titulus cardinalis II 411, 15; t. minor II 110, 25. 120, 30. — t. = *altare* I 369, 10.

toacla I 254, 10. 255, 15. 35. 256, 15.

tollere I 9, 20. 25. 72, 10. 214, 30. 216, 35. II 372, 30; si aliquid sine causa tultum est I 14, 20; tollere iniuste I 155, 15. II 126, 35; t. per vim, violenter II 87, 5. 10. 20; t. cum virtute I 155, 15; t. alodem II 278, 10; t. annonam et vinum II 318, 20; t. argentum, aurum II 320, 10; t. caballos II 321, 20; *cfr.* 96, 20. 25; t. causam, laboratum I 199, 1. 5. 200, 5; t. decimas II 216, 5; t. ecclesias II 439, 30; t. herbas I 51, 5; t. hereditatem vassalli I 172, 10; t. obsides I 129, 10 [II 28, 1]; t. pignus; t. proprietatem, proprium II 95, 15. 20. 30; t. res alicuius I 200, 5. II 321, 20; t. res comprehensi cum furto I 181, 15; t. res ecclesiae I 216, 20. II 439, 30; t. res pauperum *etc.* I 174, 30. 220, 10. 312, 15 [421, 40]; t. substantiolas subditorum I 313, 40 [428, 20]; t. testimonia; t. uxorem I 292, 35; t. vestituram imperatoris I 169, 20. — tollere = *exigere* I 48, 5. II 318, 35; t. paraveredos aut alias exactiones II 257, 25; t. ripaticum, transituras II 133, 15; t. teloneum; t. tributum II 17, 5. — t. = *deponere:* t. advocatos, centenarios *etc.* I 124, 25 [427, 1]; t. clericos I 28, 5.

tolon- *v.* telon-.

tondere, tundere: t. berbices I 61, 15 [404, 30]; t. capud feminae I 336, 20; t. caput servi I 284, 30 [441, 15]; *cfr.* II 96, 25; t. dimidium caput servi I 150, 20. — t. = *tonsurare* I 110, 30. 180, 1. II 229, 10. 20; t. monachum I 109, 5; *cfr.* 375, 35; t. nobilem I 280, 20; t. novitium I 346, 10; t. puerum I 285, 20 [441, 40]. 407, 45; t. servum (regis) I 122, 5 [409, 30]. — tonsus clericus I 164, 35.

tonsura II 229, 10. 15. 20.

tonsurare, tonsorare: t. aliquem propter res adipiscendas I 277, 15; t. canonicos II 412, 5; t. nobilem I 280, 20; t. puerum I 278, 20 [407, 45]; t. se I 35, 25. — tonsorati I 64, 20.

torcularium, torcolarium I 86, 30. 87, 30. 256, 25.

tornator I 87, 15. 89, 10.

tortum = *iniustitia, franco-gall. 'tort'* II 318, 35. 320, 20. 321, 25.

tractare I 18, 25. 108, 30. II 8, 1. 56, 15, *saepius;* t. capitula, epistolam II 6, 40. 442, 1; t. consilium II 528, 20; t. episcopaliter; t. cum episcopis II 326, 1. 428, 15. 438, 20. 446, 30; t. cum fidelibus I 245, 5. II 126, 1. 326, 1. 428, 15; t. cum rege vicino eiusque fidelibus II 438, 35. 40; t. statum anni futuri II 527, 10. — tractare neglegenter *ministerium* II 52, 45. 58, 20; t. officia domestica, rem familiarem I 355, 35; retro t. res I 155, 15; t. res ecclesiarum, ecclesiasticas pie (sacrilega temeritate) II 87, 5. 82, 20. — t. misericorditer homines ecclesiae I 313, 15 [422, 40]; male t. plebes II 82, 10; male t. presbyteros I 362, 1. II 258, 5.

tractatio II 125, 10.

tractatus II 428, 25. 452, 20. 30. 528, 1; t. fidelium II 281, 25; t. publici ac secreti regis II 452, 15; t. synodi II 256, 15. — tractatus catholici I 60, 25 [404, 15]; t. patrum I 81, 5.

tractoria missorum I 284, 25 [441, 5]. 291, 15 [445, 5]. II 332, 15. 20. 415, 15; *cfr.* 11, 5. 10.

tractura, tracturia *v.* transitura.

tradere: t. se alteri I 125, 30 [427, 20]; t. se in potestatem, in servitium alterius I 187, 20. 331, 1. 5. 429, 5. II 322, 10; t. se ad (in) servitium Dei, ecclesiae I 125, 5 [410, 5]. 281, 25 [438, 20]; t. se in servitium principis, regis I 166, 15. 20 [432, 20. 25]. II 71, 30; t. adulteros in manus mariti I 317, 5. 318, 30; t. ecclesiam I 78, 10; t. hereditatem I 282, 20 [331, 15. 439, 10]; t. homicidam, interfectorem parentibus occisi *etc.* I 298, 10. 15. II 133, 25. 134, 1; t. iustitiam I 132, 1 [428, 5]; t. latronem ad occidendum I 205, 20. 25; *cfr.* 281, 10 [438, 5]; t. libertum in manus pontificis I 232, 25; t. loca I 289, 35; t. malum in manus eius, cui malum fecit I 10, 5; *cfr.* II 18, 10; t. mancipia paganis I 28, 20; t. monasteria regibus II 268, 5; t. ad mortem, supplicium I 181, 10. 20. 220, 5. 284, 25 [441, 5]; t. proprietates *etc.* II 240, 30; t. proprietates ad monasterium I 252, 35—253, 15; *cfr.* II 229, 10. 15; t. proprium suum I 165, 5; t. servum ecclesiae I 281, 10 [438, 5], in manus pontificis I 229, 20. 232, 25; t. servum ad flagellandum I 335, 20, ad mortem I 181, 20, ad vindictam I 320, 25; t. s. Spiritum II 40, 35. 409, 10. 15; t. terram censalem, tributariam I 287, 10. 20 [442, 10]; t. urbem Romanam edicto privilegii II 522, 20. 25. — t. se (= *transire*) in partem aliam I 14, 10. — tradere = *docere, nuntiare:* t. publice I 92, 25; t. dicta auctorum sanctorum I 60, 25 [404, 15]; t. epistolam I 246, 15; t. placita canonum II 523, 5.

traditio I 115, 30 [429, 30]. 171, 10. 312, 5 [421, 30]; t. iniusta II 330, 10. 15; t. *rerum* I 77, 25. 30. 128, 45. 129, 1 [II 22, 20]. 293, 25. 331, 10. II 423, 10; traditionem facere coram rege *etc.* I 118, 15; t. facere coram testibus legitimis I 113, 35. 114, 1 [411, 40. 45. 412, 1]. 282, 5. 10. 15 [330, 30—331, 1. 438, 35—439, 5]; *cfr.* 151, 10: traditionis carta I 314, 30 [450, 10]. — traditio s. Spiritus II 40, 35; t. conciliorum I 58, 35 [397, 20]; t. ecclesiastica II 461, 15; t. maiorum II 518, 5. 35; t. patrum sanctorum; t. Romana I 80, 20. II 508, 10; t. sancta II 520, 15. 20.

traditor II 330, 15.

trahere, traere II 528, 5; t. ad iudicia publica I 196, 10; t. ad sacramentum I 77, 35. — t. = *rapere:* t. feminam I 224, 25; t. puellas, viduas I 28, 10; t. servos ecclesiae de ecclesia I 1, 25.

trames: a recto tramite deviare II 2, 30 [6, 10. 28, 15]; trames scripturarum sanctarum II 522, 1.

tranquillitas II 449, 10. 457, 15 [462, 30]. 458, 1. 461, 10; t. christianitatis II 432, 5. 454, 5; t. ecclesiae I 273, 15. II 54, 10. 100, 10. 175, 15. 339, 10. 402, 30. 436, 10. 15; t. populi II 166, 35. 167, 10. 254, 20; t. regni II 100, 10. 155, 25. 527, 15. 20.

transcendere: t. terminos patrum I 56, 15 [400, 15]. — t. edictum, statutum regis I 14, 30. 16, 30.

transcribere: t. capitula I 307, 30 [419, 15]. 340, 1. 5; t. formulam institutionis I 339. 340, 10. 15. 341, 10. 342, 15; t. res arimannorum II 110, 1.

transcriptio II 110, 1.

transferre: t. ecclesias II 33, 10; t. liberos ad extraneas gentes II 327, 10; t. mobilem in alienam potestatem I 330, 20; t. officium baptismatis I 317, 1; t. ossa et reliquias sanctorum I 168, 20; t. presbyterum; t. res ecclesiae ad proprietatem alicuius I 334, 10. — se transferre = *transire* I 14, 15. — transferre libros divinos in suae locutionis proprietatem II 481, 35; *cfr.* 482, 1.

transgredi I 97, 1. II 87, 20. 103, 25. 292, 5. 25. 407, 20. 412, 5; t. bannum episcopalem II 218, 5; t. bannum regis I 71, 15. 97, 40; t. capitula regis I 71, 20; t. mandatum regis I 72, 25. II 316, 25; t. modum disciplinae II 316, 20; t. statuta II 412, 15.

transgressio: t. clerici I 12, 15; t. presbyteri II 33, 20. 25.

transgressor I 373, 25. 376, 35. II 82, 15. 120, 1. 121, 10. 158, 5. 407, 10; t. banni II 218, 35; t. constitutionis imperatoris II 19, 25. 42, 5; t. disciplinae canonicae II 236, 5; t. legis Dei, evangelicae II 105, 5. 207, 15; t. propositi sui II 265, 15.

transire I 89, 20. 134, 35. II 64, 10. 88, 1. 251. 252, 5. 361, 15. 419, 15; t. cum pace, pacifice II 87, 20. 107, 25; t. de ecclesia ad aliam I 45, 35; t. per flumina, mare II 133, 20; t. de uno loco ad alium I 133, 20 [411, 20]; t. mercatum II 251, 5; t. per missaticum II 274, 5 [300, 35]; t. sub pontibus I 124, 30 [427, 5]. 144, 30. 293, 15 [443, 15]. 294, 15; t. ad regnum II 332, 10; t. per terminum II 92, 35; non transiebat hereditas Caronna fluvium I 8, 10. — transeuntes II 84, 15. 292, 25. 375, 10. 15.

transitura, transtura, trastura, tractura, tracturia I 290, 30. 40 [444, 30. 45]. II 133, 15. 40.

transitus I 67, 30; t. imperatoris, regis II 64, 10. 361, 20. 405, 5. 15. — t. paludium II 322, 1.

translatio verborum II 481, 35. 482, 1.

transmarina loca II 327, 10.

transmigrare: t. de civitate in civitatem I 55, 35 [399, 35]. 75, 1. 102, 35; t. de ecclesia ad ecclesiam I 76, 25; t. de episcopatu in alium II 287, 25.

transmittere: t. in exilio I 16, 10; t. in hostem I 29, 35; t. ad palatium, ad regem I 32, 35. 51, 20. 83, 25. 86, 20; t. legatos I 262, 1 [II 259, 15]; t. missum I 84, 20. 171, 10. 15; t. presbyterum I 232, 35; t. sal ad domum propriam II 251, 5; t. uxorem confugientem II 240, 1.

transponere homines christianos, captivos II 131, 20. 25. 30. 139, 1.

trastura *v.* transitura.

treiectus = *traiectus* I 149, 5 [431, 20].

trembilus I 227, 35.

tremissis, tremissa I 5, 10. 50, 15. 20. II 251, 25.

tribuere I 182, 5 [410, 30]; t. exactionem II 354, 10; t. expensam I 305, 45 [417, 30]; t. ecclesiae servum et ancillam I 69, 20; *v.* tributum.

tribulatio I 122, 35 [410, 1]. 154, 10. 249, 20.

tribunus militum II 515, 25.

tributales regis I 229, 15.

tributarius, a, um: t. terra I 287, 10 [442, 1]. — tributarius I 89, 10.

tributum I 272, 30. 289, 15 [443, 15]; t. accipere I 318, 15 [422, 40]; t. exigere II 17, 5. 278, 35; t. praestare; t. paganorum II 431, 25; t. publicum II 93, 35. 94, 1; t. ad partem regis exiens I 287, 10. 15 [442, 1]; *cfr.* inferenda, transitura.

tricare opus imperatoris I 93, 10.

tricennalis, tricenaria lex I 16, 1. 405, 45.

triduanus, a, um: t. ieiunium; t. laetania II 518, 25; t. mors domini I 363, 25; t. preces II 367, 40.

triduum I 271, 1. II 529, 1.

trinitas I 108, 30; t. deifica I 73, 30; trinitatis confessio II 455, 30; t. consubstantialitas II 511, 15; t. fides I 77, 10. 236, 25. II 507, 5; t. laudatio II 497, 20; in t. nomine baptizare I 108, 10. II 509, 35. 510, 1. 15 (*cfr.* nomen); t. ymnus II 506, 35; trinitatem invocare I 38, 30; per t. iurare.

triplex: t. bannus episcopalis I 361, 5. 10. 15; t. bannus imperatoris II 102, 1. 30. 103, 25; t. compositio presbyteri I 361, 15. 20. 362, 5; t. lex; t. weregildus I 257, 5. — tripliciter: t. componere; t. restaurare I 72, 10; t. solvere presbyterum.

triplus, a, um: t. compositio. — triplum: in triplo componere; triplum recipere I 149, 15 [448, 30]; in t. restituere I 160, 35 [449, 20]; t. sumere ex rebus ecclesiasticis II 404, 5.

tronia (?) I 10, 20.

tronus *v.* thronus.

tropus I 79, 30.

trustis = *comitatus*: t. dominicus. — t. = *manus, turma* I 5, 45. 6, 1. 7, 5. 10. 25; trustem facere, commovere I 50, 35. 66, 1. II 292, 10.

tuba II 479, 1.

tugurium I 364, 25.

tuitio: t. ecclesiastica; t. rerum ecclesiasticarum II 432, 30; t. episcopi I 228, 5. II 467, 30; t. immunitatis II 92, 15. 259, 5; t. regis I 18, 20. 25. 30. II 77, 30. 166, 20. 255, 1 [355, 35. 362, 5. 398, 5]; t. regni II 356, 15.

tumulus paganorum I 69, 40.

tundere *v.* tondere.

tunica I 345, 10. II 504, 20.

tunimus I 254, 5. 255, 10. 15. 30. 256, 10.

(turibulum), turabulum I 251, 10.

turma clericorum, monachorum II 174, 1. 5.

turpis, e: t. canticae; t. femina; t. lucrum; t. sermonicationes II 46, 5; t. verba I 243, 15. 376, 30.

turtur I 86, 30.

tutamen ecclesiae I 271, 10.

tutela I 129, 40; t. presbyteris vel diaconis non implicanda I 231, 10; t. viduarum, orphanorum II 122, 10.

tutor: t. ecclesiae II 351, 10; t. regni II 212, 30. — t. = '*Vormund*'; t. filii II 19, 5; t. orphanorum, viduarum I 192, 5. 10. II 122, 15; t. puellae II 227, 5.

typus I 247, 40.

tyrannicus, a, um: t. consuetudo II 78, 5 [155, 25. 170, 20]; t. nomen II 46, 35; t. potentia.

tyrannis I 93, 25. 109, 1. 272, 20.

tyrannus I 360, 35. II 4, 25. 46, 30.

u.

ultio I 59, 15 [403, 45. 434, 25]. 104, 10. — u. = *poena* I 19, 1. 95, 5. II 287, 5 [309, 35]. 318, 5; u. afflictionis, exilii II 420, 30; u. canonica II 401, 5; u. communis regum II 69, 20; u. imperialis II 125, 1; u. legalis iudicum I 12, 5.

unanimis, unianimis, e: u. consensus; u. consilium II 464, 1; u. deliberatio; u. devotio; u. populus II 339, 15; u. sententia II 249, 10; u. voluntas II 336, 25 [337, 15]; unanimem esse I 94, 1. 310, 15. II 49, 25, *saepius*. — unanimiter: u. consentire I 71, 15. 72, 15; u. decernere II 352, 25; u. diffinire I 77, 5. II 402, 35; u. eligere II 99, 20 [348, 20]. 368, 30; u. laudare.

unanimitas, unianimitas I 356, 20. II 218, 20. 25. 282, 15. 30, *saepius*; u. episcoporum II 211, 15. 340, 35. 442, 5. 445, 20. 449, 5. 10. 467, 40; *cfr.* I 57, 35; u. inter episcopos, comites *etc.* I 58, 5 [401, 35]. 103, 35. II 219, 1; u. fidelium II 255, 15 [398, 20]. 284, 5. 287, 10 [309, 40]; u. imperii II 54, 10; u. populi; u. regum fratrum II 49, 30. 35. 69, 15. 298, 25.

uncia I 52, 15. 20.

unctio: u. baptizati II 509, 20; u. infirmi II 182, 25; u. morientis I 45, 40; u. regis, imperatoris II 341, 1. 348, 25. 461, 20. 519, 25; u. reginae II 426, 30. 35. 455, 5; u. sacerdotis II 426, 30; *cfr.* chrisma, oleum.

unctum, unctus I 87, 5. 89, 5. 252, 1. 254, 20. 255, 25. 256, 1. 20.

unctura I 345, 15. 349, 1.

undecimam dare II 361, 10.

ungere, unguere: u. altare II 484, 30; u. baptizatum I 247, 10; u. infirmantem, infirmum I 107, 25. 179, 15 [413, 1]. 244, 15. II 119, 5. 15; u. reges; u. reges, sacerdotes, prophetas, martyres II 426, 30. 35. 457, 5 [461, 20]; *cfr.* chrisma, oleum.

unio I 90, 5.

unire II 69, 15. 74, 20. 447, 25. 35; u. regnum II 52, 35.

unitas I 246, 10. II 447, 20; u. cleri et populi II 214, 5; u. ecclesiae II 340, 10. 15; u. episcoporum I 57, 40; u. fidelium II 284, 5; u. populi; u. regni, imperii I 270, 35. 278, 15. II 4, 40. 518, 5; u. regum II 447, 35; *cfr.* 167, 10.

universalis, e: u. concilium; u. ecclesia; u. papa; u. pontifex; u. populus I 192, 20.

universus, a, um: u. populus I 280, 30; u. regnum I 92, 1. II 4, 25.

urbs I 204, 30. 353, 20. 354, 1. 20. 35 u. regia II 80, 35. 117, 5; u. Romana II 351, 15. 522, 20. 25; urbes circumire I 111, 5; in urbibus titulos cardinales ordinare II 411, 15; urbium vici et suburbana II 118, 25.

urceus I 251, 10. II 511, 20.

urna I 445, 40. 45.

usura I 182, 5 [410, 35]. 287, 40; usuris abstinere I 312, 35 [429, 15]; *cfr.* II 411, 20; usuras accipere I 108, 15. 183, 10. 864, 40; ad u. dare I 54, 25 [398, 15]. 244, 5; u. exigere I 219, 15. 227, 35. II 122, 5. 10; u. exercere II 68, 30; u. facere I 327, 1. II 48, 20. 25. 487, 20; *de usuris inquirere* II 68, 30; *u. inservire* II 7, 5. 33, 30; usuras vitare I 369, 1.

usurpare II 528, 5; sibi u. aliquem servitio I 96, 35; u. clericos aliorum I 208, 20; sibi u. decimam II 458, 20; u. fines alienos I 56, 15 [400, 15]; u. peculiaria I 230, 5; u. res alterius I 298, 1; u. res defuncti II 368, 1; u. res ecclesiasticas II 488, 25; u. sedem episcopalem II 262, 10. 448, 10.

usurpativum officium II 121, 40.

usus I 294, 20. II 6, 40. 108, 20; u. clericorum II 33, 15; u. communis I 294, 15; u. ecclesiarum II 32, 15. 178, 35 [185, 30. 35]; u. episcopi II 32, 10; u. imperatoris II 87, 30; u. pauperum I 106, 25. 30. 276, 20 [406, 5]. II 33, 15. 178, 35 [185, 30. 35]; u. pauperum; u. proprius I 294, 35. 374, 10. — usus = *consuetudo:* u. antiquior II 511, 15; u. Christianorum II 500, 10; u. ecclesiae II 498, 1. 496, 5; u. Graecorum II 497, 15. 499, 40; u. inolitus II 42, 10; u. laetaniarum II 514, 5; u. naturalis; u. observationum II 497, 5; u. pessimus et execrabilis I 59, 5 [402, 30]; u. pontificum Romanorum I 364, 30; u. Romanorum, Romanus I 64, 5. 110, 5. 280, 15. II 495, 30. 499, 30; secundum usum et consuetudinem terrae II 107, 30.

usus fructuarius, usufructuarius I 252, 35. II 109, 1. 5. 404, 1. 5.

usufructus I 205, 40. 326, 30. II 109, 1.

utensilia I 87, 1. 168, 20. 171, 30. 254, 10. 255, 15. 35. 256, 10. 30. II 257, 15; u. ciborum I 168, 25; u. lignea I 255, 20. 40. 256, 15.

utilis, e: u. clericus II 35, 5; u. commutationes II 15, 10. — utilior (in expeditionem) pergat II 94, 35—95, 10.

utilitas I 161, 10. 271, 25. 274, 10. 304, 20 [416, 1]. II 254, 35. 255, 45 [399, 1]. 403, 35. 404, 5. 405, 15; utilitates I 195, 25. 375, 1. II 84, 35; utilitas communis I 162, 20. 208, 25. II 86, 40. 70, 20, *saepius;* u. ecclesiastica, ecclesiae I 78, 10. 15. 274, 25. 30. 40. II 28, 5. 37, 15. 40, 25, *saepius;* u. generalis II 52, 15. 92, 30. 301, 25. 30. 302, 1; u. imperatoris, regis, senioris I 62, 25. 67, 25. 87, 25. 116, 10 [429, 40]. 124, 5. 125, 30 [426, 20. 427, 20]. 141, 20. 147, 15. 204, 35. II 71, 20. 254, 20. 359, 20; u. imperii, regni I 270, 30. 271, 10. 272, 10. 319, 10. 330, 5. II 254, 20. 301, 25. 30. 302, 1. 329, 30. 356, 30. 357, 15. 377, 20. 25; u. plebis II 257, 40; u. populi; u. provinciarum I 204, 30; u. publica I 220, 20. 284, 15 [405, 40. II 347, 1]. 305, 10 [416, 40]. 330, 10. II 54, 15. 10. 301, 25. 30. 302, 1; u. *rei publicae* I 330, 5. 367, 30. II 114, 25 [399, 35]. — utilitas *(titulus)* I 208, 20.

uxor I 125, 25 [427, 15]. 240, 5. 365, 25. 376, 40. II 45, 40. 190, 5. 469, 5; uxoris consobrina I 41, 25; u. filiu I 40, 10; u. lex II 207, 10; u. parentela; u. soror I 15, 20. 41, 10. II 239, 10; ab uxore se abstinere II 189, 15; *cfr.* 46, 1. 207, 15. 30. 237, 5. 10. 242, 20. 35. 248, 15; uxorem accipere I 38. 39, 1. 40, 25. 40. 41. 108, 15. 145, 10. II 46, 1. 188, 15. 207, 10. 15. 25. 236, 20. 238, 25. 30. 240, 10. 247, 10; u. adquirere II 235, 25; u. sibi desponsare II 236, 5; u. dimittere, amittere I 38, 40. 39, 15. 40, 15. 25. 40. 41, 1. 30. 56, 35 [400, 35]. 108, 10. 376, 35. II 18, 25. 46, 1. 182, 10. 207, 10. 229, 20. 236, 5. 247, 10; u. dotare II 207, 10. 15. 30; (in) u. ducere *I* 145, 5. 202, 25. II 240, 15; *uxores ducant, ubicunque inter partes regni elegerint* I 272, 40; negare aliquam ad uxorem fecisse I 230, 30; u. habere I 116, 20 [448, 15]. 202, 25. 374, 5. II 45, 35. 190, 25; u. interficere *vel similiter* I 18, 25. II 239, 30—240, 10; u. rapere, furari II 119, 45. 160, 30; u. reicere I 40, 15; uxori res ad usumfructum dare II 109, 1; ab *uxore separari* I 38, 40; *uxorem in servitium tradere* I 187, 20. — uxor aliena, u. alterius I 38, 1. 141, 20. 292, 35. 318, 30. 365, 25. II 189, 20. 236, 25. 30. 239, 30—240, 10. 241, 15; u. clerici, presbyteri, sacerdotis I 40, 15. 41, 1. II 229; u. compatris spiritalis II 240, 15; u. consobrini, insobrini I 202, 20; u. defuncti, mortui I 8, 25. 301, 15. 20 [487, 25. 30]. II 368, 1; u. fiscalina regia I 125, 35 [427, 25]; u. fratris I 15, 20. 38, 20. 232, 15. 20. 377, 1. II 207, 15. 30. 35. 237, 5. 10. 15; u. fugientis in alium ducatum *etc.* I 41, 1; u. legitima I 38, 20. II 109, 1. 119, 45. 236, 15. 237, 10. 240, 5; u. libera liberi servitio alterius se subdentis I 317, 5. 10. II 63, 1. 5; u. malefactoris I 72, 30; u. mediana, tertia I 38, 25; u. parentis consanguinei I 15, 20; u. patris I 15, 20. 41, 5; u. patrui I 15, 20; u. regis I 272, 35. II 178, 20; u. regis fratris II 166, 35; u. cultoris mansi servilis I 252, 25; u. Saxonica II 207, 10. 235, 30; u. vassalli I 172, 10; *cfr.* 41, 1.

uxorius, uxoreus, a, um: u. copulatio II 414, 15; u. opus II 237, 10.

V.

vacans episcopatus II 452, 40.

vacare *v.* vagari.

vacca I 33, 5. 35, 5. 10. 125, 25 [427, 15]. 252, 1. 254, 25. 255, 25. 256, 5. 25. II 17, 5.

vaccaritia I 33, 5. 10.

vacuare auctoritatem *I* 19, 10.

vacuus, a, um: vacuum apparere, haberi I 18, 35. II 62, 20.

vadere I 10, 15. 60, 40 [447, 25]. 104, 15. 116, 20 [448, 15]. 158, 5 [481, 35]; v. per casas I 64, 10; v. ad custodiam II 95, 1; v. propter Deum, in servitio Dei I 32, 5. 37, 1. 150, 35. 198, 20; v. in hoste I 224, 30; v. in hostem I 325, 10. 330, 30; v. cum imperatore II 360, 10; v. ad iudicia, placita saecularia I 60, 15 [403, 35]. 121, 35; v. de palatio I 198, 35; v. sine praedatione populi II 67, 10. — novi denarii vadant et accipiantur I 74, 30.

vagabundus I 60, 40 [447, 25].

vagari, vacare I 32, 15. 61, 1 [447, 25]. 76, 30. 104, 15; v. per diversa II 42, 25; v. per mercata I 38, 10; v. ad placita *etc.* II 60, 25. — *vagans:* v. canonicus I 95, 40; v. clericus I 76, 30. 196, 20. 364, 20. II 121, 40. 122, 20; v. episcopus I 35, 40—36, 5; v. latro II 86, 30; v. monachus I 94, 25. 196, 20. II 122, 20. 384, 25; v. presbyter, sacerdos I 36, 1. 5. II 121, 40; v. puella, virgo sacrata I 95, 10. 108, 5.

vagatio silvatica I 25, 15.

vagus I 326, 40; *cfr.* II 78, 5 [155, 25. 170, 20]; v. peregrinus I 150, 10 [448, 30]. 152, 5.

valva II 480, 30. 35.

vaniloquium I 59, 35 [403, 15]. 108, 40.

vanus, a, um: v. gloria II 40, 20. 177, 5. — vana idolorum I 68, 15.

vapulare I 32, 20. 25. 257, 30; v. clericum I 228, 20. 386, 20; v. familiam regis I 33, 10. 15; v. gadales *etc.* I 298, 25; v. libertum I 31, 35; v. servum I 31, 25. 284, 30 [441, 15]; v. servum XL ictos II 108, 5; v. servum LX ictibus I 285, 5 [441, 25]. II 316, 15. 317, 1. 5. 318, 25; v. servum CXX percussionibus I 148, 25 [481, 1].

vas I 368, 30. II 518, 10; vasa aerea, ferrea, linguea, plumbea I 87, 1; v. apium I 252, 1. 255, 30; v. argentea, aurea I 142, 20; v. ecclesiae I 277, 30 [407, 15]; v. minora II 511, 20; v. sacra, sacrata I 59, 35 [403, 10]. 181, 25 [410, 25]. II 42, 30. 508, 35 [223, 10]. — vasa = *signa* II 478, 30—479, 5.

vasallus *v.* vassallus.

vasculum I 33, 35. 87, 5. II 223, 30. 508, 30. 35 [223, 30].

vassallaticum, bassallaticum I 67, 5. 10. II 439, 30.

vassallus, vasallus, bassallus, basallus I 33, 15. 150, 15. 199, 5. II 194, 15. 20. 482, 30. 526, 35; v. casatus I 167, 5 488, 5; v. liber II 96, 20. 25; v. in manus seniores manus commendet I 215, 15; v., *quibus de causis seniorem dimittere possit* I 172, 10. 215, 10. 15. 20. — v. abbatis, abbatissae I 167, 20. II 96, 1. 337, 10. 15;

v. comitis II 95, 30. 108, 10. 337, 10. 15. 354, 15; v. custodis ecclesiae I 167, 25; v. dominicus I 325, 5. 10. II 354, 25. 358, 20 [362, 45]. 368, 1. 374, 25—375, 1. 403, 20; v. episcopi I 167, 25. II 86, 5. 10. 96, 1. 103, 10. 110, 15. 334, 25. 337, 10. 15. 354, 15. 448, 15; v. imperatoris, regis I 135, 5. 136, 5. 167, 30. 272, 15. 285, 5 [441, 25]. 291, 35 [445, 25]. 306, 1. 5 [417, 35]. 326, 25. II 64, 20. 103, 1. 313, 10. 316, 15. 328, 30. 334, 20; v. imperialis II 354, 30; v. vassalli dominici I 167, 5 [438, 5]. II 337, 10. 15.

vassaticum I 191, 5. 199, 10. 262, 30 [II 260, 35].

vassus, bassus: v. abbatis, abbatissae I 291, 20 [445, 5. 10]; v. comitis I 148, 25 [431, 5]. 150, 35. 197, 1. 263, 30. 291, 20 [445, 5. 10]; v. dominicus I 48, 25. 35. 52, 15. 167, 5 [438, 5]. 198, 30—199, 10. 437, 1. 445, 5. II 81, 35. 286, 15. 20. 354, 10. 15. 373, 10. 374, 30. 35. 515, 25; v. episcopi I 291, 20 [445, 5. 10]; v. imperatoris, regis I 51, 15. 66, 30. 98, 25. 101, 20. 160, 10 [432, 5]. 208, 15. 20. 210, 15. 20. 213, 20. 264, 1. 5. 287, 35 [442, 20]. 291, 15 [445, 5]. 298, 10. 300, 35 [437, 1]. 305, 5 [416, 30. 35]. 307, 30 [419, 15]. 310, 5 [420, 30]. 321, 1. 5. 336, 20. II 96, 1. 5. 10. 108, 1. 321, 25. 30. 332, 5. 10. 334, 20. 25. 335, 5. 336, 20. 25. 337, 10. 15. 429, 30; v. regalis I 191, 10. 207, 1.

vastanter II 452, 5.

vastare: v. domum *etc.* presbyteri II 257, 15; v. messem *etc.* in hoste I 160, 20 [432, 15].

vastatio II 101, 25. 305, 10; v. regni I 320, 1. II 107, 25.

vastator ecclesiae II 451, 35. 40.

vectigalia II 122, 1. 25.

vehiculum I 36, 5. 294, 30. II 242, 20. 243, 5.

velamen: v. mysticum I 247, 15; velamine consecrata in coniugium non ducenda II 225, 25—226, 15; velamen assumere, sibi imponere, suscipere I 375, 40. II 7, 1. 226, 25. 30. 227, 20. 25. 228, 1. 5. 464, 25; v. dimittere II 227, 25.

velamentum II 227, 40.

velare: se v. I 38, 40. 41, 30. 278, 25 [408, 1]. II 466, 5; v. ancillam I 122, 5 [409, 30]; v. feminam I 40, 20; v. puellam, virginem I 57, 1 [401, 1]. 60, 25 [404, 25]. 77, 40. 108, 5. 278, 20 [407, 45]. 279, 15. 20 [408, 40. 409, 1]. 285, 20 [441, 40]. II 41, 20. 42, 5; v. viduam I 57, 30 [401, 30]. II 41, 20. 42, 1. 5. — velata II 226, 30. 227. 228, 1. 5; v. in coniugium non ducenda II 225, 20—226, 15; v. femina I 84, 30; v. nonna I 26, 1.

velatio (?) coniugalis *v.* violatio.

veltrarius II 523, 20.

velum I 38, 5. 35. 40, 20. II 42, 10. 15. 90, 30. 465, 40.

venalis, e: v. ecclesia II 416, 1; v. iustitia II 304, 40.

venalitas I 12, 10. II 520, 40. 521, 1. 523, 15.

venari I 87, 20. 95, 20. 231, 20. 255, 5. 364, 10. II 179, 25. 525, 35.

venatio I 63, 25. 135, 35. II 142, 20. 331, 10; v. die dominico non exercenda I 61, 10 [404, 25]; venationem clericis interdicere *vel similiter* I 25, 15. 29, 25. 195, 20. 231, 15. 373, 30. II 102, 20. 117, 35. 187, 1. 35.

venator I 165, 10. 170, 40. 211, 35; v. regis I 87, 25; venatores regis principales II 523, 15. 20. 525, 30.

venatorium opus II 420, 10.

vendere, vindere II 252, 1. 405, 20. 25; v. aliter, carius, plus carum I 74, 20. 123, 1 [410, 1]. 132, 30 [411, 10]. 140, 1. 146, 30. II 93, 1. 96, 30. 107, 25. 375, 10. 15; v. foris imperium, foris regno I 51, 5. 10. 15. 123, 1 [410, 1]. 190, 30; v. libere I 74, 30; v. ad mensuram antiquam II 63, 30; v. se I 40, 30. II 326, 1; v. aliquem I 96, 40. 211, 5; v. annonam; v. aurum II 320, 30. 35; v. caballos II 251, 25; *cfr.* I 157, 1 [428, 20]; v. carnem II 319, 5; v. donum et gratiam Dei I 248, 20; v. ecclesiam I 78, 10; v. filios II 326, 15; v. gradus ecclesiasticos II 335, 35; v. hereditates II 328, 10; v. iudicium iustum II 15, 10; *cfr.* 304, 40; v. mancipia II 251, 25; v. necessaria; v. officium sacrum *etc.* I 106, 40; v. panem II 319, 5; v. possessiones II 260, 1; v. proprium I 165, 5; v. rem litigosam I 337, 1; v. roccum, sagellum *etc.* I 140, 1; v. sepulturam, terram II 222, 15. 20. 25; v. servum alienum I 292, 15. 20; servos in alias partes v. II 327, 5; v. servos paganos II 419, 15; v. silvas II 300, 45; v. terras II 328, 15; v. vinum I 152, 15 [448, 40]. II 319, 5; *cfr.* I 258, 30. 35.

vendicare *v.* vindicare.

venditio, vendicio I 74, 30. 140, 1. 187, 30. 188, 10. 311, 1 [431, 5]; v. armorum *etc.* II 321, 35; v. rei ecclesiasticae I 231, 10; v. rerum immobilium I 128, 45. 129, 1; v. servi, ancillae I 41, 25.

venditor armorum *etc.* II 321, 25.

veneficium I 61, 40 [405, 5]. 240, 1.

veneficus II 44, 35. 345, 10. 444, 15.

venenaria femina II 122, 30.

venenum: veneno perdere II 241, 1. 5. 10.

venerabilis, e: v. abbas; v. antistes II 377, 5; v. archiepiscopus; v. coepiscopus II 389, 30; v. comes I 280, 30 (?); v. episcopus; v. locus; v. pastor, rector I 61, 20 [404, 35]. II 246, 5; v. pontifex II 448, 10. 15; v. sacerdos I 27, 40.

venerari, venerare = *colere, honorare:* v. ecclesias I 125, 15 [446, 35]; v. episcopos II 352, 5. 409, 30; v. imagines II 482, 30; v. sanctos electos I 77, 30; *cfr.* 56, 35 [400, 35]. 108, 5. 125, 15 [446, 35]; venerandum concilium II 265, 5. — venerari = *celebrare:* v. diem dominicum I 312, 30 [422, 1]; v. festivitates I 179, 15 [418, 5].

veneratio: v. episcoporum, sacerdotum, servorum Dei I 304, 40 [406, 20]. II 261, 40; v. regis II 212, 20. — v. diei dominici II 39, 10.

venia II 57, 5; v. episcopi II 448, 15; v. honoris temporalis II 468, 5; v. prioris I 344, 25. 346, 25. 348, 1; veniam regis expetere I 21, 10.

venialis, e: v. culpa I 354, 35. — veniale II 468, 10.

venire I 72, 15. II 107, 30. 169, 10; v. cum collecta I 160, 5. 10 [431, 45. 432, 1]; v. in fiducia imperatoris II 86, 10; v. ad audientiam I 330, 25. II 448, 5; v. ad causam I 210, 25; v. ante comitem, ad praesentiam comitis I 196, 20. 288, 10 [440, 1]. II 374, 25; v. ad conversationem I 63, 15; v. ad culmen regiminis II 520, 10; v. ad emendationem II 374, 25; v. ante (ad) episcopum, in praesentiam episcopi I 74, 40. 218, 5. II 224, 15. 20. 487, 20; v. in hostem, hostiliter; v. ad imperatorem, regem, ad praesentiam imperatoris, regis; v. ad imperialem maiestatem II 124, 20; v. ad adiutorium imperatoris II 360, 30; v. ad curtem regis; v. ad opus regis I 88, 15; v. in (ad) servitium regis I 87, 15. II 331, 40. 332, 1. 337, 25; v. in villas regis I 89, 30; v. ante iudicem I 196, 20; v. in (ad) iudicium I 74, 40. 181, 1; v. ad litigationem mitigandam I 334, 20. 25; v. ad mallum; v. ad marcham I 139, 25; v. ad metropolitanum I 84, 5. 74, 40; v. ante missos *vel similiter* I 145, 20. 25. 191, 5. 310, 5 [420, 30]; v. ad monasterium I 121, 35; v. ad palatium; v. ad patriam defendendam I 320, 1. II 337, 20; v. ad placitum; v. ad propria II 126, 10; v. in regnum fratris II 78, 10 [155, 25. 170, 25]; v. ex parte regni II 529, 35; v. ad sacerdotium *etc.* I 138, 10; v. ad sortem I 6, 5. 9, 5; v. ad synodum; v. ad vestigium. — v. contra Romanos I 354, 40; v. contra statuta conciliorum I 57, 35.

venna I 172, 20.

ventilare II 288, 1; v. in conventibus II 42, 20; v. in synodo II 447, 15.

venundare I 86, 5. 294, 15. 35; v. annonam I 74, 25. 132, 25. 30 [411, 1. 10]. II 318, 20; v. arma, brunias *etc.* I 128, 15 [426, 10]. 167, 25. II 321; v. homines christianos II 131, 15. 20. 139, 1; v. liberos II 327, 10; v. pisces I 89, 25. 30; v. pullos, ova I 86, 25; v. vinum II 318, 20.

venundatio annonae I 142, 15.

verax I 76, 25; cancellarius v. I 319, 10. 15; carta v. I 215, 5 [430, 5]; indicium v. I 288, 10 [442, 35]; testes v. — veraces in testimonium colligere, recipere I 114, 35. 182, 10; *cfr.* II 8, 15. 10, 1; per veraces inquirere I 189, 30; cfr. 300, 25 [438, 35]. II 15, 1. 5. — veraciter: v. adfirmare I 298, 35; v. indicare II 8, 10; v. scire I 190, 15; v. vivere I 808, 35. 40 [415, 25. 30].

verbera I 348, 20. 25. II 60, 30.

verberare I 331, 10. II 247, 5.

verberatio clerici etc. I 26, 1.

verbex v. vervex.

verbum II 518, 10. 35. 519, 40. 520, 20. 528, 1. 530, 1; v. de altario facere I 2, 35; verbis audire II 429, 5; per verba commendare I 184, 10; verbis commonere II 424, 15; v. se confirmare II 357, 10. 15; v. consilium proferre II 420, 35. 421, 1; v. denuntiare II 388, 5; v. dicere I 184, 15. II 357, 10; v. mandare II 163, 20. 165, 1. 288, 10; v. praecipere II 344, 35; verbo et exemplo praedicare I 364, 40, populis subiectis prodesse I 276, 10 [405, 35]. 304, 35; verbis rationem reddere I 290, 15 [444, 5]; verbum Dei, divinum I 69, 30. 279, 30 [409, 10]. 358, 5; v. turpe; v. vitae aeternae I 247, 1. — v. episcopi I 170, 35; v. imperatoris, regis, dominicum I 88, 5. 216, 25. 242, 15. II 328, 20; ex verbo regis et Dei bannire II 158, 1. 10; de v. reg. congregare I 70, 30; per verbum reg. docere I 64, 20; per v. reg. episcopum constituere I 34, 10; ex verbo reg. mandare II 314, 5; de v. reg. ordinare I 42, 15. 84, 20; de (ex) v. reg. praecipere I 87, 25. 155, 5. 290, 35. II 269, 10. 15; per verbum reg. precarias facere I 50, 10—25. — verbum (= promissionem) alicuius habere II 158, 15.

veredarius II 412, 1. 516, 10.

veredus I 262, 1. 20 [II 259, 15. 260, 15]. II 259, 20; cfr. paraveredus.

verifica examinatio II 467, 20.

veritas I 156, 35 [428, 15]. 268, 5. 283, 5 [439, 35]. II 86, 25. 45—87, 5. 521, 5; veritatem attollere I 378, 40; v. cognoscere I 268, 15. 283, 15 [440, 5]. 310, 15 [402, 40]; v. comprobare I 298, 35; v. declarare, dicere I 198, 5. 208, 5. 10. II 15, 5; a veritate declinare II 9, 5. 10; cfr. 8, 25; veritatem inquirere I 129, 20 [II 28, 5]. 268, 10 [438, 45]. 314, 20 [449, 40]. 317, 15. II 62, 1; v. invenire I 289, 10 [448, 10]; v. obfuscare I 208, 10; v. occultare I 378, 40; v. proferre I 317, 15. II 61, 35. 62, 1; v. scire I 198, 1. 5; quicunque mallatus in v. testimonia non habuerit I 9, 1; v. ventilare II 288, 1. — fidei veritas regis et regni II 528, 30.

vermiculus I 87, 5.

verres I 252, 1. 254, 25.

versus II 507, 10; versum dicere, quo silentium solvatur I 347, 30. 35.

vertere: anni vertentis spatium II 527, 5.

verus, a, um: veram facere, comprobare cartam I 145, 30. II 91, 10. 15. 108, 25. 30. 35; v. agnoscere cartulam I 319, 20; v. testimonium. — veriores pagenses I 295, 25.

vervex, verbex I 252, 1. 254, 25. 255, 30. 256, 5. 25; v. berbex.

vervicinus, a, um: v. muffula; v. pellis.

vesper, vespera I 76, 10. 81, 30. 238, 10.

vespertinus, a, um: v. hora II 180, 20; v. refectio I 344, 20; v. sacrificium II 504, 25.

vesterarius II 352, 20.

vestigium, vestigius I 5, 35. 45. 17, 10. 15; v. minare I 7, 5. 30; ad v. venire I 7, 15.

vestimentum I 167, 10 [433, 10]. 168, 20. 229, 15. 254, 10. 255, 15. 256, 15. 30. II 96, 15. 244, 10. 384, 20. 386, 1; vestimenta fratribus dare I 347, 10; v. lavare; v. ministrare; v. ordinare II 267, 35; cum vestimentis etc. praeparatum esse II 5, 10; vestimenta abbatissarum I 144, 25; v. alba I 247, 10; v. communia I 227, 35; v. ecclesiae II 267, 25; v. feminea; v. laicalia; v. linea; v. mediocria I 345, 5; v. monachorum I 68, 10. 227, 35. 344, 10. 347, 10. II 267, 35. 384, 20; v. pristina inmutare I 346, 10; v. uxorum, infantium I 125, 25 [427, 15].

vestire I 345, 25. — vestitus I 61, 15 [404, 25]; vestitura vestitum esse I 169, 20. — mansus vestitus.

vestis I 129, 1 [II 28, 35]. 318, 25 [428, 10]. II 86, 20; v. ecclesiae I 334, 5; v. lanea II 242, 15. 248, 45; v. monachica; v. preciosa I 117, 35; v. religionis II 90, 30; cfr. I 317, 10; v. religiosa I 215, 40; v. sacerdotalis, sacra II 504.

vestitura I 282, 10. 15 [380, 20—45. 439, 1. 5]; vestituram accipere I 314, 25 [450, 5]; v. habere II 108, 20; vestitura ecclesiae, ecclesiastica II 268, 10. 345, 25. 30; v. imperatoria, regis, regia I 289, 10 [448, 5]. II 345, 25. 30; v., qua per XXX annos vestiti fuimus (sc. imperator) I 169, 20; v. Karoli I 285, 10 [441, 35]. 288, 5. 10 [442, 35]. 296, 25. 30. 297, 1. 314, 15 [449, 25]. 333, 10; v. Pippini I 115, 30 [448, 5]. 333, 10.

vestitus II 267, 20. 526, 25; v. monachorum.

veteranus equus emissarius I 84, 10.

vexillum crucis II 23, 5.

via I 144, 30. 150, 30. 289, 15 [448, 15]. 306, 10 [417, 45]. II 277, 25; viam ad regem contradicere I 70, 5; v. custodire I 201, 35; in via depraedationes facere vel similiter I 217, 10. II 86, 15. 97, 30; vias emendare I 169, 25; via publica II 65, 5; v. statuta II 92, 40. — v. salutis II 524, 30.

viaticum I 45, 40. 107, 20. 248, 40. 279, 10 [408, 35]. II 182, 35.

vicarius: v. Christi, Dei II 51, 35. 397, 15. 30. 421, 10. 432, 1; v. Petri I 353, 10. 354, 1. II 99, 15 [348, 15]; v. episcopi I 188, 25. 279, 30 [409, 10]. II 180, 5. 214, 15. 412, 15. 418, 20; v. sedis apostolicae II 349, 5. 350, 10. 25; v. maioris (villae) I 84, 5. — vicarius, v. comitis I 67, 1. 137, 20. 25. 144, 5. 172, 5. 208, 15. 211, 35. 310, 10 [420, 35]. 319, 10. 20. II 11, 20. 259, 35. 322, 10. 374, 10. 515, 35; v. de beneficiis praevideat I 136, 15; v. coniectum missis det I 138, 5; vicarium eicere, tollere I 124, 25 [427, 1]. 144, 10. 206, 30; v. eligere, constituere, destinare, instituere I 12, 10. 115, 35. 124, 25 [427, 1]. 149, 20. 25 [431, 25]. 151, 1; vicarius fures etc. non celet I 290, 35 [444, 25]; cfr. 172, 1; v. hereditatem liberti sibi non societ I 171, 10; vicarii iudicium I 310, 30; cfr. 302, 20; ante vicarium iudicium de proprietate etc. non terminetur I 158, 5 [448, 40]; cfr. 154, 25; v. legem sciat I 144, 10; v. luparios habeat I 171, 15; v. mancipia non emat a servo regis I 171, 5; vicarii ministerium; vicarius munera non accipiat I 171, 40. 291, 1 [444, 30]; v. patibulos habeat I 171, 25; vicarii placitum; vicarius res pauperum non emat etc. I 174, 30. 220, 10. 312, 15 [421, 40]; cfr. 289, 5 [448, 1]; v. tributum maioris pretii a populo non exigat II 17, 5.

vice, vicem v. vicis.

vicecomes I 185, 10. II 259, 35. 315, 30. 374, 10.

vicedominus, vicedomnus: v. abbatis, abbatissae, ecclesiae, episcopi I 66, 30. 93, 30. 35. 40. 101, 25. 104, 35. 118, 5 [428, 25]. 124, 25 [427, 1]. 151, 1. 185, 10. 206, 30. 214, 15. 310, 5 [420, 30]. II 8, 35; v. comitis I 51, 10.

vicennii praescriptio I 219, 5.

vicinans I 71, 25. 131, 30 [427, 40].

vicinitas II 256, 25. 278, 10.

vicinium, vicinia I 67, 15. 289, 10 [448, 5].

vicinus, a, um: v. centena; v. comites; v. ecclesiae I 245, 15; v. episcopus II 118, 20. 358, 5. 25. — vicinus, vicini I 8, 15. 20. 50, 45. 288, 5. 262, 5. 363, 40. II 76, 1. 92, 25. 93, 1. 96, 30. 103, 10. 257, 25. 274, 10. 15. 328, 20. 412, 25; ante vicinos causam notam facere I 10, 10; vicinis componere I 71, 30; per vicinos veritas cognosci potest I 268, 15; cfr. 283, 15 [440, 5]. — viciniores I 268, 45. 283, 15 [440, 5].

vicium v. vitium.

vicis, vicem, vice, vices: vice I. et II. admonere I 307, 20 [419, 5]. II 312, 10; ad vicem II. neglegere II 278, 20; ad v. III. admonere I 197, 25; v. III. ad comitem se proclamare I 190, 10; vice III. praecipere I 155, 15; v. III. ad palatium remeare I 72, 5; per vices tres I 84, 35. — vice abbatis I 221, 15; v. abbatissae II 180, 15; ad vicem archicancellarii recognoscere I 169, 35. 268, 1 [II 260, 30]. 264, 20; vice comitis I

366, 30; v. episcopi II 352, 5. 373, 25. 374, 1; ad vicem episcopi II 369, 1; vice episcopi agere *vel similiter* I 360, 20. II 48, 5. 180, 10; vicem imperatoris agere I 306, 1 [417, 30]. II 47, 25; ad v. imp. missos mittere I 152, 15 [448, 40]; vice imp. in legationem ire I 183, 35; v. imp. populum regere *etc.* II 48, 35; v. imp. praecipere I 82, 1; in vicem metropolitanorum constituere I 33, 35. 34, 1; vice missi dominici I 308, 15 [419, 25]; vicem papae, s. Petri, sedis apostolicae agere, tenere I 405, 40. II 85, 35. 352, 10. 515, 1; vicibus praepositi *etc.* ordinari I 280, 5.

vicora (?) I 192, 35; *cfr.* vicus.

victima I 445, 45; v. carnalis II 476, 20.

victualia I 82, 5. II 96, 15. 251, 10; v. ducere licet die dominico I 61, 15 [404, 25]; v. ad tres menses I 167, 10. 15 [433, 10]; cum (in) victualibus praeparatum esse I 168, 20. II 5, 10.

victus I 11, 35. 36, 5. 48, 15. 20. 167, 10 [433, 10]. 171, 30. 357, 35. II 60, 25. 267, 20. 384, 20. 526, 25; v. caballorum II 525, 25; v. cottidianus; v. monachorum II 267, 20. 384, 20. 434, 25.

viculus I 353, 10. 35. 354, 1. 20.

vicus I 96, 1. II 314, 15. 316, 20. 318, 10. 319, 1. 410, 15; in vicis baptizare II 410, 10; in v. episcopi non ordinandi I 76, 15; in v. presbyteri constituendi II 374, 1; vicus canonicus; v. episcopalis; v. publicus I 133, 35 [447, 15]. 182, 30; v. regalis I 36, 40; vici urbium II 118, 25; *cfr.* vicora.

videre *fortasse pro* vide[redum dona]re I 9, 5.

videredum I 10, 10.

vidua I 1, 20. 48, 1. 94, 1. 224, 20. 228, 5. 279, 35 [409, 15]. II 372, 10. 526, 10; viduarum causae I 36, 15. II 93, 30. 35. 272, 1 [312, 15]; v. causae primum audiantur *etc.* I 37, 5. 122, 35. 209, 30. 35. 281, 30 [438, 20]. 333, 15 [421, 45]; viduam sibi copulare *vel similiter* I 281, 30. 35 [438, 25]. 298, 15. 20. II 240, 15; *cfr.* I 19, 5. II 292, 20. 25; v. defendere, defensare *vel similiter* I 192, 5. 289, 30. II 92, 20. 178, 15 [185, 25]; viduarum defensio, defensor I 93, 1. 304, 30 [416, 10]. II 47, 20. 179, 20; v. iustitia I 92, 5. 15. 101, 25. 104, 40. 122, 30 [425, 35]. 158, 30. 184, 20. 189, 20. 190, 10. 192, 5. 198, 25. 209, 35. II 436, 35; v. mundeburdis I 98, 35. 101, 15. 146, 15. 158, 30. 214, 20. II 160, 30; viduas opprimere I 289, 15 [448, 10]. II 122, 10. 15. 292, 5. 10; viduarum oppressio, oppressor I 192, 5. II 80, 10. 122, 10. 15; v. pax I 71, 15. 154, 1 [447, 25]. 157, 30. 158, 30. 171, 1. 205, 15; viduas rapere I 19, 10. 281, 45. II 119, 40. 292, 20. 414, 1—15; *cfr.* I 28, 5. II 160, 30; viduarum raptor, raptus I 281, 30 [438, 25]. II 158, 10 [299, 40]. 272, 1 [312, 15]; viduas regere I 48, 40; v. velare I 57, 20 [401, 30]. II 41, 1—20; *cfr.* 227, 20—228, 5; vidua religiosa, sanctimonialis I 28, 5. II 414, 15.

viduatus, a, um: v. ecclesia I 362, 25. II 408, 35; v. sedes II 390, 30; sedes rebus propriis viduata II 38, 5.

viduitas I 281, 30 [438, 25].

vigilare vigilias II 528, 1.

vigilia = *custodia* I 5, 20; v. super gregem II 528, 1; v. nocturna. — v. = *officium sacrum* I 106, 15. 344, 10. II 189, 10. 233, 25. 505, 15; v. pro defuncto II 449, 30. — vigilia = *dies ante festum:* v. paschae II 522, 30.

vigor II 296, 20. 384, 15; v. decreti *etc.* I 11, 30; v. ecclesiae, ecclesiasticus II 33, 1. 255, 1 [356, 1]. 362, 10. 444, 30. 521, 35; *cfr.* 101, 15. 116, 10; v. iustitiae *etc.* I 12, 5; v. principis, regius, senioralis II 45, 5. 113, 30 [399, 5]. 156, 15. 218, 15; v. sacerdotalis II 35, 35. 52, 25. 121, 30.

vilis, e: v. iudex II 64, 5; v. professio monachica, religio sacerdotalis II 33, 1. — vilis, viles I 163, 40; v. accusandi, dicendi potestatem non habeat I 56, 40. 57, 1 [400, 40]; *cfr.* 384, 40; v. ad ordinem presbyteratus *etc.* non admittatur I 356, 15. 20; *cfr.* 276, 40 [406, 25]. II 230, 10. — viliores I 94, 15. II 419, 25.

villa I 3, 1. 84, 20. 122, 5 [409, 30]. 183, 5. 228, 20. 254, 35. 255, 1. 293, 20. 25. 341, 20. 25. 345, 25. II 92, 20. 97, 25. 118, 15. 30. 323, 10. 15; de villis decimas conferre, recipere I 178, 30 [412, 30]; in villam fugere II 273, 15; per villas luxoriari I 96, 1; in villis presbyteros constituere II 374, 1. 449, 30; per villas rapinas facere *vel similiter* II 86, 15. 105, 25. 360, 10; per v. teloneum non recipiatur I 144, 30. — villa abbatis II 360, 10; v. capitanea; villae, quae de comitatibus, de immunitate, hominum regis sunt II 314, 15. 20; villa dominica; v. dominicalis; v. dominicata, indominicata; v. ecclesiae I 334, 5. 10; v. episcopi II 360, 20; villae Hispanorum I 169, 20. II 259, 25. 260, 5; villa imperatoris, regis I 83—91, 10. 287, 20. 288, 1. 5 [442, 10. 30]. II 64, 10. 313, 15. 314, 15. 360, 5. 361, 15. 419, 25. 437, 35; v. imperialis; v. regalis II 313, 40; v. regia II 211, 1. 437, 30. 438, 10; villae de monasteriis reginae concessae II 313, 15; villa publica I 221, 10; villae vassallorum II 194, 15. 20; *cfr.* 314, 15. 20.

villanus, a, um: v. presbyter. — villani II 375, 15.

villare oratorium I 133, 30 [447, 5].

villaticis commodis uti I 294, 20.

villicatio, vilicatio II 410, 5. 412, 1.

villicus, vilicus I 172, 15. 20. 25; presbyteri non fiant villici II 33, 30.

villula, villola II 102, 5; in v. episcopus non constituendus I 55, 25 [399, 15]. 76, 15; villulae imperatoris ad Aquis pertinentes I 298, 5.

vincere II 518, 20. 25; v. campionem I 268, 40. 283, 5 [439, 35]; victus in campo I 180, 25. 30. — vincere = *convincere* I 215, 10 [430, 10]; vinci in crimine I 57, 1 [400, 40]; re v. (?) I 333, 20 [422, 45].

vincire: v. contumacem II 19, 1; v. sacerdotes II 11, 20.

vinculum: vinculis contumacem constringere I 326, 25. 30.

vindemiare I 83, 20.

vindemium I 87, 20.

vindere *v.* vendere.

vindicare, vendicare: v. civitates potestati suae I 13, 10; v. sibi colonum alienum II 26, 5; v. libertatem I 315, 30; v. sibi loca venerabilia II 336, 10; v. sibi medietatem (compositionem) I 7, 10. 30; v. oblata I 94, 10; v. sibi potestatem I 354, 30; v. sibi propria ecclesiae Romanae II 101, 25; *cfr.* I 107, 15; v. sibi raptas ad coniugium I 278, 40 [408, 20]; v. sibi res I 298, 25. II 108, 20; v. sibi res *etc.* servi I 277, 1 [406, 30]; v. servum fugitivum I 206, 1. — vindicare = *punire* II 216, 20; v. fornicationem II 274, 20; v. homicidia I 59, 15 [402, 45. 434, 30]. 97, 15; v. iniuriam I 2, 20; v. in ministro regis II 317, 15. — v. = *ulcisci:* v. interfectum II 215, 20; v. proximos II 88, 25.

vindicta = *poena* I 305, 40 [417, 25]. 365, 10. II 286, 25. 295, 1. 468, 5; vindictam retorquere II 266, 15; v. suscipere II 287, 1. 292, 15; ad v. adulteros tradere I 317, 5; *cfr.* II 289, 15; v. coloni exercere II 269, 25; ad v. feminam liberam cum servo se copulantem tradere II 62, 35; v. in latrones facere I 49, 25. 65, 30; vindicta monachi I 348, 25. II 401, 1. 10; v. in pervasores regni II 445, 30; v. praesumptoris II 328, 5; v. raptorum sanctimonialium *etc.* II 414, 20; v. servi I 6, 15. 8, 30; *cfr.* 320, 25. — v. anathematis II 292, 5; v. canonica; v. episcopalis; v. regularis I 348, 30; v. regalis II 294, 35; v. verberum I 348, 25. — v. = *ultio* II 88, 25. 30; v. pro occiso II 86, 35.

vinea I 85, 1. 89, 1. 144, 5. 129, 1 [II 22, 30]. 212, 1. 253. 254, 35. II 142, 15. 324, 1; v. die dominico non colenda I 36, 10. 61, 10 [404, 20]; v. non devastanda II 436, 30; vineam laborare; v. plantare I 172, 20; vinea dominica; v. regis I 83, 30. 40.

vineola II 331, 10.

vinum I 83, 40. 89, 25. 237, 35. 252, 20. 256, 30. 345, 15. II 11, 5. 83, 20. 256, 20. 257, 10; a vino se abstinere, vinum non bibere I 166, 30 [432, 35]. 179, 1 [412, 30]. 227, 5. 245, 15.

249, 25. 361, 20. II 97, 30. 35. 189, 15. 217, 5. 242, 25. 244, 15. 245, 15. 20; vinum colligere I 152, 15 [448, 40]; v. comparare I 182, 20 [411, 1]; v. exactare I 212, 1; de vino nonae et decimae persolvantur I 307, 10 [418, 40]; vinum solvere; vino uti II 242, 30. 244, 25—245, 1; vinum vendere, venundare; v. coctum I 86, 10. 89, 5; v. novum et vetus I 89, 10; v. peculiare. — vinum = *sanguis Domini* II 489, 25. 40. 491, 30. 35; vino aquam permiscere, vini et aquae commixtio II 223, 30. 35. 40. 490, 1. 5.

violare I 22, 15 (?); v. decretum regis I 7, 15; v. defensionem apostolici seu imperatoris I 323, 10; v. immunitatem I 281, 20 [438, 10]; v. instituta regis II 149, 35; v. pacem I 305, 35 [417, 20]; v. praecepta imperatoris II 101, 30; v. sepulturam II 415, 25. — v. = *stuprare* II 238, 40; v. relictam fratris II 188, 15; v. sacratam II 292, 25; v. sponsam alterius I 315, 20; v. uxorem alterius II 236, 25. 237, 10. 15. 35.

violatio (?) coniugalis I 418, 35; *v.* velatio.

violator: v. domus Dei II 177, 35 [186, 15]; v. pacis I 305, 35 [417, 20]; v. sepulcrorum II 415, 25.

violenter: v. opprimere II 115, 15. 20; v. tollere II 87, 10.

violentia I 185, 25. 304, 35 [406, 15]. 306, 1 [417, 30]. II 85, 1. 105, 10. 125, 10. 15. 133, 15. 179, 25. 321, 20; per violentiam auferre II 436, 30; per v. contradicere I 82, 1; per v. de ecclesia expellere, ecclesiam intrare I 68, 20. 25; v. facere, inferre II 54, 25. 133, 20. 298, 20. 363, 1; v. facere arimanno II 108, 10; v. pacificare II 298, 15; v. pati I 1, 25, ab episcopis I 195, 10, a ministro rei publicae II 273, 30; pati v. potentiorum I 354, 35.

vir I 60, 25 [404, 5]. 61, 10 [404, 20]. 237, 30. 238, 1. 256, 30; v. in monasterium puellarum non intret I 95, 15; de viris et feminis una lex est I 38, 5. 15; *cfr.* II 240, 5; viri ecclesiastici II 115, 30. 254, 5. 281, 20. 396, 20. 412, 20. 419, 30. 436, 10; vir inluster I 15, 15. 30, 15. 38, 20. 42, 5. II 378, 25; viri inlustres I 47, 20. 71, 10. II 56, 10. 254, 10. 255, 5 [356, 1. 362, 10. 398, 10]. 397, 15. 424, 25; vir inclitus et nobilissimus II 422, 40. 423, 30; *cfr.* 397, 15; viri magni I 23, 25; v. magnificentissimi I 8, 10; v. potentes II 419, 20; v. prudentes II 523, 15; *cfr.* 518, 1. 5; v. religiosi II 43, 5. 114, 20 [399, 30]. 384, 20. 400, 5. 435, 1. 436, 10 (*cfr.* monasterium virorum). — vir = *maritus* I 38. 39, 1. 40, 15. 25. 30. 41, 5. 20. 218, 20. 230, 30. 240, 5. 365, 25. 376, 35. 40. 45. II 46, 1. 239, 5. 240, 1. 10; v. caput mulieris I 39, 15; *cfr.* 240, 1; v. uxorem dimittens aliam non accipiat vivente priore uxore I 56, 35 [400, 35]; *cfr.* 30, 10; v. ingenuus I 38, 5; v. Langobardus I 319, 20; v. legitimus II 119, 35. 207, 15; viri commeatus I 38, 5. 40. 39, 10. 201, 25; v. coniunctione uti II 239, 30; v. convenientia I 40, 20; v. decessus I 278, 25 [408, 1]; *cfr.* 8, 25; v. lex I 319, 20; v. parentela; virum amittere I 278, 25. 30 [408, 1. 5]. II 42, 20; v. occidere.

virga I 259, 15; v. decima hereditatis fisco danda I 171, 15; virgis castigare, flagellare II 269, 20. 302, 10. 316, 15. 317, 5. 318, 25. 320, 25. 40. — virga pastoralis. — virga = *penis* I 205, 30.

virginalis pudicitia I 279, 20 [408, 45].

virginitas II 45, 35.

virgo II 227, 15. 292, 20; virginem ordinare I 108, 25; v. velare, consecrare I 57, 1 [401, 1]. 60, 25 [404, 25]. 77, 40. 108, 5. 279, 20. 25 [408, 40. 409, 1]. II 41, 15. 20. 42, 5; *cfr.* 226, 25—227, 20: virgo sacra, sacrata I 56, 30 [400, 30]. 57, 15 [447, 25]. 108, 5. 279, 5. 10 [408, 30. 35]. II 228, 35. 40; v. sanctimonialis II 414, 15. — virgo *de viro dicitur* I 38, 25.

virilis, e: v. commixtio II 465, 25; v. habitus II 385, 1; v. indumentum I 229, 5.

virtus II 530, 10; v. regia II 461, 35. — v. = *vis:* per virtutem auferre I 160, 10 [432, 5]; per v. detrahere I 23, 10; cum virtute sepem frangere I 224, 30; cum v. tollere I 155, 15. — virtutes (= *reliquias*) collocare I 232, 35.

vis I 9, 35; vim per collectam facere I 157, 35; *cfr.* 300, 20 [486, 30]; v. inferre I 279, 1 [408, 25]; v. pati, perferre I 315, 20. II 384, 40. 385, 1; per v. abstrahere I 118, 20 [411, 40]; vi ad praesentiam regis adducere II 372, 35; per vim auferre I 68, 25. 432, 45; per v. exigere II 108, 5; per v. domos invadere II 98, 35; vi subditos opprimere I 318, 35 [423, 20]; vi, per vim tollere I 174, 30. 220, 10. 312, 15 [421, 40]. II 87, 5. 20. 180, 35.

visitare I 271, 1. 30; v. episcopos II 409, 30; v. greges II 248, 1; v. infirmos I 289, 25. 364, 25; v. parochias, plebes II 247, 40. 406, 10.

visitatio I 84, 35; v. infirmorum I 95, 15. 228, 30.

visitator II 358, 5.

visitatorium officium II 422, 20.

vita I 9, 25. 97, 1. II 242, 25. 244, 1; periculum vitae; vitam suam amittere; v. perdere I 17, 1. 228, 10. II 318, 30; vita carere I 5, 1; de v. componere I 5, 25. 6, 5. 160, 5 [432, 1]. 281, 1. 5 [487, 40. 488, 10]. 428, 30. II 321, 15; vitam concedere, perdonare I 68, 20. 148, 5. 10. 15 [430, 35. 40. 45]. 172, 1. 205, 25. II 348, 35. 40; de vita culpabilem esse I 9, 20; v. decedere II 519, 10; in v. regis, vassalli consiliari I 66, 30. 215, 15; per vitam regis *etc.* iurare I 116, 20; pro vita regis *etc.* orare I 227, 10. II 85, 25. — vita = *conversatio* I 161, 30. 245, 15. 341, 20. II 415, 20. 520, 1; v. accusabilis I 56, 20 [400, 20]; v. bona I 54, 5 [397, 30]; v. canonica, canonicorum I 60, 15 [403, 40]. 92, 10. 95, 35. 110, 30. 161, 35. 220, 20. 25. 230, 20. 367, 40. 369, 15. 20. II 64, 30. 267, 15; v. comitum II 88, 10. 15; v. coniugalis; v. ecclesiasticorum I 168, 30; v. episcopi I 357, 25. 369, 5. II 33, 35. 34, 10. 35, 10. 81, 5; v. imperatoris, regis, reginae II 455, 15. 462, 10; v. ministrorum episcopi I 378, 10; v. monachica; v. monachorum I 60, 15 [403, 40]. 199, 40; *cfr.* II 412, 15; v. monastica; v. ordinandi I 54, 15 [398, 1]. 102, 25. II 410, 35; v. pastorum I 161, 30; v. praesulis I 369, 5; v. presbyteri I 25, 25; v. probabilis I 277, 20 [407, 1]. II 33, 35. 34, 10; v. regularis I 28, 1. 79, 10. 110, 30. 228, 25. 230, 20. 375, 35; *cfr.* 189, 10; v. religiosa I 376, 40. — vita aeterna II 527, 35.

vitiare = *adulterare:* v. uxorem fratris II 237, 10; v. monetam II 63, 25.

vitium, vicium I 154, 15. 179, 5 [412, 40]. 194, 35. 208, 5. 238, 20. II 45, 10. 15. 50, 25; v. spirituale II 28, 40. 29, 1. 40, 10. 20.

vitreus, a, um: v. ampulla I 251, 15; v. gemma I 250, 35. 251, 1; v. olla I 251, 10; v. patena II 503, 30 [223, 25].

vitrum I 250, 1. 35.

vittonica = *Betonica officinalis* I 255, 5. 256, 35.

vivanda = *victualia* I 142, 20.

vivarium, vivarius, wiwarium I 85, 1. 89, 5. 25. 172, 20. 255, 15. 256, 10.

vivere *passim:* v. bene, recte I 79, 10. 35. 88, 15. 175, 5. 239, 1. 279, 40 [409, 15]. 303, 35 [415, 25]. II 81, 5. 10. 520, 10; v. de beneficiis, mansis I 88, 1; v. canonice, secundum canones *vel similiter* I 60, 15 [403, 40]. 77, 40. 93, 25. 96, 5. 100, 15. 20. 103, 15. 30. 122, 1. 5 [446, 35]. 173, 35. 175, 20. 189, 10. 191, 35. 234, 35. 236, 10. 341, 10. 358, 30. II 179, 15; v. in caritate I 92, 10; v. communiter in hereditate I 330, 30; v. in congregatione sancta I 95, 20; v. iuxta constitutionem I 19, 30; v. in curte regis II 75, 35; v. sub custodia I 95, 40; v. sub defensione fratris regis I 129, 40; v. secundum formam institutionis I 341, 20. 35; v. legitime I 29, 25; v. lege, secundum legem I 43, 15. 92, 1. 100, 40. 104, 40. 205, 30. 297, 5. 323, 30. II 106, 30; v. lege communi I 219, 1; *cfr.* 282, 10 [380, 25. 439, 1]. II 336, 15; v. secundum legem Romanam I 336, 5. II 327, 15; v. lege Salica I 293, 30; v. monachice; v. in monasterio I 215, 35; v. secundum normam patrum, religionis I 189, 10. II 92, 5; v. secundum ordinem II 434, 25; v. sub ordine sancto I 43, 1; v. secundum regulam, sub regula, regulariter *vel similiter* I 29, 20. 34, 5. 30. 36, 35. 47, 30. 93, 30. 94, 30. 170, 35. 192, 1. 199, 35. 209, 15. 20. 302, 15. 369, 25. 375, 40. II 179, 15, *saepius*; v. sine regula I 195, 5; v. de rebus iustitiam non facientis I 291, 5 [444, 35]; *cfr.* 51, 15; v. cum salvatione II 86, 30.

vivus: pro vivis immolare II 500, 25; pro v. missas agere II 496, 5.

vocabula ordinum II 519, 30.

vocare II 348, 30; v. ad emendationem *etc.* II 373, 10. 25. 374, 25; v. ad mansiones II 528, 30; v. ad patriam defendendam I 320, 1; v. ad placitum I 46, 1; v. ad poenitentiam; v. ad synodum; v. ad testimonium I 290, 20 [444, 10]. — vocatus episcopus I 221, 30. II 67, 10. 112, 5.

vocatio: v. episcopi II 378, 25; vocationes, quas faciunt episcopi, negligere I 218, 15; vocatio papae II 351, 1. 5. — v. = *obitus* II 449, 30.

volatilia I 344, 15. 348, 10.

volumen I 251, 20. 25; volumina lectionum I 81, 5.

voluntarie: v. ancillam accipere uxorem I 41, 15; v. homicidium facere II 242, 1. 5; v. super aliquem occurrere I 215, 15.

voluntas I 18, 35. 348, 25. 356, 20. II 41, 15. 529, 15; v. bona I 274, 45. 320, 20. 348, 5. II 28, 30; v. mala I 290, 35 [444, 15]. II 465, 25. 466, 5; v. saecularis I 209, 30; v. simplex II 467, 5; v. apostolica II 101, 25. 125, 30; v. domini ancillae I 215, 35; v. domini rei interciatae I 118, 25; v. domini servi; v. episcopalis, episcopi I 119, 20. 226, 35. 307, 15 [418, 45]. II 409, 35. 410, 1. 459, 30; v. fidelium I 356, 20. II 348, 1. 451, 15. 463, 25. 464, 1; v. filiastrae I 38, 5; v. imperatoris, imperialis, regis, regia I 34, 10. 67, 30. 88, 35. 40. 93, 10. 98, 35. II 4, 5. 8, 10. 125, 30. 522, 35, *saepius*; v. malorum I 210, 30; v. matris I 38, 5; v. metropolitani I 226, 35; v. parentum I 224, 25. 298, 20. II 413, 20. 414, 1 (*cfr.* parentes); v. pontificis II 101, 25. 125, 30; v. populi; v. possessoris; v. puellae I 19, 10; v. senioris I 199, 45; v. testatoris I 382, 25; v. viduae I 19, 10. 281, 45. — voluntate, per voluntatem = *voluntarie* I 197, 10. 199, 1. 216, 25. 322, 1. II 234, 25. 242, 10.

voluptas I 341, 35; v. carnalis II 37, 1.

vomeres ferventes, igniti I 118, 30 [448, 1]. II 182, 10.

votiva munera populi II 457, 35.

votum I 92, 20. 202, 20. 374, 15; v. ad fontes facere I 69, 35; v. clerici, monachi, vitae monachicae I 56, 1 [399, 25]. 60, 5 [403, 30]. 228, 30. 35. II 180, 1; *cfr.* 226, 25; v. fidelium I 275, 35. II 304, 40. 386, 5. 408, 35. 459, 30. — v. = *voluntas*: v. commune I 271, 5. 15. 275, 5. II 212, 5; v. imperatoris, populi I 271, 1. 5. — v. = *oratio*: v. commune episcoporum II 454, 35.

vovere I 202, 20; v. se Deo I 23, 5. 202, 10. 375, 35. II 229, 20; v. vitam monachicam I 226, 25.

vox II 486, 30. 35; voce una condempnare I 29, 15; v. concordi profiteri II 126, 5.

vulgare = *promulgare* I 12, 20.

vulgaris, e: v. homo I 158, 10 [448, 45]; v. populus.

vulgigina I 90, 5.

vulgus I 98, 25. 174, 15. II 368, 5. — quod vulgo nominatur I 227, 35; *cfr.* 87, 20. 345, 10.

vulnerare I 91, 10. II 189, 15; v. clericum II 216, 15; v. furem, latronem, raptorem II 231, 15. 232, 1; v. pergentes II 86, 5; v. presbyterum.

vulnus: vulneribus angustare clericum II 224, 15.

W.

wacta I 84, 25. 85, 20. 261, 30 [II 259, 15]. II 322, 1; de w. heribannus non exigendus I 166, 20 [482, 25].

wadia, wadium: wadiam dare, donare I 296, 1. II 89, 1. 25. 30; in wadio se dare, donare *vel similiter* I 51, 10. 114, 10. 15 [429, 5. 10]. 117, 25. 160, 20 [482, 10]. 166, 15 [482, 20]; in wadium christianus non mittendus I 258, 30; in wadio de ecclesia nihil recipere I 258, 25.

wadiare I 116, 1 [448, 5]; w. inter se II 89, 15; w. debitum ad opus regis I 290, 25. 40.

wadius I 312, 40 [422, 20]. II 298, 15. 20.

waisdo I 87, 5.

walco I 25, 15; *cfr.* falco.

wanto = *manica* I 345, 10.

waranio I 84, 10.

warda I 166, 20 [482, 25].

warentia I 87, 5. 90, 10.

wargida I 71, 25. 30.

warnire = *instruere* II 158, 5 [300, 5]. 360, 30.

weregeldum, werigeldum, weregildus, wirigildum, wirgildus, wedregildum, widrigildum, widrigild, gueregildum, guidrigild, werdum I 91, 10; w. componere, persolvere, solvere I 16, 20. 17, 10. 114, 10 [429, 5]. 190, 30. 205, 25. 30. 218, 15. 282, 1. 25 [438, 5. 30. 439, 40]. II 18, 30. 35; w. suum componere I 208, 1. 208, 15. II 108, 15. 35. 109, 5. 10; weregeldi compositio I 228, 25 [439, 20]. II 215, 20; w. medietatem componere I 205, 30; weregeldum triplex componere I 257, 5; sine weregeldo iacere II 18, 30; werdum tradere I 438, 40. 45; weregeldum medium II 94, 35; w. presbyteri; w. servi I 189, 30.

(werpire) *v.* gurpire.

werra, guerra II 360, 1. 361, 40. 440, 15. 40.

werrire II 298, 30.

wiffa, guiffa I 197, 30. 40.

wiffare, wifare, guiffare I 197, 30. 40.

wir- *v.* wer-.

wiw- *v.* viv-.

X.

xenodochium *v.* senodochium.

Y.

ymnus *v.* hymnus.

yriae (?) I 228, 20.

GLOSSARIUM LINGUARUM VERNACULARUM.

(Verba sine numeris inserta in superiore indice inveniuntur. — Ex capitibus Theotisce scriptis I 222. 224. 879—881. II 172, ex glossis Theotiscis mutilatis II 186, 40. 45 et ex capite Francogallice scripto II 172 non omnia verba hic recepta sunt.)

adfannire.
adhramire.
adiudha, aiudha = *adiutus, 'aide'* II 172, 10. 25.
adiurnare.
admallare.
affatomie.
alamehtic = *omnipotens* I 222, 20.
albergare.
aldia.
aldiana.
aldio.
alodis.
amallus = *hamallus, anthmallus:* in legitimo suo amallo, *quod pro* a mallo *legendum est (Zeumer)* I 268, 45.
ambasiatus.
amma = *mater* II 481, 25.
amur II 172, 10.
antrustio.
aprisio.
arimanni.
atto = *pater* II 481, 25.
austaldi.

bancalis.
bannire.
bannitio.
bannus.
barcaniare.
barchardus (banchardus?) = *'bankhart', filius naturalis* I 400, 45.
bargildus.
barnatus.
barones.
batlinia.
beborania.
behaldan = *observare* I 881, 25.
bekēren = *immutare* I 880, 45.
bethingan = *distringere* I 881, 10.
bodo = *missus* I 881, 10.
broilum.
brunia.
bruodher = *frater* II 172, 20.
burigeo = *fideiussor* I 880, 30. 40.
bursa = *bora*(?), *'Bohrer'*(?) I 255, 45; *cfr. Gareis, Landgüterordnung Karls d. Gr. p. 48.*
buttes.

caciare.
camphio.
chara = *poenitentia* I 438, 50.
chelih, chelihc, chelich = *calix* II 481, 20. 40.
cit = *tempus* I 880, 5. 10.
conserver II 172, 25.
corvada.
cosa = *causa* II 172, 10.
crevedella.
cunias.
cuppla.

dadsisa.
dag = *dies* II 172, 20.
denerata.
di = *dies* II 172, 10.
diabol = *diabolus* I 222, 15.
diabolgëld I 222, 15.
dreit = *directum, 'droit'* II 172, 10.
drudi.

eid = *sacramentum* II 172, 30.
ein uuigi *fortasse pro* einwig *= 'Einzelkampf' ponendum* II 191, 20.
ēraftlīchīu stat = *locus venerabilis* I 880, 1.
eruetha = *hereditas* I 881, 15.
erve = *hereditas* I 881, 20.
etlehas(?) I 86, 30.

fader, vader = *pater* I 222, 20. 881, 25.
faida.
faidosus.
(faidus?), faido.
farfalius.
fellones.
ferit = *navigium* I 441, 45.
fodrum.
folch = *populus* II 172, 15.
follust = *'vollcist', auxilium* II 172, 30.
forbannire.
forbannus.
forbatutus.
forbrëchan = *violare* II 172, 30.
forestarius.
forestis.
forgëban = *perdonare* I 224, 5.
forheo = *concapulavit, a verbo Theotisco 'forhouwan'* I 91, 10.
forsachan = *abrenuntiare* I 222, 15.
fradre = *frater* II 172, 10. 15. 25.
fredus.
frido = *fredus* I 440, 45 *(ubi glossator, ut videtur, per errorem opinatus est vocem* faida *pro* frido *positam esse).*
friskinga.

gadalis.
galaupa = *credulitas* I 224, 5.
gasindius.
gāst = *spiritus* I 222, 20.
gastaldius.
gasunti = *prosperitas* I 224, 5.
(gawizzi), gawitzi, gewizci = *sapientia* I 224, 5. II 172, 20.
geanervo = *heres* I 880, 35. 40. 881, 1. 5. 20.
geendit = *defunctus* I 881, 15.
gefreman = *perficere* I 881 1
gehaltnissī = *salvamentum* II 172, 15.

geidon = *coniuratores* I 91, 10; *cfr.* hamedii.
gelandeo = *pagensis* I 880, 20.
gelda.
geldonia.
gelōgen = *propinquus* I 880, 5.
geleistjan = *conservare* II 172, 30.
gelobjōn = *credere* I 222, 20.
genōt = *socius* I 222, 20.
geroldinga I 91, 1.
gesat = *positus* I 880, 10.
gesunduruth = *divisus* I 881, 5.
gevehida = *faida* I 448, 45.
gewalt = *potestas* I 279, 45.
gewerî = *vestitura* I 880, 30. 45.
gozmaringa I 91, 1.
graphio.
grâscaff = *comitatus* I 880, 10. 15.
grâvo = *comes* I 881, 10.
guntfanonarius.
gurpire.

haia.
hâlog = *sanctus* I 222, 20.
hamedii; *cfr.* geidon.
har-, her-.
heri = *exercitus* I 880, 15.
haribannator.
haribannus.
heribergare.
heribergum.
herisliz.
heristiura.
harizhut.
harmiscara.
heilî = *sanitas* I 224, 5.
hēlpan = *adiuvare* I 224, 5.
heri *v.* hari.
hêrro = *dominus* II 172, 30; *cfr.* sendra.
huldî = *gratia* I 224, 5.

ibischa.
irvangida = *repetitio* I 880, 40.
irwēndan = *prohibere* II 172, 30.
iurer = *iurare* II 172, 25.

kiricha = *ecclesia* I 381, 20; *cfr.* samonunga.

lantweri.
launegild.
leodis.
litus.
lucta (?), linta (?) = *liuhta, 'Leuchte'* I 255, 40.

mahd = *potestas* II 172, 20.
maida (?) I 202, 20.
malbergus; *cfr. infra* pittus.
mallare.
mallatio.
mallus.
man = *homo*: m. frier I 879, 45.
mannina.
mannire.
mannitio.
manoth, mano = *mensis* II 481, 25.
marca.
marchio.
marchisus.
margila.
maria.
marrire.
marritio.
marscalcus.
medum.
meziban.
milschida.
minna = *dilectio* I 224, 5. II 172, 15.
mitio.
mordridare.
mordritus.
morganegiba.
mundeburdum.
mundiburdus.
mundium.
mundoaldus.
muta.
mûzzunga = *immunitas* I 881, 30; *cfr. Brunner, D. RG.* II, *p.* 291, *n.* 24.

nēvo = *nepos, 'Neffe'* I 881, 25.
niusaltus.
noil = *runcina* I 255, 45.
nodfyr.
nôt = *necessitas* I 881, 1.

obmalare.

palica = *palatium* I 880, 20.
pisile.
pittus: si quis alterum pitto excusserit, malb. wistritto I 7, 35; *cfr. Hessels et Kern, Lex Salica p.* 560, *§* 295.
plaid = *placitum* II 172, 15.
plebium.
poble = *populus* II 172, 10.
podir = *posse* II 172, 10. 25.
prindre = *franco-gall. 'prendre'* II 172, 15.

rachymburgii.
rebus = *reipus.*
rega.
returner = *prohibere* II 172, 25; *cfr.* irwēndan.
rewadiare.
roccus.

sacha = *res* I 379, 45. 880, 1. 10. 30. 40. 881, 1. 30.
sagrament = *sacramentum* II 172, 25.
saiga.
saio.
sala = *'Saal'*: s. regalis ex lapide facta I 254, 1.
sala = *traditio* I 880, 35. 45; wizzetahtin (= *legitima*) s. I 880, 10.
sâlichêd = *salus* I 880, 1.
salunga = *traditio* I 880, 30.
salvament = *salvamentum* II 172, 10.
salver = *salvare* II 172, 10.
samant nëman = *adhibere* I 880, 20.
samonunga, samunungа = *ecclesia* I 881, 15. 30; *cfr.* kiricha.
savir = *sapere, 'savoir'* II 172, 10; iuxta savirum II 278, 30.
Saxnôt I 222, 15.
scabinus; *cfr.* scephenen.
scach.
scachcator.
scadho = *damnum* II 172, 20.
scafilus.
scaftlegi.
scamel II 481, 20.
scamera.
scapoardus.
scara.
scarire.
scephenen = *scabini* I 487, 45.
screona.
scrippa.
scroba.
scrua.
scura.
sela = *anima* I 880, 1.
sëllan = *tradere* I 880, 15. 881, 20.
sendra = *senior* II 172, 25; *cfr.* hêrro.
senescalcus.
siu.
soccia.
socciare.
sogma.
solsaticum.
solsatire.
sonesti, soniste = *furtum in gregem pecorum commissum; cfr. Brunner, D. RG.* II, *p.* 645.
soniare = *franco-gall. 'soigner'.*
sparvarius.
spirauca.
stâbon = *adhramire* I 440, 45; *cfr. Brunner, D. RG.* II, *p.* 367, *n.* 6.
stat, stedi = *locus* I 880, 1. 20.
sulcia.
sun, sunu = *filius* I 222, 20. 881, 25.
sundrunga = *divisio* I 881, 10.
sunnis.
swaran = *iurare* II 172, 30.

tanir (?) = *tenere* II 172, 25.
taradrus.
tesceia.

Theodisci, theudisca lingua *v.* indicem nominum.
thing = *placitum* II 172, 20; *cfr.* plaid.
Thunaer I 222, 15.
tilli (?); *cfr. Hessels et Kern, Lex Salica p.* 409.
(tota), toda = *mater* II 481, 25.
(toto), todo = *pater* II 481, 25.
tortum.
trembilus = *trabea, pallium.*
tremissis.
tronia (?).
truhtin god = *dominus Deus* I 224, 5.
trustis.

ungevuorsamitha = *impedimentum* I 881, 5.
unhold I 222, 15.
unvermagon = *pauperini* I 224, 25.
urkundeo = *testis* I 880, 25.
ursach = *occasio* I 880, 45.
urteili = *iudicium* I 55, 40.

věrsěllan = *tradere* I 880, 5; *cfr.* sěllan.
videredum = *wedredus, 'Voreid'.*
vol = *voluntas* II 172, 15.
vorst = *forestis* I 444, 15.

W-, uu-, vu-.
waota.
wadia.
wadiare.
wadius.
waisdo.
wanto.
waranio = *admissarius.*
warda.
warentia.
wargida.
warnire.
uuerc = *opus* I 222, 15.
weregeldum.
werra = *discordia, 'guerre'.*
werrire = *bellum inferre.*
wiffa.
wiffare.
willeo = *voluntas* I 224, 5. II 172, 20.
winileodos, winileodes, venileudus I 63, 30. 35. 40.
wistritto *v. supra* pittus.
wizzetahlichiu jâr = *legitimi anni* I 881, 20.
wizzetahtia sala = *legitima traditio* I 880, 10.
vuizzidi, vuizzut = *lex:* thie theru selueru vuizzidi leuen = *qui eadem lege vivunt* I 880, 20. 25; then vuizzut bit theru kirichun haue = *eam legem cum illa ecclesia habeat* I 881, 20.
uuort = *verbum* I 222, 15.

zol = *teloneum* I 441, 45.

INDEX INITIORUM.

A vobis perdonare II 370, 1.
A vobis perdonari II 364, 30.
Ab hodierna die II 78, 1.
Abbates qui ab episcopis I 321, 30.
Ad locum de femina *cfr.* Porro illa nulla securitate.
Adiuro te per Deum I 259, 5.
Admonendum est ut populi I 181, 35.
Adquisitionem autem facta I 213, 10.
Ammonere vos cupio I 236, 25.
Ammonitionem domini Caroli I 239, 1.
Amodo et deinceps II 168, 1.
Amodo et quamdiu vixero II 154, 20.
Anno inc. dom. DCCCXC. *etc.* religiosus atque satis venerabilis Bernoinus II 376, 30.
Anno sexto decimo regnante domno nostro Hludowico II 2, 15.
Apostolicae sedis hortatu I 44, 20.
Auditum comperimus in finibus I 335, 30.

Bene igitur recordari I 241, 15.
Benedictus de sua reclamatione I 314, 15.

Capitula quae *volumus cfr.* Ut indigentibus adiuvare.
Cognitum scimus sanctitati I 42, 10.
Cognoscat utilitas vestra I 208, 20.
Colonium, Treveris, Utrech II 193, 35.
Communi fidelium nostrorum II 370, 40.
Coniungentibus Deo favente I 73, 20.
Considerans pacifico piae I 53, 25.
Constituimus ut si in hoste I 334, 15.
Constitute sunt primum *cfr.* Hoc placuit omnibus ut ecclesiae.
Constitutum habemus ut omnes I 323, 10.
Continebatur namque in primo I 145, 5.
Crebro vestram fidelitatem II 92, 5.
Credimus hoc Deo propitio I 2, 25.
Cuius divisionis formula II 58, 15.
Cum ad palatium Vernis II 371, 20.
Cum constet omnibus II 209, 35 *(Prol. conc. Trib. formae vulgatae).*
Cum convenissent sancti patres II 368, 1.
Cum enim in tam parvo *cfr.* Ut si cuiuscumque servus.
Cum in Christi nomine I 12, 30.
Cum in Dei nomine I 15, 15.
Cum in nomine sancte II 209, 35 *(Prol. conc. Trib. collectionis Diess.).*
Cum Italiam propter utilitatem I 204, 30.
Cum nos divina I 80, 20.
Cum nos in Dei nomine I 270, 30.

De adnuntiatione episcopali II 75, 30.
De banno domini imperatoris I 214, 20.
De baptismo ut unusquisque episcopus I 178, 25.
De beneficiis destructis II 14, 35.
De cancellariis qui veraces I 319, 15.
De clamatoribus qui magnum I 153, 1.
De clericis et laicis I 142, 15.
De clericis qui in quacumque seditione II 107, 30.
De conversatione episcoporum, presbyterorum II 79, 35.
De decimis quae ad capellas II 6, 40.
De ecclesiis emendandis et ubi I 115, 15.
De ecclesiis emendandis volumus II 60, 5.
De ecclesiis non bene restauratis I 152, 1.
De ecclesiis nondum bene restauratis I 150, 5.
De episcopis, presbiteris I 207, 25.
De fidelitatis iusiurandum I 100, 15.
De his feminis I 202, 15.
De his personis qui res II 78, 25.
De his qui sine consensu II 12, 15.
De his vero personis I 217, 10; *cfr.* II 97, 5.
De hoc capitulo iudicatum I 292, 10.
De homicidiis in ecclesiis II 18, 1.
De homine libero I 379, 45 *(Browceri editio).*
De homine qui comprehendit I 257, 5.
De honore et cultu Dei II 338, 20. 355, 35. 362, 5; *cfr.* 398, 5.
De honore et cultu ecclesiarum II 261, 35.
De illis hominibus qui iniuste I 333, 20.
De illo edicto quod domnus I 65, 15.
De illorum concordia et fraterna II 299, 5.
De indulgentia sua nobis II 446, 5.
De is vero personis II 97, 5; *cfr.* I 217, 10.
De iudicio autem iudicis II 98, 5.
De iustitiis ecclesiarum Dei I 190, 10.
De latronibus et furibus I 188, 35.
De latronibus (qui) in custodiam I 216, 5.
De lectionibus I 121, 10.
De marcha ad praevidendum I 189, 25.
De metropolitanis (episcopis) ut (eorum) suffragani(i) I 47, 20.
De ministris ecclesiae et ministeriis II 475, 5 *(Walafridus de exord. rer. eccl.).*
De missis directis II 75, 15.

De missis pro latronibus II 277, 20.
De monachis gyrovagis I 63, 1.
De necessitate episcoporum conveniendi I 366, 25.
De notariis qui cartulas I 336, 1.
De ordinatione ecclesiastica I 206, 20.
De pace et concordia II 69, 15.
De pace infra patriam I 140, 25.
De pace ut omnes I 122, 30.
De propincuas non accipiendas I 336, 30.
De sacrilegio ad sepulchra I 223, 1.
De sacerdotibus a laicis II 11, 20.
De statu ecclesiae et honore I 189, 5.
De termino causarum I 176, 15.
De tribulatione generali I 154, 10.
De vocationibus quas faciunt I 213, 15.
De Westfalahis istos recipiet I 233, 10.
Decrevit sancta synodus II 117, 10.
Dei igitur omnipotentis inspiratione II 357, 20.
Deo gratias agere I 236, 5.
Deus omnipotens nobis II 295, 10.
Deus qui populis tuis indulgentia II 456, 10.
Deus qui populis tuis virtute II 461, 5.
Dicendum est illis quia II 7, 35.
Dictum est solere II 206, 1 *(Iudicia conc. Trib.)*.
Dignissimae reverentiae vestrae II 173, 20.
Dignum est ut celsitudo II 136, 15. 137, 15. 142, 1. 147, 10. 148, 5. 150, 10.
Diligendo nobis in Domino I 183, 30.
Dishonoratio sanctae ecclesiae I 224, 20.
Dominante per saecula infinita I 394, 5 *(Ansegisi coll.)*.
Dum conventum fidelium II 90, 20.
Dum enim superno nutu *cfr.* Si quis aliquem de aliquo mallaverit.
Dum relegissemus aliquibus capitulis II 127, 20.

Ecclesiarum Dei iustitia inquiratur II 93, 30.
Ego Agobardus Lugdunensis II 56, 10.
Ego Ebo indignus episcopus II 57, 30.
Ego ille adsalituram II 274, 20. 25.
Ego ille sic profiteor II 365, 15.
Ego Hludowicus imperator augustus statuo I 353, 10.
Ego Hlodowicus misericordia domini II 364, 15.
Enuntiante fama quod actum I 1, 20.
Episcopi, abbates, comites II 354, 10 *(B)*.
Episcoporum, presbiterorum aut diaconus I 231, 5.
Episcopus Barcinonensis II 458, 20.
Episcopus in cuius parrochia I 257, 20.
Et centenarii generalem placitum I 214, 1.
Et ego quantum sciero II 100, 10. 296, 25.
Et per consilium sacerdotum I 25, 1.
Et quia sunt nonnulli I 218, 5.
Et si excursus II 131, 5; *cfr.* 138, 35. 144, 1.

Felicitatem regni nostri I 20, 35.
Fidem catholicam I 235, 10.
Forsáchistu diabolae I 222, 15.

Gratias omnipotenti Deo referimus II 383, 10.

Haec missi nostri *cfr.* Omnibus in suo missatico.
Haec quae sequuntur capitula *cfr.* Ut episcopi nullam inquietudinem.
Haec sunt quae dona I 350, 10.
Hanc siquidem coniunctionem II 77, 15.
Hoc placuit omnibus ut ecclesiae I 68, 15.
Hoc quod dilectus frater II 164, 5.
Hoc sancimus ut in palatiis I 334, 40.
Homo de statu suo pulsatus I 315, 25.

Iam quia divina pietas II 99, 15. 348, 15.
Ideoque convenit supradictam congregationem I 226, 15.
Igitur inmensae omnipotentis I 247, 25.
Illud preterea per omnia I 232, 10.
Immensas Deo salvatori II 124, 10.
In concilio apud Theodonis I 360, 30.
In nomine domini *etc.* imperantibus I 370, 25.
In nomine *etc.* Karolus *etc.* dilectis et fidelibus missis *cfr.* Nostri seniores sicut audistis.
In Parisiaco, Melciano *cfr.* De fidelitatis iusiurandum.
In primis de banno I 146, 15.
In primis discordantes I 164, 30.
In primis instituit I 318, 25.
In primis omnium iubendum I 158, 20.
In primis quicumque beneficia I 134, 25.
In primis separare I 161, 10.
In primitus constituimus I 29, 5.
In tertio genuclum I 40, 5.
In Vesontio quae est diocesis I 308, 10.
Incomparabilis augustae gloriae *cfr.* Sanctae trinitatis fides.
Increpatio quam in epistola II 424, 10.
Inter duos fratres I 219, 10.
Interrogo vos presbiteri I 234, 25.
Inventus fuerit in terra I 216, 20.
Item placuit de sanctimonialibus I 215, 30.
Iubemus ut baptismalium aecclesiarum I 328, 15.
Iurans promitto ego talis II 468, 35.
Iuro per haec omnia II 123, 10.
Iussit ut quicunque senodochia I 200, 30.

Licet iam pridem a nobis II 25, 15.
Litteras dominationis vestrae II 428, 10.

Mandat vobis noster senior II 279, 20.
Mandat vobis senior noster II 283, 1. 35. 284, 35.
Me ac ecclesiam mihi commissam II 365, 10.
Mentio etenim facta est I 217, 20.
Modo autem in hoc synodali conventu I 27, 35.
Monemus fidelitatem vestram II 328, 15.
Multas gratias vobis agimus II 311, 20.

Navis sanctae ecclesiae II 113, 5.
Ne alicui forte II 339, 30.
Neminem in genere humano I 355, 30.
Nemini liceat servum I 143, 10.
Nemo Iudeus praesumat I 258, 25.
Neque decennii neque vicennii I 219, 5.
Nobis et fratribus II 70, 5.
Nomina episcoporum seu abbatum I 221, 10.
. . . non pergit, duos annos I 250, 30.
Nos episcopi qui in Aquensi II 463, 25 *(forma A)*.
Nos famuli vestri II 27, 35.

Nos quidem in Dei nomine Angilbertus II 80, 35.
Nosse vos credimus I 309, 25.
Nostri seniores sicut audistis II 271, 30.
Nota et pro dolor nimis II 442, 10.
Notum fieri volumus omnium II 21, 25.
Notum fraternitati vestrae fieri II 421, 35.
Notum igitur sit Deo placitae devotioni I 79, 5.
Notum sit dilectioni I 245, 1.
Notum sit fidelitati II 286, 1.
Notum sit fraternitati I 249, 15.
Notum sit omnibus I 263, 15.
Notum sit tibi quia placitum I 168, 15.
Notum sit vobis quia isti Ispani I 169, 10.
Noverit omnium fidelium II 250, 10.
Nubas in Christo II 425, 30.
Nulla sub Romana ditione I 310, 35.

Obeunte Hludowico qui Romani II 351, 5.
Omnes ecclesiasticos de eorum eruditione I 109, 30.
Omnibus in christiana religione II 51, 35.
Omnibus in suo missatico II 297, 30.
Omnibus vobis aut visu I 303, 10.
Omnis controversia coram centenario I 315, 30.
Ortgrimo gastaldo iuravit I 377, 25.

Paternis magisteriis instruimur II 350, 5.
Per hoc supernae maiestatis I 11, 5.
Per viam quoque ad palatium II 97, 30.
Pertractantes in Dei nomen I 8, 10.
Pervenit ad aures I 211, 30.
Pervenit ad nos quia II 301, 25.
Perventum est ad nos II 86, 1.
Placuit nobis atque convenit I 198, 25.
Placuit nobis de illis hominibus I 335, 10.
Placuit nobis eciam summopere II 107, 20.
Placuit nobis et fidelibus *cfr.* Ut si quis subdiaconum.
Placuit nobis Karolo gloriosissimi I 194, 35.
Placuit nobis secundum sanctorum I 218, 1.
Placuit nobis ut nullus episcoporum I 332, 1.
Placuit nobis ut si pro quibuslibet culpis I 326, 30.
Placuit omnibus ut creditur II 449, 25.
Porro illa nulla securitate II 466, 30.
Post bella horribilia II 104, 25.
Post obitum recordandae memoriae II 105, 40.
Posteaquam proxime apud Confluentes II 159, 35.
Postquam dominus noster Hlotharius II 468, 25 *(forma B)*.
Postquam iste patruus II 164, 25.
Praecipimus ut nemo usuras I 219, 15.
Pridie idus Iulii II 350, 20.
Primis omnium placuit I 187, 20.
Primo capitulo continetur ut vos moneamus II 291, 35.
Primo commemorandum est I 162, 20.
Primo consideravimus de honore II 312, 5.
Primo omnium admonendi I 237, 30.
Primo omnium discutienda I 363, 1.
Primo ut sicut iam aliis missis I 289, 5.
Primum omnium de illis causis I 148, 10.
Primum vestrae sinceriasimae II 367, 5.
Pro aetatis et sacri ordinis II 518, 1 *(Hincmarus de ord. pal.)*.
Pro nimia reclamatione I 81, 20.
Promitto ego Berengarius rex II 126, 35.
Promitto et perdono unicuique II 376, 1.
Promitto et perdono vobis II 365, 1. 370, 10.
Propter cognitas vobis necessitates *cfr.* Primo capitulo continetur ut vos moneamus.
Propter istius itaque pacis I 312, 5.
Providimus de Iudeis II 97, 5.

Qualibet persona de hoc I 217, 1.
Qualiter admonendum est I 182, 15.
Quam ob rem istam sacramenta I 66, 25.
Quantum sciero et potuero II 296, 15. 342, 10. 15.
Qui sponsam alienam I 315, 20.
Quia confessio delictorum II 111, 15.
Quia divina inspirante misericordia II 124, 1.
Quia divina pietas nos II 65, 35.
Quia divinae propitiationis II 378, 30.
Quia domnus noster Iohannes II 352, 30.
Quia generis humani II 395, 15.
Quia iuxta apostolum I 273, 35.
Quia iuxta sanctorum I 275, 35.
Quia necesse est II 343, 5.
Quia secundum quod in praedicta firmitate II 299, 15.
Quia sicut dicit s. Gregorius II 450, 40.
Quia sicut isti venerabiles episcopi II 339, 15.
Quicumque de mobilibus widrigild II 94, 35.
Quicumque enim liber homo I 319, 25.
Quicumque homo alteri debitor I 337, 1.
Quicumque liber homo in hostem I 166, 15.
Quicumque res suas I 220, 1.
Quod ad Dei voluntatem II 298, 35.
Quod Deo miserante filii I 208, 25.
Quodsi excursus II 138, 35. 144, 1; *cfr.* 131, 15.
Quotiens Lodharius me II 171, 20.

Recordari vos credimus II 4, 5.
Reges et episcopi II 303, 20.
Regnante in sempiternum domino II 263, 25.
Res litigosa nullathenus I 337, 1.

Sacra synodus Mantalensis II 366, 20.
Sacratissimae synodo et cunctis *cfr.* Primum vestrae sincerissimae.
Sacrum et venerabile concilium I 338, 35.
Salubre et decens esse II 404, 30.
Salutat vos dominus vester I 225, 15.
Sancta ecclesia navis more II 258, 20.
Sancta synodus quae in nomine *cfr.* Obeunte Hludowico qui Romani.
Sanctae trinitatis fides I 368, 25.
Sanctus Gregorius in libro II 287, 30.
Sane opus est ut pax II 185, 15.
Sciatis etiam quia II 294, 40.
Sciatis quia dilecti fratres II 71, 5.
Sciatis quia et nos II 74, 30.
Sciatis quia fratres nostri II 70, 15.
Scire debent missi I 214, 10.
Scire volumus vestram omnium fidelitatem II 77, 1.

Sepius tecum I 246, 30.
Serenissimus igitur et christianissimus I 91, 40.
Si aecclesiae aliquid I 334, 5.
Si aliquis Saxo I 161, 25.
Si de una causa I 337, 5.
Si duo testimonia I 269, 30.
Si ecclesiae aliquid *cfr.* Si aecclesiae aliquid.
Si enim ea quae ob utilitatem II 258, 25.
Si homo *incestum* I 31, 15.
Si in quarta progenie I 37, 35.
Si Iudeus contra Iudeum I 259, 10.
Si mancipia dominos I 287, 5.
Si qua mulier I 218, 20.
Si quis aliquem de aliquo mallaverit II 89, 1.
Si quis aut ex levi I 281, 1.
Si quis cum altero I 268, 1.
Si quis *episcopus* I 316, 25.
Si quis infra regnum II 300, 10.
Si quis ingenuus I 117, 20.
Si quis lectorem II 128, 5.
Si quis per cartam I 215, 1.
Si quis percusserit II 128, 1.
Si quis praepositus I 217, 25.
Si quis pro alterius debito I 219, 20.
Si quis publicus II 402, 20.
Si quis sanctorum II 124, 20.
Si quis seniorem I 215, 10.
Si quis subdiaconum I 118, 1.
Si quis super missum I 160, 5.
Si *quislibet episcopus* II 97, 25.
Si quoque qualibet persona *cfr.* Qualibet persona de hoc.
Si servi per contumatiam I 300, 20.
Sic promitto ego II 100, 1. 348, 30.
Sic *promitto ex parte senioris* II 192, 5. 10.
Sic quoque qualibet persona *cfr.* Qualibet persona de hoc.
Sicut consuetudo nostrorum I 218, 25.
Sicut domnus Iohannes II 348, 20.
Sicut *ego* verbis II 165, 1.
Sicut inter patrem II 169, 5.
Sicut meus avunculus II 294, 20.
Sicut meus frater II 74, 20.
Sicut nullius vestrum I 261, 15.
Sicut omnibus vobis I 126, 35.
Sicut sancta synodus Nicena I 248, 1.
Sicut scitis qui II 163, 5.
Sicut vobis notum II 271, 10.
Sicut vobis nuperrime I 388, 35.
Sicut vos et plures II 166, 1.
Similiter et ille homo I 337, 1.
Statuimus de decimis I 336, 20.
Statuimus ut liberi I 329, 30.
Suffecerant quidem priscorum I 33, 20.

That ein iouuelich (iouuelihc) man I 379, 45.
Thruhtin god thiu I 224, 5.

Ubi telonea exigi *cfr.* Volumus firmiter omnibus.
Unusquisque episcopus qui habet abbatiam II 354, 10 *(A)*.
Unusquisque ministerialis palatinus I 298, 1.
Usus est clementiae I 18, 25.
Ut a nemine praedictae sanctimoniales I 302, 15.
Ut abbates mox ut ad monasteria I 344, 5.
Ut aeclesiae, viduae I 157, 30.
Ut aperte depraedationes II 84, 35.
Ut caritas fraterna II 447, 20.
Ut civitatis illius moneta I 299, 25.
Ut comes inter honores II 109, 30.
Ut comites pupillorum I 68, 25.
Ut coniugia servorum I 218, 10.
Ut cuncti sacerdotes I 106, 10.
Ut de eo qui se periuraverit I 219, 25.
Ut de illis capitulis I 71, 15.
Ut domnici vassalli I 325, 5.
Ut ecclesiae Dei I 119, 10.
Ut ecclesiae, viduae *cfr.* Ut aecclesiae, viduae.
Ut ecclesias baptismales I 191, 25.
Ut ecclesias restituant I 185, 30.
Ut eorum qui ad ordinandum I 102, 25.
Ut episcopi circumeant parrochias I 170, 30.
Ut episcopi nullam inquietudinem II 256, 15.
Ut hoc inquiratur si de partibus Austriae I 175, 15.
Ut illas ecclesias I 42, 30.
Ut indigentibus adiuvare I 141, 10.
Ut infra regna I 144, 5.
Ut in primo conventu *I* 388, 15.
Ut inquirant de singulis monasteriis II 68, 20.
Ut ius ecclesiasticum II 387, 35.
Ut longa consuetudo I 220, 20.
Ut missi nostri et unusquisque I 334, 20.
Ut missi nostri per civitates II 267, 15.
Ut missi nostri una I 218, 20.
Ut mulier Romana I 319, 20.
Ut nec episcopi nec abbates I 220, 10.
Ut non sint comites I 185, 5.
Ut nullus ad mallum I 156, 25.
Ut nullus ecclesiasticus I 336, 15.
Ut nullus negotium I 319, 25.
Ut nullus presbyter I 178, 15.
Ut nullus testis I 333, 10.
Ut omnimodis diligentissima I 336, 10.
Ut omnis homo liber potestatem I 379, 45 *(Jacobi Grimm recensio)*; *cfr.* De homine libero.
Ut omnis liber homo I 187, 5.
Ut omnis ordo ecclesiarum I 335, 5.
Ut omnium preteritorum malorum II 72, 25. 155, 5.
Ut pagenses per sacramenta I 295, 20.
Ut per singulos annos I 188, 10.
Ut quia firmitas II 169, 15.
Ut quia multorum insaniae I 4, 30.
Ut res ecclesiasticae II 408, 1.
Ut sacerdotes et ministri I 108, 1.
Ut sancta Romana ecclesia II 101, 10.
Ut secundum canonum auctoritatem I 383, 25.
Ut si cuiuscumque servus I 320, 25.
Ut si quis clericum II 247, 5 *(Canones extravag. conc. Trib.)*.
Ut *si* quis subdiaconum I 361, 40.
Ut tales sint missi I 155, 10.

Ut ubicumque eos repperirent I 180, 15.
Ut unusquisque episcopus I 52, 5.
Ut unusquisque in suo missatico I 131, 10.
Ut unusquisque missus in suo missatico II 300, 35.

Vestitura domni et genitoris I 296, 25.
Videtur nobis si domino I 358, 25.
Videtur nobis si feliciter II 399, 5.
Vobis vero comitibus II 289, 30.
Volumus atque ammonemus ut episcopi I 209, 15.
Volumus atque iubemus ut comites I 135, 35.
Volumus et expresse praecipimus II 329, 20.
Volumus et ita missis I 147, 10.
Volumus etiam et statuimus de plateis I 216, 10.
Volumus firmiter omnibus I 294, 10.
Volumus primo ut neque abbates I 196, 10.
Volumus ut omnes res ecclesiasticae II 9, 35.
Volumus ut qui aliqui I 216, 20.
Volumus ut singuli comites *cfr.* Ut domnici vassalli.
Volumus ut si qualibet persona I 335, 20.
Volumus ut tale coniectum II 11, 1.
Volumus ut unusquisque II 84, 1.
Volumus ut villae nostrae I 83, 1.
Volumus ut vos sapiatis II 74, 10.
Volumus vos scire fratres II 458, 25.
Volumus vos scire quia propter istas rapinas II 294, 25.
Volumus vos scire quia secundum consuetudinem II 337, 5.
Volumus vos scire quod fuit II 293, 35.
Vos scitis et multis II 388, 30.
Vos scitis quid in isto regno II 157, 10.
Vos scitis quomodo aliquanti II 158, 40.

Ex officina aulae Vimariensis typographica.

MONVMENTA

GERMANIAE

HISTORICA

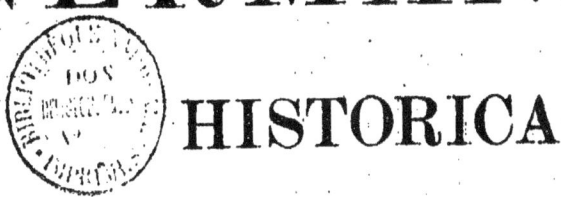

INDE AB ANNO CHRISTI QVINGENTESIMO
VSQVE AD ANNVM MILLESIMVM
ET QVINGENTESIMVM

EDIDIT

SOCIETAS APERIENDIS FONTIBVS
RERVM GERMANICARVM MEDII AEVI.

LEGVM SECTIO II. CAPITVLARIA REGVM FRANCORVM.

TOMI II. PARS SECVNDA.

HANNOVERAE
IMPENSIS BIBLIOPOLII HAHNIANI.
MDCCCXCIII.

TOMI SECUNDI PARTI SECUNDAE INSUNT:

XIX. Additamenta ad capitularia regum Franciae orientalis.

pag.

251. Divisio regni Hlotharii II. 870. Aug. 8. 193
252. Concilium Triburiense. 895. Mai. 5. . 196
253. Inquisitio de theloneis Raffelstettensis. 903 — 906 249

XX. Capitularia regum Franciae occidentalis.

*254. Conventus in villa Colonia. 843. Nov. 253
*255. Capitulare Septimanicum apud Tolosam datum. 844. Iun. 256
*256. Praeceptum pro Hispanis. 844. Iun. 11. 258
*257. Notitia de conciliorum canonibus in villa Sparnaco a Karolo rege confirmatis. 846. Iun. 260
258. Conventus Suessionensis. 853. April. 22. 263
259. Capitulare missorum Suessionense. 853. April. 22. — 26. 266
260. Capitulare missorum Silvacense. 853. Nov. 270
261. Capitulare missorum Attiniacense. 854. Iun. 277
262. Capitula ad Francos et Aquitanos missa de Carisiaco. 856. Iul. 7. 279
263. Primum missaticum ad Francos et Aquitanos directum. 856. Iul. 26. — Sept. 1. 282
264. Secundum missaticum ad Francos et Aquitanos directum. 856, post diem 1. m. Sept. 283
265. Tertium missaticum ad Francos et Aquitanos directum. 856. Sept. 1. — Oct. 10. 284
266. Capitulare Carisiacense. 857. Febr. 14. 285
267. Allocutio missi cuiusdam Divionensis. 857. post Febr. 14. 291
268. *Karoli II. et Hlotharii II. conventus* apud Sanctum Quintinum. 857. Mart. 1. . 293
269. Sacramenta Carisiaci praestita. 858. Mart. 21. 295
270. Capitula post conventum Confluentinum missis tradita. 860. post Iun. 7. . 297
271. Constitutio Carisiacensis de moneta. 861. Iul. 301
272. Capitula Pistensia. 862. Iun. . . . 302
273. Edictum Pistense. 864. Iun. 25. . . 310
274. Capitulare Tusiacense in Burgundiam directum. 865. Febr. 329
275. Capitula Pistensia. 869. Iul. . . . 332
276. Electionis Karoli capitula in regno Hlotharii factae. 869. Sept. 9. . . . 337
277. Sacramenta apud Gundulfi-villam facta. 872. Sept. 9. 341
278. Capitulare Carisiacense. 873. Ian. 4. . 342
279. Synodus Pontigonensis. 876. Iun. 21. — Iul. 16. 347
280. Edictum Compendiense de tributo Nordmannico. 877. Mai. 7. . . . . . . 3..
281. Capitulare Carisiacense. 877. Iun. 14. 355
282. Capitula excerpta in conventu Carisiacensi coram populo lecta. 877. Iun. 16. 361
283. Capitula electionis Hludowici Balbi Compendii facta. 877. Nov. 30. — Dec. 8. 363
284. Conventus Mantalensis. 879. Oct. 15. 365
285. Karolomanni conventus Carisiacensis. 882. Sept. 9. 369
286. *Karolomanni capitula Compendii de rapinis promulgata.* 883. Febr. 22. . . 370
287. Karolomanni capitulare Vernense. 884. Mart. 371
288. Odonis regis promissio. 888. Febr. . 375
289. Hludowici regis Arelatensis electio. 890. Aug. 376
290. Karoli III. capitula de Tungrensi episcopatu proposita. 920 378

XXI. Additamenta ad capitularia regum Franciae occidentalis.

*291. Concilium Vernense. 844. Dec. . . . 382
*292. Synodus Bellovacensis. 845. April. . 387
293. Concilium Meldense-Parisiense. 845. Iun. 17. — 846. Febr. 2. 388
294. Synodus Vermeriensis. 853. Aug. 27. 421
295. Consilium optimatum Karolo II. datum. 856. Aug. 424
296. Coronatio Iudithae Karoli II. filiae. 856. Oct. 1. 425
297. Epistola synodi Carisiacensis ad Hludowicum regem Germaniae directa. 858. Nov. 427
298. Synodus Mettensis. 859. Mai. 28. — Iun. 4. 441
299. Synodus apud Saponarias habita. 859. Iun. 14. 447
300. Libellus proclamationis adversus Wenilonem. 859. Iun. 14. 450
301. Coronatio Hermintrudis reginae. 866. Aug. 453
302. Ordo coronationis Karoli II. in regno Hlotharii II. factae. 869. Sept 9. . 456
303. Synodus Attiniacensis. 874. Iul. 1. . 458
304. Ordo coronationis Hludowici Balbi. 877. Dec. 8. 461

XXII. Acta de Theutberga regina emissa.

305. Synodus Aquensis I. 860. Ian. 9. . . 463
306. Synodus Aquensis II. 860. Febr. . . 466
307. Relatio de Theutbergae receptione scripta. 865. Aug. 3. 468

EX OFFICINA AULAE VIMARIENSIS TYPOGRAPHICA.

www.ingramcontent.com/pod-product-compliance
Lightning Source LLC
Chambersburg PA
CBHW052107010526
44111CB00036B/1522
9782012639287